KLAUS KÖNIG

Moderne öffentliche Verwaltung

Schriftenreihe der Hochschule Speyer

Band 195

Moderne öffentliche Verwaltung

Studium der Verwaltungswissenschaft

Von

Klaus König

Duncker & Humblot · Berlin

Bibliografische Information der Deutschen Nationalbibliothek

Die Deutsche Nationalbibliothek verzeichnet diese Publikation in
der Deutschen Nationalbibliografie; detaillierte bibliografische Daten
sind im Internet über http://dnb.d-nb.de abrufbar.

Alle Rechte vorbehalten
© 2008 Duncker & Humblot GmbH, Berlin
Fotoprint: Berliner Buchdruckerei Union GmbH, Berlin
Printed in Germany

ISSN 0561-6271
ISBN 978-3-428-12930-0

Gedruckt auf alterungsbeständigem (säurefreiem) Papier
entsprechend ISO 9706 ♾

Internet: http://www.duncker-humblot.de

Vorwort

Das vorliegende Studienbuch beruht in seinen Grundzügen auf der Vorlesung „Einführung in die Verwaltungswissenschaft", die ich über viele Semester an der Deutschen Hochschule für Verwaltungswissenschaften Speyer gehalten habe. Entsprechend richtet es sich an Rechts-, Wirtschafts- und Sozialwissenschaftler, die sich in Ergänzungs-, Aufbau- und Schwerpunktstudien auf dem Gebiet der öffentlichen Verwaltung weiterbilden wollen. Den Vorlesungsstoff habe ich durch Ergebnisse wissenschaftlicher Projekte erweitert, die ich insbesondere im Deutschen Forschungsinstitut für öffentliche Verwaltung Speyer durchgeführt habe. Damit soll ermöglicht werden, dass sich Interessenten etwa im Wege des Selbststudiums in Teilaspekte der öffentlichen Verwaltung vertiefen können. Demgemäß sind die einzelnen Kapitel des Buches so verfasst, dass sie ohne Querverweisungen aus sich selbst heraus verständlich sind. Das Literaturverzeichnis ist entsprechend nach Kapiteln gegliedert.

Das Studium der öffentlichen Verwaltung ist durch zwei Paradigmen geprägt. In einem Teil der Welt ist „Public Administration" ein eigenes Studienfach, und zwar insbesondere in den Vereinigten Staaten von Amerika mit allen Insignien der sozialen Konstruktion einer Disziplin ausgestattet. In einem anderen Teil der Welt, wofür die deutschen Verhältnisse charakteristisch sind, studiert man die öffentliche Verwaltung im Kontext eingeschliffener Rechts-, Wirtschafts- und Sozialwissenschaften. Dabei ist in Kontinentaleuropa die Verwaltungsrechtswissenschaft vorherrschend, die sich die Verwaltungslehre als Hilfswissenschaft zugelegt hat. Neuerdings drängen unter den verwaltungsrelevanten Disziplinen vor allem die Betriebswirtschaftslehre der öffentlichen Verwaltung und die Politikwissenschaft als Verwaltungswissenschaft vor. Neben diesem Pluralismus herkömmlicher Fächer wird in Europa immer wieder versucht, die öffentliche Verwaltung in einem eigenen wissenschaftlichen Überbau, in einer „discipline-carrefour", in einer integrativen Verwaltungswissenschaft zu reflektieren, wobei sich im deutschsprachigen Raum die Wurzeln bis zur Kameralistik und gesamten Staatswissenschaft zurückverfolgen lassen. Die Unterscheidung zwischen Verwaltungswissenschaften und Verwaltungswissenschaft an der Speyerer Hochschule ist ein heutiger Anschauungsfall dafür. Das vorliegende Buch ist einem solchen Unternehmen verbunden. Es folgt insoweit der wissenschaftstheoretischen Konzeption der Transdisziplinarität, die dort eingreift, wo wegen disziplinärer Engführungen die wissenschaftliche Wahrnehmungsfähigkeit und Problemlösungskompetenz erweitert werden muss. Dazu bedarf es keiner Theorie aus einem Guss. Indessen sollte das wissenschaftliche Vorverständnis von Erfahrungs- wie Erkenntnisgegenstand offen gelegt werden. Unter den Prämissen dieses Buches sind folgende vorweg zu nennen: Die öffentliche Verwaltung ist ein zugleich universalistisches wie kulturgebundenes Phänomen, das trotz Globalisierung und Europäisierung noch stark von der modernen Staatenbildung und dann von gewissen – hier kontinentaleuropäischen – Familienähnlichkeiten geprägt ist. Deswegen bedarf es der Bodenständigkeit und eine bloße Rezeption der reichen US-amerikanischen Studienliteratur greift zu kurz. Freilich sollte man anerkennen, dass das Angloamerikanische zur Lingua franca auch in Verwaltungsangelegenheiten geworden ist, um die internationale Kommunikationsfähigkeit zu erhalten. Hier zeigt sich, dass die Problemstellungen zur öffentlichen Verwaltung grenzüberschreitend in einem beachtlichen Umfang kanonisiert sind. Die Erweiterung der Erkenntnisperspektive der Verwaltungswissenschaft erfolgt sodann über Komparatistik, Typisierung, Modellierung, schließlich Reflexion von Verallgemeinerungen wie die Bindung der modernen Verwaltung an Maßstäbe von Normadäquanz, Effizienz und Effektivität. Die Kaderverwaltung behält dabei ihren Platz, weil sie in Ländern des realen Sozialismus wie des Postsozialismus nach wie vor maßgeblich ist, im deutschen Falle eine unverzichtbare Lektion zur ideologischen Begründung diktatorischer Herrschaftsverhältnisse darstellt. Angesichts der offenen Methodenfrage gilt für die Verwaltungswissenschaft ein pragmatisches Relevanzkriterium. Die in diesem Werk erkenntnisleitende Heuristik ist die eines systemischen Institutionalismus. Das Erkenntnisinteresse ist auf die Systemrationalität jeweiliger öffentlicher Verwaltung gerichtet.

Die lange Entstehungsgeschichte des vorliegenden Studienbuches bringt es mit sich, dass ich nicht alle Kollegen und Mitarbeiter in Wissenschaft und Praxis nennen kann, die mich zu diesem Unternehmen inspiriert haben. Ich beschränke mich darauf, diejenigen Institutionen zu nennen, über die hauptsächlich auch die persönlichen Verbindungen hergestellt worden sind. Zu Hause sind das Hochschule und Forschungsinstitut in Speyer. Die frühere Deutsche Stiftung für internationale Entwicklung ist zu nennen, weil sie mir die Erfahrungswelt der Entwicklungsländer geöffnet hat. Unter den internationalen Organisationen sind es das Internationale Institut für Verwaltungswissenschaften und dessen Deutsche Sektion, die mir über lange Jahre akademischer Standort sind. Die International Association of Schools and Institutes of Administration hat mir zu einem frühen Zeitpunkt den Besuch von Verwaltungsinstituten auch in Ländern des realen Sozialismus einschließlich der damaligen DDR ermöglicht. Unter den vielen bilateralen Beziehungen hebe ich die National Academy of Public Administration der Vereinigten Staaten von Amerika hervor, der ich als Ehrenmitglied verbunden bin. Hinzu kommen zahlreiche Praktiker in deutschen, ausländischen und internationalen Verwaltungen, die mir in meiner Berufs- und Beratungstätigkeit ihre Erfahrungswelt vermittelt haben. Allen bin ich zu Dank verpflichtet.

Für die Aufnahme dieses Studienbuches in die Schriftenreihe der Hochschule Speyer danke ich den Gremien der Hochschule und ihrem Rektor, Univ.-Prof. Dr. Karl-Peter Sommermann, für kollegiale Unterstützung weiter den Mitgliedern des Speyerer Forschungsinstituts und seinem Direktor, Univ.-Prof. Dr. Jan Ziekow. Beide Institutionen können sich dieses Vorhaben zurechnen. Meiner langjährigen Lehrstuhlsekretärin, Monika Reis, bin ich dafür verpflichtet, dass dieses Projekt zu Ende gebracht werden konnte. Dem Verlag Duncker & Humblot bin ich durch eine Reihe von Publikationen verbunden. Ich danke den Verlegern, Dr. Florian R. Simon (LL. M.) und Prof. Dr. h. c. Norbert Simon, für die Publikation auch dieses Buches.

Speyer, März 2008   Klaus König

Inhaltsverzeichnis

1. Teil
Grundlagen   1

1. Kapitel
Verwaltungsstaat und verwaltete Welt   3

I. Verwalter und Verwaltete 3
    1. Verwaltung durch Verwaltete 3
    2. Verwaltung durch Verwalter 6
II. Verwaltung im Herrschaftssystem 8
    1. Macht und Eigenständigkeit der Verwaltung 8
    2. Demokratie und Rechtsstaat 12
    3. Verwaltung als eigenes Funktionssystem 15
III. Verwaltung im Gesellschaftssystem 17
    1. Präsenz der Verwaltung 17
    2. Verwaltung in der deutschen Wiedervereinigung 22
IV. Handlungssphäre der öffentlichen Verwaltung 26
    1. Verwaltung jenseits des territorial-nationalen Staates 26
    2. Zum Begriff der öffentlichen Verwaltung 28

2. Kapitel
Konzeption der Verwaltungswissenschaft   37

I. Zwei Paradigmen des Verwaltungsstudiums 37
    1. Verwaltungswissenschaft – disziplinär 37
    2. Verwaltungswissenschaft – multidisziplinär 40
II. Schulen disziplinärer Verwaltungswissenschaft 46
    1. Verwaltung und Management 46
    2. Verwaltung und Politik 50
    3. Verwaltung und Organisation 53
    4. Verwaltung und Recht 55

III.	Transdisziplinarität der Verwaltungswissenschaft	58
	1. Impulse der Wissenschaftsbildung	58
	2. Verwaltung jenseits der Disziplin	73
IV.	Ein integrativer Ansatz der Verwaltungswissenschaft	80
	1. Kultur, Institution, Sozialtechnologie	80
	2. Institution, Rationalität, System	88
	3. System und Umwelt	94

3. Kapitel
Verwaltung in der Moderne — 105

I.	Konzept der bürokratischen Verwaltung	105
	1. Begriff und Kritik der Bürokratie	105
	2. Merkmale der bürokratischen Verwaltung	109
II.	Differenzierungen moderner Verwaltung	114
	1. Nationalstaatliche Prägungen	114
	2. Subnationale und internationale Ausformungen	117
III.	Typen moderner Verwaltung	120
	1. Klassische und „Civic Culture"-Verwaltung	120
	2. Kontinentale, besonders Napoleonische Verwaltung	125

4. Kapitel
Verwaltung in Vor- und Gegenmoderne — 130

I.	Kaderverwaltung als Gegenmoderne	130
	1. Verwaltung im realsozialistischen Staat	130
	2. Kader und Nomenklatur	134
	3. Organisation der Kaderverwaltung	143
	4. Entscheidungsprozesse in der Kaderverwaltung	151
II.	Entwicklungsverwaltung als Vormoderne	160
	1. Entwicklung der Verwaltung	160
	2. Verwaltung der Entwicklung	170

2. Teil
Gefüge — 181

5. Kapitel
Öffentliche Aufgaben und Verwaltungsprogramme — 183

I.	Materien öffentlicher Aufgaben	183

		1. Entwicklung öffentlicher Aufgaben	183
		2. Ansätze zur Aufgabenbestimmung	187
		3. Vorprüfung von Aufgabenvorhaben	205
	II.	Politiken öffentlicher Aufgaben	213
		1. Expansive Aufgabenpolitik	213
		2. Kontraktive Aufgabenpolitik	235
	III.	Modalitäten der Aufgabenwahrnehmung	248
		1. Klassifikation von Staatsinterventionen	248
		2. Referenzen der Aufgabenwahrnehmung	254
		3. Öffentliche Aufgaben und Governance-Konzept	262

6. Kapitel
Staats- und Verwaltungsorganisation — 278

I.	Grundlagen der öffentlichen Organisation		278
	1.	Begriffe der Organisation	278
	2.	Differenzierungen und Isomorphien	283
	3.	Maßstäbe und Referenzen	292
II.	Dezentralisierung und Regionalisierung		303
	1.	Herkommen und Erfahrungen	303
	2.	Stand und Politik	314
	3.	Entwicklung und Modernisierung	319
	4.	Intergouvernementale Beziehungen	324
III.	Innere Organisation im klassischen Verwaltungssystem		331
	1.	Grundzüge der inneren Verwaltungsorganisation	331
	2.	Formen der horizontalen Differenzierung	334
	3.	Formen der vertikalen Differenzierung	337
	4.	Spezifische Formen der inneren Organisation	342

7. Kapitel
Entscheidungsprozesse in der Verwaltung — 349

I.	Handlungsrationalität und Systemrationalität		349
	1.	Entscheiden als Verwaltungsfunktion	349
	2.	Rationalität des Verwaltungshandelns	357
	3.	Rationalität des Verwaltungssystems	368
II.	Formen des Verwaltungshandelns		372

	1.	Verfahrensgesetzliche Handlungsformen	372
	2.	Nichtkodifizierte Handlungsformen	378
	3.	Umsetzung von Handlungsformen	380
III.	Finale und konditionale Programmierungen	386
	1.	Programmierende Entscheidungen	386
	2.	Pläne und Planungen	395
	3.	Gesetze und Gesetzgebung	415
IV.	Implementation programmierter Entscheidungen	434
	1.	Standardisierung und Individualisierung	434
	2.	Verwaltungsverfahren	444
	3.	Legitimation, Akzeptanz, Durchsetzung	451
V.	Leitung und Kontrolle	463
	1.	Leitung im Entscheidungskreislauf	463
	2.	Kontrolle im Entscheidungskreislauf	475

8. Kapitel
Öffentlicher Dienst und Verwaltungspersonal — 490

I.	Stellung des Verwaltungsdienstes		490
	1.	Soziale und berufliche Differenzierungen	490
	2.	Differenzierungen von Politik und Verwaltung	498
II.	Status des Verwaltungsdienstes		508
	1.	Öffentlicher Dienst und Beamtentum	508
	2.	Prinzipien des Verwaltungsdienstes	520
III.	Berufszugang und Berufsweg		532
	1.	Positionen und Karrieren	532
	2.	Personalverwaltung und Personalentwicklung	545
IV.	Höhere Dienste in der Verwaltung		557
	1.	Verwaltung als Beruf	557
	2.	Spitzenpositionen in der Verwaltung	574

3. Teil
Wandel — 589

9. Kapitel
Nachholende Verwaltungsmodernisierung — 591

I.	Transformation der Kaderverwaltung	591

Inhaltsverzeichnis XIII

    1. Übergang des realsozialistischen Staates 591
    2. Transformation von Staatsorganisation und Öffentlichem Dienst 604
    3. Transformation von öffentlichen Aufgaben und Vermögen 616
II. Institutionenbildung der Entwicklungsverwaltung.. 631
    1. Engpässe verwalteter Entwicklung 631
    2. Governance in Entwicklungsländern 642

10. Kapitel
Weitergehende Verwaltungsmodernisierung — 657

I. Reformen der öffentlichen Verwaltung.. 657
    1. Konzept der Verwaltungsreform.. 657
    2. Organisations-, Prozess-, Personalreformen 659
    3. Entbürokratisierung, Deregulierung, Privatisierung.................................. 671
II. Modernisierungsbewegungen zu Staat und Verwaltung 679
    1. Eine ökonomisch-managerialistische Modernisierungsbewegung............ 679
    2. Modernisierung der Verwaltungsorganisation 683
    3. Modernisierung der wirtschaftlichen Steuerung 686
    4. Modernisierung der personellen Leistungskraft.. 690
    5. Modernisierung öffentlicher Aufgabenwahrnehmung 695
    6. Kontraktive Staats- und Verwaltungspolitik... 699
III. Agenden der Verwaltungspolitik.. 701
    1. Pfade der Verwaltungsmodernisierung 701
    2. Verwaltungspolitik in Bund, Ländern, Kommunen 705
    3. Management in der legalistischen Verwaltung 729
IV. Verwaltung in einer anderen Moderne... 743
    1. Postbürokratische Verwaltung 743
    2. Postindustrielle Verwaltung... 750
    3. Postmoderne Verwaltung... 757

11. Kapitel
Internationalisierung und Supranationalisierung der Verwaltung — 767

I. Grenzüberschreitende Verwaltungsbeziehungen.. 767
    1. Gemeinschaftliche Verwaltung und Kolonialverwaltung 767
    2. Verwaltung in der internationalen Organisationsgesellschaft.................. 770
    3. Verwaltung in der internationalen Kommunikationsgemeinschaft 774
II. Globalisierung und Europäisierung.. 778

1. Globalisierung und globale Governance 778
2. Europäisierung und europäische Governance 783
III. Regime und Organisation 792
1. Internationales Regime und internationale Organisation 792
2. Supranationale Organisation und supranationales Regime 798
3. Internationales und supranationales Personal 804
IV. Verwaltung in Mehrebenensystemen 810
1. Entwicklungen der internationalen Verwaltung 810
2. Entwicklungen der supranationalen Verwaltung 825

12. Kapitel
Kulturen, Werte, Ethos der Verwaltung 838

I. Kulturen öffentlicher Verwaltung 838
1. Wertorientierungen in der Verwaltung 838
2. Ausprägungen der Verwaltungskultur 842
II. Prinzipien wohlgegründeter Verwaltung 853
1. Operationalisierung von Werten 853
2. Prinzipien als Wertabwägungen 857
III. Berufsethos des Verwaltungsdienstes 866
1. Moral als Kommunikationsmedium 866
2. Korruption in öffentlichen Angelegenheiten 871
3. Berufsethische Anforderungen 876

Literaturverzeichnis 889
Zum 1. Kapitel: Verwaltungsstaat und verwaltete Welt 889
Zum 2. Kapitel: Konzeption der Verwaltungswissenschaft 893
Zum 3. Kapitel: Verwaltung in der Moderne 902
Zum 4. Kapitel: Verwaltung in Vor- und Gegenmoderne 907
Zum 5. Kapitel: Öffentliche Aufgaben und Verwaltungsprogramme 912
Zum 6. Kapitel: Staats- und Verwaltungsorganisation 925
Zum 7. Kapitel: Entscheidungsprozesse in der Verwaltung 932
Zum 8. Kapitel: Öffentlicher Dienst und Verwaltungspersonal 950
Zum 9. Kapitel: Nachholende Verwaltungsmodernisierung 963
Zum 10. Kapitel: Weitergehende Verwaltungsmodernisierung 972

Zum 11. Kapitel: Internationalisierung und Supranationalisierung
der Verwaltung 988
Zum 12. Kapitel: Kulturen, Werte, Ethos der Verwaltung 997

Stichwortverzeichnis 1007

1. Teil: Grundlagen

1. Kapitel

Verwaltungsstaat und verwaltete Welt

I. Verwalter und Verwaltete

1. Verwaltung durch Verwaltete

Gesellschaften werden in Raum und Zeit nach bestimmten allgemeinen Merkmalen charakterisiert, also in der okzidentalen Moderne als technische Zivilisation, wissenschaftliches Zeitalter und dann industrielle oder postindustrielle Gesellschaft, Dienstleistungsgesellschaft, Risikogesellschaft usw. Genauso kann man von einer „verwalteten Welt" sprechen.[1] Denn die heutige westliche Alltagserfahrung ist die, dass wir verwaltet werden, nicht nur im öffentlichen Sektor durch Verkehrsämter, Ordnungsämter, Sozialämter, sondern auch im Privatsektor durch Banken, Versicherungen, Wohnungsfirmen und im Dritten Sektor dann wiederum durch Wohnungsgenossenschaften, weiter Wohlfahrtsverbände, Freizeitvereine usw.

Gesellschaftskritiker sehen deswegen nicht zuletzt in der verwalteten Welt und insbesondere im Verwaltungsstaat einen Grund für Entfremdungen des Menschen von sich selbst und für Auflösungen der Bindung des Individuums an eine gleichsam natürliche soziale Umwelt.[2] Verdinglichte Verwaltungsorganisation, vergegenständlichtes Verwaltungsverfahren, verschlüsselte Verwaltungsformulare, entpersönlichte Verwaltungsdienste scheinen für eine Zeit sozialer Sachzwänge und politischer Ohnmacht zu stehen. Will man einer so gedeuteten Moderne etwas anderes als Wunschformeln entgegensetzen, bedarf es, um für die Verwaltungswissenschaft relevant zu sein, eines Organisationskonzeptes, also einer Organisation nicht der Verwaltung durch Verwalter, sondern der Verwaltung durch die Verwalteten. Eine solche Entgegnung ist die moderne Selbstverwaltung, etwa die kommunale Selbstverwaltung nicht. Gemessen an

---

[1] Vgl. Adorno, Theodor W., Einleitungsvortrag zum Darmstädter Gespräch 1953, in: Fritz Neumark (Hrsg.), Individuum und Organisation – Darmstädter Gespräch 1953, Darmstadt 1954, S. 21 ff.; ders., Soziologische Schriften 1, Frankfurt a. M. 1997, S. 440 ff.
[2] Vgl. Kallscheuer, Otto, Entfremdung, in: Thomas Meyer et al. (Hrsg.), Lexikon des Sozialismus, Köln 1986, S. 149 ff.; Boudon, Raymond/Bourricaud, François, Entfremdung, in: dies., Soziologische Stichworte. Ein Handbuch, Opladen 1992, S. 124 ff.

der Utopie einer nicht durch verdinglichte Strukturen und Funktionen mediatisierten individuellen Selbstentfaltung ist sie bestenfalls politisch-partizipatorische Regierung auf lokaler Ebene.

Ein Alternativentwurf zur Verwaltung durch die Verwalter stellt demgegenüber das Rätemodell dar.[3] Es intendiert die radikal andere Organisation gesellschaftlicher Angelegenheiten. Die kollektive Geschäftsbesorgung ist gemessen an der modernen Verwaltung mit ihren vielfältigen Aufbauformen, Verfahrensabläufen, Karrieremustern auf wenige Elemente beschränkt. Grundorganisationen sind die identitären Basiseinheiten, in denen sich die Urwählerschaft um einen Betrieb, einen Wohnbezirk, eine Truppeneinheit, eine Verwaltung, prinzipiell um eine Produktionsstätte zusammenfindet. Da gesellschaftliche Willensbildungsprozesse demokratisch von unten nach oben aufgebaut werden sollen, fällt der direkten Aktionseinheit die totale Zuständigkeit in allen, insbesondere auch in den ökonomischen Entscheidungsfällen zu. Die Basisgruppen sind die bestimmende Organisationsgröße in der Gesellschaft. In ihnen bildet sich der allgemeine Wille.

Nur soweit Aufgaben von der Urwählerschaft selbst nicht erfüllt werden können, werden sie an Räte und gegebenenfalls an übergeordnete Räte delegiert. Über den Basiseinheiten erhebt sich so pyramidenförmig eine Räteorganisation von Delegierten. Dabei werden alle gesellschaftlich relevanten Positionen durch Wahlen vergeben, auf der untersten Stufe des Organisationsschemas durch direkte, auf den folgenden Stufen durch indirekte Wahlen. Die gewählten Delegierten sind an die Entscheidungen der Urwählerschaft gebunden. Es besteht also ein imperatives Mandat, das durch permanente Rechenschaftspflicht abgesichert ist. Entsprechend sind alle Sitzungen öffentlich, um eine Kontrolle durch die Basiseinheit zu ermöglichen. Überdies können Delegierte von der Urwählerschaft jederzeit abberufen werden „recall" und durch neue Personen ersetzt werden.[4]

Alle Funktions- und Mandatsträger sollen ehrenamtlich tätig sein.[5] Wo das nicht möglich ist, sollen sie nicht mehr verdienen, als es dem Durchschnittseinkommen der Urwählerschaft entspricht. Damit sollen wirtschaftliche Pfründe, politische Unabhängigkeiten und Immunitäten gegenüber gesellschaftlichen Sanktionen verhindert werden. Für alle Funktionsträger besteht Ämterrotation. Auf diese Weise sollen die Verselbständigung und mögliche Folgen wie Machtanhäufung oder Korruption ausgeschlossen sein. Insbesondere richtet man sich

---

[3] Vgl. Beck, Reinhart, Rätesystem, in: ders., Sachwörterbuch der Politik, 2. Aufl., Stuttgart 1986, S. 778 ff.

[4] Vgl. Lösche, Peter, Räte, in: Dieter Nohlen (Hrsg.), Wörterbuch Staat und Politik, 2. Aufl., Bonn 1995, S. 623 ff.

[5] Vgl. Böhret, Carl u. a., Innenpolitik und politische Theorie, 3. Aufl., Opladen 1988, S. 380 ff.

1. Kapitel: Verwaltungsstaat und verwaltete Welt

mit dem Rotationsprinzip gegen die Etablierung von Bürokratien, in denen ein Grundverhängnis des bürgerlichen Staates gesehen wird.

Mit dem Rätemodell werden die geübten Differenzierungen der bürgerlichen Demokratie und ihrer öffentlichen Verwaltung außer Kraft gesetzt.[6] Insbesondere ist das Gewaltenteilungsschema aufgehoben. Es gilt als organisatorischer Ausdruck des politischen Mitspracheanspruchs eines liberalen Bürgertums gegenüber feudalständischen Verhältnissen. Demgegenüber soll die ungeteilte Kraft der autonomen Basis die Leistungsfähigkeit des Rätesystems sichern. Probleme werfen die nachwirkenden Unterschiede in den sozialen Strukturen, den Klassen, Schichten, Ständen, Ethnien usw. der bisherigen Gesellschaftsformation auf. Eine weichere Variante will die sozialen Verhältnisse durch Proporzverfahren in der Räteorganisation widerspiegeln. Eine härtere Variante will das Wahlrecht für die Übergangsphase auf die arbeitende Bevölkerung beschränken.

Das Rätemodell meint nicht nur das politisch-administrative System. Alle Teile der Gesellschaft sind rätedemokratisch zu organisieren. In diesem Sinne gibt es keine eigenständige Sphäre der Wirtschaft. Insbesondere auch der militärische Komplex ist dem Rätegedanken zu unterwerfen. Letztlich stellt sich die Gesellschaft als organisatorische Einheit dar. Was also selbst unter den Bedingungen der offenen Gesellschaft wissenschaftlich kaum erkennbar ist, schon gar nicht in einer sich ankündigenden Weltgesellschaft globalisierter Kommunikation, soll ideologisch-praktisch auf einen organisatorischen Nenner gebracht werden.

Rätedemokratische Ansätze finden sich bereits im Frühsozialismus. Die marxistische Rätetheorie knüpft insbesondere bei der sogenannten Pariser Kommune (1871) an, die Räteelemente zu verwirklichen suchte.[7] Rätegedanken tauchen übergangsweise immer wieder auf: vom Maoismus in China bis zur Grünen-Bewegung in Deutschland. Zur Verdichtung einer Räterepublik kam es für kurze Zeit in verschiedenen europäischen Ländern, am längsten noch in der Sowjetunion (Sowjet = Rat). Aber die Verfassungsänderung von 1922 machte dort auch formal deutlich, dass sich die Arbeitswelt in gesellschaftlichen Angelegenheiten nach den organisatorischen, prozessualen, personellen Mustern des Rätemodells im Industrialismus kaum erledigen lässt, schon gar nicht in den imperialen Ausmaßen Russlands. Der organisations- und technikbewusste Leninismus setzte demzufolge nicht lange auf die demokratische Basis, sondern alsbald auf Vorkämpfer und Wegbereiter: eine „Avantgarde".

---

[6] Vgl. Bermbach, Udo (Hrsg.), Theorie und Praxis der direkten Demokratie – Texte und Materialien zur Räte-Diskussion, Opladen 1973; ders., Rätesystem, in: Wolfgang W. Mickel (Hrsg.), Handlexikon zur Politikwissenschaft, Bonn 1986, S. 424 ff.

[7] Vgl. Gottschalch, Wilfried, Parlamentarismus und Rätedemokratie, Berlin 1971.

Was zunächst für die Partei galt, wurde auf Staat und Verwaltung ausgedehnt, die zu einer Kaderverwaltung wurde.

Unter stabileren gesellschaftlichen Bedingungen haben insbesondere zwei Unternehmungen die Erwartungen der Rätetheoretiker geweckt: die Arbeiterselbstverwaltung im früheren Jugoslawien und die Kibbuzbewegung in Israel. Die Arbeiterselbstverwaltung, wie sie bis Mitte der achtziger Jahre in Jugoslawien bestand, gilt als pragmatischer Versuch, Rätegedanken durch Arbeiterkollektive, Arbeiterräte, von diesen gewählten und abwählbaren Betriebsdirektoren usw. zu verwirklichen, um schließlich das Staatseigentum marxistisch-leninistischer Art an den Produktionsmitteln in gesellschaftliches Eigentum zu überführen.[8] Allerdings war dieses Unternehmen einer Selbstverwaltung immer durch andere politische und ökonomische Steuerungsmuster überlagert. Dazu zählte ein zentralisiertes Finanzsystem, insbesondere aber die Dominanz der kommunistischen Partei, die auch in die Binnensphäre der Betriebe hineinreichte.

Die Kibbuzbewegung in Israel hat demgegenüber bauern-sozialistische Wurzeln. Kibbuzim sind nicht mehr nur Produktions-, sondern auch Lebensgemeinschaften.[9] Ihr Binnenbereich erscheint geschlossen, wenn man auch feststellen muss, dass das Egalitätsprinzip der Mitgliedschaft durch die Einstellung von Lohnarbeitern und Fachkräften nicht durchgehalten wird. Maßgeblich ist indessen, dass Kibbuzim auf Leistungen einer hoch arbeitsteiligen Gesellschaft angewiesen sind: auf Polizei und Militär in Fragen der inneren und äußeren Sicherheit, auf Schulen und Universitäten in Fragen von Bildung und Forschung, auf Infrastruktur und Kommunikationseinrichtungen in Fragen von Verkehr und Information, auf Fachkrankenhäuser, Fachfabriken, Fachhandel usw.

2. Verwaltung durch Verwalter

Wenn der Erziehungsgedanke auch gerade für die Kibbuzbewegung charakteristisch ist und der „neue Mensch" mit seinen universalen Fähigkeiten und gemeinnützigen Dispositionen die anthropologische Grundannahme der basisdemokratischen Theorie ist, so scheitert das Rätekonzept als Organisationsmodell schon daran, dass es die Komplexität der modernen Gesellschaft struktu-

---

[8] Vgl. Drulović, Milojko, Arbeiterselbstverwaltung auf dem Prüfstand – Erfahrungen in Jugoslawien, Berlin/Bonn-Bad Godesberg 1973.

[9] Vgl. Heinsohn, Gunnar, Kibbuz(im), in: Thomas Meyer et al. (Hrsg.), Lexikon des Sozialismus, Köln 1986, S. 297.

rell-funktional nicht zureichend reflektieren kann.¹⁰ Keine identitär entscheidende Basis kann einen Informationsstand halten, wie dies eine funktionierende Geldwirtschaft, insbesondere eine öffentliche Finanzwirtschaft voraussetzen. Keine Urwählerschaft kann ein Beteiligungsniveau aufrechterhalten, um Fragen von Gesundheit, Bildung, Sicherheit, Naturschutz usw. in gemeinsamer und permanenter Partizipation zu lösen. Kein lebenslanges Lernen kann jene Professionalität vermitteln, die gestern zur medizinischen Versorgung, heute zum Schutz geistigen Eigentums und morgen zur Lenkung von Verkehrsströmen qualifiziert.

Selbst wenn man von einer hohen Homogenität der Gesellschaft, von einer flachen Fraktionierung der Interessen, von einem niedrigen Konfliktniveau ausgeht, ist nicht zu sehen, wie auf der Grundlage eines imperativen Mandats Kompromisse gefunden werden können. Nicht anders verhält es sich mit der Koordination, wenn man sich eine Rätepyramide von den Betrieben über die Gemeinden, Kreise, Bezirke, Provinzen bis hin zum Nationalstaat und heute zur supranationalen Gemeinschaft und der Familie der Vereinten Nationen vorstellt. Koordination und letztlich Integration zu übergeordneten Zwecken muss jedoch schon deswegen erfolgen, weil die Verschiedenheit in den natürlichen Gegebenheiten zu unterschiedlichen Entscheidungslagen führt: von der Küstenschutzpolitik an der See bis zur Agrarstrukturpolitik im Gebirge.

Es bleibt das prinzipielle Bedenken, nämlich der gemessen an der Komplexität unserer Gesellschaft geringe Grad an sozialer Ausdifferenzierung. Wenn man nur auf den heutigen Handlungszusammenhang von Demokratie und Verwaltung abstellt – parlamentarische Repräsentationsorgane mit freiem Mandat, besondere Politikerkarrieren, politische Regierungs- und Verwaltungsspitzen, bürokratische Verwaltungsapparate mit Mustern professionaler Laufbahnen, gegenübergestellte richterliche Kontrollgewalten, föderale Gliederung, kommunale, soziale, wirtschaftliche, wissenschaftliche Selbstverwaltung, institutionalisierte Parteien und Interessenverbände, organisierte Interventionen, Lenkungen, Umverteilungen gegenüber dem Publikum mit mannigfachen Rückkoppelungen –, dann ist nicht zu übersehen, dass sich die Verhaltensmuster einer hochgradig arbeitsteiligen Gesellschaft auch als Zerlegung politisch-demokratischer Prozesse äußern.¹¹

---

[10] Vgl. Bermbach, Udo (Hrsg.), Theorie und Praxis der direkten Demokratie – Texte und Materialien zur Räte-Diskussion, Opladen 1973; ders., Rätesystem, in: Wolfgang W. Mickel (Hrsg.), Handlexikon zur Politikwissenschaft, Bonn 1986, S. 424 ff.

[11] Vgl. Bermbach, Udo (Hrsg.), Theorie und Praxis der direkten Demokratie – Texte und Materialien zur Räte-Diskussion, Opladen 1973; ders., Rätesystem, in: Wolfgang W. Mickel (Hrsg.), Handlexikon zur Politikwissenschaft, Bonn 1986, S. 424 ff.

II. Verwaltung im Herrschaftssystem

1. Macht und Eigenständigkeit der Verwaltung

Für die Moderne kann man vieles in Anspruch nehmen: Industrialismus, Aufklärung, Kapitalismus, Vernunftrecht usw. Ein Grundzug der modernen Gesellschaft ist indessen deren funktionale Differenzierung in relativ unabhängige soziale Systeme und Sphären des Handelns zusammen mit der Rationalisierung dieser Bereiche nach jeweils eigenen Prinzipien.[12] Das ökonomische System mit Prinzipien wie Privateigentum, Markt, Wettbewerb und das staatliche System mit Prinzipien wie Eigentumsordnung überdeckende öffentliche Zweckbindungen, Gesetz- und Rechtmäßigkeit, Hierarchie sind signifikante Handlungskomplexe dafür. Gelingt die Rücknahme der Verwaltung in die Gesellschaft, also die Verwaltung durch die Verwalteten selbst nicht, bleibt es bei der Differenzierung der Verwaltungssphäre zwischen privatem, öffentlichem und Drittem Sektor. Der eigentliche Widerpart des Rätemodells sind dann indessen die öffentlichen Verwaltungen. Denn die rätedemokratische Utopie will die bestehenden Herrschaftsverhältnisse auflösen. Die öffentlichen Verwaltungen gehören zu jenen gesellschaftlichen Instanzen, denen politisch-ökonomisch die Befugnis zur verbindlichen Allokation knapper Güter zukommen, die rechtsstaatlich über das Gewaltmonopol in der Gesellschaft verfügen.

Öffentliche Gewalt bezieht sich in einem weiteren Sinne auf die staatliche Herrschaft und ihre Funktionen schlechthin. Insoweit kann man von Staatsgewalt, Gewaltentrennung und im Hinblick auf die öffentliche Verwaltung von vollziehender Gewalt sprechen, und das Gewaltmonopol ist dann durch die alleinige Innehabung öffentlicher Herrschaft gekennzeichnet. Private können öffentliche Gewalt nicht für sich in Anspruch nehmen, es sei denn, sie sei ihnen von Staats wegen verliehen worden. In einem engeren Sinne bezeichnet das Gewaltmonopol das Monopol legitimer physischer Gewaltsamkeit. Macht, also die Potenz, sich in sozialen Beziehungen auch gegenüber Widerständen durchzusetzen, haben viele Personen und Institutionen in einer Gesellschaft. Der Staat ist demgegenüber diejenige menschliche Gemeinschaft, welche innerhalb eines bestimmten Gebietes „das Monopol legitimer physischer Gewaltsamkeit für sich beansprucht".[13]

Gegenüber dem Postulat, die Herrschaft und dann insbesondere das Eigentum an Produktionsmitteln in die Gesellschaft zurückzugeben, ist es gerade die Gemengelage von Amtsbefugnissen der öffentlichen Verwaltung bis hin zum

---

[12] Vgl. Luhmann, Niklas, Soziale Systeme. Grundriss einer allgemeinen Theorie, Frankfurt am Main 1984, S. 13.

[13] Vgl. Weber, Max, Wirtschaft und Gesellschaft. Studienausgabe, 2. Halbband, Tübingen 1964, S. 1043.

unmittelbaren Zwang gegenüber Personen und Sachen – potestas – und von wirklich maßgeblicher Durchsetzungskraft öffentlicher Bürokratien – potentia –, die den Verwaltungsstaat zum eigentlichen Gegenspieler fundamentaler Selbstverwaltung in einer verwalteten Welt werden lässt.[14] Entsprechend verknüpft die Verwaltungswissenschaft den Begriff des Verwaltungsstaates herkömmlicherweise mit der Frage nach Macht und Eigenständigkeit der öffentlichen Verwaltung.

Ein Beispiel dafür ist die Gegenüberstellung von Gesetzgebungsstaat, Rechtsprechungsstaat und Verwaltungsstaat.[15] Man will damit die Gewichtsverhältnisse im gewaltenteilenden Staat verdeutlichen. Als historisch-empirisches Faktum wird der öffentlichen Verwaltung immer wieder Macht und Eigenständigkeit zugestanden. Dabei ist die Einschätzung des Stellenwertes dann freilich unterschiedlich. Mit der Parlamentarismuskritik kann man an ältere Gewichtsverteilungslehren anknüpfen. Die Gesetzgebung, in der die Volksinteressen parlamentarisch Ausdruck finden sollen, gilt gegenüber der Vollziehung in ihrer Bedeutung als herabgesunken. Der Machtzuwachs der Verwaltung bei gleichzeitiger Entmachtung des Parlaments bilden die als sicher hingestellten Erfahrungsgrundlagen für kritische Ansätze, wobei dann einmal die Verhältnisse so sind, weil die öffentliche Verwaltung so ist, und zum anderen die öffentliche Verwaltung so ist, weil die Verhältnisse so sind.

In der Pluralismuskritik wird die öffentliche Verwaltung zum Verbündeten intermediärer Interessenorganisationen. Dabei misstraut man Organisationskraft und Ausgleich der unterschiedlichen gesellschaftlichen Interessen. Man befürchtet das Arrangement der Verwaltung mit der oligarchischen Interessenwahrnehmung. In der Kapitalismuskritik wird die öffentliche Verwaltung zur Agentur der ökonomisch herrschenden Klasse. Zwar kann man an dem Umstand nicht vorbeigehen, dass es eine Vielfalt staatlicher Interventionen – Regulierungen, Besteuerungen, Planungen, Koordinationen, Förderungen – in das marktwirtschaftlich ausdifferenzierte ökonomische System gibt. Aber letztlich meint man, dass sich das Profitstreben der Privatwirtschaft mit Hilfe der Verwaltung durchsetze, und wenn man dazu ein kapitalistisches Gesamtinteresse konstruieren muss. Schließlich bleibt eine Bürokratiekritik, in der sich die Selbststeuerung des Verwaltungsapparates, die Gewichtsverlagerung zugunsten der Administration, der Machtzuwachs der Verwaltung, die Verlagerung der wichtigsten Entscheidungen in die Verwaltungsebene, eben der Verwaltungsstaat zur Herrschaft der Staatsbüros, der Staatsdiener verdichtet. Die öffentliche

---

[14] Vgl. Maluschke, Günther, „Macht/Machttheorien", Philosophische Grundlagen des demokratischen Verfassungsstaates, Freiburg/München 1982.
[15] Vgl. Drath, Martin, „Staat", Rechts- und Staatslehre als Sozialwissenschaft – gesammelte Schriften über eine sozio-kulturelle Theorie des Staats und des Rechts, Berlin 1977.

Verwaltung selbst steht für die Entfremdung der Menschen und die Verhinderung der Volkssouveränität.[16]

Vor solchen Theorien gibt es eine Fülle „mittlerer" Belege zu Macht und Eigenständigkeit der Staatsbürokratie, und zwar gerade auch in Ländern mit einer Zivilkultur, in denen der politisch-demokratische Primat des Volkes und seiner Vertreter historisch gesichert ist. So ist für die Vereinigten Staaten von Amerika ein Machtdreieck von Lobbyisten der Interessengruppen, spezifisch beteiligten Kongressabgeordneten und zuständigen Ministerialbeamten beobachtet worden, die die gouvernementale Agenda maßgeblich beeinflussen. Diese Konstellation hat sich in einem Bild vom „iron triangle" verfestigt, das selbst die politische Führerschaft des Präsidenten in der Bundesexekutive in Frage stellt. In Großbritannien hat das Fernsehspiel „Yes Minister" die öffentliche Meinung zur Verwaltungsmacht mitgeprägt. Es zeigt, wie Spitzenbeamte den Willen des Ministers, des Dignitars des britischen Mehrheitsprinzips, nach bürokratischen Werten konterkarieren. Dem mag eine literarische Übertreibung zugrundeliegen. Es hat aber wohl nicht nur für Thatcheristen einige Plausibilität gehabt.[17]

Historisch tiefer als im angloamerikanischen Raum greifen die Erfahrungen mit Macht und Eigenständigkeit der öffentlichen Verwaltung auf dem Kontinent. Für die Zeit nach 1815 hat man von der „Stunde des Beamtenstaates in Mitteleuropa" gesprochen.[18] Im Hegelschen Sinne werden dann die Staatsbeamten zum „allgemeinen Stand": oberhalb und außerhalb des Widerstreits gesellschaftlicher Kämpfe stehend, das Staatsganze und das Gemeinwohl verkörpernd, gedeckt durch die Entscheidung des Monarchen, zugleich aber gegenüber dem fehlbaren Inhaber der Krone Repräsentant aufgeklärter und mithin objektivierter Sachinteressen, also die Verkörperung der Staatsraison nach oben und nach unten. Jenseits solcher Interpretationen lassen sich für die neue Geschichte Kontinentaleuropas viele Belege von Macht und Eigenständigkeit der öffentlichen Verwaltung beibringen: im sozialen Wandel von der agrarischen Ständegesellschaft zur industriellen Klassengesellschaft, insbesondere aber in den politischen Turbulenzen jeweiliger Regimewechsel. Der interessanteste eu-

---

[16] Vgl. König, Klaus, Bürokratie und Kontrolle, in: Andreas Kohl (Hrsg.), Macht und Kontrolle, Wien 1979, S. 49 ff.

[17] Vgl. König, Klaus, Transformation als Staatsveranstaltung in Deutschland, in: Hellmut Wollmann u. a. (Hrsg.), Transformation sozialistischer Gesellschaften: Am Ende des Anfangs, Opladen 1995, S. 609 ff.

[18] Vgl. Stürmer, Michael, Die Suche nach dem Glück: Staatsvernunft und Utopie, in: Kurt G. A. Jeserich u. a. (Hrsg.), Deutsche Verwaltungsgeschichte, Band 2, Stuttgart 1988, S. 1 ff.

ropäische Anschauungsfall ist heute wohl die „Enarchie", die „Enaklatura" Frankreichs. Sie mag in manchem Mythos sein; in vielem ist sie aber Realität.[19]

Macht und Eigenständigkeit der öffentlichen Verwaltung werden als Lebenssachverhalt verschiedener Zeiten und unterschiedlicher Räume erfahrungswissenschaftlich anerkannt.[20] Regelmäßig folgt dem der Tadel solcher Zustände. Neben Empirie und Kritik gibt es aber noch eine Vielfalt normativ-rationaler Rechtfertigungen wie Ablehnungen der Autonomie öffentlicher Verwaltung, und zwar nicht zuletzt nach dem Herkommen der deutschen Staats- und Rechtstheorie. Hier wird dann wieder die eigenständig autorisierte Beamtenverwaltung ins Spiel gebracht. So sehen die einen heute noch die Prämissen des Beamtentums darin, dass der Pluralismus der gesellschaftlichen Interessen im Staate des Gegenübers bedarf, das außerhalb des Antagonismus dieser Interessen steht, das sich mit keinem partikularen Interesse identifiziert, also eine objektive Instanz ist, und dass diese Polarität die Bedingung der Möglichkeit der Freiheit ist. Von hieraus sind dann die hergebrachten Grundsätze des Beamtentums öffentlich-rechtlich zu entfalten.[21] Auf der anderen Seite wendet man sich von einer Konzeption des Staates ab, die zwischen Staat und Gesellschaft im Sinne ihrer Entgegensetzung unterscheidet, und weiter von einem diese Staatsidee verkörpernden und ihr dienenden Beamtentum. Der Staat gilt als Instrument der Gesellschaft zur Sicherung ihrer Interessen und Zwecke. Dieses Instrument ist von einer sozialen Gruppe zu bedienen, die man entsprechend ihrer Funktion als öffentlichen Dienst bezeichnet. Das öffentliche Dienstverhältnis ist als eines neben anderen Arbeitsverhältnissen zu begreifen.[22]

Heute ist zu bezweifeln, ob es ein die Staatlichkeit bildendes Beamtentum sein kann, das für sich die „Verwaltung als eigenständige Staatsgewalt"[23] begründen kann. Man kann an der Geschichte des Beamtentums bis 1945 in

---

[19] Vgl. Gaillard, Jean-Michel, L'E.N.A., Miroir de l'Etat, Bruxelles 1995.

[20] Vgl. Bendix, Reinhard, Über die Macht der Bürokratie, in: Renate Mayntz (Hrsg.), Bürokratische Organisation, 2. Aufl., Köln/Berlin 1971, S. 359 ff.

[21] Vgl. Forsthoff, Ernst, Verfassungsrechtliche Grenzen einer Reform des öffentlichen Dienstrechts – Rechtsgutachten, in: ders. u. a. (Hrsg.), Verfassungsrechtliche Grenzen einer Reform des öffentlichen Dienstrechts, Studienkommission für die Reform des öffentlichen Dienstrechts, Band 5, Baden-Baden 1973, S. 17 ff.

[22] Vgl. Sontheimer, Kurt/Bleek, Wilhelm, Verfassungspolitische Perspektiven einer Reform des öffentlichen Dienstes in der Bundesrepublik Deutschland, in: Ernst Forsthoff u. a. (Hrsg.), Studienkommission für die Reform des öffentlichen Dienstrechts, Band 6, Baden-Baden 1973, S. 231 ff.

[23] Vgl. Peters, Hans, Die Verwaltung als eigenständige Staatsgewalt, in: Werner Weber (Hrsg.), Staats- und Selbstverwaltung in der Gegenwart, 2. Aufl., Göttingen 1967.

Deutschland nicht vorbeigehen.[24] Und man muss die Beschaffenheit des öffentlichen Dienstes in der Bundesrepublik der Gegenwart in Rechnung stellen.[25] Unter quantitativen Vorzeichen ist anzumerken, dass Bahn- und Postbeamte kaum die Staatsraison verkörpern konnten und Lehrer und kommunale Dienstleister das wohl kaum noch tun. Qualitativ ist festzuhalten, dass der Pluralismus von öffentlicher Bildung und staatlicher Beschäftigung eine homogene Verwaltungselite nicht ermöglicht und die soziokulturellen Lebensverhältnisse es ausschließen, den Beamten eine „sichere geistige Stütze in einer objektiven Wertewelt" zuzuordnen, wie das von der Monarchie angenommen wurde.[26] So mag die Personalstruktur des öffentlichen Dienstes eine Komponente sein, die eine gewisse Verselbständigung der öffentlichen Verwaltung mitbegründet. Den Beamtenstaat als Superstruktur des öffentlichen Lebens gibt es aber auch in Kontinentaleuropa nicht mehr.

2. Demokratie und Rechtsstaat

Normativ-rationale Fragen zu Macht und Eigenständigkeit der öffentlichen Verwaltung knüpfen deswegen bei historisch beständigeren Grundmustern der politisch-administrativen Kultur an. Das ist im Falle der angelsächsischen Länder eine demokratisch-partizipatorische Zivilkultur. Hier scheint für eine Autonomie der Verwaltung jenseits der je nach parlamentarischem oder präsidentiellem Regierungssystem politisch legitimierten Exekutivpolitik kein Raum zu sein.[27] In Kontinentaleuropa ist es die rechtsstaatliche Kultur der öffentlichen Verwaltung, aus der die Antwort gefunden wird.[28] Da hier der Praxistest dann weniger vor den Bürgern, mehr vor den Gerichten abgelegt werden muss, handelt es sich zugleich auch um eine rechtsdogmatische Lösung. Das gibt der öffentlichen Verwaltung insbesondere im deutschen Falle schon aus Gründen der Vorgeschichte einen schwierigen Platz „zwischen Gesetzgebung und richterli-

---

[24] Vgl. Wunder, Bernd, Geschichte der Bürokratie in Deutschland, Frankfurt am Main 1986, S. 8 f.; Köttgen, Arnold, Die politische Betätigung der Beamtenschaft, in: Verwaltungsarchiv 1928, S. 247 ff.

[25] Vgl. Wagener, Frido, „Der öffentliche Dienst im Staat der Gegenwart", in: Veröffentlichungen der Vereinigung der Deutschen Staatsrechtslehrer 37, Berlin/New York 1979, S. 215 ff.

[26] Vgl. Köttgen, Arnold, Die politische Betätigung der Beamtenschaft, in: Verwaltungsarchiv 1928, S. 247 ff.

[27] Vgl. Rourke, Francis E., Bureaucracy, Politics, and Public Policy, 2. Aufl., Boston 1976.

[28] Vgl. Hoffmann-Riem, Wolfgang, Eigenständigkeit der Verwaltung, in: ders. u. a., Grundlagen des Verwaltungsrechts, Band I, München 2006, S. 623 ff.

cher Kontrolle".[29] Die Figuren des unbestimmten Rechtsbegriffs, des Beurteilungsspielraums, des Ermessens sind „dogmatische Kürzel" hierfür.[30]

In der legalistischen Verwaltungskultur stellt sich die Frage, ob der öffentlichen Verwaltung im Wege strikter Gesetzmäßigkeit und Gesetzesgebundenheit und dann eines konsequenten individuellen Rechtsschutzes jeder selbständige Handlungs- und Entscheidungsspielraum genommen werden muss und kann.[31] Für die Seite der Gesetzgebung kommt es zur Forderung, die Verwaltung unter einen Gesetzesvorbehalt zu stellen, der als Totalvorbehalt nicht nur die Eingriffsverwaltung, sondern auch die Leistungsverwaltung trifft.[32] Eine mehr demokratisch-parlamentarische Umformulierung erfährt dieser Gedanke, wenn in einer „Wesentlichkeitstheorie" postuliert wird, dass alle wesentlichen Entscheidungen dem Gesetzgeber vorbehalten sind.[33] Dann bleibt zu fragen, ob die Wesentlichkeitskriterien aus dem Recht selbst oder letztlich aus der Politik gewonnen werden. Auf der Seite der Rechtsprechung ist zu beantworten, ob es Beurteilungs- und Ermessensspielräume der öffentlichen Verwaltung gibt, die der richterlichen Kontrolle entzogen sind. Insbesondere das Verwaltungsermessen kann dann als das „trojanische Pferd des rechtsstaatlichen Verwaltungsrechts" erscheinen.[34]

Auch aus der stringenten Sicht von Rechtsstäben und dann aus der Beschränkung von Steuerungsmechanismen der öffentlichen Verwaltung auf das Recht kann die Fremdbestimmung der öffentlichen Verwaltung nicht vollständig durchgesetzt werden. Gesetzgebung und Rechtsprechung haben keine entsprechende Determinierungskraft. Aus den vielen Gründen hierfür seien nur zwei genannt: die begrenzte Regelungsdichte und die begrenzte Konditionierbarkeit. Trotz einer hohen Normflut ist das Verwaltungshandeln mehr als „Dienst nach Vorschrift". Empirische Untersuchungen, in denen klassische Verwaltungsbehörden der Bundes-, Landes- und Kommunalebene beobachtet

---

[29] Vgl. Götz, Volkmar (Hrsg.), Die öffentliche Verwaltung zwischen Gesetzgebung und richterlicher Kontrolle. Göttinger Symposium. München 1985.

[30] Vgl. Richter, Ingo/Schuppert, Gunnar Folke, Casebook Verwaltungsrecht, 2. Aufl., München 1995.

[31] Vgl. Dreier, Horst, Zur „Eigenständigkeit" der Verwaltung, in: Die Verwaltung 1992, S. 137 ff.

[32] Vgl. Jesch, Dieter, Gesetz und Verwaltung – Eine Problemstudie zum Wandel des Gesetzmäßigkeitsprinzipes, 2. unveränd. Aufl., Tübingen 1968; Rupp, Hans Heinrich, Grundfragen der heutigen Verwaltungsrechtslehre – Verwaltungsnorm und Verwaltungsrechtsverhältnis, 2. Aufl., Tübingen 1991.

[33] Vgl. Kloepfer, Michael, Wesentlichkeitstheorie als Begründung oder Grenze des Gesetzgebungsvorbehalts?, in: Hermann Hill (Hrsg.), Zustand und Perspektiven der Gesetzgebung –, Berlin 1989, S. 187 ff.

[34] Vgl. Huber, Hans, Niedergang des Rechts und Krise des Rechtsstaats, in: Demokratie und Rechtsstaat 1953, S. 59 ff.

worden sind, die dortigen Entscheidungsprozesse in protokollierte Arbeitsakte zerlegt worden sind und nach der Häufigkeit der Beziehung zu Vorschriften – nicht nur Gesetzen – gefragt worden ist, kommen zu dem Ergebnis, dass 41 % der betrachteten Arbeitsakte ohne Beziehung zu Vorschriften seien: die Beamten hätten in ihnen weder neue Vorschriften vorbereitet, noch bestehende Vorschriften angewendet, noch die Anwendung von Vorschriften überprüft. Bei Juristen mit zweiter Staatsprüfung wird in der Spezifizierung nach der jeweiligen Ausbildung eine Zahl von 35 % der Arbeitsakte ohne Beziehung zu Vorschriften genannt.[35] Solche Prozentsätze müssen aus Gesichtspunkten der Methodik, der Subjektivität, der zeitlichen Veränderung usw. relativiert werden. Tendenziell belegen sie indessen beides: die legalistischen Bürokratien Deutschlands sind in hohem Maße vorschriftenabhängig; aber jenseits der Vorschriften wird ein breiter Handlungs- und Entscheidungsspielraum in Anspruch genommen.

Des Weiteren ist die Fähigkeit des Gesetzgebers begrenzt, durch präzise Konditionalprogramme das Verwaltungshandeln punktgenau vorzudeterminieren.[36] Er kann weder die Komplexität administrativer Entscheidungssituationen völlig perzipieren noch die Dynamik einer sich schnell verändernden Verwaltungsumwelt völlig antizipieren. Der binäre Code von Rechtmäßigkeit bzw. Rechtswidrigkeit prägt zwar die rechtsstaatliche Verwaltung. Aber die öffentliche Verwaltung ist kein binäres Schaltsystem. Wo der Beamte in der Massenverwaltung – etwa bei Geldbescheiden – zum Subsumtionsautomaten wird, hat ihn der Computer schon verdrängt. Prinzipiell sind jedoch Rechtsnormen bei ihrer Umsetzung weitgehend konkretisierungsbedürftig: Die Umsetzung der Gesetze im Vollzug durch den Erlass von Verwaltungsakten, den Abschluss öffentlich-rechtlicher Verträge usw. ist ein „eigenarteter, eigengewichtiger Vorgang", der „zum Norminhalt als selbständiges Moment" hinzutritt.[37] In dieser methodologischen Grundfrage begegnen sich Verwaltungsbeamte und Verwaltungsrichter, letzteren wird dabei die bessere Jurisprudenz zugetraut, wenn auch prinzipiell begrenzt auf den individuellen Rechtsschutz. Im Wege des Richterrechts kann die gerichtliche Kontrolldichte noch über die gesetzliche Regelungsdichte hinaus ausgedehnt werden. Aber eine empirische Untersuchung hat zum Ergebnis, dass – bei Normbezug – in 40 % ihrer Arbeitsakte Beamte mit zweitem juristischem Staatsexamen „Vorschriften auslegen". Es bedürfte so eines ganz anderen – auch objektiven – Rechtsschutzsystems, wollte

---

[35] Vgl. Brinkmann, Gerhard u. a., Die Tätigkeitsfelder des höheren Verwaltungsdienstes: Arbeitsansprüche, Ausbildungserfordernisse, Personalbedarf, Opladen 1973, S. 350 ff.

[36] Vgl. Dreier, Horst, Zur „Eigenständigkeit" der Verwaltung, in: Die Verwaltung 1992, S. 137 ff.

[37] Vgl. Forsthoff, Ernst, Rechtsfragen der leistenden Verwaltung, Stuttgart 1959.

man ein „richterliches Imperium"[38] für den Verwaltungsalltag etablieren. So aber sind schon aus quantitativen, dann aber aus qualitativen Gründen der Verwaltungsgerichtsbarkeit Grenzen gesetzt.

Macht und Eigenständigkeit der öffentlichen Verwaltung bemessen sich indessen nicht nur nach dem, was nach der Gesetzgebung kommt, sondern auch was vor ihr steht. Das ist eine in dieser Frage durchaus relevante Ministerialbürokratie. Konstitutionell hat sie zwar nichts mit dem Gesetzesbeschluss, nicht einmal mit der Gesetzesinitiative zu tun. Aber sie leistet ganz überwiegend die Vorarbeiten für die Gesetzesentwürfe. Und das ist nicht bloß ein Problem der Intelligenz des Verwaltungsapparates. Die Ministerialverwaltung ist am Prozess der Politikgenerierung beteiligt. Ein Referentenentwurf, der den Tisch des Ministers ohne ein gewisses Maß politischer Abstimmung erreicht, pflegt das Papier nicht wert zu sein, auf dem er geschrieben ist. Es ist nicht einmal auszuschließen, dass sich die öffentliche Verwaltung über die Formulierungsleistungen der Ministerialbürokratie sogar gegenüber Gerichten selbst programmiert. Gerade in der Ministerialverwaltung wird aber deutlich, dass ihr Gewicht von Land zu Land und von Zeit zu Zeit höchst unterschiedlich sein kann. Ihr Stellenwert mag in der 4. Republik Frankreichs ein ganz anderer sein als im britischen Thatcherismus. So empfiehlt es sich, die höchst vielschichtige Problematik von Macht und Eigenständigkeit der Staatsadministrationen verschiedenen Fragestellungen zuzuordnen. Die eine ist die nach der Macht im strengeren Sinne. Öffentliche Verwaltungen sind Instrumente der Machtausübung, wie sie selbst ein Machtfaktor sein können. Aber ihre jeweilige Stellung im Machtgefüge einer Gesellschaft lässt sich nur für eine historische Lage in einem bestimmten Raum ausmachen. Der Beamtenstaat Preußens im 19. Jahrhundert wird sich kaum wiederholen.

3. Verwaltung als eigenes Funktionssystem

Für eine weniger vorbelastete Ausgangsfragestellung zur Eigenständigkeit der öffentlichen Verwaltung kann man auf ein kulturelles und zivilisatorisches Grundmuster zurückgreifen, wie es die okzidentale Neuzeit durchzieht – wobei man das in den Meiji-Reformen verwestlichte Japan hinzuzählen kann. Grundzug der modernen Gesellschaft ist eben die funktionale Differenzierung in relativ unabhängige Subsysteme und Sphären des Handelns. Die Verwaltung stellt in der öffentlichen Handlungssphäre als „arbeitender Staat" ein eigenes Funktionssystem dar. Unter dem Primat legislativer und exekutiver Politik und vielfach kontrolliert – eben durch Gerichte, aber auch Rechnungshöfe, Petitions-

---

[38] Vgl. Weber, Werner, Spannungen und Kräfte im westdeutschen Verfassungssystem, 3. Aufl., Berlin 1970.

ausschüsse usw. – präpariert und konkretisiert die öffentliche Verwaltung jene Allokation von immateriellen und materiellen Werten, die als Güter und Dienste der Markt nicht oder nicht zufriedenstellend erbringt und die weder dieser noch andere soziale Instanzen für alle Gesellschaftsmitglieder verbindlich festlegen können. Auf solche Verbindlichkeiten bis hin zur zivilen Umsetzung des staatlichen Gewaltmonopols bleiben Individuen wie soziale Organisationen angewiesen. Man darf die öffentliche Verwaltung deswegen – wie den Markt – als eine der Säulen der Moderne bezeichnen.[39]

Die moderne öffentliche Verwaltung hat sich als ein eigenständiges Funktionssystem teilweise aufgrund ihrer eigenen Ordnung, teilweise aufgrund von Umweltbedingungen in einer komplexen und veränderlichen Welt bewährt. Sie hat – sieht man von totalitären Geschichtseinbrüchen ab – gegenüber der Sphäre des Publikums, dem die Verwaltung dient, der Sphäre der spezifischen politischen Instanzen, die die Macht und Legitimationsgrundlagen vermitteln, und der Sphäre der Verwaltungsmitglieder mit ihren individuellen und gruppenspezifischen Interessen einen eigenen Systemcharakter bewiesen. Öffentliche Verwaltung erfolgt durch Verwalter. Das Gegenmodell einer Verwaltung durch die Verwalteten, nämlich das Rätemodell, hat keine ausreichende historische Bestandskraft vorzuweisen. Aber auch evolutionäre Versuche, die Grenzen von System und Umwelt durch die Integration von Klienten in die Verwaltungsorganisation außer Kraft zu setzen, sind erfolglos geblieben. Eine Sozialverwaltung zum Beispiel braucht die Abgrenzung von Geber- und Nehmerseite, soll es zu berechtigenden Entscheidungen über Transferleistungen kommen.

Entsprechende Differenzierungen bestehen zwischen Verwaltung und Politik, ohne dass freilich der Verwaltungsmann mit beiden Beinen außerhalb der Politik stehen könnte.[40] So ist etwa im deutschen Falle auch dann zwischen politischen Beamten und Exekutivpolitikern zu unterscheiden, wenn diese das gleiche Parteibuch haben und ihre Position der gleichen Partei verdanken. Das betrifft nicht nur ihren Status – etwa die Geltung von Disziplinarrecht für politische Beamte, nicht aber für Exekutivpolitiker. Vielmehr besteht eine jeweils spezifische Rollenperzeption von administrativen und politischen Eliten. Leitende Ministerialbeamte sind heute zwar ausgeprägte „politische Bürokraten". Sie sind sensibel gegenüber den politischen Rahmenbedingungen und Machtfragen ihrer Regierungsgeschäfte.[41] Politische Fertigkeiten werden als Qualifi-

---

[39] Vgl. Münch, Richard, Die Struktur der Moderne – Grundmuster und differentielle Gestaltung des institutionellen Aufbaus der modernen Gesellschaften, Frankfurt am Main 1984.

[40] Vgl. Morstein Marx, Fritz, Das Dilemma des Verwaltungsmannes, Berlin 1965.

[41] Vgl. Steinkemper, Bärbel, Klassische und politische Bürokraten in der Ministerialverwaltung der Bundesrepublik Deutschland. Eine Darstellung sozialstruktureller Merkmale unter dem Aspekt politischer Funktionen der Verwaltung, Köln u .a. 1974.

kationsmerkmale eines Spitzenbeamten angesehen. Das bedeutet freilich nicht, dass es zu einer Hybridisierung von politischen und administrativen Rollen gekommen ist. Sie werden vielmehr spezifisch perzipiert. Substantielle Politik – Bildungspolitik, Verkehrspolitik, Umweltpolitik usw. – und Sachlichkeit werden im Verhältnis zur Machtorientierung von leitenden Beamten höher als von Exekutivpolitikern eingeschätzt. Fachliche Qualifikation, Expertenwissen, professionelle Fertigkeiten, berufliche Erfahrung werden höher bewertet. Merkmale der wahrgenommenen Regierungsarbeit werden unterschiedlich von den für Exekutivpolitiker maßgeblichen Kriterien gekennzeichnet.[42]

Schließlich ist die moderne Verwaltung keine totale Institution, die – von welcher Richtung auch – Systemzweck und Mitarbeiterinteresse identifiziert. Der öffentliche Bedienstete braucht eine eigene Organisation der Interessenwahrnehmung: Gewerkschaften, Personalräte usw. Er ist auf eigene Leistungsgesetze angewiesen: Besoldung, Altersversorgung usw. Im Streitfall mag er seinen eigenen Dienstherrn vor Gericht bringen. Eine unangemessene Privilegierung des öffentlichen Dienstes kann zum Problem des administrativen Funktionssystems werden. So war die Privilegierung eben auch das Thema eines so entdifferenzierten Systems wie das der Kaderverwaltung realsozialistischer Prägung: von den Geldzuschlägen, Zusatzrationen, Sonderfreizeiten leninistischer Tage bis zu den sozialen und materiellen Sondervergütungen der Staatsfunktionäre in der ehemaligen DDR.[43] Die westliche Verwaltung hält demgegenüber daran fest, dass durch eigene Personalstrukturen, die die generalisierten Handlungsmuster im Hinblick auf die öffentlichen Bediensteten darstellen, gerade die Beziehungen zwischen der Verwaltung und ihrer Mitarbeiter festgelegt und transparent gemacht werden. In dieser Positivierung sind sie dann auch der Einflussnahme durch die Öffentlichkeit ausgesetzt.

III. Verwaltung im Gesellschaftssystem

1. Präsenz der Verwaltung

Wenn die öffentliche Verwaltung durch programmatische, organisationale, personelle usw. Strukturen gegenüber ihrer Umwelt invariant gehalten wird, so reicht eine solche Eigenständigkeit des Funktionssystems wohl noch nicht aus, um von einem Verwaltungsstaat zu sprechen. Die öffentliche Verwaltung ist auf ihre Alltagserfahrung zurückzubeziehen. Eine solche Reflexion erfolgt in

---

[42] Vgl. Mayntz, Renate/Derlien, Hans-Ulrich, Partypatronage, in: Governance 1989, S. 384 ff.
[43] Vgl. König, Klaus, Zum Verwaltungssystem der DDR, in: Klaus König (Hrsg.), Verwaltungsstrukturen der DDR, Baden-Baden 1991, S. 9 ff.

der Verwaltungslehre, wenn es zum Verwaltungsstaat heißt: Die Verwaltung erfasse den Menschen schon von der Geburt an in der öffentlichen Klinik und durch das Standesamt, über die Jugendzeit mit Schule und Jugendverwaltung, das Jünglingsalter durch die Berufsberatung, Berufsschule, Wehrverwaltung, fast jedermann im Arbeits- und Berufsleben durch eine intensive Sozial- und Wirtschaftsverwaltung, seine persönliche Sphäre durch eine Gesundheits-, Freizeit- und Wohnungsverwaltung, im Alter durch eine vielgliedrige Fürsorge und Bereitstellung von Anstalten, in denen der alte Mensch seinen Lebensabend verbringe, schließlich nach dem Tode durch die Verwaltung des Friedhofs und Bestattungswesens. Es gebe heute kaum einen Lebensbereich, in dem die öffentliche Verwaltung nicht tätig werde, sei es leistend, sei es planend, sei es eingreifend.[44]

Steht so der Begriff des Verwaltungsstaates im Kontext der Verwaltungsaufgaben und des Aufgabenwachstums, so ist seine Prämisse, dass es in einer Gesellschaft eine öffentliche Verwaltung als eigenes Funktionssystem gibt, sein weiteres Kriterium, dass diese Verwaltung hohe Präsenz in der Gesellschaft ausübt. Nicht die „eigene Potenz"[45], sondern die Präsenz macht heute den Verwaltungsstaat aus. Nach dem Zusammenbruch des marxistisch-leninistischen Regimes hat man vom „bürokratischen", „administrativ-zentralistisch organisierten" Sozialismus gesprochen.[46] Wenn damit der instrumentale Etatismus und die Allgegenwärtigkeit der Kaderverwaltung im realen Sozialismus gemeint ist, dann trifft das zu. Wenn man aber damit auf eine Denaturierung der marxistisch-leninistischen Herrschaftsordnung durch bürokratisch-administrative Apparate abstellt, um den „wahren" Sozialismus als noch ausstehend anzunehmen, dann lässt man die historischen Machtverhältnisse beiseite. Denn die Macht lag in den Händen der Nomenklatura der Partei des Marxismus-Leninismus. Dieser hatte alle personellen wie organisatorischen Vorkehrungen getroffen, dass die Kaderverwaltung nicht zu einem eigenständigen Machtfaktor werden konnte. Die Verwaltung war im realen Sozialismus überall zugegen; aber sie agierte strikt nach dem parteilichen Kommando. Auch für die westlichen Länder wäre es voreilig, aus einer vielerorts präsenten Wohlfahrtsverwaltung auf eine starke Machtposition zu schließen. Gerade wohlfahrtsstaatliche Überlastungen können die Möglichkeiten der Verwaltung, Macht zu generieren, schwächen.

---

[44] Vgl. Thieme, Werner, Verwaltungslehre, 4. Aufl., Köln u. a. 1984, S. 116.

[45] Vgl. Köttgen, Arnold, Die politische Betätigung der Beamtenschaft, in: Verwaltungsarchiv 1928, S. 247 ff.

[46] Vgl. Schulze, Carola, Staat und Verwaltung in der sozialistischen Reformdiskussion der DDR, in: Klaus König (Hrsg.), Verwaltungsstrukturen der DDR, Baden-Baden 1991, S. 315 ff.

Gehört die Präsenz des Verwaltungsstaates in vielen Sachen, an vielen Orten, zu vielen Zeiten zur menschlich-gesellschaftlichen Alltagserfahrung, so lässt sie sich verwaltungswissenschaftlich nicht mit gleicher Unmittelbarkeit erfassen. Man muss versuchen, Maßgrößen zu identifizieren, die diese Lebensbedingungen einer verwalteten Welt möglichst nahe erreichen. Ein solches Unternehmen wirft methodologische Probleme auf, insbesondere wenn man ein Indikatorenprofil aus Einzelgrößen entwickelt. Zumindest stiftet es aber informativen Nutzen, wenn man die Verwaltungsrealitäten auf diese Weise zu beschreiben versucht.

Da die öffentliche Verwaltung im rationalen Staat vor allem über die generalisierten Kommunikationsmedien von Geld und Recht auf ihre soziale Umwelt Einfluss nimmt, sind es diese beiden Größen, aus denen sich Hinweise auf das Ausmaß gesellschaftlicher Relevanz ableiten lassen. Geld bietet sich schon wegen seines immanenten Zahlenbezuges zu einer ersten Indikatorenbildung an. Sieht man die Verwaltung als „arbeitenden Staat" an, dann ist mit dem Umfang des Staatssektors auch auf den der Verwaltung hingewiesen. Eine Messeinheit für diesen Umfang liefert die Staatsquote. Sie setzt die Staatsausgaben in ein Verhältnis zur wirtschaftlichen Wertschöpfung in einem Lande. Sie ist für die Verwaltungswissenschaft erheblich, da der Staat in dieser Höhe die Finanzströme kontrolliert. Hinter dieser Steuerung stehen Verwaltungsaktivitäten mit einer Vielzahl von Zahlungsbescheiden und Zahlungsanweisungen. Veranschaulicht man sich das Ausmaß der Staats- und Verwaltungstätigkeit mit Hilfe der Staatsquote, so ist für das Jahr 2005 in Deutschland eine Quote von 47,6 % zu verzeichnen. In der Bundesrepublik bewegen sich die einschlägigen Werte in einer Bandbreite zwischen 45 % und 50 %, wobei aus Gründen der Wiedervereinigung Deutschlands die Höchstmarke für einige Zeit überboten wurde. Im internationalen Vergleich liegt Deutschland damit im Mittelfeld von Industrieländern. Konstant niedrigere Werte unterhalb von 40 % weist etwa Japan auf. Konstant höhere Werte findet man zum Beispiel in Dänemark mit deutlichen Überschreitungen der 50 %-Marke.[47] Nimmt man weiter Länder hinzu wie Frankreich – 54,2 % im Jahr 2005 – oder Großbritannien – in diesem Jahre 44,8 % –, dann kann man jenseits von Feineinstellungen festhalten, dass der europäische Staat und seine Verwaltung in der ökonomischen Dimension durchaus weitreichende Institutionen gesellschaftlicher Relevanz sind.

Nicht anders sieht es aus, wenn man auf das Kommunikationsmedium des Rechts sieht. Die öffentliche Verwaltung handelt in den entwickelten Verwaltungskulturen auf der Grundlage des Rechts, und zwar auch im amerikanischen öffentlichen Managerialismus.[48] Die Bindung an Gesetze, Rechtsverordnungen,

---

[47] Vgl. Bundesministerium der Finanzen, Finanzbericht 2006, Berlin 2006, S. 409.
[48] Vgl. Moe, Ronald, The „Reinventing Government" Exercise: Misinterpreting the Problem, Misjudging the Consequences, in: Public Administration Review 1994, S. 111 ff.

rechtsgestützte Vorschriften tritt aber besonders im Legalismus der kontinentaleuropäischen Staatsbürokratien hervor. Bei einer Beobachtung deutscher Verwaltungsbehörden und der Protokollierung zerlegter Arbeitsakte der Verwaltungsmitarbeiter sagen selbst Mediziner, dass – lediglich – 34 % ihrer Arbeitsakte ohne Beziehungen zu Vorschriften seien.[49] Andersherum ergeben sich aus der Regelungsdichte Indikatoren für die Präsenz des Verwaltungsstaates. Denn Vorschriften werden von der Verwaltung präpariert und konkretisiert sowie teilweise selbst ausgegeben. Knüpft man für die legalistische Verwaltung beim positivierten Recht an, so muss man einen Stufenbau der Rechtsordnung einrechnen, und zwar von den Gesetzen über die Rechtsverordnungen bis hin zu den Satzungen, bei entsprechenden nach Adressaten unterscheidenden Rechtsverständnis bis zu den Verwaltungsvorschriften. Hinzu kommen die verschiedenen Ebenen der Normgenerierung, im deutschen Falle also von den Kommunen über die Länder und den Bund bis hin zur Europäischen Union. Bezieht man sich nur auf die Bundesebene, dann haben die 12., 13. und 14. Legislaturperiode jeweils über 500 Gesetzesbeschlüsse gebracht und weiter ungefähr das Dreifache an Rechtsverordnungen. Es geht also nicht nur um beachtliche Mengengrößen, sondern auch um Wachstumszahlen. Es scheint trotz unterschiedlicher Gegenmaßnahmen nicht zu gelingen, die Normflut in einem Staat mit steigenden Verwaltungsaufgaben abzubremsen.[50] Insgesamt weist auch das positive Recht der Verwaltung, das diese zu vollziehen oder in der Einhaltung zu überwachen und bei Verstößen zu sanktionieren hat, auf eine hohe gesellschaftliche Relevanz hin.

Schwieriger fällt es, aus der Personal- und Organisationsdichte der Verwaltung Hinweise auf deren Präsenz zu gewinnen. Bei der Verwaltungsorganisation ist es schon schwierig, aussagekräftige absolute Mengengrößen zu identifizieren. Der Mangel an quantifizierbaren Maßstäben für die Staats- und Kommunalverwaltung wird herkömmlich beklagt,[51] wie auch die Frage nach der optimalen Betriebsgröße bei öffentlichen Verwaltungen nicht hinlänglich bedacht ist.[52] Man kann bei jenen Verwaltungseinheiten anknüpfen, die als Organe in

---

[49] Vgl. Brinkmann, Gerhard u. a., Die Tätigkeitsfelder des höheren Verwaltungsdienstes: Arbeitsansprüche, Ausbildungserfordernisse, Personalbedarf, Opladen 1973.

[50] Vgl. Mantl, Wolfgang (Hrsg.), Effizienz der Gesetzesproduktion. Abbau der Regelungsdichte im internationalen Vergleich, Wien 1995.

[51] Vgl. Wagener, Frido, Der öffentliche Dienst im Staat der Gegenwart, in: Veröffentlichungen der Vereinigung der Deutschen Staatsrechtslehrer 37, Berlin/New York 1979, S. 215 ff.

[52] Vgl. Schuster, Barbara, Optimale Betriebsgröße – optimale Behördengröße. Zur Übertragbarkeit von Erkenntnissen der betriebswirtschaftlichen Kostentheorie auf die Behördenorganisation, in: Projektgruppe Regierungs- und Verwaltungsreform beim Bundesminister des Innern. Bericht. Die nichtministerielle Bundesverwaltung, Erster Teil, Analyse, Anhang, Bonn 1975.

die Hierarchie der öffentlichen Organisation eingebaut sind und eigenständig im Außenverhältnis handeln, also bei den dem deutschen Behördenbegriff entsprechenden Organisationseinheiten. Das reicht aber wohl nicht tief genug. Denn man bringt dann Verwaltungen höchst unterschiedlicher Größenordnungen zusammen: Großstadtverwaltungen oder Bezirksregierungen einerseits, Dorfverwaltungen oder Denkmalschutzämter andererseits. Insoweit wäre es aufschlussreicher, die Grundeinheiten der Verwaltungsorganisation – Referate, Ämter, Dezernate usw. – auszuzählen. Jedoch ist das in Deutschland verbreitete Konzept der „Basiseinheit" international nicht selbstverständlich.

Nicht einfacher ist es mit relativen Zahlen zu operieren. Die Frage nach der Bezugsgröße müsste wohl Bedacht darauf nehmen, dass in vielen Staaten die Disparitäten zwischen verwaltetem städtischen und verwaltetem ländlichen Raum beachtlich sind. Der in Deutschland mit der kommunalen Gebiets- und Funktionalreform erreichte Zustand ist keineswegs für viele Industrieländer repräsentativ. Viele Staaten – etwa die USA – sind stark von einer Verwaltungslandschaft der Sonderbehörden geprägt. In Deutschland bevorzugt man demgegenüber – nach einem Prinzip von der Einheit der Verwaltung – die Bündelung der öffentlichen Aufgabenwahrnehmung in allgemeinen Verwaltungsbehörden. Trotzdem empfinden auch hier viele Bürger ihre Begegnung mit dem Verwaltungsapparat als „Behördendickicht". So lässt sich die Organisationsdichte eher pragmatisch verdeutlichen, wenn man exemplarisch Behörden aufzählt, mit denen der Bürger konfrontiert wird, und zwar jenseits seiner Stadt oder Gemeinde, nämlich Arbeitsämter, Polizeidirektionen, Katasterämter, Staatsbauämter, Forstämter, Straßenbauämter, Gesundheitsämter, Wasser- und Schifffahrtsämter, Zollämter, Kulturämter, Gewerbeaufsichtsämter, Rettungsleitstellen, Eichämter, Finanzämter, Versorgungsämter, Bergämter. Die sich aus der Behördenvielzahl ergebenden Orientierungsprobleme sind mit zu berücksichtigen, wenn man „Verwaltungsmonopole" abschaffen will, um virtuellen Wettbewerb und Quasimärkte für Verwaltungsleistungen organisatorisch herzustellen.

Zur Personaldichte findet man einen quantitativen Zugang, wenn man bei der Zahl der Beschäftigten im öffentlichen Dienst anknüpft. Trotz des zunehmenden Einsatzes der elektronischen Datenverarbeitung in der Bürotätigkeit ist der Leistungsbereich des Staatssektors personalintensiv. Für eine auf den öffentlichen Dienst insgesamt bezogene Sicht ist der Anteil der öffentlichen Bediensteten an der Gesamtbeschäftigung instruktiv. Insofern bietet sich für die westlichen Industrieländer kein einheitliches Bild.[53] Eine Spitzengruppe bilden herkömmlicherweise die skandinavischen Länder, bei denen bis zu jeder dritte Beschäftigte dem öffentlichen Dienst angehört. Es zeigt sich, dass sich der

---

[53] Vgl. OECD, Issues and Developments in Public Management PUMA, Survey 1996-1997, Paris 1997, S. 306.

skandinavische Wohlfahrtsstaat in Dienstleistungen manifestiert. Wenn demgegenüber andere Wohlfahrtsstaaten – wie zum Beispiel die Bundesrepublik Deutschland – Transferleistungen bevorzugen, dann haben entsprechende Zahlbarmachungen auch eine Dienstleistungskomponente. Diese ist aber weniger personalintensiv.[54] Die Beschäftigungsquote bleibt mithin interpretationsbedürftig. Das gilt für die Lage vieler Industrieländer, die wie auch Deutschland bei solchen Zahlen in der Nähe der 15 %-Marke oder wie im Falle Japans noch darunter liegen. Wenn Eisenbahn, Post, Telefon usw. staatlich betrieben werden, prägt dies das Zahlenwerk maßgeblich. Entsprechend führen Reformbewegungen der Binnenrationalisierung, der Privatisierung, des „Outsourcing", der „Public Private Partnership" zum Personalabbau, jüngst insbesondere in Ländern eines „Neuen Öffentlichen Managements" wie Großbritannien. Aber auch in Deutschland gehen die Personalzahlen zurück.[55] Sie sind an den historischen Stand der Produktion und Distribution von Gütern und Dienstleistungen der öffentlichen Hand gebunden und schließen von Fall zu Fall Briefträger und Bahnbedienstete, Lehrer und Bedienstete kommunaler Versorgungs- und Entsorgungsunternehmen usw. je nach formaler Zuordnung ein. Es geht bei der öffentlichen Beschäftigung um Tätigkeiten, die sich kaum als öffentliche Verwaltung begreifen lassen. Sich hiernach auf die Allgemeinen Dienste, mithin die zentrale Verwaltung, die öffentliche Sicherheit und Ordnung, den Rechtsschutz, die Finanzverwaltung zu begrenzen, hilft nicht weiter. Denn auch öffentliche Bildung, öffentlicher Verkehr, öffentliche Wasserversorgung usw. müssen verwaltet werden. Gleichwohl vermittelt ein öffentlicher Dienst in Deutschland mit einer Gesamtbeschäftigung von über 4,5 Millionen Personen und 1,3 Millionen Beschäftigten in den Allgemeinen Diensten den Eindruck einer öffentlich verwalteten Welt. Man könnte die gesellschaftliche Präsenz der Verwaltung noch weiter belegen, etwa durch die Zahl der Verwaltungsverfahren, letztlich durch die Zahl der Verwaltungsentscheidungen von der Genehmigung von Hochbauten bis zu den Steuerbescheiden, von der Zulassung von Kraftfahrzeugen bis zur Bewilligung von Fördergeldern. Es gibt indessen immer wieder historische Ereignisse, bei denen über das Zahlenwerk des Verwaltungsalltags hinaus die Bedeutung der Verwaltungssphäre hervortritt.

2. Verwaltung in der deutschen Wiedervereinigung

Ein Schulbeispiel für die gesellschaftliche Relevanz der öffentlichen Verwaltung ist die deutsche Wiedervereinigung. Hätte man in den achtziger Jahren nur die Politik- und Aufgabenfelder, die Subsektoren staatlicher Aktivitäten in

---

[54] Vgl. Koch, Klaus, Sozialstaat und Wohlfahrtsstaat, in: Leviathan 1995, S. 78 ff.
[55] Vgl. Statistisches Bundesamt, Statistisches Jahrbuch 2005, S. 596.

den westlichen und in den östlichen Industrieländern aufgelistet, wäre man in beiden Hemisphären zu ähnlichen Katalogen gekommen. Gesundheitspolitik, Arbeitspolitik, Industriepolitik, Bildungspolitik, Verkehrspolitik oder Forschungspolitik wurde in den sozialistischen Ländern des Ostens wie in den Wohlfahrtsstaaten des Westens betrieben. Aber schon ein Blick auf die Politik- und Verwaltungsorganisation hätte gezeigt, dass unterschiedliche Ordnungen von Gesellschaft, Wirtschaft und Staat einander gegenüberstanden. So hätte man die spezialisierten Industrieministerien – für Maschinenbau, für chemische Industrie, für Elektrotechnik, für Bergbau, für Keramik, für Energie oder für Anlagenbau – nur im Osten festgestellt, wie sie eben organisatorische Symbole für eine geplante und verwaltete Staatswirtschaft sind. Das gilt erst recht für jene Staatlichen Plankommissionen, denen im Sozialismus die Planung der gesamten Wirtschaft und die Kontrolle der Plandurchführung oblagen.[56]

Gegenüber diesen Symbolen organisierter Einheit von Staat, Wirtschaft, Gesellschaft hat der westliche Verwaltungsstaat, selbst als er die Merkmale eines Wohlfahrtsstaates angenommen hatte, nicht die Prämissen funktionaler Differenzierung der Gesellschaft aufgegeben. Die Gesellschaft ist nicht einfach vom Staat her organisiert. Öffentliche Politiken werden als Intervention in andere, relativ selbständige, sich sonst nach eigenen Prinzipien regelnde Handlungssphären angesehen. Das gilt insbesondere im Verhältnis von Staat und Wirtschaft. Die Wirtschaft ist nicht geplanter und verwalteter Bestandteil des Staates. Sie ist ein eigenes soziales System, rationalisiert nach eigenen Prinzipien, nämlich Markt, Wettbewerb, Unternehmertum. Der Markt mag von Fall zu Fall versagen. Das beseitigt aber die eigene Rationalität des Wirtschaftssystems prinzipiell nicht und ändert auch nicht den Charakter staatlicher Steuerung als Intervention in Märkte, Unternehmen oder Verbraucherverhalten.[57]

Nach diesen Prämissen sind Substanz und Modi der öffentlichen Aufgabenwahrnehmung zum Verständnis des Verwaltungsstaates zu entfalten. In der Sache lässt sich für die technisch-industriell entwickelten Länder des Westens zeigen, wie diesen über Epochen öffentliche Aufgaben zugewachsen sind: noch in ihrem modernen Anfang der Schutz der territorialen Integrität sowie die Aufrechterhaltung der Ordnung im Innern und die Sicherung der finanziellen Basis, dann die Förderung des wirtschaftlichen Wohlstandes einschließlich Handel und Industrie, Landwirtschaft, öffentlicher Infrastruktur und schließlich jene Vielfalt von sozialen Aufgaben, die den westlichen Wohlfahrtsstaat kennzeichnen.

---

[56] Vgl. König, Klaus, Politikplanung und öffentliches Management im Dialog mit Transformationsländern, in: Verwaltung und Management 1996, S. 68 ff.
[57] Vgl. König, Klaus/Theobald, Christian, Liberalisierung und Regulierung netzgebundener Güter und Dienste, in: Klaus Grupp/Michael Ronellenfitsch (Hrsg.), Planung – Recht – Rechtsschutz, Berlin 1999.

Was die Modalitäten der öffentlichen Aufgabenwahrnehmung anlangt, so kann eine Vielfalt von Instrumenten und Formen verwaltungsstaatlichen Handelns klassifiziert werden. Referenzen sind: Entscheidungsarten – z. B. Gesetze oder Pläne –, Instrumentalisierungen – z. B. Gebote oder Anreize –, Formalisierungen – z. B. Verwaltungsakt oder öffentlich-rechtlicher Vertrag –, Funktionen – z. B. Ordnungsfunktionen oder Lenkungsfunktionen –. Letztlich zeichnet sich – von Ort zu Ort und von Zeit zu Zeit verschieden – eine äußerst vielschichtige Landschaft von Steuerungsmodalitäten ab.[58] Es kann zu charakteristischen Bündelungen von Ausführungsarten kommen. So mag man von dem einen Wohlfahrtsstaat sagen, dass er einer der Dienstleistungen sei, der insoweit in Bereichen von Bildung, Sozialpflege, Gesundheit zu einer eigenen Produktion und Distribution öffentlicher Güter kommt. Hingegen mag man von einem anderen Wohlfahrtsstaat sagen, dass er eher einer der Transferleistungen sei, also der Sozialhilfen, des Erziehungsgeldes, der Ausbildungsbeihilfen usw.

Die Wiedervereinigung Deutschlands und die Transformation von DDR-Staat und Kaderverwaltung bieten aber noch einen anderen historischen Anschauungsfall. Sie zeigen das Potential des Verwaltungsstaates jenseits des Alltags öffentlicher Bürokratien. Politisch-administrative Leistungen, die für die Integration Deutschlands und für Wirtschaft und Gesellschaft Ostdeutschlands erbracht worden sind, führten nicht zufällig zu Stunden des seltenen öffentlichen Lobs für die Staatsverwaltung. Hier bewiesen schon die Entwurfsarbeiten der Bonner Ministerialbürokratie zum rechtlich-finanziellen Rahmenwerk für die Vereinigung Deutschlands bemerkenswerte Koordinationskraft und Autorität. Im Zuge der Transformations- und Integrationsanstrengungen zeigte sich dann, dass trotz des ökonomischen Referenzsystems im Westen die Dynamik des Marktes doch nicht so groß war, wie es viele erwartet hatten. Auch die gesellschaftlichen Kräfte waren in der alten DDR nicht so ausgebildet, dass sie Funktionen organisierter Interessen im Pluralismus ohne weiteres hätten übernehmen können. Zwar griffen von Westen her von Fall zu Fall partikulare Interessenorganisationen über, wie sich auch zum Beispiel für das Wissenschaftssystem beobachten ließ. Aber letztlich waren Transformation und Integration Ostdeutschlands eine staatszentrierte Veranstaltung. Die westliche Wohlfahrtsstaatlichkeit musste die sozioökonomischen Defizite kompensieren. Und es war die öffentliche Verwaltung, die dies durch ihre Arbeit umsetzen musste.[59]

Freilich spielte dabei die Treuhandanstalt eine Sonderrolle. Sie passte nicht in das herkömmliche Bild der Verwaltungsbehörden. Sie war aber auch nicht

---

[58] Vgl. König, Klaus/Dose, Nicolai, Handlungsleitende Formen staatlicher Steuerung, in: dies. (Hrsg.), Instrumente und Formen staatlichen Handelns, Köln u. a. 1993, S. 153 ff.

[59] Vgl. König, Klaus/Benz, Angelika, Staatszentrierte Transformation im vereinten Deutschland, in: Der Staat 1996, S. 109 ff.

Wirtschaftsunternehmen.[60] Sie diente in erster Linie der Entwicklung der Wirtschaft, aber eben als Agentur des Staates. Jenseits von Organisationsform, Personalstruktur und Rechtsform des Umgangs mit der Klientel wurde von Staats wegen privatisiert, reprivatisiert oder kommunalisiert. Nimmt man alle Aktivitäten der Treuhandanstalt einschließlich ihrer Beiträge zur Beschäftigungsentwicklung und zum Strukturwandel zusammen, dann sind wichtige Bereiche des Wirtschafts-, Arbeits- aber etwa auch des Kommunallebens auf ostdeutschem Boden von dieser Staatsagentur geprägt worden. Das betrifft Tausende von Unternehmen mit Privatisierungen, Sanierungen und Liquidierungen, Hunderttausende von Beschäftigten oder Arbeitslosen. Das umfasst Subventionen, Anschlussfinanzierung, Beschäftigungs- und Investitionszulagen.[61] Letztlich wurde über die Wirtschaftskraft von ganzen Regionen, die Strukturen von Branchen, Ausbildungs- und Arbeitschancen entschieden. Darüber hinaus wurden etwa auch die Kommunen mit einem Verwaltungs- und Finanzvermögen ausgestattet, das der örtlichen Selbstverwaltung erst die materiellen Grundlagen gab.[62]

Für die nach herkömmlichem Muster aufgebauten Verwaltungsbehörden in Ostdeutschland blieb freilich genug zu tun. Wohlfahrtsstaatlichkeit nach Art der Bundesrepublik bedeutete auch, dass Aufgaben in Angriff genommen werden mussten, die der reale Sozialismus hatte liegen lassen, wie Umweltschutz, Stadtsanierung, öffentliche Infrastruktur usw. Eine Vielfalt auf ostdeutschem Boden ungewohnter und vernachlässigter Staatsaktivitäten musste dem Grunde nach entfaltet, zugleich aber nach dem Transformationsbedarf gestaltet werden. Das begann mit der Einführung sozialer Sicherungssysteme, der Renten-, Kranken- und Arbeitslosenversicherung, die in der DDR nicht in gleicher Weise bestanden hatten. Sozialpolitik und Arbeitsmarktpolitik musste etabliert werden.

Zur Schaffung der Rahmenvoraussetzungen für eine funktionierende Marktwirtschaft zählte ferner die Bereitstellung von Infrastruktur. Nachteile in zentralen Determinanten des regionalen Entwicklungspotentials wie Lage, Agglomerationen, sektorale Struktur sollten ausgeglichen werden. Dies galt für Verkehrsanbindungen, Telekommunikation, Energieversorgung ebenso wie die Unterstützung von Forschung und Entwicklung, die mit dem Zusammenbruch

---

[60] Vgl. Czada, Roland, Die Treuhandanstalt im politischen System der Bundesrepublik, in: Aus Politik und Zeitgeschichte. Beilage zur Wochenzeitung Das Parlament, B 43-44/94 v. 28.10.1994, S. 31 ff.
[61] Vgl. Breuel, Birgit, Treuhandanstalt: Bilanz und Perspektiven, in: Aus Politik und Zeitgeschichte. Beilage zur Wochenzeitung Das Parlament, B 43-44/94 v. 28.10.1994, S. 14 ff.
[62] Vgl. König, Klaus, Bureaucratic Integration by Elite Transfer: The Case of the Former GDR, in: Governance 1993, S. 386 ff.

der DDR-Wirtschaft mit erheblichen Problemen zu kämpfen hatte. Zu verändern war beispielsweise auch das System der berufsbezogenen Ausbildung, wo sich zudem gravierende Veränderungen für einzelne Berufsbereiche ergeben hatten. Die Unterstützung der Forschung, vor allem auch der Industrieforschung, Innovationsförderung, Mittelstandsförderung wurden ebenfalls als staatliche Aufgaben gesehen, wobei sich die Anforderungen wiederum durch die Umbruchsituation erhöhten. Besondere Investitionszulagen, eine verstärkte Förderung über die Gemeinschaftsaufgabe „Verbesserung der regionalen Wirtschaftsstruktur", über die auch die von der Europäischen Union zur Verfügung gestellten Mittel eingesetzt wurden, stellten weitere Ansätze zur Förderung der privaten Wirtschaft durch staatliche Intervention dar. Gleichzeitig wurde dabei verstärkt auf Kofinanzierung und die Unterstützung privater Investitionen durch Verbundprojekte von Bund und Ländern gesetzt.[63]

Staatliche Aktivitäten erstreckten sich aber auch auf den kulturellen Bereich, und zwar im Wege einer Übergangsfinanzierung durch ein „kulturelles Infrastrukturprogramm für die neuen Länder". In Übereinstimmung mit dem Einigungsvertrag kam es, um die eingeschränkte finanzielle Leistungskraft von Ländern und Kommunen über einen beschränkten Zeitraum auszugleichen, zu einer umfassenden übergangsweisen finanziellen Bundesbeteiligung an nahezu sämtlichen Kulturbereichen. Solche Schilderungen ließen sich durch Hinweise auf weitere Staatsaktivitäten verlängern. Sie belegen eine Erfahrung aller Transformationsländer, zu denen eben auch Ostdeutschland trotz seiner günstigeren Ausgangslage gehört: Der Etatismus des realen Sozialismus und der Bezug auf die westliche Wohlfahrtsstaatlichkeit ließen nichts anderes zu, als dass die Transformation wiederum zuerst als Staatsveranstaltung geriet.[64] Und das bedeutet, dass sie auch zu einer hohen Zeit des Verwaltungsstaates wurde.

IV. Handlungssphäre der öffentlichen Verwaltung

1. Verwaltung jenseits des territorial-nationalen Staates

Die Reichweite des Verwaltungsstaates in einer verwalteten Welt weist darauf hin, dass die öffentliche Verwaltung der Moderne zuvorderst als staatliche Handlungssphäre begriffen wird. Das gilt in den Wurzeln vom Territorialstaat an, wie ihn die Neuzeit in Ablösung von personaler Zugehörigkeit, Lehnswe-

---

[63] Vgl. König, Klaus, Transformation als Staatsveranstaltung in Deutschland, in: Hellmut Wollmann u. a. (Hrsg.), Transformation sozialistischer Gesellschaften: Am Ende des Anfangs, Opladen 1995, S. 609 ff.

[64] Vgl. König, Klaus, Transformation als Staatsveranstaltung in Deutschland, in: Hellmut Wollmann u. a. (Hrsg.), Transformation sozialistischer Gesellschaften: Am Ende des Anfangs, Opladen 1995, S. 609 ff.

sen, Personenverband hervorgebracht hat. In einigen Entwicklungsländern mag nach wie vor die Zugehörigkeit zu einem Stammesverband konstitutiv für die Besorgung bestimmter allgemeiner Angelegenheiten sein.[65] In der okzidentalen Moderne wird die öffentliche Verwaltung zuerst einmal auf Gebietskörperschaften bezogen. Insoweit rückt in der Welt der Vereinten Nationen der Nationalstaat in seiner territorialen Dimension in den Vordergrund. Die globale Kommunikationsgemeinschaft begreift die öffentliche Verwaltung entsprechend vor allem nationalstaatlich, also als französische, polnische, US-amerikanische, japanische und auch deutsche Verwaltung. Der Nationalstaat ist dabei eine nach außen abgrenzende territoriale politische Organisation. Ethnischkulturelle Zusammenhänge werden zurückgestellt.

Gerade das kulturelle Moment macht aber deutlich, dass unterhalb der nationalen Ebene relevante Eigenarten öffentlicher Verwaltung zu berücksichtigen sind. Zwischen Bretagne und Korsika, Südtirol und Sizilien, Schleswig und Altbayern kann man nicht mit ein und demselben nationalisierten Verwaltungsstil der Bearbeitung öffentlicher Angelegenheiten rechnen. Auf subnationaler Ebene von Bundesländern, Regionen, Kommunen stößt man überdies auf verschiedene konkrete Institutionen. Das ist in der deutschen Vereinigung deutlich geworden. Die neuzeitliche Staatsbildung auf deutschem Boden erfolgte in mehreren Territorien: Preußen, Sachsen, Bayern usw. Die Einheitlichkeit der administrativen Verhältnisse wurde durch die gleichlaufende Entwicklung zu den Strukturen und Funktionen eines Verwaltungsstaates gefördert. Es bildeten sich also einerseits Isomorphien heraus, die es erlaubten, über die mitgliedschaftlichen öffentlichen Organisationen das Dach einer Reichs- bzw. Bundesverwaltung zu spannen. Andererseits haben sich in den Regionen Deutschlands bis zu den heutigen Bundesländern eigene, geschichtlich gewordene und kulturell gebundene Organisations- und Handlungsformen öffentlicher Verwaltung erhalten. Trotz der sachlichen Anpassungszwänge, wie sie sich in der jüngsten Zeit verschärft haben, sind sie nach wie vor maßgeblich.[66] So brachte dann auch der Wiederaufbau einer klassisch-modernen Verwaltung in den ostdeutschen Ländern und Kommunen keine einheitlichen administrativen Strukturen hervor. Neben endogenen Gründen war vor allem bedeutsam, dass beim Verwaltungsaufbau auf die westdeutsche Referenzgesellschaft zurückgegriffen wurde, und zwar nicht nur auf der Ebene der Verfassung. Es wurden Partnerschaften zwischen alten und neuen Bundesländern und Kommunen begründet. Die historischen Eigenheiten von mittleren Verwaltungsbehörden, Sonderverwaltungen, verfassten Kreisen, Städten, Gemeinden usw. im Westen wurden je

---

[65] Vgl. König, Klaus/Bolay, Friedrich W., Zur Evaluation eines Verwaltungshilfeprojektes im Nordjemen, in: Verwaltungsarchiv 1980, S. 265 ff.
[66] Vgl. Lecheler, Helmut, Verwaltungslehre, Stuttgart u. a. 1988.

nach Partner zum Leitbild im Osten.[67] Subnationale Verwaltungsorganisationen genießen vielerorts genügend Unabhängigkeit, um ihre historischen Eigenarten weiter zu pflegen und nicht unter nationalen Gesichtspunkten zu vereinheitlichen.

Wie es zum Verständnis der Handlungssphäre der öffentlichen Verwaltung erforderlich ist, auch jenseits der direkten Staatsverwaltung die Besorgung öffentlicher Angelegenheiten im subnationalen Bereich einzubeziehen, so enden Verwaltungsgeschäfte heute auch nicht mehr auf der Ebene des Nationalstaates. Die Geschichte der internationalen Verwaltungsgemeinschaften, Verwaltungsunionen, Verwaltungskommissionen auf den Gebieten des Schiffs- und Eisenbahnverkehrs, des Post- und Telegrafenwesens usw. reicht in das 19. Jahrhundert hinein. Jetzt haben wir es mit einer Vielzahl verwalteten und verwaltenden internationalen Organisationen zu tun, insbesondere mit der Familie der Vereinten Nationen. Zwei neue Entwicklungen kommen hinzu: die zur Transnationalität und die zur Supranationalität. Transnationalität äußert sich insbesondere in den grenzüberschreitenden Regionen, wie sie in der Mitte Europas aneinandergereiht sind. Herkömmliche innere Angelegenheiten – von der öffentlichen Sicherheit bis zum Umweltschutz – sind über die nationalen Grenzen hinweg zu besorgen.[68] Angesichts der vielen Orte des Transnationalen ist nur in der Weltregion der Europäischen Union der historische Schritt zur supranationalen, also den Nationalstaat übergeordneten öffentlichen Organisation unternommen worden.[69] Das damit verbundene Wort von den „Eurokraten" symbolisiert das Gewicht des Exekutiv-Administrativen auch in dieser Moderne.

2. Zum Begriff der öffentlichen Verwaltung

Aus der Perspektive verwaltungsrelevanter Wissenschaftsdisziplinen und dann verschiedener westlicher Verwaltungskulturräume wird darauf verwiesen, dass noch kein Verwaltungsbegriff gefunden worden ist, der allgemein akzeptiert wird.[70] Im Hinblick auf die Mannigfaltigkeit, gar Heterogenität der Handlungssphäre öffentlicher Verwaltung meinen viele, dass sich dieser Gegenstand nicht begrifflich bestimmen lässt. Es liege in der Eigenart der öffentlichen Ver-

---

[67] Vgl. König, Klaus, Aufbau der Landesverwaltung nach Leitbildern, in: Hellmut Wollmann u. a. (Hrsg.), Transformation der politisch-administrativen Strukturen in Ostdeutschland, Opladen 1997, S. 223 ff.

[68] Vgl. König, Klaus/Fossler, R. Scott, (Hrsg.), Regionalization below State-Level in Germany and the United States, Speyerer Forschungsberichte 197, Speyer 1998.

[69] Vgl. Bleckmann, Albert, Europarecht, 4. Aufl., Köln/Berlin/Bonn/München 1985.

[70] Vgl. Dunsire, Andrew, Administration: The Word and the Science, London 1973.

waltung begründet, dass sie sich zwar beschreiben, aber nicht definieren lasse.[71] Die Tätigkeiten seien so heterogen, dass ihr Allgemeinbegriff ins Nichtssagende verdünnt werden müsste.[72] Andernorts werden „one-sentence or one-paragraph definitions" als dem Gegenstand „Public Administration" unangemessen angesehen[73], und man geht davon aus, dass diese Handlungssphäre nicht präzise begrenzbar sei.[74] Manche lassen öffentliche Verwaltung einfach das sein, was Verwaltungsleute tun.[75]

In der deutschen Verwaltungsrechtslehre hat man sich lange mit einer Substraktionstheorie geholfen, nach der alle Staatstätigkeit, die weder Justiz noch Gesetzgebung ist, Verwaltung sei.[76] Eine solche Definition ist wissenschaftstheoretisch schon deswegen problematisch, weil sie nicht Bestimmung sondern Ausgrenzung ist. In der Sache wird der gewaltenteilende Staat vorausgesetzt. Dies ist aber auch für Staaten der Industriegesellschaft keineswegs selbstverständlich. Die marxistisch-leninistische Staatstheorie hat nicht nur Gewalteneinheit postuliert, sondern diese ist auch im realen Sozialismus durchgesetzt worden. Die Nomenklatura hat den sozialistischen Staat als ihr ungeteiltes Hauptinstrument ideologisiert und praktiziert. Dennoch bestand ein vollziehender Staatsapparat.[77]

Eine stringente „one-sentence"-Definition der öffentlichen Verwaltung hat die Reine Rechtslehre vorgetragen. Danach liegt das Wesen der Verwaltung allein darin, dass sie eine allgemeine Rechtsnormen individualisierende Rechtsfunktion sei.[78] Dieser Begrifflichkeit lässt sich vieles entgegenhalten. Sie setzt voraus, dass das Recht als immanenter Bestandteil des Verwaltungshandelns verstanden wird. Wir kennen aber in der Moderne managerialistische Verwaltungskulturen, in denen das Recht – genau wie im privatunternehmerischen Handeln – als Rahmenbedingung, gar als „barrier of rationality" begriffen wird,

---

[71] Vgl. Forsthoff, Ernst, Verfassungsrechtliche Grenzen einer Reform des öffentlichen Dienstrechts, in: ders. u. a. (Hrsg.), Verfassungsrechtliche Grenzen einer Reform des öffentlichen Dienstrechts, Studienkommission für die Reform des öffentlichen Dienstrechts, Band 5, Baden-Baden 1973, S. 21 ff.

[72] Vgl. Luhmann, Niklas, Theorie der Verwaltungswissenschaft: Bestandsaufnahme und Entwurf, Köln/Berlin 1966.

[73] Vgl. Waldo, Dwight, The Study of Public Administration, New York 1955.

[74] Vgl. Nigro, Felix A., Modern Public Administration, New York 1988.

[75] Vgl. Shafritz, Jay M./Russell, Edward W., Introducing Public Administration, New York u.a. 1997.

[76] Vgl. Mayer, Otto, Deutsches Verwaltungsrecht, 2 Bände, Neudruck der 3. Aufl. von 1924, Berlin 1961, S. 7.; Jellinek, Walter, Allgemeine Staatslehre, 3. Aufl., Berlin 1922, S. 612.

[77] Vgl. König, Klaus, Zum Verwaltungssystem der DDR, in: Klaus König (Hrsg.), Verwaltungsstrukturen der DDR, Baden-Baden 1991, S. 9 ff.

[78] Vgl. Kelsen, Hans, Reine Rechtslehre, 2. Aufl., Wien 1960, S. 80.

nämlich als Barriere für ökonomisch-rationales Handeln, das auch für den öffentlichen Sektor in managerialistischer Orientierung gelten soll. Für legalistische Verwaltungen greift ein auf die Rechtsfunktion verkürzter Verwaltungsbegriff ebenfalls zu kurz. Selbst in der Vollzugsverwaltung gibt es, wie empirisch gezeigt, keine umfassende und voll prospektive Determination des Verwaltungshandelns durch Recht. Überdies müsste man für die Ministerialverwaltung – eine nicht zuletzt in Österreich gewichtige Verwaltung – einen neuen Begriff finden.

Der Verwaltungsbegriff der Reinen Rechtslehre ist in zwei Richtungen fruchtbar. Er zeigt an, dass man in der rechtsstaatlichen Verwaltung die Immanenz des Rechts für das Verwaltungshandeln zu beachten hat. Weiter wird die Relativität wissenschaftlicher Erkenntnis deutlich. Jener Begriff gilt nur im Rahmen der Reinen Rechtslehre. Jede weitere stringente wissenschaftliche Begriffsbildung würde wiederum nur unter den Bedingungen ihrer theoretischen Konzeption Geltung beanspruchen können. Das mag ein Gewinn an Tiefe der Einsichten sein, geht aber zu Lasten der Breite von Erkenntnissen und Erfahrungen. Solche Folgen passen nicht zu einem Begriff, der etwa die Breite eines Studienfaches wie die Verwaltungsrechtslehre abdecken muss. Entsprechend findet man hier weniger stringente Formeln wie zum Beispiel die, dass öffentliche Verwaltung im materiellen Sinne die mannigfaltige, konditional oder nur zweckbestimmte, also insofern fremdbestimmte, nur teilplanende, selbstbeteiligt entscheidend ausführende und gestaltende Wahrnehmung der Angelegenheiten von Gemeinwesen und ihrer Mitglieder als solcher durch dafür bestellte Sachwalter des Gemeinwesens sei.

Solche Formulierungen mag man unter organisatorischen, substantiellen, funktionalen Gesichtspunkten zu präzisieren suchen.[79] Die Problematik eines mehr pragmatischen Verständnisses der öffentlichen Verwaltung bleibt. Man kann sie auch nicht dadurch lösen, indem man auf die Verfassung verweist.[80] Es gibt Länder ohne geschriebene Verfassungen, in denen einschlägige Interpretationen ohne zureichende allgemeine Präzisierung bleiben müssen. Es gibt Verfassungen von präsidialen Regierungssystemen, in denen die Exekutive lediglich am Amt des Präsidenten festgemacht ist. Überdies müssen Spannungslagen zwischen Verfassungsrecht und Verfassungswirklichkeit berücksichtigt werden können. Freilich prägt die Verfassung die öffentliche Verwaltung. Das gilt für allgemeine Regeln wie die, die im deutschen Falle die vollziehende Gewalt an Gesetz und Recht bindet (Art. 20 GG). Hinzu treten besondere Re-

---

[79] Vgl. Winkler, Günther, Zum Verwaltungsbegriff, in: Österreichische Zeitschrift für öffentliches Recht 1958, S. 66 ff.
[80] Vgl. Adamovich, Ludwig K./Funk, Bernd-Christian, Allgemeines Verwaltungsrecht, 2. Aufl., Wien u.a. 1984.

geln, die im deutschen Falle von „Verwaltungsrecht als konkretisiertem Verfassungsrecht" sprechen lassen.[81]

Bemerkenswert ist insofern die Konstitution einer eigenen Bundeswehrverwaltung in Deutschland (Art. 87 b GG). Die Streitkräfte verwalten sich nicht selbst, sondern werden verwaltet. Eine bundeseigene Verwaltung mit eigenem Verwaltungsunterbau dient dem Personalwesen und der unmittelbaren Deckung des Sachbedarfs der Streitkräfte. Damit ist auf eine allgemeine Differenzierung öffentlichen Handelns hingewiesen. Sache der öffentlichen Verwaltung ist nicht die militärische Verteidigung, dann auch nicht die schulische Lehre, nicht die medizinische Behandlung, nicht die technische Wasserversorgung usw. Aber Streitkräfte, Schulen, Krankenhäuser, städtische Wasserwerke usw. müssen verwaltet werden. Die spezialisierten öffentlichen Handlungssphären von Verteidigung, Gesundheit, Bildung werden über Verwaltungsleistungen an die Gesellschaft angeschlossen.[82] Nur leistet die öffentliche Verwaltung mehr als Personal- und Sachausstattungsfunktionen. Sie trägt zur Sachpolitik, also Verteidigungspolitik, Bildungspolitik, Gesundheitspolitik bei. Über der nachgeordneten Bundeswehrverwaltung steht ein Verteidigungsministerium als Bestandteil der Ministerialverwaltung und so einer in der Sache planenden Administration. Sache der öffentlichen Verwaltung sind insofern Planungen und Entscheidungen, nicht Lehren, Heilen, Bauen.

Was für die deutsche Verwaltungsrechtslehre skizziert worden ist, betrifft auch das US-amerikanische Studienfach „Public Administration". Man verweist darauf, dass die öffentliche Verwaltung in den modernen Staaten mit der Exekutive identifiziert würde. Für diese gebe es schon aus historischen Gründen keine Definition, weil zwar die Institutionen von Legislative und Judikative aus dem historischen Bestand staatlicher Herrschaftssphäre herausgewachsen seien, für die Exekutive es aber keine solche Emergenz gebe. Sie sei, was nicht näher erklärungsbedürftig von der alten Kerngewalt im geschichtlichen Prozess übrig geblieben sei.[83] Entsprechend versucht man sich von verschiedenen Bestimmungsgrößen her dem Begriff der öffentlichen Verwaltung zu nähern: vom exekutiven Regieren, von Formulierung und Implementation der Sachpolitik, vom öffentlichen Interesse, vom „Law in Action", vom öffentlichen Manage-

---

[81] Vgl. Werner, Fritz, Das Problem des Richterstaates – Vortrag gehalten vor der Berliner Juristischen Gesellschaft am 4. November 1959, Berlin 1960.

[82] Vgl. Roellecke, Gerd, Die Verwaltungswissenschaft – von außen gesehen, in: Klaus König (Hrsg.), Öffentliche Verwaltung an der Wende zum 21. Jahrhundert, Baden-Baden 1997, S. 355 ff.

[83] Vgl. Fesler, James W., Public Administration: Theory and Practice, Englewood Cliffs 1980.

ment, von der Beschäftigung und Professionalität im öffentlichen Dienst her usw.[84]

Geht man davon aus, dass ein stringenter Verwaltungsbegriff ein bestimmtes theoretisches Konzept gebunden und so für eine mehr pragmatische Sicht der öffentlichen Verwaltung in ihrer Vielgestaltigkeit – „large, complex and important" – keine zufriedenstellende Definition gefunden worden ist, dann liegt ein erster Schritt der Verständigung über diesen Gegenstand darin, dass man Deskriptionen vornimmt, die diese Handlungssphäre charakterisieren. Solche Eigenschaftsbeschreibungen sind nicht auf eine bestimmte Zahl beschränkt. Deswegen muss ihre Auswahl nach Relevanzkriterien erfolgen. Solche Kriterien finden sich in den Themen eines langen Begriffsstreits zur öffentlichen Verwaltung. Man kann auf sie Bezug nehmen.

Die erste Beschreibung der öffentlichen Verwaltung bezieht sich auf die Grundbeschaffenheit der modernen Gesellschaft, dass sie nämlich in soziale Handlungssphären funktionaler Systeme differenziert ist.[85] Die öffentliche Verwaltung ist ein solches Funktionssystem neben anderen gesellschaftlichen Teilsystemen, wie das auf Politik spezialisierte System, das marktwirtschaftlich ausdifferenzierte ökonomische System, das Rechschutzsystem, das Bildungssystem usw. Würde die öffentliche Verwaltung in Hybridation mit anderen Handlungssphären ihren spezifischen Leistungscharakter verlieren, könnte man nicht länger von einer modernen Verwaltung, sondern man müsste von einer post-modernen Verwaltung sprechen. Die Basisfunktion der öffentlichen Verwaltung ist sodann die Mitwirkung bei der Allokation gesellschaftlicher Werte, Güter, Dienstleistungen durch bindende Entscheidungen.[86] In der Moderne ist es der Staat – „Government", wo der Staatsbegriff für innere Angelegenheiten unüblich ist –, der autoritativ Verbindlichkeit stiftet und die Allokation jener Güter vornimmt, die weder Individuen, noch Familien und Nachbarschaft, noch Interessensverbände und uneigennützige Selbstorganisationen, noch Markt und Wettbewerb zuweisen und unter Umständen gar nicht zuweisen können. Dabei betrifft die Frage der Produktion solcher Güter und des Eigentums an den Produktionsmitteln[87] nicht die Basisfunktion der öffentlichen Verwaltung. Der Staat kann mit öffentlich-rechtlichen Zweckbindungen die Eigentumsordnung

---

[84] Vgl. Shafritz, Jay M./Russell, E. W., Introducing Public Administration, New York u.a. 1997.

[85] Vgl. Münch, Richard, Die Struktur der Moderne – Grundmuster und differentielle Gestaltung des institutionellen Aufbaus der modernen Gesellschaften, Frankfurt a. M. 1984.

[86] Vgl. Sharkansky, Ira, Public Administration: Policy-making in Government Agencies, 4. Aufl., Chicago 1978.

[87] Vgl. Eichhorn, Peter/Friedrich, Peter, Methodologie und Management der öffentlichen Verwaltung, Baden-Baden 1976.

überlagern und auch fremdproduzierte Güter zuweisen. Freilich handelt es sich bei Produktion und Produktionsmitteln um operative Funktionen des Verwaltens, die in einer klassisch-westlichen Verwaltung anders geregelt sind als in einer marxistisch-leninistischen Kaderverwaltung.

Der Staatsbezug scheint es hiernach wiederum nahezulegen, doch zumindest für die öffentlichen Verwaltungen gesellschaftlich wie gouvernemental differenzierter Länder – jetzt mit Deskriptionen nicht Definitionen – bei der Unterscheidung zwischen Legislative, Judikative und Exekutive anzuknüpfen. Immerhin war auch im realen Sozialismus trotz Gewalteneinheit und Machtkonzentration eine arbeitsteilige Staatsorganisation eingerichtet. Neben Volksräten und sozialistischer Gerichtsbarkeit stand die sogenannte „vollziehende-verfügende Tätigkeit",[88] eben eine Kaderverwaltung. Indessen kommt man auch hier bei Eigenschaftsbeschreibungen wiederum nicht daran vorbei, lediglich – negativ – Ausgrenzungen gegenüber den historisch klarer profilierten legislativen und judikativen Institutionen vorzunehmen. Die öffentliche Verwaltung anschließend positiv zu bezeichnen, in dem man in ihr den Tätigkeitsbereich der weisungsgebundenen Staatsorgane sieht[89] hilft nicht weiter.[90] Man würde viele Verwaltungsphänomene nicht zufriedenstellend erreichen: von den verselbstständigten Verwaltungsträgern bis zum administrativen Vertragsmanagement.

Überhaupt darf die Eigenschaftsbeschreibung der öffentlichen Verwaltung nicht zu staatszentriert ausfallen. Zwar wird die Verwaltung auch am Beginn des 21. Jahrhunderts zuerst als staatliche Verwaltung perzipiert. Das entspricht durchaus dem Gewicht des Staates selbst in einem historischen Prozess der Globalisierung. Aber einerseits sind lokalen wie regionalen Verwaltungen und dazu Verwaltungsträgern mit Klientelorientierung soviel Autonomie und Selbstständigkeit zugewachsen, dass der Rückgriff auf die Weisungshierarchie zu kurz ausfällt. Andererseits ist auf Internationalität, Transnationalität, Supranationalität zu verweisen. Von der Europäischen Union bis zu den Vereinten Nationen bestehen Großverwaltungen, die die grenzüberschreitenden Angelegenheiten bearbeiten. Die moderne Gesellschaft ist von einer Mehrebenenverwaltung geprägt, die von der lokalen und regionalen, über die gliedstaatliche und zentralstaatliche bis zur supranationalen und internationalen Organisation reicht.

Für Allokationsentscheidungen gilt dann grundsätzlich, dass sie eines Verarbeitungsapparates bedürfen. In der älteren Verwaltungslehre hat man so auch

---

[88] Vgl. Akademie für Staats- und Rechtswissenschaft der DDR (Hrsg.), Verwaltungsrecht – Lehrbuch, 2. Aufl., Berlin 1988.
[89] Vgl. Merkel, Adolf, Allgemeines Verwaltungsrecht, Neudruck, Darmstadt 1969.
[90] Vgl. Adamovich, Ludwig K./Funk, Bernd-Christian, Allgemeines Verwaltungsrecht, 2. Aufl., Wien u.a. 1984.

von der öffentlichen Verwaltung als dem „arbeitenden Staat" gesprochen.[91] Heute könnte man sich auf einen systemtheoretischen Ansatz stützen, bei dem die Inputs – Anforderungen, Ressourcen, Unterstützungen – durch Konversionsprozesse – Strukturen, Prozeduren, Personal, Kontrollen – zu Outputs – Zuweisung von Gütern und Dienstleistungen – verarbeitet werden, letztere wiederum die Inputseite im Wege des Feedbacks beeinflussen können.[92] Das so charakterisierte „administrative system" weist einen hohen Abstraktionsgrad auf, verdeutlicht aber, dass die Mannigfaltigkeit der öffentlichen Verwaltung nicht zu ihrer Entgrenzung gegenüber anderen sozialen Handlungssphären führt. Verwaltungssystem und Verwaltungsumwelt lassen sich unterscheiden, zum Beispiel in der Frage der Mitgliedschaft.

Von der Eigenschaft eines Verarbeitungsapparates her ist zu verstehen, dass in der anglo-amerikanischen Verwaltungswissenschaft gesagt wird: „The field of administration is the field of business".[93] Damit wird verschiedenes gemeint, zum einen die Gegenposition zur Politisierung der öffentlichen Verwaltung – „More business in Government" –, zum anderen die verallgemeinernde – „generic" – Bezeichnung der Verwaltung als soziales Phänomen, das einem Wirtschaftsunternehmen, einer Kirche, einer Universität, einer Polizeidirektion usw. gleichermaßen gemein ist.[94] Letzteres berührt die Eigenschaftsbeschreibung der öffentlichen Verwaltung. Zunächst lässt sich Verwalten im öffentlichen Sektor durchaus als Welt der Geschäfte begreifen. Hier wie im privaten Sektor muss geplant, organisiert, mit Personal ausgestattet, finanziert, koordiniert werden. Die noch so karitative Organisation existiert in einer verwalteten Welt; entsprechend pflegen Wohltätigkeitsvereine ihren Spendern zu belegen, dass ihr Verwaltungskostenanteil gering sei. Jedoch ist die öffentliche Verwaltung nicht „business as usual". Das folgt aus ihrer Basisfunktion, verbindliche Allokationsentscheidungen zu treffen. Solche Autorität prägt Organisation – zum Beispiel Ressortverantwortung –, Programm – zum Beispiel Gesetzesbindung –, Personal – zum Beispiel Beamtentum –, Prozess – zum Beispiel Verwaltungsverfahrensrecht – durch vom privaten und Dritten Sektor unterschiedliche Merkmale.

---

[91] Vgl. von Stein, Lorenz, Die Verwaltungslehre, Band 2, Neudruck der Ausgabe von 1866, Aalen 1962.

[92] Vgl. Sharkansky, Ira, Public Administration: Policy-making in Government Agencies, 4. Aufl., Chicago 1978.

[93] Vgl. Wilson, Woodrow, The Science of Administration, in: Political Science Quarterly 1887, S. 197 ff.; Gudnow, Frank J., Politics and Administration: A Study in Government (1900), New York 1967.

[94] Vgl. Pinney, Edward L. (Hrsg.), Comparative Politics and Political Theory – Essays written in honor of Charles Baskervill Robson, Chapel Hill, North Carolina 1966.

Für operative Leistungen ist es nicht allzu schwierig, die Ähnlichkeiten und Unterschiede von öffentlicher und privater Verwaltung von Fall zu Fall zu klären. Für die allgemeine Eigenschaftsbeschreibung der Handlungssphäre der öffentlichen Verwaltung fällt das schon schwerer. Zwei Kriterien scheinen für die Deskription maßgeblich: ein formelles und ein materielles. Öffentliche Verwaltungen zeichnen sich dadurch aus, dass sie als Verarbeitungsapparat – administratives System – einem Träger von Herrschaftsgewalt zugeordnet sind. Bei Staaten und auch bei supranationalen Gemeinschaften erfolgt die Zuordnung direkt, bei internationalen Organisationen zumindest indirekt über ihre Mitgliedsstaaten. Da aber Herrschaftsträger sich oft nicht auf verbindliche Allokationsentscheidungen beschränken, sondern sich etwa selbst kommerziell betätigen, zum Beispiel als Eigentümer von Autofabriken, Chemiewerken, Versicherungsfirmen, und weiter noch in Grenzbereichen der Versorgung und Entsorgung tätig sind, zum Beispiel Wasser, Elektrizität, Müll, Abwasser, kommt man nicht umhin, eine materielles Kriterium einzuführen. Man muss auf die alte Interessentheorie zurückgreifen, zu der schon der römische Jurist Ulpian gesagt hat: „publicum ius est quod ad statum rei Romanae spectat, privatum quod ad rigulorum utilitatem". Die Interessentheorie liefert bis zum heutigen Tag keine scharfe definitorische Abgrenzung zwischen dem Öffentlichen und dem Privaten im Allgemeinen.[95] Für die Eigenschaftsbeschreibung hat das öffentliche Interesse jedoch zumindest Hilfscharakter, da es Argumente für konkrete Zweifelsfälle bereithält.

Mit den Zuordnungskriterien ist eine weitere Eigenschaft der Handlungssphäre der öffentlichen Verwaltung bereits angedeutet, nämlich dass diese von einem Träger öffentlicher Gewalt beherrscht wird. Mögen öffentliche Verwaltungen noch so viel Macht auf sich vereinen, unter Herrschaftsaspekten besteht in der Moderne das Primat der auf Politik spezialisierten ausdifferenzierten sozialen Systeme. Unter dem Vorzeichen der Demokratie sind das Parlament und entsprechend legitimierte Exekutivpolitik, die die öffentliche Verwaltung steuern und leiten. Dabei ist das Bild von Markt versus Hierarchie zu einfach. Die öffentliche Verwaltung ist nicht schlicht in eine „Gehorsamspyramide" eingegliedert. Direktiven des ressortverantwortlichen und übergeordneten Ministers sind nur ein Teil des Beherrschungsmechanismus. Charakteristisch ist die konditionale und finale Programmierung des Verwaltungshandelns durch Rechtsvorschriften bzw. Pläne, seien es solche des Parlaments, seien es solche der Exekutive selbst. Insoweit ist die öffentliche Verwaltung zuerst Vollzugsverwaltung, die politische Entscheidungen umsetzt, als Anwendung von Gesetzen, Implementation von Plänen usw. Die öffentliche Verwaltung ist jedoch zugleich Politik vorbereitende Verwaltung, vor allem in der Ministerialverwal-

---

[95] Vgl. Maurer, Hartmut, Allgemeines Verwaltungsrecht, 16. Aufl., München 2006, S. 49.

tung, aber auch in jenen anderen Verwaltungen, in deren Vorfeld politische Entscheidungen über Verwaltungsentscheidungen fallen. Freilich erreicht selbst die höchste Regelungs- und Weisungsdichte es nicht, das Verwaltungshandeln zu determinieren. Regelungs- und Planungslücken, unbestimmte Gesetzes- und Planungsbegriffe, Ermessen usw. eröffnen einen eigenen Handlungsspielraum für die öffentliche Verwaltung.

Die verwaltungsrelevanten Rechts-, Wirtschafts- und Sozialwissenschaften zeichnen ihr eigenes Bild von der Handlungssphäre öffentlicher Verwaltung. So ist für die Jurisprudenz der Rechtscharakter des Verwaltungshandelns die dominante Eigenschaftsbeschreibung. Und in der Tat gibt in der westlichen rechtsstaatlichen Verwaltung das Recht dem Verwaltungshandeln Form und Maßstab. Das gilt nicht nur für die legalistische Verwaltung Kontinentaleuropas. Auch die öffentliche Verwaltung der Vereinigten Staaten von Amerika ruht auf dem Fundament des Rechts.[96] Indessen gibt es noch andere Formen und Maßstäbe des Verwaltungshandelns. Die wirtschaftlichen Staatswissenschaften können geltend machen, dass der kalte Stern der Knappheit ebenfalls über dem öffentlichen Sektor leuchtet. Geld regiert auch die Verwaltungswelt. Die Politikwissenschaft wird die alte Spannungslage von Politik und Verwaltung in den Vordergrund stellen. Recht, Geld, Macht und anderes bestimmen eben zugleich das Verwaltungshandeln. Angesichts fachspezifischer Beschreibungen und Definitionen muss für die übergreifende Sichtweise der öffentlichen Verwaltung die Erkenntnis zugrunde gelegt werden, dass jene ein ausdifferenziertes soziales System ist, dessen Grundfunktion in der Mitwirkung bei der Allokation öffentlicher Werte, Güter, Dienstleistungen durch Vorbereitung und Konkretisierung verbindlicher Entscheidungen entsteht. Da mit der Verbindlichkeit zugleich die Autorität der öffentlichen Gewalt in Anspruch genommen ist, kann diese Handlungssphäre auch ohne die ausdrückliche Kennzeichnung des Öffentlichen als administratives System, als Verwaltung bezeichnet werden, wie das in Kontinentaleuropa üblich ist. Mit solcher system- und entscheidungstheoretischen Verständigung kann die Verwaltungswissenschaft über Beschreibungen hinaus zumindest den Kernbegriff der öffentlichen Verwaltung bestimmen.

---

[96] Vgl. Moe, Ronald, The „Reinventing Government" Exercise: Misinterpreting the Problem, Misjudging the Consequences, in: Public Administration Review 1994, S. 111 ff.

2. Kapitel

Konzeption der Verwaltungswissenschaft

I. Zwei Paradigmen des Verwaltungsstudiums

1. Verwaltungswissenschaft – disziplinär

Eine Disziplin ist „a field of study".[1] Diese lexikalische Definition erscheint nicht nur etymologisch verständlich. Sie knüpft an der Verstetigung der Wissenschaft jenseits der Dynamik universitärer wie außeruniversitärer Forschung an. Für Lehrende wie Lernende bietet das Studienfach Grundorientierung. Es ist der Ort geplanter, organisierter, ausgestatteter, terminierter Wissenschaft. Das Studienfach ist offener als eine streng nach Gegenstand und Methode konstituierte Wissenschaftlichkeit. Es erlaubt dem Studenten der Medizin die erforderlichen Kenntnisse der Physik, Chemie, Biologie zu erwerben, ohne Studienwechsler zu werden. Im juristischen Studium bleibt für Rechtsphilosophie, Rechtstheorie, Rechtsgeschichte neben der Rechtsdogmatik Platz. Und wiederum im Studium kann sich die Betriebswirtschaftslehre – entsprechend dem US-amerikanischen Studienfach „Business Administration" – in die Managementwissenschaft ausweiten. Bei einem strengeren Disziplin-Begriff, der wissenschaftstheoretisch auf eine bestimmte Konstitution zwischen Gegenstand und Methode abstellt,[2] wäre hier zu begründen, warum die klassische betriebswirtschaftliche Frage der ökonomischen Zusammenhänge in Einzelwirtschaften, nämlich Einkommen zu erwerben und Einkommen zu verwenden, überschritten wird.

Geht man vom Begriff der Disziplin als Studienfach aus, dann findet man in den Vereinigten Staaten einerseits und in Kontinentaleuropa andererseits zwei unterschiedliche Grundkonstellationen, die man als paradigmatisch bezeichnen kann: dort ein disziplinäres und hier ein multidisziplinäres Paradigma.[3] Wäh-

---

[1] Vgl. Webster's Ninth New Collegiate Dictionary, Springfield/Mass. 1985, S. 360.

[2] Vgl. Ellwein, Thomas, Das disziplinäre System der Wissenschaft. Historische Entwicklung und zukünftige Perspektiven, in: Konstanzer Blätter zu Hochschulfragen 1989, S. 12 ff.

[3] Vgl. König, Klaus, Zum Standort der Verwaltungswissenschaft, in: Die Öffentliche Verwaltung 1990, S. 305 ff.; ders., Zwei Paradigmen des Verwaltungsstudiums – Verei-

rend in der alten Welt die öffentliche Verwaltung als Erkenntnisgegenstand mehreren Studienfächern zugeordnet ist, gibt es in den USA ein Studium der öffentlichen Verwaltung. Dort ist die Bezeichnung des Erfahrungsgegenstandes auch die des Studienfaches, also „Public Administration".[4] Variationen wie „Public Affairs", „Government", „Public Policy", „Public Management" sind festzustellen. Indessen hält sich über Ort und Zeit hinweg „Public Administration" als Kernbezeichnung. In Kontinentaleuropa spricht man demgegenüber von Verwaltungswissenschaft, Administrative Science, Science Administrative usw.

Die National Association of Schools of Public Affairs and Administration der USA zählt über 200 Mitglieder, die akademische Grade auf dem Gebiet der öffentlichen Verwaltung anbieten. Über 100 Mitglieder haben nach einem formalisierten Verfahren und aufgrund von Evaluationen eine Akkreditierung erreicht. Es gibt eine Reihe von Verwaltungsfakultäten – Harvard, Princeton, Berkeley usw. –, die zu den hervorragenden Bildungseinrichtungen der USA zählen und Spitzenpositionen in den entsprechenden Ranking-Listen einnehmen. Die Studentenzahl übersteigt die 30.000-Marke, vor allem in Master-Programmen, und dazu kommen noch über 2.000 Doktoranden. Im „Recruiter" der American Society for Public Administration findet man regelmäßig ein Dutzend Stellen für Professoren der öffentlichen Verwaltung ausgeschrieben. Das so etablierte Studium wird von einer Umwelt der Fachvereinigungen, Fachpresse, Fachliteratur, Fachzeitschriften usw. umgeben. Insbesondere in der letzten Dekade ist die Quantität an Lehrbüchern, Monografien, Zeitschriftenaufsätzen usw. bis hin zu einer umfangreichen „Grauen Literatur" kaum noch zu bewältigen. Die Qualitäten belegt man in bibliographischen Bestandsaufnahmen mit Zitationslisten.[5]

Public Administration als Studienfach hat wissenschaftliche und soziale Hintergründe. Letztere beruhen auf Reformbewegungen zu Staat und Verwaltung, insbesondere einem Beamtentum – Civil Service – in den USA. Diese Bewegungen reichen bis in das 19. Jahrhundert zurück, als man versuchte, das politische Beutesystem zu überwinden. Die politische Patronage erwies sich in einer Gesellschaft der Industrialisierung und Urbanisierung als dysfunktional. Spezifische Kenntnisse und Fertigkeiten für Verwaltungsgeschäfte wurden verlangt. Man forderte angesichts der Parteipolitisierung öffentlicher Ämter „take admi-

---

nigte Staaten von Amerika und Kontinentaleuropa, in: ders. (Hrsg.), Deutsche Verwaltung an der Wende zum 21. Jahrhundert, Baden-Baden 2002, S. 393 ff.

[4] Vgl. Caiden, Gerald E., Public Administration, 2. Aufl., Pacific Palisades 1982; Waldo, Dwight, The study of Public Administration, New York 1968.

[5] Vgl. McCurdy, Howard E., Public Administration. A Bibliographic Guide to the Literature, New York 1986, S. 75 ff.

nistration out of politics".[6] Die Ausdifferenzierung einer eigenen Handlungssphäre mit wiederum eigenen Rationalitätsprinzipien und korrespondierenden Kenntnissen und Fertigkeiten erschien für die moderne Verwaltung funktional. Jenseits dieser historischen Anfänge und der Dichotomie von Politik und Verwaltung reflektiert das Studium der öffentlichen Verwaltung in den USA bis auf den heutigen Tag einen hohen Modernisierungsdruck, der auf die öffentlichen Bürokratien ausgerichtet ist. Daran hat sich auch nichts dadurch geändert, dass mit der marxistisch-leninistischen Herrschaft und ihrer Kaderverwaltung der alte historische Widerpart verlorengegangen ist. Die aktuelle Spannungslage der Modernisierung reicht von einem managerialistischen „Reinventing Government" bis zu einem politischen „Refounding Democratic Public Administration".

Verbunden mit der Modernisierung des Tätigkeitsfeldes öffentlicher Verwaltung ist der Gedanke der Professionalisierung des Verwaltungsdienstes.[7] Zu diesem auch wissenschaftlichen Hintergrund des Studiums der öffentlichen Verwaltung gehören Bezüge zu Fächern wie Wirtschaftswissenschaften, Politische Wissenschaft, Soziologie, Psychologie, Philosophie, Geschichte, Rechtswissenschaft, „Business Administration" usw. Die Frage, die aber daran geknüpft wird, lautet: „Knowledge for Practice: Of What Use are the Disciplines?". Man kann insoweit auf die historische Entwicklung der Professionen von „Business", „Law", „Medicine" und ihre Verbindung mit den ebenfalls entstehenden Forschungsuniversitäten in den Vereinigten Staaten verweisen, also auf Berufe mit akademischen Grundlagen und entsprechenden „professional schools".[8]

Auch in Kontinentaleuropa gibt es professionelle, grundständige Universitätsstudiengänge wie in juristischen Fakultäten oder betriebswirtschaftlichen Fachbereichen. Insoweit kommt es nicht nur auf Fachwissen, sondern auch auf Methodenbeherrschung und fachliche Fertigkeiten an, wie freilich zudem auf die wissenschaftlichen Grundlagen solcher Methoden und Fertigkeiten. Auch in Kontinentaleuropa gibt es dann bei den „professional schools" die besonderen Querverbindungen zwischen akademischer Welt und beruflicher Praxis. In der dogmatischen Arbeit sind deutsche Rechtsprofessoren und Oberrichter nicht ohne weiteres unterscheidbar. Aber in den USA ist der dort spezifische und ein-

---

[6] Vgl. Wilson, Woodrow, The Study of Public Administration, in: Political Science Quarterly 1887, S. 197 ff.; Goodnow, Frank J., Politics and Administration: A Study in Government (1900), New York 1967, insbes. S. 22.

[7] Vgl. König, Klaus, Die Reform des öffentlichen Dienstes als Dilemma von Wissenschaft und Praxis, in: Carl Böhret (Hrsg.), Verwaltungsreformen und politische Wissenschaft, Baden-Baden 1978, S. 229 ff.

[8] Vgl. Lynn Jr., Laurence E., Knowledge for Practice: Of What Use are the Disciplines?, in: Donald F. Kettl/H. Brinton Milward (Hrsg.), The State of Public Management, Baltimore/London 1996, S. 47 ff.

flussreiche Wissenschaftspragmatismus grundsätzlich mit zu berücksichtigen, wie er sich dann auch auf Public Administration konstituierend auswirkt. Die für die Verwaltungswissenschaft dort relevanten Vorstellungen, Begriffe, Urteile, Anschauungen werden auch als Regeln für administratives Verhalten angesehen. Eine solche Wissenschaftsphilosophie bleibt auch bei methodologischen Verfeinerungen problematisch. Freilich wird man für die Konstitution der Verwaltungswissenschaft in Europa kaum um ein pragmatisches Relevanzkriterium herumkommen.

2. Verwaltungswissenschaft – multidisziplinär

In Kontinentaleuropa reicht der Gedanke, sich durch akademische Studien auf Staats- und Verwaltungsberufe vorzubereiten, weit in die Neuzeit zurück. Signifikant ist die Einrichtung von Kameralschulen und kameralistischen Lehrstühlen an Universitäten in Deutschland und in Österreich im 18. Jahrhundert. Sie reflektierte den Ausbildungsbedarf von Merkantilismus und Territorialstaat. Die fürstliche Macht setzte sie in den Hochschulen durch, „damit die studierende Jugend in Zeiten und ehe sie zu Bedienungen emploiert werden, einen guten Grund in obgedachten Wissenschaften (Cameralia, Oeconomia und Polizei-Sachen) erlangen möge".[9] Auch nach dem Ende von Merkantilismus und Kameralismus in Wissenschaft und Praxis gab es Versuche, Ökonomik, Polizei, Finanzen, Öffentliches Recht, Statistik unter dem Vorzeichen des Staates zusammenzuhalten, und schließlich noch bis zum Ende des 19. Jahrhunderts das Unternehmen, auf der Basis einer gesamten Staatswissenschaft die öffentliche Verwaltung unter philosophischen, geschichtlichen, juristischen, ökonomischen, soziologischen Aspekten als Teilphänomen des Staates in universeller Weise darzustellen.[10]

Der Gedanke einer universalen Verwaltungslehre ist wie der einer gesamten Staatswissenschaft dann der jetzt herkömmlichen Spezialisierung der Fachwissenschaften unterlegen. Versuche, den staatswissenschaftlichen Wissenszusammenhang den sich neu entwickelnden wissenschaftlichen Differenzierungen anzupassen,[11] war der Erfolg versagt. Die weiteren Unternehmungen einer Verwaltungswissenschaft nach staatswissenschaftlicher Methode blieben Rand-

---

[9] Vgl. Maier, Hans, Die ältere deutsche Staats- und Verwaltungslehre, München 1980, S. 177.

[10] Vgl. Stein, Lorenz von, System der Staatswissenschaft, Band 1 und 2, Neudruck der Ausgabe 1852/1856, Osnabrück 1964.

[11] Vgl. Mayr, Georg von, Begriff und Gliederung der Staatswissenschaften: Zur Einführung in deren Studium, 4. neubearb. und vermehrte Aufl., Tübingen 1921; Jastrow, Ignaz (Hrsg.), Die Reform der staatswissenschaftlichen Studien, München/Leipzig 1980.

2. Kapitel: Konzeption der Verwaltungswissenschaft

erscheinungen des Wissenschaftsbetriebes.[12] In dem sich stark herausbildenden Dualismus zwischen ökonomischen und juristischen Disziplinen fiel das Erfahrungsobjekt Öffentliche Verwaltung der Rechtswissenschaft zu. Das geschah so streng, dass gleichsam die Einheitsvorstellung von der verwaltungswissenschaftlichen Lehre und Forschung nun als juristischer Monismus in der Verwaltungsrechtslehre hergestellt wurde.

Die neue Verwaltungsrechtslehre entsprach dem Methodenbewusstsein des sich ausdifferenzierenden Wissenschaftsbetriebes gegenüber dem Konglomerat der gesamten Staatswissenschaft. Dabei konnte die Verwaltungsrechtslehre auf Entwicklungen in der Privatrechts- und der Strafrechtslehre zurückgreifen. Es war aber nicht einfach die Methodenfrage, die die öffentliche Verwaltung als selbständigen Studiengegenstand hinfällig machte. Für die Verwaltungspraxis selbst wurde der Rechtsstaat zum regulativen Grundgedanken. Insbesondere ist zu nennen: der Einfluss einer formal-juristischen Rechtsstaatsidee, die Konzipierung des Verwaltungsrechts nach dem Konzept der Eingriffsverwaltung und der sich als sozialwissenschaftliches Trennungsdenken niederschlagende Dualismus von Staat und Gesellschaft.

Will man die weitere Entwicklung des Verwaltungsstudiums in Europa betrachten, dann muss man Großbritannien als einen Sonderfall weitgehend außen vor lassen. Noch nach dem Fulton-Report zur Reform des Civil Service 1966 – 1968 ist die britische Regierung Empfehlungen nicht gefolgt, bei den Aufnahmeprüfungen in den Verwaltungsdienst solche Bewerber vorzuziehen, deren Studium auf die Tätigkeiten der Verwaltungsbeamten im Staatsdienst Bezug gehabt hat. Hier erschien es nicht erwiesen, dass das Studium einer bestimmten Materie einen verlässlichen Beweis dafür erbringt, dass der Betreffende praktisches Interesse an Gegenwartsproblemen hat. Damit sollten freilich verwaltungsbezogene Bildungsaktivitäten nicht schlechthin ausgeschlossen, in ihrer beruflichen Erheblichkeit allerdings auf die Frage nach dem Eintritt in den öffentlichen Dienst verschoben sein und damit Weiterbildung bedeuten.[13]

Die öffentliche Verwaltung ist an den britischen Universitäten so vor allem ein akademischer Gegenstand des Studiums der Politischen Wissenschaft. Vom Ende der 1960er Jahre an fand sie als Komponente der Politik Eingang in die neue polytechnische Ausbildung. Spezifischen Charakter wurde ihr bei der Ausbildung von Studenten aus Entwicklungsländern zugewiesen. Nachdem ein neuer öffentlicher Managerialismus die alte Whitehall-Verwaltung und ihre administrative Klasse abgelöst zu haben schien, stellt sich die Bildungsfrage

---

[12] Zur weiteren Entwicklung der nicht-juristischen Betrachtungsweise der öffentlichen Verwaltung vgl. Becker, Erich, Stand und Aufgaben der Verwaltungswissenschaft, in: Festschrift für Friedrich Giese zum 70. Geburtstag, Frankfurt a. M. 1953, S. 9 ff.

[13] Vgl. Painter, Chris, The British Civil Service in the Post-Fulton Era, European Group of Public Administration, Tampere 1976.

neu. Managementstudien für den öffentlichen Sektor werden immer mehr innerhalb und außerhalb von „Business Schools" angeboten. Die Frage ist, ob sich solche Studiengänge als professionelle Ausbildung für Verwaltungsgeneralisten durchsetzen werden oder ob es bei der alten Idee einer Verwaltung in der Zivilkultur bleiben wird, dass es eben keine Sonderbildung in öffentlichen Angelegenheiten gibt und universitäre Bildungsgänge gleichermaßen für privaten und öffentlichen Sektor qualifizieren.

In Kontinentaleuropa ist es demgegenüber das juristische Studium, das als professionelle Ausbildung vor allem die Qualifikation für den allgemeinen höheren Verwaltungsdienst vermittelt.[14] Das öffentliche Recht und mit ihm das Verwaltungsrecht haben in den juristischen Fakultäten eine gleichrangige Bedeutung mit Zivilrecht und Strafrecht erlangt. Obwohl immer mehr Spezialisten für die öffentlichen Verwaltungen rekrutiert werden und diese dann in allgemeine Leitungsfunktionen hineinwachsen, sind es die Juristen, die nach wie vor die größte homogene Gruppe der Ausbildung nach im Allgemeinen höheren Verwaltungsdienst darstellen.[15] Allerdings ist auch den Absolventen von wirtschafts- und sozialwissenschaftlichen Studiengängen immer mehr der Weg zum Verwaltungsgeneralisten eröffnet worden. Formale Hürden sind gefallen. Die Faktizität der Personalpolitik privilegiert freilich vielerorts noch den Juristenberuf.

Nicht zuletzt neu entstandene Beschäftigungsmöglichkeiten haben die öffentliche Verwaltung zum attraktiven Gegenstand für nichtjuristische Studiengänge werden lassen. Man wird heute zuerst die Betriebswirtschaftslehre – „Business Administration" – nennen müssen.[16] Sie bringt mehrere günstige Voraussetzungen für die Adaption an die öffentliche Verwaltung mit. Zuerst handelt es sich um einen professionellen Studiengang. Es erscheint also selbstverständlich, sich ein Praxisfeld zu erschließen, in dem der Student eine berufliche Chance hat. Des Weiteren behandelt die Betriebswirtschaftslehre herkömmlicherweise auch die öffentlichen Unternehmen.[17] Von hier aus scheint die Zuwendung zur nicht-unternehmerischen Verwaltung nicht übermäßig

---

[14] Vgl. König, Klaus, Die verwaltungswissenschaftliche Ausbildung in Europa, in: Konstanzer Blätter für Hochschulfragen 1981, S. 49 ff.

[15] Vgl. Leisner, Walter, Das Juristenmonopol in der öffentlichen Verwaltung, in: Peter Eidenmann/Peter Badura (Hrsg.), Jurist und Staatsbewusstsein, Heidelberg 1987, S. 53 ff.

[16] Vgl. Reichard, Christoph, Betriebswirtschaftslehre der öffentlichen Verwaltung, 2. Aufl., Berlin/New York 1987.

[17] Vgl. Wissenschaftliche Kommission „Öffentliche Unternehmen und Verwaltungen" im Verband der Hochschullehrer für Betriebswirtschaftslehre e. V., Ziele und Ausbildungskonzepte der öffentlichen Betriebswirtschaftslehre (Betriebswirtschaftslehre öffentlicher Unternehmen und Verwaltungen), in: Zeitschrift für öffentliche und gemeinwirtschaftliche Unternehmen 1987, S. 158 ff.

schwierig. Schließlich steht die aktuelle Modernisierungsbewegung der öffentlichen Verwaltung unter dem Vorzeichen eines neuen öffentlichen Managements. Diese internationale Bewegung hat auch den europäischen Kontinent erreicht. Manche vermuten hier einen Paradigmenwechsel von der legalistischen Verwaltungstradition weg und hin zu einem quasi-unternehmerischen Managerialismus im öffentlichen Sektor.[18] Jedenfalls wird es angesichts der Finanzierungskrise des Wohlfahrtsstaates und der Kostenintransparenz legalistischer Verwaltungen zu einer wachsenden Bedeutung der betriebswirtschaftlichen Sicht kommen.

Nächst dem Public Management ist für Kontinentaleuropa, aber auch für Skandinavien die Politische Wissenschaft als Platz eines Studiums der öffentlichen Verwaltung zu nennen.[19] Zwar pflegt das Politisch-Demokratische in der Wissensvermittlung im Vordergrund zu stehen. Überdies haben Fertigkeiten etwa als Methodenbeherrschung nicht allerorts Gewicht. Man sieht sich eher in der Tradition politischer Bildung als der Berufstätigkeit in Parlaments- und Parteiapparaten, Verbänden und öffentlichen Bürokratien. Die Verwaltungswissenschaft wird aber immer mehr als politikwissenschaftliches Teilgebiet akzeptiert und die öffentliche Verwaltung als Staatsorganisation, als öffentlicher Dienst, als politische Planung usw. im Studium berücksichtigt. Nicht zuletzt die jüngere Aufmerksamkeit für „Policy Analysis" rückt Verwaltungsphänomene von der Politikformulierung bis zur Politikimplementation nach vorne. Allerdings scheinen auch „Public Administration" und „Public Policy" zusammen in politikwissenschaftlichen Fakultäten nicht wirkmächtig genug zu sein, um ein stringentes professionelles Qualifikationsprofil zu begründen.

Nicht zuletzt die ausgeprägte Rezeption angloamerikanischer Lehr- und Forschungsrichtungen hat dazu geführt, dass das Studium der öffentlichen Verwaltung auch in weitere sozialwissenschaftliche Studiengänge aufgenommen worden ist, insbesondere die Soziologie und auch die Sozialpsychologie.[20] Die öffentliche Verwaltung stellt eine funktionale Handlungssphäre von hohem Organisationsgrad dar. Europäische Bürokratiesoziologie ist in den Vereinigten Staaten in einem frühen Stadium rezipiert worden und dann später wieder nach Europa zurückgekehrt. Darüber hinaus gibt es fachliche Konstellationen, die die öffentliche Verwaltung traditionell zu einem Teilgegenstand wissenschaftli-

---

[18] Vgl. Reinermann, Heinrich, Ein neues Paradigma für die öffentliche Verwaltung? Was Max Weber heute empfehlen dürfte, Speyerer Arbeitshefte 97, Speyer 1993.
[19] Vgl. Scharpf, Fritz W., Verwaltungswissenschaft als Teil der Politikwissenschaft, in: Schweizerisches Jahrbuch für politische Wissenschaften 1971, S. 7 ff.; Montin, Stig, Teaching Public Administration in Sweden, in: Public Administration 1999, S. 421 ff.
[20] Vgl. Mayntz, Renate, Soziologie der öffentlichen Verwaltung, 4. Aufl., Heidelberg 1997; Rosenstiel, Lutz von, Grundlagen der Organisationspsychologie: Basiswissen und Anwendungshinweise, 9. vollst. überarb. und erw. Aufl., Stuttgart 2000; Pankoke, Eckart/Nokielski, Hans, Verwaltungssoziologie, Stuttgart 1977.

cher Studien machen. Das gilt insbesondere für die Geschichtswissenschaft. Die Verwaltungsgeschichte befindet sich insoweit in einer anderen Situation als die Rechtsgeschichte. Freilich muss sie aus einer zu engen Landesgeschichte herausgehoben werden. Wie in den Sozialwissenschaften kommt der öffentlichen Verwaltung auch in den Wirtschaftswissenschaften steigende Beachtung zu, und zwar nicht nur in der Betriebswirtschaftslehre. Traditionell ist die Finanzwissenschaft als die alte Lehre von der ordentlichen Führung öffentlicher Haushalte verwaltungsnahe. Im kontinentaleuropäischen Wohlfahrtsstaat mit einer Staatsquote in der Nähe der 50 %-Marke lässt sich nicht übersehen, dass der öffentliche Wohlstand administriert wird. Entsprechend geht es beim Studium der öffentlichen Güter nicht mehr nur um eine Lehre vom Marktversagen. Die neue Institutionenökonomik[21] – Public Choice-Theorie, Principle Agent-Ansatz – ist nicht zuletzt eine Lehre von den öffentlichen Bürokratien.

Die Intensivierung des Verwaltungsstudiums im Kontext rechts-, wirtschafts- und sozialwissenschaftlicher Studiengänge ist höchst unterschiedlich. Die Rechtsstaatsidee als Regulativ der legalistisch geprägten Verwaltung hat es mit sich gebracht, dass auch in der akademischen Welt der Jurisprudenz das Verwaltungsrecht als Form- und Inhaltsbestimmung öffentlicher Verwaltung intensiv studiert wird. In den Wirtschaftswissenschaften reicht die Spannweite von der Explikation des Verwaltungsfaktors im volkswirtschaftlichen Stoff bis zur Anerkennung der öffentlichen Verwaltung als eine Branche neben Industrie, Handel, Banken usw. in der Betriebswirtschaftslehre. In den Sozialwissenschaften reicht das Spektrum von der öffentlichen Verwaltung als Nebenfach bis zu einem verwaltungswissenschaftlich geprägten Hauptstudium, das sich etwa an ein politikwissenschaftliches Grundstudium anschließt und mit einem Verwaltungspraktikum verknüpft ist.[22]

Auch in Europa gibt es seit den 1960er Jahren Unternehmungen, das Studium der öffentlichen Verwaltung als komprehensiven und professionellen verwaltungswissenschaftlichen Studiengang zu etablieren.[23] Einzelne Universitäten in Deutschland, Finnland, den Niederlanden, Spanien und 1977 auch in Polen haben ein solches Studium eingerichtet. Man greift einerseits auf verwaltungsrelevante Fächer wie Rechtswissenschaft, Politikwissenschaft, Wirtschaftswissenschaften, Soziologie usw. zurück. Auf der anderen Seite kommt

---

[21] Vgl. Eberts, Mark/Gotsch, Wilfried, Institutionenökonomische Theorien der Organisation, in: Alfred Kieser (Hrsg.), Organisationstheorien, 6. Aufl., Köln u. a. 2006, S. 247 ff.

[22] Vgl. Dose, Nicolai, Teaching Public Administration in Germany, in: Public Administration 1999, S. 652 ff.

[23] Vgl. König, Klaus, Education for Public Administration: Developments in Western Europe, Speyerer Arbeitshefte 6, Speyer 1977; König, Klaus, Public Administration Education in Europe, in: International Conference on the Future of Public Administration, Conference Proceedings Vol. XII, Quebec 1979, S. 280 ff.

es zu spezifischen Gegenstandskonstellationen wie: öffentliche Planung und Entscheidung, Staats- und Verwaltungsorganisation, Haushalt und öffentliche Finanzen, öffentlicher Dienst und Personalverwaltung in funktionaler Sicht; Kommunen, Regionen, Länder, Nationalstaaten, europäische Union in territorialer Sicht; Umweltpolitik, Sozialpolitik, Technikpolitik in sektoraler Sicht.

Solche spezifischen verwaltungswissenschaftlichen Universitätsstudiengänge sind aus zwei Gesichtspunkten ausgeweitet worden: Zum einen in Westeuropa unter dem Vorzeichen der europäischen Integration – European Master of Public Administration –, zum Beispiel in Belgien;[24] zum anderen in Osteuropa als Folge der Transformation der realsozialistischen Kaderverwaltung und ihres Bildungssystems. Anschauungsfälle bieten Universitäten von Ungarn bis Estland.[25] Hier lässt sich auch ein deutlicher Einfluss von US-amerikanischen Vorstellungen zum Studium von Public Administration feststellen. Insgesamt haben aber solche Entwicklungen – mit Ausnahme wohl der Niederlande[26] – nicht zu einer universitären Institutionalisierung geführt, dass man in Europa von einem eigenen Studiengang der Verwaltungswissenschaft oder der öffentlichen Verwaltung sprechen könnte, der sich in seiner Verbreitung mit professionellen und nichtprofessionellen Studien der Rechts-, Wirtschafts- und Sozialwissenschaften vergleichen könnte. Die Grundkonstellation in der akademischen Welt ist geblieben. In den Vereinigten Staaten studiert man öffentliche Verwaltung disziplinär im Sinne eines Studienfaches, in Kontinentaleuropa multidisziplinär insbesondere als Verwaltungsrechtslehre, Betriebswirtschaftslehre der öffentlichen Verwaltung, Politik- und Verwaltungswissenschaft und dann als Einzelgegenstand in Soziologie, Sozialpsychologie, Geschichte, Verwaltungsökonomie usw. Das komprehensive und professionale Verwaltungsstudium an der Universität ist die Ausnahme geblieben.[27]

---

[24] Vgl. Beyers, Jan u. a., Public Administration in Belgium, the UK and Eire: A Review Symposium, in: Public Administration 1999, S. 911 ff.

[25] Vgl. Network of Institutes and Schools of Public Administration in Central and Eastern Europe im Internet.

[26] Vgl. Lips, Miriam/Lewanski, Rodolfo, Teaching Public Administration in the Netherlands and Italy: A review Symposium, in: Public Administration 2000, S. 443 ff.

[27] Vgl. Luhmann, Niklas, Theorie der Verwaltungswissenschaft. Bestandsaufnahme und Entwurf, Köln/Berlin 1966.

II. Schulen disziplinärer Verwaltungswissenschaft

1. Verwaltung und Management

Universitätsbildung lässt sich als soziales System, ein etabliertes Studium als soziale Institution begreifen. Das gilt auch für das Studienfach Public Administration in den USA – und dann für entsprechende Ansätze in Kontinentaleuropa. Soziale Verfestigung bedeutet aber nicht, dass die öffentliche Verwaltung ohne wissenschaftliche Sichtweisen, Begriffe, Regelwerke, Fragehorizonte, Theorien, Modelle usw. studiert werden könnte. Das Verwaltungsstudium in den Vereinigten Staaten ist durch vielfältige Strömungen und Schulen geprägt, die den kognitiven Überbau liefern und auch in Kontinentaleuropa einflussreich sind.[28]

Die Ursprünge der US-amerikanischen Verwaltungsausbildung beruhen auf einer Verwaltungsreformbewegung, die sich in der Wende vom 19. zum 20. Jahrhundert gegen Korruption, Patronage, Inkompetenz, Disziplinlosigkeit, Misswirtschaft wandte und das Geschäftsmäßige der öffentlichen Verwaltung – „a field of business" – betonte.[29] Sie brachte die einschlägigen Bildungsanstrengungen mit dem Managementgedanken zusammen, zumal dieser als Scientific Management einen wissenschaftlichen Anspruch erhob und so auch für die höhere Bildung angemessen erschien. Frederick W. Taylors[30] Vorstellung vom „One best way" zusammen mit den aus Europa eingeführten Gedanken von Henri Fayol[31] über administrative Formen der Rationalisierung fanden Eingang in die Verwaltungswissenschaft. Die Entdeckung des optimalen Weges, menschliche Handlungen zu verrichten, und zwar seine Erforschung mit wissenschaftlichen Methoden, wurde als Leitidee nicht nur für Industrie und Wirtschaft, sondern auch für die öffentliche Verwaltung wirksam. Von da aus ist die manageriale Komponente selbstverständlicher Bestandteil des Verwaltungsstudiums.[32]

Der Managerialismus hat in seiner nun schon langen Geschichte verschiedene Ausprägungen erfahren. Am Anfang stand eine orthodoxe Schule, die es meinte, mit Managementprinzipien – „unity of command", „span of control"

---

[28] Vgl. König, Klaus, Erkenntnisinteressen der Verwaltungswissenschaft, Berlin 1970, S. 26 ff.

[29] Vgl. Langrod, Georges, La Science & la l'Enseignement de l'Administration Publique aux Etats-Unis, Paris 1954.

[30] Vgl. Taylor, Frederick W., The Principles of Scientific Management, New York/London 1915.

[31] Vgl. Fayol, Henri, Administration industrielle et générale (Neudruck), Paris 1950.

[32] Vgl. Gulick, Luther/Urwick, Lyndall F. (Hrsg.), Papers on the Science of Administration, 2. Aufl., New York 1947.

usw. – zu tun zu haben, die gleichsam die Gesetze der Verwaltung darstellen sollten. Dieser Ansatz war für die öffentliche Verwaltung noch nicht einflussreich. Anders war es aber dann schon mit der Formel der Managementfunktionen, wie sie in dem Akronym „POSDCORB" – planning, organizing, staffing, directing, coordinating, reporting, budgeting – gefunden zu sein schien.[33] Besonders die Bereiche von Haushaltsgebaren und Personalverwaltung fanden Aufmerksamkeit. Hinzu kamen Aspekte der Reorganisation der öffentlichen Verwaltung.

Zu einem frühen Überdenken tayloristischer Prinzipien der Geschäftsgestaltung kam es, als in den dreißiger Jahren des vorigen Jahrhunderts in der Human-Relations-Schule der arbeitende Mensch als soziales Wesen entdeckt wurde.[34] Durch Pflege der zwischenmenschlichen Beziehungen sollte die Arbeitsproduktivität gesteigert werden. Die Führungsprinzipien sollten das Soziale berücksichtigen und auf den menschlichen Faktor der Produktion eingerichtet werden. Solche Harmonievorstellungen brachen sich aber oft an der Realität der Arbeitsbedingungen. Freilich wurde mit einer solchen sozialphilosophischen Managementlehre ein Vorverständnis dafür geschaffen, die zwischenmenschlichen Beziehungen in Verwaltung und Betrieb sozialwissenschaftlich zu erforschen.

Für das Verwaltungsstudium war es bedeutsam, dass die Relevanz des Managerialismus für öffentliche Angelegenheiten immer mehr anerkannt wurde. Von besonderer Symbolik war dabei der „Report of the President's Committee on Administrative Management" von 1937.[35] Einschlägige Empfehlungen stützten sich auf Managementregeln und Managementfunktionen. Es kam zu Vorschlägen, die sich in inzwischen traditionsreichen Organisationen manifestieren. Dazu gehört das Exekutivamt des Präsidenten, der Stab des Weißen Hauses und ein eigenes Budgetbüro. Der Managementgedanke reichte also bis hin zur Staatsspitze. Für das Selbstverständnis von Verwaltungswissenschaft und Verwaltungspraxis war dann förderlich, dass das Brownlow Committee die Grundlagen eines effektiven Managements in Staatsgeschäften als gut bekannt ansah, und zwar nicht weniger als im privaten Sektor.

Freilich knüpfte man auch in der Folgezeit immer wieder bei der privaten Unternehmenswirtschaft an. Das hatte nicht nur mit den historischen Anfängen im Taylorismus zu tun. Vielmehr sind es eben die neuen Impulse für den Managerialismus, die aus der privatwirtschaftlichen Erfahrungswelt kommen. Zum

---

[33] Vgl. Gulick, Luther/Urwick, Lyndall F. (Hrsg.), Papers on the Science of Administration, 2. Aufl., New York 1947.
[34] Vgl. Kieser, Alfred, Human Relations-Bewegungen und Organisationspsychologie, in: ders. (Hrsg.), Organisationstheorien, Köln u. a. 2006, S. 133 ff.
[35] Vgl. Stillman, Richard J., The American Bureaucracy, Chicago 1987, S. 276 ff.

Beispiel hat die deutsche Bundesregierung der 13. Legislaturperiode ihr Programm der Verwaltungsmodernisierung unter den Leitgedanken des „Schlanken Staates" gestellt. Dieser Ausdruck beruht wie viele dieser Redewendungen auf angloamerikanischen Managementlehren, hier von „Lean Production" über „Lean Management" zu „Lean Government". Die einschlägigen Grundgedanken gehen auf eine Analyse der Produktionsmethoden japanischer Automobilhersteller zurück und werden als Gegensatz zu einer extrem arbeitsteilig organisierten Massenproduktion variantenarmer Erzeugnisse gesehen.[36] Kennzeichen der „schlanken" Produktion sind Flexibilität des Personalfaktors wie der automatisierten Betriebsmittel und weitgehender Verzicht auf nicht genutzte Funktionen von Betriebsmitteln und auf nicht wertschöpfende Mitarbeiter. Später wurde diese Vorstellung auf andere Unternehmensbereiche – „Lean Marketing" – und schließlich als „Lean Management" auf die gesamte Unternehmensleitung ausgedehnt.

Dieses Beispiel zeigt, wie der öffentliche Sektor Managementkonzepte aufnimmt. Für die USA gilt das historisch früh und dann auch für die Zeit nach dem Zweiten Weltkrieg, als sich der Managerialismus in einer rationalistischen Schule als Management Science manifestierte. Stichworte wie Kybernetik, Operations Research, Systemanalyse, Kosten-Nutzen-Analyse und Planning-Programming-Budgeting System (PPBS) verweisen auf solche Umsetzungen. Die Probleme der Entscheidung und die Möglichkeiten ihrer Rationalisierung rückten in den Mittelpunkt. Mit „The New Science of Management Decision"[37] wurde die Breite des managerialistischen Entscheidungsverhaltens vorgestellt: von Gewohnheit und Intuition bis zur mathematischen Analyse. Und schließlich kam der Computer ins Blickfeld. Von hier an hängt im Verwaltungsstudium die Frage von Informationssystemen und Datenverarbeitung, also spezifisch der Verwaltungsinformatik, mit dem Managementdenken zusammen.

Das in jüngster Zeit im Verwaltungsstudium der USA vorherrschende Managementkonzept ist das des „Reinventing Government".[38] Es beruht auf neoliberalen Wirtschaftslehren und neuen Managementmodellen, insbesondere „Lean Management" und „Total Quality Management" sowie auf „Business Motivation"-Vorstellungen.[39] Das Neue ist die Umstellung des Staatssektors

---

[36] Vgl. Womack, James D. u. a., Die zweite Revolution in der Autoindustrie. Konsequenzen aus der weltweiten Studie aus dem Massachusetts-Institute of Technology, Frankfurt a. M./New York 1991.

[37] Vgl. Simon, Herbert A., The New Science of Management Decision, rev. ed., Englewood Cliffs 1977.

[38] Vgl. Osborne, David/Gaebler, Ted, Reinventing Government. How the Entrepreneurial Spirit is Transforming the Public Sector, Reading 1992.

[39] Vgl. Bösenberg, Dirk/Metzen, Heinz, Lean Management-Vorsprung durch schlanke Konzepte, 4. Aufl., Landsberg/Lech 1994; Peters, Tom, Jenseits der Hierarchien, Liberation Management, Düsseldorf u. a. 1993.

auf (Quasi-)Märkte und (virtuellen) Wettbewerb, Unternehmertum und Kundschaft. Die Grundsätze dieses Konzepts lassen sich wie folgt zusammenfassen: Die Verwaltung soll nach Alternativen zur eigenen Leistungserbringung suchen: durch Contracting Out und Public-Private Partnerships sowie durch neue flexible Finanzierungsinstrumente; nicht alle Verwaltungsaufgaben sollen durch Beamte erledigt werden, sondern verstärkt durch die Integration von Klienten in Ausschüsse und Managementteams erbracht werden; zwischen einzelnen Verwaltungseinheiten soll Wettbewerb eingeführt werden; Verwaltungen sollen die Zahl von Vorschriften und Gesetzen verringern; Jahresbudgets und detaillierte Arbeitsplatzklassifikationen sollen abgeschafft und durch klare Zielvorgaben ersetzt werden; die Bewertung administrativer Leistung und die Verteilung von Mitteln soll sich nach Output-Kriterien richten; die Klienten der Verwaltung sollen als Kunden betrachtet werden, deren Interessen, Werthaltungen und Ansprüche mit einer entsprechenden Qualifikation des Verwaltungspersonals begegnet werden muss; die Verwaltung soll nicht nur Geld ausgeben, sondern auch zusätzliche Mittel erwirtschaften, etwa durch Nutzungsgebühren, Unternehmensfonds, unternehmerische Kreditfonds und Profit centers; die Verwaltung soll nicht nur Leistungen erbringen, sondern bereits die Entstehung von neuen Aufgaben und Ansprüchen durch Prävention verhindern; zentralisierte Institutionen sollen dezentralisiert werden, wobei die hierarchische Kontrolle durch partizipatives Management ersetzt werden soll; die Verwaltung soll ihre Ziele nicht nur durch Vorgaben und Kontrolle erreichen, sondern durch die Neustrukturierung von Märkten und Nutzung marktwirtschaftlicher Instrumente etwa im Umweltschutzbereich oder in der Krankenversicherung.[40]

Ein solcher ökonomischer Managerialismus hat seinen kongenialen Mitspieler im New Public Management der angelsächsischen Welt gefunden. Bereits vor dem „Reinventing Government" kam es in Großbritannien und in Neuseeland zu Strategien der Privatisierung und Binnenrationalisierung des Staates, und zwar auf der Grundlage von in den USA propagierten institutionenökonomischen Vorstellungen, nämlich der Public Choice Theorie in Großbritannien und dem Principle Agent Ansatz in Neuseeland.[41] Heute geht „Reinventing Government" und „New Public Management" in den theoretischen Grundlagen und in den Modernisierungsstrategien zusammen – Privatisierung, Binnenrationalisierung, „Down sizing" –. Und der Managerialismus hat zum erstenmal die historische Gelegenheit, auch die legalistischen Verwaltungen Kontinentaleuropas zu durchdringen. Zwar hat es immer wieder Rezeptionsversuche zu US-

---

[40] Vgl. König, Klaus/Beck, Joachim, Modernisierung von Staat und Verwaltung. Zum Neuen Öffentlichen Management, Baden-Baden 1997, S. 40 ff.
[41] Vgl. Boston, Jonathan u. a., Public Management. The New Zealand Model, Oxford u. a. 1996; Campbell, Colin/Wilson, Graham K., The End of Whitehall, Oxford/ Cambridge 1995.

amerikanischen Managementmodellen gegeben: vom Planning-Programming-Budget System bis zum Management by Objectives. Diesen Unternehmungen war aber kein nachhaltiger Erfolg beschieden. Heute nehmen in der Finanzierungskrise und unter Kostendruck auch Verwaltungen in Kontinentaleuropa managerialistische Züge an. Auch die akademische Welt hat hier schon reagiert. Selbst in Deutschland gibt es inzwischen Lehrstühle und Studiengänge, die mit „Public Management" bezeichnet werden.

Der Gedanke des öffentlichen Managements ist in der US-amerikanischen Verwaltungswissenschaft und Verwaltungspraxis von besonderer Attraktivität. Viele meinen, dass ein gutes Staatswesen durch gutes Management hervorgebracht werden könne, wie mancher in Kontinentaleuropa in guten Gesetzen die gute Steuerung öffentlicher Angelegenheiten vermutet. So kann das „Reinventing Government", gleichsam als neotayloristischer „One Best Way" das Verwaltungsstudium prägen. Andere Strömungen und Schulen in den Vereinigten Staaten sehen freilich in der öffentlichen Verwaltung mehr Probleme der Politik denn des Managements. Entsprechend wird „Refounding Democratic Public Administration" eingefordert.[42]

2. Verwaltung und Politik

Der Einfluss von politischen Schulen auf das Verwaltungsstudium kann kaum überschätzt werden. Woodrow Wilson, der Staatsmann und Staatslehrer, gilt als einer der Gründungsväter des Studiums der öffentlichen Verwaltung. Nach dem Zweiten Weltkrieg hat die Politische Wissenschaft nachhaltigen Einfluss auf das Verwaltungsstudium genommen. Und viele sehen in den politischen Schulen den „mainstream of public administration". Das Buch „Politics of the Budgetary Process"[43] – nicht Management – gehört zu den meistzitierten Werken. Im Grunde ist das Konzept der öffentlichen Verwaltung in den USA tief von demokratischen Werten und politischen Bürgerrechten geprägt.

So stellt dann dort die Vergleichende Verwaltungswissenschaft bei der Gegenüberstellung von anglo-amerikanischer und kontinentaleuropäischer Verwaltungskultur herkömmlich nicht auf den Unterschied zwischen managerialistischer und legalistischer Bürokratie ab.[44] Der politische Faktor ist die Bezugsgröße. Dort ist es die Civic Culture-Administration, die in historischer Kontinuität eines politisch-demokratischen Regimes steht, das Verwaltungen

---

[42] Vgl. Wamsley, Gary L./Wolf, James F. (Hrsg.), Refounding Democratic Public Administration. Modern Paradoxes, Post-modern Challenges, Thousand Oaks u. a. 1996.

[43] Vgl. Wildavsky, Aaron, The Politics of the Budgetary Process, Boston 1964.

[44] Vgl. Heady, Ferrel, Public Administration, A Comparative Perspective, 6. Aufl., New York/Basel 2001.

hervorbringt und begrenzt. Welche Eigendynamiken solche öffentlichen Bürokratien dann auch immer hervorbringen, sie müssen sich in der fortdauernden demokratisch-partizipativen Ordnung einer bürgerschaftlichen Kultur definieren. Demgegenüber ist auf dem alten Kontinent die Bürokratie älter als die Demokratie. Sie verkörpert die historische Kontinuität gegenüber wechselnden politischen Regimen von Monarchien, Republiken, Diktaturen, Demokratien und stellt im Vergleich ein „klassisches" administratives System dar.[45]

Die politischen Schulen im Studium der öffentlichen Verwaltung der USA decken ein breites Spektrum von Gegenständen und Methoden ab. So scheint zum Beispiel die Fallmethode besonders geeignet, dem Studenten ein „Gefühl" für das Politische in den Verwaltungsgeschäften zu vermitteln, jedenfalls mehr als in den Lehren orthodoxer Verwaltungsprinzipien. Die Theorie- und Methodenvielfalt hat zum Beispiel in jüngster Zeit die Rezeption der Diskurstheorie hervorgebracht. Unter der Bezeichnung „Postmodern Public Administration" wird die Kommunikation in öffentlichen Angelegenheiten diskutiert.[46] Für das Verwaltungsstudium ist maßgeblich, dass neotayloristischen Überzeichnungen eine politisch-partizipative Zivilkultur entgegengesetzt wird.

In den Gegenständen wird die Breite politischer Einflussfaktoren abgehandelt, nicht zuletzt die Macht der öffentlichen Verwaltung selbst. Das Verhältnis der „professional schools" des Verwaltungsstudiums zu den „Political Science Departments" ist nicht spannungsfrei. Das hindert indessen nicht an der breiten Rezeption politikwissenschaftlicher Erkenntnisse. Public Administration hat demgegenüber die Sicherheit des Gegenstandes, mit dem nicht nur die kontinentaleuropäische Politologie gewisse Schwierigkeiten hat. So kann Public Administration auf eigene theoretische Verdichtungen verweisen, wie zum Beispiel die des „iron triangle", mit dem gezeigt wird, wie ein Machtdreieck von Ministerialbürokraten, interessierten Volksvertretern und Verbandslobbyisten die Regierungsgeschäfte in die Hand nehmen.[47]

Die englische Sprache bietet die Möglichkeit, die Dimensionen des Politischen in jeweils eigenen Begriffen zum Ausdruck zu bringen: „Polity" – als politisches Institutionengefüge, politische Ordnung, Verfassung; „Politics" – als Machtgenerierung, Konflikt, Konsens; „Policy" – als politischer Inhalt, politi-

---

[45] Vgl. König, Klaus, Unternehmerisches oder exekutives Management – Die Perspektive der klassischen öffentlichen Verwaltung, in: ders. Zur Kritik eines neuen öffentlichen Managements, Speyerer Forschungsberichte 155, Speyer 1995, S. 49 ff.

[46] Vgl. Fox, Charles James/Miller, Hugh T., Postmodern Public Administration: Toward Discourse, Thousand Oaks 1995.

[47] Vgl. Fritschler, A. Lee, Smoking and Politics: Policymaking and the Federal Bureaucracy, Englewood Cliffs 1969.

sche Aufgabe.⁴⁸ „Public Policy" bezeichnet dann eine der wirkmächtigsten Schulen des Verwaltungsstudiums in der jüngeren Zeit, die zu entsprechenden Gründungen von Studiengängen und Studienorganisationen geführt hat. Damit ändert sich freilich nichts daran, dass die öffentliche Verwaltung der Hauptort für Politikformulierung und Politikimplementation ist und dort eben Berufschancen liegen. Entsprechend wird das Interesse von Public Policy nicht nur auf die inhaltliche Seite der Umweltpolitik oder Bildungspolitik oder Verkehrspolitik gerichtet. Vielmehr spielen prozessuale und methodologische Momente der Aufgabengestaltung eine Rolle. Damit sind auch schon zwei Nachbarschaften bezeichnet. Public Policy als Schule des Verwaltungsstudiums überschneidet sich mit „Policy Analysis".⁴⁹ Das ist ein breiter sozialwissenschaftlicher Ansatz der Politikfelduntersuchung. An diesem beteiligen sich mehrere Sozialwissenschaften mit Übergängen auch zu Rechts- und Wirtschaftswissenschaften, und zwar durchaus auch ohne die Intention einer Professionalisierung von Studenten für öffentliche Berufe.

Die andere Überschneidung besteht zur rationalistischen Schule des Managements. Das wird insbesondere an den reformorientierten Vorläufern von Public Policy in den sechziger Jahren auf dem Gebiet der öffentlichen Planung deutlich. Der Gedanke des Planning-Programming-Budgeting Systems (PPBS) in den USA wurde folgerichtig als „Entscheidungshilfen für die Regierung – Modelle, Instrumente, Probleme" durch die Politische Wissenschaft⁵⁰ und als „Programmbudgets in Regierung und Verwaltung – Möglichkeiten und Grenzen von Planung und Entscheidungssystemen"⁵¹ durch die Betriebswirtschaftslehre rezipiert.

Die Fragen nach den Inhalten der öffentlichen Sachpolitiken, nach ihren Gründen, Voraussetzungen, Einflussgrößen, nach ihren Wirkungen und Folgen manifestieren sich auch in einem organisierten Politikzirkel. Es ist insbesondere die Ministerialverwaltung, die die Politik formuliert, Probleme identifiziert, an der Agendabildung und Zielfindung mitwirkt und schließlich die Programme schreibt. Programme vollziehen sich nicht von selbst, sondern bedürfen der Konkretisierung, der Mittelverteilung, der Einzelfallentscheidung. Dazu sind die öffentlichen Vollzugsverwaltungen da. Folgen und Wirkungen der Sach-

---

⁴⁸ Vgl. Böhret, Carl u. a., Innenpolitik und politische Theorie, 3. Aufl., Opladen 1988, S. 7.
⁴⁹ Vgl. Windhoff-Héritier, Adrienne (Hrsg.), Policy-Analyse: Kritik und Neuorientierung, Sonderheft 24 der Politischen Vierteljahresschrift, Opladen 1995.
⁵⁰ Vgl. Böhret, Carl, Entscheidungshilfen für die Regierung. Modelle, Instrumente, Probleme, Opladen 1970.
⁵¹ Vgl. Reinermann, Heinrich, Programmbudgets in Regierung und Verwaltung. Möglichkeiten und Grenzen von Planungs- und Entscheidungssystemen, Baden-Baden 1975.

programme müssen überprüft werden, sei es durch Kontrollinstanzen wie Rechnungshöfe, sei es als Rückkopplung für Revisionen durch die Ministerialverwaltung selbst. Der Verwaltungsfaktor ist also bei allem dabei, es sei denn, man wollte ihn analytisch ausklammern. Für ein professionelles Verwaltungsstudium ist es eher eine Schwerpunktfrage, ob man dem Namen von Public Policy oder von Public Management den Vorrang gibt.

3. Verwaltung und Organisation

Die Beziehungen verwaltungsrelevanter Wissenschaften zwischen den Vereinigten Staaten und Kontinentaleuropa sind nach dem Zweiten Weltkrieg durch einen starken Wissenstransfer von West nach Ost in den Sozial-, Politik-, Wirtschafts- und Managementlehren geprägt. Das fällt umso mehr auf, als die Praxis der alten europäischen Verwaltungsstaaten nicht gerade offenkundig hinter der der neuen Welt zurückfällt. Wer einen Modernisierungsrückstand konstatiert, muss sich schon an die Modernisierungsrhetorik gehalten haben. Das Qualifikationsniveau von Feldverwaltungen und Schalterbeamten hat er wohl nicht im Auge gehabt. Vor diesem Hintergrund fällt es umso mehr auf, dass eine weitere Hauptströmung des Verwaltungsstudiums in den USA in Max Weber ihren Gründungsvater hat. Webers Bürokratieforschung wurde insoweit nicht als Herrschafts-, sondern als Organisationstheorie rezipiert. Deswegen wurde er nicht in eine weitere politische Schule eingeordnet. Vielmehr gab er einer organisationswissenschaftlichen Strömung die Grundlagen.[52]

Ausgangspunkt der organisationswissenschaftlichen Auseinandersetzung war zunächst der Idealtypus der Bürokratie und deren Merkmale selbst, wobei die Bezeichnung „bureaucratic model" den wissenschaftstheoretischen Status einschlägiger Aussagen – etwa präskriptiv/deskriptiv – oft unklar erscheinen ließ. Kriterien wie Regelbindung, Unpersönlichkeit, Aktenförmigkeit wurden so als Dysfunktionen behandelt. Disziplinarischer Druck, Unfähigkeit aus Irrtümern zu lernen, Ungleichgewicht zwischen Fähigkeiten und Autorität, unkontrollierbares Wachstum, schließlich Inhumanität wurden kritisiert. Informale Gruppen und persönliche Indifferenz schienen der Ausweg insbesondere in der Großorganisation zu sein.

Andere hielten daran fest, dass die bürokratische Organisation eine angemessene Antwort für die Anforderungen der modernen Gesellschaft sei. Sie verwiesen darauf, welche Fortschritte Wirtschaft und Gesellschaft in der Zeit bürokratischer Verwaltung zu verzeichnen haben: die Ausweitung der Lebens-

---

[52] Vgl. Waldo, Dwight, Zur Theorie der Organisation: Ihr Stand, ihre Probleme, in: Der Staat 1966, S. 287 ff.

alternativen, das Einkommenswachstum, die bessere medizinische Versorgung, die schnelleren Kommunikationsmöglichkeiten, die gestiegene Mobilität, weiter die Herstellung von mehr Gleichheit, die Verbreiterung des Wohlstandes, der Minderheitenschutz usw. Nicht zuletzt wurde auf den Zusammenhang von bürokratischer Verwaltung und Massendemokratie verwiesen. Dies alles blieb wiederum nicht ohne Widerspruch. Die bürokratische Organisation ist bis auf den heutigen Tag ein verwaltungswissenschaftlicher Gegenstand von Rede und Gegenrede.

Entsprechend ist in den organisationswissenschaftlichen Strömungen des Verwaltungsstudiums immer wieder auch nach Alternativen Ausschau gehalten worden: etwa nach anderen Umgangsformen mit dem Bürger, nicht die Segmentierung seiner Anliegen, sondern seine ganzheitliche Behandlung als Klient oder die Verhandlung mit dem Bürger als Kooperationspartner, weiter nach innen die Abflachung der Hierarchien, die Bildung von Teams usw. Im Grunde liefert aber die beobachtbare öffentliche Verwaltung in den USA auf lokaler, regionaler, nationaler Ebene in den Sektoren der Schulpolitik, Umweltpolitik, Drogenpolitik, in den Funktionen der Budgetierung, der Personalpolitik, der Koordination usw. so viel Erfahrungen, dass für das pragmatische Verwaltungsstudium reichlich Organisationsprobleme aufgeworfen sind. Allein die Reflexion des Exekutivamtes des Präsidenten, die strahlenförmige Formalorganisation im Weißen Haus, die informalen Hierarchisierungen, die eigene Organisation von Budgetierung und Management usw. füllen eigene Organisationskurse aus.

Die organisationswissenschaftliche Strömung des Verwaltungsstudiums wurde und wird insbesondere von Soziologie und Sozialpsychologie gefördert. Die Organisationsproblematik wird über die bürokratischen Fragestellungen hinaus ausgeweitet. Es entwickelte sich insbesondere eine Verhaltensschule. Dabei handelt es sich nicht um den ursprünglichen Behaviorismus als Wissenschaftsphilosophie und relevante empirische Wissenschaften, sondern um das, was sich als „behavioral approach" bezeichnen lässt.[53] Es wird bei den beobachtbaren Tätigkeiten und Handlungen als empirisch fassbarer Basis angeknüpft. Thematisch werden Fragen des Verhaltens in kleinen Gruppen, der persönlichen Motivation am Arbeitsplatz, der Führerschaft, des Stresses in Organisationen, des Machtkampfes im organisierten Kontext usw. aufgegriffen. Von besonderem Interesse ist die Frage des Entscheidungsverhaltens und welches Niveau der Rationalität insoweit in Organisationen zu beobachten ist, etwa ob und wie „zufriedenstellende" Rationalität besteht. Studien beschäftigen sich mit der Rückkopplung in der Verwaltung. Handbücher fassen schließlich Empirie

---

[53] Vgl. Merkl, Peter H., „Behaviouristische" Tendenzen in der amerikanischen politischen Wissenschaft, in: Politische Vierteljahresschrift 1965, S. 58 ff.

und Theorie zu Motivation, Kommunikation, Partizipation, Gruppenverhalten, Entscheidungsfindung, Führerschaft, Konflikt, organisatorischem Gleichgewicht, Macht, Autorität, Perzeption, Stress, organisierten Wandel zusammen und machen sie so für das Verwaltungsstudium fruchtbar.

4. Verwaltung und Recht

Alexis von Toqueville bemerkte in der Mitte des neunzehnten Jahrhunderts, dass für den europäischen – man sollte sagen kontinentaleuropäischen – Reisenden in den Vereinigten Staaten nichts auffallender sei als die Abwesenheit dessen, was wir als Staat oder Verwaltung bezeichnen. Heute gibt es dort das „big government" des Wohlfahrtsstaates und seine öffentlichen Bürokratien, aber immer noch eine „statelessness" in der Intelligenz der öffentlichen Verwaltung.[54] Im Grunde ist die Gesamtstaatsidee in den auswärtigen Beziehungen selbstverständlich, nach innen geht es aber um ein Gefüge politischer Institutionen. Diese Institutionen schließen Exekutivorgane und gewählte Exekutivpolitiker ein – an der Spitze Präsidentschaft und Präsident. Aber dass es Großverwaltungen mit eigenen Systemmerkmalen gibt und gar noch „politics of bureaucracy"[55] ist eigentlich nicht vorgesehen. Die Verwaltungswissenschaft in den USA ist so zu einem guten Teil Kritik an sich ausweitenden öffentlichen Bürokratien, und zwar auch unter dem Stichwort des Verwaltungsstaates.[56]

Sieht man darauf, wie die Staatsidee in Kontinentaleuropa durch den Rechtsstaatgedanken ergänzt worden ist, dann ist weiter zu vermerken, dass auch das Recht für die amerikanische Verwaltungswissenschaft nicht die Beschreibung der öffentlichen Verwaltung liefert, um die Bürokratiekritik zufriedenstellend abzumildern. Weit verbreitet gilt der Satz: „That the study of administration should start from the base of management rather than the foundation of law".[57] Das bedeutet nicht, dass es kein Verwaltungsrecht an den Law Schools gibt. Auch auf dem Gebiet von Public Administration werden Rechtsphänomene zur Kenntnis genommen. So gehört es zum Respekt politisch-demokratischer Institutionen, dass die Kontrolle der Verwaltung durch die Gerichte beobachtet und bewertet wird, wobei die Wertschätzung nicht spezifisch juristisch erfolgt.[58]

---

[54] Vgl. Stillman, Richard J., Preface to Public Administration: Search for Themes and Directions, New York 1991.

[55] Vgl. Peters, B. Guy, The Politics of Bureaucracy, 2. Aufl., New York 1984.

[56] Vgl. Waldo, Dwight, The Administrative State: The Study of the Political Theory of American Public Administration, New York 1948.

[57] Vgl. White, Leonhard D., Introduction to the Study of Public Administration, 4. Aufl., New York 1955.

[58] Vgl. Fesler, James W., Public Administration: Theory and Practice, Englewood Cliffs 1980.

Überdies gibt es Lehrbücher über öffentliche Verwaltung, die auf das Recht als „Legal Context of Public Administration" eingehen.[59] Umgekehrt gibt es auch anerkannte Lehrbücher, bei denen zwar der Ethik, aber nicht dem Recht der öffentlichen Verwaltung Aufmerksamkeit gezollt wird. Im Grunde kann man kritisieren, dass das Recht aus dem Studium der öffentlichen Verwaltung „herausgelesen" worden ist. Eine Überprüfung der Jahrgänge der Public Administration Review von 1949 bis 1969 hat ergeben, dass ein Prozent aller Artikel dem Verwaltungsrecht zugerechnet werden konnte. Allerdings ist die Zahl in den achtziger Jahren gestiegen bis zu dem Umstand, dass „Law and Public Affairs" ein eigenes Themenheft gewidmet wurde.

Es gibt Stimmen, die die Geringschätzung des Rechts in Public Administration als Selbstzerstörung bezeichnen.[60] Heute kann man freilich beobachten, wie das Recht als Fundament der öffentlichen Verwaltung immer mehr ins Spiel gebracht wird, in Fragen der Steuerungsinstrumente, des Verwaltungsverfahrens, des individuellen Rechts, der Verantwortlichkeit, der Gleichberechtigung, der Verfassungsgrundlagen, der Korruption, der „maladministration", der Patronage usw. Zwar bedeutet die Rule of Law für die amerikanische Verwaltung nicht das, was das Rechtsstaatsprinzip in der kontinentaleuropäischen Verwaltung vermag. Aber die Rule of Law ist so eng mit dem demokratischen Prinzip verbunden, dass sie wirkmächtig bleibt. Letztlich ist Public Administration zu pragmatisch, um an der Realität der Rechtsphänomene vorbeigehen zu können. Da eine wachsende Juridifizierung des gesellschaftlichen Lebens durch Gerichtsprozesse in den USA auch die öffentliche Verwaltung erfasst, kann man mit zunehmender verwaltungswissenschaftlicher Aufmerksamkeit rechnen.

In Kontinentaleuropa ist es demgegenüber die rechtswissenschaftliche Schule, die noch die sicherste Wissensbasis für ein Studium der öffentlichen Verwaltung vermittelt. Das korrespondiert mit der kulturellen Lage einer legalistischen Verwaltung. Die empirische Überprüfung von Arbeitsvorgängen in der öffentlichen Verwaltung belegt, dass bei einem beachtlichen Prozentsatz der Geschäftserledigung die Kenntnis von Rechtsvorschriften erforderlich ist, wenn dann auch noch Interpretations- und Ermessensspielräume bestehen.[61] Das bedeutet nicht, dass es in den USA keine Leistungsgesetze der Volksvertretungen

---

[59] Vgl. Pfiffner, John M./Presthus, Robert, Public Administration, 5. Aufl., New York 1967.

[60] Vgl. Waldo, Dwight, Scope of the Theory of Public Administration, in: James C. Charlesworth (Hrsg.), Theory and Practice of Public Administration: Scope, Objectives and Methods, Philadelphia 1968, S. 1 ff.

[61] Vgl. Brinkmann, Gerhard u. a., Die Tätigkeitsfelder des höheren Verwaltungsdienstes, Arbeitsansprüche, Ausbildungserfordernisse, Personalbedarf, Opladen 1973, S. 350 ff.

gäbe. Auch dort geht die Verwaltung der öffentlichen Wohlfahrt nicht an der Volksrepräsentanz vorbei. Nur haben wir es im kontinentaleuropäischen Falle mit einem Grundverständnis konditionaler Gesetze zu tun, die akzessorisch mit Mitteln ausgestattet sind und entsprechend vollzogen werden. Im US-amerikanischen Falle meint das Grundverständnis gouvernementale Programme mit Finalitäten und Ressourcen, die effektiv und effizient, eben managerialistisch zu implementieren sind.

In Kontinentaleuropa fällt allerdings mancherorts auf, dass die Verwaltungsrechtsdogmatik weitgehend auf den Schutz individueller Rechte von Bürgern und rechtsfähigen Organisationen umgestellt worden ist, was sich auch an der Vernachlässigung des für die Verwaltung wichtigen Gebietes des Organisationsrechts zeigt.[62] Diese Ausrichtung auf den individuellen Rechtsschutz trifft wohl weniger den napoleonischen als den germanischen Typ des klassisch-kontinentaleuropäischen Verwaltungssystems. Es gibt gute historische Gründe, Recht als etwas zu begreifen, das die Verwaltung „umgrenzt",[63] was gegen Behördenwillkür steht. Nur ist Recht insbesondere in der legalistischen Verwaltung ein hervorragendes Kommunikations- und Steuerungsmedium. Vernünftiges Recht hat nicht nur einen subjektiven Wert für den betroffenen Bürger mit Einschluss der Mitarbeiter der öffentlichen Verwaltung in ihrer Individualität selbst. Es prägt gleichzeitig die System- und Steuerungsrationalität der öffentlichen Verwaltung und dann ihre weitere Rationalisierung. Aus der Sicht des Verwaltungsberufes und eines professionellen Verwaltungsstudiums – und insoweit gibt es eben eine Rollendifferenzierung gegenüber den Berufen des Rechtsanwalts und denen des Richters – ist es deswegen wichtig, dass es auch steuerungstheoretische Schulen des Rechts gibt, die herausarbeiten, wie die öffentliche Verwaltung von außen mit dem Medium des Rechts gesteuert wird und wie sie selbst ihre Umwelt mit dem Medium des Rechts steuert.[64] Von dieser Sichtweise sind auch „Schlüsselbegriffe der Perspektivenverklammerung" von Verwaltungsrecht und nichtjuristischen Erkenntnissen der öffentlichen Verwaltung zu erwarten.[65]

---

[62] Vgl. Schmidt-Aßmann, Eberhard/Hoffmann-Riem, Wolfgang (Hrsg.), Verwaltungsorganisationsrecht als Steuerungsressource, Baden-Baden 1997.

[63] Vgl. Stahl, Friedrich Julius, Die Philosophie des Rechts, Band 2: Rechts- und Staatslehre auf der Grundlage christlicher Weltanschauung, 2. Abhandlung, 5. Aufl., Tübingen/Leipzig 1887.

[64] Vgl. Schmidt-Aßmann, Eberhard, Das allgemeine Verwaltungsrecht als Ordnungsidee. Grundlagen und Aufgaben der verwaltungsrechtlichen Systembildung, 2. Aufl., Berlin u. a. 2004.

[65] Vgl. Schuppert, Gunnar Folke, Schlüsselbegriffe der Perspektivenverklammerung von Verwaltungsrecht und Verwaltungswissenschaft, in: Eberhard Schmidt-Aßmann (Hrsg.), Die Wissenschaft vom Verwaltungsrecht. Werkstattgespräch aus Anlass des 60. Geburtstages von Prof. Dr. Eberhard Schmidt-Aßmann, Berlin 1999, S. 103 ff.

Inzwischen haben auch globalistisch-ökonomisch geprägte Ansätze zu den öffentlichen Angelegenheiten realisiert, dass Staatsapparate nicht nur den Ordnungsrahmen für Märkte zu gewährleisten haben, sondern dass dies auch durch Recht und Rechtsinstanzen zu erfolgen hat. Zu „Good Governance" als politisch-administrativer Steuerung gehören die Rule of Law, eine verlässliche Rechtsordnung, Unabhängigkeit von Gerichten, Absicherung von Rechten, Stabilität des Rechts usw.[66] Public Administration US-amerikanischer Provenienz ist ein großer „global player" in der verwaltungswissenschaftlichen und verwaltungspraktischen Kommunikationsgemeinschaft, insbesondere seit es keine Missionen mehr für die Kaderverwaltung des marxistisch-leninistischen Staates gibt. Der „American Way of Life", hier in Verwaltungsangelegenheiten, wird überall propagiert, in der Mongolei und in Chile, in Finnland und Südafrika, dazu noch mediatisiert durch internationale Organisationen wie die Vereinten Nationen, die Weltbank, die OECD. Bei allem Parochialismus des Verwaltungsstudiums, wie er auch von amerikanischen Akademikern kritisiert wird, gibt es doch eine Selbstbeschreibung als „global professional technocracy".[67] Auch insoweit ist das Studium der öffentlichen Verwaltung in den USA nicht rechtsblind.

III. Transdisziplinarität der Verwaltungswissenschaft

1. Impulse der Wissenschaftsbildung

Wollte man einem anglo-amerikanisch geprägtem Bild von Schulen der Verwaltungswissenschaft ein eurozentriertes Gegenbild gegenüberstellen, würde man wiederum feststellen, dass es in Kontinentaleuropa in der Spannungslage zwischen Verwaltungswissenschaft im Singular und Verwaltungswissenschaften im Plural bei der Dominanz der Mehrzahl verwaltungsrelevanter Disziplinen geblieben ist. Man müsste Strömungen und Schulen der Verwaltungsrechtslehre, der Betriebswirtschaftslehre der öffentlichen Verwaltung, der Finanzwissenschaft, der politologischen Verwaltungswissenschaft darstellen, und dies könnte man nicht, ohne die allgemeinen Entwicklungen der Rechtswissenschaft, der Wirtschaftswissenschaft, der politischen Wissenschaft mit zu berücksichtigen. Eine schlichte Vorherrschaft der juristischen Betrachtungsweise als gemeinsames Kennzeichen der Verwaltungswissenschaften in Kontinentaleuropa besteht indessen nicht mehr. Der Einfluss der französischen Verwaltungsrechtslehre insbesondere im romanischen Raum, die Verbindung der ös-

---

[66] Vgl. World Bank (Hrsg.), The State in a Changing World, World Development Report 1997, New York 1997.

[67] Vgl. Stillman, Richard J., Preface to Public Administration: Search for Themes and Directions, New York 1991, S. 77 ff.

terreichischen Verwaltungsrechtslehre zu mittel- und osteuropäischen Ländern, das nachbarschaftliche Interesse an Entwicklungen der deutschen Verwaltungsrechtslehre finden nach wie vor Grundlage in einer legalistischen Verwaltungskultur. Jedoch sind mit Demokratisierung der Verwaltung die Politische Wissenschaft, mit der Humanisierung der öffentlichen Beschäftigung die Soziologie, mit der Ökonomisierung der Wohlfahrtsverwaltung die Betriebswirtschaftslehre stärker ins Spiel gebracht worden.

Es ist jedoch nicht nur die Multidisziplinarität, die zum Gegenstand der öffentlichen Verwaltung für Kontinentaleuropa zu verzeichnen ist. Hinzu kommt, dass sich die verwaltungsrelevanten Fächer interdisziplinär geöffnet haben. Die am höchsten entwickelte Verwaltungsrechtswissenschaft hat seit langem das Desiderat erfahrungswissenschaftlicher und rationalwissenschaftlicher Erkenntnisse zur öffentlichen Verwaltung wahrgenommen. Sie hat sich als eine Art Hilfswissenschaft die Verwaltungslehre zugelegt, die sich mit Verwaltungsempirie und Verwaltungspolitik beschäftigen soll.[68] Die Betriebswirtschaftslehre hat sich in der breiten Rezeption des Managerialismus mit Einschluss von Erkenntnissen der sozialpsychologischen Industrieforschung und Betriebssoziologie interdisziplinär gegenüber dem Gegenstand der öffentlichen Verwaltung geöffnet. Die Politische Wissenschaft begreift die öffentliche Verwaltung nicht bloß als eines ihrer Teilgebiete, sondern sie geht auch im Wissenschaftsvollzug etwa in interdisziplinären Policy-Studien immer mehr auf diesen Gegenstand zu.

Die interdisziplinäre Öffnung verwaltungsrelevanter Fächer hat die bemerkenswerte Folge, dass man die Frage „Knowledge for Practice: Of What Use Are the Disciplines?" nicht mehr so einfach stellen kann. Denn mit der interdisziplinären Öffnung rückt das Fach aus den Kästchen des eingeschliffenen Wissenschaftsbetriebs näher an die praktisch erfahrbare öffentliche Verwaltung heran. Das gilt für den Verwaltungsrechtslehrer, wenn er nicht nur die Dogmatik des Prozessrechts betreibt, sondern sich auch empirisch mit der Verfahrensdauer beschäftigt,[69] den Politikwissenschaftler, wenn er über die – notwendige – politische Bildung herausgreift und sich in der Policy-Analyse mit der Gesetzesfolgenabschätzung befasst,[70] für den Soziologen, wenn er seine Erkenntnisse zum Wertwandel in der Gesellschaft mit der Verwaltungsmodernisierung zu-

---

[68] Vgl. Püttner, Günter, Verwaltungslehre, 3. Aufl., München 2000, S. 1 f.

[69] Vgl. Merten, Detlef/Jung, Michael, Zur Dauer verwaltungsgerichtlicher Verfahren: Zugleich Zwischenbericht über ein Forschungsprojekt, in: Rainer Pitschas (Hrsg.), Die Reform der Verwaltungsgerichtsbarkeit, Berlin 1999, S. 31 ff.

[70] Vgl. Böhret, Carl/Konzendorf, Götz, Rechtsaktivierung mittels Gesetzesfolgenabschätzung: Waldgesetz Rheinland-Pfalz, Speyerer Forschungsberichte 192, Speyer 1998.

sammenbringt,[71] für den Finanzwissenschaftler, wenn er jenseits von „heroischen" Annahmen ökonomischer Modelle die Entwicklung der Altersversorgung der Beamten prognostiziert.[72]

Solche Interdisziplinarität betrifft sowohl die Anwendungsorientierung wie die akademische Konstellation schlechthin. Durch interdisziplinäre Öffnung gestärkte Fächer engen in Kontinentaleuropa die Spielräume der Verwaltungswissenschaft mehr ein, als das in den Vereinigten Staaten beim Zusammentreffen von Public Administration etwa mit der Verwaltungsrechtslehre einer vom Common Law geprägten Rechtsordnung der Fall ist.[73] Dennoch gibt es bei uns immer wieder Unternehmungen, die Verwaltungswissenschaft – vergleichbar Public Administration – als Universitätsfach zu etablieren. Signifikant ist die Situation der Deutschen Hochschule für Verwaltungswissenschaften Speyer.[74] Ihr Name verweist auf die Multidisziplinarität verwaltungswissenschaftlicher Fächer – Rechtswissenschaft mit Völkerrecht, Europarecht, Staatsrecht, Verwaltungsrecht, Kommunalrecht usw., Wirtschaftswissenschaften mit Volkswirtschaftslehre, Finanzwissenschaft, Betriebswirtschaftslehre, Sozialwissenschaften mit Politischer Wissenschaft, Soziologie und Sozialpsychologie und dann noch Geschichtswissenschaft. Zugleich verfügt diese Hochschule über eine Bank von Lehrstühlen der Verwaltungswissenschaft – Singular –, und zwar auch mit Schwerpunkten wie Vergleichende Verwaltungswissenschaft, Regierungslehre, Verwaltungsinformatik, Entwicklungspolitik, Umwelt und Energie.

Die Begründungen für eine Verwaltungswissenschaft haben unterschiedlichen Charakter. Auf der einen Seite steht der Gedanke einer „discipline-carrefour".[75] Die Verwaltungswissenschaft gilt als eine synthetische Sozialdisziplin, die aus der Zusammenfassung der Ergebnisse vieler anderer Wissenschaften entsteht: Aber trotzdem – oder eher Dank dieser Umgruppierung und Integrierung der Schwesterwissenschaften – ergebe sich eine Originalität des Verwaltungsstandpunkts, der beim Studium der Sozialphänomene nicht zu ent-

---

[71] Vgl. Klages, Helmut/Gensicke, Thomas, Wertewandel und bürgerschaftliches Engagement an der Schwelle zum 21. Jahrhundert, Speyerer Forschungsberichte 193, Speyer 1999.

[72] Vgl. Färber, Gisela, Revision der Personalausgabenprojektion der Gebietskörperschaften bis 2030: Unter Berücksichtigung neuerer Bevölkerungsvorausschätzungen, der deutschen Einigung und der Beamtenversorgungsreform, Speyerer Forschungsberichte 110, 4. Aufl., Speyer 1995.

[73] Vgl. Cooper, Philip J./Newland, Chester A. (Hrsg.), Handbook of Public Law and Administration, San Francisco 1997.

[74] Vgl. König, Klaus, Verwaltungswissenschaften in Ausbildung, Fortbildung und Forschung. 30 Jahre Hochschule Speyer, in: ders. u. a. (Hrsg.), Öffentlicher Dienst, Köln u. a. 1977, S. 53 ff.

[75] Vgl. Langrod, Georges, Frankreich, in: Verwaltungswissenschaft in europäischen Ländern: Stand und Tendenzen, Schriftenreihe der Hochschule Speyer, Band 42, Berlin 1969, S. 26 ff.

behren sei. Man nütze die Resultate verschiedener Forschungen aus, indem man von einem Interessenzentrum als festem Anhaltspunkt ausgehe und sich in systematischer Weise die traditionell getrennten Wissenschaftszweige zunutze mache. Man gehe von dem Standpunkt aus, dass jeder dieser partikulären Wissenschaftszweige allein unfähig sei, alle spezifischen Fragen des gewählten Einheitsproblems ausführlich zu analysieren, und dass es nur durch organisierte Zusammenarbeit möglich sei, die relevanten Fragen zu erfassen.

Verfolgt man das Desiderat einer integrativen Verwaltungswissenschaft, dann stellt sich zuerst die Frage, ob es eine Theorie gibt, die einem solchen Wissenschaftsprogramm den Überbau vermitteln kann.[76] Für die integrative Verwaltungswissenschaft kommt es nicht darauf an, der Wissenschaftsleistung von Disziplinen übergreifenden Theorien allgemein gerecht zu werden. Es genügt gleichsam in einer Schwachstellenanalyse die Belastbarkeit eines solchen Überbaus für die Erkenntnis der öffentlichen Verwaltung zu überprüfen.

Es mag wie eine Reminiszenz erscheinen, wenn heute noch Marxismus und materialistische Dialektik genannt werden. Aber es muss gesehen werden, dass die marxistisch-leninistische Verwaltungswissenschaft – Organisations- und Leistungswissenschaft – Integrationsleistungen erbracht hat.[77] Das liegt an ihren Prämissen. Denn der Marxismus will mehr als eine Interdiszplin, nämlich Transdisziplin sein.[78] Er will Philosophie, Wissenschaft und Praxis in spezifischer Weise zusammenführen. Ein einheitlicher Begriffsapparat gilt als verpflichtend. Die Einzelwissenschaften werden auf eine gemeinsame Basis gestellt, bei der materielles gesellschaftliches Dasein und Klassenstandpunkt Eckpunkte markieren. Im Grunde sollen die verschiedenen Disziplinen zugunsten einer homogenen Transdisziplin aufgehoben und damit zu Teilbereichswissenschaften werden, in denen marxistisch gefasste Aspekte, wie eben die öffentliche Verwaltung, zum Ausdruck kommen. Die Macht eines Denkens, das in Kritik, Theorie und Praxis unteilbar erscheint, umfasst auch die Verwaltungswissenschaft.

Die Kosten eines solchen Konzepts sind nicht einfach Ideologisierung. Man mag auch bei manchen westlichen verwaltungsbezogenen Modellen den Überschuss der Ideen über die Realitäten und das Realisierbare verzeichnen. Im Marxismus-Leninismus kamen aber zur Ideologie die Denkverbote. Bekannt

---

[76] Vgl. König, Klaus, Theorien öffentlicher Verwaltung, in: Jan Ziekow (Hrsg.), Verwaltungswissenschaften und Verwaltungswissenschaft, Berlin 2003, S. 153 ff.
[77] Vgl. Willke, Helmut, Leitungswissenschaft in der DDR: Eine Fallstudie zu Problemen der Planung und Steuerung in einer entwickelten sozialistischen Gesellschaft, Berlin 1979.
[78] Vgl. Strehle, Andreas, Stufen sozialwissenschaftlicher Integration: Darstellung und Kritik bestehender und neuer Konzepte zur Integration der Sozialwissenschaften, Diss., St. Gallen 1978, S. 109 ff.

geworden ist die Babelsberger Konferenz von 1958, bei der die Verwaltungsrechtswissenschaft der DDR als bürgerlich-formalistisches Relikt, als Differenzierung gegen die Einheit der Staatsmacht der Arbeiter und Bauern und gegen den demokratischen Zentralismus auf Jahre hin verboten wurde.[79] Aber es gab auch Verbote der empirischen Verwaltungsforschung. Wie berichtet worden ist, kam es in den 1980er Jahren zu Eingriffen von Seiten des Zentralkomitees, als eine Arbeitsuntersuchung mittelbar zeigte, dass leitende Verwaltungskader den Tag in Beratungsgremien verbrachten, um am Abend so zu entscheiden, wie es ohnehin von oben beschlossen war. In der westdeutschen DDR-Forschung war das als „konsultativer Autoritarismus" längst bekannt.[80] Prohibitive Ideologisierung ist aber nicht das, was eine integrative Verwaltungswissenschaft überwölben kann.

Zum Marxismus gehört der Gedanke, dass der Unterschied von Sein und Sollen überwunden werden kann. Auf empirische Fundamente bezieht sich demgegenüber ein Behaviorismus, wie er in der amerikanischen Verwaltungswissenschaft Bedeutung erlangt hat. Die einschlägige Verwaltungsschule hat sich indessen von den Ursprüngen der behavioristischen Wissenschaftsphilosophie entfernt und ist zu dem geworden, was sich als „behavioral approach" bezeichnen lässt.[81] Es wird bei den beobachtbaren Tätigkeiten und Handlungen als empirisch fassbarer Basis angeknüpft. Man sucht nach den Regelmäßigkeiten administrativen Verhaltens, nach der erfahrungsmäßigen Nachprüfung von Generalisierungen, nach präzisen Methoden, nach Quantifizierungen. Man will empirische Theorien des Verwaltungshandelns, Systeme, Modelle entwickeln. Jedoch in der Fülle der Theorien, Systeme, Modelle, die auf menschliches Verhalten in der öffentlichen Verwaltung abstellen, äußert sich bereits wieder die Mehrwertigkeit der nordamerikanischen Verwaltungsforschung. Die Bezeichnung „administrative behavior" bleibt stehen. Aber die im strengen Sinne behavioristische Anknüpfung an die Positivität empirisch erfassbarer Verhaltensabläufe in der öffentlichen Verwaltung wird nicht durchgehalten. Vielmehr interessiert nicht die Regelhaftigkeit menschlicher Handlungen schlechthin, sondern gewisse Rationalitäten des Verwaltungshandelns bis hin zu der in der Spieltheorie angezielten Rationalität.[82] Die theoretischen Formalisierungen sind

---

[79] Vgl. Güpping, Stefan, Die Bedeutung der „Babelsberger Konferenz" von 1958 für die Verfassungs- und Wissenschaftsgeschichte der DDR, Berlin 1997, S. 149 ff.; ferner Bönninger, Karl, Die Babelsberger Konferenz und das Schicksal der Verwaltungsrechtswissenschaft, in: Jörn Eckert (Hrsg.), Die Babelsberger Konferenz vom 2./3. April 1958, Baden-Baden 1993, S. 203 ff.

[80] Vgl. Ludz, Peter Christian, Parteielite im Wandel, Köln/Opladen 1968.

[81] Vgl. Merkl, Peter H., „Behavioristische" Tendenzen in der amerikanischen politischen Wissenschaft, in: Politische Vierteljahresschrift 1965, S. 58 ff.

[82] Vgl. Simon, Herbert A., etwa: Administrative Behavior: A Study of Decisionmaking Processes in Administrative Organizations, 4. Aufl., New York 1997.

nicht nur solche aus der Formalität äußerlich beobachtbarer Aktionen und Reaktionen in der Verwaltung.

Vom verhaltensorientierten Ansatz führt der Weg zu einem in den USA spezifischen und einflussreichen Wissenschaftspragmatismus. Die amerikanische Verwaltungswissenschaft sieht die relevanten Vorstellungen, Begriffe, Urteile, Anschauungen auch als Regeln für administratives Verhalten an. Denn wissenschaftliches Denken wird als eine Aktivität verstanden, deren Sinn es ist, sich in äußeres Handeln: hier Verwaltungshandeln, umzusetzen. Die Kriterien wissenschaftlicher Wahrheit liegen in der praktischen Nutzanwendung für das Leben. Das Know-how – das Wissen, wie etwas gemacht werden muss – wird vorrangig. Die Nützlichkeit in den praktischen Konsequenzen ist Maßstab auch für Wissenschaftlichkeit. Die „Power to work" bedeutet die wissenschaftliche Bewährung. Eine solche Wissenschaftstheorie der Erfolgsabhängigkeiten bleibt auch bei methodologischen Verfeinerungen problematisch. In ihren Vergröberungen kann sie dahin neigen, die unreflektierte Alltagserfahrung als Wissenschaft zu nehmen. Ein undistanzierter Pragmatismus des Verwaltungshandelns kann angesichts des Standes multidisziplinärer und interdisziplinärer Verwaltungswissenschaften in Europa einem integrativen Wissenschaftsprogramm zur öffentlichen Verwaltung keinen zufrieden stellenden Überbau vermitteln.

Einem „behavioral approach" kann man die Public Choice-Schule entgegenstellen, die von vornherein an die Rationalität eines an Zwecken und Mitteln orientierten Handelns und an individuellen Präferenzen von Akteuren anknüpft. Mit diesem Rationalitätsanspruch lassen sich die Grenzen zwischen Erfahrungsgegenständen von Wirtschaft, Recht, Staat und korrespondierenden Wissenschaften niederlegen und von einer übergreifenden Transdisziplinarität einschlägiger Erkenntnisse ausgehen. Das bedeutet nicht, dass die einzelnen sozialen Sphären keine Eigenheiten aufzuweisen hätten. Aber alle, auch die Politik, werden nach dem gleichen Verhaltensmodell gedeutet, nämlich dem der rationalen Verfolgung von Eigeninteressen nach Art des Homo Oeconomicus.[83] Auch die öffentliche Verwaltung wird in Bürokraten als Individuen aufgelöst, die wie Unternehmer ihren Eigennutz verfolgen, freilich kein Gewinnziel haben, aber die Maximierung ihres Budgets einschließlich der Personalstellen anstreben, da von deren Höhe Prestige, Machtfülle und auch Einkommen abhängig sind.[84]

Der das Budget maximierende Bürokrat ist eine „heroische" Annahme der Neuen Politischen Ökonomie, die der erfahrungswissenschaftlichen Überprü-

---

[83] Vgl. Buchanan, James M./Tullock, Gordon, The Calculus of Consent – Logical Foundations of Constitutional Democracy, Ann Harbor 1962.
[84] Vgl. Niskanen, William A., Bureaucracy and Representative Government, Chicago 1971; Bernholz, Peter/Breyer, Friedrich, Grundlagen der politischen Ökonomie, Band 2: Ökonomische Theorie der Politik, 3. Aufl., Tübingen 1994.

fung nicht standhält. So kommt zum Beispiel die empirische Untersuchung des Haushaltsverhaltens von Spitzenbeamten der US-amerikanischen Bundesverwaltung zur gegenteiligen Beobachtung des „Budget-Minimizing Bureaucrat".[85] Das heißt dann eben auch nicht, dass Verwaltungsleute die Bürgerinteressen repräsentativ im Haushalt wiedergeben. Wollte man Finanzierungsprozesse auf individuelle Akteure herunterbrechen, müsste man sich darüber Rechenschaft geben, dass allein durch den Umstand, dass ein der sozialpolitischen Untiefen überdrüssiger Kanzler, der den Spiegelreferenten Arbeit und Soziales in der Regierungszentrale durch einen Beamten des Finanzministeriums ersetzt, eine andere Lage von Informations- und Interessenberücksichtigung schafft. Es ist aber nicht bloß die Problematik einer Modellannahme, die die Public Choice-Schule in ihrem Erkenntnispotential für die öffentliche Verwaltung als begrenzt erscheinen lässt. Es gibt kaum ein soziales Phänomen, das wie die öffentliche Verwaltung den Menschen die Alltagserfahrung machen lässt, in eine Welt der Organisationen und Regelwerke hineingeboren zu werden und in ihr zu sterben. Und das ist auch die Erfahrung der Beamten in ihren eigenen Behörden. Wenn man heute eine Individualisierung beobachtet, die Institutionen wie Ehe, Familie, Nachbarschaft in Frage stellt, dann kann man umgekehrt ein wachsendes Angewiesensein des Individuums auf Staat und Verwaltung verzeichnen. Institutionen sind nicht vollkommen. Die Public Choice-Schule mag insofern kritisch-analytische Einsichten vermitteln, die Verbesserungen bürokratischer Organisationen und Prozesse reflektieren. Aber ein methodologischer Individualismus greift zu kurz, um Verwaltungsstaat und verwaltete Welt so zu verstehen, dass das Programm einer integrativen Verwaltungswissenschaft ausgefüllt werden könnte.

Es ist das US-amerikanische Studienfach Public Administration, das in seiner Theorien- und Methodenvielfalt in jüngster Zeit die Rezeption der Diskurstheorie hervorgebracht hat. Unter der Bezeichnung „Postmodern Public Administration" wird das kommunikative Handeln in öffentlichen Angelegenheiten diskutiert.[86] Man sollte sich insoweit nicht von missverständlichen Titeln irritieren lassen.[87] Für das Verwaltungsstudium wird als maßgeblich angesehen, dass neotayloristischen Überzeichnungen eine politisch-partizipative Zivilkultur entgegengesetzt wird. In der Diskursbewegung setzt man sich mit Methodenfragen, aber auch mit Sachfragen wie der Verantwortlichkeit auseinander. Man erwartet von der Diskurstheorie davor gerettet zu werden, von einem „market-

---

[85] Vgl. Dolan, Julie, The Budget-Minimizing Bureaucrat? Empirical Evidence from the Senior Executive Service, in: Public Administration Review 2002, 42 ff.

[86] Vgl. Fox, Charles F./Miller, Hugh T., Postmodern Public Administration: Towards Discourse, Thousand Oaks 1995.

[87] Vgl. Bogason, Peter, Postmodernism and American Public Administration in the 1990s, in: Administration & Society 2001, 165 ff.

based rational-choice brand of thought" übernommen zu werden.[88] Damit sind jedenfalls die Fragehorizonte eines bloß technokratischen Professionalismus gesprengt.

Die öffentliche Verwaltung ist das soziale System der Gesellschaft, in dem die verbindliche Allokation öffentlicher Güter und Werte vorbereitet und konkretisiert wird. Der Diskurs ist die argumentative, dialogisch konzipierte und methodisch reflektierte Form des über die vernünftige Rede vermittelten kommunikativen Handelns. Nur im herrschaftsfreien Diskurs ist die ideale Sprechsituation erfüllt.[89] In der US-amerikanischen Verwaltungswissenschaft wird die Frage erörtert, wo der Platz für einen solchen Diskurs zwischen Bürgern und nicht gewählten Amtsträgern sein kann. Verwiesen wird auf die Ausübung von Ermessen, die Begegnungen von kommunitaristischen Gruppen und Verwaltungsakteuren, intergouvernementale Kooperationen, Policy-Netzwerke, Verhandlungslösungen bei Regulationen usw.[90] Aus der Erforschung der kooperativen Verwaltung wissen wir allerdings, wie Verhandlungslösungen im „Schatten des Leviathans" zustande kommen.[91] Auch in den Vereinigten Staaten besteht eine Grunderfahrung darin, dass eine konsensuale Integration des Klienten in die öffentliche Verwaltung nicht gelingt. Im Falle einer Sozialverwaltung ist man gescheitert, weil man nicht mehr mit knappen öffentlichen Mitteln umgehen konnte. Das lag nicht einfach daran, dass die Dotierungsinstanz Finanzmittel nur an eine Sozialbehörde mit solidem Programm zuweisen wollte. Die Behörde selbst musste sich vor unbegründeten Sozialansprüchen schützen können. Die einschlägigen Mechanismen versagten, weil die Ausdifferenzierung einer mit Autorität ausgestatteten Geberseite aufgegeben worden war.[92]

Die Diskurstheorie mag hiernach darauf aufmerksam machen, wie sehr die öffentliche Verwaltung in der modernen Zivilgesellschaft auf Akzeptanz angewiesen ist. Der Alltag der Verwaltung, sei es der der Sozialverwaltung oder der Finanzverwaltung, der der Gewerbeaufsicht oder der der Verkehrspolizei, ist

---

[88] Vgl. White, Orion F. Jr., The Ideology of Technocratic Empiricism and the Discourse Movement in Contemporary Public Administration: A Clarification, in: Administration & Society 1998, 471 ff.

[89] Vgl. Habermas, Jürgen, Vorstudien und Ergänzungen zur Theorie des kommunikativen Handelns, Frankfurt a. M. 1984, S. 174 ff.

[90] Vgl. Fox, Charles J./Miller, Hugh T., Postmodern Public Administration: Towards Discourse, Thousand Oaks 1995; dies., Discourse, in: Jay M. Shafritz (Hrsg.), International Encyclopedia of Public Policy and Administration, Band 2, Boulder, Colorado 1998, S. 688 ff.

[91] Vgl. Dose, Nicolai, Die verhandelnde Verwaltung – Eine empirische Untersuchung über den Vollzug des Immissionsschutzrechts, Baden-Baden 1997.

[92] Vgl. White, Orion, The Dialectical Organization: An Alternative to Bureaucracy, in: Public Administration Review 1969, 35 ff.; McCurdy, Howard E., Public Administration: A Synthesis, Menlo Park, California u. a. 1977, S. 346 ff.

indessen von ihren Herrschaftsmöglichkeiten geprägt. Eine in diesem Sinne antiautoritative Diskurstheorie ist nicht geeignet, einer integrativen Verwaltungswissenschaft den Überbau zu vermitteln.

Die Kategorie des Systems gehört zu den begrifflichen Grundausstattungen der Rechts-, Wirtschafts- und Sozialwissenschaften. Es könnten viele Systemtheorien in ihrer Relevanz für die öffentliche Verwaltung genannt werden: in Disziplinen überschreitender Absicht nicht zuletzt die Theoretiker des politischen Systems.[93] Indessen ist in den 1960er Jahren auch ein explizit als „Theorie der Verwaltungswissenschaft" bezeichneter Ansatz entworfen worden.[94] Das Verwaltungssystem gilt hier als Identifikation eines Sinnzusammenhanges von Handlungen, die teilweise aufgrund der eigenen Ordnung, teilweise aufgrund von Umweltbedingungen gegenüber einer äußerst komplexen, veränderlichen, im Ganzen nicht beherrschbaren Umwelt relativ einfach und konstant gehalten wird. Als Leistung gesehen wird die Systembildung als Reduktion von Komplexität und Veränderlichkeit der Umwelt auf Ausmaße, die sinnvolles menschliches Handeln erlauben, verstanden. Von der Beziehung zwischen System und Umwelt wird danach gemeint, dass sie zwar Kausalprozesse seien, aber durch systeminterne Selektionsvorgänge informationell gesteuert würden, so dass das System nicht allein durch die Umwelt determiniert werde, sondern gewisse begrenzte Autonomie besitze. Diese und die weiteren Theoriemodule ergeben ein eher „weiches" Reflexionsmuster, das sich für eine integrative Verwaltungswissenschaft, aber auch für eine interdisziplinäre Öffnung der betriebswirtschaftlichen Organisationslehre[95] als fruchtbar erwiesen hat. Viele der einschlägigen Kategorien – etwa die Unterscheidung von Konditional- und Zweckprogrammen[96] – werden heute verwaltungswissenschaftlich verwendet.

Die stringente und authentische fortgeschriebene Systemtheorie ist freilich die der Autopoiesis. Um es kurz zu machen: Mit der autopoietischen Wende[97] ging diese Systemtheorie für die integrative Verwaltungswissenschaft als Über-

---

[93] Vgl. Almond, Gabriel A./Powell, G. Bingham, Comparative Politics, Boston/Toronto 1978; Easton, David, The Analysis of Political Systems, in: Roy C. Macridis/Bernard E. Brown (Hrsg.), Comparative Politics, Pacific Grove, Calif. 1990, S. 48 ff.; Willke, Helmut, Systemtheorie, Stuttgart 1991.

[94] Vgl. Luhmann, Niklas, Theorie der Verwaltungswissenschaft: Bestandsaufnahme und Entwurf, Köln/Berlin 1966.

[95] Vgl. Walter-Busch, Emil, Organisationstheorien von Weber bis Weick, Amsterdam 1996, S. 215 f.

[96] Vgl. Luhmann, Niklas, Funktionen und Folgen formaler Organisation, Berlin 1964, S. 231.

[97] Vgl. Kiss, Gábor, Grundzüge und Entwicklung der Luhmannschen Systemtheorie, 2. Aufl., Stuttgart 1990, S. 89 ff.

bau verloren[98], und zwar nicht, weil das Stichwort Verwaltung in dieser Theorie bedeutungslos geworden ist, sondern weil die autopoietische Systemtheorie in einen Konstruktivismus mündet, die dem Erfahrungsgegenstand der öffentlichen Verwaltung in der Wendung zum verwaltungswissenschaftlichen Erkenntnisgegenstand die Anschaulichkeit nimmt. Man mag dem entgegenhalten, dass Anschauungen an Formen sinnlicher Abbildung geknüpft sind. Indessen ist die Verwaltungswissenschaft an Begriffe der Alltagserfahrung gebunden. Sie verliert in dem Maße an Anschaulichkeit, wie sie den Kontakt mit der Primärerfahrung verliert. Die autopoietische Systemtheorie hat inzwischen eine affirmative wie kritische Sekundärliteratur ausgelöst, und zwar bis hin zur lexikalischen Erfassung.[99] In der Verwaltungswissenschaft kann man sich darauf beschränken, auf die Alltagserfahrung hinzuweisen.

Die Beamtenschaft des Bundeskanzleramtes ist gehalten, zu jedem Tagesordnungspunkt der Kabinettssitzung einen entsprechenden Kabinettsvermerk vorzulegen. In diesem ist der anstehende Sachverhalt in allen Richtungen zu bewerten, rechtlich, insbesondere verfassungsrechtlich, volkswirtschaftlich wie betriebswirtschaftlich usw. Eine Hausanordnung der Regierungszentrale legt ausdrücklich fest, dass auch eine politische Bewertung vorzunehmen ist. Es kann festgestellt werden, dass diese Bewertungen unabhängig von der jeweiligen Vorbildung der Beamten gelingt, interessanterweise mit Einschränkungen im betriebswirtschaftlichen Teil. Mit der vor-autopoietischen Systemtheorie könnte man dieses Phänomen, das offenkundig Systemcharakter hat, analysieren und dabei zugleich anschaulich bleiben, und zwar im Sinne der Bindung eben an die Alltagserfahrung. Zuständigkeitsfragen könnten unter dem Vorzeichen der Organisationsstruktur, Arbeitsabläufe unter dem der Prozessstruktur, Sachverstandsfragen unter dem der Personalstruktur erörtert werden. Einflussgrößen der Umwelt wie der eigenen systemischen Ordnung könnten zusammengehalten werden usw.

Die autopoietische Systemtheorie stellt ungleich konstruktivistischere Anforderungen. Die einschlägigen Regierungsgeschäfte des Bundeskanzleramts könnten nicht unter dem Blickwinkel eines politisch-administrativen Systems betrachtet werden. Denn wir haben es mit verschiedenen generalisierten Kommunikationsmedien zu tun – Recht, Geld, Macht – und die Technisierung dieser Codes bringt die Autopoiesis verschiedener Funktionssysteme hervor. Es geht

---

[98] Vgl. Dose, Nicolai, Systembildung, Erwartungsstabilisierung, Erwartungsgeneralisierung und Verwaltung in den frühen Arbeiten von Niklas Luhmann, in: Eberhard Laux/Karl Teppe (Hrsg.), Der neuzeitliche Staat und seine Verwaltung – Beiträge zur Entwicklungsgeschichte seit 1700, Stuttgart 1998, S. 267 ff.

[99] Vgl. Krause, Detlef, Luhmann-Lexikon: eine Einführung in das Gesamtwerk von Niklas Luhmann, 2. Aufl., Stuttgart 1999; Baraldi, Claudio/Corsi, Giancarlo/Esposito, Elena, GLU – Glossar zu Niklas Luhmanns Theorie sozialer Systeme, 2. Aufl., Frankfurt a. M. 1998.

also zugleich um das Rechtssystem, das Wirtschaftssystem, das politische System. Anschlüsse an das zweifellos politischere politische Teilsystem, nämlich das Kabinett, müssten durch weitere Hilfskonstrukte – strukturelle Kopplung, Kontextsteuerung usw. – gefunden werden.

Durch solche Konstruktionen droht der Bezug zu den Begriffen der Alltagserfahrung, also zur Anschaulichkeit verloren zu gehen. Der bürokratische Widerstand ist nicht der Regelfall in einer Regierungszentrale. Aber er kommt vor. Und es wäre nützlich, dieses Phänomen mit der Kategorie der Selbstreferenz zu bearbeiten und diese nicht schlechthin zu unterstellen. Es gibt durchaus bürokratische Selbstregulative, die die Frage ihrer Verkopplung – Ankopplung oder Abkopplung – mit der formalen Regierungsorganisation aufwerfen, etwa ein parteipolitischer Zirkel von Mitarbeitern des Amtes. Aber dazu müsste man den Gedanken der strukturellen Kopplung nicht generell verbraucht haben. Es bestehen mediale Anpassungen an die Politiksprache des Kabinetts. So pflegt man nicht nach juristischer Manier verfassungsrechtliche Bedenken anzumelden. Man will kein Bedenkenträger sein. Dem Politischen nähert man sich, indem man von verfassungsrechtlichen Risiken spricht. Aber letztlich ist man in der Regierungszentrale auf eine multimediale Kommunikation angewiesen. Die harte Sprache der Finanzdaten gilt für Spitzenbeamte wie Exekutivpolitiker gleichermaßen, obwohl sie von einem unterschiedlichen Rollenverständnis geprägt sind. Mit politisch geschönten Zahlen kommt man auf beiden Seiten nicht allzu weit.

Es mag sein, dass „auch die neuere, von Verwaltung abstrahierende Theorie" uns Verwaltung und Verwaltungen anders als üblich sehen lassen kann.[100] Genauso ist einzuräumen, dass der Wissenschaft vielfach ein konstruktives Moment eignet. Jedoch ist die öffentliche Verwaltung kein Erfahrungsgegenstand, von dessen Alltagsbegriffen die Verwaltungswissenschaft einfach absehen kann – vielleicht ist dies der Unterschied zur Unanschaulichkeit der Gesellschaft als solcher. Die vor-autopoietische Systemtheorie erlaubt analytische Zerlegungen der öffentlichen Verwaltung, die uns den Erfahrungsgegenstand nicht aus dem Auge verlieren lassen. Die autopoietische Systemtheorie zwingt zu einem Konstruktivismus, in dem die Verbindung mit den Begriffen des Verwaltungsalltags verloren gehen. Vielleicht ist es kein Zufall, dass zu den nach der autopoietischen Wende untersuchten gesellschaftlichen Teilsystemen das Verwaltungssystem nicht mehr gehört. Eine transdisziplinäre Theorie, in deren Konstruktionen die Begriffe der Primärerfahrung verloren zu gehen drohen, stellt keinen belastbaren Überbau für eine integrative Verwaltungswissenschaft dar.

---

[100] Vgl. Dammann, Klaus/Grunow, Dieter/Japp, Klaus P., Einleitung, in: dies. (Hrsg.), Die Verwaltung des politischen Systems: Neuere systemtheoretische Zugriffe auf ein altes Thema, Opladen 1994, S. 9.

2. Kapitel: Konzeption der Verwaltungswissenschaft

Zwischen Umriss eines verwaltungswissenschaftlichen Desiderats und Bildung einer Theorie der öffentlichen Verwaltung liegt der Versuch, die Entwicklung verwaltungsrelevanter wissenschaftlicher Erkenntnisse zu analysieren, sich zuerst des Pluralismus in den Verwaltungswissenschaften zu versichern, um dann der Frage integrativer Erkenntnisse der Verwaltungswissenschaft nachzugehen.[101] Denn so wenig man hinter den Erkenntnisleistungen herkömmlicher verwaltungsrelevanter Disziplinen zurückbleiben kann, so wenig ist von vornherein ausgeschlossen, auf die öffentliche Verwaltung beziehbares Wissen an einem integrativen Erkenntnisinteresse auszurichten. Allerdings muss man eingestehen, dass es die Verwaltungswissenschaft in Kontinentaleuropa theoretisch nicht weit gebracht hat, wo hingegen Public Administration in den Vereinigten Staaten eben selbst die Diskurstheorie Frankfurter Provenienz rezipiert hat.[102]

Im Verhältnis zu den theoretischen Defiziten ist die Kanonisierung von Einzelgegenständen der Verwaltungswissenschaft weiter fortgeschritten. Die akademische Lehre der Verwaltungswissenschaft, selbst wenn sie nur den Teil eines Studienganges ausmacht, führt zu einer Lehr- und Textbuchproduktion, die eine Vorstellung davon vermittelt, was zum Kernstoff der Wissensvermittlung gehört.[103] Freilich lässt die Verwaltungswissenschaft im Vergleich zu tradierten Fächern größere Spielräume nicht nur in Randbereichen. Insbesondere bleibt die Frage offen, wieweit der Lehrstoff jeweils zu vertiefen ist.

Zum Kernbereich der verwaltungswissenschaftlichen Lehre kann man zählen: erstens als Grundlagen den nationale Kontext der öffentlichen Verwaltung, die Geschichte der öffentlichen Verwaltung, den Verfassungsrahmen der öffentlichen Verwaltung, die Verwaltung im gesellschaftlichen und ökonomischen Umfeld, Verwaltungsreformen; zweitens den Aufbau, nämlich Staatsaufbau und Verwaltungsterritorien, Aufbau der Zentralverwaltung, Aufbau der dezentralisierten Staatsverwaltung, Verflechtung der Verwaltungsebenen, inneren Aufbau der Verwaltungsbehörden; drittens Verselbständigungen mit der Verfassung der kommunalen Selbstverwaltung, die Verwaltung der großen Städte,

---

[101] Vgl. König, Klaus, Erkenntnisinteressen der Verwaltungswissenschaft, Berlin 1970.

[102] Vgl. Fox, Charles James/Miller, Hugh T., Postmodern Public Administration: Toward Discourse, Thousand Oaks 1995.

[103] Vgl. Becker, Bernd, Öffentliche Verwaltung: Lehrbuch für Wissenschaft und Praxis, Percha 1989; Ellwein, Thomas, Regieren und Verwalten: Eine kritische Einführung, Opladen 1976; Joerger, Gernot/Geppert, Manfred (Hrsg.), Grundzüge der Verwaltungslehre, 2. Aufl., Stuttgart u. a. 1976; König, Klaus/Siedentopf, Heinrich (Hrsg.), Öffentliche Verwaltung in Deutschland, 2. Aufl., Baden-Baden 1997; Mattern, Karl-Heinz (Hrsg.), Allgemeine Verwaltungslehre, 4. Aufl., Berlin u. a. 1994; Püttner, Günter, Verwaltungslehre, 3. Aufl., München 2000; Thieme, Werner, Einführung in die Verwaltungslehre, Köln u. a. 1995; Wenger, Karl (Hrsg.), Grundriss der Verwaltungslehre, Wien/Köln 1983.

die Verwaltung des ländliches Raums, die Selbstverwaltung außerhalb der Kommunalverwaltung, die Verwaltung zwischen staatlichem und privatem Sektor, die öffentlichen Unternehmen; viertens die Aufgaben, nämlich Aufgaben und Aufgabenverteilung, öffentliche Dienstleistungen, Aufgabenentwicklung und Aufgabenkritik; fünftens Steuerungsprobleme, also Gesetzes- und Rechtsbindung der Verwaltung, Planung in Regierung und Verwaltung, räumliche Planung, Haushalt und Finanzplanung; sechstens Entscheidung, nämlich im allgemeinen Entscheidungen in der öffentlichen Verwaltung, dann Verfahren der Verwaltungsentscheidung, Entscheidungshilfen und Datenverarbeitung; siebtens Personal, also die Gliederung des öffentlichen Dienstes, die Situation des öffentlichen Dienstes, Führungspositionen in der Verwaltung, Personalwirtschaft, Aus- und Fortbildung für den öffentlichen Dienst; achtens Leitungsprobleme mit der Leitungsorganisation der Verwaltung, Personalführung in der Verwaltung, neue Ansätze der Führung und Leitung; neuntens die Kontrolle mit dem Netzwerk der Verwaltungskontrollen, den Kontrollen der Verwaltung durch Verwaltungsgerichte, der Verwaltungskontrolle durch Rechnungshöfe; zehntens die Internationalität, nämlich allgemein die Internationalität der öffentlichen Verwaltung, dann die Verwaltung in der Europäischen Union, schließlich die Verwaltungszusammenarbeit in der Entwicklungspolitik.[104] Mit einem solchen Kanon passt die Verwaltungswissenschaft in die internationale Verständigung über eine Lehre von der öffentlichen Verwaltung, und zwar mit Einschluss von Public Administration.

Die Anstöße für die akademische Institutionalisierung der Verwaltungswissenschaft in Kontinentaleuropa kommen weniger aus der wissenschaftstheoretischen Aufdeckung von offenen Forschungsfragen und auch nicht aus einer Wissenschaftspolitik, die Lücken in der wissenschaftlichen Problembearbeitung schließen will. Die Beweggründe für eine Verwaltungswissenschaft sind im Prinzip kaum anders als bei Public Administration in den Vereinigten Staaten, nämlich Modernisierung und Professionalisierung.

Die öffentliche Verwaltung in Kontinentaleuropa hat eine hohe praktische Intelligenz, zumal da in der Moderne Bildungsabschlüsse mit formalen Examina zu den Eintrittsvoraussetzungen in den öffentlichen Dienst gehören. Unter Bedingungen kontinuierlicher Verhältnisse kann sie ein selbstbewusstes „Learning by doing" praktizieren. Anders ist es bei Modernisierungen, Reformen, Innovationen, wenn die Verwaltung unter Veränderungsdruck gerät, in dem eingeschliffene Erfahrungen, das institutionelle Gedächtnis überfordert sind. Hier ist nach innovatorischer wissenschaftlicher Beratung gefragt. Verwaltungsreformen wie die kommunale Gebietsreform in der alten Bundesrepublik

---

[104] Vgl. König, Klaus/Siedentopf, Heinrich (Hrsg.), Öffentliche Verwaltung in Deutschland, 2. Aufl., Baden-Baden 1997.

Deutschland zeigen, wie Rechtswissenschaft die verfassungsrechtliche Systemkonformität, Politikwissenschaft die demokratische Partizipation, Soziologie die soziale Integration und Mobilität, Betriebswirtschaft die optimale Verwaltungsgröße bewerten. Am Schluss muss aber alles in einem Reformkonzept zusammengebracht werden. Die politisch-administrativen Promotoren halten nach einer wissenschaftlichen Integrationsleistung Ausschau, die mit der von ihnen erwarteten zusammenfassenden Praxis korrespondiert. Im genannten Falle finden sich die Antworten in einem verwaltungswissenschaftlichen Werk zum „Neubau der Verwaltung".[105]

So geben die verschiedenen Verwaltungsreformen der Verwaltungswissenschaft immer neue Impulse: die Reform der Aufgaben- und Finanzplanung, der Regierungs- und Verwaltungsorganisation, des öffentliches Dienstes usw. Manchmal lernt die Verwaltungswissenschaft mehr aus Verwaltungsreformen als die Verwaltungspraxis selbst. In diese können dann die gesammelten Einsichten über den Umweg wissenschaftlicher Verarbeitung zurückkehren. Auch bei breiten Modernisierungen bedarf es wissenschaftlicher Integrationsleistungen. Bei der Bewegung des Neuen Öffentlichen Managements kann die Betriebswirtschaftslehre Modelle einer effizienten und effektiven Verwaltung aus ökonomischer Sicht entwickeln. Die Rechtswissenschaft kann die bestehenden verfassungsrechtlichen und rechtssystematischen Bedenken vortragen. Zum systemkonformen Einbau betriebswirtschaftlicher Instrumente in eine legalistische Verwaltung bedarf es aber weiterer integrativer Reflexionen.[106]

Damit ist bereits auf die Bedeutung der Verwaltungswissenschaft für die Professionalisierung der öffentlichen Verwaltung hingewiesen. Beruflichkeit im öffentlichen Dienst beruht prinzipiell zunächst auf dem allgemeinen Bildungssystem in einer modernen Gesellschaft. Sondereinrichtungen wie die interne Fachhochschule für öffentliche Verwaltung in Deutschland oder die École Nationale d'Administration in Frankreich signalisieren, dass allgemeine Bildungsgänge und Berufsanforderungen im öffentlichen Dienst nicht einfach synchron sind. Das gilt insbesondere für Generalisten- und Leitungsfunktionen. Der Jurist, der in Kontinentaleuropa für solche Funktionen zwar nicht mehr ein Monopol hat, aber doch Privilegien genießt, hat es gelernt, mit dem generalisierten Medium des Rechts zu kommunizieren. Aber Planung, Organisation, Koordination, Personalausstattung, Budgetierung lassen sich nicht auf das Ergebnis eines Subsumptionsprozesses unter Normen reduzieren. Noch andere Kompetenzen sind gefragt. So ist zu verstehen, dass die öffentliche Verwaltung

---

[105] Vgl. Wagener, Frido, Neubau der Verwaltung: Gliederung der öffentlichen Aufgaben nach Effektivität und Integrationswert, 2. Aufl., Berlin 1974.
[106] Vgl. König, Klaus, Gute Gouvernanz als Steuerungs- und Wertkonzept des modernen Verwaltungsstaates, in: Werner Jann u. a., Politik und Verwaltung auf dem Weg in die transindustrielle Gesellschaft, Baden-Baden 1998, S. 227 ff.

zu den gesellschaftlichen Vorreitern beim Aufbau von Fort- und Weiterbildungseinrichtungen für ihre Beschäftigten gehört, und zwar von der Einführungsfortbildung für Berufsanfänger an. Weiterbildung auf wissenschaftlicher Grundlage ist insbesondere gefragt, wenn es um die Anpassung der beruflichen Qualifikationen an geänderte Anforderungen und um Innovationen geht. Nicht zuletzt von der Weiterbildung her wird dann auch die akademische Ausbildung angeregt, insbesondere in Bereichen von Graduierten- und Aufbaustudiengängen.[107]

Neben den in Modernisierung und Professionalisierung liegenden Grundanstößen sind es heute eine Reihe anderer Impulse, die die Verwaltungswissenschaft beeinflussen können. Dazu muss bedacht werden, dass es die Vergleichende Verwaltungswissenschaft war, die aus den Vereinigten Staaten nach Europa personell und institutionell früh zurückgekommen ist.[108] Inzwischen hat sich die globale Kommunikationsgemeinschaft der Verwaltungswissenschaftler verdichtet. Dazu zählt nicht nur die Verwaltungszusammenarbeit mit Entwicklungsländern und Transformationsländern. Auch der Austausch von Erfahrungen und Erkenntnissen zwischen den modernen Verwaltungsstaaten – europäisch wie transatlantisch – hat zugenommen. Wer an einem Expertentreffen über Probleme der öffentlichen Verwaltung in den Vereinigten Nationen, in der Weltbank, in der OECD, aber auch in den USA, in China, in Ungarn als Verwaltungswissenschaftler teilnimmt, von dem wird erwartet, dass er über eine spezifische Verwaltungskompetenz jenseits tradierter Universitätsdisziplinen verfügt. In internationalen Organisationen dringt eine angloamerikanische Sicht der öffentlichen Verwaltung vor.[109] Selbst ein so alter Verwaltungsstaat wie Frankreich hat es schwer, seine Erfahrungen international zur Geltung zu bringen. Einige kontinentaleuropäische Länder, vor allem auch Deutschland, sind deutlich unterrepräsentiert. Es spricht vieles dafür, die Vergleichende Verwaltungswissenschaft zusammen mit den internationalen Organisationen im Verwaltungsstudium zu pflegen.

Die europäische Integration ist auch in Verwaltungsangelegenheiten eine den alten Kontinent heute prägende Veränderung. Die Europäische Union ist Wirtschaftsgemeinschaft. Sie ist auch Rechtsgemeinschaft. Oft bleibt hingegen unberücksichtigt, dass sie auch Verwaltungsgemeinschaft ist. Wenn die „Europa-Tauglichkeit" von Beitrittskandidaten bezweifelt wird, dann wird als ein Grund der Zustand der postsozialistischen Verwaltung in Mittel- und Osteuropa

---

[107] Vgl. Hauschild, Christoph, Aus- und Fortbildung für den öffentlichen Dienst, in: Klaus König/Heinrich Siedentopf (Hrsg.), Öffentliche Verwaltung in Deutschland, 2. Aufl., Baden-Baden 1997, S. 577 ff.

[108] Vgl. Morstein Marx, Fritz, Das Dilemma des Verwaltungsmannes, Berlin 1965.

[109] Vgl. OECD (Hrsg.), Governance in Transition: Public Management Reforms in OECD-Countries, Paris 1995.

genannt. Man geht in der Europäischen Union von der Konvergenz nationaler Verwaltungen der Mitgliedsländer aus und sieht so einen „European Administrative Space".[110] Hinzu kommt dann noch die eigene Verwaltungsebene der Europäischen Gemeinschaften. Es lohnt sich also in die Verwaltungswissenschaft im Sinne von Europäischer Öffentlicher Verwaltung zu investieren. Seit Anfang der 1990er Jahre gibt es das Programm „European Masters of Public Administration" – EMPA-Programm – in dem sich Universitäten mehrerer europäischer Länder zusammengeschlossen haben, jetzt auch in Ungarn und Estland.

2. Verwaltung jenseits der Disziplin

Wissenschaftliche Arbeit kann man in eine vierfache Klassifikation einstellen: Disziplinarität, Multidisziplinarität, Interdisziplinarität und Transdisziplinarität. Die der Verwaltungswissenschaft parallele Organisations- und Leitungswissenschaft, wie sie der reale Sozialismus hervorgebracht hat,[111] fällt aus dieser Klassifikation letztlich heraus. Zwar wird die marxistische Wissenschaftlichkeit als Transdisziplin bezeichnet.[112] Sie führt Philosophie, Wissenschaft und Praxis in spezifischer Weise zusammen. Ein einheitlicher Begriffsapparat ist verpflichtend. Die Einzelwissenschaften werden auf eine gemeinsame Basis gestellt. Im Grunde scheinen die verschiedenen Disziplinen zugunsten einer homogenen Transdisziplin aufgehoben zu sein und werden damit zu Teilbereichswissenschaften, in denen marxistisch gefasste Aspekte, wie eben die öffentliche Verwaltung, zum Ausdruck kommen. Die Macht eines Denkens, das in Kritik, Theorie und Praxis unteilbar erscheint, umfasst die Organisations- und Leitungswissenschaft. Materialistische Dialektik, die zugleich Methodologie und Erkenntnisgrundlage ist, führt aber zu ihrer wissenschaftsideologischen Immunisierung, nicht zur wissenschaftstheoretischen Begründung und fällt so aus einer vom okzidentalen Wissenschaftsverständnis geprägten Klassifikation heraus.

Bezieht man den Begriff der Wissenschaftsdisziplin schärfer auf einen Kontext von eigenem Erkenntnisgegenstand und spezifischer Methodologie, dann wird man der Verwaltungswissenschaft in Kontinentaleuropa einen dis-

---

[110] Vgl. König, Klaus, Verwaltungsstaat im Übergang. Transformation, Entwicklung, Modernisierung, Baden-Baden 1999.

[111] Vgl. Willke, Helmut, Leitungswissenschaft in der DDR. Eine Fallstudie zu Problemen der Planung und Steuerung in einer entwickelten sozialistischen Gesellschaft, Berlin 1979.

[112] Vgl. Strehle, Andreas, Stufen sozialwissenschaftlicher Integration. Darstellung und Kritik bestehender und neuer Konzepte zur Integration der Sozialwissenschaftn, Diss., Sankt Gallen 1978, S. 109 ff.

ziplinären Charakter absprechen. Daran ändert sich nichts dadurch, dass andere Fachwissenschaften – etwa die Soziologie – ebenfalls in Schwierigkeiten geraten. Auch das Studienfach Public Administration in den Vereinigten Staaten kann solchen Anforderungen kaum Stand halten. Dieses Studium ist zwar sozial stabilisiert: einmal in der Gemeinschaft von „professional schools", zum anderen aber auch in der Verwaltungspraxis. Das Verwaltungsstudium erfährt aus verschiedenen Gründen Unterstützung durch Verwaltungspraktiker. Zu verweisen ist zum Beispiel auf die ganz andere Mobilität zwischen Universitäten und Exekutive – „revolving door" –. Solche feste soziale Orientierung hat zur Folge, dass man sich nicht ständig wissenschaftstheoretisch zu rechtfertigen braucht. Solange man sich an die Fragehorizonte, Regelwerke, Techniken des Studienfaches hält und kein „abweichendes Verhalten" zeigt, bedarf es keiner expliziten methodologischen Reflexion. Wird jedoch die wissenschaftstheoretische Frage explizit gestellt, wird sogleich die „Identity Crisis in Public Administration" konstatiert.[113]

Geht man in Kontinentaleuropa von Multidisziplinarität und Interdisziplinarität aus, so bleibt die Frage, ob sich die Verwaltungswissenschaft – Singular – wie bei schärferem Zusehen auch Public Administration nach Maßgabe der vierfachen Klassifikation wissenschaftlichen Arbeitens als Transdisziplin konzipieren lässt. Nach der neueren Wissenschaftstheorie ist Transdisziplinarität eine Wissenschafts-, insbesondere Forschungsform, die problembezogen über die fachliche und disziplinäre Konstitution der Wissenschaft hinausgeht. Diese Konstitution wird im Wesentlichen als historisch bestimmt angesehen, was dann auch für verwaltungsrelevante Disziplinen wie die Rechtswissenschaft oder die Wirtschaftswissenschaft gilt. Solche historischen Bindungen können zu einer Asymmetrie von Problementwicklungen und disziplinären oder Fachentwicklungen führen. Dazu trägt die Spezialisierung des Wissenschaftsbetriebes bei. Es besteht die Gefahr, dass disziplinäre Grenzen zu Erkenntnisgrenzen werden. Gegenüber dem älteren Begriff der Interdisziplinarität, der im wesentlichen an den überkommenen Fächer- und Disziplingrenzen festgehalten hat, verbindet die neuere Wissenschaftstheorie mit dem Begriff der Transdisziplinarität ein wissenschaftstheoretisches und forschungspraktisches Programm, disziplinäre Engführungen, wo diese an problemlösender Kraft wegen der Spezialisierung eingebüßt haben, zugunsten einer Erweiterung wissenschaftlicher Wahrnehmungsfähigkeiten und Problemlösungskompetenzen wieder aufzuheben.[114]

---

[113] Vgl. McCurdy, Howard E., Public Administration: A Synthesis, Menlo Park, Calif. u. a. 1977; Snellen, Ignace, Grundlagen der Verwaltungswissenschaft. Ein Essay über ihre Paradigmen, Wiesbaden 2006.

[114] Vgl. Mittelstraß, Jürgen, Transdisziplinarität, in: ders. u. a. (Hrsg.), Enzyklopädie Philosophie und Wissenschaftstheorie, Band 4, Stuttgart/Weimar 1996, S. 329.

Der Erfahrungsgegenstand der öffentlichen Verwaltung leidet in Kontinentaleuropa selbst bei Bedingungen von Multidisziplinarität und Interdisziplinarität an einer Asymmetrie von Problementwicklungen und wissenschaftlichen Fachentwicklungen. Weder Verwaltungsrechtslehre noch Modelle betriebswirtschaftlichen Managements, weder die Empirie sozialer Beziehungen noch die Theorie der politischen Ordnung können die Probleme abdecken, die der öffentliche Dienst und seine Reform, die politisch-administrative Regionalisierung und ihre Weiterentwicklung, Aufgaben und Finanzplanung und ihre Integration usw. aufwerfen. Ein augenfälliges Beispiel stellen die Regierungszentralen – Präsidial-, Kanzler-, Ministerpräsidentenämter – dar, wenn man auf die wenigen wissenschaftlichen Publikationen im Vergleich zur angloamerikanischen Literatur sieht. Hier kommen Probleme der politischen Arkana und der „machinery of government", Machtgenerierung und soziale Technizität in einer Weise zusammen, für die manchmal nicht einmal angemessene wissenschaftliche Fragen gestellt sind. Schaut man auf die jüngste Geschichte der Verwaltungslehre in den juristischen Fakultäten Deutschlands, wird man zweifeln müssen, ob es akademische Kontinuitäten gibt, die solche Asymmetrien durch interdisziplinäre Öffnung regierungs- und verwaltungsrelevanter Fächer aus der Welt schaffen.

Die neuere Wissenschaftstheorie sieht in der Transdisziplinarität ein Forschungsprinzip und erst in zweiter Linie ein Theorieprinzip.[115] Das ist auch in der Spannungslage von Verwaltungswissenschaften und Verwaltungswissenschaft zu sehen. Die Verwaltungsrechtslehre, die Finanzwissenschaft traditionell, die Betriebswirtschaftslehre der öffentlichen Verwaltung, die politische Wissenschaft zunehmend haben eine Erkenntnistiefe erreicht, der man zuerst einmal die Erforschung unbearbeiteter Probleme in einem operativen Sinne gegenüberstellen muss. Entsprechend sollte eine transdisziplinäre Lehre von der öffentlichen Verwaltung sich auf Vorleistungen einschlägiger Forschungsanstrengungen stützen können. Transdisziplinarität als Ansatzpunkt für ein Studium der öffentlichen Verwaltung wird darüber hinaus um eine gewisse theoretische Fundierung nicht umher kommen. Dabei muss die Verwaltungswissenschaft ihren problemverarbeitenden Charakter belegen. Das scheidet Konstruktivismen wie eine autopoietische Systemtheorie aus. Weiter muss man berücksichtigen, wie die Verwaltungswissenschaft von Impulsen der Modernisierung der öffentlichen Verwaltung und der Professionalisierung des öffentlichen Dienstes lebt. Die Verwaltungswissenschaft wird also – wie Public Administration – nicht ohne ein gewisses Relevanzkriterium auskommen.

---

[115] Vgl. Mittelstraß, Jürgen, Interdisziplinarität oder Transdisziplinarität?, in: Lutz Hieber (Hrsg.), Utopiewissenschaft. Ein Symposium an der Universität Hannover über die Chancen des Wissenschaftsbetriebs der Zukunft am 21./22. November 1991, München/Wien 1993, S. 17 ff.

In der theoretischen Fundierung der Verwaltungswissenschaft kann man im Falle eines rationalwissenschaftlichen Ansatzes beim Modelldenken, im Falle eines erfahrungswissenschaftlichen Ansatzes bei der empirischen Verwaltungsforschung anknüpfen. Modelldenken hat seinen Ursprung vor allem in der Methode der Nationalökonomie. Von der Geschichte der ökonomischen Theorie hat man gesagt, dass sie eine Geschichte des Denkens in Modellen sei, die im Laufe der Zeit zur Behandlung der verschiedenen Problemstellungen konstruiert worden seien.[116] Modelle – mag man auch mit ihnen wie in der Institutionenökonomik den Versuch verbinden, normative Ansätze der Wohlfahrtsökonomik durch erfahrungswissenschaftliche Analysen tatsächlicher Staatstätigkeiten zu ergänzen – liegen jenseits der strengen Empirie. Die Prämissen des Modells sind nicht Aussagen über rein beobachtbare reale Bedingungskonstellationen, sondern gedankliche Konstruktionen, die allenfalls teilweise der Wirklichkeit entsprechen.[117]

Wenn hiernach über die öffentliche Verwaltung zu sprechen ist, dann ist auf eine pragmatische Art des Modelldenkens zu verweisen. Es werden bestimmte als vernünftig erachtete Handlungs- und Steuerungsmuster konstruiert, und zwar in der praktischen Absicht, dass soziale Institutionen nach dieser Rationalität umgebaut oder aufgebaut werden. Hier ergeben sich dann wiederum Variationen. Es gibt Partialmodelle, mit denen Teilprobleme soziale Handelns gelöst werden sollen, also etwa das Modell eines Kontraktmanagements, und es gibt holistische Modelle, die gleichsam flächendeckend die Antwort für eine ganze Lebenswelt bereit halten, also zum Beispiel das „Reinventing Government" in den USA. Es gibt funktional undifferenzierte Modelle wie etwa das eines „Total Quality-Managements",[118] von dem man meint, dass es in die private Wirtschaft wie in die öffentliche Verwaltung Vernunft bringen könne. Und es gibt spezifisch elaborierte Modelle wie „New Public Management", das zwar viel aus Privatwirtschaftslehren übernommen hat, aber dann den Zuschnitt auf Staat und Verwaltung herausarbeitet.[119]

Ein Beispiel für das pragmatische, zugleich aber auch holistische Modelldenken in Deutschland ist das „Neue Steuerungsmodell.[120] Bei ihm geht es dar-

---

[116] Vgl. Schneider, Erich, Einführung in die Wirtschaftstheorie, Tübingen o. J.

[117] Vgl. Klages, Helmut, Möglichkeiten und Grenzen des Modelldenkens in der Soziologischen Theorie, in: Soziale Welt 1963, S. 102 ff.

[118] Vgl. Löffler, Elke, The Modernization of the Public Sector in an International Comparative Perspective: Concepts and Methods of Awarding and Assessing Quality in the Public Sector in OECD Countries, Speyerer Forschungsberichte 151, Speyer 1995, S. 14 ff.

[119] Vgl. König, Klaus, Unternehmerisches oder exekutives Management – Die Perspektive der klassischen öffentlichen Verwaltung, in: Verwaltungsarchiv 1996, S. 19 ff.

[120] Vgl. KGSt (Hrsg.), Das neue Steuerungsmodell. Begründung, Konturen, Umsetzung, Bericht 5/93, Köln 1993.

um, eine Verantwortungsabgrenzung zwischen Politik und (Dienstleistungs-) Verwaltung herzustellen. Die Rolle der politischen Organe soll sich hierbei darauf beschränken, die Unternehmensphilosophie, die Führungsstruktur, Rahmenbedingungen für optimale Verwaltungsleistungen festzulegen, auf der Basis entsprechender Produktdefinitionen Ziele zu setzen und konkrete Leistungsaufträge zu erteilen, den Fachbereichen der Verwaltung Produktbudgets und Handlungsspielräume zur Erfüllung ihres Leistungsauftrags zu übertragen sowie die Erfüllung der Leistungsaufträge laufend zu kontrollieren und bei Kursabweichungen entsprechend gegenzusteuern. Demgegenüber wird die Rolle der Verwaltung darauf beschränkt, die zuvor definierten Leistungsaufträge in Form konkreter Produkte zu erfüllen, der Politik laufend über Auftragsvollzug und Abweichungen zu berichten und hierdurch die Ergebnisverantwortung zu tragen. Die Kommunalverwaltung in Deutschland ist nicht so. Sie soll aber – jedenfalls wenn es nach den Promotoren des Neuen Öffentlichen Managements geht – nach diesem Modell modernisiert werden.[121]

Praktische Vernunft kann für das Modelldenken bei der Verwaltungsmodernisierung nicht einfach unterstellt werden, da es zunächst um nichts geht, was bereits in die Praxis einer öffentlichen Verwaltung eingepasst ist. Gedankliche Konstruktionen, fiktionale Elemente, „Gedankenexperimente" entziehen sich zunächst einmal dem praktischen Handeln und seiner Vernünftigkeit, zumindest bis das Modell über konkrete Veränderungen in der öffentlichen Verwaltung zur modernisierten Praxis geworden ist. Will man das Modell für sich, nicht als bloße Ideologie – den Überschuss der Ideen über die Fakten – betrachten, dann muss man die Referenzfrage stellen, wie es denn mit dem Realitätsbezug des Modells steht.[122]

Fragen nach dem Realitätsbezug werden von den Designern der Management- und Steuerungsmodelle bisweilen beiseite geschoben. In der Tat wäre es wohl eine schmale Wirklichkeit, wenn die Modernisierung der Kommunen in Deutschland auf die wohl eher atypischen Erfahrungen in einer einzelnen niederländischen Stadtverwaltung gestützt würde.[123] Anzumerken ist insoweit, dass auch in den Vereinigten Staaten kritisiert wird, wie schmal das Erfahrungsmaterial der Streitschrift zum „Reinventing Government" ist, wenn man bedenkt, dass gleich das „Big Government" einer ganzen Nation auf den Kopf

---

[121] Vgl. KGSt (Hrsg.), Das Neue Steuerungsmodell: Definition und Beschreibung von Produkten, Bericht 1/96, Köln 1996; KGSt (Hrsg.), Outputorientierte Steuerung: Zusammenhang von Aufgaben, Leistungen und Produkten, Mitteilungen 22/94, Köln 1994.

[122] Vgl. König, Klaus, Erkenntnisinteressen der Verwaltungswissenschaft, Berlin 1970.

[123] Vgl. Banner, Gerhard, Konzern Stadt, in: Hermann Hill/Helmut Klages (Hrsg.), Qualitäts- und erfolgsorientiertes Verwaltungsmanagement. Aktuelle Tendenzen und Entwürfe, Berlin 1995, S. 57 ff.

gestellt und der „entrepreneurial spirit"[124] den öffentlichen Sektor leiten soll. Man kann allenfalls in Anspruch nehmen, dass es eben um den Schritt in die Zukunft der „neuen" Verwaltung geht, für die es dann nur wenig Empirie gebe.

Modelldenken in der praktischen Absicht etwa der Verwaltungsmodernisierung hat andere Funktionen und Folgen als eine Modellbildung in der Wissenschaft, zum Beispiel in der ökonomischen Theorie. Die insbesondere holistischen Modellen implizite generalisierende Vorstellung eines nach dem Modell verallgemeinerungsfähigen Verwaltungssystems muss zwangsläufig zur Geschichtslosigkeit, und zwar für Vergangenheit und Zukunft führen. Charakteristisch hierfür ist das Neue Steuerungsmodell in der deutschen Kommunalverwaltung, lässt man seine Korrekturen in der konkretisierenden Verwaltungspolitik beiseite. Historisch vor dem Neuen Steuerungsmodell lag eine Reformbewegung, mit der der durch die britische Besatzungsmacht in Norddeutschland eingeführte Dualismus zwischen Politiker – Bürgermeister, Landrat – und Verwalter – Stadtdirektor, Kreisdirektor – abgeschafft wurde. Das Neue Steuerungsmodell beruht aber gerade auf einem dualistischen Konzept, nämlich dem Principle/Agent-Ansatz, in dem es um die Konfiguration von Politik – als Principle – und Verwaltung – als Agent – ankommt.

Holistische Modelle pflegen sich allerdings gegen Teilkritiken – der berechtigte Bürger ist mehr als Kunde; die Sozialbehörde ist kein Unternehmen; Eingriffsverwaltungen agieren nicht auf Märkten; Leistungsvergleiche sind noch keine wettbewerbliche Rivalität usw. – zu immunisieren. Man neigt dazu, ihnen paradigmatischen Charakter zu geben. Es geht nicht um „wahr" oder „falsch". Man hat es mit politischen Moden, intellektuellen Konjunkturen, Machtverschiebungen usw. zu tun. Die Zukunft liegt nicht in der Fortsetzung der Reformanstrengungen, sondern im Paradigmenwechsel: im nächsten Modell. So werden in den USA schon längst gegenüber dem „Customer-Service Model", dem „Business model of producer and consumer" Gegenmodelle der „Citizenship", des „Citizen as owner", des „Responsible Citizen" gehandelt. Und auch in der deutschen Lokalverwaltung spricht man inzwischen von der „Bürgerkommune".[125]

Pragmatisches Modelldenken im Sinne der Konstruktion als vernünftig erachteter Handlungs- und Steuerungsmuster der öffentlichen Verwaltung stellt eine vertretbare Methode der Verwaltungswissenschaft dar, die nicht nur traditionell Public Administration in den USA prägt, sondern auch in Kontinentaleuropa erfolgreich angewendet wird. Zu verweisen ist wiederum auf das Modell

---

[124] Vgl. Peters, Tom, Jenseits der Hierarchien, Liberation Management, Düsseldorf u. a. 1993.

[125] Vgl. Pfreundschuh, Gerhard, Vom Dienstleistungsunternehmen zur Bürgerkommune. Ein neues Ziel für Kreise und Gemeinden, in: Verwaltung und Management 1999, S. 218 ff.

eines „Neubaus der Verwaltung", das die kommunale Territorialreform in Deutschland rational-konstruktiv vorgezeichnet hat.[126] Wenn Modelldenken einen zufriedenstellenden Realitätsbezug aufweist, die Modellkonstrukte theoretischer und empirischer Kritik gegenüber offen bleiben, nicht zu holistisch angelegt sind und nicht gleich der neo-tayloristische „One Best Way" propagiert wird, können sie einen Beitrag zu einer integrativen Verwaltungswissenschaft leisten. Pragmatisches Modelldenken kann aber nur ein Additiv sein, und zwar nicht nur, weil die Geschichte der öffentlichen Verwaltung zu kurz kommt. Auch die Gegenwart wird nur zu einem geringen Bruchteil reflektiert. Und die Zukunft bleibt das, was sie ist: auch durch Modelle nicht bestimmbar.

Das pragmatische Modelldenken weist auf das Grunddilemma einer Verwaltungswissenschaft hin, nämlich „Das Schisma: rational-normierende und empirisch-erklärende Wissenschaften".[127] Das ist der eigentliche Grund für das Fehlen eines einheitlichen und konsistenten Erkenntnisfundaments der Verwaltungswissenschaft. Die Verwaltungswissenschaft kann sich für keine dieser beiden Seiten entscheiden. Das ist in den Vereinigten Staaten[128] wie in Kontinentaleuropa[129] anerkannt. Die Verwaltungswissenschaft kann an der empirischen Sozialforschung nicht vorbeigehen. Ihre Relevanz ist nicht nur für Public Administration, sondern auch für eine kontinentaleuropäische Verwaltungswissenschaft unbezweifelt,[130] schon weil die Empirie zum okzidentalen Wissenschaftsverständnis schlechthin gehört. Auf der anderen Seite ist der Gegenstand der öffentlichen Verwaltung wie wohl sonst nur das Wirtschaftssystem „faktische Rationalisierung".[131] Die Verwaltungslehre trägt dazu bei, Richtigkeiten öffentlicher Verwaltung ausfindig zu machen. Die Verwaltungspraxis selbst bringt in ihrem Handeln Faktizität und Rationalität zusammen. Praktisches Handeln unterliegt zugleich der Normation wie der Motivation. Wissenschaftstheoretisch lässt sich der Gegensatz von Sein und Sollen nicht auflösen. Auch ein integrativer Ansatz der Verwaltungswissenschaft muss bei der Faktizität oder bei der Rationalität zunächst anknüpfen. Die integrative Leistung besteht

---

[126] Vgl. Wagener, Frido, Neubau der Verwaltung: Gliederung der öffentlichen Aufgaben nach Effektivität und Integrationswert, 2. Aufl., Berlin 1974.

[127] Vgl. Luhmann, Niklas, Theorie der Verwaltungswissenschaft. Bestandsaufnahme und Entwurf, Köln/Berlin 1966.

[128] Vgl. Waldo, Dwight, Comparative Public Administration: Prologue, Problems, and Promise, Washington D. C. 1964.

[129] Vgl. Langrod, Georges, Science administrative ou Sciences administratives?, in: Annales Universitates Saraviensis, Rechts- und Wirtschaftswissenschaften 1956/57, S. 92 ff.

[130] Vgl. Derlien, Hans-Ulrich, Entwicklung und Stand der empirischen Verwaltungsforschung, in: Klaus König (Hrsg.), Deutsche Verwaltung an der Wende zum 21. Jahrhundert, Baden-Baden 2002, S. 365 ff.

[131] Vgl. Luhmann, Niklas, Theorie der Verwaltungswissenschaft. Bestandsaufnahme und Entwurf, Köln/Berlin 1966.

darin, nicht reine Verwaltungsrechtslehre und positive Organisationssoziologie auseinander driften zu lassen, sondern im Bezug auf den Gegenstand der öffentlichen Verwaltung Vernunft und Erfahrung oder Erfahrung und Vernunft möglichst eng zusammenzuhalten.[132]

IV. Ein integrativer Ansatz der Verwaltungswissenschaft

1. Kultur, Institution, Sozialtechnologie

Theoriebildung in einem integrativen Ansatz der Verwaltungswissenschaft führt dazu, dass Eigenschaftsbeschreibungen der öffentlichen Verwaltung zu Begriffsmerkmalen gewendet werden. Als Definition steht am Ausgangspunkt: Die öffentliche Verwaltung ist in der Moderne dasjenige soziale Funktionssystem, das als einem Träger von Herrschaftsgewalt zugeordneter Verarbeitungsapparat im öffentlichen Interesse und unter dem Primat der Politik die Allokation gesellschaftlicher Werte, Güter, Dienstleistungen durch bindende Entscheidungen besorgt.

Die Geschichte des 20. Jahrhunderts hat es mit sich gebracht, dass die Erkenntnisse der Verwaltungswissenschaft nicht auf die moderne Lebenswelt begrenzt geblieben sind. Der Postkolonialismus hat von den 1960er Jahren an, der Postsozialismus von den 1990er Jahren an breite Einblicke in vor-moderne und gegen-moderne Verwaltungsverhältnisse ermöglicht und damit auch Chancen der Selbstreflexion eröffnet. Der Kolonialismus hatte seine eigenen Strategien mit dem Fremden umzugehen. Dort, wo Einheimische überhaupt Zugang zum kolonialen Verwaltungsdienst fanden, erschloss sich dieser nur den Assimilierten, während er ihren in den Augen der Kolonialmacht „nicht-zivilisierten" Landsleuten versperrt blieb. Zumindest musste man sich Verwaltungsverständnis und Bildungsvorstellungen des Kolonialherren anpassen, wenn man rekrutiert werden wollte. Es gab auch den Fall der „Indirect Rule" als Zugriff auf die vorfindlichen traditionellen Eliten, die Mittelsmänner und Teilhaber in örtlichen Verwaltungsangelegenheiten sein sollten. Es ist aber umstritten, wieweit diese koloniale Verwaltungspolitik wirklich maßgeblich geworden ist.[133] Jedenfalls wird deutlich, dass es jenseits institutioneller Lösungen um kulturelle Probleme ging.

Die postkoloniale Verwaltungszusammenarbeit zwischen Nord und Süd im Sinne einer Entwicklungspolitik, die auch die öffentliche Verwaltung in der Dritten Welt zu fördern hat, brachte eine ganz andere Art der Begegnung von

---

[132] Vgl. König, Klaus, Erkenntnisinteressen der Verwaltungswissenschaft, Berlin 1970.

[133] Vgl. Crowder, Michael, Indirekte Herrschaft – französisch und britisch, in: Rudolf von Albertin (Hrsg.), Moderne Kolonialgeschichte, Köln/Berlin 1970, S. 203 ff.

2. Kapitel: Konzeption der Verwaltungswissenschaft

Verwaltungspraxis und Verwaltungswissenschaft des Okzidents mit dem Fremden. Die vorgefundene Spannungslage zwischen Diffusion tradierter Sozialverhältnisse und funktionaler Differenzierung in Teilbereichen, die Gemengelage von alten und neuen Verwaltungseliten, die prismatische Machtlage, die Vermischung von Dienststelle und privatem Raum, die Vorschriftenanwendung nach Maßgabe von Klientelbeziehungen, die diffusen Loyalitäten usw. führten zu Beginn der entwicklungspolitischen Zusammenarbeit auf dem Gebiet der öffentlichen Verwaltung zu zwei verschiedenen Positionen, die man zum einen als kulturalistische, zum anderen als universalistische bezeichnen kann.[134] Die Universalisten halten die öffentliche Verwaltung für ein soziales Phänomen, für das es über kulturelle Grenzen hinweg die richtige Lösung gibt. Im Allgemeinen handelt es sich hierbei um Anhänger des öffentlichen Managements der verschiedenen neo-tayloristischen Ausprägungen. Managementmodelle werden so offeriert. Ein Planning-Programming-Budgeting-System – obwohl in den USA gescheitert – soll auch die Probleme eines asiatischen Bergstaates lösen – „PPBS for Nepal" –.[135] Anzumerken ist, dass damals noch ein anderer universalistischer Anspruch in der Dritten Welt propagiert wurde, nämlich der des marxistisch-leninistischen Staates und seiner Kaderverwaltung.

Der Meinung, dass ein gutes Management überall ein gutes Staatswesen hervorbringen würde, stand die kulturalistische Position gegenüber, nämlich dass die öffentliche Verwaltung jeweils zutiefst in Raum und Zeit eingeschliffen, von der jeweiligen historischen Lage nicht abhebbar sei. Nicht nur Erfahrungen im ländlichen Raum mit traditionalen Eliten schienen das zu bestätigen. Auch die neuen Urbanisationen schienen mit modernen Methoden nicht regierbar zu sein. Die Zuspitzung der kulturellen Frage konnte man erfahren, wenn es gelang, das Tabu-Thema der Religion als ethische Frage an den Verwaltungsdienst zu stellen. Fundamentale Bindungen wurden deutlich, etwa in einem Anteil von vierzig Prozent Koran-Schulung in einem Trainingskurs für Spitzenbeamte in einem Civil Service College. Bei gewissen Formen hinduistischer Religionsausübung zeigt sich, dass diese kaum in den Arbeitstag eines westlichen Beamten eingebettet werden können. Der „clash of civilizations"[136] wurde indessen von einer stringent westlichen Position hervorgerufen, die schlechtes Management als Grund für das Elend der Welt identifizierte und mit einer moralischen Strenge vertreten wurde, wie sie dem Taylorismus seinen Hintergründen nach nicht fremd ist.

---

[134] Vgl. König, Klaus, Zum Konzept der Entwicklungsverwaltung, Speyerer Forschungsberichte 33, Speyer 1983.

[135] Vgl. Caiden, Naomi/Wildavsky, Aaron, Planning and Budgeting in Poor Countries, New York 1974.

[136] Vgl. Huntington, Samuel P., The Clash of Civilizations and the Remaking of World Order, New York 1996.

Heute besteht Einverständnis darüber, dass bei der internationalen Zusammenarbeit von Ort zu Ort verschiedene Werte, Einstellungen, Grundannahmen zu berücksichtigen sind.[137] Die einschlägigen Probleme sind an einigen Plätzen nicht mehr so tabuisiert. Mindestens die Menschenrechtsfrage lässt sich im Sinne der Konvention der Vereinten Nationen ansprechen. Dass man indessen auf solche kulturellen Größen im engeren Sinne kaum von außen Einfluss nehmen kann, jedenfalls nicht, indem man sie als „mental programms" nach einer Art der Finanzplanung behandelt, ist für die öffentliche Verwaltung als Entwicklungsgegenstand respektiert.

Anders steht es mit der Frage nach den hinter dem Verwaltungsuniversalismus stehenden Sozialtechnologien. Hier zeigten Probleme wie die Erzielung von Zolleinnahmen oder die Sicherung des Luftverkehrs alsbald, dass es neben der erforderlichen physischen auch auf soziale Technologien der Steuerung und Kontrolle ankommt, und sei es auch in Form „angepasster" Technologien. Das war auf dem Gebiete der elektronischen Datenverarbeitung von vornherein einsichtig. Der Computer war schon – nicht ohne Druck globaler Hersteller – in den 1970er Jahren eine physische Realität in der lateinamerikanischen Steuerverwaltung.[138] Dies und das entwicklungspolitische Ziel, die Erzielung eigener staatlicher Einnahmen in der Dritten Welt zu fördern, führte zu Kooperationsleistungen, die elektronische Datenverarbeitung organisatorisch und verfahrensmäßig in die dortige Steuerverwaltung zu integrieren und das Personal dazu zu befähigen, damit umzugehen.

Ein Sonderproblem war die Datensicherung, da durch verschiedene Manipulationen in den Rechenzentren Speicherkonten von Steuerpflichtigen verloren gingen. Die rein technische – Hardware oder Software – Sicherung erwies sich als nicht ausreichend. Es mussten bestimmte stabile, relativ dauerhafte Verhaltensmuster in der Finanzverwaltung eingerichtet werden: von der Zutrittsberechtigung über die Arbeitszeitregelung und Präsenzpflicht bis zu wirklich maßgeblichen Verwaltungsvorschriften. Nimmt man noch hinzu, was sich im Kontext solcher Verhaltensmuster verändern musste, so zeigte sich, dass es bei der „angepassten" Technologie nicht sein Bewenden haben konnte, sondern dass Institutionen der öffentlichen Verwaltung, hier der Steuerverwaltung gebildet werden mussten.

Die öffentliche Verwaltung in Entwicklungsländern ist mit einer Reihe von Mangelzuständen ihrer Umwelt konfrontiert. Dazu zählen mangelnde Befriedigung von Grundbedürfnissen, sozio-kultureller Dualismus, auch technologische

---

[137] Vgl. UNESCO (Hrsg.), Public Administration and Management: Problems of Adaptation in Different Socio-Culturals Contexts, Paris 1982.
[138] Vgl. König, Klaus u. a., Zur entwicklungspolitischen Zusammenarbeit mit der lateinamerikanischen Steuerverwaltung, in: Verwaltungsarchiv 1981, S. 316 ff.

Rückstände, dann aber Engpässe in den funktionsfähigen Institutionen. Dieser Knappheitsfaktor betrifft die Verwaltung selbst und ist auf sie zurückzubeziehen. Die Frage ist, wieweit bestehende Institutionen in der Lage sind, den sozialen Anforderungen fortgeschrittener Zeiten gerecht zu werden, ihre Eigenwerte unter neuen Bedingungen zu erhalten, ihre Grenzen angesichts zunehmender Differenzierung zu bestimmen, die interne Leistungsfähigkeit sicherzustellen und nicht zuletzt zur gesellschaftlichen Integration beizutragen.[139]

Die alten Institutionen erwiesen sich vielfach als den neuen Anforderungen nicht gewachsen und so mussten neue Institutionen aufgebaut werden. Die Institutionenbildung ist daher eine Konstante in der entwicklungspolitischen Kooperation, und zwar über verschiedene entwicklungstheoretische Anleitungen hinweg. Für die öffentliche Verwaltung ist die Institutionenbildung in der internationalen Zusammenarbeit maßgeblich.[140] Die Souveränität der Entwicklungsländer als Nationalstaaten begrenzt im Verwaltungsbereich das Kooperationsinstrumentarium. Man kann keine Ersatzvornahmen durchführen, wohl aber bei der Ausbildung des öffentlichen Dienstes helfen. Dazu bedarf es des Aufbaus von einschlägigen Bildungsinstitutionen und entsprechender Unterstützungsleistungen. Heute wird die Entwicklungspolitik stark von der Institutionenökonomik geprägt. Und entwicklungspolitische Konzeptionen wie „Good Governance" sind im Kern institutionelle Ansätze.[141]

Die Dreiteilung der politisch-administrativen Veränderungen in kulturelle, sozialtechnologische und dazwischen institutionelle lässt sich auch bei der anderen nachholenden Modernisierung unserer Zeit beobachten, nämlich bei der Transformation in den ehemals realsozialistischen Ländern. Der Marxismus-Leninismus selbst ist sozialtechnologisch geprägt. Sein Staats- und Verwaltungsverständnis weist technokratische Züge auf. Das gilt für die Organisationsprinzipien, die Instrumentalisierung des Rechts, für die volkswirtschaftliche Mehrjahresplanung usw. In der postsozialistischen Zeit kam es auch zur Wende in den Sozialtechnologien. Man gewann allerdings nicht den Eindruck, dass die sozialtechnologische Umstellung für die Verwaltung und ihre Mitarbeiter ein Hauptproblem war.

---

[139] Vgl. Mummert, Uwe, Wirtschaftliche Entwicklung und Institutionen. Die Perspektive der neuen Institutionenökonomik, in: Entwicklung und Zusammenarbeit 1998, S. 36 ff.

[140] Vgl. United Nations (Hrsg.), Elements of Institution-Building for Institutes of Public Administration and Management, New York 1982.

[141] Vgl. Theobald, Christian, Zur Ökonomik des Staates. Good Governance und die Perzeption der Weltbank, Baden-Baden 2000; Kochendörfer-Lucius, Gudrun/Sand, Klemens van de, Entwicklungshilfe vom Kopf auf die Füße stellen, in: Entwicklung und Zusammenarbeit 2000, S. 96 ff.

Der Marxismus-Leninismus weist dem Staat eine umfassende kulturell-erzieherische Funktion zu. Die Mitarbeiter des Staatsapparates sollen in erster Linie nach ihrer politisch-ideologischen Qualifikation rekrutiert und beschäftigt werden. Die Wertorientierungen und Grundeinstellungen der alten Verwaltungskader sind aber nicht nur durch die politische Indoktrination über Dekaden geprägt. Hinzu kommen viele andere kulturelle Einflüsse bis hin zu denen einer Nischengesellschaft. Freilich wirken Meinungen und Mentalitäten der alten marxistisch-leninistischen Verwaltungsverhältnisse auch unter den Bedingungen des Postsozialismus nach. Bei der Beurteilung der „Europa-Tauglichkeit" von Beitrittskandidaten aus Mittel- und Osteuropa wird auf die einschlägigen Probleme mit den alten Verwaltungskadern verwiesen.[142]

Stellt man neben die sozialtechnologische und kulturelle Frage die nach dem Institutionenwandel, dann tritt er insbesondere in den innerdeutschen Beziehungen vor allem als Institutionentransfer hervor.[143] Die deutsche Vereinigung erfolgte konstitutionell als Beitritt zum Grundgesetz für die Bundesrepublik Deutschland. Es bestand eine hochdifferenzierte Referenzgesellschaft, insbesondere mit einem marktwirtschaftlich ausdifferenzierten ökonomischen System und einem klassischen Verwaltungssystem kontinentaleuropäischer Prägung. Durch die Integration in das Verfassungs- und Verwaltungsrecht einer legalistischen Bürokratie war der Veränderungsspielraum von vornherein begrenzt. Zwar räumen Föderalismus und kommunale Selbstverwaltung gewisse Gestaltungsmöglichkeiten ein, die auch durch Partnerschaften zwischen Ost und West ausgefüllt wurden. „Legacies" – etwa Verwaltungsstandorte – sind zu berücksichtigen. Man mag sogar gewisse Innovationen beobachten. Aber unter den Bedingungen einer explizit verfassungsrechtlich gebundenen, nationalstaatlich gewachsenen öffentlichen Verwaltung war es der Institutionentransfer, der den Kern der Transformation der Kaderverwaltung ausmachte – wobei freilich zum Teil Institutionen in die neuen Bundesländer zurückkehrten, deren Wurzeln sich bis zu Zeiten noch vor der Weimarer Republik verfolgen lassen.[144]

Aber auch die Verwaltungstransformation in anderen postsozialistischen Ländern zeichnet sich durch ein Moment des Institutionentransfers aus.[145] Ins-

---

[142] Vgl. Ziller, Jacques, EU-Integration and Civil Service Reform, SIGMA-Papers No. 23, Paris 1998, S. 136 ff.

[143] Vgl. Wollmann, Hellmut u. a., Die institutionelle Transformation Ostdeutschlands zwischen Systemtransfer und Eigendynamik, in: dies. (Hrsg.), Transformation der politisch-administrativen Strukturen in Ostdeutschland, Opladen 1997, S. 9 ff.

[144] Vgl. König, Klaus, Transformation einer real-sozialistischen Verwaltung in eine klassisch-europäische Verwaltung, in: Wolfgang Seibel u. a. (Hrsg.), Verwaltungsreform und Verwaltungskritik im Prozess der deutschen Einigung, Baden-Baden 1993, S. 80 ff.

[145] Vgl. Wollmann, Hellmut, Variationen institutioneller Transformation in sozialistischen Ländern: Die (Wieder-)Einführung der kommunalen Selbstverwaltung in Ost-

besondere die industrialisierten Gesellschaften Mittel- und Osteuropas gerieten unter einen Veränderungsdruck, der den Zeitrahmen für Eigenentwicklungen einengte. Vor allem die Umstellung der Verwaltungs- und Planwirtschaft auf eine Marktwirtschaft erzwang den schnellen Aufbau eines institutionellen Ordnungsrahmens. Was an Regulierungen von Industrie, Handel, Handwerk, Landwirtschaft, freien Berufen und dann Wettbewerb, Markt, Preisen usw. getroffen werden musste, konnte kaum aus eigener Kraft in kurzer Zeit bewerkstelligt werden, auch im Hinblick auf außenwirtschaftliche Verflechtungen. Es lag nahe, bei den Institutionen anzuknüpfen, die sich in Staat und Verwaltung der westlichen Industrieländer bewährt hatten. Für die öffentliche Verwaltung reicht der Transfer bis zu deren rechtsstaatlichen Grundlagen.[146]

Wendet man sich von den zwei Welten der nachholenden Modernisierung – Entwicklungsländer und postsozialistische Länder, auch in doppelter Beschaffenheit – den reflektierenden „Beobachtungen der Moderne"[147] zu, dann kommen wiederum Sozialtechnologie, Kultur und dazwischen Institutionen ins Blickfeld. Sozialtechnologien erfahren in der aktuellen Managerialisierung und Ökonomisierung der öffentlichen Verwaltung auch ihre sprachliche Zuspitzung. Ein signifikantes Beispiel ist das „Business Process Reengineering", das man auch im öffentlichen Sektor anwenden will.[148] Es geht um einen radikalen technischen Umbau der öffentlichen Verwaltung – „clean sheet approach" –.[149] Neue Prozesse sollen die Leistungen der Organisation verbessern und die Produktivität steigern. Dazu zählen Kundenorientierung, Funktionsüberprüfung, Kosten-Nutzen-Rechnung, Vereinfachung und Abbau, Leistungsmessung, wagemutige Zielsetzung usw.

Die belastbaren modernen Sozialtechnologien in der öffentlichen Verwaltung sind freilich in erster Linie die elektronischen Arbeitstechniken, Informationssysteme, Datenverarbeitung. Die Informations- und Kommunikationstechnik hat von der anfänglichen Stapelverarbeitung in Großrechnern an über Datenvermittlungssysteme, dezentralisierten Einsatz von Minicomputern als Abteilungsrechner, Personal Computern auch in der deutschen Verwaltung einen

---

deutschland, Ungarn, Polen und Russland, in: Hellmut Wollmann u. a. (Hrsg.), Transformation sozialistischer Gesellschaften. Am Ende des Anfangs, Leviathan-Sonderband, Opladen 1995, S. 554 ff.

[146] Vgl. Stern, Klaus, Fünfzig Jahre deutsches Grundgesetz und die europäische Verfassungsentwicklung, Speyerer Vorträge 50, Speyer 1999.

[147] Vgl. Luhmann, Niklas, Beobachtungen der Moderne, Opladen 1992; ferner Klages, Helmut, Institutionenentwicklung als Modernisierungsthema, in: Arthur Benz u. a. (Hrsg.), Institutionenwandel in Regierung und Verwaltung, Berlin 2004, S. 3 ff.

[148] Vgl. Halachmi, Arie, Kann Business Process Reengineering auf den öffentlichen Sektor übertragen werden?, in: Verwaltung und Management 1999, S. 43 ff.

[149] Vgl. The Government Center for Informations Systems (Hrsg.), BPR in the Public Sector. An Overview of Business Process Reengineering, London 1994.

hohen Standard erreicht.[150] Es ist eine für Großverwaltungen unverzichtbare Infrastruktur entstanden. Ein neues Schlagwort lautet „Electronic Government".[151] Die Frage ist, wieweit Verwaltungsvorgänge durch das Internet abgewickelt werden können. Man erwartet sich davon nicht nur Effizienz-, Effektivitäts- und Qualitätssteigerungen, sondern größere Bürgernähe, bessere Bürgerkontakte. Über Informations- und Kommunikationsdienste hinaus geht es um Transaktionsdienste für die Online-Abwicklung von Verwaltungsdienstleistungen.

Die Informations- und Kommunikationstechniken bringen neue Meinungen und Einstellungen in der öffentlichen Verwaltung hervor. Das ist aber ein Wandel, der die Verwaltung nicht von anderen Arbeits- und Berufswelten unterscheidet. Spezifisch für öffentliche Angelegenheiten sind zwei andere Veränderungen und ihre kulturellen Implikationen: nämlich die europäische Integration und die Modernisierung nach Maßgabe eines Neuen Öffentlichen Managements. Was auch immer zum „Europäischen Verwaltungsraum" zu sagen ist, man kann kaum davon ausgehen, dass es zu einer kulturellen Konvergenz in den öffentlichen Verwaltungen der Mitglieder der Europäischen Union gekommen ist. Dagegen sprechen nicht nur die Untersuchungen zur mitgliedstaatlichen Umsetzung von europäischen Rechtsetzungsakten.[152] Auch die Verwaltung der Europäischen Union selbst, die supranationale Organisation ist multikulturell geprägt geblieben. Insbesondere Beamte aus nördlichen Ländern scheinen bei ihrem Wechsel aus der heimischen Verwaltung nach Brüssel – wenn man ihren Berichten folgt – einen „Kulturschock" zu erleben.

Angesichts einer ausgeprägten Modernisierungsrhetorik des Neuen Öffentlichen Managements und der vielerorts beobachtbaren Veränderungen in den Organisations-, Prozess- und Personalformen ist die Frage des Kulturwandels schwergewichtiger als bei sonstigen Reformen und Innovationen. Für Großbritannien wäre etwa zu fragen, ob der in Anspruch genommenen „Revolution" der Leitungs- und Steuerungsmuster auch eine „Kulturrevolution" in der öffentlichen Verwaltung gefolgt ist. Untersucht ist die Frage für skandinavische Länder. Forschungen zu staatlichen Programmen und Verwaltungskultur aus den

---

[150] Vgl. Reinermann, Heinrich, Entscheidungshilfen und Datenverarbeitung, in: Klaus König/Heinrich Siedentopf (Hrsg.), Öffentliche Verwaltung in Deutschland, 2. Aufl., Baden-Baden 1997, S. 477 ff.

[151] Vgl. Bundesministerium des Innern (Hrsg.), Einsatz des Internet in Regierung und Verwaltung. Eine internationale, vergleichende Studie von GOL und ICA, Bonn 1997; Holznagel, Bernd u. a., Electronic Government auf kommunaler Ebene – Zulässigkeit von Transaktionsdiensten im Internet, in: Deutsches Verwaltungsblatt 1999, S. 1477 ff.

[152] Vgl. Siedentopf, Heinrich, Implementation von EU-Richtlinien, in: Hans-Ulrich Derlien u. a. (Hrsg.), Der Politikzyklus zwischen Bonn und Brüssel, Opladen 1999, S. 83 ff.

frühen 1980er Jahren haben die schwedische Verwaltung als eine der „kooperativen Kontaktkultur" charakterisiert.[153] Inzwischen ist in Skandinavien ein Kontraktmanagement als Leitungsinstrument weit verbreitet.[154] Im Sinne des Principle-Agent-Ansatzes soll dies die Ergebnisorientierung stützen. Indessen wird in der Anwendung vor Ort im Kontraktmanagement weniger die vertragliche Absicherung von administrativen Ergebnissen, vielmehr nach wie vor die bessere Ermöglichung von Kontakten gesehen. Wenn indessen ältere Untersuchungen der deutschen Verwaltungskultur dieser den Charakter einer formalisierten Regelungskultur[155] beimessen, so trifft das wohl bereits die Versuche zur Einführung eines Neuen Öffentlichen Managements. Man führt in einer Großstadtverwaltung Produktbeschreibungen ein, hat aber wohl Schwierigkeiten, passende – zum Beispiel Massengeschäfte im Hinblick auf die Stückkostenberechnung – und unpassende Vorgänge zu unterscheiden. Vermutlich würde das legalistischen Gleichheitsvorstellungen widersprechen. So wird ein flächendeckender Produktkatalog entworfen, der sich bis in politisch hochsensible Vorgänge der Regierungszentrale erstreckt.

Sozialtechnologien, Institutionen, Kulturen prägen das praktische Verwaltungshandeln ungeschieden. Auch bei einer analytischen Betrachtung muss beachtet werden, dass die Nutzung der elektronischen Informations- und Kommunikationstechnik nicht nur Sozialtechnologie ist, sondern auch kulturelle Grundannahmen und Einstellungen umfassen kann. Die Bürokratie ist nicht nur ein Institutionengefüge – Verwaltungsbehörden, Beamtentum, Geschäftsordnung usw. –, sondern auch eine Emanation von Werten, ein „mental programm" – Amtsdisziplin, Sachlichkeit, Förmlichkeit usw. –. Dennoch gibt es funktionierende und nichtfunktionierende Schnittstellen. Zum Beispiel hat man gemeint, die mit der Aufteilung der Regierungsgeschäfte zwischen Berlin und Bonn entstehenden Informations- und Kommunikationsprobleme durch den Einsatz elektronischer Arbeitstechniken bewältigen zu können. Mit der Bereitstellung moderner Techniken in einem Informationsverbund Berlin-Bonn sollte gewährleistet werden, dass das Regieren von der Dislozierung der Behörden unabhängiger wird.[156] Bei dem heute beobachtbaren Verbund kann man fest-

---

[153] Vgl. Jann, Werner, Staatliche Programme und „Verwaltungskultur". Bekämpfung des Drogenmissbrauchs und der Jugendarbeitslosigkeit in Schweden, Großbritannien und der Bundesrepublik Deutschland im Vergleich, Opladen 1983.

[154] Vgl. Naschold, Frieder u. a., Innovation, Effektivität, Nachhaltigkeit. Internationale Erfahrungen zentralstaatlicher Verwaltungsreformen, Berlin 1999, S. 26 ff.

[155] Vgl. Jann, Werner, Staatliche Programme und „Verwaltungskultur". Bekämpfung des Drogenmissbrauchs und der Jugendarbeitslosigkeit in Schweden, Großbritannien und der Bundesrepublik Deutschland im Vergleich, Opladen 1983, S. 518.

[156] Vgl. Kroppenstedt, Franz, IVBB-Informationsverbund Berlin-Bonn – Organisatorische und technologische Aspekte eines Umzuges, in: Verwaltung und Fortbildung 1996, S. 23 ff.

stellen, dass die maßgeblichen Institutionen der Regierungsarbeit, der Zusammenarbeit von Regierung und Parlament, insbesondere der Ausschussarbeit eben nicht so sind. Auf der anderen Seite muss sich in der supranationalen Bürokratie in Brüssel mit ihrer durch Sprachkonflikte symbolisierten Multikulturalität ein Institutionengefüge herausbilden, das die Leistungsfähigkeit in öffentlichen Angelegenheiten auch in diesem Kontext gewährleistet. Diese Eigenqualität der Institutionen gegenüber der Kultur ist noch ausgeprägter, wenn man sich auf die internationalen Organisationen der Vereinten Nationen bezieht.

2. Institution, Rationalität, System

Berücksichtigt man, dass sich Verwaltungskultur nicht einfach manipulieren lässt, Verwaltung auch unter multikulturellen Bedingungen funktionieren muss, weiter dass Sozialtechnologien ins Leere laufen, wenn sie nicht in weitere stabile, relativ dauerhafte Muster sozialen Verhaltens eingebettet werden, die nachholende Modernisierung der öffentlichen Verwaltung in der Dritten Welt durch Institutionenentwicklung, in den postsozialistischen Ländern durch Institutionentransfer gefördert wird und schließlich die weitergehende Modernisierung der modernen Verwaltung in der Institutionenbildung mündet, dann gibt es genügend Gründe, in der Institution das „Letztelement" eines integrativen Ansatzes der Verwaltungswissenschaft zum administrativen Funktionssystem zu sehen. Würde man mit der autopoietischen Systemtheorie auf die Kommunikation als spezifische Operation sozialer Systeme abstellen,[157] würde man in konstruktivistische Abstraktionen geraten, von denen aus ein pragmatisches Relevanzkriterium der Verwaltungswissenschaft nicht eingehalten werden könnte.

Institutionen sind aber nicht nur konkret. Sie sind auch erfahrbar. Zunächst sind Institutionen normativ-rationale Größen, was der Institutionentheorie einen entsprechenden Standort zuweist. Institutionen bestehen aber nur soweit, wie sie wirklich maßgeblich sind. In Deutschland wird zum Beispiel zwischen Exekutivpolitikern und politischen Beamten unterschieden. Könnte man empirisch nachweisen – was nicht der Fall ist[158] –, dass sich zwischen beiden Gruppen faktisch keine Status- und Rollendifferenzierung feststellen lässt, wäre die Institution des politischen Beamten obsolet, auch wenn man in den Gesetzen noch an ihr festhalten würde. Hält man Institutionen als normativ-rationale Regulative sozialen Verhaltens für erfahrungswissenschaftliche Einsichten bis hin

---

[157] Vgl. Luhmann, Niklas, Die Gesellschaft der Gesellschaft, Frankfurt a. M. 1997.

[158] Vgl. Mayntz, Renate/Derlien, Hans-Ulrich, Partypatronage and Politization of the West-German Administrative Elite 1970 – 1987 – Towards Hybridization?, in: Governance 1989, S. 384 ff.

zur teilnehmenden Beobachtung offen, dann entspricht eine solche Verwaltungswissenschaft einem transdisziplinären Wissenschaftsprogramm.

Der Institutionalismus ist für die Rechts-, Wirtschafts- und Sozialwissenschaften eine alte wie neue Richtung.[159] Der Neo-Institutionalismus hat viele Gesichter.[160] Für die Verwaltungswissenschaft muss von vornherein berücksichtigt werden, dass sie sich nicht nur auf Normen, Spielregeln, Regulative, sondern auch auf soziale Gebilde, Organisationen, Einrichtungen bezieht, also Kartellnormen und Kartellbehörden, Koordinationsregeln und Koordinationsämter, Personalregulative und Personalreferate usw.[161] Eine metatheoretisch schon klassische Weichenstellung ist die, ob man den Institutionalismus von dem individuellen Handeln, Entscheiden, Akteursverhalten her aufbaut oder ob man von vornherein davon ausgeht, dass menschliches Verhalten in der Gesellschaft immer institutionell gebunden, regelunterworfen, meist sogar organisiert ist. Eine Reihe von Theorien politischer Steuerung versucht die Perspektiven von Akteurs-, Handlungstheorien usw. mit denen von System- und Institutionentheorien zu verknüpfen.[162] In der Verwaltungspraxis durchdringt sich beides ohnehin: individuelle Entscheidung und institutionelle Bindung. Bei einem analytischen Wissenschaftsverständnis muss aber zumindest der Ansatzpunkt deutlich bleiben.

Die Institutionenökonomik, die zum theoretischen Überbau des Neuen Öffentlichen Managements gehört, gründet ihre Theorien auf der Grundannahme eines eigennutzorientierten, rationalen Wahlverhaltens der Akteure, einschließ-

---

[159] Vgl. Hauriou, Maurice, Die Theorie der Institutionen, Berlin 1965; Schülein, Johann August, Theorie der Institution: Eine dogmengeschichtliche und konzeptionelle Analyse, Opladen 1987; Sommermann, Karl-Peter, Institutionengeschichte und Institutionenvergleich, in: Arthur Benz u. a. (Hrsg.), Institutionenwandel in Regierung und Verwaltung, Berlin 2004, S. 61 ff.; Veblen, Thorstein B., The Theory of the Leisure Class: an Economic Study of Institutions, New York 1934.

[160] Vgl. Göhler, Gerhard/Kühn, Rainer, Institutionenökonomie, Neo-Institutionalismus und die Theorie politischer Institutionen, in: Thomas Edeling u. a. (Hrsg.), Institutionenökonomie und neuer Institutionalismus, Opladen 1999, S. 17 ff.; Grunow, Dieter, Institutionenbildung aus systemtheoretischer Sicht, in: Arthur Benz u. a. (Hrsg.), Institutionenwandel in Regierung und Verwaltung, Berlin 2004, S. 33 ff.; Powell, Walter W./Di Maggio, Paul J. (Hrsg.), The New Institutionalism in Organizational Analysis, Chicago u. a. 1991.

[161] Vgl. March, James G./Olsen, Johann P., Rediscovering Institutions: The Organisational Basis of Politics, New York 1989; ferner Heyen, Erk Volkmar, Amt und Rationalität, Legitimität und Kontrolle, in: Arthur Benz u. a. (Hrsg.), Institutionenwandel in Regierung und Verwaltung, Berlin 2004, S. 49 ff.

[162] Vgl. Benz, Arthur, Institutionentheorie und Institutionenpolitik, in: ders. u. a. (Hrsg.), Institutionenwandel in Regierung und Verwaltung, Berlin 2004, S. 19 ff.; Mayntz, Renate/Scharpf, Fritz W., Der Ansatz des akteurszentrierten Institutionalismus, in: dies (Hrsg.), Gesellschaftliche Selbstregulung und politische Steuerung, Frankfurt a. M./New York 1995, S. 39 ff.

lich der bürokratischen.[163] Die einschlägigen Modelle haben die Praxis bei aktuellen Modernisierungsbewegungen beeinflusst und Aufmerksamkeit bis zu den Regierungsspitzen gefunden, etwa die Public Choice-Theorie im Thatcherismus Großbritanniens. In der Wirtschaftstheorie hat die neoliberale Institutionenökonomik gerade deswegen Anerkennung gefunden, weil sie nach Art von Marktmechanismen versucht, institutionelle Lösungen aus individuellen Präferenzen herzuleiten.[164] Institutionen sind dann strategischer Kontext subjektiv rational handelnder Akteure, institutioneller Wandel das Ergebnis von Opportunitätserwägungen bei gegebenen institutionellen Beschränkungen.

Andere zweifeln an der Rationalität des Entscheidungsverhaltens, stellen Symbole, Normen, rechtfertigende Ideen, standardisierte Handlungsanleitungen, Interpretationsmuster und deren organisationelle Abbildung von vornherein in Rechnung.[165] Die starke Determinierungskraft institutioneller Regeln wird betont. Im Grunde geht es bei der Frage von Akteurs- oder Institutionenzentrierung nicht um die wissenschaftstheoretische Vertretbarkeit, sondern die Fruchtbarkeit von Erkenntnissen. Bei der Analyse der Sachpolitik, auch der Verwaltungspolitik, etwa der Reform des öffentlichen Dienstes, mögen vertiefte Einsichten gewonnen werden können, wenn man zuerst bei den Akteuren, auch kollektiven Akteuren wie Beamtenverbänden, Regierungen, Steuerzahlerorganisationen usw. ansetzt. Geht es aber darum, die öffentliche Verwaltung als spezifisches soziales Funktionssystem zu verstehen, reicht es weder aus, die bestehenden Institutionen auf die Geschichte subjektiv rational handelnder Akteure zurückzuführen, noch die öffentliche Verwaltung insgesamt als Akteurskonstellation unter institutionellen Rahmenbedingungen zu erklären, selbst wenn man hoch kollektivierte Akteure konstruieren würde.

Die „Logik der Angemessenheit"[166] des Politisch-Administrativen lässt sich wohl in der Breite nur aufdecken, wenn man einem genuinen Institutionalismus folgt. Das bedeutet nicht, Institutionen von vornherein als durchsetzungskräftiger als Akteure anzusehen. Handeln ist immer beides: individuelle Präferenz und institutionelle Bindung. Situativ ist zu beantworten, was sich als stärker erweist. Allerdings ist gerade die öffentliche Verwaltung eine soziale Handlungssphäre, die die Kraft der Institutionen gegenüber individuellen Präferen-

---

[163] Vgl. Edeling, Thomas, Der neue Institutionalismus in Ökonomie und Soziologie, in: ders. u. a. (Hrsg.), Institutionenökonomie und neuer Institutionalismus, Opladen 1999, S. 7 ff.

[164] Vgl. Richter, Rudolf/Furubotn, Erik, Neue Institutionenökonomik. Eine Einführung und kritische Würdigung, Tübingen 1996.

[165] Vgl. Meyer, John/Rowan, Brian, Institutionalized Organizations: Formal Structure as Myth and Ceremony, in: The American Journal of Sociology 1977, S. 340 ff.

[166] Vgl. March, James G./Olsen, Johan P., The New Institutionalism: Organizational Factors in Political Life, in: American Political Science Review 1984, S. 734 ff.

zen absichert: Die Bindung an Gesetz und Recht mit gerichtlichem Rechtsschutz, die politische Loyalität mit hierarchischer Ressortverantwortung, die professionelle Kompetenz mit formalisierten Staatsexamina usw. In diesem Sinne lässt sich die öffentliche Verwaltung als ein soziales System verstehen, das sich aus einem Gefüge von Institutionen konstituiert. Über die Logik der Angemessenheit von Einzelinstitutionen hinaus ist im Blick auf das spezifische Funktionssystem auf die Systemrationalität der öffentlichen Verwaltung zu achten, und zwar in den verschiedenen Aggregationsstufen: die Systemrationalität einer bürokratischen Verwaltung, die Systemrationalität eines Karrierebeamtentums, die Systemrationalität von Leistungszulagen an öffentliche Bedienstete usw.

Soziale Systeme sind durch Funktionen und Strukturen gekennzeichnet. Sie erhalten sich in einer komplexen und veränderlichen Welt teilweise aufgrund der eigenen Ordnung, teilweise aufgrund von Umweltbedingungen. Es müssen bestimmte Binnenleistungen zur Herstellung, Aufrechterhaltung, Weiterentwicklung der eigenen Ordnung erbracht werden. Die systembildenden Leistungen lassen sich für die öffentliche Verwaltung zunächst mit der alten Formel der Managementfunktionen „POSDCORB" – planning, organizing, staffing, directing, coordinating, reporting, budgeting – bezeichnen.[167] Öffentliche Verwaltungen sind, wenn sie ihre Basisfunktion erfüllen sollen, nämlich die Allokation gesellschaftlicher Werte, Güter, Dienstleistungen durch bindende Entscheidungen zu besorgen, auf Vorleistungen der Organisation, der Sachplanung, der Personal- und Finanzausstattung, der Leitung, der Koordination, der Information angewiesen. Das Akronym der Managementfunktionen gibt zwar keine abschließende Antwort darauf, wie die Systembildung der öffentlichen Verwaltung geleistet wird. Auch Managementprinzipien sind immer wieder auf Kritik gestoßen.[168] Jedoch ist eine erste binnenfunktionale Orientierung angeboten, die etwa im Falle eines Kontraktmanagements durch Kooperationsfunktionen ergänzt werden kann.

Im Blick auf Managementfunktionen ist schon hier der US-amerikanische Aphorismus zu zitieren: „Public and Private Management are fundamentally alike in all unimportant respects".[169] Auf der einen Seite ist zu akzeptieren, dass in politisch-administrativen Organisationen wie in privaten Wirtschaftsunternehmen ähnliche allgemeine Managementleistungen zu erbringen sind: eine Ziel- und Prioritätensetzung für die Organisation mit entsprechenden operatio-

---

[167] Vgl. Gulick, Luther/Urwick, Lyndall F. (Hrsg.), Papers on the Science of Administration, 2. Aufl., New York 1947.

[168] Vgl. Simon, Herbert A., Administrative Behaviour, 4. Aufl., New York 1997.

[169] Vgl. Allison, Graham T., Public and Private Management: Are they fundamentally alike in all unimportant respects, in: Jay M. Shafritz/Albert C. Hyde (Hrsg.), Classics of Public Administration, 2. Aufl., Chicago 1987, S. 510 ff.

nalen Plänen, Organisations- und Verfahrensgestaltungen einschließlich Koordination, Personalrekrutierung, Personalentwicklung, Personalverwaltung, Kontrollen unter dem Vorzeichen von Haushaltsbindung, Leistung, Produktivität usw. Umso deutlicher sind für die Wissenschaft von der öffentlichen Verwaltung die Unterschiede aufzuweisen.

So musste die Reaktion auf die ökonomisch-managerialistische „Wiedererfindung des Staates" in den USA ambivalent ausfallen. Zwar schätzen es dort Verwaltungswissenschaft wie Verwaltungspraxis gleichermaßen, Anschluss an innovative Modelle des privaten Managements zu finden. „Reinventing Government" war aber dann für viele zu viel Markt, zu viel Wettbewerb, zu viel Kundschaft, zu viel Unternehmertum. Auch die offizielle Modernisierungspolitik musste das Zugeständnis machen: „Government is different". Es blieb aber nicht nur bei einer Abwehrhaltung. „Refounding democratic public administration" wird propagiert.[170] Die Diskussion zum Berufsethos des öffentlichen Dienstes steht in einer neuen Blüte. Selbst das über Jahre vernachlässigte Thema, dass auch die Verwaltung der Vereinigten Staaten von Amerika auf dem Fundament des öffentlichen Rechts steht, ist revitalisiert. Und sogar in Hochburgen des „business model of producer and consumer" im öffentlichen Sektor ist inzwischen klar, dass sich die natürlichen Lebensgrundlagen – etwa die Wasserversorgung – für die Zukunft nicht durch ein heutiges „Value for money" sichern lassen.[171]

Die Betriebswirtschaftslehre der öffentlichen Verwaltung in Deutschland pflegt – zumindest vor dem „Public Sector Management" – herauszustellen, dass die Übertragbarkeit privatwirtschaftlicher Managementkonzepte auf die Verwaltung deshalb begrenzt sei, weil sich private Unternehmung und Verwaltungsbetrieb in verschiedener Hinsicht recht grundlegend voneinander unterschieden. Verwiesen wurde auf die hohe Komplexität der Zielstruktur im öffentlichen Sektor, auf unscharfe Effizienzkriterien mit entsprechenden Messproblemen, auf die geringe Zielbildungsautonomie, die anders gearteten Legitimationen und Rationalitäten der politischen Leitung, die starke Bindung an Rechtsnormen, die Leistungsverpflichtung gegenüber dem Bürger, die gesellschaftliche Verflechtung usw. bis zu den starren Organisations-, Entscheidungs- und Personalstrukturen.[172]

---

[170] Vgl. Wamsley, Gary L./Wolf, James F. (Hrsg.), Refounding Democratic Public Administration. Modern Paradoxes, Post-modern Challenges, Thousand Oaks u. a. 1996.

[171] Vgl. Babcock, Thomas M./Ploeser, Jane H., From Expert Model to Citizenship Model: Phoenix Revises It's Approach to Water Conservation Planning, in: PA times, Nr. 8/1998, S. 1.

[172] Vgl. Reichard, Christoph, Betriebswirtschaftslehre der öffentlichen Verwaltung, 2. Aufl., Berlin 1987, S. 148 ff.

Damit ist bereits auf für die öffentliche Verwaltung maßgebliche Strukturen hingewiesen. Als Strukturen, die das Verwaltungssystem gegenüber seiner Umwelt invariant halten, lassen sich unterscheiden: die Programmstrukturen, die Aufgaben und damit die Prämissen für die Richtigkeit der Entscheidung festlegen – also Umweltschutzgesetze, Raumordnungspläne usw. –; die Organisationsstrukturen, die den Aufbau von kontinuierlich-kommunikativen Beziehungen bestimmen – also Abteilungen, Stäbe usw. –; die Prozessstrukturen, die den Ablauf des administrativen Handelns durchformen – also Geschäftsordnungen, Verfahrensgesetze usw. –; und die Personalstrukturen, die die generalisierten Handlungsmuster im Hinblick auf die öffentlichen Bediensteten darstellen – also Statusregelungen, Karrierevorschriften usw. –.

Für eine systemtheoretische Sicht der öffentlichen Verwaltung sind neben Funktionen und Strukturen noch die Kommunikationsmedien relevant. Für die autopoietische Systemtheorie sichern symbolisch generalisierte Kommunikationsmedien die Selbstreferenz eines Funktionssystems. Funktionssysteme werden auf binär codierte Operationen bezogen, also das Rechtssystem auf die binäre Differenz Recht/Unrecht, das politische System auf die binäre Differenz machtüberlegen/machtunterlegen, das Wirtschaftssystem auf die binäre Differenz Eigentum haben/nicht haben bzw. Geld zahlen/nicht-zahlen.[173] Die öffentliche Verwaltung lässt sich mit keinem generalisierten Kommunikationsmedium ausschließlich identifizieren. Sie kommuniziert mit dem Medium des Rechts. Das gilt nicht nur für die traditionell legalistische Verwaltung. Zum Beispiel erlebt die US-amerikanische Verwaltung jüngst eine Juridifizierung durch Schadensersatzprozesse. Die öffentliche Verwaltung kommuniziert mit dem Medium des Geldes. Die Finanzierungskrise des Wohlfahrtsstaates zeigt in den den Haushalt begleitenden Artikelgesetzen, wie Geldknappheit Rechtslagen zur Disposition stellt. Die öffentliche Verwaltung kommuniziert mit dem Medium der Macht. Ressortminister, Behördenchefs erteilen Weisungen.

Neben diesen vorrangigen Medien der Moderne kommuniziert die öffentliche Verwaltung noch anders, etwa durch Loyalität, durch Ethos. Spezifisch ist vor allem die Kompetenz des öffentlichen Dienstes. Sie beruht auf einem Fachwissen, wie es in der Wissensgesellschaft allgemein, nicht nur für den Verwaltungsberuf erworben werden kann. Hinzu kommt jedoch im Besonderen ein Amtswissen, wie es im institutionellen Gedächtnis von Behörden gespeichert ist. Das Amtswissen ist zwar prinzipiell noch Exekutivpolitikern offen. Aber die Menge der in einer Verwaltung vorgehaltenen Informationen einerseits und die enge Verarbeitungskapazität der Exekutivpolitik schon wegen begrenzter Personenzahl andererseits schaffen Barrieren. Dennoch reicht das spe-

---

[173] Vgl. Baraldi, Claudio u. a., GLU – Glossar zu Niklas Luhmanns Theorie sozialer Systeme, 2. Aufl., Frankfurt a. M. 1998; Luhmann, Niklas, Theorie der Verwaltungswissenschaft. Bestandsaufnahme und Entwurf, Köln/Berlin 1966.

zifische Kommunikationsmedium der Kompetenz nicht aus, die öffentliche Verwaltung als ein soziales System von selbstreferentieller Geschlossenheit zu betrachten. Es gibt Phänomene der Selbststeuerung in der öffentlichen Verwaltung. Selbstreferenzen reichen von der „Stunde des Beamtenstaates" bis zum „bürokratischen Widerstand". In dem einen Fall geht es um eine historische Verselbständigung, in dem anderen darum, etwa den Willen des Ministers nach bürokratischen Werten zu konterkarieren. Indessen sind solche Selbstreferenzen nicht einfach basal vorauszusetzen, sondern situativ zu belegen. Systemtheoretiker der Autopoiesis mögen meinen, man müsse eben die öffentliche Verwaltung je nach Kommunikationsmedium in Teilsysteme zerlegen. Nimmt man weiter noch Teilsysteme von Teilsystemen an – amtliche Loyalität und parteiliche Loyalität, Policy-Kompetenz und Management-Kompetenz usw. –, dann steht man am Ende vor einem Konstruktivismus, der einem pragmatischen Relevanzkriterium nicht standhält.[174]

3. System und Umwelt

Zu den Vorzügen eines systemtheoretischen Ansatzes gehört, dass man die Unterscheidung zwischen öffentlicher Verwaltung und ihrer Umwelt fest im Auge hat. Das ist für die Verwaltungswissenschaft nicht immer selbstverständlich. So ist zu bezweifeln, ob der Neue Öffentliche Managerialismus die Grenze zwischen der Leitung von öffentlichen Organisationen, öffentlichen Verwaltungen, öffentlichen Unternehmen und der politisch-administrativen Steuerung deren Umwelt von Bürgern und privaten Haushalten, von Gesellschaft und Wirtschaft, von Individuen und vom Publikum noch zufriedenstellend reflektiert. Für manche scheint es nicht um das Management einer Stadtverwaltung, sondern das einer Stadt – Konzern Stadt –, nicht einer Landesregierung, sondern um das Land selbst zu gehen. Bezeichnend ist die etwa von der Weltbank gebrauchte Formel „to manage a nation's affairs".[175] Dazu wird über das alte Public Management hinaus die Kategorie des „Public Sector Management"[176] eingeführt, und zwar im Sinne der Leistungssteigerung und verbesserten Steuerung im öffentlichen Sektor. Maßnahmen der gesellschaftlichen Arbeitsteilung

---

[174] Vgl. Dose, Nicolai, Systembildung, Erwartungsstabilisierung, Erwartungsgeneralisierung und Verwaltung in den frühen Arbeiten von Niklas Luhmann, in: Eberhard Laux/Karl Teppe (Hrsg.), Der neuzeitliche Staat und seine Verwaltung. Beiträge zur Entwicklungsgeschichte seit 1700, Stuttgart 1998, S. 267 ff.

[175] Vgl. World Bank (Hrsg.), Sub-Saharan Africa. From Crisis to Sustainable Growth. A Long-Term Perspection Study, Washington D. C. 1989.

[176] Vgl. McKevitt, David/Lawton, Allan (Hrsg.), Public Sector Management. Theory, Critique and Practice, London u. a. 1992; Flynn, Norman, Public Sector Management, 2. Aufl., New York u. a. 1993.

zwischen Staat und Wirtschaft werden einfach mit Maßnahmen der Binnenrationalisierung von Staat und Verwaltung zusammengefasst, nämlich Reduzierung öffentlicher Aufgaben, Privatisierung öffentlicher Unternehmen, Auskontrahieren von Teilleistungen der öffentlichen Hand, Partnerschaft zwischen Öffentlichen und Privaten usw. einerseits mit Rationalisierungen von Behörden, Verbesserung des Finanzwesens, der Budgetierung, Personalmanagement usw. andererseits.[177]

Wie riskant es ist, Managementgedanken, die im Ansatz von den Leitungsproblemen der Organisation und dann in Anknüpfung an private Unternehmen konzipiert worden sind, mit Fragen der politisch-administrativen Steuerung von Wirtschaft und Gesellschaft zu vermischen, zeigt sich am Neuen Öffentlichen Management selbst. Ein Beispiel ist die Ergebnisorientierung der neuen Leitungsmodelle. Ergebnisorientierung soll sich in Produktdefinitionen und Produktkatalogen manifestieren. Das ist für die Binnenrationalisierung der öffentlichen Verwaltung sinnvoll, wenn daran Kostengrößen festgemacht werden können. Aber für die politisch-administrative Umweltsteuerung reicht eine solche Orientierung nicht aus. Im privaten Unternehmen mag man damit rechnen, dass nach der Produkterstellung der Marktmechanismus kommt. Die öffentliche Verwaltung kann es aber bei der Output-Orientierung nicht belassen. Die Aufstellung eines räumlichen Planes oder die Erteilung einer Baugenehmigung sind nicht das Ende des öffentlichen Interesses. Wirkungen und Folgen, selbst nicht intendierte Wirkungen und Folgen von Folgen können öffentliche Angelegenheit sein. Deswegen fällt ein solches Leitungsmodell hinter den Errungenschaften zurück, die Evaluationsforschung und Evaluationspraxis für die öffentliche Verwaltung bereits erreicht haben. Die Evaluierung dann als Modelladditiv zur prinzipiellen Ergebnisorientierung hinzuzufügen, dürfte die Verarbeitungskapazitäten für Modernisierungsprozesse überschätzen.[178]

Ein anderes Beispiel wenig befriedigender Umweltsteuerung bei Rationalisierung des administrativen Binnenbereichs ergibt sich aus der Disaggregierung öffentlicher Dienstleistungsorganisationen. Man hat im Hinblick auf die neue britische Verwaltung von einem „Boutique-Stil" gesprochen.[179] Die Promotoren der Verwaltungsmodernisierung schließen sich jenen Managementlehren an, die Exzellenz in „small, competitive bands of pragmatic bureaucracy-

---

[177] Vgl. World Bank (Hrsg.), Governance and Development, Washington D. C. 1992.

[178] Vgl. König, Klaus, Räumliche Planungen in der Ökonomisierung und Managerialisierung der öffentlichen Verwaltung, in: Verwaltungsrundschau 2000, S. 297 ff.

[179] Vgl. Campbell, Colin, Does Reinvention Needs Reinvention? Lessons from Truncated Managerialism in Britain, in: Governance 1995, S. 479 ff.

beaters" sehen.[180] Man setzt auf Organisationsmodelle, nach denen Verwaltungsleistungen in produkt- und produktgruppenbezogene Geschäftssegmente aufzuteilen sind, Einheiten überschaubarer Größe in dem Sinne herzustellen sind, dass die gesamte Wertschöpfungskette in einer organisatorischen Verantwortung liegt. In vertikaler Sicht soll auf das organisierte Geschäftssegment das Recht übertragen werden, im Zusammenhang mit der Leistungserstellung notwendige Entscheidungen zu treffen; in horizontaler Richtung soll dafür gesorgt werden, dass die Geschäftseinheit in möglichst geringem Maße von der Entscheidung anderer Bereiche abhängig ist. Von einer so segmentierten Organisation erwartet man den direkten Kontakt mit dem Absatzmarkt, also Marktdruck durch direkte Berührung mit dem Leistungsabnehmer.[181]

„Kleine Einheiten" mögen die Lokalisierung der Verantwortung für Erfolg oder Misserfolg erleichtern. Für die Steuerungsprobleme des modernen Staates in Wirtschaft und Gesellschaft können Segmentierungsmodelle eher dysfunktional ausfallen. Die Segmentierung stützt gerade das, was seit Jahren an der öffentlichen Verwaltung kritisiert wird, nämlich eine dysfunktionale Bildung von „Fachbruderschaften". Und daran ändert der Umweltbezug im Sinne von Marktdruck durch Kontakt mit den Leistungsabnehmern prinzipiell nichts. Denn nur zu oft arrangieren sich Verwaltungsleute eines Segments nicht nur mit den Vertretern organisierter Interessen in ihrem Fach, sondern auch mit ihrer Klientel, freilich zu Lasten anderer öffentlicher Interessen. Verwaltungsleute neigen vielerorts dazu, sich selbst in ihren „kleinen Kästchen" einzurichten, Techniken der Abschottung nach oben zu entwickeln und zu vermeiden, nach links oder rechts zu sehen. Die Koordination öffentlicher Interessen leidet unter einer solchen Segmentierung erfahrungsgemäß. Was im Blickwinkel der Leitung öffentlicher Verwaltung funktional erscheint, kann im Blickwinkel der politisch-administrativen Steuerung dysfunktional sein.

Die Bedenken gegenüber der Ausweitung des Managementsbegriffs – „to manage a nation's affairs" – lassen es nützlich erscheinen, die Regelungs- und Steuerungsbeziehungen zwischen der Staatsverwaltung einerseits und der Handlungssphäre von Politik, Rechtsinstanzen, Bürgern, Publikum, privaten Haushalten, Wirtschaftsunternehmen usw. mit einer eigenen Kategorie zu erfassen. Die westlichen Managementmodelle gehen prinzipiell davon aus, dass es funktionierende Wettbewerbsmärkte sind, die die Umwelt des privaten Unternehmens bilden. Dabei bleibt ausgeblendet, dass es auch unter hochliberalisierten Wirtschaftsbedingungen staatliche Interventionen gibt: von den Ord-

---

[180] Vgl. Peters, Thomas/Waterman, Robert, In Search of Excellence: Lessons from America's Best Run Companies, New York u. a. 1982.
[181] Vgl. Schmidthals, Elisabeth/Streibel, Ulrich, Geschäftssegmentierung am Beispiel des Neuen Steuerungsmodells der KGSt, in: Verwaltung und Management 1995, S. 215 ff.

nungsfunktionen des Kartellrechts und der Kartellbehörden über Anreizfunktionen der regionalen Wirtschaftsförderung und zuständiger Förderungsämter bis zu Lenkungsfunktionen im Hinblick auf administrierte Preise und Preisbehörden. Der Staat tritt aber auch als Beteiligungseigentümer von Produktionsfaktoren, als Produzent und Distribuent selbst auf, und im Beschaffungswesen verfolgt er auch außerwirtschaftliche Zwecke, die ihn nicht gerade als klassische Nachfragepartei eines freien Marktes erscheinen lassen.

Zu den Staatsinterventionen kommen dann Einflüsse von Gewerkschaften, organisierten Verbrauchern, Umweltschutzverbänden usw. Es stellt sich darüber hinaus die Frage, wie weit Überschneidungen zu einem Dritten Sektor nicht-profitorientierter, gemeinnütziger Organisationen bestehen. Wenn man sich also der Regelungs- und Steuerungsverhältnisse in einer Industriebranche oder einer Wirtschaftsregion versichern will, muss man mehr beobachten als den Marktmechanismus. Die politische Ökonomie fasst die einschlägigen Steuerungsprobleme unter die Kategorie der „Governance of the Economy" zusammen. Zusätzlich kann man auf das Konzept der „Corporate Governance"[182] hinweisen, bei dem es um die Probleme der Beherrschung, der Steuerung, der Kontrolle privater Unternehmen geht. Diese Thematik macht deutlich, dass Managementmodelle die Frage der Macht über und in Organisationen nicht zufrieden stellend behandeln.

In öffentlichen Angelegenheiten ist der Governance-Begriff insbesondere im Zusammenhang mit der Internationalisierung dieses Sektors bekannt geworden:[183] Kontrolle über internationale Finanzströme, Sicherung natürlicher Lebensgrundlagen, Seuchenverhütung, Bekämpfung internationaler Kriminalität, Sicherung globaler Kommunikation usw. Der Staat vermag der Globalisierung solcher Probleme in alter Geschlossenheit nicht mehr zu folgen. In den transnationalen Bezügen tritt eine funktionale Differenzierung nach Politikfeldern hervor. In diesen agieren dann auch global operierende Wirtschaftsunternehmen und insbesondere „Nicht-Regierungsorganisationen". Man konstatiert „Governance without Government"[184] und verlangt ein „Global Governance"[185] als eine Art Weltordnungspolitik. Auf diese Weise verbinden sich in praktischer Absicht mit dem Steuerungskonzept bestimmte Bewertungsfragen. Be-

---

[182] Vgl. Keasey, Kevin/Wright, Mike, Corporate Governance. Responsibilities, Risks and Remuneration, Chichester u. a. 1997.

[183] Vgl. König, Klaus, Gute Gouvernanz als Steuerungs- und Wertkonzept des modernen Verwaltungsstaates, in: Werner Jann (Hrsg.), Politik und Verwaltung auf dem Weg in die transindustrielle Gesellschaft, Baden-Baden 1998, S. 227 ff.

[184] Vgl. Rosenau, James N./Czempiel, Ernst-Otto, Governance Without Government: Order and Change in World Politics, New York 1992.

[185] Vgl. Stiftung Entwicklung und Frieden (Hrsg.), Nachbarn in Einer Welt: Bericht der Kommission für Weltordnungspolitik (Commission on Global Governance), Bonn 1995, S. 4.

merkenswert ist, dass gerade die Weltbank die Bewertung nicht nur auf die Maßstäbe von Effizienz und Effektivität beschränkt hat.

Der „Governance"-Begriff ist in seiner weiteren internationalen Karriere unter vielfältige intellektuelle Einflüsse geraten: aus der – amerikanischen – Politischen Wissenschaft, der Institutionenökonomie, den Entwicklungsmanagement-Modellen. Unter „Governance" ist verwiesen worden auf die Form des politischen Regimes, auf den Prozess, durch den Autorität im Management von Wirtschaft und sozialen Ressourcen eines Landes für die Entwicklung ausgeübt wird, auf die Kapazität der Regierung, Sachpolitiken zu entwickeln, zu formulieren und zu vollziehen. In der Umkehrung festgestellter Mängel wurde schließlich eine positive Strategie vorgestellt, nämlich die einer „Good Governance".[186]

Der Begriff der Governance ist in den Staats- und Verwaltungswissenschaften, auch im Studienfach „Public Administration" mancherorts eher undeutlich geblieben. Einschlägige Konzepte reichen von der Gleichsetzung von Governance mit der öffentlichen Verwaltung bis zum Versuch, der Tradition der bürokratischen Verwaltung gleichsam ein Gegenmodell gegenüber zu stellen.[187] Unter „Governance" stehen dann Steuern gegen Rudern, Ermächtigen gegen Dienen, Wettbewerb gegen Monopol, Mission gegen Rolle, Kunden gegen Bürokratismen, Partizipation gegen Hierarchie, Markt gegen Organisation usw. Andere assoziieren Governance von vornherein mit einer hyperpluralistischen Welt der Auflösung aller Angelegenheiten in ein Netzwerk staatlicher, marktlicher und privat-gemeinnütziger Akteure, also „Governance without Government".[188]

Inzwischen umfasst ein weiter Begriff von Governance Sichtweisen, die die Muster und Strukturen betrachten, wie sie sich in einem sozio-politischen System als Ergebnis interagierender und intervenierender Kräfte aller beteiligten Akteure darstellen. Dabei sollen die Muster nicht auf einen Akteur, insbesondere nicht die staatliche Kontrolle reduziert werden, sondern politische Governance soll aus der Pluralität der „Governing actors" hervorgehen.[189] In globaler Sicht heißt es schließlich, dass Governance die Gesamtheit der zahlreichen Wege sei, auf denen Individuen sowie öffentliche und private Institutionen ihre

---

[186] Vgl. König, Klaus, Gute Gouvernanz als Steuerungs- und Wertkonzept des modernen Verwaltungsstaates, in: Werner Jann (Hrsg.), Politik und Verwaltung auf dem Weg in die transindustrielle Gesellschaft. Carl Böhret zum 65. Geburtstag. Baden-Baden 1998, S. 827 ff.

[187] Vgl. Frederickson, H. George, The Spirit of Public Administration, San Francisco 1997, S. 78 ff.

[188] Vgl. Rosenau, James N./Czempiel, Ernst-Otto, Governance Without Government: Order and Change in World Politics, New York 1992.

[189] Vgl. Koimann, Jan, Modern Governance, London u. a. 1993.

gemeinsamen Angelegenheiten regeln. Es handele sich um einen kontinuierlichen Prozess, durch den kontroverse oder unterschiedliche Interessen ausgeglichen würden und kooperatives Handeln initiiert werden könne. Der Begriff umfasse sowohl formelle Institutionen und mit Durchsetzungsmacht versehene Herrschaftssysteme als auch informelle Regelungen, die von Menschen und Institutionen vereinbart oder als im eigenen Interesse liegend angesehen werden.[190]

Trotz solcher Undeutlichkeiten im Vorverständnis ist der Governance-Begriff nützlich, wie er als Ausdruck der neuen Lingua franca in öffentlichen Angelegenheiten, dem Englischen, geläufig ist und auch in die alte Staats- und Verwaltungssprache des Französischen als „Gouvernance" – sonst gebräuchlich für die Regierungsresidenz – mit neuer Bedeutung Eingang findet. Im Hinblick auf ein „Public Sector Management" müssen Gegenbegriffe ins Spiel gebracht werden, die die Grenzen einer Verbetriebswirtschaftung öffentlicher Güter – öffentlicher Bildung, öffentlicher Gesundheit, öffentlicher Sicherheit – signalisieren. Allerdings bedarf es einiger definitorischer Klarstellungen, wenn man in der Verwaltungswissenschaft das Managerialistische auf die Binnenstrukturen der öffentlichen Verwaltung begrenzen und die Regelungs- und Steuerungsmuster der Umweltbeziehungen zu Politik, Wirtschaft, Gesellschaft, Publikum in eine Erkenntnisperspektive bringen will. Solche Klarstellungen stehen in Verbindung mit Fragen von allgemeinem wissenschaftstheoretischen Charakter. Sie sind aber insbesondere an die spezifischen Forschungsregeln, Fragenhorizonte, Bewährungsproben der Verwaltungswissenschaft gebunden.

Eine grundlegende Vergewisserung ist wiederum die, ob ein verwaltungswissenschaftliches Konzept der Governance vom Individualverhalten oder von den sozialen Institutionen her aufgebaut werden soll. Steuerungstheorien zeichnen sich gerade dadurch aus, dass mit ihnen versucht wird, die Perspektiven von Akteurs-, Handlungstheorien usw. mit denen von System-, Institutionentheorien usw. zusammen zu rücken.[191] Für die Außenbeziehungen der öffentlichen Verwaltung zu ihrer Umwelt ist aufschlussreich, an die Unterscheidung zwischen privaten und öffentlichen Gütern zu erinnern. Danach wird über Art, Umfang und Verteilung privater Güter durch Abstimmung der individuellen Präferenzen über den Marktmechanismus entschieden, während die Entscheidung über die Erstellung öffentlicher Güter das Ergebnis eines kollektiven Willensbildungsprozesses ist. Entsprechend beruhen marktliche Wirtschafts-

---

[190] Vgl. Stiftung Entwicklung und Frieden (Hrsg.), Nachbarn in Einer Welt: Bericht der Kommission für Weltordnungspolitik (Commission on Global Governance), Bonn 1995, S. 4.
[191] Vgl. Mayntz, Renate/Scharpf, Fritz W., Der Ansatz des akteurszentrierten Institutionalismus, in: dies. (Hrsg.), Gesellschaftliche Selbstregelung und politische Steuerung, Frankfurt a. M./New York 1995, S. 40 ff.

modelle auf individualisierten Annahmen, und vieles spricht dafür, der Kollektivität des öffentlichen Sektors mit einem genuin institutionellen Ansatz Rechnung tragen zu sollen. Theorien individuellen Wahlverhaltens sind zwar für die Verwaltungsmodernisierung relevant, aber erst nachdem sie in die Modellvorstellungen des Neuen Öffentlichen Managements aufgenommen und in institutionelle Arrangements übersetzt worden sind.[192]

Für aktuelle Relevanzprobleme sei auf das Modell der „Functional Overlapping Competing Jurisdictions" verwiesen, nach dem – ausgehend von der mit der europäischen Integration angestrebten Verwirklichung des freien Waren-, Dienstleistungs-, Personen- und Kapitalverkehrs – eine „fünfte Freiheit, die politischen Wettbewerb schafft" postuliert, auch die Polizei liberalisiert und zu einer wettbewerblichen Unternehmen/Konsumenten-Beziehung konstruiert wird.[193] Die Relevanzfrage von aus Eigeninteressen heraus konstruierten Modellen verschärft sich für die Verwaltungswissenschaft noch dadurch, dass in der internationalen Wissenschaftsgemeinschaft Probleme der Verwaltungstransformation der Zweiten Welt und der Verwaltungsentwicklung der Dritten Welt diskutiert werden müssen. Hier zeigt sich in den konzeptionellen Arbeiten von UN, Weltbank, OECD, dass sich Institutionenentwicklung und Institutionentransfer kaum aus Aggregaten individueller Präferenzen betreiben lassen. Die institutionellen Legate traditionaler wie postsozialistischer Gesellschaften wirken nach.

Governance wird hiernach als institutionelle Regelung und Steuerung begriffen, eben verwaltungswissenschaftlich als Korrelat zu der institutionalisierten Binnenstrukturierung des Verwaltungssystems. Das bedeutet nicht, dass die individuellen oder kollektiven Handlungsautonomien oder das von den Institutionen abweichende Verhalten als unbeachtlich eingeschätzt werden, auch nicht, dass die Spiele individueller und kollektiver Akteure, die Statistik individualisierten Entscheidungsverhaltens wissenschaftlich nicht interessieren. Der Institutionalismus erweist sich allerdings für die hier behandelte mittlere Ebene sozialen Handelns als fruchtbar.[194] Er meint die in den Institutionen angelegte Bestimmung des Handelns. Um Erfolge oder Misserfolge institutioneller Einflussfaktoren letztlich zu bewerten, bedarf es dann der erfahrungswissenschaftlichen Evaluation.

---

[192] Vgl. Boston, Jonathan u. a., Public Management. The New Zealand Model, Oxford u. a. 1996.

[193] Vgl. Frey, Bruno S./Eichenberger, Reiner, Competition among Jurisdictions: The Idea of FOCJ, in: International Review of Law and Economies 1996, S. 315 ff.

[194] Vgl. König, Klaus, Gute Gouvernanz als Steuerungs- und Wertkonzept des modernen Verwaltungsstaates, in: Werner Jann u. a. (Hrsg.), Politik und Verwaltung auf dem Weg in die transindustrielle Gesellschaft, Baden-Baden 1998, S. 227 f.

Als weitere wissenschaftstheoretische Grundfrage ist zu beantworten, ob die Verbindung der Systemtheorie mit der Regelungs- und Steuerungstheorie zur Folge hat, dass auch die Umwelt der öffentlichen Verwaltung in soziale Teilsysteme der Politik, des Rechts, der Wissenschaft, der Wirtschaft usw. aufzugliedern ist, um sodann über Kontextsteuerung, strukturelle Kopplung, Interpenetration, Interferenz zu diskutieren.[195] Eine solche Aufgabe kann nur eine allgemeine Gesellschaftstheorie der sozialen Differenzierung und der sozialen Funktionssysteme leisten, und bisher haben solche strengeren Unternehmungen den Preis des Konstruktivismus zahlen müssen. Für die Verwaltungswissenschaft reicht es, die unterschiedlichen Handlungssphären der Verwaltungsumwelt abzustecken: die spezifisch politischen Institutionen, die der Verwaltung Macht und Legitimation vermitteln, das in weitere Teilsphären zu differenzierende Publikum, dem die Verwaltung dient, die Mitgliedersphäre des Verwaltungsdienstes mit seinen individuellen und gruppenspezifischen Interessen.

Je nach verwaltungswissenschaftlichem Bedarf müssen solche Handlungssphären weiter differenziert werden, gegebenenfalls auch auf ihre Systemrationalität hin befragt werden. Eine Hauptfunktion des marxistisch-leninistischen Staates und seiner Kaderverwaltung ist die wirtschaftlich-organisatorische. Das bedeutet im realen Sozialismus mit wenigen Ausnahmen – etwa Landwirtschaft in Polen – zentrale Staats- und Verwaltungswirtschaft. Transformiert man die Kaderverwaltung in eine klassisch-kontinentaleuropäische Verwaltung, muss man Wirtschaftsaktivitäten abschichten. Das setzt Kenntnisse des marktwirtschaftlich ausdifferenzierten ökonomischen Systems voraus. Da die systemische Erfassung jedoch nur nach Bedarf erfolgt, werden die Handlungszusammenhänge institutioneller Bestimmungen als Steuerungsmuster bzw. Governance-Muster bezeichnet. Regelung und Steuerung sind sowohl von der Umwelt – etwa von der Politik – her auf das Verwaltungssystem gerichtet wie das Verwaltungssystem auf seine Umwelt Einfluss nimmt.

Will man ein Governance-Konzept der institutionellen Regelung und Steuerung für die öffentliche Verwaltung beständig erhalten, darf man es nicht auf ein spezifisches Muster etwa eines „Governance without Government" beschränken.[196] Der Ansatz der Politiknetzwerke meint eine Realität, nämlich wenn es bei der Generierung oder der Implementation politischer Programme zur Zusammenarbeit staatlicher Organisationen mit unterschiedlichen sozio-

---

[195] Vgl. Luhmann, Niklas, Die Gesellschaft der Gesellschaft, Frankfurt a. M. 1997; Willke, Helmut, Systemtheorie Band 3: Steuerungstheorie – Grundzüge einer Theorie der Steuerung komplexer Sozialsysteme, Stuttgart 1995.
[196] Vgl. Rhodes, Rod A. W., Understanding Governance. Policy Networks, Governance, Reflexivity and Accountability, Buckingham u. a. 1997.

ökonomischen Gruppen und Einrichtungen kommt.[197] Andere Realitäten reichen von der Regierungserklärung von Präsidenten und Kanzlern bis zum Steuerbescheid des Finanzamtes. Die Regelungs- und Steuerungsbeziehungen zwischen Staat und Gesellschaft sind nicht schlicht hierarchisch-autoritativer Natur, sodass die Verwaltung zu Vorgesetzten des Bürgers gemacht wird. Die öffentlichen Verwaltungen haben bei historischer Betrachtungsweise schon seit langem verhandelt. Auch mag es gute Gründe geben, besonders heute Kategorien wie kooperativer Staat, Kontrakt-Management, verhandelnde Verwaltung stärker zu betonen.[198] Aber Staat und Verwaltung haben sich nicht in Verträgen und Verhandlungen aufgelöst. Abgabenbescheide, Verkehrsschilder, Polizeivorschriften, Sozialhilfeprogramme bis hin zur klassischen Außenpolitik sprechen in ihren verbindlichen Wertallokationen noch eine andere Sprache. Die hochdifferenzierte Gesellschaft folgt nicht den Kommandostrukturen eines marxistisch-leninistischen Etatismus. Vielmehr verfügt der moderne Staat über vielfältige Steuerungsmodalitäten: Gebote, Verbote, Anreize, Transfers, Bereitstellung materieller Güter und Dienste, Verfahrensregeln usw. bis hin eben zu Aushandlungsprozessen und vertraglichen Gestaltungen. Es geht um die Erkenntnis jeweiliger Regelungs- und Steuerungsrationalitäten. „Governance with Government" trifft die öffentlichen Angelegenheiten nicht, mit denen es die Verwaltungswissenschaft zu tun hat.[199]

Die Basisfunktion der öffentlichen Verwaltung – die Allokation gesellschaftlicher Werte, Güter, Dienstleistungen durch bindende Erscheinungen zu besorgen – ist in ihrem Umweltbezug in Einzelfunktionen zu differenzieren. Dazu gehören Ordnungsfunktionen – etwa die Festlegung von Ladenschlusszeiten –, Gewährleistungsfunktionen – etwa die Sicherstellung der Wasserversorgung –, Lenkungsfunktionen – etwa die Bebauungsplanung – und andere Einzelfunktionen mehr. Überhaupt sind es die Modalitäten institutioneller Regelung und Steuerung, die die Verwaltungswissenschaft interessieren. So lassen sich staatliche Programme nach jeweils dominanten Instrumenten – regulative Programme, Anreizprogramme, Transferprogramme – erfassen. Typen der Sachpolitik – distributive, redistributive, regulative, selbstregulierende – lassen sich

---

[197] Vgl. Marin, Bernd/Mayntz, Renate (Hrsg.), Policy Networks. Empirical Evidence and Theoretical Considerations, Frankfurt a. M. 1991; ferner Kenis, Patrick/Schneider, Volker (Hrsg.), Organisation und Netzwerk. Institutionelle Steuerung in Wirtschaft und Politik, Frankfurt a. M. 1996.

[198] Vgl. Benz, Arthur, Kooperative Verwaltung. Funktionen, Voraussetzungen und Folgen, Baden-Baden 1994; Dose, Nicolai, Die verhandelnde Verwaltung. Eine empirische Untersuchung über den Vollzug des Emissionsschutzes, Baden-Baden 1997.

[199] Vgl. Seckelmann, Margrit, Keine Alternative zur Staatlichkeit – Zum Konzept der „Global Governance", in: Verwaltungsarchiv 2007, 30 ff.

klassifizieren.[200] Steuerungsprobleme können mit einer breiten Formenwelt politisch-administrativer Entscheidungen verknüpft werden, etwa programmierenden und programmierten Entscheidungen, konditionalen und finalen Programmen usw. Kombinationen – Raumordnungsgesetze mit Entwicklungsprogramm – und Substitutionen – Ersetzung der Eigentümerstellung an Post und Bahn durch umfassende Regulierungen – weisen auf interessante Wechselbeziehungen hin. Hinzuweisen ist noch auf den Versuch, Stufen öffentlicher Steuerungsverantwortung zu identifizieren, also Erfüllungsverantwortung – Drogenbekämpfung, Polizei –, Überwachungsverantwortung – Banken- und Versicherungsaufsicht –, Förderungs-, Finanzierungsverantwortung – soziale Mindestsicherung, Agrarsubventionen –, Beratungsverantwortung – Arbeitslosigkeit –, Organisationsverantwortung – Universitäten –, Einstandsverantwortung in Fällen gesellschaftlicher Schlechterfüllung – Entsorgung –, staatliche Rahmensetzung für private Aktivitäten – Regulierung –.[201]

Das Verwaltungssystem wird hier nicht auf den binären Code eines generalisierten Kommunikationsmediums reduziert. Verwaltung und Verwaltungsumwelt kommunizieren von Fall zu Fall mit den gleichen Medien. Die Sprache der Macht ist Politik, Beamtentum, Bürgern gleichermaßen bekannt, wenn auch die Politik auf dieses Medium spezialisiert ist. Das Medium des Geldes reicht durch die Handlungssphären hindurch: vom Steuerzahler zum Finanzamt, dann zur öffentliche Einnahmen und öffentliche Ausgaben verknüpfenden Budgetierung, zur zahlenden Verwaltung und schließlich zum Subventionsempfänger. Solche Durchgängigkeiten machen aber Systemgrenzen nicht obsolet. Zum Beispiel wird von der Kompetenz des Beamtentums allgemein zugängliches Fachwissen prinzipiell frei, Amtswissen – etwa aus Gründen des Datenschutzes – eher begrenzt nach außen vermittelt. Die systemtheoretische Kategorie der Koppelung – wenn man sie vom Gedanken der autopoietischen Schließung[202] ablöst – ist für institutionelle Regelungs- und Steuerungsbeziehungen interessant. Zu verweisen ist auf die Frage der Interferenz, nämlich inwieweit ein soziales System einem anderen Sinnmaterialien zur Verfügung stellt und in Gleichartigkeit Koppelungen ermöglicht.[203] Die öffentliche Verwaltung trifft eine Entscheidung aus mannigfaltigen politischen, wirtschaftlichen, rechtlichen, sachlichen Gründen. Fällt sie diese Entscheidung als Verwaltungsakt, kommuniziert sie nach Form und Inhalt primär mit dem Medium des Rechts. Das er-

---

[200] Vgl. König, Klaus/Dose, Nicolai, Klassifikationsansätze zum staatlichen Handeln, in: dies. (Hrsg.), Instrumente und Formen staatlichen Handelns, Köln u. a. 1993, S. 3 ff.

[201] Vgl. Schuppert, Gunnar Folke, Verwaltungswissenschaft, Baden-Baden 2000, S. 400 ff.

[202] Vgl. Baraldi, Claudio u. a., GLU – Glossar zu Niklas Luhmanns Theorie sozialer Systeme, 2. Aufl., Frankfurt a. M. 1998.

[203] Vgl. Teubner, Gunther, Recht als autopoietisches System., Frankfurt a. M. 1989.

möglicht relativ einfache Anbindungen an das Rechtsschutzsystem, wobei in der deutschen Verwaltungsgerichtsbarkeit mit der Anfechtungsklage eine eigene anknüpfende Klageart zur Verfügung steht.

Governance als institutionelle Regelung und Steuerung hält mit den stabilen, relativ dauerhaften Regulativen menschlich-gesellschaftlicher Beziehungen in ihrer wirklichen Maßgeblichkeit Kontakt mit der Erfahrungswelt. Genauso hält Governance Verbindung mit der Werteproblematik öffentlichen Handelns, wie es in dem ordnungspolitischen Konzept von „Good Governance" zum Ausdruck kommt.[204] Damit wird dem Desiderat einer integrativen Verwaltungswissenschaft Rechnung getragen, das Schisma zwischen rational-normativen und empirisch-deskriptiven verwaltungsrelevanten Wissenschaften zumindest abzumildern. Insgesamt beruht das vorgestellte transdisziplinäre Kernprogramm einer Verwaltungswissenschaft auf einem system- wie regelungs- und steuerungstheoretischen Institutionalismus: mit Systembildung und Umweltsteuerung, mit Managementfunktionen nach innen und Governance-Funktionen nach außen, mit Strukturen der Systembildung und Governance-Mustern der Umweltsteuerung, mit generalisierten Kommunikationsmedien, Koppelungen und Interferenzen, mit Systemrationalität und Regelungs- und Steuerungsrationalität. Einige Aspekte dieser Konzeption etwa die Management/Governance-Differenz sind wegen ihrer spezifischen Bedeutung für die Verwaltungswissenschaft näher begründet worden. Aber wie die vorgestellten Kategorien die Begriffe eines integrativen Ansatzes nicht erschöpfen, so liegt die Konkretisierung des transdisziplinären Programms im Wissenschaftsvollzug.

---

[204] Vgl. König, Klaus, Gute Gouvernanz als Steuerungs- und Wertkonzept des modernen Verwaltungsstaates, in: Werner Jann u. a. (Hrsg.), Politik und Verwaltung auf dem Weg in die transindustrielle Gesellschaft, Baden-Baden 1998, S. 227 f.

3. Kapitel

Verwaltung in der Moderne

I. Konzept der bürokratischen Verwaltung

1. Begriff und Kritik der Bürokratie

Staat und Verwaltung der Moderne sind mit dem Begriff der Bürokratie und der Bürokratiekritik verknüpft. Bürokratie ist ein soziales Phänomen, das über die Staatsverwaltungen hinaus auch andere Großorganisationen prägt: die der Privatwirtschaft wie die des Dritten Sektors von Verbänden, Gewerkschaften, Parteien, Kirchen usw. In diesem Sinne kann man von einer Bürokratisierung der Gesellschaft sprechen.[1] Man kann aber auch mit der Bürokratiekritik das Verhältnis von Staat und Gesellschaft meinen, wenn nämlich die für Verwaltungsbürokratien charakteristischen Steuerungsmuster wegen des Ausmaßes der Staatsinterventionen das sozioökonomische Leben durchformen. Hier stößt man wieder auf die hohe Präsenz des Verwaltungsstaates, insbesondere wegen seiner wohlfahrtsstaatlichen Leistungen. Entsprechend bezieht sich die einschlägige Bürokratiekritik etwa auf eine auswuchernde Verregelung bzw. Verrechtlichung der Gesellschaft, wie sie als „Normflut" bezeichnet worden ist.[2]

Herrschaft ist in der Moderne ohne Verwaltung nicht möglich, und die Alltagserfahrung des Staates ist die der öffentlichen Verwaltung. So fällt der Blick nicht nur auf den Souverän, sondern auch auf den „Verband" der Herrschaftsausübung. Seit Max Weber „Herrschaft mittels bürokratischen Verwaltungsstabs" zum „technisch reinsten Typus der legalen Herrschaft" erklärt hat, steht der Begriff der Bürokratie für die Frage, ob und inwieweit sich die öffentliche Verwaltung durch die Herrschenden instrumentalisieren lässt.[3] Entsprechend ist für die demokratische Gesellschaft in immer neuen Varianten erörtert worden, wie sich der politische Primat über die Staatsbürokratie sichern lässt. Bürokra-

---

[1] Vgl. Downs, Anthony, Inside Bureaucracy, Boston 1967.
[2] Vgl. Teschner, Manfred, Bürokratie, in: Roman Herzog u. a. (Hrsg.), Evangelisches Staatslexikon, Band 1, 3. Aufl., Stuttgart 1987, Sp. 287 ff.
[3] Vgl. Mayntz, Renate, Max Webers Idealtypus der Bürokratie und die Organisationssoziologie, in: dies. (Hrsg.), Bürokratische Organisation, Köln/Berlin 1968, S. 27 ff.

tie ist als Herausforderung an die Demokratie begriffen worden.[4] Die angebotenen Antworten reichen vom „demokratischen Zentralismus" bis zur partizipativen Selbstverwaltung, vom verwalteten Legalismus bis zur monetär-budgetären Steuerung, von der „repräsentativen Bürokratie" bis zur strengen Auslese durch Staatsexamina.

Die Bürokratiekritik hat es aber nicht bei solchen operativen Lösungsvorschlägen bewenden lassen. Der Marxismus hat die bürokratische Herrschaft als politische Form eines an seinen inneren Widersprüchen zugrunde gehenden Kapitalismus begriffen, der eben eines offenen Autoritarismus bedürfe. Von hier aus ist Bürokratie in der marxistischen wie der nicht-marxistischen Kritik zu einem Schlüsselbegriff für die Herrschaftsverhältnisse in der modernen Gesellschaft überhaupt geworden.[5] Wird der Mensch in der Gesellschaft betrachtet, so gilt für ihn Bürokratisierung als ein Moment der Entfremdung.[6] Er entäußert sich in einer Welt der Vorschriften, Formulare, Akten, Behördenvorgänge seiner selbst. Eine Doppelrolle fällt dem Mitarbeiter der öffentlichen Verwaltung zu. Nach außen ist er Bürokrat. Er ist der nach den Buchstaben der Dienstvorschrift, schematisch und unpersönlich handelnde Aktenmensch. Als Individuum leidet er unter Formalisierungen, Hierarchie, Spezialisierungen, Karriereerfordernissen der bürokratischen Großorganisation.[7]

Bürokratiebegriff und Bürokratiekritik bringen die Verwaltungswissenschaft in ein Dilemma. Auf der einen Seite wird die Relevanz der als bürokratisch bezeichneten Phänomene für Staat und Gesellschaft der Moderne vielfältig belegt.[8] Auf der anderen Seite werden so unterschiedliche menschlich-gesellschaftliche Bereiche im Namen der Bürokratie angesprochen, dass der Rat verständlich erscheint, diesen Ausdruck zu vermeiden.[9] Dieser Zwiespalt verstärkt sich noch, wenn man auf den umgangssprachlichen Gebrauch des Wortes sieht. Der Begriff der Bürokratie wird hier seit seiner Übernahme aus dem Französischen abwertend benutzt. Schon in seinen dortigen Anfängen stand er in der Auseinandersetzung der Physiokraten und der Merkantilisten für eine Missregierung, nämlich für Behörden, die sich in ihrer Reglementierungs-

---

[4] Vgl. Blau, Peter M./Meyer, Marshall W., Bureaucracy in Modern Society, 2. Aufl., New York 1971.

[5] Vgl. Schluchter, Wolfgang, Aspekte bürokratischer Herrschaft, München 1972.

[6] Vgl. Kamenka, Eugene/Erl-Soon Tay, Alice, Freedom, Law and the Bureaucratic State, in: Eugene Kamenka/Martin Krygier (Hrsg.), Bureaucracy. The Career of a Concept, London 1979, S. 112 ff.

[7] Vgl. Derlien, Hans-Ulrich, Bürokratietheorie, in: Peter Eichhorn u. a. (Hrsg.), Verwaltungslexikon, 3. Aufl., Baden-Baden 2002, S. 170 ff.

[8] Vgl. Mayntz, Renate (Hrsg.), Bürokratische Organisation, Köln/Berlin 1968; Merton, Robert K. u. a. (Hrsg.), Reader in Bureaucracy, New York 1952.

[9] Vgl. Albrow, Martin, Bürokratie, München 1972, S. 153.

3. Kapitel: Verwaltung in der Moderne   107

sucht verselbständigen.[10] Auch in Deutschland wurde Bürokratie – so beim Freiherrn vom Stein – zum Ausdruck der Staats- und Verwaltungskritik. Heute geht es um ein umgangssprachliches Schlagwort, das für Formalismus, Inflexibilität, Langsamkeit, Intransparenz usw. steht.

Mag man so im deutschsprachigen Kontext und dann bezogen auf die deutsche Verwaltung geneigt sein, das Wort von der Bürokratie zu vermeiden, dann zeigt aber die Komparatistik öffentlicher Verwaltungen, die die enge Beziehung an Raum und Zeit und entsprechende Verständigungsmöglichkeiten verlässt, dass jener Begriff zum Verständnis der Moderne unverzichtbar ist. Es ist ein Konzept, auf dessen Grundlage sich nicht nur Europäer untereinander, sondern auch ein Amerikaner und ein Deutscher über öffentliche Verwaltungen verständigen können. Denn es geht um die Grundzüge okzidentaler Verwaltungskultur. Auch in einem Land mit so antibürokratischen Affekten wie den Vereinigten Staaten von Amerika ist eine komparative Perspektive zur öffentlichen Verwaltung ohne den Bürokratiebegriff kaum möglich.[11] Es muss also das wiederbelebt werden, was bereits Max Weber geleistet hatte, nämlich den Bürokratiebegriff zu versachlichen.[12] Das bedeutet nicht, dass die Dysfunktionen bürokratischer Verwaltung beiseite bleiben. Mit der abwertenden Bezeichnung als Bürokratismus lassen sich Fehlleistungen deutlich machen. Im Übrigen hat die bürokratische Verwaltung wie jede öffentliche Institution Grenzen der Leistungsfähigkeit.

Das Konzept der Staatsbürokratie kann freilich ohne wissenschaftstheoretische Klarstellung nicht verwendet werden. Das liegt daran, dass Max Weber seine „idealtypische" Methode so offen gelassen hat, dass von ihr der Blick sowohl auf den Bereich des äußerlich durch Beobachtung, Messung und Experiment Erfahrbaren wie auf die Welt des Gedachten, Ideenhaften, der Idealität fallen konnte.[13] So ist dann für den einen der Idealtypus ein „empirischer Begriff"[14], für den anderen ein „objektiver Richtigkeitstypus"[15]. Ohne die wirtschaftswissenschaftliche und sozialwissenschaftliche Modell- und Typusdiskussion hier ausbreiten zu können, ist für die Verwaltungswissenschaft Folgen-

---

[10] Vgl. Wunder, Bernd, Bürokratie: Die Geschichte eines politischen Schlagworts, in: Adrienne Windhoff-Héritier, Verwaltung und Umwelt, Opladen 1987, S. 277 ff.

[11] Vgl. Heady, Ferrel, Public Administration: A Comparative Perspective, 6. Aufl., New York u. a. 2001.

[12] Vgl. Wunder, Bernd, Geschichte der Bürokratie in Deutschland, Frankfurt a. M. 1986, S. 8 f.

[13] Vgl. König, Klaus, Erkenntnisinteressen der Verwaltungswissenschaft, Berlin 1970, S. 143 ff.

[14] Vgl. Winkelmann, Johannes, Idealtypus, in: Wilhelm Berndorf (Hrsg.), Wörterbuch der Soziologie, 2. Aufl., Stuttgart 1969, S. 438 ff.

[15] Vgl. Mayntz, Renate, Max Webers Idealtypus der Bürokratie und die Organisationssoziologie, in: dies. (Hrsg.), Bürokratische Organisation, Köln/Berlin 1968.

des festzuhalten: Das Konzept der Bürokratie meint kein präskriptiv-rationales Modell der „richtigen" Verwaltung. Vielmehr sind die einzelnen Begriffselemente aus der historischen Wirklichkeit herausgearbeitet. Andererseits bedeutet das Bürokratiekonzept keine deskriptiv-empirische Aussage zur Organisationswirklichkeit der öffentlichen Verwaltung. Das Konzept ist nicht vollständig. Andere Organisationselemente sind erfahrbar, insbesondere auch informelle. Und es müssen in einer bestimmten Situation öffentlicher Verwaltung in Raum und Zeit nicht alle Merkmale des Bürokratiekonzepts als gemeinsam in der Wirklichkeit auftretend beobachtbar sein. Es handelt sich nicht um eine geschlossene Erfahrungswelt. So sind dann auch andere Organisationsstrukturen möglich, wie auch andere organisatorische Funktionserfordernisse auftreten können.[16]

Im Grunde geht es beim Konzept der Bürokratie darum, die Systemrationalität der öffentlichen Verwaltung in der okzidentalen Moderne aus dem historischen Anschauungsmaterial zu entschlüsseln. Es muss jenes Bündel von Struktur- und Funktionsprinzipien herausgearbeitet werden, die die innere Ordnung der modernen Verwaltung konstituieren und Koppelungen für die institutionellen Steuerungsmuster von der Verwaltungsumwelt her – etwa vom parlamentarischen Gesetzgeber – und in die Verwaltungsumwelt hinein – etwa zu regulierten Märkten – begründen. Damit ist zwar die Wirklichkeit nicht ausgeschöpft und auch Richtigkeit nicht in Anspruch genommen. Aber es wird ein Potential aufgedeckt, das Bezugsgröße für die Bewertung und den Vergleich – Tertium comparationis – konkret erfahrbarer öffentlicher Verwaltungen sein kann.

Bürokratie im Staate steht für die Moderne und das heißt für ein ausdifferenziertes Funktionssystem mit beständigen und festen Systemgrenzen. Die bürokratische Verwaltung verweist nach innen und nach außen auf Spezialisierungen, wie sie die arbeitsteilige Gesellschaft prägen. Amtliche und persönliche Rollen fallen auseinander. In eigenen Angelegenheiten ist man befangen und Befangenheitsregeln halten einen von den Amtsgeschäften fern. Büro und Wohnung sind getrennt. Bei heiklen Dienstbesuchen – etwa durch die Rechnungsprüfung – sind selbst Privateinladungen tabuisiert. Amtliches und privates Vermögen sind unterschieden, Beschaffung von Verwaltungsmitteln und private Besorgungen verschieden. Zwischen amtlicher und privater Kasse steht eine strenge Grenze bis hin zur Bewehrung durch strafrechtliche Sanktionen.[17] Diese

---

[16] Vgl. Eisenstadt, Shmuel Noah, Ziele bürokratischer Organisationen und ihr Einfluss auf die Organisationsstruktur, in: Renate Mayntz (Hrsg.), Bürokratische Organisation, Köln/Berlin 1968, S. 56 ff.

[17] Vgl. Bottke, Wilfried, Korruption und Kriminalrecht in der Bundesrepublik Deutschland, in: Zeitschrift für Rechtspolitik 1998, S. 215 ff.; Bundesregierung, Richtlinie der Bundesregierung zur Korruptionsbekämpfung in der Bundesverwaltung v. 17. Juni 1998, in: Bundesanzeiger Nr. 127 v. 14. Juli 1998.

Grenze wird auch nicht durch fortgeschrittene Techniken des Geldverkehrs verwischt.

Man weiß, ob man es mit einem Staatsbürokraten oder Exekutivpolitiker zu tun hat. Beamtengesetze einerseits und Ministergesetze andererseits nehmen eine deutliche Zuordnung vor. Symbolische Akte wie die Aushändigung einer Ernennungsurkunde verdeutlichen die Zuweisung. Rollenzwänge werden bis zu bürokratischen Spitzenpositionen deutlich. Es stößt auf Ablehnung, wenn der Spitzenbeamte sich wie der Funktionär einer politischen Partei aufführt. Entsprechend sind die Rollen von Mitgliedern der Staatsbürokratie und des Publikums differenziert. Der Beamte mag noch soviel Sympathie für den Bürger zeigen, Identifikationen sind nicht zugelassen. Was für die Klientel zur Katastrophe gerät – Brand, Epidemie, Unfall –, ist in der Bürokratie auf Routine angewiesen.[18] Wie sehr man auch immer Kundenorientierung für eine unternehmerische öffentliche Verwaltung fordert, die Grenze zwischen Organisationsmitgliedern und Nicht-Mitgliedern bleibt bestehen.

2. Merkmale der bürokratischen Verwaltung

Die bürokratische Verwaltung manifestiert sich zuerst in einer festen Zuständigkeitsordnung. Arbeiten und Aufgaben der Gesamtaktivität werden zerteilt und mit entsprechenden Befugnissen an organisatorische Teileinheiten verteilt.[19] Dabei kann in der öffentlichen Verwaltung die Zuteilung von Befugnissen bis zur Anwendung autoritativen Zwanges reichen. Die Spezialisierung der formalen Organisation kann nach verschiedenen Referenzen erfolgen. Erstens kann die Zuständigkeitsordnung auf der Differenzierung der Sachaufgaben – also Telekommunikation und Verkehrswesen und dann Straßenverkehr, Luftverkehr, Schiffsverkehr, und dann Seeschifffahrt, Binnenschifffahrt usw. – beruhen, wie sie die Verwaltung gegenüber ihrer Umwelt wahrzunehmen hat. Insoweit geht es um sektorale oder divisionale Referenzen. Zweitens kann die Tätigkeitsverteilung nach den zu verwaltenden Räumen erfolgen. Eine solche territoriale Referenz besteht auch für den zentralisierten Staat in der Fläche. Drittens sind es Adressatenkreise, Zielgruppen, die in einer Referenz nach der Klientel die Aufgaben- und Zuständigkeitsverteilung bestimmen, und zwar spezifischer wie Rechtsanwälte – also Anwaltskammer – wie auch breiter etwa Frauen – Frauenbeauftragte –. Viertens sind es bestimmte Teilaktivitäten, Teil-

---

[18] Vgl. Luhmann, Niklas, Lob der Routine, in: ders. (Hrsg.), Politische Planung. Aufsätze zur Soziologie von Politik und Verwaltung, 4. Aufl., Opladen 1994, S. 113 ff.

[19] Vgl. Simon, Herbert A. u. a., Public Administration, 7. Aufl., New York 1962; ferner Morstein Marx, Fritz (Hrsg.), Elements of Public Administration, 2. Aufl., Englewood Cliffs 1959; Pfiffner, John M./Sherwood, Frank P., Administrative Organization, Englewood Cliffs 1960.

leistungen, die gleichsam vor die Klammer gezogen werden wie Personal, Haushalt, Datenverarbeitung usw. und die dann in einem engeren Sinne als funktionale Referenz die Arbeits- und Aufgabenteilung definieren.

Neben der festen Zuständigkeitsordnung ist es insbesondere der hierarchisch-pyramidenförmige Aufbau, der die bürokratische Organisation charakterisiert. Dabei geht es nicht einfach um die personellen Verhältnisse in der öffentlichen Verwaltung. Die soziale Differenzierung der modernen Arbeits- und Lebenswelt ermöglicht die relative Verselbständigung von Organisation und Personal, die juristisch in der Unterscheidung zwischen Amt im organisationsrechtlichen Sinne und Amt im statusrechtlichen Sinne zum Ausdruck kommt. Entsprechend handelt es sich hier bei der Hierarchie nicht um eine personenbezogene Disziplinierung. Vielmehr geht es um die spezifisch organisatorische Form der Verstetigung kommunikativer Beziehungen. Die Organisationsstruktur fasst die öffentliche Verwaltung in einer verhältnismäßig beständigen Anordnung zusammen. Das bedeutet im Falle der Hierarchie ein Verhältnis der Über- und Unterordnung der administrativen Teileinheiten. Genauso bezeichnet dieses Organisationsmuster aber auch eine Beziehung der Nebenordnung. Es ist diese Nebenordnung von Aufgaben und Befugnissen, die den Arbeitsalltag maßgeblich prägt.[20]

Öffentliche Verwaltungen pflegen heute von einer Vielfalt nicht hierarchischer Organisationsformen geprägt zu sein. Dazu gehören Kollegialorgane, Ausschüsse, Beiräte, Arbeitsgruppen, Stäbe usw. Sie können eine gewisse eigene Rationalität für sich in Anspruch nehmen. Kollegialität ermöglicht etwa eine andere Wahrnehmung komplexer Entscheidungslagen als eine administrative Monokultur bis hin zur Spitzenposition. Aber das Studium von Organigrammen, Geschäftsverteilungsplänen, Dienstwegbestimmungen zeigt, dass das monokratisch-hierarchische Grundmuster vorherrscht. Sonderreferate, verselbständigte Stellen, breite Führungsleisten usw. weichen von Fall zu Fall vom Gleichmaß des pyramidenförmigen Aufbaus ab. Jedoch pflegen Organisations- und Geschäftsordnungsvorschriften organisatorische Sonderwege gegenüber dem monokratisch-pyramidenförmigen Aufbau nicht zu schätzen.[21]

---

[20] Vgl. Schmid, Günter/Treiber, Hubert, Bürokratie und Politik. Zur Struktur und Funktion der Ministerialbürokratie in der Bundesrepublik Deutschland, München 1975, S. 21 ff; ferner Becker, Bernd, Öffentliche Verwaltung. Lehrbuch für Wissenschaft und Praxis, Percha 1989, § 31; Klages, Helmut, Grenzen der Organisierbarkeit von Verwaltungsorganisationen, in: Die Verwaltung 1977, S. 31 ff.; Dreier, Horst, Hierarchische Verwaltung im demokratischen Staat, Tübingen 1991.

[21] Vgl. Derlien, Hans-Ulrich, Bürokratie, in: Axel Görlitz/Rainer Prätorius (Hrsg.), Handbuch Politikwissenschaft, Hamburg 1987, S. 36 ff.

Private Wirtschaft und öffentliche Verwaltung lassen sich nicht auf das einfache Schema von Markt einerseits und Hierarchie andererseits verkürzen.[22] Die Systemrationalität der Staatsbürokratie umfasst mehr als die durch Weisungsstränge verknüpften Über- und Unterordnungsverhältnisse. Ihr weiteres Merkmal ist die Regelgebundenheit der Amtstätigkeit. Den „berechenbaren Regeln" wird unter dem Vorzeichen der Modernität die eigentlich beherrschende Bedeutung beigemessen.[23] Das unterscheidet von einem Entscheidungsverhalten, das an Traditionen, Privilegien oder persönlichen Anteilnahmen und Empfindungen anknüpft. „Ohne Ansehen der Person" ist zu handeln. Damit werden Funktionen der Bürokratie wie Dysfunktion des Bürokratismus deutlich. Eine öffentliche Verwaltung, die nach Maßgabe abstrakt-genereller Normen agiert, ist – freilich nur graduell – „entmenschlicht". Erwartungen und Präferenzen von Individuen, Verbänden, Unternehmen können nicht voll ausgeschöpft werden. Die regelgebundene Bürokratie muss viele persönliche Anliegen als irrelevant zurückweisen. Das Regelwerk einer omnipräsenten Verwaltung engt überdies die individuellen Handlungsspielräume ein. Technisch-industrielle Zivilisation und Wohlfahrtsgesellschaft haben jene Normenflut hervorgebracht, wie sie skizziert worden ist. Erwartungshaltungen der Bürger – freilich verstärkt durch die Neigung von Politikern zu Versprechungen und den Perfektionsdrang von Verwaltungsleuten – haben ein Gehäuse der Vorschriftenhörigkeit hervorgebracht, das nun wiederum zur Entfremdung des Menschen führt.[24]

Über solche Dysfunktionen regelgebundener Staatsbürokratien dürfen freilich deren Leistungen nicht aus dem Auge verloren werden. Sie sind gemeint, wenn ein afrikanischer Professor auf einem der vielen Entbürokratisierungskongresse gegen alle Meinungen fordert, dass sein Heimatkontinent bürokratisiert werden müsse. Normen mit der Dignität des Rechts gelten nämlich nicht nur für Bürger und Interessenten und nicht nur für die sie anwendenden Beamten, sondern auch die politischen Herrscher sind dem gesetzten Recht unterworfen, selbst wenn es auf ihren eigenen Entscheidungen beruht.[25] Es ist eine der

---

[22] Vgl. Bosetzky, Horst, Bürokratische Organisationsformen in Behörden und Industrieverwaltungen, in: Renate Mayntz (Hrsg.), Bürokratische Organisation, Köln/Bonn 1968, S. 179 ff.

[23] Vgl. Weber, Max, Wirtschaft und Gesellschaft, Studienausgabe, 5. Aufl., Tübingen 1980, S. 563.

[24] Vgl. König, Klaus, Kritik öffentlicher Aufgaben, Baden-Baden 1989.

[25] Vgl. Scheuner, Ulrich, Begriff und Entwicklung des Rechtsstaats, in: Hans Dombois/Erwin Willems (Hrsg.), Macht und Recht, Berlin 1956, S. 76 ff.; ders., Die neuere Entwicklung des Rechtsstaats in Deutschland, in: Ernst von Caemmerer u. a. (Hrsg.), Hundert Jahre deutsches Leben, Band 2, Karlsruhe 1960, S. 229 ff.; ferner Hesse, Konrad, Der Rechtsstaat im Verfassungssystem des Grundgesetzes, in: Ernst Forsthoff (Hrsg.), Rechtsstaatlichkeit und Sozialstaatlichkeit, Darmstadt 1968, S. 557 ff.

Grundlagen der modernen Staatsbürokratie, dass der aufgeklärte Monarch von Willkür und Absolutheitsanspruch Abschied genommen und sich dem geltenden Recht selbst unterworfen hat. Der dezisionistische Voluntarismus eines Hitlers oder Stalins war in der Tat zutiefst antibürokratisch.

Kann so die bürokratische Verwaltung nicht einfach nach der Herrschaftshierarchie, sondern weiter nur nach Gesetz und Recht instrumentalisiert werden, so ist sie gleichzeitig Garant wichtiger gesellschaftlicher Werte. Freiheitsrechte der Bürger, Gleichbehandlung, Rechtssicherheit, Ansprüche auf öffentliche Leistungen sind nicht möglich, ohne dass sie durch die öffentliche Verwaltung alltäglich ins Werk gesetzt werden. Man kann dies in vielen Beziehungen belegen. Wenn man Unternehmen weltweit befragt, die relative Bedeutung von bestimmten Hemmnissen, die der wirtschaftlichen Aktivität im Wege stehen, nach ihrer Rangordnung zu klassifizieren, dann nehmen Hemmnisse im Zusammenhang mit unsicheren Eigentumsrechten und in Verbindung mit Behördenwillkür vordere Ränge ein. Die Regulierung als solche erscheint demgegenüber nicht direkt als ein Hauptshindernis.[26]

In Vorrang und Vorbehalt des positivierten Rechts wird zugleich ein anderes Merkmal deutlich, das die bürokratische Verwaltung kennzeichnet, nämlich ihre Formalität. Auch hier ist es dann der Formalismus, der als bürokratischer Störfaktor kritisiert wird. Aber ohne formale Strukturierung von Programmatik, Prozess, Organisation, Personalverhältnissen könnte die moderne Verwaltung weder nach innen noch nach außen kommunizieren. Man bedenke, wie formalisiert ihre Beziehung allein zur Gerichtsbarkeit, insbesondere einer eigenen Verwaltungsgerichtsbarkeit ist. Schriftlichkeit, Aktenmäßigkeit, Organigramme, Geschäftsverteilungspläne usw. sind Bedingungen interner Verständigung. Daran ändert auch die elektronische Speicherung und Verarbeitung von Daten nichts, wie die Probleme des zu Dienstgeschäften mitgebrachten privaten Computers zeigen. Informationen verlieren ihre Verkehrsfähigkeit, wenn sie nach Art einer Privatkorrespondenz mit sich selbst betrieben werden. Kontrollen sind nicht mehr möglich. Aktenordnung und Aktenführung haben einen stärkeren Einfluss auf die Entscheidungsfindung, als man anzunehmen geneigt ist.

Freilich kommen auch bürokratische Verwaltungen nicht ohne informale Kommunikationsmuster aus.[27] Zwischen Formalorganisation und persönlichen Beziehungen kann sich jenseits der Hierarchie offizieller Organigramme ein kommunikatives Gefüge verstetigen. Eine Leitungszwischenschicht, etwa eine Abteilung, mag formal eingerichtet sein, informal aber durch den direkten Zu-

---

[26] Vgl. World Bank, The State in a Changing World, World Development Report 1997, New York 1997.
[27] Vgl. Mayntz, Renate, Soziologie der öffentlichen Verwaltung, 4. Aufl., Heidelberg 1997.

gang zur Leitungsspitze übersprungen werden. Oder ein Stab mag formell ohne Weisungsbefugnis sein, aber dann in das Haus hineinregieren. Oder an allen Aktenordnungen und Registraturanweisungen vorbei kann sich ein Kommunikationsnetz nicht vermerkter Telefongespräche und formlos zugesteckter Notizzettel entwickeln. In der bürokratischen Verwaltung sind aber informale Kommunikationsmuster oft arbeitsintensiv und riskant. Die Bürokratie pflegt informale Überholer wieder einzufangen, so dass man ihnen letztlich eine entsprechende formale Position zuweisen muss, und die Zettelwirtschaft reicht bis zur nächsten Informationspanne, um dann zur geordneten Aktenführung zurückzukehren.[28]

Neben funktionaler Ausdifferenzierung und Spezialisierung, Zuständigkeitsordnung und Hierarchie, Regelgebundenheit und Formalisierung sind es noch Professionalität und Kompetenz, die die bürokratische Verwaltung charakterisieren. Das Amt ist Beruf. Dienstgeschäfte werden prinzipiell hauptamtlich wahrgenommen und die Berufsausübung ist prinzipiell auf Lebenszeit angelegt. Das Beamtentum schließt eine Treuepflicht ein, die freilich nicht auf eine Person – wie etwa die Vasallentreue –, sondern auf eine Institution – Diener des Staates, der Krone, der Nation – bezogen ist. Diese Loyalität ist mit einem Neutralitätsgebot verknüpft, mit dem Sondereinflüsse auf die Institution abgewiesen werden. Ihr korrespondiert eine Verpflichtung des Dienstherrn, den Beamten existenziell zu sichern. Entlohnung erfolgt in Geld, und zwar nicht durch Sporteln als Vergütung, die unmittelbar dem an einer Verwaltungshandlung beteiligten Beamten zufließt. Vielmehr wird nach einer abstrakten Besoldungsordnung gezahlt. Der Berufsweg vollzieht sich in einer Laufbahn. Die Beruflichkeit ist durch ein Disziplinarrecht vor schlechten Dienstherrn wie vor schlechten Beamten gleichermaßen geschützt.[29]

Voraussetzung für den Berufszugang ist das Absolvieren von Bildungsgängen und das Bestehen von Fachprüfungen. Dabei wird in unterschiedlicher Weise auf das allgemeine Bildungssystem und Sondereinrichtungen der Ausbildung und Fortbildung für die öffentliche Verwaltung zurückgegriffen. Auch Prüfungen können solche der allgemeinen Schulen und Universitäten oder auch Staatsexamina sein. Die Verwaltung braucht Spezialisten und Generalisten. Wie sich aber auch immer eine Professionalität entwickelt, sie muss eine Qualifikation in öffentlichen Angelegenheiten einschließen. Der Mediziner ist eben

---

[28] Vgl. Bohne, Eberhard, Informales Verwaltungs- und Regierungshandeln als Instrument des Umweltschutzes, in: Verwaltungsarchiv 1984, S. 343 ff.

[29] Vgl. Lecheler, Helmut, Die Gliederung des öffentlichen Dienstes, in: Klaus König/Heinrich Siedentopf (Hrsg.), Öffentliche Verwaltung in Deutschland, 2. Aufl., Baden-Baden 1997, S. 501 ff.; ferner Klages, Helmut, Die Situation des öffentlichen Dienstes, in: Klaus König/Heinrich Siedentopf (Hrsg.), Öffentliche Verwaltung in Deutschland, 2. Aufl., Baden-Baden 1997, S. 517 ff.

im öffentlichen Gesundheitswesen, der Jurist im Verwaltungsdienst, der Ökonom in der Staatswirtschaft usw. tätig. Eine andere Frage ist es, ob man erwartet, dass sich diese spezifische Befähigung zum Verwaltungsberuf bereits im Universitätsstudium zumindest teilweise – so die Prämisse des Verwaltungsstudiums in den USA – oder überhaupt erst durch „learning by doing" – so die Fulton-Kommission für Großbritannien – erwerben lässt.[30]

Indessen reichen Ausbildung, Fortbildung und praktisches Lernen für den öffentlichen Dienst für sich nicht aus, um Kompetenz als generalisiertes Kommunikationsmedium bürokratischer Verwaltung zu konstituieren. Die erworbenen fachlichen Kenntnisse, Fertigkeiten, Haltungen sind nur ein Teil bürokratischer Kompetenz. Hinzu kommt das Amtswissen, die im Dienstverkehr erworbenen Kenntnisse von Tatsachen und Bewertungen. Mag professionell erworbenes Fachwissen den Beamten vom Politiker unterscheiden, so hebt das Amtswissen überdies den Beamten von jedem anderen Experten ab. Ein Rechtsanwalt mag in Kenntnissen des öffentlichen Rechts mit einem Verwaltungsjuristen mithalten. Er weiß aber nicht ohne weiteres, was im einschlägigen Fall an Fakten und Einschätzungen aktenkundig ist. Es geht nicht nur um Dienstgeheimnisse, sondern um alle Informationen, die dem Beamten bei seiner amtlichen Tätigkeit bekannt geworden sind, nicht nur um aus formalisierten Quellen zugängliche, sondern auch informal erlangte Kenntnisse. Solche dienstlich erworbenen Kenntnisse erhalten durch das Prinzip der Amtsverschwiegenheit eine zusätzliche Qualität. Fachwissen und Amtswissen zusammen schaffen eine Kompetenz, wie sie für die bürokratische Verwaltung charakteristisch ist.

II. Differenzierungen moderner Verwaltung

1. Nationalstaatliche Prägungen

Sieht man in der bürokratischen Leistungsordnung das Grundpotential der okzidentalen Verwaltung, dann bedeutet dies nicht, dass deren Merkmale vollständig oder ausnahmslos in allen modernen Verwaltungsstaaten zu identifizie-

---

[30] Vgl. Hebal, John J., Generalisten kontra Spezialisten: Das Problem der doppelten Unterstellung, in: Renate Mayntz (Hrsg.), Bürokratische Organisation, Köln/Berlin 1968, S. 228 ff.; Scott, Richard W., Konflikte zwischen Spezialisten und bürokratischen Organisationen, in: Renate Mayntz (Hrsg.), Bürokratische Organisation, Köln/Berlin 1968, S. 201; Thompson, Victor A., Hierarchie, Spezialisierung und organisationsinterner Konflikt, in: Renate Mayntz (Hrsg.), Bürokratische Organisation, Köln/Berlin 1968, S. 217 ff.; ferner König, Klaus, Zwei Paradigmen des Verwaltungsstudiums – Vereinigte Staaten von Amerika und Kontinentaleuropa, in: ders. (Hrsg.), Deutsche Verwaltung an der Wende zum 21. Jahrhundert, Baden-Baden 2002, S. 393 ff.

ren sind. Bürokratie meint die durch „Berechenbarkeit für den Herrn wie den Interessenten, Intensität und Extensität der Leistung, formal universeller Anwendbarkeit auf alle Aufgaben" in diesem Sinne systemrationale „Form der Herrschaftsausübung". Diese Berechenbarkeit in der Wahrnehmung öffentlicher Aufgaben ist nicht nur eine Prämisse für eine funktionierende Marktwirtschaft oder die öffentliche Sicherheit und Ordnung. Die Entwicklung zum Sozialstaat hat es überdies mit sich gebracht, dass breite Bevölkerungskreise auf die Verlässlichkeit politisch-administrativer Leistungserbringung angewiesen sind. Damit ist nicht ausgeschlossen, dass Sonderzwecke von Verwaltungen auch Sonderformen der Organisation hervorbringen, etwa die Beteiligung von sachkundigen Laien in lokalen Verwaltungsausschüssen – über halbprofessionalisierte Politiker hinaus –, etwa um eine bürgernahe Problemwahrnehmung zu gewährleisten.

Darüber hinaus manifestiert sich die bürokratische Verwaltung in einer großen Variationsbreite. Die einzelnen Varianten treten heute vor allem in ihrer nationalstaatlichen Prägung auf. Der Nationalstaat wird insofern nicht als ethnisch-kulturelle Einheit, sondern als politisch-rechtliche Konstruktion verstanden, wie er sich in der internationalen Gemeinschaft etwa der Vereinten Nationen begegnet. Die öffentliche Verwaltung wird auch am Ende des 20. Jahrhunderts zuerst als französische, US-amerikanische, japanische und so auch als deutsche wahrgenommen. Die Bildung des modernen Staates und die Entwicklung der Staatsbürokratien hängen eng zusammen. Im Hinblick auf die dreihundertjährige Geschichte des modernen Staates auf deutschem Boden hat man sogar gesagt, dass dieser eine Schöpfung der beamteten Verwaltung sei.[31]

So konkretisieren sich die Merkmale der bürokratischen Verwaltung jeweils im nationalstaatlichen Rahmen. Nimmt man das Kriterium professioneller Amtswalter, dann ist im deutschen Falle zuerst auf die hergebrachten Grundsätze des Berufsbeamtentums zu sehen. Dazu zählen: das öffentlich-rechtliche Dienst- und Treueverhältnis, Hauptberuflichkeit, Lebenszeitanstellung, Laufbahnprinzip, Leistungsgrundsatz, Neutralitätsgebot, Streikverbot, Verfassungstreue und neben anderen Pflichten wie Amtsverschwiegenheit und Rechte wie Versorgung das Prinzip der Regelung durch Gesetz. Solche Leitlinien stellen eine spezifisch deutsche Ausprägung des Berufsbeamtentums dar. Sie sind verfassungsrechtlich in dem Sinne festgeschrieben, dass das Recht des öffentlichen

---

[31] Vgl. Forsthoff, Ernst, Verfassungsrechtliche Grenzen einer Reform des öffentlichen Dienstrechts, in: ders. u. a. (Hrsg.), Verfassungsrechtliche Grenzen einer Reform des öffentlichen Dienstrechts, Studienkommission für die Reform des öffentlichen Dienstrechts, Band 5, Baden-Baden 1973, S. 17 ff.

Dienstes unter Berücksichtigung der hergebrachten Grundsätze des Berufsbeamtentums zu regeln und fortzuentwickeln ist.³²

Die einschlägigen Institutionen stehen dem Idealtypus der Staatsbürokratie schon deswegen besonders nahe, weil die historischen Wirklichkeitsbefunde der Typenbildung insbesondere aus der preußischen Verwaltung entnommen worden sind. Aber eine öffentliche Verwaltung ist nicht deswegen unbürokratisch, weil Untermerkmale der deutschen Ausprägung fehlen. So gibt es in Frankreich kein generelles Streikverbot. Von der Ausübung des verfassungsrechtlich garantierten Streikrechts sind nur bestimmte Beamtengruppen – Polizei, Strafvollzugsdienst usw. – gesetzlich ausgenommen. Im Übrigen gibt es rechtliche Modifikationen für den öffentlichen Dienst. Indessen ist die französische Verwaltung geradezu in klassischer Weise bürokratisch strukturiert. Die Bildung von Corps, mit denen eine Gruppe von Beamten zusammengefasst wird, die eine ähnliche Karriere durchlaufen und Beschäftigungen gleicher Art wahrnehmen, und mit der jede Tätigkeit eines Dienstgrades einer jeweiligen Karrieregruppe zugeordnet wird, bedeutet eine bürokratische Gestaltung professioneller Amtswalterschaft. In der horizontalen Gliederung der Corps wie gegebenenfalls der Über- und Unterordnung in der Vertikalen haben wir es dann mit einer spezifisch französischen Entwicklung zu tun.³³

Selbst die Vereinigten Staaten von Amerika, deren politisches System im Grunde in Abwendung von den Erfahrungen mit alteuropäischen Staatsbürokratien aufgebaut worden ist, konnten der Bürokratisierung in ihrer Verwaltung nicht entgehen. Es gibt ein höheres Ausmaß an demokratisch gewählten oder politisch ernannten Amtsträgern, wobei letzteres für die Bundesverwaltung kritisiert wird. Es gilt formell nicht das Laufbahnprinzip, sondern das der klassifizierten Positionen, und damit ist Nähe zur privaten Beschäftigung hergestellt. In manchem ist der US-amerikanische öffentliche Dienst offener, flexibler und ermöglicht strukturell größere Mobilitäten im Arbeitsleben. Aber es gibt eben einen Civil Service, der sich vor allem in Reaktion auf den Missbrauch öffentlicher Positionen durch das Patronage- und Beutesystem der politischen Parteien entwickelt hat. Er beruht auf dem Merit-System, also auf Qualifikationen und Leistungen, dem Wert einer Person für die Verwaltungsorganisation, und dieser ist der bestimmende Faktor für die Auswahl, Beschäftigung, Bezahlung, Anerkennung, Beförderung und Belassung im Dienst, wobei gegebenenfalls der

---

³² Vgl. Isensee, Josef, Öffentlicher Dienst, § 32, in: Ernst Benda u. a. (Hrsg.), Handbuch des Verfassungsrechts der Bundesrepublik Deutschland, 2. Aufl., Berlin 1994.

³³ Vgl. Siedentopf, Heinrich, Du Personnel de Direction pour la Fonction publique, in: L'Etat de Droit, Paris 1996, S. 641.

Nachweis durch Prüfungen erfolgt. Andere Maßstäbe – Geschlecht, Rasse, Religion, politische Meinung usw. – sind insoweit irrelevant.[34]

Das Merit-System korrespondiert mit anderen Anforderungen bürokratischer Amtsträgerschaft. Civil Servants sind prinzipiell auf Lebenszeit angestellt. Sie unterwerfen sich bestimmten Loyalitäts- und Dienstpflichten, was durch Eidesleistung symbolisiert wird. Im Hinblick auf eine parteipolitische Tätigkeit wird ihnen Zurückhaltung auferlegt. Es besteht Neutralitätspflicht usw. Man könnte die personelle Seite um Merkmale der festen Zuständigkeitsordnung und Hierarchie, Kriterien der Spezialisierung und Regelgebundenheit ergänzen. Jedenfalls hat das Land mit dem verbreiteten Misstrauen gegenüber allen Bürokratien eine öffentliche Verwaltung, die im Grunde von einer bürokratischen Leistungsordnung geprägt ist. Es ist nicht das „wonderland of bureaucracy". Das Berufsbeamtentum ist indessen auch nicht verfassungswidrig, wie man bisweilen gemeint hat; das sind allenfalls Auswüchse des Bürokratismus. Jedenfalls ist bei aller Bürokratiekritik nicht vorstellbar, wie die öffentlichen Angelegenheiten in den USA ohne beamtete Verwaltung wahrgenommen werden könnten. Das gilt angesichts einer historischen Entwicklung zum „big government", und zwar von der Verwaltung des militärischen Komplexes bis zu der der Wohlfahrtsprogramme, von der Verwaltung der städtischen Verdichtungsräume bis zu der des Schutzes der Natur.[35]

2. Subnationale und internationale Ausformungen

Die US-amerikanische Verwaltung ist nicht nur Bundesverwaltung, sondern auch die von Gliedstaaten und Kommunen, und zwar in vielfältiger Ausprägung. Dies weist darauf hin, dass die zuerst nationalstaatliche Wahrnehmung der öffentlichen Verwaltung nicht bedeutet, dass es unterhalb dieser Ebene keine eigenen Ausprägungen der administrativen Leistungserstellung gibt. Gerade in den Territorien Deutschlands haben sich bis heute eigene, geschichtlich gewordene und kulturell gebundene Organisations- und Handlungsformen öffentlicher Verwaltung erhalten. Charakteristisch sind die unterschiedlichen Kom-

---

[34] Vgl. Friedrich, Carl J., Stellung und Aufgaben des öffentlichen Dienstes in den Vereinigten Staaten von Amerika, in: Joseph H. Kaiser u. a. (Hrsg.), Recht und System des öffentlichen Dienstes, Studienkommission für die Reform des öffentlichen Dienstrechts, Band 2, Baden-Baden 1973, S. 248 ff.; Stahl, O. Glenn, Der öffentliche Dienst der Vereinigten Staaten von Amerika, in: Joseph H. Kaiser u. a. (Hrsg.), Recht und System des öffentlichen Dienstes, Studienkommission für die Reform des öffentlichen Dienstrechts, Band 2, Baden-Baden 1973, S. 289 ff.; ferner Morstein Marx, Fritz, Amerikanische Verwaltung. Hauptgesichtspunkte und Probleme, Berlin 1963.

[35] Vgl. Waldo, Dwight, The Administrative State, New York 1948.

munalverfassungen.[36] Freilich haben es gleichlaufende Entwicklungen zu den Strukturen und Funktionen eines modernen Verwaltungsstaates in Deutschland ermöglicht, über die historischen Landesteile hinweg das Dach einer Reichs- bzw. Bundesverwaltung zu spannen. Solche Isomorphien werden im Verfassungsstaat durch ein Bundesrecht gefördert, das zum Beispiel einheitliche Grundzüge im Status des Berufsbeamtentums auf allen Verwaltungsebenen und in allen Verwaltungsbranchen Deutschlands gewährleistet.

Das hat aber nicht zur Uniformität der Verwaltungsverhältnisse geführt. Bayern etwa verfügt über eine kontinuierliche Verwaltungs- und Verwaltungsreformgeschichte. Aber auch das Erbe Preußens als eines bedeutenden Verwaltungsstaates lebt in vielen Regionen fort.[37] Die hieraus resultierende Formenvielfalt hat sich bei der Vereinigung Deutschlands und dem Wiederaufbau einer modernen Verwaltung in den neuen Bundesländern gezeigt. Es kam nämlich zur Konkurrenz organisatorischer Leitbilder aus den westdeutschen Verwaltungspartnern. Dass diese Organisationsmuster nicht schlicht übernommen, sondern in die ostdeutschen Verhältnisse eingepasst wurden, belegt, dass territoriale Eigenheiten öffentlicher Verwaltung nicht nur historische Kontinuität, sondern auch aktuelle Organisationsentwicklung bedeuten.[38] Sachsen ist in Verwaltungsangelegenheiten nicht einfach aus Westdeutschland kolonialisiert worden. Wichtige Faktoren der deutschen Verwaltungskultur reichen über die Geschichte der Bundesrepublik hinaus und haben in ihren Isomorphien auch die alte sächsische Verwaltung geprägt. Heute kommt vieles zusammen, was die Besonderheiten der sächsischen Verwaltung ausmacht: eigene Anpassungen an westliche Leitbilder, vielleicht „legacies" der alten DDR und Innovationen in einer sich schnell verändernden Verwaltungsumwelt.[39]

---

[36] Vgl. Knemeyer, Franz-Ludwig, Verfassung der kommunalen Selbstverwaltung, in: Klaus König/Heinrich Siedentopf (Hrsg.), Öffentliche Verwaltung in Deutschland, 2. Aufl., Baden-Baden 1997, S. 203 ff.; ferner Erichsen, Hans-Uwe (Hrsg.), Kommunalverfassung heute und morgen – Bilanz und Ausblick, Köln u. a. 1989; Henneke, Hans-Günter, Kreisrecht in den Ländern der Bundesrepublik Deutschland, Stuttgart 1994; Hoffmann, Gert, Zur Situation des Kommunalverfassungsrechts nach den Gesetzgebungen der neuen Bundesländer, in: Die Öffentliche Verwaltung 1994, S. 621 ff.; Gern, Alfons, Deutsches Kommunalrecht, 2. Auflage, Baden-Baden 1997.

[37] Vgl. Ellwein, Thomas, Der Staat als Zufall und als Notwendigkeit. Die jüngere Verwaltungsentwicklung in Deutschland am Beispiel von Ostwestfalen-Lippe, Band 1, Opladen 1996; ders., Der Staat als Zufall und als Notwendigkeit. Die jüngere Verwaltungsentwicklung in Deutschland am Beispiel von Ostwestfalen-Lippe, Band 2, Opladen 1996; ders., Geschichte der öffentlichen Verwaltung, in: Klaus König/Heinrich Siedentopf (Hrsg.), Öffentliche Verwaltung in Deutschland, 2. Aufl., Baden-Baden 1997, S. 39 ff.

[38] Vgl. Bretzinger, Otto N., Die Kommunalverfassung der DDR, Baden-Baden 1997.

[39] Vgl. König, Klaus, Aufbau der Landesverwaltung nach Leitbildern, in: Hellmut Wollmann u. a. (Hrsg.), Transformation der politisch-administrativen Strukturen in Ostdeutschland, Opladen 1997, S. 223 ff.

Wie sich die Verwaltung im nationalstaatlichen Maßstab in territoriale Teilkulturen differenziert, so erfährt sie heute einen Überbau internationaler, jüngst supranationaler Verwaltungsorganisationen. Diese Entwicklung reicht bis in das 19. Jahrhundert und das Entstehen internationaler Verwaltungsgemeinschaften, Verwaltungsunionen, Verwaltungskommissionen auf Gebieten des Schiffs- und Eisenbahnverkehrs oder des Post- und Telegrafenwesens zurück.[40] In zugeordneten Konferenzen der Vertreter von Fachverwaltungen deutet sich ein bürokratisches Moment jenseits der Diplomatie an. Die signifikante Formel des Weltpostvereins „Nous sommes des postiers" weist darauf hin, dass auch die internationalen Angelegenheiten der Fachpolitiken von professionellen Amtsträgern zu vollziehen sind. Heute werden wohl alle Politikfelder im globalen oder weltregionalen Maßstab durch internationale Organisationen reflektiert, in denen von öffentlichen Bediensteten Verwaltungsarbeit geleistet wird. Eine Qualität übergeordneter öffentlicher Organisation entsteht, wenn jenseits des Zusammenschlusses souveräner Nationalstaaten Supranationalität mit ihrer durchgreifenden politisch-administrativen Steuerung geschaffen wird.

Internationale Organisationen wie die Vereinten Nationen und die supranationale Organisation der Europäischen Union arbeiten auf der Grundlage einer bürokratischen Leistungsordnung. Denn sie folgen dem internationalisierten Muster nationalstaatlicher Verwaltungen. Man findet Merkmale wie das Amt als Beruf, die Rekrutierung nach Qualifikation, eine durch Prüfungen gekennzeichnete Personalauswahl, feste Anstellung, Ranghierarchie, Laufbahngruppen oder klassifizierte Positionen, Amtsdisziplin usw.[41] Auch hier gibt es eine Variationsbreite bürokratischer Ausgestaltungen, wobei nationalstaatliche Einflüsse zu beobachten sind. So folgt das Rekrutierungsverfahren bei den Europäischen Gemeinschaften vor allem französischen Vorbildern, während in dem Vergütungswesen bei den Vereinten Nationen US-amerikanischer Einfluss festzustellen ist.

Internationale Organisationen stellen besondere Anforderungen an die Verwaltungspolitik. So geht es etwa bei der Frage, wie man den Beamten an das Organisationsinteresse loyal binden kann, nicht nur um die sozio-ökonomischen Partikularinteressen. Vielmehr müssen auch die Einflüsse der Mitgliedstaaten neutralisiert werden.[42] Aber die Regelung des Problems liegt nicht

---

[40] Vgl. Bülck, Hartwig, Internationale Verwaltungsgemeinschaften, in: Karl Strupp/ Hans-Jürgen Schlochauer, Wörterbuch des Völkerrechts, 2. Aufl., Berlin 1962, S. 564 ff.; ders, Der Strukturwandel der internationalen Verwaltung, Tübingen 1962.

[41] Vgl. Kaiser, Joseph u. a. (Hrsg.), Recht und System des öffentlichen Dienstes, Studienkommission für die Reform des öffentlichen Dienstes, Band 4, Baden-Baden 1973.

[42] Vgl. Herzog, Horst, Doppelte Loyalität: Ein Problem für die zur Europäischen Gemeinschaft entsandten Beamten der Mitgliedstaaten, Berlin 1975.

außerhalb bürokratischer Neutralitätsgebote. So bestimmt das supranationale Dienstrecht, dass die Bediensteten ihre Amtspflichten nur im Interesse der Gemeinschaft ausüben sowie sich entsprechend verhalten müssen und keine Instruktion von Regierungen, Behörden, Organisationen und Personen von außerhalb suchen oder annehmen dürfen. Eine solche Strukturvorgabe mit Leben zu erfüllen, mag insbesondere bei Inhabern höherer Positionen schwierig sein, da ein beachtlicher Teil dieser Bediensteten aus nationalen Verwaltungen kommt und dorthin auch wieder zurückkehrt. Auf der anderen Seite machen attraktive Gehälter und soziale Sicherungen den europäischen Dienst anziehend. Nicht nur die Dynamik der Sache, sondern auch Größe und Komplexität des Verwaltungsapparates sind für gemeinschaftsbezogenes Handeln zu berücksichtigen. Das Wort vom „Europa der Bürokraten" trifft jedenfalls auf das administrative Funktionssystem zu.

III. Typen moderner Verwaltung

1. Klassische und „Civic Culture"-Verwaltung

Wenn wir für die okzidentale Verwaltungswelt einerseits Isomorphien bürokratischer Leistungsordnung, andererseits eine differenzierte Ausprägung insbesondere nach nationalstaatlichen Mustern feststellen, dann gibt es auf die Frage, ob denn die öffentliche Verwaltung ein universelles oder ein kulturgebundenes Phänomen sei, keine Antwort in eine Richtung. Kulturalisten müssen sich entgegenhalten lassen, wie standardisiert heute Verwaltungen etwa im Bereich des Zolls oder des Luftverkehrs sind. Universalisten kann man zum Beispiel auf die an Raum und Zeit gebundene Formenvielfalt der Lokalverwaltungen hinweisen. An der mehr oder minder von Sache und Kultur geprägten Differenz stoßen sich auch diejenigen, die von der öffentlichen Verwaltung in der universellen Geltung von Modellen denken, sei es das Modell eines „Management by Objectives", eines „Planning-Programming-Budgeting-Systems", einer „Total Quality Production". Sie sehen die Verwaltung ohne ihre historischen Bedingungen in Staat und Gesellschaft.[43]

Eine andere Frage ist die, ob es nicht in der westlichen Moderne zwischen der Strukturgleichheit öffentlicher Bürokratien einerseits und der vor allem nationalstaatlich geprägten Eigenheiten öffentlicher Verwaltungen andererseits Familienähnlichkeiten des Verwaltungsstaates gibt. Ein Hinweis dafür liefert die europäische Integration. Bei näherem Zusehen wird deutlich, dass das, was

---

[43] Vgl. König, Klaus, Institutionentransfer und Modelldenken bei Verwaltungsmodernisierungen, in: Rudolf Morsey u. a. (Hrsg.), Staat, Politik, Verwaltung in Europa, Berlin 1997, S. 293 ff.

kontinentaleuropäische Mitglieder von Großbritannien trennt, nicht einfach der tägliche Streit um die Integrationspolitik ist, sondern eine kulturelle Differenz in Recht und Verwaltung reflektiert. Wir sind auf eine Zwischenschicht politisch-administrativer Gemeinsamkeiten im angloamerikanischen und im kontinentaleuropäischen Kreis verwiesen. Beide stehen zwar in der Traditionslinie öffentlicher Bürokratien. Aus dem historischen Erfahrungsmaterial lassen sich aber typische Gemeinsamkeiten und Unterschiede herausarbeiten.[44]

Die öffentliche Verwaltung in Ländern wie den Vereinigten Staaten oder Großbritannien kann man zunächst der Tradition einer Civic Culture-Administration zuordnen, während kontinentaleuropäische Verwaltungen ihrem Herkommen nach klassische Verwaltungssysteme sind.[45] Letzteres bedeutet, dass bei ihnen die mit der Moderne geschaffene bürokratische Leistungsordnung über alle politischen Instabilitäten und Veränderungen hinweg bis heute erhalten geblieben ist.[46] Sie haben Regimewechsel von Monarchie, Republik, Diktatur, Demokratie überstanden und mussten in Zeiten des politischen Zusammenbruchs die Last öffentlichen Handelns tragen. Ist so hier die Bürokratie älter als die Demokratie, so wurde anders in den Ländern der Civic Culture-Administration die Entwicklung der öffentlichen Verwaltungen von vornherein durch das politische Regime bestimmt, dessen historische Kontinuität sich bis auf den heutigen Tag fortgesetzt hat.[47] Diese Regime ermöglichten öffentliche Verwaltungen, setzten ihre Grenzen und festigten die Beziehung auf die fortdauernde demokratisch-partizipative Ordnung einer bürgerschaftlichen Kultur.

Das bedeutet nicht, dass die öffentlichen Bürokratien keine Eigendynamik entfaltet hätten, wie das amerikanische Bild von „iron triangle" oder die britische Televisualisierung des „Yes, Minister" zeigen. Beamte versuchen nun einmal, bürokratische Werte ins Spiel zu bringen. Aber es gab keine historischen Instabilitäten, in denen die öffentliche Verwaltung gleichsam auf eigene Rechnung weiter funktionieren musste. Die parteipolitischen Regierungskonstellationen wechselten. Das politische Regime behielt die Kontrolle über die öffentliche Verwaltung, wie bürokratisch diese auch jeweils war. Diese perma-

---

[44] Vgl. Siedentopf, Heinrich, Die Internationalität der öffentlichen Verwaltung, in: ders./Klaus König (Hrsg.), Öffentliche Verwaltung in Deutschland, 2. Aufl., Baden-Baden 1997, S. 711 ff.

[45] Vgl. Heady, Ferrel, Public Administration: A Comparative Perspective, 6. Aufl., New York u. a. 2001; Snellen, Ignace, Grundlagen der Verwaltungswissenschaft, Ein Essay über ihre Paradigmen, Wiesbaden 2006.

[46] Vgl. König, Klaus, Zur Transformation einer real-sozialistischen Verwaltung in eine klassisch-europäische Verwaltung, in: Verwaltungsarchiv 1992, S. 229 ff.

[47] Vgl. Stillman, Richard J., Preface to Public Administration: A Search for Themes and Direction, New York 1991, S. 19 ff., 77 ff.; ferner König, Klaus, Drei Welten der Verwaltungsmodernisierung, in: Klaus Lüder (Hrsg.), Staat und Verwaltung – Fünfzig Jahre Hochschule für Verwaltungswissenschaften Speyer, Berlin 1997, S. 399 ff.

nente Dominanz des Politischen über die öffentlichen Bürokratien entspricht den gesellschaftlichen Wertvorstellungen einer bürgerschaftlichen Kultur, während der Kontinentaleuropäer durchaus erfahren musste, dass es historische Situationen gibt, in denen man von der Verwaltung etwas erwarten kann, was ihm die Politik nicht geben kann, etwa eine Grundversorgung in Zeiten politischer Wirren.[48]

Die angloamerikanischen Kontinuitäten machen zunächst die Werte des politischen Regimes zu Identifikationsmustern öffentlicher Bürokratien. Der „Diener der Krone" ist eine auch die Gefühle ansprechende Formel hierfür.[49] In kontinentaleuropäischen Ländern musste demgegenüber für eine weiter funktionierende öffentliche Verwaltung eine identitätsstiftende Vorstellung gefunden werden, die über die historische Lage von Monarchien, Republiken, Diktaturen, Demokratien hinausreichte. Es musste eine regulative Idee zur Geltung gebracht werden, in der sich das politische System jenseits jeweiliger politischer Regime selbst beschreibt. Diese regulative Idee ist die des Staates.[50] Entsprechend heißt es, dass der Beamte „Diener des Staates" ist. Das ist eine Vorstellung, die in der angloamerikanischen Verwaltungskultur nach wie vor auf Verständnisschwierigkeiten stößt, wenn es auch inzwischen in den USA eine Diskussion zur „statelessness" des amerikanischen Verwaltungskonzepts gibt.[51]

Das Regulativ des Staates ist zunächst eine öffentlichen Bürokratien durchaus kongeniale Idee. Auch der Beamte in der Civic Culture-Administration sucht nach Identifikationen jenseits des politischen Regimes. Man mag rückblickend die Frage nach der Reflexion einer britischen Klassengesellschaft in der „administrative class" stellen.[52] Man mag heute in einer angloamerikanisierten Welt nach der Selbstbeschreibung einer „global professional technocracy" Ausschau halten.[53] Zur regulativen Idee des Staates muss dann aber festgehalten

---

[48] Vgl. Thieme, Werner, Wiederaufbau oder Modernisierung der deutschen Verwaltung, in: Die Verwaltung 1993, S. 353 ff.; ferner Ellwein, Thomas, Geschichte der öffentlichen Verwaltung, in: Klaus König/Heinrich Siedentopf (Hrsg.), Öffentliche Verwaltung in Deutschland, 2. Aufl., Baden-Baden 1997, S. 39 ff, 42 ff.

[49] Vgl. Ridley, Frederick, Die Wiedererfindung des Staates – Reinventing British Government. Das Modell einer Skelettverwaltung, in: Die Öffentliche Verwaltung 1995, S. 570 ff.

[50] Vgl. König, Klaus/Theobald, Christian, Der Staat als Rechtspersönlichkeit, in: Adamiak u. a. (Hrsg.), Administracja publiczka w paustwie Prawa, Breslau 1999, S. 165 ff.

[51] Vgl. Stillman, Richard J., Preface to Public Administration: A Search for Themes and Direction, New York 1991, S. 19 ff., 77 ff.

[52] Vgl. Johnson, Nevil, Der Civil Service in Großbritannien: Tradition und Modernisierung, in: Die Öffentliche Verwaltung 1994, S. 196 ff.; fernerButler, Robin, The Evolution of the Civil Service – a Progress Report, in: Public Administration 1993, S. 395 ff.

[53] Vgl. Stillman, Richard J., Preface to Public Administration: A Search for Themes and Direction, New York 1991, S. 19 ff., 77 ff.

werden, dass sie nicht unriskant ist. Der Missbrauch des Staates ist der seiner Diener. So haben jenseits der Dysfunktion eines Bürokratismus öffentliche Verwaltungen in Kontinentaleuropa auch historisch versagt. Zum Beispiel hat die Verwaltungsbürokratie im Deutschland der Weimarer Republik nicht zu den Verteidigern der Demokratie gehört.

Die regulative Idee des Staates bedarf daher einer schützenden Ergänzung. Sie wurde in der Kategorie des Rechtsstaates gefunden. Bei der Entwicklung des Rechtsstaates kann man in Kontinentaleuropa wieder auf vordemokratische Erfahrungen zurückgreifen. Heute sind Rechtsstaatlichkeit und Demokratie eng verknüpft. Rechtsstaatlichkeit bedeutet nicht nur, dass eine für die öffentliche Verwaltung verpflichtende Rechtsordnung besteht. Ganz bestimmte, auch verfassungsrechtlich garantierte Prinzipien gelten für die öffentliche Verwaltung. Menschenrechte sind zu respektieren. Die Verwaltung ist an Gesetz und Recht gebunden. Die Verwaltung muss die Verhältnismäßigkeit von Mittel und Zweck achten. Der Rechtsschutz gegen Akte der öffentlichen Verwaltung ist gewährleistet usw. Von hier aus ließen sich weitere Eigenarten der kontinentaleuropäischen Verwaltung gegenüber der Civic Culture-Administration spezifizieren: das hochdifferenzierte Verwaltungsrecht, ein besonderer Legalismus, ein eigenes System der Verwaltungsgerichtsbarkeit[54] usw.

Angesichts demokratischer Kontinuitäten und der Entwicklung zur bürgerschaftlichen Kultur in der jüngsten mitteleuropäischen Geschichte relativiert sich bei uns der alte Unterschied zur Civic Culture-Administration. Aber neben der Bindung an demokratische Werte steht im kontinentaleuropäischen Fall nach wie vor die spezifische Bindung der öffentlichen Verwaltung an Formen und Maßstäbe des Rechts. Das Recht ist für den Beamten das durchgängige und vorrangige Kommunikationsmedium, dass ihn gegebenenfalls sogar autorisiert, der Politik zu widersprechen. Gesetz und Recht sind nicht bloß das Bildungsgut geschulter Juristen. Auch Mediziner, Ökonomen, Ingenieure im öffentlichen Dienst werden in der Bindung an Rechtsvorschriften sozialisiert. Wenn man also die Beruflichkeit des Beamtentums diskutiert, dann ist man in Kontinentaleuropa durch die Selbstbeschreibung der öffentlichen Verwaltung durch das Regulativ des Rechtsstaates auf eine Qualifikation des Umgangs mit Rechtsvorschriften verwiesen. Hingegen wird vom US-amerikanischen Civil Service eine Intelligenz gefordert, die „from the base of management rather than the foundation of law" ausgehen solle. So ist es dann ein gewisser technisch-professioneller Managerialismus, der immer wieder als Selbstbeschreibung des Verwaltungsdienstes vom Taylorismus bis zum „Reinventing Government"

---

[54] Vgl. Sommermann, Karl-Peter, Die deutsche Verwaltungsgerichtsbarkeit, Speyerer Forschungsberichte 106, Speyer 1991.

hervortritt.[55] Dieser Managerialismus hat dann auch Länder wie Großbritannien erfasst, das sich seit dem Thatcherismus von der alten Whitehall-Verwaltung und der administrativen Klasse entfernt hat.

Man wird also heute eher von den legalistischen Bürokratien auf dem Kontinent und den managerialistischen Bürokratien schon jenseits des Kanals zu sprechen haben. Das Common Law des anglo-amerikanischen Kreises ermöglicht nicht nur andere Teilnahmen der Bürger an öffentlichen Angelegenheiten als das kontinentaleuropäische Kodifikationsrecht. Es eröffnet Handlungsspielräume und Entscheidungsverfahren für ein managerialistisches Verständnis – „business as usual" – der öffentlichen Verwaltung. Auch gesetzgeberische Akte setzen eine managerialistische Implementation voraus. Man hebt freilich die Regelbindung des Beamten in der öffentlichen Bürokratie nicht auf. Sie ist nur modifiziert. Ein bemerkenswertes Beispiel für diese fortdauernde Bürokratisierung ist die Vorgabe einer „Citizen Charter" für die öffentlichen Verwaltungen in Großbritannien. Für die Bürger wurden in ihrer Rolle als Kunde durch die 1991 veröffentlichte „Citizen Charter" bestimmte Standards garantiert, zu denen sich die Verwaltungen selbst zu verpflichten haben.[56] Diese Standards beziehen sich sowohl auf die inhaltliche Dimension der Verwaltungsleistung (z. B. Ausstellen eines Reisepasses in einer Woche), wie auch auf formale (z. B. freundliche Behandlung) und prozessuale (Angabe von Adresse und Ort für Beschwerden) Gesichtspunkte. Die Citizen Charter, die mittlerweile um über 30 weitere Charts für alle Sektoren der öffentlichen Verwaltung erweitert wurde, basiert auf der Prämisse, dass Transparenz und schnelle Verfahrensgestaltung für den Bürger als Kunden letztendlich wichtiger seien als die Frage, ob die Verwaltung rechtmäßig handle. Manche der in den Charts festgelegten Standards dienen gleichzeitig als Leistungsindikatoren.[57] Erfolg oder Nichterfolg werden in jährlichen Berichten veröffentlicht; hierdurch soll Vergleichbarkeit ermöglicht und Wettbewerb simuliert werden.[58]

Letztlich geht es aber um eine wenn auch andere, so doch weitere Konditionierung des Verwaltungshandelns, nämlich nach Art von Geschäftsbedingungen. Es sind regulierte Standards, die die öffentlichen Bediensteten binden. Umgekehrt ist es für die kontinentaleuropäische Verwaltung selbstverständlich,

---

[55] Vgl. Stillman, Richard J., Preface to Public Administration: A Search for Themes and Direction, New York 1991, S. 19 ff., 77 ff.

[56] Vgl. Her Majesty's Stationery Office (HMSO) (ed.), The Citizen's Charter: First Report, London 1992.

[57] Vgl. Moore, Victor, The United Kingdom Experience: Progress and Problems, in: Dan Scott/Ian Thynne (Hrsg.), Public Sector Reform – Critical Issues and Perspectives, Hongkong , S. 59 ff.

[58] Vgl. Ridley, Frederick, Verwaltungsmodernisierung in Großbritannien, in: Hermann Hill/Helmut Klages (Hrsg.), Qualitäts- und erfolgsorientiertes Verwaltungsmanagement. Aktuelle Tendenzen und Entwürfe, Berlin 1997, S. 251 ff.

dass sie die von Gesetz und Recht nicht konditionierten Ermessensspielräume nach Maßgabe von Effizienz und Effektivität ausfüllt. Verwaltungshandeln wird eben nicht nur durch die Subsumtion unter Normen, sondern auch durch die Kombination von Mitteln zu Zwecken rationalisiert. Das bedeutet aber noch nicht Managerialismus, wie etwa die vergeblichen Versuche zeigen, „Management by ..."-Modelle – by Objectives, by Exception, by Delegation usw. – in die deutsche Verwaltung einzuführen. Auch in kontinentaleuropäischen Verwaltungen findet man heute mancherorts Vorlieben für Managementsprachen. Ob sich indessen diese Verwaltungen im Sinne eines neuen Managerialismus modernisieren werden, ist eine andere Frage.

2. Kontinentale, besonders Napoleonische Verwaltung

Will man die klassischen Verwaltungssysteme, die legalistischen Bürokratien, die öffentlichen Verwaltungen auf dem europäischen Kontinent jenseits nationalstaatlicher Ausprägungen charakterisieren, so ist es zuerst die Napoleonische Verwaltung, der man typologischen Rang zusprechen kann.[59] Die Einflüsse, die die Verwaltung Frankreichs in der napoleonischen Epoche auf Europa genommen hat, sind geschichtswissenschaftlich vielfach festgehalten worden, für Belgien[60] und die Niederlande[61], für Italien[62] und Griechenland[63], für

---

[59] Vgl. Wunder, Bernd (Hrsg.), Les influences du «modèle» napoléonien d'administration sur l'organisation administrative des autres pays, Bruxelles 1995.

[60] Vgl. Wilwerth, Claude, Les influences du modèle napoléonien sur l'organisation administrative de la Belgique, in: Bernd Wunder (Hrsg.), Les influences du «modèle» napoléonien d'administration sur l'organisation administrative des autres pays, Bruxelles 1995, S. 115 ff.

[61] Vgl. Raadschelders, Jos C. N./Van der Meer, Frits M., Between restoration and consolidation: The napoleonic model of administration in the Netherlands 1795-1990, in: Bernd Wunder (Hrsg.), Les influences du «modèle» napoléonien d'administration sur l'organisation administrative des autres pays, Bruxelles 1995, S. 199 ff.

[62] Vgl. Aimo, Piero, L'influence du modèle napoléonien sur l'administration italienne, in: Bernd Wunder (Hrsg.), Les influences du «modèle» napoléonien d'administration sur l'organisation administrative des autres pays, Bruxelles 1995, S. 181 ff.; ferner Woolf, Stuart, Eliten und Administration in der napoleonischen Zeit in Italien, in: Christof Dipper u. a. (Hrsg.), Napoleonische Herrschaft in Deutschland und Italien – Verwaltung und Justiz, Berlin 1995, S. 29 ff.; Ghisalberti, Carlo, Form und Struktur der napoleonischen Verwaltung in Italien: Departments und Präfekten, in: Christof Dipper u. a. (Hrsg.), Napoleonische Herrschaft in Deutschland und Italien – Verwaltung und Justiz, Berlin 1995, S. 45 ff.; ders., Der Einfluß des napoleonischen Frankreichs auf das italienische Rechts- und Verwaltungssystem, in: Armgard von Reden-Dohna (Hrsg.), Deutschland und Italien im Zeitalter Napoleons, Wiesbaden 1979, S. 41 ff.; Antonielli, Livio, Die Verwaltungselite im napoleonischen Italien (Italienische Republik und Königreich Italien), in: Christof Dipper u. a. (Hrsg.), Napoleonische Herrschaft in Deutschland und Italien – Verwaltung und Justiz, Berlin 1995, S. 53 ff.

Polen[64] und nicht zuletzt Deutschland[65]. Dabei muss man sich der Eigenart typologischer Erfassungen bewusst bleiben. Wieweit die französische Verwaltung selbst zur napoleonischen Zeit von dessen Reformen oder von Einflüssen des Ancien Regime und der Revolution durchformt blieb[66], wieweit in den von Frankreich besetzten und mit ihm befreundeten Ländern heimische Verwaltungstraditionen erhalten blieben, sind historische Fragen. Für die Verwaltungswissenschaft kommt es darauf an, dass aus dem geschichtlichen Material ein charakteristisches Grundmuster hervortritt.

Als Merkmale der napoleonischen Verwaltung können bezeichnet werden: eine mächtige und omnipräsente Staatsherrschaft, und zwar territorial wie sektoral; die Dominanz von vertikalen, hierarchischen Weisungsstrukturen, territorial wie funktional von der Metropole her; Uniformität in den Strukturen wie bei der Verteilung öffentlicher Güter und Dienstleistungen; entpolitisierte Entscheidungsprozesse, in denen der Verwaltung eine Schlüsselrolle zufällt und diese eine starke Stellung gegenüber der Gesetzgebung einnimmt; die Anerkennung eines technischen Sachverstandes für Verwaltungsangelegenheiten; die Bedeutung starker politischer, budgetärer und judizieller Kontrollen, allerdings eingeordnet in den Staatsapparat selbst; eine Verwaltung, die mit hohem Prestige ausgestattet ist und beträchtliche Privilegien gewähren kann.[67]

---

[63] Vgl. Moschopoulos, Denis, L'influence du modèle napoléonien sur l'administration grecque, in: Bernd Wunder (Hrsg.), Les influences du «modèle» napoléonien d'administration sur l'organisation administrative des autres pays, Bruxelles 1995, S. 137 ff.

[64] Vgl. Malec, Jerzy, Des influences du modèle napoléonien sur l'organisation administrative de la Pologne au début du 19ème siècle, in: Bernd Wunder (Hrsg.), Les influences du «modèle» napoléonien d'administration sur l'organisation administrative des autres pays, Bruxelles 1995, S. 137 ff.

[65] Vgl. Wunder, Bernd, L'influence du modèle napoléonien sur l'administration allemande, in: ders. (Hrsg.), Les influences du „modèle" napoléonien d'administration sur l'organisation administrative des autres pays, Bruxelles 1995, S 59 ff.; ferner Fehrenbach, Elisabeth, Der Einfluß des napoleonischen Frankreich auf das Rechts- und Verwaltungssystem Deutschlands, in: Armgard von Reden-Dohna (Hrsg.), Deutschland und Italien im Zeitalter Napoleons, Wiesbaden 1979, S. 23 ff.; Raphael, Lutz, Recht und Ordnung: Herrschaft durch Verwaltung im 19. Jahrhundert, Frankfurt a. M. 2000, S. 42 ff.

[66] Vgl. Thuillier, Guy, Remarques sur le modèle napoléonien d'administration, in: Bernd Wunder (Hrsg.), Les influences du «modèle» napoléonien d'administration sur l'organisation administrative des autres pays, Bruxelles 1995, S. 25 ff. ferner Monnier, François, Remarques sur l'administration française d'ancien régime : l'émergence de la spécificité administrative française, in: Bernd Wunder (Hrsg.), Les influences du «modèle» napoléonien d'administration sur l'organisation administrative des autres pays, Bruxelles 1995, S. 35 ff.

[67] Vgl. Wright, Vincent, Preface, in: Bernd Wunder (Hrsg.), Les influences du «modèle» napoléonien d'administration sur l'organisation administrative des autres pays, Bruxelles 1995, S. 3 ff.

Solche Charakteristika kommen in der Stärkung, Rationalisierung, Uniformierung des Staats- und Verwaltungsapparates zum Ausdruck. Dazu gehört die horizontale Differenzierung zunächst dreier Organisationsstränge, nämlich Inneres, Finanzen, Justiz. Insofern sind auch staatsorganisatorische Vorkehrungen für einen Schutz von Freiheits- und Eigentumsrechten der Bürger getroffen. Entsprechend erfolgt die vertikale Differenzierung der Verwaltungsorganisation gleichförmig nach Departements, Arrondissements und Kommunen. Schlüsselfigur ist der Präfekt, der der Repräsentant der Zentralautorität in den Teilräumen ist und andererseits lokale und regionale Interessen in der Zentrale zu vertreten hat. Hierarchische Spitze der allgemeinen inneren Verwaltung ist das Ministerium des Innern. Verwaltungsgeschäfte werden von oben her gesteuert, auch wenn es lokale und regionale Volksvertretungen gibt. Im Personellen bedeutet die Napoleonische Verwaltung die Abwendung von der Wahl von Bürgern für Verwaltungspositionen zur Ernennung von Funktionären eines professionellen und kompetenten Verwaltungsdienstes. Auf Expertise insbesondere in technisch-naturwissenschaftlichen Feldern kommt es an. Ausbildungsberufe, Hohe Schulen, Examina für den öffentlichen Dienst gehören dazu.[68]

„Conseil d'Etat" als Konsultativorgan[69], „Departement" als Regionalverwaltung reflektieren heute noch und nicht nur in Frankreich Grundgestaltungen moderner Organisationsformen und Verwaltungsfunktionen. Es gibt in Kontinentaleuropa keinen anderen Verwaltungstypus, der in Überschreitung nationaler Grenzen so einflussreich geworden ist. Allerdings bestehen typologische Gegenbilder zur Napoleonischen Verwaltung. Hier kann man deutsches Erfahrungsmaterial ins Spiel bringen. Während etwa in Bayern unter französischem Einfluss ein „zentralistisch bürokratisches Modell" der Kommunalverwaltung zu Beginn des 19. Jahrhunderts eingeführt wurde[70], intendierte die Reform der preußischen Kommunalverfassung die Selbständigkeit der Städte und Gemeinden und die Selbstverantwortung ihrer Bürger[71]. Heute hat die kommunale Selbstverwaltung in Deutschland Züge angenommen, die sie zum Gegenbild eines lokalen Staatszentralismus machen. Entsprechend wird sie in der internationalen Zusammenarbeit mit Entwicklungsländern und Transformationslän-

---

[68] Vgl. Raphael, Lutz, Recht und Ordnung: Herrschaft durch Verwaltung im 19. Jahrhundert, Frankfurt a. M. 2000, S. 42 ff.

[69] Vgl. Dauses, Manfred A., Die „Grand Corps de l'Etat" in Frankreich: – Oberste Organe der Verwaltungslenkung und Verwaltungskontrolle –, in: Archiv des öffentlichen Rechts 1974, S. 285 ff.

[70] Vgl. Unruh, Georg-Christoph von, Die Veränderungen der preußischen Staatsverfassung durch Sozial- und Verwaltungsreformen, in: Kurt G. A. Jeserich u. a. (Hrsg.), Deutsche Verwaltungsgeschichte, Band 2, Stuttgart 1983, S. 399 ff.

[71] Vgl. Wolter, Udo, Freiherr vom Stein und Graf Montgelas: Zwei Modelle der gemeindlichen Verwaltungsreform am Beginn des 19. Jahrhunderts, in: Bayerische Verwaltungsblätter 1993, S. 641 ff.

dern mancherorts als Vorbild betrachtet. Das gilt insbesondere für Länder, die in der Dritten Welt mit dem zentralistischen Erbe des Kolonialismus belastet sind oder im Postsozialismus noch Folgen des sogenannten „demokratischen Zentralismus" zu tragen haben.

Ein anderes Merkmal betrifft das durch wissenschaftliche Schulung zu qualifizierende Personal für die höheren Verwaltungsdienste. Während in Frankreich mit den Ecoles supérieures und der späteren Krönung durch die Ecole national d'administration (ENA) der Weg eines dualen Systems höherer Bildung beschritten wurde, in dem die Qualifikationen für Verwaltungsberufe vermittelt werden[72], kam es in Deutschland, insbesondere in Preußen im 19. Jahrhundert zu Reformen des Bildungswesens, die die Universität in Stand setzten, den einschlägigen Personalbedarf des Staates zu befriedigen. Heute ließen sich eine Reihe weiterer Charakteristika nennen, die den deutschen Verwaltungsverhältnissen eine gewisse Typik vermittelt. Dazu gehören: die Dominanz des subjektiven Rechtsschutzes, die vielfältig gegliederte Verwaltungsgerichtsbarkeit, der Dezentralismus von Föderalismus und kommunaler Selbstverwaltung, die politisch-administrative Mehrebenenverflechtung, die Egalität der Staatsprogramme – Einheitlichkeit der Lebensverhältnisse –, nicht der Staatsorganisationen und anderes mehr.

Das dezentrale administrative System in Deutschland zählt nicht zu den jüngeren historischen Errungenschaften. Es hat seine Wurzeln nicht zuletzt in einer dezentralen politischen Kultur.[73] Entsprechend bezog sich die neuzeitliche Staatsbildung auf mehrere Territorien: Preußen, Sachsen, Bayern usw. Die Einheitlichkeit wurde durch die gleichlaufende Entwicklung zu den Strukturen und Funktionen eines Verwaltungsstaates gefördert, an dessen Hervorbringung die Mitglieder der Verwaltung selbst maßgeblich Anteil hatten. Das bedeutet nicht, dass sich in den Regionen Deutschlands bis zu den heutigen Bundesländern nicht eigene, geschichtlich gewordene und kulturell gebundene Organisations- und Handlungsformen öffentlicher Verwaltung erhalten haben. Aber es war eben in den verschiedenen historischen Situationen – zuletzt in der Vereinigung Deutschlands – möglich, über die gliedstaatliche Verwaltung bruchlos das Dach einer Reichs- bzw. Bundesverwaltung zu spannen. Die Grundzüge solcher Isomorphien hat Max Weber in seinem Typus der Bürokratie charakterisiert: die generell geordneten behördlichen Kompetenzen, die Amtshierarchie, den Aktenbetrieb, die Regelgebundenheit der Amtsführung, das Berufsbeamtentum usw. In diesem Sinne einer Leistungsordnung sind die öffentlichen

---

[72] Vgl. Ziller, Jacques, Der öffentliche Dienst in Frankreich, in: Zeitschrift für Beamtenrecht 1997, S. 333 ff.; ferner Duffau, Jean Marie, Die École Nationale d'Administration, in: Zeitschrift für Beamtenrecht 1994, S. 149 ff.

[73] Vgl. Oeter, Stefan, Integration und Subsidiarität im deutschen Bundesstaatsrecht: Untersuchungen zu Bundesstaatstheorie unter dem Grundgesetz, Tübingen 1998, S. 17 ff.

Verwaltungen in Frankreich und in Deutschland, aber auch in den Vereinigten Staaten von Amerika und Japan bürokratische Verwaltungen. Die Bürokratie ist das Urmuster der modernen Verwaltung als Sphäre der Bearbeitung öffentlicher Angelegenheiten. Sie ist zugleich – etwa neben Marktwirtschaft, Demokratie – eine Säule der Moderne.

4. Kapitel

Verwaltung in Vor- und Gegenmoderne

I. Kaderverwaltung als Gegenmoderne

1. Verwaltung im realsozialistischen Staat

Die Charakteristika neuzeitlicher Staatsverwaltung treten deutlich hervor, wenn man ihnen gegenüber gegenmoderne und vormoderne Verhältnisse betrachtet. Kaderverwaltung bzw. Entwicklungsverwaltung sind ein entsprechend typologischer Ausdruck hierfür. Die Bürokratie ist im Vergleich zu anderen historischen Leistungsträgern der modernen Lebensordnung durch ihre weitaus größere „Unentrinnbarkeit" charakterisiert worden.[1] Der Marxismus hat in seinen Stadiengesetzen gesellschaftlichen Fortschritts demgegenüber in den bürokratischen Apparaten das Unterdrückungsinstrument der ökonomisch herrschenden Klasse im Kapitalismus gesehen. Es ging ihm also nicht darum, Dysfunktionen einer Bürokratisierung zu bekämpfen, sondern die bürokratische Leistungsordnung zu beseitigen. Die hieraus resultierende andere Verwaltungswelt wurde spätestens dann unübersehbar, als das Herrschaftssystem des realen Sozialismus in einer Blockbildung sich bis in die Mitte Europas ausdehnte und dort die moderne Gesellschaftsordnung einschließlich ihres klassischen Verwaltungssystems verdrängte. Selbst ein Kernland moderner Bürokratiebildung wie Preußen wurde davon ergriffen. Hatte schon der Nationalsozialismus die rechtsstaatliche Verwaltung deformiert – ohne freilich wegen der ideologischen Schwäche des Führerstaates etwas Neues dagegensetzen zu können[2] –, so sollte nunmehr die öffentliche Bürokratie in ihren Wurzeln aus dem ostdeutschen Boden herausgerissen werden. Der Befehl Nr. 66 vom 17. September 1945, mit dem die Sowjetische Militäradministration für ihre Besatzungszone das Deutsche Beamtengesetz von 1937 aufhob, stand als politisches Symbol dafür.

---

[1] Vgl. Weber, Max, Gesammelte Politische Schriften, 4. Aufl., Tübingen 1980, S. 330 ff.

[2] Vgl. Bracher, Karl Dietrich u. a., Die Zeit des Nationalsozialismus 1933-1945, in: Kurt G. A. Jeserich (Hrsg.), Deutsche Verwaltungsgeschichte, Band 4: Das Reich als Republik und in der Zeit des Nationalsozialismus, Stuttgart 1985, Teil 2, S. 635 ff.

4. Kapitel: Verwaltung in Vor- und Gegenmoderne

Sieht man im marxistischen Sinne in der bürokratischen Verwaltung ein Unterdrückungsinstrument, so hätte ideologisch jede weitere Instrumentalisierung ausgeräumt werden können, indem man statt der Verwaltung durch die Verwalter eine Verwaltung durch die Verwalteten selbst propagiert hätte. Dafür kann man sich mit dem Rätemodell auf ein entsprechendes Organisationskonzept stützen, das als Alternative identitär-demokratische Basisgruppen als Aktionseinheiten mit totaler Kompetenz, erforderlicherweise Delegation an stufenförmig aufgebaute Räte, dann imperatives Mandat, Ämterrotation usw. vorsieht. Jenseits von revolutionären Situationen bis zur chinesischen „Kulturrevolution" haben sich rätedemokratische Gedanken nur begrenzt realisieren lassen, etwa in der Arbeiterselbstverwaltung in Jugoslawien oder der Kibbuz-Bewegung in Israel. Am Anfang des realen Sozialismus wurde alsbald offenkundig, dass sich die Arbeit in öffentlichen Angelegenheiten im nationalstaatlichen Maßstab nicht in so schlichten Organisations-, Prozess-, Personalmustern strukturieren lässt – schon gar nicht bei imperialen Ausmaßen. Der organisations- und technikbewusste Leninismus setzte demgemäß nicht auf die demokratische Basis, sondern auf Vorkämpfer und Wegbereiter: eine „Avantgarde". Was zunächst für die Partei galt, wurde auf Staat und Verwaltung ausgedehnt, die zu einer Kaderverwaltung wurde. Dabei kam es in der Folge in Polen, in Ungarn, in der DDR usw. zu einer Fülle eigener nationalstaatlicher Ausprägungen. Über solche Grenzen hinweg bildete aber die Kaderverwaltung den gemeinsamen Grundtypus.[3]

Nach marxistisch-leninistischer Doktrin ist der Staat das „Hauptinstrument" der Realisierung des Sozialismus. Aufgaben von Staat und Verwaltung werden ideologisch vorgegeben. Dabei deckt die Funktionenlehre des Staates sein Wesen in Anwendung auf die Besonderheiten der jeweiligen Epoche und die von ihr aufgeworfenen Aufgaben, seine „historische Mission", auf. Zu diesen Funktionen zählt die Unterdrückung des Widerstandes der gestürzten Ausbeuter und dann weiter außenpolitische Funktionen wie Verteidigung des Landes, Zusammenarbeit mit sozialistischen Staaten, Unterstützung von Entwicklungsländern gegen den Imperialismus.

Unter dem Vorzeichen der Verwaltung als alltäglicher Staatstätigkeit sind es indessen die inneren Funktionen, auf die wir uns zu konzentrieren haben. Als Hauptfunktion ist zuerst die wirtschaftlich-organisatorische zu nennen. In ihr verkörpert sich die Stellung des Staates als Instrument für den Aufbau des realen Sozialismus vor allem. Es geht darum, die Volkswirtschaft im gesamtstaatlichen Maßstab zu organisieren, wirtschaftliche Entwicklung zu planen und die Produktion zu leiten. Eng damit verbunden ist zweitens die kulturell-erzieherische Staatsfunktion. Nicht nur eine materiell-technische Basis ist zu schaffen,

---

[3] Vgl. König, Klaus (Hrsg.), Verwaltungsstrukturen der DDR, Baden-Baden 1990.

sondern auch das geistige Leben der Gesellschaft ist von Staats wegen zu gestalten. Die Volksmassen sind im Geiste des realen Sozialismus umzuerziehen. Schule, Wissenschaft, Literatur, bildende Kunst sind in diesem Sinne zu entwickeln.

Zusammen mit der wirtschaftlich-organisatorischen Funktion gehört die Funktion der Regelung des Maßes der Arbeit und des Maßes der Konsumtion zum wirtschaftlichen Leistungsbereich des real-sozialistischen Staates. Sie wird als selbständige, wenn auch interdependente Hauptfunktion betrachtet. Die selbständige Bedeutung wird dadurch bestimmt, dass die kommunistische Verheißung „Jeder nach Fähigkeiten, jedem nach seinen Bedürfnissen" nicht eingelöst ist. Ungleichheiten hinsichtlich der Anteile an den Produkten sind unübersehbar. Es wird ein Prinzip der Verteilung nach Leistung postuliert, deren „objektive Gesetzmäßigkeiten" die politisch herrschende Klasse definiert und was in einer – den westlichen Wohlfahrtsstaaten fremden – Zuspitzung lautet: „Wer nicht arbeitet, der soll auch nicht essen".

Als Hauptinstrument im realen Sozialismus hat hiernach der Staat die Aufgabe, die Arbeitsproduktivität und die Rentabilität der Produktion zu steigern, die materielle und moralische Interessiertheit der Werktätigen an den Ergebnissen ihrer Arbeit durchzusetzen, „Staats- und Arbeitsdisziplin" – in dieser Zusammensetzung – auf dem Gebiet der Arbeitsnormierung zu festigen und dann Arbeitslohn, Arbeitsschutz sowie Erholung der Werktätigen zu organisieren. Auf der anderen Seite sind von Staats wegen Lebensmittel und Industriewaren zu verteilen, sozialistischer Handel, Dienstleistungen, Wohnungsbau, Gesundheitswesen, Sozialfürsorge usw. zu organisieren. Nach dem staatlich geregelten Maß der Arbeit und Konsumtion bestimmen sich die Anteile an Altersversorgung, Gesundheitseinrichtungen, Volksbildung, Sportanlagen usw.

Als vierte innere Hauptfunktion des Staates ist die des Schutzes der sozialistischen Rechtsordnung, des sozialistischen Eigentums, der Rechte und Freiheiten des Bürgers zu nennen. Dabei ist Recht der „Staatswille der herrschenden Klasse".[4] Insofern kommt es von der Ideologie her auf die ökonomischen Verhältnisse an, während von der Realität her zuerst über die politische Macht, also eine politische Klasse, zu sprechen ist. Was sodann die sozialistischen Grundrechte anlangt, so ist ihre Konzeption mit der im Völkerrecht vorherrschenden und in der modernen Verwaltung maßgeblichen Idee angeborener und unveräußerlichen, sich aus der Würde des Menschen herleitender Menschenrechte nicht vereinbar, und zwar schon deshalb nicht, weil sie ihre Geltungsgrundlage nur in staatlicher Setzung haben. Es gibt keine Rechte gegen den Staat, keine Freiheit

---

[4] Vgl. Institut für Theorie des Staates und des Rechts der Akademie der Wissenschaften der DDR (Hrsg.), Marxistisch-leninistische Staats- und Rechtstheorie, 2. Aufl., Berlin (Ost) 1975.

vom Staat.[5] In diesem Sinne geht es darum, die sozialistische Rechtsordnung bis hin zur Kriminalisierung politischer Meinungsäußerung zu schützen und das sozialistische Eigentum – „den Boden, das Getreide, die Fabriken, die Produkte, das Verkehrswesen" – zu hüten.

Ist der Staat das Instrument der im realen Sozialismus herrschenden – politischen – Klasse, dann obliegt es der Verwaltung als „arbeitendem" Staat, die aus den ideologischen Funktionsvorgaben folgenden Aufgabenbestände zu konkretisieren, und zwar jenseits der historischen Mission in bestimmten, aufgegebenen Tätigkeitsfeldern. Zwar können auch gesellschaftliche Organisationen im Dienste öffentlicher Aufgaben stehen. So kann z. B. die Sozialversicherung den Gewerkschaften zur Verwaltung übergeben sein. Auch deren Aufgaben auf dem Gebiete des Arbeitsschutzes können in diesem Zusammenhang genannt werden.[6] Jedoch sind eben der Staat und seine Verwaltung „Hauptinstrument" im realen Sozialismus. Durch sie wird der Bürger in all seinen Lebensäußerungen umfassend veröffentlicht. Wenn die politische Klasse nicht aus Opportunitätsgründen etwa private Landwirtschaft, privates Handwerk oder private Freizeitgestaltung zulässt, bleibt allenfalls der Rückzug in die „Nischengesellschaft".

Wie vom Marxismus-Leninismus selbst lässt sich auch aus der Sicht des modernen Wohlfahrtsstaates die systemische Unterscheidung der jeweiligen Verwaltungsaufgaben mit der ökonomischen Frage verknüpfen. Auch die westliche Verwaltung ist Wirtschaftsverwaltung: von der Eigenproduktion von Gütern und Dienstleistungen über die Regulation von Unternehmen und Märkten bis zur Förderung von Infrastruktur und Wirtschaftsentwicklung. Indessen wird das Wirtschaftsleben von den Wertprämissen „Freiheit und Eigentum" her als autonomer Bereich und Verwaltungshandeln prinzipiell als Staatsintervention in diesen Bereich begriffen. Gegenüber einer solchen Verwaltung in der Marktwirtschaft geht es im realen Sozialismus um Verwaltungswirtschaft. Die Wirtschaft ist nicht ein sich selbst steuerndes Teilsystem der Gesellschaft, sondern wird politisch-administrativ gesteuert. Über Produktion, Zirkulation, Distribution, Konsumtion materieller Güter wird von Staats wegen entschieden. Privatwirtschaftliche Enklaven, geldwirtschaftliche Abschwächungen, Eigenwilligkeiten der Verbraucher heben dieses Prinzip nicht auf.

Die Aufgabenbestände der Wirtschaftsverwaltung einer real-sozialistischen Verwaltungswirtschaft werden im Staatsapparat symbolisiert. Für die Produktionssphäre ist vor allem die Vielzahl der Industrieministerien charakteristisch.

---

[5] Vgl. Akademie für Staats- und Rechtswissenschaft der DDR (Hrsg.), Staatsrecht der DDR. Lehrbuch, 2. Aufl., Berlin (Ost) 1984.

[6] Vgl. Bundesministerium für innerdeutsche Beziehungen (Hrsg.), DDR-Handbuch, 3. Aufl., Köln 1985.

Ob Schwermaschinen- und Anlagenbau, Elektrotechnik und Elektronik, Glas- und Keramikindustrie: alle Branchen sind in obersten Behörden abgebildet und werden von dort aus verwaltet.[7] Die staatliche Leitung der Konsumgüterversorgung ist in einem Netzwerk von Verwaltungen reflektiert, das insbesondere mit den Ministerien für Handel und Versorgung an der Spitze über Generaldirektionen, Hauptdirektionen, Bezirksdirektionen bis hin zu den Basisorganisationen von Warenhäusern, Hotels, Betrieben der Baustoffversorgung usw. reicht.

Die Aufgabendefinition des realsozialistischen Staates unterscheidet sich selbst von der Aufgabenfülle moderner wohlfahrtsstaatlicher Bürokratien durch viele Merkmale wie Illiberalität, Totalitätsanspruch, missionarisches Weltbild. Im realen Sozialismus geht es vorgeblich um die historische Mission. Funktionen des Staates decken dessen Wesen in der Anwendung auf die Besonderheiten der jeweiligen Epoche und die von ihr aufgeworfenen Aufgaben auf. Wer sich gegen Aufgabendefinitionen der politischen Klasse stellt, wendet sich gegen das Gesetz der Geschichte.

Für die Aufgabenbestände im realen Sozialismus ist aber vor allem ihr Etatismus charakteristisch. Mit dem „absterbenden Staat" hat man nichts im Sinn. Jenseits von Wendungen wie „schon kein Staat im eigentlichen Sinne mehr", „Halbstaat", „auf den Schultern der Kommune" gibt es keine Zweifel an der Notwendigkeit von Staatsapparat und Staatsfunktionären.[8] Freilich lassen sich die Aufgabenbestände der westlichen Wohlfahrtsstaaten nicht einfach nach einer Subsidiaritätsklausel deuten, die dem Bürger und seine auch wirtschaftliche Freiheit an erster Stelle, sodann seine gesellschaftlichen Institutionen und Organisationen, zuletzt seinen Staat und dessen Verwaltung für zuständig erklärt. Indessen besteht nicht nur eine geschützte Individualsphäre, sondern zwischen privaten und öffentlichen Angelegenheiten ein breiter Dritter Sektor von Verbänden, Gewerkschaften, Kirchen usw. Dieser nimmt Aufgaben der Bildungseinrichtungen, des Gesundheitswesens, der Alterssorge usw. war, die in ihrer Gemeinnützigkeit weitgehend autonom definiert werden und nicht zur Disposition einer politischen Partei stehen. Im realen Sozialismus geht es insoweit hingegen gemessen an staatlichen Aktivitäten um Notlösungen, allenfalls Nebeninstrumente.

2. Kader und Nomenklatur

Will man eine öffentliche Verwaltung veranschaulichen, so wird man sich nächst ihren Staatsaufgaben ihre Organisation als Aufbaumuster verfestigter

---

[7] Vgl. Akademie für Staats- und Rechtswissenschaft der DDR (Hrsg.), Verwaltungsrecht. Lehrbuch, 2. Aufl., Berlin (Ost) 1988.

[8] Vgl. Stüber, Richard, Der Leninische Begriff des sozialistischen Staates und seine Weiterentwicklung, in: Staat und Recht 1988, S. 408 ff.

Kommunikationsbeziehungen vor Augen führen müssen. Die Welt der Zuständigkeitsanordnungen, Organigramme, Geschäftsverteilungspläne lässt sich noch am ehesten abbilden. Im Falle der Verwaltung im realen Sozialismus könnte aber eine solche Abfolge zu Fehleinschätzungen führen. Denn dort sind die organisatorischen Verfestigungen, die man für die westliche Verwaltung als bürokratisch kritisieren mag, auf die als Leistungsordnung wir uns jedoch verlassen können, nicht von gleicher wirklicher Maßgeblichkeit. Selbst wenn die Verwaltungsorganisation von Gesetz wegen formalisiert ist, führt dies nicht zu jener Stetigkeit, Verlässlichkeit, Berechenbarkeit der Herrschaftsausübung, wie sie für bürokratische Verwaltungssysteme als typisch herausgestellt worden sind. Ein Personalismus der Staatsfunktionäre überlagert, was zu Zuständigkeitsverteilung, Behördenorganisation, Verfahrensordnung usw. aufgeschrieben ist, und lässt insoweit Züge diffuser Unzuverlässigkeit entstehen.[9] Entsprechend sind die personalistischen Handlungsmuster der Mitarbeiter im Staatsapparat vorab zu betrachten.

Für den Marxismus-Leninismus ging es von vornherein nicht darum, gewisse bürokratische Dysfunktionen – eigenbezogene Betriebsamkeit, Überregulierung, Aktenkrämerei – der tradierten Verwaltungsverhältnisse abzuschaffen. Der Staatsapparat der bürgerlichen Gesellschaft – die Agentur der Bourgeoisie, die deren ökonomische Vormachtstellung politisch sichern und verteidigen würde – sollte zerschlagen werden. Da sich der Staat nun einmal nicht als obsolet erwies, musste hiernach, wo der reale Sozialismus zur Existenz gelangte, ein anderes politisch-administratives Grundgefüge eingerichtet werden. Der organisations- und technikbewusste Leninismus verfolgte dazu nicht den Weg an die Basis, um durch identitär-demokratische Grundeinheiten und ihre imperativ gebundenen Räte eine Verwaltung durch die Verwalteten zu schaffen. Vielmehr setzte er für den Aufbau einer kommunistischen Gesellschaftsordnung auf Vorkämpfer und Wegbereiter: eine „Avantgarde" im Personellen. Das bedeutet für den neuen, anderen Staatsapparat im realen Sozialismus wiederum eine Verwaltung durch die Verwalter, freilich ganz verschieden von der bürokratischen Verwaltung.[10] Der ideologische Zugriff auf das in der Militärsprache benutzte Wort „Kader" und seine Verbindung zur Kaderverwaltung weisen darauf hin.[11]

Kader sind nach real-sozialistischer Definition Personen, die aufgrund ihrer politischen und fachlichen Kenntnisse und Fähigkeiten geeignet und beauftragt

---

[9] Vgl. Balla, Bálint, Kaderverwaltung: Versuch zur Idealtypisierung der „Bürokratie" sowjetisch-volksdemokratischen Typs, Stuttgart 1973.

[10] Vgl. Lipp, Wolfgang, Bürokratische, partizipative und Kaderorganisation als Instrument sozialer Steuerung, in: Die Verwaltung 1978, S. 3 ff.

[11] Vgl. König, Klaus, Kaderverwaltung und Verwaltungsrecht, in: Verwaltungsarchiv 1982, S. 37 ff.

sind, Kollektive von Werktätigen zur Realisierung gesellschaftlicher Prozesse und Aufgaben zu leiten oder als wissenschaftlich ausgebildete Spezialisten an deren Realisierung mitzuwirken. Zu den Kadern werden hiernach die Führungs- und Leitungskräfte in allen Bereichen des gesellschaftlichen Lebens, die Funktionäre der Parteien und Massenorganisationen, die Hoch- und Fachschulabsolventen und die für leitende Funktionen in Staat, Wirtschaft usw. vorgesehenen Nachwuchskräfte gezählt.[12] An der Spitze dieses Personalkörpers steht die Nomenklatura, genannt nach Verzeichnissen von Positionen und Funktionen auf allen gesellschaftlichen Gebieten, über deren Besetzung die marxistisch-leninistische Partei entweder direkt entscheidet oder für die sie verbindliche Modalitäten festlegt und sich eine Kontrolle vorbehält. Wichtigste Aufgabe der Nomenklaturkader ist die politische Leitung aller gesellschaftlichen Bereiche[13] In der Nomenklatura konzentriert sich die Macht in einem realsozialistischen Land. Sie ist die politisch herrschende Klasse.[14]

Kader und Nomenklatur gibt es in den Apparaten von Partei, Staat, Wirtschaft, Wissenschaft, Gewerkschaften usw. Sie sind in einer Weise verwoben – und zwar insbesondere im Hinblick auf Parteiaktivitäten –, dass man von einer horizontalen Differenzierung und Sektorbildung nach westlichem Bild nicht ausgehen darf. Selbst wenn ein Kader einer der „Blockparteien" angehört, bleibt er dem Weisungsanspruch der marxistisch-leninistischen Partei unterworfen. Auch innerhalb des Staatsapparates fallen entsprechende Rollentrennungen weniger präzis aus. Das gilt etwa im Verhältnis des Personals in verwaltenden Funktionen zu dem in richterlichen Aufgaben. Auch kann die Unterscheidung parlamentarischer Demokratien zwischen Politikern in exekutiven Ämtern und öffentlichen Bediensteten nicht übertragen werden. Man spricht deswegen breiter von Leitern, Mitarbeitern, Werktätigen, Beschäftigten im Staatsapparat oder von Staatsfunktionären.[15]

Demgegenüber fallen vertikale Differenzierung und Hierarchisierung im Personellen eher scharf aus. Schon in den Instrumenten der Kaderpolitik werden entsprechende Trennungslinien gezogen, indem man verschiedene Nomenklaturstufen schafft, und zwar einheitlich durch Partei-, Staats- und Wirtschaftsapparat hindurch. Entsprechend der ihnen zugewiesenen politischen Bedeutung werden bestimmte Funktionen und Positionen der jeweiligen Stufe zu-

---

[12] Vgl. Ehlert, Willi u. a. (Hrsg.), Wörterbuch der Ökonomie: Sozialismus, Berlin (Ost) 1973.

[13] Vgl. Glaeßner, Gert-Joachim, Kaderpolitik, in: Bundesministerium für innerdeutsche Beziehungen (Hrsg.), DDR-Handbuch, Band 1, 3. Aufl., Köln 1985, S. 697 f.

[14] Vgl. Voslensky, Michael, Nomenklatura: Die herrschende Klasse in der Sowjetunion, Wien u. a. 1980.

[15] Vgl. Unverhau, Thassilo, Die alte Beamtenmaschinerie zerbrechen!: Der öffentliche Dienst in der DDR, in: Zeitschrift für Beamtenrecht 1987, S. 33 ff.

geordnet. Das geringe Ausmaß der Offenlegung von Personalverhältnissen in Partei und Staat des realen Sozialismus erlaubt nur begrenzt Aussagen zur personalpolitischen Hierarchisierung von Ministern, Bezirks- und Kreisratsvorsitzenden, Direktoren, Abteilungsleitern usw.[16] Man sagt aber, dass bereits zu Lenins Lebzeiten eine dem indischen Kastenwesen vergleichbare Rang- und Vorrechtsordnung für die sowjetischen Partei- und Staatsfunktionäre eingeführt worden wäre. Dementsprechend fällt in den Ländern des realen Sozialismus ein rigider Autoritarismus in den Personalbeziehungen auf.[17]

Mit der Kaderverwaltung ist die historische Entscheidung zu einer Verwaltung durch Verwalter gefallen. Das bedeutet – im Gegensatz zur Räteverwaltung –, dass das Amt zum Beruf wurde, und zwar jenseits einer Parteiavantgarde von Berufsrevolutionären. Trotz dieser Zuwendung zur Beruflichkeit bedeutet Staatsfunktionärstum in der sozialistischen Kaderverwaltung und Berufsbeamtentum in der bürokratischen Verwaltung etwas prinzipiell Verschiedenes.[18] Grundqualifikation des Verwaltungskaders ist seine politisch-ideologische Eignung. Auch als die politische Klasse des realen Sozialismus die Personalverhältnisse im Staatsapparat längst fest in der Hand hatte, blieb es bei dieser marxistisch-leninistischen Maxime. Die Verwaltungsdoktrin sagt, dass Richtschnur für das Verhalten der Leiter und Mitarbeiter zuerst die Beschlüsse der Partei der Arbeiterklasse sind. Verfassung, Gesetz, Beschlüsse der Volksvertretungen sind nachrangig. Entsprechend sind vor allem das Programm der sozialistischen Partei und dessen ideologische Grundlage zu internalisieren. Über weitere berufliche Kenntnisse, Fertigkeiten, Haltungen des Verwaltungskaders ist danach zu sprechen. Man war in den 1980er Jahren überzeugt, diesen neuen Typ des Staatsfunktionärs geschaffen zu haben.[19] Waren so Prinzip der Parteilichkeit und Primat der Ideologie abgesichert, musste die fachliche Qualifikation zum Grundproblem der Kaderverwaltung werden. Osteuropa gehörte trotz aller systemischen Leistungsschwächen des realen Sozialismus schon wegen seiner historischen Substanz zu den technisch-industriell entwickelten Gesellschaften. Ein solcher Entwicklungsstand setzt ein vergleichbares Niveau von Sozialtechnologie zur Lösung öffentlicher Probleme voraus. In welchem Verwaltungszweig und auf welcher Verwaltungsebene Kader auch immer beschäftigt wurden, ein entsprechendes fachliches Anforderungsprofil erwies sich nur um den Preis erheblicher Mängel als verzichtbar.

---

[16] Vgl. Glaeßner, Gert-Joachim, Herrschaft durch Kader: Leitung der Gesellschaft und Kaderpolitik in der DDR, Opladen 1977.

[17] Vgl. Balla, Bálint, Kaderverwaltung: Versuch zur Idealtypisierung der „Bürokratie" sowjetisch-volksdemokratischen Typs, Stuttgart 1973.

[18] Vgl. Ule, Carl Hermann, Beamter oder Staatsfunktionär, in: Verwaltungsführung, Organisation, Personal 1990, S. 151 ff.

[19] Vgl. Akademie für Staats- und Rechtswissenschaft der DDR (Hrsg.), Verwaltungsrecht. Lehrbuch, 2. Aufl., Berlin (Ost) 1988.

Demgemäß erscheinen die fachlichen Qualifikationen bereits in der Kaderdefinition der 1960er Jahre. Es wurde eine Vielzahl von Bildungseinrichtungen geschaffen, die Kenntnisse und Fertigkeiten zu vermitteln hatten, wie sie für spezifische Funktionen und Positionen im Staatsapparat als erforderlich angesehen wurden.[20] Man konnte darauf verweisen, dass nicht nur der Anteil derjenigen, die an einer Parteischule fundiertes marxistisch-leninistisches Wissen erworben hatten, ständig gewachsen war, sondern auch, dass die Zahl der Leiter und Mitarbeiter mit Hoch- und Fachschulbildung von Jahr zu Jahr zugenommen hatte. Für 1983 wird zum Beispiel für die DDR gesagt, dass 64 % der Leiter und Mitarbeiter in den zentralen Staatsorganen einen Hochschul- und 23 % einen Fachschulabschluss besessen hätten.[21] Damit kann man freilich den dysfunktionalen Verkettungen eines politisch-ideologischen Primats nicht entkommen. Sieht man auf ein Bildungs- und Beschäftigungssystem, das bei jeder Selektionsentscheidung der Zulassung und Prüfung – von der Oberschule bis zur wissenschaftlichen Weiterbildung, vom Eingangsamt bis zur Führungsposition – der politischen Zuverlässigkeit vor der Sachkunde den Vorrang gibt, dann kann man sich vorstellen, wie sich das fachliche Potential verdünnt.

Hinzu kam, dass die Bildungseinrichtungen, die fachliche Kenntnisse und Fertigkeiten für eine Tätigkeit im Staatsapparat vermitteln sollten, denselben Mechanismen unterlagen. Ob Rechts-, Wirtschafts- oder Verwaltungswissenschaft: der Lehrstoff wurde nach den Prinzipien der Parteilichkeit und dem Primat des Politisch-Ideologischen kanonisiert und entsprechend auswendig gelernt. Für fachwissenschaftliche Reflexion gab es für die hier insbesondere relevante Verwaltungsrechtslehre und die Organisations- und Leitungswissenschaft wenig Spielraum, da sie auf mangelnde Rechtlichkeit und Effizienz im Staatsapparat hätten hinweisen können. Nach allem ist zu verstehen, dass man die Kaderverwaltung im Ideologischen nicht nur durch einen Hang zur leeren Agitation charakterisiert, sondern ihr im Hinblick auf eine „trained incapacity" die negative Eigenschaft eines Dilettantismus zugesprochen hat. Das schließt nicht aus, dass der einzelne Mitarbeiter im Staatsapparat sich in seinem Fach als durchaus kompetent erwiesen hat. Nur erlaubt es das System nicht, von einem bestandenen Examen her ohne weiteres auf solche Qualifikationen zu schließen.

Damit ist der Gegensatz zum Berufsbeamten der klassisch-europäischen Verwaltung bezeichnet. Seine Grundqualifikation sind fachliche Kenntnisse, Fertigkeiten und Haltungen, wie sie insbesondere bei der Rekrutierung durch Ausbildung und Prüfung nachgewiesen werden müssen. Insoweit mag es im-

---

[20] Vgl. Glaeßner, Gert-Joachim, Herrschaft durch Kader: Leitung der Gesellschaft und Kaderpolitik in der DDR, Opladen 1977.

[21] Vgl. Akademie für Staats- und Rechtswissenschaft der DDR (Hrsg.), Verwaltungsrecht. Lehrbuch, Berlin (Ost) 1988.

mer wieder Funktionsstörungen und entsprechend Anpassungs- und Reformbedarf geben. Indessen bestimmen vor allem fachliche Befähigung und Leistung Berufszugang und Berufsweg. Zum Beispiel schließen sich Anstellungsbehörden der allgemeinen inneren Verwaltung eher eng an das Prädikat des Staatsexamens an, als dass sie sich den Risiken anderer Einflüsse aussetzen. Hingegen ist die Politik das Grundproblem der Verwaltung, insbesondere in der Parteiendemokratie. Identifiziert die Kaderverwaltung Politik und Verwaltung und macht das Politische zur Qualifikation, so differenziert die klassisch-europäische Verwaltung zwischen Politik und Verwaltung und sucht das Politische zu neutralisieren. Der „echte" Beamte soll seinem eigentlichen Beruf nach nicht Politik treiben, sondern „verwalten", „unparteiisch vor allem".[22]

Nach allen historischen und internationalen Erfahrungen mit parlamentarischen und präsidentiellen Regierungssystemen und mit der kommunalen Selbstverwaltung wissen wir, dass sich das Berufsbeamtentum nicht und erst recht nicht die leitenden Beamten als außerhalb der Politik begreifen lassen. Maßgeblich ist, welche Vorkehrungen getroffen werden – insbesondere von Verfassungs und Rechts wegen –, um die Verwaltung auch personell an die demokratisch definierten öffentlichen Interessen zu binden und sie als „pouvoir neutre" gegenüber sozio-ökonomischen Partikularinteressen und politisch-ideologische Parteilichkeit zu sichern. So geht es zum Beispiel bei den Dienstverhältnissen auf Lebenszeit als Regeltyp des Berufsbeamtentums nicht um Eigeninteressen von Bürokraten. Dieses Prinzip schützt die Unabhängigkeit der Beamten in Hinblick auf die Funktionsfähigkeit der öffentlichen Verwaltung. In der Kaderverwaltung kann das Arbeitsverhältnis der Mitarbeiter im Staatsapparat jederzeit beendet werden.[23] Es gibt keine öffentlichen Bediensteten, die eine von der Parteilinie abweichende Meinung äußern können, ohne ihre berufliche Existenz zu gefährden.

Aus der avantgardistischen Rolle der Staatsfunktionäre folgt, dass Kaderentwicklung, Kaderpolitik, Kaderarbeit eine hohe Wertschätzung für den Aufbau des realen Sozialismus zukam.[24] Im Unterschied zur bürokratischen Verwaltung geht es insoweit um ein einbahniges Handlungsmuster. In jener wird vorausgesetzt, dass sich Mensch und Organisation in einer unaufhebbaren Spannungslage befinden. Unterschiedliche Interessen von Dienstherren und öffentlichen Bediensteten sind anerkannt, was letztlich in einem umfassenden verwaltungsgerichtlichen Individualschutz der Beamten seinen Ausdruck fin-

---

[22] Vgl. Weber, Max, Wirtschaft und Gesellschaft, Studienausgabe, 5. Aufl., Tübingen 1980, S. 563.
[23] Vgl. Akademie für Staats- und Rechtswissenschaft der DDR (Hrsg.), Verwaltungsrecht. Lehrbuch, 2. Aufl., Berlin (Ost) 1988.
[24] Vgl. Assmann, Walter/Liebe, Günter, Kaderarbeit als Voraussetzung qualifizierter staatlicher Leistung, Berlin (Ost) 1977.

det. Jede Anstellung, Beförderung, Versetzung usw. ist vom Subjekt des Betroffenen wie der Objektivation der Personalsteuerung her deutbar. Demgegenüber gibt es im realen Sozialismus keine anerkannten Interessen, die Kader von der Kaderverwaltung unterscheiden können. Eigen- und Gruppeninteressen waren im Staats- und Verwaltungsinteresse immer bereits aufgehoben. So ist es zum Beispiel nicht Funktion der Gewerkschaft, als Interessenvertretung der Staatsfunktionäre gegen den Staatsapparat als öffentlichen Arbeitgeber zu wirken. Zwar mag man konzidieren, dass Interessenidentität erst in einem längeren historischen Prozess hergestellt werden muss. Umso wichtiger ist es, dass die Gewerkschaft parteiliche und staatliche Zielsetzungen gegenüber der Mitgliedschaft propagiert und diese zu deren Erfüllung mobilisiert.[25]

Von hier aus mag man die manipulative Qualität der Kaderpolitik bemerkenswert finden. Am Anfang steht eine organisierte Partei- und Staatsjugend, andere Massenorganisationen und der Parteiapparat selbst, die mit Leitungsmitgliedern der unteren Ebene und Hoch- und Fachhochschulabsolventen das Kaderreservoir bilden. Über Auslesestufen wie Kadernachwuchs, Kaderreserve führt der Berufsweg bis in die Bereiche der Nomenklatura. Die Kaderpolitik liegt in der persönlichen Verantwortung der jeweiligen Leiter und wird von der Zentrale her bis zu den unteren Verwaltungsebenen durch jeweilige Kaderabteilungen organisatorisch abgesichert. Kadergespräche führen Verwaltungsvorgesetzte mit Partei-, Gewerkschafts- und gegebenenfalls Vertretern der Jugendorganisationen zusammen. Es besteht ein breites Instrumentarium der Kaderarbeit: vom Kaderprogramm über die Nomenklatur bis zum Funktionsplan, in dem Aufgaben, persönliche Verantwortung, Befugnisse und Qualifizierung der Mitarbeiter festzulegen sind. Schließlich gibt es Rückkoppelungen zu vielfältigen Weiterbildungseinrichtungen, die die für die jeweiligen Position veranschlagten Kenntnisse, Fertigkeiten und vor allem politische Haltungen vermitteln sollen.[26]

Wenn indessen all das – bei vergleichsweise hoher Einschätzung des Personalfaktors – nicht mehr hervorgebracht hat, als 1989 in den Verwaltungsbereichen von Umweltschutz, Stadtentwicklung, Verkehr, Wirtschaft usw. zu beobachten war, dann war man wiederum auf Systemprobleme des exekutiven Staatsapparats im realen Sozialismus verwiesen. Individuelle und gruppenspezifische Fähigkeiten der Mitarbeiter haben politisch-ideologischer Konformität zu weichen. Spannungen zwischen Mensch und Organisation können nicht als produktiv genutzt werden. Man spricht im Gegenteil von Hausmachtpolitik und

---

[25] Vgl. Zimmermann, Hartmut, Freier Deutscher Gewerkschaftsbund, in: Bundesministerium für innerdeutsche Beziehungen (Hrsg.), DDR-Handbuch, Band 1, 3. Aufl., Köln 1985, S. 459 ff.

[26] Vgl. Glaeßner, Gert-Joachim, Herrschaft durch Kader: Leitung der Gesellschaft und Kaderpolitik in der DDR, Opladen 1977.

4. Kapitel: Verwaltung in Vor- und Gegenmoderne 141

Cliquenwirtschaft als typisch für die Kaderverwaltung und von der Tendenz, nur mangelnde technische Initiativen aufzubringen, fachliche Qualifikationen zugunsten parteikarrieristischen Avancen zu vernachlässigen.[27]

Angesichts solcher kritischen Einwände ist die Frage umso gewichtiger, ob eine langjährige leninistische-stalinistische Personalpolitik einen eigenen „Kader-Stand" hervorgebracht hat. Für die real-sozialistische Verwaltungsdoktrin besteht dieses Problem nicht. Sie lehrt, dass der sozialistische Staat sich auf erprobte und in der staatlichen Arbeit erfahrene Leiter und Mitarbeiter stützen könne, die der Arbeiterklasse treu ergeben und eng mit dem Volk verbunden seien, dass im antifaschistischen Kampf gestählte und bei der Errichtung der sozialistischen Gesellschaft herangebildete Kader des Staatsapparates gemeinsam mit den gewählten Abgeordneten der Volksvertretungen und den gesellschaftlichen Kräften sachkundig, umsichtig und prinzipienfest die Staatspolitik verwirklichen und dass sich in der politischen Funktion und der sozialen Zusammensetzung der Leiter und Mitarbeiter die führende Rolle der Arbeiterklasse und ihrer marxistisch-leninistischen Partei und das vertrauensvolle Bündnis der Arbeiterklasse mit der Klasse der Genossenschaftsbauern, den Angehörigen der Intelligenz und der anderen Schichten des Volkes widerspiegele.[28]

Der Statusfrage kann in zwei Richtungen nachgegangen werden: einmal im Hinblick auf die Arbeits- und Berufswelt, zum anderen hinsichtlich der gesellschaftlichen Gliederung schlechthin. Zum ersten betont die real-sozialistische Verwaltungsdoktrin, dass Kader Werktätige wie alle anderen seien. Charakteristisch für die Leiter und Mitarbeiter im Staatsapparat sei, dass sie gegenüber den anderen Werktätigen keine Sonderstellung einnähmen und keine besondere, privilegierte Schicht bildeten. Ihre Tätigkeit unterscheide sich von der anderer Werktätigen in der materiellen Produktion und in gesellschaftlichen Bereichen lediglich dadurch, dass sie hauptamtlich staatliche Aufgaben erfüllten. Diese Doktrin brachte sich dann freilich sogleich selbst in Widerspruch, weil sie das weitere dann nicht einfach der Arbeitsrechtslehre überantwortete, sondern in der Verwaltungsrechtslehre selbst in die Hand nahm.[29]

Und in der Tat stellte zum Beispiel in der DDR eine Verordnung über die Pflichten, die Rechte und die Verantwortlichkeit der Mitarbeiter in den Staatsorganen den Sonderstatus der Kader von vornherein klar, indem sie nämlich Sekretärinnen, Stenotypistinnen, Fernschreiberinnen, Kraftfahrer, Pflege-, Hilfs- und Wartungspersonal usw. prinzipiell aus ihrem Geltungsbereich aus-

---

[27] Vgl. Lipp, Wolfgang, Bürokratische, partizipative und Kaderorganisation als Instrument sozialer Steuerung, in: Die Verwaltung 1978, S. 3 ff.
[28] Vgl. Akademie für Staats- und Rechtswissenschaft der DDR (Hrsg.), Verwaltungsrecht. Lehrbuch, 2. Aufl., Berlin (Ost) 1988.
[29] Vgl. Akademie für Staats- und Rechtswissenschaft der DDR (Hrsg.), Verwaltungsrecht. Lehrbuch, 2. Aufl., Berlin (Ost) 1988.

schied.[30] Den Staatsfunktionären selbst wurden spezifische Pflichten auferlegt. Ihre Sonderstellung fand insbesondere in einem eigenen Disziplinarrecht Ausdruck, das Disziplinarbefugte, Disziplinarverfahren, Disziplinarmaßnahmen kannte.[31] Fragt man nach den Sonderpflichten korrespondierenden Sonderrechten, so darf es dies nach marxistischer Ideologie genauso wenig geben wie überhaupt ein Sonderstatus, der von den anderen Werktätigen abhebt.[32] Dennoch ist die Privilegierung von Kadern ein klassisches Thema, von den Geldzuschlägen, Zusatzrationen, Sonderfreizeiten leninistischer Tage an. Im Falle der DDR sind die Privilegien der oberen Nomenklaturränge offenkundig geworden. Die Frage bleibt, wie tief gestaffelt soziale und materielle Sonderrechte den Staatsfunktionären zugeteilt wurden.

Das Berufsbeamtentum der bürokratischen Verwaltung unterscheidet sich durch eine besondere Rechtsstellung von anderen Arbeitsverhältnissen. Dieser Status beruht auf der Idee eines eigenen administrativen Funktionsbereichs gegenüber Parteiendemokratie und Interessenpluralismus. Er ist parlamentarisch-gesetzgeberisch kontrollierbar und für jedermann bis zur Besoldung einsehbar. Unter den heutigen Lebensbedingungen einer offenen Gesellschaft ist es schwierig, die allgemeine soziale Stellung des Beamtentums über öffentliches Verwalten als Beruf hinaus zu kennzeichnen. Von der geschlossenen Gesellschaft des realen Sozialismus meint man, dass sie sozialstrukturell besser nach ständischen Merkmalen als nach Kriterien von Schichten-, Kasten-, Elitekonzepten oder Klassentheorien zu erfassen sei, weil in Wirklichkeit eine Ständeordnung mit vorwiegend traditionalen Herrschaftsformen entstanden wäre. Man versteht die real-sozialistische Gesellschaftsordnung als geschlossene Struktur einer Pyramide von aufeinandergelagerten Ständen mit dem Nomenklatura-Stand und dem „bürokratischen" – also Kader-Stand – an der Spitze. Diese Stände werden als durchgehend betrachtet, so dass sie die Säulen der real-sozialistischen Herrschafts- und Sozialordnung durchziehen, mithin neben Parteiapparat, Wirtschaftsapparat, Kulturapparat, Wissenschaftsapparat auch den Staatsapparat.[33]

In der gesellschaftlichen Gliederung einer solchen Ständeordnung hat insbesondere die Nomenklatura Aufmerksamkeit gefunden. Man hat Vergleiche zur

---

[30] Vgl. Mitarbeiter-VO vom 19.02.1969, GBl. II, S. 163 ff.

[31] Vgl. Akademie für Staats- und Rechtswissenschaft der DDR (Hrsg.), Verwaltungsrecht. Lehrbuch, 2. Aufl., Berlin (Ost) 1988.

[32] Vgl. Balla, Bálint, Kaderverwaltung: Versuch zur Idealtypisierung der „Bürokratie" sowjetisch-volksdemokratischen Typs, Stuttgart 1973.

[33] Vgl. Meier, Artur, Abschied von der sozialistischen Ständegesellschaft, in: Aus Politik und Zeitgeschichte, Beilage zur Wochenzeitung Das Parlament, B 16-17/1990, S. 3 ff.

Adels-, Vasallen-, Feudal-, Lehensherrschaft gezogen.[34] Hier interessiert darüber hinaus der Kader-Stand. Nomenklatura und Kader-Stand hängen aufs engste zusammen, wie schon der Begriff des Nomenklatur-Kaders zeigt. Dabei geht es indessen nicht nur um die Rekrutierungswege der politischen Führungskaste, sondern um die Herrschaftsordnung schlechthin. Der zahlenmäßige kleine Stand der Nomenklatura bedarf des breiten Personalkörpers von mittleren und unteren leitenden Funktionären, die die Großorganisation des Staatsapparates bedienen, und weiter jene Kader, die als Spezialisten an dieser Aufgabe mitwirken. Sozialistische Kader sind so integraler Bestandteil einer korporatistischen Machthierarchie, mittels derer das gesamte politische, soziale, ökonomische, kulturelle Leben kontrolliert wird.

Dennoch dürfen Nomenklatura und „einfache" Kader nicht in eins gesetzt werden.[35] Die Herrschafts- und Sozialstruktur ist vielmehr von der Beziehung der Herrschenden zum Apparat und dann beider zu den Beherrschten und der organisatorischen Verteilung der Befehlsgewalten geprägt.[36] Insoweit besteht ein deutliches Herrschaftsgefälle zwischen Nomenklatura und Kader-Stand, das in sehr verschiedenen Befehlsgewalten zum Ausdruck kommen. Dem entspricht ein deutliches Sozialgefälle, da Privilegien, Ressourcen, protokollarischer Status usw. ebenfalls höchst unterschiedlich verteilt sind. So mag man die Kader des Staatsapparates als Täter und Opfer zugleich begreifen und eine entsprechende Beurteilung des einzelnen Personalfalles verlangen. Vom Verwaltungssystem her kann man allerdings nicht Werkzeug der Herrschaft sein, ohne zugleich auch an ihr teilzuhaben.

3. Organisation der Kaderverwaltung

Jede Verwaltung – erst recht in einem technisch-industriell entwickelten Land – ist auf eine Organisation verstetigter Kommunikationsbeziehungen, auf Ämterordnung, Zuständigkeitsverteilung usw. angewiesen, und zwar selbst wenn der Personalfaktor vorrangig ist, es also nicht darum geht, Berufsbeamte über begrenzt definierte Mitgliedschaftsrollen an die Verwaltung zu binden, sondern Kader total zu beanspruchen und permanent für interne und externe Systemzwecke zu mobilisieren. Demgemäß finden wir in der Verwaltung des realen Sozialismus Züge der organisierten Staatsarbeit, wie sie uns von der bü-

---

[34] Vgl. Volensky, Michael, Nomenklatura: Die herrschende Klasse in der Sowjetunion, Wien u. a. 1980.

[35] Vgl. Meier, Artur, Abschied von der sozialistischen Ständegesellschaft, in: Aus Politik und Zeitgeschichte, Beilage zur Wochenzeitung Das Parlament, B 16-17/1990, S. 3 ff.

[36] Vgl. Weber, Max, Wirtschaft und Gesellschaft, Studienausgabe, 5. Aufl., Tübingen 1980, S. 563.

rokratischen Verwaltung her bekannt sind. Es gibt makroorganisatorisch Ministerien, Bezirksbehörden, Gemeindeverwaltungen usw. und dann mikroorganisatorisch Abteilungen, Sektoren, Stäbe usw. Es lassen sich breite Organigramme eines äußeren Verwaltungsaufbaus und verfeinerte Organisationspläne einer internen Behördengliederung zeichnen, die uns sogleich anschaulich erscheinen.

Dieses Bild verliert seine vertrauten Züge, wenn man danach feststellt, dass der Staatsorganisation eine Parteiorganisation übergestülpt ist, in der sich vom Politbüro und Sekretariat des Zentralkomitees an über regionale bis zu lokalen Parteiorganen spiegelbildlich Zuständigkeiten in öffentlichen Angelegenheiten wiederholen, die den Verwaltungen vorgeordnet waren. Es besteht aber nicht nur dieser organisatorische Überbau von außen. Staatsfunktionäre sind innerhalb der Verwaltungseinheiten als Parteimitglieder organisiert. Auch diese Organisationen haben die Linie der Partei in Verwaltungsgeschäften durchzusetzen. Man kann sie nicht mit dem vergleichen, was etwa als parteipolitische Arbeitskreise auch in der westlichen Ministerialbürokratie bekannt ist.[37] Vielmehr stellten sie eine offiziell anerkannte Nebenhierarchie dar. Diese wirkt nicht nur in Richtung auf die Behördenspitze, der gegenüber Parteiaufträge angemahnt werden können. Sie ist zugleich ein Disziplinierungsinstrument gegenüber den Mitarbeitern im Staatsapparat. Nimmt ein Verwaltungsleiter am Verhalten der Mitarbeiter Anstoß, dann kann er die gewünschten Korrekturen durch die verwaltungsinterne Parteiorganisation besorgen lassen. Man sieht also, dass es die Kaderverwaltung nicht nur bei einer allfälligen Personalunion von Partei- und Verwaltungsmitgliedschaft bewenden lässt. Vielmehr sind die kommunikativen Beziehungen zwischen Partei und Staat gleich durch Mehrfachorganisation verstetigt.

„Grundlegendes Prinzip des Aufbaus, der Organisation und der Entwicklung des Mechanismus der sozialistischen Staatsgewalt" ist der demokratische Zentralismus.[38] Diese Maxime ist aus der Geschichte des Kommunismus hervorgegangen. Als Organisations- und Leitungsgrundsatz wurde sie dann von Lenin für die Partei neuen Typus konzipiert und praktisch durchgesetzt. Nach der russischen Oktoberrevolution wurde das Parteiorganisationsprinzip auch zur Maxime für den Aufbau und die Tätigkeit des Staates erklärt. Mit dem Prinzip des demokratischen Zentralismus sollen organisatorische Instabilität, Zersplitterung und Lokalinteressen überwunden und den Entscheidungsträgern in den Partei- und Zentralstellen die erforderliche Autorität erteilt werden, um widersprüchliche Interessen überwinden und die Entwicklungslinien der Gesellschaft

---

[37] Vgl. König, Klaus, Kritik öffentlicher Aufgaben, Baden-Baden 1989.
[38] Vgl. Institut für Theorie des Staates und des Rechts der Akademie der Wissenschaften der DDR (Hrsg.), Marxistisch-leninistische Staats- und Rechtstheorie, 2. Aufl., Berlin (Ost) 1975.

bestimmen zu können.[39] Im realen Sozialismus konstituiert der demokratische Zentralismus als gesamtgesellschaftliches Prinzip die Hierarchien von Herrschafts- und Sozialordnung. Man geht von der Grundannahme aus, dass die sozialistische Gesellschaft der planmäßigen und einheitlichen Führung und Leitung durch die Arbeiterklasse und deren Partei bedürfe. Einheitlichkeit bedeutet, dass politischer Pluralismus, gar politische Opposition zu verhindern sind.

Als staatliches Organisationsprinzip wird der demokratische Zentralismus in dialektischen Formulierungen immer wieder in Anspruch genommen, um die „feste Einheit von zentraler Leitung und Planung sowie schöpferischer Initiative der Werktätigen und Eigenverantwortung der Wirtschaftseinheiten und Territorien" zu behaupten.[40] Was dabei das Demokratische anlangt, so war es von vornherein diskreditiert. Lautet die einschlägige Hauptregel „Wahl der Leitungsorgane von unten nach oben", so sorgte die Nomenklatur- und Kaderpolitik dafür, dass jeweils zu wählende Leitungsmitglieder von der übergeordneten Leitung benannt wurden.[41] Letztlich ist es in den Ländern des realen Sozialismus nicht gelungen, eine demokratische Mindestorganisation zur Lösung politischer Konflikte aufzubauen. So ist der demokratische Zentralismus im Grunde ein Gradmesser dafür, wie weit die marxistisch-leninistische Herrschaft, die Leitung von der Partei- und Staatsspitze her, die Verbindlichkeit deren Beschlüsse, Partei- und Staatsdisziplin in der „vollziehenden-verfügenden Tätigkeit" durchgesetzt sind.[42]

In diesem Sinne sind Staat und Verwaltung vom demokratischen, d. h. politischen Zentralismus geprägt. Es gilt das Prinzip der Gewalteneinheit, der Grundsatz der Einheit von Beschlussfassung und Durchführung. Gewaltenteilung, wie sie der modernen Verwaltung vorgegeben ist, wird als „Illusion" des bürgerlichen Staates beiseite geräumt. Es bleibt allenfalls eine gewisse Arbeitsteilung zwischen Volksvertretungen, Justizorganen usw., die aber mit unabhängigen Gewalten nichts zu tun hat.[43] Kennzeichnend sind die Schwierigkeiten mit dem Verwaltungsbegriff. Von öffentlicher Verwaltung war in der DDR

---

[39] Vgl. Lasarew, B. M., Die rechtliche Verankerung des demokratischen Zentralismus als Voraussetzung für die Wirksamkeit der staatlichen Leitung, in: Gerhard Schulze (Hrsg.), Die Rolle des Verwaltungsrechts bei der Erhöhung der Wirksamkeit der Arbeit des Staatsapparats, Potsdam-Babelsberg 1983, S. 6 ff.
[40] Vgl. Böhme, Waltraud u. a. (Hrsg.), Kleines Politisches Wörterbuch, 7. Aufl., Berlin (Ost) 1988.
[41] Vgl. Bundesministerium für innerdeutsche Beziehungen (Hrsg.), DDR-Handbuch, 2 Bände, 3. Aufl., Köln 1985.
[42] Vgl. Kazenzadek, Firuz, Demokratischer Zentralismus, in: Klaus Dieter Kerwig (Hrsg.), Sowjetsystem und demokratische Gesellschaft: Eine vergleichende Enzyklopädie, Band 1, Freiburg 1966, Sp. 1158 ff.
[43] Vgl. Roggemann, Herwig, Die DDR-Verfassungen: Einführung in das Verfassungsrecht der DDR, 4. Aufl., Bonn 1989.

nicht die Rede. Man sprach von Staatsapparat, von Organen des Staatsapparates, von staatlicher Leitung und Planung, von Mechanismen sozialistischer Staatsgewalt usw. Schließlich wurde das, was wir als „arbeitenden Staat" begreifen können, nach sowjetischem Vorbild unter der Kategorie der „vollziehend-verfügenden Organe" bezeichnet, womit exekutive wie dezisive Funktionen zusammengefasst waren.[44] Hingegen gab es ein Verwaltungsrecht, was zur Merkwürdigkeit eines Rechtsgebietes führte, für das es dem Namen nach kein soziales Bezugsfeld gab.[45]

Das Prinzip des demokratischen Zentralismus gilt aber nicht nur für die horizontale Ausdifferenzierung exekutiver Funktionen, sondern auch für die vertikale Gliederung der Verwaltungsebenen. Das, was etwa in der Bundesrepublik Deutschland als Föderalismus und kommunale Selbstverwaltung von Verfassung wegen die Verwaltungsorganisation prägt, ist mit einer Maxime, den Staat von einem einheitlichen Zentrum aus zu leiten, nicht zu vereinbaren. Entsprechend wurden zum Beispiel Anfang der 1950er Jahre die Länder in der DDR aufgelöst. Die Staatsdoktrin versicherte, dass die DDR von Anfang an ein Einheitsstaat gewesen sei. Die zunächst noch bestehenden Länder hätten sich in eine einheitsstaatliche Struktur der Republik eingeordnet. Ihre Befugnisse seien so ausgestaltet gewesen, dass die Einheitlichkeit der staatlichen Leitung von oben bis unten verwirklicht hätte werden können.[46] Wie indessen die historischen Verläufe auch waren,[47] jedenfalls wurde die regionale Staats- und Verwaltungsebene in leninistischer Weise auf die unmittelbare Steuerung durch das Partei- und Staatszentrum ausgerichtet. Die Dialektik des demokratischen Zentralismus bestand darin, dies als weitere Demokratisierung des Aufbaus und der Arbeitsweise der staatlichen Organe zu bezeichnen.

Ebenfalls noch in den 1950er Jahren wurden wiederum in der DDR die Reste tradierter kommunaler Selbstverwaltung aufgehoben. Kreise und Gemeinden wurden „örtliche Organe der Staatsmacht". Der demokratische Zentralismus wurde von Gesetzes wegen als grundlegendes Organisationsprinzip des

---

[44] Vgl. Akademie für Staats- und Rechtswissenschaft der DDR (Hrsg.), Verwaltungsrecht. Lehrbuch, 2. Aufl., Berlin (Ost) 1988.

[45] Vgl. Püttner, Günter, Zur Entwicklung des Verwaltungsrechts der DDR, in: Gottfried Zieger (Hrsg.), Recht, Wirtschaft, Politik im geteilten Deutschland, Köln u. a. 1983, S. 143 ff.

[46] Vgl. Akademie für Staats- und Rechtswissenschaft der DDR Staatsrecht der DDR (Hrsg.), Staatsrecht der DDR. Lehrbuch, 2. Aufl., Berlin (Ost) 1984.

[47] Vgl. Brunner, Georg, Das Staatsrecht der Deutschen Demokratischen Republik, in: Josef Isensee/Paul Kirchhoff (Hrsg.), Handbuch des Staatsrechts der Bundesrepublik Deutschland, Band 1, 3. Aufl., Heidelberg 2003, S. 531 ff.

Staatsaufbaus festgeschrieben.[48] Geht man nicht von dem strikten Totalitarismuskonzept einer Parteiendiktatur aus, die jede selbständige Interessenartikulation im Keime erstickt, dann bleibt die Frage, welche Handlungsspielräume organisatorisch – nicht durch persönliche Beziehungen – bleiben, um Eigenheiten, wie sie von Region zu Region und von Ort zu Ort nun einmal bestehen, zur Geltung zu bringen. Mangels autonomer Definitionsmacht in der Sache selbst werden wir insoweit auf konsultative Mechanismen verwiesen, also Komplexberatungen zur Vorbereitung des Volkswirtschaftsplanes durch Mitglieder des Ministerrates mit den Räten der Bezirke unter Leitung eines Stellvertreters des Vorsitzenden des Ministerrates, Beratungen der Räte der Bezirke mit den Räten der Kreise unter Leitung von Mitgliedern der Räte der Bezirke usw.[49] Überhaupt sind die Partei-, Staats-, Wirtschafts-, Kulturapparate der von solchen Beratungsmechanismen geprägt. Man spricht von einem „konsultativen Autoritarismus".[50]

Dass die zentrale Leitung durch Partei und Staat jenseits aller Bewegungen zu Konzentration und Dekonzentration das wirklich maßgebliche Organisationsprinzip der Verwaltung ist, wird schließlich noch am Grundsatz der doppelten Unterstellung deutlich. Dieses erstmals unter Stalin in die sowjetische Verfassung von 1936 aufgenommene Organisationsprinzip bedeutet in seiner Anwendung auf den Staatsapparat für die Regional- und Lokalverwaltung, dass die Exekutivorgane sowohl den Volksvertretungen, die sie gewählt haben, als auch den übergeordneten Exekutivorganen – mithin bis zur Ministerialebene – unterstellt sind. Diese doppelte Unterstellung soll nach der Doktrin die einheitliche Leitung eines bestimmten Verwaltungsbereichs durch ein zentrales Staatsorgan sichern und zugleich die Beachtung örtlicher Bedingungen und Erfordernisse durch Wahrnehmung staatlicher Machtorgane in den Territorien gewährleisten.[51]

Doppelte Kommunikationskanäle sind auch in der modernen Verwaltung bekannt. In der Bundesrepublik Deutschland hat sich sogar ein informales Handlungsmuster vertikaler „Fachbruderschaften" von Sozialverwaltung zu Sozialverwaltung, von Bildungsverwaltung zu Bildungsverwaltung, von Verkehrsverwaltung zu Verkehrsverwaltung über Staatsorganisationsebenen hin-

---

[48] Vgl. Brunner, Georg, Das Staatsrecht der Deutschen Demokratischen Republik, in: Josef Isensee/Paul Kirchhof (Hrsg.), Handbuch des Staatsrechts der Bundesrepublik Deutschland, Band 1, 3. Aufl., Heidelberg 2003, S. 531 ff.
[49] Vgl. Roggemann, Herwig, Kommunalrecht und Regionalverwaltung in der DDR, Berlin 1987.
[50] Vgl. Ludz, Peter Christian, Parteielite im Wandel, Köln/Opladen 1968.
[51] Vgl. Akademie für Staats- und Rechtswissenschaft der DDR (Hrsg.), Staatsrecht der DDR. Lehrbuch, 2. Aufl., Berlin (Ost) 1984.

weg entwickelt. Nur ist die Spannungslage zwischen gesamtstaatlichen, regionalen und örtlichen Interessen mit entsprechender Definitionsmacht anerkannt. Es bestehen offizielle Mechanismen, die einschlägigen Konflikte offenzulegen und zu lösen. Im realen Sozialismus, wo es der Organisation nach sogar zur Kollision unterschiedlicher Weisungen von Zentralinstanz und Ortsvertretung an das Exekutivorgan kommen konnte, blieb diese Strukturfrage des Staatsapparats unbeantwortet. Sie wurde dort mit der Behauptung übergangen, es gebe objektiv keinen Widerspruch zwischen der Kollektivität der Räte und der doppelten Unterstellung ihrer Fachorgane.[52]

Aus der Verwaltungspraxis der DDR wird berichtet, dass die Vertikale das wirklich maßgebliche Steuerungsmuster der doppelten Unterstellung war. Die Vorgaben der höherrangigen Instanz waren entscheidend, und zwar bis zur subjektiven Auffassung und dem willkürlichen Eingriff übergeordneter Leiter. Welches Vertrauen die Orthodoxie bis zuletzt auf die Wirkungsmächtigkeit von Partei- und Staatszentrale setzte, wurde bei der Einrichtung der gerichtlichen Nachprüfung von Verwaltungsentscheidungen Ende 1988 deutlich. Man hörte die Meinung, dass zwar eine solche Gerichtskontrolle mit der marxistisch-leninistischen Staats- und Rechtslehre nicht vereinbar und deswegen abzulehnen sei, dass man aber in dieser Frage notfalls auch nachgeben könne, weil dies im Sozialismus der DDR ohnehin folgenlos bliebe.

Das Prinzip des demokratischen Zentralismus prägt als gesellschaftliches Organisationsprinzip nicht nur Partei- und Staatsapparat, sondern alle Lebensbereiche von der Kultur bis zur Wirtschaft. Gerade auf ökonomischem Gebiet zeigt die leidige Geschichte von volkswirtschaftlicher Planung und industriell-kommerziellen Kombinaten, dass es nie gelang, diese Fessel im Interesse von Effizienz und Effektivität der Wirtschaft auch nur angemessen zu lockern.[53] Die so gebundenen Einzelpersonen und sozialen Gruppen erfuhren solche Gewalteneinheit im Lebensalltag nicht in der Herrschaftsgebärde eines hochrangigen Nomenklaturisten, sondern im Tun oder Lassen in den Büros der Kaderverwaltung. Es ist hiernach verständlich, dass der reale Sozialismus als administrativ-zentralistisch organisierter Sozialismus empfunden wurde. Man hat es angesichts administrativ-autoritärer Erscheinungsformen des realisierten Staates für zutreffend gehalten, von einem „bürokratischen Zentralismus" – anstelle eines „demokratischen", damit jedenfalls spezifisch politischen – zu sprechen.[54]

---

[52] Vgl. Roggemann, Herwig, Die DDR-Verfassungen: Einführung in das Verfassungsrecht der DDR, 4. Aufl., Berlin 1989.
[53] Vgl. Bundesministerium für innerdeutsche Beziehungen (Hrsg.), DDR-Handbuch, 2 Bände, 3. Aufl., Köln 1985.
[54] Vgl. Meyer, Gerd, Bürokratischer Sozialismus, Stuttgart/Bad Cannstadt 1977.

Sozialismus und Bürokratie sind ein weites Feld.[55] Man muss allerdings von vornherein festhalten, dass es bei der Bürokratie insoweit nicht um jene positive Leistungsordnung von Berufsbeamtentum, regelgebundener Amtstätigkeit, geordneter behördlicher Zuständigkeit usw. geht, wie sie als bürokratische Verwaltung der Moderne typisiert worden ist.[56] Vielmehr geht es um Dysfunktionen von Verwaltungsstaat und verwalteter Welt, die als Bürokratismuskritik auch dem realen Sozialismus vorgehalten werden. Das beginnt mit dem Bürokratismusvorwurf als Selbstkritik. Man stellte im Staatsapparat einzelne Fehlleistungen wie Formalismus, Pedanterie, Ineffizienz fest und verurteilte diese als Überreste der alten bürgerlichen Gesellschaftsordnung. Am Ende steht eine Fundamentalkritik, die bezweifelt, dass es überhaupt gelungen sei, im marxistischen Sinne ein anderes, neues Grundgefüge politisch-administrativen Handelns einzuführen. Man sieht einen Bürokratismus, der an den Rändern einer rationalen Leistungsordnung angesiedelt ist und Humanität – das Grundanliegen der Bürokratiekritik – verfehlt, indem er den Menschen nicht nur entfremdet, sondern ihn einerseits in Privatnischen abdrängt und so spaltet, ihn andererseits beliebig veröffentlicht und dort entmündigt.[57]

In anderer Richtung bezeichnet die marxistisch-leninistische Lehre als bürokratischen Zentralismus die Verwaltungsverhältnisse in den westlichen Demokratien, wie sie sich vom Kampf der aufstrebenden jungen Bourgeoisie zur Überwindung der den gesellschaftlichen Fortschritt hemmenden feudalen Zersplitterung bis zum staatsmonopolistischen Kapitalismus entwickelt hätten.[58] Jenseits solcher Interpretationen ist freilich festzuhalten, wie die Herausbildung der modernen Verwaltung auf europäischem Boden mit dem Entstehen staatlicher Zentralgewalt zusammenhängt und dass es klassisch-europäische Verwaltungen – wie die Frankreichs – gibt, die noch einen hohen Zentralisationsgrad im Administrativ-Territorialen aufweisen. Indessen besorgt in den offenen Gesellschaften ein politischer Pluralismus, dass Zentralisierungen in öffentlichen Angelegenheiten ihre Grenzen finden. Überdies wird dort immer mehr erkannt, dass Dezentralisierung und Dekonzentration geeignete Verwaltungspolitiken sind, die kulturellen, sozialen, ökonomischen und politischen Ressourcen auf regionaler und lokaler Ebene auch zum Nutzen der nationalen Wohlfahrt zu mobilisieren.[59]

---

[55] Vgl. Hegedüs, András, Sozialismus und Bürokratie, Reinbek bei Hamburg 1981.

[56] Vgl. Weber, Max, Wirtschaft und Gesellschaft, Studienausgabe, 5. Aufl., Tübingen 1980, S. 563.

[57] Vgl. König, Klaus, Kaderverwaltung und Verwaltungsrecht, in: Verwaltungsarchiv 1982, S. 37 ff.

[58] Vgl. Klaus, Georg/Buhr, Manfred (Hrsg.), Philosophisches Wörterbuch, 7. Aufl., Berlin 1970.

[59] Vgl. König, Klaus, Kritik öffentlicher Aufgaben, Baden-Baden 1989.

In der geschlossenen Gesellschaft des realen Sozialismus betrifft die Kategorie des bürokratischen Zentralismus die wirklich maßgebliche Herrschaftsordnung. Haben wir in der Beziehung zwischen Herrschenden, Apparat und Beherrschten, was das Personale anlangt, ein Herrschaftsgefälle zwischen Nomenklatura und Verwaltungskadern festgestellt, so müssten jetzt im Organisatorisch-Institutionellen die Verhältnisse auf den Kopf gestellt sein. Verwaltungsbüros in ihrer Anonymität müssten sich mächtiger erweisen als die organisierte Partei der Marxisten-Leninisten: Generalsekretär, Politbüro, Zentralkomitee, Parteitag und weiter regionale und lokale Parteiorgane.

Zur Verwaltung der DDR wird die Meinung geäußert, dass die Kooperationsformen zwischen Partei- und Staatsapparat im Rahmen der Entscheidungsprozesse zu einer weitgehenden fachlichen Abhängigkeit der Partei vom Staatsapparat geführt hätten.[60] Nun ist den „vollziehend-verfügenden Organen" im realen Sozialismus ein eigener Funktionsbereich zugewiesen, weswegen ihnen wiederum die eigene Organisation zugebilligt ist. Will die Verwaltung eines technisch-industriell entwickelten Landes die ihr aufgegebenen Leistungen erbringen, muss sie jenseits politischer Anforderungsprofile über bestimmte Fachkompetenzen verfügen, die sich als Organisationswissen verfestigen. Angesichts der komplexen Umwelt einer neuzeitlichen Verwaltung gehören dazu soziale Kompetenzen, juristischer und ökonomischer Sachverstand, insbesondere aber auch Sachkunde natur- und ingenieurwissenschaftlicher Art. Insoweit kann davon ausgegangen werden, dass die Verwaltung der DDR – wie die moderne westliche Verwaltung – Fachverstand in Sachen des Verkehrswesens, der Gesundheitsdienste, der Raumordnung usw. als amtliche Kenntnisse und Fertigkeiten gesammelt und gespeichert hatte. Die Fachkompetenz ist sodann ein Medium der Verwaltung, mit dem sie auch mit ihrer politischen Umwelt kommuniziert. Dass dann entsprechende Informationsvorsprünge technokratisch eingesetzt werden, um Einfluss auf politische Instanzen zu nehmen, gehört zu den Alltagserfahrungen und scheint selbst im Verhältnis der Kaderverwaltung zur marxistisch-leninistischen Partei plausibel, wenn man etwa an die komplizierte Organisation gesamtwirtschaftlicher Planung denkt.

Von hier bis zu einer Unterordnung von Partei und Gesellschaft unter zentralistisch organisierte Verwaltungsbüros ist ein weiter Weg. Man hört im Gegenteil vom Sachverstand der Stadtentwicklung, des Umweltschutzes, des Gesundheitswesens, dass man mit dieser Kompetenz in den Parteiorganen nicht gehört worden wäre. Man müsste angesichts des Zurückbleibens der DDR hinter anderen sozialistischen Ländern fragen, ob systemische Fortentwicklungen wie Flexibilisierung der Wirtschaft, Modernisierung der Ministerialorganisation, Neu-

---

[60] Vgl. Neugebauer, Gero, Staatsapparat, in: Bundesministerium für innerdeutsche Beziehungen (Hrsg.), DDR-Handbuch, Band 2, Köln 1985, S. 1270 ff.

gliederung der Territorien, Rechtsschutz für den Bürger usw. am bürokratischen Widerstand der Kaderverwaltung oder an der Unfähigkeit der politischen Kaste zur Innovation gescheitert sind. Jedenfalls verdient das Konzept vom „bürokratischen Zentralismus" zur Deutung des realen Sozialismus unsere Aufmerksamkeit, weil es zu einer ideologischen Legendenbildung beitragen könnte.

4. Entscheidungsprozesse in der Kaderverwaltung

Grundkonzept aller Ablaufmuster und Entscheidungsprozesse der Verwaltung im realen Sozialismus ist das der Transmission: der Umsetzung des Willens der marxistisch-leninistischen Partei durch den Staatsapparat. Die Verwaltung wird prinzipiell durch Anweisungen des systemorientierten Parteiwillens mit universellem Anspruch gesteuert. Dabei treten auch die Züge der voluntaristisch geprägten Kommandogewalt eines Stalinismus hervor.[61] Ob es aber um systemisch formulierte Weisung der politischen Klasse oder Willkürgewalt von Nomenklaturisten geht: es besteht ein Subordinationsgefüge von Befehl und Gehorsam, bei dem von unten her wenig – sieht man die Folgen in der natürlichen Umwelt, in der Infrastruktur, im Gesundheitswesen, in der Altenversorgung usw. jedenfalls zu wenig – zu sagen ist. Es entsteht eine Kommandoverwaltung, die die Funktionalität eines spezifischen Sachverstands in öffentlichen Angelegenheiten nicht so zur Geltung bringen kann, wie das von der bürokratischen Verwaltung zu beobachten ist.

Die moderne Verwaltung wird – neben anderen wie eben auch durch Macht – insbesondere durch die Kommunikationsmedien von Recht und Geld gesteuert. In einer eindeutigen Vorherrschaft von Befehlsmacht müssen diese beiden Medien verkommen. Rechtens kann nach marxistisch-leninistischer Definition ohnehin nur sein, was dem Willen der Arbeiterklasse und ihrer Partei entspricht.[62] Das schließt immerhin noch sozialistische Gerechtigkeit als Anspruch der Arbeiterklasse und werktätiger Schichten ein.[63] In einem von Machtzentrum her instrumentalisierten Recht geht selbst die Suche nach solcher Gerechtigkeit verloren. Die Verwaltung ist nicht die Instanz, die im Namen des Rechts Interessen der Werktätigen von unten her artikulieren kann. Was bleibt, ist das sozialistische Recht als Mittel zur Verwirklichung der Poli-

---

[61] Vgl. König, Klaus, Kaderverwaltung und Verwaltungsrecht, in: Verwaltungsarchiv 1982, S. 37 ff.

[62] Vgl. Institut für Theorie des Staates und des Rechts der Akademie der Wissenschaften der DDR (Hrsg.), Marxistisch-leninistische Staats- und Rechtstheorie, 2. Aufl., Berlin 1975.

[63] Vgl. Klaus, Georg/Buhr, Manfred (Hrsg.), Philosophisches Wörterbuch, 7. Aufl., Berlin 1970.

tik der marxistisch-leninistischen Partei, das nicht neben oder gar über der Politik steht.[64] Im Grunde greift man unter diesen Vorzeichen gewisse Vorzüge der Positivität modernen Rechts auf: staatliche Setzung, Verbindlichkeit, Sanktionierung, Garantie, ohne freilich daraus alle Konsequenzen zu ziehen.

Wie das Medium des Rechts erweist sich auch das des Geldes als nicht so zuverlässig, wie wir es in der modernen Verwaltung gewohnt sind. Die monetäre Sprache sorgt nicht ohne weiteres für Klarheit in öffentlichen Angelegenheiten. Etwa über etatisierte Finanzmittel für Bauvorhaben in einer Gemeindekasse verfügen zu können, besagt wenig, wenn es keine Baumaterialien von Staats wegen gibt. Staat und Verwaltung sind durch eine Dominanz der Bewirtschaftung materieller Ressourcen über die Geldsphäre gekennzeichnet. Damit sind die Eigenheiten einer Geldwirtschaft im realen Sozialismus angedeutet.[65] Eigentlich dürfen monetäre Größen nicht selbst zu Problemen werden. Jedenfalls signalisieren in der Planwirtschaft Schwierigkeiten mit dem Geld, dass die Wirtschaft der Staatshand entglitten ist.[66] Staatsfinanzen sind nur ein Bestandteil der gesamtgesellschaftlichen und gesamtwirtschaftlichen Steuerung. Formal gilt die Einheit von materieller und finanzieller Planung, und zwar bei Nachrangigkeit der Budgetierung.[67] Die Staatsfinanzen können aus einem solchen Verbund nur geschwächt als Kommunikationsmedium für die Verwaltung hervorgehen. Sie können nicht den eigenständigen Rang einnehmen, der Haushalt und Finanzen des öffentlichen Sektors in einer Gesellschaft mit marktwirtschaftlich ausdifferenzierten ökonomischem System ermöglicht ist.

Im westlichen Staat wird über öffentliche Angelegenheiten durch Gesetze und Pläne vorentschieden: Entscheidungen über Entscheidungen gefällt. In der modernen Verwaltung gibt es dabei nicht das allumfassende Gesetz. Mit der Kodifikationsidee des Preußischen Allgemeinen Landrechts kann man dem jetzigen Normierungsbedarf nicht genügen. Wohl besteht ein Stufenbau des Rechts mit Über- und Nebenordnungen. Genauso wenig gibt es den allumfassenden Plan. Selbst der Gedanke einer hochintegrierten Planung etwa in der Form eines Bundesentwicklungsplans hat sich in den 1970er Jahren nicht durchgesetzt. Vielmehr besteht ein Netzwerk von Plänen der Raumordnung, des Gesundheitswesens, des Bildungsbereiches usw. – ein „Plänestaat" –, in dem jeweils auf Interdependenz der Programme zu achten ist. Programmsteue-

---

[64] Vgl. Brunner, Georg, Einführung in das Recht der DDR, 2. Aufl., München 1979.

[65] Vgl. Akademie der Wissenschaften der DDR: Veröffentlichungen der Wissenschaftlichen Räte, Wesen und aktive Rolle des Geldes in der sozialistischen Planwirtschaft, Berlin (Ost) 1989.

[66] Vgl. Riese, Hajo, Geld im Sozialismus: Zur theoretischen Fundierung von Konzeptionen des Sozialismus, Regensburg 1970.

[67] Vgl. Haase, Herwig E., Staatshaushalt, in: Bundesministerium für innerdeutsche Zusammenarbeit (Hrsg.), DDR-Handbuch, Band 2, 3. Aufl., Köln 1985, S. 1280 ff.

rung im realen Sozialismus folgt demgegenüber der leninistischen Formel von der Umwandlung des ganzen staatlichen Wirtschaftsmechanismus in eine einzige große Maschine, in einen Wirtschaftsorganismus, der so arbeitet, dass sich Hunderte von Millionen Menschen von einem einzigen Plan leiten lassen. Dabei geht es um die Beherrschung aller Lebensbereiche und die Lösung der Menschheitsprobleme überhaupt.[68]

In diesem Sinne wurde eine Volkswirtschaftsplanung eingerichtet, die nach materialistischem Gesellschaftsverständnis die sozioökonomische Programmsteuerung von Staats wegen schlechthin sein sollte. Die historische Entwicklung dieses Steuerungsversuchs nach Planungsaufgaben, Planarten und Planinhalten, Planorganisation und Planungsablauf, Planungsinstrumenten verdient nicht nur ökonomisches Interesse, sondern Aufmerksamkeit gerade aus der Perspektive der öffentlichen Verwaltung.[69] Lassen wir Fragen von Macht und Humanität beiseite und berücksichtigen wir nur die Technizität des Verwaltens, so ist auch hier ein Versagen über die Epochen der Planung hin festzustellen, und zwar nicht nur im gesamtstaatlichen Maßstab, sondern auch in den territorialen Ebenen von Bezirks-, Kreis- und Gemeindeverwaltung. Dabei wird man eher zu der Feststellung neigen, dass die kompetenten Staatsfunktionäre im Falle der DDR mit Perfektionismus versucht haben, die „große Maschine" in Gang zu setzen. Überdies ging es um bevölkerungsmäßige und geographische Größenordnungen weit vor der Frage, wie ein Riesenreich wie die Sowjetunion oder China zu regieren sei. Der totale Planungsansatz musste indessen schon an der Frage scheitern, wie denn die erforderlichen Informationen zu beschaffen seien, um die komplexen Lebens- und Wirtschaftsverhältnisse einer Industriegesellschaft von Staats wegen in den Griff zu kriegen.

Die Erben Lenins waren sich bewusst, dass ein ökonomisches Steuerungsmuster nicht ausreichen würde, eine moderne Welt sozial-technisch zu beherrschen. Sie erkannten, dass es eben auch im Sozialismus keinen Gesamtmechanismus geben konnte, der gleichsam ohne Ansicht von Menschen ein den Interessen der herrschenden Klasse entsprechendes Resultat gewährleisten würde. Der Titel „Mit Recht leiten"[70] weist nicht nur auf die Instrumentalisierung des Rechts durch die Politik hin. Vielmehr wird das Recht als eigene Steuerungskette der Einwirkung auf Verwaltung, Wirtschaft, Gesellschaft anerkannt. Damit sind freilich nicht feste Rechtssetzungen, formalisierte Rechtsregeln, letztlich Rechtsstaatlichkeit im Sinne der modernen Verwaltung gemeint. Es geht

---

[68] Vgl. König, Klaus, Programmsteuerung in komplexen politischen Systemen, in: Die Verwaltung 1974, S. 137 ff.
[69] Vgl. Rytlewski, Ralf, Planung, in: Bundesministerium für innerdeutsche Zusammenarbeit (Hrsg.), DDR-Handbuch, Band 2, 3. Aufl., Köln 1985, S. 986 ff.
[70] Vgl. Bergmann, Siegfried, Mit Recht leiten: Aktuelle Fragen der Durchsetzung des sozialistischen Rechts in Betrieben und Kombinaten, Berlin (Ost) 1974.

darum, die Befehle der zentralen Kommandogewalt mit dem Medium des Rechts durchzusetzen.

Die Positivität des Rechts ermöglicht es, die gesellschaftlichen Verhältnisse zugleich zu stabilisieren und veränderlich zu gestalten.[71] Zur Bestandserhaltung des realen Sozialismus wirkte es disziplinierend. Die Dynamik des Parteiwillens wird aber nicht gebrochen. Positives Recht wird durch den Staatsapparat gesetzt. Es beruht auf Entscheidungen der Partei. Die eingetretene Verstetigung kann wieder durch Entscheidung aufgehoben werden. Entscheidbarkeit und Änderbarkeit in der Disposition von Partei und Staat machten positives Recht zu einem Transmissionsriemen, der besorgt, dass die Geschlossenheit des Systems unter wechselnden Umweltbedingungen erhalten bleibt. Die Verwaltung ist in solcher Weise einer normativen Stufenordnung von Verfassung, Gesetzen, Verordnungen usw. unterworfen, an deren Spitze die Beschlüsse der Partei stehen.[72]

Muss hiernach kein Kader mehr unmittelbar nach Marx und Lenin judizieren,[73] dann kann es geschehen, dass sich die Gerechtigkeitswerte des Rechts entfalten, eine juristische Eigendynamik dem parteilichen Willen in die Quere kommt. Es muss hiernach der Primat des Politisch-Ideologischen nicht nur in den Personal- und Organisationsverhältnissen, sondern auch in den staatlichen und administrativen Entscheidungsprozessen abgesichert werden. Die Steuerungsfunktion der marxistisch-leninistischen Ideologie muss auch in einer durch positives Recht geleiteten Kaderverwaltung gewährleistet bleiben. In der Staats- und Rechtslehre ist dazu eine Maxime entwickelt worden, die den ideologischen Zugriff auf die Rechts- und Verwaltungsverhältnisse erlaubt. Das ist die sozialistische Gesetzlichkeit.[74] Dieses Grundprinzip von Staat und Recht darf nicht mit dem gleichgesetzt werden, was in der modernen Verwaltung als Gesetzmäßigkeitsgrundsatz – Vorbehalt des Gesetzes, Vorrang des Gesetzes – gilt. Vielmehr geht es um eine Leitungsregel im Sinne der marxistisch-leninistischen Partei.

Die sozialistische Gesetzlichkeit ist ein vielseitiger Grundsatz. Er erfüllt mehr als eine Funktion bei der Steuerung rechtlich-administrativer Verhältnisse. Das Gewicht dieser Funktionen hat in den verschiedenen Epochen der

---

[71] Vgl. Balla, Bálint, Kaderverwaltung: Versuch zur Idealtypisierung der „Bürokratie" sowjetisch-volksdemokratischen Typs, Stuttgart 1973.

[72] Vgl. Akademie für Staats- und Rechtswissenschaft der DDR (Hrsg.), Verwaltungsrht. Lehrbuch, 2. Aufl., Berlin (Ost) 1988.

[73] Vgl. Luhmann, Niklas, Positives Recht und Ideologie, in: Archiv für Rechts- und Sozialphilosophie 1967, S. 531 ff.

[74] Vgl. Institut für Theorie des Staates und des Rechts der Akademie der Wissenschaften der DDR (Hrsg.), Marxistisch-leninistische Staats- und Rechtstheorie, 2. Aufl., Berlin (Ost) 1975.

Durchsetzung des realen Sozialismus gewechselt.[75] Als Einlassstelle für die marxistisch-leninistische Ideologie kann die sozialistische Gesetzlichkeit nach Bedarf aktiviert werden.[76] Sie kann zum Beispiel Leistungen nach Art eines Opportunitätsprinzips erbringen. Das heißt, dass Gesetze jeweils nach Maßgabe der Parteidirektiven gelten und anzuwenden sind. Sie haben beiseite zu stehen, wenn sie zur marxistisch-leninistischen Definitionsmacht in Widerspruch geraten. Oder es geht um eine Bindungsregel. Die vollziehend-verfügende Tätigkeit hat die Partei- und Staatsvorschriften strikt einzuhalten. Oder es handelt sich um einen Interpretationsgrundsatz. Das positivierte Recht ist im Sinne der Partei des realen Sozialismus auszulegen. Oder man stellt auf eine Art von Legitimationsmaxime ab. Einem noch so schwachen Rechtsschutz der Bürger wird gesellschaftliche Dignität verliehen. Oder sozialistische Gesetzlichkeit bedeutet ein Leitprinzip. Der Gesetzgeber hat das zu erlassende Recht nach den Bewertungen der marxistisch-leninistischen Ideologie auszurichten. Welche Widersprüche man auch immer entdeckt, maßgeblich ist, dass der Wille der Partei gilt.

Die real-sozialistische Staats- und Rechtsdoktrin hatte in der DDR einige Schwierigkeiten gehabt, das Verwaltungsrecht als eigenes Rechtsgebiet von der Parteispitze anerkannt zu erhalten. Man meinte, dass das Prinzip der Einheit von Beschlussfassung, Durchführung und Kontrolle für die vollziehend-verfügende Tätigkeit durch ein Sonderrecht in Frage gestellt werden könnte.[77] Solche Befürchtungen waren unbegründet. Das Verwaltungsrecht der DDR hat nie Rechtsbegriffe, Rechtsinstitute, Rechtsmaximen von einer juristischen Disziplin entwickelt, dass die darin getroffenen Vorentscheidungen in Sach- und Wertungsfragen Gewalteneinheit und Zentralmacht entgegenstehen konnten. So blieb zum Beispiel auch das Handlungsinstrumentarium der Verwaltung von der Rechtsform her eher diffus. Man unterschied zwischen normativen Entscheidungen, aufgabenstellenden Entscheidungen, Einzelentscheidungen und Weisungen.[78] Aber mit keiner dieser Kategorien erreichte man jenes spezifische Leistungsvermögen, wie es zum Beispiel die Rechtsform des Verwaltungsaktes für Bürger wie Verwaltung unter rechtsstaatlichen Verhältnissen ermöglicht.

---

[75] Vgl. Westen, Klaus, Sozialistische Gesetzlichkeit, in: Klaus Dieter Kerwig (Hrsg.), Sowjetsystem und demokratische Gesellschaft: Eine vergleichende Enzyklopädie, Band 5, Freiburg 1972, Sp. 993 ff.

[76] Vgl. Dähn, Ulrich/Lehmann, Günter, Einige Aspekte der weiteren Festigung der sozialistischen Gesetzlichkeit, in: Staat und Recht 1980, S. 507 ff.

[77] Vgl. Schulze, Gerhard/Misselwitz, Joachim, Wege und Perspektiven des Verwaltungsrechts in der Verwaltungsrechtswissenschaft der DDR, in: Verwaltungsarchiv 1978, S. 251 ff.

[78] Vgl. Akademie für Staats- und Rechtswissenschaft der DDR (Hrsg.), Verwaltungsrecht. Lehrbuch, 2. Aufl., Berlin (Ost) 1988.

Über vielfältige Folgen – Rechtsregime, Rechtsweg, Bestandskraft usw. – ist bereits vorentschieden.

Solche juristischen Vorleistungen in Sach-, Wertungs-, Verfahrens-, Organisationsfragen festigen nicht nur die Verhältnisse zwischen Bürger und Verwaltung. Sie tragen auch zur Rationalisierung der Verwaltung selbst bei. Daran musste aber auch die marxistisch-leninistische Rechts- und Verwaltungsdoktrin interessiert sein, wollte sie den Staat als „Hauptinstrument" zum Aufbau des realen Sozialismus wirksam nutzen. Entsprechend wurde von einigen erkannt, dass das Verwaltungsrecht seine rationalisierende Kraft nicht entfalten kann, wenn es beliebig ist, sondern nur, wenn es eine eigene, von anderen sozialen Größen ausdifferenzierte Qualität ausweist. Man bemerkte, dass es von der rechtlichen Seite her bei der Festlegung von Prozessabläufen, Leitungs- und Planungsprozessen auf bestimmten Gebieten nicht einfach darauf ankommt, jeden Schritt des Prozessablaufs, jede Operation zu erfassen und in eine Rechtsvorschrift aufzunehmen. Damit würde der Spezifik der Funktion des Rechts in der staatlichen Leitung durchaus noch nicht Rechnung getragen. Es käme vielmehr darauf an, in den Prozessabläufen innerhalb des staatlichen Leitungssystems die entscheidenden Leitungsakte herauszukristallisieren, die unbedingt Stabilität aufweisen müssten.[79]

Indessen wurden die „Knotenpunkte im Leitungsprozess" von rechtlicher Rationalität wenig stark geknüpft. Das Verwaltungsrecht war ein weitverbreitetes Kommunikationsmedium. Es verfloss aber in Deskriptionen und Ideologien und wirkte technisch eher schwach. Es fehlten auch die Partner eines produktiven juristischen Dialogs. In der Verwaltung selbst gab es keine zureichende Verfahrensgarantie für ein Rechtsgespräch. Der gerichtliche Rechtsschutz gegen Verwaltungsentscheidungen wurde erst am Ende – praktisch folgenlos – eingerichtet. Der kritischen Stimme der Verwaltungsrechtslehre stand der Repressionsapparat des offiziellen Wissenschaftsbetriebs entgegen. Im Grunde aber waren Partei-, Staats-, Wirtschaftsapparate nicht auf Differenzierungen eines öffentlichen Handlungsinstrumentariums eingestellt, das eigene juristische oder auch ökonomische Bewertungen jenseits der Befehlsstruktur ermöglicht hätte.

Nach den leninistischen Prinzipien sozialistischer Kontrollen ist die Verwaltung in ein dichtes Netz staatlicher und gesellschaftlicher Überwachungen eingespannt. Kontrollmaßstäbe sind nichts anderes, als was auch für das Verwaltungshandeln gilt: Sicherung der politischen Macht der herrschenden Klasse, sozialistische Gesetzlichkeit, Staats- und Plandisziplin, demokratischer Zentra-

---

[79] Vgl. Bönninger, Karl, Zur Rolle des Rechts im staatlichen Leitungssystem, in: Staat und Recht 1972, S. 734 ff.; Riege, Gerhard, Zur Rolle des Rechts im staatlichen Leitungssystem, in: Staat und Recht 1973, S. 418 ff.

lismus usw. Die Kontrollinstanzen zum Beispiel in der DDR reichten von der Arbeiter- und Bauern-Inspektion, der Arbeiterkontrolle der Gewerkschaften, der Kontrollposten der FDJ und anderen bis zu einer Fülle spezieller staatlicher Kontrollorgane für alle möglichen Verwaltungsbereiche bis hin zur Verpackungsinspektion.[80] Was fehlt, ist der Bürger mit einer vom unveräußerlichen Recht geprägten Individualsphäre, wie sie in der Völkerrechtsgemeinschaft zunehmend respektiert wird. Zwar gab es in der DDR von Gesetz wegen ein breites Eingabewesen mit einem strukturierten Bearbeitungsverfahren.[81] In speziellen Fällen konnten Rechtsmittel gegen Einzelentscheidungen der Organe des Staatsapparats eingelegt werden.[82] Am Schluss rang man sich sogar – wohl unter äußerem Druck – zu einem enumerativen Gerichtsschutz durch.[83]

Aber es geht dabei vorrangig um sozialistische Gesetzlichkeit, nicht um Bürgerrechte. Ein Verwaltungsverfahrensrecht oder ein Gerichtsprozessrecht primär zur Durchsetzung subjektiver Rechte gegen die Staatsgewalt im Sinne der Rechtsweggarantien wie in der Bundesrepublik sind nicht gemeint. Im Grunde weist das Eingabegesetz der DDR selbst darauf hin, wie der Bürger in einer kollektivierten Gesellschaft seine Interessen besser wahrnimmt. Eingaben waren in engem Zusammenwirken mit den Ausschüssen der Nationalen Front, der Gewerkschaften sowie den anderen gesellschaftlichen Organisationen zu bearbeiten. Leiter und Mitarbeiter im Staatsapparat mussten an Aussprachen über Eingaben in Betrieben, Genossenschaften, Hausgemeinschaften oder anderen Kollektiven teilnehmen. Man nützte sich mithin mehr, wenn man sich selbst kollektivierte – am besten in der marxistisch-leninistischen Partei – und Anschluss an einen „konsultativen Autoritarismus" fand.

Wenn der Bürger in seiner Individualität den Staatsinstanzen im Verhältnis zur rechtsstaatlichen Verwaltung wenig zu sagen hat, dann bleibt umgekehrt die Frage, ob das Verwaltungsrecht von Amts wegen gegen den Bürger durchgesetzt wird. Nun gibt es dazu in allen Verwaltungen Defizite: von der mangelnden Rechtskenntnis der Beamten bis zur fehlenden Rechtsakzeptanz beim Bürger. Im Falle der DDR scheint es insoweit am Endpunkt der Verwaltungsrechtsvollstreckung interessante Entwicklungen gegeben zu haben. So sagt man, dass die Ersatzvornahme nicht funktioniert habe. Wenn es darum ging, etwa hygienewidrige Zustände zu beseitigen, störende Mobilien wegzuräumen

---

[80] Vgl. Akademie für Staats- und Rechtswissenschaft der DDR (Hrsg.), Verwaltungsrecht. Lehrbuch, 2. Aufl., Berlin (Ost) 1988.
[81] Vgl. Akademie für Staats- und Rechtswissenschaft der DDR (Hrsg.), Verwaltungsrecht. Lehrbuch, 2. Aufl., Berlin (Ost) 1988.
[82] Vgl. Akademie für Staats- und Rechtswissenschaft der DDR (Hrsg.), Verwaltungsrecht. Lehrbuch, 2. Aufl., Berlin (Ost) 1988.
[83] Vgl. Bernet, Wolfgang, Das Problem der Gerichtsbarkeit über Verwaltungssachen in der Entwicklung der DDR, in: Die Öffentliche Verwaltung 1990, S. 409 ff.

usw., so konnten die Bürger nur schwierig Sachmittel und Dienstleistungen zur Herstellung eines rechtmäßigen Zustandes besorgen. Sie nahmen also die Ersatzvornahme als eine Art Verwaltungs-Service an und zahlten die Kosten.

Auch mit den unmittelbaren Zwangsmaßnahmen gab es Probleme. Mit dem Baurecht musste man es wohl nicht so genau nehmen. Mit Abbruch war selten zu rechnen. Knappe Baumaterialien – auch verbaute – waren zu schonen. Eine allfällige Ordnungsstrafe konnte vorkalkuliert werden. Es scheint mithin, dass das Verwaltungsrecht, das gegen die Staatsinstanzen weniger wirkte, auch gegenüber dem Bürger stumpfer wurde. Freilich blieben auch hier die Mechanismen des Kollektivismus. Staatsapparat und organisierte Gesellschaft waren im realen Sozialismus intentional verwoben. Man traf den Bürger allemal, wenn man ihn in seinen Kollektiven der Arbeits-, Betriebs-, Wohn-, Gesellschaftsorganisation disziplinierte oder gar ausgrenzte.

Trotz der grundsätzlichen Innovationsprobleme des realen Sozialismus hat dieser im Verlaufe seiner Geschichte eine Reihe von systemimmanenten Reformen hervorgebracht. Man denke nur an die immer neuen Ansätze zur volkswirtschaftlichen Planung.[84] In den achtziger Jahren verdichteten sich indessen insbesondere im Falle der DDR Eindrücke der Stagnation. Der an der öffentlichen Verwaltung Interessierte hörte über Umwege von Überlegungen zur Reorganisation der Ministerialebene, zum territorialen Zuschnitt der örtlichen Verwaltung, zum Rechtsschutz durch Verwaltungsgerichte. Indessen: es geschah nichts. Als in den internationalen Begegnungen der Verwaltungswissenschaftler von polnischer oder ungarischer Seite schon längst eine Vielfalt von Verwaltungsveränderungen propagiert wurde, war von Vertretern der DDR nichts Offizielles zu hören. Selbst als Wissenschaftler aus der Sowjetunion die tiefgreifende Umgestaltung von Staat und Wirtschaft in dieser politischen Vormacht ankündigten, blieb man stumm.

Von den Alltagsgeschäften von Partei und Staat hörte man, dass punktualistische Eingriffe in die real-sozialistischen Teilsysteme, Teilstrukturen, Teilfunktionen von Verwaltung und Wirtschaft seitens der Nomenklatura an der Tagesordnung seien, sei es, dass es dabei um materielle Planungen oder finanzielle Zuweisungen, staatliche Rechtsvorschriften oder gar Parteibeschlüsse ginge. Von der Verfassung der DDR sagten selbst Staatsrechtler der DDR, dass es keine andere Norm gebe, gegen die so häufig verstoßen werde, obwohl die Verfassung zur Disposition der Partei stand. Nun zählt – wo auch immer – Machtbesitz zu den größten Gefährdungen persönlicher Integrität. Eine politische Ordnung mit einem Herrschaftsgefälle nach Art des praktizierten Marxismus-Leninismus wird freilich besonders korrumpieren. Man wird am Ende der

---

[84] Vgl. Rytlewski, Ralf, Planung, in: Bundesministerium für innerdeutsche Beziehungen (Hrsg.), DDR-Handbuch, Band 2, 3. Aufl., Köln 1985, S. 986 ff.

4. Kapitel: Verwaltung in Vor- und Gegenmoderne

DDR mit guten Gründen vom stalinistischen Voluntarismus sprechen und auf „die alten Männer im Politbüro" weisen können.

Nur sollte daraus nicht die Legende von den Verfehlungen einiger weniger Führungspersonen entstehen. Der „strukturelle Stalinismus" war am Ende;[85] umfassender: das System des real existierenden Sozialismus brach zusammen. Die widersprüchlichen Eingriffe seiner letzten Phase waren nicht nur Willkürmaßnahmen von Einzelpersonen. Dem immer offenkundiger werdenden Systemversagen gegenüber blieb nicht viel mehr als ein politischer Dezisionismus. Marxistisch-leninistische Verwaltungswissenschaftler mochten demgegenüber bis zuletzt versuchen, die systemischen Leistungen staatlicher Leitung herauszustreichen.[86] Nach einem Modernisierungsansatz für die „große Maschine" hält man indessen vergeblich Ausschau.

Das Versagen des realen Sozialismus war auch das seines Staatsapparates, seiner Kaderverwaltung, seiner vollziehend-verfügenden Tätigkeit. Das gilt selbst, wenn man die Kriterien eines marxistischen – bürokratiekritischen – Vorverständnisses anlegt, nämlich Macht, Technik, Humanität.[87] Zur Macht: Kaderverwaltung war Teil der politischen Unterdrückung. Zur Technik: Die vollziehend-verfügende Tätigkeit konnte keinen sozialadäquaten Wohlstand besorgen. Zur Humanität: Schließlich gingen die Menschen auch gegen den Staatsapparat auf die Straße. Die heute gern verwandte Formel vom „administrativ-zentralistisch organisierten Sozialismus" kann uns darüber hinaus darauf verweisen, dass die Verwaltungen nicht nur in den Apparaten des Staates, sondern auch denen der Partei, der Wirtschaft, der Gesellschaft, die politischen, ökonomischen, kulturellen Repressionsmechanismen verstärkt haben. In der Tat muss eine solche negative Eigenbewegung von Administrationen in Rechnung gestellt werden. Das ändert freilich nichts daran, dass es die politische Klasse der Nomenklatura ist, die zuerst den realen Sozialismus zu verantworten hat.

---

[85] Vgl. Glaeßner, Gert-Joachim, Vom „realen Sozialismus" zur Selbstbestimmung: Ursachen und Konsequenzen der Systemkrise in der DDR, in: Aus Politik und Zeitgeschichte, Beilage zur Wochenzeitung Das Parlament, B 1-2/1990, S. 3 ff.

[86] Vgl. Benjamin, Michael, Staatliche Leitung in der DDR: Theorie und Praxis, in: Thomas Ellwein (Hrsg.), Jahrbuch zur Staats- und Verwaltungswissenschaft, Band 3, Baden-Baden 1989, S. 335 f.

[87] Vgl. Balla, Bálint, Kaderverwaltung: Versuch zur Idealtypisierung der „Bürokratie" sowjetisch-volksdemokratischen Typs, Stuttgart 1973.

II. Entwicklungsverwaltung als Vormoderne

1. Entwicklung der Verwaltung

Der Entwicklungsbegriff wird in der Verwaltungspraxis vielfach verwendet. In Deutschland sprechen wir zum Beispiel in der kommunalen Organisation von einem Stadtentwicklungsamt, bei der Integration der Regierungsgeschäfte in einem Bundesland unter räumlichem Bezug von der Landesentwicklungsplanung, hinsichtlich der Treuhandschaft bei der Schaffung von gemeindlichen Siedlungseinheiten von Entwicklungsträger usw. Damit wird zugleich deutlich, dass der Entwicklungsgedanke nicht nur auf öffentliches Handeln in vergangenen wohlfahrtsstaatlichen Epochen, sondern auch auf den Bereich der Innenpolitik eines hochentwickelten Industrielandes bezogen werden kann.

Umfassender freilich ist die Zusammensetzung von Entwicklung und Verwaltung gemeint, wie sie uns im Hinblick auf die Fragen der Dritten Welt und parallel zu Wendungen wie Entwicklungsland, Entwicklungsgesellschaft, Entwicklungswirtschaft, Entwicklungspolitik usw. begegnet. In diesem Sinne schließt Entwicklungsverwaltung auch jene kritischen Ansichten ein, wie sie im Nord/Süd-Dialog geäußert werden. Entwicklungsverwaltung erscheint als ein in den Entwicklungsdekaden verbrauchter Ansatz. Er wird insbesondere mit jenen technokratischen Grundgedanken verbunden, die von Nordamerika und Europa aus in den öffentlichen Verwaltungen der Dritten Welt verbreitet werden. Managementmodelle, Planungs-, Programmierungs-, Budgetierungssysteme, Techniken der Projektverwaltung, Muster der Klassifizierung von Dienstposten, Kontrollmethoden usw. wurden zum Transfer in Entwicklungsländer angeboten.[88] Auch wenn man darüber hinaus in die Geschichte zurückgreift, scheint Entwicklungsverwaltung ein westliches Konzept zu sein, das seine Wurzeln in der okzidentalen Zivilisation, im rationalem Staat und wissenschaftlichem Management, in Erfahrungen mit der Überwindung, insbesondere dem Wiederaufbau Europas und dem Marshall-Plan hat.[89]

Auf der anderen Seite erweist sich die Idee der Entwicklungsverwaltung immer wieder als ein konzeptioneller Ansatz, auf den in Theorie und Praxis schwer zu verzichten ist. In der Verwaltungspraxis gibt man etwa einer Bildungs- und Beratungseinrichtung den Namen „Institute for Development Administration", um eine bestimmte Leitidee von der institutionalisierten Aufgabe zum Ausdruck zu bringen. In der Verwaltungswissenschaft stellt man bei aller

---

[88] Vgl. Siffin, William J., Two Decades of Public Administration in Developing Countries, in: Public Administration Review 1976, S. 61 ff.

[89] Vgl. Dwivedi, O. P./Nef, J., Crises and continuities in development theory and administration: First and Third World perspectives, in: Public Administration and Development 1982, S. 59 ff.

Kritik Entwicklungsverwaltung in die Mitte der Überlegungen zur Administration von Entwicklungsländern.[90] Genauso wenig wie man mit dem Wachstumsbegriff die ökonomischen Fragen der Dritten Welt zufriedenstellend erfassen kann,[91] können mit den für administrative Veränderungen bevorzugten Kategorien die Verwaltungsprobleme der Entwicklungsländer ausreichend umrissen werden.

Die Verwaltungswissenschaft ist eng mit dem Begriff der Reform verbunden.[92] Zum Beispiel ist in den Vereinigten Staaten von Amerika der Gedanke einer wissenschaftlichen Ausbildung für öffentliche Angelegenheiten und Verwaltung aus Bewegungen der Verwaltungsreform hervorgegangen. In der Bundesrepublik Deutschland haben Ansätze der territorialen Verwaltungsreform, der Reform der inneren Verwaltungsorganisation, des öffentlichen Dienstes, der öffentlichen Planung den heutigen Stand der Verwaltungswissenschaft mitgeprägt.

Die sich technisch-industriell entwickelnden Länder sind in die westlichen Reformdiskussionen zu Regierung und Verwaltung einbezogen worden.[93] Sie haben sich selbst vom Gedanken der Verwaltungsreform leiten lassen.[94] Obwohl sich mithin heute in der Dritten Welt mit dem Wort Verwaltungsreform Leitvorstellungen zu Theorie und Praxis der öffentlichen Verwaltung verbinden, ist es doch nicht geeignet, die hier in Frage stehenden Phänomene sozialer Veränderungen zu erfassen. Das liegt nicht daran, dass der Reformbegriff in der praktischen Politik als Schlagwort verbraucht wird und die Verwaltungsforschung Schwierigkeiten hat, seine Verwendungsrichtung zu bestimmen. Auch die an seiner Stelle vorgeschlagenen Begriffe der Innovation oder des organisatorischen Wandels[95] treffen den gemeinten Sachverhalt nicht zufriedenstellend.

Man muss sich vor Augen führen, dass der Prozess der Bildung von politisch-administrativen Institutionen in vielen südlichen Ländern in einem ande-

---

[90] Vgl. Gable, Richard W., Development Administration: Background, Terms, Concepts, Theories, and a New Approach, in: SICA Occasional Papers No. 7, Washington D. C. 1976.
[91] Vgl. Addicks, Gerd/Bünning, Hans-Helmut, Ökonomische Strategien der Entwicklungspolitik, Stuttgart u. a. 1979.
[92] Vgl. Caiden, Gerald E., Administrative Reform, Chicago 1969; König, Klaus, Verwaltungswissenschaften und Verwaltungsreformen, Speyerer Forschungsberichte 14, Speyer 1979.
[93] Vgl. Leemans, Arne F. (Hrsg.), The Management of Change in Government, The Hague 1976.
[94] Vgl. Centro Latinoamericano de Administración para el Desarrollo (CLAD) (Hrsg.), Experiencias Nationales en Reforma Administrativa, Mexico 1979.
[95] Vgl. Luhmann, Niklas, Reform des öffentlichen Dienstes, in: ders. (Hrsg.), Politische Planung. Aufsätze zur Soziologie von Politik und Verwaltung, Opladen 1971, S. 203 ff.

ren historischen Stande ist als in Europa und Nordamerika. Das reicht bis zu Situationen wie in der Jemenitischen Arabischen Republik. Dort ist aus der langen Geschichte des Landes keine umfassende eigene Verwaltungskultur auf die heutigen Tage überkommen. Keine ausländische Macht konnte eine allgemeine Kolonialverwaltung im Nordjemen errichten. Man setzt sich im Grunde erst seit Beginn der 1970er Jahre mit neuzeitlichen Formen öffentlicher Verwaltung auseinander.[96] Es fehlen mithin die institutionellen Voraussetzungen, um im strengeren Sinne von Umgestaltung und Erneuerung zu sprechen. So mögen Begriffe wie Verwaltungsreform und organisatorischer Wandel genügen, um gewisse Aspekte der Veränderung etwa in lateinamerikanischen Zentralregierungen zu kennzeichnen. Spätestens aber, wenn es um die Versorgung des ländlichen Raumes mit administrativen Leistungen geht, erweist sich, dass solche Kategorien nicht ausreichen. In diesem Zusammenhang ist anzumerken, dass entsprechend auch die Bezeichnung „Reform-Länder" für postsozialistische Staaten zu kurz fasst.

Der Entwicklungsbegriff greift breiter und tiefer. Das gilt nicht so ausgeprägt für spezifische Begriffsverbindungen, wie sie auch in der westlichen Verwaltungswissenschaft üblich sind. Zum Beispiel wird unter der Bezeichnung der Organisationsentwicklung ein Ansatz in die Verwaltungswissenschaft einbezogen, der sich mit Einstellungen und Haltungen von Menschen in Organisationen und einer Methodik der Verhaltensänderung befasst.[97] Oder man erörtert unter dem Begriff der Entwicklungsplanung ein politisch-administratives Handeln mit positiven, gestaltenden, integrierenden Momenten auf einer territorialen Ebene.[98] Mag insoweit eher manches für die Ausweitung des Fragehorizontes sprechen, so ist bei anderen Begriffsverbindungen von Entwicklung zu überlegen, wie man überhaupt zu diskussionsfähigen Größenordnungen kommen kann. Denn Entwicklung ist in der okzidentalen Ideengeschichte zu einer grundlegenden historisch-sozialwissenschaftlichen Verstehenskategorie erhoben worden. Sie schließt die Variationsbreite und -tiefe menschlich-gesellschaftlicher Verhaltensänderungen ein. Interessiert man sich für Entwicklungsverwaltung als einen konzeptionellen Bezugsrahmen, dann wird man diesen Umstand zumindest bewusst halten müssen.

Hinzu kommt mancherorts das Erbe der marxistisch-leninistischen Ideologie. Das betrifft auch Staat und Verwaltung. Auch sie waren in der Konfrontation von West und Ost auf Schauplätzen der Dritten Welt nicht ausgespart.

---

[96] Vgl. König, Klaus/Bolay, Friedrich, Zur Evaluation eines Verwaltungshilfeprojektes im Nordjemen, in: Verwaltungsarchiv 1980, S. 265 ff.

[97] Vgl. Klages, Helmut/Schmidt, Rolf W., Methodik der Organisationsänderung, Baden-Baden 1978, S. 64 ff.

[98] Vgl. König, Klaus/Schimanke, Dieter, Räumliche Planungen im politisch-administrativen System der Länder, Hannover 1980, S. 108 ff.

4. Kapitel: Verwaltung in Vor- und Gegenmoderne

Nicht zuletzt in den sozialistischen Organisations- und Leitungswissenschaften konkretisierte sich die marxistische Grundvorstellung von Entwicklung.[99] Entsprechend liegt es nahe, nach dem Zusammenbruch des realen Sozialismus den westlichen Modernisierungsbegriff auch auf Veränderungen in der Dritten Welt zu beziehen.[100] Das ist auch für die politisch-administrativen Verhältnisse geschehen.[101] Allerdings muss man berücksichtigen, dass die Entwicklungspolitik insbesondere in ihrer ersten Dekade von wachstumsorientierten Modernisierungstheorien angeleitet worden ist. Vor allem Stadiengesetze von wirtschaftlichem Wachstum – mit Stufen der traditionalen Gesellschaft, der Anlaufperiode, in der die Voraussetzungen für den Beginn des Wachstums gelegt werden, der Periode des wirtschaftlichen Aufstiegs, der Entwicklung zum Reifestadium, schließlich des Zeitalters des Massenkonsums[102] – haben Route und Reiseziel der Geschichte so vereinfacht, dass der Modernisierungsbegriff im Sinne eines Nachvollzugs der historischen Genese westlicher Industrieländer im Zeitraffer für die Dritte Welt in Zweifel gezogen worden ist.[103]

Unter diesen Vorzeichen empfiehlt es sich, für Staat und Verwaltung zunächst einmal den Entwicklungsbegriff beizubehalten, diese Kategorie indessen angesichts ihrer Vorgeschichte nicht zu eng zu fassen.[104] Hingegen lässt sich die Richtung ihrer Verwendung für die Verwaltungswissenschaft bestimmen. Wir beziehen den Entwicklungsbegriff auf strukturelle und funktionale Veränderungen der öffentlichen Verwaltung und ihrer sozialen Umwelt, wobei ein qualitatives Moment eingeschlossen ist. Entwicklungen können kontinuierlich, evolutionär oder abrupt, revolutionär sein; sie können endogene und exogene Gründe haben; sie können kontrolliert – durch Entwicklungsplanung – oder unkontrolliert – in Krisen – erfolgen. Maßgeblich ist, dass als Entwicklungen nur solche Veränderungen zu begreifen sind, die sich durch eine Tendenz, ein Gerichtetsein charakterisieren lassen. Dabei ist nicht auf die Art und Weise finaler Rationalisierungen sozialen Handelns zu sehen. Vielmehr geht es um System-

---

[99] Vgl. Benjamin, Michael, Vorlesungen zu Problemen der sozialistischen staatlichen Leitung, Potsdam-Babelsberg 1978.

[100] Vgl. Zapf, Wolfgang, Modernisierung und Transformation, in: ders./Bernhard Schäfers (Hrsg.), Handwörterbuch zur Gesellschaft Deutschlands, Opladen 1998, S. 472 ff.

[101] Vgl. Heady, Ferrel, Public Administration: A Comparative Perspective, 6. Aufl., New York u. a. 2001; Inkeles, Alex/Smith, David H., Becoming Modern, Cambridge 1974.

[102] Vgl. Rostow, W. W., Stadien wirtschaftlichen Wachstums. Eine Alternative zur marxistischen Entwicklungstheorie, Göttingen 1960.

[103] Vgl. Addicks, Gerd/Bünning, Hans-Helmut, Ökonomische Strategien der Entwicklungspolitik, Stuttgart u. a. 1979.

[104] Vgl. Henner, Franz-Wilhelm, Begriffe und Theorien der „politischen Entwicklung": Bilanz einer Diskussion und Versuch einer Ortsbestimmung G. A. Almonds, in: Dieter Oberndörfer (Hrsg.), Systemtheorie, Systemanalyse und Entwicklungsländerforschung, Berlin 1971, S. 449 ff.

fragen wie die innere Ausdifferenzierung und Entfaltung, den Komplexitätsgrad und die Eigenständigkeit, Anpassung und Bestandskraft, die Kapazität, die Probleme der sozialen Umwelt zu lösen, und – was im Falle der Verwaltung von Entwicklungsländern besonders kritisch ist – die Fähigkeit, in einer internationalen Umwelt zu existieren.

Nach diesem ersten Schritt der Verständigung über ein Konzept der Entwicklungsverwaltung erreicht man Vorstellungen, die in unterschiedlicher Weise über das okzidentale Grundmuster der bürokratischen Verwaltung hinausgreifen und etwa sich von den Gedanken eines „Non-Weberian Model of Bureaucracy" leiten lassen.[105] Verschiedene Modi werden vorgeschlagen, um auf eine Entwicklungsbürokratie zu sehen. Dazu gehört zum Beispiel ein Zuschnitt der Organisation in der Weise, dass sie latente Strukturen vorhält, um den wechselnden und unvorhersehbaren Gegebenheiten des Entwicklungsprozesses zu begegnen. Weiter soll die Verwaltungsorganisation auf ihre Klientel zentriert sein und sich dann an der Lebenswelt der Klienten in einer umfassenden Weise ausrichten. Man meint, dass eine Entwicklungsorganisation einen experimentellen Zug haben müsse, um Programme erfolgreich ausführen zu können. Das normative Hauptmerkmal solcher Organisationen sei, dass sie geeignet seien, eine Funktion der Sozialisation oder Resozialisation zu erbringen.

Im Grunde ist es also wiederum der Typus der bürokratischen Verwaltung, der trotz des Wissenschaftsstreits über die typologische Methode und der alltagssprachlichen Diskriminierung des Bürokratischen zum Ausgangspunkt einer Verständigung über die öffentliche Verwaltung in Entwicklungsländern wird. Mit zu berücksichtigen ist dann noch die Kaderverwaltung des realsozialistischen Staates, die nach marxistisch-leninistischer Doktrin den Gegentypus der Bürokratie abgeben soll. Das Konzept der Entwicklungsverwaltung als eines von der bürokratischen oder der Kaderverwaltung zu unterscheidenden Typus setzt entsprechend voraus, dass die öffentliche Verwaltung solcher Ausprägung auf gleichartige systemische Merkmale bezogen wird. Dabei geht es nicht um alle Faktoren, die die Verwaltungsgeschäfte beeinflussen. Es kommt auf spezifische Eigenheiten an, die die administrativen Verhältnisse in Entwicklungsländern betreffen und eine Gegenüberstellung zu anderen Verwaltungstypen ermöglichen. Von einer allgemeinen Kohärenz der für die Verwaltung maßgeblichen Verhältnisse in Entwicklungsländern wird nicht ausgegangen. Das ist deswegen zu betonen, weil manche schon in den Worten „Dritte Welt" oder „Entwicklungsland" nicht nur eine Herabsetzung, sondern auch eine unzulässige Verallgemeinerung sehen. Für die Verwaltungswissenschaft wird mit

---

[105] Vgl. Kaplan, Berton H., Notes on a Non-Weberian Model of Bureaucracy: The Case of Development Bureaucracy, in: Administrative Science Quarterly 1968/69, S. 471 ff.

der Bezeichnung als Entwicklungsverwaltung nicht auf eine umfassende Charakterisierung, sondern auf ganz bestimmte Eigenschaftsmerkmale abgestellt.

Zu diesen Merkmalen gehört zum Beispiel die geographische Größe eines Landes nicht. Die DDR und die Sowjetunion waren von unterschiedlicher territorialer Größenordnung. Die gleichartigen Umweltbedingungen der Kaderverwaltung lagen indessen in anderen Bereichen, etwa im Sozialen in der Kollektivierung menschlich-gesellschaftlicher Existenz, im Ökonomischen in den zentral verwalteten Produktionsverhältnissen, im Politischen in der Macht der kommunistischen Partei. Entsprechend sind auch für das Konzept der Entwicklungsverwaltung Kennzeichen der territorialen Ausdehnung nicht zu berücksichtigen, obwohl bei vielen anderen verwaltungswissenschaftlichen Fragestellungen räumliche Gesichtspunkte durchaus erheblich sind. Zum Beispiel ergeben sich für Kleinstaaten der Dritten Welt etwa in der Karibik schon wegen ihrer geringen physischen Größe eigene Verwaltungsprobleme. Diese betreffen die räumliche Nähe zur Klientel, die geringe Anonymität, die Verwaltungskosten, die personelle Überbelastung, die Mobilitätsgrenzen usw.[106] Andere Verwaltungsprobleme zeigen sich, wenn man als Gegenbeispiel auf eine einheitsstaatliche Inselgruppe vom subkontinentalen Ausmaß Indonesiens sieht. Hier sind es eben nicht die Schwierigkeiten der territorialen Enge, sondern der geographischen Entfernungen, die zu bewältigen sind, also wie überhaupt Finanzpolitik und Finanzverwaltung in der Großregion durchgesetzt werden können.[107] Solche räumlichen Unterschiede schließen es nicht aus, im karibischen wie im indonesischen Falle von Entwicklungsverwaltung zu sprechen.

Knüpft man bei Max Webers Idealtypus der öffentlichen Verwaltung an, dann sind es die Herrschaftsverhältnisse, aus der sich Unterscheidungsmerkmale gewinnen lassen.[108] Unter diesem Vorzeichen ist von der Entwicklungsverwaltung als „Entwicklungstyp der gelenkten Massenbewegung" gesprochen worden.[109] Für die Frage von politischem System und legitimer Herrschaft wird zuerst auf die Ideologie der Zielsetzung der Entwicklung verwiesen. Bei näherem Zusehen stellt sich heraus, dass die Führung zwar mit der Entwicklungsideologie die gesamte Gesellschaft zu erfassen versucht, um die Quellen des materiellen Wohlstands zu erschließen, neue Aufgaben zu setzen, alte Lebensformen zu sprengen, gleichzeitig indessen die vorhandenen traditionellen Institutionen in Dienst zu nehmen, dass aber die Entwicklungsideologie undoktrinär

---

[106] Vgl. Fanger, Ulrich, Öffentliche Verwaltung und Beamtenschaft in Kleinstaaten der Dritten Welt, in: Die Verwaltung 1981, S. 69 ff.

[107] Vgl. Oberndörfer, Dieter u. a., Steuersystem und Steuerverwaltung in Indonesien, Stuttgart 1976.

[108] Vgl. Schluchter, Wolfgang, Aspekte bürokratischer Herrschaft, München 1972.

[109] Vgl. Diamant, Alfred, Modellbetrachtung der Entwicklungsverwaltung, Baden-Baden 1967, S. 55 ff., S. 67 ff.

bleibt, vorübergehende Bedeutungen hat, ständig nach neuen Antworten sucht, um mit den ununterbrochen sich wandelnden Bedürfnissen fertig zu werden. Die ideologische Unterwerfung hat nicht nur Folgen für die Opposition, sondern auch für die Verwaltung. Die Verwaltungsleute werden abhängig von der Führung der Massenbewegung, und nur noch der gilt als Verwaltungs-„Experte", der dieser Bewegung loyal ergeben ist. Das ist die Grundlage seiner Mobilisierung. Diese wird jedoch durch die Vielschichtigkeit der politischen Machtstrukturen relativiert. Traditionelle, charismatische und legale Herrschaftsformen treten nebeneinander. Volkstümliche Führerpersönlichkeit, offene Zulassung zur Massenbewegung, Durchdringung bis zur lokalen Ebene, Mobilisierung durch Nebenorganisationen usw. bis zum Charisma der Führung werden in die Kennzeichnung einbezogen.

Innerhalb dieses Entwicklungstyps der gelenkten Massenbewegung werden der Verwaltung einige allgemeine Züge beigemessen.[110] Der weite Bereich des öffentlichen Sektors, die Rolle der politischen Führung und die Hinwendung zur Entwicklung tragen dazu bei, dass die Verwaltung zentrale Funktionen erhält. Die Entwicklungsideologie leistet Doppeltes. Indem sie einen Monopolanspruch auf Anerkennung erhebt, verlangt die Ideologie Loyalität von der Verwaltung. Indem sie unklar und zusammenhanglos bleiben, erlaubt sie der Verwaltung, eigene Handlungsspielräume zu entfalten. Gemäß der Eigenart der gelenkten Massenbewegung, die gesamte Gesellschaft zu mobilisieren, wird die Verwaltung in einem hohen Maß in den allgemeinen politischen Prozess hineingezogen. Hier wird sie widersprüchlichen Anforderungen ausgesetzt. Sie muss den Anordnungen der politischen Führung, die das Regime symbolisiert und legitimiert, aktiv folgen und zugleich verwaltungsmäßig Sachaufgaben und eine eigene politische Rolle übernehmen. Das Vorhandensein einer charismatischen Führungsgestalt erhöht die Anforderungen an die Loyalität der Verwaltungsbeamten. Sie wird aber in dem Sinne zur Routine, in dem der Anspruch auf Gehorsam auf die Bewegung selbst übertragen wird. In ihrer Verbindung zur gelenkten Massenbewegung wird die öffentliche Verwaltung zum Forum politischer Streitigkeiten. Das Übergewicht technischer Kriterien in der Maschinerie politischer Entscheidungen wirkt sich nicht zwangsläufig zugunsten der Verwaltung aus. Ist die politische Macht bei der Massenbewegung verankert, wird der technische Sachverstand der Verwaltung entsprechend Kontrollen unterworfen. Andererseits bedeutet es keine Sicherstellung des Entwicklungserfolges, wenn Technikern und Sachverständigen der Vorrang eingeräumt wird. Technisches Wissen und Sachverstand kann genutzt werden, um die ei-

---

[110] Vgl. Diamant, Alfred, Modellbetrachtung der Entwicklungsverwaltung, Baden-Baden 1967, S. 55 ff., S. 67 ff.

gene Machtstellung ohne Rücksicht auf das gesellschaftliche Wohl abzusichern und auszubauen.[111]

Verwaltungssystemen in gelenkten Massenbewegungen wird eine Reihe von strukturellen, verhaltensmäßigen und funktionalen Eigenschaften beigemessen. Als Ergebnis der gemischt traditionell-charismatisch-modernisierenden Eigenschaft der Herrschaft sind ihre Funktionen technischer und politischer Art. Aus dem weitgesteckten Rahmen der Staatstätigkeit folgen unternehmerische und planende Leistungen. Die angesichts eines heterogenen Publikums wichtige Integration der verschiedenen Staatsprogramme stößt auf die Schwierigkeit, dass dem technischen Spezialisten ein Corps von Generalisten gegenübersteht, das in der Tradition von Rechts- und Ordnungsfunktionen der alten Kolonialverwaltung nicht an der Entwicklungszielsetzung groß geworden ist. Schließlich leistet die Verwaltung einen Beitrag zur einheitlichen öffentlichen Meinungsbildung, um die Entwicklungssymbole populär zu machen, welche sich die Massenbewegung zueigen gemacht hat.

Unter den Verhaltenseigenschaften werden Flexibilität, Loyalität, Vorbildlichkeit und unternehmerische sowie innovative Qualitäten genannt, wobei sich für die Entwicklungsländer die Frage der unternehmerischen Befähigung der Verwaltung als besonders schwerwiegendes Problem darstellt. Unter den strukturellen Eigenschaften ist hervorzuheben, dass ein hoher Grad von Formalismus besteht, der sich im Widerstreit zwischen der amtlich vorgesehenen Verwaltungsstruktur und der tatsächlichen Verwaltungsführung niederschlägt. Strukturelle Größen folgen dem Prozess des Wandels weniger genau. Gemäß dem gemischt traditionell-charismatisch-progressiven Charakter zeigen sich die Struktureigenschaften der Verwaltung diffus. Traditionelle, para-traditionelle und moderne Formen der Verwaltung bestehen nebeneinander. Eine Parteibürokratie steht dort, wo die Gesellschaft bereits erfolgreich mobilisiert worden ist, der Staatsverwaltung mit Herrschaftsanspruch gegenüber. Unter personellen Vorzeichen geht es um die Umorientierung der Generalisten im Hinblick auf Entwicklung und Integration sowie die Zusammenführung von Sachverstand und Loyalität.[112] Unter räumlichen Aspekten handelt es sich um den Ausgleich von Zentralisierung der Verwaltung und Aktivierung bis zu den lokalen Einheiten.

Neben der Anknüpfung an die klassische Herrschaftsfrage ist des weiteren eine Typologisierung zu nennen, die beim Entwicklungsgedanken selbst ansetzt

---

[111] Vgl. König, Klaus, Zum Konzept der Entwicklungsverwaltung, in: ders. (Hrsg.), Öffentliche Verwaltung und Entwicklungspolitik, Baden-Baden 1986, S. 11 ff.
[112] Vgl. Pitschas, Rainer (Hrsg.), Personelle Zusammenarbeit in der Verwaltungspartnerschaft mit dem Süden, Berlin 1998.

und eine „prismatische" öffentliche Verwaltung vorstellt.[113] Die Verwaltung wird aus ihrer Umweltlage in einer „prismatischen" Gesellschaft verstanden. Diese Entwicklungsgesellschaft befindet sich in einer Übergangssituation, wobei die relevanten Veränderungen als soziale Differenzierung verstanden werden. Es gibt zwei Eckpunkte gesellschaftlicher Beschaffenheit: die funktional diffuse Sozialstruktur der traditionellen Gesellschaft und die funktional differenzierte Sozialstruktur der fortgeschrittenen Zivilisation. Um das Zwischenstadium der Entwicklungsländer zu kennzeichnen, wird eine der Optik entliehene Terminologie benutzt und der Ausgangszustand als „fused" – vollkommen undifferenziert –, der Endzustand als „diffracted" – stark differenziert –, die hier interessante Übergangslage als „prismatic" benannt. In diesem prismatischen Stadium ist es noch nicht möglich, einzelne Strukturen festzustellen, denen autonome Funktionen zukommen. Keine der maßgeblichen Strukturen ist verständlich, ohne auch die sich ständig aufeinander auswirkenden anderen Strukturen zu berücksichtigen. Entsprechend liegen in Entwicklungsgesellschaften strukturelle Spezialisationen und noch gemischte Bereiche nebeneinander.

Diese Interpretation lässt sich noch um das Problem der Integration ausweiten.[114] Denn mit dem Prozess der Differenzierung eröffnet sich die Möglichkeit der Desintegration der Sozialverhältnisse. In diesem Sinne ist eine prismatische Gesellschaft dadurch charakterisiert, dass in ihr die Ausdifferenzierung neuer Strukturen schneller abläuft als deren Integration. Für die öffentliche Verwaltung sind indessen spezifische politisch-ökonomische Beschaffenheiten zu berücksichtigen. Die ökonomische Umwelt entspricht einem „Bazaar-Canteen"-Modell. Formal werden Marktverhältnisse, aktuell aber wird eine traditionale Wirtschaft beinhaltet. Es herrscht Unbestimmtheit der Preise, für deren Konkretisierung der politische oder soziale Status begünstigend wirken kann. „Canteen" steht für spezielle Geschäftslokale, die einer Kundschaft nach Privilegien dienen, „Bazaar" für den offenen Markt, auf dem der Käufer über Güterpreise langwierig verhandeln muss. Prismatische Eliten sind durch den Widerstreit von traditionellen und neuen Gruppen charakterisiert. Äußerlich mögen Leistungsethos und freie Zugangsmöglichkeiten bestehen. In Wirklichkeit ist der Zugang auf die begrenzt, die die traditionellen Werte verkörpern und denen die Aufrechterhaltung der bestehenden Machtverhältnisse zugetraut werden kann. Untergeordnete Gruppen nehmen Einfluss durch die Hintertür. Wirtschaftlicher Machtgewinn kann Verlust an politischem oder sozialem Standard bedeuten. Die offizielle Rechtsordnung des Staates bleibt formalistisch. Im täglichen Leben wird auf den Status der Betroffenen Rücksicht genommen. Positives Recht

---

[113] Vgl. Riggs, Fred W., Administration in Developing Countries: The Theory of Prismatic Society, Boston 1964.

[114] Vgl. Riggs, Fred W., Prismatic Society Revisited, Morristown N. J. 1973.

wird geschaffen, aber nicht durchgesetzt. Prismatische Macht hat höchsten Rang. Der Machtinhaber wird zwar durch Gesetze beschränkt. Er kann aber auf andere Machtbereiche zurückgreifen.

All diese sozialen Größen treffen im Verwaltungssystem der Entwicklungsgesellschaften zusammen. Sie werden durch das „Sala"-Modell wiedergegeben.[115] In der doppelten Bedeutung von Dienststelle und persönlichem Raum kommt die prismatische Lage administrativer und traditioneller Aufgaben zum Ausdruck. Verwaltungsmacht ist Selbstzweck und unkontrolliert durch andere soziale Kräfte. Der Grad administrativer Effizienz steht in umgekehrtem Verhältnis zum Gewicht politischer Macht. Verwaltungsvorschriften sind zahlreich und widerspruchsvoll. Die Verwaltungsarbeit läuft nicht zuletzt auf Grund der Suspendierung dieser Vorschriften. Ihre Anwendung richtet sich nach der Klientel. Status und persönliche Beziehungen eröffnen Rekrutierung und Karriere im öffentlichen Dienst trotz anderer positiver Gesetze. Der Beamte ist seinen Angehörigen und Freunden verpflichtet. Der Vorgesetzte ist auf die Loyalität seiner Bediensteten angewiesen. Solche Treue führt zu Beförderungen.

Die Entwicklungsverwaltung leidet darunter, dass das Steueraufkommen zu klein ist, um die staatlichen Aufgaben zu decken. Die gesellschaftliche Elite erfüllt ihre Steuerpflichten unvollkommen. Die Personalkosten des öffentlichen Sektors sind hoch. Die Bezüge der Beamten sind formal gering. Es besteht aber Zugang zu anderen ökonomischen Vorteilen. Form und Realität fallen wieder auseinander. Der Haushalt verteilt formal die Staatsausgaben, ist aber ein Papier, das die budgetäre Wirklichkeit kaum wiedergibt. Die Konkurrenz bei der Mittelzuweisung ist groß. Die Loyalität der jeweiligen Beamtenschaft ist ein maßgebliches Verteilungskriterium. Behörden versuchen deswegen, aus eigenen Quellen – Gebühren, Entwicklungshilfe usw. – autonome Einkünfte zu erzielen.

Das gesamte Einflussmuster der prismatischen Gesellschaft durchkreuzt jenen Grundgedanken, dass es nämlich durch eine angemessene Administration möglich ist, die intendierten sozialen und wirtschaftlichen Veränderungen zu schaffen. Da die widersinnigen Kräfte des Übergangs in den Institutionen der prismatischen Gesellschaft zusammenlaufen, gleiten die Möglichkeiten für einen geplanten, administrierten Wandel weg. Die realen Ergebnisse der angestrebten Veränderungen sind fast das Gegenteil dessen, was beabsichtigt wurde. Die Agenten des Wandels in der prismatischen Gesellschaft werden von den bitteren Früchten ihrer gut gemeinten Anstrengungen überrascht.

---

[115] Vgl. Riggs, Fred W., An Ecological Approach: The „Sala" Model, in: Ferrel Heady/Sybil L. Stokes (Hrsg.), Comparative Public Administration, Ann Arbor/Michigan 1966, S. 19 ff.

2. Verwaltung der Entwicklung

Das Konzept der Entwicklungsverwaltung ist bisher unter dem Vorzeichen der Systembildung behandelt worden, und zwar – anknüpfend an die Herrschaftsfrage – als Entwicklungstyp der gelenkten Massenverwaltung und – anknüpfend an den Entwicklungsgedanken – als transitionales Muster einer prismatischen Verwaltung. Das bedeutet nicht, dass die soziale Umwelt der öffentlichen Verwaltung beiseite bleibt. Auch Bürokratie tritt als Idealtypus aus kulturellen, wirtschaftlichen, politischen Umweltbedingungen hervor. Kaderverwaltung bedeutet Leitung der Gesellschaft. Indessen geht es doch primär um interne Strukturen und Funktionen, wie sie für die Institutionalisierung der Verwaltung maßgeblich sind, also zum Beispiel das fachlich-berufliche Moment bei bürokratischen Verwaltungen, die politisch-ideologische Qualifikation bei der Kaderverwaltung.

Für das Konzept der Entwicklungsverwaltung müssen wir indessen von vornherein eine Ambivalenz der Fragestellungen in Rechnung stellen. Mit Entwicklungsverwaltung meint man durchaus auch die Entwicklung der Verwaltung. Dazu kommt aber das Problem der Verwaltung der Entwicklung. Viele konzentrieren sich vor allem auf das Thema, wie Entwicklung verwaltet werden kann. Manche lassen nur diese Richtung gelten. Im allgemeinen stehen aber beide Seiten im Brennpunkt des Interesses.[116] Wir müssen uns über die Systembildung der Verwaltung hinaus der Frage der Leistungsabgabe der administrativen Institutionen nach außen und ihrer strukturellen und funktionalen Beschaffenheit zuwenden. In diesem Sinne geht es um die Steuerung der sozialen Umwelt durch die öffentliche Verwaltung.

Ein Beispiel für die Möglichkeit einer typologisierenden Erfassung eines westlichen Verwaltungskonzepts unter dem Blickwinkel seiner gesellschaftlichen Leistungen ist das der wohlfahrtsstaatlichen Verwaltung. Insoweit geht es um eine Staatsverwaltung, deren Funktionen nicht auf Gefahrenabwehr, öffentliche Ordnung, Rechtsfrieden begrenzt sind, sondern deren Aufgabe es ist, die Wohlfahrt des Publikums zu fördern. Allen Bürgern wird – ohne Rücksicht auf ihre individuelle Leistungsfähigkeit und Lage – soziale Sicherheit und ein adäquates Maß an materiellem Wohlstand von Verwaltungs wegen gewährleistet. Über die Sorge für die sozio-ökonomische Existenzsicherung hinaus dehnt sich die wohlfahrtsstaatliche Verwaltung in Bereiche der immateriellen Befindlichkeit des Menschen in der Gesellschaft aus. Solche Staatsfunktionen sind nicht einfach selbsttätige Hervorbringungen des politisch-administrativen Systems. Sie sind zugleich Ausprägungen einer Umwelt gleichartiger sozialer, technischer, ökonomischer, politischer Lebensbedingungen, wie sie in den westlichen

---

[116] Vgl. Heady, Ferrel, Public Administration: A Comparative Perspective, 6. Aufl., New York 2001.

Industrieländern bestehen.[117] Entsprechend muss man zum Konzept der Entwicklungsverwaltung als Verwaltung der Entwicklung auf bestimmte gleichartige Umweltbedingungen achten. Dabei kommt es bei typologisierender Betrachtung wiederum auf Merkmale an, die im Sinne unserer Frageintention, nämlich gerichteter sozialer Veränderung und Verwaltung in Entwicklungsländern, relevant sind und sich von Umwelteigenschaften anderer Verwaltungskonzepte unterscheiden lassen.

In der Entwicklungstheorie und in der Entwicklungspraxis sind es zuerst ökonomische Indikatoren, mit denen ein Land als Entwicklungsland gekennzeichnet wird. Das ist vor allem das niedrige Pro-Kopf-Einkommen. Entsprechend wird für die internationale Entwicklungspolitik die Kennzeichnung als „wirtschaftliche Zusammenarbeit" bevorzugt. Auch in der Perspektive der Verwaltungswissenschaft ist es die für Entwicklungsländer spezifische Knappheit materieller Güter, die zu den charakteristischen Umweltbedingungen der Entwicklungsverwaltung zählt. Es müssen aber auch Phänomene immaterieller Knappheit dazu genommen werden, so dass sich materielle und immaterielle Mängelzustände jeweils zu Bedingungskomplexen zusammenfügen.[118] Folgende Verknüpfungen sozialer, ökonomischer und politischer Bedingungen sind für die Entwicklungsverwaltung kennzeichnend, wobei freilich für die typisierende Betrachtungsweise berücksichtigt werden muss, dass in der Lebenswirklichkeit die Erscheinungen ineinander übergleiten, also mehr oder minder charakteristische Ausprägungen der im Typus kombinierten Eigenschaften darstellen.[119]

An erster Stelle ist die mangelnde Befriedigung von Grundbedürfnissen in Entwicklungsländern zu nennen.[120] Auch die Verwaltungen nördlicher Länder stehen unter wohlfahrtsstaatlichen Vorzeichen vor der Frage, wie Standards der Lebensqualität gesetzt und vollzogen werden können, die politisch-ökonomisch repräsentativ sind und nicht lediglich von einer partikularen Gruppe in einer spezifischen Situation artikuliert werden. Die ganz andere Beschaffenheit von Umweltbedingungen der Entwicklungsverwaltung lässt sich auf die Formel bringen, dass bei uns über Kennziffern der Versorgungsdefizite, dort über Profile der Armut zu handeln ist. In der Dritten Welt sind Minimalerfordernisse der Ernährung und Gesundheit, der Bekleidung und des Wohnens, der Bildung und

---

[117] Vgl. Luhmann, Niklas, Politische Theorie im Wohlfahrtsstaat, München/Wien 1981; Narr, Wolf-Dieter/Offe, Claus (Hrsg.), Wohlfahrtsstaat und Massenloyalität, Köln 1975.
[118] Vgl. Balla, Bálint, Soziologie der Knappheit, Stuttgart 1978.
[119] Vgl. Winkelmann, Johannes, Idealtypus, in: Wilhelm Bernsdorf (Hrsg.), Wörterbuch der Soziologie, 2. Aufl., Stuttgart 1969, S. 438 ff.
[120] Vgl. Addicks, Gerd/Bünning, Hans-Helmut, Ökonomische Strategien der Entwicklungspolitik, Stuttgart u. a. 1979.

Beschäftigung zu erfüllen. Grundleistungen der Trinkwasserversorgung, der sanitären Einrichtungen, der Krankheitsbekämpfung, der schulischen Erziehung, der beruflichen Ausbildung usw. sind zu erbringen. Die andere existentielle Qualität wird deutlich, wenn die Armutserscheinungen als entwürdigende Lebensbedingungen der Massenerkrankungen, eines verbreiteten Analphabetentums, der Unterernährung in weiten Landstrichen und der Verwahrlosung ganzer Bevölkerungsgruppen charakterisiert wird. Es geht nicht bloß um quantitative Zuwächse und Innovationen im Hinblick auf neue Sozialfragen, sondern um eine verschiedenartige Lebensgüte, die im Nord-Süd-Gefälle in unterschiedlichen Räumen, aber in der gleichen Zeit einsichtig wird. Die Entwicklungsverwaltung befindet sich in einer Umwelt menschlich-gesellschaftlicher Grundmängel.[121]

Zu den spezifischen Bedingungen öffentlichen Handelns in der Dritten Welt gehören zweitens die technologischen Rückstände.[122] Die einschlägigen Probleme haben zunächst eine technisch-industrielle Seite. Hinzu kommen aber sozial-technologische Aspekte, ohne deren Berücksichtigung sich weder Stahlwerke noch Krankenhäuser, weder Eisenbahnen noch Universitäten betreiben lassen. In Westeuropa und Nordamerika unterliegt der technische Fortschritt einer zivilisatorischen Kritik. Das beeinflusst auch die Bewertung des Technologietransfers in den Süden. Konzepte der mittleren und der angepassten Technologie werden diskutiert. Manche sehen vom marxistischen Standpunkt her hierin nur eine weitere Variante kapitalistischer Ausbeutung. Die Entwicklungsländer selbst verlangen insbesondere im Zusammenhang mit den Forderungen nach einer neuen Weltwirtschaftsordnung eine Steigerung der Investitionen in dem Industriesektor und die Übertragung von Technologien aus den industrialisierten Ländern zu Vorzugskonditionen. Wie man auch immer die Geschwindigkeit diesbezüglicher Veränderungen einschätzen mag, die Entwicklungsverwaltung wird ihre Aktivitäten unter spezifischen Knappheitsbedingungen industrieller wie sozialer Technologien entfalten müssen. Das gilt für die vorhersehbare Zeit sowohl im städtischen wie im ländlichen Raum.

Mit der Nennung von Stadt und Land wird eine weitere Rahmenbedingung der Entwicklungsverwaltung deutlich. Es ist der allgemeine sozio-kulturelle Dualismus in Entwicklungsländern.[123] Auf der einen Seite sind Entwicklungsgesellschaften auch heute noch überwiegend Agrargesellschaften. Der unter ländlichen Bedingungen und von landwirtschaftlicher Arbeit lebende Teil der

---

[121] Vgl. Nuscheler, Franz, Lern- und Arbeitsbuch Entwicklungspolitik, Bonn 1995, S. 114 ff.

[122] Vgl. Giersch, Herbert (Hrsg.), Übertragung von Technologien an Entwicklungsländer, Tübingen 1975; Matzdorf, Manfred. Wissenschaft, Technologie und die Überwindung von Unterentwicklung, Saarbrücken/Fort Lauderdale 1979.

[123] Vgl. Goetze, Dieter, Entwicklungssoziologie, München 1976.

Bevölkerung und entsprechend der Anteil des Agrarsektors am Bruttosozialprodukt sind vergleichsweise hoch. Auf der anderen Seite befinden sich die Entwicklungsgesellschaften in einem augenfälligen Prozess der Verstädterung. Das Wachstum der Stadtbevölkerung ist nicht nur auf Geburtenüberschüsse, sondern wesentlich auch auf Zuwanderungen vom Lande zurückzuführen. Der Gegensatz von Stadt und Land ist ein traditionelles Problem für Politik und Verwaltung auch im Norden. Man achtet von Staats wegen darauf, dass er gesellschaftlich nicht dysfunktional wird. Dazu zählen forcierte Industrialisierungsstrategien für die Landwirtschaft in sozialistischen Ländern wie die gezielte Anhebung administrativer Versorgungsleistungen für den ländlichen Raum im Westen.

Die Entwicklungsverwaltung handelt nicht unter solchen Möglichkeiten des Ausgleichs. In Stadt und Land verschärfen sich, und zwar jeweils für sich, die eigenen Probleme. Die Städte sind Plätze der Slumbildung, des schädlichen Einflusses von auswärts usw., jedenfalls des Rückstandes in den elementaren Notwendigkeiten des urbanisierten Lebens. Auf dem Lande finden sich andere natürliche und menschliche Beschädigungen, ein zurückbleibender Agrarsektor, so dass vielerorts die Grundlagen der Ernährung nicht hergestellt werden können. Stadt und Land erweisen sich als Ausdruck eines Dualismus, der viele Lebensbereiche durchzieht. Im Ökonomischen stehen vorindustriekapitalistische und industriekapitalistische Wirtschaftsweisen einander gegenüber. Im Technischen stößt der mit einfachsten Mitteln arbeitende Mensch mit seinem Tier auf verfeinerte Zusammenhänge des Maschineneinsatzes. Im Politischen ist neben den modernisierten Formen des Regierens mit den traditionellen Machtordnungen zu rechnen. Diese und andere Erscheinungen des gesellschaftlichen Nebeneinanders lassen sich nicht einfach aufheben oder durch eine Reformstrategie überwinden.[124] Die Entwicklungsverwaltung handelt unter Bedingungen eines sozio-kulturellen Dualismus.

Ein Mangelzustand in der Dritten Welt, der die öffentliche Verwaltung betrifft und dann auf sie selbst zurückbezogen werden muss, ist der Stand der Institutionenbildung.[125] Die einschlägigen Knappheitsphänomene im öffentlichen Leben von Entwicklungsgesellschaften dürfen nicht schlicht aus dem Blickwinkel von Modernisierungsvorstellungen betrachtet werden, die den Entwicklungsländern einfach den modernen Staat okzidentaler Prägung vermitteln wollen. Auch unter institutionellen Merkmalen verfügen viele dieser Länder über eine vielschichtige Vergangenheit, die in die Gegenwart hineinwirkt. Die Frage ist, wie weit diese Institutionen in der Lage sind, den sozialen Anforderungen

---

[124] Vgl. Peter, Hans-Balz/Hauser, Jürg A. (Hrsg.), Entwicklungsprobleme – interdisziplinär, Bern/Stuttgart 1976.

[125] Vgl. Eaton, Joseph (Hrsg.), Institution Building and Development, Beverly Hills/London 1972.

heutiger Tage gerecht zu werden, ihren Eigenwert unter neuen Bedingungen zu erhalten, ihre Grenzen angesichts zunehmender Differenzierung zu bestimmen, die interne Leistungsfähigkeit sicherzustellen und nicht zuletzt zur gesellschaftlichen Integration beizutragen.[126] Daneben geht es freilich mancherorts in der Dritten Welt auch in besonderer Weise um die Herstellung neuer Institutionen. Vor allem aber gibt es Mängel in der Interaktion zwischen Institutionen. Wie nun auch der Stand von Institutionalisierungen im einzelnen zu beurteilen ist, die Gesamtlage der politischen Einrichtungen, des militärischen Komplexes, der kulturellen Institutionen, der Wirtschaftsunternehmen und der Verwaltung selbst pflegt materielle und immaterielle Engpässe und Disparitäten aufzuweisen, die mit der institutionellen Knappheit im Norden nicht auf einen gemeinsamen Nenner gebracht werden können.[127] Die bürokratische Verwaltung der westlichen Industrieländer operiert demgegenüber in einer verhältnismäßig gesicherten Welt. Und selbst die Kaderverwaltung war durch die realsozialistischen Verhältnisse relativ stabilisiert.

Überall in der Welt sind die staatlichen Aktivitäten in vielen Politikfeldern einer zunehmenden internationalen Verflechtung unterworfen. In den westlichen Ländern mögen die Geld- und Güterströme von Export und Import oft noch vorweg laufen. Jedoch schreitet die Internationalisierung der Verwaltungsgeschäfte in den verschiedenen Formen voraus. In der Entwicklungspolitik wird seit den 1980er Jahren dabei die gegenseitige Abhängigkeit von Nord und Süd anerkannt.[128] Probleme der Rohstoff- und Energieversorgung, der Handelsstraßen, der Ökologie usw. haben bewusst werden lassen, dass wir nicht einfach in eine Richtung gehen. Trotz solcher wechselseitigen Beziehungen befinden sich Staat und Gesellschaften der Dritten Welt in einem Netzwerk politisch-ökonomischer Abhängigkeiten. Dies manifestiert sich für die Entwicklungsverwaltung dadurch, dass vielerorts hinter den größeren öffentlichen Projekten ein Helfer, Berater, Bewerter steht, der von einem nördlichen Geberland oder einer internationalen Geberorganisation entsandt worden ist. In der politischen Ökonomie ist auf der Grundlage mannigfach beobachtbarer Abhängigkeiten einer der großen Erklärungsansätze der Unterentwicklung ausgearbeitet worden.[129] Diese Theorien der Dependenz haben insbesondere eine Rolle

---

[126] Vgl. Mummert, Uwe, Wirtschaftliche Entwicklung und Institutionen. Die Perspektive der Neuen Institutionenökonomik, in: Entwicklung und Zusammenarbeit 1998, S. 36 ff.

[127] Vgl. Pitschas, Rainer/Sülzer, Rolf, Neuer Institutionalismus in der Entwicklungspolitik. Perspektiven und Rahmenbedingungen der Verwaltungsentwicklung im Süden und Osten, Berlin 1993.

[128] Vgl. Bundesministerium für wirtschaftliche Zusammenarbeit, Die entwicklungspolitischen Grundlinien der Bundesregierung, Bonn 1980.

[129] Vgl. Senghaas, Dieter (Hrsg.), Imperialismus und strukturelle Gewalt, Analysen über die abhängige Reproduktion, Frankfurt a. M. 1972.

gespielt, wo bestehende Entwicklungsrückstände nicht einfach dem Erbe kolonialer Beherrschung zugeschrieben werden können. Theorien der Dependenz zeichnen sich durch eine beträchtliche Variationsbreite aus. Sie reichen von einfachen Interpretationsmustern der globalen Ausbeutung und Herrschaftsausübung im Rahmen der Auswirkungen des weltkapitalistischen Systems auf die Entwicklungsländer bis zu strukturellen Theorien des Imperialismus als eines Herrschaftsverhältnisses, bei dem das Zentrum der zentralen Nation einen Brückenkopf im Zentrum der peripheren Nation zum Nutzen der Zentren und zu Lasten der Peripherien aufbaut. Das Konzept der Entwicklungsverwaltung als Ansatz mittlerer Reichweite liegt vor den Gültigkeitsansprüchen so hoher Aussagen. Davon bleibt unberührt, dass Entwicklungsgesellschaften und ihre Verwaltungen in den internationalen Beziehungen durch Merkmale der Dependenz gekennzeichnet sind.

In der Analyse der Unterentwicklung stellt sich die soziale Umwelt der Entwicklungsverwaltung als vielfältiges Bündel von Mangelerscheinungen dar:[130] Überbevölkerung, Unterbeschäftigung, niedrige Investitionen, geringe Arbeitsproduktivität, schlechte Ernährung und Gesundheit, geringe Bildungschancen, niedriges Einkommen, geringe Selbstachtung, begrenzte Freiheit usw. Eine solche Kennzeichnung lässt sich ausweiten und verfeinern. Für die typologisierende Betrachtung der öffentlichen Verwaltung sind es indessen die materiellen und immateriellen Mangelzustände der unzulänglichen Befriedigung von Grundbedürfnissen, der technologischen Rückstände, des sozio-kulturellen Dualismus, der Engpässe in der Institutionenbildung, der Dependenzen in den internationalen Beziehungen, die sich zu bestimmten Bedingungskomplexen zusammenfügen lassen. An ihnen kann man in spezifischer Weise mit der Frage nach der Leistungsabgabe der Administrationen, der Verwaltung der Entwicklung ansetzen.

Dazu muss allerdings vorab ein prinzipieller Zweifel ausgeräumt werden. Man meint, dass Verwaltung zwar eine Bedingung für Entwicklung sei, Entwicklung aber nicht verwaltet werden könne.[131] Hinter einer solchen Ansicht können mannigfache Gründe stehen, etwa die, dass Entwicklung zutiefst mit der individuell-menschlichen Existenz verbunden wird. Sie kann in verschiedenen Formen gesteigert werden, etwa so, dass man die öffentliche Verwaltung als Haupthemmnis für die Entwicklung in der Dritten Welt identifiziert.[132] Im Grunde berühren wir das auch für die westlichen Gesellschaften relevante

---

[130] Vgl. Nohlen, Dieter/Nuscheler, Franz, Was heißt Unterentwicklung?, in: dies. (Hrsg.), Handbuch der Dritten Welt, Band 1, 2. Aufl., Hamburg 1982, S. 25 ff.

[131] Vgl. Loveman, Brian, The Comparative Administration Group, Development Administration and Antidevelopment, in: Public Administration Review 1976, S. 616 ff.

[132] Vgl. Bundesministerium für wirtschaftliche Zusammenarbeit, Die entwicklungspolitischen Grundlinien der Bundesregierung, Bonn 1980.

Problem, welches der Beitrag der organisierten öffentlichen Sache, insbesondere der Staatsverwaltung zum Optimum materiellen und immateriellen Wohlstandes sein kann. Die spezifischen Knappheitsphänomene der Entwicklungsländer erlauben dazu eine verkürzte Feststellung. Historisch gibt es genügend Anschauungsfälle dafür, dass die Staatsverwaltung eine Agentur für gerichtete, systematische Veränderungen in der Gesellschaft sein kann. Auf deutschem Boden ist Preußen dafür ein Beispiel. Auf der anderen Seite besteht aber gerade im entwicklungspolitischen Dialog die Gefahr, dass man Staat und Verwaltung zum Instrument für Modernisierung und sozialen Wandel schlechthin erhebt.[133] Dies liegt nahe, weil der öffentliche Sektor im Süden von hoher Bedeutung und die Staatsadministration vielerorts die einzige Macht ist, die das öffentliche Leben zu organisieren und die Gesellschaft zu vereinheitlichen vermag. Hinzu kam vom Norden nicht nur die marxistisch-leninistische Doktrin von der Leitung der Gesellschaft durch die Kaderverwaltung, sondern auch das Leitbild der aktiven Verwaltung in der wohlfahrtsstaatlichen Ideologie der westlichen Demokratien.[134] Das alles mag mehr Bedachtsamkeit nahe legen, ändert aber nichts an dem Grundsachverhalt, dass öffentliche Verwaltungen in bestimmten historischen Situationen zu den sozialen Kräften gehören, die die soziale, ökonomische und politische Entwicklung befördern. Für die Dritte Welt ist das die Prämisse der überwiegenden Zahl jener Transferleistungen, die die Regierungen der Industrieländer als Entwicklungshilfe erbringen, mag man auch in der entwicklungspolitischen Kommunikation den nichtstaatlichen Organisationen der internationalen Zusammenarbeit zu mancher Zeit den Vorzug gegeben haben.

Betrachtet man Staat und Verwaltung als Entwicklungsagentur, so fordern die skizzierten materiellen und immateriellen Mängelzustände fünf zentrale Funktionsbereiche heraus, nämlich Funktionen der Existenzsicherung, der Modernisierung, der sozialen Integration, der Institutionenbildung und der Selbständigkeit. Solche Funktionen dürfen nicht mit klassischen Aufgaben der öffentlichen Ordnung und Rechtssicherheit in einen einfachen Gegensatz gebracht werden. Aktivitäten der Gewährleistung und Sicherung des sozialen Zusammenlebens sind in den Entwicklungsländern Grundlage eines staatlich organisierten Gemeinwesens wie anderswo.[135] Sie fordern politische Aufmerk-

---

[133] Vgl. Diamant, Alfred/Jecht, Hans, Verwaltung und Entwicklung: Wissenschaftliche Forschungstendenzen und Modelle in den USA, in: Die Öffentliche Verwaltung 1966, S. 388 ff.

[134] Vgl. Esman, Milton J., Development Assistance in Public Administration: Requiem or Renewal, in: Public Administration Review 1980, S. 426 ff.

[135] Vgl. Heady, Ferrel, Comparative Administration: A Sojourner's Outlook, in: Public Administration Review 1978, S. 358 ff.

samkeit und administratives Geschick.[136] Entwicklungsfunktionen verweisen aber in weitere Bereiche politisch-administrativer Gestaltung.

Die Sicherung der Existenzgrundlagen des einzelnen und des Gemeinwesens gehören in der einen oder anderen Weise zu den Grundaufgaben jeder Staatsadministration. Die Eigenart jener Funktionen in den Entwicklungsgesellschaften wird deutlich, wenn wir uns auf Strategien der internationalen Zusammenarbeit mit den Staaten der Dritten Welt beziehen.[137] Konventionelle Wachstumsstrategien werden ergänzt durch solche der Beschäftigung, der Umverteilung, der Grundbedürfnisse.[138] Die Entwicklungsverwaltungen stehen vor dem Problem der Massenarmut. Sie müssen ihren Beitrag zur Absicherung des laufenden Mindestbedarfs von einzelnen, Familien, Gruppen an Ernährung, Unterkunft und Kleidung definieren. Sie müssen die lebenswichtigen öffentlichen Dienstleistungen, insbesondere im Bereich des Trinkwassers, der sanitären Anlagen, der öffentlichen Transportmittel, der Gesundheitseinrichtungen und Bildungsinstitutionen erbringen. Solche Existenz sichernden Funktionen müssen so angelegt sein, dass sie den in Armut Lebenden unmittelbar zugute kommen und zur Befriedigung deren Grundbedürfnisse beitragen. Um den Unterschied zur Situation einer wohlfahrtsstaatlichen Verwaltung zu verstehen, muss man sich vor Augen halten, dass es sich um Minimalerfordernisse des menschlichgesellschaftlichen Wohlbefindens, um die unteren Grenzen des Lebensstandards handelt.[139]

Die spannungsvolle Eigenart der Entwicklungsverwaltung tritt weiter hervor, wenn man nach den Funktionen der Existenzsicherung die der Modernisierung nennt. Modernisierungskonzepte haben sich, besonders wenn sie auf bestimmte ökonomische Größen reduziert sind, als heikel erwiesen. Bezogen auf die Rückstände der Entwicklungsgesellschaften im technisch-industriellen wie im sozial-technologischen Bereich erscheint der Modernisierungsbegriff indessen von vornherein vertretbar. Jedenfalls müssen Staatsadministrationen in Entwicklungsländern auf solche Herausforderungen antworten. Ihr Verlangen nach

---

[136] Vgl. Jones, Garth H., Frontiersmen in Search for the „Lost Horizont": The State of Development Administration in the 1960s, in: Public Administration Review 1976, S. 99 ff.

[137] Vgl. OECD, Entwicklungszusammenarbeit: Politik und Leistungen der Mitglieder des Ausschusses für Entwicklungshilfe, Paris 1997.

[138] Vgl. Esman, Milton J., Development Assistance in Public Administration: Requiem or Renewal, in: Public Administration Review 1980, S. 426 ff.; ferner Bundesministerium für wirtschaftliche Zusammenarbeit, Fünfter Bericht zur Entwicklungspolitik der Bundesregierung, März 1983, Bonn 1983.

[139] Vgl. Addicks, Gerd/Bünning, Hans-Helmut, Ökonomische Strategien der Entwicklungspolitik, Stuttgart u. a. 1979.

technischen Transfers zeigt, dass entsprechende Intentionen vorhanden sind.[140] Die offenen Fragen beziehen sich weniger darauf, ob, sondern vielmehr wie modernisiert werden solle. Das Beispiel der Medizin lehrt, dass eine flächendeckende Versorgung nach westlichen technischen Standards über das 20. Jahrhundert hinaus vielerorts nicht einführbar ist. Des Weiteren ist die Medizin der Industrieländer gerade in ihrer Technizität nicht unumstritten. Für die Länder der Dritten Welt stellt sich das Problem der „angepassten Technologie". Modernisierungsfunktionen der Entwicklungsverwaltung lassen sich nicht dadurch auf die Probe stellen, dass ganz bestimmte Techniken, wie wir sie im Westen kennen, zur Anwendung kommen. Das gilt auch für Verwaltungstechniken selbst.[141] Entscheidend ist, ob die sozioökonomischen Probleme gelöst werden. Dies ist ohne gewisse industrielle und soziale Technologien nicht möglich. Modernisierung muss auf die geeigneten Techniken achten.

Moderne und traditionelle Medizin sind Bestandteil des soziokulturellen Dualismus in Entwicklungsländern. Auch wenn man solche Zweiteilungen nicht oder jedenfalls nicht ohne Berücksichtigung ihrer Interdependenzen akzeptiert, lässt sich jene strukturelle Heterogenität nicht übersehen, die das Leben in der Dritten Welt kennzeichnet.[142] Gesellschaftliche und kulturelle Desintegration sind auffällige Erscheinungen. Die hieraus geforderten Integrationsfunktionen der öffentlichen Verwaltung unterscheiden sich wiederum von dem, was als Integrationsgedanke zum okzidentalen Staat vorgetragen wird.[143] Dabei sollte freilich der gesamtgesellschaftliche Integrationsbedarf in fortgeschrittenen Stadien sozialer Entwicklung nicht unterschätzt werden. In der Dritten Welt gibt es indessen Formen der Desintegration, die von den Anfängen des post-kolonialen Entwicklungspfades an bemerkbar sind. In den Entwicklungsgesellschaften sind neue soziale Gruppen in Bewegung gesetzt worden, ohne dass sie assimiliert werden konnten. Es gibt neue Gruppen von Gebildeten, Sesshaften, Städtern usw., ohne dass ihnen eine entsprechende Beschäftigung, Wohnung, Infrastruktur zur Verfügung steht. Insbesondere hat sich nicht im erwarteten Umfang verwirklicht, dass die modernen Sektoren der Wirtschaft die traditionellen Peripherien einbeziehen und durchdringen.

Die erste Bewährungsprobe der Entwicklungsländer bestand darin, die nationale Einheit herzustellen und sich mit einem zentralen politisch-administra-

---

[140] Vgl. Bhagwati, Jagdish N. (Hrsg.), The New International Economic Order, Cambridge 1977.

[141] Vgl. Riggs, Fred W., Bureaucracy and Development Administration, SICA Occasional Papers No. 9, Washington D. C. 1976, S. 18.

[142] Vgl. Nohlen, Dieter/Nuscheler, Franz, Was heißt Unterentwicklung?, in: dies. (Hrsg.), Handbuch der Dritten Welt, Band 1, 2. Aufl., Hamburg 1982, S. 25 ff.

[143] Vgl. Kaiser, Joseph, Einige Umrisse des deutschen Staatsdenkens seit Weimar, in: Archiv des öffentlichen Rechts 1983, S. 5 ff.

tiven System auszustatten. Dieser Integration der politischen Gesellschaft innerhalb festgelegter geographischer Grenzen müssen weitere Aktivitäten folgen, mit denen die sich ausdifferenzierenden Sozialstrukturen der Entwicklungsgesellschaft zusammengefügt werden. Dies betrifft vor allem auch die Desintegration von zentralen und peripheren Sozialgebilden. Der Beitrag der öffentlichen Verwaltung ist nicht auszusparen, wenn es gilt, die ethnischen, politischen, ökonomischen Disparitäten zu überwinden.[144]

Mit den Integrationsleistungen des Staates sind in der Dritten Welt Funktionen der Institutionenbildung eng verbunden. Wir begeben uns insoweit auf die Ebene formaler Organisation von Entwicklungsgesellschaften.[145] Entwicklung als gerichtete, systemische Veränderung wird aus vielen sozialen Quellen gespeist. Institutionenbildung bedeutet, dass man Wandlungsprozesse nicht den zufälligen Abläufen, der Spontanität der Handelnden, der Autonomie der sozialen Kräfte überlässt, sondern als induziert und von einem offiziell geförderten Veränderungswillen getragen begreift. Insofern müssen Institutionen hergestellt werden, denen ein gewisser instrumenteller Charakter zukommt.[146] Institutionenbildung ist in diesem Sinne der geplante und geleitete Aufbau von neuen Organisationen, die Veränderungen in den Werten, Leistungen und Techniken verkörpern, die Kommunikationsbeziehungen und Verhaltensmuster einrichten und fördern wie Unterstützung und Ergänzung in ihrer sozialen Umwelt erhalten. Dazu bedarf es eines Führungspersonals, das sich für die Programmatik der Institutionen, deren Aktivitäten und Umweltbeziehungen engagiert. Doktrin und Programm der Institution müssen mit den bestehenden sozialen Normen vereinbar sein und den sozialen Bedürfnissen entsprechen. Die Institution muss mit den notwendigen personellen und sachlichen Ressourcen ausgestattet sein. Strukturell muss sich die Institution an ihrer Fähigkeit zur Problemlösung und Veränderung messen lassen. Sie muss Verbindungen zu den Organisationen und sozialen Gruppen halten, von denen sie Autorität und Mittel bezieht. Sie muss sich mit denjenigen verbinden, die komplementär Leistungen erbringen und durch normative Beziehungen die für sie relevanten Werte inkorporieren. Die Institutionenbildung kann nicht davon ausgehen, dass es ein soziales Vakuum für intendierte und geleitete soziale Veränderungen gibt. Politische und ökonomische Widerstände sind vielfältig und zahlreich. Die erfolgreiche Auseinandersetzung mit Entwicklungshemmnissen ist ein Moment solcher Funktionen. Indessen lassen sich angesichts der institutionellen Mangelzustände, der

---

[144] Vgl. Riggs, Fred W., Prismatic Society Revisited, Morristown N. J. 1973.

[145] Vgl. Blase, Melvin G., Institution Building: A Source Book,, Bloomington, Indiana 1973; Eaton, Josef (Hrsg.), Institution Building and Development, Beverly Hills/London 1972, S. 19 ff.

[146] Vgl. Esman, Milton J., The Elements of Institution Building, in: Josef W. Eaton (Hrsg.), Institution Building and Development, Beverly Hills/London 1972, S. 19 ff.

Knappheit an Institutionen und deren Interaktionen formale Organisationen in dem Sinne einrichten, dass sie mit eigenen Aufbau- und Verfahrensmustern, eigener Autorität und eigenen menschlichen Ressourcen Entwicklungen befördern, wie sie von Staats wegen intendiert und angeleitet sind.[147]

Die Entwicklungshilfe der Industrieländer kann für sich eine Institutionenbildung nicht gewährleisten. Es entspricht aber westlichen Vorstellungen von einer zweckrationalen, planenden Verwaltung, sich an der Schaffung lebensfähiger, innovativer Organisationen zu beteiligen, die wichtige Dienste für die Gesellschaft leisten, neue Werte und Technologien einführen und damit neue Standards setzen.[148] Gerade die ausländische und internationale Hilfe macht es aber deutlich, wie sehr Staat und Verwaltung der Entwicklungsländer darauf angewiesen sind, Funktionen der Verselbständigung auszuüben. Die Diskussion der Dependenz von Ländern der Dritten Welt als Entwicklungshindernis hat als Gegenbegriff den der „self-reliance" hervorgebracht.[149] Es geht um das Selbstvertrauen und Sich-Stützen auf die eigenen Kräfte, Fähigkeiten und Ressourcen im politischen, sozioökonomischen und kulturellen Entwicklungsprozess. Als Entwicklungsstrategie wird „self-reliance" mit unterschiedlicher Schärfe propagiert. Wo man sich mit dem Modell von Zentrum und Peripherie gegen das westlich-kapitalistische Moment der internationalen Zusammenarbeit wendet, wird nach außen die Abkoppelung des Entwicklungslandes insbesondere vom Weltmarkt und nach innen eine egalitär-kollektivistische Strukturveränderung der Gesellschaft gefordert. Aus der Sicht der jeweils nationalen, territorialen Staatsverwaltung lassen sich die Funktionen der Verselbständigung begrenzter formulieren. Die Entwicklungsverwaltung hat die sozialen Kräfte zu stärken, die in den regionalen und lokalen Bereichen wurzeln, und ein eigenständiges Gemeinwesen vor Ort zu stützen. Diejenigen Fähigkeiten und Ressourcen im Entwicklungsland selbst sind zu mobilisieren, die den Entwicklungsprozess voranzutreiben vermögen. Kulturelle Identität, politische Entscheidungsautonomie, eigene Wirtschaftskräfte und technische Eigenständigkeit sind von Verwaltung wegen zu fördern.[150]

---

[147] Vgl. Pitschas, Rainer/Sülzer, Rolf, Neuer Institutionalismus in der Entwicklungspolitik. Perspektiven und Rahmenbedingungen der Verwaltungsentwicklung im Süden und Osten, Berlin 1993.

[148] Vgl. Reichard, Christoph, Institutionenentwicklung als Querschnittsaufgabe der Entwicklungszusammenarbeit – Anregungen zur Fortschreibung des Sektorpapiers „Verwaltungsförderung", in: Rainer Pitschas (Hrsg.), Zukunftsperspektiven der Verwaltungszusammenarbeit. Erste Werkstattgespräche zur Verwaltungsförderung, Band 1, München 1993, S. 38 ff.

[149] Vgl. Matthies, Volker, Kollektive Self-Reliance, in: Dieter Nohlen/Franz Nuscheler (Hrsg.), Handbuch der Dritten Welt, Band 1, 2. Aufl., Hamburg 1982, S. 380 ff.; ferner Galtung, J. u. a., Self-Reliance: A Strategy for Development, Genf/London 1982.

[150] Vgl. Hein, Wolfgang, Autozentrierte Entwicklung. Eine notwendige Voraussetzung für „Good governance", in: Entwicklung und Zusammenarbeit 1995, S. 271 ff.

2. Teil: Gefüge

5. Kapitel

Öffentliche Aufgaben und Verwaltungsprogramme

I. Materien öffentlicher Aufgaben

1. Entwicklung öffentlicher Aufgaben

Die historisch-quantitative Analyse von Staaten westlichen Typs zeigt uns in verdichteter Weise, mit welcher Mächtigkeit sich diese gleichsam in epochalen Ringen öffentliche Aufgaben zugelegt haben: noch in ihrem neuzeitlichen Kern den Schutz der territorialen Integrität sowie die Aufrechterhaltung der Ordnung im Inneren und die Sicherung der finanziellen Basis, dann die Förderung des wirtschaftlichen Wohlstandes einschließlich Handel und Industrie, Landwirtschaft, öffentliche Infrastruktur usw. und schließlich jene Vielfalt von sozialen Aufgaben, die den westlichen Wohlfahrtsstaat charakterisieren.[1] Die politische Ökonomie hat noch im 19. Jahrhundert diese Entwicklung auf die einprägsame Formel vom „Gesetz der wachsenden Staatstätigkeit" gebracht.[2]

In der jüngsten Vergangenheit vollzog sich diese Ausdehnung immer rastloser. Man konnte beobachten, wie jeder gesellschaftliche Anspruch zunächst einmal für politisch relevant gehalten und an den Staat herangetragen wurde. Im Wechselspiel von Politik und Verwaltung, Verbänden und Öffentlichkeit wurde die Staatstätigkeit nach Umfang und Tiefe ausgeweitet. Man meinte, Wellenbewegungen in den jeweiligen Aufgabenbereichen zu beobachten, bei denen die Welle auf ihrem Gipfel erstarrt: In einem gesellschaftlichen Feld wird politischer Nachholbedarf konstatiert. Die einschlägigen Staatsaktivitäten erleben eine Konjunktur. Politik und veröffentlichte Meinung entdecken hiernach eine andere, interessantere Aufgabe, der sie sich zuwenden. Das vorher gepflegte Politikfeld ist aber damit keineswegs am Ende seiner Karriere. Erwartungen des Publikums und Tüchtigkeit der Bürokratie stabilisieren es auf hohem Niveau. Für die neue Aufgabe werden neue Kräfte mobilisiert.[3]

---

[1] Vgl. Rose, Richard, On the Priorities of Government: A Developmental Analysis of Public Policies, in: European Journal of Political Research 1975, S. 247 ff.

[2] Vgl. Wagner, Alfred, Grundlegung der politischen Oekonomie, 3. Aufl., Leipzig 1892, S. 893 ff.

[3] Vgl. König, Klaus, Kritik öffentlicher Aufgaben, Baden-Baden 1989.

Finanzwirtschaftlich steht dem Gesetz der zunehmenden Staatstätigkeit das „Gesetz der wachsenden Ausdehnung des Finanzbedarfs" zur Seite. Heute sind insbesondere die Entwicklung der öffentlichen Ausgaben und dann die Staatsquote Schwerpunkte der finanzwissenschaftlichen Diskussion.[4] In der Tat finden wir hier gewichtige Indikatoren für das Ausmaß der Staatstätigkeit. Betrug die Staatsquote in der Bundesrepublik Deutschland 1961 noch 34,2 %, so war sie 1971 auf 40,5 %, 1981 auf 49,6 % gestiegen.[5] Für die finanzielle Dimension der „wachsenden Staatstätigkeit" lässt sich in vielen Ländern ein deutliches Datenmaterial zusammentragen.[6] Man könnte geneigt sein, eine naturwüchsige Ausdehnung, zumindest einen irreversiblen historischen Prozess anzunehmen. Dieses Bild relativiert sich, wenn man die Entwicklung der Staatsquote in der Bundesrepublik Deutschland zeitlich verfolgt: 1985: 47,2 %, 1990: 45,3 %, 1995: 48,8 %, 1999: 48,6 %, 2000: 45,5 %, 2001: 47,5 %, 2002: 47,1 % und weiter 2005: 47,6 %.[7] Insoweit wird man darauf verwiesen, dass es politische Gestaltungsspielräume gibt, wie schwierig es auch immer sein mag, diese gegen die sozialen und ökonomischen Strömungen zu behaupten. Die Gestaltbarkeit öffentlicher Aufgaben wird noch deutlicher, wenn man die Staatsquote im internationalen Vergleich betrachtet: zum Beispiel für das Jahr 1985 Schweden 64,5 %, Italien 58,4 %, Frankreich 52,4 %, Großbritannien 47,7 %, USA 36,7 %, Japan 32,7 %, Schweiz 30,9 %.[8] Man wird diesen Stand nicht einfach als etatistische Verspätung etwa der Wohlstandsgesellschaft Schweiz gegenüber dem Wohlfahrtsstaat Schweden interpretieren dürfen. Vielmehr geht es auch um grundsätzliche politische Weichenstellungen. Zwar ist das langfristige Wachstum der Staatsquote ein internationales Phänomen. Aber auch hier gibt es Beispiele der politischen Gegensteuerung, etwa in Großbritannien, wo die Staatsquote in Prozent des Bruttoinlandsprodukts 1995 noch 45,0 % betrug, im Jahre 2000 auf 37,7 % zurückfiel und sich 2001 mit 40,6 % und 2002 mit 40,3 % einpendelte.[9]

Man kann die Beschreibung geschichtlicher Phasen der Aufgabenentwicklung in ihrer Materialität historisch vertiefen wie situativ verbreiten. Analytisch

---

[4] Vgl. Littmann, Konrad, Definition und Entwicklung der Staatsquote, Göttingen 1975.

[5] Vgl. Institut der deutschen Wirtschaft, Zahlen 1988, Tabelle Nr. 41, Staatsquote = Gesamtausgaben des Staates (einschließlich Kommunen und Sozialversicherung) in Prozent des Bruttosozialproduktes.

[6] Vgl. Kohl, Jürgen, Staatsausgaben in Westeuropa, Frankfurt a. M./New York 1985.

[7] Vgl. Bundesministerium der Finanzen (Hrsg.), Finanzbericht 2002, S. 386, Übersicht 16; Bundesministerium der Finanzen (Hrsg.), Finanzbericht 2007, S. 415, Übersicht 16.

[8] Vgl. Institut der deutschen Wirtschaft, Zahlen 1988, Tabelle Nr. 150.

[9] Vgl. Bundesministerium der Finanzen (Hrsg.), Finanzbericht 2002, S. 386, Übersicht 16; Bundesministerium für Finanzen (Hrsg.), Finanzbericht 2007, Übersicht 16.

5. Kapitel: Öffentliche Aufgaben und Verwaltungsprogramme

fallen insoweit vor allem einzelne Aufgabenfelder ins Auge, also etwa die deutsche Sozialpolitik in ihrem zeitlichen Verlauf: vom Regulativ über die Beschäftigung jugendlicher Arbeiter in Fabriken (1839) über Krankenversicherung für Arbeiter (1883), Unfallversicherung (1884), Invaliditäts- und Altersversicherung (1889), Arbeitslosenversicherung (1927) bis zur Pflegeversicherung (1994) und die vielfältigen Regulative zur Sozialhilfe, Kindergeld, Wohngeld, Ausbildungsgeld usw. des Sozialstaates. Darüber hinaus lassen sich historische Aufgabenbündel der Daseinsvorsorge schnüren, so die Ausdehnung der Infrastruktur- und Gewerbeförderungspolitik als Grundlage der Industrialisierung und Verstädterung im Laufe des 19. Jahrhunderts, also Straßen-, Kanal-, Eisenbahnbau, Ausbau des gewerblichen und technischen Schulwesens, Förderung der Landwirtschaft, Wasser- und Energieversorgung, Kanalisation, Verkehrserschließung usw. Schließlich mag man gewisse Aufgabenkomplexe ideologisch so voranstellen, dass für eine bestimmte Epoche die politisch-administrativen Verhältnisse scheinbar auf ein Kürzel gebracht werden können, so etwa unter dem Vorzeichen eines Liberalismus als „Sicherheitsstaat".[10]

In Zeiten der Fachgrenzen und des Ressortprinzips, des Spezialistentums und der Expertokratie stellt weniger die Beschäftigung mit einem spezifischen Aufgabenfeld – Bildung, Arbeit, Verkehr usw. –, mehr die Bearbeitung materieller Zusammenhänge öffentlicher Aufgaben eine Herausforderung dar. In der akademischen Welt mag es eine Studien- und Prüfungsordnung sein, die es nahe legt, etwa Polizei- und Ordnungsrecht, Umweltschutzrecht, Straßen- und Wegerecht, Baurecht und anderes zu einem Besonderen Verwaltungsrecht zusammenzubringen.[11] Es bedarf indessen zusätzlicher intellektueller Anstrengungen, um daraus mehr als eine bloße Zusammenstellung zu machen. Wenn man Wechselbezüglichkeiten beobachten will, bedarf es des Bezuges zum Allgemeinen Verwaltungsrecht und der Identifikation jener Referenzgebiete des Besonderen, die das Allgemeine prägen.[12]

Von der öffentlichen Verwaltung mag man verlangen, dass die ideale Verwaltungsorganisation Ausdruck der von ihr wahrgenommenen Aufgaben ist. Die soziale Differenzierung bringt es indessen mit sich, dass wie Personal und Organisation so auch Aufgaben und Organisation ihr jeweiliges Eigenleben

---

[10] Vgl. Bull, Hans Peter, Aufgabenentwicklung und Aufgabenkritik, in: Klaus König/Heinrich Siedentopf (Hrsg.), Öffentliche Verwaltung in Deutschland, 2. Aufl., Baden-Baden 1997, S. 343 ff.

[11] Vgl. Schmidt-Aßmann, Eberhard (Hrsg.), Besonderes Verwaltungsrecht, 13. Aufl., Berlin 2005; Steiner, Udo (Hrsg.), Besonderes Verwaltungsrecht, 8. Aufl., Heidelberg 2006.

[12] Vgl. Schmidt-Aßmann, Eberhard, Das Allgemeine Verwaltungsrecht als Ordnungsidee, 2. Aufl., Berlin u. a. 2006, S. 8 ff.

führen. Die Frage „Are organizations immortal?"[13] richtet sich nicht zuletzt an öffentliche Organisationen, an ein Ministerium für überseeische Besitzungen, ein Bergamt, ein Lastenausgleichsamt, über die die Zeit hinweggegangen ist. Dennoch werden viele Reorganisationen vorgenommen, ohne dass ihnen eine angemessene Analyse der relevanten Aufgaben vorausgeschickt wird. Erst recht mangelt es an Aufgabengliederungsplänen, die man umfassenden Organisationsverhältnissen zugrunde legt. Ein Anschauungsfall für die Verbindung von öffentlichen Aufgaben und öffentlichen Organisationen ist der Aufgabengliederungsplan der Kommunalen Gemeinschaftsstelle für Verwaltungsvereinfachung von 1979, der als Grundlage für einen Verwaltungsgliederungsplan der lokalen Verwaltung dienen soll. Aufgabengruppen wie Recht, Sicherheit und Ordnung mit Aufgaben wie Einwohner- und Meldewesen, Personenstand, Feuerschutz usw. oder Schule und Kultur mit Bibliothekswesen, Musikschulen, Museen usw. oder Soziales, Jugend und Gesundheit mit Sport, Krankenhaus, Lastenausgleich usw. oder Bauwesen mit Stadtplanung, Vermessung und Kataster, Wohnungsbauförderung usw. sind entsprechende Dezernate und Ämter im Verwaltungsgliederungsplan zugeordnet.[14]

Die umfassendste Aufgliederung von öffentlichen Aufgaben findet sich im budgetären Funktionenplan. Die Haushaltssystematik orientiert sich im Allgemeinen an Organisationseinheiten, insbesondere Ressorts, deren Ausgabenbedarf es eben zu decken gilt. Mit der Einführung der mittelfristigen Finanzplanung in Deutschland wurde auch der Gedanke verfolgt, die programmierende Leistung des Haushalts für die Sachpolitik in einem fünfjährigen Planungshorizont zu stärken.[15] Es musste daher die organisationsbezogene Systematik des Haushalts durch eine aufgabenbezogene Systematik der Finanzplanung ergänzt werden. Der budgetäre Funktionenplan bringt die Übersetzungsleistung von der verausgabenden Organisation zur Aufgabe. Die mittelfristige Planung gibt so auch Auskunft darüber, welche Finanzmittel zum Beispiel für die Forschung vorgesehen sind, unabhängig davon, ob diese im Haushalt eines Forschungsministeriums oder eines Landwirtschaftsministeriums oder eines Verkehrsministeriums zugeordnet sind. In der Hauptgliederung des Funktionenplans sind als umfassende Aufgabenfelder genannt: Bildungswesen, Wissenschaft, Forschung, kulturelle Angelegenheiten; soziale Sicherung, soziale Kriegsfolgenaufgaben, Wiedergutmachung; Gesundheit, Sport und Erholung; Wohnungswesen, Raumordnung und kommunale Gemeinschaftsdienste; Ernährung, Land-

---

[13] Vgl. Kaufmann, Herbert, Are Government Organizations Immortal?, Washington D. C. 1975.

[14] Vgl. KGSt (Hrsg.), Gutachten „Verwaltungsorganisation der Gemeinden, Aufgabengliederungsplan, Verwaltungsgliederungsplan", Köln 1979.

[15] Vgl. König, Klaus, Prozedurale Rationalität – Zur kontraktiven Aufgabenpolitik in den achtziger Jahren – , in: Verwaltungsarchiv 1995, S. 5.

wirtschaft und Forsten; Energie- und Wasserwirtschaft, Gewerbe, Dienstleistungen; Verkehrs- und Nachrichtenwesen und dann weitere Untergliederungen wie Straßen, Wasserstraßen und Häfen, Schienenverkehr, Luftfahrt usw.[16]

2. Ansätze zur Aufgabenbestimmung

Die Begründbarkeit der Ausweitung einzelner Felder öffentlicher Aufgaben wie etwa des Bildungswesens bei dem gleichzeitigen Eindruck einer ungesteuerten, naturwüchsigen Ausdehnung des Gesamtbestandes öffentlicher Aufgaben macht eine rationale Bestimmung dessen, was nun eigentlich öffentliche Aufgabe sei, zum Desiderat von Verwaltungswissenschaft und Verwaltungspraxis gleichermaßen. Die Probleme beginnen freilich schon damit, dass der Begriff der öffentlichen Aufgaben mit anderen Konzepten konkurriert, wie beim budgetären Funktionenplan eben mit öffentlichen Funktionen, dann weiter mit öffentlichen Gütern, mit öffentlichen Prioritäten, mit Staatszielen usw. Im Zeichen der Managerialisierung und Ökonomisierung der öffentlichen Verwaltung ist insbesondere der Produktbegriff im Vordringen. Produktbildung soll unabhängig von rechtssystematischen bzw. haushaltssystematischen Gesichtspunkten und der bestehenden Aufbauorganisation geschehen.[17]

Produktpläne scheinen so die alten Aufgabengliederungspläne zu ersetzen. Man nennt Produktbereiche, etwa Kindertagesbetreuung oder allgemeine Förderung von jungen Menschen und ihren Familien, darunter Produktgruppen, etwa in letzterem Falle Kinder- und Jugendarbeit oder Familienförderung, darunter Produkte etwa im ersten Falle Spielplätze, Kinder- und Jugendarbeit in/durch Einrichtungen usw. bis zu Kinder- und Jugendschutz.[18] Bei solchen Rationalisierungsunternehmen wird indessen zu wenig beachtet, dass Produkte nicht einfach Ergebnisse des Verwaltungshandelns sind. Wie der Verwaltungsakt seinen Sinn durch den Anschluss an die Rechtlichkeit der öffentlichen Verwaltung findet, so muss der Produktbegriff auf Wirtschaftlichkeitsprobleme bezogen werden können. Das Produkt als Sachgut wie als Dienstleistung interessiert eben als Ergebnis eines Prozesses der Faktorkombination. Produktivität verweist auf die Ergiebigkeit wirtschaftlich-technischer Leistungen. Produkte kann man mit Kostengrößen verbinden und zu Kosten- und Leistungsrechnungen gelangen. Aber die Produktbildung ist für die öffentliche Verwaltung

---

[16] Vgl. Funktionenübersicht (Gliederung der Einnahmen und Ausgaben nach Funktionen/Aufgabenbereichen) als ständiger Teil II der Übersichten (Anlagen) zum Bundeshaushaltsplan.
[17] Vgl. KGSt (Hrsg.), Handbuch Organisationsmanagement, Köln 1999, S. 9-4.
[18] Vgl. KGSt (Hrsg.), Outputorientierte Steuerung in der Jugendhilfe, Bericht 9/94, Köln 1994, S. 21 ff.

kein Konzept, mit dem man flächendeckend Probleme von der Bürgerfreundlichkeit bis zur Verwaltungsführung lösen kann.

Entsprechend haben auch andere hier einschlägige Begriffe wie öffentliche Güter oder Staatsziele eine spezifische Relevanz für die Wahrnehmung öffentlicher Angelegenheiten, die im jeweiligen Kontext herauszuarbeiten ist. Geht es um die strukturellen Prämissen für die inhaltliche Richtigkeit des Verwaltungshandelns dann erweist sich die öffentliche Aufgabe als „Schlüsselbegriff" für die Verwaltungswissenschaft wie für die Verwaltungspraxis.[19] Das Aufgabenkonzept ist bereits ein politischer Ordnungsbegriff, der im deutschen Falle durch das Grundgesetz eingeführt ist, das von der Erfüllung staatlicher Aufgaben (Artikel 30) spricht, Gemeinschaftsaufgaben von Bund und Ländern (Artikel 91 a) kennt. Der Aufgabenbegriff rückt insbesondere jene beiden Seiten öffentlicher Aktivitäten näher zusammen, die verwaltungswissenschaftlich zu beobachten sind, nämlich das, was dem Öffentlichen normativ-rational zugeschrieben wird, und das, was als Öffentliches empirisch-deskriptiv beobachtet werden kann. Die in den öffentlichen Aufgaben impliziten Finalitäten lassen sich idealtypisch bezeichnen, ohne dass man operative Ziele gleich bezeichnen muss.

Die Einengung auf Verwaltungsaufgaben kann zurückgestellt werden. Der moderne Staat ist gewaltenteilender Staat, so dass es eine Arbeitsteilung zwischen Legislative, Judikative und Exekutive gibt. Der moderne Staat verfügt über dezentralisierte und dekonzentrierte Exekutivapparate, so dass man etwa über Aufgaben der Bundesverwaltung, der Landesverwaltung, der Kommunalverwaltung, der besonderen Selbstverwaltungsträger sprechen kann.[20] Der moderne Staat kooperiert traditionell in öffentlichen Angelegenheiten mit Kräften des wirtschaftlichen und gesellschaftlichen Lebens, so dass sich sozialökonomische Arbeitsteilungen und Partnerschaften herausgebildet haben.[21] Daraus ergeben sich Probleme der Aufgabenverteilung und der Art und Weise der Aufgabenerledigung. Da aber die öffentliche Verwaltung in der Moderne das wesentliche „Instrument" der Aufgabenwahrnehmung ist,[22] kann man die Frage nach den öffentlichen Aufgaben zunächst auf diese beziehen und dann vom Verwaltungsstaat aus die bestehenden Differenzierungen weiter verfolgen.

Eine empirisch-deskriptive Antwort auf die Frage nach den öffentlichen Aufgaben findet man in einer historisch-quantitativen Untersuchung von Staa-

---

[19] Vgl. Schuppert, Gunnar Folke, Die öffentliche Aufgabe als Schlüsselbegriff der Verwaltungswissenschaft, in: Verwaltungsarchiv 1980, S. 309 ff.

[20] Vgl. Thieme, Werner, Aufgaben und Aufgabenverteilung, in: Klaus König/Heinrich Siedentopf (Hrsg.), Öffentliche Verwaltung in Deutschland, 2. Aufl., Baden-Baden 1997, S. 303 ff.

[21] Vgl. Benz, Arthur, Kooperative Verwaltung, Baden-Baden 1994.

[22] Vgl. Püttner, Günter, Verwaltungslehre, 3. Aufl., München 2000, S. 35 ff.

5. Kapitel: Öffentliche Aufgaben und Verwaltungsprogramme

ten des westlichen Typs mit dem Gegenstand, welche Aufgaben tatsächlich seit Mitte des 19. Jahrhunderts wahrgenommen worden sind, also von den „Sine Qua Non Activities", ohne deren Erfüllung der moderne Staat nicht auskommt – Schutz nach Außen, Sicherheit nach Innen mit entsprechenden Finanzeinnahmen –, bis zum breiten Aufgabenspektrum des Wohlfahrtsstaates.[23] Das normativ-rationale Gegenüber zur positiven Erfahrung öffentlicher Aufgaben liegt in der Tradition jener Staatszwecklehren, wie sie bis in das 20. Jahrhundert hinein behandelt worden sind.[24] Von ihren vielfältigen Lehren[25] sei die Unterscheidung zwischen absolutem Staatszweck – Wohlfahrtsstaat, Sicherheitsstaat, Rechtsstaat – und relativen Staatszwecken – ausschließlich: Schutz vor äußeren und inneren Gefahren, nicht ausschließlich: Kultur, Gesundheit usw. – genannt.

Die Spannungslage zwischen dem, was Staat und Verwaltung faktisch als Aufgaben erfüllen, und dem, was diese aus welchem Grund auch immer wahrnehmen sollen, will der dialektische Materialismus dadurch hinfällig machen, indem er die Geschichte zum Gesetz erklärt. Entsprechend wird aus der geschichtlichen Situation des Staates seine Funktionslehre abgeleitet. Diese deckt sein Wesen in Anwendung auf die Besonderheiten der jeweiligen Epoche und der von ihr auferlegten Aufgaben, also seiner „historischen Mission" auf. Nach marxistisch-leninistischer Doktrin ist der Staat im Sozialismus das „Hauptinstrument" seiner Realisierung. Für die alltäglichen Staatstätigkeiten sind im Sozialismus folgende Hauptfunktionen maßgeblich: die wirtschaftlich-organisatorische, die kulturell-erzieherische, die der Regelung des Maßes der Arbeit und des Maßes der Konsumtion und die des Schutzes des sozialistischen Eigentums der sozialistischen Rechtsordnung und der sozialistischen Rechte der Bürger, wobei Recht der „Staatswille der herrschenden Klasse" ist[26] und es kein Recht gegen den sozialistischen Staat gibt.[27] Die marxistisch-leninistische Funktionenlehre bedeutet ein Überschuss der Gedanken über die Fakten. So ist sie als Ideologie dann auch von den historischen Realitäten überholt worden. Dazu muss man nicht einmal auf den Zusammenbruch des realen Sozialismus

---

[23] Vgl. Rose, Richard, On the Priorities of Government: A Developmental Analysis of Public Policies, in: European Journal of Political Research 1975, S. 247 ff.

[24] Vgl. Hespe, Klaus, Zur Entwicklung der Staatszwecklehre in der deutschen Staatsrechtswissenschaft des 19. Jahrhunderts, Köln/Berlin 1964; Möllers, Christian, Staat als Argument, München 2000, S. 192 ff.

[25] Vgl. Jellinek, Georg, Allgemeine Staatslehre, 3. Aufl., Siebenter Neudruck, Darmstadt 1960, S. 230 ff.

[26] Vgl. Institut für Theorie des Staates und des Rechts der Akademie der Wissenschaften der DDR (Hrsg.), Marxistisch-leninistische Staats- und Rechtstheorie, 2. Aufl., Berlin (Ost) 1975.

[27] Vgl. Akademie für Staats- und Rechtswissenschaft der DDR (Hrsg.), Staatsrecht der DDR, 2. Aufl., Berlin (Ost) 1984.

hinweisen, der nicht zuletzt auf Fehlleistungen im Wirtschaftlich-Organisatorischen zurückzuführen ist. Der Marxismus-Leninismus versagte angesichts neuer Herausforderungen an Staat und Verwaltung. Ein Beispiel dafür ist das zu besichtigende Desaster des Umweltschutzes in Osteuropa und Nordasien.

Um eine spezifische Ratio geht es hingegen, wenn westliche ökonomische Theorien es unternehmen, öffentliche Aufgaben zu bestimmen. Dabei sind Systemrationalität und Handlungsrationalität zu unterscheiden. Die Theorie des Marktversagens ist im Grunde eine Systemtheorie. Sie geht von der sozialen Differenzierung und davon aus, dass es in der Gesellschaft verschiedene soziale Systeme gibt, die ihre Handlungssphären nach je eigenen Prinzipien rationalisieren, darunter eben das ökonomische System in marktwirtschaftlicher Ausdifferenzierung und das politisch-administrative System, das die verbindliche Allokation bestimmter Güter vornehmen kann. Entsprechend besteht der zunächst formelle Unterschied zwischen privaten Gütern, über die nach individuellen Präferenzen am Markt entschieden wird, und öffentliche Güter, deren Zuweisung in einem kollektiven, politisch-administrativen Willensbildungsprozess erfolgt. Prämisse der gesellschaftlichen Aufgabenverteilung ist es, dass der Markt der bessere Steuerungsmechanismus zur Allokation knapper Güter ist. Staatliche Aktivitäten gelten nur dann als gerechtfertigt, wenn ein Markt nicht zustande kommt oder wenn die Bedingungen für eine effiziente Marktlösung nicht erfüllt werden. Gründe für öffentliche Aufgaben sind dann etwa: Nicht-Anwendbarkeit des Ausschlussprinzips, Nicht-Rivalität im Konsum, externe Effekte, bei denen private Kosten von den sozialen Kosten abweichen, Unteilbarkeiten, steigende Skalenerträge, Informationsmängel, Unbestimmtheiten, Unsicherheiten usw. In der Sache kommen Nutzung öffentlicher Gewässer, Luftverschmutzung, leitungsgebundene Versorgung, Grundlagenforschung, Landesverteidigung usw. ins Blickfeld.[28]

Die politisch-ökonomische Auseinandersetzung mit den öffentlichen Aufgaben reicht zurück zu merkantilistischen Wirtschaftslehren – Bau von Straßen und Kanälen, Gründung von Manufakturen, Bildungseinrichtungen, „innere Kolonisation" – einerseits und bis zum klassischen Liberalismus – Landesverteidigung, justizieller Rechtsschutz, notwendige, aber unrentable Aufgaben – andererseits. Heute ist eine ökonomische Theorie der Politik einflussreich, die als Public Choice-Schule sich von der Wohlfahrtsökonomik des Marktversagens abwendet und Politik und Verwaltung nach dem gleichen Verhaltensmodell wie privates Handeln deuten will, also als rationale Verfolgung von Eigeninteressen nach Art eines Homo Oeconomicus.[29] Auch die öffentliche

---

[28] Vgl. Musgrave, Richard u. a., Die öffentlichen Finanzen in Theorie und Praxis, Band 1, 5. Aufl., Tübingen 1990.

[29] Vgl. Buchanan, James M./Tullock, Gordon, The Calculus of Consent – Logical Foundations of Constitutional Democracy, Ann Arbor 1962.

5. Kapitel: Öffentliche Aufgaben und Verwaltungsprogramme

Verwaltung wird in Bürokraten als Individuen aufgelöst, die wie Unternehmer ihren Eigennutz verfolgen, freilich kein Gewinnziel, aber die Maximierung ihres Budgets einschließlich der Personalstellen, da von deren Höhe Prestige, Machtfülle und auch Einkommen abhängig sind. Des weiteren nutzen Ministerialbürokraten ihre Informationsvorsprünge bei der Formulierung politischer Programme. In Konsequenz fällt die Versorgung mit politisch-administrativ produzierten Gütern gegenüber den privat angebotenen Produkten zu hoch aus und das politisch-ökonomische Gleichgewicht stellt sich mit einem möglichst großen Staatsanteil am Sozialprodukt ein.[30]

Der methodologische Individualismus der Neuen Politischen Ökonomie führt mit dem das Budget maximierenden Bürokraten eine „heroische" Annahme ein, die empirischer Überprüfung nicht standhält.[31] Mag der Public Choice-Ansatz kritisch-analytische Einsichten vermitteln, öffentliche Aufgaben lassen sich mit ihm erst recht nicht im Sinne eines optimalen Umfangs der Staatstätigkeit theoretisch treffsicher fixieren, und zwar genauso wenig wie mit der tradierten Wohlfahrtsökonomik.[32] Die Sozialwissenschaften verfügen demgegenüber nicht nur über die großen Theorien des Postindustrialismus, der Risikogesellschaft usw. mit ihren Anforderungsprofilen an staatliche Aktivitäten, sondern auch über erfahrungswissenschaftliche Ansätze, also etwa eine an der Sozialberichterstattung orientierten empirische Sozialforschung. Der beobachtete Stand der Lebensqualität in der Gesellschaft und in ihren Bevölkerungsgruppen reflektiert Bedarfslagen für staatliche Aktivitäten. Sozialstatistik und Sozialberichterstattung gelten als Bestandteil der „informationellen Infrastruktur" moderner Gesellschaft und bilden eine wesentliche Grundlage für die Rationalisierung staatlicher Politik.[33] Dabei ist es sekundär, ob die einschlägigen Informationen im Wissenschaftssystem selbst produziert worden sind oder ob Verwaltungsbehörden solche Daten mit wissenschaftlichen Methoden ermitteln.

Den methodologischen Kern der Sozialberichterstattung stellen die sozialen Indikatoren dar. Sie sind Messgrößen zur Erfassung der Lebensbedingungen, Kennziffern für die Wohlfahrt einer Gesellschaft. Im Grunde will man vergleichbar den ökonomischen Indikatoren – Beschäftigungsindikatoren, Kon-

---

[30] Vgl. Niskanen, William A., Bureaucracy and Representative Government, Chicago 1971; Bernholz, Peter/Breyer, Friedrich, Grundlagen der politischen Ökonomie, Band 2: Ökonomische Theorie der Politik, 3. Aufl., Tübingen 1994.

[31] Vgl. Dolan, Julie, The Budget-Minimizing Bureaucrat? Empirical Evidence from the Senior Executive Service, in: Public Administration Review 2002, S. 42 ff.

[32] Vgl. Engel, Christoph/Morlok, Martin (Hrsg.), Öffentliches Recht als ein Gegenstand ökonomischer Forschung. Die Begegnung der deutschen Staatsrechtslehre mit der konstitutionellen politischen Ökonomie, Tübingen 1998.

[33] Vgl. Noll, Heinz-Herbert, Sozialstatistik und Sozialberichterstattung, in: Bernhard Schäfers/Wolfgang Zapf (Hrsg.), Handwörterbuch zur Gesellschaft Deutschlands, 2. Aufl., Opladen 2001, S. 663 ff.

sumindikatoren usw. – messen, in welcher Lage, in welchem Stand der Entwicklung sich eine Gesellschaft befindet, inwieweit bestimmte gesellschaftspolitische Ziele verwirklicht sind.[34] Methodisch ist die quantitative Erfassung der Lebensbedingungen schwieriger als die von ökonomischen Lagen. Normativität und Deskription sind schwer zu trennen. Lebensqualität ist mehr als Lebensstandard. Es bedarf einer mehrdimensionalen Aufschlüsselung der Lebensbedingungen. Auch subjektive Größen der lebensbereichsspezifischen Zufriedenheiten sind zu berücksichtigen. Trotz solcher Schwierigkeiten haben Sozialindikatorenbildung und Sozialberichterstattung vielfältige Informationen zu Stand und Entwicklung der Gesellschaft beigetragen. Nach Anfängen in den Vereinigten Staaten, Verbreitung durch internationale Organisationen sind auch in Deutschland einschlägige Forschungsprogramme initiiert worden.[35] Die Informationen betreffen die verschiedenen politischen Ebenen – supranational, national, regional, lokal –, die verschiedenen öffentlichen Sektoren – Gesundheit, Bildung, Umwelt, Sicherheit –, die verschiedenen Bevölkerungsgruppen – Kinder, Frauen, Behinderte –.[36]

Die Sozialindikatorenbewegung zeigt, dass der Wissenschaft im günstigen Falle eine mittelbare Bedeutung für die Bestimmung öffentlicher Aufgaben zukommt. Bei Sozialstatistik und Sozialberichterstattung geht es um informationale Grundlagen einer rationalen Definition politisch-administrativer Aufgaben. Auch für weitere wissenschaftliche Ansätze gilt grundsätzlich nichts anderes. Die Festlegung von öffentlichen Aufgaben und dann Verwaltungsprogrammen ist das Ergebnis eines politischen Entscheidungsprozesses, wie es auch die klassische Wohlfahrtsökonomik öffentlicher Güter in ihrer formalen Begrifflichkeit sieht. Der Prozesscharakter der Aufgabendefinition tritt besonders in der Policy-Analyse/Politikfeldforschung hervor. Der Policy-Begriff meint – im Unterschied von „politics" und „polity" – die Politikinhalte, die Politikfelder, die sektoralen Politiken, die materiellen Politiken, die Sachpolitiken, also Bildungspolitik, Sozialpolitik, Verkehrspolitik.[37] In der inhaltlichen Dimension entsprechen Public Policies den öffentlichen Aufgaben in ihrer Funktion, die materielle Richtigkeit des Verwaltungshandelns zu gewährleisten. So wird auch

---

[34] Vgl. Mayer, Karl Ulrich, Soziale Indikatoren, in: Görres-Gesellschaft (Hrsg.), Staatslexikon, Band 5, Sozialindikatoren, 7. Aufl., Freiburg i. Br. 1989, Sp. 1 ff.

[35] Vgl. Zapf, Wolfgang (Hrsg.), Lebensbedingungen in der Bundesrepublik, Sozialer Wandel und Wohlfahrtsorientierung, Frankfurt a. M./New York 1977; Zapf, Wolfgang u. a. (Hrsg.), Lebenslagen im Wandel: Sozialberichterstattung im Längsschnitt, Frankfurt a. M./New York 1996.

[36] Vgl. die Beiträge in Noll, Heinz-Herbert (Hrsg.), Sozialberichterstattung in Deutschland: Konzepte, Methoden und Ergebnisse für Lebensbereiche und Bevölkerungsgruppen, Weinheim/München 1997.

[37] Vgl.Windhoff-Héritier, Adrienne, Policy-Analyse. Eine Einführung, Frankfurt a. M./New York 1987.

5. Kapitel: Öffentliche Aufgaben und Verwaltungsprogramme

in der Politischen Wissenschaft vielfach der Aufgabenbegriff beibehalten, wenn es um Wirtschaftspolitik, Umweltpolitik, Wissenschaftspolitik der Sache nach geht.[38] Auch in den Analysen zu den Subsektoren staatlicher Aktivitäten – Gesundheitspolitik, Beschäftigungspolitik, Außenpolitik usw. – hat das Inhaltliche Gewicht.[39] Wenn aber verallgemeinerungsfähige Aussagen gesucht werden, tritt der Prozesscharakter der Sachpolitik hervor.[40]

Es geht dann freilich nicht nur um den Prozess der Machtbildung, sondern vor allem um den der Problemlösung.[41] Fragen des Entstehens, der Formulierung, der Durchsetzung, der Ergebnisse und der Wirkungen von Sachpolitiken und Sachprogrammen werden erörtert. Charakteristisch sind die Prozessmodelle des Policy-Zyklus: die Initiationsphase mit Problemidentifikation, Problemdefinition und „agenda-setting", die Phase der Programmentwicklung mit Zieldefinition, Sach- und Alternativenanalyse, Vorschlagsformulierung, die Phase der Entscheidung mit Machtgenerierung, Konsensbildung und nicht zuletzt der Budgetierung. Es folgen nach der Festlegung der Sachpolitik in Gesetzen und Plänen die Implementation, die Evaluation, die Rückkopplung, die Beendigung oder Fortsetzung mit gegebenenfalls Korrekturen.[42]

Mit dem Politikzyklus steht der gesamte Problemverarbeitungsprozess – wann, wie, warum, über welche Angelegenheiten und mit welchen Wirkungen treffen politisch-administrative Instanzen verbindliche Entscheidungen über öffentliche Aufgaben, öffentliche Güter, öffentliche Werte[43] – zur Diskussion. Zwei Konfigurationen stärken das Prozessmoment, zum einen das Policy-Netzwerk, zum anderen die Politikarena. Mit dem Netzwerkkonzept soll das Zusammenwirken der unterschiedlichen exekutiven, legislativen und gesellschaftlichen Institutionen und Gruppen bei der Entstehung und Durchführung bestimmter Sachpolitiken erfasst werden.[44] Im Mittelpunkt pflegen Untersuchungen zu stehen, die auf die Interaktion individueller oder kollektiver Akteu-

---

[38] Vgl. Gabriel, Oscar W./Holtmann, Everhard (Hrsg.), Handbuch Politisches System der Bundesrepublik, München/Wien 1997, S. 617 ff.

[39] Vgl. Wewer, Göttrik (Hrsg.), Bilanz der Ära Kohl, Opladen 1998.

[40] Vgl. Dye, Theodore R., Policy Analysis, Alabama 1977.

[41] Vgl. Mayntz, Renate, Problemverarbeitung durch das politisch-administrative System: Zum Stand der Forschung, in: Joachim Jens Hesse (Hrsg.), Politikwissenschaft und Verwaltungswissenschaft, Politische Vierteljahresschrift, Sonderheft 15, Opladen 1982, S.74 ff.

[42] Vgl. Schubert, Klaus, Politikfeldanalyse: Eine Einführung, Opladen 1991, S. 69 ff.

[43] Vgl. Naßmacher, Hiltrud, Politikwissenschaft, 2. Aufl., München/Wien 1995, S. 108 ff.; Schmidt, Manfred G., Vergleichende Policy-Forschung, in: Dirk Berg-Schlosser/Ferdinand Müller-Rommel (Hrsg.), Vergleichende Politikwissenschaft, 3. Aufl., Opladen 1997, S. 207 ff.

[44] Vgl. Heclo, Hugh, Issue Networks and the Executive Establishment, in: Anthony King (Hrsg.), The New American Political System, Washington D. C. 1978, S. 87 ff.

re und die Frage abstellen, welchen Einfluss die Art und Weise der Interaktionen und der Akteurskonstellationen auf die erzielten Ergebnisse haben.[45] Solche Akteursansätze lassen sich bis zu individualisierenden Theorien wie „Public Choice" oder Spieltheorie weiter verfolgen.[46]

Geht es bei den Policy-Netzen um Akteure und die Beziehungen zwischen Akteuren in einem Politikfeld, so stellt das Konzept der Politikarena stärker auf die politischen Konflikt- und Konsensprozesse innerhalb eines Politikfeldes ab.[47] Man geht davon aus, dass Wirkungen und Folgen staatlicher Aktivitäten von den Betroffenen antizipiert werden und die erwarteten Kosten und Nutzen Reaktionen auslösen, die den politischen Entscheidungsprozess prägen.[48] Mit diesem Bezug auf das Politische als Machtgenerierung wird deutlich, dass die Auseinandersetzung mit den Politikinhalten für viele nicht Selbstzweck ist, sondern auf klassische Fragen der Politischen Wissenschaft bezogen wird.[49] Es werden Ansprüche erhoben, die am Selbstverständnis der tradierten Politikwissenschaft rühren.[50] Demgegenüber ist auf eine Staatstätigkeitsforschung zu verweisen, die Politikinhalte aus Ausgabenanalysen schließt, also etwa die Bildungspolitik aus den Bildungsausgaben.[51]

Öffentliche Ausgaben werden im Budget positiv gesetzt. Wenn auch die Formel vom Haushalt als Regierungsprogramm in Zahlen anspruchsvoll erscheint, so belegt doch der Funktionenplan einer mittelfristigen Finanzplanung, dass die Verbindung von Ausgaben und Aufgaben möglich ist. Öffentliche Aufgaben als Ergebnis eines politischen Entscheidungsprozesses bedeuten, dass die Kodifikate ihrer Positivierung auch die Wissenschaft nahe an die öffentlichen Aufgaben selbst heranführen kann. Im modernen Konstitutionalis-

---

[45] Vgl. Jansen, Dorothea/Schubert, Klaus (Hrsg.), Netzwerke und Politikprodukte: Konzepte, Methoden, Perspektiven, Marburg 1995; Marin, Bernd/Mayntz, Renate (Hrsg.), Policy Networks: Empirical Evidence and Theoretical Considerations, Frankfurt a. M./Boulder, Colorado 1991.

[46] Vgl. Niskanen, William A., Policy Analysis and Public Choice: selected papers by William A. Niskanen, Cheltenham, UK/Newhampton MA, USA 1998; Scharpf, Fritz W., Games Real Actors Play, Actor-Centered Institutionalism in Policy Research, Boulder, Colorado 1997.

[47] Vgl. Windhoff-Héritier, Adrienne, Policy-Analyse. Eine Einführung, Frankfurt a. M./New York 1987, S. 47 ff.

[48] Vgl. Lowi, Theodore J., American Business, Public Policy, Case Studies and Political Theory, in: World Politics 1964, S. 677 ff.

[49] Vgl. Héritier, Adrienne (Hrsg.), Policy-Analyse – Kritik und Neuorientierung, Politische Vierteljahresschrift 34, Sonderheft 24, Opladen 1993.

[50] Vgl. Hartwich, Hans-Hermann (Hrsg.), Policy-Forschung in der Bundesrepublik Deutschland. Ihr Selbstverständnis und ihr Verhältnis zu den Grundfragen der Politikwissenschaft, Opladen 1985.

[51] Vgl. Schmidt, Manfred G., Warum Mittelmaß? Deutschlands Bildungsausgaben im internationalen Vergleich, in: Politische Vierteljahresschrift 2002, S. 3 ff.

5. Kapitel: Öffentliche Aufgaben und Verwaltungsprogramme

mus sind es die Grundgesetze, die der Verfassungstheorie einen positiven Anknüpfungspunkt für das Verstehen öffentlicher Aufgaben bietet. In jüngerer Zeit liegt dazu ein breites Erkenntnismaterial vor, da die Verfassungswerke nicht bloß die politischen Spielregeln, sondern immer mehr auch in Staatszielbestimmungen die inhaltliche Richtigkeit des Staatshandelns festlegen. Staatsziele sind insoweit nicht alte Staatszwecke, Endziele der Staatstätigkeit, Vorgaben des Naturrechts, politische Idealvorstellungen, sondern gesetztes Verfassungsrecht. Sie betreffen über Gemeinwohl und Sicherheit als „zeitlose Staatszwecke" hinaus Gehalte materieller Rechtsstaatlichkeit – Gewährleistung von Freiheit, Eigentum, Rechtsschutz –, Sozialstaatlichkeit – Vollbeschäftigung, Gesundheitsvorsorge, Schaffung von Wohnraum –, Kulturstaatlichkeit – Bildung, Kulturförderung, Schutz des kulturellen Erbes –, Umweltstaatlichkeit – Naturschutz, Artenschutz, Erhaltung natürlicher Ressourcen – usw.[52]

Probleme einer so konstitutionell finalen Festlegung von Staatsaktivitäten werden im politischen Mehrebenensystem wie dem der Bundesrepublik Deutschland besonders deutlich, weil hier der Schwerpunkt der verfassungskonkretisierenden Gesetzgebung beim Bund, der Schwerpunkt der gesetzeskonkretisierenden Verwaltung aber bei den Ländern liegt. Insbesondere in den neuen Bundesländern ergibt sich eine Verfassungsentwicklung, die über die alten substantiellen Festlegungen hinausreicht. Die neuen Verfassungen[53] enthalten neben organisations- und staatsstrukturbezogenen Regelungen in erheblichem Umfang materielle Regelungen wie Grundrechte, Einrichtungsgarantien sowie Staatszielbestimmungen, wobei die Bestimmungen in ihrem Umfang und ihrer Konkretheit deutlich über das Grundgesetz hinausgehen.[54] Auch die in dieser Hinsicht im Verhältnis zum Grundgesetz ebenfalls weniger zurückhaltenden Verfassungen der meisten westlichen Bundesländer werden klar übertroffen. Im Folgenden sollen der Umfang und die Art der Regelungen beispielhaft verdeutlicht werden.

Sämtliche Verfassungen werden durch eine mehr oder weniger umfangreiche Präambel eingeleitet. Grundrechtsgewährleistungen entsprechen in ihren Regelungsgegenständen weitgehend den Regelungen des Grundgesetzes, wobei allerdings umfangreiche Konkretisierungen erfolgen. Daneben enthalten die Verfassungen in einer Reihe von Normen die Anerkennung oder Gewährleis-

---

[52] Vgl. Sommermann, Karl-Peter, Staatsziele und Staatszielbestimmungen, Tübingen 1997.

[53] Vgl. Landesverfassung Sachsen vom 06.06.1992, GVBl. 1992, S. 243 ff.; Landesverfassung Sachsen-Anhalt vom 18.07.1992, GVBl. 1992, 600 ff.; Landesverfassung Brandenburg, GVBl. 1992, S. 298 ff.; Landesverfassung Mecklenburg-Vorpommern vom 23.05.1993, GVBl. 1993, S. 372 ff.; Landesverfassung Thüringen vom 25.10.1993, GVBl. 1993, S. 625 ff.

[54] Vgl. Menzel, Jörg, Landesverfassungsrecht: Verfassungshoheit und Homogenität im grundgesetzlichen Bundesstaat, Stuttgart u. a. 2002, S. 365 ff.

tung von Rechten aller Menschen oder einzelner Gruppen sowie die Begründung von Verpflichtungen des Staates. Zum Teil werden neben Grundrechten Staatsziele als eigene Kategorie eingeführt und in ihren Wirkungen festgelegt. Die Inhalte dieser Regelungen beziehen sich etwa auf Arbeit und Wirtschaft, Umwelt und Natur, Bildung, Familie, Wohnung, Unterhalt, soziale Sicherung, Gleichberechtigung. Zahlreiche Bestimmungen begründen relativ konkrete Verpflichtungen des Staates, so zum Beispiel Schutzpflichten, die über den allgemeinen Schutz der Menschenwürde hinaus sich im einzelnen mit dem Schutz des ungeborenen Lebens, dem Schutz vor innerfamiliärer Gewalt oder dem Schutz der Kinder vor Missbrauch[55] befassen, oder Gleichstellungspflichten, die den Grundsatz der Gleichberechtigung ergänzen für Männer und Frauen, aber auch für Behinderte.[56] Häufig stehen staatliches Handeln in Form und Inhalt unterschiedlich determinierende Konkretisierungen im Zusammenhang mit der Anerkennung von Rechten, insbesondere dem „Recht auf Wohnung" oder dem „Recht auf Arbeit" gegenüber.[57] Vorgesehen sind hier auch Regelungen zur Art und Weise der Zielerreichung, zum Beispiel im Zusammenhang mit dem Recht auf Wohnung die Förderung von Wohneigentum, sozialem Wohnungsbau, Mieterschutz oder die Gewährung von Mietzuschüssen. Das Recht auf Arbeit wird ebenfalls durch Einzelbestimmungen abgesichert, zum Beispiel durch Regelungen zu Berufsberatung, Arbeitsvermittlung, Umschulung, beruflicher Weiterbildung und Unterhalt.

Zu den Regelungsgegenständen der Landesverfassungen zählen ferner etwa das Anstreben internationaler Beziehungen und die Verpflichtung zum Frieden[58] sowie die Wirtschaftsordnung. Deren Ausgestaltung soll durch eine Vielzahl von Einzelregelungen[59], aber auch durch die Verbindung von sozialer Marktwirtschaft, sozialer Gerechtigkeit und Schutz der Umwelt in den Verfassungen selbst mitbestimmt werden – wobei der Schutz der Umwelt wieder in unterschiedlichen Normkategorien einen der wesentlichen Regelungspunkte bildet.[60] Andere Regelungen beziehen sich auf die Gewährleistung des Datenschutzes bzw. des Rechts auf informationelle Selbstbestimmung[61], wobei auch die Unterwerfung des bundesrechtlich geregelten Verfassungsschutzes unter

---

[55] Vgl. z.B. Art. 7 I 2, Art. 8 II und Art. 27 V der Landesverfassung Brandenburg.

[56] Vgl. Art. 12 III und IV der Landesverfassung Brandenburg; Art. 2 der Landesverfassung Thüringen; Art. 8 der Landesverfassung Sachsen; Art. 34 der Landesverfassung Sachsen-Anhalt.

[57] Vgl. Art. 15 der Landesverfassung Thüringen; Art. 36 der Landesverfassung Thüringen.

[58] Vgl. Präambel und Art. 2 I und III der Landesverfassung Brandenburg.

[59] Vgl. Art. 41 – 44 der Landesverfassung Brandenburg.

[60] Vgl. Art. 42 II 1 der Landesverfassung Brandenburg.

[61] Vgl. Art. 11 der Landesverfassung Brandenburg, Art. 33 Landesverfassung Sachsen, Art. 6 Landesverfassung Sachsen-Anhalt.

besondere parlamentarische Kontrolle vorgesehen ist.[62] Diese Fülle an Regelungen wirft die Frage nach der Bedeutung von Landesverfassungen für die Bestimmung von Staatsaufgaben auf. Dabei wird der Regelungsbereich der Landesverfassungen nicht nur durch das Verhältnis der Verfassungen untereinander bestimmt. Auch die Zuweisung von Aufgaben und Kompetenzen an Bund und Länder spielen eine wesentliche Rolle. Da zudem Landesverfassungen im Rang hinter einfachgesetzlichem Bundesrecht zurücktreten, schränken auch bundesrechtliche Regelungen, wie sie z.B. in der Arbeitsmarktpolitik oder der Sozialpolitik – Regelungen des Arbeitsförderungsgesetzes, Bundessozialhilfegesetz etc. – in weitem Umfang vorhanden sind, Regelungsmöglichkeiten der Landesverfassungen und vor allem deren Wirkungen in starkem Maße ein: Selbst wenn die Landesverfassung dem einzelnen ein Recht auf Arbeit zuerkennen kann, bleiben die Maßnahmen zu dessen Verwirklichung weitgehend in der Verantwortung des Bundes. Gleiches gilt für die Zuerkennung des Rechts auf Wohnung und die zu dessen Verwirklichung vorgesehenen Verpflichtungen der Förderung, wo zudem Regelungen des Bürgerlichen Gesetzbuches einschränkend wirken.[63] Eine Bindung des hier vor allem zuständigen Bundesgesetzgebers an Landesverfassungen aber kann nicht angenommen werden.

Eine davon zu unterscheidende Frage ist die faktische Wirkung von Landesverfassungen auf Gesetzgebungsinitiativen des Bundes, die über Gesetzgebungsverfahren im Bundesrat durchaus zum Tragen kommen kann. Selbst hier wird aber eine rechtliche Verpflichtung der Landesregierung, eine Bindung auch in ihrer Eigenschaft als Bundesratsmitglieder im allgemeinen abgelehnt. Der mögliche Einfluss der Landesverfassungen auf die Wahrnehmung von Aufgaben durch den Staat wird letztlich durch die den einzelnen verfassungsrechtlichen Regelungen zukommende Bindungswirkung bestimmt. Verfassungen enthalten unterschiedliche Arten von Normen: Neben Präambeln, Grundrechten, materiellen Staatszielen und Handlungsaufträgen, insbesondere Gesetzgebungsaufträgen, sind dies die Staatsstruktur prägende Prinzipien wie das Rechtsstaatsprinzip oder das Demokratieprinzip sowie Kompetenzverteilungen.[64] Für die Begründung von aus der Verfassung abzuleitenden Staatsaufgaben kommen damit ganz unterschiedliche Normarten in Betracht, die sich in ihren Bindungswirkungen durchaus unterscheiden.[65] Besondere Aufmerksamkeit

---

[62] Vgl. Art. 11 II Landesverfassung Brandenburg.

[63] Vgl. Merten, Detlef, Verfassungspatriotismus und Verfassungsschwärmerei – Betrachtungen eines Politischen, in: Verwaltungsarchiv 1992, S. 296.

[64] Vgl. Bull, Hans Peter, Die Staatsaufgaben nach dem Grundgesetz, 2. Aufl., Kronberg/Ts. 1977, S. 152 ff.

[65] Vgl. Alexy, Robert, Theorie der Grundrechte, 4. Aufl., Frankfurt a. M. 2001; Esser, Josef, Grundsatz und Norm in der richterlichen Fortbildung des Privatrechts: Rechtsvergleichende Beiträge zur Rechtsquellen- und Interpretationslehre, 4. Aufl., Tübingen 1990; Schulze-Fielitz, Helmuth, Staatsaufgabenentwicklung und Verfassung. Zur

gilt dabei – trotz oder gerade wegen der damit noch verbundenen Unklarheiten – den in den Landesverfassungen enthaltenen Staatszielen und den sogenannten sozialen Grundrechten. Vor allem an ihnen und den ihnen zukommenden Bindungswirkungen entzündet sich der Streit um den Regelungsbereich von Verfassungen, der auch im Zusammenhang mit den Regelungen des Grundgesetzes geführt wurde und wird. Die Berichte der Sachverständigenkommission 1983 und der Gemeinsamen Verfassungskommission aus dem Jahre 1993 zeugen hiervon.

Staatsziele sind im Grundgesetz nur in vergleichbar geringem Umfang zu finden. Hingegen enthalten nicht nur die Landesverfassungen der neuen, sondern auch die Landesverfassungen der westlichen Bundesländer eine Reihe von Bestimmungen, die als Staatsziele eingeordnet werden.[66] Auch Verfassungen anderer Staaten, etwa der Schweiz, Griechenlands, Spaniens oder Portugals enthalten in größerem Umfang Bestimmungen zu Staatszielen.[67] Bei der Diskussion um die Aufnahme von Staatszielen in Verfassungen geht es um deren rechtliche Bindungswirkung, die grundsätzliche Möglichkeit oder Notwendigkeit einer Verankerung in Verfassungen oder die Ableitbarkeit von Staatsaufgaben aus Staatszielen,[68] vor allem aber um deren Sinnhaftigkeit und Maßgeblichkeit, wobei freilich der Begriff der Staatsziele nach wie vor diffus bleibt und unterschiedlich verwendet wird. Im Hinblick auf die rechtliche Wirkung findet wohl immer noch die Definition der Sachverständigenkommission 1983 die meiste Zustimmung. Staatsziele sollen demnach dem staatlichen Handeln in der Regel ohne Angabe von Mitteln die Richtung weisen und Prioritäten setzen. Sie „umreißen ein bestimmtes Programm der Staatstätigkeit und sind dadurch eine Richtlinie oder Direktive für das staatliche Handeln, auch für die Auslegung von Gesetzen und sonstigen Rechtsvorschriften".[69] Als verbindliches Ver-

---

normativen Kraft der Verfassung für das Wachstum und die Begrenzung von Staatsaufgaben – sinkende Steuerungsfähigkeit des Rechts, Baden-Baden 1990, S. 11 ff.; Bundesminister des Innern und Bundesminister der Justiz (Hrsg.), Bericht der Sachverständigenkommission Staatszielbestimmungen/Gesetzgebungsaufträge, Bonn 1983, Rn. 3 ff.

[66] Vgl. die Zusammenstellung in: Bundesminister des Innern und Bundesminister der Justiz (Hrsg.), Bericht der Sachverständigenkommission Staatszielbestimmungen/Gesetzgebungsaufträge, Bonn 1983, Rn. 15.

[67] Vgl. Häberle, Peter, „Sport" als Thema neuerer verfassungsstaatlicher Verfassungen, in: Bernd Becker u. a. (Hrsg.), Festschrift für Werner Thieme zum 70. Geburtstag, Köln u. a. 1993, S. 25 ff.; Sommermann, Karl-Peter, Staatsziele und Staatszielbestimmungen, Tübingen 1997.

[68] Vgl. Bundesminister des Innern und Bundesminister der Justiz (Hrsg.), Bericht der Sachverständigenkommission Staatszielbestimmungen/Gesetzgebungsaufträge, Bonn 1983, Rn. 3.

[69] Vgl. Bundesminister des Innern und Bundesminister der Justiz (Hrsg.), Bericht der Sachverständigenkommission Staatszielbestimmungen/Gesetzgebungsaufträge, Bonn 1983, Rn. 7.

fassungsrecht sollen sie eine durch alle staatlichen Stellen zu berücksichtigende Verpflichtung enthalten, wobei aber primärer Adressat gleichwohl der Gesetzgeber sein soll. Verwaltungen wie Gerichte sollen bei der Gesetzesanwendung die den Staatszielbestimmungen zugrundeliegenden Wertentscheidungen beachten, aber nicht Staatsziele selbständig verwirklichen. Gegenüber dem einzelnen Bürger entfalten sie grundsätzlich nur objektivrechtliche Wirkung,[70] wobei allenfalls im Einzelfall in Ausnahmefällen einklagbare Rechte im Wege der Verfassungsinterpretation begründet werden können.[71] Gleichwohl bleiben Bedeutung und Inhalt des Begriffs unklar: Zum Teil wird die Dynamik von Staatszielen, ihre Zukunftsorientierung betont oder auch eine Rangfolge von Staatszielen und daraus ableitbaren Staatsaufgaben begründet[72] – ähnlich wie zwischen „Staatszwecken" als allgemeinen Legitimationen des Staates[73] und vergleichsweise konkreteren Staatszielen unterschieden wird.[74] Umstritten ist aber vor allem die Sinnhaftigkeit einer Aufnahme von Staatszielen in Verfassungen, insbesondere wenn ihnen unabhängig von der ihnen rechtlich zukommenden Bindungswirkung große Bedeutung zugemessen wird. Deutlich wird dies auch in der neuerlichen Diskussion um die Aufnahme sozialer Staatsziele oder des Umweltschutzes als Staatsziel in die Verfassung.[75] Sie wurde von ihren Befürwortern weniger unter dem Aspekt der Begründung einer neuen Aufgabe oder einer unmittelbaren Steuerung staatlichen Handelns, denn mit dem Ziel einer Verstärkung des Gewichts einzelner, existenzieller Belange gefor-

---

[70] Vgl. Isensee, Josef, Gemeinwohl und Staatsaufgaben im Verfassungsstaat, in: ders./Paul Kirchhof (Hrsg.), Handbuch des Staatsrechts, Band 3: Das Handeln des Staates, Heidelberg 1988, S. 3 ff.

[71] Vgl. Bundesminister des Innern und Bundesminister der Justiz (Hrsg.), Bericht der Sachverständigenkommission Staatszielbestimmungen/Gesetzgebungsaufträge, Bonn 1983, Rn. 5.

[72] Vgl. Bundesminister des Innern und Bundesminister der Justiz (Hrsg.), Bericht der Sachverständigenkommission Staatszielbestimmungen/Gesetzgebungsaufträge, Bonn 1983, Rn. 7; Schulze-Fielitz, Helmuth, Staatsaufgabenentwicklung und Verfassung. Zur normativen Kraft der Verfassung für das Wachstum und die Begrenzung der Staatsaufgaben, in: Dieter Grimm (Hrsg.), Wachsende Staatsaufgaben – sinkende Steuerungsfähigkeit des Rechts, Baden-Baden 1990, S. 11 ff.

[73] Vgl. Starck, Christian, Frieden als Staatsziel, in: Bodo Börner (Hrsg.), Einigkeit und Recht und Freiheit, Köln u. a. 1984, S. 867 ff.; ferner Michel, Lutz H., Staatszwecke, Staatsziele und Grundrechtsinterpretation unter besonderer Berücksichtigung der Positivierung des Umweltschutzes im Grundgesetz, Frankfurt a. M. 1986.

[74] Vgl. Stern, Klaus, Staatsziele und Staatsaufgaben in verfassungsrechtlicher Sicht, in: Gesellschaft für Rechtspolitik (Hrsg.), Bitburger Gespräche Jahrbuch, München 1984, S. 5 ff.; ferner Fischer, Peter Christian, Staatszielbestimmungen in den Verfassungen und Verfassungsentwürfen der neuen Bundesländer, München 1994, S. 27.

[75] Vgl. Endbericht der Gemeinsamen Verfassungskommission, BT-Drucks. 12/6000.

dert,[76] während ihre Gegner die Notwendigkeit der Umsetzung und die Gefahr eines Leerlaufens von Verfassungen, einen Autoritätsverlust für Verfassung wie Parlament als mögliche Folgen befürchten.[77]

Noch weiter gehen die Unklarheiten bezüglich der „Sozialen Grundrechte", deren Bezeichnung zumindest die Nähe zu einklagbaren individuellen Ansprüchen nahe legt. Im Hinblick auf das Grundgesetz wird häufig das Fehlen derartiger sozialer Grundrechte betont. Hingegen wird eine Reihe von Verfassungsbestimmungen der neuen Länder – etwa das „Recht auf Arbeit" oder das „Recht auf Wohnung" – zumindest in der Diskussion mit dem Begriff „Soziales Grundrecht" gekennzeichnet.[78] Mit umfasst werden unterschiedliche staatliche Verpflichtungen zur Herstellung der Voraussetzungen zur tatsächlichen Ausübung der Freiheitsrechte und zur Entfaltung der Persönlichkeit. Vor allem Einklagbarkeit wie Begründung staatlicher Verpflichtungen führen, unabhängig von Unklarheiten über die rechtstechnische Verankerung „sozialer Grundrechte",[79] zur Befürchtung staatlicher Überlastung und der Einschränkung notwendiger Handlungsspielräume und entsprechenden Vorbehalten gegenüber „sozialen Grundrechten" insgesamt und der Aufnahme von über Abwehrrechte hinausgehenden Rechten in die Landesverfassungen.[80] Einklagbare soziale Grundrechte wurden auch von der Sachverständigenkommission 1983 wie der gemeinsamen Verfassungskommission übereinstimmend abgelehnt.[81] Auch dann aber, wenn für „soziale Grundrechte" das Bestehen eines individuellen Anspruchs nicht bejaht wird, besteht noch keine Einigkeit über die rechtliche Bindungswirkung: die Einordnung als unverbindlicher Programmsatz oder Richtli-

---

[76] Vgl. Bundesminister des Innern und Bundesminister der Justiz (Hrsg.), Bericht der Sachverständigenkommission Staatszielbestimmungen/Gesetzgebungsaufträge, Bonn 1983, Rn. 141 ff.

[77] Vgl. Holtschneider, Rainer, Soziale Staatsziele als Leitlinien der Politik, in: Aus Politik und Zeitgeschichte, Beilage zur Wochenzeitung „Das Parlament", B 52-53/1993, S. 19 ff.; Meyer-Teschendorf, Klaus G., Staatszielbestimmung Umweltschutz, in: Aus Politik und Zeitgeschichte, Beilage zur Wochenzeitung „Das Parlament", B 52-53/1993, S. 23 ff.

[78] Vgl. Bull, Hans Peter, Die Verfassungen der neuen Länder – zwischen östlicher Selbstbestimmung und westlichen Vorgaben, in: Bernd Becker u. a. (Hrsg.), Festschrift für Werner Thieme zum 70. Geburtstag, Köln u. a. 1993, S. 321; Merten, Detlef, Grundgesetz und Verfassungen der neuen deutschen Länder, in: Willi Blümel, Verfassungsprobleme im vereinten Deutschland, Berlin 1993, S. 46 ff.

[79] Vgl. Böckenförde, Ernst-Wolfgang u. a. (Hrsg.), Soziale Grundrechte, 5. Rechtspolitischer Kongress der SPD vom 29. Februar bis 2. März 1880 in Saarbrücken, Dokumentation, Teil 2, Heidelberg 1981.

[80] Vgl. Bull, Hans Peter, Die Staatsaufgaben nach dem Grundgesetz, 2. Aufl., Kronberg/Ts. 1977, S. 152 ff.

[81] Vgl. Endbericht der Gemeinsamen Verfassungskommission, BT-Drucks. 12/6000, Bonn 1993.

nie oder als verbindliche Norm ist umstritten.[82] Letztlich werden sie im Allgemeinen Staatszielbestimmungen gleichgestellt, die aber wie auch die Staatsziele von unverbindlichen, deklaratorischen Programmsätzen abzugrenzen seien, wie sie etwa für die Sozialstaatsaufgaben in der Weimarer Reichsverfassung angenommen wurden.[83]

Über diese als Staatsziele eingeordneten sozialen Grundrechte hinaus können über die Begründung einer objektiven Wertordnung oder über ein institutionelles Grundrechtsverständnis Staatsaufgaben aus Grundrechten begründet werden. Grundrechte werden zwar nach wie vor primär als subjektive Rechte, als Abwehrrechte gegen den Staat betrachtet, die staatliches Handeln weniger steuern als begrenzen. Mittlerweile ist aber auch anerkannt, dass sie zugleich objektive Wertentscheidungen darstellen, aus denen sich im Einzelfall auch Schutzpflichten des Staates begründen können.[84] Konkrete Handlungsaufträge schließlich können sowohl die Präambeln[85] enthalten als auch einzelne spezielle Gesetzgebungsaufträge oder konkrete Aufgabenzuweisungen wie die Verpflichtung zur Wahrung des gesamtwirtschaftlichen Gleichgewichts.

Auch aus Staatsstrukturprinzipien wie dem Demokratieprinzip, Bundesstaatsprinzip, Rechtsstaatsprinzip, welche als „Pfeiler" die innere Ordnung eines Staates kennzeichnen, lassen sich Staatsaufgaben ableiten.[86] Sie beziehen sich vor allem auf das „Wie" der Erfüllung materieller Staatsaufgaben und auf die Verfahren zur Entscheidung über die Wahrnehmung von Staatsaufgaben, wobei durchaus auch Spielräume für Veränderungen bestehen. Dies gilt insbesondere auch für das Handeln in gewaltenteiligen Funktionen, für die die Bindung an Recht und Gesetz Formen staatlichen Handelns vorgeben, ohne sie freilich konkret für den Einzelfall zu bestimmen. Zwischen einseitig-hoheit-

---

[82] Vgl. Fischer, Peter Christian, Staatszielbestimmungen in den Verfassungen und Verfassungsentwürfen der neuen Bundesländer, München 1994, S. 22.

[83] Vgl. Grimm, Dieter, Recht und Staat der bürgerlichen Gesellschaft, Frankfurt a. M. 1987, S. 153 ff.

[84] Vgl. Häberle, Peter, Grundrechte im Leistungsstaat, in: Veröffentlichungen der Deutschen Staatsrechtslehrer, Band 30: Grundrechte im Leistungsstaat: Die Dogmatik des Verwaltungsrechts vor den Gegenwartsaufgaben der Verwaltung, Berlin/New York 1972, S. 43 ff.; Kirchhof, Paul, Mittel staatlichen Handelns, in: ders./Josef Isensee (Hrsg.), Handbuch des Staatsrechts, Band 3: Das Handeln des Staates, Heidelberg 1988, S. 121 ff.; Klein, Eckart, Grundrechtliche Schutzpflichten des Staates, in: Neue Juristische Wochenschrift 1989, S. 1633 ff.

[85] Vgl. Häberle, Peter, Präambeln in Text und Kontext von Verfassungen, in: Joseph Listl/Herbert Schambeck (Hrsg.), Demokratie in Anfechtung und Bewährung, Berlin 1982, S. 211 ff.

[86] Vgl. Fischer, Peter Christian, Staatszielbestimmungen in den Verfassungen und Verfassungsentwürfen der neuen Bundesländer, München 1994, S. 26; ferner Bull, Hans Peter, Die Staatsaufgaben nach dem Grundgesetz, 2. Aufl., Kronberg/Ts. 1977, S. 403 ff.

licher, zentraler Regulierung durch Gesetze bis zu Kooperationen im Aufgabenvollzug etwa eröffnet sich ein weites Feld, das auch die Aufgabenverteilung zwischen Gesetzgeber und Verwaltung berührt.

Betrachtet man die Verfassungen der neuen Länder, so zeigt sich, dass zwar im Allgemeinen eine im Verhältnis zum Grundgesetz auffällige Betonung von Staatszielen, Grundrechten und Plebisziten, aber auch von Verpflichtungen des Staates und der Bürger festzustellen ist.[87] Die Einordnung der einzelnen Normen in die Kategorien aber und die daraus abzuleitenden Folgen werden gleichwohl nicht immer klar. Erschwert wird die Kategorisierung der einzelnen Normen und ihrer Wirkungen noch durch Zuordnungen einzelner Themenbereiche zu unterschiedlichen Regelungen. So sind Natur- und Umweltschutz etwa Gegenstand sowohl umfassender Aufgabenbestimmungen als auch konkreter Verpflichtungen innerhalb eines Ersten Teils „Grundrechte, Staatsziele und Ordnung des Gemeinschaftslebens"[88] als auch darüber hinaus als Staatsfundamentalnormen klassifiziert.[89] Ebenso werden Bildung und Kultur als Staatsgrundsatz eingeordnet,[90] sind aber auch Regelungsgegenstand eines eigenen Abschnitts,[91] in dem das Recht auf Bildung, die Teilhabe an Bildungseinrichtungen, sowie Förderungsverpflichtungen des Staates, teils auch der Kommunen – etwa zur Förderung von Schulen, Erwachsenenbildung und Kunst – gemeinsam abgehandelt werden. Einzelne Regelungsbereiche werden dabei unter unterschiedlichen Normkategorien mit unterschiedlichen Wirkungen erfasst, etwa durch Verbindung von Staatszielen und Grundrechten.[92] Staatsziele werden auch kombiniert mit objektiven Verfassungsaufträgen, die Schritte zur Verwirklichung vorsehen.

Die Festlegung von Staatsaufgaben in Verfassungen bedarf aus vielerlei Gründen einer sorgfältigen Prüfung und gewisser Vorkehrungen, wenn Verfassungen nicht ungerechtfertigte Erwartungen wecken und auf unverbindliche Programmsätze reduziert werden sollen. Dabei stehen die Verfassungen der neuen Länder mit ihren weitreichenden und teilweise sehr konkreten Bestimmungen von Staatsaufgaben keineswegs allein. Vielmehr spiegeln sie Tenden-

---

[87] Vgl. Feddersen, Christoph, Die Verfassungsgebung in den neuen Ländern: Grundrechte, Staatsziele, Plebiszite, in: Die Öffentliche Verwaltung 1992, S. 989 ff.; ferner Degenhart, Christoph, Grundzüge der neuen sächsischen Verfassung, in: Landes- und Kommunalverwaltung 1993, S. 33 ff.

[88] Vgl. Art. 31 Landesverfassung Thüringen.

[89] Vgl. Art. 2 I und Art. 39 Landesverfassung Brandenburg.

[90] Vgl. Art. 2 Abs. 1 Landesverfassung Brandenburg.

[91] Vgl. Abschnitt 6 der Landesverfassung Brandenburg „Bildung, Wissenschaft und Sport", insbesondere Art. 29 I, III, 30, 33 I 1 und 34.

[92] Vgl. Art. 39 Landesverfassung Brandenburg.

5. Kapitel: Öffentliche Aufgaben und Verwaltungsprogramme

zen wider, die als Kennzeichen neuerer Verfassungen gelten können:[93] Sie weisen dem Staat in unterschiedlichen Normarten eine Vielzahl von Aufgaben zu, wobei grundlegende und konkrete Bestimmungen häufig ohne hierarchische Einordnung und ohne inhaltliche Vorgaben für die Lösung etwaiger Zielkonflikte und Widersprüchlichkeiten unter den Normen nebeneinander stehen. Dabei sind die Aufgaben, bei aller zunehmenden Konkretisierung, nicht vollständig normiert, sondern bedürfen zu ihrer Umsetzung der weiteren Ausformung. Die auf diese Weise verfassungsrechtlich verankerten Staatsaufgaben sind im modernen Verwaltungsstaat vor allem Verwaltungsaufgaben. Entsprechend der klassischen Rechts- und Verwaltungskultur Kontinentaleuropas werden die strukturellen Prämissen für die Richtigkeit des Staats- und Verwaltungshandelns durch das Medium des Rechts festgelegt, wobei die Gesetzesbindung immer mehr verfeinert worden ist. Neben den Verwaltungsgesetzen stehen noch die öffentlichen Pläne und Programme – Wirtschaftsförderungspläne, Gesundheitspläne, Bildungspläne, Infrastrukturpläne usw. –, mit denen Staats- und Verwaltungsaufgaben spezifiziert werden. Indessen sind diese über das Budget als formelles Gesetz legislativ gebunden.

Hiernach wird das Verhältnis des Verwaltungsrechts zum Verfassungsrecht zu einer Kernfrage der Definition von Staatsaufgaben. Die Aussage „Verfassungsrecht vergeht, Verwaltungsrecht besteht"[94] verweist für die Weimarer Republik auf eine bestimmte Indifferenz. Die Formel vom „Verwaltungsrecht als konkretisiertem Verfassungsrecht"[95] stellt hingegen für die Bundesrepublik einen Zusammenhang zwischen konstitutioneller und legislativer Definitionsmacht her. Nun darf man sich diesen Zusammenhang im Falle des Grundgesetzes nicht zu eng vorstellen, schon gar nicht im Sinne einer geschlossenen, axiomatisch-deduktiven Ableitung. Der Legislative bleibt ein breiter eigenständiger Entscheidungsspielraum.

Was die Definition von Staatsaufgaben anlangt, so sind insbesondere bei hoher konstitutioneller Finalität bestimmte Vorkehrungen zu treffen, die die Knappheiten reflektieren, denen der Mensch in seiner natürlichen und sozialen Existenz nun einmal unterworfen ist. Im Verfassungs- und Rechtsstaat des Grundgesetzes bieten justiziable Grundrechte, die Beschränkung auf „hartes" Verfassungsrecht, der Verzicht auf programmatische Vorgaben bei gleichzeiti-

---

[93] Vgl. Häberle, Peter, Verfassungsstaatliche Staatsaufgabenlehre, in: Archiv des öffentlichen Rechts 1986, S. 601 ff.; Schulze-Fielitz, Helmuth, Staatsaufgabenentwicklung und Verfassung. Zur normativen Kraft der Verfassung für das Wachstum und die Begrenzung von Staatsaufgaben, in: Dieter Grimm (Hrsg.), Wachsende Staatsaufgaben – sinkende Steuerungsfähigkeit des Rechts, Baden-Baden 1990, S. 23.

[94] Vgl. Mayer, Otto, Deutsches Verwaltungsrecht, Band 1, 3. Aufl., München/Leipzig 1924, S. VI.

[95] Vgl. Werner, Fritz, Verwaltungsrecht als konkretisiertes Verfassungsrecht, in: Deutsches Verwaltungsblatt 1959, S. 527 ff.

ger Vorgabe von Entscheidungsverfahren zur Ausfüllung der bewusst eingeräumten großen Gestaltungsspielräume in einem offenen, demokratisch-politischen Prozess Schutz vor konstitutioneller Entwertung.[96] Darüber hinausgehende Zielbestimmungen erfordern andere Strategien, um diese angesichts von Knappheitsphänomenen in einen realistischen Erwartungsrahmen einzupassen. Zum einen kann man eine dichtere Programmierung in Betracht ziehen, in der die Ziele mit jenen Mitteln kombiniert werden, die man zu deren Erreichung braucht. Das würde freilich eine prognostische Kraft zur Verfügbarkeit von Ressourcen voraussetzen, die jedenfalls im Zeithorizont von Verfassungen nicht besteht. Zum anderen können Zielbestimmungen durch weiteres Verfassungs- und Gesetzesrecht relativiert werden. Das ist ein Weg, der in der Bundesrepublik gerade auch im Hinblick auf finale Gestaltungen von Landesverfassungen beschritten worden ist und der mit dem Hinweis auf das Homogenitätsprinzip und weitere Einpassungen in eine föderative Rechtsordnung für die neuen Bundesländer bezeichnet worden ist.[97]

Schließlich kann der Finalismus von Staatszielbestimmungen in einen konditionalen Rahmen eingepasst werden, um so zu verdeutlichen, dass Realisierungen von der Verfügbarkeit über knappe Ressourcen abhängen. Das geschieht, indem man in verschiedenen Ausdrucksweisen Staatsziele im Rahmen des Möglichen bestimmt. Ein solcher Möglichkeitsvorbehalt wirft eine Reihe von Fragen auf. Für die Definition von Staatsaufgaben stellt sich insbesondere die, wer denn nun über das Mögliche und das Unmögliche entscheidet. Man wird zuerst auf den Gesetzgeber verweisen, weil er die in der Verfassung angelegten Finalitäten durch seine legislatorischen Entscheidungen zuerst zur Geltung zu bringen hat. Man muss aber auch auf die Gerichtsbarkeit, insbesondere die verfassungsgerichtlichen Befugnisse achten. Angesichts der Unbestimmtheit des Möglichen lassen sich gewisse Verschiebungen zugunsten einer Definitionsmacht der Judikative nicht von vornherein ausschließen. Immerhin enthalten ausländische Verfassungen mit vergleichbaren inhaltlichen Vorgaben den Zusatz, dass jene nicht durch Gerichte durchgesetzt werden dürfen.[98] Aber auch die öffentliche Verwaltung wirkt an der Bestimmung des Möglichen mit, und zwar von der Schätzung von Steuereinnahmen vor der Aufstellung des Budgets bis zur Ermessensausübung im Gesetzesvollzug. Insgesamt bieten Grundrechte, aus denen eine objektive Wertordnung und staatliche Schutzpflichten entnom-

---

[96] Vgl. Scholz, Rupert, Die Gemeinsame Verfassungskommission – Auftrag, Verfahren und Ergebnisse, in: Aus Politik und Zeitgeschichte, Beilage zur Wochenzeitung Das Parlament, B 52-53/1993, S. 3 ff.

[97] Vgl. Menzel, Jörg, Landesverfassungsrecht – Verfassungshoheit und Homogenität im grundgesetzlichen Bundesstaat, Stuttgart u. a. 2002, S. 272 f.

[98] Vgl. Sommermann, Karl-Peter, Die Diskussion über die Normierung von Staatszielen, in: Willi Blümel u. a., Verfassungsprobleme im vereinten Deutschland, Berlin 1993, S. 74 ff.

men werden können, explizite Handlungs-, etwa Gesetzgebungsaufträge, die Vorgaben in der Sache selbst enthalten, Zuständigkeitsregeln, aus denen Rückschlüsse auf Aufgaben erfolgen können und eben schließlich Staatsziele für die Verfassungsinterpretation öffentlicher Aufgaben ein reiches Erkenntnismaterial.[99] Bei den Staatszielbestimmungen geht es um „Leitprinzipien"[100], mithin um positivierte Vorentscheidungen über Entscheidungen. Sie reduzieren die Auswahl unter möglichen öffentlichen Werten und weisen weiteren Konkretisierungen öffentlicher Aufgaben und Verwaltungsprogramme die Richtung, wie es auch bei anderen strukturellen Prinzipien der Fall ist. Für das Verwaltungshandeln selbst sind sie bei Auslegungen und Ermessensausübungen maßgeblich.

3. Vorprüfung von Aufgabenvorhaben

Geht man davon aus, dass selbst beim Ausbau von Staatszielbestimmungen in den Verfassungen ein breiter Spielraum für Aufgabendefinitionen durch die Legislative bleibt, so liegt der Gedanke eines Politikzyklus nahe, vor der gesetzgeberischen Entscheidung selbst noch einmal in eine explizite Vorprüfung entsprechender Aufgabenvorhaben einzusteigen. Da die überwiegende Zahl von legislativen Vorhaben von der Regierung initiiert werden, liegt es in der Hand der Verwaltung selbst, hier der Ministerialverwaltung, entsprechendes durchzuführen.[101] Ein Beispiel für eine solche Unternehmung ist die Prüfung der Notwendigkeit, Wirksamkeit und Verständlichkeit von Rechtsetzungsvorhaben des Bundes, wie sie von der Bundesregierung 1984 beschlossen worden ist. Danach sollten die Bundesminister „alle Rechtsetzungsvorhaben in jedem Stadium sowohl als Gesamtvorhaben als auch in ihren Einzelregelungen anhand von Prüffragen zur Notwendigkeit, Wirksamkeit und Verständlichkeit prüfen".[102] Hervorgehoben wurde in dem Beschluss der Bundesregierung die Prüfungspflicht des Bundesministers der Justiz im Rahmen der sogenannten Rechtsförmlichkeitsprüfung gemäß § 38 des Besonderen Teils der Gemeinsamen Geschäftsordnung der Bundesministerien a. F. (GGO II) und des Chefs des

---

[99] Vgl. Bull, Hans Peter, Die Staatsaufgaben nach dem Grundgesetz, 2. Aufl., Kronberg/Ts. 1977; Schulze-Fielitz, Helmuth, Staatsaufgabenentwicklung und Verfassung. Zur normativen Kraft der Verfassung für das Wachstum und die Begrenzung von Staatsaufgaben, in: Dieter Grimm (Hrsg.), Wachsende Staatsaufgaben – sinkende Steuerungsfähigkeit des Rechts, Baden-Baden 1990, S. 11 ff.

[100] Vgl. Sommermann, Karl-Peter, Staatszwecke, Staatsziele, in: Werner Heun u. a., Evangelisches Staatslexikon, Neuausgabe, Stuttgart 2006, Sp. 2348 ff.

[101] Vgl. Fliedner, Ortlieb, Ministerialbürokratie und Gesetzgebung, in: Jahresschrift für Rechtspolitologie, Band 3: Rechtspolitologie und Rechtspolitik, Pfaffenweiler 1989, S. 165 ff.

[102] Vgl. Bundesminister des Innern (Hrsg.), Erster Bericht zur Rechts- und Verwaltungsvereinfachung, Bonn, Februar 1985.

Bundeskanzleramtes im Zusammenhang mit der Vorbereitung der Kabinettsentscheidungen. Meinungsverschiedenheiten bei der Beurteilung der Vorhaben hinsichtlich ihrer Notwendigkeit, Praktikabilität und Wirksamkeit sollten in der Besprechung der beamteten Staatssekretäre beraten werden.

Versucht man, die konzeptionellen Überlegungen nachzuzeichnen, die für die Ausgestaltung des Normprüfungsverfahrens und die Strukturierung der Prüffragen maßgeblich gewesen sind, dann ergibt sich folgender Umriss: Grundgedanke ist es, den Überforderungen von Verwaltung und Bürger durch zu viele, zu dichte und zu schnell sich ändernde Regelungen Einhalt zu gebieten sowie die Praktikabilität und Wirksamkeit der Gesetze und Verordnungen zu verbessern. Hier ist die Gesetzgebung des Bundes und insbesondere die Vorbereitung der gesetzgeberischen Entscheidungen durch die Ministerialverwaltung des Bundes schon aus quantitativen Gründen ein gewichtiger Ansatzpunkt.[103] Zwar können die Ursachen für Umsetzungsprobleme auch in der Ineffizienz von Vollzugsverwaltungen liegen; praktische Erfahrungen sowie Implementationsstudien und Evaluationen haben jedoch deutlich gemacht, dass ein enger Zusammenhang zwischen gesetzlichen Programmfehlern und Vollzugs- und Wirkungsdefiziten besteht.[104]

Die Überlegungen zur Verbesserung der Gesetzgebung insbesondere unter Vollzugs- und Wirkungsaspekten beruhen zwar auf Einsichten in die Überforderung öffentlichen Handelns; andererseits wird aber die Erforderlichkeit einer wirksamen staatlichen Steuerung gesellschaftlicher Abläufe durch Gesetze anerkannt. Aus dieser Sichtweise ist für die programmatische Gestaltung von Gesetzen und anderen Rechtsvorschriften nicht nur die abstrakte Gleichheit und Allgemeinheit ausschließlicher Leitgedanke. Die rechtsnormativen Festlegungen sind mit Blick auf durch sie verfolgte politische Gestaltungszwecke zu treffen. Für die einem solchen politischen Steuerungsanspruch unterliegende Rechtsetzung werden sodann Problem- und Wirkungszusammenhänge maßgeblich, denen mehr als bisher bei der Programmgestaltung Rechnung zu tragen ist.

Dabei werden jedoch auch die Grenzen einer Orientierung der Gesetzgebung an Problemlösungs-, Umsetzungs- und Wirkungszusammenhängen gesehen. Soziales Handeln ist nur begrenzt determinierbar.[105] Unsicherheiten hinsichtlich

---

[103] Vgl. Fliedner, Ortlieb, Vorprüfung von Gesetzentwürfen – Eine Bilanz der Anwendung der Blauen Prüffragen –, in: Zeitschrift für Gesetzgebung 1/1991, S. 40 ff.

[104] Vgl. Mayntz, Renate (Hrsg.), Implementation politischer Programme – Empirische Forschungsberichte, Königstein/Ts. 1980; Mayntz, Renate (Hrsg.), Implementation politischer Programme II: Ansätze zur Theoriebildung, Opladen 1983; ferner König, Klaus, Evaluation als Kontrolle der Gesetzgebung, in: Waldemar Schreckenberger u. a. (Hrsg.), Gesetzgebungslehre: Grundlagen – Zugänge – Anwendung, Stuttgart u. a. 1986, S. 96 ff.

[105] Vgl. Schreckenberger, Waldemar, Sozialer Wandel als Problem der Gesetzgebung, in: Verwaltungsarchiv 1977, S. 28 ff.

5. Kapitel: Öffentliche Aufgaben und Verwaltungsprogramme

der Wirksamkeit des politisch-administrativen Steuerungsinstrumentariums lassen sich prinzipiell nicht ausräumen. Weiterhin sind Gesetze auch dort, wo sie Zweck-Mittel-Zusammenhängen unterstellt sind, Rechtsnormen, die sich ihrer rechtlichen Eigenart nicht entziehen können. Dementsprechend muss sich jedes rechtsförmige Kodifikat unter Gesichtspunkten der Gerechtigkeit relativieren lassen.[106] Zudem wird den Gesetzen in der politischen Diskussion in der Regel unterstellt, dass sie im Sinne ihrer intendierten Zwecke wirken. Dies hat manchmal mit einer unreflektierten Normgläubigkeit zu tun, beruht im Grunde aber auf unserem repräsentativen politischen System. Die tatsächlichen Wirkungen eines staatlichen Programms werden in der Regel erst langfristig sichtbar; solange ist man auf Vermutungen angewiesen. Über Erfolge und Misserfolge der Politik wird regelmäßig in einem kürzeren Turnus entschieden. Leistungsnachweise von Regierungen können deshalb oft weniger durch Auswirkungen auf gesellschaftliche Abläufe als vielmehr durch den Vorweis erlassener Gesetze erbracht bzw. durch Hinweise auf unterlassene oder gescheiterte Gesetze in Zweifel gezogen werden. Auf der anderen Seite muss die Politik reagieren, wenn ein solcher Legitimationszusammenhang durch begründete Kritik an der unterstellten Wirksamkeit von gesetzlichen Regelungen in Frage gestellt wird. Insofern besteht ein Interesse, die stärkere Orientierung der Gesetzgebung an Ursachen- und Vollzugszusammenhängen zu erreichen.

Für die Überlegungen, in welcher Weise Mechanismen gegen Tendenzen zur Überregelung in den Gesetzgebungsprozess eingebaut und eine stärkere Orientierung an Praktikabilitäts- und Wirkungsaspekten erreicht werden können, sind Erfahrungen bestimmend, wonach sich die Grundmuster des politischen Prozesses letztlich bei der Entwurfsarbeit durchzusetzen pflegen. Eine verbesserte Aufbereitung von Informationen im politischen Prozess wird nur in dem Maße wirklich genutzt, wie die Konflikt- und Konsensprozesse dieses entweder fordern oder aber zumindest erlauben. Bei realistischer Einschätzung können deshalb bei der Gesetzesvorbereitung in den Ministerien ansetzende Maßnahmen allenfalls unterstützend dazu beitragen, den politisch-administrativen Prozess intelligenter zu machen.

In welcher Weise dies geschehen kann, hängt einmal davon ab, welche Erkenntnisse und Erfahrungen zu einer sozialadäquaten Gesetzgebung vorhanden sind, die den an der Gesetzgebung beteiligten Akteuren vermittelt werden können. Um hier Hinweise zu erhalten, hatte der Bundesminister des Inneren 1980 eine Sachverständigenanhörung durchgeführt und wissenschaftlich auswerten lassen.[107] Das Ergebnis ist, dass es zwar mehr Einsichten in Ursachen- und

---

[106] Vgl. Ryffel, Hans, Rechtssoziologie, Neuwied/Berlin 1974.
[107] Vgl. Bundesminister des Innern (Hrsg.), Sachverständigenanhörung zu Ursachen einer Bürokratisierung in der öffentlichen Verwaltung sowie zu ausgewählten Vorhaben zur Verbesserung des Verhältnisses von Bürger und Verwaltung, Teil A: Zusammenstel-

Wirkungszusammenhänge, Instrumente staatlicher Steuerung, typische Vollzugsprobleme usw. gibt, dass man aber hinsichtlich eines großen Teils der gesetzgeberischen Probleme noch weit von verallgemeinerungsfähigen Aussagen entfernt ist. Die Gesetzgebungswissenschaften können – jedenfalls bisher – nur in engen Grenzen Wissen über Kausalzusammenhänge bereitstellen, das gesetzgeberische Gestaltungsentscheidungen lenken könnte. Hinzu kommt, dass jede Gesetzgebungslehre den Primat der Politik zu akzeptieren hat. Im Gesetzgebungsprozess werden Informationen politischen Wertungen unterworfen, Konflikte kleingearbeitet, Kompromisse gemacht, Interessen ausgeglichen und Konsens gesucht und oft auch Kausalitäten geleugnet.

Dies alles lässt – wenn man von eher gesetzestechnischen Fragen absieht – anwendungsfähige Handlungsmaßstäbe oder Richtig-Falsch-Aussagen kaum zu. Es ist bei der Vorbereitung des zuvor genannten Kabinettsbeschlusses diskutiert worden, ob man wenigstens Leitbilder oder Entscheidungskriterien im Sinne der mit der Verbesserung der Gesetzgebung intendierten Zwecke formulieren sollte. So hat die bayerische Staatsregierung im Rahmen der „Richtlinien für die Wahrnehmung und Organisation öffentlicher Aufgaben im Freistaat Bayern"[108] Leitsätze für die Vorschriftengebung beschlossen. Diese und andere Kriterien und Leitbilder müssen jedoch in großen Teilbereichen so offen formuliert bzw. breit gefasst sein, dass ihr präskriptiver Wert nur begrenzt ist. Man hat sich deshalb im Bund damals für einen Fragenkatalog entschieden, um gleichzeitig den heuristischen Charakter dieses Unternehmens zu unterstreichen. Die Fragen sind allerdings nicht indifferent formuliert. Sie sind vielmehr in Richtung der mit der Normprüfung verfolgten Zwecke gefasst. Erst in einem zweiten Schritt sollten später auf der Grundlage der gemachten Erfahrungen und weiterer Untersuchungen Kriterien für die Beantwortung der Fragen entwickelt werden.

Funktion des vom Kabinett beschlossenen Fragenkatalogs zur Normprüfung ist es, den Überlegungsvorgang bei der Entwicklung des Gesetzesprogramms zu strukturieren, auf bisher tendenziell vernachlässigte Problemaspekte und Fragestellungen hinzuweisen und alternative Problemlösungen anzuregen. Weiterhin sollen in innerministeriellen und interministeriellen Verhandlungs- und Koordinierungsprozessen Fragen nach bisher eher vernachlässigten Problemaspekten legitimiert und Begründungszwänge angehoben werden. Die Prüffragen zur Notwendigkeit, Wirksamkeit und Verständlichkeit von Rechtsetzungsvorhaben des Bundes gliedern sich in zehn Fragenkomplexe. Sie sind überwiegend

---

lung der schriftlichen Stellungnahmen der Sachverständigen; Teil B: Stenographisches Wortprotokoll; Teil C: Renate Mayntz: Wissenschaftliche Auswertung, Bonn 1980.

[108] Vgl. Bayerische Staatskanzlei (Hrsg.), Dokumentation der Tätigkeit der Kommission für den Abbau von Staatsaufgaben und Verwaltungsvereinfachung, Bd. 3, München 1984, S. 117 ff.

5. Kapitel: Öffentliche Aufgaben und Verwaltungsprogramme 209

aus der Problemlösungs- und Steuerungsperspektive des Bundesgesetzgebers entwickelt worden. Durch die Bürokratiekritik und die Klagen über Vollzugsdefizite angeregt, gibt es jedoch auch Fragen, für die eher die Sichtweise der Normadressaten bestimmend gewesen ist. Dies gilt z. B. für Fragenkomplexe, die die Bürgernähe und Verständlichkeit sowie die Praktikabilität einer Regelung betreffen.

Die Grundstruktur des Fragenkatalogs ist angelehnt an Auffassungen vom politischen Prozess als eines Prozesses der Bearbeitung gesellschaftlicher Probleme, in dem Missstände artikuliert, als politische Forderungen an die politischen Instanzen herangetragen werden, in dem politische Ziele formuliert und Handlungsmöglichkeiten entwickelt und in Form von Rechtsnormen verbindlich festgelegt werden, um sodann über die Verwaltungen von Bund, Ländern und Gemeinden vollzogen oder vom Bürger direkt als Handlungsanweisungen akzeptiert zu werden. Die Fragenkomplexe des Prüfkatalogs orientieren sich im wesentlichen an den Phasen des Prozesses der Entscheidungsfindung, wobei diese jedoch weniger als zeitlich nacheinander ablaufende Schritte, sondern als analytisch gewonnene Abschnitte gedacht sind.

Wenn man sich den Fragenkomplexen im einzelnen zuwendet, ergibt sich folgendes Bild: Will man die Erforderlichkeit einer Rechtsetzungsvorhabens in Frage stellen oder dessen Wirksamkeit verbessern, ist es erforderlich, genauer die Ausgangssituation zu analysieren, die als Problem empfunden wird und durch das Rechtsprogramm verändert werden soll. Wenn Missstände aus dem gesellschaftlichen Umfeld an die Regierung herangetragen werden, geschieht dies in der Regel als Forderung nach einer bestimmten Problemlösung. So werden z. B. häufig Probleme im sozialen Umfeld von vornherein als Rechtsänderungs-Probleme artikuliert. Es ist eine wichtige Aufgabe der Normprüfung, dass die hinter solchen Forderungen stehenden Vor-Urteile über die Ausgangssituation, die angestrebten Zielzustände die darin enthaltenen Bewertungen, den Entscheidungsspielraum, den Handlungsbedarf und die Problemlösungen transparenter gemacht und zugunsten einer informierteren Diskussion über die Entscheidungsmöglichkeiten in Frage gestellt werden. Dies soll durch die ersten Fragenkomplexe erreicht werden.

Damit die Auseinandersetzung nicht sogleich auf die staatlichen Handlungsmöglichkeiten verengt wird, wird unter der Leitfrage: Muss überhaupt etwas geschehen? zunächst nach dem generellen Handlungsbedarf gefragt. Unterfragen nach den Zielen, den Forderungen aus dem gesellschaftlichen Umfeld, einschließlich der Betroffenen sollen den politischen Kontext deutlicher machen. Mit Fragen nach der Sach- und Rechtslage, nach den festgestellten Mängeln, den Entwicklungen in Wirtschaft, Wissenschaft, Technik und Rechtsprechung sowie der Zahl der zu erwartenden praktischen Fälle sollen die auf die Ausgangssituation und den Handlungsspielraum einwirkenden faktischen und normativen Größen bewusster gemacht werden. Mit der Kontrollfrage: Was geschieht, wenn nichts geschieht? schließt der Fragenkomplex nach dem generellen Handlungsbedarf ab.

Nach Bearbeitung der Bedarfsprobleme stellt sich die Frage, welche generellen Handlungsmöglichkeiten es gibt, um die Ausgangssituation in den angestrebten Zielzustand zu transformieren. Die diesbezüglichen Probleme werden in dem zweiten Fragenkomplex: Welche Alternativen gibt es? angesprochen. Dabei wird auf neuere Erkenntnisse der Implementations- und Wirkungsforschung zu den verschiedenen Möglichkeiten des Einwirkens auf gesellschaftliche Abläufe Bezug genommen. Auch wenn generalisierungsfähige Aussagen über Vor- und Nachteile von bestimmten Instrumenten und Programmtypen nur sehr bedingt möglich sind, gibt es doch – mehr als bisher angenommen worden ist – Erfahrungen zum Einsatz von Handlungsformen, die sich für eine verbesserte Vorab-Schätzung der Wirksamkeit staatlicher Steuerungen nutzen lassen. So ist es ein nicht unwichtiger Beitrag für eine informiertere Auswahl von Handlungsmöglichkeiten, wenn mit Blick auf ihre Wirkungsfaktoren Grundtypen öffentlicher Interventionsinstrumente aufgezeigt werden.[109] Hierauf wird Bezug genommen, wenn im Anschluss an die Problemanalyse nach den „generell geeigneten Handlungsinstrumenten" gefragt wird, mit denen das „angestrebte Ziel vollständig oder mit vertretbaren Abstrichen erreicht werden kann". Bei der Auswahl der günstigsten Handlungsinstrumente sollen insbesondere Aufwand sowie Belastungen für Bürger und Wirtschaft, Wirksamkeit, Kosten, Auswirkungen auf den vorhandenen Normenbestand und geplante Programme, Neben- und Folgewirkungen sowie Akzeptanz durch Adressaten und Vollzugsträger bedacht werden. Ein Vorgehen, bei dem neue Vorschriften vermieden werden können, ist dabei zu bevorzugen.

Wenn geklärt ist, dass über ein staatliches Handlungsinstrument auf die gesellschaftlichen Abläufe eingewirkt werden soll, stellt sich nach unserem föderativen Staatsaufbau die Frage, welche Ebene zu handeln hat. Entsprechend wird im dritten Fragenkomplex gefragt: Muss der Bund handeln? Hervorzuheben ist die durch den Subsidiaritätsgedanken bestimmte Fragerichtung. Darin kommt die Absicht der Bundesregierung zum Ausdruck, den unter dem Leitbild vom kooperativen Föderalismus entstandenen Zentralisierungstendenzen entgegenzuwirken. Entsprechend wird das Tätigwerden des Bundes einer besonderen Begründungspflicht unterworfen. Unterstützt wird dies durch eine zusammen mit der Normprüfung verabschiedete Änderung der Geschäftsordnung der Bundesministerien, nach der die Notwendigkeit einer bundesgesetzlichen Regelung besonders begründet werden muss. Selbst wenn dem Bund nach der Ver-

---

[109] Vgl. König, Klaus/Dose, Nicolai, Referenzen staatlicher Steuerung, in: dies. (Hrsg.), Instrumente und Formen staatlichen Handelns, Köln u. a. 1993, S. 519 ff.

5. Kapitel: Öffentliche Aufgaben und Verwaltungsprogramme

fassung die Kompetenz zum Handeln zusteht, soll gefragt werden, wie weit diese Kompetenzen des Bundes ausgeschöpft werden müssen. Die Bundesregierung beabsichtigte, durch eine restriktivere Wahrnehmung von Bundeskompetenzen den Ländern mehr Möglichkeiten zu eigenverantwortlichem Handeln einzuräumen.

Wenn auf Bundesebene zu handeln ist, soll weiter gefragt werden, ob dies in der programmatischen Form eines Gesetzes getan werden muss. Die Auswahl der Programmformen wird insbesondere durch das Verfassungsprinzip vom Gesetzesvorbehalt bestimmt.[110] Nach der Rechtsprechung des Bundesverfassungsgerichts bedürfen alle „wesentlichen" Materien der gesetzlichen Normierung. Das Wesentlichkeitskriterium markiert die Untergrenze der Vergesetzlichung. Für die Auswahl der Programmform oberhalb dieser Grenze ist der Gesichtspunkt mitentscheidend, ob wegen der Bedeutsamkeit eine Regelung dem Parlament vorbehalten bleiben sollte. Anderenfalls ist zu prüfen, ob Rechtsverordnungen, Verwaltungsvorschriften oder Satzungen die angemessene Programmform darstellen.

Nach Fragen zum jetzigen Handlungsbedarf soll die Ausgestaltung des Gesetzesprogramms geprüft werden. Hierbei sind neben den Merkmalen des Programmes selbst, d. h. der gewählten Instrumente zum Einwirken auf gesellschaftliche Abläufe sowie der Ausgestaltung der kommunikativen Festlegungen, insbesondere das zu erwartende Verhalten der Vollzugsinstanzen sowie die Reaktion der Gesetzesadressaten und der indirekt Betroffenen in Rechnung zu stellen. Weiterhin ist für die Programmgestaltung ein angemessenes Verhältnis von Kosten und Nutzen von Bedeutung. Diese komplexen Anforderungen werden in vier weiteren Fragenabschnitten aufgegriffen.

Unter der Leitfrage: Ist der Regelungsumfang erforderlich? geht es im Wesentlichen um die angemessene Programmgestaltung unter eher gesetzestechnischen Aspekten. Danach sollen Programmsätze und Plan-Ziel-Beschreibungen möglichst vermieden, die Regelungstiefe durch eine allgemeinere Fassung – Typisierung, Pauschalierung, unbestimmte Rechtsbegriffe, Generalklauseln – beschränkt, Details möglichst dem Verordnungsgeber überlassen und Doppelregelungen insbesondere mit Blick auf höherrangiges Recht vermieden werden. Hier soll jedem Regelungsperfektionismus vorgebeugt werden. Weiterhin wird der kritische Blick auf Nachbarregelungen gelenkt und bei Gesetzesänderungen eine über den unmittelbaren Änderungsbedarf hinausgehende Überprüfung der Gesamtregelung gefordert. Mit Fragen nach der Geltungsdauer wird auf die Möglichkeit aufmerksam gemacht, Regelungen zu befristen oder eine Regelung

---

[110] Vgl. Lange, Klaus, Staatliche Steuerung aus rechtswissenschaftlicher Perspektive, in: Klaus König/Nicolai Dose (Hrsg.), Instrumente und Formen staatlichen Handelns, Köln u. a. 1993, S. 173 ff.

auf Probe vorzusehen. Eine Evaluierung mit der Geltungsbefristung zu verbinden, wie dies im amerikanischen Sunset-Konzept vorgesehen ist, dürfte jedoch die Ausnahme bleiben.

Um die Akzeptanz einer Regelung sowie ihre bürgernahe und verständliche Fassung geht es in einem weiteren Fragenkomplex. Gefragt wird nach der Aufnahmebereitschaft des Bürgers und insbesondere nach den Belastungen, die von der vorgesehenen Regelung durch die Einschränkung von Freiräumen und die Auflage von Mitwirkungspflichten sowie eine behördliche Inanspruchnahme ausgehen. Soweit die Regelungen nicht unmittelbar das Handeln der Bürger bestimmen, sondern über die öffentlichen Verwaltungen vollzogen werden, stellt sich die Frage ihrer Praktikabilität. Entsprechend der Bedeutung, die der Berücksichtigung von Vollzugsaspekten bereits bei der Programmentwicklung zukommt, ist der diesbezügliche Fragenkomplex stärker ausdifferenziert. Dabei wird nach Möglichkeiten gefragt, wie durch eine entsprechende Programmgestaltung der Verwaltungsvollzug vermieden und behördliche Kontrollen eingeschränkt werden können. Wenn dies nicht möglich ist, soll versucht werden, mit den vorhandenen Verwaltungsressourcen auszukommen und die Verwaltung nicht zusätzlich zu belasten. Dementsprechend sollen besondere Verfahren vermieden, auf Zuständigkeits- und Organisationsregelungen, Mitwirkungsvorbehalte, Berichtspflichten verzichtet, neue Behörden und Beratungsgremien nicht vorgesehen werden. Die Fragen zu den beteiligten Vollzugsbehörden, ihre Interessen und Handlungsspielräume sollen darauf aufmerksam machen, dass Vollzugsbehörden nicht lediglich als Mittel zur Umsetzung des betreffenden Gesetzesprogramms betrachtet werden dürfen. Da Behörden in der Regel nicht im Zusammenhang mit einzelnen Programmen errichtet werden und dementsprechend ihre Aufgaben von allgemeinerem Charakter sind, sind sie von den einzelnen Programmen relativ unabhängig. Dies lässt es zweckmäßig erscheinen, die Programmgestaltung eher den Verwaltungsorganisationen anzupassen als umgekehrt.

Aus den eigenen Interessen der beteiligten Verwaltungen ergeben sich auch bei einem strikt öffentlich-rechtlichen Implementationsmuster Interessenkonflikte und in der Folge Vollzugsprobleme. Es kann deshalb auch nicht vorausgesetzt werden, dass sich nachgeordnete Behörden programmgemäß bis ins Detail zentral steuern lassen. Selbst bei Über- und Unterordnungsverhältnissen in der Organisation der Vollzugsinstanzen bestehen Elastizitäten der Programmumsetzung. Mit der Aufforderung, die Meinungen der Vollzugsbehörden zum Regelungszweck und Vollzugsauftrag zu erkunden und die Möglichkeiten eines Planspiels unter Beteiligung der Vollzugsträger zu bedenken, sollen Vollzugserfahrungen stärker in die Programmentwicklung einbezogen werden.

Im engen Bezug zu den Vollzugsaspekten stehen Fragen nach Kosten und Nutzen. Dabei soll deutlich gemacht werden, dass es nicht nur um die Auswirkungen auf die Haushalte von Bund, Ländern und Kommunen geht, sondern auch um die zusätzlichen Belastungen bei den Gesetzesadressaten. Der besondere Hinweis auf kleine und mittlere Unternehmen soll darauf aufmerksam machen, dass diese Unternehmen in besonderer Weise durch Formen der sogenannten Bürokratieüberwälzung belastet werden. Der Fragenkatalog schließt mit Hinweisen zu Kosten-Nutzen-Untersuchungen und zur nachträglichen Kontrolle.

Die geschilderte Vorprüfung von Rechtsetzungsvorhaben als Sitz der Aufgabendefinition – hier freilich nicht nur im Wege der Aufgabenkritik als Zweckkritik, sondern auch unter Aspekten der Vollzugskritik – hat sich in ihrer formalisierten Art und Weise in der Bundesministerialverwaltung nicht durchgesetzt. Jedenfalls ist im Jahr 2000 ein neues Geschäftsordnungsrecht der Bundesministerien in Kraft getreten.[111] Es wird das Konzept einer Gesetzesfolgenabschätzung favorisiert.[112] Das ändert aber nichts an dem Grundsachverhalt, dass die Formulierung öffentlicher Sachprogramme als politischer Entscheidungsprozess die Möglichkeit eröffnet, entsprechende rechtsförmige Entwürfe im Wege einer Kritik öffentlicher Aufgaben, öffentlicher Güter, öffentlicher Programme der Überprüfung zu unterwerfen.

II. Politiken öffentlicher Aufgaben

1. Expansive Aufgabenpolitik

Die Perzeption öffentlicher Aufgaben ist in Regierung und Verwaltung wie in den korrespondierenden Wissenschaften, sei es das Besondere Verwaltungsrecht oder die Policy-Forschung, von Arbeitsteilung, Zuständigkeitsverteilung, speziellen Kompetenzen geprägt. Es geht um Umweltrecht beziehungsweise Umweltpolitik, Verkehrsrecht beziehungsweise Verkehrspolitik usw. Zwar sucht die Theorie in den öffentlichen Gütern, den Staatszielbestimmungen, den Grundbedürfnissen auch das Allgemeine. Die Praxis unternimmt es in ihren Organigrammen, Finanzplänen die Verbindung zu den allgemein gestellten Aufgaben zu halten. Aber die öffentlichen Aufgaben können in ihrer allgemeinen Substanz insoweit an Anschaulichkeit verlieren. Selbst in einer Regierungszentrale, die die allgemeine Koordination für ressortierte Politiken vorzunehmen hat, besteht eine solche Tendenz. Über 2000 Vorhaben aus verschiedenen Politikfeldern sind im Falle der deutschen Bundesregierung in einer Legis-

---

[111] Vgl. Bundesministerium des Innern (Hrsg.), Moderner Staat – Moderne Verwaltung, Gemeinsame Geschäftsordnung der Bundesministerien, Berlin 2000.
[112] Vgl. Böhret, Carl/Konzendorf, Götz, Handbuch der Gesetzesfolgenabschätzung (GFA): Gesetze, Verordnungen, Verwaltungsvorschriften, Baden-Baden 2001.

laturperiode abzustimmen. Bei der Hälfte der OECD-Mitgliedsstaaten beträgt die Zahl der Tagesordnungspunkte der Kabinette mit Bezug zum Regierungsprogramm zwischen 500 und 800 im Jahr.[113]

Breite Bestände öffentlicher Aufgaben über die Politikfelder hinweg geraten bei den Koordinationsinstanzen indessen dann ins Blickfeld, wenn Zeiten der Expansion oder der Kontraktion des Staatssektors anstehen. Dann werden allgemeine Ausweitungen und Kürzungen diskutiert. Öffentliche Aufgaben werden nicht nur in ihrem jeweiligen Politikfeld, sondern auch im Querschnitt der Sachpolitiken anschaulicher. Solche Alltagserfahrungen legen es nahe, nicht nur im Längsschnitt den Politikzyklus eines Aufgabenfeldes zu analysieren, sondern auch im Querschnitt eine Politikphase durch mehrere Teilpolitiken hindurch, hier für die inneren Angelegenheiten, zu betrachten. Dabei erweist sich die Phase der Agendabildung als bemerkenswert. Wir bewegen uns insoweit auf der Brücke zwischen der Identifikation eines öffentlichen Problems und dem Unternehmen seiner Lösung durch Politikformulierung in Gesetzen, Plänen, Maßnahmen, Anordnungen usw. Zugleich zeichnet sich eine Tendenz zunehmender Operationalisierung, Formalisierung, Verbindlichkeit ab. Probleme haben nicht nur objektiv erhärtbare Bestandteile. Ihre Identifikation ist nicht von vornherein institutionalisiert. Beliebige Individuen – etwa ein Wissenschaftler – und Gruppen – etwa eine Bürgerinitiative – beteiligen sich an diesem Prozess.[114] Je näher wir an den Entscheidungsträger heranrücken, um so mehr bestimmen formale Tagesordnungen, ausgeschriebene Gesetzesentwürfe, verfestigte politische Erwartungen das Geschäft.

Das bedeutet nicht, dass es nicht der ausformulierte Entwurf einer Gesetzesnovelle sein kann, mit dem ein Verband seinen Mitgliedern Vorteile verschaffen will und aus dem dann ein öffentliches Problem erwächst. Nicht jeder Tagesordnungspunkt des Kabinetts wird auch zur Entscheidung aufgerufen. Mancher Beratungspunkt wird – eben auch aus symbolischen Gründen[115] – in das Parlament eingebracht und fällt dann der Diskontinuität anheim. Überhaupt haben politische Streitpunkte ihre Karrieren, erleben Aufstieg und Niedergang, erfahren wechselnde Aufmerksamkeit durch Bürger, Interessengruppen, Medien[116] und lassen sich gegebenenfalls „aussitzen". Andererseits gibt es öffent-

---

[113] Vgl. König, Klaus, Personalisierte Führung und Informationstechnik in Regierung und Verwaltung, in: Heinrich Reinermann (Hrsg.), Führung und Information: Chancen der Informationstechnik für die Führung in Politik und Verwaltung, Heidelberg 1991, S. 76.

[114] Vgl. Windhoff-Héritier, Adrienne, Policy-Analyse. Eine Einführung, Frankfurt a. M./New York 1987, S. 64.

[115] Vgl. Edelmann, Murray, Politik als Ritual. Die symbolische Funktion staatlicher Institutionen und politischen Handelns, Frankfurt a. M. 1976.

[116] Vgl. Downs, Anthony, Up and Down with Ecology – the „Issue-Attention Cycle", in: The Public Interest 1972, S. 38 ff.

liche Probleme – z. B. im Lebensmittelbereich –, die nie auf eine politische Agenda gesetzt worden sind und doch bürokratisch in Ordnung gebracht wurden. Insofern muss man die Relativität jeder Auflistung von politischen Sachpunkten, die zur Erledigung vorgemerkt sind, in Rechnung stellen. Der Blick auf eine Agenda ist der auf eine Momentaufnahme, die weder eine Sozialberichterstattung über reale Defizite noch einen Rechenschaftsbericht über getroffene öffentliche Entscheidungen wiedergibt.

Zwei Typen von Agenden können unterschieden werden: die öffentliche und die staatliche Agenda. Erstere besteht aus Problempunkten, die den Rang öffentlichen Interesses und öffentlicher Sichtbarkeit erreicht haben. Letztere ist die Liste jener Angelegenheiten, für die ein öffentlicher Entscheidungsträger zumindest Prüfungsbedarf akzeptiert hat.[117] Beide Typen werfen schwierige methodische Abgrenzungsfragen auf.[118] Bei einer staatlichen Agenda gehört es zu den Vorzügen eines formalisierten Regierungsbetriebes, dass die Betrachtung eines Sachthemas als zumindest prüfungsbedürftig selbst in den inneren Zirkeln dokumentiert zu werden pflegt.[119] Hingegen sind die Übergänge zur Phase der Politikformulierung fließend. Zum Beispiel belegt eine Prüfungsabsprache zwischen zwei Ressorts zu einem möglichen gemeinsamen Programm, dass ein entsprechender Sachpunkt in ihre Agenda aufgenommen worden ist. Zugleich kann aber durch die Art der Absprache eine Prozesssteuerung erfolgen, die gewisse politische Inhalte ausschließt. Der Bezug auf vorgeschriebene Formalien etwa des Geschäftsordnungsrechts macht dann wiederum deutlich, wie weit der einschlägige Entscheidungsprozess fortgeschritten ist.

Noch schwieriger ist es für die öffentliche Agenda abzugrenzen, was ihr als Sachpunkt zuzuschreiben oder noch in der Phase der Problemidentifikation ist. Indessen gibt es in der Karriere eines politischen Sachthemas viele Hinweise zu seinem prozessualen Stand. Dazu gehört neben Ausmaß und Verfestigung politischer Erwartungen etwa die formale Stellung der Promotoren in der gesellschaftlichen Zuständigkeitsverteilung wie etwa das verbriefte Anhörungsrecht eines Verbandes bei staatlichen Entscheidungen. Die Auseinandersetzung mit dem einschlägigen Problem muss mindestens so weit in den operationalen Bereich fortgeschritten sein, dass von der gesellschaftlichen Seite her ein Handlungsbedarf ausmachbar ist. Schließlich muss die Angelegenheit in der Perzep-

---

[117] Vgl. Cobb, Roger u. a., Agenda Building as a Comparative Political Process, in: American Political Science Review 1976, S. 126 ff.

[118] Vgl. Nelson, Barbara J., Setting the Public Agenda: The Case of Child Abuse, in: Judith V. May/Aaron Wildavsky (Hrsg.), The Policy Cycle, London 1978, S. 17 ff.

[119] Vgl. König, Klaus, Formalisierung und Informalisierung im Regierungszentrum, in: Hans-Hermann Hartwich/Göttrik Wewer (Hrsg.), Regieren in der Bundesrepublik II, – Formale und informale Komponenten des Regierens in den Bereichen Führung, Entscheidung, Personal und Organisation, Opladen 1991, S. 203 ff.

tion der interessierten Kommunität so beschaffen sein, dass sie einem zuständigen öffentlichen Entscheidungsträger zugeschrieben wird.[120] Dabei darf man den Begriff der Zuständigkeit nicht zu streng sehen. Die Folgeprobleme des Reaktorunfalls von Chernobyl wurden in der Bundesrepublik Deutschland auf die die Bundesregierung betreffende öffentliche Agenda gesetzt, ohne dass sich die Öffentlichkeit sonderlich um die geltende Zuständigkeitsverteilung im Föderalismus kümmerte.[121]

Das Verhältnis zwischen öffentlicher und staatlicher Agenda ist nicht das einer Einbahnstraße zwischen gesellschaftlichem Vorfeld und Regierung. Auch Verwaltungsinstanzen versuchen, Sachpunkte, die sie auf ihrer eigenen Tagesordnung haben, in die öffentliche Agenda einzubringen.[122] Sie suchen so politische Unterstützung durch die Öffentlichkeit, Verbände, Medien. Jedoch kann in der offenen Gesellschaft keine Regierung vorschreiben, was in die öffentliche Agenda aufgenommen wird. Diese ist genauso oder noch mehr der Platz, an dem die Opposition ihre Chancen suchen muss. Im Grunde gehört es zum Bild einer vitalen demokratischen Ordnung, dass Bürger, soziale Gruppen, Interessenorganisationen, insbesondere politische Parteien es unternehmen, die von ihnen wahrgenommenen Probleme in eine öffentliche Agenda einzubringen und dass diese aus einer wiederum öffentlichen Auseinandersetzung erwächst, in der auch Anschauungen, Einstellungen, Wertungen zur Geltung gebracht werden können, ohne dass eine ideologische Steuerung der Gesellschaft droht oder aus Machtkalkül beliebige Argumentationsverschiebungen erfolgen, nach denen etwa ein Forschungsprogramm gestern wegen der Förderung der Grundlagenforschung propagiert wurde, heute mit der europäischen Forschungszusammenarbeit begründet wird, um morgen als Sicherung des regionalen Standortes eines Forschungsinstituts durchgesetzt zu werden. Jedenfalls kann die Bildung einer öffentlichen Agenda auch so verstanden werden, dass der Zugang zu ihr als maßgeblich für politische Beteiligungen angesehen wird.[123]

Die öffentliche Agenda in inneren Angelegenheiten einer pluralistischen Gesellschaft, einer Parteiendemokratie, eines dezentralen Staates wie im deutschen Falle trägt viele Handzüge und richtet sich an verschiedene Adressaten. Politische Parteien und Bewegungen, große Korporationen und spezialisierte Interessenverbände, Organisationen des wirtschaftlichen wie des kulturellen

---

[120] Vgl. Cobb, Roger u. a., Agenda Building as a Comparative Political Process, in: American Political Science Review 1976, S. 126 ff.

[121] Vgl. König, Klaus, Comments on „The Chernobyl disaster and nucelar fallout", in: Contemporary Crises 1990, S. 313 ff.

[122] Vgl. Johansen, Elaine, From Social Doctrine to Implementation: Agenda Setting in Comparable Worth, in: Policy Studies Review 1984, S. 71 ff.

[123] Vgl. Cobb, Roger W./Elder, Charles D., Participation in American Politics – The Dynamics of Agenda-Building, 2. Aufl., London 1983.

Lebens, individuelle und kollektive Meinungsführer, selbst öffentliche Instanzen als Partner in den intergouvernementalen Beziehungen von Föderalismus und Selbstverwaltung schreiben ihre Anforderungen ein. Medien von Fachzeitschriften bis zum Fernsehen greifen sie auf und verfestigen sie auf ihre Weise in der öffentlichen Meinung.

Angesprochen sind die politischen und administrativen Akteure der verschiedenen Ebenen und Fächer. Die öffentliche Agenda der Innenpolitik bezieht sich, spätestens seit die klassische Fünfzahl der Ministerien – Auswärtiges, Verteidigung, Inneres, Finanzen, Justiz – vom Wachstum der Staatsaufgaben überholt wurde, auf mehrere Ressorts und letztlich auf die Regierung insgesamt. Auch wenn gliedstaatliche und andere autonome Kompetenzen prinzipiell beiseite bleiben und die Bundesebene interessiert, so ist doch zu beachten, dass bei allen Tendenzen zur Regionalisierung öffentlicher Angelegenheiten die Zentralregierung angesprochen wird, wenn es um die auf Wahrnehmung der Einheitlichkeit von Lebensverhältnissen bedachte Wohlfahrtsstaatlichkeit geht, und zwar gegebenenfalls jenseits geltender Zuständigkeitsverteilungen. Weiter behalten wir die Unterscheidung zwischen „domestic" und internationalen Angelegenheiten bei,[124] obwohl nicht nur im Rahmen der europäischen Supranationalität und Transnationalität sich Themen der klassischen Innenpolitik immer weniger an nationalstaatliche Grenzen halten.[125]

Die Sachpunkte der öffentlichen Agenda, wie sie sich im Beziehungsgeflecht von gesellschaftlichen und staatlichen Akteuren herausbildet, sind unterschiedlich beschaffen. Das gilt schon für die zeitliche Relevanz.[126] Es gibt schnell vergessene Anmahnungen – so zur Reinhaltung eines Lebensmittels – wie dauerhafte Schrifttafeln – so zur Nuklearpolitik –. Ein Eintagsproblem kann hohe öffentliche Sichtbarkeit erreichen. Aber der Regierung mag gelingen, es kurzfristig zu lösen, oder es mag in der Konkurrenz politischer Themen die öffentliche Aufmerksamkeit verlieren. Andererseits gibt es Streitfragen – wie die Einführung einer Pflegeversicherung oder die verfassungsrechtliche Regelung des Asylrechts –, die wegen ihres fundamentalen Charakters dauerhaft auf der öffentlichen Agenda stehen. Im entwickelten Wohlfahrtsstaat ist der Anteil der Sachpunkte hoch, für die es Präzedenzien gibt und die eher routinemäßig anfallen. Hierzu gehören Forderungen zur Anpassung des Niveaus von Sozialleistungen an veränderte sozio-ökonomische Daten. Daneben entstehen Streitpunkte mit ungewohnter Fragestellung – wie im Falle des „Waldster-

---

[124] Vgl. Nelson, Barbara J., Setting the Public Agenda: The Case of Child Abuse, in: Judith V. May/Aaron B. Wildavsky (Hrsg.), The Policy Cycle, London 1978, S. 17 ff.

[125] Vgl. König, Klaus, Zur Transformation einer real-sozialistischen Verwaltung in eine klassisch-europäische Verwaltung, in: Verwaltungsarchiv 1992, S. 229 ff.

[126] Vgl. Cobb, Roger W./Elder, Charles D., Participation in American Politics – The Dynamics of Agenda-Building, 2. Aufl., London 1983, S. 98.

bens" –. Man kann sich kaum auf vorangegangenes, richtungsweisendes Geschehen beziehen. Das Ausmaß, in dem auf Präzedenzien zurückgegriffen werden kann, erweist sich für den weiteren Entscheidungsprozess als erheblich.[127]

Entsprechendes gilt für die Komplexität eines Sachpunktes. Heute, da in öffentlichen Angelegenheiten alles mit allem zusammenzuhängen scheint, gibt es kaum einen Sachverhalt, der nicht in einer Gesamtheit vielfältiger Einzelprobleme und zahlreicher Beziehungen zwischen ihnen reflektiert ist. Indessen mag sich dann die Problematik verunreinigter Gewässer als ungleich verwickelter erweisen als die verunreinigten Weines. Freilich ist die Phase der Agendabildung vor der verbindlichen Entscheidung insbesondere auch eine der Perzeption. Schwierige Problemverästelungen mögen nicht wahrgenommen, Teilprobleme eines Sachverhaltes ausgeblendet werden, weil sie in den vorgeschlagenen einfachen Lösungen nicht passen.[128] Sachpunkte einer öffentlichen Agenda können konsensuellen oder kontroversen Charakter haben.[129] Für breite Bevölkerungskreise eingeforderte öffentliche Leistungen mögen auf breite Zustimmung stoßen. In einem rechtspolitischen Streitpunkt mögen widersprechende Lösungsvorschläge angemeldet werden. Die streitige Behandlung einer Angelegenheit bedeutet nicht, dass sie nicht agendageeignet ist, ein breiter Konsens nicht ohne weiteres – etwa wenn die Finanzierungsfrage offen ist –, dass die Sache schnell von der öffentlichen Agenda verschwindet.

Man kann sich verschiedene inhaltliche Klassifizierungen von Agendapunkten vorstellen: nach distributiven und redistributiven Wirkungen, nach der Steuerung durch Gebote/Verbote, Anreize, Überzeugung, nach Leistungen wie Finanzhilfen, Infrastrukturmaßnahmen, Dienstleistungen.[130] In jedem Falle ist vorausgesetzt, dass die Behandlung des Problems durch die interessierten Akteure so weit vorangetrieben ist, dass Lösungsmöglichkeiten im Mindestumfang operationalisiert werden. Es geht eben um eine Agenda – was getan werden soll – und nicht um eine Credenda – was geglaubt werden soll –. Das bedeutet nicht, dass Überzeugungen, Anschauungen, Werthaltungen im Politikprozess funktionslos sind. Das „We believe" hat nicht nur einen Platz im Wahlkampf.[131] Indessen ist mit der Ideologie, in jenen Staaten und Gesellschaften, in

---

[127] Vgl. Cobb, Roger W./Elder, Charles D., Participation in American Politics – The Dynamics of Agenda-Building, 2. Aufl., London 1983, S. 100.

[128] Vgl. Cobb, Roger W./Elder, Charles D., Participation in American Politics – The Dynamics of Agenda-Building, 2. Aufl., London 1983, S. 98.

[129] Vgl. Nelson, Barbara J., Setting the Public Agenda: The Case of Child Abuse, in: Judith V. May/Aaron B. Wildavsky (Hrsg.), The Policy Cycle, London 1978, S. 17.

[130] Vgl. Windhoff-Héritier, Adrienne, Policy-Analyse. Eine Einführung, Frankfurt a. M./New York 1987, S. 21.

[131] Vgl. Kirk Jr., Paul G., The 1988 Democratic National Platform, Washington D. C. 1988.

denen öffentliche Aufgaben durch positive Setzung definiert werden, noch nicht der zureichende Schritt zur inhaltlichen Politik getan.

Absender und Adressat, zeitliche Relevanz, Umfang der Präzedenzien, Komplexität, Konsensfähigkeit, Operationalität und anderes mehr, nicht nur intendierte Wirkungen, sondern auch Nebenfolgen, nicht nur Akteure, sondern auch nichtagierende Betroffene sind zu berücksichtigen, wenn man sich über den Stellenwert eines Sachpunktes auf der öffentlichen Agenda vergewissern will. Eine solche Signifikanz ist von der Prognose zu unterscheiden, die man einem Sachvorschlag für den weiteren Politikprozess gibt. Wir befinden uns in einer Phase vor der Programmierung und Implementation staatlichen Handelns. In der Folge kommt es auf politische Konstellationen nach Ort und Zeit, auf verfügbare Ressourcen, Bezugsgruppen usw. an. Man kann einer bestimmten Forderung nicht einfach aus einer parteipolitischen Koalition heraus günstige Aussichten zusprechen. Bei Sozialtransfers zum Beispiel können sich Mitte-Rechts-Regierungen ausgabefreudiger als Mitte-Links-Regierungen erweisen.[132] Einschlägige Entscheidungsprozesse sind nicht nur auf Parteien und Staatsapparate beschränkt. Komplexe Netzwerke von Mitspielern des politischen, bürokratischen, sozialen, wirtschaftlichen, kulturellen Lebens pflegen sich zur Lösung eines öffentlichen Problems zu gruppieren. Es bedarf der Überprüfung langer Ketten von Wirkungen und Folgen, bis man sagen kann, dass es die Forderungen des kleinen Koalitionspartners in der deutschen Bundesregierung seien, die noch die besten Chancen hätten, durch die Handlungszusammenhänge des Politikprozesses hindurch bis zu den Finanzposten des Jahreshaushalts realisiert zu werden.[133] Aber auch wenn man die Signifikanz eines Sachpunktes von der einschlägigen Erfolgsprognose unterscheidet, bleibt es schwierig genug, seine Maßgeblichkeit für die öffentliche Agenda einzuschätzen.[134]

Versucht man es, sich das Bild eines innenpolitischen Merkbuches zu machen, so darf man sich dieses nicht als fest eingebundenes Werk, sondern muss es sich eher als Loseblattsammlung des Nachsortierens und eben auch des Aussortierens vorstellen. Dieser Textsammlung fehlt zudem eine aus ideellen oder materiellen Gründen vorgegebene Gliederung. Es gibt kein gesamtgesellschaftliches Lektorat, das allfällige Nachlieferungen wohlgeordnet nach einem verbindlichen Inhaltsverzeichnis zusendet. Die Phase der Agendabildung mag sich

---

[132] Vgl. Kohl, Jürgen, Staatsausgaben in Westeuropa, Frankfurt a. M./New York 1985, S. 278.

[133] Vgl. Hofferbert, Richard I./Klingemann, Hans-Dieter, The Policy Impact of Party Programmes and Government Declarations in the Federal Republic of Germany, in: European Journal of Political Research 1990, S 277 ff.

[134] Vgl. Cobb, Roger W./Elder, Charles D., Participation in American Politics – The Dynamics of Agenda-Building, 2. Aufl., London 1983, S. 116.

durch einen merklichen Anteil von inhaltlichen Aussagen zu Zielen und Mitteln, Ideen und Ressourcen auszeichnen. Die Wissenschaft mag in der Sache zu Wort kommen: mit einer ökonomischen Theorie des Markt- bzw. Staatsversagens, mit einer Verfassungslehre zu Staatszielbestimmungen und Gesetzesaufträgen. Unter operationalen Gesichtspunkten herrscht indessen der Eindruck eher zersplitterter Einzelanforderungen – etwa einer Infrastrukturmaßnahme, eines Forschungsförderungsprogramms, einer Lebensmittelrechtsnovelle – vor. Die nach Tausenden zählenden Sachpunkte und ihre kombinatorischen Möglichkeiten scheinen sich der menschlichen Informationsverarbeitungskapazität zu entziehen.

Es sind dann wiederum die differenzierten Verteilungsmuster der Interessenartikulierung in der pluralistischen Gesellschaft mit hohem Organisationsgrad, die übergreifende Einordnungen mitbesorgen. Denn die Heranbildung öffentlicher Aufgaben und die entsprechenden institutionellen Kompetenzzusammenhänge stehen in einer Wechselbeziehung.[135] Sind es analytisch „Nominalkategorien" wie Energiepolitik, die den Rahmen für die Suche nach dem Netzwerk der Akteure abstecken, so sind es operational institutionalisierte Handlungsverflechtungen, die bestimmte Gegenstandsbereiche mit umreißen. So vordefinierte Sachzusammenhänge tragen dazu bei, Einzelpunkte jeweiligen Aufgabenfeldern zuschreiben zu können. Je enger institutionelle Zuständigkeiten und ein korrespondierender Politikbereich eingegrenzt werden können – also etwa als Arzneimittelpolitik oder Luftreinhaltepolitik – umso leichter fällt die Orientierung in Sachzusammengehörigkeiten. Bei höheren Aggregaten – also etwa einer „social agenda" – werden die sachlichen Zuordnungen immer schwieriger, wie das Netzwerk zusammenwirkender Akteure immer komplexer wird. Man neigt demzufolge dazu, sich auf engere, eingespielte Verflechtungen von Institutionen, Gruppen, Individuen und entsprechend überschaubare Gegenstandsbereiche zu reduzieren. Überschreitet man hiernach die Grenzen so definierter Aufgabenfelder, dann begegnet man dem, was geradezu als Stilmerkmal eines Landes wie der Bundesrepublik Deutschland betrachtet wird, nämlich der Fragmentierung und Segmentierung der Politik.[136]

Solche Stückelungen werden nicht prinzipiell ausgeglichen, wenn Regierungsinstanzen innere Angelegenheiten als prüfungsbedürftig akzeptieren und so der Schritt von der öffentlichen zur staatlichen Agenda erfolgt. In dem auf

---

[135] Vgl. Windhoff-Héritier, Adrienne, Policy-Analyse. Eine Einführung, Frankfurt a. M./New York 1987, S. 21.

[136] Vgl. Beyme, Klaus von, Regierungslehre zwischen Handlungstheorie und Systemansatz; in: Hans-Hermann Hartwich/Göttrik Wewer (Hrsg.), Regieren in der Bundesrepublik III – Systemsteuerung und „Staatskunst" – theoretische Konzepte und empirische Befunde, Opladen 1991, S. 19 ff.; Richardson, Jeremy (Hrsg.), Policy Styles in Western Europe, London 1982.

Arbeits-, Kompetenz-, Machtteilungen angelegten Staat ist die Regierung mit einem wiederum differenzierten Muster der Problembearbeitung in den Politikprozess eingeflochten. Im deutschen Falle ist mit Kanzler-, Kabinetts- und Ressortprinzip zunächst eine ausbalancierte Vorgabe für die Regierungsgeschäfte konstituiert. Jedoch rückt im Regierungsalltag und unter seiner Arbeitslast die Maxime nach vorne, nach der der Minister seinen Geschäftsbereich selbständig und unter eigener Verantwortung leitet. Die Perzeption öffentlicher Probleme und Aufgaben erfolgt ganz überwiegend gemäß der Geschäftsverteilung zwischen den Ministerien, die einen vorderen Platz im staatlichen Teil des Politikzyklus einnehmen. Und auch bei der Koordination der arbeitsteilig erstellten Handlungsanteile im Regierungsapparat werden Mechanismen bevorzugt, die Ressortinteressen absichern.[137] Dem sind weitere Binnendifferenzierungen hinzuzurechnen. Innerhalb eines Ministeriums bestehen wiederum sektorale Aufgliederungen, die verfestigte Grenzen etwa zwischen der Verkehrspolitik der Straßenwege, Eisenbahnwege, der Binnenschifffahrtswege, der Luftwege hervorbringen können. Zu der Fragmentierung und Segmentierung des gesellschaftlichen Vorfeldes kommen die Ressortierung und Sektorierung im Staatsbereich.[138] Diese werden auch nicht unter den Bedingungen einer Koalitionsregierung aufgehoben. Denn die jeweils kompetenten Fachgremien und Fachleute von Fraktionen und Parteien lassen sich aus dem Politikgeschäft nicht ausschließen.

Solche Verhältnisse können denjenigen nicht zufriedenstellend erscheinen, die sich von Amts wegen mit öffentlichen Aufgaben über Einzelpolitiken hinweg zu befassen haben. Das gilt etwa für Querschnittsaufgaben mit Ressourcenbezug wie Haushalt und Finanzen, bei denen schon wegen der Knappheit der Mittel ein Koordinationszwang besteht, oder für hochinterdependente Aufgaben wie die Raumordnung, weil eben viele Teilpolitiken – von der Verkehrspolitik bis zur Hochschulpolitik – eine räumliche Relevanz haben.[139] Insbesondere muss aber das von staatlichen Ressortierungen und Sektorierungen geprägte Muster der Novellierung von Gesetzen, der Budgetierung im Jahreshorizont, der Planung von Maßnahmen denjenigen unzureichend erscheinen, die in der Regierungszentrale für Aufgabenplanung und positive Koordination verantwortlich sind. Hieraus ist zu verstehen, dass man dort in einer Zeit der Reformabsichten Ende der 1960er und Anfang der 1970er Jahre meinte, nun selbst eine

---

[137] Vgl. König, Klaus, Formalisierung und Informalisierung im Regierungszentrum, in: Hans-Hermann Hartwich/Göttrik Wewer (Hrsg.), Regieren in der Bundesrepublik II – Formale und informale Komponenten des Regierens in den Bereichen der Führung, Entscheidung, Personal und Organisation, Opladen 1991, S. 203 ff.

[138] Vgl. Bulmer, Simon (Hrsg.), The Changing Agenda of West German Public Policy, Aldershot 1989.

[139] Vgl. König, Klaus (Hrsg.), Koordination und integrierte Planung in den Staatskanzleien, Berlin 1976, S. 227 ff. (Länderbericht Bayern).

„aktive Politik" in die Hand nehmen und gesellschaftliche Bedürfnisse ermitteln, daraus Aufgaben, die der Staat wahrzunehmen hat, ableiten, Konflikte zwischen den Aufgaben offen legen und über Aufgabenprioritäten angesichts knapper Mittel entscheiden zu müssen.[140] Neue Inhalte der Politik sollten in einer neuen Art und Weise der Politik zum Ausdruck kommen.

Dementsprechend wurde damals in Bund und Ländern eine umfassende Aufgabenplanung in vielfältigen Formen in Angriff genommen, also etwa als Regierungsplanung oder als Entwicklungsplanung.[141] Während indessen die mit gesellschaftlichen Fragmentierungen und Segmentierungen wie staatliche Ressortierungen und Sektorierungen verbundene Fachplanung sich so entwickelte, dass man die Bundesrepublik Deutschland als „Plänestaat" bezeichnen kann, war den integrativen Ansätzen der Aufgabenplanung wenig Erfolg beschieden. Das gilt für den Planungsverbund wie um das Bonner Bundeskanzleramt, für die Regierungsplanung wie das „Integrierte Planungs-, Entscheidungs- und Kontrollsystem" der Mainzer Staatskanzlei, für die Entwicklungsplanung wie den „Großen Hessenplan" der Wiesbadener Regierungszentrale. Man hat sich vielfach mit den Gründen dieser negativen Entwicklung auseinandergesetzt und mögliche Faktoren aufgelistet:[142] Veränderungen der ökonomischen und sozialen Rahmenbedingungen, des gesellschaftlichen Bewusstseins, Ende der Reformpolitik, Zwänge bei Politikern, Fraktionen, Parteien, überzogenes Planungsverständnis, technokratisches Denken usw. Insbesondere hat man auf eine entgegenstehende Beamtenmentalität, auf bürokratischen Widerstand usw. verwiesen.

Im Grunde ist aber eine abstrakt angelegte integrierte Aufgabenplanung unpolitisch. Man kann die Intelligenz des Staatsapparates nicht abgehoben vom Prozess der Politiken wie des Politischen konstruieren. Nachdenken über öffentliche Aufgaben in der Regierung ist immer auch ein Politikum. Für den Politikzyklus wird das durch die Einflechtung seiner einzelnen Phasen in gesellschaftliche und staatliche Netzwerke deutlich. Die Interdependenzen von öffentlicher und staatlicher Agenda schließen es aus, dass öffentliche Aufgaben einfach planerisch-analytisch begriffen werden. Auf der anderen Seite unter-

---

[140] Vgl. Mayntz, Renate/Scharpf, Fritz W., Policy-Making in the German Federal Bureaucracy, Amsterdam/New York 1975.

[141] Vgl. König, Klaus (Hrsg.), Koordination und integrierte Planung in den Staatskanzleien, Berlin 1976; Schatz, Heribert, Das politische Planungssystem des Bundes, in: Hans-Christian Pfohl/Bert Rürup (Hrsg.), Anwendungsprobleme moderner Planungs- und Entscheidungstechniken, Königstein/Ts. 1979, S. 241 ff.; Wagener, Frido, Öffentliche Planung in Bund und Ländern, in: Norbert Szyperski/Udo Winand (Hrsg.), Handwörterbuch der Planung, Stuttgart 1989, Sp.1277 ff.

[142] Vgl. Bebermeyer, Hartmut, Das Beziehungsfeld politische Planung und strategische Unternehmensplanung: Mit einer empirisch-analytischen Untersuchung der Planungsentwicklung in der Bundesregierung 1966 – 1983, Frankfurt a. M. 1985.

liegt der politisch-historische Prozess dem Gezeitenwechsel. Im politischen System der Bundesrepublik besteht insoweit mit Wahlen und Regierungsbildung ein im Regelfall kalkulierbares Verlaufsmuster. Wahlkampfaussagen, Koalitionsvereinbarungen, Antrittserklärungen der Regierung sind dann auch Orte, an denen sich Politikzyklus und Machtgenerierung in spezifischer Weise begegnen, nämlich in Form der Agendabildung, die nicht in der Perzeption nach gesellschaftlichen Segmenten und Staatsressorts auf Politikfelder und deren Subsektoren begrenzt ist.

Politische Parteien pflegen sich in Zeiten von Wahlen und Regierungsbildung nicht auf vereinzelte Streitpunkte zu beschränken, sondern im Querschnitt durch Politikfelder hindurch Leitlinien zu ziehen. Sie richten bestimmte Wegweiser auf, indem sie in ihren Programmen Lösungswege für Probleme vorschlagen, die die Regierung prinzipiell gehen könnte. Sie melden nicht alle möglichen Probleme an, um die es sich bei der politischen Auseinandersetzung handeln könnte, sondern bestimmte Streitfragen, die in dieser Selektivität agendafähig werden können.[143] Aber nicht nur aus den politischen Parteien, auch aus anderen gesellschaftlichen wie staatlichen Institutionen werden Forderungen laut, die ein breiteres politisches Spektrum abdecken. Insbesondere die großen Interessenverbände greifen über ihre spezifischen Aktivitäten hinaus. Gewerkschaften konzentrieren sich nicht nur auf die Fragepunkte des Arbeitslebens, sondern holen – etwa in „Wahlprüfsteinen" – weiter aus, und zwar bis zur gesetzlichen Regelung der Abtreibung. Industrieverbände äußern sich nicht nur zur Wirtschaftspolitik, sondern etwa auch zur Verbesserung der Hochschulausbildung usw.

Diese Zeit einer nach Breite und Tiefe intensivierten Agendabildung ragt aus dem politischen Alltag der Beschäftigung mit einzelnen Streitpunkten und Fachpolitiken heraus. Sie begünstigt ein Querschnittsdenken, das nicht bestimmten Politikfeldern oder deren Subsektoren verhaftet ist. Hier finden auch die, die im Staatsapparat dafür zuständig sind, öffentliche Aufgaben positiv zu koordinieren, sie planerisch zu integrieren, einen dem politischen Prozess adäquaten Platz. Die politischen Parteien suchen vermittelt über Exekutivpolitiker auch in der Ministerialbürokratie nach umfassenden Informationen und Konzepten. Dies wird durch die pluralistische Ämterverteilung im Föderalismus begünstigt, wirft indessen die Bedenken eines Wahlkampfes aus den Administrationen heraus auf. Der weitere Ansatz für Querschnittsarbeit ist der von Koalitionsverhandlungen und der inhaltlichen Regierungsbildung. Berufspolitiker bevorzugen es zwar, diese Vorgänge als ureigene Sache von Partei und Fraktion erscheinen zu lassen. Aber in einer sozialtechnologisch so anspruchsvollen

---

[143] Vgl. Klingemann, Hans-Dieter u. a., Party Mandates and Government Action: Election Programmes and Policy Priorities in Certain Post-War Democracies, Köln 1992.

Zeit wie der unsrigen ist ohne die Amtsträger der Staatsbürokratie, insbesondere der Aufgabenplanung, nicht auszukommen. Der nächste Schritt ist der der Antrittserklärung des neuen Regierungschefs. Diese Regierungserklärung ist heute schon wegen der Rücksichtnahme auf Koalitionspartner in ihrem Inhalt so operational gehalten, dass sie über die Phase der Agendabildung in die der Politikformulierung hineinragt. Indem sie Leitlinien der Politik verdeutlicht, trägt sie indessen jedenfalls Züge einer Querschnittsbetrachtung durch die Politikfelder hindurch. Hier ergibt sich eine gleichsam natürliche Verbindung mit positiver Koordinierung und integrierter Planung öffentlicher Aufgaben. Diese lässt sich dann mit Legislaturperiodenprogramm, Arbeitsprogramm der Regierung usw. koordinierend und planend fortschreiben.[144]

Wendet man sich unter dem Vorzeichen des Politikzyklus vom parlamentarischen Regierungssystem der Bundesrepublik Deutschland dem präsidentiellen der Vereinigten Staaten zu, dann ist man dazu geneigt, für einen solchen Blick über die Grenzen hinweg vielfältige Vorbehalte zu machen. Das betrifft eben schon den ganz anderen konstitutionellen Ausgangspunkt. Mannigfache anders gelagerte Einflussgrößen einer Definition öffentlicher Aufgaben sind in Rechnung zu stellen: von den Besonderheiten im Politikstil[145] bis zu den Unterschieden zwischen einem „klassisch"-europäischen Verwaltungssystem und einer „Civic Culture"-Administration.[146] Jedoch gibt es auch einige grundlegende Ähnlichkeitsbeziehungen. Die offene Gesellschaft Amerikas ist auf positive Setzung der Staatsaufgaben und entsprechende Politikgenerierung angewiesen. Mögen die gesellschaftlichen und staatlichen Rahmenbedingungen auch insoweit differieren, in der einen oder anderen Weise kommt es in einem solchen politischen System zu einer öffentlichen wie gouvernementalen Agendabildung. Diese Phase des Politikzyklus scheint besonders geeignet zu sein, den Gesichtskreis der praktisch oder wissenschaftlich Interessierten auszuweiten.[147]

Ferner findet in den USA, ähnlich dem parlamentarischen Regierungssystem der Bundesrepublik, in den demokratischen Gezeiten von Wahlen und Regierungsbildung eine intensive Gestaltung der öffentlichen und dann auch der staatlichen Agenda statt. Es gibt Wahlkampf-Plattformen der Parteien, Forde-

---

[144] Vgl. König, Klaus, Political Advise and Administrative Support: Planning in the German Chancellery, in: Leo Klinkers (Hrsg.), Life in Public Administration, Amsterdam 1985, S. 132 ff.

[145] Vgl. Beyme, Klaus von, Regierungslehre zwischen Handlungstheorie und Systemansatz, in: Hans-Hermann Hartwich/Göttrik Wewer (Hrsg.), Regieren in der Bundesrepublik III – Systemsteuerung und „Staatskunst" – theoretische Konzepte und empirische Befunde, Opladen 1991, S. 19 ff.

[146] Vgl. Heady, Ferrel, Public Administration: A Comparative Perspective, 6. Aufl., New York 2001.

[147] Vgl. Cobb, Roger u. a., Agenda Building as a Comparative Political Process, in: American Political Science Review 1976, S. 126 ff.

rungskataloge mächtiger Verbände usw. Mit dieser Verdichtung ist dann wiederum für Querschnittsbetrachtungen die Basis gegeben, wie sie zu praktischen oder analytischen Zwecken durch Fachpolitiken hindurch angelegt werden. Schließlich sind es auch oder besonders im präsidentiellen Regierungssystem die exekutive Führung und Leitung, die Hauptadressaten so angemeldeter Merkposten sind. Von der Volksvertretung pflegt man eine die Teilaufgaben übergreifende, komprehensive Politikformulierung nicht zu erwarten. Bei uns ist es die Bundesregierung, speziell der Bundeskanzler, die in Antizipation des Regierungsprogramms angesprochen werden. In den Vereinigten Staaten ist es der Präsident, den man angesichts der politischen Realitäten insoweit fast zu einem Mythos macht.[148]

Vor dem Hintergrund solcher Ähnlichkeitsbeziehungen treten die Unterschiede in der Politikgenese in der Phase vor deren Formulierung durch autorisierte Entscheidungsträger hervor. Dabei fällt der Blick in der hier interessierenden Querschnittsperspektive der inneren Angelegenheiten auf jene Akteure, die überhaupt bei den Anmeldungen zur öffentlichen Agenda eine Traverse durch die Aufgabenfelder hindurch anlegen und damit eine maßgebliche Vorleistung für ein umfassendes Regierungsprogramm erbringen können. Wie in der Bundesrepublik ist in den Vereinigten Staaten insoweit zuerst an die politischen Parteien zu denken. Wer in Bonn die Regierungserklärung des neu gewählten Bundeskanzlers vor dem Bundestag in ihren innenpolitischen Teilen vorzubereiten hat, wird im Programm der Kanzlerpartei – wenn auch bei Vorrang von Koalitionsvereinbarungen – eine erste Informationsquelle sehen.

Der Assistent für „domestic affairs" im Weißen Haus befindet sich demgegenüber in einer teilweise abweichenden Lage, wenn es um die Antrittserklärung des neu gewählten Präsidenten vor dem Kongress geht. Die Gründe hierfür liegen nicht nur darin, dass es an der konstitutionellen Handlungsverknüpfung fehlt wie: im Wahlkampf erfolgreiche Partei – führende Mehrheitsfraktion im Parlament – Besetzung des exekutiven Spitzenamtes. Die amerikanischen Parteien selbst sind bis zur Erstellung des Wahlkampfprogramms und seiner Folgen anders beschaffen.[149] Insoweit interessiert hier die Intelligenz des politischen Systems. Die Bildung der öffentlichen Agenda ist einerseits eine Machtfrage. Gerade deswegen ist selbst die Ministerialbürokratie von Fall zu Fall darauf angewiesen, mit gouvernementalen Tagesordnungspunkten die entsprechende Öffentlichkeit zu gewinnen. Andererseits ist die Agendabildung schon wegen des Mindestmaßes an Operationalität ein Intelligenzproblem. Den Par-

---

[148] Vgl. Heclo, Hugh/Salamon, Lester M. (Hrsg.), The Illusion of Presidential Government, Boulder, Colorado 1981.

[149] Vgl. Lösche, Peter, Zerfall und Wiederaufbau: Die amerikanischen Parteien in den achtziger Jahren, in: Hartmut Wasser (Hrsg.), Die Ära Reagan – eine erste Bilanz, Stuttgart 1981, S. 185 ff.

teien in der Bundesrepublik gelingt es, den insoweit erforderlichen Sachverstand auf sich zu ziehen. Die Parteizentralen sind mit sachkundigem Personal ausgestattet. Mit Veranstaltungen nicht nur der Parteien selbst, sondern der ihnen verbundenen politischen Stiftungen kann man die Kenntnisse und Fertigkeiten auch von Experten nutzen, die nicht der Partei nahe stehen. Es bestehen informale Kommunikationskanäle zur Professionalität der Staatsbeamten usw.

Das Ergebnis solcher Institutionalisierungen in der Bundesrepublik ist eine gewisse parteipolitische Dominanz, wenn es um die öffentliche Agenda etwa in der Breite der Innenpolitik geht. Die Parteien in den Vereinigten Staaten wirken demgegenüber begrenzter. Ihre Parteiprogramme können durchaus die politische Tagesordnung mitprägen. Aber sie füllen diese nicht so aus, wie man des in Deutschland gewohnt ist. Das Forum bleibt einladend offen für andere gesellschaftliche Kräfte, die über die Intelligenz verfügen, die Felder der Fachpolitiken zu traversieren. Im amerikanischen Pragmatismus ist es dann eingeschlossen, dass solche Intelligenz nicht einfach selbstreferenziell bleibt, sondern die Einflussnahme auf die Regierenden, politische Meinungsführer, die veröffentlichte Meinung sucht. Bekannt geworden sind insoweit die sogenannten „Think Tanks", die Denkfabriken zwischen akademischer Welt und handelnden Politkern.[150] Man hat sie etwa angesichts von konservativen Einflüssen auf die Regierung zum „intellektuellen ... Rückgrat" der Politik gezählt.[151]

Der Wechsel im Amt des Präsidenten des Jahres 1989 war für die Denkfabriken besonders attraktiv, mit einer die Vielfalt der Aufgabenfelder umfassenden Konzeption den Markt der Politikgenerierung zu betreten und sich zur öffentlichen Agenda zu melden, mochte die eine mehr von Kenntnissen, die andere mehr von Interessen geleitet gewesen sein. Mit den 1980er Jahren ging die Ära Reagan zu Ende. Mag man auch im Anblick der Realitäten von Gesellschaft, Wirtschaft, Staat in den USA in Zweifel ziehen, ob eine „Reagan Revolution" stattgefunden hat,[152] so war es doch eine Regierungszeit von für pluralistische Verhältnisse deutlichem ideologischen Profil. Solche Profilierungen pflegen in der offenen Gesellschaft intellektuelle Zustimmung, mehr aber noch Gegendarlegung hervorzurufen. Überdies legte es das Jahr 1989 nahe, nun auf

---

[150] Vgl. Gellner, Winand, Politikberatung und Parteienersatz: Politische „Denkfabriken" in den USA, in: Zeitschrift für Parlamentsfragen 1991, S. 134 ff.

[151] Vgl. Dröser-Dittmann, Elisabeth/Frankenberger, Klaus-Dieter, Der Konservatismus nach Ronald Reagan: Was geblieben ist, in: Franc Greß/Hans Vorländer (Hrsg.), Liberale Demokratie in Europa und den USA, Frankfurt a. M./New York 1990, S. 139 ff.

[152] Vgl. Blumenthal, Sidney/Edsall, Thomas Byrne, The Reagan Legacy, New York 1988; Boaz, David (Hrsg.), Assessing the Reagan Years, Washington D. C. 1988; Hogan, Josef (Hrsg.), The Reagan Years – The Record in Presidential Leadership, Manchester/New York 1990; Palmer, John L. (Hrsg.), Perspectives on the Reagan Years, Washington D. C. 1986.

die letzte Dekade des 20. Jahrhunderts zu sehen und „Blueprints", „Ideas", eine „Vision", ein „Mandate", eine „Agenda" der 1990er Jahre zu entwerfen.

Wir blicken mithin auf eine historische Situation, in der das, was die Vereinigten Staaten in der Politikgenerierung von unserer Art, Fachpolitiken bei der Agendabildung zu traversieren, unterscheidet, besonders hervortritt. Nicht nur politische Parteien – im deutschen Falle zusammen mit politischen Stiftungen, hilfreichen Verbänden, unterstützenden Staatsbürokratien – beherrschen das Feld. In den USA stehen neben dem Wahlkampfprogramm der Parteien die bücherfüllenden Konzeptionspapiere der Denkfabriken wie Brookings Institution, des Institute for Policy Studies, des Cato Institute, der Hoover Institution, der Heritage Foundation usw. Hinzu kommen Ad-hoc-Organisationen gerade zur einschlägigen Einflussnahme auf den neuen Präsidenten und seine Administration wie die American Agenda Incorporated mit einem ehemaligen republikanischen und einem ehemaligen demokratischen Präsidenten an der Spitze. Der Wechsel im Amt der Präsidenten 1989 hat es sogar mit sich gebracht, dass das General Accounting Office ein flächendeckendes Memorandum zu den politischen Merkposten der neuen Regierungsmannschaft vorlegte.

Geht man der Frage nach, was ehemalige Präsidenten, erfahrene Mitglieder früherer Regierungen, professionelle Politikberater, namhafte Wissenschaftler und dann Denkfabriken, akademische Gremien, Ad-hoc-Organisationen, Kommissionen dazu bewegt, auf solche Weise auf die Bildung der öffentlichen Agenda Einfluss zu nehmen – ganz abgesehen von dem Unternehmen eines Rechnungshofes, der ohne Auftrag und dann im Ergebnis gegen die Intentionen des erfolgreichen Präsidentschaftskandidaten votiert –, dann stößt man auf den Umstand, dass eben nach der vom Reaganismus propagierten Staatsenthaltsamkeit die Zeit für aktive Politik gekommen schien, die für viele nichts anderes als expansive Aufgabenpolitik sein konnte. Die historische Situation von 1989 in den USA ist deswegen besonders geeignet, einen Eindruck von der Ausweitung wohlfahrtsstaatlicher Aufgaben eines „big government" selbst unter amerikanischen Traditionen zu vermitteln.

Die im Querschnitt angemeldeten Merkpunkte einer innenpolitischen Agenda der 1990er Jahre für den amerikanischen Präsidenten und seine Administration umfasst die Breite materieller Politikfelder: von der Arbeitspolitik bis zur Wohnungspolitik. Um solche Sachpolitiken im Policy-Zyklus zu verstehen, müsste man den jeweiligen situativen Kontext in den USA näher beschreiben.[153] Um das Spektrum öffentlicher Aufgaben zu verdeutlichen, genügt es hingegen, Sachpostulate der innenpolitischen Agenda zu nennen. So stehen in der Agenda 1989 zur Verbesserung der Situation auf dem Arbeitsmarkt Art und

---

[153] Vgl. König, Klaus, Zur innenpolitischen Agenda – Die amerikanische Bundesregierung am Beginn der neunziger Jahre, Speyerer Forschungsbericht 121, Speyer 1993.

Umfang von Arbeitsprogrammen in Form von Arbeitsbeschaffungsmaßnahmen, Umschulungen, Qualifikationsverbesserungen im Vordergrund. Es wird angeregt, die Wohlfahrtsunterstützung stärker mit Arbeitsprogrammen zu verbinden. Alle Wohlfahrtsunterstützungen sollen mit dem Versuch verbunden werden, den Empfänger wieder in Arbeit zu bringen. Zur besseren Vorsorge gegen rezessionsbedingte Arbeitslosigkeit wird die Reform der Arbeitslosenversicherung vorgeschlagen, etwa mit Belohnungen für Arbeitnehmer, die schnell wieder einen Arbeitsplatz finden.[154] Steueranreize für Arbeitgeber und Arbeitnehmer sollen geschaffen werden, um die Fortbildung zu verbessern.[155]

Ein besonders umstrittener Tagesordnungspunkt ist die Anhebung des Mindestarbeitslohns, um Kaufkraftverluste auszugleichen. Andere wollen demgegenüber die steuerliche Situation von Verdienern mit Kindern verbessern. Zur sozialen Absicherung von Arbeitnehmern werden auch zusätzliche Leistungen der Arbeitgeber, wie zum Beispiel unbezahlter Elternurlaub, Krankenversicherung zur Diskussion gestellt.[156] In das soziale Sicherungssystem sollen Fonds, die lohnbezogen sind, als zweite Säule eingebracht werden. Pensionsfonds sollen abgesichert werden, etwa im Falle des Arbeitsplatzwechsels oder der feindlichen Firmenübernahme.[157] Schließlich wird die Arbeitssicherheit in den Blick genommen. Angesichts der Zahl der Verletzungen am Arbeitsplatz soll der Erlass von Arbeitssicherheitsstandards reformiert werden.[158]

Im Vordergrund der öffentlichen Agenda im Bereich der Sozialpolitik stehen die Armutsbekämpfung, die Förderung von Familien, die Alten-Politik, die sozialen Sicherungssysteme, die Nachbarschaftshilfe, das Problem der Obdachlosigkeit, sowie die Finanzierung der Gesundheitsfürsorge. Im Hinblick auf die gravierenden Armutsprobleme, insbesondere auch bei Kindern, wird eine Dezentralisierung der Wohlfahrtssysteme wie eine strukturelle Verbesserung der Leistungsprogramme gefordert.[159] Vorteile soll nicht die „Armutsindustrie"

---

[154] Vgl. Republican National Convention, Republican Platform. An American Vision: For Our Children and Our Future, o. Ort 1988, S. 8.

[155] Vgl. Hills, Carla A. u. a., Domestic Policy, in: American Agenda – Report to the Fourty-First President of the United States of America, Camp Hill, o. J., S. 81.

[156] Vgl. Peterson, William H., The Department of Labor and the National Labor Relations, in: Charles L. Heatherly/Burton Yale Pines (Hrsg.), Mandate for Leadership III: Policy Strategies for the 1990s, Washington D. C. 1989, S. 343 ff.

[157] Vgl. Peterson, William H., The Department of Labor and the National Labor Relations, in: Charles L. Heatherly/Burton Yale Pines (Hrsg.), Mandate for Leadership III: Policy Strategies for the 1990s, Washington D. C. 1989, S. 343 ff.

[158] Vgl. United States General Accounting Office, Transition Series: Department of Labor Issues, Washington D. C. 1988, S. 4 ff.

[159] Vgl. Docksai, Ronald u. a., The Department of Health and Human Services, in: Charles L. Heatherly/Burton Yale Pines (Hrsg.), Mandate for Leadership III: Policy Strategies for the 1990s, Washington D. C. 1989, S. 260 ff.

ziehen, sondern die Armen selbst sollen dauernd ökonomisch gestärkt werden.[160] Dazu gehört auch ein neuer Ansatz bei der Arbeitslosenbekämpfung im Sinne von „Making Work Paid", wie zum Beispiel Arbeitnehmerhaushalte unterhalb der Armutsgrenze von der Einkommenssteuer zu befreien.[161] Angesichts der Kinderarmut wird eine starke Sozialpolitik zugunsten von Familien und Kindern gefordert, und zwar auch der Ausbau präventiver Maßnahmen wie vorgeburtliche Hilfen, Impfungen, Ernährungsprogramme, Ausbildungshilfen.[162] Bei Familienhilfen geht es um die bessere Programmabwicklung, aber auch die Herausnahme familienfeindlicher Tendenzen aus dem Steuersystem.[163]

Im Bereich der Altenpolitik stehen die Alterssicherung wie die Pflegeversicherung als Merkposten auf der öffentlichen Agenda. Dabei werden Zahlungsreserven, Leistungsumfang, Beitragsumfang bis hin zu einem neuen Generationenvertrag diskutiert. Auf private Versicherungsformen und Vorsorgemaßnahmen wird verwiesen, aber auch die Ausweitung der Lebensarbeitszeit empfohlen.[164] Die Langzeitpflege soll für arme Bevölkerungskreise in einem besonderen Programm finanziert werden.[165] Einen weiteren Schwerpunkt stellt die Bekämpfung der Obdachlosigkeit dar. Auf Programme zur Einrichtung von Obdachlosenheimen, zur Verfügungsstellung medizinischer Versorgung und Nahrungsmittelhilfen wird verwiesen. Weiter geht es um Familien-, Erziehungs- und Gesundheitsprogramme, um die Obdachlosigkeit von Jugendlichen besser zu vermeiden. Finanzmittel sollen zur Verfügung gestellt werden, um Wohnungen für Bezieher von Niedrigeinkommen bereit zu halten. Finanzielle Anreize

---

[160] Vgl. Docksai, Ronald u. a., The Department of Health and Human Services, in: Charles L. Heatherly/Burton Yale Pines (Hrsg.), Mandate for Leadership III: Policy Strategies for the 1990s, Washington D. C. 1989, S. 265 f.

[161] Vgl. Greenstein, Robert, Poverty, in: Mark Green/Mark Pinsky (Hrsg.), America's Transition: Blueprints for the 1990s, New York 1989, S. 514 ff.

[162] Vgl. Edelman, Marian Wright, Children, in: Mark Green/Mark Pinsky (Hrsg.), America's Transition: Blueprints for the 1990s, New York 1989, S. 534 ff.

[163] Vgl. Sawhill, Isabel V., Poverty and the Underclass, in: American Agenda. Report to the Forty. First President of the United States of America, Camp Hill o. J., S. 156 ff.; Docksai, Ronald u. a., The Department of Health and Human Services, in: Charles L. Heatherly/Burton Yale Pines (Hrsg.), Mandate for Leadership III: Policy Strategies for the 1990s, Washington D. C. 1989, S. 264 f.

[164] Vgl. Docksai, Ronald u. a., The Department of Health and Human Services, in: Charles L. Heatherly/Burton Yale Pines (Hrsg.), Mandate for Leadership III: Policy Strategies for the 1990s, Washington D. C. 1989, S. 272 f.; ferner Aaron, Henry J. u. a., Social Security: How It Affects the Deficit, in: Barry P. Bosworth u. a. (Hrsg.), Critical Choices, Brookings Institution, Washington D. C. 1989, S. 139.

[165] Vgl. Docksai, Ronald u. a., The Department of Health and Human Services, in: Charles L. Heatherly/Burton Yale Pines (Hrsg.), Mandate for Leadership III: Policy Strategies for the 1990s, Washington D. C. 1989, S. 244.

für den privaten Sektor sollen geschaffen werden, um ungenutzte Wohnungseinheiten verfügbar zu machen.[166]

Die Vorschläge zur Gesundheitsvorsorge sind durch zwei Umstände geprägt, nämlich die Kostenexplosion im Gesundheitswesen und weiter, dass Millionen von Amerikanern nicht krankenversichert oder unterversichert sind.[167] So wird für das Krankenversicherungssystem eine gesetzliche Verpflichtung der Arbeitgeber gefordert, durch einen Beitrag für ihre Arbeitnehmer eine Krankenversicherung mitzubezahlen.[168] Andererseits wird empfohlen, eine Reihe von Steuererleichterungen einzuführen, um die Konsumenten zu ermutigen, Gesundheitsleistungen und -versicherungen direkt zu kaufen, anstatt sie über ein indirektes System in Empfang zu nehmen.[169] Die Gesundheitsversicherung soll durch deregulierende Maßnahmen attraktiver gestaltet werden. Es sollen private Initiativen unterstützt werden, die zu Verbesserung der häuslichen Gesundheitsfürsorge führen. Staatliche Pilotprogramme, die Personen mit niedrigem Einkommen eine Krankenversicherung ermöglichen, sollen gefördert werden.[170] Andererseits wird die Einführung einer Zwangsmitgliedschaft vorgeschlagen.[171] Die Krankenversicherung soll innerhalb des Arbeitsverhältnisses mit abgeschlossen werden. Eine Krankenversicherung für Nichtarbeitnehmer soll geschaffen werden.[172]

Im Bereich der Kriminalitätsbekämpfung finden 1989 Drogenhandel und Drogenmissbrauch besondere Aufmerksamkeit. Die einen schlagen die Verschärfung der Strafrahmen, insbesondere die Einführung der Todesstrafe für Großdrogenhändler, Entzug der Fahrerlaubnis, Ausschluss aus den öffentlichen Wohnungsprogrammen, Entzug des Reisepasses vor.[173] Andere stellen auf umfassende Erziehungsprogramme, mit denen Kinder und Jugendliche über die

---

[166] Vgl. Republican National Convention, Republican Platform. An American Vision: For Our Children and Our Future, o. Ort 1988, S. 29 ff.

[167] Vgl. Hills, Carla A. u. a., Domestic Policy, in: American Agenda. Report to the Forty-First President of the United States of America, Camp Hill o. J., S. 84 ff.

[168] Vgl. Congressional Quarterly Inc., President Bush: The Challenge Ahead, Washington D. C. 1989, S. 48.

[169] Vgl. Docksai, Ronald u. a., The Department of Health and Human Services, in: Charles L. Heatherly/Burton Yale Pines (Hrsg.), Mandate for Leadership III: Policy Strategies for the 1990s, Washington D. C. 1989, S. 233.

[170] Vgl. Republican National Convention, Republican Platform. An American Vision: For Our Children and Our Future, o. Ort 1988, S. 24 ff.

[171] Vgl. Parver, Alan K./Mongan, James J., Health Policy, in: American Agenda. Report of the Forty-First President ot the United States of America, Camp Hill o. J., S. 273 ff.

[172] Vgl. Pollack, Ronald/Fried, Bruce, Health, in: Mark Green/Mark Pinsky (Hrsg.), America's Transition: Blueprints for the 1990s, New York 1989, S. 571 ff.

[173] Vgl. Republican National Convention, Republican Platform. An American Vision: For Our Children and Our Future, o. Ort 1988, S. 48 ff.

Gefahren von Alkohol- und Drogenmissbrauch aufgeklärt werden sollen, ausreichende Behandlung und Beratung für Abhängige, Bekämpfung des Drogenhandels, Koordinierung der Aktivitäten gegen Drogenherstellung ab.[174] Insgesamt gibt es eine Vielfalt von Empfehlungen auf den Gebieten von Prävention, Erziehung, Kriminaljustiz, Behandlung, Arbeitsplatzproblemen, Transport, Sport, öffentlichem Wohnraum, Massenmedien, Unterhaltung usw.[175] Das Drogenproblem verweist auch auf einen anderen Hauptpunkt der öffentlichen Agenda, nämlich die Reform des Gefängniswesens. Dabei kommt die Privatisierung ins Spiel. Auch sollen Gefängnisfabriken ausgebaut werden, in denen Gefangene arbeiten und sich so auf ihr zukünftiges Leben besser vorbereiten können.[176]

Auf dem Feld des Bildungswesens sind es insbesondere Schulprobleme, von den Schulbüchern über die Entwicklung von Curricula bis zur Lehrerfortbildung, die auf die öffentliche Tagesordnung gesetzt werden.[177] Die einen stellen auf die Verantwortung der Eltern, Wahlfreiheit, Wettbewerb zwischen den Schulen, Leistungsbezahlung der Lehrer, Finanzmittel für die Schulen, die ihre Schüler auf die Herausforderungen der Zukunft vorbereiten, Steuererleichterungen für die Eltern von Schülern usw. ab.[178] Andere Vorschläge sprechen sich für die Einrichtungen von Vorschulen, die Förderung der Lehrerausbildung, die Neustrukturierung der beruflichen Ausbildung, die Einführung von Modellcurricula für den Elementar- und Sekundarschulbereich usw. aus.[179] Ein weiteres Problem wird im Analphabetismus gesehen. Eine Vielzahl von Maßnahmen zu dessen Bekämpfung wird vorgeschlagen. Insbesondere sollen die bestehenden Programme so ausgeweitet werden, dass in wenigen Jahren alle

---

[174] Vgl. Kirk, Paul, The 1988 Democratic National Platform, Washington D. C. 1988, S. 3.

[175] Vgl. Feinberg, Kenneth, Drugs, in: American Agenda. Report of the Forty-First President ot the United States of America, Camp Hill o. J., S. 443.

[176] Vgl. Breger, Marshall J., The Department of Justice, in: Charles L. Heatherly/ Burton Yale Pines (Hrsg.), Mandate for Leadership III: Policy Strategies for the 1990s, Washington D. C. 1989, S. 323 f.

[177] Vgl. Adams, Don/Goldbard, Arlene, Cultural Democracy: A New Cultural Policy for the United States, in: Marcus Raskijn/Chester Hartman (Hrsg.), Winning America, Ideas and Leadership for the 1990s, Boston 1988, S. 76 ff.

[178] Vgl. Republican National Convention, Republican Platform. An American Vision: For Our Children and Our Future, o. Ort 1988, S. 40 ff.

[179] Vgl. Fruchter, Norm, Education, in: Mark Green/Mark Pinksy (Hrsg.), America's Transition: Blueprints for the 1990s, New York 1989, S. 482 ff.; Kimberling, C. Ronald, The Department of Education, in: Charles L. Heatherly/Burton Yale Pines (Hrsg.), Mandate for Leadership III: Policy Strategies for the 1990s, Washington D. C. 1989, S. 186 ff.; Hills, Carla A. u. a., Domestic Policy, in: American Agenda. Report to the Forty-First President of the United States of America, Camp Hill o. J., S. 80 ff.

aufnehmbaren Kinder berücksichtigt werden können. Die Ausbildung von Behinderten und Einwanderungskindern soll verbessert werden.[180]

Auf dem Felde der Umweltpolitik wird mit der Agenda 1989 immer stärker die Instrumentenfrage zum Tagesordnungspunkt. Einerseits geht es um Regulative, Standards und deren Verschärfung. Andererseits wird empfohlen, von einer solchen Verwaltung der Umwelt und Natur abzugehen und durch marktwirtschaftliche Instrumente die Umweltnutzung und den Umweltverbrauch in den Griff zu bekommen.[181] Als gravierendes Problem wird die Luftreinhaltung behandelt. Insbesondere wird empfohlen, die jeweils in den Gesetzen vorgeschriebenen Emissionsgrenzwerte an die technische Realisierbarkeit durch Reinigungstechnologien zu knüpfen.[182] Schutz von Boden und Wasser ist ebenfalls Gegenstand einer breiten Diskussion. Das gilt insbesondere für ökologisch sensitive Gegenden. So soll etwa den geplanten Off-Shore-Ölbohrungen Widerstand geleistet werden.[183]

Für die Wasserversorgung wie für die Abwasserentsorgung werden privatwirtschaftliche Lösungen bevorzugt.[184] Hingegen setzt man für industrielle Sonderabfälle auf verschärfte Regulative. Die Verantwortlichkeit des Verursachers von solchen Abfällen für die Kosten der Entsorgung soll deutlicher festgelegt werden.[185] Abfallbeseitigung im Meer soll verhindert werden, insbesondere ein Verbot solcher Entsorgung von Sonderabfällen eingeführt werden.[186] Bereits 1989 steht die Veränderung des Erdklimas durch Erwärmung auf der öffentlichen Tagesordnung in den USA. Der Präsident soll sicherstellen, dass er die Führerschaft zu diesem Thema in der Welt übernimmt.[187] Auf internationa-

---

[180] Vgl. Boyer, Ernest L./Bell, Terrel H., Education, in: American Agenda. Report to the Forty-First President of the United States of America, Camp Hill o. J., S. 171 ff.

[181] Vgl. Anderson, Terry L., Protecting the Environment, in: Edward H. Crane/David Bonz (Hrsg.), An American Vision. Politics for the '90s, Washington D. C. 1989, S. 311 ff.

[182] Vgl. United States General Accounting Office, Transition Series: Energy Issues, Washington D. C., November 1988, S. 19 ff.

[183] Vgl. Kirk, Paul, The 1988 Democratic National Platform, Washington D. C. 1988, S. 5 ff.

[184] Vgl. Clark, Nolan, The Environmental Protection Agency, in: Charles L. Heatherly/Burton Yale Pines (Hrsg.), Mandate for Leadership III: Policy Strategies for the 1990s, Washington D. C. 1989, S. 213 ff.; ferner Anderson, Terry L., Protecting the Environment, in: Edward H. Crane/David Bonz (Hrsg.), An American Vision. Politics for the '90s, Washington D. C. 1989, S. 311 ff.

[185] Vgl. Kirk, Paul, The 1988 Democratic National Platform, Washington D. C. 1988, S. 4.

[186] Vgl. Republican National Convention, Republican Platform. An American Vision: For Our Children and Our Future, o. Ort 1988, S. 67 f.

[187] Vgl. Alm, Alvin L., The Environment, in: American Agenda: Report to the Forty-First President of the United States of America, Camp Hill o. J., S. 178 ff.

len Umweltgipfeln soll dafür gesorgt werden, dass ein globaler Aktionsplan zum Schutz der Umwelt erreicht wird, der sich auf das Ozonloch sowie den Treibhauseffekt bezieht.[188] Weitere Merkposten der umweltpolitischen Agenda betreffen die Verbesserung der Lage in den Nationalparks, die ökologisch verträgliche Nutzung der Wälder, die Bekämpfung der Küstenerosion und anderes.[189]

Auf dem Gebiet der Infrastrukturpolitik werden am Ende der 1980er Jahre von der neuen Administration Leitentscheidungen erwartet. Langzeitinvestitionen sind gefragt. Straßen, Brücken, Häfen, Flughäfen usw. sind davon berührt.[190] Zum Transportwesen wird empfohlen, den öffentlichen Nahverkehr zu verbessern. Für den Straßenverkehr wird eine Verkehrswegeplanung gefordert, die die Entwicklung des Verkehrsnetzes integrierend darstellt und Prioritäten zu den Vorhaben entsprechend der finanziellen Ressourcen setzt.[191] Für das Verkehrswesen überhaupt werden Sicherheitsprobleme diskutiert.[192] Das betrifft auch die Flugsicherheit. Insbesondere soll das Luftverkehrsüberwachungssystem modernisiert werden.[193] Im Bereich der Energiepolitik steht die Forderung im Vordergrund, sparsamer mit Energie umzugehen. Dazu sollen die Standards für Benzinverbrauch von Kraftfahrzeugen verschärft werden. Im Industriesektor soll die internationale Wettbewerbsfähigkeit wieder hergestellt werden.[194] Die Benzinsteuer soll angehoben werden.[195] Für die Kernenergie soll das Konzept eines standardisierten Reaktortyps entwickelt werden.[196]

---

[188] Vgl. Kirk, Paul, The 1988 Democratic National Platform, Washington D. C. 1988, S. 5.

[189] Vgl. United States General Accounting Office, Transition Series: Interior Issues, Washington D.C., November 1988, S. 4; ferner Grizzle, Charles, The Department of Agriculture, in: Charles L. Heatherly/Burton Yale Pines (Hrsg.), Mandate for Leadership III: Policy Strategies for the 1990s, Washington D. C. 1989, S. 149; Republican National Convention, Republican Platform. An American Vision: For Our Children and Our Future, o. Ort 1988, S. 66.

[190] Vgl. O'Neill, Oaul H. u. a., Economic Policy, in: American Agenda: Report to the Forty-First President of the United States of America, Camp Hill o. J., S. 60.

[191] Vgl. United States General Accounting Office, Transition Series: Transportation Issues, S. 19.

[192] Vgl. Republican National Convention, Republican Platform. An American Vision: For Our Children and Our Future, Ort 1988, S. 70 f.

[193] Vgl. United States General Accounting Office, Transition Series: Transportation Issues, Washington D.C., 1988, S. 9 ff.

[194] Vgl. Munson, Richard, Energy, in: Mark Green/Mark Pinsky (Hrsg.), America's Transition: Blueprints for the 1990s, New York 1989, S. 338 ff.

[195] Vgl. Yergin, Daniel, Energy, in: American Agenda: Report to the Forty-First President of the United States of America, Camp Hill o. J., S. 265.

[196] Vgl. Copulos, Milton R., The Department of Energy, in: Charles L. Heatherly/Burton Yale Pines (Hrsg.), Mandate for Leadership III: Policy Strategies for the 1990s, Washington D. C. 1989, S. 204 ff.

In der Landwirtschaftspolitik stehen die Subventionsprogramme auf der Tagesordnung. Während einerseits Modifikationen im Subventionsbereich erörtert werden[197], wird andererseits ein Umschwenken in der Landwirtschaftspolitik gefordert. Dies soll durch eine stärkere Marktorientierung erfolgen. Insbesondere sollen Programme aufgehoben werden, die Farmern Unterstützung für Nichtleistungen gewähren.[198] Ein besonderes Problem stellt die staatliche Unterstützung der Kreditfinanzierung dar. Die Risiken staatlicher Kreditgarantien sollen durch Rückversicherungen abgedeckt werden.[199] Die speziellen Programme zur Förderung des Wohnungsbaus im ländlichen Raum werden als Teil eines allgemeinen Problems angesehen. Ende der 1980er Jahre ist die Bezahlbarkeit der zentrale Punkt der Wohnungsfrage. Um die Situation im Wohnungswesen zu verbessern, werden unterschiedliche Ansätze propagiert. Die einen setzen auf aktive Wohnungsbaupolitik.[200] Der öffentliche Wohnungsbau soll wiederbelebt und ausgebaut werden. Programme kommunaler Non-Profit-Organisationen sollen unterstützt werden. Der Ersterwerb von Häusern soll fiskalisch unterstützt werden. Die anderen vertrauen auf die stabilisierende Wirkung des Marktes, eine Wirtschaftspolitik mit niedrigen Zinsen, mit einer niedrigen Inflationsrate und mit Verfügbarkeit von Arbeitsplätzen.[201]

Diese Tagesordnungspunkte einer Agenda 1989 in den USA lassen sich vielfältig detaillieren und überdies durch eine Vielzahl von Merkposten zu anderen Politikfeldern ergänzen: von der Aidsbekämpfung bis zu der des Waffenmissbrauchs, von der Nahrungsmittelhilfe bis zum Konsumentenschutz, vom Kreditwesen bis zur Forschungspolitik, von der Stadtentwicklung bis zur Infrastrukturpolitik im ländlichen Raum. Die innenpolitische Agenda reflektiert die geschichtliche Entwicklung wie die aktuelle Situation öffentlicher Angelegenheiten in den Vereinigten Staaten. Entsprechend haben Problemlösungsvorschläge einen spezifischen, historisch-situativen Bezug. Indessen umfassen die Probleme von Arbeits- und Sozialpolitik, Umwelt- und Technikpolitik, Bildungs- und Kulturpolitik usw. für westliche Industrieländer durchaus ähnliche Kernfragen. Auch sind die genannten Probleme von 1989 im folgenden Jahr-

---

[197] Vgl. Kirk, Paul, The 1988 Democratic National Platform, Washington D. C. 1988, S. 5.

[198] Vgl. Bovard, James, Draining the Agricultural Policy Swamp, in: Edward H. Carne/David Boaz (Hrsg.), An American Vision. Policies for the '90s, Washington D. C. 1989, S. 297.

[199] Vgl. Grizzle, Charles, The Department of Agriculture, in: Charles L. Heatherly/Burton Yale Pines (Hrsg.), Mandate for Leadership III: Policy Strategies for the 1990s, Washington D. C. 1989, S. 137.

[200] Vgl. Kirk, Paul, The 1988 Democratic National Platform, Washington D. C. 1988, S. 4 ff.

[201] Vgl. Republican National Convention, Republican Platform. An American Vision: For Our Children and Our Future, o. Ort 1988, S. 14 f.

zehnt nicht einfach zufriedenstellend gelöst worden. Das lag nicht nur an Interessenkonflikten, politischen Bewertungsunterschieden, Expertenstreit, sondern auch daran, dass der kalte Stern der Knappheit auch über Wohlfahrtsstaat und Wohlstandsgesellschaft leuchtet. Die Lage der öffentlichen Haushalte und der öffentlichen Finanzen in den USA war Ende der 1980er Jahre in hohem Maße defizitär. Die Schulden der Bundesregierung betrugen 1988 nahezu 2,8 Billionen US-Dollar und stiegen jeden Monat um etwa 12 Milliarden Dollar an. Es standen demzufolge den Tagesordnungspunkten einer expansiven Aufgabenpolitik gewichtige Merkposten einer kontraktiven Haushalts- und Finanzpolitik gegenüber, die vielen politischen Postulaten von vornherein die monetären Grundlagen entzogen. Überdies bleiben viele öffentliche Probleme Wohlfahrtsstaat und Wohlfahrtsgesellschaft des 21. Jahrhunderts erhalten. Sie mögen in neuen Gewändern auftreten. Im Kern sind der okzidentale Staat und seine Verwaltung aber in Gesundheitspolitik, Verkehrspolitik, Bildungspolitik usw. mit klassischen Herausforderungen von Moderne und Spätmoderne konfrontiert. Das macht die Agenda 1989 in den USA zu einem signifikanten Beispiel für die substantielle Breite und Expansion öffentlicher Aufgaben.

2. Kontraktive Aufgabenpolitik

Eine erklärt expansive – gleichermaßen über das „Gesetz der wachsenden Staatstätigkeit" hinausgreifende – Aufgabenpolitik hat ihre substantielle wie institutionelle Seite. Sieht man auf die Phase „sozial-liberaler Reformen" von 1969 bis 1974 in der Bundesrepublik Deutschland[202], dann ging es in der Sache darum, durch Reformen des Bildungswesens, im Sozialbereich, des Gesundheitswesens, des Arbeitslebens, bei der öffentlichen Infrastruktur usw. neue gesellschaftliche Qualitäten durch staatliche Aufgabenwahrnehmung zu schaffen. Dafür schienen die reaktiven Muster der Novellierung von Gesetzen, der Budgetierung im Jahreshorizont und der Planung von Maßnahmen unbefriedigend zu sein. Die neuen Inhalte der Politik bedurften einer neuen Art und Weise der Politik. Die „aktive Politik" fand ihre prozedurale Rationalität in der Aufgabenplanung, und zwar über die mittelfristige Finanzplanung, über die Ausweitung der zeitlichen Perspektive der Fachplanung, über die räumliche Entwicklungsplanung und schließlich über Ansätze einer integrierten Regierungsplanung[203].

---

[202] Vgl. Seibel, Wolfgang, Entbürokratisierung in der Bundesrepublik Deutschland, in: Die Verwaltung 1986, S. 137 ff.

[203] Vgl. zur Entwicklung der Planung Wagener, Frido, Öffentliche Planung in Bund und Ländern, in: Norbert Szyperski/Udo Winand (Hrsg.), Handwörterbuch der Planung, Stuttgart 1989, Sp. 1277 ff.; ferner Schatz, Heribert, Das politische Planungssystem des Bundes, in: Hans-Christian Pfohl/Bert Rürup (Hrsg.), Anwendungsprobleme moderner

Die 1980er Jahre waren demgegenüber eine Dekade der kontraktiven Aufgabenpolitik. Privatisierung und Deregulierung waren die politischen Stichworte. Die politische Idee des Staatsversagens und der ökonomische Zwang der Staatsverschuldung sind wichtige Gründe für diese Wende. In der Bundesrepublik Deutschland gab es bereits Mitte der 1970er Jahre angesichts der schwierigen Finanzlage, insbesondere in den Gemeinden, Bestrebungen, durch die Übertragung von Hilfsbetrieben auf den privaten Sektor die Haushalte zu entlasten. In die Privatisierungsdiskussion der Länder und Kommunen wurden Bereiche wie Altenheime, Krankenhäuser, Kindergärten, Abfallbeseitigung, Straßenreinigung, Verkehrsbetriebe, Museen, Theater, Bibliotheken einbezogen. Auf Bundesebene erklärte die 1982 ins Amt gekommene Regierung der christlich-liberalen Koalition: „Wir führen den Staat auf den Kern seiner Aufgaben zurück", und „Eine Wirtschaftsordnung ist umso erfolgreicher, je mehr sich der Staat zurückhält". Die 1980er Jahre sind deswegen ein signifikantes Beispiel dafür, kontraktive Aufgabenpolitik substantiell wie institutionell zu charakterisieren.[204]

Für die reformatorischen Konzepte der 1970er Jahre war es die mittelfristige Finanzplanung, von der man eine Rationalisierung der Aufgabenpolitik erwartete. Ihre Programmfunktion sollte über die bloßen fiskalischen Bedarfszahlen hinaus den Regierungsplan in Zahlen ausdrücken. Bei den kontraktiven Ansätzen der folgenden Dekade war es sodann die scharfe Schneide des Jahreshaushalts, der die Bestände der öffentlichen Aufgaben zuerst traf. Die Budgets standen unter dem Vorzeichen wachsender Staatsverschuldung. Die öffentlichen Einnahmen hatten mit den Ausgabensteigerungen nicht Schritt gehalten. Will man sich im Hinblick auf öffentliche Aufgaben einen Eindruck von den Belastungen des Bundes verschaffen, so war zu verzeichnen, dass die Zinslast 1970 mit 2,3 Mrd. DM den Ausgaben für Entwicklungshilfe, 1980 mit 14 Mrd. DM denen für Entwicklungshilfe, Wohnungsbau, Bildung und Wissenschaft und 1983 mit 28 Mrd. DM denen für Entwicklungshilfe, Wohnungsbau, Bildung und Wissenschaft, Forschung und Entwicklung sowie Wirtschaft entsprachen. Ähnliche Bilder ließen sich für die anderen Gebietskörperschaften zeichnen[205].

In dieser Situation ging es nicht mehr nur um einen von Finanzminister oder Kämmerer zu besorgenden angemessenen Haushaltsausgleich. Die Sanierung der öffentlichen Finanzen wurde zu einer Regierungspriorität. Dabei bestand über den Bund und parteipolitische Konfigurationen hinaus weitgehende Einigkeit darüber, dass es mit der Steigerung der öffentlichen Einnahmen nicht getan

---

Planungs- und Entscheidungstechniken, Königstein/Ts. 1979, S. 241 ff.; König, Klaus (Hrsg.), Koordination und integrierte Planung in den Staatskanzleien, Berlin 1976.

[204] Vgl. König, Klaus, Kritik öffentlicher Aufgaben, Baden-Baden 1989.

[205] Vgl. Bundesministerium der Finanzen (Hrsg.), Reihe: Berichte und Dokumentationen, Bundeshaushalt 1983, Haushaltsrede vom 10.11.1982, Bonn 1983, S. 12.

5. Kapitel: Öffentliche Aufgaben und Verwaltungsprogramme

war, vielmehr die öffentlichen Ausgaben zurückgenommen werden mussten. Diese politische Priorität wurde in einer für das Haushalts- und Finanzgebaren charakteristischen Weise ins Werk gesetzt, indem man nämlich Plafondierungen anstrebte. Durch einen bestimmten Prozentsatz sollte die Obergrenze jährlicher Ausgabenerhöhung festgelegt werden. Für den Bund nannte die Regierungserklärung 1983 nach 2,9 % in diesem Jahre in der Folge 2 %; weitere Planungen verzeichneten für 1985 bis 1987 3 % als maximale Steigerungsrate[206]. Nordrhein-Westfalen zum Beispiel unternahm es, ab 1981 die vom Finanzplanungsrat empfohlene Begrenzung des Ausgabenzuwachses auf 3 % einzuhalten[207].

Solche Obergrenzen für die Gesamterhöhung auf der Ausgabenseite wurden jedoch sodann nicht genauso pauschal – nach dem Gießkannenprinzip – auf die im Haushalt verzeichneten Institutionen und aus der Finanzplanung ersichtlichen Funktionen heruntergerechnet. Vielmehr erfolgte die Umsetzung – lässt man die Frage der Personalausgaben zunächst beiseite – aufgabenspezifisch. Äußerer Ausdruck dafür ist das haushaltsbegleitende Artikelgesetz, in dem bezogen auf ausgabenwirksame Fachgesetze einzelne Vorschriften verändert oder aufgehoben werden. Es wurde die Streichung bzw. der Abbau bestimmter öffentlicher Aufgaben vorgenommen. Davon waren insbesondere Sozialleistungen betroffen. Will man eine solche aufgabenkritische Vorgehensweise für den Bund belegen, so sind die Beispiele des Jahres 1983 signifikant: Wegfall der Kinderbetreuungskosten – Entlastungen des Bundes um 684 Mio. DM, der Länder um 702 Mio. DM, der Gemeinden um 224 Mio. DM –, Neufestsetzung des Steigerungssatzes der Regelsätze für die Hilfe zum Lebensunterhalt bei der Sozialhilfe – Entlastung insbesondere der Gemeinden –, einkommensabhängige Reduzierung der Kindergeldsätze – Entlastung des Bundes um 980 Mio. DM –, Einschränkung der Schülerförderung, Umstellung der Studentenförderung auf Darlehen, Reduzierungen in den Bereichen der Sozialversicherung usw. bis hin zur Änderung der Sprachförderung für Ausländer, Asylberechtigte und Kontingentflüchtlinge – Entlastung für den Bund 100 Mio. DM –[208]. Solche aufgabenkritischen Eingriffe lassen sich für weitere Bundeshaushalte – Altershilfe, Arbeitsförderung, Beförderung Schwerbehinderter usw. – wie für die Haushalte

---

[206] Vgl. Bundesministerium der Finanzen (Hrsg.), Reihe: Berichte und Dokumentationen, Bundeshaushalt 1984, Haushaltsrede vom 7.9.1983, Bonn 1984, S. 10.

[207] Vgl. Landtag Nordrhein-Westfalen, Plenarprotokoll 10/67 vom 18.12.1987, S. 5942 (B).

[208] Vgl. Bundesministerium der Finanzen, Reihe: Berichte und Dokumentationen, Bundeshaushalt 1983, Haushaltsrede vom 10.11.1982, Bonn 1983, S. 52 ff.

der Länder – Sportstättenbau, Schulwesen, Kindergärten, Wohnbauförderung usw. – feststellen[209].

Betrachtet man einen politisch-administrativen Prozess, an dessen Anfang die Haushaltskonsolidierung und an dessen Ende Wegfall und Abbau spezifischer öffentlicher Aufgaben steht, dann bietet er Anschauungsmaterial zur „rationality of more than one"[210]. Öffentliche Entscheidung unter den Voraussetzungen des „rationalen Staats" und seiner Verwaltung bedeutet Herausverlagerung der Auswahl zwischen Handlungsalternativen in die Kommunikation. Auch die Finanznot dispensiert nicht von rechtlichen Begründungspflichten und politischen Begründungszwängen. In der hoch arbeitsteiligen Regierungsorganisation kommt es dann zu einer entsprechenden Verteilung der Begründungslast. Zuerst kommen diejenigen Instanzen zum Zuge, die für die öffentlichen Finanzen zuständig sind. Sie bringen die Sanierungszwänge ins Spiel, halten die Auseinandersetzung über betroffene Aufgabenbereiche kurz und verschanzen sich hinter Obergrenzen des Ausgabenzuwachses. Sie legen einen Haushaltsentwurf vor, der aus der Sicht der Bedarfsdeckungsfunktion ein vernünftiges Zahlenwerk darstellt. Die finanzpolitischen Imperative stehen.

Liegen die Pläne der Regierung auf dem Tisch, steigt die Flut der Interventionen organisierter und weniger organisierter Interessen einschließlich ihrer parteipolitischen Repräsentanten. Der Platz ist nun jenen Instanzen überlassen, die für die jeweiligen öffentlichen Angelegenheiten zuständig sind. Der für Bildung oder Soziales oder Familie Zuständige kann sich nach unseren politisch-kulturellen Prämissen der Diskussion in der Sache nicht entziehen. Insbesondere einer den Regierungsparteien nahestehenden Klientel kann die angemessene Würdigung ihrer Gründe nicht verweigert werden. In manchen Politikfeldern erweist sich sodann, wie schwierig es ist, eine spezifisch aufgabenkritische Begründung zu geben, etwa nach der Maßgabe, die einschlägige öffentliche Aufgabe sei überholt und man passe sich nur an die veränderten Umweltbedingungen an. Streichungen zum Beispiel bei der Ausbildungsförderung für Studenten, bei der Sprachförderung für Asylberechtigte, bei der unentgeltlichen Beförderung Schwerbehinderter bleiben in der Sache problematisch.

Fällt die aufgabenkritische Auseinandersetzung der Regierungszentrale jenseits der Vertretung von Ressortbelangen zu, dann zeigt sich, wie sie in solchen Fällen mit finanzpolitischen Gründen und am Ende mit der Argumentation vollendeter Tatsachen bestritten werden muss. Aufgabenpolitisch betrachtet, eignet den einschlägigen Entscheidungen ein dezisionistisches Moment. Von

---

[209] Vgl. Patzig, Werner/Schlick, Manfred, Die Haushalte der Flächenländer unter Konsolidierungszwang, Institut „Finanzen und Steuern", Nr. 262, Bonn 1986, S. 109 ff.

[210] Vgl. König, Klaus, Erkenntnisinteressen der Verwaltungswissenschaft, Berlin 1970, S. 247 ff.

hier aus sind Zweifel angebracht, ob über die Konsolidierung jeweiliger Haushalte hinaus die mittelfristige Finanzplanung ein geeigneter Ansatz für die praktische Aufgabenkritik ist[211]. Sie bringt mehr als der Jahreshaushalt die Programmfunktion zum Ausdruck. Sie kann weniger als kurzfristiges Handeln einfach die akuten Zwänge zur Geltung bringen. Die mehrjährige Vorankündigung von Aufgabenwegfall und Aufgabenabbau durch eine Finanzplanung ermöglicht, sich entsprechend auf die argumentativen Schwächen solcher Prozesse einzustellen und politische Widerstände zu mobilisieren. Die budgetären Entscheidungen erlauben es eher, finanzpolitische Imperative kurzerhand weiterzureichen und die Aufgabenpolitik auch zu dezisionistischen Vorgehensweisen zu bringen.

So wenig die Reformpolitik der 1970er Jahre auf eine mancherorts anzutreffende Planungseuphorie zurückgeführt werden kann, sowenig lässt sich die praktische Aufgabenkritik auf einen politischen Dezisionismus verkürzen. Zweifel an der „planenden Vernunft" bedeuten nicht, dass der Rationalitätsanspruch gegenüber Staats- und Verwaltungsgeschäften aufgegeben ist. Vielmehr ist er in seinen Beschränkungen zu verstehen. Zugleich ist er breiter, als es in der Zweck-Mittel-Rationalität zum Ausdruck kommt. Zur Rationalität des Rechtsstaats gehört auch der vernunftrechtliche Anspruch an das an Verfassung, Gesetz und Recht gebundene öffentliche Handeln. Finalität und Konditionalität der Aufgabenpolitik werden deutlich, wenn wir uns der Vermögensprivatisierung als einem Stück mehr strategisch angelegten Handelns zuwenden.

Unter Vermögensprivatisierung verstehen wir jenen Transfer in private Hand, bei dem Ansatzpunkt öffentliche Unternehmen und Beteiligungen sind. Ein signifikantes Beispiel für die Vermögensprivatisierung in ihrer aufgabenkritischen Relevanz sind jene Privatisierungen von Bundesbeteiligungen, die auf der Grundlage des Gesamtkonzepts für die Privatisierungs- und Beteiligungspolitik des Bundes erfolgt sind. Dieses vom Bundeskabinett 1985 gebilligte Konzept enthält mehrere Elemente[212]. Ein wichtiger Gesichtspunkt ist die Reorganisation von Bundesunternehmen, die sich in einer Verlustzone befinden, mit dem Ziel der nachhaltigen Konsolidierung und damit des Abbaus von Belastungen für den Haushalt. Ein weiteres Augenmerk richtet sich auf die Beteiligungspolitik im mittelbaren Bereich. Den Führungen der unmittelbaren Bundesunternehmen wurde größere Zurückhaltung beim Beteiligungserwerb im mittelbaren Bereich nahe gelegt. Es sollte verhindert werden, dass Bundes-

---

[211] Vgl. Rürup, Bert/Färber, Gisela, Konzeptioneller Wandel von integrierten Aufgaben- und Finanzplanungssystemen, in: Hans-Ulrich Derlien (Hrsg.), Programmforschung unter den Bedingungen der Konsolidierungspolitik, München 1985, S. 17 ff.
[212] Vgl. Bundesminister der Finanzen, Gesamtkonzept für die Privatisierungs- und Beteiligungspolitik des Bundes, dokumentiert in: Zeitschrift für öffentliche und gemeinwirtschaftliche Unternehmen 1985, S. 203 ff.

unternehmen und auch ihre Tochtergesellschaften durch Zuerwerb expandieren, während die Bundespolitik in die andere Richtung geht.

Zur Privatisierung durch den Bund selbst hält das Gesamtkonzept fest, dass Veräußerungen an Private grundsätzlich anzustreben seien, wenn die Überprüfung ergebe, dass das Bundesinteresse die bisherige Beteiligung nicht mehr rechtfertige. Ist die Beteiligung noch nicht privatisierungsfähig – z. B. wegen fehlender Rendite –, dann sollen die Vorraussetzungen für die Privatisierung geschaffen werden. Auch in den Fällen, bei denen ein wichtiges Bundesinteresse an einer weiteren Beteiligung belegt ist, soll geprüft werden, ob sie weiterhin in der bisherigen Höhe erforderlich ist oder ob sie auf niedrigere Beteiligungsstufen zurückgeführt werden kann. Darüber hinaus ist zu prüfen, ob in Fällen, bei denen eine unveränderte Beteiligung des Bundes für erforderlich gehalten wird, nicht wenigstens Unternehmensteile für eine Privatisierung geeignet sind. Bei der Durchführung der Privatisierung wird davon ausgegangen, dass die Verringerung von Beteiligungen bei größeren Unternehmen in der Regel nur in Teilschritten erfolgen kann, um die Anpassung der Unternehmensorganisation an die neue Zusammensetzung der Gesellschafter zu erleichtern. Dieses Gesamtkonzept wurde in der vorgesehenen Weise umgesetzt. Ende 1988 ergab eine Bilanz der Privatisierungen, dass seit 1982 die Zahl der unmittelbaren und mittelbaren Beteiligungen des Bundes von 808 auf 239 zurückgegangen war, nachdem sie zwischen 1970 und 1982 von 596 auf 808 gestiegen war. Betrug der Außenumsatz der Industrieunternehmen mit Bundesbeteiligung 1982 noch 110 Milliarden DM, so waren es Ende 1987 noch 14,1 Milliarden DM.

Vermögensprivatisierungen veranlassen zu vielfältigen sozialen, politischen, ökonomischen Fragen. Unter dem Vorzeichen der Aufgabenkritik sind drei Begründungszusammenhänge zu unterscheiden: erstens der des Privatisierungsprogramms, zweitens der der Privatisierung des jeweiligen Einzelvermögens und drittens der der politisch-ökonomischen Funktionen zu privatisierender Unternehmen in ihrer sozialen Umwelt[213]. Die Privatisierungen des Bundesvermögens von 1983 bis 1988 erfolgten nicht punktuell-dezisionistisch, sondern aufgrund einer Programmatik. Das Gesamtkonzept für die Privatisierungs- und Beteiligungspolitik des Bundes nimmt zu Beginn auf einen Leitgedanken der Regierungspolitik der christlich-liberalen Koalition Bezug, nämlich den Staat auf den Kern seiner Aufgaben zurückzuführen. Es wird auf die Regierungserklärung des Bundeskanzlers vom 4. Mai 1983 verwiesen, in der es heißt: „eine Wirtschaftsordnung ist umso erfolgreicher, je mehr sich der Staat zurückhält und dem einzelnen seine Freiheit lässt" und „Wir wollen nicht mehr Staat, sondern weniger".

---

[213] Vgl. König, Klaus, Entwicklungen der Privatisierung in der Bundesrepublik Deutschland – Probleme, Stand, Ausblick –, in: Verwaltungsarchiv 1988, S. 241 ff.

5. Kapitel: Öffentliche Aufgaben und Verwaltungsprogramme

Damit werden Vermögensprivatisierungen in den 1980er Jahren Teil der umfassenden Frage, welche Güter und Dienste von Staats wegen zu erbringen sind. Zwar ist auch die Vermögensbildung bei breiten Bevölkerungsschichten gefördert worden. Auch wurden die Privatisierungserlöse in das Budget eingerechnet. Aber das berührte den Grundgedanken nicht, überall da, wo es möglich war, privates Eigentum an die Stelle des staatlichen treten zu lassen, wie auch die Erzielung alljährlicher Dividendeneinnahmen nicht über das Privatisierungskonzept gestellt wurde. Während so auf der Ebene des Privatisierungsprogramms der allgemeinen Linie der Begrenzung öffentlicher Leistungen, der Senkung des Staatsanteils, der Zurückführung öffentlicher Aufgaben gefolgt wurde, ist das aufgabenkritische Profil der einzelnen Privatisierungsmaßnahmen oft weniger deutlich. Man müsste sich eigentlich mit den von den Unternehmen mit Bundesbeteiligung produzierten Gütern und Dienstleistungen auseinandersetzen und deren öffentlichen bzw. privaten Charakter erörtern. Eine solche Diskussion schien es in der damaligen politisch-ökonomischen Situation in Sparten wie Braunkohle, Mineralöl, Chemie, Gas, Aluminium, Elektrizität, Kraftwagen usw. einer Vertiefung nicht zu bedürfen. So sind es die Bundesländer, bei denen besonders deutlich wird, dass die öffentliche Aufgabenpolitik über die Privatisierungsprogrammatik und die vom jeweils zu privatisierenden Unternehmen produzierten Güter und Dienste hinaus noch auf die politisch-ökonomische Funktion in der sozialen Umwelt zu beziehen ist.[214] Privatisierungen müssen mit der Beschäftigungspolitik, der industriellen Strukturpolitik, der regionalen Wirtschaftspolitik usw. zum Ausgleich gebracht werden.

Aufgabenprivatisierung unterscheidet sich von der Vermögensprivatisierung dadurch, dass sie nicht bei Eigentums- und Inhaberschaftsrechten, sondern bei der öffentlichen Aufgabe selbst ansetzt. Zwar geht es auch um Einrichtungen wie Schlachthöfe, Bahnbetriebe, Wasserwerke usw. mit Grundstücken, Gebäuden, Maschinen. Die kritische Auseinandersetzung knüpft indessen unmittelbar bei der Erstellung von bestimmten Gütern und Dienstleistungen an und behandelt zugehörige technische Einheiten eher als Folgeproblem. Öffentliche Aufgaben sind vielfältig Komplexe politisch-administrativer Aktivitäten, die durch gesetzliche und planmäßige Vorgaben zusammengehalten werden sowie Sinn und Zweck erhalten. In ihnen verbinden sich, ob es um den öffentlichen Personentransport oder die Abfallbeseitigung oder den Straßenverkehr geht, mannigfache Akte der Rechtsetzung, Planung, Einzelfallentscheidung, Vollziehung bis hin zum Bustransport, zur Mülldeponierung, zur Wartung von Verkehrsanlagen. Öffentliche Aufgaben sind entsprechend in einer vielschichtigen Organisa-

---

[214] Vgl. Brede, Helmut/Hoppe, Ulrich, Outline of the Present Status of the Privatization Debate in the Federal German Republic, in: Theo Thiemeyer/Guy Quaden (Hrsg.), The Privatization of Public Enterprises: A European Debate, Lüttich 1986, S. 69 ff.

tion der Staats- und Selbstverwaltung abgebildet bis hin in ein Vorfeld verselbständigter Verwaltungseinheiten auch privatrechtlicher Organisationsformen[215].

Die Komplexität öffentlicher Aufgaben weist darauf hin, dass mit der Aufgabenprivatisierung von Staat und Verwaltung her allenfalls bestimmte Auszüge aus der Bündelung gesollter Aktivitäten in den Privatsektor transferiert werden können. Die private Wartung von Ampelanlagen macht die öffentliche Verkehrslenkung, der privatisierte Kindergarten nicht die öffentliche Kindergartenplanung obsolet. Viele Gemeinden, insbesondere kleine, haben das Einsammeln von Müll, Kreise zum Teil auch den Betrieb von Deponien auf private Unternehmer übertragen. Damit werden aber weder die Abfallgesetze der Länder noch die dort den Kommunen auferlegten Pflichten zur Abfallbeseitigung hinfällig. Oft werden so eng definierte Teilaufgaben, Teilfunktionen, Teilarbeiten bei der Erledigung öffentlicher Angelegenheiten auf den privaten Sektor transferiert. Dazu gehören Leistungen der Planung, Beratung, Wartung, Instandhaltung usw. Über Teilarbeiten hinausgehende Privatisierungen öffentlicher Aufgaben greifen auf jene Implementationsphase eines Aktivitätenkontinuums zwischen Aufgabenformulierung und Aufgabenvollzug zu, in dem die konkreten Güter und Dienste Publikum und Klientel vermittelt werden, also Müllbeseitigung, Behindertentransport, Reinigungs- und Streudienste, Rettungsdienste usw.

Die für den Föderalismus und die lokale Selbstverwaltung der Bundesrepublik maßgebliche Arbeitsteilung führt dazu, dass Aufgabenprivatisierung vor allem ein Problem der Kommunen und der Länder ist. Auf Landesebene kam es vor, dass von der parteipolitisch geprägten Kritik der Staatstätigkeit her Konzepte und Programme der Aufgabenkritik entwickelt und vollzogen wurden. Ein gewisser süddeutscher Etatismus und Regionalprobleme in anderen Ländern standen indessen einer politischen Polarisierung und scharfen Profilbildungen in dieser Frage entgegen. Eine Vielfalt von Einflussfaktoren ist auf lokaler Ebene in Rechnung zu stellen. Nach der politischen Kultur einer kommunalen Selbstverwaltung geht es nicht um eine „Contracting out-city", in deren Rathaus nur noch einige Vertragsjuristen und Informationsfachleute sitzen, sondern um einen Platz sozialer Integration. Die zur Disposition stehenden Güter und Dienste sind nicht selten überlieferte Symbole politischer Existenzberechtigung. Der Gedanke der Selbstverwaltung führt dazu, dass oft ein breiter parteipolitischer Konsens gesucht wird. Die Verflechtung lokaler Interessen steht gegen die Konsequenzen einer Ordnungspolitik. Unter solchen Umstän-

---

[215] Vgl. Schuppert, Gunnar Folke, Die Erfüllung öffentlicher Aufgaben durch verselbständigte Verwaltungseinheiten, Göttingen 1981; ferner Hood, Christopher/ Schuppert, Gunnar Folke, Delivering Public Services in Western Europe, London u. a. 1988.

den fällt die politisch-ökonomische Grundrichtung in Fragen der Aufgabenprivatisierung, wenn sie nicht einfach ablehnender Art ist, schwer.

Es bleibt die schwierige Finanzlage bei gewachsenen wohlfahrtsstaatlichen Bürden. Die kommunalen Haushalte müssen entlastet werden. Haushalts- und Finanzpolitik zwingen zum aufgabenkritischen Handeln[216]. In der Sache selbst entstehen eher defensive Konzepte zur Arbeitsteilung zwischen öffentlichem und privatem Sektor. So besteht Zurückhaltung in Verwaltungsbereichen der öffentlichen Sicherheit und Ordnung, der Gefahrenabwehr, des Eingriffs in Rechte der Bürger, wenn es auch traditionell Möglichkeiten gibt, Private in bestimmten Fällen im Hoheitsbereich einzusetzen, und es überdies ein breites Vorfeld gibt, in dem der Sachverstand von Privaten genutzt werden kann – was von den Interessenorganisationen der freien Berufe gefordert wird. In Bereichen wie Krankenhäuser, Pflegeheime, Altersheime besteht eine deutliche Präferenz für den Dritten Sektor und seine nicht-profitorientierten Träger, obwohl privatwirtschaftliche Interessen an der Übernahme solcher Einrichtungen vorhanden sind. Für andere Tätigkeitsfelder sieht man keine ökonomischen Möglichkeiten der Privatisierung, soll das gewünschte breite und pluralistische Angebot aufrechterhalten bleiben. Das gilt insbesondere für kulturelle Einrichtungen wie Museen, Theater, Bibliotheken[217].

Insgesamt können sich Kreise, Städte, Gemeinden nur bestimmter ihrer bisherigen kommunalen Aktivitäten ohne rechtliche und politische Rücksicherungs- oder Rücknahmepflicht entledigen, wie etwa bei der Privatisierung von Stadthallen, Markteinrichtungen, Viehhöfen. Meist kann nur ein als Durchführung gekennzeichneter Abschnitt einer Aufgabe auf Private übertragen werden. Mannigfache öffentliche Verantwortungen, rechtliche Verpflichtungen und finanzielle Folgen bleiben in Aufgabenbereichen des Verkehrswesens, der Entsorgung, der sozialen Aufgaben für die öffentliche Verwaltung bestehen. Administrativ bedeutet das, dass die öffentlichen Aufgabenträger mit zusätzlichem Koordinationsaufwand belastet werden, in dem dann die Vorteile der Privatisierung nicht verloren gehen dürfen.

Solche Sachüberlegungen verhindern dann freilich, dass sich die Dominanz der Haushalts- und Finanzpolitik in einem bloßen aufgabenkritischen Dezisionismus niederschlägt. Vielmehr kommt es zu inkrementalen Formen des öffent-

---

[216] Vgl. Institut „Finanzen und Steuern" (Hrsg.), Ziele und Möglichkeiten der Privatisierung auf kommunaler Ebene, Brief Nr. 255, Bonn 1986, S. 31.
[217] Vgl. Deutscher Städtetag (Hrsg.), Möglichkeiten der Privatisierung öffentlicher Aufgaben, Reihe A, DST-Beiträge zur Kommunalpolitik 7, 2. Aufl., Köln 1986, S. 34 ff.; Pappermann, Ernst, Zur aktuellen Situation der städtischen Kulturpolitik, in: Der Städtetag 1985, S. 174 ff.

lichen Entscheidungsprozesses[218]. Am Beginn der kontraktiven Aufgabenpolitik steht keine Gesamtkonzeption, sondern das nach der jeweiligen lokalen Situation als am drängendsten begriffene Teilproblem, sei es der Straßendienst, die Müllabfuhr oder der Kulturbereich. Man orientiert sich am Ausgangszustand und daran, was an inkrementalen Veränderungen jeweils erreicht werden kann. Davon ausgehend kommt nur eine beschränkte Anzahl von Handlungsalternativen ins Blickfeld. Die Konsequenzen der einzelnen Handlungsalternativen werden nur begrenzt betrachtet, so dass im einzelnen Privatisierungsfall durchaus offen bleiben kann, ob die Rechnung finanzieller Entlastung aufgeht. Handlungsziele wie Handlungsmöglichkeiten stehen in Wechselbeziehung und ändern sich mit Zeitablauf, wobei man das Anspruchsniveau zu senken pflegt. Es lässt sich beobachten, wie die zuständigen Stellen vielfach wiederholt mit der Sache befasst sind und jeweils in der Bindung an den Status quo Analyse- und Bewertungsvorgänge erneut durchführen. Die am Prozess beteiligten Entscheidungsträger bringen in wechselseitiger Abhängigkeit Ansprüche, Analysen, Bewertungen, Maßnahmevorschläge ein. Die Fragen des Machbaren verdrängen die des Wünschbaren, bis ein Kompromiss gefunden worden ist.

Für die Ergebnisse eines solchen inkrementalen Entscheidens bei der Aufgabenkritik ist eine Umfrage instruktiv, die der Deutsche Städtetag – ein freiwilliger, teils mittelbarer Zusammenschluss von ca. 500 deutschen Städten – unter seinen Mitgliedern zur Privatisierung bisher von den Gemeinden wahrgenommener öffentlicher Aufgaben durchgeführt hat[219]. Bei einer Gesamtbeteiligung von 265 Mitgliedstädten und einer repräsentativen Beteiligung auch innerhalb der verschiedenen Größenklassen der Städte liegt aussagekräftiges Material zu diesem Bereich sowohl in qualitativer – Aufgabenarten – wie quantitativer – Anzahl der Nennungen in Klammern beigefügt – Hinsicht vor. Aus dem Verkehrswesen werden als Privatisierungen genannt: die Wartung von Verkehrssignalanlagen (40), die Wartung der Straßenbeleuchtung (14), die Unterhaltung von Straßen, Wegen, Plätzen (7), der Straßen- und Winterdienst (23), die Straßenreinigung (28), der Betrieb von Parkeinrichtungen (26), die öffentliche Personenbeförderung (14) und sonstiges. Im Bereich von Versorgung und Entsorgung wurde folgendes aus dem kommunalen Sektor herausgegeben: die Stromversorgung (6), die Gasversorgung (7), die Wasserversorgung (9), die Müll- und Sperrmüllabfuhr (41), die Abfall- und Müllbeseitigung (32), die Abwasserbeseitigung (40) und weiteres. Auf dem Gebiete der Grünflächen und des Friedhofs- und Bestattungswesens werden Grünflächen- und Baumpflege (50),

---

[218] Vgl. Lindblom, Charles E., Still muddling, not yet through, in: Public Administration Review 1979, S. 517 ff.

[219] Vgl. Deutscher Städtetag (Hrsg.), Möglichkeiten der Privatisierung öffentlicher Aufgaben, Reihe A, DST-Beiträge zur Kommunalpolitik, 2. Aufl., Köln 1986; ferner Mittelstandsinstitut Niedersachsen e. V. (Hrsg.), Privatisierungsbilanz, Hannover 1983.

Friedhofsarbeiten (17), Bestattungsarbeiten (38) und sonstiges durch Private durchgeführt. Beim Planungs-, Vermessungs- und Bauwesen wurden Arbeiten der Stadtplanung (67), Vermessungsarbeiten (23) und Arbeiten des Bauwesens (75) an Private vergeben. Des Weiteren wurden Einrichtungen des Kultur-, Freizeit- und Bildungsbereichs (63), des Gesundheitswesens (16) und des Jugend- und Sozialwesens (46) aus dem öffentlichen Sektor herausverlagert. Schließlich werden unter den Privatisierungen noch städtische Betriebe genannt, nämlich Stadtwerke (12), Viehhöfe (8), Schlachthöfe (49), Hafen- und Bahnbetriebe (6), Markteinrichtungen (4), Stadthallen, Gaststätten, Kur- und Fremdenverkehrseinrichtungen (32) und weiteres.

Öffentliche Aufgaben, die im „arbeitenden Staat" sodann regelmäßig auch Verwaltungsaufgaben sind, werden nach der kontinentaleuropäischen und insbesondere deutschen Tradition in erster Linie durch das Medium des Rechts festgelegt. Dieses findet seinen Ausdruck in legistischen Formen, in denen über die inhaltliche Richtigkeit des Verwaltungshandelns bestimmt wird. Seit 1978 sind in Bund und Ländern Kommissionen eingesetzt worden, die unter Bezeichnungen wie „Rechts- und Verwaltungsvereinfachung", „Bürgernähe in der Verwaltung", „Abbau von Staatsaufgaben und Verwaltungsvereinfachung", „Normprüfung", „Verwaltungsreform", sich jenen Themen widmeten, die von einer wachsenden Bürokratiekritik umfasst worden waren. Die Auseinandersetzung mit den öffentlichen Aufgaben wurde einigen Kommissionen erklärtermaßen als Auftrag gegeben, so in Baden-Württemberg: Abbau und Delegationen von Verwaltungsaufgaben, in Bayern: Abbau von Aufgaben, in Hessen: Aufgabenverlagerung. Insbesondere wurden Rechtsvereinfachung und Rechtsvereinigung zu Arbeitsschwerpunkten erhoben[220]. Damit wurde bei einem Hauptkritikpunkt moderner Bürokratisierungen angeknüpft, nämlich bei der wohlfahrtsstaatlichen Überregulierung, der Flut von Gesetzen und Verordnungen, dem Regelungsperfektionismus und der doch zweifelhaften sozialen Treffsicherheit der Rechtsvorschriften[221].

Die Kommission zur Gesetzes- und Verwaltungsvereinfachung des Landes Nordrhein-Westfalen hat die in den Ländern bis 1983 erarbeiteten Vorschläge auf diesem Gebiete zusammengestellt und nach Maßnahmearten – Rechtsbereinigung, Zuständigkeitsverlagerung, Verfahrensvereinfachung usw. – bewertet. Von damals etwa 540 Einzelvorschlägen hat sie etwa 100 als Abbau von

---

[220] Vgl. Hesse, Joachim Jens, Zum Stand der Verwaltungsvereinfachung bei Bund und Ländern, in: Die Öffentliche Verwaltung 1987, S. 474 ff.

[221] Vgl. König, Klaus, Evaluation als Kontrolle der Gesetzgebung, in: Waldemar Schreckenberger/Klaus König/Wolfgang Zeh (Hrsg.), Gesetzgebungslehre, Stuttgart u. a. 1986, S. 96 ff.; Müller, Erika/Nuding, Wolfgang, Gesetzgebung – „Flut" oder „Ebbe"?, in: Politische Vierteljahresschrift 1984, S. 74 ff.; Schreckenberger, Waldemar, Eindämmung der Gesetzesflut und bürgerfreundliche Verwaltung, in: Gemeinde- und Städtebund Rheinland-Pfalz, Mainz 1979, S. 135 ff.

Staatsaufgaben gekennzeichnet. Sie reichen vom Apothekenwesen bis zum Baurecht, vom Recht der Ordnungswidrigkeiten bis zur Energiewirtschaft, vom Recht der öffentlichen Abgaben bis zum Personenstandswesen[222]. Mithin zeigt sich, dass über eine Rechtsbereinigung im engeren Sinne hinaus in das materielle Recht und die von ihm bestimmten Aufgaben eingegriffen wurde. Man hat es nicht bei der Entrümpelung irrelevanter Normenbestände bewenden lassen. Bei Aktionen der Rechtsvereinfachung und Rechtsbereinigung signalisieren Interventionen von Interessenverbänden schnell und oft, dass man eben auf materielle Belange gestoßen ist.

Ein Beispiel für Aufgabenkritik bietet die Diskussion zum Kindergartengesetz in Nordrhein-Westfalen. Die dortige Kommission hatte 1982 vorgeschlagen, das Kindergartengesetz ersatzlos aufzuheben, und zwar mit der Begründung, die einschlägigen Standards seien allgemein geklärt, staatliche Aufsicht sei nicht erforderlich, die verbleibenden Aufgaben könnten gemeindlich bewältigt werden. Das Gesetz entspreche nicht einem Bedürfnis nach materieller Regelung eines wichtigen Aufgabengebietes, sondern schaffe lediglich Finanzvoraussetzungen mit erheblichem bürokratischem Aufwand. Der Ministerpräsident hielt dieses Gesetz mit dem Hinweis, dass die meisten Kindergärten von freien Trägern betrieben würden, weiterhin für erforderlich. Das Kindergartengesetz beschreibe einen wichtigen pädagogischen und sozialen Auftrag. Seine Streichung würde Qualität und Umfang des Bildungsangebotes der Kindergärten gefährden[223]. Hieran zeigt sich, welche Kontroversen ausgelöst werden, wenn die öffentliche Aufgabe direkt zur Diskussion steht. Im Rahmen der Rechtsvereinfachung wurde dieses Thema demgegenüber weitgehend mediatisiert. Die Frage eines pflegsamen Umgangs mit Gesetz und Recht rückte in den Vordergrund. Kontraktive Aufgabenpolitik wurde in mittelbarem Zugriff betrieben.

Neben den Arbeitsgruppen, die mit der Rechtsvereinfachung befasst waren, wurde 1987 auf Bundesebene eine „Unabhängige Expertenkommission zum Abbau marktwidriger Regulierungen (Deregulierungskommission)" eingesetzt[224]. Öffentliche Regulierung kennzeichnet in den Vereinigten Staaten von Amerika eine traditionelle Form staatlicher Steuerung von wettbewerbspolitischen Ausnahmebereichen. Da aber der Staat mit zahlreichen Gesetzen und Vorschriften etwa zum Arbeitsschutz, zum Schutze der Umwelt, zum Konsu-

---

[222] Vgl. Kommission zur Gesetzes- und Verwaltungsvereinfachung, Gesetzes- und Verwaltungsvereinfachung in Nordrhein-Westfalen, Bericht und Vorschläge, Köln 1983, S. 342; ferner Ellwein, Thomas, Gesetzes- und Verwaltungsvereinfachung in Nordrhein-Westfalen, in: Deutsches Verwaltungsblatt 1984, S. 255 ff.

[223] Vgl. Kommission zur Gesetzes- und Verwaltungsvereinfachung, Gesetzes- und Verwaltungsvereinfachung in Nordrhein-Westfalen, Bericht und Vorschläge, Köln 1983, S. 234 ff.

[224] Vgl. Bundesministerium für Wirtschaft (Hrsg.), Tagesnachrichten Nr. 9168 vom 22.12.1987, S. 2 und Nr. 9205 vom 14.03.1988, S. 1.

mentenschutz, zum Schutze der Verkehrssicherheit usw. immer tiefer in Marktprozesse und unternehmerisches Handeln eingreift, ist der Regulierungsbegriff entsprechend ausgeweitet worden[225]. Demgemäß geht es nicht nur um Investitionskontrollen, Preisregulierungen, Mengenfeststellungen, sondern weiter um Standardisierungszwänge und Qualitätsvorgaben, dann aber um Unfallverhütungsvorschriften, Bauordnungsrecht, Umweltschutzauflagen usw. Deregulierung bedeutet sodann Abbau staatlicher Eingriffe in Märkte und Unternehmen. Insbesondere bei stark regulierten Märkten wie Verkehrsmärkten, Versicherungsmärkten, Wohnungsmärkten soll das Niveau staatlicher Interventionen gesenkt werden.

Die Bundesregierung ging bei ihrem Beschluss vom 16. Dezember 1987 zur Einsetzung der Deregulierungskommission davon aus, dass nur noch rund die Hälfte der Wirtschaft im unverfälschten Wettbewerb steht und dass zwar auch in einer Marktwirtschaft Gebote und Verbote erforderlich sind, staatliche Reglementierungen aber zur Verzerrung der Marktergebnisse mit negativen Folgen für Unternehmen, Verbraucher, Arbeitnehmer und letztlich die gesamte Volkswirtschaft führen können. Die Kommission sollte die volkswirtschaftlichen Kosten bestehender Marktregulierungen transparent machen, die gesamtwirtschaftlichen Wirkungen des Abbaus von Markteingriffen abwägen, konkrete Vorschläge für den Abbau von Marktzutritts- und Marktaustrittsbeschränkungen sowie von Preis- und Mengenregulierungen unterbreiten, Vorschläge erarbeiten, die die Flexibilität der Wirtschaft und die Wachstums- und Beschäftigungsperspektiven verbessern.

In der Bundesrepublik wurden Maßnahmen der Deregulierung in verschiedenen Verfahrenszusammenhängen und in verschiedenen Politikfeldern durchgeführt. Dazu gehören Eingriffe im Bereich der Wirtschaft – Reisegewerbe, Handwerk, Außenwirtschaft, Kraftfahrtversicherung –, im Bereich der Ernährung – Margarinegesetz, Butterverordnung, Pflanzenschutzgesetz –, im Bereich der Arbeit – Jugendarbeitsschutzgesetz, Arbeitszeitgesetz, Schwerbehindertengesetz –, im Bereich der Gesundheit – Lebensmittelrecht, Fleischhygieneverordnung, Arzneimittelrecht –, im Bereich des Verkehrs – Güterkraftverkehr, Binnenschifffahrt usw.[226] Ein augenfälliges Beispiel für die konfligierenden Interessen war dabei die Diskussion zur Änderung des Ladenschlussgesetzes mit der Einführung eines Dienstleistungsabends. Die Argumente für und gegen eine Erweiterung der Öffnungszeiten machen deutlich, dass im Grunde über öffentliche Aufgaben gestritten wird. Für die einen geht es um die Minderung des Arbeitsschutzes, die Ungleichbehandlung von Arbeitnehmern, die Begünsti-

---

[225] Vgl. Kaufer, Erich, Theorie der Öffentlichen Regulierung, München 1981, S. V.
[226] Vgl. Bundesminister des Innern (Hrsg.), Erster Bericht zur Rechts- und Verwaltungsvereinfachung, Bonn 1985, S. 23 ff.

gung von Konzentrationsprozessen im Einzelhandel usw.[227]. Umgekehrt gehen die anderen davon aus, dass sich der Staat insoweit aufgabenkritisch aus der Festlegung von Nachfrage- und Angebotsverhalten heraushalten sollte, weil Wettbewerbsfreiheit und Konsumentensouveränität die für beide Marktseiten beste Zeiteinteilung für das Einkaufen herausfinden würden[228].

Das Thema der Deregulierung ist mit den 1980er Jahren nicht zu einem Ende gekommen. Im Grunde stellen sich Fragen von Regelungsabbau und umgekehrt „Re-regulation" – etwa im Telekommunikationsbereich – immer neu. Auch über andere Vermittlungen wie Neusubventionierung bzw. Subventionsabbau – etwa Kohlebergbau – oder Personalausweitung bzw. Personalabbau – etwa Schule – lässt sich das Auf und Ab expansiver und kontraktiver Aufgabenpolitik charakterisieren. Sieht man im „Gesetz der wachsenden Staatstätigkeit" die Entwicklungsrichtung des modernen Wohlfahrtsstaates, dann müssen Regierungen allerdings gleichsam gegenläufig zu einem historischen Trend handeln, wenn die kontraktive Aufgabenpolitik auf der Tagesordnung steht. In dem hohen politischen Widerstand, dem aufgabenkritische Ansätze begegnen, mag in manchen Fällen nicht mehr als die Reaktion auf die Bedrohung partikularer Besitzstände zum Ausdruck kommen. Die scharfen ideologischen Antworten, die etwa die Verwendung des Begriffs der Privatisierung in der politischen Auseinandersetzung hervorruft, deuten indessen darauf hin, dass darüber hinaus prinzipielle Meinungsunterschiede zum Verhältnis von Staat und Gesellschaft, insbesondere Wirtschaftsgesellschaft bestehen[229]. Für die praktische Aufgabenkritik ist in der Substanz wie in Verfahren eine hohe politische Empfindlichkeit in Rechnung zu stellen.

III. Modalitäten der Aufgabenwahrnehmung

1. Klassifikation von Staatsinterventionen

Die okzidentale Moderne beruht auf der Ausdifferenzierung sozialer Handlungssysteme. Der Eingriff von Staat und Verwaltung in Handlungssphären von

---

[227] Vgl. Glismann, Hans H./Nehring Sighart, Ladenschluß in der Bundesrepublik Deutschland – eine andere Sicht, in: Wirtschaft und Verwaltung 1988, S. 115 f.

[228] Vgl. Sachverständigenrat zur Begutachtung der gesamtwirtschaftlichen Entwicklung, Jahresgutachten 1987/88, in: Wirtschaft und Verwaltung 1988, S. 115 f.

[229] Vgl. Loesch, Achim von, Privatisierung öffentlicher Unternehmen, 2. Aufl., Baden-Baden 1987; ferner etwa Brede, Helmut (Hrsg.), Privatisierung und die Zukunft der öffentlichen Wirtschaft, Baden-Baden 1988; Knauss, Fritz, Privatisierungspolitik in der Bundesrepublik Deutschland 1983 – 1990, Berlin 1993; Tofaute, Hartmut, Gesichtspunkte zur Privatisierung öffentlicher Dienstleistungen, Heft 5, hrsg. vom Hauptvorstand der Gewerkschaft Öffentliche Dienste, Transport und Verkehr, Stuttgart 1977.

5. Kapitel: Öffentliche Aufgaben und Verwaltungsprogramme

Wirtschaft und Gesellschaft ist nicht nur dem Inhalte, sondern auch der Form nach Intervention.[230] Interventionen sind begrenzt, und zwar auch im omnipräsenten Staat, der selbst das Freizeitverhalten seiner Bürger begleitet: vom Vorhalten einer entsprechenden Infrastruktur über öffentliche Freizeitveranstaltung bis zum Polizeieinsatz bei Sportveranstaltungen, Urlaubsanfängen usw. Es kommt also im Wohlfahrtsstaat gleichermaßen auf die Substanz öffentlicher Aufgaben wie auf die Modalitäten der Aufgabenwahrnehmung an. Instrumente und Formen staatlichen Handelns prägen den Charakter der öffentlichen Verwaltung. Ein formalisiertes Handlungsinstrumentarium begrenzt den Staat und schafft Spielräume für die Selbstbestimmung der Individuen und die Selbstregulierung von Wirtschaft und Gesellschaft. Dabei manifestiert sich Formalität nicht nur in der legalistischen Verwaltungskultur im rechtsstaatlichen Verwaltungsrecht, das so als „Umzäunung"[231] administrativen Handelns gilt. Allerdings darf man „Informalität" des Verwaltungshandelns nicht mit Nicht-Rechtsförmigkeit gleichsetzen. Man würde sich damit vom Verständnis wirklich maßgeblicher Staatsinterventionen abschneiden, und zwar nicht nur unter den kulturellen Bedingungen des angloamerikanischen Managerialismus. Auch in der legalistischen Verwaltung gibt es „Gentlemen's-Agreements", Normen unterhalb der Rechtsverbindlichkeit, Vorweg-Abklärungen, Absprachen, Verhandlungen usw., die ihre Wirkungen entfalten.[232] Absichtserklärungen zwischen einer Kommune und einem Investor können durchaus förmlich, schriftlich, selbst zeremoniell erfolgen und vieles auslösen, ohne rechtsförmig zu sein.

Für die Bestimmung öffentlicher Aufgaben ist zunächst die Rechtsquellenlehre relevant, und zwar mit ihrer Unterscheidung nach der Rangfolge, also dem Stufenbau der Rechtsordnung: Verfassung, Gesetz, Rechtsverordnung wie Satzung im autonomen Bereich. Nach den Vorgaben der Verfassung sind es dann die Gesetze, die die Verwaltungsaufgaben festlegen. Hinzu kommen noch gewisse aufgabenbegründende Spielräume im selbstverwalteten Bereich. Aber grundsätzlich hat die moderne Verwaltung keine Definitionsmacht, öffentliche Aufgaben selbst zu stiften. Dem steht die Suprematie des Parlaments in Großbritannien, eine von der Wesentlichkeitstheorie bevorzugte Legislative in Deutschland, der Kongress eines gouvernementalen Dualismus in den USA entgegen. Ob die Gesetzgebung dann in der Hand der Exekutive ist[233], weil die Vorbereitung der Gesetze eben in der Hand der Ministerialbürokratie liegt, ist

---

[230] Vgl. König, Klaus, Rekonstruktion der Staatsfunktionen in der Staatswirtschaft und im Wohlfahrtsstaat, in: Zeitschrift für Verwaltung 1996, S. 665 ff.

[231] Vgl. Stahl, Hans Julius, Die Philosophie des Rechts, Band 2, 2. Abteilung, 5. Aufl., Tübingen/Leipzig 1878, S. 137.

[232] Vgl. Schuppert, Gunnar Folke, Verwaltungswissenschaft, Baden-Baden 2000, S. 36 ff.

[233] Vgl. Schuppert, Gunnar Folke, Verwaltungswissenschaft, Baden-Baden 2000, S. 517 ff.

eine Frage, die sich in ihrer Informalität nicht ohne Bezug auf Raum und Zeit beantworten lässt. In der Bundesrepublik Deutschland sprechen Erfahrungen dafür, dass ohne politische, auch parlamentarische Willensbildung auf der Ebene der Gesetze nur von Verwaltungs wegen nichts zu bewegen ist. Bemerkenswert ist – jedenfalls für die steuerungstheoretischen Interessen der Verwaltungswissenschaft – die Unterscheidung zwischen Gesetz im materiellen Sinne als generell abstrakter Regelung und Gesetz im formellen Sinne als der im verfassungsrechtlich vorgesehenen Gesetzgebungsverfahren getroffenen Anordnung.[234] Formell ist auch der Haushalt Gesetz. Er unterliegt dem Budgetbewilligungsrecht des Parlaments. Die Exekutive wird so durch die Medien Recht und Geld zum bereits Entschiedenen. Selbst wenn Verwaltungsaktivitäten keinen gesetzesakzessorischen Charakter im materiellen Sinne haben – etwa ein Programm zur Erforschung des Weltraums –, pflegen sie auf finanzielle Ressourcen angewiesen zu sein, so dass in Demokratie und Rechtsstaat öffentliche Aufgaben exekutiv zwar initiiert, dann aber nicht definiert werden können. Die Verwaltung bleibt auf die Konkretisierung öffentlicher Aufgaben und deren einschlägiges Instrumentarium wie Verwaltungsakt, Verwaltungsvertrag verwiesen.

Gesetze betreffen die Modalitäten der Aufgabenwahrnehmung insoweit, als sie sich funktional klassifizieren lassen. So werden etwa genannt: Grundsatzgesetze, die Wertentscheidungen vorgeben, wie etwa die Gleichberechtigung von Mann und Frau; Eingriffsgesetze wie etwa Polizeigesetze; und dann im Bereich von Leistungsgesetzen: Maßnahmegesetze, mit denen konkret in soziale und wirtschaftliche Prozesse eingegriffen wird und die mit der Erreichung des anvisierten Zieles obsolet werden, etwa ein Investitionshilfegesetz; Plangesetze, die feste Planvorgaben enthalten, wie eben das Haushaltsgesetz; Planungsgesetze, die einem Planungsträger Zielsetzungen vorgeben, wie etwa ein Städtebauförderungsgesetz; Umverteilungsgesetze, wie etwa ein Lastenausgleichsgesetz; Steuerungsgesetze, die auf negative ökonomische Erfahrungen reagieren, wie etwa ein Stabilitätsgesetz; Richtliniengesetze, die Leitvorstellungen zu künftigen Maßnahmen enthalten, wie etwa ein Hochschulbauförderungsgesetz.[235] In solchen Unterscheidungen wird deutlich, dass die Eigenheit einer öffentlichen Aufgabe nicht zuletzt dadurch charakterisiert wird, welche Modi der Wahrnehmung sie prägt. Die gesetzliche Ermächtigung zum hoheitlichen Eingriff ist etwas anderes als die zur Subventionsvergabe.

---

[234] Vgl. König, Klaus, Zur juristischen Klassifikation staatlicher Handlungsformen, in: Keio Law Review 1990, S. 256.

[235] Vgl. König, Klaus/Dose, Nicolai, Klassifikationsansätze zum staatlichen Handeln, in: dies. (Hrsg.), Instrumente und Formen staatlichen Handelns, Köln u. a. 1993, S. 23, ferner Hill, Hermann, Einführung in die Gesetzgebungslehre, Heidelberg 1982, S. 33 ff.

5. Kapitel: Öffentliche Aufgaben und Verwaltungsprogramme

Neben der Rechtswissenschaft ist es herkömmlich die Wirtschaftswissenschaft, die sich für die Modalitäten öffentlicher Aufgabenwahrnehmung interessiert. Da man vom Konzept einer Staatsintervention in eine marktwirtschaftlich ausdifferenzierte ökonomische Handlungssphäre ausgeht, müssen Art und Weise dieser Übergriffe relevant erscheinen. Substantiell ist das, was rechtswissenschaftlich Umweltrecht, Gewerberecht, Verkehrsrecht, ökonomisch Umweltpolitik, Gewerbepolitik, Verkehrspolitik ist. Nach den Modalitäten werden dann etwa unterschieden: Instrumente der Finanzpolitik, etwa staatliche Investitionen; Instrumente der Geld- und Kreditpolitik, etwa die Festlegung von Diskontsätzen; Instrumente der Wechselkurspolitik, etwa Abwertungen; Instrumente der direkten Kontrolle, etwa Qualitätskontrollen; Instrumente der Änderung der institutionellen Rahmenbedingungen, etwa eine landwirtschaftliche Bodenreform.[236]

Solche Interventionsformen werden unterschiedlich variiert, etwa unter dem Vorzeichen des regulatorischen Staates, mithin: Preisregulierungen wie Stromtarife, Lizenzierungen wie zur Betreibung einer Rundfunkanstalt, Setzen von Standards wie zur Materialqualität, direkte Allokation von Ressourcen wie die Verteilung von Rohstoffen, Vergabe von Subventionen wie zum Abbau bestimmter landwirtschaftlicher Produktionen, Überwachung des Wettbewerbs wie durch Kartellbehörden.[237] Die Einbeziehung der Subventionsvergabe in den Regulierungsbereich belegt die Relativität aller Klassifikationen. Entsprechend lassen sich aus ökonomischer Sicht noch andere Instrumente nennen, etwa die einer Transparenzpolitik, die Unternehmen zur Rechnungslegung zwingen, einer Informationspolitik, in der von Staats wegen über Marktentwicklungen unterrichtet wird, die einer Politik der „Moral Suasion", die Warnungen, Empfehlungen, Mahnungen, Appelle ausspricht.[238]

In den Sozialwissenschaften ist es heute insbesondere die Policy-Forschung, die unter dem Vorzeichen tatsächlicher oder erwarteter Wirkungen und Folgen öffentliche Aufgaben zu klassifizieren versucht. Unter den vielfältigen Bezugsfragen zwischen Zwang und Nachfrage scheint die nach der jeweiligen Intentionalität der Policy fruchtbar, nämlich redistributive Politik, also Umverteilung, die deutlich macht, welche gesellschaftliche Gruppe profitiert und welche verliert; distributive Politik, von deren Verteilungswirkungen mehrere Gruppen

---

[236] Vgl. Kirschen, Etienne Sadi u. a., International vergleichende Wirtschaftspolitik: Versuch einer empirischen Grundlegung, Berlin 1967, S. 19 ff.; ders. u. a., Instrumente der praktischen Wirtschaftspolitik und ihre Träger, in: Gérard Gäfgen (Hrsg.), Grundlagen der Wirtschaftspolitik, 2. Aufl., Köln/Berlin 1967, S. 274 ff.

[237] Vgl. Meier, Kenneth J., Regulation. Politics, Bureaucracy, and Economics, New York 1985, S. 1 ff.

[238] Vgl. Tuchtfeldt, Egon, Wirtschaftspolitik, in: Willi Albers u. a. (Hrsg.), Handwörterbuch der Wirtschaftswissenschaft, Band 9, Stuttgart u. a. 1982, S. 194.

profitieren, ohne das deutlich wird, wer benachteiligt ist; regulative Politik, die Verhaltensregeln aufstellt, die durch Sanktionen durchgesetzt werden können; konstitutive Politik, die Regelungen über interne Verhältnisse des „Policy-Making-Systems" trifft; schließlich selbstregulierende Politik, die Regulierungen durch die Betroffenen selbst ohne direkte staatliche Beteiligung ermöglicht.[239]

Neben solchen Policy-Typen kann man eine Reihe anderer Bezugsgrößen nennen: die Struktur der Programme, also konditional oder final; die Steuerungsmedien, also Macht oder Geld; den Grad der Komplexität, also hoch oder niedrig; die Reflexivität, also Fremd- oder Selbststeuerung; die Intensität des Eingriffs, also Gebote oder Anreize usw.[240] Für die Verwaltungswissenschaft ist es der Leistungscharakter der Programme, der als strukturelle Vorgabe für administratives Handeln interessiert. Genannt werden etwa: positive Transfer-/Einkommensprogramme wie für die Ausbildungsförderung; negative Transfer-/Einkommensprogramme wie für die Steuern; Finanzhilfeprogramme wie für Subventionen; Infrastrukturprogramme wie für den Schulbau; Sachleistungs-Programme wie für die Arzneimittelversorgung; Human-Dienstleistungsprogramme wie für die Ausbildung; Sachdienstleistungsprogramme wie für die Müllabfuhr; protektiv-regulative Programme wie für den Arbeitsschutz; kompetitiv-regulative Programme wie für die Vergabe von Flugrouten; selbstregulative bzw. prozedurale Programme wie Tarifgesetze.[241]

Programmform und Instrumentarium lassen sich dann zu bestimmten Typen zusammenfassen, also: das regulative Programm mit Geboten, Verboten, Anzeige- und Genehmigungspflichten; das Anreizprogramm mit positiven und negativen Anreizen; das Leistungsprogramm mit unmittelbarer staatlicher Leistungserbringung von Gütern und Diensten; das persuasive Programm mit Informationen und Beratungen; das prozedurale Programm mit Teilhaberechten, Entscheidungsregeln und Rahmenvorschriften für eine sich sonst selbstregulierende Gesellschaft. Die so dominierenden Instrumententypen lassen sich je nach Blickwinkel anreichern, etwa um die infrastrukturelle Steuerung, techni-

---

[239] Vgl. Jann, Werner, Staatliche Programme und „Verwaltungskultur". Eine vergleichende Untersuchung staatlicher Policies am Beispiel der Bekämpfung des Drogenmissbrauchs und der Jugendarbeitslosigkeit in Schweden, Großbritannien und der Bundesrepublik Deutschland, Opladen 1983, S. 123.

[240] Vgl. König, Klaus/Dose, Nicolai, Klassifikationsansätze zum staatlichen Handeln, in: dies. (Hrsg.), Instrumente und Formen staatlichen Handelns, Köln u. a. 1993, S. 62 ff.

[241] Vgl. Windhoff-Héritier, Adrienne, Policy-Analyse. Eine Einführung, Frankfurt a. M./New York 1987, S. 39 ff.

sche Dienstleistungen, Entschädigungen, Bekanntmachungen, symbolische Politik usw.[242]

Solche und andere Klassifikationen der Instrumente und Formen staatlichen Handelns sind nicht einfach wissenschaftlicher Selbstzweck, sondern werden regelmäßig entworfen, weil man an sie bestimmte Erwartungen an die Wirkungen und Folgen politisch-administrativen Handelns knüpft. Solche Erwartungen lassen sich dann empirisch überprüfen. So setzt man in einer legalistischen Verwaltungskultur insbesondere auf regulative Programme des öffentlichen Rechts und die Wirksamkeit ihrer instrumentellen Elemente der Gebote, Verbote, Anzeige- und Genehmigungspflichten. Indessen ist man dann im Weiteren auf die Kommunizierbarkeit der Sanktionen, auf Abschreckungswirkungen, auf eine entsprechende behördliche Kontrolldichte usw. angewiesen. Vieles greift nur, wenn sich das rechtliche Regulativ auch auf soziale Normen abstützen lässt. Für die deutsche Verwaltung belegt dies die Diskrepanz zwischen verschärftem Korruptionsrecht und wachsender Korruptionsanfälligkeit in einem öffentlichen Dienst, in dem das Berufsethos zu einem Randthema geworden ist.[243] Materielle Problemlagen und Interessenkonstellationen können sich letztlich als wirkungsmächtiger erweisen als das regulative Handlungsinstrument.

Ökonomen neigen aus ihrer Erfahrungswelt der Geldwirtschaft heraus dann auch dazu, Anreize über Gebote zu stellen. Bei näherem Zusehen zeigt sich indessen, dass auch Anreizprogramme nicht einfach über schlichte Kausalitäten die intendierten Wirkungen erzielen. Man muss nicht nur die offensichtlichen Folgen, sondern auch die „verdeckten Unwirksamkeiten" beachten. Es ist schon schwierig zu prognostizieren, von welcher Höhe an etwa Subventionen zu Verhaltensänderungen führen. Immer wieder werden Mitnahmeeffekte bekannt; zum Beispiel stellt man fest, dass der Subventionsempfänger einschlägige industrielle Forschungs- und Entwicklungsarbeiten auch ohne staatliche Finanzhilfen durchgeführt hätte. Nicht selten liegen die Informations- und Reaktionsmöglichkeiten quer zur Förderpolitik. Große Subventionsempfänger haben leichtere Zugänge zu Informationen und ihre Spezialisierungsmöglichkeiten eröffnen ihnen leichtere Anpassungen an veränderte oder neue Programme. Überdies neigen Subventionsverwaltungen dazu, „Großkunden" zu bevorzugen. Kleine Anforderungen erzeugen einen relativ hohen Verwaltungsaufwand.[244]

---

[242] Vgl. König, Klaus/Dose, Nicolai, Klassifikationsansätze zum staatlichen Handeln, in: dies. (Hrsg.), Instrumente und Formen staatlichen Handelns, Köln u. a. 1993, S. 88 ff.

[243] Vgl. Sommermann, Karl-Peter, Brauchen wir eine Ethik des öffentlichen Dienstes?, in: Verwaltungsarchiv 1998, S. 290 ff.

[244] Vgl. König, Klaus/Dose, Nicolai, Klassifikationsansätze zum staatlichen Handeln, in: dies. (Hrsg.), Instrumente und Formen staatlichen Handelns, Köln u. a. 1993, S. 97 ff.

So weist jede instrumentelle Verdichtung ihre kritischen Aspekte auf. Das gilt für die staatliche Produktion von Gütern, etwa Trinkwasser, die keine ressourcengerechte Nachfrage auslöst, für öffentliche Dienstleistungen, die an den Sachanforderungen vorbeigehen, wie jüngst zur staatlichen Arbeitsvermittlung diskutiert, für Informations- und Überzeugungsprogramme, wenn sie etwa in der Verbraucherpolitik an eingeschliffenen Wertschätzungen vorbeigehen. Fehlleistungen staatlicher Interventionen angesichts einer hoch komplexen Umwelt und überdifferenzierter öffentlicher Angelegenheiten stützen den Gedanken, durch prozedurale Programme auf den Kontext sozialer Teilsysteme Einfluss zu nehmen.[245] Prozedurale Steuerung intendiert nicht, über Eingriffe in andere Handlungssphären selbst zu wirken, sondern auf die Selbststeuerung gesellschaftlicher und marktlicher Subsysteme zu vertrauen und sich auf die Setzung von Rahmenvorschriften, Teilhaberegeln, Entscheidungsmustern, Organisationsregeln usw. zu beschränken. Einen jüngeren Anschauungsfall dazu bietet das Gesellschaftsrecht jenseits des tradierten Aktienrechts. Den privaten Unternehmen bleibt es überlassen, durch einen Corporate-Governance-Kodex ein Selbstregulativ etwa für Transparenzprobleme zu schaffen. Staatlich-regulatorisch werden aber Berichtspflichten des Unternehmens zur Einhaltung des Kodex oder zur Begründung von Abweichungen gesetzlich vorgeschrieben.[246]

2. Referenzen der Aufgabenwahrnehmung

Klassifikationen von Staatsinterventionen haben einen relativen Charakter. Zuerst sind sie schon an wissenschaftliche Perspektiven geknüpft, sei es, dass sie an die Dogmatik des Verwaltungsrechts, die Theorie der Wirtschaftspolitik, die Analytik der Policy-Forschung gebunden sind. Sodann bedarf es der Implementation von Staatsinterventionen, die nicht nur von der Beschaffenheit der vollziehenden Verwaltung, sondern auch von Interessenkonstellationen und Gegenmächten, also Gegensteuerungen abhängig ist. Schließlich steht eine Evaluation von Wirkungen und Folgen im Zusammenhang von Modalitäten der Aufgabenwahrnehmung und der Substanz jeweiliger öffentlicher Aufgaben, wobei sich das eine Instrument wirksam in der Umweltpolitik, das andere wirksam in der Verkehrspolitik erweisen mag. Es gibt eben nicht den allgemeinen Baukasten staatlicher Handlungsinstrumente und Handlungsformen, aus dem man sich einfach bedienen kann, um intendierte Wirkungen zu erzielen. Das wäre schon unhistorisch gedacht.

---

[245] Vgl. Scharpf, Fritz W. u. a., Politische Durchsetzbarkeit innerer Reformen, Göttingen 1974, S. 33 ff.
[246] Vgl. Transparenz- und Publizitätsgesetz vom 19.07.2002, BGBl. I S. 2681.

5. Kapitel: Öffentliche Aufgaben und Verwaltungsprogramme

Was man indessen in der Verwaltungswissenschaft unternehmen kann, ist, die Referenzen staatlicher Steuerung aufzuzeigen und die Fragen von Instrumentalisierung und Formalisierung politisch-administrativen Handelns auf diese Referenzen zu beziehen. Die Aufgabenwahrnehmung bedeutet insofern als staatliche Steuerung eine intentionale und kommunikative Handlungsbeeinflussung, hier zur gemeinwohlorientierten Gestaltung von Wirtschaft und Gesellschaft. Es kommt zunächst einmal nicht auf den Steuerungserfolg oder auf Steuerungswirkungen an, sondern auf eine Steuerungsabsicht. Überdies muss jede Steuerungsintention kommuniziert werden, wenn zumindest die Chance bestehen soll, Steuerungswirkungen zu erreichen.[247] Gerade das drückt sich in der Formenwelt von Staatsinterventionen aus. Mit der instrumentellen Betrachtung rücken die Wirkungen staatlicher Steuerungen ins Blickfeld. Freilich kann nicht angenommen werden, dass von den Instrumenten her schlichte Kausalitäten zum Ablauf wirtschaftlicher und gesellschaftlicher Prozesse führen.[248] Instrumentierte Staatsintervention ist nur eine unter vielen Größen der Verhaltensbeeinflussung. Die Durchsetzbarkeit von Steuerungsimpulsen ist eine eigene Fragestellung.

Unter diesen Prämissen liegt die erste Referenz staatlicher Steuerung bereits in der Differenzierung der öffentlichen Entscheidungen. Die Entscheidungsprozesse in der öffentlichen Verwaltung sind ein eigenes Kapitel der Verwaltungswissenschaft. Vorab ist aber zu bemerken, dass den Sachprogrammen zwei verschiedene Entscheidungsrationalitäten zugrunde liegen können. Zum einen eine konditionale, zum anderen eine finale. Konditionalprogramme gehen von einem Rationalisierungsschema der Subsumtion von Lebenssachverhalten unter Normen, Finalprogramme von einem der Kombination von Mitteln zu Zwecken aus.[249] Steuerungstechnisch wird angenommen, dass die konditionalen Programmierungen in ihrer Wenn-Dann-Verknüpfung von Tatbestand und Rechtsfolge zunächst einmal für bekannte Probleme bei ausreichend vorhandenem Steuerungswissen geeignet erscheinen.[250] Freilich pflegt der Gesetzgeber Programme mit unterschiedlichen Graden der Konkretisierung auszugeben.

---

[247] Vgl. König, Klaus, Programmsteuerung in komplexen politischen Systemen, in: Die Verwaltung 1974, S. 137 ff.

[248] Vgl. Windhoff-Héritier, Adrienne, Staatliche Steuerung aus politikwissenschaftlicher, policy-analytischer Sicht – erörtert am Beispiel der amerikanischen Luftpolitik, in: Klaus König/Nicolai Dose (Hrsg.), Instrumente und Formen staatlichen Handelns, Köln u. a. 1993, S. 249 f.

[249] Vgl. Weber, Max, Wirtschaft und Gesellschaft, Studienausgabe, 5. Aufl., Tübingen 1980, S. 565; ferner Luhmann, Niklas, Lob der Routine, in: Verwaltungsarchiv 1964, S. 1 ff.

[250] Vgl. Voigt, Rüdiger, Staatliche Steuerung aus interdisziplinärer Perspektive, in: Klaus König/Nicolai Dose (Hrsg.), Instrumente und Formen staatlichen Handelns, Köln u. a. 1993, S. 294.

Unbestimmte Rechtsbegriffe und Verwaltungsermessen schaffen „sekundäre Elastizitäten". Finale Programmsteuerungen erscheinen demgegenüber so schwierig, dass die mit ihnen vorgegebenen Ziele, Mittel, Optimierungsaufträge nur unter relativ scharfen Rahmen- und Nebenbedingungen umzusetzen sind. Optimierungen gelingen wohl nur für die Abarbeitung von Teilproblemen. Dem Gedanken eines Gesamtoptimums wird deswegen auch eine Lehre vom „Muddling through" gegenübergestellt, die von vornherein auf relativ gute, jedoch nicht optimale Versuche abhebt.[251] Letztlich kommt eine finale Programmierung nicht ohne konditionale Elemente aus.[252]

Als zweite Referenz der Aufgabenwahrnehmung kann die Instrumentalisierung von Staatsinterventionen angesehen werden. Dabei geht es um die Intentionalität des Steuerns, also um das Bewirken von Wirkungen, weiter um die Steuerungstechnik und schließlich um Steuerungserfolge, die durch Evaluierung aufzudecken sind. Instrumentalität ist nicht nur eine Frage der Programmebene, sondern auch eine des Verwaltungsvollzuges und dann dessen Handlungsinstrumentariums, nämlich Verwaltungsakt, Verwaltungsvertrag usw. Für die Aufgabenwahrnehmung sind aber zuerst die Steuerungsprogramme maßgeblich, und hier ist es gerade die Art und Weise ihrer Instrumentalisierung, die den Unterschied ausmacht. Man kann denen folgen, die Programme nach dem jeweils als dominierend angesehenen Instrument unterscheiden. Hier lassen sich dann weitere Verfeinerungen anbringen, indem man etwa strikt-regulative Programme von flexibilisierten Programmen unterscheidet. Erstere enthalten streng formulierte Normen für Subsumtionen. Sie scheinen für einfache lineare Zusammenhänge mit einer relativ umfassenden raum-zeitlichen Gültigkeit geeignet. Letztere zeichnen sich durch den Einbau „sekundärer Elastizitäten"[253] aus, erlauben Anpassungen an die jeweiligen Umstände und scheinen für die Steuerung dynamischer Entwicklungen in Gesellschaft und Technik geeignet zu sein.

Entsprechende Verfeinerungen können auch für andere Programmformen vorgenommen werden. Für Anreizprogramme ist zum Beispiel wichtig, ob mit ihnen nur das allgemeine Niveau von Aktivitäten beeinflusst werden soll – etwa mit Personalkostenzuschüssen für Forschung und Entwicklung[254] – oder ob

---

[251] Vgl. Lindblom, Charles E., The Science of „Muddling Through", in: Public Administration Review 1959, S. 79 ff.

[252] Vgl. König, Klaus, Programmsteuerung in komplexen politischen Systemen, in: Die Verwaltung 1974, S. 137 ff.

[253] Vgl. Luhmann, Niklas, Lob der Routine, in: Verwaltungsarchiv 1964, S. 1 ff.

[254] Vgl. Becher, Gerhard, Industrielle Forschungs- und Technologiepolitik in der Bundesrepublik: Instrumente, Wirkungen und Meßmethoden am Beispiel von Fördermaßnahmen zugunsten von kleineren und mittleren Unternehmen, in: Klaus König/Nicolai Dose (Hrsg.), Instrumente und Formen staatlichen Handelns, Köln u. a. 1993, S. 462.

über die Niveausteuerung hinaus die Richtung der Aktivitäten bestimmt werden soll – also weg von der Nuklearforschung und hin zur Erforschung von Windenergie usw. –[255]. Bei Leistungsprogrammen ist die Unterscheidung bemerkenswert, ob das staatliche Handeln mehr mit Mitteln der Geldwirtschaft, etwa mit Transferleistungen als Sozialhilfe, Wohngeld, Ausbildungsförderung, oder mehr mit Mitteln der Dienstleistungsgesellschaft, eigene Dienstleistungen als Arbeitskräftevermittlung, Pflegeleistung, Kinderbetreuung, arbeitet. Für die Informations- und Überzeugungsprogramme ist es wichtig, bloße Unterrichtungen und Warnungen einerseits und die persuasive Beeinflussung von Werthaltungen der Bürger andererseits auseinander zu halten. Erfahrungen mit Propaganda und Massenmanipulation legen nahe, auf die demokratische Legitimation von Überzeugungsprogrammen sorgfältig zu achten.[256]

Als dritte Referenz der Aufgabenwahrnehmung kann deren Formalisierung genannt werden. Insbesondere in der legalistischen Verwaltungskultur ist es das Recht, das Staatsinterventionen die erforderliche Formqualität gibt. Formanforderungen werden sowohl an programmierende wie programmierte Entscheidungen gestellt. Der Verwaltungsakt ist zum Beispiel der formalisierte Anknüpfungspunkt für eine bestimmte Art des Rechtsschutzes der Bürger.[257] Für die hier interessierenden Programmsteuerungen als Modalitäten der Aufgabenwahrnehmung sind Formalisierungen die erforderlichen Verknüpfungen mit den zuständigen Instanzen einer gewaltenteilenden Verfassungsordnung. Das bedeutet zu einen, dass es auf das Gesetz im formellen Sinne ankommt, nämlich die von den verfassungsrechtlich vorgesehenen Gesetzgebungsorganen und dann in dem verfassungsrechtlich vorgeschriebenen Gesetzgebungsverfahren getroffene Anordnung. Die Definition öffentlicher Aufgaben lässt sich damit jener Gewalt formal zurechnen, die in der modernen Demokratie dazu berufen ist, nämlich der Legislative. Neben der horizontalen Gewaltenteilung ist im dezentralen politischen System – gegebenenfalls unter Einschluss einer supranationalen Ebene – die vertikale Herrschaftsordnung zu beachten, wenn es um die formelle Zurechnung von Aufgabenbestimmungen geht. Das gilt in Deutschland besonders unter der Prämisse des kooperativen Föderalismus, wenn etwa die Bundesebene neue Aufgaben definiert, der Landes- und Kommunalebene ohne kompensierende Finanzregelungen die Kosten des Aufgabenvollzugs zu-

---

[255] Vgl. Dose, Nicolai, Alte und neue Handlungsformen im Bereich von Forschung und Technologie,, in: Klaus König/Nicolai Dose (Hrsg.), Instrumente und Formen staatlichen Handelns, Köln u. a. 1993, S. 415.

[256] Vgl. König, Klaus/Dose, Nicolai, Klassifikationsansätze zum staatlichen Handeln, in: dies. (Hrsg.), Instrumente und Formen staatlichen Handelns, Köln u. a. 1993, S. 104.

[257] Vgl. König, Klaus, Rechtliche und tatsächliche Formen des Verwaltungshandelns, in: Verwaltungsrundschau 1990, S. 401 ff.

gewiesen werden, wie etwa bei der Einführung des Anspruchs auf einen Kindergartenplatz.[258]

Als vierte Referenz kann der Bezug zu den Funktionen der Programmsteuerung hergestellt werden. Funktionenkataloge zeigen unterschiedliche Spezifikationen, etwa der Funktionenplan bei der mittelfristigen Finanzplanung oder die Funktionengliederung zu Zwecken der Verwaltungsorganisation. Funktionsbezüge von Modalitäten der Aufgabenwahrnehmung unterliegen dem historischen Wandel. Indessen lassen sich für das ausdifferenzierte politisch-administrative System westlicher Demokratien und Wohlfahrtsstaaten auf einem gewissen Aggregationsniveau Ähnlichkeiten öffentlicher Leistungserstellung beobachten. Dazu zählen vor allem Ordnungs- und Gewährleistungsfunktionen.[259] Da selbst der heute so präferierte Marktmechanismus die Prämissen seiner Funktionsfähigkeit nicht garantieren kann, bleibt es selbst in der hochliberalen Gesellschaft den Staatsinterventionen überlassen, durch Marktregeln, Verbote unlauteren Wettbewerbs, Gebote der Transparenz von Unternehmen usw. eine Wirtschaftsordnung zu regulieren. Entsprechend sind andere soziale Handlungssphären wie die Ordnung der öffentlichen Sicherheit, der natürlichen Umwelt, des Straßenverkehrs von Staats wegen zu steuern.

Schon an die Ordnungsfunktion lässt sich eine Gewährleistungsfunktion anknüpfen. Es genügt nicht, dass durch die Verfassung eine Grundrechtsordnung vorgegeben wird, die für eine menschenwürdige Existenz steht. Menschenrechte müssen auch in Funktion gebracht und in Funktion gehalten werden.[260] Dabei kommen unterschiedliche Steuerungsprogramme ins Blickfeld. Es sind nicht nur Individualrechte zu schützen. Auch gesellschaftliche Institutionen wie die Familie, selbst politisch-administrative Institutionen müssen gewährleistet werden. Eine rechtsförmige Garantie der kommunalen Selbstverwaltung genügt nicht, wenn es an einer angemessenen Finanzausstattung mangelt. Gewährleistungen können sich aber nicht nur komplementär zu anderen Funktionen erweisen, sondern zu diesen auch in einem alternativen Verhältnis stehen. Der Staat füllt für viele Güter und Dienstleistungen eigene Produktions- und Distributionsfunktionen aus. Nimmt man das Beispiel des Trinkwassers, so gibt es genügend Anschauungsfälle dafür, dass Herstellung und Verbreitung in den Händen

---

[258] Vgl. Bull, Hans Peter, Wandel der Staatsaufgaben im föderalen System, in: Klaus König/Klaus-Dieter Schnappauf (Hrsg.), Die deutsche Verwaltung unter 50 Jahren Grundgesetz: Europa – Bund – Länder – Kommunen, Baden-Baden 2000, S. 55.

[259] Vgl. König, Klaus/Schimanke, Dieter, Räumliche Planungen im politisch-administrativen System der Länder, Hannover 1980, S. 99; Wahl, Rainer, Staatsaufgaben im Verfassungsrecht, in: Thomas Ellwein/Joachim Jens Hesse (Hrsg.), Staatswissenschaften: Vergessene Disziplin oder neue Herausforderung?, Baden-Baden 1990, S. 42.

[260] Vgl. Lerche, Peter, „Funktionsfähigkeit" – Richtschnur verfassungsrechtlicher Auslegung, in: Bayerische Verwaltungsblätter 1991, S. 517 ff.

der öffentlichen Verwaltung liegen. Es gibt aber auch genügend Beispiele für die Versorgung durch häusliche Brunnen, die genossenschaftliche Versorgung eines Dorfes und nicht zuletzt die profitable private Produktion mit ebensolcher privatwirtschaftlicher Distribution über weite Strecken. Welche historischen Varianten auch immer zu beobachten sind – etwa kommunale Versorgung, aber nach dem „Consumer-model" in US-amerikanischen Städten –[261], in einer Krise der Trinkwasserversorgung treten die öffentlichen Gewährleistungsfunktionen hervor.

Funktionenkataloge zur Wahrnehmung öffentlicher Aufgaben lassen sich nicht abschließend bezeichnen. Die einschlägigen Wertschätzungen sind durch Raum und Zeit bedingt. Der Staat des realen Sozialismus konnte gleichermaßen beliebig Lenkungsfunktionen ausüben, und zwar in der Plan- und Verwaltungswirtschaft auch in der ökonomischen Sphäre.[262] Er konnte zum Beispiel in und um Ost-Berlin eine Standortpolitik betreiben, die der Hauptstadt der DDR Glanz, deren Umland aber die Lasten einer Siedlungsagglomeration brachten. In der Bundesrepublik Deutschland sind staatliche Lenkungen in der räumlichen Politik nur begrenzt möglich. Direkte Lenkungen privater Standortentscheidungen durch Gebote, Verbote, Genehmigungen usw. sind grundsätzlich auf den örtlichen Teil beschränkt.[263] Über das Baurecht hinaus enthalten Gewerberecht, Verkehrsplanungsrecht, Wasserrecht, Umweltschutzrecht usw. eine Vielfalt von Programmsteuerungen, die aus verschiedenen Gründen auf Standortentscheidungen einwirken. Sie können neben der Bauleitplanung kleinräumige Effekte haben. Hingegen lässt sich der überörtliche öffentliche Nutzen des Raumes im Hinblick auf privates Verhalten im deutschen Falle grundsätzlich nur indirekt lenken. Indirekte Lenkungen beeinflussen politisch-administrativ, indem sie hier unter räumlichen Vorzeichen auf entscheidungsrelevante Größen einer Marktwirtschaft einwirken und so über veränderte Rahmenbedingungen die Privaten erreichen.[264] Ihre Instrumente sind entsprechend Anreize in Form von Krediten, Zinszuschüssen, Steuerbegünstigungen, Investitionsprämien usw. Räumliche Planungen auf übergeordneter, regionaler Ebene sind hier im Prinzip auf indirekte Lenkungen beschränkt.

---

[261] Vgl. König, Klaus, Reinventing Government: The German Case, in: Franz Gress/Jackson Janes (Hrsg.), Reforming Governance: Lessons from the United States of America and the Federal Republic of Germany, Frankfurt a. M./New York 2001, S. 49 f.
[262] Vgl. König, Klaus, Zum Verwaltungssystem der DDR, in: ders. (Hrsg.), Verwaltungsstrukturen der DDR, Baden-Baden 1997, S. 10 ff.
[263] Vgl. König, Klaus/Schimanke, Dieter, Räumliche Planungen im politisch-administrativen System der Länder, Hannover 1980, S. 105.
[264] Vgl. Frey, René L., Infrastruktur. Grundlagen der Planung öffentlicher Investitionen, 2. Aufl., Tübingen/Zürich 1972, S. 50.

In bestimmten historischen Lagen kann eine funktionale Referenz öffentlicher Aufgabenwahrnehmung besonderes Gewicht erhalten. Das galt für die Infrastrukturfunktion des Staates infolge der Wiedervereinigung Deutschlands. Jeder konnte nun den desolaten Zustand von Landstraßen, Eisenbahnlinien, Hafenanlagen, Versorgungs- und Entsorgungsleitungen in der alten DDR besichtigen. Die Auswirkungen vernachlässigter öffentlicher Infrastruktur betrafen alle Lebensbereiche, insbesondere aber die Attraktivität bei unternehmerischen Standortentscheidungen, wobei der Verkehrsinfrastruktur in Zeiten der „Just-in-time"-Produktion mit abnehmender betrieblicher Fertigungstiefe besondere Bedeutung zukam.[265] Entsprechend mussten Infrastrukturprogramme für die neuen Bundesländer aufgelegt werden. Neben den materialen Einrichtungen, den Anlagen, Ausrüstungen und Betriebsmitteln lässt sich eine humankapitalorientierte Infrastrukturfunktion bezeichnen. So wurden dann auch im Beispielsfalle Einrichtungen der schulischen und beruflichen Bildung, Universitäten, Fachhochschulen bis hin zu Wissenstransfereinrichtungen aus- und umgebaut, um Voraussetzungen für die Entwicklung geistiger, technischer, handwerklicher Fähigkeiten zu schaffen.

Als fünfte Referenz können die generalisierten Medien genannt werden, mit denen das politisch-administrative System bei seinen Interventionen kommuniziert. Die Modalitäten der Wahrnehmung öffentlicher Aufgaben bilden einen Kontext mit dem Entscheidungsprozess in Staat und Verwaltung. Deswegen erfolgt hier nur der Hinweis, dass bestimmte Kommunikationsmedien nicht exklusiv für bestimmte soziale Systeme in Anspruch genommen werden können. Der Staatsinterventionismus und die Modalitäten der Aufgabenwahrnehmung belegen im Gegenteil, dass es zu Eingriffen in andere soziale Systeme kommt und dies unter Auswahl verschiedener Kommunikationsmedien erfolgt. Ausdifferenzierte Handlungssphären erschöpfen sich nicht in Selbstreferenz. Die Eigenheit des politisch-administrativen Systems besteht gerade darin, die soziale Instanz zu sein, die eine verbindliche Allokation von Werten und Gütern vornehmen und diese in Wirtschaft und Gesellschaft durchsetzen kann.[266] Dabei bestehen gewisse Auswahlmöglichkeiten zwischen verschiedenen Steuerungsmedien und gerade die gelungene Auswahl des Mediums schafft Integrationen zwischen verschiedenen Handlungssphären. Freilich besteht in der legalistischen Verwaltung eine deutliche Präferenz der Kommunikation durch Recht. Wo eine gewisse Rechtsförmigkeit vorgeschrieben ist, etwa schon durch die

---

[265] Vgl. Bach, Stefan, Wechselwirkungen zwischen Infrastrukturausstattung, strukturellem Wandel und Wirtschaftswachstum: Zur Bedeutung wirtschaftsnaher Infrastruktur für die Entwicklung in den neuen Bundesländern, Berlin 1994.

[266] Vgl. König, Klaus, Verwaltungsstaat im Übergang: Transformation, Entwicklung, Modernisierung, Baden-Baden 1999, S. 14.

5. Kapitel: Öffentliche Aufgaben und Verwaltungsprogramme 261

Verfassung, ist die Bindung an eine legal-autoritative Kommunikation nicht zu vermeiden.

Andererseits gewinnt das Steuerungsmedium des Geldes gerade in Zeiten einer Finanzkrise – alter Zinslasten und neuer Verschuldungen des Staates – eine gewisse Dominanz. Man mag nicht mehr von der Gesetzesakzessorität öffentlicher Ausgaben, also der Unterordnung des Geldes unter das Recht sprechen, sondern im Anblick von Artikelgesetzen als Begleitgesetzen zum Haushalt fragen, wie weit Recht noch finanzierbar ist. Jedenfalls ist der Einsatz beider Steuerungsmedien nicht beliebig vermehrbar.[267] Auch die zu hohe Beanspruchung von Geld und Recht kann die Wirksamkeit von Staatsinterventionen beeinträchtigen. Oft wird Geld als das weichere, flexiblere Steuerungsmedium angesehen, das in der Geldwirtschaft besonders geeignet erscheint, ökonomische Prozesse zu beeinflussen.[268] Man darf dabei aber nicht die Härten einer Sparpolitik übersehen. Auch wenn Geld und Recht die Staatsinterventionen der Moderne prägen, bleibt Macht bis hin zum physischen Zwang zumindest die Ultima ratio der politisch-administrativen Handlungssphäre, die das Gewaltmonopol nicht nur behaupten, sondern auch gegenüber der Gewaltanwendung von Individuen und Gruppen in der Gesellschaft durchsetzen muss. Medien der öffentlichen Aufgabenwahrnehmung reichen über Recht, Macht, Geld hinaus. Sie umspannen Information, Moral, Ideologie und anderes. Welche Wirkungen Medien jeweils bewirken, ist im Kontext der jeweiligen Sachaufgabe von Interessenkonstellationen, materieller Problemlagen einzuschätzen. Jedenfalls bestehen für Staatsinterventionen gewisse Auswahlspielräume, das jeweils geeignet erscheinende Steuerungsmedium einzusetzen.

Als sechste Referenz kann schließlich noch der Bezug zu den jeweiligen Adressaten staatlicher Steuerungsprogramme genannt werden.[269] Es macht einen Unterschied, ob Steuerzahler oder drogenabhängige Jugendliche, Verkehrsteilnehmer oder Sozialhilfeempfänger, polizeiliche Störer oder Bildungsinteressenten angesprochen werden. Dabei können intervenierende Größen zu berücksichtigen sein, und zwar auf Seiten des Staates wie der Betroffenen in Wirtschaft und Gesellschaft. Steuerungsprogramme können auf die Umsetzung durch die Verwaltung angewiesen sein, durch Subventionsbescheide, Gewerbeerlaubnisse, Baugenehmigungen usw. Sie können aber auch etwa als gesetzli-

---

[267] Vgl. Derlien, Hans-Ulrich, Staatliche Steuerung in Perspektive – Ein Gesamtkommentar, in: Klaus König/Nicolai Dose (Hrsg.), Instrumente und Formen staatlichen Handelns, Köln u. a. 1993, S. 515 f.
[268] Vgl. Wille, Eberhard, Marktversagen versus Staatsversagen – ein ideologisches Karussell?, in: Thomas Ellwein/Joachim Jens Hesse (Hrsg.), Staatswissenschaften: Vergessene Disziplin oder neue Herausforderung?, Baden-Baden 1990, S. 251 ff.
[269] Vgl. Wollmann, Hellmut, Implementationsforschung – eine Chance für kritische Verwaltungsforschung?, in: ders. (Hrsg.), Politik im Dickicht der Bürokratie, Leviathan Sonderheft 3, Opladen 1980, S. 32 ff.

che Geschwindigkeitsbeschränkung den Teilnehmer am Straßenverkehr ohne Zwischeninstanz unmittelbar treffen, wobei der Verwaltung Überwachung und Sanktionierung bei Fehlverhalten bleibt. Ist die öffentliche Verwaltung zwischengeschaltet, kann die Staatsintervention durch Beurteilungs- und Ermessensspielräume an Flexibilität gewinnen. Zwischen Staat und individueller Betroffenheit stehen heute intermediäre Organisationen von Wirtschaft und Gesellschaft – Industrieverbände, Rotes Kreuz usw. Sie können aus ihrem Sachverstand heraus zur Rationalisierung der Wahrnehmung öffentlicher Aufgaben beitragen.[270] Organisation ist indessen auch eine geeignete Voraussetzung zur Mobilisierung von Gegenmacht.[271]

Klassifikationen von Staatsinterventionen und Referenzen der Aufgabenwahrnehmung vermitteln Orientierungswissen, indem sie einen Überblick darüber geben, welche Instrumente und Formen staatlichen Handelns zur Verfügung stehen und auf welche Bezugsgrößen der Programmsteuerung zu achten ist. Die hiernach erforderlichen Selektionsleistungen hängen von weiteren Sach- und Interessenkonstellationen, nicht zuletzt aber von der Substanz der Sachaufgabe ab. Unterschiede in den Aufgaben der Polizei und der Jugendhilfe, der Forschungsförderung und der Sozialhilfe lassen sich nicht durch Modifikationen der Aufgabenwahrnehmung überbrücken. Jedoch bedeutet es eine Rationalisierung des öffentlichen Entscheidungsprozesses, wenn handlungssystematische Einsichten zu Staatsinterventionen bestehen, die dann um Erfahrungswissen zu dem jeweils in Frage stehenden Politikfeld angereichert werden können. Die mit dem ausgewählten und eingesetzten Steuerungsmodus verfolgte Intentionalität ist eine unverzichtbare Größe, wenn bewirkte und nicht bewirkte Wirkungen eingeschätzt werden sollen.

3. Öffentliche Aufgaben und Governance-Konzept

Modalitäten der Aufgabenwahrnehmung können Verdichtungen erfahren, die sie gleichsam zu Leitbildern von Staatsinterventionen werden lassen. Begreift man unter öffentlicher Governance die politisch-administrativen Regelungs- und Steuerungsbeziehungen zur Umwelt von Wirtschaft und Gesellschaft, so kann man solche Verdichtungen als Governance-Konzepte begreifen. Das wird deutlicher, wenn man sich auf Grundformen gesellschaftlicher Regelung und Steuerung bezieht. Vier Modi werden genannt: Markt, Bürokratie,

---

[270] Vgl. Voigt, Rüdiger, Staatliche Steuerung aus interdisziplinärer Perspektive, in: Klaus König/Nicolai Dose (Hrsg.), Instrumente und Formen staatlichen Handelns, Köln u. a. 1993, S. 301.

[271] Vgl. Lindblom, Charles E., The Policy-Making Process, 2. Aufl., Englewood Cliffs 1980, S. 81, 100.

Verhandlung, Selbstregulierung.[272] Dabei steht bürokratische Steuerung für die autoritativ gesetzten Gebote und Verbote, die sich letztlich auf das staatliche Gewaltmonopol stützen. Unter dem Vorzeichen der Aufgabenwahrnehmung ist freilich zu beachten, dass Bürokratien im demokratischen Rechtsstaat das vollziehen, was die Legislative als Aufgaben nach Substanz und Modus bestimmt hat. Das führt zur Maßgeblichkeit einer anderen Kategorie, unter der sich Gebote und Verbote bündeln lassen, nämlich zu regulativen Programmen. Das Regulatorische wird manchmal weit begriffen, selbst bis hin zur Subventionsvergabe.[273] Die Differenzierungen des staatlichen Interventionsinstrumentariums legen es indessen nahe, Regulative auf den Kern autoritativ-normativer Steuerung zu begrenzen.

Insofern sind Regulierungen eine Hauptstrategie des modernen Staates. Dabei greifen sie nicht nur in Märkte und private Unternehmen ein. Als Arbeitsrecht, Bildungsrecht, Verkehrsrecht betreffen sie alle sozioökonomischen Handlungssphären. Für die legalistische Staats- und Rechtskultur sind Regulative Selbstverständlichkeiten für alle Lebensbereiche. Nichts anderes gilt indessen auch für Gesellschaften der Zivilkultur und des Common Law. Auch in den USA ist nach Regulationen, Deregulationen und Re-Regulationen der „Regulatory State" ein politisches Leitbild.[274]

In Westeuropa und insbesondere Deutschland haben Privatisierungen wie die von Bahn, Post, Telekommunikation, Rundfunk einen neuen Regelungsbedarf geweckt. Da der Staat nun nicht mehr schlechthin Eigentümer der einschlägigen Produktionsmittel ist, muss er in so sensiblen Bereichen das öffentliche Interesse durch Regulative wahren. Man kann den Eindruck gewinnen, dass er durch das Ausmaß der neuen Regulative das Niveau der Staatsinterventionen insgesamt aufrecht erhalten hat.[275] Regulative Strategien erhalten überdies durch die Europäisierung und die Globalisierung weiteren Auftrieb. Die Herstellung eines europäischen Binnenmarktes erfordert eine Harmonisierung

---

[272] Vgl. Fuchs, Gerhard/Rucht, Dieter, Sozial- und Umweltverträglichkeit von technischen Systemen als Regelungsproblem: Möglichkeiten und Grenzen des Rechts, in: Jahresschrift für Rechtspolitologie, Band 2: Rechtspolitische Forschungskonzepte, Pfaffenweiler 1988, S. 173 f.

[273] Vgl. Meier, Kenneth J., Regulation. Politics, Bureaucracy, and Economics, New York 1985, S. 1 f.

[274] Vgl. Majone, Giandomenico, The Rise of the Regulatory State in Europe, in: West European Politics 1994, S. 77 ff.; Müller, Markus M./Sturm, Roland, Ein neuer regulativer Staat in Deutschland? Die neuere Theory of the Regulatory State und ihre Anwendbarkeit in der deutschen Staatswissenschaft, in: Staatswissenschaften und Staatspraxis 1998, S. 507 ff.

[275] Vgl. König, Klaus/Benz, Angelika, Zusammenhänge von Privatisierung und Regulierung, in: dies. (Hrsg.), Privatisierung und staatliche Regulierung. Bahn, Post, Telekommunikation und Rundfunk, Baden-Baden 1997, S. 13 ff.

der Verhältnisse in den Mitgliedstaaten und diese verfolgt man über Regulative. Auch die Weltgesellschaft kann nicht einfach auf freie wirtschaftliche und gesellschaftliche Kräfte vertrauen. Sie muss verbindliche internationale Rechtsregime wie das General Agreement on Tariffs and Trade jetzt mit der World Trade Organisation errichten, soll eine verbindliche Weltordnung auf dem Gebiete des Handels gelten.[276]

Bezieht man den Markt und seine Mechanismen auf Staat und Verwaltung, dann geht es unter dem Vorzeichen der öffentlichen Aufgabenwahrnehmung nicht um die „marketization" des politisch-administrativen Systems schlechthin – wie zur Verwaltungsmodernisierung zu diskutieren ist –, sondern um die Marktförmigkeit von Staatsinterventionen. Im weiteren Sinne kann man als Steuerungsinstrumente, die das Marktgeschehen beeinflussen, nennen: Subventionen, Zinsvergünstigungen, Mengenbegrenzung usw. Im engeren Sinne geht es darum, staatliche Eingriffe selbst den Marktmechanismen zu unterwerfen. Das herausragende Beispiel ist dafür das Zertifikatsmodell im Politikfeld des Umweltschutzes.[277] Emissionsberechtigungen manifestieren sich in frei übertragbaren Zertifikaten. Sie werden als Wertpapiere an besonderen Börsen gehandelt. Auf Angebot und Nachfrage basierende Preise bestimmen Verfügbarkeiten. Damit soll die optimale Allokation verknappter Emissionsmöglichkeiten als Ressource erreicht werden.

Marktkonforme und weitere ökonomische Instrumente wie Kompensationsmodelle – Übertragbarkeit von Genehmigungen etwa auf andere Anlagen des Betreibers bei Ausgleich –, Umweltabgaben, Umwelthaftungen lassen den Betroffenen Handlungsspielräume. Sie gelten deswegen auch als flexiblere Handlungsinstrumente, die eben keinen direkten Zwang erzeugen, Anpassungen erlauben und geringeren Verwaltungsaufwand erfordern. Der Bürokratie hält man insbesondere ihren reaktiven Modus und ihre Vollzugsdefizite entgegen. Indessen verbessert etwa ein Handel mit Emissionsrechten für sich die Umweltsituation insgesamt nicht. Zwar kann man die Emissionsgenehmigung, ihren freien Austausch gegen Geld, die konkrete Nutzung von Emissionsrechten mit verfeinerten Bedingungen verknüpfen. Das Gesamtniveau der Umweltbelastung verringert man indessen nur, wenn man von Rechts wegen besondere Mechanismen einbaut, die zur Entwertung der Zertifikate nach gewissen Zeitabläufen führen.

Dass Staat und Verwaltung verhandeln, ist eine historische Erfahrung wie jetzt von besonderer Aktualität. Dafür stehen Leitworte wie „Verhandlungsde-

---

[276] Vgl. Klein, Martin u. a. (Hrsg.), Die Neue Welthandelsordnung der WTO, Amsterdam 1998.
[277] Vgl. Rengeling, Hans-Werner (Hrsg.), Klimaschutz durch Emissionshandel, Köln u. a. 2001; ferner Klemmer, Paul u. a., Klimaschutz und Emissionshandel: Probleme und Perspektiven, Rheinisch-Westfälisches Institut für Wirtschaftsforschung, Essen 2002.

5. Kapitel: Öffentliche Aufgaben und Verwaltungsprogramme

mokratie", „verhandelnde Verwaltung". Auch Kategorien wie „kooperativer Staat" und „kooperative Verwaltung" sind im Kontext von Verhandlungsstrukturen zu sehen.[278] Verhandeln ist dabei nicht nur ein Moment des Verwaltungsvollzuges, sondern auch eines der Modalitäten der Aufgabenwahrnehmung. Allerdings gehen die Ergebnisse von Verhandlungen in unterschiedlicher Weise in die Staatsintervention ein. Von normvorbereitender Kooperation bzw. von kooperativer Rechtssetzung[279] kann man sprechen, wenn Gesetze zwischen Staatsleitung und betroffenen Gruppen, etwa Industrieverbänden ausgehandelt werden und die Verständigungsergebnisse in legislative Formen gegossen werden. Auch konzertierte Aktionen im Vorfeld der Gesetzgebung können genannt werden. Hier geht es nicht nur darum, durch Anhörungen Sach- und Interessenlagen kennen zu lernen, um die Akzeptanz der Rechtsnormen zu verbessern. Der Abgleich der öffentlichen Aufgaben der Substanz und dem Modus nach weist Verhandlungen eine weiterreichende Kraft bei. Man verweist auf eine Enthierarchisierung der Beziehungen zwischen Staat und Gesellschaft, die mit entsprechenden Steuerungserfolgen bezahlt wird. Neben den hierarchisch-majoritären Politikmodus tritt ein zweiter, konsensueller Modus, der die Entscheidungsfindung in ein multilaterales Verhandlungsnetz spezialisierter Interessenvertreter je nach Politikfeld verlagert.[280]

Das Ergebnis von Verhandlungen zwischen dem Staat einerseits und wirtschaftlichen und gesellschaftlichen Kräften andererseits kann aber auch eine sozioökonomische Selbstregulierung betroffener Handlungssphären sein. Börsennotierte Unternehmen gehen etwa die Selbstverpflichtung ein, Transparenz in den Corporate Governance-Mustern herzustellen. Oder die Chemieindustrie unterwirft sich einer Selbstbeschränkung bei der Verarbeitung umweltschädlicher Stoffe. Zu den Vorteilen von Verhandlungslösungen rechnet man die relativ breite Problemperzeption, die Bündelung von Sachverstand und Information, den breiten politischen Rückhalt. Zu den Nachteilen muss man zählen, dass Betroffene vom Verhandlungstisch ausgeschlossen sein können, insbesondere wenn ihre Interessen nicht hinreichend organisiert sind. Überdies muss man verbandsinterne Durchsetzungsprobleme der intermediären Organisationen einkalkulieren. Starke Kräfte der Arbeits- und Wirtschaftswelt können Exit- und Veto-Optionen haben. Sie verlassen die Verhandlungsrunde oder legen Ein-

---

[278] Vgl. Dose, Nicolai, Die verhandelnde Verwaltung – Eine empirische Untersuchung über den Vollzug des Immissionsschutzrechts, Baden-Baden 1997; Benz, Arthur, Kooperative Verwaltung, Baden-Baden 1994.

[279] Vgl. Ritter, Ernst-Hasso, Das Recht als Steuerungsmedium im kooperativen Staat, in: Dieter Grimm (Hrsg.), Wachsende Staatsaufgaben – sinkende Steuerungskraft des Rechts, Baden-Baden 1990, S. 69 ff.

[280] Vgl. Scharpf, Fritz W., Die Handlungsfähigkeit des Staates am Ende des 20. Jahrhunderts, in: Beate Kohler-Koch (Hrsg.), Staat und Demokratie in Europa, Opladen 1992, S. 95.

spruch ein.[281] Selbstregulative als Verhandlungserzeugnisse werden deswegen oft im Schatten legislativer Autorität gefunden. Man könnte das öffentliche Interesse ja auch durch formelle Gesetze durchsetzen.

Im Hinblick auf Verhandlungen zwischen Staatsleitung und wirtschaftlichen wie gesellschaftlichen Organisationen sind Selbstregulative Ergebnisse. Sie sind aber in ihrer Genese nicht schlechthin auf den Staat angewiesen. Und sie sind keineswegs ein sozialer Ausnahmefall. Moderne Gesellschaften sind in abgegrenzten Handlungssphären von Geldwirtschaft, Wissenschaft, Rechtspflege usw. so ausdifferenziert, dass sie sich durch hohe Selbstreferenz auszeichnen. Das schließt es nicht aus, dass Pfändungen, Haushaltskürzungen, Organisationsauflösungen in den selbstreferenziellen Alltag intervenieren. Manche gehen von einer Autopoesis sozialer Systeme aus und stellen allenfalls auf Ankoppelungen, Kontextsteuerungen usw. ab.[282] Hier wird am Begriff der Staatsintervention festgehalten. Soziale Systeme funktionieren aufgrund einer eigenen Ordnung und von Umwelteinflüssen. Ausdifferenzierte Handlungssphären sind somit auf kollektive Ordnungsmuster als Selbstregulative angewiesen, in der modernen Wirtschaft etwa: technische Normen, Ethik-Codes, Handelsbräuche usw. Solche Regulative verfolgen grundsätzlich eine „selbstbezogene Funktionslogik".[283] Das schließt nicht aus, dass Selbstregulative auch mittelbar öffentlichen Interessen dienen. Unternehmen mögen sich aus systemimmanenten Gründen freiwilligen Transparenzregeln unterwerfen, weil sie damit etwa einen besseren Zugang zu Kapitalmärkten erwarten. An Transparenz des Unternehmensgeschehens ist aber auch der Staat interessiert, nicht zuletzt im Hinblick auf öffentliche Abgaben.

Da es aber nicht nur auf die eigene Ordnung, sondern auch auf die Umwelteinflüsse ankommt, kann die staatliche Regulierung an Selbstregulierungen ausdifferenzierter Handlungssphären anknüpfen. Die einschlägigen Referenzgebiete öffentlicher Aufgabenfelder haben ihre eigene Entstehungsgeschichte. Das gilt für die staatlichen Regulative des Umweltschutzes mit ihren Verbindungen zum Umwelt-Audit, zur Organisation des betrieblichen Umweltschut-

---

[281] Vgl. Fuchs, Gerhard/Rucht, Dieter, Sozial- und Umweltverträglichkeit von technischen Systemen als Regelungsproblem: Möglichkeiten und Grenzen des Rechts, in: Jahresschrift für Rechtspolitik: Rechtspolitische Forschungskonzepte, Pfaffenweiler 1988, S. 173.

[282] Vgl. Voigt, Rüdiger, Staatliche Steuerung aus interdisziplinärer Perspektive, in: Klaus König/Nicolai Dose (Hrsg.), Instrumente und Formen staatlichen Handelns, Köln u. a. 1993, S. 299 f.

[283] Vgl. Schmidt-Preuß, Matthias, Verwaltung und Verwaltungsrecht zwischen gesellschaftlicher Selbstregulierung und staatlicher Steuerung, in: Veröffentlichungen der Vereinigung der Deutschen Staatsrechtslehrer, Band 56: Kontrolle der auswärtigen Gewalt / Verwaltung und Verwaltungsrecht zwischen gesellschaftlicher Selbstregulierung und staatlicher Steuerung, Berlin/New York 1997, S. 162 f.

zes, zu technischen Regelwerken und weiter für Telekommunikationsrecht, Handels- und Gesellschaftsrecht, Produktsicherheitsrecht, Wissenschaftsrecht, Transplantationsrecht usw.[284] Man könnte geneigt sein, eine Tendenz zum „soft law" zu beobachten, herkömmlich: Tarifverträge im Arbeitsleben mit staatlicher Regelung der Allgemeinverbindlichkeits-Erklärung, jetzt: Corporate Governance Kodex mit staatlicher „Comply or explain"-Regelung.[285]

Die staatlich regulierte sozioökonomische Selbstregulierung leitet zu einem übergreifenden Steuerungskonzept über, nämlich zu dem des Gewährleistungsstaates. Dieses Staatsbild geht auf den Begriff der Verwaltungsverantwortung[286] zurück, mit der man sachliche Substrate der Verwaltung im sozialen Rechtsstaat erfassen will. Weiter kommt das Verhältnis der Verwaltung zum Gesetzgeber ins Blickfeld. Mit der Frage nach dem „Kooperationsspektrum" zwischen staatlicher und privater Aufgabenerfüllung werden die Modalitäten der Aufgabenwahrnehmung erreicht. Unterschiedliche Intensitäten öffentlicher Aufgabenerfüllung werden herausgearbeitet: Erfüllungsverantwortung, Überwachungsverantwortung, Finanzierungsverantwortung, Organisationsverantwortung, Beratungsverantwortung, Einstandsverantwortung, Abfederungsverantwortung. Schließlich werden drei Grundtypen aggregiert: Erfüllungsverantwortung, Gewährleistungsverantwortung, Auffangverantwortung. Der Gewährleistungsstaat knüpft bei der Gewährleistungsverantwortung an.[287]

Als Verwaltungsverantwortung werden diejenigen Verantwortlichkeiten und Verfahren, Zuständigkeiten und spezifischen Handlungsspielräume verstanden, die das System der öffentlichen Verwaltung rechtlich und politisch verfassen.[288] Eine solche Begrifflichkeit muss problematisch erscheinen, weil der Verantwortungsbegriff herkömmlich auf individuelle und kollektive Rechenschafts-

---

[284] Vgl. Schmidt-Aßmann, Eberhard, Regulierte Selbstregulierung und verwaltungsrechtliche Systembildung, in: Die Verwaltung, Beiheft 4: Regulierte Selbstregulierung als Steuerungskonzept des Gewährleistungsstaates, Berlin 2001, S. 256 ff.

[285] Vgl. Baums, Theodor (Hrsg.), Bericht der Regierungskommission Corporate Governance: Unternehmensführung, Unternehmenskontrolle, Modernisierung des Aktienrechts, Köln 2001.

[286] Vgl. Pitschas, Rainer, Verwaltungsverantwortung und Verwaltungsverfahren. Strukturprobleme, Funktionsbedingungen und Entwicklungsperspektiven eines konsensualen Verwaltungsrechts, München 1990, S. 10 f.; Schmidt-Aßmann, Eberhard, Verwaltungsverantwortung und Verwaltungsgerichtsbarkeit, in: Veröffentlichungen der Vereinigung der Deutschen Staatsrechtslehrer, Band 34: Die Bindung des Richters an Gesetz und Verfassung / Verwaltungsverantwortung und Verwaltungsgerichtsbarkeit, Berlin/New York 1976, S. 232 ff.

[287] Vgl. Schuppert, Gunnar Folke, Verwaltungswissenschaft, Baden-Baden 2000, S. 402 ff.

[288] Vgl. Pitschas, Rainer, Verwaltungsverantwortung und Verwaltungsverfahren. Strukturprobleme, Funktionsbedingungen und Entwicklungsperspektiven eines konsensualen Verwaltungsrechts, München 1990, S. 10.

legungen und Einstandspflichten bezogen wird. Spricht man insoweit von Verantwortlichkeit und klammert diese aus, dann kann man den Verantwortungsbegriff systemisch darauf beziehen, wie weit Ungewissheiten reduziert, Unsicherheiten absorbiert, Risiken abgenommen und übernommen werden.[289] Damit erreicht man funktionale Aspekte und damit das, was Staat und Verwaltung leisten oder leisten sollen: Deskriptionen und Präskriptionen öffentlicher Aufgaben unter Modalitäten ihrer Wahrnehmung.

Wendet man sich der Gewährleistungsverantwortung als Staatsfunktion zu und lässt die Frage nach dem Gewährleistungsstaat als überschießende Staatszwecklehre zunächst beiseite, kann man für die Funktion eine Fülle von empirischem Material zusammentragen. Dazu gehört die skizzierte staatliche Regulierung gesellschaftlicher Selbstregulierungen. Hinzu kommen Formen, Sachpolitik ohne Gesetzgebung etwa durch öffentliche Zielsetzung zu machen, die Umsetzung aber der Bindung Privater an einen freiwilligen „Accord" zu überlassen.[290] Eine Vielzahl von Verantwortungsteilungen zwischen Staat, Wirtschaft, Gesellschaft findet man unter dem Stichwort des kooperativen Staates und der kooperativen Verwaltung. Eine spezifische Ausprägung pflegt die Gewährleistungsverantwortung in der „Public Private Partnership" zu erfahren.

Dass Staat und Verwaltung sich Privater zur Erfüllung öffentlicher Aufgaben bedienen hat eine lange Tradition, wie denn auch von Staats und Verwaltung wegen mit Privaten herkömmlicherweise von Fall zu Fall verhandelt wird.[291] Dass Public Private Partnership von manchen gleichsam als Neuerfindung angesehen wird, mag daran liegen, dass im Herkommen mehr die öffentliche Gewalt, heute mehr der öffentliche Nutzen ins Blickfeld gerät. Der Beliehene ist eben die Privatperson, die mit der hoheitlichen Wahrnehmung bestimmter Verwaltungsaufgaben im eigenen Namen betraut ist, so funktionell, wenn auch mittelbar in die Verwaltung einbezogen wird, also etwa Jagdaufseher, Fleischbeschauer, Schornsteinfeger, technische Überwachungsvereine, Privatschulen als Ersatzschulen, Privatbanken bei Subventionsvergabe usw.[292] Das Konzept der Public Private Partnership ist durch die anglo-amerikanische Verwaltungskultur eines ökonomischen Managerialismus inspiriert und hat ihre Wurzeln in der Stadtentwicklung, der ökonomischen Wiederbelebung von

---

[289] Vgl. Luhmann, Niklas, Soziologie des Risikos, Berlin/New York 1991.

[290] Vgl. Héritier, Adrienne, New Modes of Governance in Europe: Policy-Making without Legislating?, in: dies (Hrsg.), Common Goods: Reinventing European and International Governance, Lankam, Md. 2002, S. 185 ff.

[291] Vgl. Czada, Roland, Konkordanz, Korporatismus, Politikverflechtung: Dimensionen der Verhandlungsdemokratie, in: Everhard Holtmann/Helmut Voelzkow (Hrsg.), Zwischen Wettbewerbs- und Verhandlungsdemokratie, Wiesbaden 2000, S. 23 ff.

[292] Vgl. Maurer, Hartmut, Allgemeines Verwaltungsrecht, 16. Aufl., München 2006, S. 550 ff.

Problemregionen, der Verbesserung des Wohnumfeldes, insbesondere in der lokalen Wirtschaftsförderung. Wenn Verwaltungen sich in dieser Weise vor Ort und in Regionen mit privaten Akteuren zusammentun, um einschlägige Entwicklungsprojekte gemeinsam durchzuführen, dann sieht man sich als Partner und nicht in einer Subordinationsbeziehung. In Deutschland kommen gemeinsame Projekte der Konversion von Militäranlagen durch Öffentliche und Private, die Zusammenarbeit von Gemeinden und privaten Vorhabenträgern im Rahmen städtebaulicher Verträge und Vorhaben- und Erschließungspläne diesen Vorstellungen nahe.[293]

Heute lässt sich Public Private Partnership nicht auf ein Aufgabenfeld eingrenzen. Sachpolitiken des Umweltschutzes, der Forschung, der Versorgung und Entsorgung, des Sicherheitswesens, der Bildung, der Forstwirtschaft, des Verkehrsbereichs stehen wie die Stadtentwicklung unter diesem Begriff zur Diskussion.[294] Hervorzuheben ist der Zusammenhang mit Strategien der Ökonomisierung und Managerialisierung, insbesondere mit denen der Privatisierung. Es geht um funktionale Privatisierung wie das Betreibermodell – der Betreiber bringt eigenverantwortlich, aber im Einvernehmen mit dem öffentlichen Aufgabenträger Anlagen in Gang und übernimmt dann auch den Betrieb dieser Anlagen; die an den Betreiber zu zahlenden Entgelte gehen als Entgelte für Fremdleistungen in die Gebührenberechnung ein – oder Finanzprivatisierungen wie das Leasingmodell – durch private Dritte erfolgen Finanzierungen und Bau seitens des öffentlichen Aufgabenträgers projektierter Anlagen mit anschließender Vermietung an den Träger – oder die Gründung gemischtwirtschaftlicher Unternehmen wie eine Entsorgungs-GmbH – Träger der öffentlichen Hand und Akteure der Privatwirtschaft beteiligen sich gemeinsam als Gesellschafter eines privatrechtlich organisierten Unternehmens –.[295]

Gegenüber einem weiten Verständnis von Public Private Partnership als jeder Kooperation wird versucht, einen engeren Begriff der Zusammenarbeit von Öffentlichen und Privaten zu finden. Ausgeklammert werden einerseits altruistische Formen, also Mäzenatentum und Sponsoring, weil eben ökonomische

---

[293] Vgl. Strünck, Christoph/Heinze, Rolf G., Public Private Partnership, in: Bernhard Blanke u. a. (Hrsg.), Handbuch zur Verwaltungsreform, 3. Aufl., Wiesbaden 2005, S. 127 ff.
[294] Vgl. Budäus, Dietrich/Grüning, Gernod, Public Private Partnership – Konzeption und Probleme eines Instruments zur Verwaltungsreform aus Sicht der Public Choice-Theorie, in: Dietrich Budäus/Peter Eichhorn (Hrsg.), Public Private Partnership: Neue Formen öffentlicher Aufgabenerfüllung, Baden-Baden 1997, S. 40 ff.
[295] Vgl. Tettinger, Peter J., Die rechtliche Ausgestaltung von Public Private Partnership, in: Dietrich Budäus/Peter Eichhorn (Hrsg.), Public Private Partnership: Neue Formen öffentlicher Aufgabenerfüllung, Baden-Baden 1997, S. 127 ff.

Erwägungen der Partner zu Grunde gelegt werden.[296] In diesem Sinne sollen auch Kooperationsformen zwischen öffentlichen Aufgabenträgern und Privaten außen vor bleiben, die mit der Zusammenarbeit verschiedene Ziele verfolgen. Das gilt insbesondere beim Contracting Out. Hier liegt eine Principle/Agent-Situation mit der Maßgabe vor, dass in einer Auftragsbeziehung der private Kontraktor als Auftragsnehmer Leistungen für den öffentlichen Auftraggeber erbringt, er selbst nicht an der Leistungserstellung interessiert ist, sondern an den damit verbundenen Einnahmen. So wird die Begrenzung von Public Private Partnership in der Zielkomplementarität gesucht. Das führt zu schwierigen Abgrenzungen, weil man außerhalb altruistischer Zusammenarbeit letztlich bei Privaten eine Gewinnorientierung vermutet. Will man also prinzipielle Divergenzen zwischen öffentlichen und privaten Interessen unberücksichtigt lassen, wird man darauf abstellen müssen, wie weit bei den Privaten die Gewinnintention durch andere Zwecke mediatisiert wird. Partnerschaftliche Fälle wären dann etwa die gemeinsame Anstrengung von Stadtverwaltungen und ortsansässigen Geschäftsleuten, in einem Geschäftsviertel öffentliche Ordnung und wirtschaftliche Attraktivität wieder herzustellen, oder das duale Ausbildungssystem in Deutschland mit der Zusammenarbeit von Privatwirtschaft und öffentlichen Bildungseinrichtungen in den praktischen und schulischen Teilen des Ausbildungsprogramms.[297]

Regulierte Selbstregulierung, Public Private Partnership, Contracting Out, Outsourcing und anderes mehr enthalten Momente einer politisch-administrativen Gewährleistungsfunktion. Sie ergeben aber noch keinen Gewährleistungsstaat. Dieses Leitbild ist dem staats- und verwaltungspolitischen Konzept des „aktivierenden Staates" – „enabling state", „empowering society" – benachbart. Der „aktivierende Staat" soll ein Staat sein, der an einer öffentlichen Verantwortung für gesellschaftliche Aufgaben festhält, jedoch nicht alle Leistungen selbst erbringen muss. Seine Aufgabe sei vielmehr, die Gesellschaft zu aktivieren, zu fordern und zu fördern, sich selbst als Problemlöser zu engagieren, stark zu bleiben.[298] Stichworte wie Dialog, Verantwortungsteilung, Koproduktion, Selbstregulierung usw. fallen an dieser Stelle. Das Konzept des „aktivierenden Staates" steht im Kontext der Verwaltungsmodernisierung und

---

[296] Vgl. Strünck, Christoph/Heinze, Rolf G., Public Private Partnership, in: Bernhard Blanke u. a. (Hrsg.), Handbuch der Verwaltungsreform, 3. Aufl., Wiesbaden 2005, S. 128.

[297] Vgl. Budäus, Dietrich/Grüning, Gernod, Public Private Partnership – Konzeption und Probleme eines Instruments zur Verwaltungsreform aus Sicht der Public Choice-Theorie, in: ders./Peter Eichhorn (Hrsg.), Public Private Partnership: Neue Formen öffentlicher Aufgabenerfüllung, Baden-Baden 1997, S. 48 ff.

[298] Vgl. Bandemer, Stephan von/Hilbert, Josef, Vom expandierenden zum aktivierenden Staat, in: Bernhard Blanke u. a. (Hrsg.), Handbuch der Verwaltungsreform, 3. Aufl., Opladen 2005, S. 30 f.; Blanke, Bernhard/Bandemer Stephan von, Der „aktivierende Staat", in: Gewerkschaftliche Monatshefte 6/1999, S. 321 ff.

5. Kapitel: Öffentliche Aufgaben und Verwaltungsprogramme

muss in diesem Zusammenhang erörtert werden.[299] Unter dem Vorzeichen der Modalitäten öffentlicher Aufgabenwahrnehmung kommt es darauf an, diesen und anderen funktionalen Leitbildern der Staatlichkeit wie des Vorsorgestaates, des Dienstleistungsstaates[300] und eben auch des Gewährleistungsstaates das Spektrum der wirklich maßgeblichen Staatsinterventionen gegenüberzustellen.

Und hier ist in Ergänzung der aufgezeigten Variationsbreite darauf hinzuweisen, dass sich mancherorts eine neue Art von Merkantilismus, nämlich die staatliche Steuerung durch Eigentumsrechte – „property rights" – abzeichnet. Vorab ist zu unterstreichen, dass weltweit, vor allem in Industrieländern, die letzten Dekaden durch Privatisierungen gekennzeichnet sind, und zwar nicht nur in der Form einfacher Aufgaben- und Vermögensprivatisierung, sondern in hochdifferenzierten Formen teilfunktionaler Privatisierungen bis hin zu Finanzierungsprivatisierung. Dabei sind auch hochsensible Bereiche wie Verteidigung, Polizei, Strafvollzug berührt worden, die als „notwendige" Staatsaufgaben eingeschätzt werden.[301] Das ändert freilich nichts daran, dass Staats- und Selbstverwaltung nach wie vor über Eigentums- und Beteilungsrechte disponieren, für die sich die Frage nach dem öffentlichen Interesse, dem öffentlichen Gut, der öffentlichen Aufgabe nicht ohne weiteres beantworten lässt. Das betrifft in Deutschland vor allem die subnationale Ebene. So hält etwa ein Bundesland Seefischmärkte, Flughäfen, „Staats"-Bäder, Spielbanken, Eisenbahnen, Energie-Agenturen, anderes mehr und nicht zuletzt die Beteiligung an einem Großproduzenten von Kraftfahrzeugen. Selbst zum Neuerwerb eines industriell-kommerziellen Komplexes ist es gekommen, um ein Stahlwerk vor dem Fusionsangebot eines ausländischen Konzerns zu schützen.[302]

Instruktives Anschauungsmaterial zur Vielfalt von Eigentumsrechten in öffentlicher Hand bieten insbesondere die Beteiligungsberichte deutscher Großstädte, die über traditionelle Besitzstände im Kulturbereich, im Erholungsbereich, im Verkehrsbereich, im Wohnungsbereich, im Gesundheitsbereich, im Umweltbereich, im Versorgungs- und Entsorgungsbereich, im Sozialbereich hinausgehen.[303] Ein Beispiel für die Erschließung neuer Produktions- und Dis-

---

[299] Vgl. Reichard, Christoph, Staats- und Verwaltungsmodernisierung im „aktivierenden Staat", in: Verwaltung und Fortbildung, 3/1999, S. 117 ff.

[300] Vgl. Voßkuhle, Andreas, Der „Dienstleistungsstaat" – Über Nutzen und Gefahren von Staatsbildern, in: Der Staat 2001, S. 495 ff.

[301] Vgl. Gramm, Christof, Privatisierung und notwendige Staatsaufgaben, Berlin 2001.

[302] Vgl. König, Klaus, Ordnungspolitische Probleme der Privatisierung, in: Deutsches Anwaltsinstitut e. V. (Hrsg.), Brennpunkte des Verwaltungsrechts 2000, Bochum 2000, S. 193.

[303] Vgl. König, Klaus, Ordnungspolitische Probleme der Privatisierung, in: Deutsches Anwaltsinstitut e. V. (Hrsg.), Brennpunkte des Verwaltungsrechts 2000, Bochum 2000, S. 190 ff.

tributionsfeld ist die Telekommunikation.[304] Tür und Tor werden geöffnet, wenn dann noch die Subsidiaritätsklausel für die wirtschaftliche Betätigung von Kommunen gestrichen wird, dass nämlich der Zweck des wirtschaftlichen Unternehmens nicht besser und wirtschaftlicher durch einen anderen erfüllt wird oder erfüllt werden kann. Expansionen im Felde etwa der „Neuen Ökonomie" sind möglich, deren wirtschaftliche Risiken angesichts technischer Entwicklungen und großer Unternehmensübernahmen kaum vorauszusehen sind. Es bleibt die Anforderung eines öffentlichen Zweckes.[305] Wenn damit nicht Produkt und Dienstleistung selbst gemeint sind, sondern vielfältige sekundäre Zwecke wie lokale und regionale Wirtschaftsförderung, gar Bekämpfung der Arbeitslosigkeit ins Spiel gebracht werden, lässt sich selbst ein florierender Bierbrauer als öffentlicher Zweck legitimieren.

Das Neo-Merkantilistische öffentlicher Beteiligungs- und Eigentumsrechte liegt aber nicht einfach in der Expansion wirtschaftlicher Betätigung insbesondere von Kommunen über alte Besitzstände hinaus: die tradierte städtische Gärtnerei, die jetzt nach außen gegen die mittelständischen Betriebe vor Ort antritt; das neu gegründete kommunale Unternehmen zur Entsorgung von Altautos, das den ansässigen Privatbetrieben von Anlagen zur kommerziellen Entsorgung von Kraftfahrzeugen entgegenhält. Das Neo-Merkantilistische kann man darin sehen, dass man dem Zeitgeist der Präferenz für die Markt- und Wettbewerbswirtschaft nachgibt und auf die Privilegien der Staats- und Verwaltungswirtschaft zu verzichten bereit ist, soweit sie zu Wettbewerbsverzerrungen führen. Ein Beispiel dafür bietet das Sparkassenwesen, das aus Gesichtspunkten des Beihilferechts der Europäischen Gemeinschaften in die Diskussion geraten ist.[306] Einstands- und Haftungspflichten der kommunalen Gewährleistungsträger werden als wettbewerbsverzerrend angesehen. Also trennt man sich in dem einen Mitgliedsland schneller, in dem anderen langsamer von alten Vorteilen, hält aber die Eigentümerposition aufrecht: „Konkurrieren statt Privatisieren" heißt ein neues Schlagwort.[307] Das ist das Gegenteil dessen, was andere unter der „Contracting Out-City" oder dem „Hollow State"[308] verstehen.

---

[304] Vgl. Wolf, Heinrich, Die Zulässigkeit der kommunalen Unternehmen auf dem Telekommunikationsmarkt – Keine Frage des Verfassungsrechts, in: Verwaltungsrundschau 1999, S. 420 ff.

[305] Vgl. Schneider, Jens-Peter, Der Staat als Wirtschaftssubjekt und Steuerungsakteur, in: Deutsches Verwaltungsblatt 2000, S. 1250 ff.

[306] Vgl. Schwarting, Gunnar, Kommunale Wirtschaft – Vor großen Herausforderungen, in: Zeitschrift für öffentliche und gemeinwirtschaftliche Unternehmen 2001, S. 286 ff.

[307] Vgl. Hille, Dietmar u. a., Konkurrieren statt Privatisieren: Kommunale Einrichtungen im Wettbewerb, Kommunalwissenschaftliches Institut der Universität Potsdam, KWI-Arbeitsheft 3, Potsdam 2000.

[308] Vgl. Milward, H. Brinton, The Changing Character of the Public Sector, in: James L. Perry (Hrsg.), Handbook of Public Administration, 2. Aufl., San Francisco 1996, S. 79.

Hier werden alle von der öffentlichen Hand zu erbringenden Leistungen auskontrahiert: an gemeinnützige Organisationen, gewinnorientierte Firmen, andere öffentliche Verwaltungen. Der Staat wird von seinen Erträgen abgetrennt. Ihm bleibt die „Virtual corporation" der Verwaltungsjuristen, Kostenanalysten, Computerspezialisten.

Der expandierenden Verwaltung wird man die gestiegenen finanziellen Risiken wirtschaftlicher Betätigung vorhalten, zumal wenn sie nicht angehalten ist, durch formalisierte Markterkundung sich über Chancen und Risiken Rechenschaft zu geben. Der „Contracting Out"-Industrie – wie sie in den USA in ihren neuen Großgebäuden zu beobachten ist – wird man die Kostenfrage entgegenhalten, zumal wenn sich das private Unternehmen als personalintensiver als die alte Verwaltungsbürokratie erweist. Im Grunde muss man auf die ordnungspolitische Frage zurückgreifen, jedenfalls wenn man Ordnungspolitik in der modernen Gesellschaft darin begründet sieht, dass deren Leistungskraft auf der sozialen Differenzierung, der Aufgaben- und Verantwortungsteilung zwischen je eigenen Handlungssphären beruht, die wiederum nach je eigenen Prinzipien rationalisiert sind. Man kommt nicht umhin, das Öffentliche und das Private immer wieder zu reflektieren, und zwar national[309] wie international.[310] Die Verwaltungswissenschaft kann an erfahrbare Entwicklungen der europäischen Integration anknüpfen, wie sie sich aus den Spannungslagen der nationalen Konzepte von Daseinsvorsorge in Deutschland und von „Service Public" in Frankreich mit dem Gemeinschaftskonzept der „Services d'intérêt economique général" ergeben.[311]

In der jüngeren Verwaltungsgeschichte Deutschlands ist die Zuordnung bestimmter Aufgabenfelder zur Sphäre des Öffentlichen insbesondere durch den Begriff der Daseinsvorsorge geprägt. Er geht auf die Beobachtung zurück, dass der wirksame Lebensraum des Menschen und der von ihm beherrschte Lebensraum in der Moderne auseinanderfallen. Aus dieser Diskrepanz wird die Notwendigkeit gefordert, sich fehlende Lebensgüter im Wege der Appropriation zugänglich zu machen. Der Begriff der Daseinsvorsorge soll hiernach die Verantwortung des Staates bezeichnen, diese Appropriationsbedürfnisse zu erfüllen, also für die Bereitstellung einschlägiger Leistungen Sorge zu tragen. Damit kommen Versorgung mit Wasser, Gas, Elektrizität, die Bereitstellung von Verkehrs- und Kommunikationsmitteln, die Vorsorge für Krankheit, Alter usw. ins

---

[309] Vgl. Winter, Gerd (Hrsg.), Das Öffentliche heute, Baden-Baden 2002.
[310] Vgl. Passerin d'Entrèves, Maurizio/Vogel, Ursula (Hrsg.), Public and Private: Legal, Political and Philosophical Perspectives, London/New York 2000.
[311] Vgl. Schweitzer, Heike, Daseinsvorsorge, „service public", Universaldienst: Art. 86 Abs. 2 EG-Vertrag und die Liberalisierung in den Sektoren Telekommunikation, Energie und Post, Baden-Baden 2002.

Blickfeld.[312] Das Konzept der Daseinsvorsorge ist vielfältig kritisiert worden, inhaltlich etwa wegen der Vernachlässigung von liberalen Momenten, formell etwa wegen unzulänglicher Operationalisierbarkeit. Dennoch hat es auf die Rechtfertigung von Verwaltungsleistungen in ihrem öffentlichen Charakter erheblichen Einfluss genommen. Auch ohne Präzisierungen wurde die Daseinsvorsorge zum Kriterium der Begründung öffentlicher Aufgaben.[313] Das Konzept traf eben den historischen Entwicklungszug der öffentlichen Verwaltung. Man mag von der normativen Kraft des Faktischen sprechen.

Der „Service public" ist ein tief in das französische Staatsdenken und der Erfassung von Staatsaufgaben verwurzeltes Konzept mit einer sich wandelnden Ideengeschichte. Heute hat dieser Begriff zwei Seiten, nämlich materiell die des Gemeinwohlbezugs staatlichen Handelns und organisatorisch die des Kreises von Verwaltungsträgern und öffentlichen Unternehmen, die bereits aufgrund ihrer institutionellen Zuordnung einem besonderen Gemeinwohlauftrag unterworfen sind.[314] Eine Definition lautet: „Der Service public ist eine gemeinwohlrelevante Tätigkeit, die von der öffentlichen Hand oder von Privatpersonen unter öffentlich-rechtlicher Kontrolle übernommen wird und welche in verschiedenen Graden je nach Einzelfall juristische Regeln außerhalb des Privatrechts unterworfen ist."[315] Kernmerkmale sind hiernach das Gemeinwohl, die staatliche Steuerung und die Rechtsbindung. Prinzipien wie Kontinuität, Anpassung, Gleichheit, Teilhabe, Transparenz, Erforderlichkeit, Zugänglichkeit sichern die rechtliche Konstruktion des Service public.

Im Hinblick auf die europäische Integration ist der Bezug zur Wirtschaft bemerkenswert. Zunächst ist schon die Unterscheidung zwischen „Services publics administratives" und „Services publics à caractère industriel et commercial" relevant. Es gilt eben nicht nur die klassischen Verwaltungsaufgaben wahrzunehmen. Wirtschaftliche Tätigkeiten kommen hinzu, die nicht notwendig mit der Ausübung von Hoheitsgewalt verbunden sind, die der Staat aber wegen der dort bestehenden öffentlichen Interessen in gewisser Hinsicht dem

---

[312] Vgl. Forsthoff, Ernst, Die Verwaltung als Leistungsträger, Stuttgart/Berlin 1938, S. 4 ff.; ders., Rechtsfragen der leistenden Verwaltung, Stuttgart 1959.

[313] Vgl. Storr, Stefan, Zwischen überkommener Daseinsvorsorge und den Diensten von allgemeinem wirtschaftlichen Interesse – Mitgliedstaatliche und europäische Kompetenzen im Recht der öffentlichen Dienste –, in: Die Öffentliche Verwaltung 2002, S. 357 ff. (S. 358).

[314] Vgl. Löwenberg, Fabian, Service public und öffentliche Dienstleistungen in Europa: Ein Beitrag zu Art. 16 des EG-Vertrages, Berlin 2001, S. 123 f.

[315] Vgl. Lachaume, Jean François, Grands services publics, Paris u. a. 1989, S. 23 (Deutsche Übersetzung bei: Löwenberg, Fabian, Service public und öffentliche Dienstleistungen in Europa: Ein Beitrag zu Art. 16 des EG-Vertrages, Berlin 2001, S. 97).

5. Kapitel: Öffentliche Aufgaben und Verwaltungsprogramme

Bereich des Öffentlichen zuordnet.[316] Weiter legitimiert das Konzept auch staatliche Interventionen, insofern sie die Wahrnehmung des staatlich definierten öffentlichen Interesses zum Gegenstand haben, also etwa die aktive staatliche Industriepolitik Frankreichs nach dem Zweiten Weltkrieg. Herkömmlicherweise hatte der Staat die Befugnis, im Bereich des Service public den Wettbewerb auszuschließen. Letztlich steht das Konzept, was wirtschaftliche Betätigungen anlangt, für das Primat der Politik über die Ökonomie.[317]

In der Europäischen Union ist es der Wettbewerb, der für die Wirtschaftssphäre, und zwar auch im Bereich der öffentlichen Wirtschaft, den prinzipiellen Vorrang hat. Rangfolgen nach Art des französischen Service public durchzusetzen, gelang nicht. Immerhin wurde eine neue Kategorie der Dienste von allgemeinem wirtschaftlichem Interesse geschaffen, der als „Services d'intérêt economique général" Anklänge an französische Konzepte hatte, im Grunde aber als Kunstschöpfung zunächst einmal eine Respektierungsklausel war, der den Mitgliedstaaten erlaubte, ihre nationale Ordnung der öffentlichen Wirtschaft darunter zu subsumieren. Das wird auch sprachlich symbolisiert, indem man in deutschen Übersetzungen die neue Kategorie unter dem Begriff der Daseinsvorsorge wiederfindet. Allerdings blieb die Regel/Ausnahme-Beziehung von Wettbewerb und gemeinwirtschaftlichen Diensten wirkmächtig. Marktöffnungen wurden gegenüber tradierten Betätigungen öffentlicher Wirtschaft durchgesetzt. Mitgliedstaaten mussten in gewissen Fällen öffentlicher Monopole Wettbewerbsverbote aufgeben und Wettbewerbsverzerrungen beseitigen.[318]

Nach einer wechselnden, auch von der europäischen Rechtsprechung geprägten Geschichte zeigt die Jahrhundertwende folgenden prinzipiellen Zwischenstand der Anwendung des EG-Wettbewerbs- und Beihilferechts auf einschlägige wirtschaftliche Aktivitäten: Neutralität im Hinblick auf öffentliches oder privates Eigentum an Unternehmen; Gestaltungsfreiheit der Mitgliedstaaten bei der Definition von Leistungen der Daseinsvorsorge, die einer Kontrolle auf offenkundige Fehler unterworfen ist; Verhältnismäßigkeit, die sicherstellt, dass Einschränkungen des Wettbewerbs und Begrenzungen der Freiheit im Binnenmarkt nicht über das zur wirksamen Erfüllung der Aufgabe notwendiges Maß hinausgeht. Des Weiteren werden finanzielle staatliche Leistungen an Unternehmen, die Dienste von allgemeinem wirtschaftlichem Interesse erbringen, als Beihilfen im Sinne des Europäischen Gemeinschaftsrechts angesehen. Sie

---

[316] Vgl. Löwenberg, Fabian, Service public und öffentliche Dienstleistungen in Europa: Ein Beitrag zu Art. 16 des EG-Vertrages, Berlin 2001, S. 116.

[317] Vgl. Schweitzer, Heike, Daseinsvorsorge, „service public", Universaldienst: Art. 86 Abs. 2 EG-Vertrag und die Liberalisierung in den Sektoren Telekommunikation, Energie und Post, Baden-Baden 2002, S. 73.

[318] Vgl. Löwenberg, Fabian, Service public und öffentliche Dienstleistungen in Europa: Ein Beitrag zu Art. 16 des EG-Vertrages, Berlin 2001, S. 155 ff.

gelten als gerechtfertigt, wenn sie nur die Mehrkosten ausgleichen sollen, die den mit solchen Diensten betrauten Unternehmen durch die Erfüllung der ihnen übertragenen besonderen Aufgaben entstehen, und wenn die Gewährung der Beihilfe erforderlich ist, um diesem Unternehmen die Erfüllung seiner Verpflichtungen unter wirtschaftlich tragbaren Bedingungen zu ermöglichen.[319]

Die Mitglieder der Europäischen Union sind hiernach nicht mehr ungebunden, wenn sie die nationale Aufgabenpolitik über die Wirtschaft stellen wollen. Wettbewerbs- und Beihilferegeln setzen einen Handlungsrahmen. Bemerkenswert ist die vertragliche Respektierung der Eigentumsordnung der Mitgliedstaaten. Für das Eigentum in öffentlicher Hand bedeutet das, dass diese nicht verpflichtet werden können, öffentliche Unternehmen zu privatisieren. Allerdings relativiert sich dies im Hinblick auf Beitrittskandidaten aus Mittel- und Osteuropa. Hätten sich diese Staaten nicht umfänglich von sozialistischem Eigentum getrennt und wären die Mittel der Produktion wirtschaftlicher Güter und Dienstleistungen nach wie vor weitgehend in den Händen von alten Verwaltungskadern, müsste die Europäische Gemeinschaft wohl ihre Neutralität differenzieren. Das Eigentum an Produktionsmitteln ist eben nicht nur für Marxisten eine Schlüsselgröße für die sozioökonomische Beschaffenheit einer Gesellschaft.[320] Überdies muss man berücksichtigen, dass die Zukunft der Dienste von allgemeinem wirtschaftlichem Interesse nicht nur von Rechtsgestaltungen, sondern auch von der Faktizität der ökonomischen Entwicklung bestimmt wird. Und hier ist nicht nur nach Osten, sondern auch nach Westen auf die angloamerikanische Welt einer entgrenzten Wirtschaft zu sehen. Mit 39.000 transnationalen Konzernen[321] als Stadt oder Staat in der Wirtschaftssphäre mitzuhalten, gibt wohl zuerst noch infrastrukturellen Diensten eine Chance.

Mit der supranationalen Organisation Europas sind funktionale Kategorien der Staatlichkeit auf diesem Kontinent nicht obsolet geworden. Das Prinzip der Gestaltungsfreiheit der Mitgliedstaaten bei der Definition der Dienste von allgemeinem wirtschaftlichem Interesse belegt, dass der Staat selbst in der ökonomischen Sphäre öffentliche Aufgaben nach Substanz und Modalität weitgehend bestimmt. Das gilt erst recht für die weitere Staatenwelt, die nur durch das internationale Recht gebunden ist. Die Verwaltungswissenschaft kann sich da-

---

[319] Vgl. Bundesministerium für Wirtschaft und Technologie (Hrsg.), „Daseinsvorsorge" im europäischen Binnenmarkt – Gutachten des Wissenschaftlichen Beirats beim Bundesministerium für Wirtschaft und Technologie vom 12. Januar 2002, Berlin 2002, S. 9 ff., S. 17 ff.

[320] Vgl. König, Klaus, Ordnungspolitische Probleme der Privatisierung, in: Deutsches Anwaltsinstitut e. V. (Hrsg.), Brennpunkte des Verwaltungsrechts 2000, Bochum 2000, S. 183.

[321] Vgl. Meyers, Reinhard, Internationale Organisationen und global governance – eine Antwort auf die internationalen Herausforderungen am Ausgang des Jahrhunderts?, in: Politische Bildung 1999, S. 8 ff.

her weiterhin konzeptioneller Zuspitzungen bedienen, wie sie in Begriffen wie „Regulatory state", Dienstleistungsstaat, Gewährleistungsstaat zum Ausdruck kommen. Solche Leitbilder sind in unterschiedlicher Weise fruchtbar. Sie können zwar als politische Ideologie der Verwaltungswissenschaft weitgehend entgleiten. Sie können aber auch in ihrer Konstruktivität Orientierungen und Kritik dienen.[322] Die Verwaltungswissenschaft kann solchen Leitbildern den empirisch beobachtbaren Verwaltungsstaat gegenüberstellen. Oft erfährt man dann, dass Leitbilder Richtungen eines Aufgabenwandels signalisieren, meist freilich gradueller Art. In der Moderne gelingt es nicht, öffentliche Aufgaben und Verwaltungsprogramme auf einen einzigen Staats- und Verwaltungsbegriff zu bringen. Das gilt entsprechend für Konzepte wie Ordnungsverwaltung oder Daseinsvorsorge und betrifft schließlich selbst einen Kernbestand öffentlicher Aufgaben wie die Wahrnehmung der öffentlichen Sicherheit und Ordnung, der sich bei Konkretisierungen als relativ erweisen kann.[323] Substanz und Modalitäten der Aufgabenwahrnehmung muss man sich in einer Vielfalt der Governance-Muster erschließen.

---

[322] Vgl. Voßkuhle, Andreas, Der „Dienstleistungsstaat" – Über Nutzen und Gefahren von Staatsbildern, in: Der Staat 2001, S. 495 ff.
[323] Vgl. Püttner, Günter, Verwaltungslehre: Ein Studienbuch, 3. Aufl., München 2000, S. 39.

6. Kapitel

Staats- und Verwaltungsorganisation

I. Grundlagen der öffentlichen Organisation

1. Begriffe der Organisation

Für die Verwaltungswissenschaft sind drei Organisationsbegriffe relevant: ein institutioneller, ein struktureller und ein funktionaler.[1] Um den institutionellen Organisationsbegriff geht es, wenn ein soziales Gebilde als Organisation identifiziert wird – das Landratsamt ist eine Organisation –. Dieser Begriff tritt signifikant hervor, wenn er zugleich der Namensgebung dient, also etwa: Organisation für wirtschaftliche Zusammenarbeit und Entwicklung. Verwaltungsorganisationen gehören dann zu jenem Typ sozialer Gebilde, die sich insbesondere durch eine angebbare Mitgliedschaft von ihrer Umwelt unterscheiden, differenzierte Binnenstrukturen aufweisen und öffentliche Aufgaben verfolgen.[2] Der strukturelle Organisationsbegriff bezieht sich auf jene Sinnzusammenhänge politisch-administrativen Handelns, die den Aufbau kommunikativen Handelns bestimmen und insbesondere die generell geordneten Zuständigkeiten in einem arbeitsteiligen sozialen Gebilde verstetigen – das Landratsamt hat eine Organisation –. Organisations- und Geschäftsverteilungspläne sind hierfür charakteristisch.

Die betriebswirtschaftliche Organisationslehre pflegt in deutscher Tradition zwischen Aufbauorganisation und Ablauforganisation zu unterscheiden. Bei der Aufbauorganisation hat man es mit den statischen Beziehungen in Unternehmen zu tun, womit die Zuständigkeiten für arbeitsteilige Erfüllung der Unternehmensaufgaben geregelt sind. Sie stellt ein Gefüge von Aufgabenverteilungen dar und gibt insbesondere die Leitungszusammenhänge wieder.[3] Die Ablauforganisation meint demgegenüber die raum-zeitliche Strukturierung von

---

[1] Vgl. Wolff, Hans J./Bachof, Otto, Verwaltungsrecht II, 4. Aufl., München 1976, S. 2 ff.; Reichard, Christoph, Betriebswirtschaftslehre der öffentlichen Verwaltung, 2. Aufl., Berlin/New York 1987, S. 159 ff.; Mayntz, Renate, Soziologie der öffentlichen Verwaltung, 4. Aufl., Heidelberg 1997, S. 82 ff.

[2] Vgl. Luhmann, Niklas, Organisation und Entscheidung, Opladen 2000.

[3] Vgl. Frese, Erich, Aufbauorganisation, Gießen 1976.

Bewegungsvorgängen in Unternehmen. Es geht um Produktionsverfahren, Fertigungsabläufe, Leitungsvorgänge, eben um Prozessphänomene.[4] Die Verknüpfung des Organisationsbegriffs mit Ablaufgrößen spiegelt indessen eine spezifische Wissenschaftsentwicklung der Betriebswirtschaftslehre wider.[5] Für die Verwaltungswissenschaft empfiehlt es sich wie bei anderen Organisationstheorien[6] den strukturellen Organisationsbegriff auf Aufbauphänomene einschlägiger sozialer Gebilde zu beschränken und Ablaufgrößen der Prozessstruktur zuzuweisen. Dafür gibt es auch pragmatische Gründe. Ein Landesorganisationsgesetz zum Beispiel regelt den Verwaltungsaufbau eines Landes: die obersten, oberen, mittleren und unteren Landesbehörden, auch die Behörden in kommunaler Trägerschaft, die Aufgaben- und Zuständigkeitsverteilung, Fach- und Dienstaufsichtsbehörden usw. Sache eines einschlägigen Verwaltungsverfahrensgesetzes ist es, Prozessphänomene zu regeln, also Anhörungen, Amtshilfen, Untersuchungen, Beweisverfahren usw.[7]

Der Organisationsbegriff im funktionalen Sinne schließlich bezieht sich auf die Organisationsgestaltung, auf das Organisieren, also zum Beispiel ob man Aufgaben in einer allgemeinen Verwaltung wie das Landratsamt bündelt oder ob man sie einer Sonderbehörde wie einem Umweltschutzamt zuweist. Struktureller und funktionaler Organisationsbegriff hängen eng zusammen.[8] Denn Organisationsstrukturen mögen uns oft historisch gewachsen vorkommen. In der Moderne sind sie indessen überwiegend Ergebnis organisatorischer Gestaltungen. Insbesondere gehört es zu Verwaltungsreformen und Verwaltungsmodernisierungen, Organisationsänderungen über strukturellen Wandel zu intendieren. Damit gehört auch der funktionale Organisationsbegriff zur Verwaltungswissenschaft. Nur muss man sich darüber Rechenschaft geben, dass es hier nicht darum geht, ein bestehendes Verwaltungssystem zu untersuchen, sondern sich mit der Verwaltungspolitik, das heißt mit der intendierten Gestaltung der öffentlichen Verwaltung, hier ihrer Organisation, auseinander zu setzen. Damit kommen Methoden der Policy-Forschung ins Spiel. Einen Schritt weiter geht die Verwaltungswissenschaft, wenn sie Rationalmodelle für eine bessere Organisation der öffentlichen Verwaltung konstruiert.

---

[4] Vgl. Kosiol, Erich, Organisation der Unternehmung, Wiesbaden 1962; Nordsiek, Fritz, Grundlagen der Organisationslehre, Stuttgart 1934.

[5] Vgl. Frese, Erich, Organisationstheorie, 2. Aufl., Wiesbaden 1992.

[6] Vgl. Walter-Busch, Emil, Organisationstheorien von Weber bis Weick, Amsterdam 1996.

[7] Vgl. König, Michael, Kodifikationen des Landesorganisationsrechts, Baden-Baden 2000.

[8] Vgl. Reichard, Christoph, Betriebswirtschaftslehre der öffentlichen Verwaltung, 2. Aufl., Berlin/New York 1987, S. 159 f.

Die organisierte Welt der Moderne zeichnet sich durch einen hohen Grad der Formalisierung aus.[9] Das gilt insbesondere für die öffentliche Verwaltung. Es besteht ein umfassendes Regelwerk, das die Organisationsstrukturen explizit festlegt: von den Organisationsnormen der Verfassung und der Organisationsgesetze bis zu Verwaltungsvorschriften, Dienstanweisungen, Organisations- und Geschäftsverteilungsplänen. Diese Regelwerke sind in der einen oder anderen Weise dokumentiert. Solche Kodifikate ermöglichen überhaupt erst Grundorientierungen zum Verwaltungshandeln. Je höher die Risiken öffentlicher Aktivitäten sind, umso mehr braucht man fixierte Routinen.[10] Je komplexer die Handlungssituationen sind, umso mehr fällt der Blick auf dokumentierte Aufgabenverteilungen. Im Grunde erweist es sich gerade bei öffentlichen Angelegenheiten als unverzichtbar, bei der formalen Organisation anzuknüpfen. Sie ist es, auf die Verfassungswerte wie Demokratie, Rechtsstaatlichkeit, Föderalismus bezogen sind.

Mit der formalen Organisation erschöpfen sich die kommunikativen Verfestigungen des Verwaltungshandelns aber nicht. Verwaltung ist beides: Person und Institution, Individuum und Organisation, Motivation und Normation. Indessen stehen sich Individualität des Administrators und Verwaltungsmaschinerie nicht unvermittelt gegenüber. Zwischengelagert ist ein Kommunikationsnetz nicht angeordneter, nicht geplanter, nicht festgeschriebener Handlungszusammenhänge, die mit den persönlichen Erwartungen und Verhaltensweisen der Beteiligten verknüpft sind. Es geht weder um die Welt der Individuen noch die der Geschäftsverteilungspläne, sondern um ein soziales Beziehungsgefüge jenseits der formalen Organisation, aber vor der Einzelpersönlichkeit, eben um die informale Organisation.[11]

Informalität ist kein Spezifikum der Organisationsstruktur. Verwaltungshandeln hat schlechthin eine informale Komponente.[12] Das gilt für die Strukturbildung nach innen wie die politisch-administrative Steuerung nach außen. Zum Beispiel pflegt in Geschäftsordnungen von Behörden ein formalisiertes internes Verfahren vorgeschrieben zu sein, etwa ein Vorlageweg über Referatsleiter, Unterabteilungsleiter, Abteilungsleiter, Amtschefs. Es gibt aber Geschäftsvorgänge, etwa Presseverlautbarungen, die wegen ihrer temporalen Komplexität die Einhaltung des formalisierten Dienstweges von Fall zu Fall nicht erlauben. Dafür bestehen dann informale Kommunikationskanäle, die eine entsprechende

---

[9] Vgl. Mayntz, Renate, Soziologie der Organisation, Reinbek bei Hamburg 1963, S. 85 ff.

[10] Vgl. Luhmann, Niklas, Lob der Routine, in: Verwaltungsarchiv 1964, S. 1 ff.

[11] Vgl. König, Klaus, Formalisierung und Informalisierung im Regierungszentrum, in: Hans-Hermann Hartwich/Göttrik Wewer (Hrsg.), Regieren in der Bundesrepublik II, Opladen 1991, S. 203 ff.

[12] Vgl. Bohne, Eberhard, Der informale Rechtsstaat, Berlin 1981.

Beschleunigung des Verfahrens ermöglichen. Genauso bestehen zum Beispiel bei der Abstimmung von Arbeitsergebnissen verschiedener Behörden bestimmte Möglichkeiten informaler Koordination.[13] Formell mag es nicht zugelassen sein, dass sich eine oberste Behörde der Bundesverwaltung direkt an eine nachgeordnete Behörde der Landesverwaltung wendet. Hier helfen wiederum informale Kommunikationsnetze.

Die enge Verbindung von Informalität mit dem Organisationsbegriff ist aus der Entwicklung der Organisationsforschung zu verstehen.[14] Bei der Untersuchung von Diskrepanzen zwischen den rationalen Erwartungen der formalen Organisation und den beobachtbaren Arbeitsmotivationen stieß man auf das Phänomen der informalen Organisation.[15] Es zeigte sich, dass neben den offiziellen Organisationsvorschriften eine andere Organisationsstruktur mit eigenen Regeln, Kommunikationsmustern, Führungswegen, Gruppenbildungen, Hierarchien, Sanktionsnormen bestand, die sich im Hinblick auf die Persönlichkeitsbedürfnisse in der Arbeitssituation entwickelt hatte. Diese informale Organisation wurde in der Folge zu einem Forschungsschwerpunkt, und zwar mit der Modifikation alter Einsichten.

Geht es bei der Untersuchung von Industriebetrieben um die Arbeitszufriedenheit, so ist für die öffentliche Verwaltung festzuhalten, dass Informalität sich auch um ganz andere Phänomene bilden kann. In einer hochpolitischen Verwaltung sind es etwa Vertrauensprobleme, die eine informale Organisation hervorbringen.[16] Angesichts von politischen Risiken, Erfolgszwängen, unvollkommenen Standards für Problemlösungen, Vertraulichkeit der Kommunikation, Zeitdruck, Notwendigkeiten der Vertretung ist der Chef einer Regierung oder eines Ressorts darauf angewiesen, durch Vertrauen auf andere die Komplexität des Geschehens für sich bearbeitbar zu machen.[17] Knüpft er dabei bei formalisierten Strukturmerkmalen an – einem organisatorischen Aufbau, der die vorgeschriebene Arbeitsteilung wiedergibt, einem Verwaltungsablauf, wie er in der Geschäftsordnung niedergelegt ist, einer Mitarbeiterschaft, die von einem professionellen Beamtentum geprägt ist – zeigt er Systemvertrauen. Dazu mag der Exekutivpolitiker nach längerer Amtsdauer in der Lage sein. Meistens neigt er indessen dazu, persönliches Vertrauen als Mechanismus der Reduktion sozialer Komplexität einzusetzen. Jedoch absorbiert die persönliche Zuwen-

---

[13] Vgl. Püttner, Günter, Verwaltungslehre, 3. Aufl., München 2000, S. 136 f.

[14] Vgl. Bea, Franz Xaver/Göbel, Elisabeth, Organisation, Stuttgart 1999, S. 74 ff.

[15] Vgl. Roethlisberger, Fritz J./Dickson, William J., Management and the Worker, Cambridge Mass. 1939.

[16] Vgl. König, Klaus, Formalisierung und Informalisierung im Regierungszentrum, in: Hans-Hermann Hartwich/Göttrik Wewer (Hrsg.), Regieren in der Bundesrepublik II, Opladen 1991, S. 203 ff.

[17] Vgl. Luhmann, Niklas, Vertrauen, 2. Aufl., Stuttgart 1973,

dung viel Arbeitskraft. Der Mann oder die Frau an der Spitze laufen Gefahr, Gefangene ihrer persönlichen Berater zu werden. Es kann sich eine Gruppendynamik – Sympathie, Rivalität, Konformität – entwickeln, bei der Arbeitssubstanz aus den Händen gleitet. Überdies pflegt in der modernen Verwaltung für ein politisches Beutesystem in Personalangelegenheiten wenig Spielraum zu sein, so dass sich Vertrauenspersonen nicht beliebig rekrutieren lassen. Man bleibt darauf verwiesen, dass sich in der Spannungslage des Vertrauens auf handelnde Personen und des Vertrauens auf formalisierte Handlungsstrukturen eine Zwischenschicht der informalen Organisation bildet. Bestimmte Loyalitätsmuster entstehen, die den Vertrauensbedürfnissen in der jeweiligen Arbeitssituation Rechnung tragen, dabei aber einen gewissen Regelungscharakter enthalten, ohne in das rein Persönliche abzugleiten. So kann man beobachten, dass entgegen der offiziellen Vertretungsregelung der jeweils zuständige Referatsleiter ersten Zugriff auf Posteingänge in der Abwesenheit des Abteilungsleiters hat.

Formalität und Informalität dürfen nicht als schlichte Dichotomie angesehen werden. Man muss sich Formalisierung und Informalisierung als ein Kontinuum vorstellen.[18] Auf der einen Seite mögen durch ein Gesetz im formellen Sinne eben auch hoch formalisierte Organisationsverhältnisse geschaffen sein. Auf der anderen Seite mag es eine unausgesprochene Verständigung darüber geben, dass nicht die formal zuständige Organisationseinheit, sondern eine mit besonders kompetenten Beamten besetzte Stelle eine bestimmte Aufgabe übernimmt. Dazwischen stehen dann die niedergeschriebene, aber vertrauliche Hausanweisung, das mündlich getroffene Gentlemen's Agreement zur Beendigung eines Zuständigkeitskonflikts usw. In der legalistischen Verwaltungskultur neigt man dazu, Formalität mit Rechtsförmlichkeit des Verwaltungshandelns gleichzusetzen. Informalität bedeutet dann, dass nicht den traditionellen Rechtsformen der Verwaltung gefolgt wird, sondern gerade umgekehrt diese durch tatsächliche Verständigungen ersetzt werden oder auch anders vorentschieden wird.[19] Dem stehen Formalisierungen entgegen, die sich auf nichtrechtsförmiges öffentliches Handeln beziehen – etwa ein Kodex ethischer Berufsstandards im öffentlichen Dienst. Augenfällig für die deutschen Verhältnisse sind Koalitionsvereinbarungen. Manchmal werden sie in einem Zeremoniell unterschrieben, das dem Abschluss eines Staatsvertrages entspricht. Sie sind ein Dokument von expliziter Formalität, ohne dass sie an der Dignität sanktionsbewehrter Rechtsnormen teilnehmen.

---

[18] Vgl. Beyme, Klaus von, Informelle Komponenten des Regierens, in: Hans-Hermann Hartwich/Göttrik Wewer (Hrsg.), Regieren in der Bundesrepublik II, Opladen 1991, S. 31.

[19] Vgl. Maurer, Hartmut, Allgemeines Verwaltungsrecht, 16. Aufl., München 2006, S. 419 ff.

2. Differenzierungen und Isomorphien

Organisation ist in der Moderne – unter welchem Organisationsbegriff man sie auch betrachtet – ein hochdifferenziertes soziales Phänomen. Strukturell gesehen ist Organisation als Verstetigung der kommunikativen Beziehungen ein deutlicher Ausdruck der Abgrenzung eines sozialen Gebildes von seiner sozialen Umwelt. Ein Blick in die Organisations- und Geschäftsverteilungspläne des Verwaltungsträger vermittelt Orientierungen dazu, was zum in Frage stehenden administrativen System dazu gehört und was nicht. Differenzierungen wiederholen sich aber auch nach innen, also als Systemdifferenzierungen, das heißt, dass das Systeminnere nochmals wie die Umwelt behandelt und nochmaliger Selektion durch Systemgrenzen unterworfen wird.[20] Charakteristisch dafür sind die hierarchischen Verhältnisse, hier unter dem Vorzeichen der Organisation die Über- und Unterordnung von organisatorischen Teileinheiten. So sind mittlere Verwaltungsbehörden den oberen und obersten Verwaltungsbehörden untergeordnet. Zugleich ist die Mittelbehörde nach Leitungsebene, Abteilungen, Referaten nach innen hierarchisch differenziert. Hierarchie verweist aber auch auf die zwei Richtungen der Differenzierung, nämlich die vertikale und die horizontale. Hierarchien stellen Über- und Unterordnungen jeweiliger Organisationen dar. Sie sind indessen auch ein Prinzip der Nebenordnung, wobei horizontale Differenzierungen den Verwaltungsalltag oft mehr prägen als die vertikalen.

Der institutionelle Organisationsbegriff, mit dem bestimmte soziale Gebilde als Organisationen bezeichnet werden, verdeutlicht, dass wir es in der öffentlichen Verwaltung mit einer Vielfalt sozialer Teilsysteme zu tun haben. In ihrer aufbaumäßigen Verknüpfung bilden diese unter strukturellen Vorzeichen die Makroorganisation der öffentlichen Verwaltung.[21] Die Binnendifferenzierung innerhalb jeweiliger Organisationen im institutionellen Sinne charakterisiert dann die Mikroorganisation im strukturellen Sinne, also Abteilungen, Stäbe usw. Die Unterscheidung zwischen Makroorganisation und Mikroorganisation setzt voraus, dass eine Eigenständigkeit jeweils politisch-administrativer Gebilde besteht. Diese ist zwar relativ. Auch Abteilungen haben einen gewissen Eigencharakter. Aber im Bereich der Makroorganisation bestehen tiefergehende Abgrenzungen nach außen.

Im internationalen Vergleich fällt es schwer auszumachen, was die Basiseinheit einer Makroorganisation sein könnte. Angesichts der Organisationsvielfalt öffentlicher Verwaltungen scheint diese Frage mancherorts kaum zu beantwor-

---

[20] Vgl. König, Klaus, Öffentliche Verwaltung und soziale Differenzierung, in: Verwaltungsarchiv 1973, S. 11 ff.
[21] Vgl. Mayntz, Renate, Soziologie der öffentlichen Verwaltung, 4. Aufl., Heidelberg 1997, S. 82 ff.

ten zu sein. Anders ist es im deutschen Falle. Hier liefert der Behördenbegriff auch für die Verwaltungswissenschaft einen orientierenden Ansatz. Ausgangspunkt ist der Umstand, dass in der legalistischen Verwaltung das Problem, welchem Verwaltungsträger rechtlich bewehrte Ansprüche und Pflichten zuzurechnen sind, besondere Bedeutung hat. Es geht also zunächst um die Frage des Verwaltungsträgers als Rechtsträger.[22] Selbst der Staat als solcher wird – nicht nur in den äußeren Beziehungen zu anderen Staaten, sondern auch nach innen – als eigene Rechtspersönlichkeit konstruiert.[23] Dafür gibt es auf europäischem Boden eine eigene Vorgeschichte, in der Zurechnungspunkte jenseits des jeweiligen politischen Regimes erforderlich wurden. So ist dann auch die „statelessness" von Public Administration in den USA unter einer anderen Vorgeschichte politischer Kontinuitäten zu verstehen.[24] Die Konstruktion des Verwaltungsträgers als Rechtsträger führt dann zur Rechtsfähigkeit nach Art juristischen Personen auch in der öffentlichen Handlungssphäre, also Körperschaften, Anstalten und Stiftungen des öffentlichen Rechts. Darunter gibt es dann noch teilrechtsfähige Verwaltungseinheiten wie etwa den Personalrat als Interessenvertretung der Mitarbeiter im öffentlichen Dienst, und weiter funktionale Zurechnungen, etwa einer Prozessbeteiligung im Verwaltungsverfahren.

Behörden im organisatorischen Sinne, wie sie verwaltungswissenschaftlich interessieren, sind Teileinheiten der öffentlichen Verwaltung, die einen bestimmten fest umrissenen Aufgabenkreis mit eigenen Leitungsfunktionen haben und zugleich nach außen eine systemische Geschlossenheit zeigen, die sie gegenüber anderen Verwaltungseinheiten abgrenzt.[25] In diesem Sinne kann man auch an Stelle von Makro- und Mikroorganisation pragmatisch von zwischenbehördlicher und innerbehördlicher Organisation sprechen. In der Moderne ist die Verwaltungsorganisation zunächst einmal Staatsorganisation. Für den Verfassungsstaat heißt das, dass es auch ein konstitutionelles Organisationsrecht gibt. Im Grundgesetz sind so die drei Ebenen von Bund, Ländern und Kommunen festgeschrieben, an die sich jeweilige Konstrukte juristischer Personen anknüpfen. Der Behördenaufbau ist ungleich vielschichtiger. Man kann bei einer Ebenenbetrachtung schon für den Bund zwischen obersten, oberen, mittleren, unteren Behörden unterscheiden. Jenseits der Verfassung fällt der Blick etwa zur allgemeinen inneren Verwaltung auf die Regierungsbezirke der größeren Flächenländer als eine eigene Bündelungsinstanz öffentlicher Angelegenheiten.

---

[22] Vgl. Maurer, Hartmut, Allgemeines Verwaltungsrecht, 16. Aufl., München 2006, S. 460 ff.

[23] Vgl. König, Klaus/Theobald, Christian, Der Staat als Rechtspersönlichkeit, in: Barbara Adamiak u. a. (Hrsg.), Administracja publiczka w paustwie Prawa, Festschrift für Jan Jendroska, Breslau 1999, S. 165 ff.

[24] Vgl. Stillman, Richard, Preface to Public Administration: A Search for Themes and Directions, Burke, Va. 1991.

[25] Vgl. Thieme, Werner, Verwaltungslehre, 4. Aufl., Köln u. a. 1984, S. 254 ff.

Wie die Bundes- und Landesverwaltung ist auch die kommunale Verwaltung wiederum differenziert, insbesondere in der Unterscheidung von Kreisen und Gemeinden.

Auch bei der horizontalen Differenzierung der Verwaltung bestehen autonome Bereiche, also Selbstverwaltungen. Dazu zählen die Sozialversicherungen für Krankheit, Invalidität, Alter, Arbeitslosigkeit, Pflege, weiter die Hochschulselbstverwaltung, die berufsständige Selbstverwaltung usw. Auf den verschiedenen Verwaltungsebenen gibt es darüber hinaus sektorale Aufgliederungen nach Aufgaben- und Politikfeldern wie Gesundheit oder Bildung oder Verkehr. Auf der obersten Ebene der Ministerien ist die Zahl der klassischen Ministerien – für Äußeres, Inneres, Finanzen, Justiz, Verteidigung – längst einer weitergehenden Differenzierung gewichen. Ressortierungen betreffen Wirtschaft, Verkehr, Technik, Umwelt, Kultur, Arbeit, Soziales usw. Obere Behörden des Bundes und der Länder haben spezielle Aufgaben, vom Kriminalamt bis zum Verfassungsschutz, vom Kartellamt bis zum Patentamt, vom Gesundheitsamt bis zum Versicherungsamt usw. Auf der mittleren und der unteren Verwaltungsebene treten dann Organisationsprinzipien hervor, wie sie in Deutschland besonders gepflegt werden. Zwar gibt es auch hier funktional – zum Beispiel Finanzämter – und sektoral – zum Beispiel Arbeitsämter – ausdifferenzierte Sonderbehörden. Man lässt sich aber grundsätzlich vom Gedanken der Einheit der Verwaltung leiten. Das bedeutet, dass die öffentlichen Aufgaben auf mittlerer Ebene bei den Regierungsbezirken, darunter bei den Kreisen konzentriert sind. Wo sich das nicht als durchführbar erweist, versucht man den Grundsatz der Einräumigkeit der Verwaltung durchzusetzen. Das heißt, dass sich die Verwaltungsgrenzen von allgemeinen und besonderen Behörden decken sollen.[26]

Wie man mit der Behörde auf eine Basiseinheit der Makroorganisation verweisen kann, lässt sich weiter nach der Basiseinheit der Mikroorganisation fragen. Auch hier ist die Identifikation angesichts der internationalen Vielfalt von Bureaus, Offices, Sections usw. schwierig. Zunächst liegt es nahe, beim Aufgaben- und Arbeitsbereich einer Person anzuknüpfen, von dieser aber organisatorisch abzuheben und die entsprechende Organisationsgröße als Stelle zu abstrahieren.[27] Die Stelle rückt indessen in der Stellenplanung, Stellenbildung, Stellenbeschreibung, Stellenbesetzung usw. so nahe an Personalprobleme von Stellenkegel, Stellenbewertung, Stellenzulage usw. heran, dass sie wohl für die Basiseinheit der Mikroorganisation nur begrenzt belastbar ist. Man sucht deswegen nach einer Einheit mit organisatorischem Eigengewicht. Im deutschen Fall ist es vor allem das Referat der Ministerialorganisation, das durch die Ge-

---

[26] Vgl. Püttner, Günter, Verwaltungslehre, 3. Aufl., München 2000, S. 82 ff.
[27] Vgl. Bull, Hans-Peter/Mehde, Veith, Allgemeines Verwaltungsrecht mit Verwaltungslehre, 7. Aufl., Heidelberg 2005, S. 170.

schäftsordnungen insoweit einen Platz als „Erste Instanz" erhält.[28] Es ist eine Größe, die deutlich von den Personalverhältnissen geschieden ist und spezifisch organisatorisch bewertet wird. So gibt es Ein-Mann-Referate wie Großreferate mit vielen Mitarbeitern, etwa ein Referat „Innerer Dienst", dem mit vielen Personen die gesamte Hausverwaltung eines Ministeriums unterliegen kann.

Die Bewertung der Organisationsgröße erfolgt in der öffentlichen Verwaltung nicht nach bloßen betrieblichen Gesichtspunkten. Schon die Messprobleme sind schwierig. Zwar gibt es mit den Wirtschaftsunternehmen die Gemeinsamkeit, dass Personalzahlen ein bevorzugter Maßstab sind.[29] Auch hängen unter dem Vorzeichen der Organisationsstruktur Organisationsgröße und Spezialisierungsgrad zusammen. Welche unterschiedlichen Bewertungsmerkmale relevant sind, wird deutlich, wenn man sich die Kriterien der Leitungsspanne – Span of Control – vor Augen führt, und zwar hier als systemisch-organisatorische Beziehung, nicht als personelle Subordination. Das heißt, es geht um die Anzahl der einer Instanz direkt untergeordneten Stellen, Referate, Ämter im organisatorischen Sinne.[30] Die Leitungsspanne hängt wiederum mit der Gliederungstiefe von Organisationsstrukturen zusammen. Schon die ältere Organisationslehre hat es unternommen, die einschlägigen Probleme zu klären.[31] An entsprechenden Empfehlungen ist von Seiten der jüngeren Organisationsforschung Kritik geübt worden.[32] Dennoch ist dieses Konzept theoretisch wie praktisch relevant. In der ökonomischen Theorie interessieren Leitungsspanne und Gliederungstiefe wegen der Frage der Transaktionskosten.[33] Und der Praktiker muss sich bei einschlägigen Verwaltungsreformen darüber Rechenschaft geben, nach welchen Kriterien er Breite und Tiefe der Organisation gestalten will.

Traditionell werden drei Schlüsselgrößen für die Leitungsspanne als relevant angesehen: die Art der Aufgabe, die Stabilität von Organisations- und Umweltverhältnissen und die Größe der Verwaltung. Einfache und gleichförmige Aufgaben sprechen für eine breite Spanne, komplexe Aufgaben für eine schmale. In gefestigten Organisationen sinkt der Bedarf an Kontrolle und die Gleichmäßigkeit der Eingaben aus einer statischen Umwelt ermöglicht Routinen. Die Größe einer Verwaltung wie eines Unternehmens ermöglicht den jeweiligen Spezialisierungsgrad. Umfassende Aufgabenstellungen können gegebenenfalls

---

[28] Vgl. Püttner, Günter, Verwaltungslehre, 3. Aufl., München 2000, S. 148, 160.

[29] Vgl. Frese, Erich, Organisationstheorie, 2. Aufl., Wiesbaden 1992, S. 116 ff.

[30] Vgl. Kieser, Alfred/Kubicek, Herbert, Organisation, 4. Aufl., Stuttgart 2003, S. 160 ff.

[31] Vgl. Gulick, Luther, Notes on the Theory of Organization, in: ders. and Lyndall Urwick (Hrsg.), Papers on the Science of Administration, New York 1937, S. 191 ff.

[32] Vgl. Simon, Herbert, The Proverbs of Administration, in: Public Administration Review 1946, S. 514 ff.

[33] Vgl. Perrow, Charles, Complex Organizations, 3. Aufl., New York 1986.

geteilt werden. Entsprechend kann die Aufsichtsbreite angelegt werden. Empirische Untersuchungen erlauben solche Tendenzaussagen.[34] Freilich muss man beachten, dass es noch andere Gesichtspunkte gibt, die für Leitungsspanne und Gliederungstiefe maßgeblich sind. Dazu gehören die Höhe der hierarchischen Ebene, die Managementstruktur – etwa ein Delegationsmodell –, räumliche Verteilungen, zeitliche Anforderungen usw. Diese Vielfalt zu berücksichtigender Größen ändert freilich nichts daran, dass organisierte Leistungen von der Ausgestaltung der Span of Control abhängen.

Der hohe Differenzierungsgrad von Organisationsstrukturen der öffentlichen Verwaltung wird durch vieles befördert. Zwei Antriebskräfte sollen hervorgehoben werden: zum einen die Präferenz für Dezentralisierungen, zum anderen die Vielfältigkeit der Organisationsgewalten. Dezentralität ist insbesondere in die deutsche Verwaltungskultur so eingeschliffen, dass man in der Gegenüberstellung von Zentralisation und Dezentralisation die grundlegenden Konstruktionsprinzipien der institutionellen Verwaltungsorganisation sieht.[35] In der deutschen Verwaltungsrechtssprache haben sich darüber hinaus bestimmte Definitionen durchgesetzt. Unter Dezentralisation versteht man die Übertragung von Verwaltungszuständigkeiten auf selbständige Verwaltungsträger. Als Beispiel kann man die kommunale Selbstverwaltung nennen. Als Dekonzentration bezeichnet man hingegen die Aufteilung von Zuständigkeiten innerhalb einer Verwaltungseinheit auf mehrere Behörden. Das Beispiel einer vertikalen Dekonzentration ist eine Mittelinstanz wie die Verwaltung eines Regierungsbezirkes. Das Beispiel einer horizontalen Dekonzentration ist die Ausdifferenzierung von Oberbehörden – Landespolizeipräsidium, Statistisches Landesamt usw. – in einem Ressort.[36]

Der internationale Sprachgebrauch folgt solchen Kategorisierungen nicht ohne weiteres. Es werden andere Begriffe eingeführt. So wird etwa in der angloamerikanischen Verwaltungspolitik von Devolution gesprochen. Dabei geht es um die Überweisung von Macht, Verantwortung, Verpflichtung auf verselbständigte Verwaltungsträger. Devolution wird in verschiedenen Formen begriffen, etwa als Übertragung voller Verantwortung für ein Politikfeld oder die Erweiterung von Ermessensspielräumen beim Vollzug von Zuschussprogrammen der höheren Verwaltungsebene.[37] Meistens hält sich indessen der Dezentralisa-

---

[34] Vgl. Meier, Kenneth J./Bothe, John, Span of Control and Public Organization: Implementing Luther Gulick's Research Design, in: Public Administration Review 2003, S. 61 ff.

[35] Vgl. Becker, Bernd, Öffentliche Verwaltung, Percha 1989, S. 193 ff.

[36] Vgl. Bull, Hans-Peter/Mehde, Veith, Allgemeines Verwaltungsrecht mit Verwaltungslehre, 7. Aufl., Heidelberg 2005, S. 176 ff.

[37] Vgl. Levine, Charles H. u. a., Public Administration, Glenview Ill./London 1990, S. 438 ff.

tionsbegriff als Oberbegriff für eine Vielfalt von Verselbständigungen. In der legalistischen Verwaltungskultur sind es besonders Rechtsformen, aus denen heraus Autonomie definiert wird. Demgegenüber wird in der managerialistischen Verwaltungskultur stärker auf Abhängigkeiten und Unabhängigkeiten aus dem Medium des Geldes heraus abgestellt. Andernorts sind es die Machtverhältnisse, etwa eine Formierung der Herrschaft mit monarchischen wie religiösen Momenten, die die Kriterien für Autonomien abgeben. So bleibt man darauf angewiesen, das jeweilige Begriffsverständnis in die internationale Diskussion einzuführen.

Schon die Vielfalt der Medien von Recht, Macht, Geld weist darauf hin, dass man unter der Verselbständigung von Verwaltungsträgern vielfältige Steuerungsbeziehungen begreifen kann.[38] Die Ausprägungen reichen von differenzierten Aufsichtsformen – Rechtsaufsicht, Fachaufsicht, Dienstaufsicht – bis zu unterschiedlichen Instrumenten funktionaler Privatisierung. Sie betreffen nicht nur die öffentliche Organisation von Regiebetrieben, Eigenbetrieben, Körperschaften, Anstalten, Stiftungen. Staat und Verwaltung bedienen sich privater Verselbständigungsformen, insbesondere Gesellschaftsformen von Wirtschaft und Handel, etwa einer Aktiengesellschaft als Träger des Nahverkehrs, oder auch des Vereinswesens wie ein Verkehrsverein. Staat und Kommunen halten private Gesellschaften am Zügel der Eigentumsrechte. Indessen gibt es intervenierende Größen wie die Vorstandsverantwortung bei einer Aktiengesellschaft, die auch faktische Verselbständigungen bewirken können. Die Vorzüge der Rechtsförmigkeit bestehen darin, dass sie Transparenz und Verstetigung schafft und Zurechenbarkeit und Verantwortlichkeit klarstellt.

Neben der Dezentralität und mit dieser zusammen sind es insbesondere Unterschiede in der Organisationsgewalt, die die Differenzierung der Verwaltungsorganisation mit befördern. Unter Organisationsgewalt versteht man die Befugnis zur Errichtung, Einrichtung, Änderung, Aufhebung von Verwaltungseinheiten.[39] Liegt die Gestaltung der Mikroorganisation, also der Binnenorganisation, wenn auch im Rahmen der Gesetze, insbesondere der Haushaltspläne in den Händen jeweiliger Verwaltung als deren „Hausgut", so sind im modernen, gewaltenteilenden Staat für die Makroorganisation von vornherein die konstitutionellen Verteilungsmuster sowohl der vertikalen – Bund, Länder, Kommunen – wie der horizontalen Gewaltenteilung mit der Spannungslage von Legislative und Exekutive maßgeblich. Heute ist die Gestaltung der Makroorganisation überwiegend Sache des jeweiligen Gesetzgebers mit seiner spezifischen demo-

---

[38] Vgl. Schuppert, Gunnar Folke, Die Erfüllung öffentlicher Aufgaben durch verselbständigte Verwaltungseinheiten, Göttingen 1981; Wagener, Frido (Hrsg.), Verselbständigung von Verwaltungsträgern, Bonn 1976.

[39] Vgl. Böckenförde, Ernst-Wolfgang, Die Organisationsgewalt im Bereich der Regierung, Berlin 1964.

kratischen Legitimation. Der Vorrang des Gesetzes gilt auch in Organisationsangelegenheiten. Prinzipiell ist der Gesetzgeber befugt, organisatorische Regeln zu treffen. Darüber hinaus ist es ihm auch weitgehend vorbehalten, Organisationsgewalt auszuüben. Das gilt immer dann, wenn Organisationsmaßnahmen Rechte und Pflichten der Bürger betreffen, etwa wenn entsprechende Zuständigkeiten festgelegt werden.[40]

Angesichts der umfassenden Eingriffsmöglichkeiten der Legislative in die Organisation der öffentlichen Verwaltung stellt sich die Frage, was der Exekutive vorbehalten bleibt. Im Sinne eines Kernbereichs der Exekutive hat man Organisationsverbote genannt, etwa die Exekutive nur negativ von der Organisationsgewalt auszugrenzen oder den konstitutionell begründeten Zuständigkeitsbereich der Exekutive faktisch aufzuheben oder leer laufen zu lassen.[41] Der kritische Fall ist der der Regierung im engeren Sinne und damit der Ministerialverwaltung. Hier besteht nach deutschen konstitutionellen Verhältnissen ein Regierungsvorbehalt, was den Ressortzuschnitt betrifft. Aus der Richtlinienkompetenz und dem Kabinettsbildungsrecht des Bundeskanzlers wird gefolgert, dass dem Regierungschef auch die Geschäftsverteilung zwischen – nicht innerhalb – der Ressorts zusteht. Ein bemerkenswerter Anschauungsfall ist insofern die Aufgaben- und Organisationsverteilung zwischen Berlin und Bonn durch die Legislative bzw. Exekutive.[42]

Die Organisation der öffentlichen Verwaltung ist nach allem hochdifferenziert. Ihre Pluralisierung scheint manchem so weit fortgeschritten, dass er sie in einer Welt der weitgehend informalen, dezentralisierten, durch horizontale Vernetzungen und Kooperationsbeziehungen bestimmten „fraktalen" Organisation sieht.[43] Dem steht der alte Gedanke von der Einheit der Verwaltung gegenüber. Er äußert sich zuerst in dem Postulat, dass die Behörden gleicher Stufe nicht rechtlich oder tatsächlich verselbständigt, sondern in einem einheitlichen Verwaltungsträger zusammengefasst sein sollen. Er lässt sich in der territorialen Forderung ausweiten, dass Verwaltungseinheiten so abgegrenzt werden sollen, dass sie möglichst mit Planungsräumen und mit Einzugsgebieten übereinstimmen sollen, womit sich dann Durchführungsaufgaben verbinden lassen.[44] Schließlich kann man die Einheit der Verwaltung auf demokratische und

---

[40] Vgl. Maurer, Hartmut, Allgemeines Verwaltungsrecht, 16. Aufl., München 2006, S. 545.

[41] Vgl. Böckenförde, Ernst-Wolfgang, Die Organisationsgewalt im Bereich der Regierung, Berlin 1964, S. 103 ff. und 286 ff.

[42] Vgl. König, Klaus (Hrsg.), Ministerialorganisation zwischen Berlin und Bonn, Speyerer Forschungsbericht 173, 2. Aufl., Speyer 1998.

[43] Vgl. Klages, Helmut, Modernisierung als Prozess, in: Herman Hill/Helmut Klages (Hrsg.), Reform der Landesverwaltung, Berlin u. a. 1995, S. 7 ff.

[44] Vgl. Wagener, Frido, Neubau der Verwaltung, 2. Aufl., Berlin 1974, S. 302.

rechtsstaatliche Aspekte einer öffentlichen „Handlungs- und Entscheidungseinheit" beziehen, und zwar nicht im Sinne organisatorischer Statik, sondern einer sich immer wieder neu herstellenden Einheit, die sich aus unterschiedlichen Bauformen bildet.[45]

Organisationsstrukturen der öffentlichen Verwaltung sind wie in der Sphäre der Wirtschaft Ausdruck der Arbeitsteilung.[46] Immer neue Anforderungen der Spezialisierung verlangen flexible Gestaltungsspielräume.[47] Die Verwaltungsorganisation ist genauso Emanation der Herrschaftsordnung. Die mit der Organisation verknüpfte Machtdynamik setzt diese Ordnung in Bewegung. Solche und andere Bewegungskräfte führen nicht nur zu weiteren Differenzierungen, sondern fordern auch Integrationen heraus. Die Einheit der Verwaltung in einem substanziellen Sinne ist also immer wieder herzustellen. Dabei muss man berücksichtigen, dass die öffentliche Verwaltung nicht nur eine Welt der sozialen Ausdifferenzierungen ist, sondern zugleich auch eine der Isomorphien.

Das beginnt im modernen gewaltenteilenden Staat mit der Zuordnung der öffentlichen Verwaltung zur Exekutive. Freilich ergeben sich aus dem Umstand, dass Verwalten ein allgemeines – „generic" – Phänomen ist, gewisse Ambivalenzen. Auch Parlamente bedürfen der Verwaltung und haben Parlamentsverwaltungen.[48] Genauso müssen Gerichte verwaltet werden, wenn auch Verwaltungsfunktionen hier häufig in den Händen richterlicher und rechtspflegerischer Ämter liegen und die Ausdifferenzierung des Amtes eines „Executive Officer" auf bestimmte technische Dienstleistungen begrenzt wird.[49] Aber solche Annexe von Legislative und Judikative ändern nichts daran, dass die öffentliche Verwaltung strukturell gleichläufig der Exekutive zugerechnet wird.

Isomorphien betreffen Verwaltungskultur, Verwaltungsinstitutionen und Verwaltungstechnologien gleichermaßen. Im deutschen Falle darf man sich die Verwaltung nicht im Sinne der zentripetalen Kräfte eines Staates vorstellen, die die nationale Einheit stiften. Föderalismus und örtliche Verwaltung zählen nicht zu den jüngeren Errungenschaften. Sie haben tiefreichende Wurzeln in einer dezentralen politischen Kultur. Entsprechend bezog sich die neuzeitliche Staatsbildung auf mehrere Territorien. Die Einheitlichkeit wurde durch die gleichlaufende Entwicklung zu den Strukturen und Funktionen eines Verwaltungsstaates gefördert, an dessen Hervorbringung die Mitglieder der Verwal-

---

[45] Vgl. Schmidt-Aßmann, Eberhard, Das allgemeine Verwaltungsrecht als Ordnungsidee, 2. Aufl., Berlin u. a. 2006.

[46] Vgl. Meyr, Poul, Verwaltungsorganisation, Göttingen 1962, S. 71.

[47] Vgl. Bea, Franz Xaver/Göbel, Elisabeth, Organisation, Stuttgart 1999, S. 257.

[48] Vgl. Schindler, Peter, Die Verwaltung des Bundestages, in: Hans-Peter Schneider/Wolfgang Zeh (Hrsg.), Parlamentsrecht und Parlamentspraxis, Berlin/New York 1989, S. 829 ff.

[49] Vgl. Friesen, Ernest C. u. a., Managing the Courts, Indianapolis/New York 1971.

tung selbst maßgeblich Anteil hatten: die generell geordneten behördlichen Kompetenzen, die Amtshierarchie, den Aktenbetrieb, die Regelgebundenheit der Amtsführung, das Berufsbeamtentum usw. Diese Grundzüge haben in einer langen Geschichte insbesondere auch der Verwaltungsreform vielfältige Konkretisierungen erfahren: von der Ausbildung klassischer Ministerien bis zur Selbstverwaltung in den Städten. Aber Strukturgleichheit bei Vielfalt haben es ermöglicht, dass mit der Reichsgründung 1871, mit dem Wiederaufbau der alten Bundesrepublik nach 1945, mit der Wiedervereinigung Deutschlands 1990 das Dach einer Reichs- bzw. Bundesverwaltung über Länder und Kommunen gespannt werden konnte.

Einen höheren Grad der Uniformität findet man in der französischen Verwaltung nach den napoleonischen Reformen: die Dominanz vertikaler, hierarchischer Weisungsstrukturen, die Gleichförmigkeit der territorialen Organisation nach Departements, Arrondissements, die Schüsselfigur des Präfekten, die Selektionsmechanismen für Verwaltungsberufe usw. Die Uniformität napoleonischer Verwaltung ist auch von den Nachbarn Frankreichs vielerorts zum Vorbild genommen worden.[50] Isomorphien sind freilich vor allem in der Binnenorganisation von Verwaltungsbehörden festzustellen. Die Variationsbreite ist hier kleiner. Abteilungen in Ministerien hat es auch unter den Bedingungen des realen Sozialismus in der ehemaligen DDR gegeben.[51] Es bedurfte näheren Zusehens, um die Organisationsverhältnisse einer Kaderverwaltung zu identifizieren, in der auch die Ministerien von innen durch Nebenhierarchien der Parteizellen und von außen durch die übergeordnete Parteiorganisation bestimmt waren.

Letztlich ist die Zuständigkeit von konstituierender Bedeutung für die Verwaltungsorganisation.[52] Die feste Zuständigkeitsordnung ist der gemeinsame Nenner der modernen öffentlichen Verwaltung. Da sie das soziale System ist, das die verbindliche Allokation öffentlicher Güter und Dienste konkretisiert, geht es nicht nur um Verteilung von Arbeit und Macht, sondern auch in einem spezifischen Sinne um die Verteilung von Zuständigkeit. Zuständigkeit bedeutet insoweit die Verpflichtung und die Berechtigung, bestimmte öffentliche Aufgaben wahrzunehmen, und zwar verbindlich gegenüber der Umwelt von Bürgern, Verbänden, Unternehmen usw. Zuständigkeit ist für die private Organisation, für Unternehmen, Vereine usw. von ungleich begrenzterer Außenwir-

---

[50] Vgl. Wunder, Bernd (Hrsg.), Les influences du „modèle" napoléonien d'administration sur l'organisation administrative des autres pays, Brüssel 1995.
[51] Vgl. Schulze, Gerhard, Der Ministerrat, die Ministerien und andere zentrale Staatsorgane, in: Klaus König (Hrsg.), Verwaltungsstrukturen der DDR, Baden-Baden 1991, S. 91 ff.
[52] Vgl. Steinberg, Rudolf, Politik und Verwaltungsorganisation, Baden-Baden 1979, S. 190.

kung. Sie hat in deren Arbeitsorganisation nicht den grundlegenden Charakter wie in der öffentlichen Verwaltung, wo sie der Ordnung öffentlicher Angelegenheiten wie dem Rechtsschutz der Bürger gleichermaßen dient und Ermächtigung wie Beschränkung zugleich ist.[53] Die Verwaltung handelt so in einem Bezugsmuster von sachlichen, örtlichen, instanziellen, funktionalen Zuständigkeiten. Zuständigkeitsmängel machen das Verwaltungshandeln grundsätzlich fehlerhaft. Zuständigkeitsstreitigkeiten werden durch Konfliktregulierung gelöst.

3. Maßstäbe und Referenzen

Geht man von einem institutionellen Organisationsbegriff aus, dann stellt sich zuerst die Frage, welches das Organisationsziel ist, also was der objektive Zustand ist, den die Organisation zu erreichen sucht.[54] Von der Beantwortung dieser Frage erwartet man Rationalität, Legitimation, Erfolgsstandards.[55] Bei näherem Zusehen wird indessen deutlich, dass eine solche Zweck-Mittel-Ordnung der Organisation von begrenzter Rationalität ist.[56] Schwierigkeiten entstehen schon bei der Identifikation von Organisationszielen.[57] Es mag Fälle geben, in denen man von einem Sachziel sprechen mag – etwa die Produktion eines bestimmten Gegenstandes durch ein Wirtschaftsunternehmen. Die Mehrzahl der Organisationen sind aber Vielzweck-Organisationen.[58] Das gilt insbesondere für die öffentliche Verwaltung, erst recht, wenn den allgemeinen Bündelungsinstanzen der Vorzug gegenüber Sonderbehörden gegeben wird. Man stößt daher auf die Inkonsistenzen von Teilzielen, auf Zielkonflikte, auf Widersprüchlichkeiten zu einem Gesamtziel usw.[59] Die hierarchisch-vertikale und die horizontale – sei es komplementäre, sei es konkurrierende – Ordnung der Organisationsziele wird problematisch. Zugleich wird deutlich, dass Ziele auch Mittel, Mittel auch Ziele sein können. Man ist mit den Schwierigkeiten transitiver Orientierung konfrontiert. Für die Verwaltungswissenschaft muss man in Zweifel ziehen, ob ein so finaler Ansatz für bürokratische Organisationen

---

[53] Vgl. Forsthoff, Ernst, Verwaltungsorganisation, in: Die Verwaltung, Heft 13, hrsg. von Friedrich Giese, Braunschweig o. J.
[54] Vgl. Etzioni, Amitai, Soziologie der Organisation, 4. Aufl., München 1973, S. 16 f.
[55] Vgl. Etzioni, Amitai, Modern Organizations, Englewood Cliffs N. J. 1964, S. 5.
[56] Vgl. March, James G./Simon, Herbert A., Organizations, New York u. a. 1958, S. 137 ff.
[57] Vgl. Mayntz, Renate, Soziologie der Organisation, Rheinbek 1963, S. 66 ff.
[58] Vgl. Pfeiffer, Dietmar K., Organisationssoziologie, Stuttgart u. a. 1976, S. 39.
[59] Vgl. Endruweit, Günter, Organisationssoziologie, Berlin/New York 1981, S. 55 ff.

passt.⁶⁰ Man denke an die Tausenden von Vorschriften, die der Verwaltung sagen, was ihre Sache ist.

Der strukturelle Organisationsbegriff erlaubt es demgegenüber, die Zielproblematik der öffentlichen Verwaltung im Kontext einer anderen ausdifferenzierten Systemstruktur zu sehen, nämlich im Zusammenhang von öffentlichen Aufgaben und Programmstrukturen. Das bedeutet nicht, dass Organisationsstrukturen keine Finalität einschließen. Sie sind schon von Grund auf wertgebunden.⁶¹ Im modernen Verfassungsstaat sind es die konstitutionellen Werte, die auch für Organisationsstrukturen vor allem maßgeblich sind. Das betrifft nicht nur die Gewaltenteilung, die eine Unterscheidung von legislativer, judikativer und exekutiver Organisation verlangt. Insbesondere Demokratie und Rechtsstaatlichkeit gelten auch für die Verwaltungsorganisation. Sieht man in der bürokratischen Organisation die für die Herrschaftsausübung verlässliche und berechenbare Verwaltung, so wird man in ihr die rationale Form zur Ankopplung an die demokratisch legitimierte Politik sehen. Freilich ist Demokratie ein komplexes Phänomen, das sich in mehr als eindimensionalen Steuerungsbeziehungen manifestiert. So wird versucht, Demokratie vielfältig für die Verwaltung zu organisieren. Als demokratiegerichtete Anforderung werden etwa genannt: Berücksichtigung des Zusammengehörigkeitsgefühls der Bevölkerung, Entscheidungsmöglichkeiten über wichtige Verwaltungsaufgaben, größtmögliche Dezentralisation von Verwaltungsaufgaben, Einfachheit und Übersichtlichkeit des Verwaltungsaufbaus, Einräumigkeit der Verwaltung, Deckungsgleichheit mit Sonderbehörden, Gerichten und Wahlbezirken, mit Organisationsbezirken von Verbänden, Vereinen usw., Abgrenzung nach Planungsräumen und nach Einzugsgebieten.⁶²

Die Rechtsstaatlichkeit ist für die Verwaltungsorganisation nicht nur insoweit relevant, dass der Vorrang und der Vorbehalt des Gesetzes auch in Organisationsangelegenheiten gelten. Vielmehr sind organisatorische Rahmenbedingungen derart zu schaffen, dass ein an Gesetz und Recht gebundener Verwaltungsvollzug funktioniert. So bedarf es einer Bestimmtheit bei der Verteilung der Zuständigkeiten zwischen den Behörden, um dem Bürger Rechtssicherheit zu vermitteln. Oder die Informationsverarbeitung in der Verwaltung muss so organisiert sein, dass der Bürger vor dem Missbrauch seiner Individualdaten geschützt ist.⁶³ Eine weitere Frage ist, inwieweit aus Gründen der Rechts-

---

⁶⁰ Vgl. Thompson, Victor A., Modern Organization, New York 1961, S. 10 ff.

⁶¹ Vgl. Bellone, Carl J. (Hrsg.), Organization Theory and the New Public Administration, Boston u. a. 1980.

⁶² Vgl. Wagener, Frido, Neubau der Verwaltung, 2. Aufl., Berlin 1974, S. 313.

⁶³ Vgl. Becker, Ulrich, Zweck und Maß der Organisation, in: Ulrich Becker/Werner Thieme (Hrsg.), Handbuch der Verwaltung, Köln u. a. 1976, Heft 3.1, S. 18 f.

staatlichkeit eine Beliebigkeit von Organisationsformen auszuschließen ist und eine gewisse Gleichförmigkeit des Verwaltungsaufbaus erforderlich wird.[64]

Die betriebswirtschaftliche Organisationslehre unterscheidet, um der Finalitätsfrage der Organisation als Institution Herr zu werden, zwischen Sachzielen der Unternehmung, also Strategien in ausgewählten Tätigkeitsfeldern, und Formalzielen als Leistungsstandards, anhand derer die Aktivitäten der Organisation gemessen werden.[65] Ein solches Formalziel wird darin gesehen, über eine effektive Organisation zu verfügen. Als Effektivitätskriterien werden etwa genannt: eine effiziente Ressourcennutzung, motivierte und zufriedene Mitarbeiter, Konflikthandhabung, gelungene Koordination, gute Informationsversorgung, Flexibilität, Synergie usw. bis hin zur Marktnähe.[66] Auch wenn man die Verwaltungsorganisation zur Disposition institutioneller Wahlmöglichkeiten hält – etwa einer privaten gegenüber einer öffentlichen Organisation bei kommunalen Versorgungsleistungen den Vorzug gibt – bedarf es einschlägiger Bewertungskriterien.[67] So hat man für eine territoriale Neugliederung der Verwaltungsorganisation in Westdeutschland ein „vervollständigtes Schema von Maßstäben für den optimalen Aufbau der Verwaltung" zu entwerfen versucht. Dabei werden politische Kriterien wie Festigung der Demokratie und Sicherung der Rechtmäßigkeit Effektivitätskriterien wie Wirtschaftlichkeit und Leistungsfähigkeit zur Seite gestellt, und zwar mit Gesichtspunkten wie optimale Einwohnerbereiche, Einsparung von Verwaltungsebenen, organisatorische Ausgleichsmöglichkeit, Einheit der Verwaltung bzw. Beschäftigung von hauptamtlichem Personal, Spezialisierungsgrad, Überschaubarkeit.[68]

Ein anderer Ausdruck wertgebundener Orientierungen sind die Organisationsprinzipien. Sie bündeln Werterfahrungen, ermöglichen die Interpretation von Organisationsstrukturen und können im Sinne eines funktionalen Organisationsbegriffs einschlägigen Gestaltungen die Richtung zeigen. Sie sind damit aber noch keine operationalen Weisungen, so dass Organisationsprinzipien durchaus als Gegensatzpaare auftreten können, also Zentralisierung und Dezentralisierung. Es gibt verschiedene Versuche, Organisationsprinzipien zu gliedern.[69] Wie bei privaten Unternehmen kann man auch im Falle der öffentli-

---

[64] Vgl. König, Michael, Kodifikationen des Landesorganisationsrechts, Baden-Baden 2000, S. 54 f.

[65] Vgl. Kieser, Alfred/Kubicek, Herbert, Organisation, 3. Aufl., Berlin/New York 1992, S. 432.

[66] Vgl. Bea, Franz Xaver/Göbel, Elisabeth, Organisation, Stuttgart 1999, S. 14 ff.

[67] Vgl. Schuppert, Gunnar Folke, Verwaltungswissenschaft, Baden-Baden 2000, S. 546.

[68] Vgl. Wagener, Frido, Neubau der Verwaltung, 2. Aufl., Berlin 1974, S. 312 ff.

[69] Vgl. König, Michael, Kodifikationen des Landesorganisationsrechts, Baden-Baden 2000, S. 50 ff.; Püttner, Günter, Verwaltungslehre, 3. Aufl., München 2000, S. 62 ff.

chen Verwaltung bei der Arbeitsteilung anknüpfen. Arbeitsteilung wird durch Menge, Vielfalt, Komplexität der Verwaltungsarbeit erforderlich. Das Prinzip der Spezialisierung bezieht sich auf horizontale wie vertikale Ausformungen der Arbeitsteilung. So mag es horizontal in einer Behörde spezielle Stellen für Rechtsfragen, Informationsverarbeitung, Budgetierung geben. Vertikal können Leitungsfunktionen und Sachbearbeitungsfunktionen getrennt sein. In der Makroorganisation mögen Sonderbehörden bzw. organisatorische Trennungen von Politikformulierung und Politikvollzug bestehen. Spezialisierung kann aber auch aus vielen Gründen zurückgeholt werden: in einer Gruppenbildung anstelle von Unterabteilungen, um Sachbearbeitung und Leitung zu verknüpfen, in einem Bürgerbüro, um Informations- und Kontaktbedürfnissen der Bürger besser Rechnung zu tragen[70], in einer „Humanisierung des Arbeitslebens", um zu weit getriebene Spezialisierung in der Produktion zurückzunehmen.[71]

Dem Grundtatbestand der Arbeitsteilung will man mit einem Prinzip der Aufgabenhomogenität Rechnung tragen, nachdem Organisationseinheiten gleichartige Aufgaben zu übertragen sind.[72] Es gibt verschiedene Merkmale, die man für Gleichartigkeiten in Anspruch nehmen kann.[73] Unter diesen wird man in der legalistischen Verwaltung insbesondere die gesetzlichen Regelwerke, wie sie vollzogen werden, zu Kriterien machen. Heterogenität wird man kaum als Gegenprinzip zur Aufgabenhomogenität postulieren. Aber es gibt aus vielen Gründen heterogene Organisationsgestaltungen, etwa weil man einen Ausgleich zwischen großen und kleinen Abteilungen schaffen will oder weil die Organisationsverhältnisse der Personalpolitik unterworfen werden.[74]

Lässt man Dezentralisation, Dekonzentration, Delegation im Sinne des deutschen Organisationsrechts[75] beiseite, so sind noch Prinzipien der Koordination, Kooperation, Integration als Komplement der Arbeitsteilung zu nennen. Diese arbeitsteilige Erstellung öffentlicher Güter und Dienste verlangt eine wechselseitige Abstimmung zur Aufgabenerfüllung.[76] Koordinationserfordernisse manifestieren sich in Arbeitsabläufen und Entscheidungsprozessen. Indessen muss auch die Aufbauorganisation Koordinationsanforderungen antizipieren, um bei

---

[70] KGSt (Hrsg.), Bürgerämter: eine Materialsammlung, Köln 1999.

[71] Vgl. Kieser, Alfred/Kubicek, Herbert, Organisation, 4. Aufl., Stuttgart 2003, S. 82.

[72] Vgl. Loeser, Roman, Das Bundes-Organisationsgesetz, Baden-Baden 1988, S. 207.

[73] Vgl. Thieme, Werner, Verwaltungslehre, 4. Aufl., Köln u. a. 1984, S. 257.

[74] Vgl. König, Michael, Kodifikationen des Landesorganisationsrechts, Baden-Baden 2000, S. 77.

[75] Vgl. Wolff, Hans. J./Bachof, Otto, Verwaltungsrecht II, 4. Aufl., München 1976, S. 97 ff., S. 24 f.

[76] Vgl. König, Klaus, Planung und Koordination im Regierungssystem, in: Verwaltungsarchiv 1971, S. 1 ff.

engen Aufgabenzusammenhängen etwa zu berücksichtigen, dass Koordinationen zwischen verschiedenen Ministerien schwerer fallen als innerhalb eines Ressorts. Entsprechendes gilt für das gemeinsame Zusammenwirken von Verwaltungsträgern. Für erforderliche Kooperationen können organisatorische Voraussetzungen geschaffen werden, etwa in Gremien zur Planung von Gemeinschaftsaufgaben. Arbeitsteilung kann letztlich dahin führen, dass die Teilleistungen der Verwaltungen zu einer übergeordneten Gesamtheit zusammengefasst werden. Zum Beispiel muss die Richtlinienkompetenz des Regierungschefs auch organisatorisch abgestützt werden. In den 1970er Jahren erwartete man entsprechende Integrationsleistungen insbesondere von Planungsabteilungen und Planungsstäben in der Kanzlei des Regierungschefs.[77]

Für die öffentliche Verwaltung gilt regelmäßig das Prinzip der Hierarchie, das heißt der Über- und Unterordnung, freilich dann auch der Nebenordnung von Organisationseinheiten. Hierarchie ist zunächst Formalität, wie sie in den Organisationsplänen zum Ausdruck kommt. Es können sich freilich auch informale Hierarchien entwickeln.[78] Der Hierarchie entspricht die Ein-Linien-Organisation mit ihren eindimensionalen Weisungssträngen. Stäbe stehen von Fall zu Fall außerhalb von Weisungsbefugnissen. Mehr-Linien-Organisationen können sich informell entwickeln, wenn etwa in öffentlichen Angelegenheiten Weisungen in der Sache von Finanzzuweisungen abhängig gemacht werden. Monokratisches wie kollegiales Prinzip bedeuten, dass in dem einen Falle ein Amtsträger die Letztverantwortung ausübt, während in dem anderen Falle eine gemeinsame Entscheidungsfindung stattfindet. Auch die kollegiale Leitung kann auf einem hierarchisch-pyramidenförmigen Unterbau aufruhen. Kollegiale Organisationsformen können zur administrativen Selbststeuerung führen.[79] Daraus können sich Fragen demokratischer Legitimation ergeben.

Organisationsprinzipien beruhen auf unterschiedlichen Bewertungsgrundlagen: rechtlichen, wenn eine gewisse Formengleichheit organisatorischer Gestaltung bevorzugt wird, politischen, wenn Stabilität und Flexibilität der Organisation diskutiert werden, wirtschaftlichen, wenn von der optimalen Betriebsgröße die Rede ist. Es hängt nicht zuletzt von der Präferenz für bestimmte Werte in einer Verwaltungskultur ab, inwieweit solche Prinzipien weiterentwickelt und konkretisiert werden. Eine managerialistische Verwaltung hat zu ökonomischen Bewertungen leichteren Zugang. Indessen ist zum Thema der optimalen Be-

---

[77] Vgl. Bebermeyer, Hartmut, Das Bezugsfeld politische Planung und strategische Unternehmensplanung, Frankfurt a. M. u. a. 1985.

[78] Vgl. König, Klaus, Formalisierung und Informalisierung im Regierungszentrum, in: Hans-Hermann Hartwich/Göttrik Wewer (Hrsg.), Regieren in der Bundesrepublik II, Opladen 1991, S. 203 ff.

[79] Vgl. Gross, Thomas, Das Kollegialprinzip in der Verwaltungsorganisation, Tübingen 1999, S. 130 ff.

triebsgröße in Deutschland anzumerken, dass zumindest die Problematik der Mindestgrößen aufgegriffen worden ist, obwohl wir es mit einem schwer erfassbaren Leistungsbereich zu tun haben.[80] Pragmatisch zugänglich erweisen sich tradierte, gewohnte Prinzipien, wie im deutschen Falle die Einheit der Verwaltung oder die Einräumigkeit der Verwaltung. Man kann vielerorts Präferenzen für Bündelungsbehörden und die Deckungsgleichheit der Verwaltungsräume beobachten.

Mit so bevorzugten Organisationsregelungen hängen auch die jeweiligen Referenzen der Organisationsgliederung zusammen. Die Organisationsstruktur der öffentlichen Verwaltung wird auf bestimmte Bezugsgrößen hin angelegt. Wir unterscheiden divisionale, territoriale, funktionale und klientelische Referenzen. Diese Bezugsgrößen sind sowohl für die Makroorganisation wie die Mikroorganisation erheblich. Für die deutschen Verwaltungsverhältnisse hat man das Bestehen von „vertikalen Fachbruderschaften"[81] kritisiert. Damit ist auf eine in der Moderne dominante Referenz der Organisationsstruktur verwiesen, nämlich die Ausrichtung auf Objekte, Produktgruppen, Geschäftsbereiche, Sachgebiete, Aufgaben. Man spricht von divisionaler Organisation[82], von Spartenorganisation[83], von Ressortsystem[84], von Fachverwaltung[85]. Betrachtet man die Organigramme von den Ressorts der Ministerialebene – Wirtschaftsministerium, Verkehrsministerium, Gesundheitsministerium, Kultusministerium usw. – bis zu den Ämtern der Kommunalebene – Schulamt, Sozialamt, Bauamt, Gartenamt usw. – dann wird das organisatorische Gewicht der Subsektoren öffentlicher Angelegenheiten, der Fachverwaltung, eben der divisionalen Referenz der Organisationsgliederung deutlich.

Die divisionale Referenz ist auch für Wirtschaftsunternehmen maßgeblich. Beispielsweise mag ein Technikproduzent in Sparten der Energietechnik, der Verkehrstechnik, der Medizintechnik, der Lichttechnik usw. organisatorisch gegliedert sein. Geht es im privaten Sektor um die Frage, welche Produktgruppen einer Division zugewiesen werden, so erfordert eine solche Organisation in der öffentlichen Verwaltung die Analyse öffentlicher Aufgaben und die Bestimmung von Aufgabenfeldern als Geschäftsbereiche. Damit erreicht man

---

[80] Vgl. König, Michael, Kodifikationen des Landesorganisationsrechts, Baden-Baden 2000, S. 85 ff.

[81] Vgl. Wagener, Frido, Der öffentliche Dienst im Staat der Gegenwart, in: Veröffentlichungen der Vereinigung der Deutschen Staatsrechtslehrer, Heft 37, Berlin/New York 1979, S. 238 ff.

[82] Vgl. Bea, Franz Xaver/Göbel, Elisabeth, Organisation, Stuttgart 1999, S. 319.

[83] Vgl. Eichhorn, Peter u. a. (Hrsg.), Verwaltungslexikon, 3. Aufl., Baden-Baden 2003, S. 977.

[84] Vgl. Holzinger, Gerhart, Die Organisation der Verwaltung, in: ders. u. a. (Hrsg.), Österreichische Verwaltungslehre, 2. Aufl., Wien 2006, S. 134.

[85] Vgl. Püttner, Günter, Verwaltungslehre, 3. Aufl., München 2000, S. 82.

Grundfragen der Arbeitsteilung überhaupt.[86] Die verteilte Arbeit muss schließlich wieder koordiniert werden. Hier zeigt sich, wie die Divisionalisierung ein organisatorisches Eigenleben hervorbringen kann, und zwar bis zu „Spartenegoismus", „Ressortegoismus". Dem stehen als Vorteile gegenüber, dass man sich in so definierten Geschäftsbereichen näher auf unterschiedliche Produktmärkte einstellen[87] und sich entsprechend in der Verwaltung auf umrissene öffentliche Angelegenheiten Rücksicht nehmen kann. Divisionen schaffen transparente Verantwortungsbereiche. Sie lassen sich politisch leichter steuern. Mit dem Wandel öffentlicher Aufgaben können sie einer Revision unterworfen werden.

Die divisionale Referenz schließt ein, dass in verschiedenen Sparten bestimmte Verrichtungen parallel durchgeführt werden, etwa Finanzierungen. So sucht man bei der Rationalisierung von Organisationsstrukturen derartige Funktionen vor die Klammer zu ziehen, was sich bis zu Funktionsmeisterstellen eines Taylor zurückverfolgen lässt.[88] Entsprechend sind gleiche oder ähnliche Funktionen eine weitere Bezugsgröße der Organisationsstruktur öffentlicher Verwaltung. Die funktionale Referenz gilt für die zwischenbehördliche wie die innerbehördliche Organisation, von der Ministerialebene – dem Justizministerium als allgemeinem Justitiariat der Regierung, dem Finanzministerium als allgemeiner Einnahmen- und Ausgabenverwaltung, dem Auswärtigen Amt als Ministerium aller grenzüberschreitenden Angelegenheiten – wiederum bis zur Kommunalebene – Kämmerei, Personalamt, Rechtsamt.

Die jeweilige Ausprägung funktionaler Verrichtungen ist von Behörde zu Behörde unterschiedlich. Verbreitet ist die Ausdifferenzierung der „Verwaltung der Verwaltung" in einer Intendantureinheit[89]. Funktionen des Personalwesens, der Organisation, der Budgetierung, der Hausverwaltung pflegen in Zentralabteilungen zusammengefasst zu sein. Ältere Streitpunkte sind die Zusammenfassung der Schreibdienste in einem zentralen Büro, jüngere die organisatorische Balance zwischen dekonzentrierten und konzentrierten Einrichtungen der elektronischen Datenverarbeitung.[90] Die funktionale Referenz schließt Vorteile wie eindeutige Zuständigkeiten oder Spezialisierung ein. Freilich wird man von einem Haushaltsreferat nicht erwarten, dass hier die volle Perzeption etwa für Angelegenheiten der Kultur oder des Verkehrs oder des Sozialen vorliegt. Der

---

[86] Vgl. March, James G./Simon, Herbert A., Organization, New York u. a. 1958, S. 22 ff.
[87] Vgl. Kieser, Alfred/Kubicek, Herbert, Organisation, 4. Aufl., Stuttgart 2003, S. 243 ff.
[88] Vgl. Frese, Erich, Organisationstheorien, 2. Aufl., Wiesbaden 1992, S. 42 ff.
[89] Vgl. Dammann, Klaus, Stäbe, Intendantur- und Dacheinheiten, Köln u. a. 1969.
[90] Vgl. König, Klaus, Personalisierte Führung und Informationstechnik in Regierung und Verwaltung, in: Heinrich Reinermann (Hrsg.), Führung und Information, Heidelberg 1991, S. 67 ff.

einzelnen öffentlichen Sache werden die Finanzperspektiven der Behörde gegenübergestellt.

Die Behandlung einer öffentlichen Angelegenheit durch die Facheinheit einerseits wie die Funktionseinheit andererseits legt den Gedanken nahe, es mit einer Matrixorganisation zu tun zu haben.[91] Zwei organisatorische Linien scheinen auf die Problemlösung ausgerichtet. Indessen zeigt ein Blick in die Organigramme, dass gerade die öffentliche Verwaltung die einlinige Organisation aufrechterhält. Funktionale wie divisionale Organisationseinheiten werden etwa als Abteilungen in die Hierarchie eingeordnet. Man bevorzugt die eindeutige Zuordnung von Weisungsbefugnissen und Kontrollrechten an eine monokratische Spitze.[92] Anders kann es sich bei der Aufsicht über einen nachgeordneten Verwaltungsbereich mit Aufgabenbündelung verhalten. Hier können Dienstaufsicht und Fachaufsicht auseinanderfallen.[93]

Gegenüber der divisionalen und der funktionalen Referenz tritt die Klientel als Bezugsgröße der Organisationsstruktur eher zurück. Verbreitet findet man diese Referenz dort, wo berufsständische Interessen im Wege der Selbstverwaltung wahrgenommen werden, also Industrie- und Handelskammern, Handwerkskammern, Ärztekammern usw.[94] Man muss Rechtsanwalt sein, um zu der Rechtsanwaltskammer einen organisatorischen Bezug zu haben. Das Ständische verweist auf einen weiterreichenden historischen Zusammenhang. Bis in die Moderne hinein wurden Kolonialisierer und Kolonialisierte als Klientel verschieden verwaltet. Das mag ein Apartheid-Regime auf den Gedanken gebracht haben, nach Hautfarbe unterschiedliche Exekutiven zu organisieren. Heute stößt man darauf, dass das Konzept einer kundenorientierten Verwaltung, die sich das private Wirtschaftsunternehmen am Markt zum Vorbild nehmen will, auch eine klientelische Organisationsstruktur zu verlangen scheint. Aus Ministerien für Gesundheit, Bildung, Soziales, Justiz werden einschlägige Zuständigkeiten herausgenommen und in einem Ministerium für Kinder zusammengefasst. Damit sollen die nachgeordneten Versorgungsbehörden enger verknüpft werden. Es soll abgesichert werden, dass alle Behörden, die von einem Fall betroffen sind, Kontakte halten und Informationen austauschen. Die Antragsverfahren sollen kurz gehalten werden. Schließlich soll die Zahl der Versorgungsbehörden, die einem Klient dienen, reduziert werden.[95]

---

[91] Vgl. Brede, Helmut, Grundzüge der öffentlichen Betriebswirtschaftslehre, München/Wien 2001, S. 89 f.
[92] Vgl. Thompson, Victor A., Modern Organization, New York 1961, S. 104.
[93] Vgl. Wolff, Hans J./Bachof, Otto, Verwaltungsrecht II, 4. Aufl., München 1976, S. 101 ff.
[94] Vgl. Thieme, Werner, Verwaltungslehre, 4. Aufl., Köln u. a. 1986, S. 92 f., 250 ff.
[95] Vgl. Kernaghan, Kenneth u. a., The New Public Organization, Toronto 2000, S. 113 f.

Im privaten Wirtschaftsunternehmen findet man, wenn auch nicht durchgängig, klientelische Organisationseinheiten, etwa wenn in einer Bank eine Abteilung für Privatkunden, in einem Industrieunternehmen eine Abteilung für Großkunden eingerichtet ist.[96] Jedoch ist der Klient in Verwaltungsangelegenheiten kein Kunde, wenn man in diesem die Nachfrageseite des Marktes sieht. So kommt es zur Neueinrichtung klientelischer Organisationsstrukturen im öffentlichen Sektor eher aus politischen Gründen, selbst aus Gründen der symbolischen Politik, weniger aus betriebswirtschaftlichen Gesichtspunkten. Man kann dazu auf neu geschaffene Beauftragte verweisen, also Frauenbeauftragte, Behindertenbeauftragte, Flüchtlingsbeauftragte usw. Wenn die Klientel so auch keine durchgängige Referenz der öffentlichen Verwaltung ist, so ist doch für die zwischenbehördliche wie innerbehördliche Organisation eine entsprechende Struktur relevant, also bei einem Ministerium für Frauen bzw. bei einer Abteilung für ausländische Arbeitnehmer in einem Arbeitsministerium. Bei einer solchen Organisation kann es leicht zu einer Überidentifikation der Verwaltung mit den Interessen ihrer Klienten kommen und die Verwaltung zum Gefangenen einer bestimmten sozialen Gruppe werden.[97] Das kann auch informal geschehen, wenn etwa ein für Landwirtschaft ausgewiesenes Ministerium zu einem für Landwirte wird.

Oberste und obere Bundesbehörden in Deutschland handeln für das gesamte Staatsgebiet der Bundesrepublik. Eine solche Divisionalisierung, gegebenenfalls auch Funktionalisierung und Klientelisierung der Organisationsstrukturen ist aber selbst in einem an der Spitze stark verdichteten Verwaltungssystem die Ausnahme. Quer zu solchen Bezugsgrößen liegt die territoriale Referenz der öffentlichen Verwaltung. Es gibt nicht nur die sachliche, sondern auch die örtliche Zuständigkeit in Verwaltungsangelegenheiten als Organisationsgrundlage. Damit ist zuerst die Makroorganisation angesprochen. Denn Behörden haben einen ihnen jeweils zugewiesenen räumlichen Bereich.[98] Die Bedeutung der Territorialität für die öffentliche Verwaltung ist letztlich darin begründet, dass der moderne Staat Territorialstaat ist. Er ist prinzipiell an Gebietsgrenzen gebunden. Demgegenüber sind Märkte prinzipiell entgrenzt, wie die Globalisierung belegt. Die räumliche Referenz tritt zurück. Dass sie eine Organisationsgröße sein kann, zeigt sich indessen gerade bei transnationalen Unternehmen,

---

[96] Vgl. Bea, Franz Xaver/Göbel, Elisabeth, Organisation, Stuttgart 1999, S. 386.

[97] Vgl. Eichhorn, Peter u. a., Verwaltungslexikon, 3. Aufl., Baden-Baden 2003, S. 564; Püttner, Günter, Das Beauftragtenwesen in der öffentlichen Verwaltung, in: Arthur Benz u. a. (Hrsg.), Institutionenwandel in Regierung und Verwaltung, Berlin 2004, S. 231 ff.

[98] Vgl. Maurer, Hartmut, Allgemeines Verwaltungsrecht, 16. Aufl., München 2006, S. 246, 545 ff.

die schon wegen unterschiedlicher Geschäftskulturen regional definierte Organisationsstrukturen vorhalten.[99]

Der territoriale Bezug hat unterschiedliche Qualität, je nachdem, ob mit ihm auch eine Verselbständigung des Verwaltungsträgers verbunden ist. Damit kommen die Kategorien von Zentralisierung und Dezentralisierung ins Spiel. Auch in zentralistischen Verwaltungen gibt es nachgeordnete Behörden mit differenzierten Verwaltungsräumen. Die Präfektur in Frankreich ist Repräsentant der Zentralautorität in den Teilräumen.[100] Der Regierungspräsident in Deutschland ist Behörde mit räumlicher Zuständigkeit, zugleich aber gegenüber den Landesministerien weisungsgebunden. Anders verhält es sich mit Ländern und Kommunen in der Bundesrepublik. Das Grundgesetz räumt ihnen Autonomie für Landes- und örtliche Angelegenheiten ein. So gibt es unter dem Vorzeichen der territorialen Referenz unterschiedliche Qualitäten, nämlich Autonomien wie Weisungsgebundenheiten in jeweiligen Verwaltungsräumen.

Die Bedeutung der territorialen Referenz wurde in Westdeutschland durch die Gebietsreformen der 1960er und 1970er Jahre besonders deutlich. Diese waren gleichsam als territoriale Generalreformen des Staates gedacht, wobei Effektivitätsgesichtspunkte in den Vordergrund rückten. Auf der Ebene der Regierungsbezirke, Landkreise und kreisfreien Städte sowie der Gemeinden wurde durch Vergrößerung der Verwaltungsräume die Behördenzahl reduziert. Eine territoriale Neugliederung der Länder gelang nicht.[101] Nach der Vereinigung Deutschlands wurden in den mittel- und ostdeutschen Bundesländern vergleichbare Reformen durchgeführt.[102] Die Präferenzen für eine zentraldivisionale oder eine dezentral-territoriale Verwaltungsorganisation sind politisch-historisch begründet. Auf der einen Seite mag die Einheitsstiftung der Staatsbildung – „nation-building" – den Vorrang haben. Auf der anderen Seite mag es zu einem geschichtlichen Zusammenschluss verschiedener Territorien gekommen sein. Auf der einen Seite mag die Uniformität bei der Verteilung öffentlicher Güter und Dienstleistung den Vorrang genießen. Auf der anderen Seite mögen Bürgernähe und Bedarfsgerechtigkeit der Vorzug gegeben werden.

Heute stellen zwei Entwicklungen die traditionelle Bezugsgröße des abgegrenzten Verwaltungsraums in Frage: die Globalisierung und die Regionalisie-

---

[99] Vgl. Hill, Wilhelm u. a., Organisationslehre, Bern/Stuttgart 1974, S. 182.

[100] Vgl. König, Klaus, Zur Typologie öffentlicher Verwaltung, in: Carl-Eugen Eberle u. a. (Hrsg.), Der Wandel des Staates vor den Herausforderungen der Gegenwart, München 2002, S. 696 ff.

[101] Vgl. Seibel, Wolfgang, Verwaltungsreform, in: Klaus König/Heinrich Siedentopf (Hrsg.), Öffentliche Verwaltung in Deutschland, 2. Aufl., Baden-Baden 1997, S. 94 ff.

[102] Vgl. Wollmann, Hellmut, Verwaltung in der deutschen Vereinigung, in: Klaus König (Hrsg.), Deutsche Verwaltung an der Wende zum 21. Jahrhundert, Baden-Baden 2002, S. 37 ff.

rung.[103] Wenn man die europäische Integration als Vorreiter der Globalisierung ansieht, dann kann man beobachten, wie alte Verwaltungsgrenzen ihre Bedeutung verlieren. Das gilt für die grenzüberschreitende Zusammenarbeit in vielen europäischen Regionen.[104] Das gilt weiter für Grenzöffnungen nach dem Schengener Abkommen.[105] Die Regionalisierung scheint demgegenüber auf eine Verfestigung gesellschaftlicher, wirtschaftlicher und politischer Aktivitäten im Raum zu verweisen. Aber gerade ihre Dynamik macht nicht an den tradierten Verwaltungsgrenzen halt. Die Frage ist, ob sich Steuerungs- und Regelungsmuster einer Regional Governance entwickeln, die keine territorial definierte Verwaltungsorganisation mehr meinen[106] oder ob der Verwaltungsraum als Grundmauer von Administrationen erhalten bleiben kann, sei es durch neue Organisationsformen wie Regionalverbände, sei es durch quantitative Ausweitungen wie Großkreise.

Angesichts des Ranges, den die territoriale Referenz in Makroorganisationen einnimmt, ist ihre Bedeutung für die Mikroorganisation relativ gering. Angesichts des Herunterbrechens öffentlicher Verwaltungen auf die Ebene von Regierungsbezirken, Kreisen und Gemeinden erübrigt sich in der Regel eine weitere räumliche Verfeinerung in der Binnenorganisation solcher Behörden. Anders ist es bei Ministerien mit allgemeinem Auslandsbezug, also einem Auswärtigen Amt, einem Ministerium für wirtschaftliche Zusammenarbeit und Entwicklung. Hier findet man Länderabteilungen, die den administrativen Sachverstand für Länder und Regionen der Welt repräsentieren, also etwa eine Unterabteilung für Afrika, ein Referat für China. Insoweit können sich interessante dreidimensionale Linienbezüge ergeben: divisionale, funktionale, territoriale. So sind an der Entscheidung über das Projekt einer Berufsschule in einem Entwicklungsland Organisationseinheiten unterschiedlicher Referenzen beteiligt: divisionales Ausbildungsreferat, funktionales Haushaltsreferat, territorial das einschlägige Länderreferat. Formal steht über allem die zum ressortverantwortlichen Minister gehörende Hierarchie. Informal ist es aber durchaus interessant zu fragen, mit welcher Mächtigkeit jeweilige Referenzen in der Binnenorganisation ausgestattet sind.

---

[103] Vgl. Benz, Arthur, Die territoriale Dimension von Verwaltung, in: Klaus König (Hrsg.), Deutsche Verwaltung an der Wende zum 21. Jahrhundert, Baden-Baden 2002, S. 219 ff.

[104] Vgl. Beck, Joachim, Netzwerke in der transnationalen Regionalpolitik, Baden-Baden 1997.

[105] Vgl. König, Klaus, Öffentliche Verwaltung und Globalisierung, in: Verwaltungsarchiv 2001, S. 479 ff.

[106] Vgl. Benz, Arthur, Die territoriale Dimension von Verwaltung, in: Klaus König (Hrsg.), Deutsche Verwaltung an der Wende zum 21. Jahrhundert, Baden-Baden 2002, S. 219 ff.

II. Dezentralisierung und Regionalisierung

1. Herkommen und Erfahrungen

Zentralisation und Dezentralisation als grundlegende Konstruktionsprinzipien der institutionellen Verwaltungsorganisation zu begreifen[107], entspricht nicht nur deutschem Herkommen. Deutschland hat indessen mit Föderalismus und kommunaler Selbstverwaltung intensive Erfahrungen zur Dezentralisierung. So ist die deutsche Verwaltung inzwischen traditionell Partner im Dialog mit Entwicklungsländern geworden, die – meist als koloniales Erbe – unter den Dysfunktionen hochzentralisierter Verwaltungen leiden.[108] Allerdings ist es in erster Linie die Kommunalverwaltung, an deren Verselbständigungen man interessiert ist.[109] Entsprechend ist die Verwaltung auf lokaler Ebene über die Jahre hinweg ein Schwerpunkt der internationalen Kooperation mit Entwicklungsländern geblieben und hat einen Platz in den jeweils neuen Konzeptionen der Verwaltungsförderung gefunden.[110]

Lässt sich die Lokalverwaltung für internationale Vergleiche verhältnismäßig zufriedenstellend identifizieren, so sind die Verhältnisse zwischen lokaler und nationaler Ebene schwieriger und meist auch politisch sensibler. Man stößt nicht nur auf die Gliedstaaten eines föderalistisch verfassten Nationalstaates, sondern auch auf Provinzen, autonome Regionen, Territorien, allgemeine Verwaltungsdistrikte und dann Formen der institutionalisierten Zusammenarbeit zwischen diesen Ebenen. Auch in Deutschland unterliegt die vertikale Makroorganisation zwischen den verfassungsrechtlich gewährleisteten Ebenen von Ländern und Kommunen einem nationalen Veränderungsdruck, wie die Diskussionen zu den Regierungsbezirken, den Regionalverbänden, den Großkreisen belegen. Eine weitergehende Herausforderung ist indessen das „Europa der Regionen". Die deutschen Länder und Kommunen finden sich in einer neuen Nachbarschaft wieder. Regionen und Regionalismus erweisen sich als ein weiter klärungsbedürftiges Konzept.[111] Unter diesen Umständen ist es der Zusam-

---

[107] Vgl. Becker, Bernd, Öffentliche Verwaltung, Percha 1989, S. 193 ff.

[108] Vgl. Kevenhörster, Paul, Entwicklung durch Dezentralisierung – Perspektiven der Verwaltungsförderung, in: Klaus König (Hrsg.), Öffentliche Verwaltung und Entwicklungspolitik, Baden-Baden 1986, S. 329 ff.

[109] Vgl. Banner, Gerhard, Entwicklungspolitik und internationale Verwaltungsbeziehungen aus der Sicht der Kommunalverwaltung, in: Klaus König (Hrsg.), Entwicklungspolitik und internationale Verwaltungsbeziehungen, Bonn 1983, S. 55 ff.

[110] Vgl. Bolay, Friedrich W./Koppe, Reinhard, Die neue Konzeption der Verwaltungsförderung der Bundesrepublik Deutschland, in: Klaus König (Hrsg.), Öffentliche Verwaltung und Entwicklungspolitik, Baden-Baden 1986, S. 363 ff.

[111] Vgl. Mecking, Christoph, Die Regionalebene in Deutschland, Stuttgart u. a. 1995.

menhang von Dezentralisierung und Regionalisierung, der aus der Fülle von makroorganisatorischen Verwaltungsproblemen exemplarisches Anschauungsmaterial zum Stand des Verwaltungsaufbaus, zur einschlägigen Verwaltungspolitik, zu Entwicklung und Modernisierung bietet. Freilich äußert sich diese Signifikanz für die Makroorganisation auch dadurch, dass man es mit dynamischen Entwicklungen zu tun hat. Man denke an die Frage der Regionalkreise in Deutschland, der nationalen Identität in Spanien, der separatistischen Bewegungen in Belgien. Man muss also eine zeitliche Zäsur machen, um Grundprobleme der öffentlichen Verwaltung zu verdeutlichen.

Will man einschlägige Materialien aus unterschiedlich konstituierten Nationen für die Jahrhundertwende sichten[112], muss man klarstellen, dass international keine sprachliche Übung besteht, wie man einschlägige Gegenstände einheitlich bestimmen kann. Unter Dezentralisierung und Regionalisierung sollen alle Abstufungen und Varianten von Verselbständigung administrativer und/ oder politischer Einheiten diskutiert werden. Das heißt, wir haben unter der Voraussetzung institutioneller Ausgliederung alle Möglichkeiten von Aufgabenerfüllung für die nationale oder eine andere Ebene unter Weisung und Aufsicht bis zu fast eigenstaatlicher Selbständigkeit mit eigener Legislativgewalt, eigener Exekutivgewalt, eigener Jurisdiktion, eigenen finanziellen und anderen Ressourcen vor Augen. In dieser Allgemeinheit ist Dezentralisierung eine Aufgabe, die Kraft des Mittelpunktes und die Selbständigkeit der Peripherie in rechtem Maß zu verteilen.

Obwohl so Dezentralisierung zu einem Oberbegriff wird, hat man doch im engeren Sinne die deutsche Unterscheidung zwischen Dezentralisation und Dekonzentration im Auge zu behalten. Denn meistens drängt man auf Verselbständigung und entsprechend sind deren verschiedene Grundmuster zu erfassen. Es geht zunächst um diejenigen Formen, die der ausgegliederten Einheit einen Kreis eigener Aufgaben zuweisen, für die sie eigene, von der höheren politisch-administrativen Ebene unabhängige Entscheidungsbefugnis besitzt. Diese fallen unter den Begriff der Dezentralisation im engeren Sinn. Formen der Aufgabenübertragung oder -zuweisung unter inhaltlicher Weisungsbefugnis oder Aufsicht der höheren Ebenen werden dagegen als Dekonzentration bezeichnet. Weiter lässt sich das Gegenstück der Aufteilung von Aufgaben auf bestimmte institutionelle Ebenen bezeichnen. Hierbei handelt es sich um Formen, die alle betroffenen Ebenen in ein gegenseitiges Abhängigkeitsverhältnis bezüglich der Entscheidung über eine wesentliche Aufgabe setzen. Diese Formen kann man

---

[112] Vgl. König, Klaus, Bewertung der nationalen Politik zur Dezentralisierung und Regionalisierung, in: Verwaltungswissenschaftliche Informationen, Sonderheft 10, Bonn 1989.

mit Verflechtung bezeichnen.[113] Die in den Ländern tatsächlich vorhandenen Strukturen sind immer nur mehr oder weniger einer dieser Formen zuzurechnen oder vereinen Merkmale verschiedener Formen der Dezentralisierung.

Die Probleme der Dezentralisierung und Zentralisierung gehören zu den klassischen Gegenständen der Staatstheorie und der Staatsreform. Seit einigen Jahren sind sie unter dem Stichwort Regionalismus besonders in den europäischen Ländern mit traditionell hohem Zentralisierungsgrad neu belebt worden und zum Teil in größeren oder kleineren Veränderungen der politischen und administrativen Landschaft zum Ausdruck gekommen. Aber auch in den europäischen Ländern mit bereits dezentralerer Ordnung ist die Übertragung von Aufgaben nach unten und die Garantie der Selbständigkeit der dezentralen Einheiten Gegenstand von Wissenschaft und Verwaltungsreform. Hier wird sie allerdings mehr unter dem Gesichtspunkte der Effizienz öffentlicher Leistungserbringung und der Demokratisierung betrachtet.

Dezentralisierung wird also in vielen Ländern diskutiert, und zwar unabhängig davon, ob es alte oder junge Staaten sind, und unabhängig davon, ob es sich um Staaten mit langer unitarischer oder föderaler Tradition handelt. Gerade in den unitarisch verfassten Staaten bestehen einerseits starke regionale kulturelle Abgrenzungsmerkmale wie andere Sprache und andererseits eine stärkere Polarisierung zwischen der Kapitale mit ihrem Umland und den Provinzen. Beide Elemente drängen in Richtung auf Dezentralisierung, nachdem die Bedrohung von außen durch Nachbarstaaten und Dysfunktionen geringerer gesamtstaatlicher Steuerungsfähigkeit dezentraler Einheiten durch die technische Entwicklung der Kommunikationsmöglichkeiten weggefallen oder schwächer geworden sind, daneben aber auch der Anspruch auf gleiche Bedingungen für Bildung, Gesundheitsfürsorge, wirtschaftliche Entwicklung usw. und auf gleichmäßige Verteilung von Einrichtungen und Nutzung von Ressourcen sowie auf Mitwirkung an den politisch-administrativen Entscheidungen in den verschiedenen Landesteilen erhoben wird.

In föderalen Staaten wird dagegen die verfassungsmäßig verbürgte Selbständigkeit zum Beispiel von Ländern oder Gemeinden gegen eine Tendenz zur Entscheidung auf gesamtstaatlicher Ebene verteidigt. Im Gegenzug zu Zuständigkeitsübertragungen wegen überregionaler Bedeutung wird die Verlagerung von Aufgaben nach unten und der Rückzug aus der Steuerung durch Projektfinanzierung und Aufsicht gefordert. Hier ist das Problem, was als regional und denn auch als örtlich definiert werden kann, vorrangig. Dennoch ist in dezentra-

---

[113] Vgl. Benz, Arthur, Mehrebenenverflechtung in der Europäischen Union, in: Markus Jachtenfuchs/Beate Kohler-Koch, Europäische Integration, 2. Aufl., Opladen 2003, S. 317 ff.

len Systemen trotz gegenteiliger Bekundungen eher die Tendenz zur Zentralisierung zu beobachten.

Bei Entwicklungsländern müsste ein Unterschied zwischen solchen mit und solchen ohne koloniale Vergangenheit bestehen. Trotzdem ist in beiden Gruppen der Zentralismus das vorherrschende Strukturmerkmal. Er war entweder als traditionelle Organisationsform vorhanden oder wurde nach revolutionären Umbrüchen oder nach der Befreiung von der Kolonialherrschaft installiert. Immer meinte man, so die Phase der Konsolidierung des neuen Staates oder des „Nation building" besser zu bewältigen. Diese Phase ist jetzt in den meisten Entwicklungsländern abgeschlossen. In vielen Fällen stellen die Länder fest, dass die zentrale Regierungsform nicht in der Lage war, eine gleichmäßige Entwicklung sicherzustellen. Die Apathie der Peripherie wurde vielmehr meist verstärkt. Für die Entwicklungsländer zeigen schließlich Erfahrungsberichte, wie sehr dort Dezentralisierung als ein Mittel der Entwicklung und Modernisierung gesehen wird. Dezentralisierung scheint so ein allgemein erwünschtes Mittel der Verbesserung vielfältiger Engpässe zu sein.

Die Konzeptionen der territorialen Dezentralisierung und Regionalisierung können deshalb einen weiten Bereich umfassen: einerseits Einheiten mit weitreichender Autonomie wie in einem separativen Föderalismus mit Dezentralisation der staatlichen Gewalt und vor allem der Finanzordnung, der auch durch die entsprechenden Trennmuster anderer sozialer Faktoren wie der Struktur von Kontrollorganen, der Parteienstruktur, der Struktur ethnischer Gruppen usw. wiederholt wird. Aber es kann sich auch um eine Zuweisung nur weniger Aufgaben in eigener Verantwortung an die territoriale Einheit und Rückzug aus der Aufsicht über delegierte Aufgaben handeln.

Die Konzeptionen sind entsprechend vielfältig. Dies gilt bereits für die Zahl der administrativen Ebenen, noch mehr aber die für konkrete Ausgestaltung der Selbständigkeit. Staaten mit sozialistischen Regierungssystemen sahen keine Dezentralisation im engeren Sinne vor. Das System des demokratischen Zentralismus mit seiner Forderung einer gesamtstaatlichen Planung, Steuerung und Kontrolle hat die für Dezentralisation notwendige Autonomie der unteren Einheiten nicht zugelassen.[114]

Die Verwaltungsorganisation industrialisierter Staaten zeichnet sich gegenüber vielen Entwicklungsländern dadurch aus, dass sie meist aus einer eigenen und längeren Modernisierungsgeschichte hervorgegangen ist. Für Schweden ist etwa festzustellen, dass das Land, von einem hochzentralisierten Staatsaufbau

---

[114] Vgl. Fischer, Alfred, Résumé des débats du Comité de recherche no. 1 sur le thème „Evaluation des politiques nationales de décentralisation et de régionalisation", Federal Republic of Germany, Internationales Institut für Verwaltungswissenschaften, Brüssel 1989.

kommend, Mitte des letzten Jahrhunderts zwar bereits lokale Selbstverwaltung eingeführt hat, aber zwischen der lokalen Ebene und der nationalen Ebene lediglich die Kreise kennt und diese außerdem im Vergleich zur parallel vorhandenen staatlichen Verwaltung auf Kreisebene kaum eigene Zuständigkeiten haben. Der Kreis hat eine eigene Kreisversammlung aus gewählten Vertretern der Einwohner, den „landsting". Die mangelnde demokratische Repräsentation in der staatlichen Verwaltung erschien nicht als Problem, solange sie auf Kreisebene nur aus dem Gouverneur und einigen Helfern bestand. Seit 1950 wurde jedoch die staatliche Verwaltung stark ausgedehnt und restrukturiert. Trotzdem hat man die Selbstverwaltung der Kreise nicht wesentlich gestärkt, sondern nur eine Verbindung zwischen der staatlichen und der kreiseigenen Verwaltung erschaffen, indem man dem Gouverneur einen Laienausschuss, der von der Kreisversammlung gewählt wird, zur Seite gestellt hat. Zwischen einer Verwaltung auf nationaler Ebene, die aus relativ kleinen Ministerien und ungefähr 200 selbständigen zentralen Sonderbehörden besteht, und einer starken lokalen Selbstverwaltung auf Gemeindeebene hätte eine entscheidende Stärkung der Kreise eine Art Regionalisierung bedeutet, von welchem nach und nach eine unterschiedliche Ausstattung mit Institutionen und sozialen Diensten erwartet werden konnte. Befürchtungen von Machtverlust und Durchsetzungsschwäche der Zentrale stehen dem entgegen.[115]

Eine historische Grundlage für föderalistische Formen besteht demgegenüber immer dann, wenn sich getrennte Staaten zu einem neuen Staat zusammenschließen. In diesem Fall ist der Föderalismus die geeignete Organisation, die Autonomie der neuen Teileinheiten zu respektieren und trotzdem die Vorteile der größeren Struktur des Gesamtstaates zu nutzen. Ein Beispiel neuerer Zeit hierfür sind die Vereinigten Emirate.[116] Ein europäisches Beispiel ist Deutschland.

Anders liegen die Verhältnisse in Spanien, das nach friedlichem Übergang zur Demokratie mit dem alten Staat auch den Zentralismus ablegte. Dezentralisierung als Konzept ist hier verbunden mit der Verteidigung der Menschenrechte gegenüber der absoluten Macht des alten Regimes.[117] Die Dezentralisierung wird als notwendige Reaktion auf den Zentralstaat gesehen. Dezentralisierung wird deshalb hier mehr zu einer Unabhängigkeit der dezentralisierten Einheiten

---

[115] Vgl. Bjerkén, Torsten, Problems of County Administration in Sweden, Sweden, Internationales Institut für Verwaltungswissenschaften, Brüssel 1989.

[116] Vgl. Fischer, Alfred, Résumé des débats du Comité de recherche no. 1 sur le thème „Evaluation des politiques nationales de décentralisation et de régionalisation", Federal Republic of Germany, Internationales Institut für Verwaltungswissenschaften, Brüssel 1989.

[117] Vgl. Baldao Ruiz-Gallegos, Manuel, Décentralisation et coordination administratives: deux techniques au service de l'intérêt général, Spain, Internationales Institut für Verwaltungswissenschaften, Brüssel 1989.

führen. Gerade für Spanien kennen wir einen starken Regionalismus, der auf zusammengehörigen Volksgruppen, ausgedrückt zum Beispiel durch eigene Sprache, beruht. Ähnliche regionale Strukturierungsmerkmale bestehen zum Beispiel in Belgien und Kanada, wo ebenfalls aufgrund sprachlich-kultureller Identität der Bevölkerung räumlich zusammengehörige Gebiete innerhalb des Landes ausgemacht werden können. Dies bedeutet nicht notwendig, dass gleichzeitig entsprechende desintegrierende oder separatistische Strömungen vorhanden sind. Für Kanada wird geschildert, dass Vertreter der Provinzen im nationalen Parlament aus der gesamtstaatlichen Sicht auch gegen die Sonderinteressen ihrer Provinz stimmen.[118] Aber separierende Tendenzen werden mit der Zunahme der differenzierenden Faktoren wahrscheinlicher. Es ist die Frage, ob diese Kräfte in den Gesamtstaat besser mit einem zentralen oder einem dezentralen/regionalen politisch-administrativen Gefüge integriert werden können.

Die Bundesrepublik Deutschland gibt hier eine interessante Variante relativ erfolgreicher Integration mit dezentraler, aber verflochtener Struktur. Dazu wird auf den Neuzuschnitt der Länder nach dem zweiten Weltkrieg verwiesen.[119] Diese Ebene unterhalb der nationalen Ebene in Westdeutschland wurde zum Teil aus nicht historisch und landsmannschaftlich zusammengehörigen früheren Territorien gebildet. Dass die Bevölkerung dieser Länder heute ein annähernd gleiches Landesbewusstsein herausgebildet hat und auch das Verhältnis zum Bund nicht von separatistischen Zügen beeinträchtigt wird, liegt an Verhältnissen, die andere Probleme als viel wesentlicher erscheinen ließen, und daran, dass sorgfältig andere abgrenzende Merkmale zurückgedrängt wurden. Es wurde nicht die Form der Dezentralisierung im separativen Sinn mit umfassender Autonomie eingerichtet, sondern eine Verflechtung der verschiedenen, relativ selbständigen Ebenen – Bund, Länder, Kreise, Gemeinden – vorgesehen. Andere differenzierende Faktoren wurden ausgeglichen. Es bestand aufgrund historischer Entwicklungen zum Beispiel hinsichtlich der früheren Landesgrenzen und der Religionszugehörigkeit zum Teil Übereinstimmung. Bei der Aufnahme von Flüchtlingen wurde die Ansiedlung so gesteuert, dass sich heute die Bevölkerungsanteile der beiden großen Religionsgruppen ungefähr ausgleichen und sich regionale Abgrenzungen verwischen. Außerdem wurde in den Anfangsjahren auf territorial-paritätische Besetzung wichtiger Stellen geachtet, im kulturellen Bereich auch auf Religionsparität Rücksicht genommen. Beide Aspekte haben mittlerweile viel an Brisanz verloren. In dezentralen Einheiten lässt

---

[118] Vgl. Orban, Edmond, Le processus de décentralisation dans l'Etat fédéral industriel: problèmes théoriques et méthodologiques, Canada, Internationales Institut für Verwaltungswissenschaften, Brüssel 1989.

[119] Vgl. Gebauer, Klaus-Eckart, Dezentralization without Disintegration, Federal Republic of Germany, Internationales Institut für Verwaltungswissenschaften, Brüssel 1989.

sich auf solche Besonderheiten der regionalen Situation angemessener reagieren als in zentralen. Allerdings können bei Fehlen ausreichender anderer integrierender Faktoren auch separatistische Tendenzen verstärkt werden. Die Ausgangssituation der Bundesrepublik Deutschland war in dieser Hinsicht günstig. Historisch wurde der Gesamtstaat aus bereits installierten Einzelstaaten gebildet. Die Idee des Gesamtstaates wurde von der gesamten Bevölkerung getragen.

Interessant ist hier wiederum das Beispiel Spaniens. Mit der Verfassung von 1978 wurden 17 autonome Gemeinschaften gebildet. Um eine Auseinanderentwicklung der einzelnen Einheiten zu verhindern, betont die Verfassung in Verbindung mit der Errichtung dezentraler Einheiten und Befugnisse immer auch die Einheit des Staates als Ganzes und ermöglicht entsprechende Interpretationen[120], die zum Beispiel in der Wirtschafts- und Finanzpolitik die Verfolgung einer separierenden Wirtschaftsentwicklung zu Lasten des Ganzen verhindern sollen. In anderen Bereichen ist dagegen das Entstehen einer starken Differenzierung angelegt. Auswirkungen der Einrichtung der autonomen Gemeinschaften auf die Verwaltungsstruktur werden verzeichnet.[121] Die Verfassung sieht lediglich die Gemeinschaften vor, überlässt die Einrichtung aber einem Statut, das von der nationalen Ebene erlassen wird und die Einzelheiten einschließlich der Befugnisse unterschiedlich regeln kann. Die Gemeinschaften selbst und die Gemeinden in ihnen können außerdem durch Übereinkommen mit anderen dezentralen Einheiten neue Verwaltungsinstitutionen mit eigener juristischer Persönlichkeit für bestimmte Aufgaben schaffen, die ebenfalls ganz unterschiedlich ausgestaltet sein und seit 1985 selbst Private als Mitglieder einschließen können. Diese neuen Institutionen können bestehende ersetzen und bedürfen keiner staatlichen Genehmigung mehr.

Die für Spanien geschilderten Fälle umfassen nicht nur herkömmlich verwaltete Organisationen, sondern etwa auch Freihandelszonen, die durch ein Übereinkommen der Stadt, der Vereinigung der Hafendienste, der Gewerkschaft, der Handelskammer und der Zollverwaltung gebildet werden. Die Einheitlichkeit der Verwaltungslandschaft kann dadurch im Laufe der Zeit aufgehoben werden. Das wirft Fragen auf, die sich auf Desintegration und Effizienz beziehen. Die Austauschbarkeit und gleiche Ausbildung des Personals kann ein integrierender Faktor sein. Für Schweden wird auf die Probleme hingewiesen, die durch 200 Spezialbehörden mit spezialisiertem und nicht oder nur schlecht

---

[120] Vgl. Calonge Velazquez, Antonio, La distribution de compétences économiques entre l'Etat et les Communautés autonomes, Spain, Internationales Institut für Verwaltungswissenschaften, Brüssel 1989.
[121] Vgl. Vendrell Tornabell, Montserrat, Réseau organisationnel: Administrations mixtes des différents niveaux de gouvernement. Les consortiums administratifs, Spain, Internationales Institut für Verwaltungswissenschaften, Brüssel 1989.

vergleichbarem Personal entstehen.[122] Aber auch die Erkennbarkeit und Handhabbarkeit von Verwaltung durch die Verwaltungsadressaten werden betroffen.

Marokko begann demgegenüber mit einem Konzept, das die Dekonzentration auf Provinzebene und die Dezentralisation auf der lokalen Ebene verbindet. Da aber Dezentralisierung als Mittel der Entwicklung größere Leistungsfähigkeiten erfordert, als Gemeinden erbringen können, wird die Unterstützung des Entwicklungsprozesses durch eine weitere dezentralisierte Ebene zwischen den Provinzen und den Gemeinden für notwendig erachtet. Eine solche weitere Ebene der Organisation scheint jedoch auch unter dem Gesichtspunkt der Verringerung des Abstandes zwischen den Institutionen auf nationaler und lokaler Ebene unverzichtbar.[123] Auch die meisten afrikanischen Staaten betreiben eine Dezentralisierungspolitik. Die Entwicklungen sind verschieden. Zaire errichtete mit der Erlangung der Unabhängigkeit ein föderales System. Andere wie die Republik Guinea oder Elfenbeinküste begannen zunächst mit einem unitarischen, zentralistischen System. Nach schlechten Erfahrungen mit der Entwicklungsleistung wurde diese Politik geändert.[124]

Dezentralisierung und Regionalisierung werden wesentlich vom verfassungsrechtlichen Rahmen und den sonstigen gesetzlichen Vorgaben für die Staatsorganisation bestimmt. Verfassungsrechtlichen Festlegungen kommt dabei höhere Dignität zu. Trotzdem ist die Wirkung dieser Festlegungen auch von anderen Faktoren abhängig, so dass allein von gleicher oder ähnlicher Verfassungsvorgabe nicht auf gleiche Bedeutung für die Verfassungswirklichkeit geschlossen werden kann. Die Bedeutung anderer Traditionen, die allgemeine Bedeutung von Recht, der Umgang mit der Verfassung durch die Politik, die sich zum Beispiel in der Häufigkeit von Verfassungsänderungen oder selbst völlig neuen Verfassungen ausdrücken kann, spielen eine Rolle.[125] Dennoch gibt die Verfassung und gesetzliche Festlegung den äußeren Rahmen, in dem sich andere Faktoren entfalten können. So fokussiert zum Beispiel die Verfassung von Marokko die Macht auf den König. Dadurch werden Ebenen unterhalb der nationalen – Provinzen und Gemeinden – auf Instrumente zur Ausführung nationaler Entscheidungen beschränkt. Das Gesetz von 1976 sollte den

---

[122] Vgl. Bjerkén, Torsten, Problems of County Administration in Sweden, Sweden, Internationales Institut für Verwaltungswissenschaften, Brüssel 1989.

[123] Vgl. Sedjari, Ali, Décentralisation et Pouvoir Local, Cas du Maroc, Marocco, Internationales Institut für Verwaltungswissenschaften, Brüssel 1989.

[124] Vgl. Fischer, Alfred, Résumé des débats du Comité de recherche no. 1 sur le thème „Evaluation des politiques nationales de décentralisation et de régionalisation", Federal Republic of Germany, Internationales Institut für Verwaltungswissenschaften, Brüssel 1989.

[125] Vgl. Lloyd Brown-John, C., Administering Public Policies in Federal States: Decentralising and Co-ordinating Administration, Canada, Internationales Institut für Verwaltungswissenschaften, Brüssel 1989.

Gemeinden eigene, örtliche Machtbefugnisse geben. Nach langjähriger Erfahrung mit diesem Gesetz wurde festgestellt, dass die Vorkehrungen, die eine Problemlösungskapazität auf lokaler Ebene schaffen sollten, sich als zu schwach erwiesen haben.[126]

Staaten mit konstitutionell vorgesehenem Föderalismus weisen meist verfassungsrechtlich festgelegte Sachgebiete aus, die der Zentralgewalt allein bzw. den föderalen Einheiten allein zur Regelung zustehen, und solche Gebiete, die unter der Voraussetzung einheitlichen Regelungsbedarfs der Zentrale zukommen. Solche Felder tendieren aber zu einer Okkupation durch die Zentrale, sobald der Gedanke der Einheit des Gesamtstaates gefestigt ist.[127] Indes ist das Erfordernis einer bestimmten Flexibilität der Verfassung zu beobachten. In Österreich wird die Verfassung juristisch dahin interpretiert, dass die Gesetzgebungszuständigkeiten klar verteilt und gleichzeitig in ausschließlicher Weise durch die Verfassung genannt sind. In Konsequenz fehlen für neue Politikfelder Regelungen. Diese Politikfelder als Ganzes gesehen können weder der Gesetzgebungsgewalt des Bundes noch der der Staaten zugewiesen werden. Nachdem daneben aber das österreichische Rechtssystem die Verwaltung strikter an geschriebene Gesetze bindet als in anderen Systemen in Europa, kann man Schwierigkeiten absehen.[128]

Eine tiefere Gliederung dezentraler territorialer Einheiten als auf drei Ebenen sehen nur wenige Verfassungen vor. Indien hat unterhalb des Nationalstaates und der ihn konstituierenden Bundesstaaten und Unionsterritorien zwei weitere supralokale, mit Selbstverwaltung ausgestattete Ebenen, die Distrikte und die Subdistrikte. Diese Form der demokratischen Dezentralisierung wird „Panchayati Raj" genannt. Sie wurde jedoch nicht zusammen mit der Unabhängigkeit in der Verfassung verankert, sondern erst zwölf Jahre später.[129]

Die meisten Verfassungen und Staatsorganisationsgesetze nehmen den Zuschnitt der Einheiten weniger unter Partizipationsgesichtspunkten als nach verwaltungsorganisatorischen Merkmalen vor. So wird insbesondere großen Städten ein Sonderstatus eingeräumt. In Korea zum Beispiel sind die Millionenstädte als „direct jurisdiction cities" mit der Ebene unterhalb des Nationalstaats, den Provinzen, gleichgestellt, die Hauptstadt Seoul als „special city" sogar direkt

---

[126] Vgl. Sedjari, Ali, Décentralisation et Pouvoir Local, Cas du Maroc, Marocco, Internationales Institut für Verwaltungswissenschaften, Brüssel 1989.

[127] Vgl. Orban, Edmond, Le processus de décentralisation dans l'Etat fédéral industriel: problèmes théoriques et méthodologiques, Canada, Internationales Institut für Verwaltungswissenschaften, Brüssel 1989.

[128] Vgl. Holzinger, Gerhart, Coordinating Mechanisms in the Federal State, Austria, Internationales Institut für Verwaltungswissenschaften, Brüssel 1989.

[129] Vgl. Bora, P. M., Evaluation of Indian Experiment of Decentralisation, India, Internationales Institut für Verwaltungswissenschaften, Brüssel 1989.

dem Premierminister unterstellt. Gleichzeitig werden aber innerhalb der Städte keine weiteren autonomen Einheiten gebildet. Unterhalb der Provinzen sind dagegen als Selbstverwaltungseinheiten die Mittelstädte und die Kreise vorhanden.[130] Aus historischen Gründen sind in der Bundesrepublik Deutschland verschiedene Städte als Länder wie die Flächenländer gebildet. Ihre Untereinheiten sind, auch wenn sie eigene gewählte Versammlungen haben, nicht mit der Autonomie von kleineren Städten ausgestattet. Die Integrationskraft einer Stadt wird somit einheitlich als so groß angesehen, dass weniger Stufen mit gesonderter Selbständigkeit als ausreichend angesehen werden. Daneben können in allen Staatsorganisationsformen staatliche und autonome Paralleleinheiten beobachtet werden: in der Bundesrepublik Deutschland bei den Kreisen, die im herkömmlichen Sinne sowohl staatliche Behörde des Bundeslandes als auch selbstverwaltete Körperschaft sind.[131] Schweden setzt demgegenüber die nationalen Behörden nach unten fort, wodurch Parallelbehörden der Zentrale und der dezentralen Einheit auf derselben Verwaltungsebene entstehen.[132] In Ordnungen, die Verflechtungen oder Felder unscharfer Trennungen vorgeben, werden Regelungen der gegenseitigen Rücksichtnahme getroffen, wie zum Beispiel in der Bundesrepublik Deutschland, die die Ausführung der nationalen Gesetze fast ausschließlich durch die Verwaltungen der Länder vorsieht und deshalb den Grundsatz der Bundestreue kennt.

Die Bewertung der Verwaltungsleistungen bei zentralisierten und nichtzentralisierten Regierungs- und Verwaltungssystemen fällt unterschiedlich aus. Dabei muss aber zunächst Klarheit herrschen, was von Zentralisierung/Dezentralisierung im Allgemeinen erwartet wird und in welcher Situation sich der jeweilige Staat befindet. Dezentralisierung mag als Mittel beurteilt werden, Forderungen nach politischer Gleichheit Rechnung zu tragen, wie zum Beispiel im Fall des Selbstverwaltungskonzepts für Gemeinden in Deutschland im 19. Jahrhundert nach der Französischen Revolution und der Niederlage Preußens gegen Napoleon gesagt wird; oder sie kann als ein Weg zur Selbstverwaltung gesehen werden wie im Fall der Gemeindeverfassung in den Vereinigten Staaten von Amerika. In Deutschland werden die Kommunen als auf das Administrative beschränkt angesehen[133]

---

[130] Vgl. Yoo, Jong Hae, Reforms of Local Autonomy System in Korea, Korea, Internationales Institut für Verwaltungswissenschaften, Brüssel 1989.

[131] Vgl. Gebauer, Klaus-Eckart, Dezentralization without Disintegration, Federal Republic of Germany, Internationales Institut für Verwaltungswissenschaften, Brüssel 1989.

[132] Vgl. Bjerkén, Torsten, Problems of County Administration in Sweden, Sweden, Internationales Institut für Verwaltungswissenschaften, Brüssel 1989.

[133] Vgl. Prätorius, Rainer, Communication and Decentralization. The Case of the Federal Republic of Germany, Federal Republic of Germany, Internationales Institut für Verwaltungswissenschaften, Brüssel 1989.

Nach Umbrüchen mit tiefgreifender Veränderung der tradierten Verhältnisse kann ein zentralistischer Aufbau leistungsfähiger sein bei der Durchsetzung der neuen Regierungsform und der Herstellung gewisser Grundvoraussetzungen für die weitere Entwicklung der Teile des Gesamtstaates. Für Ägypten wird auf die Regierung Nasser verwiesen, die mit einer strikt zentralistischen Regierung Voraussetzungen wie zum Beispiel mit Infrastruktur und Ausbildung geschaffen hatte, die Grundlage für die Politik der Sadat-Regierung legten, mehr Aufgaben auf die Landgemeinden zu übertragen.[134] Einen anderen Weg hat Indien gewählt, das nach der Unabhängigkeit sogleich den Weg einer Konföderation gegangen ist; hierzu wird daran festgehalten, dass mit den Staaten, die nach intensivem politischen Kampf entlang den Sprachgrenzen gebildet worden sind, die regionale Identität und Verantwortung für die Entwicklung gefestigt wurde. Der unterschiedliche wirtschaftliche Entwicklungsstand wird dagegen den Maßnahmen der Zentralregierung zugeschrieben, die eher die besser entwickelten Gebiete begünstigt habe.[135]

Unter anderen Gesichtspunkten werden administrative Leistungen in den entwickelten Ländern beurteilt. Hier sind Effizienz und Partizipation die entscheidenden Punkte. Während allgemein von höherer Effizienz dezentralisierter Einheiten ausgegangen wird, wurde in einer Untersuchung über die Regionalisierung und Dezentralisierung in Italien in den 1970er Jahren eher das Gegenteil ermittelt. Danach sind die Professionalität, die Organisationsfähigkeit, die Rechtsförmigkeit auf der Zentralebene besser, politische oder persönliche Einflussnahme auf die Entscheidung geringer. Trotzdem wird das nicht auf die Dezentralisierung zurückgeführt, sondern auf die mangelnde Durchführung ohne realistische Einschätzung der Situation.[136] Als der richtige Weg zur Verbesserung der Partizipation und Einbindung unterschiedlich regional abgrenzbarer Interessen wird Dezentralisierung von vielen Ländern eingeschätzt; demgegenüber wurde in Schweden zur Erreichung von Partizipation auf direkte Laienbeteiligung zur Verbesserung der Effizienz auf Dekonzentration gesetzt.

---

[134] Vgl. Rachid, A. R. H., Development of Public Policy of Decentralization of Egypt, Egypt, Internationales Institut für Verwaltungswissenschaften, Brüssel 1989.
[135] Vgl. Gill, Sucha Sing, Development Process and Regional Inequalities in India. An Evaluation of Government Policy, India, Internationales Institut für Verwaltungswissenschaften, Brüssel 1989.
[136] Vgl. Bettini, Romano, The Efficiency of Public Offices and the Underground Action of the Public Bureaucracies at State, Regional and Local Level in Italy, Italy, Internationales Institut für Verwaltungswissenschaften, Brüssel 1989.

2. Stand und Politik

Der Stand der Dezentralisierung richtet sich insbesondere danach, bis zu welchem Ausmaß Aufgaben den subnationalen Einheiten zugewiesen sind. Der Grad der Autonomie, der durch Dezentralisierung vermittelt wird, hängt aber nicht nur von den beschriebenen allgemeinen Voraussetzungen ab. Viele Gesichtspunkte des Umfangs der Gesetzgebungshoheit, der Finanzierung, der Planung, der Organisation, des Personals spielen eine Rolle. Zu fragen ist, ob es einen Gradmesser für Dezentralisierung gibt und welche Kriterien mit welchem Gewicht gegenüber anderen Kriterien zu belegen sind. Im internationalen Rahmen fehlt es jedoch schon an der Möglichkeit, eine gleiche Rangfolge der Kriterien aufzustellen. In verschiedenen Ländern hat derselbe Gesichtspunkt eine unterschiedliche Bedeutung im Zusammenspiel aller. Für die Dezentralisierung im konkreten Fall eines Landes muss deshalb auf die Bedingungen eben dieses Landes abgestellt werden, um zu beurteilen, ob die Autonomie als rechtliche Festlegung bedeutender ist als die finanzielle Autonomie usw. Hier können Kriterien nur allgemein und situationsabhängig genannt werden. Die wichtigsten Kriterien sind Gesetzgebung und damit Aufgabenfestlegung, Finanzierung, d. h. eigene Steuererhebung und eigenes Budgetrecht, um die Aufgabenausführung zu gewährleisten, wie eigene Organisation und eigenes Personal, um die Aufgabenausführung steuern zu können.

Die Vorgaben dafür sind in den einzelnen Ländern höchst unterschiedlich. Während Schweden auf die dezentralen Einheiten oberhalb der lokalen Ebene lediglich die Gesundheitsfürsorge, also eine konkrete Aufgabe, übertragen hat, hat Kanada den Provinzen die Gesetzgebungszuständigkeit für alle lokalen und städtischen Angelegenheiten zugewiesen. Damit stellt sich die Frage der Abgrenzung, was „lokal" und was überörtlich ist. Die Lösung des Problems dahingehend, dass alle Ebenen zuständig sind, lässt zwar die uneingeschränkte Partizipation der lokalen Ebene zu, erfordert aber einen komplizierten Abstimmungsmechanismus.[137]. In der Bundesrepublik Deutschland führte ein differenziertes Regelwerk der Verteilung von Gesetzgebungszuständigkeiten auf Bund und Länder mit Feldern der Rahmengesetzgebung des Bundes und der Klausel von der „Wahrung der Einheitlichkeit der Lebensverhältnisse" zu einem historischen Prozess, indem die Gesetzgebung immer in die Hände des Bundes gelang, während die Länder auf die Bereiche Schule und Bildung, Kommunalverfassung, Polizei und Medien im Wesentlichen begrenzt wurden.[138] Diesen

---

[137] Vgl. Orban, Edmond, Le processus de décentralisation dans l'Etat fédéral industriel: problèmes théoriques et méthodologiques, Canada, Internationales Institut für Verwaltungswissenschaften, Brüssel 1989.

[138] Vgl. Gebauer, Klaus-Eckart, Dezentralization without Disintegration, Federal Republic of Germany, Internationales Institut für Verwaltungswissenschaften, Brüssel 1989.

Mangel an eigenen Zuständigkeiten versuchten die Länder durch ihre konstitutionellen Mitsprachemöglichkeiten bei der Bundesgesetzgebung auszugleichen. Dabei kam sich indessen zwei Handlungsmuster in die Quere: Verhandlungsmuster der gouvernementalen und Konkurrenzmuster der parteipolitischen Institutionen. Durch die Neuverteilung der Gesetzgebungszuständigkeiten mit der Föderalismusreform 2006 sollen Blockaden vermieden werden.

Ist die Gesetzgebungsbefugnis dezentralisierten Einheiten im Prinzip zugewiesen, bedeutet dies noch nicht, dass die Realität dem voll entspricht. Dezentralisierung innerhalb eines nationalstaatlichen Rahmens verlangt daneben integrierende Strukturen. Das jüngere europäische Beispiel stellt Belgien dar. Das Gesetz zur Dezentralisierung bezüglich der Gemeinden und Regionen von 1988 sieht dezentralisierte Gesetzgebungszuständigkeiten vor, legt aber gleichzeitig die Wirtschafts- und Geldpolitik als Feld nationalen Einflusses über eine äußerst differenzierte gesetzliche Struktur fest. Offene Gesetzesbegriffe öffnen den Weg für einen Durchbruch der nationalen Ebene, wenn diese Begriffe nicht durch die Rechtsprechung äußerst einschränkend interpretiert werden. Und tatsächlich scheint die Situation so zu sein, dass die Gemeinden und Regionen zwar nicht mehr Gegenstand zentraler exekutiver Aufsicht und Weisungen sind, aber stattdessen stärkerer juristischer Kontrolle seitens des neuen Verfassungshofs unterliegen. Dieser Prozess wird deutlich auf dem Gebiet der Wirtschaftspolitik, die den Kommunen und Regionen nur unter einem generellen Gesetzgebungsvorbehalt zugunsten der nationalen Ebene im Hinblick auf einen einheitlichen wirtschaftlichen Rahmen und monetäre Einheitlichkeit zugewiesen ist. Die beiden genannten Aspekte erlauben ein Eindringen in fast alle anderen Politikfelder. Solange Gesetzgebungszuständigkeiten zwischen den verschiedenen exekutiven und legislativen Ebenen nicht eindeutig definiert sind, beeinflusst dies selbst das System von Check and balances zwischen diesen beiden Gewalten und der Rechtsprechung.[139] Italien sieht ebenfalls Gesetzgebungszuständigkeiten für die Regionen vor. Die Gebiete eigener Gesetzgebung für die Regionen sind jedoch schmaler ausgefallen, als die Pläne für die Regionalreform ursprünglich vorgesehen hatten, und betreffen jetzt vor allem das Sozialwesen, das Gesundheitswesen und Schule und Erziehung.

In den Dezentralisierungskonzepten von Entwicklungsländern werden ebenfalls Gesetzgebungszuständigkeiten für dezentralisierte Einheiten in verschiedenen Formen vorgesehen. Die Vereinigten Arabischen Emirate verfolgen einen Föderationsprozess. Die Bundesebene hat lediglich solche Zuständigkeiten, die für die Nation wichtig sind. Zaire hat demgegenüber in einem Gesetz von 1982 sämtliche Aufgaben aufgezählt und sie auf die nationale bzw. die subnati-

---

[139] Vgl. Herbiet, Michel, Les Compétences économiques des Régions et la Sauvegarde de l'Union économique et de l'Unité monétaire, Belgium, Internationals Institut für Verwaltungswissenschaften, Brüssel 1989.

onalen Einheiten verteilt. Die Aufzählung sieht als dezentralisierte Aufgaben Felder vor wie Wirtschaft, insbesondere die Landwirtschaft, die öffentliche Wohlfahrt und kulturelle Angelegenheiten. Die Staaten Guinea und Elfenbeinküste haben demgegenüber Dezentralisation im engeren Sinn lediglich für die unterste, lokale Ebene vorgesehen, bezüglich der subnationalen Einheiten ist nur eine Dekonzentration vorgeschrieben.[140]

Eine weitere wichtige Komponente der Autonomie ist die Finanzierung der jeweiligen Ebene: ein Gesichtspunkt, der sowohl in den industrialisierten Ländern als auch in den Entwicklungsländern von großer Bedeutung ist. Auch hier sind völlig verschiedene Konzepte festzustellen. Zwei Schlüsselfragen sind wichtig. Die eine ist die grundsätzliche Freiheit zur Verwendung der Mittel, die andere ist die Abdeckung der Aufgaben durch die finanziellen Mittel. Eine Übertragung von Aufgaben ohne entsprechende ausreichende Mittel führt zu einer Verminderung der Autonomie im Ganzen. Eine solche Wirkung wird zum Beispiel von manchen für die in Frankreich vorgenommene Dezentralisierung der Sozialaufgaben befürchtet. Die Autonomie bei der Erhebung und Verwendung von finanziellen Mitteln ist davon abhängig, ob es sich um eigenerhobene Mittel oder um Zuweisungen handelt. Bei den eigenerhobenen Mitteln kommt es dann auf den möglichen Umfang an und die allgemeine Steuerbelastung der Bürger durch Steuern anderer Ebenen.

Bei den Zuweisungen wird die Autonomie dann am meisten beschränkt, wenn sie nur für bestimmte Projekte erfolgen. In diesem Fall wird nicht nur die finanzielle Autonomie, sondern auch die Entscheidung über die Aufgabenwahrnehmung beeinflusst. Der im Verhältnis zu den Erwartungen geringe Erfolg der Dezentralisierung der indischen Lokalebenen kann auf das Fehlen finanzieller Ressourcen zurückgeführt werden. Dort hat man zwar in weiterem Umfang Aufgaben übertragen, aber keine eigenen Finanzquellen zugewiesen. Die lokalen Einheiten waren auch nicht in der Lage, eigene Finanzierungswege zu schaffen und blieben deshalb völlig von den zentralen Vergabeentscheidungen abhängig, auf die sie aber keinen Einfluss haben.[141]

Für Italien wird die unzureichende finanzielle Ausstattung als Hauptgrund bezeichnet, weshalb die Regionalreform faktisch nicht stattgefunden hat, obwohl sie in der Verfassung vorgesehen ist. Mehr als das Fehlen eigener wichtiger Gesetzgebungszuständigkeiten scheiterte die Dezentralisation daran, dass die Finanzen fast vollständig der Entscheidung der nationalen Ebene unterlie-

---

[140] Vgl. Fischer, Alfred, Résumé des débats du Comité de recherche no. 1 sur le thème „Evaluation des politiques nationales de décentralisation et de régionalisation", Federal Republic of Germany, Internationales Institut für Verwaltungswissenschaften, Brüssel 1989.

[141] Vgl. Bora, P. M., Evaluation of Indian Experiment of Decentralisation, India, Internationales Institut für Verwaltungswissenschaften, Brüssel 1989.

gen. Solange jedoch der Zentralstaat das Geld unter den unteren Einheiten verteilt, werden jene nicht in der Lage sein, die Selbständigkeit zu erlangen, die notwendig ist, um eine Organisation zu sein, die die Beteiligung der Bürger verwirklichen kann. Jeder weitere Schritt in Richtung auf eine wirkliche Dezentralisation wird die Macht des bislang omnipotenten unitarischen Staates beschneiden müssen.

Als dritte wichtige Komponente der Autonomie ist die Entscheidungsbefugnis über Organisation und Personal zu nennen. Die meisten Verfassungen und Organisationsgesetze legen auch bei Dezentralisierung einen relativ einheitlichen Verwaltungsaufbau fest, weil darin ein starkes integratives Moment liegt, weil effiziente Zusammenarbeit erleichtert und einheitliche Entscheidung des Staates nach außen vermittelt wird. Ein Gegenbeispiel gibt Spanien, das den dezentralen Einheiten die Bildung neuer Verwaltungsbehörden sogar mit eigener Rechtspersönlichkeit ermöglicht. Auf dem Gebiet des Personals sind dezentrale Einheiten in der Regel autonom, jedoch oft durch ein einheitliches Rahmenrecht begrenzt. Allerdings müssen für eine ausreichende Qualitätsförderung Personalkörper genügend groß sein, um Aus- und Fortbildung zu leisten, oder kleinere Einheiten auf diesem Gebiet zusammenarbeiten.

Mangelhaft ausgebildetes Personal scheint im Übrigen neben den fehlenden finanziellen Ressourcen einer der Hauptgründe zu sein, weshalb Dezentralisierung trotz des politischen Willens dazu nicht genügend erfolgreich wird. In der modernen Betriebswirtschaft hat man sich seit längerem der Qualifikation des Personals zugewandt. Die Erkenntnis, dass jede Organisation nur so gut ist wie ihre Mitarbeiter, gilt auch für die Verwaltung: hier aber umso mehr für dezentrale Einheiten, die mehr auf sich gestellt sind und um der Autonomie willen weniger Vorgaben erhalten. Für Italien kommt man deshalb etwa zu dem Ergebnis, die Dezentralisierung dadurch zu fördern, indem man als einen Mangelfaktor die Qualifikation und Professionalisierung des Personals auf regionaler und lokaler Ebene verbessert.[142]

Welche Kräfte einen Dezentralisierungsprozess fördern oder hindern, hängt von der jeweiligen Situation des Landes ab. Trotzdem herrscht als Grundtendenz eher die Unterstützung der Dezentralisierung vor, wenn auch in unterschiedlichen Formen. In den entwickelten Staaten ist man nach einer Phase in den 1970er Jahren, die Planung und Steuerung und damit zentrales Handeln begünstigt hat, zu einem teilweisen Rückzug des Staates oder zumindest des Zentralstaates übergegangen. In Staaten, in welchen es regional abgrenzbare

---

[142] Vgl. Bettini, Romano, The Efficiency of Public Offices and the Underground Action of the Public Bureaucracies at State, Regional and Local Level in Italy, Italy, Internationales Institut für Verwaltungswissenschaften, Brüssel 1989.

Sprach- oder ethnische Gruppen gibt, fordern diese die Dezentralisierung wie zum Beispiel in Belgien, Kanada und Spanien.

Zentralisierung wird von politischen Bewegungen meist dann verfolgt, wenn es zunächst um den Aufbau der Nation geht, wie für Ägypten[143] und für Indien[144] berichtet wird. Andere Gründe können zum Beispiel in einer zentralen Parteiorganisation liegen, so Schweden, oder in einer zentralisierten Verwaltung, die in jedem Land nur schwer Positionen abgibt. Für Italien wird berichtet, dass gefestigte zentralistische politische Parteien und eine ähnlich ausgerichtete Verwaltung eine überwältigende Macht gegenüber der Dezentralisierung darstellen. In einer ersten Periode nach dem zweiten Weltkrieg benutzten politische Parteien von den Christdemokraten bis zu der Kommunistischen Partei die Regionalreform als ein Mittel politischer Strategie zur Gewinnung der Macht auf nationaler Ebene: einmal Mitglied der nationalen Regierung, wurden Regionalisierung und Dezentralisierung bekämpft. Die lokale Ebene der Parteien und Verwaltungen wurde durch personale Verbindungen und Einfluss auf Karrierewege sowohl in den politischen Parteien als auch in der Verwaltung auf die zentrale Ebene ausgerichtet. Die erste Einrichtung dezentralisierter Institutionen durch die regionale Reform in den späten 1960er Jahren war deshalb nicht mehr als eine Reaktion auf politische Forderungen, die außerhalb des Parteiensystems entstanden. Nachdem aber die alten Strukturen als vorteilhaft erschienen, wurde die Frage der finanziellen Situation und der Reorganisation der lokalen Ebene verzögert und damit der Prozess der Dezentralisierung verhindert. Seit damals hat die lange Periode der Differenz zwischen den verfassungsrechtlichen Vorkehrungen und der Verfassungswirklichkeit der Dezentralisierung die Situation noch verschlechtert. Danach scheint deshalb als Vorbedingung jeglichen Fortschritts wirklicher Dezentralisierung das Aufbrechen traditioneller politischer und administrativer Einflusskanäle notwendig zu sein, die bislang sowohl zentralistische als auch unabgestimmte Entscheidungsfindung erzeugen.[145]

Neue Fragen wirft der Wandel zu entgrenzten Verwaltungsaufgaben auf. Die zu bewältigenden Probleme werden immer raumübergreifender; in Europa sind sie längst über die nationalen Grenzen hinausgewachsen. Will man sie lösen, sind regionale oft sogar nationale Schritte nicht ausreichend, weshalb allein diese Tatsache die Zentralisierung zu begünstigen scheint. In den Ländern mit

---

[143] Vgl. Rachid, A. R. H., Development of Public Policy of Decentralization of Egypt, Egypt, Internationales Institut für Verwaltungswissenschaften, Brüssel 1989.

[144] Vgl. Gill, Sucha Sing, Development Process and Regional Inequalities in India. An Evaluation of Government Policy, India, Internationales Institut für Verwaltungswissenschaften, Brüssel 1989.

[145] Vgl. Manozzi, Sofia, Les partis politiques dans le processus de régionalisation en Italie, Italy, Internationales Institut für Verwaltungswissenschaften, Brüssel 1989.

ausgeprägterer Dezentralisierung jüngster Vergangenheit wurden zwar Aufgaben wie kulturelle Angelegenheiten und dann weitere Aufgaben mit regionalem Bezug wie wirtschaftliche Entwicklung, Landwirtschaft, soziale Angelegenheiten usw. übertragen und schließlich sogar wie in Belgien und Spanien nach Sprachgrenzen eigene neue politisch-administrative Ebenen gebildet. Trotzdem wurde auch in diesen Fällen die Entscheidung über die Überregionalität der Zentralebene vorbehalten.

Tendenzen zu zentralistischen Entscheidungsstrategien auf supranationaler Ebene können das Entstehen von Bewegungen begünstigen, die „Zurück zur kleinen Einheit" als Ziel anstreben. In der Bundesrepublik Deutschland wurden Konflikte über Umweltfragen von örtlichen Bewegungen getragen und führten zu einer Betonung dezentralisierter Interessen als bewusste Gegenstrategie zu politischen und ökonomischen Megastrukturen. „Lebenswelt" wurde zu einem Leitbegriff für die Forderung, die menschlichen Bedürfnisse gegen den Trend zu Großtechnologie, Großindustrie und Großarbeitsstrukturen zu verteidigen.[146] Eine andere Strategie, die die Dezentralisierung stärker berücksichtigt, ist die Richtung, die Kanada gewählt hat, die allerdings intensive und regelmäßige Abstimmungen zwischen den Ebenen voraussetzt und ein besonderes Maß an Einigungsbereitschaft verlangt, falls es nicht, wie häufig für die Staaten mit Politikverflechtung beklagt, zu Politikverzicht kommen soll.

3. Entwicklung und Modernisierung

Dezentralisierung und Regionalisierung werden in Industrieländern wie Entwicklungsländern als Mittel des Fortschritts angesehen. Im Westen führt der Modernisierungsdruck dazu, Problemnähe und dezentrale Lösungen zu schätzen. In Entwicklungsländern sind Dezentralisierung und Regionalisierung mit der Frage verbunden, in welche Richtung Staat und Verwaltung überhaupt gehen sollen. Die Entwicklungsverwaltung hat es aber im Verhältnis zur okzidentalen Verwaltung mit ungleich größeren Engpässen und Gegensätzen zu tun. Sie kann nicht auf relativ gefestigte Strukturen zurückgreifen. Sie lebt in einer sich radikaler wandelnden Umwelt und soll diese Wandlung steuern und das Staatswesen trotzdem zusammenhalten. In der Diskussion über ein Konzept der Entwicklungsverwaltung hat sich Dependenz der Länder der Dritten Welt als Entwicklungshindernis erwiesen und den Gegenbegriff der „self-reliance" als Teil des Konzepts einer Entwicklungsverwaltung herauskristallisiert. Aus der Sicht der jeweils nationalen territorialen Staatsverwaltung lässt sich die Funkti-

---

[146] Vgl. Prätorius, Rainer, Communication and Decentralization. The Case of the Federal Republic of Germany, Federal Republic of Germany, Internationales Institut für Verwaltungswissenschaften, Brüssel 1989.

on der Verselbständigung so formulieren, dass Entwicklungsverwaltung die sozialen Kräfte stärken soll, die in regionalen und lokalen Bereichen wurzeln und die ein eigenständiges regionales und lokales Gemeinwesen stützen. Es sind die im eigenen Land vorhandenen Fähigkeiten und Ressourcen freizusetzen und speziell solche, die den Entwicklungsprozess voranbringen. Kulturelle Identität, politische Entscheidungsautonomie, eigene Wirtschaftskräfte und technische Eigenständigkeit zu fördern, ist Aufgabe einer solchen Verwaltung. Gleichzeitig muss sie aber den sich durch die beschleunigte Entwicklung verstärkenden Disparitäten entgegenwirken. Dezentralisierung und Regionalisierung können dabei unterstützende Funktion haben; sie dürfen aber nicht als neues Heilmittel für Probleme der Entwicklungsverwaltung betrachtet werden.

Dezentralisierung überträgt, in welcher Tiefe auch immer, tatsächliche Entscheidungsgewalt auf die unterhalb der nationalen Ebene liegenden Einheiten von Verwaltung und Politik. Eine Dezentralisierung auf Einheiten vorzunehmen, die zur Leistung dieser Entscheidungsgewalt im Sinne des Entwicklungszieles nicht in der Lage sind, führt nicht nur zum Scheitern, sondern auch zur Diskreditierung der Dezentralisierung. Nur unter günstigen Umständen können fehlgeschlagene Dezentralisierungsversuche den Dezentralisierungsprozess fördern, indem sie eine allgemeine Diskussion über richtige Verteilung der Macht auslösen.[147]

Dass die Ausgangslage zu prüfen ist, bevor zur Dezentralisierung geschritten werden kann, belegen Beispiele aus industrialisierten Ländern wie der Bundesrepublik Deutschland und Italien. In der Bundesrepublik sind in den 1970er Jahren die kleineren, historisch gewachsenen lokalen Einheiten zu größeren zusammengelegt worden, um damit die Voraussetzungen für eine Dezentralisation und Dekonzentration von Aufgaben zu schaffen. Die größeren Einheiten haben eine erheblich bessere Ausbildung und Professionalisierung des Personals ermöglicht, und zwar auf der Gemeindeebene die Ausstattung aller Gemeinden mit hauptberuflichem Personal. Erst dadurch konnten diese Verwaltungen den Städten vergleichbare Leistungen erbringen und damit den bestehenden Unterschied zwischen Stadt und Land verkleinern. Allerdings wurde gleichzeitig die Entfernung der Bürger von der Behörde, von den Administratoren und auch von ihren politischen Vertretern in den Räten bei diesen Einheiten vergrößert. Trotz des Erfolges auf anderem Gebiet wurde dieser Verlust an Partizipation beklagt. Für Italien wird festgestellt, dass die Aufgabenübertragung auf untere Einheiten ohne Herstellung der entsprechenden, insbesondere personellen Vor-

---

[147] Vgl. Sedjari, Ali, Décentralisation et Pouvoir Local, Cas du Maroc, Marocco, Internationales Institut für Verwaltungswissenschaften, Brüssel 1989.

aussetzung erfolgt ist mit Folgen für Rechtmäßigkeit des Handelns, politischen und persönlichen Einfluss usw.[148]

In den Entwicklungsländern wird von der Dezentralisierung die Förderung der Entwicklung wie auch der Demokratisierung erwartet. Dezentralisierung in Entwicklungsländern erfordert deshalb die Verfolgung des Entwicklungszieles durch die regionalen und örtlichen Einheiten, wenn sie Erfolg haben soll. Diese Voraussetzung kann aus verschiedenen Gründen vorliegen. Sie kann aufgrund eigener, vorkolonialer Traditionen bestehen, wenn die Anknüpfung an vorkoloniale dezentrale Strukturen möglich ist, die den Entwicklungsprozess fördern. Sie kann vorliegen, weil die Bevölkerung Eigenständigkeit und Selbstverantwortung verlangt, so dass sie die künftigen dezentralen Aufgaben tragen wird.

In Südkorea wurden nach der Erreichung eines höheren allgemeinen Ausbildungsgrades und eines höheren Einkommensniveaus Widerstand gegen starke Zentralisierung der Regierungsmacht und Forderung nach Dezentralisierung laut.[149] Die Probleme liegen hier in einem Stadt-Land-Gefälle, das sich in der Konzentration von einem Viertel der Bevölkerung in der Hauptstadt, ihrer direkten verwaltungsmäßigen Unterstellung unter den Regierungschef und dem Vorhandensein dreier weiterer Stadtblöcke mit Provinzstatus ausdrückt. Die ökonomische Anziehungskraft solcher urbanen Siedelungen ist so groß, dass eine bloße politische Dezentralisierung mit mehr lokaler Autonomie nicht ausreichend erscheint. Gleichzeitig müssen die Provinzen und Mittelstädte von ihrer Leistungsfähigkeit her in die Lage versetzt werden, weitere Infrastrukturleistungen für Wirtschaft und Bevölkerung zu erbringen, Initialbetriebe anzusiedeln usw. Dazu ist Voraussetzung, dass diese Einheiten nicht nur formale Selbstverwaltung haben, sondern tatsächlich nicht wie Außenstellen nationaler Regierungsstellen arbeiten.

In anderen Ländern werden noch weiterreichende Probleme aufgeworfen. So stößt man in Marokko bereits auf Schwierigkeiten, wenn man die Traditionen der eigenen Verwaltung feststellen will, um Anknüpfungspunkte zu finden. Die Kolonialherrschaft, die in manchen Ländern die erste nach bürokratischem Modell organisierte Herrschaft darstellte, hat in Verfolgung ihrer Eigeninteressen ein zentralisiertes politisch-administratives Gefüge errichtet, das nicht auf die Heranbildung selbständiger, einheimischer Verwaltungen gerichtet war. So wurde Kooperation mit den herrschenden Eliten gepflegt, solange dies die koloniale Herrschaft erleichtert hat. Andererseits wurde wie im Fall Marokko die Legitimität eigener Herrschaft dadurch gestützt, dass vorhandene Strukturen

---

[148] Vgl. Bettini, Romano, The Efficiency of Public Offices and the Underground Action of the Public Bureaucracies at State, Regional and Local Level in Italy, Italy, Internationales Institut für Verwaltungswissenschaften, Brüssel 1989.
[149] Vgl. Yoo, Jong Hae, Reforms of Local Autonomy System in Korea, Korea, Internationales Institut für Verwaltungswissenschaften, Brüssel 1989.

geleugnet wurden.[150] Trotzdem werden die früheren Strukturen in Umrissen deutlich. Auch die teilweise Aufrechterhaltung dieser Strukturen nach der Unabhängigkeit ist sichtbar.

Zu Marokko[151] und Indien[152] wird berichtet, wie in diesen Ländern für die rationale Verwaltung und Weiterentwicklung des Landes dysfunktionale alte Strukturen von Familien- und Grundherrschaft in das neue Staatswesen hinübergewachsen sind. In Marokko stellt die alte Elite unverhältnismäßig viele Vertreter im zentralen Parlament; in Indien hat sie die Machtpositionen in den Institutionen der ländlichen lokalen Selbstverwaltung besetzt. Von diesen Gruppen ist aber nicht die Vertretung des Entwicklungsinteresses des Landes und der örtlichen Gemeinschaft zu erwarten, da dieses ihren Interessen, insbesondere wenn es sich um Grundbesitzfamilien handelt, zuwiderläuft. Gerade in stark unterentwickelten Gebieten sind es aber nur jene Gruppen, die überhaupt in der Lage sind, ein durch neue Strukturen geschaffenes Vakuum zu besetzen. Nur sie können aufgrund ihrer Ausbildung und ihrer bisherigen Tätigkeit, ihrer Autorität innerhalb der örtlichen Gemeinschaft, ihrer Verbindungen außerhalb der örtlichen Gemeinschaft, ihrer Zugehörigkeit zur alten Elite neue Positionen übergangslos ausfüllen. In neuen Institutionen wird dann eine neue Basis zur Förderung der eigenen Interessen gelegt. Für die Errichtung der von Mahatma Gandhi angestrebten gewaltfreien sozialen Ordnung durch dörfliche Selbstverwaltung, bestehend aus selbstgenügsamen Dorfrepubliken, hätten andere Kräfte bestehen müssen, um die erstrebte Ordnung durchzusetzen.[153]

Liegen gewisse Grundlagen für „self-reliance" vor, dann kann eine Dezentralisierung diese weiterentwickeln. Dezentrale Einheiten sind mehr auf die in ihrem Bereich liegenden Probleme ausgerichtet und können diesen deshalb Gewicht verleihen. Sie können mit der Errichtung von Institutionen nicht nur Infrastrukturleistungen bereitstellen, sondern gleichzeitig örtlichen Bedarf an Personal schaffen. Die in der Entwicklung begriffenen Länder haben mit erheblichen Personalproblemen zu kämpfen. Ausbildungs- und Trainingskapazitäten sind zu klein und müssen mit den aus der schulischen Erziehung resultierenden großen Ausbildungsunterschieden fertig werden. Die allgemeine Strategie ist es oft, auf zentraler Ebene Ausbildung, Rekrutierung und Finanzierung des Perso-

---

[150] Vgl. Abdelghari, Abouhari, Pouvoirs locaux, centralisme et système politico-administratif, Marocco, Internationales Institut für Verwaltungswissenschaften, Brüssel 1989.

[151] Vgl. Abdelghari, Abouhari, Pouvoirs locaux, centralisme et système politico-administratif, Marocco, Internationales Institut für Verwaltungswissenschaften, Brüssel 1989.

[152] Vgl. Bora, P. M., Evaluation of Indian Experiment of Decentralisation, India, Internationales Institut für Verwaltungswissenschaften, Brüssel 1989.

[153] Vgl. Bora, P. M., Evaluation of Indian Experiment of Decentralisation, India, Internationales Institut für Verwaltungswissenschaften, Brüssel 1989.

nals vorzunehmen, wie für Markokko, Elfenbeinküste und die Vereinigten Arabischen Emirate berichtet wird. Für Zaire wird demgegenüber darauf hingewiesen, dass es besonders schwierig sei, gutes Personal für abgelegene und besonders unterentwickelte Regionen zu gewinnen. Gerade dort sind jedoch öffentliche Bedienstete notwendig, die sich mit ihrer Arbeit für die Region identifizieren.[154] Die Kenntnis der Region und der Bevölkerung ist jedoch gerade in den unterentwickelten Gebieten eine Voraussetzung dafür, dass die Bevölkerung ihre lokale und regionale Verwaltung akzeptiert und ein Prozess der Partizipation an Entscheidungen in Gang kommen kann. Wird dieses Personal dann nicht durch Anwerbung aus den Zentren zu beschaffen versucht, sondern an Ort und Stelle rekutiert, wird langfristig eine Verbesserung der menschlichen Ressourcen erreicht. Voraussetzung dafür sind dann aber entsprechende örtliche Qualifizierungsstrategien, gemeinsame Ausbildungsstätten verschiedener lokaler Einheiten usw. In diesem Sinn sind dezentrale Verwaltungsstrukturen in der Lage, eine gleichmäßige und damit bessere Nutzung auch der natürlichen Ressourcen zu fördern. Das Gleiche gilt für andere Institutionen wie Banken, öffentliche Unternehmen usw.

Der Versuch, diese Wirkung durch Verlagerung oder Gründung solcher Institutionen der zentralen Regierung in zurückgebliebenen Regionen zu erreichen, hat sich in Indien ebenso wenig wie die Lizenzvergabe für Unternehmen unter Bevorzugung schwacher Regionen bewährt, da sich auch hier die stärkeren Regionen durchgesetzt und einen größeren Anteil an Institutionen erhalten haben, die Zentralregierung also eher der Bedeutung des betroffenen Bundeslandes folgt als dem Ziel einer Entwicklung gerade der schwachen Regionen.[155] Erfolge durch Dezentralisierung lassen sich hier aber nur bei ausreichender finanzieller, personeller und sachgemäßer Ausstattung erwarten. Daneben hat Dezentralisierung in Entwicklungsländern das Ziel, Demokratisierung und Partizipation im Sinne von Verantwortungsübernahme zu fördern. Zu diesem Zweck werden auf den einzelnen Ebenen Versammlungen aus gewählten Bevölkerungsvertretern eingerichtet. Auch ihre Möglichkeiten sind gegenüber denen in entwickelten Ländern eingeschränkt. Die ungleiche Ausgangsbasis zwischen berufsmäßigen Behördenvertretern und Bevölkerungsvertretern, die aber das Handeln der Behörden festlegen und kontrollieren sollen, verschärft eher die Probleme.

---

[154] Vgl. Fischer, Alfred, Résumé des débats du Comité de recherche no. 1 sur le thème „Evaluation des politiques nationales de décentralisation et de régionalisation", Federal Republic of Germany, Internationales Institut für Verwaltungswissenschaften, Brüssel 1989.
[155] Vgl. Gill, Sucha Sing, Development Process and Regional Inequalities in India. An Evaluation of Government Policy, India, Internationales Institut für Verwaltungswissenschaften, Brüssel 1989.

Angesichts der schwierigen Entwicklungen in der Dritten Welt ist es aufschlussreich, auf den Modernisierungsprozess einer jüngeren modernen Verwaltung zu sehen.[156] In Australien begann die Verwaltung an einer Lage, die dem Stand der Verwaltung in Entwicklungsländern recht ähnlich ist. Es war abgeschnitten von den notwendigen Ressourcen im Heimatland und musste mit einer äußerst schwierigen Situation fertig werden. Dies bedeutete für das junge Australien die Verwaltung einer Gefangenenkolonie mit einem Stab, der genauso wenig wie die Gefangenen freiwillig gekommen war. Dazu kamen Probleme wie ganze Perioden von Hungerszeiten. In dieser Situation begann man die Verwaltung mit Generalisten aufzubauen, da es einen starken Mangel an Personal gab. Diese ersten Magistrate waren praktisch für alle Aufgaben vor Ort zuständig: von der Justiz über den Straßenbau bis zur öffentlichen Gesundheitsvorsorge. In der Lage Australiens war deren Macht jedoch nicht nur durch ihre formelle Verantwortlichkeit gestützt, sondern vor allem durch Traditionen, Verwandtschaftsbeziehungen, persönliche und Arbeitsbeziehungen usw. Das frühe Stadium des Magistratsystems wird als von Favoritentum und Korruption gekennzeichnet charakterisiert. Aber nur 60 Jahre nach der Einsetzung des ersten Generalistenmagistrats veränderte sich das System mit dem Personal, das die Verwaltung bildete. Eine Phase von technischen Innovationen und neuen Aufgaben begann für die Regierung. Eben diese Aufgaben konnten jedoch nicht durch das genannte Personal erfüllt werden. So rückten Spezialisten und berufsmäßige Akteure, insbesondere Ingenieure, die besonders die Entwicklung der Transport- und Kommunikationsstruktur der Kolonie weiterbrachten, in Machtpositionen und hatten schließlich besseren Zugang zu den obersten Positionen der Verwaltung, die Leitung der Ministerien eingeschlossen. Verschiedene Faktoren, aber nicht zuletzt das Fehlen von brauchbarem Talent verhinderte den Aufbau eines Systems der regionalen Verwaltungen. Soll Dezentralisierung Entwicklung und Demokratisierung fördern, wird man deshalb sorgfältig die Ausgangssituation in Betracht zu ziehen haben und auch langfristig zu erzielende Erfolge und auch Rückschläge einkalkulieren müssen.

4. Intergouvernementale Beziehungen

Dezentrale Ebenen bedürfen zur Erhaltung der Gesamtstaatlichkeit, zur Sicherung gleichmäßiger Entwicklung, wegen der fehlenden endgültigen Abgrenzungsmöglichkeit der Aufgabenwahrnehmung und der sich wandelnden Bedürfnisse der Koordination. Sie ist meist entsprechend dem Grad der Dezentralisierung ausgestaltet. Ist lediglich Dekonzentration vorgesehen, genügt die

---

[156] Vgl. Curnow, Ross/Golder, Hilary, Regional Administration in New South Wales: The Triumph of the Specialist, Australia, Internationales Institut für Verwaltungswissenschaften, Brüssel 1989.

interne Festlegung des Aufsichtsumfangs. Bei Dekonzentration auf in weiteren Aufgaben selbständige Einheiten ist neben der Aufgabenzuweisung auch die Finanzierung zu regeln. Bei Dezentralisierung im engeren Sinn sind die Aufgabenzuweisung und Finanzierung durch die Verfassung geregelt, da sie wesentlich den Staatsaufbau bestimmt.

Ähnliches gilt in verflochtenen Systemen. Zur Herstellung der Interdependenz müssen hier nicht nur die gegenseitigen Abgrenzungen, sondern auch die gegenseitigen Einflussmöglichkeiten festgelegt werden, da sie das vorausgesetzte Gleichgewicht erst erzeugen. Verflechtung bedeutet insoweit, dass den einzelnen Einheiten Autonomie dadurch zukommt, dass keine allein herrschen kann.[157] Die Regelung der Verflechtung zwischen den Ebenen erfolgt durch die Verfassung: in Ländern, die dem Gewaltenteilungsprinzip folgen, also hinsichtlich Gesetzgebung, Verwaltung und Rechtsprechung. Der Grad der Verflechtung kann dann wiederum unterschiedlich sein.

Verflechtung kann in verschiedenen Formen ausgestaltet sein, also durch Vorgabe der allgemeinen Zuständigkeiten anderer Einheiten, durch gemeinsame Entscheidung über die Aufgabenwahrnehmung, durch Einfluss auf die personelle Besetzung der Organe der anderen Einheit zum Beispiel durch Mitwahl, durch Einfluss auf ihre Ressourcen zum Beispiel durch allgemeine oder durch zweckgebundene Finanzzuweisungen, durch Personalverwaltung und -ausbildung oder durch die Festlegung ihrer rechtlichen Grundlagen zum Beispiel ihrer Organisationsform, durch Festlegung ihrer Handlungsformen, anzuwendenden Verfahren usw. Die Ausgestaltung all dieser Punkte bestimmt die Selbständigkeit der Einheit und beeinflusst die Beziehung zu anderen Einheiten.

Gleichzeitig muss für Integration gesorgt werden. Das ist insbesondere dann bedeutsam, wenn Dezentralisation zu Desintegration führen kann, wenn der Zusammenhalt der Teileinheiten unter einem übergeordneten Bezugspunkt verloren geht. Belgien hat das Personal als Einfluss- und Integrationskomponente gewählt. Die Reform der Verfassung hat drei dezentralisierte kommunale und regionale Gebiete mit großer Autonomie geschaffen. Für das öffentliche Personal verblieb die Zuständigkeit für den gesetzlichen Rahmen, die Rekrutierung und die Versetzung bei den nationalen Behörden. Allerdings wurde eine Beteiligung der Kommunen und Regionen vorgesehen.[158]

Auch die Repräsentation der einzelnen Regionen in der nationalen Regierung kann unterschiedlich ausgeformt sein. Die eigentliche Vermischung der

---

[157] Vgl. Orban, Edmond, Le processus de décentralisation dans l'Etat fédéral industriel: problèmes théoriques et méthodologiques, Canada, Internationales Institut für Verwaltungswissenschaften, Brüssel 1989.
[158] Vgl. Vandernoot, Pierre M., La Régionalisation et la Fonction Publique en Belgique, Belgium, Internationales Institut für Verwaltungswissenschaften, Brüssel 1989.

Verwaltung in Form gemeinsamer Verwaltung ist der seltenere Fall. Solche Mischverwaltungen sind jetzt in Spanien durch die Möglichkeit der Konsortien zwischen verschiedenen selbständigen Ebenen gegeben.[159] In diesen Fällen ist die Einflussnahme durch gemeinsame Aufsichtsgremien oder durch festgelegte Verfahren der Stellenbesetzung, Finanzierung und Aufsicht gesichert, die dann auch die Beziehung zwischen den beteiligten Ebenen widerspiegeln. Andere Felder der Beziehungen werden zum Beispiel durch die spanische Verfassung geregelt, die ein Referendum der Bevölkerung einer Gemeinde über die lokale Selbstverwaltung betreffende Gesetze der nationalen Ebene oder der autonomen Gemeinschaften vorsieht. Das Referendum hängt aber von der Genehmigung durch die nationale Regierung ab. Dadurch wird deutlich, wie die lokale Selbstverwaltung von den übergeordneten Ebenen abhängt, da diese deren Selbstverwaltung betreffende Gesetze erlassen kann und das Referendum von ihrer Zustimmung abhängt.[160] Weniger Repräsentation als direkte Einflussnahme liegt oft im Verhältnis der nationalen zur unteren Ebene vor, wie zum Beispiel in Korea, wo die Chefs der Lokalverwaltung nicht von den örtlichen Versammlungen gewählt, sondern vom Präsidenten ernannt werden.[161]

Eine Form der Beteiligung der nationalen Ebene an der Gesetzgebung der dezentralisierten Einheit ist in Österreich vorgesehen. Alle Gesetzesbeschlüsse der Länderparlamente sind dem Bundeskanzleramt vor der Veröffentlichung zuzuleiten. Die Bundesregierung, also nicht das Bundesparlament, kann aufgrund von Bundesinteressen begründete Gegenvorstellungen erheben. Solche Gegenvorstellungen kann das Länderparlament durch erneute Beschlussfassung zurückweisen. In diesem Fall kann der Bund als letztes Mittel ein Verfahren vor dem Verfassungsgerichtshof anstrengen.[162]

Föderale Verfassungen zwingen Regierungen, über Probleme der öffentlichen Angelegenheiten zu verhandeln. Für das kanadische System hat man dazu die Charakterisierung als exekutiven Föderalismus verwendet.[163] Die Ablösung von Kontrollen seitens der gewählten Parlamente, seitens der Parteien und Or-

---

[159] Vgl. Vendrell Tornabell, Montserrat, Réseau organisationnel: Administrations mixtes des différents niveaux de gouvernement. Les consortiums administratifs, Spain, Internationales Institut für Verwaltungswissenschaften, Brüssel 1989.

[160] Vgl. Guerau Ruiz Pena, Les relations entre les citoyens et l'Administration publique: La participation directe, Spain, Internationales Institut für Verwaltungswissenschaften, Brüssel 1989.

[161] Vgl. Yoo, Jong Hae, Reforms of Local Autonomy System in Korea, Korea, Internationales Institut für Verwaltungswissenschaften, Brüssel 1989.

[162] Vgl. Holzinger, Gerhart, Coordinating Mechanisms in the Federal State, Austria, Internationales Institut für Verwaltungswissenschaften, Brüssel 1989.

[163] Vgl. Lloyd Brown-John, C., Administering Public Policies in Federal States: Decentralising and Co-ordinating Administration, Canada, Internationales Institut für Verwaltungswissenschaften, Brüssel 1989.

ganisationen und in den meisten Fällen seitens privater Interessengruppen hat mit der Zeit elf Exekutivpositionen entstehen lassen – zehn auf Provinzebene und eine auf nationaler Ebene –, die in einer Art diplomatischer Beziehung über direkte Verhandlungen zusammenarbeiten. Diese Beziehung ist durch die Verfassung in Form der jährlichen First-Ministers-Versammlung festgeschrieben. Im Hintergrund dieser Chefdiplomaten existiert ein verzweigtes und sehr differenziertes Netzwerk ähnlicher Beziehungen auf allen darunter liegenden bürokratischen Ebenen. Man sagt, dass diese Netzwerke von Exekutivkonferenzen den kanadischen Föderalismus konstituieren.[164]

Im Vergleich zum herkömmlichen kooperativen Föderalismus in Deutschland zeigt Österreich mehr zentralistische Tendenzen, obwohl die Anlage der politischen Struktur als Bundesstaat mit Ländern und einer zweiten Kammer, dem Bundesrat, durch den die Länder in der Gesetzgebung der nationalen Ebene repräsentiert sind, derjenigen in der Bundesrepublik Deutschland sehr ähnlich zu sein scheint. Trotzdem ist die Machtverteilung aufgrund der Zuweisung anderer Kompetenzen verschieden. Zwar nehmen die Länder teil an der Exekutivgewalt des Bundes, doch sind die wichtigsten Gebiete der Exekutive ausdrücklich dem Bund zugewiesen. Darüber hinaus weist die Verfassung die Befugnis, Zuständigkeiten zu verändern, und zwar einschließlich der finanziellen Ressourcen, dem Bund zu. Im Rahmen der Gesetzgebung steht dem Bundesrat lediglich ein suspensives Veto zu. Die Rolle des Bundesrates wurde 1984 gestärkt, indem ihm im Falle der Verfassungsänderung ein Zustimmungsrecht zugewiesen wurde. Ein Zustimmungsrecht wurde ebenfalls vorgesehen für die Änderung einfacher Gesetze, wenn sie die Zuständigkeiten der Länder bei der Gesetzgebung oder der Verwaltung verändern. Daneben wurde dem Bundesrat das Recht eingeräumt, die Verfassungsmäßigkeit von Bundesgesetzen überprüfen zu lassen.[165]

Neben der Repräsentation der Regionen bei der Gesetzgebung sind das finanzielle Netzwerk und die Art der Finanzierung der eigenen Aufgaben maßgeblich. Mancherorts erscheinen die Einflussmöglichkeiten auf die öffentlichen Finanzen gewichtiger als die auf die Setzung von Rechtsnormen. Denn fast keine Aufgabe lässt sich ohne finanzielle Mittel bewältigen, und der Rückzug auf eine Ideologie der Selbstgenügsamkeit ist nur in einem Umfeld möglich, das nach dem selben Prinzip arbeitet, das heißt in einem Umfeld, das keine großen Unterschiede zum Beispiel zwischen Stadt und Land aufweist. Die Autonomie der dezentralisierten Ebenen hängt also vom finanziellen Netzwerk ab.

---

[164] Vgl. Lloyd Brown-John, C., Administering Public Policies in Federal States: Decentralising and Co-ordinating Administration, Canada, Internationales Institut für Verwaltungswissenschaften, Brüssel 1989.
[165] Vgl. Holzinger, Gerhart, Coordinating Mechanisms in the Federal State, Austria, Internationales Institut für Verwaltungswissenschaften, Brüssel 1989.

Notwendig ist grundsätzlich die genügende Ausstattung mit finanziellen Mitteln.

Probleme ergeben sich auf diesem Gebiet insbesondere für Entwicklungsländer. Hier kann es schon an genügendem Management öffentlicher Finanzen fehlen. Wie soll man mit einem Haushaltsplan arbeiten, dessen Einnahmen-Ansätze im günstigsten Fall zu 60 % erreicht werden, wie es für Zaire berichtet wird. Je kleiner das Budget ist, desto nötiger ist ein realistischer Ansatz. Entwicklungsländer versuchen im Rahmen der Dezentralisierung, den unteren Einheiten eigene Geldmittel zur Verfügung zu stellen. Dies erfolgt aber gewöhnlich nicht in Form der Dezentralisierung der Einnahmequellen und hat deshalb zur Folge, dass die regionale Entwicklung mit den ersten finanziellen Problemen auf nationaler Ebene fällt, weil die nötigen Zuweisungen ausbleiben, wie für Elfenbeinküste berichtet. Dieser Prozess wird noch verstärkt durch Entwicklungshilfepraktiken, die die Hilfsmittel nur an die nationale Ebene auszahlen, wie zum Beispiel die Weltbank.[166]

Insgesamt ist die Autonomie regionaler Einheiten im Hinblick auf die Höhe ihres Anteils an finanziellen Mitteln von vielen Faktoren abhängig, nämlich ob die nationale Ebene eigenmächtig über Veränderungen der Zuweisungen entscheiden kann, ob es sich um allgemeine Zuweisungen oder um projektbezogene Zuweisungen handelt, ob es neben dem vertikalen finanziellen Netzwerk auch ein horizontales gibt, das für einen Ausgleich unter den Einheiten auf gleicher Ebene sorgt und somit zu einer Teilhabe der schwachen Regionen am wirtschaftlichen Erfolg der stärkeren Regionen führt. Ein solches System des horizontalen Finanzausgleichs kann in gewisser Weise die durch nationale Programme verstärkte Vergrößerung des Abstandes der Wirtschaftskraft einzelner Regionen verhindern, wenn die Wirtschaftskraftbemessung richtig erfolgt.[167]

In der Bundesrepublik Deutschland gibt es neben der primären Verteilung öffentlicher Abgaben auf die Ebenen von Bund, Ländern und Gemeinden einen sekundären Finanzausgleich. Der horizontale sieht vielfältige Finanzzuweisungen und -hilfen an die Länder vor. Daneben besteht ein horizontaler Finanzausgleich zwischen den finanzstärkeren und finanzschwächeren Ländern, die mit den solidargemeinschaftlichen Pflichten des Bundesstaatsprinzips begründet wird. Für die lokale Ebene in der Bundesrepublik Deutschland erweisen sich Zweckzuweisungen als problematisch. Das System der Zuweisungen für ganz

---

[166] Vgl. Fischer, Alfred, Résumé des débats du Comité de recherche no. 1 sur le thème „Evaluation des politiques nationales de décentralisation et de régionalisation", Federal Republic of Germany, Internationales Institut für Verwaltungswissenschaften, Brüssel 1989.

[167] Vgl. Gill, Sucha Sing, Development Process and Regional Inequalities in India. An Evaluation of Government Policy, India, Internationales Institut für Verwaltungswissenschaften, Brüssel 1989.

bestimmte Einzelvorhaben verändert selbst den Politikprozess innerhalb der dezentralisierten Einheiten. Prioritäten werden nicht mehr nur entsprechend der örtlichen Bedürfnisse gesetzt, sondern folgen mehr den zu erwartenden Zuwendungen und stärken deshalb die Position des Verwaltungspersonals gegenüber den politischen Repräsentanten auf lokaler Ebene.[168] Jenseits der Finanzierungsfragen, die die Wiedervereinigung Deutschlands mit sich brachten, verdichtete sich mit der Jahrhundertwende auch der Eindruck, dass eine Föderalismusreform in der Bundesrepublik auch die öffentlichen Finanzen betreffen muss.

Die Schaffung von Gemeinschaftsaufgaben und gemeinsamer Finanzierung zwischen Bund, Ländern und Gemeinden wurde als Weg zur Dezentralisierung in Mexiko gewählt. Vor dem Hintergrund der verfassungsrechtlichen Zuweisung ausschließlicher Aufgaben an die Staaten und die Union resultierte daraus eine zweigleisige politische Struktur auf allen Ebenen und ein Mangel an Koordination zwischen ihnen. In Reformplänen wurde zum Ausdruck gebracht, sowohl Verantwortungen als auch Ressourcen zu dezentralisieren. Dazu sollte die ausschließliche Zuständigkeitszuweisung durch ein System von gemeinsamen und konkurrierenden Zuständigkeiten ersetzt werden. Von diesem Schritt wurde die Entwicklung eines föderalen Treue- und Loyalitätsprinzips erwartet.[169] Will man einer solchen Strategie folgen, muss eine sorgfältige Auswahl geeigneter Aufgabenfelder vorgenommen werden. Gemeinsame Zuständigkeiten auf allen oder den meisten Politikfeldern kann eher in einer noch stärker zentralistischen Haltung resultieren, wenn andere Vorbedingungen fehlen. Als solche werden genannt: starke eigene finanzielle Ressourcen der dezentralisierten Einheiten, Struktur der politischen Parteien, personelle Ressourcen etc. Sollen dezentralisierte Einheiten in einem System der Verflechtung erfolgreich arbeiten, benötigen sie eine eigene Machtgrundlage.

Als letztes Feld der intergouvernementalen Beziehungen, die auf die Dezentralisierung Einfluss haben, sei das Planungsnetzwerk genannt. Gemeinsame Planung zwischen der nationalen und der subnationalen Ebene kann ebenfalls eine ausgleichende Wirkung entfalten, vorausgesetzt, die Entscheidungsmacht der unteren Ebene ist in den Gremien der Planung groß genug, um nicht nur das sonst bestehende Kräfteverhältnis widerzuspiegeln. In der Bundesrepublik Deutschland wurden mit der verfassungsrechtlichen Einführung von Gemeinschaftsaufgaben Ende der 1960er Jahre solche gemeinsamen Planungsaus-

---

[168] Vgl. Prätorius, Rainer, Communication and Decentralization. The Case of the Federal Republic of Germany, Federal Republic of Germany, Internationales Institut für Verwaltungswissenschaften, Brüssel 1989.
[169] Vgl. Viesca, Jacinto Faya, Towards a New Federalism and Modern Decentralization in Mexico, Mexico, Internationales Institut für Verwaltungswissenschaften, Brüssel 1989.

schüsse für bestimmte Felder wie Verbesserung der regionalen Wirtschaftsstruktur eingerichtet. Ähnliches ist vertikal wie horizontal denkbar. In Österreich zum Beispiel ist die verfassungsrechtliche Möglichkeit für Vereinbarungen zwischen den Ländern oder zwischen dem Bund und den Ländern für eine gemeinsame Aufgabenerfüllung gegeben. Zum Beispiel auf dem Gebiet der Krankenhausfinanzierung hat sich dieses Instrument als effektiv erwiesen.

Daneben existieren verschiedene mehr informelle Koordinierungsinstrumente zwischen den politischen und administrativen Ebenen. Österreich hat ein solches Instrument in Form des sogenannten Verbindungsbüros institutionalisiert, das die Länder gemeinsam eingerichtet haben. Es hat die Aufgabe, die ständige Verbindung zwischen den Ländern und zwischen dem Bund und den Ländern sicherzustellen. Zusätzlich gibt es verschiedene Konferenzen von Ländervertretern wie zum Beispiel die Konferenz der Regierungschefs der Länder und die Konferenz der Generaldirektoren der Länderregierungen, an der der Verfassungsdienst des Bundeskanzleramts teilnimmt. Die erstere zielt auf die Abstimmung der Vertretung der Länderinteressen gegenüber dem Bund. Nur mit einer Stimme zu sprechen, stärkt die Position der Länder. Heute liegt eine Hauptaufgabe in der Sicherung der Länderinteressen im Prozess der Beziehungen Österreichs zur Europäischen Gemeinschaft. Daneben gibt es eine Vielzahl von Expertenkonferenzen, zuerst die Ministerrunden, die durch Konferenzen des Erfahrungsaustausches auf niedrigerer administrativer Ebene unterstützt werden. Diese Instrumente meist horizontaler Koordination werden durch die österreichische Konferenz zur Regionalplanung ergänzt, die der vertikalen Koordination dient. Mit ihren vorbereitenden und beratenden Funktionen hat sie nicht zu unterschätzenden tatsächlichen Einfluss.[170] Das Netzwerk der Beziehungen zwischen den Ebenen kann also in vielfältiger Form geknüpft werden. Für die Dezentralisierung ist maßgeblich, dass dadurch die dezentrale Einheit in den Stand gesetzt wird, ihre Aufgaben selbst zu bewältigen und die Unterschiede unter den Regionen ausgeglichen werden.

Trotz der Probleme der Dezentralisierung und Regionalisierung, wie sie gerade im Zusammenhang mit den intergouvernementalen Beziehungen deutlich werden, besteht international ein breites Verständnis dafür, dass in vielen Ländern Dezentralisierung und Dekonzentration geeignete Politiken sind, die kulturellen, sozialen, ökonomischen und politischen Ressourcen auf regionaler und lokaler Ebene auch zum Nutzen der nationalen Wohlfahrt zu mobilisieren. Das gilt für industrialisierte wie Entwicklungsländer. Insbesondere, wo sich ein Wandel zur Supranationalität abzeichnet wie in der Europäischen Gemeinschaft, kann der alte unitarische Staat kaum noch als Modell der politisch-

---

[170] Vgl. Holzinger, Gerhart, Coordinating Mechanisms in the Federal State, Austria, Internationales Institut für Verwaltungswissenschaften, Brüssel 1989.

administrativen Zukunft angesehen werden. Es braucht mehr als die eine zentrale Macht, nämlich öffentliches Leben auf lokaler und regionaler Ebene.

III. Innere Organisation im klassischen Verwaltungssystem

1. Grundzüge der inneren Verwaltungsorganisation

Für die Makroorganisation sind Verwaltungsaufbau und Organisationsentwicklung durch internationales Anschauungsmaterial zu Dezentralisierung und Regionalisierung exemplarisch belegt worden. Für die Mikroorganisation wird als Kontrast dazu die organisatorische Binnenstruktur der öffentlichen Verwaltung in der Bundesrepublik vorgestellt. Damit werden die Organisationsbeziehungen eines klassischen Verwaltungssystems beispielhaft bezeichnet, das Grundzüge der modernen Verwaltung vielerorts in der Welt widerspiegelt. Wiederum wird auf die Lage vor der letzten Dekade des 20. Jahrhunderts zurückgegriffen.[171] Von den 1990er Jahren an begann auch in Deutschland ein neuer Managerialismus – New Public Management, Reinventing Government, Neues Steuerungsmodell – die klassischen Verhältnisse mancherorts zumindest rhetorisch zu überlappen. Das stellt ein eigenes Kapitel der Verwaltungsmodernisierung dar. Hier ist festzuhalten, dass ein solcher Rückgriff auf das 20. Jahrhundert keineswegs bedeutet, dass wir es mit nur historisch relevantem Material zu tun haben. Der innere Aufbau der Verwaltung weist in der Moderne eine hohe Kontinuität auf und wirkt auf die Verhältnisse über die Wende zum 21. Jahrhundert fort. Themen wie die Abflachung von Hierarchien sind auch Gegenstände eines neuen Managerialismus. Aber diese Frage lässt sich genauso in das Muster tradierter Verwaltungsreformen einordnen.

Die innere Verwaltungsorganisation in der Bundesrepublik Deutschland folgt im Prinzip dem hierarchisch-pyramidenförmigen Aufbau. Dabei meint hier der Begriff der Hierarchie nicht die personellen Verhältnisse in der öffentlichen Verwaltung. Die soziale Differenzierung der modernen Arbeits- und Lebenswelt hat die relative Verselbständigung von Organisation und Personal ermöglicht, die juristisch in der Unterscheidung zwischen Amt im organisationsrechtlichen Sinne und Amt im statusrechtlichen Sinne zum Ausdruck kommt.[172] Entsprechend darf mit dem Namen der Hierarchie nicht einfach – wie es oft geschieht – eine personenbezogene Disziplinierungsfunktion in den Vordergrund gerückt werden. Es geht hier um die spezifisch organisatorische Form der Ver-

---

[171] Vgl. König, Klaus, Entwicklungen der inneren Verwaltungsorganisation in der Bundesrepublik Deutschland, in: Zeitschrift für Verwaltung 1978, S. 241 ff.

[172] Vgl. König, Klaus, Öffentliche Verwaltung und soziale Differenzierung, in: Verwaltungsarchiv 1973, S. 1 ff.

stetigung kommunikativer Beziehungen, ohne die ein soziales System nicht überdauern kann. Die administrativen Teileinheiten werden durch die Organisationsstruktur in verhältnismäßig beständiger Anordnung zu einem Ganzen zusammengefasst. Im Falle der Hierarchie werden die Teile in ein Verhältnis der Über- und Unterordnung, aber dann auch in eines der Nebenordnung eingestellt. Das arbeits-, zuständigkeits-, machtteilige Verwaltungshandeln wird an ein so versachlichtes Aufbaugefüge organisatorischer Einheiten gebunden. Mit diesem Organisationsmuster wird ein maßgebliches Merkmal neuzeitlicher Staatsbürokratien gekennzeichnet, wie sie in ihrer Rationalität von Max Weber dargelegt worden sind.

Will man die Funktionsfähigkeit der hierarchischen Organisation beurteilen, und zwar auch unter den Bedingungen der Verwaltung im Sozialstaat, dann darf man zunächst einmal nicht die Organisationsstruktur mit dem sozialen System als Ganzem identifizieren. In der öffentlichen Verwaltung sind noch andere strukturelle Entscheidungsprämissen in Rechnung zu stellen. So entfaltet das Gesetz im Rechtsstaat seine Geltung nach oben wie nach unten. Weiter besteht keine schlichte Kongruenz von Hierarchie und Zweck/Mittel-Schema in dem Sinne, dass die höheren Stellen die Zwecke, die niedrigeren Stellen die Mittel vertreten.[173] Im Grunde hat sich der hierarchische Aufbau der administrativen Organisation als so flexibles Ordnungsmuster für die Steuerung und Koordination der arbeitsteiligen Verwaltungstätigkeit erwiesen, dass es immer wieder gelungen ist, neuen Handlungsanforderungen in diesem Rahmen Genüge zu tun. Auch das Problem der Spezialisierung in der Verwaltung einer technisch-wissenschaftlichen Zivilisation hat nicht zu einem grundsätzlich anderen Gefüge geführt. Selbst dort in den westlichen Demokratien, wo man dem Hierarchiegedanken abgeneigt ist, hat man entsprechende Organisationsformen immer wieder der Kontrolle und Koordinierung des Verwaltungshandelns zugrunde gelegt.

So fällt zur Struktur der inneren Verwaltungsorganisation in der Bundesrepublik Deutschland weniger auf, dass auch sie eine deklarierte Hierarchie aufweist. Bemerkenswert ist vielmehr, in welchem Gleichmaß der hierarchisch-pyramidenförmige Aufbau durchgehalten wird. Zum Beispiel wird für die Bundesministerialverwaltung allgemein bestimmt, dass selbständige Stellen, Ämter, Sonderreferate und dergleichen außerhalb der Abteilungen oder Unterabteilungen nicht eingerichtet werden sollen. Die Organisationswirklichkeit zeigt, dass von der Pyramide hierarchischer Über-, Unter- und Nebenordnungen in verhältnismäßig wenigen Fällen abgewichen wird.[174] Damit unterscheidet sich die

---

[173] Vgl. Luhmann, Niklas, Zweckbegriff und Systemrationalität, Tübingen 1968, S. 42.

[174] Vgl. Kölble, Josef, Die Organisation der Führungszwischenschicht (Abteilungen usw.) in den Ministerien, in: Aktuelle Probleme der Ministerialorganisation, Schriftenreihe der Hochschule Speyer, Band 48, Berlin 1972, S. 175 f.

deutsche Verwaltung von den organisatorischen Verhältnissen in einigen anderen Staaten, die unterhalb der Verwaltungsspitze mannigfache Sondergliederungen kennen. Freilich hat die Übersichtlichkeit des konsequent pyramidenförmigen Aufbaus der organisatorischen Teileinheiten auch Kosten; so gewinnt man im internationalen Vergleich den Eindruck, dass Umorganisationen schwierig sind, weil das Ausweichen in organisatorische Einheiten, die nicht in das Schema der Abteilungen und Referate, Dezernate und Ämter passen, kaum in Betracht gezogen wird und entsprechend wenig Spielraum für Variationen, Umbauten und Auflösungen solcher Stellen existiert.

Neben dem hierarchischen Grundmuster der inneren Verwaltungsorganisation gibt es in Deutschland traditionell nichthierarchische Organisationsformen.[175] Sie haben überhaupt zur Entstehung einer verfestigten Verwaltungsorganisation beigetragen. Historisch haben sie mannigfache Funktionen zu erfüllen gehabt, und zwar von der Beratung, der Rechtskontrolle, der bürgerschaftlichen Mitwirkung, der Repräsentanz von Gruppeninteressen bis zur sachverständigen Entscheidung. Seit den 1970er Jahren sind in der Bundesrepublik mehrere theoretische und praktische Strömungen zu verzeichnen, die in der einen oder anderen Weise auf die nichthierarchische Gestaltung der öffentlichen Verwaltung ausgerichtet sind.[176] Dabei ist nicht immer klar auseinandergehalten worden, um was es denn eigentlich geht. Der eine mag die humanitäre Gestaltung des Arbeitsplatzes, der andere die politische Macht der Basis, der Dritte die Intelligenz des Verwaltungsapparats im Sinne gehabt haben.

Wenn mithin über nichthierarchische Strukturen des inneren Verwaltungsaufbaues besser im Zusammenhang mit konkreten Organisationsentwicklungen zu sprechen ist, so ist doch vorab festzuhalten, dass es eine Fülle kollegialer Einrichtungen in der öffentlichen Verwaltung gibt[177], und zwar selbst wenn man in Rechnung stellt, dass durch den Aufbau einer umfassenden und mehrstufigen Verwaltungsgerichtsbarkeit die inneradministrative Rechtsschutzfunktion gegen Akte der öffentlichen Gewalt nicht mehr so bedeutungsvoll ist. Kollegial verfasste Organisationseinheiten haben verschiedene Namen wie Ausschuss, Beirat, Arbeitsgruppe, Konferenz usw. Sie können auf verschiedenen Ebenen der Verwaltungspyramide verankert sein, und zwar auch an der Spitze wie Kabinette und Magistrate. Sie können Entscheidungsfunktionen oder auch nur Beratungsfunktionen haben. Sie können aus Politikern, Beamten, ehrenamtlichen Mitgliedern zusammengesetzt sein. Sie können verschieden groß und in

---

[175] Vgl. Eggers, Jan, Die Rechtsstellung von Ausschüssen, Beiräten und anderen kollegialen Einrichtungen im Bereich der vollziehenden Gewalt, Dissertation, Kiel 1969.
[176] Vgl. Schnur, Roman, Über Team und Hierarchie, in: Die Verwaltung 1971, S. 557 ff.
[177] Vgl. Wolff, Hans-J./Bachof, Otto, Verwaltungsrecht II, 4. Aufl., München 1976, S. 73 ff.

ihrer Verfahrensweise unterschiedlich stark formalisiert sein, und zwar bis zu einer eigenen Verfahrensordnung.

Insbesondere trägt die kommunale Selbstverwaltung in der Bundesrepublik Deutschland kollegiale Züge. Das gilt nicht nur für ihre Leitungsorganisation. Zahlreiche Gremien der Repräsentanz von Interessen und des Sachverstandes sind auf dieser Verwaltungsebene tätig. Insgesamt sind die Selbstverwaltungen in den Bereichen des Sozialen, der Wirtschaft, der Kultur mit Kollegialorganen ausgestattet. Es gibt klassische Bereiche wie die der Wahlen, der Prüfungen, der Schiedstätigkeit, in denen immer wieder kollegiale Strukturen festzustellen sind. Auch die wissenschaftliche Beratung von Politik und Verwaltung spielt sich vor allem in Gremien ab. Insbesondere die Einführung von nichthierarchischen Organisationsformen in den Ministerialbereich wird diskutiert.[178] Durch Ausschüsse, Beiräte, Arbeitsgruppen, Kommissionen, Stäbe, Projektgruppen usw. will man die Kapazität der Regierung für Informationsverarbeitung und Interessenartikulierung stärken. Diese Tendenzen der Organisationsentwicklung sind vor dem Hintergrund gewachsener Anforderungen an Planung und Koordination zu verstehen.[179]

2. Formen der horizontalen Differenzierung

Mit dem Hinweis auf die nichthierarchischen Organisationsformen wird zugleich deutlich, dass Verwaltungswissenschaft und Verwaltungspraxis ihre jeweils bevorzugten Themen haben. Solche Akzentuierungen führen aber nicht daran vorbei, dass zu jeder Zeit für die klassischen Probleme des inneradministrativen Aufbaus sinnvolle Lösungen gefunden werden müssen. Gehen wir vom Grundmuster der hierarchisch-pyramidenförmigen Ober-, Unter- und Nebenordnungen mit Einschluss kollegialer Teilstrukturen aus, dann bleibt zu beantworten, nach welchen Gesichtspunkten die horizontalen und vertikalen Differenzierungen einzurichten sind. Bevor man aber solchermaßen über die intraorganisatorische Gliederung spricht, muss man sich darüber Rechenschaft geben, dass die Arbeits-, Zuständigkeits-, Machtteilung zwischen den Verwaltungsbehörden, also die interorganisatorischen Verhältnisse den Rahmen für die inneren Gestaltungsmöglichkeiten abstecken.

Eine solche Rahmenvorgabe stellt bereits der allgemeine Aufbau von Staat und Verwaltung dar. Die politischen Ebenen von Bund, Ländern und Gemein-

---

[178] Vgl. Laux, Eberhard, Nicht-hierarchische Organisationsformen in den Ministerien, in: Aktuelle Probleme der Ministerialorganisation, Schriftenreihe der Hochschule Speyer, Band 48, Berlin 1972, S. 317 ff.

[179] Vgl. König, Klaus (Hrsg.), Koordination und integrierte Planung in den Staatskanzleien, Berlin 1976.

den mit ihren breiten Zuständigkeiten, die Ausführung von Bundesgesetzen durch die Länder, der Gedanke der Einheit der Verwaltung, eine Zurückhaltung gegenüber der Einrichtung von Sonderbehörden: das sind nur einige Prämissen auch für die Ausrichtung der inneren Verwaltungsorganisation. Hinzu kommt eine Fülle von weiteren interorganisatorischen Verteilungen. So steht vor der Frage der intraorganisatorischen Ausgestaltung eines Ministeriums die nach dem Ressortzuschnitt im Rahmen der Regierung.[180] Weiter kommt es darauf an, ob eine Aufgabenverlagerung aus der Ministerialinstanz in nachgeordnete allgemeine Verwaltungsbehörden zur Entlastung der politischen Leitung in Betracht gezogen ist.[181] Derartige Vorgaben lassen sich bis zu mehr quantitativen Gesichtspunkten aufzeigen, nämlich bis zu der zufriedenstellenden Betriebsgröße einer Verwaltungsbehörde.

Bei der inneren Differenzierung der Verwaltungsorganisation ist zuerst die horizontale Gliederung zu beachten. Auch nach innen gelten die vier Referenzen, die für das Organisatorische allgemein relevant sind: die divisionale Referenz mit dem Bezug auf Aufgabenfelder, die funktionale Referenz mit den gleichen oder ähnlichen Leistungen als Bezugsgröße, die klientelische Referenz mit ihrem Bezug zu den verwalteten Personengruppen und die territoriale Referenz mit ihrem Bezug zum Verwaltungsraum.

Die genannten Referenzen werden in der öffentlichen Verwaltung der Bundesrepublik Deutschland regelmäßig nicht je für sich ausschließlich, sondern von Fall zu Fall in einer Mischung angewandt. Das Beispiel eines Ministeriums für Arbeit und Soziales verdeutlicht dies: Die Abteilungen sind zum einen nach Aufgaben wie Arbeitsmarktpolitik, Arbeitsrecht und Arbeitsschutz, Sozialversicherung und Sozialgesetzbuch, Gesundheit und Krankenversicherung geordnet. Zum anderen gibt es jedoch auch eine Klientelorientierung, wenn in einer Abteilung die Probleme ausländischer Arbeitnehmer sowie deutscher Arbeitnehmer im Ausland zu bearbeiten sind. Weiter lässt sich eine territoriale Differenzierung in einer Abteilung für internationale Sozialpolitik feststellen. Gesichtspunkte einer funktionalen Gliederung findet man in der Zentralabteilung, die für Fragen des Personals, der Haushalts- und Finanzplanung, der Organisation und Datenverarbeitung zuständig ist, und auch in der Grundsatz- und Planungsabteilung.[182] Vergleichbare horizontale Gliederungen findet man in Bun-

---

[180] Vgl. Siedentopf, Heinrich, Ressortzuschnitt als Gegenstand der vergleichenden Verwaltungswissenschaft, in: Die Verwaltung 1976, S. 1 ff.
[181] Vgl. von Oertzen, Hans Joachim, Verwaltungsämter und Generalbehörden zur Entlastung von Ministerien, in: Frido Wagener (Hrsg.), Organisation der Ministerien des Bundes und der Länder, Berlin 1973, S. 53 ff.
[182] Vgl. Die Bundesrepublik Deutschland, Staatshandbuch, hier Teilausgabe Band I – Ausgabe 1977/78, Berlin 1977, S. 270 ff.

des- wie Landesministerien[183]; entsprechende Referenzen gibt es auch in den oberen und mittleren Behörden. Für die Kommunalverwaltungen ist eine von der Kommunalen Gemeinschaftsstelle für Verwaltungsvereinfachung entwickelte Aufgabengliederung typisch, wonach acht Aufgabenhauptgruppen, nämlich allgemeine Verwaltungsaufgaben, Finanzen, Recht sowie Sicherheit und Ordnung, Schule und Kultur, Sozial- und Gesundheitswesen, Bauwesen, öffentliche Einrichtungen, Wirtschaft und Verkehr den Ämtern und Dezernaten zur Erledigung zugewiesen werden.[184]

Wenn wir mithin in der Regel von einer Mischung der Gliederungsprinzipien auszugehen haben, lassen sich doch in der Verwaltungswissenschaft und in der Verwaltungspraxis gewisse Tendenzen der horizontalen Organisationsentwicklung feststellen. So zeigen sich Präferenzen für eine stärkere Berücksichtigung funktionaler Gesichtspunkte. Nicht nur Querschnittsfunktionen wie Organisation, Personal, Elektronische Datenverarbeitung werden in Zentralabteilungen und eigenen Ämtern zusammengefasst. Insbesondere unter den Gesichtspunkten von Planung und Koordination des Verwaltungshandelns sind entsprechende Organisationseinheiten gestärkt und eingerichtet worden.[185] Freilich ist eine Reihe weitreichender Überlegungen – wie die zu einem Kabinettsamt für Planung und Organisation auf der Ebene der Bundesregierung[186] – über das Stadium von Vorschlägen nicht hinausgediehen. Das Territorialitätsprinzip spielt demgegenüber bei der inneren Verwaltungsorganisation eine geringere Rolle. Man muss hierbei berücksichtigen, dass der allgemeine staatliche und administrative Aufbau nicht nur in den Ebenen von Bund, Ländern und Gemeinden, sondern auch bei den Regierungspräsidien und Landkreisen räumlichen Gesichtspunkten folgt.[187] Intern treten diese dann mit einigen Ausnahmen – wie einer nach Regionen gegliederten Ministerialabteilung für Straßenbau – zurück, es sei denn, es geht um internationale Beziehungen wie im Auswärtigen Amt oder im Bundesministerium für wirtschaftliche Zusammenarbeit.

Nicht immer eindeutig ist die Anknüpfung der horizontalen Differenzierung an Adressatenkreise oder Zielgruppen staatlichen Handelns. Die Grenzziehung

---

[183] Vgl. Katz, Alfred, Politische Verwaltungsführung in den Bundesländern, Berlin 1975, S. 178 ff.

[184] Vgl. KGSt, Verwaltungsorganisation in der Gemeinde, Teil I, Aufgabengliederungsplan³, Köln 1967.

[185] Vgl. König, Klaus (Hrsg.), Koordination und integrierte Planungen in den Staatskanzleien, Berlin 1976; Wagener, Frido, Regierungsprogramme und Regierungspläne in Bund und Ländern – Überblick –, Berlin 1973, S. 113 ff.; ferner Hesse, Joachim Jens, Organisation kommunaler Entwicklungsplanung, Stuttgart u. a. 1976.

[186] Vgl. Projektgruppe Regierungs- und Verwaltungsreform beim Bundesminister des Innern: Dritter Bericht zur Reform der Struktur von Bundesregierung und Bundesverwaltung, Bonn 1972, Teil IV.

[187] Vgl. Wagener, Frido, Neubau der Verwaltung, 2. Aufl., Berlin 1974.

gegenüber einer Gliederung nach Aufgaben in den materiellen Politikfeldern ist eher unscharf. So kann die Ausdifferenzierung eines Ministeriums für Ernährung, Landwirtschaft und Forsten an einem Eigengewicht der Landwirtschaftspolitik gegenüber anderen Verwaltungsbereichen anknüpfen; jedoch liegt zumindest auch eine Zielgruppenorientierung vor, wenn etwa eine Wirtschafts-, Sozial- und Bildungspolitik für Landwirte zum Ausgangspunkt genommen wird. In der Tendenz lässt sich jedenfalls feststellen, dass sich gegenüber dem Klientelprinzip immer stärker eine auf die materiellen Leistungsbereiche von Politik und Verwaltung ausgerichtete Abgrenzung in der horizontalen Organisation durchsetzt. Die Vorschläge der Projektgruppe Regierungs- und Verwaltungsreform zum Ressortzuschnitt – auf die bei der Regierungsbildung 1969 und 1972 Bezug genommen wurde – haben soziale Problemfelder, wie die Zusammenfassung von Aufgaben mit sozialen Bezügen oder von strukturpolitischer Bedeutung zu neuen Ministerien zeigt, als maßgeblich für horizontale Differenzierungen auf der Regierungsebene angenommen.[188] Für vergleichbare Entwicklungen innerhalb von Ministerien mag die Reorganisation des Bundesverkehrsministeriums in den 1970er Jahren genannt werden, wo gegenüber einer zunächst an Verkehrsträgern ausgerichteten Untergliederung die verkehrspolitischen Aufgaben der Verkehrsinvestitionspolitik und Verkehrsordnungspolitik die horizontale Gliederung mitbestimmen, was in entsprechenden Unterabteilungen in einer verkehrspolitischen Grundsatzabteilung seinen Ausdruck fand.[189]

3. Formen der vertikalen Differenzierung

Wenden wir uns von der horizontalen Differenzierung der inneren Verwaltungsorganisation den vertikalen Gestaltungsproblemen zu, dann ist zuerst die Frage zu stellen, welcher Organisationsteil als unterer Baustein des pyramidenförmigen Verwaltungsaufbaus zu betrachten ist. Zu den Problemen der Basiseinheit ist bereits darauf verwiesen worden, dass sie mancherorts unklar erscheint[190], für die deutsche Ministerialverwaltung indessen klar geregelt ist. So wird durch die Geschäftsordnung festgelegt, dass die tragende Einheit im orga-

---

[188] Vgl. Projektgruppe Regierungs- und Verwaltungsreform beim Bundesminister des Innern, Erster und Dritter Bericht zur Reform der Struktur von Bundesregierung und Bundesverwaltung, Bonn 1969 bzw. 1972.

[189] Vgl. Projektgruppe Regierungs- und Verwaltungsreform beim Bundesminister des Innern, Untersuchung zur Reorganisation des Bundesministeriums für Verkehr, 2. Bände, Bonn 1975; Garlichs, Dieter/Müller, Edda, Eine neue Organisation für das Bundesverkehrsministerium, in: Die Verwaltung 1977, S. 343 ff.

[190] Vgl. Johnson, Nevil, Die Organisation der Operational Sections (Fachbereiche bzw. Referate) in zentralen Ministerien, in: Aktuelle Probleme der Ministerialorganisation, Schriftenreihe der Hochschule Speyer, Band 48, Berlin 1972, S. 115 ff.

nisatorischen Aufbau des Ministeriums das Referat ist und jede Arbeit in einem Ministerium einem Referat zugeordnet sein muss.[191] Mit dieser Formulierung wird einsichtig, wie wenig es zureicht, den hierarchischen Aufbau der Verwaltung einfach mit einer versachlichten Weisungsbeziehung oder einem persönlichen Befehlszusammenhang gleichzusetzen. Wir haben es mit einem Ordnungsmuster zu tun, das zwar die Steuerung von oben ermöglicht, jedoch Informationsverarbeitungen, Interessenartikulierungen, Machtbildungen von unten zulässt. In unserem Falle tragen die Basiseinheiten das politisch-administrative Geschäft und sind nicht etwa bloß auf die ökonomische Bereitstellung von Verwaltungsmitteln beschränkt. Entsprechend kommt es vor, dass die starke Stellung der Referate etwa aus dem Blickwinkel von integrierter Planung und Koordination kritisiert wird.[192]

Dass die Basiseinheit nicht einfach mit der organisatorischen Stelle im Sinne von Arbeitsplatz und Arbeitskapazität eines einzelnen, jedoch lediglich gedachten Mitarbeiters zu identifizieren ist, zeigt sich daran, dass etwa dem Referatsleiter als Verwaltungsspitze des Referats Referenten und Sachbearbeiter zugewiesen sind.[193] Aufgabengliederungs- und Organisationspläne pflegen nicht bis zu diesen Verrichtungsbereichen durchzugreifen, sondern beziehen sich auf die Basiseinheit als unteren Baustein der Aufbauorganisation. Innerhalb der Basiseinheit bleibt entsprechend ein binnenstruktureller Dispositionsspielraum. Die organisatorischen Anforderungen der administrativen Teileinheiten werden auf die Basiseinheit als solche zugeschnitten. Man verlangt zum Beispiel, dass der Größe nach eine Korrespondenz zwischen abgrenzbaren Problemfeldern und Organisationseinheiten bestehen, eine Entfaltung aufgabenbezogener Initiativen möglich sein, eine kontinuierliche Erfüllung der zugewiesenen Aufgaben gewährleistet sein, eine flexible Reaktion auf Arbeitsspitzen ermöglicht werden, eine interne gegenseitige Vertretung sichergestellt sein muss usw.[194] Freilich wird damit die Innenstruktur der Basiseinheit doch zum Problem. Das zeigt sich schon daran, dass die Referate über einen sehr unterschiedlichen Personalbestand verfügen.[195] „Drei-Mann-Referate" arbeiten anders als „Zwölf-Mann-Referate".

---

[191] Vgl. § 4 Abs. 2 der Gemeinsamen Geschäftsordnung der Bundesministerien I (alt), März 1996.

[192] Vgl. Jochimsen, Reimut, Zum Aufbau und Ausbau eines integrierten Aufgabenplanungssystems und Koordinationssystems der Bundesregierung, in: Joseph H. Kaiser (Hrsg.), Planung VI, Baden-Baden 1972, S. 35 ff.

[193] Vgl. § 4 Abs. 3 der Gemeinsamen Geschäftsordnung der Bundesministerien I (alt), März 1996.

[194] Vgl. Projektgruppe „Organisation BMI", Bericht über die Überprüfung der Organisation des Bundesministeriums des Innern, Bonn 1969, S. 32 ff.

[195] Vgl. Lepper, Manfred, Überlegungen zur Grundorganisation in der Ministerialverwaltung, in: Verwaltung und Fortbildung 1974, S. 116 ff.

Demzufolge wird aus verschiedenen Gründen wie eben der binnenstrukturellen Gestaltung, letztlich aber wegen einer möglichst weitgehenden Übereinstimmung des Verwaltungsaufbaus mit den Grenzlinien der zu bearbeitenden sozialen Problemfelder die Frage aufgeworfen, ob eine Typeneinheitlichkeit bei der Basiseinheit adäquat ist. Unterscheidungen wie zwischen Kleinreferat und Großreferat, Referat und Gruppenreferat werden diskutiert.[196] Auf der einen Seite befürchtet man ein Auswuchern in unterschiedlichste Organisationsformen. Man meint, dass die bisherigen Grundmodelle wie Referate oder Ämter einen genügend breiten organisatorischen Spielraum für verschiedene Anforderungen bieten. Auf der anderen Seite verweist man auf die gestiegene Komplexität öffentlicher Aufgaben und das Erfordernis, die Basisorganisation entsprechend dem weitreichenden Verflechtungsgrad der Problemfelder so zuzuschneiden, dass der Koordinationsbedarf zwischen den Basiseinheiten nicht übermäßig ist. Werden entsprechend breitere Sachgebiete von einer Organisationseinheit bearbeitet, dann erwartet man mit der Vergrößerung eine differenziertere Gestaltung der Binnenstruktur, bessere Möglichkeiten der Vertretung nach außen, rationellere Arbeitsplanung und flexibleren Personaleinsatz und nicht zuletzt die Einführung kooperativer Arbeitsformen.

Mit der Problematik des Gruppenreferats werden bereits Fragen des Leitungsbereichs relevant. Denn im Gruppenreferat bewegt sich die Referatsspitze von der eigenen Sachbearbeitung weg in die Richtung von Leitungsfunktionen. Geht man von der organisatorischen Stelle aus, dann kann die Vertikale einer Behörde vom Amtschef bis zum Hilfssachbearbeiter reichen, wobei die Differenzierung zwischen einer Gemeinde, einem Landratsamt, einem Ministerium usw. graduell unterschiedlich ist. Stellt man auf die verschiedenen organisatorischen Schichten ab, ist insbesondere nach der Durchführung der territorialen Verwaltungsreform in der Bundesrepublik Deutschland in den 1970er Jahren festzuhalten, dass der Behördenzuschnitt regelmäßig so groß ist, dass sich die Vielzahl der Basiseinheiten nicht einfach durch eine Behördenleitung zusammenfassen lässt. Es bedarf einer Leitungszwischenschicht von Abteilungen, Gruppen, Dezernaten usw.[197] Diese Zwischenschicht kann wiederum in sich differenziert sein, also in Hauptabteilungen, Abteilungen, Unterabteilungen. Vielfältige Funktionen der Lenkung, Planung und Entscheidung, Koordination und Integration, insbesondere jedoch der Verbindung zwischen Basiseinheit und Behördenspitze fallen an.

---

[196] Vgl. noch Lepper, Manfred u. a., Die Basiseinheit in der Organisation der Ministerien, in: Frido Wagener (Hrsg.), Organisation der Ministerien des Bundes und der Länder, Berlin 1973, S. 125 ff.

[197] Vgl. Kölble, Josef, Die Organisation der Führungszwischenschicht (Abteilungen usw.) in den Ministerien, in: Aktuelle Probleme der Ministerialorganisation, Schriftenreihe der Hochschule Speyer, Band 48, Berlin 1972, S. 171 ff.

Die Stellung der Leitungszwischenschicht ist in der inneren Verwaltungsorganisation verhältnismäßig gefestigt. Die bestehenden Transmissionsprobleme zur Leitungsspitze sind nur zum Teil solche des Verwaltungsaufbaus, oft mehr Prozessfragen. Zum Beispiel heißt es für die Bundesministerien, dass sich das Ministerium in Abteilungen gliedert, die Abteilung in Referate. Selbständige Stellen, Ämter, Sonderreferate und dergleichen sollen außerhalb der Abteilungen nicht eingerichtet werden.[198] Weiter bestimmt zum Beispiel für die Behörden eines Landes die Dienstordnung, dass die Abteilungsleiter im Rahmen ihres Aufgabengebietes den Behördenleiter mit Informationen und Vorschlägen unterstützen. Die Abteilungsleiter haben Entscheidungsbefugnis, soweit sie nicht dem Behördenleiter vorbehalten ist. Sie koordinieren die Abteilungsgeschäfte und sorgen für verfahrensmäßig und sachlich richtige Erledigung der Aufgaben der Abteilung. Der Abteilungsleiter ist Vorgesetzter der Bediensteten der Abteilung.[199] Trotz solcher Festlegungen kommt es immer wieder vor, dass sich verselbständigte Sonderstellen oder Wege der Anregung, der Unterrichtung, der Abstimmung, der Anleitung usw. bilden, die an der Struktur des Leitungszwischenbereichs vorbeigehen. Ein besonderes Problem stellt insofern die Errichtung von speziellen Planungseinheiten dar. Wird allerdings die Planung im Rahmen des Abteilungsaufbaus verankert, dann ist die Leitungszwischenschicht als solche nicht tangiert. Allenfalls kann man die Frage nach dem Sinn der horizontalen Differenzierung unter intern-funktionellen Gesichtspunkten stellen.[200]

Ein klassisches Problem des vertikalen Verwaltungsaufbaus ist in Deutschland das der Untergliederung der Leitungszwischenschicht in Hauptabteilungen und Abteilungen oder Abteilungen und Unterabteilungen.[201] Bereits in den 1930er Jahren ist in Gutachten die Auflösung von Unterabteilungen vorgeschlagen worden. Noch heute wird ihre Existenzberechtigung in Zweifel gezogen. Es gibt sogar Stimmen, die die Unterabteilungen personalpolitisch interpretieren, nämlich im Hinblick auf die Schaffung von Beförderungsstellen. Für die Bundesministerien war vorgeschrieben, dass Unterabteilungen nur dann gebildet werden sollen, wenn es sachlich nötig ist und dabei mindestens je fünf

---

[198] Vgl. § 4 Abs. 1 der Gemeinsamen Geschäftsordnung der Bundesministerien I (alt), März 1996.

[199] Vgl. § 27 der Dienstordnung für die Landesbehörden in Baden-Württemberg in der Fassung vom 13. Januar 1976, Gemeinsames Amtsblatt des Landes Baden-Württemberg 1976, S. 193 ff.

[200] Vgl. Mayntz, Renate/Scharpf, Fritz, Probleme der Programmentwicklung in der Ministerialorganisation auf Bundesebene, in: Frido Wagener (Hrsg.), Organisation der Ministerien des Bundes und der Länder, Berlin 1973, S. 37 ff.

[201] Vgl. Kölble, Josef, Die Organisation der Führungszwischenschicht (Abteilungen usw.) in den Ministerien, in: Aktuelle Probleme der Ministerialorganisation, Schriftenreihe der Hochschule Speyer, Band 48, Berlin 1972, S. 171 ff.

Referate zusammengefasst werden.[202] Im Bereich der Landesverwaltung sind viele gegen die Schaffung von mehr als einer Vermittlungsebene zwischen Basis und Spitze. Man wird die Frage nach der Untergliederung der Leitungszwischenschicht nicht generell beantworten können. Aspekte der Betriebsgröße der Verwaltungsbehörde, des Zuschnitts der Basiseinheiten, der horizontalen Differenzierungsmöglichkeiten und vieles mehr sind von Bedeutung. Es kann die horizontale Gliederung von Basiseinheiten unter Gesichtspunkten angebracht sein, dass der hieraus erwachsende Koordinationsbedarf nicht mehr auf Abteilungsleiterebene gedeckt werden kann.[203] Freilich darf nicht einfach von der Leitungsspanne, der Zahl der horizontal zusammenzufassenden Untereinheiten, auf die Gliederungstiefe von Organisationen geschlossen werden. Selbst wenn man die Entwicklung von Mehrlinien- und linienexternen Koordinations- und Leitungsformen beiseite lässt, ist jedenfalls die Eigenart des jeweiligen Aufgabenbereichs in Rechnung zu stellen. Die Kommunikationsverluste und Störanfälligkeiten längerer vertikaler Dienstwege sind mit den Erfordernissen einer Steuerung und Abstimmung in der Nähe der wahrzunehmenden Aufgaben abzuwägen.

Für die Behördenspitze selbst gilt, dass sie in der Bundesrepublik Deutschland meistens nach dem monokratischen Prinzip gestaltet ist, das heißt, dass es einen Behördenchef gibt, der mit den untergeordneten Organisationseinheiten durch Weisungsbeziehungen und Vertretungszusammenhänge verbunden ist. Auf den Umstand, dass an der Spitze der Verwaltungspyramide auch Kollegialstrukturen anzutreffen sind – etwa kommunale Vorstände – ist bereits hingewiesen worden.[204] In der Ministerialverwaltung besteht herkömmlicherweise das nicht nur bei uns bekannte Muster des Ministers als politische Spitze einerseits und des – beamteten – Staatssekretärs als Amtschef andererseits. Letzterer leitet den Geschäftsbetrieb des Ministeriums, vertritt den Minister, hat die Aufgabenerfüllung durch die Abteilungen zu koordinieren und zu sichern und gilt als Repräsentant des Apparates. Heute hat sich diese Konstellation insoweit verändert, als in den größeren Ministerien mehrere Staatssekretäre berufen worden sind.[205] Überdies ergibt sich durch die Einführung der Parlamentarischen Staatssekretäre ein weiterer Wandel in der Leitungsorganisation der Mi-

---

[202] Vgl. § 4 Abs. 1 der Gemeinsamen Geschäftsordnung der Bundesministerien I (alt), März 1996.
[203] Vgl. Kollatz, Udo, Organisationsberatung im Bundesministerium für wirtschaftliche Zusammenarbeit – Eine verwaltungspolitische Betrachtung, in: Verwaltungsarchiv 1978, S. 71 ff.
[204] Vgl. Wolff, Hans-J./Bachof, Otto, Verwaltungsrecht II, 4. Aufl., München 1976, S. 226 ff.
[205] Vgl. Wagener, Frido, Die Organisation der Führung in den Ministerien, in: Aktuelle Probleme der Ministerialorganisation, Schriftenreihe der Hochschule Speyer, Band 48, Berlin 1972, S. 33 ff.

nisterien.[206] Allerdings hat diese Ausweitung nicht allgemein zur Entwicklung von kollegialen Organisationsstrukturen an der Spitze geführt. Insofern hatte die Projektgruppe Regierungs- und Verwaltungsreform beim Bundesminister des Innern in den 1970er Jahren die Zusammenfassung der Leitungspersonen zu einer Funktionseinheit und eine kooperative Ressortleitung mit gemeinsamer Assistenzeinheit vorgeschlagen[207], was nicht umgesetzt wurde.

4. Spezifische Formen der inneren Organisation

Neben der Grundordnung horizontaler und vertikaler Differenzierungen gehören zur Ausgestaltung des inneren Verwaltungsaufbaus eine Reihe von heute bereits klassischen Organisationsformen, auf die schon zum Teil hingewiesen worden ist. Dazu zählen Stäbe zur Entscheidungsvorbereitung und Beratung der Verwaltungsspitze, Intendantureinheiten zur Verwaltung der Verwaltung, Ausschüsse zur Koordinierung der Verwaltungstätigkeit, Arbeitsgruppen zur Betreuung von Verwaltungsprojekten und vieles mehr. Solche Organisationsformen gab es und gibt es in der deutschen Verwaltung in mannigfachen Varianten. Indes pflegt jede Zeit in dieser Hinsicht ihre spezifischen Wertschätzungen zu haben. Das wird zum Beispiel an der Stabsdiskussion deutlich.[208] Als man Mitte der 1960er Jahre in den Ministerien ein Defizit an mittel- und langfristigen Planungen feststellte, wurde vorgeschlagen, für diese Planungsaufgaben Planungsstäbe und Stabsstellen zu institutionalisieren etwa der Art, dass unterhalb des Staatssekretärs ein Planungsbüro einzurichten sei, das abteilungsunabhängig sein, durch seinen Leiter in der Abteilungsleiterbesprechung vertreten sein und seine Informationen aus Planungsstellen der Abteilungen beziehen sollte.[209]

Diese Vorstellung hat sich – wenn auch in einzelnen Verwaltungen Planungsstäbe anzutreffen sind – nicht allgemein durchgesetzt.[210] Die bekannten Bedenken gegen den Stabsgedanken sind geltend gemacht worden, nämlich wegen Schwierigkeiten der Rekrutierung des Personals, der Arbeitsweisen und

---

[206] Vgl. Laufer, Heinz, Der Parlamentarische Staatssekretär, München 1969.

[207] Vgl. Projektgruppe Regierungs- und Verwaltungsreform beim Bundesministerium des Innern, Dritter Bericht zur Reform der Struktur von Bundesregierung und Bundesverwaltung II, Bonn 1972, S. 15 ff.

[208] Vgl. Dammann, Klaus, Stäbe, Intendantur- und Dacheinheiten, Köln u. a. 1969.

[209] Vgl. Projektgruppe zur Regierungs- und Verwaltungsreform beim Bundesminister des Innern, Erster Bericht zur Reform der Struktur von Bundesregierung und Bundesverwaltung, Bonn 1969, S. 214 ff.

[210] Vgl. Wagener, Frido, Die Organisation der Führung in den Ministerien, in: Aktuelle Probleme der Ministerialorganisation, Schriftenreihe der Hochschule Speyer, Band 48, Berlin 1972, S. 33 ff.

Kommunikationswege, der Verantwortung und Erfolgszurechnung usw. Zwar verfügen insbesondere die politischen Spitzen der Verwaltungen über Assistenzeinheiten zur Information und Beratung. Die Organisationseinheit des persönlichen Referenten ist beträchtlich ergänzt worden. Man findet in und um das Ministerbüro herum verschiedene Funktionen, zum Beispiel die eines Pressereferenten.[211] Weiterreichende Überlegungen beziehen sich auf ein zentrales Büro für eine kooperative Leitung. Aber die Planungsaufgaben sind im Grunde in der Linie verankert worden.

Bei der intern-funktionalen Ausdifferenzierung mittel- und langfristiger Planungen hat man verschiedene Lösungsmöglichkeiten in Betracht gezogen.[212] Zum Teil sind besondere Planungsabteilungen etwa als Grundsatzabteilungen eingerichtet worden. Zum Teil hat man eigene Organisationen für Planung im Rahmen der Zentraleinheiten geschaffen. Diese Zentraleinheiten, die traditionell in den Verwaltungen – neben technischen Hilfen wie Fahrbereitschaften, Schreibdienste, Kopierstellen usw. – die wichtigen internen Aufgaben von Haushalt, Organisation und Personal wahrnehmen, rechnen nicht zum Leitungsbereich. Aus der Eigenart der Querschnittsfunktionen ergibt sich indessen eine enge Verbindung mit der Behördenspitze. Freilich ist zugleich für die Verhältnisse in der Bundesrepublik Deutschland eine Beschränkung auf die Ressortgrenzen charakteristisch. Sieht man von auch verfassungsrechtlichen Ausnahmefällen wie dem des Hamburgischen Senatsamts für den Verwaltungsdienst mit Organisationsamt und Personalamt ab, so ist schon wegen der Organisationsgewalt und Personalhoheit der Ressortminister eine übergreifende Konzentration nur beschränkt möglich. Entsprechend schwierig ist es, sachlich umfassendere und zeitlich weiterreichende Aufmerksamkeiten für die einschlägigen Verwaltungsprobleme zu mobilisieren.[213]

Oft greift man dann für solche Querschnittsfunktionen auf die verbreitete Organisationsform des Ausschusses, hier des interministeriellen Ausschusses zurück. Die öffentliche Verwaltung in der Bundesrepublik Deutschland ist durch eine Vielzahl interorganisatorischer wie intraorganisatorischer Ausschüsse und Arbeitsgruppen gekennzeichnet.[214] Sie ergänzen den Verwaltungsaufbau

---

[211] Vgl. Projektgruppe beim Bayrischen Staatsministerium des Innern, Reform des Bayrischen Staatsministeriums des Innern, München 1970, S. 107.

[212] Vgl. König, Klaus (Hrsg.), Koordination und integrierte Planung in den Staatskanzleien, Berlin 1976.

[213] Vgl. Becker, Bernd, Die Organisation als Fachaufgabe und Probleme der Organisation, in: Frido Wagener (Hrsg.), Organisation der Ministerien des Bundes und der Länder, Berlin 1973, S. 101 ff.

[214] Vgl. Lepper, Manfred, Die Rolle und Effektivität der interministeriellen Ausschüsse für Koordination und Regierungspolitik – Länderbericht: Bundesrepublik Deutschland, in: Heinrich Siedentopf (Hrsg.), Regierungspolitik und Koordination, Berlin 1976, S. 433 ff.

vor allem unter dem Gesichtspunkt der Koordination. Die Ausschüsse erstrecken sich auf alle Hierarchieebenen. Da die Geschäftsordnungen zumeist keine detaillierten Richtlinien für ihre Institutionalisierung enthalten, können Anlass und Errichtungsgrundlagen für solche Gremien höchst unterschiedlich sein. Häufig werden Ausschüsse gebildet, wenn – neben den genannten Querschnittsaufgaben – hochkomplexe Politikfelder wie zum Beispiel Umweltschutz zur Bearbeitung anstehen. Entsprechendes gilt für solche Bereiche, in denen die Zuständigkeitsgrenzen zwischen den Verwaltungen unscharf sind. In der Regel sind die Ausschussmitglieder Vertreter ihrer Verwaltungen und an deren Weisungen gebunden. Demgemäß ist die koordinierende Leistungsfähigkeit oft beschränkt. In einer Reihe von Fällen sind Arbeitsgruppen gebildet worden, in denen nichtgebundene Angehörige verschiedener organisatorischer Einheiten in Projektgruppen und Teams kooperieren.[215]

Ausschüsse, Arbeitskreise, Teams, Arbeitsgruppen usw. sind vor allem eingesetzt worden, um den Anforderungen an Koordination und Integration bei den mittel- und längerfristigen Planungen zu genügen.[216] Das gilt in den interorganisatorischen wie in den intraorganisatorischen Beziehungen. Auf der Regierungsebene in einigen Bundesländern findet man einen Koordinationsverbund zwischen Staatskanzleien und Ressorts. Hauptmerkmal dieses Verbundes ist neben dem Informationsprozess durch Datenblätter eine besondere Organisationseinheit, nämlich ein Arbeitskreis von Planungs- oder Koordinationsbeauftragten der Ministerien. Intraorganisatorisch bestehen vergleichbare Gremien. Es sind Überlegungen zu ihrer besseren Verknüpfung mit dem Leitungsbereich angestellt worden. Man hat daran gedacht, ein Referat für Programmanalyse und Programmbewertung mit einer Koordinierungsgruppe, die für Entscheidungsberatung und Erfolgskontrolle zuständig sein soll, mittelbar der Ressortspitze zuzuordnen. Unter einem Planungsbeauftragten soll sie Kontakte nach außen wie nach innen, hier insbesondere zu den Haushalts-, Organisations- und Personalreferaten herstellen. So sind es die Probleme der Programmentwicklung gewesen, die mannigfache Reorganisationen in und außerhalb der Linie und noch mehr Organisationsmodelle hervorgebracht haben.[217]

---

[215] Vgl. Laux, Eberhard, Nicht-hierarchische Organisationsformen in den Ministerien, in: Aktuelle Probleme der Ministerialorganisation, Schriftenreihe der Hochschule Speyer, Band 48, Berlin 1972, S. 317 ff.

[216] Vgl. König, Klaus, Die Rolle zentraler oder ressorteigener Einheiten für Planung im Bereich der Politikentscheidung und Prioritätensetzung – Länderbericht: Bundesrepublik Deutschland, in: Heinrich Siedentopf (Hrsg.), Regierungspolitik und Koordination, Berlin 1976, S. 227 ff.

[217] Vgl. Projektgruppe Regierungs- und Verwaltungsreform beim Bundesminister des Innern: Dritter Bericht zur Reform der Struktur von Bundesregierung und Bundesverwaltung, Bonn 1972; König, Klaus (Hrsg.), Koordination und integrierte Planung in

Reformen der Mikroorganisation der öffentlichen Verwaltung sind in der Bundesrepublik Deutschland – wie andernorts – von den 1970er Jahren bis in das 21. Jahrhundert hinein von der Intention geleitet, die Leistungsfähigkeit, Effizienz und Effektivität zu verbessern. Damals ging es vor allem um die Intelligenz des Verwaltungsapparates angesichts der Desintegration des Verwaltungshandelns in der hocharbeits- und kompetenzteiligen Organisation. Die geltenden Strukturen von Regierung und Verwaltung hatten partikuläre Politiken nicht verhindert. Mit dem Stichwort von der negativen Koordination wurde kritisiert, dass die organisatorische Voraussetzung für eine zusammenfassende, konzeptionell vorwärtsgerichtete, planende Erfüllung staatlicher Aufgaben angesichts gewandelter sozialer und ökonomischer Bedingungen noch zu schaffen sei.[218]

Demgegenüber wurde politische Planung gefordert.[219] Die organisatorischen Strukturen wurden unter der Perspektive einer übergreifenden Programmentwicklung überprüft.[220] Dabei war beabsichtigt, die vorhandenen Sonderungen im politisch-administrativen System möglichst zu überwinden. Projektgruppen und ein Projektmanagement sollen eine an übergreifenden Zielsetzungen orientierte Problemlösung zwischen mehreren Teilsystemen ermöglichen und zugleich eine positive Koordination leisten.[221] Zur stärkeren Verflechtung des Handelns auf der Ebene von Gesamtsystemen griff man auf den Gedanken der Matrixorganisation zurück, die ein Zusammenwirken von Einheiten mit internen und externen Funktionen ermöglicht.[222] Mit Vorstellungen von einer Programmorganisation sollten Entwicklung und Durchführung von Programmen und organisatorischer Aufbau vollends in Einklang gebracht werden.[223] Weiter ging noch das Modell einer „dynamischen" Verwaltung mit der Absicht einer ständigen Anpassung an programmatische Strukturen.[224] Solche und andere Reformabsichten – etwa die Reorganisation eines Ministeriums unter dem Ge-

---

den Staatskanzleien, Berlin 1976; Mayntz, Renate/Scharpf, Fritz (Hrsg.), Planungsorganisation, München 1973.

[218] Vgl. Jochimsen, Reimut, Zum Aufbau und Ausbau eines integrierten Aufgabenplanungssystems und Koordinationssystems der Bundesregierung, in: Joseph H. Kaiser (Hrsg.), Planung VI, Baden-Baden 1972, S. 35.

[219] Vgl Bebermeyer, Hartmut, Regieren ohne Management? – Planung als Führungsinstrument moderner Regierungsarbeit, Stuttgart 1974; ferner Hesse, Joachim Jens, Organisation kommunaler Entwicklungsplanung, Stuttgart u. a. 1976.

[220] Vgl. Schmidt, Günter/Treiber, Hubert, Bürokratie und Politik – Zur Strukturenfunktion der Ministerialbürokratie in der Bundesrepublik Deutschland, München 1975.

[221] Vgl. Baars, Bodo A. u. a., Politik und Koordinierung, Göttingen 1976.

[222] Vgl. Laux, Eberhard, Führung und Führungsorganisation in der öffentlichen Verwaltung, Stuttgart u. a. 1975, S. 91 ff.

[223] Vgl. Derlien, Hans-Ulrich, Probleme des neuen Planungssystems im Bundesministerium für Ernährung, Landwirtschaft und Forsten, in: Die Verwaltung 1975, S. 363.

[224] Vgl. König, Herbert, Dynamische Verwaltung, Stuttgart 1977.

sichtspunkt einer möglichst geringen Überschneidung von Aufgabenfeldern zur Verringerung des Koordinationsbedarfs[225] – sind in der Folgezeit einer Revision und dann von Fall zu Fall einer Re-Revision unterworfen worden. Der Verwaltungsaufbau hat seine Statik vielerorts auch gegenüber der Organisationspolitik bewiesen.[226]

Für die 1970er Jahre in der Bundesrepublik Deutschland selbst bleibt noch anzumerken, dass neben der organisatorischen Stärkung der Leistungsfähigkeit die innerorganisatorische Demokratisierung zum Postulat wurde. Demokratische Wertmaßstäbe werden herkömmlicherweise so verstanden, dass die politische Steuerbarkeit der öffentlichen Verwaltung durch die demokratisch legitimierten Institutionen und Akteure, von Fall zu Fall auch die direkte Partizipation der Bürger zu gewährleisten ist. Die damaligen Demokratisierungsforderungen – aus rätedemokratischen, radikaldemokratischen, antibürokratischen Antrieben genährt und oft kurzgeschlossen[227] – hatte aber im Hinblick auf Verwaltungen weder Bürger noch Politik, sondern die öffentlichen Bediensteten als Mitglieder von verwaltenden Organisationen im Auge.[228] Die Bürokraten, die nach dem Herkommen ein Werkzeug der Demokratie zu sein haben[229], sollten nun gleichsam die demokratische Basis von Verwaltungsorganisationen darstellen.

Die Einflussmöglichkeiten von Organisationsmitgliedern haben im deutschen Falle nicht nur in der Privatwirtschaft, sondern auch im öffentlichen Sektor einen hohen Entwicklungsstand erreicht.[230] Unter dem Aspekt der inneren Organisation sind zwei Einflussbereiche zu unterscheiden: der der direktiven Mitbestimmung und der Mitwirkung und Mitbestimmung in sozialen, personellen und organisatorischen Angelegenheiten der Verwaltung. Letztere haben ein

---

[225] Vgl. König, Klaus, Funktionen und Folgen der Politikverflechtung, in: Fritz W. Scharpf u. a. (Hrsg.), Politikverflechtung II, Kronberg/Ts. 1977, S. 75 ff.; Projektgruppe Regierungs- und Verwaltungsreform beim Bundesminister des Innern: Untersuchung zur Reorganisation des Bundesministeriums für Verkehr, Bonn 1975; ferner Garlichs, Dietrich/Müller, Edda, Eine neue Organisation für das Bundesverkehrsministerium, in: Die Verwaltung 1977, S. 343 ff.

[226] Vgl. König, Klaus, Funktionen und Folgen der Politikverflechtung, in: Fritz W. Scharpf u. a. (Hrsg.), Politikverflechtung II, Kronberg/Ts. 1977, S 75 ff.

[227] Vgl. König, Klaus, Verwaltungsreform und Demokratiediskussion, in: Demokratie und Verwaltung, Schriftenreihe der Hochschule Speyer, Band 50, Berlin 1972, S. 271 ff.; Naschold, Frieder, Organisation und Demokratie, 3. Aufl., Stuttgart 1972.

[228] Vgl. König, Klaus, Bürokratie und Kontrolle, in: Andreas Khol (Hrsg.), Macht und Kontrolle, Wien 1980, S. 49 ff.

[229] Vgl. Kelsen, Hans, Demokratie, in: Demokratie und Sozialismus. Ausgewählte Aufsätze, Darmstadt 1967, S. 22 ff.; Merkl, Adolf, Demokratie und Verwaltung, Wien u. a. 1923.

[230] Vgl. König, Klaus, Aspects of Workers' Participation in the Public Sector, in: S. K. Sharma (Hrsg.), Dynamics of Development, Delhi 1977, S. 359 ff.

beträchtliches Maß an organisatorischer Verfestigung erreicht. In den Verwaltungen von Bund, Ländern und Gemeinden sind auf entsprechender gesetzlicher Grundlage Personalvertretungen gebildet worden, die die Interessen der Beschäftigten repräsentieren. Da die Personalvertretungen einerseits unabhängige Organe sind, denen gegenüber die Behördenleiter nicht weisungsberechtigt sind, sie aber andererseits in der Verwaltung eingerichtet sind, kann man von einer Nebenhierarchie sprechen. Sie gilt für die aufgezählten Fälle der Mitbestimmung, Mitwirkung und Anhörung. Personalvertretungen sind zwingend vorgeschrieben. Es gibt die Personalversammlung aller Mitglieder einer Dienststelle. In allen Dienststellen einer Mindestgröße werden Personalräte gebildet. Für den Geschäftsbereich mehrstufiger Verwaltungen werden bei den Behörden der Mittelstufe Bezirkspersonalräte, bei den obersten Dienstbehören Hauptpersonalräte gebildet. Unter Umständen wird ein Gesamtpersonalrat eingerichtet. Der Aufbau der Personalvertretung spiegelt den allgemeinen Verwaltungsaufbau der Behörden wieder.[231]

Die direktive Mitbestimmung, das heißt die Mitbestimmung in der Sachpolitik selbst, wurde vor allem für solche Institutionen diskutiert und zum Teil auch durchgeführt, die eine gewisse Selbstverwaltung haben oder für die sich eine gewisse Teilautonomie konstruieren lässt. Dazu zählen Sparkassen, Krankenhäuser, Theater, Schulen, Universitäten – auch im Hinblick auf das administrative und technische Personal – und neben anderen mehr insbesondere die öffentlichen Unternehmen einschließlich der kommunalen Versorgungsunternehmen.[232] Unter organisatorischen Gesichtspunkten ist dabei hervorzuheben, dass die einschlägigen Gestaltungen nicht bei der direkten Aktionseinheit der inneradministrativen Mitgliederbasis ansetzen, sondern dass die „institutionelle" Lösung gesucht wird.[233] Man strebt Formen der Repräsentanz der Mitglieder in den Entscheidungsgremien an. Vor allem geht es um die Drittelbeteiligung oder die paritätische Mitbestimmung der Mitgliedervertreter in den Kontrollorganen wie Verwaltungsräte, Aufsichtsräte, Werksausschüsse, Künstlerisch-technische Räte, Schulkonferenzen, Akademische Senate usw. Weiter hat man eine Mitbestimmung in den unmittelbaren Leitungsorganen in Betracht gezogen, und zwar etwa in der Figur eines Direktors für Personal- und Sozialangelegenheiten als Mitglied des Leitungskollegiums.

---

[231] Vgl. von Münch, Ingo, Öffentlicher Dienst, in: ders. (Hrsg.), Besonderes Verwaltungsrecht, 4. Aufl., Berlin/New York 1976, S. 71 ff.

[232] Vgl. Reschke, Hans, Mitbestimmung und Mitwirkung in öffentlichen Institutionen, in: Hans-Joachim von Oertzen (Hrsg.), „Demokratisierung" und Funktionsfähigkeit der Verwaltung, Stuttgart u.a. 1974, S. 112 ff.

[233] Vgl. König, Klaus, Öffentliche Verwaltung und soziale Differenzierung, in: Verwaltungsarchiv 1973, S. 24.

Eine direktive Mitbestimmung als politische Partizipation der Mitglieder besteht im öffentlichen Sektor nur ausnahmsweise. Man darf nicht übersehen, dass dort, wo Mitglieder in verselbständigen Verwaltungen Sachentscheidungen treffen, nicht das Demokratische, sondern ökonomischer Sachverstand, wissenschaftliche Kompetenz, künstlerische Berufung Legitimationsgrundlagen darstellen. Die Demokratisierungsdiskussion zum inneren Aufbau von öffentlichen Institutionen und Verwaltungen hat freilich das Bewusstsein der Maßgeblichkeit von Organisationsformen für die Bearbeitung öffentlicher Angelegenheiten ungewöhnlich gestärkt. Politisch-administrative Organisationsmuster und Sachentscheidungen stehen nicht indifferent nebeneinander. Aus Formen des Verwaltungsaufbaus geht immer etwas in die resultierenden Zustände ein. Die hohe kommunikative Verstetigung gerade der Mikroorganisation bedeutet nicht, dass dem inneren Aufbau öffentlicher Verwaltungen geringe Relevanz zukommt.

7. Kapitel

Entscheidungsprozesse in der Verwaltung

I. Handlungsrationalität und Systemrationalität

1. Entscheiden als Verwaltungsfunktion

Sieht man in der Mitwirkung bei der Allokation gesellschaftlicher Werte, Güter, Dienstleistungen durch bindende Entscheidungen[1] und dann noch bei Vorbereitungen der einschlägigen politischen Entscheidungen die Basisfunktion der öffentlichen Verwaltung, dann sind es nicht die Produktionsleistungen von schulischer Bildung, polizeilicher Sicherheit, kommunaler Wasserversorgung usw., die die verwaltungswissenschaftliche Perspektive bestimmen.[2] Güter und Dienstleistungen werden insoweit nach Inhalt und Form als öffentliche Aufgaben und Verwaltungsprogramme erfasst. Es ist das Entscheiden als Verwaltungsfunktion, das auch den Prozesscharakter der öffentlichen Verwaltung charakterisiert.

Die Verwaltungswissenschaft ist – wie die Betriebswirtschaftslehre[3] – auf einen anthropologisch fundamentalen Entscheidungsbegriff angewiesen.[4] Entscheidung ist „eine Grundstruktur, ohne die das Handeln nicht als Handeln möglich wäre".[5] Entscheidung ist so die Auswahl von Handlungsoptionen aus mehreren Handlungsmöglichkeiten. Das Konzept der Auswahl unter Handlungsalternativen ist nicht nur Grundlage des Decision Making-Ansatzes in dem Fach Public Administration der USA.[6] Es wird auch von der Verwaltungs-

---

[1] Vgl. Sharkansky, Ira, Public Administration, 2. Aufl., Chicago 1972.

[2] Vgl. Thieme, Werner, Verwaltungslehre, 4. Aufl., Köln u. a. 1984, S. 271 ff.

[3] Vgl. Heinen, Eduard, Grundlagen der entscheidungsorientierten Betriebswirtschaftslehre, München 1976.

[4] Vgl. König, Klaus, Erkenntnisinteressen der Verwaltungswissenschaft, Berlin 1970, S. 247 ff.

[5] Vgl. Landgrebe, Ludwig, Situation und Entscheidung, in: Helmut Plessner (Hrsg.), Symphilosophein, München 1952, S. 305 f.

[6] Vgl. Simon, Herbert A., Administrative Behaviour: A Study of Decision-Making Processes in Administrative Organizations, 4. Aufl., New York/London 1994.

lehre in Deutschland akzeptiert.[7] Dieser Begriff umfasst sowohl normativ-rationale Erkenntnisinteressen am richtigen Handeln wie deskriptiv-empirische am beobachtbaren Entscheidungsverhalten. Er trägt aber auch, wenn man auf das institutionalisierte Handlungspotential einer öffentlichen Verwaltung sieht, die nicht einfach willkürlich vorgeht, sondern von vornherein in ihren Realisationen Werte, Ziele, Normen voraussetzt und rationales Handeln intendiert, ohne vollkommene Rationalität zu erreichen.

Entscheidung setzt voraus, dass für die öffentliche Verwaltung überhaupt Handlungsalternativitäten bestehen. Es entspricht einem konstitutionellen Vorverständnis, die Verwaltung als „das Fortführen und Imstande-Erhalten des bereits Entschiedenen" zu betrachten.[8] Die Handlungssituation der öffentlichen Verwaltung durch vorgegebene Verhaltensmuster derart strukturiert zu sehen, dass Fragen der Handlungsalternativität kaum als Entscheidungsprobleme erscheinen, findet historisch unterschiedlichen theoretischen und praktischen Ausdruck. So ist vom Standpunkt einer Reinen Rechtslehre her die öffentliche Verwaltung nichts anderes als Ausführung der Gesetze.[9] Die Voraussetzungen einer solchen juristischen Konstruktion sind nicht nur Demokratie und Rechtsstaat. Ein solcher normativer Standpunkt lässt sich nur unter den Prämissen einer legalistischen Verwaltungskultur einnehmen. Man muss dabei in Rechnung stellen, dass eine solche Ansicht über rechtsdogmatisches Meinungsdenken wiederum auf die Praxis einwirkt. Von unmittelbarer praktischer Relevanz ist es, wenn in der Verfassungsrechtsprechung ein Wesentlichkeits-Vorbehalt zugunsten der Legislative und dann gegen die Exekutive ausgesprochen wird, wonach alle wesentlichen Entscheidungen dem Gesetzgeber vorbehalten sind.[10]

Andere Verwaltungskulturen setzen wiederum auf andere Steuerungsketten, wenn es darum geht, über Verwaltungsangelegenheiten vorzuentscheiden. So tritt in der managerialistischen Verwaltung das Medium des Geldes in den Vordergrund: „Democratic control is budgetary control". Solche politische Steuerung der Exekutive durch die demokratisch-repräsentative Budgetgebung erhält ihren Nachdruck, wenn im Haushalt nicht nur die Ermächtigung, sondern auch die Verpflichtung der Exekutive zu einschlägigen öffentlichen Ausgaben gesehen wird und entsprechend das Nichtausgeben autorisierter Budgetbeträge zu

---

[7] Vgl. Thieme, Werner, Entscheidungen in der öffentlichen Verwaltung, Köln u. a. 1981.

[8] Vgl. Hegel, Georg Wilhelm Friedrich, Grundlinien der Philosophie des Rechts, Berlin 1981, § 287.

[9] Vgl. Kelsen, Hans, Reine Rechtslehre, 2. Aufl., Wien 1960; Merkl, Adolf, Allgemeines Verwaltungsrecht, Wien/Berlin 1927.

[10] Vgl. Kloepfer, Michael, Wesentlichkeitstheorie als Begründung oder Grenze des Gesetzesvorbehalts?, in: Hermann Hill (Hrsg.), Zustand und Perspektiven der Gesetzgebung, Berlin 1989, S. 187 ff.

einer parlamentarischen Nachsteuerung führt.[11] Indessen hat eine noch so ausgeprägte politische Feinsteuerung in der Alltagskommunikation der öffentlichen Verwaltung prinzipiell nicht zur Folge, dass man von einer Handlungssituation des „bereits Entschiedenen" sprechen kann. Weder das Medium des Geldes, noch das des Rechtes haben eine solche Determinierungskraft, um Alternativität des Verwaltungshandelns auszuschließen. Dem stehen schon Institutionen wie „administrative discretion"[12], Ermessen, unbestimmter Rechtsbegriff usw. entgegen. Die Empirie zeigt, dass selbst bei hoher Regelungsdichte nicht vorentschiedene Arbeits- und Entscheidungssituationen bestehen bleiben.[13]

Determinierte Operationen[14] finden sich in der öffentlichen Verwaltung auf einer anderen, technischen, die pragmatische Dimension ausschließenden Ebene der Kommunikation. Mittels elektronischer Datenverarbeitung hergestellte Steuerbescheide, Wohngeldbescheide, Versorgungsbescheide, Bußgeldbescheide usw. sind ihr Ausdruck. Es geht um informationsverarbeitende Prozesse, welche von bestimmten Eingangsnachrichten ausgelöst werden, an gewisse Operationsmuster gebunden sind, aufgrund detaillierter Programmierung so eindeutig verlaufen, dass sie zu notwendig eindeutigen Ausgangsnachrichten führen – die lediglich vor Abschluss der Operationsfolge noch nicht bekannt sind. Wesentlich ist, dass die Rechenmaschine nach formal-logischen Regeln aus bestimmten Prämissen eindeutige Konklusionen erzeugt. Computer haben nicht, wenn es um verbindliche Verwaltungsentscheidungen geht, Beurteilungs- und Ermessensausübungen im Entscheidungsvorgang zu substituieren.[15] Der Rechenautomat muss deterministisch operieren. Die Verwaltung muss die Entscheidungsfindung mittels elektronischer Datenverarbeitung durch entsprechende Programmierung und Eingabe jeweiliger konkreter Daten in der Hand behalten. Das ist die Prämisse einer rechtlichen Zuordnung[16] und weiter des Anschlusses an eine pragmatische Kommunikation.

Dass die öffentliche Verwaltung ein eigenes Funktionssystem in Situationen alternierender Handlungsoptionen ist, bedeutet nicht, dass auf sie der Entscheidungsbegriff eines politischen Dezisionismus passt. Auf die Verwaltung kön-

---

[11] Vgl. Pfiffner, James P., The President, the Budget, and Congress, Boulder/ Colorado 1979.

[12] Vgl. Pfiffner, John M./Presthus, Robert, Public Administration, 5. Aufl., New York 1967, S. 165 f.

[13] Vgl. Brinkmann, Gerhard u. a., Die Tätigkeitsfelder des höheren Verwaltungsdienstes, Opladen 1973.

[14] Vgl. Stachowiak, Herbert, Denken und Erkennen im kybernetischen Modell, 2. Aufl., Wien/New York 1969.

[15] Vgl. Becker, Bernd, Öffentliche Verwaltung, Percha 1989, S. 757.

[16] Vgl. Maurer, Hartmut, Allgemeines Verwaltungsrecht, 16. Aufl., München 2006, S. 465 f.

nen Aussagen nicht bezogen werden wie: die Entscheidung sei, normativ betrachtet, aus einem Nichts geboren, das Normale beweise nichts, die Regel lebe überhaupt nur von der Ausnahme.[17] Der Verwaltungsalltag verläuft anders. Zwar ist es ein Charakteristikum der klassischen Verwaltungssysteme Kontinentaleuropas, dass sie ihre Leistungsordnungen über alle politischen Instabilitäten und Turbulenzen hinweg erhalten haben. Solche Kontinuitäten mögen es mit sich gebracht haben, dass mit dem Zusammenbruch politischer Regime und mit den Zerstörungen natürlicher und technischer Ressourcen Situationen entstanden sind, die dezisionistisches Handeln der öffentlichen Verwaltung erzwungen haben, so etwa auf deutschem Boden angesichts von Obdachlosigkeit, Hunger, Krankheitsgefahren nach Kriegsende 1945. Aber das sind historisch abgrenzbare Ausnahmesituationen, die etwas zur politischen Kultur der öffentlichen Verwaltung, nicht aber zum Entscheidungsverhalten im Normalfall aussagen. Hier könnte man eher noch den Satz von „Fortführen und Instand-Erhalten des bereits Entschiedenen der vorhandenen Gesetze, Einrichtungen, Anstalten für gemeinschaftliche Zwecke" in Anspruch nehmen. Demokratie und Rechtsstaatlichkeit gewährleisten den Primat legislativer und exekutiver Politik wie der Kontrolle durch die Judikative.

Genauso wenig wie ein politischer Dezisionismus trifft ein existenzialistischer Entscheidungsbegriff die Alternativität des Verwaltungshandelns. Existenzialistisch betrachtet stellt sich die Notwendigkeit der Entscheidung erst da ein, wo das harmonische Verhältnis des Menschen zu seiner Umwelt gestört ist und eine solche Störung zu beseitigen ist. Entscheidung meint in diesem Sinne eine Situation, in der das menschliche Dasein in eine Krise getreten ist.[18] Von der öffentlichen Verwaltung wird indessen erwartet, dass sie in Krisensituationen ihrer Umwelt gerade nicht mit eigenem krisenhaften Verhalten reagiert. Naturkatastrophen, Seuchengefahren, Massenunfälle lassen oft nicht einmal Zeit, um Zwecke und Mittel ihrer Bearbeitung abzuwägen. Notsituationen erfordern unter Zeitdruck routinemäßige Behandlung.[19] Dabei ist Routine nicht einfach die Disposition des einzelnen Verwaltungsmitarbeiters. Es geht um eine systemische Größe der öffentlichen Verwaltung.[20] Katastrophenpläne, Einsatzpläne, Bereitschaftspläne usw. sind Ausdruck dieser Routine. Es werden bestimmte Handlungsmuster vorgegeben, die in ihrer Verstetigung gewohntes Entscheiden in Notlagen ermöglichen. Wie sehr man sich in der Krise auf Routinen verlässt, zeigt sich, wenn das politisch-administrative System mit neuarti-

---

[17] Vgl. Schmitt, Carl, Politische Theologie, 2. Ausgabe, München/ Leipzig 1934, S. 11, 22, 42.
[18] Vgl. Bollnow, Otto Friedrich, Situation und Entscheidung, in: Helmut Plessner (Hrsg.), Symphilosophein, München 1952, S. 297 ff.
[19] Vgl. Hughes, Everett C., Men and Their Work, Glencoe Ill. 1958, S. 54 f.
[20] Vgl. Luhmann, Niklas, Lob der Routine, in: Verwaltungsarchiv 1964, S. 1 ff.

gen Situationen konfrontiert wird. Die Nuklearkatastrophe von Tschernobyl löste mangels einer Vorplanung, die routinemäßige Behandlung ermöglicht hätte, ein ziemliches Desaster in Politik und Verwaltung selbst aus.[21]

Entscheidung in der öffentlichen Verwaltung ist allgemein gefasst als die „Mitteilung des Ergebnisses einer Informationsverarbeitung, also kommunikatives Handeln" begriffen worden.[22] Entscheidung ist insofern nicht eine innere Willensbildung des Verwaltungsmitarbeiters. Sie hat intersubjektiven Charakter und ist auf die Einbindung in Kommunikationsprozesse angewiesen. In der Regel geht es um verbale Kommunikation. Dabei handelt es sich um mehr als die bloße Bekanntgabe der Verwaltungsentscheidung. Das zeigt sich zum Beispiel bei Begründungspflichten. Willkür der Verwaltung soll ausgeschlossen werden. Die tatsächlichen und normativen Erwägungen, die zur Entscheidung geführt haben, sollen offen gelegt werden. Den Betroffenen ist nicht nur die Entscheidung bekannt zu geben, sondern auch die Gründe der Verwaltung sind ihnen mitzuteilen.[23] Neben der verbalen steht die nonverbale Kommunikation von Verwaltungsentscheidungen, so im Straßenverkehr die Armzeichen des Verkehrspolizisten, die farbigen Phasen der Verkehrsampel, die Symbole der Verkehrsschilder in ihrer jeweiligen Entscheidungsqualität.[24]

Informationen sind der Grundstoff von Verwaltungsentscheidungen in der Moderne. So gilt dann auch für die Sachermittlungen der Verwaltung verbreitet der Untersuchungsgrundsatz.[25] Die Behörde hat den Sachverhalt von Amts wegen zu ermitteln. Die Beteiligten werden bei der Erforschung des Sachverhalts herangezogen. Aber die Verwaltung ist an deren Vorbringen nicht gebunden. Die Bestimmung über Art und Umfang der Ermittlungen liegen im pflichtgemäßen Ermessen der Behörde. Dabei wird von ihr erwartet, dass ihre Vorgehensweise einfach und zweckmäßig ist. Hinzu kommt der Gedanke einer Beschleunigung.[26] Die Verwaltung steht vor der Frage, ob sie kostspielige und zeitraubende Ermittlungen nicht nach einem Grundsatz der Verhältnismäßigkeit

---

[21] Vgl. König, Klaus, Comments on „The Chernobyl disaster and nuclear fallout", in: Uriel Rosenthal/Bert Pijnenburg (Hrsg.), Crisis Management and Decision Making, Dordrecht u. a. 1991, S. 37 ff.

[22] Vgl. Luhmann, Niklas, Theorie der Verwaltungswissenschaft, Köln/ Berlin 1966, S. 69.

[23] Vgl. Ule, Carl Hermann/Laubinger, Hans-Werner, Verwaltungsverfahrensrecht, 4. Aufl., Köln u. a. 1995, S. 7, 522 ff.

[24] Vgl. Maurer, Hartmut, Allgemeines Verwaltungsrecht, 16. Aufl., München 2006, S. 208 f.

[25] Vgl. Ule, Carl Hermann u. a. (Hrsg.), Verwaltungsverfahrensgesetze des Auslandes, Berlin 1967, S. 1050.

[26] Vgl. Bullinger, Martin, Beschleunigte Genehmigungsverfahren für eilbedürftige Vorhaben, Baden-Baden 1991.

zu unterlassen hat und wieweit ihrem Ermessen Grenzen gesetzt sind.[27] Jedenfalls ist die Verwaltung aus verschiedenen Gründen zur Rationalisierung der Sachaufklärung gezwungen.[28] Nicht zuletzt Entscheidungen unter Zeitdruck führen zu Einschränkungen der Informationsnachfrage.[29]

Für Handlungssituationen öffentlicher Verwaltung kann man nicht einfach von der Annahme ausgehen, dass hier bei voller Information entschieden wird. Selbst dort, wo der Einsatz der elektronischen Datenverarbeitung determinierte Operationen ermöglicht, wird über die Dateneingabe letztlich die pragmatische Dimension der Kommunikation mit ihren Unsicherheiten erreicht. Im Hinblick auf den Informationsgrad unterscheidet die Entscheidungstheorie zwischen zwei Grundsituationen, nämlich der der Sicherheit und der der Unsicherheit der Informationen. Entscheidungen bei Sicherheit werden dadurch gekennzeichnet, dass jeder Handlungsalternative eindeutige Ergebniswerte zugeordnet werden können. Bei Entscheidungen unter Unsicherheit können hingegen die Ergebnisse der Handlungsalternativen nicht mehr eindeutig bestimmt werden. Welche der alternativ möglichen Ergebniswerte bei der Wahl entsprechender Handlungsalternativen eintritt, hängt von der Entwicklung vom Entscheidungsträger nicht kontrollierbarer Zustände ab. Weiter wird dann zwischen Risikosituationen und Ungewissheitssituationen unterschieden. Entscheidungen unter Risiko sind solche, bei denen die Umstände der Entscheidung und deren Folgen nicht bekannt sind, wohl aber bekannt ist, mit welcher Wahrscheinlichkeit bestimmte Ergebnisse eintreten können. Zu wählen wäre dann entsprechend den Schätzungen die Alternative mit dem erwarteten maximalen Nutzen. Bei Ungewissheit fehlt es selbst an Wahrscheinlichkeitsaussagen. Aber es gibt etwa Gegenspieler, deren Rationalverhalten sich kalkulieren lässt.[30]

Das Erkenntnisinteresse präskriptiver Entscheidungstheorien besteht darin, für die unterschiedlichen Handlungssituationen Entscheidungsregeln zu entwickeln und weiter diese auf eine bestimmte Handlungssphäre wie den Wirtschaftsbetrieb einzustellen.[31] Für die öffentliche Verwaltung[32] sind solche Regeln wohl allenfalls ausnahmsweise relevant. Die Gründe hierfür sind vielfältig.

---

[27] Vgl. Ule, Carl Hermann/Laubinger, Hans-Werner, Verwaltungsverfahrensrecht, 4. Aufl., Köln 1995, S. 223.

[28] Vgl. Pitschas, Rainer, Verwaltungsverantwortung und Verwaltungsverfahren, München 1990, S. 720 ff.

[29] Vgl. Thieme, Werner, Entscheidungen in der öffentlichen Verwaltung, Köln u. a. 1981, S. 28 f.

[30] Vgl. Bitz, Michael, Entscheidungstheorie, München 1981; Laux, Helmut, Entscheidungstheorie, 3. Aufl., Berlin u. a. 1995.

[31] Vgl. Bamberg, Günter/Coenenberg, Adolf, Betriebswirtschaftliche Entscheidungslehre, 10. Aufl., München 2000.

[32] Vgl. Thieme, Werner, Entscheidungen in der öffentlichen Verwaltung, Köln u. a. 1981, S. 26 ff.

7. Kapitel: Entscheidungsprozesse in der Verwaltung

Vor allem schließt die strikte Bindung an Gesetz und Programme eine situative Ergebniswert- und Nutzenorientierung bei Verwaltungsvollzügen aus. Das gilt unter dem Vorzeichen von Demokratie und Rule of Law selbst für eine managerialistische Verwaltung.

Für die öffentliche Verwaltung sind andere Vorkehrungen zu treffen, um bei aller Unsicherheit komplexer Entscheidungssituationen, bei einer Flut normativer Vorgaben, bei einer dynamischen Veränderung der Lebenssachverhalte einen fairen Informationsstand zu gewährleisten. Das Verwaltungsverfahren muss durch ein entsprechendes Regelwerk gesteuert werden. Dazu gehören das rechtliche Gehör, Akteneinsicht, amtliche Betreuungs-, Aufklärungs-, Auskunfts-, Beratungs-, Belehrungspflichten, Beweisregeln, Amtsspracheregelung und nicht zuletzt die Überprüfungsmöglichkeiten von normativen wie tatsächlichen Fragen im Wege von Beschwerden, Widersprüchen, Rechtsbehelfen.[33] Eine so verfeinerte Vorstrukturierung des Verwaltungsverfahrens bei bestimmten Entscheidungsprozessen zeigt, dass der Annahme voller Informationen in der öffentlichen Verwaltung mit Zurückhaltung begegnet wird. Da die pragmatische Dimension der Kommunikation nicht ausgeschlossen werden kann, bleibt allgemein ein Moment der Unsicherheit bei Verwaltungsentscheidungen.

Entscheidung in der öffentlichen Verwaltung ist aber nicht nur Mitteilung des Ergebnisses einer Informationsverarbeitung, sondern auch einer Interessenverarbeitung: von materiellen und immateriellen, individuellen und kollektiven, von politischen, sozialen, wirtschaftlichen, kulturellen Interessen. Dabei ist nicht nur auf die methodisch anspruchsvolle Frage zu achten, wie etwa in einer gesetzlich nicht unmittelbar geregelten Lage zu entscheiden ist.[34] Vielmehr steht der Grundsachverhalt zur Diskussion, dass in Gesellschaft, Wirtschaft, Politik keine Interessenharmonie besteht und selbst mit kleinen Wahrnehmungs- und Meinungsverschiedenheiten die Möglichkeit zu schwerwiegenden Interessenkonflikten eröffnet ist. Die Konfliktlösung ist mithin ein maßgebliches Moment der Verwaltungsentscheidung.[35] Die Konfliktlinien liegen zwischen der Vertretung öffentlicher Interessen durch die Verwaltung und Individual- sowie Kollektivinteressen von Bürgern bzw. sozialen Gruppen. Dabei können unmittelbare Interessenkonflikte zwischen Privaten insbesondere bei der Belastung Dritter durch eine Verwaltungsentscheidung auch vor Verwaltungsbehörden ausgetragen werden.

---

[33] Vgl. Ule, Carl Hermann/Laubinger, Hans-Werner, Verwaltungsverfahrensrecht, 4. Aufl., Köln u. a. 1995; Ule, Carl Hermann u. a. (Hrsg.), Verwaltungsverfahrensgesetze des Auslandes, Berlin 1967.
[34] Vgl. Heck, Phillip, Gesetzesauslegung und Interesse, Tübingen 1914.
[35] Vgl. Thieme, Werner, Entscheidungen in der öffentlichen Verwaltung, Köln u. a. 1981, S. 15.

Konflikte bestehen nicht nur zwischen der öffentlichen Verwaltung und ihrer Umwelt und in dieser Umwelt, sondern auch in der Verwaltung selbst. Solche Binnenprobleme sind unter dem Thema: Konflikte in Organisationen Gegenstand der Organisationstheorie.[36] Dabei interessieren in der Verwaltungswissenschaft nicht nur die individuellen Konflikte zwischen Personen, sondern vielmehr die systemischen Konflikte, wie sie sich aus konfligierenden Aufgabenstellungen, konkurrierenden Zuständigkeiten, unterschiedlichen Verfahrensgeschwindigkeiten usw. ergeben. Auch Binnenkonflikte müssen gelöst und einer Entscheidung zugeführt werden. Dafür gibt es ein eigenes Instrumentarium von Weisungen, Verwaltungsvorschriften, interministeriellen Beschlüssen usw.

Bedarf die Allokation gesellschaftlicher Werte, Güter, Dienstleistungen durch die öffentliche Verwaltung der Verbindlichkeit, dann reicht die bloße Mitteilung des Ergebnisses einer Informationsverarbeitung nicht aus. Zwar kann das informationale Kommunikationsmedium für sich Wirkungen entfalten: etwa die Aufklärungsschrift zur Unterhaltsvorsorge nach außen, die Hausmitteilung des Ministers nach innen. Sollen indessen Verbindlichkeiten gestiftet werden, muss Anschluss an andere Kommunikationsmedien gefunden werden. Die moderne öffentliche Verwaltung – ob legalistische oder managerialistische Bürokratie – ist durch Rechtsstaat bzw. Rule of Law geprägt. Sie schließt sich über das generalisierte Kommunikationsmedium des Rechts an dessen spezifische Verbindlichkeit an.[37] In einer Verwaltung mit sehr hoher rechtlicher Regelungsdichte kann der Eindruck entstehen, dass Verbindlichkeit in der Verwaltung überhaupt nur juristisch begründet werden kann. So beruht zum Beispiel die Gehorsamspflicht des Beamten auf gesetzlichen Grundlagen.[38] Indessen wird im Verwaltungsalltag die konkrete dienstliche Anweisung des Vorgesetzten als Ausdruck der Hierarchie und als Kommunikation nach geordneten Machtverhältnissen wahrgenommen. Das Recht kommt im Grunde erst ins Spiel, wenn der Beamte die Rechtmäßigkeit dienstlicher Anordnungen bezweifelt. Bedenken gegen die Rechtmäßigkeit dienstlicher Anordnungen hat er unverzüglich auf dem Dienstwege geltend zu machen. Bestätigt ein höherer Vorgesetzter die Anordnung, muss er sie ausführen und ist von der eigenen Verantwortung befreit. Dies gilt nicht, wenn das dem Beamten aufgetragene Verhalten strafbar und die Strafbarkeit für ihn erkennbar ist oder das ihm aufgetragene Verhalten die Würde der Menschen verletzt.

---

[36] Vgl. Scheuch, Erwin K., Konflikte in Organisationen, in: Erwin Grochla (Hrsg.), Handwörterbuch der Organisation, Stuttgart 1969, Spalte 873 ff.

[37] Vgl. Luhmann, Niklas, Theorie der Verwaltungswissenschaft, Köln/ Berlin 1966, S. 81 ff.

[38] Vgl. Ule, Carl Hermann, Beamtenrecht, Köln u. a. 1970, S. 151 ff.

Während dienstliche Anordnung und Beamtenbedenken im Verwaltungsalltag charakteristische Kommunikation in Hierarchien sind, sind die skizzierten weiteren Verhaltensmuster in der Sphäre von Strafbarkeit und Menschenrechtsverletzung deutlich der Rechtskommunikation zuzuweisen. Sie sind so existenziell, dass der Gedanke nahe liegt, der Beamte werde aus seiner Mitgliedschaftsrolle herausgedrängt und als Person zur Umwelt der Verwaltung. Zudem wirft die Kategorie der Menschenwürde die Frage auf, ob sich jene für sich als Rechtsgut erschließen lässt, ohne ethische Bezugsgrößen in Anspruch zu nehmen.[39] Mit dem Ethos würde jedenfalls ein weiteres generalisiertes Kommunikationsmedium zum Zug kommen. Insbesondere ist es aber neben dem Medium des Rechts das des Geldes, mit dem in der modernen Verwaltung der Daseinsvorsorge und der Geldwirtschaft kommuniziert wird, wenn es um die verbindliche Allokation öffentlicher Güter und Dienstleistungen geht. Geld kann man im Blickwinkel des Mitteleinsatzes etwa von Subventionen als Anreizinstrument betrachten.[40] Das ändert nichts daran, dass eben über Geld kommuniziert wird. Auch bei gesetzesakzessorischen Zahlungen muss die monetäre Kommunikation der rechtlichen folgen, wenn die Allokation nicht ins Leere fallen soll.

2. Rationalität des Verwaltungshandelns

Der „rationale Staat" ist als auf rationaler Verwaltung beruhend gekennzeichnet, die bürokratische Verwaltung als die formal rationalste Form der Herrschaftsausübung bezeichnet worden. Handlungstheoretisch heißt es dann, „das prinzipiell hinter jeder Tat echt bürokratischer Verwaltung ein System rational diskutabler ‚Gründe', das heißt entweder: Subsumtion unter Normen, oder: Abwägung von Zwecken und Mitteln steht."[41] Damit sind mehrere Prämissen der Verwaltungsentscheidung in der Moderne aufgedeckt. Die öffentliche Verwaltung steht unter der kulturellen Voraussetzung der Rationalität. Sie ist Ergebnis eines gesellschaftlichen Rationalisierungsprozesses und steht für dessen Fortsetzung. Auf der Handlungsebene wird von ihren Optionen Rationalität erwartet. Willkürakten nach Art eines voluntaristischen Stalinismus oder nepotistischen Präferenzen nach Art traditionaler Gesellschaften stehen vielfältige Vorkehrungen entgegen, etwa wenn ein Behördenmitarbeiter schon Kraft Gesetzes nicht in einem Verwaltungsverfahren tätig werden darf, wenn er An-

---

[39] Vgl. Dürig, Günter/Maunz, Theodor u. a., Grundgesetz, Kommentar, München 1958 ff., Art. 1.

[40] Vgl. König, Klaus/Dose, Nicolai, Klassifikationsansätze zum staatlichen Handeln, in: dies. (Hrsg.), Instrumente und Formen staatlichen Handelns, Köln u. a. 1993, S. 3 ff.

[41] Vgl. Weber, Max, Wirtschaft und Gesellschaft, Tübingen 1976, S. 565.

gehöriger eines Beteiligten ist, wobei der einschlägige Personenkreis relativ breit definiert wird.[42]

Die Rationalität des Verwaltungshandelns ist formalen Charakters. Es geht um die Form der Anordnung diskutabler Gründe, nämlich der Subsumtion von Lebenssachverhalten unter Normen bzw. der Kombination von Mitteln und Zwecken, und zwar ohne Ansehen von jeweiligen Inhalten. Die Frage eines inhaltlich bestimmten Rationalitätsbegriffs wird freilich immer wieder aufgeworfen. Man spricht von technischer, ökonomischer, sozialer, politischer Rationalität. Man beobachtet verschiedene Handlungssphären, in denen man nach dem Inhalt angestrebter Ziele oder nach der Eigenart zur Zielerreichung eingesetzter Mittel zu unterschiedlichen Rationalitätsurteilen kommt, etwa in der Gegenüberstellung von politischer und wirtschaftlicher Rationalität.[43] Für die öffentliche Verwaltung wird unter dem Vorzeichen inhaltlicher Rationalität immer wieder eine Leitfigur bemüht, nämlich der Homo oeconomicus. Er orientiert sich formal an Mitteln und Zwecken. Inhaltlich hat er es mit der Wirtschaft zu tun, das heißt es geht um den rationalen Umgang mit knappen Ressourcen, und zwar materieller Art, also in der Geldwirtschaft monetär ausdrückbar. Die heute postulierte Ökonomisierung der öffentlichen Verwaltung[44] bedeutet also Doppeltes: In einer Universitätsverwaltung zum Beispiel müsste formal die Subsumtionsrationalität zu Gunsten einer Finalisierung der Wissenschaft zurückgedrängt werden. Inhaltlich müssten die tradierten Reputationsmechanismen durch solche materieller Sanktionierung ersetzt werden: also Belohnung durch Geldprämien, Bestrafung durch Entzug von Sachmitteln nach einer Evaluation entsprechend bestimmter Zielvorgaben.

Die öffentliche Verwaltung ist zwei formal verschiedenen Rationalitäten unterworfen: einer finalen und einer konditionalen. Diese doppelte Möglichkeit der Rationalisierung von Verwaltungsentscheidungen ist für die wissenschaftliche Wahrnehmung der öffentlichen Verwaltung keine Selbstverständlichkeit. Es gibt eine Koinzidenz von Verwaltungskultur und wissenschaftlicher Perzeption des Rationalitätsmusters. So ist für den Managerialismus der US-amerikanischen Verwaltung die Zweck-Mittel-Orientierung die Rationalität schlechthin. „The field of administration is a field of business": lautet der Grundgedanke. Die allgemeine Geisteshaltung verlangt „economy" und „effi-

---

[42] Vgl. Ule, Carl Hermann/Laubinger, Hans-Werner, Verwaltungsverfahrensrecht, 4. Aufl., Köln u. a. 1995, S. 127 ff.

[43] Vgl. Hartfiel, Günter, Wirtschaftliche und soziale Rationalität, Stuttgart 1968, S. 60 ff.

[44] Vgl. König, Klaus, Zu Managerialisierung und Ökonomisierung der öffentlichen Verwaltung, Speyerer Forschungsbericht 209, Speyer 2000; ferner Harms, Jens/Reichard, Christoph (Hrsg.), Die Ökonomisierung des öffentlichen Sektors, Baden-Baden 2003.

ciency". Das Recht ist kein Ausgangspunkt für die Verwaltungsentscheidung. Meist wird es als Rahmenbedingung des Verwaltungshandelns respektiert. Aber für manchen ist es „barrier of rationality".[45] Hinzu kommt, dass in den Sozialwissenschaften, zu denen sich das Studienfach Public Administration zählt und auf deren Erkenntnisse es vielfach zurückgreift, eine Tradition besteht, das Zweck-Mittel-Schema als Rationalitätsprinzip der Wirtschaftswissenschaften in seiner Formalität auch für das Soziale als maßgeblich anzusehen.[46] Das Gefüge des Verwaltungshandelns zerfällt daher in dieser Perspektive in Zwecke und Mittel. Vom Recht in seiner Mischung aus richterlichem Präjudizienrecht und als politisch-administratives Programm begriffenes Gesetzesrecht scheint man im Managerialismus keinen eigenständigen Rationalisierungsgewinn zu erwarten. Dabei zeigt schon die Alltagserfahrung des verwalteten Straßenverkehrs in den USA, wie sehr man auf dort auf die Vernunft rechtlicher Konditionierung angewiesen ist: die Beleuchtung des Kraftfahrzeugs, die Verkehrssignallampel, selbst der ruhende Verkehr sind Ausdruck von Rechtsvollzügen.

In der legalistischen Verwaltung ist die Subsumtionsrationalität vorherrschend. An der Dominanz einer an dieser Formalrationalität orientierten Rechtswissenschaft in der Multidisziplinarität verwaltungsrelevanter Wissenschaften ist kaum zu zweifeln. Indessen zeigt die Verwaltungsrechtslehre traditionell eine bemerkenswerte Offenheit gegenüber den Rationalisierungsmöglichkeiten nach Zwecken und Mitteln. Es gibt kein „Dogma von der außerrechtlichen Natur des Zweckmäßigen".[47] In der legalistischen Verwaltung können Fragen von Zwecken und Mitteln im Entscheidungsprozess nicht einfach als Rahmenbedingungen abgeschoben werden. In der Verwaltungsrechtslehre und der Verwaltungsrechtspraxis mögen von Fall zu Fall begriffsjuristische Inversionen vorkommen. Aber auch hier gilt wie sonst im modernen Rechtsleben, dass ein teleologisches Verständnis die Rechtsanwendung durchzieht.[48] Die Finalisierung des öffentlichen Rechts reicht von den Staatszielbestimmungen in der Verfassung bis zum Grundsatz der Verhältnismäßigkeit bei Polizeieinsätzen; es dürfen keine Mittel eingesetzt werden, deren nachteilige Auswirkungen

---

[45] Vgl. König, Klaus, Erkenntnisinteressen der Verwaltungswissenschaft, Berlin 1970, S. 25 ff.; Luhmann, Niklas, Theorie der Verwaltungswissenschaft, Köln/Berlin 1966, S. 81 f.

[46] Vgl. Mises, Ludwig von, Human Action, New Heaven 1949, S. 77; ferner Hartfiel, Jürgen, Wirtschaftliche und soziale Rationalität, Stuttgart 1978, S. 189 f.

[47] Vgl. Arnim, Hans Herbert von, Wirtschaftlichkeit als Rechtsprinzip, Berlin 1988, S. 11; Bull, Hans-Peter, „Vernunft" gegen „Recht"? – Zum Rationalitätsbegriff der Planungs- und Entscheidungslehre, in: Arthur Benz u. a. (Hrsg.), Institutionenwandel in Regierung und Verwaltung, Berlin 2004, S. 179 ff.

[48] Vgl. Engisch, Karl, Einführung in das juristische Denken, 9. Aufl., Stuttgart u. a. 1997.

zum angestrebten Ziel erkennbar außer Verhältnis stehen. Überdies ist die Kategorie der Wirtschaftlichkeit im Haushaltsrecht verankert.

Die Subsumtionsrationalität scheint zu einem einfachen Entscheidungsmuster in der öffentlichen Verwaltung zu führen. Sie beruht auf einem konditionalen Schema: Wenn die und die Tatbestände erfüllt sind, dann treten die und die Folgen ein. Die Verwirklichung eines umrissenen Tatbestandes nach dem von der Verwaltung festgestellten Sachverhalt ist die Bedingung dafür, dass eine bestimmte Verwaltungsentscheidung zu erfolgen hat. Die Subsumtion als „Syllogismus der Rechtsfolgenbestimmung" ist aber nur der Grundzug der Entscheidungsstruktur. Obersatz wie Untersatz werfen eine Fülle von Problemen auf, die letztlich zu komplexen Entscheidungssituationen führen.[49] Die Kombinationsrationalität von Mitteln zu Zwecken ist entscheidungstheoretisch komplizierter, weil sie sich auf zwei als flexibel betrachtete Größen stützt. Die optimale Relation erhält man durch die Fixierung der einen Größe und die Extremierung der anderen. Die gleichzeitige Veränderung beider Größen entzieht sich der Relationierung. Hiernach bestehen zwei Rationalisierungsprinzipien. Beim Maximalprinzip wird die Mittelgröße festgelegt und die Zweckgröße weist die Richtung. Es geht darum, mit gegebenen Mitteln den maximalen Grad der Zielerreichung zu schaffen. Das Handlungsergebnis kann also vor dem eigentlichen Zweck liegen. Beim Minimalprinzip ist der Zweck fixiert und die Mittelseite flexibel. Es geht darum, einen bestimmten Zweck mit möglichst minimalen Mitteln zu erreichen.[50]

Subsumtionsrationalität und Kombinationsrationalität sind zunächst formale Entscheidungsmuster. Subsumieren kann man in der öffentlichen Verwaltung Lebenssachverhalte unter Rechtsgesetze, Verwaltungsvorschriften, ethische Regeln, technische Normen. Entsprechend gibt es Zweck-Mittel-Relationen, in denen Geld, aber auch Recht instrumentalisiert werden. Man kann aber auch versuchen, über „Moral Suasion" – Warnungen, Empfehlungen, Mahnungen, Appelle – bestimmte Ziele zu erreichen. In der modernen Verwaltung und in den für sie relevanten Verwaltungswissenschaften sind es freilich Geld und Recht, mit denen sich sublimierte Methoden der Entscheidungsfindung verbinden. So ist die juristische Methodenlehre[51] insbesondere auch für die legalistische Verwaltung einschlägig. Entsprechend sind Einsichten zum Homo oeco-

---

[49] Vgl. Larenz, Karl/Canaris, Claus-Wilhelm, Methodenlehre der Rechtswissenschaft, 3. Aufl., Berlin u. a. 1995, S. 91 ff.

[50] Vgl. Eichhorn, Peter, Das Prinzip Wirtschaftlichkeit, Wiesbaden 2000, S. 136 f.

[51] Vgl. Larenz, Karl/Canaris, Claus-Wilhelm, Methodenlehre der Rechtswissenschaft, 4. Aufl., Berlin u. a. 2007; Pawlowski, Hans-Martin, Einführung in die juristische Methodenlehre, 2. Aufl., Heidelberg 2000, S. 11 ff.

nomicus und seinem an Zwecken und Mitteln orientierten Entscheidungsverhalten besonders für die managerialistische Verwaltung relevant.[52]

Die Subsumtion von Lebenssachverhalten unter Normen kann der Binnenrationalisierung der öffentlichen Verwaltung dienen, etwa wenn durch Verwaltungsvorschriften und Dienstanweisungen ein gleichartiges Vorgehen der Behörde gewährleistet werden soll. Da es aber letztlich um die verbindliche Allokation von Werten, Gütern, Dienstleistungen in der Gesellschaft, gegenüber Bürgern und sozialen Gruppen, Unternehmen und gemeinnützigen Organisationen usw. geht, kommt es auf den Außenbezug der Entscheidungen an. Entsprechend würde man die verwaltungswissenschaftliche Perspektive verkürzen, wenn man die Zweck-Mittel-Rationalisierung des Verwaltungshandelns unter monetären Vorzeichen nur betriebswirtschaftlich betrachten würde. Das Unternehmen in der Markt- und Wettbewerbswirtschaft rationalisiert sein wirtschaftliches Handeln durchaus im Blick auf seine Umwelt. In dieser Umwelt ist es aber prinzipiell der Markt, der die Allokation privater Güter an Personen, Gruppen, Organisationen vornimmt. Verwaltungsentscheidungen werden indessen nicht durch ein zusätzliches Medium der Zuweisung von Gütern und Diensten vermittelt. Sie wirken unmittelbar auf die soziale Umwelt ein. Deswegen muss die Verwaltungsentscheidung die positiven und negativen ökonomischen Effekte für Haushaltungen, Unternehmungen, Vereinigungen, andere Verwaltungen in ihrer Unmittelbarkeit von vornherein mit berücksichtigen. Sozialer Nutzen und soziale Kosten müssen über das Betriebliche hinaus in das Zweck-Mittel-Kalkül der Entscheidung einbezogen werden.[53]

Die ökonomische Beziehung von Faktoreinsatz und Produkt füllt die Zweck-Mittel-Rationalität des Verwaltungshandelns nicht aus. Zweckmäßigkeitsfragen reichen von den in Anspruch genommenen materiellen und immateriellen Ressourcen – wobei Größen wie Recht oder Organisation oder Good-will Ressourcencharakter haben können – über die Verwaltungsleistung als Ergebnis der Verwaltungsentscheidung bis hin zu den Auswirkungen und Einwirkungen: Input, Output, Outcome/Impact. Ein Begriff, der über das Ökonomische hinaus spezifisch die Leistungsfähigkeit des Mitteleinsatzes in dieser Zweckmäßigkeitskette erfassen will, ist der der Effizienz. Man kann insoweit von effizienter Produktion oder auch Effizienz der Organisation sprechen, wobei es eben im letzten Falle um den Zielbeitrag einer organisatorischen Lösung geht.[54]

---

[52] Vgl. Reichard, Christoph, Betriebswirtschaftslehre der öffentlichen Verwaltung, 2. Aufl., Berlin/New York 1987, S. 25 ff.

[53] Vgl. Eichhorn, Peter, Wirtschaftlichkeit, in: ders. u. a. (Hrsg.), Verwaltungslexikon, 3. Aufl., Baden-Baden 2003, S. 1208 ff.

[54] Vgl. Gabler, Wirtschaftslexikon, „effizient", 14. Aufl., Wiesbaden 1997, S. 1005 f. und 2906 f.

Ein weiterer Begriff, der sich wiederum über das Ökonomische hinaus vom Nutzen, von den Auswirkungen und Einwirkungen her auf die Leistungs-, Ergebnis-, Produktseite bezieht, ist der der Effektivität. Kategorien wie Effektivlohn oder Effektivzins zeigen reale Ergebnisse an.[55] In der Zweckmäßigkeitskette weist der Effektivitätsbegriff über das Ziel als rationale Größe hinaus auf die Zielerreichung hin. Effektivität ermöglicht eine Aussage über das Verhältnis von Sollen und Sein, von Intendiertem und Tatsächlichem. Man kann prüfen, ob eine bestimmte Verwaltungsleistung die angestrebten Wirkungen, den beabsichtigten Nutzen gestiftet hat. In diesem Sinne drückt Effektivität den Zielerreichungsgrad aus.[56] Auch das Normative in der Subsumtionsrationalität stellt eine Sollgröße dar, die man auf Wirkungen als Ist-Größen beziehen kann. Insoweit sind beide Rationalisierungsansätze des Verwaltungshandelns auch Grundmuster für Prüfungs- und Kontrollprozesse.

Rationalität des Verwaltungshandelns ist eine kulturell erzeugte Idealvorstellung der Moderne, mithin kein Naturgesetz: Der Vergleich des Wirtschaftlichkeitsprinzips mit Fallgesetzen ist ein naturalistischer Fehlschluss. In der Verwaltungswissenschaft wird dem Bild vollkommener Rationalität das Konzept der „bounded rationality" entgegengestellt.[57] Die Suche nach dem Optimum in einer von der Zweck-Mittel-Rationalität geprägten Entscheidung gilt angesichts der Realitäten öffentlicher Verwaltung als zu aufwendig und auch nicht bedarfsgerecht. Diese Einsicht ist verbreitet, und zwar auch in der deutschen Verwaltungslehre.[58] Die Gründe hierfür sind vielseitig.[59] Sie liegen im kognitiven Bereich, in der unvollkommenen Information, in der Informationssuche, in der Prognoseunsicherheit, in der Alternativengenerierung, in der Ungewissheit von Folgeabschätzungen, in der Bewertung der Nutzenfunktionen usw. Sie beruhen auf der Konflikthaftigkeit des Entscheidungsverhaltens und darauf, dass Interessen eben nicht gleichgewichtig verteidigt werden, weder in der öffentlichen Verwaltung selbst noch in ihrer sozialen Umwelt mit der Unterschiedlichkeit intermediärer Interessenvertretung.

Nicht zuletzt geht es um organisatorische Gründe.[60] Die Frage nach der „rationality of more than one" ist über die Kritik an Robinson-Crusoe-Modellen zur allgemeinen Sicht auf das rationale Verhalten in organisierten Handlungs-

---

[55] Vgl. Gabler, Wirtschaftslexikon, „effektiv", 14. Aufl., Wiesbaden 1997, S. 1005.
[56] Vgl. Eichhorn, Peter, Das Prinzip Wirtschaftlichkeit, Wiesbaden 2000, S. 139 f.
[57] Vgl. Simon, Herbert A., Administrative Behaviour, 4. Aufl., New York u. a. 1997, S. 118 ff.
[58] Vgl. Becker, Bernd, Öffentliche Verwaltung, Percha 1989, S. 443 ff.; Schuppert, Gunnar Folke, Verwaltungswissenschaft, Baden-Baden 2000, S. 765.
[59] Vgl. March, James G./Simon, Herbert A., Organizations, New York u. a. 1958.
[60] Vgl. Feldman, Julian/Kanter, Herschel E., Organizational Decision Making, in: James G. March (Hrsg.), Handbook of Organizations, Chicago 1965, S. 614 ff.

systemen auszuweiten. Es geht nicht bloß darum, dass das Individuum in seinem Entscheidungsverhalten durch seine Kenntnisse, Voraussichten, Fertigkeiten, Gewohnheiten usw. begrenzt ist. Man sieht darauf, dass die subjektive Rationalität, wie sie sich im Standpunkt der Einzelperson mit ihren Werten, Alternativen, Informationen formuliert, nicht einfach mit der von Organisationen identisch ist. Es wird überlegt, wie dann weiter über rationales Wahlverhalten von sozialen Gruppen, über Organisationsziele, über Informationen, die organisierten Gruppen zur Verfügung stehen, auszusagen ist. Hierzu ist darauf zu verweisen, dass eben auch das Wirtschaftsunternehmen organisiert ist und selbst die interne Vermarktlichung und damit Individualisierung des Entscheidungsverhaltens etwa durch pretiale Lenkung der einzelnen Mitarbeiter nicht gelingt. Über den kollektiven Akteur des „Profit-Center" kommt man schon aus den ökonomischen Gründen der Transaktionskosten nicht heraus.

Aus solchen Bedenken wird das Konzept einer „bounded rationality" entwickelt. Es wird berücksichtigt, dass die menschliche Leistungsfähigkeit gemessen an den Anforderungen, die in der Lebenswelt an einen Handelnden nach den idealen Verhaltensmustern geschlossener Entscheidungsmodelle zu stellen wären, sehr schmal bemessen ist, selbst wenn die derartig rationale Formulierung und Lösung von Problemen nur annähernd getroffen werden sollte. So sucht man den Zugang zu den Handlungsgefügen, die gegen den Spielraum jenes Menschen stehen, der hochidealisiert einem Rationalitätsprinzip folgt. Freilich geraten diese Handlungszwänge in diesen entscheidungstheoretischen Ansätzen nicht zur Irrationalität. Es geht eben um „bounded rationality". Im Rollenverhalten etwa werden rationale Komponenten aufgespürt. Die Bestimmung des Wahlverhaltens aus der spezifizierten Rolle, die der Entscheidungsträger in der Handlungssituation einnimmt, wird bezeichnet. Die Vorstellung des optimalen Handelns etwa wird nicht mehr als Maximierungsmodell ausgeführt. Das Anspruchsniveau wird auf eine zufrieden stellende Rationalität gesenkt. Für die Entscheidung sind die Handlungsabläufe zu finden, die „good enough" sind. Es wird etwa ein Problemlösungsverfahren des „incrementalism" entwickelt.[61] Man interessiert sich für die marginale Veränderung sozialer Daten, die der Entscheidungsprozess regelmäßig bedeutet. Schaut man zum Beispiel auf die Budgetaufstellung, dann erweist sich, dass in der Praxis kein Weg zu einem Nullpunkt – „zero-base-budget" – führt, von dem aus das umfassend kalkülisierte Finanzmodell zu realisieren wäre. Die historische Ausgangslage wird zum Handlungsgefüge, in dem die möglichen Verhaltensalternativen bereits beschränkt sind. Geschichte ist indes wiederum nicht irrationale Handlungsgren-

---

[61] Vgl. Braybrooke, David/Lindblom, Charles E., A Strategy of Decision: Policy Evaluation as a Social Process, New York 1963; Wildavsky, Aaron/Hammond, Arthur, Comprehensive Versus Incremental Budgeting in the Department of Agriculture, in: Administrative Science Quarterly, 1965/66, S. 321 ff.

ze, sondern „bounded rationality", von wo aus in schrittweisen Folgen von Entscheidungen soziale Änderungen eintreten. Die Problemlösung erfolgt nicht über die hohe Rationalitätsannahme der Maximierungsmodelle, sondern in einem inkrementalen Wahlverhalten reduzierter und reduzierender Handlungsziele, Handlungsalternativen und Handlungsresultate. Dahinter stehen oft die Fragen nach sozialen Organisationen mit ihren begrenzten Fähigkeiten, gemeinsame Zielvorstellungen, ein gleiches Informationsniveau und eine Zusammenarbeit als Handlungseinheit zu entwickeln.

Da solche Einsichten in die begrenzte Rationalität des Verwaltungshandelns aus dem Rationalitätsverständnis der Kombination von Mitteln zu Zwecken herrühren, muss für die legalistische Verwaltung darauf hingewiesen werden, dass auch die Subsumtion von Lebenssachverhalten unter Rechtsnormen von begrenzter Rationalität ist – von der Informationsbeschaffung bis zur Rechtsbewertung –. Dass ein Gericht das letzte Wort in einem Verwaltungsfall hat, bedeutet nicht Richtigkeit der Entscheidung. Zunächst bewegt sich die legalistische Verwaltung im Rahmen der ihr eingeräumten Ermessensspielräume in rational unvollkommenen Zweck-Mittel-Abwägungen. Sodann wird der Gedanke der begrenzten Rationalität in der Lehre von den unbestimmten Rechtsbegriffen deutlich, denen die öffentliche Verwaltung unterworfen ist. Lehren vom Beurteilungsspielraum[62], von der Vertretbarkeit[63] von der Einschätzungsprärogative[64] gehen von der Überlegung aus, dass die Verwaltung durch die Verwendung unbestimmter Rechtsbegriffe zu eigenverantwortlichen, gerichtlich überprüfbaren Entscheidungen ermächtigt sei. Bei Prüfungsentscheidungen, beamtenrechtlichen Beurteilungen, Prognoseentscheidungen, Risikobewertungen kann die Verwaltung besondere Sachkunde, Erfahrung, Sachnähe zur Geltung bringen. Die Verwaltungsgerichte mögen demgegenüber ihren judikativen Vorrang in Rechtsfragen betonen. Unter dem Vorzeichen der Subsumtionsrationalität gibt es aber keine eindeutigen Hinweise auf das Richtige. Wem auch immer eine Einschätzungsprärogative – insbesondere durch den parlamentarischen Gesetzgeber – zugewiesen ist[65], bewegt sich in der Bandbreite unterschiedlicher Bewertungen und so nicht einfach in einem stringenten Schema der Normlogik.

---

[62] Vgl. Bachof, Otto, Beurteilungsspielraum, Ermessen und unbestimmter Rechtsbegriff, in: Juristenzeitung 1955, S. 97 ff.

[63] Vgl. Ule, Carl Hermann, Rechtsstaat und Verwaltung, in: Verwaltungsarchiv 1985, S. 1 ff.

[64] Vgl. Wolff, Hans-J./Bachof, Otto, Verwaltungsrecht I, 9. Aufl., München 1974, S. 185 ff.

[65] Vgl. Schulze-Fielitz, Helmuth, Neue Kriterien für die verwaltungsgerichtliche Kontrolldichte bei der Anwendung unbestimmter Rechtsbegriffe, in: Juristenzeitung 1993, S. 772 ff.

Die doppelte Prämisse, nämlich den Rationalisierungsanspruch an die öffentliche Verwaltung prinzipiell nicht aufzugeben und zugleich das Verwaltungshandeln als unterhalb der Schwelle strenger Rationalität zu verorten, hat zu zwei Entwürfen geführt: dem der offenen und dem der geschlossenen Entscheidungsmodelle.[66] Als geschlossene Modelle werden jene Entscheidungstheorien angesehen, die über das Entscheidungsverhalten des Menschen aussagen, der nach streng idealisierten Annahmen einem Rationalprinzip folgt. Im Kern des Konzepts steht die Rationalität des individuellen und finalen Wahlverhaltens. Die Grundlagen des Entscheidungsmodells sind bekannte Handlungsalternativen mit entsprechenden Ergebnissen und festgelegten Entscheidungsregeln. Die Auswahl der Handlungsalternative vollzieht sich nach dem Zweck-Mittel-Schema. Die Zielvorstellungen sind festgelegt. Es wird die Verhaltensmöglichkeit gewählt, die den höchsten Wert für den Entscheidungsträger hat. Als „open decision models" gelten demgegenüber jene Entscheidungstheorien, die sich gegenüber den vielfältigen Einflüssen aus der Umwelt des Entscheidungsträgers und den Faktoren der Entscheidungssituation öffnen. Dabei ist charakteristisch, dass es nicht einfach um das Stimulanz-Reaktions-Schema eines Behaviourismus geht. Man hat nicht bloß adaptives Verhalten im Auge. Vielmehr bleibt es bei der Prämisse, das Verwaltungshandeln – wenn auch unvollendet – Rationalitätsansprüchen folgt.

Geschlossene Entscheidungsmuster lassen sich in der öffentlichen Verwaltung im Grunde nur herstellen, wenn die pragmatische Dimension der Alltagssprache ausgeschlossen wird. Als Anschauungsfall kann man auf die Nutzung der elektronischen Datenverarbeitung zur Anfertigung von Steuerbescheiden, Wohngeldbescheiden, Bußgeldbescheiden usw. verweisen. Die Konditionalität einschlägiger Abgabengesetze usw. ermöglicht es, die Übersetzung in Computersprachen und die Entkopplung von den vielfältigen Einflüssen menschlicher Kommunikation durchzuführen.[67] Steuerverwaltung, Ordnungsverwaltung, Sozialverwaltung sind in Massenvorgängen auf solche elektronische Datenverarbeitung und Bescheidung angewiesen. Indessen schließt auch die legalistische Verwaltung betriebswirtschaftliche Züge ein, die nicht nur konditional, sondern ebenfalls final geschlossene Entscheidungsmuster ermöglichen.[68] Bei den öffentlichen Gütern und Dienstleistungen geht es um quantitative Größen wie

---

[66] Vgl. Wilson, Charles/Alexis, Marcus, Basic Frameworks for Decision, in: William J. Gore/J. W. Dyson (Hrsg.), The Making of Decisions, Glencoe/London 1964, S. 180 ff.; Naschold, Frieder, Systemsteuerung, 2. Aufl., Stuttgart u. a. 1971, S. 30 ff.

[67] Vgl. Reinermann, Heinrich, Quantitative Entscheidungshilfen und Datenverarbeitung, in: Klaus König u. a. (Hrsg.), Öffentliche Verwaltung in der Bundesrepublik Deutschland, Baden-Baden 1981, S. 297 ff.

[68] Vgl. Brede, Helmut, Grundzüge der öffentlichen Betriebswirtschaftslehre, München 2001, S. 177 ff.

Geld, Zeit, Produktstücke, Entfernung usw., die einem von anderen Einflüssen abschließenden Zweck-Mittel-Kalkül zugänglich sind.

Es gibt eine Reihe von Optimierungsmethoden, die zusammenfassend als Operations Research und dann als Einzelmethoden wie Lineares Programmieren, Netzplantechnik, Entscheidungsbaumverfahren usw. für die öffentliche Verwaltung relevant sind.[69] In solchen Methoden liegt ein Rationalisierungspotential, das außerhalb technischer Probleme wie etwa im Transportwesen im öffentlichen Sektor wohl noch nicht zufrieden stellend genutzt wird. Auf der anderen Seite muss man zugestehen, dass Entscheidungssituationen öffentlicher Verwaltung von mehreren, komplementären wie konfligierenden Zielen geprägt zu sein pflegen, die sich nicht quantifizieren lassen.[70] Ein privater Bauherr könnte bei der Optimierung seiner Investitionsentscheidung als Zielfunktion die Maximierung von Einkünften aus Mietzinsen einsetzen. Die öffentlichen Interessen, die eine Stadtverwaltung bei der Bauleitplanung bestimmen, lassen sich nicht als Quantitäten erfassen. Sie nur als Rahmenbedingungen – etwa konditionierte Flächenbeanspruchungen für Grünanlagen, Kindergärten, Schulen usw. – in Rechnung zu stellen, würde die Ziele der Raumordnung ungenügend zur Geltung bringen.

Zu den offenen Entscheidungsmustern einer managerialistischen Verwaltung mit ihrer Zweck-Mittel-Orientierung gibt es eine Fülle von Ansätzen, begrenzte Rationalitäten zu erfassen. Verbreitet wird auf das „Garbage Can Model"[71] auch in der Verwaltungswissenschaft Bezug genommen.[72] Es geht um die Mehrdeutigkeit von Entscheidungssituationen jenseits verordneter Vorgaben. Die Präferenzen der Entscheidungsträger sind nicht klar identifiziert. Man weiß nicht, zu welchem Ergebnis die jeweilige Handlungsalternative führen wird. Die Teilnehmer am Entscheidungsprozess wechseln. Die verschiedenen Akteure werfen ihre vielfältigen Entscheidungsprobleme und Lösungen gleichsam in einen Mülleimer. Jenseits der sachlichen Erfordernisse geht es um Problemlösungen in kontext- und zeitabhängigen Entscheidungsprozessen. Andere verweisen auf das Problem der „Sunk Costs" bei Entscheidungen der öffentlichen Verwaltung. Man bezieht sich darauf, dass eine einmal getroffene Entscheidung

---

[69] Vgl. Dathe, Hans Martin, Operations Research in der öffentlichen Verwaltung; Schulz, Heinrich, Netzplantechnik, beide in: Ulrich Becker/Werner Thieme, Handbuch der Verwaltung, Heft 4.4 bzw. 4.5, Köln u. a. 1974.

[70] Vgl. Reinermann, Heinrich, Operations Research, in: Peter Eichhorn u. a. (Hrsg.), Verwaltungslexikon, 3. Aufl., Baden-Baden 2003, S. 772 ff.

[71] Vgl. Cohen, Marc D. u. a., A Garbage Can Model of Organizational Choice, in: Administrative Science Quarterly 1972, S. 125 ff.

[72] Vgl. Levine, Charles H. u. a., Public Administration, Glenview Ill./London 1990, S. 83 f.; Schuppert, Gunnar Folke, Verwaltungswissenschaft, Baden-Baden 2000, S. 769 ff.

den Handlungsspielraum für weiter zu treffende Entscheidungen einengt.[73] Als signifikantes Beispiel wird auf Budgetentscheidungen verwiesen. Ein eingeschliffenes Muster von Militärausgaben, Sozialausgaben, Verzinsung und Tilgung von Schulden der öffentlichen Hand bestimmt die zukünftigen Handlungsspielräume.

Weitere Entscheidungsmodelle beziehen sich auf „Muddling Through"[74] oder „Mutual Adjustment".[75] „Muddling Through" meint eine Reduktion der Komplexität von Entscheidungen durch eine Methode sukzessiv beschränkter Vergleiche. Such- und Bewertungsvorgänge von Handlungsalternativen und deren Folgen werden beschränkt. Nicht alle denkbaren Zielvorstellungen werden berücksichtigt, sondern nur solche, die sich im Spektrum des Status quo befinden. Nur jene Folgen werden in Betracht gezogen, die bekannt sind. Der Entscheidungsträger wühlt sich durch die komplexe Entscheidungssituation durch. Beim „Mutual Adjustment" handelt die Verwaltung nicht nach rational definierten Prioritäten. Sie antwortet auf Anforderungen aus ihrer Umwelt im Wege von gegenseitigen Anpassungsprozessen. Sie ist flexibel, sowohl sachlich wie zeitlich. Sie achtet auf Interessen und deren Durchsetzungskraft. Sie rechnet damit, dass die an der Entscheidung Beteiligten ihre Position modifizieren und damit die Anforderungen an die Verwaltung akzeptabler werden können. Entscheidungen im Prozess gegenseitiger Anpassung werden nicht ein für allemal getroffen. Interaktionen zwischen Verwaltung und jeweiligen Beteiligten setzen sich fort. Anforderungen werden erneut gestellt, und zwar in beschränkter Form und in anderen Interessenkonstellationen. In gegenseitiger Anpassung werden durch spätere Entscheidungen die Wirkungen der früheren abgewandelt.

Als allgemeines Fazit der offenen Entscheidungsmodelle, die an einer begrenzten Zweck-Mittel-Rationalität des Verwaltungshandelns festhalten, steht ein Inkrementalismus: Entscheidungsträger der öffentlichen Verwaltung richten sich an den Handlungsalternativen aus, die nur graduell vom Bestehenden abweichen. Sie ziehen nur eine kleine Zahl von Handlungsalternativen in Betracht. Sie bewerten nur die wichtigen Konsequenzen. Sie leiten einen kontinuierlichen Prozess der Zweck-Mittel- und Mittel-Zweck-Anpassungen ein, die Probleme lösbarer machen. Es gibt nicht die eine richtige Entscheidung, aber Problemlösungsversuche in Serie.[76] Das Entscheidungsmodell des Inkrementa-

---

[73] Vgl. Pfiffner, John M./Presthus, Robert, Public Administration, 5. Aufl., New York 1960, S. 113.

[74] Vgl. Lindblom, Charles, The Science of „Muddling Through", in: Public Administration Review 1959, S. 79 ff.

[75] Vgl. Sharkansky, Ira, Public Administration, 2. Aufl., Chicago 1972, S. 60 f.

[76] Vgl. Nigro, Felix A./Nigro, Lloyd G., Modern Public Administration, 3. Aufl., New York u. a. 1973, S. 192.

lismus wird von vielen Seiten kritisiert.[77] Das Problem ist indessen nicht der Erfahrungsgegenstand des Entscheidungsverhaltens in der öffentlichen Verwaltung, sondern ein am Zweck-Mittel-Handeln orientiertes Entscheidungsmodell, das alles, was aus diesem Schema herausfällt, als irrational oder Kompromiss mit der Rationalität ansieht. Man kann auf zwei Ausprägungen des Verwaltungshandelns hinweisen, die sowohl für die managerialistische[78] wie die legalistische Verwaltung[79] in verschiedenen Zusammenhängen beobachtet werden, nämlich Verhandlungen – „bargaining" – und „Partizipation" – „participative decision making" –. Es fällt schwer, solche oft positiv bewerteten Komponenten des Entscheidungsprozesses, wenn sie sich dem Zweck-Mittel-Schema entziehen, als irrational zu bezeichnen. Eher liegt es nahe, den Rationalitätsbegriff auszuweiten.

3. Rationalität des Verwaltungssystems

Handeln in der öffentlichen Verwaltung greift über das individuelle Verhalten des Beamten hinaus. Es ist Handeln in Organisationen und der Adressat der Verwaltungsentscheidung muss wiederum nicht der einzelne Bürger sein, sondern es kann sich genauso um Verbände, Unternehmen, soziale Gruppen usw. handeln. Hinzu kommen Dritte als Betroffene. Wir müssen also, sowohl was das Verwaltungssystem als auch die Verwaltungsumwelt betrifft, mit Kollektivität rechnen. Viele Entscheidungstheorien gehen dabei von zwei Prämissen aus. Zum ersten ist es das Zweck-Mittel-Schema – nicht die Subsumtion von Lebenssachverhalten unter Normen – das als rational gilt. Und zweitens ist Kollektivität ein Aggregat individuellen Entscheidungsverhaltens. Man ist auf den Marktmechanismus verwiesen, bei dem individuelle Präferenzen für private Güter durch eine „unsichtbare Hand" zum kollektiven Wohlstand koordiniert werden. Man versucht mit verschiedenen Varianten im Wege eines solchen methodologischen Individualismus Entscheidungen aus dem Zusammenspiel individueller Handlungsbeiträge unter veränderlichen Bedingungen zu erklären.[80]

Diese zunächst ökonomische Neoklassik hat sich zu einer Rational Choice-Schule für viele Handlungssphären auch außerhalb der Wirtschaft, etwa Recht[81]

---

[77] Vgl. Dror, Yehezkel, Muddling Through – „Science" oder Inertia, in: Public Administration Review 1964, S. 55 ff.

[78] Vgl. Fesler, James V./Kettl, Donald F., The Politics of the Administrative Process, 2. Aufl., Chatham N. J. 1996.

[79] Vgl. Schuppert, Gunnar Folke, Verwaltungswissenschaft, Baden-Baden 2000.

[80] Vgl. Mack, Elke, Ökonomische Rationalität, Berlin 1994, S. 40 ff.

[81] Vgl. van Aaken, Anne, „Rational Choice" in der Rechtswissenschaft, Baden-Baden 2003.

oder der Politik[82] ausgeweitet. Für die öffentliche Verwaltung ist insbesondere die Figur des das Budget maximierenden Bürokraten bekannt geworden.[83] Der methodologische Individualismus der Rational Choice-Theorien ist relativiert – indem man etwa Kollektive selbst zu Akteuren individualisiert hat – und mit vielen wissenschaftstheoretischen Gründen kritisiert worden.[84] Für die Verwaltungswissenschaft muss man jedenfalls festhalten, dass sich das soziale Phänomen des Entscheidungsverhaltens in der öffentlichen Verwaltung nicht aus individuell-rationalen Wahlhandlungen abschließend rekonstruieren lässt, nicht unter dem Vorzeichen personalisierter Akteure wie Finanzbeamte und auch nicht organisierter Akteure wie Finanzämter.

Für die verwaltungswissenschaftliche Erkenntnis reicht die handlungsorientierte Sichtweise nicht aus. Eine weiterreichende Perspektive ist erforderlich, um Entscheidungen in Verwaltungsangelegenheiten zu verstehen. Dazu braucht es keine allgemeine wissenschaftstheoretische Überwindung des methodologischen Individualismus.[85] Es genügt, auf die andere Rationalität des Verwaltungshandelns zu verweisen, nämlich die Subsumtion von Lebenssachverhalten unter Normen, in der rechtsstaatlichen Verwaltung insbesondere Rechtsnormen. Zunächst hat die juristische Methodologie auf Handlungsebene einen durchaus individualistischen Zug. Dazu muss man nicht auf Rechtsempfinden, Rechtsgefühl, Rechtsüberzeugung oder ein schöpferisches, subjektives, volitives Element des Rechtsdenkens verweisen. Vielmehr ist es das Bild des Richters, an dem sich die Rechtsanwendungslehre orientiert, und zwar des „Einzel"-Richters, nicht des Richters in einer Richterbank. Die individualisierende Konzeption wird für andere Rechtsberufe wie Rechtsanwälte, Staatsanwälte, Notare usw. beibehalten, mögen sie sich auch im Kontext von Mitspielern und Gegenspielern bewegen. Und auch wenn in der öffentlichen Verwaltung unter Rechtsanwendung entschieden wird, bestimmt die vergegenständlichte Individualität die maßgeblichen Denk- und Handlungsmuster, selbst wenn der Begriff der verwaltungsbehördlichen Entscheidung schon das Organisatorische signalisiert.[86]

Die Perspektive ändert sich, wenn man auf die Norm, hier die Rechtsnorm, sieht, unter die der Verwaltungsmann, die Verwaltungsfrau Lebenssachverhalte

---

[82] Vgl. Scharpf, Fritz W., Games Real Actors Play, Actor-centered Institutionalism in Policy Research, Boulder/Colorado 1997.

[83] Vgl. Niskanen, William A., Bureaucracy and Representative Government, Chicago 1971.

[84] Vgl. Brentel, Helmut, Soziale Rationalität, Opladen/Wiesbaden 1999.

[85] Vgl. Kirsch, Werner, Kommunikatives Handeln, Autopoiese, Rationalität, 2. Aufl., München 1997, S. 350 ff.

[86] Vgl. König, Klaus, Erkenntnisinteressen der Verwaltungswissenschaft, Berlin 1970, S. 259 f.

zu subsumieren hat. Die Norm ist für das Verwaltungshandeln eine soziale Vorgabe und damit individuellen Präferenzen von vornherein entzogen. Man mag Ziele noch durch handelnde Akteure generiert ansehen, Normen stehen jedenfalls vor dem Entscheidungsträger. Dabei kommt es nicht darauf an, ob sich Normen ihrerseits als Aggregat individueller Präferenzen rekonstruieren lassen. Wenn sie in die Welt gesetzt sind, sind sie Institutionen jenseits von Personen. Im Hinblick auf die Koordination von individuellen Präferenzen auf dem Markt gebraucht man das Bild von der „unsichtbaren Hand". Hier lässt sich von der „sichtbaren Hand des Rechts" sprechen.[87] Bei den Rechtsnormen, unter die der Beamte Lebenssachverhalte zu subsumieren hat, haben wir es mit einem Gefüge von Institutionen zu tun. Damit bewegen wir uns auf der Ebene der öffentlichen Verwaltung als sozialen Systems. Daran kann man die Frage nach der Systemrationalität anknüpfen.[88]

Systemrationalität ist nicht spezifische Eigenart eines administrativen Legalismus. Auch die managerialistische Verwaltung mit ihrer Vorliebe für Zwecke und Mittel generiert diese nicht durch ihre individuellen Verwaltungsmitarbeiter. Sie sind ihr durch sachpolitische Pläne und Budgets vorgegeben. Aber selbst die Konkretisierung von Gesetzen und Plänen hat Systemcharakter. Denn die Kombinationen von Mitteln zu Zwecken und die Subsumtion von Lebenssachverhalten unter Normen sind kulturell-institutionell vorgegebene Methoden des Verwaltungshandelns, und der Methodenverstoß zieht systemisch Fehlerhaftigkeit nach sich. Die systemtheoretische Sicht der öffentlichen Verwaltung führt zu einem eigenen Wissenschaftsprogramm. In diesem sind programmierende und programmierte Entscheidungen – Gesetze und Pläne bzw. Verwaltungsbescheide und Mittelbewilligung – auszuarbeiten. Man hat es mit einer Kaskade von Vorentscheidungen und Entscheidungen zu tun – Gesetz, Verordnung, Verwaltungsakt, Vollzugsentscheidung –. Die Zweck-Mittel-Rationalität ist in Finalprogramme, die Subsumtionsrationalität in Konditionalprogramme zu übersetzen. Es entsteht ein Entscheidungskreislauf, der von der Programmierung zur Implementation und dann zu Kontrolle und Rückkopplung führt.

Entscheiden in der öffentlichen Verwaltung unterliegt allgemeinen kulturellen, institutionellen und sozial-technologischen Rahmenbedingungen. Im realen Sozialismus war das Entscheidungsverhalten der Kaderverwaltung der Ideologie der sozialistischen Gesetzlichkeit unterworfen. Der Staat war faktisch Eigentümer der Produktionsmittel und hätte ungehemmt durch private Eigentumsrechte die optimale Allokation von Gütern und Diensten besorgen können. Aber der Große Plan erwies sich der Komplexität der Entscheidungsanforderungen als nicht gewachsen. Ein stalinistischer Voluntarismus kam überdies der

---

[87] Vgl. Mestmäcker, Ernst-Joachim, Die sichtbare Hand des Rechts, Baden-Baden 1978.
[88] Vgl. Luhmann, Niklas, Zweckbegriff und Systemrationalität, Tübingen 1968.

7. Kapitel: Entscheidungsprozesse in der Verwaltung

Planrationalität in die Quere. Noch heute gibt es traditionale Gesellschaften, in denen Gemeingüter über eingelebte Einstellungen und Haltungen verteilt werden. Auch die Moderne kennt den Beamten, der den ihm vorliegenden Fall imitativ nach einem „Simile" entscheidet, also nach dem Entscheidungsmuster eines ähnlichen Falles löst, was nicht ausschließt, dass sein Ergebnis bei äußerer Kontrolle als den Rationalitätsanforderungen entsprechend angesehen wird.

Die für die moderne Verwaltung interessierende Differenz ist vor allem die zwischen managerialistischer und legalistischer Verwaltung – mit ihren jeweiligen Präferenzen für die Kombinations- bzw. Subsumtions-Rationalität. Das bedeutet freilich nicht, dass man in zwei streng geschiedene Rationalisierungssphären eintritt. Wenn zwischen juristischer und sozialwissenschaftlicher – und dann auch wirtschaftswissenschaftlicher – Entscheidung unterschieden wird[89], dann ist das die Perzeption von multidisziplinär verfassten Verwaltungswissenschaften. Aus disziplinärer – Public Administration – oder transdisziplinärer Sicht ist zu merken, dass beide Rationalitäten integrativer Bestandteil öffentlicher Verwaltung sind. Für die legalistische Verwaltung ist es ohnehin klar, dass Subsumtionsfragen – Rechtmäßigkeit – und Kombinationsfragen – Zweckmäßigkeit – in einem Entscheidungsprozess zusammenfallen können. Es gibt die im Tatbestand ausgewiesenen Konditionen und die eingeräumten Ermessensspielräume mit ihren Zweck-Mittel-Abwägungen.[90]

Aber auch in der managerialistischen Verwaltung stößt man nicht auf zwei Entscheidungswelten. „Rules and Regulations" sind integrativer Bestandteil des Entscheidungsprozesses. Sie lassen sich zumindest in öffentlichen Angelegenheiten nicht als Barriere der Rationalität aus der Auswahl der Handlungsalternativen ausklammern. Man mag Gesetze der Volksvertretung nicht zuerst in ihrer rechtlichen Qualität, sondern als politisch-administrative Programme wahrnehmen. Man mag den Verwaltungsalltag nicht zuerst als Rechtsanwendung, sondern als „business" begreifen. Im modernen Rechtsstaat, im Staat der „Rule of Law" ruht auch die managerialistische Verwaltung auf dem Fundament des Rechts. Dabei geht es nicht nur um die Regelung öffentlicher Angelegenheiten in ihrer Substanz, sondern auch um das Verfahrensrecht, in das das Verwaltungshandeln eingekleidet ist.[91] Überdies wird in gewissem Rahmen das „Law making" von der Legislative auf die Exekutive übertragen, so dass sich die ma-

---

[89] Vgl. Thieme, Werner, Entscheidungen in der öffentlichen Verwaltung, Köln u. a. 1981, S. 31 f.; Mehde, Veith, Rechtswissenschaftliche und verwaltungswissenschaftliche Entscheidungslehre, in: Hans Peter Bull (Hrsg.), Verwaltungslehre in Hamburg 1962 – 2002, Münster u. a. 2003, S. 87 ff.
[90] Vgl. Püttner, Günter, Verwaltungslehre, 3. Aufl., München 2000, S. 328 f.
[91] Vgl. Levine, Charles H. u. a., Public Administration, Glenview/London 1990, S. 168 ff.

nagerialistische Verwaltung auch insoweit mit der Rationalität von Rechtskonditionen auseinander setzen muss.[92]

Dass die öffentliche Verwaltung bei ihren Entscheidungen zwei Rationalitätsmuster integrieren muss, bedeutet nicht, dass sich beide Rationalitätsansprüche in einem Zustand prästabilisierter Harmonie befinden. Dabei kommt es nicht nur auf Rahmenbedingungen an, wie sie sich aus allgemeinen kulturellen, politischen, ökonomischen Gründen ergeben. Kombinationsrationalität und Subsumtionsrationalität können im Verhältnis von Komplementarität, Konkurrenz, Dominanz zueinander stehen. Der Finanzbeamte mag Rechtskonditionen und Zweckmäßigkeitserwägungen im Vollzug von Steuergesetzen zu einem rationalisierenden Ausgleich bringen. Er mag einer auf Effizienz dringenden Aufsicht gegenüber einen Rechtsstandpunkt einnehmen. Er mag seine Rechtsargumentation aufgeben müssen, weil aus Gründen einer wirtschaftlichen Zweck-Mittel-Abwägung das alte durch ein neues Programm öffentlicher Abgaben ersetzt worden ist. Die Frage unterschiedlicher Rationalitätsansprüche in der Verwaltung ist also nicht nur eine kulturelle oder institutionelle oder im Falle der elektronischen Datenverarbeitung sozialtechnologische. Sie ist auch eine situative. Der „Administrative Man" erweist sich nach allem als noch vielfältiger als es die begrenzte Rationalität einer am Zweck-Mittel-Schema orientierten Handlungstheorie vorstellt. Man muss die Rationalität der Subsumtion von Lebenssachverhalten unter Normen hinzu nehmen. Darüber hinaus muss verstanden werden, dass der Verwaltungsmann, die Verwaltungsfrau unter der Bindung an finale und konditionale Programme handelt und es so letztlich auf die Systemrationalität der öffentlichen Verwaltung ankommt.

II. Formen des Verwaltungshandelns

1. Verfahrensgesetzliche Handlungsformen

Ein Ausdruck der Systemrationalität der öffentlichen Verwaltung ist es, dass das Ergebnis des administrativen Entscheidungsprozesses nicht in beliebiger Weise kommuniziert werden darf, sondern der Verwaltungsmann, die Verwaltungsfrau prinzipiell an bestimmte Handlungsformen gebunden sind.[93] In der legalistischen Verwaltung stehen rechtliche Formalisierung des Verwaltungshandelns und rechtliche Regelung des Verwaltungsverfahrens in einem konzeptionellen Zusammenhang. Ein signifikantes Beispiel dafür sind die Verwal-

---

[92] Vgl. Fesler, James W./Kettl, Donald F., The Politics of the Administrative Process, 2. Aufl., Chatham N. Y. 1996, S. 351 ff.

[93] Vgl. König, Klaus, Rechtliche und tatsächliche Formen des Verwaltungshandelns, in: Verwaltungsrundschau 1990, S. 401 ff.

tungsverhältnisse in Deutschland. Rechtsformen widerstreben zum einen behördlicher Willkür und schützen den Bürger. Zum anderen wird die Verwaltung in die Lage versetzt, die ihr übertragenen Aufgaben auch wahrzunehmen.[94] Im komplexen Entscheidungsfeld öffentlicher Angelegenheiten werden mit der Vorzeichnung des am Ende stehenden Kodifikats zugleich Methoden der Problemlösung aufgewiesen. Entsprechend gibt das rechtlich geregelte Verwaltungsverfahren auf der einen Seite dem Bürger eine Verfahrensgarantie und gewährleistet den „due process of law". Auf der anderen Seite trägt die rechtlich bestimmte Verfahrensweise dazu bei, die Entscheidungsergebnisse in der Sache zu verbessern. Das ist zuerst der Sinn einer „prozeduralen Rationalität", auf die wir zugreifen, um mit den Schwierigkeiten des inhaltlich richtigen Staatshandelns fertig zu werden.[95]

Rechtlichkeit des Verwaltungsverfahrens und der administrativen Handlungsform sind so zusammenhängende, aber dann doch wieder eigenständige Größen. Das zeigt sich in der Verwaltungsrechtsgeschichte am Beispiel Deutschlands. Die Rechtsform des Verwaltungsaktes ist bereits gegen Ende des 19. Jahrhunderts vor allem von Otto Mayer herausgearbeitet worden.[96] Es bedurfte jedoch noch mehrerer Dekaden, bis die verfahrensgesetzliche Definition erfolgte.[97] Im konkreten Verwaltungsfall ist das Verfahren der Entscheidung vorgeordnet. Aus der Sicht des Verwaltungssystems ist indessen die Handlungsform der antizipierte Bezugspunkt einer vernünftigen Vorgehensweise. Wir müssen wissen, welche Rechtsform des Verwaltungshandelns wir im Auge haben, auf die hin das Verwaltungsverfahren rechtlich zu regeln ist. Das schließt einen historischen Prozess interdependenter Entwicklungen nicht aus. Jedenfalls kann man in der Konversion von einer Kaderverwaltung des realen Sozialismus zu einem klassisch-europäischen Verwaltungssystem mit seiner ausgeprägten Rechtsgebundenheit[98] nicht das Verwaltungsverfahren rechtlich in den Griff bekommen, ohne die Arten der Verwaltungsentscheidungen[99] vor-

---

[94] Vgl. Ossenbühl, Fritz, Die Handlungsformen der Verwaltung, in: Juristische Schulung 1979, S. 681 f.; Schmidt-Aßmann, Eberhard, Die Lehre von den Rechtsformen des Verwaltungshandelns. Ihre Bedeutung im System des Verwaltungsrechts und für das verwaltungsrechtliche Denken der Gegenwart, in: Deutsches Verwaltungsblatt 1989, S. 535.

[95] Vgl. König, Klaus, Zur Verfahrensrationalität einer kontraktiven Aufgabenpolitik, Speyerer Forschungsberichte 87, Speyer 1990.

[96] Vgl. Mayer, Otto, Deutsches Verwaltungsrecht, Band 1, unveränderter Nachdruck der 1924 erschienenen 3. Auflage, Berlin 1961, S. 92 ff.

[97] Vgl. Maurer, Hartmut, Allgemeines Verwaltungsrecht, 16. Aufl., München 2006, S. 189 ff.

[98] Vgl. Cassese, Sabino, Le basi del diritto amministrativo, Torino 1989.

[99] Akademie für Staats- und Rechtswissenschaft der DDR (Hrsg.), Verwaltungsrecht, 2. Aufl, Berlin 1988, S. 117 ff.

her in juristisch belastbare Rechtsformen des Verwaltungshandelns gebracht zu haben.

In der Bundesrepublik sind mit dem Verwaltungsverfahrensgesetz von 1976 die Rechtsformen des Verwaltungshandelns maßgeblich festgelegt. In diesem Gesetz manifestiert sich der Rechtsschutz des Bürgers schon im vorgerichtlichen Raum. In ihm tritt die rationalisierende Funktion unterscheidbarer Handlungsformen hervor. Mit ihrer Erfüllung müssen nicht in jedem Einzelfall alle grundsätzlichen Wertentscheidungen neu getroffen werden. Ist einmal eine definitorische Einordnung vorgenommen, bestimmen sich gewisse rechtliche Folgen von selbst. Somit führt die Typenbildung nach innen zu einer Entlastung, womit die Verwaltung allerdings nicht davon entbunden ist, in Zweifelsfällen tiefergehende Betrachtungen anzustellen.[100] Die Verwaltung hat jedoch die Möglichkeit, aus den ihr zur Verfügung stehenden Handlungsformen die ihr am geeignetesten erscheinende auszuwählen und damit darüber zu befinden, wie sie die gegenüber den Normbetroffenen intendierten Steuerungsergebnisse formal absichert. Es sei denn, es ist ihr wie im Falle des Bauplanungsrechts die Handlungsform vorgeschrieben.[101]

Nach wie vor ist der Verwaltungsakt die an erster Stelle zu nennende Rechtsform des Verwaltungshandelns. Das gilt für seinen kodifikatorischen Rang, seine Leistungsfähigkeit sowohl in der Ordnungs- wie in der Leistungsverwaltung, seine Eignung in einer sich kommunikationstechnologisch immer mehr modernisierenden Verwaltung, seinem quantitativen Gebrauch und vieles mehr. Im Hinblick auf die Handlungsform des Verwaltungsaktes lassen sich gewisse Binnendifferenzierungen vornehmen, und zwar nicht nur gemessen an der Rechtsbindung in gebundene, Ermessens- und freie Verwaltungsakte. Andere Unterscheidungen stellen auf den Inhalt ab. Befehlende Verwaltungsakte gebieten oder verbieten ein bestimmtes Tun, Dulden oder Unterlassen. Gestaltende Verwaltungsakte sind auf die Begründung, Änderung oder Aufhebung von Rechtsverhältnissen gerichtet. Feststellende Verwaltungsakte konstatieren Ansprüche oder bestimmte rechtliche Eigenschaften von Personen und Sachen.[102] Nach der Auswirkung auf den Rechtsbetroffenen werden begünstigen-

---

[100] Vgl. Krause, Peter, Rechtsformen des Verwaltungshandelns, Berlin 1974, S. 14 ff.; Ossenbühl, Fritz, Die Handlungsformen der Verwaltung, in: Juristische Schulung 1979, S. 681 ff.; Schmidt-Aßmann, Eberhard, Die Lehre von den Rechtsformen des Verwaltungshandelns. Ihre Bedeutung im System des Verwaltungsrechts und für das verwaltungsrechtliche Denken der Gegenwart, in: Deutsches Verwaltungsblatt 1989, S. 533 f.

[101] Vgl. Schmidt-Aßmann, Eberhard, Die Lehre von den Rechtsformen des Verwaltungshandelns. Ihre Bedeutung im System des Verwaltungsrechts und für das verwaltungsrechtliche Denken der Gegenwart, in: Deutsches Verwaltungsblatt 1989, S. 535.

[102] Vgl. Ruffert, Matthias, Verwaltungsakt, in: Hans-Uwe Erichsen/Dirk Ehlers, Allgemeines Verwaltungsrecht, 15. Aufl., Berlin 2006, S. 622.

de, belastende Verwaltungsakte und dazu Verwaltungsakte mit Drittwirkung unterschieden, also Verwaltungsakte, die über den Adressaten hinaus sich auf die Rechtssphäre anderer Personen auswirken.[103] Schließlich lassen sich noch die nicht mitwirkungsbedürftigen von den mitwirkungsbedürftigen Verwaltungsakten trennen. Der fehlerfreie Erlass letzterer hängt von einer bestimmten Beteiligung der Rechtsbetroffenen ab.[104]

Zunehmende Bedeutung gewinnt der Verwaltungsvertrag für die tägliche Arbeit der Verwaltung.[105] Darunter sind Verträge zu verstehen, die ein Rechtsverhältnis auf dem Gebiet des Verwaltungsrechts begründen und dabei Rechte oder Pflichten festlegen, aufheben oder verändern.[106] Weitergehend ist die koordinationsrechtliche von der subordinationsrechtlichen Form zu unterscheiden.[107] Die koordinationsrechtliche Variante des Verwaltungsvertrages, bei der es um Verträge zwischen gleichgeordneten Rechtsträgern der öffentlichen Verwaltung geht, ergab sich aus der Notwendigkeit öffentlich-rechtlicher Vereinbarungen zwischen beispielsweise zwei oder mehreren Gemeinden zur Errichtung etwa eines Zweckverbandes. Die Zulässigkeit des koordinationsrechtlichen Verwaltungsvertrages scheint zumindest heute unbestritten.[108]

Als subordinationsrechtlich werden jene Verwaltungsverträge bezeichnet, die in einer klassischerweise als Über- und Unterordnungsverhältnis bezeichneten Situation abgeschlossen werden. In aller Regel geht es dabei um Verträge zwischen der hoheitlich agierenden öffentlichen Verwaltung und Privaten. Es

---

[103] Vgl. Ruffert, Matthias, Verwaltungsakt, in: Hans-Uwe Erichsen/Dirk Ehlers, Allgemeines Verwaltungsrecht, 15. Aufl., Berlin 2006, S. 622 f.

[104] Vgl. Ruffert, Matthias, Verwaltungsakt, in: Hans-Uwe Erichsen/Dirk Ehlers, Allgemeines Verwaltungsrecht, 15. Aufl., Berlin 2006, S. 626.

[105] Vgl. Arnold, Peter, Die Arbeit mit öffentlich-rechtlichen Verträgen im Umweltschutz beim Regierungspräsidium Stuttgart, in: Verwaltungsarchiv 1989, S. 125 ff.; Bulling, Manfred, Kooperatives Verwaltungshandeln (Vorverhandlungen, Arrangements, Agreements und Verträge) in der Verwaltungspraxis, in: Die Öffentliche Verwaltung 1989, S. 281 ff.; Ziekow, Jan, Institutionen unter Konkurrenzdruck: Das Beispiel des öffentlich-rechtlichen Vertrags, in: Arthur Benz u. a. (Hrsg.), Institutionenwandel in Regierung und Verwaltung, Berlin 2004, S. 303 ff.

[106] Vgl. Maurer, Hartmut, Der Verwaltungsvertrag – Probleme und Möglichkeiten, in: Deutsches Verwaltungsblatt 1989, S. 798.

[107] Vgl. Götz, Volkmar, Das Verwaltungshandeln, München 1976, S. 165 ff.; ferner Erichsen, Hans-Uwe/Martens, Wolfgang, Das Verwaltungshandeln, in: dies. (Hrsg.), Allgemeines Verwaltungsrecht, 8. Aufl., Berlin/New York 1988, S. 320 ff.; Hill, Hermann, Das hoheitliche Moment im Verwaltungsrecht der Gegenwart, in: Deutsches Verwaltungsblatt 1989, S. 322; Maurer, Hartmut, Allgemeines Verwaltungsrecht, 16. Aufl., München 2006, S. 390 ff.

[108] Vgl. Püttner, Günter, Allgemeines Verwaltungsrecht, 7. Aufl., Düsseldorf 1995, S. 123.

gibt Stimmen[109], die sich aus grundsätzlichen Erwägungen gegen den subordinationsrechtlichen Verwaltungsvertrag zwischen Staat und Bürger wenden, weil dies dem regelmäßig anzunehmenden Ungleichgewichtsverhältnis zwischen Staat und Privaten nicht entspreche und im Übrigen für ihn kein wirklicher Bedarf bestehe.[110] Denn für jede Regelung, die mit dem subordinationsrechtlichen Vertrag getroffen werden könne, stünde auch der Verwaltungsakt zur Verfügung.[111] Dennoch wird er heute als zulässig anerkannt.[112]

Die Zusage wird allgemein als eine einseitige verbindliche Erklärung der Verwaltung begriffen, bestimmte Verwaltungsmaßnahmen vorzunehmen bzw. zu unterlassen, wobei es entscheidend auf den rechtlichen Bindungswillen der Behörde ankomme.[113] Handelt es sich hierbei um die Zusage gegenüber einem Bürger, in Zukunft einen bestimmten Verwaltungsakt zu erlassen bzw. zu unterlassen, wird von Zusicherung gesprochen.[114] Umstritten ist, ob es sich bei der Zusage bzw. Zusicherung selbst schon um einen Verwaltungsakt handelt. Obwohl Zusage und Zusicherung auf eine Rechtsfolge zielen, nämlich auf die Selbstverpflichtung der Verwaltung[115], wird an anderer Stelle darauf verwiesen, dass mit ihnen noch keine Regelung getroffen werde[116], also das Vorliegen eines Verwaltungsaktes verneint. Da jedoch eine Reihe von Vorschriften über den Verwaltungsakt zumindest auch auf die Zusicherung Anwendung findet, entschärft sich der Streit um ihren Rechtscharakter.

---

[109] Vgl. Püttner, Günter, Wider den öffentlich-rechtlichen Vertrag zwischen Staat und Bürger, in: Deutsches Verwaltungsblatt 1982, S. 122 ff., ferner Heberlein, Ingo, Wider den öffentlich-rechtlichen Vertrag? in: Deutsches Verwaltungsblatt 1982, S. 763 ff.

[110] Vgl. Maurer, Hartmut/Hüther, Birgit, Die Praxis des Verwaltungsvertrages im Spiegel der Rechtsprechung, Konstanz 1989.

[111] Vgl. Ule, Carl Hermann/Laubinger, Hans-Werner, Verwaltungsverfahrensrecht, 4. Aufl., Köln 1995, S. 767 f.

[112] Vgl. Erichsen, Hans-Uwe/Martens, Wolfgang, Das Verwaltungshandeln, in: dies. (Hrsg.), Allgemeines Verwaltungsrecht, 8. Aufl., Berlin/New York 1988, S. 322 f.

[113] Vgl. Erichsen, Hans-Uwe/Martens, Wolfgang, Das Verwaltungshandeln, in: dies. (Hrsg.), Allgemeines Verwaltungsrecht, 8. Aufl., Berlin/New York 1988, S. 187; Maurer, Hartmut, Allgemeines Verwaltungsrecht, 16. Aufl., München 2006, S. 226 f.

[114] Vgl. Erichsen, Hans-Uwe/Martens, Wolfgang, Das Verwaltungshandeln, in: dies. (Hrsg.), Allgemeines Verwaltungsrecht, 8. Aufl., Berlin/New York 1988, S. 187; Maurer, Hartmut, Allgemeines Verwaltungsrecht, 16. Aufl., München 2006, S. 226.

[115] Vgl. Erichsen, Hans-Uwe/Martens, Wolfgang, Das Verwaltungshandeln, in: dies. (Hrsg.), Allgemeines Verwaltungsrecht, 8. Aufl., Berlin/New York 1988, S. 187.

[116] Vgl. Ossenbühl, Fritz, Die Handlungsformen der Verwaltung, in: Juristische Schulung 1979, S. 684; Wolf, Hans J./Bachof, Otto, Verwaltungsrecht I, 9. Aufl., München 1974, S. 367, ferner Maurer, Hartmut, Allgemeines Verwaltungsrecht, 16. Aufl., München 2006, S. 288.

7. Kapitel: Entscheidungsprozesse in der Verwaltung

Pläne können sowohl die jeweils nachgeordnete Verwaltung anweisenden oder beeinflussenden Charakter besitzen[117], als auch von der nachgeordneten Verwaltung selbst zur Steuerung gesellschaftlicher Prozesse eingesetzt werden. In den zuerst genannten großen Bereich fallen Pläne von unterschiedlicher Verbindlichkeit, die darüber hinaus unterschiedliche Rechtsformen aufweisen und von unterschiedlichen Institutionen verabschiedet sein können. So ergeht der Bundes-Haushaltsplan[118] durch Gesetz. Finanzpläne werden hingegen lediglich durch Beschluss der Bundesregierung festgestellt.[119] Der in der Zeit der großen Planungseuphorie aufgestellte Bildungsgesamtplan[120] wurde schließlich entsprechend der Zuständigkeitsverteilung zwischen Bund und Ländern von den Regierungschefs des Bundes und der Länder verabschiedet[121] und hatte als Rahmenplan keinen rechtlich bindenden, sondern eher einen empfehlenden und koordinierenden Charakter.[122]

Die genannten Pläne werden zwar von der Verwaltung vorbereitet, sie erlangen jedoch keine Außenwirkung dem Bürger gegenüber. Dies ist erst der Fall, wenn die Verwaltung beispielsweise Bebauungspläne aufstellt. Auch sie bedürfen zwar noch des Vollzuges durch die Verwaltung, wenn diese Baugenehmigungen erteilt oder ablehnt; aber der Bebauungsplan enthält die rechtsverbindlichen Festsetzungen für die städtebauliche Ordnung auch im Verhältnis zum Bürger. Deutlicher wird der unmittelbare Steuerungsanspruch noch beim Umlegungsplan, der unmittelbar privatrechtsgestaltende Wirkung entfaltet.[123]

---

[117] Vgl. König, Klaus, Nationwide Plans and the Planning of Policy at the Central Level of Government: The Federal Republic of Germany, in: Verwaltungswissenschaftliche Informationen, Sonderheft 7, Bonn 1986, S. 35 ff.

[118] Vgl. Timmermann, Manfred, Haushalts- und Finanzplanung, in: Klaus König u. a. (Hrsg.), Öffentliche Verwaltung in der Bundesrepublik Deutschland, Baden-Baden 1981, S. 257 ff.

[119] Vgl. Erichsen, Hans-Uwe/Martens, Wolfgang, Das Verwaltungshandeln, in: dies. (Hrsg.), Allgemeines Verwaltungsrecht, 8. Aufl., Berlin/New York 1988, S. 298.

[120] Vgl. Bildungsgesamtplan vom 15. Juni 1973, Band 1 und 2, Stuttgart 1973; Hüfner, Klaus/Naumann, Jens (Hrsg.), Bildungsplanung: Ansätze, Modelle, Probleme, Stuttgart 1971; ferner Bormann, Manfred, Bildungsplanung in der Bundesrepublik Deutschland, Opladen 1978; Mäding, Heinrich, Bildungsplanung und Finanzplanung, Stuttgart 1974.

[121] Vgl. Art. 9 des Verwaltungsabkommens zwischen Bund und Ländern über die Errichtung einer gemeinsamen Kommission für Bildungsplanung, dokumentiert in: Informationen über die Bund-Länder-Kommission für Bildungsplanung und Forschungsförderung, Bonn 1979.

[122] Vgl. König, Klaus, Nationwide Plans and the Planning of Policy at the Central Level of Government: The Federal Republic of Germany, in: Verwaltungswissenschaftliche Informationen, Sonderheft 7, Bonn 1986, S. 40.

[123] Vgl. Erichsen, Hans-Uwe/Martens, Wolfgang, Das Verwaltungshandeln, in: dies. (Hrsg.), Allgemeines Verwaltungsrecht, 8. Aufl., Berlin/New York 1988, S. 298.

Während die zuerst genannte Gruppe von Plänen – Haushaltsplan, Finanzplan, Bildungsgesamtplan usw. – keine eigene spezifische Rechtsform kennt[124], ist ein Planfeststellungsbeschluss in der Regel ein „komplexer Verwaltungsakt".[125] Ungeachtet der jeweiligen spezialgesetzlichen Besonderheiten lässt sich hier von einem einheitlichen Rechtsinstitut sprechen, dass mit den Vorschriften des Verwaltungsverfahrensgesetzes auch mit allgemeinen Verfahrensregeln erfasst werden kann[126], die freilich gegenüber inhaltsgleichen oder entgegenstehenden fachgesetzlichen Bestimmungen zurücktreten. Auch findet das Planfeststellungsverfahren nur Anwendung bei raumbezogenen Vorhaben.[127] Dennoch ist die Bedeutung der Vorschriften zum Planfeststellungsverfahren nicht zu unterschätzen. Ohne dass explizit die Rede von einem entsprechenden Plan ist, orientierten sich beispielsweise Genehmigungen nach Atomgesetz sowie nach Bundesimmissionsschutzgesetz an den Vorschriften des Verwaltungsverfahrensgesetzes zum Planfeststellungsverfahren.[128] Insgesamt gilt es festzuhalten, dass der Plan sich nicht als einheitliche Rechtsform innerhalb der Rechtsordnung herausgebildet hat.[129] Dies darf bei der Vielschichtigkeit der unter den Planungsbegriff fallenden Handlungen wohl auch nicht erwartet werden. Dennoch dürften besondere Rechtsformen für die verschiedenen Planarten nützlich sein.

2. Nichtkodifizierte Handlungsformen

Die Verwaltung bedient sich einiger nicht explizit im Verwaltungsverfahrensgesetz genannter Handlungsformen. Zunächst ist hier auf den Realakt bzw.

---

[124] Vgl. Ossenbühl, Fritz, Die Handlungsformen der Verwaltung, in: Juristische Schulung 1979, S. 684; ferner Erichsen, Hans-Uwe/Martens, Wolfgang, Das Verwaltungshandeln, in: dies. (Hrsg.), Allgemeines Verwaltungsrecht, 8. Aufl., Berlin/New York 1988, S. 294 ff.; Maurer, Hartmut, Allgemeines Verwaltungsrecht, 16. Aufl., München 2006, S. 431.

[125] Vgl. Badura, Peter, Das Verwaltungsverfahren, in: Hans-Uwe Erichsen/Wolfgang Martens (Hrsg.), Allgemeines Verwaltungsrecht, 8. Aufl., Berlin/New York 1988, S. 444.

[126] Vgl. Badura, Peter, Das Verwaltungsverfahren, in: Hans-Uwe Erichsen/Wolfgang Martens (Hrsg.), Allgemeines Verwaltungsrecht, 8. Aufl., Berlin/New York 1988, S. 444.

[127] Vgl. Maurer, Hartmut, Allgemeines Verwaltungsrecht, 16. Aufl., München 2006, S. 479.

[128] Vgl. Badura, Peter, Wirtschaftsverwaltungsrecht, in: Ingo von Münch (Hrsg.), Besonderes Verwaltungsrecht, 8 Aufl., Berlin/New York 1988, S. 335.

[129] Vgl. Püttner, Günter, Allgemeines Verwaltungsrecht, 7. Aufl., Düsseldorf 1995, S. 132 f.; ferner Erichsen, Hans-Uwe/Martens, Wolfgang, Das Verwaltungshandeln, in: dies. (Hrsg.), Allgemeines Verwaltungsrecht, 8. Aufl., Berlin/New York 1988, S. 300 f.

das schlichte Hoheitshandeln[130] einzugehen. Sind die meisten der bisher behandelten Handlungsformen auf einen Rechtserfolg gerichtet, so ist jenes auf einen tatsächlichen Erfolg gerichtet.[131] Unter das schlichte Hoheitshandeln fallen in einer weniger formalen Betrachtung alle Handlungsformen der Verwaltung, die nicht in die anderen Kategorien passen wollen, wie z. B. behördliche Auskünfte, Warnungen, Empfehlungen, die Herstellung und Unterhaltung öffentlicher Einrichtungen und Straßen.[132] Die Verwaltungswissenschaft interessiert sich für solche Akte aus verschiedenen Gründen. Zunächst muss schon ihre Rechtsform diskutiert werden. Wird sie verneint, bedarf es der Abgrenzung gegenüber rechtsförmigen Akten. Schließlich kann auch Verwaltungshandeln, dem man keine eigene Rechtsform beimisst, Rechtsfolgen auslösen. Zusätzlich ist auf die Differenzierung verwaltungsinterner Entscheidungen hinzuweisen, nämlich auf interne Anweisungen als individuell-konkrete Weisungen und auf interne Verwaltungsvorschriften als abstrakt generelle Weisungen.[133]

Satzungen, Rechtsverordnungen und Verwaltungsvorschriften weisen in der Regel einen abstrakt-generellen Charakter auf.[134] Sie sind damit im Grunde genommen als Normtypen und Rechtsquellen zu betrachten. Andererseits müssen sie auch als Handlungsformen der Verwaltung eingestuft werden. Denn sie bestimmen nicht nur das Handeln der Verwaltung, sondern werden von der Verwaltung zur einheitlichen Regelung einer größeren Zahl gleichgelagerter Fälle erlassen.[135] Freilich handelt es sich bei der erlassenden Verwaltung meist

---

[130] Vgl. Jellinek, Walter, Verwaltungsrecht, 3. Aufl., Berlin 1931, S. 21 ff.

[131] Vgl. Krause, Peter, Rechtsformen des Verwaltungshandelns, Berlin 1974, S. 54 ff.; Maurer, Hartmut, Allgemeines Verwaltungsrecht, 16. Aufl., München 2006, S. 410 f.

[132] Vgl. Ossenbühl, Fritz, Die Handlungsformen der Verwaltung, in: Juristische Schulung 1979, S. 685; ders., Vorsorge als Rechtsprinzip im Gesundheits-, Arbeits- und Umweltschutz, in: Neue Zeitschrift für Verwaltungsrecht 1986, S. 170; ferner Erichsen, Hans-Uwe/Martens, Wolfgang, Das Verwaltungshandeln, in: dies. (Hrsg.), Allgemeines Verwaltungsrecht, 8. Aufl., Berlin/New York 1988, S. 363; Maurer, Hartmut, Allgemeines Verwaltungsrecht, 16. Aufl., München 2006, S. 410 f.; Oebbecke, Janbernd, Die staatliche Mitwirkung an gesetzesabwendenden Vereinbarungen, in: Deutsches Verwaltungsblatt 1986, S. 795.

[133] Vgl. Wolff, Hans J./Bachof, Otto, Verwaltungsrecht I, 9. Aufl., München 1974, S. 118 f. und S. 387 f.

[134] Vgl. Maurer, Hartmut, Allgemeines Verwaltungsrecht, 16. Aufl., München 2006, S. 144 und S. 349; ferner Blümel, Willi, Allgemeine Verwaltungsvorschriften, allgemeine Weisungen, allgemeine Rundschreiben in der Staatspraxis der Bundesauftragsverwaltung, in: Arthur Benz u. a. (Hrsg.), Institutionenwandel in Regierung und Verwaltung, Berlin 2004, S. 295 ff.

[135] Vgl. Ossenbühl, Fritz, Die Handlungsformen der Verwaltung, in: Juristische Schulung 1979, S. 684; ferner Maurer, Hartmut, Allgemeines Verwaltungsrecht, 16. Aufl., München 2006, S. 348 ff.; Schmidt-Aßmann, Eberhard, Die Lehre von den Rechtsformen des Verwaltungshandelns. Ihre Bedeutung im System des Verwaltungsrechts und für das verwaltungsrechtliche Denken der Gegenwart, in: Deutsches Verwaltungsblatt 1989, S. 536.

um oberste Behörden und bei der befolgenden Verwaltung um nachgeordnete Behörden. Es ergeben sich mithin unterschiedliche Zuordnungen.[136]

Die Vergabe von Subventionen[137] kann als eigenständige Handlungsform der Verwaltung betrachtet werden, wobei die Bewilligung als Verwaltungsakt erfolgt und die Abwicklung im Rahmen eines privatrechtlichen (Darlehens-) Vertrages.[138] Wegen dieser zwei unterschiedlichen Rechtskreisen zuzuordnenden Stufen kennzeichnet man[139] die Vergabe von Subventionen als zusammengesetzte Handlungsform. Es lassen sich verschiedene Arten von Subventionen unterscheiden. Zu nennen sind hier verlorene Zuschüsse, Darlehen, Bürgschaften und sonstige Gewährleistungen sowie Realförderungen. Sie zielen allesamt auf die Herbeiführung eines bestimmten Verhaltens, das als gesellschaftlich oder volkswirtschaftlich sinnvoll betrachtet wird. Die Subventionierung dient also keinem Selbstzweck wie etwa die Gewährung von Sozialleistungen, sondern ist Mittel zum Zweck, wenn die Mittel auch nicht immer den angestrebten Zweck erfüllen.[140] Die Verwaltung kann auch in reinen Privatrechtsformen auftreten, wenn sie etwa Dienst-, Lieferungs- und Nutzungsverträge abschließt, wenn sie am freien Wettbewerb teilnimmt oder wenn sie öffentliche Aufträge vergibt.[141]

3. Umsetzung von Handlungsformen

Wird davon ausgegangen, dass der Bürger durch die einem Verwaltungsvertrag vorausgehenden Verhandlungen auch beim Vollzug einer jeweiligen Maßnahme stärker involviert und auch zur Umsetzung stärker motiviert wird, so wird dies auch der Fall sein, wenn es im Rahmen des Erlasses von Verwaltungsakten zu Verhandlungen kommt.[142] Zur Verwaltungsrealität gehört neben

---

[136] Vgl. Schmidt-Aßmann, Eberhard, Die Lehre von den Rechtsformen des Verwaltungshandelns. Ihre Bedeutung im System des Verwaltungsrechts und für das verwaltungsrechtliche Denken der Gegenwart, in: Deutsches Verwaltungsblatt 1989, S. 535 f.

[137] Vgl. Bleckmann, Albert, Subventionsrecht, Stuttgart u. a. 1978.

[138] Vgl. Maurer, Hartmut, Allgemeines Verwaltungsrecht, 16. Aufl., München 2006, S. 442.

[139] Vgl. Ossenbühl, Fritz, Die Handlungsformen der Verwaltung, in: Juristische Schulung 1979, S. 686; Püttner, Günter, Allgemeines Verwaltungsrecht, 4. Aufl., Düsseldorf 1977, S. 78 ff.

[140] Vgl. Rüfner, Wolfgang, Unternehmen und Unternehmer in der verfassungsrechtlichen Ordnung der Wirtschaft, in: Deutsches Verwaltungsblatt 1976, S. 693.

[141] Vgl. Ossenbühl, Fritz, Die Handlungsformen der Verwaltung, in: Juristische Schulung 1979, S. 685.

[142] Vgl. Dose, Nicolai, Konzeptioneller Erklärungsrahmen für Verhandlungsprozesse mit Ordnungsverwaltungen, vervielfältigtes Arbeitspapier des Sonderforschungsberei-

dem rechtsförmigen auch das informale[143] bzw. in anderer, positiv gewendeter Ausformung das kooperative Verwaltungshandeln.[144] Insbesondere massenweise anfallende Routineentscheidungen werden nach wie vor durch den klassischen Verwaltungsakt vermittelt.[145] Jedoch gibt es auch hier hinreichende Hinweise, dass die mit einer großen Zahl von Steuerbescheiden konfrontierten Finanzbehörden sich in erheblichem Umfang auf Verhandlungsprozesse mit dem einzelnen Bürger einlassen, um Einsprüchen zuvorzukommen oder um diesen abzuhelfen. Die Verwaltung bemüht sich bei gegebener Ausstattung mit Ressourcen und gegebenen Aufgaben um möglichst gute Publikumsbeziehungen, um sich damit selbst zu entlasten.[146] Weitere Anhaltspunkte für den Rückgriff auch der Ordnungsverwaltung auf Verhandlungen sowohl zur Begleitung rechtsförmigen Handelns als auch zum Ersatz klassischen hoheitlichen Handelns liegen seit längerem schon aus dem Bereich des Umweltrechtes vor.[147]

Entsprechend werden verschiedene Arten von Absprachen genannt, welche an die Stelle eines Verwaltungsaktes treten, wenn es etwa um die Sanierung einer umweltbelastenden Anlage geht. Weil ein rechtlicher Bindungswille bei keiner der beiden Parteien auszumachen ist, könnten diese Absprachen nicht über die Qualifizierung als öffentlich-rechtliche Verwaltungsverträge in den

---

ches 221 der Universität Konstanz, Konstanz 1986, S. 9 f. und 34 f.; ders., Die verhandelnde Verwaltung, Baden-Baden 1997.

[143] Vgl. Bohne, Eberhard, Informales Verwaltungshandeln im Gesetzesvollzug, in: Erhard Blankenburg/Klaus Lenk (Hrsg.), Organisation und Recht, Opladen 1980, S. 20 ff.

[144] Vgl. Bulling, Manfred, Kooperatives Verwaltungshandeln (Vorverhandlungen, Arrangements, Agreements und Verträge) in der Verwaltungspraxis, in: Die Öffentliche Verwaltung 1989, S. 277 ff.

[145] Vgl. Hoffmann-Riem, Wolfgang, Verhandlungslösungen und Mittlereinsatz im Bereich der Verwaltung: Eine vergleichende Einführung, in: ders./Eberhard Schmidt-Aßmann (Hrsg.), Konfliktbewältigung durch Verhandlungen, Baden-Baden 1990, S. 15.

[146] Vgl. Ellwein, Thomas, Über Verwaltungskunst oder: Grenzen der Verwaltungsführung und der Verwaltungswissenschaft, in: Staatswissenschaften und Staatspraxis 1990, S. 99 f.

[147] Vgl. Mayntz, Renate u. a., Vollzugsprobleme der Umweltpolitik. Empirische Untersuchung der Implementation von Gesetzen im Bereich der Luftreinhaltung und des Gewässerschutzes, Stuttgart 1978; ferner Bohne, Eberhard, Informales Verwaltungshandeln im Gesetzesvollzug, in: Erhard Blankenburg/Klaus Lenk (Hrsg.), Organisation und Recht, Opladen 1980, S. 20 ff.; Bohne, Eberhard, Absprachen zwischen Industrie und Regierung in der Umweltpolitik, in: Volkmar Gessner/Gerd Winter (Hrsg.), Rechtsformen der Verflechtung von Staat und Wirtschaft, Opladen 1982, S. 266 ff.; Bohne, Eberhard, Informalität, Gleichheit und Bürokratie, in: Rüdiger Voigt (Hrsg.), Gegentendenzen zur Verrechtlichung, Opladen 1983, S. 202 ff.; Bohne, Eberhard, Informales Verwaltungs- und Regierungshandeln als Instrument des Umweltschutzes, in: Verwaltungsarchiv 1984, S. 343 ff.; Hucke, Jochen/Ullmann, Arieh A., Konfliktregelung zwischen Industriebetrieb und Vollzugsbehörde bei der Durchsetzung regulativer Politik, in: Renate Mayntz (Hrsg.), Implementation politischer Programme, Empirische Forschungsberichte, Königstein/Ts. 1980, S. 105 ff.

Kreis des rechtsförmigen Verwaltungshandelns geholt werden. Ihr Alternativcharakter zu rechtsförmigem Verwaltungshandeln wird somit unterstrichen. Im Einzelnen werden drei Ausprägungen unterschieden[148]: Einfache Absprachen bezögen sich auf Ziele und Durchführungsmodalitäten; Austauschabsprachen würden Sanierungen entsprechender Anlagen – Leistungen der Betreiber – und behördliches Entgegenkommen – Gegenleistung der Genehmigungsbehörde – in ein wechselseitiges Abhängigkeitsverhältnis bringen; Vergleichsabsprachen würden bei bestehenden Ungewissheiten über die Sach- und Rechtslage getroffen.

In der subordinationsrechtlichen Form ergänzt bzw. ersetzt der öffentlich-rechtliche Verwaltungsvertrag zunehmend belastende Verwaltungsakte in meist komplizierteren Fällen, in denen entweder eine hoheitliche Vorgehensweise der Verwaltung zu Rechtsmitteln durch den Normbetroffenen führen würde oder aber ein frühzeitiger oder überobligatorischer Vollzug einer entsprechenden Vorschrift angestrebt wird. Dabei werden die Befugnisse der Verwaltung in Teilen durch die Grundrechte der betroffenen Bürger erweitert, allerdings nur insoweit als die Verwaltung auf die Grundrechtsausübung der Bürger reagiert. Jedenfalls ist die Verwaltung beim Abschluss von Verwaltungsverträgen an das geltende Recht, insbesondere an den Gesetzesvorrang und den Gesetzesvorbehalt gebunden.[149]

Um die Einhaltung des Vertrages sicherzustellen, hat die Verwaltung zwei Möglichkeiten. Erstens kann sie bei Vertragsbruch zur zwangsweisen Durchsetzung eines Vertrages eine Klage zur Erlangung eines Vollstreckungstitels anstrengen. Oder sie kann zweitens schon im Vertrag die Unterwerfung des nicht-öffentlichen Vertragspartners unter die sofortige Vollstreckung vereinbaren.[150] Die Analyse einiger durch ein Regierungspräsidium abgeschlossener Verträge hat ergeben, dass dort häufig und wohl sonst auch in der Praxis die letztgenannte Option gewählt wird.[151] Darüber hinaus wird von diesem Regierungspräsidium in der Regel gleichzeitig ein entsprechend hohes Zwangsgeld angedroht. So können Verträge auch bei widerstrebenden Vertragspartnern ohne große Verzögerung durchgesetzt werden.[152] Es werden allerdings Bedenken

---

[148] Vgl. Bohne, Eberhard, Informales Verwaltungs- und Regierungshandeln als Instrument des Umweltschutzes, in: Verwaltungsarchiv 1984, S. 354 f.

[149] Vgl. Maurer, Hartmut, Der Verwaltungsvertrag – Probleme und Möglichkeiten, in: Deutsches Verwaltungsblatt 1989, S. 805, 807.

[150] Vgl. Erichsen, Hans-Uwe/Martens, Wolfgang, Das Verwaltungshandeln, in: dies. (Hrsg.), Allgemeines Verwaltungsrecht, 8. Aufl., Berlin/New York 1988, S. 341.

[151] Vgl. Püttner, Günter, Allgemeines Verwaltungsrecht, 4. Aufl., Düsseldorf 1977, S. 111.

[152] Vgl. Arnold, Peter, Die Arbeit mit öffentlich-rechtlichen Verträgen im Umweltschutz beim Regierungspräsidium Stuttgart, in: Verwaltungsarchiv 1989, S. 130, 136;

gegen die Unterwerfung unter die sofortige Vollstreckung im Rahmen des Verwaltungsvertrages geltend gemacht. Es bestünde die Gefahr, dass sich ein Bürger, der sich sachunkundig vorschnell auf einen Vertrag eingelassen habe, auch noch der sofortigen Vollstreckung ausliefere.[153] Zumindest für gewisse Fälle kann entgegengehalten werden, dass es sich bei den Vertragspartnern um juristisch außerordentlich gut beratene Großunternehmen handelte, die sich nicht vorschnell einem gravierenden Nachteil ausliefern.[154] Anders wird es sich bei den 1200 Verträgen zum Abbruch von Kleinbauten im Außenbereich darstellen, von denen aus der Verwaltungspraxis berichtet wird.[155] Da es sich hierbei jedoch um die Behebung einer zwar jahrelang geduldeten, jedoch rechtswidrigen Situation geht, für deren Behebung grundsätzlich auch der hoheitliche Verwaltungsakt in Frage kommt, und im Wesentlichen über die einzuhaltenden Fristen verhandelt wurde, kann auch hier keine Übervorteilung des Bürgers ausgemacht werden. Im Gegenteil kann im Rahmen der Verwaltungsverträge auf die je spezifischen Bedürfnis- und Interessenlagen der betroffenen Bürger eingegangen werden.[156]

Bei Genehmigungs- und Planfeststellungsverfahren werden zwei informale Erscheinungsformen unterschieden[157]: Erstens sei zu beobachten, dass vor der Antragstellung bzw. vor der Planeinreichung intensive Vorverhandlungen über die verfahrens- und materiellrechtlichen Voraussetzungen einer Genehmigung zwischen der zuständigen Behörde und dem Antragsteller stattfinden würden. Zweitens würde die Genehmigungsbehörde dem Antragsteller nicht selten vor Erlass des Genehmigungsbescheides eine ausformulierte Vorfassung des Bescheides mit der Bitte um Stellungnahme und auf Rechtsmittelverzicht zusenden. Hierbei gehe das Ausmaß der beobachteten Vorverhandlungen über das Beratungsgebot hinaus, sie sind jedoch nicht generell rechtswidrig. Die Vorverhand-

---

Bulling, Manfred, Kooperatives Verwaltungshandeln in der Verwaltungspraxis, in: Die Öffentliche Verwaltung 1989, S. 281.

[153] Vgl. Maurer, Hartmut, Der Verwaltungsvertrag – Probleme und Möglichkeiten, in: Deutsches Verwaltungsblatt 1989, S. 803.

[154] Vgl. Bulling, Manfred, Kooperatives Verwaltungshandeln in der Verwaltungspraxis, in: Die Öffentliche Verwaltung 1989, S. 278, S. 284 ff.

[155] Vgl. Arnold, Peter, Die Arbeit mit öffentlich-rechtlichen Verträgen im Umweltschutz beim Regierungspräsidium Stuttgart, in: Verwaltungsarchiv 1989, S. 132 ff.; Bulling, Manfred, Kooperatives Verwaltungshandeln in der Verwaltungspraxis, in: Die Öffentliche Verwaltung 1989, S. 282.

[156] Vgl. Arnold, Peter, Die Arbeit mit öffentlich-rechtlichen Verträgen im Umweltschutz beim Regierungspräsidium Stuttgart, in: Verwaltungsarchiv 1989, S. 134.

[157] Vgl. Bohne, Eberhard, Informales Verwaltungs- und Regierungshandeln als Instrument des Umweltschutzes, in: Verwaltungsarchiv 1984, S. 347.

lungen seien quasi ein behördlicher „Extra-Service", der im pflichtgemäßen Ermessen der Behörden stehe.[158]

Rechtliche und tatsächliche Formen des Verwaltungshandelns sind historisch gewachsen. Sie unterliegen nicht nur nationalen Eigenarten. Es gibt auch Systemgrenzen wie eben der zwischen einer Kaderverwaltung im realen Sozialismus und einem klassisch-europäischen Verwaltungssystem und seiner Rechtsstaatlichkeit. Innerhalb eines Verwaltungs- und Rechtsraums wie der Bundesrepublik folgen Formen des Verwaltungshandelns den sozialen Veränderungen und dem rechtlichen Wandel. Schon aus unterschiedlichen Rechtsperspektiven ergeben sich produktive Spannungen, aber möglicherweise auch Entwicklungshemmnisse. Die Lehre von den Rechtsquellen und die vom Verwaltungshandeln bilden in der legalistischen Verwaltung sich überlappende Klassifikationen von Rechtsformen.[159] Zumindest Rechtsverordnungen und Rechtssatzungen sind zugleich als Normtypen wie als Verwaltungshandlungen zu betrachten. Eine stärkere Einbeziehung dieser Formen in das Verwaltungsverfahrensrecht könnte möglicherweise deren Fortentwicklung fördern.[160]

Vor allem ist aber auf die Spannungslage zwischen Normativität und Faktizität zu sehen. Die in einer sich verändernden Verwaltung erfahrbaren Handlungsformen können sich dem herkömmlichen juristischen Relevanzschema entziehen. Das bedeutet nicht, dass über Rechtmäßigkeit bzw. Rechtswidrigkeit nicht geurteilt werden kann. Der Rechtsmaßstab ist in der rechtsstaatlichen Verwaltung prinzipiell erheblich. Indessen können sich mit neuen Aufgaben der Technologiepolitik, des Umweltschutzes, der Sozialvorsorge wiederum neue Handlungsinstrumente des Staates herausbilden, die sich in die geltende Gliederung der Rechtsformen nicht ohne weiteres einordnen lassen. In diesem Sinne ist auch die Betrachtung der Formen des Verwaltungshandelns um die Analyse ihres tatsächlichen Vollzugs zu erweitern. Sie sollte auch in entsprechende klassifikatorische Überlegungen Eingang finden.[161] Dabei sind sowohl

---

[158] Vgl. Bohne, Eberhard, Informales Verwaltungs- und Regierungshandeln als Instrument des Umweltschutzes, in: Verwaltungsarchiv 1984, S. 350.

[159] Vgl. König, Klaus, Zur juristischen Klassifikation staatlicher Handlungsformen, in: Commemorative Issue, Keio Law Review 1990, S. 249 ff.

[160] Vgl. Schmidt-Aßmann, Eberhard, Die Lehre von den Rechtsformen des Verwaltungshandelns. Ihre Bedeutung im System des Verwaltungsrechts und für das verwaltungsrechtliche Denken der Gegenwart, in: Deutsches Verwaltungsblatt 1989, S. 535.

[161] Vgl. Fuchs, Gerhard/Rucht, Dieter, Sozial- und Umweltverträglichkeit von technischen Systemen als Regelungsproblem: Möglichkeiten und Grenzen des Rechts, in: Jahresschrift für Rechtspolitologie 1988, S. 173 ff.; König, Klaus/Dose, Nicolai, Klassifizierungsansätze staatlicher Handlungsformen. Eine steuerungstheoretische Abhandlung, Speyerer Forschungsberichte Nr. 83, Speyer 1989, S. 149 ff.

die Vorteile[162] kooperativen Verwaltungshandelns wie Problemnähe, Flexibilität[163] und die Möglichkeit zu differenzierten Lösungen bei auch komplexen Problemen mit stark vernetzten Ursachenzusammenhängen als auch mögliche Schwierigkeiten[164] wie die Zulässigkeit, die offene Frage des Rechtsschutzes Dritter[165] und damit die Gefahr der Vereinnahmung der Verwaltung durch Sonderinteressen[166], die unter Umständen fehlenden Sanktionsmöglichkeiten bei absprachewidrigem Verhalten, die Aufgabe der Verfahrensdominanz der Verwaltung sowie schließlich das geringe Potential für konsensuale Lösungen zu beachten.[167] Die Klassifikation des Verwaltungshandelns muss nicht für jede administrative Variante eine spezifische Rechtsform bereit halten. Gegenüber dem Verwaltungsalltag von Versuch und Irrtum ist eine gewisse Distanz, auch eine zeitliche Verzögerung durchaus sinnvoll, bevor Formalisierungen eingreifen. Indessen müssen letztlich jene Funktionen gesichert sein, die die Rechtsförmigkeit für den Schutz des Bürgers und die Rationalisierung für die Verwaltung bedeuten.

---

[162] Vgl. Bauer, Hartmut, Informales Verwaltungshandeln im öffentlichen Wirtschaftsrecht, in: Verwaltungsarchiv 1987, S. 250 ff.; Benz, Arthur, Verhandlungen, Verträge und Absprachen in der öffentlichen Verwaltung, in: Die Verwaltung 1990, S. 91, 96; Di Fabio, Udo, Vertrag statt Gesetz? in: Deutsches Verwaltungsblatt 1990, S. 338 ff.

[163] Vgl. Eberle, Carl-Eugen, Arrangements im Verwaltungsverfahren, in: Die Verwaltung 1984, S. 464; ferner Baudenbacher, Carl, Verfahren als Alternative zur Verrechtlichung im Wirtschaftsrecht, in: Zeitschrift für Rechtspolitik 1986, S. 304; Becker, Jürgen, Informales Verwaltungshandeln zur Steuerung wirtschaftlicher Prozesse im Zeichen der Deregulierung, in: Die Öffentliche Verwaltung 1985, S. 1009.

[164] Vgl. Bauer, Hartmut, Informales Verwaltungshandeln im öffentlichen Wirtschaftsrecht, in: Verwaltungsarchiv 1987, S. 254 ff.

[165] Baudenbacher, Carl, Verfahren als Alternative zur Verrechtlichung im Wirtschaftsrecht, in: Zeitschrift für Rechtspolitik 1986, S. 304; Hill, Hermann, Das hoheitliche Moment im Verwaltungsrecht der Gegenwart, in: Deutsches Verwaltungsblatt 1989, S. 327; Hoffmann-Riem, Wolfgang, Verhandlungslösungen und Mittlereinsatz im Bereich der Verwaltung: Eine vergleichende Einführung, in: ders./Eberhard Schmidt-Aßmann (Hrsg.), Konfliktbewältigung durch Verhandlungen, Baden-Baden 1990, S. 24 ff.

[166] Vgl. Hoffmann-Riem, Wolfgang, Verhandlungslösungen und Mittlereinsatz im Bereich der Verwaltung: Eine vergleichende Einführung, in: ders./Eberhard Schmidt-Aßmann (Hrsg.), Konfliktbewältigung durch Verhandlungen, Baden-Baden 1990, S. 28.

[167] Vgl. Benz, Arthur, Verhandlungen, Verträge und Absprachen in der öffentlichen Verwaltung, in: Die Verwaltung 1990, S. 87 f.; ders., Kooperative Verwaltung, Baden-Baden 1994.

III. Finale und konditionale Programmierungen

1. Programmierende Entscheidungen

In der modernen öffentlichen Verwaltung sind kaum Arbeitssituationen vorstellbar, in denen Probleme durch eine punktuelle Entscheidung ohne Vorentscheidung zu lösen sind. Selbst der Sachbearbeiter in einer Regierungszentrale, der nicht Gesetze vollzieht, nicht Pläne implementiert, sondern Änderungsentwürfe fertigt, kann sich regelmäßig auf politische Richtlinien, Koalitionsvereinbarungen, Regierungserklärungen rückbeziehen. So gehört es zur gemeinsamen Einsicht der legalistischen wie der managerialistischen Verwaltung, dass Entscheidungen in eine Kaskade von Vorentscheidungen und Nachentscheidungen eingebaut sind. In der legalistischen Verwaltung spricht man vom „Stufenbau der Rechtsordnung"[168], in der managerialistischen Verwaltung von der „Hierarchy of Decisions"[169].

Im Rechtspositivismus der legalistischen Verwaltung stützt man sich man dazu auf Strukturgegebenheiten der Rechtsordnung.[170] Im Verfassungs- und Gesetzesstaat zeigt sich eine hierarchische Ordnung von bedingenden und bedingten Normen und Rechtsakten. Bedingend sind jene Normen, die die rechtlichen Erzeugungsbedingungen für andere Normen und Akte enthalten. Sie sind den bedingten Rechtsakten übergeordnet. Die Verfassung bestimmt so die Erzeugungsbedingungen der Gesetze und anderer Staatsakte. Gesetze sind Verordnungen und niederrangigen Staatsakten vorgeordnet. Darunter kann man Einzelakte der Verwaltung stellen, so dass in rechtlicher Sicht sich Erzeugung und Anwendung als Prozess fortschreitender Normkonkretisierung darstellen. Gleichsam als Nebenhierarchie sind solche allgemeinen wie Einzelakte hinzuzurechnen, die verwaltungsinterne Bedeutung haben, sich an die Verwaltungsmitarbeiter als Adressaten wenden, also etwa Verwaltungsvorschriften oder Dienstanweisungen. Dass Verwaltungsvorschriften den Binnenbereich der öffentlichen Verwaltung intendieren, ändert freilich nichts an ihrem programmierenden Charakter. Man hat so etwa gesetzesauslegende oder norminterpretierende Verwaltungsvorschriften, ermessenslenkende Verwaltungsvorschriften, gesetzesvertretende Verwaltungsvorschriften unterschieden.[171]

---

[168] Vgl. Merkl, Adolf, Prolegomena einer Theorie des rechtlichen Stufenbaus, in: Alfred Verdross (Hrsg.), Gesellschaft, Staat und Recht, Wien 1931, S. 252 ff.

[169] Vgl. Simon, Herbert A., Administrative Behaviour, 4. Aufl., New York u. a. 1997, S. 4 f.

[170] Vgl. Adamovich, Ludwig K./Funk, Bernd-Christian, Allgemeines Verwaltungsrecht, 3. Aufl., Wien/New York 1987, S. 38 ff.

[171] Vgl. Maurer, Hartmut, Allgemeines Verwaltungsrecht, 16. Aufl., München 2006, S. 628 ff.

7. Kapitel: Entscheidungsprozesse in der Verwaltung

Der öffentliche Managerialismus knüpft demgegenüber nicht bei Strukturfragen einer verwaltungsrelevanten Rechtsordnung, sondern bei Funktionsfragen einer Arbeitsteilung von Politik und Verwaltung an. Sie findet ihren strukturellen Ausdruck zwar in der Trennung von Legislative und Exekutive. Diese werden aber nicht losgelöst voneinander betrachtet, sondern in den Kontext einer „Hierarchy of Decision" eingestellt.[172] Da dem Managerialismus eine Zweck-Mittel-Rationalität zugrunde liegt, geht es um ein finales Ordnungsgefüge. Die Hierarchie der Entscheidungen beginnt oben mit den Zweck- und Zielentscheidungen. Sie endet unten in den einzelnen Maßnahmeentscheidungen. Es besteht eine vertikale Verknüpfung zwischen den Entscheidungsstufen. Die Festlegung der „final aims" ist nicht Sache der Verwaltung. Die einschlägigen Entscheidungen sind politische über Zwecke und Ziele. Entsprechende Finalprogramme sind in erster Linie von der Legislative herzustellen. Verwaltungsentscheidungen betreffen Maßnahmen, die die Finalprogramme konkretisieren. Damit sind programmierende und programmierte Entscheidungen zu unterscheiden.

Dieses entscheidungstheoretische Verständnis differenzierter, gewalten- und zuständigkeitsteilender Handlungsprozesse[173] macht deutlich, dass es nicht um eine transitive Orientierung, um eine Hierarchie der Werte geht. Zwecke und Ziele sind nicht als Werte vorgegeben. Vielmehr beruht die Verknüpfung des Entscheidungsprozesses auf Positivität, auf der Programmwirkung der jeweils vorrangigen Entscheidung auf die nachfolgende Entscheidung. Hier sind Entscheidungsstufen denkbar, bei denen programmierende Entscheidungen auch auf Verwaltungsebene erfolgen.[174] In der managerialistischen Verwaltung gibt es eine Binnendifferenzierung der Entscheidungsmuster, die eine stufenweise Bearbeitung komplexer Entscheidungssituationen ermöglicht. Aber Verwaltungsentscheidungen enthalten dort, wo sie die verbindliche Allokation öffentlicher Güter treffen, unter dem Vorzeichen der Gewaltenteilung immer ein Moment der Vorentscheidung, also der programmierten Entscheidung.

In der Verwaltungswissenschaft, die einer kontinentaleuropäischen Moderne Rechnung zu tragen hat, muss man sich von der einseitigen Festlegung der Unterscheidung von programmierenden und programmierten Entscheidungen auf die Zweck-Mittel-Rationalität lösen. Auch in der legalistischen Verwaltung übersetzt man eine solche Zweck-Mittel-Rationalität des Handelns auf die systemische Ebene durch Finalprogramme. Das Verwaltungshandeln wird auf angezielte Resultate eingestellt. Das Programm hat das kommunikative Muster:

---

[172] Vgl. Simon, Herbert A., Administrative Behaviour, 4. Aufl., New York u. a. 1997, S. 4 f.; Simon, Herbert A.u. a., Public Administration, 16. Aufl., New York 1974.

[173] Vgl. Becker, Bernd, Öffentliche Verwaltung, Percha 1989, S. 73 f.

[174] Vgl. Fesler, James W./Kettl, Donald F., The Politics of the Administrative Process, 2. Aufl., Chatham NY 1996, S. 351 ff.

Zwecke sollen erreicht werden, und Mittel werden als geeignete Größen dafür eingesetzt. Daneben steht aber die Übersetzung der Subsumtionsrationalität in Konditionalprogramme, und zwar wiederum auf systemische Ebene.[175] Die moderne Verwaltung findet ihre normativen Vorgaben nicht im Naturrecht. Sie ist auf die Positivität von Konditionalprogrammen angewiesen. Diese Programme legen Entscheidungsprozesse der Verwaltung nach dem Wenn-Dann-Schema fest. Das Programm knüpft an die eingehende Information als auslösende Größe für die Entscheidung an: Jedes Mal, wenn die bezeichnete Handlungssituation als gegeben angezeigt wird, wird die vorgesehene Handlungsfolge ausgelöst.

In der politisch-administrativen Entscheidungspraxis findet man diese Grundformen der Programmsteuerung dem Umriss nach im klassischen Gesetz und im klassischen Plan. Ein solches Gesetz enthält einen Tatbestand und eine Rechtsfolge, also: wenn die und die sozialen Mangellagen vorliegen, sind die und die öffentlichen Leistungen zu erbringen; oder: wenn die und die ordnungswidrigen Zustände vorliegen, sollen die und die Maßnahmen ergriffen werden. Ein solcher Plan beinhaltet angestrebte Zustände und einzusetzende Mittel, also: Lehrlingsausbildungsstätten sollen eingerichtet werden, und soundso viel Geld soll dafür bereitstehen; oder: Krebskrankheiten sollen kontrolliert werden, und soundso viel Ärzte sollen dazu eingesetzt werden.

Aus diesen Beispielen wird indessen auch deutlich, dass konditionale und finale Programmierungen idealisierte Grundformen sozialer Kommunikationen meinen, die wir dann allenfalls als Komponenten im öffentlichen Handeln vorfinden. Wenn ein Gesetz auf ordnungswidrige Zustände abstellt, dann können Auslegungen nach dem Normzweck erforderlich werden. Wenn ein Plan den Einsatz von Ärzten vorsieht, dann schließt der Rückgriff auf die Approbationsordnung eine Vielfalt konditionaler Festlegungen ein. Solange wir die Alltagssprache benutzen, stehen überhaupt nur offene Entscheidungsmuster zur Diskussion, die zwar maßgeblich auf eine konditionale oder finale Programmsteuerung abstellen können, aber diese nicht streng ausführen, sondern offen sind für andere Einflussgrößen des Handelns. Gewisse alltagssprachliche Problemlösungsverfahren mag man noch über das Wenn-Dann-Schema und logisch-mathematische Ableitung in die Maschinensprache des Computers übersetzen können[176] und so zu einer strikt konditionalen Kommunikation kommen. Das Zweck-Mittel-Schema lässt sich aber in öffentlichen Angelegenheiten kaum ohne die Festlegung von Rahmenbedingungen, also Konditionen durch Opera-

---

[175] Vgl. Luhmann, Niklas, Lob der Routine, in: Verwaltungsarchiv 1964, S. 1 ff.; ders., Zweckbegriff und Systemrationalität, Tübingen 1968; ferner König, Klaus, Programmsteuerungen in komplexen politischen Systemen, in: Die Verwaltung 1974, S. 137 ff.

[176] Vgl. Klug, Ulrich, Juristische Logik, 3. Aufl., Berlin 1966, S. 157 ff.

tions-Research-Techniken in streng finale Entscheidungsmuster umsetzen.[177] Konditionalität und Finalität sind für die Verwaltungswissenschaften also zunächst analytische Kategorien, mit denen wir den Verwaltungsalltag der Gesetze und Pläne untersuchen. Hieran kann sich eine verwaltungspolitische Bewertung anschließen, die konditionale Programmierungen bevorzugt, wenn es um die Verstetigung von Problemlösungen geht, zu finalen Programmierungen greift, wenn komplexe Aufgaben in einer sich dynamisch verändernden Welt in Angriff zu nehmen sind.

Dabei darf man freilich nicht übersehen, dass mit der Diskussion finaler und konditionaler Programmierungen auch die Steuerung der sozialen Umwelt von Staat und Verwaltung berührt ist. Eine alte These der Verwaltungsforschung lautet, dass Handeln in Organisationen weitgehend von Kommunikationstechniken bestimmt sei.[178] Im Hinblick auf gesellschaftliche Regelungen und Steuerungen muss man mit dieser Aussage behutsam umgehen.[179] Zwei Endmeinungen kann man zumindest für komplexe politisch-administrative Systeme ausschließen: einmal die, dass die öffentlichen Kommunikationsformen systemindifferent in Bezug auf das Gesellschaftsgefüge sind, zum anderen die, dass eine Kommunikationsform zugleich das Gestaltungsprinzip der Gesellschaft schlechthin ist. Denn einerseits lassen sich die sozialen Problemlösungsverfahren nicht streng instrumentalisieren.[180] Ob es sich um die juristische Einzelfalllösung oder um die Zeitplanung durch Netzplantechnik handelt, immer geht etwas von den Verfahren in die resultierenden Zustände ein. Andererseits sind die hier in Frage stehenden Verwaltungskulturen so differenziert, dass einfache Muster sozialer Einwirkung nicht passen. Neben Markt oder Plan bestehen die zentralinstanzlichen Gesetze, die autonomen Satzungen, die politischen Programme usw. mit je eigenen Einflüssen auf die öffentlichen Verhältnisse.

Wenn wir angesichts ausdifferenzierter politisch-administrativer Handlungszusammenhänge die Probleme der Programmsteuerungen nicht gleich auf die gesellschaftliche Beschaffenheit zuspitzen müssen, so bleibt doch die Frage nach der sozialen Funktion bestimmter Kommunikationsformen, und zwar auch in umfassender Weise. Klassifikationen wie aktive und passive, ungesteuerte und übersteuerte Gesellschaften[181] veranlassen zur Fortsetzung einer prinzipiel-

---

[177] Vgl. Kruse, Hans-Joachim, Integrierte Planung am Beispiel eines Linear-Programming-Modells, in: Joseph H. Kaiser (Hrsg.), Planung VI, Baden-Baden 1972, S. 93 ff.

[178] Vgl. Barnard, Chester I., The Functions of the Executive, Cambridge (1938) 1960, S. 91.

[179] Vgl. Altvater, Elmar, Plan und Markt: Ökonomische Leistungsmechanismen und gesellschaftliches Strukturprinzip, in: Stadtbauwelt 1971, S. 111 ff.

[180] Vgl. Vente, Rolf E., Planung wozu? Baden-Baden 1969, S. 29.

[181] Vgl. Etzioni, Amitai, The Active Society: A Theory of Societal and Political Processes, New York 1968; Jantsch, Erich, Perspectives of Planning, OECD, Paris 1969.

len Diskussion von Steuerungskapazitäten, wie sie in der Staats- und Verwaltungstheorie traditionell geführt wird. Man denke an die Deutung des liberalrechtsstaatlichen Verwaltungsrechts als Abgrenzung von staatlicher Hoheit und privater Autonomie.

So finden wir die konditionale Programmsteuerung zunächst in politisch-administrativen Systemen, in denen die Verwaltung in spezifisch rechtsstaatlicher Absicht als Vollzug von Gesetzen oder mindestens in der Bindung an Gesetze begriffen wird. In diesen Systemen sind indessen in neuerer Zeit Kommunikationsformen entwickelt worden, die nun nicht mehr nur die verschwiegenen und variierenden Zielsetzungen des klassischen Gesetzes enthalten. Die Zweckfrage wird nicht mehr verdeckt durch Generalklauseln, unbestimmte Rechtsbegriffe und Ermessen gestellt. Im Maßnahmegesetz wird das konditionale Grundmuster aufgegeben. Es wird eine Relation zwischen einem konkreten Zweck und den zu seiner Erreichung eingesetzten Mitteln hergestellt. Die alte Frage nach dem Recht als Mittel oder Zweck wird insoweit durch dessen Instrumentalisierung beantwortet. Daneben gibt es jetzt eine Form von Zielgesetzen. In Gesetzen etwa zur Städtebauförderung oder zur Krankenhausfinanzierung werden Ziele von hohem gesellschaftspolitischem Rang formuliert und verbindlich gemacht. Sie werden zu Eckwerten wiederum anderer Finalprogramme, etwa eines Landesentwicklungsplans. Zu Programmsteuerungen nach explizitem Zweck-Mittel-Schema kann man auf Erfahrungen in Gesellschaften zurückgreifen, in denen wie in Nordamerika Verwaltung traditionell als ein „field of business" betrachtet wird oder in denen wie in den sozialistischen Ländern vom politischen System her eine besondere Affinität zur Planung besteht. In dem einen Falle kann man überprüfen, wie es gelungen ist, die individualisierte Rationalvorstellung auf die Programmebene zu übertragen.[182] In dem anderen Falle kann man untersuchen, wie bestimmte ökonomische Prämissen sich auf die politisch-administrativen Steuerungsketten auswirken.[183]

Politische, ökonomische und rechtsstaatliche Präferenzen schließen aber insbesondere für die legalistische und die managerialistische Verwaltungskultur nicht aus, dass der Programmierungsart ein stark situatives Moment eigen ist. Es gibt Entscheidungsbereiche, die durch eine Fülle von Rechts- und Verwaltungsvorschriften so konditional festgelegt sind, dass sich in den alltäglichen Informationsverarbeitungsprozessen die Frage nach dem Verwaltungszweck nicht stellt. Die Regulative von „Homeland Security" in den USA geben hier für die managerialistische Verwaltung ein bemerkenswertes Beispiel. Im Hinblick auf solche Erfahrungen hat man den Verwaltungsmann als einen Subsum-

---

[182] Vgl. Wildavsky, Aaron, The Politics of the Budgetary Process, Boston 1964.
[183] Vgl. Boettcher, Erik, Die zentrale Planung sowjetischen Typs im Wandel, in: H. K. Schneider (Hrsg.), Rationale Wirtschaftspolitik und Planung in der Wirtschaft von heute, Berlin 1967, S. 458 ff.

tionsautomaten bezeichnet. Zählt man zu solchen Routinen die Ansprüche der modernen Massenverwaltung hinzu, dann ist die Verbindung zu der automatisierten Datenverarbeitung hergestellt. Andererseits bestehen Entscheidungsbereiche, für die zwar ein konditionales Steuerungsmuster gegeben ist, das dann aber so unbestimmt bleibt, dass Zweckerwägungen immer wieder dominant werden. Die Prüfung von Informationen verlagert sich von der Frage, ob die gesetzten Bedingen erfüllt sind, auf die, ob die implizierten Zwecke die Situationstypik umgreifen. Zwecke sind bei solchen Unbestimmtheiten nicht nur nicht abgeschaltet, sondern mitlaufend zu beachten. Das gilt nicht nur von der Entscheidung im Rechtsstreit. Auch der Verwaltungsmann hat bei der Programmkonkretisierung Zweckverantwortung zu übernehmen. Man könnte insoweit von einem zweckkontrollierten Konditionalprogramm sprechen.[184]

Die Vielfältigkeit konditionaler und finaler Programmierungen weist auf die Prämisse hin, die auch Kategorien wie „Stufenbau der Rechtsordnung" und „Hierarchie of Decisions" vorausgeschickt ist, dass nämlich Grundlage der modernen Gesellschaft die soziale Differenzierung und hier die Differenzierung der öffentlichen Programme ist. Daher konnte dann auch die leninistische Formel von der Umwandlung in eine große Maschine, in einen Wirtschaftsorganismus, der so arbeitet, dass sich Hunderte von Millionen Menschen von einem einzigen Plan leiten lassen, vor der Geschichte nicht bestehen. Selbst die DDR bekam ihre einschlägige Volkswirtschaftsplanung nicht in den Griff. Insoweit ist es aufschlussreich, auf die Tradition der Gesetzgebung zurückzuschauen. Den Gedanken der Einheit und Geschlossenheit sozialer Regelung finden wir in der west- und mitteleuropäischen Kodifikationsidee.[185] Mit der kodifikatorischen Gesetzgebung im strengeren Sinne ist die Unterwerfung des Handelns unter die Herrschaft eines lückenlosen Normensystems gemeint, das in widerspruchsfreier Folge vom einzelnen Rechtssatz zu den obersten Grundsätzen aufsteigt. Mit solcher Gesetzgebung wird mindestens der Anspruch auf Ausschließlichkeit insoweit erhoben, dass alle nicht explizit geregelten Fragen sich aus der im Gesetz gegebenen Regelung beantworten lassen. Das setzt eine politische Bewertungskraft voraus, die über den sozialen Normalkonsens und über die Monopolisierung der Rechtsetzung für den Staat hinaus eine spezifische Machtgrundlage braucht, wie sie sich in obrigkeitsstaatlichen und nationalstaatlichen Entwicklungen einschließlich einer Komponente personaler Souveränität im Preußen des 18. Jahrhunderts und im napoleonischen Frankreich abzeichnet.

---

[184] Vgl. Esser, Josef, Vorverständnis und Methodenwahl in der Rechtsfindung: Rationalitätsgarantien der richterlichen Entscheidungspraxis, Frankfurt a. M. 1970, S. 142 ff.

[185] Vgl. Wieacker, Franz, Aufstieg, Blüte und Krisis der Kodifikationsidee, in: Festschrift für Gustav Boehmer, Bonn 1954, S. 34 ff.; ferner Ebel, Wilhelm, Geschichte der Gesetzgebung in Deutschland, 2. Aufl., Göttingen 1958, S. 73 ff.

Kodifikationen bedeuten aber noch mehr als die politische Ermöglichung einer gemeinsamen Wertbasis. Sie wollen Naturrechtsgesetzbücher in der methodisch erneuerten Gestalt des Vernunftrechts sein. Zu ihrer Vorbereitung gehört ein von den Naturwissenschaften her kommendes, mathematisierendes, – more geometrico – rationalisierendes Denken. Es wird ein deduktives, von Axiomen in logischer Folge zu den Einzelsätzen absteigendes Verfahren mit einem induktiven Verfahren verknüpft, das das juristische Material als Beobachtungsgegenstand betrachtet und einbezieht. Diese Form der Regelbildung soll ein Natur- und Vernunftrecht schaffen, das nicht einfach den Dingen innewohnt, sondern sich in rationaler Weise abhebt und dann realisierbar richtiges Recht für die konkrete historische Gesellschaft ermöglicht, für die staatliche Gesetzgebungsmacht erreichbar, eben kodifizierbar wird.

Mit einem so rationalisierten Recht kann man die Grenzen der Bewahrung vorgegebenen Naturrechts überschreiten. Man kann Kritik an den überlieferten Gesetzen üben und die Gerechtigkeit neu schaffen wollen. Man kann sich gegen altständische Interessen und gemeinrechtliche Traditionen wenden. Man kann in der Meinung rationaler Machtentfaltung die gute Gesellschaftsordnung wollen. Man kann reformerisch, ja revolutionär sein wollen. Man meint, über das rationale Schema für einen Bauplan säkularisierter Glückseligkeiten der Bürger oder Untertanen zu verfügen. Es braucht nur noch der Energien zu zukunftsschöpferischen Sozialgestaltung durch kodifikatorische Gesetzgebung.

Wir können hier beiseite lassen, zu welchen Wohlfahrts- und Machtverwirklichungen die Kodifikationsidee geführt hat. Für die Struktur der Steuerungs- und Regelungsverhältnisse ist erheblich, dass uns heute jedenfalls kein Preußisches Allgemeines Landrecht verbindet. Selbst mit Zehntausenden von Paragraphen ist dem jetzigen Normierungsbedarf nicht zu genügen. Und auch die auf Teilbereiche beschränkten Kodizes, die z. B. wie das Bürgerliche Gesetzbuch eine staatsfreie Wirtschaftsgesellschaft gestalten wollen, sind längst keine geschlossenen Regelungszusammenhänge mehr. Die heutige Gesetzgebung findet in einem komplexen politischen System statt, in dem dem Anspruch auf Systemrationalität durch spezifische Ausdifferenzierungen und Integrationen der Einflussmuster entsprochen wird.

Den Erfordernissen höherwertigerer, in ihrer Geltungskraft höherstufiger und allgemeinerer Normen wird in einer Rangordnung von der grundgesetzlichen Verfassung über das einfache Gesetz bis zur Rechtsverordnung Genüge getan. Diese Stufung ermöglicht umfassendere Steuerungen, ohne sich in dem Konzept eines axiomatisch-deduktiven Zusammenhangs festzufahren.[186] Die erforderliche Einheitlichkeit der Rechtsverhältnisse in einem politischen Sys-

---

[186] Vgl. Merkl, Adolf, Allgemeines Verwaltungsrecht, Neudruck, Darmstadt 1969, S. 157 ff.

tem wird nicht auf den Machtzentralismus des einen Gesetzgebers vereinfacht, sondern durch eine dezentrale Rangordnungsreihe von Bundesgesetzen, Landesgesetzen, Selbstverwaltungsgesetzen zu gewährleisten gesucht.[187] Hinzu treten Verfeinerungen wie eine Zuständigkeit zur Rahmengesetzgebung.

Erweist sich die Kodifikationsidee in ihrer totalen Meinung durch diese und weitere Aufgliederungen der öffentlichen Steuerungszusammenhänge widerlegt, dann bleibt sie doch in einem begrenzten Sinne als Kodifizierungsgedanke relevant. Wenn es dem Allgemeinen auch nicht gelingt, sich das Besondere zu unterwerfen, so haben doch Verallgemeinerungen ihren guten Grund. Die Grundentwicklung zur hocharbeitsteiligen Gesellschaft hat zu ganz anderen politisch-administrativen Zuständen als denjenigen geführt, die sich nach den kommunikativen Möglichkeiten eines Gesetzbuches zusammenfassen lassen. Je eigene Teilbereiche der Wirtschaft, des Sozialen, der Bildung, des Verkehrs, der Polizei usw. mit wiederum je eigenen Teilpolitiken und Teilverwaltungen haben sich nicht nur immer schärfer abgesondert. Vielmehr unterliegen die Teilsysteme einer ausgeprägten Innendifferenzierung. Sieht man dazu auf die Programmebene, dann gibt es z. B. zunächst die Reichsversicherungsordnung, das Handwerkerversicherungsgesetz, das Fremdrentengesetz, das Mutterschutzgesetz, das Versorgungsgesetz, das Jugendwohlfahrtsgesetz usw.

Sozialgesetze sind nur ein Beispiel für die Sonderungen öffentlicher Programme in der Normenflut unserer Tage. Sie legen den Gedanken nahe, dass der politisch-administrative Entscheidungsprozess in der Informationsverarbeitung fragmentiert und in der Interessenberücksichtigung partikularisiert ist. Hiernach ist zu überlegen, wie Integrationen geschaffen werden können, die die separierten Teilsysteme in eine höhere Ordnung wechselseitiger Abhängigkeit bringen. Nach klassischem Gesetzesverständnis darauf zu vertrauen, dass sich die gesetzlich Ordnung aus der natürlichen Zusammengehörigkeit der Lebensfragen ergebe[188], erscheint heutzutage zweifelhaft. Auch wenn man die erstaunliche Kontinuität in der Weiterentwicklung der ungeschriebenen Rechtssätze des allgemeinen Verwaltungsrechts zu würdigen weiß, wird man die programmatische Steuerung durch den Gesetzgeber auf dem einen oder anderen Gebiete – etwa beim allgemeinen Verwaltungsverfahren – für adäquat halten. Zumindest ist es erforderlich, eine Desintegration der öffentlichen Teilbereiche, wie des Sozialbereichs, nicht zuzulassen. Hier greift der begrenzte Kodifizierungsgedanke ein.

Wie von der überanstrengten Kodifikationsidee muss man sich von der Faszination einer Generalplanung jedenfalls für komplexe politische Systeme be-

---

[187] Vgl. Wolff, Hans J., Verwaltungsrecht I, 8. Aufl., München 1971, S. 137.
[188] Vgl. Eichler, Hermann, Gesetz und System, Berlin 1970, S. 22.

freien.[189] Soziale Differenzierung und soziale Integration sind auch die maßgeblichen Kategorien der Programmebene.[190] Es ist schwer vorstellbar, wie in den heute bekannten Gesellschaften eine Wertbasis und eine Informationsverarbeitungskapazität geschaffen werden können, die Konstruktion und Einführung eines völligen Zweck-Mittel-Zusammenhanges ermöglichen: mit den notwendigen Tiefengliederungen, Wegsteuerungen und „constraints", Koordinationen, Subordinationen usw. Man denke an die Schwierigkeiten schon mit der Einwirkung auf makroökonomische Größen wie Beschäftigungsstand und Wirtschaftswachstum. Das Steuerungsvermögen einer Gesellschaft beruht mit auf ihrer Informationsverarbeitungskapazität, und insoweit steckt der Leistungsgewinn heutiger Zivilisationen im kommunikativen Geschäft wie sonst in der Arbeitsteilung. Deswegen muss man die Fachplanungen der Ressorts nicht im Vorurteil gesamtgesellschaftlicher Irrationalität belassen, sondern sie auf ihre Systemrationalität hin untersuchen. Man wird es dabei mit Sozialplänen, Verkehrsplänen, Bildungsplänen usw. zu tun haben, die beachtliche Programmsteuerungen im Hinblick auf die Versorgung mit öffentlichen Gütern darstellen.

Bei einer solchen Analyse wird sich allerdings herausstellen, dass die Integration der Planung heute die vordringliche Frage ist. Mehr als die Arbeitsteilung bereitet uns die Zusammenfassung der arbeitsteilig erstellen Handlungsbeiträge Schwierigkeiten. Dazu gibt es in der Bundesrepublik Deutschland insofern eine aufschlussreiche Tradition, als hier im Sinne eines kooperativen Föderalismus Gemeinschaftsaufgaben verfassungsmäßig institutionalisiert worden sind, und zwar mit Planungsmöglichkeiten bei der Verbesserung der regionalen Wirtschaftsstruktur sowie der Verbesserung der Agrarstruktur und des Küstenschutzes, weiter im Forschungsbereich. Es erweist sich indessen, dass die Einrichtung einer gemeinsamen Planung von Bund und Ländern, die vertikale Integration durch die politischen Ebenen der föderativen Organisation hindurch bringt, wegen unterschiedlicher Prioritäten keineswegs unproblematisch für die von den Ländern auf ihrer Ebene zu bewerkstelligenden horizontalen Integrationen ist.[191]

Auch in anderen Steuerungsbereichen sind die deutschen Verhältnisse instruktiv für den Versuch, Planung zu integrieren. Das gilt für den Bund vor allem von der mittelfristigen Finanzplanung und der Globalsteuerung gesamt-

---

[189] Vgl. Scharpf, Fritz W., Zur Komplexität als Schranke der politischen Planung, in: Politische Vierteljahresschrift 1972, Sonderheft 4, S. 168 ff.

[190] Vgl. König, Klaus, Öffentliche Verwaltung und soziale Differenzierung, in: Verwaltungsarchiv 1973, S. 1 ff.

[191] Vgl. Kistner, Peter, Die Bundesstaatsproblematik der Regierungsprogramme und Regierungspläne, in: Regierungsprogramme und Regierungspläne, Schriftenreihe der Hochschule Speyer, Bd. 51, Berlin 1973, S. 63 ff.

wirtschaftlicher Ziele, für die Länder vor allem von der Landesentwicklungsplanung, insbesondere wenn die Absicht besteht, unter Zusammenfassung von Raumordnungsprogramm und Finanzplan zur Investitionsfestlegung zu kommen.[192] In der westlichen Welt sind aber die Unternehmungen am bekanntesten geworden, mit denen die Entwicklung neuer integrierter Systeme der Planung und Budgetierung angestrebt wird.[193] Sie sind nicht zuletzt deswegen besonders aufschlussreich, weil mit ihnen die umfassende kommunikative Bearbeitung des Zweck-Mittel-Schemas für öffentliche Angelegenheiten versucht wird.

2. Pläne und Planungen

Wenn auch Verwaltungshandeln in offenen Entscheidungssituationen zugleich von konditionaler wie finaler Rationalität geprägt zu sein pflegt, so stehen Pläne und Planungen zuerst für eine Zweck-Mittel-Orientierung in öffentlichen Angelegenheiten und entsprechenden programmierenden Entscheidungen. Die alte Zuweisung des Planungsbegriffs an eine Zentralverwaltungswirtschaft ist obsolet. Auch die westlichen Länder mit ihrer Ausdifferenzierung sozialer und wirtschaftlicher Sphären sind auf eine finale Allokation knapper Ressourcen angewiesen. Selbst bei weitgehender Liberalisierung der sozio-ökonomischen Verhältnisse wollte man zum Beispiel nicht auf eine staatliche Verkehrswegeplanung verzichten, und das gilt genauso für andere Bereiche der allgemeinen Infrastruktur. Nicht nur in der managerialistischen, sondern auch in der legalistischen Verwaltungskultur sind Pläne und Planungen in das öffentliche Handeln integriert.[194] Zwar war es im kontinentalen Legalismus gelungen, soziale Leistungen in das Wenn-Dann-Schema klassischer Gesetze zu kleiden: in Ansprüche auf Kindergeld, Wohngeld, Ausbildungsgeld usw. Damit war aber der öffentliche Steuerungsbedarf für Kindergärten, Wohnsiedlungen, Universitäten nicht befriedigt. Der westliche Wohlfahrtsstaat wurde je nach nationaler Ausprägung administrativer Daseinsvorsorge „Pläne-Staat".

Mit diesem Pluralismus wird deutlich, dass genauso wie es die Fachgesetze, also Baugesetze, Verkehrsgesetze, Schulgesetze, gibt, Fachpläne für Raumordnung, Autobahn, Schulbau die Grundorientierung einer hoch arbeitsteiligen

---

[192] Vgl. Wagener, Frido, Für ein neues Instrumentarium der öffentlichen Planung, in: Raumplanung – Entwicklungsplanung, Veröffentlichungen der Akademie für Raumforschung und Landesplanung, Band 80, Hannover 1972, S. 23 ff.

[193] Vgl. O'Cofaigh, Tomás, New Integrated Systems for Planning and Budgeting, International Institute of Administrative Sciences, Brüssel 1972.

[194] Vgl. Badura, Peter, Das Planermessen und die rechtsstaatliche Funktion des Verwaltungsrechts, in: Festschrift zum 25jährigen Bestehen des Bayerischen Verfassungsgerichtshofs, München 1973, S. 152 ff.

Verwaltung bestimmen.[195] Diese Pläne haben über den Ressortbezug hinaus vielfältige Referenzen. In der legalistischen Verwaltung interessiert zunächst die Einformung in die Rechtsordnung. So wird im deutschen Falle zwischen Pläne in Gesetzesform – etwas das Haushaltsgesetz –, in Verordnungsform – etwa ein Landesentwicklungsprogramm –, in Satzungsform – etwa ein Bebauungsplan –, in Verwaltungsaktsform – etwa ein Planfeststellungsbeschluss – unterschieden.[196] Bei solchen Unterscheidungen muss man darauf achten, dass es um rechtliche Zuordnungen geht, die Funktionen für den demokratischen Rechtsstaat und den Rechtsschutz der Bürger haben. Das ist nicht gering zu achten. Für die Verwaltungswissenschaft steht indessen Steuerungsbedarf und Steuerungskapazität final programmierender Entscheidungen im Vordergrund. Und insoweit entziehen sich viele Pläne einer primär rechtlichen Formierung. Das reicht von einer verwaltungsinternen Planung des Polizeieinsatzes bis zur mittelfristigen Finanzplanung, die im deutschen Falle vom Bundesministerium der Finanzen aufgestellt und begründet, von der Bundesregierung beschlossen und Bundestag und Bundesrat vorgelegt wird, aber rechtlich unverbindlich bleibt.[197]

Die Bindungskraft der Pläne reicht über Rechtsverbindlichkeiten hinaus. So wird in dem einen Falle das Haushaltsgesetz als Ermächtigung der Exekutive zu öffentlichen Ausgaben angesehen, im anderen Falle als eine Verpflichtung der Exekutive zu öffentlichen Ausgaben.[198] Halten Finanzminister, Regierungschef und Mehrheitsfraktion auch im folgenden Jahr an der mittelfristigen Finanzplanung fest, so erwächst daraus gegenüber abweichenden Ressortanforderungen eine beachtliche politische Bindungswirkung. Eine „influenzierte", „überredende" Planung[199], die auf „moral persuasion" setzt, kann durchaus zu verfestigten gesellschaftlichen Erwartungen führen. Und schließlich haben verwaltungsinterne Planungen die Macht hierarchisch geordneter Herrschaftsverhältnisse bis hin zur Ministerverantwortlichkeit hinter sich.

Unter den weiteren Referenzen der Planung wie Intensität und Dichte sind zwei Bezugsgrößen besonders hervorzuheben, nämlich Territorialität und Zeit. Im dezentralen politisch-administrativen System hat die räumliche Reichweite der Pläne eigenes Gewicht. So gibt es Pläne auf Bundesebene wie eine Fernstraßenplanung, auf Landesebene wie eine Krankenhausplanung, auf regionaler

---

[195] Vgl. Steinberg, Rudolf, Fachplanung, 2. Aufl., Baden-Baden 1993.

[196] Vgl. Schuppert, Gunnar Folke, Verwaltungswissenschaft, Baden-Baden 2000, S. 201.

[197] Vgl. Zimmermann, Horst/Henke, Klaus Dirk, Finanzwissenschaft, 9. Aufl., München 2005, S. 94 ff.

[198] Vgl. Pfiffner, James P., The President, the Budget and Congress, Boulder, Colorado, 1979.

[199] Vgl. Püttner, Günter, Verwaltungslehre, 3. Aufl., München 2000, S. 311.

Ebene wie eine Raumordnungsplanung, auf Kreisebene wie eine Entwicklungsplanung, auf gemeindlicher Ebene wie eine Flächennutzungsplanung. Eine Tradition der Bundesrepublik Deutschland sind die Gemeinschaftsaufgaben von Bund und Ländern. Hier kommt es in konstitutionell aufgezählten Politikfeldern wie Agrarstruktur, Küstenschutz zu einer gemeinsamen Rahmenplanung der Gebietskörperschaften.[200] An die Mehrebenenpolitik schließt sich die Frage jeweiliger Planungsdichte an.

Zeit ist eine immanente Größe jeder Planung als Zweck-Mittel-Rationalisierung. Entscheidungen und Entscheidungen über Entscheidungen haben einen unterschiedlichen Zeitbezug. Das Konditionalprogramm als klassisches Gesetz ist gleichsam zeitindifferent. Es ist jederzeit anzuwenden, wenn die Tatbestandsvoraussetzungen vorliegen. Man muss also temporale Merkmale selbst zur Kondition machen, etwa gewisse Schonzeiten für wilde Tiere. Freilich kann etwa im Wege von „sunset legislation" die Geltungsdauer von Konditionalprogrammen von vornherein begrenzt werden. Bei der finalen Rationalität ist aber der Zeitbezug eine Prämisse der Operationalität. „Ende-offen-Planungen" sind keine Entscheidungen über Entscheidungen im strengen Sinne, weil sie die Implementation und damit die Zweckverwirklichung beliebig vertagen. Deswegen haben operationale Pläne einen standardisierten Zeitausweis. Man spricht von kurzfristigen Planungen bei einem Zeithorizont von ein bis zwei Jahren. Ein Beispiel hierfür ist das Jahresbudget bzw. der Doppelhaushalt. Die mittelfristigen Planungen umfassen einen Zeitraum von fünf Jahren. Das in Deutschland bekannteste Beispiel ist die mittelfristige Finanzplanung. Es gibt aber auch einschlägige Sachprogramme wie etwa Technologieforschungsprogramme. Langfristige Planungen pflegen bis zu einem Zeitraum von 15 Jahren zu reichen. Darüber hinaus werden „superlangfristige" Planungen genannt.[201] Aber man darf die mit der Langfristigkeit verbundenen Prognoserisiken nicht unterschätzen. Zwar gibt es öffentliche Güter, die nur im langfristigen Horizont entwickelt werden können. Dazu zählen Autobahnen, Infrastruktur für Neuansiedlungen, Hafenanlagen usw. Indessen können selbst als sicher eingeschätzte Trends ins Wanken geraten. Das musste nicht zuletzt die Langfristplanung von Waffensystemen in jüngerer Zeit angesichts veränderter Bedrohungssituationen erfahren. Deswegen neigen auch Finanzfachleute dazu, mit der Ressourcenseite der Langfristplanung eher zurückhaltend umzugehen.

Die Zunahme von Plänen und Planungen im Wohlfahrtsstaat haben den Bedarf an Koordination auf der Ebene programmierender Entscheidungen nach oben getrieben. Koordination ist das Komplement der Arbeitsteilung und wie diese ein Grundzug der modernen Gesellschaft mit Einschluss der öffentlichen

---

[200] Vgl. Badura, Peter, Staatsrecht, 3. Aufl., München 2003, S. 645 ff.
[201] Vgl. Becker, Bernd, Öffentliche Verwaltung, Percha 1989, S. 484 f., 497.

Handlungssphäre. Hinzu kommt, dass es der politisch-administrativen Zuständigkeitsverteilung nicht gelingt, Problemzusammenhänge in öffentlichen Angelegenheiten trennscharf abzubilden. Dagegen stehen sowohl Komplexität wie Dynamik öffentlicher Aufgaben wie auch die hohe Interdependenz der Problemkonstellationen.[202] Der Koordinationsbedarf, der im arbeits- und zuständigkeitsteilenden Staat überall besteht, lässt sich in verschiedenen Formen verlagern. So können auch Koordinationsleistungen von der Ebene der programmierenden Entscheidung auf die der programmierten Entscheidung verschoben werden. Insofern befindet sich die Gesetzgebung mit ihren final geöffneten Konditionalprogrammen in einer günstigeren Lage als eine an Zwecken und Mitteln orientierte Planung.[203]

Gesetze führen verdeckte und variierende Zielsetzungen mit sich. Man muss nicht bereits in der Gesetzgebung alle Zielkonflikte austragen, sondern kann darauf vertrauen, dass es beim Gesetzesvollzug zu konfliktlösenden Entscheidungen kommen kann. Für die Gesetzesauslegung gilt, dass die Rechtsordnung als Normenkomplex nicht bloß eine Summe einzelner Rechtssätze ist, sondern eine einheitliche Regelung. Rechtssätze gelten als ineinander übergreifend, einander einschränkend, ergänzend, bestärkend und sollen erst in ihrem Miteinander die wirklich maßgebliche Regelung ergeben. Man sieht: in der tradierten Gesetzgebung konnte man mit Kräften der Koordination auf Vollzugsebene rechnen. Man konnte darauf setzen, dass es im Gesetzesvollzug gelingen würde, die verdeckten, nicht eindeutigen expliziten Zwecke auf einen einheitlichen Nenner zu bringen. Was in der Programmierung unkoordiniert blieb, musste in Interpretation und Applikation zusammengebracht werden, und zwar bis zu Leistungen verfassungskonformer Auslegung. Die zunehmende Finalisierung des Wohlfahrtsstaates, die auch autonome Bereiche wie Wissenschaft und Forschung erfasst, ermöglicht immer weniger Koordinationen im Nachhinein. Das zeigen schon die Maßnahmegesetze. Hier profiliert sich die Zweckhaftigkeit schärfer. Mittel zu Zwecken treten hervor. Ein interpretativer Ausgleich verschwiegener und variierender Zielsetzungen ist nicht mehr möglich. Man ist von vornherein, also in der gesetzgeberischen Entwurfsarbeit, gehalten, die Abstimmung mit benachbarten Handlungsprogrammen zu suchen.

Allerdings hat das Maßnahmegesetz einen engen, sachnahen und situationsgebundenen Charakter. Es antwortet auf eine spezifische Fragestellung. Bei solchen konkreten Lagen genügen oft Koordinationen, die auf punktuelle Intervention, punktuelle Beseitigung von Störungen hinauslaufen. Planungen und Pläne greifen aber weiter. Man stelle sich den Fall vor, dass die Binnengewäs-

---

[202] Vgl. Scharpf, Fritz W., Koordinationsplanung und Zielplanung, in: Renate Mayntz/Fritz W. Scharpf (Hrsg.), Planungsorganisation, München 1973, S. 107 ff.
[203] Vgl. König, Klaus, Planung und Koordination im Regierungssystem, in: Verwaltungsarchiv 1971, S. 1 ff.

serabteilung eines Verkehrs- und Transportministeriums die Kanalisierung eines Flusses plant, die Eisenbahnabteilung die Elektrifizierung der Uferbahn und schließlich die Straßenbauabteilung den Bau einer Autobahn über den Uferhängen; dann bleibt für die Vollzugsverwaltung wenig Spielraum, durch eigene Abstimmungsleistungen das auszugleichen, was auf der Ebene programmierender Entscheidungen unkoordiniert geblieben ist. Es ist vor Ort nicht mehr zu verhindern, dass eine Überkapazität für den Gütertransport entstehen kann, die überdies nicht mehr gleichmäßig auf alle Verkehrsträger verteilt werden kann.

Koordinationen von Planungen unterliegen einem hohen Anforderungsprofil, etwa: die Koordination der Definition der sozio-ökonomischen Situation, die Koordination der Zweck- und Zielformulierungen, die Koordination der Alternativengenerierungen, die Koordination der alternativen Bewertungen, die Koordination der Alternativenauswahl usw.[204] Angesichts solcher Anforderungen liegt insbesondere bei Planungen als Zweck-Mittel-Rationalisierungen der Gedanke nahe, programmierende Entscheidungen auf eine Ebene höherer Ordnung zu heben und die verselbständigten Programme systemisch zu integrieren. Dazu braucht man einen gemeinsamen Nenner. Hier kommt zuerst das international verbreitete Konzept eines Programmbudgets ins Spiel.[205] Zu den Idealvorstellungen von der guten Staatsverwaltung gehört es, dass Aufgabenpolitik und Finanzpolitik aus einem Guss erstellt sein sollen. Das Budget soll das Regierungsprogramm in Zahlen sein. Ein solches Konzept erscheint von vornherein als plausibel. Öffentliche Aufgaben sind im modernen Staat nicht naturrechtlich vorgegeben. Sie bedürfen von der konstitutionellen Setzung etwa in einer Sozialstaatsklausel an der Positivierung. Der Haushalt als Gesetz im formellen Sinne ist eine weitere Stufe solcher Setzung. Überdies betrifft er mit den öffentlichen Geldern ein universales staatliches Steuerungsmedium. Man kann sich kaum eine öffentliche Angelegenheit vorstellen, die nicht finanziell relevant ist. Selbst eine zunächst so immaterielle Fragestellung wie die der strafrechtlichen Regelung der Abtreibung ist bei der Flankierung durch kinder-, frauen- und familienfreundliche Maßnahmen nach Milliarden zu berechnen.

Nach dem Leitbild des „budgetary man" sind entsprechend der Zweck-Mittel-Rationalität öffentliche Aufgaben und öffentliche Finanzen zu kombinieren. Das „rationale Budget" ist dasjenige, welches von der Programmfunktion angeleitet wird.[206] Eine solche Haushaltspolitik bedarf entsprechend sozialtechnologischer Ausformungen. Einzelziele müssen im Hinblick auf übergeordnete

---

[204] Vgl. Becker, Bernd, Öffentliche Verwaltung, Percha 1989, S. 368.

[205] Vgl. König, Klaus, Programmfunktion und Budget im Regierungsbereich, in: Hans-Hermann Hartwich/Göttrik Wewer (Hrsg.), Regieren in der Bundesrepublik 4, Opladen 1992, S. 19 ff.

[206] Vgl. Hansmeyer, Karl-Heinrich (Hrsg.), Das rationale Budget, Köln 1971; Rürup, Bert, Die Programmfunktion des Bundeshaushaltsplanes, Berlin 1971.

Ziele der Regierung koordiniert, alle alternativen Handlungsmöglichkeiten erfasst, eingeschliffene Programme zur Diskussion gestellt werden. Alle Programme sind im Hinblick auf ihre Kosten zu beurteilen und mit den wahrscheinlich verfügbaren Haushaltmitteln abzustimmen. Die kollektiven Aufgaben müssen bewertet und verglichen und Klarheit über das erwünschte Ergebnis und die tatsächlichen Empfänger der Budgetleistungen muss hergestellt werden.[207] Entsprechende Anforderungen werden in unterschiedlichen Ausformungen in die Haushaltspolitik einer Reihe von Ländern einbezogen, wobei der erste umfassende Planungsansatz, nämlich das Planning-Programming-Budgeting System in den Vereinigten Staaten von Amerika der 1960er Jahre, Programmfunktion und Budgetierung wohl an deutlichsten zusammengehalten hat.[208]

Die vergleichende Verwaltungswissenschaft belegt, dass und wie die hochgespannten Versuche, Programmbudgets zu erstellen, international gescheitert sind. Bemerkenswert bleibt, dass heute gerade im Hinblick auf die USA, wo man dazu neigt, die Ideologie des Homo oeconomicus für das staatliche Leben besonders zu pflegen, eine „Anarchie des Entscheidungsprozesses" bei der Haushaltspolitik beobachtet wird.[209] Alte Regelwerke der Budgetierung sind verlorengegangen. Ein Entscheidungsmechanismus zur automatischen Defizitkürzung – nach dem Gramm-Rudman-Hollings Act – nährt die Illusion eines „unpolitischen" Umgangs mit der Staatsverschuldung, führt zu rechnerischen Manipulationen und lässt die Programmfunktion des Haushalts nicht unbeschädigt.[210]

Dabei müsste eigentlich für das präsidentielle Regierungssystem der Vereinigten Staaten von vornherein einsichtig sein, dass es eine eindimensionale Orientierung an Zwecken und Mitteln in der Haushaltspolitik nicht gibt. Man mag von der parlamentarischen Demokratie noch ein Bild entwerfen, das die exekutive Regierung und die sie stützende Mehrheit im Parlament als Gesamthandsgemeinschaft bezeichnet, die über politische Prioritäten und finanzielle Ressourcen gemeinsam disponiert. Im Dualismus von Exekutive und Parlament des präsidentiellen Regierungssystems mit je eigener demokratischer Legitimation unterliegt indessen die Budgetierung von den konstitutionellen

---

[207] Vgl. Böhret, Carl, Politik und Verwaltung, Opladen 1983.

[208] Vgl. Reinermann, Heinrich, Programmbudgets in Regierung und Verwaltung, Baden-Baden 1975.

[209] Vgl. Sturm, Roland, Haushaltspolitik in westlichen Demokratien, Baden-Baden 1989.

[210] Vgl. Sturm, Roland, Regierungsprogramm und Haushaltsplanung in vergleichender Sicht, in: Hans-Hermann Hartwich/Göttrik Wewer (Hrsg.), Regieren in der Bundesrepublik 4, Opladen 1992, S. 31 ff.

Anfängen her einer „Doppelstruktur",[211] die zumindest zwei Züge der Zweck-Mittel-Bewertung aufeinanderstoßen lässt. Aber auch das ist ein für den politischen Pluralismus zu einfaches Bild. Zwar hat es nicht überall der Abgeordnete zum „independent contractor"[212] gebracht, der seine Klientel mit öffentlichen Geldern versorgt. Aber die haushaltspolitischen Interventionen von parteilichen, bürokratischen, intermediären usw. Interessen mit je eigenen Präferenzen sind in vielen Ländern offenkundig.

Im Grunde müssen wir uns darüber Rechenschaft geben, dass ein auf den politischen Einzel-Unternehmer ausgerichtetes Zweck-Mittel-Schema für Orientierungen in Staat und Verwaltung nur teilweise fruchtbar ist.[213] Ein naturwissenschaftliches Forschungsprogramm mag zuerst als gleichsam entfinalisiertes Vorhaben der Grundlagenforschung erscheinen. Hiernach mag es im Hinblick auf seinen Standort wegen seiner regionalen Wirtschaftskraft Anklang finden. Schließlich mag es überhaupt nur als Werk internationaler Wissenschaftskooperation durchsetzbar sein. Die Geschicklichkeit des Exekutivpolitikers wird dann gerade darin liegen, sich nicht auf einen „Zielbaum" festzulegen, sondern sich in variierenden Güterabwägungen die erforderliche Unterstützung zu besorgen, bis er am Ende – nachdem der Haushalt beschlossene Sache ist – seine Beweggründe überhaupt zurückstellen kann.

Zum Verständnis des „rationalen Budgets" reicht es des weiteren nicht aus, auf die andere Handlungsrationalität, nämlich die Subsumtion unter Normen, zu sehen. Freilich muss sie bei der Budgetierung mit berücksichtigt werden. Insbesondere Rechtsnormen sind aus inhaltlichen – etwa als materielle Leistungsgesetze – wie prozeduralen Gründen – etwa als Haushaltsverfahrensrecht – zur Geltung zu bringen. Recht ist nicht einfach „barrier of rationality". Auch der „budgetary man" rationalisiert sein Handeln in zweifacher Weise, nämlich indem er Mittel zu Zwecken kombiniert und indem er Lebenssachverhalte unter Normen subsumiert. Jedoch interessiert über die jeweilige Genese des Haushalts hinaus, was das Budget zu leisten imstande ist. Damit ist die Frage nach seiner Systemrationalität gestellt. Programmfunktion und Budget sind nicht nur in entscheidungstheoretischer, sondern auch in systemtheoretischer Perspektive zu betrachten.

Wie für die Handlungsrationalität zwei Entscheidungsmuster erheblich sind, nämlich finale und konditionale, so kann auch die Systemrationalität nicht ein-

---

[211] Vgl. Sturm, Roland, Haushaltspolitik in westlichen Demokratien, Baden-Baden 1989.
[212] Vgl. Sturm, Roland, Regierungsprogramm und Haushaltsplanung in vergleichender Sicht, in: Hans-Hermann Hartwich/Göttrik Wewer (Hrsg.), Regieren in der Bundesrepublik 4, Opladen 1992, S. 31 ff.
[213] Vgl. König, Klaus, Erkenntnisinteressen der Verwaltungswissenschaft, Berlin 1970.

fach auf Bestandserhaltung verkürzt werden.[214] Zwar geht es bei einer systemtheoretischen Betrachtung von Staat und Verwaltung auch um die Aufrechterhaltung der eigenen Ordnung. Vor allem ist aber nach dem Beitrag der Regierung zur Lösung öffentlicher Probleme gefragt. Beides mischt sich in der politisch-administrativen Erfahrungswelt und lässt sich allenfalls analytisch unterscheiden, wie eben auch im praktischen Entscheidungsprozess finale und konditionale Handlungsmomente zusammenkommen. Maßgeblich für die Systemrationalität in der modernen Lebenswelt sind Art und Ausmaß der Machtverteilung, der Arbeitsteilung, der Zuständigkeitsverteilung usw., kurz der sozialen Differenzierung.[215] Entsprechend kommt es auch für die Leistungsfähigkeit des Budgets auf seine funktionale und strukturelle Eigenart an.

Wollte man nunmehr für klassisch-europäischen Staats- und Verwaltungsverhältnisse eine Dominanz der Programmfunktion für den Haushalt in Anspruch nehmen, wie es überintegrierte Planungs-, Programmierungs- und Budgetierungssysteme suggerieren, dann wären gravierende Probleme einer Entdifferenzierung in Kauf zu nehmen. Denn öffentliche Aufgaben und damit die strukturellen Prämissen für die inhaltliche Richtigkeit staatlichen Handelns werden in der legalistischen Verwaltungskultur vor allem durch das Medium des Rechts festgelegt. Nach vernunftrechtlicher Tradition ist es rationalisierendes Moment bei der Wahrnehmung öffentlicher Angelegenheiten. Es geht nicht einfach um Gesetzespositivismus, sondern um Rechtsstaatlichkeit. Verfeinerte Mechanismen sichern die parlamentarisch-demokratische Legitimation und die bürgerlichen wie die Menschenrechte ab. Über den traditionellen Vorrang und den Vorbehalt des Gesetzes hinaus müssen alle wesentlichen Fragen des Staatshandelns vom parlamentarischen Gesetzgeber vorentschieden werden. Hier treffen sich Rechtsstaat und Demokratie. Eine umfassende Gerichtsbarkeit garantiert den subjektiven Rechtsschutz. Dem Bürger ist gegenüber der staatlichen Programmatik ein positiver wie ein negativer Status eingeräumt.[216] Das alles kann der Haushalt als Gesetz im formellen Sinne nicht leisten.

Aufschlussreich ist es, wieder zur entscheidungstheoretischen Perspektive zu wechseln und auf eine historische Situation zu sehen, in der es der Finanzpolitik gelungen ist, die Programmfunktion maßgeblich in die Hand zu nehmen.[217] So führte z. B. eine wachsende Staatsverschuldung Anfang der 1980er Jahre

---

[214] Vgl. König, Klaus/Schimanke, Dieter, Räumliche Planungen im politisch-administrativen System der Länder, Hannover 1980.

[215] Vgl. König, Klaus, Öffentliche Verwaltung und soziale Differenzierung, in: Verwaltungsarchiv 1973, S. 1 ff.

[216] Vgl. König, Klaus, System und Umwelt der öffentlichen Verwaltung, in: ders. u. a. (Hrsg.), Öffentliche Verwaltung in der Bundesrepublik Deutschland, Baden-Baden 1981.

[217] Vgl. König, Klaus, Kritik öffentlicher Aufgaben, Baden-Baden 1989.

dazu, dass die Konsolidierung der Budgets in Bund, Ländern und Kommunen einen politischen Vorrang genoss. Diese Priorität wurde in einer für das Haushalts- und Finanzgebaren charakteristischen Weise ins Werk gesetzt, indem man nämlich Plafondierungen anstrebte. Durch einen bestimmten Prozentsatz wurden Obergrenzen jährlicher Ausgabenerhöhung festgelegt. Solche Obergrenzen für die Gesamterhöhung auf der Ausgabenseite wurden jedoch dann nicht genauso pauschal – nach dem Gießkannenprinzip – auf die im Haushalt verzeichneten Institutionen wie die finanzplanerisch ersichtlichen Funktionen heruntergerechnet. Vielmehr erfolgte die Umsetzung aufgabenspezifisch, d.h. wie gut oder wie schlecht immer: es wurde auf die Programmfunktion zugegriffen, also etwa durch eine Neubestimmung von Sozialleistungen. Die aufgabenkritische Auseinandersetzung wurde dann freilich mit finanzpolitischen Gründen geführt und am Ende der Argumentation vollendeter Tatsachen unterworfen. Aufgabenpolitisch betrachtet, eignet den einschlägigen Entscheidungen ein dezisionistisches Moment.[218] Die Genese des Budgets ist zwar vom aufgabenspezifischen Handeln geprägt. Aber die aufgabenspezifische Begründung bleibt schwach. Es mangelt an dem, was von der Erstellung eines Programmbudgets erwartet wird: aufgabenbezogene Zielidentifikation, Bestimmungen von Dringlichkeit und Wünschbarkeit in der Sache, Ermittlung alternativer Maßnahmen, entsprechende Aufteilung der Ressourcen usw.[219]

Der budgetäre Entscheidungsprozess, an dessen Anfang die Haushaltskonsolidierung und an dessen Ende die Beschneidung öffentlicher Aufgaben steht, weist auf die strategischen Möglichkeiten differenzierter Planungen hin. Die reduzierte Sachdiskussion ändert nichts daran, dass der Haushalt als Ergebnis des Budgetierungsprozesses nun Programmfunktion hat. Im genannten Konsolidierungsfall ist deutlicher Ausdruck hierfür das haushaltsbegleitende Artikelgesetz. In ihm werden punktuell einzelne Vorschriften und Vorschriftenteile etwa der verschiedenen Sozialleistungsgesetze verändert oder aufgehoben, und zwar nach Maßgabe der Haushaltskürzung. Schon in der sprachlichen Ausgestaltung eines solchen Artikelgesetzes deutet sich an, wie auf instrumentelle Weise gegenüber der sonst mit der materiellen Rechtsetzung ermöglichten Güterabwägung verkürzt wird. Bei einer generellen Dominanz der Budget- und Finanzsteuerung über andere Programmsteuerungen müsste man indessen noch einen Schritt weitergehen. Schon bei der Einführung der mittelfristigen Finanzplanung war man sich darüber im klaren, dass eine mehr konzeptionelle Aufgabenpolitik einen über den Jahreshaushalt hinausweisenden mehrjährigen Planungshorizont braucht. Entsprechend hat man von einer Verstetigung der Finanzpolitik die Stärkung der Programmfunktion erwartet. Bei deren Vorherr-

---

[218] Vgl. König, Klaus, Zur Verfahrensrationalität einer kontraktiven Aufgabenpolitik, Speyerer Forschungsberichte 87, Speyer 1990.
[219] Vgl. Böhret, Carl, Entscheidungshilfen für die Regierung, Opladen 1970.

schaft müsste man nun verlangen, dass der mittelfristigen Finanzplanung der Entwurf eines Artikelgesetzes beigegeben werden müsste, in dem alle budgetären Veränderungen punktuell in die relevanten Leistungsgesetze eingearbeitet wären. Wollte sich eine Regierung am Beginn einer Legislaturperiode nach Art solcher Zusammensetzspiele festlegen, würde sie sich in informationelle, politische, rechtliche und auch finanzielle Risiken begeben, deren Bewältigung in einer komplexen und veränderlichen Welt unwahrscheinlich ist.

Hieran zeigt sich, dass Kritik wie Reform zu Programmfunktion und Budget nicht den Entwicklungsstand sozialer Differenzierungen verfehlen dürfen. Es genügt nicht, in guter Absicht sozialtechnologische, gar automatisierende Handlungsmuster in den Budgetprozess einzubauen. Sie führen im eher günstigen Fall – wie das Planning-Programming-Budgeting-System – zur Papierarbeit, im ungünstigen Fall – wie der Gramm-Rudman-Hollings Act – zur Beschädigung des politischen Regelwerks. Will man nicht leistungsunfähige Prozeduren pflegen oder gar Institutionen der Politikgenerierung und Budgetierung unbedacht entwerten, dann kommt es für die Koordination und weiter Integration von Aufgabenpolitik und Finanzpolitik darauf an, dass man sich einerseits darüber verständigen muss, wo die Programmfunktion im Regierungsbereich wirklich maßgeblich verortet ist, andererseits, welche nicht-programmatischen Leistungsbeiträge dem Haushalt zukommen.

Der Staatshaushalt ist wegen seines monetären Bezuges zwangsläufig multifunktional. Da Geld ein gesamtgesellschaftliches Kommunikationsmedium ist, wirkt sich das Budget auch gesamtwirtschaftlich aus. So stand bei den Haushaltsreformen Ende der 1960er Jahre nicht die Programmfunktion im Mittelpunkt der Bemühungen, sondern die gesamtwirtschaftliche Lenkungsfunktion. Neben der Programmfunktion und der makro-ökonomischen Lenkungsfunktion muss man noch die finanzwirtschaftliche Ordnungsfunktion, die parlamentarische Kontrollfunktion und die administrative Steuerungsfunktion zu den Leistungen des Budgets zählen.[220] Anders als vom Jahreshaushalt wurde von der damals eingeführten mittelfristigen Finanzplanung die Stärkung der Programmfunktion erwartet. Dieser Finanzplan sollte das „Regierungsprogramm in Zahlen" sein. Man folgte dem Grundgedanken einer Aufgabenplanung als „aktiver Politik", wonach gesellschaftliche Bedürfnisse zu ermitteln, daraus Aufgaben, die der Staat wahrzunehmen habe, abzuleiten, Konflikte zwischen Aufgaben offenzulegen seien, um dann über Aufgabenprioritäten angesichts knapper Mittel zu entscheiden.

Die Erfolgsbilanz solcher Ansätze zur Stärkung der Programmfunktion ist bescheiden. Das gilt auch für die mittelfristige Finanzplanung. Von ihr sagt man, dass sie von der kurzfristigen inkrementalen Haushaltsplanung dominiert

---

[220] Vgl. Rürup, Bert/Körner, Heiko, Finanzwissenschaft, Düsseldorf 1985.

werde, input-orientiert und nicht output- bzw. zweckorientiert sei, kurz: der Finanzplan materiell dem zeitlichen Horizont der Einjahresbudgetierung unterworfen worden sei.[221] Man hat nach den Gründen solchen Versagens geforscht und nicht zuletzt bürokratische Widerstände für das Scheitern der integrierenden Aufgabenplanung verantwortlich gemacht.[222] Will man den Gründen des Einzelfalles nicht nachgehen, sondern einen gemeinsamen Nenner bezeichnen, dann ist zu den Planungsformen mit hoch angesetzter Programmfunktion anzumerken, dass sie eben die Technizität programmierender Entscheidungen überschätzt, das Politische unterschätzt haben.

Im Falle der Haushalts- und Finanzplanung kommt es schon auf die Person des Finanzministers an. Man kann nicht einfach unterstellen, dass jeder Exekutivpolitiker in dieser Rolle ein gleiches Maß an Macht und Einfluss auf sich vereinen kann. Finanzwirtschaftlicher Sachverstand, Dauer der Amtsausübung, Kabinettserfahrung usw. sind maßgebliche Persönlichkeitsmerkmale.[223] Personelle und informale Konfigurationen sind zu berücksichtigen, so z. B. wenn der Regierungschef vorher selbst Finanzminister war. Des Weiteren ist der verfassungsrechtliche Rahmen, in dem der Finanzminister agiert, unterschiedlich stützend für die Haushaltspolitik ausgestaltet, so etwa im Vergleich der Bundesebene zum Stadtstaat Hamburg.[224] Der Bundesfinanzminister bewegt sich in einem Netzwerk institutionalisierter Akteure: von der Bundesbank bis zum Bundesrat. Situative Größen der Konjunktur, der Beschäftigung, der Außenwirtschaft usw. bestimmen seinen Handlungsspielraum. Er ist den Strömungen gesellschaftlicher Bewertungen wie Präferenzen für eine Reformpolitik oder Aversionen gegenüber einer Staatsverschuldung unterworfen. Nicht zuletzt hängt der Einfluss auf budgetäre Gestaltungen davon ab, wie tief die Identifikation von exekutiven Finanzpolitikern und Finanzbürokratie reicht.

Solche differenzierten und variierenden Konstellationen bringen je nach Lage neben der Bedarfsdeckungsfunktion des Haushalts noch andere Leistungen hervor, und zwar auch die Programmfunktion. Man sollte insoweit auch nicht

---

[221] Vgl. Rürup, Bert/Färber, Gisela, Konzeptioneller Wandel von integrierten Aufgaben- und Finanzplanungssystemen, in: Hans-Urlich Derlien (Hrsg.), Programmforschung unter den Bedingungen einer Konsolidierungspolitik, München 1985, S. 17 ff.; Wille, Eberhard, Finanzplanung am Scheideweg: Resignation oder Neubesinnung?, in: Finanzarchiv 1976/77, S. 68.
[222] Vgl. Bebermeyer, Hartmut, Das Bezugsfeld Politische Planung und Strategische Unternehmensplanung, Frankfurt a. M. u.a. 1985.
[223] Vgl. Schmidt, Manfred G., Der Handlungsspielraum der Finanzpolitik. Ein Kommentar aus nationenvergleichender Perspektive, in: Hans-Hermann Hartwich/Göttrik Wewer (Hrsg.), Regieren in der Bundesrepublik 4, Opladen 1992, S. 75 ff.
[224] Vgl. Krupp, Hans-Jürgen, Der Finanzminister und sein Handlungsspielraum, in: Hans-Hermann Hartwich/Göttrik Wewer (Hrsg.), Regieren in der Bundesrepublik 4, Opladen 1992, S. 61 ff.

die integrativen Beiträge der mittelfristigen Finanzplanung unterschätzen. Das gilt etwa für nicht-gesetzesakzessorische Programme wie im Bereich der Forschungsförderung. Die Orientierung der Zeitrhythmen von Fachprogrammen an der mittelfristigen Finanzplanung weist auf die Abstimmung von Aufgaben- und Ressourcenplanung hin.[225] Hält sich der Finanzminister bei der Aufstellung des nächsten Haushaltes an das, was er in der mittelfristigen Finanzplanung auf der Basis des Vorjahres selbst zugesagt hat, dann wird die Programmfunktion evident. Allerdings ist es wohl eher eine kontraktive als eine expansive Aufgabenpolitik, die die Programmfunktion des Budgets stärkt.[226] In Zeiten kostenintensiver Expansion des öffentlichen Sektors wird der Finanzminister als fiskalischer Bremser hinter reformfreudigen Fachministern hinterherlaufen. Auch in Phasen der Konsolidierung und Rückführung öffentlicher Aufgaben und Ausgaben kann er sich darauf beschränken, als Hüter der Sanierungszwänge aufzutreten. Wenn indessen Regieren „momentan wahrlich in allererster Linie die Sicherung finanzieller Handlungsspielräume" ist,[227] dann ist der Finanzminister prinzipiell stark genug, im Kabinett aufgabenspezifisch mitzusprechen.

Haushalt und mittelfristige Finanzplanung zeigen angesichts von programmierenden Entscheidungen, die heute mit Kategorien wie „Plänestaat" oder „Normflut" charakterisiert werden, von Fall zu Fall Programmfunktionen. Sie sind aber keine Programmbudgets. Dazu fehlen nicht nur in der Bundesrepublik aus guten Gründen der politisch-administrativen Differenzierung die Voraussetzungen. Es geht nicht nur darum, dass ein Programmbudget die Zusammenfügung riesiger Datenmengen voraussetzt. Der Versuch eines Planning-Programming-Budgeting-System in den USA hat schon auf Ressortebene Papierfluten ausgelöst. Mag man hier noch auf moderne Informationstechnologien setzen, so bleibt die Frage der Interessenberücksichtigung und Machtgenerierung offen. Nicht zufällig hört man den Vorschlag, dass ein Programmbudget in der Regierungszentrale, nicht im Finanzministerium angesiedelt sein sollte. Im deutschen Falle würde man damit den Rationalitätsgewinn einer Differenzierung zwischen Richtlinienkompetenz des Bundeskanzlers und Ressortverantwortung des Ministers in Frage stellen. So bleibt es bei der relativen Selbständigkeit programmierender Entscheidungen in der Sache einerseits und im Budgetierungsprozess andererseits. Freilich interveniert die Finanzpolitik in differenzierter Weise in die Sachprogramme, etwa durch aufgabenspezifische Fi-

---

[225] Vgl. König, Klaus, Aufgabenplanung im Bundeskanzleramt, in: Hans-Ulrich Derlien (Hrsg.), Programmforschung unter den Bedingungen einer Konsolidierungspolitik, München 1985, S. 43 ff., S. 101 ff.

[226] Vgl. König, Klaus, Kritik öffentlicher Aufgaben, Baden-Baden 1989.

[227] Vgl. Rohwer, Bernd, Regieren als Sicherung finanzpolitischer Handlungsspielräume (Steuerpolitik, Finanzausgleich und Kreditaufnahme), in: Hans-Hermann Hartwich/Göttrik Wewer (Hrsg.), Regieren in der Bundesrepublik 4, Opladen 1992, S. 47 ff.

nanzierungsvorbehalte, Benennung aufgabenorientierter Einsparungen, Bezifferung aufgabenspezifischer Mehrausgaben usw.

Beruht das Konzept des Programmbudgets auf einer internationalen Reformbewegung, so begründet sich der andere Ansatz einer integrierenden Entwicklungsplanung auf eine für Deutschland charakteristische Ausgangslage. Hier ist historisch eine flächendeckende Mehrebenensteuerung der Raumordnung und Flächennutzung entstanden.[228] Dabei geht es nicht nur um eine Flächennutzungsplanung und Bebauungsplanung vor Ort, sondern auch um Raumordnung auf Bundesebene, in den Landesgebieten und in den Regionen wie in den Kommunen.[229] Die Raumordnung erweist sich als eine Aufgabe, die vielen Fachpolitiken – Verkehr, Bildung, Gesundheit, Sozialpolitik, Energie, Wasserwirtschaft, Landschaftspflege, Sport, Erholung bis hin zu Städtebau und ländlichem Raum – gleichsam quergelagert ist. Denn schließlich brauchen Autobahnen, Universitäten, Kraftwerke, Naturschutzgebiete, Erholungsparks ihre Standorte, und zwar auch bei überörtlicher Bedeutung bis hin zur nationalen Frage einer prinzipiellen Ost-West- oder Nord-Süd-Erschließung.

Angesichts der hohen Interdependenzen der Raumordnung mit anderen Fachpolitiken stellt sich die Frage nach ihrer Koordinierungsfunktion.[230] Raumordnungspolitik wird so oft als Koordinationspolitik begriffen. Es wird ihr die Funktion zugewiesen, die fachpolitischen Planungen und dann Maßnahmen der Verkehrspolitik, der regionalen Wirtschaftspolitik, der Naturschutzpolitik usw. hinsichtlich ihrer räumlichen Wirkungen abzustimmen und zusammenzufügen.[231] Damit gerät die Raumordnungspolitik in die Schwierigkeiten einer hoch arbeitsteiligen Verwaltung, die in der Informations- und Interessenverarbeitung sich vor allem in einer Ressortbindung artikuliert, überdies sich auch durch die verschiedenen politisch-administrativen Ebenen von Bund, Ländern und Kommunen hindurch fachlich versäult. Es ergeben sich Probleme der Informationsbeschaffung und der selektiven Aufmerksamkeit, wenn eine Verknüpfung der Raumordnung mit vielen Fachpolitiken ins Auge gefasst wird. Hinzu kommt die Erfahrung, dass sich für hochinterdependente Aufgaben bei der Interessenartikulierung und Machtgenerierung keine spezifische politi-

---

[228] Vgl. Ernst, Werner/Hoppe, Werner, Das öffentliche Bau- und Bodenrecht, Bauplanungsrecht, 2. Aufl., München 1981.

[229] Vgl. Krebs, Walter, Baurecht, in: Eberhard Schmidt-Aßmann (Hrsg.), Besonderes Verwaltungsrecht, 13. Aufl., Berlin/New York 2005, S. 432 ff.

[230] Vgl. König, Klaus/Schimanke, Dieter, Räumliche Planungen im politisch-administrativen System der Länder, Hannover 1980, S. 95 ff.

[231] Vgl. Roesler, Konrad/Stürmer, Wilhelmine, Koordinierung in der Raumordnungspolitik, Göttingen 1975; Sucherow, Wolfgang, Das Verhältnis der Fachplanungen zu Raumordnung und Landesplanung, Münster 1976.

sche Unterstützung mobilisieren lässt. Da tut sich eine Krankenhausplanung oder eine Wasserversorgungsplanung leichter.

Hiernach liegt der Gedanke nahe, Ressortegoismen zuvorzukommen und angesichts des Umstandes, dass viele Fachpolitiken ihre Standorte und Flächen brauchen, eine integrierte Planung einzurichten, die auf der Raumplanung aufbaut und zugleich im Zeitrahmen Fachpolitiken wie möglichst auch Ressourcenausstattungen zusammenfasst. Eine solche Entwicklungsplanung solle auf allen Ebenen eingerichtet sein, also als Bundesentwicklungsplan, Landesentwicklungsplan, regionaler Entwicklungsplan, kommunaler, insbesondere Stadtentwicklungsplan.[232] Einschlägigen Unternehmungen ist weitgehend der Erfolg versagt geblieben. Das gilt zuerst für das Konzept eines Bundesentwicklungsplans.[233] Hier ist man über den Versuch einer „Gesamtproblemanalyse der längerfristigen öffentlichen Aufgaben für die Jahre 1976 bis 1985" nicht hinausgekommen. In den Ländern wurde verschieden vorgegangen. In den meisten Ländern in Deutschland wurde die Raumplanung im engeren Sinne als eigenständige Planung neben anderen Planungen einschließlich der Ressourcenplanungen eingerichtet und mit diesen durch Verfahrensregeln verknüpft. In einigen Ländern wurde indessen der Versuch unternommen, Raumplanung im engeren Sinne, fachliche Aufgabenplanung und Finanzplanung zu einem Gesamtplan zu integrieren.

Das signifikante Beispiel einer solchen integrierten Planung war der „Große Hessenplan". Es ging um eine Langfristplanung, deren integrierender Bestandteil das Landesraumordnungsprogramm war. Hinzu kam eine Aufgabenplanung für landespolitisch bedeutsame Politikbereiche. Diese Aufgabenplanung wurde räumlich konkretisiert. Als konstituierendes Merkmal für eine integrierte Landesentwicklungsplanung wurde die Verknüpfung von Aufgaben- und Finanzplanung angesehen. Im hessischen Falle wurde dieser Ansatz insoweit verfolgt, als der Landesentwicklungsplan Aussagen über die finanziellen Aufwendungen und damit eine gewisse zeitliche und inhaltliche Prioritätensetzung enthielt.[234] Ein derartiges Konzept integrierter Langfristplanung konnte aus vielen Gründen nicht erfolgreich sein. Niemand kann in einer Wahlen-Demokratie eine Machtkonzentration für langfristige Festlegungen generieren. Nirgends ist die programmatische Kraft für komplexe und variierende Informations- und Interessenentwicklungen zu entdecken. Im Grunde sind es schon die Unsicherhei-

---

[232] Vgl. Wagener, Frido, System einer integrierten Entwicklungsplanung im Bund, in den Ländern und in den Gemeinden, in: Hochschule Speyer (Hrsg.), Politikverflechtung zwischen Bund, Ländern und Gemeinden, Berlin 1975, S. 129 ff.

[233] Vgl. Joachimsen, Reimut, Für einen Bundesentwicklungsplan, in: Die neue Gesellschaft 1969, S. 237 ff.

[234] Vgl. König, Klaus/Schimanke, Dieter, Räumliche Planungen im politisch-administrativen System der Länder, Hannover 1980, S. 31 ff.

ten der öffentlichen Finanzen, die einem derart anspruchsvollen Konzept den Boden unter den Füßen wegziehen. So blieben die einschlägigen Planungen hinsichtlich ihrer Finanzierungsquellen von vornherein relativ vage. Ähnliche Probleme ergeben sich bei den Integrationsansätzen zu regionalen und kommunalen Entwicklungsplanungen. Insbesondere in der Stadtentwicklungsplanung wurde versucht, wenigstens Raum und Aufgaben zusammenzuführen. Aber wenn es zu „sektoralen Entwicklungsplänen", etwa einem Generalverkehrsplan kam, hatte man schon ein zufrieden stellendes Ergebnis. Letztlich stieß man auf die eingeführten Formen der Bauleitplanung, also Flächennutzungsplanung und Bebauungsplanung.[235]

Zur Raumplanung ist grundsätzlich anzumerken, dass sie zwar eine hochinterdependente öffentliche Aufgabe betrifft, dass aber ihre Koordinationsleistungen darunter leiden, dass sie nicht mit eigenen Ressourcen ausgestattet ist, um von der Mittelseite her in die Fachplanung einzugreifen. Weder der Produktionsfaktor Boden noch der Produktionsfaktor Kapital sind der Raumplanung zu eigen. Finanzplanungen vom Geld her und Infrastrukturplanungen von der Sache her sind insoweit steuerungsmächtiger. Selbst die Inanspruchnahme einer ökonomischen Managerialisierung hilft nicht weiter. Zunächst könnte man meinen, dass nach der Formel von der Einheit von Sach- und Ressourcenverantwortung Boden und Kapital in die Hände der Raumplanung fallen. Auf der einen Seite wäre an die öffentliche Bodenbevorratung, auf der anderen Seite an die Finanzmittel einer lokalen und regionalen Wirtschaftsförderung zu denken. Ein Managerialismus der Geschäftssegmentierung weist indes in eine andere Richtung, die die Verfügung über Ressourcen noch mehr von der Raumplanung entfernt und Koordinierungen noch schwieriger macht. Wenn man öffentliche Aufgaben in produktbezogene Segmente aufteilt und die gesamte Wertschöpfungskette bezüglich dieser Produkte in die organisatorische Verantwortung einer Verwaltungseinheit legt, dann werden branchenspezifische Entscheidungskriterien vorherrschend. Die Liegenschafts- und Baubetreuungsgesellschaft eines Landes, der die Verwaltung dieses Vermögens überlassen wird, wird sich an den Effizienz- und Effektivitätskriterien eines Immobilienmanagements orientieren. Die Investitions- und Strukturbank im Land, die über die Mittel der regionalen Wirtschaftsförderung verfügt, wird die Effizienz- und Effektivitätskriterien eines Bankmanagements nicht außer Acht lassen können. Die übergreifenden Aufgaben- und Leitvorstellungen von Raumordnung und Raumplanung rücken weiter weg.[236]

---

[235] Vgl. Püttner, Günter, Verwaltungslehre, 3. Aufl., München 2000, S. 325 ff.

[236] Vgl. König, Klaus, Räumliche Planungen in der Ökonomisierung und Manageralisierung der öffentlichen Verwaltung, in: Institut für Landes- und Stadtentwicklungsforschung des Landes Nordrhein-Westfalen (Hrsg.), Ökonomisierung der öffentlichen Verwaltung, Dortmund 2000, S. 19 ff.

Eine spezifische Raumplanung muss trotz der hochinterdependenten Aufgabenstellung einer Raumordnung als Fachplanung begriffen werden, die ihre eigenen Leitvorstellungen zur ausgewogenen Siedlungs- und Freiraumstruktur, zur kompatiblen Infrastruktur, zu Großräumigkeit, Verdichtung usw. zur Geltung bringt. Sie muss sich mit vielen raumrelevanten Plänen abstimmen: mit Verkehrsplänen, Standortplänen zur Energieversorgung, Plänen der regionalen Wirtschaftsförderung, Plänen zur Landschaftspflege usw. Indessen geht es hier um eine fachliche Koordination nach jeweiligen Sachgesichtspunkten.[237] Weder eine Entwicklungsplanung noch eine Finanzplanung sind unter den sozioökonomischen Bedingungen der Bundesrepublik Deutschland geeignet, durch Integrationsleistungen die final programmierenden Entscheidungen auf eine höhere Systemebene zu heben. Integrative Ansätze findet man wohl zuerst noch in den Koalitionsvereinbarungen politischer Parteien zur Regierungsbildung, wenn sie so ausgefeilt sind, dass sie dem Regierungsprogramm für eine Legislaturperiode eine substantielle Grundlage geben können.[238] Operational bleibt es beim „Plänestaat" mit seinen hohen Anforderungen an Koordinationsleistungen. Auch der festgestellte Haushaltsplan enthält Sachaussagen zu den öffentlichen Aufgaben. Nur ist der Entscheidungsprozess, der zum Budget führt, nicht von einer Auseinandersetzung mit politischen Prioritäten und Posterioritäten dominiert. Genauso kommen fiskalische Gesichtspunkte zum Zuge.

Die intensive Planungsdiskussion der 1970er Jahre hat mit sich gebracht, dass die Methodik final programmierender Entscheidungen und die Einbeziehung relevanter Planungstechniken verdeutlicht wurde.[239] Dazu trug insbesondere auch eine Auseinandersetzung mit dem Unternehmen eines Planning-Programming-Budgeting-System in den USA bei.[240] Man kann eine solche Planungsmethodik bis in Einzelheiten sozial durchkonstruieren.[241] Indessen gibt es Grundelemente der Planung, die in der einen oder anderen Weise zu berücksichtigen sind.[242] Am Anfang steht die Problem- und Aufgabendefinition. Dazu gehört, dass man das Problem erkennt und seine Kenntnisse gegebenenfalls durch Mängelanalysen ausweitet. Es bleibt aber nicht bei der bloßen Problemanalyse. Probleme müssen als öffentliche identifiziert und entsprechend ihre Lösung als öffentliche Aufgabe definiert werden. Hieran kann sich eine Diffe-

---

[237] Vgl. König, Klaus/Schimanke, Dieter, Räumliche Planungen im politisch-administrativen System der Länder, Hannover 1980, S. 108 ff.

[238] Vgl. König, Klaus, Der Regierungsapparat bei der Regierungsbildung nach Wahlen, in: Hans-Ulrich Derlien/Axel Murswiek (Hrsg.), Regieren nach Wahlen, Opladen 2001, S. 15 ff.

[239] Vgl. Böhret, Carl, Entscheidungshilfen für die Regierung, Opladen 1970.

[240] Vgl. Reinermann, Heinrich, Programmbudgets in Regierung und Verwaltung, Baden-Baden 1975.

[241] Vgl. Böhret, Carl, Grundriss der Planungspraxis, Opladen 1975.

[242] Vgl. Thieme, Werner, Einführung in die Verwaltungslehre, Köln 1995, S. 141 ff.

renzierung nach Aufgabenfeldern ergeben und eine nähere Zustandserfassung solcher Felder erforderlich werden.

An die Problem- und Aufgabendefinition schließt sich die Phase der Zielfindung an, die unter dem Vorzeichen der final programmierenden Entscheidung expliziten Charakter hat. Wenn hier von Phasen der Planung die Rede ist, muss indessen im Auge behalten werden, dass es um eine Methodik geht. Im Planungsalltag sind Problemdefinition und Zielfindung wie andere Planungsphasen nicht zeitlich oder sachlich angeordnet. Die Rückkopplung aus logisch nachgegliederten Phasen ist eher ein „Hin- und Herwandern des Blicks". Entsprechend ist die Zielfindung nicht einfach Induktion oder Deduktion. Es müssen Planungsleistungen der Gewichtung der Ziele, der Lösung von Zielkonflikten, der Klärung von Überschneidungen und schließlich der Operationalisierung der Zielvorgaben erbracht werden. Daran schließt sich eine Phase der Entwicklung von Handlungsalternativen an. Solche Alternativen können in Maßnahmen differenziert werden. Die jeweiligen Restriktionen bestimmter Maßnahmen müssen herausgearbeitet werden. Bewertungen der Handlungsalternativen müssen vorgenommen, Prioritäten und Postprioritäten festgelegt werden. Am Ende dieser Phase stehen die bevorzugten Optionen.

Weiter müssen Handlungsoptionen und Ressourcen zusammengebracht werden. Der Ressourcenbedarf ist zu ermitteln. Vorhandene Ressourcen sind festzustellen. Fehlende Ressourcen müssen beschafft werden. Die Planungsmethodik mündet in einen Entscheidungsentwurf, der hier eine final programmierende Entscheidung ist. Der Entwurf kann in vielfältiger Weise einer Supervision unterworfen werden, und zwar im Hinblick auf Zielgruppen, Zielobjekte, Effektivität, Nutzen, Kosten usw., insbesondere aber im Hinblick auf die Kompatibilität mit benachbarten Programmen, wobei Koordinationsprobleme wiederum zu Revisionen führen können. In der Diskussion der mittelfristigen Finalprogramme sind eine Vielfalt von Planungstechniken als relevant bezeichnet worden: Brainstorming, Delphi-Methode, soziale Indikatoren, morphologisches Vorgehen, Flussdiagrammtechnik, Netzplantechnik, Zielanalysen, Nutzwertanalysen, Entscheidungsbaumtechnik, Interdependenzanalysen, Prognosetechniken, Kosten-Nutzen-Analysen usw. Solche Techniken sind in der planenden Verwaltung unterschiedlich verbreitet. Von besonderer Bedeutung sind dabei die Kosten-Nutzen-Analyse, die Indikatorenbildung und die Prognosetechniken.

Die Kosten-Nutzen-Analyse stellt sämtliche Kosten und Nutzen eines öffentlichen Programms einander gegenüber.[243] Mit ihr wird die Vorteilhaftigkeit eines intendierten Plans in Geldeinheiten ermittelt und die Auswahl unter mehre-

---

[243] Vgl. Recktenwald, Horst Claus (Hrsg.), Nutzen-Kosten-Analyse und Programmbudget, Tübingen 1970.

ren Handlungsalternativen begründet. Bei der Kosten-Wirksamkeitsanalyse wird demgegenüber auf die finanzielle Bewertung des Nutzens verzichtet und nicht-monetäre Indikatoren der Zielverwirklichung verwendet. Es interessiert die unterschiedliche Kostenwirksamkeit alternativer Programmmaßnahmen. Beide Analysetechniken finden in der öffentlichen Verwaltung – wenn auch begrenzt – Anwendung, und zwar insbesondere in technischen Entscheidungsbereichen.[244] Ökonomische Indikatoren – Wirtschaftswachstum, Beschäftigung usw. – liefern herkömmlicherweise Informationen für die Planung. Überdies werden soziale Indikatoren gebildet, die quantitative Messziffern zum Zustand und zur Entwicklung gesellschaftlicher Anliegen – Gesundheit, Bildung usw. – liefern. Die moderne Planung kann sich auf eine Sozialstatistik und eine Sozialberichterstattung stützen, die bis hin zur Identifikation von öffentlichen Problemen und öffentlichen Aufgaben reicht.[245] Vorausschätzungen sind Bestandteil vieler Arten von Verwaltungsentscheidungen.[246] Die final programmierenden Entscheidungen haben sich aber in spezifischer Weise mit zukünftigen Situationen auseinander zu setzen, sowohl was die intendierten Wirkungen wie auch die nicht beabsichtigten Nebenfolgen anlangt. Hier ist dann auch der bevorzugte Platz, an dem quantitative und qualitative Prognosetechniken eingesetzt werden: von der Trendrechnung bis zur Expertenbefragung.

Planungen bedürfen schon wegen ihrer Sanktionierung als maßgeblicher Plan eines Mindestverfahrens. Aber auch die bei erprobten Planungsmethoden und Planungstechniken verbleibenden Unwägbarkeiten verlangen eine weitere Rationalisierung durch interne und externe Verfahren. Ein eingeschliffenes internes Verfahren ist das der Erstellung des Haushaltsplans. Es wird im deutschen Falle durch das Haushaltsrundschreiben als Aufstellungsschreiben des Finanzministeriums mit gewissen Vorgaben ausgelöst. In der nächsten Phase verfassen die Ressorts ihre Voranschläge. Es folgt die Aufstellung des Haushaltsplanentwurfs durch das Finanzministerium mit vielen Koordinationsleistungen bis zu Chefgesprächen zwischen Finanzminister und Ressortminister, dazu insbesondere in der Mehrebenenpolitik Kooperationen mit Gremien der Steuerschätzung und der Finanzplanung. Im Exekutivbereich beschließt dann die Regierung über den Entwurf des Haushalts, bevor er zur Feststellung des Haushaltsplans durch Haushaltsgesetz in der Legislative, im Falle des Bundes Bundestag und Bundesrat, eingebracht wird. Für eine mehr manageriale Kommunalverwaltung wird ein „Neues Verfahren" mit folgenden Phasen genannt:

---

[244] Vgl. Zimmermann, Horst/Henke, Klaus-Dirk, Finanzwissenschaft, 9. Aufl., München 2005, S. 101 ff.

[245] Vgl. Noll, Heinz-Herbert, Sozialstatistik und Sozialberichterstattung, in: Bernhard Schäfers/Wolfgang Zapf, Handwörterbuch zur Gesellschaft Deutschlands, Opladen 1998, S. 633 ff.

[246] Vgl. Becker, Bernd, Öffentliche Verwaltung, Percha 1989, S. 499 ff.

Vorausschätzung der allgemeinen Deckungsmittel, der vorab zu dotierenden Positionen und der verbleibenden Finanzmasse durch die Kämmerei; Chefgespräche zur Verteilung der verbleibenden Finanzmasse auf die Fachbereiche und Vorgabe der Budgets für die Fachbereiche; Erstellung der Fachbereichshaushalte durch die Fachbereiche; Zusammenstellung der Entwürfe der Fachbereiche zum Gesamtentwurf durch die Kämmerei; Einbringung durch die Verwaltung; Beratung der Fachbereichshaushalte in den Fachausschüssen; Abschlussberatungen im Haupt- und Finanzausschuss und im Rat.[247]

Ein Beispiel für ein externes Verfahren planerischer Entscheidung ist das Planfeststellungsverfahren.[248] Dieses Verfahren dient nicht nur der Kooperation von Behörden, deren Aufgabenbereich durch das Planungsvorhaben berührt wird. Vielmehr wendet sich das Verfahren nach außen an Bürger, Unternehmen usw., an jeden, dessen Belange durch das Planungsvorhaben berührt sind. Belange können rechtliche, wirtschaftliche, soziale, kulturelle Interessen betreffen. Planfeststellungsverfahren beziehen sich insbesondere auf die verkehrliche Infrastruktur – Eisenbahnanlagen, Straßen, Flughäfen – aber auch die Gestaltung von Gewässern, die Errichtung von Deponien, von Telegrafenlinien usw. Die Planfeststellung kann je nach Materie etwa bei der Umweltverträglichkeitsprüfung verfeinerten Verfahrensvorschriften unterworfen sein. Planfeststellungen können Bestandteil einer gestuften Planung und vorgelagerten Fachplanung etwa zu Abfallentsorgungsanlagen sein. Maßgeblich sind neben der prozessualen Beteiligung anderer, in ihren Aufgaben betroffenen Behörden die Einbeziehung der Öffentlichkeit durch ein Anhörungsverfahren, durch öffentliche Bekanntmachung, Auslegung des Plans, Einwendungsbefugnisse vor der getroffenen Entscheidung und Erörterungstermine zur Aufklärung der Beteiligten und zum Ausgleich der widersprechenden Interessen.

Neben Methodik und Verfahren werden Entscheidungen durch Handlungsgrundsätze stabilisiert. Bei final programmierenden Entscheidungen ist so jeweils nach Planungsgrundsätzen Ausschau zu halten. Angesichts der Bedeutung des Budgets für die Steuerung öffentlicher Angelegenheiten ist zu verstehen, dass die Haushaltsgrundsätze einen exemplarischen Rang unter den Planungsgrundsätzen einnehmen.[249] Planung bedeutet zeitliche Bindung. Entsprechend werden mit dem Prinzip der Jährlichkeit, gegebenenfalls der Zwei-Jährlichkeit, jedenfalls der Periodisierung feste zeitliche Vorgaben gemacht.

---

[247] Vgl. Schuppert, Gunnar Folke, Verwaltungswissenschaft, Baden-Baden 2000, S. 704.
[248] Vgl. Ule, Carl Hermann/Laubinger, Hans-Werner, Verwaltungsverfahrensrecht, 4. Aufl., Köln u. a. 1995, S. 326 ff.
[249] Vgl. Timmermann, Manfred, Haushalts- und Finanzplanung, in: Klaus König u. a. (Hrsg.), Öffentliche Verwaltung in der Bundesrepublik Deutschland, Baden-Baden 1981, S. 257 ff.

Hinzu kommt das Prinzip der Vorherigkeit, wonach der Haushalt vor Beginn des betreffenden Haushaltsjahres festgestellt werden soll. Gemäß den Prinzipien der Öffentlichkeit, der Genauigkeit, der Klarheit und Wahrheit soll sich der Haushaltskreislauf und damit die Haushaltsplanung im Lichte der Öffentlichkeit abspielen, so dass einer Verschleierung der finanzwirtschaftlichen Staatstätigkeit entgegengewirkt werden kann, und weiter sollen die Ansätze der Einnahmen und Ausgaben so übersichtlich, nach einheitlicher Gliederung und mit präzisen Bezeichnungen vorgenommen werden, dass Herkunft und Verwendung der Finanzmittel eindeutig zu erkennen sind.

Nach dem Prinzip der Einheit sollen alle budgetmäßig veranschlagten Ausgaben und Einnahmen innerhalb eines einzigen Haushaltsplans erscheinen, womit der Zersplitterung des Budgets in Nebenhaushalten, der Budgetflucht entgegengewirkt werden soll.[250] Der Grundsatz der Vollständigkeit und das Bruttoprinzip verlangen, dass sämtliche Ausgaben und Einnahmen eines Aufgabenträgers im Haushaltsplan zusammengefasst bzw. dass alle Einnahmen und Ausgaben in voller Höhe und voneinander getrennt ausgewiesen werden. Nach dem Ausgleichsprinzip sind Einnahmen und Ausgaben auszugleichen, wobei zu den Einnahmen auch Deckungskredite zählen. Nach dem Grundsatz der Non-Affektation sollen alle Einnahmen für alle Ausgaben als Deckungsmittel zur Verfügung stehen und eine Zweckbindung bestimmter Mittel für bestimmte Verwendungen nicht zulässig sein. Nach dem Prinzip der qualitativen, quantitativen und temporären Spezialität soll die Ausgabenermächtigung nur für den im Haushaltsplan ausgewiesenen Zweck, in der vorgesehenen Höhe und für die geplante Rechnungsperiode gelten.[251] Alle diese Prinzipien münden in dem Hauptgrundsatz der Wirtschaftlichkeit und Sparsamkeit. Damit ist klargestellt, dass es um eine an Zwecken und Mitteln orientierte Planung, also finale Programmierung geht.

Finanzwirtschaftlich betrachtet gilt das Fälligkeitsprinzip als eines der wichtigsten systemprägenden Grundsätze der Haushaltsplanung. Es wird darauf aufmerksam gemacht, dass die Budgetierung finanzieller Transaktionen zum Zeitpunkt der Zahlungswirksamkeit nur eine finanzwirtschaftliche Möglichkeit ist. Man kann auch zum Zeitpunkt des Entstehens einer Forderung bzw. einer Verbindlichkeit – „Accrual-Prinzip" – und nach weiteren Gesichtspunkten budgetieren.[252] Damit wird die Relativität von Haushaltsgrundsätzen deutlich.

---

[250] Vgl. Zimmermann, Horst/Henke, Klaus-Dirk, Finanzwissenschaft, 9. Aufl., München 2005, S. 93.

[251] Vgl. Timmermann, Manfred, Haushalts- und Finanzplanung, in: Klaus König u. a. (Hrsg.), Öffentliche Verwaltung in der Bundesrepublik Deutschland, Baden-Baden 1981, S. 257 ff.

[252] Vgl. Lüder, Klaus, Haushalts- und Finanzplanung, in: Klaus König/Heinrich Siedentopf (Hrsg.), Öffentliche Verwaltung in Deutschland, 2. Aufl., Baden-Baden 1997, S. 417 ff.

Unter anderen politisch-administrativen Bedingungen, etwa unter Bedingungen eines präsidentiellen Regierungssystems, unter Bedingungen einer ökonomisierten und managerialisierten lokalen Versorgungsverwaltung können ganz andere Prinzipien greifen.[253] Auch sind mit den Haushaltsgrundsätzen ihre Ausnahmen zu berücksichtigen: die Übertragbarkeit von Haushaltsmitteln, der Haushaltsvorgriff, der Nothaushalt, die Flucht in privatrechtsförmige Verwaltungen, die Zweckbindung von Einnahmen zu Ausgaben, die Nettobetriebe und Sondervermögen, die Deckungsfähigkeit, die Notbewilligung usw.[254] Im Kern kommt es aber darauf an, dass überhaupt ein Satz von Planungs-, hier Haushaltsprinzipien besteht. Dazu können durchaus Ausnahmeregelungen kommen, wenn diese definiert und begrenzt sind. Beides kann den Entscheidungsprozess rationalisieren und dem Planwerk, hier dem Budget, Validität vermitteln. Die wirkliche Maßgeblichkeit des Haushaltsplans rührt nicht einfach daher, dass es um Geld geht, sondern ist auch im hoch entwickelten Kontext von Methodik, Verfahren und Handlungsgrundsätzen begründet.

3. Gesetze und Gesetzgebung

Normierungen im Sinne von konditional programmierenden Entscheidungen sind in der öffentlichen Verwaltung vielerorts anzutreffen. Quantitativ treten die Technik- und Industrienormen hervor, denen sich auch die öffentliche Verwaltung unterwirft und die immer mehr auch in sozialtechnologische Bereiche hineinreichen. Nicht weniger umfangreich ist die Flut interner Regulative der Verwaltung: Verwaltungsvorschriften, Geschäftsordnungen, Dienstanweisungen, Hausanweisungen usw. Im Gegensatz zur angloamerikanischen Verwaltungskultur hat es der Rechtspositivismus in Kontinentaleuropa mit sich gebracht, dass moralische Normen in der öffentlichen Verwaltung für sich weniger bedeutsam erscheinen. Von Fall zu Fall mag es berufsethische Pflichtenkodizes geben – etwa bei der Polizei. Aber „wesentlich" setzt die legalistische Verwaltung auf Gesetz und Gesetzgebung.[255] Dabei wird in der Verwaltungsarbeit nicht bei dem klassischen – materiellen –, der Konditionalität nahe stehenden Gesetzesbegriff angeknüpft, der abstrakt im Hinblick auf den zu regelnden Sachverhalt, generell für alle Personen verbindlich und zeitlich indifferent ist. Vielmehr wird vom Gesetz im formellen Sinne ausgegangen, das die von den verfassungsrechtlich vorgesehenen Gesetzgebungsorganen in den verfassungs-

---

[253] Vgl. Schick, Allen (Hrsg.), Perspectives on Budgeting, 2. Aufl., Washington, D.C. 1982; Wildavsky, Aaron, Budgeting, Boston/Toronto 1975.

[254] Vgl. Becker, Bernd, Öffentliche Verwaltung, Percha 1989, S. 691 ff.

[255] Vgl. Karpen, Ulrich, Zum Stand der Gesetzgebungswissenschaft in Europa, in: Waldemar Schreckenberger/Detlef Merten, Grundfragen der Gesetzgebungslehre, Berlin 2000, S. 7 ff.

rechtlich vorgesehenen Gesetzgebungsverfahren erlassenen programmierenden Entscheidungen meint.[256]

Entsprechend enthält die gesetzgeberische Entscheidung von vornherein konditionale und finale Elemente. Folgende funktionale Typologie wird für die deutschen Verhältnisse genannt[257]: Grundsatz- und Wertentscheidungsgesetze wie ein Gleichberechtigungsgesetz, Eingriffsgesetze wie ein Polizeigesetz, Leistungsgesetze, die wiederum differenziert werden als Maßnahmegesetze wie ein Investitionshilfegesetz, Plangesetze wie das Haushaltsgesetz, Planungsgesetze wie ein Raumordnungsgesetz, Leistungs- und Umverteilungsgesetze wie ein Lastenausgleichsgesetz, Steuerungsgesetze wie ein Stabilitätsgesetz, Richtlinien- oder Rahmengesetze wie ein Hochschulbauförderungsgesetz; dazu kommen: Einrichtungs- und Organisationsgesetze wie eine Gemeindeordnung, Verfahrens- und Teilhabegesetze wie ein Verwaltungsverfahrensgesetz. Daneben stehen die klassischen Komplexe der privatrechtlichen und strafrechtlichen Gesetze. Angesichts solcher funktionaler Vielfalt kann man nicht mit einer schlichten Isomorphie der Gesetze rechnen. Überhaupt scheint es schwierig, gegenüber der Gesetzgebung einen vernunftrechtlichen Anspruch zu erheben, wie er zum Selbstverständnis der legalistischen Verwaltung gehört. Indessen ist die Legislative dem Gedanken eines „rationalen Staates" nicht entzogen.[258] Man spricht sogar von einer Verfassungspflicht des Staates zur Rationalität.[259] Freilich lässt sich die Gesetzgebung nicht auf einen quasi-ökonomischen Prozess der Optimierung zurückführen, wie sie sich auch nicht auf eine Art von Jurisprudenz jenseits der Politik begrenzen lässt. Das wird insbesondere deutlich, wenn man auf den parteienstaatlichen Charakter der parlamentarischen Demokratie als den politischen Kern der gesetzgebenden Gewalt sieht.[260]

Deswegen muss jeder Versuch der Rationalisierung der Gesetzgebung den Primat der Politik achten. Das gilt auch für die ministerielle Vorbereitung von Gesetzesinitiativen. Die Gesetzgebungsarbeit der Ministerialverwaltung stellt

---

[256] Vgl. Merten, Detlef, Gesetzgebung im demokratischen Rechtsstaat – Rechtsstaatliche Dominanz und Rationalität, in: Michael Holubek u. a. (Hrsg.), Dimensionen des modernen Verfassungsstaates, Wien/New York 2000, S. 53 ff.

[257] Vgl. Hill, Hermann, Einführung in die Gesetzgebungslehre, Heidelberg 1982, S. 33 ff.

[258] Vgl. Schäffer, Heinz/Triffterer, Otto (Hrsg.), Rationalisierung der Gesetzgebung, Baden-Baden/Wien 1984.

[259] Vgl. Arnim, Hans Herbert von, Staatslehre der Bundesrepublik Deutschland, München 1984, S. 232 ff.

[260] Vgl. Badura, Peter, Die parteienstaatliche Demokratie und die Gesetzgebung, Juristische Gesellschaft in Berlin, Berlin u. a. 1986; Smeddinck, Ulrich, Optimale Gesetzgebung im Zeitalter des Mandelkern-Berichts, in: Deutsches Verwaltungsblatt 2003, S. 641 ff.

einen maßgeblichen Teil im legislatorischen Prozess dar.[261] Gesetzestexte werden ganz überwiegend von der Ministerialverwaltung entworfen, sei es, dass es sich um Vorarbeiten für die Initiativen der Regierung handelt, sei es, dass Formulierungshilfen für das Parlament gegeben werden. Auch in diesen komplexen Arbeitsvorgängen bleibt das Politische dominant, nämlich als ein Prozess der Bearbeitung gesellschaftlicher Probleme, in dem Missstände artikuliert, Forderungen an die politisch-administrativen Instanzen herangetragen werden, in dem politische Ziele formuliert und Handlungsmöglichkeiten entwickelt und in Form von Rechtsnormen festgelegt werden, um für die Verwaltungen von Bund, Ländern und Kommunen vollziehbar oder vom Bürger direkt als Handlungsanweisung akzeptabel zu sein. Das schließt es nicht aus, dass die Gesetzesvorbereitung in den Händen der Ministerialverwaltung einer gewissen Systemrationalität unterworfen ist. Unter diesen Vorzeichen interessieren die Prozessstrukturen, die das einschlägige Verwaltungshandeln vorbestimmen. Hierzu gehören nicht nur solche Vorgaben, die den ministeriellen Geschäftsgang bestimmen, sondern auch solche Prämissen, die den Entscheidungs- und Problemlösungsvorgang strukturieren.[262]

Wenn man nach strukturellen Vorgaben für die Rechtsetzungsarbeit in der Ministerialverwaltung sucht, so ist entsprechend der im deutschen Falle maßgeblichen Normhierarchie zunächst nach Regelungen im Verfassungsrang zu suchen. Das Grundgesetz enthält Bestimmungen, die sich auf das Gesetzgebungsverfahren beziehen; sie betreffen jedoch nicht die Gesetzesvorbereitung durch die Exekutive. Vielmehr setzen die grundgesetzlichen Bestimmungen – abgesehen von der föderativen Zuständigkeitsverteilung – erst in dem Moment ein, in welchem ein fertiger Gesetzentwurf in die parlamentarischen Beratungen eingebracht wird. Auch in die das parlamentarische Verfahren betreffenden Regelungen sind keine Hinweise über die Ausarbeitung von Gesetzentwürfen aufgenommen, die von der Bundesregierung im Hinblick auf eine reibungslose parlamentarische Behandlung bereits bei ihren Gesetzesinitiativen zu beachten wären.

Fragt man, ob sich aus anderen grundgesetzlichen Regelungen verallgemeinerungsfähige, die Art und Weise der Gesetzesvorbereitung und Gesetzesgestaltung betreffende Vorgaben ableiten lassen, ist insbesondere auf die Verfassungsrechtsprechung zu verweisen.[263] Im internationalen Vergleich gehört es zu

---

[261] Vgl. Busse, Volker, Gesetzgebungsarbeit der Bundesregierung – Politik und Planung, in: Waldemar Schreckenberger/Detlef Merten, Grundfragen der Gesetzgebungslehre, Berlin 2000, S. 47 ff.

[262] Vgl. König, Klaus, Gesetzgebungsvorhaben im Verfahren der Ministerialverwaltung, in: Willi Blümel u. a. (Hrsg.), Verwaltung im Rechtsstaat, Köln u. a. 1987, S. 121 ff.

[263] Vgl. Goerlich, Helmut, Erfordernisse rationaler Gesetzgebung nach Maßstäben des Bundesverfassungsgerichts, in: Juristische Rundschau 1977, S. 89 ff.; Konrad, Hans-

den Vorzügen der Bundesrepublik Deutschland, dass sich auch die Gesetze einer gerichtlichen Kontrolle unterziehen lassen müssen. Die Normenkontrolle durch das Bundesverfassungsgericht erfasst in abstrakter – Art. 93 GG – wie konkreter – Art. 100 GG – Form Gesetzesrecht. Dabei ist Gegenstand der gerichtlichen Beurteilung, ob der Inhalt des Gesetzes mit höherrangigem Verfassungsrecht vereinbar ist und ob die Norm rechtmäßig zustande gekommen ist.

Ausgangspunkt für eine solche gerichtliche Überprüfung – und damit möglicherweise auch Maßstab für eine Ex-ante-Berücksichtigung bei der Schaffung gerichtsfester Gesetze – sind häufig das Übermaßverbot und der Verhältnismäßigkeitsgrundsatz.[264] Diese Prinzipien sind zunächst einmal verfassungsrechtliche Maßstäbe für den Gesetzesinhalt, nicht für den Gesetzgebungsprozess. Die Überprüfung, ob eine Norm diesen Maßstäben genügt, gebietet jedoch eine tatsächliche Untersuchung, welches die realen Wirkungen einer Norm sind, in welchen tatsächlichen Beziehungen sie zu ihren Zielen stehen, welche hypothetischen Alternativen zu der zu prüfenden Regelung in Betracht kommen und welche deren hypothetische Wirkungen sein könnten usw. Damit sind methodische Gesichtspunkte angesprochen. Entsprechend erfordert das aus dem Gleichheitssatz hergeleitete Willkürverbot[265] bei der Überprüfung eine eingehende tatsächliche Analyse der in Frage kommenden Sachverhalte. Den nach dem Übermaßverbot, dem Grundsatz der Verhältnismäßigkeit und dem Willkürverbot notwendigen tatsächlichen Anforderungen genügt ein Gesetz deshalb nur dann, wenn im Gesetzgebungsverfahren die für die Beurteilung der Verfassungsmäßigkeit erforderlichen Tatsachen erhoben, Prognosen über die möglichen Wirkungen erstellt und die erforderlichen Abwägungen vorgenommen wurden. Will der Initiator eines Gesetzes ein verfassungskonformes Gesetz einbringen, muss es in einem Verfahren zustande gekommen sein, in dem diese Voraussetzungen erfüllt sind.

Allerdings ist dieser Maßstab unter Handlungsaspekten in zeitlicher und sachlicher Hinsicht zu relativieren. Dies ergibt sich einmal aus dem Umstand, dass der Handlungszeitpunkt des Gesetzgebers und der Kontrollzeitpunkt des

---

Joachim, Parlamentarische Autonomie und Verfassungsbindung im Gesetzgebungsverfahren, in: Die Öffentliche Verwaltung 1971, S. 80 ff.; ferner Gusy, Christoph, Das Grundgesetz als normative Gesetzgebungslehre?, in: Zeitschrift für Rechtspolitik 1985, S. 291 ff.; Mengel, Hans Joachim, Grundvoraussetzungen demokratischer Gesetzgebung, in: Zeitschrift für Rechtspolitik 1984, S. 153 ff.; Schwerdtfeger, Gunther, Optimale Modelle der Gesetzgebung als Verfassungspflicht, in: Stödter, Rolf u. a. (Hrsg.), Beiträge zum deutschen und europäischen Verfassungs-, Verwaltungs- und Wirtschaftsrecht, Tübingen 1977, S. 173 ff.

[264] Vgl. Lerche, Peter, Übermaß und Verfassungsrecht, Köln u. a. 1961; ferner Hirschberg, Lothar, Der Grundsatz der Verhältnismäßigkeit, Göttingen 1981.

[265] Vgl. Hesse, Konrad, Der Gleichheitssatz in der neueren deutschen Verfassungsentwicklung, in: Archiv des öffentlichen Rechts 1984, S. 174 ff.

Gerichts auseinanderfallen. Zum Zeitpunkt seiner Ex-post-Normenkontrolle verfügt das Gericht über bessere Möglichkeiten, Auswirkungen, Vor- und Nachteile eines Gesetzes abzuschätzen. Als Handlungsmaßstab muss ausreichend sein, dass der Gesetzgeber aus seiner Sicht bei Erlass des Gesetzes davon ausgehen durfte, dass die Maßnahmen zur Erreichung des gesetzten Zieles geeignet sind. Die Prognose muss bei der Beurteilung der zukünftigen Entwicklung der Regelungsmaterie sachgerecht und vertretbar sein.[266]

Wendet man sich von der Verfassung den Gesetzen zu, dann enthalten diese im allgemeinen nur Vorgaben für das nachgeordnete Recht. Das gilt nicht nur für Inhalte, sondern auch für das Verfahren. So regelt etwa das Bundesnaturschutzgesetz die Mitwirkung von Verbänden bei der Vorbereitung von Verordnungen und anderen im Rang unter dem Gesetz stehenden Rechtsvorschriften der für Naturschutz und Landschaftspflege zuständigen Behörden. Nur ausnahmsweise legt der Gesetzgeber auf dieser eigenen Ebene Verfahrensregeln für die Vorbereitungsarbeiten fest. Dazu gehören wiederum Anhörungs- und Beteiligungsrechte. Das Bundesbeamtengesetz sieht vor, dass die Spitzenorganisationen der zuständigen Gewerkschaften bei der Vorbereitung allgemeiner Regelungen der beamtenrechtlichen Verhältnisse zu beteiligen sind. Diese umfassende Formulierung trifft auch Gesetze.

Detailliertere Vorgaben für die Gesetzesvorbereitung finden sich in den Geschäftsordnungen der Institutionen von Gesetzgebung und Entwurfsarbeit. Für den Bundestag ist dies die Geschäftsordnung des Deutschen Bundestages. Für den hier interessierenden Bereich der Bundesregierung sind es die Gemeinsame Geschäftsordnung der Bundesministerien, vor allem der Besondere Teil (GGO II) sowie die Geschäftsordnung der Bundesregierung (GOBReg.). Die von der Bundesregierung erlassene Geschäftsordnung richtet sich an die Organe der Bundesregierung, den Bundeskanzler, die Bundesminister sowie das Kabinett. Sie ist in ihrer Wirkung aber nicht auf die Verfassungsorgane beschränkt, sondern ist auch für die zu diesen Verfassungsorganen gehörenden Behörden, also das Bundeskanzleramt und die Bundesministerien, verbindlich.[267] Ihrer Rechtsnatur nach ist die Geschäftsordnung der Bundesregierung ebenso wie die Geschäftsordnung der anderen Verfassungsorgane eine autonome Satzung.[268] Wegen der verfassungsrechtlichen Ermächtigung im Grundgesetz wird sie auch als Verfassungssatzung bezeichnet. Sie besitzt demnach Rechtssatzcharakter und

---

[266] Vgl. Breuer, Rüdiger, Legislative und Administrative Prognoseentscheidungen, in: Der Staat 1977, S. 21 ff.
[267] Vgl. Honnacker, Heinz/Grimm, Gottfried, Geschäftsordnung der Bundesregierung, München 1969.
[268] Vgl. Böckenförde, Ernst-Wolfgang, Die Organisationsgewalt im Bereich der Regierung, Berlin 1964; Lechner, Hans/Hülshoff, Klaus, Parlament und Regierung, München 1971, S. 338 ff.

ist dementsprechend eine verbindliche Vorgabe für inner- und interministerielle Abläufe. Verstöße gegen die Geschäftsordnung machen Beschlüsse der Bundesregierung jedoch grundsätzlich nach außen nicht ungültig.[269] Etwas anderes gilt nur dann, wenn in dem Verstoß gegen die Geschäftsordnung der Bundesregierung zugleich eine Verfassungsverletzung liegt.

Einen anderen Rechtscharakter hat die Gemeinsame Geschäftsordnung der Bundesministerien. Sie ist Dienstanweisung für den inneren Geschäftsbetrieb und damit allgemeine Verwaltungsvorschrift bzw. interne Verwaltungsanordnung.[270] Da jeder Bundesminister kraft seiner Organisationsgewalt solche Dienst- und Geschäftsgangsregelungen erlassen kann, handelt es sich bei der Gemeinsamen Geschäftsordnung um von den Mitgliedern der Bundesregierung gemeinsam beschlossene Regeln für die innere Organisation der Ressorts, die internen Abläufe sowie für die Zusammenarbeit miteinander und für den Verkehr mit Bundestag, Bundesrat und Länderregierungen sowie Verbänden usw. Darüber hinaus haben die Minister aufgrund ihrer Organisationsgewalt in der Form von Hausanordnungen, dienstlichen Anweisungen und Rundschreiben Regelungen für den Dienst- und Geschäftsgang vorgenommen, die auch die Behandlung von Rechtsetzungsvorhaben in den einzelnen Ministerien betreffen und somit die diesbezüglichen Abläufe und Handlungen strukturieren.

Eine Strukturierung des beim Erstellen eines Gesetzentwurfs stattfindenden Problemlösungsprozesses ist auch der Gegenstand der von der Bundesregierung am 11. Dezember 1984 beschlossenen Prüffragen für Rechtsvorschriften des Bundes, die durch einen vom Bundesminister des Innern und Bundesminister der Justiz herausgegebenen Katalog von „Prüffragen zur Notwendigkeit, Wirksamkeit und Verständlichkeit von Rechtsetzungsvorhaben des Bundes" konkretisiert werden.[271] Nach dem Kabinettsbeschluss sollen die Bundesminister alle Rechtsetzungsvorhaben in jedem Stadium sowohl als Gesamtvorhaben als auch in ihren Einzelregelungen anhand der Fragen zur Notwendigkeit, Wirksamkeit und Verständlichkeit prüfen. Im Vordergrund steht zwar eine nach der Fertigstellung eines ersten Gesetzentwurfs liegende Prüfung. Es ist jedoch auch Aufgabe des Fragenkatalogs, den Überlegungsvorgang bei der Entwicklung des Gesetzesprogramms zu strukturieren und dabei auf bisher tendenziell vernachlässigte Problemaspekte und Fragestellungen hinzuweisen. Das gilt für die in-

---

[269] Vgl. Mangoldt, Hermann von/Klein, Friedrich, Das Bonner Grundgesetz, Berlin/Frankfurt a. M. 1964, Art. 65 Anmerkung IV 1b.

[270] Vgl. Stern, Klaus, Das Staatsrecht der Bundesrepublik Deutschland, Band II, München 1980, S. 307 ff.

[271] Vgl. Bundesministerium des Innern (Hrsg.), Erster Bericht zur Rechts- und Verwaltungsvereinfachung, Bonn, Februar 1985.

nerministeriellen wie die interministeriellen Verhandlungs- und Koordinierungsprozesse und ihre Begründungszwänge.[272]

Die Prüffragen zur Notwendigkeit, Wirksamkeit und Verständlichkeit von Rechtsetzungsvorhaben des Bundes gliedern sich in zehn Fragenkomplexe. Sie sind überwiegend aus der Problemlösungs- und Steuerungsperspektive des Bundesgesetzgebers entwickelt worden. Es werden jedoch auch die Grenzen einer Orientierung des Gesetzgebers an Problemlösungs-, Umsetzungs- und Wirkungszusammenhängen gesehen. Bei den Überlegungen, in welcher Weise man die Arbeiten zur Erstellung des Gesetzentwurfs vorstrukturieren kann, waren zudem Erfahrungen bestimmend, wonach sich die Grundmuster des politischen Prozesses letztlich auch bei der ministeriellen Entwurfsarbeit durchzusetzen pflegen. Es wurden aber dennoch Möglichkeiten gesehen, den politisch-administrativen Prozess der Gesetzgebung durch eine Strukturierung der einschlägigen Arbeiten zur Vorbereitung eines Gesetzentwurfs der Bundesregierung einsichtiger zu gestalten. Der genannte Fragenkatalog wird in mehr gesetzestechnischen Bereichen durch „Arbeitshilfen zur Gestaltung von Bundesrecht" ergänzt und konkretisiert, die der Bundesminister der Justiz als Empfehlung herausgegeben hat.[273]

Die „Prüffragen zur Notwendigkeit, Wirksamkeit und Verständlichkeit von Rechtsetzungsvorhaben des Bundes" sind durch die Neufassung der Gemeinsamen Geschäftsordnung der Bundesministerien vom 26. Juli 2000 überholt worden. Diese Verwaltungsmodernisierung hat weniger und bessere Gesetze zum Ziel. Es soll sorgfältiger begründet werden, wozu ein Gesetz überhaupt erforderlich ist. Insbesondere soll der Gesetzesentwurf zukünftig Möglichkeiten der Selbstregulierung berücksichtigen und die längerfristigen Auswirkungen durch eine Gesetzesfolgenabschätzung einkalkulieren.[274] Zur Feststellung von Selbstregulierungsmöglichkeiten bietet ein neuer Prüfkatalog Hilfestellung. Die Fragen lauten: 1. Welches Regulierungssystem ist dem Problem angemessen? Reicht eine gesellschaftliche Selbstregulierung aus – etwa durch Selbstbeschränkungsabkommen oder Selbstverpflichtungen? Welche Strukturen oder Verfahren sollten staatlicherseits bereitgestellt werden, um Selbstregulierung zu ermöglichen? Besteht die Möglichkeit, eine gesellschaftliche Selbstregulierung staatlich vorzuschreiben? 2. Sofern die Aufgabe von nichtstaatlichen Trägern oder Privaten erfüllt werden kann: Wie wird sichergestellt, dass die nichtstaatli-

---

[272] Vgl. König, Klaus, Zur Überprüfung von Rechtsetzungsvorhaben des Bundes, in: Dieter Grimm/Werner Maihofer (Hrsg.), Gesetzgebungstheorie und Rechtspolitik, Jahrbuch für Rechtssoziologie und Rechtstheorie, Band XIII, Opladen 1988, S. 171 ff.

[273] Vgl. Bundesministerium der Justiz (Hrsg.), BMJ-Arbeitshilfen zur Gestaltung von Bundesrecht (Empfehlungen nach § 38 Abs. III GGO II), Bonn 1985.

[274] Vgl. Bundesministerium des Innern (Hrsg.), Gemeinsame Geschäftsordnung der Bundesministerien, Berlin 2006, S. 30.

chen Leistungsanbieter ihre Leistungen gemeinwohlverträglich erbringen (flächendeckendes Angebot etc.)? Welche Regulierungsmaßnahmen und welche Regulierungsinstanzen sind dafür erforderlich? Wie kann im Falle der Schlechterfüllung sichergestellt werden, dass die Aufgabe auf staatliche Stellen rückübertragen werden kann? 3. Kann das Problem in Kooperation mit Privaten gelöst werden? Welche Anforderungen sind an die rechtliche Ausgestaltung solcher Kooperationsbeziehungen zu stellen? Welche praktische Ausgestaltung ist geeignet und erforderlich, um solche Kooperationsbeziehungen organisatorisch zu ermöglichen oder zu begleiten? 4. Wenn nur eine Zweck- oder Programmsteuerung dem Problem angemessen erscheint: Welche rechtsstaatlich gebotenen Mindestgehalte der rechtlichen Regelung sind zu beachten? (z. B. Vorgaben über Zuständigkeit, Ziel, Verfahren etc.)[275]

Solche Prüffragen an eine Ministerialverwaltung der Gesetzesvorbereitung sind von einer bestimmten historischen Situation und ihren politischen Präferenzen etwa für die Vermeidung staatlicher Regulative oder für die Inanspruchnahme gesellschaftlicher Selbstregulative geprägt. Jenseits der jeweiligen politischen Prioritäten interessieren in der Verwaltungswissenschaft Handlungsgrundsätze, Verfahren und Methodik der gesetzgeberischen Entwurfsarbeit. Und insofern sind die alten und die neuen Geschäftsordnungsvorschriften mit den Prüffragen von 1984 und dem Prüfkatalog von 2000 instruktiv. Wenn man feststellen will, wie die unterschiedlichen Vorgaben einzeln oder zusammen die Ministerialverwaltung prozessual bestimmen, empfiehlt es sich, das Verfahren zur Vorbereitung eines Gesetzentwurfs der Bundesregierung zu untergliedern. Üblicherweise wird dabei das Erstellen eines Referentenentwurfs, die Abstimmung des Referentenentwurfs sowie die Behandlung im Kabinett und die Erstellung der Gegenäußerung der Bundesregierung zur Stellungnahme des Bundesrates unterschieden.[276] Mit dem Einbringen der Gesetzesvorlage beim Bundestag durch die Bundesregierung sind die ministeriellen Tätigkeiten zwar noch nicht beendet. So wird das federführende Ministerium beispielsweise an den Sitzungen des Bundestages und seiner Ausschüsse teilnehmen und den Gesetzentwurf vertreten. Es handelt sich jedoch dann nicht mehr um ein Verfahren der Ministerialverwaltung, sondern um ein parlamentarisches Verfahren, an dem der Vertreter des Ministeriums lediglich ein Beteiligter ist.

---

[275] Vgl. Bundesministerium des Innern (Hrsg.), Gemeinsame Geschäftsordnung der Bundesministerien, Berlin 2006, S. 64.

[276] Vgl. Leonhardt, Klaus, Vom Gesetzgebungsauftrag bis zur Gesetzesverabschiedung, in: Bundesakademie für Öffentliche Verwaltung (Hrsg.), Praxis der Gesetzgebung, Regensburg 1983, S. 47 ff.

7. Kapitel: Entscheidungsprozesse in der Verwaltung

Die ministerielle Vorgehensweise hat als politisch-administrativer Problemlösungsprozess[277] ihren Ausgangspunkt in einem Zustand mit bestimmten formalen und materiellen Merkmalen, der aufgrund von Wertungen als Problem identifiziert wird. In der Regel werden die als problematisch empfundenen Zustände von gesellschaftlichen und politischen Gruppierungen entsprechend ihrer Bewertung artikuliert und an die Ministerialverwaltung herangetragen. Häufig kommt es vor, dass politische Leitungsinstanzen oder aber auch die Basiseinheiten in der Ministerialverwaltung – die Referate – durch Beobachtung des gesellschaftlichen Umfeldes sich entwickelnde Probleme identifizieren. Solche Wahrnehmungen werden maßgeblich durch Initiativen der zuständigen Referatsleitung bestimmt. Verfahrensmäßige Vorgaben gibt es insoweit nicht. Wenn jedoch die Problemartikulation in Form von Schreiben gewichtiger politischer Gruppierungen vorgenommen wird oder die zuständige Referatsleitung aufgrund eigener Bewertungen einen Bedarf nach Änderung des als Problem erkannten gesellschaftlichen Zustandes sieht, hat die zuständige Facheinheit die politische Leitung durch eine entsprechende Vorlage zu unterrichten. So wird beispielsweise in Hausanordnungen die Verwaltung angewiesen, dass der Minister, der Parlamentarische Staatssekretär und die Staatssekretäre über „Vorgänge von grundsätzlicher politischer oder herausragender sachlicher Bedeutung" durch Vorlagen zu unterrichten sind. Weiterhin werden Form und Aufbau entsprechender Vorlagen vorgeben.

Ob auf ein Problem mit der Aufnahme von Entwurfsarbeiten für ein Gesetzgebungsvorhaben reagiert werden soll, hängt von der Bejahung eines staatlichen Handlungsbedarfs ab. Diese Frage, für deren Beantwortung Prämissen wie Verfassungsauftrag, Gesetzesauftrag, Zielsetzungen in der Regierungserklärung und anderen Regierungsprogrammen zu beachten sind, wird häufig mit der Problemdefinition vermischt. So werden in der Regel Missstände aus dem gesellschaftlichen Umfeld als Forderung nach einer bestimmten staatlichen Problemlösung angemeldet. Zum Beispiel werden häufig Zweifelsfragen von vornherein als Rechtsänderungsproblem artikuliert. Um die hinter solchen Forderungen stehenden Vorurteile über die Ausgangssituation, die angestrebten Zielzustände und die zu ergreifenden Maßnahmen transparenter zu machen und um eine informiertere Diskussion über Entscheidungsmöglichkeiten zu erreichen, sind in den Prüffragen 1984 zur Notwendigkeit, Wirksamkeit und Verständlichkeit von Rechtsetzungsvorhaben entsprechende Hinweise aufgenommen worden.[278] Mit einer eingehenden Beantwortung der Fragen nach der Sach- und

---

[277] Vgl. Hugger, Werner, Gesetze – Ihre Vorbereitung, Abfassung und Prüfung, Baden-Baden 1983; Noll, Peter, Gesetzgebungslehre, Reinbek 1973.
[278] Vgl. König, Klaus, Zur Überprüfung von Rechtsetzungsvorhaben des Bundes, in: Dieter Grimm/Werner Maihofer (Hrsg.), Gesetzgebungstheorie und Rechtspolitik, Jahrbuch für Rechtssoziologie und Rechtstheorie, Band XIII, Opladen 1988, S. 171 ff.

Rechtslage, nach den Forderungen und den festgestellten Mängeln, den Entwicklungen im gesellschaftlichen Umfeld usw. kann der vom Bundesverfassungsgericht ausgesprochenen Pflicht des Gesetzgebers zur Tatsachenfeststellung entsprochen werden. Eine diesen verfassungsrechtlichen Anforderungen genügende Tatsachenfeststellung erschöpft sich nicht in der allgemeinen Darstellung von Fakten; erforderlich ist vielmehr eine auf dem Stand der Methodendiskussion stehende Aufklärung auch von komplexen, schwer überschaubaren Zusammenhängen.

Hierfür kann es zweckmäßig sein, ressortinterne Arbeitsgruppen zu bilden oder über Fachkommissionen auch externe Fachleute heranzuziehen. Sachverständige sollten allerdings nur dann herangezogen werden, wenn Arbeiten von verwaltungseigenen Kräften nicht geleistet werden können und die Sachverständigen hervorragende und anerkannte Sachkunde mit Unabhängigkeit gegenüber den von der Entscheidung berührten Kreisen aufweisen. Zur Informationsgewinnung kann es auch in einem frühen Stadium der Gesetzesentwicklung nützlich sein, den in Beiräten der Ministerien vorhandenen Sachverstand zu nutzen. Häufig werden auch die bereits bei den Vorarbeiten zu beteiligenden Bundesministerien und Landesministerien sowie Fachkreise und Verbände schon bei der Analyse des Problems sowie des Handlungs- und Entscheidungsraumes einbezogen. Die Geschäftsordnungsvorschriften 2006 sehen hiernach Begründungspflichten zu Zielsetzung und Notwendigkeit des Gesetzesentwurfs und seiner Einzelvorschriften wie Darstellungen zum zugrundeliegenden Sachverhalt und den einschlägigen Erkenntnisquellen vor.[279]

Wenn die gegebene und die angestrebte Situation präzisiert sind, geht es in einem ersten Problemlösungsschritt um die Frage, welche generellen Handlungsmöglichkeiten es gibt, um die Ausgangssituation in den angestrebten Zielzustand zu transformieren. Dieser Fragenkomplex wird in den Prüffragen 1984 zur Notwendigkeit, Wirksamkeit und Verständlichkeit von Rechtsetzungsvorhaben des Bundes unter dem Leitsatz „Welche Alternativen gibt es?" angesprochen. Nach den Geschäftsordnungsvorschriften 2006 ist in der Begründung darzustellen, ob eine Erledigung der Aufgabe durch Private möglich ist, gegebenenfalls welche Erwägungen zu ihrer Ablehnung geführt haben.[280] Dabei wird auf neuere Erkenntnisse der Implementations- und Wirkungsforschung zu den verschiedenen Möglichkeiten des Einwirkens auf gesellschaftliche Abläufe zu verweisen sein.[281] Auch wenn generalisierungsfähige Aussagen über Vor-

---

[279] Vgl. Bundesministerium des Innern (Hrsg.), Gemeinsame Geschäftsordnung der Bundesministerien, Berlin 2006, S. 30.

[280] Vgl. Bundesministerium des Innern (Hrsg.), Gemeinsame Geschäftsordnung der Bundesministerien, Berlin 2006, S. 30.

[281] Vgl. Mayntz, Renate (Hrsg.), Implementation politischer Programme – Empirische Forschungsberichte, Königstein/Ts. 1980; Mayntz, Renate (Hrsg.) Implementation

und Nachteile von bestimmten Instrumenten und Programmtypen nur sehr bedingt möglich sind, gibt es doch – mehr als bisher angenommen worden ist – Erfahrungen zum Einsatz von Handlungsformen, die sich für eine verbesserte Vorab-Schätzung der Wirksamkeit staatlicher Regelungen nutzen lassen.

Wenn geklärt ist, dass über ein staatliches Handlungsinstrument auf die gesellschaftlichen Abläufe eingewirkt werden soll, stellt sich in unserem föderativen Staatsaufbau die Frage, welche Ebene zu handeln hat. Bestimmend hierfür ist die im Grundgesetz festgelegte Zuständigkeitsverteilung. Im Katalog der Prüffragen 1984 wird in einem dritten Komplex entsprechend der allgemeinen Absicht der Bundesregierung, vorhandenen Zentralisierungstendenzen entgegenzuwirken, das Tätigwerden des Bundes einer besonderen Begründungspflicht unterworfen.

Die Frage, ob der Bund durch ein Gesetz oder andere Formen das künftige Handeln von Verwaltungen oder Bürgern steuern will, wird ebenfalls in einem Teilkomplex des Prüffragen 1984 aufgegriffen.[282] Die Beantwortung wird insbesondere durch das Verfassungsprinzip vom Gesetzesvorbehalt bestimmt. Nach der Rechtsprechung des Bundesverfassungsgerichts bedürfen alle „wesentlichen" Materien der gesetzlichen Normierung. Das Wesentlichkeitskriterium markiert die Untergrenze der Vergesetzlichung.

Bei der Ausgestaltung des Gesetzes, d.h. bei der Bestimmung der Instrumente zum Einwirken auf gesellschaftliche Abläufe und der Festlegung der kommunikativen Programmformen sind eine Reihe von Vorgaben zu beachten.[283] Jedes Gesetz muss so beschaffen sein, dass es elementaren Vorstellungen von Recht und Gerechtigkeit genügt. Hierzu gehört z.B. die Rücksichtnahme auf fundamentale Ordnungsprinzipien und auf die Einheit der Rechtsordnung. Es ist auf die Beziehungen zwischen den einzelnen Rechtsgebieten und die Sachgerechtigkeit innerhalb der jeweiligen Rechtsbereiche zu achten. Der Gedanke der Systemgerechtigkeit und Folgegerechtigkeit wird vom Bundesverfassungsgericht als Maßstab bei der Überprüfung gesetzlicher Regelungen angewandt. Vergleichbare Sachverhalte dürfen nicht ohne sachlich vertretbaren Grund verschieden behandelt werden. Folglich darf beispielsweise die bei der Programmgestaltung vorzunehmende Typisierung von Fällen nicht einen atypischen Fall

---

politischer Programme II: Ansätze zur Theoriebildung, Opladen 1983; ferner König, Klaus, Evaluation als Kontrolle der Gesetzgebung, in: Waldemar Schreckenberger u. a. (Hrsg.), Gesetzgebungslehre, Stuttgart u. a. 1986, S. 96 ff.; Rehbinder, Manfred/Schelsky, Helmut (Hrsg.), Zur Effektivität des Rechts, Gütersloh 1973.

[282] Vgl. König, Klaus, Zur Überprüfung von Rechtsetzungsvorhaben des Bundes, in: Dieter Grimm/Werner Maihofer (Hrsg.), Gesetzgebungstheorie und Rechtspolitik, Jahrbuch für Rechtssoziologie und Rechtstheorie, Band XIII, Opladen 1988, S. 171 ff.

[283] Vgl. Schneider, Hans, Gesetzgebung, 3. Aufl., Heidelberg 2002; Hill, Hermann, Einführung in die Gesetzgebungslehre, Heidelberg 1982.

als Leitbild wählen. Jede allgemein verbindliche Rechtsnorm muss den Tatbestand und seine rechtliche Bedeutung festlegen. Dies muss mit einem Mindestmaß an Bestimmtheit und Klarheit geschehen. Der Grad gebotener Bestimmtheit ist verschieden. Besonders auf dem Gebiet des Strafrechts einschließlich des Ordnungswidrigkeitenrechts ist jedoch besonderer Wert auf die Bestimmtheit der Norm zu legen. Bei der programmatischen Festlegung des Mittels zur Erreichung des angestrebten Zustandes verlangt der Grundsatz der Verhältnismäßigkeit neben dem generellen Abwägen zwischen dem Schutz der Privatsphäre und dem öffentlichen Interesse, dass die Maßnahme zur Erreichung des angestrebten Zweckes geeignet und erforderlich und dass der mit ihr verbundene Eingriff seiner Intensität nach nicht außer Verhältnis zur Bedeutung der Sache steht. Die hiernach gebotene Abwägung zwischen den in Betracht kommenden Maßnahmen und zwischen Anlass und Auswirkungen der angeordneten Eingriffe ist unter Würdigung aller persönlichen und tatsächlichen Umstände des konkreten Falles vorzunehmen.

Bei der Beurteilung der Zwecktauglichkeit einer Maßnahme besteht legislativ ein weiter Prognosespielraum. Die Zielsetzung und die Bestimmung des geeigneten Mittels setzen eine politische Entscheidung voraus. Da sich die Entwicklung nicht genau vorausberechnen lässt und aus den verschiedensten Gründen der erwartete Geschehensablauf eine unvorhergesehene Wendung nehmen kann, machen Irrtümer über den Verlauf der zukünftigen Entwicklung eine gesetzliche Regelung nicht verfassungswidrig. Erforderlich ist aber, dass die Prognose unter Berücksichtigung der bekannten Umstände sachgerecht und vertretbar ist. Bei der Bestimmung der Maßnahmen und der Festlegung der kommunikativen Programmmerkmale ist das zu erwartende Verhalten der Vollzugsinstanzen sowie die wahrscheinliche Reaktion der Gesetzesadressaten und der indirekt Betroffenen in Rechnung zu stellen. Weiterhin ist für die Programmgestaltung ein angemessenes Verhältnis der Kosten und Nutzen von Bedeutung. Diese Gesichtspunkte werden in den Prüffragen 1984 in vier Fragenkomplexen angesprochen.[284] Unter der Leitfrage: Ist der Regelungsumfang erforderlich? geht es um die angemessene Programmgestaltung unter eher gesetzestechnischen Aspekten. Mit Fragen nach der Geltungsdauer wird auf die Möglichkeit aufmerksam gemacht, Regelungen zu befristen oder eine Regelung auf Probe vorzusehen. Nach den Geschäftsordnungsvorschriften 2006 ist in der Begründung darzustellen, ob das Gesetz befristet werden kann.[285]

---

[284] Vgl. König, Klaus, Zur Überprüfung von Rechtssetzungsvorhaben des Bundes, in: Dieter Grimm/Werner Maihofer (Hrsg.), Gesetzgebungstheorie und Rechtspolitik, Jahrbuch für Rechtssoziologie und Rechtstheorie, Band XIII, Opladen 1988, S. 171 ff.

[285] Vgl. Bundesministerium des Innern (Hrsg.), Gemeinsame Geschäftsordnung der Bundesministerien, Berlin 2006, S. 30.

In einem weiteren Abschnitt der Prüffragen 1984 werden Fragen zur Akzeptanz einer Regelung sowie ihrer bürgernahen und verständlichen Fassung gestellt. Soweit die Regelungen nicht unmittelbar das Handeln der Bürger bestimmen, sondern über die öffentlichen Verwaltungen vollzogen werden, stellt sich die Frage ihrer Praktikabilität [286]. Entsprechend der Bedeutung, die der Berücksichtigung von Vollzugsaspekten bereits bei der Programmentwicklung zukommt, ist der diesbezügliche Fragenkomplex stärker ausdifferenziert. Danach dürfen Vollzugsbehörden nicht lediglich als Mittel zur Umsetzung des betreffenden Gesetzesprogramms betrachtet werden. Da Behörden in der Regel nicht im Zusammenhang mit einzelnen Programmen errichtet werden und dementsprechend ihre Aufgaben einen allgemeineren Charakter haben, sind sie von den einzelnen Programmen relativ unabhängig. Dies lässt es zweckmäßig erscheinen, die Programmgestaltung eher den Verwaltungsorganisationen anzupassen als umgekehrt und die Interessenlage der beteiligten Verwaltungen in Rechnung zu stellen. In engem Bezug zu den Vollzugsaspekten stehen Fragen nach Kosten und Nutzen. Dabei soll deutlich gemacht werden, dass es nicht nur um die Auswirkungen auf die Haushalte von Bund, Ländern und Kommunen geht, sondern auch um die zusätzlichen Belastungen bei den Gesetzesadressaten.

Die prozessuale Rationalisierung von exekutiven Gesetzesvorlagen wird durch Formvorgaben und technische Arbeitshilfen gestützt. So ist zum Beispiel bestimmt, dass Gesetzesvorlagen aus dem Entwurf des Gesetzestextes, der Begründung zum Entwurf und einer vorangestellten Übersicht als Vorblatt bestehen. Das Vorblatt soll wie folgt gegliedert sein: Problem und Ziel, Lösung, Alternativen, finanzielle Auswirkungen und sonstige Kosten. Arbeitshilfen sind ein Handbuch zur Vorbereitung von Rechts- und Verwaltungsvorschriften des Bundesministeriums des Innern und ein Handbuch der Rechtsförmlichkeit des Bundesministeriums der Justiz. Eine besondere Herausforderung für die nationale Rechtssetzung stellen die Vorhaben der Europäischen Union dar. Entsprechend sind spezielle Verfahrensgrundsätze für die Subsidiaritäts- und Verhältnismäßigkeitsprüfung mit Prüfrastern und Prüfregeln institutionalisiert.[287] „Electronic Government" ist auch in der Ministerialverwaltung im Vordringen.[288] So erfolgt zum Beispiel die Unterrichtung des Bundeskanzlers über politisch wichtige Gesetzentwürfe durch die Ressorts auch über ein Datenblattverfahren, das auf Grund seiner Standardisierung mittels elektronischer Datenver-

---

[286] Vgl. Mayntz, Renate, Voraussetzungen und Aspekte administrativer Praktikabilität staatlicher Handlungsprogramme, Bundesminister des Innern (Hrsg.), Schriftenreihe Verwaltungsorganisation, Band 6, Bonn 1982.
[287] Vgl. Bundesministerium des Innern (Hrsg.), Gemeinsame Geschäftsordnung der Bundesministerien, Berlin 2006, S. 67.
[288] Vgl. Bundesministerium des Innern (Hrsg.), BundOnline 2005, Berlin 2001; Reinermann, Heinrich, Regieren und Verwalten im Informationszeitalter, Heidelberg 2000.

arbeitung ausgewertet werden kann.[289] Andererseits lässt die zunehmende Nutzung der automatisierten Datenverarbeitung beim Vollzug der gesetzlichen Regelung es sinnvoll erscheinen, den Einsatz dieser Technik bereits bei der Gesetzesformulierung mit zu berücksichtigen.[290] Schon 1973 sind Grundsätze für die Gestaltung automationsgeeigneter Rechts- und Verwaltungsvorschriften beschlossen worden, in denen Anforderungen enthalten sind, die sich aus dem Einsatz der Informationsverarbeitung an die Gestaltung von Rechtsvorschriften ergeben.

Mit der Nennung der Regierungszentrale ist ein Hauptproblem der gesetzgeberischen Entwurfsarbeit in der Exekutive angedeutet, nämlich die Koordination. Signifikant ist ein Anhang zur Gemeinsamen Geschäftsordnung der Bundesministerien von 2006, der die abstrahierbaren Fälle der Beteiligung auflistet, also zum Beispiel ist das Bundesministerium des Innern zu beteiligen, wenn Belange der Kommunen, des Datenschutzes, des öffentlichen Dienstes, des Sports berührt werden, das Bundesministerium der Finanzen, wenn Vorschriften über Steuern oder andere Abgaben, Einnahmen oder Ausgaben berührt sind. Und weiter geht es in der Punktuation um Landwirtschaft, Arbeitsmarkt, Verteidigung, Familie, Gesundheit, Verkehr, Umwelt, Forschung, Medien usw. Dazu muss eine Liste von im Jahre 2006 zwanzig Beauftragten der Bundesregierung und Bundesbeauftragten berücksichtigt werden. Überdies haben das Bundesministerium des Innern und das Bundesministerium der Justiz Funktionen der Prüfung von Rechtsordnung und Rechtsförmlichkeit.[291]

Innerhalb eines Ministeriums pflegt der ressortinterne Abstimmungsprozess durch Hausanweisungen konkretisiert zu sein. Bei der Erarbeitung des Gesetzesentwurfs sind in der Regel neben der Leitungsebene eines Ressorts weitere materiell betroffene Facheinheiten und Querschnittseinheiten wie Haushalts- und Rechtsreferate des federführenden Ministeriums einbezogen. In den interministeriellen Beziehungen regelt eine gemeinsame Geschäftsordnung die ressortübergreifende Beteiligung. Diese versucht abzusichern, dass das federführende Ressort die vom Gesetzentwurf betroffenen Ministerien frühzeitig bei den Vorarbeiten und der Ausarbeitung einbezieht. Dafür gibt es differenzierte Unterrichtungs-, Beteiligungs- und Abstimmungsregelungen. In Demokratie, Mehrebenenpolitik und offener Gesellschaft sind Beteiligungen und Unterrichtungen im Stadium der ministeriellen Erarbeitung eines Gesetzesentwurfs nicht

---

[289] Vgl. König, Klaus, Personalisierte Führung und Informationstechnik in Regierung und Verwaltung, in: Heinrich Reinermann (Hrsg.), Führung und Information, Heidelberg 1991, S. 67 ff.

[290] Vgl. Thieler-Mevissen, Gerda, Automationsgerechtheit, in: Bundesakademie für Öffentliche Verwaltung (Hrsg.), Praxis der Gesetzgebung, Regensburg 1984, S. 115 ff.

[291] Vgl. Bundesministerium des Innern (Hrsg.), Gemeinsame Geschäftsordnung der Bundesministerien, Berlin 2006, S. 58 f.

auf Einheiten innerhalb der Regierung beschränkt. Entwürfe einer Gesetzesvorlage auf Bundesebene sind Ländern und kommunalen Spitzenverbänden möglichst frühzeitig zuzuleiten. Entsprechendes gilt für die intermediären Interessenvertretungen. Zentral- und Gesamtverbände wie Fachkreise sind rechtzeitig zu beteiligen. Zu anderen Stellen, die gegebenenfalls zu unterrichten sind, zählen Parlamentsfraktionen oder auch die Presse. Schließlich besteht heute die Möglichkeit, einen Gesetzentwurf in das Intranet der Regierung oder das Internet einzustellen.[292]

Die über Beteiligungen angeknüpften fachlich-politischen Kontakte und Außenbeziehungen werden von Gesetzgebungsreferenten häufig bereits bei der Problemdefinition genutzt. Die Präsenz eines Verbandes als Informations- und Datenlieferant ist auf der anderen Seite eine entscheidende Möglichkeit für diesen, schon zu einem sehr frühen Stadium auf den Gesetzentwurf der Regierung einzuwirken. Solche über Kontaktsysteme laufenden, langfristig angelegten Möglichkeiten, Einflusskanäle zur Ministerialverwaltung zu eröffnen und zu erhalten, dürfte für die Verbände fast von noch größerem Gewicht sein, als über Instanzen außerhalb der Verwaltung auf jene Druck auszuüben. Über die vielfältigen Kontakte zu den verschiedenen Verbänden, Fachkreisen und sonstigen Interessengruppen sowie zu den Parteien werden die gesellschaftlichen Konflikte in die ministerielle Vorbereitung von Gesetzentwürfen schon zu einem sehr frühen Stadium aufgenommen. Hinzu kommt, dass sich der gesellschaftliche Interessenpluralismus in dem ministeriellen Institutionenpluralismus wiederspiegelt und dementsprechend Konflikte zwischen den Ressorts, zwischen den Abteilungen oder auch Referaten des eigenen Ministeriums auftreten können.

Die unterschiedlichen Beteiligungen lassen sich bei mehr routinemäßigen Gesetzesvorhaben wie z.B. kleineren Gesetzesänderungen oft schriftlich abwickeln. Bei größeren und/oder streitigen Vorhaben ist es meist erforderlich, Besprechungen mit den Beteiligten durchzuführen. Entscheidend sind die Erfordernisse des Einzelfalls. Ein häufiger Ablauf ist: Besprechung mit den zu beteiligenden Ressorts, Besprechung mit den Ländern, Anhörung der Fachkreise und Verbände, erneute Ressortbesprechung unter Berücksichtigung der Besprechungen mit Ländern und Verbänden. Wenn in den Ressortbesprechungen Meinungsverschiedenheiten nicht ausgeräumt werden können, so werden weitere Gespräche auf höherer Leitungsebene notwendig. In der Regel wird versucht, zunächst auf Abteilungsleiterebene oder dann auf Staatssekretärsebene eine Klärung herbeizuführen. Dem Kabinett ist der Gesetzentwurf erst dann vorzulegen, wenn die Meinungsverschiedenheiten auch in einem Verständi-

---

[292] Vgl. Bundesministerium des Innern (Hrsg.), Gemeinsame Geschäftsordnung der Bundesministerien, Berlin 2006, S. 35.

gungsversuch zwischen den Bundesministern selbst nicht beseitigt werden konnten. Schließlich werden Gesetzesvorlagen dem Kabinett zur Beschlussfassung vorgelegt. Nach den Geschäftsordnungsvorschriften des Bundes sind im Anschreiben zur Kabinettsvorlage bestimmte Angaben zu machen, etwa zur Erforderlichkeit der Zustimmung durch den Bundesrat, zu abweichenden Meinungen aufgrund der Beteiligungen, zu Kosten der Ausführung des Gesetzes in Bund, Ländern und Kommunen. Die Gemeinsame Geschäftsordnung der Bundesministerien enthält weitere Regeln zur Gegenäußerung der Bundesregierung zur Stellungnahme des Bundesrates, zu Gesetzesvorlagen des Deutschen Bundestages und des Bundesrates usw.[293]

Mit dem skizzierten Prozessgefüge ministerieller Gesetzesvorbereitung sind administrative Möglichkeiten vorgestellt, zur Rationalisierung der Gesetzgebung beizutragen. Solche Strukturen bedürfen weiterer Interpretation, wie sie uns zum Gerichtsverfahren und zum Verwaltungsverfahren reichlich vorliegen. Festzuhalten ist, dass die legislatorische Entwurfsarbeit jene beiden Handlungsrationalitäten einschließt, die die modernen Staatsverwaltungen kennzeichnen, nämlich die Subsumtion von Lebenssachverhalten unter Normen und die Kombination von Mitteln zu Zwecken. Das wird daran deutlich, dass die Ministerialverwaltung einerseits in den Gesetzesentwürfen die Verfassung konkretisiert und die Prinzipien unserer Rechtsordnung zur Geltung bringt, andererseits Kosten und Nutzen der erarbeiteten Rechtsvorschrift – von der Erstellung bis zum Vollzug – mitreflektiert. Nur darf man solche Handlungsrationalitäten nicht überschätzen. In der Gesetzgebung geht es darum, Informationen politisch zu bewerten, Konflikte kleinzuarbeiten, Interessen auszugleichen, Kompromisse zu suchen und den Konsens zu finden. Dabei kann es geschehen, dass die Politik die normativen Handlungsspielräume ausdehnt, Optimierungsmöglichkeiten beiseite schiebt, Kausalitäten leugnet.

Die Gesetzgebung wird heute mit Stichworten wie Gesetzesflut, Überregulierung, Verrechtlichung, Regelungsperfektionismus kritisiert. Die öffentliche Verwaltung scheint insofern Täter wie Opfer zu sein. Die Gründe für die einschlägigen Defizite sind prinzipiellen wie operationalen Charakters. Grundlegend ist, dass der Wohlfahrtsstaat dem gesellschaftlichen und wirtschaftlichen Leben nicht einfach einen Ordnungsrahmen setzt, sondern umfangreiche soziale Leistungen erbringt. Weiter ist es die Komplexität des industriellen Zeitalters und der technischen Zivilisation, die einen hohen politischen Steuerungsbedarf auslöst. Der Risikogesellschaft ist nur begrenzt mit Marktmechanismen – auch simulierten – beizukommen. In der repräsentativen Demokratie ist es die parlamentarische Legislative, die mit ihren Gesetzen im formellen Sinne politisch

---

[293] Vgl. Bundesministerium des Innern (Hrsg.), Gemeinsame Geschäftsordnung der Bundesministerien, Berlin 2006, S. 36 ff.

steuert. Im demokratischen Rechtsstaat verstärkt sich dieser Steuerungsmechanismus, wenn verfassungsrechtlich verlangt wird, dass alle „wesentlichen" öffentlichen Angelegenheiten durch den demokratisch legitimierten Gesetzgeber erfolgen. Auch die managerialistischen Verwaltungen haben sich aus vergleichbaren Gründen mit einer zunehmenden Verrechtlichung auseinander zu setzen. Der Legalismus in Politik und Verwaltung beruht indessen auf gesellschaftlichen, wirtschaftlichen, technischen Entwicklungen wie verfassungsrechtlichen Grundentscheidungen und institutionellen Rahmenbedingungen. Es geht also um dem politisch-administrativen System innewohnende Werte, die durchaus gewollt und bejaht sind. Dies macht große Gegenentwürfe politischer Steuerung von Gesellschaft und Wirtschaft eher unwahrscheinlich, schließt freilich eine Verbesserung der Rechtsetzung auf operativer Ebene nicht aus.

Operational werden der Gesetzgebung und Rechtsetzung gemessen an ihren eigenen Gestaltungsintentionen vielfach Vollzugsdefizite, Verlust an Folgebereitschaft der Bürger, Unwirksamkeit und schädliche Nebenwirkungen vorgehalten. Auch durch immer dichtere Normen in einem Regelungsfeld scheint die soziale Treffsicherheit der Gesetzgebung eher geringer geworden zu sein. In Teilbereichen wird festgestellt, dass die Verwaltungen dazu übergegangen sind, selbst ihre Prioritätenordnungen zwischen den aus ihrer Sicht wichtigen, jedenfalls zu vollziehenden und den weniger wichtigen Rechtsvorschriften aufzustellen. Das Bild vom „Land der sanften Bürokraten", „wo überall Regeln sind, aber keiner an sie glaubt", wo die Beamten sich von den von ihnen zu vollziehenden Regeln „mit einem Augenzwinkern distanzieren"[294], ist überzeichnet. Es deutet jedoch auf die Überforderung von Verwaltung und Bürger durch die Rechtsetzung hin.

Die Gründe für die Defizite in der Gesetzgebung sind vielschichtig. Gesetzgebung als politischer Prozess unterliegt den Anforderungen der Konfliktregulierung, für die die Interessenbefriedigung von größerem Gewicht ist als Gesichtspunkte einer systematischen, eindeutigen und vollzugsgeeigneten Programmgestaltung. Profilierungs- und Opportunitätserwägungen der Politik können ebenso eine Rolle spielen wie das Perfektionsstreben der Fachkundigen im Parlament, in den Ministerialverwaltungen und der Verbandsbürokratie. Unzureichende Kenntnisse der Ministerialverwaltungen über Vollzugssituationen verstärken die oft zu beobachtende Neigung, die nachgeordneten Behörden durch möglichst detaillierte Regelungen zu binden. Umgekehrt fordern manche Vollzugsverwaltungen detailliertere Regelungen, um routinehaft entscheiden zu können, aber auch nicht selten, um Verantwortung nicht übernehmen zu müssen. Kontrollinstanzen wie Gerichte und Rechnungshöfe dringen auf Regelungsgenauigkeit wie umgekehrt die Legisten bemüht sind, Sachverhalte durch

---

[294] Vgl. Dahrendorf, Ralf, in: Die Zeit vom 14.12.1984.

dichtere Regelungen justizsicherer oder für den Rechnungshof unangreifbarer zu machen.

Die sich in solcher Kritik andeutenden Defizite der Rechtsetzung auch im operationalen Bereich und die genannten Gründe für die zunehmende Verrechtlichung verweisen auf einen überaus vielschichtigen Ursachen- und Wirkungszusammenhang, der nahezu alle Ebenen und Felder des staatlichen Handelns einbezieht, mit dem die Lösung gesellschaftlicher Probleme durch Gesetz und Recht intendiert wird. Dies schließt staatliche Patentrezepte von vornherein aus, lässt aber bei Berücksichtigung der konstitutionellen und institutionellen Rahmenbedingungen, der unvermeidlichen Wertkonflikte sowie der Struktur des politischen Prozesses zwei Ansatzpunkte einer Abhilfe politisch-praktikabel erscheinen, nämlich einmal Aktionen zur Bereinigung und zur Vereinfachung des Regelungsbestandes und zum anderen den Einbau von Gegenmechanismen in den politisch-administrativen Rechtsetzungsprozeß, um Tendenzen einer weiter fortschreitenden Verrechtlichung vorzubeugen und die Gesetzgebung zu verbessern.

Beide Wege sind in der Bundesrepublik Deutschland beschritten worden. In Bund und Ländern haben seit den 1970er Jahren insbesondere Kommissionen zur Rechts- und Verwaltungsvereinfachung zahlreiche „Entrümpelungsaktionen" durchgeführt. Neben solchen Bereinigungen Ex post stehen wiederum in Bund und Ländern „Notwendigkeitsprüfungen" Ex ante, für die die „Prüffragen zur Notwendigkeit, Wirksamkeit und Verständlichkeit von Rechtsetzungsvorhaben des Bundes" von 1984 ein Beispiel sind. Beide Vorgehensweisen können auf Erfolge verweisen. Sie haben aber das Regelungsdickicht des legalistischen Staates nicht grundlegend durchforsten können. Hält man nach weiteren Möglichkeiten einer Rationalisierung der Gesetzgebung Ausschau, dann ist an eine Revitalisierung der Kodifikationsidee zu denken.[295] Dabei kommt freilich eine Gesamtkodifikation nach Art des Allgemeinen Landrechts für die preußischen Staaten[296] nicht in Betracht. Die hohe Differenzierung von Gesellschaft und Staat in Fachpolitiken und Fachverwaltungen lässt sich bei der Steuerung durch Gesetze nicht einfach rückgängig machen. Vielmehr geht es darum, zersplitterte rechtliche Teilmaterien durch ein umfassendes Fachgesetzbuch zu ersetzen: zum Beispiel die Kodifikation des Umweltrechts in einem Umweltgesetz-

---

[295] Vgl. Schreckenberger, Waldemar, Die Gesetzgebung der Aufklärung und die europäische Kodifikationsidee, in: Detlef Merten/Waldemar Schreckenberger (Hrsg.), Kodifikation gestern und heute, Berlin 1995, S. 87 ff.

[296] Vgl. Hattenhauer, Hans, Das ALR im Widerstreit der Politik, in: Detlef Merten/Waldemar Schreckenberger (Hrsg.), Kodifikation gestern und heute, Berlin 1995, S. 27 ff.

buch[297] oder die Kodifikation des Arbeitsrechts[298], aber auch die Kodifikation eines unübersichtlichen und veralteten Organisationsrechts in einem umfassenden Organisationsgesetz[299]. Angesichts der Zurückhaltung gegenüber Kodifikationen in Deutschland etwa aus Zweifeln an Flexibilität und Innovationsoffenheit[300] ist der Vergleich mit Frankreich aufschlussreich.[301] Hier gibt es nicht nur eine breite intellektuelle Auseinandersetzung mit der Kodifikationsidee, sondern auch ein institutionalisiertes Kodifikationsverfahren in einer „Commission Supérieure de Codification" beim Conseil d'État, die darauf verpflichtet ist, große Bereiche des Rechts zu kodifizieren. Im Ergebnis denkt man an rund 60 Kodifikate.

Mit dem Konzept der Kodifikation verbinden sich unterschiedliche Leistungserwartungen. Allgemein geht man davon aus, dass es zur Systematisierung der einschlägigen Rechtsmaterie in einer formalen Vereinheitlichung kommt. Überdies wird eine Harmonisierung im Sinne einer Rechtsangleichung angestrebt, und zwar nicht nur wegen einer sachlichen, sondern auch wegen einer genetischen Zersplitterung von Vorschriften. Weitere Funktionen sind Publizität und damit größere Zugänglichkeit für Bürger und Unternehmen sowie Vollzugsgeeignetheit im Hinblick auf die öffentliche Verwaltung selbst. Werden solche Leistungserwartungen eher allgemein vertreten, so erweisen sich zwei zusätzliche Anforderungen als schwierig. Zum einen geht es um Kontinuität. Hier wird die klassische Anlage des Gesetzes verstärkt, nämlich jeweilige Lebensbereiche dauerhaft zu regeln. Ihr steht eine soziale, ökonomische und politische Dynamik entgegen, die das Änderungsgesetz zum typischen Gesetz werden lässt. Dabei darf man nicht übersehen, dass eine Hauptforderung etwa aus der Wirtschaftssphäre lautet, Gesetze zu erlassen, die Rechtssicherheit in der Zeit und damit verlässliche Rahmendaten für technisch-industrielle Planungen schaffen. Die andere schwierige Funktion ist die der Modernisierung des Rechts. Gerade in Deutschland erscheinen Kodifikationen unbrauchbar, wenn

---

[297] Vgl. Kloepfer, Michael, Zur Kodifikation des Umweltrechts in einem Umweltgesetzbuch, in: Detlef Merten/Waldemar Schreckenberger (Hrsg.), Kodifikation gestern und heute, Berlin 1995, S. 195 ff.

[298] Vgl. Ramm, Thilo, Kodifikation des Arbeitsrechts?, in: Detlef Merten/Waldemar Schreckenberger (Hrsg.), Kodifikation gestern und heute, Berlin 1995, S. 167 ff.

[299] Vgl. König, Michael, Kodifikation des Landesorganisationsrechts, Baden-Baden 2000.

[300] Vgl. Schmidt, Reiner, Flexibilität und Innovationsoffenheit im Bereich der Verwaltungsmaßstäbe, in: Wolfgang Hoffmann-Riem/Eberhard Schmidt-Aßmann (Hrsg.), Innovation und Flexibilität des Verwaltungshandelns, Baden-Baden 1994, S. 67 ff.

[301] Vgl. König, Michael, Die Idee der Kodifikation – besonders in Deutschland und in Frankreich, in: Zeitschrift für Gesetzgebung 1999, S. 195 ff.; ferner Braibant, Guy, La problématique de la codification, in: Revue Française d'Administration Publique 1997, S. 165 ff.; Püttner, Günter, La codification en Allemagne, in: Revue Française d'Administration Publique 1997, S. 299 ff.

sie nicht in der geregelten Sache – etwa im Umweltschutz – zu Innovationen, zu einer „Codification reformatrice" führen. Damit überträgt man einen Modernisierungsanspruch, mit dem man schon in kleinteiligen Fachgesetzen seine politische Last hat, auf breite Regelungsmaterien eines Fachgebiets. Die Modi der Interessenberücksichtigung und Machtgenerierung nicht nur in der Bundesrepublik Deutschland sind für ein so politisch ambitioniertes Unternehmen kaum günstig. Die Kodifikationsbewegung in Frankreich lässt es wohl bei einem bescheidenerem Kodifikationsbegriff bewenden, bei dem es um die Rezension und Neuordnung der Texte im Sinne der Bestätigung des bisherigen Rechts – „Codification à droit constant" – geht, wobei freilich Widersprüche beseitigt und das Gesetzeswerk an moderne Rechtsnormen angepasst werden soll. Auch darin besteht ein Rationalisierungsgewinn gegenüber verstreuten, unübersichtlichen, manchmal in ihrer Maßgeblichkeit bezweifelten Einzelgesetzen.

Die Gesetzgebung wird in der Parteiendemokratie zuerst von Fraktionen, Koalitionsrunden, Parteigremien, Regierungschefs und Ministern dominiert. Hinzu kommen wirtschaftliche und gesellschaftliche Einwirkungen von intermediären Verbänden, legitimierenden Kommissionen der Politiker, Interessenvertretern und Sachverständigen und viele andere Einflüsse mehr. Die Entwurfsarbeit der Gesetzgebung liegt indessen nach wie vor ganz überwiegend in den Händen der Ministerialverwaltung. Sie kann sich nicht gegen die dominierenden Kräfte stellen, sondern muss den Primat der Politik akzeptieren. Indessen bedeutet Loyalität nicht schlichte Identifikation. Die eigene Funktionalität der Ministerialverwaltung mit ihrem vielfältigen Sachverstand und ihrem tiefen Amtswissen, die auch die Intelligenz des Juristischen einschließt, muss immer wieder erprobt werden. Dazu gehört, die Handlungsgrundsätze, Verfahren und Methoden gesetzgeberischer Arbeit zu pflegen und weiterzuentwickeln. Wenn eine zersplitterte Rechtsmaterie Orientierungsprobleme bei den Betroffenen auslöst, kann sich die Leistungsfähigkeit der Ministerialverwaltung im Entwurf einer Kodifikation bewähren, selbst wenn sich später erweist, dass die Politik ein entsprechendes Regelwerk nicht für opportun hält.

IV. Implementation programmierter Entscheidungen

1. Standardisierung und Individualisierung

Auch beim Vollzug der Gesetze, bei der Umsetzung öffentlicher Pläne, bei der Implementation programmierender Entscheidungen ist auf den Rationalitätsanspruch und die Komplexität der Entscheidungssituation bei der Konkretisierung auf den Einzelfall zu achten. Bei der Implementation sind Subsumtionsrationalität wie Kombinationsrationalität gleichermaßen zu berücksichtigen. Es geht um miteinander verschränkte Rationalisierungsansätze, und zwar in der legalistischen wie in der managerialistischen Verwaltung. Die Unterscheidung zwischen beiden Rationalitäten hat analytischen Wert. Sie bedeutet aber für die öffentliche Verwaltung keine Begründung, nach der zwischen „juristischen" und „sozialwissenschaftlichen" Entscheidungen[302] getrennt werden könnte.[303] Der Jurisprudenz sind Versuche einer Synthese von Theorie und Praxis nicht fremd. Sie enden in der Formel von der „Rechtsprechung als Wissenschaft"[304]. Personalisiert geht es um Rechtslehrer und Richter, die „Vernünftig- und Gerecht-Denkenden".[305]

Demgegenüber ist für die öffentliche Verwaltung der Moderne von vornherein zu betonen, dass es weder eine Einheit von praktischem Entscheidungsverhalten und wissenschaftlicher Erkenntnis noch die Identifikation mit einer Rationalität gibt. Die Einheit von Wissenschaft und Praxis etwa nach marxistisch-leninistischer Doktrin ist Ideologie. Auch die legalistische Verwaltung kommuniziert nicht nur mit dem generalisierten Medium des Rechts, sondern zudem mit Geld, Macht, Information usw. Über Maßnahmen der öffentlichen Sicherheit und Ordnung, der öffentlichen Versorgung und Entsorgung usw. lässt sich nicht einfach durch Rechtsanwendung entscheiden. Selbst Gesetze mit einem hohen Anteil an Konditionalität – Gesetze zu öffentlichen Abgaben oder zu sozialen Leistungen – sind mit ihren unbestimmten Rechtsbegriffen gegenüber finalen Erwägungen offen. Die Differenzierung zwischen verwaltungspraktischem Entscheidungsverhalten und Erkenntnissen der Verwaltungswissenschaften oder der Verwaltungswissenschaft schließt es indessen nicht aus, dass die öffentliche Verwaltung sich wissenschaftlich orientiert. Das gehört zu den Bedingungen einer „wissenschaftlichen Zivilisation". Wenn also zu vollziehende Gesetze durch das Schema von Tatbestands- und Rechtsfolge geprägt sind, wird man bei deren Anwendung auf die juristischen Methoden zurückgreifen, ungeachtet ob sie als „juristisches Denken"[306] oder als „Methodenlehre der Rechtswissenschaft"[307] bezeichnet werden. Methodische Elemente der Klärung

---

[302] Vgl. Thieme, Werner, Entscheidungen in der öffentlichen Verwaltung, Köln u. a. 1981, S. 31 ff.
[303] Vgl. Schuppert, Gunnar Folke, Verwaltungswissenschaft, Baden-Baden 2000, S. 752 ff.
[304] Vgl. Jerusalem, Franz W., Kritik der Rechtswissenschaft, Frankfurt a. M. 1948, S. 46.
[305] Vgl. Ehmke, Horst, Prinzipien der Verfassungsinterpretation, in: Veröffentlichungen der Vereinigung der Deutschen Staatsrechtslehrer, Heft 20, Berlin/New York 1963, S. 71.
[306] Vgl. Engisch, Karl, Einführung in das juristische Denken, 9. Aufl., Stuttgart u. a. 1997.
[307] Vgl. Larenz, Karl/Canaris, Claus-Wilhelm, Methodenlehre der Rechtswissenschaft, 3. Aufl., Berlin u. a. 1995.

des Norminhalts, der Berücksichtigung relevanter Sachverhalte, der Subsumtion des Sachverhalts unter Normen sind für die Verwaltungspraxis maßgeblich. Dabei macht es für diesen Methodengebrauch in der Verwaltung keinen Unterschied, ob es um Rechtsanwendung im strengen Sinne geht oder ob Verwaltungsvorschriften oder technische Normen umgesetzt werden. Umgekehrt verlangen Methoden selbst einer „anwendungsorientierten Verwaltungsrechtswissenschaft" mehr als Praxisbezug, um wissenschaftlichen Ansprüchen zu genügen.[308]

Was für die Subsumtionsrationalität gilt, ist auch für die Kombinationsrationalität zu beachten, wobei methodische Orientierungen hier in erster Linie aus den Wirtschafts- und Sozialwissenschaften erfolgen. Dabei geht es auf der Ebene der Implementation programmierter Entscheidungen regelmäßig nicht mehr um Methoden der Zweck- und Zielsetzung, sondern um die Klärung des Inhalts bereits gesetzter Zwecke und Ziele, wie sie insbesondere in Plänen und Plangesetzen festgelegt sind. Der Vergewisserung über Finalitäten stehen Methoden zur Aufklärung der Entscheidungssituation zur Seite. Dabei bringt es die Zweck-Mittel-Orientierung mit sich, dass Erhebungen zur gegenwärtigen Lage nicht ausreichen, sondern auch Methoden zur Ermittlung künftiger Zustände eingesetzt werden müssen. Auf dieser Grundlage kommen dann die Methoden der Generierung von Alternativen zur Lösung des Entscheidungsproblems zum Zuge. Alternativen sind zu bewerten und die „beste", gegebenenfalls eine „zufrieden stellende" Alternative auszuwählen. Dabei ist jeder Konkretisierungsschritt nicht sachlich und zeitlich streng eingeordnet. Rückkopplungen sind in Rechnung zu stellen. Pläne und Plangesetze weisen oft mehrere Ziele auf, deren Gewicht bestimmt werden muss, und zwar im Blick auf die konkrete Entscheidungssituation. Methoden des Vergleichs können so sukzessiv zu Lösungen führen.[309]

Ein noch so großer Vorrat an Entscheidungsmethoden in einer öffentlichen Verwaltung kann aber nicht jenes Niveau an sachlicher Richtigkeit gewährleisten, das systemisch von öffentlichen Entscheidungen erwartet wird. Die Gründe liegen bei den betroffenen Bürgern und Unternehmen wie bei den Mitarbeitern der öffentlichen Verwaltung selbst. Der Bürger hat auch in Zeiten von Großverwaltungen mit ihren Mengen von Verwaltungsentscheidungen ein Recht auf Gleichbehandlung. So erfordert die Massenproduktion etwa von Sozialbescheiden oder Abgabenbescheiden die Vereinheitlichung nach einem Normalmaß.

---

[308] Vgl. Hoffmann-Riem, Wolfgang, Methoden einer anwendungsorientierten Verwaltungsrechtswissenschaft, in: Eberhard Schmidt-Aßmann/Wolfgang Hoffmann-Riem (Hrsg.), Methoden der Verwaltungsrechtswissenschaft, Baden-Baden 2004, S. 9 ff.

[309] Vgl. Becker, Bernd, Entscheidungen in der öffentlichen Verwaltung, in: Klaus König/Heinrich Siedentopf (Hrsg.), Öffentliche Verwaltung in Deutschland, 2. Aufl., Baden-Baden 1997, S. 435 ff.

7. Kapitel: Entscheidungsprozesse in der Verwaltung

Gleichbehandlung muss dort durch ein Durchschnittsmuster gewährleistet werden. Quantität und Qualität von Entscheidungen erfordert Entlastung durch standardisierte Vorgaben. Auf der Seite der Mitarbeiter der öffentlichen Verwaltung muss berücksichtigt werden, was diese als Leistung durchschnittlich zu erbringen in der Lage sind. Hier stößt man gerade in der managerialistischen Verwaltung auf Diskrepanzen. Einerseits werden etwa unternehmerisches Verhalten und Management-Modelle mit verfeinerter Methodik propagiert. Andererseits besteht aber keine Bereitschaft, entsprechend qualifiziertes Personal zu bezahlen.

Standardisierungen nach einem Wenn-Dann-Schema pflegen sowohl in der legalistischen wie in der managerialistischen Verwaltung durch Verwaltungsvorschriften zu erfolgen. Ob öffentliche Abgaben, Sozialleistungen, Grenzverkehr usw.: Tausende von Verwaltungsvorschriften stehen für eine verfeinerte Konditionierung durch die Exekutive selbst, und zwar vor der Konkretisierung in der Einzelfallentscheidung. Die Fülle dieser Konditionen mag manchmal die Informationsverarbeitungskapazität des Verwaltungspersonals überschreiten. Jedenfalls ist der Entscheidungsträger in der Komplexität von Entscheidungssituationen durch schmale Subsumtionsvorgaben entlastet. Schwieriger verhält es sich mit Standardisierungen nach dem Zweck-Mittel-Schema. Hier genügt es nicht, Management-Modelle vom Planungs-Programmierungs-Budgetierungs-System bis zum New Public Management einführen zu wollen, ohne die Personalsituation der jeweiligen Verwaltung zu reflektieren. Mindestens für Schalterbedienstete, für Beamte in der ersten Schreibtischreihe hinter dem Schalter, für Mitarbeiter in nachgeordneten Feldverwaltungen muss eingerechnet werden, wie anspruchsvoll Handlungs- und Kalkulationsmodelle sein dürfen, die vor Ort umgesetzt werden sollen. Für die Rationalisierung nach Zwecken und Mitteln wäre es allerdings unbefriedigend, der Ebene programmierender Entscheidungen zugleich die finale Konkretisierung der Einzelfallentscheidung etwa durch eine Ermessenserwägung folgen zu lassen. Wiederum ist eine Zwischenschicht standardisierter Entscheidungsmuster nach Möglichkeit zwischenzuschalten, die dem Verwaltungsalltag angemessen sein muss. Eine solche „angepasste" Sozialtechnologie stellt zum Beispiel eine als Standard vorgegebene Kosten-Leistungs-Rechnung dar. Sie ist im modernen Haushaltsrecht – etwa in einem Haushaltsgrundsätzegesetz – vorgesehen.

Die Kosten-Leistungs-Rechnung ist eine Methodik zur Erfassung, Zurechnung und Bewertung der beim Verwaltungshandeln entstehenden Kosten und Leistungen. Ihre Standardisierung bedeutet, dass nicht nur auf jeweils individuelle Kalküle geachtet, sondern Vergleichbarkeit hergestellt wird, deren Ergebnisse als Vorgabe für weiteres Verwaltungshandeln angesehen werden können. Um zu einer einheitlichen Datenbasis zu kommen, muss die Komplexität des Kosten- und Leistungsgeschehens reduziert werden. Es geht um den leistungsbezogenen Verzehr materieller Güter, wobei Kosten einen in Geld bewerteten

Verbrauch darstellen. Die begrenzte Rationalität der Kosten-Leistungs-Rechnung zeigt sich aber nicht nur im Bezug auf Wirtschaftlichkeit. Die Methodik macht überdies an der Output-Grenze halt. Leistungen sind bewertete Arbeitsergebnisse der Verwaltung, ihre Produkte und Dienstleistungen, nicht die Auswirkungen und Folgen des Verwaltungshandelns in der sozio-ökonomischen Umwelt.[310]

Solche Reduktionen sind aber erforderlich, um in der Verwaltung überhaupt zu handhabbaren Sozialtechnologien zu kommen. Modelle eines ökonomisierten öffentlichen Managements neigen dazu, holistischen Ansätzen der Betriebs- und Finanzwirtschaft den Vorzug zu geben. Man übersieht das Erfordernis elastischer Zwischenräume für Fehlertoleranzen. Meist scheitert man freilich mit einschlägigen Bemühungen bereits in Vorfeldern. Auch eine standardisierte Kosten- und Leistungsrechnung sollte man nicht von vornherein mit Additiven – Benchmarking, Evaluation, Controlling usw. – überfrachten, sondern auf begrenzte Rationalität setzen. Die Einpassung der Kosten-Leistungs-Rechnung in ein tradiertes Haushalts- und Rechnungswesen ist schwierig genug. Man muss sich über die Kostenarten sowohl bei den Sachkosten wie den Personalkosten Rechenschaft geben. Man muss Kostenstellen einrichten, um Kostenstellenrechnungen durchführen zu können. Man braucht eine Kostenträgerrechnung oder Produktkostenrechnung, um die Zuordnung der Kosten auf die von der Verwaltung erstellten Produkte vornehmen zu können. Es kommt zu der in öffentlichen Angelegenheiten schwierigen Frage der Leistung als bewertetes Ergebnis des administrativen Erzeugungsprozesses. Leistungsindikatoren sind aufzustellen, mit denen quantitative Aspekte der Leistungserstellung erfasst werden können. Komplexer noch ist die Festlegung von Qualitätsmerkmalen. Insgesamt kommt es darauf an, eine der jeweiligen Verwaltung angemessene Kosten- und Leistungsrechnung einzurichten.[311] Vielerorts wäre schon geholfen, wenn es zu einem Normalmaß des Ressourcenverzehrs bei der Ausstellung eines Reisepasses, der Erteilung einer Funklizenz, der Zulassung eines Kraftfahrzeuges usw. kommen würde. Anderes lässt sich anknüpfen, insbesondere die Antwort auf die Frage nach kostendeckenden Gebühren. Programmbudget oder Controlling setzen dann allerdings Weiteres voraus.[312]

Allgemein leidet die Rationalisierung des Verwaltungshandelns nach dem Zweck-Mittel-Schema darunter, dass es zu wenig gelingt, diese Abwägungen in eine explizite Alltagsmethodik des politisch-administrativen Systems zu veran-

---

[310] Vgl. Buchholz, Werner, Kosten-Leistungs-Rechnung, in: Peter Eichhorn u. a. (Hrsg.), Verwaltungslexikon, 3. Aufl., Baden-Baden 2003, S. 605 ff.
[311] Vgl. Ministerium der Finanzen des Landes Rheinland-Pfalz, Handbuch der standardisierten Kosten- und Leistungsrechnung in Rheinland-Pfalz, Mainz 2000.
[312] Vgl. Mundhenke, Eberhard, Controlling/LKR in der Bundesverwaltung, Brühl 2003.

kern. Zwar gibt es das Unternehmen einer entscheidungsorientierten Betriebswirtschaftslehre.[313] Auch bestehen Ansätze, Entscheidungsregeln aufzustellen, die normative Kriterien des Entscheidungsträgers zur Erreichung seiner Ziele beinhalten, also Vorschriften, die in der Entscheidungssituation bei hinreichend gegebenen Bedingungen festlegen, welche Aktion bei gegebenen Ergebnissen aus den verfügbaren Alternativen auszuwählen ist. Jedoch bewegen sich jene Entscheidungsregeln zu Gewissheit, Risiko, Unsicherheit jenseits des Verwaltungsalltags. Es ist nicht zu sehen, welche präskriptive Kraft sie in einer administrativen Entscheidungssituation, sei es in der legalistischen, sei es in der managerialistischen Verwaltung haben sollen.[314]

Die Verwaltung bleibt auch bei der Implementation programmierter Entscheidungen auf die alten, pragmatischen Handlungsmaximen der Zweck-Mittel-Abwägung angewiesen. Zwecke wie Mittel müssen sich als solche im Rahmen legitimer Handlungsgrößen bewegen. Maßnahmen müssen geeignet sein, den erstrebten Erfolg überhaupt zu erreichen. Maßnahmen müssen in dem Sinne erforderlich sein, dass nicht andere geeignete Mittel zur Verfügung stehen, die die Betroffenen weniger beeinträchtigen. Erforderliche Maßnahmen müssen verhältnismäßig sein, das heißt Beeinträchtigungen der Betroffenen und der mit den Interventionen verfolgten Zwecke müssen in einem abgewogenen Verhältnis zueinander stehen.[315] Solche an der Zweck-Mittel-Relation ausgerichteten Handlungsmaximen können freilich eine Steuerung der öffentlichen Verwaltung nach Kosten und Leistungen nicht ersetzen. Insbesondere in der legalistischen Verwaltung stellt das betriebswirtschaftliche Instrumentarium einen Schwachpunkt dar. In der managerialistischen Verwaltung versucht man heute ein Haushalts- und Rechnungswesen aufzubauen, dass sich an die Handlungs- und Entscheidungsmuster des privaten Wirtschaftsunternehmens anlehnt.[316] Angesichts der fundamentalen Unterschiede zwischen öffentlichem und privatem Sektor können solche Versuche Gefahr laufen, sich in bloßer Papierarbeit zu erschöpfen, wie es für das Planning-Programming-Budgeting-System in den USA der Fall war. Die öffentlichen Finanzen in ein Handlungsmuster der Zweck-Mittel-Rationalität einzupassen, ist wohl vielerorts noch ein offenes Projekt, wie es die Formel „Von der Kameralistik zur Doppik" zum

---

[313] Vgl. Heinen, Eduard, Grundfragen der entscheidungsorientierten Betriebswirtschaftslehre, München 1976.

[314] Vgl. Bull, Hans-Peter, „Vernunft" gegen „Recht"? Zum Rationalitätsbegriff der Planungs- und Entscheidungslehre, in: Arthur Benz u. a. (Hrsg.), Institutionenwandel in Regierung und Verwaltung, Berlin 2004, S. 181 ff.

[315] Vgl. Maurer, Hartmut, Allgemeines Verwaltungsrecht, 16. Aufl., München 2006, S. 250.

[316] Vgl. Lüder, Klaus, Entwicklung und Stand der Reform des Haushalts- und Rechnungswesens in Australien, Speyerer Forschungsberichte 212, Speyer 2000.

Ausdruck bringt.³¹⁷ Möglicherweise braucht man im öffentlichen Sektor überdies einen Sparsamkeitsbegriff vor Zweck-Mittel-Abwägungen, der schlicht auf die Minimierung von Ausgaben abstellt. Ein Finanzminister wird sich jedenfalls im Recht sehen, wenn er bei so sparsamer Budgetierung eines teuren Waffensystems mit zehnjähriger Entwicklungszeit noch vor Ende der Dekade feststellen kann, dass dieses System wegen Veränderung der Bedrohungslage obsolet geworden ist.

Die formale Eigenart der mit dem Vollzug der Gesetze und der Ausführung der Pläne verfolgten Rationalität – sei es eine konditionale, sei es eine finale – ist nicht zuletzt der Grund für den Formalismus-Vorwurf, wie er gegen die moderne öffentliche Verwaltung erhoben wird. Demgegenüber scheint die Suche nach einer „substantiellen Rationalität" auch in Verwaltungsangelegenheiten geboten.³¹⁸ Bevor man auf die materialen Handlungsspielräume abstellt, die der Verwaltung eignen, muss man sich freilich darüber Rechenschaft geben, dass die formale Rationalität nicht um der Formalität willen gehandhabt wird, sondern wegen der korrekten Umsetzung sachlich-inhaltlicher Vorgaben des Umweltschutzes, der Bildung, der öffentlichen Sicherheit usw. einschließlich deren politischen, rechtlichen, ökonomischen, sozialen Aspekte. Indessen eröffnet auch die Formenwelt der öffentlichen Verwaltung Möglichkeiten eigener Wertabwägungen. Trifft die Verwaltung ihre Entscheidung im Wege eines Verwaltungsaktes als einseitige Vorgehensweise, so kommuniziert sie eben auch eine einseitige Definition der Wertpräferenzen. Trifft die Verwaltung hingegen ihren Entscheidungsbeitrag im Wege eines Verwaltungsvertrages, dann kooperiert sie mit Bürgern, Unternehmen, Verbänden, respektiert eine Verantwortungsteilung mit Kräften gesellschaftlicher Selbstregulierung und ihren Werten.³¹⁹

Einen weiteren Raum administrativer Wertabwägungen eröffnen Handlungsmaximen wie sie mit Geboten des geeigneten, erforderlichen, verhältnismäßigen Mittels bereits zum finalen Verwaltungshandeln genannt sind. Jenseits des demokratisch-rechtsstaatlichen Gedankens, dass die Verwaltung an Gesetz und Recht gebunden ist, Vorrang und Vorbehalt des Gesetzes bestehen, gibt es eine Vielfalt von Handlungsmaximen, die sich in der Verwaltungsentscheidung konkretisieren: Gebote der Rechtssicherheit und Rechtsbeständigkeit, der Berechenbarkeit der Eingriffe und des Vertrauensschutzes, Verbote der Gewalt- und

---

³¹⁷ Vgl. Lüder, Klaus, Neues öffentliches Haushalts- und Rechnungswesen, Berlin 2001.

³¹⁸ Vgl. Snellen, Ignace, (Post-)Modernisierung von Staat und öffentlicher Verwaltung: Die Suche nach Rationalität in der Verwaltungswissenschaft, in: Arthur Benz u. a. (Hrsg.), Institutionenwandel in Regierung und Verwaltung, Berlin 2004, S. 467 ff.

³¹⁹ Vgl. Ziekow, Jan, Institutionen unter Konkurrenzdruck: Das Beispiel des öffentlich-rechtlichen Vertrages, in: Arthur Benz u. a. (Hrsg.), Institutionenwandel in Regierung und Verwaltung, Berlin 2004, S. 303 ff.

Willkürherrschaft usw. Die Suche nach der materiellen Gerechtigkeit und Fairness des Verwaltungshandelns bleibt aufgegeben.[320] Ein breites Feld von Wertabwägungen durch die Verwaltung selbst bietet die sprachliche Unbestimmtheit vieler programmierender Entscheidungen, insbesondere die unbestimmten Rechtsbegriffe in Gesetzen. Zwar ist darauf zu verweisen, dass in der rechtsstaatlichen Verwaltung unter dem Vorzeichen einer differenzierten Verwaltungsgerichtsbarkeit man dem Richter die Arbeit der Auslegung in erster Linie zurechnet. Wenn aber Verwaltungsjuristen sagen, dass sie bei 40 % ihrer Arbeitsakte Vorschriften im weiteren Sinne auszulegen haben, dann wird deutlich, dass das Auslegungsgeschäft den Verwaltungsalltag durchdringt.[321] Hier greifen die verschiedenen Interpretationsmethoden ein: die philologische Auslegung mit ihrer Orientierung am Wortlaut der Vorschrift; die systematische Auslegung mit ihrer Berücksichtigung des präskriptiven Kontextes der Vorschrift; die historische Auslegung mit ihrer Beachtung der Entstehungsgeschichte der Vorschrift – auch in weiteren historischen Zusammenhängen –; schließlich die teleologische Auslegung mit ihrer Suche nach Sinn und Zweck der Vorschrift. Hermeneutisch macht es dabei keinen Unterschied, ob eine Vorschrift Rechtscharakter hat oder nicht.

Jenseits von unbestimmten Begriffen und konzedierten Beurteilungsspielräumen liegt die originäre Güterabwägung der öffentlichen Verwaltung im Ermessen, in „administrative discretion". In der legalistischen Verwaltung neigt man dazu, Ermessen vom Gesetz her zu begreifen. Verwaltungsermessen liegt so vor, wenn gesetzliche Tatbestände der Verwaltung ein bestimmtes Tun oder Unterlassen nicht zwingend vorschreiben, sondern diese bei der Rechtsverwirklichung zwischen verschiedenen Handlungsoptionen wählen kann. Dabei geht es beim Entschließungsermessen darum, ob überhaupt eine Maßnahme ergriffen wird, beim Auswahlermessen darum, welche von verschiedenen Optionen zum Zuge kommt. Im Anschluss an die Rechtsbindung sind Voraussetzungen und Fehler des Ermessens zu prüfen.[322]

„Administrative discretion" kann demgegenüber auch als Größe einer Ergebnisverantwortung angesehen werden. Ermessen bedeutet dann jene Auswahlmöglichkeit der Verwaltung, Mittel des Handelns bestimmen zu dürfen, aber gleichzeitig für die Resultate einstehen zu müssen.[323] Verwaltungsermessen wird insoweit durchaus im Kontext von Rechtsvorschriften und politischen

---

[320] Vgl. Becker, Bernd, Öffentliche Verwaltung, Percha 1989, S. 160 ff.
[321] Vgl. Brinkmann, Gerhard u. a., Die Tätigkeitsfelder des höheren Verwaltungsdienstes, Opladen 1973, S. 352 ff.
[322] Vgl. Maurer, Hartmut, Allgemeines Verwaltungsrecht, 16. Aufl., München 2006, S. 135 ff.
[323] Vgl. Pfiffner, John/Presthus, Robert, Public Administration, 5. Aufl., New York 1967, S. 115.

Weisungen gesehen. Jedoch gelten diese eher als Rahmenbedingungen einer Entscheidungssituation, die im Kern von Zwecken und Mitteln geprägt ist.[324] Will man als Ermessen jene Handlungsspielräume der Verwaltung bezeichnen, die ihr angesichts rechtlicher und politischer Vorgaben in Rechtsstaat und Demokratie bleiben, wird man situative Perspektiven nicht außer acht lassen dürfen. Ist von der Verkehrspolizei angesichts knapper Ressourcen zu entscheiden, ob Geschwindigkeitskontrollen an einer breiten Ausfallstraße, die für Überschreitungen bekannt ist, oder vor einer Schule mit bekannt quantitativ geringen, aber qualitativ schwerwiegenden Unfallgeschehen stattfinden soll, wird der Ansatz bei Rechtsvorschriften nur Begrenztes leisten. Wird hingegen der Fahrer eines Kraftfahrzeuges wegen Geschwindigkeitsüberschreitung mit einer Geldbuße überzogen, mag ein Bußgeldkatalog der Ausgangspunkt jedes Bescheides sein.

Die Bindung der modernen Verwaltung an die formalen Rationalitäten der Subsumtion unter Normen und der Kombination von Mitteln zu Zwecken schließt nicht aus, dass diese eine eigene substantielle Rationalität entfalten kann. Allerdings heißt das nicht, dass sich die Verwaltung, wenn sie bei der methodischen Bearbeitung von konditionalen und finalen Vorgaben zu ihr unbefriedigenden Ergebnissen im Einzelfall kommt, sich über ihre Vorgaben einfach hinwegsetzen darf. Die Formel von der „brauchbaren Illegalität" mag auf einen empirischen Befund hinweisen, taugt aber nicht als Leitgedanke einer substantiellen Rationalität.[325] Dynamik und Komplexität der sozialen Umwelt der öffentlichen Verwaltung können zu Entscheidungssituationen führen, bei denen Gesetze und Pläne den Lebenssachverhalten nicht mehr angemessen folgen. Veränderungswiderstände und Beharrlichkeiten mögen so stark sein, dass der „time lag" der alten Entscheidungsprogramme unvertretbar erscheint. Insbesondere in der legalistischen Verwaltung wird man die Stringenz der Bindung an Rechtsvorschriften bisweilen als dysfunktional ansehen. Die Knappheit der Ressourcen reflektierende Kommunikation mit dem Medium des Geldes ruft allerdings in ihrer Stringenz nicht weniger Bedenken hervor. So mögen Entscheidungen über Sozialleistungen angesichts der engen Haushaltslage einer Stadtverwaltung darauf beruhen, dass man für Gruppen „verschämter Armut" keine Finanzierung einkalkuliert hat.

---

[324] Vgl. Levine, Charles u. a., Public Administration, Glenview Ill. u. a. 1990, S. 107 f.

[325] Vgl. Bull, Hans-Peter/Mehde, Veith, Allgemeines Verwaltungsrecht mit Verwaltungslehre, 7. Aufl., Heidelberg 2005, S. 76 ff.; Luhmann, Niklas, Lob der Routine, in: Verwaltungsarchiv 1964, S. 1 ff.

Die Handlungssituationen in der öffentlichen Verwaltung sind so vielfältig und offen, dass Entscheidungen nicht einfach aus Vorgaben abzuleiten sind.[326] Die Verwaltung kann sekundäre Elastizitäten nutzen, wie sie für viele Entscheidungsprozesse bestehen. Das gilt auch in der legalistischen Verwaltung. Durch informale Vorgehensweisen lässt sich vieles vor einer „brauchbaren Illegalität" kompensieren. Die administrative Vorstellungskraft ist in den Dienst neuer Lösungsmöglichkeiten zu stellen, etwa einer Kombination von Kooperationsbereitschaft der Betroffenen und zeitlicher Streckung bei der Herstellung materiellrechtlich vorgeschriebener Zustände.[327] Dass sich die Verwaltung dabei in Grauzonen des Unerprobten begeben kann, mag man in Rechnung stellen. Indessen lässt sich nicht allgemein sagen, dass die Verwaltung im Gesetzesvollzug nicht ohne Illegalität auskommt.[328] Im Grenzfall kann sie in Wertkonflikte geraten, bei denen die Auswahl unter Handlungsoptionen problematisch bleibt. Man denke an die Anordnung des finalen Rettungsschusses zugunsten einer mit dem Tode bedrohten Geisel oder die Androhung von Gewalt gegenüber einem mörderischen Kindesentführer. Bei allem bedeutet „substantielle Rationalität" der Verwaltung nicht, dass sie bei ihren Bewertungen einer Wertrationalität in dem Sinne folgt, dass der Eigenwert eines Sichverhaltens als solcher und losgelöst von Erfolgen und Folgen durchgesetzt wird.[329] Für subjektive Überzeugungen eines Wertrigorismus, sei es des Tierschutzes, sei es des Umweltschutzes oder sonst, ist in der modernen Verwaltung kein Platz. Hier müssen Wertkataloge des Politischen, des Rechtlichen, des Wirtschaftlichen, des Sozialen, des Technischen zum Ausgleich gebracht werden.[330] Verwaltungshandeln schließt Güterabwägungen, Bedingungskonstellationen und Zweckmäßigkeiten ein, bei denen Wirkungen und Folgen nicht außer Betracht bleiben können. In der Verwaltungsentscheidung konkretisieren sich Gesetze und Pläne und zugleich ein eigener Willensbildungsprozess der Auslegung, der Beurteilung, des Ermessens.

---

[326] Vgl. Mehde, Veith, Rechtswissenschaftliche und verwaltungswissenschaftliche Entscheidungslehre, in: Hans-Peter Bull (Hrsg.), Verwaltungslehre in Hamburg 1962-2002, Münster u. a. 2003, S. 87 ff.
[327] Vgl. Bulling, Manfred, Kooperatives Verwaltungshandeln in der Verwaltungspraxis, in: Die Öffentliche Verwaltung 1989, S. 273 ff.
[328] Vgl. Bohne, Eberhard, Der informale Rechtsstaat, Berlin 1981.
[329] Vgl. Weber, Max, Wirtschaft und Gesellschaft, Tübingen 1976, S. 12.
[330] Vgl. Snellen, Ignace, (Post-)Modernisierung von Staat und öffentlicher Verwaltung: Die Suche nach der Rationalität in der Verwaltungswissenschaft, in: Arthur Benz u. a. (Hrsg.), Institutionenwandel in Regierung und Verwaltung, Berlin 2004, S. 467 ff.

2. Verwaltungsverfahren

Ein maßgeblicher Bestandteil der Systemrationalität öffentlicher Verwaltung ist der „due process", das wohlgeordnete Verwaltungsverfahren. Methodik, Standardisierung, Handlungsmaximen reichen nicht aus, um die materielle Richtigkeit von Verwaltungsentscheidungen zu gewährleisten. Das faire Verfahren ist eine weitere Komponente, um die Suche nach der sachgerechten Entscheidung zu sichern. Entsprechend gilt der Verfahrensgedanke in der legalistischen Verwaltung als moderne Ordnungsidee.[331] Für die managerialistische Verwaltung ist die Rationalisierung durch Verfahren angesichts der beschränkten Möglichkeiten inhaltlich richtigen Handelns ebenfalls ein gesicherter Gedanke.[332] Selbst bei einem Verwaltungsbegriff der Geschäftsmäßigkeit müssen in öffentlichen Angelegenheiten prozedurale Standards der Fairness in der Interaktion mit Bürgern, Unternehmen, Verbänden eingehalten werden, soll das Verwaltungshandeln nicht fehlerhaft sein.[333] Je geringer die Vorgaben- und Regelungsdichte des politisch-administrativen Sachprogramms ist, um so wichtiger wird die angemessene Ausgestaltung des Verfahrens der Verwaltungsentscheidung.[334]

Der Gedanke eines strukturierten Verfahrens als Moment administrativer Entscheidungsfindung ist vor allem Ausdruck einer rechtsstaatlichen Verwaltung.[335] Entsprechend bestimmen Rechtsvorschriften die relevanten Prozessstrukturen der öffentlichen Verwaltung. Das gilt in der Moderne über unterschiedliche Rechts- und Verwaltungskulturen hinweg, wie der „Administrative Procedure Act" der Vereinigten Staaten von Amerika für die dortige Bundesverwaltung wie dann auch einschlägige einzelstaatliche Regelungen belegen.[336] Mit der Positivierung des Verwaltungsverfahrensrechts in einem Gesetz wird indessen zugleich die Spannungslage zwischen Allgemeinem und Besonderem in der modernen Verwaltung beispielhaft. Einerseits gibt es in vielen Ländern

---

[331] Vgl. Schmidt-Aßmann, Eberhard, Der Verfahrensgedanke in der Dogmatik des öffentlichen Rechts, in: Peter Lerche u. a., Verfahren als staats- und verwaltungsrechtliche Kategorie, Heidelberg 1984, S. 1 ff.

[332] Vgl. Simon, Herbert, Rationality as a Process and as a Product of Thought, in: American Economic Association Review 1978, S. 1 ff.

[333] Vgl. Nigro, Felix A./Nigro, Lloyd G., Modern Public Administration, 3. Aufl., New York u. a. 1973, S. 400.

[334] Vgl. Schuppert, Gunnar Folke, Verwaltungswissenschaft, Baden-Baden 2000, S. 552 f.

[335] Vgl. Laubinger, Hans-Werner, Der Verfahrensgedanke im Verwaltungsrecht, in: Klaus König/Detlef Merten (Hrsg.), Verfahrensrecht in Verwaltung und Verwaltungsgerichtsbarkeit, Berlin 2000, S. 47 ff.

[336] Vgl. Ule, Carl Hermann u. a. (Hrsg.), Verwaltungsverfahrensgesetze des Auslandes, Berlin 1967, hier: Fritz Morstein Marx, Vereinigte Staaten von Amerika, Einführung, 2. Teilband, S. 897 ff.

nach wie vor eine Tendenz zur Kodifikation des Verfahrensrechts[337], andererseits setzt sich – selbst bei Bestehen eines Verwaltungsverfahrensgesetzes – die Dynamik des Besonderen in öffentlichen Angelegenheiten immer wieder durch – bei der Beschleunigung von Infrastrukturvorhaben, bei der Vergabe öffentlicher Aufträge, beim Datenschutz usw. –, so dass ein Nebeneinander von kodifiziertem Verwaltungsverfahrensrecht und sonderrechtlichen Verfahrensregeln bestehen kann.[338] Es bedarf gegebenenfalls des Abgleichs allgemeiner und besonderer Vorschriften. Dabei kann die Bindung des allgemeinen Verfahrensrechts an bestimmte Formen des Verwaltungshandelns – in Deutschland: Verwaltungsakt und öffentlich-rechtlicher Vertrag, in den USA: Rules, Orders, Licenses – relativiert werden. Im allgemeinen Verwaltungsrecht können schon unterschiedliche Grade der Formalisierung des Verfahrens vorgeschrieben sein. Es gibt hochförmliche Verwaltungsverfahren, bei denen schriftliche Beantragung, mündliche Verhandlung, strenge Regelung von Anhörung der Beteiligten und Vernehmung der Zeugen, schriftliche Begründung und Zustellung vorgesehen sind. Daneben besteht ein weniger formalisiertes Verwaltungsverfahren, das flexible Anpassungen an die Gegebenheiten des konkreten Falles ermöglicht.[339] Neben den auch durch Verwaltungsvorschriften formalisierten Verfahrensweisen können sich schließlich noch informelle, nicht niedergeschriebene Ablaufmuster entwickeln, die bestimmte Verhaltenserwartungen von Behörden wie Publikum stabilisieren, von einer bestimmten Art von Sitzungs- und Gesprächsleitung bis zum Fair Play einer informalen Kooperation zwischen Behörden und Privaten. Der Verfahrensbegriff umfasst ein breites Vorfeld von mehr oder weniger rechtsförmigen Gestaltungen.[340] Überdies sind interne Geschäftsordnungen und Hausanweisungen zu berücksichtigen.

Grundfunktion des Verwaltungsverfahrens ist die Richtigkeitsgewähr der Verwaltungsentscheidung.[341] In der Sicht von Rechtswissenschaft und Rechts-

---

[337] Vgl. Hill, Hermann/Pitschas, Rainer (Hrsg.), Europäisches Verwaltungsverfahrensrecht, Berlin 2004; Sommermann, Karl-Peter, Konvergenzen im Verwaltungsverfahrens- und Verwaltungsprozessrecht europäischer Staaten, in: ders./Jan Ziekow, Perspektiven der Verwaltungsforschung, Berlin 2002, S. 163 ff.

[338] Vgl. Kahl, Wolfgang, Das Verwaltungsverfahrensgesetz zwischen Kodifikationsidee und Sonderrechtsentwicklungen, in: Wolfgang Hoffmann-Riem/Eberhard Schmidt-Aßmann (Hrsg.), Verwaltungsverfahren und Verwaltungsverfahrensgesetz, Baden-Baden 2002, S. 67 ff.

[339] Vgl. Ule, Carl Hermann/Laubinger, Hans-Werner, Verwaltungsverfahrensrecht, 4. Aufl., Köln u. a. 1995, S. 209 ff.

[340] Vgl. Schmidt-Aßmann, Eberhard, Verwaltungsverfahrens- und Verwaltungsverfahrensgesetz: Perspektiven der Systembildung, in: Wolfgang Hoffmann-Riem/Eberhard Schmidt-Aßmann (Hrsg.), Verwaltungsverfahren und Verwaltungsverfahrensgesetz, Baden-Baden 2002, S. 446 ff.

[341] Vgl. Hoffmann-Riem, Wolfgang, Verwaltungsverfahren und Verwaltungsgesetz, in: Wolfgang Hoffmann-Riem/Eberhard Schmidt-Aßmann (Hrsg.), Verwaltungsverfahren und Verwaltungsverfahrensgesetz, Baden-Baden 2002, S. 21 ff.

praxis einer legalistischen Verwaltung bezieht sich diese „dienende Funktion" auf die Durchsetzung und Verwirklichung des materiellen Rechts. Kategorien der Rechtssicherung, der Rechtskonkretisierung, der Rechtsanwendung, des Gesetzesvollzugs, des Rechtsschutzes bis hin zur Grundrechtsverwirklichung bestimmen die Perspektive. Das ist zunächst eine angemessene Prozeduralisierung des Rechts, und zwar angesichts von unbestimmten Rechtsbegriffen, Ermessensermächtigungen und Entscheidungsspielräumen und der begrenzten Möglichkeiten materiell-rechtlicher Vorentscheidungen über Verwaltungsentscheidungen. Diese Prozeduralisierung betrifft die rechtsstaatliche Verwaltung schlechthin und ist in Verwaltungen mit Common law-Tradition nicht weniger wichtig.[342] Indessen beziehen legalistische wie managerialistische Verwaltung ihre Richtigkeitsmaßstäbe nicht nur aus Gesetz und Recht. Eine Fülle anderer konditionaler und finaler Vorgaben sind zu beachten: bei Infrastrukturentscheidungen technische Industrienormen, bei Entscheidungen zur Drogenbekämpfung Zielvorgaben amtlicher Strategien, bei Entscheidungen über Subventionen haushaltswirtschaftliche Sperren des Finanzministers usw.

Dabei reicht der Verfahrensgedanke über die kodifizierten oder sonderrechtlich vorgeschriebenen Ablaufregeln hinaus. Es geht um prozedurale Rationalität, also jenen Mehrwert „richtiger" Entscheidungsfindung, der aus dem geordneten Verfahren kommt. In der Verfahrensorientierung treffen sich unterschiedliche Sozialtheorien mit der Rechtswissenschaft wie der Verwaltungswissenschaft, also Diskurstheorien, die durch Gesprächsverfahren konsensuale Wahrheiten zu ermitteln suchen, Systemtheorien, die durch Verfahren die situative Komplexität zu reduzieren suchen.[343] Differenzierter ist die Frage nach der demokratisch-partizipativen Funktion des Verwaltungsverfahrens zu beantworten. In einer Verwaltung der Zivilkultur, in der die Rule of Law dem Demokratieprinzip zugeordnet wird, wird man auch Rechtswahrnehmung und politische Partizipation im Verwaltungsverfahren zusammenhalten.[344] In der legalistischen Verwaltung Kontinentaleuropas sind heute Demokratieprinzip und Rechtsstaatsprinzip eng zusammengewachsen. Bei näherem Zusehen bleibt freilich Rechtsstaatlichkeit als eigenständiges Prinzip erhalten.

So wird man im Falle des deutschen Verwaltungsverfahrensrechts eine Vorschrift, wonach die Behörde von Amts wegen oder auf Antrag diejenigen als

---

[342] Vgl. Morstein Marx, Fritz, Vereinigte Staaten von Amerika, Einführung, in: Carl Hermann Ule u. a. (Hrsg.), Verwaltungsverfahrensgesetze des Auslandes, 2. Teilband, Berlin 1967, S. 897 ff.

[343] Vgl. Sommermann, Karl-Peter, Verfahren der Verwaltungsentscheidung, in: Klaus König/Heinrich Siedentopf (Hrsg.), Öffentliche Verwaltung in Deutschland, 2. Aufl., Baden-Baden 1997, S. 459 ff.

[344] Vgl. König, Klaus, „Rule of Law" und Governance in der entwicklungs- und transformationspolitischen Zusammenarbeit, in: Dietrich Murswiek u. a. (Hrsg.), Staat – Souveränität – Verfassung, Berlin 2000, S. 123 ff.

Beteiligte hinzuziehen kann, deren rechtliche Interessen durch den Ausgang des Verfahrens berührt werden können, dem Rechtsstaatsprinzip zurechnen. Denn es geht um Interessen, die durch Rechtsnormen geschützt sind und mithin um Rechtssicherung. „Faktische", soziale, wirtschaftliche Interessen rechtfertigen die Hinzuziehung nicht. Deswegen ist es problematisch, im Hinblick auf eine solche Regelung der Hinzuziehung von „offenen Partizipationsnormen" zu sprechen.[345] Vielmehr muss man in der legalistischen Verwaltung darauf achten, wo Verfahrenspositionen jenseits des Schutzes eigener rechtsbewehrter Interessen eingenommen werden. Dabei kann die Einflusskette in der repräsentativen Demokratie in Richtung auf die legitimierte Politik weisen, also über Aufsichts- und Kontrollmechanismen auf die Ressortverantwortung des Ministers etwa im Verfahren des Haushaltsvollzuges. In anderer Richtung ist an die Partizipationsmöglichkeiten altruistischer Organisationen zu denken, also etwa eines Naturschutzverbandes, der ohne Selbstbetroffenheit am Verfahren beteiligt wird.[346]

Das Verwaltungsverfahren erbringt im Kontext von Richtigkeitsgewähr und Beteiligung eine Vielfalt weiterer Teilleistungen, so Funktionen der Koordination und Kooperation. Planfeststellungsverfahren ermöglichen zum Beispiel durch Beteiligung die Abstimmung mit weiteren Behörden sowie anderen Trägern öffentlicher Belange.[347] Eine tiefergreifende Begründung erfährt das Verwaltungsverfahren in der Kooperation von Öffentlichen und Privaten. Man sieht es als Begegnungsort von Staat und Gesellschaft, als „kooperative Gemeinwohlkonkretisierung".[348] Eine solche Deutung bedarf differenzierter Antworten. Eine verallgemeinernde Sichtweise des Verwaltungsverfahrens, nach der Beteiligung am Verfahren als bürgerschaftliche Partizipation und dementsprechend Mitwirkung an der Gemeinwohlkonkretisierung angesehen wird[349], ist in der legalistischen Verwaltung wohl eher Spurensuche nach einer partizipativen Zivilkultur in öffentlichen Angelegenheiten.

---

[345] Vgl. Häberle, Peter, Verfassungsprinzipien im Verwaltungsverfahrensgesetz, in: Walter Schmitt Glaeser (Hrsg.), Verwaltungsverfahren, Stuttgart u. a. 1977, S. 60 f.

[346] Vgl. Schmidt-Aßmann, Eberhard, Verwaltungsverfahren und Verwaltungsverfahrensgesetz: Perspektiven der Systembildung, in: Wolfgang Hoffmann-Riem/Eberhard Schmidt-Aßmann (Hrsg.), Verwaltungsverfahren und Verwaltungsverfahrensgesetz, Baden-Baden 2002, S. 453 ff.

[347] Vgl. Ziekow, Jan/Siegel, Thorsten, Gesetzliche Regelungen der Verfahrenskooperation von Behörden und anderen Trägern öffentlicher Belange, Speyerer Forschungsberichte 221, Speyer 2001.

[348] Vgl. Schuppert, Gunnar Folke, Verwaltungswissenschaft, Baden-Baden 2000, S. 812 f.

[349] Vgl. Schmitt Glaeser, Walter, Die Position der Bürger als Beteiligte im Entscheidungsverfahren gestaltender Verwaltung, in: Peter Lerche u. a., Verfahren als staats- und verwaltungsrechtliche Kategorie, Heidelberg 1984, S. 35 ff.

Will man operationale Prozessstrukturen öffentlicher Verwaltung – formale oder informale – identifizieren, muss man zwischen den verschiedenen Phänomenen der Begegnung von Bürgern, Unternehmen, Verbänden mit der Verwaltung unterscheiden, also etwa: die Beteiligung altruistischer Verbände in Naturschutz, die Verknüpfung von marktlichen und unternehmerischen Selbstregulativen mit politisch-administrativen Kontrollen, die Partnerschaft von Öffentlichen und Privaten bei der Stadtsanierung – wobei sich der Private mit seinen Interessen in ein öffentliches Entwicklungsziel einordnet –, die Einschaltung der Privaten als Verwaltungshelfer usw.[350] Bei allem muss man im Hinblick auf Ansprüche der Allgemeinwohlkonkretisierungen die Dysfunktionen von Kooperationen im Auge behalten: die Schwächung öffentlicher Zwecke, die Bevorzugung stärkerer Partner, das Abschieben von öffentlicher Verantwortung usw. bis hin zur Korruption.[351] Gerade solche Dysfunktionen sind es indessen, die die Frage aufwerfen, ob nicht, und zwar fallspezifisch, die Transparenz formeller, letztlich rechtlicher Verfahrensregeln herzustellen ist. Neue Institutionen – und sei es auch nur ein neues intellektuelles Verständnis – wie etwa Public Private Partnership entwickeln sich zunächst im Kontext bestehender Regulative und neuer informaler Kommunikationsmuster.

Formalität und Informalität sind insoweit keine Gegensätze. Sie ergänzen sich auch in der legalistischen Verwaltung, und zwar selbst bei hoher Vorschriftendichte. Informale Verwaltungsverfahren können sich als nützlich erweisen und zufrieden stellende Orientierung vermitteln. Indessen kann bei den Verwaltungsverfahren ein Punkt erreicht sein, wo eine Formalisierung erforderlich ist, etwa weil Transparenz und Verbindlichkeit hergestellt werden muss. Ein Beispiel dafür ist die Verbindung von elektronischen Informationstechnologien im Verwaltungsverfahren. Behörden wie Bürger können zunächst einmal die Übermittlung von elektronischen Dokumenten faktisch zulassen. Im Streitfall stellt sich sodann die Frage, ob und inwieweit der Empfänger eines solchen Dokuments dessen Inhalt gegen sich gelten lassen muss. Die Lösung des Problems liegt in der rechtlichen – in der legalistischen Kultur: gesetzlichen – Regelung, dass der Empfänger, und zwar Bürger und Behörde, für die Entgegennahme elektronischer Dokumente ausdrücklich oder konkludent einen Zu-

---

[350] Vgl. Ziekow, Jan, Modernisierung des Verwaltungsverfahrensrechts, in: Klaus König/Detlef Merten, Verfahrensrecht in Verwaltung und Verwaltungsgerichtsbarkeit, Berlin 2000, S. 69 ff.; ders., Public Private Partnership und Verwaltungsverfahrensrecht, in: Karl-Peter Sommermann/Jan Ziekow, Perspektiven der Verwaltungsforschung, Berlin 2002, S. 269 ff.

[351] Vgl. Benz, Arthur/Seibel, Wolfgang (Hrsg.), Zwischen Kooperation und Korruption: Abweichendes Verhalten in der Verwaltung, Baden-Baden 1992.

7. Kapitel: Entscheidungsprozesse in der Verwaltung

gang eröffnet hat.[352] Entsprechend kann sich ein Regelungsbedarf für ein Verwaltungskooperationsrecht entwickeln, zumal die „kooperative", die „verhandelnde" Verwaltung[353] ein ebenso grundlegendes wie internationales Thema ist.[354] Prozedural ist etwa an eine Verfahrensordnung für öffentlich-private Kooperationen zu denken.[355] Regelungen könnten den Kooperationscharakter des Vertrages, die Auswahl kompetenter Vertragspartner, die Beteiligung Dritter, eine Ex-ante-Evaluation und Qualitätssicherung, Kündigungsmöglichkeiten, Sicherheitsleistungen, Mindestinhalte, Offenlegungen usw. bis hin zu Anknüpfungspunkten für Soft Law betreffen.

Das Verwaltungsverfahren ist eine prinzipiengestützte Prozedur. Die Maßgeblichkeit der jeweiligen Grundsätze variiert freilich. So gilt von Fall zu Fall das Offizialprinzip oder die Dispositionsmaxime. In dem einem Fall wird die Behörde von Amts wegen tätig. Die Herrschaft über das Verfahren liegt bei der Verwaltung. Im anderen Fall wird die Behörde auf Antrag tätig und der Antragsteller nimmt Einfluss auf das Verfahren. Andere alternative Gestaltungsmöglichkeiten sind Mündlichkeit oder Schriftlichkeit bzw. Öffentlichkeit oder Nichtöffentlichkeit. Hierbei sind Entwicklungen der Verwaltung zu berücksichtigen, die auch für Verfahrensgrundsätze Fakten schaffen. Zu verweisen ist auf das elektronische Verwaltungsverfahren mit der zunehmenden Möglichkeit der Übermittlung elektronischer Dokumente.[356] Oder es setzt sich eine verstärkte Bürgerbeteiligung an lokalen und regionalen Entscheidungsprozessen durch, mit der eine entsprechende Öffentlichkeit geschaffen wird.[357]

Da das Verwaltungsverfahren öffentlichen Interessen dient, unterliegt die Ermittlung des Sachverhalts prinzipiell nicht der Verfügung der Beteiligten

---

[352] Vgl. Laubinger, Hans-Werner, Elektronisches Verwaltungsverfahren und elektronischer Verwaltungsakt – zwei (fast) neue Institute des Verwaltungsrechts, in: Arthur Benz u. a., Institutionenwandel in Regierung und Verwaltung, Berlin 2004, S. 517 ff.

[353] Vgl. Benz, Arthur, Kooperative Verwaltung, Baden-Baden 1994; Dose, Nicolai, Die verhandelnde Verwaltung, Baden-Baden 1997.

[354] Vgl. de Waard, Boudewijn (Hrsg.), Negotiated Decision-Making, Den Haag 2000.

[355] Vgl. Hill, Hermann, 25 Thesen zu einer Verfahrensordnung für öffentlich-private Kooperation (Verwaltungskooperationsrecht), in: Verwaltung und Management 2001, S. 10 f.; Schmidt-Aßmann, Eberhard, Verwaltungsverfahren und Verwaltungsverfahrensgesetz: Perspektiven der Systembildung, in: Wolfgang Hoffmann-Riem/Eberhard Schmidt-Aßmann (Hrsg.), Verwaltungsverfahren und Verwaltungsverfahrensgesetz, Baden-Baden 2002, S. 435 ff.

[356] Vgl. Laubinger, Hans-Werner, Elektronisches Verwaltungsverfahren und elektronischer Verwaltungsakt – Zwei (fast) neue Institute des Verwaltungsrechts, in: Arthur Benz u. a. (Hrsg.), Institutionenwandel in Regierung und Verwaltung, Berlin 2004, S. 517 ff.

[357] Vgl. Beck, Dieter u. a. (Hrsg.), Partizipation und Landschaftsplanung im Kontext der Lokalen Agenda 21, Berlin 2004.

durch Vorbringen und Beweisanträge. Vielmehr gilt der Untersuchungsgrundsatz. Die Behörde hat den Sachverhalt von Amts wegen zu ermitteln. Allerdings sollen Beteiligte bei der Ermittlung von Sachverhalten mitwirken, insbesondere ihnen bekannte Tatsachen und Beweismittel angeben. Entwicklungen zur „kooperativen", zur „verhandelnden" Verwaltung weisen darüber hinaus. Es gibt komplexe Entscheidungssituationen des Umweltschutzes, der verkehrlichen Infrastruktur, der Energieversorgung, bei denen die öffentliche Verwaltung auf dieses kooperative Zusammenwirken mit Privaten auch bei der Sachverhaltsermittlung angewiesen ist. Die dem weiteren Verfahren zugrundegelegten Sachverhaltsbefunde können für sich schon Ergebnis eines Aushandelns zwischen Verwaltung und Beteiligten sein, insbesondere wenn man an die Risiken prognostischer Befunde denkt. So deutet sich bei aller Dominanz administrativer Sachverhaltsermittlung eine Mitverantwortung privater Parteien an, indem etwa die behördliche Tätigkeit auf eine „nachvollziehende" Amtsermittlung umgestellt wird.[358]

Eine Grundkonstante jedes „Due process of law" ist der Grundsatz rechtlichen Gehörs. Verfahrensbeteiligten muss die Möglichkeit eröffnet sein, sich zu Umständen zu äußern, auf die die Verwaltungsentscheidung gestützt wird. Das Recht auf Anhörung sollte nicht nur entscheidungserhebliche Tatsachen, sondern auch normative Gründe umfassen, wie jede Einschränkung dieses Grundsatzes im Rechtsstaat einer sorgfältigen Güterabwägung bedarf.[359] Zum fairen Verfahren gehören weitere Rechte der Beteiligten wie das Recht auf Akteneinsicht, das Recht auf Beistand, das Recht, sich durch einen Bevollmächtigten vertreten zu lassen. Auf der anderen Seiten haben Behörden bestimmte Beratungs-, Auskunfts-, Belehrungs-, Betreuungspflichten gegenüber dem Bürger, und zwar insbesondere gegenüber Beteiligten im Verwaltungsverfahren. Sie haben Vertraulichkeit einzuhalten und die persönlichen und geschäftlichen Geheimnisse der Beteiligten zu wahren. Im Verwaltungsverfahren muss die Unparteilichkeit von Verwaltungen und ihrer Amtswalter gesichert sein. Diese Neutralität wird durch Ausschluss- und Befangenheitsregeln gewährleistet, die von vornherein schon den Verdacht einer Verfolgung nichtamtlicher, persönlicher Interessen nicht aufkommen lassen. Wieweit sich darüber hinaus bestimmte sozialpsychische Verhaltensmuster wie etwa ein bürgerfreundliches Verhalten jenseits von Stilfragen zu Verfahrensgrundsätzen operationalisieren lassen, scheint problematisch.[360] Effizienz und Effektivität des Verwaltungshandelns

---

[358] Vgl. Hoffmann-Riem, Wolfgang, Verwaltungsverfahren und Verwaltungsverfahrensgesetz, in: ders./Eberhard Schmidt-Aßmann (Hrsg.), Verwaltungsverfahren und Verwaltungsverfahrensgesetz, Baden-Baden 2002, S. 41 ff.

[359] Vgl. Ule, Carl Hermann/Laubinger, Hans-Werner, Verwaltungsverfahrensrecht, 4. Aufl., Köln u. a. 1995, S. 235 ff.

[360] Vgl. Bull, Hans Peter/Mehde, Veith, Allgemeines Verwaltungsrecht mit Verwaltungslehre, 7. Aufl., Heidelberg 2005, S. 284 f.

gelten indessen nicht nur für die Sachentscheidung, sondern auch für die behördlichen Verfahrenshandlungen. In diesem Sinne ist das Verwaltungsverfahren einfach, zweckmäßig und zügig durchzuführen. Am Schluss des Verfahrens steht eine Entscheidung, die für Bürger, Unternehmen, Organisationen verständlich dokumentiert zu sein hat, in der Regel zu begründen ist und bekannt gegeben wird.

Begründung und Bekanntgabe verweisen auf den Unterschied zwischen Herstellung und Darstellung einer Verwaltungsentscheidung.[361] Das ist kein wissenschaftstheoretisches Problem, also eines von Genese wissenschaftlicher Erkenntnis und deren Rechtfertigung. Verwaltungsentscheidungen sind in der Moderne wissenschaftlich orientiert. Sie bleiben aber Praxis. Die Präsentation der Arbeitsergebnisse des administrativen Entscheidungsprozesses unterscheidet sich von der Herstellung funktional.[362] Das bedeutet nicht, dass Verwaltungsentscheidungen intuitiv oder voluntaristisch erfolgen und die „wahren" Motive in der Rechtfertigung nicht aufgedeckt werden. Die Begründung hat vielmehr je eigene Leistungen der Klarstellung, der Befriedung, der Kontrolle durch die Verwaltungsumwelt, insbesondere auch der Selbstkontrolle zu erbringen. Das setzt Herstellung und Darstellung nicht in einen Gegensatz. Entscheidungsprozesse in der Verwaltung sind Wechselfällen unterworfen: Die Beteiligten ändern ihr Begehren; die faktischen Entscheidungsgrundlagen unterliegen dem Wandel; neue Beweismittel tauchen auf; die Gesetzeslage ändert sich usw. Es ist nicht Sache der Begründung, die Entstehungsgeschichte der Verwaltungsentscheidung zu erzählen. Bei der Darstellung geht es um die die Entscheidung tragenden Gründe. Das Relevante betrifft die Genese nur soweit, wie Tatsachen und Rechtsnormen, Zwecke und Mittel für die Entscheidung maßgeblich sind.

3. Legitimation, Akzeptanz, Durchsetzung

Verwaltungsentscheidungen sind nicht nur Datenverarbeitung, sondern zugleich Berücksichtigung von öffentlichen und privaten, auch nicht eigennützigen gesellschaftlichen Interessen und dann deren verbindlich-autoritative Bewertung. Deswegen gründen sie sich nicht bloß auf eine Informationsverarbeitung nach dem erreichten „Stand der Technik". Auf Seiten der öffentlichen Verwaltung bedürfen sie der Legitimation, auf Seiten der Bürger, Unterneh-

---

[361] Vgl. Trute, Hans-Heinrich, Methodik der Herstellung und Darstellung verwaltungsrechtlicher Entscheidungen, in: Eberhard Schmidt-Aßmann/Wolfgang Hoffmann-Riem, Methoden der Verwaltungsrechtswissenschaft, Baden-Baden 2004, S. 293 ff.

[362] Vgl. Luhmann, Niklas, Recht und Automation der öffentlichen Verwaltung, Berlin 1966, S. 51 ff.

men, Verbänden der Akzeptanz und dann zusätzlicher Vorkehrungen, wenn die Entscheidung letztlich legal-autoritativ durchgesetzt werden muss. Legitimation ist für die öffentliche Verwaltung zunächst eine umfassende Kategorie, die ihren Platz im Herrschaftssystem bezeichnet.[363] Diese Ortsbestimmung ist nicht nur eine Frage der legalistischen Verwaltung. Auch die managerialistische Verwaltung mit ihren Vorlieben für das effiziente und effektive „business" entgeht der Legitimationsfrage nicht.[364] Entsprechendes gilt für vormoderne Gesellschaften mit ihren nach noch heute teilweise maßgeblichen traditionalen Legitimationsmechanismen.[365] Das Thema von Demokratie und Bürokratie gehört zu den Grundfragen der Verwaltungswissenschaft. Es lässt sich nicht einfach auf eine streng legalistische Verbindung von Volksvertretung und Verwaltung verkürzen.[366]

Legitimationsprobleme konkretisieren sich im Stufenbau der öffentlichen Entscheidung. Hier nehmen die programmierenden Entscheidungen den ersten Rang ein. Es ist Sache der demokratischen, rechtsstaatlichen und dem Steuerzahler verantwortlichen Politik, Legitimation für Gesetze und Pläne zu beschaffen. Freilich ist die Ministerialbürokratie in diesem Prozess nicht einfach Beobachter. Sie ist etwa eingeschaltet, wenn es gilt, Legitimation gegenüber den intermediären Interessenorganisationen zu finden. Hinzu kommen programmierende Entscheidungen – Rechtsverordnungen, Verwaltungsvorschriften – der Exekutive selbst.[367] Die Dichte politischer Vorentscheidungen über Verwaltungsentscheidungen in der Moderne hat zur Folge, dass die öffentliche Verwaltung ihre Entscheidungskonkretisierungen aus materiellen Vorgaben rechtfertigt. Deren inhaltliche Richtigkeit wird im Regelfall von der Verwaltung unterstellt. Freilich gibt es Ausnahmefälle wie etwa ein Verstoß gegen Grundrechte. Vorgaben werden in der modernen Verwaltung vor allem durch das generalisierte Kommunikationsmedium des Rechts, des Geldes und der geordneten Macht kommuniziert.

Auch wenn sich die Verwaltung bei ihren programmierten Entscheidungen materiell auf eine dichte Legitimationskette ihrerseits legitimierter Vorentscheidungen der Gesetze, Finanzpläne, politischen Programme zurückbeziehen kann, bleiben Interessenkonflikte der Konkretisierung, die angesichts der Kom-

---

[363] Vgl. Weber, Max, Wirtschaft und Gesellschaft, Tübingen 1976.

[364] Vgl. Fesler, James W./Kettl, Donald F., The Politics of the Administrative Process, 2. Aufl., Chatham NJ 1996, S. 51 ff.

[365] Vgl. Jreisat, Jamil E., Comparative Public Administration and Policy, Boulder, Colorado 2002, S. 120 ff.

[366] Vgl. König, Klaus, Bürokratie und Kontrolle, in: Andreas Khol (Hrsg.), Macht und Kontrolle, Wien 1980, S. 49 ff.

[367] Vgl. Levine, Charles H. u. a., Public Administration, Glenview Ill. 1990, S. 84 ff.

plexität und Dynamik der Verwaltungsumwelt keine programmierende Entscheidungsebene antizipieren kann. Jenseits materieller Legalität, Budgeteffizienz, politischer Loyalität als inhaltlicher Richtigkeit muss die Verwaltung einen eigenen Beitrag zur Legitimationssicherung leisten.[368] Hier ist die „Legitimation durch Verfahren"[369] eine Rechtfertigung, die die Sachkriterien um eine prozedurale Komponente ergänzt. Gewährleistung von Richtigkeit und Legitimationsfunktion fallen selbst im „rationalen Staat" nicht einfach zusammen. Es müssen zur Sachentscheidung Nebenleistungen erbracht werden, die die Entscheidungsfindung angesichts von Betroffenen zusätzlich entlastet. Deswegen sind Entscheidungsprozesse so abgestuft, dass die Legitimationsbeschaffung prinzipiell in den Händen der Politik liegt. Indessen bleiben für die Ebene konkreter Entscheidungen soviel Abwägungen von Interessen offen, dass Bewertungen der Verwaltung nicht nur aus inhaltlichen Vorgaben, sondern auch aus der Verfahrensweise gerechtfertigt werden müssen. Die Verwaltung kann sich insofern nicht einfach als unpolitisch betrachten.

Schon das formelle Verfahren bietet eine Vielfalt von Möglichkeiten der Legitimationsbeschaffung. Dazu gehören etwa die Beratungs-, Auskunfts-, Belehrungs-, Betreuungspflichten der Behörde gegenüber dem Bürger. Legitimation ist weiter auf die informelle Handhabung des Verfahrens angewiesen. Einsehbarkeit ist zum Beispiel nicht nur für Rechtsnormen[370], sondern auch für Einzelfallentscheidungen der Verwaltung von Beginn an zu besorgen. Man kann weiter die Kooperationsbereitschaft der Bürger situationsgerecht pflegen.[371] Insgesamt steht ein breites Spektrum sozialpsychischer Gestaltungsmöglichkeiten des Entscheidungsprozesses zur Verfügung, die einen legitimierenden Umgang mit der Verwaltungsklientel eröffnen.[372] Es geht um die Erfüllung von Erwartungen der Beteiligten und um den Umgang mit ihren Enttäuschungen. Die Idee eines „konsensualen Verwaltungsverfahrens" darf man allerdings nicht überschätzen.[373] Öffentliche und private Interessen können identisch oder komplementär, aber auch konkurrierend oder gar antagonistisch sein. Verwal-

---

[368] Vgl. Hoffmann-Riem, Wolfgang, Verwaltungsverfahren und Verwaltungsverfahrensgesetze, in: ders./Eberhard Schmidt-Aßmann (Hrsg.), Verwaltungsverfahren und Verwaltungsverfahrensgesetz, Baden-Baden 2002, S. 47 f.

[369] Vgl. Luhmann, Niklas, Legitimation durch Verfahren, Neuwied am Rhein/Berlin 1969.

[370] Vgl. Dose, Nicolai, Die verhandelnde Verwaltung, Baden-Baden 1997, S. 69 f.

[371] Vgl. Benz, Arthur, Kooperative Verwaltung, Baden-Baden 1994, S. 87 ff.

[372] Vgl. Fisch, Rudolf/Beck, Dieter, Ein sozialpsychologischer Bezugsrahmen für die gute Gestaltung politisch-administrativer Entscheidungsprozesse, in: Arthur Benz u. a., Institutionenwandel in Regierung und Verwaltung, Berlin 2004, S. 201 ff.

[373] Vgl. Laubinger, Hans-Werner, Der Verfahrensgedanke im Verwaltungsrecht, in: Klaus König/Detlef Merten (Hrsg.), Verfahrensrecht in Verwaltung und Verwaltungsgerichtsbarkeit, Berlin 2000, S. 63 ff.

tungshandeln und private Aktivitäten stehen sich bei der Konfliktbearbeitung nicht gleichrangig gegenüber. Für Finanzamt und Steuerzahler gibt es keine Waffengleichheit. Auch die verhandelnde Verwaltung agiert im „Schatten des Leviathans", in der rechtsstaatlichen Verwaltung „in the Shadow of the Law".[374] Was äußerlich als „konsensuale Entscheidung" erscheint, mag so eher der Ausdruck einer Konfliktlösung im Sinne der Interessenbefriedung, denn einer Interessenbefriedigung sein.

Legitimation durch Verfahren hängt von der Kommunikationsfähigkeit der öffentlichen Verwaltung ab. „Gute" Verwaltungskommunikation ist zunächst ein allgemeines Thema, das von der Öffentlichkeitsarbeit, der Presse- und Medienarbeit bis zum „Tag der offenen Tür" usw. reicht.[375] Verwaltungskommunikation wird dann spezifisch auf das Verwaltungsverfahren bezogen. Als Kernfunktion des Verfahrensrechts gilt es, die Kommunikationsfähigkeit von Interessen herzustellen und zu gewährleisten.[376] Der Verfahrensbegriff wird in diesem Kontext ausgeweitet. Gegenstände sind Informationsprozesse im Vorfeld des eigentlichen Verfahrens, Abstimmungen im Binnenbereich der Verwaltung, Kontakte von Verwaltung und Bürgern außerhalb formeller Verfahren, Verfahren realer Leistungsbewirkung usw.[377] Unter dem Vorzeichen der Legitimation des Verwaltungshandelns kommt der Transparenz öffentlicher Verwaltung besondere Bedeutung zu. In der klassisch-bürokratischen Verwaltung ist Geheimhaltung von Verwaltungsinformationen Tradition. So galt in Deutschland weitgehend ein Prinzip der beschränkten Aktenöffentlichkeit, nach dem der Zugang zu öffentlichen Informationen nur unter bestimmten Voraussetzungen gewährt wird. Die Behörde hatte den Beteiligten in die das Verfahren betreffenden Akten Einsicht zu gestatten, soweit deren Kenntnis zur Geltendmachung oder Verteidigung ihrer rechtlichen Interessen erforderlich war. Es kam also auf die eigene Betroffenheit des Einsicht Begehrenden an. Überdies war der Betroffene von der Interessenbewertung durch die Verwaltung abhängig. Diese war zum Beispiel zur Gestattung der Akteneinsicht nicht ver-

---

[374] Vgl. Gilhuis, Piet u. a., Negotiated Decision-Making in the Shadow of the Law, in: Boudewijn de Waard, Negotiated Decision-Making, Den Haag 2000, S. 219 ff.

[375] Vgl. Häußer, Otto, Gute Verwaltungskommunikation, in: Hermann Hill/Rainer Pitschas (Hrsg.), Europäisches Verwaltungsverfahrensrecht, Berlin 2004, S. 263 ff.

[376] Vgl. Pitschas, Rainer, Allgemeines Verwaltungsrecht als Teil der öffentlichen Informationsordnung, in: Wolfgang Hoffmann-Riem u. a. (Hrsg.), Reform des allgemeinen Verwaltungsrechts, Baden-Baden 1993, S. 219 ff.

[377] Vgl. Hill, Hermann, Verwaltungskommunikation und Verwaltungsverfahren unter europäischem Einfluss, in: ders./Rainer Pitschas (Hrsg.), Europäisches Verwaltungsverfahrensrecht, Berlin 2004, S. 273 ff.

pflichtet, soweit durch sie die ordnungsgemäße Erfüllung der Aufgabe der Behörde beeinträchtigt würde.[378]

In anderen Ländern gilt das umgekehrte Prinzip der „Freedom of Information". Akten der Verwaltung sind grundsätzlich für jedermann offen. Dafür gibt es in Schweden eine längere Tradition. In den USA trat 1966 die erste Fassung des „Freedom of Information Act" in Kraft.[379] Im Jahr 2002 wurden 57 Nationalstaaten mit Informationsgesetzen gezählt.[380] Hinzu kommen einschlägige Regelwerke unterhalb der zentralstaatlichen Ebene sowie sektorale Vorschriften, insbesondere zur Umweltinformation und zur Verbraucherinformation. Auch in der supranationalen Organisation ist der Zugang der Öffentlichkeit zu Dokumenten ein Regelungsgegenstand, so für das Europäische Parlament, Rat und Kommission der Europäischen Union. In Deutschland ist auf Bundesebene zuerst im Bereich des Umweltinformationsrechts in gewissem Umfang Anschluss an die internationale Entwicklung gefunden worden.[381] In einer Reihe von deutschen Ländern gelten Informationsfreiheitsgesetze. Auf Bundesebene hat man Anfang 2006 mit dem Prinzip beschränkter Aktenöffentlichkeit gebrochen und ein Informationsfreiheitsgesetz eingeführt.[382]

Das Prinzip eines offenen Zugangs zu Dokumenten der öffentlichen Verwaltung, und zwar ohne die rechtsstaatlichen Voraussetzungen eines berechtigten Interesses, einer rechtlichen Betroffenheit usw., gilt nicht ausnahmslos. Das Informationsinteresse der Verwaltungsklientel muss mit anderen privaten und öffentlichen Interessen abgewogen werden. Einschränkungen der Informationsfreiheit ergeben sich aus öffentlichen Gesichtspunkten des Gemeinwohls, der Diplomatie, der Rechtspflege, des Vertrauensschutzes im Verwaltungsverfahren, der Beeinträchtigung der ordnungsgemäßen Erfüllung öffentlicher Aufgaben durch die Behörde usw. Weitere Restriktionen folgen aus Interessen von Bürgern, Unternehmen, Verbänden. Dazu zählen der Schutz von Betriebs- und Geschäftsgeheimnissen, der Schutz des geistigen Eigentums usw. Personenbezogene Daten sind insoweit nicht zugänglich, wie durch das Bekanntwerden der Information schutzwürdige Interessen beeinträchtigt würden und das Informati-

---

[378] Vgl. Ule, Carl Hermann/Laubinger, Hans-Werner, Verwaltungsverfahrensrecht, 4. Aufl., Köln u. a. 1995, S. 242 ff.

[379] Vgl. Levine, Charles H. u. a., Public Administration, Glenview Ill. 1990, S. 370 f.

[380] Vgl. Garska, Hansjürgen, Internationale Entwicklungen des Informationszugangsrechts, in: Michael Kloepfer (Hrsg.), Die transparente Verwaltung, Berlin 2003, S. 67 ff.

[381] Vgl. Scherzberg, Arno, Freedom of Information – deutsch gewendet: Das neue Umweltinformationsgesetz, in: Deutsches Verwaltungsblatt 1994, S. 733 ff.

[382] Vgl. Kloepfer, Michael/von Lewinski, Kai, Das Informationsfreiheitsgesetz des Bundes, in: Deutsches Verwaltungsblatt 2005, S. 1277 ff.; Bräutigam, Tobias, Das deutsche Informationsfreiheitsgesetz aus rechtsvergleichender Sicht, in: Deutsches Verwaltungsblatt 2006, S. 950 ff.

onsinteresse nicht überwiegt. Gegebenenfalls hat ein Abgleich mit dem Datenschutzrecht zu erfolgen, damit der Bürger vor Schäden bewahrt wird, die ihm aus der Ansammlung und missbräuchlichen Verwendung von personenbezogenen Daten erwachsen können. Informationszugänge erfolgen auf Antrag. Anträge lösen ein eigenes Verfahren mit Bescheidung aus. Weitere Fragen wirft der elektronische Zugang zu Unterlagen der Verwaltung und der Einstellung von Daten in das Internet durch Behörden auf.[383]

Ist auf der Seite des Verwaltungssystems die Legitimation des Verwaltungshandelns maßgeblich, so ist das auf der Seite der Verwaltungsumwelt die Akzeptanz von Entscheidungen durch die Klientel. Akzeptanz ist eine Frage der Haltungen und Einstellungen von Bürgern, Unternehmen, Verbänden. Indessen kann Akzeptanzverstärkung wie Legitimationsverstärkung eine öffentliche Angelegenheit sein. Haltungen und Einstellungen des Verwaltungspublikums können unterschiedliche Referenzen haben. Wahrnehmungsorientierungen und Reaktionsbereitschaften beziehen sich auf verschiedene Prämissen öffentlicher Verwaltung. Zwei eingeführte Konzepte lassen sich verwaltungswissenschaftlich vorab bezeichnen, nämlich Institutionenvertrauen und Produktzufriedenheit. Die Kategorie des Institutionenvertrauens kann sich auf die öffentliche Verwaltung als solche – etwa im Vergleich zum Parlament oder zu ausländischen Verwaltungen – in Staat und Gesellschaft beziehen. Institutionenvertrauen kann aber auch Teile der Verwaltung – etwa eine Stadtverwaltung – betreffen. Vertrauen in öffentliche Institutionen ist ein Thema von wachsender Bedeutung auch für die Verwaltungswissenschaft.[384] Bei der Produktzufriedenheit – „User Satisfaction", „Customer Satisfaction", hier: „Citizen Satisfaction" – geht es um Haltungen und Einstellungen der Klientel zu spezifischen, von der Verwaltung produzierten und distribuierten Sach- und Dienstleistungen: lokaler Personentransport, städtische Bücherausleihe, Müllabfuhr usw. Insbesondere dort, wo es bewährte Instrumentarien der Zufriedenheitsbewertung im Privatsektor gibt, liegt es nahe, dieses auch auf Verwaltungsleistungen anzuwenden.[385] Institutionenvertrauen und Produktzufriedenheit mögen zusammenhängen. Indessen geht es um zwei verschiedene Perspektiven. Entsprechend lassen sich Vertrauensindikatoren und Zufriedenheitsindikatoren nicht einfach zu-

---

[383] Vgl. Garska, Hansjürgen, Internationale Entwicklungen des Informationszugangsrechts, in: Michael Kloepfer (Hrsg.), Die transparente Verwaltung, Berlin 2003, S. 70 f.

[384] Vgl. National Academy of Public Administration (Hrsg.), A Government to Trust and Respect, Washington, D. C. 1999.

[385] Vgl. van Ryzin, Gregg G. u. a., Drivers and Consequences of Citizen Satisfaction: An Application of the American Customer Satisfaction Index Model to New York City, in: Public Administration Review 2004, S. 331 ff.

sammenfassen.[386] Produktzufriedenheit mag einem „Customer Relationship Management" zugänglich sein.[387] Institutionenvertrauen reicht hingegen tief in den politisch-kulturellen Bereich hinein.

Es bleibt der breite Begriff der Akzeptanz, der Wahrnehmungsorientierungen und Reaktionsbereitschaften auf unterschiedliche Objekte bezieht. So ist Akzeptanz der Produktzufriedenheit benachbart, wenn in der Privatwirtschaft durch Akzeptanztests versucht wird, aktuelle oder potentielle Kauf- bzw. Verbrauchsabsichten zu bestimmten Produkten zu erkunden. Hochaggregierte Sachverhalte stehen zur Diskussion, wenn es etwa um die Akzeptanz ungleicher materieller und immaterieller Lebensverhältnisse in verschiedenen Territorien einer staatlich konstituierten Gesellschaft geht. Spezifisch wird Akzeptanz auf die Billigung technologischer Innovationen durch die Mitglieder einer Organisation bezogen, so die Beamtenakzeptanz bei der Einführung der elektronischen Datenverarbeitung in einer Behörde. Der Akzeptanzbegriff kann mithin nicht nur das Verwaltungspublikum, sondern auch die Mitarbeiter der Verwaltung meinen. Wenn etwa ein Beamter die Personalentscheidung seines Vorgesetzten nicht als annehmbar betrachtet, entstehen Akzeptanzprobleme. Der Beamte ist nicht einfach mit der Verwaltung identisch. In seiner personalen Rolle wird er zur Umwelt der Verwaltung.

Damit wird aber auch deutlich, dass sich Akzeptanz auf wesentliche Entscheidungen von Politik und Verwaltung beziehen lässt.[388] In diesem Sinne kann man von bestehender oder nicht bestehender Akzeptanz novellierter Rechtsvorschriften, mit denen Emmissionswerte verschärft werden, durch die betroffenen Industrien sprechen. Verwaltungswissenschaftlich ist insbesondere ein Konzept von Akzeptanz interessant, das die Haltungen und Einstellungen der Verwaltungsklientel auf konkrete Verwaltungsentscheidungen, also die unmittelbare Konfrontation mit dem Publikum bezieht. Insofern ist die Unterscheidung zwischen programmierenden und programmierten Entscheidungen relevant. Man kann die Entscheidungsprämissen akzeptieren, die konkrete Entscheidung selbst aber ablehnen oder auch programmierende Entscheidungen außer acht lassen, die programmierte Entscheidung billigen oder nicht billigen.[389] Bei der Bereitschaft, eine Entscheidung billigend hinzunehmen, geht es

---

[386] Vgl. Bouckaert, Geert/van de Walle, Steven, Comparing Measures of Citizen Trust and User Satisfaction as indicators of „Good Governance", in: International Review of Administrative Sciences 2003, S. 329 ff.

[387] Vgl. Bauer, Hans H./Grether, Mark, Öffentliche Verwaltungen im Zeitalter des Customer Relationship Managements, in: Verwaltung und Management 2004, S. 60 ff.

[388] Vgl. Fesler, James W./Kettl, Donald F., The Politics of the Administrative Process, 2. Aufl., Chatham NJ 1996, S. 112.

[389] Vgl. Luhmann, Niklas, Legitimation durch Verfahren, Neuwied am Rhein/Berlin 1969, S. 31.

in erster Linie um die eigenen, rechtlich geschützten, aber auch sonstigen ökonomischen, sozialen, politischen Interessen betroffener Bürger, Unternehmen, Verbände. Indessen können konkrete Verwaltungsentscheidungen auch auf Akzeptanzprobleme stoßen, weil sie von Naturschutzorganisationen, Verbraucherverbänden usw. aus altruistischen Gründen nicht gebilligt werden. Die Bereitschaft, eine Verwaltungsentscheidung billigend hinzunehmen, ist keine normative, sondern eine motivationale Frage. Man kann nicht darauf vertrauen, dass Akzeptanz bereits durch Rechtmäßigkeit als materielle Richtigkeit hergestellt wird. Die Art und Weise des Entscheidungsprozesses, die Fairness des Interessenausgleichs, die wirtschaftliche Rationalität sind andere Aspekte der Wahrnehmungsorientierungen und Reaktionsbereitschaften der Verwaltungsklientel. Autoritative Eingriffe, Zwang oder andere Verwaltungssanktionen sind in modernen Gesellschaften nur begrenzt zur Verfügung stehende Instrumente, die auch in der legalistischen Verwaltung nicht beliebig eingesetzt werden können. Die Verwaltung der Moderne sieht sich so im hohen Maße auf die Akzeptanz ihrer Entscheidungen angewiesen.[390]

Zudem werden wachsende Akzeptanzprobleme beobachtet. Als Gründe werden etwa starker Individualismus, Technikskepsis, Zukunftsängste, als Folgen etwa Erhöhung sozialer Kosten, Verzögerung von Entscheidungen, Verhinderung des sozial, wirtschaftlich oder ökologisch Notwendigen genannt.[391] Im Prozess der Verwaltungsentscheidung begegnen sich administrative Rationalität und individuelle wie gruppenspezifische Intentionen von Interessen- und Wertverwirklichungen. Wenn man einen gesellschaftlichen Wertewandel mit einer Gewichtsverlagerung von Pflichtwerten zu Selbstentfaltungswerten auch für das Verwaltungsverfahren konstatiert[392], dann bedeutet das nicht einfach die Vertiefung der Konflikte oder das Nachgeben der Verwaltung. Vielmehr müssen Handlungsoptionen zur Sicherung der Akzeptanz ins Spiel gebracht werden. Hier kommt es zuerst auf den Beitrag der demokratisch legitimierten Politik an. Aber auch die öffentliche Verwaltung selbst muss durch ihre Vorgehensweisen Akzeptanz für ihre Entscheidungen gewinnen.

In diesem Sinne kann man von einem „Akzeptanz-Management" und von Strategien zur Sicherung von Akzeptanz sprechen.[393] Dazu stehen der öffentlichen Verwaltung verschiedene Möglichkeiten von Kommunikation und Infor-

---

[390] Vgl. Hoffmann-Riem, Wolfgang, Reform des Allgemeinen Verwaltungsrechts: Vorüberlegungen, in: Deutsches Verwaltungsblatt 1994, S. 1381 ff.

[391] Vgl. Würtenberger, Thomas, Die Akzeptanz von Verwaltungsentscheidungen, Baden-Baden 1996, S. 40 ff.

[392] Vgl. Wölki, Christoph, Verwaltungsverfahrensgesetz (VwVfG) im Wertewandel, Frankfurt a. M. u. a. 2004.

[393] Vgl. Würtenberger, Thomas, Die Akzeptanz von Verwaltungsentscheidungen, Baden-Baden 1996, S. 73 ff.

7. Kapitel: Entscheidungsprozesse in der Verwaltung

mation, Evidenz und Plausibilität, Flexibilität und Kompensation zur Verfügung. In der Mitte steht freilich die Partizipation der Bürger, Unternehmen, Verbände am Prozess der Entscheidungsfindung. Von ihr erwartet man die Reduzierung negativer Einstellungen und eine Vermehrung des Konfliktlösungspotentials.[394] Die Bedeutung solcher Beteiligungen wird für die legalistische[395] wie für die managerialistische[396] Verwaltung betont.

Partizipation ist ein Begriff, der im weiteren Sinne vielfältige Formen der Teilnahme an politischen Willensbildungsprozessen umfasst – von der Parteimitgliedschaft bis zu Wahlen. Als spezifisches Konzept öffentlicher Verwaltung bezieht sich Partizipation auf die Beteiligung von Bürgern, Unternehmen, Verbänden am administrativen Entscheidungsprozess. Besondere Erfahrungen dazu liegen im Bereich des Umweltschutzes und der Planung von öffentlicher Infrastruktur vor. Es geht nicht nur um tradierte Möglichkeiten der Anhörung, Akteneinsicht usw., sondern umfassend um die gestaltende Einflussnahme auf den Entscheidungsprozess. Für die legalistische Verwaltung werfen partizipative Einflussmuster Probleme des relevanten Personenkreises auf. Die Frage ist, ob Rollen als Beteiligte, Betroffene, Anzuhörende nach jeweiligen Berechtigungen zu definieren sind oder ob über die rechtlich geschützten Interessen hinaus sozial und ökonomisch Betroffene, Dritte, gemeinnützige Verbände, schließlich die Öffentlichkeit Berücksichtigung finden.[397] Für die öffentliche Verwaltung in der Zivilkultur wird demgegenüber stärker auf das demokratische Moment breiter Partizipation an Verwaltungsentscheidungen verwiesen. Die Schwierigkeiten der „input"-Institutionen von repräsentativer und Parteiendemokratie mit der Legitimationsbeschaffung geraten ins Blickfeld. Entsprechendes gilt für Formen der direkten Demokratie.[398] Es bleibt die „output"-Seite des politisch-administrativen Systems, die Implementation des öffentlichen Interesses durch Verwaltungsentscheidungen. Man sieht in der Mitgestaltung von Verwaltungsentscheidungen durch das Publikum in seinen verschie-

---

[394] Vgl. Oberndorfer, Peter, Die Verwaltung im politisch-gesellschaftlichen Umfeld, in: Gerhard Holzinger u. a., Österreichische Verwaltungslehre, Wien 2001, S. 79 ff.

[395] Vgl. Schmitt Glaeser, Walter, Die Position der Bürger als Beteiligte im Entscheidungsverfahren gestaltender Verwaltung, in: Peter Lerche u. a., Verfahren als staats- und verwaltungsrechtliche Kategorie, Heidelberg 1984, S. 35 ff.

[396] Vgl. LeMay, Michael C., Public Administration, Belmont CA 2002, S. 143 ff.

[397] Vgl. Bull, Hans-Peter/Mehde, Veith, Allgemeines Verwaltungsrecht mit Verwaltungslehre, 7. Aufl., Heidelberg 2005, S. 276; Schmidt-Aßmann, Eberhard, Das allgemeine Verwaltungsrecht als Ordnungsidee, 2. Aufl., Berlin u. a. 2006, S. 97 ff.

[398] Vgl. Gunlicks, Arthur B., Plebiszitäre Demokratie in den USA, in: Arthur Benz u. a., Institutionenwandel in Regierung und Verwaltung, Berlin 2004, S. 407 ff.

denen individuellen und kollektiven Ausprägungen ein demokratisches Komplement.[399]

Ein weiterer sich von der angloamerikanischen Verwaltungskultur her auch in der legalistischen Verwaltung verbreitender Ansatz des Konflikt- und Akzeptanzmanagements ist der der Mediation.[400] Den Gedanken einer Vermittlung durch neutrale Dritte findet man in der öffentlichen Verwaltung herkömmlicherweise dort, wo diese selbst Partei ist, also etwa in personellen Angelegenheiten ihrer Mitarbeiter, und zwar nicht nur bei Tarifverhandlungen.[401] Wenn es indessen um die verbindliche Allokation von öffentlichen Gütern und Werten gegenüber dem Publikum geht, ist eine andere konzeptionelle Erfassung erforderlich. Mediation ist insoweit die freiwillige Konfliktbeilegung durch einen neutralen Dritten, der sich auf das Einverständnis der Beteiligten beziehen kann und das Mediationsverfahren verantwortlich betreibt. Entscheidungsbefugnisse in der Sache stehen ihm nicht zu.[402] Der Mediator soll zur Formulierung und angemessenen Repräsentanz entscheidungserheblicher Interessen beitragen. Er soll das Konfliktpotential erfassen und die Dissens- wie Konsenslinien erkennbar machen.[403] Der Konfliktmittler soll Vorschläge zum Interessenausgleich entwickeln. Die Verantwortung für die inhaltlich richtige Entscheidung bleibt freilich bei der öffentlichen Verwaltung. Stößt ein Vermittlungsvorschlag auf die Zustimmung der Betroffenen, bleibt es in der Entscheidungsbefugnis der Verwaltung, ob und wie sie diesen Vorschlag nach ihren rechtlichen, ökonomischen, politischen Vorgaben umsetzt. Freilich pflegen die Sphären von Moderationsverantwortung und Entscheidungsverantwortung oft eng zusammenzurücken.

Mediationsverfahren erscheinen einer enthierarchisierten Gesellschaft angemessen und unterliegen so eher positiven Bewertungen. Dass sie nicht so erfolgreich sind, wie manchmal vorausgesetzt wird, liegt nicht zuletzt an Fehleinschätzungen der Entscheidungslage. Moderationen sind kein struktureller, sondern ein situativer Ansatz zur Bearbeitung von Konflikten. Sie bedürfen wie andere Methoden der Gestaltung politisch-administrativer Entscheidungspro-

---

[399] Vgl. Peters, B. Guy, Governing in a Market Era, in: Eran Vigoda (Hrsg.), Public Administration, New York/Basel 2002, S. 89 f.

[400] Vgl. Brohm, Winfried, Beschleunigung der Verwaltungsverfahren – Straffung oder konsensuales Verwaltungshandeln, in: Neue Zeitschrift für Verwaltungsrecht 1991, S. 1025 ff.

[401] Vgl. Nigro, Felix A./Nigro, Lloyd G., Modern Public Administration, 3. Aufl., New York u. a. 1973, S. 324.

[402] Vgl. Siegel, Thorsten, Mediation in der luftverkehrsrechtlichen Planfeststellung, in: Jan Ziekow (Hrsg.), Flughafenplanung, Planfeststellungsverfahren, Anforderungen an die Planungsentscheidung, Berlin 2002, S. 77 ff.

[403] Vgl. Hoffmann-Riem, Wolfgang, Reform des Allgemeinen Verwaltungsrechts: Vorüberlegungen, in: Deutsches Verwaltungsblatt 1994, S. 1388.

zesse der Geeignetheit nach Maßgabe jeweiliger Handlungskonstellationen.[404] Moderationen scheitern, wenn eine starke Wertgeladenheit zur Fundamentalisierung der Konflikte führt oder wenn der Gewinn der einen Partei nichts anderes als der Verlust der anderen bedeutet.[405]

Die Stiftung von Akzeptanz für Verwaltungsentscheidungen ist in der modernen Gesellschaft erforderlich, weist aber zugleich Dysfunktionen und Grenzen auf. Das gilt für die Mediation, wenn man etwa an nicht identifizierte Interessen und ihre Träger und an Relativierungen von Rechtsbindungen denkt. Auch ein zivilgesellschaftlich so bevorzugtes Verhaltensmuster wie die Partizipation ist nicht kostenfrei. Zu den Kosten zählen der Aufwand an Zeit und Geld, die Verschärfung von Konfrontationen, diffuse, nicht repräsentative, eigennützige Interessenartikulationen, die gemessen an der Rechts- und Haushaltslage falschen Entscheidungen usw.[406] Damit sind die Grenzen eines Akzeptanz-Managements angedeutet.[407] Bei aller bevorzugter Flexibilisierung kann sich die Verwaltung nicht über das zwingende Recht, das budgetär Mögliche, das politisch-demokratisch Vorgegebene hinwegsetzen. So sehr die Verwaltung in der Moderne gehalten ist, Akzeptanz zu stiften, sie bleibt autorisiert, auch die nicht akzeptierten Entscheidungen zu treffen, für diese Gehorsam der Privaten einzufordern und sie erforderlichenfalls zwangsweise durchzusetzen.

Dass der Staat sich insoweit auf sein Gewaltmonopol stützen kann, bedeutet freilich nicht, dass die Exekutive den Ungehorsam Privater einfach physisch überwinden darf. Die Verwaltungsvollstreckung verlangt grundsätzlich einen Rechtstitel, den in der Regel die rechtsförmige Verwaltungsentscheidung selbst darstellt. Es gibt auch Fälle, in denen die Verwaltung auf einen richterlichen Titel angewiesen ist. Die Verwaltungsvollstreckung unterliegt rechtsstaatlichen Verfahrensregeln, nach denen die Beitreibung von Geldleistungen wie die Erzwingung sonstiger Handlungen, Duldungen oder Unterlassungen durchgesetzt werden. Hervorzuheben ist der geschlossene Katalog der Zwangsmittel: Ersatzvornahme, also Vornahme der auferlegten Handlung auf Kosten des Pflichtigen durch die Behörde selbst oder einen Dritten; Zwangsgeld und Ersatzzwangsgeld, nicht als Strafe, sondern als Beugemittel; gegebenenfalls auch Erzwingungshaft als Beugemittel; schließlich unmittelbarer Zwang durch Einwirken

---

[404] Vgl. Fisch, Rudolf/Beck, Dieter, Ein sozialpsychologischer Bezugsrahmen für die gute Gestaltung politisch-administrativer Entscheidungsprozesse, in: Arthur Benz u. a., Institutionenwandel in Regierung und Verwaltung, Berlin 2004, S. 201 ff.

[405] Vgl. Jansen, Dorothea, Mediationsverfahren in der Umweltpolitik, in: Politische Vierteljahresschrift 1997, S. 275 ff.

[406] Vgl. Irvin, Renée A./Stansbury, John, Citizen Participation in Decision Making: Is it Worth the Effort?, in: Public Administration Review 2004, S. 55 ff.

[407] Vgl. Würtenberger, Thomas, Die Akzeptanz von Verwaltungsentscheidungen, Baden-Baden 1996, S. 148 ff.

auf Personen oder Sachen mit körperlicher Gewalt bis hin zum Waffengebrauch. Diese Beschränkung der Zwangsmittel hat sich gegen beliebige Vorgehensweisen in der Vergangenheit – Verbannung, Vermögensbeschlagnahme, Verweigerung existenzieller Leistungen der Daseinsvorsorge – rechtsstaatlich durchgesetzt. Überdies gilt auch bei der Verwaltungsvollstreckung der Grundsatz der Verhältnismäßigkeit. Insbesondere ist unter den Zwangsmitteln das weniger beeinträchtigende Mittel zu wählen.[408]

Die programmierte Verwaltungsentscheidung vollzieht Gesetze, implementiert Pläne in Konkretisierung auf den Einzelfall. Die Summe solcher Entscheidungen bzw. Nichtentscheidungen und ihre Durchsetzung bzw. Nichtdurchsetzung geben Auskunft über den Vollzug parlamentarisch-gesetzgeberischer wie politisch-exekutiver Vorgaben überhaupt. Dass insoweit Vollzugsdefizite bestehen können, wird für die managerialistische[409] wie die legalistische[410] Verwaltung beobachtet. Von Vollzugsdefizit im engeren Sinne spricht man, wenn konditionale oder finale Programme, insbesondere Gesetze nicht angewandt werden oder ihre Einhaltung nicht durchgesetzt wird. Weitere Diskrepanzen können sich aus Zweckverschiebungen der Programme ergeben, wenn etwa ein Gesetz, das durch Regulation einer Wirtschaftsbranche Grenzen setzen soll, sich faktisch als Schutz gegen neue Wettbewerber erweist. Ein schwieriges Problem stellen gewollte und ungewollte Selektivitäten bei der Programmanwendung dar, wenn etwa geschickte Antragsteller bei öffentlichen Leistungen faktisch bevorzugt werden.[411] Bei der Selektivität des Verwaltungshandelns muss die Spannungslage zwischen der Flut von Gesetzen wie Plänen und den personellen Ressourcen der Verwaltung im Auge bleiben. Eine Steuerverwaltung muss entsprechend ihrem Personalbestand zwangsläufig Schwerpunkte in der Überwachung gesetzmäßiger Zahlung öffentlicher Abgaben setzen.

Vollzugsdefizite werden zunächst einmal den Vollzugsbehörden angelastet. Wie aber der Fall unzulänglicher Ausstattung mit personellen Ressourcen zeigt, haben die Behörden die entstehenden Mängel nicht ohne weiteres zu vertreten. Steuerungsfehler in der politisch-administrativen Hierarchie können viele Gründe haben, etwa den, dass vorgesetzte Behörden den nachgeordneten Bereich nicht zügig über Programmänderungen wie die Novellierung eines Gesetzes informieren oder dysfunktionale politische Weisungen erteilt werden. Das

---

[408] Vgl. Bull, Hans-Peter/Mehde, Veit, Allgemeines Verwaltungsrecht mit Verwaltungslehre, 7. Aufl., Heidelberg 2005, S. 416.

[409] Vgl. Pressman, Jeffrey L./Wildavsky, Aaron B., Implementation, Berkeley/Los Angeles CA 1973.

[410] Vgl. Mayntz, Renate (Hrsg.), Implementation politischer Programme, Königstein/Ts. 1980.

[411] Vgl. Mayntz, Renate, Soziologie der öffentlichen Verwaltung, 4. Aufl., Heidelberg 1997, S. 217 f.

Programm selbst kann schon Mängel aufweisen, etwa weil die Begriffsbildung einer Rechtsnorm nicht hinlänglich mit ihren Zwecken harmoniert. Nicht zuletzt können Vollzugsdefizite auf Verhaltensdispositionen und Reaktionen des Verwaltungspublikums beruhen. Hier stellt sich die Frage, wieweit der Bürger über Gesetze und Pläne überhaupt informiert ist, welche Hemmschwellen er gegenüber dem verwalteten Staat hat, welche Ausweichmöglichkeiten ihm gegenüber Tatbestandsvoraussetzungen zur Verfügung stehen, mit welchen Sanktionen er bei Missbrauch rechnen muss usw. Insgesamt ist jeweils eine Mehrzahl von Einflussgrößen in Rechnung zu stellen.[412] Vollzugsdefizite aggregieren sich je nach Verwaltungsbranche, also Steuerverwaltung, Sozialverwaltung usw. und wohl auch territorial. Man beobachtet eine jeweils nationale Vollzugskultur.[413]

Die andere Seite des Vollzuges ist der bürokratische Perfektionismus bei der Umsetzung konditional und final programmierender Entscheidungen. Eine Enge der Vorschriftengläubigkeit kann in der Gewerbeverwaltung Existenzen gefährden oder in der Sozialverwaltung zu menschlichen Härten führen. Der Ausweg liegt nicht gleich in der „brauchbaren Illegalität". Welche Flexibilitäten und Inflexibilitäten in normativen Vorgaben enthalten sind, zeigt sich im Dienst nach Vorschrift. Vorschriften aller Art, die die Verwaltung binden, pflegen nach Zahl so umfangreich und nach Inhalt so komplex zu sein, dass ihre sklavische Befolgung durch die Beamtenschaft den Dienstbetrieb bei Behörden erheblich stören kann, und zwar selbst in Risikoverwaltungen wie die Flugaufsicht, die prinzipiell auf ein präzises Regelwerk und seine Befolgung angewiesen ist. Deswegen kann auch Dienst nach Vorschrift als Streikersatz benutzt werden. Die strikte Anwendung von Vorschriften aus solchen Gründen führt zu Rechtsmissbrauch und Verstoß gegen die Loyalitätspflicht. Der Dienst nach Vorschrift wird zum Unrecht.

V. Leitung und Kontrolle

1. Leitung im Entscheidungskreislauf

Der differenzierte Entscheidungsprozess öffentlicher Verwaltung lässt sich in der legalistischen Verwaltungskultur als „Stufenbau der Rechtsordnung", in der managerialistischen Verwaltungskultur als „Hierarchie of Decisions" be-

---

[412] Vgl. Mayntz, Renate, Soziologie der öffentlichen Verwaltung, 4. Aufl., Heidelberg 1977 S. 217 f.; Thieme, Werner, Verwaltungslehre, 4. Aufl., Köln u. a. 1984, S. 487 f.

[413] Vgl. Siedentopf, Heinrich/Ziller, Jacques (Hrsg.), Making European Policies Work, London u. a. 1988.

greifen. Man kann aber noch weiter ausholen und Differenzierungsphänomene wie Leitung und Kontrolle einbeziehen, um schließlich einen politisch-administrativen Entscheidungskreislauf zu benennen. Entsprechende Kreislaufmodelle werden in der Verwaltungswissenschaft[414], insbesondere aber in der Policy-Forschung[415] vorgestellt. Die Entscheidungsphasen von Politik und Verwaltung werden unterschiedlich verfeinert. Folgende Hauptphasen lassen sich unterscheiden: Problemidentifikation, Agendabildung, Programmformulierung, Programmimplementation – Durchführungsentscheidung –, Kontrollentscheidung, Rückkopplung, Programmbeendigung oder Neuformulierung. Untergliederungen betreffen die jeweiligen Hauptphasen. Bekannt geworden ist die Differenzierung der Programmformulierung nach dem Planning-Programming-Budgeting-System, wobei es bei der Planung um die inhaltlichen Momente jeweiliger Sachpolitik, also Zielidentifikation, Prioritätensetzung usw., bei der Budgetierung um die Finanzwirtschaft, also Effektivität und Effizienz des Mitteleinsatzes, bei der Programmierung schließlich um die Vermittlung von Zwecken und Mitteln zur operationalen Entscheidung über Entscheidungen geht.[416]

Modelle des Entscheidungskreislaufes darf man nicht für die Entscheidungsrealität nehmen. Es geht nicht um den politisch-administrativen Entscheidungsprozess in einem gleichsam naturwüchsigen Ablaufmuster. Nicht alle Phasen müssen durchlaufen werden, wenn etwa in einer Krisensituation die Problemperzeption die unmittelbare Problemlösung erfordert oder sich ein mächtiger Verband mit seinem Gesetzentwurf durchsetzt. Nicht immer lassen sich in einem Entscheidungsprozess die einzelnen Phasen unterscheiden, wenn etwa in einer Aufgabenplanung Agendabildung und programmierende Entscheidung zusammenfallen oder durch gestaltende Gesetze von Rechts wegen Tatsachen geschaffen werden. Mit den Phasen des politisch-administrativen Entscheidungskreislaufes bezeichnet man idealtypische Unterscheidungen, die freilich Orientierungsleistungen für die Entscheidungspraxis vermitteln.

Entsprechend folgt die Aneinanderreihung von Entscheidungsphasen keiner prästabilisierten Ordnung. Abfolgen müssen politisch konstruiert werden und auf günstige Konstellationen stoßen. Diese Voraussetzungen lagen bei dem ambitionierten Projekt eines integrierten Planungs-, Entscheidungs- und Kontrollsystems für eine Landesregierung – IPEKS – wohl nicht vor. Die Namensgebung weist darauf hin, dass Hauptphasen eines Politikzyklus verklammert

---

[414] Vgl. Thieme, Werner, Einführung in die Verwaltungslehre, Köln u. a. 1995, S. 140 f.

[415] Vgl. Windhoff-Héritier, Adrienne, Policy-Analyse, Frankfurt/New York 1987, S. 64.

[416] Vgl. Böhret, Carl, Entscheidungshilfe für die Regierung, Opladen 1970; Reinermann, Heinrich, Programmbudgets in Regierung und Verwaltung, Baden-Baden 1975.

werden sollten. Indessen ist man aber über die Planung der Planungsphase mit normativer Zielrahmenplanung, strategischer Zielprogrammplanung, der eine operative Planung folgen sollte, kaum herausgekommen. Man hat dies auf Missverständnisse zwischen Entscheidungspraktikern und wissenschaftlichen Beratern geschoben.[417] Indessen weisen die gewählten Zielkategorien auf einen Finalismus der Vorgehensweise hin, der nicht den Realitäten des politisch-administrativen Entscheidungsprozesses Rechnung trägt und in so transitiver Anordnung auch nicht zu realisieren ist.[418] Zu einer weiteren Verklammerung der politischen Planung mit Entscheidungs- und Kontrollphasen ist es nicht gekommen.

Im Grunde liegt in der Ausdifferenzierung von Planungs-, Entscheidungs- und Kontrollphasen mit ihren jeweils eigenen Verfahrens- und Organisationsmustern der Rationalisierungsgewinn einer arbeitsteiligen Gesellschaft. Wie aber in der Sachdimension ein Interesse bestehen kann, gewisse Defizite zuständigkeitsteilig erstellter Entscheidungsbeiträge durch integrierte Planung auszugleichen, so kann auch in der Prozessdimension ein Bedürfnis entstehen, durch Antizipation und Verklammerung von Entscheidungsphasen bestehende politisch-administrative Differenzierungen zu relativieren. Ein solcher Bedarf pflegt insbesondere bei Leitungsentscheidungen definiert zu werden. Eine in der Entwicklungspolitik übliche, aber auch bei anderen Sachpolitiken bekannte Methode der Antizipation stellen Feasibility-Studien dar.[419] Bereits in der Phase der Planung wird die Durchführbarkeit von Projekten im Wege von Vorstudien überprüft. Vorhaben werden im Hinblick auf ihre technische Machbarkeit, der Verfügbarkeit erforderlicher personeller, sachlicher, finanzieller Ressourcen, ihrer rechtlichen Umsetzbarkeit, ihres administrativen Vollzuges und anderer Größen ihrer Implementation untersucht. Einschlägige Vorhaben werden gegebenenfalls wegen Undurchführbarkeit aufgegeben oder an die aufgedeckten Durchführungsbedingungen angepasst.

Eine sozialtechnologisch bemerkenswert reife Methode der Antizipation ist die prospektive Gesetzesfolgenabschätzung.[420] Sie hat Eingang in das Geschäftsordnungsrecht gefunden.[421] Prospektive Abschätzungen stützen den

---

[417] Vgl. Hollmann, Liesel, Wissenschaftliche Beratung der Politik, dargestellt am Beispiel von IPEKS, Frankfurt a. M. u. a. 1983.

[418] Vgl. Luhmann, Niklas, Zweckbegriff und Systemrationalität, Tübingen 1968.

[419] Vgl. Gabler Wirtschaftslexikon, „Feasibility-Studie", 14. Aufl., Wiesbaden 1997, S. 1289.

[420] Vgl. Karpen, Ulrich/Hof, Hagen (Hrsg.), Wirkungsforschung zum Recht IV – Möglichkeiten einer Institutionalisierung der Wirkungskontrolle von Gesetzen, Baden-Baden 2003.

[421] Vgl. Böhret, Carl/Konzendorf, Götz, Handbuch der Gesetzesfolgenabschätzung (GFA), Baden-Baden 2001, S. 328 ff.

Entwurf von Rechtsvorschriften durch die Ministerialverwaltung über deren praktische Vergewisserungen hinaus durch systematisch generiertes Expertenwissen. Die bekannten Tatsachengrundlagen intendierter Rechtsregelungen werden empirisch erweitert. Im noch offenen Entscheidungsfeld werden alternative Regelungsmöglichkeiten identifiziert. Sie werden nach Kriterien wie Eignung, Verständlichkeit, Kosten und Nutzen beurteilt. Alternativen werden im Hinblick auf mögliche Wirkungen und Folgen bewertet. Wissen lässt sich ferner durch vergleichbare Regelungen in ihrer bisherigen Bewährung oder aus „Best practices" gewinnen. Planspiele, mit denen Praktiker den Vorschriftenvollzug simulieren, können weitere Informationen zur Praktikabilität von Regelungen liefern.[422] Solche und andere Methoden der prospektiven Gesetzesfolgenabschätzung machen die tradierten Formen einer Vergewisserung durch die programmierende Entscheidungen entwerfende Ministerialverwaltung nicht obsolet. Sie ersetzen nicht die Willensbildung von Exekutivpolitikern und demokratischen Gesetzgebern. Recht und Gerechtigkeit werfen zudem sozialtechnologisch nicht beantwortbare Fragen „guter Gesetzgebung" auf.[423] Indessen bedeutet die Expertise empirischer Erkundungen und vergleichender Wertungen von Folgen geplanter Rechtsetzungsvorhaben einen Rationalitätsgewinn für das Gesetzgebungsverfahren. Eine solche Rationalisierung mit ihren Risikoabwägungen scheint in einer zunehmend gefährdeten Umwelt der öffentlichen Verwaltung geboten.[424]

Neben Antizipationen wie etwa von Implementationsfragen bereits bei der Planung sind bei der Verklammerung von Entscheidungsphasen insbesondere Rückkopplungsprobleme für den Leitungsbereich erheblich. In einem weiteren Sinne geht es darum, dass Beendigungen, Fortsetzungen, Fortschreibungen, Neuanfänge von Sachpolitiken und ein weiterer Policy-Zyklus nicht in Gang gesetzt werden sollen, ohne über intendierte und nichtintendierte Wirkungen, Folgen und Nebenfolgen der vorangegangenen Entscheidung informiert zu sein. Traditionell stützt sich die öffentliche Verwaltung insoweit auf ein verbreitetes Berichtswesen. Diese Berichte können unterschiedliche Verfasser und Empfänger haben. So bestehen umfängliche Berichtspflichten nachgeordneter Behörden gegenüber übergeordneten Stellen. Berichte werden aber auch von externen, öffentlich bestellten Sachverständigengremien erstattet. Berichtet wird gegenüber der Exekutive wie gegenüber der Legislative. Berichte können

---

[422] Vgl. Böhret, Carl, Gesetzesfolgenabschätzung (GFA): Modisch oder hilfreich?, in: Waldemar Schreckenberger/Detlef Merten, Grundfragen der Gesetzgebungslehre, Berlin 2000, S. 131 ff.

[423] Vgl. Ennuschat, Jörg, Wege zur besseren Gesetzgebung – sachverständige Beratung, Begründung, Folgenabschätzung und Wirkungskontrolle, in: Deutsches Verwaltungsblatt 2004, S. 986 ff.

[424] Vgl. Seibel, Wolfgang, Die Nutzung verwaltungswissenschaftlicher Forschung für die Gesetzgebung, München 1984, S. 49 ff.

unterschiedlich angeordnet werden, und zwar von der Einzelweisung durch die vorgesetzte Behörde bis zu gesetzlichen Vorschriften. Sie können einmalig wie periodisch erfolgen. Berichte können schließlich die Sachpolitik in unterschiedlicher Breite betreffen. In der Bundesrepublik Deutschland haben Zweifel an der Treffsicherheit staatlichen Handelns dazu geführt, dass auch der Bundestag vielfältige Berichtspflichten vorschreibt, um seine politische Kontrollfunktion besser ausfüllen zu können. So existierten 1983 über 80 Berichtspflichten der Bundesregierung aufgrund gesetzlicher oder sonstiger parlamentarischer Verpflichtungen auf unterschiedlichen Sachgebieten mit unterschiedlicher Reichweite und unterschiedlichem Erfüllungsgrad. Diese Berichte sind zum Teil Gesamtberichte wie Jahresberichte und Berichte zur Lage der Nation, oder auf Politikbereiche bezogene Berichte wie Jahreswirtschaftsberichte, Sozial- und Agrarberichte. Sie umfassen jedoch auch Maßnahmenberichte, die über den Stand und die Wirksamkeit einzelner Gesetze und Programme Auskunft geben sollen. Die Aussagen solcher Berichte werden unter Wirkungsaspekten und im Hinblick auf eine Erfolgsbeurteilung einer gesetzlichen Maßnahme häufig kritisch gesehen und lediglich als Tätigkeitsberichte klassifiziert. Manche dieser Berichte sind zu Verwaltungsroutinen geworden, deren Fortführung in Frage gestellt wird.[425]

Trotz der Grenzen solcher Berichte, die auch als Teil der politischen Darstellung der Regierung gesehen werden, erscheint es fruchtbar, diese zu analysieren und aufzubereiten, um weitere verallgemeinerungsfähige Hinweise über das Wirken von gesetzlichen Maßnahmen zu bekommen. Indessen lassen sich damit nicht die Bedenken ausräumen, die hinsichtlich einer kontinuierlich-systematischen Rückkopplung im Sinne einer rationalen Selbststeuerung von Politik und Verwaltung nach Sollgrößen und Istgrößen erhoben werden. Hier verspricht der Ansatz eines Controlling Abhilfe, wie es über die privaten Unternehmen hinaus auch für die öffentliche Verwaltung empfohlen wird. Controlling-Konzepte haben ihren Ursprung in den USA. Sie haben sich international insbesondere in größeren Unternehmen durchgesetzt.[426] In der deutschen öffentlichen Verwaltung findet man Modernisierungsvorhaben mit dem Namen eines Controlling insbesondere in der Kommunalverwaltung.[427] Es gibt keine allgemeingültige Definition von Controlling.[428] Manche scheinen den ganzen

---

[425] Vgl. König, Klaus, Zur Evaluation staatlicher Programme, in: Peter Eichhorn/Peter von Kortzfleisch (Hrsg.), Erfolgskontrolle bei der Verausgabung öffentlicher Mittel, Baden-Baden 1986, S. 19 ff.
[426] Vgl. Weber, Jürgen, Einführung in das Controlling, Band 1 und 2, 3. Aufl., Stuttgart 1991.
[427] Vgl. Brüggemeier, Martin, Controlling in der Öffentlichen Verwaltung, 3. Aufl., München/Mensing 1998, S. 138 ff.
[428] Vgl. Mundhenke, Erhard, Controlling/KLAR in der Bundesverwaltung, 5. Aufl., Brühl 2003, S. 20.

Entscheidungskreislauf im Auge zu haben. „Ganzheitlichkeits"-Vorstellungen werden geäußert.[429] Controlling erscheint als das neue soziale Überkonstrukt – vergleichbar der politischen Planung in den 1970er Jahren – zur rationalen Entscheidung öffentlicher Angelegenheiten.[430] Deswegen empfiehlt es sich für die Verwaltungswissenschaft, die arbeits- und zuständigkeitsteilige Politik- und Verwaltungswelt der Moderne ins Blickfeld zu rücken und angesichts ebenso differenzierter Entscheidungsprozesse die Grundbestandteile eines Controlling zu bezeichnen. Im deutschen Falle muss man zuerst hervorheben, dass Controlling nicht einfach Kontrolle bedeutet, sondern sich auf die Binnensteuerung von Unternehmen und Verwaltungen bezieht. Freilich ist Kontrolle dann doch ein Bestandteil von Controlling. Zu ihm gehört der systematische Soll/Ist-Vergleich und eine entsprechende Abweichungsanalyse.[431] Des Weiteren ist das Controlling-Konzept mit dem Gedanken der Verklammerung von Entscheidungsphasen durch Rückkopplungsschleifen verbunden. Es soll gleichsam als Frühwarnsystem Abweichungen von intendierten Verläufen erkennen und Möglichkeiten der Gegensteuerung aufzeigen.[432] Ferner hat sich die Meinung durchgesetzt, dass Controlling nicht mit Führung und Management zu identifizieren, sondern als ein Instrument zur Unterstützung der Unternehmens- bzw. Verwaltungsleitung zu verstehen ist. Die Informationsfunktion ist der Kern jeden Controllings. Als Bild vom Manager und Controller wird gern das von Kapitän und Navigator benutzt.[433] Schließlich ist zu merken, dass die Herkunft von Controlling aus der Wirtschaftswelt es mit sich bringt, dass es an eine finale Rationalisierung, Zwecke und Mittel, intendierte Wirkungen, Erfolge geknüpft ist.

Mit der Leitung von Unternehmen und Verwaltungen verbinden sich Funktionen der Planungs-, Organisations-, Personal-, Budgetierungsentscheidungen und anderes mehr. Controlling mit seiner Kernfunktion der Information kann in mannigfaltiger Weise auf solche Managementfunktionen bezogen werden.[434] Zwei Funktionen werden im Kontext von Controlling besonders betont, näm-

---

[429] Vgl. Gernert, Christiane/Heruschka, Peter, Management heterogener und schnellem Wandel ausgesetzter Computersysteme, in: Heinrich Reinermann (Hrsg.), Regieren und Verwalten im Informationszeitalter, Heidelberg 2000, S. 499 ff.

[430] Vgl. Ritter, Ernst-Hasso, Integratives Management und Strategieentwicklung in der staatlichen Verwaltung – Über strategisches Controlling auf der Ministerialebene, in: Die Öffentliche Verwaltung 2003, S. 93 ff.

[431] Vgl. Hopp, Helmut/Göbel, Astrid, Management in der öffentlichen Verwaltung, 2. Aufl., Stuttgart 2004, S. 62.

[432] Vgl. Hieber, Fritz, Öffentliche Betriebswirtschaftslehre, 4. Aufl., Sternenfels 2003, S. 52.

[433] Vgl. Brede, Helmut, Grundzüge der öffentlichen Betriebswirtschaftslehre, München/Wien 2001, S. 71.

[434] Vgl. Brede, Helmut, Grundzüge der öffentlichen Betriebswirtschaftslehre, München/Wien 2001, S. 71.

lich Koordination und Planung.[435] Koordination betrifft nicht so sehr die physische Seite zu produzierender und distributierender öffentlicher Güter und Dienstleistungen. Vor allem geht es um die in der öffentlichen Verwaltung arbeits- und zuständigkeitsteilig erstellten Entscheidungsbeiträge. Hier ergeben sich Schnittstellen, die immer wieder zu Kommunikationsdefiziten führen. Freilich kommen einer Controllingstelle mit Abstimmungsaufgaben keine autoritativen Koordinationsfunktionen zu. In der öffentlichen Verwaltung ist die Selbstkoordination in der Linie, und zwar innerbehördlich wie zwischenbehördlich der Grundsatz für erforderliche Abstimmungen. Erst wenn horizontale Koordinationsmechanismen versagen, sei es, dass man sich nicht einigen kann, sei es, dass der gefundene Kompromiss politisch-administrativ nicht akzeptiert wird, greift die Autorität der Hierarchie bis zum Ressortminister, Kabinett, Regierungschef ein. Eine Controllingstelle kann nicht verbindlich über Koordinationsprobleme entscheiden, sondern allenfalls im Rahmen ihrer Informationsfunktion über gefundene Mängel und mögliche Verbesserungen den zur Abstimmung legitimierten Stellen berichten.

Der Zusammenhang von Controlling mit der Planung wird insbesondere beim strategischen Controlling hergestellt. Das gilt auch für die öffentliche Verwaltung.[436] Das operative Controlling knüpft bei operationalen Zielsetzungen an, macht Soll/Ist-Vergleiche, Abweichungsanalysen und informiert systematisch. Das strategische Controlling hingegen soll Analysen und Prognosen gesellschaftlicher Entwicklungen, politisch-strategischer Zielsetzungen, Kongruenz von Zielen und Aufgaben herstellen und ein Frühwarnsystem einrichten. Konzeptioneller Anspruch ist, dass das strategische Controlling durch Informationsvermittlung dafür Sorge trägt, dass die Verwaltungsleitung „die richtigen Dinge" tut.

Angesichts eines solchen Richtigkeitsanspruchs kommt man nicht umhin, auf die Problematik der politischen Planung in den 1970er Jahren hinzuweisen. Sie hat sich in Anknüpfung an den Haushalt als Programmbudget, in Anknüpfung an die Raumordnung als integrierte Landesentwicklungsplanung – „Großer Hessenplan" –, in Anknüpfung an die Oberziele von Regierungschef und Kabinett als Integriertes Planungs-, Entscheidungs- und Kontrollsystem nicht bewährt. Selbst in der von vornherein eher operativen Form einer Aufgabenplanung der deutschen Bundesregierung waren nur beschränkte Erfolge vorzuweisen.[437] Angeknüpft wurde bei den als wichtig definierten Regierungsvorha-

---

[435] Vgl. Horvath, Peter, Controlling, 10. Aufl., München 2006.
[436] Vgl. Hopp, Helmut/Göbel, Astrid, Management der öffentlichen Verwaltung, 2. Aufl., Stuttgart 2004, S. 60 ff.
[437] Vgl. König, Klaus, Komplexitätsbewältigung in Regierungszentralen – Ein Erfahrungsbericht, in: Rudolf Fisch/Dieter Beck (Hrsg.), Komplexitätsmanagement, Wiesbaden 2004, S. 201 ff.

ben der Ressorts. Diese wurden von den Ministerien nach den Kriterien eines eigens konzipierten Erhebungsbogens an das Bundeskanzleramt gemeldet. Meldungen erfolgten gestützt auf eine zentrale elektronische Datenverarbeitung im Presse- und Informationsamt der Bundesregierung. Organisatorisch wurde dieser Ablauf durch Planungsbeauftragte der Ministerien gestützt, die auch in einem interministeriellen Kreis unter Vorsitz des Kanzleramtes zusammentraten. Der Datenbestand wurde im Kanzleramt sachlich zu einem Legislaturperiodenprogramm und chronologisch zu einer Kabinettszeitplanung verarbeitet.

Die Vorhabenplanung litt von vornherein darunter, dass sich die Planungsabteilung des Bundeskanzleramtes in eine Konfrontation mit den Ressorts eingelassen hatte. Hier regte sich nicht einfach nur der bürokratische Widerstand der Ministerien gegen eine Bevormundung durch eine „Über"-Planung durch die Regierungszentrale. Vielmehr reagierte man auch auf eine Kritik der Planer, die das „Zaunkönigtum" der Referate bei der Politikentwicklung mit seinen Dysfunktionen und negativen Koordinationen auch publizistisch anprangerte. Das mag eine wissenschaftlich interessante Meinung sein. Die Referate sind aber nun einmal nach dem Geschäftsordnungsrecht die erste Instanz der gouvernementalen Identifikation und Bearbeitung öffentlicher Probleme, der Formulierung von Lösungsvorschlägen, die dann auch den Namen „Referentenentwurf" tragen.

Angesichts der hoch arbeitsteiligen Organisation der Ministerien und der Mächtigkeit des Ressortprinzips konnte die Zentrale diese Konfrontation nicht gewinnen. Sie musste einlenken. Im Grunde stellt das Konzept der Vorhabenerfassung zusammen mit der Stützung durch elektronische Datenverarbeitung freilich eine innovative Methodik der Komplexitätsbewältigung des Regierens dar. Dabei muss man sich darüber Rechenschaft geben, dass wir es mit außerordentlichen Datenmengen zu tun haben, die sich einer traditionellen Aktenbearbeitung zu entziehen pflegen. In einer Legislaturperiode fallen etwa 2.400 wichtige Regierungsvorhaben auf Bundesebene in Deutschland an. Das entspricht den Erfahrungen in OECD-Mitgliedsstaaten, die 600 bis 800 Kabinettstagesordnungspunkte im Jahr zählen. Von diesen 2.400 Vorhaben perzipiert der Regierungschef im besten Falle etwa 10 Prozent. Je enger sich das unmittelbare Gefolge des Amtschefs an dessen Wahrnehmung anschließt – aus welchen Gründen auch immer –, um so begrenzter ist auch dessen Überblick. Es bestehen also gute Gründe, in einer Regierungszentrale eine Instanz vorzuhalten, die die Funktion der Richtlinienkompetenz und der Kabinettskoordination in der einen oder anderen Weise in der Breite der Regierungsvorhaben zur Geltung bringen kann.

Die Planungsabteilung im deutschen Bundeskanzleramt arrangierte sich zum Beispiel in den 1970er Jahren mit den Ressorts, so dass Kabinettszeitplanung und Legislaturperiodenprogramm technisch aufrechterhalten werden konnten.

Auf sonst mögliche Auswertungen des Datenmaterials wurde informal verzichtet, so etwa darauf, zu untersuchen, wer seine Abstimmungspflichten gegenüber weiter betroffenen Ressorts vernachlässigt oder wo die Koordinationserfordernisse so dicht sind, dass über eine neue Zuständigkeitsverteilung nachgedacht werden muss. Rivalitäten bestanden aber nicht nur zu den Ministerien, sondern auch gegenüber den operativen Abteilungen des Bundeskanzleramts selbst. Die ungleich stärkere Nähe der Spiegelreferate im Kanzleramt zu Sach- und Verfahrensstand der einzelnen Regierungsvorhaben ihres jeweiligen Ressorts ließ sich unter den Bedingungen einer formalen Nebenordnung und einer eher punktualistischen Politikperzeption leicht ausspielen. Es mussten informale Qualitäten mobilisiert werden, um angemessen im Geschäft zu bleiben. Das gelang zum Beispiel dadurch, dass der Planungsabteilungsleiter als einziger Abteilungsleiter des Kanzleramtes an den Staatssekretärsbesprechungen zur Vorbereitung der Kabinettssitzung teilnahm.

Wie es in den folgenden Jahrzehnten auch immer mit der Regierungsplanung weiterging, sie hat bis auf den heutigen Tag keine strategische Bedeutung erlangt. Und das darf man nicht einfach dem Konto einer Ministerialbürokratie zurechnen, die sozialtechnologisch unter den Rationalisierungsmöglichkeiten der Moderne zurückbleibt. Die Entwicklung politisch-administrativer Strategien unterliegt in der Sache der Komplexität und Dynamik von Staat, Wirtschaft und Gesellschaft. Strategien fallen ins Leere, wenn die Ressourcen nicht vorhanden sind, um sie umzusetzen, und hier greift die hohe Prognoseunsicherheit der öffentlichen Finanzwirtschaft ein. Genauso brauchen Strategien in der Politik eine Machtgrundlage. Die Demokratie der schnell abfolgenden Wahlen, der Parteienkonkurrenz, der Koalitionsabsprachen bietet selbst für die mittelfristige Generierung von Macht keine günstigen Voraussetzungen. Das bedeutet nicht, dass politisch-administrative Strategien nicht möglich sind. Sie sind in vielen Politikfeldern schon von der Sache her – Energiepolitik, Infrastrukturpolitik, Klimaschutzpolitik usw. – erzwungen. Aber Strategieentwicklung bedeutet das „Bohren dicker Bretter", wobei in der heutigen Wissensgesellschaft die Informationsvermittlung kein vorrangiges Problem ist. Wer also von strategischem Controlling für Leitungsentscheidungen mehr erwartet als von der politischen Planung der 1970er Jahre[438], müsste wohl zuerst belegen, wie viel günstiger die heutigen Bedingungen für eine strategische Steuerung von Regierung und Verwaltung in ihrer politischen, ökonomischen, sozialen Umwelt sind, so dass man mit einer Sozialtechnologie den politisch-administrativen Problemen beikommen kann. Das gilt nicht nur für Ministerien, sondern auch für Feldverwaltungen, wenn von „Visionen für die Stempelbude – Strategisches Control-

---

[438] Vgl. Ritter, Ernst-Hasso, Integratives Management und Strategieentwicklung in der staatlichen Verwaltung – Über strategisches Controlling auf der Ministerialebene –, in: Die Öffentliche Verwaltung 2003, S. 93 ff.

ling in den Arbeitsämtern" die Rede ist.[439] Der ideale Kandidat für ein strategisches Controlling ist wohl die Behördenleitung, die eine enge, möglichst technische Aufgabe hat, nicht die Aufmerksamkeit der Politik genießt, in einem überschaubaren und kontinuierlichen Umfeld agiert und wenig Ressourcen verzehrt.

Hiernach wird man eher denen folgen, die in einem operativen Controlling – „die Dinge richtig tun" – zuerst einen Rationalisierungsgewinn für die öffentliche Verwaltung vermuten.[440] Sieht man in der Informationsfunktion für die Leitung, nicht in Koordination und Planung den Kern von Controlling, dann setzt dessen Einrichtung voraus, dass Informationsdefizite identifiziert werden, die durch bestehende Kommunikationsmuster von Politik und Verwaltung nicht aufgelöst werden können. Von Controlling wird man also einen originären Informationsbeitrag erwarten, der die Verwaltungsleitung verbessert.[441] Funktionierende Kommunikationsnetze nur um des Namens eines Controlling Willen zu ersetzen, stiftet kaum Nutzen. Operatives Controlling ist auf Zielvorgaben angewiesen. Insbesondere in der legalistischen Verwaltung muss dieser Finalismus in die Spielräume der rechtsstaatlichen Steuerung passen. Zielvorgaben müssen operationalisierbar und als Output messbar sein, nur so können Indikatoren und Kennzahlen gebildet, als Steuerungsgrößen genutzt und Rechenschaft über die Zielerreichung gegeben werden.[442] Beispiele für einschlägige Steuerungsprozesse sind etwa das Bauinvestitionscontrolling zur Vermeidung von Baukostenüberschreitungen und unwirtschaftlichen Bauens[443], das Controlling kostenrechnender kommunaler Einrichtungen der Stadtreinigung, der Abwasserableitung, der Müllabfuhr, das Controlling im Bereich städtischer Krankenhäuser und Universitätskliniken, der Alten- und Pflegeheime, verwaltungseigener Druckereien und ähnliches mehr, zusammenfassend auch als Beteiligungscontrolling. Der Ausbau von Controlling-Technologien für das operative Leitungsgeschäft der Kernverwaltung ist vor allem relevant, wenn standardisierbare Massenvorgänge beim Ressourcenverzehr Informationsprobleme aufwerfen. Die bloße Zählbarkeit reicht freilich für eine maßgebliche Steuerung nicht

---

[439] Vgl. Berens, Wolfgang/Hoffjan, Andreas, Controlling in der öffentlichen Verwaltung, Stuttgart 2004, S. 187 ff.

[440] Vgl. Lüder, Klaus, Verwaltungscontrolling, in: Die Öffentliche Verwaltung 1993, S. 265 ff.

[441] Vgl. Reinermann, Heinrich, Controlling heute, in: Volker J. Kreyher/Carl Böhret (Hrsg.), Gesellschaft im Übergang. Problemaufrisse und Antizipationen, Baden-Baden 1995, S. 199 ff.

[442] Vgl. Brüggemeier, Martin, Controlling in der öffentlichen Verwaltung, 3. Aufl., München/Mering 1998, S. 304.

[443] Vgl. Kommunale Gemeinschaftsstelle für Verwaltungsvereinfachung (Hrsg.), Bauinvestitionscontrolling zur Vermeidung von Baukostenüberschreitungen und unwirtschaftlichen Bauens, Köln 1985.

aus.[444] Ob man einer Stadtentwicklungsplanung mit einem strategischen Controlling beikommen kann, ist beim heutigen Wissensstand und nach den heutigen Machtverhältnissen in der modernen Kommunalverwaltung eher zweifelhaft.

Controlling in seiner Informationsfunktion für die Steuerung von Verwaltungsabläufen zeigt, dass sich die Verwaltungsleitung nicht auf punktuelle Eingriffe in Einzelfallentscheidungen beschränken darf, sondern Geschäftsprozesse systematisch zu gestalten hat. Einen weiteren Schritt geht man im Bereich privater Unternehmen, wenn man sich für die gesamte Leistungserstellung am Prozess orientiert und andere Orientierungsmöglichkeiten wie an Verrichtungen und Objekten zurückstellt. Es geht dabei nicht in erster Linie um die Bündelung gleichartiger Tätigkeiten von verschiedenartigen Arbeitsobjekten bzw. die Zusammenfassung verschiedenartiger Tätigkeiten an gleichartigen Arbeitsgegenständen. Bei der Prozessorientierung sollen verschiedenartige, inhaltlich aber zusammengehörige Tätigkeiten zu ganzheitlichen Prozessen gebündelt werden, die auch von unterschiedlichen Arbeitsgegenständen zu durchlaufen sind.[445]

Eine Ausprägung solcher Prozessorientierung ist das Modell eines „Lean Management". Die einschlägigen Grundgedanken gehen auf eine Analyse der Produktionsmethoden japanischer Automobilhersteller zurück und werden als Gegensatz zu einer extrem arbeitsteilig organisierten Massenproduktion variantenarmer Erzeugnisse gesehen.[446] Kennzeichen der „schlanken" Produktion sind Flexibilität des Personalfaktors wie der automatisierten Betriebsmittel und weitgehender Verzicht auf nichtgenutzte Funktionen von Betriebsmitteln und auf nichtwertschöpfende Mitarbeiter. Später wurden diese Vorstellungen auf andere Unternehmensbereiche – „Lean Marketing" – und schließlich als „Lean Management" auf die gesamte Unternehmensleitung ausgedehnt. Zu den Prinzipien von „Lean Management" gehören die unternehmensinterne Dezentralisierung von Verantwortungsbereichen, die teamorientierte Arbeitsorganisation mit breit qualifiziertem Personal, die Qualitätssicherung, weiter die unternehmensübergreifende Dezentralisierung mit Verringerung der Leistungstiefe durch Zusammenarbeit mit Partnern, schließlich die unternehmensinterne Simultanisierung etwa durch integrierte Planung wie die unternehmensübergreifende Simultanisierung von Prozessen mit den Partnern, charakteristisch die

---

[444] Vgl. Laux, Eberhard, Die Privatisierung des Öffentlichen: Brauchen wir eine neue Kommunalverwaltung?, in: Der Gemeindehaushalt 1994, S. 169 ff.

[445] Vgl. Bogaschewsky, Ronald/Rollberg, Roland, Prozessorientiertes Management, Berlin 1998, S. 190 ff.

[446] Vgl. Womack, James P. u. a., Die zweite Revolution in der Autoindustrie. Konsequenzen aus der weltweiten Studie aus dem Massachusetts Institute of Technology, Frankfurt a. M./New York 1991.

„Just-in-time"-Anlieferung von Zubehör.[447] Es ist auch für die deutsche öffentliche Verwaltung versucht worden, „Lean Management" als ein Leitungs- und Steuerungsmodell zu propagieren.[448] Hier wie im Ausland hat dieses Modell keine herausragende eigenständige Bedeutung für Staat und Verwaltung erlangt. Vielmehr sind Elemente des „Lean Management" in allgemeine managerialistische Modernisierungsversuche zur öffentlichen Verwaltung einbezogen worden.

Ausdruck der Prozessorientierung ist es zum Beispiel, wenn sich eine Verwaltung auf ihre Kerngeschäftsprozesse und Kernkompetenzen konzentriert und im Wege des „Outsourcing" bestimmte Aktivitäten auf externe Organisationen verlagert, also etwa in Massenentscheidungsverfahren anfallende Arbeiten der elektronischen Datenverarbeitung in einem Service-Rechenzentrum durchführen lässt. Darüber hinaus kann sich die Prozessorientierung mit dem „Business Process Reengineering" auf eine Methode zur Neukonstruktion von Geschäftsprozessen beziehen.[449] Die öffentliche Verwaltung unterliegt nach Organisation wie Verfahren so vielen von ihr nicht disponierbarer Voraussetzungen, dass ein fundamentales Überdenken ihrer Arbeitsweisen verbunden mit einer radikalen Neugestaltung der Geschäftsprozesse kaum in Betracht kommt. Hingegen ist eine Verbesserung der Verwaltungsabläufe im Sinne einer Effizienzsteigerung wie einer Ausrichtung an den Leistungsempfängern durchaus in umfassender Weise möglich. So wird von einer Geschäftsprozessoptimierung im Management von Landesforsten berichtet.[450] Fragen nach Doppelzuständigkeiten, überflüssigen Arbeiten, erforderlichen technischen Unterstützungen, effizienter Arbeitsteilung, angereicherten Arbeitsplätzen, besserer Koordination, Synchronisierung von Abläufen, besserer Bürgerorientierung, früherer Terminierung von Entscheidungen usw. lassen sich in pragmatischer Weise an viele Verwaltungsorganisationen stellen.

---

[447] Vgl. Gabler Wirtschaftslexikon, „Lean Management", 14. Aufl., Wiesbaden 1997, S. 2410.

[448] Vgl. Bösenberg, Dirk/Metzen, Heinz, Lean Management: Vorsprung durch schlanke Konzepte, Landsberg/Lech 1992; Reszicek, Leonhard, Lean Management für die öffentliche Verwaltung? Eine Analyse anhand der aktuellen Berliner Verwaltungsreform, Berlin 1996; ferner Metzen, Heinz, Schlankheitskur für den Staat. Lean Management in der öffentlichen Verwaltung, Frankfurt a. M./New York 1994.

[449] Vgl. Bogaschewsky, Ronald/Rollberg, Roland, Prozessorientiertes Management, Berlin u. a. 1998, S. 239 ff.

[450] Vgl. Staatskanzlei Rheinland-Pfalz (Hrsg.), Geschäftsprozessoptimierung – mit dem Fallbeispiel Landesforsten, in: Voran, Schriften zur Verwaltungsmodernisierung in Rheinland-Pfalz Nr. 16, Mainz 2004.

2. Kontrolle im Entscheidungskreislauf

Das Kontrollmoment im leitungsunterstützenden Controlling zeigt, dass Leitung und Kontrolle eng verbundene Funktionen sind. Entsprechend kann Controlling zu einem Baustein für die Fachaufsicht über Beteiligungen der öffentlichen Verwaltung an privatwirtschaftlich ausgelagerten Organisationen und nachgeordneten Behörden sein. Dabei bleibt zu erinnern, dass Verwaltungscontrolling auf Ergebnisse, Erzeugnisse, Produkte als Anknüpfungspunkte, auf damit verknüpfte Leistungsgrößen, Leistungsindikatoren, Kennzahlen usw., auf Kostengrößen, Stückkosten, Gemeinkostenanteile usw., planerisch auf Ergebnisvorgaben und Finanzvorgaben angewiesen ist. Andere Aufsichts- und Kontrollmechanismen werden durch ein Controlling nicht obsolet. Denn operatives Controlling ist output-orientiert. Es geht um effizientes und effektives Verwaltungshandeln ohne „Marktrückmeldung", ohne Rückfrage nach Wirkungen und Folgen in der Verwaltungsumwelt. Andere Formen von Steuerung und Kontrolle müssen nach Maßgabe von Macht, Recht, Geld eingreifen. Steuerungen in strategischen Fragen lassen sich unter Bedingungen von Parteiendemokratie, Interessenpluralismus, Ressourcenknappheit, offener Gesellschaft ohnehin kaum in einer Sozialtechnologie erfassen.[451]

Kontrollkonzepte haben vielfältige Referenzen zu Gegenständen, Maßstäben, Phasen, Befugnissen, Organisationen, Sanktionen usw.[452] Ihr Begriffskern ist indessen der Soll/Ist-Vergleich. Auf der Soll-Seite stehen Rechtsvorschriften von der Verfassung bis zur Rechtsverordnung, Zielvorgaben und Pläne bis zu Regierungsprogrammen, Verwaltungsvorschriften und dienstliche Weisungen, technische und Industrienormen, Verträge und informelle Vereinbarungen, professionelle Standards und Kunstregeln, wissenschaftliche Berechnungen, „Best practices" usw. Auf der Ist-Seite stehen Lebenssachverhalte, Zustände, Wirkungen und Folgen, auch nicht intendierte Nebenfolgen. Kernbestandteil von Kontrollen ist es, Abweichungen zwischen Soll und Ist festzustellen.[453] Dieses spezifische Kontrollmoment findet sich in der öffentlichen Verwaltung nicht streng isoliert, sondern eingebettet in historisch gewachsene Institutionen mit breiten Leistungen wie der gerichtliche Rechtsschutz, die Rechnungsprüfung, die durch Massenmedien vermittelte Öffentlichkeit usw.

---

[451] Vgl. Seibel, Wolfgang/Reulen, Stephanie, Strategiefähigkeit verwaltungspolitischer Akteure, in: Klaus König (Hrsg.), Deutsche Verwaltung an der Wende zum 21. Jahrhundert, Baden-Baden 2002, S. 525 ff.

[452] Vgl. Becker, Bernd, Öffentliche Verwaltung, Percha 1989, S. 872 ff.

[453] Vgl. Lüder, Klaus, Verwaltungskontrolle aus sozial- und verwaltungswissenschaftlicher Perspektive, in: Eberhard Schmidt-Aßmann/Wolfgang Hoffmann-Riem (Hrsg.), Verwaltungskontrolle, Baden-Baden 2001, S. 45 ff.

Ein Beispiel für die Einbettung des Kontrollmoments eines Soll/Ist-Vergleichs in die Tradition der Verwaltungssteuerung stellen die Formen der Aufsicht dar, mit der jeweils nach hierarchischen Möglichkeiten Fehlentscheidungen der öffentlichen Verwaltung sowohl innerbehördlich wie zwischenbehördlich vermieden oder korrigiert werden sollen. Vorab stehen der aufsichtsführenden Stelle Möglichkeiten zur Verfügung, die Soll-Seite des Verwaltungshandelns zu stärken, indem sie durch Rechtsverordnungen, Verwaltungsvorschriften, Weisungen, Hinweise jeweilige Vorgaben präzisiert. Dann geht es um die Ist-Seite, um die Lebenssachverhalte der Entscheidungssituation. Hier ist die Aufsichtsinstanz auf Informationen angewiesen, zu deren Beschaffung ihr eigene Instrumente zustehen, etwa Unterrichtungs- und Berichtsbefugnisse, Untersuchungs- und Prüfungsbefugnisse, Akteneinsichts- und Visitationsbefugnisse. Beim Eingriffsinstrumentarium der Aufsicht wird zwischen präventiven und repressiven Mitteln unterschieden.[454] Präventiv wirken Anzeige- und Genehmigungsvorbehalte. Anzeigen von Verwaltungsentscheidungen ermöglichen eine alsbaldige Fehlerkontrolle. Stärker wirken Genehmigungsvorbehalte der Aufsichtsinstanz. Hier können durch eine Verwaltungskontrolle Fehlentscheidungen vermieden werden. Bei den repressiven Aufsichtsmitteln wird auf erfolgtes Fehlverhalten reagiert, etwa indem durch Beanstandungen die Aufhebung von fehlerhaften Entscheidungen gefordert wird, durch Anordnungen bestimmte Entscheidungen verlangt werden, durch Ersatzvornahmen die Aufsichtsinstanz selbst entscheidet. Aufsichtsformen können dann über das konkrete Entscheidungsgeschehen hinausreichen, wenn etwa durch kommissarische Organwaltung die Aufgabe einer Verwaltungsbehörde durch einen Beauftragten wahrgenommen wird. Weiter besteht jenseits konkreter Entscheidungssituationen eine Dienstaufsicht als allgemeine Behördenaufsicht, die die angemessene Organisations- und Verfahrensweise, die personelle Entwicklung, die finanzielle und sachliche Ausstattung von nachgeordneten Stellen allgemein zu gewährleisten hat. Die Unterscheidung zwischen Rechtsaufsicht und Fachaufsicht bezieht sich wiederum auf administratives Entscheidungshandeln selbst. Bei der Rechtsaufsicht werden Autonomien und Selbstverwaltungsrechte öffentlicher Organisationen, insbesondere der Kommunen respektiert und in deren Angelegenheiten nur Kontrollen der Gesetz- und Rechtmäßigkeit zugelassen, während bei der Fachaufsicht alle Maßstäbe des Verwaltungshandelns, also auch die Zweckmäßigkeit, berücksichtigt werden.[455]

Verwaltungskontrollen stellen kein geschlossenes System präventiver oder repressiver Fehlerbearbeitung dar. In ihrem historisch gewachsenen „Kontroll-

---

[454] Vgl. Maurer, Hartmut, Allgemeines Verwaltungsrecht, 16. Aufl., München 2006, S. 596 ff.

[455] Vgl. Bull, Hans-Peter/Mehde, Veith, Allgemeines Verwaltungsrecht mit Verwaltungslehre, 7. Aufl., Heidelberg 2005, S. 175.

Pluralismus" weisen sie unterschiedliche Referenzen und praktische Relevanzen auf.[456] Rechnungshöfe können Behörden fallbezogen, aber auch flächendeckend prüfen. Interne Revisionen können Schwachstellen vollständig oder in Stichproben aufdecken. Kontrollen können periodisch oder aus besonderem Anlass erfolgen. Prüfungsmaßstäbe können sich auf die Gesetzmäßigkeit beschränken, aber auch das breite Spektrum der Entscheidungsvorgaben erfassen. Prüfungen können vorgängig, begleitend oder nachträglich durchgeführt werden. Insbesondere aber können Kontrollen intern oder extern erfolgen. Interne Verwaltungskontrollen finden sowohl zwischen wie innerhalb von Behörden statt. Bei der zwischenbehördlichen Kontrolle ist der einfache Fall der einer hierarchischen Gliederung übergeordneter und nachgeordneter Verwaltungen, der schwierige Fall der einer Mehrebenenverwaltung von Föderalismus und kommunaler Selbstverwaltung, weil hier Autonomien respektiert werden müssen.[457] Für die öffentliche Verwaltung gilt der Grundsatz der Trennung von Handlungs- und Kontrollinstanzen. Das wirft bei verwaltungsinternen Kontrollen etwa aus Gründen der konstitutionellen Ministerverantwortlichkeit Probleme auf. Deswegen kommt den externen Kontrollen durch Parlamente, Gerichte usw. besonderer Rang zu.

Verwaltungskontrollen erweisen sich aber nicht nur nach ihrer historischen Lage als komplex, sie sind auch einer beachtlichen Veränderungsdynamik unterworfen.[458] Neben die klassischen demokratischen Kontrollformen der parlamentarischen Anfragen, Petitionsausschüsse, Untersuchungsausschüsse sind eine Reihe von weiteren Einrichtungen wie Wehrbeauftragte, Datenschutzbeauftragte und insbesondere Bürgerbeauftragte getreten. Die in Skandinavien traditionelle Institution des Ombudsmann ist in vielen Ländern eingeführt worden, in Europa etwa in Frankreich und in Großbritannien, in Deutschland etwa auf Landesebene in Rheinland-Pfalz. Grundgedanke ist, dass das Parlament einen Bürgerbeauftragten wählt, an den sich jeder Bürger mit Eingaben und Beschwerden wenden kann, wenn er meint, dass Verwaltungsbehörden seine Rechte und Interessen nicht zutreffend berücksichtigt haben. Der Ombudsmann soll zwischen Bürger und Verwaltung vermitteln. Er ist unabhängig und hat Informationsrechte. Er ist keine Entscheidungsinstanz, sondern spricht Empfehlungen aus. Ein Beispiel der Ausgestaltung in einer legalistischen Verwaltung ist die Volksanwaltschaft in Österreich. Diese soll das dort traditionell bestehende, als vorbildlich angesehene Rechtsschutzsystem ergänzen. So wird die

---

[456] Vgl. Püttner, Günter, Netzwerk der Verwaltungskontrolle, in: Klaus König/Heinrich Siedentopf, Öffentliche Verwaltung in Deutschland, 2. Aufl., Baden-Baden 1997, S. 663 ff.
[457] Vgl. Becker, Bernd, Öffentliche Verwaltung, Percha 1989, S. 874 ff.
[458] Vgl. Schuppert, Gunnar Folke, Zur notwendigen Neubestimmung der Staatsaufsicht im verantwortungsteilenden Verwaltungsstaat, in: ders. (Hrsg.), Jenseits von Privatisierung und „schlankem Staat", Baden-Baden 1999, S. 299 ff.

Aktivität der Volksanwaltschaft subsidiär in den konventionellen Schutz der Bürger eingeordnet; das heißt, dass Beschwerden an die Volksanwaltschaft nur zulässig sind, soweit Rechtsmittel nicht oder nicht mehr zur Verfügung stehen. Der Volksanwaltschaft kommen keine Entscheidungsbefugnisse zu; aber die Verwaltung hat eine Reaktionspflicht auf deren Empfehlungen, indem sie diesen entspricht oder begründet, warum sie diesen nicht folgt.[459] Ob es mit der Institution des Ombudsmannes gelingt, in einer Verwaltung der sozialen Technizität und der Massenvorgänge einen „unbürokratischen, auf Vertrauen und persönlicher Autorität aufbauenden Schutz" der Bürger zu gewährleisten, bleibt freilich offen.

Auch verwaltungsintern hat sich eine Vielfalt von Kontrollen jenseits dieser klassischen Funktion von Behörden- und Ressortleitung entwickelt. Der Haushaltsbeauftragte überwacht die Ausführung des Haushalts und die finanzrelevanten Aktionen der Behörde. Die Vorprüfungsstelle kontrolliert alle beabsichtigten Zahlungsvorgänge.[460] Vielerorts geht es um die Ausweitung von betriebswirtschaftlichen Kontrollmechanismen wie eben ein Controlling oder eine Verfeinerung der Internen Revision nach dem Vorbild privater Unternehmen, um Risiken und Schwachstellen des Entscheidungshandelns zu analysieren.[461] Im Grunde erweist sich die interne Verwaltungskontrolle aber als begrenzt wirksam. Die Behördenleitung kann Interesse haben, Fehlentscheidungen zu decken. Es gibt Gemeinsamkeiten des Irrtums zwischen vorgeordneten und nachgeordneten Stellen. Mancherorts erscheinen interne Verwaltungskontrollen eher zufällig als von einer systematischen Überwachung geprägt. Externe Verwaltungskontrollen sind nicht vollkommen. Parlamente ohne größere Hilfsorgane können nach den Größenverhältnissen von Legislative und Exekutive nur selektive Prüfungen und Untersuchungen durchführen. Die Öffentlichkeit als eine in der Moderne maßgebliche externe Verwaltungskontrolle zeigt verschiedene Ausdrucksformen: von einer durch Massenmedien vermittelten allgemeinen Öffentlichkeit bis hin zu einer Fachöffentlichkeit des Gesundheitswesens, der Kunst, der Raumordnung usw.[462] So wichtig es für die Integrität der öffentlichen Verwaltung ist, dass sie in der Aufmerksamkeit von Massenmedien der

---

[459] Vgl. Neisser, Heinrich, Die Kontrolle der Verwaltung, in: Gerhart Holzinger u. a., Österreichische Verwaltungslehre, 2. Aufl., Wien 2006, S. 381 ff.

[460] Vgl. Becker, Bernd, Öffentliche Verwaltung, Percha 1989, S. 722.

[461] Vgl. Brede, Helmut, Grundzüge der Öffentlichen Betriebswirtschaftslehre, München/Wien 2001, S. 184 ff.

[462] Vgl. Püttner, Günter, Netzwerk der Verwaltungskontrollen, in: Klaus König/Heinrich Siedentopf (Hrsg.), Öffentliche Verwaltung in Deutschland, 2. Aufl., Baden-Baden 1997, S. 671 ff.; Rosen-Stadtfeld, Helge, Kontrollfunktionen der Öffentlichkeit – ihre Möglichkeit und ihre (rechtliche) Grenze, in: Eberhard Schmidt-Aßmann/Wolfgang Hoffmann-Riem (Hrsg.), Verwaltungskontrolle, Baden-Baden 2001, S. 117 ff.

7. Kapitel: Entscheidungsprozesse in der Verwaltung

Informations- und Meinungsbildung steht, so kann doch die Mediengesellschaft eine Eigendynamik entfalten, die das Kontrollschema von Sollen und Sein in Verwaltungsangelegenheiten beiseite schiebt. Entsprechend lässt sich bei der Kontrolle des Verwaltungshandelns in der jeweiligen Fachöffentlichkeit nicht ausschließen, dass Beurteilungen von subjektiven Werten und Eigeninteressen geprägt sind, selbst wenn die Bewertungen nicht durch Verbandsvertreter, sondern durch Fachwissenschaftler erfolgen.

Angesichts der Relativität vieler Prüfungsmechanismen sind es insbesondere zwei Kontrollinstanzen, die mit Nachhaltigkeit auf das Verwaltungshandeln einwirken, nämlich die Verwaltungsgerichte und die Rechnungshöfe. Die Kontrolle der Verwaltung durch Gerichte gehört notwendig zur Systemrationalität des modernen Staates und seiner Verwaltung. In der Entwicklungspolitik hat es sich als problematisch erwiesen, wenn insoweit das Rechtsstaatsprinzip als subsidiär zum Demokratieprinzip behandelt worden ist. Wie nicht nur die deutsche Geschichte lehrt, sind unabhängige Gerichte, die unparteilich und effektiv die Exekutive kontrollieren, eine Voraussetzung für geordnete Herrschaftsverhältnisse wie für sozioökonomischen Wohlstand.[463] Demgegenüber erscheint die Frage nachrangig, ob die Verwaltungskontrolle in den Händen allgemeiner, „ordentlicher" Gerichte wie im angelsächsischen Rechtskreis, in den Händen eines Staatsrates wie nach französischem Vorbild oder in den Händen einer eigenen Verwaltungsgerichtsbarkeit wie in Deutschland liegt.[464] Maßgeblich sind zunächst Unabhängigkeit und Unparteilichkeit. Hier hat eine „ordentliche" Gerichtsbarkeit ihre Vorzüge, weil sie von vornherein einer eigenen, „dritten" Gewalt im Staat zugeordnet ist. Hingegen musste die deutsche Verwaltungsgerichtsbarkeit aus den internen Kontrollorganen der Exekutive des 19. Jahrhunderts erst herauswachsen.[465] Heute kann man die Unabhängigkeitsfrage allenfalls subtil stellen, etwa was es bedeutet, wenn Finanzrichter aus der Finanzverwaltung rekrutiert werden.

Was die Effektivität gerichtlicher Verwaltungskontrolle anlangt, so hat die deutsche Lösung einer eigenen und differenzierten Verwaltungsgerichtsbarkeit gewisse Vorzüge. Sie trägt dazu bei, dass es keine justiz- oder gerichtsfreien Hoheitsakte gibt, Regierungsakte nicht ausgespart werden und so Politik nicht vor Recht geht.[466] Hinzu kommt, dass nicht nur die Verwaltungsrichterdichte

---

[463] Vgl. World Bank, World Development Report 1997. The State in a Changing World, Washington, D. C. 1997, S. 99 ff.

[464] Vgl. Ule, Carl Hermann, Verwaltungsprozessrecht, 9. Aufl., München 1987, S. 410 ff.

[465] Vgl. von Oertzen, Hans-Joachim/Hauschild, Christoph, Kontrolle der Verwaltung durch Verwaltungsgerichte, in: Klaus König/Heinrich Siedentopf (Hrsg.), Öffentliche Verwaltung in Deutschland, 2. Aufl., Baden-Baden 1997, S. 675 f.

[466] Vgl. Schenke, Wolf-Rüdiger, Verwaltungsprozessrecht, 10. Aufl., Heidelberg 2000, S. 31.

erheblich höher als in anderen Ländern ist, sondern die Verwaltungsgerichte auch quantitativ eine wirklich maßgebliche Kontrolle bedeuten. So waren 1998 allein bei den Verwaltungsgerichten erster Instanz 335.000 Verfahren anhängig. Als Effektivitätsvorteil können ein sachkundiges Richtertum, neuerdings eine vertretbare Verfahrensdauer, die Intensität der gerichtlichen Kontrolle, die Kostengünstigkeit für den Bürger und anderes genannt werden.[467] Letzteres hat zur Folge, dass die Kostendeckung durch Gerichtsgebühren nur 7 % ausmacht, während sie in der Ziviljustiz 68 % beträgt.[468] Das macht es verständlich, dass aus Gesichtspunkten der Overhead-Kosten die Fusion der Verwaltungsgerichtsbarkeit mit ihren beiden Sondergerichtsbarkeiten, der Finanzgerichtsbarkeit und der Sozialgerichtsbarkeit, verlangt wird. Aber vielleicht liegen darin auch immaterielle Synergieeffekte richterlicher Mobilität und Erfahrungserweiterung. Insgesamt taugt die deutsche Verwaltungsgerichtsbarkeit durchaus dazu, sie anderen Ländern als Modell zu empfehlen.[469]

Anders als die verwaltungsgerichtliche Kontrolle bedeutet die Kontrolle durch Rechnungshöfe – Court of Audit, General Accounting Office, Cour des Comptes – keine Sanktionierung durch eine eigene Gewalt im Staat, sondern Zuordnung zur legislativen und/oder exekutiven Gewalt und damit Angewiesensein auf Abhilfen durch die Exekutive oder auf Eingriffe durch das Parlament in die Verwaltung, jeweils nach den konstitutionellen Möglichkeiten. Rechnungshöfe korrigieren und kassieren nicht, sondern kritisieren und monieren. Indessen können sie Prüfungen anordnen. Ihr Kontrollauftrag ist umfassend. Rechnungshöfe pflegen institutionelle Unabhängigkeit zu genießen. Manchmal wird diese dadurch gewährleistet, dass ihren Mitgliedern richterliche Unabhängigkeit zugebilligt wird. Aus dem Umstand, dass Rechnungshöfe kein eigenes formelles Sanktionspotential haben, darf man aber nicht schließen, dass ihr Kontrolleinfluss auf die öffentliche Verwaltung gering sei. Rechnungshöfe haben durch Pressekonferenzen und andere Formen der Öffentlichkeitsarbeit einen zunehmenden Publizitätsstatus erreicht, der auch unabhängig von der

---

[467] Vgl. Pietzcker, Jost, Die Verwaltungsgerichtsbarkeit als Kontrollinstanz, in: Eberhard Schmidt-Aßmann/Wolfgang Hoffmann-Riem (Hrsg.), Verwaltungskontrolle, Baden-Baden 2001, S. 89 ff.

[468] Vgl. Mäurer, Ulrich, Dezentrale Ressourcensteuerung in der Justiz und Reform der inneren Gerichtsorganisation unter Berücksichtigung der Verwaltungsgerichtsbarkeit am Beispiel der freien Hansestadt Bremen, in: Rainer Pitschas (Hrsg.), Reform der Verwaltungsgerichtsbarkeit, Berlin 1999, S. 117 ff.

[469] Vgl. Siedentopf, Heinrich u. a., Implementation of Administrative Law and Judicial Control by Administrative Courts, Speyerer Forschungsberichte 180, Speyer 1998.

Parlamentsöffentlichkeit besteht. Darin liegt neben anderen Möglichkeiten ein informeller Einfluss auf die Verwaltung.[470]

Die Spielräume der Rechnungskontrolle hängen von den konstitutionellen Voraussetzungen wie weiteren Faktoren ab. So sah sich das US-amerikanische General Accounting Office zum Wechsel im Amt des Präsidenten 1989 und damit zum Ende der Ära Reagen nicht nur deswegen in der Lage, für die neue Regierungsmannschaft ein flächendeckendes Memorandum der innenpolitischen Agenda vorzulegen, weil es dem Kongress zugeordnet ist, sondern auch weil es für seine Agendaposten dort eine Mehrheit hinter sich wähnte.[471] Während sich in anderen Fällen Rechnungshöfe als Bestandteil der Exekutive oder auch der Gerichtsbarkeit identifizieren lassen[472], fällt in Deutschland nach einer langen Geschichte die Zuordnung unter dem Vorzeichen des gewaltenteilenden Staates nicht einfach.[473] Verwaltungswissenschaftlich lassen sich freilich die organisatorischen, prozessualen und personellen Zusammenhänge entziffern, wie etwa, dass die Spitze des Bundesrechnungshofs von Regierung und Bundestag gemeinsam bestimmt wird.[474] Schwieriger ist es, ein Kompetenzverständnis der Rechnungshöfe selbst zu begründen, wonach politische Vorgaben durch Parlament und Regierung hinzunehmen sind.[475] Das Politische ist kaum geeignet, eine operationale Abgrenzung vorzunehmen, selbst wenn man auf die Auswahl politischer Ziele abstellt. Sieht man von Fällen der Fremd- oder Selbstinstrumentalisierung von Rechnungshöfen zu politischen, gar parteipolitischen Zwecken ab, bleibt jede Selbstbeschränkung bei einem Organ, das nicht judiziert, sondern moniert, problematisch.[476]

Damit ist auf die Prüfungsmaßstäbe von kontrollierenden Instanzen verwiesen. Im Grunde sind es dieselben Maßstäbe, die auch das Handeln der öffentlichen Verwaltung bestimmen, die aber damit nicht dem Meinungsstreit entzo-

---

[470] Vgl. Schulze-Fielitz, Helmuth, Kontrolle der Verwaltung durch Rechnungshöfe, in: Veröffentlichungen der Vereinigung der Deutschen Staatsrechtslehrer, Heft 55, Berlin/New York 1996, S. 231 ff.
[471] Vgl. König, Klaus, Zur innenpolitischen Agenda – Die amerikanische Bundesregierung am Beginn der neunziger Jahre, Speyerer Forschungsbericht 121, Speyer 1993.
[472] Vgl. Schulze-Fielitz, Helmuth, Kontrolle der Verwaltung durch Rechnungshöfe, in: Veröffentlichungen der Vereinigung der Deutschen Staatsrechtslehrer, Heft 55, Berlin/New York 1996, S. 35 f.
[473] Vgl. Rischer, Herbert, Finanzkontrolle staatlichen Handelns, Heidelberg 1995.
[474] Vgl. von Arnim, Hans Herbert, Finanzkontrolle in der Demokratie, in: ders. (Hrsg.), Finanzkontrolle im Wandel, Berlin 1989, S. 39 ff.
[475] Vgl. Kisker, Gunter, Rechnungshof und Politik, in: Hans Herbert von Arnim (Hrsg.), Finanzkontrolle im Wandel, Berlin 1989, S. 195 ff.
[476] Vgl. Degenhart, Christoph, Kontrolle der Verwaltung durch Rechnungshöfe, in: Veröffentlichungen der Vereinigung der Deutschen Staatsrechtslehrer, Heft 55, Berlin/New York 1996, S. 192 ff.

gen sind. In der legalistischen Verwaltung ergibt sich eine bemerkenswerte Ähnlichkeit der Bewertung von Entscheidungen durch Exekutive und Judikative, weil nicht nur vollziehende Gewalt und Rechtsprechung gleichermaßen an Gesetz und Recht gebunden sind, sondern auch ein gemeinsames, eben legalistisches Rechtsverständnis besteht. Das macht das Verwaltungsleben als Rechtsleben trotz Tausender von Streitigkeiten relativ überschaubar. Höhere Risiken – auch finanzieller Art – hat eine managerialistische Verwaltung mit Common Law-Tradition zu tragen, wenn eine Anwaltschaft wie in den USA die Justitiabilisierung von Verwaltungsangelegenheiten auf Bereiche ausdehnt, in denen es keine zufrieden stellenden Präjudizien gibt. Verwaltungsgerichte interessieren sich für die Politik nur, soweit sie rechtlich relevant ist. Entsprechendes gilt für öffentliche Finanzen. Selbst Wirtschaftlichkeit ist ein Rechtsbegriff, freilich nicht so wie sie in einem Lehrbuch der Wirtschaftswissenschaft konzipiert wird, sondern so, wie sie sich etwa aus der juristischen Interpretation des Haushaltsrechts ergibt. Die Zweck-Mittel-Rationalität wird in Kategorien geeigneter, notwendiger, verhältnismäßiger Mittel rechtlich bearbeitet. Für die Kontrolle von Rechnungshöfen gibt es keine einheitliche Formel. Die einschlägigen Begriffe von Sparsamkeit, Zweckmäßigkeit, Wirtschaftlichkeit, Ordnungsmäßigkeit haben eine Vorgeschichte.[477] Da Rechnungshöfe die Kontrollinstanz im Haushalts- und Finanzkreislauf von Staatsverwaltung und Kommunen, dann auch supranationalen und internationalen Organisationen sind, ist Wirtschaftlichkeit heute die Leitkategorie der Prüfung. Sie tritt in Verbindung mit Begriffen wie Sparsamkeit oder Zweckmäßigkeit auf. Da aber Rechnungshöfe einen umfassenden Kontrollauftrag haben, müssen weitere Prüfungsmaßstäbe hinzutreten. Sie werden unter dem Oberbegriff der Ordnungsmäßigkeit oder der Ordnungsmäßigkeit und Rechtmäßigkeit zusammengefasst. Die Prüfung solcher Korrektheiten entspricht dem tradierten Rechnungshofsgebaren und wirft keine prinzipiellen Probleme auf.[478] Es geht um die rechnerische Richtigkeit, die Vollständigkeit und Richtigkeit der Belege, die Ordnungsgemäßheit von Verbuchungen, die Korrektheit der Haushalts- und Wirtschaftsführung usw. Auch die Gesetzmäßigkeit ist Maßstab der Kontrolle, freilich nicht im Sinne des subjektiven Rechtsschutzes der Bürger, sondern der objektiven Rechtmäßigkeit vor allem nach Maßgabe des Finanz- und Haushaltsrechts. Hinzu treten Prüfungen der Einhaltung von Rechtsverordnungen, von Verwaltungsvorschriften, von Industrienormen, von technischen Standards usw.

---

[477] Vgl. Rischer, Herbert, Finanzkontrolle staatlichen Handelns, Heidelberg 1995, S. 156 ff.

[478] Vgl. von Wedel, Hedda, Verwaltungskontrolle durch Rechnungshöfe, in: Klaus König/Heinrich Siedentopf (Hrsg.), Öffentliche Verwaltung in Deutschland, 2. Aufl., Baden-Baden 1997, S. 695 ff.

Prinzipielle Schwierigkeiten wirft demgegenüber die Leitkategorie der Wirtschaftlichkeit auf.[479] Zunächst geht es um nichts anderes als um die möglichst günstige Kosten-Nutzen-Relation, also die Minimierung des Mitteleinsatzes bei vorgegebenen Zwecken oder die Maximierung der Zweckerreichung bei vorgegebenen Mitteln.[480] Genau wie beim Verwaltungshandeln geht es bei der Verwaltungskontrolle zunächst nur um einen abstrakten Orientierungsrahmen finaler Rationalität, der der Konkretisierung bedarf. Für sich betrachtet ist das Wirtschaftlichkeitsprinzip ein inhaltsarmer Grundsatz, zu dessen Anwendung es weiterer Kriterien bedarf, die nicht einfach in ihm enthalten sind oder von ihm mitgeliefert werden. Nicht anders verhält es sich freilich mit der Subsumtionsrationalität, wenn man zum Beispiel an die Auslegungsmethoden denkt. In der legalistischen Verwaltung liegt der Gedanke nahe, Wirtschaftlichkeit aus dem Recht heraus zu operationalisieren.[481] Wirtschaftlichkeit ist auch im internationalen Vergleich ein Rechtsbegriff, schon weil er in Verfassungen und Gesetzen zum Ausdruck zu kommen pflegt.[482] Entsprechend lässt sich mit juristischen Methoden ermitteln, dass ein bestimmtes Verwaltungshandeln rechtswidrig weil unwirtschaftlich ist. Subsumtion und Interpretation lassen aber kein positives Urteil über Wirtschaftlichkeit zu. Wenn man die Kontrollmaßstäbe von Rechtmäßigkeit und Wirtschaftlichkeit zusammenhält[483], dann geht es um prinzipiell verschiedene Prüfraster. Es gibt Entscheidungssituationen, in denen Rechtmäßigkeit und Wirtschaftlichkeit harmonieren, aber es gibt genauso Situationen, in denen beide Prinzipien kollidieren. Es gibt die rechtmäßige aber unwirtschaftliche Entscheidung. Es lassen sich genügend Infrastrukturentscheidungen beobachten, die den Gesetzen entsprechen, einschließlich dessen, was von Rechts wegen zur Wirtschaftlichkeit zu sagen ist, und die dennoch den Stempel der Unwirtschaftlichkeit auf der Stirn tragen.

Wirtschaftlichkeit als Kontrollmaßstab ist andererseits keine Größe, die man einfach aus wissenschaftlichen Lehrgebäuden ableiten kann. Volkswirtschaftslehre, Finanzwissenschaft, öffentliche Betriebswirtschaftslehre liefern Orientie-

---

[479] Vgl. Munzert, Eberhard, Öffentliches Rechnungswesen in Deutschland, in: Klaus Lüder (Hrsg.), Öffentliches Rechnungswesen 2000, Berlin 1994, S. 85 ff.

[480] Vgl. Hewer, Alexander, Finanzkontrolle im Neuen Öffentlichen Rechnungswesen, Hamburg 2003, S. 87 f.

[481] Vgl. Rischer, Herbert, Finanzkontrolle staatlichen Handelns, Heidelberg 1995, S. 348 f.

[482] Vgl. Schäffer, Heinz, Kontrolle der Verwaltung durch Rechnungshöfe – Länderbericht Österreich, in: Veröffentlichungen der Vereinigung der Deutschen Staatsrechtslehrer, Heft 55, Berlin/New York 1996, S. 288 ff.

[483] Vgl. Krebs, Walter, Rechtmäßigkeit und Wirtschaftlichkeit als Kontrollmaßstäbe des Rechnungshofs, in: Hans Herbert von Arnim, Finanzkontrolle im Wandel, Berlin 1989, S. 65 ff.

rungen und Rat.[484] Kriterien, die das Wirtschaftlichkeitsprinzip operationalisierbar machen, müssen jedoch von der Praxis selbst sozial konstruiert werden, wobei hier zusätzlich zur Entscheidungspraxis die Kontrollpraxis hinzutritt. Rechnungshöfe haben an der historischen Entwicklung von Konzepten der Sparsamkeit, Wirtschaftlichkeit, Zweckmäßigkeit beachtlichen Anteil.[485] Mit dem Wandel der Verwaltungssteuerung etwa nach Maßgabe eines Neuen Öffentlichen Managements werden auch die operationalen Muster der Rechnungskontrolle modifiziert.[486] Es zeigt sich, dass konkrete Sollanforderungen im Wechselspiel entscheidender und kontrollierender Instanzen entstehen. Wenn heute zum Beispiel Kosten-Nutzen-Analysen in der Verwaltung eingeführt werden, dann erwachsen daraus konkrete Maßstäbe für Verwaltungsentscheidungen.[487] Zugleich werden aber Kontrollkriterien für die Überprüfung der Wirtschaftlichkeit geschaffen. Entsprechendes gilt für die Operationalisierung der Aufgaben- und Zweckseite etwa durch Leistungsaufträge, für Rechnungsmethoden, die Vermögen und Verzinsung berücksichtigen, für Vergleiche gemäß „Best-practices", für Behördenwettbewerb und dessen Simulation usw.[488] Seitens des Rechnungshofs können überdies systemische Prüfungen von Organisationsgestaltungen, Personalausstattungen, Programmentwicklungen mittelbar zur wirtschaftlichen Rationalisierung von Verwaltungsentscheidungen beitragen. Schwierig erweist sich für Rechnungshöfe, eigene Bewertungsmuster der Wirtschaftlichkeit von Risiko-Analysen bis zu Zielbaum-Methoden durchzusetzen. Mit dem finalen Kontrollschema begibt man sich zwangsläufig in Kategorien von Zwecken und Nutzen, deren Beurteilung sich die Politik letztlich vorzubehalten pflegt. Rechnungshöfe müssen so bei eigener Maßstabskonkretisierung damit rechnen, dass ihnen vorgehalten wird, sie würden in politische Entscheidungen intervenieren.[489] Im Grunde sind Rechnungshöfe darauf angewiesen, unter Rückgriff auf eigene Prüfungserfahrung, in Ori-

---

[484] Vgl. Munzert, Eberhard, Öffentliches Rechnungswesen in Deutschland, in: Klaus Lüder (Hrsg.), Öffentliches Rechnungswesen 2000, Berlin 1994, S. 85.

[485] Vgl. Rischer, Herbert, Finanzkontrolle staatlichen Handelns, Heidelberg 1995.

[486] Vgl. Hoffmann-Riem, Walter, Finanzkontrolle der Verwaltung durch Rechnungshof und Parlament, in: Eberhard Schmidt-Aßmann/Walter Hoffmann-Riem (Hrsg.), Verwaltungskontrolle, Baden-Baden 2001, S. 73 ff.

[487] Vgl. Fehling, Michael, Kosten-Nutzen-Analysen als Maßstab für Verwaltungsentscheidungen, in: Verwaltungsarchiv 2004, S. 443 ff.

[488] Vgl. Lüder, Klaus, Öffentliches Rechnungswesen und Finanzkontrolle, in: Hans Herbert von Arnim (Hrsg.), Finanzkontrolle im Wandel, Berlin 1989, S. 133 ff.; Schneider, Jens-Peter, Verwaltungskontrollen und Kontrollmaßstäbe in komplexen Verwaltungsstrukturen, in: Eberhard Schmidt-Aßmann/Wolfgang Hoffmann-Riem (Hrsg.), Verwaltungskontrolle, Baden-Baden 2001, S. 271 ff.

[489] Vgl. Wieland, Joachim, Neue Entwicklungen im Bereich der öffentlichen Finanzkontrollen, in: Eberhard Schmidt-Aßmann/Wolfgang Hoffmann-Riem (Hrsg.), Verwaltungskontrolle, Baden-Baden 2001, S. 59 ff.

entierung an wissenschaftlichen Methodenentwicklungen, dann aber in Zusammenarbeit mit den zu prüfenden Behörden das Wirtschaftlichkeitsprinzip operational zu machen und schließlich diesen Kontrollmaßstab in einem eigenen Bewertungsmuster zu konkretisieren.[490]

Wie schwierig es für Rechnungshöfe in der legalistischen Verwaltungs- und Kontrollkultur ist, über tradierte Bewertungsmuster hinauszugreifen, zeigt auch der Fall der Evaluation als Wirkungs- und Erfolgskontrolle.[491] Da die Rede von Erfolgen und Misserfolgen einer engeren politischen Rhetorik vorbehalten zu sein scheint, fällt es schwer, einer Kontrollinstanz entsprechende Aussagen zuzubilligen. Indessen bedarf das Politische einer differenzierteren Betrachtungsweise[492], wobei Zielerreichungsfragen ohnehin schon Teil der Wirtschaftlichkeitsprüfung sind, nämlich soweit finanzielle Mittel eingesetzt werden. Für Finanzkontrollen gilt das Prinzip der Lückenlosigkeit. Es gibt keine prüfungsfreien Räume. Wirkungs- und Erfolgskontrollen greifen über finanzwirksame Maßnahmen hinaus. Bildungsprogramme, Verkehrsprogramme, Umweltschutzprogramme usw. haben über die eingesetzten monetären Mittel hinaus eine eigene Sachdimension, die es zu verfolgen gilt. Erfolgskontrollen nur unter dem Vorzeichen der Wirtschaftlichkeit zu sehen[493], greift zu kurz. Allerdings weist die Formel von der „Kontrolle der Erfolgskontrolle" als Aufgabe der Rechnungshöfe darauf hin, dass es primär Angelegenheit der Verwaltung selbst ist, die Wirkungen der von ihr konzipierten oder vollzogenen Entscheidungen zu verfolgen.[494]

Unter Evaluation ist verwaltungswissenschaftlich die Untersuchung und Bewertung von Wirkungen und Auswirkungen politisch-administrativer Entscheidungen zu verstehen. Man kann auch Querschnittsuntersuchungen von Organisationen und Verfahren durchführen. Hier geht es aber um die entscheidungsgestützte Intervention der öffentlichen Verwaltung in ihr sozioökonomisches Umfeld.[495] Evaluationen beziehen sich auf Wirkungen und Erfolge, in-

---

[490] Vgl. Schulze-Fielitz, Helmuth, Kontrolle der Verwaltung durch Rechnungshöfe, in: Veröffentlichungen der Vereinigung der Deutschen Staatsrechtslehrer, Heft 55, Berlin/New York 1996, S. 258 ff.

[491] Vgl. Rischer, Herbert, Finanzkontrolle staatlichen Handelns, Heidelberg 1995, S. 298 ff.

[492] Vgl. Diederich, Nils u. a., Die diskreten Kontrolleure, Opladen 1990, S. 231 ff.

[493] Vgl. Korthals, Gernot, Wirtschaftlichkeitskontrollen unter besonderer Berücksichtigung von Erfolgskontrollen, in: Hans Herbert von Arnim/Klaus Lüder (Hrsg.), Wirtschaftlichkeit in Staat und Verwaltung, Berlin 1993, S. 87 ff.

[494] Vgl. Zavelberg, Heinz-Günter, Staatliche Rechnungsprüfung und Erfolgskontrolle, Möglichkeit und Grenzen, in: Peter Eichhorn/Gert von Kortzfleisch (Hrsg.), Erfolgskontrolle bei der Verausgabung öffentlicher Mittel, Baden-Baden 1986, S. 103 ff.

[495] Vgl. Bogumil, Jörg/Jann, Werner, Einführung in die Verwaltungswissenschaft, Wiesbaden 2005, S. 159 f.

tendierte und nicht-intendierte Wirkungen, positive wie negative Effekte und Nebenwirkungen. Die Ex ante-Evaluation unternimmt es, etwa als prospektive Gesetzesfolgenabschätzung, die Wirkungen und Folgen einer künftigen gesetzlichen Entscheidung abzuschätzen. Es ist indessen die Ex post-Evaluation, die unter Kontrollgesichtspunkten relevant ist. Man kann Evaluationen formativ als Begleituntersuchung einrichten. Belastbare Kontrollergebnisse ergeben sich letztlich aus der summativen Evaluation, die den Vollzug mitumfasst. Die retrospektive Wirkungs- und Erfolgskontrolle stellt in der Verwaltung nicht bloß eine Erfahrungsausweitung dar. Evaluiert wird im Sinne einer Rückkopplung im Entscheidungskreislauf.[496]

Evaluationen sind ein maßgeblicher Bestandteil des Kontrollinstrumentariums einer modernen Verwaltung. Die Treffsicherheit der verbindlichen Allokation öffentlicher Güter und Dienstleistungen ist grundsätzlich problematisch. Es geht nicht darum, Staatsversagen gegen Marktversagen auszuspielen. Es mögen unterschiedliche Phasen des Vertrauens in die staatliche Steuerungs- und Regulierungsfähigkeit oder der Kritik von Unwirksamkeit, schädlichen Nebenwirkungen und Verlust an Folgebereitschaft der Bürger zu verzeichnen sein. Entscheidungen reduzieren die Komplexität des Verwaltungsumfeldes und sind Momentaufnahmen in einer schnell veränderlichen Umwelt. Ihre Wirkungen und Folgen sind prinzipiell offen. Dennoch werden Fragen der Ursachen- und Wirkungszusammenhänge bei programmierenden Entscheidungen nicht zufrieden stellend präzisiert. In der legalistischen Verwaltung gibt es gleichsam eine „systembedingte" Unterstellung der Wirksamkeit von Gesetzen. Zwar können Wirksamkeitsaspekte auch bei Rechtmäßigkeitskontrollen bedeutsam werden. Das ist im Rahmen des Verhältnismäßigkeitsgrundsatzes der Fall, wenn das Handeln das geeignete, erforderliche und angemessene Mittel zu einem rechtlichen Zweck sein muss. Aber ein nicht-effektives Handeln kann nicht ohne weiteres auch als rechtswidrig qualifiziert werden. Das Erfordernis von Evaluationen ergibt sich jenseits der jeweiligen historischen Lage aus der Notwendigkeit einer Korrektur fehlerhafter Entscheidungen, seien es Fehler bei der Informationsverarbeitung, seien es Fehler bei der Interessenberücksichtigung.[497] Daran ändert auch die Einführung neuer betriebswirtschaftlicher Instrumente der Verwaltungssteuerung nichts. Denn dieses Instrumentarium pflegt an der Grenze des Unternehmens, hier dann der Verwaltung zu enden. Wenn man für die Privatwirtschaft prinzipiell mit Rückmeldungen aus dem Markt rechnen kann, fehlt es für Staat und Verwaltung an solchen Mechanismen, die auch durch po-

---

[496] Vgl. Vedung, Evert, Evaluation im öffentlichen Sektor, Wien u. a. 1999, S. 14 ff.; Wholey, Joseph S., Using Evaluation to Improve Program Performance, in: Robert A. Levine u. a. (Hrsg.), Evaluation Research and Practice, Beverly Hills/London 1984, S. 92 ff.

[497] Vgl. Derlien, Hans-Ulrich, Die Erfolgskontrolle staatlicher Planung, Baden-Baden 1976, S. 29 ff.

litische Wahlen nicht substituiert werden können. Die Nachfrage nach den Wirkungen und Folgen staatlicher Interventionen hat von Amts wegen zu erfolgen.

Der Entwicklungsstand der Evaluierungspraxis ist je nach Verwaltungs- und Kontrollkultur unterschiedlich.[498] Eine spezifische Ausprägung ist in den USA zu beobachten, wo eine Programmorientierung auch legislatorischer Akte besteht und der Rechnungshof der Legislative zugeordnet ist. Evaluationen haben entsprechend Tradition. Für die Evaluierung bestehen in der US-amerikanischen Regierung und Verwaltung eigene Organisationseinheiten. Sie ist dort nicht nur eine ministerielle, sondern auch eine parlamentarische Angelegenheit. Die Evaluation beruht zum beachtlichen Teil auf ausdrücklichen gesetzlichen Vorschriften, in denen auch beträchtliche Geldmittel für Kontrollen ausgewiesen sind. Dabei sind Evaluationen eine selbstverständliche Aufgabe des Rechnungshofs.[499] In anderen Ländern wie Kanada, Skandinavien, den Niederlanden, Frankreich, der Schweiz kam es zu verschiedenen Anläufen einer Evaluierungspraxis. Gründe für die jeweiligen Entwicklungen liegen in der fiskalischen Situation, der politischen Konstellation, den konstitutionellen Gegebenheiten und dem Zusammenhang von Evaluation und Finanzkontrolle.[500] Die ersten Ansätze zur Evaluierung in der Bundesrepublik Deutschland reichen in die 1960er und 1970er Jahre zurück.[501] Sie stehen im Zusammenhang mit der politischen Planung. Ein weiterer Anlauf in den 1980er Jahren steht demgegenüber mehr im Zeichen der Aufgabenkritik.[502]

Evaluationen werfen schwierige methodische Fragen auf.[503] Zum Vorverständnis gehört, dass auch in der legalistischen Verwaltung nicht nur Pläne, sondern ebenfalls Gesetze als intendierte Einwirkungen auf gesellschaftliche

---

[498] Vgl. Rist, Ray C. (Hrsg.), Program Evaluation and the Management of Government: Patterns and Prospects across Eight Nations, New Brunswick/London 1996.

[499] Vgl. Chelimsky, Eleanor (Hrsg.), Program Evaluation: Patterns and Directions, Washington, D. C. 1985; Ganz, Carole, Plädoyer für eine Evaluierung des Evaluierungsforschungsprozesses, in: Gerd-Michael Hellstern/Hellmut Wollmann (Hrsg.), Handbuch zur Evaluierungsforschung, Band 1, Opladen 1984, S. 623 ff.

[500] Vgl. Derlien, Hans-Ulrich, Die Entwicklung von Evaluationen im internationalen Kontext, in: Werner Bessmann u. a. (Hrsg.), Einführung in die Politikevaluation, Basel/Frankfurt am Main 1997, S. 4 ff.

[501] Vgl. Hellstern, Gerd-Michael/Wollmann, Hellmut (Hrsg.), Experimentelle Politik, Opladen 1983; dies. (Hrsg.), Handbuch zur Evaluierungsforschung, Band 1, Opladen 1984.

[502] Vgl. König, Klaus, Zur Evaluation staatlicher Programme, in: Peter Eichhorn/Gert von Kortzfleisch (Hrsg.), Erfolgskontrolle bei der Vergabe öffentlicher Mittel, Baden-Baden 1986, S. 19 ff.

[503] Vgl. Derlien, Hans-Ulrich, Die Erfolgskontrolle staatlicher Planung, Baden-Baden 1976, S. 101 ff.; Wottawa, Heinrich/Thierau, Heike, Lehrbuch Evaluation, 2. Aufl., Bern u. a. 1998.

und wirtschaftliche Verhältnisse, mithin als Verwaltungsprogramme begriffen werden. Wenn man über Erfolge und Misserfolge spricht, bedarf es wie sonst bei der Kontrolle eines Soll/Ist-Vergleichs. Sollgrößen einer Wirkungsbeurteilung setzen intentionale Programmentscheidungen voraus. Von hier bis zur Bestimmung von Zielen staatlicher Handlungsprogramme ist ein weiterer Schritt. Insbesondere Gesetzen können operationalisierbare und widerspruchsfreie Zielsetzungen vielfach kaum entnommen werden. Die Gründe liegen häufig in dem politischen Charakter der Programmentwicklung, die oft allgemeine, vage und vieldeutige Zielformulierungen erfordert. In den Sozialwissenschaften sind zwar Methoden entwickelt worden, Ziele zu erfassen und zu ordnen.[504] Man wird jedoch bei solchen Analysen von Zielsetzungen häufig feststellen, dass das zu untersuchende Gesetz nur ein Beitrag zur Zielverwirklichung und damit nur Teil einer komplexen Zielverwirklichungsstrategie ist. Die Probleme bei der Zielbestimmung von Gesetzen verweisen zudem auf grundsätzliche Grenzen einer am Zweck-Mittel-Prinzip[505] orientierten programmatischen Steuerung staatlichen Handelns. Die hinter der Ableitung von Zielhierarchien stehende Vorstellung einer Transivität der Werte ist zu einfach, um der Komplexität sozialer Sachverhalte gerecht werden zu können.

Die Bestimmung und Bewertung der zu untersuchenden Wirkungen ist nicht nur wegen der Unsicherheiten im Zielbereich schwierig, sondern auch deswegen, weil mögliche nicht intendierte Folgen, die häufig gar nicht im Blickfeld sind, für die abschließende Wertung ebenso wichtig sind wie programmkonforme Auswirkungen. Es genügt zudem oft nicht, die Wirkungen nur in sachlicher Hinsicht zu ermitteln, sondern es sind unter Umständen auch zeitliche Festlegungen sowie räumliche Verteilungsaspekte zu bedenken. Die Ermittlung von Wirkungen macht es notwendig, Daten mit solchen Merkmalen zu erfassen, die zu den Zielsetzungen aussagewirksame Bezüge aufweisen. Die in manchen Gesetzen geforderten Statistiken sind unter diesem Kontrollaspekt häufig nicht ausreichend. Es sind deshalb spezielle Erhebungen notwendig, mit deren Hilfe über Indikatoren und Indikatorenbündel Wirkungen und der Grad der Zielerreichung messbar gemacht werden können.[506]

Für die Zurechnung der festgestellten Veränderungen im Regelungsfeld zum Handlungsprogramm ist der komplexe Wirkungszusammenhang zwischen Gesetzen und Plänen, Implementationsstrukturen und Bürgern als Adressaten in Rechnung zu stellen. Neben den Merkmalen des Programms, d. h. insbesondere den gewählten Instrumenten zum Einwirken auf gesellschaftliche Abläufe, so-

---

[504] Vgl. Weiss, Robert S./Rein, Martin, The Evaluation of Broad-Aim Programs, in: Carol H. Weiss (Hrsg.), Evaluating Action Programs, Boston u. a. 1972, S. 236 ff.

[505] Vgl. Luhmann, Niklas, Zweckbegriff und Systemrationalität, Tübingen 1968.

[506] Vgl. Bernert Sheldon, Eleanor/Freeman, Howard E., Notes on Social Indicators, in: Carol H. Weiss (Hrsg.), Evaluating Action Programs, Boston u. a. 1972, S. 166 ff.

wie der Ausgestaltung der kommunikativen Festlegungen sind insbesondere das tatsächliche Verhalten der Vollzugsinstanzen und die Reaktion der Adressaten sowie der indirekt Betroffenen als Wirkungsfaktoren zu berücksichtigen. Das Zurechnen von Wirkungen zu programmierenden Entscheidungen unterliegt deshalb seinerseits Bewertungen. Unbefriedigende Gesetzesfolgen können auf fehlerhafte Annahmen über Wirkungszusammenhänge oder gesetzestechnische Mängel bei der Programmentwicklung oder auf Fehler der Durchführungsinstanzen zurückzuführen sein, wobei wiederum die mangelnde Praktikabilität des Gesetzes eine Rolle spielen kann. Es ist deshalb zweckmäßig, dass Wirkungsuntersuchungen um Vollzugsstudien ergänzt werden, um das Zurechnungsproblem zu erleichtern und zugleich Anhaltspunkte dafür zu erhalten, wo man zu Verbesserungen der Wirkungssicherheit ansetzen sollte. Anzumerken bleibt, dass sich wie eine Implementationsforschung[507] auch ein Forschungszweig zur Evaluation entwickelt hat.[508] Evaluationsforschung setzt sich mit Methoden der Evaluation auseinander. Sie untersucht Programmfelder der Schulpolitik, Arbeitsmarktpolitik, Entwicklungspolitik usw. als Forschungsfelder. Die öffentliche Verwaltung kann insoweit selbst zum Gegenstand von Evaluationspraxis und Evaluationsforschung werden, nämlich wenn man Verwaltungsmodernisierungen als Reformprogramme begreifen kann.[509]

---

[507] Vgl. Mayntz, Renate (Hrsg.), Implementation politischer Programme, Königstein/Ts. 1980; dies. (Hrsg.), Implementation politischer Programme (II), Opladen 1983.

[508] Vgl. Stockmann, Reinhard (Hrsg.), Evaluationsforschung, Opladen 2000; Weiss, Carol H., Evaluation Research, Englewood Cliffs N. J. 1972.

[509] Vgl. Wollmann, Hellmut (Hrsg.), Evaluation in Public-Sector Reform, Cheltenham/Northampton 2003.

8. Kapitel

Öffentlicher Dienst und Verwaltungspersonal

I. Stellung des Verwaltungsdienstes

1. Soziale und berufliche Differenzierungen

Das okzidentale Beamtentum kann auf eine Vorgeschichte verweisen, die bis in die Antike zurückreicht. Die sizilianischen Beamten eines Stauferkaisers[1], die Amtsträger der Könige von Frankreich, die Finanzbeamten der englischen Monarchie, das preußische Beamtentum auf dem Wege zum Staatsdienst bezeichnen weitere Stationen auf einem langen historischen Entwicklungsweg.[2] Die Entstehung eines modernen Verwaltungsdienstes, wie er für den Territorialstaat auf nationaler, regionaler und lokaler Ebene, dann aber auch für supranationale und internationale Organisationen charakteristisch ist, war indessen mit spezifischen Voraussetzungen verbunden. Dazu zählen die Trennung des Dienstes vom persönlichen Bezug zum Herrscher, die Deprivilegierung bevorzugter sozialer Gruppen und die Ausdifferenzierung gegenüber Publikum und Politik im engeren Sinne.

Für die Auflösung des persönlichen Bezugs des Verwaltungsdienstes ist die deutsche Geschichte mit ihrer Entwicklung vom „Fürstendiener zum Staatsdiener" kennzeichnend. Das Allgemeine Landrecht für die preußischen Staaten von 1794 war für diesen Weg signifikant. Es sprach von den Rechten und Pflichten der Diener des Staates. Der Beamteneid war dem Oberhaupt des Staates zu leisten. Aus den persönlichen Dienern des Monarchen wurden Staatsbedienstete.[3] Der Weg von der persönlichen Bindung zu institutionellen Verpflichtungen ist in der modernen Verwaltung allgemein beschritten worden. Bei

---

[1] Vgl. Böhret, Carl, Strategische Politik durch Institutionenbildung – am Beispiel des Stauferkaisers Friedrich II. (1194 – 1250), in: Arthur Benz u. a. (Hrsg.), Institutionenwandel in Regierung und Verwaltung, Berlin 2004, S. 647 ff.

[2] Vgl. Hattenhauer, Hans, Geschichte des deutschen Beamtentums, 2. Aufl., Köln u. a. 1993.

[3] Vgl. Jeserich, Kurt G. A., Die Entwicklung des öffentlichen Dienstes 1800 – 1871, in: ders. u. a. (Hrsg.), Deutsche Verwaltungsgeschichte, Band 2, Vom Reichsdeputationshauptschluss bis zur Auflösung des Deutschen Bundes, Stuttgart 1983, S. 301 ff.

den einschlägigen Leitvorstellungen wirken sich die verschiedenen historischen Erfahrungen aus. In Italien ist bei der Formel „im ausschließlichen Dienste der Nation"[4] an die schwierige Gewinnung nationaler Einheit, in Japan bei der Formel „dienen dem ganzen Volk"[5] an den Wechsel zur Demokratie nach dem Zweiten Weltkrieg zu denken. Auch der „Diener der Krone" in Großbritannien[6] ist nicht der Person des Königs oder der Königin, sondern einer verfassungsmäßigen Institution verpflichtet.

Insofern bedeutet die Zeit des Nationalsozialismus auf deutschem Boden einen Bruch mit den Entwicklungslinien der Moderne. Die Konzepte der nationalsozialistischen Ideologie für das Beamtentum blieben zwar in vielem diffus.[7] Indessen wurde die politisch-gesinnungsmäßige Ausrichtung der Beamten betrieben und ihre parteipolitische Zuverlässigkeit gesichert. Beides schloss ein personales Moment ein.[8] Es fand seinen symbolischen Ausdruck dadurch, dass der Person Adolf Hitlers Treue zu schwören war: „Ich werde dem Führer des Deutschen Reiches und Volkes Adolf Hitler treu und gehorsam sein ...". Das war keine Objektion im Sinne der Übertragung von Gesinnung und Zuverlässigkeit auf die normierte Rolle eines nationalen Führers und kein Anschluss an ein abstraktes Führerprinzip. Die Namensnennung in der Eidesformel verband die Verwaltungsbediensteten direkt mit der Person des Gewaltherrschers. So war diese Personalisierung auch von besonderer Bedeutung, als es darum ging, zwischen einem nationalsozialistischen öffentlichen Dienst und den Beamten von Rechtsstaat und Demokratie einen verfassungsrechtlichen Strich zu ziehen.[9]

Die Deprivilegierung bevorzugter sozialer Gruppen richtete sich in der kontinentaleuropäischen Geschichte vor allem gegen die Besetzung von Verwaltungsämtern durch den Adel. Bürgerliche wurden zwar von Monarchen situativ in höchste Stellen eingesetzt, etwa in einer Frontstellung gegen die Aristokratie. Aber zu einem grundlegenden Zurücktreten des Adels in den oberen Klassen

---

[4] Vgl. Satta, Filippo, Italien, in: Studienkommission für die Reform des öffentlichen Dienstes, Band 1, Baden-Baden 1973, S. 155 ff.

[5] Vgl. Shiono, Hiroshi, Japan, in: Studienkommission für die Reform des öffentlichen Dienstes, Band 1, Baden-Baden 1973, S. 209 ff.

[6] Vgl. Hale, Norman M., Großbritannien, in: Studienkommission für die Reform des öffentlichen Dienstes, Band 1, Baden-Baden 1973, S. 93.

[7] Vgl. Püttner, Günter, Der Öffentliche Dienst, in: Kurt G. A. Jeserich u. a. (Hrsg.), Deutsche Verwaltungsgeschichte, Band 4, Das Reich als Republik und in der Zeit des Nationalsozialismus, Stuttgart 1985, S. 1082 ff.

[8] Vgl. Hattenhauer, Hans, Geschichte des deutschen Beamtentums, 2. Aufl., Köln u. a. 1993, S. 399 ff.; Wunder, Bernd, Geschichte der Bürokratie in Deutschland, Frankfurt a. M. 1986, S. 138 ff.

[9] Vgl. Schuppert, Gunnar Folke, Verwaltungswissenschaft, Baden-Baden 2000, S. 628 ff.

des Beamtentums und damit der Änderung dessen Zusammensetzung kam es in Deutschland erst im Laufe des 19. Jahrhunderts. Trotz privilegierter Lage des Adels erfolgte ein Aufstieg des Bürgertums, wobei es das Bildungsbürgertum war, das sich in den Verwaltungspositionen durchsetzte. Am Ende der Monarchie in Deutschland hatte der Adel zwar noch eine starke Stellung im Beamtentum, dominierte es aber nicht mehr.[10] Wenn man den Blick über diese geschichtlichen Entwicklungen ausweitet, stößt man auf ein buntes Bild der Privilegierung sozialer Gruppen bei der Vergabe von Verwaltungsämtern. Die unterschiedlichsten demographischen Faktoren kommen ins Spiel. Bekannt sind die ethnischen Konflikte in Entwicklungsländern, die sich insbesondere aus den Grenzziehungen des Kolonialismus ergeben haben und auch in der Herrschaft durch Verwaltung reflektiert werden. Allerdings gibt es Länder mit so vielfältigen ethnischen Gruppen, dass es überhaupt schwierig sein wird, sie in einem modernen Territorialstaat politisch abzubilden.[11] Einschlägige Spannungen gibt es auch in Europa. Der Sprachkonflikt in Belgien zum Beispiel geht nicht am Verwaltungsdienst vorbei.[12]

Die Bedeutung von Privilegierungen und Diskriminierungen sozialer Gruppen im Verwaltungsdienst hängt von der Inhomogenität einer Gesellschaft, aber auch von der öffentlicher Perzeption einschlägiger Probleme ab. So spielt Religion eine unterschiedliche, teils gewichtige Rolle.[13] Aber selbst in einer säkularisierten Welt mag sich die Vertretung der verschiedenen Religionsgruppen im Verwaltungsdienst und einschlägige Verschiebungen als interessant erweisen.[14] Unterschiedliche Aufmerksamkeit findet die Altersdiskriminierung. Dass sie einen gesetzlich, rechtlich verfestigten Widerpart findet[15], ist international we-

---

[10] Vgl. Conze, Werner, Sozialer und wirtschaftlicher Wandel, in: Kurt G. A. Jeserich u. a. (Hrsg.), Deutsche Verwaltungsgeschichte, Band 2, Vom Reichsdeputationshauptschluss bis zur Auflösung des Deutschen Bundes, Stuttgart 1983, S. 34 ff.; Hinze, Otto, Beamtentum und Bürokratie, Göttingen 1981, S. 48 ff.

[11] Vgl. Burns, John P./Bovornwathana, Bidhya, Asian Civil Service Systems in Comparative Perspective, in: dies. (Hrsg.), Civil Service Systems in Asia, Cheltenham u. a. 2001, S. 1 ff.

[12] Vgl. Hondeghem, Annie, The National Civil Service in Belgium, in: Hans A. G. M. Bekke/Frits M. van der Meer (Hrsg.), Civil Service Systems in Western Europe, Cheltenham u. a. 2000, S. 120 ff.

[13] Vgl. Danopoulos, Constantine P. u. a., Administrative Reform Difficulties and the Role of Religion: Greece, South Korea, and Thailand, in: Ali Farazmand (Hrsg.), Administrative Reform in Developing Nations, Westport u. a. 2002, S. 237 ff.

[14] Vgl. van der Meer, Frits M./Dijkestra, Gerrit S. A., The Development and Current Features of the Dutch Civil Service System, in: Hans A. G. M. Bekke/Frits M. van der Meer (Hrsg.), Civil Service Systems in Western Europe, Cheltenham u. a. 2000, S. 148 ff.

[15] Vgl. Straus, Stephen K./Stewart, Debra W., Assuring Equal Employment Opportunity in the Organization, in: Jack Rabin u. a. (Hrsg.), Handbook of Public Personnel Administration, New York u. a. 1995, S. 43 ff.

niger verbreitet. Relevante demographische Faktoren lassen sich in verschiedene Richtungen weiter verfolgen. Auch Bildung kann zur Privilegierung führen, etwa in der Bevorzugung von Absolventen bestimmter Privatschulen und Traditionsuniversitäten nach britischem Herkommen.[16] Im deutschen Verwaltungsdienst kann man heute nicht mehr von einem Juristen-Monopol, wohl aber von einem Juristen-Privileg sprechen, und zwar jenseits einer legalistischen Verwaltungskultur und mitbegründet durch gesetzliche Grundlagen wie eine Rekrutierungspolitik juristisch vorgebildeter Personalchefs.

Sieht man von ausgeprägt traditionalen, insbesondere islamischen Gesellschaften ab, so ist es vor allem eine Größe in der sozialen Zusammensetzung des Verwaltungsdienstes und dann weiter des öffentlichen Dienstes, die im internationalen Vergleich verbreitet mit Aufmerksamkeit rechnen kann, nämlich das Geschlecht, genauer die Stellung der Frauen. Diese Perzeption gilt sowohl für Länder, die sich wie Irland durch eine beachtliche gesellschaftliche Homogenität auszeichnen[17], wie für Länder, die wie Deutschland nach einer unruhigen Geschichte ihren gesellschaftlichen Pluralismus bemerkenswert auch an die Beamtenschaft weitergegeben haben.[18] Einige Tendenzen lassen sich für moderne Staaten und ihre Verwaltungen bezeichnen. Der Frauenanteil am öffentlichen Dienst ist in den letzten Dekaden ständig gestiegen. Mancherorts spricht man von einer zunehmenden „feminisation".[19] So hat der Frauenanteil mancherorts im öffentlichen Dienst die 50 %-Marke erreicht oder überschritten. Allerdings konzentriert sich die starke operative Stellung von Frauen auf Sektoren wie Schulbildung, Gesundheitswesen, Soziale Dienste.[20] Durchgängig ist eine Unterrepräsentation von Frauen in den höheren Gruppen und Graden des öffentlichen Dienstes zu beobachten. Das gilt ausgeprägt für Verwaltungsdienste im strengeren Sinne und weiter bei den höchsten Rängen von Staatssekretären, Ministerialdirektoren, Behördenpräsidenten, Botschaftern usw. Selbst in Ländern wie den USA, wo sich der Frauenanteil in Management-Positionen und

---

[16] Vgl. Fry, Geoffrey K., The British Civil Service System, in: Hans A. G. M. Bekke/Frits M. van der Meer (Hrsg.), Civil Service Systems in Western Europe, Cheltenham u. a. 2000, S. 12 ff.

[17] Vgl. Millar, Michele/McKevitt, David, The Irish Civil Service System, in: Hans A. G. M. Bekke/Frits M. van der Meer (Hrsg.), Civil Service Systems in Western Europe, Cheltenham u. a. 2000, S. 36 ff.

[18] Vgl. Goetz, Klaus H., The Development and Current Features of the German Civil Service System, in: Hans A. G. M. Bekke/Frits M. van der Meer (Hrsg.), Civil Service Systems in Western Europe, Cheltenham u. a. 2000, S. 161 ff.

[19] Vgl. Meininger, Marie-Christine, The Development and Current Features of the French Civil Service System, in: Hans A. G. M. Bekke/Frits M. van der Meer (Hrsg.), Civil Service Systems in Western Europe, Cheltenham u. a. 2000, S. 188 ff.

[20] Vgl. Derlien, Hans-Ulrich, Öffentlicher Dienst im Wandel, in: Die Öffentliche Verwaltung 2001, S. 322 ff.

auch bei Administratoren der öffentlichen Verwaltung wesentlich gesteigert hat, fällt man bei Spitzenpositionen auf einstellige Prozentsätze zurück.[21]

Privilegierenden und diskriminierenden Zusammensetzungen des öffentlichen Dienstes stellt die Verwaltungswissenschaft das Konzept der repräsentativen Bürokratie entgegen. Der Grundgedanke dieses Konzepts ist es, dass im öffentlichen Dienst eines Landes alle Ethnien, Rassen, Sprachen, Religionen, Geschlechter, Klassen, Schichten, Kasten usw. entsprechend der Zusammensetzung der Bevölkerung widergespiegelt werden sollen. Öffentlicher Dienst, Civil Service, Beamtentum, Verwaltungsdienst sollen gleichsam die Gesellschaft in einem Mikrokosmos reproduzieren. Die Theorie der repräsentativen Bürokratie hat zwei Seiten: eine passive und eine aktive.[22] Passiv geht es darum, überhaupt die demographische Beschaffenheit der Gesellschaft in einem für ihr Wohlergehen maßgeblichen sozialen System zu reflektieren. Erwartet wird davon eine Verbundenheit der Bürger mit dem Staat, die Akzeptanz des Verwaltungshandelns, eine Legitimation der Verwaltungspolitik, eine Reflexion von Werten und Interessen verschiedener sozialer Gruppen. In der aktiven Repräsentation sind es gerade diese Werte, Interessen, Haltungen, Überzeugungen, wie sie in der Sozialisation durch die jeweiligen Bevölkerungsgruppen hervorgebracht werden, auf die es ankommt. Das Konzept der aktiven Repräsentation meint, dass das Entscheidungsverhalten des Verwaltungsdienstes auf die Werte vertretener Bevölkerungsgruppen Rücksicht nimmt und so für Unterprivilegierte wie bestimmte Ethnien, Sprachgruppen, Frauen usw. zu Ergebnissen größerer Billigkeit führt. Insbesondere im Ermessen sieht man einen solchen Spielraum.[23] Relevant sind solche Einflüsse auch für die Vorbereitung politischer Entscheidungen. So wird mit dem wachsenden Frauenanteil in dem US-amerikanischen Senior Executive Service die Frage relevant, wie sich diese Zunahme auf die Politikformulierung auswirkt. Man kommt zu dem Ergebnis, dass Frauen aktive Repräsentanten ihres Geschlechts in der US-Bundesverwaltung sind und eben andere Bewertungen und Haltungen als ihre männlichen

---

[21] Vgl. Wooldridge, Blue/Clark Maddox, Barbara, Demographic Changes and Diversity in Personnel: Implications for Public Administrators, in: Jack Rabin u. a. (Hrsg.), Handbook of Public Personnel Administration, New York u. a. 1995, S. 183 ff.; ferner Stivers, Camilla, Gender Images in Public Administration, 2. Aufl., Thousand Oaks u. A. 2000.

[22] Vgl. Sowa, Jessica E./Coleman Selden, Sally, Administrative Discretion and Active Representation: An Expansion of the Theory of Representative Bureaucracy, in: Public Administration Review 2003, S. 700 ff.

[23] Vgl. Meier, Kenneth J./Bothe, John, Structure and Discretion: Missing Links in Representative Bureaucracy, in: Journal of Public Administration Research and Theory 2001, S. 455 ff.

Kollegen einbringen.[24] Demgegenüber sollte man die Vorzüge eines homogenen Entscheidungsverhaltens gegenüber der Vielfalt sozialer Gruppen in einer pluralistischen Gesellschaft nicht übersehen.

Gegenüber Verzerrungen in der Zusammensetzung des öffentlichen Dienstes stehen zwei Politiken zur Verfügung: eine Politik der Gleichbehandlung sowie der Diskriminierungsverbote und eine Politik der Abhilfe und Förderung von unterrepräsentierten Gruppen. Die Politik der „Equal Employment Opportunity"[25] beruht letztlich auf dem Gleichheitssatz, der bestimmt, dass niemand wegen seines Geschlechtes, seiner Abstammung, seiner Rasse, seiner Sprache, seiner Heimat und Herkunft, seines Glaubens, seiner religiösen oder politischen Anschauung benachteiligt oder bevorzugt werden darf. Entsprechende Quellen findet man in Verfassungen, im Grundgesetz, im Civil Rights Act usw. Für öffentliche Ämter und für den öffentlichen Dienst werden die Anforderungen des Gleichheitssatzes spezifiziert. So heißt es im deutschen Grundgesetz (Art. 33), dass jeder Deutsche nach seiner Eignung, Befähigung und fachlichen Leistung gleichen Zugang zu jedem öffentlichen Amt hat und dass die Zugehörigkeit oder Nichtzugehörigkeit zu einem religiösen Bekenntnis oder zu einer Weltanschauung weder zu einer Benachteiligung noch einer Bevorzugung führen darf. Eine solche Gebots- und Verbotspolitik pflegt keinen Anspruch auf Einstellung zu geben. Sie schließt personalpolitische Spielräume nicht aus.[26] Sie ist verhältnismäßig einfach durchzusetzen und zu kontrollieren.

Schwieriger ist eine Politik der „Affirmative Action" zu vollziehen.[27] Im Einzelfall kann die Förderung von Mitgliedern von Minoritäten mit dem Verbot der Diskriminierung qualifizierter Bewerber kollidieren. Freilich enthält schon das deutsche Grundgesetz (Art. 36) eine positive Regelung der repräsentativen Bürokratie, indem bestimmt wird, dass bei den obersten Bundesbehörden Beamte aus allen Ländern im angemessenen Verhältnis zu verwenden sind. Dieser Grundsatz der „proportionalen föderalen Parität" hat sich allerdings nicht zu einer kritischen Größe der Personalpolitik entwickelt. Die landsmannschaftliche Herkunft der Bediensteten oberster Bundesbehörden wird heute nicht einmal statistisch erfasst. Auch geht die Landeszugehörigkeit nicht ohne weiteres in die Personalakten ein. Damit fehlen die Voraussetzungen dafür, dass diese Re-

---

[24] Vgl. Dolan, Julie, The Senior Executive Service: Gender, Attitudes, and Representative Bureaucracy, in: Journal of Public Administration Research and Theory 2000, S. 513 ff.

[25] Vgl. Straus, Stephen K./Stewart, Debra W., Assuring Equal Employment Opportunity in the Organization, in: Jack Rabin u. a. (Hrsg.), Handbook of Public Personnel, New York u. a. 1995, S. 43 ff.

[26] Vgl. Badura, Peter, Staatsrecht, 3. Aufl., München 2003, S. 154.

[27] Vgl. Wilson, Hall T., Bureaucratic Representation: Civil Servants and the Future of Capitalist Democracies, Leiden u. a. 2001, S. 134 ff.

gel für Personalentscheidungen bedeutsam wird.[28] Die Politik der Abhilfe und Förderung Unterrepräsentierter ist in der modernen Verwaltung im Besonderen für drei soziale Gruppen relevant: Frauen, Behinderte und ethnische Minoritäten. Die eingesetzten Instrumente reichen von Quotenregelungen bis zur Bildungsförderung. Gleichstellungsbeauftragte oder Behindertenbeauftragte verweisen auf eine eigene organisatorische Verankerung zur Bearbeitung einschlägiger Probleme. Mit „Gender mainstreaming" ist ein umfassender Ansatz zur Gleichbehandlung von Frauen und Männern angestrebt. Welches Gewicht dem Konzept der repräsentativen Bürokratie international zukommt, mag man daran ermessen, dass inzwischen auch China eine Politik der „Affirmative Action" gegenüber seinen nationalen Minoritäten betreibt, indem etwa Bewerbern aus bestimmten ethnischen Gruppen Präferenzen bei der Rekrutierung in der Lokalverwaltung eingeräumt werden.[29]

Die Ausdifferenzierung des öffentlichen Dienstes und insbesondere des Verwaltungsdienstes tritt signifikant in den napoleonischen Reformen hervor.[30] Im Personellen bedeutet die Napoleonische Verwaltung die Abwendung von der Wahl von Bürgern für Verwaltungspositionen und die Zuwendung zur Ernennung von Funktionären eines professionellen und kompetenten Verwaltungsdienstes. Auf die Expertise auch in technisch-naturwissenschaftlichen Fächern kommt es an. Ausbildungsberufe, Hohe Schulen, Examina für den öffentlichen Dienst gehören dazu.[31] Das heißt nicht, dass die freiwillige, ehrenamtliche Tätigkeit in öffentlichen Angelegenheiten obsolet geworden ist. Insbesondere in der öffentlichen Verwaltung einer Zivilkultur ist das „volunteer involvement" bei der Austeilung öffentlicher Güter und Dienstleistungen eine feste Größe von beachtlichen Quantitäten: im Kultur- und Bildungswesen, bei sozialen Aktivitäten mit Einschluss von Älteren und Kindern, im Bereich von Freizeit und Erholung, bei Feuerwehr- und Katastrophenschutz usw. bis hin zu den entwicklungspolitischen Aktivitäten eines „Peace Corps".[32] Auch in klassischen Verwaltungssystemen ist das Ehrenamt als ständige Belastung wie wechselnde Inanspruchnahme verbreitet. Im deutschen Falle ist die Verwaltung örtlicher

---

[28] Vgl. von Danwitz, Thomas, Artikel 36, in: Christian Starck (Hrsg.), Das Bonner Grundgesetz, Band 2, 4. Aufl., München 2000, S. 1186 ff.

[29] Vgl. Burns, John P., The Civil Service System of China: The Impact of the Environment, in: ders. u. a. (Hrsg.), Civil Service Systems in Asia, Cheltenham u. a. 2001, S. 79 ff.

[30] Vgl. Wunder, Bernd (Hrsg.), Les influences du „modèle" napoléonien d'administration sur l'organisation administrative des autres pays, London 1995.

[31] Vgl. Raphael, Lutz, Recht und Ordnung: Herrschaft durch Verwaltung im 19. Jahrhundert, Frankfurt a. M. 2000, S. 42.

[32] Vgl. Brudney, Jeffrey L., Volunteers in the Delivery of Public Services: Magnitude, Scope, and Management, in: Jack Rabin u. a., Handbook of Public Personnel Administration, New York u. a. 1995, S. 661 ff.

Angelegenheiten nicht als „local government", sondern als kommunale Selbstverwaltung verfasst. Daraus folgt, dass die Stellung der Gemeindevertreter weniger vom Parlamentarismus, mehr von der ehrenamtlich wahrgenommenen Verwaltungstätigkeit geprägt ist. Die Verwaltung von demokratischen Wahlen belegt bürgerschaftliches Engagement. Sie ist schon wegen ihrer gelegentlich auftretenden Quantitäten auf Ehrenamtliche angewiesen.

Unterschiedliche kulturelle Präferenzen ändern nichts daran, dass das Substrat der okzidentalen öffentlichen Verwaltung ein Berufsbeamtentum, ein professioneller Civil Service ist. Das gilt als eine gleichermaßen unentrinnbare[33] wie positiv bewertete Entwicklung.[34] Beamtentätigkeit und private Lebenssphäre sind getrennt. Amtstätigkeit setzt eine bestimmte Vorbildung und strenge Prüfungen voraus. Prinzipiell nimmt die amtliche Tätigkeit die gesamte Arbeitskraft des Beamten in Anspruch. Beamte werden in der Regel ernannt. Ihre berufliche Stellung ist durch Lebenszeitlichkeit gekennzeichnet. Ihr Amt vermittelt nicht ausbeutbare Rentenquellen. Vielmehr erfolgt ihre Entlohnung durch feste Besoldung usw. Wieweit aus einer solchen Beruflichkeit in öffentlichen Angelegenheiten ein Beamtenstand herauswachsen kann, ist in der modernen Gesellschaft zuerst eine historische Frage.[35] Das Beamtentum kann sich indessen heute noch mehr oder weniger zu einer distinktiven sozialen Gruppe entwickeln. Familientradition und sozialer Hintergrund sind relevant. Insbesondere im höheren Dienst kommt es zur Rekrutierung aus Beamtenfamilien. Gemeinsame Ausbildungswege können Homogenität befördern. Geschlossenheiten durch gemeinsame Verhaltensmuster, wechselseitige Wertschätzungen, gemeinsames Arbeits- und Pflichtethos können entstehen.[36]

Die Mitgliederrollen in der öffentlichen Verwaltung sind so formalisiert – etwa durch Ernennungsurkunden –, dass sich äußerlich identifizieren lässt, wer dazu gehört und wer nicht. Dieses Bild klarer Ausdifferenzierung des öffentlichen Dienstes gegenüber Publikum und Politik im engeren Sinne verliert an Schärfe, wenn man das informale Beziehungsgeflecht zwischen „governmental and nongovernmental agents" betrachtet. Ein Merkmal pluralistischer Gesellschaften ist es, dass sich ökonomische wie immaterielle Interessen organisieren und durch diese Organisationen auf öffentliche Angelegenheiten Einfluss nehmen. Zu den verschiedenen Aufgabenfeldern bilden sich gleichsam spiegelbildlich Interessenverbände der Energiepolitik, der Arbeitspolitik, der Verkehrspolitik usw. Die einschlägigen Muster der Problembearbeitung schließen ein per-

---

[33] Vgl. Weber, Max, Wirtschaft und Gesellschaft, 5. Aufl., Tübingen 1976, S. 551 ff.
[34] Vgl. Thieme, Werner, Verwaltungslehre, 4. Aufl., Köln u. a. 1984, S. 371.
[35] Vgl. Hinze, Otto, Beamtentum und Bürokratie, Göttingen 1981, S. 16 ff.
[36] Vgl. Meininger, Marie-Christine, The Development and Current Features of the French Civil Service System, in: Hans A. G. M. Bekke/Frits M. van der Meer (Hrsg.), Civil Service Systems in Western Europe, Cheltenham u. a. 2000, S. 188 ff.

sonelles Moment ein. Symbiotische Beziehungen stellen sich ein, wenn es schwer fällt, den Beamten eines Landwirtschaftsministeriums und den Vertreter eines Landwirtschaftsverbandes in der Interessenwahrnehmung zu unterscheiden. In den USA spricht man von „Iron triangles", wenn Mitarbeiter einer Regierungsbehörde und Mitglieder oder Mitarbeiter des Kongresses zusammen mit Agenten spezieller Interessengruppen für eben diese speziellen Interessen gemeinsame Durchschlagskraft jenseits eines Gemeinwohls entwickeln.[37] In Deutschland wird zur Umweltpolitik erzählt, dass sich der Staatsdienst sogar als Geburtshelfer bei der Gründung von Umweltverbänden beteiligt habe.[38] Mitarbeiter von Fachverwaltungen und von einschlägigen Fachverbänden können, wenn auch formell verschieden zugeordnet, informell ein bemerkenswertes politisches Zusammenleben zum gegenseitigen Nutzen zeigen.

2. Differenzierungen von Politik und Verwaltung

Als Hauptproblem informeller Verflechtungen bei formeller Trennung – einerseits das Beamtengesetz, andererseits das Ministergesetz – wird von vielen die Beziehung zwischen öffentlichem Dienst und Rollen der Exekutivpolitiker, insbesondere die parteipolitische Beeinflussung angesehen. Das politische Beutesystem ist im modernen Staat und seiner Verwaltung zwar offiziell aufgegeben worden. Politische Patronage als Prinzip erwies sich in Gesellschaften der Industrialisierung und Urbanisierung vielfältig als dysfunktional. So stellte man auch in den USA dem „Spoils system" ein „Merit system" mit deutlicher Ausdifferenzierung gegenüber dem Parteipolitischen entgegen.[39] Das schließt es nicht aus, dass dort verbreitet Inhaber öffentlicher Ämter, die man als Verwaltungsämter verstehen kann, direkt vom Volk gewählt werden und an der Spitze der Exekutive „Political Appointees" stehen. Die Verwaltung ist indessen prinzipiell ein eigener Beruf. Die Politisierung des Verwaltungsdienstes umfasst viele Teilaspekte. Dabei ist zu beachten, dass die Staatsbürokratie selbst ein politischer Faktor ist, dass es mächtige Gruppen im Verwaltungsdienst – etwa eine „Enarchie" – und dass es historische Beispiele gibt, wie hochrangige Beamte gegen die Regierungspolitik opponieren.[40]

---

[37] Vgl. Fox, Charles J./Miller, Hugh T., Policy Networks, in: Jay M. Shafritz (Hrsg.), Defining Public Administration, Boulder, Colorado 2000, S. 65 ff.

[38] Vgl. Müller, Edda, Innenwelt der Umweltpolitik, 2. Aufl., Opladen 1995, S. 86.

[39] Vgl. Morstein Marx, Fritz, Amerikanische Verwaltung, Berlin 1963.

[40] Vgl. Jeserich, Kurt G. A., Die Entwicklung des öffentlichen Dienstes 1871 – 1918, in: ders. u. a., Deutsche Verwaltungsgeschichte, Band 3, Das Deutsche Reich bis zum Ende der Monarchie, Stuttgart 1984, S. 645 ff.

Für die Verwaltung des modernen Staates und die Ausdifferenzierung eines Berufsbeamtentums kann man zwei konstitutionelle Eckpunkte bezeichnen, nämlich das Staatsbürgertum und die Neutralität. Zunächst ist der Beamte heute Mitglied der Gesellschaft wie jeder andere. Das Beamtentum mag Züge einer sozialen Gruppe mit bestimmten Merkmalen tragen. Es mag so ein Faktor sozialer Stabilität in einer Gesellschaft sein. Indessen kann man vom Beamtenstand allenfalls noch in einem übertragenen, nicht einem strengen Sinne sprechen. Es geht nicht um die Mitglieder einer abgeschlossenen gesellschaftlichen Einheit, die als eine fest gegliederte Großgruppe ein Leben nach vorgegebenen sozialen Rängen und gesicherten Privilegien führt und sich entsprechend von anderen Ständen abgrenzt. Charakteristisch ist die disziplinarische Ahndung außerdienstlichen Verhaltens der Beamten. Es ist nur dann ein Dienstvergehen, wenn es nach den Umständen des Einzelfalles im besonderen Maße geeignet ist, Achtung und Vertrauen in einer für sein Amt oder das Ansehen des Beamtentums bedeutsamen Weise zu beeinträchtigen. Soweit dabei auf das Amt abgestellt wird, geht es um auch sonst im Berufs- und Arbeitsleben nachvollziehbare Zusammenhänge – etwa privaten Drogenmissbrauch und Heilberufe. Soweit vom Ansehen des Beamtentums die Rede ist, handelt es sich nicht um eine Beamtenschaft als Stand und um die Verletzung von Standesregeln. Das Verhalten der Beamten muss nach den Umständen des Einzelfalles im besonderen Maße geeignet sein, das Ansehen einer Institution in bedeutsamer Weise zu beeinträchtigen.[41] Anders als im Kontext der Amtsführung, haben wir es insofern mit einer anspruchsvollen Konditionierung zu tun.

In der Ausdifferenzierung von Politik und Verwaltung ist der Beamte prinzipiell Staatsbürger und ebenso prinzipiell Träger aller Menschen- und Bürgerrechte. Dieser Grundzug hat sich aus einer langen Vorgeschichte besonderer Identifikation der Beamtenschaft mit den Herrschaftsverhältnissen und entsprechenden politischen Verhaltensmustern entwickelt.[42] Heute wird nicht ein Stand des Beamten vorausgesetzt, aus dem heraus sich Rechte und Pflichten deduzieren lassen. Sondern umgekehrt aggregieren sich jeweils bestimmte Rechte und Pflichten zu einem Status. Die Gesamtheit entlastet nicht davon, dass im rationalen Staat Sonderrechte und Sonderpflichten jeweils für sich begründbar gestaltet werden müssen. Das gilt insbesondere für das Grenzland von Politik und Verwaltung. Hier steht dem Staatsbürgertum das beamtenrechtliche Prinzip der Neutralität gegenüber. Der Beamte hat seine Aufgaben unabhängig von partikularen Interessen und ihren Organisationen wahrzunehmen. Diese Neutralität gilt grundsätzlich gegenüber allen Kräften des gesellschaftlichen Lebens: Wirtschaft, Arbeit, Kultur, Religion usw. Für das Berufsbeamtentum

---

[41] Vgl. Wolff, Hans J./Bachof, Otto, Verwaltungsrecht II, 5. Aufl., München 1987, S. 588.

[42] Vgl. Rottmann, Frank, Der Beamte als Staatsbürger, Berlin 1981.

ist es aber vor allem die politische Unparteilichkeit, die seine Existenz begründet. Charakteristisch ist die Weimarer Verfassungsformel: „Die Beamten sind Diener der Gesamtheit, nicht einer Partei". Das Neutralitätsprinzip hat zwar in den verschiedenen nationalen Verwaltungen eine unterschiedliche Vorgeschichte.[43] Es bestimmt aber mit hoher Vergleichbarkeit heute die Grenzlinien zwischen dem System der öffentlichen Verwaltung und der spezifisch politischen Sphäre.[44] Ungesicherte Grenzen werfen dann auch Machtfragen für eine Gesellschaft schlechthin auf.[45]

Neutralität, die die unparteiische Amtsführung gegenüber dem Verwaltungspublikum wie gegenüber der politischen Sphäre im engeren Sinne sichert, gerät in der Parteiendemokratie in ein „neutrality dilemma".[46] Diesem Dilemma entgeht man nicht, indem man auf die Loyalität des Beamten abstellt. Denn einerseits dient der Beamte der Nation, dem ganzen Volke, dem Wohl der Allgemeinheit, der Gesamtheit; andererseits ist er seinem Dienstherrn zur Loyalität verpflichtet und dessen Weisungen unterworfen.[47] Das personelle Substrat dieses Dienstherrn sind indessen Minister, Präsidenten, Kanzler, Kabinettsmitglieder je nach Regierungssystem und mithin parteipolitisch generiert und weiterhin parteipolitisch gebunden. Für diese doppelte Loyalität werden verwaltungskulturell unterschiedliche Akzente gesetzt. In Großbritannien gilt der Civil Service als das Hilfsorgan der demokratisch legitimierten Verfassungsorgane. Seine Neutralität sichert, dass die Weisungen von Parlament und Regierung zur Ausführung gelangen. Beim deutschen Beamten steht man in der Tradition einer öffentlichen Verwaltung als eigenständigen „Pouvoir neutre", der dem Staatswohl als Gegengewicht zum Parteiwohl dient.[48] Beide Konzepte greifen zu kurz, wenn die Wertgebundenheit von Civil Service und Beamtentum nicht eingerechnet wird. So mögen sich in der Weimarer Republik gerade unter der Ideologie unpolitischer Überparteilichkeit größere Gefahren einer „Kryptopar-

---

[43] Vgl. Kondylis, Vassilios, Le principe de neutralité dans la fonction publique, Paris 1994.

[44] Vgl. Niedobitek, Matthias, Das Recht des öffentlichen Dienstes in den Mitgliedstaaten der Europäischen Gemeinschaft – Rechtsvergleichende Analyse, in: Siegfried Magiera/Heinrich Siedentopf (Hrsg.), Das Recht des öffentlichen Dienstes in den Mitgliedstaaten der Europäischen Gemeinschaft, Berlin 1994, S. 11 ff.

[45] Vgl. Etzioni-Halevy, Eva, Administrative Power in Israel, in: Moshe Maor (Hrsg.), Developments in Israeli Public Administration, London/Portland, Or. 2002, S. 25 ff.

[46] Vgl. Loverd, Richard A./Pavlak, Thomas J., Analyzing the Historical Development of the American Civil Service, in: Jack Rabin u. a. (Hrsg.), Handbook of Public Personnel Administration, New York u. a. 1995, S. 1 ff.

[47] Vgl. Lemhöfer, Bernt, Die Loyalität des Beamten, in: Ingeborg Franke u. a. (Hrsg.), Öffentliches Dienstrecht im Wandel, Berlin 2002, S. 205 ff.

[48] Vgl. Frowein, Jochen, Die politische Betätigung der Beamten, Tübingen 1967.

teilichkeit" ausgewirkt haben.[49] In Großbritannien mag es nach der Professionalisierung des öffentlichen Dienstes zu einer Harmonisierung der Wertvorstellungen von Exekutivpolitikern und Beamtenschaft und zu einer gleichgesinnten Zusammenarbeit gekommen sein, die das Bild einer „civil service impartiality" als Voraussetzung für den Politikvollzug der jeweils demokratisch legitimierten Regierung geprägt haben.[50] Indessen gibt es genügend Narrationen eines „Yes Minister", in denen die Staatsbürokratie den Willen des Exekutivpolitikers konterkariert, selbst aus so bürokratischen Wertungen heraus wie: „Wir sind wir; da könnte ja jeder kommen; das haben wir immer so gemacht". Insbesondere in der Ministerialverwaltung wird deutlich, dass der Verwaltungsmann, die Verwaltungsfrau in Geschäften öffentlicher Angelegenheiten nicht der Teil-Rolle eines Homo politicus entgeht.[51]

Entsprechend ändert das unterschiedliche Vorverständnis als Hilfsorgan der Regierung bzw. „Pouvoir neutre" im Staat nichts daran, dass die Abgrenzung von Verwaltung und Politik im spezifischen Sinne durch Verhaltensgebote und Zurückhaltungsregeln verfestigt werden muss. Die staatsbürgerliche Stellung des Beamten schließt es ein, dass ihm das aktive Wahlrecht zusteht. Hingegen gilt zum passiven Wahlrecht die Unvereinbarkeit von Verwaltungsamt und Abgeordnetenmandat. In Deutschland hat sich im 19. Jahrhundert der Grundsatz durchgesetzt, Beamten den Zutritt zu den Volksvertretungen zu gewähren. Damit war eine Reihe von Einzelfragen verknüpft: Wählbarkeit am Tätigkeitsort, staatliche Genehmigung, Beförderung, Gehalt, Kosten der Vertretung usw. Zwei Erfahrungen gelten bis heute: Die Beamtenschaft stellt einen überrepräsentativen Teil der Abgeordneten und Beamte lassen sich als Parlamentarier nicht einfach auf die amtierende Regierung verpflichten.[52] Im internationalen Vergleich zeigt sich als Regel, dass der Beamte den öffentlichen Dienst verlassen muss, wenn er ein Abgeordnetenmandat übernimmt.[53]

Unterschiedlich restriktiv wird die politische Betätigung öffentlicher Bediensteter unterhalb des Grenzwechsels zur Volksvertretung behandelt. Die

---

[49] Vgl. Bracher, Karl Dietrich, Die Auflösung der Weimarer Republik, 5. Aufl., Düsseldorf 1971, S. 157 ff.

[50] Vgl. Kingsley, Donald, Representative Bureaucracy, Yellow Springs, Ohio 1944.

[51] Vgl. Petersen, Thomas/Faber, Malte, Bedingungen erfolgreicher Umweltpolitik im deutschen Föderalismus. Der Ministerialbeamte als Homo Politicus, in: Zeitschrift für Politikwissenschaft 2000, S. 5 ff.

[52] Vgl. Jeserich, Kurt G. A., Die Entwicklungen des öffentlichen Dienstes 1871-1918, in: ders. u. a., Deutsche Verwaltungsgeschichte, Band 3, Das Deutsche Reich bis zum Ende der Monarchie, Stuttgart 1984, S. 645 ff.

[53] Vgl. Niedobitek, Matthias, Das Recht des öffentlichen Dienstes in den Mitgliedstaaten der Europäischen Gemeinschaft – Rechtsvergleichende Analyse, in: Siegfried Magiera/Heinrich Siedentopf (Hrsg.), Das Recht des öffentlichen Dienstes in den Mitgliedstaaten der Europäischen Gemeinschaft, Berlin 1994, S. 11 ff.

bloße Mitgliedschaft in einer politischen Partei ist nur ausnahmsweise nicht erlaubt.[54] Insbesondere für Großbritannien wird eine strikte Handhabung der politischen Neutralität betont. Charakteristisch ist, dass die politische Betätigung der Staatsbediensteten nach Stellung und Funktion begrenzt ist. Drei Statusgruppen sind insoweit gebildet: einfache Ränge, die in ihren politischen Aktivitäten frei sind, indessen den Inkompatibilitätsregeln unterworfen bleiben; höhere Ränge, die von der politischen Betätigung auf nationaler Ebene prinzipiell ausgeschlossen sind; dazwischen Ränge, die berechtigt sind, sich mit Erlaubnis politisch zu betätigen.[55] In Deutschland gilt die dienstrechtliche Regel, dass der Beamte bei politischen Betätigungen diejenige Mäßigung und Zurückhaltung zu wahren hat, die sich aus seiner Stellung gegenüber der Gesamtheit und aus Rücksicht auf die Pflichten seines Amtes ergibt. Diese Regel bedarf jeweils der Konkretisierung, etwa zur politischen Agitation im Dienst, zur Teilnahme am Wahlkampf, zur politischen Betätigung im Ausland usw. bis hin zum Tragen von politischen Meinungsplaketten in den Amtsräumen.[56]

Jenseits solcher Spannungslagen der demokratischen Verwaltung stellt sich die Frage nach der Verfassungstreue der Beamten. Die Pflicht zur Verfassungstreue findet sich im Recht von Ländern wie Griechenland oder Spanien, allerdings unterhalb der Anforderung eines aktiven Eintretens für die Verfassung.[57] Sie hat in Deutschland angesichts der Erfahrungen der Weimarer Republik mit dem Nationalsozialismus und der DDR mit dem realen Sozialismus besondere Bedeutung. Das führte in den 1970er Jahren zu Extremisten-Beschlüssen und heftigen politischen und wissenschaftlichen Kontroversen.[58] Die europäischen Nachbarn der Bundesrepublik schienen es für die pluralistische Demokratie unangemessen zu halten, politische Extremisten einer diskriminierenden Behandlung im öffentlichen Dienst zu unterwerfen. Die deutsche Position umreißt heute das Beamtenrecht mit der Vorschrift, dass der Beamte sich durch sein gesam-

---

[54] Vgl. Gallagher, John/Dooney, Sean, Das Recht des öffentlichen Dienstes in Irland, in: Siegfried Magiera/Heinrich Siedentopf (Hrsg.), Das Recht des öffentlichen Dienstes in den Mitgliedstaaten der Europäischen Gemeinschaft, Berlin 1994, S. 435 ff.

[55] Vgl. Johnson, Nevil, Das Recht des öffentlichen Dienstes in Großbritannien, in: Siegfried Magiera/Heinrich Siedentopf (Hrsg.), Das Recht des öffentlichen Dienstes in den Mitgliedstaaten der Europäischen Gemeinschaft, Berlin 1994, S. 345 ff.

[56] Vgl. Frowein, Jochen, Die politische Betätigung der Beamten, Tübingen 1967; Hagenah, Astrid, Die Pflicht von Beamten zur Zurückhaltung bei politischer Tätigkeit und öffentlichen Äußerungen, Frankfurt a. M. u. a. 2002.

[57] Vgl. Niedobitek, Matthias, Das Recht des öffentlichen Dienstes in den Mitgliedstaaten der Europäischen Gemeinschaft – Rechtsvergleichende Analyse, in: Siegfried Magiera/Heinrich Siedentopf (Hrsg.), Das Recht des öffentlichen Dienstes in den Mitgliedstaaten der Europäischen Gemeinschaft, Berlin 1994, S. 11 ff.

[58] Vgl. Böckenförde, Ernst-Wolfgang, Rechtsstaatliche politische Selbstverteidigung als Problem, in: ders. u. a. (Hrsg.), Extremisten und öffentlicher Dienst, Baden-Baden 1981, S. 9 ff.; Stern, Klaus, Zur Verfassungstreue der Beamten, München 1974.

tes Verhalten zu der freiheitlichen demokratischen Grundordnung im Sinne des Grundgesetzes bekennen und für deren Erhaltung eintreten muss. Das ist eine äußerst voraussetzungsvolle Formel, die auf einem unveräußerlichen Verfassungsbestand, der streitbaren Demokratie, aktiven Identifikationen und wohl auch auf einer funktionsgerechten Definition des Beamtentums aufbaut. Die Alternative ist nicht, Feinde der Verfassung einfach in den Staatsdienst hineinzulassen. Das geschieht auch in Ländern nicht, die nicht aus abstrakt-generellen Vorgaben deduzieren. Vielmehr wird hier in funktionell-amtsbezogener Weise das Sicherheitsrisiko bewertet. Bezeichnend sind funktionsspezifische Sicherheitsprüfungen, nach denen Mitgliedern extremistischer Bewegungen und Parteien bestimmte Verwaltungspositionen verschlossen bleiben. Die Kriterien des politischen Extremismus sind einfacherer Art, wenn es um strafbare Handlungen und Gewalt, schwieriger, wenn es um Gesinnungen und einfache Organisationsmitgliedschaft geht. Weniger Transparenz, weniger vorprogrammierte Vorgehensweisen bedeuten nicht, dass man mit den Gefahren, die von Feinden der Freiheit und Demokratie ausgehen, mit leichter Hand umgeht. Die Identifikation von Sicherheitsrisiken hängt allerdings jeweils mit der Verwaltungsgeschichte und ihren Nachwirkungen sowie aktuellen Erfahrungen zusammen. So ist zu verstehen, dass zu Großbritannien gesagt wird, die Mitgliedschaft in einer kommunistischen Partei stelle generell ein Sicherheitsrisiko dar.[59]

Angesichts der Traditionslinien des deutschen Beamtentums, den Verwaltungsdienst als „unpolitisch" anzusehen, hat man die Entwicklung in der Bundesrepublik Deutschland als Einstellungswandel vom „klassischen" zum „politischen Bürokraten" begriffen.[60] Für die Nachkriegsjahre wurde zumindest noch Indifferenz gegenüber der Demokratie angenommen.[61] Nachwirkende Gesinnungen einer unpolitischen Grundhaltung und größerer Distanz zur Politik wurden noch lange vermutet.[62] Demgegenüber belegen international vergleichende Studien, dass die Verwaltungselite in Deutschland bereits an der Schwelle zu den 1970er Jahren eine überdurchschnittliche Aufgeschlossenheit gegenüber den politischen Anforderungen einer Demokratie aufweist. Entsprechend wird der Großteil der höheren Beamtenschaft dem Typus des „politi-

---

[59] Vgl. Tomuschat, Christian, Rechtsvergleichende Analyse – „Der öffentliche Dienst im Spannungsverhältnis zwischen politischer Freiheit und Verfassungstreue. Standards für die Behandlung politischer Extremisten ist Westeuropa", in: Ernst-Wolfgang Böckenförde u. a. (Hrsg.), Extremisten und öffentlicher Dienst, Baden-Baden 1981, S. 647 ff.

[60] Vgl. Steinkemper, Bärbel, Klassische und politische Bürokraten in der Ministerialverwaltung der Bundesrepublik Deutschland, Köln u. a. 1974.

[61] Vgl. Czerwick, Edwin, Die „Demokratisierung" des Verwaltungspersonals in der Bundesrepublik Deutschland, in: Verwaltungsrundschau 2001, S. 45 ff.

[62] Vgl. Ellwein, Thomas/Zoll, Ralf, Berufsbeamtentum – Anspruch und Wirklichkeit, Düsseldorf 1973, S. 157.

schen Bürokraten" zugeordnet.[63] Danach wird für die hiesige Ministerialbürokratie hohe politische Sensibilität und Zufriedenheit mit den politischen Aspekten der Arbeit verzeichnet. Wenige Jahre nach der deutschen Wiedervereinigung scheinen auch die zwischen West und Ost bestehenden Einstellungsunterschiede eingeebnet zu sein. Die Unterscheidung von „klassischen" und „politischen" Bürokraten trägt in einer vom Generationswechsel geprägten öffentlichen Verwaltung in Deutschland nicht mehr.[64] Die andere Seite politischer Sensibilisierung ist der hohe Grad der Parteipolitisierung des öffentlichen Dienstes in Deutschland. Politisierung und politische Patronage sind nicht nur Phänomene von Entwicklungs-[65] und Transformationsländern.[66] Sie lassen sich in unterschiedlichen Ausformungen auch in modernen Verwaltungsstaaten beobachten, wobei umgekehrt die „Bürokratisierung" der Politiker beachtet werden muss.[67] Lange Zeit galten die Vereinigten Staaten von Amerika als das Land mit der ausgeprägtesten Politisierung des Verwaltungsdienstes.[68] Bei dem hohen Organisationsgrad politischer Parteien und deren Einfluss in den verschiedenen Lebensbereichen Deutschlands rückt die parteipolitische Patronage im Staatsdienst der Bundesrepublik in den Vordergrund. Die zunehmende Parteipolitisierung im Sinne der Mitgliedschaft von Inhabern administrativer Ämter in politischen Parteien ist in Deutschland ein Faktum.[69] Mögen empirische Befunde auf diesem Feld schwer fallen, so weisen doch die verfügbaren Daten[70] wie teilnehmende Beobachtung und informelle Befragungen in diese Richtung. Insbesondere in der Ministerialverwaltung steigt die Zahl der Parteimitglieder über die Jahre, so dass selbst öffentliche Bedienstete, von denen man annehmen mag, dass sie von der Ämterpatronage profitiert haben, den Stand der Parteipolitisierung beklagen. Zu den Verwaltungseliten wird angesichts der

---

[63] Vgl. Putnam, Robert D., Die politischen Einstellungen der Ministerialbeamten in Westeuropa, in: Politische Vierteljahresschrift 1976, S. 25 f.

[64] Vgl. Holtmann, Everhard, Vom „klassischen" zum „politischen" Bürokraten? Einstellungen und Einstellungswandel im öffentlichen Dienst in Deutschland seit 1945, in: Eckhard Jesse und Konrad Löw (Hrsg.), 50 Jahre Bundesrepublik Deutschland, Berlin 1999, S. 101 ff.

[65] Vgl. Burns, John P./Bowornwathana, Bidhya (Hrsg.), Civil Service Systems in Asia, Cheltenham u. a. 2001.

[66] Vgl. Verheijen, Tony (Hrsg.), Civil Service Systems in Central and Eastern Europe, Cheltenham u. a. 1999.

[67] Vgl. Bekke, Hans A. G. M./van der Meer, Frits M., Civil Service Systems in Western Europe, Cheltenham u. a. 2000.

[68] Vgl. Mosher, William E. u. a., Public Personnel Administration, 3. Aufl., New York 1950, S. 57 ff.

[69] Vgl. Derlien, Hans-Ulrich, Soziale Herkunft und Parteibindung der Beamtenschaft. Ein Beitrag zum Politisierungsproblem, in: Der Bürger im Staat 36, 1986, S. 39 ff.

[70] Vgl. Bürklin, Wilhelm u. a., Eliten in Deutschland: Rekrutierung und Integration, Opladen 1997.

Einflussmuster des Parteipolitischen die Frage aufgeworfen, ob es zu einer „Hybridisierung" der Personalverhältnisse in der Regierung und im Ministerialbereich kommt.[71]

Stellt man die „Parteibuchbürokratie" in die Mitte der Politisierung des Staatsdienstes[72], so muss man nach den Funktionen der Parteimitgliedschaft der Beamten für diese selbst einerseits und für die Politiker, insbesondere die Exekutivpolitiker andererseits fragen. Für die Bediensteten selbst kommen zwei Funktionen ins Blickfeld: Zum einen kann man parteipolitische Intentionen mit dem Verwaltungsgeschäft verbinden; zum anderen kann man die Verbesserung der Karrierechance im Auge haben. Beide Fälle sind beobachtbar. Allerdings ist der politische Parteigänger, der aktiv die Verwaltung nach parteilichen Zwecken zu beeinflussen sucht, eher selten anzutreffen. Ein Indikator für eine solche Haltung sind parteipolitische Aktivitäten außerhalb des Dienstes, insbesondere Ämter in der Parteiorganisation. Das ist aber der Ausnahmefall.[73] Politisierende Beamte stehen nicht ohne weiteres bei Exekutivpolitikern der gleichen Farbe in Gunst. Minister pflegen das Monopol für das Politische im Ressort zu behaupten. Einem „vorauseilenden Gehorsam" im Parteipolitischen pflegen sie zurückhaltend gegenüberzustehen. Wenn man hiernach die Mehrheit der Parteibuchbürokratie dem Karrieretypus zuzurechnen hat, dann bedeutet das nicht zwangsläufig Pflichtenopportunismus. Nicht nur der Eintritt in die Partei erfolgt meistens nach ideologischen Präferenzen. Die Beamten wechseln auch ihre Parteizugehörigkeit in der Regel nicht, wenn es zu einer parteilich geänderten Regierungskonstellation kommt. Insgesamt scheinen sich freilich Karriereerwartungen, die mit dem Parteibuch verbunden sind, verfestigt zu haben, obwohl es die Konkurrenz der gleichen politischen Farbe, den Widerstand von Personalräten, die Bevorzugung von Günstlingen, die Konkurrentenklage und letztlich den Regierungswechsel zur anderen Partei gibt.

Auf der politischen Seite, insbesondere der der Exekutivpolitiker, ist zwischen Versorgungspatronage und Loyalitätspatronage zu unterscheiden.[74] Bei vormodernen Verwaltungsverhältnissen ist die Versorgungspatronage Bestandteil eines Klientelismus. In modernen Verwaltungen stößt sie auf begrenzte

---

[71] Vgl. Mayntz, Renate/Derlien, Hans-Ulrich, Party Patronage and Politication of the West German Administrative Elite 1970 – 1988 – Toward Hybridization?, in: Governance 1989, S. 384 ff.

[72] Vgl. Dyson, Kenneth, Party, State and Bureaucracy in Western Germany, Beverly Hills Ca. 1977.

[73] Vgl. Mayntz, Renate/Derlien, Hans-Ulrich, Party Patronage and Politication of the West German Administrative Elite 1970 – 1988 – Toward Hybridization?, in: Governance 1989, S. 384 ff.

[74] Vgl. Lorig, Wolfgang H., Modernisierung des öffentlichen Dienstes. Politik und Verwaltungsmanagement in der bundesdeutschen Parteiendemokratie, Opladen 2001, S. 185 ff.

rechtliche Möglichkeiten, weniger günstige Finanzausstattungen, öffentliche Kritik. Sie ist entsprechend ein eher seltener Fall. Freilich kommt es vor, dass es ein verdienter Parteifreund beim Ausscheiden aus dem Parlament zum Botschafter bringt. Anders ist die Loyalitätspatronage zu beurteilen. Der Exekutivpolitiker wird sich mit Personen seines Vertrauens umgeben, nicht nur in seinem persönlichen Büro, bei Beamten in Spitzenpositionen, sondern auch in Schlüsselstellungen der Linie, etwa einem Personalreferat. Er hat dazu vielfältige legale Möglichkeiten. Die gemeinsame Parteizugehörigkeit schafft Vertrauen und reduziert die Komplexität der Regierungs- und Verwaltungsgeschäfte für ihn. Freilich erweist sich die bloße Parteimitgliedschaft in der Regel nicht als zureichendes Kriterium für ein Amt. Eine Vielfalt anderer Merkmale wird berücksichtigt bis hin zur regionalen Herkunft und nicht zuletzt fachlichen Qualifikation, sozialen Kompetenz, Belastbarkeit. Exekutivpolitiker intendieren mit der parteilichen Ämterbesetzung eine vertraute Umwelt, nicht aber die Verdoppelung ihrer eigenen Verhaltensmuster. Entsprechend ist es in Deutschland nicht zu einer Hybridisierung von administrativen und spezifisch politischen Rollen gekommen. Machtpolitik, sachpolitische Orientierung, Expertise, Fertigkeiten im Amt usw. werden von Beamten in Spitzenpositionen und Exekutivpolitikern unterschiedlich perzipiert.[75]

Die Parteipolitisierung des Verwaltungsdienstes in Deutschland ist ein widersprüchliches Phänomen. Deswegen helfen einfache Kritiken wenig. In vielen Aspekten ist die Parteipolitisierung funktional. Gegenüber bürokratischer Verselbständigung akzentuiert sie das Primat der Politik. Gegenüber Fehlinterpretationen des „Unpolitischen" bestärkt sie politische Sensibilität. In der Parteiendemokratie sichert sie funktionale Arbeitsbeziehungen. Im politischen Mehrebenensystem schafft sie vertikale und horizontale Kommunikationsnetze. Vielerorts leistet sie das, was man nach einem Verständnis der Verwaltung nicht als „Pouvoir neutre", sondern als Hilfsorgan der Regierung erwartet[76], freilich unter der Voraussetzung des parteipolitischen Gleichklangs. Kommt es zu einer anderen parteipolitischen Konstellation, werden die Dysfunktionen deutlich: Minister, die Fremde im eigenen Ressort sind; Exekutivpolitiker, die sich zu einer Strategie des Misstrauens gezwungen sehen; Ministeriale, die gegen das neue Regierungsprogramm handeln oder sich in die innere Emigration begeben; Beamte, die in ihren berechtigten Karriereerwartungen enttäuscht werden usw.

---

[75] Vgl. König, Klaus, Politiker und Beamte. Zur personellen Differenzierung im Regierungsbereich, in: Karl-Dietrich Bracher u. a. (Hrsg.), Staat und Parteien, Berlin 1992, S. 107 ff.

[76] Vgl. Götz, Klaus H., The Development and Current Features of the German Civil Service System, in: Hans A. G. M. Bekke/Frits M. van der Meer (Hrsg.), Civil Services in Western Europe, Cheltenham u. a. 2000, S. 161 ff.

8. Kapitel: Öffentlicher Dienst und Verwaltungspersonal

Nimmt man die Kritik der Parteipolitisierung des Verwaltungsdienstes seitens der Wissenschaft, der Massenmedien wie auch der Politiker und Beamten selbst zusammen, so scheint in Deutschland eine Schwelle überschritten zu sein, bei der die Nachteile die Vorteile überwiegen. Erklärungsversuche zur politischen Patronage weisen auf Defizite im Parteienwettbewerb, historisch-formative Phasen der Massendemokratisierung, Pfade der modernen Staatsbildung hin.[77] Abhilfe gegen übermäßige Parteipolitisierung ist schwer zu finden. Der Wechsel zum angelsächsischen Civil Service mit seinen Neutralisierungsstrategien[78] würde den Übergang zu einer anderen Verwaltungskultur bedeuten, und zwar eben nicht zu einem „Pouvoir neutre". Weiter wäre darauf zu achten, wie sich in Großbritannien der Systemwechsel von der alten Whitehall-Administration zum New Public Management vollzieht. Es bleibt die Vielfalt systemimmanenter Reformvorschläge: Verbot der Parteimitgliedschaft, direktdemokratische Personalwahl, Verstärkung „unabhängiger Stellen", Ausbau der Konkurrentenklage, Verbesserung des personalpolitischen Instrumentariums usw.[79] bis zur „bipartisan" Lösung einer paritätischen Stellenbesetzung nach bestehenden parteipolitischen Richtungen zur Neutralitätswahrung.[80] Für die Funktionsfähigkeit der öffentlichen Verwaltung ist in den deutschen Laufbahnstrukturen die Rekrutierung für das Eingangsamt Schlüsselgröße. Aus dem parteipolitischen Druck ist zu verstehen, dass sich deutsche Personalverwaltungen oft auf Einstellungen nach formellen Maßgaben zurückgezogen haben, also von Prädikatsnoten in Staatsexamina, insbesondere als Ergebnis der Zweiten juristischen Staatsprüfung ausgehen. Solche Prädikate sagen aber mehr über intellektuelle Fähigkeiten, weniger über soziale Kompetenz, Durchsetzungsfähigkeit, politische Sensibilität und weitere Qualifikationen aus, wie sie im Verwaltungsdienst erforderlich sind. Auch in den Vereinigten Staaten von Amerika hat man unter anderen Rahmenbedingungen auf parteipolitischen Einfluss mit formalen Rekrutierungsmechanismen geantwortet, die freilich auch kritisch betrachtet werden.[81] Im Grunde könnte eine substantielle, transparente, von Anforderungsstandards geprägte Eintrittsprüfung durch unabhängige Kommissionen noch zuerst die personelle Qualität des Verwaltungsdienstes sichern und

---

[77] Vgl. Manow, Philip, Was erklärt politische Patronage in Ländern Westeuropas?, in: Politische Vierteljahresschrift 2002, S. 20 ff.

[78] Vgl. Wahl, Rainer, Ämterpatronage – ein Krebsübel der Demokratie?, in: Hans Herbert von Arnim (Hrsg.), Die deutsche Krankheit: Organisierte Unverantwortlichkeit?, Berlin 2005, S. 107.

[79] Vgl. von Arnim, Hans Herbert, Ämterpatronage durch politische Parteien, Wiesbaden 1980.

[80] Vgl. Püttner, Günter, Zur Neutralitätspflicht des Beamten, in: Klaus König u. a. (Hrsg.), Öffentlicher Dienst, Köln u. a. 1977, S. 383 ff.

[81] Vgl. Carnevale, David G./Housel, Steven, Recruitment of Personnel, in: Jack Rabin u. a. (Hrsg.), Handbook of Public Personnel Administration, New York u. a. 1995, S. 241 ff.

den so ausgewiesenen Beamten vor den politischen Risiken seiner Karriere absichern.

Dass man beim Beamten als Staatsbürger die Parteimitgliedschaft akzeptiert, bedeutet nicht, das Neutralitätsprinzip des Verwaltungsdienstes aufzugeben. Der Verwaltungsmann, die Verwaltungsfrau bleiben Diener der Gesamtheit, des ganzen Volkes, des Allgemeinwohls, nicht einer Partei. Das Neutralitätsprinzip gehört zu den Grundvoraussetzungen einer Ausdifferenzierung der Wahrnehmung öffentlicher Angelegenheiten durch die Politik einerseits und die Verwaltung andererseits, sei diese Hilfsorgan, „Pouvoir neutre" oder anderes. Die Ablösung des Neutralitätsgrundsatzes durch ein Prinzip parteipolitischer Beute würde nichts anderes als eine parteipolitische Organisation hervorbringen. Das gilt auch für die faktische Übermächtigung der öffentlichen Verwaltung durch Parteipolitisierung. Die Bindung des Verwaltungsdienstes an die Gesamtheit, das Allgemeininteresse, das Allgemeinwohl bietet keine Rezepte gegen parteipolitischen Missbrauch der Loyalität. Das Allgemeininteresse meint einen Richtungsbegriff, der eigene Fragen des Verwaltungsdienstes zu öffentlichen Angelegenheiten rechtfertigt und eigene Begründungspflichten zu öffentlichen Vorgängen voraussetzt.[82] Mit eigenen Rechtfertigungs- und Begründungsmechanismen wird die Systemrationalität der modernen Verwaltung gegenüber der spezifisch politischen Sphäre gesichert.

II. Status des Verwaltungsdienstes

1. Öffentlicher Dienst und Beamtentum

Wenn die öffentliche Verwaltung dasjenige soziale Teilsystem ist, das Entscheidungen über die verbindliche Allokation öffentlicher Güter und Dienstleistungen einerseits für die Exekutivpolitik und die Legislative vorbereitet, andererseits und quantitativ überwiegend in der Implementation konkretisiert, dann ist der Verwaltungsdienst das personelle Substrat eben dieser gesellschaftlichen Sphäre. Ein ebenfalls funktionales Verständnis findet man im Grundgesetz für die Bundesrepublik Deutschland. Hier ist bestimmt, dass die Ausübung hoheitsrechtlicher Befugnisse als ständige Aufgabe in der Regel Angehörigen des öffentlichen Dienstes zu übertragen ist, die in einem öffentlich-rechtlichen Dienst- und Treueverhältnis stehen (Art. 33). Dieser Funktionsvorbehalt ist im internationalen Vergleich eine konstitutionelle Ausnahme.[83] Die Reichweite

---

[82] Vgl. Morstein Marx, Fritz, Das Dilemma des Verwaltungsmannes, Berlin 1965, S. 82 ff.

[83] Vgl. Jachmann, Monika, Art. 33, in: Christian Starck (Hrsg.), Das Bonner Grundgesetz, Band 2, München 2000, S. 1010 ff.

hoheitsrechtlicher Befugnisse bedarf weiterer Bestimmungen.[84] Indessen muss man sich auch bei rechtsdogmatischer Betrachtung[85] darüber Rechenschaft geben, dass solche Vorbehalte gruppenspezifische Implikationen haben. Ein Polizist, der den Straßenverkehr regelt, ist hoheitlich tätig. Überträgt man ihm einen anderen Dienstposten, auf dem er Verkehrsstatistiken zu führen hat, bedeutet das nicht einen Statuswechsel.

Der Funktionsvorbehalt zur Ausübung hoheitsrechtlicher Befugnisse ist ein Beamtenvorbehalt. Er löst im deutschen Falle etwa die Kontroverse aus, ob Lehrer nur noch aus historischen Gründen Beamte sind oder ob ihre Tätigkeit wegen Staatsrepräsentanz, Entscheidungscharakter, Grundrechtsrelevanz der Sphäre hoheitsrechtlicher Befugnisse zuzuordnen ist.[86] Das Erkenntnisinteresse der Verwaltungswissenschaft richtet sich demgegenüber auf den Verwaltungsdienst als Funktionsgruppe. Die Operationalisierung des Verwaltungsdienstes in praktikable Teilgruppen findet heute insbesondere im Rahmen der europäischen Integration statt. Der Vertrag zur Gründung der Europäischen Gemeinschaft enthält das Gebot der Freizügigkeit von Arbeitnehmern in der Europäischen Union (Art. 39), die Abschaffung jeder auf der Staatsangehörigkeit beruhenden unterschiedlichen Behandlung der Arbeitnehmer der Mitgliedstaaten in Bezug auf Beschäftigung, Entlohnung und sonstige Arbeitsbedingungen, Bewerbungsfreiheit, Bewegungsfreiheit, Aufenthaltsfreiheit usw. Vom Gebot der Freizügigkeit in der Gemeinschaft ist die Beschäftigung in der öffentlichen Verwaltung ausgenommen. Das wird damit begründet, dass Stellen in der öffentlichen Verwaltung ein Verhältnis besonderer Verbundenheit des jeweiligen Stelleninhabers zum Staat sowie eine Gegenseitigkeit der Rechte und Pflichten voraussetzen, die dem Staatsangehörigkeitsband zugrunde liegen. Dieser Respekt vor der traditionellen nationalstaatlichen Definition öffentlicher Verwaltung in der Moderne berücksichtigt jedoch nicht jede historische Eigenentwicklung in den Mitgliedstaaten, sondern bezieht sich auf die Tätigkeiten von Stellen, die mit der Ausübung hoheitlicher Befugnisse und mit der Verantwortung für die Wahrnehmung der allgemeinen Belange des Staates oder anderer öffentlicher Körperschaften betraut sind. Entsprechend folgt die Spezifizierung des Verwaltungsdienstes nicht nach nationalem Verständnis, sondern in funktionaler Weise je nach Aufgaben und Verantwortlichkeiten. Positiv werden folgende Teilbereiche genannt[87]: Polizei und sonstige Ordnungskräfte, Steuerverwaltung,

---

[84] Vgl. Leitges, Konrad, Die Entwicklung des Hoheitsbegriffs in Art. 33 Abs. 4 des Grundgesetzes, Frankfurt a. M. u. a. 1998.
[85] Vgl. Strauß, Thomas, Funktionsvorbehalt und Berufsbeamtentum, Berlin 2000.
[86] Vgl. Denninger, Eberhard/Frankenberg, Günter, Grundsätze zur Reform des öffentlichen Dienstrechts, Baden-Baden 1997, S. 19 ff.
[87] Vgl. Bossaert, Danielle u. a., Der öffentliche Dienst im Europa der Fünfzehn, Maastricht 2001, S. 59 ff.

Diplomatie, Stellen in der Zuständigkeit der staatlichen Ministerien, Stellen in der Zuständigkeit der Regionalregierungen, Stellen in der Zuständigkeit der Gebietskörperschaften, Zentralbanken, sonstige öffentliche Einrichtungen, in denen die Ausübung der Beschäftigung die Wahrnehmung hoheitlicher Befugnisse beinhaltet. Nicht ausgenommen sind indessen Bereiche der Versorgung mit Gütern wie öffentliches Verkehrswesen, Energieversorgung usw., Einrichtungen des öffentlichen Gesundheitswesens, Bildungseinrichtungen, Forschungsanstalten usw.

Die Mitgliedstaaten der Europäischen Union haben ihrerseits die Stellen im öffentlichen Dienst mit Staatsangehörigkeitsvorbehalt spezifiziert. Im deutschen Falle zählen dazu weite Bereiche von Amtsinhabern bei der Ministerialverwaltung, bei der Außenvertretung, bei der Mitwirkung bei der Gesetzgebung, bei der Wahrnehmung von Sicherheitsinteressen, bei der Eingriffsverwaltung, bei den Aufsichts- und Kontrollbehörden und neben anderen mehr auch Amtsinhaber, die Entscheidungen in Querschnittsbereichen von Personal, Haushalt, Organisation, also der Verwaltung der Verwaltung treffen. Insgesamt wird deutlich, dass es nicht um individualisierte Einzelstellen geht, sondern um organisationsbezogene Stellengruppen. Da es sich aber um Ausnahmen vom Gebot der Freizügigkeit von Arbeitnehmern handelt, steht die Verwendung von Personen und dann Personengruppen zur Diskussion. Solche Personengruppen erinnern an die Vorbehalte, die auch Verfechter der Rücknahme des Beamtentums in das allgemeine Arbeitsrecht und der Einführung eines allgemeinen Dienstrechts nennen, also früher etwa das Konzept, die Stellung von Polizeibeamten oder Steuerbeamten und ähnlichen Gruppen durch besonderes Gesetz zu regeln[88], oder heute der Gedanke, Diplomatischen Dienst, Finanz- und Zollverwaltung, innere und äußere Sicherheit einschließlich Katastrophenschutz und Feuerwehr, Leitungsfunktionen in obersten Bundes- und Landesbehörden als Sonderbereich aus einem neuen einheitlichen Beschäftigungsstatus herauszunehmen.[89]

Die weitere Differenzierung von Funktionsgruppen öffentlicher Verwaltung vermittelt Anschauungen dazu, welches Personal mit der verbindlichen Allokation öffentlicher Güter und Dienstleistungen befasst und so einem professionellen Verwaltungsdienst zuzurechnen ist. Es geht nicht nur um die Eingriffsver-

---

[88] Vgl. Schäfer, Friedrich, Empfiehlt es sich, das Beamtenrecht unter Berücksichtigung der Wandlungen von Staat und Gesellschaft neu zu ordnen?, in: Verhandlungen des 48. Deutschen Juristentages, Band II, München 1970, S. 31.

[89] Vgl. Innenministerium des Landes Nordrhein-Westfalen, Zukunft des öffentlichen Dienstes – öffentlicher Dienst der Zukunft, Bericht der von der Landesregierung Nordrhein-Westfalen eingesetzten Kommission, Düsseldorf 2003, S. 147; Bull, Hans-Peter, Vom Staatsdiener zum öffentlichen Dienstleister, Berlin 2006.

waltung. Ordnungs- und Sicherheitsleistungen im Verkehr, im Gewerbe, im Umweltschutz usw. sind aus der Sicht allokativen Entscheidungsgeschehens genau so relevant wie Subventionen, Sozialhilfen, Bildungszuschüsse usw. Die moderne Verwaltung ist Verwaltung im Sozialstaat. Entscheidungsträger in den Ministerien, ob in Entscheidungen vorbereitenden oder diese implementierenden Funktionen zählen zum Verwaltungsdienst. Entsprechendes gilt für Personengruppen, die negative Allokationsentscheidungen treffen, etwa Steuerbeamte. Wie freilich der Beamtenvorbehalt ein Regelvorgang ist und es auch Angestellte im öffentlichen Dienst gibt, so ist der professionelle Verwaltungsdienst die Regel im modernen Staat, und zwar mit Abweichungen in zwei Richtungen. Mit der ehrenamtlichen Verwaltung etwa in den Kommunen gibt es zum einen Ausnahmen von der Berufsmäßigkeit. Da es zum anderen traditionell Unternehmen und Privatpersonen gibt, die mit der hoheitlichen Wahrnehmung bestimmter öffentlicher Aufgaben und einschlägiger Entscheidungen betraut sind und die Tendenz zur Verbindung von Öffentlichen und Privaten zur partnerschaftlichen Wahrnehmung öffentlicher Aufgaben eher zunimmt, greifen Verwaltungsangelegenheiten auch insoweit über einen professionellen Verwaltungsdienst hinaus.

Wiederum wie beim Beamtenvorbehalt führt auch das funktionale Verständnis des Verwaltungsdienstes nicht zu einer direkten Verknüpfung von Personal und Organisation im institutionellen Sinne. Mitgliedschaftsrollen müssen strukturell vermittelt werden. Es sind Personalstrukturen, die die Verbindung des Verwaltungsdienstes mit der öffentlichen Verwaltung herstellen. Dabei sind die strukturellen Regulative wie beim Beamtenrecht von funktionalen Anforderungen geprägt. Es geht um die Legitimation aus der Aufgabenerfüllung.[90] Die Mitgliedschaft in der öffentlichen Verwaltung hat weit reichende Folgen für das Verwaltungssystem wie seine soziale Umwelt mit Einschluss des Verwaltungsbediensteten selbst. Deswegen pflegen solche Zugehörigkeiten hoch formalisiert zu sein. In der rechtsstaatlichen Verwaltung ist es dann die Rechtsförmlichkeit, die die erforderliche Transparenz der Personalverhältnisse sichert. Der öffentliche Dienst bietet allerdings in den verschiedenen Territorialstaaten mit jeweils unterschiedlicher Geschichte ein so vielfältiges Bild[91], dass die funktionale Rückfrage nach der verbindlichen Allokation öffentlicher Güter und Dienstleistungen relevant bleibt.

Die Formenvielfalt von Personalstrukturen in Staat und Verwaltung tritt hervor, wenn man sich der rechtlichen Zuordnung von Verwaltungsmitgliedschaf-

---

[90] Vgl. Leisner, Walter, Legitimation des Berufsbeamtentums aus der Aufgabenerfüllung, Bonn 1988.
[91] Vgl. Ziller, Jacques, Das öffentliche Dienstrecht aus der Perspektive der vergleichenden Verwaltungswissenschaft, in: Die Öffentliche Verwaltung 2006, S. 233 ff.

ten aus der Sicht „unorthodoxer" Beschäftigung im öffentlichen Dienst nähert[92], also etwa die Frage der temporären Beschäftigung aufwirft. In Japan werden allein vier Kategorien von Mitarbeitern mit befristeten Kontrakten verzeichnet.[93] Für Kanada wird auf unterschiedliche Zeitbezüge – saisonal, kurzzeitig, langzeitig, gelegentlich – verwiesen.[94] In einigen Ländern kann ein Wachstum temporärer Beschäftigung im öffentlichen Sektor beobachtet werden.[95] In anderen Ländern wie den USA trifft es nicht zu.[96]

Stellt man solchen Beschäftigungsverhältnissen die „Orthodoxie" im öffentlichen Dienst gegenüber, dann sind es das Beamtentum, die Fonction publique, der Civil Service, die zwar mit unterschiedlicher Ausgestaltung je nach Tradition aber in der Grundlinie eines „permanent Civil service" den strukturellen Kernbereich des Verwaltungspersonals ausmachen. Selbst in einem Land mit dem historischen Vorverständnis einer Abwendung von den alten europäischen Staatsbürokratien, einer Zivilgesellschaft, einer Präferenz für marktwirtschaftlich bestimmte Beschäftigungsverhältnisse wie den Vereinigten Staaten von Amerika kam es nach Erfahrungen mit dem politischen Beutesystem zur Heranbildung eines meritokratischen Civil Service.[97] Entwicklungen eines Merit system führten zur Zuordnung einer festen Personalgruppe zur öffentlichen Verwaltung. Einschlägige Regeln lauten: Rekrutierung, Auswahl und Beförderung soll nur auf der Grundlage von entsprechenden Fähigkeiten, Wissen und Fertigkeiten nach einem fairen und offenen Wettbewerb erfolgen, der sicherstellt, dass alle gleiche Chancen erhalten; alle Beschäftigten und Bewerber sollen faire und unvoreingenommene Behandlung in allen Aspekten des Personalmanagement erhalten ohne Rücksicht auf politische Verbindungen, Rasse, Farbe, Religion, nationale Herkunft, Geschlecht, Familienstand, Alter oder Behinderung und mit angemessener Berücksichtigung ihrer Privatsphäre und ihrer Verfassungsrechte; gleiche Bezahlung für gleichwertige Arbeit und angemes-

---

[92] Vgl. Derlien, Hans-Ulrich, Unorthodox Employment in the German Public Service, in: International Review of Administrative Sciences 1999, S. 13 ff.

[93] Vgl. Hayakawa, Seiichiro/Simard, François, Temporary Employees in the Japanese Government: a Growing and Disadvantaged Group, in: International Review of Administrative Scienes 1999, S. 25 ff.

[94] Vgl. Gow, Iain James/Simard, François, Where Old and New Management Meet: Temporary Staff in the Canadian Federal Administration, in: International Review of Administrative Sciences 1999, S. 71 ff.

[95] Vgl. Gow, Iain James/Simard, François, Symposion on Non-Carreer Public Service: Introduction, in: International Review of Administrative Sciences 1999, S. 5 ff.

[96] Vgl. Ban, Carolyn, The Contingent Workforce in the US Federal Government: A Different Approach, in: International Review of Administrative Sciences 1999, S. 41 ff.

[97] Vgl. Morstein Marx, Fritz, Amerikanische Verwaltung, Berlin 1963.

sene Anreize und Anerkennung für herausragende Leistungen sollen vorgesehen sein; alle Beschäftigten sollen hohe Standards der Integrität, der Führung und der Anteilnahme am öffentlichen Interesse pflegen; die Mitarbeiterschaft soll effizient und effektiv genutzt werden; Beschäftigte sollen auf Grundlage angemessener Leistung im Dienst behalten werden, unangemessene Leistung soll zurückgewiesen und Beschäftigte, die ihre Leistung nicht verbessern können oder wollen, um die erforderlichen Standards zu erreichen, sollen entlassen werden; Beschäftigten soll effektive Aus- und Fortbildung gewährt werden, wenn das zur besseren organisatorischen und individuellen Leistung führen würde; Beschäftigte sollen geschützt werden gegen willkürliche Handlungen, persönliche Begünstigungen oder Zwänge für parteipolitische Zwecke und ihnen soll verboten sein, ihre amtliche Autorität oder ihren amtlichen Einfluss zu nutzen, um in Ergebnisse von Wahlen oder Nominierungen für Wahlen einzugreifen oder diese zu beeinflussen; Beschäftigte sollen gegen Repressalien für die rechtmäßige Aufdeckung von Informationen geschützt werden, bei denen sie vernünftigerweise die Evidenz von einer Verletzung von Recht, Gesetzen, Vorschriften oder von einer Misswirtschaft, einer großen Verschwendung von Geldmitteln, eines Autoritätsverlustes oder einer substantiellen und spezifischen Gefahr für die öffentliche Gesundheit und Sicherheit annehmen.

Auf der Grundlage solcher oder ähnlicher Regelwerke haben sich in den modernen Staaten Personalgruppen entwickelt, die den strukturellen Kernbereich des öffentlichen Dienstes darstellen. Zur Herausforderung für diesen Status des Beamten, des Fonctionaire publique, des Civil Servant im Verwaltungsdienst ist das Heranwachsen anderer Personalgruppen im öffentlichen Dienst geworden, nämlich von Angestellten und Arbeitern mit einem den allgemeinen, privaten Beschäftigungsverhältnissen in der Gesellschaft weitgehend gleichgestellten Status. Im 20. Jahrhundert entwickelte sich in westlichen Ländern eine Arbeitnehmerschaft im öffentlichen Dienst. In Frankreich wurde der Status des Fonctionaire denen vorbehalten, die eine permanente Karriere im öffentlichen Dienst suchten. Anfänglich war es dann der Ausschluss von Frauen aus diesem Status, der zu einer Personalgruppe außerhalb der Karrierestruktur führte. Mit der Einführung von Schreibdiensten und dann der Einstellung von weiblichen Schreibkräften wurde eine spezielle Kategorie geschaffen. Aus verschiedenen historischen Gründen, und zwar von der Auffüllung von Personallücken, die durch die militärische Mobilisierung von Beamten bereits im Ersten Weltkrieg erforderlich war, bis zu Engpässen auf dem Arbeitsmarkt in der zweiten Hälfte des 20. Jahrhunderts nahm die Zahl der „Agents publics" zu. Vier Kategorien wurden außerhalb der Karrierestrukturen unterschieden: Vertragsbedienstete, die im Status den Fonctionaires angenähert sind; Hilfskräfte, die wie Hilfslehrer einen gewissen statutorischen Schutz genießen; „Vacantaires", deren Beschäftigungssicherung gering ist; Arbeiter, die regelmäßig dem Arbeitsrecht unterliegen. Pauschal wird gesagt, dass einer von vier Beschäftigten im öffentlichen Dienst nicht dem Karrierebeamtentum angehört.[98]

Auch in Deutschland änderte sich mit dem Ersten Weltkrieg das Bild vom öffentlichen Dienst. Davor bestimmte der klassische Beamte die Statusverhältnisse. Arbeiter etwa als Gemeindearbeiter oder Angestellte etwa als kaufmännische Angestellte stellten eine kleine Gruppe dar.[99] Heute haben die Gruppen der Arbeitnehmer im öffentlichen Dienst die der Beamten quantitativ längst überholt. Die Angestellten rücken zahlenmäßig in die Nähe der Hälfte aller im öffentlichen Dienst Beschäftigten. Folgende Tendenzen in der Personalentwicklung werden darüber hinaus für den öffentlichen Dienst in Deutschland allgemein beobachtet: die Teilzeitbeschäftigung nimmt zu, und zwar nur nicht für Angestellte und Arbeiter, sondern auch bei den Beamten; die temporäre Beschäftigung wie bei Wahlbeamten auf Zeit oder wie im Vorbereitungsdienst hat keine generelle Bedeutung; die Zahl der Arbeiter im öffentlichen Dienst geht etwa wegen Privatisierungen zurück.[100] Hinzu kommt im deutschen Falle eine Angleichung der Statusverhältnisse von Arbeitern an die von Angestellten im öffentlichen Dienst, und schließlich hat sich Recht und Lage der Angestellten und Arbeiter im öffentlichen Dienst über Jahrzehnte hinweg in Richtung auf das Beamtentum bewegt, wie umgekehrt Elemente des allgemeinen Arbeitsrechts in das Beamtenrecht eingegangen sind.[101]

Als Angleichungen zwischen Beamten und Angestellten im öffentlichen Dienst kann man nennen: Lebenszeiternennung bei den Beamten und Unkündbarkeit der Angestellten nach 15 Jahren – faktisch permanente Beschäftigung –, Beamteneid und Angestelltengelöbnis, Angleichung der Arbeitszeiten und Altersgrenze, viele gleiche Leistungen wie Kindergeld, Beihilfen usw.[102] Dazu sind die vielfältigen kulturellen und zivilisatorischen Anpassungen der modernen Arbeitswelt zu zählen. Tendenzen einer Freizeitgesellschaft betreffen Beamte und Angestellte im öffentlichen Dienst gleichermaßen. Heutige Kommunikationstechniken sind nicht einfach Schreibdiensten zuzurechnen. Computer werden von Mitarbeitern bis in die höheren Ränge hinein bedient. Trotzdem sind die über die veränderte soziale und ökonomische Lage hinaus greifenden

---

[98] Vgl. Bodiguel, Jean-Luc, Non-Carreer Civil Servants in France, in: International Review of Administrative Sciences 1999, S. 55 ff.

[99] Vgl. Hartfiel, Günter u. a., Beamte und Angestellte in der Verwaltungspyramide, Berlin 1964.

[100] Vgl. Derlien, Hans-Ulrich, Unorthodox Employment in the German Public Service, in: International Review of Administrative Sciences 1999, S. 14 ff.

[101] Vgl. Stamer, Henrich, Die Pflichten der Beamten sowie der Angestellten und Arbeiter im öffentlichen Dienst im Vergleich, Göttingen/London 2000.

[102] Vgl. Wagener, Frido, Der öffentliche Dienst im Staat der Gegenwart, in: Veröffentlichungen der Vereinigung der Deutschen Staatsrechtslehrer, Heft 37, Berlin/New York 1979, S. 215 ff.

Ideen zur verbindlichen Allokation öffentlicher Güter und Dienstleistungen stark genug, um einen eigenen Status des Beamtentums zu begründen.

In Deutschland reicht der ideologische Streit um den öffentlichen Dienst bis in die Weimarer Republik zurück. Noch heute wirken die einschlägigen Leitvorstellungen nach: Zum einen sieht man die Prämissen des Beamtentums darin, dass der Pluralismus der gesellschaftlichen Interessen im Staate des Gegenübers bedarf, das außerhalb des Antagonismus dieser Interessen steht, das sich mit keinem partikularen Interesse identifiziert, also eine objektive Instanz ist, und dass diese Polarität die Bedingung der Möglichkeit der Freiheit ist. Die Besonderheit der staatlichen Bürokratie beruht sonach darauf, dass sie in Anwendung hoheitlichen Rechts Macht ausübt. Vom Beamten wird hiernach gefordert, dass er über juristisches Fachwissen verfügt, das ihn zur legalen Machtanwendung befähigt, und dass er sich weiter einer ethischen Grundhaltung verpflichtet weiß, die ihn davor bewahrt, die anvertraute Macht zu anderen Zwecken als zu denen des Gemeinwohls einzusetzen.[103] Von hier aus sind dann auch die hergebrachten Grundsätze des Berufsbeamtentums zu entfalten: das Beamtenverhältnis als öffentlich-rechtliches Dienstverhältnis in Form eines besonderen Gewaltverhältnisses mit Funktionsvorbehalt, die öffentlich-rechtliche Treuepflicht für den Beamten mit jederzeitigem Eintreten für den Staat und seine verfassungsmäßige Ordnung, die Verpflichtung zu parteipolitisch neutraler Amtsführung und Wahrung der Interessen der Allgemeinheit, die Fürsorgepflicht des Dienstherrn usw. Beamtenrechtsreform gilt als Staatsreform. Das Berufsbeamtentum und seine Grundsätze sind im Sinne des überkommenen Staatsbegriffs und angesichts einer an Bedeutung zunehmenden Hoheitsverwaltung zu bewahren.

Zum anderen wendet man sich ab von einer Konzeption des Staates, die zwischen Staat und Gesellschaft im Sinne ihrer Entgegensetzung unterscheidet, und weiter von einem diese Staatsidee verkörpernden und ihr dienenden Beamtentum.[104] Dem Beamten als Inkarnation der Ordnungs- und Sicherungsfunktion des Staates gegenüber der Gesellschaft wird der Wandel der öffentlichen Aufgaben gegenübergestellt. Der Staat gilt nun als Mittel, d. h. Instrument der Gesellschaft zur Sicherung ihrer gemeinschaftlichen Interessen und Zwecke. Dieses Instrument ist von einer sozialen Gruppe der Gesellschaft zu bedienen, die man entsprechend ihrer Funktion als öffentlichen Dienst bezeichnet. Die traditionelle Begründung des Berufsbeamtentums erscheint mit dem bürgerli-

---

[103] Vgl. Forsthoff, Ernst, Verfassungsrechtliche Grenzen einer Reform des öffentlichen Dienstrechts, in: Studienkommission für die Reform des öffentlichen Dienstrechts, Band 5, Baden-Baden 1973, S. 17 ff.
[104] Vgl. Sontheimer, Kurt/Bleek, Wilhelm, Verfassungspolitische Perspektiven einer Reform des öffentlichen Dienstes in der Bundesrepublik Deutschland, in: Studienkommission für die Reform des öffentlichen Dienstes, Band 6, Baden-Baden 1973, S. 231 ff.

chen Obrigkeitsstaat des Konstitutionalismus, aber nicht mehr mit den Prinzipien des demokratisch organisierten Rechts- und Sozialstaats vereinbar zu sein. Verwaltungsleistungen sind nicht als hoheitsvoller Akt des Staates entgegenzunehmen, sondern als nichts anderes als die selbstverständliche Leistungen der Gesamtgesellschaft.

Für eine Reform des öffentlichen Dienstes ist in dieser Meinung auf die institutionelle Garantie des Berufsbeamtentums einschließlich seiner hergebrachten Grundsätze zu verzichten. Das Verständnis des demokratischen Gemeinwesens und seiner Ordnungsprinzipien vor allem bei denen, die im Staatsdienst für die Gesellschaft arbeiten, soll nicht durch die Relikte einer obrigkeitlichen Staatsideologie verunsichert werden. Das öffentliche Dienstverhältnis ist als eines neben anderen Arbeitsverhältnissen zu begreifen: als Teil eines sozialen Arbeitsrechts. Gesonderte Rechtskonstruktion ist nicht vorausgesetzt. Einstellung hat durch Vertrag zu erfolgen. Auf den Diensteid ist zu verzichten. Auswahl und Qualifikation sind gegenüber dem Laufbahngruppenprinzip zu verändern. Besoldung und Versorgung sind sozialstaatlich auszugestalten. Grundlage einer Reform des öffentlichen Dienstes in seinem Verhältnis zur Politik ist die Politisierung des Beamtentums im Sinne seiner Erziehung zu einem seiner politischen Funktionen innerhalb der demokratischen Ordnung voll bewussten öffentlichen Aufgabenträger.

Unter den Modernisierungsanläufen in der Bundesrepublik Deutschland sticht der Bericht der Studienkommission für die Reform des öffentlichen Dienstrechts aus den 1970er Jahren wegen seiner Analyse und Konzeption hervor.[105] Er vermittelt so zugleich einen umfassenden Einblick in die relevanten Personalprobleme.[106] Dem Reformentwurf werden Zielvorstellungen vorausgestellt, nach denen die neue Personalstruktur den Anforderungen an die öffentliche Verwaltung wie den Interessen der Bediensteten gerecht werden soll. Vor allem hat sich die Kommission aber bei ihren Ausarbeitungen von einer Maxime leiten lassen, die angesichts der Unterscheidung zwischen Beamten, Angestellten und Arbeitern im öffentlichen Dienst der Bundesrepublik Deutschland in der Reformdiskussion schon vorher Anhänger gefunden hat, nämlich die von der Einheitlichkeit des Rechts des öffentlichen Dienstes. Man geht davon aus, dass eine durchgängige und grundsätzliche Differenzierung in Gruppen, wie wir sie heute zwischen Beamten und Arbeitnehmern finden, aus funktionalen Gründen nicht abgeleitet werden kann. Die dieser Unterscheidung ursprünglich zugrunde liegenden Sachverhalte werden als durch die Entwicklung der öffentlichen Aufgaben überholt angesehen, wobei insbesondere die Ausübung ho-

---

[105] Vgl. Studienkommission für die Reform des öffentlichen Dienstrechts, Bericht der Kommission und 11 Anlagenbände, Baden-Baden 1973.

[106] Vgl. König, Klaus, Strukturprobleme des öffentlichen Dienstes, in: Verwaltungsarchiv 1977, S. 3 ff.

heitsrechtlicher Befugnisse keine Personalstruktur erfordern soll, die vom übrigen öffentlichen Dienstrecht durchgängig abweicht. So hat sich die Studienkommission von dem Bestreben leiten lassen, das Dienstrecht nach einheitlichen Grundsätzen auszugestalten und dadurch einerseits sachlich nicht gebotene Unterschiede zu vermeiden, andererseits funktionsnotwendige Differenzierungen zu ermöglichen.

In der Sache übernimmt die Kommission weitgehend beamtenrechtliche Elemente, wie sie der Tradition des deutschen Beamtentums, aber auch sonst dem Civil Service und der Fonction publique entsprechen. Nach dieser Konzeption sind neben dem Dauerdienstverhältnis das Dienstverhältnis von begrenzter Dauer, das zur Probe und das zur Ausbildung als Typen von Dienstverhältnissen vorgesehen. Teilzeitdienstverhältnisse sind prinzipiell möglich. Das Dauerdienstverhältnis steht unter dem Bestandsschutz einer grundsätzlichen Unlösbarkeit durch den Dienstgeber und kann dann auf dessen Veranlassung vorzeitig nur bei schweren, schuldhaften Pflichtverletzungen beendet werden. Für eine Sonderkategorie von politischen Beamten, die ein Amt bekleiden, bei dessen Ausübung sie in fortdauernder Übereinstimmung mit den grundsätzlichen politischen Ansichten und Zielen der Regierung stehen müssen, ist die Versetzung in den Wartestand vorgesehen. Die bisherigen Beamtenpflichten gelten für alle öffentlichen Bediensteten. Diese haben eine nach funktionalen Gesichtspunkten auszulegende Pflicht zur Mäßigung und Zurückhaltung bei der politischen Betätigung. Für alle öffentlichen Bediensteten ist ein Dienstordnungsrecht vorgesehen. Ihre Haftung ist generell auf Vorsatz und grobe Fahrlässigkeit zu beschränken. Nebentätigkeiten innerhalb und außerhalb des öffentlichen Dienstes werden unterschieden und geregelt.

Manche Ungereimtheiten im öffentlichen Dienst ließen es in den 1970er Jahren plausibel erscheinen, Personalreformen als Beitrag zu einem einheitlichen Dienstrecht zu begreifen. Entsprechend ist es gelungen, die einschlägigen Entwürfe den Beschlüssen nach auf einen verhältnismäßig breiten Konsens der Kommissionsmitglieder zu stützen. Indessen hat sich erwiesen, dass beim Regelungsverfahren die Meinungsgegensätze vorgezeichnet und unüberbrückbar sind. Das Gesetz-Modell ist der Vorschlag einer knappen Mehrheit der Kommissionsmitglieder. Es sieht vor, dass das Dienstrecht aller öffentlichen Bediensteten durch Gesetz geregelt wird. Die Mitwirkungsrechte der Bediensteten und ihrer Spitzenorganisationen an der Vorbereitung allgemeiner dienstrechtlicher Regelungen sollen erweitert und stärker formalisiert werden. Nach dem Gesetz-/Tarif-Modell der Gegenseite wird das Dienstrecht für alle öffentlichen Bediensteten je nach Gegenstand teils durch Gesetz, teils durch Tarifvertrag geregelt. Der tarifvertraglichen Regelung unterliegen die Bezahlung und andere Elemente der Gegenleistung einschließlich Urlaub, Arbeitszeit und Zusatzversorgung. Alle übrigen Gegenstände des Dienstrechts werden gesetzlich geregelt. Insoweit wird für einen Arbeitskampf kein Raum gegeben. Im Übrigen gilt als ausgeschlossen, dass Arbeitskampfmaßnahmen im öffentlichen Dienst die Wahrnehmung öffentlicher Aufgaben wie den Schutz von Leib, Leben, Gesundheit oder den Schutz der verfassungsmäßigen Ordnung unmittelbar gefährden dürfen. Für die Regelung durch Gesetz ist eine Ausweitung und stärkere Formalisierung der Beteiligung vorgesehen. Zu vermerken bleibt, dass die Befürworter des Gesetz-Modells vorschlagen, dass das Dienstverhältnis in der Regel durch Verwaltungsakt, für einen Teil der öffentlichen Bediensteten durch verwaltungsrechtlichen Vertrag begründet wird. Der Vorschlag der Befürworter des Gesetz-/Tarif-Modells stellt auf Begründung durch Vertrag ab.

Dass die mit einer Reformpolitik, welche der Maxime der Einheitlichkeit folgt, verbundenen Konflikte beim Regelungsverfahren ausbrechen, ist kein Zufall. Es geht insoweit um Regelungskompetenzen und damit um jene Institutionen, denen Verbesserungen beim Gehalt, bei der Arbeitszeit, der Urlaubsdauer, der Versorgung in der politischen Erfolgsrechnung zugeordnet werden können. Das bedeutet nach der Selektivität unseres politischen Prozesses, dass das Gefüge der Machtverteilung berührt ist.[107] Nicht zuletzt sind in der pluralistischen Gesellschaft intermediäre Interessenorganisationen, Verbände, Gewerkschaften von der symbolischen Zurechnung der Erfolge betroffen. Solche Probleme der politischen Kontrolle sind hoch einzuschätzen. Machtzuteilungen und Machtbalancen stehen zur Diskussion, die schon angesichts der quantitativen Dimension des öffentlichen Dienstes für Staat und Gesellschaft maßgeblich sind.

Die Sachvorschläge der Studienkommission für die Reform des öffentlichen Dienstrechts laufen in vielem darauf hinaus, die Angestellten im öffentlichen Dienst zu verbeamten. Das entsprach der Wertschätzung des Öffentlich-Rechtlichen in den 1970er Jahren. Danach kam ein anderer Zeitgeist auf. An der Wende zum 21. Jahrhundert neigte man eher dazu, das Beamtentum weitgehend in das Arbeitsrecht der Gesellschaft zurückzunehmen.[108] Andererseits beobachtet man in Großbritannien trotz der dortigen Präferenz für quasi-privatwirtschaftliche Steuerungsmuster auch in öffentlichen Angelegenheiten die Wertschätzung eines einheitlichen Civil Service für die kohärente Regierungsführung.[109] Im Grunde muss man zwei Grenzmarken im Auge behalten. Auf der einen Seite gelingt es nicht, das Beamtentum, den Civil Service, die Fonction publique undifferenziert in den allgemeinen Arbeits- und Sozialver-

---

[107] Vgl. Luhmann, Niklas, Das „Statusproblem" und die Reform des öffentlichen Dienstes, in: Zeitschrift für Rechtspolitik 1971, S. 49 ff.

[108] Vgl. Innenministerium des Landes Nordrhein-Westfalen, Zukunft des öffentlichen Dienstes – öffentlicher Dienst der Zukunft, Bericht der von der Landesregierung Nordrhein-Westfalen eingesetzten Kommission, Düsseldorf 2003.

[109] Vgl. Füchtner, Natascha, Die Modernisierung der Zentralverwaltung in Großbritannien und in Deutschland, Frankfurt a. M. u. a. 2002, S. 226 ff.

hältnissen aufgehen zu lassen oder die verbindliche Allokation öffentlicher Güter und Dienstleistungen gesellschaftlichen Gruppen außerhalb der öffentlichen Bürokratien zu übergeben. Auf der anderen Seite stehen sich Staat und Gesellschaft nicht im Sinne einer Entgegensetzung gegenüber, so dass der öffentliche Dienst mit Einschluss von Angestellten und Arbeitern sich zu einer autarken Arbeitswelt jenseits der allgemeinen sozialen und ökonomischen Verhältnisse entwickeln könnte.

Der Verwaltungsdienst im funktionalen Verständnis ist prinzipiell in die Personalstrukturen des Beamtentums, des Civil Service, der Fonction publique eingeordnet. Das heißt nicht, dass Angestellte des öffentlichen Dienstes nicht auch von Fall zu Fall Verwaltungsfunktionen wahrnehmen, und zwar bis zu Positionen eines Referatsleiters oder eines Abteilungsleiters in Ministerien und Regierungszentralen. Umgekehrt ist es nicht ausgeschlossen, dass man Beamte auf Positionen findet, in denen keine Verwaltungsleistungen erbracht werden. Lehrer sind aus historischen Gründen in Deutschland Beamte. Aber sie sind genauso wenig wie Briefträger, Bahnschaffner, Produzenten kommunaler Versorgungsleistungen, Sozialarbeiter ohne allokative Entscheidungsbefugnisse usw. dem Verwaltungsdienst zuzurechnen. Freilich erlaubt der ständige Wandel öffentlicher Aufgaben keine trennscharfe Abgrenzung. Funktionsvorbehalte lassen sich nicht auf Arbeitsplätze herunter brechen. Zurechnungen von Verwaltungsmitgliedschaften pflegen gruppenspezifisch zu erfolgen. Personalstrukturen sind auf die Kontinuität der Beschäftigungsverhältnisse angelegt. Der Wechsel in der Aufgabe lässt sich nicht automatisch mit einem entsprechenden Statuswechsel verknüpfen. Ausgeprägt ist die Verknüpfung von Aufgabe und Personalgruppe in der französischen Spezifizierung von „Corps".[110] Aber auch für weniger scharfe Gruppenbildungen macht die Differenzierung des personellen Substrats der öffentlichen Verwaltung in der Europäischen Union deutlich, dass der Verwaltungsdienst durch die verbindliche Allokation öffentlicher Güter und Dienstleistungen allgemein charakterisiert und dann nach bestimmten öffentlichen Aufgaben gegliedert ist. Er stellt die Kerngruppe des traditionell durch hoheitliche Befugnisse geprägten Beamtentums dar, ohne freilich mit allen historischen Verzweigungen nach der jeweiligen territorialstaatlichen Geschichte von Civil Service, Fonction publique usw. identifiziert werden zu können.

---

[110] Vgl. Lemoyne de Forges, Jean-Michel, The French Civil Service System, in: Françoise Gallouédec-Genuys (Hrsg.), About French Administration, Paris 1998, S. 33 ff.

2. Prinzipien des Verwaltungsdienstes

Die grundsätzliche Zuordnung des Verwaltungsdienstes zu Beamtentum, Civil service, Fonction publique wirft Statusprobleme auf, die mit diesem tradierten Kernbereich des öffentlichen Dienstes verbunden sind. Nicht nur in Deutschland wird die Frage nach den Privilegien – „Un monde de privilèges?" – aufgeworfen: von der Sicherheit des Arbeitsplatzes bis zur Beförderung nach Anciennität.[111] Eine solche Auseinandersetzung setzt zuerst voraus, den Statusbegriff in der Moderne zu klären.[112] Status hat heute oft die einfache Bedeutung der sozialen Stellung. Der Beamtenstatus ist hiernach die Stellung, die der Beamte im sozialen Beziehungsgefüge einnimmt. Da dieser Status im modernen Rechtsstaat maßgeblich vom Recht her konstituiert wird, geht es insbesondere auch um die Rechtsstellung der Beamten. Insoweit weist die Regelung des Beamtenverhältnisses durch das öffentliche Recht schon auf die Besonderheit dieses Status im sozialen Zusammenhang des Arbeits- und Berufslebens hin. Man stößt auf eine interessante Umkehrung von Allgemeinem und Besonderem. Während nach Hegelscher Meinung die Beamten dem allgemeinen Stand zugehören, da sie die allgemeinen Interessen des gesellschaftlichen Zustandes zu ihrem Geschäfte haben, andere Standesbereiche an besondere Interessen gebunden sind, sprechen wir heute vom Sonderstatus des Beamten gegenüber den allgemein geltenden Mustern von Arbeit und Beruf. Demgegenüber kann man auf einen Sprachgebrauch verweisen, der den sozialen Status spezifisch mit Fragen des sozialen Ranges unter dem Aspekt des Prestiges zusammenbringt. Zu erinnern ist an die bekannte Wendung vom „Status-Sucher", dem es weniger um Einkommen und Macht, mehr um den Listenplatz in der Skala des Berufsprestiges geht. Insofern stößt man auf eine bemerkenswerte Problematik des Berufsbeamtentums, insbesondere wenn man über die nationalen Grenzen hinaussieht und beobachtet, welches unterschiedliche soziale Ansehen der öffentliche Dienst in der Welt genießt.

Nach der Tradition des deutschen Berufsbeamtentums geht es demgegenüber darum, den Begriff des Status mit dem des Standes, den des Beamtenstatus mit dem des Beamtenstandes zusammenzuhalten. Status ist dann eine vor allem mit rechtlichen Vorstellungen ausgefüllte Kategorie, die die Gesamtheit zugewachsener, wohl erworbener, ererbter Rechte und Pflichten bezeichnet. Status wird zum Anknüpfungspunkt, auf den hin Rechte und Pflichten zugeordnet werden. Dabei ist das Ganzheitliche beim Status von spezifischer Bedeutung. Das Beamtentum ist dann letztlich eine soziale Großgruppe, die in der Gesellschaft

---

[111] Vgl. Rouban, Luc, Les Fonctionaires, Paris 2001, S. 49 ff.

[112] Vgl. König, Klaus, Der Beamtenstatus – ein Hemmschuh für die Dienstrechtsreform?, in: Karl Carstens u. a. (Hrsg.), Beamtenstatus – Ärgernis oder Verpflichtung?, Godesberg 1978, S. 149 ff.

nicht nur einen tatsächlich anerkannten und rechtlich gesicherten Standort hat, sondern irgendwie statusmäßig verfestigt ist. Vom Status in diesem Sinne ist zunächst zu bemerken, dass er unter unseren heutigen Lebensbedingungen kein allgemeines soziales und berufliches Prinzip darstellt. Auch unsere Rechtskultur folgt nicht dem Statusprinzip. Spätestens mit dem Ende des Ständestaates hat sich die Rechtsentwicklung von diesem Grundsatz gelöst. Die Bewegung der fortgeschrittenen Gesellschaften ist eher eine „from Status to Contract". Auch auf dem Gebiete des Beamtenrechts, wo Vertragsgestaltungen in den Hintergrund treten, wird nicht von einem Status als einem Anknüpfungspunkt ausgegangen, der für sich ein ausreichender Grund für die ganzheitlich zugeordneten Rechte ist. Vielmehr müssen durch die Gesetzgebung spezifische Rechte und Pflichten zugewiesen werden, und das bedarf beim Beamtentum wie auch bei anderen Arbeiten und Berufen im Einzelnen bei der Gleichbehandlung wie bei der Ungleichbehandlung der Begründung. Was bleibt, ist oft nicht mehr als ein Statusdenken, also eine Denkweise, in der man sich über die bloße soziale Stellung, insbesondere die Rechtsstellung hinaus an einem ganzheitlich verfestigten ideellen Anknüpfungspunkt orientiert. Solches Statusdenken kann durchaus relevant werden, etwa als ideologisches Hindernis für Verwaltungsreformen. Für eine Bestandsaufnahme des Beamtentums in seinen Rechten und Pflichten fällt es indessen schwer, Zwänge und Sachbezüge nachzuweisen, die „naturgemäß" vor allen positiven Satzungen einen Beamtenstand bestimmen.

Rechte und Pflichten des Beamtentums und mit ihm des Verwaltungsdienstes als seines Kernbereichs sind im modernen Rechtsstaat so durch Gesetze und untergesetzliche Vorschriften geregelt und dazu durch die Rechtsprechung und gegebenenfalls kollektive Absprachen konkretisiert, dass die einschlägigen Rechtsquellen Bände füllen. Dahinter steht die vielschichtige Wirklichkeit von Staat und Verwaltung, wie sie schon durch quantitativ unterschiedliche Verhältnisse geprägt ist. Aus der zunächst vergleichbaren Gesamtbeschäftigung im öffentlichen Sektor von Frankreich und Großbritannien umfasst die Fonction publique den überwiegenden Teil, während dem Civil service die begrenzte Gruppe der Diener der Krone im Zentralstaat zugerechnet wird, und dabei Großgruppen wie die des Gesundheitswesens oder der lokalen Dienste beiseite bleiben.[113] Genauso variieren die qualitativen Bewertungen nach Raum und Zeit. So mögen bei Lehrern an einem Ort die Examensleistungen, andernorts die pädagogischen Aufgaben betont werden. Früher mag der Bahnschaffner als hoheitlicher Kontrolleur gegolten haben, heute mag er als Mitarbeiter einer privatwirtschaftlichen Eisenbahn auftreten. Bei der kommunalen Daseinsvorsorge mögen die einen die Verteilungsgerechtigkeit, die anderen die Produktqualität

---

[113] Vgl. Ziller, Jacques, Das öffentliche Dienstrecht aus der Perspektive der vergleichenden Verwaltungswissenschaft, in: Die Öffentliche Verwaltung 2006, S. 233 ff.

als maßgeblich ansehen. Hiernach ist das historisch-situative Beziehungsgeflecht von Beamtentum und Verwaltungsdienst noch zuerst verwaltungswissenschaftlich zu erschließen, wenn man auf die Prinzipien achtet, auf denen die Vielfalt einschlägiger Regulative beruhen. Das einzelne Prinzip muss nicht an jedem Ort maßgeblich sein. Auch Prinzipien beruhen in der Moderne auf positiver Satzung. Insgesamt vermitteln Prinzipien ein Bild der staatspolitischen Grundentscheidungen, auf denen der Status des Verwaltungsmannes, der Verwaltungsfrau beruht.

Ein Regelwerk richtungsweisender Prinzipien zum Verwaltungsdienst ist mit den „Merit System Principles" bereits bezeichnet worden. Ein anderer Satz solcher Prinzipien sind die hergebrachten Grundsätze des Berufsbeamtentums, wie sie nach dem Grundgesetz für die Bundesrepublik Deutschland bei der Regelung des Rechts des öffentlichen Dienstes zu berücksichtigen sind (Art. 33). Sie sind zum einen instruktiv, weil sie das personelle Substrat einer klassisch-kontinentaleuropäischen Verwaltung verdeutlichen, zum anderen, weil manche meinen, man müsse sich von ihnen lösen, wenn man zu einem modernen öffentlichen Dienst kommen wolle. Solche Kontroversen erfordern es, sich der Ausdifferenzierungen eines beamteten Verwaltungsdienstes noch einmal zu vergewissern. Perzeptionen von Rechten und Pflichten sind anders, wenn wie etwa in den Vereinigten Staaten von Amerika der Arbeitsmarkt sich relativ günstig darstellt, berufliche Mobilität zwischen öffentlichem und privatem Sektor besteht, die öffentliche Beschäftigung im Einkommensvergleich schlechter dasteht und das soziale Ansehen des Civil service eher bescheiden ist. In der deutschen Reformdiskussion wird als erste Frontlinie die zwischen öffentlich-rechtlichem Sonderstatus der Beamten und allgemeinem Status von Angestellten in der Arbeits- und Wirtschaftswelt begriffen. Vor allem in Zeiten langfristiger Arbeitsmarktprobleme wird die Beschäftigungssicherheit des Verwaltungsdienstes als Privileg wahrgenommen. Funktionale Fragen eines „permanent Civil Service" werden gegebenenfalls ausgeblendet. Andere historische Erfahrungen wie die in den USA rücken wiederum andere Abgrenzungsmuster in den Vordergrund. Nicht die Gesellschaft muss nach einer solchen Vorgeschichte vor den Privilegien von Staatsdienern geschützt werden, sondern ein professioneller Civil service vor dem Beutemachen partieller Interessen, insbesondere politischer Parteien.

Das Ausmaß der Parteipolitisierung des Beamtentums in Deutschland belegt, dass die Spannungslage zwischen Politik und Verwaltung auch für diese späte Demokratie gilt, und zwar umso mehr, als sie als hoch organisierte Parteiendemokratie besondere Interventionskraft zeigt. Das ist für die Bearbeitung öffentlicher Angelegenheiten grundsätzlich dysfunktional. Zwar mögen Entscheidungsprozesse etwa in den komplexen Abstimmungsmechanismen des kooperativen Föderalismus darauf angewiesen sein, dass parteipolitische Positionen personell auch in den Verwaltungsabläufen abgebildet sind. Solche informalen und mit dem politischen Beamtentum auch formalen Zwischenbereiche ändern aber nichts daran, dass Politik und Verwaltung in ihrem personellen Substrat prinzipiell voneinander abgegrenzt werden müssen. Grundtatbestand der Moderne ist das sozial ausdifferenzierte Verwaltungssystem mit einer Personalstruktur der eigenen Werte und Selbstreferenzen. Abgrenzungen erfolgen insofern nicht nur gegenüber der Umwelt eines allgemeinen Arbeits- und Beschäftigungslebens, sondern auch gegenüber einer spezifisch politischen Sphäre. Gegenüber dieser politischen Sphäre müssen Rechte und Pflichten eines beamteten Verwaltungsdienstes so gestaltet sein, dass die administrative Leistungsordnung gesichert ist und nicht unter der Hand Züge eines Beutesystems politischer Parteien annimmt. Entsprechendes gilt dann auch gegenüber den organisierten Interventionen partieller Interessen. Insoweit trifft jenseits ideologischer Überhöhung heute noch der Grundgedanke zu, dass der beamtete Verwaltungsdienst nicht einfach den pluralistischen Interessen unterworfen ist, sondern den demokratischen und rechtsstaatlich definierten öffentlichen Interessen zu folgen hat.[114]

An der Systemgrenze von öffentlicher Verwaltung und Verwaltungsdienst zur Umwelt des allgemeinen Arbeits- und Beschäftigungslebens ist in der Gesellschaft von Gleichberechtigung und Gleichbehandlung erheblich, dass Statusrechte und Statuspflichten nicht zu ungerechtfertigten Privilegien werden. Richtungsweisende Prinzipien des Verwaltungsdienstes müssen wie die sie konkretisierenden Personalvorschriften jeweils begründet werden. Beamtenrechtliche Sonderstellungen können nicht aus sozialen Vorrängen abgeleitet werden, sondern müssen auf die Systemrationalität einer öffentlichen Verwaltung zurückzuführen sein, die dem öffentlichen Interesse verpflichtet ist. Aus der Definitionsmacht des demokratischen Gesetzgebers für das öffentliche Interesse ergibt sich dann als erste Richtungsentscheidung, dass Regelungen der Dienstverhältnisse im Verwaltungsdienst durch parlamentarische Gesetze zu erfolgen haben. Im deutschen Falle hat man versucht, die prinzipielle Alternative der Regelung durch Gesetz oder durch Tarifvertrag durch das genannte Gesetz-/Tarif-Modell zu vermitteln. Demgegenüber ist in Europa der Gedanke der einseitigen Regelung des Dienstverhältnisses durch Gesetz weitgehend beibehalten worden. Charakteristisch ist das klassische Beamtengesetz oder Beamtengesetzbuch, wie man es in Dänemark, Deutschland, Frankreich, Österreich, Griechenland, Italien, Spanien, Luxemburg, den Niederlanden usw. findet. Die augenfällige Ausnahme stellt der Civil Service in Großbritannien dar. Das hat verschiedene historische Gründe wie die Common Law-Tradition, vor allem die königliche Prärogative – „Royal Prerogative" – im Management des Staats-

---

[114] Vgl. Forsthoff, Ernst, Verfassungsrechtliche Grenzen einer Reform des öffentlichen Dienstrechts, in: Studienkommission für die Reform des öffentlichen Dienstrechts, Band 5, Baden-Baden 1973, S. 17 ff.

dienstes. So ermächtigt eine Staatsratsverfügung – „Civil Service Order in Council" – den Minister für den Staatsdienst, Regelungen und Anweisungen zum Management des „Home Civil Service" zu erlassen.[115] Demgegenüber ist in Europa ein Regelungsmuster verbreitet, in dem entsprechend der Stufenfolge der Rechtsordnung zuerst verfassungsrechtliche Grundlagen, dann Gesetzesrecht und schließlich eine Vielfalt untergesetzlicher Bestimmungen maßgeblich sind.[116]

In den Vereinigten Staaten von Amerika werden die Dienstverhältnisse des Civil Service überwiegend durch gesetzliche wie untergesetzliche Bestimmungen geregelt. Indessen gibt es auch Tarifverträge. Angesichts der statutorischen Restriktionen, die ein Merit-System auferlegt, werden die Verhandlungsspielräume von Behörden und Gewerkschaften allerdings als gering eingeschätzt. Sie betreffen Gegenstände wie Überstunden, Wochenarbeitszeit, Pausen oder Sicherheit am Arbeitsplatz, Missstände, Technologieeinsatz usw.[117] Verbunden mit der Frage kollektiver Interessenwahrnehmung durch Gewerkschaften ist die des Streiks. In den Staaten der USA ist das Streikrecht im öffentlichen Dienst weit verbreitet, wobei von Fall zu Fall Polizei, Feuerwehr, Strafvollzugsdienst, Katastrophenschutzdienst, aber auch Bedienstete der Staatsverwaltung selbst Lehrer ausgenommen sind. In der Bundesverwaltung besteht demgegenüber Streikverbot. Allerdings ist das Streikgeschehen jenseits von Legalität und Illegalität durch die Faktizität der Verhältnisse geprägt. Ein prominentes Beispiel ist der – illegale – Fluglotsenstreik des Jahres 1981. Er belegt, wie der Streik im öffentlichen Dienst jenseits eines Interessenausgleichs zwischen Beschäftigten und Behörden zur Machtprobe geraten kann, in der durchaus auch parteipolitische Aspekte relevant werden.[118] In Europa gelten in Deutschland und in Österreich für Beamte Streikverbote. Sonst besteht in den Mitgliedstaaten der Europäischen Union weitgehend auch für öffentliche Dienste ein Streikrecht. Bestimmte Beschäftigungsgruppen wie Angehörige der Polizei oder des Justizvollzugsdienstes sind fallweise von diesem Recht ausgenommen. Auch kann die Zielsetzung von Streiks eingeschränkt sein. So ist in Spanien ein Streik illegal, wenn er eine politische Motivation hat oder Ziele verfolgt werden, die nicht in Verbindung mit den Berufsinteressen der Mitarbeiter stehen.

---

[115] Vgl. Bossaert, Danielle u. a., Der öffentliche Dienst im Europa der Fünfzehn, Maastricht 2001, S. 31 ff.

[116] Vgl. Niedobitek, Matthias, Das Recht des öffentlichen Dienstes in den Mitgliedstaaten der Europäischen Gemeinschaft, in: Siegfried Magiera/Heinrich Siedentopf, Das Recht des öffentlichen Dienstes in den Mitgliedstaaten der Europäischen Gemeinschaft, Berlin 1994, S. 11 ff.

[117] Vgl. Fesler, James W./Kettl, Donald F., The Politics of the Administrative Process, 2. Aufl., Chatham N. J. 1996, S. 166 ff.

[118] Vgl. Shafritz, Jay M. u. a., Personnel Management in Government, 5. Aufl., New York/Basel 2001, S. 503 ff.

Fragen nach tarifvertraglichen Elementen in der Regelung von Dienstverhältnissen und weiter nach Streikrechten im öffentlichen Dienst sind nicht bloß aus den jeweiligen Einstellungen zu Gewerkschaften und politischen Parteien oder den Erfahrungen mit öffentlichem Verhandlungsdruck und politischer Dynamik zu beantworten. Wenn es um die verbindliche Allokation öffentlicher Güter und Dienste geht, kommt es auf die Systemrationalität der öffentlichen Verwaltung an. Diese ist vor partikularen Interessen zu schützen. Dazu zählen auch die Interessen der Verwaltungsmitglieder selbst, mögen sie in Gewerkschaften organisiert sein oder nicht, mögen Affinitäten zu bestimmten politischen Parteien bestehen oder nicht. Die Regelungszuständigkeit für das Dienstrecht der öffentlichen Verwaltung muss in den Händen des Staatsorgans liegen, das in der Demokratie an erster Stelle das öffentliche Interesse repräsentiert, also beim parlamentarischen Gesetzgeber. Rechte und Pflichten der Verwaltungsbeamten unterliegen einer Gemeinwohlverpflichtung und werden nicht zur Disposition von Behörden und Kollektivpartnern gestellt. Beamtengesetze garantieren eine gewisse Kontinuität gegenüber dem Wechselspiel parteipolitischer Konstellationen und parteilicher Koalitionen auch mit Vertretern sozialer und ökonomischer Teilinteressen.

Die Regelungszuständigkeit des demokratisch-parlamentarischen Gesetzgebers ist eine weit verbreitete Richtungsentscheidung zum beamteten Verwaltungsdienst. Ein solcher Gesetzesvorbehalt gilt auch für Fragen der Besoldung und Versorgung.[119] Damit ist als weiteres Prinzip das der Öffentlichrechtlichkeit verknüpft. Die öffentlich-rechtliche Allokation von Gütern und Dienstleistungen bestimmt auch die Verhältnisse zugehöriger Funktionsträger. Bemerkenswert ist insoweit die Entwicklung in der Bundesverwaltung der Schweiz. Dort hat man sich jüngst von dem alten Beamtentum mit der Wahl zu einer vierjährigen Amtszeit getrennt und mit dem Bundespersonalgesetz die Formel von der öffentlich-rechtlichen Anstellung statt Beamtenstatus geprägt. In zwei Richtungsentscheidungen ist man indessen beim Alten geblieben: beim Gesetzesvorbehalt und bei der öffentlich-rechtlichen Ausgestaltung.[120] Eine Ausnahme von beiden Prinzipien findet man in Italien. Dort hatten die Gewährleistungen des allgemeinen Arbeitsrechts die des Beamtentums historisch überholt, so dass in den 1990er Jahren durch eine Gesetzesverordnung die Bediensteten der italienischen öffentlichen Verwaltung mit Ausnahmen wie der Polizei aus dem öffentlich-rechtlichen Beschäftigungsverhältnis entlassen und „privatisiert" worden sind. Davon gibt es wiederum Ausnahmen wie den verwaltungsgerichtlichen Rechtsschutz bei Entscheidungen im Auswahlverfahren der Be-

---

[119] Vgl. Summer, Rudolf, Gedanken zum Gesetzesvorbehalt im Beamtenrecht, in: Die Öffentliche Verwaltung 2006, S. 249 ff.
[120] Vgl. Eidgenössisches Finanzdepartement, Informationen über das schweizerische Bundespersonalgesetz, Bern 2000.

amten. Man hat insoweit von einer „Umwälzung der Rechtslage ohne Umwälzung der Beschäftigungsverhältnisse" gesprochen.[121]

Entsprechend sind Normativität und Faktizität beim Streikverhalten im öffentlichen Dienst zu beachten. Es gibt nicht nur die Tatsache eines illegalen Streiks durch Dienst nach Vorschrift, sondern auch Sektoren des Verwaltungsdienstes, die jenseits von Streikrechten bzw. Streikverboten faktisch streikfrei sind, so weitgehend die Finanzverwaltung. In Verwaltungsbereichen wie dem Diplomatischen Dienst oder dem Ministerialdienst erscheinen Streiks letztlich illegitim, weil damit nicht nur die Autorität einer Regierung, sondern die Souveränität des Staates nach innen wie nach außen in Frage gestellt scheinen. Die Möglichkeit einer Verpflichtung zu Notstandsarbeiten reicht in solchen Bereichen nicht aus. Es ist angemessener, durch Streikverbote Legalität und Legitimität auf einen Nenner zu bringen. Gesetzesvorbehalt wie Streikverbot schließen freilich nicht den sozialen Dialog mit den Mitgliedern des beamteten Verwaltungsdienstes und ihren Interessenvertretern aus. In Deutschland ist eine Beteiligung der Spitzenorganisationen der Gewerkschaften und der Berufsverbände der Beamten bei der Vorbereitung allgemeiner beamtenrechtlicher Regelungen als Ausgleich für fehlende Tarifmacht vorgesehen. In Frankreich ist das Prinzip des sozialen Dialogs statutorisch vorgeschrieben und schließt unter anderem ein Vereinigungsrecht der Beamten, ein Klagerecht der Gewerkschaftsorganisationen und deren Berechtigung zu Verhandlungen bei der Lohnentwicklung mit der Regierung ein. In Österreich spricht man von einer „kleinen Sozialpartnerschaft", bei der Gesetzgebungsverfahren zum Beamtenrecht eingeleitet werden, nachdem ein Abschluss zwischen Gewerkschaft der öffentlichen Bediensteten und den Gebietskörperschaften als Dienstgeber erzielt ist. Die Ausgestaltung des sozialen Dialogs im öffentlichen Dienst ist von Land zu Land verschieden. Regelmäßig hat indessen der demokratische Gesetzgeber das letzte Wort.[122]

Einen Kernbereich von Richtungsentscheidungen stellen jene Grundsätze dar, die die Funktion eines eigenen professionellen Verwaltungsdienstes sichern. Dazu gehört die prinzipielle Erfassung von Neutralität und Loyalität, wie sie sich aus der Differenzierung von Politik und Verwaltung ergeben. Solche Regulative bleiben nicht abstrakt, sondern werden in weiteren Grundsätzen konkretisiert. So muss sich der Verwaltungsbedienstete Mäßigung und Zurückhaltung bei politischen Betätigungen auferlegen. Die Grenzen hierfür beruhen nicht zuletzt auf historischen Erfahrungen. Jedenfalls sollte ein leitender Verwaltungsbeamter nicht mit seiner Amtsbezeichnung, ein Polizist nicht mit sei-

---

[121] Vgl. Ziller, Jacques, Das öffentliche Dienstrecht aus der Perspektive der vergleichenden Verwaltungswissenschaft, in: Die Öffentliche Verwaltung 2006, S. 237 ff.

[122] Vgl. Bossaert, Danielle u. a., Der öffentliche Dienst im Europa der Fünfzehn, Maastricht 2001, S. 209.

ner Uniform Wahlkampf führen.[123] Entsprechend äußern sich Loyalitätspflichten nicht nur gegenüber einem staatlichen Dienstherrn, sondern manifestieren sich als Obedienzen gegenüber dem Primat des Politisch-Demokratischen und als Subordination in die Hierarchie öffentlicher Verwaltung. Dass Verwaltungsbedienstete solchen Gehorsamspflichten unterliegen, dass sie Glied einer Kette von Weisungsgebundenheiten sind und dass schließlich öffentlich-rechtlichen Dienstverhältnissen in dieser Beziehung eine eigene Bedeutung gegenüber privatwirtschaftlichen Beschäftigungen zukommt, ist prinzipiell anerkannt. Frage ist wiederum, wie weit die Pflichten zum Gehorsam reichen. Um blinden Gehorsam geht es nicht.

Verschiedene Schwellen kommen ins Blickfeld. Die öffentliche Verwaltung ist an Gesetz und Recht gebunden. Das gilt auch für ihr personelles Substrat. So endet etwa in Spanien die Gehorsamspflicht der Verwaltungsbediensteten bei rechtswidrigen Anordnungen.[124] Andernorts wie in Italien hat der Bedienstete auch offensichtlich rechtswidrige Anordnungen zu befolgen, wenn sie schriftlich bestätigt werden.[125] Das Ansinnen einer strafbaren Handlung pflegt freilich die letzte Grenze zu sein. In Deutschland bestehen differenzierte Anforderungen. Bedenken gegen die Rechtmäßigkeit dienstlicher Anordnungen hat der Beamte unverzüglich bei seinem unmittelbaren Vorgesetzten geltend zu machen. Wird die Anordnung aufrecht erhalten, so hat sich der Beamte, wenn seine Bedenken gegen die Rechtmäßigkeit fortbestehen, an den nächst höheren Vorgesetzten zu wenden. Bestätigt dieser die Anordnung, so muss der Beamte sie ausführen, sofern nicht das ihm aufgetragene Verhalten strafbar oder ordnungswidrig ist oder die Würde des Menschen verletzt.[126]

In der legalistischen Verwaltungskultur sind es Rechtsmaßstäbe, die hiernach die Bewertung dienstlicher Handlungen vor allem prägen. Es ist die Rechtmäßigkeit eines Tuns oder seines Unterlassens, an die die volle persönliche Verantwortung des Verwaltungsbediensteten anknüpft und von der er sich nur nach Maßgabe der genannten Konfliktregeln zu Lasten des Vorgesetzten lösen kann. Dienstvergehen werden entsprechend sanktioniert, sei es, dass eine

---

[123] Vgl. Ule, Carl Hermann, Verfassungsrechtliche Grenzen einer Reform des öffentlichen Dienstrechts, in: Studienkommission für die Reform des öffentlichen Dienstrechts, Band 5, Baden-Baden 1973, S. 441 ff.
[124] Vgl. Macho, Ricardo Garcia, Das Recht des öffentlichen Dienstes in Spanien, in: Siegfried Magiera/Heinrich Siedentopf (Hrsg.), Das Recht des öffentlichen Dienstes in den Mitgliedstaaten der Europäischen Gemeinschaft, Berlin 1994, S. 731 ff.
[125] Vgl. Pretis, Daria de, Das Recht des öffentlichen Dienstes in Italien, in: Siegfried Magiera/Heinrich Siedentopf (Hrsg.), Das Recht des öffentlichen Dienstes in den Mitgliedstaaten der Europäischen Gemeinschaft, Berlin 1994, S. 793 ff.
[126] Vgl. Merten, Detlef, Das Recht des öffentlichen Dienstes in Deutschland, in: Siegfried Magiera/Heinrich Siedentopf (Hrsg.), Das Recht des öffentlichen Dienstes in den Mitgliedstaaten der Europäischen Gemeinschaft, Berlin 1994, S. 181 ff.

persönliche Haftung für entstandenen Schaden besteht, sei es, dass Disziplinarmaßnahmen ergriffen werden, sei es, dass letztlich sogar ein Sonderstrafrecht etwa bei Bestechung greift. In den anderen Verwaltungskulturen wird stärker auf das Berufsethos Bezug genommen, wobei in der Sache vergleichbare Regulative gelten. In den einschlägigen Schutzregeln können dann auch jeweils nach bestimmten historischen Erfahrungen besondere Probleme erfasst werden, etwa im U.S.-amerikanischen Falle das „Whistle-blowing". Nach den Prinzipien des Merit-System soll so der Mitarbeiter gegen Repressalien wegen gesetzmäßiger Aufdeckung von Informationen geschützt werden, wenn dieser vernünftigerweise von der Offenkundigkeit einer Rechtsverletzung oder eines Missmanagements überzeugt ist.[127]

In der geschichtlichen Entwicklung von Beamtentum, Civil Service, Fonction publique gibt es vielfältige weitere Regeln, die von Land zu Land grundsätzlichen Charakter angenommen haben: von der Fürsorgepflicht des Dienstherren, der Transparenz seiner Personalentscheidungen bis zur Hingabe für das Amt, das amtgemäße persönliche Verhalten des Beamten. Solche Grundsätze erbringen im jeweiligen nationalstaatlichen Kontext Beiträge zur Lösung von Personalproblemen. Für den besonderen Status des Verwaltungsdienstes kommt es letztlich auf jene Prinzipien an, die den Bestand und den angemessenen Wandel jener Funktionsgruppe sichern, die professionell die verbindliche Allokation öffentlicher Güter und Dienstleistungen besorgt. Hier fällt zuerst die Permanenz des Verwaltungsdienstes, die Lebenszeitlichkeit der Anstellung ins Auge. Darin und nicht in den Einkommen wird zuerst eine Vorzugsstellung des Beamtentums gegenüber vergleichbaren Arbeitnehmern der Privatwirtschaft vermutet.[128] Das gilt insbesondere in Zeiten anhaltender Arbeitslosigkeit.

Deswegen muss begründet werden, dass es sich bei der Anstellung auf Lebenszeit nicht um eine Privilegierung durch sichere Arbeitsplätze für individuelle Staatsbedienstete handelt, sondern dass es wie bei der Hauptamtlichkeit um die Sicherung von Unabhängigkeit und Eigenverantwortlichkeit als systemische Größe eines ausdifferenzierten professionellen Verwaltungsdienstes geht. So hält man in vielen Ländern auch mit gefestigten Demokratien und rechtsstaatlichen Garantien für die moderne Verwaltung an der Überzeugung fest, dass der Verwaltungsdienst auf diese Weise gegen den Druck partikulärer Interessen geschützt werden muss. Das gilt unmittelbar gegenüber den politischen Parteien, die über die Besetzung exekutivpolitische Ämter, insbesondere Ministerposten auch die Personalpolitik der Verwaltung in der Hand haben. Das gilt aber auch

---

[127] Vgl. Levine, Charles H. u. a., Public Administration, Glenview Ill./London 1990, S. 351.

[128] Vgl. Herzog, Roman, Verfassungspolitische Probleme der Dienstrechtsreform, in: Studienkommission für die Reform des öffentlichen Dienstrechts, Band 6, Baden-Baden 1973, S. 161 ff.

gegenüber anderen wirtschaftlichen und gesellschaftlichen Kräften, die nicht nur in der Sache, sondern mittelbar auch in Personalfragen auf den Verwaltungsdienst Einfluss nehmen können. In Ländern ohne Präferenz für eine Anstellung auf Lebenszeit pflegt die Sicherheit des Arbeitsplatzes in anderer Weise gewährleistet zu sein. Allgemein pflegt die Beschäftigungssicherheit im öffentlichen Sektor größer als im privatwirtschaftlichen Bereich zu sein. Auch zieht der öffentliche Dienst generell diejenigen an, die Wert auf Arbeitsplatzsicherheit legen.[129] Zudem mag man insbesondere für den höheren Dienst in der Lebenszeitlichkeit eine Kompensation gegenüber den allgemein höheren Löhnen in der Privatwirtschaft sehen. Intention der Richtungsentscheidung für einen Verwaltungsdienst als gesicherten Lebens- und Hauptberuf ist es indessen, den Druck partikularer politischer und sozioökonomischer Interessen im personellen Bereich zu begrenzen.[130] Der Verwaltungsbedienstete soll auf der Grundlage legitimer Vorgaben unabhängig und verantwortlich entscheiden können. Beschäftigungssicherheit bedeutet nicht automatisch Zivilcourage. Sie schafft aber Voraussetzungen dafür.

Steht das Lebenszeitprinzip für eine begründete soziale Ausdifferenzierung des Verwaltungsdienstes, so belegt das Leistungsprinzip die soziale Integration in die allgemeine Berufs- und Arbeitswelt. Leistungsorientierungen sind ein Grundzug westlicher Gesellschaften. Zu ihren bevorzugten – wenn auch mit anderen etwa der Solidarität konkurrierenden – Werten gehört es, dass der soziale Status des Einzelnen, sein Einkommen, seine Aufstiegsmöglichkeiten und Lebenschancen nicht nach Standes- und Klassenprivilegien oder Organisations- und Parteizugehörigkeiten, sondern nach individuellen Leistungen bemessen sein sollen. Belohnungen aller Art wie individuellen Chancen sollen sich nach Qualität und Quantität der Leistung richten.[131] Das Leistungsprinzip ist so ein Grundsatz der privatwirtschaftlichen Beschäftigung wie des öffentlichen Dienstes gleichermaßen. Seine Verbindlichkeit für den Verwaltungsdienst ist mit dem Aufkommen der modernen öffentlichen Verwaltung auch rechtlich geregelt worden. Im deutschen Falle hat es etwa in das Allgemeine Landrecht für die preußischen Staaten von 1794 Eingang gefunden und gehört heute zu den hergebrachten Grundsätzen des Berufsbeamtentums im Sinne des Grundgesetzes (Art. 33).[132]

---

[129] Vgl. Luhmann, Niklas/Mayntz, Renate, Personal im öffentlichen Dienst, in: Studienkommission für die Reform des öffentlichen Dienstrechts, Band 7, Baden-Baden 1973, S. 53 ff.

[130] Vgl. Demmke, Christoph, Are Civil Servants Different Because They Are Civil Servants?, Maastricht 2005, S. 123 ff.

[131] Vgl. Achterberg, Norbert, Das Leistungsprinzip im öffentlichen Dienstrecht, in: Deutsches Verwaltungsblatt 1977, S. 541 ff.

[132] Vgl. Laubinger, Werner, Gedanken zum Inhalt und zur Verwirklichung des Leistungsprinzips bei Beförderungen von Beamten, in: Verwaltungsarchiv 1992, S. 246 ff.

Zählt man die geeignete fachliche Vorbildung zum Leistungsprinzip, so kann der Staatsdienst in Kontinentaleuropa für sich in Anspruch nehmen, ein Pionier auf diesem Feld zu sein. Das herausragende Beispiel findet sich in der französischen Verwaltungsgeschichte. Mit der Errichtung eigener Schulen für die „grands corps" wurden die fachlichen Voraussetzungen für eine leistungsfähige Bearbeitung öffentlicher Angelegenheiten geschaffen.[133] Das Leistungsprinzip gilt nicht nur für den Zugang zum Verwaltungsdienst, also die Einstellung, sondern allgemein für personalpolitische Bezugsgrößen, den weiteren beruflichen Werdegang, vor allem die Beförderung. Die Umsetzung dieses Grundsatzes fällt nicht nur deswegen schwer, weil es in der Verwaltung gerade bei Beförderungen eine Vielfalt von Einflüssen parteipolitischer, verbandlicher, mitarbeiterschaftlicher Art gibt. Leistungsdefinition und Leistungsmessung sind bei der Allokation öffentlicher Güter und Dienstleistungen schwierig. Zu fragen ist, ob man auf die Effizienz des Ressourcenverbrauchs, auf Qualität oder Quantität der Produkte, auf schnelles und langes Arbeiten, auf einen guten Service für die Bürger oder auf Verteilungsgerechtigkeit oder anderes zu achten hat, und dann, welche Indikatoren jeweils für die Leistung des Bediensteten stehen.

In eine grundsätzliche Spannungslage gerät das Leistungsprinzip im Bereich der Besoldung. Die Entlohnung von Verwaltungsbediensteten pflegt standardisiert zu sein. Eine durchgehende Individualisierung der Bezahlung ist nicht nur aus Gesichtspunkten der Menge, sondern auch des Legitimationsbedarfs in öffentlichen Angelegenheiten schwierig. Die Grundlagen von Entlohnungsstandards pflegen im Leistungsprinzip zu liegen. Die einschlägigen personellen Kategorien werden nach Eignung, Befähigung und fachlicher Leistung – „relative ability, knowledge and skills" – definiert. Ein solcher „Merit pay" schließt es nicht aus, dass soziale Gesichtspunkte, Alter, Familienstand in die Besoldungsstruktur einfließen. Zu grundsätzlichen Spannungen kommt es, wenn der leistungsbezogenen Bezahlung ein Alimentationsprinzip gegenübersteht, also die Dienstbezüge des Beamten so bemessen sein müssen, dass sie ihm eine seinem Amte entsprechende Lebensführung gestatten. Dieses Prinzip gilt in Deutschland heute mindestens noch insoweit, als die allgemeinen Besoldungsstandards das Minimum einer angemessenen Alimentation nicht unterschreiten dürfen.[134] Dabei ist zu berücksichtigen, dass die Bestimmung der Besoldungsstruktur und der Besoldungshöhe regelmäßig und letztlich in den Händen des Gesetzgebers und nicht von Tarifparteien liegen. Gewisse Grenzen nach unten sind bei sol-

---

[133] Vgl. Meiniger, Marie-Christine, The Development and Current Features of the French Civil Services, in: Hans A. G. M. Bekke/Frits M. van der Meer (Hrsg.), Civil Service Systems in Western Europe, Cheltenham/Northhampton MA 2000, S. 188 ff.

[134] Vgl. Jachmann, Monika, Artikel 33, in: Christian Starck (Hrsg.), Das Bonner Grundgesetz, Band 2, München 2000, S. 981 ff.

cher Einseitigkeit zu sichern. Auch andernorts etwa in Frankreich[135] oder in Griechenland[136] wird auf die amtsangemessene Lebensführung abgestellt.

Unabhängig davon, wie man Alimentationsprinzip und Leistungsprinzip zusammenhält oder ob man die Bezüge im Verwaltungsdienst als eine Gegenleistung für eine korrekte Erfüllung von Dienstpflichten versteht, durch die Standardisierung der Besoldungsstrukturen, Vergütungsgruppen, Lohnstufen oder anderes entsteht eine Spannungslage von eingeführten Normen und jeweiliger Leistungsrealität. Heute lässt sich eine internationale Tendenz beobachten, das individuelle Leistungsverhalten des Verwaltungsbediensteten monetär zu belohnen. Elemente individualisierbarer Leistungsentgelte sind in vielen europäischen Ländern, darunter Deutschland, in Australien, Kanada den USA und anderswo eingeführt worden, und zwar als Leistungsstufen, Leistungszulagen, Leistungsprämien usw. Noch stärker versucht das Bezahlungssystem in Großbritannien – „Performance related Pay System" – sich an der individuellen Leistung des Bediensteten zu orientieren. Für jeden Dienstgrad ist eine gewisse Gehaltsspanne vorgesehen. Die Hälfte dieses Betrages wird nach Besoldungsdienstalter, die andere nach Leistungsgesichtspunkten vergeben. Es erfolgen entsprechende Beurteilungen durch die Dienstvorgesetzten. Je nach Benotung werden Zulagen verteilt. Berücksichtigt werden kann eine Quote von 25 % des möglichen Personenkreises.[137] An individuelles Leistungsverhalten anknüpfende monetäre Anreizsysteme werden international überwiegend als enttäuschend bewertet.[138] Die Zunahme von Neid, unproduktivem Konkurrenzverhalten sind nur Teilphänomene. Im Gegensatz zur Privatwirtschaft kann man im öffentlichen Dienst auf die Transparenz von solchen Entlohnungen nicht verzichten. Darüber hinaus stellt sich die Frage nach der Wirkung monetärer und nichtmonetärer Leistungsanreize. Unabhängig von solcher Kritik pflegen die Promotoren von „Performance related Pay" an solchen Anreizen festzuhalten.[139] Jedenfalls ist das Leistungsprinzip im Verwaltungsdienst wie es auch immer national ausgeprägt sein mag, so lebendig, dass es trotz aller negativen Vorurteile zum Beamtentum keinen empirischen Nachweis gibt, der einen allgemeinen

---

[135] Vgl. Autexier, Christian, Das Recht des öffentlichen Dienstes in Frankreich, in: Siegfried Magiera/Heinrich Siedentopf (Hrsg.), Das Recht des öffentlichen Dienstes in den Mitgliedstaaten der Europäischen Gemeinschaft, Berlin 1994, S. 235 ff.

[136] Vgl. Skouris, Wassilios, Das Recht des öffentlichen Dienstes in Griechenland, in: Siegfried Magiera/Heinrich Siedentopf (Hrsg.), Das Recht des öffentlichen Dienstes in den Mitgliedstaaten der Europäischen Gemeinschaft, Berlin 1994, S. 317 ff.

[137] Vgl. Hofmann, Reinhard, Das britische Modell der leistungsorientierten Beamtenbesoldung, in: Die Öffentliche Verwaltung 1992, S. 347 ff.

[138] Vgl. Böhm, Monika, Leistungsanreize im öffentlichen Dienst im internationalen Vergleich, in: Zeitschrift für Beamtenrecht 1997, S. 101 ff.

[139] Vgl. U. S. Merit Systems Protection Board, Designing an Effective Pay for Performance Compensation Systems, Washington D.C. 2006.

Unterschied zwischen der Arbeitsleistung im öffentlichen Dienst und in der privatwirtschaftlichen Beschäftigung beweist.[140] Lebenszeitprinzip und Leistungsprinzip belegen zum einen Erfordernisse der sozialen Ausdifferenzierung eines professionellen Verwaltungsdienstes, um gegenüber einer politischen und ökonomischen Umwelt relative Unabhängigkeit und Eigenverantwortlichkeit zu sichern, zum anderen Erfordernisse der sozialen Integration, um dem Verwaltungsdienst gegenüber den Leistungsanforderungen der allgemeinen Arbeits- und Berufswelt nicht unbegründete Vorränge einzuräumen. Auch in den Konkretisierungen solcher Richtungsentscheidungen ist auf die Eigenständigkeit eines Verwaltungsdienstes ohne ungerechtfertigte Privilegien zu achten.

III. Berufszugang und Berufsweg

1. Positionen und Karrieren

Berufszugang und Berufsweg werden von dem Verwaltungsmann, der Verwaltungsfrau nicht nur als existentiell für ihr Arbeitsleben angesehen. Den öffentlichen Angelegenheiten angemessene Vorgaben, die Rekrutierung und Karriere strukturieren, bestimmen auch die Funktionsfähigkeit des Verwaltungsdienstes. Deswegen stellen sie einen Kernbereich umfassender Reformansätze des 20. Jahrhunderts dar: im Report des Fulton-Committee zur Civil Service Reform in Großbritannien 1968[141], im Bericht der Studienkommission für die Reform des öffentlichen Dienstrechts 1973[142], im Civil Service Reform Act in den Vereinigten Staaten von Amerika 1978[143]. Überkommene Regelungsbestände sind dem ständigen Wandel unterworfen und müssen verwaltungspolitisch mit den geänderten gesellschaftlichen, wirtschaftlichen und politischen Rahmenbedingungen von Staat und Verwaltung und den systemischen und motivationalen Gegebenheiten der öffentlichen Beschäftigung in Einklang gebracht werden.

So hatte der Fulton-Report angesichts der Verhältnisse in Großbritannien eine fundamentale Änderung in der Struktur des Civil Service vorgeschlagen. Die alten Klassen – zum Beispiel die Administrative, Executive und Clerical Classes – sollten aus Gründen der Effizienz, verbesserter Mobilität und Motivierung

---

[140] Vgl. Demmke, Christoph, Are Civil Servants Different Because They Are Civil Servants?, Maastricht 2005, S. 111 ff.

[141] Vgl. The Civil Service Reform Vol. 1, Report of the Committee 1966/68, Chairman: Lord Fulton, London 1968.

[142] Vgl. Studienkommission für die Reform des öffentlichen Dienstrechts, Bericht der Kommission, Baden-Baden 1973.

[143] Vgl. Ink, Dwight, What Was Behind the 1978 Civil Service Reform?, in: James P. Pfiffner/Douglas A. Brock, The Future of Merit, Washington DC u. a. 2000, S. 39 ff.

durch größere Karrieremöglichkeiten abgeschafft werden. Man dachte an eine einzige Rangskala und spezielle Beschäftigungsgruppen. Gerade diese Vorschläge wurden im Reformvollzug aufgegriffen. Neue Gruppen wie die Administrative Group, die Science Group, die Professional and Technology Group wurden eingerichtet. Nach einigen Jahren war ein hoher Anteil in die eine oder andere der neuen Kategorien überführt. freilich gab es auch Folgeprobleme wie die interne Differenzierung innerhalb verhältnismäßig großer Gruppen.[144] Später kam es in Großbritannien im Kontext von New Public Management zu Dezentralisierungen und Flexibilisierungen der Rekrutierungs- und Karrieremuster, bis dann an der Wende zum 21. Jahrhundert der Gedanke eines einheitlichen Civil Service wieder an Boden gewann.[145]

In den Reformansätzen der USA des Jahres 1978[146] kritisierte man insbesondere die Immobilitäten im Spitzenbereich des Beamtentums, das man mehr mit dem Anciennitätsprinzip als mit dem Leistungsprinzip verbunden sah. Dem suchte man durch die Einführung eines Senior Executive Service entgegenzuwirken, der die Spitzenpositionen unter der Ebene der politisch berufenen Amtsträger wahrnimmt und leicht umsetzbar wie leistungsbezogen bezahlt zu sein hat.

Wer sich mit der Reform von Berufszugang und Berufsweg im öffentlichen Dienst befasst, muss berücksichtigen, dass es auf diesem Felde zwei grundsätzlich zu unterscheidende Gestaltungsmöglichkeiten gibt.[147] Die eine ist das Karriere-Korps-Prinzip, kurz das Karriere- oder – nach der in Deutschland üblichen Terminologie – Laufbahnprinzip. Die andere ist das Positions-Klassifikations-Prinzip, kurz Positionsprinzip. Beide Prinzipien sind international weit verbreitet. In Europa hat traditionell das Karriereprinzip jedenfalls im beamteten Verwaltungsdienst ein Übergewicht. Länder wie Belgien, Dänemark, Deutschland, Frankreich, Griechenland usw. sind zu nennen. Grundsätzlich können dabei Beförderungen mit Auswahlwettbewerben oder Prüfungen verbunden sein.[148] Ein

---

[144] Vgl. Painter, Chris, The British Civil Service in the Post-Fulton-Era, European Group of Public Administration (EGPA), Tampere Conference 1976.

[145] Vgl. Füchtner, Natascha, Die Modernisierung der Zentralverwaltung in Großbritannien und in Deutschland, Frankfurt a. M. u. a. 2002, S. 170 ff.

[146] Vgl. Pietzcker, Jost, Reform des öffentlichen Dienstrechts in den USA, in: Die Verwaltung 1980, S. 157; ferner Oechsler, Walter A., Vergleichende Analyse der Dienstrechtsreform in der Bundesrepublik Deutschland und der Civil Service Reform in den USA, in: Verwaltungsarchiv 1982, S. 196 ff.

[147] Vgl. König, Klaus/Kind, Hero, Zur Weiterentwicklung des vertikalen Laufbahngefüges, Baden-Baden 1980.

[148] Vgl. Niedobitek, Matthias, Das Recht des öffentlichen Dienstes in den Mitgliedstaaten der Europäischen Gemeinschaft, in: Siegfried Magiera/Heinrich Siedentopf (Hrsg.), Das Recht des öffentlichen Dienstes in den Mitgliedstaaten der Europäischen Gemeinschaft, Berlin 1994, S. 11 ff.

Prinzipienwechsel liegt indessen vor, wenn jetzt in Italien eine Einstufung gemäß Tätigkeiten nach dem Maßstab des Schwierigkeitsgrades der wahrzunehmenden Aufgabe erfolgt und Beförderungen als überholt gelten.[149] In den Vereinigten Staaten von Amerika ist das Positionsprinzip zu einem hohen sozialtechnologischen Stand entwickelt worden.[150] Unter dem Einfluss der USA stehen die öffentlichen Dienste in vielen Entwicklungsländern, und zwar insbesondere auch in Lateinamerika.[151] In Afrika finden wir vielerorts das Karriereprinzip als Folge des britischen und französischen Kolonialeinflusses vor.[152] In Asien trifft man je nach Vorgeschichte beide Prinzipien an.[153]

Karriereprinzip und Positionsprinzip unterscheiden sich im Ansatz in der Behandlung von Personalrekrutierung und Personalbewegung. Im Falle des Karriereprinzips wird man nicht für einen bestimmten Posten eingestellt, sondern von vornherein für eine Laufbahn im Rahmen einer Personalgruppierung. Die Beschäftigung ist nicht mit einem einzelnen Arbeitsplatz verknüpft. Es wird eine Verwendung auf vielfältigen Arbeitsplätzen von vornherein eröffnet. Die berufliche Mobilität vollzieht sich in Verwendungsreihen innerhalb der Laufbahnen, die in der Vertikalen ein Gefüge von Rängen darstellt. Dabei kann das Karriereprinzip unterschiedlich ausgestattet sein. Als Korps-Prinzip im strengeren Sinne tritt es insbesondere in Frankreich hervor. Vertikale und Horizontale des Berufsweges sind zusammengefasst. Es gibt über 1.000 Korps, die jeweils ein bestimmtes Feld öffentlicher Aufgaben und Beschäftigungen reflektieren.[154] In Deutschland erfolgt eine vertikale und horizontale Differenzierung. Es gibt Laufbahngruppen des einfachen, mittleren, gehobenen und höheren Dienstes, in die wiederum vertikal die Ämter im statusrechtlichen Sinne eingeordnet sind. Horizontal erfolgt die Gliederung nach Fachrichtungen, also für die Verwaltung im funktionalen Sinne vor allem der allgemeine innere Verwal-

---

[149] Vgl. Pretis, Daria de, Das Recht des öffentlichen Dienstes in Italien, in: Siegfried Magiera/Heinrich Siedentopf (Hrsg.), Das Recht des öffentlichen Dienstes in den Mitgliedstaaten der Europäischen Gemeinschaft, Berlin 1994, S. 493 ff.

[150] Vgl. Stahl, O. Glenn, Public Personnel Administration, New York 1971.

[151] Vgl. König, Klaus u. a., Zur entwicklungspolitischen Zusammenarbeit mit der lateinamerikanischen Steuerverwaltung, in: Verwaltungsarchiv 1981, S. 316 ff.

[152] Vgl. von Albertini, Rudolf, Europäische Kolonialherrschaft 1880 – 1940, Zürich/Freiburg i. Br. 1976.

[153] Vgl. Raksasataya, Amara/Siedentopf, Heinrich, Asian Civil Services, Singapore 1980.

[154] Vgl. Lemoyne de Forges, Jean-Michel, The French Civil Service System, in: Françoise Gallouédec-Genuys (Hrsg.), About French Administration, Paris 1998, S. 31 ff.

tungsdienst, der Auswärtige Dienst, der Zolldienst, der Dienst der Wehrverwaltung, des Verfassungsschutzes usw.[155]

Anders verhält es sich im Falle des Positionsprinzips. Hier erwirbt man nicht die Mitgliedschaft in einer Personalgruppe mit vielseitigen Verwendungsmöglichkeiten. Vielmehr wird man für einen bestimmten Posten eingestellt. Weitere Mobilität bedeutet gleichsam neue Rekrutierung. Anzumerken bleibt, dass man in der Personalpraxis aus formellen oder informellen Gesichtspunkten oft den jeweiligen Grundsatz nicht rein ausgeführt vorfindet. So sind in den Vereinigten Staaten die Positions – klassifizierte Arbeitsplätze, Dienstposten – zu „Series" – beschäftigungsmäßige oder arbeitstypische Gruppierungen – und zu „Occupational Groups" – Obergruppen von Beschäftigungen, Berufen – zusammengefasst, was Personalsteuerung und beruflicher Mobilität ein Karrieremoment gibt.[156] Die Nomenklatura der Sowjetunion hatte formelle Bezüge zum Positionsprinzip. Informell waren aber wohl Korpsmerkmale zu beobachten.[157]

Wie beim Positionsprinzip gibt es auch beim Karriereprinzip formelle und informelle Relativierungen der Statusgruppen und Statusämter. Formell pflegen Einstiege von „Außenseitern", „freien Bewerbern", „anderen Bewerbern" zugelassen zu sein.[158] Dabei geht es um Personen, die außerhalb oder innerhalb des öffentlichen Dienstes besondere Kenntnisse und Fähigkeiten erworben haben, die sie in ihre zukünftige Laufbahn einbringen wollen, ohne die hierfür verlangte Vor- und Ausbildung zu besitzen. Damit sollen als starr empfundene Laufbahnstrukturen durchlässig gestaltet werden. Personen mit speziellen Berufserfahrungen können gewonnen werden, die die Ausbildungsgänge des Laufbahnbewerbers nicht vermitteln. Bestehende Personalverhältnisse können aufgelockert und weiter Personalreserven genutzt werden. Bei Bewerbern, die ihre Lebens- und Berufserfahrungen außerhalb des öffentlichen Sektors erworben haben, wird eine solche Öffnung positiv bewertet. Da der Nachweis erforderlicher Befähigung für die Laufbahn schwierig festzustellen ist, stößt ein solcher Einstieg von Bewerbern aus dem öffentlichen Dienst an den Laufbahnstrukturen vorbei aber auch auf Bedenken.[159] Zumindest informell nimmt das Karriereprinzip Momente klassifizierter Positionen auf. Man spricht im deutschen Falle

---

[155] Vgl. Lecheler, Helmut, Gliederung des öffentlichen Dienstes, in: Klaus König/Heinrich Siedentopf (Hrsg.), Öffentliche Verwaltung in Deutschland, 2. Aufl., Baden-Baden 1997, S. 501 ff.

[156] Vgl. Civil Service Commission, Structure of the Federal Position Classification Plan, Washington D. C. o. J.

[157] Vgl. Voslensky, Michael S., Nomenklatura: Die herrschende Klasse der Sowjetunion, Wien u. a. 1980.

[158] Vgl. Güntner, Michael, Laufbahnbewerber und Außenseiter, Berlin 2005.

[159] Vgl. Lecheler, Helmut, Die Gliederung des öffentlichen Dienstes, in: Klaus König/Heinrich Siedentopf (Hrsg.), Öffentliche Verwaltung in Deutschland, 2. Aufl., Baden-Baden 1997, S. 501 ff.

von Funktionalisierung des Laufbahnrechts, wobei es freilich um Entwicklungen unterhalb der Schwelle zum Prinzipienwechsel geht.[160] Auch wenn sich der Berufsweg des beamteten Verwaltungsdienstes in einer Laufbahn- und Ämterordnung im statusrechtlichen Sinne vollzieht, so stößt man auf Verzahnungen mit bestimmten Positionen, hier im organisationsrechtlichen Sinne. So wird man bei Leitern eines Finanzamtes die Größe der Behörde auch in der Amtszuweisung berücksichtigen. In einem Ministerium werden die funktionalen Unterschiede zwischen einem Referenten und einem Referatsleiter auch in der Ämterordnung zu reflektieren sein usw.[161]

Der Fall der Bundesrepublik Deutschland ist insofern bemerkenswert, als hier für die Beamten das Karriereprinzip, für die Angestellten und Arbeiter im öffentlichen Dienst das Positionsprinzip gilt. Letzteres stand sozialtechnologisch betrachtet auf keinem sehr hohen Entwicklungsstand. Hingegen ist das Laufbahnrecht der Beamten verfeinerter. Es hat indessen eine Eigenbewegung ermöglicht, deren Problematik sich zum Beispiel daran zeigt, dass gleichwertige Tätigkeiten von Beamten mit hochunterschiedlichen Ämtern im statusrechtlichen Sinne wahrgenommen werden. Unterschiede von fünf Rängen lassen sich beobachten. Die Studienkommission für die Reform des öffentlichen Dienstrechts, die für eine grundlegende Reform auf diesem Felde in Deutschland wiederum signifikant ist, hatte sich mit den Dysfunktionen des nach Laufbahngruppen in der Vertikalen und Fachrichtungen in der Horizontalen differenzierten Laufbahnrechts auseinandergesetzt und ein eigenes Modell von Berufszugang und Berufsweg vorgeschlagen.[162]

Grundlage dieses Modells sind Dienstposten und Funktionsgruppen mit Basiseinstiegen. Die horizontale und vertikale Reichweite der Funktionsgruppe bestimmt sich nach der Zahl der in den Anforderungen verschiedenartigen Basisdienstposten und den sich aus ihnen ergebenden beruflichen Entwicklungsmöglichkeiten (Verwendungsreihen). Die berufliche Entwicklung des einzelnen Bediensteten bestimmt sich grundsätzlich nach seiner Befähigung und Leistungsbereitschaft. Der Dienstposten als strukturelle Grundeinheit ist durch bestimmte Tätigkeiten und die daraus abgeleiteten konkreten Anforderungen gekennzeichnet. Die Funktionsgruppe zeichnet sich dadurch aus, dass alle Dienstposten einer Gruppe die gleiche Ausbildung in fachlichen Grundkenntnissen erfordern und der Regeleinstieg an der Basis von Funktionsgruppen erfolgt. Sondereinstiege sind als Ausnahme zugelassen. Der Befähigungsstand des Bewer-

---

[160] Vgl. Leisner, Walter, Legitimation des Berufsbeamtentums aus der Aufgabenerfüllung, Bonn 1988, S. 131 ff.

[161] Vgl. Bull, Hans-Peter/Mehde, Veith, Allgemeines Verwaltungsrecht mit Verwaltungslehre, 7. Aufl., Heidelberg 2005, S. 192 f.

[162] Vgl. Studienkommission für die Reform des öffentlichen Dienstrechts, Bericht der Kommission, Baden-Baden 1973, S. 176.

bers soll grundsätzlich den Zugang zu allen Dienstposten einer Funktionsgruppe gewährleisten. Eignung und Leistung sind die entscheidenden Kriterien für den Eintritt in den öffentlichen Dienst.

Die Grundidee einer solchen Personalstruktur war es, die – gemessen an den bestehenden Verhältnissen – stärkere Funktionalisierung auf die Anforderung des Tätigkeitsfeldes und die Befähigung des Mitarbeiters hin voranzubringen. Wie man bei näherem Zusehen bemerkt, hält die Studienkommission am Karriereprinzip fest. Das zeigt sich an typischen Laufbahnmerkmalen wie Basiseinstieg oder gruppenbezogene Ausbildung in fachlichen Grundkenntnissen.[163] Aber man stößt doch immer wieder auf Kategorien, die man eher mit dem Position-Klassifikation-Prinzip in Verbindung bringt, etwa wenn der Dienstposten als strukturelle Grundeinheit für Personalverhältnisse definiert wird. Anzumerken ist, dass im Verzeichnis der Arbeitsbegriffe der Dienstposten als organisatorische Zusammenfassung einer oder mehrerer Tätigkeiten, die von einem Bediensteten wahrgenommen werden, bezeichnet wird.[164]

Personal- und Organisationsfragen muss man auseinanderhalten, insbesondere dann, wenn man sie stärker aufeinander ausrichten will. Jedenfalls hat sich später eine gewisse Zweispurigkeit zwischen Fortentwicklung der Laufbahnstruktur und Stärkung des Dienstpostenbezugs gezeigt. Das ist auch den kleineren Reformschritten eher hinderlich gewesen. Zwar ist zum Beispiel 1978 die Bundeslaufbahnverordnung neugefasst worden.[165] Sie enthält Änderungen etwa im Hinblick auf die Verbesserung der Aufstiegsmöglichkeiten in die nächsthöhere Laufbahngruppe. Die Laufbahnreform ist jedoch insgesamt hinter ihren Möglichkeiten und Erfordernissen zurückgeblieben.[166]

Karriereprinzip und Positionsprinzip setzen im Grunde unterschiedliche Bildungsanforderungen voraus. Im ersten Fall müssen zumindest Grundkenntnisse für alle im Rahmen der Laufbahn möglichen Verwendungen vorhanden sein. Im zweiten Fall geht es um die Qualifikation für die jeweilige Position. Dabei muss man allerdings berücksichtigen, dass bei großen Verwaltungs- und Personalkörpern oft viele Positionen die gleiche Klassifikation erhalten. Immerhin pflegen bei Geltung eines Laufbahnrechts die Bildungsabschlüsse und der Berufszugang zum öffentlichen Dienst eher aufeinander abgestimmt zu sein. Ein gutes Beispiel dafür ist Deutschland. Auf deutschem Boden sind Bildungsge-

---

[163] Vgl. König, Klaus, Fortentwicklung des Laufbahnrechts, in: Die Öffentliche Verwaltung 1977, S. 343 ff.

[164] Vgl. Studienkommission für die Reform des öffentlichen Dienstrechts, Bericht der Kommission, Baden-Baden 1973, S. 405.

[165] Vgl. Schröder, Heinz, Neues Laufbahnrecht der Bundesbeamten, in: Zeitschrift für Beamtenrecht 1978, S. 292 ff.

[166] Vgl. König, Klaus/Kind, Hero, Zur Weiterentwicklung des vertikalen Laufbahngefüges, Baden-Baden 1980.

danke und Staatsidee eng verschmolzen worden. Geist und Bildung sollten den Weg zu Staatsberufen und -ämtern bahnen. Bildungswesen, Staatsprüfungen und Dienstrecht wurden in historischen Schritten aufeinander abgestimmt, bis Bildungsgänge und Laufbahnen im öffentlichen Dienst hierarchisch gleichgerichtet einander zugeordnet waren.[167] Bei aller Betonung der Durchlässigkeit steht auch das Laufbahnrecht der Bundesrepublik in dieser Tradition. Einfacher, mittlerer, gehobener und höherer Dienst sind zuerst von der Eingangsqualifikation her definiert, und diese ist von den Zertifikaten eines korrespondierend gegliederten Bildungssystems her bestimmt.[168] So ist es dann die notenmäßige oder gar rangmäßige Beurteilung, wie sie im Bildungszertifikat festgehalten ist, die für den Berufszugang zum öffentlichen Dienst maßgeblich ist.

Demgegenüber tendiert man in Ländern, in denen Berufszugang und Bildungsabschluss nicht eng aufeinander abgestimmt sind, dazu, dem Eingangsexamen für die jeweiligen öffentlichen Ämter den Vorzug zu geben. Das liegt oft an der unterschiedlichen Wertschätzung von Bildungsinstitutionen, die formal zwar die gleiche Stellung haben, in ihren Leistungen auseinanderfallen. Japan ist ein Beispiel dafür, wie durch Massenprüfungen der Rekrutierungsinstanzen kleine Bewerberzahlen ausgewählt werden. Oft ist indessen die Eingangsprüfung mit einer Struktur klassifizierter Positionen verknüpft, die in ihrem punktuellen Ansatz nicht genügend Rückwirkung auf die Entwicklung anerkannter Studiengänge zeigen.[169] In Deutschland sind Examen und Examensnoten, mit denen die Ausbildung abgeschlossen wird, nach wie vor gewichtig. Der höhere allgemeine innere Verwaltungsdienst wird von Juristen dominiert. Diese legen keine Universitätsprüfungen ab, sondern ein erstes juristisches Staatsexamen, das den Weg zum Vorbereitungsdienst für Rechtsreferendare öffnet, und ein zweites juristisches Examen, das die Qualifikation zum höheren Verwaltungsdienst zuspricht. Die rekrutierenden Verwaltungsinstanzen sehen zwar die Problematik einer am Leitbild des Richters ausgerichteten Ausbildung und Bewertung. Sie gehen aber, schon um eine Ämterpatronage abzuwehren, nach wie vor von der Examensnote aus. Mancherorts kommt es zu weiteren Überprüfungen der Interessen und der Eignung von Bewerbern für den Verwaltungsberuf. Neben den Examensnoten spielen Lebenslaufanalyse, Berufspraktika, insbesondere Gestaltung der Referendarzeit bei der Vorauswahl eine Rolle. Einstellungsgespräche, Gruppendiskussionen, Stegreifreferate werden durchgeführt. Fähigkeiten werden zum Auswahlkriterium, die die juristische Prüfungsnote

---

[167] Vgl. König, Klaus, Öffentlicher Dienst und Bildungspolitik, in: Carl Böhret/Heinrich Siedentopf (Hrsg.), Verwaltung und Verwaltungspolitik, Berlin 1983, S. 189.

[168] Vgl. Schröder, Heinz, Neues Laufbahnrecht der Bundesbeamten, in: Zeitschrift für Beamtenrecht 1978, S. 292.

[169] Vgl. Stahl, O. Glenn, Public Personnel Administration, 6. Aufl., New York 1971.

nicht notwendigerweise wiedergibt, wie Kontaktfähigkeit, Auftreten, Initiative, Durchsetzungsvermögen usw.

Hieran zeigt sich, dass es nicht nur um die formelle Synchronisation von Bildungsabschluss und Berufszugang im öffentlichen Dienst geht. Das gilt insbesondere bei hierarchisierten Personalverhältnissen. Will man der traditionellen Kritik an einem durch Bildungsformen vermittelten Berechtigungswesen entgegentreten, muss man sich auch der Frage der Bildungsinhalte stellen.[170] Hier besteht in der ersten, zweiten und dritten Welt kein einheitliches Bild.[171] Man muss zwischen den verschiedenen vertikalen und horizontalen Differenzierungen des öffentlichen Dienstes und zwischen Ausbildung und Fortbildung unterscheiden. Begrenzt man sich auf die allgemeine innere Verwaltung, dann ist der Ausbildungsbereich für den höheren, akademisch gebildeten Verwaltungsdienst nur ausnahmsweise gezielt auf eine Verwaltungstätigkeit zugeschnitten. Zu nennen ist etwa die Ecole Nationale d'Administration in Paris. Früher konnte man noch auf die Akademie für Staats- und Rechtswissenschaft der DDR in Potsdam-Babelsberg verweisen, die in die Personal- bzw. Kaderpolitik des Staatswesens konsequent eingepasst war. Die europäischen Universitäten sind regelmäßig durch ein eher ambivalentes Verhältnis zum Verwaltungsberuf gekennzeichnet. Anders sind die Verhältnisse in den USA. Hier gibt es ein Verwaltungsstudium mit professionellem Ansatz – Professional School Approach. Allerdings erlauben die Personalstrukturen von Merit System und Position Classification keine zu enge Verbindung mit der öffentlichen Rekrutierungspraxis. In der dritten Welt haben Universitäten in einer Reihe von Fällen verwaltungsbezogene Studien eingerichtet – Manila in Asien, Ife in Afrika, Cordoba in Lateinamerika, um einige Beispiele zu nennen. Indessen muss man dort eben die Rahmenbedingungen von Entwicklungsländern einrechnen.

Vielerorts darf man aber Schwächen in der akademischen Ausbildung für Verwaltungsberufe nicht einfach den Universitäten und dem allgemeinen Bildungssystem anlasten. Das wird etwa im Falle Großbritanniens deutlich. Dort ist die Regierung den Empfehlungen nicht gefolgt, bei den Aufnahmeprüfungen in den Verwaltungsdienst solche Bewerber vorzuziehen, deren Studium auf die Tätigkeiten der Verwaltungsbeamten im Staatsdienst Bezug gehabt hat. Ihr schien es nicht erwiesen, dass das Studium einer bestimmten Materie einen ver-

---

[170] Vgl. König, Klaus, Öffentlicher Dienst und Bildungspolitik, in: Carl Böhret/Heinrich Siedentopf (Hrsg.), Verwaltung und Verwaltungspolitik, Berlin 1982, S. 189 ff.

[171] Vgl. König, Klaus, Die verwaltungswissenschaftliche Ausbildung in Europa, in: Konstanzer Blätter für Hochschulfragen 1981, S. 49 ff.; König, Klaus, Entwicklungen des Verwaltungsstudiums in den Vereinigten Staaten von Amerika, in: Die Öffentliche Verwaltung 1975, S. 455 ff.; König, Klaus, Entwicklungspolitik und internationale Verwaltungsbeziehungen aus der Sicht von Aus- und Fortbildung, Speyerer Forschungsberichte 26, Speyer 1982.

lässlichen Beweis dafür erbringt, dass der Betreffende praktisches Interesse an Gegenwartsproblemen hat. Jene Konzeption erfordert es dann, dass sich die Bildungsaktivitäten, soweit sie die öffentliche Verwaltung betreffen, vor allem auf die Phase nach dem Eintritt in den öffentlichen Dienst beziehen und insbesondere Weiterbildung bedeuten. Die Gründung des Civil Service College war eine Konsequenz dieser Verwaltungspolitik.

Entsprechend wurde seit Ende der sechziger Jahre in Europa wie in Übersee eine Vielfalt von Fortbildungsinstitutionen der Staatsverwaltung selbst eingerichtet, für die die Verwaltungsakademie des Bundes in Österreich[172] und die Bundesakademie für öffentliche Verwaltung in der Bundesrepublik Deutschland Beispiele sind. Daneben beteiligen sich an der Fortbildung des höheren Verwaltungsdienstes umfänglich Bildungsinstitutionen, die zwar organisatorisch autonom, in ihren Funktionen aber verwaltungsnah sind, wie etwa das Institut Administration-Université in Brüssel oder die Deutsche Hochschule für Verwaltungswissenschaften Speyer. Solche Institutionen betreiben im Kern zwei Formen der Fortbildung, nämlich Anpassungsfortbildung, die der Erhaltung und Verbesserung der zur Wahrnehmung der im jeweiligen Arbeitsfeld erforderlichen Qualifikation dient, und Förderungsfortbildung, die auf die Vorbereitung für die Übernahme höherwertiger Tätigkeiten ausgerichtet ist. Hinzu kommt vielerorts eine gewichtige Aktivität, die man als Eingangsfortbildung zu bezeichnen pflegt und die jene Grundkenntnisse für den Verwaltungsberuf vermitteln soll, die weder die Universitätsausbildung noch praktische Vorbereitungszeiten gegeben haben. Von allen drei Formen der Fortbildung, insbesondere auch von der Förderungsfortbildung bleibt zu unterstreichen, dass sie regelmäßig nicht streng mit dem beruflichen Werdegang verknüpft sind. Zwar ist es vielerorts üblich, Beamten im Hinblick auf Beförderungen Gelegenheit zur Fortbildung zu geben. Dass aber etwa Gehaltserhöhungen an den Nachweis der Teilnahme an Bildungsveranstaltungen geknüpft werden, ist die Ausnahme. Erst recht stößt man in der Frage der Beurteilung von Fortbildungsteilnehmern bei Behörden und Bildungsinstitutionen auf Zurückhaltung.[173]

Unter dem Vorzeichen von Berufszugang und Berufsweg sind für die gehobenen und mittleren Verwaltungsdienste folgende Reformen im Bildungsbereich hervorzuheben. In der Bundesrepublik Deutschland erfolgte die Ausbildung des gehobenen nichttechnischen Verwaltungsdienstes früher im Schwer-

---

[172] Vgl. Bernfeld, Alfred, Die Österreichische Verwaltungsakademie des Bundes, in: Verwaltung und Fortbildung 1980, S. 99 ff.; Melichar, Erwin, Zur Lage des österreichischen Dienstrechts, in: Klaus König u. a. (Hrsg.), Öffentlicher Dienst, Köln u. a. 1977, S. 563 ff.

[173] Vgl. König, Klaus (Hrsg.), Fortbildung des höheren Verwaltungsdienstes, Berlin 1974; König, Klaus, Education for Public Administration: Developments in Western Europe, Speyerer Arbeitshefte 6, Speyer 1977.

8. Kapitel: Öffentlicher Dienst und Verwaltungspersonal

punkt durch praktisches Lernen an relevanten Arbeitsplätzen und berufsbegleitende Unterrichtung an Verwaltungsschulen. Als wohl bemerkenswerteste Veränderung der Verwaltungslaufbahn kann man die Umstellung dieser Bildungsform auf eine Ausbildung auf Fachhochschulebene bezeichnen. Sie ist gleichermaßen für die Verwaltungspolitik wie die Bildungspolitik interessant. Man pflegt den gehobenen Verwaltungsdienst als „Rückgrat der Verwaltung" zu bezeichnen. Die Bedeutung seiner Tätigkeitsfelder erfährt zusätzliche Anerkennung, wenn sich der Gedanke durchsetzt, dass man den steigenden Leistungsanforderungen durch eine prinzipielle Anhebung der Bildungsform Rechnung tragen muss.

Diese Anhebung erfolgte freilich nach Art einer internen Lösung. Die neuen Fachhochschulen für öffentliche Verwaltung wurden regelmäßig in dieser selbst und nicht im allgemeinen Bildungssystem und seinem Fachhochschulbereich angesiedelt.[174] Dies ist auf die Kritik von Bildungspolitikern gestoßen. Manche befürchten einen Verdrängungswettbewerb von unten zu Lasten von Universitätsabsolventen. Im Grunde könnte freilich ein sinnvoller Beitrag gegen eine Polarisierung der Beschäftigungsverhältnisse im öffentlichen Sektor geleistet werden, damit dieser nicht in einen sozial schwer verträglichen Dualismus von höherwertigen und einfachen Tätigkeiten zerfällt. Die Ausbildung enthält nach wie vor maßgebliche Teile praktischen Lernens in Verwaltungsstationen. Auch im schulischen Bereich lautet der Auftrag, durch praxisbezogene Lehre eine auf wissenschaftlicher Grundlage beruhende Bildung zu vermitteln, die zu selbständiger Tätigkeit im Beruf befähigt.

Eine weitere für den Berufsweg des gehobenen Dienstes bemerkenswerte Reform ist in Österreich zu verzeichnen. Ein klassisches Problem des Karriereprinzips ist der Aufstieg von einer Laufbahn in die nächsthöhere bei gruppenmäßiger Differenzierung. Es gibt zwei Möglichkeiten, den Aufstieg im Sinne der Gerechtigkeit gegenüber den Mitarbeitern und einer vernünftigen Personalpolitik zu steuern: der Aufstieg aufgrund von beruflichen Leistungen und Erfahrungen – kurz Bewährungsaufstieg – und der Aufstieg aufgrund nachgewiesener Bildungsleistungen – kurz Bildungsaufstieg.[175] Das Erfordernis von Aufstiegsmöglichkeiten für sich wird nicht in Zweifel gezogen, weil es hier um eine Form der Durchlässigkeit geht, die eine Gegenkraft zu den Begrenzungen hierarchisierter Laufbahngruppen schafft. Die Zweifelsfragen betreffen die Art und Weise des Aufstiegs. Man beobachtet politische Einflussnahme, Patronage und insbesondere Zufälligkeiten. Ganz bestimmte Sachbearbeiterstellen oder ganz bestimmte Behörden eröffnen von vornherein günstigere Chancen. Dem-

---

[174] Vgl. König, Klaus (Hrsg.), Die Ausbildung für den gehobenen Verwaltungsdienst, Baden-Baden 1979.
[175] Vgl. König, Klaus/Kind, Hero, Zur Weiterentwicklung des vertikalen Laufbahngefüges, Baden-Baden 1980, S. 87.

gegenüber fällt es schwer, das Kriterium der Bewährung als Aufstiegsmerkmal operational zu gestalten. Deswegen ist die Bildungskomponente, mit der man das Aufstiegsverfahren heute anreichert[176], nicht nur aus dem Blickwinkel der Zusatzqualifikation zu sehen. Es geht auch um die Objektivität der Auswahlentscheidung. In der österreichischen Bundesverwaltung[177] konnte früher ein Beamter ohne abgeschlossene Hochschulbildung nur durch Regierungsbeschluss in den mit der Gruppenbezeichnung A benannten höheren Dienst gelangen. Mit Erlass des Verwaltungsakademiegesetzes sind in dieser Institution Aufstiegskurse für Bundesbeamte eröffnet worden, zu denen man bei Erfüllung bestimmter Voraussetzungen zugelassen werden kann. Dieser Bildungsgang stellt mit seiner auch in der Abschlussprüfung hervortretenden Objektivität einen wichtigen Schritt zur Verwirklichung der Chancengleichheit in einem hierarchisch gegliederten öffentlichen Dienst dar. In Deutschland ist ein formalisiertes Auswahl- und Aufstiegsverfahren vom gehobenen in den höheren Dienst des Bundes eingeführt worden. Jede Bewerberin und jeder Bewerber muss sich einem obligatorisch vorgeschalteten Auswahlverfahren unterwerfen, das den Leistungsgedanken gegenüber „Gefälligkeitsentscheidungen" den Vorrang gibt.[178]

Wenn man heute in Ländern mit Laufbahnprinzip Tendenzen zur stärkeren Funktionalisierung beobachtet, dann sind zwei Strategien zu unterscheiden, die von den Anhängern der Dienstpostenbewertung nicht immer deutlich gesehen werden.[179] Die eine Strategie geht dahin, es beim Laufbahnprinzip mit seinen Laufbahngruppen und Ämtern im statusrechtlichen Sinne bewenden zu lassen und die Dienstpostenbewertung sekundär einzuführen, um eine stärkere Verbindung des Ranges mit den jeweils am Arbeitsplatz wahrgenommenen Funktionen zu ermöglichen.[180] Die andere Strategie hat den Dienstposten als strukturelle Grundeinheit der Personalsteuerung im Auge. Das läuft im Grunde auf einen Prinzipienwechsel und den primären Ansatz bei klassifizierten Positionen hinaus.

Solche Unterschiede führen zu der Frage, welches der beiden Prinzipien, Karriereprinzip oder Positionsprinzip, für die Personalpolitik der Behörden und

---

[176] Vgl. Löhr, Franz-Josef, Der Aufstieg von Beamten des gehobenen Dienstes in Laufbahnen des höheren Dienstes, in: Verwaltung und Fortbildung 1974, S. 147 ff.

[177] Vgl. Bernfeld, Alfred, Die Österreichische Verwaltungsakademie des Bundes, in: Verwaltung und Fortbildung 1980, S. 99 ff.

[178] Vgl. Kollmar, Frank/Flümann, Bernhard, Das Auswahl- und Aufstiegsverfahren vom gehobenen in den höheren Dienst des Bundes nach der Novellierung der Bundeslaufbahnverordnung, in: Verwaltung und Fortbildung 2003, Heft 4, S. 54 ff.

[179] Vgl. Siepmann, Heinrich, Bewertung von Beamtendienstposten in der Kommunalverwaltung, in: Zeitschrift für Beamtenrecht 1977, S. 362 ff.

[180] Vgl. Schröder, Heinz, Neues Laufbahnrecht der Bundesbeamten, in: Zeitschrift für Beamtenrecht 1978, S. 292 ff.

8. Kapitel: Öffentlicher Dienst und Verwaltungspersonal

die berufliche Mobilität der Mitarbeiter adäquater ist. Diese Frage pflegt je nach der eigenen kulturellen Erfahrung mit der öffentlichen Verwaltung in die eine oder die andere Richtung beantwortet zu werden. Die Einschätzungen sind für die US-amerikanische Verwaltungswissenschaft und Verwaltungspraxis so hoch angelegt, dass man nach dem Zweiten Weltkrieg versucht hat, „Position Classification" gegenüber den alten japanischen Karriereverhältnissen durchzusetzen. In der Bundesrepublik Deutschland gehört das Laufbahnprinzip zu den hergebrachten Grundsätzen des Berufsbeamtentums, die durch Art. 33 Abs. 5 des Grundgesetzes geschützt sind.[181] Unabhängig von der verfassungsrechtlichen Lage gibt es aber gute Gründe, bei Reformen des öffentlichen Dienstes im Ansatz bei Laufbahngruppen festzuhalten.

Aus der Perspektive des Mitarbeiters ist es vorteilhaft, wenn er nicht für einen bestimmten Posten, sondern von vornherein für eine Laufbahn im Rahmen einer Personalgruppierung eingestellt wird. Die Beschäftigung ist nicht mit einem einzelnen Arbeitsplatz eng verknüpft. Es wird eine Verwendung auf vielfältigen Tätigkeitsfeldern von vornherein eröffnet. Die berufliche Mobilität vollzieht sich in Verwendungsreihen innerhalb der Laufbahn. Die Vorzüge vielseitiger Verwendungsmöglichkeiten in einer Personalgruppe wirken sich jedoch nicht nur für die Bediensteten aus. Das Lebenszeitprinzip bei den Beamten und die inzwischen eingetretenen sozialen Sicherungen bei den anderen öffentlichen Bediensteten schränken die Möglichkeiten der Personalsteuerung erheblich ein. In diesen Schranken gewinnt die Personalpolitik an Flexibilität, wenn nicht der Posten, sondern die Laufbahngruppe den Entscheidungsspielraum bestimmt.

Bemerkenswert sind die Erfahrungen, die man mit dem Transfer von „Position Classification" nach US-amerikanischem Vorbild in Entwicklungsländern gemacht hat. Es gibt Fälle, in denen die Einführung dieses Prinzips zur bürokratischen Festschreibung erworbener Stellungen und Pfründe geführt hat.[182] In anderen Fällen fördert „Position Classification" eine joborientierte Haltung. Man übernimmt einen öffentlichen Posten, nutzt die dort angebotenen Fortbildungsmöglichkeiten etwa im Bereich der elektronischen Datenverarbeitung und strebt alsbald eine vergleichbare Stellung im Privatsektor mit besserer Bezahlung an. Man identifiziert sich nicht beruflich mit der öffentlichen Verwaltung und bezieht so jede weitere Qualifikation auf die eigene Person und nicht auf die öffentliche Aufgabenstellung. Auf der anderen Seite nimmt man in der öffentlichen Organisation auf gegebene Personalverhältnisse nicht genügend

---

[181] Vgl. Forsthoff, Ernst u. a., Verfassungsrechtliche Grenzen einer Reform des öffentlichen Dienstrechts, in: Studienkommission für die Reform des öffentlichen Dienstrechts, Band 5, Baden-Baden 1973, S. 17 ff.

[182] Vgl. Sherwood, Frank P., Learning from the Iran Experience, in: Public Administration Review 1980, S. 413 ff.

Rücksicht. Man vertraut auf Rekrutierungen von außen. Man versäumt es, die Heranbildung des Personals als verwaltungsinterne Angelegenheit zu betrachten. Unter Bedingungen politisch-administrativer Instabilität kommt es zu hohen Fluktuationsraten.[183]

Damit wird deutlich, dass es letztlich um die historisch bestehende Verwaltungskultur des jeweiligen Landes geht. Vom Nachkriegs-Japan wird berichtet, dass durch das Gesetz über den öffentlichen Dienst des Staates und der Gebietskörperschaften die in den Vereinigten Staaten entwickelte Struktur der „Position Classification" übernommen wurde. Es war vorgesehen, dass die Klassifizierung durch besondere Gesetze und Verordnungen erfolgt. Für den allgemeinen Dienst des Staates ist 1950 ein Gesetz über einen Plan der Klassifizierung von Positionen ergangen. Es enthält nur Grundsatzbestimmungen; die konkrete Klassifizierung überantwortet es dem Personalamt. Dieses hat unter Heranziehung der Klassifizierungen bei der amerikanischen Bundesregierung einen Entwurf gefertigt, der jedoch auf Widerstand der Behörden und Gewerkschaften gestoßen ist. Die gesetzlich bestimmte Klassifizierung ist dann nicht verwirklicht worden. Sachkenner der japanischen öffentlichen Dienste bemerken dazu, wie dort für das amerikanische System alle psychisch-sozialen Voraussetzungen gefehlt haben. Es wird beschrieben, wie Berufszugang und Berufsweg tatsächlich erfolgen. Letztlich lässt sich in der Praxis ein Karrieremuster beobachten, das den deutschen Laufbahngruppen nahe kommt.[184]

Jenseits der formalen Strukturen von Karriereprinzip und Positionsprinzip ist es in dem Konzept eines „Permanent civil service" eingeschlossen, dass der Verwaltungsbedienstete in einem langen Berufsleben in höhere Ränge einrückt. So spricht man unabhängig von den jeweiligen Formalien des Berufsweges vom „Career civil service", „Career civil servant".[185] Auch in den USA ist der Schritt in die höher klassifizierten Positionen faktisch Beförderung, die zahlenmäßig die Neurekrutierungen weit überschreitet. Als Begründung für ein solches Beförderungsverständnis werden genannt: Einstieg in den öffentlichen Dienst mit der Erwartung eines langen, möglichst lebenslangen Berufsweges mit dem Vorrücken in höhere Positionen; Fähigkeiten, die erst im Beruf, nicht schon nach dem Examen bewertet werden können; Erfordernisse der Belohnung von Kompetenz und Leistung; Stärkung der Moral durch organisationsinterne Beförderungen, die in einer Kettenreaktion weitere Beförderungen nach

---

[183] Vgl. König, Klaus u. a., Zur entwicklungspolitischen Zusammenarbeit mit der lateinamerikanischen Steuerverwaltung, in: Verwaltungsarchiv 1981, S. 316 ff.

[184] Vgl. Shiono, Hirashi, Japan-Landesbericht, in: Studienkommission für die Reform des öffentlichen Dienstrechts, Band 1, Baden-Baden 1973, S. 209 ff.

[185] Vgl. Verheijen, Tony (Hrsg.), Civil Service Systems in Central and Eastern Europe, Cheltenham/Northampton MA 1999; ferner Burns, John P./Bowornwathana, Bidhya, Civil Service Systems in Asia, Cheltenham/Northampton MA 2001.

sich ziehen.[186] Wenn man auch von einem großen Ermessensspielraum bei Beförderungen ausgeht, so ist es doch hier wieder die Grundausbildung, die bestimmte Grenzen nach oben zieht.[187]

2. Personalverwaltung und Personalentwicklung

Öffentliche Verwaltung ist nicht nur Verwaltung öffentlicher Angelegenheiten, sondern die Verwaltung der Verwaltung selbst. Öffentliche Verwaltungen müssen organisiert, mit Finanzmitteln versehen, mit Personal ausgestattet werden. In der modernen Großorganisation lässt sich das nicht beiläufig mit der Erledigung der Sachaufgabe leisten. Es bedarf eigener Intendantureinheiten, die solche Querschnittsaufgaben bearbeiten.188 Freilich stehen damit Organisations-, Haushalts-, Personalämter nicht außerhalb des administrativen Entscheidungsprozesses. Sie leisten gleichsam vor die Klammer gezogene Entscheidungsbeiträge in einem hoch differenzierten Entscheidungssystem. Das wird daran deutlich, dass die Bundesrepublik Deutschland als Mitglied der Europäischen Union ihren Staatsangehörigkeitsvorbehalt für den öffentlichen Dienst nicht nur zu Sachaufgaben wie die Wahrnehmung von Sicherheitsinteressen spezifiziert hat, sondern die Amtsinhaber, die Entscheidungen in Querschnittsbereichen von Personal, Haushalt, Organisation treffen, mit einbezogen hat. Unter den Querschnittsverwaltungen nimmt die Personalverwaltung als „Human Resource Management" eine gewichtige Stellung ein[189], da die Produktion öffentlicher Güter und Dienstleistungen personalintensiv ist. Die Personalverwaltung beschränkt sich nicht nur auf spezialisierte Organisationseinheiten etwa einem Personalreferat in einer Behörde. Vielmehr gibt es neben operativen Personalbüros zentrale Personalämter[190], also Civil Service Commissions, Abteilungen in Innenministerien für die Regelung des öffentlichen Dienstes, zentrale Personalbehörden usw., die Aufgaben des Personalwesens bis hin zur nationalen Ebene wahrnehmen.[191]

---

[186] Vgl. Fesler, James W./Kettl, Donald F., The Politics of the Administrative Process, 2. Aufl., Chatenham NJ 1996, S. 158 f.

[187] Vgl. Hays, Steven W./Kearney, Richard C., Promotions of Personnel – Career Advancement, in: Jack Rabin u. a. (Hrsg.), Handbook of Public Personnel Administration, New York 1995, S. 499 ff.

[188] Vgl. Dammann, Klaus, Stäbe, Intendantur- und Dacheinheiten, Köln u. a. 1969.

[189] Vgl. Berman, Evan M. u.a., Human Resource Management in Public Service, Thousand Oaks u.a. 2001.

[190] Vgl. Stahl, O. Glenn, Public Personnel Administration, 6. Aufl., New York u.a. 1971, S. 355 ff.

[191] Vgl. Zimmermann, Virgil B., Public Personnel Administration Outside the United States, in: Jack Rabin u.a. (Hrsg.), Handbook of Public Personnel Administration, New York u.a. 1995, S. 115 ff.

Personalverwaltung ist so nicht einfach die Anwendung der Gesetze zum Beamtentum, zum Civil Service, zur Fonction publique auf den individuellen Personalfall. Es müssen weitere strukturelle Vorkehrungen getroffen werden, um den Bürgern gleichen Zugang zum Verwaltungsdienst zu eröffnen und ein für die Wahrnehmung öffentlicher Angelegenheiten qualifiziertes Personal zu finden. Bei Gelten des Karriereprinzips muss durch Laufbahnverordnungen eine vertikale und horizontale Ämterordnung im statusrechtlichen Sinne vorgegeben werden. Bei Gelten des Positionsprinzips müssen wiederum entsprechende Klassifikationsschemata maßgeblich sein. „Position Classification" in den Vereinigten Staaten hat eine lange Entwicklungsgeschichte bis der heutige sozialtechnologische Stand erreicht wurde. In den 1920er Jahren wurde klar gestellt, dass nicht Individuen, sondern Positionen zu klassifizieren sind, dass Pflichten und Verantwortungen, die einer Position zukommen, die Unterscheidungsmerkmale zu anderen Positionen konstituieren, dass Qualifikationen der Bildung, Erfahrung, des Wissens und der Fertigkeiten als Leistungsmerkmale eine Bestimmungsgröße der Klassifikation von Positionen bedeuten, dass die individuellen Charakteristika einer Person, die eine Position bekleidet, eine Klassifikation nicht tragen, dass eine Person, die eine Position innehat gleichermaßen als qualifiziert für eine andere Position derselben Klassifikation anzusehen ist.

Heute werden bei „Position Classification" etwa folgende Bestimmungsfaktoren berücksichtigt: Kenntnisse, die durch die Position erfordert werden; Steuerung der Position durch Aufsicht; Vorgabe von Richtlinien und deren Vollzug; Komplexität der Aufgabe; Ausmaß und Effekt der Arbeitsprodukte; persönliche Kontakte und Zwecke dieser Kontakte; physische Anforderungen; Arbeitsumwelt. Solche Bestimmungsgrößen können ausgeweitet werden, etwa im Hinblick auf Leitungsfunktionen.[192] Methodisch kommen Analysen und Evaluationen hinzu, wie sie auch als Dienstpostenbeschreibung und Dienstpostenbewertung in summarischen oder analytischen Verfahren bekannt sind.[193] Große Personalkörper machen dann eine Verknüpfung der Positionen erforderlich, also im U.S.-amerikanischen Fall zu „Classes" – eine Gruppierung von Positionen mit vergleichbaren Anforderungen –, dann „Class series" – eine Verbindung von Ebenen nach Berufsweg, also über den Normaleinstieg hinaus Ebenen höherer Anforderungen und darüber von Leitungsfunktionen. Die umfangreichste Gruppierung ist dann die der „Occupational group", bei denen Rekrutierung, Auswahl, Beförderung, Training usw. zusammenpassen. Auf diese Weise wird faktisch eine Karriereleiter eingebaut.

---

[192] Vgl. Shafritz, Jay M. u.a., Personnel Management in Government, New York/Basel 2001, S. 171 ff.

[193] Vgl. Becker, Bernd, Öffentliche Verwaltung, Percha 1989, S. 841 ff.

Mit solchen Gruppierungen wird deutlich, dass trotz des Ausgangs bei der organisierten Tätigkeit „Position classification" Bestandteil der Personalstruktur in der öffentlichen Verwaltung ist. Beim Karriereprinzip fällt die Grenze zwischen Amt im statusrechtlichen Sinne und Dienstposten als auf den einzelnen Bediensteten bezogenen organisatorischen Tätigkeitsbereich deutlicher aus, wenn nicht überhaupt zwischen Rang und Funktion in einem strengen Korps-System getrennt wird, man also General ist und bleibt, welche Aufgabe man auch immer wahrnimmt, und zwar ohne einen individuellen Anspruch auf einen ranggemäßen Aufgabenkreis. Im deutschen Falle ist die Ämterordnung nur teilweise funktionalisiert, also zum Beispiel im Hinblick auf Behördenchefs wie Landräte, Regierungspräsidenten, Abteilungsleiter in Ministerien und anderes mehr. Von Seiten der Bediensteten tritt eine Funktionalisierung der Statusordnung ein, wenn man ihnen ein Recht auf amtsgemäße Verwendung einräumt.[194] In der Breite der Personalkörper etwa im gehobenen Dienst der allgemeinen inneren Verwaltung stehen Ämter im statusrechtlichen Sinne innerhalb einer Laufbahngruppe so nebeneinander, dass Inspektoren, Oberinspektoren, Amtmänner usw. die gleiche Tätigkeit ausüben können. „Position Classification" und Ämterordnung ist gemeinsam, dass sie der Anknüpfungspunkt für die Grundbesoldung des Verwaltungsdienstes sind.

Eine weitere Verknüpfung von Personalstrukturen mit den öffentlichen Finanzen ergibt sich daraus, dass die Bezahlung des Verwaltungsdienstes aus dem öffentlichen Haushalt erfolgt. Für die Personalbewirtschaftung des öffentlichen Dienstes gibt es feste Vorgaben, wenn nicht ein globales Personalbudget, sondern ein Stellenplan zusammen mit dem Haushalt ausgewiesen wird. Damit ist der Finanzierungsrahmen der Personalverwaltung nach Zahl, Rang, Ressort, Behörde oder anderen öffentlichen Organisationen festgelegt. Alle Personalmaßnahmen von der Neuaufnahme bis zur Umsetzung von Bediensteten sind an die Verfügbarkeit von Planstellen geknüpft.[195] Oft muss eine weitere personalwirtschaftliche Restriktion berücksichtigt werden, nämlich die „Deckelung" des Personalaufwandes, also die Festlegung einer allgemeinen budgetären Obergrenze für Personalausgaben. Auch globale Festlegungen eines Personalhaushaltes können in Wirklichkeit solche Sparmaßnahmen intendieren. Mit der Anbindung an das Budget wird deutlich, dass die Personalverwaltung selbst bei Vereinfachung inhaltlicher Kriterien etwa der Auswahl eines Bewerbers schlicht nach der juristischen Examensnote in einem komplexen Umfeld agiert. Entsprechend gibt es von Land zu Land, von Verwaltungszweig zu Verwal-

---

[194] Vgl. König, Klaus, Spitzenpositionen auf Zeit in der öffentlichen Verwaltung, in: Zeitschrift für Verwaltung 1990, S. 273 ff.
[195] Vgl. Hartmann, Klaus, Personal der Verwaltung, in: Gerhard Holzinger u.a., Österreichische Verwaltungslehre, 2. Aufl., Wien 2006, S. 299 ff.

tungszweig, von Behörde zu Behörde unterschiedliche Muster der Personalsteuerung.

Bei der Rekrutierung des Verwaltungsdienstes ist die Vorbildung die Schlüsselgröße der Personalauswahl. Freilich ist die Verknüpfung von Bildung unterschiedlich eng. Im französischen Falle führt eine Ausbildung an der École Nationale d'Administration direkt zu den Verwaltungskorps.[196] In Ländern wie Großbritannien gibt es formell keine bevorzugten akademischen Studienabschlüsse für den Eintritt in den Civil Service, was nicht bedeutet, dass es keine informellen Präferenzen für bestimmte Bildungsgänge gibt. In Deutschland sind nach wie vor Absolventen von juristischen Ausbildungsgängen privilegiert, wenn auch nicht mehr von einem Monopol die Rede sein kann. Mit so unterschiedlichen Sachlagen sind wiederum unterschiedliche Auswahlverfahren und Auswahlmethoden verbunden. Allgemein konzentriert sich die Personalgewinnung auf Nachwuchskräfte. Es gibt einen in Deutschland weniger, in den USA mehr ausgeprägten Personalwechsel zwischen Wirtschaft und Verwaltung im Bereich fortgeschrittener Berufserfahrungen. Im Kern ist indessen der Verwaltungsdienst wegen vieler eigener personeller Rahmenbedingungen ein Feld der Berufseinsteiger.[197] Dieser enge Zusammenhang von Beendigung der Ausbildung und Einstieg in den Verwaltungsberuf kann zur Folge haben, dass sich eine Bildungsreform auch als Verwaltungsreform erweist, wie es bei der Einführung von Studiengängen an Fachhochschulen für öffentliche Verwaltung für den gehobenen Dienst in Deutschland der Fall war.[198]

Der Rekrutierungsprozess für den Verwaltungsdienst hängt vorab von vielfältigen Umweltbedingungen der öffentlichen Verwaltung ab. Dazu gehört die Situation auf dem Arbeitsmarkt. Dass es für den Verwaltungsnachwuchs vom „Passive Posting" zum „Head-Hunting" kommen könnte[199], entzieht sich in vielen Ländern wohl der Vorstellungskraft. Das Prestige des Verwaltungsberufs und das Image der rekrutierenden Verwaltung spielen eine Rolle, wenn die Beschäftigungslage entsprechende Präferenzen zulässt.[200] Weiter kommt es auf das politisch-administrative System an. Wo es von Versorgungs- und Loyalitätspatronage geprägt ist, kommt ein neutrales Auswahlverfahren nicht zum

---

[196] Vgl. Duffau, Jean-Marie, Die École Nationale d'Administration, in: Zeitschrift für Beamtenrecht 1994, S. 149 ff.

[197] Vgl. Herbig, Gottfried, Personalwirtschaft, in: Klaus König/Heinrich Siedentopf (Hrsg.), Öffentliche Verwaltung in Deutschland, 2. Aufl., Baden-Baden 1997, S. 559 ff.

[198] Vgl. Möller, Hans-Werner, Verwaltungsreform durch Bildungsreform, Baden-Baden 1995.

[199] Vgl. Berman, Evan M. u.a., Human Resource Management in Public Service, Thousand Oaks u.a. 2001, S. 69 ff.

[200] Vgl. Nigro, Felix A./Nigro, Lloyd G., Modern Public Administration, 3. Aufl., New York u.a. 1973, S. 277 ff.

8. Kapitel: Öffentlicher Dienst und Verwaltungspersonal 549

Zuge. Schließlich sind Privilegierungen und Diskriminierungen bestimmter sozialer Gruppen in Rechnung zu stellen. Hieraus ist zu verstehen, dass es auch in Ländern, die nicht einer legalistischen Kultur der Personalverwaltung zuzurechnen sind, zu einer bemerkenswerten Verrechtlichung der Auswahl von Verwaltungsbediensteten gekommen ist. In den Vereinigten Staaten haben Gerichtsentscheidungen zu Prüfung und Auswahl von Personal den Anstoß dazu gegeben, dass in den 1970er Jahren unter Beteiligung der damaligen U.S.-Civil Service Commission ein umfassendes Regelwerk von „Uniform Guidelines on Employee Selection Procedures" ausgegeben wurde.[201] Wo es die Konkurrentenklage, also die Möglichkeit gibt, dass ein Bewerber um eine Verwaltungsstelle sich im Wege des gerichtlichen Rechtsschutzes gegen die Bevorzugung eines Mitbewerbers wendet, pflegen die rechtlichen Konditionen des Auswahlprozesses verfeinert zu werden.

Zu den verbreiteten Verfahrensweisen in Europa gehört die öffentliche Ausschreibung von Stellen im öffentlichen Dienst.[202] Das Prinzip des gleichen Zugangs zu öffentlichen Ämtern und das Leistungsprinzip im Verwaltungsdienst sollen so durchgesetzt werden. Vielerorts ist die Rekrutierung von Nachwuchskräften nicht der Anstellungsbehörde überlassen. Staatsdienstkommissionen in Irland[203], ein Anwerbungssekretariat in Belgien[204] und dann weiter Staatsdienstkommissare, Ausschreibungskommissionen, Prüfungsausschüsse usw. mit unterschiedlichen Befugnissen sind als Rekrutierungsinstanzen zwischengeschaltet. Einstellende Behörden oder Auswahlgremien selektieren aufgrund unterschiedlicher Informationslagen. Es kann nach Aktenlage, nach persönlichem Gespräch, nach formellem „Assessment" auf der Grundlage von Übungen zur sozialen Kompetenz, zur Geschicklichkeit, zum Sprechen und Schreiben, zum analytischen Vermögen usw.[205] und schließlich nach einer Eingangsprüfung entschieden werden.[206] Insbesondere wo aus einer größeren Zahl von

---

[201] Vgl. Shafritz, Jay M. u.a., Personnel Management in Government, 5. Aufl., New York/Basel 2001, S. 221 ff.

[202] Vgl. Niedobitek, Matthias, Das Recht des öffentlichen Dienstes in den Mitgliedstaaten der Europäischen Gemeinschaft, in: Siegfried Magiera/Heinrich Siedentopf (Hrsg.), Das Recht des öffentlichen Dienstes in den Mitgliedstaaten der Europäischen Gemeinschaft, Berlin 1994, S. 11 ff.

[203] Vgl. Gallagher, John/Dooney, Sean, Das Recht des öffentlichen Dienstes in Irland, in: Siegfried Magiera/Heinrich Siedentopf (Hrsg.), Das Recht des öffentlichen Dienstes in den Mitgliedstaaten der Europäischen Gemeinschaft, Berlin 1994, S. 435 ff.

[204] Vgl. Maes, Rudolf, Das Recht des öffentlichen Dienstes in Belgien, in: Siegfried Magiera/Heinrich Siedentopf (Hrsg.), Das Recht des öffentlichen Dienstes in den Mitgliedstaaten der Europäischen Gemeinschaft, Berlin 1994, S. 67 ff.

[205] Vgl. Shafritz, Jay M. u.a., Personnel Management in Government, 5. Aufl., New York/Basel 2001, S. 293 ff.

[206] Vgl. Niedobitek, Matthias, Das Recht des öffentlichen Dienstes in den Mitgliedstaaten der Europäischen Gemeinschaft, in: Siegfried Magiera/Heinrich Siedentopf

Kandidaten für wiederum eine größere Zahl von Einstellungen ausgewählt werden muss, bieten sich formalisierte Prüfungen an. Das gilt zum Beispiel für das „Entrance Examination" der U.S.-amerikanischen Bundesverwaltung, bei der die Auswahl aus Bewerbern mit unterschiedlichen Hochschulabschlüssen erfolgt. Es wird kritisiert, dass solche Prüfungen wenig valide seien, wenn sie nicht mit den Leistungsanforderungen des Verwaltungsberufs korrelieren würden.[207]

Der einstellenden Behörde oder dem auswählenden Gremium wird vielerorts ein breites Ermessen zur Rekrutierung nach Eignung und Verfahren beigemessen. Man muss aber berücksichtigen, dass die Personalentscheidungen selbst durch zahlreiche Gesetze und Gerichtsurteile konditioniert sind. Hinter dem Verfahren steht letztlich der Wettbewerbsgedanke. In Italien sieht schon die Verfassung ein wettbewerbliches Verfahren vor.[208] In Frankreich gehört es zu den kulturellen Grundmustern der Gesellschaft, dass Vergleiche durch Bewertung der Leistung des Einzelnen gleichen Zugang zu öffentlichen Ämtern vermitteln. Wettbewerbsprüfungen – „concours" – vermitteln den Zugang zum Verwaltungsdienst. Allerdings ist die Auswahl des Verwaltungsnachwuchses oft auf Verwaltungsschulen und ihre wettbewerblichen Eingangsprüfungen vorverlagert. Die eigentliche Rekrutierung erfolgt nach der Leistungsreihung in den Ranglisten solcher Schulabschlüsse.[209] In Deutschland findet man den Wettbewerbsgedanken vermittelt, wenn nach der Note im Zweiten juristischen Staatsexamen rekrutiert wird. Solche Verwirklichungen des Leistungsprinzips verhindern Ämterpatronage. Sie schließen aber Verzerrungen in der Auswahl von Kandidaten nicht aus. Im deutschen Falle mag die Frage nach der sozialen Kompetenz, wie sie in Verwaltungsangelegenheiten unverzichtbar ist, bei juristisch geschulten Bewerbern offen bleiben. Bei den französischen Verwaltungseliten mag eine Präferenz für weltstädtische Erfahrungswelten durch den Wettbewerb durchschlagen. In den USA mag man auf einen Testfragebogen stoßen, der von Psychologen einer mathematischen Richtung entworfen ist und so im „Entrance Examination" bestimmte Vorbildungen begünstigt. Techniken der

---

(Hrsg.), Das Recht des öffentlichen Dienstes in den Mitgliedstaaten der Europäischen Gemeinschaft, Berlin 1994, S. 11 ff.

[207] Vgl. Berkley, George E., The Craft of Public Administration, Boston u.a. 1975, S. 131 ff.

[208] Vgl. Pretis, Daria de, Das Recht des öffentlichen Dienstes in Italien, in: Siegfried Magiera/Heinrich Siedentopf (Hrsg.), Das Recht des öffentlichen Dienstes in den Mitgliedstaaten der Europäischen Gemeinschaft, Berlin 1994, S. 493 ff.

[209] Vgl. Ziller, Jacques, Der öffentliche Dienst in Frankreich, in: Zeitschrift für Beamtenrecht 1997, S. 337 ff.

Personalauswahl[210] treten hinter solchen personalpolitischen Weichenstellungen der Rekrutierung eher zurück.

Der Verwaltungsdienst als Lebensberuf bringt es mit sich, dass ein Aufrücken in ein höheres Amt der formellen statusrechtlichen Hierarchie wie in eine höher klassifizierte Position mit ihrem Anschluss an die Bezahlungsskala zur Systemrationalität der öffentlichen Verwaltung und zum Selbstverständnis ihrer Mitarbeiter gehört. Deswegen spricht man auch bei der Ordnung von Dienstposten nach „Position Classification" von einem „Career Civil Service" und von „Promotion", wobei es sich nicht immer um die Vakanz einer höher bewerteten Position handeln muss.[211] Die beobachtbaren Gründe für Beförderungen sind vielfältiger Art, die sowohl internal, also dem Mitarbeiter selbst etwa in seinem Wissen, wie external, also seiner Umwelt etwa dem Wohlwollen von Vorgesetzten zugerechnet werden.[212] Beförderungsgründe variieren auch nach Höhe des Ausgangsranges oder der Ausgangsposition. Das Spektrum umfasst politische Gründe, insbesondere bei einer „Wende", die Nähe zur Leitungsebene und das Verhältnis zu Vorgesetzten, Stellenvakanzen, Förderungen von außen, Zugehörigkeiten zu einer „Crew", also einer gemeinsamen Ausbildungsklasse, soziale Gründe, „Glück" und „Zufall" und vieles mehr.[213] Aus der Sicht der Personalverwaltung gibt es zwei Gründe, aus denen das Aufrücken in höhere Ämter und Positionen rationalisiert werden kann: Leistung und Ancienität, wobei formalrechtlich Beförderungen in der modernen Verwaltung an das Leistungsprinzip gebunden zu sein pflegen, während faktisch Ancienität bzw. Seniorität maßgeblich sein können, und zwar nicht nur subsidiär bei gleicher Qualifikation.

Vorzüge einer Beförderung nach Dienstalter liegen darin, dass man es mit einem neutralen Maßstab des Aufrückens in höhere Ränge und Positionen zu tun hat. Die üblichen Bewertungskonflikte bei mehreren Kandidaten bleiben aus. In die Verwaltung wird keine Unruhe in Personalangelegenheiten hineingetragen. Deswegen neigen Personalvertretungen von Mitarbeitern auch dazu, dem Ancienitätsprinzip den Vorzug zu geben. Sie müssen nicht unter Kollegen Werturteile fällen. Seniorität kann auch für den Verwaltungsbediensteten Anreize bieten. Er kann sich mit einer Arbeitsorganisation identifizieren, die

---

[210] Vgl. Gourmelon, Andreas u.a. (Hrsg.), Personalauswahl im öffentlichen Sektor, Baden-Baden 2005.
[211] Vgl. Hays, Steven W./Kearney, Richard C., Promotion of Personnel – Career Advancement, in: Jack Rabin u.a. (Hrsg.), Handbook of Public Personnel Administration, New York u.a. 1995, S. 499 ff.
[212] Vgl. Luhmann, Niklas/Mayntz, Renate, Personal im öffentlichen Dienst, in: Studienkommission für die Reform des öffentlichen Dienstrechtes, Band 7, Baden-Baden 1973, S. 119 ff.
[213] Vgl. Dreher, Christiane, Karrieren in der Bundesverwaltung, Berlin 1995, S. 448 ff.

ihm ein kalkulierbares Aufrücken zusichert. Er kann seine Arbeit nach vorgegebenen Maßstäben erledigen, ohne sich durch Gefälligkeiten gegenüber Vorgesetzten zu verbiegen.[214] Aber es ist offenkundig, dass Anciennität die Inkompetenten wie die Kompetenten gleichermaßen belohnt, den Mitarbeiter selbst nicht anregt, sich weiter zu qualifizieren und Leistungsträger neben ihm entmutigt. Und so gibt es heute in der öffentlichen Verwaltung zunehmend Tendenzen, das Leistungsprinzip nicht nur formal zu handhaben, sondern ihm mehr wirkliche Maßgeblichkeit zu geben. Um Bewertungskonflikte kommt man ohnehin nicht herum, wenn mit Prämien und Leistungszulagen dieses Prinzip verschärft wird.

Die Personalverwaltungen können sich bei ihren Leistungsbewertungen auf ein mehr oder weniger starr formalisiertes Beurteilungswesen stützen. Bei Beförderungen und Promotionen genügt freilich eine Bewertung der tatsächlichen Leistung des Bediensteten an seinem Arbeitsplatz nicht, wenn mit dem Aufrücken eine höherwertige Tätigkeit verbunden ist. Hier muss eine Verwendungsbeurteilung dazukommen, die seine Kenntnisse, Fertigkeiten, Fähigkeiten und sonstigen Eigenschaften bewertet, wie sie für den neuen Arbeitsplatz relevant sind.[215] Personalbeurteilungen enthalten meist beide Elemente, so dass man Aussagen einerseits zu Arbeitsgüte, Arbeitsmenge, Arbeitsweisen usw. andererseits zu Initiative, Kontaktfähigkeit, Verhaltensgeschick usw. findet. Die geforderte schärfere Trennung der Bewertung der Arbeitsleistung von der Befähigung[216] wird sich wohl nur dort durchsetzen lassen, wo die Leistungsbeurteilung eine eigene Relevanz hat, also etwa beim „performance rating" im Hinblick auf variable Bezahlungen in den USA[217] oder etwa im deutschen öffentlichen Dienst bei Einführung von Leistungszulagen. Für Beurteilungen stehen unterschiedliche Verfahren und Methoden zur Verfügung. Man unterscheidet freie Beurteilungen als frei formulierte, zeugnisartige Aussagen und gebundene Beurteilungen, die als Rangordnungsverfahren, Kennzeichnungsverfahren, Einstufungsverfahren ausgestattet sind.[218] Der Grenzfall ist ein schriftliches Ex-

---

[214] Vgl. Berkley, George E., The Craft of Public Administration, Boston u.a. 1975, S. 137 ff.

[215] Vgl. Arbeitskreis zur Bewertung von Eignung und Leistung, Bericht zur Einführung von Systemen zur Leistungsbewertung und zur Verwendungsbeurteilung im öffentlichen Dienst, in: Studienkommission für die Reform des öffentlichen Dienstrechts, Band 10, Baden-Baden 1973, S. 242 ff.

[216] Vgl. Studienkommission für die Reform des öffentlichen Dienstrechts, Bericht der Kommission, Baden-Baden 1973, S. 212 ff.

[217] Vgl. Hom, Peter W. u.a., Turnover of Personnel, in: Jack Rabin u.a. (Hrsg.), Handbook of Public Personnel Administration, New York u.a. 1995, S. 531 ff.

[218] Vgl. Reichard, Christoph, Betriebswirtschaftslehre der öffentlichen Verwaltung, 2. Aufl., Berlin/New York 1987, S. 268 ff.

amen auch bei Beförderungen.[219] Gebundene Beurteilungen nach bestimmten Kriterien, die in einem Beurteilungsbogen definiert sind, gehören heute zu den Grundanforderungen.[220] Nach wie vor stehen diejenigen, die auf die Vielfalt von Prozeduren und Methoden der Personalbeurteilung verweisen[221] denjenigen gegenüber, die gerade bei Beförderungen an der Aussagekraft einer zusammenfassenden Bewertung zweifeln. Eine weit verbreitete Meinung lautet, dass Gesamturteile zu Leistung und Verwendung zu hoch ausfallen.[222]

In der Perspektive von Managementfunktionen lassen sich viele Handlungsmuster der Personalpolitik als Personalentwicklung kennzeichnen. Die qualitative Seite eines solchen Vorgehens wird im Ansatz eines „Human Resource Management" deutlich.[223] Zielvorstellungen treten hervor wie: die Deckung von Qualifikationen der Mitarbeiter mit den Anforderungsprofilen von Arbeitsplätzen, um die Leistungsfähigkeit und Leistungsbereitschaft der Mitarbeiter auszuschöpfen; Förderung der Mitarbeiter, insbesondere Nachwuchsförderung durch Aus- und Weiterbildung; Entwicklungsmöglichkeiten und Aufstiegschancen der Mitarbeiter entsprechend ihrer Leistungsfähigkeit und Leistungsbereitschaft usw.[224] Zunächst geht es darum, Personal für den Verwaltungsdienst zu gewinnen. Hier kommt es auf die Anreizwirkung dieses Berufes und die Persönlichkeitsmerkmale potentieller Bewerber an.[225] Die Lage auf dem Ausbildungs- und Arbeitsmarkt ist ein entscheidender Faktor für die Personalgewinnung. Man stellt aber auch einen „Zeitgeist" fest, der in einer historischen Situation für und in einer anderen gegen ein Engagement in öffentlichen Angelegenheiten spricht.

Die Personalverwaltung kann den Personalbedarf nach Quantität und Qualität ermitteln und eine entsprechende Personalbedarfsplanung ausweisen.[226] Vie-

---

[219] Vgl. Hays, Steven W./Kearny, Richard C., Promotion of Personnel – Career Advancement, in: Jack Rabin u.a. (Hrsg.), Handbook or Public Personnel Administration, New York u.a. 1995, S. 499 ff.

[220] Vgl. Thieme, Werner, Verwaltungslehre, 4. Aufl., Köln u.a. 1984, S. 439 f.

[221] Vgl. Halachmi, Arie, The Practice of Performance Appraisal, in: Jack Rabin u.a. (Hrsg.), Handbook of Public Personnel Administration, New York u.a. 1995, S. 321 ff.

[222] Vgl. Berkley, George E., The Craft of Public Administration, Boston u.a. 1975, S. 148 ff.

[223] Vgl. Berman, Evan M. u.a., Human Resource Management in Public Service, Thousand Islands u.a. 2001.

[224] Vgl. Peter Eichhorn u. a. (Hrsg.), Verwaltungslexikon, Personalentwicklung, 3. Aufl., Baden-Baden 2003, S. 799.

[225] Vgl. Luhmann, Niklas/Mayntz, Renate, Personal im öffentlichen Dienst, in: Studienkommission für die Reform des öffentlichen Dienstrechts, Band 7, Baden-Baden 1973, S. 15 ff.

[226] Vgl. Herbig, Gottfried, Personalwirtschaft, in: Klaus König/Heinrich Siedentopf (Hrsg.), Öffentliche Verwaltung in Deutschland, 2. Aufl., Baden-Baden 1997, S. 559 ff.

lerorts steht heute aber nicht Personalgewinnung, sondern Personalabbau und Personaleinsparung im Vordergrund. Die Rückführung öffentlicher Aufgaben, die Kürzung öffentlicher Haushalte, mancherorts auch die Zurückführung eines aufgeblähten öffentlichen Dienstes – „Parkinsons Gesetz" – sind Gründe hierfür. Ein gewisser Ausgleich wird sich durch die aufgabenkritische Umsetzung und Versetzung von Personal herstellen lassen. Verbreitet sind Ausgliederungen aus der öffentlichen Verwaltung durch Privatisierung bestehender Aufgabenbereiche. Das trifft den beamteten Verwaltungsdienst nicht in seinem gewährleisteten Status und entlässt so den Diensthernn nicht aus seinen Verpflichtungen. Dieser muss entsprechende organisatorische und prozedurale Vorkehrungen treffen, etwa durch eigene Personalämter und Zuweisungen zu Dienstleistungen. Indessen hat der neue Aufgabenträger die Personalkosten zu tragen und entlastet so den öffentlichen Haushalt. Es bleibt der Personalabbau durch Aufnahmestopp, sei es als sektorale oder quotenmäßige Wiederbesetzungssperre, sei es als genereller Einstellungsstopp. Allerdings können die Folgen für die Alterspyramide des öffentlichen Dienstes und für die Aufgabenwahrnehmung selbst so gravierend sein, dass gewisse Einstellungskorridore zum Ausgleich geschaffen werden.[227] Auch Personalreduzierungen sollten nicht dezisionistisch, sondern durch Personalplanung entschieden werden.

Die Personalverwaltung lässt sich in viele Richtungen rationalisieren, so etwa durch Personaleinsatzplanung und effektiven und effizienten Personaleinsatz.[228] Vorhandenes Personal muss gegebenen Aufgaben- und Sachgebieten, Ämtern, Positionen, Arbeitsplätzen zugeordnet werden. Anforderungsprofile müssen mit Qualifikationsstrukturen in Einklang gebracht werden usw. Der Personaleinsatz zeigt die Schwierigkeiten von Prognosen und Handlungszwängen auf. Einerseits fällt die Vorausschau angesichts von Aufgabenwandel, politischem Wechsel, finanziellen Unwägbarkeiten und Inponderabilien im Arbeitsbereich schwer. Auf der anderen Seite gibt es Tätigkeitsfelder mit alltäglichen Zwängen zur Einsatzplanung, etwa bei der Polizei. Das führt dazu, dass entsprechende Vorentscheidungen oft verhältnismäßig kurzfristig und aus konkreten Anlässen erfolgen. Überhaupt muss man sich darüber Rechenschaft geben, dass sich die Personalverwaltung in einem hoch differenzierten System und in einer hoch komplexen Umwelt vollzieht. Das Aufgabenspektrum umfasst Vorsorgen im Bereich von Arbeitsbedingungen und Arbeitsplatzsicherheit, Gesundheit und Mutterschutz und weiter bis hin zur Wohnungsvermittlung. Personalakten mit vielfältigen Datenbeständen sind zu führen, Karrieren von der Einstellung über die Beförderung bis zur Pensionierung zu begleiten, und wenn Versorgungssysteme entsprechend ausgestaltet sind, ist auch noch

---

[227] Vgl. Hartmann, Klaus, Das Personal der Verwaltung, in: Gerhard Holzinger u.a., Österreichische Verwaltungslehre, 2. Aufl., Wien 2006, S. 299 ff.

[228] Vg. Becker, Bernd, Öffentliche Verwaltung, Percha 1989, S. 853 ff.

der Ruhestandsbeamte sozial zu sichern. Mitarbeiter sind in die öffentliche Finanzwirtschaft einzubeziehen, und zwar von Grundgehältern über Leistungszulagen bis zu Beihilfen. Fortbildung ist zu organisieren, aber auch Disziplinarmaßnahmen sind durchzuführen.

Einem solchen Spektrum von Tätigkeiten steht die Umwelt personalpolitischer Intervention gegenüber. Dazu zählen das kurzfristige Entscheidungsverhalten der politischen Leitung, die Einflussnahme politischer Parteien, die Interessenanmeldungen intermediärer Verbände des wahrzunehmenden Sachgebiets, die Mitwirkung von Personalräten, die Interessendurchsetzung von Vorgesetzten, die Konkurrenz von Kollegen, die Interventionsmöglichkeit der Betroffenen selbst. Wenn man empirisch verfolgte Karrieren betrachtet[229], dann stößt man auf eine solche Fülle von Einflussfaktoren, dass weitere Rationalisierungen von Personalverwaltung und Personalpolitik schwierig erscheinen. Jedoch zeigen diese auch offenkundige Schwächen allgemeiner wie spezifischer Art. Allgemein neigen Personalverwaltungen z. B. in Zeiten anhaltenden Überangebots von qualifizierten, auch akademisch ausgebildeten Arbeitskräften dazu, bloß reaktiv nach außen zu handeln und in der proaktiven Vorsorge nachzulassen. In der legalistischen Verwaltungskultur mit dem hohen Anteil von Juristen in der Personalverwaltung lässt sich etwa beobachten, dass Personalprobleme als Rechtsfälle behandelt werden und der betroffene Mitarbeiter nicht mehr ist, als was ihm das Recht zubilligt. In der managerialistischen Verwaltung bemerkt man, wie eine Vielfalt von Sozialtechnologien der Personalpflege vorgehalten wird[230], mancherorts aber schon die finanziellen Voraussetzungen dafür fehlen, solche Steuerungsmuster wirklich maßgeblich werden zu lassen. Selbst ein „Human Resources"-Ansatz hat seine Schwierigkeiten. Die Verwaltung ist zwar angehalten, mit dem Mitarbeiter zu dessen Problemen zu kommunizieren. Das mag das Betriebsklima beruhigen. Die Probleme eines Mitarbeiters, dessen Arbeitsplatz in Zeiten des „Downsizing" eingespart werden soll, sind damit aber nicht gelöst.[231]

Dass sich die Sozialpartnerschaft zwischen der öffentlichen Verwaltung und Interessenorganisationen der Verwaltungsmitarbeiter nicht nur auf die Makropolitik zwischen Dienstherrn und Gewerkschaften beschränkt, sondern Mitwirkungen der Bediensteten auch auf der verwaltungsbetrieblichen Ebene stattfinden, ist vielerorts festzustellen. Unter dem Vorzeichen der Personalverwaltung ist bedeutsam, wie weit eine solche Interessenvertretung in den Behörden organisatorisch Fuß fasst. Hier ist von den Personalvertretungen in den deutschen

---

[229] Vgl. Dreher, Christiane, Karrieren in der Bundesverwaltung, Berlin 1956.
[230] Vgl. Rabin, Jack u.a. (Hrsg.), Handbook of Public Personnel Administration, New York 1995.
[231] Vgl. Shafritz, Jay M. u.a., Personnel Management in Government, New York/Basel 2001, S. 139 ff.

Verwaltungen von einem weit entwickelten Fall zu berichten.[232] Personalräte werden bei allen Dienststellen gebildet. Bei mehrstufigem Verwaltungsaufbau, also etwa bei Mittelbehörden, werden neben dem örtlichen Personalrat etwa auch Bezirkspersonalräte und dann Hauptpersonalräte eingerichtet. Personalräte werden von den Statusgruppen der Arbeiter, Angestellten und Beamten gewählt und nehmen gegebenenfalls Interessen gruppenspezifisch wahr. Die Zuständigkeit des Personalrats erstreckt sich in erster Linie auf personelle, daneben auch auf soziale Angelegenheiten. Es bestehen Mitwirkungsbefugnisse, die zur Mitsprache berechtigen. Darüber hinaus sind Mitbestimmungsbefugnisse eingeräumt. Die einschlägigen Maßnahmen bedürfen der Zustimmung des Personalrats. Solche Berechtigungen betreffen Einstellungen, Versetzungen, Beförderungen usw. oder auch generelle Vorentscheidungen wie Arbeitszeitregelungen, Beurteilungsrichtlinien. Bei Uneinigkeit greift ein Stufenverfahren ein, an dessen Ende eine Einigungsstelle steht, die in paritätischer Besetzung mit einem unparteiischen Vorsitzenden entscheidet.

Mit dieser Form der Mitwirkung und Mitbestimmung der Bediensteten ist die öffentliche Verwaltung in Deutschland ungewöhnlich eng an Mitarbeiterinteressen gebunden. Die Interessenvertretung der Mitarbeiter erfolgt nicht etwa in einer privatrechtlichen Rollentrennung. Wegen der Verflechtung des Personalrats mit der Behörde und der Beteiligung an behördeninternen Willensbildungen rechnet man die Personalvertretung dem öffentlichen Recht zu. Man hat es also mit Amtshandlungen zu tun, so dass der Personalrat gleichsam zu einer „Nebenhierarchie" in der Verwaltung wird. Die Beteiligung ist zwar auf den innerdienstlichen Betrieb beschränkt und erstreckt sich nicht auf die Aufgabenerfüllung. Die Personalverwaltung ist aber in das administrative System integriert und ist insoweit Bestandteil einer Sachaufgaben wahrnehmenden öffentlichen Verwaltung. Die rechtlichen Verfahrensmöglichkeiten bei Nichteinigung bedeuten nicht nur langwierige Prozesse, sondern auch Entscheidung unter neutralem Vorsitz. Der Personalverwaltung wird ein Teil ihrer Personalverantwortung genommen, ohne dass neue Rechenschaftspflichten begründet werden.[233] Sie muss in Verhandlungen eintreten mit allen denkbaren Folgen: der Blockade von Personalplanungen, die über die Interessen des vorhandenen Personalbestandes hinausweisen[234], die Zusicherung der informalen Letztentscheidung im Wechsel von Behördenleitung und Personalvertretung, das Schnüren von Personalfällen zu einem Kompromisspaket usw. Wenn von Gesetzes wegen die vertrauensvolle Zusammenarbeit von Dienststelle und Personalrat intendiert

---

[232] Vgl. Ellwein, Thomas u.a., Mitbestimmung im öffentlichen Dienst, Bonn/Bad Godesberg 1969; Leisner, Walter, Mitbestimmung im öffentlichen Dienst, Bonn/Bad Godesberg 1970.

[233] Vgl. Thieme, Werner, Verwaltungslehre, 4. Aufl., Köln u.a. 1984, S. 440 ff.

[234] Vgl. Becker, Bernd, Öffentliche Verwaltung, Percha 1989, S. 863 f.

ist, dann kann das Recht das nicht selbst leisten und man wird kaum auf die persönlichen Sympathien der Akteure abstellen können. Vielmehr kommt es auf informale Spielregeln der Kooperation an, die sich letztlich im Berufsethos eines Verwaltungsdienstes begründen, der sich selbst durch maßvolles Handeln begrenzt, und zwar auch in der Vertretung von eigenen Interessen. Das scheint weitgehend gelungen zu sein, jedenfalls in Rängen bis zum gehobenen Dienst.[235]

IV. Höhere Dienste in der Verwaltung

1. Verwaltung als Beruf

Der Zugang zu den höheren Verwaltungsdiensten setzt prinzipiell den erfolgreichen Abschluss eines akademischen Studiums regelmäßig an einer Universität voraus. Das gilt sowohl für die formelle Gestaltung des Berufswegs durch Laufbahngruppen wie durch klassifizierte Positionen. Freilich finden auch Personen ohne Studienabschluss den Zugang zu höheren Diensten.[236] Aber sie pflegen Außenseiter zu sein und spielen nach ihrer Zahl eine marginale Rolle.[237] Die wissenschaftlich-technische Zivilisation bringt es mit sich, dass für die öffentliche Verwaltung zu speziellen Aufgaben, speziellen Laufbahnen und Positionen, speziellen Verwaltungsorganisationen und Verwaltungstätigkeiten wiederum Absolventen spezieller Studienrichtungen rekrutiert werden, also Ingenieure, Mediziner, Physiker, Biologen, Statistiker usw. Wenn diese nicht nur Hilfsdienste leisten, also etwa in einem Gesundheitsamt Laborarbeiten verrichten oder in einem Jugendamt psychologische Beratung durchführen, zählen sie insoweit zum Verwaltungsdienst im funktionalen Sinne, wie sie an der verbindlichen Entscheidung über die Allokation öffentlicher Güter beteiligt sind, also hoheitliche Eingriffe zur Bekämpfung von Seuchen vornehmen, die Errichtung von Gebäuden genehmigen, den Transport nuklearer Stoffe erlauben usw.

Neben solchen Spezialisten rekrutiert die öffentliche Verwaltung nach wie vor Personen mit akademischem Abschluss für breite Verwendungen auf dem Felde der öffentlichen Aufgaben und Tätigkeiten. Solches Generalistentum muss nicht, aber kann eine personalstrukturelle Korrespondenz darin haben,

---

[235] Vgl. Kübler, Hartmut, Der Einfluss des Personalrats, Stuttgart u.a. 1981.

[236] Vgl. Pichart, Eberhard, Preußische Beamtenpolitik 1918-1933, in: Vierteljahreshefte für Zeitgeschichte 1958, S. 119 ff.

[237] Vgl. Derlien, Hans-Ulrich/Renate Mayntz, Einstellungen der politisch-administrativen Elite des Bundes, in: Verwaltungswissenschaftliche Beiträge Nr. 25, Bamberg 1988.

dass neben Fachlaufbahnen allgemeine Verwaltungslaufbahnen bestehen. Organisatorisch ist zu berücksichtigen, dass es neben Sonderbehörden auch allgemeine Verwaltungsbehörden auf allen Verwaltungsebenen von der Regierungszentrale bis zur Gemeinde gibt. Trotz hoher Arbeitsteilung, hoher beruflicher Differenzierung, hoher Spezialisierung im öffentlichen Sektor der Moderne hat sich der Generalist in der öffentlichen Verwaltung behauptet. Außerhalb von wissenschaftlich-technischen Behörden stellt er immer noch die Mehrheit der Mitarbeiter im höheren Verwaltungsdienst dar.[238]

In internationalen Vergleichen zeichnen sich zwei prinzipielle Alternativen der Rekrutierung von Generalisten für die öffentliche Verwaltung ab: Zum einen kann man den Absolventen eines wissenschaftlichen Hochschulstudiums schlechthin für entsprechend qualifiziert einschätzen; zum anderen führt eine verwaltungsbezogene Ausbildung in den höheren Verwaltungsdienst, wobei diese Ausbildung wiederum Hochschulstudien voraussetzen kann. Entsprechende Einrichtungen findet man in Transformations- und Entwicklungsländern, wo es gilt, eine moderne Verwaltung aufzubauen.[239] In der westlichen Welt ist eine direkt mit dem höheren Verwaltungsdienst verknüpfte Verwaltungsausbildung die Ausnahme.[240] Der prominente Fall ist der der École Nationale d'Administration in Frankreich.[241] Sie ist geprägt von einem Eingangswettbewerb, der neben Verwaltungsbediensteten mit mehrjähriger Berufserfahrung Personen offen steht, die ein Magisterdiplom oder eine entsprechende Qualifikation in einem wenigstens vier Jahre umfassenden Universitätsstudium erworben haben. Nach bestandener Eingangsprüfung folgt ein praktischer wie schulischer Ausbildungsgang von zwei Jahren, der auf den Verwaltungsberuf ausgerichtet ist. Laufende Prüfungen münden in einem Platzzifferverzeichnis entsprechend der Reihenfolge der Leistungen. Jedes Jahr werden Stellen in den verschiedenen Verwaltungen in einer Zahl angeboten, die mindestens derjenigen der Absolventen entspricht. Diese haben die Wahl in der Folge ihres Listenplatzes. Obwohl es Länder wie die USA mit einem Studium der öffentlichen Verwaltung als grundständiger Universitätsausbildung gibt, führt ein solcher er-

---

[238] Vgl. Fesler, James W., Public Administration, Englewood Cliffs N.J., 1980, S. 125 ff.; Luhmann, Niklas/Mayntz, Renate, Personal im öffentlichen Dienst, in: Studienkommission für die Reform des öffentlichen Dienstrechts, Band 7, Baden-Baden 1973, S. 133 ff.

[239] Vgl. König, Klaus/Bolay, Friedrich W., Zur Evaluation eines Verwaltungsprojekts in Nordjemen, in: Verwaltungsarchiv 1980, S. 256 ff.

[240] Vgl. König, Klaus, Verwaltungswissenschaftliche Ausbildung in Europa, in: Konstanzer Blätter für Hochschulfragen, 3-4/1981, S. 49 ff.; ders., Entwicklungen des Verwaltungsstudiums in den Vereinigten Staaten von Amerika, in: Die Öffentliche Verwaltung 1975, S. 456 ff.

[241] Vgl. Duffau, Jean-Mari, Die École Nationale d'Administration, in: Zeitschrift für Beamtenrecht 1994, S. 149 ff.

folgreicher Abschluss nicht ohne weiteres in den Verwaltungsberuf. Nach dem Prinzip des gleichen Zugangs zu öffentlichen Ämtern muss sich der Absolvent des Verwaltungsstudiums wie andere an der Universität Graduierte den üblichen Rekrutierungsmechanismen unterwerfen, regelmäßig einer Eingangsprüfung. Umgekehrt finden sich dann Berufstätige mit Studienabschluss auf dem Gebiet der öffentlichen Verwaltung nicht nur im Staatsdienst, sondern auch im Privatsektor und im Nonprofit-Bereich.[242]

Während die frühe Entwicklung der Fonction publique in Frankreich in technisch-wissenschaftlichen Schulen und Corps ihre Grundlage hatte[243], stand an den Anfängen des Civil Service in Großbritannien das Konzept des Generalisten und des „gifted amateur". Der höhere Verwaltungsdienst wurde als allgemeiner Dienst der inneren Verwaltung gegründet. Wettbewerbsprüfungen, die eingerichtet wurden, um den Zugang zu steuern, wurzelten in den Bildungsstandards von „Oxbridge" und den „Public schools". Die Fähigkeit, Latein und Griechisch zu beherrschen, galt als vollkommene Qualifikation eines höheren Administrators.[244] Noch nach dem Fulton-Report zur Reform des Civil Service 1966-68 folgte die britische Regierung nicht Empfehlungen, bei den Aufnahmeprüfungen für den Verwaltungsdienst solche Bewerber vorzuziehen, deren Studium auf die Tätigkeiten der Verwaltungsbeamten im Staatsdienst Bezug gehabt hat.[245] So prägte die Dominanz der Generalisten und die Unterrepräsentation der Spezialisten in den höheren Positionen sowie das Gewicht der Bildung an den Universitäten in Oxford und Cambridge in den Auswahlverfahren zur Verwendung in der „Administrative Class" bis in die 1980er Jahre hinein die Rekrutierung des britischen Verwaltungsdienstes. Die Veränderung kam mit der „Managerial revolution" in den angelsächsischen Ländern. Dezentralisierung von Rekrutierungszuständigkeiten, Fragmentierung des Regelungsrahmens, Präferenzen für ökonomisch-managerialistische Kenntnisse und Fertigkeiten zeigten Folgen für das Personal. Letztlich wurde indessen an dem Konzept eines einheitlichen „Senior Civil Service" und der Rekrutierung von Generalisten ohne Bevorzugung einer verwaltungsrelevanten Vorbildung festgehalten.[246]

---

[242] Vgl. König, Klaus, Zur Professionalisierung eines Graduiertenstudiums im Kontext von Politik und Verwaltung, in: Jörg Bogumil u. a., Politik und Verwaltung, Politische Vierteljahresschrift, Sonderheft 37, 2006, S. 527 ff.

[243] Vgl. Ziller, Jacques, Der öffentliche Dienst in Frankreich, in: Zeitschrift für Beamtenrecht 1997, S. 337 ff.

[244] Vgl. Pilkington, Colin, The Civil Service in Britain Today, Manchester/New York 1999, S. 18 ff.

[245] Vgl. Painter, Chris, The British Civil Service in the Post-Fulton-Era, Tampere 1976.

[246] Vgl. Füchtner, Natascha, Die Modernisierung der Zentralverwaltung in Großbritannien und in Deutschland, Frankfurt a. M. 2002, S. 170 ff.

Auch in den Ländern der legalistischen Verwaltungskultur folgt man dem Gedanken einer allgemeinen Verwendbarkeit im höheren Verwaltungsdienst. Allerdings schlägt man einen dritten Weg ein. Der „Jurist als Generalist" gilt als prädestiniert für den Verwaltungsberuf.[247] Im deutschen Falle vermittelt die Juristenausbildung aufgrund der ersten Staatsprüfung nach dem Studium der Rechtswissenschaft und der zweiten Staatsprüfung nach einem Vorbereitungsdienst bei Gerichten, Staatsanwaltschaften, Rechtsanwälten und auch Verwaltungsbehörden nicht nur die Befähigung zum Richteramt und zur Rechtsanwaltschaft, sondern auch zum höheren Verwaltungsdienst. Dabei haben sich Pläne, die öffentliche Verwaltung zumindest als Schwerpunkt in der Juristenausbildung einzurichten, nicht durchgesetzt.[248] Wie in Großbritannien die Bildungs- und Sozialisationsmaßstäbe von „Oxbridge" traditionell maßgeblich sind, so sind in Deutschland die Standards von Justizprüfungsämtern maßgebend. Der Jurist kann nach langen Ausbildungsjahren bei entsprechendem Prädikatsexamen Zugang zum allgemeinen höheren Verwaltungsdienst finden, ohne vorher besonderes Interesse an Verwaltung und Verwaltungsrecht gezeigt zu haben. Wirtschafts- und Sozialwissenschaftler werden herkömmlich als Angestellte beschäftigt und finden dann als Außenseiter Eintritt in die beamtete Verwaltung. Heute sind in den deutschen Ländern Wirtschafts-, Regierungs-, Verwaltungsreferendariate eingerichtet, für die aus den wirtschafts- und sozialwissenschaftlichen Fakultäten rekrutiert wird und die über einen verwaltungsspezifischen Vorbereitungsdienst zu einer Staatsprüfung führen, mit der die Befähigung zur allgemeinen höheren Verwaltung verliehen wird.[249] Da für dieses Referendariat nach dem Bedarfsprinzip rekrutiert wird, bleiben die beruflichen Möglichkeiten in Zeiten der Finanzknappheit, der Einstellungsstopps und des Stellenabbaus marginal. Ein realistisch geplanter Berufsweg in die öffentliche Verwaltung führt in Deutschland nach wie vor über die Juristenausbildung.[250] Das zeigt sich auch in der Eintrittsbereitschaft in besseren Zeiten auf dem aka-

---

[247] Vgl. Wiener, Norbert, Dynamische Verwaltungslehre, Wien/New York 2004, S. 289.

[248] Vgl. Hauschild, Christoph, Aus- und Fortbildung für den höheren Dienst, in: Klaus König/Heinrich Siedentopf, Öffentliche Verwaltung in Deutschland, 2. Aufl., Baden-Baden 1997, S. 577 ff.; Püttner, Günter, Verwaltungslehre, 3. Aufl., München 2000, S. 202 ff.

[249] Vgl. Derlien, Hans-Ulrich/Lang, Florian, Verwaltungselite in der Bundesrepublik Deutschland und in der V. Französischen Republik, in: Verwaltungselite in Westeuropa (19./20. Jh.), in: Jahrbuch für Europäische Verwaltungsgeschichte, Band 17, Baden-Baden 2005, S. 109 ff.

[250] Vgl. König, Klaus/Hüper, Ernst, Vorbereitungsdienst, in: Wilhelm Bierfelder (Hrsg.), Handwörterbuch des öffentlichen Dienstes – Das Personalwesen, Berlin 1976, Sp. 1758 ff.

demischen Arbeitsmarkt.[251] Im Ergebnis liegt der Juristenanteil in den Bundesministerien mit Unterschieden in den einzelnen Ressorts über die Jahrzehnte bei etwa 65 Prozent. Es folgt die Gruppe der Ökonomen mit etwa 15 Prozent.[252] In Landesministerien und im nachgeordneten Bereich außerhalb von technisch-wissenschaftlichen Behörden ist der Juristenanteil eher noch höher.[253]

Eine solche Situation bedarf angesichts des Prinzips vom gleichen Zugang zu öffentlichen Ämtern der Begründung. Man versucht, sie in den drei Bereichen beruflicher Kompetenzen zu finden: Kenntnisse, Verhalten und Fertigkeiten. Zuerst wird auf den Charakter der „Rechtsregeln handhabenden Verwaltung" – der legalistischen, der Rule-driven-Verwaltung – verwiesen und daraus gefolgert, dass es eben auf juristische Kenntnisse ankommt. Die rechtswissenschaftliche Ausbildung als Basisausbildung wird nach wie vor als nahezu unverzichtbar angesehen.[254] Dem kann man entgegenhalten, dass auch der Mediziner in einem Gesundheitsamt, der polizeilich geschulte Leiter einer Sicherheitsbehörde, der Ingenieur in einem Strahlenschutzamt die Rechtsvorschriften seines Arbeitsfeldes kennt. Hinzu kommt, dass das Recht des Verwaltungsalltags in Deutschland stark in den Händen des gehobenen Verwaltungsdienstes zu liegen pflegt, der in Verwaltungsfachhochschulen wiederum weitgehend juristisch ausgebildet wird. Das bedeutet nicht, dass das Studium der Rechtswissenschaft keinen Mehrwert für die öffentliche Verwaltung bringt. Die vermittelte Breite juristischer Kenntnisse eröffnet ein tieferes historisches, systematisches, teleologisches Verständnis des Verwaltungsrechts. Vieles ließe sich freilich durch Rechtsberater, Justitiare usw. erledigen.

Im Bereich beruflichen Verhaltens werden die Sozialisationseffekte der Juristenausbildung genannt.[255] Man sieht, dass es für die Qualifikation zum höheren Verwaltungsdienst nicht einfach auf die vermittelnden Fachkenntnisse, sondern auch auf die mit dem Ausbildungsgang verbundenen Sozialisierungsleistungen ankommt. In der Juristenausbildung vermutet man danach ein „Erfolgsmodell" für die Qualifizierung zum höheren Verwaltungsdienst, für die

---

[251] Vgl. Luhmann, Niklas/Mayntz, Renate, Personal im öffentlichen Dienst, in: Studienkommission für die Reform des öffentlichen Dienstrechts, Band 7, Baden-Baden 1973, S. 26 ff.

[252] Vgl. Bogumil, Jörg/Jann, Werner, Verwaltung und Verwaltungswissenschaft in Deutschland, Wiesbaden 2005, S. 94 ff.

[253] Vgl. Derlien, Hans-Ulrich, Innere Strukturen der Landesministerien in Baden-Württemberg, Gutachten für die Kommission Neue Führungsstruktur Baden-Württemberg, Stuttgart 1985.

[254] Vgl. Schuppert, Gunnar Folke, Verwaltungswissenschaft, Baden-Baden 2000, S. 693.

[255] Vgl. Mayntz, Renate, Soziologie der öffentlichen Verwaltung, 4. Aufl., Heidelberg 1997, S. 179 ff.; Schuppert, Gunnar Folke, Verwaltungswissenschaft, Baden-Baden 2000, S. 693.

Fähigkeit, die gleiche Sprache zu sprechen, miteinander zu kommunizieren. Auf solche Sozialisationseffekte konnte auch die alte administrative Klasse in Großbritannien mit den klassischen Bildungsstandards von „Oxbridge" verweisen. Wieweit damit Leistungsanforderungen in einer modernen Verwaltung Rechnung getragen ist, ist eine andere Frage. Jedenfalls kann man durchaus beobachten, dass sich rechtswissenschaftliche vorgebildete Mitarbeiter der öffentlichen Verwaltung von den Sozialisationserfahrungen der Juristenausbildung distanzieren. Als Träger rechtlicher Bedenken zu gelten, ist nicht unbedingt karriereförderlich.

Die Stärke der juristischen Ausbildung für den höheren Verwaltungsdienst liegt auf dem Felde der Vermittlung von Fertigkeiten. Entsprechend wird gesagt, dass die unter dem Titel der Jurisprudenz gepflegte Rationalität der Entscheidungstechniken und Denkweisen eine solide Grundlage für die Verwaltungsarbeit bilde.[256] Die juristische Ausbildung vermittele gewisse abstrakte Fertigkeiten, wie systematisches, logisches und fallbezogenes Denken, die Fähigkeit der Einordnung komplexer Sachverhalte in ein überschaubares Begriffsschema und die Ausarbeitung von Lösungsvorschlägen in einer geordneten Abfolge einzelner Verfahrensschritte. Gerade diese Fertigkeiten prädestinierten den Juristen als Generalisten für die Ausübung unterschiedlicher Berufe im Rahmen von Organisationen ganz allgemein, so auch der öffentlichen Verwaltung. Eine solche Sichtweise kann bei der Grundfunktion der Verwaltung anknüpfen, nämlich verbindliche Entscheidungen über die Allokation öffentlicher Güter zu konkretisieren oder vorzubereiten. Entsprechend ist die Fähigkeit, Einzelfallentscheidungen auf der Grundlage des Rechts mit der Hilfe von erlernten Methoden und Techniken treffen zu können, Bestandteil der Verwaltungsarbeit. Und man kann hinzufügen, dass es kein wirtschafts- und sozialwissenschaftliches Fach – allenfalls mit Ausnahme einer praxisorientierten betriebswirtschaftlichen Ausbildung – gibt, das vergleichbare Entscheidungsmethoden und -techniken vermittelt.

Indessen sind mit solchen Fertigkeiten nur Teilaspekte des Verwaltungshandelns abgedeckt. Formal bleibt es bei der Subsumtionsrationalität, bei der Finalität nur sekundär bei teleologischer Auslegung und der Handhabung des Ermessens zum Zuge kommt. Dass sich die Gesetzgebungslehre nicht als Studiengebiet in der rechtswissenschaftlichen Ausbildung durchgesetzt hat, liegt im Grunde daran, dass der Jurist sich ganz anders auf Methoden und Techniken finalen Handelns umstellen müsste. Dafür ist bei einem stark am Richterbild orientierten Prüfungsbetrieb wenig Platz. In der öffentlichen Verwaltung kommt man indessen von der Planung örtlicher Bebauung bis zur Anordnung eines Polizeieinsatzes, vom Entwurf einer Rechtsvorschrift bis zur Anfertigung

---

[256] Vgl. Püttner, Günter, Verwaltungslehre, 3. Aufl., München 2000, S. 203.

eines Kabinettsvermerks, von der Haushaltsplanung bis zur Subventionsentscheidung um eine primär finale Rationalisierung des Entscheidungshandelns nicht umhin. Die andere Verkürzung auf einen Teilaspekt wird deutlich, wenn vom „binären Code" der Juristensprache[257] die Rede ist.[258] Die öffentliche Verwaltung ist kein selbstreferentielles System, das sich mit einer binären Codierung nach rechtmäßigem bzw. rechtswidrigem Handeln von sozialen Systemen anderer Codierung unterscheiden lässt. Der höhere Verwaltungsdienst kann heute das Politische nicht einfach den Exekutivpolitikern, das Finanzielle nicht einfach dem gehobenen Dienst überlassen. Er muss selbst mit den Medien der Macht und des Geldes kommunizieren.

Mit den Verwaltungsbediensteten, die nach einem erfolgreich absolvierten akademischen Studium und gegebenenfalls nach einem Vorbereitungsdienst oder einer Probezeit[259] oder als Außenseiter oder Aufsteiger in entsprechenden Rängen Zugang zur öffentlichen Verwaltung gefunden haben, ist ein verhältnismäßig breiter Personenkreis als höherer Verwaltungsdienst bezeichnet. Will man etwa in Elitestudien das hierarchische Seniorat – „Senior Civil Service" – in seinen höheren Rängen erfassen, muss man die Kreise enger ziehen. Zunächst liegt es nahe, insoweit bei bestimmten Korpsbildungen anzuknüpfen, also in Frankreich, bei den Mitgliedern der „Grands Corps" der Finanzinspekteure, Staatsräte, Diplomaten, Präfekten, in den Vereinigten Staaten von Amerika beim „Senior Executive Service". Aber in beiden Fällen zeigt sich, dass bei der Betrachtung von Positionen und Rängen eine solche Begrenzung zu eng ausfällt. Im französischen Falle rechnet man Verwaltungsleute mit Leitungsfunktionen hinzu, auch wenn sie nicht die Großen Schulen absolviert haben.[260] In den USA umfasst der „Senior Executive Service" auch in der Bundesverwaltung nur einen Teil der hochrangigen Verwaltungsbediensteten.[261] Es gibt Länder wie Großbritannien, in denen der „Senior Civil Service" formal definiert und zugleich für die bürokratische Elite charakteristisch ist.[262] In vielen Fällen fehlt

---

[257] Vgl. Luhmann, Niklas, Die Codierung des Rechtssystems, in: Rechtstheorie 1986, S. 171 ff.

[258] Vgl. Schuppert, Gunnar Folke, Verwaltungswissenschaft, Baden-Baden 2000, S. 693.

[259] Vgl. Merit Systems Protection Board, Navigating the Probationary Period, Washington, D.C. 2006.

[260] Vgl. Rouban, Luc, The Senior Civil Service in France, in: Edward C. Page/Vincent Wright (Hrsg.), Bureaucratic Elites in Western European States, Oxford/New York 1999, S. 65 ff.

[261] Vgl. Diek, Anja Charlotte, Politische Mitarbeiter und Karrierebürokratie in der Bundesverwaltung der Vereinigten Staaten von Amerika, Frankfurt a. M. u. a. 2002, S. 171 ff.

[262] Vgl. Dargie, Charlotte/Locke, Rachel, The British Civil Service, in: Edward C. Page/Vincent Wright (Hrsg.), Bureaucratic Elites in Western European States, Oxford/New York 1999, S. 178 ff.

es aber an einer formalen Bestimmung des administrativen Seniorrats und man muss sich auf Kriterien von Positionen und Rängen stützen. Im deutschen Falle hat man bei der Besoldungsskala mit ihrer Tradition nicht auf steigender, sondern fester Gehälter – B-Besoldung – angeknüpft.[263]

Die politische Abhängigkeit der administrativen „Men near the Top"[264] mit der Betonung der politischen Loyalität als Qualifikationsmerkmal bei Zurückdrängung von Verwaltungskenntnissen und -geschicklichkeiten, gegebenenfalls sogar die Vermischung von administrativen und politischen Karrieren[265] führt zu der in der angloamerikanischen Welt immer wieder diskutierten Frage, ob der höhere Verwaltungsdienst überhaupt ein Beruf sei.[266] Im Blick auf die dortige Tradition des Generalisten hat man die Mitarbeiter des höheren Verwaltungsdienstes, die Bürokraten, nicht zu den professionell Beschäftigten gezählt und zugleich auf die Rolle der Juristen in der öffentlichen Verwaltung des europäischen Kontinents verwiesen.[267] Juristen sind in ihrer materiellen rechtswissenschaftlichen und rechtspraktischen Qualifikation als Profession anerkannt. Sie decken jedoch mit ihren professionellen Fähigkeiten nur einen Teil der Leistungsanforderungen des höheren Verwaltungsdienstes ab. Es kommt deswegen auch in Kontinentaleuropa darauf an, dem allgemeinen höheren Verwaltungsdienst eine eigene Beruflichkeit beizumessen.

Hier genügt es nicht, nur auf eine fachliche Vorbildung abzustellen und nur die der Verwaltungsprofession zuzurechnen, die in Frankreich an der École Nationale d'Administration ausgebildet worden sind, in Deutschland eine Fachhochschule für öffentliche Verwaltung absolviert haben, in den USA an einer Universität das Fach Public Administration studiert haben. Die Anerkennung des allgemeinen höheren Verwaltungsdienstes als Beruf schließt praktische Berufserfahrungen mit ein. Es gibt nicht nur die vielen Berufe des Arztes, des Architekten, des Diplomaten, des Vermessungsingenieurs usw. im öffentlichen Dienst. Auch der Generalist übt einen Beruf aus. Bei ihm geht es nicht um Nebenbeschäftigung, Erbschaft, Pfründe, Beute, sondern eben um Beruflichkeit. Das gilt in der Moderne von den Kommunen bis zu den internationalen Organisationen und musste faktisch von der Kaderverwaltung des realen Sozialismus

---

[263] Vgl. Goetz, Klaus H., Senior Officials in the German Federal Administration, in: Edward C. Page/Vincent Wright (Hrsg.), Bureaucratic Elites in Western European States, Oxford/New York 1999, S. 147 ff.

[264] Vgl. Corson, John J./Paul, Shale R., Men Near the Top, Baltimore 1966.

[265] Vgl. Wallace Ingraham, Patricia/Getha-Taylor, Heather, Common Sense, Competence, and Talent in the Public Service in the USA, in: Public Administration 2005, S. 759 ff.

[266] Vgl. Matheson, Craig, Is the Higher Public Service a Profession?, in: Australien Journal of Public Administration 1998, S. 15 ff.

[267] Vgl. Parsons, Talcott, Professions, in: David L. Sills (Hrsg.), International Encyclopedia of the Social Sciences, Band 12, 1968, S. 536 ff.

wie von der traditionellen Gesellschaft der Entwicklungsländer akzeptiert werden.[268]

Dass der allgemeine höhere Verwaltungsdienst Professionalität einschließt, ist aus der kontinentaleuropäischen Tradition zu verstehen, nach der das Amt der Beruf ist.[269] Die deutsche Verfassung spricht so auch ohne weitere Spezifikation vom Berufsbeamtentum (Art. 33 GG). Die Kompetenz des Verwaltungsdienstes wird hier als das verwaltungsspezifische, generelle Kommunikationsmedium gegenüber anderen Medien wie Macht, Geld, Moral usw. angesehen, wobei nicht der Platz in der autoritativen Zuständigkeitsordnung, sondern Leistungsfähigkeit und Leistungsvermögen des Verwaltungsdienstes gemeint sind.[270] Fundamente dieser Kompetenz sind Fachkenntnisse und Amtswissen. Amtswissen ist etwas, was man als Berufsanfänger nicht in die öffentliche Verwaltung einbringt, sondern was man dort erwirbt. Damit wird deutlich, dass es beim Verwaltungsberuf nicht einfach um die durch Vorbildung erworbene Professionalität, sondern um Professionalisierung geht. Es bleibt ein Desiderat, dass man das studiert, was für den späteren Beruf Nutzen stiftet. Eine entsprechend ausgerichtete wissenschaftliche Ausbildung pflegt zum Prozess der Berufsentwicklung zu gehören. Die öffentliche Verwaltung sollte sich bei ihren Generalisten davon nicht ausschließen. Der Kandidat sollte zumindest nachweisen, dass er in seinem Studium Interesse an der öffentlichen Verwaltung bekundet hat. Aus unterschiedlichen historischen Gründen – wegen des gleichen Zugangs zu öffentlichen Ämtern, wegen des Juristenprivilegs, wegen der Ämterpatronage usw. – gehört zur Realität vieler Länder, dass die Professionalisierung für den höheren allgemeinen Verwaltungsdienst mit dem Amt einsetzt. Das betrifft auch Spezialisten, wenn sie über die Fachtätigkeit als Vermessungsingenieure, Ärzte usw. hinaus in Verwaltungs- und Leitungsfunktionen hineinwachsen. Überhaupt nähern sich im Seniorat der öffentlichen Verwaltung Qualifikationen der als Spezialisten einerseits und als Generalisten andererseits rekrutierten Verwaltungsleute aneinander an. Der Generalist hat in seiner Karriere regelmäßig langjährige Erfahrungen in einem Verwaltungszweig erworben, etwa in einem Gesundheitsministerium, einem Strahlenschutzamt, einer Verkehrsbehörde, die ihn selbst an technisch-wissenschaftliche Kenntnisse herangeführt haben. Der Spezialist muss sich in Leitungsfunktionen mit dem All-

---

[268] Vgl. König, Klaus, Entwicklungen der beruflichen Qualifikationen in der öffentlichen Verwaltung, in: Hans-Joachim von Oertzen (Hrsg.), Antworten der öffentlichen Verwaltung auf die Anforderungen des heutigen Gesellschaftssystems, Bonn 1980, S. 97 ff.

[269] Vgl. Weber, Max, Wirtschaft und Gesellschaft, 5. Aufl., Tübingen 1976, S. 124 ff.

[270] Vgl. Lodge, Martin/Hood, Christopher, Competency and Higher Civil Servants, in: Public Administration 2005, S. 779 ff.

gemeinen der öffentlichen Verwaltung auseinandersetzen, mit ihrer Organisation, ihrer Personalstruktur, ihren Verfahrensweisen.

Heute hat sich freilich die Überzeugung durchgesetzt, dass das alte Generalisten-Rezept praktischer Erfahrung – des „Learning by doing" – nicht mehr ausreicht. Dazu ist die moderne Verwaltungswelt zu vielschichtig und zu schnell veränderlich. Man kann auch im Amt auf ein gewisses Maß von Bildung und Schulung nicht verzichten. Deshalb bestehen in allen Erdteilen Einrichtungen der Weiter- und Fortbildung, die den höheren Verwaltungsdienst weiter qualifizieren. Angesichts der britischen Tradition ist zuerst auf die Gründung des Civil Service College im Jahre 1970 zu verweisen.[271] In Deutschland gibt es auf allen Verwaltungsebenen und in den verschiedenen Verwaltungszweigen Fortbildungseinrichtungen für den höheren Verwaltungsdienst. Von der praktischen Seite her ist die Bundesakademie für öffentliche Verwaltung, von der wissenschaftlichen Seite her die Deutsche Hochschule für Verwaltungswissenschaften Speyer zu nennen. Hervorzuheben ist die Führungskräftefortbildung, die einerseits den Nachwuchs zur Übernahme von Führungsaufgaben anleitet, andererseits Verwaltungsbedienstete in Führungsfunktionen in einschlägigen Kompetenzen stärkt.[272] In den europäischen Ländern ist die Fortbildung für den höheren Dienst fest etabliert.[273] In den USA ist das bereits 1968 eingerichtete „Federal Executive Institute" zu nennen.[274] In der Dritten Welt gehört die Fortbildung des höheren Verwaltungsdienstes zum Aufbau einer entwicklungsorientierten öffentlichen Verwaltung.[275] Entsprechendes gilt für die Transformation der Kaderverwaltung des realen Sozialismus.[276]

Vorstellungen zu der Kompetenz des höheren Verwaltungsdienstes lassen sich aus vielfältigen Materialien erschließen: Arbeitsplatzbeschreibungen, Dienstpostenbewertungen, Mitarbeiterbeurteilungen, Anstellungsrichtlinien usw. bis hin zu Anforderungsprofilen und expliziten „Competency Frame-

---

[271] Vgl. Pilkington, Colin, The Civil Service in Britain Today, Manchester/New York 1999, S. 38 f.

[272] Vgl. Hauschild, Christoph, Aus- und Fortbildung für den öffentlichen Dienst, in: Klaus König/Heinrich Siedentopf (Hrsg.), Öffentliche Verwaltung in Deutschland, 2. Aufl., Baden-Baden 1997, S. 577 ff.

[273] Vgl. Bossaert, Danielle u. a., Der öffentliche Dienst im Europa der Fünfzehn, Maastricht 2001, S. 115 ff.

[274] Vgl. Diek, Anna Charlotte, Politische Mitarbeiter und Karrierebürokratie in der Bundesverwaltung der Vereinigten Staaten von Amerika, Frankfurt a. M. u. a. 2002, S. 193 f.

[275] Vgl. König, Klaus, Entwicklungspolitik und internationale Verwaltungsbeziehungen aus der Sicht von Aus- und Fortbildung, in: Verwaltungsarchiv 1983, S. 1 ff.

[276] Vgl. Verheijen, Tony (Hrsg.), Civil Service Systems in Central and Eastern Europe, Cheltenham/Northampton, MA, 1999.

works"[277] und einer entsprechend an Kompetenzen orientierten Verwaltungs- und Personalpolitik.[278] Um die verschiedenen Konzepte einordnen zu können, ist auf grundlegende Unterscheidungen hinzuweisen. Kompetenzvorstellungen können sich auf Fähigkeiten und Vermögen des einzelnen Verwaltungsmitarbeiters beziehen. Solchen individuellen Ansätzen stehen jene gegenüber, die auf eine soziale Gruppe abstellen, also etwa auf die in einer Behörde vereinten Mitarbeiter. Insofern spricht man auch kurzgeschlossen von der organisatorischen Kapazität. Löst man sich von der jeweiligen Verwaltungsorganisation, dann lässt sich Kompetenz auch als eigene strukturelle Größe des Personals begreifen, hier also die Kapabilität des höheren Verwaltungsdienstes, insbesondere in seinen höheren Rängen. Dabei müssen wiederum zwei Ansätze unterschieden werden, einer der auf Kenntnisse und Fertigkeiten, Fachkompetenzen abstellt, und ein anderer, der Verhalten und Haltungen – „Behavioral approach" – in den Vordergrund rückt.[279]

Freilich beruht die Kompetenz des höheren Verwaltungsdienstes zugleich auf Kenntnissen und Fertigkeiten wie Verhaltensweisen und Werthaltungen. Indessen zeigen Entwicklungen der öffentlichen Verwaltung mit so unterschiedlichen Wurzeln wie „Common sense" in den USA und „Fachlichkeit" in Frankreich, dass Akzentsetzungen immer wieder relevant werden. Insgesamt erweist sich bei Kompetenzkonzepten, dass die öffentliche Verwaltung in ihren Veränderungen stark pfadabhängig ist. So steht in der deutschen Tradition das Leitbild von den Fachkompetenzen nach wie vor im Vordergrund, während in Großbritannien das Bild von der administrativen Klasse gebildeter Bürger nachwirkt.[280] Das schließt Ähnlichkeiten zumindest in Teilaspekten nicht aus, wie sich in der Weiter- und Fortbildung zeigt. So müssen sich Angehörige des höheren Verwaltungsdienstes auf dem alten Kontinent in der europäischen Integration bewähren. Entsprechend belegen sie zu einem hohen Prozentsatz Fortbildungskurse zu Institutionen und Rechtsetzung der Europäischen Union.[281] Überhaupt treten in der Weiter- und Fortbildung Hauptströmungen der Kompetenzentwicklung hervor. Ein grundständiges Studium der öffentlichen

---

[277] Vgl. Brans, Marleen/Hondeghem, Annie, Competency Frameworks in the Belgian Governments, in: Public Administration 2005, S. 823 ff.

[278] Vgl. Van der Meer, Frits M./Toonen, Theo A. J., Competency Management and Civil Service Professionalism in Dutch Central Government, in: Public Administration 2005, S. 839 ff.

[279] Vgl. Hood, Christopher/Lodge, Martin, Competency, Bureaucracy, and Public Management Reform, in: Governance 2004, S. 313 ff.

[280] Vgl. Hood, Christopher/Lodge, Martin, Aesop with Variations: Civil Service Competency as a Case of German Tortosie and British Hare?, in: Public Administration 2005, S. 805 ff.

[281] Vgl. Maor, Moshe, A Comparative Perspective on Executive Development: Trends in 11 European Countries, in: Public Administration 2000, S. 135 ff.

Verwaltung kann in einem Curriculum versuchen, das Anforderungsprofil beruflicher Fähigkeiten für einen akademisch geschulten Mitarbeiter des höheren Verwaltungsdienstes flächendeckend zu berücksichtigen, und zwar in einer Matrix, die einerseits in die Richtung der Kenntnisse, Fertigkeiten, Verhaltensweisen und Werthaltungen weist, andererseits in die Richtung von Gegenständen, wie: politischer, gesellschaftlicher, ökonomischer Kontext, analytische Hilfsmittel, Gruppen- und Organisationsdynamik, Analyse der Sachpolitik, Managementprozesse und dann weiter Programmspezialisierungen nach den Ebenen von Kommunen, Ländern, Nationen, internationalen Organisationen wie Zweigen von Bildungsverwaltung, Umweltverwaltung usw.[282] Auf dem Felde der Weiter- und Fortbildung muss man demgegenüber die Bindung des Verwaltungsangehörigen an den Arbeitsplatz in Rechnung stellen und sich selektiv auf Kompetenzanforderungen einstellen.

Beim höheren Verwaltungsdienst in seinen oberen Rängen sind es zwei grundlegende Qualifikationsmuster, die als maßgeblich angesehen werden: zum einen die Fähigkeit, Verwaltungen leiten zu können, zum anderen die Fähigkeit, Sachpolitiken gestalten zu können. In der US-amerikanischen Verwaltung sind diese beiden Kompetenzen traditionell umrissen, indem man von Expertise in Management und Policy spricht. Sie werden in den Reformbewegungen der USA immer wieder modifiziert, im Grunde aber beibehalten.[283] In Großbritannien fanden mit der „Managerial revolution" Managementmodelle und korrespondierende Kompetenzanforderungen Eingang in die öffentliche Verwaltung.[284] Entsprechendes gilt für den angelsächsischen Raum, Mitreisende des New Public Management in Europa und auch viele Transformations- und Entwicklungsländer, so dass heute im internationalen Vergleich Management eine Kategorie ist, die freilich in Variationen Kompetenzanforderungen an den höheren Verwaltungsdienst einschließt.

In der deutschen Verwaltung hat sich der Managementbegriff lange Zeit nicht durchsetzen können. Das bedeutet nicht, dass das, was man mit Managementfunktion bezeichnet, hier nicht vorkommt. Einschlägige Leistungen wie Budgetierung und Planung, Aufbau- und Ablauforganisation, Personalsteuerung, Erfolgskontrolle sind seit den 1960er Jahren Gegenstand von Reformbemühungen. Mit der internationalen Modernisierungsbewegung des New Public Management in der deutschen Ausprägung des Neuen Steuerungsmodells hat

---

[282] Vgl. König, Klaus, Entwicklungen des Verwaltungsstudiums in den Vereinigten Staaten von Amerika, in: Die Öffentliche Verwaltung 1975, S. 456 ff.

[283] Vgl. Wallace Ingraham, Patricia/Getha-Taylor, Heather, Common Sense, Competence, and Talent in the Public Service in the USA, in: Public Administration 2005, S. 789 ff.

[284] Vgl. Pilkington, Colin, The Civil Service in Britain Today, Manchester/New York 1999, S. 63 ff.

sich diese Lage geändert. Der Managementbegriff setzt sich insbesondere in Verbindung mit betriebswirtschaftlichen Leitungsinstrumenten der Kosten- und Leistungsrechnung, der Produktplanung, des Controlling usw. auch bei uns durch. Heute besteht eine besondere Qualifikationsanforderung an den höheren Dienst in Deutschland darin, dass er fähig sein muss, die Spannungslage einer tradiert regel- und inputgesteuerten Verwaltung mit einer stärkeren Effizienz- und Ergebnisorientierung zum Ausgleich zu bringen.

Die Gestaltung der Sachpolitik als Kompetenzanforderung an den höheren Verwaltungsdienst betrifft öffentliche Aufgaben als Bildungspolitik, Umweltpolitik, Sicherheitspolitik der Substanz nach wie als Techniken, Methoden, Prozeduren der rationalen Handhabung von Gestaltungen. Der Verwaltungsdienst ist dabei von einer intellektuellen Umwelt der Expertise in Interessenverbänden, „Think-Tanks", universitären und außeruniversitären Forschungsinstituten umgeben, mit denen der von Fall zu Fall zusammenarbeitet wie konkurriert, aus denen er jedenfalls Impulse zu Substanz und Vorgehensweise bei der Gestaltung der Politik aufnimmt. Das heißt nicht, dass er nicht seine eigenen Formen zur Rationalisierung der Gestaltungsprozesse beisteuert. Für die managerialistische Verwaltung kann als Beispiel die Verknüpfung von Sachplanung und Finanzplanung in einem Planning-Programming-Budgeting-System, für die legalistische Verwaltung das Unternehmen genannt werden, die Gesetzgebung durch Geschäftsordnungen, Hausanordnungen, Kriterienkatalogen, Arbeitshilfen in eine schlüssige Vorgehensweise einzubinden.[285]

Managementgeschick und gestalterischer Sachverstand des höheren Verwaltungsdienstes stellen den Kompetenzbereich von Kenntnissen und Fertigkeiten in den Vordergrund. Entsprechend richtet sich die Professionalisierung im Verwaltungsdienst traditionell an kognitiven und technisch-methodischen Kriterien aus. Freilich wurde in den Vereinigten Staaten von Amerika schon in der Mitte des 20. Jahrhunderts unter Einfluss der Human Relations-Bewegung auch dem sozialen Verhalten in Verwaltungsorganisationen Aufmerksamkeit zugewandt.[286] Von da an war der „Behavioral approach" immer wieder einflussreich. Heute fällt im internationalen Vergleich auf, welche Bedeutung Verhaltensweisen und Haltungen beigemessen wird, wenn man es unternimmt, die Kernkompetenzen des höheren Verwaltungsdienstes zu definieren. Genannt werden etwa die Fähigkeit zu führen, zu kommunizieren und Koalitionen zu bilden, ferner Charakter zu demonstrieren, organisatorische Leistungsfähigkeit

---

[285] Vgl. König, Klaus, Programmfunktion und Budget im Regierungsbereich, in: ders., Verwaltete Regierung, Köln u. a. 2002, S. 364 ff.; ders., Gesetzgebungsvorhaben im Verfahren der Ministerialverwaltung, in: ders., Verwaltete Regierung, Köln u. a. 2002, S. 395 ff.

[286] Vgl. McCurdy, Howard E., Public Administration: A Synthesis, Menlo Park Cal. u. a. 1977, S. 20 ff.

anzuregen.[287] Selbsteinschätzung, Lernpotential, Bewusstsein für die Verwaltungsumwelt, Bürgerfreundlichkeit, Verständnis für Personalentwicklung, Entscheidungsfreudigkeit, Integrität, Initiative usw. sind weitere Kriterien.[288]

In der Bundesrepublik Deutschland hat sich die Verwaltungswissenschaft seit den 1970er Jahren verstärkt mit den Verhaltensweisen und Haltungen des Verwaltungsdienstes auseinandergesetzt, etwa in Begriffen wie Menschenführung, Überzeugungskraft, Belastbarkeit, Verantwortungsbewusstsein und bürokratische Einstellung.[289] Heute werden auch Sozial- und Managementkompetenzen zusammengehalten. Kategorien sind zum Beispiel: Selbstbeobachtung, Anerkennungsstreben, Misserfolgsreaktion, Frustrationstoleranz, Einfühlungsvermögen, Führungsmotivation.[290] Wenn aus dem Blickwinkel der Personalentwicklung Kompetenzen genannt werden, so kommen wiederum Verhaltensaspekte ins Spiel wie: die Bereitschaft, Verhandlungen zu übernehmen; das Vermögen, Verlässlichkeit zu beweisen; die Fähigkeit, Konflikte zu bewältigen, mit Stress umzugehen usw. Man kann allgemein beobachten, dass die soziale Kompetenz immer mehr zu einer relevanten Größe in der Professionalisierung des höheren Verwaltungsdienstes in Deutschland geworden ist. Gegenüber neueren Entwicklungen ist der kooperative Führungsstil ein in der deutschen Verwaltungspraxis seit länger vertretenes Verhaltenskonzept.[291] Führung ist für die Verwaltungswissenschaft eine schwierige Kategorie. Management als Leitung von Organisationen hat von vornherein einen systemisch-institutionellen Charakter. Das zeigt sich, wenn nach Maßgabe von Managementmodellen, etwa „Lean Management" oder „Total Quality Management", bestimmte Strukturen und Funktionen der Aufbau- und Ablauforganisation verändert werden sollen. Führung – „Leadership" – ist demgegenüber eine umfassendere Beeinflussung von Motivationslagen bei Individuen und Gruppen, auch Massen, die tief in kulturelle Traditionen, individuelle wie kollektive Dispositionen und in öffentlichen Angelegenheiten auch in politische Konstitutionen hineinreichen kann. Die Auseinandersetzung mit Führungsfragen fällt entsprechend unterschiedlich aus. Manche bemühen Narrative, um die Führungsproblematik er-

---

[287] Vgl. Wallace Ingraham, Patricia/Getha-Taylor, Heather, Common Sense, Competence, and Talent in the Public Service in the USA, in: Public Administration 2005, S. 789 ff.

[288] Vgl. Van der Meer, Frits M./Toonen, Theo A. J., Competency Management and Civil Service Professionalism in Dutch Central Government, in: Public Administration 2005, S. 839 ff.

[289] Vgl. Ellwein, Thomas/Zoll, Ralf, Berufsbeamtentum – Anspruch und Wirklichkeit, Düsseldorf 1973, S. 186.

[290] Vgl. Gourmelon, Andreas, Sozial- und Managementkompetenzen des Beamtennachwuchses, in: Verwaltungsrundschau 2005, S. 366 ff.

[291] Vgl. Töpfer, Armin, Kooperative Führung in der öffentlichen Verwaltung, in: Helmut Klages (Hrsg.), Öffentliche Verwaltung im Umbruch – Neue Anforderungen an Führung und Arbeitsmotivation, Gütersloh 1990, S. 78 ff.

zählerisch zu verdeutlichen.[292] Andere arbeiten präskriptive Vorstellungen zur Führung in der öffentlichen Verwaltung aus.[293]

In weiteren Überlegungen zur öffentlichen Verwaltung wird die Theoriebildung zur Führung reflektiert[294], also: die prätheoretische Wertschätzung großer Männer in der öffentlichen Verwaltung mit ihrer Wirkungsgeschichte; die Lehre von der Führungspersönlichkeit, ihren individuellen Charakterzügen und Geschicklichkeiten insbesondere in einer technisch-wissenschaftlichen Zivilisation; die Kontingenztheorie der Führung mit ihrer Betonung situativer Faktoren, mit der es die Führungskraft einschließlich der bei den Mitarbeitern zu berücksichtigenden Größen zu tun hat, und hier mit einer Wendung von Wesenszügen und Fertigkeiten zu Verhaltensweisen und Einstellungen; die transformationale Orientierung der Führungspersönlichkeit, also jener Personen, die einen Wandel in den Tiefenschichten und der Kultur der Organisation schaffen, bis hin zu visionären charismatischen Qualitäten; das Ethos eines Dieners mit Betonung der Verantwortung gegenüber der Klientel und den Mitarbeitern der öffentlichen Verwaltung, insbesondere gegenüber den Bürgern, aber auch ausgewiesen durch die Befolgung von Gesetz und Recht; schließlich gibt es die Lehre von den vielen Facetten, die unter dem Eindruck aktueller Herausforderungen wie der Globalisierung die verschiedenen Schulen integrieren will, und zwar unter Betonung transformationaler und unternehmerischen Qualitäten. Diese theoretische Strömung haben vielfältige fachwissenschaftliche Grundlagen, in erster Linie der Organisationspsychologie, weiter der Betriebswirtschaftslehre wie auch der Politik- und Verwaltungswissenschaft.[295]

In Deutschland sind in der Organisationspsychologie die grundständigen Einsichten zur Führung in Organisationen aufgeschrieben.[296] Die Betriebswirtschaftslehre hat sich umfänglich den Führungsproblemen in Wirtschaftsunternehmen gewidmet.[297] In Verwaltungswissenschaft und Verwaltungspraxis hat man demgegenüber nach den Unbegreiflichkeiten von Führer und Führern in den dunklen Jahren Deutschlands die einschlägigen Probleme eher zögerlich

---

[292] Vgl. Dillman, David L., Leadership in the American Civil Service, in: Michael Hunt/Barry J. O'Toole, Reform, Ethics and Leadership in Public Service, Aldershot u. a. 1998, S. 142 ff.

[293] Vgl. Berkeley, George E., The Craft of Public Administration, Boston u. a. 1975, S. 176 ff.

[294] Vgl. Henry, Nicholas, Public Administration and Public Affairs, 5. Aufl., Englewoood Cliffs NJ 1992, S. 130 ff.

[295] Vgl. Van Wart, Montgomery, Public-Sector Leadership Theory, in: Public Administration Review 2000, S. 214 ff.; ferner Denhardt, Robert B./deLeon, Linda, Great Thinkers in Personnel Management, in: Jack Rabin u. a. (Hrsg.), Handbook of Public Personnel Administration, New York u. a. 1995, S. 21 ff.

[296] Vgl. von Rosentiel, Lutz u. a., Organisationspsychologie, 9. Aufl., Stuttgart 2005.

[297] Vgl. Kieser, Alfred u. a. (Hrsg.), Handwörterbuch der Führung, Stuttgart 1987.

behandelt. Nachdem das Unternehmerische nunmehr an vielen Orten der öffentlichen Verwaltung als vorbildlich angesehen wird, kommt es zu einem eher unbefangenen Transfer betriebswirtschaftlicher Führungslehren. So stößt man zum Beispiel bei Behörden auf von der Unternehmensberatung inspirierte Führungsgrundsätze, die in der Form selbst jenseits von Imperativen in einer Sprache der Feststellung verfasst sind und in der Sache Tugendkataloge darstellen, die jeden real existierenden Vorgesetzten, selbst den gutwilligsten, als Mängelwesen erscheinen lassen. In der Verwaltungslehre hat man sich demgegenüber seit langem mit der Frage des Führungsstils befasst. Ausgangspunkt ist die Überlegung, dass sich der alte Führungsstil von Befehl und Gehorsam auch für Staat und Verwaltung überlebt hat. Verwiesen wird auf Veränderungen in Gesellschaft und Politik, insbesondere auch in der Arbeitswelt: von der Spezialisierung der Mitarbeiter bis zur Humanisierung der Arbeitsbedingungen.[298]

Als Führungsstile werden genannt: ein patriarchalischer angesichts unmündiger Mitarbeiter, ein autoritativer des Vorgesetztenwillens, ein bürokratischer der Regelgebundenheit, ein charismatischer der Vorgesetztenpersönlichkeit, ein kooperativer der Mitarbeiterkonsultationen, ein kollektiver der Selbstführung, ein „laissez-faire"-Stil des Führungsverzichts.[299] Damit wird auf alte Ansätze der Sozialpsychologie zurückgegriffen, die unterschiedliche, in sich stimmige Ausprägungsformen und -grade des Führungsverhaltens in Gruppen untersucht und deren Ergebnisse dann in der Lehre von der Führung in Wirtschaftsunternehmen ausgebaut worden sind.[300] In der öffentlichen Verwaltung wird unter den Führungsstilen der kooperative bevorzugt.[301] Man will die nach wie vor bestehenden Subordinationsverhältnisse in der hierarchischen Verwaltungsorganisation durch sekundäre Elastizitäten vertikalisierender Verhaltensmuster ausgleichen, also: Vorgesetzte sprechen mit Mitarbeitern; Vorgesetzte behandeln Mitarbeiter als gleichwertig; Vorgesetzte lassen Mitarbeiter selbständig arbeiten; Vorgesetzte und Mitarbeiter unterstützen sich gegenseitig usw.[302] Mit solchen Kooperationsgedanken dürfen Steuerungsmodelle nicht verwechselt werden, die beim Herunterbrechen der Finalitäten von Aufgabenstellung, Aufgaben- und Produktplanung auf die operative Ebene nicht mehr nach dem alten Modell des Management by Objectives von Zielvorgaben, sondern mit dem Neuen Öffentlichen Management von Zielvereinbarungen sprechen. Hier geht

---

[298] Vgl. Thieme, Werner, Verwaltungslehre, 4. Aufl., Köln u. a. 1984, S. 435 ff.

[299] Vgl. Püttner, Günter, Verwaltungslehre, 3. Aufl., München 2000, S. 272 ff.

[300] Vgl. Staehle, Wolfgang H./Sydow, Jörg, Führungsstiltheorien, in: Alfred Kieser u. a. (Hrsg.), Handwörterbuch der Führung, Stuttgart 1987, Sp. 661 ff.

[301] Vgl. Töpfer, Armin, Kooperative Führung in der öffentlichen Verwaltung, in: Helmut Klages (Hrsg.), Öffentliche Verwaltung im Umbruch – neue Anforderungen an Führung und Arbeitsmotivation, Gütersloh 1990, S. 78 ff.

[302] Vgl. Wunderer, Rolf, Kooperative Führung, in: Alfred Kieser u. a. (Hrsg.), Handwörterbuch der Führung, Stuttgart 1987, Sp. 1257 ff.

8. Kapitel: Öffentlicher Dienst und Verwaltungspersonal

es nach der Principal-Agent-Theorie von vornherein um systemisch-institutionelle Größen. Dass Verwaltungsmitarbeiter Zielvereinbarungen oft als neue Mentalprogramme moralischer Selbstverpflichtung zusätzlich zu allen Unterwerfungen der hierarchischen Organisation begreifen, sollte man vermeiden.

Solche Verwechslungen von Leitung einer Organisation – Management – und Führung – „Leadership" – der in dieser Organisation vereinten Mitarbeiter sind in der Verwaltungswissenschaft verbreitet.[303] Deswegen ist zu unterstreichen, dass Führung ein die managerialistische wie legalistische Bürokratien überschießendes motivationales Moment von Personen und Gruppen umfasst, das nicht von vornherein nach seiner Systemrationalität befragt werden kann. Das schließt es nicht aus, dass in Führungsdefinitionen Größen wie Ergebnisorientierung, Gesetzestreue bis hin zu Dienst im öffentlichen Interesse eingehen können.[304] Dass es in der Sache keine einfachen Empfehlungen geben kann, zeigen die verschiedenen Strömungen der Führungstheorien von der Betonung der Eigenschaften über die Hervorhebung der Situation bis zum „Change agent" und der unternehmerischen Persönlichkeit. Wenn am Schluss die Facettenvielfalt des Führungsphänomens steht, dann wird deutlich, dass die kooperative Führung geeignet ist, Dysfunktionen einer hierarchischen Organisation zu kompensieren, dass damit aber nur ein Teilbereich von Führungsproblemen erreicht ist.

In Führungsfragen den Schritt von der Motivation zur Normation zu unternehmen, erscheint so zunächst wie die Generalisierung des Nichtgeneralisierbaren und die Abstrahierung des Nichtabstrahierbaren. Öffentliche Verwaltungen versuchen aber genauso wie private Unternehmen, Regulative der Führung zu institutionalisieren, also Führungsgrundsätze, Führungsrichtlinien, Anforderungsprofile für Führungspersönlichkeiten usw. Da die Schwierigkeiten einer normativen Steuerung kaum zu übersehen sind, unternimmt man es durch Trainingskurse entsprechende Motivationen aufzubauen. Dabei ist hilfreich, dass sich in der Erfahrungswelt gewisse, in sich stimmige Ausprägungsformen und -grade individuellen und kollektiven Verhaltens abzeichnen, also eben kooperative Muster zwischen Führer und Mitarbeitern. Hier lässt sich anknüpfen und Führungsrichtlinien zur kooperativen Verwaltungsführung vorgeben. Dass ein solches Unternehmen fragil bleibt, ergibt sich daraus, dass der Mitarbeiter der öffentlichen Verwaltung in seinen psychisch-motivationalen Dispositionen nicht dem Verwaltungssystem, sondern der Verwaltungsumwelt zuzurechnen

---

[303] Vgl. Hockey, Julia u. a., Developing a Leadershipcadre for the 21st Century: a Case Study of Management Development in the UK's New Cvil Service, in: International Review of Administrative Sciences 2005, S. 83 ff.

[304] Vgl. Van Wart, Montgomery, Public-Sector Leadership Theory, in: Public Administration Review 2000, S. 214 ff.

ist. Ihn zu domestizieren, ist eher Sache der Verhaltensschulung denn der Verhaltensanordnung. Die öffentliche Verwaltung hat es aber noch mit einer ganz anderen Systemgrenze als das private Wirtschaftsunternehmen zu tun, nämlich mit der Abgrenzung zur politischen Sphäre. Hier heißt es: Was wir wollen ist nicht administrative Führung, sondern politische Führung.[305] Die Problematik wird auch in der Frage „Mandarins or Managers?" deutlich, die an die deutsche Ministerialbürokratie gerichtet worden ist.[306] Denn diese Staatsbeamten des traditionellen Chinas gehörten zugleich zur politischen Führungsschicht. Augenscheinlich wird diese Spannungslage von Politik und Verwaltung heute insbesondere dort, wo es eine duale Spitze in der Kommunalverwaltung gibt und der – politische – Bürgermeister auf einen starken – administrativen – Stadtdirektor stößt.[307] In der Demokratie müssen so Ansätze der Institutionalisierung von Führungsstrukturen auf das Verwaltungssystem begrenzt sein. Zu mehr fehlt es an der politischen Legitimation, wie sie der ressortverantwortliche Minister hat. Das schließt es nicht aus, dass bürokratische Eliten immer ein Herrschaftsproblem aufwerfen[308] und dass die öffentliche Verwaltung Führungspersönlichkeiten hervorbringt, die weit über die Verwaltung hinauswirken.[309]

2. Spitzenpositionen in der Verwaltung

Aus den höheren Rängen des Verwaltungsdienstes ragen diejenigen hervor, die Spitzenpositionen in der Ministerialbürokratie und in bedeutenden nachgeordneten Behörden, teilautonomen Agenturen, Selbstverwaltungen bekleiden. Hier berühren sich Exekutivpolitik und Administration. Die Statusverhältnisse sind differenziert. So können Amtsträger, etwa Mitglieder des Direktoriums einer nationalen Zentralbank, in ein besonderes öffentlich-rechtliches Amtsverhältnis berufen werden, das kein Beamtenverhältnis ist und zu diesem eine

---

[305] Vgl. Terra, Larry D., Leadership of Public Bureaucracies, Thousand Oaks u. a. 1995, S. XVII.

[306] Vgl. Derlien, Hans-Ulrich, Mandarins or Managers? The Bureaucratic Elite in Bonn, 1970 to 1987 and Beyond, in: Governance 2003, S. 401 ff.

[307] Vgl. Kester, Isaac-Henry, Chief Executives and Leadership in a Local Authority: a Fundamental Antithesis, in: Kevin Theakston (Hrsg.), Bureaucrats and Leadership, Houndsmills 2000, S. 118 ff.

[308] Vgl. Lang, Florian, Die Verwaltungselite in Deutschland und in Frankreich 1871-2000, Baden-Baden 2005, S. 11 ff.

[309] Vgl. Fry, Geoffrey K., Three Giants of the Inter-war British Higher Civil Service: Sir Maurice Hankey, Sir Warren Fisher and Sir Horace Wilson, in: Kevin Theakston (Hrsg.), Bureaucrats and Leadership, Houndsmills 2000, S. 39 ff.; Jeserich, Kurt G. A. u. a. (Hrsg.), Deutsche Verwaltungsgeschichte, Stuttgart 1983-1987.

Ausnahme darstellt.³¹⁰ Das setzt freilich ein ausdifferenziertes öffentliches Recht wie in Deutschland voraus. In Ländern anderer Rechtskultur wie Neuseeland will man mit „contractualization" des Spitzenbereichs im Verwaltungsdienst die Personalverhältnisse in privaten Wirtschaftsunternehmen nachahmen.³¹¹ Dabei zeigt sich freilich, dass die Arbeit an der Spitze einer öffentlichen Verwaltung von bestimmten, insbesondere politischen Pfadabhängigkeiten geprägt ist, die auch bei individueller Vertragsgestaltung zu anderen Folgen führen, wie sie im Blick auf das Spitzenpersonal privater Wirtschaftsunternehmen erwartet werden.³¹²

Ein Beispiel für Rollenvermengungen in Deutschland ist der kommunale Wahlbeamte, insbesondere wenn er unmittelbar durch den Bürger gewählt wird. Die direkte Wahl eines Trägers öffentlicher Ämter signalisiert regelmäßig, dass der erfolgreiche Kandidat einen politischen Status mit entsprechendem Amtsverhältnis erwirbt. Der hauptamtliche Bürgermeister ist indessen weitgehend in das Beamtenverhältnis eingepasst, eben kommunaler Wahlbeamter, wobei sich aus seinem Berufungsverfahren und der Kommunalverfassung Modifikationen gegenüber dem allgemeinen Beamtenstatus ergeben.³¹³ Dadurch bleibt eine Reihe von Statusfragen offen.³¹⁴ Insbesondere die Bürgermeister großer Städte geraten freilich in eine Spannungslage zwischen klassischer Selbstverwaltung und lokaler Demokratie. Entsprechend bestimmt die lokale Politik die Herkunft vieler Bürgermeister. So finden sich in Nordrhein-Westfalen in den Gemeindegrößenklassen von über 20.000 Einwohnern 42 % Bürgermeister, die aus der Kommunalpolitik kommen, und 49 %, die aus der Verwaltung stammen.³¹⁵ Aber auch ein Beamter, der sich nach einer Verwaltungskarriere in einem Wahlkampf exponiert, wird nicht einfach in ein administratives Selbstverständnis zurückkehren. Die Partei, die ihn unterstützt hat, wird ihn an seiner politischen Rolle festhalten.

Allgemein sind es die Spitzenränge des beamteten Verwaltungsdienstes, des permanenten Civil Service in der Ministerialbürokratie, die für eine enge Kon-

---

³¹⁰ Vgl. Kroppenstedt, Franz/Menz, Kai-Uwe, Führungspositionen in der Verwaltung, in: Klaus König/Heinrich Siedentopf, Öffentliche Verwaltung in Deutschland, 2. Aufl., Baden-Baden 1997, S. 539 ff.

³¹¹ Vgl. Laegreid, Per, Top Cicil Servants under Contract, in: Public Administration 2000, S. 880 ff.

³¹² Vgl. Hood, Christopher, Individualized Contracts for Top Civil Servants, in: Governance 1998, S. 443 ff.

³¹³ Vgl. Bracher, Christian-Dietrich, Vertrauen in politische Anschauungen und persönliche Loyalität bei beamtenrechtlichen Auswahlentscheidungen, in: Deutsches Verwaltungsblatt 2001, S. 19 ff.

³¹⁴ Vgl. Schrameyer, Marc, Der kommunale Wahlbeamte, Münster 2004.

³¹⁵ Vgl. Bogumil, Jörg/Holtkamp, Lars, Kommunalpolitik und Kommunalverwaltung, Wiesbaden 2006, S. 102 ff.

taktzone von Exekutivpolitik und Administration charakteristisch sind und eigene Personalverhältnisse mit formalen und informalen Merkmalen entstehen lassen. Zwei Grundprobleme sind zu lösen: das einer politischen Vertrauensbildung, die über das Normalmaß der Beamtenloyalität hinausreicht, und weiter das einer Leistungsfähigkeit, die wiederum die Normalität der Leistungsanforderungen an den höheren Verwaltungsdienst übersteigt. Der Primat des Politischen bringt es mit sich, dass zuerst die besondere politische Loyalität strukturell ins Blickfeld gerät, was nicht ausschließt, dass ein Minister bei seinen Personalentscheidungen von Fall zu Fall vor allem auf die Leistungsfähigkeit achtet.

Eine Lösung der Loyalitätsprobleme besteht darin, dass man den Personalbereich der Exekutivpolitik nach Verwendungstiefe und Mitgliederzahl breit anlegt. Dafür ist das präsidentielle Regierungssystem der Vereinigten Staaten von Amerika kennzeichnend.[316] Auf der Bundesebene besteht faktisch ein begrenztes politisches Beutesystem. Es führt dazu, dass heute in der Bundesexekutive etwa 3.000 Positionen mit „Political appointees" besetzt werden. Dabei dringt man immer tiefer vor, und zwar inzwischen bis zur sechsten Personalebene von oben. Es kommt zu Vermischungen mit dem Spitzenkorps der Administration, dem „Senior Executive Service". Diese Situation wird selbst in den USA kritisiert.[317]

Auch im parlamentarischen Regierungssystem findet man Ausweitungen des politischen Personals in der Exekutive. Insbesondere die Verbreitung politischer Regierungsämter durch den „Parlamentary secretary" in Großbritannien wird für parlamentarische Demokratien als vorbildlich angesehen.[318] In der deutschen Geschichte gab es auf nationaler Ebene den Fall, dass 1918 in der letzten kaiserlichen Reichsregierung Parlamentarier zu Staatssekretären bestellt wurden.[319] Während der Weimarer Zeit wurde eine entsprechende strukturelle Ausdehnung des politischen Personals für die Zentralregierung nicht eingerichtet.[320] Im Grundgesetz für die Bundesrepublik Deutschland fand ursprünglich das Amt eines politischen und dann spezieller aus den Abgeordneten des Deutschen Bundestages zu rekrutierenden Staatssekretärs keine Erwähnung. Aller-

---

[316] Vgl. Hess, Steven, Organizing the Presidency, 3. Aufl., Washington, D. C. 2002.

[317] Vgl. National Volcker Commission on the Public Service, Leadership of America: Rebuilding the Public Service, Washington, D. C. 1989, S. 16 ff.

[318] Vgl. Stern, Klaus, Staatsrecht, Band 2, München 1988, S. 289.

[319] Vgl. Matthias, Erich/Morsey, Rudolf, Die Regierung des Prinzen von Baden, Düsseldorf 1962, S. XXIX.

[320] Vgl. Hauf, Volkmar, Öffentlicher Dienst und politischer Bereich, in: Öffentlicher Dienst und politischer Bereich, Schriftenreihe der Hochschule für Verwaltungswissenschaften Speyer, Band 37, Berlin 1968, S. 132 f.

8. Kapitel: Öffentlicher Dienst und Verwaltungspersonal 577

dings gab es dazu Diskussionen im parlamentarischen Rat.[321] Nach der Einführung der Institution des Parlamentarischen Staatssekretärs zur Unterstützung und Entlastung des Ministers 1967 wurden in diesem Jahre erstmals sieben Bundestagsabgeordnete in jenes Amt bestellt.[322] Später stieg die Zahl auf über 30 Personen an.[323]

Diffizil, bis auf den heutigen Tag verschwommen und vermutlich auch in Zukunft schwer generalisierbar ist die Rolle, die der Parlamentarische Staatssekretär im Ministerialapparat einnimmt. Formal ist bei der Frage anzuknüpfen, ob er nicht bloß dem Bestimmungsrecht des Bundesministers unterworfen ist, sondern ihm auch ein eigenes Weisungsrecht in das Ressort hinein zukommt. Dieses Problem wurde von der Schaffung des neuen Personenkreises von Exekutivpolitikern an diskutiert und hängt damit zusammen, ob man den zweiten politischen Amtsträger im Ministerium mehr ministeriell-gouvernemental oder mehr parlamentarisch-sekretäriell konzipiert.[324] Die historische Weichenstellung verlief im Grunde gegen einen zweiten Politiker als weisungsbefugten Vorgesetzten im Ressortbereich. Indessen wurde durch die Formulierung im Geschäftsordnungsrecht (§ 14 a GO-BReg) nicht ausgeschlossen, dass der Bundesminister dem Parlamentarischen Staatssekretär eine Aufgabe mit hierarchischen Befugnissen im Ressort zuweist.

In einer Muster-Hausanordnung für alle Ministerien wurde dem Parlamentarischen Staatssekretär lediglich ein Informationsanspruch zugebilligt.[325] Die Position des beamteten Staatssekretärs wurde dadurch abgesichert, dass der Geschäftsverkehr des Parlamentarischen Staatssekretärs mit dem Ministerium über jenen zu leiten ist. Dennoch kam es in Einzelfällen alsbald zu Aufgabenzuweisungen mit impliziten Weisungsrechten bis zu dem Fall, dass dem Parlamentarischen Staatssekretär eine Abteilung oder Referate unterstellt wurden. Diese Einbeziehung in den hierarchisch-pyramidenförmigen Aufbau der Ministerien verdichtete sich in den 1970er Jahren.[326] Der Parlamentarische Staatssekretär avancierte in einer Reihe von Ressorts zu einem „Neben-Staatssekretär", näm-

---

[321] Vgl. Bucher, Peter, Der Verfassungskonvent auf Herrenchiemsee, Der Parlamentarische Rat 1948-1949 – Akten und Protokolle, Boppard 1981, S. 378 f.

[322] Vgl. Ellwein, Thomas/Hesse, Joachim Jens, Das Regierungssystem der Bundesrepublik Deutschland, 6. Aufl., Opladen 1987, S. 298 f.

[323] Vgl. Bulletin der Bundesregierung, Bonn vom 26.1.1991, Nr. 8, S. 47.

[324] Vgl. Kröger, Klaus, Der Parlamentarische Staatssekretär – Gehilfe oder Mimikry des Ministers?, in: Die Öffentliche Verwaltung 1974, S. 585 ff.; ferner Fromme, Friedrich Karl, Wandlung und Erneuerung bei den Parlamentarischen Staatssekretären, in: Zeitschrift für Rechtspolitik 1973, S. 153 ff.

[325] Vgl. Handbuch der Bundesregierung, 11. Wahlperiode, Loseblattsammlung, Stand 02/1990.

[326] Vgl. Fromme, Friedrich Karl, Die Parlamentarischen Staatssekretäre, in: Zeitschrift für Parlamentsfragen 1970, S. 53 ff.

lich neben dem beamteten. Das hat sich inzwischen wieder geändert. Die Geschäftszuweisungen in den Ministerien heben generell wieder auf die Unterstützung des Ministers ab und vermeiden eine direkte Unterstellung von Organisationseinheiten.[327]

Nach wie vor lässt sich indessen bei vielen Parlamentarischen Staatssekretären eine Vorliebe für die direktive Rolle der beamteten Amtsspitze beobachten. „Office seeking" ist in der Parteiendemokratie nicht nur eine Funktion der politischen Parteien, sondern die selbstverständliche Intention des Parteipolitikers. Hat man die Mehrheiten und den Zugriff auf die Exekutive, dann lernt man sehr schnell, dass es auf der gouvernementalen Seite am ehesten die Hand an den Hebeln der Ministerialmaschinerie ist, die die Mitgestaltung der operativen Politik gewährleistet. Politische Effektivität hängt nicht einfach von der Zuweisung einer materiellen Aufgabe – Sozialwesen, Rechtsvereinfachung oder Europapolitik – ab. Man muss Einfluss auf die Ministerialbürokratie als Teil des „arbeitenden Staates" haben. Dabei ist man nicht nur auf formalisierte Weisungsrechte angewiesen. Informale Kommunikationsnetze lassen sich aufbauen, wenn es zu einer ähnlichen Interessendefinition mit den zuständigen Beamten kommt. Vermittelt der Parlamentarische Staatssekretär den Arbeitsergebnissen der Linie politische Aufmerksamkeit, kann er damit rechnen, dass diese selbst den Ausgleich mit den hierarchischen Ansprüchen der administrativen Leitung sucht.

Formale wie informale Kommunikationskanäle in die Ministerialbürokratie hinein tragen aber nur soweit, wie die internen Machtverhältnisse, insbesondere der Minister in seiner politischen Exklusivität es zulassen.[328] Ministerialbeamte pflegen dafür ein gutes Gespür zu haben. Zu „verdeckten Ministern" haben es Parlamentarische Staatssekretäre nicht gebracht. Das besondere Wohlwollen des Kanzlers mag ihnen gegebenenfalls einen gewissen Handlungsspielraum verschaffen, kann aber auch angesichts eines ausgeprägten Ressortprinzips ihre Position eher schwächen.[329] Von Fall zu Fall mögen sich Parlamentarische Staatssekretäre gegenüber den beamteten Hausspitzen durchsetzen. Die Institutionalisierung des Parlamentarischen Staatssekretärs hat aber nicht bewirkt, die beamteten Staatssekretäre zu den – wie auch immer zu verstehenden – „büro-

---

[327] Vgl. Handbuch der Bundesregierung, 11. Wahlperiode, Loseblattsammlung, Stand 02/1990.

[328] Vgl. König, Klaus, Vom Umgang mit Komplexität in Organisationen: Das Bundeskanzleramt, in: Der Staat 1989, S. 49 ff.

[329] Vgl. Oldiges, Martin, Die Bundesregierung als Kollegium. Eine Studie zur Regierungsorganisation nach dem Grundgesetz, Hamburg 1983, S. 51 ff.

kratischen Ursprüngen" zurückzuführen.[330] Jene sind auch nicht dadurch „entpolitisiert" worden.

Eine andere Möglichkeit, für den Exekutivpolitiker, Regierungschef wie Minister, eine Umwelt politischen Vertrauens zu schaffen, stellt die Einrichtung von Leitungsstäben dar. Der herausragende Anschauungsfall für solche Stäbe sind die „Cabinets ministériels" in Frankreich.[331] Andere Länder, etwa Griechenland, sind diesem Beispiel gefolgt.[332] In wiederum anderen Ländern, etwa Dänemark, beobachtet man zumindest informale Entwicklungen in diese Richtung.[333] Der französische Fall fällt vor allem deswegen auf, weil es sich bei den „Cabinets ministériels" um eine formalisierte Institution handelt und die Rolle der Mitglieder dieser Leitungsstäbe explizit eine politische ist, wobei es vor allem darum geht, die politischen Entscheidungen und Orientierungen von Minister und Regierung in das Handeln der Linienverwaltung zu übersetzen.

Die Geschichte der „Cabinets ministériels" ermöglicht es auch, die Personalverhältnisse in solchen Stäben in verschiedenen historischen Epochen der Politisierung und Entpolitisierung der Exekutive zu studieren. Denn wie stark man auch das Politische gewichtet, in einer Verwaltung napoleonischen Herkommens bleibt bewusst, dass sich öffentliche Angelegenheiten nicht ohne einschlägige Sachkompetenz, und zwar auch nicht auf Leitungsebene bearbeiten lassen. So finden je nach Phasen stärkerer Politisierung oder stärkerer Neutralisierung Außenseiter aus Parteien, Gewerkschaften, Wirtschaftsorganisationen im unterschiedlichen Umfang Zugang zu den Stäben. Mitglieder des Verwaltungsdienstes pflegen in der Regel jedoch die Mehrheit in „Cabinets ministériels" zu behaupten. Freilich geht es dabei oft um Verwaltungsleute mit hoher politischer Affinität, wenn nicht Parteigängerschaft zum jeweils regierenden Exekutivpolitiker, was Berufungen aus Sachgründen nicht ausschließt.[334] Jedenfalls gilt in Frankreich die Mitarbeit in einem „Cabinet ministériel" neben Berufserfahrungen im einschlägigen Ressort als wichtige Karrierestation auf dem Weg zu ministeriellen Spitzenpositionen. Es ist ein wichtiges Sozialisationsfeld des Umgangs mit Exekutivpolitik und Exekutivpoliti-

---

[330] Schäfer, Hans, Der Parlamentarische Staatssekretär im deutschen Regierungssystem. Eine Zwischenbilanz, in: Die Öffentliche Verwaltung 1969, S. 45 ff.

[331] Vgl. Siedentopf, Heinrich, Regierungsführung und Ressortführung in Frankreich – zur Organisation und Funktion der Cabinets ministériels, Speyer 1976.

[332] Vgl. Sotiropoulos, Dimitri A., A Description of the Greek Higher Civil Service, in: Edward D. Page/Vincent Wright (Hrsg.), Bureaucratic Elites in Western European States, Oxford 1999, S. 13 ff.

[333] Vgl. Nexo Jensen, Hanne/Knudsen, Tim, Senior Officials in the Danish Central Administration, in: Edward C. Page/Vincent Wright (Hrsg.), Bureaucratic Elites in Western European States, Oxford 1999, S. 229 ff.

[334] Vgl. Kondylis, Vassilios, Le Principe de neutralité dans la fonction publique, Paris 1994.

kern. Man rät freilich, sich bei Karriereambitionen nicht zu tief in politisch kontroverse Fragen einbeziehen zu lassen.[335]

In Deutschland pflegen Leitungsstäbe nicht solche politischen Umsetzungskräfte zu entfalten. Zu den Führungshilfskräften des Ministers mit einem personenbezogenen Status wird man zuerst seinen Persönlichen Referenten, dann noch von Fall zu Fall seinen Büroleiter, seinen Redenschreiber, seinen Pressereferent, vielleicht einen Grundsatzreferenten rechnen. Aber wenn auf der Leitungsebene weitere Funktionen wie die eines Kabinettsreferenten oder eines Parlamentsreferenten angesiedelt sind, drängt sich doch die Sachkompetenz des Verwaltungsdienstes in den Vordergrund. Führungsgehilfen weisen personell ein diffuses Bild auf.[336] Sie können Beamte, öffentliche Angestellte, unter Umständen mit einem Werkvertrag ausgestattet oder durch einen Dienstvertrag direkt an den Exekutivpolitiker gebunden sein. Mögen Führungshilfskräfte nach Rekrutierung und weiterem beruflichen Werdegang heterogen sein, so entwickeln sie doch während ihrer Tätigkeitsperiode ein spezifisches Rollenverständnis, das sie von den Linienbeamten unterscheidet. Es ist geprägt von einer engen, oft persönlich gestalteten Beziehung zu ihrem Chef und untereinander mit einer spezifischen Betonung des Vertrauens. Die persönlichen Eigenheiten des jeweiligen politischen Amtsträgers müssen ertragen, hohe physische und psychische Belastungen ausgehalten werden können. Einschlägige Qualifikationen sind nicht abstrakter Natur, sondern konkret an das Anforderungsprofil der jeweiligen Führungspersönlichkeit angepasst.[337] Trotz solcher Politiknähe würde man die Wirkungskraft von Führungshilfskräften überschätzen, wenn man sie mit den Mitarbeitern des französischen „Cabinet ministériel" vergleichen wollte.[338] In der Übergangsphase einer neuen Regierung, eines neuen Ministers können es Leitungsstäbe unternehmen, in die Linienverwaltung durchzugreifen. Bald macht sich aber das Gewicht der Spitzenbeamten bemerkbar, die im deutschen Falle als politische Beamte regelmäßig selbst das Vertrauen des Exekutivpolitikers genießen.

Damit richtet sich die Frage nach der Bildung politischer Loyalität auf die personelle Schnittstelle von Politik und Verwaltung, nämlich das administrative

---

[335] Vgl. Rouban, Luc, The Senior Civil Service in France, in: Edward D. Page/Vincent Wright (Hrsg.), Bureaucratic Elites in Western European States, Oxford 1999, S. 65 ff.

[336] Vgl. Wagener, Frido/Rückwardt, Bernd, Führungshilfskräfte in Ministerien, Baden-Baden 1982.

[337] Vgl. König, Klaus, Formalisierung und Informalisierung im Regierungszentrum, in: Hans-Hermann Hartwich/Göttrik Wewer (Hrsg.), Regieren in der Bundesrepublik 2, Opladen 1991, S. 203 ff.

[338] Vgl. Götz, Klaus H., Senior Officials in the German Federal Administration, in: Edward C. Page/Vincent Wright (Hrsg.), Bureaucratic Elites in Western European States, Oxford 1999, S. 147 ff.

Leitungspersonal in den Ministerien und der Regierungszentrale: die Staatssekretäre, „Permanent secretaries", „Deputy secretaries", Generalsekretäre, Generaldirektoren, Ministerialdirektoren usw. Für Loyalitätsprobleme gibt es insoweit ein breites Spektrum von Lösungen. Es reicht von der britischen Tradition des „Permanent secretary", der als nicht-politisch begriffen und so als neutrales Instrument der jeweiligen Regierung und des jeweiligen Ministers angesehen wird[339], bis zu Personalverhältnissen in Ministerien, wo unter dem Vorzeichen politischer Loyalität die Differenzierungen zwischen Exekutivpolitik und Administration diffus wird.[340] Ein bemerkenswerter Weg ist mit dem Politischen Beamtentum in Deutschland eingeschlagen worden.[341]

Politische Beamte sind Beamte, die ein Amt bekleiden, bei dessen Ausübung sie in fortdauernder Übereinstimmung mit den grundsätzlichen politischen Ansichten und Zielen der Regierung stehen müssen. Dieser Personenkreis ist in den Beamtengesetzen abschließend aufgezählt. Für den Ministerialdienst des Bundes sind dies die Staatssekretäre und Ministerialdirektoren – Amtschefs bzw. Abteilungsleiter –, dazu bei besonderen Diensten, vor allem beim Auswärtigen Dienst, weitere politisch bedeutsame Ämter, wie auch das des Bundespressechefs. Nicht alle Bundesländer haben das politische Beamtentum eingeführt.[342] Überwiegend sind aber die Amtschefs der Länderministerien politische Beamte, wie auch der Landespressechef.[343] Das politische Beamtentum ist eine bereits im 19. Jahrhundert entwickelte Institution, die sich an der personellen Schnittstelle zwischen Politik und Verwaltung bewährt hat.[344]

Auch die Studienkommission für die Reform des öffentlichen Dienstrechts hat diese Institution nicht in Frage gestellt. Die Spitze der Verwaltung müsse angesichts ihrer politischen Verantwortlichkeit die Möglichkeit haben, durch Besetzung wichtiger Führungspositionen mit Mitarbeitern ihres persönlichen Vertrauens die Verwirklichung ihrer Zielsetzung zu steuern; loyale Pflichterfüllung reiche oft nicht aus, um politische Vorstellungen aus eigener Initiative

---

[339] Vgl. Dargie, Charlotte/Locke, Rachel, The British Senior Civil Service, in: Edward C. Page/Vincent Wright (Hrsg.), Bureaucratic Elites in Western European States, Oxford 1999, S. 178 ff.

[340] Vgl. Etzioni-Halery, Eva, Administrative Power in Israel, in: Moshe Maor (Hrsg.), Developments in Israeli Public Administration, London/Portland 2002, S. 25 ff.

[341] Vgl. Steinkemper, Hans Günter, Amtsträger im Grenzbereich zwischen Regierung und Verwaltung, Frankfurt a. M. 1980.

[342] Vgl. für den Bund: § 36 Bundesbeamtengesetz; für die Länder: die jeweilige Regelung des Landesbeamtengesetzes; Bayern verfügt als einziges Bundesland nicht über die Institution des politischen Beamten, vgl. Leuser, Klaus u. a., Bayerisches Beamtengesetz, Kommentar, München 1970, zu Art. 51 Rdnr. 3.

[343] Vgl. Grünning, Klaus, Politische Beamte in der Bundesrepublik Deutschland, in: Verwaltungsrundschau 1988, S. 80 ff.

[344] Vgl. Kugele, Dieter, Der politische Beamte, München 1976.

fortzuentwickeln; hierzu bedürfe es der Arbeit auf der gleichen „Wellenlänge" mit der politisch verantwortlichen Spitze; bei Wegfall der im Bereich politischer Planung und Entscheidungsfindung notwendigen Zielidentifikation müsse das Dienstverhältnis jederzeit beendet werden können.[345] Solche Eigenarten des politischen Beamtentums werden durch andere Berufsdaten gestützt, die diese Statusgruppe von einem mehr bürokratischen Typus des Laufbahnbeamten abhebt. So fällt auf, dass ein hoher Teil der politischen Beamten Beschäftigungen außerhalb der öffentlichen Verwaltung vor bzw. nach Antritt der administrativen Tätigkeit nachgegangen ist. Man kann von einer starken Teilgruppe mit gemischten Karrieren sprechen.[346]

Gerade angesichts solcher gemischter Karrieren stellt sich die Frage nach der Hybridisierung politischer und administrativer Rollen für den personellen Spitzenbereich.[347] Dazu müssen Entwicklungen wie „Politik als Beruf"[348] und „Staatsaffinität" der Exekutivpolitiker[349] berücksichtigt werden. Nähert man sich diesem Problem von der Verwaltungsseite her, so ergibt sich für die frühere Bonner Verwaltungselite der 1970er und 1980er Jahre ein differenziertes Rollenverständnis zwischen Exekutivpolitikern und leitenden Administratoren. Leitende Ministerialbeamte sind ausgeprägte „politische Bürokraten". Sie sind sensibel gegenüber den politischen Rahmenbedingungen und Machtfragen ihrer Regierungsgeschäfte. Politische Fertigkeiten werden als Qualifikationsmerkmale eines Spitzenbeamten angesehen. Das bedeutet freilich nicht, dass es zu einer Vermischung von politischen und administrativen Rollen gekommen ist oder dass gar Ministerialbeamte zu parteipolitischem Aktivismus neigen. Vielmehr zeigt sich, wie von der Verwaltungselite wahrgenommen wird, dass das Berufsbeamtentum und erst recht die leitenden Beamten nicht als außerhalb der Politik begriffen werden können. Eine einfache Rollentrennung im Sinne von politisch versus administrativ existiert nicht.

Bei allen Überlappungen besteht dann doch eine jeweils spezifische Rollenperzeption von politischen und administrativen Eliten. Substantielle Politik – Bildungspolitik, Verkehrspolitik, Umweltpolitik usw. – und Sachlichkeit wer-

---

[345] Vgl. Studienkommission für die Reform des öffentlichen Dienstrechts, Bericht er Kommission, Baden-Baden 1973, S. 162.

[346] Vgl. Derlien, Hans-Ulrich, Wer macht in Bonn Karriere? Spitzenkräfte und ihr beruflicher Werdegang, in: Die Öffentliche Verwaltung 1990, S. 311 ff.

[347] Vgl. Aberbach, Robert D. u. a., Bureaucrats and Politicians in Western Democracies, Cambridge 1981.

[348] Vgl. Herzog, Dietrich, Politische Karrieren, Selektion und Professionalisierung politischer Führungsgruppen, Wiesbaden 1975.

[349] Vgl. Derlien, Hans-Ulrich, Die Staatsaffinität der Exekutivpolitiker der Bundesrepublik – Zur Bedeutung der Bürokratie als Sozialisationsfeld, in: Hans-Hermann Hartwich/Göttrik Wewer (Hrsg.), Regieren in der Bundesrepublik II – Formale und informale Komponenten des Regierens, Opladen 1991, S. 171 ff.

den im Verhältnis zur Machtorientierung von leitenden Beamten höher als von Exekutivpolitikern eingeschätzt. Fachliche Qualifikation, Expertenwissen, professionelle Fertigkeiten, berufliche Erfahrung werden höher bewertet. Merkmale der wahrgenommenen Regierungsarbeit werden unterschiedlich von den für Exekutivpolitiker maßgeblichen Kriterien gekennzeichnet. Diese und weitere Differenzierungen entsprechen der allgemeinen Rolleneinschätzung. Eine eher ansteigende Zahl, jedenfalls mehr als 60 % der Spitzenbeamten und Exekutivpolitiker betrachten ihre Rollen grundsätzlich unterschiedlich oder verhältnismäßig unähnlich, etwa 23 % sehen ein Gleichgewicht von Ähnlichkeiten und Unterschieden, 1970 15,6 % und 1987 8,8 % sprechen von relativ ähnlichen Rollen und nur wenige nehmen nahezu identische Rollen wahr.[350]

In der Tat lässt sich in der teilnehmenden Beobachtung feststellen, dass kaum ein Minister in seinem Amtsverständnis dem nahe kommt, was vom beamteten Staatssekretär erwartet wird, selbst wenn er etwa als Finanzminister eine hohe Affinität zur Bürokratie „seines Hauses" an den Tag legt. Nicht zuletzt hat die Parteimitgliedschaft des Exekutivpolitikers einschließlich der parteipolitischen Bindung an eine Region eben ganz andere Funktionen als das Parteibuch des Spitzenbeamten. Bei letzteren gibt es Einzelfälle, in denen Außenseiter auf gewonnenen Positionen nach Art eines Politruk-Systems zu agieren scheinen. Man darf aber nicht die Rollenzwänge unterschätzen, denen sie in der Nachbarschaft beamteter Staatssekretäre und Ministerialdirektoren unterworfen sind. Bemerkenswert ist noch die Wertschätzung der politischen Aspekte der Beamtenrolle. Hier kommen Spitzenbeamte zu einem wesentlich positiveren Urteil, als das bei Exekutivpolitikern der Fall ist.[351]

Das unterschiedliche Amtsverständnis von politischen und administrativen Eliten in der Regierung lässt sich durch eine Vielfalt von Daten in der Richtung stützen, dass die Rollenunterschiede von Exekutivpolitikern und Spitzenbeamten zwar kompliziert, aber nach wie vor in Deutschland relevant sind.[352] Jenseits von rechtlichen Unterscheidungen nach Ministergesetz und Beamtengesetz ist die Technizität des Regierens so anspruchsvoll, dass auch auf der Leitungsebene eines Ministeriums eine personell differenzierte Bearbeitung öffentlicher Angelegenheiten erforderlich ist. Das gilt in Deutschland allgemein für die Bundes- wie die Landesebene. Der Tradition der Bundesländer mit ihrem

---

[350] Vgl. Mayntz, Renate/Derlien, Hans-Ulrich, Partypatronage und Politization of the West-German Administrative Elite 1970-1987 – Towards Hybridization?, in: Governance 1989, S. 395.

[351] Vgl. Derlien, Hans-Ulrich, Die Staatsaffinität der Exekutivpolitiker der Bundesrepublik – Zur Bedeutung der Bürokratie als Sozialisationsfeld, in: Hans-Hermann Hartwich/Göttrik Wewer (Hrsg.), Regieren in der Bundesrepublik II – Formale und informale Komponenten des Regierens, Opladen 1991, S. 171 ff.

[352] Vgl. König, Klaus, Politiker und Beamte, in: Karl Dietrich Bracher u. a. (Hrsg.), Staat und Parteien, Berlin 1992, S. 107 ff.

Schwerpunkt in der öffentlichen Verwaltung, ihrem vertikal tief greifenden Behördenapparat und ihren großen administrativen Personalkörpern entspricht es, die Grenze zwischen Politikern und Beamten streng zu ziehen. Wenn heute zu beobachten ist, dass in einer Reihe von Fällen Abgeordnete der Landtage zu beamteten Staatssekretären bestellt werden, wobei von diesen wiederum welche an einem spezifischen parteipolitischen Engagement festhalten, dann bedeutet das eine Ausnahme und keine Systemveränderung. Zwei Reaktionen können eintreten. Entweder der Parteipolitiker unterwirft sich den Zwängen administrativer Amtsleitung oder diese wird durch die nachgeordnete Leitungsebene substituiert.

Der politische Beamte kann zulässigerweise nur mit politischer Begründung in den einstweiligen Ruhestand versetzt werden. Dahinter können auch Probleme fachlicher oder persönlicher Eignung stehen. Aber diese müssen sich in der politischen Zusammenarbeit manifestieren.[353] Solche Restriktionen und der begrenzte Personenkreis – auf Bundesebene etwa 10 % der „Political appointees" in der US-amerikanischen Bundesverwaltung – lassen die neben der politischen Frage zu stellende Leistungsfrage an die Inhaber von Spitzenpositionen in der Verwaltung offen, nämlich wie Leistungsdefizite in Stellen zu begegnen ist, in denen die Leistungsfähigkeit jenseits der normalen Leistungsanforderungen erforderlich ist. Für unsere Arbeits- und Berufswelt ist charakteristisch, dass Spitzenpositionen aus allgemeinen Leistungsgesichtspunkten nur auf Zeit vergeben werden. Signifikant ist das Aktienrecht, wonach Vorstandsmitglieder auf höchstens fünf Jahre bestellt werden können, wiederholte Bestellung oder Verlängerung der Amtszeit, jeweils für höchstens fünf Jahre, zulässig ist. Es soll verhindert werden, dass die Aktiengesellschaft durch langfristige Bestellung zu sehr gebunden wird. Der Vorstand muss also immer erneut das Vertrauen des Aufsichtsrats erwerben – Loyalität –; er soll dadurch zu besonderer Leistung angehalten werden – Performanz –. Auch im öffentlichen Sektor gibt es vielfältige Formen der befristeten Ämtervergabe. Dazu gehören das Zeitbeamtentum in den Wahlämtern der Kommunen oder die öffentlich-rechtlichen Amtsträger wie neuerdings die Vorstandsmitglieder der Unternehmen der Deutschen Bundespost. Auch wird aus Gründen zeitlicher Limitierung der Amtstätigkeit von Beamtenrecht zum privaten Dienstrecht gewechselt, so im Spitzenbereich von Sparkassen.[354]

Im Ministerialdienst gilt – außerhalb der politischen Beamten – der Status des Lebenszeitbeamten auch im Leitungsbereich. Mindestens die Ämter von Unterabteilungsleitern in Bundesministerien und Abteilungsleitern in Landes-

---

[353] Vgl. Ule, Carl Hermann, Beamter oder Staatsfunktionär, in: Verwaltungsführung/Organisation/Personal 1990, S. 156.

[354] Vgl. König, Klaus, Die beamtete Regierung: Spitzenpositionen auf Zeit in der öffentlichen Verwaltung, in: Verwaltungsführung/Organisation/Personal 1990, S. 357 ff.

ministerien sind indessen als Spitzenpositionen zu bewerten. Für eine Landesregierung ist es personalpolitisch bedeutsam, wenn man als Abteilungsleiter im Kultusministerium für das Berufsschulwesen, im Innenministerium für die Polizei, im Finanzministerium für den Haushalt Verantwortung trägt. Solche Personengruppen sind gemeint, wenn bei uns das Thema der Spitzenpositionen auf Zeit in der öffentlichen Verwaltung nach wie vor ein Gegenstand der Reformdiskussion ist. In den 1970er Jahren wurde diese Diskussion auf Bundesebenen geführt. In einem Minderheitenvotum der Studienkommission für die Reform des öffentlichen Dienstrechts wurden insoweit vor allem Dienstposten in Betracht gezogen, die für die Arbeitsergebnisse der öffentlichen Verwaltung von besonderer Bedeutung und bei denen wegen der geringen Zahl gleichwertiger Positionen Umsetzungen auf der gleichen Ebene kaum möglich sind. Man meinte, dass der optimalen Besetzung von Spitzenpositionen eine besondere Bedeutung zukomme, weil die Leistungs- und Innovationsfähigkeit der Verwaltung vor allem von der Qualität der Führungskräfte abhänge. Der besonderen Eigenart dieser Funktionen entspreche eine stärkere Betonung des Wettbewerbs und der damit verbundenen beruflichen Risiken. Die Mehrheit der Mitglieder der Kommission lehnte dieses Konzept ab. Vor allem wurde darauf verwiesen, dass diese Positionen in besonderem Maße die Unabhängigkeit ihrer Inhaber erforderten und Missbrauch zu befürchten sei. Man sah in der durch politische Einflüsse möglichen Rotation einen gefährlichen Beitrag zum Pfründedenken und die Vernachlässigung der verfassungsgerichtlich geforderten Stabilität der öffentlichen Verwaltung.[355]

In den 1980er Jahren verlagerte sich die Diskussion zur Einrichtung von Spitzenpositionen auf Zeit in die Länder. Entsprechende Reformvorschläge kamen aus Baden-Württemberg[356], Berlin (West)[357] und Rheinland-Pfalz[358]. Verschiedene Reformmodelle wurden entwickelt, insbesondere ein Zulagenmodell, wobei die Leitungsfunktion nur auf Zeit – etwa fünf Jahre – mit einer entsprechenden Zulage als Ausgleich übertragen werden sollte. Bei den Begleituntersuchungen wurden vor allem die Mobilitätsprobleme von Abteilungsleitern in Landesministerien deutlich. Diese ergeben sich schon aus quantitativen Gründen. So zeigte sich im Falle Baden-Württembergs, dass die Ministeri-

---

[355] Vgl. Studienkommission für die Reform des öffentlichen Dienstrechts, Bericht der Kommission, Baden-Baden 1973, S. 161 f., 240 ff., 288 f., 320 f.

[356] Vgl. Bericht der Kommission Neue Führungsstruktur Baden-Württemberg, Band 1, Stuttgart 1985, S. 71 ff., Band 2, S. 241 ff.; Siedentopf, Heinrich, Zeitlich befristete Vergabe von Führungsfunktionen in der staatlichen Verwaltung, Gutachten für die Kommission Neue Führungsstruktur Baden-Württemberg, Stuttgart 1985.

[357] Vgl. Mitteilung Nr. 423 des Senats von Berlin über Leitungsstruktur, Abgeordnetenhaus von Berlin, Drucksache 10/1649.

[358] Vgl. Bericht der Zwanziger Kommission, Verwaltung in Rheinland-Pfalz in den 90er Jahren, Mainz 1989, S. 15.

alabteilungsleiter durchschnittlich 55,3 Jahre alt waren und sie im Durchschnitt schon seit etwa 7 Jahren ihre Abteilung leiteten. Das bedeutet, dass sie bei Eintritt in diese Leitungsposition durchschnittlich 48,3 Jahre alt waren – und das bei einer Ruhestandsregelung, bei der die Vollendung des 65. Lebensjahres die normale Altersgrenze darstellt.[359] Bonner Ministerialdirektoren erwiesen sich bei entsprechenden Untersuchungen demgegenüber nur durchschnittlich als 5,1 Jahre im Amt befindlich und schieden im Durchschnitt mit rund 57 Jahren aus ihrer Position aus.[360] In Baden-Württemberg waren 1985 nur 55 Abteilungsleiter in den Landesministerien tätig.[361] Noch enger war der Personalspielraum 1987 in Berlin. Dort waren unter den Abteilungsleitern nur 18 Beamte, die in die Besoldungsgruppe B5, nur 10 Beamte, die in die Besoldungsgruppe B4, nur 27 Beamte, die in die Besoldungsgruppe B3 eingeordnet waren.[362]

Hinzu kommen qualitative Mobilitätsgrenzen. Vom öffentlichen Dienstrecht her muss ein Beamter, der mit 49 Jahren die Hochschulabteilung eines Kultusministeriums übernimmt, nicht bis zum Ruhestand dort belassen werden. Ihm kann durch Umsetzung ein anderer Dienstposten, durch Versetzung ein Dienstposten bei einer anderen Dienststelle übertragen werden. Lässt man die personalpolitischen Probleme solcher Maßnahmen im Einzelfall beiseite, so gibt es doch eine Fülle struktureller Hindernisse. Das beginnt mit den verschiedenen Fachrichtungen des Laufbahnrechts – allgemeiner Verwaltungsdienst, technische Dienste, Schuldienst, Dienst in der Steuerverwaltung usw. –, die unterschiedliche Qualifikationen reflektieren. Weiter sind die Ressortgrenzen in Rechnung zu stellen. Nicht zuletzt kann aber nicht beliebig zwischen Aufgabenfeldern wie Umweltschutz, Hochschulwesen, Verkehrspolitik, Polizei usw. auf Abteilungsleiterebene gewechselt werden. Dazu ist die Professionalisierung in solchen Bereichen zu spezifisch. Da nun überdies dem Einsatz in einer niederwertigen Tätigkeit wegen des Grundsatzes amtsgemäßer Verwendung beamtenrechtliche Grenzen gesetzt sind und organisationspolitische Auswege – Erteilung eines Sonderauftrages, Einrichtung einer künstlichen Abteilung usw. – in einer guten Verwaltung schmal sind, scheint zunächst die Meinung jener verständlich, die im Hinblick auf die Lage bei kommunalen Spitzenpositionen sagen, es bestehe kein Grund, die bewährte Praxis der Privatwirtschaft

---

[359] Vgl. Derlien, Hans-Ulrich, Innere Struktur der Landesministerien in Baden-Württemberg, Stuttgart 1985, S. 71 f.

[360] Vgl. Derlien, Hans-Ulrich, Wer macht in Bonn Karriere? Spitzenkräfte und ihre beruflicher Werdegang, in: Die Öffentliche Verwaltung 1990, S. 318.

[361] Vgl. Derlien, Hans-Ulrich, Innere Struktur der Landesministerien in Baden-Württemberg, Stuttgart 1985, S. 19.

[362] Vgl. Mitteilung 423 des Senats von Berlin über Leitungsstrukturen, Abgeordnetenhaus von Berlin, Drucksache 10/1649, S. 6.

bei der Besetzung von Spitzenpositionen nicht auf die öffentliche Verwaltung zu übertragen.[363]

Indessen muss auf der anderen Seite berücksichtigt werden, dass die rechtliche Verknüpfung von Status und Funktion beim Lebenszeitbeamten des Ministerialdienstes seine Unabhängigkeit schützen soll, und zwar nicht im Eigeninteresse sondern zur Leistungsfähigkeit der öffentlichen Verwaltung.[364] Diese ist durch das heutige Ausmaß der Parteipolitisierung von Spitzenpositionen und des öffentlichen Dienstes allgemein zumindest latent in einer Weise gefährdet, dass ein verfassungsfester Reformvorschlag zur Vergabe von ministeriellen Leitungspositionen nur auf Zeit – zusätzlich zum geltenden politischen Beamtentum – vielfältiger flankierender Maßnahmen bedürfte, die das Leistungsprinzip stützen. Dabei wäre es wohl zu spät, erst beim Karriereschritt zum Spitzenamt selbst anzusetzen. Vielmehr müssten diejenigen Dienstposten unter Leistungsgesichtspunkten aufgewertet werden, aus denen heraus der Weg in die Leitungsfunktionen in der Regel erfolgt. Im Grunde zeigt sich ein Dilemma des deutschen Laufbahnrechts. Es geht um die Zuordnung von Amt im organisatorischen Sinne – Funktionsamt – zum Amt im personellen Sinne – Statusamt –. Bei einem strikten Corpsprinzip ist eine weitreichende Trennung beider Bereiche möglich. Entsprechend kann der französische Beamte in der Trennung von „grade" und „emploi" seinen Status dem Range nach besser verteidigen als die Wertigkeit seiner Funktion.[365] Bei einem Laufbahngruppenprinzip wie in Deutschland erscheint es demgegenüber insbesondere für den höheren Verwaltungsdienst nicht überzeugend, ein und dieselbe Funktion aus fünf verschiedenen Rängen heraus wahrzunehmen. Es ist zu einer Funktionalisierung von Statusämtern gekommen.

Dabei muss beachtet werden, dass man nach deutschem Beamtenrecht aus dem Status heraus in Funktionsämter intervenieren kann. So gibt das geltende Recht den Beamten einen Anspruch auf Übertragung eines Aufgabenbereichs, der seinem Statusamt gemäß ist.[366] Auch die Konkurrentenklage, mit der sich ein Mitbewerber gegen die Bevorzugung eines anderen Kandidaten bei Beförderungen oder Übertragungen eines höherwertigen Amtes wenden kann[367],

---

[363] Vgl. Beschluss des Präsidiums des Deutschen Städtetages vom 10. Juni 1975: Vorschläge für kurz- oder mittelfristig realisierbare Teile der Dienstrechtsreform, in: Der Städtetag 1975, S. 468.

[364] Siehe BVerfG, Beschluss v. 3.7.1985, in: Die Öffentliche Verwaltung 1985, S. 1058 ff. mit Anmerkungen von Heinrich Siedentopf.

[365] Vgl. Siedentopf, Heinrich, Spitzenpositionen auf Zeit in der öffentlichen Verwaltung, in: Klaus König u. a. (Hrsg.), Öffentlicher Dienst, Köln u. a. 1977, S. 177 ff.

[366] Vgl. Scheerbarth, Hans Walter/Höffken, Heinz, Beamtenrecht, 6. Aufl., Siegburg 1992, S. 181.

[367] Vgl. Wernsmann, Rainer, Die beamtenrechtliche Konkurrentenklage, in: Deutsches Verwaltungsblatt 2005, S. 276 ff.

wird hier relevant, wenn mit Statusargumenten ein Funktionsaufstieg betrieben wird. Der Bestandsschutz im statusrechtlichen Sinne wirkt sich oft als faktische Garantie des Amtes im funktionalen Sinne aus. Die Organisationspolitik erlaubt dann nur geringe Korrekturen, etwa die Einrichtung einer statusgemäßen Organisationseinheit ohne substantielle Aufgaben. Insgesamt bildet sich eine Mentalität heraus, die Status und Funktion zusammenhält und zur Immobilität des Personals und zur Inflexibilität der Personalpolitik bis in den Spitzenbereich des Verwaltungsdienstes reicht.[368] Das traditionelle Rahmengesetz zur Vereinheitlichung des Beamtenrechts hatte nach langer Reformdiskussion 1997 vorgesehen, dass durch Gesetz bestimmt werden kann, dass ein Amt mit leitender Funktion zunächst im Beamtenverhältnis auf Zeit übertragen werden kann.[369] In der Folge haben einige Bundesländer diese rahmenrechtliche Möglichkeit in ihre gesetzlichen Regelungen umgesetzt. Der Bund hat sich indessen gegen eine Institutionalisierung von Ämtern in leitender Funktion im Beamtenverhältnis auf Zeit entschieden.[370] Dagegen ist in Österreich 1998 die generelle Befristung von Hochleitungsfunktionen in der Bundesverwaltung eingeführt worden. Die Inhaber höherer Leitungspositionen eines Ministeriums könnten nunmehr für die Dauer von fünf Jahren für diese Funktion bestellt werden. Eine Absetzung innerhalb der Funktionsperiode ist nicht möglich. Wiederbestellung ist möglich.[371]

---

[368] Vgl. König, Klaus, Spitzenpositionen auf Zeit in der öffentlichen Verwaltung, in: Zeitschrift für Verwaltung 1990, S. 278 ff.

[369] Vgl. Denninger, Erhard/Frankenberg, Günter, Grundsätze zur Reform des öffentlichen Dienstrechts, Baden-Baden 1997, S. 90 ff.

[370] Vgl. Bockmann, Günter, Führungsfunktionen auf Zeit gemäß § 12b BRRG und ihre Bedeutung für Berufsbeamtentum und Verwaltung unter besonderer Berücksichtigung des Problems der Ämterpatronage, Aachen 2000.

[371] Vgl. Hartmann, Klaus, Das Personal der Verwaltung, in: Gerhart Holzinger u. a., Österreichische Verwaltungslehre, 2. Aufl., Wien 2006, S. 299 ff.

3. Teil: Wandel

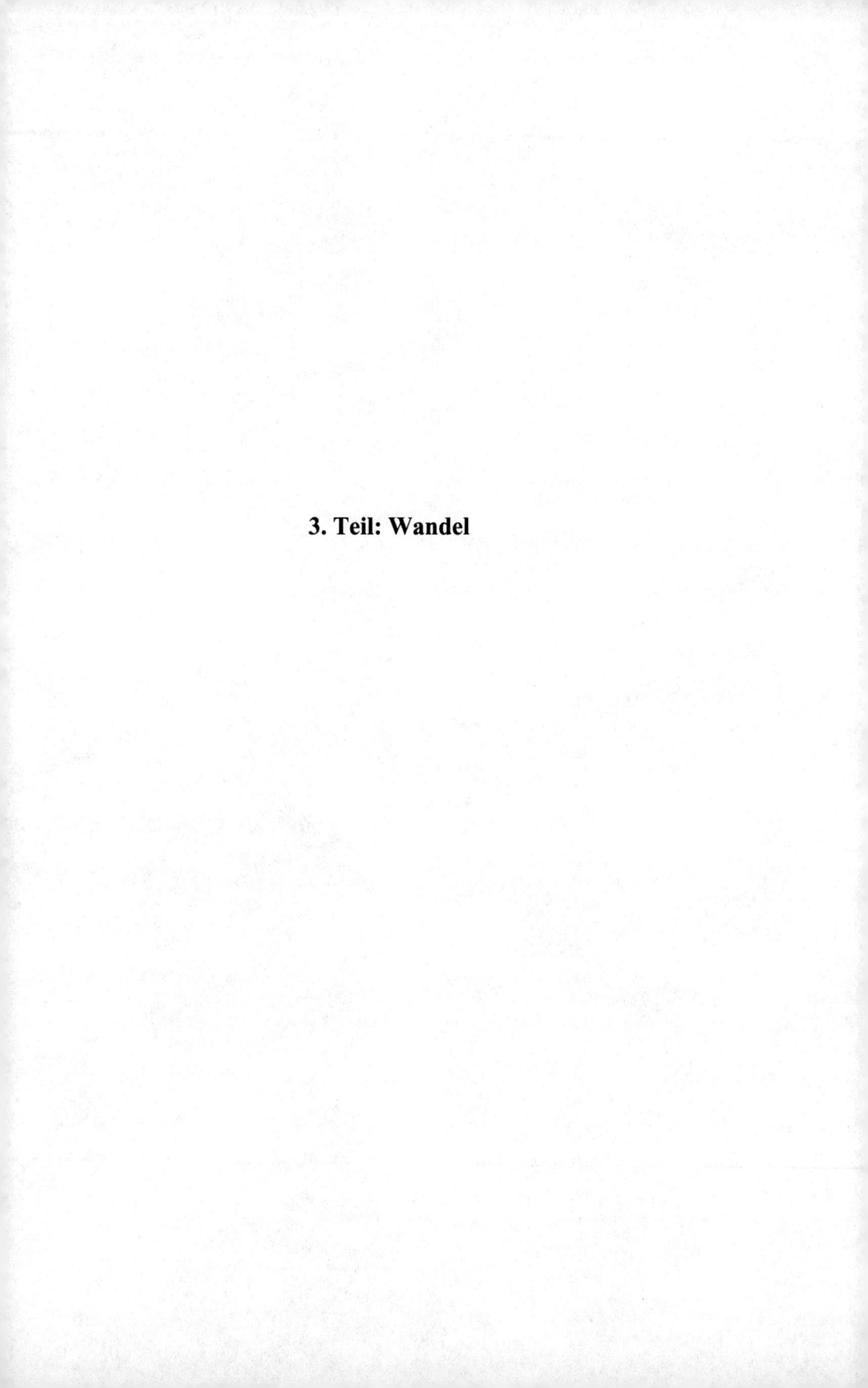

9. Kapitel

Nachholende Verwaltungsmodernisierung

I. Transformation der Kaderverwaltung

1. Übergang des realsozialistischen Staates

Modernisierung lässt sich in dreifacher historischer Beziehung verstehen[1]: erstens als der säkulare Prozess, in dem sich die moderne Gesellschaft, die moderne Wirtschaft, der moderne Staat und mit ihm seine bürokratische Verwaltung als Säule eben dieser Moderne gebildet haben; zweitens als nachholende Modernisierung, also die mannigfachen Aufholprozesse in weniger entwickelten Gesellschaften einschließlich einschlägiger Züge der Entwicklung der Verwaltung und der Verwaltung der Entwicklung sowie der Transformation von realsozialistischem Staat und Kaderverwaltung; schließlich drittens als die Intentionalität der modernen sozialen Funktionssysteme selbst, durch Reformen und Innovationen die Modernität in Gang zu halten und neue Herausforderungen zu bewältigen. Solche Herausforderungen weitergehender Modernisierung treten deutlich hervor, wenn man sich darüber Rechenschaft gibt, was in der Kaderverwaltung des realen Sozialismus und in der Entwicklungsverwaltung der Dritten Welt nachzuholen ist.

Parteigeleiteter Etatismus und Kaderverwaltung waren eine Wirklichkeit in den realsozialistischen Ländern – und sie sind es noch heute, wo die marxistisch-leninistische Partei und ihre Nomenklaturisten den Führungsanspruch nicht aufgegeben haben. Darüber hinaus gab es „zweite" Wirklichkeiten. Sie reichten von der privaten Güterproduktion in der Landwirtschaft Polens und im Handwerk der DDR über Teilmärkte für „Luxusgüter", für die mit ausländischer Währung – freilich nur harter Valuta – zu zahlen war, bis zu einem allgemeinen Tauschhandel mit Materialgütern und Dienstleistungen, in dem breite Bevölkerungsgruppen sich Beziehungsnetze aufbauen konnten. Aber auch in der Produktion gab es ein dichtes Netz informaler Beziehungen. Da sich nun einmal die ganze Volkswirtschaft nicht wissenschaftlich planen ließ und die In-

---

[1] Vgl. Zapf, Wolfgang, Modernisierung und Transformation, in: Bernhard Schäfers/Wolfgang Zapf (Hrsg.), Handwörterbuch zur Gesellschaft Deutschlands, Opladen 1998, S. 472 ff.

terventionen eines stalinistischen Dezisionismus nicht die erforderlichen Korrekturen brachten, musste angesichts von Materialknappheit und Lieferengpässen schon auf der Ebene der einzelnen Betriebe informell verhandelt werden. Planerfüllung durch die Betriebsleitung erforderte informelle Beziehungen zwischen Betrieben wie lokalen und regionalen Organisationen.[2] Für die Kaderverwaltung der alten DDR hat man eine solche „zweite" Wirklichkeit in solidarischen Verhaltensmustern der Mitarbeiter im Staatsapparat vermutet, wie sie der Unpersönlichkeit bürokratischer Verwaltungen des Westens nicht zu eigen seien.[3] In der Tat hat jede öffentliche Verwaltung ihre sekundären Elastizitäten. Eine noch so rechtsstaatliche Verwaltung wird Selektionen unter den anzuwendenden Gesetzen zu treffen haben, wenn die Normenflut der Rechtsvorschriften sich nicht mehr flächendeckend bearbeiten lässt. So mag dann auch in der Tat der Bürger der DDR nicht immer und überall mit der vollen Schärfe sozialistischer Gesetzlichkeit konfrontiert worden sein. Es mag sich ein Paternalismus entwickelt haben, der mit dem Anspruch väterlicher Autorität aufgetreten ist und sich in der Mischung von bevormundenden und fürsorglichen Verhaltensweisen geäußert hat. Wer sich freilich vor 1989 mit der Kaderverwaltung befasst hat, wird sich an Aussagen polnischer oder ungarischer Verwaltungswissenschaftler erinnern, dass nämlich nirgendwo die leninistisch-stalinistische Kommandostruktur so internalisiert worden sei wie auf ostdeutschem Boden.[4] Damit ist zugleich darauf verwiesen, dass im Rahmen des Ostblocks der Sozialismus auch landesspezifisch realisiert worden ist. So hat sich gerade in Polen das Erbe des kontinentaleuropäischen Legalismus anders gehalten als etwa in der DDR, wo es nicht gelang, der rationalisierenden Kraft positiven Rechts einen zufriedenstellenden Nutzwert zu vermitteln. Erst recht werden Unterschiede deutlich, wenn man weiter in die Mongolei oder Vietnam ausholt. Man ist auf ganz andere Zustände historischer Entwicklung verwiesen.

Für die industriell entwickelten und urbanisierten Länder in Mittel- und Osteuropa gab es indessen nicht nur hohe Isomorphien realsozialistischer Staatlichkeit, sondern es bestehen gemeinsame Erfahrungen sozialer, ökonomischer, politischer Umwandlung nach dem Zusammenbruch der marxistisch-leninistischen Ideologie und ihrer Steuerungsmechanismen. Freilich traf das Ende des realen Sozialismus Verwaltungswissenschaft und Verwaltungspraxis überraschend. Aus systemischer Sicht konnte man zwar an der historischen Be-

---

[2] Vgl. Stark, David, Das Alte im Neuen. Institutionenwandel in Osteuropa, in: Transit 1995, S. 65 ff.

[3] Vgl. Wollmann, Hellmut u. a., Die institutionelle Transformation Ostdeutschlands zwischen Systemtransfer und Eigendynamik, in: dies. (Hrsg.), Transformation der politisch-administrativen Struktur in Ostdeutschland, Opladen 1997, S. 9 ff.

[4] Vgl. Seifert, Wolfgang, Systemunterstützung und Systembewertung in Ostdeutschland und anderen osteuropäischen Transformationsstaaten, in: Wolfgang Zapf (Hrsg.), Wohlfahrtsentwicklung im vereinten Deutschland, Berlin 1996, S. 309 ff.

9. Kapitel: Nachholende Verwaltungsmodernisierung 593

standskraft einer marxistisch-leninistischen Gesellschaftsordnung zweifeln.[5] Das ließ aber noch keine prognostischen Festlegungen zu. Vielmehr galten die politischen, ökonomischen, sozialen Verhältnisse in den östlichen Regionen als stabil. So fehlte es dann der Verwaltungswissenschaft schon an einem Begriff, um die einschlägigen Veränderungen zu erfassen. Es ist die Kategorie der Verwaltungsreform, die dem internationalen Gespräch über Kulturen und Sprachen hinaus herkömmlicherweise einen gemeinsamen Bezugsrahmen gibt.[6] Hier geht es um intendierte und geplante, durchaus weiterfassende, aber systemimmanente Verbesserungen der Verwaltungsverhältnisse. Insofern lässt sich auch die jüngste deutsche Verwaltungsgeschichte an manchen Stellen als Reformgeschichte schreiben.[7] Aber die in Mittel- und Osteuropa anstehenden Veränderungen ließen sich in ihrer Breite und Tiefe nicht mit Bezeichnungen wie Reform des öffentlichen Dienstes oder Reform der Verwaltungsorganisation erfassen. Es empfiehlt sich für die Verwaltungswissenschaft die Umgestaltung von Staat und Verwaltung in Mittel- und Osteuropa als Transformation zu kennzeichnen. Dieser Begriff wird in den Wirtschaftswissenschaften für den Wandel von der Zentralverwaltungswirtschaft zur Marktwirtschaft verwendet. Er hat sich in den Rechts- und Sozialwissenschaften auch international durchgesetzt. Allerdings muss man darauf achten, dass in den postsozialistischen Ländern nicht nur die Veränderung in Teilsphären sozialen, ökonomischen, politischen Handelns auf der Tagesordnung steht. Es geht um einen umfassenden Systemwandel.

Insofern ist für die Verwaltungswissenschaft auch die einseitige Betrachtung der Herrschaftsverhältnisse etwa unter dem Vorzeichen des Regimewechsels nicht zureichend. Ein Ansatz bei dem Übergang autoritärer Regime zur Demokratie in den 1970er und 1980er Jahren in Südeuropa und Südamerika lässt sich nicht einfach nach Mittel- und Osteuropa fortschreiben.[8] Daran ändert sich auch nichts, wenn man die „Gleichzeitigkeit" der Veränderung des politischen Systems zu liberal-demokratischen Handlungsweisen und des wirtschaftlichen Systems der Planwirtschaft zu marktwirtschaftlichen Verhältnissen betont. Es geht nicht einfach um den gleichzeitigen Wechsel ausdifferenzierter sozialer Teilsysteme. Der Staat war entsprechend der marxistisch-leninistischen Doktrin eben das Hauptinstrument zur Realisierung des Sozialismus. Eine seiner Haupt-

---

[5] Vgl. Luhmann, Niklas, Soziale Systeme. Grundriß einer allgemeinen Theorie, Frankfurt a. M. 1984, S. 13.
[6] Vgl. Caiden, Gerald E., Administrative Reform, Chicago 1969.
[7] Vgl. König, Klaus, La Riforma Amministrativa in Germania, in: Sabino Cassese/Claudio Franchini (Hrsg.), Tendenze recenti della Riforma Amministrativa in Europa, Bologna 1989, S. 75 ff.
[8] Vgl. Eisen, Andreas/Kaase, Max, Transformation und Transition: Zur politikwissenschaftlichen Analyse des Prozesses der deutschen Vereinigung, in: Max Kaase u. a. (Hrsg.), Politisches System, Opladen 1996, S. 5 ff.

funktionen war die wirtschaftlich-organisatorische Funktion. Die Wirtschaft war so Zentralverwaltungswirtschaft, damit Bestandteil der Staatsverwaltung und durch sie dem Willen der nomenklaturistischen Partei unterworfen. Der historische Ausgangspunkt der Transformation war also eine Dedifferenzierung von Staat und Ökonomie in der Sache. Sie löste sich in der Transformation nicht einfach in zwei parallele Zeitreihen eines Übergangs vom autoritären System zur Demokratie und von der Planwirtschaft zur Marktwirtschaft auf. Vielmehr blieb die Umwandlung des sozialistischen Eigentums an Produktionsmitteln in privates und öffentliches Vermögen von der politischen Organisation mitbestimmt, wie nicht zuletzt im deutschen Falle durch die Treuhandanstalt belegt wird.[9]

Die Transformation des realsozialistischen Staates und seiner Verwaltung ist mithin Bestandteil eines umfassenden Systemwandels. Es geht um eine Veränderung der gesamten Ordnungen von Gesellschaft, Wirtschaft, Staat und damit der öffentlichen Verwaltung in all ihren Bezügen. Mit dem Abschied von der realsozialistischen Kaderverwaltung wird der Schritt zu einem ganz anderen Verwaltungstypus getan. Staats- und Verwaltungstransformation ist dann freilich mit einem Regimewechsel verbunden.[10] Dessen unübersehbare Symbolik in der ehemaligen DDR war es, dass die Volkskammer am 1. Dezember 1989 den Führungsanspruch „der Arbeiterklasse und ihrer marxistisch-leninistischen Partei" aus der Verfassung strich. Die öffentliche Verwaltung wurde dem politischen Primat der Demokratie unterworfen.[11]

Die Staats- und Verwaltungstransformation wurde durch aktive Politik gebahnt. Die Transformation vollzog sich nicht als eine Art naturwüchsigen sozialen Wandels hinter dem Rücken der historisch Betroffenen. Sie war vielmehr Ergebnis aktiver Politik. In Polen, in Ungarn, in der Tschechoslowakei, in Russland und auch in Deutschland gab es politische Kräfte und Bewegungen, die den Umbruch durch ihre Aktivitäten gestaltet haben. Deswegen stellte sich

---

[9] Vgl. König, Klaus, Transformation der realsozialistischen Verwaltung und entwicklungspolitische Zusammenarbeit, in: Verwaltungsrundschau 1992, S. 228 ff.; Seibel, Wolfgang, Das zentralistische Erbe. Die institutionelle Entwicklung der Treuhandanstalt und die Nachhaltigkeit ihrer Auswirkungen auf die bundesstaatlichen Verfassungsstrukturen, in: Aus Politik und Zeitgeschichte. Beilage zur Wochenzeitung Das Parlament, B 43-44/1994, S. 3 ff.

[10] Vgl. von Beyme, Klaus/Nohlen, Dieter, Systemwechsel, in: Dieter Nohlen (Hrsg.), Wörterbuch Staat und Politik, Neuausgabe, München 1995, S. 765 ff.; Derlien, Hans-Ulrich, Regimewechsel und Personalpolitik – Beobachtungen zur politischen Säuberung und zur Integration der Staatsfunktionäre der DDR in das Berufsbeamtentum, in: Verwaltungswissenschaftliche Beiträge der Universität Bamberg Nr. 27, Bamberg 1991.

[11] Vgl. Warbeck, Hans Joachim, Die Deutsche Revolution 1989/1990. Die Herstellung der staatlichen Einheit, Berlin 1991, S. 52; ferner Quaritsch, Helmut, Eigenarten und Rechtsfragen der DDR-Revolution, in: Verwaltungsarchiv 1992, S. 314 ff.

9. Kapitel: Nachholende Verwaltungsmodernisierung

auch alsbald die Frage nach der Regierungskapazität.[12] Die Staats- und Verwaltungstransformation ist Teil einer „formal-legalistischen Revolution". Zwar gab es von Ort zu Ort in Mittel- und Osteuropa auch gewaltsame Aktionen. Aber lässt man die ethnischen Konflikte als nicht für die Transformation spezifisch beiseite, dann fand der Umsturz prinzipiell friedlich statt. Das Monopol des Staates für Rechtsetzung und Gewaltanwendung wurde im Grunde nicht angetastet. Der reale Sozialismus erhielt seinen Abschied durch neue Verfassungsregeln, Gesetze, Vorschriften, Haushaltspläne usw. Das musste die öffentliche Verwaltung zwangsläufig ins Spiel bringen.[13]

Die Transformation des realsozialistischen Staates und seiner Kaderverwaltung ist „nachholende" Modernisierung.[14] Der okzidentale Staat und seine bürokratische Verwaltung erfüllen ein Grundmerkmal moderner Gesellschaften, nämlich die funktionale Differenzierung in relativ unabhängige Subsysteme und Sphären des Handelns zusammen mit der Rationalisierung dieser Bereiche nach jeweils eigenen Prinzipien.[15] Das ökonomische System mit Prinzipien wie Privateigentum, Markt, Wettbewerb ist vom politisch-administrativen System mit Prinzipien wie Humanität, Demokratie, Rechtsstaatlichkeit unterschieden. Die Umsetzung der marxistisch-leninistischen Ideologie im realen Sozialismus bedeutete demgegenüber eine Gegenmodernisierung. Der in den industriell entwickelten und urbanisierten Gesellschaften Mittel- und Osteuropas historisch erreichte Stand der sozialen Differenzierung wurde zurückgeführt. Einheitsbildungen wie Gewalteneinheit von Legislative, Judikative und Exekutive, umfassende Staatsfunktionen, Wirtschaft als Bestandteil der Staatsverwaltung, Kaderbildung durch alle Sphären von Partei, Staat, Wirtschaft, Wissenschaft, Gewerkschaften usw. hindurch, Vorrang der ideologischen Qualifikation, sogenannter „demokratischer Zentralismus", Einheitsstaatlichkeit im Raum, Einheit von Beschlussfassung und Durchführung, Einheit von Wirtschafts- und Finanz-

---

[12] Vgl. König, Klaus, Transformation der realsozialistischen Verwaltung: Deutsche Integration und europäische Kooperation, in: Deutsches Verwaltungsblatt 1993, S. 1292 ff.

[13] Vgl. König, Klaus, Transformation der realsozialistischen Verwaltung und entwicklungspolitische Zusammenarbeit, in: Verwaltungsrundschau 1992, S. 228 ff.; Quaritsch, Helmut, Eigenarten und Rechtsfragen der DDR-Revolution, in: Verwaltungsarchiv 1992, S. 314 ff.

[14] Vgl. Zapf, Wolfgang, Modernisierung und Transformation, in: Bernhard Schäfers/Wolfgang Zapf (Hrsg.), Handwörterbuch zur Gesellschaft Deutschlands, Opladen 1998, S. 472 ff.; Zapf, Wolfgang/Habich, Roland, Die sich stabilisierende Transformation – ein deutscher Sonderweg?, in: Hedwig Rudolph (Hrsg.), Geplanter Wandel, ungeplante Wirkungen. Handlungslogiken und Ressourcen im Prozeß der Transformation, WZB-Jahrbuch 1995, Berlin 1995, S. 137 ff.

[15] Vgl. Luhmann, Niklas, Soziale Systeme. Grundriß einer allgemeinen Theorie, Frankfurt a. M. 1984, S. 13.

planung usw. bezeichnen die Dedifferenzierung sozialer, ökonomischer, politischer Handlungssphären zu einem parteigeleiteten Steuerungsmechanismus.

Freilich standen Staat und Verwaltung in Mittel- und Osteuropa nicht einfach außerhalb der Moderne. Vieles wirkte aus vorsozialistischen Zeiten nach. Dazu gehörte vielerorts eine ausgebaute administrative Infrastruktur mit Verwaltungsterritorien, Verwaltungsstandorten, Verwaltungsgebäuden usw. Oder es gab kulturelle Eigenheiten, die die realsozialistische Revolution nicht ohne weiteres gleichmachen konnte. So kann man auch in einem sich integrierenden Westeuropa nach wie vor unterschiedliche Rechtskulturen des Vollzugs öffentlicher Vorschriften beobachten.[16] Man wird dem ostdeutschen Realsozialismus attestieren können, dass er sich besonders konsequent um die Durchsetzung von Doktrinen, Plänen, Normen der marxistisch-leninistischen Partei bemüht hat. Eine wichtige Weichenstellung zu einer „halben" Modernität in Staatsangelegenheiten wurde dadurch eingeleitet, dass mit dem Leninismus sich nicht das Rätemodell einer Verwaltung durch die Verwalteten, sondern die Kaderverwaltung der Verwaltung durch Verwalter durchsetzte. Angesichts dieser Beruflichkeit der Kader konnte man auch bei der Vereinigung Deutschlands von „Halb-Beamten" sprechen. Auch sonst gibt es zwischen der Verwaltung der westlichen Staatenwelt und der des realen Sozialismus eine Reihe von Ähnlichkeitsbeziehungen, die etwa auf Erfordernissen der Arbeitsteilung – nicht der Machtteilung – beruhen. Ein Beispiel dafür ist die Binnenorganisation der Ministerialverwaltung.[17]

Sieht man in der Transformation die Modernisierung nach der Gegenmodernisierung, dann geht es um eine Systemrationalität von Staat und Verwaltung, die sich durch einen höheren Differenzierungsgrad ausdrückt. Damit ist aber noch nichts über die Sachziele der Transformation gesagt. Zwei übergeordnete Finalitäten lassen sich identifizieren. Das ist zum einen der Weg von der Plan- und Verwaltungswirtschaft hin zur Wettbewerbs- und Marktwirtschaft. Man darf nicht übersehen, dass der Marxismus-Leninismus trotz aller immateriellen Vertröstungen auf die Generation der Kinder und Enkel und trotz aller Appelle wie an eine „Vorbildfunktion von Kadern" die Gesellschaft mit einer zutiefst materiellen Ideologie geprägt hat. Da es sich nun zeigte – selbst wenn man wie im Falle der DDR die wirkliche wirtschaftliche Lage lange Zeit politisch verdecken konnte –, dass die Planwirtschaft eine zufriedenstellende materielle ge-

---

[16] Vgl. Siedentopf, Heinrich, Die Internationalität der öffentlichen Verwaltung, in: Klaus König/Heinrich Siedentopf (Hrsg.), Öffentliche Verwaltung in Deutschland, 2. Aufl., Baden-Baden 1997, S. 711 ff.

[17] Vgl. Stüber, Richard, Der Leninische Begriff des sozialistischen Staates und seine Weiterentwicklung, in: Staat und Recht 1988, S. 408 ff.; König, Klaus, Transformation als Staatsveranstaltung in Deutschland, in: Hellmut Wollmann u. a. (Hrsg.), Transformation sozialistischer Gesellschaften: Am Ende des Anfangs, Opladen 1995, S. 609 ff.

sellschaftliche Wohlfahrt nicht gewährleisten kann, bleibt die Marktwirtschaft als Alternative. Man hat westliche Länder mit marktwirtschaftlich ausdifferenziertem ökonomischem System im Blick, die offensichtlich ein höheres Wohlstandsniveau vorzuweisen haben.[18] So wurde im Osten die Marktwirtschaft selbst für Länder wie China oder Vietnam attraktiv, die am politischen System des Marxismus-Leninismus ideologisch festhalten wollen, und im Westen stellte sich für manchen der Zusammenbruch des realen Sozialismus einfach als „Sieg" der Markt- und Wettbewerbswirtschaft über die Plan- und Verwaltungswirtschaft dar.

Die andere große Finalität der Transformation ist der Weg von einem autoritären, gar totalitären Herrschaftssystem zu einer freiheitlich demokratischen Grundordnung, also einer Ordnung, die unter Ausschluss jeglicher Willkürherrschaft eine rechtsstaatliche Herrschaftsordnung auf der Grundlage der Selbstbestimmung des Volkes nach dem Willen der jeweiligen Mehrheit und den Grundsätzen der Freiheit und Gleichheit darstellt. Dazu zählen: Volkssouveränität, Achtung der Menschenrechte, Gewaltenteilung, Verantwortlichkeit der Regierung gegenüber dem Parlament, Gesetzmäßigkeit der Verwaltung, Unabhängigkeit der Richter, das Mehrparteiensystem mit der Chancengleichheit für alle politischen Parteien und das Recht auf Bildung und Ausübung einer Opposition. Diese Finalität ist für jene realsozialistischen Länder maßgeblich, die die marxistisch-leninistische Ideologie auch für das politische Regime nicht mehr gelten lassen wollen, und damit insbesondere für die Länder Mittel- und Osteuropas.

Freiheitliche Demokratie und Marktwirtschaft sind Zielvorstellungen, die breite Gestaltungsspielräume eröffnen. Schon die Ausgangslage in den spätsozialistischen Gesellschaften der 1980er Jahre war unterschiedlich. Zwar kommt dem Jahre 1989 für den politischen Regimewechsel herausragende Bedeutung zu. Indessen hatte sich bis hin zur Sowjetunion vorher in den verschiedenen gesellschaftlichen Sphären vieles verändert, so dass sich am Schluss Nomenklaturisten der DDR sogar gegen ihre eigene Vormacht wendeten. In Ostdeutschland stagnierten nämlich im Gegensatz zu anderen mittel- und osteuropäischen Ländern die politisch-ökonomischen Verhältnisse. Das galt insbesondere auch für die Kaderverwaltung. Gedanken an systemimmanente Reformen etwa der Ministerialorganisation oder der Territorialgliederung, vor allen Dingen aber des Aufbaus eines Verwaltungsrechts und eines Verwaltungsrechtsschutzes wurden dort erstickt.[19] Von der Verwaltungswissenschaft war kein dynamischer Beitrag

---

[18] Vgl. Zapf, Wolfgang (Hrsg.), Wohlfahrtsentwicklung im vereinten Deutschland, Berlin 1996, S. 137 ff.

[19] Vgl. Bernet, Wolfgang, Zur normativen Regelung des Staatsdienstes in der DDR und zum Rechtsverständnis der Staatsfunktionäre, in: Zeitschrift für Beamtenrecht 1991,

zu erwarten, da sie auf autoritären Strukturen beruhte und ein apologetisches Verhältnis zu den Beschlüssen von Partei und Staat pflegte.

Die Transformation von Staat, Wirtschaft und Gesellschaft der DDR ist jedoch überhaupt ein Sonderfall, da sie von der Vereinigung Deutschlands überlagert wird. Konstitutionell geht es um den Beitritt zum Geltungsbereich des Grundgesetzes für die Bundesrepublik Deutschland. Mit Westdeutschland steht eine Referenzgesellschaft und ihr funktionierendes Institutionensystem zur Verfügung. Der „ready made state"[20] mit seinen positiven wie negativen Folgen unterscheidet Ostdeutschland von seinen Nachbarn, die zwar nicht gewaltige Kapitaltransfers erhielten, auf Veränderungen aber länger vorbereitet waren und nicht schockartig mit dem wirtschaftlichen Zusammenbruch konfrontiert wurden. Auch sonst stellt sich die Übergangsphase in Mittel- und Osteuropa nicht als ein einheitlicher historischer Prozess dar.[21] Er umfasst „breakdowns of Transformation" wie in Russland und gar Jugoslawien.[22] Entsprechend kann man vielerorts noch nicht von einer Konsolidierung der freiheitlich demokratischen und der marktwirtschaftlichen Ordnung sprechen.

Sind mit Demokratie und Marktwirtschaft für das politische und das ökonomische System immerhin Finalitäten vorgezeichnet, so fällt es für den verwalteten Staat schwerer, überhaupt eine Ordnungsidee als richtungsweisend zu bezeichnen. Zwar wird eine Reihe von Ordnungsprinzipien anerkannt. Die transformierte Verwaltung soll dem Primat der Politik unterworfen sein. Sie soll an Gesetze gebunden sein. Für sie sollen die Maßstäbe von Effizienz und Effektivität gelten. Sie soll professionell sein usw. Aber wie man das alles bündeln soll, bleibt offen. Sieht man darauf, dass die Kaderverwaltung als Gegenmodernisierung im Hinblick auf die klassischen Staatsbürokratien Europas eingerichtet worden ist, dann liegt es nahe, mindestens für eine erste Phase die Bürokratisierung der postsozialistischen Staatsverwaltung zu fordern. Angesichts der Diskreditierung des Wortes von der Bürokratie würde das aber nicht nur unter den Staats- und Verwaltungspraktikern auf Unverständnis stoßen. Auch unter den Verwaltungswissenschaftlern verliert sich der Gedanke der Bürokratie als einer staatsadministrativen Leistungsordnung zur Bearbeitung öffentlicher Angelegenheiten. Es fällt immer schwerer, die spezifische Systemrationa-

---

S. 44; Pohl, Heidrun, Verwaltungsrechtsschutz, in: Klaus König (Hrsg.), Verwaltungsstrukturen der DDR, Baden-Baden 1991, S. 263 ff.

[20] Vgl. Rose, Richard u. a., Germans East and West. A Comparative Analysis, in: University of Strathclyde (Hrsg.), Studies in Public Policy 218, Glasgow 1993.

[21] Vgl. Stark, David, Das Alte im Neuen. Institutionenwandel in Osteuropa, in: Transit 1995, S. 65 ff.

[22] Vgl. Zapf, Wolfgang, Modernisierung und Transformation, in: Bernhard Schäfers/Wolfgang Zapf (Hrsg.), Handwörterbuch zur Gesellschaft Deutschlands, Opladen 1998, S. 472 ff.

lität bürokratischer Verwaltung zu vermitteln. Das gilt erst recht für die Transformation der Kaderverwaltung. Denn es sind nicht wenige, die das Versagen des Sozialismus bei seiner Realisierung in der autoritär-zentralistischen Erscheinungsform im „bürokratischen Sozialismus" sehen.

Unsicherheiten in der Ordnungsidee der Staatsverwaltung betreffen aber nicht nur die Finalität der Transformation dieser spezifischen Handlungssphäre, sondern die Transformation der gesamten Gesellschafts-, Wirtschafts- und Staatsordnung. Denn ein weiteres Merkmal der Transformation in den postsozialistischen Ländern ist, dass es um einen staatszentrierten Systemwandel geht.[23] Die marxistisch-leninistische Doktrin sieht nicht nur im Staat das Hauptinstrument zur Realisierung des Sozialismus; auch als historisches Faktum war der parteigeleitete Etatismus das dominante Steuerungsmuster der realsozialistischen Gesellschaft und ihrer Wirtschaft. Das schließt es nicht aus, dass auch weitere formale und informale Beziehungsnetze bestanden. Wie ineffektiv die Kaderverwaltung auch immer bei der Lösung öffentlicher Probleme war, letztlich kontrollierten die öffentlichen Großorganisationen des Staatsapparates das gesamte soziale, ökonomische, kulturelle Leben.

Die Institutionen von Staatsexekutive und Staatsverwaltung fielen mit dem Zusammenbruch des realsozialistischen Regimes in Mittel- und Osteuropa nicht einfach weg. Es bildete sich nicht spontanes Unternehmertum und freie Märkte, die dem verwalteten Staat breite sozioökonomische Bereiche aus der Hand genommen hätten. Zwar wurde das durch den Wegfall des Führungsanspruchs der marxistisch-leninistischen Partei entstehende Vakuum nicht nur durch neue Parteiorganisationen ausgefüllt. Andere neue Akteure traten auf: aus den dissidierenden Kreisen wie den Arbeiterorganisationen in Polen oder aus alten Eliten wie den Unternehmensdirektoren in Russland, die im Rahmen ihrer hergebrachten Beziehungen Tauschhandel betreiben. Aber öffentliche Sicherheit, öffentliche Finanzen, öffentliche Gesundheit, öffentliche Bildung usw. blieben auf Verwaltungsvollzüge angewiesen, wie ineffektiv die verbleibenden Staatsapparate auch sein mochten.

Wie staatszentriert zumindest die erste Transitionsphase ausfiel, wird nicht zuletzt im Falle des wiedervereinigten Deutschlands deutlich. Hier waren es eben die Kräfte des Wohlfahrts- und Verwaltungsstaates der alten Bundesrepublik, die nicht nur helfen mussten, einen neuen Staatssektor aufzubauen, sondern die Defizite zu kompensieren hatten, die sich aus der zu geringen Dynamik der Marktkräfte und der zu geringen Organisierbarkeit gesellschaftlich-

---

[23] Vgl. König, Klaus, Transformation als Staatsveranstaltung in Deutschland, in: Hellmut Wollmann u. a. (Hrsg.), Transformation sozialistischer Gesellschaften: Am Ende des Anfangs, Opladen 1995, S. 609 ff.; König, Klaus/Benz, Angelika, Staatszentrierte Transformation im vereinten Deutschland, in: Der Staat 1996, S. 109 ff.

pluralistischer Kräfte ergaben. Auf die Rolle der Treuhandanstalt als „Neben-Regierung" ist hinzuweisen.[24] Es waren nicht zuletzt die Zwänge einer staatszentrierten Transformation, die die Legende einer Kolonialisierung des Ostens Deutschlands durch den Westen entstehen ließen.[25] Mochten die anderen mittel- und osteuropäischen Länder nicht einfach einem funktionierenden System wohlfahrts- und verwaltungsstaatlicher Institutionen beitreten können und auf die alten Exekutivapparate angewiesen bleiben, so war aber auch hier von vornherein klar, dass es bei der Transformation der Staatsverwaltung nicht nur um die Umgestaltung einer bestimmten sozialen Handlungssphäre für sich, sondern zugleich um Prämissen für funktionierende Institutionen von Gesellschafts- und Wirtschaftsleben überhaupt ging.

Wie in Fragen von freiheitlicher Demokratie und Marktwirtschaft fiel der Blick auf die politisch-administrativen Systeme im Westen, weil man hier die modernen Lösungen für Verwaltungsprobleme vermutete. Aus vielen Gründen fiel aber die grenzüberschreitende Orientierung schwer. Das beginnt damit, dass ein Gegenstand wie die öffentliche Verwaltung wenig positive Affinitäten auslöst. Verwaltung steht in Ost und West unter Bürokratieverdacht, gilt als „notwendiges Übel", und viele wollen weder beim Export noch beim Import von Übeln beteiligt sein. Nicht nur die Institutionenpolitiken von Demokratie und Marktwirtschaft, auch die Sachpolitiken wie Bildungswesen oder Umweltschutz haben es da leichter. Wenn es aber dann offensichtlich wird, dass die Staatsexekutive zum Engpassfaktor der Transformation überhaupt werden kann, betont man zuerst den dienenden Charakter der öffentlichen Verwaltung.

So stand zum Beispiel im SIGMA-Programm (Support for Improvement in Governance and Management) der Organisation für wirtschaftliche Zusammenarbeit und Entwicklung (OECD) als Oberziel die Reform der öffentlichen Ver-

---

[24] Vgl. Seibel, Wolfgang, Das zentralistische Erbe. Die institutionelle Entwicklung der Treuhandanstalt und die Nachhaltigkeit ihrer Auswirkungen auf die bundesstaatlichen Verfassungsstrukturen, in: Aus Politik und Zeitgeschichte. Beilage zur Wochenzeitung Das Parlament, B 43-44/94 v. 28.10.1994, S. 3 ff.; ferner Breuel, Birgit, Treuhandanstalt: Bilanz und Perspektiven, in: Aus Politik und Zeitgeschichte. Beilage zur Wochenzeitung Das Parlament, B 43-44/94 v. 28.10.1994, S. 14 ff.; Priewe, Jan, Die Folgen der schnellen Privatisierung der Treuhandanstalt, in: Aus Politik und Zeitgeschichte. Beilage zur Wochenzeitung Das Parlament, B 43-44/94 v. 28.10.1994, S. 21 ff.; Czada, Roland, Die Treuhandanstalt im politischen System der Bundesrepublik, in: Aus Politik und Zeitgeschichte. Beilage zur Wochenzeitung Das Parlament B 43-44/94 v. 28.10.1994, S. 31 ff.; Nägele, Frank, Strukturpolitik wider Willen?, in: Aus Politik und Zeitgeschichte. Beilage zur Wochenzeitung Das Parlament, B 43-44/94 vom 28.10.1994, S. 43 ff.

[25] Vgl. König, Klaus, Transformation der realsozialistischen Verwaltung: Deutsche Integration und europäische Kooperation, in: Deutsches Verwaltungsblatt 1993, S. 1292 ff.; Pitschas, Rainer, Verwaltungsintegration in den neuen Bundesländern?, in: Neue Justiz 1993, S. 49 ff.; ferner Benjamin, Michael, The Transformation to a Market Economy and the State, in: International Review of Administrative Sciences 1995, S. 161 ff.

waltungen in den Partnerländern Mittel- und Osteuropas, damit diese in der Lage seien, den Übergang zu funktionierenden und effizienten marktwirtschaftlichen und demokratischen Strukturen zu bewältigen und voranzutreiben. Es wird deutlich, dass es eben um eine staatszentrierte Transformation geht und die Verwaltung nach westlichen Werten weder Herr der Politik noch der Wirtschaft sein soll. Nur kann bei einer solchen Finalität der internationalen Kooperation aus dem Auge verloren gehen, dass die öffentliche Verwaltung ein eigenständiges Funktionssystem sein muss, wenn sie in der gesellschaftlichen Arbeitsteilung einen spezifischen Leistungsbeitrag erbringen soll. Das bedeutet, dass sie nicht nur aus ihren Umweltbedingungen – wie Demokratie und Marktwirtschaft – definiert werden kann, sondern dass sie auch auf der Grundlage einer eigenen Ordnung existieren und funktionieren muss.

Mit der Frage nach der Systemrationalität ergibt sich eine weitere Schwierigkeit bei der grenzüberschreitenden Orientierung in Verwaltungsangelegenheiten. Die Perzeption der öffentlichen Verwaltung ist eben nach wie vor nationalstaatlich geprägt. Das gilt nicht nur für die entsprechend sozialisierten Verwaltungspraktiker. Auch die Verwaltungswissenschaft hat noch nicht jene Standards einer Reflexion jenseits der Einzelstaatlichkeit erreicht, wie sie der Wirtschaftswissenschaft traditionell und der Politikwissenschaft immer mehr eigen sind. Zwar führen die europäische Integration und die Globalisierung zu einer breiteren Kommunikation in Verwaltungsfragen. Auch stellen die Vereinten Nationen, die Weltbank, die OECD, das Internationale Institut für Verwaltungswissenschaften Foren für den internationalen Erfahrungsaustausch zur Verfügung. Immer noch muss man aber damit rechnen, dass selbst der von einer internationalen Organisation entsandte Experte aus seinen nationalstaatlichen Erfahrungen berichtet.[26]

So trifft man vielerorts in der postsozialistischen Welt jene Berater an, die an die erlebte Verwaltung ihres Heimatlandes gebunden bleiben und denen es schwer fällt, den Brückenschlag zur Verwaltung vor Ort zu finden, da es ihnen eben am Tertium comparationis fehlt. Nach Versuch und Irrtum mag es der Experte dann zum „Senior Advisor" gebracht haben, der sich subjektive Vergleichspunkte erarbeitet hat. Wie sich aber die Beratungssituation auch darstellt, die postsozialistischen Länder bleiben in der Transitionsphase auf ausländische Verwaltungserfahrung angewiesen und halten nach transferierbaren Institutionen Ausschau. Institutionentransfer beruht auf erfahrbarer Bewährung und Systemrationalität im Geberland, wie dann Einpassung und Einbettung in die Praxis des Nehmerlandes. Man darf den Institutionentransfer nicht so ver-

---

[26] Vgl. König, Klaus/Protz-Schwarz, Michael, Administrative Zusammenarbeit in der Entwicklungspolitik – Verwaltungsförderung und -ausbildung durch internationale Organisationen: Vereinte Nationen, Weltbank, OECD und Europäische Gemeinschaften, Speyerer Forschungsberichte 30, Speyer 1983.

stehen, als handle es sich darum, gleichsam fremde Transplantate in eine Verwaltungsordnung einzupflanzen. Auch Bilder wie die vom Blaupausen-Ansatz treffen nicht die spezifischen Transferleistungen.[27] Vielmehr geht es darum, gewisse Leitbilder des Aufgabenzuschnitts, des Organisationsaufbaus, der Verfahrensregeln, der Personalstruktur usw. öffentlicher Verwaltung freilich mit Erfahrungshintergrund zu übernehmen. Diese Basismuster geben dann der Institutionenbildung im Partnerland eine gewisse Grundlinie. Aber darüber hinaus ist eine Vielfalt von Gestaltungs- und Anpassungsleistungen durch das Nehmerland zu erbringen.[28]

Institutionentransfer findet bei der Transformation der Kaderverwaltung an vielen Orten statt. Die Länder des Postsozialismus finden Staats- und Verwaltungsinstitutionen der okzidentalen Welt vielleicht nicht so attraktiv wie die Institutionen von demokratischer Politik und marktlicher Wirtschaft. Indessen greifen sie von der Mongolei bis zum Baltikum, von Russland bis nach Ungarn immer wieder auf so verfestigte Erfahrungen des Westens zurück. Auch in einem Land wie China, das an einem politischen Sozialismus festhalten, zugleich aber eine Marktwirtschaft einrichten will, braucht man ein Patentrecht und eine Patentverwaltung, und man sucht nach geeigneten Lösungen in der westlichen Welt.[29] So reichen schon im deutschen Falle Transferleistungen von der Treuhandanstalt bis zum öffentlichen Dienst, von der lokalen Autonomie bis zum gerichtlichen Rechtsschutz in Verwaltungsangelegenheiten. Freilich haben die einschlägigen Kooperationen einen höchst punktuellen Charakter. Es fehlt an der Koordination deutscher Unterstützungsleistungen. Vor allem aber hat sich

---

[27] Vgl. Reichard, Christoph/Röber, Manfred, Was kommt nach der Einheit? Die öffentliche Verwaltung in der ehemaligen DDR zwischen Blaupausen und Reform, in: Gert-Joachim Glaeßner (Hrsg.), Der lange Weg zur Einheit, Bonn 1993, S. 215 ff.; Wollmann, Hellmut, Regelung kommunaler Institutionen in Ostdeutschland zwischen „exogener Pfadabhängigkeit" und endogenen Entscheidungsfaktoren, in: Berliner Journal für Soziologie 1995, S. 497 ff.

[28] Vgl. Lehmbruch, Gerhard, Zwischen Institutionentransfer und Eigendynamik: Sektorale Transformationspfade und ihre Bestimmungsgründe, in: Roland Czada/Gerhard Lehmbruch (Hrsg.), Transformationspfade in Ostdeutschland, Beiträge zur sektoralen Vereinigungspolitik, Frankfurt a. M./New York 1998, S. 17 ff.; Wollmann, Hellmut, Institutionenbildung in Ostdeutschland: Rezeption, Eigenentwicklung oder Innovation?, in: Andreas Eisen/Hellmut Wollmann (Hrsg.), Institutionenbildung in Ostdeutschland, Opladen 1996, S. 79 ff.; ferner Streit, Manfred E./Mummert, Uwe, Grundprobleme der Systemtransformation aus institutionenökonomischer Perspektive, in: Ulrich Drobnig u. a. (Hrsg.), Systemtransformation in Mittel- und Osteuropa und ihre Folgen für Banken, Börsen und Kreditsicherheiten, Tübingen 1998, S. 3 ff.

[29] Vgl. Domes, Jürgen, Die politische Lage in der Volksrepublik China, in: Aus Politik und Zeitgeschichte, Beilage zur Wochenzeitung Das Parlament, B 27/98 v. 26.6.1998, S. 3 ff.; Herrmann-Pillath, Carsten, Herausforderungen des wirtschaftlichen und sozialen Wandels in der VR China: Wohin führt der chinesische Weg? in: Aus Politik und Zeitgeschichte. Beilage zur Wochenzeitung Das Parlament, B 27/98 v. 26.6.1998, S. 12 ff.

ein breiter Wettbewerb der Verwaltungsberatung mit entsprechenden Märkten selbst in kleinen postsozialistischen Ländern gebildet. Es kommt zu konkurrierenden Leitbildern verschiedener nationalstaatlicher Prägung. Auch wo internationale Organisationen eingeschaltet sind, gelingt es kaum, einschlägige Disparitäten auszugleichen. Transformationsblockaden oder inkompatible Teillösungen können die Folge sein. Auch wenn man an die strategisch-rationale Qualität institutioneller Auswahlentscheidungen der ersten Stunde keine zu hohen Ansprüche stellt, wird man sich einen höheren Grad der Ausgewogenheit fremder Einflüsse im Sinne verträglicher Systembildungen wünschen.

In den mittel- und osteuropäischen Ländern hat man in der Bandbreite der Transformation eigene Lösungswege beschritten. So ist die Privatisierung des sozialistischen Eigentums an Produktionsmitteln unterschiedlich und mit unterschiedlichen Folgen für den Staatsanteil bis zur Verwischung von staatlichen und privaten Elementen erfolgt. Unter der Formel „Das Alte im Neuen" wird darauf verwiesen, dass vielerorts mit dem Zusammenbruch der alten Machtverhältnisse nicht einfach ein Vakuum eingetreten sei, sondern alte Netzwerke und Seilschaften weiterwirkten. Es schließt sich die Frage an, ob sich nicht Lösungsmuster gesellschaftlicher Versorgungs- und Steuerungsprobleme ergeben können, die sich von den westlichen Strukturen unterscheiden.[30]

Man müsste also für Staat und Verwaltung in Mittel- und Osteuropa landesspezifisch identifizieren, was aus der Hinterlassenschaft – „legacies" – des realen Sozialismus, was aus informellen Beziehungen des Spätsozialismus, was aus der „exogenen Pfadabhängigkeit" vom Westen – also insbesondere aus dem Institutionentransfer –, was aus „endogenen Entscheidungsfaktoren" – also vor allem eigenen Anpassungs- und Einbettungsleistungen – stammt und was vielleicht sogar Innovation ist. Aber auch damit wäre man sich der Finalität der Transformation von Staat und Verwaltung nicht sicher. Denn vielerorts ist die Phase der Transition von Staat, Wirtschaft und Gesellschaft nicht abgeschlossen. Man müsste beantworten können, ob man einen anderen, nicht-westlichen Ordnungsstand erreicht hat oder ob es um die Unordnung einer Übergangszeit geht.

Hier kommt der deutsche Sonderfall mit der Transformation von Staat und Verwaltung der alten DDR und der Vereinigung Deutschlands ins Spiel.[31] Mit

---

[30] Vgl. Stark, David, Das Alte im Neuen. Institutionenwandel in Osteuropa, in: Transit 1995, S. 65 ff.

[31] Vgl. Wollmann, Hellmut u. a., Die institutionelle Transformation Ostdeutschlands zwischen Systemtransfer und Eigendynamik, in: dies. (Hrsg.), Transformation der politisch-institutionellen Strukturen in Ostdeutschland, Opladen 1997, S. 9 ff.; Wollmann, Hellmut, Entwicklung des Verfassungs- und Rechtsstaates in Ostdeutschland als Institutionen- und Personaltransfer, in: dies. (Hrsg.), Transformation der politisch-administrativen Strukturen in Deutschland, Opladen 1997, S. 25 ff.

dem Beitritt zum Geltungsbereich des Grundgesetzes war zwar eine Grundrichtung in der Gestaltung der öffentlichen Verwaltung konstitutionell vorgegeben. Aber in Ländern und Kommunen Westdeutschlands haben sich geschichtlich gewordene Organisationsformen unterschiedlicher Art erhalten. Sie haben trotz vielfacher sachlicher Anpassungszwänge, die sich immer mehr verstärkt haben, ihre maßgebliche Bedeutung in Verwaltungsangelegenheiten nicht verloren. Es bestanden also in den neuen Bundesländern Gestaltungsspielräume, die Fragen nach Hinterlassenschaft und Leitbildern, Eigenständigkeit und Innovation auch hier relevant erscheinen lassen. In Westdeutschland stand überdies ein flächendeckendes Institutionensystem zur Übernahme zur Verfügung, wodurch der Transitionsprozess beschleunigt wurde und man sich in Deutschland schneller dem Ende der Transformation von Staat und Verwaltung näherte als sonst in Mittel- und Osteuropa. Insofern lässt sich auch mehr zur resultierenden Staats- und Verwaltungsordnung sagen.

2. Transformation von Staatsorganisation und Öffentlichem Dienst

Die Transformation des realsozialistischen Etatismus manifestiert sich in der Umgestaltung des gesamten Staatsapparates mit seiner Aufbau- wie seiner Ablauforganisation und insbesondere auch im Wandel von der Kaderverwaltung zum Öffentlichen Dienst. Der erste Schritt besteht darin, dass der Führungsanspruch der marxistisch-leninistischen Partei bis in seine staatlichen Realisierungen vor Ort gebrochen wird. Es genügt nicht, nur auf Politbüro und Zentralkomitee zu sehen. Da der Staatsorganisation eben eine Parteiorganisation übergestülpt war, in der sich von der Zentrale an über regionale bis zu lokalen Parteiorganisationen spiegelbildlich Zuständigkeiten in öffentlichen Angelegenheiten wiederholten, die den Staatsverwaltungen vorgeordnet waren, musste die Herrschaft der Nomenklaturisten auf allen Ebenen abgelöst werden.

Mochte in Mittel- und Osteuropa vielerorts die demokratische Dynamik stark genug gewesen sein, um einen solchen Bruch zu vollziehen und auch die kommunistischen Nachfolgeparteien in eine Art westliches Parteienspektrum einzuordnen, so darf nicht übersehen werden, dass es nicht nur den organisatorischen Überbau von außen, nämlich die Parteipyramide über der Staatspyramide gab, sondern dass auch innerhalb der Staats- und Verwaltungseinheiten jeweils Organisationen der Marxisten-Leninisten bestanden, gleichsam als Parteipyramide innerhalb der Staatspyramide. In einer formalisierten Staats- und Verwaltungsorganisation genügen Federstriche, um offizielle Weisungsmuster zu streichen. In der Binnenorganisation einer Verwaltung ist es aber noch schwieriger als in den Außenbeziehungen, informale Kommunikationsnetze zu unterbinden. Wenn also mancherorts von Seilschaften alter Entscheidungsträger berichtet wird,[32] so kann man davon ausgehen, dass sich erst recht innerhalb der Verwaltungsorganisation informale Netze jenseits der offiziellen Weisungsstränge erhalten haben.

Mit der Zuwendung zur demokratischen Verfassung wurde in Mittel- und Osteuropa auch die Gewalteneinheit aufgegeben und nach dem Organisationsprinzip der Gewaltenteilung die politische Macht im Staate in die Funktionsbereiche von Gesetzgebung, vollziehende Gewalt und Rechtsprechung getrennt. Freilich bleiben diese drei Sphären, insbesondere Legislative und Exekutive miteinander verflochten. Insoweit bestehen breite Gestaltungsräume zwischen parlamentarischen und präsidentiellen Regierungssystemen. Einigkeit besteht indessen darin, dass es in der Exekutive unterhalb einer politischen Spitze mit ihren Regierungsinstitutionen ein breites Funktionssystem der öffentlichen Verwaltung geben muss, das jene spezifischen Leistungen zu erbringen hat, wie man sie von den westlichen Verwaltungen her kennt, seien diese nun vom klassischen Verwaltungssystem her oder von einer Civic Culture-Administration her geprägt.

Die Abwendung vom „demokratischen Zentralismus" nach marxistisch-leninistischer Doktrin brachte es mit sich, dass die Frage einer nicht nur horizontalen, sondern auch vertikalen Gewaltenteilung und damit einer dezentralisierten öffentlichen Verwaltung besondere Bedeutung erhielt. Prominent ist hier der Fall der ehemaligen DDR. Die Einführung föderaler Strukturen in Ostdeutschland gehörte zu den staatspolitischen und staatsorganisatorischen Grundforderungen der demokratischen Wende 1989. Die Föderalisierung der zentralistischen DDR verkörperte gleichzeitig eine Grundbedingung für die sich abzeichnende und politisch angestrebte Wiedervereinigung beider deutscher Staaten. Erste Überlegungen zu einer „Reform der politisch-territorialen Gliederung der DDR" sind bereits vor der ersten demokratischen Wahl zur Volkskammer zu verzeichnen. Bereits während der „heißen Phase" der demokratischen Wende, also Mitte Oktober bis Dezember 1989, forderten unterschiedliche politische Stimmen die Wiedereinführung der Länderstrukturen.[33] In der Volkskammersitzung vom 1. Dezember 1989 wurde ein lebhaftes Plädoyer für die Wiederherstellung der 1952 abgeschafften fünf Länder gehalten, wodurch große Einsparung im Verwaltungsapparat bewirkt und zugleich den Menschen die Identifizierung mit ihrem politischen Gemeinwesen erleichtert

---

[32] Vgl. Stark, David, Das Alte im Neuen. Institutionenwandel in Osteuropa, in: Transit 1995, S. 65 ff.
[33] Vgl. Bernet, Wolfgang, Zur landes- und kommunalrechtlichen Entwicklung in der DDR, Speyerer Forschungsberichte 91, Speyer 1990; Schulze, Gerhard, Wieder Länder und neue Verwaltungen, in: Deutsche Verwaltungspraxis 1990, S. 287 ff.

werden könnte. Der Vorschlag stieß auf breite Zustimmung.[34] Auch die Alternative einer reformierten, eigenständigen DDR-Staatlichkeit basierte auf einem eindeutigen Bekenntnis zum Föderalismus. In Artikel 41 des vom Zentralen Runden Tisch vorgelegten Entwurfes für eine neue DDR-Verfassung wurde die staatliche Organisationsstruktur föderalistisch bestimmt: „Die Deutsche Demokratische Republik ist ein rechtsstaatlich verfasster demokratischer Bundesstaat und besteht aus den Ländern."

Schon vor der demokratischen Volkskammerwahl war das Thema „Länderneugründung" zu einem festen Bestandteil der politischen Diskussion einer Neustrukturierung der Verwaltungsorganisation der DDR geworden, wobei Pläne diskutiert wurden, die die Neugründung von zwei bis acht Ländern vorsahen.[35] Die Herstellung föderaler und zur Bundesrepublik kompatibler Länderstrukturen gehörte dann auch folgerichtig zu den primären Zielen der demokratischen Regierung, die nach der Volkskammerwahl vom 18. März 1990 gebildet wurde. Organisatorisch wurde diesen Zielstellungen durch ein eigenes Ministerium für regionale und kommunale Angelegenheiten und eine Regierungskommission zur Verwaltungsreform entsprochen; vertraglich wurden diese Absichten im „Vertrag über die Schaffung einer Währungs-, Wirtschafts- und Sozialunion zwischen der Bundesrepublik Deutschland und der Deutschen Demokratischen Republik vom 18. Mai 1990", der in seiner Präambel das Bekenntnis beider Vertragsparteien zur föderativen Grundordnung bekundet, fixiert und damit unterstützt. Anschließend beschloss die DDR-Volkskammer am 22. Juli 1990 mit verfassungsändernder Zwei-Drittel-Mehrheit das Ländereinführungsgesetz, das die Bildung der Länder mit Wirkung vom 14. Oktober 1990 vorsah.

Die staatliche Ebene der Landesverwaltung ist in einem dezentralisierten politisch-administrativen System nicht nur gegenüber der Bundesverwaltung, sondern auch gegenüber der kommunalen Verwaltung abzugrenzen. Dabei war es klar, dass die überkommene Lokalverwaltung der DDR weder den demokratischen Ansprüchen noch dem aufgabenbezogenen Anforderungsprofil einer modernen Selbstverwaltung genügen konnte. Mit der Kommunalverfassung der DDR vom 17. Mai 1990, die das Gesetz über die örtlichen Volksvertretungen von 1985 außer Kraft setzte, wurden zunächst und prinzipiell die vertikalen Machtverhältnisse im politisch-administrativen System neu definiert. Gemeinden und Kreise erhielten den Status von Selbstverwaltungskörperschaften. Durch den Einigungsvertrag ist diese Kommunalverfassung als Landesrecht in

---

[34] Vgl. Warbeck, Hans Joachim, Die Deutsche Revolution 1989/1990. Die Herstellung der staatlichen Einheit, Berlin 1991, S. 52.
[35] Vgl. König, Klaus/Meßmann, Volker, Organisations- und Personalprobleme der Verwaltungstransformation in Deutschland, Baden-Baden 1995; Laufer, Heinz, Das föderative System der Bundesrepublik Deutschland, München 1991, S. 64 f.

den Gesetzesbestand der neuen Bundesländer überführt worden, wobei es den neuen Landesgesetzgebern freistand, die geltende Kommunalverfassung in ihrer ursprünglichen Fassung zu belassen, sie zu ändern bzw. zu ergänzen oder ganz bzw. teilweise aufzuheben und eigene Gesetze zu erlassen. Die Existenz der DDR-Kommunalverfassung,[36] über deren Bestandsdauer von Anfang an zwar unterschiedliche Auffassungen geäußert wurden,[37] führte insgesamt zu einer Entlastung der neu konstituierten Landesgesetzgeber in der schwierigen Anfangs- und Aufbauphase.

Danach ist die Kommunalverfassung in allen fünf neuen Ländern ergänzt und modifiziert oder gänzlich abgelöst worden. Dabei nahmen die Novellierungen keine Totalrevision der Kommunalverfassung von 1990 vor, und auch die Neufassungen lehnten sich überwiegend an den Text von 1990 an.[38] Die Absicht, an der Struktur der Kreise und Gemeinden zunächst nichts zu ändern, um als Gegenpol zur völlig neuzugestaltenden Staatsverwaltung auf kommunaler Ebene ein Element der Kontinuität zu bewahren, ließ sich nicht lange aufrechterhalten.[39] Dabei mag die Problematik der Verwaltungstransformation für die kommunale Ebene in Politik und Öffentlichkeit zunächst unterschätzt worden sein. Die innere Struktur, die Art der Aufgaben und die mangelnde rechtliche Ausprägung der DDR-Kommunen erforderten auch auf kommunaler Ebene vielfach einen völligen Neubau in politischer und administrativer Hinsicht, einen „Paradigmenwechsel", d. h. eine Neudefinition von Stellung und Aufgaben kommunaler Selbstverwaltung im bundesstaatlichen Handlungssystem, ein neues Verhältnis zwischen Vertretungskörperschaft und laufender Verwaltung, die Einführung rechtsstaatlicher Verwaltungsverfahren und die Neustrukturierung kommunaler Binnenorganisation, eine Neudefinition des Verhältnisses von Politik und Verwaltung sowie von öffentlichem und privatem Sektor.[40]

Die im Prinzip gelungene Kommunalisierung vormals lokaler Verwaltungen ist die Prämisse dafür, dass sich die staatliche Landesverwaltung in einem nach

---

[36] Vgl. Knemeyer, Franz-Ludwig, Die künftigen Kommunalverfassungen in den fünf neuen Ländern, in: Günter Püttner/Wolfgang Bernet (Hrsg.), Verwaltungsaufbau und Verwaltungsreform in den neuen Ländern, Köln u. a. 1992, S. 121 ff.; Knemeyer, Franz-Ludwig, Kommunale Gebietsreformen in den neuen Bundesländern, in: Landes- und Kommunalverwaltung 1992, S. 172 ff.

[37] Vgl. Boden, Lutz, Formen unmittelbarer Entscheidungen des Volkes in Entwürfen der Gemeinde- und Landkreisordnung für Sachsen, in: Landes- und Kommunalverwaltung 1991, S. 156 ff.

[38] Vgl. Schmidt-Eichstaedt, Gerd, Kommunale Gebietsreform in den neuen Bundesländern, in: Aus Politik und Zeitgeschichte. Beilage zur Wochenzeitung Das Parlament, B 36/93 v. 3.9.1993, S. 3 ff.

[39] Vgl. Pappermann, Ernst, Kommunale Gebietsreform in den neuen Bundesländern, in: Verwaltungsrundschau 1992, S. 149 ff.

[40] Vgl. Scheytt, Oliver, Kreise und Gemeinden im Umbruch – Der Aufbau der Kommunalverwaltungen in den neuen Bundesländern, in: Deutschland-Archiv 1992, S. 12 ff.

unten begrenzbaren Handlungsbereich einrichten konnte und noch weiter einrichten kann. Es können in weiteren Schritten staatliche Aufgaben, Organisationsteile, öffentliche Bedienstete, Sachmittel usw. „kommunalisiert" werden. Solche Reformen sind unter der Präferenz für Subsidiaritäten in deutschen Ländern vielerorts durchgeführt worden und werden auch in Mittel- und Ostdeutschland weiter verfolgt.

Aber auch dort, wo es nicht um politisch-administrative Dezentralisierung ging, musste der nach ideologischen Formeln wie demokratischer Zentralismus oder doppelte Unterstellung gesteuerte Staatsapparat des realen Sozialismus in präzise, verbindliche, formalisierte Strukturen umgewandelt werden. Insoweit mussten die Direktionsbefugnisse von Staats- oder Ministerpräsident, die eigene Ressortverantwortung, die Koordinations- und Konfliktlösungsmechanismen klargestellt werden. Aber auch der nachgeordnete Bereich konnte nicht länger einer Kommandostruktur unterworfen bleiben. Ein differenziertes Instrumentarium der Aufsicht musste entwickelt werden: die Dienstaufsicht, die sich auf die innere Ordnung, die allgemeine Geschäftsführung und die Personalangelegenheiten der Verwaltungen bezieht; die Rechtsaufsicht, die sich auf die Einhaltung des geltenden Rechts erstreckt; die Fachaufsicht, die darüber hinaus die Aufgabenwahrnehmung überhaupt erfasst und die Zweckmäßigkeit des Verwaltungshandelns mit umfasst. Interne Steuerungen durch Anreize, Leistungen, persuasive und prozedurale Instrumente mussten ins Spiel kommen. Spezifische Wirtschaftlichkeits- und Rechnungskontrollen mussten institutionalisiert werden. So sind dann die neuen Ministerien etwas anderes als die gleichnamigen Organisationen des realsozialistischen Staatsapparates und die Regierungspräsidien in den neuen Bundesländern haben jenseits ihrer Standorte mit den Bezirksverwaltungen der alten DDR nicht mehr viel gemein.

Der Leninismus war zu organisationsbewusst, um zu übersehen, dass die Partei- wie Staatsgeschäfte unter den Bedingungen von Industrie, Technik, Urbanität auf Aufbaumuster verfestigter Kommunikationsbeziehungen angewiesen waren. Dennoch setzte er nicht nur in den revolutionären Anfängen zuerst auf eine „Avantgarde", auf Nomenklaturisten und Kader als Vorkämpfer und Wegbereiter. Der Personalismus der Staatsfunktionäre überlagerte die Staatsorganisation bis zuletzt. Das führte in Polen, in Ungarn, in Tschechien, in Russland zunächst zu der klassischen Frage eines Regimewechsels, nämlich der alten und der neuen Gesichter in Regierungs- und Verwaltungspositionen und damit zu dem Problem, ob und inwieweit man für den Verwaltungsaufbau auf alte Kader zurückgreifen kann oder neues Verwaltungspersonal rekrutieren muss. Die Vereinigung Deutschlands eröffnete demgegenüber eine weitere Möglichkeit, nämlich den Einsatz von öffentlichen Bediensteten aus der alten Bundesrepublik – dem alten Bund, den alten Ländern, den alten Kommunen und den alten Sonderbehörden Westdeutschlands – in den ostdeutschen Verwaltungen. Angesichts der fast vollständigen Übertragung der westdeutschen

Rechts- und Wirtschaftsordnung sollte sich diese Möglichkeit sehr rasch zugleich als Notwendigkeit erweisen. Die klassische Problematik von Regimewechseln, nämlich die der „alten und neuen Gesichter", wurde somit überlagert von der Frage nach dem Dualismus der ostdeutschen und westdeutschen Administratoren.[41]

Vom Beginn der Transformation auf ostdeutschem Boden an war es klar, dass der Um- und Neubau der Verwaltung nach klassischen Standards und die zugleich unabdingbare Wahrnehmung öffentlicher Angelegenheiten mit den Nomenklaturisten und Kadern des alten Regimes nicht gelingen konnte. Die Folgen der „politisierten Inkompetenz" in allen Politikbereichen von der Wirtschaft bis zur Gesundheitsvorsorge, vom Umweltschutz bis zur Technologie usw. waren offenkundig. Zwar leisteten die Kader keinen nennenswerten Widerstand. Besonders die höheren Ränge waren damit beschäftigt, ihre Personalakten zu säubern,[42] einen unverdächtigen Arbeitsplatz zu bekommen, gewisse Besitzstände in Sicherheit zu bringen. Als Administratoren waren sie aber kaum mehr handlungsfähig. Während zwischen der Wahl der ersten demokratischen Regierung im März 1990 und dem Wiedervereinigungsbeschluss im August 1990 die Volkskammer noch aktiv blieb, zeigte die Verwaltung deutliche Zerfallserscheinungen.[43]

Betrachtet man die Verwaltungshilfe von Westdeutschen in den ostdeutschen Verwaltungen, so können wir zwei einander freilich überschneidende Phasen unterscheiden: die des Wirkens kommissarischer Administratoren aus Westdeutschland und die des Personaltransfers, insbesondere von Eliten nach Ostdeutschland.[44] Der Umbau der Verwaltung setzte – neben der Ingangsetzung kommunaler Selbstverwaltung – bei den alten DDR-Bezirken an. Die demokratische Regierung setzte im Juni 1990 Bezirksbevollmächtigte ein, die unter frühzeitiger Beteiligung von westdeutschen Verwaltungsexperten die regionalen Probleme angingen. Auch der nächste Schritt, die Einsetzung von Landesbevollmächtigten zur Bildung neuer Bundesländer, wurde in den entsprechen-

---

[41] Vgl. König, Klaus, Transformation einer Kaderverwaltung: Transfer und Integration von öffentlich Bediensteten in Deutschland, in: Die Öffentliche Verwaltung 1992, S. 549 ff.

[42] Vgl. Weiß, Hans-Dietrich, Wiedereinführung des Berufsbeamtentums im beigetretenen Teil Deutschlands. – Entwicklung und Darstellung des seit dem 3. Oktober 1990 geltenden Beamtenrechts auf der Grundlage des Einigungsvertrages, in: Zeitschrift für Beamtenrecht 1991, S. 1 ff.

[43] Vgl. Bayer, Detlef, Die Konstituierung der Bundesländer Brandenburg, Mecklenburg-Vorpommern, Sachsen, Sachsen-Anhalt und Thüringen, in: Deutsches Verwaltungsblatt 1991, S. 1014 ff.

[44] Vgl. König, Klaus, Transformation einer Kaderverwaltung: Transfer und Integration von öffentlich Bediensteten in Deutschland, in: Die Öffentliche Verwaltung 1992, S. 549 ff.

den Aufbaustäben von westdeutschen Experten geprägt. Aber auch in allen anderen Verwaltungsbereichen mehrte sich die kommissarische und beratende Wahrnehmung öffentlicher Angelegenheiten durch Westdeutsche: vom persönlichen Beauftragten des westdeutschen Landwirtschaftsministers im DDR-Landwirtschaftsministerium bis zu 600 Mitarbeitern der Bundesanstalt für Arbeit, die in der noch bestehenden DDR die Arbeitsverwaltung mit aufbauten.

Die Phase der kommissarischen Wahrnehmung von Verwaltungsaufgaben durch Westdeutsche reichte über die Vereinigung Deutschlands hinaus. Sie bot ein äußerst farbiges Bild, dessen Nachzeichnung einer umfassenden historischen Studie bedürfte. So notwendig und nützlich die provisorischen Administratoren waren, es wurde doch bald deutlich, dass auf der einen Seite die Verwaltungen in Ostdeutschland langfristig auf den Sachverstand aus Westdeutschland stammender Beamter angewiesen waren und dass auf der anderen Seite ein „Berater-Tourismus" nicht geeignet war, die Identifikation mit „Land und Leuten" in den neuen Bundesländern befriedigend herzustellen. Deswegen ging man dazu über, westdeutsche öffentliche Bedienstete auf Dauer an die ostdeutschen Verwaltungen zu binden. Dazu hatte man im Bereich der öffentlichen Angestellten auch rechtliche Spielräume. Um aber westdeutsche Beamte als ständige Mitarbeiter zu gewinnen, musste man entsprechende beamtenrechtliche Regelungen zur Wahrung deren Status einführen. Im Laufe des Jahres 1991 wurden in allen neuen Ländern entsprechende Rechtsgrundlagen geschaffen. Die Tendenz, aus der Phase der provisorischen Zusammenarbeit mit westdeutschen Administratoren heraus und in die Phase der permanenten Anstellung hinein zu kommen, prägte sodann die administrative Personalpolitik. Zehntausende von öffentlichen Bediensteten aus der alten Bundesrepublik haben sich am Umbau der Verwaltung in Ostdeutschland beteiligt. Tausende sind geblieben oder haben aus Westdeutschland kommend ihre erste Berufstätigkeit in den neuen Bundesländern aufgenommen. Wenn es dabei auch quantitativ nur um einen geringen Vomhundertsatz der öffentlichen Beschäftigung geht, so nehmen die Westdeutschen doch qualitativ gesehen Spitzen- und Schlüsselpositionen in den umgebauten Verwaltungen ein.[45]

Die personellen Engpässe im Transformationsprozess konnten mit dem kommissarischen Einsatz und dem Transfer von Verwaltungspersonal aus dem Westen zwar überbrückt werden, die Frage nach der Übernahme oder Entlas-

---

[45] Vgl. Derlien, Hans-Ulrich, Elitezirkulation in Ostdeutschland 1989 – 1995, in: Aus Politik und Zeitgeschichte. Beilage zur Wochenzeitung Das Parlament, B 5/98 vom 23.1.1998, S. 3 ff.; Wollmann, Hellmut, Um- und Neubau der politischen und administrativen Landesstrukturen in Ostdeutschland, in: Aus Politik und Zeitgeschichte. Beilage zur Wochenzeitung Das Parlament, B 5/98 vom 23.1.1998, S. 18 ff.; Lorenz, Sabine/Wegrich, Kai, Lokale Ebene im Umbruch: Aufbau und Modernisierung der Kommunalverwaltung in Ostdeutschland, in: Aus Politik und Zeitgeschichte. Beilage zur Wochenzeitung Das Parlament, B 5/98 vom 23.1.1998, S. 29 ff.

sung alter Verwaltungskader war damit aber nicht obsolet. Einerseits brauchte man für die Großorganisationen des Staatsapparates Verwaltungspersonal aus Ostdeutschland, andererseits konnte man mit den Nomenklaturisten und Kadern des alten Regimes nicht einfach zur Tagesordnung übergehen.[46] Hinzu kam das quantitative Problem, welches unvorhersehbare Personalkosten befürchten ließ. Der Staatsdienst der DDR war mit im August 1990 genannten 2.125.054 Personen[47] nach westlichen Maßstäben übersetzt. Zahlenvergleiche fallen bei unterschiedlichen Verwaltungssystemen schwer. Indessen waren in der alten Bundesrepublik rund 7 %, in der ehemaligen DDR aber rund 12 % aller Einwohner im öffentlichen bzw. Staatsdienst tätig.[48] Hinzu kam eine wiederum nach westlichen Standards unpassende Verteilung, und zwar schon wegen der starken Personalausstattung der zentralen Verwaltungen gegenüber einer unzureichenden der lokalen Behörden.[49]

Bereits zu Zeiten der demokratischen Regierung der DDR waren Nomenklaturisten und Kader aus der Verwaltung ausgeschieden, vor allem aus Spitzenbereichen. Dem friedlich-legalistischen Charakter der Revolution auf ostdeutschem Boden entsprach es indessen, dass die breite personelle Erneuerung in Staat und Verwaltung weitgehend auf die Zeit nach der Vereinigung Deutschlands verschoben wurde.[50] Insoweit muss berücksichtigt werden, dass es nicht nur um einen Personalaustausch beim Regimewechsel, sondern um die Transformation der realsozialistischen Staatlichkeit ging.

Das bedeutete im deutschen Falle, dass die gesamte Regierungs- und Verwaltungsorganisation nach dem Muster der Bundesrepublik umgebaut werden

---

[46] Vgl. König, Klaus, Transformation einer Kaderverwaltung: Transfer und Integration von öffentlich Bediensteten in Deutschland, in: Die Öffentliche Verwaltung 1992, S. 549 ff.

[47] Vgl. Weiß, Hans-Dietrich, Wiedereinführung des Berufsbeamtentums im beigetretenen Teil Deutschlands. – Entwicklung und Darstellung des seit dem 3. Oktober 1990 geltenden Beamtenrechts auf der Grundlage des Einigungsvertrages, in: Zeitschrift für Beamtenrecht 1991, S. 1 ff.

[48] Vgl. Renger, Mattias, Einführung des Berufsbeamtentums in den neuen Bundesländern. Mit einem Vorwort von Karl-Heinz Mattern, Regensburg 1991; Weiß, Hans-Dietrich, Wiedereinführung des Berufsbeamtentums im beigetretenen Teil Deutschlands. – Entwicklung und Darstellung des seit dem 3. Oktober 1990 geltenden Beamtenrechts auf der Grundlage des Einigungsvertrages, in: Zeitschrift für Beamtenrecht 1991, S. 1 ff.

[49] Vgl. Osterland, Martin/Wahsner, Roderich, Kommunale Demokratie als Herausforderung. Verwaltungsorganisation in der Ex-DDR aus der Innenperspektive, in: Kritische Justiz 1991, S. 318 ff.

[50] Vgl. Derlien, Hans-Ulrich, Regimewechsel und Personalpolitik – Beobachtungen zur politischen Säuberung und zur Integration der Staatsfunktionäre der DDR in das Berufsbeamtentum, in: Verwaltungswissenschaftliche Beiträge der Universität Bamberg, Nr. 27, Bamberg 1991.

musste,[51] Organisationspolitik und Personalpolitik waren miteinander verbunden. Lassen wir die kommunale Selbstverwaltung beiseite, wie sie bereits zu demokratischen Zeiten in der DDR eingerichtet wurde, so mussten die in Ostdeutschland bestehenden Verwaltungen jeweils nach Zuständigkeit dem Bund oder den neuen Ländern unterstellt werden. Diese hatten dann nach dem Vertrag zwischen der Bundesrepublik Deutschland und der Deutschen Demokratischen Republik über die Herstellung der Einheit Deutschlands – Einigungsvertrag – vom 31. August 1990 deren Überführung in die Bundes- bzw. Landesverwaltung oder deren Abwicklung zu regeln. Es gab aber nicht nur überführte oder abzuwickelnde Behörden. Vielmehr musste eine Vielzahl neuer Verwaltungen nach dem Muster der westdeutschen Staatsorganisation eingerichtet werden, wie es sie in der alten DDR nicht gab, so z. B. die Ministerien der neuen Bundesländer.

Aus der Sicht der Personalpolitik traf der Einigungsvertrag die Grundsatzentscheidung, dass – „im Interesse der Verwaltungskontinuität und der Beschäftigten" – die Angehörigen der öffentlichen Verwaltung in ihren Arbeitsverhältnissen blieben.[52] Dann wurden aber die Weichen je nach Organisationspolitik gestellt. Der Beschäftigungsgrundsatz galt nur für überführte Verwaltungen. Wurde eine Verwaltungsorganisation abgewickelt, dann griff ein befristeter Wartestand ein. „Warteschleife" und „Wartegeld" mögen insoweit als Stichworte genügen. Für die wegen der Überführung ihrer Organisation weiterbeschäftigten Verwaltungsangehörigen wurden eigene Kündigungsregeln getroffen, die die Transformation erleichtern sollten.[53] So konnte das Arbeitsverhältnis wegen mangelnder fachlicher Qualifikation, wegen mangelnden Bedarfs oder wegen Auflösung der Beschäftigungsstelle gekündigt werden. Als wichtiger Grund für eine außerordentliche Kündigung galt es, wenn der Beschäftigte gegen die Grundsätze der Menschlichkeit oder der Rechtsstaatlichkeit verstoßen hatte, wobei auf den internationalen Menschenrechtsschutz als allgemein anerkannter Verhaltensmaßstab abgestellt wird. Ein anderer wichtiger Grund ist eine frühere Tätigkeit beim Staatssicherheitsdienst.

Angesichts des Prinzips der regelmäßigen Weiterbeschäftigung und dessen quantitativen Auswirkungen stellte sich umso dringlicher die Frage, wie die alten Kader in ein klassisches Verwaltungssystem integriert werden konnten, das

---

[51] Vgl. König, Klaus, Verwaltung im Übergang – Vom zentralen Verwaltungsstaat in die dezentrale Demokratie, in: Die Öffentliche Verwaltung 1991, S. 177 ff.

[52] Vgl. Battis, Ulrich, Entwicklungstendenzen und Probleme der Einführung des Dienstrechts in den neuen Ländern, in: Neue Justiz 1991, S. 89 ff.

[53] Vgl. Weiß, Hans-Dietrich, Wiedereinführung des Berufsbeamtentums im beigetretenen Teil Deutschlands. – Entwicklung und Darstellung des seit dem 3. Oktober 1990 geltenden Beamtenrechts auf der Grundlage des Einigungsvertrages, in: Zeitschrift für Beamtenrecht 1991, S. 1 ff.

trotz aller parteipolitischen Einflüsse im Personellen auf der fachlichen Qualifikation und Leistung seiner Mitarbeiter beruht und in das regelmäßig nur über formalisierte Bildungsabschlüsse Zugang gefunden wird.[54] Wortmeldungen, das Beamtentum mit der Vereinigung Deutschlands abzuschaffen, blieben ohne Resonanz.[55] Im Einigungsvertrag wurde bestimmt, dass öffentliche Aufgaben im Sinne hoheitsrechtlicher Befugnisse sobald wie möglich Beamten zu übertragen seien. Allerdings mussten an den klassischen Regeln des Berufsbeamtentums Abstriche gemacht und gewissermaßen ein neuer Personaltypus geschaffen werden, den man als „Beitrittsbeamtentum" bezeichnet hat.[56] Zwei Merkmale dieses Beamtentums sind hervorzuheben: Zum einen wurde der Beschäftigte zunächst nur zum Beamten auf Probe ernannt. Zweitens wurde für die Laufbahnbefähigung nicht wie sonst regelmäßig auf Vor- und Ausbildungserfordernisse, sondern auf die Bewährung in einem entsprechenden Dienstposten abgestellt. Damit wurde dem Umstand Rechnung getragen, dass die Karriere des Kaders nicht an bestimmte Bildungsabschlüsse gebunden war. Wenn so auch das Bewährungsprinzip maßgeblich geworden ist, muss man doch hinzufügen, dass der öffentliche Bedienstete während der Bewährung und der Probezeit an Maßnahmen der Fortbildung teilzunehmen hatte. Dazu gab es Zeittafeln, Curricula und ein Netzwerk von westdeutschen Bildungsinstitutionen, in denen von den einfachsten Organisationsfragen bis zu Problemen der Kabinettsarbeit Kenntnisse und Fertigkeiten vermittelt werden sollten.[57]

Zu den quantitativen Auswirkungen der Transformation auf die alten Verwaltungskader gibt es keine Gesamtbilanz, aber eine Reihe von Einzeldaten und -erhebungen, die gewisse Tendenzaussagen ermöglichen. Die Beschäftigung im Verwaltungsdienst auf dem Boden der ehemaligen DDR ist auf der

---

[54] Vgl. König, Klaus, Zum Verwaltungssystem der DDR, in: ders. (Hrsg.), Verwaltungsstrukturen in der DDR, Baden-Baden 1991, S. 9 ff.

[55] Vgl. Weiß, Hans-Dietrich, Wiedereinführung des Berufsbeamtentums im beigetretenen Teil Deutschlands. – Entwicklung und Darstellung des seit dem 3. Oktober 1990 geltenden Beamtenrechts auf der Grundlage des Einigungsvertrages, in: Zeitschrift für Beamtenrecht 1991, S. 1 ff.; ferner Thiele, Willi, Berufsbeamtentum in der Bewährung, in: Der Öffentliche Dienst 1991, S. 193 ff.

[56] Vgl. Goerlich, Helmut, Hergebrachte Grundsätze und Beitrittsbeamtentum, in: Juristenzeitung 1991, S. 75 ff.

[57] Vgl. Quambusch, Erwin, Ausbildungskonzept zur Einführung der Dienstkräfte der östlichen Bundesländer in die neuen Verwaltungsaufgaben, in: Der Öffentliche Dienst 1991, S. 1 ff.; ferner Grömig, Erko, Vorschläge für die Organisation von Fortbildungsmaßnahmen für die Kommunalverwaltungen in den neuen Bundesländern, in: Die Kommunalverwaltung 1991, S. 378 ff.; Vollmuth, Joachim, Vom Staatsfunktionär zum Beamten einer rechtsstaatlichen Verwaltung – Zu den Anforderungen an Qualifizierungsprogramme in den neuen Bundesländern, in: Die Öffentliche Verwaltung 1992, S. 376 ff.; Mintken, Karl-Heinz, Berufliche Bildung für die Verwaltungsbediensteten in den neuen Bundesländern, in: Verwaltungsführung, Organisation, Personal 1992, S. 111 ff.

zentralstaatlichen Ebene zurückgegangen. Dazu muss man bedenken, dass z. B. für die alten Industrieministerien in der neuen Bundesverwaltung kein Platz ist. Demgegenüber deutet vieles darauf hin, dass die Beschäftigung in den regionalen und lokalen Verwaltungen, jetzt in den neuen Ländern und Kommunen, eher zugenommen hat. Die Zahl der vom Wartestand betroffenen ehemaligen Mitarbeiter der Kaderverwaltung ist nicht sicher. Schätzungen beliefen sich auf 200.000 bis 250.000 Personen. Personalchefs übergeordneter Behörden sprechen indessen von dem Eindruck, dass sehr viele wiederum in anderen Behörden untergekommen sind, wobei an den Aufbau der Landesverwaltungen, der Arbeitsverwaltung usw. zu denken ist. Dies gilt übrigens auch für die Bediensteten der alten Bezirke. Es gab allerdings eine branchenspezifische Betroffenheit. Der deutlichste Fall auf der einen Seite ist der diplomatische Dienst der alten DDR, der ganz abgewickelt worden ist. Auf der anderen Seite standen zunächst unberührt die großen Betriebsverwaltungen bei Post und Bahn; allerdings stellte sich hier die Frage der Überbeschäftigung.

Es gab horizontale wie vertikale Mobilitäten. Mancher musste sich mit einer niederrangigen Verwendung zufrieden geben. Auch wenn die Spitzenkader weitgehend ausgeschieden waren, kann man keine klare hierarchische Trennungslinie ziehen. Während im militärischen Bereich kein Oberst oder General der DDR-Armee in die Bundeswehr aufgenommen wurde, sind die Verhältnisse in der Verwaltung eher diffus, insbesondere wenn die noch bestehenden Staatswirtschaftsbetriebe einbezogen werden. Ordentliche wie außerordentliche Kündigungen wurden ausgesprochen, letztere auch wegen einer früheren Tätigkeit beim Staatssicherheitsdienst.

Das Problem einer Rekrutierung neuer Verwaltungsleute aus Ostdeutschland steht auf der anderen Seite der friedlichen Revolution im Osten und der rechtsstaatlichen Antwort vom Westen her. Wer sich öffentliche Ämter mit dem Gewehr in der Hand nimmt oder in diese durch Willkür eingesetzt wird, braucht sich nicht die Frage nach der Qualifikation stellen zu lassen. Zwar stand nun jedermann der Weg in den öffentlichen Dienst offen. Aber das marxistisch-leninistische Regime in der DDR war ein so perfektes System der Ausforschung und Unterdrückung, dass sich keine relevanten Gegeneliten mit Verwaltungsqualifikation bilden konnten, und Dissidenten wurden oft früh von Bildungswegen ausgeschlossen.[58] So ist zwar von Fall zu Fall versucht worden, mit dem flexibleren Angestelltenrecht zu helfen; aber im Grunde musste man auf die nachwachsende Generation setzen. Mit der deutschen Vereinigung ist eine „Perpetuierung" der alten Personalverhältnisse prinzipiell in Kauf genom-

---

[58] Vgl. Derlien, Hans-Ulrich, Regimewechsel und Personalpolitik – Beobachtungen zur politischen Säuberung und zur Integration der Staatsfunktionäre der DDR in das Berufsbeamtentum, in: Verwaltungswissenschaftliche Beiträge der Universität Bamberg, Nr. 27, Bamberg 1991.

men worden.[59] Die Verwaltungen der neuen Länder versuchten, dies durch landesspezifische Regelungen auszugleichen.[60] Das mag eine der historischen Lage angemessene Reaktion gewesen sein; gleichzeitig zeigen sich hier die Grenzen der Personalpolitik in einer rechtsstaatlichen Verwaltung. Wie in anderen Berufen in Ostdeutschland musste man auch im öffentlichen Dienst mit einer längeren Übergangsperiode rechnen, bis für Verwaltungslaufbahnen jene strengen Bildungserfordernisse wieder regelmäßig gelten, von denen wir noch zuerst die Verhinderung „politisierter Inkompetenz" in öffentlichen Angelegenheiten erwarten.

Der Transfer von öffentlichen Bediensteten aus der alten Bundesrepublik in die neuen Bundesländer charakterisiert den Sonderfall der Transformation von Staat und Verwaltung auf ostdeutschem Boden gegenüber anderen postsozialistischen Ländern. Länder wie Polen und Ungarn mögen breitere Möglichkeiten gehabt haben, auf dissidierende Personenkreise zurückzugreifen. Aber man blieb doch vielerorts auf die alten Verwaltungskader angewiesen. Beratungsleistungen von westeuropäischen und angloamerikanischen Verwaltungsexperten stellten insoweit kein angemessenes funktionales Äquivalent dar. In den personalstrukturellen Fragen erwiesen sich freilich die Transformationsprobleme denen der alten DDR ähnlich. Es musste eine Statusunterscheidung zwischen den verschiedenen Personalsphären eingerichtet werden. Das galt zuerst in der Abgrenzung von der Politik, insbesondere von den Exekutivpolitikern, dann aber auch weiter gegenüber den Kadern, die in anderen wirtschaftlichen oder gesellschaftlichen Bereichen tätig blieben. Es musste wenigstens für die Zukunft das Anforderungsprofil eines professionellen öffentlichen Dienstes verbindlich erklärt werden. Und das bedeutet, dass es für die Mitarbeiter im Staatsapparat nicht mehr auf die ideologische Qualifikation, sondern auf die für den Verwaltungsberuf relevanten Sachkenntnisse ankommt, wie sie insbesondere durch Prüfungen nachzuweisen sind. Zwischenzeitlich mussten durch Maßnahmen der Fortbildung die Defizite im Sachverstand mindestens teilweise behoben werden.

Dass die Transition in Ost- und Südosteuropa nicht kurzfristig zu erreichen war, zeigte sich später bei der Erweiterung der Europäischen Union nach Osten. Gerade der Umstand, dass Verwaltungen vielfach noch mit alten Kadern besetzt waren, führte zu Zweifeln an der „Europa-Tauglichkeit". Indessen wurde

---

[59] Vgl. Weiß, Hans-Dietrich, Wiedereinführung des Berufsbeamtentums im beigetretenen Teil Deutschlands. – Entwicklung und Darstellung des seit dem 3. Oktober 1990 geltenden Beamtenrechts auf der Grundlage des Einigungsvertrages, in: Zeitschrift für Beamtenrecht 1991, S. 1 ff.; ferner Lecheler, Helmut, Der öffentliche Dienst in den neuen Bundesländern – Die Lösung neuer Aufgaben mit alten Strukturen?, in: Zeitschrift für Beamtenrecht 1991, S. 48 ff.

[60] Vgl. Seeck, Erich, Vom Provisorium zur regulären Verwaltung – Aufbauhilfe für Mecklenburg-Vorpommern, in: Der Öffentliche Dienst 1992, S. 145 ff.

mit der europäischen Integration die Finalität der Transformation in Verwaltungsangelegenheiten zumindest für jene postsozialistischen Länder definiert, die die „Wiedervereinigung Europas" anstreben. Ihre Staatlichkeit muss in einer Weise modernisiert werden, dass die Standards des europäischen Verwaltungsraums erreicht werden.[61] Entsprechende Linien der Verlässlichkeit sind mit der modernen okzidentalen Verwaltung und ihrer bürokratischen Leistungsordnung bezeichnet worden.

3. Transformation von öffentlichen Aufgaben und Vermögen

Wenn man von der Transformation der Aufgabenbestände des realsozialistischen Etatismus, insbesondere seiner geplanten und verwalteten Staatswirtschaft spricht, dann müssen zwei Grundsachverhalte im Blickfeld bleiben. Erstens geht es darum, die politisch-ökonomischen und politisch-sozialen Verhältnisse so zu gestalten, dass Wirtschaft und Gesellschaft nicht Bestandteile der Staatlichkeit, sondern jeweils ausdifferenzierte Handlungssphären sind, in die politisch-administrativ interveniert wird. Zweitens geht es freilich nicht darum, dass der transformierte Staat einfach bestimmte Aufgaben- und Politikfelder aufgibt. Der moderne Verwaltungsstaat ist eben auf die eine oder andere Weise fast überall präsent. Vielmehr kommt es auf die Mischung von Substanz und Modalitäten bei der Wahrnehmung öffentlicher Aufgaben an. Das scheint in den postsozialistischen Ländern nicht allerorts klar zu sein. Das Problem, was Staatsaufgabe bleibt, wenn die Wirtschaft nach Maßgabe von Markt und Wettbewerb ausdifferenziert wird, wird oft als Rückzugsfrage verstanden. Man fürchtet um seine Besitzstände. Man kann sich schwer vorstellen, dass der Abschied von staatlichen Eigentümerpositionen – wie sich jetzt im Westen etwa in den Fällen von Bahn und Post zeigt – zu breiten staatlichen Regulierungsaktivitäten in gerade den einschlägigen Aufgaben- und Politikfeldern führt. Deswegen muss im Dialog mit postsozialistischen Ländern nach wie vor das Spektrum moderner Staatlichkeit bei der Aufgabenwahrnehmung vor allem nach den Modalitäten vor Augen geführt werden.

Ein Blick in die Geschichte der westlichen Wohlfahrtsstaaten zeigt, dass es keine uniforme Lösung für die Differenzierung zwischen öffentlichen und privaten Aufgaben, öffentlichen und privaten Gütern, öffentlicher Versorgung und privatem Angebot gibt. Das setzt sich bis in die Gegenwart fort, in der der eine Staat mehr Präferenzen für öffentliche Dienstleistungen – Schweden –, der andere Staat mehr Präferenzen für öffentliche Transferleistungen – Deutschland – zeigt, was wiederum zu unterschiedlichen Konstellationen im Hinblick auf den

---

[61] Vgl. OECD/Sigma, Overcoming the Implementation Gap and Steering Reform, in: Public Management Forum 1998, S. 4 ff.

privaten Sektor führt. Historische Eigenarten bestimmen dann auch die Eigentumsfrage. Zwar setzt eine funktionierende Marktwirtschaft voraus, dass es privates Eigentum an Produktionsmitteln gibt. Aber auch hier existieren wiederum historische Vorprägungen. So konnte man sich im vereinigten Deutschland nicht über die Enteignungen des Großgrundbesitzes in der früheren sowjetischen Besatzungszone hinwegsetzen. In den Ländern mit Wirtschaften in Transition müssen entsprechend bei der Privatisierung des alten Volks- und Staatseigentums situative Faktoren berücksichtigt werden. Allerdings ist das Privateigentum nicht einfach eine Frage kleiner und mittlerer Unternehmen, sondern eine Schlüsselgröße für die Marktwirtschaft schlechthin.[62]

Mit der Transformation von Staats-, Wirtschafts- und Gesellschaftsordnungen bilden sich daher von Land zu Land verschiedene Konstellationen von öffentlichem und privatem Sektor heraus. Ein Grundzug dieser neuen Ordnung ist es aber, dass der Staat in differenzierter Weise in eine komplexe Wirtschaft interveniert. Mit bloßen Kommandostrukturen oder geplanten Materialströmen ist es nicht mehr getan. In öffentlichen Angelegenheiten wird ein hochdifferenziertes Handeln erforderlich, wobei insbesondere durch eine ganze Kaskade von Vorentscheidungen über Entscheidungen entschieden wird. Sache wie Art und Weise solcher Entscheidungen sind gleichermaßen ins Blickfeld zu nehmen, also Regulative, Anreizprogramme, Verbote, Transferleistungen, weiter eigene Produktion und Distribution öffentlicher Güter und Dienstleistungen oder Gewährleistung von Versorgungen usw. in den verschiedenen Aufgaben- und Politikfeldern und wiederum mit unterschiedlicher Interventionstiefe und jeweils passenden Medien des Rechts, des Geldes, der Information.

Unter dem Vorzeichen der nach Aufgabensubstanz und Wahrnehmungsmodalitäten hochdifferenzierten Staatsinterventionen muss die Eigentumsfrage zu einer Schlüsselgröße in der Systemveränderung der postsozialistischen Länder werden. Das Eigentum an Produktionsmitteln – hier in einem weiteren öffentlich-rechtlichen und dann ökonomischen Sinne: „property rights" – ist ein Charakteristikum der Staats-, Wirtschafts- und Gesellschaftsordnung. In dieser politisch-ökonomischen wie sozio-ökonomischen Relevanz können sich Marxisten und Nicht-Marxisten einig sein. Mit der Deregulierung wirtschaftsleitender Vorschriften, mit der Dezentralisierung unternehmerischer Entscheidungen, mit der Selbstfinanzierung von Wirtschaftsbetrieben allein ist es nicht getan. Fragen der Privatisierung mussten so zu einem Hauptproblem der Transformation des realen Sozialismus werden.

Denn Eigentum an Produktionsmitteln konnte nach marxistisch-leninistischer Doktrin nur sozialistisches Eigentum sein. Konstitutionell erschien es in

---

[62] Vgl. Europäische Bank für Wiederaufbau und Entwicklung, Transition Report 1997, Reformbericht Osteuropa, Baltikum, GUS, Bonn 1997.

den Formen des gesamtgesellschaftlichen Volkseigentums, des genossenschaftlichen Gemeineigentums werktätiger Kollektive und des Eigentums gesellschaftlicher Organisationen der Bürger. Es dominierte ein von der marxistisch-leninistischen Nomenklatura geleiteter Etatismus mit umfassenden Staatsfunktionen, insbesondere der wirtschaftlich-organisatorischen Funktion. In dieser real-sozialistischen Staatlichkeit wurde das Produktionsvermögen eingeebnet, und zwar ohne eine Binnendifferenzierung, die autonome Verwaltungen ermöglicht hätte.[63] Denn für die Organisation der sozialistischen Staatsgewalt galt das Prinzip des sogenannten demokratischen Zentralismus: in der Realität eine Hierarchisierung der gesamten Herrschafts-, Wirtschafts- und Sozialordnung von der Partei- und Staatsspitze her.[64]

Für die verbleibende, bloß noch arbeitsteilige, nicht mehr gewaltenteilende Staatsorganisation kam es dann nicht mehr auf Vermögensrechte, sondern nur noch auf Nutzungszuständigkeiten an. Diese wurden zwar in Rechtsträgerschaften eingekleidet. Aber es ging dabei um die instrumentelle Qualität des sozialistischen Rechts. Rechtsträger konnten in diesem Sinne neben den staatlichen Organen und staatlichen Einrichtungen auch volkseigene Betriebe und Kombinate, Genossenschaften und gesellschaftliche Organisationen sein. Entsprechende Vermögensaufteilungen erfolgten in den Plänen, Normen, Weisungen nach den Zwecken der marxistisch-leninistischen Partei- und Staatsspitze. So erstreckte sich im Falle der DDR die Rechtsträgerschaft der Räte der Bezirke auf gesundheitliche, soziale, kulturelle und Bildungseinrichtungen mit überörtlicher Bedeutung, wie Bezirkskrankenhäuser, Theater und Museen.[65] Die Rechtsträgerschaft der Räte der Kreise umfasste Schulen und Einrichtungen der Berufsbildung, der Kultur, der Jugendbetreuung und des Sports sowie des Gesundheits- und Sozialwesens und der Kinderbetreuung. Der Rat des Kreises war damit der Rechtsträger wesentlicher lokaler Einrichtungen. Die Räte der kreisangehörigen Städte und Gemeinden stellten die unterste Stufe der Verwaltungsorganisation der DDR dar. Sie verfügten indessen über kein nennenswertes Vermögen der kommunalen Wirtschaft und Daseinsvorsorge. Der Grund dafür war die Aufteilung solchen Vermögens an andere staatliche Organe. So waren Wohnungsverwaltungen, Kinder- und Gesundheitseinrichtungen, Dienstleistungsbetriebe, Straßenreinigungen und anderes den Räten der Landkreise zugeordnet. Für die Wasserversorgung und Abwasserentsorgung, den öffentlichen Personennahverkehr und die Energieversorgung existierten eigene be-

---

[63] Vgl. König, Klaus, Zum Verwaltungssystem der DDR, in: ders. (Hrsg.), Verwaltungsstrukturen der DDR, Baden-Baden 1991, S. 9 ff.

[64] Vgl. König, Klaus, Zum Verwaltungssystem der DDR, in: ders. (Hrsg.), Verwaltungsstrukturen der DDR, Baden-Baden 1991, S. 9 ff.

[65] Vgl. Bartsch, Heinz, Aufgaben und Strukturen der öffentlichen Verwaltung in: Klaus König (Hrsg.), Verwaltungsstrukturen der DDR, Baden-Baden 1991, S. 109 ff.

zirks- bzw. zentralgeleitete Kombinate und volkseigene Betriebe. Darüber hinaus war den Kombinaten und volkseigenen Betrieben, und zwar unabhängig davon, um welchen Produktionszweig es sich handelte, eine ganze Reihe von lokalen Vermögen in Rechtsträgerschaft zugeordnet, wie z. B. 713 betriebliche Berufsschulen, 151 betriebliche Polikliniken, 364 Betriebsambulatorien, 851 betriebliche Kinderkrippen, 1477 betriebliche Kindergärten sowie vielzählige Sportanlagen.[66] Damit war der marxistischen Doktrin Rechnung getragen, soziale Leistungen an der Produktionsstätte selbst zu organisieren.

Demgegenüber ist die alte Bundesrepublik Deutschland nach dem Zweiten Weltkrieg der tradierten Ordnung öffentlichen Vermögens gefolgt. Öffentliches Vermögen ist nach deutscher Rechts- und Verwaltungstradition nicht „öffentliches Eigentum" und der Privatrechtsordnung entzogen.[67] Vielmehr wird die Privatrechtsordnung gegebenenfalls durch öffentlich-rechtliche Zweckbestimmungen überlagert. Insofern zählt zum Verwaltungsvermögen, was unmittelbar öffentlichen Aufgaben dient.[68] Mit der Zunahme öffentlicher Aufgaben im Staat der Daseinsvorsorge – von der Bildungspolitik bis zur Gesundheitspolitik, von der Verkehrspolitik bis zur Forschungspolitik, von der Sozialpolitik bis zur Kommunikationspolitik – ist auch das Verwaltungsvermögen expandiert. Mit dem Wachstum der Wirtschaft hat sich auch das Finanzvermögen ausgeweitet, wie es von industriell-kommerziellen Komplexen – Volkswagenwerk, VEBA, VIAG – bis zum kommunalen Erbe – Mühlen, Brauereien, Salinen usw. – reichte und reicht.[69] Die 1980er Jahre brachten dann freilich eine vermögenspolitische Wende. Die Träger öffentlicher Verwaltung zeigten deutliche Zeichen der Überlastung, wie zu hohe Personalkosten, Haushaltsdefizite, Normüberflutungen. Der alte ideologische Streit über Privatisierung und Deregulierung musste zurückgestellt werden. Die öffentliche Hand veräußerte in großem Umfang industriell-kommerzielle Beteiligungen.[70] Mit der Privatisierung herkömmlich öffentlicher Aufgaben wurde aber auch Vermögen, das diesen dien-

---

[66] Vgl. Statistisches Amt der DDR (Hrsg.), Statistisches Jahrbuch der DDR 1990, Berlin (Ost) 1990, S. 336, 373, 330.

[67] Vgl. Salzwedel, Jürgen, Anstaltsnutzung und Nutzung öffentlicher Sachen, in: Hans-Uwe Erichsen/Peter Badura (Hrsg.), Allgemeines Verwaltungsrecht, 9. Aufl., Berlin 1992, S. 515 ff.

[68] Vgl. Salzwedel, Jürgen, Anstaltsnutzung und Nutzung öffentlicher Sachen, in: Hans-Uwe Erichsen/Peter Badura (Hrsg.), Allgemeines Verwaltungsrecht, 9. Aufl., Berlin 1992, S. 515 ff.

[69] Vgl. Knauss, Fritz, Privatisierungspolitik in der Bundesrepublik Deutschland 1983-1990, in: Beiträge zur Wirtschafts- und Sozialpolitik des Instituts der deutschen Wirtschaft Köln, Nr. 183, Bonn 1990.

[70] Vgl. König, Klaus, Kritik öffentlicher Aufgaben, Baden-Baden 1989.

te, zur Disposition gestellt, also: Schlachthöfe, Nahverkehrsbetriebe, Wasserwerke usw.[71]

Mit der Transformation der realsozialistischen Gesellschafts-, Wirtschafts- und Staatsordnung der DDR und der Vereinigung Deutschlands rückte wie sonst in Mittel- und Osteuropa die Privatisierung des sozialistischen Eigentums in den Mittelpunkt des Transitionsprozesses. Die Frage nach dem verbleibenden öffentlichen Vermögen erreichte dort allerdings keine vergleichbare systemische Bedeutung. Für die einen schien es darum zu gehen, möglichst viel Staatseigentum zu erhalten. Für die anderen schien es sich lediglich um die Restposten einer liberalisierten Gesellschaft zu handeln. Anders war es im vereinten Deutschland. Denn hier wurde in systemischer Weise die tradierte Ordnung öffentlichen Vermögens auf mittel- und ostdeutschem Boden wieder hergestellt. Das galt wirtschaftsorganisatorisch in Abgrenzung zur Privatisierung von Produktionsmitteln, wie staatsorganisatorisch im Hinblick auf eine dezentrale Binnendifferenzierung, insbesondere Föderalismus und kommunale Selbstverwaltung. Der Systemwandel der DDR vollzog sich auch hier als formal-legalistische Revolution.[72] Die Umordnung zu privatem und öffentlichem Vermögen erfolgte nicht durch gewaltsame Besetzung von Fabriken und Behörden, sondern im Wege von Gesetzen, Verordnungen, Verträgen, konkretisierenden Rechtsakten. Will man also über die transformierte Privatwirtschaft hinaus auf die transformierte Ordnung der Produktion und Distribution öffentlicher Güter und Dienstleistungen sehen, so erlaubt der deutsche Fall systemische Einblicke.

Bereits vor der Vereinigung Deutschlands hatte die Legislative der DDR Gesetze erlassen, die eine neue Vermögenszuordnung zum Gegenstand hatten. War dies im Unternehmensbereich das Treuhandgesetz vom 17.6.1990 mit seinen Durchführungsverordnungen, so erfolgte im staatlichen und kommunalen Bereich die entsprechende Umordnung durch das Kommunalverfassungsgesetz vom 17.5.1990 und das Kommunalvermögensgesetz vom 6.7.1990. Letzteres regelt die Übertragung ehemals volkseigenen Vermögens an die Kommunen. Obwohl beide Gesetzesmaterien im gleichen Zeitraum geschaffen wurden, fehlt es doch an einer Abstimmung. Die Vermögensgegenstände, die seit Inkrafttreten des Treuhandgesetzes in Privateigentum der Treuhandunternehmen standen, gehörten seitdem nicht mehr zum Volkseigentum und konnten daher nicht von dem kurz nach dem Treuhandgesetz in Kraft gesetzten Kommunalvermögensgesetz erfasst werden. Aufgrund der fehlenden Abstimmung und der kurzen Geltungsdauer der Regelungen bis zum Inkrafttreten des Einigungsvertrages

---

[71] Vgl. König, Klaus, Kritik öffentlicher Aufgaben, Baden-Baden 1989.
[72] Vgl. Quaritsch, Helmut, Eigenarten und Rechtsfragen der DDR-Revolution, in: Verwaltungsarchiv 1992, S. 314 ff.

kam es dann auch nur zu wenigen Eigentumsübertragungen nach dem Kommunalvermögensgesetz.

So war es dann das Vereinigungsrecht, in dem die wirklich maßgeblichen Weichenstellungen vorgenommen wurden, und zwar der Einigungsvertrag in seinen Art. 21 und 22. Das Kommunalvermögensgesetz galt insofern fort, als dass den Kommunen Vermögen nur in Übereinstimmung mit den genannten Bestimmungen zu übertragen war. Der Einigungsvertrag gruppierte das öffentliche Vermögen nach herkömmlicher Weise in Verwaltungsvermögen und Finanzvermögen. Darüber hinaus nannte er das Restitutionsvermögen. Damit wurde einem Konzept gefolgt, wie es schon bei der Übernahme des Reichsvermögens dem Grundgesetz für die Bundesrepublik Deutschland (Art. 134) zugrunde gelegt wurde.

Zum Verwaltungsvermögen heißt es in Art. 21 Abs. 1 S. 1 Einigungsvertrag: „Das Vermögen der Deutschen Demokratischen Republik, das unmittelbar bestimmten Verwaltungsaufgaben dient (Verwaltungsvermögen), wird Bundesvermögen, sofern es nicht nach seiner Zweckbestimmung am 1. Oktober 1989 überwiegend für Verwaltungsaufgaben bestimmt war, die nach dem Grundgesetz von Ländern, Gemeinden (Gemeindeverbänden) oder sonstigen Trägern öffentlicher Verwaltung wahrzunehmen sind." Zur Überwindung von Abstimmungsmängeln zwischen Transformations- und Vereinigungsrecht wurde der § 7 a Vermögenszuordnungsgesetz geschaffen, in dem es heißt: „Der Präsident der Treuhandanstalt wird ermächtigt, Kommunen auf deren Antrag durch Bescheid Einrichtungen, Grundstücke und Gebäude, die zur Erfüllung der kommunalen Selbstverwaltungsaufgaben benötigt werden, nach Maßgabe des Artikel 21 des Einigungsvertrages zu übertragen, wenn sie im Eigentum von Unternehmen stehen, deren sämtliche Anteile sich unmittelbar oder mittelbar in der Hand der Treuhandanstalt befinden."

Für das Finanzvermögen bestimmte Art. 22 des Einigungsvertrages zunächst, dass es der Treuhandverwaltung des Bundes unterliegt und gesetzlich so aufzuteilen ist, dass es je zur Hälfte dem Bund sowie den Ländern Brandenburg, Mecklenburg-Vorpommern, Sachsen, Sachsen-Anhalt, Thüringen und Berlin zugute kommt. Am Länderanteil sind die Kommunen angemessen zu beteiligen. Aus dieser Grundverteilung ist – neben anderen Ausnahmen – das zur Wohnungsversorgung genutzte volkseigene Vermögen herausgenommen, das in das Eigentum der Kommunen mit dem Ziel der Privatisierung überging.

Besonderen Regelungsbedarf warf das kommunale Finanzvermögen auf, das ebenfalls nicht der Treuhandverwaltung des Bundes unterlag, sondern den Gemeinden, Städten und Landkreisen zu übertragen war. Nach der Maßgabe des Einigungsvertrages zum Kommunalvermögensgesetz schien den Kommunen wenig außerhalb des Verwaltungsvermögens zu bleiben. Die zuständigen Bundesministerien und Vertreter kommunaler Spitzenverbände haben sich indessen auf eine großzügige Auslegung des Begriffs „Kommunales Finanzvermögen" geeinigt. „Kommunales Finanzvermögen sind die volkseigenen Betriebe und Einrichtungen, Grundstücke und Bodenflächen, die – soweit sie nicht unmittelbar kommunalen Zwecken dienen (Verwaltungsvermögen) – bis zum 3.10.1990 in der Rechtsträgerschaft der ehemaligen Räte der Gemeinden, Städte und Kreise standen oder von den Kommunen vertraglich genutzt worden sind und in beiden Fällen schon zu diesem Zeitpunkt für kommunale Zwecke im üblichen Rahmen vorgesehen waren. Für die Beurteilung der Üblichkeit werden die Verhältnisse in den alten Bundesländern zugrunde gelegt".[73] Bei dieser Abgrenzung des kommunalen Finanzvermögens ging es darum, die Kommunen mit einem gewissen Vorratsvermögen auszustatten.[74]

Die Schwierigkeiten mit der Identifikation kommunalen Finanzvermögens – aber auch die der Definition öffentlicher Aufgaben beim Verwaltungsvermögen – belegen, dass für eine gerechte Vermögenszuordnung noch eine dritte Vermögensgruppe berücksichtigt werden muss. Art. 21 Abs. 3 des Einigungsvertrages bestimmte deshalb zum Verwaltungsvermögen, dass Vermögenswerte, die dem Zentralstaat oder den Ländern und Gemeinden (Gemeindeverbänden) von einer anderen Körperschaft des öffentlichen Rechts unentgeltlich zur Verfügung gestellt worden sind, an diese Körperschaft oder ihre Rechtsnachfolger unentgeltlich zurückübertragen werden und früheres Reichsvermögen Bundesvermögen wird. Nach Art. 22 Abs. 1 des Einigungsvertrages war diese Vorschrift auf das Finanzvermögen entsprechend anzuwenden. Mit der Vorrangigkeit des Vermögensrückfalls ist eine eigene Gruppe des Restitutionsvermögens geschaffen worden.

Auf der Grundlage dieser Regeln wurde von den zuständigen Instanzen über Hunderttausende von Zuordnungsanträgen entschieden. Nimmt man Beispiele aus dem Bereich der Kommunalisierung, so wurden Städte, Gemeinden, Kreise bis 1996 übertragen: 1211 Betriebskindergärten, 1970 Sporteinrichtungen, 454 Berufsschulen, 132 Betriebspolikliniken, 229 polytechnische Einrichtungen. Während es sich bei den genannten Objekten vorwiegend um einzelne Vermögensgegenstände handelte, wurden auch vollständige Unternehmen an die Kommunen übertragen.[75] Dabei handelte es sich um Wasserversorgungs- und Abwasserentsorgungsunternehmen, Unternehmen des öffentlichen Personennahverkehrs, leitungsgebundene Energiebetriebe, Binnenhafengesellschaften,

---

[73] Vgl. Bundesministerium des Innern, Arbeitsanleitung zur Übertragung kommunalen Vermögens und zur Förderung von Investitionen durch die Kommunen, in: Infodienst Kommunal, Nr. 24 vom 24.4.1991.
[74] Vgl. Lange, Manfred, Wem gehört das ehemalige Volkseigentum? Deutsch-Deutsche Rechts-Zeitschrift 1991, S. 335.
[75] Vgl. Treuhandanstalt (Hrsg.), Monatsinformation der Treuhandanstalt vom 31.8.1993.

9. Kapitel: Nachholende Verwaltungsmodernisierung

Seehafengesellschaften (Rostock, Wismar, Stralsund) und eine Reihe sonstiger Betriebe, von denen 223 übertragen wurden.

Unter den zahlreichen umgeformten Politik- und Aufgabenfeldern – von der Energieversorgung bis zum Eisenbahnwesen, von der Wohnungswirtschaft bis zum Kraftverkehr – sei der Fall der Wasserversorgung und Abwasserentsorgung genannt, weil er für die Finalität der Transformation besonders signifikant ist. Während in der alten Bundesrepublik Deutschland nach dem Zweiten Weltkrieg der kommunale Charakter der Wasserversorgung und Abwasserentsorgung erhalten blieb, wurde systembedingt in der ehemaligen DDR ein Zentralisierungsprozess eingeleitet und diese Betriebe in Volkseigentum umgewandelt.[76] So lag die Rechtsträgerschaft bzw. Fondsinhaberschaft für das wasserwirtschaftliche Vermögen schließlich bei den volkseigenen, zentralgeleiteten Betrieben der Wasserwirtschaft, den sogenannten „VEB WAB". Ähnlich wie bei der Energieversorgung und dem öffentlichen Personennahverkehr, gab es insgesamt 15 „VEB WAB", deren großräumige Ver- und Entsorgungsgebiete sich in der Regel nach den politischen Bezirksgrenzen orientierten. Mit dem Treuhandgesetz wurden diese volkseigenen Betriebe in Kapitalgesellschaften umgewandelt, deren Eigentümer seitdem die Treuhandanstalt war. Da die Wasserversorgungs- und Abwasserentsorgungsunternehmen zum kommunalen Finanzvermögen gezählt wurden, war die grundsätzliche Entscheidung gefallen: Die Aufgabe der Wasserversorgung und Abwasserentsorgung war von den zentralistischen großräumigen Einrichtungen der wasserwirtschaftlichen Unternehmen auf die nunmehr zuständigen Städte und Gemeinden und von diesen gegebenenfalls zu bildenden Zweckverbände zu übertragen.

Aufgrund der EG Richtlinie 90/656 EWG bestand die Verpflichtung Deutschlands, die Qualität des Trinkwassers bis Ende 1995 vollständig in Übereinstimmung mit bestehenden Rechtsnormen zu bringen. Vor dem Hintergrund des desolaten Zustandes der Wasserversorgungsanlagen ist zu verstehen, dass für die neuen Bundesländer nach damaligen Schätzungen ca. 21,7 Mrd. DM notwendig gewesen wären, um allein dieses Ziel zu erreichen.[77] Schätzungen für die Sanierung der ostdeutschen Abwasserentsorgungen gingen darüber hinaus und bewegten sich zwischen 100 und 150 Mrd. DM.[78] Trotz verrotteter Anlagen hatte die ost- und mitteldeutsche Wasser- und Abwasserwirtschaft

---

[76] Vgl. Kähler, Kurt, Wasserversorgung und Abwasserentsorgung, in: Klaus König u. a. (Hrsg.), Vermögenszuordnung – Aufgabentransformation in den neuen Bundesländern, Baden-Baden 1994, S. 275 ff.

[77] Vgl. Fachkommission Soforthilfe Trinkwasser, Bericht der Ad hoc Gruppe an den Bundesminister für Gesundheit über notwendige Sanierungsmaßnahmen bei der Trinkwasserversorgung der neuen Bundesländer vom Juli 1992, Berlin 1992, S. 14 f.

[78] Vgl. Bundesministerium für Umwelt, Naturschutz und Reaktorsicherheit, Privatwirtschaftliche Realisierung der Abwasserentsorgung, in: Infodienst Kommunal Nr. 66 vom 12.2.1993, S. 10, 16.

auch positive Seiten zu bieten.[79] Als vorbildlich galt die Zusammenfassung der Aufgabe der Wasserversorgung und Abwasserentsorgung in einer betrieblichen Einheit, die in der ehemaligen DDR die Regel war, in den alten Bundesländern aber nicht besonders verbreitet ist.[80] Begründet werden die Vorteile der Zusammenfassung insbesondere mit den daraus resultierenden Synergieeffekten.[81] Ein Anbieter erhält damit die Verantwortung für den gesamten Produktkreislauf. Aber nicht nur die gesamte Verantwortung für ein geliefertes Gut spricht für eine organisatorische Zusammenlegung, sondern auch die gegenseitige Beeinflussung der Kosten des Wasser- und Abwasserbereiches. Führt nämlich die Abwasserwirtschaft nicht hinreichend geklärtes Abwasser in den Naturkreislauf zurück, führt das unweigerlich zu höheren Investitionen und damit zu höheren Kosten der Trinkwasserversorgung. Hinzu kommen betriebliche Synergieeffekte in der Folge von Größenvorteilen, verbesserter Auslastung des Personals und der Maschinen, gemeinsamer Nutzung der Lager, der Werkstätten, des Fuhrparks, der Verwaltung.

Was die Neustrukturierung der Wasserversorgungs- und Abwasserentsorgungsunternehmen angeht, beschloss die Treuhandanstalt im Frühjahr 1991, deren erforderliche Neuordnung nicht selbst durchzuführen, sondern die Kommunen daran zu beteiligen. Für die Wasser- und Abwasserunternehmen ist dazu das Vereinsmodell entwickelt worden. Danach bilden die Kommunen im Einzugsgebiet eines Wasserversorgungs- und Abwasserentsorgungsunternehmens einen Eigentümerverein, dem die Gesellschaftsanteile übertragen werden. Der erste Schritt der Kommunalisierung, d. h. die Übertragung der Gesellschaftsanteile auf die Eigentümervereine wurde bis zum 8. April 1993 in allen Fällen abgeschlossen.[82] Beim zweiten Schritt, d. h. der Entflechtung, wurde das Vermögen – davon 5.900 Wasserwerke und 1.090 Kläranlagen[83] – auf kommunale Zweckverbände bzw. Stadtwerke verteilt und das Unternehmen dann letztlich liquidiert.

Hinsichtlich der Entflechtung kam die Treuhandanstalt Mitte 1993 für alle neuen Bundesländer zu dem Ergebnis, dass zu viele kleine Strukturen entstehen

---

[79] Vgl. Frankfurter Allgemeine Zeitung vom 8. August 1991, S. 12.

[80] Vgl. Deutscher Städte- und Gemeindebund (Hrsg.), Privatisierung in Städten und Gemeinden, Göttingen 1994, S. 111 ff.

[81] Vgl. Scholz, Ortwin, Wasser und Abwasser in einer Hand – eine unternehmenspolitische Entscheidung, in: gwf – Wasser/Abwasser Nr. 11/1992, S. 586 ff.

[82] Vgl. Treuhandanstalt/Direktorat Kommunalvermögen, Bericht für den Vorstand der Treuhandanstalt über den Stand der Kommunalisierung der Wasserversorgungs- und Abwasserentsorgungsunternehmen vom 9. Juni 1993.

[83] Vgl. Verband der Unternehmen für die kommunale Wasserversorgung und Abwasserbehandlung e. V., Jahresbericht 1991, Berlin 1991, S. 6.

würden.⁸⁴ So wird in einer anderen Quelle die Anzahl der Zweckverbände für das Land Brandenburg mit über 100 angegeben, ebenso in Sachsen-Anhalt.⁸⁵ Für Thüringen wurden Ende 1994 200 neue Aufgabenträger genannt, die aus drei ehemaligen Kombinatsbetrieben entstanden seien.⁸⁶ Angesichts des genannten immensen Investitionsbedarfs würden sich kleine und kleinste Einheiten schwer tun, die kommunale Pflichtaufgabe Wasserversorgung und Abwasserentsorgung zu tragbaren Gebühren bzw. Entgelten zu erfüllen. Es sei nach Auffassung der Treuhandanstalt die Aufgabe der Länder, hier gegebenenfalls regulierend einzugreifen.

Im europäischen Vergleich stellt die auf viele Unternehmen verteilte Wasserversorgung in den alten und dann auch in den neuen Bundesländern eine Ausnahme dar.⁸⁷ So wird in Frankreich die Wasserversorgung maßgeblich durch zwei große private Versorgungsunternehmen durchgeführt, in Großbritannien versorgen rund 40 private Unternehmen die Bevölkerung, in den Niederlanden rund 50 Unternehmen. Die Konzentration auf wenige Unternehmen wird in den betroffenen Ländern mit Rationalisierungen und Effizienzsteigerungen der Betriebsführung der Wasserversorgungsunternehmen begründet, die auch die bekannten Stadt/Land-Unterschiede als Solidargemeinschaft nivellieren soll.

Die dargestellte vielfach zu beobachtende Atomisierung der Wasserversorgung und Abwasserentsorgung ist aus ökonomischer Sicht nicht als optimal zu bezeichnen. Hingegen positiv zu werten ist, dass man sich im Zuge der Neugestaltung weitgehend bemüht hat, die vorgefundene Zusammenfassung der Aufgaben der Wasserversorgung und Abwasserentsorgung aufrecht zu erhalten.⁸⁸ Wasserwirtschaftlich wird diese Zusammenfassung als optimal angesehen, war aber eben in den alten Bundesländern nicht besonders verbreitet.⁸⁹ So hatte die Finanzverwaltung eine Zusammenfassung nicht anerkannt, sondern ihre bisherige Zweiteilung – Wasserversorgung = wirtschaftliches Unternehmen und Abwasserbeseitigung = Hoheitsbetrieb –, die vielfach nur noch historisch zu

---

⁸⁴ Vgl. Treuhandanstalt/Direktorat Kommunalvermögen, Bericht für den Vorstand der Treuhandanstalt über den Stand der Kommunalisierung der Wasserversorgungs- und Abwasserentsorgungsunternehmen vom 9. Juni 1993.
⁸⁵ Vgl. Frankfurter Allgemeine Zeitung vom 16. Februar 1994, S. 12.
⁸⁶ Vgl. Freies Wort vom 12. Dezember 1994.
⁸⁷ Vgl. Schmitz, Michaela, Die Trinkwasserversorgung in den neuen Bundesländern – Ziele, Probleme, Lösungen, in: Neue DELIWA-Zeitschrift 1992, S. 247 ff.
⁸⁸ Vgl. Schmitz, Michaela, Die Trinkwasserversorgung in den neuen Bundesländern – Ziele, Probleme, Lösungen, in: Neue DELIWA-Zeitschrift 1992, S. 247 ff.
⁸⁹ Vgl. Scholz, Ortwin, Wasser und Abwasser in einer Hand – eine unternehmenspolitische Entscheidung, in: gwf – Wasser/Abwasser Nr. 11/1992, S. 586 ff.

erklären ist, aufrechterhalten und Querverbunden zwischen Versorgung und Entsorgung damit eine steuerliche Anerkennung versagt.[90]

Es ließen sich indessen Tendenzen zur materiellen Privatisierung in diesem Bereich in den neuen Bundesländern beobachten. So hatten sich der Bundeswirtschaftsminister, der Bundesumweltminister sowie die Minister für Wirtschaft und Umwelt aller neuen Bundesländer am 4. Dezember 1991 grundsätzlich für eine verstärkte Einbeziehung der Privatwirtschaft in diesem Bereich ausgesprochen.[91] Angesichts des genannten Sanierungsbedarfs von über 100 Mrd. DM erhoffte man sich dadurch einerseits eine Entlastung der öffentlichen Haushalte und andererseits eine schnellere Umsetzung der notwendigen Maßnahmen. Im Dezember 1992 waren ca. 50 privatwirtschaftliche Abwasserentsorgungsprojekte in Deutschland bekannt, davon der Großteil in den neuen Bundesländern.[92] Es wurde ebenso wie im Falle der Zusammenfassung von Wasserversorgung und Abwasserentsorgung beobachtet, dass die Privatisierung von Abwasseranlagen in den neuen Bundesländern zu einem verstärkten Interesse auch in den alten Ländern geführt hatte.

Die Kommunalisierung der Wasserversorgung und Abwasserentsorgung ist charakteristisch für ein allgemeines Transformationsmuster der Vermögens- und Aufgabenzuordnung nach Üblichkeit, wobei es gegebenenfalls den nunmehr Zuständigen überlassen blieb, andere Wege zu beschreiten. Schon das Gesetz über die Selbstverwaltung der Gemeinden und Landkreise in der DDR vom 17. Mai 1990 knüpft beim tradierten Verständnis kommunaler Aufgaben an. Charakteristisch ist insbesondere die Auslegung des Begriffes „Kommunales Finanzvermögen", bei der vom „üblichen Rahmen" die Rede ist und für die Beurteilung der Üblichkeit die Verhältnisse in den alten Bundesländern zugrundegelegt wurden.[93] Man konnte gleichsam von einem Üblichkeitsprinzip bei der Zuordnung von Vermögensrechten an die öffentliche Hand sprechen. So wurden die Wasserversorgungs- und Abwasserentsorgungsunternehmen nicht privatisiert, sondern den Gemeinden übertragen, wie dies auch in den alten Bundesländern üblich ist.

---

[90] Vgl. Bundesministerium der Finanzen, Schreiben vom 7. Mai 1992 – IV B 7- S 2706-15/92-, Der Betrieb 1992, S. 1555.
[91] Vgl. Deutscher Städte- und Gemeindebund (Hrsg.), Privatisierung in Städten und Gemeinden, Göttingen 1994, S. 111 ff.
[92] Vgl. Bundesministerium für Umwelt, Naturschutz und Reaktorsicherheit, Privatwirtschaftliche Realisierung der Abwasserentsorgung, in: Infodienst Kommunal Nr. 66 vom 12.2.1993, S. 10, 16.
[93] Vgl. Bundesministerium des Innern, Arbeitsanleitung zur Übertragung kommunalen Vermögens und zur Förderung von Investitionen durch die Kommunen, in: Infodienst Kommunal, Nr. 24 vom 24.4.1991.

9. Kapitel: Nachholende Verwaltungsmodernisierung

Im Gegensatz zum Üblichkeitsprinzip gingen manche zur Vereinigungspolitik davon aus, dass die Zeit der alten Bundesrepublik abgelaufen sei und eine ganz neue, eine Dritte Republik an ihre Stelle treten müsse.[94] Es gab kaum einen Politikbereich, für den nicht weitreichende Neuerungsvorschläge gemacht wurden. Die Vorschläge reichten von einer Länderneugliederung über die Reform der föderalen Finanzbeziehungen bis zu neuen Konzepten der Arbeitsmarktpolitik. Das Festhalten am Üblichen wird sich jedenfalls kaum mit einem Mangel an Konzepten erklären lassen; davon gibt es inzwischen eher zu viele als zu wenige.

Was die Zuordnung von Vermögen an Bund, Länder und Kommunen betrifft, so wurde etwa angeregt, diese auf der Grundlage von wohlfahrtsökonomischen Überlegungen durchzuführen, um auf diese Weise zu einer effizienten Bereitstellung von Gütern und Dienstleistungen zu gelangen.[95] So heißt es: Eine schablonenhafte Restitution des Eigentums an die Gebietskörperschaften oder auch eine Verteilung des infrage stehenden Eigentums nach dem Üblichkeitsprinzip führe noch zu keinen effizienten Lösungen. Vielmehr sei zu prüfen, welche Aktivitäten von den jeweiligen Gebietskörperschaften oder deren Kooperationseinheiten und in welchen Wirkungsbereichen wahrzunehmen seien, welche Güter also für welche Räume zur Verfügung gestellt werden sollten. Darauf sei zu entscheiden, was davon nach dem Subsidiaritätsprinzip von Privaten oder von welcher Ebene der öffentlichen Hand bereitzustellen sei. Schließlich sei zu entscheiden, welche Bereiche in der Eigenproduktion verbleiben müssten und welche Gestaltung der Eigentumsrechte mit welcher institutionellen Regelung effizient sei.[96]

Zu fragen ist, warum diese Vorschläge nicht gebührend berücksichtigt worden sind und stattdessen an üblichen Lösungen festgehalten wurde. Die einfachste und zugleich theoretisch fundierte[97] Antwort wäre: Auch der fähigste Experte würde es sich nicht zutrauen, angesichts der Unberechenbarkeiten des Vereinigungsprozesses ein komplexes, in der Praxis unerprobtes Modell des

---

[94] Vgl. Czada, Roland, „Üblichkeitsprinzip" und situativer Handlungsdruck – Vermögenszuordnung im Transformationsprozeß aus sozialwissenschaftlicher Sicht, in: Klaus König u. a. (Hrsg.), Vermögenszuordnung – Aufgabentransformation in den neuen Bundesländern, Baden-Baden 1994, S. 153 ff.

[95] Vgl. Hedtkamp, Günter, Eigentumszuweisung an Gemeinden aus wirtschaftswissenschaftlicher Sicht, in: Klaus König u. a. (Hrsg.), Vermögenszuordnung – Aufgabentransformation in den neuen Bundesländern, Baden-Baden 1994, S. 141 ff.

[96] Vgl. Hedtkamp, Günter, Eigentumszuweisung an Gemeinden aus wirtschaftswissenschaftlicher Sicht, in: Klaus König u. a. (Hrsg.), Vermögenszuordnung – Aufgabentransformation in den neuen Bundesländern, Baden-Baden 1994, S. 141 ff.

[97] Vgl. Simon, Herbert, A Behaviorial Theory of Rational Choice, in: Quarterly Journal of Economics 1955, S. 99 ff.; ferner Heiner, Ronald A., The Origin of Predictable Behavior, in: American Economic Review 1983, S. 560 ff.

besten Aufgabenzuschnitts verwirklichen zu wollen.[98] So verschwanden zugunsten der unveränderten Übertragung westdeutscher Institutionen und Konzepte alle Vorstellungen über Neuerungen in dem Maße, in dem eine Vereinigungskrise wahrscheinlich wurde und das gemeinsame Interesse aller Beteiligten an Situationsbeherrschung in den Vordergrund rückte.[99]

Im Falle der Vermögenszuordnung kommt hinzu, dass die Zuordnungsinstanz bei der Wasserversorgung und Abwasserentsorgung, also die Treuhandanstalt, gar nicht die Zuständigkeit besaß, um neue Lösungswege über die Definition öffentlicher Aufgaben hinweg zu beschreiten. Öffentliches Vermögen – sei es Verwaltungsvermögen, sei es Finanzvermögen – ist zweckgebundenes, aufgabengebundenes Vermögen und spiegelt insofern Prozesse des Aufgabenwandels und der Rollenveränderung von Staat und Verwaltung wider. Die Konsequenz davon ist, dass die Vermögenszuordnung kein Instrument der Aufgabenumverteilung oder des Neuzuschnitts zwischen öffentlichem und privatem Sektor ist; Vermögenszuordnung setzt eine bestehende und sich möglicherweise verändernde Aufgabenverteilung voraus: sie folgt ihr nach, ist aber kein Vehikel der Aufgabenzuweisung.[100] Die Zuordnungsinstanzen tragen mit ihren Vermögensübertragungen zur Ausstattung mit sachlichen und indirekt finanziellen Mitteln bei, die die Kommunen zur Durchführung ihrer Aufgaben brauchen.[101] Vermögenszuordnung ist selbstverwaltungsermöglichende Vermögensausstattung. Damit sind und bleiben auch Entscheidungen über die Modalitäten öffentlicher Aufgabenerfüllung – also Entscheidungen über eine privatrechtliche oder öffentlich-rechtliche Organisationsform, Entscheidungen über Modelle von Public-private-partnership, Betreibermodelle, Contracting-out usw. – Entscheidungen des Aufgabenträgers, nicht der Zuordnungsinstanz. Der Zuordnungsinstanz fehlt es für solche Entscheidungen über Intensität sowie Art und Weise der Erfüllung öffentlicher Aufgaben an der erforderlichen Legitima-

---

[98] Vgl. Czada, Roland, „Üblichkeitsprinzip" und situativer Handlungsdruck – Vermögenszuordnung im Transformationsprozeß aus sozialwissenschaftlicher Sicht, in: Klaus König u. a. (Hrsg.), Vermögenszuordnung – Aufgabentransformation in den neuen Bundesländern, Baden-Baden 1994, S. 153 ff.

[99] Vgl. Czada, Roland, Schleichweg in die „Dritte Republik". Politik der Vereinigung und politischer Wandel in Deutschland, in: Politische Vierteljahresschrift 1994, S. 245 ff.

[100] Vgl. Schuppert, Gunnar Folke, Zuordnung ehemals volkseigenen Vermögens als rechts- und verwaltungswissenschaftliches Problem, in: Klaus König u. a. (Hrsg.), Vermögenszuordnung – Aufgabentransformation in den neuen Bundesländern, Baden-Baden 1994, S. 115 ff.

[101] Vgl. Schöneich, Michael, Die Kommunalisierung von öffentlichen Aufgaben in den neuen Bundesländern nach der Praxis der Treuhandanstalt, in: Verwaltungsarchiv 1993, S. 383 ff.

tion.[102] Man wird deshalb für die Zuordnungsinstanzen feststellen müssen, dass ihr Auftrag zu Vermögensübertragungen auf die öffentliche Hand prinzipiell nicht die Befugnis einschließt, vom konstitutionellen Muster der Aufgabenverteilung zwischen Bund, Ländern und Kommunen nach dem Grundgesetz abzuweichen. Auch innerhalb der kommunalen Ebene ist die Selbstverwaltung der einzelnen Gemeinden, Städte und Landkreise im jeweiligen territorialen Bestand zu respektieren. Abweichende Lösungen sind allenfalls einvernehmlich und im Rahmen der Gesetze möglich. Damit ist die Innovationsfrage freilich nicht vom Tisch. Sie richtet sich indessen nicht an die Zuordnungsinstanzen, sondern an die neuen Länder und deren Kommunen. Die Vermögenszuordnung für sich schafft dazu lediglich die Voraussetzung.[103]

So wurde auf dem Territorium der alten DDR die Vermögens- und Aufgabenzuordnung üblich, wie sie prinzipiell in der alten Bundesrepublik gilt, wobei außer Betracht blieb, dass sich besonders in den westdeutschen Kommunen – freilich nicht grundsätzlich, sondern punktuell – vieles verändert hatte. Die Vermögenszuordnung reflektiert die maßgebliche Aufgabenstruktur der verschiedenen Verwaltungsebenen, auf der Bundesebene: von der Verteidigung bis zu den Bundesstraßen, vom Zoll bis zur Arbeitsverwaltung, auf der Landesebene: von der Universität bis zu Einrichtungen der Krankenversorgung, von den Landesstraßen bis zu den Rundfunkanstalten, auf der lokalen Ebene: von den Schulen bis zu den Gemeinde- und Kreisstraßen, von den Sportanlagen bis zu den Friedhöfen. Für die Perspektive einer weiteren Neuordnung des öffentlichen Vermögens und der in ihm reflektierten öffentlichen Aufgaben blieb man auf Reformen nach der Transformation verwiesen.[104]

Mit der Transformation von parteigeleiteter Staatlichkeit und Kaderverwaltung der ehemaligen DDR nach Leitbildern und Üblichkeiten der alten Bundesrepublik sind die neuen Bundesländer in Ostdeutschland zugleich in den „European Administrative Space" integriert. Die Frage nach der Kolonialisierung des ostdeutschen Staates durch die Westdeutschen relativiert sich ein zweites Mal. Man kann schon darauf verweisen, dass die aus dem Westen transferierten Institutionen zu einem großen Teil älter als die Bundesrepublik sind und auf Traditionen beruhen, die ihre Wurzeln auch in Ostdeutschland nicht zuletzt in den ehemaligen preußischen Territorien haben. In diesem Sinne ist dann auch

---

[102] Vgl. Schuppert, Gunnar Folke, Kommentar zum Neuzuschnitt zwischen öffentlichem und privatem Sektor, in: Klaus König (Hrsg.), Vermögenszuordnung – Aufgabentransformation in den neuen Bundesländern, Baden-Baden 1994, S. 323 ff.
[103] Vgl. König, Klaus/Heimann, Jan, Aufgaben- und Vermögenstransformation in den neuen Bundesländern, Baden-Baden 1996.
[104] Vgl. König, Klaus/Heimann, Jan, Vermögens- und Aufgabenzuordnung nach Üblichkeit, in: Hellmut Wollmann u. a. (Hrsg.), Transformation der politisch-administrativen Strukturen in Deutschland, Opladen 1997, S. 119 ff.

der Freistaat Sachsen zu einem guten Teil zu den sächsischen Verwaltungstraditionen zurückgekehrt. Hinzu kommt dann des weiteren, dass das deutsche Verwaltungserbe Bestandteil der europäischen Verwaltungskultur ist. Die Institutionen und die in ihnen manifestierten Werte des klassischen Verwaltungssystems Deutschlands konstituieren den europäischen Verwaltungsraum mit. Ihre Verlässlichkeitsstandards tragen zur Konvergenz nationaler Verwaltungen in der Europäischen Union bei.[105] Insoweit ist dann auch die „Europäische Vereinigung" für die neuen Länder Ostdeutschlands in Verwaltungsangelegenheiten bereits vollzogen.[106]

Für die ost- und südosteuropäischen Mitgliedsländer der Europäischen Union bietet diese eine moderne Referenzgemeinschaft. Aber auch für die anderen postsozialistischen Länder stellt sich die Frage, wie sie in einer sich globalisierenden Welt existieren und funktionieren können, ohne sich der okzidentalen Leistungsordnung von Staat und Verwaltung anzunähern. Bemerkenswert wäre es allerdings, wenn es in postsozialistischen Ländern gelingen würde, den von dem klassisch-europäischen Verwaltungssystem oder von der Civic Culture-Administration erreichten historischen Stand der Rationalisierung öffentlicher Angelegenheiten zu überschreiten. Reformen nach der Transformation wie die territoriale Neugliederung der Kommunalverwaltung in den neuen Bundesländern zeigen, dass auch moderne Verwaltungen weiteren Veränderungen unterworfen bleiben. So mag es Rationalitätsgewinne jenseits der staatsbürokratischen Leistungsordnung geben. Indessen weisen die in einigen östlichen Ländern beobachtbaren Beziehungsnetze, Allianzen, zwischenbetrieblichen Absprachen, Kombinationen von staatlichen und privaten Elementen wie „rekombinantes Eigentum"[107] kaum auf eine Problemlösungskapazität hin, die der Leistungsfähigkeit ausdifferenzierter Funktionssysteme von Staat, Wirtschaft und Gesellschaft, darunter eben einer modernen Verwaltung, wie sie für die westlichen Demokratien und Industrieländer charakteristisch sind, überlegen erscheint.

---

[105] Vgl. Derlien, Hans-Ulrich/Löwenhaupt, Stefan, Verwaltungskontakte und Investitionsvertrauen, in: Hellmut Wollmann u. a. (Hrsg.), Transformation der politisch-administrativen Strukturen in Deutschland, Opladen 1997, S. 417 ff.

[106] Vgl. Czada, Roland, „Üblichkeitsprinzip" und situativer Handlungsdruck – Vermögenszuordnung im Transformationsprozeß aus sozialwissenschaftlicher Sicht, in: Klaus König u. a. (Hrsg.), Vermögenszuordnung – Aufgabentransformation in den neuen Bundesländern, Baden-Baden 1994, S. 153 ff.

[107] Vgl. Stark, David, Das Alte im Neuen. Institutionenwandel in Osteuropa, in: Transit 1995, S. 65 ff.

II. Institutionenbildung der Entwicklungsverwaltung

1. Engpässe verwalteter Entwicklung

Der hier verwendete und in der entwicklungspolitischen Fach- wie Alltagssprache gebräuchliche Begriff der Dritten Welt ist heikel, wenn man auf die komplexe Realität der Länder im Süden sieht. Wenn heute jenseits alter Zweifel vom „Ende der Dritten Welt" gesprochen wird,[108] so fällt als erstes das ökonomische Auseinanderdriften jener Länder ins Auge, die man historisch unter dieser Kategorie zusammengefasst hat. Es ist nicht zu einem weltweit synchronen wirtschaftlichen Wandel gekommen, der jene Länder an das Erscheinungsbild der Industrieländer herangeführt hätte. Zu beobachten ist im Gegenteil ein Prozess zunehmenden Auseinanderdriftens, wofür die divergierenden Entwicklungen in den während der 1950er Jahre nach den wirtschaftlichen Indikatoren vergleichbaren Regionen in Afrika südlich der Sahara einerseits und Staaten wie Hongkong, Taiwan, Singapur und der Republik Korea andererseits als drastische Beispiele dienen. Dieses Auseinanderfallen der Dritten Welt wird durch die weltweite statistische Erfassung der verschiedenen Dimensionen von Entwicklung – ökonomische, soziale, politische – belegt. Insbesondere die Beobachtungen von internationalen Organisationen wie der Weltbank, der OECD und der Vereinten Nationen bestätigen die divergierenden Entwicklungsprozesse.

Als klassisches, ökonomisches Kriterium der Länderklassifikation seitens der Weltbank dient weiterhin das Bruttosozialprodukt bezogen auf den einzelnen Einwohner. Vor diesem Hintergrund fällt neben der „Spaltung des afrikanischen Kontinents" besonders das Aufsteigen von Ländern wie Kuwait, den Vereinigten Arabischen Emiraten sowie Hongkong, Taiwan, der Republik Korea und Singapur gleichsam in die Erste Welt auf.[109] Während im Jahr 1960 die Pro-Kopf-Einkommen in Ostasien nur geringfügig höher lagen als in Afrika, waren die Einkommen Mitte der 1990er Jahre bereits fünfmal so hoch.[110] Als ökonomische Indikatoren verdeutlicht ferner der Vergleich der Haushaltsdefizite und der Inflationsrate die Divergenzen zwischen den Entwicklungsländern. Während in Asien und Lateinamerika zwischen 1961 und 1995 dauerhafte und drastische Verringerungen der Defizite der öffentlichen Finanzen erzielt wer-

---

[108] Vgl. Arnold, Guy, The End of the Third World, Houndmills, London 1995; Nohlen, Dieter/Nuscheler, Franz, „Ende der Dritten Welt?", in: dies. (Hrsg.), Handbuch der Dritten Welt, Band 1: Grundprobleme, Theorien, Strategien, Nachdruck der 3. Aufl., Bonn 1993, S. 14 ff.

[109] Vgl. Betz, Joachim/Brüne, Stefan, Der neue Reichtum in der Dritten Welt, in: dies. (Hrsg.), Jahrbuch Dritte Welt 1998. Daten, Übersichten, Analysen, München 1997, S. 3 ff.

[110] Vgl. World Bank, The State in a Changing World, World Development Report 1997, Washington, D. C. 1997.

den konnten, waren der afrikanische Kontinent und die Staaten des Nahen Ostens nicht in der Lage, diesbezügliche Verbesserungen in der zweiten Hälfte der 1980er Jahre fortzusetzen.[111] Die Auswertung des Verlaufs der Inflationsraten ergibt für Ost- und Südasien konstant niedrige Werte, zwischen 1961 und 1995 immerhin eine Absenkung von 20 % auf weniger als 10 %. Auch im südlichen Teil Afrikas überstieg die Inflation in demselben Zeitraum nicht die 30 %-Grenze. In Lateinamerika und der karibischen Region dagegen ist erst in der jüngsten Vergangenheit eine Trendwende von annährend 300 % Ende der 1980er Jahre zu etwa 80 % gelungen.

Vor dem Hintergrund des sozialen Aspekts von Entwicklung gilt ein Hauptaugenmerk der Verbreitung von Armut. Während für Ostasien eine weitere Reduzierung des Bevölkerungsanteils der Armen von 13,2 % im Jahr 1985 über 11,3 % im Jahr 1990 auf etwa 4,2 % im Jahr 2000 genannt wird, bleibt der entsprechende Anteil in Subsahara-Afrika mit Werten zwischen 47,6 % und 49,7 % konstant hoch. Auffällig sind auch die Divergenzen hinsichtlich der Altersstruktur, die Ausdruck qualitativer Unterschiede in der Nahrungsmittelsicherheit und dem Gesundheitswesen sind. Während der Anteil der Bevölkerung über 60 Jahre im südlichen Afrika im Jahr 1990 4,6 % betrug, wird bei Zugrundlegung eines moderaten Szenarios ein Anstieg auf 16,6 % im Jahr 2100 erwartet. Die entsprechenden Vergleichszahlen für Südostasien werden mit 6,3 % und immerhin 27,5 %, für Nordafrika mit 5,6 % und 21,5 %, für Südamerika mit 7,6 % und 25,5 % beziffert.[112] Auch im Erziehungswesen sind tiefgreifende soziale Gegensätze erkennbar. So wendet stellvertretend für die ostasiatischen „Tigerstaaten" die Republik Korea 84 % ihrer Ausgaben zum Erziehungswesen für die Grundschulausbildung auf. In Afrika dagegen entfallen auf diesen Bereich durchschnittlich lediglich 4 %, bei 96 % für die höhere Ausbildung; in Tansania beläuft sich das Verhältnis sogar auf 1:238.[113] Dass die Implementation von Sozialprogrammen auf der Basis der Ermittlung tatsächlicher Bedürftigkeit hohe Anforderungen an Verwaltungen in Entwicklungs- wie auch Industriländern stellt, zeigt der Bereich möglichst verteilungsgerechter Wohnungssubventionierung. Während in den OECD-Staaten der Prozentsatz der Subventionen, die Haushalte mit einem Einkommen unterhalb des Median erreichen, noch 50 % beträgt, sind es in Südasien nur 10 %, in

---

[111] Vgl. World Bank, The State in a Changing World, World Development Report 1997, Washington, D. C. 1997.

[112] Vgl. Leisinger, Klaus M., Bevölkerung, in: Ingomar Hauchler (Hrsg.), Globale Trends 1996, Frankfurt a. M. 1996, S. 101 ff.

[113] Vgl. World Bank, The State in a Changing World, World Development Report 1997, Washington, D. C. 1997.

Lateinamerika und Karibik sowie dem südlichen Afrika jeweils 18 %, in Ostasien bereits 31 %.[114]

Blickt man von solchen sozioökonomischen Daten auf die Einrichtungen von Staat und Verwaltung, so lassen sich dann weiterhin politische Faktoren wie die Vorhersehbarkeit der Gesetzesentwicklung und die Zuverlässigkeit der Judikative ermitteln,[115] die in den Entwicklungsländern zum Teil sehr unterschiedlich ausgeprägt sind. An Kontinuität der für die wirtschaftliche Entwicklung maßgeblichen gesetzlichen Grundlagen fehlt es demnach insbesondere in der Gemeinschaft Unabhängiger Staaten, während in Süd- und Südostasien diesbezüglich die Situation sogar als günstiger bezeichnet wird als in den OECD-Staaten. Mangelnde Verlässlichkeit der Durchsetzung des Rechts wird in allen Entwicklungsländern, mit Ausnahme der Regionen Süd- und Südostasien bezeichnet. Auffällig ist diesbezüglich insbesondere der außerordentlich hohe Mangel an Sicherheit der Eigentumsrechte in Lateinamerika und der karibischen Region.[116] Die politisch-administrativen Aspekte von Entwicklung zeigen auch dann kein einheitliches Bild der Entwicklungsländer, wenn man – wie die Weltbank es tut – Versuche der Bildung eines Demokratie-Indexes zugrundelegt.[117] Immerhin fällt auf, dass mit Ausnahme des Nahen Ostens und Nordafrika, die zwischen 1960 und 1994 lediglich ganz geringe Veränderungen zeigen, sich alle anderen Regionen der Dritten Welt tendenziell den Demokratiewerten der OECD-Länder nähern. Während 1974 lediglich 39 Länder, d. h. weltweit etwa 25 %, als demokratisch bezeichnet wurden, finden nunmehr in 117 Ländern (annähernd 65 %) offen Wahlen statt. Besonders in Mittel- und Osteuropa sowie in Zentralasien sind die demokratisierenden Folgen des dortigen Zusammenbruchs der Staatssysteme zu bemerken.

Solche Beispiele vermitteln eine erste Anschauung von den unterschiedlichen „Entwicklungen der Entwicklung" in der Welt und ihren Regionen. Zu den wirtschaftlichen, sozialen, politischen Komponenten der Entwicklung könnte man noch ökologische hinzuziehen, die dann das Bild noch verschiedenartiger machen würden.[118] Hinzu kämen dann nicht nur die „Brakedowns of

---

[114] Vgl. World Bank, The State in a Changing World, World Development Report 1997, Washington, D. C. 1997.

[115] Vgl. Brunetti, Aymo u. a., Institutional Obstacles for Doing Business: Region-by-Region Results from a Worldwide Survey of the Private Sector, Background Paper for the World Development Report 1997, Washington, D. C. 1997.

[116] Vgl. World Bank, The State in a Changing World, World Development Report 1997, Washington, D. C. 1997.

[117] Vgl. Jaggers, Keith/Gurr, Ted Robert, „Polity III: Regime Type and Political Authority, 1800-1994", Inter-University Consortium for Political and Social Research, Ann Arbor 1996.

[118] Vgl. Redclift, Michael, Development and the Environment. Managing the Contradictions?, in: Leslie Sklair (Hrsg.), Capitalism & Development, London 1999,

development", wie sie zeitweise in Asien zu beobachten waren und die das Zahlenwerk an der Wende vom 20. zum 21. Jahrhundert durcheinander bringen können, ohne freilich den Grundtatbestand des Auseinanderdriftens aus der Welt zu schaffen.[119] Vielmehr haben OECD und Weltbank die postsozialistischen Länder Asiens aus guten Gründen in die Kategorie der „Entwicklungsländer" aufgenommen, womit der Weg zu vergünstigten „Entwicklungskrediten" geöffnet ist. Es geht also nicht darum, auf eine verfestigte Landkarte von Ländern und Ländergruppen zu schauen, sondern bestimmte, in der Entwicklungspolitik vor allem ökonomische Beschaffenheiten zu identifizieren. Und insoweit kann man für bestimmte postsozialistische Länder Asiens unter dem Vorzeichen der öffentlichen Verwaltung eine doppelte Transition feststellen. Sie zeigen einerseits die Züge einer sich transformierenden Kaderverwaltung. In vielen Merkmalen sind sie andererseits der Entwicklungsverwaltung zuzurechnen. Dabei ergeben sich aus der doppelten Beschaffenheit von Fall zu Fall besondere Probleme, wenn etwa sich die Bildung von Kadern und die Rekrutierung von traditionalen Eliten gemischt haben.

So mögen dann der Typus der bürokratischen Verwaltung – in seiner legalistischen oder auch managerialistischen Ausprägung – wegen einer langen Modernisierungsgeschichte und der Typus der Kaderverwaltung wegen seiner ideologischen Durchsetzung leichter zu bestimmen sein. Das bedeutet indessen nicht, dass auf den Versuch zu verzichten ist, für die nach wie vor identifizierbaren Entwicklungsländer, Entwicklungsgesellschaften, Entwicklungswirtschaften usw. die typischen Merkmale der korrespondierenden Entwicklungsverwaltung herauszuarbeiten. Die Probleme der Entwicklung der Verwaltung wie der Verwaltung der Entwicklung sind nicht ausgeräumt, so zum Beispiel, ob es nicht gerade politisch-administrative Klassen sind, die sich Renteneinnahmen verschaffen, sich selbst privilegieren, so den Aufbau von Märkten mit marktkonformen Gewinnen stören und letztlich die Entwicklung behindern.[120] Entsprechend hat die öffentliche Verwaltung in Entwicklungsländern über Dekaden als Engpassfaktor der Entwicklungspolitik gegolten. Die einschlägigen Kritiken haben auf vielen Feldern der internationalen Zusammenarbeit dazu geführt, dass man auf die „Non-Governmental Organizations" gesetzt hat. Man hat in den nichtstaatlichen Organisationen gleichsam Knotenpunkte einer zu-

---

S. 123 ff.; ferner Pitschas, Rainer, Einführung: Soziale Sicherung und Umweltmanagement im Süden als Aufgaben der Institutionenentwicklung, in: ders. (Hrsg.), Entwicklungsrecht und sozialökologische Verwaltungspartnerschaft, Berlin 1994, S. 19 ff.

[119] Vgl. Weltbank, Bericht Ostasien – Der Weg zurück zum Wachstum, Washington, D. C. 1998.

[120] Vgl. Elsenhans, Hartmut, State, Class and Development, New Delhi 1996; ders., Die Behinderung der Institutionenbildung durch Renten, in: Arthur Benz u. a. (Hrsg.), Institutionenwandel in Regierung und Verwaltung, Berlin 2004, S. 697 ff.

9. Kapitel: Nachholende Verwaltungsmodernisierung

nehmend international vernetzten Zivilgesellschaft gesehen.[121] Im Grunde hat sich aber erwiesen, dass diese Organisationen weder die Kräfte des Marktes noch die des Staates substituieren können.[122]

Wendet man sich unter diesem Vorzeichen der öffentlichen Aufgabenwahrnehmung in den Entwicklungsländern zu, dann lässt sich an der Funktion des Staates als Agentur der Entwicklung festhalten.[123] Jedoch bleibt die Lage im Entwicklungsstaat insbesondere deswegen kritisch, weil sich ein Anstieg der Staatsverschuldung und eine Ausbreitung der Phänomene der Korruption und des „Rent Seeking" beobachten lassen. In Entwicklungsländern ist die Differenzierung zwischen Verwaltung und Politik wenig ausgeprägt.[124] Die politischen Institutionen bleiben gegenüber den administrativen Organisationen, die häufig an die Strukturen der früheren Kolonialverwaltung anknüpfen, vor Ort zurück.

Die in Entwicklungsländern anzutreffenden Bestrebungen der Privatisierung öffentlicher Aufgaben und staatlicher Unternehmen können daher auch als Versuch gesehen werden, die Einflussmöglichkeiten der öffentlichen Verwaltungen wenigstens zu begrenzen. So ist außerhalb der OECD-Staaten in diesem Jahrzehnt ein Anstieg von Privatisierungsvorhaben zu verzeichnen. Zieht man Transformationsländer wie Polen, Ungarn, die Tschechische und die Slowakische Republik hinzu, so stieg der durchschnittliche Anteil der privaten Wirtschaft an der Wertschöpfung zwischen 1990 und 1993 von 30 % auf 50 %. Eine Zusammenstellung aller nicht auf Bezugsscheinen basierenden Verkäufe ergab 2.655 Unternehmenstransaktionen mit einem Gesamtwert von 271 Mrd. US-Dollar in 95 Entwicklungsländern zwischen 1988 und 1993.[125] Der Anteil der Industrieländer betrug mit 175 Mrd. US-Dollar etwa 65 % am Investitionsvolumen, konzentrierte sich dabei aber auf lediglich 15 % der Unternehmensübergänge. Das heißt, die besonders kapitalintensiven Privatisierungsvorhaben, in der Regel größerer und teurer Unternehmen, bedurften meist ausländischer Finanzierungen.

---

[121] Vgl. Czempiel, Ernst-Otto, Weltpolitik im Umbruch, München 1991.

[122] Vgl. Glagow, Manfred, Die Nicht-Regierungsorganisationen in der internationalen Entwicklungszusammenarbeit, in: Handbuch der Dritten Welt, Band 1, Nachdruck der 3. Aufl., Bonn 1992, S. 304 ff.

[123] Vgl. Simonis, Georg, Der Entwicklungsstaat in der Krise, in: Franz Nuscheler (Hrsg.), Dritte Welt-Forschung. Entwicklungstheorie und Entwicklungspolitik, Sonderheft 16 der Politischen Vierteljahresschrift 1985, S. 157 ff.

[124] Vgl. Morstein Marx, Fritz, Verwaltung in ausländischer Sicht. Ein Querschnitt durch das Schrifttum, in: Verwaltungsarchiv 1965, S. 112 ff.

[125] Vgl. Sader, Frank, Privatization Public Enterprises and Foreign Investment in Developing Countries, 1988-1993. Foreign Investment Advisory Service. Occasional Paper No. 5, IFC 1995.

Im geographischen Vergleich stand in den vergangenen Jahren Südamerika mit 57 % des gesamten Wertvolumens im Mittelpunkt der Privatisierungsbewegung in den Entwicklungsländern, zu denen die Weltbank in diesem Zusammenhang auch die osteuropäischen Transformationsländer zählt. Auf letztere entfiel im Verbund mit der Gemeinschaft Unabhängiger Staaten ein Anteil von 18,7 %. Das letzte Viertel verteilte sich wiederum nur in einem geringen Umfang auf den Mittleren Osten und Afrika.

In sektoraler Sicht dominierte und dominiert weiterhin der Bereich der Infrastruktur: Immerhin ein Drittel der Privatisierungserlöse in den letzten Jahren stammt aus Verkäufen in der Telekommunikation, der Energie- und Wasserversorgung, dem Transportwesen u. a.; in Lateinamerika, der Karibik und Ostasien waren die Werte besonders hoch. In den osteuropäischen Staaten und in Zentralasien dagegen überwog die Veräußerung von staatlichen Industrieunternehmen.

In der wirtschaftswissenschaftlichen Diskussion liegt der Schwerpunkt regelmäßig auf der Privatisierung „von oben" – auch Entstaatlichung genannt –, worunter die mehr oder weniger vollständige Übertragung bestehender Staatsunternehmen auf private Eigentümer verstanden wird. Daneben gibt es die sogenannten Privatisierungen „von unten", welche die Ausweitung privaten Eigentums durch Unternehmensgründungen seitens der Bevölkerung, deshalb auch als unternehmerische Privatisierung genannt, bezeichnen.[126] Diese Form der Aufgabenverlagerung ist kennzeichnend für die aktuelle Entwicklung in China. Beiden Alternativen ist gemeinsam, dass sie Formen der materiellen Privatisierung darstellen. Weder der Staat noch die Kommunen nehmen zukünftig die Aufgabe wahr, weshalb mit der Reduzierung des Aufgabenbestandes eine Staatsentlastung einhergeht.

Defizite an der Systemgrenze zwischen Staat und Wirtschaft in Entwicklungsländern äußern sich ferner regelmäßig im Bereich der Wirtschaftsverwaltung. Insbesondere die Ineffektivität öffentlicher, nicht privatisierter Dienste in Infrastrukturbereichen wie dem Transport-, dem Kommunikationswesen, der Wasser- und Energieversorgung behindern und verhindern Investitionsvorhaben. Industrialisierung und die Steigerung wirtschaftlicher Transaktionen erfordern die Gewährleistung von Wettbewerbsverhältnissen, das heißt Verwaltungsverfahren zur Erteilung von Lizenzen und Konzessionen für Investitionen und Importe, Finanzmarktregulierungen, eine von der Tagespolitik unabhängige Währungskontrolle, Bankenaufsicht, Liegenschaftsverwaltung usw.[127]

---

[126] Vgl. Heberer, Thomas, Von Privatisierung wagt keiner zu sprechen, in: Frankfurter Allgemeine Zeitung vom 17.10.1997, S. 11.

[127] Vgl. Lachmann, Werner/Schulz, Eckard, Entwicklungspolitik, Band II: Binnenwirtschaftliche Aspekte der Entwicklung, München/Wien 1998, S. 202 ff.

Befragungen von mehr als 3.700 Unternehmen in 69 Ländern seitens der Weltbank haben Defizite in einer Reihe von institutionellen Faktoren in Staat und Verwaltung ergeben, die sich abträglich auf die weitere wirtschaftliche, gesellschaftliche und soziale Entwicklung auswirken. Die wichtigsten Aspekte der allgemeinen Rechts- und damit Investitionsunsicherheit resultieren neben aus unvorhersehbaren Regierungswechseln vor allem aus abrupten Änderungen der politischen Rahmensetzungen und bestehender Gesetze, uneinheitlichen und unklaren Regelungen des Eigentums- und Besitzschutzes – „property rights" –. Ferner mangelt es an richterlicher Unabhängigkeit und Objektivität des Verwaltungshandelns bis hin zu den Problemen der Korruption.[128]

Betrachtet man die Verwaltungsorganisation in Entwicklungsländern, so ist vertikal zwischen verschiedenen Verwaltungsebenen, horizontal zwischen Verwaltungszweigen als Ausdruck der vielfältigen staatlichen Aufgabenbereiche zu unterscheiden.[129] Die fachliche Gliederung und die der jeweiligen Verwaltungsebene zugeordneten Zuständigkeiten sind wiederum eng mit der Staatsorganisation überhaupt und der Entscheidung für einen zentralen oder einen dezentralen Staatsaufbau verbunden. In den Entwicklungsländern ist ungeachtet einer kolonialen Vergangenheit regelmäßig das Streben nach nationaler Einheit – „nation building" – im Wege politischer Zentralisierung und korrespondierenden Zentralverwaltungen zu beobachten. Nachdem diese Phase der Konsolidierung in weiten Teilen als abgeschlossen angesehen werden kann, werden schon seit geraumer Zeit Bestrebungen der Dezentralisierung als Entwicklungsweg begriffen.[130]

Die Weltbank hat bereits in ihrem Weltentwicklungsbericht aus dem Jahr 1983 Fragen der äußeren Verwaltungsorganisation aufgegriffen und die Dezentralisierung staatlicher Aktivitäten als geeignetes Mittel zur Minderung des Koordinierungsbedarfs auf Regierungsebene bewertet. Sie unterscheidet dabei drei Arten der Dezentralisierung, zum ersten die „Übertragung von Mitteln und Entscheidungsbefugnissen von der Regierungszentrale auf andere Zweige der Zentralregierung". Zweitens subsumiert sie die Kommunalisierung und drittens die „Delegation an Einrichtungen außerhalb der regulären bürokratischen Strukturen – etwa öffentliche Gesellschaften, regionale Entwicklungsbehörden

---

[128] Vgl. World Bank, The State in a Changing World, World Development Report 1997, Washington, D. C. 1997.
[129] Vgl. Mayntz, Renate, Soziologie der öffentlichen Verwaltung, 4. Aufl., Heidelberg 1997.
[130] Vgl. König, Klaus, Bewertung der nationalen Politik zur Dezentralisierung und Regionalisierung, in: Verwaltungswissenschaftliche Informationen 1989, Sonderheft 10, S. 3 ff.

oder sogar an nichtstaatliche Stellen wie landwirtschaftliche Genossenschaften, Kreditvereinigungen oder Gewerkschaften" – hierunter.[131]

In ähnlicher Weise stellt das der Verwaltungsförderung gewidmete Sektorpapier der Bundesregierung aus dem Jahr 1983 auf Fördermaßnahmen in den als Entwicklungshemmnisse ausgemachten Verwaltungszweigen der Steuerverwaltung, der Arbeits- und Sozialverwaltung, der Raum- und Infrastruktur- sowie der Personalverwaltung ab. Nach Verwaltungsebenen unterschieden soll es um eine Ausbalancierung der Zuständigkeiten für öffentliche Aufgaben zwischen der Lokal- und Selbstverwaltung, den Regional- und Mittelinstanzen sowie der Zentralverwaltung gehen.[132] Diese Aufzählung kann inzwischen um den Bereich der Umweltverwaltung erweitert werden.

Übersehen werden dürfen dabei nicht die Probleme kurzfristig verwirklichter oder zu weitgehender Dezentralisierung und Kommunalisierung, die beispielsweise aus einer großzügigen Kreditaufnahme auf der Ebene der Provinzen sowie der Städte und Gemeinden resultieren können. Mit dem Problem solcher, nicht zentral gesteuerter Verschuldung hatte sich die Weltbank in der jüngeren Vergangenheit vor allem in den Staaten Südamerikas auseinanderzusetzen, in denen die Bestrebungen der Dezentralisierung besonders intensiv verfolgt worden sind. So ist der Anteil der subnationalen Ausgaben an den öffentlichen Gesamtausgaben in Argentinien zwischen den Jahren 1974 und 1994 von 25 % auf 45 % gestiegen; auf der Einnahmenseite erhöhten sich die Werte im Vergleichszeitraum von 25 % auf 37 %. Für Brasilien ergab sich auf der Ausgabenseite ein Anstieg von 30 % auf 38 %, bei den Einnahmen lediglich von 23 % auf 25 %. In Brasilien hat damit die Verschuldung aller Provinzen die Grenze von 100 Mrd. US-Dollar überschritten und nahezu das Niveau des Schuldenstandes der Bundesregierung erreicht.[133]

Schließlich können bei fehlender zentraler Gegensteuerung Disparitäten zwischen Verwaltungseinheiten entstehen, so dass beispielsweise das Pro-Kopf-Einkommen in der chinesischen Provinz Guangdong viermal höher ist als dasjenige der Provinz Guizhou. Hieraus ergeben sich Tendenzen ungleicher

---

[131] Vgl. Weltbank, Weltentwicklungsbericht 1983, Washington, D. C. 1983, S. 143; Kirchhoff, Karl, Stand der Verwaltungsförderung zur Unterstützung besserer Rahmenbedingungen – Erfahrungen mit dem Sektorpapier „Verwaltungsförderung": Zwischenbilanz nach zehn Jahren und Zukunftsperspektiven, in: Rainer Pitschas (Hrsg.), Zukunftsperspektiven der Verwaltungszusammenarbeit, Band 1, München/Berlin 1993, S. 16 ff.

[132] Vgl. Bundesministerium für wirtschaftliche Zusammenarbeit, Sektorpapier zur Verwaltungsförderung, abgedruckt in: Jahrbuch für afrikanisches Recht, Band 3, S. 251 ff.; Bolay, Friedrich W./Koppe, Reinhard, Die neue Konzeption der Verwaltungsförderung der Bundesrepublik Deutschland, Berlin 1983, S. 363 ff., 384 ff.

[133] Vgl. World Bank, The State in a Changing World, World Development Report 1997, Washington, D. C. 1997.

Leistungsstandards bei der Versorgung mit öffentlichen Diensten und Gütern, die sich insbesondere im Bildungs- und Gesundheitsbereich nachhaltig auswirken. Solche Divergenzen können durch die Einwirkung von Interessengruppen auf die von der Zentralverwaltung zu vergebenden Finanzzuweisungen, Subventionen, Steuererleichterungen u. ä. zusätzlich verschärft werden.[134]

Wendet man sich den Prozessstrukturen in Entwicklungsverwaltungen zu, fallen vor allem Defizite in der Regelung der Entscheidungsabläufe auf. Die Steuerungsfunktion des Rechts ist weder im Sinne einer Rule of Law noch als Prinzip des Rechtsstaates ausgeprägt. Dafür gibt es viele Gründe. In den Staaten Südamerikas reicht die fehlende legalistische Tradition zurück in spanische Kolonialzeiten; das damals in Gesellschaft und lokaler Verwaltung entwickelte Rechtsverständnis, „das Gesetz zu ehren, aber nicht zu befolgen", war Ausdruck der Abneigung gegen alle Errungenschaften der spanischen Kolonialherren.[135] Auf dem afrikanischen Kontinent kollidieren häufig traditionelle, dem Harmoniestreben verknüpfte Rechtsvorstellungen mit solchen westlicher Herkunft, die den konkreten Konflikt regelmäßig zu Lasten einer der Parteien entscheiden oder aber als Rechtsregel dem Mitarbeiter des öffentlichen Dienstes eindeutige Handlungsanweisungen geben.[136]

Ein Harmoniestreben ist es auch, welches in den afrikanischen Staaten die internen Verwaltungsabläufe und -entscheidungen zu bestimmen scheint. Empirische Untersuchungen des öffentlichen Dienstes in Sambia haben ergeben, dass neun von zehn befragten Mitarbeitern der Auffassung waren, dass Verwaltungsentscheidungen im Einklang mit der Gruppenharmonie zu treffen sind. Annährend 70 % der Mitarbeiter lehnten deshalb Überprüfungen ihres Tuns durch Vorgesetzte ab. Sofern Regelungen des Verwaltungshandelns getroffen waren, waren diese meist unbestimmt gehalten, um auf diesem Weg Kontroversen über ihre Auslegung zu verhindern. Auf der anderen Seite befürchtete die Hälfte der befragten Vorgesetzten, dass das Instrument der Delegation von Verantwortung durch die nachgeordneten Mitarbeiter missbraucht würde.[137]

Problematisch gestaltet sich die Haushaltsplanung, an der die öffentliche Verwaltung auch bei mittelfristiger Aufgaben- und Finanzplanung beteiligt und

---

[134] Vgl. World Bank, The State in a Changing World, World Development Report 1997, Washington, D. C. 1997.

[135] Vgl. Pritzl, Rupert F. J., Korruption und Rent-Seeking in Lateinamerika: Zur Politischen Ökonomie autoritärer politischer Systeme, Baden-Baden 1997, S. 68 f.

[136] Vgl. Dia, Mamadou, Africa's Management in the 1990s and Beyond: Reconciling Indegenous and Transplanted Institutions, The World Bank, Washington, D. C. 1996, S. 56, 72 ff.

[137] Vgl. Dia, Mamadou, Africa's Management in the 1990s and Beyond: Reconciling Indegenous and Transplanted Institutions, The World Bank, Washington, D. C. 1996, S. 56, 72 ff.

von der sie betroffen ist, da ein Gleichgewicht zwischen den laufenden Ausgaben der Verwaltung und den für die Verwirklichung von Entwicklungsaufgaben bestimmten Mitteln gefunden werden muss.[138] Im Zeichen der Bewegung eines New Public Managements wirken Internationale Organisationen darauf hin, dass die Output-Orientierung des Staats- und Verwaltungshandelns in Entwicklungsländern betont wird. Verbesserungen der finanziellen Engpässe sollen durch globale Budgetzuweisungen erreicht werden; Verwaltungshandeln soll über Zielvereinbarungen gesteuert werden.[139] Angesichts der in Entwicklungsländern ohnehin schwachen Regel- und Rechtsbindung erhalten Vorstellungen von Entscheidungsverfahren, die einseitig an Ergebnissen und Zielen ausgerichtet sind, zusätzlichen Auftrieb. Zwar beabsichtigt man damit, den Bürger näher an den Staat heranzubringen, lässt dabei leicht außer acht, dass es gerade die Errungenschaft der legalistischen Verwaltungsstaaten Kontinentaleuropas gewesen ist, dem Bürger nicht nur relativ vage Nachfragemöglichkeiten einzuräumen, sondern ihn darüber hinausgehend mit einklagbaren Rechtsansprüchen auszustatten.

Öffentliches Management mag geeignet sein, verwaltungsinterne Ablaufprozesse zu verbessern; die Bestimmung und Gewichtung der gesellschaftlichen Entwicklungsziele sind seinem Anwendungsbereich aber entzogen.[140] Ferner setzen derartige marktorientierte Konstruktionen der Beziehungen zwischen öffentlicher Verwaltung und Bürgern effektive Regulierungsmechanismen, Kartellüberwachungen, Verbraucherschutzeinrichtungen u. ä., das heißt einen funktionierenden, „starken Staat" überhaupt erst voraus.[141]

Eine Problemanalyse des Personals im öffentlichen Dienst stellt folgende Gesichtspunkte heraus: außerverhältnismäßig hohe Personalausgaben, eine übergroße Zahl der im öffentlichen Dienst Beschäftigten, Einkommenserosionen insbesondere bei Fachkräften als Hindernis der Rekrutierung besonders qualifizierter Mitarbeiter.[142] Umgekehrt proportional zu dem beschriebenen

---

[138] Vgl. United Nations, Report of the Group of Experts on Public Administration and Finance on its twelfth meeting, A/50/525, E/1995/122 v. 11.10.1995.

[139] Vgl. United Nations, Report of the Group of Experts on Public Administration and Finance on its twelfth meeting, A/50/525, E/1995/122 v. 11.10.1995.

[140] Vgl. Caiden, Gerald E., Summary Report of the Twelfth Meeting of the Experts on the United Nations Programme in Public Administration and Finance, New York, 31 July – 11 August 1995, in: The International Journal of Technical Cooperation 1995, S. 243.

[141] Vgl. Reichard, Christoph, Verwaltungszusammenarbeit im Kontext internationaler Ansätze des „New Public Management", in: Franz Thedieck/Joachim Müller (Hrsg.), Rezeption deutscher Beiträge zur Verwaltungsmodernisierung für die Zusammenarbeit mit Entwicklungsländern, Berlin 1997, S. 100.

[142] Vgl. Nunberg, Barbara, Public Sector Pay and Employment Reform: A Review of World Bank Experience, World Bank Discussion Papers, No. 68, Washington, D. C. 1989.

Anstieg der Beschäftigtenzahlen im öffentlichen Dienst ist die Besoldung zurückgegangen, insbesondere bei Spitzenpositionen. Beispielsweise ist das Grundgehalt eines ständigen Staatssekretärs in Bangladesch seit 1971 um real 87 % gesunken. In der gleichen Zeit ist die Zahl der Beschäftigten von 450.000 auf annähernd eine Million im Jahr 1992 gestiegen. Die Zahl der Ministerien erhöhte sich von 21 auf 35.[143] Länder wie Singapur oder Malaysia, die die Gehälter im öffentlichen Dienst an die Veränderungen des Lebenshaltungskostenindex anpassen, bilden die Ausnahmen.[144]

Als Reaktion hierauf ist bereits seit Anfang der 1980er Jahre eine zweigleisige Entwicklungspolitik der Weltbank erkennbar.[145] Neben einer Strategie der reinen Kosteneindämmung, die eher kurz- bis mittelfristiger Art ist, wird langfristig eine Verbesserung der Leistungsqualität und ein möglichst effektiver Umgang mit den „Human resources" angestrebt. Insoweit umfassen die laufenden Förderprogramme Maßnahmen zur Einführung und Verbesserung der Personalentwicklung innerhalb der Ministerien und Verwaltungsbehörden, u. a. durch die Erstellung von Datenbanken zur Verwaltung entsprechender Personaldaten.[146]

Als Wege der Einsparung öffentlicher Ausgaben werden die Rückführung der Zahl temporär beziehungsweise saisonal Beschäftigter, die strikte Einhaltung der Ruhestandsregelungen, eine restriktive Handhabung der Neueinstellungen, die Abschaffung von Einstellungsgarantien nach Beendigung der Ausbildungs-, Vorbereitungs- oder Trainee-Programme, die Suspendierung von Beförderungsautomatismen, die Gewährung von Anreizen für das freiwillige Ausscheiden aus dem Beschäftigungsverhältnis und schließlich die Entlassung von Beschäftigten diskutiert.[147] Dass es jedoch in den öffentlichen Verwaltungen von Entwicklungsländern Personalprobleme jenseits transferierbarer Personalsteuerungsmodelle gibt, zeigt das Phänomen der sogenannten Geisterarbeiter. Fingierte oder aber nach dem Tod der Betroffenen in Täuschungsabsicht prolongierte Beschäftigungsverhältnisse als Ursache für Gehaltszahlungen ohne Gegenleistung sind vielerorts an der Tagesordnung. Grundsätzlich stößt eine derartige Bereinigung der Beschäftigtenzahlen, abgesehen von den bislang Be-

---

[143] Vgl. World Bank, The State in a Changing World, World Development Report 1997, Washington, D. C. 1997.

[144] Vgl. Weltbank, Weltentwicklungsbericht 1983, Washington, D. C., S. 143; Lindauer, David u. a., Government Wage Policy in Africa: Some Findings and Policy Issues, in: World Bank Observer 1988, S. 1 ff.

[145] Vgl. Moore, Richard J., Governance and Development: A Progress Report for the LAC Region, LATPS Occasional Paper Series, No. 16, Washington, D. C. 1993, S. 15.

[146] Vgl. World Bank, Governance. The World Bank's Experience, Washington, D. C. 1994, S. 2.

[147] Vgl. Nunberg, Barbara/Nellis, John, Civil Service Reform and the World Bank, World Bank Discussion Papers, No. 161, Washington, D. C. 1994.

günstigten, auf nur geringen Widerstand und wäre daher politisch eher durchzusetzen. Freilich gibt es verwaltungstechnische Schwierigkeiten. Probleme bereitet häufig die gänzlich fehlende oder mangelhafte Erhebung der Dienstverhältnisse als Grundlage eines Soll-Ist-Vergleichs.

Grundlage der Perzeption der öffentlichen Verwaltung in vielen Entwicklungsländern, besonders in Afrika, ist die „prismatische" Lage von Staat und Gesellschaft, die mit der Erlangung der Unabhängigkeit und der Entkolonialisierung nicht einfach beendet, sondern weiter vererbt worden ist. Staat und Verwaltung in modernerer Ausrichtung – etwa in Fortschreibung der Kolonialverwaltung – werden überlagert durch traditionale Institutionen und ethnisch-kulturelle Besonderheiten. Diese Ambivalenzen waren zunächst durch die aus der Unabhängigkeitsbewegung erwachsenen Erwartungen an die weitere wirtschaftliche Entwicklung überdeckt. So meinte man vielerorts, dass die Unabhängigkeit nicht nur den Übergang der Machtausübung, sondern auch die Ausdehnung des während der Kolonialzeit auf wenige Begünstigte begrenzten Wohlstandes bedeute. Die neuen Regime und Regierungen wurden nicht als bloße Erben eines fremden Systems, sondern auch als Förderer der Verteilung von Wohlstand betrachtet. Von Staat und Verwaltung wurde erwartet, dass sie nicht nur für das Wohlergehen der Bürger nach Maßgabe volkswirtschaftlicher Ressourcen verantwortlich seien, sondern dass sie auch und gerade für die Befriedigung des wachsenden Konsumbedarfs und Lebensstandards nach westlichem Vorbild einzustehen hätten.[148]

2. Governance in Entwicklungsländern

Von den Beitrittskandidaten zur Europäischen Union in Ost- und Südosteuropa wurde gesagt, dass die Finalität der Transformation von realsozialistischem Staat und Kaderverwaltung nach westlichen Leistungsmaßstäben zu definieren sei. Solche europäische Konvergenzen erschienen nicht zuletzt deswegen möglich, weil Länder wie Ungarn oder Polen auf eine Geschichte vor dem marxistisch-leninistischen Regime zurückgreifen können, die zur kontinentaleuropäischen Staats- und Rechtskultur gehören. Insofern erscheint eine „nachholende" Modernisierung im okzidentalen Sinne ein vertretbarer Ansatz, ohne dass damit freilich die bürokratische Verwaltung zu einem Richtigkeitstypus wird. Anders verhält es sich mit den Entwicklungsländern. Hier liegen andere kulturelle Voraussetzungen vor, wie es insbesondere die ökonomischen Modernisierungstheorien und die Versuche der „Westernisierung" in den 1950er und

---

[148] Vgl. *Dia, Mamadou*, A Governance Approach to Civil Service Reform in Sub-Saharan Africa, World Bank Technical Papers, No. 225, Washington, D. C. 1993, S. 12, 18 f.

1960er Jahren erfahren mussten.[149] Was für die Wirtschaftsentwicklung gilt, ist erst recht für die Verwaltungsentwicklung zu beachten. Insoweit geht es um die Domäne des Nationalstaates in seiner politischen Konstruktion und Souveränität. Wer den „Cultural relativism" nicht respektiert, muss mit dem Vorwurf eines neuen Imperialismus rechnen.[150] Das bedeutet einerseits, dass das Konzept der Entwicklungsverwaltung – als Entwicklung der Verwaltung wie Verwaltung der Entwicklung – kritisch reflektiert bleiben muss, andererseits, dass die Finalität der Entwicklung von Staat und Verwaltung nicht kurzgeschlossen im Abbild europäischer oder nordamerikanischer öffentlicher Bürokratien gesehen werden kann.

Entwicklungsverwaltung als Entwicklungstyp der gelenkten Massenbewegung wirft Fragen in zwei Richtungen auf. Die eine betrifft das politische Regime, die andere die Verwaltung selbst. Beim Konzept der Bürokratie – und Entsprechendes gilt für die Kaderverwaltung[151] – sind die Herrschafts- und Verwaltungsprobleme so aufeinander bezogen, dass sie systemimmanent gestellt werden können.[152] Man kann nach Macht und Technik, Politik und Organisation in einem fragen. In der Entwicklungsverwaltung als Entwicklungstyp der gelenkten Massenbewegung sind politische Mobilisierung und legitime Autorität das eine, das Verwaltungsmodell und seine Organisation das andere. Für beides sind getrennte Überlegungen möglich. So werden etwa fünf Typen des politischen Regimes unterschieden: konservative Oligarchien, autoritär militärische Reformer, wettbewerbliche interessenorientierte Parteisysteme, dominierende Massenpartei-Systeme und kommunistisch totalitäre Systeme.[153] Nach dem Kriterium der Beziehung zwischen politischer Autorität und Verwaltung werden etwa folgende fünf Alternativen genannt: durch die Regierung beherrschte Verwaltungen, militärisch beherrschte Verwaltungen, regierende Verwaltungen, repräsentative Verwaltungen und Partei-Staatsverwaltungen.[154]

---

[149] Vgl. Nukherjee, Ramkrishna, Society, Culture, Development, New Delhi u. a. 1991.

[150] Vgl. Blunt, Peter, Cultural Relativism, „Good" Governance and Sustainable Human Development, in: Public Administration and Development 1995, S. 1 ff.

[151] Vgl. Glaeßner, Gert-Joachim, Herrschaft durch Kader: Leitung der Gesellschaft und Kaderpolitik in der DDR, Opladen 1977.

[152] Vgl. Kamenka, Eugene/Kryier, Martin (Hrsg.), Bureaucracy: the Career of a Concept, London 1979.

[153] Vgl. Esman, Milton J., The Politics of Development Administration, in: John D. Montgomery/William S. Siffin (Hrsg.), Approaches to Development: Politics, Administration and Change, New York 1966, S. 59 ff.

[154] Vgl. Fainsod, Merle, Bureaucracy and Modernization: The Russian and Soviet Case, in: Joseph La Palombara (Hrsg.), Bureaucracy and Political Development, Princeton, New York, S. 234 ff.

Wendet man sich von hier der Verwaltungsseite zu, so bleibt als gemeinsames administratives Muster für Entwicklungsländer nicht mehr als ein Verzeichnis von Engpässen: der mehr imitative, denn originäre Grundzug, die Knappheit an qualifizierter Arbeitskraft für Entwicklungsprogramme, die mangelhafte Orientierung an der Verwaltungsproduktion, die verbreitete Diskrepanz zwischen Form und Realität, ein beträchtliches Maß an funktionaler Eigenmächtigkeit.[155] Entsprechend fällt es schwer, Verwaltungsstrukturen in ihren organisatorischen, personellen, prozessualen Ausformungen fortzuzeichnen. Der Vorzug des Typus der Bürokratie – wie auch Kaderverwaltung[156] – ist es eben, dass nicht nur die Diskussion der Herrschaft, sondern auch die der Organisation ermöglicht wird. So ist das Bürokratische mit der Fortschreibung moderner Organisationen eng verknüpft,[157] ohne dass wiederum Staatsbürokratie zum Richtigkeitstyp wird. Wir können von der Bürokratie her über Zuständigkeitsverteilung, Ordnung der Ämter, Behördenkommunikation, Rationalisierung der Verwaltungsarbeit, öffentliches Personal und vieles mehr nachdenken.[158] Entwicklungsverwaltung als Entwicklungstyp der gelenkten Massenbewegung entbehrt einen vergleichbar konstruktiven Zug.

Auch der Typus einer prismatischen öffentlichen Verwaltung ist für ein Konzept der Entwicklungsverwaltung nicht unproblematisch. Zunächst muss die Fruchtbarkeit dieses theoretischen Ansatzes und die Anstöße, die er der vergleichenden Verwaltungswissenschaft vermittelt hat, anerkannt werden.[159] Indessen sind viele Kritikpunkte bemerkenswert. Dazu gehört der negative Charakter des prismatischen Typs, die Wertbeladenheit der verwendeten Begriffe, der Ausgang bei den westlichen Standards, die einseitige Interpretation des Formalismus usw.[160] Für uns stellt sich aus solchen Zweifeln weniger die wissenschaftstheoretische Frage. Zum Beispiel ist das empirische Fundament dieser Theorie angezweifelt worden. Hier muss man die spezifische Methodik in Rechnung stellen. Man hat darauf hingewiesen, dass die wirklichen Problemstrukturen und damit die funktionalen Interdependenzen viel komplizierter

---

[155] Vgl. Heady, Ferrel, Public Administration: A Comparative Perspective, 6. Aufl., New York u. a. 2001.

[156] Vgl. König, Klaus, Kaderverwaltung und Verwaltungsrecht, in: Verwaltungsarchiv 1982, S. 37 ff.

[157] Vgl. Mayntz, Renate (Hrsg.), Bürokratische Organisation, Köln/Berlin 1968.

[158] Vgl. König, Klaus, System und Umwelt der öffentlichen Verwaltung, in: ders. u. a. (Hrsg.), Öffentliche Verwaltung in der Bundesrepublik Deutschland, Baden-Baden 1981, S. 13 ff.

[159] Vgl. Diamant, Alfred/Jecht, Hans, Verwaltung und Entwicklung: Wissenschaftliche Forschungstendenzen und Modelle in den USA, in: Die Öffentliche Verwaltung 1966, S. 388 ff.

[160] Vgl. Heady, Ferrel, Public Administration: A Comparative Perspective, 6. Aufl., New York u. a. 2001.

seien, als es in der Theorie der prismatischen Gesellschaft zum Ausdruck komme. Insoweit lässt sich darauf verweisen, dass sich der Typus um eine weitere Diskussion – nämlich die der Integration zwischen sozialen Strukturen – hat ausbauen lassen.[161]

Im Grunde ist es eher wohl der „negative Funktionalismus" der prismatischen öffentlichen Verwaltung und ihrer Umwelt,[162] der zögern lässt, dieses idealtypische Konzept als eine Verständigungsgrundlage der Entwicklungsverwaltung zu betrachten. Er scheint von Enttäuschungen geprägt zu sein, die aus Erfahrungen mit der westlichen Verwaltungshilfe für die Dritte Welt verbunden sind. Eine spezifische Fortschrittsgläubigkeit wird als Vor-Urteil gesetzt, die Ereignisse wie im Iran schwer begreiflich erscheinen lassen[163] und zu einer westlichen Schräglage führen, die die negativen Aspekte in den Vordergrund treten lassen.[164] Alles hängt mit allem zusammen. Nichts kann für sich allein geändert werden. Jeder Eingriff hat entweder gegenläufige oder gar keine Folgen: „Ein Missgeschick ist für das andere da, eine Untugend stützt und erfordert die andere".

Immerhin bleibt es bei der sozialen Differenzierung als ein bestimmendes Funktionsprinzip der Entwicklungsverwaltung. Die öffentliche Verwaltung handelt in einer sozialen Umwelt, die sich von einer diffusen traditionalen Lage zur Trennung, Scheidung, Sonderung, Aufgliederung in Teilkulturen, Gruppen, Teilsystemen, Schichten, Berufe mit Sonderfunktionen, Rollen, Rängen, Sonderinteressen usw. bewegt. Das bedeutet soziale Differenzierung.[165] Nun hängt soziale Differenzierung schlechthin mit Problemen des gesellschaftlichen Wandels und des sozialen Fortschritts zusammen.[166] Die Eigenart von Entwicklungsgesellschaften ist es indessen, dass der Veränderungsprozess nicht nur zum dominanten Zug systemischer Beschaffenheit wird. Vielmehr dauert er an, wird zum prismatischen Stadium, zu einer historischen Epoche. Die von der Tradition abgetrennten Menschen sind dauerhaft auf Existenzsicherung durch die Regierung angewiesen. Eine sich aufgliedernde Arbeitswelt verlangt kontinuierlich nach öffentlichen Modernisierungsleistungen. Von Staats wegen sind

---

[161] Vgl. Riggs, Fred W., Prismatic Society Revisited, Morristown, N. J. 1973.

[162] Vgl. Luhmann, Niklas, Besprechung: Fred W. Riggs: Administration in Developing Countries: the Theory of Prismatic Society, in: Verwaltungsarchiv 1966, S. 286 ff.

[163] Vgl. Seitz, John L., The Failure of U.S. Technical Assistence in Public Administration: The Iran Case, in: Public Administration Review 1980, S. 407 ff.

[164] Vgl. Arora, Ramesh K., Comparative Public Administration, New Delhi 1972, S. 121 ff.

[165] Vgl. König, Klaus, Öffentliche Verwaltung und soziale Differenzierung, in: Verwaltungsarchiv 1973, S. 1 ff.

[166] Vgl. Eisenstadt, Shmuel N., Social Change, Differentiation and Evolution, in: American Sociological Review 1964, S. 375 ff.; Tjaden, Karl Hermann, Soziales System und sozialer Wandel, Stuttgart 1969, S. 220 ff.

die sich aussondernden Teilsysteme immer wieder zu integrieren. Für die sich auftrennenden Teilkulturen sind beständig Institutionen durch eine mitwirkende Verwaltung zu organisieren. Das Entwicklungsland, das Souveränität gewonnen hat, muss die politisch-kulturelle wie die sozioökonomische Selbständigkeit stetig pflegen.

Der Leitgedanke einer solchen Verwaltung der Entwicklung schließt die Rücküberlegung darüber ein, wie eine Verwaltung entwickelt werden kann, die eben Entwicklungsfunktionen für die Gesellschaft erbringt. So ist die Ambivalenz von Vorstellungen zur Entwicklungsverwaltung zu verstehen. Man trifft die administrative Systembildung nicht direkt. Jedoch wird über die genannte Reflexivität mittelbar der Verwaltungsapparat erreicht. Beispiele aus dem zentralen und dem dezentralen Bereich der Wahrnehmung öffentlicher Angelegenheiten mögen das belegen. Entwicklungsländer pflegen heute über eine zentrale Entwicklungsplanung zu verfügen, um ihre drängendsten Probleme programmatisch zu erfassen und ihre Unterentwicklung zu überwinden.[167] Diese Entwicklungsplanung hat die in sie gesetzten Erwartungen nicht erfüllt und ist vielerorts gescheitert. Dabei sieht man sie als nach wie vor erforderlich an, kritisiert indessen Art und Weise von Planerstellung und Planvollzug. Der Versuch, im direkten Zugriff ein öffentliches Planungssystem als wirklich maßgeblich in Ländern der Dritten Welt einzurichten, begegnet Zweifeln. Angesichts der dortigen Umweltbedingungen sind die sozialtechnologischen Möglichkeiten für Planungen, wie sie aus den Industrieländern bekannt sind, begrenzt. Angemessener scheint es, bei den Funktionen anzusetzen, die eine Entwicklungsverwaltung zu erfüllen hat. Sollen Leistungen der Verselbständigung etwa gegenüber einer identitätsstörenden Entwicklungshilfe aus dem Ausland erbracht werden, dann müssen dazu funktionale Planungsformen aufgebaut werden, also Formen der Programmsteuerung, die den Dependenzproblemen angepasst sind. Einen solchen Ansatz bei den Umweltbedingungen und den hieraus erwachsenden Anforderungen an die Verwaltung stellt der Gedanke der „Community Development" dar.[168] Im lokalen Bereich werden Anstrengungen der Bevölkerung selbst mit denen von Regierungsbehörden verbunden, um die kulturelle, soziale und wirtschaftliche Lage der Gemeinden zu verbessern, diese in das Leben der übergeordneten Gemeinschaft zu integrieren und sie instandzusetzen, zur allgemeinen Entwicklung beizutragen. Nicht eine vorgegebene Organisationsstruktur, sondern die Existenzsicherung auf dem Lande, die soziale Integration der Bevölkerung, die Bildung von arbeitsfähigen Institutionen, die – wenn Brü-

---

[167] Vgl. Hesse, Kurt, Planungen in Entwicklungsländern, Berlin 1965; Wolff, Jürgen H., Planung in Entwicklungsländern, Berlin 1977.

[168] Vgl. Joerges, Bernward, Community Development in Entwicklungsländern, Stuttgart 1969.

cken, Schulen, Krankenhäuser gebaut sind – weiterfunktionieren, sollen diesen dezentralen Verwaltungsbereich bestimmen.

Jedoch läuft eine Reflexivität, die administrative Antworten nur aus soziokulturellen und politisch-ökonomischen Fragen aus der Verwaltungsumwelt zu geben geneigt ist, Gefahr, dass sich die öffentliche Verwaltung als eigenständiges Funktionssystem in der Relativität solcher Umweltbezüge auflöst. Wie die sozio-kulturellen Eigenarten der Entwicklungsländer, ihre eigenen Traditionen und Wertvorstellungen, die in ihnen maßgeblichen Lebens- und Denkweisen seit langem in offiziellen Dokumenten der entwicklungspolitischen Zusammenarbeit anerkannt werden,[169] so gehören die kulturell-situationalen Abhängigkeiten der öffentlichen Verwaltung zum Lehrbuchwissen der Verwaltungswissenschaft.[170] Wenn man auch immer wieder in der Entwicklungspolitik auf vereinfachte Modelle des Managements, der Budgetierung, des Controlling usw. stoßen mag, so wird heute keiner mehr einem platten Universalismus des Verwaltungsphänomens das Wort reden.[171] Angesichts einer internationalen entwicklungspolitischen Zusammenarbeit, die den Verwaltungsfaktor ohnehin vernachlässigt – Geber wollen Bürokratien nicht noch exportieren, Nehmer wollen Innenhöfe der Machtausübung schützen – scheint man manchmal dieses soziale Funktionssystem beiseite zu schieben.[172] Eine voreingenommene Beschäftigung mit der „Ökologie der Administration" kann dazu führen, dass es letztlich um Kultur, Politik, Wirtschaft, Bildung selbst, nicht mehr um deren Bezüge zur öffentlichen Verwaltung geht. Man verständigt sich nicht mehr über die Umwelteinflüsse, die sich auf die Verwaltungsinstitutionen auswirken. Das Verwaltungssystem wird vielmehr zum Gefangenen seiner Umwelt. Verwaltung ist schlicht eine abhängige Variable. Sie kann nicht zu Veränderungen der sozialen Bedingungen beitragen, da diese eben das Schicksal der Verwaltung von vornherein determinieren.

Deswegen muss gerade für die internationale Zusammenarbeit unterstrichen werden, dass die öffentliche Verwaltung ein soziales Handlungssystem ist, das freilich von seiner Umwelt mit konstituiert und beeinflusst wird, indessen auch aufgrund einer eigenen Ordnung existiert und funktioniert. Unter den Vorzeichen von Entwicklungsproblemen der Dritten Welt geht es dann durchaus um die Anpassung der Verwaltung an den jeweiligen sozio-kulturellen Kontext,

---

[169] Vgl. Bundesministerium für wirtschaftliche Zusammenarbeit, Fünfter Bericht zur Entwicklungspolitik der Bundesregierung, Bonn 1983.

[170] Vgl. McCurdy, Howard E., Public Administration: A Synthesis, Menlo Park, California 1977.

[171] Vgl. Esman, Milton J., Development Assistance in Public Administration: Requiem or Renewal, in: Public Administration Review 1980, S. 426 ff.

[172] Vgl. Jreisat, Jamil E., Synthesis and Relevance in Comparative Public Administration, in: Public Administration Review 1975, S. 663 ff.

vielleicht sogar bis hin zu den Problemen dualer Verwaltungssysteme.[173] Vorschläge zur entwicklungspolitischen Sache pflegen unter dem Vorbehalt der situationalen Gegebenheiten zu stehen, wenn nicht überhaupt dem Gedanken eines Lernprozesses der Vorzug gegeben wird.[174] Wer westliche Verwaltungstechniken ohne weiteres als Rezepturen für Entwicklungsländer anbietet, gilt als unerfahren. Die Einsicht in die administrativen Kontingenzen etwa bei der Budgetierung besteht.[175] Und doch sind es nicht zuletzt Verwaltungswissenschaftler aus Entwicklungsländern selbst – oft mit praktischer Regierungserfahrung –, die nach einer breiteren Verständigungsgrundlage über die jeweilige Situation vor Ort hinaus Ausschau halten und dabei das Symbol der Entwicklungsverwaltung einsetzen.[176] Insbesondere die Steuerung der sozialen Umwelt der Verwaltung durch Programme und Projekte, mit denen die Anforderungen sozioökonomischer Entwicklung getroffen werden sollen, geraten ins Blickfeld, also Programme und Projekte der Entwicklung der Infrastruktur, des öffentlichen Bildungswesens, des Lebens auf dem Lande, des Wohnens usw.

Wenn man dem auch in unserer Verwaltungszusammenarbeit mit Entwicklungsländern zurückhaltend aufgegriffenen Wort der Entwicklungsverwaltung[177] einen konzeptionellen Sinn bemessen will, wird man zwei Aspekte im Auge behalten müssen. Erstens geht es mehr um die Verwaltung der Entwicklung als um die Entwicklung der Verwaltung. Letzteres versucht man eher reflexiv zu erreichen, wenn man darüber nachdenkt, wie eine Verwaltung beschaffen ist oder sein soll, die Entwicklungsfunktionen erfüllt. Zweitens ist die Entwicklungsverwaltung ein typologischer Orientierungsrahmen mittlerer Reichweite, ein Leitgedanke zwischen Kulturen, Regionen, Situationen, aber kein Richtigkeitsmodell. In der Konzeption der Entwicklungsverwaltung mischt sich Faktizität mit Normativität, wie eben der Mensch in der Gesellschaft zugleich Sein und Sollen, Motivation und Normation verkörpert. Aber wie bei der Bürokratie handelt es sich nicht um einen objektiven Richtigkeitstypus. Entsprechend geht es um anderes als um das Muster für den Transfer von Wissenschaft über gutes Verwalten zwischen verschiedenen Zeiten und

---

[173] Vgl. UNESCO (Hrsg.), Public Administration and Management: Problems of Adaption in Different Socio-Cultural Contexts, Paris 1982.

[174] Vgl. Korten, David C., Community Organization and Rural Development: A Learning Process Approach, in: Public Administration Review 1980, S. 480 ff.

[175] Vgl. Caiden, Naomi/Wildavsky, Aaron, Planning and Budgeting in Poor Countries, New York 1974.

[176] Vgl. Lee, Hahn Been, Systematization of Knowledge on Public Administration: The Perspective of Development Administration, in: Klaus König/Michael Protz (Hrsg.), Encyclopedia of Public Administration – an International and Integrative Conception, Speyerer Forschungsberichte 22, Speyer 1981.

[177] Vgl. von Richthofen, Wolfgang Frhr., Verwaltungszusammenarbeit in der Entwicklungspolitik, in: Klaus König u. a. (Hrsg.), Öffentliche Verwaltung in der Bundesrepublik Deutschland, Baden-Baden 1981, S. 411 ff.

Räumen. Wissenschaftliche Fragehorizonte werden eröffnet, Modifikationen von Einsichten werden ermöglicht, Ansätze für empirische Überprüfungen geboten. Ein Bezugsrahmen wird geschaffen, der Staat und Verwaltung jenseits ihrer jeweiligen kulturell-historischen Eigenart umfasst, ohne dass das öffentliche Leben in seinen konkreten Institutionen durch ihn hindurchfällt. Über viele Jahre gesammelte Erkenntnisse zu den Strukturen und Funktionen öffentlicher Verwaltung in Entwicklungsländern lassen sich einsammeln und überprüfen. Es wird vermieden, dass die öffentliche Verwaltung in großen Erklärungsansätzen vorgestellt wird, in denen sie von vornherein zu einem Phänomen eines „peripheren Staates" wird.[178]

Die Frage nach der Finalität der Entwicklung der Entwicklungsverwaltung bleibt indessen offen, soweit es nicht um die jeweilige Reflexivität angesichts soziokultureller und politisch-ökonomischer Umweltbedingungen, sondern um die Zukunft der eigenen Ordnung öffentlicher Verwaltung in Entwicklungsländern geht. Dazu bedarf es solcher Konzepte, die über die Kategorie der Entwicklungsverwaltung hinausgreifen. Nun mag man wie im Falle von Transformationsländern in Mittel- und Osteuropa eben der Meinung sein, dass es um „nachholende Modernisierung" geht. Wenn von afrikanischer Seite selbst die „Bureaucratization" der Verwaltung dieses Kontinents verlangt wird, und zwar als Leistungsordnung im Weberschen Sinne, dann ist dies sowohl für die Herrschafts- wie die Organisationsfrage schwer zurückzuweisen.

Allerdings darf die Verwaltungswissenschaft die Erfahrung mit ökonomischen Modernisierungstheorien nicht übersehen. Man kann die Entwicklungsgeschichte nicht zu eng zusammenpressen. Die Finalität der Entwicklungsverwaltung einfach im Stand des europäischen und nordamerikanischen Verwaltungsstaates zu sehen, wäre zumindest unhistorisch und würde auch der Dynamik der dortigen öffentlichen Verhältnisse nicht entsprechen. So hat man dann auch die Finalität in Verwaltungsangelegenheiten aus spezifischen entwicklungspolitischen Konzepten abzuleiten versucht, und zwar nicht nur aus großen, etwa imperialismustheoretischen Positionen, sondern auch aus Ansätzen mittlerer Reichweite, wie etwa „Sustainable Development".[179] Beim strategischen Begriff der „dauerhaften Entwicklung" geht es um eine Entwicklung, die den Bedürfnissen der heutigen Generationen entspricht, ohne die Möglichkeiten künftiger Generationen zu gefährden.[180] Die Forderung, Entwicklung dauerhaft

---

[178] Vgl. Hanisch, Rolf/Tetzlaff, Rainer (Hrsg.), Staat und Entwicklung: Studien zum Verhältnis von Herrschaft und Gesellschaft in Entwicklungsländern, Frankfurt a. M./ New York 1981.

[179] Vgl. Brundtland-Bericht, Weltkommission für Umwelt und Entwicklung: Unsere gemeinsame Zukunft, Greven 1987.

[180] Vgl. OECD, Sustainable Development: OECD Policy Approaches for the 21st Century, Paris 1997.

zu gestalten, gilt für alle Länder und Personen.[181] Unter dem Vorzeichen von „Sustainable human development" werden dann auch den öffentlichen Verwaltungen bestimmte Wege gewiesen, etwa was Zugang und Teilhabe von benachteiligten Gruppen in öffentlichen Angelegenheiten betrifft.[182]

Ein spezifisch auf den Verwaltungsstaat eingestelltes Entwicklungskonzept ist das der „Good Governance", mit dem die Frage nach einer leistungsfähigen Steuerung öffentlicher Angelegenheiten von Staats und Verwaltungs wegen und nach ihren Werten gestellt ist.[183] Die Vorgeschichte dieses Konzepts reicht in die 1980er Jahre zurück, als in der internationalen Kooperation mit der Dritten Welt insbesondere im Zusammenhang mit Strukturanpassungsprogrammen die institutionellen Bedingungen im jeweiligen Entwicklungsland stärkeres Augenmerk fanden. Insbesondere Staat und Verwaltung gerieten ins Blickfeld. Demokratie, Achtung der Menschenrechte, Effektuierung des öffentlichen Sektors erschienen als relevante Größen. Der Ausdruck „Governance" in Verbindung mit Wertungen wie „bad" oder „poor" wird erstmals in einer Studie der Weltbank aus dem Jahre 1989 verwendet.[184] Man setzte sich mit den schlechten wirtschaftlichen Zuständen in den afrikanischen Regionen südlich der Sahara auseinander. In einer Bestandsaufnahme wurden die negativen Einflussfaktoren, insbesondere aus dem Umfeld von Staat und Verwaltung registriert, die die wirtschaftliche Entwicklung behindern. Unfähigkeit der Trennung von privatem und öffentlichem Sektor, schwaches öffentliches Management, unzuverlässiges Rechtssystem, willkürliche Entscheidungen, Korruption, Rentendenken wurden genannt. „Governance" wird umschrieben als „the exercise of political power to manage a nation's affairs".[185]

Der „Governance"-Begriff ist in seiner weiteren internationalen Karriere unter vielfältige intellektuelle Einflüsse geraten: aus der – amerikanischen – Politischen Wissenschaft, der Institutionenökonomik, den Entwicklungsmanagement-Modellen. Unter „Governance" ist verwiesen worden auf die Form des politischen Regimes, auf den Prozess, durch den Autorität im Management von Wirtschaft und sozialen Ressourcen eines Landes für die Entwicklung ausgeübt

---

[181] Vgl. Harboldt, Hans-Jürgen, Sustainable Development – Dauerhafte Entwicklung, in: Dieter Nohlen/Franz Nuscheler (Hrsg.), Handbuch der Dritten Welt, Band 1, Nachdruck der 3. Aufl., Bonn 1992, S. 231 ff.

[182] Vgl. Blunt, Peter, Cultural relativism, „good" governance and sustainable human development, in: Public Administration and Development 1995, S. 1 ff.

[183] Vgl. König, Klaus, Gute Gouvernanz als Steuerungs- und Wertkonzept des modernen Verwaltungsstaates, in: Werner Jann u. a. (Hrsg.), Politik und Verwaltung auf dem Weg in die transindustrielle Gesellschaft, Baden-Baden 1998, S. 227 ff.

[184] Vgl. World Bank, Sub-Saharan Africa. From Crisis to Sustainable Growth. A Long-Term Perspection Study, Washington, D. C. 1989.

[185] Vgl. World Bank, Sub-Saharan Africa. From Crisis to Sustainable Growth. A Long-Term Perspection Study, Washington, D. C. 1989.

wird, auf die Kapazität der Regierung, Sachpolitiken zu entwickeln, zu formulieren und zu vollziehen. In der Umkehrung festgestellter Mängel wurde schließlich eine positive Strategie vorgestellt, nämlich die eines „Good Governance".[186]

Vier Bereiche scheinen für diese Strategie von besonderer Bedeutung: Erstens das „Public Sector Management"[187] als Leistungssteigerung und verbesserte Steuerung im öffentlichen Sektor; hier sind Maßnahmen der Reduktion öffentlicher Aufgaben und Zuständigkeiten, der Privatisierung öffentlicher Unternehmen, des Auskontrahierens von Teilleistungen öffentlicher Verwaltung, der Partnerschaft von Öffentlichen und Privaten, entsprechende Angleichungen des Personalbestandes, Reformen im Management des öffentlichen Personals, Verbesserungen des öffentlichen Finanzwesens vorzustellen. Zweitens die Verantwortlichkeit als Festlegung von Zuständigkeiten, Rechenschaftspflichten, Kontrollen von öffentlichen Verwaltungen; hierzu gehören nicht nur die feste Zuständigkeitsordnung und ein System gegenseitiger Kontrollen, sondern auch Maßnahmen der Dezentralisierung und Dekonzentration der öffentlichen Verwaltung und die Förderung der Lokalverwaltung. Drittens die Verbesserung der rechtlichen Rahmenbedingungen für die Entwicklung; hier wird auf die Bedeutung einer verlässlichen Rechtsordnung für die wirtschaftliche Entwicklung – „Rule of Law", Rechtsstaatlichkeit – verwiesen, wozu auch die Unabhängigkeit der Gerichte, die Absicherung von Eigentumsrechten, die Stabilität des Rechts zählen. Viertens die Transparenz des öffentlichen Sektors; hier ist der Zugang zu Informationen zu sichern, die Erhältlichkeit und Genauigkeit von Marktinformationen auch zum Abbau von Transaktionskosten sind zu verbessern, Transparenz für die Korruptionsbekämpfung und Akzeptanz von politischen Entscheidungen durch die Bürger zu schaffen.[188]

Der Ausdruck Governance ist für die Staats- und Verwaltungswissenschaft etwa im Vergleich zu rechts- und wirtschaftswissenschaftlichen Analysen von „Corporate Governance" in einem marktwirtschaftlich verfassten Privatsektor – wo es um die Steuerung und Kontrolle der Unternehmen geht – eher undeutlich. Einschlägige Konzepte reichen von der Gleichsetzung von Governance mit der öffentlichen Verwaltung bis zum Versuch, der Tradition der bürokratischen Verwaltung gleichsam ein Gegenmodell gegenüberzustellen.[189] Trotz eher

---

[186] Vgl. Theobald, Christian, Die Weltbank: Good Governance und die Neue Institutionenökonomie, in: Verwaltungsarchiv 1998, S. 467 ff.

[187] Vgl. Flynn, Norman, Public Sector Management, 2. Aufl., New York u. a. 1993; McKevett, David/Lawton, Alan, Public Sector Management. Theory, Critique and Practice, London u. a. 1994.

[188] Vgl. World Bank, Governance and Development, Washington, D. C. 1992.

[189] Vgl. Frederickson, H. George, The Spirit of Public Administration, San Francisco 1997.

belastender Vorverständnisse ist der Governance-Begriff nützlich. Denn mit dem Vordringen des neuen Managerialismus in Staats- und Verwaltungsangelegenheiten auch in der Dritten Welt[190] kann es mit dem „Public Sector Management" nicht nur zu wissenschaftlichen, sondern auch praktischen Missverständnissen kommen. Management-Modelle, wie sie für die Privatwirtschaft entworfen werden, beziehen sich auf die Steuerung einer Firma, eines Unternehmens, einer „Company" usw. Diese sind Gegenstand des Managements und nicht die sozioökonomische Umwelt des Unternehmens, nämlich der Markt. Eine Verbesserung des Managements wird die Stärkung der Stellung des Unternehmens am Markt intendieren. Aber kein Manager wird von sich sagen, er „manage" den Markt, es sei denn, er wolle sich unverhohlen als Monopolist oder Führer eines Kartells bezeichnen.

Das ist im „Public Sector Management" des neuen Managerialismus anders. Hier heißt es: „to manage a nation's affairs", was dann auch eine Stadt oder ein Land oder eine internationale Gemeinschaft meinen kann. Es geht nicht um den Betrieb einer öffentlichen Verwaltung, sondern um das „Management" des öffentlichen Sektors, der Bürger, Verbände, Unternehmen, von Wirtschaft und Gesellschaft überhaupt. Die Problematik eines solchen Verständnisses öffentlicher Angelegenheiten liegt darin, dass das, was für die Steuerung einer Organisation entworfen wird, nun unbesehen auf die Steuerung der Umwelt von Organisationen übertragen wird. Was die Vermengung des Managements von Staats- und Verwaltungsorganisationen mit der Steuerung von Wirtschaft und Gesellschaft als Umwelt zur Folge selbst für öffentliche Verwaltungen in Europa und Nordamerika haben kann, ist im Zusammenhang mit der Modernisierung der modernen Verwaltung zu diskutieren. Für Entwicklungsländer bleibt vorab zu bemerken, dass der neue Managerialismus in öffentlichen Angelegenheiten auf einem Individualismus beruht, wie er vielleicht im Wertewandel spätmoderner Gesellschaften Halt findet, aber kaum in Kultur und Tradition der meisten Entwicklungsländer passt. Das gilt für den Beamten wie für den Bürger gleichermaßen. Von dem öffentlichen Bediensteten erwartet der neue Managerialismus persönliche Verantwortlichkeit, Rechenschaftspflicht für Ergebnisse, Risikobereitschaft, Wettbewerbsorientierung usw., für die in der prismatischen Verwaltung mit ihrer Mischung von modernen und traditionalen Verhaltensmustern kaum Anknüpfungspunkte bestehen. Der Beamte müsste soviel Seile zu prismatischen Eliten, Machthabern, Vorgesetzten, Freunden, Angehörigen, Klientel usw. kappen, dass ihm als Ausweg nur Korruption bliebe.

Aber auch dem Bürger der Entwicklungsgesellschaft ist wenig gedient, wenn man ihn angesichts unbefriedigter Grundbedürfnisse, der Lebensrisiken von

---

[190] Vgl. Thedieck, Franz/Müller, Joachim, Rezeption deutscher Beiträge zur Verwaltungsmodernisierung für die Zusammenarbeit mit Entwicklungsländern, Berlin 1997.

Ernährung, Gesundheit, Wohnen, des Angewiesenseins auf staatliche Versorgungsleistungen zum Kunden mit freier Konsumentenwahl stilisieren würde. Die Knappheit der öffentlichen Ressourcen ist viel zu groß, um sie auf individuelle Präferenzen hin zu organisieren. Kommerzialisierte Lebensstile einer Postmoderne passen nicht zur Armut. Wenn es um Existenzsicherungen wie in der Dritten Welt geht, muss der kollektive Charakter der Entscheidung über die Produktion und Distribution öffentlicher Güter in den politisch-administrativen Steuerungsmechanismen deutlich bleiben. Entwicklungsstaat und Entwicklungsverwaltung haben jenseits individueller Präferenzen Leistungen der Koordination und Integration im öffentlichen Interesse zu erbringen.

Hiernach bedarf es für die Entwicklung der Verwaltung und die Verwaltung der Entiwcklung Klarstellungen, wenn man den Governance-Begriff für die Interpretation nicht der Binnenstrukturen öffentlicher Verwaltungen, sondern deren Handlungsbeziehungen mit ihrer Umwelt von Politik, Wirtschaft, Gesellschaft, Bürger wie Publikum fruchtbar machen will. Governance meint nicht jede Interaktion zwischen gouvernementalen und nicht-gouvernementalen Akteuren, sondern das Unterfangen, durch Regelung und Steuerung auf den anderen Einfluss zu nehmen, wobei die Steuerung der öffentlichen Verwaltung durch ihre Umwelt wie die Steuerung der Umwelt durch die öffentliche Verwaltung zu berücksichtigen sind. Freilich sind die Steuerungsbeziehungen zwischen Staat und Gesellschaft nicht schlicht hierarchisch-autoritativer Natur, so dass die Verwaltung zum Vorgesetzten des Bürgers gemacht wird. Gerade in prismatischen Gesellschaften verlaufen öffentliche Steuerungsketten noch ganz anders. Governance meint hiernach nicht die Statistik individualisierter Entscheidungen und Handlungsbeziehungen, sondern die institutionelle Steuerung. Institutionen sind stabile, relativ dauerhafte Muster menschlich-gesellschaftlicher Beziehungen, die tatsächlich gelebt und in ihrer wirklichen Maßgeblichkeit Fakten und Normen verbinden. Wenn so Governance immer auch normativ-rationale Fragen einschließt, bedeutet das doch nicht, dass von vornherein das richtige Handeln in öffentlichen Angelegenheiten gemeint ist. Denn auch Normen müssen bewertet werden, und es gibt auch schlechte Normen. Das Konzept von „Good Governance" macht diese doppelte Fragestellung deutlich. Es geht um die institutionelle Regelung und Steuerung, dann aber um Steuerungsinstitutionen, die positiv bewertet werden.[191]

Die Frage nach den als „gut" zu bewertenden Steuerungsinstitutionen von Staat und Verwaltung führt zur globalisierten Wertediskussion im Spannungsfeld zwischen menschlicher Individualität und sozialer Organisation. Auf der einen Seite gilt die Erklärung von Menschenrechten als individuelle Rechte als

---

[191] Vgl. Amoako, K. Y., Reform der Institutionen, Reform des Staates: Zukünftige Herausforderungen, in: Deutsche Stiftung für internationale Entwicklung (Hrsg.), Internationaler Round Table, „Der leistungsfähige Staat", Bericht, Berlin 1998, S. 57 ff.

die Errungenschaft des Völkerrechts unseres Jahrhunderts. Hier stellt sich die Frage, ob dem Rechtsstatus nicht ein entsprechender Pflichtenstatus gegenübergestellt werden müsse, dessen Adressat vom individualistischen Standpunkt her dann der einzelne Mensch sein müsste.[192] Auf der anderen Seite werden von vornherein solidarische Werte einer auf Organisation angewiesenen Gesellschaft in den Vordergrund gestellt. Für sozialistische Gesellschaften sind in diesem Sinne auch Menschenrechte nichts anderes als Kollektivrechte. Für nichtokzidentale Kulturen wird eine ganz andere Gemeinschaftsorientierung in Anspruch genommen, so wenn etwa für die konfuzianisch geprägten Länder von „asiatischen Werten" die Rede ist.[193] Von hier aus lässt sich der Bogen bis zu Legitimitätsproblemen spannen, wenn etwa die Frage nach der demokratischen Legitimation einer Regierung hinter die ihrer sozioökonomischen Performanz gestellt wird. Schließlich wirken Solidaritätsvorstellungen auf die Staatenwelt zurück, wenn nämlich Anspruchsrechte gemeinschaftlicher Natur – Recht auf Entwicklung, Recht auf Frieden, Recht auf Umweltschutz, Recht der Nachwelt[194] – als internationale Solidarität eingefordert werden.[195]

Für Staat und Verwaltung in Entwicklungsländern nimmt die Wertethematik operativen Charakter an, wenn die internationale Kooperation von der Erfüllung einschlägiger Bedingungen, wenn insbesondere die Vergabe von Entwicklungshilfeleistungen von der Einhaltung einschlägiger Kriterien abhängig gemacht wird. Solche politische Konditionalität bewegt die Diskussion über die gute Governance in den internationalen Organisationen. Sie tritt genauer hervor, wenn die bilaterale Zusammenarbeit an einschlägige Merkmale geknüpft wird. Die Bundesrepublik Deutschland liefert dafür einen repräsentativen Anschauungsfall. In ihren Orientierungslinien der entwicklungspolitischen Zusammenarbeit sind fünf Kriterien positiv bewerteter institutioneller Steuerung genannt: Erstens die Beachtung der Menschenrechte; Indikatoren dafür sind: Freiheit von Folter, Rechte bei Festnahme und im Justizverfahren, „Keine Strafe ohne Gesetz", Religionsfreiheit und Minderheitenschutz; zweitens die Beteiligung der Bevölkerung an politischen Entscheidungen; Indikatoren dafür sind: demokratische Wahlpraxis, freie Äußerungsmöglichkeiten der politischen Op-

---

[192] Vgl. Schmidt, Helmut, Allgemeine Erklärung der Menschenpflichten, in: Die Zeit v. 3.10.1997, S. 18.

[193] Vgl. Pohl, Manfred, Südostasien: Autoritärer Pluralismus. Konfuzianische Gesellschaftsideale contra westliches Wertesystem? in: Entwicklung und Zusammenarbeit 1995, S. 40 ff.

[194] Vgl. Böhret, Carl, Nachweltschutz, Frankfurt a. M. 1991; Böhret, Carl, Nachweltschutz – Was hinterlassen wir der nächsten Generation?, in: Schutzgemeinschaft Deutscher Wald Landesverband Rheinland-Pfalz e. V. (Hrsg.), Nachweltschutz, Obermoschel 1992, S. 31 ff.

[195] Vgl. Kühnhardt, Ludger, Die Universalität der Menschenrechte. Studie zur ideengeschichtlichen Bestimmung eines politischen Schlüsselbegriffs, München 1987.

position innerhalb und außerhalb des Parlaments, Vereinigungsfreiheit für Parteien, Gewerkschaften, Verbände, Selbsthilfeorganisationen u. a., Presse- und Informationsfreiheit; drittens Rechtsstaatlichkeit und Gewährleistung von Rechtssicherheit; Indikatoren dafür sind: Unabhängigkeit der Justiz, „Gleiches Recht für alle", Transparenz und Berechenbarkeit staatlichen Handelns; viertens marktwirtschaftlich orientierte und sozial orientierte Wirtschaftsordnung; Wirtschaftsindikatoren sind: Schutz des Eigentums, Art des Bodenrechts, Preisfindung durch Markt, realistische Wechselkurse, Gewerbe- und Niederlassungsrecht, Wettbewerb in allen wichtigen Wirtschaftsbereichen; Sozialindikatoren sind: Säuglingssterblichkeit, Einschulung an Grundschulen; fünftens die Entwicklungsorientierung staatlichen Handelns; Indikatoren dafür sind: Ausrichtung der Regierungspolitik auf die Verbesserung der wirtschaftlichen und sozialen Lage der ärmeren Bevölkerungsteile sowie auf den Schutz der natürlichen Lebensgrundlagen, Bevölkerungspolitik, Militärausgaben im Verhältnis zu Gesamtausgaben.[196]

Eine solche politische Konditionierung jenseits der ökonomischen Absicherung von Finanzhilfen oder des Schutzes von Helfern bei Personalhilfen wirft ihrerseits Wertprobleme auf, nämlich ob Länder anderer politischer Kultur derartigen okzidental geprägten Kriterien unterworfen, ob die Transformation von Staat und Verwaltung der Zweiten Welt und die Entwicklung von Staat und Verwaltung der Dritten Welt in diese Richtung gedrängt werden dürfen. Hier stößt man wiederum auf den kulturellen Relativismus mit unterschiedlichen Bewertungen von Autorität, Gruppenorientierung, Lebensunsicherheiten usw.[197] Die einen werden trotz eines beachtlichen Anteils an armer und extrem armer Bevölkerung auf Indien als alte Demokratie Asiens verweisen. Andere werden sich auf die Verbesserung des Lebensstandards in China, Leistungen in Gebieten von Ernährung, Unterkunft, Kleidung, Gesundheit usw. trotz autoritären politischen Regimes, aber im Hinblick auf Werthaltungen wie Fleiß, Disziplin, Harmonie, Bildung beziehen.[198]

Westliche Kriterienkataloge für die Bewertung der Entwicklungsorientierung in der Dritten Welt sind auch Ausdruck bestimmter historischer Anforderungen, so in Reaktion auf die Wirtschafts- und Finanzkrise Ende der 1990er Jahre in Ostasien und heute bei der Bekämpfung der Armut und der Förderung

---

[196] Vgl. Bundesministerium für wirtschaftliche Zusammenarbeit und Entwicklung, Zehnter Bericht zur Entwicklungspolitik der Bundesregierung, Bonn 1996, S. 48.

[197] Vgl. Hofstede, Geert, Interkulturelle Zusammenarbeit. Kulturen – Organisationen – Management, Wiesbaden 1993; Bliss, Frank, Kultur und Entwicklung. Ein zu wenig beachteter Aspekt in Entwicklungstheorie und -praxis, in: Entwicklung und Zusammenarbeit 1997, S. 138 ff.

[198] Vgl. Blunt, Peter, Cultural relativism, „good" governance and sustainable human development, in: Public Administration and Development 1995, S. 1 ff.

ökologischer Nachhaltigkeit.[199] Indessen setzt Entwicklung auch Kontinuität im Institutionengefüge politisch-administrativer Regelung und Steuerung voraus. „Good Governance" enthält insofern Wegweiser. Dazu zählt, dass einerseits die Verlässlichkeit der Rechtsordnung, die Transparenz der öffentlichen Verwaltung, die Verantwortlichkeit der Regierung usw. gewährleistet und andererseits Vorsorge für öffentliche Gesundheit, Bildung, Infrastruktur usw. gesichert sind. Ein anderes Problem ist es, wie weit Modernisierung nach westlichen Leitbildern jenseits entwicklungspolitisch geförderter „guter" Institutionen durch die Globalisierung insbesondere einer technisch-industriellen Wirtschaft erzwungen wird. Die Sachzwänge nehmen zu, aus denen für bestimmte Verwaltungszweige universalistische Züge – Professionalismus, Organisiertheit, Verfahrensregelung, Sachstandard usw. – erwachsen. Verwaltung des Luftverkehrs, Verwaltung der Telekommunikation, Verwaltung der Devisen, Verwaltung des materiellen und geistigen Eigentums usw. erfordern ein gewisses sozialtechnologisch-administratives Leistungsniveau. Entsprechend unternimmt es eine sich internationalisierende Verwaltung seit langem, universale Standards in Verwaltungsangelegenheiten von den Postdiensten bis zum Zollwesen zu entwerfen und weltweit zu verbreiten.[200]

---

[199] Vgl. Weltbank, Bericht Ostasien – Der Weg zurück zum Wachstum, Washington, D. C. 1998; Klemp, Lutgera, Governance – Neue Akzente, in: Entwicklung und Zusammenarbeit 2007, S. 250 ff.

[200] Vgl. König, Klaus (Hrsg.), Entwicklungspolitik und internationale Verwaltungsbeziehungen, Bonn 1983.

10. Kapitel

Weitergehende Verwaltungsmodernisierung

I. Reformen der öffentlichen Verwaltung

1. Konzept der Verwaltungsreform

Die öffentliche Verwaltung hat in ihrer Modernität nicht das Ende der Geschichte erreicht.[1] Sie bleibt dem „Imperativ des Wandels" unterworfen. Die Intentionalität der modernen sozialen Funktionssysteme selbst, durch Reformen und Innovationen die Modernität in Gang zu halten und neue Herausforderungen zu bewältigen, besteht auch für die Handlungssphäre öffentlicher Verwaltung. Dass sie mit dem Zusammenbruch des realen Sozialismus ihren historischen Widerpart, die marxistisch-leninistische Kaderverwaltung, verloren hat, scheint den Modernisierungsdruck auf die managerialistischen und legalistischen Bürokratien in den westlichen Demokratien und Industrieländern eher erhöht zu haben.

Veränderungen der öffentlichen Verwaltung werden herkömmlicherweise und bevorzugt mit dem Begriff der Reform verbunden. Mit den Stichworten „administrative reform", „réforme administrative", „riforma amministrativa" usw. lassen sich in vielen Ländern weite Felder öffentlicher Verwaltung erschließen. Die Vorliebe für den Reformbegriff geht so weit, dass man mit ihm historische Veränderungen bezeichnet, die einen viel tieferen sozialen, ökonomischen, politischen Wandel betreffen, als man ihn mit dieser Kategorie erfassen kann, so wenn man im Postsozialismus von Reform-Ländern spricht, wo doch die Transformation der gesamten Staats-, Wirtschafts- und Gesellschaftsordnung zu vollziehen ist. Demgegenüber sind für die öffentlichen Verwaltungen westlicher und verwestlichter Länder aktivierte Veränderungen kennzeichnend, die konzipiert und geplant sind, im Grunde einen systemimmanenten Übergang zu qualitativ neuen Verhältnissen intendieren und so Bewährtes berücksichtigen, durchaus breite Wirkungskreise erfassen können, indessen auf ausdifferenzierte politisch-administrative Handlungssphären wie öffentlicher Dienst, Territorialorganisation, politische Planung usw. bezogen sind.

---

[1] Vgl. Meyer, Martin, Das Ende der Geschichte?, München 1993.

Der planerische, analytische wie programmatische, dann aber pragmatische Charakter der Verwaltungsreformen bringt es mit sich, dass mit ihnen auch eine Intelligenz gefordert ist, die praxisnah ist und auf der Seite einschlägiger Wissenschaften den Erfahrungsgegenstand der öffentlichen Verwaltung jenseits departementalisierter Disziplinen der Rechtswissenschaften, Volks- und Betriebswirtschaftslehre, Soziologie, Politikwissenschaft usw. relevant erscheinen lässt. Nicht zuletzt Verwaltungsreformen sind es, die die Idee der Verwaltungswissenschaft, „science administrative", „Public Administration", sei es als eigene Fachwissenschaft, sei es als Transdisziplin befördert haben. Das gilt zum einen im Hinblick auf die Ausbildung für die öffentliche Verwaltung. In den Vereinigten Staaten von Amerika kam nicht zuletzt aus Erfordernissen der Verwaltungsreform jener Anstoß, der zur Gründung von „professional schools" in öffentlichen Angelegenheiten an den Universitäten führte.[2] Entsprechendes kann man in einer Reihe europäischer Länder feststellen.[3] Zum andern haben es Verwaltungsreformen vorangebracht, dass sich im Beziehungsfeld der öffentlichen Verwaltung ein vielmaschiges Netz von Fortbildungseinrichtungen gebildet hat. Und schließlich sind Verwaltungsreformen der Ort, an dem Forschung und wissenschaftliche Beratung den Status quo tradierter disziplinärer Wahrnehmungen zu überwinden haben.[4]

Verwaltungsreformen lassen sich in allen entwickelten Gesellschaften und modernen Staaten beobachten.[5] Es gibt Gemeinsamkeiten in den Reformfeldern wie des hergebrachten öffentlichen Dienstes[6] oder der Flut von Rechts- und Verwaltungsvorschriften. Oft haben auch die identifizierbaren Probleme einen gemeinsamen Nenner, etwa die Entwicklung traditionell öffentlicher Güter zur Marktfähigkeit oder die unzureichende Transparenz der Verwaltungsverfahren. Aber unterschiedliche Rahmenbedingungen und unterschiedliche Akteurskonstellationen führen von der Agenda- und Programmbildung an bis zur Durchsetzung und den Folgen wie Nebenfolgen zu wiederum unterschiedlichen Problemlösungen.

---

[2] Vgl. König, Klaus, Entwicklungen des Verwaltungsstudiums in den Vereinigten Staaten von Amerika, in: Die Öffentliche Verwaltung 1975, S. 456 ff.

[3] Vgl. König, Klaus, Die verwaltungswissenschaftliche Ausbildung in Europa, in: Konstanzer Blätter für Hochschulfragen 1981, S. 49.

[4] Vgl. König, Klaus, Administrative Sciences and Administrative Reforms, in: Gerald Caiden/Heinrich Siedentopf (Hrsg.), Strategies for Administrative Reform, Lexington 1982, S. 17 ff.

[5] Vgl. Caiden, Gerald E./Siedentopf, Heinrich, Strategies for Administrative Reform, Lexington 1982; Rowat, Donald C. (Hrsg.), Public Administration in Developed Democracies, New York/Basel 1988.

[6] Vgl. König, Klaus, Zur Reform des öffentlichen Dienstes: Berufszwang und Berufsweg, in: Heinz Schäfer u. a. (Hrsg.), Im Dienst an Staat und Recht, Wien 1983, S. 281 ff.

Vorab führt die jeweilige Verwaltungsgeschichte etwa des Civil Service in Großbritannien und des Berufsbeamtentums in Deutschland zu einem eigenen Vorverständnis einschlägiger Reformen. Unterschiedliche Bewertungen lösen je verschiedene Strategien aus. Der eine mag dem „Learning by doing" den Vorzug geben und in der berufsbegleitenden Fortbildung den strategischen Ansatz sehen. Der andere mag bei der professionellen Ausbildung des Verwaltungsdienstes auch für mittlere Positionen ansetzen. Unterschiedliche Konzepte werden entwickelt, etwa zur Aufgaben- und Finanzplanung: in den Vereinigten Staaten ein „Planning-Programming-Budgeting System", in Großbritannien „Program Analysis and Review", in Frankreich „Rationalisation des choix budgétaires", in Kanada „Public Expenditure Management System", in Deutschland „Mittelfristige Finanzplanung" usw.[7] Politische Führerschaft, administrative Reformeliten, Gewerkschaften, Klientelparteien und auch Betroffene bringen unterschiedliche Akteurskonstellationen hervor, befördern Reformen oder lassen sie im Sande verlaufen. Manche Reformen haben ein kurzes Leben, so blasierte Planungsansätze, in denen Technokraten nicht der Politik dienen, sondern Politikern den Weg weisen wollen. Manche Reformen scheinen kaum reversibel, so wenn in einer wissenschaftlichen Zivilisation die Ausbildung des gehobenen Dienstes auf die Ebene der Fachhochschulen transportiert wird.

2. Organisations-, Prozess-, Personalreformen

Will man sich über die Bereiche von Verwaltungsreformen einen Überblick verschaffen, dann bietet die Geschichte der Bundesrepublik Deutschland von den 1960er bis zu den 1980er Jahren einen signifikanten Anschauungsfall. Davor ging es um den Wiederaufbau und die Folgenbewältigung nach nationalsozialistischem Regime und Weltkrieg. Auch damals gab es bemerkenswerte Innovationen wie die Einrichtung von Lastenausgleichsbehörden. Im Grunde ging es aber um den Aufbau der gesamten administrativen Ordnung in Bundesstaat und kommunaler Selbstverwaltung. Die Aufbauleistungen mündeten in einer Konsolidierungsphase, deren Ende von manchen als Stagnation, „Reformstau" bezeichnet wurde. Die 1990er fallen aus der Reformgeschichte insoweit heraus, als es mit dem Ende der DDR und der Wiedervereinigung Deutschlands um Transformations- und Integrationsprobleme ging.[8] Ob der sich dann verschärfenden Finanzierungskrise des verwalteten Wohlfahrtsstaates durch Einzelre-

---

[7] Vgl. Sturm, Roland, Haushaltspolitik in westlichen Demokratien. Ein Vergleich des haushaltspolitischen Entscheidungsprozesses in der Bundesrepublik Deutschland, Frankreich, Großbritannien, Kanada und den USA, Baden-Baden 1989.
[8] Vgl. Wollmann, Hellmut, Verwaltung in der deutschen Vereinigung, in: Klaus König (Hrsg.), Deutsche Verwaltung an der Wende zum 21. Jahrhundert, Baden-Baden 2002, S. 33 ff.

formen beizukommen ist, bleibt zunächst als Frage offen. Zwischen dem Ende der 1960er und dem der 1980er Jahre ging es jedenfalls um Veränderungen in den ausdifferenzierten Handlungssphären öffentlicher Verwaltung – Aufgaben, Organisation, Verfahren, Personal wie Recht, Geld, Macht, Kompetenz –, die durch aktive Politik gebahnt wurden, wenn auch mit der Propagierung eines „Zeitalters der Reformen" der Reformbegriff zuweilen abgenutzt erschien.

Hatte 1960 die „Sachverständigenkommission für die Vereinfachung der Verwaltung beim Bundesministerium des Innern" festgestellt, die Grundlagen von Staat und Verwaltung seien festgelegt und entsprächen durchaus der modernen Auffassung,[9] so wuchsen gegen Ende dieses Jahrzehnts die Zweifel an solcher Solidität. Ein noch unter der Großen Koalition konstatierter Reformbedarf brachte mit dem Regierungswechsel zur Sozial-Liberalen Koalition 1969 eine „Politik der inneren Reformen" in Bewegung,[10] die sich gesellschaftspolitisch auf eine Demokratisierung von Lebensbereichen, verwaltungspolitisch zuvorderst auf die Steigerung der Leistungsfähigkeit der Exekutive richtete. Erste Erfahrungen mit einer angespannten Wirtschaftsentwicklung hatten eine Debatte über die Wettbewerbsposition der Bundesrepublik Deutschland auf den internationalen Märkten ausgelöst und mit dem Konstatieren einer „Managementlücke" die Notwendigkeit einer Anpassung des Regierungs- und Verwaltungsmanagements an die Erfordernisse einer modernen Industriegesellschaft verdeutlicht.[11] Der zunehmenden Komplexität der staatlichen Regelungsmaterie gedachte die Bundesregierung mit der Optimierung der Planungs- und Steuerungskapazitäten entgegenzutreten.

Der Planungsgedanke wurde zur maßgeblichen Triebfeder politisch-administrativer Reformen, sei es in den Bereichen der Haushalts-, der Personal-, der Organisations- oder der Prozesspolitik. In Verbindung mit dem Postulat der „Stärkung der Verwaltungskraft" entfaltete er jedoch zunächst unterhalb der zentralstaatlichen Ebene erste Wirkung. Die traditionellen Planungsbereiche der Raumordnung und Landesplanung hatten bereits seit Anfang der 1960er Jahre mit der Verabschiedung einer Reihe von Landesplanungsgesetzen und mit den Vorarbeiten für ein Bundesraumordnungsgesetz an Gewicht gewonnen.[12] Die Auseinandersetzung mit den Bedingungen der Durchsetzung raum-

---

[9] Vgl. Sachverständigenkommission für die Vereinfachung der Verwaltung beim Bundesministerium des Innern, Bericht, Bonn 1960, S. 15, 20.

[10] Vgl. Schmidt, Manfred G., Die „Politik der inneren Reformen" in der Bundesrepublik Deutschland 1969 – 1976, in: Politische Vierteljahresschrift 1978, S. 201 ff.

[11] Vgl. Seemann, Klaus, Neue Integrierte Managementsysteme in Regierung und Verwaltung, in: Berichte des Deutschen Industrieinstituts zur Wirtschaftspolitik 1970, S. 3 f.

[12] Vgl. Fürst, Dietrich/Ritter, Ernst-Hasso, Landesentwicklungsplanung und Regionalplanung. Ein verwaltungswissenschaftlicher Grundriss, 2. Aufl., Düsseldorf 1993.

bedeutsamer Maßnahmen führte zur Frage der Kongruenz von Planungs- und Verwaltungsräumen und hiernach zu einer kritischen Betrachtung insbesondere der kommunalen Verwaltungsstrukturen.[13] 1964 forderte der Deutsche Juristentag, der sich mit dem Thema „Entspricht die gegenwärtige kommunale Struktur den Anforderungen der Raumordnung?" befasst hatte, einhellig eine Revision der kommunalen Gebietsstrukturen, nicht nur um eine effektivere Regionalplanung, sondern auch effizientere kommunale Verwaltungsstrukturen zu begründen.[14]

1968 zählten ca. 84 % der über 24 000 kreisangehörigen Gemeinden des ländlichen Raumes unter 2000 Einwohner und verfügten oftmals weder über die finanziellen Mittel, noch über das geeignete Personal, die übertragenen oder eigenen Verwaltungsaufgaben wahrzunehmen.[15] Es folgte die Bildung zahlreicher Reformkommissionen in den Ländern, die etwa 1968 mit der Umsetzung der Gebietsreform begannen. Unter Berufung auf die Zielsetzung, unter Berücksichtigung der Wirtschafts- und Siedlungsstruktur leistungsfähige, die öffentliche Grundversorgung der örtlichen Gemeinschaft mit öffentlichen Leistungen sicherstellende, personell und finanziell aufgewertete Kommunen und entsprechende Kreisstrukturen zu bilden, vollzogen die Länder – mit divergierenden Strategien und unterschiedlichen Ergebnissen – die Zusammenlegung und Eingemeindung von kommunalen Einheiten.[16] Insgesamt reduzierte sich die Zahl der kreisangehörigen Gemeinden von 24 282 (1968) auf 8 409 (1980), die Zahl der Kreise in dem gleichen Zeitraum von 425 auf 237 und der kreisfreien Städte von 135 auf 91.[17]

In enger Verbindung mit der Territorialreform wurde in den Ländern eine Neuverteilung der Verwaltungszuständigkeiten der verschiedenen Verwaltungsebenen betrieben. Eine „bürgerfreundliche und effektivere" Verwaltung vor Augen wurden die Zuständigkeiten und Arbeitsabläufe auf Gemeinde-, Kreis-, Bezirks- und Landesebene auf mögliche Rationalisierungspotentiale und im Hinblick auf die Bildung eines überschaubaren und eindeutige Zustän-

---

[13] Vgl. Wagener, Frido, Neubau der Verwaltung. Gliederung der öffentlichen Aufgaben und ihrer Träger nach Effektivität und Integrationswert, 2. Aufl., Berlin 1974.
[14] Vgl. Wagener, Frido, Neubau der Verwaltung. Gliederung der öffentlichen Aufgaben und ihrer Träger nach Effektivität und Integrationswert, 2. Aufl., Berlin 1974.
[15] Vgl. Laux, Eberhard, Erfahrungen und Perspektiven der kommunalen Gebiets- und Funktionalreform, in: Roland Roth/Hellmut Wollmann (Hrsg.), Kommunalpolitik. Politisches Handeln in den Gemeinden, Opladen 1994, S. 136 ff.
[16] Vgl. Thieme, Werner/Prillwitz, G., Durchführung und Ergebnisse der kommunalen Gebietsreform, in: Hans-Joachim von Oertzen/Werner Thieme (Hrsg.), Schriftenreihe „Die kommunale Gebietsreform", Band I 2, Baden-Baden 1981.
[17] Vgl. Laux, Eberhard, Erfahrungen und Perspektiven der kommunalen Gebiets- und Funktionalreform, in: Roland Roth/Hellmut Wollmann (Hrsg.), Kommunalpolitik. Politisches Handeln in den Gemeinden, Opladen 1994, S. 136 ff.

digkeiten festlegenden Verwaltungsaufbaus untersucht.[18] Im Rahmen der Funktionalreform wurden Sonderbehörden der Länder auf Kreisebene kommunalisiert, größere kreisangehörige Städte hinsichtlich Funktionen, Aufgaben und Aufsichtszuständigkeiten privilegiert, Aufgaben von der Landes- auf die Bezirksebene, von der Bezirks- auf die Kreis- und Gemeindeebene abgeschichtet.[19] Das Ausmaß der Dezentralisierung von Aufgaben blieb jedoch hinter den Erwartungen derjenigen zurück, die sich zur Kompensation für Einbußen an örtlicher administrativer Präsenz und des Verlustes an politischen Mandaten mit der territorialen Neugliederung eine Aufwertung in den Zuständigkeiten und Annäherung der Kommunen an den Bürger vorgestellt hatten. Die Einschätzung der Territorial- und Funktionalreform als tendenziell eher „effizienz-" als „bürgerorientiert" sollte sich in den 1990er Jahren in der Vorgehensweise bei Maßnahmen der Territorial- und Funktionalreform in den Neuen Bundesländern niederschlagen.[20]

Die vertikale Staatsorganisation blieb darüber hinaus weitgehend erhalten. Die Zahl der Regierungsbezirke, deren Abschaffung intensiv diskutiert wurde,[21] wurde als Folgeanpassung von 33 auf 26 reduziert. Die Neugliederung des Bundesgebietes, für die eine Sachverständigenkommission ebenfalls Vorschläge unterbreitet hatte, fand keine hinreichende Unterstützung.[22] Mit einem Neuzuschnitt der Landesgrenzen wurde Anfang der siebziger Jahre insbesondere die Erwartung verbunden, die Probleme wachsender Koordinationsbedürfnisse der Länder bei der Aufgabenerfüllung und ihrer ungleichgewichtigen Finanzausstattung einer Lösung zuzuführen und sich insofern von dem gerade erst eingeschlagenen Weg der Aufgaben- und Finanzverflechtung wieder abwenden zu können.[23]

Das Finanzreformgesetz vom 12. Mai 1969 hatte im Grundgesetz einen neuen Abschnitt VIII a „Gemeinschaftsaufgaben" eingeführt und mit dem Art. 91a

---

[18] Vgl. Krabs, Otto, Funktionalreform – Ein Beitrag zur Lösung des Identitätskonflikts der kommunalen Selbstverwaltung?, in: Carl Böhret (Hrsg.), Verwaltungsreformen und Politische Wissenschaft, Baden-Baden 1978, S. 173 ff.

[19] Vgl. Thränhardt, Dieter (Hrsg.), Funktionalreform. Zielperspektiven und Probleme einer Verwaltungsreform, Sozialwissenschaftliche Studien zur Stadt- und Regionalpolitik, Band 3, Meisenheim 1978; ferner Stüer, Bernhard, Funktionalreform und kommunale Selbstverwaltung, Göttingen 1980.

[20] Vgl. Püttner, Günter/Bernet, Wolfgang (Hrsg.), Verwaltungsaufbau und Verwaltungsreform in den neuen Bundesländern, Köln 1992.

[21] Vgl. Sonderarbeitskreis der Ständigen Konferenz der Innenminister der Länder: Bericht zur Neuordnung der staatlichen Mittelinstanz. o. Ort 1973.

[22] Vgl. Schäfer, Hans, Ein Plädoyer für die baldige und vernünftige Neugliederung des Bundesgebietes, in: Deutsches Verwaltungsblatt 1973, S. 732 ff.

[23] Vgl. Münch, Ingo von, Gemeinschaftsaufgaben im Bundesstaat, in: Veröffentlichungen der Vereinigung Deutscher Staatsrechtslehrer, Heft 31, Berlin/New York 1973, S. 51 ff.

eine gemeinsame Rahmenplanung von Bund und Ländern für die Aufgabengebiete „Hochschulbau (einschließlich Hochschulkliniken)", „Verbesserung der regionalen Wirtschaftsstruktur" und „Verbesserung der Agrarstruktur und des Küstenschutzes" verankert. Für die gemeinsame Willensbildung von Bund und Ländern sahen die Ausführungsgesetze die Einrichtung von Planungsausschüssen vor, in denen die Mitglieder der Bundes- und Landesregierungen die Rahmenplanung beschließen.[24] Art. 91 b GG sah einen vereinfachten Kooperationsmechanismus zwischen Bund und Ländern bei der Bildungsplanung und der Förderung der Wissenschaft vor.

Nachdem bereits mit der Verabschiedung des Bundesraumordnungsgesetzes 1965 auf Erfordernisse einer Gesamtplanung der räumlichen Strukturen der Bundesrepublik reagiert worden war, wurde mit der Implementation der Gemeinschaftsaufgaben als Voraussetzung für die Bewältigung weiterer sektoraler Planungspolitiken das Zusammenwirken von Bund und Ländern anerkannt, von der eine Aufgabentrennung vorsehenden Zuständigkeitsordnung des Grundgesetzes abgerückt und die Umsetzung der Leitidee eines „kooperativen Föderalismus" betrieben.[25] Diese Form der Zusammenarbeit blieb jedoch nicht unumstritten. Insbesondere die Länder befürchteten damit einhergehend den Verlust von Gestaltungsmöglichkeiten. Kritiker verweisen auch heute noch auf Effekte der Zentralisierung von Verantwortlichkeit und Verminderung von Autonomie der Landesregierungen. Die gemeinsamen Finanzierungsmodalitäten trügen zu verschwenderischem Ausgabeverhalten bei, zur Verwischung von politischer Verantwortlichkeit sowie zu erheblicher Bürokratisierung.[26] Vorstöße zur Abschaffung oder Reform dieses Planungsverbundes fanden sich immer wieder auf der politischen Tagesordnung. Mit der am 1. September 2006 in Kraft getretenen Föderalismusreform ist die Gemeinschaftsaufgabe Hochschulbau in die Autonomie der Länder übergegangen. Die gemeinsame Bildungsplanung wurde abgeschafft und durch eine neue Gemeinschaftsaufgabe zur Feststellung der Leistungsfähigkeit des Bildungswesens ersetzt. Die Gemeinschaftsaufgabe Forschungsförderung wurde neu gefasst.

Neben der verfassungsrechtlichen Regelung der Gemeinschaftsaufgaben 1969 wurden mit dem Finanzreformgesetz weitere Abgrenzungen der Aufgaben- und Finanzverantwortung zwischen Bund und Ländern, eine Neuordnung

---

[24] Vgl. Marnitz, Siegfried, Die Gemeinschaftsaufgaben des Art. 91a GG als Versuch einer verfassungsrechtlichen Institutionalisierung der bundesstaatlichen Kooperation, Berlin 1974.
[25] Vgl. Frowein, Jochen Abr., Gemeinschaftsaufgaben im Bundesstaat, in: Veröffentlichungen der Vereinigung Deutscher Staatsrechtslehrer Heft 31/1973, S. 13 ff.
[26] Vgl. Hesse, Joachim Jens (Hrsg.), Politikverflechtung im föderativen Staat. Studien zum Planungs- und Finanzierungsverbund zwischen Bund, Ländern und Gemeinden, Baden-Baden 1978.

des bundesstaatlichen Finanzausgleichs sowie eine Gemeindefinanzreform durchgesetzt.[27] Die finanzwirtschaftliche Verzahnung von Bund und Ländern stand in Anbetracht der Mitte der 1960er Jahre eintretenden wirtschaftlichen Rezession jedoch nicht mehr nur im Zeichen der Bewältigung sektoraler Entwicklungsplanung, sondern auch der Harmonisierung des Finanzgebarens und der Konjunktursteuerung. Mit der Neufassung des Artikels 109 GG und der Verabschiedung des Gesetzes zur Förderung der Stabilität und des Wachstums der Wirtschaft vom 8. Juni 1967 wurde Bund und Ländern auferlegt, bei ihrer Haushaltswirtschaft den Erfordernissen des gesamtwirtschaftlichen Gleichgewichts Rechnung zu tragen, und dem Bund die Zuständigkeit eingeräumt, durch Bundesgesetz Grundsätze für eine „konjunkturgerechte Haushaltswirtschaft" und eine „mehrjährige Finanzplanung" aufzustellen. Nach dem Stabilitäts- und Wachstumsgesetz ist der Haushaltswirtschaft des Bundes, dem sinngemäß auch der Länder, eine fünfjährige Finanzplanung zugrundezulegen. Das Haushaltsgrundsätzegesetz vom 19. August 1969 enthält ergänzende Vorschriften zum Verfahren und schreibt die Einrichtung eines Finanzplanungsrates fest, mit dem eine Koordinierung der Finanzplanung des Bundes, der Länder und der Gemeinden und Gemeindeverbände institutionalisiert wird. Auf der Grundlage der durch die gesamtwirtschaftlichen Zielprojektionen und den Empfehlungen des Finanzplanungsrates vorgegebenen Rahmendaten beschließt die Bundesregierung den Finanzplan, der aufgrund seines Ansatzes der Integration von Aufgaben- und Finanzplanung auch als „Regierungsprogramm in Zahlen" bezeichnet wurde.[28] In der Praxis wird ihm diese Funktion jedoch schon allein aufgrund seiner geringen Bindungswirkung abgesprochen, so dass der Haushaltsplan noch immer das entscheidende Instrumentarium der Finanzplanung darstellt.

Mit der Aufstellung gemeinsam geltender Grundsätze für das Haushaltsrecht des Bundes und der Länder durch das Haushaltsgrundsätzegesetz infolge der 20. Grundgesetz-Novelle sollte die Rechtseinheitlichkeit von Bund und Ländern und die Vergleichbarkeit der Haushalte gewährleistet werden. Die enthaltene Systematisierung des Haushaltsaufstellungsverfahrens sowie die Einführung des Funktionenplans als einer neuen Aufgabenklassifikation verbesserten zudem den Informationswert und die Transparenz der Pläne erheblich.[29] Bund und Länder wurden verpflichtet, bis zum 1.1.1972 ihr Haushaltsrecht an diesen Vorgaben auszurichten, eine Verpflichtung, der der Bund mit dem Er-

---

[27] Vgl. Meyer, Hans, Das Finanzreformgesetz, in: Die Öffentliche Verwaltung 1969, S. 261 ff.

[28] Vgl. Zavelberg, Heinz-Günter, Die mehrjährige Finanzplanung. Ein notwendiges Instrument moderner Politik, in: Die Verwaltung 1970, S. 283 ff.

[29] Vgl. Rürup, Bert, Die Programmfunktion des Bundeshaushaltsplanes. Die deutsche Haushaltsreform im Lichte der amerikanischen Erfahrungen mit dem Planning-Programming-Budgeting System, Berlin 1971.

lass der Bundeshaushaltsordnung vom 19.08.1969 – die die bis dahin geltende Reichshaushaltsordnung ablöste – nachkam.[30]

Während die mit dem „Gesetz zur Förderung der Stabilität und des Wachstums der Wirtschaft" von 1967 vorgesehenen Instrumente einer mittel- bis langfristig auszurichtenden konjunkturellen Steuerung und finanziellen Planung im Sinne des keynsianischen Steuerungsdenkens eingerichtet wurden, bemühte sich die Regierung, mit der „Reform der Struktur von Bundesregierung und Bundesverwaltung" die aufbau- und ablauforganisatorischen Voraussetzungen für eine entsprechende Programmarbeit zu schaffen. Ein von der Bundesregierung 1968 gebildeter Kabinettsausschuss für die Reform der Struktur von Bundesregierung und Bundesverwaltung setzte in seiner ersten Sitzung eine interministerielle „Projektgruppe Regierungs- und Verwaltungsreform beim Bundesminister des Innern" (PRVR)[31] mit dem Auftrag ein, „umgehend die erforderlichen Untersuchungen und die Vorbereitungen für umfassende Reformvorschläge mit dem Ziel zu veranlassen, bessere personelle und organisatorische Voraussetzungen für die Ausarbeitung und erfolgreiche Durchführung einer politischen Gesamtkonzeption zu schaffen".[32] In Form eigener Berichte und der Anforderung von themenspezifischen Gutachten unterbreitete die Projektgruppe Vorschläge für eine planungs- und programmbezogene Reform der Ministerial- sowie der nicht-ministeriellen Bundesverwaltung.

Mit der Überhöhung der „politischen Planung" zum Instrument der Bewältigung neuer und komplexer Aufgaben der Daseinsvorsorge mussten insbesondere der Beitrag und die Kapazität der Ministerien – als Zentren der Programmentwicklung – zur Planungspolitik zu Maßstäben der Beurteilung der Qualität des Regierungsapparates werden. Eine Welle empirischer Untersuchungen über den Modus der ministeriellen Programmentwicklung nahm sich dieses Themas an und sah in den bürokratisch-hierarchischen Strukturen und überkommenen Funktionsweisen der Ministerialorganisation das wesentliche Hindernis für die Ausübung einer aktiv vorausschauenden Regierungspolitik.[33] Die Kleinteiligkeit der ministeriellen Arbeitsorganisation und die entsprechende Zersplitterung der Zuständigkeits- und Verantwortungsbereiche förderten eine eingeschränkte, funktionsbezogene Problemwahrnehmung der Basisorganisation und einen

---

[30] Vgl. Rehm, Hannes, Analyse und Kritik der Bundeshaushaltsreform, Baden-Baden 1975.
[31] Vgl. Randel, Edga, Die Projektgruppe für die Reform der Struktur von Bundesregierung und Bundesverwaltung, in: Rationalisierung 1970, S. 272 ff.
[32] Vgl. Lepper, Manfred, Das Ende eines Experiments. Zur Auflösung der Projektgruppe Regierungs- und Verwaltungsreform, in: Die Verwaltung 1976, S. 478 ff.
[33] Vgl. Mayntz, Renate/Scharpf, Fritz W. und Mitarbeiter, Programmentwicklung in der Ministerialorganisation, Gutachten für die PRVR, Speyer/Konstanz 1972; Scharpf, Fritz W., Planung als politischer Prozess, Frankfurt a. M. 1973.

konfliktminimierenden referatsübergreifenden Abstimmungsmodus. Die Kritik lautete: In Anbetracht der vorherrschenden Praxis der dezentralen Programmentwicklung müsse sich eine eingeschränkte referatsinterne und referatsübergreifende Problemverarbeitungskapazität zwangsläufig auf die Programmqualität niederschlagen, die darüber hinaus durch die begrenzte ressortinterne Informationsaufnahme- und Informationsverarbeitungskapazität beeinträchtigt werde. Da es auf der Leitungsebene ebenfalls an der notwendigen Koordination und Information mangele, werde einer reaktiven und inkrementalen Programmentwicklung auch nicht durch die Formulierung von politischen Zielvorstellungen entgegengewirkt. Mit der Diagnose „struktureller Konservatismus" wurde kritisiert, dass zum einen über die Verhaltensmechanismen der „selektiven Perzeption" und „negativen Koordination" in den planenden Referaten der Ministerialorganisation die Entwicklung innovativer Politikentwürfe grundsätzlich im Ansatz verhindert werde, zum anderen aufgrund einer Überlastung der Leitungsebene von dieser zu erwartende Innovationsimpulse ausblieben.[34]

So bezeichnete Defizite der Basisorganisation, der Organisation der mittleren Führungsebene, der Leitungsorganisation sowie der inner- und interministeriellen Entscheidungsprozesse ließen eine Strukturreform erforderlich erscheinen, durch die die ministerielle Aufbau- und Ablauforganisation an den Erfordernissen einer längerfristigen Politikplanung ausgerichtet werden sollte. Entsprechend befürwortete die Projektgruppe Regierungs- und Verwaltungsreform im Hinblick auf die Erweiterung der Zuständigkeiten und der Informationsverarbeitungskapazität sowie auf die Flexibilisierung des Personaleinsatzes den Abbau von Kleinstreferaten, empfahl für die Bewältigung homogener Aufgaben die Errichtung von Gruppen mit fünf bis acht Referenten des höheren Dienstes,[35] für die Bearbeitung „zuständigkeitsübergreifender", d. h. referats-, gruppen- oder abteilungsübergreifender Aufgaben die Errichtung von nichtständigen Arbeits- oder auch Projektgruppen. Sie regte zudem den Abbau bzw. die Reduzierung der Unterabteilungsleiterebene bei gleichzeitiger Stärkung der mittleren Managementebene sowie eine organisatorische Entlastung der Führungsorganisation an.

Die Institutionalisierung der mittelfristigen Finanzplanung als Instrument der Ausgabenplanung bestärkte die Planungsbefürworter in ihrer Forderung nach einer Haushaltsplanung, welche nicht nur aus der bloßen Addition von Ressortansprüchen hervorgehen, sondern als Ergebnis eines informationsgestützten,

---

[34] Vgl. Schmid, Günter/Treiber, Hubert, Bürokratie und Politik. Zur Struktur und Funktion der Ministerialbürokratie in der Bundesrepublik Deutschland, München 1975, S. 21 ff.; ferner König, Klaus, Planung und Koordination im Regierungssystem, in: Verwaltungsarchiv 1971, S. 1 ff.

[35] Vgl. Irle, Martin/Kiessler-Hauschildt, Kerstin, Bedingungen für die Einführung von Gruppenarbeit in der Ministerialverwaltung, Bonn 1972.

ressortübergreifenden, ziel- und erfolgsorientierten Planungssystems die integrierte, kohärente und finanziell realistische politische Gesamtkonzeption widerspiegeln sollte. Rekrutiert aus den seit 1963 in einer Reihe von Ministerien zur Unterstützung der Führungsebene bei der Ausübung ihrer Steuerungs- und Kontrollfunktionen eingerichteten Planungseinheiten[36] und Grundsatzabteilungen, setzte man 1969 sogenannte Planungsbeauftragte ein. Diese waren den beamteten Staatssekretären zugeordnet und bildeten in ihrer Gesamtheit den Planungsverbund der Regierung unter Geschäftsführung der neuen Planungsabteilung des Bundeskanzleramtes. Betraut wurde der Planungsverbund mit der Entwicklung eines ressortübergreifenden Informationsystems, mit dem ab 1970 durch eine formalisierte Erfassung geplanter Ressortvorhaben mittels eines Datenblattes eine frühzeitige Koordinierung zwischen den Ministerien gefördert werden sollte, sowie mit der Erstellung des Arbeitsprogramms der Bundesregierung, mit welchem erstmals für die VI. Legislaturperiode die Reformschwerpunkte der Bundesregierung integriert zusammengefasst wurden.[37] Diese Maßnahmen, die zumindest auf eine verbesserte Abstimmung von Politik- und Finanzplanung hinauslaufen sollten,[38] enttäuschten jedoch die in sie gesetzten Erwartungen und ließen eine Weiterentwicklung des Planungsverfahrens erforderlich erscheinen.

Mitte der 1970er Jahre hatte die Planungsbewegung ihren Zenit überschritten, was seinen symbolischen Ausdruck in der Auflösung der Projektgruppe Regierungs- und Verwaltungsreform zum Ende des Jahres 1975 fand. Als Bilanz dieser Reformphase wurde rückblickend insbesondere ein deutlich gewachsenes Planungsbewusstsein in der Bundesministerialverwaltung positiv hervorgehoben. Inhaltlich blieben Teilaspekte, insbesondere durch Anstöße der „reorganisierten Ministerien" weiterhin in der Diskussion.[39] Aber auch institutionell blieb es bei einer gesteigerten Aufmerksamkeit für den Zusammenhang zwischen Organisationsstruktur und Verwaltungseffizienz.[40] Mitte der 1970er Jahre überwog hingegen bei den Planungsakteuren die Resignation über die Reichweite sowie über die Ergebnisse ihrer Reformmaßnahmen. Einführung und Umsetzung von programm- und finanzpolitischen Abstimmungsverfahren

---

[36] Vgl. Murswiek, Axel, Regierungsreform durch Planungsorganisation, Opladen 1975.
[37] Vgl. Bebermeyer, Hartmut Regieren ohne Management? Planung als Führungsinstrument moderner Regierungsarbeit, Stuttgart 1974, S. 40 ff.
[38] Vgl. Jochimsen, Reimut, Zum Aufbau und Ausbau eines integrierten Aufgabenplanungs- und Koordinationssystem der Bundesregierung, in: Joseph H. Kaiser (Hrsg.), Planung VI, Baden-Baden 1972, S. 35 ff.
[39] Vgl. Scholz, Helmut, Organisationsmodell für Bundesministerien, in: Die Öffentliche Verwaltung 1979, S. 299 ff.
[40] Vgl. Scholz, Gotthard, Organisationsuntersuchungen in der Bundesministerialverwaltung, in: Die Verwaltung 1977, S. 333 ff.

stießen auf Widerstände und führten zu unbefriedigenden Resultaten.[41] Nicht nur hatte man offenbar die personellen und informationellen Kapazitäten unterschätzt, die zur Steuerung – vor allem aber zur Kontrolle der Ergebnisse – komplexer Gesamtplanungssysteme unabdingbar waren; darüber hinaus hatte man bestehende Macht- und Interessenstrukturen inner- und außerhalb der Ministerien vernachlässigt.[42] Entgegen einer verbreiteten Meinung, dass die „politische Planung" in der intendierten Art und Weise letztlich am bürokratischen Widerstand gescheitert sei, muss man wohl festhalten, dass eben Politik nicht so stattfindet, wie es sich die Befürworter integrierter Planungssysteme vorgestellt haben.

Wissenschaft und Praxis erkannten hiernach zunehmend, dass die Wirksamkeit von Programmen nicht nur von ihrer mangelnden Qualität, sondern auch durch die Art des Vollzuges beeinträchtigt werden konnte.[43] Die unbefriedigenden Erfahrungen mit dem System der Aufgabenplanung führte zur Suche nach Steuerungsalternativen, die dem Aspekt der verwaltungsinternen und -externen Ergebniskontrolle und Mitarbeiterführung stärker Rechnung zu tragen versprachen.[44] Wiederum angeregt durch die Entwicklungen im amerikanischen Raum, wo man sich der Managementtechnik des „Management by Objectives" verschrieben hatte,[45] sowie der – positiv bewerteten – frühen Rezeption dieses Konzeptes auf kommunaler Ebene in Deutschland,[46] erhoffte sich nun auch der Bund, mit der Anpassung des Systems der „Führung durch Vorgabe von Zielen" an die Erfordernisse der öffentlichen Verwaltung ein effektives Führungskonzept zu erhalten.[47] Im Zusammenhang mit der Einführung eines MbO-Sys-

---

[41] Vgl. Müller, Edda, 7 Jahre Regierungs- und Verwaltungsreform des Bundes. Unfähigkeit zur Reform?, in: Die Öffentliche Verwaltung 1977, S. 15 ff.; Permantier, Herbert, Probleme bei der Einführung und Anwendung moderner Planungs- und Entscheidungshilfen auf Bundesebene, in: Hans-Christian Pfohl/Bert Rürup (Hrsg.), Anwendungsprobleme moderner Planungs- und Entscheidungstechniken, Königstein/Ts. 1978, S. 259 ff.

[42] Vgl. Schatz, Heribert, Das politische Planungssystem des Bundes – Idee, Entwicklung, Stand, in: Hans-Christian Pfohl/Bert Rürup (Hrsg.), Anwendungsprobleme moderner Planungs- und Entscheidungstechniken, Königstein/Ts. 1978, S. 241 ff.

[43] Vgl. Mayntz, Renate, Die Implementation politischer Programme: Theoretische Überlegungen zu einem neuen Forschungsgebiet, in: Die Verwaltung 1977, S. 51 ff.

[44] Vgl. Reinermann, Heinrich/Reichmann, Gerhard, Verwaltung und Führungskonzepte. Management by Objectives und seine Anwendungsvoraussetzungen, Berlin 1978, S. 17 ff.

[45] Vgl. Brady, Rodney H., MbO Goes to Work in the Public Sector, Harvard Business Review 1973, S. 65 ff.

[46] Vgl. Banner, Gerhard, Ziel- und ergebnisorientierte Führung in der Kommunalverwaltung. Erfahrungen mit „Management by Objectives" in Duisburg, in: Archiv für Kommunalwissenschaften 1975, S. 300 ff.

[47] Vgl. Wild, Jürgen/Schmid, Peter, Managementsysteme für die Verwaltung: PPBS und MbO, in: Die Verwaltung 1973, S. 145 ff.

tems in der Ministerialverwaltung wurden erneut umfassende Reformen der Aufbau- und Ablauforganisation diskutiert.[48]

Mit zeitlicher Verzögerung rückte schließlich auch das Personal des öffentlichen Dienstes in das Blickfeld der Reformer. Im Februar 1970 ersuchte der Deutsche Bundestag die Bundesregierung, „eine Studienkommission unabhängiger Fachleute zu berufen, die Stellung und Aufgaben des öffentlichen Dienstes in Staat und Gesellschaft" zu untersuchen und dem Deutschen Bundestag bis Ende 1972 „Vorschläge für eine zeitgemäße Weiterentwicklung eines modernen öffentlichen Dienstrechts" zu unterbreiten habe.[49] Im März 1973 veröffentlichte die Expertenkommission, die ihrer Arbeit als schwerpunktmäßige Reformziele die Sicherung und Steigerung der Funktionstauglichkeit der öffentlichen Verwaltung unter Wahrung der schutzwürdigen Interessen der Bediensteten zugrunde gelegt hatte, ihren Bericht. Dieser nahm die Erkenntnisse einer Reihe von Einzelgutachten über die Rechtsstellung der Angehörigen des öffentlichen Dienstes auf und sprach Empfehlungen für eine zukünftige aufgabenadäquate Personalstruktur aus. Zu dieser Zeit stand das Berufsbeamtentum bereits unter einem derart starken Rechtfertigungsdruck[50], dass sich die öffentliche Diskussion der Arbeitsergebnisse der Studienkommission zur Reform des öffentlichen Dienstrechts im Wesentlichen auf den Gegenstand des vereinheitlichten Dienstrechts konzentrierte.[51]

Die Studienkommission hatte die durchgängige und grundsätzliche Differenzierung in Gruppen von Beamten und Arbeitnehmern unter funktionalen Gesichtspunkten als nicht mehr ableitbar und angesichts der öffentlichen Aufgabenentwicklung in ihren zugrundliegenden Sachverhalten als überholt bewertet, die Notwendigkeit eines gesonderten Dienstrechtssystems für die Ausübung hoheitsrechtlicher Aufgaben verneint. Sie hatte ihrem Gesamtkonzept die Maxime der Ausgestaltung des Dienstrechts nach einheitlichen Grundsätzen unter Berücksichtigung funktionsnotwendiger Differenzierungen vorangestellt. Während die einzelnen Vorschläge zur inhaltlichen Gestaltung des Dienstrechts im Sinne der Fortentwicklung der bewährten Grundsätze des Berufsbeamtentums

---

[48] Vgl. Derlien, Hans-Ulrich, Ursachen und Erfolg von Strukturreformen im Bereich der Bundesregierung unter besonderer Berücksichtigung der wissenschaftlichen Beratung, in: Carl Böhret (Hrsg.), Verwaltungsreformen und politische Wissenschaft, Baden-Baden 1978, S. 67 ff.

[49] Vgl. Studienkommission für die Reform des öffentlichen Dienstrechts, Bericht der Kommission, Baden-Baden 1973.

[50] Vgl. Ständige Deputation des Deutschen Juristentages, „Empfiehlt es sich, das Beamtenrecht unter Berücksichtigung der Wandlungen von Staat und Gesellschaft neu zu ordnen?" Verhandlungen des Achtundvierzigsten Deutschen Juristentages, Band II (Sitzungsberichte), München 1970.

[51] Vgl. Siedentopf, Heinrich, Abschied von der Dienstrechtsreform?, in: Die Verwaltung 1979, S. 457 ff.

übereinstimmend auf den gesamten öffentlichen Dienst bezogen wurden, brachen die prinzipiellen Meinungsunterschiede zwischen den Kommissionsmitgliedern bei der Frage des Regelungsverfahrens auf.[52] Die Mehrheit der Kommissions-Mitglieder sprach sich in der Frage, durch wen (Zuständigkeit) und in welcher Form (Gesetz, Tarifvertrag) das einheitliche Dienstrecht gesetzt werde, für eine rein gesetzliche mit einem Streikverbot verbundene Regelung aus – Gesetz-Modell – und überstimmte damit knapp die Verfechter eines Gesetz-/Tarif-Modells, die eine tarifvertragliche Regelung der Bezahlung, des Urlaubs und der Arbeitszeit sowie anderer Elemente der Gegenleistung und eine gesetzliche Regelung aller übrigen Gegenstände des Dienstrechts vorgeschlagen hatten. In diesen Voten spiegelte sich ein tradierter Meinungsstreit der Parteien und Spitzenverbände wider, der auch in der Diskussion um ein Realisierungskonzept weiterhin offen ausgetragen wurde.[53]

In Anbetracht der qualitativ und quantitativ gestiegenen Anforderungen an die öffentliche Verwaltung[54] zielten indessen die von der Studienkommission intendierten Reformen maßgeblich darauf ab, durch eine Verbesserung der Instrumente der Personalsteuerung dem Leistungsprinzip deutlicher Geltung zu verschaffen und dem Erfordernis der Wandlungs- und Anpassungsfähigkeit der Verwaltung mit der Förderung der Flexibilität und der Mobilität im öffentlichen Dienst zu entsprechen.[55] Mit dem Aktionsprogramm zur Dienstrechtsreform[56] reagierte 1976 die Bundesregierung programmatisch auf den Bericht der Studienkommission und fasste darin diejenigen Vorhaben zusammen, die sie mittel- und langfristig auf dem Gebiet des öffentlichen Dienstrechts zu verwirklichen beabsichtigte.[57]

Die Ausgabe einer neuen Leitformel von der „Fortentwicklung des Dienstrechts" im Jahr 1979 markierte dann nicht nur die Abkehr vom Ziel der „Dienstrechtsreform",[58] sondern gleichfalls den Abschluss der Phase großange-

---

[52] Vgl. König, Klaus, Strukturprobleme des öffentlichen Dienstes, in: Verwaltungsarchiv 1977, S. 3 ff.

[53] Vgl. König, Klaus, Die Reform des öffentlichen Dienstes als Dilemma von Wissenschaft und Praxis, in: Carl Böhret (Hrsg.), Verwaltungsreformen und Politische Wissenschaft, Baden-Baden 1978, S. 229 ff.

[54] Vgl. Ellwein, Thomas/Zoll, Ralf, Zur Entwicklung der öffentlichen Aufgaben in der Bundesrepublik Deutschland, in: Studienkommission für die Reform des öffentlichen Dienstrechts, Band 8, Baden-Baden 1973.

[55] Vgl. Studienkommission für die Reform des öffentlichen Dienstrechts, Bericht der Kommission, Baden-Baden 1973.

[56] Vgl. Bundesministerium des Innern (Hrsg.), Aktionsprogramm zur Dienstrechtsreform, Bonn 1976.

[57] Vgl. Scheuring, Heinz, Konturen einer künftigen Entwicklung des öffentlichen Dienstrechts, in: Zeitschrift für Beamtenrecht 1977, S. 386.

[58] Vgl. Siedentopf, Heinrich, Abschied von der Dienstrechtsreform?, in: Die Verwaltung 1979, S. 457 ff.

legter Reformversuche. Das Bundesministerium des Innern wandte sich nun auch im Hinblick auf strukturelle und prozessuale Reformen denjenigen Maßnahmen zu, die „in überschaubaren Zeiträumen mit den verfügbaren Mitteln voraussichtlich realisiert werden können".[59] Diese pragmatische Herangehensweise war ebenfalls bestimmend für das „Arbeitsprogramm zur Verbesserung der Verwaltungsorganisation" von 1978, mit dem ein Beitrag zur Sicherung und Verbesserung der Leistungsfähigkeit und des Leistungsangebotes der öffentlichen Verwaltung entsprechend den Grundsätzen der Wirtschaftlichkeit und Sparsamkeit sowie zu mehr Bürgerfreundlichkeit im Verwaltungshandeln geleistet werden sollte. Konzeptionell orientierte sich das Programm zwar vereinzelt an zurückliegenden erprobten Reformmaßnahmen, programmatisch stand es bereits im Zeichen einer neuen Bewegung der „Entbürokratisierung".

3. Entbürokratisierung, Deregulierung, Privatisierung

Die wirtschaftlichen und konjunkturellen Einbrüche Mitte der 1970er Jahre sowie eine damit einhergehende Zunahme der Staatsverschuldung hatten erneut Kritik am Umfang des Staatssektors sowie des öffentlichen Dienstes laut werden lassen, vor allem aber auch Zweifel an der grundsätzlichen Fähigkeit des Staates zur Bewältigung sozio-ökonomischer Krisen geweckt. Die Debatte um eine „Entbürokratisierung", mit der die Beseitigung der Auswüchse einer zunehmenden Bürokratisierung in Form der Gesetzesflut und des Normenperfektionismus, der Verwaltungsunübersichtlichkeit und Bürgerferne angemahnt wurde,[60] fügte sich ein in eine „Regierbarkeits"-Diskussion[61], die in dem Ruf nach einer Entstaatlichung oder des Rückbaus des Staates schlechthin gipfelte.[62] Auf die Thematisierung von Bürokratisierung und Vergesetzlichung reagierten die politischen Spitzen mit einem Beschluss vom 16.02.1979, mit dem sich die Regierungschefs von Bund und Ländern darauf einigten, Rechts- und Verwaltungsvorschriften auf das zur Erreichung der politischen Ziele unbedingt notwendige Maß zu beschränken, die Regelungen bürgernah, einfach und ver-

---

[59] Vgl. Bundesministerium des Innern (Hrsg.), Arbeitsprogramm zur Verbesserung der Verwaltungsorganisation, Bonn 1978.

[60] Vgl. Seibel, Wolfgang, Entbürokratisierung in der Bundesrepublik Deutschland, in: Die Verwaltung 1986, S. 127 ff.

[61] Vgl. Hennis, Wilhelm/Kielmannsegg, Peter Graf von (Hrsg.), Regierbarkeit, Studien zu ihrer Problematisierung, 2. Bände, Stuttgart 1977/79.

[62] Vgl. Geißler, Heiner (Hrsg.), Verwaltete Bürger – Gesellschaft in Fesseln, Frankfurt a. M. u. a. 1978.

ständlich abzufassen sowie so sparsam, leicht und bürgernah durchführbar wie möglich zu gestalten.[63]

Während eine Reihe von Ländern die Umsetzung dieses Beschlusses über den Weg der Einsetzung von Kommissionen zur Rechts- und Verwaltungsvereinfachung in Angriff nahm,[64] forderte die Bundesregierung mit Kabinettsbeschluss vom 13.12.1978 die Ressorts auf, ihre Geschäftsbereiche daraufhin zu überprüfen, ob Gesetze, Verordnungen und Verwaltungsvorschriften aufgehoben oder vereinfacht werden können, und zukünftig stärker die Notwendigkeit eines Erlasses und die Umfänglichkeit einer Regelung zu überdenken.[65] Im Bundesministerium des Innern wurde in Konsequenz als eine Art Arbeitshilfe ein „Kriterienkatalog zur Prüfung der Verbesserung des Verhältnisses Bürger/Verwaltung" erstellt,[66] der in einem ersten Teil Kriterien für die Überprüfung von Gesetzen, Verordnungen, Richtlinien und Programmen enthält, welche sich auf die für eine Überbürokratisierung anfälligen verfahrensmäßigen und sachlichen Bereiche von Regelungen beziehen. Nachdem auch der Bundeskanzler der neuen christlich-liberalen Regierung in einer Regierungserklärung vom 04.05.1983 die Rechtsvereinfachung und die Beseitigung der Überreglementierung als ein wesentliches Anliegen benannt hatte, erklärte die Bundesregierung Maßnahmen der Entbürokratisierung, der Rechts- und Verwaltungsvereinfachung zu einem politischen Schwerpunkt der Legislaturperiode, legte als Hauptaufgabenfelder die Rechtsbereinigung, den Abbau der Regelungsdichte im EG-Bereich, die Vorschriftenüberprüfung sowie die Verbesserung der Kontakte zwischen Bürger und Verwaltung fest.[67]

Eine Unabhängige Kommission für Rechts- und Verwaltungsvereinfachung wurde berufen. Bereits in einem ersten Bericht des Bundesministerium des Innern konnten 144 Vorhaben aufgelistet werden, die seit Mitte 1983 abgeschlossen, sich im Beratungsprozess befanden oder aber gerade initiiert worden wa-

---

[63] Vgl. Leis, Günther, Die Bürokratisierungsdebatte: Der Stand der Auseinandersetzung, in: Joachim Jens Hesse (Hrsg.), Politikwissenschaft und Verwaltungswissenschaft, Opladen 1982, S. 168 ff.

[64] Vgl. Hesse, Joachim Jens, Zum Stand der Verwaltungsvereinfachung bei Bund und Ländern, in: Die Öffentliche Verwaltung 1987, S. 474 ff.; ferner Helmrich, Herbert (Hrsg.), Entbürokratisierung. Dokumentation und Analyse, München 1989, S. 1 ff.

[65] Vgl. Leis, Günther, Die Bürokratisierungsdebatte: Der Stand der Auseinandersetzung, in: Joachim Jens Hesse (Hrsg.), Politikwissenschaft und Verwaltungswissenschaft, Opladen 1982, S. 168 ff.

[66] Vgl. Wissenschaftliches Institut Öffentlicher Dienst e.V., Bürokratisierung und Entbürokratisierung. Entwicklung eines Rasters zur Überprüfung von Organisationen, Bonn 1979, S. 333 f.

[67] Vgl. Bundesministerium des Innern (Hrsg.), Zweiter Bericht zur Rechts- und Verwaltungsvereinfachung, Bonn 1986, S. V.

ren.[68] In dem ersten Bericht zur Rechts- und Verwaltungsvereinfachung wurden zudem die durch Kabinettsbeschluss vom 11.12.1984 beschlossenen „Prüffragen für Rechtsvorschriften des Bundes" aufgenommen, die durch „Prüffragen zur Notwendigkeit, Wirksamkeit und Verständlichkeit von Rechtsetzungsvorhaben des Bundes" des Bundesministeriums der Justiz und des Bundesministeriums des Innern konkretisiert wurden. Anhand dieses Fragenkatalogs sollen die Ressorts im Rahmen ihrer Rechtssetzungsvorhaben, der Bundesminister der Justiz im Rahmen der Rechtsförmigkeitsprüfung und der Chef des Bundeskanzleramts im Rahmen seiner Vorbereitungen von Kabinettsentscheidungen Notwendigkeit, Wirksamkeit und Verständlichkeit von Rechtsvorschriften prüfen.[69]

In Reaktion auf die spezifischen Problemstellungen bei der Bereinigung von Verwaltungsvorschriften[70] erließ die Bundesregierung im Dezember 1989 im Rahmen eines Beschlusses über „Maßnahmen zur Verbesserung der Rechtsetzung und von Verwaltungsvorschriften" eine Richtlinie zur Gestaltung, Ordnung und Überprüfung von Verwaltungsvorschriften des Bundes, mit der speziell die Anforderungen an Notwendigkeit, Form und Inhalt von Verwaltungsvorschriften sowie an eine Systematisierung des Verordnungsbestandes durch entsprechende Querverweise oder Ordnungssysteme festgelegt wurden. Im Hinblick auf die Optimierung von Regelungstätigkeiten richtete die Bundesregierung in diesem Kabinettsbeschluss ihr Augenmerk insbesondere auf Aspekte der Erfolgs- und Wirkungskontrolle von Gesetzen. Damit reagierte sie auf das wiederauflebende Interesse an Gesetzesevaluationen, deren Notwendigkeit angesichts wachsender Gesetzgebungstätigkeit in Form der Novellierung zunehmend hervorgehoben wurde.[71] Gesetze und Verordnungen sollten nicht nur verstärkt im Sinne einer Erfolgs- und Wirkungskontrolle beobachtet werden, sondern auch die Vollzugseignung durch eine verstärkte Heranziehung von Anwendern z. B. mittels Planspielen oder Praxistests geprüft werden. Während bislang in den Aktivitäten der Bundesregierung zur Rechts- und Verwaltungsvereinfachung die Perspektive des Bundesgesetzgebers dominierte, wurden nun verstärkt auch die Erwartungen der Normadressaten einbezogen. Diese Tendenz setzte sich im Zuge der Diskussion um Maßnahmen der Deregulierung fort.

---

[68] Vgl. Bundesministerium des Innern (Hrsg.), Erster Bericht zur Rechts- und Verwaltungsvereinfachung, Bonn 1985.

[69] Vgl. König, Klaus, Gesetzgebungsvorhaben im Verfahren der Ministerialverwaltung, in: Willi Blümel (Hrsg.), Verwaltung im Rechtsstaat, Köln u. a. 1987, S. 121 ff.

[70] Vgl. Ellwein, Thomas, Verwaltung und Verwaltungsvorschriften. Notwendigkeit und Chance der Vorschriftenvereinfachung, Opladen 1989.

[71] Vgl. Böhret, Carl/Hugger, Werner, Test und Prüfung von Gesetzesentwürfen, Köln/Bonn 1980; König Klaus, Evaluation als Kontrolle der Gesetzgebung, in: Waldemar Schreckenberger u. a. (Hrsg.), Gesetzgebungslehre, Stuttgart u. a. 1986, S. 96 ff.

Neben den Arbeitsgruppen und Arbeitseinheiten, die sich mit der Rechtsvereinfachung befassten, setzte die Bundesregierung mit Beschluss vom 16. Dezember 1987 eine „Unabhängige Expertenkommission zum Abbau marktwidriger Regulierungen (Deregulierungskommission)" ein.[72] Öffentliche Regulierung kennzeichnet zunächst einmal eine traditionelle Form staatlicher Steuerung von wettbewerbspolitischen Ausnahmebereichen. Da aber der Staat mit zahlreichen Gesetzen und Vorschriften etwa zum Arbeitsschutz, zum Schutze der Umwelt, zum Konsumentenschutz, zum Schutze der Verkehrssicherheit usw. immer tiefer in Marktprozesse und unternehmerisches Handeln eingreift, ist der Regulierungsbegriff entsprechend ausgeweitet worden.[73] Demgemäss geht es nicht nur um Investitionskontrollen, Preisregulierungen, Mengenfeststellungen, sondern weiter um Standardisierungszwänge und Qualitätsvorgaben, dann aber um Unfallverhütungsvorschriften, Bauordnungsrecht, Umweltschutzauflagen usw. Deregulierung bedeutet sodann Abbau staatlicher Eingriffe in Märkte und Unternehmen. Insbesondere bei stark regulierten Märkten wie Verkehrsmärkten, Versicherungsmärkten, Wohnungsmärkten sollte das Niveau staatlicher Interventionen gesenkt werden.

Die Bundesregierung ging bei ihrem Beschluss zur Einsetzung der Deregulierungskommission davon aus, dass nur noch rund die Hälfte der Wirtschaft im unverfälschten Wettbewerb stehe und dass zwar auch in einer Marktwirtschaft Gebote und Verbote erforderlich seien, staatliche Reglementierungen aber zur Verzerrung der Marktergebnisse mit negativen Folgen für Unternehmen, Verbraucher, Arbeitnehmer und letztlich die gesamte Volkswirtschaft führen könnten. Die Kommission sollte die volkswirtschaftlichen Kosten bestehender Marktregulierung transparent machen, die gesamtwirtschaftlichen Wirkungen des Abbaus von Markteingriffen abwägen, konkrete Vorschläge für den Abbau von Marktzutritts- und Marktaustrittsbeschränkungen sowie von Preis- und Mengenregulierungen unterbreiten, Vorschläge erarbeiten, die die Flexibilität der Wirtschaft und die Wachstums- und Beschäftigungsperspektiven verbessern könnten.

Die Deregulierungskommission machte hiernach eine Fülle von Deregulierungsvorschlägen zu verschiedenen wirtschaftspolitischen Feldern: von der Versicherungswirtschaft bis zur Verkehrswirtschaft. Sie stieß damit auf den Widerspruch jener Interessenten, die in der Regulierung nicht die staatliche Intervention in die Freiheit von Bürgern und Unternehmen, sondern den staatlichen Schutz von sozioökonomischen Besitzständen sehen. Ein augenfälliges Beispiel für die konfligierenden Interessen ist die Diskussion zur Änderung des Ladenschlussgesetzes in Deutschland. Die Argumente für und gegen eine Er-

---

[72] Vgl. Bundesministerium für Wirtschaft, 1988. Tagesnachrichten Nr. 9168 vom 22.12.1987, S. 2.
[73] Vgl. Kaufer, Erich, Theorie der Öffentlichen Regulierung, München 1981.

weiterung der Öffnungszeiten machen deutlich, dass im Grunde über öffentliche Aufgaben gestritten wird. Für die einen geht es um die Minderung des Arbeitsschutzes, Ungleichbehandlung von Arbeitnehmern, die Begünstigung von Konzentrationsprozessen im Einzelhandel usw.[74] Umgekehrt gehen die anderen davon aus, dass sich der Staat insoweit aufgabenkritisch aus der Festlegung von Nachfrage- und Angebotsverhalten heraushalten sollte, weil Wettbewerbsfreiheit und Konsumentensouveränität die für beide Marktseiten beste Zeiteinteilung für das Einkaufen herausfinden würden.[75] Im Grunde waren es aber nicht nur die Interessenkonflikte im nationalen Rahmen, die einer erfolgreichen Arbeit der Deregulierungskommission entgegenstanden. In vielen Wirtschaftsbereichen war die Zeit bereits über die Regelungshoheit des europäischen Nationalstaates hinweggegangen. Im Rahmen der europäischen Integration waren die Zuständigkeiten für Regulierungen und Deregulierungen in vielen Feldern ökonomischer Relevanz bereits nach Brüssel abgewandert.[76]

Rechtsvereinfachung und Deregulierung der 1980er Jahre standen im Kontext einer Reformbewegung von Kritik öffentlicher Aufgaben und Privatisierung, die eine Grenzverlagerung zwischen öffentlichem und privatem Sektor intendierte, nämlich weg von Verwaltungsstaat und Beamtentum und hin zu Markt und Unternehmen, Gesellschaft und Bürgerschaft. In Deutschland fielen zunächst die großen Vermögensprivatisierungen auf. Unter Vermögensprivatisierung kann man jenen Transfer in private Hände verstehen, bei dem Ansatzpunkt öffentliche Unternehmen und Beteiligungen sind. Charakteristisch sind jene Privatisierungen von Bundesbeteiligungen, die auf der Grundlage des Gesamtkonzepts für die Privatisierungs- und Beteiligungspolitik des Bundes erfolgt waren. Dieses vom Bundeskabinett 1985 gebilligte Konzept enthielt mehrere Elemente.[77] Ein wichtiger Gesichtspunkt war die Reorganisation von Bundesunternehmen, die sich in einer Verlustzone befanden, mit dem Ziel der nachhaltigen Konsolidierung und damit des Abbaus von Belastungen für den Haushalt. Ein weiteres Augenmerk richtete sich auf die Beteiligungspolitik im mittelbaren Bereich. Den Führungen der unmittelbaren Bundesunternehmen wurde größere Zurückhaltung beim Beteiligungserwerb im mittelbaren Bereich nahegelegt. Dieses Gesamtkonzept wurde in der vorgesehenen Weise umgesetzt. Ende 1988 ergab eine Bilanz der Privatisierungen, dass seit 1982 die Zahl

---

[74] Vgl. Glismann, Hans H./Nehring, Sighart, Ladenschluss in der Bundesrepublik Deutschland – eine andere Sicht, in: Wirtschaft und Verwaltung 1988, S. 115 f.

[75] Vgl. Sachverständigenrat zur Begutachtung der gesamtwirtschaftlichen Entwicklung, Jahresgutachten 1987/88, in: Wirtschaft und Verwaltung 1988, S. 115 f.

[76] Vgl. König, Klaus, Zur Verfahrensrationalität einer kontraktiven Aufgabenpolitik, Speyerer Forschungsberichte 87, Speyer 1990, S. 26 ff.

[77] Vgl. Bundesminister der Finanzen, Gesamtkonzept für die Privatisierungs- und Beteiligungspolitik des Bundes, dokumentiert in: Zeitschrift für öffentliche und gemeinwirtschaftliche Unternehmen 1985, S. 203 ff.

der unmittelbaren und mittelbaren Beteiligungen des Bundes von 808 auf 239 zurückgegangen war, nachdem sie zwischen 1970 und 1982 von 596 auf 808 gestiegen war.

Während auf der Ebene des Privatisierungsprogramms der allgemeinen Linie der Begrenzung öffentlicher Leistungen, der Senkung des Staatsanteils, der Zurückführung öffentlicher Aufgaben und damit einer Ordnungspolitik gefolgt wurde, war das aufgabenkritische Profil der einzelnen Privatisierungsmaßnahmen oft weniger deutlich. Man hätte sich eigentlich mit den von den Unternehmen mit Bundesbeteiligung produzierten Gütern und Dienstleistungen auseinandersetzen und deren öffentlichen bzw. privaten Charakter erörtern müssen. Einer solchen Diskussion schien es allerdings angesichts der politisch-ökonomischen Situation in Sparten wie Braunkohle, Mineralöl, Chemie, Gas, Aluminium, Elektrizität, Kraftwagen usw. nicht zu bedürfen. Für ein industriell-kommerzielles Beteiligungsvermögen – zum großen Teil Erbe des Deutschen Reichs und des Landes Preußen – schien der Hinweis auf das fehlende Bundesinteresse zu genügen. Anders lag es bei Privatisierungen, die in traditionelle Bestände des öffentlichen Interesses in Deutschland eingriffen. Bereits in den 1970er Jahren sahen sich Kommunen aus finanziellen Gründen in einer Zwangssituation, bestimmte Verwaltungsbereiche zu privatisieren, und zwar nicht wegen der mit diesen Bereichen verbundenen Sachmittel, sondern wegen der Aufgaben selbst.

Instruktiv sind die Ergebnisse einer Umfrage, die der Deutsche Städtetag unter seinen Mitgliedern zur Privatisierung bisher von den Gemeinden wahrgenommener öffentlicher Aufgaben durchgeführt hat.[78] Als Gegenstände wurden Mitte der 1980er Jahre mit unterschiedlichen Quantitäten genannt: Wartungsdienste im Verkehrswesen und öffentliche Personenbeförderung, Strom-, Gas-, Wasserversorgung und Abfall- und Müllbeseitigung, Arbeiten der Vermessung und des Bauwesens, Einrichtungen des Kultur-, Freizeit- und Bildungsbereichs, des Gesundheitswesens, des Jugend- und Sozialwesens und dazu Betriebe wie Stadtwerke, Schlachthöfe, Hafenbetriebe, Stadthallen usw. Das bunte Bild dieser Daten belegt, dass die vom Diktat leerer Kassen ausgelösten Aufgabenprivatisierungen nicht in Reformstrategien umgesetzt wurden. Vielmehr verfiel man in eine inkrementalistische Verwaltungspolitik, der viele den Namen von Reformen nicht geben werden.[79]

---

[78] Vgl. Deutscher Städtetag (Hrsg.), Möglichkeiten und Grenzen der Privatisierung öffentlicher Aufgaben, Reihe A, DST-Beiträge zur Kommunalpolitik, Heft 7, 2. Aufl., Köln 1986; Mittelstandsinstitut Niedersachsen e. V. (Hrsg.), Privatisierungsbilanz, Hannover 1983.

[79] Vgl. König, Klaus, Zur Verfahrensrationalität einer kontraktiven Aufgabenpolitik, Speyerer Forschungsberichte 87, Speyer 1990.

Dass dann freilich mit der Privatisierung der staatliche Steuerungsanspruch nicht einfach aufgegeben wurde, wird sodann in Bereichen wie Bahn, Post und Telekommunikation sowie Rundfunk deutlich. In all diesen Bereichen erfolgten Reformen im Bereich öffentlicher Trägerschaft, seien sie formeller oder materieller Art oder durch die Zulassung von privaten Angeboten neben der öffentlichen Versorgung gekennzeichnet. Der Staat zog sich nicht aus der Verantwortung für die Erfüllung gemeinwohlorientierter Zwecke zurück. Die einschlägigen Privatisierungen wurden in breitem Umfang durch staatliche Regulierungen kompensiert.[80] Freilich entwickelten sich unterschiedliche Formen der Regulierung: von imperativer Regulierung über hoheitliche Regulierung unter Einbau selbstregulativer Elemente, hoheitliche regulierte gesellschaftliche Selbstregulierung bis zur Ermöglichung privater Selbstregulierung.[81] Es lässt sich deswegen nicht abstrakt beantworten, ob und inwieweit die Privatisierung zu einer Entlastung des Staates von seiner Leistungsverantwortung geführt hat.

Mit den skizzierten Vorhaben der Aufgabenreform – Privatisierung, Deregulierung, Rechtsvereinfachung –, der Organisationsreform – Territorialreform, Regierungs-, Ministerial- und Verwaltungsorganisation, Funktionalreform –, der Verfahrensreform – mittelfristige Finanzplanung, Verwaltungsverfahrensgesetz, politische Planung, Raumplanung –, der Personalreform – Dienstrechtsreform, Ausbildungs- und Fortbildungsreform – ist die alte Bundesrepublik Deutschland bis in das Ende der 1980er Jahre signifikant für Verwaltungsreformen in vielen westlichen Industrieländern und von Fall zu Fall auch in Schwellenländern. In manchen Reformfeldern war sie führend – so in der Territorialreform –, in manchen Feldern mochte sie hinterherhinken – so bei Instrumentarien der Effizienzsteigerung –. Insgesamt ist die alte Bundesrepublik von der Mitte der 1960er Jahre an aber ein Beleg dafür, wie der moderne Verwaltungsstaat intendiert, durch Reformen und Innovationen die Modernität in Gang zu halten und neue Herausforderungen zu bewältigen. Dabei haben freilich die deutschen Reformdiskussionen in der internationalen Gemeinschaft westlicher Demokratien und Industrieländer keine besondere Aufmerksamkeit erregt. Viele internationale Begegnungen standen und stehen unter dem Vorzeichen einer angloamerikanischen politischen und Verwaltungskultur. Hier kann sich der klassische Verwaltungsstaat Frankreichs zu Wort melden. Von Deutschland nach 1945 nahm man aber kaum an, dass dort etwas in öffentlichen Angelegenheiten zu lernen sei. Freilich wuchs in manchen Ländern einer legalistischen

---

[80] Vgl. König, Klaus/Benz, Angelika, Zusammenhänge zwischen Privatisierung und Regulierung, in: dies. (Hrsg.), Privatisierung und staatliche Regulierung: Bahn, Post und Telekommunikation, Rundfunk, Baden-Baden 1997, S. 13 ff.

[81] Vgl. Schuppert, Gunnar Folke, Vom produzierenden zum gewährleistenden Staat: Privatisierung als Veränderung staatlicher Handlungsformen, in: Klaus König/Angelika Benz (Hrsg.), Privatisierung und staatliche Regulierung: Bahn, Post und Telekommunikation, Rundfunk, Baden-Baden 1997, S. 115 ff.

Verwaltungstradition nach und nach ein gewisser Respekt gegenüber den rechtsstaatlichen Ausformungen des deutschen Verwaltungsstaates.

In der Verwaltungsförderung der Entwicklungsländer nahm Deutschland von den 1960er Jahren an quantitativ eine nicht unbedeutende Stellung ein. Die deutsche Kommunalverwaltung und ihre Reformen stieß auf breites Interesse in den Ländern der Dritten Welt, die durch Dezentralisierungen die lokalen Ressourcen ihrer Gesellschaft besser ausschöpfen wollten. Jedoch konnte weder mit der Tradition der Kolonialmächte wie Frankreich und Großbritannien, noch mit der Mission imperialer Mächte wie der Vereinigten Staaten und der Sowjetunion mitgehalten werden. Diese Lage hat sich freilich spätestens seit den 1980er Jahren verändert. Das gilt zunächst für die Länder der Europäischen Union. Mit der zunehmenden Integration wird immer deutlicher, dass es nicht nur um einen gemeinschaftlichen Wirtschaftsraum, sondern auch um einen gemeinschaftlichen Verwaltungsraum geht. Für die europäische Verwaltung ist so aus der Reformgeschichte aller Mitglieder zu lernen.

Weiter aber treten Verwaltungsreformen immer mehr als Phänomene gewisser zeitgleicher Strömungen auf. So ist die Privatisierungsdiskussion nicht in einer Epoche in Deutschland und in einer anderen Epoche in Großbritannien geführt worden. Vielmehr gab es seit den 1970er Jahren eine Privatisierungsdiskussion in vielen Ländern mit wohlfahrtsstaatlicher Expansion: in Japan, in Frankreich, in Großbritannien, in Deutschland usw. Solche internationalen Reformbewegungen führen zu Gesprächsbereitschaften, die die deutschen Erfahrungen mit einbeziehen. Es wird für die modernen Staaten allgemein deutlich, wie sie durch Verwaltungsreformen anstreben, modern zu bleiben. Schließlich hat der Zusammenbruch des realen Sozialismus den freien Dialog mit den Nachbarn in Mittel- und Osteuropa auch in Verwaltungsangelegenheiten eröffnet. Die deutschen Erfahrungen haben hier vielerorts besonderes Gewicht. Dabei geht es über die Transformationserfahrungen hinaus um Reformerfahrungen. Das Beispiel der neuen Bundesländer zeigt, dass es mit der Transformation der alten Kaderverwaltung nicht getan ist. Zugleich mussten etwa Territorial- und Funktionalreformen der kommunalen Verwaltungen erfolgen. In diesem Sinne sind die Länder Mittel- und Osteuropas dann, wie ihre westlichen Nachbarn auch, durchaus Reform-Länder. Sie haben nicht nur durch Transformation von realsozialistischem Staat und Kaderverwaltung in mannigfachen Aufholprozessen eine „nachholende Modernisierung" zu vollziehen. Sie müssen zugleich durch Reformen die Modernität des administrativen Funktionssystems in Gang halten.

II. Modernisierungsbewegungen zu Staat und Verwaltung

1. Eine ökonomisch-managerialistische Modernisierungsbewegung

In Staat und Verwaltung ist auf neue Herausforderungen nicht nur durch Einzelinnovationen und Reformen bestimmter Wirkungskreise – Reform des öffentlichen Dienstes, Reform der territorialen Organisation usw. – reagiert worden. Von Zeit zu Zeit gibt es historische Verdichtungen von Reformen, die in einer allgemeinen Modernisierungsbewegung münden: wie in Japan der vorletzten Jahrhundertwende mit den Meiji-Reformen oder in der Bundesrepublik Deutschland nach 1945, wo Demokratie und Rechtsstaat über die Traditionsbestände der Weimarer Republik hinaus aufgebaut und insoweit modernisiert wurden.

Die Modernisierungsbewegung, die das Ende des 20. Jahrhunderts geprägt hat, zeichnet sich durch vier Eigenarten aus. Erstens intendiert sie in der Sache eine Ökonomisierung und Managerialisierung von Staat und Verwaltung unter dem Vorzeichen von Markt, Wettbewerb, Unternehmertum und Kundschaft. Zweitens ist sie nicht auf die alten Grenzen des Nationalstaates beschränkt, sondern erfasst die globale Kommunikationsgemeinschaft in Verwaltungsangelegenheiten. Drittens ist sie nach Sache und Raum weniger durch Institutionenbildung und Institutionentransfer, mehr durch Modelldenken, entsprechender Rhetorik, ja Ideologisierung symbolisiert. Viertens wird „Revolution", „Paradigmenwechsel" in Anspruch genommen, so dass die Frage entsteht, ob dies die Modernisierung des Verwaltungsstaates ist, die uns über die Moderne hinaus in eine Postmoderne, über die bürokratische Staatsverwaltung hinaus in postbürokratische Verhältnisse führt.

Die aktuelle Modernisierungsbewegung von Staat und Verwaltung hat ihren Grund in der Finanzkrise der westlichen Wohlfahrtsstaaten. Je tiefer die Knappheit öffentlicher Ressourcen wahrgenommen wird, um so weiter reicht die Bereitschaft, in politisch-administrative Besitzstände einzugreifen. Entsprechend geht es im Kern um eine ökonomische Modernisierung von Staat und Verwaltung. Da sich die Zentralverwaltungswirtschaft als nicht leistungsfähig erwiesen hat und das Instrumentarium wohlfahrtsstaatlicher Fiskalpolitik zu versagen scheint, wird von den Konzepten einer neoliberalen Institutionenökonomik eine neue Leistungsordnung von Staat und Verwaltung erwartet.[82]

So konnte man im Großbritannien des Thatcherismus beobachten, wie von der politischen Spitze her der Public Choice-Ansatz propagiert wurde, eine Schule, die in Ablehnung der Wohlfahrtsökonomik die Bindung des Staates an

---

[82] Vgl. König, Klaus/Beck, Joachim, Modernisierung von Staat und Verwaltung, Baden-Baden 1997.

öffentliche Interessen nicht voraussetzt, sondern jeden Akteur in den politisch-administrativen Institutionen zum Homo oeconomicus erklärt.[83] In Neuseeland konzipierten die Spitzenpolitiker und Finanzfachleute – hier einer Labourregierung – den neuen Entwurf staatlicher Steuerung auf der Grundlage eines weiteren institutionenökonomischen Ansatzes, nämlich der Principal/Agent-Theorie.[84] Dabei wird die Rolle des Prinzipals dem Politiker zugewiesen. Die Administratoren erhalten die Rolle des Agenten. In einer Art Auftraggeber/Auftragnehmer-Beziehung erhält der Agent eine nach festgelegten Kriterien berechnete Vergütung. Der Politiker als Prinzipal erhält das durch die Handlung des Agenten entstehende Ergebnis.

Hatte der Reaganismus vor allem auf eine angebotsorientierte Wirtschaftspolitik mit Steuererleichterungen, Kürzung öffentlicher Ausgaben, Deregulierungen usw. gesetzt, so favorisierte die demokratische Präsidentschaft das „Reinventing Government".[85] Es geht vor allem um den ökonomischen Nutzen eines besseren Staates und einer besseren Verwaltung. Entsprechend der managerialistischen Traditionen der US-amerikanischen Verwaltung ist das Modelldenken des „Reinventing Government" von vornherein eine Mischung von neoliberalen Wirtschaftslehren und Managementmodellen. Gemäß der jetzigen Vorliebe für Psychologismen wird das Ganze mit Früchten populärer „business motivation"-Literatur angereichert. Im weiteren Verlauf hat sich dann der Managerialismus als der einfachere Weg als die strenge ökonomische Reflexion erwiesen.

Im Grunde ist das Neue Öffentliche Management auch international voller konzeptioneller Widersprüche, die insbesondere auf Ansätzen bei unterschiedlichen neoliberalen ökonomischen Theorien und Managementlehren beruhen.[86] Während es in der Public-Choice-Theorie darum geht, die politische Kontrolle der repräsentativen Regierung über die Bürokratie wieder zu etablieren,[87] betont der neue Managerialismus die „managers' rights to manage". Es geht darum, das Primat von Management-Prinzipien über die Bürokratie einzurichten.[88]

---

[83] Vgl. Ridley, Frederick, Verwaltungsmodernisierung in Großbritannien, in: Hermann Hill/Helmut Klages (Hrsg.), Qualitäts- und erfolgsorientiertes Verwaltungsmanagement. Aktuelle Tendenzen und Entwürfe, Berlin 1993, S. 251 ff.

[84] Vgl. Boston, Jonathan, Transforming New Zealand's Public Sector: Labours Quest for Improved Efficiency and Accountability, in: Public Administration 1987, S. 423 ff.

[85] Vgl. Osborne, David/Gaebler, Ted, Reinventing Government. How the Entrepreneurial Spirit is Transforming the Public Sector, Reading 1992.

[86] Vgl. Aucoin, Peter, Administrative Reform in Public Management: Paradigms, Principles, Paradoxes and Pendulums, in: Governance 1990, S. 115 ff.

[87] Vgl. Niskanen, William, Representativ Government and Bureaucracy, Chicago 1971.

[88] Vgl. Peters, Thomas/Watermann Robert, In Search of Excellence: Lessons From America's Best – Run Companies, New York 1982.

Während für den ökonomischen Ansatz die Steuerung der das Budget maximierenden Bürokratie durch die demokratisch legitimierte Politik und damit die Auseinandersetzung um die fundamentale Ressource des Staates, die öffentlichen Finanzen, das Problem ist, wird mit dem Managementansatz gemeint, dass die Kapazität einer komplexen Organisation, ihre Aufgaben zu erfüllen, durch Managementpraktiken verbessert werden könne, die die Organisation entbürokratisieren, diese verschlanken, ihren Ressourcengebrauch ökonomischer gestalten und ihre Produktivität steigern. Wenn also einerseits das Bürokratie-Problem durch politische Kontrolle der auch managerialen Bürokratie gelöst werden soll, andererseits das Management sowohl als die Ursache wie die Lösung angesehen wird, müssen sich eine Reihe von Folgewidersprüchen ergeben. Zum Beispiel kommt es für den ökonomischen Liberalismus darauf an, Mechanismen vorzusehen, die von der „Gefangenschaft" durch öffentliche Programme schützen. Demgegenüber besteht für den Managerialismus einfach die Notwendigkeit, näher an den Kunden heranzurücken.[89] Solche Paradoxien pflegen Praktiker der Verwaltungsmodernisierung nicht zu bekümmern. Man kann das als „theoretisch" beiseite schieben. Oder man kann, wenn man auf eine konzeptionelle Fundierung Wert legt, die Aspekte auswählen, die „passen".

Wenn hiernach über das Neue Öffentliche Management[90] zu sprechen ist, wie es über den angloamerikanischen Raum hinaus andere Mitgliedstaaten der Organisation für wirtschaftliche Zusammenarbeit und Entwicklung erfasst hat, wie es von internationalen Organisationen – UN, Weltbank, OECD – propagiert wird und wie es schließlich auch Kontinentaleuropa erreicht hat, dann können wir uns auf eine pragmatische Art des Modelldenkens beziehen. Es werden bestimmte als vernünftig erachtete Handlungs- und Steuerungsmuster konstruiert, und zwar in der praktischen Absicht, dass soziale Institutionen nach dieser Rationalität umgebaut oder aufgebaut werden. Hier ergeben sich dann wiederum Variationen. Es gibt Partialmodelle, mit denen Teilprobleme sozialen Handelns gelöst werden sollen, also etwa das Modell eines Kontraktmanagements, und es gibt holistische Modelle, die gleichsam flächendeckend die Antwort für eine ganze Lebenswelt bereit halten, also zum Beispiel das „Reinventing Government" in den USA. Es gibt funktional undifferenzierte Modelle wie etwa das eines „Total Quality-Managements", von dem man meint, dass es in die private Wirtschaft wie in die öffentliche Verwaltung Vernunft bringen könne. Und es gibt spezifisch elaborierte Modelle wie wiederum „Reinventing Go-

---

[89] Vgl. Talbot, Colbin, Editorial, in: International Journal of Public Sector Management 1995, S. 4 ff.
[90] Vgl. Damkowski, Wulf/Precht, Claus, Public Management – Neuere Steuerungskonzepte für den öffentlichen Sektor, Stuttgart u. a. 1995; Hood, Christopher, Public Management for all Seasons?, in: Public Administration 1991, S. 3 ff.

vernment", das zwar viel aus Privatwirtschaftslehren übernommen hat, aber dann den Zuschnitt auf Staat und Verwaltung herausarbeitet.[91]

Ein Beispiel für ein holistisches Modelldenken in Deutschland ist das „Neue Steuerungsmodell".[92] Bei ihm geht es darum, eine Verantwortungsabgrenzung zwischen Politik und (Dienstleistungs-)Verwaltung herzustellen. Die Rolle der politischen Organe soll sich hierbei darauf beschränken, die Unternehmensphilosophie, die Führungsstruktur, Rahmenbedingungen für optimale Verwaltungsleistungen festzulegen, auf der Basis entsprechender Produktdefinitionen Ziele zu setzen und konkrete Leistungsaufträge zu erteilen, den Fachbereichen der Verwaltung Produktbudgets und Handlungsspielräume zur Erfüllung ihres Leistungsauftrags zu übertragen sowie die Erfüllung der Leistungsaufträge laufend zu kontrollieren und bei Kursabweichungen entsprechend gegenzusteuern. Demgegenüber wird die Rolle der Verwaltung darauf beschränkt, die zuvor definierten Leistungsaufträge in Form konkreter Produkte zu erfüllen, der Politik laufend über Auftragsvollzug und Abweichungen zu berichten und hierdurch die Ergebnisverantwortung zu tragen. Die Kommunalverwaltung in Deutschland ist nicht so. Sie soll aber – jedenfalls wenn es nach den Promotoren des Neuen Öffentlichen Managements geht – nach diesem Modell modernisiert werden.

Ein solches Modelldenken nach Art des „Neuen Steuerungsmodells" darf man nicht mit der Modernisierungspraxis verwechseln. Zwar gibt es die gemeinsame Rhetorik des New Public Managements, wie es in Großbritannien, Neuseeland, Australien seinen Ausgangspunkt genommen und dann in der internationalen Wahrnehmung mit dem neuen Managerialismus in den Vereinigten Staaten von Amerika zusammengehalten worden ist. Auch haben sich internationale Organisationen – die eben im Englischen als Lingua franca immer mehr auch in Verwaltungsangelegenheiten kommunizieren – als Wegbereiter für andere westliche Industrieländer erwiesen. Noch heute scheint für viele ein idealisierter angloamerikanischer Weg zur Modernisierung des öffentlichen Sektors nach Maßgabe von Effizienz und Effektivität und unter den Vorzeichen funktionierender Wettbewerbsmärkte der „Königsweg" zu sein. Indessen sind es nicht nur die Komplikationen der Konfrontation mit der legalistischen Tradition kontinentaleuropäischer Verwaltungsstaaten oder die Probleme von postsozialistischen Staatsverwaltungen, in denen überhaupt erst feste Zuständigkeitsordnungen, wirkliche Regelbindungen usw. eingerichtet werden müssen, die dann konkrete Institutionen und ihre jeweilige Modernisierung in das Blickfeld geraten lassen. Auch im angelsächsischen Raum selbst gibt es deutliche

---

[91] Vgl. König, Klaus, Zur Kritik eines neuen öffentlichen Managements, Speyerer Forschungsberichte 155, Speyer 1995.

[92] Vgl. KGSt (Hrsg.), Das neue Steuerungsmodell. Begründung, Konturen, Umsetzung, Bericht 5/93, Köln 1993.

Unterschiede in der Modernisierungspraxis, selbst zwischen Nachbarn wie Neuseeland und Australien.

Es empfiehlt sich deswegen, von dem „One Best Way" wegzugehen und die jeweils konkret-institutionellen Ansätze einschließlich der auf die konkrete Praxis eingestellten Teilmodelle der Verwaltungspolitik zu betrachten und hieraus eine Agenda der Verwaltungsmodernisierung zu bezeichnen. Dabei lassen sich die Widersprüche der ökonomischen Theorien und Managementmodelle in drei international beobachtbare Strategien auflösen. Die erste Strategie setzt die Privatisierungs- und Deregulierungspolitik fort und intendiert eine neue Arbeitsteilung zwischen Staat, Wirtschaft, Gesellschaft, und zwar die Verlagerung sozialer Handlungsverantwortung aus dem Staatssektor in den privaten und auch den Dritten Sektor. Die zweite Strategie ist die einer ökonomischen und managerialistischen Binnenrationalisierung von Staat und Verwaltung. Eine rhetorisch nicht so begünstigte, aber faktisch gewichtige Strategie ist drittens die der kontraktiven Politik, des Abbaus, der Kürzungen, des „down sizing". Da aber der neue öffentliche Managerialismus bei Politikern, Verwaltungsleuten, Gewerkschaftern usw. nicht zuletzt deswegen Beifall findet, weil er in der Finanzierungskrise des Wohlfahrtsstaates nach Reaganismus und Thatcherismus eine mittlere Position, nicht weniger, sondern bessere öffentliche Verwaltung bei gewisser Besitzstandswahrung verspricht, steht die Strategie der Binnenrationalisierung am Anfang der Agenda.

2. Modernisierung der Verwaltungsorganisation

Effizienzsteigerungen im öffentlichen Sektor werden hiernach vornehmlich von einer Verbesserung des für Rationalisierungserwägungen zu öffnenden Managements der öffentlichen Verwaltung erhofft. Unter dem Einfluss privatwirtschaftlicher Führungs- und Restrukturierungspraktiken haben sich Forderungen nach einer Flexibilisierung, Enthierarchisierung, Dezentralisierung, nach mehr Transparenz und Konkurrenz zu einem Imperativ für die Gestaltung von Organisations-, Prozess- und Personalstrukturen verdichtet, von dessen Umsetzung auf dem Wege der organisatorischen Differenzierung, der Dezentralisierung von Zuständigkeiten, der ergebnisorientierten Steuerung, der performanzorientierten Kontrolle und einer humanressourcenorientierten Personalpolitik eine Rationalisierung des Verwaltungshandelns erwartet wird.[93]

Neben die horizontale Ausdifferenzierung der Trägerschaft von Aufgaben der öffentlichen Daseinsvorsorge tritt die Ausdifferenzierung der ehemals sektoralen, vertikal integrierten Behördenorganisation in eine funktional ausgerich-

---

[93] Vgl. Clarke, John/Newman, Janet, The Managerial State, London u. a. 1997.

tete, horizontal und vertikal differenzierte Behördenstruktur. Die Trennung strategischer von operativen Aufgaben bzw. der Aufgaben der Politik von denjenigen der Leistungsverwaltung ist verbunden mit Vorstellungen von Kontrakten, Zielvereinbarungen oder Auftragsvergaben. Dieser Instrumente bedienen sich die auftraggebenden Instanzen zur Steuerung der auftragnehmenden Einheiten, denen als organisatorisch verselbständigte Aufgaben- und Verantwortungsbereiche eine flexiblere und nachvollziehbarere Aufgabenerfüllung ermöglicht werden soll. Von der Einrichtung derartiger Handlungsbeziehungen zwischen organisatorisch getrennten Verwaltungseinheiten, aber auch innerhalb von Verwaltungseinheiten, verspricht man sich aufgrund eines erhöhten Rechtfertigungszwanges gegenüber dem Abnehmer zudem eine effizientere Mittelverwendung.[94]

In Großbritannien vollzog sich in Orientierung an dem Gedanken der organisatorischen Trennung ministerieller politischer Funktionen und Ausführungsfunktionen sowie nach der Leitidee einer stärkeren Ergebnissteuerung die Bildung der „executive agencies" seit Ende der 1980er Jahre. Bis Ende 1997 wurden 138 „Agencies" eingerichtet, die als quasi-autonome Behörden mit ca. 383 000 Beschäftigten auf der Basis ministerieller Zielvorgaben, festgelegt in den sog. „framework agreements", mit der Durchführung eines großen Teils der staatlichen Dienstleistungen betraut sind.[95] Auch in Australien lief die Umstrukturierung der Zentralverwaltung auf eine Agentur-Bildung im nachgeordneten Bereich hinaus.[96] In Neuseeland vollzog sie sich in Form einer Verschlankung der Ministerien infolge der Trennung von „Advisory-", „Regulatory-" und „Delivery-"Funktionen.[97]

Die Auseinandersetzung mit Ansätzen des New Public Managements auf kommunaler Ebene, zum Beispiel mit dem Projekt „Wirkungsorientierte Verwaltung" des Kanton Luzern[98] oder mit dem Projekt „Neue Stadtverwaltung Bern",[99] hat für die Schweizer Bundesverwaltung die Erarbeitung eines Vier-

---

[94] Vgl. Stewart, John, The Limitations of Government by Contract, in: Public Money and Management 1993, S. 7 ff.

[95] Vgl. Fry, Geoffry, Policy and Management in the British Civil Service, London u. a. 1995.

[96] Vgl. Mascarenhas, Reginald C., Building an Enterprise Culture in the Public Sector: Reform of the Public Sector in Australia, Britain and New Zealand, in: Public Administration Review 1993, S. 319 ff.

[97] Vgl. Boston, Jonathan u. a. (Hrsg.), Reshaping the State: New Zealand's Bureaucratic Revolution, Auckland 1991.

[98] Vgl. Egli, Hans-Peter/Käch, Urs, Instrumente der neuen Verwaltungssteuerung im Projekt Wirkungsorientierte Verwaltung (WOV) des Kantons Luzern, in: Peter Hablützel u. a. (Hrsg.), Umbruch in Politik und Verwaltung, Bern u. a. 1995, S. 165 ff.

[99] Vgl. Müller, Bruno/Tschanz, Peter, Das Projekt „Neue Stadtverwaltung Bern": Vorgehen und Bedeutung der „weichen Faktoren", in: Peter Hablützel u. a. (Hrsg.), Umbruch in Politik und Verwaltung, Bern u. a. 1995, S. 223 ff.

10. Kapitel: Weitergehende Verwaltungsmodernisierung 685

Kreise-Modells, eines Holding-Modells für den Staat zur Folge gehabt, mit dem die Struktur der Bundesverwaltung explizit an den Prinzipien des Neuen Öffentlichen Managements ausgerichtet werden soll. Die organisatorische Differenzierung spiegelt sich in einer Kreis-Struktur wieder, deren Ringe von innen nach außen den Grad an eingeräumter Rechtspersönlichkeit und Autonomie versinnbildlichen. Der innere Kreis umschließt die Organisationseinheiten mit politischen Steuerungs- und Koordinationsfunktionen, überwiegend die Ministerialverwaltung; in einem zweiten Kreis werden die vollständig in die Departementsstruktur und die Finanzrechnung integrierten Bundesämter erfasst, in einem dritten Kreis die Betriebe und Anstalten mit zum Teil eigener Rechtspersönlichkeit und gesetzlich definierten Leistungsaufträgen und in einem vierten Kreis die mit Bundesaufgaben betrauten gemischtwirtschaftlichen und privaten Unternehmen mit eigener Rechtspersönlichkeit. Für die Bundesämter des zweiten Kreises soll zukünftig das „Führen mit Leistungsauftrag und Globalbudgets" (FLAG) gelten, was bedeutet, dass der Bundesrat alle vier Jahre Leistungsaufträge an die betreffenden Organisationseinheiten verteilt, hiernach diese jährlich mit den Departements in Leistungsvereinbarungen konkretisiert werden müssen und zu deren Ausführung dann den Ämtern Globalbudgets zur Verfügung zu stellen sind. Diese Grundsätze sollen auch bei den Behörden und Einrichtungen der übrigen Kreise modifiziert zur Anwendung gelangen.[100]

In den skandinavischen Ländern wurde der Gedanke der organisatorischen Differenzierung von strategischen und operativen Aufgaben bereits in den 1980er Jahren von der Kommunalpolitik aufgegriffen und zunächst, wie z. B. in Schweden, in Form eines „Resultatsverantwortlichkeitsmodells" umgesetzt.[101] Danach besteht die Gemeinde aus weitgehend selbständigen öffentlichen Resultateinheiten, deren Leistungen, beispielsweise Leistungen öffentlicher Betriebe oder unterstützende Dienstleistungen, von der Gemeindeverwaltung oder deren Einheiten durch Produktionsverträge bezogen werden. Im Hinblick auf den Bezug unterstützender Dienstleistungen hat in den 1990er Jahren das Ausschreibungs-Modell an Bedeutung gewonnen, für das die Trennung der öffentlichen Einkaufsaufgaben von den – zumindest die unterstützenden Dienstleistungen betreffenden – privaten Produktionsaufgaben innerhalb der Gemeinde charakteristisch ist.

---

[100] Vgl. Borel, Thierry, Kulturbewusste Modernisierung der Schweizer Bundesverwaltung – Personal zwischen Bürokratie und Management, in: Erhard Mundhenke/Wilhelm Kreft (Hrsg.), Modernisierung der Bundesverwaltung. Aktueller Stand und Perspektiven, Brühl 1997, S. 53.

[101] Vgl. Stahlberg, Krister, Alternative Organisation öffentlicher Dienstleistungen in der skandinavischen Debatte: Skandinavien zwischen Behörden- und Wahlfreiheitsmodell, in: Claudius H. Riegler/Frieder Naschold (Hrsg.), Reformen des öffentlichen Sektors in Skandinavien, Baden-Baden 1997, S. 89 ff.

Während bei diesem Modell der Gemeindeverwaltung als solcher die Wahl des Produktionspartners zusteht, differenziert das Auftraggeber/Auftragnehmer-Modell, auch Besteller/Ausführer-Modell genannt, noch zwischen Besteller und Produzenten innerhalb der Verwaltung. Den sog. „Bestellämtern" obliegt die Verantwortung für die Bestellung der benötigten Dienstleistungen, den „Produktionsdirektionen" die Verantwortung für die Produktion. Der Gemeinderat und die „Bestellämter" bzw. spezielle Bestellerausschüsse können die benötigten Dienstleistungen oder generell die Erfüllung von Aufgaben der kommunalen Grundversorgung unter Wettbewerbsbedingungen durch Ausschreibung entweder von den öffentlichen Produktionsdirektionen, z. B. Schulen, Kindergärten oder Altenbetreuung, oder aber von freien Produzenten durch Vertrag, Bestellung, Auftrag oder Verpflichtung beziehen.[102] In Schweden wird diesem Modell hohe Aufmerksamkeit zuteil. Einzug in skandinavische Kommunen hat bereits das sogenannte Konsumtionsrecht-Modell gefunden, bei dem dem einzelnen Bürger die Wahl eines Produzenten frei steht, der entsprechend seiner Leistungen von der Gemeinde bezahlt wird.

Die exemplarische Aufzählung der in Skandinavien diskutierten alternativen Steuerungsformen zeigt die enge Verflechtung des Gedankens einer funktional differenzierten Organisation mit der Frage nach der Substanz öffentlicher Aufgaben. Werden die strukturellen Eingriffe bis zum äußersten vorangetrieben, verbleiben den öffentlichen Einheiten nur noch die Auftraggeber-, Besteller- oder Gewährleistungsfunktionen. Es scheint sich die Vorstellung von einer „Skelett-Verwaltung" zu verwirklichen.[103]

3. Modernisierung der wirtschaftlichen Steuerung

Mit der Übernahme des Konzepts der funktional differenzierten Organisation und des Prinzips der Zielsteuerung verbinden sich neue Möglichkeiten des Ressourcenmanagements. So wurden in Großbritannien, Neuseeland, Australien und den USA die Mittelzuteilung und die Mittelbewirtschaftung im nachgeordneten Bereich über die Gewährung von Globalhaushalten und die Reduzierung von Rahmenvorgaben flexibilisiert, die Kontrolle der Mittelverwendung von der Überwachung des planmäßigen Ausgabeverhaltens auf eine ergebnisbezogene Überprüfung umgestellt und die Detailkontrollen durch die

---

[102] Vgl. Philgren, Gunnar/Svensson, Arne, Das Konzept der effektiven Ergebnissteuerung, in: Claudius H. Riegler/Frieder Naschold (Hrsg.), Reformen des öffentlichen Sektors in Skandinavien, Baden-Baden 1997, S. 37 ff.

[103] Vgl. Ridley, Frederick, Die Wiedererfindung des Staates – Reinventing British Government. Das Modell einer Skelettverwaltung, in: Die Öffentliche Verwaltung 1995, S. 570 ff.

Ministerien überwiegend abgeschafft.[104] Begleitet wurden die haushaltsrechtlichen Änderungen von der Einführung ergebnisorientierter Berichts- und informationsgestützter Managementsysteme. In Australien wurden Ende der 1980er Jahre die Ministerien und „Agencies" auf ein Planungs-, Programmierungs- und Budgetierungssystem ausgerichtet, gemäß dem die Behörden mittelfristige, an den Regierungsprogrammen orientierte Programmstrukturen in Verbindung mit entsprechenden Leistungsvorgaben zu entwickeln haben, Soll/Ist-Berichte den Grad der Einhaltung der planerischen und finanziellen Vorgaben messen und periodisch Programmevaluationen vorgenommen werden sollen.[105] In Australien soll ein vollständig an einer kaufmännischen Buchführung angelehnte Budget aufgestellt werden.

Bestrebungen zur Flexibilisierung der Haushaltsführung und zur Einrichtung kostenrechnender Planungs- und Steuerungssysteme finden sich nicht nur in den anglo-amerikanischen Staaten.[106] In den Niederlanden hat die Regierung im März 1997 beschlossen, neben dem öffentlichen Rechnungswesen eine stärker kosten- und ergebnisorientierte Rechnungslegung zu institutionalisieren.[107] In Schweden wurde nach und nach seit 1988 ein neuer Budgetprozess eingeführt, der einerseits die Informationsbasis des Parlaments vergrößern und damit eine Ergebnissteuerung ermöglichen, andererseits die finanziellen Handlungsspielräume der Behörden erweitern soll.[108] In der Schweiz haben haushaltsrechtliche Änderungen die Bedeutung der Wirkungskontrolle gegenüber der reinen Buchführung gestärkt. Mit dem Projekt „Controlling in der Bundesverwaltung" soll eine controllinggestützte Amtsführung vorangebracht werden.[109] Auch in Österreich wurde im Zuge des Projektes „Verwaltungsmanagement" die Kostenrechnung in zahlreichen Dienststellen eingeführt;[110] inzwischen wurde für die

---

[104] Vgl. König, Klaus/Beck, Joachim, Modernisierung von Staat und Verwaltung, Baden-Baden 1997.

[105] Vgl. Keating, Michael/Holmes, Malcolm, Australia's Budgetary and Financial Management Reforms, in: Governance 1990, S. 168 ff.

[106] Vgl. OECD/PUMA, Modern Budgeting, Paris 1997.

[107] Vgl. OECD/PUMA, Accrual Accounting in the Netherlands and the United Kingdom, Paris o. J.

[108] Vgl. Barkman, Catharina, Der neue Budgetprozess – staatliche Steuerung von Behörden, in: Claudius H. Riegler/Frieder Naschold (Hrsg.), Reformen des öffentlichen Sektors in Skandinavien, Baden-Baden 1997, S. 181 ff.

[109] Vgl. Haldemann, Theo/Schedler, Kuno, New Public Management – Reformen in der Schweiz. Aktuelle Projektübersicht und erster Vergleich, in: Peter Hablützel u. a. (Hrsg.), Umbruch in Politik und Verwaltung, Bern u. a. 1995, S. 99 ff.

[110] Vgl. Dearing, Elisabeth, Das Projekt „Verwaltungsmanagement", in: Verwaltungsführung, Organisation, Personal 1994, S. 316 ff.

Bundesebene ein neues Rechnungswesen entwickelt und der Aufbau von Controlling-Systemen betrieben.[111]

Eine zunehmend wichtigere Rolle als Einnahmequelle spielen Nutzungsgebühren für öffentliche Leistungen in den OECD-Staaten. Finnland hat mit dem „User Charging for Government Services Act" von 1992 bindende Prinzipien für die Anwendung dieses Finanzierungsinstrumentes erlassen und im Zuge der Haushaltsreform die Spielräume der zentralstaatlichen Verwaltungseinheiten bei der Festsetzung der Gebührenhöhe erweitert.[112]

Mit der Abkehr von einer vorrangigen Regelsteuerung hin zu einer Steuerung durch Zielvorgaben tritt die Bedeutung der Kontrolle der Regelkonformität gegenüber der Überprüfung der Einhaltung von Qualitäts-, Produktivitäts- oder Maßstäben der Kundenfreundlichkeit zurück. Zur Operationalisierung abstrakter Zielvorgaben werden quantitative oder qualitative Leistungsindikatoren verwendet und zur Messung ihres Realisierungsgrades zunehmend wettbewerbliche oder quasi-wettbewerbliche Prozesse eingerichtet. Traditionelle Formen und Institutionen der Verwaltungskontrolle, wie die Finanz- und Wirtschaftlichkeitskontrollen der Rechnungshöfe, werden in Frage gestellt und Neuausrichtungen im Sinne einer umfassenden Performanzkontrolle unter Gewährleistung von Zurechenbarkeit und Verantwortlichkeit des Verwaltungshandelns diskutiert.[113]

Die Einrichtung von „Performance Management Task Forces" oder von „Change Agents" soll die qualitative Ausrichtung einer Behörde auf ihre strategischen Ziele sichern. Bürgerchartas, wie die britische „Citizen Charter" von 1991 oder die belgische „Public Service Users' Charter",[114] verpflichten die Verwaltung, bestimmte Standards festzulegen und deren Einhaltung dem Bürger zu gewährleisten. Institutionen, wie die Konsumentenräte in Dänemark, oder Aktionen, wie die norwegische Informationskampagne über „Recht, Verpflichtungen und Möglichkeiten" werden eingeführt, um den Bürgern die Wahrnehmung ihrer Ansprüche zu erleichtern.[115] Qualitätswettbewerbe, wie der weltweite Wettbewerb der Bertelsmann Stiftung „Demokratie und Effizienz

---

[111] Vgl. Strehl, Franz/Hugl, Ulrike, Austria, in: Norman Flynn/Franz Strehl (Hrsg.), Public Sector Management in Europe, London u. a. 1996, S. 172 ff.

[112] Vgl. OECD/PUMA, Best Practice Guidelines For User Charging For Government Services, Public Management Occasional Papers No. 22, Paris 1998.

[113] Vgl. OECD/PUMA, Performance Auditing and the Modernisation of Government, Paris 1996; OECD/PUMA, In Search of Results. Performance Management Practices, Paris 1997.

[114] Vgl. OECD (Hrsg.), Issues and Developments in Public Management. Survey 1996 – 1997, Paris 1997.

[115] Vgl. OECD (Hrsg.), Issues and Developments in Public Management. Survey 1996 – 1997, Paris 1997.

in der Kommunalverwaltung", der „European Quality Award" der European Foundation for Qualitymanagement oder der Speyerer Qualitätswettbewerb, küren Verwaltungen, die sich bei der Umsetzung festgelegter Leistungskriterien besonders hervortun.

Für herausragende Verwaltungsqualitäten werden Auszeichnungen verliehen; so anerkennt der britische „Charter Mark" eine hohe administrative Leistungsfähigkeit, eine hohe Kundenzufriedenheit, einen zufriedenstellenden Umgang mit Kundenbeschwerden und ein positives „value for money"-Verhältnis. Ganze Verwaltungen werden nach Qualitätsnormen zertifiziert, wie in Finnland nach der Erprobung in Pilotprojekten, oder zur kontinuierlichen Qualitätsverbesserung „Total Quality Management"-Systeme eingeführt, so geschehen in Heidelberg oder Saarbrücken.[116] Entscheidungen über die Erteilung von Beschaffungs- oder Produktionsaufträgen werden – wie in Großbritannien – von dem Abschneiden eines potentiellen Lieferanten bei Kosten- und Leistungsvergleichen abhängig gemacht, so beim „Compulsory Competitive Tendering", der verpflichtenden Ausschreibung von Dienstleistungen im Falle einer ‚Make-or-buy'-Entscheidung, oder beim „Market-Testing", dem Kostenvergleich der ‚inhouse'-Produktion mit einer privaten Alternative.[117] Durch Benchmarking, so praktiziert in Australien[118], werden umfassende Produktionsvergleiche möglich, die einen Lernprozess von der „best pratice" anstoßen sollen. Lernanstöße und Qualitätskriterien werden nicht nur bei kompetitiven öffentlichen Leistungserbringern gesucht, sondern auch in der Privatwirtschaft.[119] In einer schwedischen Gemeinde wurden Gesetzestexte entfernt und durch eine Zielhierarchie ersetzt, die wiederum gegenüber dem Bürger in Form von Qualitätskarten, unter Angabe von Qualitätsfaktoren, deren Qualitätsvariablen und von der Gewichtung dieser Variablen operationalisiert wurde.[120]

---

[116] Vgl. Hill, Hermann, Qualität in der öffentlichen Verwaltung, in: Stadt und Gemeinde 1996, S. 180 ff.; Löffler, Elke, The Modernization of the Public Sector in an International Comparative Perspective; Concepts and Methods of Awarding and Assessing Quality in the Public Sector in OECD Countries, Speyerer Forschungsberichte 151, 2. Aufl., Speyer 1996, S. 28 ff.

[117] Vgl. Harden, Ian, The Contracting State, Buckingham 1992, S. 18 ff.

[118] Vgl. Frost, Frederick A./Pringle, Amanda, Benchmarking or the Search for Industry Best-Practice: A Survey of the Western Australian Public Sector, in: Australian Journal of Public Administration 1993, S. 1 ff.

[119] Vgl. Gore, Al, Vice President, Businesslike Government. Lessons Learned From Americas Best Companies, Report of the National Performance Review 1997.

[120] Vgl. Edvardsson, Bo u. a., Qualitätskarten – eine Methode der Qualitätsentwicklung in der Gemeinde Norköping, in: in: Claudius H. Riegler/Frieder Naschold (Hrsg.), Reformen des öffentlichen Sektors in Skandinavien, Baden-Baden 1997, S. 149 ff.

4. Modernisierung der personellen Leistungskraft

Neben dem organisatorischen und prozessualen Umbau der öffentlichen Verwaltung versprechen auch eine Flexibilisierung von Status und Arbeitsformen des öffentlichen Dienstes, ein leistungsorientierter Personaleinsatz sowie eine Managerialisierung des Personalwesens die Freisetzung von Rationalisierungspotential. Im Interesse einer erhöhten Mobilität und Produktivität am Arbeitsplatz sowie einer verbesserten Flexibilität durch eine Enthierarchisierung der Dienstverhältnisse wurden in einer Reihe von Staaten einerseits besoldungs-, status- und versorgungsrechtliche Vorschriften vereinheitlicht oder sogar bislang differenzierte Dienstverhältnisse aufgehoben, andererseits die Zuständigkeiten zur Festlegung oder Verhandlung der Arbeitsbedingungen dezentralisiert und damit einheitliche Besoldungssysteme aufgebrochen. In Großbritannien wurde bereits 1971 das traditionelle Drei-Klassen-System des Civil Service aufgelöst und stattdessen ein System von Beschäftigungsgruppen eingeführt.[121] Da die Regelung der Arbeitsverhältnisse in Großbritannien nur durch einige wenige rechtliche Rahmenvorgaben erfolgt und im Zuge der „Next-Steps"-Initiative diese Regelungszuständigkeiten weitgehend dezentralisiert wurden, wird inzwischen der öffentliche Dienst in Großbritannien als stark fragmentiert bezeichnet.[122]

In Australien wurde 1984 mit dem „Public Sector Reform Act" das herkömmliche vierstufige System des öffentlichen Dienstes in ein zweistufiges System umgewandelt und schließlich eine einheitliche Besoldungsstruktur festgelegt, die tarifvertraglich zu regeln ist.[123] Das im Rahmen der kollektiven Arbeitsbeziehungen zunächst praktizierte zentralistische Verfahren wurde mit der Zeit zunehmend dezentralisiert und erlaubt inzwischen die Ausrichtung der Arbeitsbedingungen an den spezifischen Bedürfnissen der „Agencies" oder der Öffentlichen Unternehmen.[124] In Neuseeland endete 1988 mit der Übertragung der Arbeitgeber-Funktionen auf die „Chief Executives" das zentralistische Tarifverhandlungssystem, und mit dem „Employment Contracts Act" von 1991 wurde sowohl den öffentlichen als auch den privaten Arbeitnehmern die Wahl zwischen individuell oder kollektiv ausgehandelten Arbeitsverträgen einge-

---

[121] Vgl. Heady, Ferrel, Public Administration: A Comparative Perspective, 6. Aufl., New York u. a. 2001.

[122] Vgl. Johnson, Nevil, Der Civil Service in Großbritannien: Tradition und Modernisierung, in: Die Öffentliche Verwaltung 1994, S. 196 ff.

[123] Vgl. König, Klaus/Beck, Joachim, Modernisierung von Staat und Verwaltung, Baden-Baden 1997.

[124] Vgl. Halligan, John, Australia: Balancing Principles and Pragmatism, in: Johan P. Olsen/Guy Peters (Hrsg.), Lessons from Experience, Oslo u. a. 1996, S. 71 ff.

räumt.[125] Auch den schwedischen „Agencies" steht das Recht zu, eigenständig die Vergütungsmodalitäten für ihre Arbeitnehmer festzusetzen.[126] Im Schweizer Bundespersonalgesetz wird das Ämtersystem, nämlich die Wahl eines Beamten für eine bestimmte Funktion für die Dauer von in der Regel vier Jahren, durch einen öffentlich-rechtlichen Arbeitsvertrag ersetzt.[127] Zu einer Gleichstellung von Beschäftigten des öffentlichen mit denen des privaten Sektors soll in den Niederlanden die Privatisierung der Krankenversicherung und Altersversorgung beitragen.[128] In Kanada werden die öffentlichen „Public Service Pension Plans" explizit im Zusammenhang mit dem Wunsch nach einer erleichterten Aufgabenverlagerung überarbeitet.[129]

Die Ausrichtung der Vergütungspolitik auf die Bedürfnisse der einzelnen Verwaltungseinheiten fußt nicht nur auf einer Dezentralisierung, sondern auch auf einer Individualisierung des Bezahlungssystems.[130] Dem Anliegen, dem Leistungsgedanken im öffentlichen Dienst stärkere Gültigkeit zu verschaffen, ist eine Vielzahl von OECD – Staaten mit dem Einbau leistungsorientierter Bezahlungselemente in ihr Besoldungssystem sowie mit der Aufnahme von Bestimmungen zur optimalen Besetzung von Leitungsfunktionen nachgekommen. Leistungsbezogene Mechanismen der Personalsteuerung, basierend auf Leistungsindikatoren, Leistungsprämien, Leistungszulagen und Leistungsbewertungen, finden sich nicht mehr nur in Großbritannien, Neuseeland, Australien oder den USA, sondern inzwischen auch in Ländern wie Irland oder Dänemark.[131]

In der Schweiz wurden mit einer ersten Teilrevision des Bundespersonalgesetzes zum 01.01.1996 die Verlangsamung oder Beschleunigung des Aufstiegs von Mitarbeitern in Abhängigkeit von der erbrachten Leistung sowie die Honorierung durch Leistungsprämien ermöglicht. Im Bundespersonalgesetz soll das

---

[125] Vgl. OECD (Hrsg.), Issues and Developments in Public Management. Survey 1996 – 1997, Paris 1997.

[126] Vgl. OECD (Hrsg.), Issues and Developments in Public Management. Survey 1996 – 1997, Paris 1997.

[127] Vgl. Borel, Thierry, Kulturbewusste Modernisierung der Schweizer Bundesverwaltung – Personal zwischen Bürokratie und Management, in: Ehrhard Mundhenke/Wilhelm Kreft (Hrsg.), Modernisierung der Bundesverwaltung. Aktueller Stand und Perspektiven, Brühl 1997, S. 53 ff.

[128] Vgl. König, Klaus/Beck, Joachim, Modernisierung von Staat und Verwaltung, Baden-Baden 1997.

[129] Vgl. OECD (Hrsg.), Issues and Developments in Public Management. Survey 1996 – 1997, Paris 1997.

[130] Vgl. OECD (Hrsg.), Managing Structural Deficit Reduction, Paris 1996.

[131] Vgl. OECD/PUMA, Performance Pay Schemes For Public Sector Managers. An Evaluation of the Impacts, Paris 1996; ferner Bull, Hans-Peter, Vom Staatsdiener zum öffentlichen Dienstleister, Berlin 2006.

Entlohnungssystem grundsätzlich einen stärkeren Leistungsbezug erhalten.[132] Dänemark erprobt ein neues Lohnsystem, welches eine flexiblere, individualisierte und stärker leistungsbezogenere Vergütung ermöglichen soll. Ein zentral ausgehandeltes Basiseinkommen kann durch Zuschläge aufgestockt werden, die entweder ebenfalls zentral vom Finanzministerium und den Gewerkschaften ausgehandelt werden oder aber nicht-zentral, d. h. zwischen der Leitung der betreffenden Verwaltungseinheit und einem Gewerkschaftsvertreter, entweder allgemein oder individuell in Anerkennung bestimmter funktionaler oder qualitativer Eigenschaften vereinbart werden. Die Vergabe von Leistungsprämien musste in Kanada allerdings bereits zeitweise aufgrund fiskalischer Zwänge ausgesetzt werden.[133] Leistungserwartungen an Führungskräfte werden unter Anwendung dieser Instrumente vertraglich fixiert, beispielsweise zwischen Ministern und den „Chief Executives", wie es in Neuseeland oder Großbritannien der Fall ist. Das Arbeitsverhältnis wird grundsätzlich nur noch befristet eingegangen, sei es auf Probe oder auf Zeit.[134]

In den Ursprungsländern des New Public Managements wurde die aufbau- und ablauforganisatorisch gestützte Hinwendung zur Ergebnissteuerung und zum Performanz-Management nicht nur von Änderungen im Bezahlungs-, Aushandlungs-, und Anreizsystem begleitet, sondern darüber hinaus eine grundsätzliche Neuausrichtung der Personalpolitik, insbesondere gegenüber Führungskräften angestrebt. Zuvorderst in Großbritannien manifestiert sich die Ökonomisierung des öffentlichen Sektors auch in einer Managerialisierung des Personalwesens, also einer Personalpolitik, die sich nicht mehr an den prinzipiellen personellen Erfordernissen eines öffentlichen Dienstverhältnisses orientiert, sondern an dem privatwirtschaftlichen Modell des Managers, der für sein Unternehmen möglichst hohe Gewinne realisiert.[135] Die Rekrutierung der Beamten wird überwiegend von den „Agencies" selbst über die Durchführung spezieller Einstellungsverfahren vorgenommen; die Bestellung von Führungskräften wird zum Teil privaten „headhunter" überlassen, oder auf dem Wege der Ausschreibung von Spitzenpositionen werden zunehmend Führungskräfte aus der Privatwirtschaft eingestellt. Der Karriereverlauf eines Beamten soll weitgehend von seinen Leistungen abhängen. Eine Vielfalt an praxisorientier-

---

[132] Vgl. Borel, Thierry, Kulturbewusste Modernisierung der Schweizer Bundesverwaltung – Personal zwischen Bürokratie und Management, in: Ehrhard Mundhenke/Wilhelm Kreft (Hrsg.), Modernisierung der Bundesverwaltung. Aktueller Stand und Perspektiven, Brühl 1997, S. 53 ff.

[133] Vgl. OECD (Hrsg.), Issues and Developments in Public Management. Survey 1996 – 1997, Paris 1997.

[134] Vgl. König, Klaus/Beck, Joachim, Modernisierung von Staat und Verwaltung, Baden-Baden 1997.

[135] Johnson, Nevil, Der Civil Service in Großbritannien: Tradition und Modernisierung, in: Die Öffentliche Verwaltung 1994, S. 196 ff.

ten Aus- und Fortbildungskursen soll die Weiterbildung gewährleisten. Für potentielle Führungskräfte wird ein „top management programme" offeriert.[136]

Aber auch in anderen OECD-Staaten wird ein veränderter Umgang mit der Ressource Personal angestrebt und zu einem wichtigen Bestandteil der Verwaltungsreform gemacht. So bezogen sich fast 90 % aller Vorschläge des Reformprojekts „Verwaltungsmanagement" (1988 – 1994) in Österreich auf den Personalfaktor.[137] Diese Bemühungen stehen im Zeichen einer Abkehr von einer bürokratisierten Personalverwaltung hin zu einer humanressourcenorientierten Personalentwicklung.[138] Der Trend geht zu einer kontinuierlichen Fortbildung des Personals, unter Umständen – wie in Norwegen und den Niederlanden – unter Berücksichtigung einer möglichen Beschäftigung im Privatsektor[139] und einer managementorientierten Auswahl und Professionalisierung der Führungskräfte. So wurden in Finnland eine Arbeitsgruppe zur Entwicklung von Auswahlkriterien für Führungskräfte gebildet[140] und in Neuseeland 1996 ein „Management Development Center" eingerichtet.[141] Weiter werden die Weichen in Richtung eines motivationsförderlichen Aufgabenbereichs, Führungsstils und Arbeitsumfelds gestellt. Ergebnisorientierte Arbeitsprozesse bauen auf einer Ressourcen- und Zuständigkeitsdelegation auf, die Entscheidungsfreiräume erweitert, aber auch auf Ergebniskontrollen, die u.a. eine Überprüfung der individuellen Leistungen voraussetzen, sei es in Form der allgemein üblichen Mitarbeiter-Surveys oder in Form von Mitarbeitergesprächen, wie sie in Österreich seit dem 1. Januar 1998 obligatorisch sind.[142] Eine umfassende Personalplanung gewährleisten Personalentwicklungskonzepte, wie sie in Norwegen und Österreich als bedeutsam herausgestellt werden.[143] Als zentraler Faktor für den Personaleinsatz wird zunehmend die horizontale Mobilität innerhalb der öffentlichen Verwaltung sowie zwischen dem öffentlichen und dem privaten Sektor herausgestellt. Insbesondere Austauschprogramme sollen diese Mobilität för-

---

[136] Vgl. Johnson, Nevil, Der Civil Service in Großbritannien: Tradition und Modernisierung, in: Die Öffentliche Verwaltung 1994, S. 196 ff.

[137] Vgl. Strehl, Franz/Hugl, Ulrike, Austria, in: Normann Flynn/Franz Strehl (Hrsg.), Public Sector Management in Europe, London u. a. 1996, S. 172 ff.

[138] Vgl. Naschold, Frieder, Modernisierung des Staates. Zur Ordnungs- und Innovationspolitik des öffentlichen Sektors, 2. Aufl., Berlin 1994, S. 82.

[139] Vgl. OECD (Hrsg.), Issues and Developments in Public Management. Survey 1996 – 1997, Paris 1997.

[140] Vgl. OECD (Hrsg.), Issues and Developments in Public Management. Survey 1996 – 1997, Paris 1997.

[141] Vgl. OECD (Hrsg.), Issues and Developments in Public Management. Survey 1996 – 1997, Paris 1997.

[142] Vgl. OECD (Hrsg.), Issues and Developments in Public Management. Survey 1996 – 1997, Paris 1997.

[143] Vgl. OECD (Hrsg.), Issues and Developments in Public Management. Survey 1996 – 1997, Paris 1997.

dern. In den Niederlanden klärt ein Handbuch die Ministerien über die Einführung von Beschäftigungspools auf, aus denen die Beschäftigten zur Bewältigung von außergewöhnlich hohen Arbeitsanfällen ausgeliehen werden können. Beschäftigten, die auf eine andere Stelle zeitweise und freiwillig wechseln, wird das Recht zugestanden, später wieder ihren alten Posten einzunehmen.

Mit der Einsicht in den Ursprungsländern des neuen Managerialismus, dass mehr als ein Jahrzehnt organisatorischen Wandels, zusammengestrichener Arbeitsbudgets, radikalen Personalabbaus und restriktiver Einstellungs- und Beförderungspolitik die Arbeitsmoral und Motivation der Beschäftigten im öffentlichen Sektor beeinträchtigt hat und dass die Leistungsfähigkeit des Personals nicht allein mit partiellen und temporären personalpolitischen Maßnahmen zu gewährleisten ist, hat sich die Aufmerksamkeit verstärkt dem Thema Ethos und Werte im öffentlichen Sektor zugewandt. Kanada hat die Mobilisierung personeller Ressourcen für einen modernen und zukunftsorientierten öffentlichen Dienst zu einem Hauptanliegen erklärt und eine die Ebene der Departments, der „Agencies" und die Provinzen umspannende Bewegung – „La Relève" – ins Leben gerufen. Diese organisiert unterstützende Aktionen zur Herausbildung von Verwaltungskulturen, Arbeitswerten und -visionen, zur Förderung von Anerkennung im öffentlichen Arbeitsverhältnis, zur Sicherung von Gleichberechtigung am Arbeitsplatz oder zur Intensivierung von Kommunikation und Kooperation. Nicht nur unvorteilhafte Arbeitsbedingungen und die Adaption privatwirtschaftlicher Rekrutierungs-, Beurteilungs- und Karrieremuster berühren das traditionelle Selbstverständnis eines Staatsbediensteten, sondern auch die strukturellen Veränderungen in Richtung einer Dezentralisierung der Ressourcenverantwortung und Ergebnisorientierung.[144] Zur managerialen Personalpolitik gehört daher auch die Antizipation eines möglichen Verfalls des Berufsethos durch die Formulierung ethischer Standards oder Verhaltensrichtlinien, zum Beispiel in Handbüchern wie dem australischem Handbuch „Ethical Standards and Values in the Australian Public Service"[145] oder mit der „Executive Order" des US-amerikanischen Präsidenten „Principles of Ethical Conduct for Government Officers".[146]

Neben der „Demokratisierung" des Führungsstils werden auch organisatorische Änderungen sowie die Gewährung von Freiräumen bei der Wahl des Arbeitsortes und der Arbeitszeit zunehmend als Mittel der Personalmotivation und -qualifikation eingesetzt. In der Schweiz wurde 1992 ein „Impulsprogramm zur

---

[144] Vgl. OECD/PUMA, Ethics in the Public Service. Current Issues and Practice, Public Management Occasional Papers No. 6, Paris 1996.

[145] Vgl. OECD (Hrsg.), Issues and Developments in Public Management. Survey 1996 – 1997, Paris 1997.

[146] Vgl. OECD/PUMA, Ethics in the Public Service. Current Issues and Practice, Public Management Occasional Papers No. 6, Paris 1996.

Förderung des Projektmanagements in der Bundesverwaltung" begonnen, und inzwischen erfahren Projektorganisationen für komplexe Aufgabenstellungen zunehmende Beliebtheit.[147] Der Gedanke einer Individualisierung der Arbeitszeit wurde in der Schweiz zum 1. Januar 1995 mit einem neuen Teilzeitarbeitsmodell aufgegriffen, mit dem den Vollzeitbeschäftigten nun 12 „Menüs" zur Teilzeitarbeit zur Auswahl stehen. Derzeit werden in der Bundesverwaltung erste Erfahrungen mit dem Instrument des Job-sharings gesammelt.[148] In Belgien werden neben Projekten zur Entwicklung flexibler Arbeitszeitmodelle Pilotversuche zur Heim-Arbeit unternommen.[149]

5. Modernisierung öffentlicher Aufgabenwahrnehmung

Die Suche nach einer effizienteren und effektiveren Form öffentlicher Aufgabenerfüllung führte nicht nur zu einer Rationalisierungsstrategie hinsichtlich der tradierten administrativen Binnenstrukturen, sondern weiter zu einer Ausdifferenzierung der Trägerschaft des ehemals vorrangig staatlichen Leistungsspektrums und insbesondere zu einer Strategie der Privatisierung. Unter Bezug auf den Standortfaktor „Verwaltungsintensität und Staatsumfang" haben sich die OECD-Staaten an eine Revision ihres Aufgabenbestandes gemacht und ihre Suche nach Alternativen der staatlichen Aufgabenerfüllung mit dem Ziel der Erschließung neuer Wachstums- und Beschäftigungspotentiale, individueller Freiräume sowie von Finanzspritzen für den Staatshaushalt intensiviert. Im Ergebnis wird Handlungsverantwortung aus dem öffentlichen Sektor in den privaten, aber auch in den Dritten Sektor transferiert, sei es unter Aufgabe oder Beibehaltung staatlicher Aufgabenverantwortung.[150]

Die Gegenüberstellung staatlicher und privater Aufgabenerfüllung unter dem Blickwinkel der Leistungseffektivität und -effizienz und die Entscheidung zugunsten einer marktwirtschaftlichen Aufgabenerledigung hat in den 1980er Jahren zunächst in einigen angloamerikanischen Staaten eine Bewegung zur Priva-

---

[147] Vgl. Jegge, Dieter/Schwaar, Karl, Warm-up für New Public Management – Vier Jahre Personal- und Organisationsentwicklung in der schweizerischen Bundesverwaltung, in: Peter Hablützel u. a. (Hrsg.), Umbruch in Politik und Verwaltung, Bern u. a. 1995, S. 129 ff.
[148] Vgl. Borel, Thierry, Kulturbewusste Modernisierung der Schweizer Bundesverwaltung – Personal zwischen Bürokratie und Management, in: Ehrhard Mundhenke/Wilhelm Kreft (Hrsg.), Modernisierung der Bundesverwaltung. Aktueller Stand und Perspektiven, Brühl 1997, S. 53 ff.
[149] Vgl. OECD (Hrsg.), Issues and Developments in Public Management. Survey 1996 – 1997, Paris 1997.
[150] Vgl. Budäus, Dietrich (Hrsg.), Organisationswandel öffentlicher Aufgabenwahrnehmung, Baden-Baden 1998.

tisierung von Staatsunternehmen ausgelöst, die in der Regel über das Stadium der bloßen Organisationsprivatisierung – der staatlichen Aufgabenwahrnehmung in Privatrechtsform – auf eine Vermögensprivatisierung – der Übertragung von Eigentumsrechten an Vermögensgegenständen in den privaten Sektor – hinauslief. In Großbritannien konnten zwischen 1979 und 1996 insgesamt 51 ehemalige Staatsunternehmen vollständig und teilweise verkauft werden;[151] allein 1996 wurden weitere zehn bedeutende Privatisierungsprojekte betrieben.[152] In Neuseeland begann 1987 mit dem „Comprehensive Privatization Programme" die breit angelegte materielle Privatisierung.[153] Formelle wie materielle Privatisierungen werden inzwischen in nahezu allen kontinentaleuropäischen Staaten auf allen staatlichen Ebenen vorgenommen, sei es in Frankreich, wo in kurzer Zeit 265.000 Beschäftigte vom öffentlichen in den privaten Sektor transferiert wurden,[154] in der Schweiz – hier stand 1998 die Teilprivatisierung der Telecom und der bundeseigenen Rüstungsbetriebe an[155] – oder in den skandinavischen Ländern. So wurden in Schweden ab 1989 sowohl unter der sozialdemokratischen als auch unter der bürgerlichen Regierung umfangreiche Privatisierungen von staatlichen Gesellschaften und Unternehmen eingeleitet und ebenfalls die Privatisierung kommunaler Dienstleistungen, sei es von Kindertagesstätten, Pflegeheimen, technischen Diensten oder ambulanten Hilfsdiensten,[156] zugelassen.[157]

Auch auf die funktionale Privatisierung wird zunehmend als Mittel der Aufgabenverlagerung zurückgegriffen. Der Staat privatisiert zwar die Produktion eines Gutes oder einer Leistung, behält aber die Verantwortung für die Versorgung bei. Die Auskontrahierung öffentlicher Aufgaben in Form des „Out-

---

[151] Vgl. Curwen, Peter, The United Kingdom, in: Ian Thynne (Hrsg.), Corporation, Divestment and the Public-Private-Mix. Selected Country Studies, Hongkong 1995, S. 10 ff.

[152] Vgl. OECD (Hrsg.), Issues and Developments in Public Management. Survey 1996 – 1997, Paris 1997.

[153] Vgl. König, Klaus/Beck, Joachim, Modernisierung von Staat und Verwaltung, Baden-Baden 1997.

[154] Vgl. König, Klaus/Beck, Joachim, Modernisierung von Staat und Verwaltung, Baden-Baden 1997.

[155] Vgl. Borel, Thierry, Kulturbewusste Modernisierung der Schweizer Bundesverwaltung – Personal zwischen Bürokratie und Management, in: Ehrhard Mundhenke/Wilhelm Kreft (Hrsg.), Modernisierung der Bundesverwaltung. Aktueller Stand und Perspektiven, Brühl 1997, S. 53 ff.

[156] Vgl. Fölster, Stefan, Auswirkungen kommunaler Privatisierung und Dezentralisierung, in: Claudius H. Riegler/Frieder Naschold (Hrsg.), Reformen des öffentlichen Sektors in Skandinavien, Baden-Baden 1997, S. 135 ff.

[157] Vgl. Fölster, Stefan, Ist der Systemwechsel in Schweden in Gefahr? Erfahrungen mit Privatisierung, Deregulierung und Dezentralisierung, in: Claudius H. Riegler/Frieder Naschold (Hrsg.), Reformen des öffentlichen Sektors in Skandinavien, Baden-Baden 1997, S. 125 ff.

Sourcings", des Fremdbezugs von Vor- und Dienstleistungen, ist in den OECD-Staaten im Bereich der Versorgung öffentlicher Verwaltungen mit Informations- und Kommunikationstechnologien weit verbreitet. In den USA wird rund die Hälfte der Gesamtausgaben für IT-Leistungen zur Finanzierung auskontrahierter Dienste verwendet; in Frankreich werden ca. 25 % aller IT-Leistungen auskontrahiert.[158]

Auf kommunaler Ebene werden „Dienstleistungsprivatisierungen" vorzugsweise im Ver- und Entsorgungsbereich in Form der Submission vorgenommen, bei der beispielsweise die Aufgabe der Wasserversorgung auf einen privaten Dritten übertragen wird, so im Falle der Vergabe der Rostocker Wasserversorgung an ein deutsch-französisches Betreiberunternehmen. Die Gewährleistungs- und Finanzierungsverantwortung bleibt jedoch bei der öffentlichen Hand.[159] Im Bereich der Infrastrukturversorgung bemühen sich die subnationalen Verwaltungseinheiten um die private Vorfinanzierung geplanter Vorhaben durch verschiedene Modelle der Finanzierungsprivatisierung. Inzwischen werden auch Betreiberlösungen in Verbindung mit Finanzierungsprivatisierungen eingesetzt und Privaten der Bau, die Erhaltung, der Betrieb sowie die Finanzierung beispielsweise von Tunneln, Brücken oder Straßenbauprojekten übertragen.[160] Auch die Konzessionierung, bei der der Betreiber direkter Leistungspartner der Bürger wird, setzt sich beispielsweise im Bereich der kommunalen Verkehrswirtschaft durch.[161] „Voucher"-Systeme, bei denen der Staat den Bürgern Gutscheine aushändigt und Finanzerstattungen an jeweilige Leistungsträger übernimmt, finden sich überwiegend im Bereich der Versorgung mit Sozialleistungen. So wurden in den USA beispielsweise Programme mit Wohnungsgutscheinen durchgeführt und in Großbritannien auf ein Gutscheinsystem für ein Altenbetreuungsprogramm zurückgegriffen.[162]

Programminitiativen unter Leitformeln wie „Regulating smarter" in Kanada, „Freedom in principle, regulation as an exeption" in Japan oder „The American people deserve a regulatory system that works for them, not against them" in den USA weisen auf eine bewusste Auseinandersetzung zentralstaatlicher Regierungen mit der Qualität und Quantität ihres Regelungsbestandes hin.[163] Im

---

[158] Vgl. OECD (Hrsg.), Managing with Market-type Mechanisms, Paris 1993.

[159] Vgl. Gottschalk, Wolf, Praktische Erfahrungen und Probleme mit Public Private Partnership (PPP) in der Versorgungswirtschaft, in: Dietrich Budäus/Peter Eichhorn (Hrsg.), Public Private Partnership. Neue Formen öffentlicher Aufgabenwahrnehmung, Baden-Baden 1997, S. 153 ff.

[160] Vgl. OECD/PUMA, New Ways of Managing Infrastructure Provision, Public Management Occasional Papers No. 6, Paris 1996.

[161] Vgl. Colman, William G., State and Local Government and Public-Private Partnership. A Policy Issues Handbook, New York u. a. 1989, S. 154 ff.

[162] Vgl. OECD (Hrsg.), Managing with Market-type Mechanisms, Paris 1993.

[163] Vgl. OECD (Hrsg.), Managing with Market-type Mechanisms, Paris 1993.

Zeichen der Globalisierung halten sich die Staaten zunächst Deregulierungen im Sinne von Liberalisierungen ganzer Marktbereiche zugute.[164] Die Mehrzahl der OECD-Staaten strengt Maßnahmen an, um die beklagte inflationäre Zunahme von Gesetzen, Verordnungen, Verwaltungsvorschriften zu kanalisieren und die Effektivität und Effizienz der geltenden und zu erlassenen Regelungen zu kontrollieren. Deregulierungskommissionen, wie die „Commission pour la simplification des formalités" in Frankreich ,[165] oder aber einzelne Ministerien oder Agenturen, so in Kanada, durchforsten die geltenden Vorschriftenkataloge und unterbreiten Vorschläge zur Aufhebung hinfälliger, ineffektiver und sozial- und verwaltungsökonomisch zu kostspieliger Regelungen. Neue Regelungen werden auf ihre Notwendigkeit und auf ihre Folgekosten hin überprüft, wie in Schweden oder Mexiko mit Hilfe von Prüffragen. Sie werden im Hinblick auf ihre möglichen Wirkungen, ihre Konsistenz mit anderen Regelungsbeständen und ihre Transparenz abgeschätzt, wie beispielsweise in Australien oder den USA.[166] Weitere Initiativen zielen auf die Verbesserung der Qualität der Gesetzgebung, wie ein 1995 in Finnland eingeführtes Programm,[167] oder auf die Infragestellung staatlicher Regulierungsaktivitäten schlechthin wegen unhaltbarer wirtschaftlicher oder gesellschaftlicher Folgekosten. Als wegweisend wird von der OECD das „Competition Principles Agreement" des Rats der Australischen Regierungen bezeichnet, mit welchem die Regierungen der australischen Gebietskörperschaften verpflichtet werden, alle dem Wettbewerb abträglichen Regelungen zu überarbeiten, sofern diese nicht im öffentlichen Interesse sind.[168] Zum Abbau von Überregulierungen bemühen sich OECD-Mitgliedstaaten um die Institutionalisierung alternativer Regulierungsinstrumente und bauen auf die Interessen der Privatwirtschaft zur Sclbstregulierung.[169]

---

[164] Vgl. OECD, The OECD Report on Regulatory Reform. Volume I: Sectoral Studies; OECD, The OECD Report on Regulatory Reform. Volume II. Thematic Studies, Paris 1997.

[165] Vgl. OECD (Hrsg.), Issues and Developments in Public Management. Survey 1996 – 1997, Paris 1997.

[166] Vgl. OECD, Regulatory Impact Analysis: Best Practices in OECD Countries, Paris 1997.

[167] Vgl. OECD (Hrsg.), Issues and Developments in Public Management. Survey 1996 – 1997, Paris 1997.

[168] Vgl. OECD (Hrsg.), Issues and Developments in Public Management. Survey 1996 – 1997, Paris 1997.

[169] Vgl. OECD/PUMA, Co-operative Approaches to Regulation, Public Management Occasional Papers No. 18, Paris 1997.

6. Kontraktive Staats- und Verwaltungspolitik

Die in den 1980er Jahren einsetzende Tendenzwende hin zu einer kontraktiven Aufgabenpolitik manifestierte sich in den OECD-Staaten auch unter dem Vorzeichen eines Neuen Öffentlichen Managements in einer Politik des Abbaus finanzieller, personeller und organisatorischer Ressourcen. In Anbetracht finanzieller Handlungszwänge und infolge selbstauferlegter oder – auch europapolitisch – vorgegebener Zielsetzungen einer baldigen Rückführung staatswirtschaftlicher Quoten musste neben den Maßnahmen der Begrenzung staatlichen Handelns durch die Verlagerung von Aufgaben auf private Träger oder den Dritten Sektor sowie durch Selbstbeschneidungen im normativen und administrativen Bereich, auch den Einschnitten in bestehende Formen der staatlichen Ressourcenbindung ohne Ersatzvornahmen eine eigene Qualität zugesprochen werden. Durch „Down-Sizing" wurde unmittelbar oder mittelfristig wirksam das quantitative staatliche Finanz-, Personal- und Organisationsvolumen beschnitten, verbunden mit der Erwartung, mit weniger Organisationseinheiten und reduziertem Personalbestand die gleichen Ergebnisse zu geringeren Kosten zu erreichen.[170] Als eigenständige Strategie im Modernisierungsprozess wirkte es hingegen – aufbauend auf einer Konsensfindung über Kernaufgaben und Reorganisation – langfristig auf eine qualitative Reduktion staatlicher Präsenz hin. Man muss wohl auf den alten Sparsamkeitsbegriff in Staats- und Verwaltungsangelegenheiten zurückgreifen, bei dem es darum geht, schlicht öffentliche Ausgaben zu vermeiden. Für eine solche Vermeidungsstrategie ist das Wort „Sparpaket" charakteristisch.

In einer Vielzahl von OECD-Staaten wurde mit dem Ziel der Konsolidierung der Staatsfinanzen auf Ausgabenkontrollen zurückgegriffen. Die EU-Mitgliedsstaaten orientierten sich an den Vorgaben des Maastricht-Vertrages, eines dreiprozentigen Referenzwertes für das Verhältnis zwischen öffentlichem Defizit und Bruttoinlandsprodukt und einer Marge von 60 % für das Verhältnis zwischen öffentlichem Schuldenstand und Bruttoinlandsprodukt.[171] Australien strebte bis 1997/98 ein ausgeglichenes Budget an. Neuseeland hatte sich eine Senkung der Schuldenquote unter 20 % zum Ziel gesetzt. Die USA haben Einsparauflagen gesetzlich im „Budget Enforcement Act" von 1993 festgehalten. Danach sind fiskalisch expansiv ausgerichtete legislative Maßnahmen unzulässig. Eine unter Dach des „Budget Enforcement Act" abgeschlossene Haushaltsvereinbarung sah eine Reduzierung des Haushaltsdefizits um 500 Mrd. Dollar

---

[170] Vgl. Dunsire, Andrew/Hood, Christopher, Cutback Management in Public Bureaucracies, New York u. a. 1989.

[171] Vgl. Vertrag zur Gründung der Europäischen Gemeinschaft, Art. 109j in Verbindung mit dem Protokoll über die Konvergenzkriterien nach Art. 109j des Vertrages zur Gründung der Europäischen Gemeinschaft.

im Verlauf von 5 Jahren vor.[172] In den nordischen Staaten ebenso wie in Großbritannien oder Österreich wurden den Ministerien allgemeine Einsparauflagen vorgegeben, zum Teil ergänzt durch programmspezifische Kürzungsvorgaben.[173] Auf der Suche nach Einsparpotentialen werden immer auch staatliche Subventionszahlungen ins Gespräch gebracht, deren Abbau erklärtes Ziel beispielsweise in den USA, Österreich oder Japan ist.[174]

Neben derartige Konsolidierungsstrategien trat der Personalabbau als Modus der sichtbaren Staatsverschlankung. Im Hinblick auf die insbesondere in den angloamerikanischen Staaten verfolgte Privatisierung- und Korporatisierungsstrategien relativiert sich allerdings die Aussagekraft entsprechender Statistiken. In Großbritannien reduzierte sich die Gesamtzahl aller Beschäftigten im öffentlichen Sektor von 1976, dem Jahr mit dem höchsten Beschäftigungsstand von 750.900 Vollzeitstellen, um 38% auf 463.300 Vollzeitstellen zum 1. April 1998. In diesem Zeitraum ließ sich eine deutliche Zunahme von Stellen für Teilzeit- und Gelegenheitsarbeitern feststellen. In den USA wurde 1994 die Exekutive mit dem „Federal Workforce Restructuring Act" aufgefordert, die 1993 bestehenden 2.155.200 Mio. Stellen auf 1.922.300 Mio. zu reduzieren. Bis 1998 wurde eine Personalreduzierung um 299.600 Stellen auf 1.855.600 Mio. Stellen und damit ein Stellenabbau von 13,9 % erwartet. Von diesen Einsparungen wurden nahezu zwei Drittel von der Verteidigungsverwaltung getragen. In Neuseeland erhöhte sich seit 1984 zwar die Zahl der ministeriellen Departments von 36 auf 39, die personelle Stärke des „core public sectors" reduzierte sich jedoch von 88.000 auf 35.000. Kanada verzeichnet zwischen 1995 und 1997 einen Rückgang der Vollzeitstellen im öffentlichen Dienst von 194.733 auf 164.111. In Österreich sollten innerhalb von zwei Jahren 11. 000 Stellen eingespart werden.[175] Subventionsabbau passt sich als weitere Strategie in die Politik des „Down-Sizings" ein. Auch durch Subventionskürzungen – erklärtes Ziel in den USA, Österreich oder Japan – sollen erhebliche Einsparungserfolge erzielt werden.[176]

Im Zuge der Bemühungen zur Konsolidierung der Haushalte von OECD-Mitgliedern fand nicht nur ein radikaler Personalabbau statt; dieser wurde vielmehr flankiert von Maßnahmen der Einkommenskürzung, der Senkung der Einstiegsgehälter, der Erhöhung der Wochenarbeitszeiten sowie der Anhebung

---

[172] Vgl. OECD (Hrsg.), Issues and Developments in Public Management. Survey 1996 – 1997, Paris 1997.

[173] Vgl. OECD (Hrsg.), Issues and Developments in Public Management. Survey 1996 – 1997, Paris 1997.

[174] Vgl. OECD (Hrsg.), Managing Structural Deficit Reduction, Paris 1996.

[175] Vgl. OECD (Hrsg.), Issues and Developments in Public Management. Survey 1996 – 1997, Paris 1997.

[176] Vgl. OECD (Hrsg.), Managing Structural Deficit Reduction, Paris 1996.

des Pensionsalters, von denen die Nutzung weiterer Einsparpotentiale erwartet wird. In bestehende Besitzstände eingegriffen wurde in Großbritannien mit der Abkoppelung der Gehaltsanpassungen von denen des Privatsektors und von den jährlichen Inflationsraten, in Neuseeland in Form von Einkommenskürzungen,[177] in Schweden mit der Anhebung der Ruhestandsgrenze von 60 auf 63 Jahre,[178] in Österreich mit der Erhöhung des de facto Ruhestandsalter von 56 auf mindestens 60 Jahre.[179] In Deutschland haben die Länder die Antragsaltersgrenze überwiegend zum 01.08.1998 von 62 auf 63 Jahre angehoben.[180]

III. Agenden der Verwaltungspolitik

1. Pfade der Verwaltungsmodernisierung

Die so skizzierten Tagesordnungspunkte einer ökonomisch-managerialistischen Verwaltungsmodernisierung dürfen indessen nicht den Blick für die Divergenzen der nationalstaatlichen Verwaltungspolitik verstellen. Unterschiede in der Rechts- und Verwaltungskultur, im jeweiligen Politikstil, in der Tiefe der Finanzkrise, in den parteipolitischen Präferenzen, im Zentralitätsgrad der Staatsorganisation usw. führen zu verschiedenen Modernisierungskonzepten. Unterschiede im Ausmaß, in den Schwerpunkten und Eigenheiten der Modernisierungsprogramme sind von Land zu Land, aber auch zwischen Verwaltungssektoren und Verwaltungsebenen nicht zu übersehen.[181] Fraglich bleibt danach, ob eine Konvergenz der Entwicklungen festgestellt werden kann und ob derartige Angleichungsprozesse wünschenswert wären.[182] Letzteres dürfte sich wohl nicht bloß auf der Grundlage von Erkenntnissen über die Einführung von Managementtechnologien als solche, sondern auch über die Auswirkungen von Modernisierungsmaßnahmen auf Politik, Wirtschaft und Gesellschaft, insbesondere den Bürger einschätzen lassen.

In Großbritannien haben die Ansätze des New Public Managements die Thatcher-Regierung überlebt, die diese in den 1980er Jahren zunächst im Zuge der „Financial Management Initiative" und dann der „Next-Step"-Initiative

---

[177] Vgl. OECD (Hrsg.), Managing Structural Deficit Reduction, Paris 1996.
[178] Vgl. OECD (Hrsg.), Managing Structural Deficit Reduction, Paris 1996.
[179] Vgl. OECD (Hrsg.), Issues and Developments in Public Management. Survey 1996 – 1997, Paris 1997.
[180] Vgl. Behörden-Spiegel, Stärken und Leiden des Föderalismus, September 1997, S. 6.
[181] Vgl. Halligan, John, Comparing Public Service Reform in OECD Countries, in: Johan P. Olsen/Guy Peters, Lessons from Experience, Oslo u. a. 1996, S. 71 ff.
[182] Vgl. OECD (Hrsg.), Governance in transition: Public Management Reforms in OECD Countries, Paris 1995.

durchzusetzen gedachte.[183] Nach dem Regierungswechsel von 1997 erkannte New Labour die Zielrichtung der Verwaltungsreformen der vergangenen 20 Jahre an, unterstrich deren Erfolge im Hinblick auf eine Verbesserung des Regierungsmanagements und knüpfte in Akzentuierung eigener Schwerpunkte an den bestehenden Programmen wie der „Next Step"-Initiative oder den „Citizen Charter Mark Competition" an. Im März 1998 – mit der Veröffentlichung des „Next Step Report 1997" – kündigte die Regierung eine neue Phase in der „Next Step" – Politik an. Nachdem die Phase des Aufbaus von Agenturen nun abgeschlossen sei, sei es nun an der Zeit, sich stärker auf den Aspekt der Leistungsfähigkeit der Agenturen zu konzentrieren. Das im Frühjahr 1998 ebenfalls angekündigte „Better Government White Paper" soll die Visionen eines öffentlichen Dienstes des nächsten Jahrtausend enthalten. Dieser habe sich an der ganzheitlichen Wahrnehmung der Regierung durch den Bürger auszurichten und somit den Weg aufzuzeigen, wie eine sinnvolle Verknüpfung der Notwendigkeiten vertikaler hierarchischer Abgrenzung und horizontaler intensiver Kooperation von Verwaltungseinheiten im Sinne einer effektiven und nahtlosen Dienstleistungserstellung herzustellen sei. Wie in ihrem Wahlprogramm angekündigt, hat die Labour-Regierung nach Regierungsantritt eine umfassende Ausgaben- und Vermögensüberprüfung mit dem Ziel der Identifizierung ministerieller Kernaufgaben initiiert.

In Neuseeland, dessen Verwaltungssystem mit Regierungsantritt einer Labour-Regierung im Jahr 1984 einem tiefgreifenden Wandel unterzogen wurde,[184] standen die 1990er Jahre im Zeichen des Rück- und des Ausblickes. Eine von der „State Services Commission" 1995 in Auftrag gegebene Studie befasst sich mit den Konsequenzen der verwaltungspolitischen Maßnahmen der 1980er Jahre, die zu einem radikalen Umbau der vormals strukturell diffusen Zentralverwaltung hin zu einem dreigestuften Staatssektor, einer Reform des öffentlichen Dienstes sowie einer Reform des öffentlichen Finanzwesens geführt ha-

---

[183] Vgl. O'Toole, Barry J., Next Steps. Improving Management in Government?, Aldershot u. a. 1995; ferner Füchtner, Natascha, Die Modernisierung der Zentralverwaltung in Großbritannien und Deutschland, Frankfurt a. M. u. a. 2002; Flynn, Norman/Strehl, Franz, Public Sector Management, 2. Aufl., New York u. a. 1993; Rhodes, Rod, Reinventing Whitehall 1979 – 1995, in: Walter J. M. Kickert (Hrsg.), Public Management and Administrative Reform in Western Europe, Cheltenham/Lyne 1997, S. 43 ff.; Keraudren, Phillipe, New Public Management Reform in the United Kingdom, in: Tony Verheijen/David Coomber (Hrsg.), Innovations in Public Management, Cheltenham/Northampton 1998, S. 250 ff.

[184] Vgl. Boston, Jonathan u. a., Public Management. The New Zealand Model, Oxford u. a. 1996; Mascarenhas, Reginald C., Government and the economy in Australia and New Zealand. The Politics of Economic Policy Making, San Francisco u. a. 1996; Verheijen, Tony, Public Management Reform in New Zealand and Australia, in: ders./David Coombes (Hrsg.), Innovations in Public Management. Perspectives from East and West Europe, Cheltenham/Northampton 1998.

ben.[185] Als Schwerpunkte der Entwicklung eines öffentlichen Managements für das nächste Jahrtausend gelten die Auswirkungen der Informations- und Kommunikationstechnologie auf die Regierungsarbeit, die Adäquanz des „New Zealand Model" für die Bewältigung zukünftiger politisch-administrativer Herausforderungen, die Rolle der nicht zum unmittelbaren Kernbereich des Staates zugehörigen Verwaltungseinheiten bei der staatlichen Leistungserbringung sowie der fortlaufende organisatorische Anpassungsprozeß innerhalb der „Regierungsmaschinerie".

Kanada hat in den 1990er Jahren einen erneuten Anlauf genommen, die in den 1980er Jahren sowohl von den Konservativen als auch von den Liberalen angestrengten Versuche der Eindämmung des öffentlichen Sektors und der Verbesserung seiner Managementkapazitäten zu sichtbareren Erfolgen zu führen.[186] 1994 startete die kanadische Regierung die Initiative „Getting Government Right", nachdem das 1989 initiierte Programm „Public Service 2000", das auf die Umsetzung von 300 in einem Weißbuch enthaltenen Maßnahmen zur Realisierung eines stärker kunden- und ergebnisorientierten öffentlichen Managements zielte, mit der Verschärfung der öffentlichen Finanzkrise ab 1993 weitgehend ins Leere gelaufen war.[187] Kernelement der neuen Initiative war eine Programmüberprüfung, von der eine Ausgabenreduzierung von 17 Mrd. Dollar über drei Jahre und eine Einsparung von bis zu 45.000 Stellen erwartet wurde. Die Ministerien wurden aufgefordert, im Rahmen der „Program Review" eine Übersicht über die laufenden Programmausgaben zu erarbeiten und diese einzeln im Hinblick auf ihre Notwendigkeit zu hinterfragen. Von diesem Ansatz, der auf eine Neuordnung von politischen Programmen und Zielen setzte, erwartete die Regierung im Vergleich zu den bislang verfolgten Strategien zur Reduzierung der Staatsausgaben wie die Mitte der 1980er Jahre üblichen Einsparauflagen oder die mit der Initiative „Public Service 2000" verfolgte Rationalisierungspolitik eine dauerhafte Absenkung öffentlicher Ausgaben.

In den USA konnte die Clinton-Administration auf beachtliche Erfolge bei der Umsetzung der Vorschläge der 1993 initiierten „National Performance Review (NPR)" verweisen.[188] Von den 1500 Empfehlungen des Abschlussberich-

---

[185] Vgl. Schick, Allen, The Spirit of Reform. Managing the New Zealand State Sector in a Time of Change, o. O. 1996.

[186] Vgl. Aucoin, Peter, The New Public Management. Canada in Comparative Perspective, Montreal 1995.

[187] Vgl. Caiden, Gerald E. u. a., Results and Lessons from Canadas PS 2000, in: Public Administration and Development 1995, S. 85 ff.

[188] Vgl. Ingraham, Patricia W. u. a. (Hrsg.), Transforming Government. Lessons from the Reinvention Laboratories, San Francisco 1998; ferner Gerz, Wolfgang, Reorganisationsbestrebungen in der amerikanischen Bundesverwaltung, in: Zeitschrift für Beamtenrecht 1997, S. 272 ff.

tes[189] wären 58 % von den „Agencies" umgesetzt worden; der Präsident hätte 44 Direktiven und 83 Gesetze zur Umsetzung von Empfehlungen unterzeichnet. Von Seiten der „Agencies" wären Einsparungen in Höhe von 137 Mrd. Dollar gemeldet worden; über 570 Bundeseinrichtungen hätten sich zu mehr als 4.000 kundenorientierten Dienstleistungsstandards bekannt, und über 325 „Reinvention"-Laboratorien wären gegründet worden. Anfang 1995 wurde eine neue Phase der „National Performance Review" eingeleitet und damit auch ein Strategiewechsel. Nicht mehr die weiträumige Umsetzung von Einzelvorschlägen im Sinne der Bildung von „islands of excellence" sollten von nun an im Vordergrund stehen, sondern der vollständige Umbau von „Departments" und „Agencies" und damit die Suche nach an deren Bedürfnissen ausgerichteten Optimierungsstrategien. Die Fokussierung auf die Behördenebene folgte auf Ankündigungen der Regierung, trotz eines zu erwartenden ausgeglichenen Haushalts für 1997 die Ausgaben für die „Agencies" im Durchschnitt um 22 % innerhalb einer Sechs-Jahres-Periode zu senken. Mit dem „Blair House Paper" erhielten die Kabinettsmitglieder im Januar 1997 Instruktionen, mit welcher Zielrichtung derartige Umgestaltungsmaßnahmen vorzunehmen seien. Unterstrichen wurde darin die Bedeutung der Kunden- und Dienstleistungsorientierung, die Nutzbarmachung öffentlich-privater Partnerschaften und des organisierten Gemeinwesens für öffentliche Zwecke sowie eine verbesserte Nutzung des Arbeitskräfte- und Ressourcenpotentials der Agencies. Seit Anfang 1998 nennt sich die „NPR" nunmehr „National Partnership for Reinventing Government". Mit „America@Our Best" hat es sich einer neuen Vision und mit dem Zusatz „to get results Americans care about" einer neuen Mission verschrieben.

Neben den anglo-amerikanischen Ländern setzten eine Reihe weiterer OECD-Staaten ihre überwiegend Anfang der 1990er Jahre begonnenen Modernisierungsschritte fort. In Schweden, wo auf zentralstaatlicher Ebene seit 1990 ca. 160 Agenturen aufgelöst und ca. 100 neue Agenturen gegründet wurden und eine strategische Neuorientierung in Richtung organisatorischer Dezentralisierung und ergebnisorientierter Steuerung erfolgte,[190] nahm sich Mitte der 1990er Jahre eine Public Management-Kommission der Evaluierung von Organisation und Kontrolle der Regierungsverwaltung an. An den Ergebnissen deren Arbeit anknüpfend legte im März 1998 die Regierung einen Gesetzentwurf „Central Government Administration in the Citizens' Service" vor, in dem sie die Schwerpunkte einer zukünftigen Gestaltung der Regierungsverwaltung definierte. Erklärtes Ziel der Regierung war, dass die dem Rechtsstaats-, Demokra-

---

[189] Vgl. Gore, Al, Vice-President, From Red Tape to Results: Creating a Government that Works Better and Costs Less. Report of the National Performance Review, Oktober 1997.

[190] Vgl. Premfors, Rune, Reshaping the Democratic State: Swedish Experiences in a Comparative Perspective, in: Public Administration 1998, S. 141 ff.

tie- und Effizienzprinzip Rechnung tragende Verwaltung gleichzeitig gegenüber der Öffentlichkeit zugänglich und hilfsbereit bleibt, das volle Vertauen der Bürger genießt, der Industrie- und Geschäftswelt günstige Arbeits- und Wachstumsbedingungen gewährleistet und sich als erfolgreich und respektiert in der internationalen Zusammenarbeit erweist. Für die kommenden Jahre wären vier Richtlinien wegweisend: Die Regierung habe ihre Aktivitäten zu konzentrieren und sich auf ihre Kernaufgaben zu beschränken. Die Agenturen sollten sich einer qualitativ hochwertigen Dienstleistungserbringung und der Weiter- und Ausbildung ihres Personals widmen. Leistungsfähigkeit solle zum grundsätzlichen Leitprinzip und eine effektivere Bereitstellung und Verbreitung von Informationen durch die Nutzung von Informationstechnologien angestrebt werden.

Die finnische Regierung[191] hatte seit 1996 sukzessive sechs Arbeitsgruppen eingesetzt, die sich mit zukünftigen Maßnahmen einer „Public Sector Governance Reform" beschäftigten. Thematisiert wurden Reformen der Funktionsweise des Staatsrates und der Ministerien, die Steuerung öffentlicher kommerzieller Aktivitäten („ownership management"), Verbesserungen der externen Steuerung, die interne Rechnungsprüfung und Evaluierung staatlicher Aktivitäten, die zentralstaatliche Kontrolle des sozialen Sicherungssystems, die Optimierung der Zentralverwaltung sowie der staatlichen Beschäftigung- und Personalpolitik.

In Dänemark[192] kündigte die Regierungskoalition unter sozialdemokratischer Führung nach ihrer Wiederwahl im März 1998 an, eine Reform des Regulierungssystems, eine Reduzierung administrativer Belastungen des Bürgers und der Industrie, eine Erweiterung der Wahlmöglichkeiten des Bürgers zwischen Anbietern öffentlicher Leistungen, eine Verbesserung der Informationsbasis über die Qualität von Leistungen und Anbietern von Leistungen sowie eine Reform des Rechtssystems in Angriff zu nehmen.

2. Verwaltungspolitik in Bund, Ländern, Kommunen

In Deutschland lässt sich mit dem Regierungswechsel 1998 eine Zwischenbilanz der Modernisierungsansätze zur öffentlichen Verwaltung auf Bundes-

---

[191] Vgl. Ministry of Finance (Hrsg.), Public Management Reforms: Five Country Studies, Helsinki 1997; Lane, Erik, Public Sector Reform in the Nordic Countries, Helsinki 1997.

[192] Vgl. Ministry of Finance (Hrsg.), Public Management Reforms: Five Country Studies, Helsinki 1997; Lane, Erik, Public Sector Reform in the Nordic Countries, Helsinki 1997.

ebene ziehen.[193] Dabei verdeutlicht der Rückblick auf historische Vorläufer die inhaltliche Anknüpfung an die bisherige Reformtradition: Vertreten werden jetzt wie früher Maßnahmen zur Verkleinerung der Ministerialorganisation, der dezentralen Ressourcenverantwortung, der Zielsteuerung, der Erhöhung der Mitarbeitermotivation durch ein reformiertes öffentliches Dienstrecht.[194] Daneben zeigen sich im historischen Vergleich deutlich divergierende Reformschwerpunkte und Reformleitbilder. Im Kern zielt die Reformdiskussion auf Bundesebene, ebenso wie in den Ländern und Kommunen, auf eine Ökonomisierung und Managerialisierung von Staat und Verwaltung.[195] Nicht der Ausbau des Rechtsstaates oder die Demokratisierung der Verwaltung leiten wie vormals als Zielvorstellungen die Protagonisten der Verwaltungsmodernisierung; vielmehr ist Orientierungspunkt der effiziente und effektive Staat. Damit fügen sich die aktuellen Reformansätze in die internationale Modernisierungsbewegung des New Public Managements ein.[196]

Das New Public Management als Reformmodell anglo-amerikanischer Prägung wird in der Verwaltungspraxis des Bundes jedoch als solches nicht rezepiert. In Absetzung zu der kommunalen Ausrichtung an einem Neuen Steuerungsmodell unterstrich die damalige Bundesregierung die Nicht-Existenz eines „Königsweges". Vielmehr bewegte sie sich im Rahmen der von der internationalen Bewegung der Verwaltungsmodernisierung vorgezeichneten Reformagenden als Ergebnisse der historisch und politisch bedingten spezifischen Um-

---

[193] Vgl. König, Klaus/Füchtner, Natascha (Hrsg.), „Schlanker Staat" – Verwaltungsmodernisierung im Bund. Zwischenbericht, Praxisbeiträge, Kommentare, Speyerer Forschungsberichte 183, Speyer 1998.

[194] Vgl. Bundesministerium des Innern, Projektgruppe Regierungs- und Verwaltungsreform, Erster Bericht zur Reform der Struktur von Bundesregierung und Bundesverwaltung, Bonn 1969; Bundesministerium des Innern, Projektgruppe Regierungs- und Verwaltungsreform, Bericht zur Verlagerung von Aufgaben aus den Bundesministerien, Bonn 1972; Bundesministerium des Innern, Projektgruppe Regierungs- und Verwaltungsreform, Dritter Bericht zur Reform der Struktur von Bundesregierung und Bundesverwaltung, Bonn 1972; Friedrich-Ebert-Stiftung (Hrsg.), Moderner Staat und effiziente Verwaltung. Zur Reform des öffentlichen Sektors in Deutschland, Gutachten erstattet von Werner Jann, Düsseldorf 1994; Friedrich-Ebert-Stiftung (Hrsg.), Qualität des Verwaltungshandelns. Zur Modernisierung der Bundesministerien, Gutachten erstattet von Ulrich Pfeiffer und Bernd Faller, Düsseldorf 1997.

[195] Vgl. König, Klaus, Markt und Wettbewerb als Staats- und Verwaltungsprinzipien, in: Deutsches Verwaltungsblatt 1997, S. 239 ff.

[196] Vgl. Ferlie, Ewan u. a., The New Public Management in Action, Oxford 1996; Verheijen, Tony/Coombes, David (Hrsg.), Innovations in Public Management. Perspectives from East and West Europe, Cheltenham/Northampton 1998; ferner Benz, Arthur/Goetz, Claus, The German Public Sector: National Priorities and the International Reform Agenda, in: dies. (Hrsg.), A New Public German Sector Reform, Adaption and Stability, Aldershot u. a. 1996, S. 1 ff.

setzung eines konzeptionell widersprüchlichen Reformparadigmas.[197] Das Leitmotiv einer Neugestaltung der Administration des öffentlichen Sektors in den OECD-Staaten, die Neudefinition der Substanz und Modalität von Staatstätigkeit, findet sich auch in der bundespolitischen Diskussion. Es reduziert sich nicht allein auf die Alternative einer Weiterführung oder Einstellung der Wahrnehmung einer öffentlichen Aufgabe, sondern läuft auf eine Funktionentrennung der Programmierung, Finanzierung, Durchführung und Regulierung öffentlicher Leistungen unter Festlegung der jeweiligen staatlichen Leistungstiefe[198] hinaus. Mit der Neubestimmung der staatlichen Handlungsintensität verbunden ist die Suche nach neuen Modellen der Organisation und der Steuerung öffentlicher Leistungen. Ansätze zur organisatorischen und prozessualen Neustrukturierung bilden so neben Ansätzen zur Statusrevision und Änderung der Personalbetreuungspraxis im öffentlichen Dienst die weiteren Reformschwerpunkte der globalen sowie der bundespolitischen Modernisierungsagenda. Verdichtet man diese, so zeigen sich auf Bundesebene – wie in der internationalen Gesamtschau – drei dominante Strategien der Verwaltungsmodernisierung: die Privatisierung und Deregulierung, die Binnenrationalisierung und die Abbaupolitik.[199]

Während die Veräußerung des bundeseigenen Vermögensbestandes seit Regierungsantritt der christlich-liberalen Koalition erklärtes Ziel war, wurden erst in den letzten Jahren die Vorzüge privatwirtschaftlicher Handlungs- und Finanzierungsformen unterstrichen und eine Privatisierung öffentlicher Aufgaben gefordert. In Form von Pilotprojekten wurden beispielsweise Möglichkeiten der Privatisierung von Servicebereichen der Ministerien überprüft. Im Ergebnis entschied die Bundesregierung, z. B. in den neuen Berliner Ministerien keine eigenen Druckereien mehr zu betreiben, den Ärztlichen und Sozialen Dienst nicht mehr einzurichten und den Personellen Objektschutz zu privatisieren. In einem weiteren Pilotprojekt wurde der Bereich der Personalausgaben auf mögliche Synergieeffekte zwischen privatwirtschaftlichen und verwaltungsspezifischen Lösungsansätzen und unter Berücksichtigung der Wirtschaftlichkeit der Leistungen auf Privatisierungsmöglichkeiten hin untersucht.[200] Neue Formen der Finanzierung öffentlicher Investitionen sind insbesondere als Mittel zur Fi-

---

[197] Vgl. König, Klaus/Beck, Joachim, Modernisierung von Staat und Verwaltung, Baden-Baden 1997.

[198] Vgl. Naschold, Frieder u.a. (Hrsg.), Leistungstiefe im öffentlichen Sektor, Berlin 1996.

[199] Vgl. König, Klaus, Verwaltungsmodernisierung im internationalen Vergleich. Acht Thesen, in: Die Öffentliche Verwaltung 1997, S. 265 ff.

[200] Vgl. Bundesministerium des Innern (Hrsg.), Ergebnisse der Projektgruppe „Privatisierungspotentiale im Bereich der Personalausgaben des Bundes", Schriftenreihe der KGSt, Band 37, Köln 1997.

nanzierung der Verkehrsinfrastruktur auf Interesse gestoßen.[201] Im Hinblick auf die Verkürzung langwieriger behördlicher Prüfungen und Genehmigungsverfahren, unterbreitete die „Unabhängige Expertenkommission zur Vereinfachung und Beschleunigung von Genehmigungsverfahren" Vorschläge, wie bislang von den Behörden wahrgenommene Verfahrensteile in die Verantwortung der Antragsteller gegeben werden, Prüfaufgaben auf Private übertragen oder Planungsaufgaben von Privaten übernommen werden können. Die Bundesregierung hatte 1998 angekündigt, durch die Ergänzung von Fachrecht und Verwaltungsverfahrensgesetz um Öffnungsklauseln für Auditierungen, Genehmigungs- und Überwachungsverfahren grundsätzlich für Substitute auf der Basis der Selbstregulierung zu öffnen.[202] Die Vorschläge der „Unabhängigen Expertenkommission zur Vereinfachung und Beschleunigung von Planungs- und Genehmigungsverfahren" sowie der „Unabhängigen Kommission für Rechts- und Verwaltungsvereinfachung" waren maßgeblich für die im Laufe der 13. Legislaturperiode eingeleiteten Maßnahmen der Deregulierung und Rechtsvereinfachung.[203]

Wendet man sich den Maßnahmen der Binnenrationalisierung in der Bundesverwaltung zu, so täuscht der generalisierende Eindruck vom Bund als Nachzügler bei der seit Anfang der 1990er Jahre in Deutschland zu beobachtenden Bewegung zur Modernisierung der öffentlichen Verwaltung. Bei einer Reihe von nachgeordneten Vollzugsbehörden setzten etwa zeitgleich zur Steigerung des Aktivitätsniveaus auf Landesebene Anfang der 1990er Jahre vermehrt Initiativen zur Steigerung der Effizienz und Effektivität der Verwaltungstätigkeit ein.[204] Beispielhaft sei hier nur auf die umfassenden Reformvorhaben im Geschäftsbereich des Bundesministeriums für Verkehr verwiesen: Das Bundesamt für Güterverkehr, das Eisenbahn-Bundesamt sowie die Bundesanstalt für Straßenwesen wurden einer Neuorganisation unterzogen, bei der die Aufgabenstrukturen überarbeitet und die Aufbauorganisation auch unter Wegfall von

---

[201] Vgl. Sachverständigenrat „Schlanker Staat", Privatfinanzierung/Privatisierung von Bundesfernstraßen, Sachstand und Perspektiven, Materialband, 2. Aufl., Bonn 1998, S. 247 ff.

[202] Vgl. Bundesregierung, Unterrichtung durch die Bundesregierung: „Schlanker Staat": Die nächsten Schritte, BT-Drs. 13/10145 vom 19.3.1998, S. 7.

[203] Vgl. Eckert, Lucia, Beschleunigung von Planungs- und Genehmigungsverfahren, Speyerer Forschungsberichte 164, Speyer 1997; Bundesministerium des Innern (Hrsg.), Zweiter Bericht und Empfehlungen der Unabhängigen Kommission für Rechts- und Verwaltungsvereinfachung des Bundes zur Entlastung der Unternehmen, Bürger und Verwaltungen von administrativen Pflichten, Bonn o. J., S. 75 ff.

[204] Vgl. Bundesministerium des Innern (Hrsg.), Lenkungsausschuss Verwaltungsorganisation. „Schlanker Staat": Bilanz und Ausblick. Zweiter Bericht zum Aktionsprogramm zur weiteren Steigerung von Effektivität und Wirtschaftlichkeit der Bundesverwaltung, Kabinettsbeschluss vom 17. Juni 1998, Bonn 1998.

Hierarchieebenen gestrafft wurde.²⁰⁵ Eine organisatorische und prozessuale Neuorientierung hat sich beim Deutschen Wetterdienst vollzogen: Als Voraussetzung für eine verstärkte Kundenorientierung, für die Bildung von Verantwortungsbereichen sowie für die Etablierung klarer Leitungsbeziehungen hat der Deutsche Wetterdienst die tradierte länderbezogene Ämterstruktur durch eine vertikal ausgerichtete Geschäftsfeldstruktur ersetzt. Die interne Steuerung des Gesamtsystems soll ein übergreifendes Controlling gewährleisten. Die externe Steuerung durch das Bundesministerium für Verkehr soll zukünftig durch die Vorgabe von Zielen und Erfolgskontrollen erfolgen.²⁰⁶

Der Imperativ der Haushaltskonsolidierung sowie das Votum des Bundestages vom 20. Juni 1991 für den „Antrag über die Vollendung der Einheit Deutschlands" bewirkten, dass auch die Ministerien von der Modernisierungswelle erfasst wurden. Das Ziel der Reduzierung des Haushaltsdefizits vor Augen setzten Regierungserklärung und die politische Formel vom „Schlanken Staat" die Bundesministerien unter Handlungszwang. Seit dem Kabinettsbeschluss „Verringerung und Straffung von Bundesbehörden" vom 07.02.1996,²⁰⁷ der im wesentlichen basierend auf Vorschlägen der Haushaltsabteilung des Bundesministeriums der Finanzen eine Reihe von Pilotprojekten in Gang setzte und die Ministerien konkret auf die Erarbeitung einer organisatorischen Zielstruktur festlegte, konnte man auch von einem erhöhten Aktivitätsniveau in den Bundesministerien ausgehen. Die Mehrheit aller Ministerien hatte auf der Grundlage von Ergebnissen kritischer Untersuchungen des Aufgabenbestandes, zum Teil unter Ermittlung des Personalbedarfs, ihre Aufbaustruktur für die Zeit der Verlagerung des Regierungssitzes nach Berlin festgelegt.²⁰⁸ Verbunden wurden die Organisationsänderungen überwiegend mit organisatorischen Straffungen als Folge einer Aufgabenkonzentration, der Aufgabenprivatisierung, des Aufgabenabbaus oder der Verlagerung von Aufgaben auf den nachgeordneten Geschäftsbereich, mit Bemühungen zur Vereinheitlichung der Leitungsspanne oder mit der Etablierung alternativer Arbeitsstrukturen wie Gruppen oder Projektgruppen.

---

²⁰⁵ Vgl. Bundesministerium für Verkehr, Schriftliche Stellungnahme des Referats Z 14 vom 10. April 1997 und Interview mit Mitgliedern des „Reformstabes Verkehrsverwaltung" am 24.6.1998.
²⁰⁶ Vgl. Julich, Horst, Neue Steuerungsrationalitäten in der Bundesverwaltung – Obere Bundesbehörden, in: Klaus König/Natascha Füchtner (Hrsg.), „Schlanker Staat" – Verwaltungsmodernisierung im Bund, Speyerer Forschungsberichte 183, Speyer 1998, S. 245 ff.
²⁰⁷ Vgl. Bundesregierung, Kabinettsbeschluss vom 7. Februar 1996 zur Verringerung und Straffung von Bundesbehörden, BT-Drs. 13/3923.
²⁰⁸ Vgl. Bundesministerium des Innern (Hrsg.), Lenkungsausschuss Verwaltungsorganisation. „Schlanker Staat": Bilanz und Ausblick. Zweiter Bericht zum Aktionsprogramm zur weiteren Steigerung von Effektivität und Wirtschaftlichkeit der Bundesverwaltung, Kabinettsbeschluss vom 17. Juni 1998, Bonn 1998.

Das Ausmaß des ministeriellen Umbaus ist gemessen an internationalen Vorbildern jedoch vergleichsweise gering. Alternative Konzepte der Aufgabenträgerschaft und alternative Steuerungsbeziehungen werden zwar – forciert durch konsultierte Unternehmensberatungsfirmen – diskutiert, aber nur vereinzelt umgesetzt. Während die Einführung neuer Steuerungs- und Führungsinstrumente über den Weg der Erarbeitung von Leitbildern oder der Einführung von Controlling und einer Kosten- und Leistungsrechnung im nachgeordneten Bereich voranschreitet – beispielhaft erwähnt seien hier nur die neueren Ansätze der Ressourcensteuerung im Kraftfahrt-Bundesamt, bei der Bundesvermögensverwaltung, dem Bundesamt für Sicherheit in der Informationstechnik oder dem Statistischen Bundsamt –, haben die obersten Bundesbehörden, die in einem erheblichen Ausmaß dem Wandel des politischen Tagesgeschäftes ausgesetzt sind[209], Instrumente einer Optimierung interner Steuerung eher zurückhaltend eingesetzt.[210]

Als reformhemmend wirkte sich insbesondere die Doppelbelastung der Ministerien mit der Verwaltungsreform einerseits und der organisatorischen und personalwirtschaftlichen Umsetzung des Berlin-Umzuges andererseits aus. Eine sinnvolle Verknüpfung von Maßnahmen der Organisationsentwicklung, der Implementierung neuer Controlling- oder Kostenrechnungskonzeptionen, der Personalbedarfsbemessungen, der Festlegung von Zielstrukturen und der personalwirtschaftlichen Zuordnung von Funktionen in Berlin und Bonn ließ sich in keinem Ministerium beobachten.[211] Immer wieder wird auf die Innovationsfeindlichkeit bestehender dienst-, besoldungs- und tarifrechtlicher Rahmenregelungen verwiesen, die einer weitreichenden Flexibilisierung der Organisation und des Personaleinsatzes entgegenstünden.[212] Zwischen den verwaltungspoli-

---

[209] Vgl. Bergdoll, Udo, Schlankheitskur für Diplomaten. Kinkel lässt Auswärtigen Dienst auf Kosten und Nutzen durchleuchten, in: Süddeutsche Zeitung vom 14./15.2.1998, S. 1.

[210] Vgl. Bergdoll, Udo, Schlankheitskur für Diplomaten. Kinkel lässt Auswärtigen Dienst auf Kosten und Nutzen durchleuchten, in: Süddeutsche Zeitung vom 14./15.2.1998, S. 1; Landes, Helmut, Oberste Bundesbehörden – Auswärtiges Amt, in: Klaus König/Natascha Füchtner (Hrsg.), „Schlanker Staat" – Verwaltungsmodernisierung im Bund, Speyerer Forschungsberichte 183, Speyer 1998, S. 235 ff.; Bundesministerium für Familie, Senioren, Frauen und Jugend/Kienbaum Unternehmensberatung GmbH, Kurzfassung des Endberichts der Projektgruppe „Ziel- und Programmstruktur BMFSFJ mit Organisationsvorschlägen", unveröffentlichtes Dokument, Stand: Bonn 31.7.1997.

[211] Vgl. Friedrich-Ebert-Stiftung (Hrsg.), „Schlanker Staat" – der Worte sind genug gewechselt. Zur Modernisierung der Bundesverwaltung, FES-Analyse erarbeitet von Michael Bürsch, Bonn 1998.

[212] Vgl. Mühl, Dorothee, Berlin-Ministerium: Das Bundesministerium für Wirtschaft, in: Klaus König/Natascha Füchtner, Verwaltungsmodernisierung im Bund – Schwerpunkte der 13. Legislaturperiode, Speyerer Forschungsberichte 196, Speyer 1999, S. 85 ff.

tischen Anforderungen und den angebotenen Instrumenten wird eine große Kluft empfunden, wenn z. B. die Verwaltung durch einen verstärkten Einsatz von Informationstechnologien rationalisiert werden soll, gleichzeitig aber mit dem Haushalt 1998 die Ausgaben für die in der Titelgruppe „Kosten der Datenverarbeitung" enthaltenen Titel um 5% gesperrt werden,[213] wenn haushaltswirtschaftliche Spielräume eröffnet, etwaige finanzielle Ersparnisse aber von vorneherein vom Finanzministerium als „Effizienzrendite" in Form einer 2%igen globalen Minderausgabe im jeweiligen Kapitel einbehalten werden.[214] Zwar wurde mit dem 1997 eingesetzten Lenkungsausschuss für Verwaltungsorganisation, der die Staatssekretäre verschiedener Ministerien vereinte und die Modernisierung der Bundesverwaltung unter gesamtheitlichen Blickwinkel fördern und koordinieren sollte, ein ressortübergreifendes Gremium geschaffen; seine konsensorientierten Abstimmungsmechanismen[215] waren jedoch dergestalt, dass in Übereinstimmung mit dem Ressortprinzips des Art. 65 GG gegen den Willen eines Ressorts faktisch keine Entscheidungen getroffen werden konnten. Der Umsetzung einer Empfehlung des Bundesrechnungshofes an den Lenkungsausschuss, ressortübergreifende Ansätze bei der Überprüfung von Organisationsstrukturen zu fördern und auf einen Abbau von Parallel- und Doppelstrukturen bei der Wahrnehmung von Politikfeldern hinzuwirken, wird durch Ressortegoismen anscheinend unüberwindbare Grenzen gesetzt.[216] Erschwerend kommen politische und personelle Widerstände gegen den Abbau von durch die deutsche Vereinigung sowie durch Fusionen von Ministerien bedingter organisatorischer und personeller Aufwüchse hinzu.

Die Politik der Staatsverschlankung manifestierte sich denn auch – dokumentiert in den geplanten Maßnahmen des Kabinettsbeschlusses vom 7.2.1996 – zuvorderst in einer Abbaupolitik. Seit 1992 wurde der Personalbestand des Bundes, der sich auf 381.000 Bedienstete belief, um ca. 71.000 Stellen reduziert, wovon allein 85% (57.000 Stellen) auf das Konto des Verteidigungsressorts gingen.[217] Inzwischen liegt der Personalbestand unter dem des Referenz-

---

[213] Vgl. Gesetz über die Feststellung des Bundeshaushaltsplans für das Haushaltsjahr 1998 vom 22. Dezember 1997 (BGBl. I S. 3256), § 6 (9).

[214] Vgl. Bundesministerium der Finanzen, Vorlage Nr. 69/96 vom 03.05.1996.

[215] Vgl. Peters, Cornelia, Verwaltungspolitik im Bund – Bilanz und Perspektiven, in: Klaus König/Natascha Füchtner, Verwaltungsmodernisierung im Bund – Schwerpunkte der 13. Legislaturperiode, Speyerer Forschungsberichte 196, Speyer 1999, S. 19 ff.

[216] Vgl. Bundesrechnungshof, Stellungnahme zur Berichterstattung der Bundesregierung an den Haushaltsausschuss des Deutschen Bundestages über das Aktionsprogramm zur weiteren Steigerung von Effektivität und Wirtschaftlichkeit der Bundesverwaltung vom 2.10.1997, unveröffentlichtes Dokument.

[217] Vgl. Bundesministerium des Innern (Hrsg.), Lenkungsausschuss Verwaltungsorganisation. „Schlanker Staat": Bilanz und Ausblick. Zweiter Bericht zum Aktionsprogramm zur weiteren Steigerung von Effektivität und Wirtschaftlichkeit der Bundesverwaltung, Kabinettsbeschluss vom 17.6.1998, Bonn 1998.

jahres 1989.[218] Seit 1991 wurde die Anzahl der Bundesbehörden insgesamt um 148 reduziert.

Mit dem Regierungswechsel 1998 stellte sich im deutschen Falle die Frage, ob die neue Bundesregierung vergleichbar der Labour-Regierung in Großbritannien im Prinzip an den Modernisierungsansätzen ihrer Vorgängerin festhalten würde. Das Leitbild vom „Schlanken Staat" hatte jedenfalls mit Ende der 13. Legislaturperiode seine Schuldigkeit getan.[219] Das Grundproblem einer öffentlichen Verwaltung mit der deutschen Staatstradition, nämlich wie ein zufriedenstellendes Kostenbewusstsein in einer legalistischen Bürokratie verankert werden kann, war nicht gelöst.

Modernisierungsbewegungen wie das Neue Öffentliche Management unterliegen wie sonst Verwaltungsreformen und -innovationen einer historischen Begrenzung. Sie sind nicht mit der kontinuierlichen Intentionalität moderner sozialer Funktionssysteme zu verwechseln, die Modernität in Gang zu halten und neue Herausforderungen zu bewältigen. Modernisierungsbewegungen haben einen Anfang und ein Ende. Dabei kommt es nicht darauf an, ob sich die intendierte Modernisierung in Staat und Verwaltung durchgesetzt hat. Die ökonomisch-managerialistische Modernisierungsbewegung ist allerdings im Gewande eines „Paradigmenwechsels" aufgetreten. Für die Verwaltungspraxis bedeutet dies eine Ideologie, bei der die Verwaltungsideen die Verwaltungsfakten überschießen, und zwar mit zwei Konsequenzen: Erstens nützt die Widerlegung der Ideen durch noch zu harte Fakten nichts. Hier hilft nur der nächste „Paradigmenwechsel". Zweitens wird zwar ein Anfang, die „eigentliche" Modernität propagiert. Ein Ende kann es aber nur geben, wenn der „One Best Way" zu Ende gegangen ist.

Bereits in der letzten Dekade des 20. Jahrhunderts schien sich in den Kernländern des New Public Management anzudeuten, dass diese Modernisierungsbewegung ihren Zenit überschritten hatte. Neue Leitformeln wie „Modern Governance", „Progressive Governance", „Enabling State", „Social Empowerment", „Gewährleistungsstaat" wiesen darauf hin, dass eine ideologische Wende auf der Tagesordnung stehen könnte. Zwar hatte sich an der Finanzierungskrise des Wohlfahrtsstaates prinzipiell wenig geändert. Aber die Problemlösungskapazität wurde nun nicht in der Binnenrationalisierung der öffentlichen Verwaltung und der Sparpolitik, sondern in den bürgerschaftlichen Akteuren und der Zivilgesellschaft vermutet. Mit Leitworten wie eben „Bürgerkommune" für die Kommunalverwaltung und „aktivierender Staat" für die Staatsver-

---

[218] Vgl. Bundesministerium der Finanzen, Bundeshaushaltsplan für das Haushaltsjahr 1998, Bonn 1998.

[219] Vgl. Jann, Werner/Wewer, Göttrik, Helmut Kohl und der „Schlanke Staat". Eine verwaltungspolitische Bilanz, in: Göttrik Wewer (Hrsg.), Bilanz der Ära Kohl, Opladen 1998, S. 229 ff.

waltung wurde auch in Deutschland signalisiert, dass eine Umorientierung an der Modernisierungspolitik für Staat und Verwaltung angesagt schien.

Die Perspektive dieser weiteren, gleichsam zweiten Verwaltungsmodernisierung wird deutlicher, wenn man auf das neue Leitbild der Kommunalverwaltung sieht. Dazu heißt es, die „Bürgerkommune" sehe Bürgerinnen und Bürger in ihren verschiedenen Rollen. Sie betone das Gemeinschaftliche wie es grundgesetzlich vorgegeben sei, indem den Gemeinden das Recht gewährleistet sein müsse, alle Angelegenheiten der örtlichen Gemeinschaft im Rahmen der Gesetze in eigener Verantwortung zu regeln. Das Gemeinwohl bestehe nicht nur aus guten Dienstleistungen und aus einem Höchstmaß an persönlicher Freiheit, sondern ebenso aus sozialem Zusammenhalt, wie es im Begriff der „Gemeinschaft" zum Ausdruck komme.[220] Es werden Anleihen bei Lehren des Kommunitarismus und der Zivilgesellschaft gemacht und schließlich zu öffentlichen Leistungsangeboten gefragt, ob sie durch bürgerschaftliches Engagement verbilligt oder wieder bezahlbar gemacht werden könnten.[221]

Hinzuweisen ist hier insbesondere auf die Bewertung der von der Kommunalpolitik zuvor propagierten ökonomisch-managerialistischen Modernisierungsbewegung des Neuen Steuerungsmodells. Es wird betont, dass eine noch nicht reformierte Kommune, die den Weg von der Behörde zum Dienstleistungsunternehmen via „Neues Steuerungsmodell" noch nicht gegangen sei, diesen Weg zu Ende zu gehen habe. Zum aktuellen Stand des Neuen Öffentlichen Managements wird konstatiert, dass sich die Mehrzahl der Kommunen auf den Reformweg begeben hätte, dass aber Breite und Tiefe der Reform noch zu wünschen übrig lasse. Die meisten Kommunen seien auf dem Weg zur Dienstleitungskommune und noch nicht am Ziel.[222]

Auf Bundesebene enthielt die Koalitionsvereinbarung zwischen der Sozialdemokratischen Partei Deutschlands und Bündnis 90/Die Grünen zum „Modernen Staat" vom Oktober 1998 erste konzeptionelle Auskünfte. Darin heißt es unter anderem, dass man einen effizienten und bürgerfreundlichen Staat wolle. Deshalb werde man Bürokratie abbauen und den Staat zum Partner der Bürgerinnen und Bürger machen. Leitbild sei der aktivierende Staat. Wo Bürgerinnen und Bürger gesellschaftliche Aufgaben in Eigeninitiative und gesellschaftlichem Engagement lösten, solle der Staat sich nicht an ihre Stelle setzen, sondern sie unterstützen. Die neue Bundesregierung werde die Bundesverwaltung modernisieren. Verfahrensabläufe und Rechtsvorschriften sollten überprüft und

---

[220] Vgl. Plamper, Harald, Bürgerkommune: „Neues Steuerungsmodell ade?" – nein „Fortsetzung der Reform in den Kommunen"!, in: KGSt Info 21/1998, S. 169 ff.

[221] Vgl. Pfreundschuh, Gerhard, Vom Dienstleistungsunternehmen zur Bürgerkommune, in: Verwaltung und Management 1999, S. 218 ff.

[222] Vgl. Plamper, Harald, Bürgerkommune: „Neues Steuerungsmodell ade?" – nein „Fortsetzung der Reform in den Kommunen"!, in: KGSt Info 21/1998, S. 169 ff.

vereinfacht sowie die Regelungsdichte verringert werden. Zu den Zielen der Staatsmodernisierung gehörten insbesondere: moderne Personalentwicklungskonzepte, die Nutzung betriebswirtschaftlicher Instrumente und eine umfassende Aufgabenkritik. Hinzu kommen Aussagen zur Kommunalpolitik, zur Gleichstellungspolitik, zur Mitwirkungspolitik und zur Versorgungspolitik der Öffentlichen Bediensteten.[223]

Die Hauptstrategie des Konzepts vom „aktivierenden Staat" ist nach den Vorstellungen seiner Interpreten dann die Neuabgrenzung der Arbeitsteilung zwischen Staat und Gesellschaft. Dafür gelten nicht mehr die Kategorien von Privatisierung und Deregulierung, sondern die der Verteilung sozialer Verantwortung. Der „aktivierende Staat" soll der Staat sein, der an einer öffentlichen Verantwortung für gesellschaftliche Aufgaben festhält, jedoch nicht alle Leistungen selbst erbringen muss. Seine Aufgabe sei es vielmehr, die Gesellschaft zu aktivieren, zu fordern und zu fördern, sich selbst als Problemlöser zu engagieren. Kommunitaristische Gesellschaftslehren werden insofern überschritten, als es bei einer starken staatlichen Verantwortung bleibt, gesellschaftliche Subsidiaritätslehren insofern, als die Initiative zu gesellschaftlichen Aktivitäten vom Staat ausgeht, der als „Entwicklungsagentur" angesehen wird.[224]

Mit dieser Vision sind Formeln verknüpft wie: Dialog statt Dekret, neue Verantwortungsverteilung statt Verantwortungsübertragung, Koproduktion statt Verhandlung, Leistungsaktivierung statt Leistungskürzung. Selbstregulierungspotentiale der Gesellschaft seien zu fördern, Eigeninitiative und gesellschaftliches Engagement zu aktivieren, Bürgerorientierung und partnerschaftliche Zusammenarbeit zwischen öffentlichen und privaten Akteuren zu fördern. Operationaler werden Öffentlichkeitsarbeit, Kontakt- und Beratungsangebote, Anreize für ehrenamtliches Engagement usw. genannt.[225] Nicht die Substanz öffentlicher Aufgaben, sondern die Modi ihrer Wahrnehmung rücken ins Blickfeld. Es geht um die Abstufung staatlicher Verantwortung zwischen Gewährleistungsverantwortung und Vollzugsverantwortung.[226] Letztere kann außerhalb von Kernbereichen an gesellschaftliche und wirtschaftliche Kräfte selbstregu-

---

[223] Vgl. Vorstand der SPD (Hrsg.), Aufbruch und Erneuerung – Deutschlands Weg ins 21. Jahrhundert. Koalitionsvereinbarung zwischen der Sozialdemokratischen Partei Deutschlands und BÜNDNIS 90/DIE GRÜNEN, Bonn, 20. Oktober 1998.

[224] Vgl. von Bandemer, Stephan/Hilbert, Josef, Vom expandierenden und aktivierenden Staat, in: Bernhard Blanke u. a. (Hrsg.), Handbuch zur Verwaltungsreform, Opladen 1998, S. 25 ff.; Blanke, Bernhard/von Bandemer, Stephan, Der „aktivierende" Staat, in: Gewerkschaftliche Monatshefte 6/1999, S. 321 ff.

[225] Vgl. Reichard, Christoph, Staats- und Verwaltungsmodernisierung im „aktivierenden Staat", in: Verwaltung und Fortbildung, 3/1999, S. 117 ff.

[226] Vgl. Schuppert, Gunnar Folke, Verwaltung zwischen staatlichem und privatem Sektor, in: Klaus König/Heinrich Siedentopf (Hrsg.), Öffentliche Verwaltung in Deutschland, 2. Aufl., Baden-Baden 1997, S. 269 ff.

lierend zurückgegeben werden. Erstere bleibt bestehen, da man nicht den „Minimalstaat" will. Ein Paradigmenwechsel, wie ihn die öffentliche Verwaltung im intensiv laufenden Modernisierungsprozess schon beschreite – also nach Maßgabe des Neuen Öffentlichen Managements –, sei im Verhältnis von Staat und Gesellschaft erforderlich, und dieser Paradigmenwechsel bedeute, den Wandel vom krisengeschüttelten allzuständigen Staat zum zukunftsweisenden „aktivierenden Staat" zu organisieren.[227]

An der Strategie der Binnenrationalisierung der öffentlichen Verwaltung im Sinne eines Neuen Öffentlichen Managements wird unter dem Vorzeichen des „aktivierenden Staates" mithin festgehalten. Ökonomisierung und Manageralisierung scheinen weiterhin geboten. Allerdings tritt eine Relativierung in dem Sinne ein, dass der effiziente und effektive Staat zur Prämisse des „aktivierenden Staates" wird.[228] Die Agenda der Verwaltungsmodernisierung ändert sich hiernach allenfalls graduell. Es geht weiterhin um Aufgabenkritik, Leistungstiefe, Kundenorientierung, um Umbau der Bundesverwaltung nach dem Muster politikformulierender Ministerien und politikvollziehender – dienstleistender – Behörden, um Kontraktmanagement, neue Steuerung in und zwischen Bundesbehörden, Benchmarking, um Finanzmanagement, Kosten-Leistungsrechnung, aussagefähiges Rechnungswesen, um ein neues Leitbild für den Öffentlichen Dienst, Personalmanagement, leistungsorientierte Besoldungsgefüge und an der Grenze zur Verwaltungsumwelt um Gesetzesvereinfachung, Regelungsabbau, Gesetzesfolgenabschätzung usw.[229]

Das Konzept vom „aktivierenden Staat" hat sich nicht in einem verwaltungspolitischen Reformprogramm konkretisiert. Das bedeutet nicht, dass die Arbeitsteilung zwischen Staat und Gesellschaft nicht weiterentwickelt worden ist. So sieht man etwa in der Modernisierung des Gesundheitswesens von 2003 Steuerungselemente des „aktivierenden Staates".[230] Zu bemerken ist auch die wachsende Zahl von „Public Private Partnership"-Projekten.[231] Überdies lassen sich viele Aktivitäten von der „sozialen Stadt" bis zum „Bürgerhaushalt" beob-

---

[227] Vgl. Behrens, Fritz, Der aktivierende Staat. Von der Allzuständigkeit zur Selbstregierung, in: Ulrich von Alemann u. a. (Hrsg.), Bürgergesellschaft und Gemeinwohl, Opladen 1999, S. 47 ff.

[228] Vgl. von Bandemer, Stephan/Hilbert, Josef, Vom expandierenden zum aktivierenden Staat, in: Bernhard Blanke u. a., (Hrsg.), Handbuch zur Verwaltungsreform, Opladen 1998, S. 25 ff.

[229] Vgl. Reichard, Christoph, Staats- und Verwaltungsmodernisierung im „aktivierenden Staat", in: Verwaltung und Fortbildung, 3/1999, S. 117 ff.

[230] Vgl. von Bandemer, Stephan/Hilbert, Josef, Vom expandierenden zum aktivierenden Staat, in: Bernhard Blanke u. a., Handbuch zur Verwaltungsreform, 3. Aufl., Wiesbaden 2005, S. 26.

[231] Vgl. Ziekow, Jan (Hrsg.), Public Private Partnership, Speyerer Forschungsberichte 229, 2. Aufl., Speyer 2003.

achten, die in das Bild einer „Bürgerkommune" passen.[232] Indessen wurde eben aus dem Leitbild des „aktivierenden Staates" keine Reformagenda entfaltet. Charakteristisch ist das Ende 1999 von der Bundesregierung beschlossene Programm „Moderner Staat – Moderne Verwaltung".[233] Sieht man von rhetorischen Abgrenzungen zum vorhergehenden Programm „Schlanker Staat" ab, dann findet man die Themen der andauernden Modernisierungsdiskussion, also Leitbild, Controlling, Zielvereinbarung, Kosten- und Leistungsrechnung, Benchmarking, Produkthaushalt usw.[234] Es geht um die Reform der öffentlichen Verwaltung selbst und nicht um den Platz der Verwaltung in einer neuen Regelungs- und Steuerungsarchitektur von Staat, Wirtschaft und Gesellschaft.

Diese Linie fortschreitender Modernisierungen und Reformen wird auch nach dem Regierungswechsel 2005 mit dem weiteren Regierungsprogramm „Zukunftsorientierte Verwaltung durch Innovationen" von 2006[235] und mit dessen Umsetzungsplan 2007[236] weiter verfolgt. Als Maßnahmen zur Stärkung des Verwaltungsmanagements werden genannt: Modernisierung des staatlichen Rechnungs- und Haushaltswesens, Stärkung der Kompetenzen zur strategischen Steuerung in den Behörden, Förderung von Zielvereinbarungen – Steuern über Ziele –, Förderung von Projekt- und Qualitätsmanagement, Optimierung der Fachaufsicht. In der Umsetzungsplanung werden die einzelnen Reformaktivitäten konkretisiert, also etwa auf dem Gebiet effizienter Fachaufsicht nachgeordneter Geschäftsbereiche als Zielvorgaben: das einheitliche Verständnis von Fachaufsicht, die Herstellung von Zieltransparenz, die Klarheit der Verantwortlichkeiten, die Gewährleistung der Rechtmäßigkeit und Zweckmäßigkeit des Verwaltungshandelns, die Stärkung der Fähigkeit zur Steuerung der Geschäftsbereiche, der Ausbau der Fähigkeit zur Risikoanalyse. Als Ergebnis erwartet man von diesem Projekt die Entwicklung von Mindeststandards für eine angemessene Fachaufsicht, die Entwicklung eines Schulungsleitfadens, die Prüfung, ob eine einheitliche Definition der Rechts- und Fachaufsicht in der Gemeinsamen Geschäftsordnung der Bundesministerien sinnvoll und möglich ist und anderes mehr.

---

[232] Vgl. Bogumil, Jörg/Holtkamp, Lars, Bürgerkommune, in: Bernhard Blanke u. a. (Hrsg.), Handbuch zur Verwaltungsreform, 3. Aufl., Wiesbaden 2005, S. 128 ff.

[233] Vgl. Bundesministerium des Innern, Moderner Staat – Moderne Verwaltung, Berlin 2000.

[234] Vgl. Brenski, Carsten/Liebig, Armin (Hrsg.), Aktivitäten auf dem Gebiet der Staats- und Verwaltungsmodernisierung in den Ländern und beim Bund 2004/2005, Speyerer Forschungsberichte 250, Speyer 2007, S. 473 ff.

[235] Vgl. Bundesministerium des Innern, Zukunftsorientierte Verwaltung durch Innovationen, Berlin 2006.

[236] Vgl. Bundesministerium des Innern, Umsetzungsplan 2007 – Zukunftsorientierte Verwaltung durch Innovationen, Berlin 2007.

Die Bundesverwaltung kann sich bei solchen Reformvorhaben zur Steigerung von Effizienz und Effektivität inzwischen auf Erfahrungen stützen, die insbesondere im Bereich nachgeordneter Behörden bereits gesammelt worden sind. So ist zum Beispiel im Bundesamt für Strahlenschutz im Jahre 2002 eine Kosten- und Leistungsrechnung in Betrieb genommen worden. Die Amtsaufgaben sind in einem Katalog von etwa 130 Produkten abgebildet. Die jeweiligen Produkte werden mit ihren Kosten belastet, und zwar in einer dem „State of the Art" entsprechenden Weise. Sind so die monetären Ist-Größen ermittelt, werden durch eine Jahresplanung auf der Basis des Produktkatalogs entsprechende Soll-Werte vorgegeben. Damit sind auch die Voraussetzungen für ein Controlling geschaffen. Im Aufgabenfeld des Strahlenschutzes hat das Qualitätsmanagement besondere Bedeutung. Denn der Strahlenschutz gehört zu den öffentlichen Gütern und Dienstleistungen von existentiellem Charakter. Die Folgen von Qualitätsmängeln lassen sich nicht einfach revidieren. Entsprechend ist das bereits seit Anfang der 1980er Jahre bestehende Qualitätssicherungssystem für die Endlagerung radioaktiver Abfälle in den Jahren 2004/2005 in der Form eines Qualitätsmanagement-Handbuches auf alle Tätigkeiten des Bundesamtes für Strahlenschutz ausgeweitet worden.[237] Entsprechende Reformaktivitäten ließen sich in vielen Bundesbehörden nachweisen. Sie zeigen wiederum, dass die Bundesverwaltung nicht einfach als Nachzügler bei Managementreformen angesehen werden kann.

Zum Reformfeld des Personalwesens nennt der Umsetzungsplan der Bundesregierung die Stichworte: Führungskräfteentwicklung, Personalplanung, Bildungscontrolling, „E-learning", systematische betriebliche Gesundheitsförderung, Reform Tarifrecht und Dienstrechts-Neuordnungsgesetz. Letzteres ist besonders hervorzuheben, da die Regelungszuständigkeit für den beamteten Verwaltungsdienst in Deutschland verfassungsrechtlich durch die Föderalismusreform geändert worden ist. Bisher war das Berufsbeamtentum mit der durch die Rahmengesetzgebung gewährleisteten Einheitlichkeit gleichsam ein integrierender Faktor im politisch-administrativen System der Bundesrepublik. Nach der Verfassungsreform kann der Bund nur die einheitlichen Statusrechte und -pflichten der Beamten auch der Länder, Gemeinden und anderen Körperschaften des öffentlichen Rechts gewährleisten. Regelungen der Laufbahn, von Besoldung und Versorgung sind aus den Zuständigkeiten des Bundesgesetzgebers herausgenommen, womit dieser Einfluss auf wichtige Strukturfragen des Verwaltungsdienstes von Ländern und Kommunen verliert. Bestehen bleibt die Verpflichtung zur Berücksichtigung der hergebrachten Grundsätze des Berufsbeamtentums, jetzt nicht nur im Sinne der Regelung, sondern auch der Fortent-

---

[237] Vgl. Bundesamt für Strahlenschutz, Modernisierung des Bundesamtes für Strahlenschutz, Salzgitter 2007.

wicklung.[238] Die Frage der Besoldung und Versorgung regelt jedes Land nunmehr für seinen Bereich eigenständig.

Diese Verfassungslage wirft für die Länder neue politisch-ökonomische Fragen auf. Schon bisher waren vielerorts in der Verwaltung Personalprobleme vor allem solche des Personalüberhangs und des Personalabbaus und damit der Personalwirtschaft. Überhöhte Personalbestände und Personalkosten angesichts erforderlicher Haushaltskonsolidierung rückten in die Mitte von Reformen. Bemühungen, den Stellenabbau sozialverträglich zu gestalten, führten zu einer Reihe von Innovationen wie Personalvermittlungsstellen oder Job-Börsen. Über die Vermittlungstätigkeit hinaus wurden diese von Fall zu Fall zur Unterstützung des Stellenabbaus mit weiteren Aufgaben ausgestattet. So wurde 2005 in Mecklenburg-Vorpommern ein Zentrales Personalmanagement beim Finanzministerium eingerichtet, dessen Zuständigkeiten die Priorisierung und Koordinierung der Einsatzfelder von Überhangpersonal, die Unterstützung der Ressorts bei der Aufgabenkritik, insbesondere Prozessanalyse und Prozessoptimierung sowie Entwicklung und Steuerung von Projekten, die Personalentwicklung und -qualifizierung zur Umsetzung des Personalkonzepts und anderes umfassten. In Hessen soll die Personalvermittlungsstelle ein umfassendes Angebot an Schulungen und Qualifizierungsmaßnahmen bereitstellen, die eine berufliche Weiterentwicklung ermöglichen sollen. Am weitesten geht Berlin mit der Einrichtung eines zentralen Personalüberhangmanagements. Ab 2004 hat der Stadtstaat die Mitarbeiter von künftig wegfallenden Arbeitsbereichen in diese neu gebildete Zentrale versetzt, die es unternimmt, die Mitarbeiter in vielfältiger Form zu vermitteln und einzusetzen. Solche Erfordernisse des Personalabbaus, jedenfalls des „Down-Sizing" der Personalkosten überschatten die weiteren Reformansätze bei der Personalentwicklung, also Personalplanung, Personalführung, Personalbeurteilung, Aus- und Fortbildung, Gesundheitsförderung, Mitarbeiterbefragung usw.[239]

Modernisierungsanforderungen können Bund wie Länder gleichermaßen betreffen. Ein Anschauungsfall dafür ist die Flut gesetzlicher und untergesetzlicher Normen, die beide politisch-administrativen Ebenen überschwemmt. Die seit den 1970er Jahren gepflegten Verfahren und Instrumente der präventiven und postventiven Normprüfung wurden in den 1990er Jahren durch eine prospektive Gesetzesfolgenabschätzung ergänzt, wie sie zuerst am Landeswaldge-

---

[238] Vgl. Oeter, Stefan/Trute, Heinrich, in: Christian Starck (Hrsg.), Föderalismusreform, München 2007, S. 23 ff. bzw. 93 f.

[239] Vgl. Brenski, Carsten/Liebig, Armin, Aktivitäten auf dem Gebiet der Staats- und Verwaltungsmodernisierung in den Ländern und beim Bund 2004/2005, Speyerer Forschungsberichte 250, Speyer 2007.

setz Rheinland-Pfalz erprobt wurde.[240] Diese Innovation ging dann auch in die Umsetzung des Regierungsprogramms „Moderner Staat – Moderne Verwaltung" des Bundes ein[241], und zwar in Form eines im Auftrag des Bundesministeriums des Innern und des baden-württembergischen Ministeriums des Innern auf wissenschaftlicher Grundlage erarbeiteten Handbuches Gesetzesfolgenabschätzung.[242] Die Module, Verfahren und Instrumente der Gesetzesfolgenabschätzung sollen zur Erkundung und vergleichenden Bewertung von Folgen beabsichtigter bzw. in Kraft getretener Rechtsvorschriften dienen. Entsprechend wird zwischen dem prospektiven, dem begleitenden und dem retrospektiven Modul der Gesetzesfolgenabschätzung unterschieden.

Mit dem Wechsel der Bundesregierung 2005 ist auf der Grundlage eines Gesetzes vom 14. August 2006 eine weitere Innovation im Bereich der Normprüfung eingeführt worden, nämlich die Errichtung eines im Bundeskanzleramt angesiedelten Nationalen Normenkontrollrates.[243] Dieser Rat hat die Aufgabe, die Bundesregierung dabei zu unterstützen, die durch Gesetze verursachten Bürokratiekosten durch Anwendung, Beobachtung und Fortentwicklung einer standardisierten Bürokratiekostenmessung auf der Grundlage des Standardkosten-Modells zu reduzieren. Erfasst sind ausschließlich Bürokratiekosten, die infolge auferlegter Informationspflichten bei natürlichen und juristischen Personen entstehen. Zurückgegriffen wird dabei auf die Erfahrung eines niederländischen Rates zur Vermeidung administrativer Lasten[244] und die Standardkostenmethode. Drei Faktoren werden insoweit berücksichtigt: die Zeitdauer, die Unternehmen oder Bürger zur Erfüllung einschlägiger rechtlicher Vorgaben benötigen; der Preis, der sich aus Kennziffern für die Lohnkosten sowie die Gemeinkosten bei Eigenleistung bzw. Stundenkosten bei Erbringung durch Externe zusammensetzt; schließlich die Multiplikation der Betroffenen mit der Häufigkeit, in der die einschlägige Aktivität im Jahr geleistet werden muss.[245] Eine solche Normenkontrolle steht im Kontext von Überlegungen zur Reduzie-

---

[240] Vgl. Konzendorf, Götz, Gesetzesfolgenabschätzung, in: Bernhard Blanke u.a. (Hrsg.), Handbuch zur Verwaltungsreform, 3. Aufl., Wiesbaden 2005, S. 460 ff.
[241] Vgl. Bundesministerium des Innern, Fortschrittsbericht 2005 des Regierungsprogramms „Moderner Staat – Moderne Verwaltung" im Bereich Modernes Verwaltungsmanagement, Berlin 2006, S. 43.
[242] Vgl. Böhret, Carl/Konzendorf, Götz, Handbuch Gesetzesfolgenabschätzung, Baden-Baden 2002.
[243] Vgl. Beus, Hans Bernhard, Der Abbau von Bürokratie als politisches Ziel – die Maßnahmen der Bundesregierung, in: Zeitschrift für Staats- und Europawissenschaft 2007, S. 68 ff.
[244] Vgl. Toonen, Theo/Ham, Lex van den, Reducing Administrative Costs and Modernizing Government: „De-bureaucratization" in the Netherlands, in: Zeitschrift für Staats- und Europawissenschaft 2007, S. 78 ff.
[245] Vgl. Weidemann, Holger, Bürokratiekostenmessung und der Nationale Normenkontrollrat, in: Verwaltungsrundschau 2007, S. 7 ff.

rung der sogenannten Bürokratiekostenüberwälzung von der Verwaltung auf die Wirtschaft und weiter in der Tradition einer Gesetzesfolgenabschätzung.[246] Eine Begrenzung der Prüfung erfolgt insoweit, als einerseits auf Informationspflichten, andererseits auf die Kostenfrage abgestellt wird. Auch in den Ländern besteht Interesse nicht nur an der Gesetzesfolgenabschätzung, sondern wie zum Beispiel in Bremen auch an der Bürokratiekostenmessung.[247] Mit dem Standardkosten-Modell steht eine relativ einfache Methode zur Verfügung. Ob freilich der Bürokratiebegriff die intendierte Sache trifft, ist eine andere Frage.[248] Jedenfalls ist mit Aufklärung der Kostenbelastung von Unternehmen und Bürgern in der Sache noch nichts entschieden. Die Lebensbedingungen einer Risikogesellschaft sind mit der Forderung nach mehr Transparenz in öffentlichen Angelegenheiten verbunden. Diese lässt sich durch Information aus der Verwaltung selbst ohne Vorinformation aus ihrer sozio-ökonomischen Umwelt kaum herstellen.

Die Länder in der Bundesrepublik Deutschland, in deren Händen der Verwaltungsvollzug schwergewichtig liegt, sind überdies auch mit Reformanforderungen konfrontiert, die sie in erster Linie treffen. Dazu gehört herkömmlich die Frage, ob öffentliche Aufgaben auf staatlicher oder kommunaler Ebene wahrzunehmen sind. Das Subsidiaritätsprinzip gibt insofern der örtlichen Verwaltungsebene den Vorzug. Es kommt immer wieder zu Kommunalisierungen und Programmen der Aufgabenverlagerung nach unten in Bereichen wie Gewerberecht, Naturschutz, Immissionsschutz, Versorgungsverwaltung usw., und zwar in den alten – zum Beispiel Baden-Württemberg – wie den neuen Bundesländern – zum Beispiel Thüringen –.[249] Aber auch der Aufbau der staatlichen Verwaltung in den Ländern steht sowohl in der Vertikalen wie in der Horizontalen zur Diskussion. Traditionell gibt es Meinungsverschiedenheiten in der Frage, ob in den größeren Flächenländern eine allgemeine Mittelinstanz – klassisch: Regierungspräsidium – erforderlich ist, die die Verwaltungsangelegenheiten für eine Teilregion des Landes bündelt. Jüngst hat Niedersachsen mit Ende 2004 die Bezirksregierungen abgeschafft.[250] Andere Flächenländer halten

---

[246] Vgl. Schröder, Meinhard, Der Nationale Normenkontrollrat, in: Die Öffentliche Verwaltung 2007, S. 45 ff.

[247] Vgl. Brenski, Carsten/Liebig, Armin (Hrsg.), Aktivitäten auf dem Gebiet der Staats- und Verwaltungsmodernisierung in den Ländern und beim Bund 2004/2005, Speyerer Forschungsberichte 250, S. 179.

[248] Vgl. Bull, Hans Peter, Bürokratieabbau – Richtige Ansätze unter falscher Flagge, in: Die Verwaltung 2005 S. 285 ff.

[249] Vgl. Brenski, Carsten/Liebig, Armin (Hrsg.), Aktivitäten auf dem Gebiet der Staats- und Verwaltungsmodernisierung in den Ländern und beim Bund 2004/2005, Speyerer Forschungsberichte 250, Speyer 2007, S. 1, S. 469 ff.

[250] Vgl. Bogumil, Jörg/Kottmann, Steffen, Verwaltungsstrukturreform – die Abschaffung der Bezirksregierungen in Niedersachsen, Ibbenbüren 2006.

an der Dreistufigkeit der Landesverwaltung fest.[251] In diesem Falle wird die horizontale Makroorganisation überprüft, nämlich das Erfordernis von Sonderbehörden neben der Bündelungsinstanz. Zum Beispiel kann für Nordrhein-Westfalen auf ein Reformvorhaben verwiesen werden, mit dem staatliche Umweltämter, Ämter für Agrarordnung, Ämter für Arbeitsschutz, Bergämter u. a. in die Bezirksregierungen eingegliedert werden sollen.[252]

Hiernach gibt es, sieht man von Kommunalisierungen ab, zwei Grundkonstellationen, nämlich die Dominanz der gebietsbezogenen Organisationen in einer allgemeinen Landesverwaltung und die aufgabendifferenzierende Organisation in Fachverwaltungen. Dabei können auch hochspezialisierte Fachverwaltungen in einer Sonderbehörde mit breiterem Aufgabenbestand zusammengefasst werden.[253]

Die Behördenkonzentration ist in bemerkenswerter Zahl ein Hauptzug aktueller Modernisierungsbemühungen der Landesverwaltungen. Dabei wird zwar das Ziel der Bürgernähe betont. Wegen der knappen Finanzmittel treten hingegen die Maßstäbe von Effizienz und Effektivität vielerorts in den Vordergrund. Landesbehörden werden aufgelöst und ihre Aufgaben verlagert. Landesbehörden werden zusammengelegt. Landesbehörden werden umgestaltet. Landesbehörden werden anderen Ämtern angegliedert usw. Reduktionen machen, wie sich zum Beispiel in Bayern zeigt, vor traditionsreichen Behördenorganisationen nicht Halt. Hingegen ist die Territorialreform in der ersten Dekade des 21. Jahrhunderts eine noch weitgehend offene Frage. Die in den 1960er Jahren in den westlichen Teilen und nach der Wiedervereinigung in den östlichen Teilen Deutschlands in Gang gesetzte gebietliche Neugliederung auf der Ebene von Gemeinden, Kreisen und Regierungsbezirken stellt im internationalen Vergleich eine bemerkenswerte räumliche Veränderung dar. Im Grunde ging es darum, eine zufriedenstellende Leistungskraft der öffentlichen Verwaltung im Staat der Daseinsvorsorge zu sichern. Charakteristisch ist, dass im Gegensatz auch zu anderen demokratischen Industrieländern das Leistungsgefälle in der administrativen Versorgung zwischen Stadt und Land ausgeglichen wurde. Zu Beginn des 21. Jahrhunderts stehen Länder und Kommunen vor dem Problem des demographischen Wandels. Der Bevölkerungsrückgang ist freilich unterschiedlich spürbar und prognostiziert, so dass der Reformdruck auch unterschiedlich ausfällt. Unter diesen Vorzeichen ist zu verstehen, dass Sachsen-

---

[251] Vgl. Bogumil, Jörg/Ebinger, Falk, Die große Verwaltungsstrukturreform in Baden-Württemberg, Ibbenbüren 2005.

[252] Vgl. Brenski, Carsten/Liebig, Armin (Hrsg.), Aktivitäten auf dem Gebiet der Staats- und Verwaltungsmodernisierung in den Ländern und beim Bund 2004/2005, Speyerer Forschungsberichte 250, Speyer 2007, S. 263.

[253] Vgl. Bauer, Michael W. u. a., Modernisierung der Umweltverwaltung, Berlin 2007.

Anhalt als Vorreiter eine Territorialreform umsetzte, und zwar auf der Ebene der Kreise wie der Gemeinden. 208 Einheitsgemeinden und Verwaltungsgemeinschaften wurden auf 134 reduziert und in einer Kreisgebietsneuregelung 21 Landkreise auf 11 zurückgeführt. Aber nicht nur neue Bundesländer wie etwa auch Mecklenburg-Vorpommern sind herausgefordert, diesen Reformweg zu beschreiten. In Schleswig-Holstein wird auf der Ebene der Ämter und amtsfreien Gemeinden die Schaffung größerer Verwaltungseinheiten diskutiert, wobei man sich von einer Mindestgröße von 8.000 Einwohnern leiten lässt. Verwaltungseinheiten, die diese Größe nicht erreichen, haben in einer Freiwilligkeitsphase Gelegenheit, Zusammenschlüsse mit der Möglichkeit finanzieller Förderung durch das Land vorzunehmen.[254] Allgemein wird sich in Deutschland auf die Dauer die Frage stellen, in welchen territorialen Größenordnungen sich ein zufriedenstellendes Leistungsniveau kommunaler Daseinsvorsorge angesichts des demographischen Wandels finanzieren lässt. Für die staatliche Landesverwaltung selbst stellt sich dann bei ausbleibender Länderneugliederung die Frage, welche Effizienzgewinne eine Ausweitung der länderübergreifenden Zusammenarbeit bringt. Charakteristisch ist hier die Initiative zur Bildung eines Mitteldeutschen Verbundes Statistischer Landesämter.[255]

In den Ländern stehen nach wie vor – wenn auch begrenzt – materielle Privatisierungen auf der Agenda: Verkauf einer Gemeinnützigen Siedlungs- und Wohnungsbaugesellschaft, von Landeskliniken, Kurhäusern, von Büro- und Gewerbeimmobilien usw. Bemerkenswert für die deutschen Verhältnisse – anders als etwa in den USA – ist die erste teilprivatisierte Justizvollzugsanstalt in Hessen. Dass der Neubau von Privaten geplant und errichtet wurde, fällt dabei weniger auf als der Umstand, dass der Betrieb der Anstalt teilweise privatisiert wird. 40 % der Leistungen sollen auf Private übertragen werden. Dabei handelt es sich um Dienst- und Serviceleistungen ohne Eingriffsbefugnisse gegenüber den Gefangenen, also etwa Hausverwaltung, Versorgung, Betreuung einschließlich Arbeit und Bildung, Beratung. Gesamtverantwortung für die Anstalt wie Verantwortung für die Sicherheit bleiben in staatlicher Hand.[256] Neue Erfahrungen sucht man auch auf dem Gebiet der Partnerschaft von Öffentlichen und Privaten zu sammeln: von der Einrichtung von Bildungsstätten bis zum Betrieb von Behördenzentren. Hervorzuheben ist hier das Gesetz zur Stärkung der

---

[254] Vgl. Brenski, Carsten/Liebig, Armin (Hrsg.), Aktivitäten auf dem Gebiet der Staats- und Verwaltungsmodernisierung in den Ländern und beim Bund 2004/2005, Speyerer Forschungsberichte 250, Speyer 2007 S. 380 ff., 209 ff., 440 ff.

[255] Vgl. Brenski Carsten/Liebig, Armin (Hrsg.), Aktivitäten auf dem Gebiet der Staats- und Verwaltungsmodernisierung in den Ländern und beim Bund 2004/2005, Speyerer Forschungsberichte 250, Speyer 2007 S. 351 f.

[256] Vgl. Brenski, Carsten/Liebig, Armin (Hrsg.), Aktivitäten auf dem Gebiet der Staats- und Verwaltungsmodernisierung in den Ländern und beim Bund 2004/2005, Speyerer Forschungsberichte 250, Speyer 2007, S. 166.

Einzelhandels- und Dienstleistungszentren von Hamburg, das die Voraussetzungen zur Einrichtung von „Business Improvement Districts" geschaffen hat.[257] Dieser Fall ist deswegen interessant, weil er auf die Ursprünge der „Public-Private-Partnership"-Bewegung zurückverweist. Es ging bei der Revitalisierung heruntergekommener Geschäftsbezirke in der US-amerikanischen Welt nicht einfach darum, Gewinninteressen der Privaten und öffentliche Interessen der Verwaltung zusammenzubringen, sondern ein gemeinsames Interesse an der Sanierung eines Quartiers zu definieren.

Neben solchen materiellen Privatisierungen stehen formell-organisatorische Privatisierungen, etwa die Bewirtschaftung landeseigener Immobilien in der privaten Rechtsform einer Gesellschaft mit beschränkter Haftung. Wenn man indessen den Vergleich mit der Agenturbildung – „Agencification" – in der angelsächsischen Welt sucht, dann ist insbesondere auf die Einrichtung von Landesbetrieben zu verweisen. Es geht um zentralisierte Personaldienste, etwa Bezügeabrechnung, um Serviceleistungen, etwa zur Behördeninfrastruktur, um Immobilienmanagement, um Baumanagement, um Landesforsten usw. Signifikant ist die Gründung des Landesbetriebs Straßenwesen in Brandenburg im Jahr 2005. Man betont, dass eine herkünftige Verwaltung in eine moderne Organisationsform umgewandelt worden sei, die den Zielen der Effizienz und Wirtschaftlichkeit verpflichtet sei. Aus diesem Grunde seien zeitgleich Elemente des Neuen Steuerungsmodells eingeführt worden: Doppik, Kosten- und Leistungsrechnung, Produkthaushalt, Zielvereinbarungen usw. Damit wird deutlich, dass die Möglichkeiten des Haushaltsrechts bei Landesbetrieben weniger im erwerbswirtschaftlichen, mehr in der ökonomisch-managerialistischen Leitung und Steuerung gesehen werden.[258]

Von hier aus lässt sich die Brücke zu den vielfältigen Reformansätzen der Länder auf dem Felde eines neuen öffentlichen Managements bauen. Dazu muss man auf die verschiedenen Modernisierungspfade verweisen, die Bund, Länder und Gemeinden eingeschlagen haben. Für die Kommunalverwaltung ist das Neue Steuerungsmodell, also ein holistisches Modelldenken und schließlich der Paradigmenwechsel zu einer ökonomisch-managerialistischen Steuerung der öffentlichen Verwaltung propagiert worden. Auf Bundesebene ist man prinzipiell der Meinung, dass es keinen „Königsweg" – „One coat fits all" – der Verwaltungsmodernisierung gibt. Das ist schon aus dem Umfang der Ministerialverwaltung auf Bundesebene zu verstehen. Das Politische eines Auswärtigen

---

[257] Vgl. Brenski, Carsten/Liebig, Armin (Hrsg.), Aktivitäten auf dem Gebiet der Staats- und Verwaltungsmodernisierung in den Ländern und beim Bund 2004/2005, Speyerer Forschungsberichte 250, Speyer 2007, S. 133.
[258] Vgl. Brenski, Carsten/Liebig, Armin (Hrsg.), Aktivitäten auf dem Gebiet der Staats- und Verwaltungsmodernisierung in den Ländern und beim Bund 2004/2005, Speyerer Forschungsberichte 250, Speyer 2007, S. 71.

Amtes, eines Ministeriums für Umweltschutz, eines Innenministeriums lässt sich nicht betriebswirtschaftlich domestizieren. Freilich ist es bei unterschiedlichen Leitformeln wie „Schlanker Staat" und „Aktivierender Staat" insbesondere im nachgeordneten Bereich zu einer beachtlichen betriebswirtschaftlichen Institutionenbildung gekommen. Auf Landesebene stößt man selten auf ein holistisches Modellkonzept der Modernisierung. Bevorzugt ist der Begriff der Neuen Steuerungsinstrumente. Damit wird deutlich, dass es eine Vielfalt von finanz- und betriebswirtschaftlichen Instrumenten gibt und dass man sich nicht von vornherein auf einen bestimmten Werkzeugkasten festlegt. Entsprechend haben die Länder unterschiedliche Pfade solcher Verwaltungsreformen eingeschlagen.

Trotz solcher Vielfalt in der Genese lassen sich Anknüpfungspunkte in der Sache bezeichnen. Die moderne Verwaltung wirtschaftet mit Geld und verbindet eben Haushaltswesen und Rechnungswesen, um die es im Kern geht.[259] Beginnt man mit dem Rechnungswesen, so sind viele Länder bemüht, die Kosten- und Leistungsrechnung als Basisinstrument einschlägiger Modernisierungen[260] breit einzuführen und so die Leistungsergebnisse der Verwaltung mit ihrem Ressourcenverbrauch betriebswirtschaftlich zusammenzubringen. Dazu werden Produktkataloge entwickelt und die jeweiligen Produkte mit ihren Kosten belastet. Zur Reform des öffentlichen Rechnungswesens gehört weiter die Fortentwicklung der kameralistischen Buchführung über eine Erweiterte Kameralistik hinaus zu einem Doppischen Rechnungswesen.[261] Hier haben die Länder einerseits die haushaltsgesetzlichen Voraussetzungen für die kommunale Ebene zu schaffen. Andererseits initiieren sie einschlägige Modernisierungsprojekte für die Landesverwaltung selbst. Im Grunde strebt man an, Informationen und Kontrollen einzurichten, die mehr als eine Ausgaben- und Einnahmenrechnung zur Dokumentation und Nachprüfbarkeit des Haushaltsvollzuges und mehr als Zahlungsvorgänge abbilden. Es interessiert der Verbrauch sachlicher und finanzieller Ressourcen, ihre Restitution durch Abgaben und andere Zuflüsse finanzieller Ressourcen sowie deren Saldo. Drei Komponenten sind zu berücksichtigen: eine Vermögensrechnung, die den Bestand des Bruttovermögens, der Schulden und das Saldos nachweist; eine Zahlungsrechnung, die unverzichtbar die Einzahlungen und Auszahlungen und damit die Änderung des Zahlungsmittelbestands erfasst; eine Ergebnisrechnung, in die der wertmäßige Ressourcenverbrauch als Aufwand und das wertmäßige Ressourcenaufkommen als Ertrag

---

[259] Vgl. Budäus, Dietrich, Reform des öffentlichen Haushalts- und Rechnungswesens in Deutschland, in: Die Verwaltung 2006, S. 187 ff.

[260] Vgl. Adamascheck, Bernd, Kosten- und Leistungsrechnung für den öffentlichen Sektor, in: Bernhard Blanke u. a., Handbuch zur Verwaltungsreform, 3. Aufl., Wiesbaden 2005, S. 360 ff.

[261] Vgl. Brede, Helmut, Grundzüge der Öffentlichen Betriebswirtschaftslehre, München/Wien 2001, S. 190 ff.

eingehen.²⁶² Die Länder haben den Weg zu einem ressourcenorientierten Rechnungswesen unterschiedlich beschritten. Dabei ist man auf die elektronische Datenverarbeitung angewiesen, so dass die zur Verfügung stehende Software eine Rolle spielt. In Hessen verweist man dazu auf Module zur Doppelten Buchhaltung oder zur Kosten- und Leistungsrechnung. Hier sind bereits für mehrere Behörden Eröffnungsbilanzen erstellt worden.²⁶³

Komplementär zum doppischen Rechnungswesen unternehmen es Länder wie Hamburg und Hessen, eine ergebnis- und ressourcenverbrauchsorientierte Haushaltsplanung einzurichten.²⁶⁴ Ein Produkthaushalt soll statt in einer Vielzahl von Haushaltstiteln in einer Produktgliederung geplant, aufgestellt, bewirtschaftet und abgerechnet werden. Produkte sollen so definiert sein, dass sie sowohl den politischen, rechtlichen, fachlichen als auch kaufmännischen Anforderungen genügen. Daneben wird das Konzept der dezentralen Budgetverantwortung verfolgt. Dabei wird der Begriff der Budgetierung als Haushaltsplanung auf die Form einer Festlegung von Mitteln und Stellen zur eigenverantwortlichen Bewirtschaftung durch Verwaltungseinheiten verengt. Man könnte von Globalhaushalt im Kleinen sprechen.²⁶⁵ Flexibilisierung und Gestaltungsspielräume sind unterschiedlich ausgestaltet. Mancherorts soll die dezentrale Budgetverantwortung Kern eines Kontraktmanagements sein, das die Eigenverantwortung an Vereinbarungen bindet. Andernorts sind es mit Finanzmitteln verknüpfte Leistungsziele, die die Ergebnisverantwortung kennzeichnen.²⁶⁶ Insoweit ist zu berücksichtigen, dass Zielvereinbarungen keine einheitliche Handlungsform der Verwaltungssteuerung sind.²⁶⁷ Das zeigt sich schon daran, dass einerseits Zielvereinbarungen mit Personen, andererseits mit Organisationen geschlossen werden.

Die Länder experimentieren mit Controllingsystemen. Diese Systeme dienen der Beschaffung, Aufbereitung und Analyse von Informationen zur Vorberei-

---

²⁶² Vgl. Lüder, Klaus, Innovationen im öffentlichen Rechnungswesen, in: ders. (Hrsg.), Staat und Verwaltung, Berlin 1997, S. 249 ff.
²⁶³ Vgl. Brenski, Carsten/Liebig, Armin (Hrsg.), Aktivitäten auf dem Gebiet der Staats- und Verwaltungsmodernisierung in den Ländern und beim Bund 2004/2005, Speyerer Forschungsberichte 250, Speyer 2007, S. 184 ff.; besonders S. 110 ff., S. 144 ff.
²⁶⁴ Vgl. Brenski, Carsten/Liebig, Armin (Hrsg.), Aktivitäten auf dem Gebiet der Staats- und Verwaltungsmodernisierung in den Ländern und beim Bund 2004/2005, Speyerer Forschungsberichte 250, Speyer 2007, S. 147 f., S. 187 ff.
²⁶⁵ Vgl. Brede, Helmut, Grundzüge der Öffentlichen Betriebswirtschaftslehre, München/Wien 2001, S. 135 f.
²⁶⁶ Vgl. Brenski, Carsten/Liebig, Armin (Hrsg.), Aktivitäten auf dem Gebiet der Staats- und Verwaltungsmodernisierung in den Ländern und beim Bund 2004/2005, Speyerer Forschungsberichte 250, Speyer 2007, S. 5, 108, 189.
²⁶⁷ Vgl. Musil, Andreas, Verwaltungssteuerung durch Zielvereinbarungen, in: Verwaltungsrundschau 2006, S. 397 ff.

tung zielorientierter Entscheidungen durch die Amtsleitung. Es kommt also darauf an, welche Art von Informationen zur Diskussion stehen. Sieht man auf den Kontext von Haushalts- und Rechnungswesen, so müssen es im Kern finanzwirtschaftliche Daten sein. Nach dem Konzept von „Balanced Scorecard"[268] werden neben finanzwirtschaftlichen Daten Größen wie Leistungswirkung, quantitative und qualitative Leistungsmerkmale, Prozessqualität, Kundenzufriedenheit in das Kennzahlensystem der Erfolgsmessung und -steuerung aufgenommen. Zwei Bereiche des Controlling sind, wie etwa der Fall Schleswig-Holstein zeigt, hervorzuheben, nämlich das Beteiligungscontrolling und das Fördercontrolling. Länder pflegen im quantitativ relevanten Umfang an Unternehmen unterschiedlicher Rechtsform beteiligt zu sein. Sie sind interessiert, die in den Unternehmen vorhandenen Ressourcen optimal zu nutzen. Dazu bedarf es einer systemischen Information für die Amtsleitungen. Entsprechendes gilt für das Feld der Zuwendungen und Förderungen. Ein erheblicher Teil von Landesmitteln wird im Rahmen einschlägiger Programme ausgegeben. Angesichts knapper Haushaltsmittel sollen Verwaltungskosten und wirtschaftlicher Einsatz von Fördermitteln mit Hilfe aktueller Daten und Kennziffern gesteuert werden.[269]

Das wachsende Interesse der Länder an Managementwerkzeugen und -methoden schlägt sich auch in Instrumenten nieder, die nicht primär von Finanzdaten geprägt sind. Dazu zählen: Vereinbarungen politisch-administrativer Prioritäten, Benchmarking, Leitbilder, Kundenbefragungen usw. Mehrfach wird von den Ländern die Einrichtung von Qualitätsmanagementsystemen genannt.[270] Es geht um die Einführung von Kennziffersystemen, um die Arbeit in Qualitätszirkeln, um die Gestaltung eines permanenten Fortbildungsprozesses, um die Durchführung von Kunden- und Mitarbeiterbefragungen. Die systematische Qualitätssicherung ist ein alter Gedanke insbesondere bei Fachbehörden. Qualitätsstandards gehen aus vielfältigen Formen der Normierung hervor: von den Rechtsnormen hin zu den technischen Normen. Bildung und Erfahrungsaustausch, Kommunikation mit Klientel und Mitarbeitern sind nicht neu. Ein eigenes Qualitätsmanagementsystem ist nicht ohne Verwaltungsaufwand zu haben. Man muss also Kosten und Nutzen einer solchen Einrichtung vergleichen. Hier wird man bei einer Behörde, die in Bereichen technischer Risiken agiert und bei der Qualitätsnormen mit Sicherheitsnormen zusammenfallen, ei-

---

[268] Vgl. Streitferdt, Lothar u. a., Die Balanced Scorecard als strategisches Managementsystem, in: Verwaltung und Management 2004, S. 291 ff.

[269] Vgl. Brenski, Carsten/Liebig, Armin (Hrsg.), Aktivitäten auf dem Gebiet der Staats- und Verwaltungsmodernisierung in den Ländern und beim Bund 2004/2005, Speyerer Forschungsberichte 250, Speyer 2007, S. 189 ff., 5 f., 445 ff.

[270] Vgl. Brenski, Carsten/Liebig, Armin (Hrsg.), Aktivitäten auf dem Gebiet der Staats- und Verwaltungsmodernisierung in den Ländern und beim Bund 2004/2005, Speyerer Forschungsberichte 250, Speyer 2007, S. 6, 82 f., 290, 361, 448 f.

10. Kapitel: Weitergehende Verwaltungsmodernisierung   727

ne günstige Relation feststellen. Andernorts mag der Verwaltungsaufwand unvertretbar sein. Steuerungsinstrumente sind nicht einfach deswegen einzusetzen, weil sie als neu angesehen werden, sondern weil sie für bestimmte Probleme administrativen Nutzen stiften.

Innovationen auf der Ebene der Kommunalverwaltung werden immer mehr durch den demographischen Wandel bestimmt werden. Das Konzept der Bürgerkommune konkretisiert sich in einzelnen Formen, etwa als Bürgerstiftung. Nach wie vor geht es indessen um die Umsetzung des Neuen Steuerungsmodells, mit dem eine umfassende Modernisierungsbewegung ausgelöst worden ist. Die Kommunale Gemeinschaftsstelle für Verwaltungsmanagement – früher Verwaltungsvereinfachung – hat dazu einen Bericht vorgelegt, mit dem auf Grundlage von Selbsteinschätzungen der Kommunen eine Bilanz des Umsetzungsstandes gezogen werden soll.[271] Wendet man sich zuerst dem Reformgegenstand der Verwaltungsorganisation zu, dann werden vor allem Veränderungen bei traditionellen Gegenständen wie der Abbau von Hierarchieebenen, die Einführung von Fachbereichs- und Teamstrukturen, der Ausbau der Querschnittsbereiche zu Servicestellen genannt. Als Wirkungen werden verzeichnet: die Versachlichung der Aufgabenzuordnung, die Orientierung an der Klientel, die Reduzierung von Schnittstellen usw. Kernanliegen des Neuen Steuerungsmodells sind demgegenüber weniger entwickelt, etwa Organisationseinheiten für strategische Steuerungsunterstützung oder Controllingstellen.

Positiv ist die Bilanz bei einem weiteren Kernthema, nämlich die Zusammenführung der Verantwortung für die Produkterstellung mit der für die erforderlichen Ressourcen. Hier wird in einer überwiegenden Zahl der Antworten die Einführung der Budgetierung – hier im Sinne einer eigenverantwortlichen Bewirtschaftung des Haushalts – und der dezentralen Fach- und Ressourcenverantwortung bejaht. Man stellt fest, dass die Mitarbeiter kostenbewusst arbeiten und dass Einsparungen erzielt worden seien. Aus der Sicht des Neuen Steuerungsmodells ergeben sich freilich Defizite dadurch, dass man überwiegend nicht an Ziel- und Leistungsvorgaben gebunden ist und inputorientiert gesteuert wird. Produkte sollen der Ausgangspunkt kommunaler Steuerung sein und das Qualitätsmanagement soll auf der Basis der Produktlogik aufgebaut werden. Produktkataloge sind demgemäß entwickelt worden. Ihnen wird eine starke Orientierung an Leistungsergebnissen beigemessen. Gleichwohl wird zur Produktsteuerung eine kritische Bilanz gezogen. Was ein Qualitätsmanagement für kommunale Leistungen bedeutet, muss wohl noch weiter aufgeklärt werden. Zur Personaldimension der Verwaltungsmodernisierung meint der Bericht, eine deutliche Auswirkung auf die kommunalen Arbeitsplätze festzustellen. Ge-

---

[271] Vgl. Kommunale Gemeinschaftsstelle für Verwaltungsmanagement, Das Neue Steuerungsmodell: Bilanz der Umsetzung, Bericht Nr. 2/2007, Köln 2006.

nannt wird die Einstellung betriebswirtschaftlich geschulten Personals. Man verzeichnet weitere Personalreduzierungen, zunehmende Arbeitsbelastung, sinkende Arbeitszufriedenheit. Die Erfordernisse einer systematischen und langfristigen Personalentwicklung erscheinen erkannt, aber nicht realisiert. Als Wirkungen eines Neuen Personalmanagements werden genannt, dass Mitarbeiter kundenorientiert seien, die Qualität der Arbeit zugenommen habe, die Leistungsbereitschaft der Mitarbeiter gestiegen und Chancengleichheit zwischen Frauen und Männern überwiegend hergestellt seien. Für Führungskräfte wird die Ergebnis- und Budgetverantwortung teilweise als bewährt angesehen.

Ein Abschnitt des Berichts, der vor dem Hintergrund der Privatisierungsdiskussion zu verstehen ist, trägt die Überschrift „Wettbewerb, Ausgliederung und Beteiligungsmanagement". Gegenstände sind hier die als relativ zu wenig eingeschätzten interkommunalen Leistungsvergleiche, die Überprüfung der Leistungstiefe bei der Aufgabenwahrnehmung, die Zurückhaltung bei materiellen Privatisierungen, die Verbreitung formaler Privatisierungen, die Auslagerung von Leistungen. Über Wettbewerbssurrogate erfährt man wenig. Die Kommune als Wettbewerber und Marktteilnehmer[272] – zum Beispiel durch eine Stadtgärtnerei – wird nicht behandelt. Die Wettbewerbsterminologie entspricht der Sprachregelung, dass Kundenorientierung und Optimierung der Kundenorientierung einen Kern des Neuen Steuerungsmodells darstellen. Da indessen der Kunde der Akteur auf der Nachfrageseite von Wettbewerbsmärkten ist, bleiben einschlägige Aussagen problematisch. Die erzielten Erfolge lassen sich freilich einer bürgerfreundlichen Verwaltung zuordnen: die Reduzierung von Wartenzeiten, die gestiegene Beratungsqualität, die Reduktion der Anlaufstellen des Bürgers, die Erweiterung der Sprechzeiten, die Einrichtung von Bürgerämtern, die Verkürzung von Bearbeitungszeiten usw. Vom „Kunden" als Kooperations- und Kontraktpartner wird auch der Brückenschlag zur Legitimation der Kommunalverwaltung versucht. Dass Bürger Kommunalverwaltungen immer mehr als Dienstleister sehen und fast 30 Prozent angeben, dass sich der kommunale Service in den letzten Jahren verbessert habe, wird auf der einen Seite, dass Bürger eine gewisse Bereitschaft zeigten, sich an öffentlichen Aufgaben zu beteiligen, wird auf der anderen Seite verzeichnet.

In der Gesamtbilanz der Modernisierung von Kommunen im Gefolge des Neuen Steuerungsmodells werden die Verbesserung der Leistungsqualität, Kosteneinsparungen und Kostentransparenz, bessere Bürger- und Kundenorientierung, klare Verantwortungsteilung innerhalb der Verwaltung, qualifiziertes Personal als Erfolge verbucht. Abstriche werden bei der Verantwortungsteilung

---

[272] Vgl. Reichard, Christoph, Gemeinden als Marktteilnehmer, in: ders. (Hrsg.), Kommunen am Markt, Berlin 2001, S. 61 ff.

zwischen dem demokratisch legitimierten Rat und der Verwaltung gemacht. Den Protagonisten des Neuen Steuerungsmodells selbst scheint dessen Rationalität noch nicht in der nötigen Breite bei der Politik angekommen zu sein. Hier sei auf die Erfahrung verwiesen, dass sich die Politik in ihrem Primat von Phoenix in Arizona bis Christchurch in Neuseeland im Grunde keine bestimmte sozialtechnische Rolle hat zuweisen lassen. Am Ende unterscheidet die Bilanz zur Umsetzung des Neuen Steuerungsmodells zwischen Reformmodell und Reformbewegung. Danach hat kaum eine Kommune das Neue Steuerungsmodell als Ganzes zur Grundlage ihres Modernisierungsprozesses gemacht. Vielmehr hat man es als Sammlung von Techniken und Instrumenten verstanden, aus der man das Eine oder das Andere implementieren kann, wobei sich gerade die zentralen Elemente des Modells nicht entfalten hätten können. Gleichwohl spricht man von einem geeigneten Steuerungsmodell auch für die Kommunen des 21. Jahrhunderts. Dem Bürokratiemodell sei mit dem Neuen Steuerungsmodell eine, den heutigen Handlungserfordernissen angemessene Konzeption entgegengestellt worden. Das Neue Steuerungsmodell habe damit einen Paradigmenwechsel bewirkt und eine Phase grundlegender Systemveränderungen in den Kommunen eingeleitet.

3. Management in der legalistischen Verwaltung

Als Hauptproblem der Verwaltungsmodernisierung in Deutschland an der Wende vom 20. zum 21. Jahrhundert erweist sich hiernach – und zwar bevor demographische Fragen flächendeckend relevant werden – die Einführung „neuer", vor allem betriebswirtschaftlich generierter Steuerungsinstrumente in die öffentliche Verwaltung. Einen entsprechenden Reformbedarf kann man begründen. Die Schwäche der legalistischen Verwaltung, wie sie aus der deutschen Verwaltungsgeschichte hervorgegangen ist, liegt in einer nicht zufriedenstellenden betriebswirtschaftlichen Handhabung öffentlicher Angelegenheiten. Das bedeutet nicht, dass die öffentlichen Finanzen einfach rechtsakzessorisch behandelt worden seien. Monetäre Ressourcen zeigen auch im öffentlichen Sektor ihre eigene Dynamik. So werden etwa Leistungsgesetze zu staatlichen Subventionen durch Haushaltsbegleitgesetze materiell dem Budget unterworfen. Die öffentliche Geldwirtschaft ist auch traditionell in ein verfeinertes Regelwerk des Haushalts-, Finanz- und Rechnungswesens eingebettet. Wenn man jedoch etwa Kabinettsvermerke in Regierungszentralen studiert, die wohl die umfassendsten Bewertungsfragen an Verwaltungsdienste stellen, wird man im Durchschnitt eine zufriedenstellende Argumentation zur Politik, zu Recht, zur Volkswirtschaft finden. Anders steht es in Fragen der Kosten und Leistungen. Entsprechend wird seit langem eine unzureichende Ausweisung der Kosten bei Gesetzesinitiativen der Exekutive kritisiert.

Betriebswirtschaftlich-manageriale Innovationen und Reformen betreffen in der legalistischen Verwaltung nicht nur Sozialtechnologie und Institutionen, sondern auch die Verwaltungskultur. Im Modernisierungsprogramm der deutschen Bundesregierung „Zukunftsorientierte Verwaltung durch Innovation" von 2006 heißt es so, dass die Anpassung von Organisationen an neue Herausforderungen auch eine Frage der Verwaltungskultur sei. Für die über Jahrzehnte gewachsene, traditionell inputorientierte und regelgesteuerte deutsche Verwaltung stelle der Übergang zur stärkeren prozess- und ergebnisorientierten Verwaltungssteuerung einen tiefgreifenden Wandel dar.[273] Hiernach ließe sich die Frage, inwieweit Institutionen und Sozialtechnologien auf dem Gebiet von Steuerungsinstrumenten auch neue Orientierungsmuster in der Verwaltung induziert haben, als graduelle behandeln. Dem steht der in Wissenschaft[274] und Praxis propagierte und jetzt von der Kommunalen Gemeinschaftsstelle für Verwaltungsmanagement konstatierte „Paradigmenwechsel" entgegen.[275]

Paradigmen sind Denkmuster, die hier im Falle der öffentlichen Verwaltung deren Sichtweise grundlegend bestimmen. Der Paradigmenwechsel bedeutet so den Wechsel in der Grundauffassung der Verwaltungsangelegenheiten. Es geht nicht darum, ob und wie sich alte und neue Steuerungsinstrumente der Politik, des Rechts, der Betriebswirtschaft in der Verwaltung mischen und welche kulturellen Veränderungen sich daraus ergeben. Vielmehr werden holistische Entwürfe wie das „Neue Steuerungsmodell" über die bezeichneten Instrumente hinaus zu einem Denk- und Orientierungsmuster erneuerter Verwaltung verdichtet. Ob man öffentliche Verwaltungen aus der Kraft neuer „mentaler Programme" verändern kann, ist eine schwierige Frage.[276] Wählt man ein deutsches Beispiel, so ist der Aufbau der Verwaltungen in Mittel- und Ostdeutschland nach dem Zweiten Weltkrieg vor allem durch Indoktrinationen nach marxistisch-leninistischer Ideologie betrieben worden. Diese Verwaltung ist freilich historisch gescheitert. Ob unter Bedingungen einer offenen Gesellschaft, von Demokratie und Rechtsstaat, eines sachkompetenten und professionellen Verwaltungsdienstes der primäre Ansatz bei Denkweisen, Einstellungen, Werthaltungen intendierte Veränderungen in der öffentlichen Verwaltung hervorbringen, bleibt zweifelhaft. Wie auch immer das „Neue Steuerungsmodell" zu interpretieren ist, mit der Behauptung eines „Paradigmenwechsels" müsste sich in der Kommunalverwaltung Deutschlands der Wechsel von der tradierten lega-

---

[273] Vgl. Bundesministerium des Innern, Zukunftsorientierte Verwaltung durch Innovationen, Berlin 2006, S. 10.

[274] Vgl. Reinermann, Heinrich, Die Krise als Chance: Wege innovativer Verwaltungen, Speyerer Forschungsberichte 139, Speyer 1994.

[275] Vgl. Kommunale Gemeinschaftsstelle für Verwaltungsmanagement, Das Neue Steuerungsmodell: Bilanz der Umsetzung, Bericht Nr. 2/2007, Köln 2006, S. 4.

[276] Vgl. Wallrath, Maximilian, Die Änderung der Verwaltungskultur als Reformziel, in: Die Verwaltung 2000, S. 351 ff.

listischen Verwaltungskultur zu einer neuen managerialistischen Verwaltungskultur vollzogen haben. Es ist der Managerialismus, der das betriebs- und finanzwirtschaftliche Instrumentarium transportiert, um das es hier im Kern geht.

Der Managerialismus ist in Kontinentaleuropa gegenüber dem tradierten Verwaltungsverständnis, insbesondere gegenüber dem Legalismus, viele Jahre in der öffentlichen Verwaltung ohne Eindruck geblieben. Einschlägige Sachfragen sind in Deutschland lange nicht unter einem solchen Leitbegriff zusammengefasst worden. Seit den 1960er Jahren sind Projekte der Reform von Verwaltungsstrukturen aufgegriffen worden, die man in einem managerialistischen Vorverständnis der Handhabung öffentlicher Angelegenheiten eben dem öffentlichen Management zuordnen würde: Reform von Budgetierung und Planung, Aufbau- und Ablauforganisation von Verwaltungen, Personalsteuerung, Erfolgskontrolle usw. Die Reformdiskussion in Deutschland folgte dabei auch sprachlich überwiegend einem endogen bestimmten Entwicklungspfad. Der frühe Rückgriff auf Managementkonzepte etwa bei der Planung – „Regieren ohne Management?"[277] – oder auf Managementmodelle etwa bei der Personalsteuerung – Personalmanagement[278] – haben nicht zur Kontextbildung von Reformthemen unter diesem Leitbegriff geführt. Dasselbe gilt von weiteren Ansätzen wie die eines „Planning-Programming-Budgeting-Systems" oder eines „Management by Objectives"[279]. Das Öffentliche Management brachte es nicht zu einem Denk- und Handlungsweisen prägenden Leitkonzept. Die Frage ist, ob sich das mit dem Neuen Öffentlichen Management und insbesondere mit dem Neuen Steuerungsmodell geändert hat.

Hinzu kommt, dass man meint, dem Bürokratiemodell mit dem Neuen Steuerungsmodell eine den heutigen Handlungserfordernissen angemessene Konzeption entgegengestellt zu haben.[280] Lässt man beiseite, ob es im Hinblick auf deutsche Verwaltungen angemessen ist – wo doch Bürokratie die Systemrationalität einer gerade hier historisch erfahrbaren Verwaltung meint –, von einem Bürokratie-„Modell" zu sprechen, so ist jedenfalls die Entgegensetzung von Bürokratie und Management unzutreffend. Man sollte bei solchen Konstrukten wie dem „Neuen Steuerungsmodell" nicht aus dem Auge verlieren, dass Management-Modelle, die in der Verwaltung umgesetzt werden, zu nichts anderem als zu Bürokratie führen. Der Unterschied besteht nicht zwischen Manageria-

---

[277] Vgl. Bebermeyer, Hartmut, Regieren ohne Management? Planung als Führungsinstrument moderner Regierungsarbeit, Stuttgart 1974.
[278] Vgl. Seemann, Klaus, Vorschläge zu einem „Management-Modell" der „Bundesakademie für öffentliche Verwaltung" (Bundesakademie-Modell), Bonn 1973.
[279] Vgl. König, Klaus/Füchtner, Natascha, „Schlanker Staat" – eine Agenda der Verwaltungsmodernisierung im Bund, Baden-Baden 2000, S. 69 ff.
[280] Vgl. Kommunale Gemeinschaftsstelle für Verwaltungsmanagement, Das Neue Steuerungsmodell: Bilanz der Umsetzung, Bericht Nr. 2/2007, Köln 2006, S. 4.

lismus und Bürokratie, sondern zwischen managerialistischer und legalistischer Bürokratie. Der Managerialismus ändert nichts an der Trennung von Amt und Person, dem Prinzip der Hierarchie, der festen Zuständigkeitsverteilung, dem Aktenbetrieb – mit und ohne Papier – usw., und insbesondere nichts an der prinzipiellen Regelgebundenheit. Controlling, Qualitätsmanagement, Produktsteuerung, Doppik, Budgetierung usw. verlaufen nicht in Verhaltensmustern individueller Präferenzen von Beamten und Akteuren, sondern gemäß Leitlinien, Richtmaßstäben, Standards, Vorschriften usw., also in der Regelgebundenheit, wie sie von Max Weber für die bürokratische Verwaltung herausgearbeitet worden ist.

Mit Managementkonzepten öffentlicher Verwaltung begibt man sich allgemein in die Nachbarschaft betriebswirtschaftlicher Erkenntnisse und Erfahrungen zur Leitung privater Wirtschaftsunternehmen, die auch in Deutschland etabliert sind und international mit Modellen etwa eines „Total Quality Management" oder eines „Lean Management" innovative Ansprüche gegenüber Organisationen schlechthin erheben. Die Modernisierungsbewegung des New Public Management ist einen Schritt weiter gegangen, indem man die Sprache von „entrepreneurial management", Markt, Wettbewerb, „tendering", Kundschaft usw. übernommen hat.[281] Hiernach reicht es nicht aus, Verwaltungsorganisationen unternehmerisch zu gestalten. Man muss mit Markt und Wettbewerb über eine kompatible Umwelt verfügen. Zwei Strategien sind denkbar: der Eintritt in einen realen Wettbewerbsmarkt oder die Herstellung eines simulierten Organisationswettbewerbs als dessen funktionales Äquivalent. Ersteres hat Tradition etwa bei kommunalen Sparkassen und wird immer wieder neu versucht bis hin zu Stadtgärtnereien. Freilich muss man hier mit wettbewerbsrechtlichen wie verwaltungsrechtlichen Fragen national wie inzwischen auch supranational rechnen.

Virtuellen Organisationswettbewerb als funktionales Äquivalent im Hinblick auf ausgebliebene Markteintritte und Privatisierungen zu konstruieren, ist zunächst eine reizvolle Idee. In der angelsächsischen Welt hat man deren Umsetzung mit „Markettesting", „Compulsory Competitive Tendering" wohl am konsequentesten verfolgt.[282] Das Konzept des Wettbewerbs halten viele für attraktiv. Wenn die Ineffizienzen im öffentlichen Sektor nicht über die klassischen politischen Steuerungsinstrumente abgewickelt werden könnten, sondern durch

---

[281] Vgl. Mascarenhas, Reginald C., Building an Enterprise Culture in the Public Sector: Reform of the Public Sector in Australia, Britain and New Zealand, Public Administration Review 1993, S. 319 ff.

[282] Vgl. Ridley, Frederick, Verwaltungsmodernisierung in Großbritannien, in: Hermann Hill/Helmut Klages (Hrsg.), Qualitäts- und erfolgsorientiertes Verwaltungsmanagement. Aktuelle Tendenzen und Entwürfe, Berlin 1993, S. 251 ff.; ferner O'Toole, Barry/Jordan, Grant (Hrsg.), Next steps. Improving Management in Government? Aldershot u.a. 1995.

diese im Gegenteil verstärkt würden, dann liege es nahe, solche Rahmenbedingungen zu institutionalisieren, welche wirtschaftliches Verhalten belohnen und unwirtschaftliches Verhalten bestrafen. Hierfür gebe es nichts Besseres als das Wettbewerbsmodell, wobei dann auch Wettbewerbssurrogate wie Quasi-Märkte zu institutionalisieren seien[283]. In der Tat ist Wettbewerb eine Grundkonstellation gesellschaftlichen Zusammenlebens, und zwar nicht nur in der Wirtschaft, sondern auch in Politik, Sport, Bildung usw. Im Wettbewerb liegen Leistungsanreize, die ihn zu einer prinzipiell erwünschten sozialen Beziehung machen. Jedoch kommt es auf die jeweilige soziale Konstruktion an, und zwar nicht nur wegen der „Vollkommenheit" der Konkurrenz, sondern auch im Hinblick auf das Marktversagen insbesondere bei menschlichen Grundbedürfnissen.[284]

Lässt man die schädliche Seite des Wettbewerbskonzepts beiseite, so liegen die Schwierigkeiten für Staat und Verwaltung hochdifferenzierter Gesellschaften schon in der Problematik, Rivalität in einem sozialen System zu konstruieren, dessen Rationalität anderen Prinzipien folgt. In der klassischen öffentlichen Verwaltung handelt nicht jeder, sondern der Zuständige. Es gibt eine feste Zuständigkeitsordnung und des Weiteren das Prinzip, dass Mehrfachzuständigkeiten zu vermeiden sind. Kommt es dann doch zu Doppelzuständigkeiten, dann gibt es Regeln wie die, dass diejenige Behörde handelt, die zuerst mit der Sache befasst worden ist. Entsprechend sind Zuständigkeitskonflikte geregelt, etwa dadurch, dass die Aufsichtsbehörde den Zuständigen bestimmt. Die Steuerungsmuster der klassischen öffentlichen Verwaltung intendieren also, Rivalitäten zu vermeiden oder durch Regeln aufzulösen. Überträgt man diese Normalsituation auf die Konstruktion eines Quasi-Marktes, dann hat man einen Akteur auf der Angebotsseite öffentlicher Güter, das heißt ein Monopol. Aus dem virtuellen Organisationswettbewerb wird nichts. Stellt man auf die örtliche Zuständigkeit ab, dann hat man Gebietsmonopole. Was bleibt, ist der Leistungsvergleich etwa zwischen der Zulassung eines Kraftfahrzeuges durch die eine Stadtverwaltung und durch die andere, und das „Benchmarking".[285] Aber ein solcher Leistungsvergleich ist noch nicht Rivalität bei der Produktion und Distribution von Gütern und Dienstleistungen.

---

[283] Vgl. Röber, Manfred, Über einige Mißverständnisse in der verwaltungswissenschaftlichen Modernisierungsdebatte. Ein Zwischenruf, in: Helmut Wollmann/Christoph Reichard (Hrsg.), Kommunalverwaltung im Modernisierungsschub, Berlin 1995. S. 4.

[284] Vgl. König, Klaus, „Neue" Verwaltung oder Verwaltungsmodernisierung: Verwaltungspolitik in den neunziger Jahren, in: Die Öffentliche Verwaltung 1995, S. 355.

[285] Vgl. Camp, Robert C., Benchmarking, München/Wien 1994; Hill, Hermann/Klages, Helmut (Hrsg.), Spitzenverwaltungen im Wettbewerb. Eine Dokumentation des 1. Speyerer Qualitätswettbewerbs 1992, Baden-Baden 1993.

Im Grunde relativieren sich unternehmerisch-wettbewerbsorientierte Managementmethoden im öffentlichen Sektor danach, wie marktnah die Allokation von Gütern erfolgt. Von einer öffentlichen Sparkasse, die aller Beihilfen entblößt ist, wird man erwarten, dass sie unternehmerisch gesteuert auf den Finanzmärkten auftritt. Einrichtungen der öffentlichen Kultur, der öffentlichen Bildung, des öffentlichen Gesundheitswesens usw. erscheinen demgegenüber schon marktferner zu sein, während die öffentliche Sicherheit besser nicht in unternehmerisch-wettbewerbsorientierte Hände fällt. Für die deutschen Verhältnisse ist zu merken, dass insbesondere Stadtverwaltungen über ein breites Beteiligungsvermögen von Kulturzentren, Wohnungsstätten, Flughäfen, Bestattungsdiensten, Altenheimen, Kinderkrippen, Großmärkten, Wasserwerken, Nahverkehrsbetrieben, Energieversorgungs-unternehmen usw. verfügen.[286] Eine solche Beteiligungsverwaltung stellt andere Managementanforderungen als ein Jugendamt oder ein Gewerbeaufsichtsamt. Managementkonzepte müssen sowohl nach Verwaltungsebenen wie Verwaltungsbranchen differenziert sein.

Wenn man beabsichtigt, für die von bestimmten öffentlichen Einrichtungen erbrachten Dienstleistungen – etwa das Studienangebot einer öffentlichen Hochschule – Wettbewerb herzustellen, müssen weitere Anforderungen selbst für einen Quasi-Markt erfüllt werden.[287] Erstens müssen möglichst freie Wettbewerbsbedingungen geschaffen werden, so dass nicht zu hohe Barrieren Markteintritt bzw. Marktaustritt hemmen. Zweitens müssen beide Marktparteien leichten Zugang zu Informationen über Kosten und Qualität haben. Drittens dürfen die mit dem Markttausch verbundenen Transaktionskosten – Verhandlungen, Verträge, Rechnungswesen, Zahlungssystem, Kontrolle usw. – die Effizienzgewinne, die durch das Wettbewerbsverhalten erlangt werden, nicht überschreiten. Viertens müssen Anbieter mindestens zum Teil finanzielle Anreize erhalten, um auf preisliche Signale zu reagieren. Fünftens muss im Interesse der Gleichbehandlung verhindert werden, dass Anbieter oder Nachfrager nur „absahnen".[288]

Wenn man solche Anforderungen mit der Vielfalt öffentlich verwalteter Dienstleistungsorganisationen zusammenhält, dann wird deutlich, wie schwierig es ist, einen Rationalitätsgewinn aus dem Gebrauch von Quasi-Märkten zu ziehen. Der Zugang zur Verwaltung ist nicht wegen eines Bürokratismus, sondern wegen ihrer Komplexität nicht einfach. Die Transparenz der Verwaltung bleibt wegen ihrer hohen sozialen Technizität ein Problem. Jede organisatori-

---

[286] Vgl. König, Klaus, Zur Managerialisierung und Ökonomisierung der öffentlichen Verwaltung, Speyerer Forschungsberichte 209, Speyer 2000, S. 1 ff.

[287] Vgl. König, Klaus, Zur Kritik eines neuen öffentlichen Managements, Speyerer Forschungsberichte 155, 3. Aufl., Speyer 1998, S. 49 ff.

[288] Vgl. Ranadé, Wendy, The theory and practice of managed competition in the National Health Service, in: Public Administration 1995, S. 243 ff.

sche Verselbständigung zieht hohe Kontrollkosten nach sich. Die Einräumung eines monetären Selbstinteresses stößt auf schwierige budgetäre und finanzpolitische Fragen. Auch Verwaltungen mögen das geringe Risiko, leichte Fälle, gut zahlende Kunden, und Mitnahmeeffekte bei begünstigten Bürgern oder Organisationen sind nicht selten zu beobachten.

Nach allem ist im Kernbereich öffentlicher Güter und Dienstleistungen Zurückhaltung gegenüber unternehmerisch-wettbewerbsorientierten Managementmethoden geboten. Hier gilt der klassische Aphorismus: „Public and Private Management are fundamentally alike in all unimportant respects"[289]. Auf der einen Seite wird akzeptiert, dass in politisch-administrativen Organisationen wie in privaten Wirtschaftsunternehmen ähnliche allgemeine Managementleistungen zu erbringen sind: eine Ziel- und Prioritätensetzung für die Organisation mit entsprechenden operationalen Plänen, Organisations- und Verfahrensgestaltungen einschließlich Koordination, Personalrekrutierung, Personalentwicklung, Personalverwaltung, Kontrollen unter dem Vorzeichen von Haushaltsbindung, Leistung, Produktivität usw. Umso deutlicher werden in einem solchen Bezugsrahmen die Unterschiede aufgewiesen.

Das gilt für die verschiedenen Autoritätsstrukturen in Reflexion eben verschiedener Umwelten, nämlich Markt und Eigentumsrechte bzw. Demokratie und Rule of Law. Von den Wählern bis zur Volksvertretung, von den organisierten Interessen bis zu den Massenmedien reichen die Einflussmuster, die das politische Management eigenständig ausprägen. Zeithorizonte werden dort politischen Terminierungen angepasst. In Spitzenpositionen gibt es eine eigene Faktizität der Amtsdauer usw. Insgesamt wird für den öffentlichen Sektor weniger Autonomie, Flexibilität, fragmentierte Befugnisse, mehr Formalismus usw. konstatiert.

Auch die rechtlichen Einflüsse, die Gesetzgebung, die Rechtsprechung werden für das öffentliche Management höher veranschlagt. Öffentliche Ziele gelten als komplexer, unbestimmter, intangibler, konfligierender. Die öffentlichen Erwartungen an Fairness, Zuverlässigkeit, Verantwortlichkeit, Rechenschaftspflichtigkeit werden höher veranschlagt. Werte der Gleichbehandlung, des Ausgleichs, der Vermittlung werden betont. Man könnte solche spezifischen Einflussgrößen von der monopolistischen Handlungssituation bis zur umfassenden öffentlichen Kontrolle weiter auflisten. Letztlich wird darauf rekurriert, dass es dem öffentlichen Management an der klaren „bottom line" des privaten Geschäftslebens fehle, nämlich Gewinn. Die öffentliche Verwaltung muss mit

---

[289] Vgl. Allisson, Graham T., Public and Private Management: Are they fundamentally alike in all unimportant respects, in: Jay M. Shafritz/Albert C. Hyde (Hrsg.), Classics of Public Administration, 2. Aufl., Chicago 1978, S. 510 ff.

einem ihren spezifischen Handlungsbedingungen angemessenen Steuerungsinstrumentarium der Organisationsleitung ausgestattet werden.

So war denn „Reinventing Government" in den USA nicht mehr als eine Managementschule, die freilich durch ihre Sprache vom „entrepreneurial spirit", „entrepreneurial management" auffiel. Das regte demokratisch-zivilgesellschaftliche Gegenströmungen an.[290] Nach den terroristischen Angriffen schienen Managementkategorien überhaupt zurückzutreten. Eine Organisation wie die von „Homeland Security" wirft die Frage nach den alten Orientierungsmustern eines „guten" Managements auf. Jedenfalls legte das Versagen der Bundesverwaltung im Falle des Hurrikans „Katrina" nicht nur persönliche, sondern auch institutionelle Managementfehler offen.[291] Wendet man sich den europäischen Verhältnissen zu, so stehen wie in Deutschland Managementreformen nach wie vor auf der Tagesordnung. Freilich wird das „New Public Management" selbst in Großbritannien kritisch gesehen.[292] Vielerorts scheint die Modernisierungsdynamik gerade dieser Managementschule in der Praxis gebrochen. Manche sprechen sogar vom Niedergang.[293] Vom Scheitern kann man wohl nur sprechen, wenn man von einem holistischen Modernisierungskonzept ausgeht. Hierbei weisen die Promotoren des Neuen Steuerungsmodells selbst darauf hin, dass dieses Modell von den Kommunen nicht als Ganzes zur Grundlage des Modernisierungsprozesses gemacht, sondern als Werkzeugkasten von jeweils auszuwählenden Instrumenten behandelt worden sei. Es widerspricht schon der praktischen Vernunft, anzunehmen, man könne eine Organisationslandschaft von der Komplexität der modernen Verwaltung in westlichen Demokratien und Industrieländern nach ganzheitlichen Vorstellungen ändern.

Der Frage einer Umsetzung von Reformkonzepten des New Public Management ist man durch amtliche Überprüfungen wie in wissenschaftlichen Evaluationen nachgegangen. Bewertungen der Verwaltungspolitik sind schwierig.[294] Besonders anspruchsvoll ist es, sich mit kulturellen Veränderungen bei Verwaltungsreformen auseinanderzusetzen. Umso bemerkenswerter ist es, dass eine vergleichende Analyse zu Public Management Reform in Kernländern der OECD-Welt nicht nur die vielfältigen operationalen Resultate der Reformen

---

[290] Vgl. Wamsley, Gary L./Wolf, James F. (Hrsg.), Refounding Democratic Public Administration, Thousand Oaks u. a. 1996.

[291] Vgl. Schneider, Saundra K., Administrative Breakdowns in the Governmental Response to Hurricane Katrina, in: Public Administration Review 2005, S. 515 ff.

[292] Vgl. Dent, Mike u.a. (Hrsg.), Questioning the New Public Management, Aldershot 2006.

[293] Vgl. Drechsler, Wolfgang, The Re-Emergence of „Weberian" Public Administration after the Fall of New Public Management, in: Halduskultuur Tallinn 2005, S. 94 ff.

[294] Vgl. Wollmann, Hellmut, Evaluierung von Verwaltungspolitik: Reichweite und Grenzen – ein internationaler Überblick, in: Verwaltungsarchiv 2002, S. 418 ff.

vorstellt, sondern auch den kulturellen Wandel auf Systemebene nachzuzeichnen versucht.[295] Als Orientierungen werden einerseits Veränderungsbereitschaft, andererseits Skepsis gegenüber Reformen bewertet. Der Sache selbst wird mit der Frage nach der Realisation von Visionen nachzugehen versucht. Als Beispiele werden unter anderem das „Rolling back the state" des britischen Thatcherismus, das „Reinventing Government" der US-amerikanischen Präsidentschaft Clinton/Gore und der „Schlanke Staat" der späten Kanzlerschaft Kohl genannt. Diesen Leitbildern werden Markt-Modelle, partizipatorischer Staat, flexible Regierung, deregulierter Staat als Reflexionsmuster gegenübergestellt.

Im Ergebnis wird gesagt, dass Visionen eine wichtige Rolle beim Zuschnitt der rhetorischen Dimensionen von Reformen haben, aber wenig zur Bewertung der Ergebnisse des Reformprozesses beitragen. Resultate werden eher zurückhaltend bewertet. Schließlich wird auf die Kräfte der Tradition, des Beharrungsvermögens, des Widerstandes und die Pfadabhängigkeit von Reformen hingewiesen. Solche Pfadabhängigkeiten lassen sich immer wieder beobachten, wenn tiefere Schichten des Verwaltungshandelns zur Diskussion stehen. Neue Sozialtechnologien und Institutionen werden gegebenenfalls im Sinne tradierter Orientierungsmuster uminterpretiert. Wenn in einem Lande die Verwaltungskultur durch Kontakte zwischen Verwaltung und Verwaltungsumwelt geprägt sind und dann ein Kontraktmanagement eingeführt wird, dann wird man dort Kontrakte nicht als Steuerungsinstrumente, sondern als neue Form des Dialogs und der Verhandlung verstehen.[296]

Von hier bis zum Paradigmenwechsel ist ein weiter Schritt. Wenn nicht revolutionäre Emanationen deutliche Zeichen des Systemwechsels zeigen – wie etwa bei der Transformation der Kaderverwaltung der DDR in eine Verwaltung klassisch-kontinentaleuropäischen Typs – bleibt die verwaltungswissenschaftliche Bewertung schwierig. Selbst im Falle der britischen Verwaltung ist nicht sicher, wie weit der mit der Einführung des „New Public Management" verbundene kulturelle Wandel reicht. Von Eingeweihten hört man, dass zwar in die neuen „Agencies" eine managerialistische Mentalität eingekehrt sei, dass aber in den Londoner Ministerien immer noch der Geist der alten Whitehall Administration fortlebe. Für umfassende Urteile bedarf es wohl in solchen Fällen der historischen Distanz. Im Hinblick auf die deutsche Verwaltung wird der Paradigmenwechsel wohl nur für die Kommunalverwaltung in Anspruch genommen. Für die Bundesverwaltung wird gesehen, dass der Übergang zu stärker prozess- und ergebnisorientierter Verwaltungssteuerung eben einen tiefgrei-

---

[295] Vgl. Pollit, Christopher/Bouchaert, Geert, Public Management Reform – A Comparative Analysis, 2. Aufl., Oxford u. a. 2004, S. 128 ff.

[296] Vgl. Jann, Werner, Verwaltungskultur, in: Klaus König (Hrsg.), Deutsche Verwaltung an der Wende zum 21. Jahrhundert, Baden-Baden 2002, S. 425 ff.

fenden und damit kulturellen Wandel darstellt.[297] Es wird aber nicht gesagt, dass die traditionell inputorientierte und regelgesteuerte deutsche Verwaltung, also die legalistische Verwaltungskultur, verabschiedet werden soll. Wenn der Rechnungshof eines Landes feststellt, dass die Instrumente der Neuen Steuerung zwar weitgehend eingeführt seien, sie aber, abgesehen von Haushaltsmanagementsystemen und Anlagebuchhaltung, bisher kaum positive Wirkungen in Bezug auf die Effektivität und Effizienz der Landesverwaltung entfaltet hätten[298], dann wird die kulturelle Pfadabhängigkeit deutlich, wie sie in der vergleichenden Analyse von Managementreformen genannt wird.

Aber auch für die Kommunalverwaltung in Deutschland fehlen Voraussetzungen dafür, von einem Paradigmenwechsel zu sprechen, wobei es im Bereich der organisierten Kommunalwirtschaft anders sein mag. Wissenschaftliche Evaluationen belegen, dass bei der Einführung von Sozialtechnologien und Institutionen entsprechend dem Instrumentarium des Neuen Steuerungsmodells erhebliche Implementationslücken bestehen, wobei positive Seiten wie die Einrichtung eines neuen Verfahrens des Finanzmanagements vielerorts nicht zu verschweigen sind. Zur Performanz wird die These vom Effizienzgewinn angezweifelt, während die Bürger- und Kundenorientierung in Folge des Neuen Steuerungsmodells als nachhaltig bewertet wird. Zur Wirtschaftlichkeitssteigerung, Kostenreduzierung und Einsparung erscheint die Reformbilanz ernüchternd. Zur Organisationskultur heißt es, dass je radikaler dezentralisiert – intern verselbständigt – worden sei bei zugleich fehlenden Gegengewichten, um so stärker es zur sektoralen Fragmentierung und institutionellen Des-Integration der Gesamtverwaltung gekommen sei. Jenseits der Bewertung von Erfolgen und Rückschlägen kommt man zum Urteil, dass ein umfassender Paradigmenwechsel der deutschen Verwaltung vom weberianischen Bürokratiemodell zum New Public Management nicht festzustellen sei.[299]

Die Kernverwaltung in Bund, Ländern und Kommunen Deutschlands ist nach wie vor in ihrer Systemrationalität klassisch-kontinentaleuropäisch, legalistisch-bürokratisch geprägt. Hierin begründen sich die Wertorientierungen, die jenseits von organisatorischen, prozeduralen, personellen Kodizes die Identität des Verwaltungshandelns bestimmen. Sie nehmen jenseits formalisierter Textvorgaben einen gewissen selbstreferentiellen Charakter an, der auf Handlungsoptionen verweist, Handlungsmöglichkeiten erleichtert oder erschwert, Handlungsspielräume eröffnet oder verschließt, wo Sozialtechnologien nicht

---

[297] Vgl. Bundesministerium des Innern, Zukunftsorientierte Verwaltung durch Innovation, Berlin 2006, S. 10.

[298] Vgl. Rechnungshof Baden-Württemberg, Wirtschaftlichkeit des Projekts NSI in der Landesverwaltung, Karlsruhe 2007.

[299] Vgl. Bogumil, Jörg u. a., Zehn Jahre Neues Steuerungsmodell – Eine Bilanz kommunaler Verwaltungsmodernisierung, Berlin 2007.

mehr weiterhelfen. Dabei darf man nicht außer Acht lassen, welche starke institutionelle Voraussetzung der Legalismus in Deutschland hat. Deswegen scheinen die Chancen für einen Paradigmenwechsel eher gering zu sein. Dagegen sprechen viele Gründe, von der privilegierten Rekrutierung der Juristen – in Großbritannien steigerte das New Public Management den Kurs der Beschäftigung von Ökonomen – bis zur breit angelegten Verwaltungsgerichtsbarkeit. National dürfte maßgeblich sein, dass das Bundesverfassungsgericht mit seiner Wesentlichkeitsrechtsprechung den Legalismus für die Exekutive festgeschrieben hat. Supranational ist zu beachten, dass die Europäische Union Probleme hat, sich aus demokratischen Prozessen oder ökonomischen Erfolgen zu legitimieren. „Rules of Law" sind es, die eher noch Legitimation verschaffen. Überhaupt mag man der These anhängen, dass die „Rule-driven"-Verwaltung der managerialistischen leistungsmäßig überlegen sei.[300]

Geht man davon aus, dass die öffentliche Verwaltung in Deutschland durch Einführung eines betriebswirtschaftlich-managerialen Instrumentariums zu stärken ist, dann wird es auf die Integration solcher Instrumente in die legalistische Verwaltungskultur ankommen. Die Wissenschaft als kulturpflegende Kraft einer „wissenschaftlichen Zivilisation" ist angesprochen. Das Studienfach Public Administration in den Vereinigten Staaten von Amerika entfaltet solche intellektuelle Integrationskraft. Die verschiedenen Schulen des Faches führen durchaus Streitgespräche. Aber eine historische Leistung von den Anfängen an besteht darin, zwei Wertorientierungen der öffentlichen Verwaltung in den USA in wissenschaftlicher Reflexion zum Ausgleich zu bringen, nämlich zivilgesellschaftliche Bindung und effizientes und effektives Management.[301] Damit trifft sie die Verwaltungspraxis mit der Besetzung administrativer Ämter durch Wahlen, der Einbeziehung bürgerschaftlichen Engagements bei der Produktion und Distribution von Gemeinschaftsgütern und nicht zuletzt der Regulierung der Verwaltungsgeschäfte in vielfältigen Formen der plebiszitären Demokratie[302] auf der einen Seite und Reformbewegungen des öffentlichen Managements von Brownlow bis Al Gore andererseits. Zivilgesellschaftlichkeit und effizientes und effektives Management leben miteinander nicht im Zustand prästabilisierter Harmonie. Aber der US-amerikanische Pragmatismus deckt manches zu. Der Nutzer städtischer Wasserwerke wird unter günstigen Umständen vom Bürger zum „customer" umgewidmet. Wenn dann eine Dürre ein-

---

[300] Vgl. Naschold, Frieder, Modernisierung des öffentlichen Sektors, in: ders./Marga Pröhl (Hrsg.), Produktivität öffentlicher Dienstleistungen, Gütersloh 1999, S. 21 ff.

[301] Vgl. König, Klaus, Erkenntnisinteressen der Verwaltungswissenschaft, Berlin 1970, S. 25 ff.

[302] Vgl. Gunlicks, Arthur B., Plebiszitäre Demokratien in den USA, in: Arthur Benz u. a. (Hrsg.), Institutionenwandel in Regierung und Verwaltung, Berlin 2004, S. 407 ff.

tritt, wird er wiederum zum Bürger, dem man eben schonenden Umgang mit einem knappen öffentlichen Gut vorschreiben kann.

Sind es in den USA angesichts der dort für die Verwaltung vorrangigen Wertorientierungen „politics" und „business" und damit politische Schulen und Managementströmungen, die zusammenzubringen sind, so sind es in der legalistischen Verwaltungskultur und im europäischen Pluralismus verwaltungsrelevanter Fächer, vorrangig Verwaltungsrechtslehre und Öffentliche Betriebswirtschaftslehre, die sich zu verständigen haben, wenn es darum geht, betriebswirtschaftlich-manageriale Instrumente in die Verwaltung einzubauen. Da der gemeinsame Bezugspunkt die Verwaltungspraxis ist, bedarf es bei der Betriebswirtschaftslehre pragmatischer Zuwendung zum Erfahrungsgegenstand. Das reicht von der Erkenntnis der Eigenart öffentlicher Angelegenheiten bis zum Überdenken unterschiedlicher Größenklassen bei öffentlichen Einrichtungen. Ein Fall gelungenen Pragmatismus ist das sogenannte Speyerer Verfahren. Mit ihm wird es unternommen, ein neues kommunales Rechnungswesen aufzubauen, das im Gegensatz zur Kameralistik, die lediglich den Geldverbrauch erfasst, den gesamten Ressourcenverbrauch, Ressourcenaufkommen wie Ressourcenverzehr abbildet. Doppik wird so vielfach in der kommunalen Praxis eingesetzt.[303]

In der internationalen verwaltungswissenschaftlichen Kommunikationsgemeinschaft ist das Verhältnis zwischen „Public Law" und „Public Management" von vielen Missverständnissen geprägt, und zwar bis zur Bewertung des Rechts als Barriere für – finales – rationales Handeln und entsprechende Verwaltungsreformen.[304] Das liegt nicht zuletzt daran, dass das öffentliche Management und seine wissenschaftliche Reflexion ihren Ursprung in Ländern des Common Law haben. Hier müssen mancherorts die fundamentalen Zusammenhänge zwischen Recht und öffentlicher Verwaltung noch weiterentwickelt werden.[305] Umgekehrt kann man in Kontinentaleuropa den Eindruck gewinnen, dass der Legalismus ein so hochverfeinertes Netz des Rechtsnormativen über die öffentliche Verwaltung geworfen hat, dass für den Eigenwert des Ökonomisch-Managerialen kein Platz bleibt. Man kann beobachten, wie im Personalreferat eines Ministeriums Personalangelegenheiten in einer Weise hin- und hergeschoben werden, bis aus ihnen „reine" Rechtsfälle werden. Freilich steht der „kalte Stern der Knappheit" über der öffentlichen Verwaltung, und so mag am Ende der Personalabbau nach der Rasenmähermethode stehen.

---

[303] Vgl. Lüder, Klaus, Neues öffentliches Haushalts- und Rechnungswesen, Berlin 2001.

[304] Vgl. Ziller, Jacques, Public law: a tool for modern management, not an impediment to reform, in: International Review of Administrative Sciences 2005, S. 267 ff.

[305] Vgl. Harlow, Carol, Law and public administration: convergence and symbiosis, in: International Review of Administrative Sciences 2005, S. 279 ff.

Managementreformen intendieren die Rationalisierung der öffentlichen Verwaltung. Für die Verwaltungsrechtslehre bedeutet dies, dass sie bei der Rationalisierungsfunktion des Rechts für die Verwaltung anknüpfen muss. Die deutsche Geschichte hat es mit sich gebracht, dass in den letzten Dekaden insbesondere die Rechtsschutzfunktion des Verwaltungsrechts wissenschaftlich ausgebaut worden ist. Aber der Beitrag des Rechts zur Systemrationalität der öffentlichen Verwaltung ist nicht nur im Organisationsrecht deutlich geblieben. Auch besteht kein unüberwindliches Hindernis darin, dass die Jurisprudenz primär eine konditionale, die Ökonomie primär eine finale Rationalität im Auge haben. Die Öffentliche Betriebswirtschaftslehre hat durchaus Sinn für Konditionen, etwa für „Notwendige rechtliche Rahmenbedingungen für ein reformiertes staatliches Rechnungs- und Haushaltswesen".[306] Zum Vernunftsrecht gehört der „Zweck im Recht". Wirtschaftlichkeit wird auch als Rechtsprinzip angesehen[307], Einpassungen betriebswirtschaftlicher Instrumente betreffen verschiedene Rangstufen des Rechts: das Verfassungsrecht[308], das Kodifikationsrecht[309] usw. Wenn es um die Verwaltungsentscheidung zur verbindlichen Allokation öffentlicher Güter geht, wird auch die Kosten- und Nutzen-Analyse zum rechtlich relevanten Maßstab.[310]

Freilich bedarf die Einbettung betriebswirtschaftlich-managerialer Instrumente in die legalistische Verwaltungskultur auch grundlegender Rechtsorientierung. Mit der Einsicht in die Rationalisierungsfunktion des Rechts für die öffentliche Verwaltung ist es nicht getan. Es bedarf der theoretischen Weiterführung. Mit der steuerungstheoretischen Perspektive auf das Recht lässt sich ein Ansatz ausbauen, der interdisziplinär offen ist und mit seiner Begrifflichkeit auch an Kategorien der betriebswirtschaftlich-managerialen Steuerung der Verwaltung anknüpfen kann.[311] Überdies muss in der Verwaltungsrechtslehre geprüft werden, wie man der betriebswirtschaftlich-managerialen Handhabung öffentlicher Angelegenheiten mehr Handlungsspielräume für ihre Sicht von Effizienz, Effektivität, Wirtschaftlichkeit einräumen kann, ohne sich gleich auf

---

[306] Vgl. Lüder, Klaus, Notwendige rechtliche Rahmenbedingungen für ein reformiertes staatliches Haushalts- und Rechnungswesen, in: Die öffentliche Verwaltung 2006, S. 647 ff.

[307] Vgl. von Arnim, Herbert, Wirtschaftlichkeit als Rechtsprinzip, Berlin 1988.

[308] Vgl. Pünder, Hermann, Verfassungsrechtliche Vorgaben für die Normierung neuer Steuerungsmodelle, in: Die öffentliche Verwaltung 2001, S. 70 ff.

[309] Vgl. König, Michael, Kodifizierung von Leitlinien der Verwaltungsmodernisierung, in: Verwaltungsarchiv 2005, S. 44 ff.

[310] Vgl. Fehling, Michael, Kosten-Nutzen-Analyse als Maßstab für Verwaltungsentscheidungen, in: Verwaltungsarchiv 2004, S. 443 ff.

[311] Vgl. Voßkuhle, Andreas, Neue Verwaltungsrechtswissenschaft, in: Wolfgang Hoffmann-Riem u. a. (Hrsg.), Grundlage des Verwaltungsrechts, Bd. I, München 2006, S. 1 ff.

tradierte rechtliche Kategorien zurückzuziehen. Eine Möglichkeit hierfür könnte darin bestehen, Raum für „Soft law" auch juristisch zu schaffen. Soft law steht für Verhaltenskodizes, Leitbilder, Richtlinien, „Gentlemen's agreements", Selbstregulierungen usw. unterhalb der Schwelle der Verbindlichkeit des positiven Rechts. Es ist in der anglo-amerikanischen Welt gängiges Regulativ des Verwaltungshandelns. Ein Beispiel sind die „Citizen's Charters" in Großbritannien.[312] In Deutschland ist der „Corporate Governance Kodex" für börsennotierte Unternehmen bekannt geworden.[313]

„Soft law" wird nicht zu den Rechtsquellen gezählt. Durch rechtsförmliche Verfahren scheint es nicht zur Geltung gebracht werden zu können.[314] Da solche Regulative aber auch in Europa vordringen, wäre es für ihre Relevanz maßgeblich, dass ihre Anschlussfähigkeit an das Rechtsleben herausgearbeitet wird. Zum Beispiel setzt es sich in der Verwaltung immer mehr durch, dass zwischen übergeordneten Hierarchien und nachgeordneten Stellen und Personen Zielvereinbarungen getroffen werden, die sachliche, organisatorische, finanzielle Gesamtvorhaben der Behörde auf Leistungen, Ressourcenverbrauch, Berichtspflichten usw. von Teilbereichen herunterbrechen. Zielvereinbarungen werden als rechtlich unverbindliche, interne Regulative angesehen.[315] Zielvereinbarungen werden aber von Mitarbeitern der Verwaltung oft entgegen ihrem kontraktuellen Charakter nicht partnerschaftlich, sondern als zusätzliche Selbstverpflichtung neben der hierarchischen Weisungsgebundenheit empfunden. Das löst Fragen nach der Mitwirkung des Personalrats, der Abwehr von Missbräuchen usw. aus. Die Herausarbeitung solcher Anschlüsse an Recht und Rechtsschutz würde auch Klarstellungen für das einschlägige Steuerungsinstrumentarium bringen. Konzepte wie Kontraktmanagement, klare Verantwortungsteilung, dezentrale Gesamtverantwortung sind nicht einfach als gegeben hinzunehmen.[316] Sie sind auf ihre Realität, auf mögliche Kompensationsleistungen in einer primären hierarchischen Verwaltung und nicht zuletzt rechtsnormativ auf ihre Vertretbarkeit in einer Steuerungskette politisch-demokratischer Legitimation zu überprüfen. Indessen ist für die legalistische Verwal-

---

[312] Vgl. Harlow, Carol, Law and public administration: Convergence and symbiosis, in: International Review of Administrative Sciences 2005, S. 275 ff.

[313] Vgl. König, Klaus, Governance – Economic Governance – Corporate Governance, in: Hermann Knödler/Michael H. Stierle (Hrsg.), Globale und monetäre Ökonomie, Heidelberg 2003, S. 331 ff.

[314] Vgl. Ruffert, Matthias, Rechtsquellen und Rechtsschichten des Verwaltungsrechts, in: Wolfgang Hoffmann-Riem u. a. (Hrsg.), Grundlagen des Verwaltungsrechts, Bd. I, München 2006, S. 1085 ff.

[315] Vgl. Wimmer, Norbert/Müller, Thomas, Zielvereinbarungen im Verwaltungsalltag, in: Zeitschrift für Verwaltung 2006, S. 2 ff.

[316] Vgl. Schuppert, Gunnar Folke, Verwaltungsorganisation und Verwaltungsorganisationsrecht als Steuerungsfaktoren, in: Wolfgang Hoffmann-Riem u. a., Grundlagen des Verwaltungsrechts, Bd. I, München 2006, S. 995 ff.

tung prinzipiell nicht in Frage zu stellen, dass sie der Innovation durch ein betriebswirtschaftlich-manageriales Steuerungsinstrumentarium bedarf. Die Mischung tradierter und neuer Instrumente, die eine stärkere management- und ergebnisorientierte Verwaltungssteuerung in eine traditionell inputorientierte und regelgesteuerte Verwaltung bringt, kann auch zu neuen Wertorientierungen wie stärkeres Kostenbewusstsein, stärkere – „Kunden-" – Bürgerorientierung führen. Man muss dem Einfluss von Verwaltungsreformen auf die Verwaltungskultur nicht skeptisch gegenüberstehen, zumal sie nicht einfach angeordnet, sondern von Fortbildung und Training begleitet werden.[317] Aber unter Bedingungen einer hochdifferenzierten modernen Verwaltung darf man nicht mit schnellen kulturellen Veränderungen rechnen.

IV. Verwaltung in einer anderen Moderne

1. Postbürokratische Verwaltung

Nicht nur der marxistisch-leninistischen Ideologie war es und ist es zu wenig, durch Modernisierungen, Reformen, Innovationen die legalistischen und managerialistischen Staatsbürokratien gegenüber neuen Herausforderungen auf dem Laufenden zu halten. Auch in westlichen Demokratien und Industrieländern hält man Ausschau nach Alternativen zu einer bürokratisierten Moderne, und zwar jenseits der sozialen Gegenexperimente einer Kaderverwaltung des realen Sozialismus oder einer rätedemokratischen Verwaltung etwa nach Art der jugoslawischen Arbeiterselbstverwaltung. In der okzidentalen Alternativensuche pflegen sich die noch am leichtesten zu tun, die in der Bürokratie ein präskriptiv-rationales Modell sehen, dem es angesichts von Dysfunktionen wie Formalismus, Unpersönlichkeit, Geheimniskrämerei usw. ein Gegenmodell entgegenzuhalten gilt, dessen Rationalität ebensolche Fehler vermeiden soll.[318] Hier stößt man dann nicht nur auf Probleme der empirischen Fundierung des Modelldenkens, sondern auch auf eine Art „Konzeptkunst", die sich auf Entwürfe beschränkt, die dann das fertige Werk zu ersetzen haben.

Ist das Postbürokratische die Abwendung vom Bürokratischen,[319] dann stellt man der festen Zuständigkeitsordnung der Bürokratie fließende Zuständigkei-

---

[317] Vgl. Rouban, Luc, The Civil Service Culture and Administrative Reform, in: Guy B. Peters/Donald Savoie (Hrsg.), Governance in a Changing Environment, Montreal, Kingston 1995, S. 23 ff.

[318] Vgl. Barzelay, Michael, Breaking through Bureaucracy. A New Vision for Managing in Government, Berkeley u. a. 1992, S. 115 ff.

[319] Vgl. Heckscher, Charles, Defining the Post-Bureaucratic Type, in: ders./Anne Donnellon (Hrsg.), The Post-Bureaucratic Organization. New Perspectives on Organizational Change, Thousand Oaks u. a. 1994, S. 14 ff.

ten der postbürokratischen Organisation gegenüber, und zwar in Richtung auf Personen, die die Fähigkeit haben, das Problem zu lösen. Die geschriebenen Formalregeln sollen durch eine „dialektische" Organisation abgelöst werden, die sich an die jeweilige Situation anpasst.[320] Die Entfremdung eines Handelns ohne Ansehen der Person soll aufgehoben werden, indem der Klient der Verwaltung als Ebenbürtiger, nicht als Untergebener behandelt wird. Die Hierarchie der Ämter soll durch eine flache Organisation ersetzt werden, die nicht hierarchisch strukturiert ist und ohne Aufsichtsführung auskommt. Spezialisierung hat der Problemlösung im Team und der kollektiven Entscheidung zu weichen. An die Stelle des Berufsbeamtentums sollen mobile Fachleute treten. Die Permanenz der Institution soll durch zeitlich begrenzte Organisationen aufgehoben werden. Das Dienstgeheimnis soll durch offene Kommunikation abgelöst werden.[321]

Es hat soziale Experimente mit solchen und vergleichbaren Komponenten der Verwaltungsorganisation gegeben. Über Bestandskräftiges wird indessen nicht berichtet. Zum Beispiel ist man damit erfolglos geblieben, durch die Integration von Klienten in die Organisation die Grenzen zwischen System und Umwelt außer Kraft zu setzen. Im Falle einer Sozialverwaltung ist man gescheitert, weil man nicht mehr mit knappen öffentlichen Mitteln umgehen konnte. Das lag nicht einfach daran, dass die Dotierungsinstanz Finanzmittel nur an eine Sozialbehörde mit solidem Programm zuweisen wollte. Die Behörde selbst musste sich vor unbegründeten Sozialansprüchen schützen können. Die einschlägigen Mechanismen versagten, weil die Differenzierung zwischen Geber- und Nehmerseite aufgegeben war.[322]

Bedeutsamer als solche Visionen und Experimente sind die Auswirkungen des „digitalen Zeitalters" mit der Einführung elektronischer Informations- und Kommunikationstechniken in der öffentlichen Verwaltung. Seit den Reformvorschlägen der „National Performance Review" der US-amerikanischen Präsidentschaft Clinton/Gore hat sich dafür der Begriff „Electronic Government" oder „E-Government" international durchgesetzt.[323] Darunter wird die Handhabung öffentlicher Angelegenheiten durch Staat und Verwaltung mittels elektronischer Informations- und Kommunikationstechnologien verstanden. Gemeint

---

[320] Vgl. Fox, Charles J./Miller, Hugh T., Postmodern Public Administration. Toward Discourse, Thousand Oaks u. a. 1995.

[321] Vgl. McCurdy/Howard E., Public Administration: A Synthesis, Menlo Park, California 1977.

[322] Vgl. White, Orion, The Dialectical Organization: An Alternative to Bureaucracy, in: Public Administration Review 1969, S. 35 ff.

[323] Vgl. Gore, Al, Access America – Reengineering Through Information Technology, Washington DC 1997; Schäffer, Heinz, Verwaltungsinnovation durch E-Government, in: Arthur Benz u. a. (Hrsg.), Institutionenwandel in Regierung und Verwaltung, Berlin 2004, S. 475 ff.

ist die Abwicklung von Verwaltungsgeschäften sowohl innerhalb der Organisation wie in Beziehung der Verwaltung zu ihrer politischen, ökonomischen, sozialen Umwelt. Im Anschluss an die allgemeine Governance-Diskussion wurden auch „Electronic Governance" und dann „Public E-Governance" als Kategorien eingeführt. Letzteres bezieht die Herausforderung der „digitalen Revolution" auf den öffentlichen Sektor, mithin auf die Aufgaben von Staat und Verwaltung bei der Ausrichtung der gesellschaftlichen Lebensbereiche auf die Erfordernisse der Informationsgesellschaft.[324] Was die öffentliche Verwaltung selbst angeht, so ist auch von der „Mobilisierten Verwaltung" die Rede.[325] Angesichts der ubiquitären Erreichbarkeit durch elektronische Technik vermittelter Daten scheint die öffentliche Verwaltung ihre Bodenständigkeit zu verlieren und sich in eine virtuelle Welt zu begeben. Das wirft die Frage auf, ob sie durch Systemwechsel in eine andere Moderne eingetreten, auf dem Wege von der „bürokratischen zur interaktiven Verwaltung" ist.[326]

Grundfunktion der neuen elektronischen Techniken ist die Information. Insofern spricht man auch von der Informatisierung der Verwaltung.[327] Intern erweist sich die öffentliche Verwaltung insoweit auf Informationstechnologien immer mehr angewiesen. Ihr Leistungsniveau bei der verbindlichen Allokation öffentlicher Güter könnte sie in dieser Komplexität kaum aufrechterhalten, wenn sie nicht über entsprechende Techniken der Datenaufnahme und Datenspeicherung, der Registrierung, Dokumentation, Archivierung usw. verfügen könnte. Nach außen geht es zunächst einmal um die systemische Information der Bürger, allgemein etwa Stadtinformationssysteme, spezifisch Auftritte etwa zum Tourismus oder zur Wirtschaftsförderung. Solche durch elektronische Techniken ermöglichten Informationen bietet die Verwaltung in vielfältigen Formen an, bis zu Sammlungen von Gesetzes-, Verordnungs- und Verwaltungsvorschriften. Zu erwähnen sind noch die Leistungen der Informationstechnik für Führung und Leitung in Politik und Verwaltung, und zwar bis hinein in die Regierungszentrale.[328]

---

[324] Vgl. Reinermann, Heinrich/von Lucke, Jörn (Hrsg.), Electronic Government in Deutschland, Speyerer Forschungsberichte 226, 2. Aufl., Speyer 2002, S. 9 ff.
[325] Vgl. Roßnagel, Alexander/Knopp, Michael, Mobilisierte Verwaltung, in: Die Öffentliche Verwaltung 2006, S. 982 ff.
[326] Vgl. Reinermann, Heinrich, Das Internet und die öffentliche Verwaltung – Von der bürokratischen zur interaktiven Verwaltung? –, in: Die Öffentliche Verwaltung 1999, S. 20 ff.
[327] Vgl. Groß, Thomas, Die Informatisierung der Verwaltung, in: Verwaltungsarchiv 2004, S. 400 ff.
[328] Vgl. König, Klaus, Personalisierte Führung und Informationstechnik in Regierung und Verwaltung, in: Heinrich Reinermann (Hrsg.), Führung und Information, Heidelberg 1991, S. 67 ff.

Die Informationsfunktion ist aber keine Einbahnstraße. Auch die öffentliche Verwaltung nutzt Informationstechnologien, um sich Informationen von Bürgern und gesellschaftlichen Organisationen, Unternehmen und Wirtschaftsorganisationen zu beschaffen und zu bearbeiten. Man muss nicht so weit gehen und auf die staatliche Online-Durchsuchung angesichts terroristischer Bedrohungen verweisen. Sie ist vielerorts Realität. Im Rechtsstaat bedarf sie gesetzlicher Grundlagen. Auch in den tradierten Feldern des Polizei- und Ordnungswesens oder des Sozial- und Gesundheitswesens gibt es informationale Zugriffe, die mit den neuen Technologien zu einem höheren Grad der Verdichtung führen. Das Ende der Lohnsteuerkarte entlastet von „Bürokratiekosten". Aber der mit Familienstand, Religionszugehörigkeit usw. numerisch erfasste Steuerzahler ist zugleich ein Beitrag zum „gläsernen" Bürger. Hier greift das Recht auf informationelle Selbstbestimmung ein, wie es verfassungsgerichtlich insbesondere am Fall der Volkszählung entwickelt worden ist.[329] Es ist Grundlage von Datenschutzregeln. Die moderne Datenverarbeitung birgt Gefahr für Persönlichkeitsrechte. Dabei sind statistische Erhebungen und Sammlungen personalisierter Daten zu unterscheiden. So sehr der Nutzen dieser Techniken überzeugt, die Informationsgesellschaft hat auch ihre Kosten.

Mit den zwei Seiten von Verwaltung und Bürger deutet sich an, dass die elektronischen Informationstechniken auch der Kommunikation als interaktives Verhalten dienen und so als Kommunikationstechnik bezeichnet werden. Eine solche Interaktion findet sowohl intern in der Verwaltung wie extern im Verhältnis zu ihrer Umwelt statt. Die interne Kommunikation symbolisiert das Intranet als organisationsinternes, nicht allgemein zugängliches Rechnernetzwerk. Solche Netzwerke unterschiedlichen Ausmaßes sind auch im öffentlichen Sektor verbreitet. Ein Beispiel für den Staat als totale Institution bietet Nordkorea. Dort ist der Zugang zum Internet prinzipiell verschlossen. Es gibt aber ein landeseigenes Intranet. Demgegenüber fallen externe Interaktionen in westlichen Ländern auf, mit denen versucht wird, das demokratische Potential der Internetkommunikation zu nutzen – „Elektronische Demokratie" –. Im Fall der öffentlichen Verwaltung ist dabei weniger an Wahlcomputer, sondern an die Partizipation der Bürger am Verwaltungshandeln unterhalb der Schwelle von Anhörungs- und Beteiligungsrechten zu denken. Durch Stellungnahmen der Bürger über E-Mail soll – outputorientiert – die demokratisch-zivilgesellschaftliche Legitimation von Handlungsergebnissen der Verwaltung verbessert werden.[330] Anschauungsfälle betreffen den planerischen Bereich, vor allem die Bauleitplanung der Kommunen. Auch der Versuch der partizipativen Aufstellung des

---

[329] Vgl. Pitschas, Rainer, Das Informationsverwaltungsrecht im Spiegel der Rechtsprechung, in: Die Verwaltung 2000, S. 111 ff.

[330] Vgl. Hohn, Stefanie u. a., Mehr Bürgerbeteiligung durch Internet-Angebote?, in: Verwaltung und Management 2001, S. 341 ff.

Haushalts als „Bürgerhaushalt" umfasst ein Online-Modul.[331] Probleme solcher Partizipationen ergeben sich nicht nur aus dem Umstand, welche Bürger sich für konkrete öffentliche Angelegenheiten mobilisieren lassen, sondern auch aus einer „digitalen Spaltung" zwischen Nutzern und Nicht-Nutzern von Internet-Angeboten.[332]

Mit der digitalen Abwicklung von Verwaltungsvorgängen bei der Allokation öffentlicher Güter und Dienstleistungen rückt die Transaktionsfunktion von Informations- und Kommunikationstechniken in den Mittelpunkt. So werden mit der E-Government-Initiative „BundOnline 2005" 440 Dienstleistungen in den Behörden der Bundesverwaltung Deutschlands als online gestellt bezeichnet.[333] Projekte des Umsetzungsplans 2007 zum neuen Programm „E-Government 2.0" beziehen sich auf das Kundenportal der Arbeitsagentur, den Ausbau der Ausschreibungsplattform des Bundes „e-Vergabe", Steuer-Online für Großmelder und Einzelanträge, elektronische Verfahren zur Lebensmittel- und Futtermittelüberwachung, das Meldewesen, das Personenstandswesen und neben anderen mehr eine nationale Auskunftsstelle für Hersteller, Importeure und Anwender chemischer Stoffe im Rahmen der Neufassung des europäischen Chemikalienrechts.[334] Funktionen der Information und Kommunikation wie Transaktionen gehen dabei ineinander über. So will zum Beispiel Hamburg in dem Rahmen von E-Government-Plattformen und Portal-Ansätzen[335] im Dreiklang von Information, Kommunikation, Transaktion mit „Hamburg-Gateway" Zugang zu allen Online-Verwaltungsleistungen der Stadt erstellen.[336] Verbreitet werden auf Landesebene Projekte betrieben, die sich mit E-Government-fähigen Verwaltungsleistungen befassen.

Indessen wird auch festgestellt, dass dort, wo Baugenehmigungsverfahren elektronisch abgewickelt werden können, viele Architekten die Möglichkeit nicht nutzen, wo Verwaltungsplattformen bestehen, Lieferanten gern auf traditionellem Wege ihre Leistungen anbieten wollen.[337] Hieraus ist zu verstehen, dass die Verwaltungsklientel die pragmatische Interaktion mit Verwaltungsmit-

---

[331] Vgl. Klages, Helmut/Daramus, Carmen, Bürgerhaushalt Berlin-Lichtenberg, Speyerer Forschungsberichte 249, Speyer 2007.

[332] Vgl. Winkel, Olaf, E-Government, in: Verwaltung und Management 2004, S. 126 ff.

[333] Vgl. Bundesministerium des Innern, E-Government 2.0, Berlin 2006, S. 6.

[334] Vgl. Bundesministerium des Innern, Umsetzungsplan 2007, E-Government 2.0, Berlin 2007.

[335] Vgl. Reinermann, Heinrich/von Lucke, Jörn (Hrsg.), Portale in der öffentlichen Verwaltung, Speyerer Forschungsberichte 205, 3. Aufl., Speyer 2002.

[336] Vgl. Kammer, Matthias, Informatisierung der Verwaltung, in: Verwaltungsarchiv 2004, S. 418 ff.

[337] Vgl. Büllesbach, Rudolf, eGovernment – Sackgasse oder Erfolgsstory, in: Deutsches Verwaltungsblatt 2005, S. 605 ff.

gliedern sucht, wenn sie die Wägbarkeiten der Verwaltungsgeschäfte nicht hinreichend kalkulieren kann. Deswegen versucht man, sich in E-Government-Projekten auf Geschäftsprozesse der Wirtschaft einzustellen und integrierte Verwaltungs- und Geschäftsabläufe als Prozessketten zu schaffen. Das Programm der Bundesregierung nennt dazu unter anderem: das Zulassungsverfahren für die chemische Industrie, Elektronische Verdachtsanzeigen – Geldwäsche –, Elektronische Abfallnachweisverfahren und anderes mehr.[338] Die Anschauungsfälle belegen, dass solche Prozessketten nicht einfach technisch verstanden werden dürfen. Sie setzen einen Ausgleich zwischen öffentlichen und privaten Interessen voraus, wobei Drittbetroffene nicht zu kurz kommen dürfen. Die Transaktionsfunktion wirft auch informationsrechtliche Fragen auf. Ein Beispiel dafür ist die elektronische Signatur.[339] Rechtlich verbindliche Vorgänge verlangen die Identifizierung etwa eines Antragstellers und die verbindliche Zuordnung einer Willenserklärung zum Erklärten.

Schließlich ist noch die Bescheidfunktion von Informations- und Kommunikationstechnologien zu nennen, ohne die die Massenverwaltungen – Steuerbescheide, Bußgeldbescheide, Rentenbescheide – schwer auskommen könnten.[340] Die Prämissen des „automatisierten" Verwaltungsaktes bestehen darin, dass sich seine Rechtsgrundlagen streng konditional oder konditionierbar erfassen lassen müssen, so dass sie in die Algorithmen der Computersprache übersetzt werden können. Setzt die Konditionierung weitere Selektionen von Entscheidungsmöglichkeiten voraus, so geht es um einen normativen, nicht technischen Vorgang. Die Erstellung von Computerprogrammen, die in Verwaltungsverfahren eingesetzt werden, ist so prinzipiell als Erlass einer Verwaltungsvorschrift zu qualifizieren.[341] Der Spielraum für automatisierte Bescheide als „Verwaltung durch Maschinen"[342] ist mengenmäßig groß, in der Sache eher begrenzt. Gesetze lassen sich allgemein nicht deterministisch begreifen. Unbestimmte Rechtsbegriffe und Ermessensbestimmungen verweisen darauf, dass die pragmatische Dimension menschlicher Kommunikation unverzichtbar ist.

Informations- und Kommunikationstechnologien haben die öffentliche Verwaltung verändert. Automatisierte Datenverarbeitung, Intranet und Internet, Verwaltungsportale usw. prägen das Informationsverhalten der Verwaltung und

---

[338] Vgl. Bundesministerium des Innern, Umsetzungsplan 2007, E-Government 2.0, Berlin 2007, S. 30 ff.

[339] Vgl. Landsberg, Willy, Electronic Government aus der Sicht der Verwaltung, in: Heinrich Reinermann/Jörn von Lucke (Hrsg.), Electronic Government in Deutschland, Speyerer Forschungsberichte 226, 2. Aufl., Speyer 2002, S. 20 ff.

[340] Vgl. Polanski, Ralf-Michael, Der automatisierte Verwaltungsakt, Berlin 1993.

[341] Vgl. Groß, Thomas, Die Informatisierung der Verwaltung, in: Verwaltungsarchiv 2004, S. 400 ff.

[342] Vgl. Bull, Hans-Peter, Verwaltung durch Maschinen, 2. Aufl., Köln/Berlin 1964.

immer mehr auch die Beziehung zu ihrer Klientel, beginnend mit der leichteren Erreichbarkeit.[343] Die Informatisierung der Verwaltung hat neue Organisationsformen ermöglicht. Ein Beispiel sind die Bürgerämter, Bürgerbüros, die in einem kommunalen Serviceladen den Einwohnern den Zugang zu mehreren Verwaltungsleistungen von einer Stelle aus verschaffen, etwa beim Einwohner- und Kraftfahrzeugwesen. Bei der Erstellung solcher Leistungen in einer an sich arbeitsteiligen Organisation sind Bürgerämter darauf angewiesen, dass Informationstechniken interne Netzwerkverbindungen zu den Fachämtern vorhalten. Mit dem Aufbau einschlägiger Verwaltungsportale wird überdies die Möglichkeit eröffnet, dass Bürger und Unternehmen über Informationstechniken mit solchen Ämtern kommunizieren.[344] Die Informatisierung der Verwaltung hat klassischen Reformthemen neue Impulse gegeben, etwa zur Trägerwahl und zum „Outsourcing"[345], Informations- und Kommunikationstechnologien enthalten darüber hinaus ein noch nicht eingelöstes Modernisierungspotential.[346] So wird als Defizit angesehen, dass mit der Informatisierung bestehende, oft suboptimale Verwaltungsprozesse abgebildet werden, statt Informationstechniken zur Neugestaltung von Prozessen zu nutzen.[347]

Zur Informatisierung werden viele Modernisierungsziele genannt: von der Steigerung der Effizienz und Effektivität bis zur Vergrößerung der Partizipationsmöglichkeiten, von der Imageverbesserung bis zur Stärkung der Mitarbeiterzufriedenheit. Auch die Befreiung von überflüssiger Bürokratie wird genannt. Spricht man über Entbürokratisierung, muss man – jedenfalls in der Wissenschaft – den Unterschied zwischen Bürokratie als einer administrativen Leistungsordnung und deren Übertreibungen und Dysfunktionen als Bürokratismus unterscheiden.[348] Die Verwaltung bleibt bei allen Deregulierungen regelgebunden und damit berechenbar für Politik wie Bürger. Informationstechnologien bringen im Gegenteil noch mehr Standards in die Verwaltung. Die örtliche und sachliche Zuständigkeitsverteilung ist unverzichtbar. Die kommunale Selbstverwaltung würde sich selbst aufgeben, wenn sie in ihren Kernbereichen der Autonomie auf Ortsgebundenheit verzichten würde. So sto-

---

[343] Vgl. Reinermann, Heinrich, Der öffentliche Sektor im Internet, Speyerer Forschungsberichte 206, 2. Aufl., Speyer 2000, S. 13 ff.

[344] Vgl. Reinermann, Heinrich/von Lucke, Jörn (Hrsg.), Portale in der öffentlichen Verwaltung, Speyerer Forschungsberichte 205, 3. Aufl., Speyer 2002.

[345] Vgl. Schuppan, Tino, Strukturwandel der Verwaltung mit E-Government, Berlin 2006.

[346] Vgl. Lenk, Klaus, Verwaltungsinformatik als Modernisierungschance, Berlin 2004.

[347] Vgl. Grabow, Bruno u. a., Kommunales E-Government 2006, Deutsches Institut für Urbanistik, Berlin 2006.

[348] Vgl. Derlien, Hans-Ulrich, Entbürokratisierung, in: Andreas Voßkuhle (Hrsg.), Entbürokratisierung und Regulierung, Baden-Baden 2006, S. 64.

ßen Pläne für Großkreise, die jenseits der Perzeption lokaler Angelegenheiten entworfen werden, auf konstitutionelle Grenzen. Territorialität stellt eine sich wandelnde und zugleich fundamentale Größe des Verwaltungshandelns dar.[349] Wenn man gegen einen im Wege automatisierter Datenverarbeitung hergestellten Steuerbescheid Rechtsmittel einlegt, wird man alsbald auf einen nach Abgabeart sachlich differenzierte Verwaltungsorganisation stoßen. Nur der zuständige Mitarbeiter der Verwaltung darf den Bürger in öffentlichen Angelegenheiten belasten. Amtshierarchien sind genauso Nebenordnungen wir Überordnungen. Horizontale Kontakte von Verwaltungsmitarbeitern sind zahlreicher als vertikale. Aber man kann Über- und Unterordnung nicht abschaffen. Zu viele Hierarchieebenen mögen dysfunktional sein, so dass man sie abbaut. Jedoch stellt die Hierarchie eine unverzichtbare Steuerungskette bis hin zu den politisch-demokratisch legitimierten Stellen und Personen dar. Die Sprache von Netzwerken und Datenbanken ändert nichts Grundlegendes an Schriftlichkeit und Aktenkundigkeit. Und eine informatisierte Verwaltung ohne Professionalisierung in öffentlichen Angelegenheiten, das virtuelle Rathaus reiner Ehrenamtlichkeit, sind schwer vorstellbar. Eine landesübergreifende Zusammenarbeit auf dem Gebiet der Informationstechnik[350], kommunale Kooperationen bei der Entwicklung von Online-Dienstleistungen passen in die tradierte Verwaltungspolitik.[351] Aber eine „Networked Virtual Organisation" als neues Organisationskonzept für öffentliche Angelegenheiten[352] liegen jenseits von Föderalismus und lokaler Selbstverwaltung und jenseits der bürokratischen Leistungsordnung der öffentlichen Verwaltung.

2. Postindustrielle Verwaltung

Erweist sich die Informatisierung der öffentlichen Verwaltung nicht als Umbruch zu einer neuen „virtuellen Einheit", sondern als weitergehende Verwaltungsmodernisierung und damit als Entwicklung in der Moderne, dann bleibt, Szenarien der Verwaltung in einer anderen Moderne zu zeichnen. Dazu kann man bei den sozio-kulturellen Umweltbedingungen ansetzen, wie sie in ihrem

---

[349] Vgl. Benz, Arthur, Die territoriale Dimension der Verwaltung, in: Klaus König (Hrsg.), Deutsche Verwaltung an der Wende zum 21. Jahrhundert, Baden-Baden 2002, S. 207 ff.

[350] Vgl. Kammer, Matthias, Neue Strukturen in der IT-Landschaft der öffentlichen Verwaltung, in: Verwaltung und Management 2006, S. 189 ff.

[351] Vgl. Grabow, Bruno/Siegfried, Christine, Virtuelle Rathäuser und die MEDIA@Komm-Modellprojekte, in: Heinrich Reinermann/Jörn von Lucke, Electronic Government in Deutschland, Speyerer Forschungsberichte 226, S. 151 ff.

[352] Vgl. Du Mont, Steve/Kaczorowski, Willi, Networked Virtual Organisation, in: Verwaltung und Management 2004, S. 241 ff.

10. Kapitel: Weitergehende Verwaltungsmodernisierung

Wandel das politisch-administrative System mitverändern.[353] Die Probleme einer solchen Referenz der öffentlichen Verwaltung legen es nahe, die soziokulturellen Zusammenhänge zwischen Gesellschaft, Staat und Verwaltung in den Blick zu nehmen und jene historischen Entwicklungen zu betrachten, die maßgebliche Umweltbedingungen für die Bildung des politisch-administrativen Systems hervorbringen.[354] Auf eine nach wie vor maßgebliche Grundlegung der Moderne wird mit dem Begriff der industriellen Gesellschaft verwiesen.[355] Es geht dabei um eine Form gesellschaftlicher Existenzsicherung, die über die Wirtschaftssphäre hinausreicht und andere soziale Systembereiche und so auch die öffentliche Verwaltung erfasst. Der umfassende Einsatz von Maschinen als Kern des Industrialisierungsprozesses und neue Muster der Arbeitsteilung erstrecken sich auch auf Bürotätigkeiten. Industrielles Wachstum bedeutet zugleich die Expansion der Staatsaktivitäten. Neue arbeitsteilende Organisationsformen entstehen nicht nur bei privater Produktion, sondern auch bei der Erstellung öffentlicher Güter. Soziale Differenzierungen wie Arbeit und Freizeit, Arbeitsstätte und Wohnung, Familie und soziale Sicherung usw. betreffen auch den öffentlichen Dienst. Vertikal gegliederte Laufbahngruppen, horizontal hinzukommende Fachrichtungen technisch-naturwissenschaftlicher Professionalisierung geben den Wandel in der sozialen Gliederung und Berufszusammensetzung wieder. Technisch-wissenschaftliche Methoden der Arbeit kennzeichnen administrative wie ökonomische Handlungssphären. Arbeitsabläufe werden in beiden Bereichen formalisiert und kontrolliert. Institutionen von Wirtschaft wie Verwaltung nehmen in ihrem Rationalisierungsgrad zu.

Die industrielle Formation der Gesellschaft ist unter mannigfachen Gesichtspunkten kritisiert worden. Dabei gibt es überlagernde Auseinandersetzungen, insbesondere durch die breite Kapitalismusdiskussion.[356] Allerdings war es dann wiederum der Industrialismus, dem man in Konvergenztheorien mehr prägende Kraft als den politischen Unterschieden zwischen freiheitlicher Demokratie und realsozialistischer Herrschaft zugetraut hatte.[357] Die Kritik der industriellen Gesellschaft reicht von frühen Entfremdungsthesen, die auf die das

---

[353] Vgl. Böhret, Carl, Allgemeine Rahmenbedingungen und Trends des Verwaltungshandelns, in: Heinrich Reinermann u. a. (Hrsg.), Neue Informationstechniken – Neue Verwaltungsstrukturen?, Heidelberg 1988, S. 30.

[354] Vgl. Böhret, Carl, Allgemeine Rahmenbedingungen und Trends des Verwaltungshandelns, in: Heinrich Reinermann u. a. (Hrsg.), Neue Informationstechniken – Neue Verwaltungsstrukturen?, Heidelberg 1988, S. 27 ff.

[355] Vgl. Klages, Helmut, Stichwort „Industriegesellschaft", in: Dieter Nohlen (Hrsg.), Wörterbuch Staat und Politik, Bonn 1995.

[356] Vgl. Habermas, Jürgen, Legitimationsprobleme im Spätkapitalismus, Frankfurt a. M. 1973.

[357] Vgl. Aron, Raymond, Die industrielle Gesellschaft, Frankfurt a. M./Hamburg 1962.

Alltagsbewusstsein prägenden Fragmentierungen und Spezialisierungen menschlichen Handelns im Produktionsprozess der Warenwirtschaft hinweisen[358] bis zu Theorien der „Risikogesellschaft", die auf die spätindustriellen Selbstgefährdungen und selbstgemachten Katastrophen nuklearer, chemischer, genetischer Produktion abstellen.[359]

Die öffentliche Verwaltung ist bei solchen Zweifeln dabei. Entfremdungsphänomene kann man auf die Staatsbürokratien beziehen, wenn man ihnen Unpersönlichkeit, Regelformalismus, unverständlichen Jargon, undurchsichtige Zuständigkeitsverteilung, Verfahrensschematismus usw. anlastet.[360] In den theoretischen Ansätzen zur industriellen Risikogesellschaft wird einerseits der öffentlichen Wohlfahrtspolitik nicht zugetraut, Gefährdungen aufzufangen, andererseits wird befürchtet, dass politisch-administrative Entscheidungen selbst Gefahren auslösen können. Kritische Faktoren betreffen die Verwaltung insbesondere auch dann, wenn eigenständige Herrschaftsmacht und Funktionsfähigkeit des Staates mit ihnen in Frage gestellt werden. So viel gilt zumindest für Kontinentaleuropa. Denn die dortigen klassisch-modernen Verwaltungen sind von der Staatsorientierung geprägt.[361]

Entsprechend ist die öffentliche Verwaltung mitbetroffen, wenn der „Staat der Industriegesellschaft" skeptisch betrachtet wird.[362] Man befürchtet einen Verlust an Staatlichkeit, an Souveränität. Sachzwängen und Eigengesetzlichkeiten der industriellen Verhältnisse könne der Staat weder ausweichen noch diese beherrschen. Letztlich scheint es die Ratio des technischen Prozesses zu sein und nicht der staatliche Wille, die Politik und Verwaltung bestimmen. Von der modernen Verwaltung wird konstatiert, dass sie von der Mentalität des technischen Fortschritts angesteckt sei. Das wird etwa mit dem Vordringen technisch-naturwissenschaftlicher Berufe in den öffentlichen Dienst, der Verdrängung des Juristen in seiner klassischen Generalistenrolle, den Einzug des fachmännischen Geistes belegt.

Aus anderer Sicht wird auf Gefährdungen verwiesen, die für Staat und Verwaltung der hochindustrialisierten Gesellschaften aus der Kompensation der technischen, ökonomischen, sozialen Folgen entsteht. Der Staat übernimmt

---

[358] Vgl. Marcuse, Herbert, Der eindimensionale Mensch, Darmstadt 1984.

[359] Vgl. Beck, Ulrich, Risikogesellschaft. Auf dem Weg in eine andere Moderne, Frankfurt a. M. 1986; Beck, Ulrich (Hrsg.), Politik in der Risikogesellschaft: Essays und Analysen, Frankfurt a. M. 1991.

[360] Vgl. Hoffmann-Riem, Wolfgang (Hrsg.), Bürgernahe Verwaltung? Analysen über das Verhältnis von Bürger und Verwaltung, Darmstadt/Neuwied 1979.

[361] Vgl. Heady, Ferrel, Public Administration, A Comparative Perspective, 6. Aufl., New York u. a. 2001.

[362] Vgl. Forsthoff, Ernst, Der Staat der Industriegesellschaft – Dargestellt am Beispiel der Bundesrepublik Deutschland, München 1971.

immer mehr Funktionen der sozialen Sicherung, der Intervention in Märkte und Unternehmen, der Beratung, Unterstützung, Bildung der Bürger, der Risikovorsorge nicht nur gegenüber natürlichen, sondern auch technisch-künstlichen Gefährdungen. Hieraus scheint eine Wohlfahrtsbürokratie zu erwachsen, die – einem Sisyphus gleichend – mit einem ständig vergrößerten Einsatz von Kräften immer geringere und problematischere Resultate erzeugt. Staat und Verwaltung erscheinen zu einem Stabilitätsrisiko angesichts der gesellschaftlichen Anspruchsdynamik zu werden. Kategorien wie Unregierbarkeit, Staatsverdrossenheit, Legitimationskrise kennzeichnen die kritische Auseinandersetzung mit den öffentlichen Angelegenheiten.[363] „Überlasteter Staat – verdrossene Bürger?" lautet eine Frage zu den Dissonanzen der spätindustriellen Wohlfahrtsgesellschaft.[364]

Wo soviel skeptische Diagnosen vorgenommen werden, wird es an der optimistischen Prognose nicht mangeln. Wir finden sie in der Konzeption von der postindustriellen Gesellschaft.[365] Damit wird gesagt, dass im Anschluss an die Industriegesellschaft eine neue gesellschaftliche Entwicklungsphase angebrochen sei.[366] Man muss indessen in solchen nachzeitlichen Extrapolationen keinen historischen Bruch sehen. Vielmehr wird die Rationalität der Industriegesellschaft über ihren klassischen Definitionsbereich hinaus erweitert. Das Andauern des wissenschaftlich-technologischen Fortschritts bedeutet insofern steigende Produktivität, mehr Freizeit, Wohlfahrtswirtschaft, hochqualifizierte Berufe, persönlicher Wohlstand. Naturwissenschaften und Technik besorgen, dass die Spannungen zwischen neuen Bedürfnissen und neuen Knappheiten lösbar sind.[367] Die Zentralität theoretischen Wissens als Quelle von Innovationen und dann auch Ausgangspunkt der gesellschaftlich-politischen Programmatik gilt als „axiales Prinzip".[368]

Die postindustrielle Gesellschaft ist „Dienstleistungsgesellschaft". Man geht von einem zunehmenden Übergewicht der Dienstleistungswirtschaft gegenüber

---

[363] Vgl. Klages, Helmut, Die unruhige Gesellschaft, München 1975; ferner Hennis, Wilhelm/Kielmannsegg, Peter Graf von (Hrsg.), Regierbarkeit. Studien zu ihrer Problematisierung, 2 Bände, Stuttgart 1977/79.

[364] Vgl. Klages, Helmut, Überlasteter Staat – Verdrossene Bürger? Zu den Dissonanzen der Wohlfahrtsgesellschaft, Frankfurt a. M. 1981.

[365] Vgl. Fourastié, Jean, Die große Hoffnung des 20. Jahrhunderts, Köln-Deutz 1954.

[366] Vgl. Bell, Daniel, Die nachindustrielle Gesellschaft, Frankfurt a. M./New York 1975, S. 115.

[367] Vgl. Hugger, Werner, Szenarien alternativer Gesellschaftsentwicklung, in: Herbert König/Walter A. Oechsler (Hrsg.), Anforderungen an den öffentlichen Dienst von morgen. Konzeptionen und Fallstudien zur mittel- und langfristigen Vorausschätzung, Regensburg 1987, S. 82 ff.

[368] Vgl. Bell, Daniel, Die nachindustrielle Gesellschaft, Frankfurt a. M./New York 1975, S. 115.

der materiellen Güterproduktion aus. Entwicklungen in Bildung und Forschung führen zum Entstehen eines „quartären" Sektors.[369] Es kommt zu Änderungen der sozialen Schichtung und des Herrschaftsgefüges.[370] Eine Klasse professionalisierter und technisch qualifizierter Berufe bildet sich heraus und löst das alte statusbezogene durch ein leistungsorientiertes Schichtungsprinzip ab. Der zunehmende Machtanspruch dieser Klasse manifestiert sich im Wege der Verwissenschaftlichung von Politik und Wirtschaft.[371] Solche nachzeitlichen Fortschreibungen der industriellen Gesellschaft reichen dann bis zum Bild von der „Informationsgesellschaft".[372] Dort kommt es zur Dominanz der Informationstechnologien, zur sozialstrukturellen Verfestigung der Informationsberufe, die dann Mehrheitspositionen erringen.

Die Merkmale der postindustriellen Gesellschaft stellen sich für die öffentliche Verwaltung als soziokulturelle Umweltbedingungen dar, die deren Existenz und Funktionieren als soziales System mitbegründen. Entsprechend verweisen sie auf die Entwicklungslinien der weiteren Systembildung. Wenn der Postindustrialismus nicht den Bruch mit der alten Industriegesellschaft, sondern deren Extrapolation bedeutet, dann kommt es zunächst nicht und jedenfalls nicht aus soziokulturellen Gründen zum Bruch mit dem wohlfahrtsstaatlichen System der administrativen Daseinsvorsorge angesichts technischer, ökonomischer, sozialer Folgen. Alte Differenzierungen wie die zwischen Familie und sozialer Sicherung bleiben bestehen. Neue Differenzen treten hinzu. Mit einem steigenden Wohlstand steigen auch die Wohlstandserwartungen. Verlängert sich die menschliche Lebenszeit gerade auch durch die Fortschritte von medizinischer Wissenschaft und Technik, dann wird die materielle Absicherung der Gebrechlichkeit erwartet und solchen Erwartungen mit der Einrichtung einer Pflegeversicherung Rechnung getragen.

Wenn es zu Veränderungen im Gefüge der Industrieproduktion kommt, also in Richtung auf Informationstechnologien, dann gibt es nicht nur neue, sondern auch alte Industrien. Nach allen Erfahrungen werden die Folgen solchen industriellen Wandels nicht, zumindest nicht kurzfristig durch Marktmechanismen ausgeglichen. Es bedarf einer Kompensation durch staatliche Aktivitäten. Wenn eine andere Qualität technisch-wissenschaftlicher Professionalisierung

---

[369] Vgl. Hugger, Werner, Szenarien alternativer Gesellschaftsentwicklung, in: Herbert König/Walter A. Oechsler (Hrsg.), Anforderungen an den öffentlichen Dienst von morgen. Konzeptionen und Fallstudien zur mittel- und langfristigen Vorausschätzung, Regensburg 1987, S. 82 ff.

[370] Vgl. Klages, Helmut, Stichwort „Industriegesellschaft", in: Dieter Nohlen (Hrsg.), Wörterbuch Staat und Politik, 2. Aufl., Bonn 1995.

[371] Vgl. Bell, Daniel, Die nachindustrielle Gesellschaft, Frankfurt a. M./New York 1975, S. 115.

[372] Vgl. Deutsch, K. W./Sonntag, P., From the Industrial Society to the Information Society – Crises of Transition in Society, IIVG/dp 1981.

das Arbeitsleben bestimmt, dann gibt es nicht nur neue, sondern auch alte Berufe. Wiederum ist es der öffentliche Sektor, in dem die Folgen solcher Veränderungen auszugleichen sind. So wird auch die Verwaltung des Postindustrialismus nach wie vor von den Programmen, Organisationen, Dienstkräften, Budgets der Arbeits- und Sozialpolitik geprägt sein.[373]

Postindustrielle Veränderungen spitzen die Probleme von Standort und räumlicher Mobilität zu. Es gibt eben auch alte und neue Standorte. Staat und Verwaltung sind an beiden Plätzen gefordert. In dem einen Falle geht es um die Sanierung, Wiederbelebung, Umwidmung veralteter Einrichtungen. Der bloße Verfall wird politisch nicht ertragen.[374] In dem anderen Falle geht es um den Aufbau einer neuen Infrastruktur. Zugleich ist die postindustrielle Gesellschaft dann nicht nur durch soziale, sondern auch durch räumliche Mobilitäten gekennzeichnet. Von den Verkehrswegen bis zu den Kommunikationsnetzen sind entsprechende Anlagen vorzuhalten und zu regulieren. Ein Versorgungsgefälle zwischen Stadt und ländlichem Raum erscheint nicht mehr akzeptabel. Von Verwaltungs wegen ist für vergleichbare Leistungsstandards zu sorgen.[375]

Wenn die postindustrielle Gesellschaft im Hinblick auf die technisch bewirkten Produktivitätssteigerungen zur „Freizeitgesellschaft" wird, dann führt das nicht nur zum Ausbau einer neuen Wirtschaftsbranche, sondern auch zur Freizeitgestaltung als ein neues und expandierendes Feld öffentlicher Verwaltung. Der Ferienbeginn mag so Urlaubssperre für die Verkehrspolizisten bedeuten. Von Amts wegen werden Pläne für Fremdenverkehr, Erholungswesen, Sport, Jugendfreizeit erstellt. Eine Infrastruktur von Schwimmbädern, Sportstätten, Spieleinrichtungen, Wanderwegen, Jugendzentren usw. wird angelegt. Freizeit erweist sich als regelungsbedürftiger Lebenssachverhalt, schon um die Natur vor dem Menschen zu schützen. Regulative reichen von staatlichen Erlaubnisvorbehalten für den individuellen Fall bis zum generellen Landschaftsschutz.

Wenn ihr industrieller Grundzug auch die postindustrielle Gesellschaft zur „Risikogesellschaft" werden lässt, dann fordern soziale Selbstgefährdungen und von Menschen herbeigeführte Katastrophen zu verstärkten staatlichen Ak-

---

[373] Vgl. Klages, Helmut, Beurteilung der Sozialpolitik vor dem Hintergrund gesellschaftlicher Entwicklungen und sozialpolitischer Gestaltungsmaximen – Aus der Sicht der Wissenschaft, in: Bundesministerium für Arbeit und Sozialordnung (Hrsg.), Sozialstaat im Wandel, Bonn 1994, S. 35 ff.
[374] Vgl. Hesse, Joachim Jens (Hrsg.), Die Erneuerung alter Industrieregionen. Ökonomischer Strukturwandel und Regionalpolitik im internationalen Vergleich, Baden-Baden 1988.
[375] Vgl. Wagener, Frido, Neubau der Verwaltung. Gliederung der öffentlichen Aufgaben und ihrer Träger nach Effektivität und Integrationswert, 2. Aufl., Berlin 1974.

tivitäten auf.[376] Die verschiedensten Funktionen der Entsorgung, Überwachung, Sicherung sind zu erfüllen. Es bedarf öffentlicher Katastrophenpläne, um sich auf große Gefahrenlagen vorzubereiten. Es bedarf staatlicher Informationssysteme, um Gefährdungen erfassen und messen zu können. Es bedarf wissenschaftlich-technischen Sachverstands, um Gefahren sachgemäß bewerten zu können.[377] Es bedarf rechtlicher Regulative, um das Verhalten der Bürger verbindlich steuern zu können. Es bedarf des Einsatzes von Polizei-, Katastrophen- und Rettungsdiensten. Es bedarf entsprechender öffentlicher Sachmittel, Geräte, Fahrzeuge. Das Ganze weitet sich aus über die Sicherung und Unterbringung der Betroffenen bis zur Frage ihrer Entschädigung von Amts wegen. Wir haben es mit einem komplexen Feld des Verwaltungshandelns zu tun.

Wenn es ein Merkmal der postindustriellen Gesellschaft ist, dass sie eine neue Qualität der wissenschaftlich-technischen Berufe hervorbringt, dann betrifft das die Aufgaben der öffentlichen Verwaltung und ist zugleich reflexiv für deren Personalstrukturen.[378] Universitäten und Technische Hochschulen sind auszubauen, um entsprechende Ausbildungsleistungen vorzuhalten. Freilich geht es nicht einfach um eine Akademisierung des Arbeitslebens. Ein breites Spektrum von der polytechnischen Schulung bei mittleren Anforderungsprofilen bis zur Computerausbildung bei Schreibdiensten steht zur Diskussion. Der Ausbau des Bildungsbereichs wirkt auf das Verwaltungspersonal zurück. Es dringen nicht nur neue technisch-wissenschaftliche Berufe in den öffentlichen Dienst ein und führen zu einer Gruppierung nach Fachrichtungen wie Apotheker, Bauingenieur, Bergfachleute usw. Dort, wo das allgemeine Bildungssystem keine entsprechenden Studien- und Schulungsgänge vorhält, werden verwaltungsinterne Einrichtungen geschaffen, etwa Fachhochschulen für die Steuer- und Zollverwaltung und dann weiter Akademien für die Fortbildung der öffentlichen Bediensteten.

Wenn es der wissenschaftlich-technische Fortschritt ist, der durch seine Kontinuität die postindustrielle Gesellschaft hervorbringt, dann ist zu verstehen, dass der Staat wissenschaftliche Forschung und technologische Entwicklung fördert. Das geschieht innerhalb wie außerhalb der Universitäten. Außeruniversitäre Großforschungseinrichtungen der Nuklearforschung, der Weltraumforschung, der gentechnischen Forschung usw. werden von Staats wegen

---

[376] Vgl. Böhret, Carl, Folgen. Entwurf einer aktiven Politik gegen schleichende Katastrophen, Opladen 1990.

[377] Vgl. Böhret, Carl, The Tools of Public Management, in: K. A. Eliassen/S. Koiman (Hrsg.), Managing Public Organisations. Lessons from Contemporary European Experiences, 2. Aufl., London u. a. 1993, S. 91 ff.

[378] Vgl. König, Herbert/Oechsler, Walter A. (Hrsg.), Anforderungen an den öffentlichen Dienst von morgen. Konzeptionen und Fallstudien zur mittel- und langfristigen Vorausschätzung, Regensburg 1987.

eingerichtet und verwaltet. Eine eigene Forschungsverwaltung, etwa ein Ministerium für Forschung, koordiniert die nationalen und internationalen Aktivitäten. Insbesondere im Bereich der Grundlagenforschung vertraut man nicht darauf, dass Unternehmen, Markt, Wettbewerb die Dinge richten. Darüber hinaus wird aber immer wieder der Ruf laut, anwendungsorientierte Forschung zu fördern. Die Grenzen zur Industriepolitik verwischen sich, bis zum japanischen Fall, in dem Forschungspolitik und Industriepolitik in konzertierter Aktion mit der Wirtschaft gesteuert werden.

Wenn schließlich der Postindustrialismus sich als Dienstleistungsgesellschaft darstellt, dann muss es ohnehin zu einer Ausweitung der öffentlichen Verwaltung kommen.[379] Denn in Gesellschaften mit marktwirtschaftlich ausdifferenziertem ökonomischem System haben sich Staat und Verwaltung immer mehr aus der materiellen Güterproduktion zurückgezogen, wobei selbst Fälle wie die Wasserversorgung zur Diskussion stehen. Der überwiegende Teil der öffentlich erbrachten Leistungen lässt sich als Dienstleistungen charakterisieren:[380] vom Bildungswesen bis zum Gesundheitswesen, vom Verkehrswesen bis zur Gefahrenabwehr. Der Wohlfahrtsstaat wird geradezu als vorbildlich angesehen, wenn er sich wie im skandinavischen Modell als dienstleistungsintensiv erweist.[381] So betonen dann auch die Theoretiker des Postindustrialismus das Anwachsen des öffentlichen Sektors und die Ausweitung der öffentlichen Verwaltung.[382]

3. Postmoderne Verwaltung

Als ein Szenarium alternativer Gesellschaftsentwicklung zum Postindustrialismus könnte man die Postmoderne begreifen.[383] Das würde die Unterordnung

---

[379] Vgl. Böhret, Carl, Allgemeine Rahmenbedingungen und Trends des Verwaltungshandelns, in: Heinrich Reinermann u. a. (Hrsg.), Neue Informationstechniken, Neue Verwaltungsstrukturen?, Heidelberg 1988, S. 27 ff.

[380] Vgl. Grunow, Dieter, Verwaltung in der Dienstleistungsgesellschaft, in: Klaus König (Hrsg.), Deutsche Verwaltung an der Wende zum 21. Jahrhundert, Baden-Baden 2002, S. 131 ff.

[381] Vgl. Jahn, Detlef, Schweden – Kontinuität und Wandel einer postindustriellen Gesellschaft, in: Aus Politik und Zeitgeschichte. Beilage zur Wochenzeitung Das Parlament, B 43/92 v. 16.10.1992, S. 22 ff.

[382] Vgl. Klages, Helmut, Stichwort „Post-industrielle Gesellschaft", in: Dieter Nohlen (Hrsg.), Handwörterbuch Staat und Politik, Neuausgabe, Bonn 1995, S. 613 ff.

[383] Vgl. Hugger, Werner, Szenarien alternativer Gesellschaftsentwicklung, in: Herbert König/Walter A. Oechsler (Hrsg.), Anforderungen an den öffentlichen Dienst von morgen. Konzeptionen und Fallstudien zur mittel- und langfristigen Voraussschätzung, Regensburg 1987, S. 82 ff.; Koslowski, Peter u. a. (Hrsg.), Moderne oder Postmoderne? Zur Signatur des gegenwärtigen Zeitalters, Weinheim 1986.

des technologischen Fortschritts unter die Interessen und Belange des Menschen, die Orientierung von Wissenschaft und Forschung an den Bedürfnissen der Gemeinschaft, die Organisation von „angepassten" Technologien bedeuten. Nichtmaterielle Bedürfnisse genössen Vorrang. Materielles Wachstum wäre zu begrenzen. Ressourcen würden gepflegt, wiederverwendet, durch Nutzung langlebiger Güter geschont, jedenfalls sparsam verbraucht. Grundversorgung, Gesundheitsvorsorge, natürliche Ernährung würden auch durch Alternativensuche gesichert. Die Natur würde als Lebensbasis anerkannt und geschützt; Eingriffe in die natürliche Umwelt würden gering gehalten. Die Lebensführung wäre durch Natürlichkeit und Naturbindung gekennzeichnet. Menschliche Aktivitäten würden in eine intakte Umwelt integriert.

Es bestünde ein Recht auf Arbeit für alle und die Arbeitswelt wäre human organisiert. Entlohnung und Gestaltung von Arbeitsvorgängen wären von Möglichkeiten der Selbstregulierung geprägt. Für das Eigentum bestünde konsequente Sozialbindung. Soziale Dienstleistungen würden durch individuelle Leistung nach eigenem Willen in der freiwerdenden Zeit erbracht. „Soziale Netze" fungierten als Träger solidarischer Unterstützung und Hilfe. Die engere soziale Gemeinschaft würde zum Bezugspunkt individuellen und kollektiven Handelns. Minderheitsinteressen würden bewusst berücksichtigt. Konflikte wären gewaltfrei zu lösen. Bedürftigkeit und Betroffenheit wären entscheidend. Es erfolgte eine umfassende Interessenberücksichtigung und Beteiligung. Die Betroffenen hätten Mitspracherechte und zugleich wären die Interessen von Allgemeinheit, Mitwelt und Nachwelt vertreten.[384] Es ginge um Selbstbestimmung, Selbstverwirklichung, Selbstentfaltung und zugleich um intakte Sozialbeziehungen.[385]

Auf die Systembildung öffentlicher Verwaltung würde eine solche Beschaffenheit ihrer sozialen Umwelt nicht ohne Auswirkungen bleiben.[386] Bei so viel gesellschaftlicher Selbstgewährleistung im individuellen und kollektiven Handeln wäre die administrative Produktion und Distribution öffentlicher Güter reduziert: quantitativ wie qualitativ. Der Staat bliebe Träger spezifischer, eng definierter Versorgungs- und Dienstleistungen wie Grundlagenforschung oder Katastrophenschutz. Aber selbst bei der Aufrechterhaltung der inneren Sicherheit und Ordnung würde er aufgrund der sich durchsetzenden „Konvivialität" weniger in Anspruch genommen. Der Umweltschutz wäre die besondere Überwachungsaufgabe. Verbleibende soziale Dienstleistungen wären von unteren

---

[384] Vgl. Böhret, Carl, Folgen. Entwurf einer aktiven Politik gegen schleichende Katastrophen, Opladen 1990.
[385] Vgl. Beyme, Klaus von, Theorie der Politik im 20. Jahrhundert. Von der Moderne zur Postmoderne, Frankfurt a. M. 1991, S. 172 ff., S. 330 ff.
[386] Vgl. Beyme, Klaus von, Theorie der Politik im 20. Jahrhundert. Von der Moderne zur Postmoderne, Frankfurt a. M. 1991, S. 172 ff., S. 330 ff.

10. Kapitel: Weitergehende Verwaltungsmodernisierung 759

Verwaltungseinheiten zu erbringen. Entwicklung von Kleintechnologien, Ansiedlung von umweltfreundlichen Betrieben usw. wären zu fördern. Im öffentlichen Kulturleben blieben dem Staatsbereich neben der „Alltagskultur" nur teure Ausnahmeveranstaltungen, im Freizeitverhalten nur Koordination und Absicherung basisgetragener Entfaltungen.

Öffentliche Sachgüter und Dienstleistungen wären hiernach dezentral, nachfrage- und betroffenennahe vorzuhalten. Die vorherrschende territoriale Organisation wäre dezentral, klein- und aktionsräumlich gestaltet. Kompetenzen öffentlicher Regelung und Planung wären schon um der größtmöglichen Partizipation und Basisbeteiligung willen auf den unteren Verwaltungsebenen zu bündeln. Höher aggregierte Planungen würden den kleineren Siedlungs- und Lebenseinheiten als freiwillig abnehmbare Dienstleistungen angeboten. Im Grunde ginge es nur noch um die Koordinierung von Einzelaktivitäten. In den Verwaltungsverfahren stünden Information, Diskurs, kreative Teilhabe im Vordergrund. Käme es letztlich auf den Konsens an, dann wären Partizipation, Beratung, Aushandlung, Überzeugung usw. die maßgeblichen Prozessmomente. Die Arbeitsorganisation in der öffentlichen Verwaltung wäre wie sonst durch negative Auswirkungen vermeidende Rationalisierungen, Arbeitszeitverkürzungen, Mehrfachbesetzungen von Arbeitsplätzen, wohnraumnahe Gestaltungen der Erwerbstätigkeit usw. gekennzeichnet.

Die Kategorie der Postmoderne greift über ein solches Szenario indessen hinaus und bleibt zugleich diffuser. Das beginnt bereits mit der Frage nach Epochen und Zäsuren auf dem Wege von der Moderne zur Postmoderne.[387] Der Postindustrialismus sieht zwar eine neue Entwicklungsphase heraufkommen, erblickt aber in den nachzeitlichen Extrapolationen keinen historischen Bruch, sondern die Erweiterung der industriegesellschaftlichen Rationalität.[388] Demgegenüber erscheint es eher unklar, was den Umschlag in die Postmoderne ausmacht. Vieles aus der Vergangenheit wird verworfen, manches in Anspruch genommen. So beruft man sich auf diskurstheoretische oder systemtheoretische Einsichten,[389] wo gerade aufklärerische Intentionen oder funktionale Differenzierungen für die Moderne stehen. Auch für die Verwaltungswissenschaft werden im Namen einer „Postmodern Public Administration" nicht nur Managementdoktrinen verworfen, Konstitutionalismus und Kommunitarismus als über-

---

[387] Vgl. Beyme, Klaus von, Theorie der Politik im 20. Jahrhundert. Von der Moderne zur Postmoderne, Frankfurt a. M. 1991, S. 172 ff., S. 330 ff.

[388] Vgl. Bell, Daniel, Die nachindustrielle Gesellschaft, Frankfurt a. M./New York 1975, S. 115; Klages, Helmut, Stichwort „Post-industrielle Gesellschaft", in: Dieter Nohlen (Hrsg.), Handwörterbuch Staat und Politik, Neuausgabe, Bonn 1995, S. 613 ff.

[389] Vgl. Ladeur, Karl-Heinz, Postmoderne Rechtstheorie. Selbstreferenz – Selbstorganisation – Prozeduralisierung, Berlin 1992.

holt angesehen, sondern auch eine Diskurstheorie[390] entworfen, während Diskurstheoretiker selbst den Postmodernismus mit einem Neokonservatismus gleichsetzen, was dann das Eintreten für die Moderne als progressiv erscheinen lässt.

Weiter ist problematisch, ob mit dem Begriff der Postmoderne auf eine theoretische Perspektive, wissenschaftliche Methoden, Erkenntnisgewinnung oder auf das soziale Leben, Realitäten, die Erfahrungswelt abgestellt wird, das heißt, ob es um eine postmoderne Analyse von Organisationen oder eine Analyse postmoderner Organisationen geht.[391] Ersteres finden wir in Begriffen wie Repräsentation[392] oder Dekonstruktion[393] Letzteres führt zu der Frage, ob es eine postmoderne Gesellschaft gibt oder ob es sich jenseits des Gesellschaftsbegriffs nur noch um ein Konstrukt relationaler Beziehungen handelt, und zwar mit Multikulturalismus, Lokalismus, charismatischer Politik, Kommerzialismus usw. und in der organisierten Welt mit Diffusion statt Spezialisierung, Märkten statt Hierarchien, innerorganisatorischer statt außerorganisatorischer Verantwortlichkeit usw.[394]

Rekurriert man auf das postmoderne Denken als eine Theorie und Praxis, Wissenschaft und Kunst überwölbende Kategorie, dann sind für Lebensbereiche wie Politik und Recht, Staat und Verwaltung keine inkorporierenden Entwürfe, sondern allenfalls Fragmente auszumachen – freilich dann im Sinne des fragmentierenden Denkens der Postmoderne.[395] Dazu könnte man zum Beispiel eine Entsubstantialisierung der Macht rechnen. Der Staat ist „entzaubert".[396] Auch die öffentliche Verwaltung muss Macht durch Verhandlungen ersetzen. Macht ist nicht an Institutionen gebunden, sondern eine „komplexe strategische Situation". Sie konstituiert sich im Spiel ungleich-beweglicher Beziehungen. In der Tat konnte der Staat der alten Bundesrepublik den Eindruck hinterlassen,

---

[390] Vgl. Fox, Charles J./Miller, Hugh T., Postmodern Public Administration. Toward Discourse, Thousand Oaks u. a. 1995.

[391] Vgl. Clegg, Stuart R., Modern Organizations. Organization Studies in the Postmodern World, London u. a. 1990, S. 15, 203.

[392] Vgl. Jeffcutt, Paul, From Interpretation to Representation, in: John Hussard/Martin Parker (Hrsg.), Postmodernism and Organizations, London u. a. 1993, S. 25 ff.

[393] Vgl. Linstead, Steve, Deconstruction in the Study of Organizations, in: John Hussard/Martin Parker (Hrsg.), Postmodernism and Organizations, London u. a. 1993, S. 49 ff.

[394] Vgl. Clegg, Stuart R., Modern Organizations. Organization Studies in the Postmodern World, London u. a. 1990, S. 15, 203.

[395] Vgl. Beyme, Klaus von, Theorie der Politik im 20. Jahrhundert. Von der Moderne zur Postmoderne, Frankfurt a. M. 1991, S. 172 ff., S. 330 ff.

[396] Vgl. Wilke, Helmut, Entzauberung des Staates. Überlegungen zu einer gesellschaftlichen Steuerungstheorie, Königstein/Ts. 1983; Wilke, Helmut, Ironie des Staates. Grundlinien einer Staatstheorie polyzentrischer Gesellschaft, Frankfurt a. M. 1992.

dass es bei ihm um die politisch-administrative Moderation von Selbststeuerungen der Gesellschaft und dann Koordinations- und Kompensationsleistungen gegangen sei. Die Vereinigung Deutschlands und die Transformation der realsozialistischen Staats-, Wirtschafts- und Gesellschaftsordnung auf ostdeutschem Boden haben freilich die staatliche Souveränität auch nach innen offengelegt. Innenpolitisch konnte man sich nicht einfach in korporatistische Handlungsmuster oder Verhandlungssysteme zwischen Verwaltung und Bürger zurückziehen, die in ihren weichen Formen staatlichen Handelns rückblickend die alte Bundesrepublik für manche so angenehm erscheinen lassen. Westdeutsche Wirtschaftskreise mochten durchaus die besseren Einsichten in die ökonomischen Konsequenzen der Vereinigung gehabt haben. Entschieden wurde angesichts einer alle Lebensbereiche umfassenden Lage woanders, nämlich in den staatlichen Institutionen.[397] Ostdeutsche Bürgerbewegungen mochten durchaus die besseren Informationen über soziokulturelle Bedingungen der Transformation gehabt haben. Ordnung wurde angesichts der Verhaltensunsicherheit des Übergangs in anderer Weise geschaffen, nämlich durch staatlich gesetztes Recht.[398] Es geht dabei eben nicht einfach um eine situationsgerechte Führerschaft, sondern darum, dass es keine Instanz außerhalb des Staates gibt, die solche Entscheidungs- und Ordnungsleistungen verbindlich für jedermann hervorbringen kann.

Unter den weiteren Fragmenten postmodernen Denkens sind für die Verwaltung etwa von Relevanz: die prozedurale Legitimation öffentlichen Handelns, die Aufwertung von Minderheiten mit der Zurückstellung des Mehrheitsprinzips – eher faktisch denn normativ, wo Plebiszite die Minderheitenmacht stärken –, die Popularisierung der Informationstechnologien, vor allem aber: ein zugespitzter Pluralismus und Eklektizismus, Inkommensurabilitäten, die Gleichzeitigkeit des Ungleichzeitigen. Nun sind Staat, Gesetzgebung, Regierung, öffentliche Verwaltung keine Lebensbereiche, die ein „neues" Denken nach einer postmodernen Devise des „Anything goes" gleichsam herausfordern. Architektur, Kommerz, Sozialphilosophie, die Lebensführung nach einer Geschmackskultur von Wohnen, Kleidung, Essen usw. sind da interessanter.[399] Dennoch gewinnt man den Eindruck, dass auch in der nüchternen Gedankenwelt politisch-administrativen Handelns die Vorliebe für Unvereinbarkeiten wächst.

---

[397] Vgl. König, Klaus, Transformation als Staatsveranstaltung in Deutschland, in: Hellmut Wollmann u. a. (Hrsg.), Transformation sozialistischer Gesellschaften: Am Ende des Anfangs, Opladen 1995, S. 609 ff.

[398] Vgl. Quaritsch, Helmut, Eigenarten und Rechtsfragen der DDR-Revolution, in: Verwaltungsarchiv 1992, S. 314 ff.

[399] Vgl. Opaschowski, Horst W., Freizeit, Konsum und Lebensstil, Köln 1990.

Sieht man in der Postmoderne einen Gegensatz zur Moderne, dann müssten die neuzeitlichen funktionalen Differenzierungen der Gesellschaft und die Rationalisierungen jeweils eigener sozialer Handlungssphären durch Dedifferenzierung und Demontage bestehender Formen von Arbeitsteilung, Zuständigkeitsverteilung, Machttrennung abgelöst werden,[400] und zwar in der Realität, nicht im präskriptiven Modell. Nach solchen postmodernen Organisationen in Produktion, Distribution, Konsumption hat man von Japan bis Schweden Ausschau gehalten. Es werden von Ort zu Ort Flexibilisierungen beobachtet, die Fließbandarbeit ablösen, vielseitige Arbeitsqualifikationen vermitteln, wählbare Informationstechniken zugänglich machen usw. Indessen wird man für die öffentliche Verwaltung, will man sie als postmodern bezeichnen, mehr verlangen müssen, als dass neben Linieneinheiten Projektgruppen, neben Fachämtern Bürgerbüros, neben Spezialisten Generalisten stehen. Es müsste jenseits von Flexibilisierung durch nicht hierarchische Organisationsformen, dezentrale Computertechniken, breite Mitarbeiterqualifikation zu einer Art neuen Diffusion kommen.

Eine solche Diffusion deutet sich an, wenn im Hinblick auf Staat und Verwaltung heute Kategorien von Markt und Wettbewerb, Unternehmertum und Kundschaft und dann weiter von Konzernen, Lieferanten, Dienstleistern usw. bis hin zum „entrepreneurial spirit"[401] verwendet werden. Denn wenn sich der Staat in der Tat in einen funktionierenden Wettbewerbsmarkt, die Verwaltung in ein unternehmerisches Management verwandeln würden, dann würde die Differenzierung zwischen ökonomischem und politisch-administrativem System mit der Rationalisierung beider Handlungssphären nach je eigenen Prinzipien wegfallen. Markt und Wettbewerb würden den Staatssektor durchdringen und sich mit ihm vermischen. Privates Unternehmertum und öffentliche Verwaltung, Kundschaft und Bürgerschaft wären nicht mehr nach den Prinzipien sozialer Rationalisierung zu unterscheiden.

Eine solche Entwicklung würde in jene Richtung postmodernen Denkens passen, das auf dem Boden eines Konsumerismus gediehen ist. Nachdem man sich vom Weltbild ideologischer Steuerung verabschieden musste, scheint der Markt das einzige Band zu sein, das alles umfasst.[402] Selbst Kultur und Ökonomie würden dann in eine Austauschbeziehung geraten, in der sich die Kultur immer stärker kommerzialisiert. In einem postmodernen Leben solchen Stils müssten die alten Staats- und Stadttheater jene Schutzzone politisch-

---

[400] Vgl. Clegg, Stuart R., Modern Organizations. Organization Studies in the Postmodern World, London u. a. 1990, S. 15, 203.

[401] Vgl. Peters, Tom, Jenseits der Hierarchien, Liberation Management, Düsseldorf 1993.

[402] Vgl. Bauman, Zygmunt, Legislatures and Interpreters. On Modernity, Postmodernity and Intellectuals, Oxford 1987, S. 188 ff.

administrativer Protektion verlassen, die ihnen eine Selbstregulation nach künstlerischen Kriterien ermöglicht. Sie müssten sich dem kommerziellen Wettbewerb aussetzen. Dabei ist die Bewertung von Theatern wie Museen und Bibliotheken als öffentliche Einrichtungen hoch. Ihre Privatisierung wird immer wieder zurückgewiesen. Man könnte dementsprechend auch für andere traditionell öffentliche Güter fragen, ob es nicht funktionierende Wettbewerbsmärkte sind, die für die Zukunft des Staatssektors jene Steuerungsmechanismen vorhalten, mit denen Produktion, Distribution und Konsumtion abzustimmen sind. Das führt zu Fragen humaner, sozialer, politischer, ökonomischer Werte und Bewertungen, denen sich auch die Verwaltungswissenschaft am Ende nicht entziehen kann.

Die öffentliche Verwaltung verändert sich entsprechend der Dynamik ihrer politischen, ökonomischen, sozialen Umwelt und der Bewegungskräfte ihrer eigenen Ordnung. Die Entwürfe von Postindustrialismus und Postmoderne enthalten einzelne gesellschaftliche Züge, deren Einfluss auf die öffentliche Verwaltung sichtbar wird. Andere Szenarien sehen Verwaltung und Verwaltungspolitik in einer Übergangsgesellschaft, in der die weiter zu modernisierende Verwaltung unverzichtbar zur Entwicklungsagentur wird.[403] Der Verwaltungsstaat ist in den letzten Dekaden von vielen Übergangsphänomenen geprägt worden: Transformation, Entwicklung, Modernisierung.[404] Der Begriff der Entwicklungsagentur verweist auf das Konzept des „aktivierenden Staates" und erinnert daran, dass die Agenda einer neuen Arbeitsteilung zwischen Staat, Wirtschaft und Gesellschaft ausgeblieben ist. Der Wandel der Verwaltungsaufgaben wird deutlich, wenn man ihn aus der Sicht von Jahrzehnten betrachtet.[405] In zeitlich begrenzter Perspektive werden Aufgabenkritik, Privatisierung, Unternehmensbeteiligung, „Public Private Partnership" eher in einer inkrementalen Verwaltungspolitik verfolgt.[406] Entsprechendes gilt für den Dritten Sektor, wie er sich mit seinen Non-Profit-Organisationen institutionalisiert hat.[407] Steuererleichterungen für gemeinnützige Stiftungen werden eingeführt. Aber die Arbeitsteilung mit dieser gesellschaftlich unverzichtbaren Sphäre wird nicht zu einer politischen Agenda verdichtet.

---

[403] Vgl. Böhret, Carl, Verwaltung und Verwaltungspolitik in der Übergangsgesellschaft, in: Klaus König (Hrsg.), Deutsche Verwaltung an der Wende zum 21. Jahrhundert, Baden-Baden 2002, S. 59 ff.

[404] Vgl. König, Klaus, Verwaltungsstaat im Übergang, Baden-Baden 1999.

[405] Vgl. Bull, Hans-Peter, Wandel der Verwaltungsaufgaben, in: Klaus König, Deutsche Verwaltung an der Wende zum 21. Jahrhundert, Baden-Baden 2002, S. 77 ff.

[406] Vgl. Hill, Hermann (Hrsg.), Aufgabenkritik, Privatisierung und Neue Verwaltungssteuerung, Baden-Baden 2004.

[407] Vgl. Wimmer, Norbert, Dynamische Verwaltung, Wien/New York 2004, S. 77 ff.

Weiterer Modernisierungsbedarf ist auch im Bereich der Governance-Architektur, der Regelungs- und Steuerungsmechanismen in Staat, Wirtschaft, Gesellschaft zu vermuten. Die postmoderne Sprache von Quasi-Märkten, Quasi-Wettbewerb, Quasi-Kunden, Quasi-Unternehmern im öffentlichen Sektor verdeckt die Probleme eher. Das Verhältnis von Staat und Verwaltung zu Marktwettbewerb und privaten Unternehmen ist vielgestaltig.[408] „Co-operation, Competition and Regulation" sind zu berücksichtigen.[409] Reformfragen reichen extern bis zum kommunalen Dienstleistungsanbieter im Wettbewerb[410] und intern bis zum Wettbewerbsföderalismus.[411] Dazu steht mit der funktionalen Kooperation territorialer Autorität ein anderer Entwicklungspfad offen.[412]

Bei aller Umweltdynamik und allen eigenen Bewegungskräften bleibt die bürokratische Leistungsordnung der öffentlichen Verwaltung erhalten. In den deutschen Kommunen wird nach dem Neuen Steuerungsmodell ein Trend zur Re-Zentralisierung und Re-Hierarchisierung, eine „Rückkehr zu Max Weber" beobachtet.[413] In der Perspektive zentral- und osteuropäischer Länder wird vom Wiederaufstieg der „Weberian" öffentlichen Verwaltung nach dem Fall des Neuen Öffentlichen Managements gesprochen.[414] Im internationalen Vergleich treten Widersprüche von Managementreformen in westlichen Demokratien und Industrieländern hervor: politische Kontrolle der Bürokratie versus „free managers to manage", Flexibilität versus Legitimation, Sparprioritäten versus Leistungssteigerung, motivierte Mitarbeiter versus Einkommenskürzungen und Personalabbau, Abbau interner Kontrollen versus managerialer Verantwortung, Einzweck-Agenturen versus Koordination, dezentrale Aktivitäten versus Programmabstimmung, verbesserte Qualität versus Kostensenkungen.[415] Auf der

---

[408] Vgl. Lüder, Klaus, Verwaltung in der Marktwirtschaft, in: Klaus König (Hrsg.), Deutsche Verwaltung an der Wende zum 21. Jahrhundert, Baden-Baden 2002, S. 119 ff.

[409] Vgl. Deutsche Sektion des Internationalen Instituts für Verwaltungswissenschaften (Hrsg.), Konferenzberichte – „Public Administration and Private Enterprise", in: Verwaltungswissenschaftliche Informationen, Sonderheft, Berlin 2006.

[410] Vgl. Dietrich, Martin, Marktstrategien für kommunale Dienstleister im Wettbewerb, in: Zeitschrift für öffentliche und gemeinwirtschaftliche Unternehmen 2007, S. 31 ff.

[411] Vgl. Benz, Arthur, Verwaltungspolitik im föderativen Wettbewerb der Länder?, in: Verwaltungsarchiv 2006, S. 318 ff.

[412] Vgl. Holzinger, Katharina, Funktionale Kooperation territorialer Jurisdiktion, in: Klaus König (Hrsg.), Deutsche Verwaltung an der Wende zum 21. Jahrhundert, Baden-Baden 2002, S. 605 ff.

[413] Vgl. Bogumil, Jörg u. a., Zehn Jahre Neues Steuerungsmodell, Berlin 2007, S. 318.

[414] Vgl. Drechsler, Wolfgang, The Re-Emergence of „Weberian" Public Administration after the Fall of New Public Management: The Central and Eastern European Perspective, in: Halduskultuur, Tallinn 2005, S. 94 ff.

[415] Vgl. Pollit, Christopher/Bouckaert, Geert, Public Management Reform, 2. Aufl., Oxford u. a. 2004, S. 159 ff.

10. Kapitel: Weitergehende Verwaltungsmodernisierung

Grundlage des internationalen Vergleichs von Managementreformen wird gesagt, dass es in vielen OECD-Ländern ein genereller Trend zu einer „Post-NPM-Phase" gebe. Es wird die Frage aufgeworfen, ob New Public Management als extreme Variante von Reformen des öffentlichen Managements lediglich eine Phase innerhalb eines sich entwickelnden bürokratischen Systems sei. Nach Maßgabe von Rechtsstaat und Verwaltungsrecht und letztlich auf der Grundlage einer klassisch-kontinentaleuropäischen Verwaltung werden Managementkomponenten berücksichtigt, in der Performanz der Bewegungshebel der Veränderungen identifiziert[416] und schließlich davon ausgegangen, dass die nächste Stufe der administrativen Entwicklung ein „neo-weberianischer" Typ sein werde.[417]

Nach solchen Prämissen ist zu verstehen, dass Entbürokratisierung eine Leitformel von Verwaltungsreformen geblieben ist.[418] Bürokratieabbau wird mit den Ansätzen der Verwaltungsmodernisierung verknüpft.[419] Bemerkenswert ist dabei, dass der Begriff der „Bürokratisierung" – neben bürokratischer Organisation und Verfahren – mit „zu viel Staat" und „zu viel Regulierung" gekennzeichnet wird, also mit Phänomenen, bei denen die öffentliche Verwaltung allenfalls Mitspieler ist. Immerhin steht Deutschland im internationalen Vergleich hierbei nicht so schlecht da.[420] Für die OECD-Länder werden als Reformfelder genannt: mehr Offenheit, Zugänglich und Transparenz der Verwaltung, Verbesserung der Leistung im öffentlichen Sektor, die Modernisierung von Verantwortlichkeit und Kontrolle, die Reallokation bei begrenzten Ausgaben und Restrukturierung der Organisation, die Modernisierung der öffentlichen Beschäftigung und dann auch die Nutzung von „Market-type-Mechanisms" bei öffentlichen Dienstleistungen, worunter „Outsourcing", „Public-Private-Partnerships" und „Voucher"-Systeme verstanden werden.[421] Letzteres verdeutlicht, wie im Grunde klassische Themen der Verwaltungsreform mit Innovationen angereichert werden.

---

[416] Vgl. Ingraham, Patricia W. u. a., Governance Performance – Why Management Matters, Baltimore/London 2003.

[417] Vgl. Bouckaert, Geert, Auf dem Weg zu einer neo-weberianischen Verwaltung – New Public Management im internationalen Vergleich, in: Jörg Bogumil u. a., Politik und Verwaltung, Politische Vierteljahrsschrift, Sonderheft 37/2006, S. 354 ff.

[418] Vgl. Voßkuhle, Andreas (Hrsg.), Entbürokratisierung und Regulierung, Baden-Baden 2006.

[419] Vgl. Hill, Hermann, Bürokratieabbau und Verwaltungsmodernisierung, in: Die Öffentliche Verwaltung 2004, S. 721 ff.

[420] Vgl. Jann, Werner u. a., „Bürokratisierung" und Bürokratieabbau im internationalen Vergleich – Wo steht Deutschland?, in: Friedrich-Ebert-Stiftung (Hrsg.), Staatsmodernisierung, Berlin 2007.

[421] Vgl. Organization for Economic Co-Operation and Development, Modernizing Government, Paris 2005.

Das 20. Jahrhundert war durch Umwälzungen der öffentlichen Verwaltung auf deutschem Boden geprägt: das Ende einer Verwaltung in der Monarchie und der Anfang einer demokratischen Verwaltung, Instrumentalisierung und Fall der Verwaltung unter dem nationalsozialistischen Regime, Aufbau einer demokratischen und rechtsstaatlichen Verwaltung nach 1945 in Westdeutschland, Durchsetzung und Zusammenbruch einer Kaderverwaltung in Ostdeutschland, Wiedervereinigung und Transformation der realsozialistischen Verwaltung gemäß einer klassisch-kontinentaleuropäischen Tradition. Dazu kommt die in Westdeutschland seit den 1960er Jahren, später auch in Ostdeutschland einsetzende Verwaltungsmodernisierung von einer Kontinuität, die die jüngste Verwaltungsgeschichte als Reformgeschichte begreifen lässt. Diese Geschichte belegt keinen „Whole-of-Government Approach" der Modernisierung.[422] Sie ist aber ein bemerkenswerter Anschauungsfall dafür, wie moderne soziale Funktionssysteme durch Reformen und Innovationen die Modernität in Gang halten und neue Herausforderungen bewältigen.

---

[422] Vgl. Christensen, Tom/Lœgreid, Per, The Whole-of-Government Approach to Modernization, in: Hermann Hill (Hrsg.), Modernizing Government in Europe, Baden-Baden 2007, S. 237 ff.

11. Kapitel

Internationalisierung und Supranationalisierung der Verwaltung

I. Grenzüberschreitende Verwaltungsbeziehungen

1. Gemeinschaftliche Verwaltung und Kolonialverwaltung

Die Gründe für Grenzüberschreitungen liegen bis zur jüngsten Geschichte des neuzeitlichen Territorialstaates vor allem in Friedenssicherung und Kriegsrecht wie außenwirtschaftlichem Handel und Zugang zu Rohstoffen. Bereits im 19. Jahrhundert wurde aber die öffentliche Verwaltung zur bilateralen und multilateralen Angelegenheit. Am Anfang stehen die Flusskommissionen, in denen sich die Staaten zu einer gemeinschaftlichen Verwaltung vereinigten, und zwar aus ihrem gemeinsamen Interesse an der abgabenfreien und verkehrssicheren Schifffahrt auf den großen europäischen Flüssen. Es entstanden internationale Flusskommissionen für den Rhein schon im Jahre 1831 und später für die Donau und andere Ströme wie Elbe und Oder. Dieses geschah in Verbindung mit Friedensverträgen unter Verdeutlichung des politisch-territorialen Charakters der Kommissionen. Entsprechend reflektierten sie in Zusammensetzung, Sitz und Bestand die jeweiligen Machtverhältnisse in Europa. Die zwischenstaatliche Flussverwaltung ist in einigen Fällen wie bei der Europäischen Kommission von 1856 für die Seedonau als eine Art territorialer Ersatzverwaltung nach staatsähnlichem Muster – „Flusswasserstaat" – angesehen worden. Jedenfalls haben sie insoweit mit eigener Bauverwaltung, selbständigem Polizeiverordnungsrecht und eigener Gerichtsbarkeit einen vergleichsweise frühen und hohen Organisationsgrad erreicht.[1]

Ein ganz anderes Anschauungsmaterial zur Verwaltung jenseits angestammter Grenzen bietet der Kolonialismus des 19. und 20. Jahrhunderts. Unter dem Vorzeichen der Moderne kam auch die Kolonialherrschaft bei allen Möglichkeiten militärischer Interventionen auf die Dauer nicht um eine Zivilverwaltung

---

[1] Vgl. Bülck, Hartwig, Internationale Verwaltungsgemeinschaften, in: Karl Strupp/Hans-Jürgen Schlochauer, Wörterbruch des Völkerrechts, 2. Aufl., Berlin 1962, S. 81 ff.

der Kolonialgebiete herum.² Kolonialverwaltungen wurden nach dem administrativen Muster des Herrschaftslandes aufgebaut und von Fall zu Fall nach den Gegebenheiten vor Ort organisatorisch angepasst, personell modifiziert und in den Funktionen auf öffentliche Sicherheit und Ordnung reduziert.

Die Verwaltungsverhältnisse und die eingesetzten Verwaltungsdienste werden insbesondere im Kontext von Herrschaftsausübung und Bildungswesen deutlich. Das Bild ist freilich nicht einheitlich. Es gibt das berühmte Beispiel des Indian Civil Service, dem als administrativer Elite eine Schlüsselrolle in der Beherrschung des Subkontinents zukam. Zu diesem Korps fanden bereits seit 1864 Inder Zugang. Ihr Anteil wurde gering gehalten, bis das Interesse von britischen Kandidaten an der Kolonialverwaltung in Indien in den 1930er Jahren zurückging. Entscheidend war aber, dass die indischen Mitglieder dieses Civil Service vom britischen Verständnis der Handhabung öffentlicher Angelegenheiten geprägt wurden. Schon das Eintrittsexamen war von den Präferenzen höherer Schulen und Universitätskollegien in England geformt. Der Einheimische musste sich an die Bildungsvorstellungen der Kolonialherren anpassen, wenn er Aufnahme beim Verwaltungsdienst finden wollte.

Nicht beim Zugang zu administrativen Eliten, sondern bereits beim allgemeinen politischen Status setzte die portugiesische Kolonialmacht in modernen Phasen ihrer afrikanischen Herrschaft an. Nur die kleine Gruppe im Stande der Assimilierten erlangte die Privilegien des portugiesischen Bürgerrechts und war nicht wie ihre „nicht-zivilisierten" Landsleute von vornherein vom Dienst in der Verwaltung ausgeschlossen. Die Angleichung erfolgt aufgrund kultureller Selektivität. Das bedeutet, dass Bildungsfaktoren – beginnend mit dem Erlernen der portugiesischen Sprache – mit ausschlaggebend waren. Zwischen diesem Ansatz beim politischen Status und der Rekrutierung administrativer Eliten gab es vielfältige Bildungsbarrieren, um die Kolonisierten im allgemeinen vom Verwaltungsdienst fernzuhalten oder ausnahmsweise unter Preisgabe der angestammten kulturellen Identität durchzulassen.

Neben solchen Mustern der Selektion für Verwaltungen bürokratisch-rationalen Typs sind noch die Formen der Inanspruchnahme von Trägern der traditionellen Autorität durch die Kolonialmacht zu nennen. Als solche Form ist insbesondere die „Indirect Rule" der britischen Kolonialherrschaft in Afrika bekannt geworden.³ Sie bedeutete eine indirekte Verwaltung von der Art, dass die vorfindlichen traditionellen Eliten Mittelsmänner und Teilhaber von Herrschaft und Verwaltung sein sollten. Dazu gehörte es – freilich in abhängiger

---

[2] Vgl. Albertini, Rudolf von, Einleitung, in: ders. (Hrsg.), Moderne Kolonialgeschichte, Köln/Berlin 1970, S. 16 ff.
[3] Vgl. Lugard, Frederick D., The Dual Mandate in British Tropical Africa, London 1922.

Gewalt -, die Institutionen der Eingeborenen, die von der Kolonialmacht als gut erachtet wurden, zu bewahren und auf eigene Art zu entwickeln, die lokale Selbstverwaltung durch einheimische Autoritäten zu fördern, Verantwortung auf traditionelle Kräfte zu übertragen, die zu deren Ausübung befähigt angesehen wurden, die Kolonialbeamten zunächst als Berater örtlicher Machthaber und erst dann als Überwacher zu betrachten.

Es ist umstritten, wie weit sich die Konzeption einer kolonialen Verwaltungspolitik, die die in der vorgefundenen Gesellschaft bestehenden Institutionen und Eliten akzeptierte und so weiterführte, dass sie die Aufgaben der Lokalverwaltung wahrnehmen konnten, wirklich maßgeblich geworden ist.[4] Unter kulturellen Vorzeichen zeigte sich aber der andere Ansatz als bei der „künstlichen Chefferie" in der direkten Verwaltung der französischen Kolonien Westafrikas. Insofern wurde zwar auch auf einheimische Eliten zurückgegriffen. Zu Kantonchefs wurden indessen zum Beispiel Personen ohne lokaltraditionelle Basis, zudem auch Angehörige fremder Stämme mit eigenen Französischkenntnissen und geringen administrativen Erfahrungen eingesetzt. Aus der Sicht der bürokratischen Kolonialverwaltung standen sie an deren Rande und gewannen keine neue Identität, wie sie die französische Staatskultur und Verwaltungsbildung zu vermitteln geeignet ist. Schließlich muss noch jene Kolonialpolitik genannt werden, die die bedingungslose Unterwerfung unter die Kolonialmacht, ihre Gesetze und Verwaltungen verlangte, ohne die vorfindlichen Institutionen selbst im Interesse der Kolonisation zu nutzen und die Einheimischen zu mehr als bloßen Hilfskräften herbeizuziehen. Die deutsche Kolonialgeschichte zeigt solche Züge.

Zieht man nach der Entkolonialisierung einen historischen Bilanzstrich, so ergibt sich trotz der geschilderten und anderer Variationen ganz allgemein, dass die Länder in der Dritten Welt mit einem qualitativ und quantitativ unzulänglichen Verwaltungsdienst in die post-koloniale Zeit gegangen sind. Dabei können wir politische Spannungen, wie sie zwischen den neuen Machthabern und den vormaligen Bediensteten von Kolonialherren entstehen mussten, und den kulturellen Dualismus, wie er zwischen „verwestlichten" Verwaltungsleuten und traditionellen Autoritäten fortbestand, beiseite lassen. Selbst wo es gebildete Verwaltungskorps gab, kritisierte man, dass diese für Aufgaben der öffentlichen Sicherheit und Ordnung, des Steuerwesens, der Konfliktbereinigung auf Magistratsebene qualifiziert, nicht aber für jene Entwicklungsfunktionen vorbereitet waren, die in den nun selbständigen Staaten erbracht werden mussten. Hinzu kam der quantitative Engpass der, wenn überhaupt vorhandenen, dann

---

[4] Vgl. Deschamps, Hubert, Und nun, Lord Lugard?, in: Rudolf von Albertini (Hrsg.), Moderne Kolonialgeschichte, Köln/Berlin 1970, S. 203 ff.; ferner Crowder, Michael, Indirekte Herrschaft – französisch und britisch, in: Rudolf von Albertini (Hrsg.), Moderne Kolonialgeschichte, Köln/Berlin 1970, S. 220 ff.

kleinen einheimischen Personalkörper.⁵ Dabei verlangten die Leistungen, die von den neuen Staaten bis zum „nation building" gefordert wurden, nicht nur die Verbreitung politischer Massenbewegungen, sondern auch Präsenz von öffentlichen Diensten. Der personelle Mangel konnte nicht schnell ausgeglichen werden. Es fehlte nicht zuletzt das Fundament der Massenbildung, auf das eine moderne Verwaltung angewiesen ist. So können wir uns in Verwaltungssachen nicht ohne weiteres an die politisch-historischen Daten der Dekolonisation halten.⁶ Lokalisierung, Afrikanisierung usw. waren in Verwaltungsdiensten ein schwieriger Prozess. Vielerorts standen noch lange die Verwaltungsleute der europäischen Kolonialmächte – jetzt mit dem Titel eines Beraters – hinter den neuen Herren.

2. Verwaltung in der internationalen Organisationsgesellschaft

Gemeinschaftliche Flussverwaltung und Kolonialverwaltung stehen an den modernen Anfängen zweier Grundströmungen der Verwaltungsbeziehungen: der weltregionalen wie der weltweiten Organisationsgesellschaft in politisch-administrativen Angelegenheiten einerseits und der bilateralen wie multilateralen Kommunikationsgemeinschaft von Verwaltungswissenschaftlern und Verwaltungspraktikern andererseits. Die Ursprünge der internationalen Organisationsgesellschaft liegen in der zweiten Hälfte des 19. Jahrhunderts und in der Ausweitung einer technischen Zivilisation. Internationale Fernmeldeunion (1865), Weltpostverein (1874), Internationales Gewichts- und Maßbüro (1875), Berner Büro zum Schutz des gewerblichen Eigentums (1883) sind nur einige Namen in einer langen Kette. Wissenschaftliche Entdeckungen, technische Erfindungen und deren industrielle Verwertung auf Gebieten wie Chemie, Elektrizität, Motor- und Maschinenbau führten zu immer neuen zwischenstaatlichen Institutionalisierungen.⁷ Diese internationalen Systeme pflegen sich in ihrem organisatorischen Aufbau nach einem dreigliedrigen Grundmuster zu verstetigen. An der Spitze steht als Plenarorgan die Generalversammlung der Mitgliedsstaaten, wie sie als geborene Akteure der Weltgesellschaft ihre Interessen verfolgen. Die Basis bildet ein Sekretariat unter Leitung eines höheren Verwaltungsbeamten. Es leistet die fachlich-administrative Arbeit und ist nach dem in-

---

⁵ Vgl. Potter, David C., Manpower Shortage and the End of Colonialism: the Case of the Indian Civil Service, in: Modern Asian Studies 1973, S. 47 ff.

⁶ Vgl. Albertini, Rudolf von, Dekolonisation. Die Diskussion über die Verwaltung und die Zukunft der Kolonien 1918-1960, Köln/Opladen 1966; Ansprenger, Franz, Auflösung der Kolonialreiche, München 1966.

⁷ Vgl. Bülck, Hartwig, Internationale Verwaltungsgemeinschaften, in: Karl Strupp/Hans-Jürgen Schlochauer (Hrsg.), Wörterbuch des Völkerrechts, 2. Aufl., Berlin 1962, S. 564 ff.

ternationalisierten Muster staatlicher Bürokratien mit Über- und Unterordnung, festen Kompetenzen usw. organisiert. Zwischen Versammlung und administrativem Organ pflegt ein ständiger Verwaltungsrat zwischengeschaltet zu sein, in dem nach gewissen Auswahlkriterien nur ein Teil der Mitgliedsstaaten vertreten ist und der als politisch-fachliches Vorbereitungsorgan, als fachlich-administratives Überwachungsorgan, gegebenenfalls als Entscheidungsorgan tätig ist. Dieses Regelmuster wird von Fall zu Fall variiert und durch organisatorische Sonderformen bis hin zu Ad-hoc-Ausschüssen beratender Wissenschaftler ergänzt.[8]

Heute sind es die Vereinten Nationen, die vor allem den Stand internationaler Organisierung auf globaler Ebene zum Ausdruck bringen. Dabei geht es um eine so vielfältige Organisationswelt, dass man auch vom „United Nations System" oder der Vereinten Nationen-Familie spricht.[9] In der Mitte stehen die Hauptorgane, und zwar Generalversammlung mit Hauptausschüssen, Ständigen und Verfahrensausschüssen und anderen Nebenorganen. Es gibt einen Treuhandrat, einen Internationalen Gerichtshof, den Sicherheitsrat mit einer Fülle organisierter friedenssichernder Operationen, den Wirtschafts- und Sozialrat mit Regionalkommissionen für Europa, Afrika usw., funktionale Kommissionen wie die Menschenrechtskommission, weiter Ständige wie Ad-hoc-Körperschaften. Hinzu treten vielzählige Spezialorgane vom Kinderhilfswerk über Flüchtlingskommissar, Entwicklungsprogramm bis hin zur Universität der Vereinten Nationen, dem Zentrum für Wohnungs- und Siedlungswesen usw.

Das Sekretariat als weiteres Hauptorgan symbolisiert dann unübersehbar, wie man auch auf globaler Ebene auf Verwaltungsapparate angewiesen ist. Ein Personalbestand, der die Zahl von 25.000 Mitarbeitern überschreitet,[10] und ein Budget, das sich in der Höhe zehnstelliger Dollarbeträge im Jahr verhält,[11] verweist auf eine Leistungserstellung, wie wir sie mit Regierungs- und Verwaltungsfunktionen in Verbindung bringen. Hinzu kommen – wiederum personal- und budgetstark – Sonderorganisationen von der internationalen Arbeitsorganisation, der Ernährungs- und Landwirtschaftsorganisation über die Organisation für Erziehung, Wissenschaft und Kultur, die Weltbankgruppe bis hin zum Weltpostverein, zur Weltgesundheitsorganisation usw. Eine solche Aufzählung

---

[8] Vgl. Bülck, Hartwig, Der Strukturwandel der internationalen Verwaltung, Tübingen 1962.

[9] Vgl. Hüfner, Klaus, Die Vereinten Nationen und ihre Sonderorganisationen: Strukturen, Aufgaben, Dokumente, Teil 1: Die Haupt- und Spezialorgane, 3. Aufl., Bonn 1992.

[10] Vgl. Schraepler, Hans-Albrecht, Taschenbuch der internationalen Organisationen. Daten, Aufbau, Ziele, Entstehung und Mitglieder der wichtigsten europäischen und internationalen Zusammenschlüsse, München u. a. 1994, S. 13.

[11] Vgl. Wolfrum, Rüdiger, Haushalt, in: ders. (Hrsg.), Handbuch Vereinte Nationen, 2. Aufl., München 1991, S. 268 ff.

gibt aber nur die organisatorische Oberfläche globaler Institutionen wieder. Wenn man tiefer in die Aufbaustrukturen eindringt, dann wird man am Beispiel des Sekretariats mit einer Vielzahl von organisatorischen Binnenschichten, mit Offices, Departments, Centres usw. konfrontiert oder im Beispiel des Wirtschafts- und Sozialrats begegnet man einer ganzen „Subsidiary Machinery" der Commissions, Committees, Groups usw.

Heute stellen die internationalen Organisationen und korrespondierend der Staat als Einheitsakteur und dann die diese Staatlichkeit verkörpernden Institutionen – Staatsoberhaupt, Regierungschef, Kabinett, Außenminister, diplomatischer Dienst – nur einen Teilbereich grenzüberschreitender Beziehungen dar. Das gilt auch, wenn wir die nicht-staatsbezogenen Organisationen der Weltgesellschaft beiseite lassen. Im arbeitsteiligen, dezentralisierten und dekonzentrierten Staat sind Institutionen sektoraler und territorialer Regierung und Verwaltung soviel Autonomie und eigenständige Befugnisse erwachsen, dass sie unmittelbar mit den Partnerorganisationen im Ausland kommunizieren können. Das nimmt seinen Ausgang bei den Konferenzen der Vertreter von Fachverwaltungen.[12] Die signifikante Formel des Weltpostvereins „Nous sommes des postiers" weist auf Interessen hin, die als einzelstaatsbezogene Gegensätze oder Gemeinsamkeiten nicht mehr erfasst werden können. Es hat sich ein dichtes Netzwerk direkter Wechselbeziehungen zwischen politisch-administrativen Untereinheiten der Nationalstaaten über die Grenzen hinweg entwickelt. Im Unterschied zu der klassischen internationalen Politik mit dem Staat als einheitlichen Bezugspunkt lässt sich dieser Pluralismus grenzüberschreitender Interdependenzen als transnationale und dann im spezifischen Sinne von Regierung und Verwaltung als transgouvernementale Beziehungen bezeichnen.[13]

Transgouvernementale Verflechtungen verdichten sich insbesondere in den engen Nachbarschaftsverhältnissen Europas aus sektoralen wie territorialen Gründen. Die grenzüberschreitenden Probleme des Umweltschutzes, der modernen Technologien, der Verkehrsverbindungen, des Sozialwesens, der Bildungs- und Berufswelt, der öffentlichen Sicherheit und Ordnung, des Kommunikationswesens usw. lassen sich nicht umfassend durch Kabinettspolitik und diplomatische Vertretung steuern. Sie liegen weitgehend in den Händen von Ressorts und Fachverwaltungen. Selbst wenn der Regierungschef in den trans-

---

[12] Vgl. Bülck, Hartwig, Internationale Verwaltungsgemeinschaften; in: Karl Strupp/Hans-Jürgen Schlochauer (Hrsg), Wörterbuch des Völkerrechts, 2. Aufl., Berlin 1962, S. 564 ff.; Bülck, Hartwig, Der Strukturwandel der internationalen Verwaltung, Tübingen 1962.

[13] Vgl. Kaiser, Karl, Transnational Politics: Toward a Theory of Multinational Politics, in: International Organization 1971, S. 790 ff; Keohane, Robert/Nye, Joseph S. (Hrsg.), Transnational Relations and World Politics, Harvard 1970; Keohane, Robert/Nye, Joseph S., Transgovernmental Relations and International Organizations, in: World Politics 1974, S. 39 ff.

11. Kapitel: Internationalisierung und Supranationalisierung der Verwaltung   773

nationalen Verhältnissen politische Fragen seiner Prioritäten identifiziert, wird er sie überwiegend nicht in der außenpolitischen Abteilung, sondern in der Abteilung seiner Regierungszentrale bearbeiten lassen, die herkömmlicherweise für „Innere Angelegenheiten" zuständig ist. Ein Projekt des grenzüberschreitenden Eisenbahnverkehrs, der Kooperation in der Raumforschung, der gemeinsamen Bekämpfung von Seuchen usw. mag durchaus des klassischen außenpolitischen Machtanstoßes von der Staats- und Regierungsspitze her bedürfen. Aber alsbald werden jene funktionalen und strukturellen Differenzierungen maßgeblich werden, wie sie für die vom Ressortprinzip geprägten Regierungsgeschäfte charakteristisch sind.

Der territoriale Bezug transnationaler Politik ist ein eigenes, vielschichtiges Kapitel.[14] Signifikant sind die Probleme der Regierung und Verwaltung von Grenzregionen.[15] In Europa wurden 1986 46 Grenzregionen gezählt: von Nordkalotten bis zu den Pyrenäen, von Irland bis zur Adria. In der alten Mitte Europas ziehen sie sich wie eine Kette von Norden nach Süden. Die grenzüberschreitende Zusammenarbeit in diesen Regionen folgt unterschiedlichen formalen und informalen Modi. Indessen leidet man unter der Lage an der Grenze und ist entsprechend auf Kooperation von der Planung bis zur Versorgung angewiesen. Die Schlusserklärung von Saragossa der 4. Europäischen Konferenz der Grenzregionen 1987[16] nennt u.a. als relevante Politikfelder: grenzüberschreitende Hilfsleistungen bei Katastrophen, Bränden, gesundheitlichen Versorgungsfällen, grenzüberschreitenden Umwelt- und Naturschutz bei Industrieansiedlungen, Mülltransport, Luft- und Wasserverschmutzung, grenzüberschreitende Verkehrspolitik bis hin zu Rad- und Wanderwegen, kulturelle Zusammenarbeit einschließlich des Zugangs zu Bildungseinrichtungen usw. bis zur gemeinsamen grenzüberschreitenden Raumordnung und Regionalpolitik.

Das alles lässt sich nicht allein in der klassischen Weise internationaler Beziehungen mit dem Gesamtstaat als Bezugspunkt besorgen. Entsprechend hat das Ministerkomitee des Europarats 1980 ein Europäisches Rahmenübereinkommen über die grenzüberschreitende Zusammenarbeit zwischen Gebietskörperschaften verabschiedet. Dieser 1981 in Kraft getretene Vertrag enthält die Verpflichtung, die grenzüberschreitende Zusammenarbeit der Gebietskörperschaften/Behörden zu erleichtern und zu fördern sowie den direkten Kontakt

---

[14] Vgl. Bello, Emmanuel G. u. a., Regional Cooperation and Organization, in: Encyclopedia of Public International Law 6, Regional Cooperation Organizations and Problems, Amsterdam u. a. 1983, S. 301 ff.

[15] Vgl. Hausmann, Hartmut u. a., 3. Europäische Konferenz der Grenzregionen, in: Schriftenreihe Landes- und Stadtentwicklungsforschung des Landes Nordrhein-Westfalen, Band 0.0032, Dortmund 1986.

[16] Vgl. Council of Europe (Hrsg.), 4. Europäische Konferenz der Grenzregionen, Schlusserklärung von Saragossa, Strasbourg 1987.

zwischen den Gebietskörperschaften zu ermöglichen. Wenn sich daraus auch keine einheitliche Rechtspraxis für eine selbständige grenzüberschreitende Zusammenarbeit ableiten lässt, so haben sich doch in vielen Grenzregionen unterhalb der gesamtstaatlichen Ebene bis zu den Grenzgemeinden selbst vielfältige Formen transnationaler Beziehungen herangebildet.[17] Die Realität dieses pluralistischen Netzwerkes findet sich in umfangreichen Aktenbeständen von Ländern, Regionen, Kantonen, von mittleren und unteren Sonderbehörden, von Kreisen, Städten, Gemeinden dokumentiert.

3. Verwaltung in der internationalen Kommunikationsgemeinschaft

Durch den Ausbau der internationalen Organisationsgesellschaft ist es zwar zur Verschiebung nationaler Souveränitätsrechte auf zwischenstaatliche Institutionen gekommen. Gerade für die öffentliche Verwaltung ist aber die prinzipielle Bedeutung der nationalstaatlichen Souveränität erhalten geblieben. Es geht eben um Arkana der staatlichen Machtausübung. Mit dem Ende des Kolonialismus wurde in der Frage einer Zivilverwaltung vom Ausland her jedenfalls zunächst ein historischer Strich gezogen. Entsprechend gibt es in der bilateralen und der multilateralen Kooperation in Verwaltungsangelegenheiten etwa mit Entwicklungsländern – anders als zum Beispiel bei der ärztlichen Hilfe – keine Ersatzvornahme. Der westliche, berufsmäßige Zollbeamte kann in einem Land der Dritten Welt als Berater tätig sein. Er kann als Dozent Grundausbildung wie Fortbildung in Zollangelegenheiten veranstalten. Zollkontrolle, Zollerhebung usw. fallen aber in die Souveränitätssphäre einheimischer Verwaltungsleute.

Mit Erfahrungsaustausch, Beratung, Ausbildung, Weiterbildung ist auch das Instrumentarium einer entwicklungspolitischen Kooperation auf dem Gebiete der öffentlichen Verwaltung benannt. Bemerkenswert ist hierbei, dass das Ende des Kolonialismus zu keinem intellektuellen Bruch zwischen früherem Kolonialherrn und früheren Kolonialisierten in Verwaltungsangelegenheiten führte. Nicht nur Beratungs- und Trainingsleistungen vor Ort halten diese Verbindungen wach. Auch die Einrichtungen der höheren Bildung in der ehemaligen Kolonialmacht bleiben attraktiv. So nehmen insbesondere die alten Kolonialmächte Großbritannien und Frankreich eine starke Stellung in der Kommunikationsgemeinschaft von Verwaltungswissenschaftlern und Verwaltungspraktikern vor allem im Hinblick auf die Dritte Welt ein. Großbritannien ist nach wie vor auch vermittelt durch die „Commonwealth Association for Public Administration

---

[17] Vgl. Malchus, Viktor Frhr. von, Bilanz und Perspektiven der institutionellen Entwicklung grenzüberschreitender Zusammenarbeit in Europa, in: Schriftenreihe Landes- und Stadtentwicklungsforschung des Landes Nordrhein-Westfalen, Band 0.0032, Dortmund 1986, S. 23 ff.

11. Kapitel: Internationalisierung und Supranationalisierung der Verwaltung

and Management (CAPAM)" in über fünfzig Ländern seines alten Reiches präsent. Genauso nimmt Frankreich in der Tradition seines „Institut international d'administration publique" in Paris einen Einfluss auf Verwaltungsangelegenheiten in der Frankophonie.

Daneben haben vor allem die Weltmächte mit Missionen das internationale Kommunikationsfeld in Staats- und Verwaltungsangelegenheiten besetzt. China hat zwar sich wiederholt zu einer Führungsrolle in der Dritten Welt bekannt,[18] auf die Gestaltung ausländischer öffentlicher Verwaltungen hat es aber wenig Einfluss genommen. Hingegen haben aber die ehemalige Sowjetunion und weitere realsozialistische Industrieländer nachhaltig versucht, den Geist des parteigeleiteten Staates und seiner Kaderverwaltung nicht nur in einer Reihe von asiatischen, afrikanischen und lateinamerikanischen Ländern zu propagieren, sondern auch leninistisch-stalinistisch durchzusetzen. Solche Unternehmungen sind heute im allgemeinen Geschichte. Hingegen ist die Weltmacht des „American way of life" der nationale „Global player", der über Dekaden auch in Verwaltungsfragen in allen Weltregionen präsent ist. Die Vereinigten Staaten können sich dabei auf das Angloamerikanische als Lingua franca und auch auf die Medienbeherrschung stützen.

Bereits in den 1950er Jahren begannen US-amerikanische Universitäten in Asien und Lateinamerika, später in Afrika Universitätsstudiengänge zur öffentlichen Verwaltung aufzubauen und Akademiker wie Praktiker aus Entwicklungsländern zu entsprechenden Studien in die USA einzuladen. In der Folge kam es zum Export vielfältiger Verwaltungsmodelle, auch solcher, die in den Vereinigten Staaten erfolglos geblieben waren. Dabei erwiesen sich insbesondere Organisationen wie die Weltbank als zusätzlicher Partner. US-amerikanische Verwaltungsmodelle haben zwar nicht den Stellenwert erreicht, den vergleichbare Management-Modelle in der „Business community" erlangt haben. Dennoch fällt es auf, wie sehr US-amerikanische öffentliche Verwaltung als Praxis und noch mehr als akademische Disziplin in der Dritten Welt perzipiert worden ist. Die USA haben nur ausnahmsweise historische Erfahrung mit Staat und Verwaltung als Entwicklungsagentur. Eine solche Ausnahme ist etwa die „Tennessee Valey Authority", mit der in der großen Depression der 1930er Jahre unternommen wurde, das dortige Notstandsgebiet durch staatliche Maßnahmen zu sanieren.[19] Kontinentaleuropa hat demgegenüber Erfahrung mit

---

[18] Vgl. Heinzelmeir, Helmut, Asien an der Schwelle zum 21. Jahrhundert, in: Aus Politik und Zeitgeschichte, 10. Beilage zur Wochenzeitung Das Parlament, B 51/2000, S. 10.

[19] Vgl. Morgan, Arthur Ernest, The Making of the TVA, London 1974.

Staat und Verwaltung als Entwicklungsagentur über historische Epochen, worüber nicht zuletzt Preußen im 18. Jahrhundert ein Lehrstück bietet.[20]

Die deutsche öffentliche Verwaltung hat sich angesichts der ungünstigen Ausgangslage nach dem Zweiten Weltkrieg eine eher positive Stellung in der internationalen Kooperation mit Entwicklungsländern erarbeitet. Das mag auch daran gelegen haben, dass die kolonialen Vorbelastungen weit zurücklagen und nach den jüngeren historischen Erfahrungen Behutsamkeit angemessen schien. Insbesondere hat man sich auf bestimmte Stärken der deutschen Verwaltung konzentriert. Dazu gehört die Lokal- und Regionalverwaltung, deren Dezentralisierungsgrad vielerorts Beachtung gefunden hat. Ein anderes Hauptfeld sind die öffentlichen Finanzen, und zwar insbesondere im Vollzug durch Steuer- und Zollverwaltung. Auch die Ausbildung und die Weiterbildung für den öffentlichen Dienst, der Gedanke formalisierter Qualifikationen, die Verknüpfung von Schule und Praxis bei der Vorbereitung auf Verwaltungsberufe usw. wurden vielerorts als attraktiv angesehen. Neben diesen und anderen tradierten Themen konnten neue Verwaltungszweige erschlossen werden. So spielen in jüngster Zeit Umweltschutz und Umweltverwaltung eine prominente Rolle.[21]

Nicht anders verhält es sich mit der Verwaltungszusammenarbeit mit den postsozialistischen Ländern und der Transformation der Kaderverwaltung. Die Kooperation betrifft insbesondere Mittel- und Osteuropa, erfasst aber auch die mittelasiatischen Länder und reicht schließlich bis zur Mongolei, nach China und Vietnam. Auf diesem Gebiet fällt die Dokumentation schwerer, weil es nicht wie bei der Dritten Welt mit dem Bundesministerium für wirtschaftliche Zusammenarbeit und Entwicklung ein federführendes Ressort gibt. Die Zuständigkeiten sind unter den Ressorts verstreut; es mangelt an der Koordination; es gibt selbst konkurrierende Aktivitäten. In der Sache zeigt sich freilich eine bemerkenswerte Präsenz in der Zweiten Welt: vom verfassungsrechtlichen Rahmen der öffentlichen Verwaltung über öffentliche Aufgaben, besonders Privatisierung, über Verwaltungsorganisation, besonders Lokal- und Regionalverwaltung, über Verwaltungsverfahren und verwaltungsgerichtlichen Rechtsschutz, über Haushaltsgebaren und Rechnungslegung usw. bis zu Personalproblemen vom Beamtengesetz bis zur Berufsausbildung. Dazu kommen dann die unter-

---

[20] Vgl. Schmidt-Streckenbach, Wolfgang, Verwaltungsförderung: Historische Entwicklung und Verwaltung – Das Beispiel Preußen, Speyerer Forschungsberichte 37, Speyer 1984.

[21] Vgl. Richthofen, Wolfgang Frhr. von, Verwaltungszusammenarbeit in der Entwicklungspolitik, in: Klaus König u. a. (Hrsg.), Öffentliche Verwaltung in der Bundesrepublik Deutschland, Baden-Baden 1981, S. 411 ff.; Thedieck, Franz/Müller, Joachim (Hrsg.), Rezeption deutscher Beiträge zur Verwaltungsmodernisierung für die Zusammenarbeit mit Entwicklungsländern, Berlin 1997.

11. Kapitel: Internationalisierung und Supranationalisierung der Verwaltung 777

schiedlichen Verwaltungsbranchen: von der Steuerverwaltung bis zur Arbeitsverwaltung, von der Umweltverwaltung bis zur Verkehrsverwaltung.[22]

Mancherorts in den Ländern der postsozialistischen Welt – etwa in der Mongolei[23] – scheint es attraktiv, von der Kaderverwaltung gleich in einen neuen öffentlichen Managerialismus des „entrepreneurial spirit", des simulierten Wettbewerbs, der Quasi-Märkte zu springen. Es waren die alten Beziehungen zu Frankreich oder zu Österreich, die die kontinentaleuropäische Verwaltungsverwandtschaft deutlich machte. Viele sind jedoch intellektuell davon überzeugt, dass eine klassisch-kontinentaleuropäische Verwaltung wie die deutsche jedenfalls in der gegebenen historischen Situation zunächst geeignete Antworten anbietet. Es muss zuerst einmal eine feste Zuständigkeitsordnung geschaffen sein, bevor man über „Overlapping Competing Jurisdictions"[24] diskutieren kann. Erst muss ein qualifiziertes Personal ausgebildet sein, bevor man offene Rekrutierungssysteme ins Auge fassen kann. Es muss Haushaltsdisziplin gelernt sein, bevor man mit Globalbudgets umgehen kann usw. Im Ergebnis haben sich also viele der deutschen Verwaltungsgedanken verbreitet. Freilich bedeutet das nicht, einem „Modell Deutschland" zu folgen. Denn in der Welt der Nationalstaaten bestimmen selbst die Beitrittskandidaten zur Europäischen Union in Mittel- und Osteuropa die Eigenart ihrer nationalen Verwaltung selbst.

Neben den Partnern bilateraler Zusammenarbeit mit Entwicklungsländern und Transformationsländern sind noch die internationalen Organisationen zu nennen, die Kristallisationspunkte der multilateralen Kommunikationsgemeinschaft sind. Dazu zählen insbesondere die Vereinten Nationen, die Weltbank, die Organisation für wirtschaftliche Zusammenarbeit und Entwicklung, das Internationale Institut für Verwaltungswissenschaften. Besonders die OECD und das IIAS fördern gleichzeitig den Dialog und den Erfahrungsaustausch zwischen den westlichen Demokratien und Industrieländern. Damit ist ein umfängliches Dokumentationswesen verknüpft. Inzwischen sind freilich Hunderte von Adressen von Regierungsinstitutionen und Wissenschaftseinrichtungen im Internet erreichbar, die besonders über Verwaltungsmodernisierungen Auskunft geben. Die Division for Public Economics and Public Administration der Vereinten Nationen hat ein Online-Netzwerk für Verwaltungsinformationen einge-

---

[22] Vgl. König, Klaus, Institutionentransfer und Modelldenken bei Verwaltungsmodernisierungen, in: Rudolf Morsey u. a. (Hrsg.), Staat, Politik, Verwaltung in Europa, Berlin 1997, S. 293 ff.

[23] Vgl. König, Klaus/Adam, Markus, Neuer öffentlicher Managerialismus in der Transformationspolitik – der Fall der Mongolei, in: Eckhard Schröter (Hrsg.), Empirische Policy- und Verwaltungsforschung: Lokale, nationale und internationale Perspektiven, Opladen 2001, S. 345 ff.

[24] Vgl. Frey, Bruno S./Eichsberger, Reiner, Competition among Jurisdictions: The Idea of FOCJ, in: Lüder Gerken (Hrsg.), Competition among Institutions, Basingstoke u. a. 1995, S. 209 ff.

richtet, mit dem unter anderem Organisationen von weltregionaler Bedeutung für die öffentliche Verwaltung verknüpft werden.[25]

II. Globalisierung und Europäisierung

1. Globalisierung und globale Governance

Politik und Verwaltung zu Beginn des 21. Jahrhunderts sind mit Entgrenzungen konfrontiert, die die Nationalökonomie, die gesellschaftlichen Demarkationslinien und schließlich den territorial verfassten Staat selbst betreffen. Der Begriff der Globalisierung wird vor allem auf das Wirtschaftssystem bezogen, also die Entgrenzung nationaler Volkswirtschaften.[26] Als Kennzeichen gelten: das Wachstum des internationalen Handels, der Anstieg der Direktinvestitionen, die international organisierte Produktion, die nicht mehr eindeutig lokalisierbaren Finanzmärkte, das Entstehen transnationaler Konzerne.[27] Im Ergebnis entsteht jenseits der Konstellation länderspezifischer Märkte die über nationale Grenzen hinweg greifende Marktgesamtheit, in der weltweit Konkurrenz stattfindet. Am Ende erfolgt eine Akkumulation des Kapitals im Weltmaßstab.[28]

Ein anderes Feld der Globalisierung ist das der technologischen Entwicklung, die als Triebfeder überhaupt angesehen wird.[29] Zunächst wird auf Transporttechnologien hingewiesen. Vor allem aber sind es dann Informations- und Kommunikationstechnologien, insbesondere Fernsehen und Internet, die Standorte zu bagatellisieren scheinen.[30] Neue Möglichkeiten räumlich-zeitlich-

---

[25] Vgl. United Nations (Economic and Social Council), Work of the Group of Experts on the United Nations Programme in Public Administration and Finance at its Fifteenth Meeting: Report of the Secretary General, Dokument E/2000/66.

[26] Vgl. Jochimsen, Reimut, Globalisierung heute. Was ist neu, wo liegen die Risiken?, in: ders. (Hrsg.), Globaler Wettbewerb und weltwirtschaftliche Ordnungspolitik, Bonn 2000, S. 14 ff.; ferner Duwendag, Dieter, Globalisierungseffekte: „Race to the Bottom" oder „Race to the Top"?, in: Arthur Benz u. a. (Hrsg.), Institutionenwandel in Regierung und Verwaltung, Berlin 2004, S. 685 ff.

[27] Vgl. Robejsek, Peter, Globalisierung – Eine kritische Untersuchung der Tragfähigkeit eines populären Konzepts, in: Dieter S. Lutz (Hrsg.), Globalisierung und nationale Souveränität, Baden-Baden 2000, S. 61 ff.

[28] Vgl. Hirsch, Joachim, Der nationale Wettbewerbsstaat, Berlin 1995, S. 89.

[29] Vgl. Thomson, Janice E./Krasner, Stephen D., Global Transactions and the Consolidation of Sovereignty, in: Ernst-Otto Czempiel/James Rosenau (Hrsg.), Global Changes and Theoretical Challenges: Approaches to World Politics for the 1990s, Lexington, Mass. u. a. 1989.

[30] Vgl. Luhmann, Niklas, Die Gesellschaft der Gesellschaft, Erster Teilband, Frankfurt a. M. 1997, S. 302 ff.

hierarchisch ungehinderter Kommunikation scheinen zu einem „virtuellen" Kontinent zu führen.[31] Mit der Einbeziehung in eine weltweite Kommunikation lässt sich die Frage der kulturellen Globalisierung verknüpfen. Einschlägige Interpretationen reichen von der Annahme, dass nicht nur reale, sondern auch virtuelle Nachbarschaft verbindet, bis zur Hyperglobalisierung durch einen Konsumerismus populär-amerikanischer Art.[32]

Neben Wirtschaft und informationstechnologischer Entwicklung gibt es weitere Problemfelder, die mit der Kategorie der Globalisierung und mit Phänomenen der Entgrenzung verbunden werden. Dazu gehört jenseits der Weltkriege die wachsende Reichweite organisierter Gewaltanwendung, sowohl von Kriegen in der Weltgesellschaft[33] wie des Terrorismus als Herausforderung für die „Weltinnenpolitik"[34]. Umweltzerstörungen erregen weltweite Betroffenheit. Der Abbau der Ozonschicht, der Klimawandel, das Aussterben von Tierarten, die Schrumpfung von Waldflächen, die Ausdehnung von Wüsten werden zunehmend als globale Umweltprobleme angesehen.[35] Gewaltanwendung und Verlust natürlicher Ressourcen weisen dann auf eine weitere ubiquitäre Entwicklung hin, nämlich die Migration der Menschen über Weltregionen und Kontinente hinweg. Den heutigen Migrationsströmungen wird ein geographisch-extensiver Charakter beigemessen, wie ihn die alten Wanderungsbewegungen in der Menschheitsgeschichte nicht gehabt haben.[36]

Gegenüber solchen Faktizitäten einer Globalisierung stellt sich die Frage, ob ihr auch eine entsprechende Entgrenzung von Wertvorstellungen gegenübersteht.[37] An erster Stelle rangieren insoweit dabei die Menschenrechte.[38] Die

---

[31] Vgl. Glotz, Peter, Der virtuelle Kontinent, in: Verwaltung und Management 2000, S. 260 ff.

[32] Vgl. Robejsek, Peter, Globalisierung – Eine kritische Untersuchung der Tragfähigkeit eines populären Konzepts, in: Dieter S. Lutz (Hrsg.), Globalisierung und nationale Souveränität, Baden-Baden 2000, S. 61 ff.

[33] Vgl. Brock, Lothar, Kriege in der Weltgesellschaft – unter Bedingungen der Globalisierung, in: Dieter S. Lutz (Hrsg.), Globalisierung und nationale Souveränität, Baden-Baden 2000, S. 375 ff.

[34] Vgl. Gießmann, Hans-Joachim, Terrorismus – Globales Problem und Herausforderung für „Weltinnenpolitik", in: Dieter S. Lutz (Hrsg.), Globalisierung und nationale Souveränität, Baden-Baden 2000, S. 471 ff.

[35] Vgl. Simonis, Georg, Der Erdgipfel von Rio – zu den Problemen der Institutionalisierung globaler Umweltprobleme, in: Wolfgang Hein (Hrsg.), Umbruch in der Weltgesellschaft – Auf dem Wege zu einer „Neuen Weltordnung"?, Hamburg 1994, S. 459 ff.

[36] Vgl. Held, David u. a., Global Transformations: Politics, Economics and Culture, Cambridge 1999, S. 283 ff.

[37] Vgl. Robertson, Roland, Globalization: Social Theory and Global Culture, London u. a. 1993; ferner Beck, Ulrich, Was ist Globalisierung?, Frankfurt a. M. 1997, S. 150 ff.; Reimann, Helga (Hrsg.), Weltkultur und Weltgesellschaft: Aspekte globalen Wandels, Opladen 1997.

Vereinten Nationen haben dazu nicht nur 1948 eine allgemeine Erklärung abgegeben. Sie bieten der internationalen Menschenrechtsbewegung, die aus zahlreichen Nicht-Regierungsorganisationen als Mitglieder besteht, ein Forum.[39] Freilich relativieren sich okzidentale Standards der Menschenrechte in den verschiedenen Ethnien und Religionen. Es ist schwer, gewisse Mindestregeln wie das Verbot der Folter wirklich maßgeblich zu halten. Noch schwieriger ist es, wenn man den weiteren Schritt zu sozialen Menschenrechten vornimmt. Soziale Gerechtigkeit erscheint als Ideal der Weltgesellschaft.[40] Wie Gerechtigkeitsregeln praktikabel gemacht werden können, um die Globalisierung sozialverträglich zu gestalten[41], ist offen.

In der Globalisierungsdebatte hat man es unternommen, die Beherrschung der geänderten Verhältnisse, einer entgrenzten Wirtschaft, eines reisenden Terrorismus, fernwirkender Umweltzerstörungen usw. mit der Kategorie der „Global Governance" zu erfassen. Governance wird hiernach als die Gesamtheit der zahlreichen Wege definiert, auf den Individuen sowie öffentliche und private Institutionen ihre gemeinsamen Angelegenheiten regeln. Es handle sich um einen kontinuierlichen Prozess, durch den kontroverse oder unterschiedliche Interessen ausgeglichen würden und kooperatives Handeln initiiert werden könne. Der Begriff umfasse sowohl formelle Institutionen und mit Durchsetzungsmacht versehene Herrschaftssysteme als auch informelle Regelungen, die von Menschen und Institutionen vereinbart oder als im eigenen Interesse liegend angesehen werden.[42]

Diese breite Begriffsbildung intendiert, die Komplexität und Kompliziertheit politischer, wirtschaftlicher, sozialer Beziehungen in einer Weltgesellschaft konzeptionell zu erfassen. Das gilt für die beteiligten Akteure, für Produzenten vor Ort und ihre Arbeiterschaft, Zwischenhandel, Kunden, Organisationen des produzierenden und distribuierenden Gewerbes, Konsumentenvereinigungen, dann aber auch öffentliche Verwaltungen, etwa die mit Wettbewerbspolitik befassten nationalen und internationalen Behörden. Alle Ebenen der Weltgesell-

---

[38] Vgl. Bretherton, Charlotte, Allgemeine Menschenrechte, in: Ulrich Beck (Hrsg.), Perspektiven der Weltgesellschaft, Frankfurt a. M. 1998, S. 256 ff.

[39] Vgl. Herzka, Michael, Die Menschenrechtsbewegung in der Weltgesellschaft, Bern u. a. 1995, S. 38 ff.

[40] Vgl. Tetzlaff, Rainer, Demokratie und soziale Gerechtigkeit weltweit – im Zeichen der Globalisierung, in: Dieter S. Lutz (Hrsg.), Globalisierung und nationale Souveränität, Baden-Baden 2000, S. 227 ff.

[41] Vgl. Elsenhans, Hartmut, Nicht die Globalisierung, ihre sozialverträgliche Gestaltung ist das Problem, in: Dieter S. Lutz (Hrsg.), Globalisierung und nationale Souveränität, Baden-Baden 2000, S. 251 ff.

[42] Vgl. Stiftung Entwicklung und Frieden (Hrsg.), Nachbarn in Einer Welt: Bericht der Kommission für Weltordnungspolitik (Commission on Global Governance), Bonn 1995, S. 4.

schaft sollen für sich und ihre Verflechtungen berücksichtigt werden. Das beginnt mit der lokalen Ebene von der nachbarschaftlichen Kooperative bis zum Gemeinderat, vom Zweckverband bis zur Benutzerorganisation, von der Industrie- und Handelskammer bis zu lokalen Initiativen.[43]

Vor allem geht es darum, auf globaler Ebene die Zentrierung der Steuerungs- und Regelungsbeziehungen auf das herkömmliche System der zwischenstaatlichen Beziehungen zu lockern. Das heißt, dass Nicht-Regierungsorganisationen, Bürgerbewegungen, multinationale Konzerne, globale Finanzmärkte, global auftretende Massenmedien usw. in ihrer Wirkmächtigkeit nach vorn gerückt werden. Die Tradition ist gleichsam die der Organisation der Nationalstaaten, von Staaten, die internationale Institutionen zur Friedenssicherung und Wohlstandserhaltung geschaffen haben. Demgegenüber stellen heute transnationale Unternehmen und globale Kapitalmärkte vieles in den Schatten, was Staat und nationale Finanzmärkte zu steuern in der Lage sind. Entsprechend erwartet man, dass sich „Global Governance" in erster Linie auf Märkte und Marktinstrumente stützt. Zu berücksichtigen sind weiter Koordinationen durch zivilrechtliche Organisationen.[44] Hinzu kommen die Selbstregulative der Wirtschaft. Schließlich bleibt ein gewisses Maß an staatlicher Überwachung. Die öffentlichen Entscheidungen sollen nach Prinzipien der Subsidiarität möglichst auf der Ebene getroffen werden, auf der sie wirksam vorgenommen werden können.

Hervorgehoben wird die zivilgesellschaftliche Komponente von „Global Governance". Die Anforderungen von Menschenrechten, Gerechtigkeit, Befriedigungen von materiellen Grundbedürfnissen, Umweltschutz, Entmilitarisierung usw. haben eine Vielfalt von neuen Akteuren mobilisiert. Alleine die Menschenrechtsfrage hat Hunderte von Organisationen und Bewegungen hervorgebracht.[45] Sie operieren zum beachtlichen Teil im weltregionalen und interkontinentalen Maßstab. In der entwicklungspolitischen Kooperation über nationale Grenzen hinweg nehmen nichtstaatliche Organisationen traditionell einen hohen Rang ein. Im deutschen Falle sind das insbesondere Kirchen, politische Stiftungen, Einrichtungen der deutschen Wirtschaft und andere private Träger von der Welthungerhilfe bis zum Volkshochschulverband, vom Ärzte-Komitee bis zum Weltfriedensdienst. Solche zivilen Organisationen sind man-

---

[43] Vgl. Messner, Dirk/Nuscheler, Franz, Global Governance: Herausforderungen an die deutsche Politik an der Schwelle zum 21. Jahrhundert, in: Stiftung Entwicklung und Frieden (Hrsg.), Policy Paper 2, Bonn 1996, S. 6 ff.

[44] Vgl. Ronit, Karsten/Schneider, Volker (Hrsg.), Private Organizations in Global Politics, London u. a. 2000.

[45] Vgl. Herzka, Michael, Die Menschenrechtsbewegung in der Weltgesellschaft, Bern u. a. 1995.

cherorts in der Lage, Millionen-Beträge für Entwicklungsprojekte aufzubringen.

Sieht man auf die Weltgesellschaft, so wird für das Jahr 1994 eine Zahl von 5.000 internationalen Nicht-Regierungsorganisationen mit weltweiter, interkontinentaler oder weltregionaler Mitgliedschaft genannt. Etwa 39.000 transnationale Konzerne werden gezählt. Dem steht ein wiederum beachtliches Wachstum zwischenstaatlicher Organisationen gegenüber. Von 1909 bis 1994 ist die Zahl der „conventional" internationalen Regierungsorganisationen von 37 auf 264, die der „anderen" Regierungsorganisationen von 0 auf 1.490 gestiegen.[46] Die so bezifferte Ausweitung der Zivilgesellschaft, vor allem aber die Entgrenzung nationaler Wirtschaftssysteme lässt den Blick nicht nur auf die Quantität zwischenstaatlicher Beziehungen fallen, sondern auch nach qualitativen Veränderungen fragen.

Entsprechend der Wahrnehmung von mehreren politisch-administrativen Ebenen durch „Global Governance" ist überdies festzuhalten, dass auch die öffentliche Verwaltung im nationalstaatlichen Rahmen von der Globalisierung betroffen ist. Es kommt zu neuen Konstellationen von öffentlicher und privater Handlungssphäre, schon wegen der globalen Wirkmächtigkeit von Markt- und Wettbewerbsideen, dann aber weil transnationale Konzerne eine andere Wirtschaftskraft gegenüber öffentlichen Unternehmen ins Feld führen können. Die Verwaltung der öffentlichen Sicherheit bedarf der Aufrüstung, weil die internationale organisierte Kriminalität andere Energien einsetzen kann.[47] Auch die Korruption hat im Hintergrund gewisse Entgrenzungsphänomene. Lokale Verwaltungen verlieren Planungs- und Budgetierungssicherheit, weil weltweit operierende Privatunternehmen Standortbindungen in Zweifel ziehen können. Der öffentliche Dienst kann sich in seiner Professionalität nicht im nationalen Gehäuse einrichten. Internationale Kontakte sind nicht mehr nur Sache von Diplomaten usw.[48]

Staat und Verwaltung sind aber nicht nur Betroffene der Globalisierung. Sie spielen von Fall zu Fall eine aktive Rolle beim Abbau von Grenzen. Dazu gehören Deregulierungspolitik wie Abgabenpolitik. Nicht jeder hat freilich das Zeug zum „Global Player", der nicht nur durch Bürgschaften, Kapitalschutz

---

[46] Vgl. Meyers, Reinhard, Internationale Organisationen und global governance – eine Antwort auf die internationalen Herausforderungen am Ausgang des Jahrhunderts?, in: Politische Bildung 1999, S. 11.

[47] Vgl. Scherpenberg, Jens van, Internationale organisierte Kriminalität – die Schattenseite der Globalisierung, in: ders./Peter Schmidt (Hrsg.), Stabilität und Kooperation – Aufgaben internationaler Ordnungspolitik, in: Internationale Politik und Sicherheit, Band 50, Baden-Baden 2000, S. 29 ff.

[48] Vgl. Farazmand, Ali, Globalization and Public Administration, in: Public Administration Review 1999, S. 509 ff.

und Handelsabkommen internationale Wirtschaftsverflechtungen promoviert, sondern zugunsten eines globalen Kapitalismus und im Interesse seiner transnational operierenden Konzerne politisch interveniert. Es sind indessen nicht nur die global starken Staaten, die die Globalisierung voranbringen.[49] Die Vereinten Nationen, die Weltbank, der International Monetary Fund, die World Trade Organization sind für Entwicklungs- und Transformationsländer wichtige Einrichtungen, die die Globalisierung insbesondere in der Wirtschaftssphäre vorantreiben. Für Entgrenzungen von öffentlichen Verwaltungen selbst kommt man dann an der für die Staatenwelt nach wie vor maßgeblichen Souveränität nicht vorbei.[50] Im Kontext von öffentlicher Verwaltung und Globalisierung wird man deswegen nationale wie internationale Ebenen des politisch-administrativen Funktionssystems zu berücksichtigen haben.

2. Europäisierung und europäische Governance

Globalisierung ist zunächst ein Phänomen der ökonomischen Entwicklungen, technologischen, insbesondere informationstechnologischen Innovationen, wachsender Umweltzerstörungen, steigender nichtstaatlicher Gewaltanwendung, zunehmender Migrationen, kultureller Anpassungen. Die Politik ist hiernach herausgefordert und „Global Governance" wird zum Problem, also die Frage, wie trotz Fehlen einer Weltregierung gewisse Angelegenheiten der Weltgesellschaft geregelt und gesteuert, konfligierende Interessen ausgeglichen, kooperatives Handeln initiiert, internationale Regime angewandt werden können. Europäisierung ist demgegenüber von vornherein politisch intendiert. Die Erfahrungen des Ersten und des Zweiten Weltkrieges speisten die politischen Erwartungen, die alten Gegensätze besonders zwischen Deutschland und Frankreich durch eine europäische Integration aufzuheben. Entsprechend der Konvention bilateraler und multilateraler Zusammenarbeit erfolgte die Integration auf der Grundlage von Verträgen: von den Anfängen 1951 mit dem Vertrag über die Gründung der Europäischen Gemeinschaft für Kohle und Stahl, den Römischen Verträgen zur Gründung der Europäischen Wirtschaftsgemeinschaft und der Europäischen Atomgemeinschaft bis hin zur Einheitlichen Europäischen Akte, den Vertrag über die Europäische Union und weitere vertragliche Fortschreibungen. Zeitlich versetzt erfolgte eine Erweiterung in der Mit-

---

[49] Vgl. Faundez, Julio u. a. (Hrsg.), Governance, Development and Globalization, London 2000.
[50] Vgl. Nuscheler, Franz, Globalisierung und Global Governance. Zwischen der Skylla der Nationalstaatlichkeit und der Charybdis der Weltstaatlichkeit, in: Dieter S. Lutz (Hrsg.), Globalisierung und nationale Souveränität, Baden-Baden 2000, S. 301 ff.

gliedschaft nach Norden, Süden und nach dem Zusammenbruch des realen Sozialismus auch nach Osten.[51]

Der Aufbau der Europäischen Union erfolgte nicht nach dem Bauplan einer Gesamtkonstruktion, sondern in von unterschiedlichen Ideen und Interessen geleiteten historischen Entwicklungen. Ein verwaltungswissenschaftlich interessantes Beispiel für sachpolitische Entwicklungen stellt das Schengener Übereinkommen und seine Integration in die Europäische Union dar. „Schengen" setzt bei den national-territorialen Grenzen an. Das ist eine Thematik von weltweiter Bedeutung. Freilich bleiben die Lösungen einschlägiger Probleme in anderen Weltregionen weit hinter diesem europäischen Fall zurück. Grenzpfähle und Grenzschranken in der Mitte Europas stören nicht nur integrationsfreundliche Politiker. Millionen von Bürgern einer hochmobilen Gesellschaft nehmen Anstoß, und zwar nicht bloß wenn sie ihre Urlaubsziele ansteuern. Beide Gruppen vermuten in den Grenzkontrollen einen bürokratischen Formalismus, für den die politischen, ökonomischen, sozialen Voraussetzungen in einem sich integrierenden Europa entfallen sind. So ist zu verstehen, dass von der Spitze der deutschen Bundesregierung her von 1983 an versucht wurde, Kontrollen an der Grenze zu den nördlichen, westlichen und südlichen Nachbarn abzubauen, zumindest den vermuteten Formalismus aus der Welt zu schaffen. In der Tat waren insoweit Verbesserungen möglich. Es gab Länder, in denen nicht einmal eigene Polizei und eigener Zoll an der Grenze beieinander standen, so dass im Lande selbst der normale Straßentourist sein Kraftfahrzeug zweimal anhalten musste. Auch konnte man Kontrollbeamte zweier verschiedener Länder erst zusammenstellen, wenn die erforderliche Infrastruktur dafür eingerichtet wurde.

Bald erwies sich aber, dass das Ausmaß dessen, was man als unnötige Formalitäten bezeichnen kann, verhältnismäßig schmal ist. Grenzkontrollen sind Ausdruck jeweiliger materieller Rechts- und Verwaltungsverhältnisse, deren Einhaltung man nicht unüberwacht lassen kann, will man sie bewahren. Zwar kann man eine Reihe solcher Kontrollen – zur Verkehrssicherheit, zum Arbeitsschutz usw. – in das Binnenland zurückverlagern. In vielen Fällen – nicht nur beim Zoll – geht es aber um typische Überwachungen grenzüberschreitender Mobilität. Es bleibt nur die Möglichkeit, einen transnationalen Raum zu schaffen, bei dem Kontrollen an die Außengrenzen verschoben werden, Binnengrenzen aber über Verflechtungen, Konvergenzen, Harmonisierungen in den materiellen Verhältnissen für Kontrollzwecke funktionslos zu machen.[52]

---

[51] Vgl. Oppermann, Thomas, Europarecht, 3. Aufl., München 2005, S. 8 ff.
[52] Vgl. Würz, Karl, Das Schengener Durchführungsübereinkommen: Einführung – Erläuterungen – Vorschriften, Stuttgart u. a. 1997, S. 28 ff.

11. Kapitel: Internationalisierung und Supranationalisierung der Verwaltung 785

Belgien, Deutschland, Frankreich, Luxemburg und die Niederlande haben im Schengener Übereinkommen von 1985[53] und im Durchführungsübereinkommen von 1990[54] diesen Weg eingeschlagen. Italien, Spanien, Portugal sind später gefolgt. Was ein solcher transnationaler Binnenraum für die Rechts- und Verwaltungsverhältnisse für Konsequenzen hat, deutet sich in Folgendem an. Gemeinsame Personenverkehrspolitik heißt Harmonisierung der Sichtvermerksregelungen bis hin zu einheitlichen Sichtvermerken für die Hoheitsgebiete aller Partner, Konvergenzen bei Aufenthaltsregelungen, gleiche Behandlung reisender Drittausländer, Harmonisierung der Einreiseverweigerung usw. Der Umgang mit Asylbewerbern muss angeglichen werden. Im Bereich der öffentlichen Sicherheit und Ordnung muss der Polizei das Überschreiten der Landesgrenzen ermöglicht werden, und zwar für Observationen im fremden Hoheitsgebiet und zur Verfolgung flüchtiger Personen. Das Melderecht muss vereinheitlicht werden. Rechtshilfe in Strafsachen muss erleichtert werden. Fragen der Doppelbestrafung, der Auslieferung, der Strafvollstreckung sind weitere Konvergenzpunkte. Für die Bekämpfung der Betäubungsmittelkriminalität muss ein gemeinsamer Weg gefunden werden. Das Waffenrecht muss harmonisiert werden usw. Betrachtet man weiter Transport und Warenverkehr, dann sind Tierschutzrecht, Tierseuchenrecht, Fleischhygienerecht, Pflanzenschutzrecht, das Recht der gefährlichen Güter, Abfallrecht gemeinsam zu gestalten, wenn auf entsprechende Untersuchungen und Vorlage einschlägiger Zeugnisse an den Binnengrenzen verzichtet werden soll.

Der Schengener Weg zeigte in der Verhandlungsphase Züge der Transnationalität. Man mag noch in der grenzüberschreitenden Begegnung mit seiner interministeriell zusammengesetzten Delegation eine Sitzordnung nach Nationalität einnehmen und als Delegationsleiter nationale Standpunkte darlegen. Aber schon in Pausen der Informalität finden sich über das Nationale hinweg Polizeifachleute mit Polizeifachleuten, Finanzfachleute mit Finanzfachleuten, Verkehrsfachleute mit Verkehrsfachleuten zusammen, während die Delegationsleiter sich mit ihren Klagen über Koordinationsschwierigkeiten vereinen. Die weiteren Plenarverhandlungen werden dann vom Kommunikationsnetz der Ressorts und Fachverwaltungen überdeckt, wenn man sich nicht sowieso in Expertengruppen zurückzieht. Der Leitungsbereich wird freilich nicht funktionslos.

---

[53] Vgl. Übereinkommen zwischen den Regierungen der Staaten der BENELUX-Wirtschaftsunion, der Bundesrepublik Deutschland und der Französischen Republik betreffend den schrittweisen Abbau der Kontrollen an den gemeinsamen Grenzen vom 14. Juni 1985, GMBl. 1986, 79 ff.

[54] Vgl. Übereinkommen zur Durchführung des Übereinkommens von Schengen vom 14. Juni 1985 zwischen den Regierungen der Staaten der BENELUX-Wirtschaftsunion, der Bundesrepublik Deutschland und der Französischen Republik betreffend den schrittweisen Abbau der Kontrollen an den gemeinsamen Grenzen, in Deutschland ratifiziert durch Gesetz vom 15.07.1993, BGBl. II 1010 ff.

Oft genug muss er selbst im Rückgriff auf höchste Autoritäten politischen Schwung in sich verheddernde Fachmeinungen bringen.

Für das Transnationale ist charakteristisch, dass im deutschen Falle für die zentrale Verhandlungsführung die Abteilung für Innere Angelegenheiten und nicht die für Auswärtige Beziehungen des Bundeskanzleramtes zuständig war. Hier sind für die vielfältigen transgouvernementalen Verflechtungen nicht das Auswärtige Amt, sondern je nach Sachverhalt Landwirtschaftsministerium, Arbeitsministerium, Forschungsministerium usw. federführend. Ressorts, die traditionell innenpolitische Kompetenzen wahrnehmen, tragen nunmehr auch für außenpolitische Erfolge Verantwortung. Entsprechend müssen sie für die transnationale Relevanz ihres Tuns sensibilisiert werden.

Auch im Schengener Fall zeigt sich der verhältnismäßig geringe Organisationsgrad der transnationalen Zusammenarbeit. Schon gar nicht geht es darum, eine eigene Organisationsebene einzuziehen. In der Schengener Verhandlungsphase gab es eine Ministergruppe, eine zentrale Verhandlungsgruppe und Arbeitsgruppen für Polizei und Sicherheit, Personenverkehr, Transport und für Zoll- und Güterverkehr. Gewisse technische Hilfe kam vom Benelux-Sekretariat. Im Übrigen war die Zusammenarbeit mit Bordmitteln der beteiligten Regierungseinheiten zu leisten. Das änderte sich grundlegend, als die Schengener Zusammenarbeit durch den 1999 in Kraft getretenen Amsterdamer Vertrag in das Vertragswerk zur Gründung der Europäischen Gemeinschaft überführt wurde.[55]

Im räumlichen Bezug ist die Osterweiterung der Europäischen Union verwaltungswissenschaftlich besonders relevant. Die Europäischen Gemeinschaften haben lange Zeit eine gewisse Indifferenz gegenüber der Binnenorganisation des mitgliedstaatlichen Vollzugs gezeigt. Mit den Beitrittsabsichten ost- und südosteuropäischer Länder und den dort beobachtbaren Nachwirkungen einer realsozialistischen Kaderverwaltung wurde auch in Brüssel deutlich, dass mit Mitteln von Recht und Politik allein die Wirksamkeit des europäischen Verwaltungsvollzugs nicht gewährleistet werden kann. Die Europatauglichkeit öffentlicher Verwaltungen wurde zum Problem. Jenseits der Rechtsnormativität war nach Faktizität und Systemrationalität von Administrationen zu fragen. Die These von einem Prozess zunehmender Konvergenz zwischen den nationalen Verwaltungen der Mitgliedstaaten und weiter von der Existenz eines nichtformalisierten administrativen „acquis communautaire" und schließlich von der wirklichen Maßgeblichkeit gemeinsamer Standards „guter" Verwaltung musste erst noch belegt werden.

---

[55] Vgl. Oppermann, Thomas, Europarecht, 3. Aufl., München 2005, S. 15.

11. Kapitel: Internationalisierung und Supranationalisierung der Verwaltung

Auf der anderen Seite wurde gerade den Beitrittskandidaten bei fortgeschrittener europäischer Integration deutlich, was Supranationalität im Unterschied zur tradierten Internationalität bedeutet. Mitgliedstaaten verlieren einen Teil ihrer Souveränitätsrechte und müssen Hoheitsrechte, insbesondere im Bereich der Rechtsetzung an Organe der Europäischen Gemeinschaften übertragen.[56] Diese werden in den Grenzen ihrer Zuständigkeit zu einer den Mitgliedstaaten übergeordneten Gemeinschaftsgewalt, die ihre Regulative durch direkte Anwendbarkeit in den Mitgliedstaaten und im unmittelbaren Durchgriff bis zum Bürger geltend machen kann.[57] Solche Durchgriffsrechte kennen internationale Organisationen nur ganz ausnahmsweise, etwa bei bestimmten Straftaten. Freilich sind die Europäischen Gemeinschaften auf rechtliche Sanktionen begrenzt. Sie verfügen nicht über Möglichkeiten zwangsweiser Durchsetzung etwa durch die Polizei. Von den internationalen Organisationen unterscheiden sie sich dann weiter durch die Autonomie ihrer Organe. Diese sind selbständige Einrichtungen gegenüber den Mitgliedstaaten und zur Generierung gemeinsamer europäischer Interessen berufen. Die Verträge sehen in bestimmten Fällen die Möglichkeit von Mehrheitsentscheidungen auch gegen den Willen einzelner Mitglieder vor. Zu den Charakteristika der Supranationalität werden weiter die finanzielle Selbständigkeit, legislative, exekutive, judikative Differenzierungen und umfänglicher Rechtsschutz gezählt. Freilich sind die Befugnisse der Gemeinschaften als begrenzte Einzelzuständigkeiten abgeleitet. Die Gemeinschaftsbürger sind entsprechend nicht allgemein betroffen. Es besteht keine originäre Hoheitsgewalt.[58]

Unter dem Dach der Europäischen Union besteht aber nicht nur die supranationale Gemeinschaft, sondern auch eine intergouvernementale Zusammenarbeit als gemeinsame Außen- und Sicherheitspolitik und als Zusammenarbeit in der Innen- und Justizpolitik. Man spricht insoweit von einem Drei-Säulen-Modell. In der ersten, supranationalen Säule finden sich nicht nur wirtschaftspolitische Zuständigkeiten im engeren Sinne, sondern auch Aufgaben, die den grenzüberschreitenden Verkehr oder Asyl und Einwanderung betreffen.[59] Man wird von einem Säulen-Modell mit Supranationalität und Intergouvernementalität ausgehen müssen, solange es nicht gelingt, die verschiedenen Angelegenheiten der Europäischen Union unter eine integrierende Verfassung oder einen entsprechenden Grundlagenvertrag zusammenzufassen. Von dieser komplexen

---

[56] Vgl. Dossi, Harald/Grussmann, Wolf-Dietrich, Die Europäisierung der Verwaltung, in: Gerhart Holzinger u. a., Österreichische Verwaltungslehre, 2. Aufl., Wien 2006, S. 423.

[57] Vgl. Bleckmann, Albert, Europarecht. Das Recht der Europäischen Union und der Europäischen Gemeinschaften, 6. Aufl., Köln u. a. 1997, S. 75 ff.

[58] Vgl. Oppermann, Thomas, Europarecht, 3. Aufl., München 2005, S. 274 ff.

[59] Vgl. Hakenberg, Waltraud, Europarecht, 4. Aufl., München 2007, S. 12 ff.

Situation her muss auch ein europäisches Governance-Konzept ausgehen, wobei freilich hier supranationale Verwaltung im Mittelpunkt des Interesses steht. Die Kommission der Europäischen Gemeinschaften definiert Governance als Regeln, Verfahren und Verhaltensweisen, welche die Art und Weise kennzeichnen, wie auf europäischer Ebene Befugnisse ausgeübt werden.[60] Mit ihrem Weißbuch zum „Europäischen Regieren" geht es der Kommission nicht in erster Linie darum, künftigen vertraglichen Entwicklungen den Weg zu weisen, sondern zunächst einmal Verbesserungen der Funktionstüchtigkeit im Rahmen bestehender Zuständigkeiten auszuloten. Dabei lässt sich die Kommission von fünf Grundsätzen leiten, an denen sich die Arbeitsweise aller Organe der Europäischen Union – Europäisches Parlament, Ministerrat, Kommission, Europäischer Gerichtshof und Rechnungshof – ausrichten sollten.[61]

Unter diesen Prinzipien nennt die Kommission zuerst Offenheit. Die Organe sollen offen arbeiten, insbesondere eine größere Transparenz der Entscheidungsprozesse, den Zugang zu Informationen und Dokumenten herstellen. Nach dem Grundsatz der Partizipation sollen interessierte Akteure, also betroffene Unternehmen, Bürger, Regionen, Gemeinden usw. so viel und so intensiv wie möglich in die Politikgestaltungsprozesse von der Konzipierung bis hin zur Durchführung einbezogen werden, um so durch verstärkte Teilhabe größeres Vertrauen zu schaffen. Weitere Richtschnur soll die Verantwortlichkeit sein. Dazu müssen Aufgabenverteilung und Befugniszuweisung deutlich und Zurechenbarkeiten klargestellt werden. Mit dem Grundsatz der Effektivität soll verdeutlicht werden, dass das Leistungsgeschehen nicht an den Grenzen der Organe endet, sondern dass die Politiken der Europäischen Union wirksam zu sein haben, zur richtigen Zeit kommen, von der Zielfindung bis zur Folgenabschätzung abgesichert sein müssen. Hinzu kommen vielfältige Entscheidungsgesichtspunkte bis hin zur Akzeptanz ins Spiel. Schließlich wird Kohärenz als Prinzip genannt. Dass die Sachpolitik von der Programmierung bis zum konkreten Vollzug stimmig und nachvollziehbar sein sollte, ist ein Grundsatz für alle politisch-administrativen Systeme. Für die Europäische Union ist einzurechnen, dass sich ihr Aufgabenspektrum in einer relativ kurzen historischen Spanne wesentlich ausgeweitet hat. Damit sind auch die Ansprüche gewachsen, die von ihrer Umwelt der Mitgliedstaaten und Regionen, wirtschaftlichen und gesellschaftlichen Organisationen angemeldet werden. Die jeweilige Interessenlage muss nicht kohärenzfördernd sein. Sie kann durchaus diskordante Verhältnisse hervorbringen oder unterstützen. Als Beispiel wird der Schutz gegen

---

[60] Vgl. Kommission der Europäischen Gemeinschaften, Europäisches Regieren – Ein Weißbuch, KOM (2001) 428 endgültig, Abt. C 287 vom 12.10.2001, S. 1 ff.

[61] Vgl. Hayder, Roberto, Das Weißbuch „Europäisches Regieren" der EU-Kommission, in: Zeitschrift für Gesetzgebung 2002, S. 49 ff.

Rauchen einerseits und die finanzielle Förderung des Tabakanbaus in bestimmten Regionen genannt.[62]

Solche Prinzipien verweisen auf tiefer reichende Legitimationsprobleme der Europäischen Union in ihrer Supranationalität.[63] Die Union ist politische Gemeinschaft.[64] In ihren Mitgliedstaaten ist es die Demokratie, die den ersten Legitimationsgrund für die Herrschaftsverhältnisse abgibt.[65] Gemessen an staatlichen Standards ist die demokratische Legitimation der Europäischen Union beschränkt, schon weil die Unionsbürger mit Rücksicht auf das internationale Prinzip der Staatengleichheit vom Europäischen Parlament nicht proportional zur Bevölkerungszahl repräsentiert werden und weil das Parlament in seinen Rechtsetzungs-, Einsetzungs- und Kontrollbefugnissen begrenzt ist. Die Kommission betont so auch die Partizipation als Prinzip. Denn es bedarf einer Mischung input-orientierter und output-orientierter Merkmale, um von einem zufrieden stellenden Stand politischer Legitimation im europäischen Mehrebenensystem sprechen zu können.[66]

Herrschaft legitimiert sich weiter durch wertverwirklichendes und gemeinwohlförderndes Handeln. In bestimmten asiatischen Ländern stehen – auch kulturell bedingt – einschlägige Erfolge der Regierung, insbesondere Wirtschaftserfolge im Vordergrund einer Akzeptanz durch die Bevölkerung.[67] Utilitaristisch formuliert geht es um das aggregierte Wohlfahrtsmaximum der Gesellschaftsmitglieder. Der Staat des realen Sozialismus ist nicht zuletzt daran gescheitert, dass er sich nicht aus einem zufrieden stellenden Wohlstand rechtfertigen konnte. Auch westliche Demokratien zeigen in Krisen der Wirtschaft, der Beschäftigung, aber auch der öffentlichen Sicherheit bemerkenswerte Labilitäten. Freilich ist der Nationalstaat im politischen Sinne eine historisch eingeschliffene Herrschaftsordnung. Ob eine Kunstschöpfung wie die Europäische Union als Wirtschaftsgemeinschaft hinreichende Legitimationskraft hat, wenn

---

[62] Vgl. Hayder, Roberto, Das Weißbuch „Europäisches Regieren" der EU-Kommission, in: Zeitschrift für Gesetzgebung 2002, S. 49 ff.

[63] Vgl. Cheneval, Francis (Hrsg.), Legitimationsgrundlagen der Europäischen Union, Münster u. a. 2005.

[64] Vgl. Preuß, Ulrich K., Europa als politische Gemeinschaft, in: Gunnar Folke Schuppert u. a. (Hrsg.), Europawissenschaft, Baden-Baden 2005, S. 489 ff.

[65] Vgl. Sommermann, Karl-Peter, Demokratiekonzepte im Vergleich, in: Hartmut Bauer u. a. (Hrsg.), Demokratie in Europa, Tübingen 2005, S. 181 ff.

[66] Vgl. Scharpf, Fritz W., Legitimationskonzepte jenseits des Nationalstaates, in: Gunnar Folke Schuppert u. a. (Hrsg.), Europawissenschaft, Baden-Baden 2005, S. 705 ff.

[67] Vgl. Weggel, Oscar, Gefahr oder Chance? Die Begegnung mit Asien, in: Xuewu Gu (Hrsg.), Europa und Asien: Chancen für einen interkulturellen Dialog?, ZEI Discussion Paper C 74 2000, Bonn 2000, S. 27 ff.

sie keinen Mehrwert an öffentlichem Gemeinwohl stiften kann, oder ihr gar Wohlstandsverluste angelastet werden, ist eine zumindest offene Frage.

Es bleiben die Europäische Union als Rechtsgemeinschaft und die Legitimation durch Recht. Legitimationsgrundlage ist zuerst das konstituierende Vertragswerk als primäres Gemeinschaftsrecht. Sekundäres Gemeinschaftsrecht sind sodann die aus den vertraglichen Rechtsetzungsbefugnissen abgeleiteten Rechtsakte der Verordnung, Richtlinie usw. In so positivierten, geschriebenen Rechtsformen entspricht das Europarecht der Tradition des kontinentaleuropäischen Legalismus.[68] Das bedeutet nicht, dass es auf europäischer Ebene keine allgemeinen Rechtsgrundsätze, kein Gewohnheitsrecht, keine richterliche Rechtsfortbildung gibt. Aber gerade in Verwaltungsangelegenheiten passt das legalistische Gemeinschaftsrecht überwiegend in gewohnte Rechtsformen, wenn man Common Law-Traditionen beiseite lässt. Die Europäische Union ist vor allem Verwaltungsrechtsgemeinschaft.[69] Denn ihr Recht besteht insbesondere aus Regeln des Verwaltungsrechts, nicht zuletzt des Wirtschaftsverwaltungsrechts.[70] Legitimationsprobleme der Europäischen Union in ihrer Auswirkung auf das nationalstaatliche Verwaltungshandeln werden deswegen in denjenigen Mitgliedsstaaten weitgehend als gelöst angesehen, in denen die Frage nach der Legitimität bindender Allokationen von öffentlichen Gütern und Diensten eng an die der Legalität herangerückt wird und auch angesichts wirklich maßgeblicher Prinzipien des Rechtsstaates herangerückt werden darf. Das auf die Europäische Union direkt oder indirekt beziehbare Verwaltungshandeln ist nach Form, Verfahren wie inhaltlicher Richtigkeit vom Recht geprägt.

Die Finalität der europäischen Integration ist offen. Darauf weist die Variationsbreite einschlägiger Begriffe zwischen „internationaler Organisation" und „multi-level governance" hin.[71] Ein Versuch der Identifikation zwischen Staatenbund und Bundesstaat stellt das Konzept vom „Staatenverbund" dar.[72] Die Europäisierung als Integrationsprozess zeigt offene Ränder, insbesondere in

---

[68] Vgl. Zürn, Michael/Wolf, Dieter, Europarecht und internationale Regime: Zu den Merkmalen von Recht jenseits des Nationalstaates, in: Wolfgang Heyde/Thomas Schaber (Hrsg.), Demokratisches Regieren in Europa?, Baden-Baden 2000, S. 39 ff.; ferner Wesel, Uwe, Geschichte des Rechts. Von den Frühformen bis zum Vertrag von Maastricht, München 1997.

[69] Vgl. Schwarze, Jürgen, Europäisches Verwaltungsrecht. Entstehung und Entwicklung im Rahmen der Europäischen Gemeinschaft, 2. Aufl., Neudruck mit einer ausführlichen Analyse der jüngeren Rechtsentwicklung, Baden-Baden 2005, S. 6.

[70] Vgl. Ipsen, Hans Peter, Europäisches Gemeinschaftsrecht, Tübingen 1972, S. 11 f.

[71] Vgl. Wessels, Wolfgang, Das politische System der Europäischen Union, in: Wolfgang Ismayr (Hrsg.), Die politischen Systeme Westeuropas, 3. Aufl., Opladen 2003, S. 779 ff.

[72] Vgl. Pernice, Ingolf, Zur Finalität Europas, in: Gunnar Folke Schuppert u. a. (Hrsg.), Europawissenschaft, Baden-Baden 2005, S. 743 ff.

den Bereichen der Intergouvernementalität. Mit der Verwaltung auf der Ebene supranationaler Organisation und einem professionellen Verwaltungsdienst der Europäischen Union lässt sich indessen auf einen harten Kern der Institutionenbildung verweisen. Die Bedeutung des Verwaltungsstabes für die Politikformulierung und Politikimplementation kommt in Formeln wie „Europa als bürokratische Herrschaft" oder „Die Bürokratisierung Europas" zum Ausdruck.[73] Indessen muss man auch in globalen wie europäischen Kontexten zwischen Bürokratie und Bürokratisierung unterscheiden. Dass der Idealtypus der Bürokratie aus historischen Materialien des Territorialstaates entwickelt worden ist[74], schließt nicht aus, dass man ihn auch auf internationale und supranationale Organisationen anwendet, zumal wenn deren Verwaltung auf der Übertragung nationalstaatlicher Muster beruht. Im Falle der Europäischen Union ist dazu insbesondere auf die französische Verwaltung zu verweisen. Beide Referenzen des Bürokratischen müssen im Auge bleiben: die Herrschaftsordnung und die Leistungsordnung. Die Grundstruktur der bürokratischen Leistungsordnung ist für die Europäische Union nicht aufgegeben. Man braucht die Regelbindung, die feste Zuständigkeitsverteilung, die berufsmäßige Amtsausübung usw. Bürokratismus wird dann wie auf nationaler so auch auf supranationaler Ebene zum Problem, also Überregulierung, Intransparenz von Zuständigkeiten, Abschottungen gegenüber dem Publikum usw. Die supranationale Verwaltung muss sich Reformen stellen, die eine Entbürokratisierung intendieren; wenn etwa „Detailversessenheit", „Technokraten-Sprache" in den Rechtstexten der Europäischen Gemeinschaften kritisiert werden[75], dann sind hier vergleichbare Prüfverfahren einzuführen, wie sie in den Mitgliedstaaten bis hin zur Gesetzesfolgenabschätzung und Bürokratieabbau durch Standardkostenberechnung praktiziert werden. Bürokratische Herrschaft meint Herrschaft mittels bürokratischer Verwaltungsstäbe. Demokratisches Regieren im europäischen Mehrebenensystem mag unvollkommen sein.[76] Aber es gibt keine Anzeichen dafür, dass das Primat der Politik in Frage gestellt ist. In den letzten Dekaden war die Europäische Union durch dynamische Veränderungen und Herausforderungen – Erweiterung durch neue Mitgliedstaaten, Integration postsozialistischer Länder, Ausweitung des Aufgabenspektrums, Währungsunion, Verfassungs- und Grundlagenfragen usw. – in einer Weise politisiert, dass administrative Menta-

---

[73] Vgl. Bach, Maurizio, Die Bürokratisierung Europas, Frankfurt u. a. 1999; ders., Europa als bürokratische Herrschaft, in: Gunnar Folke Schuppert u. a. (Hrsg.), Europawissenschaft, Baden-Baden 2005, S. 575 ff.

[74] Vgl. Schluchter, Wolfgang, Aspekte bürokratischer Herrschaft, München 1992.

[75] Vgl. Hayder, Roberto, Das Weißbuch „Europäisches Regieren" der EU-Kommission, in: Zeitschrift für Gesetzgebung 2002, S. 49 ff.

[76] Vgl. Benz, Arthur, Politikwissenschaftliche Diskurse über demokratisches Regieren im europäischen Mehrebenensystem, in: Hartmut Bauer u. a. (Hrsg.), Demokratie in Europa, Tübingen 2005, S. 253 ff.

litäten das Politische kaum überlappen konnten. Die supranationale Verwaltung steht der nationalen Verwaltung in vielem näher, als dies bei der internationalen Verwaltung der Fall ist. Deswegen werden auch mit der verwalteten Union Reformerwartungen verknüpft, wie sie für die Staatsverwaltungen gelten.

III. Regime und Organisation

1. Internationales Regime und internationale Organisation

Betrachtet man die verwaltete Weltgesellschaft unter systemischen Gesichtspunkten, stellt sich zuerst die Frage, wie aus der Vielfalt globaler Probleme heraus öffentliche Aufgaben definiert werden können, die dann vom politisch-administrativen Funktionssystem wahrzunehmen sind.[77] Auch auf internationaler Ebene lässt sich das Öffentliche nicht anders als im nationalen Rahmen bestimmen, nämlich nach materiellen oder nach formellen Kriterien. Materiell kann man sich unter dem Vorzeichen der Wirtschaft etwa auf Theorien des Marktversagens berufen.[78] So kommen geschützte klimatische Verhältnisse, Sicherheit vor Terrorismus der Allgemeinheit zugute und einzelne lassen sich von entsprechenden Nutzungen nicht ausschließen. Schwieriger ist es, materielle Vorbestimmungen im Namen des Rechts vorzunehmen. An der Säkularisierung von Grundnormen wie im Verfassungsstaat pflegt es auf internationaler Ebene zu fehlen, wobei man zumindest Menschenrechtskonventionen einen solchen Rang beimessen möchte. Es bleibt die alte Interessentheorie,[79] zu der schon der römische Jurist Ulpian gesagt hat: „publicum ius est quod ad statum rei Romae spectat, privatum quod ad singulorum utilitatem"; nur: Wo und was ist Rom in der Weltgesellschaft?

Man ist mithin gerade im internationalen Maßstab auf formelle Definitionen verwiesen. Das bedeutet ökonomisch, dass öffentliche Güter die sind, über die in einem kollektiven Willensbildungsprozess – hier international – entschieden wird, während über private Güter durch die individuellen Präferenzen am Markt – auch am Weltmarkt – bestimmt wird.[80] Da sich die Welt immer mehr als Rechtsgemeinschaft konstituiert, ist es schließlich das Völkerrecht, in dem die öffentlichen Aufgaben international positiviert werden. So sind heute eine

---

[77] Vgl. Kaul, Inge u. a., Defining Global Public Goods, in: dies. (Hrsg.), Global Public Goods, New York u. a. 1999, S. 2 ff.

[78] Vgl. Sohmen, Egon, Allokationstheorie und Wirtschaftspolitik, 2. Aufl., Tübingen 1992.

[79] Vgl. Maurer, Hartmut, Allgemeines Verwaltungsrecht, 16. Aufl., München 2006, S. 49.

[80] Vgl. Musgrave, Richard u. a., Die öffentlichen Finanzen in Theorie und Praxis, Band 1, 5. Aufl., Tübingen 1992, S. 60 ff.

Fülle von öffentlichen Aufgaben zum Beispiel des Umweltschutzes völkerrechtlich festgelegt. Es geht um den Schutz und die Bewahrung der Meeresumwelt etwa bei Ölverschmutzungsunfällen, um den Schutz von Luft und Atmosphäre etwa im Hinblick auf weiträumige grenzüberschreitende Luftverunreinigungen, um den Schutz von Flora und Fauna etwa um den Artenschutz usw.[81]

In der Perspektive der Globalisierung hat es aber mit dem Völkervertragsrecht und seiner Staatszentriertheit kein Bewenden. Auch wenn internationale Regelwerke zwischen Staaten ausgehandelt werden, scheint ihr Zustandekommen und ihre Implementierung ohne Interessendruck und Mitwirkung von transnationalen Unternehmen, Nicht-Regierungsorganisationen, wissenschaftlichen Gemeinschaften, zivilgesellschaftlichen Gruppen und Bewegungen nicht möglich.[82] Zudem sind Vereinbarungen und Selbstregulierungen durch Unternehmen, Wirtschaftsverbände, zivilgesellschaftliche Gemeinschaften Bestandteile von solchen Regelwerken.[83] Um diese komplexen Ordnungs- und Steuerungsverhältnisse zu bezeichnen, spricht man von internationalen Regimen. Man meint damit Kontexte von impliziten oder expliziten Prinzipien, Normen, Regeln und Entscheidungsverfahren, an denen sich die Erwartungen von Akteuren in einem gegebenen Problemfeld der internationalen Beziehungen ausrichten.[84]

Üblicherweise werden internationale Regime in vier institutionelle Schichten gegliedert[85]: Prinzipien interpretierten die Realität, in der kooperiert werden soll, als Sollzustand. Sie enthielten für die Akteure übereinstimmende Zustandsbeschreibungen, Zielvorstellungen und Zweck-Mittel-Relationen. Normen legten die Verhaltensrichtlinien der Akteure im Sinne von Rechten und Pflichten fest. Regeln seien dann die verbindlichen Verhaltensvorschriften. Sie formalisierten ein Regime. Die Interpretation der Regeln müsse multilateral gesichert werden. Dafür würden Streitschlichtungsverfahren benötigt. Verfahren und Prozeduren brauchen ein Regime zur Anpassung an die Realität und für seine Entwicklung. Neben Konfliktregelungsprozeduren seien Routineverfah-

---

[81] Vgl. Vitzthum, Wolfgang Graf, Begriff, Geschichte und Quellen des Völkerrechts, in: ders. (Hrsg.), Völkerrecht, Berlin/New York 1997, S. 1 ff.
[82] Vgl. Brand, Ulrich u. a., Global Governance: Alternative zur neoliberalen Globalisierung?, Münster 2000, S. 111.
[83] Vgl. Barben, Daniel/Behrens, Maria, Internationale Regime und Technologiepolitik, in: Georg Simonis (Hrsg.), Politik und Technik – vier Studien zum Wandel der Staatlichkeit, polis Nr. 49/2000, Hagen 2000, S. 5 ff.
[84] Vgl. Krasner, Stephen D., Structural Causes and Regime Consequences: Regimes as Intervening Variables, in: ders. (Hrsg.) International Regimes, Ithaca, NY 1983, S. 1 ff.
[85] Vgl. Rode, Reinhard, Regimewandel vom GATT zur WTO, in: Martin Klein u. a. (Hrsg.), Die neue Welthandelsordnung der WTO, Amsterdam 1998, S. 1 ff.

ren für die Aufnahme neuer Mitglieder, die Ernennung von Bürokraten und auch Verfahren zur Festlegung von Sanktionen erforderlich.[86]

Die Unterscheidung von Normen und Regeln im jeweiligen Problemfeld internationaler Beziehungen will darauf hinweisen, dass internationale Regime nicht nur durch formelles Recht konstituiert werden. Eine Fülle sozialer, auch nicht formalisierter Normen ist zu berücksichtigen.[87] Auch sie können Funktionen der Konfliktregelung durch Interessenkompromisse ohne Rückgriff auf Gewalt, der Entlastung von Akteuren bei ihren normorientierten Entscheidungen durch die Senkung von Transaktionskosten, der handlungsbezogenen Konkretisierung von kollektiven Zielen und Werten erfüllen.[88] Dabei ist insbesondere zu berücksichtigen, dass technisch-industrielle Normen immer weniger national, immer mehr global festgelegt werden müssen. Allerdings erweisen sich Rechtsregeln für den Bestand und für die Entwicklung eines internationalen Regimes als maßgeblich. Souveränitätsverzichte lassen sich über Recht verstetigen. Unter solcher völkerrechtlicher Konstitution findet man internationale Regime in vielfältigen Sachfeldern der internationalen Beziehungen, in Angelegenheiten der Menschenrechte und des Minderheitenschutzes, der internationalen Sicherheit und der Rüstungsbegrenzung, der Weltwirtschaft und der Entwicklungskooperation, der Sozialpolitik, der Umweltpolitik usw.

Akteure im Globalisierungsprozess sind auch nicht nur Staaten und zwischenstaatliche Organisationen. Ein eigener Eingang für Vertreter von Nicht-Regierungsorganisationen in das New Yorker Gebäude der Vereinten Nationen symbolisiert, wie sehr inzwischen humanitäre, ökologische, soziale, wirtschaftspolitische usw. Verbände, Bewegungen, Initiativen als Repräsentanten einer Zivilgesellschaft anerkannt sind. Aber auch die Wirtschaft wird als potentieller Partner der Vereinten Nationen angesehen. „Auf dem Weg zu globalen Partnerschaften"[89] bedeutet mehr, als auf den bloßen Umstand zu sehen, dass es die Entgrenzung nationaler Volkswirtschaften ist, die zuerst für Globalisierungsprozesse steht. Wenn man etwa daran denkt, wie die Unterstützung der privaten Wirtschaft für Entwicklungsprojekte in der Dritten Welt gewonnen

---

[86] Vgl. Müller, Harald, Die Chance der Kooperation: Regime in den internationalen Beziehungen, Darmstadt 1993, S. 26 ff.

[87] Vgl. Rode, Reinhard, Regimewandel vom GATT zur WTO, in: Martin Wolf u. a. (Hrsg.), Die neue Welthandelsordnung der WTO, Amsterdam 1998, S. 1 ff.

[88] Vgl. Zürn, Michael/Wolf, Dieter, Europarecht und internationale Regime: Zu den Merkmalen von Recht jenseits des Nationalstaates in: Wolfgang Heyde/Thomas Schaber (Hrsg.), Demokratisches Regieren in Europa?, Baden-Baden 2000, S. 39 ff.; ferner Wesel, Uwe, Geschichte des Rechts. Von den Frühformen bis zum Vertrag von Maastricht, München 1997.

[89] Vgl. Frankfurter Allgemeine Zeitung, „UN suchen Nähe zur Privatwirtschaft", Ausgabe vom 23.12.2000, S. 6.

11. Kapitel: Internationalisierung und Supranationalisierung der Verwaltung   795

werden kann, dann geht es nicht nur um Mechanismen globaler Märkte, sondern auch um transnationale Unternehmen.

Damit wird auch ein methodisches Problem der Diskussion internationaler Regime deutlich. Handeln unter dem Vorzeichen der Globalisierung bedeutet in der Organisationsgesellschaft und der verwalteten Welt nicht nur Normen und Regeln, sondern auch soziale Gebilde und Organisationen, nicht nur geordnete Märkte, sondern auch rechtlich geordnete Wirtschaftsunternehmen, nicht nur ökologische Werte, sondern auch Umweltschutzverbände, nicht nur ein „General Agreement on Tariffs and Trade (GATT)", sondern auch eine „World Trade Organization (WTO)". Wie im nationalen Rahmen Patentrecht und Patentämter, Wettbewerbsrecht und Wettbewerbsbehörden zusammengehalten werden müssen, impliziert auch Global Governance „International Organisations in an Interdependent World".[90]

Die einseitige Ausrichtung an den „systems of rule"[91] in allen Sphären und Ebenen menschlichen Handelns kann zur problematischen Formel einer „Governance without Government" führen.[92] Gegenüber der Vielfalt der sozialen, ökonomischen, rechtlichen Normen und Regeln tritt für manche der klassische Staat zurück. Der hervorragende Beleg für internationale Beziehungen ohne Staat und zwischenstaatliche Organisation scheint das Internet zu sein. Man stellt die Frage, wer das Internet regiere, und verneint die Regierbarkeit, da es keinen zentralen Steuerungspunkt gäbe, von dem Kontrolle über das Internet ausgeübt werden könne. Das Internet scheint ein anarchischer Raum in der Weltgesellschaft zu sein. Spätestens mit der Gründung der „Internet Corporation for Assigned Names and Numbers" (ICANN) ist offenkundig geworden, dass auch der „virtuelle Kontinent"[93] organisiert und verwaltet werden muss und das nicht nur wegen der weltweiten Vergabe von Internet-Adressen. Es geht um Direktorien, „Supporting Organizations" usw. Die hohe politische Sensibilität dieses öffentlichen Gutes hat sogar zu der Forderung nach einer demokratischen Organisation geführt.

ICANN selbst ist zwar eine gemeinnützige, selbstverwaltende Organisation. Sie hat aber nicht nur Aufgaben übernommen, die früher die US-amerikanische Regierung wahrgenommen hat; sie ist auch nicht nur nach deren Vorstellungen gegründet worden, und zwar im Widerspruch unter anderem zu den Vorstellun-

---

[90] Vgl. Diehl, Paul F. (Hrsg.), The Politics of Global Governance: International Organizations in an Interdependent World, Boulder, Col. 1997.

[91] Vgl. Rosenau, James N., Governance without Government: Systems of Rule in World Politics, Los Angeles 1987.

[92] Vgl. Rosenau, James N./Czempiel, Ernst-Otto (Hrsg.), Governance without Government: Order and Change in World Politics, New York 1992.

[93] Vgl. Glotz, Peter, Der virtuelle Kontinent, in: Verwaltung und Management, 2000, S. 260 ff.

gen der Europäischen Union; es geht um ein US-amerikanisches Unternehmen mit Sitz in Kalifornien und unterliegt so schon formell US-amerikanischen Rechtskontrollen. Überdies muss man mit weiteren faktischen Steuerungen etwa durch das US-amerikanische Handelsministerium rechnen, insbesondere im Hinblick auf die Lokalisierung der Zentralrechner. Fehlverhalten wie Kinderpornographie, Rassenhetze im Internet müssen die Nationalstaaten mit ihren klassischen Schutzfunktionen auf den Plan rufen. Technisch ist es möglich, den Zugang zum Netz für Nutzer aus bestimmten Staaten einzuschränken. China hat entsprechende „virtuelle Schlagbäume" seit langem errichtet.[94] Wieweit es bei einer „dormant authority" bleibt oder zum staatlichen Kontrollzugriff kommt, ist noch offen.

Wer über „internet governance" spricht, kann also weder die Staaten noch die zwischenstaatlichen Organisationen wie die Internationale Fernmeldeunion (ITU) außen vor lassen. Um die komplexen Steuerungs- und Regelungsverhältnisse der Globalisierung zu erfassen, müssen die Selbstregulative von Wirtschaftsgesellschaft und Zivilgesellschaft mitberücksichtigt werden. Zudem weisen die Entgrenzungen der Volkswirtschaften auf eine Stärkung von Marktmechanismen hin. Nicht zuletzt der Zusammenbruch der marxistisch-leninistischen zentralen Plan- und Verwaltungswirtschaft haben Präferenzen für Marktinstrumente gestärkt. Aber die Beziehungen zwischen Markt und Staat, Weltmarkt und zwischenstaatlicher Organisation ähneln nicht einfach einem Nullsummen-Spiel, in dem der eine verliert was der andere gewinnt. Dass Staaten wie die USA, aber auch die Bundesrepublik Deutschland Verlierer der Globalisierung sind, erscheint eher unwahrscheinlich.[95] Man muss wohl auf die Relation von starken und schwachen Staaten achten. So wären die Auswirkungen der Globalisierung in den Entwicklungsländern zu beobachten.[96] Jedenfalls treffen minimalistische Konzepte von Staatlichkeit und Zwischenstaatlichkeit nicht die Realitäten der Globalisierung. Nationales und internationales Recht, staatliche und zwischenstaatliche Organisation und damit nationale und internationale öffentliche Verwaltung leisten einen maßgeblichen Beitrag zur Sicherung von Frieden und Wohlstand auch im globalen Maßstab.

Mit der internationalen Organisierung öffentlicher Angelegenheiten wird ein Doppeltes sichtbar. Zum einen wird ein Grad sozialer Differenzierung erreicht,

---

[94] Vgl. Udo Ulfkotte, „Virtuelle Schlagbäume: Im Internet wird die Einführung nationaler Grenzen erprobt", Frankfurter Allgemeine Zeitung, Ausgabe vom 27.12.2000.

[95] Vgl. Brand, Ulrich u. a., Global Governance: Alternative zur neoliberalen Globalisierung?, Münster 2000, S. 139 f.; ferner Bernauer, Thomas, Staaten im Weltmarkt, Opladen 2000, S. 20 und 400 ff.

[96] Vgl. Fuhr, Harald, Constructive Pressures and Incentives to Reform: Globalization and its Impact on Public Sector Performance and Governance in Developing Countries, in: Public Management Review 2001, S. 419 ff.

der mehr bedeutet als ein internationales Regime, also einen Kontext handlungsleitender Normen und Regeln in einem grenzüberschreitenden Problemfeld. Es eröffnet sich eine operative Dimension in der Institutionalisierung der internationalen Zusammenarbeit. Es wird die Zuordnung von Leistungen möglich, wie wir sie traditionell im Staatsbereich als Regierungs- und Verwaltungsfunktionen bezeichnen. Internationale Organisationen können so selbst Außenpolitik betreiben und über die politischen Beziehungen zu ihrer Umwelt etwa Richtungsentscheidungen treffen. Damit wird zum anderen deutlich, dass es nicht einfach eine Frage des Betrachters ist, ob man die Fortsetzung der Politik über die Grenzen hinweg als Außenpolitik, nämlich unter dem Blickwinkel des handelnden Staates, oder als Element der internationalen Beziehungen von einem übergeordneten Standpunkt her sieht. Internationale Systeme sind auch von ihrer eigenen Ordnung her ausgebildet, entfalten Eigendynamik. Ihre Leistungen sind mehr als die Summe außenpolitischer Interventionen von Staaten.[97]

Entsprechend sind internationale Organisationen im institutionellen Sinne einer verwaltungswissenschaftlichen Betrachtungsweise zugänglich. Wir können sie als relativ stabile Handlungszusammenhänge identifizieren, die sich teilweise aufgrund der eigenen Ordnung, teilweise aufgrund von Umweltbedingungen in einer vielfältigen und veränderlichen Welt erhalten und sich so als soziale Systeme, hier als politische und dann internationale Systeme und Subsysteme interpretieren lassen.[98] Unter dem Vorzeichen der Internationalität gehören zur Umwelt solcher Systeme vor allem die Nationalstaaten. Diese sind bis auf den heutigen Tag die geborenen und notwendigen Handlungsträger in den globalen Beziehungen. Hinzu kommen – andere – internationale Organisationen im institutionellen Sinne. Überdies zählt immer mehr die Einzelperson zur Umwelt internationaler Systeme, mag sie völkerrechtlich für Straftaten zur Verantwortung gezogen werden, Schutz der Menschenrechte genießen, als Diplomat besonders berechtigt sein, Partei bei Investitionsstreitigkeiten sein. Heute nehmen Nicht-Regierungsorganisationen eine ständig wachsende Bedeutung ein und wollen die Zivilgesellschaft im Globalisierungsprozess repräsentieren.[99] Entsprechend sind es die transnationalen Konzerne, die die ökonomische Umwelt internationaler Organisationen vor allem bestimmen.

Internationale politisch-administrative Systeme sind durch aus der Staatssphäre bekannte Strukturen geprägt. Sie haben als Organisation für wirtschaft-

---

[97] Vgl. Czempiel, Ernst-Otto, Weltpolitik im Umbruch: Das internationale System nach dem Ende des Ost-West-Konflikts, München 1991.

[98] Vgl. Luhmann, Niklas, Theorie der Verwaltungswissenschaft: Bestandsaufnahme und Entwurf, Köln/Berlin 1966, S. 63.

[99] Vgl. Ipsen, Knut, Der Beitrag von Nichtregierungsorganisationen im Rahmen einer Weltinnenpolitik am Beispiel des Roten Kreuzes, in: Dieter S. Lutz (Hrsg.), Globalisierung und nationale Souveränität, Baden-Baden 2000, S. 559 ff.

liche Zusammenarbeit und Entwicklung, Weltgesundheitsorganisation usw. einen bestimmten Aufgabenkreis: eine Programmstruktur, die die Prämissen für ihr inhaltliches Handeln festlegt. Sie haben Organisationsstrukturen, in denen der Aufbau kommunikativer Beziehungen verfestigt ist, also im Falle der Organisation der Vereinten Nationen für Erziehung, Wissenschaft und Kultur Generalkonferenz, Exekutivrat, Sekretariat. Sie haben Prozessstrukturen, das heißt, ob die Weltbank Kredite für die Entwicklungsförderung vergibt, die Internationale Fernmelde-Union Frequenzzuteilungen koordiniert und registriert, sie folgen in ihrem Handeln einem bestimmten Ablaufmuster. Schließlich haben sie Personalstrukturen, also ein generalisiertes internes Gefüge von Bediensteten und Amtsträgern, ausgeprägt in Großorganisationen wie den Europäischen Gemeinschaften oder den Vereinten Nationen. Sieht man näher auf die Personalverhältnisse, dann ist Exekutivpersonal in zwei Formen zu berücksichtigen: zum einen in beratenden und entscheidenden Funktionen als Vertreter ihrer Heimatländer, zum anderen als Sekretariatspersonal. Letzteres zählt allein im akademischen Dienst in den Vereinten Nationen, in den Hilfswerken, Sonderorganisationen, in der Weltbank jeweils nach Tausenden.[100]

2. Supranationale Organisation und supranationales Regime

Die Europäische Union ist mehr als ein Regime.[101] Das wird an ihrer Organisationsstruktur deutlich, die sich in ihrem Differenzierungsgrad der Staatsorganisation annähert, nämlich mit Organen wie das Europäische Parlament, das Funktionen der Rechtsetzung, Budgetierung, Personalbestimmung, Impulsgebung und Kontrolle freilich unterhalb der Befugnisse eines Vollparlaments ausübt; der Rat der Europäischen Union als „Superorgan" mitgliedstaatlicher Vertretung in verschiedenen sachpolitischen Formationen, der über die zentrale Leitungs- und Entscheidungsgewalt verfügt; dazu der Europäische Rat der Rats- und Regierungschefs, in dessen Händen Funktionen der Führung und Grundsatzentscheidung liegen; die Europäische Kommission als „genuin europäisches" Organ, die weder mit dem Muster der üblichen Generalsekretariate internationaler Organisationen noch mit dem der nationalen Regierungen zu erfassen ist, vielfältige exekutive Funktionen ausübt, Promotor der Integration wie Hüter der Verträge ist und das Gemeinschaftsinteresse zu definieren hat. Hinzu kommen noch insbesondere der Europäische Gerichtshof und der Rech-

---

[100] Vgl. Rittberger, Volker, Internationale Organisationen: Politik und Geschichte; europäische und weltweite zwischenstaatliche Zusammenschlüsse, Opladen 1994.

[101] Vgl. Wallace, William, Less than a Federation – More than a Regime, in: Helen Wallace u. a. (Hrsg.), Policy-Making in the European Community, Chichester u. a. 1983, S. 403.

nungshof.[102] Charakteristisch für die supranationale Organisation ist die sogenannte Gemeinschaftsmethode. Sie bezieht sich auf die institutionelle Funktionsweise der Supranationalität der Europäischen Union. Hauptmerkmale sind das alleinige Initiativrecht der Kommission, Mehrheitsbeschlüsse im Rat im gegebenen Fall, aktive Rolle des Europäischen Parlaments, einheitliche Auslegung des Gemeinschaftsrechts durch den Gerichtshof. Damit ist nicht nur die Abgrenzung zur intergouvernementalen Zusammenarbeit der Regierungen im Rat der Europäischen Union gemeint, nämlich beschränktes Initiativrecht der Kommission, Einstimmigkeit im Rat, beratende Funktion des Europäischen Parlaments, eingeschränkte Rolle des Gerichtshofs. Vielmehr wird die Gemeinschaftsmethode als integrationsorientiert verstanden und die Forderung nach ihrer Stärkung betont die Supranationalität.[103]

Verwaltung und Verwaltungsdienst sind in die Organisationswelt der Union eingebettet, wobei im Bereich der Kommission der Schwerpunkt administrativer Tätigkeiten liegt. Das Europäische Parlament kann sich auf ein Generalsekretariat stützen, das die verwaltungsmäßige Vorbereitung und Durchführung der Parlamentsarbeit besorgt. Administratives Gewicht hat das Generalsekretariat des Rates, das als eine Art „Gegenbürokratie" zur Kommission bezeichnet wird. Es nimmt nicht nur die Kanzleifunktionen der Sitzungsvorbereitung, Protokollführung, Veröffentlichung der Ratsbeschlüsse usw. wahr, sondern ist etwa wegen der Rechtsberatung in den politischen Prozess einbezogen.[104] Anzumerken ist, dass der Generalsekretär des Rates außen- und sicherheitspolitische Vertretungsfunktionen wahrnimmt.[105] Der große Verwaltungsapparat der Europäischen Union ist der Kommission zugeordnet. Von den etwa 30.000 Kommissionsbediensteten kann man rund 6.000 Personen dem Verwaltungsdienst im engeren Sinne zurechnen. Das sind diejenigen Bediensteten, die mit den sachpolitischen Geschäften, mit der Konzeption von Rechtsakten und Berichten wie mit der Überwachung der Durchführung von Vorschriften und Entscheidungen beschäftigt sind, also an der Allokation jener öffentlichen Güter mitwirken, die in die Befugnisse der Europäischen Union fallen. Organisiert ist die Sachpolitik in über 20 Generaldirektionen, die nach dem Ressortprinzip gestaltet sind, also Aufgaben von Beschäftigung und Soziales, Energie und Verkehr, Gesundheit und Verbraucherschutz, weiter der Forschung, der Fischerei, des Binnenmarktes usw. wahrnehmen. Die einzelnen Generaldirektionen sind ei-

---

[102] Vgl. Oppermann, Thomas, Europarecht, 3. Aufl., München 2005, S. 82 ff.; Wessels, Wolfgang, Das politische System der Europäischen Union, in: Wolfgang Ismayr (Hrsg.), Die politischen Systeme Westeuropas, 3. Aufl., Opladen 2003, S. 979 ff.

[103] Vgl. Hayder, Roberto, Das Weißbuch „Europäisches Regieren" der EU-Kommission, in: Zeitschrift für Gesetzgebung 2002, S. 49 ff.

[104] Vgl. Oppermann, Thomas, Europarecht, 3. Aufl., München 2005, S. 86, S. 95.

[105] Vgl. Fischer, Peter u. a., Europarecht, 4. Aufl., Wien 2002, S. 504.

nem weisungsbefugten Kommissionsmitglied unterstellt. Die Kommissare werden nach französischem Vorbild von einem „Kabinett" mit einem Kabinettschef als Leiter unterstützt, für das sie Personen politischen Vertrauens rekrutieren. Entsprechend kommt den Kabinetten eine wichtige Stelle in der Transmission zwischen Politik und Verwaltung zu. Der Generaldirektion sind weitere Dienste gleichgestellt, und zwar allgemeine Dienste wie das Europäische Amt für Betrugsbekämpfung, Dienste für Außenbeziehungen, etwa für die Erweiterung der EU, Internet-Dienste, wie insbesondere für Übersetzungen. Unter diesen Dienststellen hat das Generalsekretariat mit einem Generalsekretär an der Spitze besondere Bedeutung. Ihm obliegt die Koordination im Rahmen der Gesamtkommission und es hält Verbindung zu allen anderen Organen der Europäischen Gemeinschaften. Die starke Legitimation der Europäischen Union als Rechtsgemeinschaft bringt es mit sich, dass auch der Juristische Dienst von besonderem Gewicht ist. Da es im Wesentlichen an einer eigenen Zwangsgewalt fehlt, muss in der Auseinandersetzung mit den Mitgliedstaaten darauf geachtet werden, dass sich das rechtliche Kommunikationsmedium durchsetzt.[106] Insgesamt kann die der Kommission unmittelbar zugeordnete Verwaltung mit der Ministerialverwaltung des Nationalstaates verglichen werden.

Unterhalb dieser europäischen „Ministerial"-Ebene bestehen im Rahmen der Europäischen Union über 20 Einrichtungen eines nachgeordneten Bereichs. Zwar wurden die ersten Einrichtungen bereits in den 1970er Jahren gegründet, wie etwa für Berufsbildung. Eine Gründungswelle setzte indessen in den 1990er Jahren ein. Die Agenturbildung wurde dabei vom angloamerikanischen Konzept beeinflusst, wobei im amerikanischen Falle die Abtrennung von der Ministerialverwaltung mehr vom Gedanken der Trennung von Politik und Verwaltung, im angelsächsischen Fall die „Agencification" mehr von der Idee der ökonomischen Steuerung nach dem Principal/Agent-Modell angeleitet worden sind. Überdies gewann die örtliche Verteilung solcher Einrichtungen Gewicht. Man findet sie heute vielerorts in Europa, im deutschen Falle die Europäische Agentur für Flugsicherheit in Köln. Sachliche Dezentralisierung mit gewisser Autonomie und räumliche Verteilung in den Mitgliedstaaten sind so Leitgesichtspunkte.

Die nachgeordneten Einrichtungen werden folgendermaßen unterschieden[107]: Unter die Agenturen mit operativen Aufgaben fallen zuerst die instituti-

---

[106] Vgl. Bach, Maurizio, Die Bürokratisierung Europas, Frankfurt/New York 1999, S. 14 ff.; Herdegen, Matthias, Europarecht, 8. Aufl., München 2006, S. 131 ff.; Oppermann, Thomas, Europarecht, 3. Aufl., München 2005, S. 100 ff.; Wessels, Wolfgang, Das politische System der Europäischen Union, in: Wolfgang Ismayr (Hrsg.), Die politischen Systeme Westeuropas, 3. Aufl., Opladen 2003, S. 779 ff.

[107] Vgl. Sydow, Gernot, Externalisierung und institutionelle Ausdifferenzierung – Kritik der Organisationsreformen in der EU-Eigenadministration, in: Verwaltungsarchiv 2006, S. 1 ff.

onell verselbständigten Einrichtungen, die als nicht weisungsabhängige Organe mit eigener Rechtspersönlichkeit, Personalhoheit und Haushaltsautonomie gegründet worden sind. Sie werden auch als Regulierungsagenturen zusammengefasst. Das ist freilich eine untechnische Bezeichnung, da sie auch andere Funktionen haben können, wie etwa das Europäische Amt für Lebensmittelsicherheit, das durch Risikoanalysen ein Frühwarnsystem gegen potentiell gesundheitsgefährdende Lebensmittel und Tierfutter entwickeln soll. Diese Agenturen sind prinzipiell durch eine dualistische Organisation geprägt, nämlich einmal durch einen Verwaltungsrat, der sich aus Vertretern der Mitgliedstaaten und auch der Europäischen Kommission und Experten zusammensetzt, und zum anderen einen Direktor, der die laufenden Geschäfte wahrnimmt. Zu den operativen Agenturen zählen dann noch die Exekutivagenturen. Sie werden mit bestimmten Aufgaben bei der Verwaltung von Gemeinschaftsprogrammen beauftragt, also Gesundheitsprogramme, Bildungsprogramme usw. Diese Agenturen sind enger an die Kommission angebunden. Ihre Statuten sind vorgeregelt. Ein Recht, Einzelweisungen zu erteilen, besteht nicht. Im Übrigen bildet der nachgeordnete Verwaltungsbereich der Europäischen Union ein buntes Bild.[108] Es gibt Ämter mit organisatorisch-logistischen Hilfsfunktionen, etwa für Gebäude und Anlagen, Ämter mit interinstitutionellen Funktionen, also mit Aufgaben für mehrere Organe der Europäischen Union, etwa wie das Amt für amtliche Veröffentlichungen, eingegliederte Organisationen mit funktionaler Unabhängigkeit, wie das Amt für Betrugsbekämpfung, schließlich Einrichtungen im Bereich der intergouvernementalen – nicht supranationalen – Zusammenarbeit wie Europol. Die Europäischen Gemeinschaften verfügen über eine eigene Organisationsgewalt. Angesichts der Ausweitung der nachgeordneten Eigenverwaltung stellt sich freilich immer wieder die Frage, wieweit solche Neugründungen aus dem geltenden Vertragsrecht belegt werden können.

Die Union ist von einer weit reichenden Europäisierung öffentlicher Aufgaben geprägt. Diese Aufgabeneuropäisierung hat einen beachtlichen Stand erreicht.[109] Das äußert sich auch in der quantitativen Zunahme europäischer Rechtsakte.[110] Schließt man die intergouvernementalen Beziehungen unter dem Dach der Europäischen Union mit ein, dann haben fast alle tradierten Politikfelder des modernen Wohlfahrtsstaates eine europäische Konnexion, die sich in der Verflechtung von nationalstaatlicher und supranationaler Referenz bzw. intergouvernementaler Politik äußert. Sieht man auf die europäische Ebene, so ist

---

[108] Vgl. Oppermann, Thomas, Europarecht, 3. Aufl., München 2005, S. 128 ff.

[109] Vgl. Schmidt, Manfred G., Aufgabeneuropäisierung, in: Gunnar Folke Schuppert u. a. (Hrsg.), Europawissenschaft, Baden-Baden 2005, S. 129 ff.

[110] Vgl. Wessels, Wolfgang, Das politische System der Europäischen Union, in: Wolfgang Ismayr (Hrsg.), Die politischen System Westeuropas, 3. Aufl., Opladen 2003, S. 779 ff.

zuerst die Wirtschaftspolitik zu nennen, die von hier aus dominant gesteuert wird. Dazu zählen Agrarmarktregulierung, freier Verkehr von Gütern und Dienstleistungen, Freizügigkeit der Erwerbsperson, bei Einführung der gemeinschaftlichen europäischen Währung die Währungs- und Geldpolitik. Demgegenüber ist der Einfluss auf die nationalstaatliche Steuerpolitik geringer. Gering ist auch der Grad der Europäisierung in Bereichen der Sozialpolitik, insbesondere bei der Alterssicherung, Arbeitslosenversicherung, Krankenversicherung. Anders ist es in Materien des Sozialrechts, die unter die Kriterien von Freizügigkeit und Wettbewerb fallen. In vielen Politikfeldern ist eine steigende Einflussnahme der europäischen Ebene zu verzeichnen. Dazu zählen Bildungswesen und Forschungsförderung, Umweltschutz, Kommunikation, Regionalpolitik u. a. Zurück bleiben dagegen Verteidigungs- und Sicherheitspolitik, Außenpolitik, Öffentliche Sicherheit und Ordnung, Justizpolitik. Zum Versuch, einen Mittelwert zur Aufgabeneuropäisierung für alle Politikfelder zu bilden, lässt sich jedenfalls eine steigende Tendenz feststellen.

Zur Wahrnehmung ihrer Sachaufgaben stehen den Europäischen Gemeinschaften mehrere Steuerungsinstrumente zur Verfügung. Da sich das Gemeinschaftshandeln vor allem in der rechtlichen Kommunikation manifestiert, sind diese Instrumente rechtsförmig gestaltet.[111] Es gibt kein „Typenerfindungsrecht" der Gemeinschaftsorgane.[112] Die Verordnung ist mit dem Gesetz oder der Rechtsverordnung im nationalen Recht vergleichbar. Verordnungsgeber sind Rat und Parlament gemeinsam oder Rat und Kommission. Verordnungen gelten allgemein und unmittelbar. Sie sind in allen Teilen verbindlich. Ihre Adressaten können Mitgliedstaaten wie Private sein. Richtlinien sind ein eigenes Steuerungsinstrument der Europäischen Gemeinschaften. Sie haben Ähnlichkeit mit den Rahmengesetzen deutscher Bundesstaatlichkeit. Sie sind verbindlich in ihren Zielsetzungen und geben Wahlfreiheit für Formenbildung und Mitteleinsatz. Sie richten sich grundsätzlich an die Mitgliedstaaten, können sich aber auch auf Private auswirken. Richtliniengeber sind Rat und Parlament gemeinsam oder Rat und Kommission. Entscheidungen sind das Instrument des spezifisch exekutiven Handelns, die man mit den Verwaltungsakten des nationalen Rechts vergleichen kann. Sie dienen der Einzelfallregelung. Adressaten sind Private wie auch Mitgliedstaaten. Sie sind für diese in allen ihren Teilen verbindlich. Entscheidungen werden vor allem von der Kommission, aber auch vom Rat erlassen. Die Gemeinschaften verfügen unterhalb der Schwelle der Rechtsverbindlichkeit über zwei rechtsförmige Instrumente, nämlich Empfehlungen und Stellungnahmen. Sie werden von Rat und Parlament gemeinsam

---

[111] Vgl. Bumke, Christian, Rechtssetzung in der europäischen Gemeinschaft – Bausteine einer gemeinschaftsrechtlichen Handlungsformenlehre, in: Gunnar Folke Schuppert u. a. (Hrsg.), Europawissenschaft, Baden-Baden 2005, S. 643 ff.

[112] Vgl. Oppermann, Thomas, Europarecht, 3. Aufl., München 2005, S. 162 ff.

bzw. von Rat oder Kommission erlassen. Sie richten sich an die Mitgliedstaaten, auch an Private und gegebenenfalls an andere Gemeinschaftsorgane. Sie entfalten keine direkte Wirkung, können aber unter Umständen rechtlich relevant werden. Sie sind in ihrer Flexibilität häufig genutzte Instrumente.

Die Europäischen Gemeinschaften sind durch verschiedene Rechtsetzungsverfahren geprägt, und zwar je nach Zuständigkeiten, mit Entscheidungsrechten, Zustimmungserfordernissen, Konsultationen, Anhörungen usw.[113] Für die Verwaltungswissenschaft kommt es demgegenüber auf den Rechtsvollzug und das Verwaltungsverfahren an. Zwei Vollzugsformen sind zu unterscheiden: der direkte Vollzug durch die europäischen Instanzen selbst und der indirekte Vollzug durch die Instanzen der Mitgliedstaaten. Aufgabe der Gemeinschaftsebene ist es in erster Linie, europäische Sachpolitik zu betreiben und diese in das ihr zur Verfügung stehende rechtliche Handlungsinstrumentarium zu fassen. Der gemeinschaftsunmittelbare Vollzug ist daher die Ausnahme. Ein Fall solcher Unmittelbarkeit ist die Wettbewerbspolitik. Entsprechend gibt es kein eigenständiges Kodifikat des Verwaltungsverfahrens. Man muss auf die in der Rechtsprechung des Europäischen Gerichtshofs entwickelten Verfahrensgrundsätze und die allgemeinen Rechtsgrundsätze zurückgreifen. Für den speziellen Ausnahmefall des direkten Vollzugs bei der Wettbewerbspolitik gibt es freilich eine Kartellverfahrensordnung.[114] Bei gemeinschaftsunmittelbarem Vollzug liegen zwar die einschlägigen Zuständigkeiten bei den europäischen Instanzen, insbesondere bei der Kommission und bei nachgeordneten Einrichtungen mit eigenen Entscheidungsbefugnissen. Diese Stellen können freilich auf die Mithilfe mitgliedstaatlicher Behörden angewiesen sein und jene sind zu Hilfsleistungen verpflichtet.[115]

Der Regelvollzug von rechtsförmigen Akten der Organe der Europäischen Gemeinschaften ist der durch die Behörden der Mitgliedstaaten. Im Falle der Richtlinien bedarf es dazu des Zwischenschrittes einer Rechtsetzung, nämlich der Umsetzung in das Recht des Mitgliedstaates.[116] Diese haben eine Umsetzungspflicht mit den Geboten der Zielverbindlichkeit und der vollständigen Umsetzung. Diese Umsetzung wirft schon aus zeitlichen Gründen Probleme

---

[113] Vgl. Fischer, Peter u. a., Europarecht, 4. Aufl., Wien 2002, S. 653 ff.

[114] Vgl. Pitschas, Rainer, Europäisches Verwaltungsverfahrensrecht und Handlungsformen der gemeinschaftlichen Verwaltungskooperation, in: Hermann Hill/Rainer Pitschas, Europäisches Verwaltungsverfahrensrecht, Berlin 2004, S. 301 ff.

[115] Vgl. Strunz, Rudolf, Europarecht, 7. Aufl., Heidelberg 2005, S. 198 f.

[116] Vgl. Dossi, Harald/Grussmann, Wolf-Dietrich, Die Europäisierung der Verwaltung, in: Gerhart Holzinger u. a. (Hrsg.), Österreichische Verwaltungslehre, 2. Aufl., Wien 2006, S. 423 ff.

auf.[117] Für den indirekten Vollzug gilt das Prinzip der institutionellen Eigenständigkeit der Mitgliedstaaten. Es erfolgen also grundsätzlich keine Eingriffe in die nationale und subnationale Organisationsgewalt. Die innerstaatliche Vollzugsorganisation bleibt unberührt. Aus den Kooperationspflichten der Mitgliedstaaten ergibt sich als weiterer Grundsatz, dass diese dem Gemeinschaftsrecht zu einer umfassenden, „perfekten" Wirksamkeit zu verhelfen haben.[118] Verwaltungshandeln und Verwaltungsverfahren im indirekten Vollzug richtet sich grundsätzlich nach dem mitgliedstaatlichen Recht, in Deutschland also vor allem nach den Verwaltungsverfahrensgesetzen des Bundes und der Länder. Nur bei einem hohen Grad der Aufgabeneuropäisierung wie bei der Zollverwaltung gewinnt das Gemeinschaftsrecht über weitgehende Ermächtigungen in den Verträgen auch Erheblichkeit für das Verwaltungsverfahren im mitgliedstaatlichen Vollzug. Prinzipiell sind zwei Gebote zu berücksichtigen. Nach dem Effizienzgebot dürfen die im nationalen Recht geregelten Vorgehensweisen nicht bedeuten, dass die Verwirklichung der Gemeinschaftsregulative unmöglich oder übermäßig erschwert wird. Nach dem Äquivalenzgebot darf das Verfahren nicht ungünstiger ausfallen, als es bei vergleichbaren nationalen Angelegenheiten der Fall ist.[119] Im Übrigen sind die allgemeinen Verfahrensgrundsätze zu berücksichtigen, wie sie insbesondere in der europäischen Rechtsprechung entwickelt worden sind.[120]

3. Internationales und supranationales Personal

Quantität und bürokratischer Rang des Personals in internationalen und supranationalen Organisationen – zum Beispiel mehr als 20.000 UN-Bedienstete allein am Standort New York und etwa 30.000 Stellen allein bei der Kommission der Europäischen Union[121] beziehungsweise das Angewiesensein der internationalen und supranationalen Politik auf ständig beschäftigte technische und Expertenstäbe – geben dem Thema des Verwaltungsdienstes eine eigene Bedeutung für Verwaltungswissenschaft und Verwaltungspraxis. In den Vereinten Nationen gibt es mit der „International Civil Service Commission" einen unab-

---

[117] Vgl. Siedentopf, Heinrich, Umsetzung und Anwendung von Gemeinschaftsrecht in den Mitgliedstaaten der Europäischen Union, in: Ministerium der Justiz Rheinland-Pfalz (Hrsg.), Mainzer Runde, Mainz 1994.

[118] Vgl. Oppermann, Thomas, Europarecht, 3. Aufl., München 2005, S. 194 f.

[119] Vgl. Strunz, Rudolf, Europarecht, 7. Aufl., Heidelberg 2005, S. 198 ff.

[120] Vgl. Sommermann, Karl-Peter, Konvergenzen im Verwaltungsverfahrens- und Verwaltungsprozessrecht europäischer Staaten, in: Die Öffentliche Verwaltung 2002, S. 133 ff.

[121] Vgl. Hakenberg, Waltraud, Europarecht, 4. Aufl., München 2007, S. 30.

hängigen Expertenkreis.[122] Den Prinzipien nach kann man freilich festhalten, dass die einschlägigen Verwaltungsdienste dem Muster an die internationalen und supranationalen Verhältnisse angepassten nationalen Dienste folgen. Es kann also in vielem auf das verwiesen werden, was den öffentlichen Dienst im modernen Verwaltungsstaat prägt.

Allerdings steht die jeweilige Ausgestaltung des Dienstrechts insbesondere unter dem Einfluss von Gründungs- und Sitzländern.[123] So führt die starke Präsenz der Vereinten Nationen in den USA dazu, dass gewisse Aspekte der US-amerikanischen Civil Service-Prinzipien maßgeblich werden, etwa im Hinblick auf Rekrutierung und Besoldung. Der Gedanke eines deutschen Laufbahnrechts trifft die Ausgangslage nur unzulänglich.[124] Es geht eher um klassifizierte Positionen. Hingegen sind Berufszugang und Berufsweg in der Europäischen Union vom kontinentaleuropäischen Beamtentum, insbesondere vom französischen Korps-System geprägt.[125] Heute ergibt sich bei der Rekrutierung folgende Modifikation: Der Berufszugang für das organisationseigene Beamtentum bezieht sich nicht von vornherein auf einen bestimmten Dienstposten, sondern erfolgt für Laufbahngruppen, insbesondere auch für einen höheren, akademisch ausgewiesenen Dienst. Das Auswahlverfahren ist formalisiert und erfolgt in einem dreistufigen Concours. Die erfolgreichen Bewerber werden in Reservelisten aufgenommen. Nur wer in einer solchen Liste geführt wird, kann von einer Dienststelle der Kommission der Europäischen Union eingestellt werden. Die Verwaltungen der Mitgliedsstaaten pflegen Vorbereitungskurse anzubieten, um die Bewerber aus ihrem Land für einen solchen Concours zu präparieren.

Damit ist bereits eine spezifische Problematik internationaler und supranationaler Verwaltungsdienste angedeutet. Die Mitarbeiter solcher Organisationen haben ein Herkunftsland. Sie kommen in der Regel aus Mitgliedsstaaten. Das wirft quantitative wie qualitative Fragen auf. Zwar kennt auch die nationalstaatliche Verwaltung Probleme unterschiedlicher Herkunft. In vielen Ländern gibt es ethnisch, sprachlich, religiös, kulturell unterschiedene Gruppen, die in ihrer jeweiligen Eigenart und in ihren jeweiligen Eigeninteressen für das Wohl des Gesamtstaates erheblich sind. Man spricht von repräsentativer Bürokratie, um zu postulieren, dass in einem nationalen öffentlichen Dienst alle gesellschaft-

---

[122] Prieß, Hans-Joachim, Öffentlicher Dienst, Internationaler, in: Rüdiger Wolfrum (Hrg.), Handbuch Vereinte Nationen, 2. Aufl., München 1991, S. 641.

[123] Vgl. Hahn, Hugo J., Einführung in die typischen Elemente des Dienstrechts der internationalen Einrichtungen, in: Studienkommission für die Reform des öffentlichen Dienstrechts, Band 4, Baden-Baden 1973, S. 25 ff.

[124] Vgl. Busch, Jost-Dietrich, Dienstrecht der Vereinten Nationen: das Common System, Köln 1981, S. 60.

[125] Vgl. Baas, Volker, Die Rekrutierungspolitik internationaler und supranationaler Organisationen, Diss., Speyer 1990, S. 158.

lich relevanten Gruppen vertreten sein müssen. Selbst in modernen, nivellierten Verwaltungsstaaten, etwa in einem gewachsenen Föderalismus, kann die landsmannschaftlich-regionale Herkunft noch heute Bedeutung haben. Bei der Kunstschöpfung internationaler und supranationaler Organisationen stellt sich darüber hinaus die Frage nach dem Nationalitätenproporz von vornherein.

Die Begründung und die Aufrechterhaltung des Nationalitätenproporzes beruhen auf der Universalität beziehungsweise Weltregionalität der jeweiligen Organisation. Da man nicht von einer schlichten Instrumentalisierung der zugeordneten Verwaltungssekretariate ausgeht, müssen sich geographische Erstreckungen auch auf die personelle Zusammensetzung der Dienststellen auswirken. Es lässt sich nicht ausschließen, dass eine einseitige, bestimmte Staaten und Staatengruppen bevorzugende Personalbesetzung auf die Sacharbeit durchschlägt, was dem zwischen- und überstaatlichen Charakter solcher Institutionen widersprechen würde. Entsprechend ist ein gewisser Nationalitätenproporz in internationalen und supranationalen Organisationen festgelegt. Davon pflegt man Sprachen- und Übersetzungsdienste sowie technische Hilfskräfte auszunehmen. Für die Europäische Union besteht zum Beispiel ein Prinzip der geographischen Ausgewogenheit bei der Einstellung von Bediensteten.[126] Von Fall zu Fall berücksichtigen internationale Organisationen noch andere als geographische Faktoren. So pflegt neben der Bevölkerungszahl die Höhe der Beitragsleistung der Mitgliedsstaaten berücksichtigt zu werden.[127] Je nach Faktoren legt man Stellenquoten mit bestimmten Bandbreiten fest, die mit Angehörigen des jeweiligen Staates besetzt werden sollen. Man kann entsprechende Quoten noch verfeinern, indem man Dienstposten nach der Höhe ihres Grades gewichtet.[128]

Trotz solcher Vorgaben lassen sich Überrepräsentationen bestimmter Mitgliedsstaaten beobachten. Das hat auch historische Gründe. So haben in den Anfängen der Vereinten Nationen nordamerikanische und westeuropäische Länder einen hohen Anteil der international rekrutierten Mitarbeiter gestellt. Es haben sich „Erbhöfe" gebildet.[129] Bestimmte Mitgliedsstaaten erheben Ansprüche insbesondere auf Spitzenpositionen, die einmal von einem ihrer Angehörigen besetzt worden sind. Man versucht nationale Besitzstände zu erhalten. Die Besetzung bestimmter Positionen wird als „de facto emissaries" von Heimatstaaten angesehen. Insbesondere bei Spitzenbeamten ist das Bestellungsrecht oft faktisch erheblich eingeschränkt. Hinzu kommen für weniger herausgeho-

---

[126] Vgl. Oppermann, Thomas, Europarecht, 3. Aufl., München 2005, S. 244.

[127] Vgl. Bennigsen, Sabine, Block- und Gruppenbildung, in: Rüdiger Wolfrum (Hrsg.), Handbuch Vereinte Nationen, 2. Aufl., München 1991, S. 62 ff.

[128] Vgl. Bennett, A. LeRoy, International Organizations: Principles and Issues, 6. Aufl., New York 1995, S. 410.

[129] Vgl. Busch, Jost-Dietrich, Dienstrecht der Vereinten Nationen, Köln 1981, S. 69.

bene Stellungen Vorteile des Sitzlandes. Der Standort bietet gewisse Vorteile für das Recht des internationalen Dienstes. Es können hier entsprechende Verwaltungstraditionen einheitsstiftende Wirkung entfalten und die denkbare interne Vielfalt des Dienstrechts verringern.[130] Auf der anderen Seite begünstigt er diejenigen, die bereits im Ausbildungs- und Beschäftigungssystem des Sitzstaates sozialisiert sind.

Für den deutschen Fall ist zu berücksichtigen, dass dieses Land etwa beim Aufbau der Familie der Vereinten Nationen – anders als bei der Europäischen Union – keine positive historische Rolle gespielt hat und weder Organisations- noch Personalstrukturen beeinflussen konnte. Später ist Deutschland Mitglied prinzipiell aller für es relevanten Organisationen geworden, und zwar als einer der großen Beitragszahler. Deutschland ist in den „councils", „committees" usw. vertreten, und zwar überwiegend durch nationale Beamte. Es besetzt in einigen Verwaltungen internationaler Organisationen Spitzenpositionen, schon wegen seiner Finanzierungskraft.[131] Die Lage bei den akademisch ausgebildeten Bediensteten hat sich verbessert. Einige Zahlen weisen indessen auf eine deutliche Unterbesetzung hin.[132] Daran ändert sich auch nichts, wenn man akzeptiert, dass die Beitragsquote nicht identisch mit einer fallweise festgelegten Personalquote ist. Es ist verständlich, dass finanziell schwachen Mitgliedern ein weitergehender Personalspielraum zugebilligt wird. Wenn aber zum Beispiel eine Sonderorganisation der Vereinten Nationen etwa 1.100 besetzte Stellen hat, von Deutschland mit einer Beitragsquote von 8,7 % finanziert wird, Deutschland dann eine Personalquote von 69 bis 94 Mitarbeitern zugebilligt ist, faktisch aber 36 Deutsche, also 3,3 % berücksichtigt sind, wird die Problematik des deutschen Personals bei internationalen Organisationen deutlich.

Der Nationalitätenproporz hat indessen auch dysfunktionale Folgen. Er fördert die Bürokratisierung im negativen Sinne. Er behindert die interne Mobilität der Bediensteten bei Beförderungen und Versetzungen. Er kann sich als Bremse bei organisatorischen Neustrukturierungen erweisen.[133] Auf der anderen Seite zeigen Bemühungen, nationale Besitzstände über Spitzenpositionen hinaus auszudehnen und „de facto emissaries" auch auf die Direktorenebene auszudehnen, dass es eben um mittelbare politische Einflussnahmen über die Verwal-

---

[130] Vgl. Hahn, Hugo J., Einführung in die typischen Elemente des Dienstrechts der internationalen Einrichtungen, in: Studienkommission für die Reform des öffentlichen Dienstrechts, Band 4, Baden-Baden 1973, S. 25 ff.

[131] Vgl. Well, Günther, Deutschland und die UN, in: Rüdiger Wolfrum (Hrsg.), Handbuch Vereinte Nationen, 2. Aufl., München 1991, S. 71 ff.

[132] Vgl. Auswärtiges Amt, Unveröffentlichte statistische Übersicht: „Deutsches Personal bei inter- und supranationalen Organisationen – Angaben nur für Personal im vergleichbaren höheren Dienst mit mindestens einjährigem Arbeitsvertrag, Stand 31.12.1999", Gz.: 1-KIP-109.20/00.

[133] Vgl. Oppermann, Thomas, Europarecht, 3. Aufl., München 2005, S. 244.

tung auf die Tätigkeit internationaler und supranationaler Organisationen seitens der Heimatstaaten der Beamten geht. Davon ist nicht nur die Repräsentativität der jeweiligen Organisationen betroffen. Erfahrungsgemäß pflegt in solchen personellen Konstellationen die Zuverlässigkeit des Bediensteten – hier die nationale – einen höheren Rang einzunehmen als die Sachkompetenz. Insofern leidet auch die Leistungsfähigkeit der jeweiligen Sekretariate.

Mit der mittelbaren politischen Einflussnahme vom Heimatstaat her ist das spezifische Loyalitätsproblem internationaler und supranationaler Verwaltungsdienste genannt. Mitarbeiter solcher Dienste sind vergleichbar nationalstaatlicher Verwaltungen ihren Dienstherren in einem Dienst- und Treueverhältnis verbunden, den Weisungen ihrer Vorgesetzten unterworfen, zu unparteiischer Amtsführung und zur Loyalität gegenüber ihrer Organisation verpflichtet. Auf der anderen Seite pflegt es sich um Staatsangehörige von Mitgliedsstaaten zu handeln, die schon als Bürger an ihr Heimatland gebunden sind. Es muss für die Beschäftigungsverhältnisse klargestellt werden, dass sie im Dienst der internationalen oder supranationalen Organisationen, nicht ihres Heimatstaates stehen.[134] Entsprechend ist zum Beispiel für die Europäische Union geregelt, dass der Beamte sich bei Ausübung seines Amtes und in seinem Verhalten ausschließlich von den Interessen der Gemeinschaften leiten zu lassen hat und er von keiner Regierung, Behörde, Organisation oder Person außerhalb seines Organs Weisungen anfordern oder entgegennehmen darf. Diese Regel wird durch andere Bestimmungen flankiert, etwa die, dass der Beamte ohne Zustimmung der Anstellungsbehörde weder von einer Regierung noch von einer anderen Stelle außerhalb seines Organs Titel, Orden, Ehrenzeichen, Vergünstigungen, Belohnungen und Geschenke oder Vergütungen irgendwelcher Art annehmen darf.[135]

Eine darüber hinaus wirkende „doppelte Loyalität" ist zu berücksichtigen, wenn nationale Beamte von ihren heimatlichen Anstellungsbehörden zu Dienstleistungen an einer internationalen Organisation beurlaubt werden oder etwa zu einer supranationalen Organisation entsandt werden, ohne dass sie aus ihrem nationalen Dienstverhältnis entlassen worden sind. In solchen Fällen wirkt die alte Personalhoheit nach. Internationale und supranationale Organisationen postulieren den Vorrang der ihnen geschuldeten Loyalität vor der zum Heimatstaat.[136] Die Möglichkeit einer Doppelbeamtenschaft – national und international bzw. supranational – hat ihren Grund nicht einfach in einem politisch-

---

[134] Vgl. Hahn, Hugo J., Einführung in die typischen Elemente des Dienstrechts der internationalen Einrichtungen, in: Studienkommission für die Reform des öffentlichen Dienstrechts, Band 4, Baden-Baden 1973, S. 25 ff.

[135] Vgl. Rogalla, Dieter, Dienstrecht der Europäischen Gemeinschaften, 2. Aufl., Köln u. a. 1992, S. 134.

[136] Vgl. Oppermann, Thomas, Europarecht, 3. Aufl., München 2005, S. 248.

11. Kapitel: Internationalisierung und Supranationalisierung der Verwaltung 809

nationalstaatlichen Beute- und Patronagesystem. Man will sich auf der zwischenstaatlichen Ebene des Sachverstandes und der Erfahrung nationaler Beamter bedienen.[137] Es bleibt aber die Frage der indirekten politischen Einflussnahme von Mitgliedstaaten auf Verwaltungsbedienstete aus ihrem Land.

Ob über Nationalitätenproporz und Loyalitätspflichten ausgewogene Verwaltungsleistungen in internationalen und supranationalen Organisationen faktisch hergestellt werden können, hängt von vielen Faktoren ab. Das beginnt mit der Frage, ob die Organisationen stark an ein Rotationssystem mit nationalen Beamten gebunden sind oder ob man im Grunde nach Berufszugang und Berufsweg von vornherein auf eine eigene, vom Einstieg in den Verwaltungsberuf an organisatorisch gebundene Beamtenschaft setzt. Weiter ist auf der Seite der internationalen und supranationalen Ebene darauf zu achten, ob Organisationen Mitarbeiter durch attraktive Karrieremöglichkeiten, Dienstbezüge, soziale Sicherungen, Altersversorgungen an sich binden, auf der anderen Seite ob Nationalstaaten attraktive Rückkehrchancen, gleichsam Belohnung für Auslandseinsatz bieten oder ob sich selbst beurlaubte Staatsbeamte bei ihrer Rückkehr am Ende der Karriereschlange wieder anstellen müssen.

Im Grunde geht es bei internationalen und supranationalen Organisationen um einen komplizierten Zusammenhang von Checks and Balances, in dem auch Repräsentanten von Nicht-Regierungsorganisationen, transnationalen Unternehmen, Interessenvertreter aller Art einzurechnen sind. Freilich hat selbst die Europäische Union ein so starkes exekutives Gewicht, dass man von den Eurokraten spricht. Das der Kommission zugeordnete Personal[138] lässt sich nicht einfach als ein durch das Gemeinschaftsorgan instrumentalisierter Personalkörper betrachten. Vielmehr müssen Kontrollmechanismen vom Rechnungshof bis zur Öffentlichkeit so in die Personalverhältnisse hineinreichen, dass die verästelten Einflussmuster transparent gemacht werden können.

Vergleicht man die Verwaltungsdienste der verschiedenen Verwaltungsebenen, dann kann man festhalten, dass die einschlägigen Dienste globaler und europäischer Organisationen zunächst nach dem Muster an die internationalen und supranationalen Verhältnisse angepassten nationalen Dienste strukturiert sind. Insofern entsprechen viele Personalprobleme solcher Organisationen den Fragen, die man an den herkömmlichen Verwaltungsdienst als Staatsdienst stellt. Auf der anderen Seite weisen die Dienste bei den Vereinten Nationen wie bei den Europäischen Gemeinschaften Eigenheiten auf. Sie werden deutlicher, wenn man über das Institutionelle hinaus nach den multikulturellen Hinter-

---

[137] Vgl. Rogalla, Dieter, Dienstrecht der Europäischen Gemeinschaften, 2. Aufl., Köln u. a. 1992, S. 134.
[138] Vgl. Neuss, Beate/Hilz, Wolfram, Deutsche personelle Präsenz in der EU-Kommission, Sankt Augustin 1999, S. 18.

gründen fragt. Supranationalität stellt eine neue Qualität gegenüber der herkömmlichen Internationalität dar. Das hat auch Folgen für einen Verwaltungsdienst, der an einer Sachpolitik mitwirkt, die man traditionell den inneren Angelegenheiten eines Staates zuordnen würde. Der supranationale Verwaltungsdienst erreicht aber nicht die soziokulturelle Kohärenz nationaler Dienste. In vielem bleibt er dem Dienst in internationalen Verwaltungen ähnlich.

IV. Verwaltung in Mehrebenensystemen

1. Entwicklungen der internationalen Verwaltung

Globalisierung wie Europäisierung stellen eine fortdauernde Herausforderung an die öffentliche Verwaltung dar. Drei Aspekte sind zu berücksichtigen: die Entwicklungen der internationalen bzw. supranationalen Organisation, die transgouvernementalen und interorganisatorischen Beziehungen und die einschlägigen Innovationen der national-territorialstaatlichen Ebene. Sieht man zuerst unter dem Vorzeichen der Internationalisierung auf die Organisationsgeschichte der Vereinten Nationen mit immer neuen Einrichtungen bis hin zum Internationalen Forschungs- und Ausbildungsinstitut zur Förderung der Frau oder zur Organisation für industrielle Entwicklung[139], so scheint sich nicht nur das zu realisieren, was seit langem gefordert wird, nämlich „Organisiert die Welt!".[140] Wir scheinen uns darüber hinaus dem Postulat einer Weltregierung anzunähern. Wollte man freilich eine solche Weltregierung mit Staatsbegriffen erfassen, so würde man feststellen, dass wir nach wie vor von der „Weltpolizei" bis zum „Weltparlament"[141] auf einem politisch unvollkommenem Globus leben. Internationale Organisationen sind einflussreich. Sie sind aber nicht den Staaten gleichzusetzende Machtzentren geworden.[142] Insbesondere ist ihre politische Legitimation von den Staaten abgeleitet. Die ungleichen Größenordnungen der Mitgliedstaaten der UN einerseits, die Privilegierung ständiger Mitglieder im Sicherheitsrat andererseits erlauben es kaum, von Demokratie in der

---

[139] Vgl. Hüfner, Klaus, Die Vereinten Nationen und ihre Sonderorganisationen: Strukturen, Aufgaben, Dokumente, Teil 1: Die Haupt- und Spezialorgane, 2. Aufl., Bonn 1986, S. 127; ders., Die Vereinten Nationen und ihre Sonderorganisationen. Strukturen, Aufgaben, Dokumente, Teil 2: Die Sonderorganisationen, 2. Aufl., Bonn 1986, S. 174.

[140] Vgl. Fried, Alfred Hermann, „Organisiert die Welt", in: Die Friedenswarte 1906, S. 3.

[141] Vgl. Richter, Emanuel, Der Zerfall der Welteinheit: Vernunft und Globalisierung in der Moderne, Frankfurt a. M. u. a. 1992.

[142] Vgl. Schwarz, Hans-Peter, Der Faktor Macht im heutigen Staatensystem, in: Karl Kaiser/Hans-Peter Schwarz (Hrsg.), Weltpolitik. Strukturen, Akteure, Perspektiven, 2. Aufl., Bonn 1987, S. 50 ff.

11. Kapitel: Internationalisierung und Supranationalisierung der Verwaltung

Weltgesellschaft zu sprechen.[143] Darüber hinaus lässt sich aber bezweifeln – und zwar auch nach Ende des realen Sozialismus in Osteuropa –, ob die liberaldemokratischen Werte des Okzidents angesichts anderer, etwa paternalistischer Autoritätsmuster im Weltmaßstab durchsetzbar sind. Das ist für viele jedoch die Voraussetzung für eine Globalisierung der Herrschaftsstrukturen im Sinne einer föderalistischen Weltregierung.[144] So wird dann selbst im Zeichen globaler Vernetzung der Ruf nach einer Weltregierung als verfehlte Hoffnung betrachtet.[145]

Dem steht der Umstand gegenüber, dass der Kern des Globalisierungsprozesses in der Zunahme von Problemen liegt, die der Nationalstaat für sich nicht lösen kann, die aber dennoch einen öffentlichen Status haben, weil weder der Weltmarkt noch eine globale Zivilgesellschaft Antworten geben können, weil eben öffentliche Aufgaben, öffentliche Güter, grenzüberschreitende Auswirkungen, internationale Krisen impliziert sind. Das gilt für die Dysfunktionen entgrenzter Volkswirtschaften, zu kontrollierender weltweiter Transport- und Informationsströme, für den Schutz vor sich nicht an Grenzen haltende Umweltzerstörungen, für die öffentliche Sicherheit im Sinne einer „Weltinnenpolitik".

Wenn der Staat für sich globale Probleme nicht lösen kann, stehen zuerst einmal die Kapazitäten internationaler Organisationen und Regime in Frage, und zwar mangels einer allzuständigen Weltregierung in der bestehenden Ausdifferenzierung der Aufgabenfelder. Das muss man nicht statisch, sondern kann es auch unter dem Vorzeichen von Reformen sehen. Ein prominentes Beispiel für die Anpassungsfähigkeit an Globalisierungsprozesse ist der Regimewechsel vom Allgemeinen Zoll- und Handelsabkommen (GATT) zur neuen Welthandelsordnung der World Trade Organization mit der Einbeziehung von Regelungen für den internationalen Handel mit Dienstleistungen, handelsbezogenen Aspekten des geistigen Eigentums und handelsbezogenen Investitionsmaßnahmen.[146] Organisationen wie das WTO-Sekretariat mit seinen über dreihundert

---

[143] Vgl. Rupert, Mark, Ideologies of Globalization: Contending visions of a New World Order, London u. a. 2000, S. 78 ff.; ferner Pinzani, Alessandro, Demokratisierung als Aufgabe: Lässt sich die Globalisierung demokratisch gestalten?, in: Aus Politik und Zeitgeschichte, Beilage zur Wochenzeitschrift Das Parlament, B33-34/2000, S. 32 ff.; Wolf, Klaus Dieter, Die neue Staatsräson – Zwischenstaatliche Kooperation als Demokratieproblem in der Weltgesellschaft, Baden-Baden 2000.

[144] Vgl. Richter, Emanuel, Der Zerfall der Welteinheit: Vernunft und Globalisierung in der Moderne, Frankfurt a. M., S. 143.

[145] Vgl. Herzog, Roman, Der Staat im Zeichen globaler Vernetzung, in: Heinrich Reinermann (Hrsg.), Regieren und Verwalten im Informationszeitalter: Unterwegs zur virtuellen Verwaltung, Heidelberg 2000, S. 26 ff.

[146] Vgl. Klein, Martin u. a. (Hrsg.), Die Neue Welthandelsordnung der WTO, Amsterdam 1998.

Mitarbeitern und dazu einem komplexen System von „councils" und „committees" sowie Kooperationsformen mit zwischenstaatlichen wie Nicht-Regierungsorganisationen bieten Kristallisationspunkte einer Global Governance.[147]

Aber auch wenn internationale Organisationen als Reflex der Globalisierung begriffen werden können, so bedeutet das nicht, dass in ihnen die abschließende Kompetenz zur Lösung zwischenstaatlicher Probleme angelegt ist. Ihre Reaktionsfähigkeit erweist sich vom Klimaschutz bis zur Friedenssicherung oft als problematisch. Erst recht verhärten sich die Interessenstandpunkte, wenn es um Innovationen und Reformen geht. Der Sicherheitsrat der Vereinten Nationen ist dafür signifikant. Da die bestehenden internationalen Organisationen mithin nur begrenzt in der Lage sind, neuer interkontinentaler und weltregionaler Probleme Herr zu werden, bleibt der Rückverweis auf die Staatenwelt, die in neuen Kooperationsformen versuchen muss, entsprechende Problemlösungskapazitäten aufzubauen. Hier eröffnen transgouvernementale Beziehungen flexible Vorgehensweisen. Angesichts der Dynamik grenzüberschreitender Problemlagen sei beispielhaft auf ein jüngeres politisch-administratives Bearbeitungsmuster verwiesen, nämlich das Sherpa-System.

Ein verbreitetes Merkmal transnationaler Zusammenarbeit ist es, zu versuchen, den institutionell verselbständigten Verwaltungsaufwand herunterzusetzen. Das Prozessmoment wird in den strukturierten Handlungszusammenhängen herausgestellt.[148] Ein Beispiel für ein globales Verhandlungssystem jenseits klassischer Diplomatie und internationaler Organisationen mit der Intention, richtungsweisende Antworten auf die Schwierigkeiten der Weltwirtschaft zu geben, sind die Gipfeltreffen der bisher sieben bzw. acht größten Industrienationen – G 7- bzw. G 8-Gruppe mit den Ländern USA, Japan, Deutschland, Großbritannien, Frankreich, Kanada, Italien und dazu Russland. Blickt man auf den Organisationsgrad der G 7/G 8-Gipfeltreffen, dann muss man zunächst einmal festhalten, dass kein ausgebautes G 7/G 8-Sekretariat existiert. Die Verantwortung für die Vorbereitung und Durchführung liegt bei dem jeweils gastgebenden Land, das auch gleichzeitig den Vorsitz hat. Der Vorsitz wechselt jedes Jahr. Die zentrale Rolle bei der Vorbereitung und Durchführung der G 7/G 8-Gipfeltreffen haben die sogenannten Sherpas. Diese haben in der Regel eine enge Beziehung zu ihren Staats- und Regierungschefs. Dabei decken sie im Grunde genommen das gesamte Politikspektrum auf Chefebene ab, jedenfalls soweit es sich um international bedeutsame Themen handelt. Wegen

---

[147] Vgl. Petersmann, Ernst-Ulrich, The GATT/WTO Dispute Settlement System: International Law, International Organizations and Dispute Settlement, London u. a. 1997.

[148] Vgl. Tietmeyer, Hans, Anmerkungen zu den neuen internationalen Kooperationsbemühungen seit der Plaza-Vereinbarung 1985, in: Norbert Bub u. a. (Hrsg.), Geldwertsicherung und Wirtschaftsstabilität, Frankfurt a. M. 1989, S. 479 ff.

des großen Umfanges der Sachgegenstände gibt es daneben zwei Sub-Sherpas. Einer ist zuständig für auswärtige Fragen und der andere für Finanzangelegenheiten.

Die Federführung für die Vorbereitung der G 7/G 8-Gipfeltreffen liegt bei dem Sherpa des gastgebenden Landes, der damit die Prozessleitung in der Hand hat. Der Gipfelprozess beginnt früh mit ersten Abstimmungen, während der Gipfel selbst erst Monate später stattfindet. In diesem Zeitraum finden drei bis fünf Sherpa-Treffen statt. Bei diesen Treffen werden insbesondere Themen festgelegt und Vorlagen, die den Regierungschefs auf dem Gipfeltreffen unterbreitet werden, diskutiert, abgestimmt und verabschiedet. Bei der ersten Sitzung werden von den anwesenden Sherpas erste Themenvorschläge gemacht. Damit kann jeder die Gegenstände einbringen, die dem jeweiligen Regierungschef wichtig sind. Den Vorrang für einen ersten schriftlichen Entwurf hat dann das gastgebende Land. Das schließt allerdings nicht aus, dass auch von einem anderen Land ein erster Entwurf zu einem bestimmten Thema geliefert wird. Die Sub-Sherpas sind in der Regel bei den Sherpa-Treffen anwesend und tagen sowohl gemeinsam als auch getrennt von diesen. Es hat sich eingebürgert, dass in den frühen Entwicklungsstadien ein umfassendes Papier abgestimmt wird, das gewisse Standardthemen abdeckt. Dazu gehören wirtschaftspolitische Fragestellungen wie die Sicherung der Freizügigkeit des internationalen Wirtschaftsverkehrs, das Verschuldungsproblem, Leistungsbilanzdefizite, aber auch nicht-wirtschaftliche Themen wie Drogenbekämpfung, Verteidigung, Umwelt und ähnliches mehr.[149] Die Verhandlungsweise bei den Sherpa-Treffen ist vom Konsensprinzip geprägt. Es wird gegenseitig berücksichtigt, dass der jeweilige Sherpa stellvertretend für seinen Regierungschef spricht, was den Beiträgen entsprechendes Gewicht verleiht. Da man antizipiert, dass es auf dem später stattfindenden Gipfel zu einer einvernehmlichen Abschlusserklärung kommen muss, ist ein Zwang zur Zusammenarbeit und Verständigung vorhanden. Bei Spezialfragen, zum Beispiel der der Sicherheit der Atomkraftwerke sowjetischer Bauart – ein Thema, das auf dem Münchner Gipfel behandelt wurde – kommt es auch vor, dass die nationalen Fachministerien in der Vorbereitungszeit in einer gemeinsamen Konferenz den Gegenstand beraten.

An den Gipfeltreffen nehmen dann schließlich die Regierungschefs, Finanzminister und Außenminister teil. Es finden sowohl Plenarsitzungen aller Beteiligten – in der Regel eine bis drei – als auch zwischen Regierungschefs, Außenministern und Finanzministern getrennte Konferenzen statt. Die Außen- und Finanzminister berichten dann den Regierungschefs, was sie für sich erarbeitet haben. Außen- und Finanzminister geben keine eigenen Erklärungen ab,

---

[149] Vgl. Köhler, Claus, Internationalökonomie: Ein System offener Volkswirtschaften, Berlin 1990, S. 119.

sondern lassen ihre Ergebnisse in die gemeinsame Abschlusserklärung einfließen. Den Vorsitz bei den einzelnen Konferenzen hat der Teilnehmer aus dem gastgebenden Land. Zuständig für die Vorbereitung der Abschlusserklärung, in der die wichtigsten Themen dargestellt und bewertet werden, ist der Sherpa des gastgebenden Landes. Eine rechtliche Verbindlichkeit haben die Abschlusserklärungen nicht. Es werden Erwartungen ausgedrückt oder Feststellungen getroffen. Man einigt sich und erwartet, dass die nationalen Regierungen die Sache umsetzen. Eine Überwachung des Vollzugs erfolgt ebenfalls nicht.[150]

Die Verfahrensfragen bei diesen und anderen internationalen Verhandlungssystemen ließen sich weiter ausdehnen bis zur Strategie der Streitvermeidung, zu Entscheidungsstilen, zu gruppenspezifischen Interaktionsmustern, zu persönlichen Umgangsformen usw. Indessen wird deutlich, dass auf die zunehmende Verflechtung über Staatsgrenzen hinweg nicht einfach mit der Erhöhung des Organisationsgrades geantwortet wird. Es gibt politische Systeme im Internationalen, Transnationalen, Supranationalen, bei denen nach „natürlicher" Entwicklung oder Institutionenpolitik vor allem die Prozessstruktur den Zusammenhang zugehöriger und die Abgrenzung nicht zugehöriger Handlungen bestimmt.

Wendet man sich von den Entwicklungen der internationalen Organisationen und den transnationalen Beziehungen der territorial-nationalstaatlichen Ebene zu, dann zeigt sich, dass auch deren Verwaltungen durch die Globalisierung herausgefordert sind. Dabei befinden sich die unterschiedlichen Staatsverwaltungen in bestimmten historischen Grundsituationen. Zwar kann jeder Staat für sich und oft überdies für seine subnationalen Räume kulturelle, geschichtliche, geographische, konstitutionelle, politische, ökonomische usw. Faktoren herausstellen, die seine Lage „unvergleichbar" zu machen scheinen. Aber es gibt Weltregionen überlappende sozio-administrative Veränderungsbewegungen, die eine typologische Erfassung erlauben. Das sind erstens – deutlicher zu bestimmen – die Länder des früheren realen Sozialismus, die sich von einem marxistisch-leninistischen Etatismus und einer parteigeleiteten Kaderverwaltung wegbewegen. Das sind zweitens – schwieriger zu erfassen – die Entwicklungsländer, deren öffentliche Verwaltung sich in einer diffusen Gemengelage von traditionalen und modernen Verhaltensmustern in Transition befinden. Das sind drittens die modernen Verwaltungsstaaten.[151]

Die Vereinigten Staaten und Deutschland, Großbritannien und Japan weisen zwar unterschiedliche Verwaltungskulturen auf. Institutionell stützen sie sich

---

[150] Vgl. Group of Thirty (Hrsg.), The Summit Process and Collecitve Security: Future Responsibility Sharing. A Study Group Report, Washington, D. C. 1991, S. 21.

[151] Vgl. König, Klaus, Verwaltungsstaat im Übergang: Transformation, Entwicklung, Modernisierung, Baden-Baden 1999.

aber alle auf die moderne Leistungsordnung einer bürokratischen Verwaltung. Gemeinsam sind sie dann auch weltumspannenden Modernisierungsbewegungen ausgesetzt. Das belegt die Bewegung des „Reinventing Government", „New Public Management", „Neuen Steuerungsmodells", die infolge der Finanzierungskrise des Wohlfahrtsstaates eine stärkere Managerialisierung und Ökonomisierung der öffentlichen Verwaltung intendieren.[152] Damit zeigt sich aber auch, dass modern zu sein, nicht das Ende der Geschichte bedeutet, der Modernisierungsdruck auf die modernen Verwaltungen eher wächst. Globalisierung lässt sich nun für die modernen Verwaltungsstaaten als eine geänderte und sich ändernde internationale Umwelt begreifen, die zu weiteren Modernisierungen, zu Weiterentwicklungen von Basisinstitutionen durch Reformen und Innovationen herausfordert.

Anders ist die Ausgangslage bei postsozialistischen Gesellschaften und Entwicklungsländern. Hier begegnet die Globalisierung dem laufenden, ungleich tiefer reichenden historischen Prozess der Transformation und Entwicklung. Basisinstitutionen müssen vielfach erst gebildet werden. Globalisierung bedeutet nicht bloß, Fortschritte reformatorisch im Gang zu halten. Vielmehr trifft die Globalisierung auf die Engpässe unzulänglicher Institutionenbildung. Es geht eben um „nachholende Modernisierung".[153] Dabei muss man sich darüber Rechenschaft geben, dass die Modernisierungstheorien, die von einem ungebrochenen wirtschaftlichen Wachstum und einer kapitalistischen Konsumgesellschaft ausgehen, vielerorts als „Westernization" diskreditiert sind. Es ist also zumindest das hochdifferenzierte Bild sozio-kultureller und politisch-ökonomischer Eigenarten der Moderne zu zeichnen. Aber gerade die Globalisierung lässt kaum einen Weg offen, der an einer an Humanität, Demokratie, Rechtsstaatlichkeit und Wirtschaftlichkeit gebundenen öffentlichen Verwaltung und einem auf Professionalität, Kompetenz, Loyalität und Unparteilichkeit verpflichteten öffentlichen Dienst vorbeizugehen scheint.

In ihrer Hinwendung insbesondere zu Entwicklungs- und Transformationsländern betonen internationale Organisationen so auch die basalen Aspekte der Globalisierung. Im Weltentwicklungsbericht 1997 mit dem Titel „Der Staat in einer sich ändernden Welt" distanziert sich die Weltbank von einem minimalis-

---

[152] Vgl. König, Klaus, Ein Neues Öffentliches Management – Globale Perzeption und Kritik, in: Heinrich Neisser/Gerhard Hammerschmidt (Hrsg.), Die innovative Verwaltung: Perspektiven des New Public Management in Österreich, Wien 1998, S. 141 ff.; ferner Kamarck, Elaine Ciulla, Globalization and Public Administration Reform, in: Joseph S. Nye/John D. Donahne (Hrsg.), Governance in a Globalizing World, Washington, D. C. 2000, S. 229 ff.; Kettl, Donald F., The Global Public Management Revolution: A Report on the Transformation of Governance, Washington, D. C. 2000.
[153] Vgl. Zapf, Wolfgang, Modernisierung und Transformation, in: Bernhard Schäfers/Wolfgang Zapf (Hrsg.), Handwörterbuch zur Gesellschaft Deutschlands, Opladen 1998, S. 472 ff.

tischen Staatskonzept, in dem einfach auf die Marktkräfte vertraut wird.[154] Man setzt auf größere staatliche Effektivität, und zwar mit zwei Strategien, nämlich erstens dir Rolle des Staates an seine wirkliche Leistungsfähigkeit anzupassen und zweitens die Leistungsfähigkeit des Staates durch die Kräftigung der öffentlichen Institutionen zu erhöhen. Das geht nicht ohne effektive Verwaltungsapparate. Man verlangt eine starke zentrale Kapazität zur Formulierung und Koordinierungen der Politiken und entsprechend sachkundige Stäbe, dann aber effiziente und effektive Ausführungssysteme, wobei die Leistungsfrage als von der Loyalität der öffentlichen Bediensteten und der Einhaltung der festgesetzten Regeln abhängig angesehen wird.

Entsprechend wird motiviertes und fähiges Personal als Lebenselixier der Exekutive betrachtet. Bemerkenswert ist die Ambivalenz zwischen „Mandarin-System" – als Beispiel dient etwa Frankreich – und „offenen Rekrutierungssystemen" – als Beispiel wird etwa Neuseeland angesehen –. Es wird nicht einfach auf einen ökonomischen Managerialismus der Rekrutierung auf dem Arbeitsmarkt mit eben marktmäßigen Gehältern abgestellt. Leistungsorientierung und angemessene Bezahlung werden geschätzt. Man sieht aber die Finanzknappheit staatlicher Arbeitgeber und Folge das relativ geringe Niveau der Entlohnung im Beamtentum. Entsprechend kommen andere positive Bewertungen ins Gespräch: „spillover Effekte" der administrativen Elitegruppen, gesicherte Qualifikationsstandards, selbst Standesbewusstsein. Im Verhältnis von Verwaltung und Bürger geht es darum, den Staat näher an das Publikum zu rücken. Dazu zählen unter anderem Strategien der Dezentralisierung, womit die Spannungslage zwischen Regionalisierung und Globalisierung angedeutet ist.[155]

Auch in einer Studie „Administrations and Globalizations"[156], die das Internationale Institut für Verwaltungswissenschaften in die Wege geleitet hat, geht es um die nationalstaatliche Verwaltungsebene. Die Studie identifiziert insoweit drei globale Veränderungsbewegungen, die als Institutionalisierung, Transition und Modernisierung bezeichnet werden. Entsprechend werden drei Welten von Grundsituationen bezeichnet, die über die Eigenart nationaler Verwaltungen hinausgreifen. Institutionenbildung wird dabei weitgehend auf Entwicklungsländer, also die Dritte Welt, bezogen. Mit Transition wird der Übergang zu Demokratie und Marktwirtschaft nach dem Zusammenbruch der marxistisch-leninistischen Parteiherrschaft und der zentralen Plan- und Verwaltungswirtschaft in Mittel- und Osteuropa charakterisiert, wobei alte Defizite und

---

[154] Vgl. Weltbank (Hrsg.), Der Staat in einer sich ändernden Welt, Weltentwicklungsbericht 1997, Bonn 1997.

[155] Vgl. Weltbank (Hrsg.), Der Staat in einer sich ändernden Welt, Weltentwicklungsbericht 1997, Bonn 1997.

[156] Vgl. Bouckaert, Geert/Timsit, Gérard, Administrations and Globalisations: Research in Partnership with UNDESA, IIAS, Brüssel 2000.

neue Anforderungen der öffentlichen Verwaltung gekennzeichnet werden. Für Modernisierung steht schließlich die Welt insbesondere der OECD-Mitgliedsstaaten, wobei es vor allem um aktuelle Tendenzen der Ökonomisierung und Managerialisierung der öffentlichen Verwaltung geht.

Einschlägige Veränderungen werden in verschiedenen Richtungen analysiert. Die erste ist Governance – hier die Ausübung von politischer, ökonomischer und administrativer Autorität, um die nationalen Angelegenheiten zu besorgen. Weiter werden Hierarchie, Märkte und Netzwerke behandelt und die Tendenz deren Ausweitung erörtert. Inkrementale und radikale Reaktionen des Nationalstaates auf die Globalisierung werden diskutiert, insbesondere Minimalisierung und Vermarktung des Staates bis zur Überführung des öffentlichen Dienstes in das Privatrecht. Dem pragmatischen Weg der Verwaltungsanpassung in der Europäischen Union wird das Desiderat einer radikaleren Ausrichtung des traditionellen Staates an die geänderten Bedingungen von Weltökonomie und Weltgesellschaft gegenübergestellt. Unter den Konsequenzen der Globalisierung für Staat und Verwaltung wird genannt: eine Neudefinition des Wohlfahrtsstaates, die Stärkung der strategischen Kapazität im Hinblick auf staatliche Schlüsselfunktionen, Subsidiarität sowohl in Richtung unterer Verwaltungsebenen wie gesellschaftlicher Kräfte.[157]

Auch die Verwaltungsexperten der Vereinten Nationen behandeln Probleme der Globalisierung nicht zuerst unter dem Vorzeichen der Stärkung internationaler Organisationen, sondern der Verantwortung nationalstaatlicher Verwaltungen.[158] Von reduktionistischen Staatskonzepten wird Abstand genommen und die Aspekte eines starken Staates gerade in Entwicklungsländern und Ländern in Transition – also postsozialistischen Ländern – werden hervorgehoben. Ein Hauptpunkt der Beratungen sind die institutionellen Antworten auf die Globalisierung.[159] Gewinner und Verlierer der Globalisierung werden genannt. Man meint, dass Staaten, die der Globalisierung proaktiv begegnet sind, sich durch folgende Charakteristika auszeichnen: Offenheit gegenüber dem Wandel und seinen Ungewissheiten, Zukunftsorientierung, Begründung von Verantwortlichkeit, Vertrauensbildung beim Regieren, Abstellen auf Kapazitätserfordernisse. Entsprechend werden als Schlüsselgrößen der Antwort auf Globalisierungsprobleme genannt: die Verknüpfung von politischem Prozess und admi-

---

[157] Vgl. Bouckaert, Geert/Timsit, Gérard, Administrations and Globalisations: Research in Partnership with UNDESA, IIAS, Brüssel 2000.

[158] Vgl. United Nations (Economic and Social Council), Work of the Group of Experts on the United Nations Programme in Public Administration and Finance at its fifteenth meeting: Report of the Secretary General, Dokument E/2000/66, New York 2000.

[159] Vgl. United Nations (Secretariat) (Hrsg.), Group of Experts on the United Nations Programme in Public Administration and Finance, Fifteenth session, Institutional response to globalization: Report prepared by the Secretariat, Dokument ST/SG/AC.6/2000/L.6, New York 2000.

nistrativem Apparat, beiderseitige Orientierung an globalen Veränderungen, die Kapazität, sozioökonomische Rechte der Bürger zu garantieren, die Fähigkeit, Kernfunktionen des Staates wie die Aufrechterhaltung von Recht und Ordnung zu gewährleisten.

Auch angesichts von Globalisierungsphänomenen wird an bestimmten Werten festgehalten. Dazu gehören Menschenrechte, Demokratie, Rechtsstaat im Allgemeinen und dann im Besonderen Dienstdoktrin für öffentliche Amtswalter, Berufsmäßigkeit des öffentlichen Dienstes, Rechenschaftspflicht der Beamten usw. Schließlich werden eine Reihe von Hinweisen zur Institutionalisierung im Hinblick auf die Globalisierung gegeben, etwa zum Aufbau spezifischer Einrichtungen, die sich mit einschlägigen Veränderungen befassen, zur Unterstützung durch Denkfabriken und Planungsstäbe zur Stärkung von Institutionen, die interne Märkte, Wachstum und Einkommenserzielung pflegen, zum Ausbau sozialer Dienste, zur Förderung des Zugangs zu Technologien, insbesondere zum Internet, zum Aufbau von Schlüsseleinheiten in Ministerien, die sich mit auswärtigen Institutionen auseinandersetzen, zur Schaffung einschlägiger Verhandlungskapazitäten.

Der andere Hauptpunkt in den Expertengesprächen der Vereinten Nationen ist die managerialistische Antwort auf die Globalisierung.[160] Ausgangspunkt ist die Annahme, dass es eben der Staat ist, dem die kritische Rolle zufällt, Gesellschaften auf die Herausforderungen der Globalisierung vorzubereiten, und dass sich der öffentliche Dienst und seine Mitarbeiter in diesem Sinne reformieren müssen. Dabei geht es auch um die lokale Ebene der öffentlichen Verwaltung. Überdies werden Nicht-Regierungsorganisationen angesprochen. In den Termini des Managements sind es zunächst Technologien, insbesondere Kommunikationstechnologien, die eine globale Herausforderung darstellen. Hier müssen entsprechende Innovationen in den Verwaltungen erfolgen. Im Hinblick auf schwächer verwaltete Länder wird betont, dass man sich nicht zu sehr von externer Beratung abhängig machen darf, sondern eine eigene Intelligenz aufbauen muss. Die Schwierigkeiten, Kapazitäten für vertiefte Analysen und Strategieentwürfe zu den nationalen Prioritäten aufzubauen, werden gesehen. Indessen wird betont, dass Zukunftsorientierung und politische Planung nicht als nur intellektuelle und technokratische Übungen abgetan werden können.

Besondere Bedeutung für die Bewältigung globaler Herausforderungen wird der Entwicklung menschlicher Ressourcen und hier des öffentlichen Dienstes beigemessen. Dabei geht es auch darum, qualifiziertes Personal nicht an den

---

[160] Vgl. United Nations (Secretariat) (Hrsg.), Group of Experts on the United Nations Programme in Public Administration and Finance, Fifteenth session, Managerial response to globalization: Report prepared by the Secretariat, Dokument ST/SG/AC.6/2000/L.7, New York 2000.

privaten Sektor und darüber hinaus an das Ausland zu verlieren. Attraktive Personalstrukturen sollen geschaffen werden, die Personen an Karrierewege der Verwaltung bindet. Die Probleme der zu geringen Einkommen im öffentlichen Dienst werden erörtert und Zusammenhänge mit der Korruption hergestellt. Im Grunde wird aber auf Aus- und Weiterbildung, Mobilität und Rotation, Beseitigung von Patronage, Einstellung und Beförderung nach Leistung gesetzt. Die Globalisierung führt dann zu spezifischen Qualifikationen: die Fähigkeit, sehr viel unterschiedlichere Akteure in den Entscheidungsprozess einzubeziehen, Geschicklichkeit der Mediation und Verhandlung in einem weiteren Kontext zu entwickeln, Fremdsprachenkenntnisse zu erwerben, Informationstechnologien zu beherrschen, also „global skills" zu besitzen. Auf der anderen Seite ist Verständnis für die Verlierer im Globalisierungsprozess zu entwickeln, den Gefahren zu entgehen, durch den virtuellen Staat der Informationstechnologien den Kontakt mit der Zivilgesellschaft zu verlieren usw. Immer wieder werden Bedenken deutlich, angesichts der Anziehungskräfte von Globalisierungen angemessene personelle Ressourcen für die öffentliche Verwaltung zu erhalten.

Da die Verflechtungen der Weltwirtschaft als Schlüsselgröße von Globalisierungsprozessen angesehen werden, finden sie besondere Berücksichtigung in den Expertengesprächen.[161] Vermerkt wird, dass Globalisierung insoweit kein automatischer Prozess ist, sondern auch auf sachpolitischen Entscheidungen der Staaten beruht. Dazu zählen insbesondere Politiken der Liberalisierung von Märkten und die Entwicklung relevanter Technologien. Markt und Staat werden als Governance-Institutionen betrachtet. Das reduktionistische Staatskonzept von Privatisierung, Vermarktung, Deregulierung, Auskontrahieren, Quasi-Märkten usw. wird kritisch gesehen. Man meint, dass die Rolle des Staates beim Setzen des regulativen Rahmens für Marktaktivitäten, die distributive Politik, die soziale Sicherheitsfunktion unterschätzt worden sind. Schwache Staaten, die nicht einmal die Kraft haben, sich nach innen durchzusetzen, werden auch als international schwach angesehen. Auf Staat und Verwaltung kommt es also an. Die Antwort auf die ökonomische Globalisierung besteht dann in neuen Formen der Setzung von Standards, der Koordination der Sachpolitik und schließlich der Harmonisierung.

Will man den Konzepten basaler Aufholungsprozesse weniger entwickelter Staaten die Reform- und Innovationsmöglichkeiten fortgeschrittener öffentlicher Verwaltung, also die weitergehende Modernisierung, angesichts der Herausforderungen der Globalisierung hinzufügen, so kann auf die Vorstellung der Organisation für wirtschaftliche Zusammenarbeit und Entwicklung (OECD)

---

[161] Vgl. United Nations (Secretariat) (Hrsg.), Group of Experts on the United Nations Programme in Public Administration and Finance, Fifteenth session, Globalization and economic governance: Report of the Secretariat, Dokument ST/SG/AC.6/2000/L.4, New York 2000.

verwiesen werden. Angesichts ihrer verhältnismäßig homogenen Mitgliedschaft aus Industrieländern kann die OECD die einschlägigen Themen operationaler behandeln.[162] Das beginnt mit der Frage nach einer neuen Rolle der Außenministerien. Dieses Ministerium ist der klassische Repräsentant des Nationalstaates in allen grenzüberschreitenden Angelegenheiten. Aber wenn gleichsam alles „international" wird, lässt sich ein Vertretungsmonopol nicht mehr aufrechterhalten. Das wird offenkundig in den Organisationseinheiten der Fachministerien, die ihre eigenen internationalen Querverbindungen im Ressort selbst verwalten. Es geht also darum, die Kernfunktionen von Auswärtigen Ämtern neu zu justieren. Insofern muss berücksichtigt werden, welche internationalen Aufgaben der Regierungschef selbst in die Hand nimmt. Daneben haben insbesondere Finanzminister an internationaler Mitsprache gewonnen. Das Außenministerium ist freilich nicht überflüssig geworden. Man braucht Konsulardienste, diplomatische Erfahrungen, Kenntnisse des internationalen Rechts, Öffentlichkeitsbeziehungen im Ausland usw. Es gibt einen Bereich traditionaler außenpolitischer Verhandlungen, zu denen insbesondere auch Sicherheitsfragen gehören.

Wenn den Fachministerien Aufgaben der internationalen Beziehungen und der internationalen Verhandlungen zufallen, dann stellt sich die Frage des Managements solcher Angelegenheiten in den Ressorts. Zunächst ist das Problem aufzuwerfen, ob das Internationale in der herkömmlichen Organisation mitbehandelt oder ob ein eigenes „international desk" eingerichtet werden soll. Hier ist zu berücksichtigen, dass die Perzeption in den Ressorts eine Expertensichtweise gemäß der jeweiligen Sachpolitik ist, die sich dann jeweils verengen kann, also nicht nur Verkehrswesen, sondern dann Binnenschifffahrt oder Landstraßen oder Eisenbahn. Neben der horizontalen Differenzierung ist dann noch die vertikale zu berücksichtigen. Inzwischen nehmen in vielen Ländern sub-nationale Regierungs- und Verwaltungseinheiten bis hin zur Lokalverwaltung an den internationalen Beziehungen teil, die dann eine territorial begrenzte Sicht zur Geltung bringen wollen.

Von hier aus ist zu verstehen, dass die Koordination der Sachpolitiken im internationalen Maßstab ein neues Gewicht erhält. Die OECD konstatiert für die Mehrheit ihrer Mitgliedstaaten insoweit ein eher schwaches Leistungsniveau. Dabei ist zu berücksichtigen, dass es eben nicht nur die formalen und informalen Netzwerke der Spezialisten gibt, sondern dass sich bilaterale und multilaterale Beziehungen politisch verdichten. Gefragt wird, ob die internationale Koordination ohne einen designierten Koordinator erfolgreich sein kann. Im Allgemeinen spricht man sich für eine organisierte Verantwortlichkeit aus. Die

---

[162] Vgl. OECD (Hrsg.), Globalisation: What Challenges and Opportunities for Governments?, Dokument OCDE/GD(96)64, Paris 1996.

11. Kapitel: Internationalisierung und Supranationalisierung der Verwaltung 821

Lösungen fallen freilich unterschiedlich aus. Die Funktion internationaler Koordination kann im Amt des Regierungschefs angesiedelt sein. Es gibt aber auch designierte Komitees und Kabinettsausschüsse zur Koordination der Sachpolitik unter internationalen Vorzeichen. In anderen Fällen werden die internationalen Implikationen der Sachpolitiken als so dicht verstanden, dass sie nur im Rahmen der üblichen Fachkoordination mitbehandelt werden.

Die Globalisierung stellt überdies neue Forderungen an politische Strategien und Prioritätensetzung der Nationalstaaten. Will der Nationalstaat in den internationalen Beziehungen nicht nur „policy taker", sondern „policy maker" sein, muss er spezifischen Einfluss nehmen, seine Präferenzen frühzeitig zur Geltung bringen. Man sieht daher ein Erfordernis, die nationalen Kapazitäten für die Setzung strategischer Ziele und Prioritäten zu verbessern und so der Teilnahme an internationalen Foren Tragfähigkeit zu vermitteln, und zwar im Kontext von Außenpolitik und nationaler Sachpolitik und entsprechend konstitutioneller und rechtlicher Rahmenbedingungen. Zudem bedarf es bestimmter Plätze, auf denen Gedanken und politische Optionen international ausgetauscht werden können. Es bedarf nationaler Kapazitäten, die die Teilnahme am internationalen Erfahrungsaustausch gewährleisten können.

Auch die OECD wirft schließlich die Frage nach den personellen Ressourcen für solche internationalen Angelegenheiten auf. Die veränderte Umwelt internationaler Politik verlangt einen Neuzuschnitt der Kompetenzen und Fertigkeiten der öffentlichen Bediensteten, insbesondere der Fachbeamten, die in internationale Angelegenheiten involviert sind. Kenntnisse auswärtiger Beziehungen, des internationalen Rechts, der kulturellen Sensitivität bei Grenzüberschreitungen, der Fremdsprachen sind von wachsender Bedeutung. Entsprechend stärken einige Staaten die internationalen Kompetenzen in ihren nationalen Schulen. Es erfolgt ein Personalaustausch mit anderen Ländern. Praxiserfahrungen in internationalen Organisationen werden ermöglicht usw.[163]

Auch die deutsche öffentliche Verwaltung stellt sich durch Innovationen und Reformen auf die Herausforderungen der Globalisierung ein. Im Auswärtigen Amt werden neben Angelegenheiten der Vereinten Nationen, der Menschenrechte, der humanitären Hilfe Globalisierungsprobleme organisatorisch berücksichtigt.[164] Als globale Fragen gelten Drogenbekämpfung, organisierte Kriminalität und weiter Gegenstände wie Krisenprävention, Rüstungskontrolle, Dialog der Kulturen, internationale Migration. Die Einbeziehung von Fachministerien in die internationalen Beziehungen und Verhandlungen ist in Deutschland

---

[163] Vgl. OECD (Hrsg.), Globalisation: What Challenges and Opportunities for Governments?, Dokument OCDE/GD(96)64, Paris 1996.

[164] Vgl. König, Klaus/Füchtner, Natascha, „Schlanker Staat" – eine Agenda der Verwaltungsmodernisierung im Bund, Baden-Baden 2000, S. 99.

bereits seit längerem organisatorisch reflektiert, und zwar nicht nur im Hinblick auf die europäische Integration, sondern auch in Arbeitseinheiten für internationale Zusammenarbeit.

Damit sind wir beim Problem der Koordination von Sachpolitiken unter dem Vorzeichen der Globalisierung. Man hat sich in den deutschen Bundesministerien vorrangig mit der Koordinierung der für die europäische Integration maßgeblichen Facharbeiten befasst, und zwar früher bis hin zu einem Kabinettsausschuss für Europafragen. Im Hinblick auf globale Probleme wird man auch im deutschen Falle der Aussage der OECD beipflichten müssen, dass die Koordinationsleistungen eher schwach erscheinen.[165] So sind zum Beispiel Sherpa-Funktionen für G 7/G 8-Gipfeltreffen wechselnd den Fachressorts und dem Bundeskanzleramt zugeordnet worden, was Fragen institutioneller Kontinuität aufwirft. Auch eine profilierte Kapazität für Prioritätensetzung und Strategieentwicklung im Hinblick auf Globalisierungsprozesse ist nicht bekannt geworden. Jedenfalls sind signifikante Ergebnisse einer besonderen Stabsarbeit für Globalisierungsfragen nicht augenfällig geworden.

Was schließlich die Fortentwicklung des öffentlichen Dienstes unter dem Vorzeichen einer veränderten internationalen Umwelt der Sachpolitik angeht, so ist überwiegend Konventionelles zu berichten. Besondere Anstrengungen haben auch insoweit zuerst der europäischen Integration gegolten. Auf Initiative des Auswärtigen Amtes und des Bundesministers für Bildung und Forschung und Vertretern interessierter Hochschulen und der Wirtschaft ist eine Muster-Studienordnung für einen neuen speziellen Europa-Aufbaustudiengang entwickelt worden, der an mehreren Universitäten umgesetzt wird. Hingegen ist es bei den aus der Globalisierung erwachsenen Qualifikationsanforderungen dabei geblieben, dass man als Jurist Völkerrecht, als Ökonom Außenwirtschaft, als Politologe internationale Beziehungen studieren kann. Für Diplomaten bestehen die tradierten deutschen Vorbereitungsdienste. Die Bundesbediensteten aus den Fachministerien können an Fortbildungsseminare zu internationalen Aufgaben und internationalen Verhandlungen teilnehmen. Vertiefte Auslandsstudien und praktische Auslandsaufenthalte sind von Fall zu Fall möglich. Aber „globale skills" sind wohl eher individuelle als systemische Qualifizierungsleistungen.

Solche inkrementalen Anpassungen der modernen öffentlichen Verwaltung an globale Herausforderungen dürfen indessen den Blick für die Frage nicht verstellen, ob der herkömmliche Nationalstaat – in den internationalen Beziehungen prinzipiell politisch-konstitutionell, nicht ethnisch-kulturell verstanden – und seine zwischenstaatliche Organisation nicht doch tiefer durch Globalisie-

---

[165] Vgl. OECD (Hrsg.), Globalisation: What Challenges and Opportunities for Governments?, Dokument OCDE/GD(96)64, Paris 1996.

11. Kapitel: Internationalisierung und Supranationalisierung der Verwaltung 823

rungsprozesse betroffen sind und entsprechend mit radikaleren Veränderungen antworten müssen. Sieht man in der europäischen Integration einen Ansatz, der Globalisierungsprobleme Herr zu werden, dann trifft die Zulassung polizeilicher Nacheile[166] über nationalstaatliche Grenzen in Europa hinweg durch das Schengener Abkommen die Wurzeln traditionaler Souveränität. Die Entgrenzung des Staates manifestiert sich durch den nacheilenden Polizisten, der die Hoheitsmacht mitnimmt, auf physische Weise. Bemerkenswert ist der prinzipielle Rückgriff auf ein klassisches Instrumentarium binnenstaatlicher Überschreitung von Zuständigkeitsgrenzen, insbesondere im Föderalismus. Polizeibeamte dürfen eine auf ihrem Staatsgebiet begonnene Verfolgung einer Person, die auf frischer Tat bei der Begehung einer bestimmten schweren Straftat betroffen wurde, auf dem Territorium des Nachbarstaates unter bestimmten Bedingungen auch ohne dessen vorherige Zustimmung fortsetzen. Dass dies eine Ultima ratio ist, die an bestimmte Kautelen geknüpft ist, ergibt sich schon aus dem bürokratischen Prinzip einer festen Zuständigkeitsordnung.[167]

Noch radikalere Veränderungen könnten sich aus dem gewandelten Charakter von Kriegen ergeben. Der „Human Development Report 1999"[168] hält fest, dass von 60 bewaffneten Konflikten, die zwischen 1989 und 1998 stattfanden, nur drei sich zwischen Staaten vollzogen. Die anderen waren Bürgerkriege. Die klassischen Kriege zwischen Nationalstaaten schaffen Unterschiede in den Verwaltungsverhältnissen. Zunächst geht es um die öffentliche Verwaltung des eigenen Landes in Kriegszeiten.[169] Kommt es zur Besetzung eines ausländischen Territoriums, dann ist weiter die Verwaltung durch die Besatzungsmacht abzuheben, die Militärverwaltung, aber auch Zivilverwaltung sein kann. Von dieser ist die verbleibende Verwaltung des besetzten Landes abzugrenzen.[170] Unklarheiten in den Verwaltungsverhältnissen können eintreten, wenn Annexionsfragen offen gehalten, „artverwandte" Bevölkerungen ideologisch gewon-

---

[166] Vgl. Art. 41 des Schengener Durchführungsübereinkommens (SDÜ) vom 15.07.1993, BGBl. II 1010 ff.
[167] Vgl. Wolters, Jörg, „Ausgleichsmaßnahmen" nach dem Schengener Durchführungsübereinkommen – SDÜ –, in: Kriminalistik 1995, S. 174.
[168] Vgl. Deutsche Gesellschaft für die Vereinten Nationen e.V. (Hrsg.), Bericht über die menschliche Entwicklung: Veröffentlicht für das Entwicklungsprogramm der Vereinten Nationen (UNDP), Bonn 1999.
[169] Vgl. Boelcke, Willi A., Die Verwaltung im zweiten Weltkrieg, in: Kurt G. A. Jeserich u. a. (Hrsg.), Deutsche Verwaltungsgeschichte, Band IV, Teil 2: Die Zeit des Nationalsozialismus 1933 – 1945, Stuttgart 1985, S. 1114 ff.; Rugge, Fabio (Hrsg.), Administration and Crisis Management: The Case of Wartime, IIAS, Brüssel 2000.
[170] Vgl. Oldenhage, Klaus, Die Verwaltung der besetzten Gebiete, in: Kurt G. A. Jeserich u. a. (Hrsg.), Deutsche Verwaltungsgeschichte, Band IV, Teil 2: Die Zeit des Nationalsozialismus 1933 – 1945, Stuttgart 1985, S. 1131 ff.

nen, potentielle Siedlungsgebiete gesichert werden sollen.[171] Im Grundsatz sind die Fronten zwischen Eigenverwaltung und Fremdverwaltung jedoch festgelegt.

Man mag bezweifeln, ob solche prinzipiellen Abgrenzungen noch greifen, wenn es zu einer friedenssichernden Intervention in einem Bürgerkrieg, in ethnischen und religiösen Konflikten von außen kommt, wenn auch unter dem Dach der internationalen Organisation, dann aber im faktischen Vollzug durch Kräfte fremder Nationalstaaten. Bei anhaltenden oder latenten Konflikten ist die einheimische öffentliche Verwaltung oft nicht in der Lage, ihren Bürgern das Existenzminimum zu sichern. Die Verantwortung einer Besatzungsmacht für die Wohlfahrt der Einwohner wegen der De facto-Gewalt über das besetzte Gebiet[172] lässt sich nicht in Anspruch nehmen. Das Instrumentarium der bilateralen und multilateralen Verwaltungshilfe, wie es in der entwicklungspolitischen Zusammenarbeit mit der Dritten Welt erprobt ist, scheint nicht ausreichend zu sein, um die notwendigen Verwaltungsleistungen bei schwelenden Konflikten zu garantieren. Hinzu kommen die Fragen, welche friedensstiftende Funktion die öffentliche Verwaltung selbst übernehmen kann und wie Aufbauleistungen für eine neue einheimische Verwaltung erbracht werden können.[173] Die Kosovo-Krise könnte ein Anschauungsfall dafür sein, welche politisch-administrativen Steuerungsmechanismen zwischen Fremdverwaltung und Eigenverwaltung bei ungelösten Konflikten zu entwickeln sind.

Im Hinblick auf einzelne Globalisierungstendenzen lässt sich fragen, was das Neue an der Wende zum 21. Jahrhundert angesichts alter weltweiter Entwicklungen ist.[174] Das gilt selbst für die ökonomische Handlungssphäre, wenn man auf den Stand der weltwirtschaftlichen Verflechtungen vor dem Ersten Weltkrieg blickt. Und auch zu den Informationstechnologien ist zu beantworten, wer Zugang zu ihnen und dann zu einer globalen Kommunikationsgemeinschaft findet.[175] In der Summe der Entgrenzungsphänomene lässt sich indessen beobachten, dass es Veränderungen im weltgesellschaftlichen Maßstab gibt, die man mit der Kategorie der Globalisierung zusammenbringen kann. Die öffentliche Verwaltung ist auf internationaler, nationaler und auch subnationaler

---

[171] Vgl. Majer, Dietmut, NS-Verwaltung im besetzten Europa, in: Verwaltungsarchiv 1999, S. 163 ff.

[172] Vgl. Bothe, Michael, Friedenssicherung und Kriegsrecht, in: Wolfgang Graf Vitzthum (Hrsg.), Völkerrecht, Berlin/New York 1997, S. 581 ff.

[173] Vgl. Thedieck, Franz/Vilella, Giancarlo (Hrsg.), Restoring the Capacities of Government and Civil Society after an Internal or External Conflict, IIAS, Brüssel 1999.

[174] Vgl. Altvater, Elmar/Mahnkopf, Birgit, Grenzen der Globalisierung: Ökonomie, Ökologie und Politik in der Weltgesellschaft, Münster 1996, S. 33.

[175] Vgl. Robejsek, Peter, Globalisierung – Eine kritische Untersuchung der Tragfähigkeit eines populären Konzepts, in: Dieter S. Lutz (Hrsg.), Globalisierung und nationale Souveränität, Baden-Baden 2000, S. 61 ff.

Ebene durch Globalisierungsprozesse herausgefordert. Allerdings scheinen Klimakrise und Dysfunktionen des Internets, organisierte Gewaltanwendung und unfairer Wettbewerb, extensive Migration und Umweltzerstörungen mehr öffentliche Probleme aufzuwerfen, als die bestehenden politisch-administrativen Institutionen zu lösen in der Lage sind.

2. Entwicklungen der supranationalen Verwaltung

Staaten mit dezentraler Organisation wie die Bundesrepublik Deutschland, also mit selbstverwalteten Kommunen, Ländern mit Staatscharakter und einer verfassungsrechtlich begrenzten Bundesgewalt können ein spezifisches Verständnis dafür zeigen, wie die öffentliche Verwaltung in ein politisch-administratives Mehrebenensystem eingeordnet ist. Nicht die in eine hierarchisch-zentrale Staatsorganisation eingegliederte Verwaltung steht zur Diskussion, sondern eine Mehrebenenverwaltung, die in einer interdependenten Ordnung jeweiliger Zuständigkeiten mit Autonomien und Kooperationen operiert. Die Europäische Union zeigt sich als eine weitere, übergeordnete Ebene, und zwar in ihrer Supranationalität, wenn auch mit übertragenen, so doch eben verbürgten Hoheitsrechten, in ihrer Intergouvernementalität in einer auf Kontinuität der Zusammenarbeit angelegten Organisation. Die Vergemeinschaftung ist es, die die europäische Integration grundsätzlich von Mehrebenenproblemen unterscheidet, wie sie für die Vereinten Nationen oder andere internationale Organisationen kennzeichnend sind. Hoheitsrechte und Durchgriffsrechte bis hin zum Bürger bestehen wie bei Kommunen, Ländern und beim Bund auch auf supranationaler Ebene. In der internationalen Sphäre ist dies die seltene Ausnahme. Im europäischen Kontext lassen sich für jede Ebene der lokalen Autorität, der Länder und Regionen, der Nationalstaaten und eben auch der Europäischen Gemeinschaften Herrschafts-, Regelungs- und Steuerungsfragen allgemein und durchaus nach formellen Kriterien beantworten.

Solche Governance-Probleme stellen sich auf jeder territorialen Ebene.[176] Darüber hinaus ist nach den interorganisatorischen Beziehungen zwischen den Ebenen zu fragen. Hier ist zu beobachten, dass formelle Verflechtungen allgemein zwischen zwei benachbarten Ebenen zu bestehen pflegen. So wirken im deutschen Falle die Länder bei Gesetzgebung und Verwaltung des Bundes mit. Die Kommunen haben keine solchen Mitwirkungsrechte. Sie sind darauf angewiesen, etwa durch ihre Spitzenverbände informellen Einfluss auf die Bundespolitik zu nehmen. Entsprechend ist das Beziehungsgeflecht der europäischen Integration zunächst eines zwischen supranationaler Gemeinschaft und nationa-

---

[176] Vgl. König, Klaus, Governance im Mehrebenensystem, in: Jürgen Bröhmer u. a. (Hrsg.), Internationale Gemeinschaft und Menschenrechte, Köln u. a. 2005, S. 1461.

len Mitgliedstaaten. Die subnationale Staatsorganisation kann hiernach sowohl aus supranationaler wie nationaler Sicht ins Spiel kommen. In den Europäischen Gemeinschaften ist ein Ausschuss der Regionen eingerichtet, der, ohne Organ der Gemeinschaft zu sein, Rat und Kommission berät. Der Ausschuss besteht aus Vertretern regionaler und lokaler Gebietskörperschaften. Der Regionenbegriff ist so weit angelegt, dass auch die lokale Verwaltung im Ausschuss Platz hat. Interessen subsidiärer Aufgabenverteilung und bürgernahe Organisationen können so zu Wort kommen.[177] Was die nationale Sicht anlangt, so ist im deutschen Falle durch das Grundgesetz explizit hervorgehoben, dass die Länder durch den Bundesrat in Angelegenheiten der Europäischen Union mitwirken.[178] Anzumerken bleibt, dass die Länder zur besseren Wahrnehmung ihrer Interessen in europäischen Angelegenheiten Landesvertretungen in Brüssel eingerichtet haben.

Solche subnationalen Beziehungen ändern freilich nichts daran, dass die Union einerseits und die Mitgliedstaaten andererseits die Vertragspartner sind. Es bleibt der nationalen Verfassungsordnung überlassen, ob Behörden des Bundes, der Länder oder der Kommunen die rechtsförmigen Akte der Europäischen Gemeinschaften vollziehen. Bundestreue und Gemeinschaftstreue verpflichten die Länder im Rahmen ihrer Vollzugszuständigkeiten zu Loyalität.[179] Wenn hiernach die Entwicklungen der supranationalen Verwaltung ins Blickfeld kommen, dann geht es um die Verwaltung der Europäischen Union einerseits und die der Mitgliedstaaten andererseits sowie die interorganisatorischen Beziehungen zwischen beiden Ebenen.

Wendet man sich zuerst der europäischen Organisationsebene selbst zu, dann ist festzustellen, dass ihre Verwaltung vielfältiger Kritik ausgesetzt ist, und zwar fundamental im Kontext von bürokratischen Integrationsprozessen, Bildung von Verwaltungseliten und Defiziten der Legitimation[180], reformerisch im Hinblick auf Kooperationsdefizite zwischen Generaldirektionen und Kabinetten der Kommissionsmitglieder wie zwischen den Ressorts[181], schließlich populär angesichts des Personalausbaus der Union, nämlich immerhin in der ersten Dekade des 21. Jahrhunderts 3.300 Mitarbeiter beim Rat, 30.000 bei der Kommission, 5.600 beim Parlament, 1.800 beim Gerichtshof, 800 beim Rechnungshof und weitere Stellen bei den Ausschüssen, der Europäischen Zentral-

---

[177] Vgl. Fischer, Peter u. a., Europarecht, 4. Aufl., Wien 2002, S. 409 ff.

[178] Vgl. Classen, Claus Dieter, Artikel 23; Korioth, Stefan, Artikel 50; beide in: Christian Starck (Hrsg.), Das Bonner Grundgesetz, Band 2, 4. Aufl., München 2000, S. 426 ff. bzw. 1641 ff.

[179] Vgl. Oppermann, Thomas, Europarecht, 3. Aufl., München 2005, S. 196 f.

[180] Vgl. Bach, Maurizio, Die Bürokratisierung Europas, Frankfurt/New York 1999.

[181] Vgl. Pilz, Frank/Ortwein, Heike, Das politische System Deutschlands, 3. Aufl., München/Wien 2000, S. 133 ff.

bank usw.[182] Dazu muss man das zahlreiche Personal der vielen europäischen Agenturen im nachgeordneten Bereich rechnen. Entsprechend sind es Personalprobleme, die im Mittelpunkt vielfältiger Reformansätze der Europäischen Kommission stehen. Verhältnismäßig früh wurden die Stärkung des Leistungsgedankens bei Beurteilungen und Beförderungen, die Fusion der differenzierten Laufbahnen, die Zurückdrängung der „geographischen Repräsentation" bei der Stellenbesetzung, die Erhöhung der Mobilität von Beamten, die Verminderung der Vielfalt temporärer Beschäftigungsverhältnisse und anderes gefordert. Verschiedene Reformprogramme wurden aufgelegt, die insbesondere auch der Personalpolitik gewidmet waren wie etwa die Initiative „Modernization of Administrative and Personnel Policy 2000". Angesichts eines recht ungesteuerten Personalwachstums wurde grundlegender eine Inventur des Personals und seiner Aufgaben in Gang gesetzt. Als Reformerfolge wurden bezeichnet: die Fusion unterer Laufbahnklassen, so dass nur noch zwei Kategorien unterschieden werden, größere Mobilität für Aufsteiger in den höheren Verwaltungsdienst, Stärkung des Leistungsprinzips bei Beförderungen durch transparente Beurteilungen, Mitarbeitergespräche, Probezeiten für Positionen im mittleren Management usw. Dennoch kommt man zu der Bewertung, dass kaum in einem anderen Reformbereich eine größere Lücke zwischen dem angezeigten Veränderungsbedarf und dem erreichten Organisationswandel klafft als in der Personalpolitik.[183] Dabei muss man Einflussfaktoren wie gewerkschaftlichen Organisationsgrad, Streikbereitschaft, Mentalität der Besitzstandswahrung berücksichtigen.

Mit den Ansätzen zur Reform von Spitzenpositionen in der supranationalen Verwaltung sind Themen der Führung und Leitung über die Personalpolitik hinaus angesprochen. Das zeigt sich im Verhältnis der Linienorganisation zu den Kabinetten, also jenen Gruppen von Mitarbeitern des Kommissars für Beratung und Koordination, die er persönlich auswählt. Kabinette können sich zu Parallelbürokratien entwickeln, zumal wenn sie Einfallstore für nationale Beamte sind. Reformen sehen nunmehr kleinere Kabinette mit der Berücksichtigung von mindestens drei Nationalitäten vor. Bei den administrativen Spitzenpositionen selbst wendet man sich gegen die Praxis, nationale Erbhöfe zu pflegen. Nationalitäten von Kommissionsmitglied und Generaldirektor sollen auseinander fallen. Amtszeiten von Spitzenbeamten sollen in der jeweiligen Position begrenzt sein.[184] Nicht nur Nutzen, sondern auch Kosten von Multinationalität und Rotationen sind hiernach zu diskutieren, etwa die Schwächung des in-

---

[182] Vgl. Hakenberg, Waltraud, Europarecht, 4. Aufl., München 2007, S. 30.

[183] Vgl. Schröter, Eckhard, Reform der EU-Administration, in: Werner Jann u. a. (Hrsg.), Public Management, Berlin 2006, S. 153 ff.

[184] Vgl. Schröter, Eckhard, Die Reform der EU-Administration, in: Werner Jann u. a. (Hrsg.), Public Management, Berlin 2006, S. 153 ff.

stitutionellen Gedächtnisses, die Kommunikationsprobleme kultureller Verschiedenheit, die Personalisierung bei häufigem Wechsel. Zu beachten ist, wie sich der Professionalismus der Spitzenbeamten ändert, wenn sie nicht dauerhaft mit einem Sektor der Sachpolitik verbunden sind, indem sie Expertise entwickeln, sondern Managementfunktionen in wechselnden Politikfeldern das Berufsleben prägen.[185]

Neben der Personalpolitik hat die Kommission hauptsächlich zwei Reformlinien verfolgt: die Aufgaben- und Ressourcenplanung sowie das Haushalts- und Rechnungswesen, wobei bei Finanzkontrollen zunehmend auch die Korruptionsbekämpfung beachtet wird. Ansätze der Aufgabenplanung hatten ihren Ausgang in der hochgradigen Fragmentierung der Ressorts der Kommission zusammen mit dem Aufgabenzuwachs. Es wurde ein „Activity-Based Management" mit einem „Strategic Planning and Programming"-System und weiteren Ablauftechniken eingerichtet, die den Zyklus von Prioritätensetzung durch die Kommission, Managementplänen der Ressorts, Aktivitätenberichten der Direktorate und Dienste gewährleisten sollten. Auf der anderen Seite wurde in einem Projekt „Sound Efficient Financial Management" versucht, Finanzkontrolle und Rechnungsprüfung zu erneuern. Schließlich sollte durch ein „Activity-Based Budgeting" das Haushaltsgebaren programmatisch ausgerichtet werden. Weitere Aktivitäten wie ein doppisches Rechnungswesen wurden ins Auge gefasst.[186]

Mit solchen Reformbemühungen rückt die supranationale Verwaltung in die konzeptionelle Nähe mitgliedstaatlicher Verwaltungsmodernisierung. Charakteristisch ist, dass in einer vergleichenden Analyse von Reformen des öffentlichen Managements die Europäische Kommission in die Evaluation von modernen Staatsverwaltungen von Australien und Belgien bis zum Vereinigten Königreich und zu den Vereinigten Staaten eingeordnet ist. Dabei wird einerseits die Eigenart der Supranationalität betont, andererseits die Staatsähnlichkeit vieler Funktionen herausgearbeitet. Allgemein wird festgestellt, dass die Kommission nicht sonderlich aufnahmebereit gegenüber von außen kommenden Managementideen gewesen und die Reform seit der Mitte der 1990er Jahre „hausgemacht" sei. Die Evaluation verzeichnet als Ergebnisse der Reformbemühungen die Schaffung einer internen Rechnungsprüfung, effizientere und effektivere Finanzverfahren, die Betonung der individuellen Verantwortung der Gene-

---

[185] Vgl. Wille, Anchrit, Senior Officials in a Reforming European Commission: Transforming the Top?, in: Michael W. Bauer/Christoph Knill (Hrsg.), Management Reforms in International Organizations, Baden-Baden 2007, S. 37 ff.

[186] Vgl. Bauer, Michael W., The Politics of Reforming the European Commission Administration, in: ders./Christoph Knill (Hrsg.), Management Reforms in International Organizations, Baden-Baden 2007, S. 51 ff.; Schröter, Eckhard, Die Reform der EU-Administration, in: Werner Jann u. A. (Hrsg.), Public Management, Berlin 2006, S. 153 ff.

11. Kapitel: Internationalisierung und Supranationalisierung der Verwaltung 829

raldirektoren und anderes. Eine Veränderung der bürokratischen Kultur der Kommission wird bezweifelt, jedenfalls wenn man die Maßstäbe der Modernisierung in den Kernländern des „New Public Management" anlegt.[187]

Neben der Manageralisierung der traditionell am klassisch-kontinentaleuropäischen, insbesondere französischen Verwaltungssystem orientierten supranationalen Organisation ist die Modernisierungsbewegung einer „Good Governance" für die Europäische Kommission relevant geworden. Sie hat sich von der europäischen Governance einen Begriff gebildet, Grundsätze der „guten" Governance – Offenheit, Partizipation, Verantwortlichkeit, Effektivität, Kohärenz – formuliert und diese konkretisiert.[188] Verbesserte Konsultationen mit Internetnutzung, stärkere Einbeziehung der Regionen und Gemeinden, Einbeziehung der Zivilgesellschaft, weiter bessere Gesetzgebung durch Expertenwissen, Gesetzgebungstechniken usw. werden vorgeschlagen. Besonderes Augenmerk gilt der sogenannten Gemeinschaftsmethode, womit das Zusammenspiel der verschiedenen Gemeinschaftsinstitutionen gemeint ist. Jede Institution soll sich auf ihre Kernaufgaben konzentrieren. In der Bewertung dieses Modernisierungsansatzes werden wiederum Einzelerfolge verzeichnet, etwa zur öffentlichen Zugänglichkeit von EU-Dokumenten, zum Internetauftritt, zur Verantwortlichkeit in Finanzangelegenheiten usw. Grundlegende Veränderungen, die auch einen Wandel in der Mentalität bedeuten würden, werden in der Exekutive nicht beobachtet.[189] Selbsttestate von Behörden zur Umsetzung von internen Reformmaßnahmen pflegen insoweit weniger aussagekräftig zu sein.

Die interorganisatorischen Beziehungen zwischen supranationaler und mitgliedschaftlicher Ebene sind zu komplex, als dass die Repräsentanz der Mitgliedstaaten in den Organen der Europäischen Union zufrieden stellend sein könnte. Auch die Ratsverwaltung kann als „Gegenbürokratie" nur begrenzt helfen. Die europäische Integration hat einen Verflechtungsgrad erreicht, der über die Modi der internationalen Mehrebenenpolitik hinausreicht. Bezeichnend hierfür ist die sogenannte Komitologie.[190] Die Kommission der Europäischen Union ist quantitativ gesehen das Hauptentscheidungsorgan der Gemeinschaft. Eine Fülle von Rechtsakten ergeht insofern auf der Grundlage von vom Rat über-

---

[187] Vgl. Pollit, Christopher/Bouckaert, Geert, Public Management Reforms, 2. Aufl., Oxford 2004, S. 232 ff.

[188] Vgl. Hayder, Roberto, Das Weißbuch „Europäisches Regieren" der EU-Kommission, in: Zeitschrift für Gesetzgebung 2002, S. 49 ff.

[189] Vgl. Schön-Quinlivan, Emmanuelle, Administrative Reform in the European Commission; Bauer, Michael W., Politics of Reforming the European Commission Administration; beide in: Michael W. Bauer/Christoph Knill (Hrsg.), Management Reforms in International Organizations, Baden-Baden 2007, S. 25 ff. bzw. 51 ff.

[190] Vgl. Joerges, Christian (Hrsg.), Das Ausschusswesen der Europäischen Union, Baden-Baden 2000; van Schendelen, M. P. C. M., EU-Committees as Influential Policymakers, Aldershot u. a. 1998.

tragenen Durchführungsbefugnissen. Um dennoch nicht die Kontrolle über diese Befugnisse zu verlieren, wurden verschiedene Ausschussverfahren eingesetzt, die eine Rückbindung der Kommission an den Rat sichern und jenem die Möglichkeit der Einflussnahme eröffnen soll. Es gibt Hunderte von „Komitologieausschüssen", die sich aus Vertretern von Mitgliedstaaten auf Beamtenebene zusammensetzen. Durch Beratungen, Kontrollen, Regelungen der Ausschüsse kann eine Rückbindung der Kommissionsentscheidung an den Rat gesichert werden. Der Erlass von Rechtsakten der Kommission unter Beteiligung nationaler Beamter wird kritisiert. Er wird als undemokratisch, intransparent, technokratisch angesehen.[191] Neue Regelungen sind getroffen.[192] Im Grunde kann man aber wohl einen Vollzug in den verschiedenen mitgliedstaatlichen Verwaltungskulturen nur gewährleisten, wenn man sich des entsprechenden administrativen Sachverstandes von vornherein versichert.

Der Einfluss der europäischen Integration auf die Verwaltung der Mitgliedstaaten betrifft alle Differenzierungen des politisch-administrativen Systems: nationale, regionale, lokale, weiter sektorale wie funktionale, schließlich strukturelle, mithin Aufgaben, Organisationen, Verfahren und Personal der Verwaltung. Für den indirekten Vollzug des europäischen Gemeinschaftsrechts, also seine Durchführung durch die Mitgliedstaaten, gilt das Prinzip der institutionellen Eigenständigkeit. Welche mitgliedstaatliche Behörde das Gemeinschaftsrecht vollzieht und in welchem Verfahren die Durchführung erfolgt, ist grundsätzlich Angelegenheit der nationalen und subnationalen Vorgaben.[193] Einflussnahmen der Gemeinschaften sind insoweit die Ausnahme. Das schließt es nicht aus, dass im Rahmen vertraglicher Befugnisse in Teilbereiche der mitgliedstaatlichen Verwaltung interveniert wird, und zwar durchaus mit weitreichenden Folgen.

So hat der Umstand, dass die Gemeinschaft in Fragen öffentlicher Eigentumsrechte an Produktionsmitteln indifferent bleibt, jedenfalls aber am Wettbewerbsprinzip festhält, Konsequenzen für die Wahrnehmung öffentlicher Aufgaben.[194] Zwar sind mit der Kategorie der Dienstleistungen von allgemeinem wirtschaftlichem Interesse traditionelle Aufgaben, die in Deutschland als Daseinsvorsorge angesehen werden, respektiert. Auf diese Weise sind sie aber

---

[191] Vgl. Heibach, Georg, Komitologie nach Amsterdam – Die Übertragung von Rechtsetzungsbefugnissen im Rechtsvergleich, in: Verwaltungsarchiv 1999, S. 98 ff.; ferner Demmke, Christoph/Heibach, Georg, Die Rolle der Komitologieausschüsse bei der Durchführung des Gemeinschaftsrechts und in der Rechtsprechung des EuGH, in: Die Öffentliche Verwaltung 1997, S. 710 ff.

[192] Vgl. Fuhrmann, Maria Monica, Neues zum Komitologieverfahren, in: Die Öffentliche Verwaltung 2007, S. 464 ff.

[193] Vgl. Oppermann, Thomas, Europarecht, 3. Aufl., München 2005, S. 197 ff.

[194] Vgl. Boysen, Sigrid/Neukirchen, Matthias, Europäisches Beihilferecht und mitgliedstaatliche Daseinsvorsorge, Baden-Baden 2007.

nicht zugleich der Geltung des Wettbewerbsprinzips entzogen. Vielmehr muss von Fall zu Fall – bei der Telekommunikation, bei den Postdiensten, im Bahnverkehr, in der Energiewirtschaft, im Kreditwesen usw.[195] – entschieden werden, ob und wie Wettbewerb herzustellen ist, ob Wettbewerbsverzerrungen durch öffentliche Beihilfen erfolgen und wie die einschlägige Leistungserstellung in das Wettbewerbsprinzip eingepasst werden kann. Das prägt die Aufgabenwahrnehmung, im deutschen Falle insbesondere durch die Kommunen.[196] Besonders intensiv wurde die Abschaffung der kommunalen Gewährträgerhaftung für die Sparkassen diskutiert, mit der das Beihilfeproblem zwar gelöst, durch Institutssicherung und Eigenkapitalbildung aber höhere wirtschaftliche Belastung herbeigeführt wurde.[197]

Eine bemerkenswerte Vorgabe für die Organisation der mitgliedstaatlichen Verwaltung enthält der Vorschlag zu einer Richtlinie des Europäischen Parlaments und des Rates über Dienstleistungen im Binnenmarkt.[198] Hiernach sind einheitliche Ansprechpartner vorzusehen, bei denen alle für die Aufnahme der Tätigkeit erforderlichen Verfahren und Formalitäten abgewickelt und die erforderlichen Genehmigungen beantragt werden können. Die einheitlichen Ansprechpartner haben überdies umfangreiche Informationsaufgaben. Mit der Einrichtung dieser Anlaufstellen soll die Aufnahme und Ausübung von Dienstleistungstätigkeiten im Binnenmarkt für Erbringer aus anderen EU-Ländern erleichtert werden. Solche „One-Stop-Shops" sind ein verbreitetes Reformanliegen, insbesondere bei der Modernisierung der Kommunalverwaltung. Dabei sind indessen regelmäßig die Zuständigkeiten im Rahmen einer Behörde betroffen. Zwar betont der europäische Vorschlag, dass mit dem einheitlichen Ansprechpartner weder eine Vorgabe hinsichtlich der Zahl der Anlaufstellen in den Mitgliedstaaten noch hinsichtlich der organisatorischen Verantwortung der Ansprechpartner sowie insbesondere der Zuständigkeitsverteilung im System der nationalen Verwaltung verbunden sei. Eine Einmischung in die institutionelle Ausgestaltung des Instituts sei nicht beabsichtigt. Diese richte sich vielmehr nach den innerstaatlichen Strukturen und Zuständigkeiten. Man muss aber beachten, dass der einheitliche Ansprechpartner nicht nur Informationsersuchen beantworten soll, sondern alle mit der Dienstleistungstätigkeit verbundenen Vorgänge zu bündeln hat. Eine solche Bündelungsfunktion wird sich kaum me-

---

[195] Vgl. Sander, Gerald G./Becker, Georg (Hrsg.), Aktuelle Probleme der Daseinsvorsorge in der Europäischen Union, Tübingen 2006.

[196] Vgl. Sandmann, Tina, Kommunale Unternehmen im Spannungsfeld von Daseinsvorsorge und europäischem Wettbewerbsrecht, Frankfurt a. M. 2005.

[197] Vgl. Oebbecke, Janbernd, Das Europarecht als Katalysator der Sparkassenpolitik, in: Verwaltungsarchiv 2002, S. 278 ff.

[198] Vgl. Böhret, Carl u. a. (Hrsg.), Der Vorschlag zu einer Richtlinie des Europäischen Parlaments und des Rates über Dienstleistungen im Binnenmarkt, Speyerer Forschungsberichte 241, Speyer 2005, S. 125 f., 236 ff.

chanisch erledigen lassen. Eine selektive Informationsverarbeitung kann nicht ausgeschlossen werden. Das könnte in einer dezentralen Organisation zur Verschiebung administrativer Gewichte führen.

Solche spezifischen Einflussnahmen europäischer Regulative lassen sich für viele Bereiche nachweisen. Bei mitgliedstaatlichen Verwaltungsverfahren ist auf die punktuellen Einwirkungen durch die Rechtsprechung des Europäischen Gerichtshofs zu verweisen, etwa bei der Rücknahme von Verwaltungsakten, beim vorläufigen Rechtsschutz, bei Präklusionsregelungen usw.[199] Bei den Personalstrukturen des öffentlichen Dienstes der Mitgliedstaaten ist es das europäische Vertragsrecht mit dem Gebot der Freizügigkeit von Arbeitnehmern in der Europäischen Union einerseits und die Herausnahme der Beschäftigung in der öffentlichen Verwaltung aus diesem Gebot andererseits, die nationale Instanzen veranlassen, den Staatsangehörigkeitsvorbehalt für Polizei, Diplomatie, Steuerverwaltung usw. zu konkretisieren.[200] Insgesamt beziehen sich solche europäischen Einflussnahmen auf Spezifika der jeweiligen Verwaltungssphäre. Das nationale Verwaltungsverfahrensrecht, das nationale Beamtenrecht usw. werden in ihrer Systemrationalität nicht von der europäischen Supranationalität grundsätzlich überlagert.

Mit der Osterweiterung der Europäischen Gemeinschaften erwies sich freilich, dass die Indifferenz gegenüber dem mitgliedstaatlichen Verwaltungssystem an den Entwicklungsstand moderner nationaler und subnationaler Verwaltungen – seien sie klassisch-bürokratisch, managerialistisch oder zivilgesellschaftlich geprägt – gebunden ist. Die öffentlichen Verwaltungen in Osteuropa und Südosteuropa waren aber Verwaltungen postsozialistischer Staaten, die noch stark vom Erbe der Kaderverwaltung und ihren Leistungsdefiziten geprägt waren. Das Medium des Rechts mag im europäischen Kontext die wirkmächtigste Kommunikationsform sein, um supranationale Rechtsakte wiederum von Rechts wegen in den Mitgliedstaaten zu Umsetzung, Anwendung und Implementation zu bringen. Aber die Nachwirkungen der realsozialistischen Kaderverwaltung machten es deutlich, dass sich mit Mitteln des Rechts allein die Wirksamkeit des europäischen Verwaltungsvollzugs nicht gewährleisten lässt. Vollzugsprobleme lassen sich nicht auf Rechtspflichten und rechtbewehrte Sanktionen reduzieren. Die öffentliche Verwaltung in ihrer territorialen Ausprägung, ihrer Organisation, ihren Verfahren, ihrem Personal, ihren Finanzen,

---

[199] Vgl. Alber, Siegbert, Die Rolle des EuGH bei der „Europäisierung des Verwaltungsverfahrensrechts", in: Hermann Hill/Rainer Pitschas (Hrsg.), Europäisches Verwaltungsverfahrensrecht, Berlin 2004, S. 447 ff.; Schoch, Friedrich, Die europäische Perspektive des Verwaltungsverfahrens- und Verwaltungsprozessrechts, in: Eberhard Schmidt-Aßmann/Wolfgang Hoffmann-Riem (Hrsg.), Strukturen des Europäischen Verwaltungsrechts, Baden-Baden 1999, S. 279 ff.

[200] Vgl. Bossaert, Danielle u. a., Der öffentliche Dienst im Europa der Fünfzehn, Maastricht 2001, S. 59 ff.

ihrer Autorität, ihrer Akzeptanz usw. bis hin zur Vollzugskultur steht zur Diskussion.[201] Eine bloße Ausdehnung der europäischen Rechtsordnung auf die ost- und südosteuropäischen Länder würde für eine europäische Integration unzureichend sein. Jenseits der Rechtsnormativität musste nach Faktizität und Systemrationalität von Administrationen gefragt werden. Wollte man dabei nicht das eingeschliffene Gefüge von Gemeinschaft und Mitgliedstaaten in Verwaltungsangelegenheiten in Frage stellen, mussten die einschlägigen Inkompatibilitäten im Vorfeld eines Beitritts bereinigt werden. Neben der demokratischen Verfassung, der marktwirtschaftlichen Ordnung, der Rechtsstaatlichkeit wurde eine europataugliche, kompatible Verwaltung zu einem Kriterium der Europafähigkeit.

Hiernach wurde ein umfassendes Instrumentarium entwickelt, um die vereinbarten Verwaltungsstrukturen bei den Beitrittskandidaten herbeizuführen: Kriterienkataloge, Monitoringsysteme, Fortschrittsberichte, Partnerschaften usw. Es wurde nicht nur der jeweilige Ist-Zustand der Fähigkeit von Verwaltungen zur Umsetzung europäischer Rechtsakte bewertet, sondern auch Reformvorschläge und Maßnahmenkataloge für Änderungen vorgelegt.[202] Mit der nachholenden Modernisierung ost- und südosteuropäischer Verwaltungen war die Diskussion zur systemischen Beschaffenheit von Verwaltungen in der europäischen Integration indessen nicht beendet. Mit der Kategorie des „Europäischen Verwaltungsraums" wurde die administrative Systemrationalität zu einer allgemeinen Fragestellung.[203] Andere in diese Richtung weisende Begriffe sind die von der „Europäischen Verwaltungsgemeinschaft"[204] oder der vom „Europäischen Verwaltungsverbund".[205]

---

[201] Vgl. Siedentopf, Heinrich, Umsetzung und Anwendung von Gemeinschaftsrecht in den Mitgliedstaaten der Europäischen Union, Ministerium der Justiz Rheinland-Pfalz (Hrsg.), Mainzer Runde, Mainz 1994.
[202] Vgl. Goetz, Klaus H., Europäisierung der öffentlichen Verwaltung – oder europäische Verwaltung?, in: Jörg Bogumil u. a. (Hrsg.), Politik und Verwaltung, Politische Vierteljahrsschrift, Sonderheft 37, 2006, S. 472 ff.; Siedentopf, Heinrich/Speer, Benedikt, Der Europäische Verwaltungsraum, in: Klaus König (Hrsg.), Deutsche Verwaltung an der Wende zum 21. Jahrhundert, Baden-Baden 2002, S. 305 ff.; ferner Wollmann, Hellmut, Transformation der Regierungs- und Verwaltungsstrukturen in postkommunistischen Ländern, in: Arthur Benz u. a. (Hrsg.), Institutionenwandel in Regierung und Verwaltung, Berlin 2004, S. 575 ff.
[203] Vgl. Siedentopf, Heinrich (Hrsg.), Der europäische Verwaltungsraum, Baden-Baden 2004.
[204] Vgl. Siedentopf, Heinrich/Speer, Benedikt, Europäischer Verwaltungsraum oder Europäische Verwaltungsgemeinschaft?, in: Die Öffentliche Verwaltung 2002, S. 753 ff.
[205] Vgl. Schmidt-Aßmann, Eberhard, Verfassungsprinzipien für den Europäischen Verwaltungsverbund, in: Wolfgang Hoffmann-Riem u. a. (Hrsg.), Grundlagen des Verwaltungsrechts, Band I, München 2006, S. 241 ff.

Jenseits von begrifflichen Erfassungen stellen sich indessen bestimmte Kernfragen, nämlich ob für die Europäische Union ein bestimmtes Verwaltungsmodell vorgegeben ist, ob es einen „nonformalised administrative acquis communautaire" gibt[206] und ob eine zunehmende Konvergenz zwischen den Verwaltungen der Mitgliedstaaten besteht. Zur ersten Frage lässt sich festhalten, dass von einem spezifischen Gemeinschaftsmodell der öffentlichen Verwaltung nicht die Rede sein kann. Hinter den einschlägigen Integrationsvorstellungen steht der Typ der modernen okzidentalen Verwaltung mit ihren Grundwerten der Demokratie, des Rechtsstaates, der Menschenrechte und dann mit Bindung an das gesetzte Recht, formellem Verwaltungsverfahren und Rechtsschutz. Die als „gute" Governance von der Kommission sich selbst auferlegten Grundsätze der Offenheit, Partizipation, Verantwortlichkeit, Effektivität, Kohärenz wird man dazuzählen können. Aus der Konfrontation mit der Kaderverwaltung ist zu verstehen, dass zu den Grundvorstellungen der europäischen Integration auch ein professionelles, politisch unabhängiges Beamtentum gehört. Die Gemeinschaften wollen auch ihre sektoralen Politiken des Umweltschutzes, der Wettbewerbspolitik, der Forschungsförderung usw. in der Verwaltungsorganisation der Mitgliedschaftstaaten reflektiert sehen.[207] Die Frage der Performanz bleibt eher undeutlich. Jedenfalls lehnt man sich nicht einseitig an Leistungskriterien der klassisch-kontinentaleuropäischen Verwaltung wie der in Frankreich oder den Leistungsgedanken eines Neuen Öffentlichen Managements wie in Großbritannien an.

Dass es einen „acquis communautaire" auch in Verwaltungsangelegenheiten gibt, folgt schon daraus, dass es Gemeinschaftsvorgaben für die mitgliedstaatlichen Verwaltungen gibt, die bei weitreichenden Folgen im primären und sekundären Gemeinschaftsrecht geregelt sind, also eben die öffentliche Daseinsvorsorge bei wettbewerblicher Grundausrichtung oder die Herausnahme der Beschäftigung in der öffentlichen Verwaltung aus dem Gebot der Freizügigkeit von Arbeitnehmern in der Europäischen Union. Wenn dieser Besitzstand, der freilich nicht statisch, sondern dynamisch ist, als „nonformalised" bezeichnet wird, dann trifft diese Charakterisierung zu, wenn man damit meint, dass es keinen europäischen Kodex verwaltungsrelevanter Regeln oder zumindest ein Dokument administrativer Anforderungen an die Mitgliedstaaten gibt. Nach wie vor scheint die Erfahrung der Kommission mit der nationalen, insbesondere subnationalen Verwaltung begrenzt zu sein, und die Erfahrungen mit der eigenen Verwaltung verbieten wohl alle weit reichenden Belehrungen an andere.

---

[206] Vgl. SIGMA, European Prinicples for Public Administration, in: SIGMA Papers No. 27, Paris 1999.

[207] Vgl. Siedentopf, Heinrich/Speer, Benedikt, Der Europäische Verwaltungsraum, in: Klaus König (Hrsg.), Deutsche Verwaltung an der Wende zum 21. Jahrhundert, Baden-Baden 2002, S. 305 ff.

11. Kapitel: Internationalisierung und Supranationalisierung der Verwaltung

Die Frage nach der Konvergenz zwischen den mitgliedstaatlichen Verwaltungen ist zunächst eine empirische. Angesichts der wirklichen Maßgeblichkeit des Rechts in der rechtsstaatlichen Verwaltung kann die Rechtsvergleichung dazu einen erkenntnisfördernden Beitrag leisten. So wird zu dem klassischen Gebiet des Verwaltungsverfahrens- und Verwaltungsprozessrechts beobachtet, dass in den europäischen Staaten Konvergenzen zur Ökonomisierung des Verwaltungshandelns und zur Subjektivierung des Rechtsschutzes zu konstatieren sind. Gleichwohl wird bemerkt, dass der Weg zu einem einheitlichen europäischen Verwaltungsverfahrens- oder gar Verwaltungsprozessrechts – „sofern man es überhaupt anstrebt" – noch weit sei.[208] Konvergenzprobleme mitgliedstaatlicher Verwaltungen werden vorzüglich unter dem Vorzeichen des europäischen Einflusses auf das Verwaltungsrecht behandelt.[209] Insofern wird der Institutionenwandel in den Mitgliedstaaten als Angleichung infolge europäischer Rechtspflichten angesehen. Die vergleichende Verwaltungswissenschaft zeigt darüber hinaus, dass es Anpassungen der Verwaltungsstrukturen aufgrund von Nachahmungen gibt. So kann man sich heute weitgehend in Europa über bestimmte Managementelemente des Finanz- und Rechnungswesens verständigen.

Für die beamtete Verwaltung ist nicht zuletzt die gegenseitige Anpassung durch professionelle Standards – „professional isomorphism" – maßgeblich.[210] Dazu tragen nicht nur Treffen und Konferenzen der für die Verwaltungsorganisation Verantwortlichen in den Mitgliedstaaten und ihre Verhandlungsergebnisse bei[211], sondern auch und vor allem Beamtengremien im EU-Mehrebenensystem. Verwaltungsbediensteten der Europäischen Gemeinschaften zusammen mit Verwaltungsbeamten aus nationalen Administrationen wird eine nachhaltige Rolle bei der täglichen Praxis üblicher Politikprozesse wie beim Aufbau und Ausbau der Europäischen Union zugeschrieben. Trotz fortbestehender rechtlicher Zuständigkeitsabgrenzungen entstehe eine derart enge, nicht revidierbare Verflechtung öffentlicher Verwaltungen mehrerer Ebenen, die unter dem Be-

---

[208] Vgl. Sommermann, Karl-Peter, Konvergenzen im Verwaltungsverfahrens- und Verwaltungsprozessrecht europäischer Staaten, in: Die Öffentliche Verwaltung 2002, S. 133 ff.

[209] Vgl. Kadelbach, Stefan, Allgemeines Verwaltungsrecht unter europäischem Einfluss, Tübingen 1999; Schwarze, Jürgen (Hrsg.), Das Verwaltungsrecht unter europäischem Einfluss, Baden-Baden 1996; ferner Bergmann, Jan u. a. (Hrsg.), Deutsches Verwaltungsrecht unter europäischem Einfluss, Stuttgart u. a. 2002.

[210] Vgl. Schröter, Eckhard, Europäischer Verwaltungsraum und Reform des öffentlichen Sektors, in: Bernhard Blanke u. a. (Hrsg.), Handbuch zur Verwaltungsreform, 3. Aufl., Wiesbaden 2005, S. 510 ff.

[211] Vgl. Bundesministerium des Innern (Hrsg.), Common Assessment Framework (CAF) – Verbesserung der Organisation durch Selbstbewertung, Berlin o. J.

griff der „Fusion" als zentrales Strukturelement in der Evolution des EU-Systems zu verstehen sei.[212]

Damit ist das Problem der Systembildung im Europäischen Verwaltungsraum aufgeworfen. Leitbegriffe wie Europäischer Verwaltungsverbund werden vorangestellt. Das Verwaltungskonzept der Union wird hiernach auf zwei Konstitutionsprinzipien beruhend angesehen: auf Trennung in organisatorischer und Zusammenarbeit in funktionaler Hinsicht.[213] Andernorts wird versucht, Orientierungen für die Systembildung aus der Fortschreibung von Entwicklungstendenzen zu gewinnen, also etwa: Gewährleistungsverantwortung zu konkretisieren, Netzstrukturen auszubauen, den Maßstab der „Richtigkeit" über die rechtliche Fehlerfreiheit hinaus auf die Optimierung zu erweitern, die Kompatibilität der Regelungsinhalte und Vollzugsstrukturen zu sichern, ohne auf eine Totalharmonisierung zu drängen usw.[214] Schließlich unternimmt man es, den Europäischen Verwaltungsraum in Grundmuster einer europäischen Governance des Marktes, der Hierarchie, des Netzwerkes einzuordnen.[215] Das „vertikale Schichtenmodell" wird in Frage gestellt. Es müsse jedenfalls durch ein „Modell der Netzwerkstrukturen" ergänzt werden.[216]

Die Europäische Union ist in ihrer Organisation durch eine ungewöhnliche Vielfalt von Verwaltungsstrukturen geprägt. Dazu gehören sowohl Mehrebenenstrukturen der supranationalen, nationalen, regionalen und lokalen Verwaltung wie in einem bemerkenswerten Umfang Kooperationsstrukturen zwischen den verschiedenen Ebenen. Zur Einschätzung der Systembildung mag es nützlich sein, auf die Föderalisierung in Deutschland zu sehen. Die moderne öffentliche Verwaltung auf deutschem Boden entwickelte sich in den Territorialstaaten. Freilich zeigten die Territorialverwaltungen soviel Isomorphien, dass es in den unterschiedlichen historischen Situationen ohne systemische Schwierigkeiten möglich war, über die Verwaltungen Preußens, Bayerns, Sachsens usw. eine Ebene der Reichsverwaltung aufzubauen. Entsprechendes trifft auf die Ein-

---

[212] Vgl. Wessels, Wolfgang, Beamtengremien im EU-Mehrebenensystem – Fusion von Administrationen?, in: Markus Jachtenfuchs/Beate Kohler-Koch (Hrsg.), Europäische Integration, 2. Aufl., Opladen 2003, S. 353 ff.

[213] Vgl. Schmidt-Aßmann, Eberhard, Verfassungsprinzipien für den Europäischen Verwaltungsverbund, in: Wolfgang Hoffmann-Riem u. a. (Hrsg.), Grundlagen des Verwaltungsrechts, Band I, München 2006, S. 241.

[214] Vgl. Hoffmann-Riem, Wolfgang, Strukturen des Europäischen Verwaltungsrechts – Perspektiven der Systembildung, in: Eberhard Schmidt-Aßmann/Wolfgang Hoffmann-Riem (Hrsg.), Strukturen des Europäischen Verwaltungsrechts, Baden-Baden 1999, S. 317 ff.

[215] Vgl. Börzel, Tanja A., European Governance – Markt, Hierarchie und Netzwerk?, in: Gunnar Folke Schuppert u. a. (Hrsg.), Europawissenschaft, Baden-Baden 2005, S. 613 ff.

[216] Vgl. Bergmann, Jan, Europäische Integration, in: Rüdiger Voigt/Ralf Walkenhaus, Handwörterbuch zur Verwaltungsreform, Wiesbaden 2006, S. 95 ff.

richtung der Bundesverwaltung im Hinblick auf die demokratisch und rechtsstaatlich revitalisierten Landesverwaltungen nach 1945 zu. Die Finalität des Föderalismus war es nie, eine uniforme Verwaltung in Deutschland zu schaffen. Es gibt in diesem Verwaltungssystem gemeinsame Strukturen wie etwa das Statusrecht der Beamten, was man als integrativen Faktor ansehen kann. Es gibt aber genauso differenzierte Strukturen wie etwa in der kommunalen Selbstverwaltung, ohne dass das Gemeinwohl unangemessen Schaden leidet. Es gibt überdies je nach Zuständigkeitsverteilungen durch Förderalismusreformen Wechselfälle, also etwa die einheitliche oder die unterschiedliche Besoldung von Beamten. Der Bundesstaat sieht seinen Sinn nicht in der größtmöglichen Harmonisierung der Verwaltungsstrukturen. Vielmehr sind Isomorphien und Kompatibilitäten in den Verwaltungen zu erhalten und zu schaffen, die eine Integration von Gesamtstaat und Gesamtverwaltung ermöglichen.

Von den Zollverwaltungen der Mitgliedstaaten der Union sagt man, dass sie eine Art von „Gemeinschaftszollverwaltung im nationalen Gewande" geworden seien.[217] Von solcher Europäisierung sind die Lokalverwaltungen in den ländlichen Räumen vieler Mitgliedstaaten weit entfernt. Man muss bezweifeln, ob eine entsprechende Finalisierung Verwaltungsproblemen vor Ort zuträglich ist. Harmonisierungen durch die Gemeinschaftsorgane und selbst betriebene Konvergenzen der Mitgliedstaaten müssen nicht mehr leisten als eine zufrieden stellende europäische Integration. Zum Europäischen Verwaltungsraum gehört freilich auch die supranationale Verwaltung, die mit der Modernisierung der mitgliedstaatlichen Verwaltungen Schritt halten muss. Wenn etwa nationale und subnationale Organisationen es in vielfältiger Weise unternehmen, die Normflut zumindest zu beschränken, dann ist es für eine Integration unverträglich, wenn die Gemeinschaften ihre Regulative ungebremst produzieren.[218] Das Maß einer zufrieden stellenden Integration ist nicht festgeschrieben, sondern folgt der Dynamik europäischer und auch globaler Probleme. Für die öffentliche Verwaltung sind Anpassungszwänge industrieller und technischer Entwicklungen ohnehin hoch. Es zeichnet sich ab, dass die Informations- und Kommunikationstechnologien den weiteren Ausbau von Kompatibilitäten der Verwaltung erforderlich machen werden. Ein System mit eigener Autorität ausgestatteter und in dieser zugleich begrenzter Instanzen einer Mehrebenenverwaltung ist indessen bei der verbindlichen Allokation öffentlicher Güter vorzugswürdig.

---

[217] Vgl. Oppermann, Thomas, Europarecht, 3. Aufl., München 2005, S. 194.

[218] Vgl. Böllhoff, Dominik, Bessere Rechtsetzung in der Europäischen Union, in: Eberhard Bohne (Hrsg.), Bürokratieabbau zwischen Verwaltungsreform und Reformsymbolik, Berlin 2006, S. 123 ff.

12. Kapitel

Kulturen, Werte, Ethos der Verwaltung

I. Kulturen öffentlicher Verwaltung

1. Wertorientierungen in der Verwaltung

Beim Studium der öffentlichen Verwaltung lassen sich drei Verhaltensschichten abheben, nämlich Verwaltungskulturen, Verwaltungsinstitutionen und Verwaltungstechnologien. Alle drei Schichten sind an Werte gebunden, das heißt grundlegende Orientierungsmaßstäbe bevorzugender Sinngebung, wie sie sich als Normativität sozialen Handelns darstellen. Selbst die Sozialtechnologien der öffentlichen Verwaltung brauchen ein im situativen Kontext brauchbares Wertverständnis. Das zeigt das Beispiel der Einführung der elektronischen Datenverarbeitung in der Verwaltung eines Entwicklungslandes. Der Computer war schon in den 1970er Jahren eine physische Realität in der lateinamerikanischen Steuerverwaltung.[1] Dies und das entwicklungspolitische Ziel, die Erzielung eigener staatlicher Einnahmen in der Dritten Welt zu fördern, führte zu Kooperationsleistungen, die elektronische Datenverarbeitung organisatorisch und verfahrensmäßig in die dortige Steuerverwaltung zu integrieren und das Personal dazu zu befähigen, damit umzugehen. Ein Sonderproblem war die Datensicherung, da durch verschiedene Manipulationen in den Rechenzentren Speicherkonten von Steuerpflichtigen verloren gingen. Die rein technische Sicherung erwies sich als nicht ausreichend. Es musste ein ganz bestimmtes Wertverständnis vermittelt werden, nicht bloß zum korrumptiven Verhalten selbst, sondern etwa im Hinblick auf Arbeitsdisziplin, Präsenzpflicht, Vorschriftenbefolgung usw.

Die tiefste Schicht der Wertorientierung ist freilich die der Verwaltungskultur, wobei hier nicht im weiteren Sinne die Gesamtheit der Emanationen öffentlicher Verwalter, also alles was die Verwaltung im Bezugsfeld von Raum und Zeit ausmacht, gemeint ist, sondern enger auf die grundlegende Ebene der sozialen Sinngebung und Integration, also Ideen, Grundannahmen, Meinungen, Einstellungen, Weltanschauungen, Religionen, Ideologien, Werte abgestellt

---

[1] Vgl. König, Klaus u. a., Zur entwicklungspolitischen Zusammenarbeit mit der lateinamerikanischen Steuerverwaltung, in: Verwaltungsarchiv 1981, S. 316 ff.

wird. Charakteristisch für die Verwaltungswissenschaft ist insoweit die Auseinandersetzung um universalistische und kulturalistische Positionen in der Entwicklungs- und Transformationspolitik.[2] Die Universalisten halten die öffentliche Verwaltung für ein soziales Phänomen, für das es über kulturelle Grenzen hinweg die richtige Lösung gibt. Im allgemeinen handelt es sich hierbei um Anhänger des öffentlichen Managements der verschiedenen neotayloristischen Ausprägungen. Managementmodelle werden so offeriert. Ein Planning-Programming-Budgeting-System – obwohl in den USA gescheitert – soll auch die Probleme eines asiatischen Bergstaates lösen – „PPBS for Nepal".[3] Anzumerken ist, dass damals noch ein anderer universalistischer Anspruch in der Dritten Welt propagiert wurde, nämlich der des marxistisch-leninistischen Staates und seiner Kaderverwaltung.

Der Meinung, dass ein gutes Management überall ein gutes Staatswesen hervorbringen würde, steht die kulturalistische Position gegenüber, nämlich dass die öffentliche Verwaltung jeweils zutiefst in Raum und Zeit eingeschliffen, von der jeweiligen historischen Lage nicht abhebbar sei. Nicht nur Erfahrungen im ländlichen Raum mit traditionalen Eliten schienen das in Entwicklungsländern zu bestätigen. Auch die neuen Urbanisationen schienen mit modernen Methoden nicht regierbar zu sein. Die Zuspitzung der kulturellen Frage konnte man erfahren, wenn es gelang, das – in Verwaltungsangelegenheiten – Tabu-Thema der Religion als ethische Frage an den Verwaltungsdienst zu stellen. Fundamentale Bindungen wurden deutlich, etwa in einem Anteil von vierzig Prozent Koran-Schulung in einem Trainingskurs für Spitzenbeamte in einem Civil Service College. Bei gewissen Formen hinduistischer Religionsausübung zeigte sich, dass diese kaum in den Arbeitstag eines westlichen Beamten eingebettet werden kann. Religion wurde allerdings auch als in die Moderne transferierbar bezeichnet, etwa als „Buddhist meditation for public managers". Der „Clash of civilizations"[4] wurde indessen von einer stringent westlichen Position hervorgerufen, die schlechtes Management als Grund für das Elend der Welt identifizierte und mit einer moralischen Strenge vertreten wurde, wie sie dem Taylorismus seinen Hintergründen nach nicht fremd ist.

Heute besteht Einverständnis darüber, dass bei der internationalen Zusammenarbeit von Ort zu Ort verschiedene Werte, Einstellungen, Grundannahmen

---

[2] Vgl. König, Klaus, Zum Konzept der Entwicklungsverwaltung, in: ders. (Hrsg.), Öffentliche Verwaltung und Entwicklungspolitik, Baden-Baden 1986, S. 11 ff.

[3] Vgl. Caiden, Naomi/Wildavsky, Aaron, Planning and Budgeting in Poor Countries, New York 1974.

[4] Vgl. Huntington, Samuel P., The Clash of Civilizations and the Remaking of World Order, New York 1996.

zu berücksichtigen sind.⁵ Einen Wertabsolutismus quer durch alle Teilsphären der Verwaltungsangelegenheiten hindurch wird von Seiten der Verwaltungswissenschaft heute kaum mehr in Anspruch genommen und wenn, dann zuerst noch von durch neoliberales Wirtschaftsverständnis geprägten Modellen, die in der Ökonomik die Fortsetzung der Ethik mit anderen, moderneren, zeitgemäßeren Mitteln sieht.⁶ Der Markt scheint eben manchen das einzige Band zu sein, dass die Menschheit nach dem Zusammenbruch der großen Ideologie des realen Sozialismus zusammenhält. Allerdings gibt es auch Stimmen, die das Postulat, Globalisierung erfordere ein globales Ethos, aus humanitärer Perspektive erheben. Kultur der Gewaltlosigkeit und Toleranz, der Gleichheit und Gerechtigkeit, der Solidarität und gesellschaftlichen Verpflichtung der Menschenrechte und Menschenpflichten wird gefordert.⁷

Sieht man auf die wirkliche Maßgeblichkeit von Werten, dann sind es allenfalls die Menschenrechte, die in einem Kernbereich eine globale Wertegemeinschaft konstituieren. Die internationale Staatengemeinschaft hat sich von der „Allgemeinen Erklärung der Menschenrechte" des Jahres 1948 an immer wieder zu diesen Werten bekannt. Sie umfassen den tradierten Bereich von Recht auf Leben, Freiheit und Sicherheit, der Nichtdiskriminierung aufgrund von Rasse, Farbe, Geschlecht, Sprache, Religion, sozialer Herkunft oder politischer Meinung, das Wahlrecht, die Meinungsfreiheit und die Pressefreiheit, das Recht auf gesetzmäßiges Verfahren usw. Hinzugekommen sind soziale, ökonomische und kulturelle Rechte wie das Recht auf angemessenen Lebensstandard, Bildung, Arbeit und gleichberechtigte Bezahlung sowie das Recht von Minderheiten zur Ausübung ihrer eigenen Kultur, Religion und Sprache. Darüber hinaus wird die Pflichtigkeit gegenüber der menschlichen Gemeinschaft genannt. Schließlich wurde 1986 ein Recht auf Entwicklung als ein allgemeingültiges und unveräußerliches Recht und als ein integraler Bestandteil der grundlegenden Menschenrechte deklariert.⁸

Obwohl fast alle Mitglieder der Vereinten Nationen – Ausnahmen sind die Länder, für die Koran und Scharia maßgebend sind – auch auf nationaler Ebene in ihren geschriebenen oder ungeschriebenen Verfassungen auf Menschenrechte Bezug nehmen, ist die Durchsetzung in vielen Teilen der Welt ungesichert.

---

⁵ Vgl. UNESCO (Hrsg.), Public Administration and Management: Problems of Adaptation in Different Socio-Cultural Contexts, Paris 1982.

⁶ Vgl. Homann, Karl, Die Funktion von Werten in der Gesellschaft der Zukunft. Taugt die liberale Ökonomie für den Erdball?, in: Walter Schweidler (Hrsg.), Werte im 21. Jahrhundert, Baden-Baden 2001, S. 145 ff.

⁷ Vgl. Küng, Hans, Globalisierung erfordert ein globales Ethos, Jena 2000.

⁸ Vgl. United Nations (General Assembly), „Declaration on the Right to Development" vom 4. Dezember 1986, Dokument , A/RES/41/128, ferner Deutsche Gesellschaft für die Vereinten Nationen (Hrsg.), Gleiche Menschenrechte für alle – Dokumentationen zur Menschenrechtsweltkonferenz der Vereinten Nationen 1993 in Wien, I § 10.

Jenseits von Willkür- und Unrechtsregimen wird einem Universalitätsanspruch prinzipiell entgegengehalten, dass das Menschenrechtskonzept das Produkt einer historischen Entwicklung und als solches eng verknüpft mit spezifischen sozialen, politischen und ökonomischen Bedingungen und der Geschichte, der Kultur und den Werten bestimmter Länder verknüpft sei.[9] Damit bezieht man sich auf Europa, das Christentum, die europäische Aufklärung, die okzidentale Wertewelt. Man betont demgegenüber die jeweils eigene Kultur mit ihren Realitäten. Die Menschenrechtspolitik der Vereinten Nationen hält demgegenüber daran fest, dass alle großen Traditionen und Religionen sich überlappen, wenn fundamentale Prinzipien menschlichen Verhaltens – Wohltätigkeit, Gerechtigkeit, Mitgefühl, gegenseitige Achtung, Gleichheit – berührt sind, und dass Staaten, die unterschiedliche religiöse und kulturelle Traditionen repräsentieren, es ermöglicht hätten, die universale Erklärung der Menschenrechte anzunehmen.[10]

Menschenrechts- und weitere Wertefragen lassen sich spezifisch auf die öffentliche Verwaltung beziehen und zwar aus okzidentalem wie nichtokzidentalem Vorverständnis. Ein Beispiel für einschlägige Konkretisierungen ergibt sich aus der Arbeit des Entwicklungsprogramms der Vereinten Nationen. Die Menschenrechte sind der Entstehungsgeschichte nach ein westliches Konzept.[11] Dennoch hat es normativ eine relative Akzeptanz in nicht-westlichen Kulturkreisen gefunden. Das gilt zumindest für einen gewissen Kernbereich von „basic rights", etwa die Freiheit von Folter. Diese relative Akzeptanz wird dann genutzt, um breiter politisch-administrative Steuerungsprobleme anzusprechen. So bringt das „United Nations Development Programme" bestimmte Governance-Merkmale mit Menschenrechtsprinzipien zusammen. Dazu gehören: eine legitime und rechenschaftspflichtige Regierung, subsidiäre Strukturen und konsensorientierte Verfahren, Vereinigungsfreiheit und die Möglichkeit der Partizipation in Wirtschaft, Gesellschaft und Governance, faire rechtliche Rahmenbedingungen zur Sicherstellung einer verlässlichen und sicheren Lebens- und Arbeitsumwelt für die Bürger, verfügbare und valide Informationen, bürgerorientiertes, effizientes öffentliches Management, Kooperation zwischen Akteuren der drei Sektoren Staat, Markt und Zivilgesellschaft und der Wille der Bürger als Ausgangspunkt jeglicher Regierungsmacht.[12]

---

[9] Vgl. Schweidler, Walter, Globale Menschenrechte: Einheits- oder Trennungsprinzip der Menschheit?, in: ders. (Hrsg.), Werte im 21. Jahrhundert, Baden-Baden 2001, S. 97 ff.

[10] Vgl. Annan, Kofi A., Global Values. The United Nations and the Rule of Law in the 21st Century, Singapore 2000, S. 12 f.

[11] Vgl. Herzka, Michael, Die Menschenrechtsbewegung in der Weltgesellschaft, Bonn u. a. 1995, S. 34 ff.

[12] Vgl. United Nations Development Programme (Hrsg.), Developing Governance Capacity – a workshop for UNDP Country Offices, UNDP 1997.

2. Ausprägungen der Verwaltungskultur

Relativieren sich Kulturphänomene öffentlicher Verwaltung im globalen Maßstab, dann sind in weiterer Sichtweise weltregionale Kulturräume zu betrachten. Unter den nicht-okzidentalen Weltanschauungen zeichnet sich der Konfuzianismus durch seine Affinität zu Staat und Verwaltung aus. Bis auf den heutigen Tag werden konfuzianische Werte unmittelbar mit dem Konzept der politisch-administrativen Reform zusammengehalten.[13] Prinzipien des wohlwollenden, moralischen, wirtschaftlichen, aufrechten Regierens sollen zur Zuneigung und zum Respekt gegenüber dem Volk, zum Dienst am Volk, zur Begrenzung der Staatsmacht durch Menschenrechte, zum Wohlstand des Volkes, zum Schutz von Eigentumsrechten, zur Zufriedenheit des Volkes führen. Staat und Verwaltung sollen sich nach der Lehre des Konfuzianismus in einem ständigen Reformprozess an die Erfordernisse des Volkes anpassen. Solche Werte sieht man heute in der Reform des öffentlichen Dienstes, der Einrichtung der Verwaltung auf das Recht, der Dekonzentration der Macht, der Trennung von Staat und Wirtschaftsunternehmen, der Reform der Staatsunternehmen, der Stärkung des Aufsichtssystems, der Anti-Korruptionsbewegung realisiert. Weiter befürwortet der Konfuzianismus ein System der Konsultationen, nicht nur mit den Beamten sondern auch mit den Bürgern. Damit soll die Konzentration der Macht in eine Einzelperson behindert werden. Um die Herrschenden soll eine Umwelt offener Meinungsbildung, ein Diskussionssystem eingerichtet werden. Der Macht Einzelner soll kollektive Führerschaft im Sinne kollektiver Klugheit entgegenstehen.

Der Konfuzianismus betont, dass die gute Regierung und Verwaltung einfach und sparsam sein müssen. Name und Funktionen einer Behörde sowie die Zahl des jeweiligen Behördenpersonals sollen durch Gesetz festgelegt, die Beschäftigung von überflüssigem Personal sanktioniert werden. Es ist der Verstoß gegen diese Regeln, der zur Ausweitung des öffentlichen Dienstes geführt und heute einen Personalabbau ausgelöst hätte. Kluge und fähige Personen sind es, die nach den Werten des Konfuzianismus für öffentliche Ämter ausgewählt werden sollen. Nur diese Personen können in öffentlichen Angelegenheiten gute Dienste leisten. Die Vererbung von Ämtern an die Abkömmlinge hoher Beamter wird abgelehnt. Dieses Auswahlprinzip brachte es mit sich, dass Bildung und Examinierung betont werden. Personen, die Empfehlungen aussprechen, sind gegebenenfalls zur Verantwortung zu ziehen. Die konfuzianistischen Werte sieht man auch in den heutigen Reformen in China realisiert, nämlich durch

---

[13] Vgl. Gangjian, Du/Benkang, Pang, Confucianist Values and Government Reform, in: International Institute of Administrative Sciences (Hrsg.), Twenty-fifth International congress of Administrative Sciences, Sub-topic 1: The Rule of Law and Public Administration in an Global Setting, Athens 2001.

12. Kapitel: Kulturen, Werte, Ethos der Verwaltung

die Einrichtung einer Nationalen Schule für Verwaltung, durch die Regulierung des Staatsdienstes wie der Rekrutierung der staatlichen Bediensteten. Nach dem neuen System müssen alle Kandidaten nationale Prüfungen absolvieren und das bestandene Examen ist Voraussetzung für die Einstellung. Dieses neue System wird dann auch Schritt für Schritt in der Lokalverwaltung eingeführt. Neuerdings sollen Führungspositionen in der Verwaltung durch Wettbewerb auf der Grundlage weiterer Examina vergeben werden. Allerdings wird darauf verwiesen, dass das konfuzianische Prinzip der Personalauswahl nach Examina heute nicht so redlich und strikt wie in historischen Vorbildern praktiziert werde, so dass es noch nicht zur wirklichen Richtschnur von Personalreformen geworden sei.[14]

Leistungsbewertungen entsprechen der konfuzianischen Tradition. In der chinesischen Geschichte gibt es verschiedene Anschauungsfälle bis hin zur Evaluation des Gesetzesvollzugs. Von den achtziger Jahren des vorigen Jahrhunderts an wurde die Idee der Evaluation wieder aufgegriffen. In den neunziger Jahren wurde eine Leistungsbewertung für die Staatsbediensteten eingeführt. Bewertungsmaßstäbe sind Ethos, Sachverstand, Qualifikation und Leistung. In der Fortsetzung solcher Reformen sieht man die Leitidee vom klugen und fähigen Beamten umgesetzt. Die ethischen Regeln des Konfuzianismus haben ein System des Fernhaltens von öffentlichen Ämtern hervorgebracht. So sollten Lokalbeamte nicht in der Provinz tätig werden, in der ihre Heimatstadt liegt. Hieraus entwickelten sich weitere Befangenheitsregeln, die sich insbesondere auch auf Prüfungsverfahren beziehen und dann Angehörige umfassen. Die Bedeutung der Fernhalten-Regel wird dadurch einsichtig, dass bis in die jüngste Zeit hinein von Ehepaaren geführte Betriebe, Teams von Vater und Sohn und weite Netzwerke von Verwandten in Verwaltungseinheiten zu beobachten sind. Heute soll ein verfeinertes Regelwerk solche Beziehungen verhindern.[15]

Der Konfuzianismus schließt die Idee der Beaufsichtigung durch ein unabhängiges Kontrollsystem wie durch das Volk ein. Im letzteren Sinne nimmt China die historisch erste Institutionalisierung eines Ombudsmanns für sich in Anspruch. Nachdem solche Gedanken verloren gegangen schienen, wurde in den achtziger Jahren des vorigen Jahrhunderts ein Kontrollministerium für die

---

[14] Vgl. Gangjian, Du/Benkang, Pang, Confucianist Values and Government Reform, in: International Institute of Administrative Sciences (Hrsg.), Twenty-fifth International Congress of Administrative Sciences, Sub-topic 1: The Rule of Law and Public Administration in an Global Setting, Athens 2001, S. 1 ff.; ferner Frederickson, H. George, Confucius and the Moral Basis of Bureaucracy, in: Administration & Society 2002, S. 610 ff.

[15] Vgl. Gangjian, Du/Benkang, Pang, Confucianist Values and Government Reform, in: International Institute of Administrative Sciences (Hrsg.), Twenty-fifth International Congress of Administrative Sciences, Sub-topic 1: The Rule of Law and Public Administration in an Global Setting, Athens 2001, S. 6 ff.

Nationalverwaltung und Kontrollbüros für die Lokalverwaltung wieder eingesetzt.[16] Diese wie andere Reformideen des Konfuzianismus müssen unter den heutigen Bedingungen durch die Parteiherrschaft relativiert werden. In diesem Zusammenhang ist auch auf die konfuzianische Lehre zu verweisen, die nicht nur öffentliche Bedienstete zu politisch abweichenden Meinungen ermuntert, sondern besondere Posten für dissentierende Beamte vorsieht.[17] Heute geht es dabei wohl um nicht mehr als eine Idee. Schließlich ist darauf zu verweisen, dass der Konfuzianismus sogar den Gedanken der Deregulierung umfasst.[18] Dem Volke sollten Bürden genommen werden, die ihm durch Gesetze und Vorschriften auferlegt sind. Zur Zeit gibt es eine neue Deregulierungsbewegung. Man ist aber nicht weit genug gegangen, um etwa den Anforderungen der World Trade Organisation zu entsprechen.

Diese und andere Werte des Konfuzianismus wie die richtige Beziehung zwischen Zentral- und Lokalverwaltung, das stringente Verfahren der Verwaltung, der freie Zugang zu Staatsinformationen usw. scheinen einer okzidentalen Verwaltungskultur in vielem kongenial zu sein. Es ist auch nicht so sehr die Popularisierung des Konfuzianismus zu „asiatischen Werten" oder die Legitimation von Despotien durch das Argument kultureller Eigenart die Isomorphien zwischen Okzident und Orient bezweifeln lassen. Das Grundproblem wird wieder durch die Menschenrechtsfrage deutlich, indem der westlich moderne Staat und seine Verwaltung individuelle Rechte und Werte betont, während in den asiatischen Nationen kollektive Menschenrechte und kollektive Verantwortung geschätzt werden.[19] Die Frage ist, ob mit Kollektivität kein primäres, mit der Existenz des Menschen verbundenes Recht, vielmehr eine Berechtigung gemeint ist, die die Obrigkeit dem Untertan gewährt und gegebenenfalls wieder zurücknimmt,[20] es also letztlich um eine Kultur des politisch-

---

[16] Vgl. Gangjian, Du/Benkang, Pang, Confucianist Values and Government Reform, in: International Institute of Administrative Sciences (Hrsg.), Twenty-fifth International Congress of Administrative Sciences, Sub-topic 1: The Rule of Law and Public Administration in an Global Setting, Athens 2001, S. 8.

[17] Vgl. Gangjian, Du/Benkang, Pang, Confucianist Values and Government Reform, in: International Institute of Administrative Sciences (Hrsg.), Twenty-fifth International Congress of Administrative Sciences, Sub-topic 1: The Rule of Law and Public Administration in an Global Setting, Athens 2001, S. 9.

[18] Vgl. Gangjian, Du/Benkang, Pang, Confucianist Values and Government Reform, in: International Institute of Administrative Sciences (Hrsg.), Twenty-fifth International Congress of Administrative Sciences, Sub-topic 1: The Rule of Law and Public Administration in an Global Setting, Athens 2001, S. 9.

[19] Vgl. Roetz, Heiner, Europa und die „Asiatischen Werte", in: Walter Schweidler (Hrsg.), Werte im 21. Jahrhundert – Wer bestimmt die Richtung?, Baden-Baden 2001, S. 179 ff.

[20] Vgl. Thielbeer, Siegfried, Friedhofsruhe und Nivellierung – Warum der Dialog über Menschenrechte immer wieder scheitert: Chinesische Begriffe der Politik und ihre Bedeutung, in: Frankfurter Allgemeine Zeitung vom 9.8.2001, S. 47.

administrativen Autoritarismus geht. Jedenfalls wird man die Formel „Von Asien Lernen" kaum auf Verwaltungsangelegenheiten anwenden können. Wenn man die Wirkmächtigkeit westlicher Verwaltungskonzepte und -modelle in Asien beobachtet, und zwar bis zur Absicht, das New Public Management Neuseelands in der Mongolei einzuführen,[21] sieht man sich auf die moderne okzidentale Verwaltung zurückverwiesen. Im Falle Chinas geht es dabei sogar um eine okzidentale Gegenmoderne. Die Ansätze der Revitalisierung alter Verwaltungskultur sind überlappt durch das Festhalten an den Merkmalen einer Kaderverwaltung in öffentlichen Angelegenheiten. Eher scheinen die Zügel angezogen zu werden, wenn der Parteikontrolle über die Kader durch neue Gesetzgebung ein legaler Status gegeben wird.[22]

In den westlichen Weltregionen ist es die Europäische Union, die sich als Wertegemeinschaft versteht. Sie beruht auf gewissen Wertvorstellungen, die den Mitgliedstaaten gemeinsam sind. Die Eigenschaft der Europäischen Union, eine Wertegemeinschaft zu sein, ist in Verwaltungsangelegenheiten dadurch deutlich hervorgetreten, dass sich Länder aus Ost- und Südosteuropa um einen Beitritt beworben haben, die als postsozialistische Staaten das Erbe einer Kaderverwaltung zu tragen haben und so aus der Verwaltungskultur einer Gegenmoderne kommen. Entsprechend hat die Europäische Union klargestellt, dass alte Kader und deren Verhaltensmuster mit der Wertegemeinschaft einer europäischen Integration nicht vereinbar sind.[23] Die Beitrittskandidaten müssen ihre „Europa-Tauglichkeit" auch dadurch nachweisen, dass sie ihre Staatlichkeit an die Wertmaßstäbe des europäischen Verwaltungsraums anpassen.[24]

Gemeinsame Werte in der Europäischen Union sind jenseits der Gemeinsamkeiten in den Verfassungsgrundlagen der Mitgliedsstaaten Bestandteil eines „acquis communautaire". Die Charta der Grundrechte der Europäischen Union

---

[21] Vgl. König, Klaus/Adam, Markus, Neuer öffentlicher Managerialismus in der Transformationspolitik – der Fall der Mongolei, in: Eckart Schröter, Empirische Policy- und Verwaltungsforschung, Opladen 2001, S. 345 ff.

[22] Vgl. Chan, Hon S./Suizhou, Edward Li, Civil Service Law in the People's Republic of China: A Return to Cadre Personnel Management, in: Public Administration Review 2007, S. 383 ff.

[23] Vgl. Ziller, Jacques, EU-Integration and Civil Service Reform, in: OECD/SIGMA: Prepary Public Administrations for the European Administrative Space, SIGMA-Papers No. 23, Paris 1998, S. 156 ff.; Pfaff, Dieter, Die EU-Osterweiterung durch Rechtsangleichung: Wege zum acquis communautaire, in: Mahulena Hofmann/Herbert Küper (Hrsg.), Kontinuität und Neubeginn. Staat und Recht in Europa zu Beginn des 21. Jahrhunderts, Baden-Baden 2001, S. 542 f.

[24] Vgl. Speer, Benedikt, Die Europäische Union als Wertegemeinschaft: Wert- und rechtskonformes Verhalten als konditionierendes Element der Mitgliedschaft, in: Die Öffentliche Verwaltung 2001, S. 980 ff.; OECD/SIGMA (Hrsg.), Overcoming the Implementation Gap and Steering Reform, in: Public Management Forum 1998, Vol. IV (No. 4), S. 4 ff.

spricht von den Grundlagen gemeinsamer Werte. Dazu wird auf Renaissance und Humanismus, Reformation und Gegenreformation, Säkularisierung und Aufklärung, politische und industrielle Revolution verwiesen.[25] Freilich geht es bei den einschlägigen Werten um Orientierungen, die vielfach über Europa hinaus zumindest die westliche Welt bestimmen, nämlich Menschenrechte, pluralistische Demokratie, Rechtsstaatlichkeit, wie dann Grundrechte überhaupt. Von vornherein haben europäisches Gewicht: die wirtschaftlichen Grundfreiheiten, das Verbot der Diskriminierung wegen der Staatsangehörigkeit, das Recht auf gleiches Entgelt für Männer und Frauen.

Was die öffentliche Verwaltung unmittelbar angeht, so statuiert Artikel 41 der Charta der Grundrechte der Europäischen Union ein „Recht auf eine gute Verwaltung". Nach Absatz 1 dieses Artikels hat jede Person ein Recht darauf, dass ihre Angelegenheiten von den Organen und Einrichtungen der Union unparteiisch, gerecht und innerhalb einer angemessenen Frist behandelt werden. Absatz 2 nennt die Anhörungspflicht, das Recht auf Aktenzugang und die Begründungspflicht. In Absatz 3 wird ein Amtshaftungsanspruch nach den allgemeinen Rechtsgrundsätzen der mitgliedstaatlichen Rechtsordnung gewährt. Absatz 4 enthält die Garantie, sich in einer Sprache der Verträge an die Organe der Union zu wenden und eine Antwort in derselben Sprache zu erhalten.

Beim Recht auf eine gute Verwaltung kann man sich auf eine entsprechende Begrifflichkeit in der Rechtsprechung des Gerichtshofs der Europäischen Gemeinschaften und des Gerichts erster Instanz der Europäischen Gemeinschaften beziehen. Es ist vom Grundsatz oder den Grundsätzen der „ordnungsgemäßen Verwaltung", der „ordnungsgemäßen Verwaltungsführung", der „guten Verwaltung", der „guten Verwaltungsführung" die Rede. Diese Rechtsbildung in den Europäischen Gemeinschaften findet einen mitgliedstaatlichen Vorläufer in den Niederlanden und in Belgien. Mit den allgemeinen Grundsätzen ordnungsgemäßer Verwaltung geht es um einen Oberbegriff, unter den in beiden Staaten verschiedene geschriebene und ungeschriebene rechtlich verbindliche Maßstäbe zusammengefasst werden. Diese finden sich in gesetzlichen Regeln, in der Rechtsprechung und im Schrifttum. Die Verwaltung hat sie beim Vollzug zu beachten und ihre Einhaltung wird von den rechtsprechenden Organen überprüft.[26] Zu verweisen ist in diesem Zusammenhang noch auf den „Europäischen Kodex für gute Verwaltungspraxis" des Europäischen Bürgerbeauftragten, mit

---

[25] Vgl. Dorau, Christoph, Die Öffnung der Europäischen Union für europäische Staaten – „Europäisch" als Bedingung für einen EU-Beitritt nach Art. 49 EUV, in: Europarecht 1999, S. 745 f.

[26] Vgl. Bauer, Ralf, Das Recht auf eine gute Verwaltung im Europäischen Gemeinschaftsrecht, Frankfurt a. M. 2002, S. 12 ff., 21 ff., 115 ff.; Goerlich, Helmut, Good Governance und Gute Verwaltung, in: Die Öffentliche Verwaltung 2006, S. 313 ff.; Pfeffer, Kristin, Das Recht auf eine gute Verwaltung, Baden-Baden 2006.

dem genauer ausgeführt werden soll, was das Recht auf gute Verwaltung in der Praxis bedeutet.[27]

Man mag fragen, ob mit dem Recht auf gute Verwaltung Rechtsbindungen getroffen werden, die über die allgemeinen Rechtsgrundsätze öffentlichen Verfahrens hinausreichen, also Rechtsgrundsätze des rechtlichen Gehörs, der Begründungspflicht, des Vertrauensschutzes usw., wie sie in den westlichen Rechtsordnungen bekannt sind.[28] Für die europäische Verwaltungskultur geht es jedenfalls um einen Oberbegriff mit Orientierungsleistungen für Bürger und Verwaltung gleichermaßen. Das zeigt die Auseinandersetzung mit der „mal administration". Es gibt Missstände in der öffentlichen Verwaltung wie Unregelmäßigkeiten, Versäumnisse, Machtmissbrauch, Diskriminierung, Fairnessverstöße, die unter Umständen nicht justiziabel sind und dennoch Verbesserungen im Sinne einer ordnungsgemäßen Verwaltung herausfordern.

Bei allen relevanten Größen eines „acquis communautaire" in Verwaltungsangelegenheiten, wachsenden Konvergenzen nationaler Verwaltungsrechtsordnungen und Verwaltungspraktiken der Mitgliedstaaten im „European Administrative Space" darf man nicht übersehen, dass Europa durch zwei Grundtypen öffentlicher Verwaltung geprägt ist, früher das klassische Verwaltungssystem auf dem Kontinent und die Civic-Culture-Administration in Großbritannien, heute die legalistische Verwaltung diesseits und die managerialistische Verwaltung jenseits des Kanals.[29] In dem Maße, in dem sich Großbritannien von der alten Westminster-Verwaltung und der Administrative Class entfernt und die britische Verwaltung Organisations-, Prozess- und Personalstrukturen eines New Public Management internalisiert, entsteht die Verwaltungskultur eines ökonomisch bestimmten Managerialismus. Nun darf man in Europa keine zu strengen Gegensätze zeichnen. Großbritannien kennt Gesetzesrecht und setzt die Rechtsakte der Europäischen Gemeinschaften eher besser als mancher andere Mitgliedstaat um.[30] Auch auf dem Kontinent kommen Wirtschaftlichkeitsprinzipien eine herausragende Bedeutung zu und das, was man als Managementfunktionen bezeichnet, muss auch hier ausgefüllt werden. Aber es macht schon einen Unterschied, ob man mit dem Managerialismus Effizenz und Effektivität oder mit dem Legalismus Gesetz- und Rechtmäßigkeit als Leitwerte

---

[27] Vgl. Hill, Hermann, Verwaltungskommunikation und Verwaltungsverfahren unter europäischem Einfluss, in: Deutsches Verwaltungsblatt 2002, S. 1316 ff.
[28] Vgl. Bullinger, Martin, Das Recht auf eine gute Verwaltung nach der Grundrechtecharta der EU, in: Carl-Eugen Eberle u. a. (Hrsg.), Der Wandel des Staates vor den Herausforderungen der Gegenwart, München 2002, S. 25 ff.
[29] Vgl. König, Klaus, Verwaltungsstaat im Übergang – Transformation, Entwicklung, Modernisierung, Baden-Baden 1999, S. 45 ff.
[30] Vgl. Siedentopf, Heinrich/Ziller, Jacques (Hrsg.), Making European Policies Work: The Implementation of Community Legislation in the Member States, London u. a. 1988.

für die öffentliche Verwaltung einsetzt. So mag mancher Streitpunkt zwischen Großbritannien und dem Kontinent nicht nur die alltäglichen Konflikte, sondern eine unterschiedliche Rechts- und Verwaltungskultur widerspiegeln. Das wird nicht zuletzt aus den Schwierigkeiten Großbritanniens mit der Charta der Grundrechte der Europäischen Union deutlich.

Gerade Globalisierung und Europäisierung weisen indessen darauf hin, dass der national-territoriale Staat die vorrangige Identifikationseinheit der Verwaltungskultur ist. In der Europäischen Union gibt es zunächst einmal soviel Verwaltungskulturen wie Mitgliedstaaten.[31] Was in dem einen Land als Nepotismus kritisiert wird, mag in einem anderen noch als sozial erscheinen. Entsprechend berichten Beamte aus nördlichen Mitgliedsländern, dass ihre ersten Eindrücke in Brüssel zu einem Kulturschock geführt hätten, etwa angesichts der in ihren Augen chaotischen Organisation. Die Bedeutung der Hierarchie, des informatorischen Verhaltens, der Resultatorientierung usw. wird in nördlichen und in südlichen Einstellungen unterschiedlich bewertet.[32] Nicht zuletzt sind es die Werte des eingeschliffenen politischen und Regierungssystems, die die Verwaltung jeweils prägen.[33] Hinzu kommt der kulturelle Kontext territorialstaatlich umgrenzter Gesellschaften.[34] Da der Nationalstaat nach wie vor der erste Akteur in öffentlichen Angelegenheiten ist, sind auch die in seinem Bezugsrahmen geltenden Ideen, Grundannahmen, Meinungen, Einstellungen vorzüglicher Beobachtungsgegenstand im Hinblick auf die Verwaltungskultur, und zwar bis hin zu dem Versuch, die nationalstaatliche Verwaltung auf einen kulturellen Nenner zu bringen, also für Schweden Kontaktkultur, für Großbritannien Verhandlungskultur, für Deutschland Regelungskultur.

Davor steht die Beobachtung kultureller Teilphänomene, also für die Entwicklung staatlicher Programme im Falle Schwedens die umfangreiche Beteiligung, die Zusammenarbeit der Akteure, die Offenheit und Übersichtlichkeit der Sachpolitiken, die langfristige Betrachtung der Politik, Konsens und Vertrauen, zusammen die „kooperative Kontaktkultur", im Falle Großbritanniens die begrenzte und fragmentierte Wahrnehmung der Programme, die Unübersichtlichkeit der Sachpolitiken, die Abschottung und zugleich in diesem Rahmen Flexibilisierung, der Inkrementalismus von Ad hoc-Anpassungen, Konflikt und Ver-

---

[31] Vgl. Thedieck, Franz (Hrsg.), Foundations auf Administrative Culture in Europe, Baden-Baden 2007; ferner Schreckenberger, Waldemar, Staat und öffentliche Kultur, in: Arthur Benz u. a., Institutionenwandel in Regierung und Verwaltung, Berlin 2004, S. 167 ff.

[32] Vgl. Jann, Werner, Verwaltungskulturen im internationalen Vergleich – Ein Überblick über den Stand der empirischen Forschung, in: Die Verwaltung 2000, S. 327 ff.

[33] Vgl. Rohr, John A., Regime Values, in: Jay M. Shafritz, Defining Public Administration, Boulder 2000, S. 420 f.

[34] Vgl. Jreisat, Jamil E., Comparative Public Administration and Policy, Boulder 2002, S. 57 ff.

trauen, zusammen die „flexible Verhandlungskultur", im Falle Deutschlands die Fragmentierung der Sachpolitiken, eine erhebliche Detailliertheit, Kompliziertheit und Unüberschaubarkeit, die geregelte Koordination, formalisierte Beziehungen der Akteure, die rechtliche Orientierung, Immobilismus, Konflikt und Misstrauen, zusammen die „formalisierte Regelungskultur".[35]

Nationale Verwaltungskulturen relativieren sich in Raum und Zeit. Sieht man auf die räumliche Reichweite, so gibt es mit dem Kolonialismus eine Ausweitung nationaler Verwaltungskultur in andere Länder und Weltregionen. Heute ist Frankreich das herausragende Beispiel, indem versucht wird, mit der Frankophonie eine Ideen- und Wertegemeinschaft zu schaffen. Man betont die Bedeutung des Staates für den Zugang zu gleichen öffentlichen Leistungen, für die Gewährleistung des Gemeinwohls, für die gute Verwaltung: Durchsichtigkeit, Verantwortung, Solidität des Finanzgebarens, Aufstieg der Führungskräfte nach Leistung. Die Frankophonen hätten als Gemeinschaft von Menschen danach zu trachten, ein Gleichgewicht zu finden zwischen Entwicklung der Welt und Achtung der Kultur wie der Grundwerte von Freiheit, Gleichheit, Brüderlichkeit, die nicht einer Marktideologie geopfert werden dürften. Akzentuiert wird der Rechtsstaat und die „administration de droit". Die Frankophonie als Sprachgemeinschaft wird in der Einheit von Werten und Worten auf eine Terminologie verpflichtet: „sens de l'Etat", „volonté générale", „service publique", „fonction publique". Damit soll nicht zuletzt eine begriffliche Abgrenzung der Rechts- und Verwaltungskultur gegenüber einem globalen Vordringen des angloamerikanischen Management- und Verwaltungskonzepts und der englischen Sprache als Lingua franca in Staatsangelegenheiten erreicht werden.[36]

Mit dem Französischen ist bereits auf kulturelle Unterschiede unterhalb der nationalstaatlichen Verwaltung verwiesen. Mit den verschiedenen Sprachen in den schweizer Kantonen werden auch bestimmte Grundeinstellungen und Grundmeinungen des Verwaltungslebens transportiert, so in der frankophonen Schweiz der französische Einfluss. Auch in Deutschland gibt es traditionelle Unterschiede, etwa zwischen Preußen und Bayern in der Kommunalverwaltung,[37] zwischen Preußen und Südwestdeutschland im Rechtsschutz.[38] Jeden-

---

[35] Vgl. Jann, Werner, Staatliche Programme und „Verwaltungskultur": Bekämpfung des Drogenmissbrauchs und der Jugendarbeitslosigkeit in Schweden, Großbritannien und der Bundesrepublik Deutschland im Vergleich, Opladen 1983, S. 506 ff.

[36] Vgl. Heyen, Erk Volkmar, Kultur und Identität in der europäischen Verwaltungsrechtsvergleichung – mit Blick auf Frankreich und Schweden, Berlin 2000, S. 20 ff.

[37] Vgl. Unruh, Georg-Christoph von, Die Veränderungen der preußischen Staatsverfassung durch Sozial- und Verwaltungsreformen, in: Kurt G. A. Jeserich u. a. (Hrsg.), Deutsche Verwaltungsgeschichte, Band 2, Vom Reichsdeputationshauptschluss bis zur Auflösung des Deutschen Bundes, Stuttgart 1983, S. 406; Wolter, Udo, Freiherr vom Stein und Graf Montgelas: Zwei Modelle der gemeindlichen Verwaltungsreform am Beginn des 19. Jahrhunderts, in: Bayerische Verwaltungsblätter 1993, S. 642.

falls kann der Nationalstaat nicht in jedem Fall als Bezugsgröße einer einheitlichen Verwaltungskultur angenommen werden. Insbesondere Grenzverschiebungen wie etwa im Elsass zwischen Deutschland und Frankreich führen nicht unmittelbar auch zum Wechsel der Verwaltungskultur.[39]

Eine bemerkenswerte Binnendifferenzierung der Verwaltungskultur wurde in Deutschland nach dem Zusammenbruch des realen Sozialismus und der Wiedervereinigung konstatiert. Es wurde eine Differenz der Mentalitäten, Einstellungen, Werte zwischen den übernommenen ostdeutschen Mitarbeitern des Staatsapparates und den westdeutschen Beamten konstatiert. Man spricht von einem „Kulturbruch". Als Merkmale werden bei den alten Kadern genannt: Ausrichtung auf eine hierarchische Weisungskultur, Kollektivorientierung in den innerorganisatorischen Beziehungen, Tendenz zur Vernachlässigung des vorgegebenen rechtlichen Rahmens, negative Einschätzung des administrativen Aufwands – zum Beispiel Aktenführung –, Bevorzugung von gemütlicher Kooperation statt belastender Konkurrenz, Bürgernähe und Bürgerfreundlichkeit usw. Solche Meinungen und Einstellungen werden freilich als von einer Abgrenzungskultur überlappt angesehen.[40] Das gemeinsame Arbeitsleben mit den aus Westdeutschland stammenden Beamten, insbesondere Vorgesetzten habe ein Abgrenzungsbedürfnis entstehen lassen. Für die Selbstbeschreibung der ehemaligen Kader wird ein positives Bild des flexiblen und unbürokratischen Verwalters gezeichnet, der sich im Umgang mit den Bürgern wie mit den Kollegen mehr Menschlichkeit bewahrt. Wie man auch immer alte Einstellungen und Abgrenzungsmeinungen gewichtet, es schien sich etwas wie eine „Sonderkultur" aufgebaut zu haben.

Geht man auf die Ebene der Lokalverwaltung herab, dann fallen Fragen nach der allgemeinen Verwaltungskultur mit denen nach der Organisationskultur zusammen, nämlich nach der spezifischen Kultur in einer Stadtverwaltung oder einer Kreisverwaltung. Allerdings sind die Übergänge fließend. Man kann nicht die scharfen Grenzen ziehen, wie sie in privatwirtschaftlichen Organisationen gezogen werden, in denen man eine jeweilige Unternehmenskultur zu pflegen versucht. Auch lokale Verwaltungsorganisationen sind kulturell von den Werten und Wertungen der Verwaltung in einer Region abhängig, und Regionalverwaltungen stehen im Kontext der nationalen Verwaltungskultur. So reicht ein Vergleich der Einstellungen, Mentalitäten, Grundmeinungen zwischen

---

[38] Vgl. König, Klaus, Der Begriff des Rechtsschutzes und die öffentliche Verwaltung, in: A. Ülki Azrak u. a., Studien über Recht und Verwaltung, Köln u. a. 1967, S. 59 ff.

[39] Vgl. Fisch, Stefan, Verwaltungskulturen – geronnene Geschichte?, in: Die Verwaltung 2000, S. 321.

[40] Vgl. Rogas, Karsten, Ostdeutsche Verwaltungskultur im Wandel. Selbstbilder von Kommunalverwaltern 1992 und 1996 im Vergleich, Opladen 2000.

deutschen und französischen Gemeindeverwaltungen und unteren staatlichen Verwaltungsbehörden zu Toleranz, Formalität, Arbeitsethos, Pflichtgefühl im öffentlichen Dienst über die jeweiligen behördlichen Untersuchungseinheiten hinaus.[41]

Das schließt es nicht aus, der „Bürokultur" in einem Rathaus nachzugehen.[42] Für den Kontext von Wertvorstellungen, Denkweisen, Verhaltensmustern auf Organisationsebene sind vielfältige konstitutive Faktoren zu nennen: Das beginnt mit der jeweiligen öffentlichen Aufgabe. Ministerien, die vor allem mit der Pflege eines traditionellen öffentlichen Gutes betraut sind – etwa ein Justizministerium – werden auch einen anderen „Geist" atmen, als Ministerien – etwa ein Umweltministerium –, die ständig mit neuen Risiken und Problemen konfrontiert sind. Weiter sind die Formen der Arbeitsteilung für die Mentalität in Behörden prägend: hochgebaute oder abgeflachte Hierarchien, Gruppenarbeit oder Einzelsachbearbeitung – Regionalplanungsorganisationen bzw. Finanzämter – usw. Grundlegend für die Organisationskultur ist nicht zuletzt die jeweilige Klientel. Die Bezugsgruppen eines Jugendamtes und die eines Katasteramtes nehmen jeweils unterschiedlichen Einfluss auf die Grundannahmen und Einstellungen in den jeweiligen Behörden. So ist auch zu verstehen, dass Fusionen von Organisationen, Wirtschaftsunternehmen wie öffentlichen Verwaltungen, das Feld kulturellen Nachdenkens sind. Im Organisationsalltag ist Kultur das Selbstverständliche, in dem man ohne große Reflexion leben kann. Werden indessen Organisationen zusammengeschlossen, etwa Einrichtungen des Strahlenschutzes im Gesundheitswesen, im Arbeitsschutz, in der Energieversorgung zu einem Strahlenschutzamt, werden nicht nur die mentalen Unterschiede in der Binnenorganisation, sondern auch die kulturellen Prägungen durch das soziale Umfeld deutlich.

Für die Unternehmenskultur werden weitere Größen wie Architektur, Ausstattung von Räumen, Gestaltung von Symbolen, Kleiderordnung, Sprache, Umgangsformen usw. als kulturstiftend genannt.[43] In Staat und Verwaltung hat

---

[41] Vgl. Thedieck, Franz, Verwaltungskultur in Frankreich und Deutschland: dargestellt am Beispiel von französischen und deutschen Gemeindeverwaltungen und unteren staatlichen Verwaltungsbehörden, Baden-Baden 1992.

[42] Vgl. Bosetzky, Horst/Heinrich, Peter, Erfassung von Bürokultur, in: Publikationen der Fachhochschule für Verwaltung und Rechtspflege 62, Berlin 1988.

[43] Vgl. Schein, Edgar Hans, Unternehmenskultur: Ein Handbuch für Führungskräfte, Frankfurt a. M. u. a. 1995, S. 183 ff.; ferner Dill, Peter/Hügler, Gert, Unternehmenskultur und Führung betriebswirtschaftlicher Organisationen – Ansatzpunkte für ein kulturbewusstes Management, in: Edmund Heinen (Hrsg.), Unternehmenskultur. Perspektiven für Wissenschaft und Praxis, München/Wien 1997, S. 181 ff.; Osterloh, Margit, Methodische Probleme einer empirischen Erforschung von Organisationskulturen, in: Eberhard Dülfer (Hrsg.), Organisationskultur, 2. Aufl., Stuttgart 1991, S. 174 ff.; Hinterhuber, Hans H./Winter, Lothar G., Unternehmenskultur und Corporate Identity, in: Eberhard Dülfer (Hrsg.), Organisationskultur, 2. Aufl., Stuttgart 1991, S. 194.

die Geschichte manches flach geschliffen, was in traditionsreichen Industrieunternehmen noch nachwirken mag. Dass Dienstgebäude mentalitätsprägend sind, lässt sich noch am ehesten an symbolbehafteten Gebäuden wie dem Weißen Haus, dem Sitz des US-amerikanischen Präsidenten, belegen. Umgekehrt gewinnt man freilich den Eindruck, dass sich die Schäbigkeit der Raumausstattung, in der mancher Beamte sein Arbeitsleben verbringt, wie ein Grauschleier über die Einstellungen in solchen Verwaltungen legt. Verhaltensprägend sind auch die modernen Informations- und Kommunikationstechniken, wie sie in die öffentliche Verwaltung eingezogen sind. Hinter dem äußeren Umgang mit diesen Sozialtechnologien lassen sich oft bestimmte Rituale des Arbeitsprozesses entdecken.

Innerhalb der Organisationskultur werden drei Subkulturen unterschieden: eine Kultur der Leitenden, eine Kultur der Spezialisten und eine Kultur der nachgeordneten Mitarbeiter.[44] Für die Leistungsfähigkeit der öffentlichen Verwaltung scheint in der „Kultur der Führung und Zusammenarbeit" in Behörden eine Schlüsselgröße zu liegen.[45] Entsprechend wird in der Veränderung dieser Kultur ein beachtliches Entwicklungspotential für die Organisation gesehen. Damit stellt sich ein Problem der zeitlichen Dimension der Verwaltungskultur, und zwar vor der Frage nach dem gesellschaftlich bedingten Wertewandel und seinen Folgen für die öffentliche Verwaltung. Zu erwägen ist, ob es eine intendierte und geplante Veränderung von Wertvorstellungen, Denkmustern, Verhaltensweisen gibt.[46] Das Interesse an der Unternehmenskultur in der Privatwirtschaft ist nicht zuletzt darin begründet, dass man in ihr das strategische Moment für die Unternehmensentwicklung sieht, gleichsam den „Autopiloten" für die implizite Beeinflussung des Mitarbeiterverhaltens, das man dann für den Unternehmenserfolg auf eine Kultur der Kundenorientierung oder der Mitarbeiterorientierung oder der Innovationsorientierung oder der Qualitätsorientierung usw. einstellen kann.[47]

---

[44] Vgl. Schein, Edgar H., Three Cultures of Management: The Key to Organizational Learning, in: MIT Sloan Management Review 1996, S. 9 ff.

[45] Vgl. Fisch, Rudolf, Organisationskultur von Behörden, in: Klaus König (Hrsg.), Deutsche Verwaltung an der Wende zum 21. Jahrhundert, Baden-Baden 2002, S. 449 ff.

[46] Vgl. Fisch, Rudolf, Organisationskultur von Behörden, in: Klaus König (Hrsg.), Deutsche Verwaltung an der Wende zum 21. Jahrhundert, Baden-Baden 2002, S. 449 ff.

[47] Vgl. Bleicher, Knut, Unternehmenskultur, in: Gablers Wirtschaftslexikon, 15. Aufl., Wiesbaden 2000, S. 3167 f.

II. Prinzipien wohlgegründeter Verwaltung

1. Operationalisierung von Werten

Das zunehmende Interesse an Fragen der Verwaltungskultur ist zum einen in der Globalisierung und Europäisierung, zum anderen in Bewegungen der Verwaltungsmodernisierung begründet. Verwaltungskultur wird im letzteren Fall zu einem Faktor der Veränderung.[48] Dabei können Organisationswandel und Kulturwandel zusammengehalten sein. Es kann aber auch geprüft werden, ob ein Orientierungswandel in der öffentlichen Verwaltung auch ohne Institutionenwandel möglich ist.[49] Die aufgeworfenen Probleme haben substantiellen wie prozessualen Charakter. So werden Behördenprofile mit unterschiedlicher Wertbindung vorgestellt: Bürgerorientierung gegen Organisationsorientierung, Zusammenarbeit gegen Individualaktion, Offenheit gegenüber Veränderungen gegen Festhalten am Status Quo, Wettbewerb gegen Monopolismus, Ausrichtung an Einkünften gegen Budgetbindung, Ergebnisorientierung gegen Verfahrensorientierung usw.[50] Prozessual werden Kategorien des „Change Management" und der „lernenden Organisation" ins Spiel gebracht.[51] Mit dem organisationalen Lernen verbindet sich die Frage, ob unter Lernen in Organisationen lediglich das Lernen von Individuen zu verstehen ist oder ob Organisationen durch Rückkopplungen, reflexive Zusammenhänge, Führungseinflüsse auch als Ganzes lernen können. „Change Management" bezieht sich über Denk- und Verhaltensgewohnheiten hinaus auf Institutionen und Sozialtechnologien einer Organisation. Auch zur öffentlichen Verwaltung werden Konzepte vorgelegt, wie man etwa im Kontext der Reformbewegung des New Public Management Änderungsprozesse anlegen kann.[52]

Zur Gestaltbarkeit der Organisationskultur kann man zwei Positionen beziehen: einen kulturalistischen Ansatz, nach dem in die Unternehmenskultur nicht einfach eingegriffen werden kann, vielleicht nicht einmal darf,[53] und einen funktionalistischen Ansatz, nach dem die Unternehmenskultur gezielt verändert

---

[48] Vgl. Jann, Werner, Verwaltungskultur, in: Klaus König (Hrsg.), Deutsche Verwaltung an der Wende zum 21. Jahrhundert, Baden-Baden 2002, S. 425 ff.

[49] Vgl. Holtmann, Everhard, Verwaltungsstrukturen und Bürgerorientierung, in: Winfried Kluth (Hrsg.), Verwaltungskultur, Baden-Baden 2001, S. 57 ff.

[50] Vgl. Kernaghan, Kenneth, The post-bureaucratic organization and public service values, in: International Review of Administrative Sciences 2000, S. 51 ff.

[51] Vgl. Schridde, Henning, Verwaltungskultur, Change Management und lernende Organisation, in: Bernhard Blanke u. a., Handbuch zur Verwaltungsreform, 3. Aufl., Wiesbaden 2005, S. 216 ff.

[52] Vgl. Nolte, Rüdiger, Change Management in der öffentlichen Verwaltung, in: Verwaltungsarchiv 2005, S. 243 ff.

[53] Vgl. Schreyögg, Georg, Kann und darf man Unternehmenskulturen ändern?, in: Eberhard Dülfer (Hrsg.), Organisationskultur, 2. Aufl., Stuttgart 1991, S. 201 ff.

werden kann und dies als wichtiges Mittel der Unternehmensführung anzusehen ist.[54] Schaut man über die Behördenkultur hinaus auf die Verwaltungskultur schlechthin, so erscheinen gestaltende Interventionen eher zweifelhaft.[55] Zumindest für die internationale Zusammenarbeit der Entwicklungs- und Transformationspolitik ist heute anerkannt, dass man auf kulturelle Größen vor Ort in Entwicklungs- und Transformationsländern kaum von außen zugreifen kann. Verwaltungskultur gleichsam wie Haushaltsgebaren zu behandeln und wie bei der Finanzplanung zu helfen, hier nunmehr „mental programms" zu propagieren, bewegt sich jenseits des Gestaltbaren.[56]

Aber auch aus der Tradition einer Gesellschaft heraus verschüttete Werte des Verwaltungshandelns zu revitalisieren, erscheint nicht unproblematisch. So wird für die indische Verwaltung eine Spiritualisierung und Moralisierung vorgeschlagen: Man soll sich auf das Gesetz von „Karma" besinnen, nachdem jede intendierte Handlung Konsequenzen in ihrem Sog hinterlässt. „Dharma" soll dann der Verwaltung den rechten Weg weisen. Es sind die Weisheiten alter Schriften, die die Wegweisungen enthalten sollen.[57] In der säkularisierten Welt der Industrieländer war es der Marxismus-Leninismus, der es unternommen hatte, Gesellschaft, Wirtschaft, Staat und damit seine Kaderverwaltung – bis hin zur Vorbildfunktion von Kadern – einer allgemeinen, nämlich der sozialistischen Moral zu unterstellen.[58] Diese Moralisierung erwies sich als eine Ideologie, der auch in der Verwaltung die Tatsachen wegliefen.

Bemerkenswert sind in diesem Zusammenhang die kulturellen Implikationen, die mit der Modernisierung der öffentlichen Verwaltung nach Maßgabe eines Neuen Öffentlichen Managements verbunden sind. Für Großbritannien – ein Kernland der ökonomischen Managerialisierung – wird ein umfassender Kulturwandel in Anspruch genommen. Traditionen seien gebrochen, Denkstile und Verhaltensweisen geändert worden.[59] Wenn man die neue offizielle

---

[54] Vgl. Frost, Peter J. u. a. (Hrsg.), Reframing Organizational Culture, Newburg Park 1991; Steinmann, Horst/Schreyögg, Georg, Management: Grundlagen der Unternehmensführung, 5. Aufl., Wiesbaden 2002.

[55] Vgl. Fisch, Stefan, Verwaltungskulturen – geronnene Geschichte?, in: Die Verwaltung 2000, S. 313 ff.

[56] Vgl. König, Klaus, Institutionelle Aspekte der Modernisierung – die Sphäre der öffentlichen Verwaltung, in: Hermann Hill (Hrsg.), Modernisierung – Prozess oder Entwicklungsstrategie, Frankfurt a. M./New York 2001, S. 233 ff.

[57] Vgl. Dwivedi, O. P., Administrative Theology. Dharma of Public Officials, in: The Indian Journal of Public Administration, 1990, S. 406 ff.

[58] Vgl. Institut für Theorie des Staates und des Rechts der Akademie der Wissenschaften der DDR (Hrsg.), Marxistisch-leninistische Staats- und Rechtstheorie, 2. Aufl., Berlin (Ost) 1975; ferner Glaeßner, Gert-Joachim, Herrschaft durch Kader: Leitung der Gesellschaft und Kaderpolitik in der DDR, Opladen 1977.

[59] Vgl. Ridley, Frederick, Die Wiedererfindung des Staates – Reinventing British Government, in: Die Öffentliche Verwaltung 1995, S. 570 ff.

Sprachregelung – Unternehmer, Manager, Kunde, Konkurrenz, „value for money" usw. – mit der der alten Westminster-Administration und ihrer Administrative Class vergleicht, möchte man in der Tat von einer „Kulturrevolution" sprechen. Allerdings wurde die britische Verwaltung vor ihrer Managerialisierung bereits als „flexible Verhandlungskultur" bezeichnet.[60] Zu den herausragenden Protagonisten des New Public Management gehören auch nordeuropäische Länder. Hier sind Sozialtechnologien und Institutionen eines ökonomischen Managerialismus mit reformatorischem Nachdruck eingeführt worden. Was den korrespondierenden Kulturwandel anlangt, so ist insbesondere Dänemark aufgefallen, weil die OECD die ökonomische Fundierung des dortigen Managementmodells kritisiert hat. Die dänische Antwort lautete, dass Kontrakte vor allem eine neue, effektive Form des Dialogs und der Verhandlung seien; eine verbesserte Form rigider Kontrolle sei mit Kontrakten nicht intendiert: „Governance by contact rather than governance by contract".[61]

Entsprechend wird eher eine Kontaktsteuerung denn eine Kontraktsteuerung in Schweden beobachtet. Vertrauensbildung, weniger Regelungsbindung oder Vertragsbindung bestimmen die Verwaltungsbeziehungen. Verweist man auf die Charakterisierung der vor-managerialistischen Verwaltung Schwedens als „kooperative Kontaktkultur" hin, dann wird man konstatieren müssen, dass die neue Verwaltungskultur in weiten Teilen die alte ist.[62] Im deutschen Falle kann man in bestimmten Bereichen von Kommunalverwaltung und Kommunalwirtschaft, auch im nachgeordneten Bereich von Ministerien, insbesondere in technischen Behörden Sprachgepflogenheiten eines ökonomischen Managerialismus beobachten. Ob es dadurch zu einer Umwertung der Werte gekommen, eine neue Verwaltungskultur entstanden ist, mag man bezweifeln. Für die Kommunalwirtschaft – von Sparkasse über den Verkehrsbetrieb bis hin zur Messegesellschaft – gilt schon immer, dass zuerst einmal in Geldgrößen zu rechnen ist und das Recht eher als Rahmenbedingung begriffen wird. Für die Kernverwaltung öffentlicher Interessen, öffentlicher Aufgaben, öffentlicher Güter im strengeren Sinne ist die deutsche Verwaltung bei der legalistischen Verwaltungskultur geblieben. Es ist nicht zu beobachten, dass die Leitwerte der Bin-

---

[60] Vgl. Jann, Werner, Staatliche Programme und „Verwaltungskultur": Bekämpfung des Drogenmissbrauchs und der Jugendarbeitslosigkeit in Schweden, Großbritannien und der Bundesrepublik Deutschland im Vergleich, Opladen 1983, S. 515.

[61] Vgl. Greve, Carsten/Jensen, Lotte, Central government reforms and best practice: the Case of Denmark, in: Werner Jann/Christoph Reichard (Hrsg.), Central State Government reform: An International Survey, Washington, D. C. 2000; Greve, Carsten, Exploring Contracts as Reinvented Institutions in the Danish Public Sector, in: Public Administration 2000, S. 153 ff.

[62] Vgl. Jann, Werner, Verwaltungskulturen im internationalen Vergleich – Ein Überblick über den Stand der empirischen Forschung, in: Die Verwaltung 2000, S. 347 ff.

dung an Gesetz und Recht prinzipiell durch die Leitwerte der Bindung an Effizienz und Effektivität ausgetauscht worden sind.

Das macht es auch zweifelhaft, ob man von einem „Reformmanagement" als „verwaltungskulturellen Änderungsprozess" sprechen kann.[63] Kulturwandel als Reformziel lässt sich wohl kaum durch „mental programms" einer intendierten und geplanten Modernisierung durchsetzen, jedenfalls im über Einzelbehörden hinausgreifenden Maßstab der Verwaltungskultur. Eher ist es die Modernisierung von Institutionen und Sozialtechnologien öffentlicher Verwaltung, die dann auch mittelbar eine Veränderung der Wertorientierungen, Denkweisen, Einstellungen angesichts neuer Gegebenheiten auslöst. Anders mag die Frage zu beantworten sein, ob man im begrenzten Rahmen, insbesondere also auf der Ebene bestimmter Organisationen, Unternehmen, hier Verwaltungsbehörden eine reformatorisch intendierte, direkte Beeinflussung kultureller Faktoren vornehmen kann. Verwiesen wird etwa auf die langjährigen Bemühungen in Baden-Württemberg, einen „kooperativen Führungsstil" in Landesbehörden einzuführen.[64]

Unter den jüngeren Reformbewegungen ist insoweit auf das Unterfangen zu verweisen, mit dem versucht wird, Leitbilder für die öffentliche Verwaltung als Instrumente der Modernisierung zu entwickeln.[65] Man schließt sich an die Praxis der Privatwirtschaft an, in der Unternehmen ihre Grundsätze, Politiken, Ziel- und Wertvorstellungen, Aufgaben, Leistungen, Grundsätze der Führung, Zusammenarbeit, Personalentwicklung und die Beziehungen zur Umwelt, insbesondere zu den Kunden formulieren. Unternehmensleitbilder sind multifunktional im Hinblick auf Orientierungs-, Motivations-, Legitimationsleistungen.[66] Für den öffentlichen Sektor findet man die Definition, nach der ein Leitbild die Aufgaben und die Ausgangssituation einer Behörde, ihre Ziele und Verfahrensschritte zusammenfasse, der Festlegung von Leitlinien, Zielen, Verfahrensschritten und Zeitrahmen diene und sich an Mitarbeiter, Bürger und alle richte, mit denen die Behörde Beziehungen unterhalte. Zu den Zwecken eines Leitbil-

---

[63] Vgl. Wallerath, Maximilian, Reformmanagement als verwaltungskultureller Änderungsprozess, in: Winfried Kluth (Hrsg.), Verwaltungskultur, Baden-Baden 2001, S. 9 ff.; ders., Die Änderung der Verwaltungskultur als Reformziel, in: Die Verwaltung 2000, S. 351 ff.

[64] Vgl. Fisch, Rudolf, Organisationskultur von Behörden, in: Klaus König (Hrsg.), Deutsche Verwaltung an der Wende zum 21. Jahrhundert, Baden-Baden 2002, S. 449 ff.

[65] Vgl. Behrens, Fritz/Stöbe, Sybille, Die Entwicklung von Leitbildern – Ein Instrument der Verwaltungsmodernisierung?, in: Verwaltung und Management 1995, S. 29 ff.; Frank, Martin/Bucher, Michael, Mit einem Leitbild zu neuen Wegen in der Finanzkontrolle – Ein Erfahrungsbericht aus dem Rechnungshof Baden-Württemberg, in: Verwaltung und Management 2000, S. 7 ff.

[66] Vgl. Bleicher, Knut, Leitbilder. Orientierungsrahmen für eine integrative Management-Philosophie, 2. Aufl., Stuttgart u. a. 1994.

des wird insbesondere auch gezählt, dass es die Verwaltungskultur weiterentwickeln solle. Entsprechend sollen Aussagen zur Ergebnisqualität, zur Organisationsflexibilität, zur Prozessbeschleunigung, zur kollegialen Zusammenarbeit, zur Mitarbeiterförderung usw. enthalten sein. Zum Beispiel nennt das deutsche Kraftfahr-Bundesamt fachliche und soziale Kompetenz, freundliches und partnerorientiertes Handeln, kostengünstige Dienstleistungen, kurze Durchlaufzeiten und fehlerfreie Arbeit als Leistungsprofil.

Solche Leitbildaussagen – in der Privatwirtschaft auch als Unternehmensgrundsätze bezeichnet – verweisen auf eine übliche Methode, Wertprobleme in öffentlichen Verwaltungen einer Lösung zuzuführen. Werte bedeuten für eine moderne Verwaltung eine höchst schwierige Orientierung. Sie führen anders als Recht oder Geld nicht zu strengen Alternativen der Annahme oder Ablehnung einer Handlungsalternative. Die Bindung, die sie bieten, ist schwach ausgeprägt.[67] Werte bleiben umstritten, unbestimmt, vielschichtig, kontextbezogen. Sie stehen in mannigfaltigen Beziehungen zueinander.[68] Es kann ihnen eine gewisse Ordnung zugrundeliegen, manifestiert etwa in einer Verfassung. Jedoch lassen sie sich nicht in die Transitivität einer vollständigen Wertordnung bringen, die die Möglichkeit einzig-richtiger Entscheidungen sichert.[69] Dennoch braucht der Mensch zu seiner Entlastung Werte, und Werte bilden die gemeinsame Basis für die Kommunikation in Gesellschaft und sozialer Organisation.

2. Prinzipien als Wertabwägungen

Angesichts der Spanne zwischen Werten einerseits und Entscheidungen über Organisationen, Verfahren, Personal wie Umweltbeziehungen öffentlicher Verwaltung andererseits hat sich eine Zwischenschicht der wertgebundenen Orientierung entwickelt, die als Verwaltungs- und dann auch Staatsprinzipien bezeichnet werden kann. Organisations-, Prozess-, Personalprinzipien sind noch keine operationalen Entscheidungen über den Verwaltungsaufbau oder das Verwaltungsverfahren oder den Verwaltungsdienst, sei es in Form von Vorschriften, Erlassen, Absprachen oder anders. Prinzipien bedürfen weiterer Konkretisierung. Sie sind eine Zwischenschicht von Handlungsmaximen, die zwischen Werten und Entscheidungen vermittelt. Sie sind bereits das Ergebnis ge-

---

[67] Vgl. Baraldi, Claudio u. a., GLU – Glossar zu Niklas Luhmanns Theorie sozialer Systeme, 2. Aufl., Frankfurt a. M. 1992; Luhmann, Niklas, Die Gesellschaft der Gesellschaft, Frankfurt a. M. 1997, S. 340 ff.

[68] Vgl. Hillmann, Karl-Heinz, Soziale Werte, in: Gerd Reinhold (Hrsg.), Soziologie-Lexikon, 3. Aufl., München/Wien 1997, S. 693 ff.

[69] Vgl. Luhmann, Niklas, Zweckbegriff und Systemrationalität, 6. Aufl., Frankfurt a. M. 1999, S. 22 ff.

wisser Wertabwägungen, hinter die nicht zurückgegriffen werden muss. Sie geben Organisations-, Verfahrens-, Personalentscheidungen in ihrer Werthaltigkeit eine grundsätzliche Richtung, ohne dass die mit ihnen schon getroffenen Wertungen nochmals voll nachvollzogen werden müssen.[70]

Die jeweilige Geschichte eines Landes pflegt je eigene Verwaltungs- und verwaltungsrelevante Staatsprinzipien aufzuweisen. Bemerkenswertes Anschauungsmaterial bietet die jüngste Verwaltungsgeschichte der Vereinigten Staaten, und zwar wegen ihrer Verwurzelung im wissenschaftlichen Management. Aus rationalistischer Sicht werden Prinzipien propagiert wie „Unity of command" – jeder Mitarbeiter erhält Anweisungen nur von einem Vorgesetzten –, „Scalar principle" – von der Spitze bis zur Basis gibt es eine Stufenleiter der Weisungen, die Weisungskette einer organisierten Pyramide –, „Span of control" – es gibt eine begrenzte Zahl von Untergebenen, die ein Vorgesetzter beaufsichtigen kann, und entsprechend ist die jeweils optimale Anzahl zu suchen –, Prinzip der „Centralization" – Verwaltungen sind von oben nach unten zu steuern, also hierarchisch zu organisieren –, Prinzip der „Responsibility" – wo Autorität besteht soll auch Verantwortlichkeit verankert sein –.[71]

Zu einem frühen Zeitpunkt fanden in den Vereinigten Staaten die Prinzipien der Spezialisierung Aufmerksamkeit. Die Arbeitsteilung wurde als Grund für die Organisation schlechthin bezeichnet, und Arbeitsteilung würde den Bedarf für Koordination begründen. Das Prinzip der Arbeitsteilung wurde im Taylorismus verfeinert. Nach einem Prinzip der Homogenität sollen ähnliche Aktivitäten in derselben Einheit zusammengefasst werden, und zwar nach Referenzen wie Aufgaben, Verfahren, Klientel, Ort.[72] Später wurden diese Prinzipien durch das Stabsprinzip ergänzt, das aus der Militärorganisation übernommen wurde. Stäbe sollen Verwaltungsarbeit für die entscheidenden Instanzen erfüllen, vor allem Planung und Koordination, ohne selbst Weisungsbefugnisse zu haben.[73]

Der US-amerikanischen Verwaltungskultur, dem starken Verständnis des Verwaltungshandelns als „business" entspricht es, dass erst an folgenden Stellen das „Principle of rules" und daneben das „Principle of administrative discretion" genannt werden. Der Beamte ist an Regeln gebunden und diese begrenzen die bürokratische Macht. In diesem Rahmen übt er sein Ermessen aus. Das

---

[70] Vgl. König, Michael, Kodifikation des Landesorganisationsrechts, dargestellt am Beispiel Thüringen, Baden-Baden 2000, S. 50 f.

[71] Vgl. Fayol, Henry, General and Industrial Management, New York 1937; Gulick, Luther, Notes on the Theory of Organization, in: ders./Lyndal F. Urwick, Papers on the Science of Public Administration, New York 1937, S. 6 ff.

[72] Vgl. Gulick, Luther, Notes on the Theory of Organization, in: ders./Lyndal F. Urwick, Papers on the Science of Public Administration, New York 1937, S. 15 ff.

[73] Vgl. Morstein Marx, Fritz, Stabsorganisation im Großbetrieb: Amerikanische Ausgangspunkte, in: Zeitschrift für betriebswirtschaftliche Forschung 1965, S. 529 ff.

Problem bleibt, was das Verwaltungsrecht in der Sachpolitik leistet. Belastbar ist indessen das „Principle of due process of law". In den Verfahrensweisen ist der Beamte durch Gesetz, Rechtsverordnung und nicht zuletzt durch Gerichtsentscheidungen gebunden.[74] Damit wird auch deutlich, dass sich Verwaltungsprinzipien in verschiedener Weise differenzieren lassen. Das gilt für den „due process" wie andere Bereiche, für das Personal: Klassifizierung von Positionen, Standardisierung des Gehalts, Personalauswahl nach Verdienst, für den Haushalt: standardisiertes Rechnungswesen, System nachweisbarer Finanzzuweisung, Finanzkontrolle, für die Sachaufgaben: etwa „Management by Objectives".

Auch im deutschen Falle finden sich für alle Teilsphären des Verwaltungshandelns Prinzipien der Wertorientierung, also Organisationsprinzipien: Transparenz, Formengleichheit, Aufgabenhomogenität, Einräumigkeit der Verwaltung usw.,[75] Verfahrensprinzipien: Untersuchungsgrundsatz, Offizialmaxime, Mündlichkeit, Unmittelbarkeit, Öffentlichkeit usw.,[76] Personalprinzipien: etwa als hergebrachte Grundsätze des Berufsbeamtentums, also Treuepflicht, Laufbahnprinzip, amtsmäßiger Unterhalt, Streikverbot usw.[77] Solche Verwaltungsprinzipien können zwei Seiten haben. Sie können sowohl für den Binnenbereich der öffentlichen Verwaltung wie für die Beziehung der Verwaltung zu ihrer gesellschaftlichen, wirtschaftlichen, politischen Umwelt maßgeblich sein. Das Prinzip des rechtlichen Gehörs legt der Verwaltung eine Anhörungspflicht auf und berechtigt den Bürger dazu, dass ihm Gelegenheit gegeben wird, sich zu der für die Entscheidung erheblichen Tatsachen zu äußern.[78] So gibt es dann auch Prinzipien, die für den weiteren Kontext des Staates und darin eingeschlossen die öffentliche Verwaltung gelten, also das Menschenrechtsprinzip, das Demokratieprinzip, das Rechtsstaatsprinzip, das Sozialstaatsprinzip usw.

Auch die Verankerung solcher Prinzipien in einer geschriebenen oder einer ungeschriebenen Verfassung bedeutet nicht, dass für Verwaltungsentscheidungen eine Wertehierarchie, die Einheit eines höchsten Wertes in Anspruch ge-

---

[74] Vgl. McCurdy, Howard E., Public Administration: A Synthesis, Menlo Park, California 1977, S. 17 f.

[75] Vgl. König, Michael, Kodifikation des Landesorganisationsrechts – dargestellt am Beispiel Thüringen, Baden-Baden 2000, S. 50 ff.

[76] Vgl. Ule, Carl Hermann/Laubinger, Hans-Werner, Verwaltungsverfahrensrecht, 4. Aufl., Köln u. a. 1995, S. 222 ff.

[77] Vgl. Mayer, Franz, Verfassungsrechtliche Grenzen einer Reform des öffentlichen Dienstrechts, in: Studienkommission für die Reform des öffentlichen Dienstrechts, Band 5, Baden-Baden 1973, S. 608.

[78] Vgl. Ule, Carl Hermann/Laubinger, Hans-Werner, Verwaltungsverfahrensrecht, 4. Aufl., Köln u. a. 1995, S. 235 ff.

nommen werden kann.[79] Die Wertebeziehungen sind komplexer. Das belegt das Verhältnis von Demokratieprinzip und Rechtsstaatsprinzip im Vergleich. In der internationalen Kooperation ist die Rule of Law vielerorts nicht als gleichrangiger Leitgrundsatz wie das Demokratieprinzip – und daneben das Marktprinzip – wahrgenommen worden. Das hängt mit dem historischen Vorverständnis in der englischsprachigen Welt zusammen. Dieses Verständnis setzt Gewaltenteilung und Suprematie des Parlaments voraus. Die Gewaltenteilung lässt in der englischen Tradition gewisse politische Verschränkungen zu. Die öffentlichen Befugnisse werden indessen bestimmten Institutionen – Parlament, Kabinett, Appelationsgericht usw. – distinkt zugeordnet. Das Parlament ist die oberste Gewalt zur Schaffung von Rechtsnormen, ohne dass es von vornherein zu einem Stufenbau des Rechts nach Verfassungssätzen, Gesetzen, Verordnungen und korrespondierenden Kontrollen kommt.[80]

Von hier aus meint die Rule of Law die Spielregeln zwischen bestehenden – „guten", nämlich demokratischen – Institutionen. Zu diesen gehört auch der Bürger als Rechtspersönlichkeit einschließlich seiner politischen Freiheitsrechte. Individuelle Freiheiten und Rechte des einzelnen und demgegenüber die höchste Gewalt des Parlaments sind deswegen auch Anknüpfungspunkte für solche Regeln.[81] Entsprechend wird die Allgemeingültigkeit der „standing laws" im Hinblick auf Personen und ihre Handlungen gegen die aus dem Stegreif erlassenen, willkürlichen Dekrete der Suprematie gestellt.

Zu den Teilprinzipien der Rule of Law kann man heute zählen: die Beständigkeit und Dauerhaftigkeit der Rechtsnormen, die Öffentlichkeit – das heißt Gesetze müssen verkündet und den Betroffenen zur Kenntnis gebracht werden –, Rückwirkungsverbote von Rechtsnormen. Weiter müssen Gesetze im sprachlichen Ausdruck bestimmt sein; sie dürfen nicht widersprüchlich sein und nichts Unmögliches verlangen. Man sollte sich seiner Rechte „not only in safety and security, but in confidence and quietness of mind" erfreuen.[82]

Die politisch-institutionellen Turbulenzen auf dem europäischen Kontinent im Wechsel von Monarchie und Republik, Diktatur und Demokratie haben an das Rechtsregime noch weitere Anforderungen gestellt. Kennzeichnend dafür

---

[79] Vgl. Luhmann, Niklas, Zweckbegriff und Systemrationalität, 6. Aufl., Frankfurt a. M. 1999.

[80] Vgl. Harvey, Jack/Bather, Leslie, Über den englischen Rechtsstaat. Die ‚rule of law', in: Mehdi Tohidipur (Hrsg.), Der bürgerliche Rechtsstaat, Frankfurt a. M. 1978, S. 359 ff.

[81] Vgl. Craig, Paul, Formal and Substantive Conceptions of the Rule of Law: An Analytical Framework, in: Public Law 1997, S. 467 ff.

[82] Vgl. James, 1st Viscount Stair, Institutions of the Law of Scotland, 2. Aufl., Edinburgh 1695; zitiert nach: MacCormick, Neil, Der Rechtsstaat und die rule of law, in: Juristenzeitung 1984, S. 65 ff.

ist, dass hier auch nach innen der Staat als juristische Person verstanden wird. Rechte und Pflichten werden nicht einfach bestimmten politischen Institutionen – Parlament, Kabinett, Gerichte – zugeordnet. Es gibt darüber hinaus auch in inneren Angelegenheiten die Zurechnung zu einer Transpersonalität des gesamten Herrschaftsverbandes.[83]

Großbritannien und die USA können über Jahrhunderte auf die Kontinuität eines politischen Regimes zurückschauen. In welche Konflikte nach außen sie immer verwickelt waren, nach innen blieb die Stabilität der Institutionen des demokratischen Regierungssystems erhalten.[84] Man musste sich also nicht zwangsläufig auf die Suche nach einem weiteren Zurechnungspunkt von Rechten und Pflichten machen. Anders ist die Geschichte in Kontinentaleuropa verlaufen. Der häufige politische Regimewechsel hat eine Kontinuität öffentlicher Einzelinstitutionen nicht zugelassen. Eine Mindeststabilität auch nach innen musste jenseits konkreter politischer Institutionen gefunden werden. Der gesamte Herrschaftsverband wurde im Staat als juristischer Person zum Zurechnungspunkt.[85]

Auch mit dem Rechtsstaatsprinzip musste in den geschichtlichen Situationen des europäischen Kontinents weiter als mit der Rule of Law gegriffen werden. Im deutschen Falle tritt das hiernach andere historische Vorverständnis schon deswegen hervor, weil der Rechtsstaat älter als die Demokratie ist.[86] Das Rechtsstaatsprinzip musste Leistungen erbringen, die sich in der Zivilkultur von politischer Partizipation und Demokratie anderweitig erstellen lassen. So kann man für die Funktionsunterschiede von Rule of Law und Rechtsstaatlichkeit auf vieles Bezug nehmen: eben auf den dem Anglo-Amerikanischen fremden Staatsbegriff bis hin zum Staat als juristischer Person, auf die Bezogenheit zur geschriebenen Verfassung, die die Vereinigten Staaten in manchem näher an Kontinentaleuropa heranrückt als Großbritannien usw.[87]

Vor allem aber ist zu berücksichtigen, dass das Rechtsstaatsprinzip zur Schaffung eines öffentlichen Institutionengefüges beigetragen hat, während die Rule of Law ein bereits funktionierendes Gefüge politischer Institutionen vor-

---

[83] Vgl. König, Klaus/Theobald, Christian, Der Staat als Rechtspersönlichkeit, in: Adamiak u. a. (Hrsg.), Administracja publiczua w poustwie Prawa, Breslau 1999, S. 165 ff.

[84] Vgl. Heady, Ferrel, Public Administration, A Comparative Perspective, 6. Aufl., New York 2001.

[85] Vgl. Böckenförde, Ernst-Wolfgang, Recht, Staat, Freiheit: Studien zur Rechtsphilosophie, Staatstheorie und Verfassungsgeschichte, Frankfurt a. M. 1991, S. 143 ff.

[86] Vgl. Hofmann, Hasso, Geschichtlichkeit und Universalitätsanspruch des Rechtsstaats, in: Der Staat 1995, S. 1 ff.

[87] Vgl. MacCormick, Neil, Der Rechtsstaat und die rule of law, in: Juristenzeitung 1984, S. 65 ff.

aussetzt und dann deren Spielregeln bestimmt. Charakteristisch für das Rechtsstaatsprinzip in seiner institutionenbildenden Bedeutung ist der Aufbau eines umfassenden Rechtsschutzes durch unabhängige Gerichte. Das gilt herkömmlich für bürgerlich-rechtliche Streitigkeiten einschließlich bestimmter Organisations- und Verfahrensgarantien. Das gilt dann aber insbesondere für den Rechtsschutz gegen alle Akte der öffentlichen Gewalt.[88]

Ein signifikantes Beispiel bietet insoweit die Geschichte Deutschlands nach 1945. In Westdeutschland war der Aufbau einer stringenten Rechtsstaatlichkeit die historische Reaktion auf das Unrechtsregime des Nationalsozialismus. Man ging über die Rechtsgewährleistungen in der Weimarer Republik hinaus, was zu einer breiten Modernisierung rechtsstaatlicher Institutionen führte. Vielfältige Innovationen betrafen den gerichtlichen Rechtsschutz. Die verfassungsrechtliche Verbriefung eines Individualrechts auf gerichtliche Überprüfung behördlicher Maßnahmen wurde als „Krönung des Rechtsstaats" verstanden.[89] Der Verfassungsstaat der alten Bundesrepublik brachte Rechtsstaatlichkeit und individuellen Rechtsschutz mit Demokratie und politischer Freiheit in einen Ausgleich. Das Rechtsstaatsprinzip wurde aber nicht zum bloßen Reflex demokratischer Herrschaft, sondern blieb ein eigenständiges Leitbild guter Governance.

In der ehemaligen DDR fehlten alle Voraussetzungen dafür, die Konflikte zwischen Bürger und organisiertem Staat nach rechtsstaatlichen Maßstäben durch unabhängige Gerichte zu entscheiden. Das Recht hatte ohnehin nur den Charakter eines Herrschaftsinstruments.[90] Ein umfassender Rechtsschutz durch unabhängige Gerichte in Zivil- und Strafsachen und schließlich in öffentlich-rechtlichen Angelegenheiten wurde in Ostdeutschland erst aufgebaut, als es zur Transformation der gesamten Staats-, Wirtschafts- und Gesellschaftsordnung der realsozialistischen DDR kam. Mit der Vereinigung Deutschlands gab es eine westliche Referenzgesellschaft und mit dem Beitritt zum Geltungsbereich des Grundgesetzes eine verfassungsrechtliche Vorgabe, die zu einer bestimmten Konkretisierung der Werte von Marktwirtschaft, Demokratie und Rechtsstaatlichkeit führten.[91] Aber die institutionenbildende Bedeutung des Rechtsstaatsprinzips blieb nicht auf den deutschen Sonderfall beschränkt. Andere realsozialistische Länder hatten zwar den Verwaltungsrechtsschutz weiter als in der

---

[88] Vgl. Sobota, Katharina, Das Prinzip Rechtsstaat: Verfassungs- und verwaltungsrechtliche Aspekte, Tübingen 1997, S. 201 ff.

[89] Vgl. Mangoldt, Hermann/Klein, Friedrich, Das Bonner Grundgesetz, Band 1, Berlin u. a. 1953, S. 568 ff.

[90] Vgl. Pohl, Heidrun, Entwicklung des Verwaltungsrechts, in: Klaus König (Hrsg.), Verwaltungsstrukturen der DDR, Baden-Baden 1991, S. 235 ff.

[91] Vgl. Klein, Hans H., Vom sozialistischen Machtstaat zum demokratischen Rechtsstaat, in: Juristenzeitung 1990, S. 53 ff.; ferner Heyde, Wolfgang, Über Schwierigkeiten im praktischen Umgang mit dem Rechtsstaatsprinzip, in: Bernd Bender u. a. (Hrsg.), Rechtsstaat zwischen Sozialgestaltung und Rechtsschutz, München 1993, S. 179 ff.

DDR entwickelt. Die marxistisch-leninistische Prämisse der Gewalteneinheit für die Gerichte musste aber auch hier erst außer Kraft gesetzt werden. Danach lässt sich beobachten, dass kontinentaleuropäische und nicht zuletzt deutsche Konzepte der Rechtsstaatlichkeit zum Leitbild für den Aufbau neuer öffentlicher Institutionen wurden.[92]

Die Bildung wirklich maßgeblicher Institutionen des Rechtslebens ist auch ein Problem der Dritten Welt.[93] Zwar gibt es traditionale wie moderne Bestände von Normen und Einrichtungen in öffentlichen Angelegenheiten. Die Frage ist indessen, wieweit diese Institutionen in der Lage sind, sozioökonomischen Anforderungen heutiger Tage gerecht zu werden, ihren Eigenwert unter neuen Bedingungen zu erhalten, ihre Grenzen angesichts zunehmender Differenzierung zu bestimmen, die interne Leistungsfähigkeit sicherzustellen und nicht zuletzt zur gesellschaftlichen Integration beizutragen.[94]. Die Institutionenbildung in Entwicklungsländern wird seit langem diskutiert. Bemerkenswert ist heute, welche Bedeutung man den Rechtsinstitutionen beimisst und dass man sich jetzt diesem Thema stärker aus dem Blickwinkel einer funktionierenden Marktwirtschaft denn einer funktionierenden Demokratie nähert.[95] Grundlagen einer solchen Wirtschaft sind eben Eigentumsrechte, Verfahrenstransparenz, gerichtlicher Rechtsschutz usw., und dies und weitere Rahmenbedingungen kann eben nur ein wirksames Recht gewährleisten.

Von hier aus spricht vieles dafür, das Rechtsstaatsprinzip mit seiner institutionenbildenden Komponente auch als Wert für die Entwicklung in der Dritten Welt stärker nach vorn zu rücken. Das ist aus inhaltlichen wie aus sprachlichen Gründen schwieriger als im Falle der Transformation in Mittel- und Osteuropa.[96] Dort kann man sich vielerorts auf die europäische Rechtsgeschichte beziehen, und man hat eher Zugang zu den kontinentaleuropäischen Sprechweisen. Die internationale Zusammenarbeit der Entwicklungs- und Transformationsländer unterscheidet sich vom supranationalen Zusammenschluss von vorn-

---

[92] Stern, Klaus, 50 Jahre deutsches Grundgesetz und die europäische Verfassungsentwicklung, Speyerer Vorträge 50, Speyer 1999.

[93] Vgl. Eaton, Joseph (Hrsg.), Institution Building and Development. From Concepts to Application, Beverly Hills u. a. 1972.

[94] Vgl. Mummert, Uwe, Wirtschaftliche Entwicklung und Institutionen. Die Perspektive der Neuen Institutionenökonomik, in: Entwicklung und Zusammenarbeit 1998, S. 36 ff.

[95] Vgl. Weltbank (Hrsg.), Der Staat in einer sich ändernden Welt, Weltentwicklungsbericht 1997, Bonn u. a. 1997.

[96] Vgl. Preuß, Ulrich K., Die Rolle des Rechtsstaates in der Transformation postkommunistischer Gesellschaften, in: Rechtstheorie 1993, S. 181 ff.; Karpen, Ulrich, Conditions of ‚Rechtsstaat'. Efficiency Particularly in Developing and Newly Industrialising Countries, in: Josef Thesing (Hrsg.), The Rule of Law, Sankt Augustin 1997, S. 140 ff.

herein dadurch, dass es bei der Kooperation nur ausnahmsweise um das geltende Recht geht – etwa in der Menschenrechtsfrage –, regelmäßig aber Entwicklungs- und Transformationspolitik als Rechtspolitik zur Diskussion stehen. Es fehlt mithin an einer verbindlichen Festlegung der Begriffe. Wie sich das Englische als Lingua franca der internationalen Zusammenarbeit durchgesetzt hat, so tritt dann auch eine angloamerikanische Definitionsmacht vielerorts hervor. Man spricht von der Rule of Law und stellt zunächst auf das Vorverständnis jenes Sprachraums ab. Will man demgegenüber die stärkere institutionenbildende Bedeutung des Rechtsstaatsprinzips betonen, dann werden Sprachstrategien – sei es der „Rechtsstaat" als Fremdwort im Englischen, sei es eine neue Kategorie – kaum helfen. Man muss die Sachprobleme identifizieren und sich der Inhalte annehmen. Eine Lingua franca ist eben ihren genuinen Sprechern in gewisser Weise entzogen und anderen Bemächtigungen ausgesetzt.[97]

Von den Deutschen hat man gesagt, dass sie der Meinung gewesen wären, den Rechtsstaat ohne die Demokratie bekommen zu können.[98] Das ist heute eine Frage an die Rechtsgeschichte, wenn man auf West- und Mitteleuropa schaut. Nachdem in Deutschland Demokratie und politische Bürgerfreiheit gefestigt sind, mag man der These zustimmen, dass zwischen dem Rechtsstaatsbegriff und dem angloamerikanischen Begriff der Rule of Law kein wesentlicher Unterschied bestehe. Bei Entwicklungs- und Transformationsländern geht es aber um die Institutionenbildung, und so ist es durchaus ein Problem, ob der Rechtsstaat nur als Reflex der Demokratie zu sehen ist oder ob das Rechtsstaatsprinzip als eigenständiger Grundsatz guter Governance neben dem Demokratieprinzip steht. Da zu den Finalitäten von Entwicklung und Transformation heute nach allgemeiner Ansicht die Marktwirtschaft gehört, stellen sich schwierige Interdependenzfragen, ob nämlich die Marktwirtschaft ohne Demokratie möglich, die Marktwirtschaft auf den Rechtsstaat angewiesen oder eben der Rechtsstaat ohne Demokratie nicht zu haben ist.[99]

Für solche Fragen gibt es ein breites Anschauungsmaterial: etwa eine Militärdiktatur in Lateinamerika, die eine funktionierende Marktwirtschaft ermöglicht hatte und sich dann einer demokratischen Herrschaft beugen musste, oder ein autoritäres politisches System in Südostasien mit einer Marktwirtschaft, die zunächst florierte, dann aber einbrach, was die Frage auslöste, ob es eine Freiheit der Wirtschaft ohne eine Freiheit der Politik geben könne, oder im Blick auf die Zukunft China mit seinem realsozialistischen politischen Regime und

---

[97] Vgl. Weltbank (Hrsg.), Vom Plan zum Markt, Weltentwicklungsbericht 1996, Bonn 1996, S. 107 ff.

[98] Vgl. Neumann, Franz, The Rule of Law. Political Theory and the Legal System in Modern Society, Leamington u. a. 1986.

[99] Vgl. Wolff, Heinrich A., Das Verhältnis von Rechtsstaats- und Demokratieprinzip, Speyerer Vorträge 48, Speyer 1998.

daneben einer „sozialistischen" Marktwirtschaft, oder im Blick auf die Vergangenheit Deutschland mit seinen rechtsstaatlichen Erfahrungen in vordemokratischen Zeiten. Über solche Zusammenhänge lässt sich auf unterschiedliche Weise diskutieren: von der Kausalanalyse über institutionenökonomische Modelle und die Verfassungsinterpretation bis zur politisch-ökonomischen Ideologisierung.[100] Entwicklungs- und transformationspolitische Zusammenarbeit sollte der praktischen Vernunft folgen. Hier wird man den Aufbau von marktwirtschaftlichen Mechanismen fördern, um die Güterversorgung der Bevölkerung zu verbessern, auch wenn man mit dem politisch-partizipativen Entwicklungsstand nicht zufrieden ist, und man wird den Aufbau von rechtsstaatlichen Institutionen unterstützen, um Rechtssicherheit und Rechtsschutz der Bürger besser zu gewährleisten, selbst wenn die Transformation zu einer parlamentarischen Demokratie noch nicht ganz gelungen ist. Die Rule of Law ist rechtspolitisch in der internationalen Kooperation im Sinne des Rechtsstaatsprinzips als institutionenbildend zu begreifen und als eigenständiges Prinzip guter Governance wie als eigenständige Finalität von Entwicklung und Transformation zu pflegen.

Die Verwaltungsprinzipien US-amerikanischer Tradition sind methodologisch als „Proverbs of Administration" kritisiert worden.[101] Herausfordernd musste wirken, dass im Sinne eines Scientific Management manche meinten, mit den Verwaltungsprinzipien die Grundlagen für die Verwaltungswissenschaft gelegt zu haben. In einem naturalistischen Fehlschluss schienen Organisationsgesetze im Spiel zu sein.[102] Das sind Verwaltungsprinzipien nicht. Sie sind überhaupt keine wissenschaftlichen Aussagen. Sie sind Orientierungsmaßstäbe für Wertungen in der Verwaltungspraxis und dann nicht einfach Sprichworte. So lange sie im gewissen Umfang befolgt werden, haben sie im Kern wirkliche Maßgeblichkeit. Nimmt man zum Beispiel im deutschen Falle das Prinzip der Einräumigkeit der Verwaltung, dann stellt man in der Praxis der Territorialreform fest, dass man sich immer wieder bemüht hat, die Grenzen verschiedener Verwaltungsbehörden aufeinanderzulegen und sie sich nicht überschneiden zu lassen. Eine wissenschaftliche Evaluation ist damit noch nicht verbunden. Die Evaluationsforschung kann durchaus zum Ergebnis kommen, dass die Bevorzugung der Einräumigkeit zu Grenzziehungen führen kann, die sozioökonomische Dynamiken eines Raums administrativ behindern. Das ist aber eine andere Aussageebene als die wertgebundene Orientierung nach Prinzipien in der Praxis.

---

[100] Vgl. Weingast, Barry R., The Political Foundations of Democracy and the Rule of Law, in: American Political Science Review 1997, S. 245 ff.

[101] Vgl. Simon, Herbert A., The Proverbs of Administration, in: Public Administration Review 1946, S. 53 ff.

[102] Vgl. Augier, Mie/March, James G., Remembering Herbert A. Simon, in: Public Administration Review 2001, S. 396 ff.

Auch das kontradiktorische Moment von Verwaltungsprinzipien hebt deren Orientierungskraft nicht auf. In der Tat treten manche Verwaltungsprinzipien schon von vornherein paarweise auf: Zentralisierung und Dezentralisierung, Stabilität und Flexibilität, Monokratie und Kollegialität usw. Andere Prinzipien können sich bei ihrer Umsetzung ins Gehege kommen. Kritiker verweisen auf die Spannungslage von „unity of command" und Spezialisation. Aber auch solche Widersprüche leisten dennoch Orientierung. Verwaltungsprinzipien bedeuten eben nicht den Sprung von der Welt der Werte in die Welt der Entscheidungen. Organisationserlasse, Budgetrichtlinien, Personalmaßnahmen usw. müssen noch getroffen werden. Es genügt, dass Verwaltungsprinzipien die Komplexität der Wertewelt reduzieren, in gewisse Richtung weisen und so überschaubare Wertabwägungen ermöglichen. Entsprechendes gilt für die kritisierte Unbestimmtheit von Verwaltungsprinzipien. Sie meinen eben nicht von vornherein die einzig richtige Entscheidung. Es bedarf weiterer konkretisierender Bewertungen. Allerdings verdichtet sich bei wirklich maßgeblichen Verwaltungsprinzipien die Entscheidungssituation. Aus all diesen Gründen leben selbst die alten Verwaltungsprinzipien trotz fundamentaler Kritik heute noch in der US-amerikanischen Verwaltung fort. Kein Praktiker möchte auf die Orientierungsleistungen verzichten, wie sie in der Diskussion zum Stabsprinzip oder zum Prinzip der Kontrollspanne oder zum Ermessensprinzip enthalten sind.[103] Wenn man die alten Managementprinzipien als praktische Werteorientierungen kritisieren mag, dann eher aus dem Umstand, dass sie einseitig auf Effektivität und Effizienz gerichtet sind und andere Werte einer humanitären, demokratischen, rechtsstaatlichen, sozialpflichtigen öffentlichen Verwaltung zu wenig berücksichtigen.[104]

III. Berufsethos des Verwaltungsdienstes

1. Moral als Kommunikationsmedium

Moral hat im Vergleich zu anderen generalisierten Kommunikationsmedien in der Moderne eine verhältnismäßig geringe Steuerungskraft. Das hat nicht einfach mit einer – verwerflichen oder nicht verwerflichen – „Erosion der Moral" zu tun. Vielmehr bringt die formal-rationalisierte und funktionaldifferenzierte Gesellschaft andere Kommunikationsmedien nach vorne.[105] Ent-

---

[103] Vgl. McCurdy, Howard E., Public Administration: A Synthesis, Menlo Park, California 1977, S. 33 ff.

[104] Vgl. Waldo, Dwight, The Administrative State. A Study of the Political Theory of American Public Administration, New York 1948.

[105] Vgl. Reckwitz, Andreas, Die Ethik des Guten und die Soziologie, in: Jutta Allmendinger (Hrsg.), Gute Gesellschaft?, Opladen 2001, S. 204 ff.

12. Kapitel: Kulturen, Werte, Ethos der Verwaltung

sprechend wird in der modernen Verwaltung mit Recht – auch im Managerialismus –, mit Geld – auch in der legalistischen Verwaltungskultur –, mit Macht – auch in der Demokratie –, mit Kompetenz – auch in der Zivilgesellschaft – kommuniziert. Die hieraus folgenden strukturellen Verdichtungen können die Verwaltungsverhältnisse so eng werden lassen, dass die Frage nach der Möglichkeit eines Verwaltungsethos aufgeworfen wird, etwa im Hinblick auf das breite Entschiedensein, das nur noch zu vollziehen ist, oder im Blick auf den hohen Organisationsgrad von Verwaltungen.[106] Zugespitzt wird von der „Inherently Unethical Nature of Public Service Ethics" gesprochen.[107] Dazu wird auf die Unbestimmtheit und Mehrdeutigkeit ethischer Prinzipien, die Organisationsvielfalt, den Ausgleich konfligierender Werte und schließlich die Anwendung von vorgegebenen Codes und Konventionen verwiesen. Anzumerken bleibt an dieser Stelle, dass der internationale Sprachgebrauch keine Unterscheidung zwischen Ethik als Moralwissenschaft und Moral als Praxis erlaubt. Es geht regelmäßig um den Erfahrungsgegenstand.

Wenn man für die legalistische Verwaltung eine „moralische Krise des öffentlichen Dienstes" konstatiert, wird entsprechend hier auf die Konformitätszwänge eines durch Rechts- und Verwaltungsvorschriften vorprogrammierten Handelns verwiesen.[108] Allerdings zeigt die Erforschung der Verwaltungstätigkeit, dass die Determinierung durch Vorschriften begrenzt ist, Auslegungsspielräume bleiben usw.[109] Der Alltag der öffentlichen Verwaltung bleibt für Wertberücksichtigungen jenseits des positiven Rechts offen. Für öffentliche Angelegenheiten kommt es sodann nicht in Betracht, Wertnormen durch eine neoliberale Ökonomik zu ersetzen, die auf individualistisch nutzenoptimierende Verhaltensentscheidungen rekurriert. Im Kern des Verwaltungshandelns stehen kollektive Güter, von deren Nutzung eine Person auch dann nicht ausgeschlossen werden kann, wenn sie ihren Beitrag zu deren Erstellung nicht erbringt: also der Sozialhilfeempfänger, der selbst keine öffentlichen Abgaben zahlt.[110]

Eine Kommunikation mit diesem Medium der Werte findet auch statt, wenn moralische Haltungen Einzelnen, Gruppen, Gemeinschaften zugewiesen wer-

---

[106] Vgl. Thompson, Dennis F., The Possibility of Administrative Ethics, in: Public Administration Review 1985, S. 555 ff.

[107] Vgl. Pratchett, Laurence, The Inherently Unethical Nature of Public Service Ethics, in: Richard A. Chapman (Hrsg.), Ethics in Public Service for the New Millenium, Aldershot 2000, S. 111 ff.

[108] Vgl. Quambusch, Erwin, Die moralische Krise des öffentlichen Dienstes, in: Der Öffentliche Dienst 1992, S. 97 ff.

[109] Vgl. Brinkmann, Gerhard u. a., Die Tätigkeitsfelder des höheren Verwaltungsdienstes – Arbeitsansprüche, Ausbildungserfordernisse, Personalbedarf, Opladen 1973.

[110] Vgl. Nunner-Winkler, Gertrud, Freiwillige Selbstbindung zur Einsicht – ein moderner Modus moralischer Motivation, in: Jutta Allmendinger (Hrsg.), Gute Gesellschaft?, Opladen 2001, S. 174.

den, hier also das Berufsethos des Verwaltungsdienstes in Anspruch genommen wird. Zum Verständnis des Beamtenethos gehört es vorab, dass in der Moderne Recht und Moral ausdifferenziert sind. Anders verhält es sich mit einem öffentlichen Dienst unter Bedingungen eines fundamentalen Islam, wenn eine Koran- und Scharia-Schulung für Beamte die Einheit von Religions- und Rechtsausübung propagiert. Im Okzident geht es um zwei im Ausgang verschiedene normative Ordnungen, wobei freilich die Beziehung von Recht und Moral hochkomplex sein kann.[111] Das eröffnet den verschiedenen westlichen Verwaltungskulturen unterschiedliche operative Möglichkeiten. Die Frage nach dem Berufsethos des Verwaltungsdienstes lässt sich unmittelbar auf moralische Normen oder vermittelt über rechtliche Regulative auf Werte beziehen – wenn man nicht einem schlichten Rechtspositivismus anhängt.

Diese Unterschiede werden deutlich, wenn man auf die angloamerikanische Verwaltungskultur mit ihrem Fallrecht einerseits und die kontinentaleuropäische Verwaltungskultur mit ihrem Gesetzesrecht andererseits sieht. Die einschlägige Regelungs- und Organisationswelt bringt dies mit ihren Symbolen deutlich zum Ausdruck. Auf der einen Seite gibt es das „Office of Government Ethics", das „Ethics Information Centre" für öffentliche Bedienstete, den „Code of Ethics", den Ethos-Fall in der Verwaltungszeitschrift – gegebenenfalls auch nach sozialwissenschaftlicher Methode konstruiert – usw.[112] Auf der anderen Seite bestehen Disziplinargerichte, Disziplinarverfahren, Beamtenrecht, der Disziplinarfall in der Rechtszeitschrift – durch die richterliche Rechtssprechung formuliert – usw. Diese Symbolik bedeutet nicht, dass Rechtsfragen in dem einen Falle, genuine Wertfragen in dem anderen Falle irrelevant sind. Die angloamerikanische Verwaltung kennt durchaus auch den staatlichen „Code of Conduct", der in Rechtsformen eingekleidet ist. Für die kontinentaleuropäische Verwaltung wird nicht zuletzt durch teleologische Auslegung des Rechts offengelegt, welches Verhalten der Beamten Achtung und welches Missachtung verdient. Aber die primäre und explizite Anknüpfung beim Berufsethos gibt den moralischen Problemen des öffentlichen Dienstes eine eigene Qualität.

Diese Qualität tritt besonders hervor, wenn man nicht auf die Regelung und Steuerung von Personalverhältnissen für sich abstellt, sondern den Entscheidungsprozess in der öffentlichen Verwaltung betrachtet. Zum deutschen Falle heißt es, dass dort, wo das Recht wertausfüllungsbedürftig sei und nach Kriterien von Ermessensentscheidungen gefragt werde, müssten die sich in Grundrechten und Staatszielbestimmungen manifestierende verfassungsrechtliche Wertordnung bzw. konkretisierende materielle Maßstäbe des einfachen Rechts herangezogen werden. Eine davon unabhängige materielle Wertethik des öf-

---

[111] Vgl. Dreier, Ralf, Recht – Moral – Ideologie: Studien zur Rechtstheorie, Frankfurt a. M. 1991, S. 180 ff.
[112] Vgl. Behnke, Nathalie, Ethik in Politik und Verwaltung, Baden-Baden 2004.

fentlichen Dienstes, an der der Amtswalter das positive Recht messen könnte, würde letztlich zur exekutiven Willkür führen.[113] Anders gilt in den Vereinigten Staaten von Amerika traditionell gerade das Ermessen als zentraler Ort der ethischen Probleme im Verwaltungsdienst.[114] Dabei geht es nicht um Gewissensentscheidungen nach individuellen Wertpräferenzen. Vielmehr steht mit dem Verwaltungsethos eine normative Ordnung in ihrer Objektivität zur Diskussion. Diese Ordnung ist mit der Rechtsordnung vielfach verflochten. Sie hat aber gegenüber den Zufällen richterlicher Entscheidungsanlässe im Case law den Vorzug, dass sie sich in systematischer Reflexion manifestieren kann.

Entsprechend kann man die Akzeptanz und die Durchsetzbarkeit von moralischen bzw. rechtlichen Verhaltensnormen differenziert erörtern. So gibt es zum einen staatliche „Codes of Conduct", die rechtsbewehrt sind. Und zum anderen bestehen „Codes of Ethics", die etwa von Berufsvereinigungen beschlossen sind – wie der einschlägige Code der American Society for Public Administration, der ständig auf der Rückseite der von ihr herausgegebenen Zeitschrift „Public Administration Review" publiziert wird. Die staatlichen Codes mögen Durchsetzbarkeit garantieren. Ihre Akzeptanzprobleme beginnen aber bereits mit dem Bekanntheitsgrad. Die Codes von Berufsvereinigungen können mit der Akzeptanz durch die Mitglieder rechnen, und zwar auch darüber hinaus, wenn die Mitglieder als Multiplikatoren in ihren Verwaltungen wirken. Was die Durchsetzbarkeit anlangt, sind sie freilich auf die Mechanismen von Achtung und Missachtung durch die Berufsgenossen angewiesen, es sei denn, dass sie weiterreichende Beratungs-, Evaluations- gar Akkreditierungsfunktionen für staatliche Behörden erwerben können.[115]

Die Frage, ob für Berufe im öffentlichen Dienst ein spezifisches, von anderen gesellschaftlichen Berufen unterscheidbares Ethos besteht, kann in einer legalistischen Verwaltungskultur speziell beantwortet werden, so wenn in der Perspektive des Strafrechts die Vorteilsannahme in Beziehung zu einer Diensthandlung – ohne weitere Pflichtwidrigkeiten – als Sonderdelikt für Amtsträger ausgewiesen ist.[116] Im Falle der primären und expliziten Anknüpfung bei der ethischen Sphäre selbst stößt man von vornherein auf den allgemeinen Tatbestand, dass es die Wahrnehmung öffentlicher Angelegenheiten, die Zuordnung

---

[113] Vgl. Sommermann, Karl-Peter, Brauchen wir eine Ethik des öffentlichen Dienstes?, in: Verwaltungsarchiv 1998, S. 290 ff.

[114] Vgl. Rohr, John A., Ethics in Public Administration, in: Naomi B. Lynn/Aaron Wildavsky (Hrsg.), Public Administration, Chatham N. J. 1990, S. 97 ff.

[115] Vgl. Bowman, Johannes S., Towards a Professional Ethos: from Regulatory to Reflective Codes, in: International Review of Administrative Sciences 2000, S. 673 ff.

[116] Vgl. Tröndle, Herbert/Fischer, Thomas, Strafgesetzbuch und Nebengesetze, § 331 StGB Rn. 8, 54. Aufl., München 2007; Wessels, Johannes/Hettinger, Michael, Besonderes Strafrecht, Teil 1, 34. Aufl., Heidelberg 2004, Rn. 1098.

öffentlicher Güter, der Vollzug öffentlicher Aufgaben, die Bindung an öffentliche Interessen sind, die das Beamtentum, den Civil Service von anderen Bereichen gesellschaftlicher Arbeit abheben. Das „Common Good" steht bei allen Unbestimmtheiten am Anfang,[117] wie es denn auch vom herkömmlichen Beamtentum in Deutschland heißt, dass es sich einer ethischen Grundhaltung verpflichtet wisse, die es davor bewahre, die anvertraute Macht zu anderen Zwecken als zu denen des Gemeinwohls einzusetzen.[118]

Die allgemeine Relevanz eines vom privaten Interesse abhebbaren öffentlichen Interesses für die Ethos-Diskussion macht es verständlich,[119] dass die einschlägigen Auseinandersetzungen dann besonders angeregt werden, wenn ein alter Managerialismus – „business as usual" – oder ein neuer – „entrepreneurial spirit" – die öffentliche Verwaltung und ihr Personal in das Wirtschaftsleben einzuebnen sucht. So hat denn auch das New Public Management gerade in Kernländern dieser Modernisierungsbewegung Zweifel ausgelöst, ob das klassische Berufsethos des öffentlichen Dienstes in einer managerialisierten und ökonomisierten Verwaltungswelt überleben kann.[120] Zu verweisen ist schon auf die Rhetorik von Unternehmertum, „customer", „marketization", „commercialization" usw. Werte des Geschäftslebens wie Effizienz, Output, Produkt-Konzipierung, Kundenorientierung, Kostenausrichtung, Erfolgssuche werden betont. Hinzu treten Wertschätzungen von wirtschaftsförmigen Instrumentarien, der Arbeitgeber/Arbeitnehmer-Vertraglichkeit, der Leistungsbezahlung, des „Market-Testing", der Leistungsindikatoren, der Zufriedenheitsmessung von Konsumenten usw., Reorganisationen wie die Bildung von Agenturen in einem „Boutique-Stil", Fragmentierungen von öffentlichen Aufgaben zu schmalen Produktionsketten, Aufbau von „hybriden" Organisationen zwischen öffentlichem und privatem Sektor[121] usw. Dieses und weiter die Einheit von Sach- und Ressourcenzuständigkeit, ein Principle/Agent-Verständnis eröffnen neue Handlungsspielräume.[122]

---

[117] Vgl. Gawthrop, Louis C., Public Service and Democracy: Ethical Imperatives for the 21st Century New York u a. 1998.

[118] Vgl. Forsthoff, Ernst, Verfassungsrechtliche Grenzen einer Reform des öffentlichen Dienstrechts, in: Studienkommission für die Reform des öffentlichen Dienstrechts, Band 5, Baden-Baden 1971, S. 17 ff.

[119] Vgl. O'Toole, Barry J., The Public Interest: A Political and Administrative Convenience?, in: Richard A. Chapman (Hrsg.), Ethics in Public Service for the New Millenium, Aldershot u. a. 2000, S. 71 ff.

[120] Vgl. Greenaway, John, Having the Bun and the Halfpenny: Can Old Public Service Ethics Survive in the New White Hall?, in: Public Administration 1995, S. 357 ff.

[121] Vgl. Kickert, Walter J. M., Public Management Reforms in the Netherlands: Social Reconstruction of Reform Ideas and Underlying Frames of Reference, Delft 2000.

[122] Vgl. Sommermann Karl-Peter, Brauchen wir eine Ethik des öffentlichen Dienstes?, in: Verwaltungsarchiv 1998, S. 298; OECD (Hrsg.), Ethics in the Public Ser-

Solche Spielräume lassen sich nicht einfach durch ökonomische Kalküle ausfüllen. Entsprechende Steuerungslücken kann man auch nicht durch neue Formen betriebswirtschaftlicher Leitung wie ein Controlling begegnen.[123] Hier ist anzumerken, dass gerade das Vordringen einer liberalen Wirtschaftsordnung – der „Sieg" der Marktwirtschaft über die Planwirtschaft – die Wirtschafts- und Unternehmensethik nach vorn gebracht hat.[124] Ökonomie, gar Ökonomismus einerseits, Moral, Ethos andererseits stehen wiederum in einer komplexen Beziehung zueinander. Da aber auch im Wirtschaftsleben gute Sitten, Verkehrssitten, Handelsbräuche existieren, lässt sich die Relevanz des Ethischen hier prinzipiell nicht in Frage stellen. Es wird deutlich, dass sich die verschiedenen sozialen Teilsphären nicht mit einem Kommunikationsmedium identifizieren lassen. Nicht nur Geld, sondern auch Moral ist für die öffentliche Verwaltung selbst bei Dominanz von Rechtsformen und Rechtsmaßstäben vielfach relevant.[125] Nicht zuletzt ist Moral Faktor der wirklichen Maßgeblichkeit des Rechts. Das wird in der deutschen Verwaltungsgeschichte im Verhältnis von Beamtenrecht und Beamtenethos deutlich. Entsprechend muss man den Wandel des Berufsethos im Verwaltungsdienst im Auge behalten[126], insbesondere wenn es um Fortentwicklungen unter dem Vorzeichen der hergebrachten Grundsätze des Berufsbeamtentums geht.

2. Korruption in öffentlichen Angelegenheiten

Die Modernisierungsbewegung der Manageralisierung und Ökonomisierung der öffentlichen Verwaltung hat die Kontaktfläche von Staat und Behörden mit Wirtschaft und Unternehmen – „Public/Private Interface" – ausgeweitet. Dazu gehören nicht nur binnenstrukturelle Kommerzialisierung, sondern auch funktionale Privatisierungen, modernisiertes Beschaffungswesen und die Partnerschaft wie die Konkurrenz zwischen öffentlichen und privaten Leistungsträgern. Hieraus können Einstellungen erwachsen, für die das Medium des Geldes,

---

vice: Current Issues and Practice, Public Management Occasional Paper No 14, Paris 1996, S. 19 ff.

[123] Vgl. Parlamentarische Verwaltungskontrollstelle (Hrsg.), Ethik im öffentlichen Dienst, Bericht der Parlamentarischen Verwaltungskontrollstelle zuhanden der Geschäftsprüfungskommission des Nationalrates (Schweiz), Bern 1998, S. 16 f.

[124] Vgl. Korff, Wilhelm (Hrsg.), Handbuch der Wirtschaftsethik, Gütersloh 1999; Suchanek, Andreas, Ökonomische Ethik, Tübingen 2001; ferner Palazzo, Bettina, Interkulturelle Unternehmensethik. Deutsche und amerikanische Modelle in Vergleich, Wiesbaden 2000.

[125] Vgl. Sommermann, Karl-Peter, Ethisierung des öffentlichen Diskurses und Verstaatlichung der Ethik, in: Archiv für Rechts- und Sozialphilosophie 2003, S. 75 ff.

[126] Vgl. Ahlf, Ernst-Heinrich, Berufsethik im Wandel – dargestellt am Beispiel der Polizei, in: Verwaltungsarchiv 2001, S. 405 ff.

monetäre Kalküle, ökonomische Erfolge, letztlich Gewinn, Maßstäbe von Effizienz und Effektivität, geschäftsübliche Vorteilsannahmen prägend werden.[127] Integrität wird als Problem angesichts der Herausforderungen eines sich wandelnden öffentlichen Sektors erkannt.[128] Es sind aber nicht einfach Manageralisierung und Ökonomisierung einschließlich der Unternehmungen, mit einer strengen Sparpolitik zu leben, die für sich bereits die internationale Ethikbewegung zur öffentlichen Verwaltung an der Wende zum 21. Jahrhundert ausgelöst haben. Dazu kommen noch spezifische Anlässe. Sie liegen in einer verstärkten Wahrnehmung der Korruption.

Man spricht heute von einer weltweiten Korruptionskrise. Insoweit mag die Ökonomisierung des öffentlichen Sektors verstärkende Effekte zeigen. Korruption ist aber ein historisches Phänomen.[129] Man muss gerade auf diesem Feld der Dunkelziffern zwischen Realität und Wahrnehmung unterscheiden. Bei Messungsversuchen von Korruption redet man insoweit auch von „Corruption Perceptions"-Indices.[130] Dabei sind neben der Verwaltung und dann der organisierten Politik – mit ihren offenen Regelungsfragen[131] – weitere gesellschaftliche Bereiche von Gesundheitswesen, Sport usw. einzurechnen.[132] Entsprechend richtet sich die internationale Bekämpfung der Korruption auch auf den privaten Wirtschaftsverkehr[133], und die einschlägigen Änderungen des deutschen Strafgesetzbuches umfassen auch wettbewerbsschädliche Absprachen bei Ausschreibungen im geschäftlichen Verkehr.[134] Transnationalen Konzernen sind

---

[127] Vgl. OECD (Hrsg.), Ethics in the Public Service: Current Issues and Practice. Public Management Occasional Paper No. 14, Paris 1996, S. 21 ff.

[128] Vgl. Maravic, Patrick von, Public Management Reform und Korruption, in: Verwaltungsarchiv 2006, S. 89 ff.; ders./Christoph Reichard (Hrsg.), Ethik, Integrität und Korruption, Potsdam 2005.

[129] Vgl. Brauneder, Wilhelm, Korruption als historisches Phänomen, in: Christian Brünner (Hrsg.), Korruption und Kontrolle, Wien u. a. 1981, S. 75 ff.

[130] Vgl. Lambsdorff, Johann Graf, Wie lässt sich Korruption messen? Der Korruptionsindex von Transparency International, in: Jens Borchert u. a. (Hrsg.), Politische Korruption, Opladen 2000, S. 45 ff.

[131] Vgl. Tondorf, Günter (Hrsg.), Staatsdienst und Ethik, Baden-Baden 1995.

[132] Vgl. Arnim, Hans Herbert von (Hrsg.), Korruption und Korruptionsbekämpfung, Berlin 2007.

[133] Vgl. OECD (Hrsg.), No Longer Business as Usual – Fighting Bribery and Corruption, Paris 2000; Wolf, Sebastian, Maßnahmen internationaler Organisationen zur Korruptionsbekämpfung auf nationaler Ebene, FÖV Discussion Papers 31, Deutsches Forschungsinstitut für öffentliche Verwaltung Speyer, 2006.

[134] Gesetz zur Bekämpfung der Korruption vom 13. August 1997, BGBl. I S. 2038; vgl. König, Peter, Neues Strafrecht gegen die Korruption, in: Juristische Rundschau 1997, S. 397 ff.; Wolters, Gereon, Die Änderung des StGB durch das Gesetz zur Bekämpfung der Korruption, in: Juristische Schulung 1998, S. 1100 ff.; Schaller, Hans, Neue Vorschriften zur Korruptionsbekämpfung, in: Recht im Amt 1998, S. 9 ff.

insbesondere durch Korruption solche Schäden entstanden, dass sie mit „Compliance Officers", „Compliance"-Programmen usw. eine eigene Überwachungsorganisation geschaffen haben.

Aber selbst wenn man den Korruptionsbegriff auf das Verhalten von Personen mit öffentlichen Aufgaben begrenzt, die ihre Pflichten verletzen, um ungerechtfertigte Vorteile gleich welcher Art zu erhalten,[135] verweisen die einschlägigen Zahlen auf höchst kritische Zustände. In einer repräsentativen Befragung von Unternehmen, ob sie Bestechungsgelder zur selbstverständlichen Erledigung von Angelegenheiten zu zahlen hatten, reichen die Zahlen von „Highincome OECD"-Ländern mit 15 % über Asien mit 30 % bis zu den Nachfolgestaaten der Sowjetunion mit über 60 %.[136] Für die deutschen Verhältnisse mag angeführt werden, dass ein Landesrechnungshof den Anteil von korruptionsbelasteten Baumaßnahmen mit etwa 40 – 60 % berechnet hat und dass in einer Periode von fünf Jahren Mitte der 1990er Jahre jede fünfte Behörde Opfer von Korruptionsstraftaten wurde.[137]

Korruption hat viele Gesichter. Wenn man über die Verhältnisse in der modernen okzidentalen Verwaltung spricht, muss man freilich die Armutskorruption ausklammern, wie sie in der Dritten Welt verbreitet ist. Postbedienstete, Krankenhauspersonal, Lehrer usw. im öffentlichen Dienst erhalten vielerorts in Entwicklungsländern eine so geringe Entlohnung, dass sie zum Überleben mit ihrer Familie gleichsam auf eine persönliche „Gebühr" für ihre Leistungen angewiesen sind. Das schließt nicht aus, dass in höhergestellten Positionen persönlichen Reichtums kaum ermessliche Bestechungsgelder fließen. Von den westlichen Industrieländern und Demokratien, die ihren öffentlichen Dienst zumindest ausreichend alimentieren, kann man feststellen, dass Korruption nicht strukturellen Charakter hat. Pflichtgemäßes Handeln durch Vorteilsgewährung, pflichtwidriges Handeln durch Bestechung voranzutreiben, ist der öffentlichen Verwaltung nicht systemimmanent. Auf der anderen Seite muss man sich selbst für die deutsche Verwaltung von dem Gedanken verabschieden, dass Korruption als kasuelles Phänomen gleichsam der Sündenfall ist. Öffentliche Auftragsvergabe und Haushaltswesen, Sozialverwaltung und Bauverwaltung, öffentliche Kassen und Subventionsverwaltung sind vielerorts endemisch befal-

---

[135] Vgl. Sommermann, Karl-Peter, Brauchen wir eine Ethik des öffentlichen Dienstes?, in: Verwaltungsarchiv 1998, S. 290 ff.

[136] Vgl. World Bank, World Development Report 1997, The State in a Changing World, Washington, D. C. 1997, S. 36 f.

[137] Vgl. Sommermann, Karl-Peter, Brauchen wir eine Ethik des öffentlichen Dienstes?, in: Verwaltungsarchiv 1998, S. 291.

len.[138] Man kann es nicht dabei belassen, auf den Fall einer besonders gefährdeten Großstadtverwaltung zu verweisen.[139]

Die internationale Perzeption der Korruption und die Einsicht in die Probleme einer ökonomisierten öffentlichen Verwaltung in einer kommerzialisierten Umwelt haben in den Mitgliedstaaten der Organisation für wirtschaftliche Zusammenarbeit und Entwicklung vielfältige Aktivitäten ausgelöst. In Frankreich – wo eine Deontologie zu den Pflichten der staatlichen Berufsgruppen Tradition hat[140] – wurde 1993 ein „Service central de prévention de la corruption" eingerichtet mit Informations- und Beratungsfunktionen für betroffene Behörden.[141] In Großbritannien wurde nach Bekanntwerden von Korruptionsfällen ein „Committee on Standards in Public Life" eingesetzt, aus dessen Arbeiten einschlägige Verhaltenskodizes entstanden.[142] In Deutschland kam es zu neuen Regulativen, und zwar an der Spitze das Gesetz zur Bekämpfung der Korruption von 1997.[143] Landesregierungen und Landesministerien etwa in Rheinland-Pfalz und in Niedersachsen erließen Verwaltungsvorschriften zur Bekämpfung der Korruption in der öffentlichen Verwaltung.[144]

Angesichts der Zweifel, ob die traditionellen Werte des öffentlichen Dienstes in einer ökonomisierten und managerialisierten Verwaltung standhalten, und mit zunehmender Wahrnehmung der Korruption ist in der internationalen Diskussion das Konzept einer „Ethics Infrastructure" entwickelt worden.[145] Auch hier geht es zunächst um die Kodifizierung der Anforderungen an amtsgemäßes Verhalten – „codes of conduct" –. Als rechtlicher Rahmen kommen

---

[138] Vgl. Fiebig, Helmut/Junker, Heinrich, Korruption und Untreue im öffentlichen Dienst. Erkennen, Bekämpfen, Vorbeugung, 2. Aufl., Berlin 2004.

[139] Vgl. Kerbel, Sylvia, Korruption in der öffentlichen Verwaltung am Beispiel einer Großstadtverwaltung, Diss., Speyer 1995.

[140] Vgl. Vigouroux, Christian, Déontologie des fonctions publiques, Paris 1995; ferner Salon, Serge/Savignac, Jean-Charles, Fonctions publiques et fonctionnaires, Paris 1997, S. 167 ff.; Ziller, Jacques, Der öffentliche Dienst in Frankreich, in: Zeitschrift für Beamtenrecht 1997, S. 333 ff.

[141] Vgl. Bossaert, Danielle u. a., Der öffentliche Dienst im Europa der Fünfzehn: Trends und neue Entwicklungen, Maastricht 2001, S. 262 ff.

[142] Vgl. Strohm, Nathalie, Why Germany does not (yet?) have a Nolan Committee. Arbeitspapiere aus der FernUniversität Hagen, polis Nr. 53/2001.

[143] Vgl. Fiebig, Helmut/Junker, Heinrich, Korruption und Untreue im öffentlichen Dienst, Berlin 2000.

[144] Vgl. Rheinland-Pfalz: Bekämpfung der Korruption in der öffentlichen Verwaltung – Verwaltungsvorschrift der Landesregierung vom 29.10.1996, MBl. 1997, S. 160; Niedersachsen: Verwaltungsvorschrift zur Bekämpfung von Korruption in der Landesverwaltung (VV-Kor), Gem. RdErl. d. MI, d. StK u. d. übr. Min. v. 14.6.2001 – 15.5-03019/2.4.1 – .

[145] Vgl. OECD (Hrsg.), Trust in Government – Ethics Measures in OECD Countries, Paris 2000, S. 23; 31 ff.

12. Kapitel: Kulturen, Werte, Ethos der Verwaltung

dann Strafgesetze, Beamtenrecht, Befangenheitsregeln usw. ins Blickfeld, weil sie sanktionsbewährte Untersuchungen und Verfolgungen gewährleisten. Solchen ethischen und rechtlichen Kodifikaten wird die Identifikation heutiger Kernwerte des Verwaltungshandelns vorausgeschickt. Gewicht wird der kommunikativen Verbreitung, ja Einschärfung maßgeblicher Werte beigemessen. Dazu zählen auch Ausbildung und Training, die Mechanismen beruflicher Sozialisation von der Eingangsfortbildung an.

Die Gewährleistung eines Verhaltens gemäß ethischen Standards setzt organisatorische und prozedurale Vorkehrungen voraus. Das politische Engagement kann sich in Parlamentsausschüssen, Beratungsorganen für die exekutive Spitze manifestieren. Unabhängige Überwachungskommissionen, eigene Büros und Ämter für Werte und Ethos im öffentlichen Dienst, insbesondere Organisationen zum Kampf gegen die Korruption sind institutionalisiert. Weiter kommt es auf Mechanismen an, die Rechenschaftslegung und Sanktionierung gewährleisten. Dazu gehören interne Verfahren der Verwaltung und dann auch Disziplinarverfahren in den Händen externer Instanzen bis hin zu allgemeinen oder besonderen Gerichten. Eigene Disziplinarmaßnahmen außerhalb des Strafrechts sind vorgesehen, von der Verwarnung über die Gehaltskürzung bis zur Entlassung. Neue Formen des Schutzes bei der Anzeige von Fehlverhalten anderer – „whistle-blowing"[146] – oder der Verweigerung angeordneten Fehlverhaltens sind zu verzeichnen. Es wird aber auch auf Rahmenbedingungen hingewiesen, die die Einhaltung ethischer Standards stützen: Arbeitsplatzsicherheit, Karrierechancen, angemessene Besoldung, soziale Anerkennung.

Die Wahrnehmung endemischer Verbreitung der Korruption in Deutschland, insbesondere in der Großstadtverwaltung hat hier von den 1980er Jahren an eine Fülle von Präventionsmaßnahmen ausgelöst.[147] Dazu gehört die Reform der besonders anfälligen Vergabepraxis, jetzt mit Vorlagepflichten, Leistungsverzeichnissen, Stichproben usw. Die Aufsichtsmaßnahmen sind intensiviert worden: im Hinblick auf Betriebsprüfung, Innenrevision, mobile Prüfungsgruppen bis hin zur Bildung eines Antikorruptionsreferates. Zu den prophylaktischen Maßnahmen gehören Fortbildung, Rotation des Personals, Einsatz von Informationstechnik. Angesichts begrenzter Erfolge solcher technischer Vorkehrungen und Kontrollen stellt sich indessen die Frage, ob das Ethos des öffentlichen Dienstes in der legalistischen Verwaltung, also im deutschen Verwaltungs-

---

[146] Vgl. Brewer, Gene A./Coleman Selden, Sally, Whistle Blowers in the Federal Civil Service: New Evidence of the Public Service Ethic, in: Journal of Public Administration Research and Theory 1998, S. 413 ff.; Deiseroth, Dieter, Whistleblowing in Zeiten von BSE, Berlin 2001, S. 209 ff.

[147] Vgl. Herbig, Gottfried, Korruptionsfälle in der Stadtverwaltung Frankfurt – Situationsbericht und Gegenstrategien, in: Verwaltungsarchiv 1989, S. 381 ff.; Kerbel, Sylvia, Korruption in der öffentlichen Verwaltung am Beispiel einer Großstadtverwaltung, Diss., Speyer 1995.

dienst einen höheren Stellenwert erhalten muss. Dabei geht es nicht nur um Korruption, sondern ein breites Spektrum möglichen Fehlverhaltens in der öffentlichen Verwaltung: Interessenkonflikte durch Vermischung von Amts- und Privatinteressen, Missbrauch und Manipulation von Informationen, Unkorrektheit und Diskriminierung usw. bis zu strafrechtlich relevanten Handlungen der Bestechlichkeit und Untreue.[148]

3. Berufsethische Anforderungen

Die Moralisierung des öffentlichen Lebens ist eine heikle Strategie. Der Code von Achtung/Missachtung gilt als streiterzeugend. Es wird bezweifelt, ob man in der modernen Gesellschaft noch moralisch integrieren kann.[149] Das gilt auch für den öffentlichen Dienst. Nur zu oft legt sich schlichte Machtausübung den Mantel der Moral um. Die historischen Erfahrungen in Deutschland auf diesem Gebiet reichen bis in die jüngste Verwaltungsgeschichte. Denn die im Marxismus-Leninismus propagierte sozialistische Moral schuf gerade für weniger einflussreiche Kader der Staatsverwaltung im Grunde machtvermittelte Zwänge, und zwar auch jenseits der Instrumentalisierung des Rechts. Dem Kader wurde die Funktion eines gesellschaftlichen Vorbildes angesonnen. Das musste angesichts der „Zehn Gebote der sozialistischen Moral" zu diffusen Inanspruchnahmen führen. Das Gebot von Leistungsverbesserung und Arbeitsdisziplin konnte die Selbstausbeutung zur Folge haben. Das Gebot der guten Taten für den Sozialismus konnte zu „gesellschaftlichen Tätigkeiten", etwa einem Ernteeinsatz jenseits vernünftiger Berufsausübung führen. Das Gebot der Verteidigung der Arbeiter- und Bauern-Macht konnte den Weg zur informalen Mitarbeit im Staatssicherheitsdienst ebnen.[150]

Wenn mithin den Konformitätszwängen eines Moralismus für den öffentlichen Dienst mit Vorsicht zu begegnen ist, aus historischen Erfahrungen heraus „Administrative morality" nicht so unbefangen wie etwa in den USA diskutiert werden kann[151] und vieles dafür spricht, das Beamtentum aufgeklärter Zeiten

---

[148] Vgl. Demmke, Christoph, Ethik und Integrität in den öffentlichen Diensten in Europa, in: Zeitschrift für öffentliche und gemeinwirtschaftliche Unternehmen 2006, S. 68 ff.

[149] Vgl. Luhmann, Niklas, Paradigm lost: Über die ethische Reflexion der Moral, Frankfurt a. M. 1990.

[150] Vgl. Klaus, Georg/Buhr, Manfred (Hrsg.), Philosophisches Wörterbuch, Band 2, Stichwort „Moral", 2. Aufl., Leipzig 1965, S. 745 ff.; Glaeßner, Gert-Joachim, Herrschaft durch Kader. Leitung der Gesellschaft und Kaderpolitik in der DDR, Opladen 1977; Akademie für Rechts- und Staatswissenschaft der DDR (Hrsg.), Verwaltungsrecht. Lehrbuch, 2. Aufl., Berlin (Ost) 1988, S. 161.

[151] Vgl. Bruce, Willa Marie, Administrative Morality, in: Jay M. Shafritz (Hrsg.), Defining Public Administration, Boulder 2000, S. 407 ff.

12. Kapitel: Kulturen, Werte, Ethos der Verwaltung

auf geschriebene Gesetze und Vernunftrecht zu stützen, so darf doch nicht übersehen werden, dass das Recht in vielen Lebenssphären darauf angewiesen ist, sich auf Werte, Tugenden, Sitten, Bräuche in ihrer wirklichen Maßgeblichkeit zu stützen. Die moralische Frage kann für den öffentlichen Dienst nicht einfach individualisiert oder privatisiert beantwortet werden.[152] Es geht um eine öffentlich-normative Ordnung, nicht öffentliches Recht, aber generalisierte Verhaltenserwartungen für berufliche Achtung und Missachtung. Die Ebene der moralischen Ordnung kann für das Recht verschiedenes leisten: bei der rechtsetzenden Vorbereitung von Beamtengesetzen, bei der rechtsergänzenden Ethikdiskussion, bei der Wertausfüllung im Rechtsvollzug.[153] Im deutschen Falle kommt hinzu, dass der Anforderungskatalog eines pflichtgemäßen Verhaltens der Beamten nicht nur über viele Rechtsvorschriften verteilt ist. Er verbirgt sich insbesondere in der Kasuistik eines nationalen Disziplinarrechts, wie es durch richterliche Rechtsprechung hervorgebracht worden ist.[154] Eine umfassende Explikation von berufsethischen Anforderungen im öffentlichen Dienst hat alles für sich, was auch sonst für eine Kodifikation spricht: Systematisierung, Publizität, Kontinuität, Harmonisierung und gegebenenfalls: Chance einer Modernisierung.[155] Wenn man bedenkt, dass heute nicht mehr eine unbefragte Internalisierung des Berufsethos als selbstverständlich unterstellt werden kann, kommt nach internationalen Erfahrungen der Kommunizierbarkeit ein hoher Rang zu.[156] Man muss maßgebliche Werte kennen, um sie anzuwenden.

Als beispielhafter Ansatz eines Kodifikats in jüngerer Zeit werden die sieben Prinzipien des öffentlichen Lebens angesehen, wie sie aus den Arbeiten des Nolan Committee von 1995 an in Großbritannien ausgegeben worden sind.[157] Sie lauten: Uneigennützigkeit, also Handeln im öffentlichen Interesse; Integrität, mithin kein Eingehen von Obliegenheiten, die die Ausübung von Amtspflichten beeinträchtigen könnten; Objektivität, daher Wahrnehmung öffentlicher Angelegenheiten nur nach innerer Berechtigung; Verantwortlichkeit, also Einstehen der Amtsträger für ihre Entscheidungen und Handlungen gegen-

---

[152] Vgl. Martinez, J. Michael, Law versus Ethics – Reconciling Two Concepts of Public Service Ethics, in: Administration and Society 1998, S. 690 ff.

[153] Vgl. Sommermann, Karl-Peter, Ethisierung des öffentlichen Diskurses und Verstaatlichung der Ethik, in: Archiv für Rechts- und Sozialphilosophie 2003, S. 75 ff.

[154] Vgl. Köhler, Heinz/Ratz, Günter, Bundesdisziplinarordnung und materielles Disziplinarrecht, 2. Aufl., Köln 1994, S. 82.

[155] Vgl. König, Michael, Die Idee der Kodifikation – besonders in Deutschland und Frankreich, in: Zeitschrift für Gesetzgebung 1999, S. 195 ff.

[156] Vgl. OECD (Hrsg.), Trust in Government – Ethics Measures in OECD Countries, Paris 2000, S. 35.

[157] Vgl. OECD (Hrsg.), Trust in Government – Ethics Measures in OECD Countries, Paris 2000, S. 35; Strohm, Nathalie, Why Germany does not (yet?) have a Nolan Committee? Arbeitspapiere aus der FernUniversität Hagen, polis Nr. 53/2001.

über Öffentlichkeit und Prüfungsinstanzen; Offenheit, damit Offenlegung aller Entscheidungen und ihrer Gründe sowie Zurückhaltung von Informationen nur bei übergeordneten öffentlichen Interessen; Aufrichtigkeit, mithin Aufklärung einer Kollision von privaten und öffentlichen Interessen und Konfliktlösung zugunsten öffentlicher Interessen; Führung, und damit schließlich Förderung und Unterstützung dieser Prinzipien durch Führungsmaßnahmen und vorbildliches Verhalten.

In Deutschland haben sich solche Verhaltenskodizes außerhalb der Korruptionsbekämpfung noch nicht durchgesetzt.[158] Indessen findet man in den neu geschaffenen Leitbildern von Verwaltungen und Behörden Texte, die moralische Qualitäten des Verhaltens von öffentlichen Bediensteten mit beinhalten. Sie werden als Instrument der Modernisierung angesehen.[159] Dadurch, dass Leitbilder sich auch an Mitarbeiter wenden, Identifikationen der Mitglieder mit der Entwicklung der Organisation schaffen, Führungsstile prägen wollen, enthalten die Wertvorstellungen der Leitbilder eine berufsethische Komponente. Entsprechend finden sich auf die Mitarbeiter bezogene Kategorien wie bürgernah handeln, Selbstbeschränkung üben, Akzeptanz sichern, Qualität erbringen, Mitarbeiter fördern, kollegial zusammenarbeiten bis hin zu Formulierungen wie offen und ehrlich, hilfsbereit und freundlich.[160]

Hält man hiernach alle Quellen zusammen – Beamtengesetze und Disziplinarrecht, ethische Kodifikationen und Codes of Conduct, Korruptionsvorschriften und Verwaltungsleitbilder – und wirft sodann die inhaltliche Wertfrage auf, kann man feststellen, dass für westliche Demokratien und Industrieländer mit ihren modern-okzidentalen Verwaltungen im Kern gleichartige Anforderungsprofile eines Berufsethos im öffentlichen Dienst bestehen, und zwar jenseits jeweiliger Formqualität. Zwei Gruppen von Werten lassen sich auseinanderhalten: zum einen die Werte des politischen Regimes und zum anderen die Werte einer im Kern bürokratischen Leistungsordnung. Die Werte des politischen Regimes sind im modernen Verfassungsstaat konstitutionelle Werte. Sie werden als wichtigster Faktor einer Prägung des öffentlichen Dienstes auch

---

[158] Vgl. Behnke, Nathalie, Ethik-Maßnahmen für die öffentliche Verwaltung, in: Jörg Bogumil u. a. (Hrsg.), Politik und Verwaltung, Politische Vierteljahresschrift, Sonderheft 37, 2006, S. 250 ff.

[159] Vgl. Hilb, Martin, Möglichkeiten und Grenzen von Regierungs- und Verwaltungsleitbildern, in: Verwaltung und Management 1995, S. 78 ff.; ferner Behrens, Fritz/Stöbe, Sybille, Die Entwicklung von Leitbildern – Ein Instrument der Verwaltungsmodernisierung?, in: Verwaltung und Management 1995, S. 29 ff.

[160] Vgl. etwa Leitbild der Landesverwaltung Baden-Württemberg bzw. des Kraftfahrt-Bundesamtes, in: Sachverständigenrat „Schlanker Staat" (Hrsg.), Leitfaden zur Modernisierung von Behörden, Bonn 1997, S. 13 f. bzw. 17 f.

dort angesehen, wo es keine geschriebene Verfassung gibt.[161] In der offenen Gesellschaft des Pluralismus mag es vielfältige Spannungen jeweiliger Wertschätzungen in den ausdifferenzierten Handlungssphären geben.[162] Der öffentlichen Verwaltung mag eine allgemeine gesellschaftliche Funktion der Stabilität zukommen. Aber unter den Bedingungen der okzidentalen Moderne sind es eben Werte von Menschenrechten, Demokratie, Rechtsstaatlichkeit, die zu öffentlichen Aufgaben führen.

Wenn der öffentliche Dienst sich auf solche Werte allenfalls formal, nicht aber ethisch fundiert bezieht, fällt eine Stütze der politischen Ordnung weg. Die Haltung der Beamten in der Weimarer Republik ist dafür ein historischer Anschauungsfall.[163] Insofern ist die Pflicht zur Verfassungstreue nach deutschem Beamtenrecht eine Selbstverständlichkeit des Berufsethos. Dass der Beamte jederzeit bereit sein muss, für die freiheitlich demokratische Grundordnung einzutreten, bringt die politisch-ethischen Standards der öffentlichen Verwaltung auf eine gelungene Formel, da sie Gewalt- und Willkürherrschaft ausschließt und demgegenüber auf eine rechtsstaatliche Herrschaftsordnung auf der Grundlage der Selbstbestimmung des Volkes nach dem Willen der jeweiligen Mehrheit und der Freiheit und Gleichheit abstellt.[164] Diese Linie setzt sich fort, wenn heute im Dialog mit Entwicklungsländern und dann auch mit Transformationsländern Regime-Werte betont werden.[165]

Augenfällig ist, dass auch in der verwaltungswissenschaftlichen Reflexion ethische Anforderungen an den Civil Service der Vereinigten Staaten Regime-Werte von Demokratie, Rechtsstaatlichkeit, Gleichheit, Freiheit einen hohen Stellenwert einnehmen.[166] Die Gründe hierfür liegen in einer traditionell propagierten Dichotomie von Politik und Verwaltung – „take administration out of politics" –, die ihre Ursprünge in einer vom politischen Beutesystem korrumpierten Verwaltung, insbesondere in den Großstädten vom 19. bis zum 20.

---

[161] Vgl. Chapman, Richard A., Ethics in Public Service for the New Millenium, in: ders. (Hrsg.), Ethics in Public Service for the new Millenium, Aldershot u. a. 2000, S. 221.

[162] Vgl. Rosenbloom, David H., Public Administration: Understanding Management, Politics, and Law in the Public Sector, 4. Aufl., Boston u. a. 1998, S. 456 ff.

[163] Vgl. Morsey, Rudolf, Woran scheiterte die Weimarer Republik?, Köln 1998.

[164] Vgl. Wichmann, Manfred/Langer, Karl-Ulrich, Öffentliches Dienstrecht, 6. Aufl., Stuttgart 2007, S. 164.

[165] Vgl. Bertucci, Guido/Armstrong, Elia Yi, United Nations Involvement in Promoting Government Ethics, in: Yassin El-Ayouti u. a. (Hrsg.), Government Ethics and Law Enforcement: Toward Global Guidelines, Westport 2000.

[166] Vgl. Rohr, John A., Ethics for Bureaucrats: An Essay on Law and Values, New York 1989, S. 59 ff.

Jahrhundert hat.[167] Das Konzept „The field of administration is a field of business" hat eine sich historisch wiederholende Zuspitzung im Managerialismus hervorgebracht, und zwar bis heute: Reengineering, Reinventing Government, New Management, Entrepreneurial Governance. Dem musste in der ethischen Diskussion entsprechend nachhaltig entgegengestellt werden, dass es eben in der zivilgesellschaftlichen Verwaltung Werte des Demokratischen sind, aus denen heraus das „common good" besorgt wird.[168]

Die Spannungslagen mit einem managerialistischen Verwaltungsverständnis konnten freilich nur dadurch entstehen, weil private wie öffentliche Organisationen auf viele gemeinsame Werte zurückgreifen können. Dazu pflegt das Arbeitsethos jedenfalls nach seinem kulturellen Grundzug zu gehören. Wer Wirtschaft und Gesellschaft unter dem Vorzeichen der protestantischen Ethik diskutiert[169], wird am „arbeitenden Staat" nicht vorbeigehen können. Wenn Maximen des Arbeitslebens davon geprägt sind, dass Arbeit zum Selbstzweck des Lebens gehört, dann gilt das für die Großorganisationen der Moderne, mögen sie im privaten oder im öffentlichen Sektor verankert sein. Entsprechend gehören auch Effizienz und Effektivität zu den Kernwerten nicht nur des Geschäftslebens, sondern auch der öffentlichen Verwaltung, die mit dem Geld anderer wirtschaftet. Das hat noch nichts mit Ökonomismus zu tun. Der beginnt aber spätestens, wenn man genuine Werte der Privatwirtschaft, also Profitabilität und Konkurrenzfähigkeit auf öffentliche Dienste überträgt.

Man kann hiernach von den gemeinsamen ethischen Standards in der Arbeitsgesellschaft und weiter von den spezifischen Anforderungen des Geschäftslebens unterscheidbare, eigene Werte eines Berufsethos in der öffentlichen Verwaltung identifizieren, und zwar Werte nicht nur des politischen Regimes, sondern auch der administrativen Leistungsordnung.[170] Die einschlägigen Kodizes treffen insoweit nicht immer eindeutige Unterscheidungen. In den Wertekatalogen findet man häufig folgende ethischen Anforderungen: Integrität, Ehrbarkeit, Uneigennützigkeit, Objektivität, Unparteilichkeit, Neutralität, Offenheit, Empfänglichkeit, Freundlichkeit, Wohlwollen, Mitgefühl, Mitsorge, Sorgfalt, Diskretion, Loyalität, Gehorsam, Gemeinwohlbindung, politisches

---

[167] Vgl. König, Klaus, Erkenntnisinteressen der Verwaltungswissenschaft, Berlin 1970, S. 25 ff.

[168] Vgl. Gawthrop, Louis C., Public Service and Democracy: Ethical Imperatives for the 21st Century, New York 1998, S. XII.

[169] Vgl. Weber, Max, Asketischer Protestantismus und kapitalistischer Geist, in: ders., Soziologie. Universalgeschichte der Analysen, Politik, hrsg. von Johannes Winkelmann, 6. Aufl., Stuttgart 1992, S. 357 ff.; ferner König, Klaus, El estado social de derecho como „empresario directo e indirecto": presupuestos de una administracio eficiente, in: Lothar Kraft (Hrsg.), La Dignidad del Trabajo, Mainz 1985, S. 225 ff.

[170] Vgl. Huberts, Leo W. J. C u. a., Ethics and Integrity and the Public-Private Interface, Maastricht 1999.

12. Kapitel: Kulturen, Werte, Ethos der Verwaltung

Bewusstsein, Vertrauenswürdigkeit, Kollegialität, Fairness, Verantwortlichkeit, Sachverstand, professionelle Qualifikation, Courage, Gleichbehandlung, Wirtschaftlichkeit, Effektivität, Rechtsgehorsam, „working hard".

Man kann mit der Diskussion und Abwägung solcher und weiterer Werte ein Handbuch des Verwaltungsethos füllen.[171] Die einschlägigen Querschnittsfragen reichen von dem klassischen Problem disziplinarrechtlicher Relevanz von Fehlverhalten – im Straßenverkehr, im Schuldnerverhalten, bei Rauschtaten – außerhalb des Dienstes[172] bis zur heutigen Fragestellung, ob es geschlechtsspezifische Unterschiede im Beamtenethos gibt.[173] Ein Problem von wachsender Bedeutung ist das der hybriden Organisation, also einer Organisation zwischen öffentlichem und privatem Sektor mit entsprechenden Spannungslagen der Wertordnung. Weite Bereiche der kommunalen Wirtschaft – Sparkassen, Verkehrsbetriebe, Wohnungsgesellschaften usw. – gehören dazu. Die Frage, ob solche hybriden Wertverhältnisse ein positiver oder negativer Faktor für die politisch-demokratische Erledigung öffentlicher Angelegenheit darstellen, ist umstritten.[174]

Zwei vor allem maßgebliche allgemeine Themen lauten, erstens, ob es überhaupt noch ein einheitliches Berufsethos für den öffentlichen Dienst gibt oder ob man von einer Bereichsethik für bestimmte Berufsgruppen sprechen muss, und zweitens, wie es mit dem Wertewandel im Berufsbeamtentum beschaffen ist. Die erste Frage wird insbesondere für die Polizei im Sinne eines ausdifferenzierten Bereichsethos beantwortet.[175] Dazu lässt sich darauf verweisen, dass die deontologischen Codes des öffentlichen Dienstes in Frankreich sich auf die Korps, also spezifisch auf die Pflichten bestimmter Berufsgruppen beziehen, es so also auch ein „Code de déontologie de la Police nationale" gibt.[176] Aller-

---

[171] Vgl. Cooper, Terry L. (Hrsg.), Handbook of Administrative Ethics, 2. Aufl., New York u. a. 2000; ferner Frederickson, H. George/Ghere, Richard K. (Hrsg.), Ethics in Public Management, Armonte NY 2005.

[172] Vgl. Köhler, Heinz/Ratz, Günter, Bundesdisziplinarordnung und materielles Disziplinarrecht, 2. Aufl., Köln 1994, S. 307 ff.

[173] Vgl. Scranton, Anneka Marina/Ranney, Molly J., Gender Differences in Administrative Ethics, in: Terry L Cooper, Handbook of Administrative Ethics, 2. Aufl., New York u. a. 2000, S. 553 ff.

[174] Vgl. Kickert, Walter J. M., Public Management Reforms in the Netherlands, Delft 2000, S. 110 ff.; Moe, Ronald C., The Emerging Federal Quasi Government – Issues of Management and Accountability, in: Public Administration Review 2001, S. 290 ff.

[175] Vgl. Ahlf, Ernst-Heinrich, Berufsethik im Wandel – dargestellt am Beispiel der Polizei –, in: Verwaltungsarchiv 2001, S. 405 ff.; Gregory, Josie/Harding, Bill, Ethics as a Change Strategy in Policing in the United Kingdom, in: Brendan C. Nolau (Hrsg.), Public Sector Reform: An International Perspective, New York 2001, S. 102 ff.

[176] Vgl. Thomas-Tual, Béatrice, Le Code de déontologie de la Police nationale : Un texte passé inaperçu, in: Revue du Droit public 1991, S. 1385 ff.

dings sind auch im französischen öffentlichen Dienst die Korps von einem allgemeinen Pflichtenstatus überwölbt.[177] Es gibt eben in der öffentlichen Verwaltung das Allgemeine und das Besondere. Das Besondere ist insoweit herkömmlicherweise der Eid des Hippokrates, der auch für Ärzte im öffentlichen Dienst gilt. Entsprechend unterliegen gefahrengeneigte Berufe wie Feuerwehr, Rettungsdienste und eben auch Polizei bereichsspezifischen Ethos-Anforderungen.[178] Aber das schließt es nicht aus, dass öffentliche Berufe vom Allgemeinen des Arbeitsethos, der Allgemeinwohlbindung, der Unparteilichkeit, der Verantwortlichkeit usw. überwölbt werden.[179]

Für die fortgeschrittene Moderne gilt der Wertewandel von den „materialistischen" zu den „postmaterialistischen"[180], von den „Pflicht- und Akzeptanzwerten" zu den „Selbstentfaltungswerten" als ausgemacht.[181] Im Hinblick auf die Verwaltungsmodernisierung werden folgende Mentalitätsänderungen aufgrund des Wertewandels aufgezeichnet: ein verstärktes Bedürfnis nach Autonomie und Selbstentscheidung, eine verstärkte Abhängigkeit der Bereitschaft zur Leistung oder Normbefolgung von eigener Motivation, eine verringerte Bereitschaft zur Übernahme von Rollenpflichten unabhängig von eigener Zustimmung, ein verstärktes Bedürfnis nach Spontaneität, Vermeidung von Dauerverpflichtungen, ungezwungener Kommunikation, eine verringerte Bereitschaft zur Akzeptanz formaler Autoritätsansprüche, insgesamt ein verstärktes Bedürfnis, Subjekt des eigenen Handelns zu sein.

Öffentliche Berufe stehen in einer Spannungslage zwischen Pflichtethik und Wertverwirklichung, Normation und Motivation, Sollen und Sein. Bei der ethischen Ordnung stellt sich wie auch sonst im Normativen die Geltungsfrage. Die heutige Wertewandelforschung geht von einem empirisch-sozialwissenschaftlichen Wertverständnis aus.[182] Zugespitzt könnte man sagen, dass sie wertbezogene Motivationslagen abfragt. Dass indessen Werte als Pflichtenethos historisch nicht obsolet sind, lässt sich schon damit belegen, welchen Erneuerungsschub der Ethisierung wissenschaftliche Lehre und Forschung an öffentlichen Universitäten und außeruniversitären Forschungseinrichtungen heute erfährt,

---

[177] Vgl. Ziller, Jacques, Der öffentliche Dienst in Frankreich, in: Zeitschrift für Beamtenrecht 1997, S. 333 ff.

[178] Vgl. Ahlf, Ernst-Heinrich, Berufsethik im Wandel – dargestellt am Beispiel der Polizei –, in: Verwaltungsarchiv 2001, S. 405 ff.

[179] Vgl. Larsen, Øjvind, Administration, Ethics and Democracy, Aldershot 2000.

[180] Vgl. Inglehart, Ronald, Kultureller Umbruch – Wertwandel in der westlichen Welt, Frankfurt a. M./New York 1989.

[181] Vgl. Klages, Helmut, Wertedynamik: über die Wandelbarkeit des Selbstverständlichen, Zürich 1988.

[182] Vgl. Klages, Helmut, Werte und Wertewandel, in: Bernhard Schäfers/Wolfgang Zapf (Hrsg.), Handwörterbuch zur Gesellschaft Deutschlands, 2. Aufl., Opladen 2001, S. 726 ff.

12. Kapitel: Kulturen, Werte, Ethos der Verwaltung

und zwar nicht nur wegen der Probleme der Biomedizin.[183] Das akademische Ethos wird in geschriebene Regeln gefasst, Ombudsmänner und Ethikkommissionen für gute wissenschaftliche Praxis werden eingerichtet, gar Sanktionierung etwa in Form des Entzuges von Forschungsgeldern wird angedroht.

Die Ergebnisse der Wertwandelforschung könnten hiernach die Normativität des Ethischen nur dann außer Kraft setzen, wenn sie den klassischen Beamtenpflichten der Moderne die Realität deren Nichtbefolgung schlechthin entgegenhalten könnte, wenn ihre Geltung in den sozialen Fakten überhaupt kein Fundament mehr finden könnte. Umschichtungen von Wertorientierungen in der beobachtbaren Verwaltungswelt reichen dazu nicht aus. Es mag Generationenprobleme im Hinblick auf Ethik-Codes geben.[184] Für das Berufsethos muss das Verhältnis zum Wandel vieler sozialer Faktoren eingerechnet werden.[185] Modernisierungsbewegungen wie das Neue Öffentliche Management mögen neue Akzente, also eine Betonung von Werten der Effektivität und Effizienz zur Folge haben.[186] Aber die Relativierung in den Leistungs- und Gehorsamswerten des öffentlichen Dienstes, wie sie die Wertwandelforschung beobachtet, setzen das kulturell gewachsene Berufsethos in der öffentlichen Verwaltung nicht außer Kraft. Entsprechend werden – nach Häufigkeit der Nennung – folgende acht Kernwerte des öffentlichen Dienstes in den OECD-Ländern aktuell genannt: Unparteilichkeit, Legalität, Integrität, Transparenz, Effizienz, Gleichheit, Verantwortlichkeit, Gerechtigkeit.[187]

Besonders hohe ethische Maßstäbe pflegt man an Verwaltungspersonal in Führungsfunktionen anzulegen. So wird dann auch „Leadership" in der Förderung moralischer Standards selbst zu einem Prinzip des öffentlichen Lebens gemacht.[188] Freilich ist der Moralisierung gerade auch im Führungsbereich besonders vorsichtig zu begegnen. Nur zu oft ist hier eine mit Werten aufgeladene Sprache nicht mehr als das Dekor einer Kommunikation, in der es um Macht

---

[183] Vgl. Sommermann, Karl-Peter, Ethisierung des öffentlichen Diskurses und Verstaatlichung der Ethik, in: Archiv für Rechts- und Sozialpsychologie 2003, S. 75 ff.

[184] Vgl. Glor, Eleanor, Codes of conduct and generations of public servants, in: International Review of Administrative Sciences 2001, S. 525 ff.

[185] Vgl. Van Wart, Montgomery, Changing Public Sector Values, New York/London 1998.

[186] Vgl. Gregory, Robert, Transforming Governmental Culture: A Sceptical View of New Public Management, in: Tom Christensen/Per Loegreid (Hrsg.), New Public Management. The Transformation of Ideas and Practice, Aldershot 2001, S. 231 ff.; ferner Cullen, Ronald B./Cushman, Donald P., Transitions to Competitive Government: Speed, Consensus and Performance, New York 2000 insbes. S. 251 ff.

[187] Vgl. OECD (Hrsg.), Trust in Government – Ethics Measures in OECD Countries, Paris 2000, S. 32.

[188] Vgl. OECD (Hrsg.), Trust in Government – Ethics Measures in OECD Countries, Paris 2000, S. 35.

geht. Andererseits gibt es für hochrangige Administratoren keinen moralischen Nachlass, mag es auch für Beamte an der Nahtlinie zwischen Politik und Verwaltung ungleich schwieriger sein, Integrität zu bewahren, als in einem nachgeordneten Vollzugsbereich. Die Werte des politischen Regimes wie der administrativen Leistungsordnung sind allgemeinverpflichtend.[189]

Höhere Anforderungen erwachsen indessen aus höheren Positionen, was die persönlichen Einstehens- und Rechenschaftspflichten der Verwaltungsmitglieder, also ihre Verantwortlichkeit anlangt. Die Spannweite der Zurechenbarkeit von Leistungen und Fehlern ist an der Spitze größer. Man mag ein Verständnis von Delegation derart haben, dass nicht nur Befugnisse, sondern auch Verantwortung nach unten übertragen werden könne. Die Realitäten des Einstehens für Fehlleistungen in der Führungsverantwortung gleichen aber mehr der Gefährdungshaftung, denn der Haftung des Beamten für vorsätzliche oder grob fahrlässige Pflichtverletzungen. Man muss freilich einräumen, dass die Maßstäbe der Verantwortungsethik eines Max Weber[190] problematisch geworden sind. Die sozialtechnologischen Möglichkeiten einer Folgenkalkulation sind zwar verbessert worden. Zugleich hat die Komplexität der Entscheidungssituation und die Schwierigkeiten der Zurechnung zu Entscheidungsträgern zugenommen, so dass es zu einer Diffusion der Verantwortlichkeiten gekommen ist. Ein Beamter kann in Schlüsselpositionen rücken – nicht nur der Atomaufsicht[191], sondern auch in der Lebensmittelkontrolle –, die seine Tätigkeit schlechthin zum Wagnis machen. Wenn man nicht in die Gesinnungsethik ausweichen will – bei der man sich dann auf den Schutz der Gleichgesinnten verlässt –, müssen neu vermessene Standards einer Verantwortungsethik entwickelt werden.[192]

Wie der Zusammenhalt von „Trust in Government" und „Ethics Measures" durch die Organisation für Wirtschaftliche Zusammenarbeit und Entwicklung zeigt[193], erwartet man von der Stärkung der ethischen Komponente des Staatshandelns nicht zuletzt eine Verbesserung des Vertrauensverhältnisses zwischen Verwaltung und Bürger. Der öffentlichen Verwaltung als der Frontorganisation des modernen Staates mit einem wohlfahrtsstaatlichen Spektrum von Aufgaben begegnet der Bürger mit Vorbehalten. Die umfassende Frage nach dem „Trust

---

[189] Vgl. Cooper, Terry L., The Responsible Administrator – An Approach to Ethics for the Administrative Role, San Francisco 1998.

[190] Vgl. Weber, Max, Politik als Beruf, 6. Aufl., Berlin 1977.

[191] Vgl. Apel, Karl-Otto, Konfliktlösung im Atomzeitalter als Problem einer Verantwortungsethik, Frankfurt a. M. 1990.

[192] Vgl. Larsen, Øjvind, Administration, Ethics and Democracy, Aldershot 2000, S. 65 ff.

[193] Vgl. OECD (Hrsg.), Trust in Government – Ethics Measures in OECD Countries, Paris 2000.

12. Kapitel: Kulturen, Werte, Ethos der Verwaltung

in Government" wird vom Publikum überwiegend mit Zustimmung unterhalb der 50 %-Marke beantwortet. Skandinavische Länder liegen etwas darüber. Im Jahre 2002 ergeben sich für die Europäische Union 39 %, für Frankreich 30 %, für Deutschland 37 %, für Italien 33 %, für Großbritannien 33 % positive Bewertungen. Die Tendenz ist allgemein fallend. In den USA lagen die einschlägigen Zahlen am Anfang der 1960er Jahre jenseits von 70 %, um dann über die Jahre unter die 30 %-Marke zu fallen. Für das Jahr 2000 werden Vertrauensaussagen über 40 % verzeichnet. Bemerkenswert ist, dass für Promotoren des New Public Management – wie Großbritannien – gegenüber „verspäteten" Reformern – wie Deutschland – keine Vertrauensrendite zu verzeichnen ist.[194] Hingegen können sich Vertrauensaussagen nach Verwaltungsebenen relativieren. Im Falle der USA zeigt sich, dass 1972 das öffentliche Vertrauen am höchsten für den Bund war, während die anderen Verwaltungsebenen dahinter lagen. Heute steht in der Vertrauensschätzung die Lokalverwaltung an erster Stelle und auch die Staaten – die Bundesländer – stehen vor der Bundesebene.[195] Ein Tiefpunkt der Vertrauensverluste ist erreicht, wenn die Kreditwürdigkeit der staatlichen Maschinerie so in Frage gestellt wird, dass Auswirkungen auf Wirtschaftswachstum und Direktinvestitionen festgestellt werden können.[196]

Wendet man sich der öffentlichen Verwaltung für sich und hier der deutschen Verwaltung zu, dann führen wissenschaftliche Befragungen nach dem Vertrauen der Bürger in die Gleichbehandlung und Fairness bei Behörden zu positiver Beantwortung 1959 von 65 %, 1990 von 74 %, 1995 von 69 % in Westdeutschland. Die Zahlen zur Responsivität von Beamten fallen demgegenüber zurück, wobei „Ernsthafte Beachtung" 1957 bei 53 %, 1990 bei 40 %, 1995 bei 42 % in Westdeutschland liegt. Bemerkenswert sind die unterschiedlichen Verlaufskurven zur Bewertung der Klientelorientierung des Behördenpersonals, also im Grunde der allgemeinen Zufriedenheit im vereinigten Deutschland. Während in den alten Bundesländern der Anteil der Befragten, der die Hilfsbereitschaft und Freundlichkeit der Beamten positiv bewertete, von 1980 bis 1995 um etwa 10 % zurückging, erhöhte er sich in den neuen Bundesländern auf ca. 56 % und rückte fast auf das westdeutsche Niveau von über 58 % in den 1980er Jahren vor.[197]

---

[194] Vgl. Pollit, Christopher/Bouckaert, Geert, Public Management Reform, 2. Aufl., Oxford 2004, S. 131 ff.

[195] Vgl. National Academy of Public Administration (Hrsg.), A Government to Trust and Respect, Washington, D. C. 2002.

[196] Vgl. World Bank (Hrsg.), World Development Report 1997, The State in a Changing World, Washington, D. C. 1997, S. 36 ff.

[197] Vgl. Derlien, Hans-Ulrich/Löwenhaupt, Stefan, Verwaltungskontakte und Institutionenvertrauen, in: Hellmut Wollmann u. a. (Hrsg.), Transformation der politisch-administrativen Strukturen in Ostdeutschland, Opladen 1997, S. 417 ff.

In kaum einem sozialen Bereich hängen Urteile von Befragten so von der Fragestellung ab, wie es bei Verwaltung und Verwaltungsdienst der Fall ist. Man muss nur das Wort „Bürokratie" einstreuen, um alle Klischeevorstellungen zu wecken. So ist dann bei Überregulierungen von Gesetzen auch von „Bürokratiekosten" die Rede, obwohl diese Kosten letztlich in der Verantwortung des parlamentarischen Gesetzgebers liegen. Um belastbare Aussagen zur Verwaltung zu erhalten, muss man sich auf konkrete Leistungsträger wie Polizeibehörden oder Verhaltensaspekte wie Pflichtbewusstsein ausrichten. Um so beachtlicher ist es, dass neben der herkömmlichen Verlässlichkeit Veränderungen zum Besseren in der Dienstleistungsorientierung, Hilfsbereitschaft, Freundlichkeit vom Publikum anerkannt werden. Das ist ein Schwachpunkt, den die Verwaltung selbst vermerkt und dem sie vielfältige Reformmaßnahmen der Bürgerfreundlichkeit und Kundenorientierung entgegensetzt. Im Grunde hat es die Verwaltung mit Widersprüchlichkeiten bei ihren Bürgern zu tun. Nicht nur in Deutschland verlangt ein breites Publikum ein hohes Niveau der Versorgung mit öffentlichen Gütern und Dienstleistungen. Der Preis dafür ist eine ausgebaute staatliche und jetzt auch supranationale Bürokratie – „big government" –. Bürger mögen diese Zusammenhänge sehen. Aber bei vielen trifft die administrative Seite der Medaille nicht auf Wertschätzung. Die Konsequenz ist ein „gespaltenes Verhältnis" zum öffentlichen Dienst, in dem die Unterscheidung von Bürokratie als Leistungsordnung und Bürokratisierung als Fehlleistung eben dieser Ordnung verwischt wird.[198]

Jenseits solcher Paradoxien des Verwaltungsalltags muss man sich in der internationalen Kommunikationsgemeinschaft der Verwaltungswissenschaftler und Verwaltungspraktiker darüber Rechenschaft geben, dass über der deutschen Verwaltung ein Schatten liegt, der historisch nicht vergänglich zu sein scheint. Es ist der Holocaust, der zum Bezugsfall für das Verwaltungsübel schlechthin gemacht wird.[199] Der Holocaust ist das dunkelste Kapital in der deutschen Verwaltungsgeschichte. Welchen intentionalen und funktionalen Interpretationen man auch zuneigt, ohne Verwaltungsorganisation, Verwaltungsverfahren, Verwaltungsvorschriften, Verwaltungsbedienstete war er nicht zu vollziehen. Der Holocaust ist das ungeschminkte Gesicht schlimmster Möglichkeiten des Technisch-Administrativen in der Moderne. So ist er dann nicht Geschichtlichkeit, nicht Sache der Betroffenen geblieben, sondern zu einem Lehrstück geworden: das „Administrative Evil Unmasked", das sich vor andere Verwaltungsübel schiebt und auch im 21. Jahrhundert ein zumindest latentes,

---

[198] Vgl. Noelle, Elisabeth/Petersen, Thomas, Eine Art Hassliebe – Über die Einstellung der Deutschen zur Bürokratie, in: Frankfurter Allgemeine Zeitung vom 16.5.2007, Nr. 113, S. 5.

[199] Vgl. Adams, Guy B./Balfour, Danny L., Unmasking Administrative Evil, London 1998.

politisch jederzeit abrufbares Regulativ der internationalen Kommunikation in Verwaltungsangelegenheiten darstellt.

Kehrt man zum Verwaltungsalltag zurück, so kann man der Frage nach dem Vertrauen der Bürger in die Verwaltung die nach dem Selbstvertrauen des Verwaltungsdienstes hinzufügen. Dieses Problem versucht man in der heutigen Diskussion mit dem Begriff des Stolzes im öffentlichen Dienst zu erfassen.[200] Stolz ist keine herkömmliche verwaltungswissenschaftliche Kategorie. Man wird im Stolz ein psychisch-motivationales Charakteristikum sehen, das jenes Eigenmachtgefühl, das als Selbstvertrauen auch im Berufe öffentlicher Verwaltung unverzichtbar ist, in die Hochachtung seiner selbst steigert. So mag Stolz für den Beamtenstaat des 19. Jahrhunderts passen. Für die Rationalität der verrechtlichten und ökonomisierten öffentlichen Verwaltung scheint er unangemessen. Lässt man sich dennoch auf diese Diskussion ein, so stellt man fest, dass es insbesondere im angloamerikanischen Raum und vor allem im Reaganismus und Thatcherismus zu extremen Formen der Beamtenschelte – „Bureaucracy-bashing" – gekommen war. Von hier aus ist zu verstehen, dass zum Beispiel in der kanadischen Bundesverwaltung ein Projekt entwickelt wurde, in dem mit unüblichem Nachdruck Verständnis und Anerkennung für die Herausforderungen und Leistungen der öffentlichen Bediensteten gesucht werden sollten.[201]

Von solchen praktischen Versuchen zu einem belastbaren Konzept des Stolzes im öffentlichen Dienst zu kommen, ist eine schwierige Aufgabe, selbst wenn man von vornherein Bezugsketten zur Leistung, zur Bürgerzufriedenheit, zum Vertrauen in Institutionen, zur Motivation, zur Legitimität herstellt.[202] Jedenfalls wird deutlich, dass es nicht bloß um Selbstschätzung, sondern vor allem um Fremdschätzung geht. Es genügt nicht, dass man durch Bestehen einer Eingangsprüfung zum Verwaltungsdienst an Selbstwertgefühl gewinnt. Es muss ein Examen sein, das in seiner Strenge sozial anerkannt ist. Die Auswahl der Verwaltungseliten in Frankreich könnte man so dem Stolz im diskutierten Sinne zuordnen. Das Prüfungswesen bei akademischen Berufen ist in Deutschland der öffentlichen Verwaltung zu fern, um solche Zurechnungen vornehmen zu können. Wenn es um die Wertschätzung durch andere geht, wird man zuerst auf das Sozialprestige der Beamten verweisen: die Verwaltungseliten von

---

[200] Vgl. Kernaghan, Kenneth, Editorial Statement, Symposium on Pride and Performance in Public Service, in: International Review of Administrative Scienes 1/2001, S. 11 ff.

[201] Vgl. Kernaghan, Kenneth, Editorial Statement, Symposium on Pride and Performance in Public Service, in: International Review of Administrative Sciences 2001, S. 11 ff.

[202] Vgl. Bouckaert, Geert, Pride and Performance in Public Service: some Patterns of Analysis, in: International Review of Administrative Sciences 2001, S. 15 ff.

Preußen oder Bayern bis in die Anfänge des 20. Jahrhunderts hinein, ihren Korpsgeist, ihr Standesbewusstsein und Stil, und hiernach der bis heute nachlassenden Wertschätzung und ihren möglichen Gründen nachgehen: Autoritätsverlust des Staates, Kompetenzmängel der Verwaltung, unangemessene Ausdehnung des öffentlichen Sektors, Imitation von Marktwettbewerb und Wirtschaftsunternehmen, Politisierung der Verwaltung usw.[203] Damit ist aber nur die diagnostische Seite des Problems bezeichnet. Das kanadische Regierungsprojekt „Rediscovering Public Service: Recognizing the Value of an Essential Institution" meint Therapie.[204] In diesem Sinne sind es Leistung und Anerkennung, die auf die Kategorie des Stolzes bezogen werden.

Trennt man hiernach Selbstschätzung und Fremdschätzung, Selbstvertrauen und Anerkennung, dann ist Leistung Prinzip und zugleich Voraussetzung für Berufszufriedenheit und Respekt. Aber wie die Motivation der Mitarbeiter durch viele andere Faktoren vom Betriebsklima bis zu den Beförderungschancen bestimmt ist, so ist Leistung keine hinreichende Bedingung für die Anerkennung durch die soziale Umwelt. Die Verwaltung ist durch ihre wohlfahrtsstaatliche Ausdehnung allgegenwärtig. Sie ist aber in Macht und Eigenständigkeit dem Primat der Politik unterworfen. In dieser Spannungslage bleiben ihr kaum Selbstbestätigungsmöglichkeiten. Die „wesentlichen" Angelegenheiten ihrer Sach- wie Organisations-, Personal- und Verfahrenspolitik werden andernorts entschieden. Es fällt ihr selbst schwer, eine eigene Symbolik zu entfalten, wenn man an manche politische Namensgebung – „Struktur- und Genehmigungsdirektion" – denkt. Zu den Dilemmata des Verwaltungsdienstes in Demokratie und Rechtsstaat gehört es, dass er die verbindliche Allokation öffentlicher Güter und Dienstleistungen im Anblick eines darauf angewiesenen Publikums vollziehen muss, ohne die sachlichen, finanziellen, personellen Ressourcen in der Hand zu haben, Institutionenvertrauen bei eben diesem Publikum grundlegend zu verbessern.

---

[203] Vgl. Hartmann, Jürgen, Stolz auf öffentliche Verwaltung?, in: Der Öffentliche Dienst 2002, S. 237 ff.
[204] Vgl. Bourgault, Jacques/Gusella, Mary, Performance, Pride and Recognition in the Canadian Federal Civil Service, in: International Review of Administrative Sciences 2001, S. 29 ff.

Literaturverzeichnis

Zum 1. Kapitel: Verwaltungsstaat und verwaltete Welt

Adamovich, Ludwig K./*Funk*, Bernd-Christian, Allgemeines Verwaltungsrecht, 2. Aufl., Wien u. a. 1984.

Adorno, Theodor W., Einleitungsvortrag zum Darmstädter Gespräch 1953, in: Fritz Neumark (Hrsg.), Individuum und Organisation – Darmstädter Gespräch 1953, Darmstadt 1954, S. 21 ff.

– Soziologische Schriften 1, Frankfurt a. M. 1997.

Akademie für Staats- und Rechtswissenschaft der DDR (Hrsg.), Verwaltungsrecht – Lehrbuch, 2. Aufl., Berlin 1988.

Beck, Reinhart, Rätesystem, in: ders., Sachwörterbuch der Politik, 2. Aufl., Stuttgart 1986, S. 778 ff.

Bendix, Reinhard, Über die Macht der Bürokratie, in: Renate Mayntz (Hrsg.), Bürokratische Organisation, 2. Aufl., Köln/Berlin 1971, S. 359 ff.

Bermbach, Udo (Hrsg.), Theorie und Praxis der direkten Demokratie – Texte und Materialien zur Räte-Diskussion, Opladen 1973.

– Rätesystem, in: Wolfgang W. Mickel (Hrsg.), Handlexikon zur Politikwissenschaft, Bonn 1986, S. 424 ff.

Bleckmann, Albert, Europarecht, 4. Aufl., Köln u. a. 1985.

Böhret, Carl u. a., Innenpolitik und politische Theorie, 3. Aufl., Opladen 1988.

Boudon, Raymond/*Bourricaud*, François, Entfremdung, in: dies., Soziologische Stichworte, Opladen 1992, S. 124 ff.

Breuel, Birgit, Treuhandanstalt: Bilanz und Perspektiven, in: Aus Politik und Zeitgeschichte. Beilage zur Wochenzeitung Das Parlament, B 43-44/94 v. 28.10.1994, S. 14 ff.

Brinkmann, Gerhard u. a., Die Tätigkeitsfelder des höheren Verwaltungsdienstes: Arbeitsansprüche, Ausbildungserfordernisse, Personalbedarf, Opladen 1973.

Czada, Roland, Die Treuhandanstalt im politischen System der Bundesrepublik, in: Aus Politik und Zeitgeschichte. Beilage zur Wochenzeitung Das Parlament, B 43-44/94 v. 28.10.1994, S. 31 ff.

Drath, Martin, „Staat", Rechts- und Staatslehre als Sozialwissenschaft, Berlin 1977.

Dreier, Horst, Zur „Eigenständigkeit" der Verwaltung, in: Die Verwaltung 1992, S. 137 ff.

Drulović, Milojko, Arbeiterselbstverwaltung auf dem Prüfstand – Erfahrungen in Jugoslawien, Berlin/Bonn-Bad Godesberg 1973.

Dunsire, Andrew, Administration: The Word and the Science, London 1973.

Eichhorn, Peter/*Friedrich,* Peter, Methodologie und Management der öffentlichen Verwaltung, Baden-Baden 1976.

Fesler, James W., Public Administration: Theory and Practice, Englewood Cliffs 1980.

Forsthoff, Ernst, Rechtsfragen der leistenden Verwaltung, Stuttgart 1959.

– Verfassungsrechtliche Grenzen einer Reform des öffentlichen Dienstrechts, in: Studienkommission für die Reform des öffentlichen Dienstrechts, Band 5, Baden-Baden 1973, S. 17 ff.

Gaillard, Jean-Michel, L'E.N.A., Miroir de l'Etat, Bruxelles 1995.

Gottschalch, Wilfried, Parlamentarismus und Rätedemokratie, Berlin 1971.

Götz, Volkmar (Hrsg.), Die öffentliche Verwaltung zwischen Gesetzgebung und richterlicher Kontrolle, München 1985.

Gudnow, Frank J., Politics and Administration: A Study in Government (1900), New York 1967.

Heinsohn, Gunnar, Kibbuz(im), in: Thomas Meyer u. a. (Hrsg.), Lexikon des Sozialismus, Köln 1986, S. 297.

Hoffmann-Riem, Wolfgang, Eigenständigkeit der Verwaltung, in: ders. u. a., Grundlagen des Verwaltungsrechts, Band I, München 2006, S. 623 ff.

Huber, Hans, Niedergang des Rechts und Krise des Rechtsstaats, in: Demokratie und Rechtsstaat 1953, S. 59 ff.

Jellinek, Walter, Allgemeine Staatslehre, 3. Aufl., Berlin 1922.

Jesch, Dieter, Gesetz und Verwaltung – Eine Problemstudie zum Wandel des Gesetzmäßigkeitsprinzipes, 2. Aufl., Tübingen 1968.

Kallscheuer, Otto, Entfremdung, in: Thomas Meyer u. a. (Hrsg.), Lexikon des Sozialismus, Köln 1986, S. 149 ff.

Kelsen, Hans, Reine Rechtslehre, 2. Aufl., Wien 1960.

Kloepfer, Michael, Wesentlichkeitstheorie als Begründung oder Grenze des Gesetzgebungsvorbehalts?, in: Hermann Hill (Hrsg.), Zustand und Perspektiven der Gesetzgebung, Berlin 1989, S. 187 ff.

Koch, Klaus, Sozialstaat und Wohlfahrtsstaat, in: Leviathan 1995, S. 78 ff.

König, Klaus, Bürokratie und Kontrolle, in: Andreas Kohl (Hrsg.), Macht und Kontrolle, Wien 1979, S. 49 ff.

– Zum Verwaltungssystem der DDR, in: Klaus König (Hrsg.), Verwaltungsstrukturen der DDR, Baden-Baden 1991, S. 9 ff.

– Bureaucratic Integration by Elite Transfer: The Case of the Former GDR, in: Governance 1993, S. 386 ff.

- Transformation als Staatsveranstaltung in Deutschland, in: Hellmut Wollmann u. a. (Hrsg.), Transformation sozialistischer Gesellschaften: Am Ende des Anfangs, Opladen 1995, S. 609 ff.
- Politikplanung und öffentliches Management im Dialog mit Transformationsländern, in: Verwaltung und Management 1996, S. 68 ff.
- Aufbau der Landesverwaltung nach Leitbildern, in: Hellmut Wollmann u. a. (Hrsg.), Transformation der politisch-administrativen Strukturen in Ostdeutschland, Opladen 1997, S. 223 ff.

König, Klaus/*Benz*, Angelika, Staatszentrierte Transformation im vereinten Deutschland, in: Der Staat 1996, S. 109 ff.

König, Klaus/*Bolay*, Friedrich W., Zur Evaluation eines Verwaltungshilfeprojektes im Nordjemen, in: Verwaltungsarchiv 1980, S. 265 ff.

König, Klaus/*Dose*, Nicolai, Handlungsleitende Formen staatlicher Steuerung, in: dies. (Hrsg.), Instrumente und Formen staatlichen Handelns, Köln u. a. 1993, S. 153 ff.

König, Klaus/*Fossler*, R. Scott, (Hrsg.), Regionalization below State-Level in Germany and the United States, Speyerer Forschungsberichte 197, Speyer 1998.

König, Klaus/*Theobald*, Christian, Liberalisierung und Regulierung netzgebundener Güter und Dienste, in: Klaus Grupp/Michael Ronellenfitsch (Hrsg.), Planung – Recht – Rechtsschutz, Berlin 1999.

Köttgen, Arnold, Die politische Betätigung der Beamtenschaft, in: Verwaltungsarchiv 1928, S. 247 ff.

Lecheler, Helmut, Verwaltungslehre, Stuttgart u. a. 1988.

Lösche, Peter, Räte, in: Dieter Nohlen (Hrsg.), Wörterbuch Staat und Politik, 2. Aufl., Bonn 1995, S. 623 ff.

Luhmann, Niklas, Theorie der Verwaltungswissenschaft: Bestandsaufnahme und Entwurf, Köln/Berlin 1966.

- Soziale Systeme. Grundriss einer allgemeinen Theorie, Frankfurt a. M. 1984.

Maluschke, Günther, „Macht/Machttheorien", Philosophische Grundlagen des demokratischen Verfassungsstaates, Freiburg/München 1982.

Mantl, Wolfgang (Hrsg.), Effizienz der Gesetzesproduktion. Abbau der Regelungsdichte im internationalen Vergleich, Wien 1995.

Maurer, Hartmut, Allgemeines Verwaltungsrecht, 16. Aufl., München 2006.

Mayer, Otto, Deutsches Verwaltungsrecht, 2 Bände, Neudruck der 3. Aufl. von 1924, Berlin 1961.

Mayntz, Renate/*Derlien*, Hans-Ulrich, Partypatronage, in: Governance 1989, S. 384 ff.

Merkl, Adolf, Allgemeines Verwaltungsrecht, Neudruck, Darmstadt 1969.

Moe, Ronald, The „Reinventing Government" Exercise: Misinterpreting the Problem, Misjudging the Consequences, in: Public Administration Review 1994, S. 111 ff.

Morstein Marx, Fritz, Das Dilemma des Verwaltungsmannes, Berlin 1965.

Münch, Richard, Die Struktur der Moderne – Grundmuster und differentielle Gestaltung des institutionellen Aufbaus der modernen Gesellschaften, Frankfurt am Main 1984.

Nigro, Felix A., Modern Public Administration, New York 1988.

Peters, Hans, Die Verwaltung als eigenständige Staatsgewalt, in: Werner Weber (Hrsg.), Staats- und Selbstverwaltung in der Gegenwart, 2. Aufl., Göttingen 1967.

Pinney, Edward L. (Hrsg.), Comparative Politics and Political Theory, Chapel Hill, North Carolina 1966.

Richter, Ingo/*Schuppert,* Gunnar Folke, Casebook Verwaltungsrecht, 2. Aufl., München 1995.

Roellecke, Gerd, Die Verwaltungswissenschaft – von außen gesehen, in: Klaus König (Hrsg.), Öffentliche Verwaltung an der Wende zum 21. Jahrhundert, Baden-Baden 1997, S. 355 ff.

Rourke, Francis E., Bureaucracy, Politics, and Public Policy, 2. Aufl., Boston 1976.

Rupp, Hans Heinrich, Grundfragen der heutigen Verwaltungsrechtslehre – Verwaltungsnorm und Verwaltungsrechtsverhältnis, 2. Aufl., Tübingen 1991.

Schulze, Carola, Staat und Verwaltung in der sozialistischen Reformdiskussion der DDR, in: Klaus König (Hrsg.), Verwaltungsstrukturen der DDR, Baden-Baden 1991, S. 315 ff.

Schuster, Barbara, Optimale Betriebsgröße – optimale Behördengröße. Zur Übertragbarkeit von Erkenntnissen der betriebswirtschaftlichen Kostentheorie auf die Behördenorganisation, in: Projektgruppe Regierungs- und Verwaltungsreform beim Bundesminister des Innern. Bericht. Die nichtministerielle Bundesverwaltung, Erster Teil, Analyse, Anhang, Bonn 1975.

Shafritz, Jay M./*Russell,* Edward W., Introducing Public Administration, New York u.a. 1997.

Sharkansky, Ira, Public Administration: Policy-making in Government Agencies, 4. Aufl., Chicago 1978.

Sontheimer, Kurt/*Bleek,* Wilhelm, Verfassungspolitische Perspektiven einer Reform des öffentlichen Dienstes in der Bundesrepublik Deutschland, in: Studienkommission für die Reform des öffentlichen Dienstrechts, Band 6, Baden-Baden 1973, S. 231 ff.

Stein, Lorenz von, Die Verwaltungslehre, Band 2, Neudruck der Ausgabe von 1866. Aalen 1962.

Steinkemper, Bärbel, Klassische und politische Bürokraten in der Ministerialverwaltung der Bundesrepublik Deutschland. Eine Darstellung sozialstruktureller Merkmale unter dem Aspekt politischer Funktionen der Verwaltung, Köln u.a. 1974.

Stürmer, Michael, Die Suche nach dem Glück: Staatsvernunft und Utopie, in: Kurt G. A. Jeserich u. a. (Hrsg.), Deutsche Verwaltungsgeschichte, Band 2, Stuttgart 1988, S. 1 ff.

Thieme, Werner, Verwaltungslehre, 4. Aufl., Köln u. a. 1984.

Wagener, Frido, Der öffentliche Dienst im Staat der Gegenwart, in: Veröffentlichungen der Vereinigung der Deutschen Staatsrechtslehrer 37, Berlin/New York 1979, S. 215 ff.

Waldo, Dwight, The Study of Public Administration, New York 1955.

Weber, Max, Wirtschaft und Gesellschaft. Studienausgabe, Tübingen 1964.

Weber, Werner, Spannungen und Kräfte im westdeutschen Verfassungssystem, 3. Aufl., Berlin 1970.

Werner, Fritz, Das Problem des Richterstaates, Berlin 1960.

Wilson, Woodrow, The Science of Administration, in: Political Science Quarterly 1887, S. 197 ff.

Winkler, Günther, Zum Verwaltungsbegriff, in: Österreichische Zeitschrift für öffentliches Recht 1958, S. 66 ff.

Wunder, Bernd, Geschichte der Bürokratie in Deutschland, Frankfurt am Main 1986.

Zum 2. Kapitel: Konzeption der Verwaltungswissenschaft

Allison, Graham T., Public and Private Management: Are they fundamentally alike in all unimportant respects, in: Jay M. Shafritz/Albert C. Hyde (Hrsg.), Classics of Public Administration, 2. Aufl., Chicago 1987, S. 510 ff.

Almond, Gabriel A./*Powell,* G. Bingham, Comparative Politics, Boston/Toronto 1978.

Babcock, Thomas M./*Ploeser,* Jane H., From Expert Model to Citizenship Model: Phoenix Revises It's Approach to Water Conservation Planning, in: Public Administration Times, Nr. 8/1998, S. 1.

Banner, Gerhard, Konzern Stadt, in: Hermann Hill/Helmut Klages (Hrsg.), Qualitäts- und erfolgsorientiertes Verwaltungsmanagement, Berlin 1995, S. 57 ff.

Baraldi, Claudio u. a., GLU – Glossar zu Niklas Luhmanns Theorie sozialer Systeme, 2. Aufl., Frankfurt a. M. 1998.

Becker, Bernd, Öffentliche Verwaltung: Lehrbuch für Wissenschaft und Praxis, Percha 1989.

Becker, Erich, Stand und Aufgaben der Verwaltungswissenschaft, in: Festschrift für Friedrich Giese zum 70. Geburtstag, Frankfurt a. M. 1953, S. 9 ff.

Benz, Arthur, Kooperative Verwaltung. Funktionen, Voraussetzungen und Folgen, Baden-Baden 1994.

– Institutionentheorie und Institutionenpolitik, in: ders. u. a. (Hrsg.), Institutionenwandel in Regierung und Verwaltung, Berlin 2004, S. 19 ff.

Bernholz, Peter/*Breyer,* Friedrich, Grundlagen der politischen Ökonomie, Band 2: Ökonomische Theorie der Politik, 3. Aufl., Tübingen 1994.

Beyers, Jan u. a., Public Administration in Belgium, the UK and Eire, in: Public Administration 1999, S. 911 ff.

Bogason, Peter, Postmodernism and American Public Administration in the 1990s, in: Administration & Society 2001, 165 ff.

Böhret, Carl, Entscheidungshilfen für die Regierung. Modelle, Instrumente, Probleme, Opladen 1970.

Böhret, Carl u. a., Innenpolitik und politische Theorie, 3. Aufl., Opladen 1988.

Böhret, Carl/*Konzendorf,* Götz, Rechtsaktivierung mittels Gesetzesfolgenabschätzung: Waldgesetz Rheinland-Pfalz, Speyerer Forschungsberichte 192, Speyer 1998.

Bönninger, Karl, Die Babelsberger Konferenz und das Schicksal der Verwaltungsrechtswissenschaft, in: Jörn Eckert (Hrsg.), Die Babelsberger Konferenz vom 2./3. April 1958, Baden-Baden 1993, S. 203 ff.

Bösenberg, Dirk/*Metzen,* Heinz, Lean Management – Vorsprung durch schlanke Konzepte, 4. Aufl., Landsberg/Lech 1994.

Boston, Jonathan u. a., Public Management. The New Zealand Model, Oxford u. a. 1996.

Brinkmann, Gerhard u. a., Die Tätigkeitsfelder des höheren Verwaltungsdienstes, Arbeitsansprüche, Ausbildungserfordernisse, Personalbedarf, Opladen 1973.

Buchanan, James M./*Tullock,* Gordon, The Calculus of Consent – Logical Foundations of Constitutional Democracy, Ann Harbor 1962.

Caiden, Gerald E., Public Administration, 2. Aufl., Pacific Palisades 1982.

Caiden, Naomi/*Wildavsky,* Aaron, Planning and Budgeting in Poor Countries, New York 1974.

Campbell, Colin, Does Reinvention Needs Reinvention? Lessons from Truncated Managerialism in Britain, in: Governance 1995, S. 479 ff.

Campbell, Colin/*Wilson,* Graham K., The End of Whitehall, Oxford/Cambridge 1995.

Cooper, Philip J./*Newland,* Chester A. (Hrsg.), Handbook of Public Law and Administration, San Francisco 1997.

Crowder, Michael, Indirekte Herrschaft – französisch und britisch, in: Rudolf von Albertin (Hrsg.), Moderne Kolonialgeschichte, Köln/Berlin 1970, S. 203 ff.

Dammann, Klaus u. a., Einleitung, in: dies. (Hrsg.), Die Verwaltung des politischen Systems: Neuere systemtheoretische Zugriffe auf ein altes Thema, Opladen 1994, S. 9 ff.

Derlien, Hans-Ulrich, Entwicklung und Stand der empirischen Verwaltungsforschung, in: Klaus König (Hrsg.), Deutsche Verwaltung an der Wende zum 21. Jahrhundert, Baden-Baden 2002, S. 365 ff.

Dolan, Julie, The Budget-Minimizing Bureaucrat? Empirical Evidence from the Senior Executive Service, in: Public Administration Review 2002, 42 ff.

Dose, Nicolai, Die verhandelnde Verwaltung – Eine empirische Untersuchung über den Vollzug des Immissionsschutzrechts, Baden-Baden 1997.

– Systembildung, Erwartungsstabilisierung, Erwartungsgeneralisierung und Verwaltung in den frühen Arbeiten von Niklas Luhmann, in: Eberhard Laux/Karl Teppe (Hrsg.), Der neuzeitliche Staat und seine Verwaltung, Stuttgart 1998, S. 267 ff.

– Teaching Public Administration in Germany, in: Public Administration 1999, S. 652 ff.

Easton, David, The Analysis of Political Systems, in: Roy C. Macridis/Bernard E. Brown (Hrsg.), Comparative Politics, Pacific Grove, Calif. 1990, S. 48 ff.

Eberts, Mark/*Gotsch,* Wilfried, Institutionenökonomische Theorien der Organisation, in: Alfred Kieser (Hrsg.), Organisationstheorien, 6. Aufl., Köln u. a. 2006, S. 247 ff.

Edeling, Thomas, Der neue Institutionalismus in Ökonomie und Soziologie, in: ders. u. a. (Hrsg.), Institutionenökonomie und neuer Institutionalismus, Opladen 1999, S. 7 ff.

Ellwein, Thomas, Regieren und Verwalten, Opladen 1976.

- Das disziplinäre System der Wissenschaft. Historische Entwicklung und zukünftige Perspektiven, in: Konstanzer Blätter zu Hochschulfragen 1989, S. 12 ff.

Färber, Gisela, Revision der Personalausgabenprojektion der Gebietskörperschaften bis 2030: Unter Berücksichtigung neuerer Bevölkerungsvorausschätzungen, der deutschen Einigung und der Beamtenversorgungsreform, Speyerer Forschungsberichte 110, 4. Aufl., Speyer 1995.

Fayol, Henri, Administration industrielle et générale (Neudruck), Paris 1950.

Fesler, James W., Public Administration: Theory and Practice, Englewood Cliffs 1980.

Flynn, Norman, Public Sector Management, 2. Aufl., New York u. a. 1993.

Fox, Charles James/*Miller,* Hugh T., Postmodern Public Administration: Toward Discourse, Thousand Oaks 1995.

- Discourse, in: Jay M. Shafritz (Hrsg.), International Encyclopedia of Public Policy and Administration, Band 2, Boulder, Colorado 1998, S. 688 ff.

Frederickson, H. George, The Spirit of Public Administration, San Francisco 1997.

Frey, Bruno S./*Eichenberger,* Reiner, Competition among Jurisdictions: The Idea of FOCJ, in: International Review of Law and Economics 1996, S. 315 ff.

Fritschler, A. Lee, Smoking and Politics: Policymaking and the Federal Bureaucracy, Englewood Cliffs 1969.

Göhler, Gerhard/*Kühn,* Rainer, Institutionenökonomie, Neo-Institutionalismus und die Theorie politischer Institutionen, in: Thomas Edeling u. a. (Hrsg.), Institutionenökonomie und neuer Institutionalismus, Opladen 1999, S. 17 ff.

Goodnow, Frank J., Politics and Administration: A Study in Government (1900), New York 1967.

Grunow, Dieter, Institutionenbildung aus systemtheoretischer Sicht, in: Arthur Benz u. a. (Hrsg.), Institutionenwandel in Regierung und Verwaltung, Berlin 2004, S. 33 ff.

Gulick, Luther/*Urwick,* Lyndall F. (Hrsg.), Papers on the Science of Administration, 2. Aufl., New York 1947.

Güpping, Stefan, Die Bedeutung der „Babelsberger Konferenz" von 1958 für die Verfassungs- und Wissenschaftsgeschichte der DDR, Berlin 1997.

Habermas, Jürgen, Vorstudien und Ergänzungen zur Theorie des kommunikativen Handelns, Frankfurt a. M. 1984.

Halachmi, Arie, Kann Business Process Reengineering auf den öffentlichen Sektor übertragen werden?, in: Verwaltung und Management 1999, S. 43 ff.

Hauriou, Maurice, Die Theorie der Institutionen, Berlin 1965.

Hauschild, Christoph, Aus- und Fortbildung für den öffentlichen Dienst, in: Klaus König/Heinrich Siedentopf (Hrsg.), Öffentliche Verwaltung in Deutschland, 2. Aufl., Baden-Baden 1997, S. 577 ff.

Heady, Ferrel, Public Administration, A Comparative Perspective, 6. Aufl., New York/ Basel 2001.

Heyen, Erk Volkmar, Amt und Rationalität, Legitimität und Kontrolle, in: Arthur Benz u. a. (Hrsg.), Institutionenwandel in Regierung und Verwaltung, Berlin 2004, S. 49 ff.

Holznagel, Bernd u. a., Electronic Government auf kommunaler Ebene – Zulässigkeit von Transaktionsdiensten im Internet, in: Deutsches Verwaltungsblatt 1999, S. 1477 ff.

Huntington, Samuel P., The Clash of Civilizations and the Remaking of World Order, New York 1996.

Jann, Werner, Staatliche Programme und „Verwaltungskultur". Bekämpfung des Drogenmissbrauchs und der Jugendarbeitslosigkeit in Schweden, Großbritannien und der Bundesrepublik Deutschland im Vergleich, Opladen 1983.

Jastrow, Ignaz (Hrsg.), Die Reform der staatswissenschaftlichen Studien, München/Leipzig 1920.

Joerger, Gernot*/Geppert,* Manfred (Hrsg.), Grundzüge der Verwaltungslehre, 2. Aufl., Stuttgart u. a. 1976.

Keasey, Kevin*/Wright,* Mike, Corporate Governance. Responsibilities, Risks and Remuneration, Chichester u. a. 1997.

Kenis, Patrick*/Schneider,* Volker (Hrsg.), Organisation und Netzwerk. Institutionelle Steuerung in Wirtschaft und Politik, Frankfurt a. M. 1996.

Kieser, Alfred, Human Relations-Bewegungen und Organisationspsychologie, in: ders. (Hrsg.), Organisationstheorien, Köln u. a. 2006, S. 133 ff.

Kiss, Gábor, Grundzüge und Entwicklung der Luhmannschen Systemtheorie, 2. Aufl., Stuttgart 1990, S. 89 ff.

Klages, Helmut, Möglichkeiten und Grenzen des Modelldenkens in der Soziologischen Theorie, in: Soziale Welt 1963, S. 102 ff.

– Institutionenentwicklung als Modernisierungsthema, in: Arthur Benz u. a. (Hrsg.), Institutionenwandel in Regierung und Verwaltung, Berlin 2004, S. 3 ff.

Klages, Helmut*/Gensicke,* Thomas, Wertewandel und bürgerschaftliches Engagement an der Schwelle zum 21. Jahrhundert, Speyerer Forschungsberichte 193, Speyer 1999.

Kochendörfer-Lucius, Gudrun*/Sand*, Klemens van de, Entwicklungshilfe vom Kopf auf die Füße stellen, in: Entwicklung und Zusammenarbeit 2000, S. 96 ff.

Koimann, Jan, Modern Governance, London u. a. 1993.

König, Klaus, Erkenntnisinteressen der Verwaltungswissenschaft, Berlin 1970.

– Verwaltungswissenschaften in Ausbildung, Fortbildung und Forschung. 30 Jahre Hochschule Speyer, in: ders. u. a. (Hrsg.), Öffentlicher Dienst, Köln u. a. 1977, S. 53 ff.

– Die Reform des öffentlichen Dienstes als Dilemma von Wissenschaft und Praxis, in: Carl Böhret (Hrsg.), Verwaltungsreformen und politische Wissenschaft, Baden-Baden 1978, S. 229 ff.

– Public Administration Education in Europe, in: International Conference on the Future of Public Administration, Conference Proceedings Vol. XII, Quebec 1979, S. 280 ff.

– Die verwaltungswissenschaftliche Ausbildung in Europa, in: Konstanzer Blätter für Hochschulfragen 1981, S. 49 ff.

- Zum Konzept der Entwicklungsverwaltung, Speyerer Forschungsberichte 33, Speyer 1983.
- Zum Standort der Verwaltungswissenschaft, in: Die Öffentliche Verwaltung 1990, S. 305 ff.
- Transformation einer real-sozialistischen Verwaltung in eine klassisch-europäische Verwaltung, in: Wolfgang Seibel u. a. (Hrsg.), Verwaltungsreform und Verwaltungskritik im Prozess der deutschen Einigung, Baden-Baden 1993, S. 80 ff.
- Zur Kritik eines neuen öffentlichen Managements, Speyerer Forschungsberichte 155, Speyer 1995.
- Unternehmerisches oder exekutives Management – Die Perspektive der klassischen öffentlichen Verwaltung, in: Verwaltungsarchiv 1996, S. 19 ff.
- Gute Gouvernanz als Steuerungs- und Wertkonzept des modernen Verwaltungsstaates, in: Werner Jann u. a. (Hrsg.), Politik und Verwaltung auf dem Weg in die transindustrielle Gesellschaft, Baden-Baden 1998, S. 227 ff.
- Verwaltungsstaat im Übergang. Transformation, Entwicklung, Modernisierung, Baden-Baden 1999.
- Räumliche Planungen in der Ökonomisierung und Managerialisierung der öffentlichen Verwaltung, in: Verwaltungsrundschau 2000, S. 297 ff.
- Zwei Paradigmen des Verwaltungsstudiums – Vereinigte Staaten von Amerika und Kontinentaleuropa, in: ders. (Hrsg.), Deutsche Verwaltung an der Wende zum 21. Jahrhundert, Baden-Baden 2002, S. 393 ff.
- Theorien öffentlicher Verwaltung, in: Jan Ziekow (Hrsg.), Verwaltungswissenschaften und Verwaltungswissenschaft, Berlin 2003, S. 153 ff.
- u. a., Zur entwicklungspolitischen Zusammenarbeit mit der lateinamerikanischen Steuerverwaltung, in: Verwaltungsarchiv 1981, S. 316 ff.

König, Klaus/*Beck,* Joachim, Modernisierung von Staat und Verwaltung. Zum Neuen Öffentlichen Management, Baden-Baden 1997.

König, Klaus/*Dose,* Nicolai, Klassifikationsansätze zum staatlichen Handeln, in: dies. (Hrsg.), Instrumente und Formen staatlichen Handelns, Köln u. a. 1993, S. 3 ff.

König, Klaus/*Siedentopf,* Heinrich (Hrsg.), Öffentliche Verwaltung in Deutschland, 2. Aufl., Baden-Baden 1997.

Krause, Detlef, Luhmann-Lexikon: Eine Einführung in das Gesamtwerk von Niklas Luhmann, 2. Aufl., Stuttgart 1999.

Kroppenstedt, Franz, IVBB-Informationsverbund Berlin-Bonn – Organisatorische und technologische Aspekte eines Umzuges, in: Verwaltung und Fortbildung 1996, S. 23 ff.

Langrod, Georges, La Science & la l'Enseignement de l'Administration Publique aux Etats-Unis, Paris 1954.

- Science administrative ou Sciences administratives?, in: Annales Universitates Saraviensis, Rechts- und Wirtschaftswissenschaften 1956/57, S. 92 ff.
- Frankreich, in: Verwaltungswissenschaft in europäischen Ländern: Stand und Tendenzen, Schriftenreihe der Hochschule Speyer, Band 42, Berlin 1969, S. 26 ff.

Leisner, Walter, Das Juristenmonopol in der öffentlichen Verwaltung, in: Peter Eidenmann/Peter Badura (Hrsg.), Jurist und Staatsbewusstsein, Heidelberg 1987, S. 53 ff.

Lips, Miriam/*Lewanski,* Rodolfo, Teaching Public Administration in the Netherlands and Italy, in: Public Administration 2000, S. 443 ff.

Löffler, Elke, The Modernization of the Public Sector in an International Comparative Perspective: Concepts and Methods of Awarding and Assessing Quality in the Public Sector in OECD Countries, Speyerer Forschungsberichte 151, Speyer 1995.

Ludz, Peter Christian, Parteielite im Wandel, Köln/Opladen 1968.

Luhmann, Niklas, Funktionen und Folgen formaler Organisation, Berlin 1964.

- Theorie der Verwaltungswissenschaft: Bestandsaufnahme und Entwurf, Köln/Berlin 1966.

- Beobachtungen der Moderne, Opladen 1992.

- Die Gesellschaft der Gesellschaft, Frankfurt a. M. 1997.

Lynn Jr., Laurence E., Knowledge for Practice: Of What Use are the Disciplines?, in: Donald F. Kettl/H. Brinton Milward (Hrsg.), The State of Public Management, Baltimore/London 1996, S. 47 ff.

Maier, Hans, Die ältere deutsche Staats- und Verwaltungslehre, München 1980.

March, James G./*Olsen,* Johan P., The New Institutionalism: Organizational Factors in Political Life, in: American Political Science Review 1984, S. 734 ff.

- Rediscovering Institutions: The Organisational Basis of Politics, New York 1989.

Marin, Bernd/*Mayntz,* Renate (Hrsg.), Policy Networks. Empirical Evidence and Theoretical Considerations, Frankfurt a. M. 1991.

Mattern, Karl-Heinz (Hrsg.), Allgemeine Verwaltungslehre, 4. Aufl., Berlin u. a. 1994.

Mayntz, Renate, Soziologie der öffentlichen Verwaltung, 4. Aufl., Heidelberg 1997.

Mayntz, Renate/*Derlien,* Hans-Ulrich, Partypatronage and Politization of the West-German Administrative Elite 1970 – 1987 – Towards Hybridization?, in: Governance 1989, S. 384 ff.

Mayntz, Renate/*Scharpf,* Fritz W., Der Ansatz des akteurszentrierten Institutionalismus, in: dies. (Hrsg.), Gesellschaftliche Selbstregelung und politische Steuerung, Frankfurt a. M./New York 1995, S. 39 ff.

Mayr, Georg von, Begriff und Gliederung der Staatswissenschaften, 4. Aufl., Tübingen 1921.

McCurdy, Howard E., Public Administration: A Synthesis, Menlo Park, Calif. u. a. 1977.

- Public Administration. A Bibliographic Guide to the Literature, New York 1986, S. 75 ff.

McKevitt, David/*Lawton,* Allan (Hrsg.), Public Sector Management. Theory, Critique and Practice, London u. a. 1992.

Merkl, Peter H., „Behavioristische" Tendenzen in der amerikanischen politischen Wissenschaft, in: Politische Vierteljahresschrift 1965, S. 58 ff.

Merten, Detlef/*Jung*, Michael, Zur Dauer verwaltungsgerichtlicher Verfahren, in: Rainer Pitschas (Hrsg.), Die Reform der Verwaltungsgerichtsbarkeit, Berlin 1999, S. 31 ff.

Meyer, John/*Rowan*, Brian, Institutionalized Organizations: Formal Structure as Myth and Ceremony, in: The American Journal of Sociology 1977, S. 340 ff.

Mittelstraß, Jürgen, Interdisziplinarität oder Transdisziplinarität?, in: Lutz Hieber (Hrsg.), Utopie Wissenschaft, München/Wien 1993, S. 17 ff.

– Transdisziplinarität, in: ders. u. a. (Hrsg.), Enzyklopädie Philosophie und Wissenschaftstheorie, Band 4, Stuttgart/Weimar 1996, S. 329.

Montin, Stig, Teaching Public Administration in Sweden, in: Public Administration 1999, S. 421 ff.

Morstein Marx, Fritz, Das Dilemma des Verwaltungsmannes, Berlin 1965.

Mummert, Uwe, Wirtschaftliche Entwicklung und Institutionen. Die Perspektive der neuen Institutionenökonomik, in: Entwicklung und Zusammenarbeit 1998, S. 36 ff.

Naschold, Frieder u. a., Innovation, Effektivität, Nachhaltigkeit. Internationale Erfahrungen zentralstaatlicher Verwaltungsreformen, Berlin 1999.

Niskanen, William A., Bureaucracy and Representative Government, Chicago 1971.

Osborne, David/*Gaebler*, Ted, Reinventing Government. How the Entrepreneurial Spirit is Transforming the Public Sector, Reading 1992.

Painter, Chris, The British Civil Service in the Post-Fulton Era, European Group of Public Administration, Tampere 1976.

Pankoke, Eckart/*Nokielski*, Hans, Verwaltungssoziologie, Stuttgart 1977.

Peters, B. Guy, The Politics of Bureaucracy, 2. Aufl., New York 1984.

Peters, Thomas/*Waterman*, Robert, In Search of Excellence: Lessons from America's Best Run Companies, New York u. a. 1982.

Peters, Tom, Jenseits der Hierarchien, Liberation Management, Düsseldorf u. a. 1993.

Pfiffner, John M./*Presthus*, Robert, Public Administration, 5. Aufl., New York 1967.

Pfreundschuh, Gerhard, Vom Dienstleistungsunternehmen zur Bürgerkommune. Ein neues Ziel für Kreise und Gemeinden, in: Verwaltung und Management 1999, S. 218 ff.

Powell, Walter W./*Di Maggio*, Paul J. (Hrsg.), The New Institutionalism in Organizational Analysis, Chicago u. a. 1991.

Püttner, Günter, Verwaltungslehre, 3. Aufl., München 2000.

Reichard, Christoph, Betriebswirtschaftslehre der öffentlichen Verwaltung, 2. Aufl., Berlin/New York 1987.

Reinermann, Heinrich, Programmbudgets in Regierung und Verwaltung. Möglichkeiten und Grenzen von Planungs- und Entscheidungssystemen, Baden-Baden 1975.

– Ein neues Paradigma für die öffentliche Verwaltung? Was Max Weber heute empfehlen dürfte, Speyerer Arbeitshefte 97, Speyer 1993.

– Entscheidungshilfen und Datenverarbeitung, in: Klaus König/Heinrich Siedentopf (Hrsg.), Öffentliche Verwaltung in Deutschland, 2. Aufl., Baden-Baden 1997, S. 477 ff.

Rhodes, Rod A. W., Understanding Governance. Policy Networks, Governance, Reflexivity and Accountability, Buckingham u. a. 1997.

Richter, Rudolf/*Furubotn,* Erik, Neue Institutionenökonomik, Tübingen 1996.

Rosenau, James N./*Czempiel,* Ernst-Otto, Governance Without Government: Order and Change in World Politics, New York 1992.

Rosenstiel, Lutz von, Grundlagen der Organisationspsychologie, 9. Aufl., Stuttgart 2000.

Scharpf, Fritz W., Verwaltungswissenschaft als Teil der Politikwissenschaft, in: Schweizerisches Jahrbuch für politische Wissenschaften 1971, S. 7 ff.

Schmidt-Aßmann, Eberhard, Das allgemeine Verwaltungsrecht als Ordnungsidee. Grundlagen und Aufgaben der verwaltungsrechtlichen Systembildung, 2. Aufl., Berlin u. a. 2004.

Schmidt-Aßmann, Eberhard/*Hoffmann-Riem,* Wolfgang (Hrsg.), Verwaltungsorganisationsrecht als Steuerungsressource, Baden-Baden 1997.

Schmidthals, Elisabeth/*Streibel,* Ulrich, Geschäftssegmentierung am Beispiel des Neuen Steuerungsmodells der KGSt, in: Verwaltung und Management 1995, S. 215 ff.

Schneider, Erich, Einführung in die Wirtschaftstheorie, Tübingen o. J.

Schülein, Johann August, Theorie der Institution: Eine dogmengeschichtliche und konzeptionelle Analyse, Opladen 1987.

Schuppert, Gunnar Folke, Schlüsselbegriffe der Perspektivenverklammerung von Verwaltungsrecht und Verwaltungswissenschaft, in: Eberhard Schmidt-Aßmann (Hrsg.), Die Wissenschaft vom Verwaltungsrecht, Berlin 1999, S. 103 ff.

– Verwaltungswissenschaft, Baden-Baden 2000, S. 400 ff.

Seckelmann, Margrit, Keine Alternative zur Staatlichkeit – Zum Konzept der „Global Governance", in: Verwaltungsarchiv 2007, 30 ff.

Siedentopf, Heinrich, Implementation von EU-Richtlinien, in: Hans-Ulrich Derlien u. a. (Hrsg.), Der Politikzyklus zwischen Bonn und Brüssel, Opladen 1999, S. 83 ff.

Simon, Herbert A., The New Science of Management Decision, Englewood Cliffs 1977.

– Administrative Behavior: A Study of Decision-making Processes in Administrative Organizations, 4. Aufl., New York 1997.

Snellen, Ignace, Grundlagen der Verwaltungswissenschaft. Ein Essay über ihre Paradigmen, Wiesbaden 2006.

Sommermann, Karl-Peter, Institutionengeschichte und Institutionenvergleich, in: Arthur Benz u. a. (Hrsg.), Institutionenwandel in Regierung und Verwaltung, Berlin 2004, S. 61 ff.

Stahl, Friedrich Julius, Die Philosophie des Rechts, Band 2: Rechts- und Staatslehre auf der Grundlage christlicher Weltanschauung, 2. Abhandlung, 5. Aufl., Tübingen/Leipzig 1887.

Stein, Lorenz von, System der Staatswissenschaft, Band 1 und 2, Neudruck der Ausgabe 1852/1856, Osnabrück 1964.

Stern, Klaus, Fünfzig Jahre deutsches Grundgesetz und die europäische Verfassungsentwicklung, Speyerer Vorträge 50, Speyer 1999.

Stillman, Richard J., The American Bureaucracy, Chicago 1987.

- Preface to Public Administration: Search for Themes and Directions, New York 1991.

Strehle, Andreas, Stufen sozialwissenschaftlicher Integration. Darstellung und Kritik bestehender und neuer Konzepte zur Integration der Sozialwissenschaften, Diss., Sankt Gallen 1978.

Taylor, Frederick W., The Principles of Scientific Management, New York/London 1915.

Teubner, Gunther, Recht als autopoietisches System., Frankfurt a. M. 1989.

Theobald, Christian, Zur Ökonomik des Staates. Good Governance und die Perzeption der Weltbank, Baden-Baden 2000.

Thieme, Werner, Einführung in die Verwaltungslehre, Köln u. a. 1995.

Veblen, Thorstein B., The Theory of the Leisure Class: An Economic Study of Institutions, New York 1934.

Wagener, Frido, Neubau der Verwaltung: Gliederung der öffentlichen Aufgaben nach Effektivität und Integrationswert, 2. Aufl., Berlin 1974.

Waldo, Dwight, The Administrative State: The Study of the Political Theory of American Public Administration, New York 1948.

- Comparative Public Administration: Prologue, Problems, and Promise, Washington D. C. 1964.

- Zur Theorie der Organisation: Ihr Stand, ihre Probleme, in: Der Staat 1966, S. 287 ff.

- Scope of the Theory of Public Administration, in: James C. Charlesworth (Hrsg.), Theory and Practice of Public Administration: Scope, Objectives and Methods, Philadelphia 1968, S. 1 ff.

- The Study of Public Administration, New York 1968.

Walter-Busch, Emil, Organisationstheorien von Weber bis Weick, Amsterdam 1996.

Wamsley, Gary L./*Wolf,* James F. (Hrsg.), Refounding Democratic Public Administration. Modern Paradoxes, Post-modern Challenges, Thousand Oaks u. a. 1996.

Wenger, Karl (Hrsg.), Grundriss der Verwaltungslehre, Wien/Köln 1983.

White, Leonhard D., Introduction to the Study of Public Administration, 4. Aufl., New York 1955.

White, Orion, The Dialectical Organization: An Alternative to Bureaucracy, in: Public Administration Review 1969, 35 ff.

- The Ideology of Technocratic Empiricism and the Discourse Movement in Contemporary Public Administration: A Clarification, in: Administration & Society 1998, 471 ff.

Wildavsky, Aaron, The Politics of the Budgetary Process, Boston 1964.

Willke, Helmut, Leitungswissenschaft in der DDR: Eine Fallstudie zu Problemen der Planung und Steuerung in einer entwickelten sozialistischen Gesellschaft, Berlin 1979.

– Systemtheorie, Stuttgart 1991.

– Systemtheorie Band 3: Steuerungstheorie – Grundzüge einer Theorie der Steuerung komplexer Sozialsysteme, Stuttgart 1995.

Wilson, Woodrow, The Study of Public Administration, in: Political Science Quarterly 1887, S. 197 ff.

Windhoff-Héritier, Adrienne (Hrsg.), Policy-Analyse, Sonderheft 24 der Politischen Vierteljahresschrift, Opladen 1995.

Wollmann, Hellmut, Variationen institutioneller Transformation in sozialistischen Ländern: Die (Wieder-) Einführung der kommunalen Selbstverwaltung in Ostdeutschland, Ungarn, Polen und Russland, in: ders. u. a. (Hrsg.), Transformation sozialistischer Gesellschaften. Am Ende des Anfangs, Leviathan-Sonderband, Opladen 1995, S. 554 ff.

Wollmann, Hellmut u. a., Die institutionelle Transformation Ostdeutschlands zwischen Systemtransfer und Eigendynamik, in: dies. (Hrsg.), Transformation der politisch-administrativen Strukturen in Ostdeutschland, Opladen 1997, S. 9 ff.

Womack, James D. u. a., Die zweite Revolution in der Autoindustrie, Frankfurt a. M./ New York 1991.

Ziller, Jacques, EU-Integration and Civil Service Reform, SIGMA-Papers No. 23, Paris 1998, S. 136 ff.

Zum 3. Kapitel: Verwaltung in der Moderne

Aimo, Piero, L'influence du modèle napoléonien sur l'administration italienne, in: Bernd Wunder (Hrsg.), Les influences du «modèle» napoléonien d'administration sur l'organisation administrative des autres pays, Bruxelles 1995, S. 181 ff.

Albrow, Martin, Bürokratie, München 1972.

Antonielli, Livio, Die Verwaltungselite im napoleonischen Italien (Italienische Republik und Königreich Italien), in: Christof Dipper u. a. (Hrsg.), Napoleonische Herrschaft in Deutschland und Italien – Verwaltung und Justiz, Berlin 1995, S. 53 ff.

Becker, Bernd, Öffentliche Verwaltung. Lehrbuch für Wissenschaft und Praxis, Percha 1989.

Blau, Peter M./*Meyer,* Marshall W., Bureaucracy in Modern Society, 2. Aufl., New York 1971.

Bohne, Eberhard, Informales Verwaltungs- und Regierungshandeln als Instrument des Umweltschutzes, in: Verwaltungsarchiv 1984, S. 343 ff.

Bosetzky, Horst, Bürokratische Organisationsformen in Behörden und Industrieverwaltungen, in: Renate Mayntz (Hrsg.), Bürokratische Organisation, Köln/Bonn 1968, S. 179 ff.

Bottke, Wilfried, Korruption und Kriminalrecht in der Bundesrepublik Deutschland, in: Zeitschrift für Rechtspolitik 1998, S. 215 ff.

Bretzinger, Otto N., Die Kommunalverfassung der DDR, Baden-Baden 1997.

Bülck, Hartwig, Der Strukturwandel der internationalen Verwaltung, Tübingen 1962.

– Internationale Verwaltungsgemeinschaften, in: Karl Strupp/Hans-Jürgen Schlochauer, Wörterbuch des Völkerrechts, 2. Aufl., Berlin 1962, S. 564 ff.

Butler, Robin, The Evolution of the Civil Service, in: Public Administration 1993, S. 395 ff.

Dauses, Manfred A., Die „Grand Corps de l'Etat" in Frankreich: – Oberste Organe der Verwaltungslenkung und Verwaltungskontrolle -, in: Archiv des öffentlichen Rechts 1974, S. 285 ff.

Derlien, Hans-Ulrich, Bürokratie, in: Axel Görlitz/Rainer Prätorius (Hrsg.), Handbuch Politikwissenschaft, Hamburg 1987, S. 36 ff.

– Bürokratietheorie, in: Peter Eichhorn u. a. (Hrsg.), Verwaltungslexikon, 3. Aufl., Baden-Baden 2002, S. 170 ff.

Downs, Anthony, Inside Bureaucracy, Boston 1967.

Dreier, Horst, Hierarchische Verwaltung im demokratischen Staat, Tübingen 1991.

Duffau, Jean Marie, Die École Nationale d'Administration, in: Zeitschrift für Beamtenrecht 1994, S. 149 ff.

Eisenstadt, Shmuel Noah, Ziele bürokratischer Organisationen und ihr Einfluss auf die Organisationsstruktur, in: Renate Mayntz (Hrsg.), Bürokratische Organisation, Köln/Berlin 1968, S. 56 ff.

Ellwein, Thomas, Der Staat als Zufall und als Notwendigkeit. Die jüngere Verwaltungsentwicklung in Deutschland am Beispiel von Ostwestfalen-Lippe, Opladen 1996.

– Geschichte der öffentlichen Verwaltung, in: Klaus König/Heinrich Siedentopf (Hrsg.), Öffentliche Verwaltung in Deutschland, 2. Aufl., Baden-Baden 1997, S. 39 ff.

Erichsen, Hans-Uwe (Hrsg.), Kommunalverfassung heute und morgen, Köln u. a. 1989.

Fehrenbach, Elisabeth, Der Einfluß des napoleonischen Frankreich auf das Rechts- und Verwaltungssystem Deutschlands, in: Armgard von Reden-Dohna (Hrsg.), Deutschland und Italien im Zeitalter Napoleons, Wiesbaden 1979, S. 23 ff.

Forsthoff, Ernst, Verfassungsrechtliche Grenzen einer Reform des öffentlichen Dienstrechts, in: Studienkommission für die Reform des öffentlichen Dienstrechts, Band 5, Baden-Baden 1973, S. 17 ff.

Friedrich, Carl J., Stellung und Aufgaben des öffentlichen Dienstes in den Vereinigten Staaten von Amerika, in: Studienkommission für die Reform des öffentlichen Dienstrechts, Band 2, Baden-Baden 1973, S. 248 ff.

Gern, Alfons, Deutsches Kommunalrecht, 2. Auflage, Baden-Baden 1997.

Ghisalberti, Carlo, Der Einfluß des napoleonischen Frankreichs auf das italienische Rechts- und Verwaltungssystem, in: Armgard von Reden-Dohna (Hrsg.), Deutschland und Italien im Zeitalter Napoleons, Wiesbaden 1979, S. 41 ff.

- Form und Struktur der napoleonischen Verwaltung in Italien: Departments und Präfekten, in: Christof Dipper u. a. (Hrsg.), Napoleonische Herrschaft in Deutschland und Italien – Verwaltung und Justiz, Berlin 1995, S. 45 ff.

Heady, Ferrel, Public Administration: A Comparative Perspective, 6. Aufl., New York u. a. 2001.

Hebal, John J., Generalisten kontra Spezialisten: Das Problem der doppelten Unterstellung, in: Renate Mayntz (Hrsg.), Bürokratische Organisation, Köln/Berlin 1968, S. 228 ff.

Henneke, Hans-Günter, Kreisrecht in den Ländern der Bundesrepublik Deutschland, Stuttgart 1994.

Herzog, Horst, Doppelte Loyalität: Ein Problem für die zur Europäischen Gemeinschaft entsandten Beamten der Mitgliedstaaten, Berlin 1975.

Hesse, Konrad, Der Rechtsstaat im Verfassungssystem des Grundgesetzes, in: Ernst Forsthoff (Hrsg.), Rechtsstaatlichkeit und Sozialstaatlichkeit, Darmstadt 1968, S. 557 ff.

Hoffmann, Gert, Zur Situation des Kommunalverfassungsrechts nach den Gesetzgebungen der neuen Bundesländer, in: Die Öffentliche Verwaltung 1994, S. 621 ff.

Isensee, Josef, Öffentlicher Dienst, in: Ernst Benda u. a. (Hrsg.), Handbuch des Verfassungsrechts der Bundesrepublik Deutschland, 2. Aufl., Berlin 1994, § 32.

Johnson, Nevil, Der Civil Service in Großbritannien: Tradition und Modernisierung, in: Die Öffentliche Verwaltung 1994, S. 196 ff.

Kaiser, Joseph u. a. (Hrsg.), Recht und System des öffentlichen Dienstes, Studienkommission für die Reform des öffentlichen Dienstes, Band 4, Baden-Baden 1973.

Kamenka, Eugene/*Erl-Soon Tay,* Alice, Freedom, Law and the Bureaucratic State, in:Eugene Kamenka/Martin Krygier (Hrsg.), Bureaucracy. The Career of a Concept, London 1979, S. 112 ff.

Klages, Helmut, Grenzen der Organisierbarkeit von Verwaltungsorganisationen, in: Die Verwaltung 1977, S. 31 ff.

- Die Situation des öffentlichen Dienstes, in: Klaus König/Heinrich Siedentopf (Hrsg.), Öffentliche Verwaltung in Deutschland, 2. Aufl., Baden-Baden 1997, S. 517 ff.

Knemeyer, Franz-Ludwig, Verfassung der kommunalen Selbstverwaltung, in: Klaus König/Heinrich Siedentopf (Hrsg.), Öffentliche Verwaltung in Deutschland, 2. Aufl., Baden-Baden 1997, S. 203 ff.

König, Klaus, Erkenntnisinteressen der Verwaltungswissenschaft, Berlin 1970.

- Kritik öffentlicher Aufgaben, Baden-Baden 1989.

- Aufbau der Landesverwaltung nach Leitbildern, in: Hellmut Wollmann u. a. (Hrsg.), Transformation der politisch-administrativen Strukturen in Ostdeutschland, Opladen 1997, S. 223 ff.

- Drei Welten der Verwaltungsmodernisierung, in: Klaus Lüder (Hrsg.), Staat und Verwaltung – Fünfzig Jahre Hochschule für Verwaltungswissenschaften Speyer, Berlin 1997, S. 399 ff.

- Institutionentransfer und Modelldenken bei Verwaltungsmodernisierungen, in: Rudolf Morsey u. a. (Hrsg.), Staat, Politik, Verwaltung in Europa, Berlin 1997, S. 293 ff.
- Zwei Paradigmen des Verwaltungsstudiums – Vereinigte Staaten von Amerika und Kontinentaleuropa, in: ders. (Hrsg.), Deutsche Verwaltung an der Wende zum 21. Jahrhundert, Baden-Baden 2002, S. 393 ff.

König, Klaus/*Theobald,* Christian, Der Staat als Rechtspersönlichkeit, in: Barbara Adamiak u. a. (Hrsg.), Administracja publiczka w paustwie Prawa, Breslau 1999, S. 165 ff.

Lecheler, Helmut, Die Gliederung des öffentlichen Dienstes, in: Klaus König/Heinrich Siedentopf (Hrsg.), Öffentliche Verwaltung in Deutschland, 2. Aufl., Baden-Baden 1997, S. 501 ff.

Luhmann, Niklas, Lob der Routine, in: ders. (Hrsg.), Politische Planung. Aufsätze zur Soziologie von Politik und Verwaltung, 4. Aufl., Opladen 1994, S. 113 ff.

Malec, Jerzy, Des influences du modèle napoléonien sur l'organisation administrative de la Pologne au début du 19ème siècle, in: Bernd Wunder (Hrsg.), Les influences du «modèle» napoléonien d'administration sur l'organisation administrative des autres pays, Bruxelles 1995, S. 137 ff.

Mayntz, Renate (Hrsg.), Bürokratische Organisation, Köln/Berlin 1968.

- Max Webers Idealtypus der Bürokratie und die Organisationssoziologie, in: dies (Hrsg.), Bürokratische Organisation, Köln/Berlin 1968, S. 27 ff.

Merton, Robert K. u. a. (Hrsg.), Reader in Bureaucracy, New York 1952.

Monnier, François, Remarques sur l'administration française d'ancien régime : l'émergence de la spécificité administrative française, in: Bernd Wunder (Hrsg.), Les influences du «modèle» napoléonien d'administration sur l'organisation administrative des autres pays, Bruxelles 1995, S. 35 ff.

Moore, Victor, The United Kingdom Experience: Progress and Problems, in: Dan Scott/ Ian Thynne (Hrsg.), Public Sector Reform – Critical Issues and Perspectives, Hongkong, 1998, S. 59 ff.

Morstein Marx, Fritz (Hrsg.), Elements of Public Administration, 2. Aufl., Englewood Cliffs 1959.

- Amerikanische Verwaltung. Hauptgesichtspunkte und Probleme, Berlin 1963.

Moschopoulos, Denis, L'influence du modèle napoléonien sur l'administration grecque, in: Bernd Wunder (Hrsg.), Les influences du «modèle» napoléonien d'administration sur l'organisation administrative des autres pays, Bruxelles 1995, S. 137 ff.

Oeter, Stefan, Integration und Subsidiarität im deutschen Bundesstaatsrecht: Untersuchungen zu Bundesstaatstheorie unter dem Grundgesetz, Tübingen 1998.

Pfiffner, John M./*Sherwood,* Frank P., Administrative Organization, Englewood Cliffs 1960.

Raadschelders, Jos C. N./*Van der Meer,* Frits M., Between restoration and consolidation: The napoleonic model of administration in the Netherlands 1795-1990, in: Bernd Wunder (Hrsg.), Les influences du «modèle» napoléonien d'administration sur l'organisation administrative des autres pays, Bruxelles 1995, S. 199 ff.

Raphael, Lutz, Recht und Ordnung: Herrschaft durch Verwaltung im 19. Jahrhundert, Frankfurt a. M. 2000.

Ridley, Frederick, Die Wiedererfindung des Staates – Reinventing British Government. Das Modell einer Skelettverwaltung, in: Die Öffentliche Verwaltung 1995, S. 570 ff.

– Verwaltungsmodernisierung in Großbritannien, in: Hermann Hill/Helmut Klages (Hrsg.), Qualitäts- und erfolgsorientiertes Verwaltungsmanagement, Berlin 1997, S. 251 ff.

Scheuner, Ulrich, Begriff und Entwicklung des Rechtsstaats, in: Hans Dombois/Erwin Willems (Hrsg.), Macht und Recht, Berlin 1956, S. 76 ff.

– Die neuere Entwicklung des Rechtsstaats in Deutschland, in: Ernst von Caemmerer u. a. (Hrsg.), Hundert Jahre deutsches Leben, Band 2, Karlsruhe 1960, S. 229 ff.

Schluchter, Wolfgang, Aspekte bürokratischer Herrschaft, München 1972.

Schmid, Günter/*Treiber,* Hubert, Bürokratie und Politik. Zur Struktur und Funktion der Ministerialbürokratie in der Bundesrepublik Deutschland, München 1975.

Scott, Richard W., Konflikte zwischen Spezialisten und bürokratischen Organisationen, in: Renate Mayntz (Hrsg.), Bürokratische Organisation, Köln/Berlin 1968, S. 201 ff.

Siedentopf, Heinrich, Du Personnel de Direction pour la Fonction publique, in: L'Etat de Droit, Paris 1996, S. 641 ff.

– Die Internationalität der öffentlichen Verwaltung, in: ders./Klaus König (Hrsg.), Öffentliche Verwaltung in Deutschland, 2. Aufl., Baden-Baden 1997, S. 711 ff.

Simon, Herbert A. u. a., Public Administration, 7. Aufl., New York 1962.

Snellen, Ignace, Grundlagen der Verwaltungswissenschaft, Ein Essay über ihre Paradigmen, Wiesbaden 2006.

Sommermann, Karl-Peter, Die deutsche Verwaltungsgerichtsbarkeit, Speyerer Forschungsberichte 106, Speyer 1991.

Stahl, O. Glenn, Der öffentliche Dienst der Vereinigten Staaten von Amerika, in: Studienkommission für die Reform des öffentlichen Dienstrechts, Band 2, Baden-Baden 1973, S. 289 ff.

Stillman, Richard J., Preface to Public Administration: A Search for Themes and Direction, New York 1991.

Teschner, Manfred, Bürokratie, in: Roman Herzog u. a. (Hrsg.), Evangelisches Staatslexikon, Band 1, 3. Aufl., Stuttgart 1987, Sp. 287 ff.

Thieme, Werner, Wiederaufbau oder Modernisierung der deutschen Verwaltung, in: Die Verwaltung 1993, S. 353 ff.

Thompson, Victor A., Hierarchie, Spezialisierung und organisationsinterner Konflikt, in: Renate Mayntz (Hrsg.), Bürokratische Organisation, Köln/Berlin 1968, S. 217 ff.

Thuillier, Guy, Remarques sur le modèle napoléonien d'administration, in: Bernd Wunder (Hrsg.), Les influences du «modèle» napoléonien d'administration sur l'organisation administrative des autres pays, Bruxelles 1995, S. 25 ff.

Unruh, Georg-Christoph von, Die Veränderungen der preußischen Staatsverfassung durch Sozial- und Verwaltungsreformen, in: Kurt G. A. Jeserich u. a. (Hrsg.), Deutsche Verwaltungsgeschichte, Band 2, Stuttgart 1983, S. 399 ff.

Waldo, Dwight, The Administrative State, New York 1948.

Weber, Max, Wirtschaft und Gesellschaft, Studienausgabe, 5. Aufl., Tübingen 1980.

Wilwerth, Claude, Les influences du modèle napoléonien sur l'organisation administrative de la Belgique, in: Bernd Wunder (Hrsg.), Les influences du «modèle» napoléonien d'administration sur l'organisation administrative des autres pays, Bruxelles 1995, S. 115 ff.

Winkelmann, Johannes, Idealtypus, in: Wilhelm Berndorf (Hrsg.), Wörterbuch der Soziologie, 2. Aufl., Stuttgart 1969, S. 438 ff.

Wolter, Udo, Freiherr vom Stein und Graf Montgelas: Zwei Modelle der gemeindlichen Verwaltungsreform am Beginn des 19. Jahrhunderts, in: Bayerische Verwaltungsblätter 1993, S. 641 ff.

Woolf, Stuart, Eliten und Administration in der napoleonischen Zeit in Italien, in: Christof Dipper u. a. (Hrsg.), Napoleonische Herrschaft in Deutschland und Italien – Verwaltung und Justiz, Berlin 1995, S. 29 ff.

Wright, Vincent, Preface, in: Bernd Wunder (Hrsg.), Les influences du «modèle» napoléonien d'administration sur l'organisation administrative des autres pays, Bruxelles 1995, S. 3 ff.

Wunder, Bernd, Geschichte der Bürokratie in Deutschland, Frankfurt a. M. 1986.

– Bürokratie: Die Geschichte eines politischen Schlagworts, in: Adrienne Windhoff-Héritier (Hrsg.), Verwaltung und Umwelt, Opladen 1987, S. 277 ff.

– (Hrsg.), Les influences du «modèle» napoléonien d'administration sur l'organisation administrative des autres pays, Bruxelles 1995.

– L'influence du modèle napoléonien sur l'administration allemande, in: ders. (Hrsg.), Les influences du „modèle" napoléonien d'administration sur l'organisation administrative des autres pays, Bruxelles 1995, S 59 ff.

Ziller, Jacques, Der öffentliche Dienst in Frankreich, in: Zeitschrift für Beamtenrecht 1997, S. 333 ff.

Zum 4. Kapitel: Verwaltung in Vor- und Gegenmoderne

Addicks, Gerd/*Bünning,* Hans-Helmut, Ökonomische Strategien der Entwicklungspolitik, Stuttgart u. a. 1979.

Akademie der Wissenschaften der DDR, Veröffentlichungen der Wissenschaftlichen Räte, Wesen und aktive Rolle des Geldes in der sozialistischen Planwirtschaft, Berlin (Ost) 1989.

Akademie für Staats- und Rechtswissenschaft der DDR (Hrsg.), Staatsrecht der DDR. Lehrbuch, 2. Aufl., Berlin (Ost) 1984.

– Verwaltungsrecht. Lehrbuch, 2. Aufl., Berlin (Ost) 1988.

Assmann, Walter/*Liebe,* Günter, Kaderarbeit als Voraussetzung qualifizierter staatlicher Leistung, Berlin (Ost) 1977.

Balla, Bálint, Kaderverwaltung: Versuch zur Idealtypisierung der „Bürokratie" sowjetisch-volksdemokratischen Typs, Stuttgart 1973.

– Soziologie der Knappheit, Stuttgart 1978.

Benjamin, Michael, Vorlesungen zu Problemen der sozialistischen staatlichen Leitung, Potsdam-Babelsberg 1978.

– Staatliche Leitung in der DDR: Theorie und Praxis, in: Thomas Ellwein u. a. (Hrsg.), Jahrbuch zur Staats- und Verwaltungswissenschaft, Band 3, Baden-Baden 1989, S. 335 ff.

Bergmann, Siegfried, Mit Recht leiten: Aktuelle Fragen der Durchsetzung des sozialistischen Rechts in Betrieben und Kombinaten, Berlin (Ost) 1974.

Bernet, Wolfgang, Das Problem der Gerichtsbarkeit über Verwaltungssachen in der Entwicklung der DDR, in: Die Öffentliche Verwaltung 1990, S. 409 ff.

Bhagwati, Jagdish N. (Hrsg.), The New International Economic Order, Cambridge 1977.

Blase, Melvin G., Institution Building, Bloomington, Indiana 1973.

Böhme, Waltraud u. a. (Hrsg.), Kleines Politisches Wörterbuch, 7. Aufl., Berlin (Ost) 1988.

Bönninger, Karl, Zur Rolle des Rechts im staatlichen Leitungssystem, in: Staat und Recht 1972, S. 734 ff.

Bracher, Karl Dietrich u. a., Die Zeit des Nationalsozialismus 1933-1945, in: Kurt G. A. Jeserich (Hrsg.), Deutsche Verwaltungsgeschichte, Band 4, Stuttgart 1985, Teil 2, S. 635 ff.

Brunner, Georg, Einführung in das Recht der DDR, 2. Aufl., München 1979.

– Das Staatsrecht der Deutschen Demokratischen Republik, in: Josef Isensee/Paul Kirchhoff (Hrsg.), Handbuch des Staatsrechts der Bundesrepublik Deutschland, Band 1, 3. Aufl., Heidelberg 2003, S. 531 ff.

Caiden, Gerald E., Administrative Reform, Chicago 1969.

Dähn, Ulrich/*Lehmann*, Günter, Einige Aspekte der weiteren Festigung der sozialistischen Gesetzlichkeit, in: Staat und Recht 1980, S. 507 ff.

Diamant, Alfred, Modellbetrachtung der Entwicklungsverwaltung, Baden-Baden 1967.

Diamant, Alfred/*Jecht*, Hans, Verwaltung und Entwicklung: Wissenschaftliche Forschungstendenzen und Modelle in den USA, in: Die Öffentliche Verwaltung 1966, S. 388 ff.

Dwivedi, O. P./*Nef*, J., Crises and continuities in development theory and administration: First and Third World perspectives, in: Public Administration and Development 1982, S. 59 ff.

Eaton, Joseph (Hrsg.), Institution Building and Development, Beverly Hills/London 1972.

Ehlert, Willi u. a. (Hrsg.), Wörterbuch der Ökonomie: Sozialismus, Berlin (Ost) 1973.

Esman, Milton J., The Elements of Institution Building, in: Josef W. Eaton (Hrsg.), Institution Building and Development, Beverly Hills/London 1972, S. 19 ff.

- Development Assistance in Public Administration: Requiem or Renewal, in: Public Administration Review 1980, S. 426 ff.

Fanger, Ulrich, Öffentliche Verwaltung und Beamtenschaft in Kleinstaaten der Dritten Welt, in: Die Verwaltung 1981, S. 69 ff.

Gable, Richard W., Development Administration: Background, Terms, Concepts, Theories, and a New Approach, in: SICA Occasional Papers No. 7, Washington D. C. 1976.

Galtung, J. u. a., Self-Reliance: A Strategy for Development, Genf/London 1982.

Giersch, Herbert (Hrsg.), Übertragung von Technologien an Entwicklungsländer, Tübingen 1975.

Glaeßner, Gert-Joachim, Herrschaft durch Kader: Leitung der Gesellschaft und Kaderpolitik in der DDR, Opladen 1977.

- Kaderpolitik, in: Bundesministerium für innerdeutsche Beziehungen (Hrsg.), DDR-Handbuch, Band 1, 3. Aufl., Köln 1985, S. 697 f.

- Vom „realen Sozialismus" zur Selbstbestimmung: Ursachen und Konsequenzen der Systemkrise in der DDR, in: Aus Politik und Zeitgeschichte, Beilage zur Wochenzeitung Das Parlament, B 1-2/1990, S. 3 ff.

Goetze, Dieter, Entwicklungssoziologie, München 1976.

Haase, Herwig E., Staatshaushalt, in: Bundesministerium für innerdeutsche Zusammenarbeit (Hrsg.), DDR-Handbuch, Band 2, 3. Aufl., Köln 1985, S. 1280 ff.

Heady, Ferrel, Comparative Administration: A Sojourner's Outlook, in: Public Administration Review 1978, S. 358 ff.

- Public Administration: A Comparative Perspective, 6. Aufl., New York u. a. 2001.

Hegedüs, András, Sozialismus und Bürokratie, Reinbek bei Hamburg 1981.

Hein, Wolfgang, Autozentrierte Entwicklung. Eine notwendige Voraussetzung für „Good governance", in: Entwicklung und Zusammenarbeit 1995, S. 271 ff.

Henner, Franz-Wilhelm, Begriffe und Theorien der „politischen Entwicklung": Bilanz einer Diskussion und Versuch einer Ortsbestimmung G. A. Almonds, in: Dieter Oberndörfer (Hrsg.), Systemtheorie, Systemanalyse und Entwicklungsländerforschung, Berlin 1971, S. 449 ff.

Inkeles, Alex/*Smith,* David H., Becoming Modern, Cambridge 1974.

Institut für Theorie des Staates und des Rechts der Akademie der Wissenschaften der DDR (Hrsg.), Marxistisch-leninistische Staats- und Rechtstheorie, 2. Aufl., Berlin (Ost) 1975.

Jones, Garth H., Frontiersmen in Search for the „Lost Horizont": The State of Development Administration in the 1960s, in: Public Administration Review 1976, S. 99 ff.

Kaiser, Joseph, Einige Umrisse des deutschen Staatsdenkens seit Weimar, in: Archiv des öffentlichen Rechts 1983, S. 5 ff.

Kaplan, Berton H., Notes on a Non-Weberian Model of Bureaucracy: The Case of Development Bureaucracy, in: Administrative Science Quarterly 1968/69, S. 471 ff.

Kazenzadek, Firuz, Demokratischer Zentralismus, in: Klaus Dieter Kerwig (Hrsg.), Sowjetsystem und demokratische Gesellschaft: Eine vergleichende Enzyklopädie, Band 1, Freiburg 1966, Sp. 1158 ff.

Klages, Helmut/*Schmidt,* Rolf W., Methodik der Organisationsänderung, Baden-Baden 1978.

Klaus, Georg/*Buhr,* Manfred (Hrsg.), Philosophisches Wörterbuch, 7. Aufl., Berlin 1970.

König, Klaus, Programmsteuerung in komplexen politischen Systemen, in: Die Verwaltung 1974, S. 137 ff.

- Verwaltungswissenschaften und Verwaltungsreformen, Speyerer Forschungsberichte 14, Speyer 1979.

- Kaderverwaltung und Verwaltungsrecht, in: Verwaltungsarchiv 1982, S. 37 ff.

- Zum Konzept der Entwicklungsverwaltung, in: ders. (Hrsg.), Öffentliche Verwaltung und Entwicklungspolitik, Baden-Baden 1986, S. 11 ff.

- Kritik öffentlicher Aufgaben, Baden-Baden 1989.

- (Hrsg.), Verwaltungsstrukturen der DDR, Baden-Baden 1990.

König, Klaus/*Bolay,* Friedrich, Zur Evaluation eines Verwaltungshilfeprojektes im Nordjemen, in: Verwaltungsarchiv 1980, S. 265 ff.

König, Klaus/*Schimanke,* Dieter, Räumliche Planungen im politisch-administrativen System der Länder, Hannover 1980.

Lasarew, B. M., Die rechtliche Verankerung des demokratischen Zentralismus als Voraussetzung für die Wirksamkeit der staatlichen Leitung, in: Gerhard Schulze (Hrsg.), Die Rolle des Verwaltungsrechts bei der Erhöhung der Wirksamkeit der Arbeit des Staatsapparats, Potsdam-Babelsberg 1983, S. 6 ff.

Leemans, Arne F. (Hrsg.), The Management of Change in Government, The Hague 1976.

Lipp, Wolfgang, Bürokratische, partizipative und Kaderorganisation als Instrument sozialer Steuerung, in: Die Verwaltung 1978, S. 3 ff.

Loveman, Brian, The Comparative Administration Group, Development Administration and Antidevelopment, in: Public Administration Review 1976, S. 616 ff.

Ludz, Peter Christian, Parteielite im Wandel, Köln/Opladen 1968.

Luhmann, Niklas, Positives Recht und Ideologie, in: Archiv für Rechts- und Sozialphilosophie 1967, S. 531 ff.

- Reform des öffentlichen Dienstes, in: ders. (Hrsg.), Politische Planung. Aufsätze zur Soziologie von Politik und Verwaltung, Opladen 1971, S. 203 ff.

- Politische Theorie im Wohlfahrtsstaat, München/Wien 1981.

Matthies, Volker, Kollektive Self-Reliance, in: Dieter Nohlen/Franz Nuscheler (Hrsg.), Handbuch der Dritten Welt, Band 1, 2. Aufl., Hamburg 1982, S. 380 ff.

Matzdorf, Manfred, Wissenschaft, Technologie und die Überwindung von Unterentwicklung, Saarbrücken/Fort Lauderdale 1979.

Meier, Artur, Abschied von der sozialistischen Ständegesellschaft, in: Aus Politik und Zeitgeschichte, Beilage zur Wochenzeitung Das Parlament, B 16-17/1990, S. 3 ff.

Meyer, Gerd, Bürokratischer Sozialismus, Stuttgart/Bad Cannstadt 1977.

Mummert, Uwe, Wirtschaftliche Entwicklung und Institutionen. Die Perspektive der Neuen Institutionenökonomik, in: Entwicklung und Zusammenarbeit 1998, S. 36 ff.

Narr, Wolf-Dieter/*Offe,* Claus (Hrsg.), Wohlfahrtsstaat und Massenloyalität, Köln 1975.

Neugebauer, Gero, Staatsapparat, in: Bundesministerium für innerdeutsche Beziehungen (Hrsg.), DDR-Handbuch, Band 2, 3. Aufl., Köln 1985, S. 1270 ff.

Nohlen, Dieter/*Nuscheler,* Franz, Was heißt Unterentwicklung?, in: dies. (Hrsg.), Handbuch der Dritten Welt, Band 1, 2. Aufl., Hamburg 1982, S. 25 ff.

Nuscheler, Franz, Lern- und Arbeitsbuch Entwicklungspolitik, Bonn 1995.

Oberndörfer, Dieter u. a., Steuersystem und Steuerverwaltung in Indonesien, Stuttgart 1976.

Peter, Hans-Balz/*Hauser,* Jürg A. (Hrsg.), Entwicklungsprobleme – interdisziplinär, Bern/Stuttgart 1976.

Pitschas, Rainer (Hrsg.), Personelle Zusammenarbeit in der Verwaltungspartnerschaft mit dem Süden, Berlin 1998.

Pitschas, Rainer/*Sülzer,* Rolf (Hrsg.), Neuer Institutionalismus in der Entwicklungspolitik. Perspektiven und Rahmenbedingungen der Verwaltungsentwicklung im Süden und Osten, Berlin 1995.

Püttner, Günter, Zur Entwicklung des Verwaltungsrechts der DDR, in: Gottfried Zieger (Hrsg.), Recht, Wirtschaft, Politik im geteilten Deutschland, Köln u. a. 1983, S. 143 ff.

Reichard, Christoph, Institutionenentwicklung als Querschnittsaufgabe der Entwicklungszusammenarbeit – Anregungen zur Fortschreibung des Sektorpapiers „Verwaltungsförderung", in: Rainer Pitschas (Hrsg.), Zukunftsperspektiven der Verwaltungszusammenarbeit, München 1993, S. 38 ff.

Riege, Gerhard, Zur Rolle des Rechts im staatlichen Leitungssystem, in: Staat und Recht 1973, S. 418 ff.

Riese, Hajo, Geld im Sozialismus: Zur theoretischen Fundierung von Konzeptionen des Sozialismus, Regensburg 1970.

Riggs, Fred W., Administration in Developing Countries: The Theory of Prismatic Society, Boston 1964.

– An Ecological Approach: The „Sala" Model, in: Ferrel Heady/Sybil L. Stokes (Hrsg.), Comparative Public Administration, Ann Arbor/Michigan 1966, S. 19 ff.

– Prismatic Society Revisited, Morristown N. J. 1973.

– Bureaucracy and Development Administration, SICA Occasional Papers No. 9, Washington D. C. 1976.

Roggemann, Herwig, Kommunalrecht und Regionalverwaltung in der DDR, Berlin 1987.

– Die DDR-Verfassungen: Einführung in das Verfassungsrecht der DDR, 4. Aufl., Bonn 1989.

Rostow, W. W., Stadien wirtschaftlichen Wachstums. Eine Alternative zur marxistischen Entwicklungstheorie, Göttingen 1960.

Rytlewski, Ralf, Planung, in: Bundesministerium für innerdeutsche Zusammenarbeit (Hrsg.), DDR-Handbuch, Band 2, 3. Aufl., Köln 1985, S. 986 ff.

Schluchter, Wolfgang, Aspekte bürokratischer Herrschaft, München 1972.

Schulze, Gerhard/*Misselwitz,* Joachim, Wege und Perspektiven des Verwaltungsrechts in der Verwaltungsrechtswissenschaft der DDR, in: Verwaltungsarchiv 1978, S. 251 ff.

Senghaas, Dieter (Hrsg.), Imperialismus und strukturelle Gewalt, Analysen über die abhängige Reproduktion, Frankfurt a. M. 1972.

Siffin, William J., Two Decades of Public Administration in Developing Countries, in: Public Administration Review 1976, S. 61 ff.

Stüber, Richard, Der Leninische Begriff des sozialistischen Staates und seine Weiterentwicklung, in: Staat und Recht 1988, S. 408 ff.

Ule, Carl Hermann, Beamter oder Staatsfunktionär, in: Verwaltungsführung, Organisation, Personal 1990, S. 151 ff.

Unverhau, Thassilo, Die alte Beamtenmaschinerie zerbrechen!: Der öffentliche Dienst in der DDR, in: Zeitschrift für Beamtenrecht 1987, S. 33 ff.

Volensky, Michael, Nomenklatura: Die herrschende Klasse in der Sowjetunion, Wien u. a. 1980.

Weber, Max, Gesammelte Politische Schriften, 4. Aufl., Tübingen 1980.

– Wirtschaft und Gesellschaft, Studienausgabe, 5. Aufl., Tübingen 1980.

Westen, Klaus, Sozialistische Gesetzlichkeit, in: Klaus Dieter Kerwig (Hrsg.), Sowjetsystem und demokratische Gesellschaft: Eine vergleichende Enzyklopädie, Band 5, Freiburg 1972, Sp. 993 ff.

Winkelmann, Johannes, Idealtypus, in: Wilhelm Bernsdorf (Hrsg.), Wörterbuch der Soziologie, 2. Aufl., Stuttgart 1969, S. 438 ff.

Zapf, Wolfgang, Modernisierung und Transformation, in: ders./Bernhard Schäfers (Hrsg.), Handwörterbuch zur Gesellschaft Deutschlands, Opladen 1998, S. 472 ff.

Zimmermann, Hartmut, Freier Deutscher Gewerkschaftsbund, in: Bundesministerium für innerdeutsche Beziehungen (Hrsg.), DDR-Handbuch, Band 1, 3. Aufl., Köln 1985, S. 459 ff.

Zum 5. Kapitel: Öffentliche Aufgaben und Verwaltungsprogramme

Aaron, Henry J. u. a., Social Security: How It Affects the Deficit, in: Barry P. Bosworth u. a. (Hrsg.), Critical Choices, Washington D. C. 1989, S. 139 ff.

Adams, Don/*Goldbard,* Arlene, Cultural Democracy: A New Cultural Policy for the United States, in: Marcus Raskijn/Chester Hartman (Hrsg.), Winning America, Ideas and Leadership for the 1990s, Boston 1988, S. 76 ff.

Akademie für Staats- und Rechtswissenschaft der DDR (Hrsg.), Staatsrecht der DDR, 2. Aufl., Berlin (Ost) 1984.

Alexy, Robert, Theorie der Grundrechte, 4. Aufl., Frankfurt a. M. 2001.

Alm, Alvin L., The Environment, in: American Agenda: Report to the Forty-First President of the United States of America, Camp Hill o. J., S. 178 ff.

Anderson, Terry L., Protecting the Environment, in: Edward H. Crane/David Bonz (Hrsg.), An American Vision. Politics for the '90s, Washington D. C. 1989, S. 311 ff.

Bach, Stefan, Wechselwirkungen zwischen Infrastrukturausstattung, strukturellem Wandel und Wirtschaftswachstum: Zur Bedeutung wirtschaftsnaher Infrastruktur für die Entwicklung in den neuen Bundesländern, Berlin 1994.

Bandemer, Stephan von/*Hilbert,* Josef, Vom expandierenden zum aktivierenden Staat, in: Bernhard Blanke u. a. (Hrsg.), Handbuch der Verwaltungsreform, 3. Aufl., Opladen 2005, S. 30 ff.

Baums, Theodor (Hrsg.), Bericht der Regierungskommission Corporate Governance: Unternehmensführung, Unternehmenskontrolle, Modernisierung des Aktienrechts, Köln 2001.

Bebermeyer, Hartmut, Das Beziehungsfeld politische Planung und strategische Unternehmensplanung: Mit einer empirisch-analytischen Untersuchung der Planungsentwicklung in der Bundesregierung 1966 – 1983, Frankfurt a. M. 1985.

Becher, Gerhard, Industrielle Forschungs- und Technologiepolitik in der Bundesrepublik: Instrumente, Wirkungen und Meßmethoden am Beispiel von Fördermaßnahmen zugunsten von kleineren und mittleren Unternehmen, in: Klaus König/Nicolai Dose (Hrsg.), Instrumente und Formen staatlichen Handelns, Köln u. a. 1993, S. 462 ff.

Benz, Arthur, Kooperative Verwaltung, Baden-Baden 1994.

Bernholz, Peter/*Breyer,* Friedrich, Grundlagen der politischen Ökonomie, Band 2: Ökonomische Theorie der Politik, 3. Aufl., Tübingen 1994.

Beyme, Klaus von, Regierungslehre zwischen Handlungstheorie und Systemansatz, in: Hans-Hermann Hartwich/Göttrik Wewer (Hrsg.), Regieren in der Bundesrepublik III – Systemsteuerung und „Staatskunst" – theoretische Konzepte und empirische Befunde, Opladen 1991, S. 19 ff.

Blanke, Bernhard/*Bandemer,* Stephan von, Der „aktivierende Staat", in: Gewerkschaftliche Monatshefte 6/1999, S. 321 ff.

Blumenthal, Sidney/*Edsall,* Thomas Byrne, The Reagan Legacy, New York 1988.

Boaz, David (Hrsg.), Assessing the Reagan Years, Washington D. C. 1988.

Böckenförde, Ernst-Wolfgang u. a. (Hrsg.), Soziale Grundrechte, 5. Rechtspolitischer Kongress der SPD vom 29. Februar bis 2. März 1880 in Saarbrücken, Dokumentation, Teil 2, Heidelberg 1981.

Böhret, Carl/*Konzendorf,* Götz, Handbuch der Gesetzesfolgenabschätzung (GFA): Gesetze, Verordnungen, Verwaltungsvorschriften, Baden-Baden 2001.

Bovard, James, Draining the Agricultural Policy Swamp, in: Edward H. Carne/David Boaz (Hrsg.), An American Vision. Policies for the '90s, Washington D. C. 1989.

Boyer, Ernest L./*Bell,* Terrel H., Education, in: American Agenda. Report to the Forty-First President of the United States of America, Camp Hill o. J., S. 171 ff.

Brede, Helmut (Hrsg.), Privatisierung und die Zukunft der öffentlichen Wirtschaft, Baden-Baden 1988.

Brede, Helmut*/Hoppe,* Ulrich, Outline of the Present Status of the Privatization Debate in the Federal German Republic, in: Theo Thiemeyer/Guy Quaden (Hrsg.), The Privatization of Public Enterprises: A European Debate, Lüttich 1986, S. 69 ff.

Breger, Marshall J., The Department of Justice, in: Charles L. Heatherly/Burton Yale Pines (Hrsg.), Mandate for Leadership III: Policy Strategies for the 1990s, Washington D. C. 1989, S. 323 f.

Buchanan, James M.*/Tullock,* Gordon, The Calculus of Consent – Logical Foundations of Constitutional Democracy, Ann Arbor 1962.

Budäus, Dietrich*/Grüning,* Gernod, Public Private Partnership – Konzeption und Probleme eines Instruments zur Verwaltungsreform aus Sicht der Public Choice-Theorie, in: Dietrich Budäus/Peter Eichhorn (Hrsg.), Public Private Partnership: Neue Formen öffentlicher Aufgabenerfüllung, Baden-Baden 1997, S. 40 ff.

Bull, Hans Peter, Die Staatsaufgaben nach dem Grundgesetz, 2. Aufl., Kronberg/Ts. 1977.

– Die Verfassungen der neuen Länder – zwischen östlicher Selbstbestimmung und westlichen Vorgaben, in: Bernd Becker u. a. (Hrsg.), Festschrift für Werner Thieme zum 70. Geburtstag, Köln u. a. 1993, S. 321 ff.

– Aufgabenentwicklung und Aufgabenkritik, in: Klaus König/Heinrich Siedentopf (Hrsg.), Öffentliche Verwaltung in Deutschland, 2. Aufl., Baden-Baden 1997, S. 343 ff.

– Wandel der Staatsaufgaben im föderalen System, in: Klaus König/Klaus-Dieter Schnappauf (Hrsg.), Die deutsche Verwaltung unter 50 Jahren Grundgesetz: Europa – Bund – Länder – Kommunen, Baden-Baden 2000, S. 55 ff.

Bulmer, Simon (Hrsg.), The Changing Agenda of West German Public Policy, Aldershot 1989.

Clark, Nolan, The Environmental Protection Agency, in: Charles L. Heatherly/Burton Yale Pines (Hrsg.), Mandate for Leadership III: Policy Strategies for the 1990s, Washington D. C. 1989, S. 213 ff.

Cobb, Roger u. a., Agenda Building as a Comparative Political Process, in: American Political Science Review 1976, S. 126 ff.

Cobb, Roger W.*/Elder,* Charles D., Participation in American Politics – The Dynamics of Agenda-Building, 2. Aufl., London 1983.

Copulos, Milton R., The Department of Energy, in: Charles L. Heatherly/Burton Yale Pines (Hrsg.), Mandate for Leadership III: Policy Strategies for the 1990s, Washington D. C. 1989, S. 204 ff.

Czada, Roland, Konkordanz, Korporatismus, Politikverflechtung: Dimensionen der Verhandlungsdemokratie, in: Everhard Holtmann/Helmut Voelzkow (Hrsg.), Zwischen Wettbewerbs- und Verhandlungsdemokratie, Wiesbaden 2000, S. 23 ff.

Degenhart, Christoph, Grundzüge der neuen sächsischen Verfassung, in: Landes- und Kommunalverwaltung 1993, S. 33 ff.

Derlien, Hans-Ulrich, Staatliche Steuerung in Perspektive – Ein Gesamtkommentar, in: Klaus König/Nicolai Dose (Hrsg.), Instrumente und Formen staatlichen Handelns, Köln u. a. 1993, S. 515 ff.

Docksai, Ronald u. a., The Department of Health and Human Services, in: Charles L. Heatherly/Burton Yale Pines (Hrsg.), Mandate for Leadership III: Policy Strategies for the 1990s, Washington D. C. 1989, S. 233 ff.

Dolan, Julie, The Budget-Minimizing Bureaucrat? Empirical Evidence from the Senior Executive Service, in: Public Administration Review 2002, S. 42 ff.

Dose, Nicolai, Alte und neue Handlungsformen im Bereich von Forschung und Technologie, in: Klaus König/Nicolai Dose (Hrsg.), Instrumente und Formen staatlichen Handelns, Köln u. a. 1993, S. 415 ff.

– Die verhandelnde Verwaltung – Eine empirische Untersuchung über den Vollzug des Immissionsschutzrechts, Baden-Baden 1997.

Downs, Anthony, Up and Down with Ecology – the „Issue-Attention Cycle", in: The Public Interest 1972, S. 38 ff.

Dröser-Dittmann, Elisabeth/*Frankenberger,* Klaus-Dieter, Der Konservatismus nach Ronald Reagan: Was geblieben ist, in: Franz Greß/Hans Vorländer (Hrsg.), Liberale Demokratie in Europa und den USA, Frankfurt a. M./New York 1990, S. 139 ff.

Dye, Theodore R., Policy Analysis, Alabama 1977.

Edelman, Marian Wright, Children, in: Mark Green/Mark Pinsky (Hrsg.), America's Transition: Blueprints for the 1990s, New York 1989, S. 534 ff.

Edelman, Murray, Politik als Ritual. Die symbolische Funktion staatlicher Institutionen und politischen Handelns, Frankfurt a. M. 1976.

Ellwein, Thomas, Gesetzes- und Verwaltungsvereinfachung in Nordrhein-Westfalen, in: Deutsches Verwaltungsblatt 1984, S. 255 ff.

Engel, Christoph/*Morlok,* Martin (Hrsg.), Öffentliches Recht als ein Gegenstand ökonomischer Forschung. Die Begegnung der deutschen Staatsrechtslehre mit der konstitutionellen politischen Ökonomie, Tübingen 1998.

Esser, Josef, Grundsatz und Norm in der richterlichen Fortbildung des Privatrechts: Rechtsvergleichende Beiträge zur Rechtsquellen- und Interpretationslehre, 4. Aufl., Tübingen 1990.

Feddersen, Christoph, Die Verfassungsgebung in den neuen Ländern: Grundrechte, Staatsziele, Plebiszite, in: Die Öffentliche Verwaltung 1992, S. 989 ff.

Feinberg, Kenneth, Drugs, in: American Agenda. Report to the Forty-First President ot the United States of America, Camp Hill o. J., S. 443 ff.

Fischer, Peter Christian, Staatszielbestimmungen in den Verfassungen und Verfassungsentwürfen der neuen Bundesländer, München 1994.

Fliedner, Ortlieb, Ministerialbürokratie und Gesetzgebung, in: Jahresschrift für Rechtspolitologie, Band 3: Rechtspolitologie und Rechtspolitik, Pfaffenweiler 1989, S. 165 ff.

– Vorprüfung von Gesetzentwürfen – Eine Bilanz der Anwendung der Blauen Prüffragen –, in: Zeitschrift für Gesetzgebung 1991, S. 40 ff.

Forsthoff, Ernst, Die Verwaltung als Leistungsträger, Stuttgart/Berlin 1938.

– Rechtsfragen der leistenden Verwaltung, Stuttgart 1959.

Frey, René L., Infrastruktur. Grundlagen der Planung öffentlicher Investitionen, 2. Aufl., Tübingen/Zürich 1972.

Fruchter, Norm, Education, in: Mark Green/Mark Pinksy (Hrsg.), America's Transition: Blueprints for the 1990s, New York 1989, S. 482 ff.

Fuchs, Gerhard*/Rucht,* Dieter, Sozial- und Umweltverträglichkeit von technischen Systemen als Regelungsproblem: Möglichkeiten und Grenzen des Rechts, in: Jahresschrift für Rechtspolitologie, Band 2: Rechtspolitische Forschungskonzepte, Pfaffenweiler 1988, S. 173 ff.

Gabriel, Oscar W.*/Holtmann,* Everhard (Hrsg.), Handbuch Politisches System der Bundesrepublik, München/Wien 1997.

Gellner, Winand, Politikberatung und Parteienersatz: Politische „Denkfabriken" in den USA, in: Zeitschrift für Parlamentsfragen 1991, S. 134 ff.

Glismann, Hans H.*/Nehring,* Sighart, Ladenschluß in der Bundesrepublik Deutschland – eine andere Sicht, in: Wirtschaft und Verwaltung 1988, S. 115 ff.

Gramm, Christof, Privatisierung und notwendige Staatsaufgaben, Berlin 2001.

Greenstein, Robert, Poverty, in: Mark Green/Mark Pinsky (Hrsg.), America's Transition: Blueprints for the 1990s, New York 1989, S. 514 ff.

Grimm, Dieter, Recht und Staat der bürgerlichen Gesellschaft, Frankfurt a. M. 1987.

Grizzle, Charles, The Department of Agriculture, in: Charles L. Heatherly/Burton Yale Pines (Hrsg.), Mandate for Leadership III: Policy Strategies for the 1990s, Washington D. C. 1989, S. 137 ff.

Häberle, Peter, Grundrechte im Leistungsstaat, in: Veröffentlichungen der Deutschen Staatsrechtslehrer, Band 30: Berlin/New York 1972, S. 43 ff.

– Präambeln in Text und Kontext von Verfassungen, in: Joseph Listl/Herbert Schambeck (Hrsg.), Demokratie in Anfechtung und Bewährung, Berlin 1982, S. 211 ff.

– Verfassungsstaatliche Staatsaufgabenlehre, in: Archiv des öffentlichen Rechts 1986, S. 601 ff.

– „Sport" als Thema neuerer verfassungsstaatlicher Verfassungen, in: Bernd Becker u. a. (Hrsg.), Festschrift für Werner Thieme zum 70. Geburtstag, Köln u. a. 1993, S. 25 ff.

Hartwich, Hans-Hermann (Hrsg.), Policy-Forschung in der Bundesrepublik Deutschland. Ihr Selbstverständnis und ihr Verhältnis zu den Grundfragen der Politikwissenschaft, Opladen 1985.

Heady, Ferrel, Public Administration: A Comparative Perspective, 6. Aufl., New York 2001.

Heclo, Hugh, Issue Networks and the Executive Establishment, in: Anthony King (Hrsg.), The New American Political System, Washington D. C. 1978, S. 87 ff.

Heclo, Hugh*/Salamon,* Lester M. (Hrsg.), The Illusion of Presidential Government, Boulder, Colorado 1981.

Héritier, Adrienne (Hrsg.), Policy-Analyse – Kritik und Neuorientierung, in: Politische Vierteljahresschrift, Sonderheft 24, Opladen 1993.

– New Modes of Governance in Europe: Policy-Making without Legislating?, in: dies. (Hrsg.), Common Goods: Reinventing European and International Governance, Lankam, Md. 2002, S. 185 ff.

Hespe, Klaus, Zur Entwicklung der Staatszwecklehre in der deutschen Staatsrechtswissenschaft des 19. Jahrhunderts, Köln/Berlin 1964.

Hesse, Joachim Jens, Zum Stand der Verwaltungsvereinfachung bei Bund und Ländern, in: Die Öffentliche Verwaltung 1987, S. 474 ff.

Hill, Hermann, Einführung in die Gesetzgebungslehre, Heidelberg 1982.

Hille, Dietmar u. a., Konkurrieren statt Privatisieren: Kommunale Einrichtungen im Wettbewerb, Kommunalwissenschaftliches Institut der Universität Potsdam, KWI-Arbeitsheft 3, Potsdam 2000.

Hills, Carla A. u. a., Domestic Policy, in: American Agenda – Report to the Fourty-First President of the United States of America, Camp Hill, o. J., S. 80 ff.

Hofferbert, Richard I./*Klingemann*, Hans-Dieter, The Policy Impact of Party Programmes and Government Declarations in the Federal Republic of Germany, in: European Journal of Political Research 1990, S 277 ff.

Hogan, Josef (Hrsg.), The Reagan Years – The Record in Presidential Leadership, Manchester/New York 1990.

Holtschneider, Rainer, Soziale Staatsziele als Leitlinien der Politik, in: Aus Politik und Zeitgeschichte, Beilage zur Wochenzeitung „Das Parlament", B 52-53/1993, S. 19 ff.

Hood, Christopher/*Schuppert*, Gunnar Folke, Delivering Public Services in Western Europe, London u. a. 1988.

Institut für Theorie des Staates und des Rechts der Akademie der Wissenschaften der DDR (Hrsg.), Marxistisch-leninistische Staats- und Rechtstheorie, 2. Aufl., Berlin (Ost) 1975.

Isensee, Josef, Gemeinwohl und Staatsaufgaben im Verfassungsstaat, in: ders./Paul Kirchhof (Hrsg.), Handbuch des Staatsrechts, Band 3: Das Handeln des Staates, Heidelberg 1988, S. 3 ff.

Jann, Werner, Staatliche Programme und „Verwaltungskultur". Eine vergleichende Untersuchung staatlicher Policies am Beispiel der Bekämpfung des Drogenmissbrauchs und der Jugendarbeitslosigkeit in Schweden, Großbritannien und der Bundesrepublik Deutschland, Opladen 1983.

Jansen, Dorothea/*Schubert*, Klaus (Hrsg.), Netzwerke und Politikprodukte: Konzepte, Methoden, Perspektiven, Marburg 1995.

Jellinek, Georg, Allgemeine Staatslehre, 3. Aufl., Siebenter Neudruck, Darmstadt 1960.

Johansen, Elaine, From Social Doctrine to Implementation: Agenda Setting in Comparable Worth, in: Policy Studies Review 1984, S. 71 ff.

Kaufer, Erich, Theorie der Öffentlichen Regulierung, München 1981.

Kaufmann, Herbert, Are Government Organizations Immortal?, Washington D. C. 1975.

Kimberling, C. Ronald, The Department of Education, in: Charles L. Heatherly/Burton Yale Pines (Hrsg.), Mandate for Leadership III: Policy Strategies for the 1990s, Washington D. C. 1989, S. 186 ff.

Kirchhof, Paul, Mittel staatlichen Handelns, in: ders./Josef Isensee (Hrsg.), Handbuch des Staatsrechts, Band 3: Das Handeln des Staates, Heidelberg 1988, S. 121 ff.

Kirk Jr., Paul G., The 1988 Democratic National Platform, Washington D. C. 1988.

Kirschen, Etienne Sadi u. a., Instrumente der praktischen Wirtschaftspolitik und ihre Träger, in: Gérard Gäfgen (Hrsg.), Grundlagen der Wirtschaftspolitik, 2. Aufl., Köln/Berlin 1967, S. 274 ff.

- International vergleichende Wirtschaftspolitik: Versuch einer empirischen Grundlegung, Berlin 1967, S. 19 ff.

Klein, Eckart, Grundrechtliche Schutzpflichten des Staates, in: Neue Juristische Wochenschrift 1989, S. 1633 ff.

Klein, Martin u. a. (Hrsg.), Die Neue Welthandelsordnung der WTO, Amsterdam 1998.

Klemmer, Paul u. a., Klimaschutz und Emissionshandel: Probleme und Perspektiven, Rheinisch-Westfälisches Institut für Wirtschaftsforschung, Essen 2002.

Klingemann, Hans-Dieter u. a., Party Mandates and Government Action: Election Programmes and Policy Priorities in Certain Post-War Democracies, Köln 1992.

Knauss, Fritz, Privatisierungspolitik in der Bundesrepublik Deutschland 1983 – 1990, Berlin 1993.

Kohl, Jürgen, Staatsausgaben in Westeuropa, Frankfurt a. M./New York 1985.

König, Klaus, Erkenntnisinteressen der Verwaltungswissenschaft, Berlin 1970.

- Programmsteuerung in komplexen politischen Systemen, in: Die Verwaltung 1974, S. 137 ff.

- (Hrsg.), Koordination und integrierte Planung in den Staatskanzleien, Berlin 1976.

- Political Advise and Administrative Support: Planning in the German Chancellery, in: Leo Klinkers (Hrsg.), Life in Public Administration, Amsterdam 1985, S. 132 ff.

- Evaluation als Kontrolle der Gesetzgebung, in: Waldemar Schreckenberger u. a. (Hrsg.), Gesetzgebungslehre, Stuttgart u. a. 1986, S. 96 ff.

- Entwicklungen der Privatisierung in der Bundesrepublik Deutschland – Probleme, Stand, Ausblick –, in: Verwaltungsarchiv 1988, S. 241 ff.

- Kritik öffentlicher Aufgaben, Baden-Baden 1989.

- Rechtliche und tatsächliche Formen des Verwaltungshandelns, in: Verwaltungsrundschau 1990, S. 401 ff.

- Zur juristischen Klassifikation staatlicher Handlungsformen, in: Keio Law Review 1990, S. 256 ff.

- Comments on „The Chernobyl disaster and nucelar fallout", in: Contemporary Crises 1990, S. 313 ff.

- Zum Verwaltungssystem der DDR, in: ders. (Hrsg.), Verwaltungsstrukturen der DDR, Baden-Baden 1991, S. 10 ff.

- Formalisierung und Informalisierung im Regierungszentrum, in: Hans-Hermann Hartwich/Göttrik Wewer (Hrsg.), Regieren in der Bundesrepublik II – Formale .und informale Komponenten des Regierens in den Bereichen der Führung, Entscheidung, Personal und Organisation, Opladen 1991, S. 203 ff.

- Personalisierte Führung und Informationstechnik in Regierung und Verwaltung, in: Heinrich Reinermann (Hrsg.), Führung und Information: Chancen der Informationstechnik für die Führung in Politik und Verwaltung, Heidelberg 1991, S. 76 ff.

- Zur Transformation einer real-sozialistischen Verwaltung in eine klassisch-europäische Verwaltung, in: Verwaltungsarchiv 1992, S. 229 ff.

- Zur innenpolitischen Agenda – Die amerikanische Bundesregierung am Beginn der neunziger Jahre, Speyerer Forschungsbericht 121, Speyer 1993.

- Prozedurale Rationalität – Zur kontraktiven Aufgabenpolitik in den achtziger Jahren –, in: Verwaltungsarchiv 1995, S. 5 ff.

- Rekonstruktion der Staatsfunktionen in der Staatswirtschaft und im Wohlfahrtsstaat, in: Zeitschrift für Verwaltung 1996, S. 665 ff.

- Verwaltungsstaat im Übergang: Transformation, Entwicklung, Modernisierung, Baden-Baden 1999.

- Ordnungspolitische Probleme der Privatisierung, in: Deutsches Anwaltsinstitut e. V. (Hrsg.), Brennpunkte des Verwaltungsrechts 2000, Bochum 2000, S. 183 ff.

- Reinventing Government: The German Case, in: Franz Gress/Jackson Janes (Hrsg.), Reforming Governance: Lessons from the United States of America and the Federal Republic of Germany, Frankfurt a. M./New York 2001, S. 49 ff.

König, Klaus/*Benz,* Angelika, Zusammenhänge von Privatisierung und Regulierung, in: dies. (Hrsg.), Privatisierung und staatliche Regulierung. Bahn, Post, Telekommunikation und Rundfunk, Baden-Baden 1997, S. 13 ff.

König, Klaus/*Dose,* Nicolai, Klassifikationsansätze zum staatlichen Handeln, in: dies. (Hrsg.), Instrumente und Formen staatlichen Handelns, Köln u. a. 1993, S. 3 ff.

- Referenzen staatlicher Steuerung, in: dies. (Hrsg.), Instrumente und Formen staatlichen Handelns, Köln u. a. 1993, S. 519 ff.

König, Klaus/*Schimanke,* Dieter, Räumliche Planungen im politisch-administrativen System der Länder, Hannover 1980.

Lachaume, Jean François, Grands services publics, Paris u. a. 1989.

Lange, Klaus, Staatliche Steuerung aus rechtswissenschaftlicher Perspektive, in: Klaus König/Nicolai Dose (Hrsg.), Instrumente und Formen staatlichen Handelns, Köln u. a. 1993, S. 173 ff.

Lerche, Peter, „Funktionsfähigkeit" – Richtschnur verfassungsrechtlicher Auslegung, in: Bayerische Verwaltungsblätter 1991, S. 517 ff.

Lindblom, Charles E., The Science of „Muddling Through", in: Public Administration Review 1959, S. 79 ff.

- Still muddling, not yet through, in: Public Administration Review 1979, S. 517 ff.

- The Policy-Making Process, 2. Aufl., Englewood Cliffs 1980.

Littmann, Konrad, Definition und Entwicklung der Staatsquote, Göttingen 1975.

Loesch, Achim von, Privatisierung öffentlicher Unternehmen, 2. Aufl., Baden-Baden 1987.

Lösche, Peter, Zerfall und Wiederaufbau: Die amerikanischen Parteien in den achtziger Jahren, in: Hartmut Wasser (Hrsg.), Die Ära Reagan – eine erste Bilanz, Stuttgart 1981, S. 185 ff.

Löwenberg, Fabian, Service public und öffentliche Dienstleistungen in Europa: Ein Beitrag zu Art. 16 des EG-Vertrages, Berlin 2001.

Lowi, Theodore J., American Business, Public Policy, Case Studies and Political Theory, in: World Politics 1964, S. 677 ff.

Luhmann, Niklas, Lob der Routine, in: Verwaltungsarchiv 1964, S. 1 ff.

– Soziologie des Risikos, Berlin/New York 1991.

Majone, Giandomenico, The Rise of the Regulatory State in Europe, in: West European Politics 1994, S. 77 ff.

Marin, Bernd/*Mayntz,* Renate (Hrsg.), Policy Networks: Empirical Evidence and Theoretical Considerations, Frankfurt a. M./Boulder, Colorado 1991.

Maurer, Hartmut, Allgemeines Verwaltungsrecht, 16. Aufl., München 2006.

Mayer, Karl Ulrich, Soziale Indikatoren, in: Görres-Gesellschaft (Hrsg.), Staatslexikon, Band 5, 7. Aufl., Freiburg i. Br. 1989, Sp. 1 ff.

Mayer, Otto, Deutsches Verwaltungsrecht, Band 1, 3. Aufl., München/Leipzig 1924.

Mayntz, Renate (Hrsg.), Implementation politischer Programme – Empirische Forschungsberichte, Königstein/Ts. 1980.

– Problemverarbeitung durch das politisch-administrative System: Zum Stand der Forschung, in: Joachim Jens Hesse (Hrsg.), Politikwissenschaft und Verwaltungswissenschaft, in: Politische Vierteljahresschrift, Sonderheft 15, Opladen 1982, S.74 ff.

– (Hrsg.), Implementation politischer Programme II: Ansätze zur Theoriebildung, Opladen 1983.

Mayntz, Renate/*Scharpf,* Fritz W., Policy-Making in the German Federal Bureaucracy, Amsterdam/New York 1975.

Meier, Kenneth J., Regulation. Politics, Bureaucracy, and Economics, New York 1985.

Menzel, Jörg, Landesverfassungsrecht – Verfassungshoheit und Homogenität im grundgesetzlichen Bundesstaat, Stuttgart u. a. 2002.

Merten, Detlef, Verfassungspatriotismus und Verfassungsschwärmerei – Betrachtungen eines Politischen, in: Verwaltungsarchiv 1992, S. 296 ff.

– Grundgesetz und Verfassungen der neuen deutschen Länder, in: Willi Blümel (Hrsg.), Verfassungsprobleme im vereinten Deutschland, Berlin 1993, S. 46 ff.

Meyer-Teschendorf, Klaus G., Staatszielbestimmung Umweltschutz, in: Aus Politik und Zeitgeschichte, Beilage zur Wochenzeitung „Das Parlament", B 52-53/1993, S. 23 ff.

Meyers, Reinhard, Internationale Organisationen und global governance – eine Antwort auf die internationalen Herausforderungen am Ausgang des Jahrhunderts?, in: Politische Bildung 1999, S. 8 ff.

Michel, Lutz H., Staatszwecke, Staatsziele und Grundrechtsinterpretation unter besonderer Berücksichtigung der Positivierung des Umweltschutzes im Grundgesetz, Frankfurt a. M. 1986.

Milward, H. Brinton, The Changing Character of the Public Sector, in: James L. Perry (Hrsg.), Handbook of Public Administration, 2. Aufl., San Francisco 1996, S. 79 ff.

Möllers, Christian, Staat als Argument, München 2000.

Müller, Erika/*Nuding,* Wolfgang, Gesetzgebung – „Flut" oder „Ebbe"?, in: Politische Vierteljahresschrift 1984, S. 74 ff.

Müller, Markus M./*Sturm,* Roland, Ein neuer regulativer Staat in Deutschland? Die neuere Theory of the Regulatory State und ihre Anwendbarkeit in der deutschen Staatswissenschaft, in: Staatswissenschaften und Staatspraxis 1998, S. 507 ff.

Munson, Richard, Energy, in: Mark Green/Mark Pinsky (Hrsg.), America's Transition: Blueprints for the 1990s, New York 1989, S. 338 ff.

Musgrave, Richard u. a., Die öffentlichen Finanzen in Theorie und Praxis, Band 1, 5. Aufl., Tübingen 1990.

Naßmacher, Hiltrud, Politikwissenschaft, 2. Aufl., München/Wien 1995.

Nelson, Barbara J., Setting the Public Agenda: The Case of Child Abuse, in: Judith V. May/Aaron Wildavsky (Hrsg.), The Policy Cycle, London 1978, S. 17 ff.

Niskanen, William A., Bureaucracy and Representative Government, Chicago 1971.

– Policy Analysis and Public Choice: selected papers by William A. Niskanen, Cheltenham, UK/Newhampton MA, 1998.

Noll, Heinz-Herbert (Hrsg.), Sozialberichterstattung in Deutschland: Konzepte, Methoden und Ergebnisse für Lebensbereiche und Bevölkerungsgruppen, Weinheim/München 1997.

– Sozialstatistik und Sozialberichterstattung, in: Bernhard Schäfers/Wolfgang Zapf (Hrsg.), Handwörterbuch zur Gesellschaft Deutschlands, 2. Aufl., Opladen 2001, S. 663 ff.

O'Neill, Paul H. u. a., Economic Policy, in: American Agenda: Report to the Forty-First President of the United States of America, Camp Hill o. J., S. 60 ff.

Palmer, John L. (Hrsg.), Perspectives on the Reagan Years, Washington D. C. 1986.

Pappermann, Ernst, Zur aktuellen Situation der städtischen Kulturpolitik, in: Der Städtetag 1985, S. 174 ff.

Parver, Alan K./*Mongan,* James J., Health Policy, in: American Agenda: Report to the Forty-First President ot the United States of America, Camp Hill o. J., S. 273 ff.

Passerin d'Entrèves, Maurizio/*Vogel,* Ursula (Hrsg.), Public and Private: Legal, Political and Philosophical Perspectives, London/New York 2000.

Patzig, Werner/*Schlick,* Manfred, Die Haushalte der Flächenländer unter Konsolidierungszwang, Institut „Finanzen und Steuern", Nr. 262, Bonn 1986, S. 109 ff.

Peterson, William H., The Department of Labor and the National Labor Relations, in: Charles L. Heatherly/Burton Yale Pines (Hrsg.), Mandate for Leadership III: Policy Strategies for the 1990s, Washington D. C. 1989, S. 343 ff.

Pitschas, Rainer, Verwaltungsverantwortung und Verwaltungsverfahren. Strukturprobleme, Funktionsbedingungen und Entwicklungsperspektiven eines konsensualen Verwaltungsrechts, München 1990.

Pollack, Ronald*/Fried,* Bruce, Health, in: Mark Green/Mark Pinsky (Hrsg.), America's Transition: Blueprints for the 1990s, New York 1989, S. 571 ff.

Püttner, Günter, Verwaltungslehre, 3. Aufl., München 2000.

Reichard, Christoph, Staats- und Verwaltungsmodernisierung im „aktivierenden Staat", in: Verwaltung und Fortbildung, 3/1999, S. 117 ff.

Rengeling, Hans-Werner (Hrsg.), Klimaschutz durch Emissionshandel, Köln u. a. 2001.

Richardson, Jeremy (Hrsg.), Policy Styles in Western Europe, London 1982.

Ritter, Ernst-Hasso, Das Recht als Steuerungsmedium im kooperativen Staat, in: Dieter Grimm (Hrsg.), Wachsende Staatsaufgaben – sinkende Steuerungskraft des Rechts, Baden-Baden 1990, S. 69 ff.

Rose, Richard, On the Priorities of Government: A Developmental Analysis of Public Policies, in: European Journal of Political Research 1975, S. 247 ff.

Rürup, Bert*/Färber,* Gisela, Konzeptioneller Wandel von integrierten Aufgaben- und Finanzplanungssystemen, in: Hans-Ulrich Derlien (Hrsg.), Programmforschung unter den Bedingungen der Konsolidierungspolitik, München 1985, S. 17 ff.

Ryffel, Hans, Rechtssoziologie, Neuwied/Berlin 1974.

Sawhill, Isabel V., Poverty and the Underclass, in: American Agenda. Report to the Forty-First President of the United States of America, Camp Hill o. J., S. 156 ff.

Scharpf, Fritz W. u. a., Politische Durchsetzbarkeit innerer Reformen, Göttingen 1974.

– Die Handlungsfähigkeit des Staates am Ende des 20. Jahrhunderts, in: Beate Kohler-Koch (Hrsg.), Staat und Demokratie in Europa, Opladen 1992, S. 95 ff.

– Games Real Actors Play, Actor-Centered Institutionalism in Policy Research, Boulder, Colorado 1997.

Schatz, Heribert, Das politische Planungssystem des Bundes, in: Hans-Christian Pfohl/Bert Rürup (Hrsg.), Anwendungsprobleme moderner Planungs- und Entscheidungstechniken, Königstein/Ts. 1979, S. 241 ff.

Schmidt, Manfred G., Vergleichende Policy-Forschung, in: Dirk Berg-Schlosser/Ferdinand Müller-Rommel (Hrsg.), Vergleichende Politikwissenschaft, 3. Aufl., Opladen 1997, S. 207 ff.

– Warum Mittelmaß? Deutschlands Bildungsausgaben im internationalen Vergleich, in: Politische Vierteljahresschrift 2002, S. 3 ff.

Schmidt-Aßmann, Eberhard, Verwaltungsverantwortung und Verwaltungsgerichtsbarkeit, in: Veröffentlichungen der Vereinigung der Deutschen Staatsrechtslehrer, Band 34, Berlin/New York 1976, S. 232 ff.

– Regulierte Selbstregulierung und verwaltungsrechtliche Systembildung, in: Die Verwaltung, Beiheft 4: Regulierte Selbstregulierung als Steuerungskonzept des Gewährleistungsstaates, Berlin 2001, S. 256 ff.

– (Hrsg.), Besonderes Verwaltungsrecht, 13. Aufl., Berlin 2005.

– Das Allgemeine Verwaltungsrecht als Ordnungsidee, 2. Aufl., Berlin u. a. 2006.

Schmidt-Preuß, Matthias, Verwaltung und Verwaltungsrecht zwischen gesellschaftlicher Selbstregulierung und staatlicher Steuerung, in: Veröffentlichungen der Vereinigung der Deutschen Staatsrechtslehrer, Band 56, Berlin/New York 1997, S. 162 ff.

Schneider, Jens-Peter, Der Staat als Wirtschaftssubjekt und Steuerungsakteur, in: Deutsches Verwaltungsblatt 2000, S. 1250 ff.

Scholz, Rupert, Die Gemeinsame Verfassungskommission – Auftrag, Verfahren und Ergebnisse, in: Aus Politik und Zeitgeschichte, Beilage zur Wochenzeitung Das Parlament, B 52-53/1993, S. 3 ff.

Schreckenberger, Waldemar, Sozialer Wandel als Problem der Gesetzgebung, in: Verwaltungsarchiv 1977, S. 28 ff.

– Eindämmung der Gesetzesflut und bürgerfreundliche Verwaltung, in: Gemeinde- und Städtebund Rheinland-Pfalz, Mainz 1979, S. 135 ff.

Schubert, Klaus, Politikfeldanalyse, Opladen 1991.

Schulze-Fielitz, Helmuth, Staatsaufgabenentwicklung und Verfassung. Zur normativen Kraft der Verfassung für das Wachstum und die Begrenzung von Staatsaufgaben, in: Dieter Grimm (Hrsg.), Wachsende Staatsaufgaben – sinkende Steuerungsfähigkeit des Rechts, Baden-Baden 1990, S. 11 ff.

Schuppert, Gunnar Folke, Die öffentliche Aufgabe als Schlüsselbegriff der Verwaltungswissenschaft, in: Verwaltungsarchiv 1980, S. 309 ff.

– Die Erfüllung öffentlicher Aufgaben durch verselbständigte Verwaltungseinheiten, Göttingen 1981.

– Verwaltungswissenschaft, Baden-Baden 2000.

Schwarting, Gunnar, Kommunale Wirtschaft – Vor großen Herausforderungen, in: Zeitschrift für öffentliche und gemeinwirtschaftliche Unternehmen 2001, S. 286 ff.

Schweitzer, Heike, Daseinsvorsorge, „service public", Universaldienst: Art. 86 Abs. 2 EG-Vertrag und die Liberalisierung in den Sektoren Telekommunikation, Energie und Post, Baden-Baden 2002.

Seibel, Wolfgang, Entbürokratisierung in der Bundesrepublik Deutschland, in: Die Verwaltung 1986, S. 137 ff.

Sommermann, Karl-Peter, Die Diskussion über die Normierung von Staatszielen, in: Willi Blümel u. a., Verfassungsprobleme im vereinten Deutschland, Speyer 1993, S. 74 ff.

– Staatsziele und Staatszielbestimmungen, Tübingen 1997.

– Brauchen wir eine Ethik des öffentlichen Dienstes?, in: Verwaltungsarchiv 1998, S. 290 ff.

– Staatszwecke, Staatsziele, in: Werner Heun u. a., Evangelisches Staatslexikon, Neuausgabe, Stuttgart 2006, Sp. 2348 ff.

Stahl, Hans Julius, Die Philosophie des Rechts, Band 2, 2. Abteilung, 5. Aufl., Tübingen/Leipzig 1878.

Starck, Christian, Frieden als Staatsziel, in: Bodo Börner (Hrsg.), Einigkeit und Recht und Freiheit, Köln u. a. 1984, S. 867 ff.

Steiner, Udo (Hrsg.), Besonderes Verwaltungsrecht, 8. Aufl., Heidelberg 2006.

Stern, Klaus, Staatsziele und Staatsaufgaben in verfassungsrechtlicher Sicht, in: Gesellschaft für Rechtspolitik (Hrsg.), Bitburger Gespräche Jahrbuch, München 1984, S. 5 ff.

Storr, Stefan, Zwischen überkommener Daseinsvorsorge und den Diensten von allgemeinem wirtschaftlichen Interesse – Mitgliedstaatliche und europäische Kompetenzen im Recht der öffentlichen Dienste –, in: Die Öffentliche Verwaltung 2002, S. 357 ff.

Strünck, Christoph/*Heinze,* Rolf G., Public Private Partnership, in: Bernhard Blanke u. a. (Hrsg.), Handbuch zur Verwaltungsreform, 3. Aufl., Wiesbaden 2005, S. 127 ff.

Tettinger, Peter J., Die rechtliche Ausgestaltung von Public Private Partnership, in: Dietrich Budäus/Peter Eichhorn (Hrsg.), Public Private Partnership: Neue Formen öffentlicher Aufgabenerfüllung, Baden-Baden 1997, S. 127 ff.

Thieme, Werner, Aufgaben und Aufgabenverteilung, in: Klaus König/Heinrich Siedentopf (Hrsg.), Öffentliche Verwaltung in Deutschland, 2. Aufl., Baden-Baden 1997, S. 303 ff.

Tofaute, Hartmut, Gesichtspunkte zur Privatisierung öffentlicher Dienstleistungen, Heft 5, Hauptvorstand der Gewerkschaft Öffentliche Dienste, Transport und Verkehr (Hrsg.), Stuttgart 1977.

Tuchtfeldt, Egon, Wirtschaftspolitik, in: Willi Albers u. a. (Hrsg.), Handwörterbuch der Wirtschaftswissenschaft, Band 9, Stuttgart u. a. 1982, S. 194 ff.

Voigt, Rüdiger, Staatliche Steuerung aus interdisziplinärer Perspektive, in: Klaus König/Nicolai Dose (Hrsg.), Instrumente und Formen staatlichen Handelns, Köln u. a. 1993, S. 289 ff.

Voßkuhle, Andreas, Der „Dienstleistungsstaat" – Über Nutzen und Gefahren von Staatsbildern, in: Der Staat 2001, S. 495 ff.

Wagener, Frido, Öffentliche Planung in Bund und Ländern, in: Norbert Szyperski/Udo Winand (Hrsg.), Handwörterbuch der Planung, Stuttgart 1989, Sp.1277 ff.

Wagner, Alfred, Grundlegung der politischen Oekonomie, 3. Aufl., Leipzig 1892.

Wahl, Rainer, Staatsaufgaben im Verfassungsrecht, in: Thomas Ellwein/Joachim Jens Hesse (Hrsg.), Staatswissenschaften: Vergessene Disziplin oder neue Herausforderung?, Baden-Baden 1990, S. 42 ff.

Weber, Max, Wirtschaft und Gesellschaft, Studienausgabe, 5. Aufl., Tübingen 1980.

Werner, Fritz, Verwaltungsrecht als konkretisiertes Verfassungsrecht, in: Deutsches Verwaltungsblatt 1959, S. 527 ff.

Wewer, Göttrik (Hrsg.), Bilanz der Ära Kohl, Opladen 1998.

Wille, Eberhard, Marktversagen versus Staatsversagen – ein ideologisches Karussell?, in: Thomas Ellwein/Joachim Jens Hesse (Hrsg.), Staatswissenschaften: Vergessene Disziplin oder neue Herausforderung?, Baden-Baden 1990, S. 251 ff.

Windhoff-Héritier, Adrienne, Policy-Analyse, Frankfurt a. M./New York 1987.

– Staatliche Steuerung aus politikwissenschaftlicher, policy-analytischer Sicht – erörtert am Beispiel der amerikanischen Luftpolitik, in: Klaus König/Nicolai Dose (Hrsg.), Instrumente und Formen staatlichen Handelns, Köln u. a. 1993, S. 249 ff.

Winter, Gerd (Hrsg.), Das Öffentliche heute, Baden-Baden 2002.

Wolf, Heinrich, Die Zulässigkeit der kommunalen Unternehmen auf dem Telekommunikationsmarkt – Keine Frage des Verfassungsrechts, in: Verwaltungsrundschau 1999, S. 420 ff.

Wollmann, Hellmut, Implementationsforschung – eine Chance für kritische Verwaltungsforschung?, in: ders. (Hrsg.), Politik im Dickicht der Bürokratie, Leviathan Sonderheft 3, Opladen 1980, S. 32 ff.

Yergin, Daniel, Energy, in: American Agenda: Report to the Forty-First President of the United States of America, Camp Hill o. J., S. 265 ff.

Zapf, Wolfgang (Hrsg.), Lebensbedingungen in der Bundesrepublik, Sozialer Wandel und Wohlfahrtsorientierung, Frankfurt a. M./New York 1977.

– u. a. (Hrsg.), Lebenslagen im Wandel: Sozialberichterstattung im Längsschnitt, Frankfurt a. M./New York 1996.

Zum 6. Kapitel: Staats- und Verwaltungsorganisation

Abdelghari, Abouhari, Pouvoirs locaux, centralisme et système politico-administratif, Marocco, Internationales Institut für Verwaltungswissenschaften, Brüssel 1989.

Baars, Bodo A. u. a., Politik und Koordinierung, Göttingen 1976.

Baldao Ruiz-Gallegos, Manuel, Décentralisation et coordination administratives: deux techniques au service de l'intérêt général, Spain, Internationales Institut für Verwaltungswissenschaften, Brüssel 1989.

Banner, Gerhard, Entwicklungspolitik und internationale Verwaltungsbeziehungen aus der Sicht der Kommunalverwaltung, in: Klaus König (Hrsg.), Entwicklungspolitik und internationale Verwaltungsbeziehungen, Bonn 1983, S. 55 ff.

Bea, Franz Xaver/*Göbel,* Elisabeth, Organisation, Stuttgart 1999.

Bebermeyer, Hartmut, Regieren ohne Management? – Planung als Führungsinstrument moderner Regierungsarbeit, Stuttgart 1974.

– Das Bezugsfeld politische Planung und strategische Unternehmensplanung, Frankfurt a. M. u. a. 1985.

Beck, Joachim, Netzwerke in der transnationalen Regionalpolitik, Baden-Baden 1997.

Becker, Bernd, Die Organisation als Fachaufgabe und Probleme der Organisation, in: Frido Wagener (Hrsg.), Organisation der Ministerien des Bundes und der Länder, Berlin 1973, S. 101 ff.

– Öffentliche Verwaltung, Percha 1989.

Becker, Ulrich, Zweck und Maß der Organisation, in: ders./Werner Thieme (Hrsg.), Handbuch der Verwaltung, Köln u. a. 1976, Heft 3.1, S. 18 ff.

Bellone, Carl J. (Hrsg.), Organization Theory and the New Public Administration, Boston u. a. 1980.

Benz, Arthur, Die territoriale Dimension von Verwaltung, in: Klaus König (Hrsg.), Deutsche Verwaltung an der Wende zum 21. Jahrhundert, Baden-Baden 2002, S. 219 ff.

- Mehrebenenverflechtung in der Europäischen Union, in: Markus Jachtenfuchs/Beate Kohler-Koch, Europäische Integration, 2. Aufl., Opladen 2003, S. 317 ff.

Bettini, Romano, The Efficiency of Public Offices and the Underground Action of the Public Bureaucracies at State, Regional and Local Level in Italy, Italy, Internationales Institut für Verwaltungswissenschaften, Brüssel 1989.

Beyme, Klaus von, Informelle Komponenten des Regierens, in: Hans-Hermann Hartwich/Göttrik Wewer (Hrsg.), Regieren in der Bundesrepublik II, Opladen 1991, S. 31.

Bjerkén, Torsten, Problems of County Administration in Sweden, Sweden, Internationales Institut für Verwaltungswissenschaften, Brüssel 1989.

Böckenförde, Ernst-Wolfgang, Die Organisationsgewalt im Bereich der Regierung, Berlin 1964.

Bohne, Eberhard, Der informale Rechtsstaat, Berlin 1981.

Bolay, Friedrich W./*Koppe,* Reinhard, Die neue Konzeption der Verwaltungsförderung der Bundesrepublik Deutschland, in: Klaus König (Hrsg.), Öffentliche Verwaltung und Entwicklungspolitik, Baden-Baden 1986, S. 363 ff.

Bora, P. M., Evaluation of Indian Experiment of Decentralisation, India, Internationales Institut für Verwaltungswissenschaften, Brüssel 1989.

Brede, Helmut, Grundzüge der öffentlichen Betriebswirtschaftslehre, München/Wien 2001.

Bull, Hans-Peter/*Mehde,* Veith, Allgemeines Verwaltungsrecht mit Verwaltungslehre, 7. Aufl., Heidelberg 2005.

Calonge Velazquez, Antonio, La distribution de compétences économiques entre l'Etat et les Communautés autonomes, Spain, Internationales Institut für Verwaltungswissenschaften, Brüssel 1989.

Curnow, Ross/*Golder,* Hilary, Regional Administration in New South Wales: The Triumph of the Specialist, Australia, Internationales Institut für Verwaltungswissenschaften, Brüssel 1989.

Dammann, Klaus, Stäbe, Intendantur- und Dacheinheiten, Köln u. a. 1969.

Derlien, Hans-Ulrich, Probleme des neuen Planungssystems im Bundesministerium für Ernährung, Landwirtschaft und Forsten, in: Die Verwaltung 1975, S. 363 ff.

Eggers, Jan, Die Rechtsstellung von Ausschüssen, Beiräten und anderen kollegialen Einrichtungen im Bereich der vollziehenden Gewalt, Dissertation, Kiel 1969.

Eichhorn, Peter u. a. (Hrsg.), Verwaltungslexikon, 3. Aufl., Baden-Baden 2003.

Endruweit, Günter, Organisationssoziologie, Berlin/New York 1981.

Etzioni, Amitai, Modern Organizations, Englewood Cliffs N. J. 1964.

- Soziologie der Organisation, 4. Aufl., München 1973.

Fischer, Alfred, Résumé des débats du Comité de recherche no. 1 sur le thème „Evaluation des politiques nationales de décentralisation et de régionalisation", Federal Republic of Germany, Internationales Institut für Verwaltungswissenschaften, Brüssel 1989.

Forsthoff, Ernst, Verwaltungsorganisation, in: Friedrich Giese (Hrsg.), Die Verwaltung, Heft 13, Braunschweig o. J.

Frese, Erich, Aufbauorganisation, Gießen 1976.

- Organisationstheorie, 2. Aufl., Wiesbaden 1992.

Friesen, Ernest C. u. a., Managing the Courts, Indianapolis/New York 1971.

Garlichs, Dieter/*Müller,* Edda, Eine neue Organisation für das Bundesverkehrsministerium, in: Die Verwaltung 1977, S. 343 ff.

Gebauer, Klaus-Eckart, Dezentralization without Disintegration, Federal Republic of Germany, Internationales Institut für Verwaltungswissenschaften, Brüssel 1989.

Gill, Sucha Sing, Development Process and Regional Inequalities in India. An Evaluation of Government Policy, India, Internationales Institut für Verwaltungswissenschaften, Brüssel 1989.

Gross, Thomas, Das Kollegialprinzip in der Verwaltungsorganisation, Tübingen 1999.

Guerau Ruiz Pena, Les relations entre les citoyens et l'Administration publique: La participation directe, Spain, Internationales Institut für Verwaltungswissenschaften, Brüssel 1989.

Gulick, Luther, Notes on the Theory of Organization, in: ders./Lyndall Urwick (Hrsg.), Papers on the Science of Administration, New York 1937, S. 191 ff.

Herbiet, Michel, Les Compétences économiques des Régions et la Sauvegarde de l'Union économique et de l'Unité monétaire, Belgium, Internationales Institut für Verwaltungswissenschaften, Brüssel 1989.

Hesse, Joachim Jens, Organisation kommunaler Entwicklungsplanung, Stuttgart u. a. 1976.

Hill, Wilhelm u. a., Organisationslehre, Bern/Stuttgart 1974.

Holzinger, Gerhart, Coordinating Mechanisms in the Federal State, Austria, Internationales Institut für Verwaltungswissenschaften, Brüssel 1989.

- Die Organisation der Verwaltung, in: ders. u. a. (Hrsg.), Österreichische Verwaltungslehre, 2. Aufl., Wien 2006, S. 134 ff.

Jochimsen, Reimut, Zum Aufbau und Ausbau eines integrierten Aufgabenplanungssystems und Koordinationssystems der Bundesregierung, in: Joseph H. Kaiser (Hrsg.), Planung VI, Baden-Baden 1972, S. 35 ff.

Johnson, Nevil, Die Organisation der Operational Sections (Fachbereiche bzw. Referate) in zentralen Ministerien, in: Aktuelle Probleme der Ministerialorganisation, Schriftenreihe der Hochschule Speyer, Band 48, Berlin 1972, S. 115 ff.

Katz, Alfred, Politische Verwaltungsführung in den Bundesländern, Berlin 1975.

Kelsen, Hans, Demokratie, in: Demokratie und Sozialismus. Ausgewählte Aufsätze, Darmstadt 1967, S. 22 ff.

Kernaghan, Kenneth u. a., The New Public Organization, Toronto 2000.

Kevenhörster, Paul, Entwicklung durch Dezentralisierung – Perspektiven der Verwaltungsförderung, in: Klaus König (Hrsg.), Öffentliche Verwaltung und Entwicklungspolitik, Baden-Baden 1986, S. 329 ff.

Kieser, Alfred/*Kubicek,* Herbert, Organisation, 4. Aufl., Stuttgart 2003.

Klages, Helmut, Modernisierung als Prozess, in: Herman Hill/Helmut Klages (Hrsg.), Reform der Landesverwaltung, Berlin u. a. 1995, S. 7 ff.

Kölble, Josef, Die Organisation der Führungszwischenschicht (Abteilungen usw.) in den Ministerien, in: Aktuelle Probleme der Ministerialorganisation, Schriftenreihe der Hochschule Speyer, Band 48, Berlin 1972, S. 171 ff.

Kollatz, Udo, Organisationsberatung im Bundesministerium für wirtschaftliche Zusammenarbeit – Eine verwaltungspolitische Betrachtung, in: Verwaltungsarchiv 1978, S. 71 ff.

König, Herbert, Dynamische Verwaltung, Stuttgart 1977.

König, Klaus, Planung und Koordination im Regierungssystem, in: Verwaltungsarchiv 1971, S. 1 ff.

– Verwaltungsreform und Demokratiediskussion, in: Demokratie und Verwaltung, Schriftenreihe der Hochschule Speyer, Band 50, Berlin 1972, S 271 ff.

– Öffentliche Verwaltung und soziale Differenzierung, in: Verwaltungsarchiv 1973, S. 1 ff.

– (Hrsg.), Koordination und integrierte Planung in den Staatskanzleien, Berlin 1976.

– Die Rolle zentraler oder ressorteigener Einheiten für Planung im Bereich der Politikentscheidung und Prioritätensetzung – Länderbericht: Bundesrepublik Deutschland, in: Heinrich Siedentopf (Hrsg.), Regierungspolitik und Koordination, Berlin 1976, S. 227 ff.

– Funktionen und Folgen der Politikverflechtung, in: Fritz W. Scharpf u. a. (Hrsg.), Politikverflechtung II, Kronberg/Ts. 1977, S. 75 ff.

– Aspects of Workers' Participation in the Public Sector, in: S. K. Sharma (Hrsg.), Dynamics of Development, Delhi 1977, S. 359 ff.

– Entwicklungen der inneren Verwaltungsorganisation in der Bundesrepublik Deutschland, in: Zeitschrift für Verwaltung 1978, S. 241 ff.

– Bürokratie und Kontrolle, in: Andreas Khol (Hrsg.), Macht und Kontrolle, Wien 1980, S. 49 ff.

– Bewertung der nationalen Politik zur Dezentralisierung und Regionalisierung, in: Verwaltungswissenschaftliche Informationen, Sonderheft 10, Bonn 1989.

– Formalisierung und Informalisierung im Regierungszentrum, in: Hans-Hermann Hartwich/Göttrik Wewer (Hrsg.), Regieren in der Bundesrepublik II, Opladen 1991, S. 203 ff.

– Personalisierte Führung und Informationstechnik in Regierung und Verwaltung, in: Heinrich Reinermann (Hrsg.), Führung und Information, Heidelberg 1991, S. 67 ff.

– (Hrsg.), Ministerialorganisation zwischen Berlin und Bonn, Speyerer Forschungsbericht 173, 2. Aufl., Speyer 1998.

– Öffentliche Verwaltung und Globalisierung, in: Verwaltungsarchiv 2001, S. 479 ff.

– Zur Typologie öffentlicher Verwaltung, in: Carl-Eugen Eberle u. a. (Hrsg.), Der Wandel des Staates vor den Herausforderungen der Gegenwart, München 2002, S. 696 ff.

König, Klaus/*Theobald,* Christian, Der Staat als Rechtspersönlichkeit, in: Barbara Adamiak u. a. (Hrsg.), Administracja publiczka w paustwie Prawa, Festschrift für Jan Jendroska, Breslau 1999, S. 165 ff.

König, Michael, Kodifikation des Landesorganisationsrechts, Baden-Baden 2000.

Kosiol, Erich, Organisation der Unternehmung, Wiesbaden 1962.

Laufer, Heinz, Der Parlamentarische Staatssekretär, München 1969.

Laux, Eberhard, Nicht-hierarchische Organisationsformen in den Ministerien, in: Aktuelle Probleme der Ministerialorganisation, Schriftenreihe der Hochschule Speyer, Band 48, Berlin 1972, S. 317 ff.

– Führung und Führungsorganisation in der öffentlichen Verwaltung, Stuttgart u. a. 1975.

Lepper, Manfred u. a., Die Basiseinheit in der Organisation der Ministerien, in: Frido Wagener (Hrsg.), Organisation der Ministerien des Bundes und der Länder, Berlin 1973, S. 125 ff.

– Überlegungen zur Grundorganisation in der Ministerialverwaltung, in: Verwaltung und Fortbildung 1974, S. 116 ff.

– Die Rolle und Effektivität der interministeriellen Ausschüsse für Koordination und Regierungspolitik – Länderbericht: Bundesrepublik Deutschland, in: Heinrich Siedentopf (Hrsg.), Regierungspolitik und Koordination, Berlin 1976, S. 433 ff.

Levine, Charles H. u. a., Public Administration, Glenview Ill./London 1990.

Lloyd Brown-John, C., Administering Public Policies in Federal States: Decentralising and Co-ordinating Administration, Canada, Internationales Institut für Verwaltungswissenschaften, Brüssel 1989.

Loeser, Roman, Das Bundes-Organisationsgesetz, Baden-Baden 1988.

Luhmann, Niklas, Lob der Routine, in: Verwaltungsarchiv 1964, S. 1 ff.

– Zweckbegriff und Systemrationalität, Tübingen 1968.

– Vertrauen, 2. Aufl., Stuttgart 1973.

– Organisation und Entscheidung, Opladen 2000.

Manozzi, Sofia, Les partis politiques dans le processus de régionalisation en Italie, Italy, Internationales Institut für Verwaltungswissenschaften, Brüssel 1989.

March, James G./*Simon,* Herbert A., Organizations, New York u. a. 1958.

Maurer, Hartmut, Allgemeines Verwaltungsrecht, 16. Aufl., München 2006.

Mayntz, Renate, Soziologie der Organisation, Reinbek bei Hamburg 1963.

– Soziologie der öffentlichen Verwaltung, 4. Aufl., Heidelberg 1997.

Mayntz, Renate/*Scharpf,* Fritz (Hrsg.), Planungsorganisation, München 1973.

– Probleme der Programmentwicklung in der Ministerialorganisation auf Bundesebene, in: Frido Wagener (Hrsg.), Organisation der Ministerien des Bundes und der Länder, Berlin 1973, S. 37 ff.

Mecking, Christoph, Die Regionalebene in Deutschland, Stuttgart u. a. 1995.

Meier, Kenneth J./*Bothe,* John, Span of Control and Public Organization: Implementing Luther Gulick's Research Design, in: Public Administration Review 2003, S. 61 ff.

Merkl, Adolf, Demokratie und Verwaltung, Wien u. a. 1923.

Meyr, Poul, Verwaltungsorganisation, Göttingen 1962.

Münch, Ingo von, Öffentlicher Dienst, in: ders. (Hrsg.), Besonderes Verwaltungsrecht, 4. Aufl., Berlin/New York 1976, S. 71 ff.

Naschold, Frieder, Organisation und Demokratie, 3. Aufl., Stuttgart 1972.

Nordsiek, Fritz, Grundlagen der Organisationslehre, Stuttgart 1934.

Oertzen, Hans Joachim von, Verwaltungsämter und Generalbehörden zur Entlastung von Ministerien, in: Frido Wagener (Hrsg.), Organisation der Ministerien des Bundes und der Länder, Berlin 1973, S. 53 ff.

Orban, Edmond, Le processus de décentralisation dans l'Etat fédéral industriel: problèmes théoriques et méthodologiques, Canada, Internationales Institut für Verwaltungswissenschaften, Brüssel 1989.

Perrow, Charles, Complex Organizations, 3. Aufl., New York 1986.

Pfeiffer, Dietmar K., Organisationssoziologie, Stuttgart u. a. 1976.

Prätorius, Rainer, Communication and Decentralization. The Case of the Federal Republic of Germany, Federal Republic of Germany, Internationales Institut für Verwaltungswissenschaften, Brüssel 1989.

Püttner, Günter, Verwaltungslehre, 3. Aufl., München 2000.

– Das Beauftragtenwesen in der öffentlichen Verwaltung, in: Arthur Benz u. a. (Hrsg.), Institutionenwandel in Regierung und Verwaltung, Berlin 2004, S. 231 ff.

Rachid, A. R. H., Development of Public Policy of Decentralization of Egypt, Egypt, Internationales Institut für Verwaltungswissenschaften, Brüssel 1989.

Reichard, Christoph, Betriebswirtschaftslehre der öffentlichen Verwaltung, 2. Aufl., Berlin/New York 1987.

Reschke, Hans, Mitbestimmung und Mitwirkung in öffentlichen Institutionen, in: Hans-Joachim von Oertzen (Hrsg.), „Demokratisierung" und Funktionsfähigkeit der Verwaltung, Stuttgart u. a. 1974, S. 112 ff.

Roethlisberger, Fritz J./*Dickson,* William J., Management and the Worker, Cambridge Mass. 1939.

Schindler, Peter, Die Verwaltung des Bundestages, in: Hans-Peter Schneider/Wolfgang Zeh (Hrsg.), Parlamentsrecht und Parlamentspraxis, Berlin/New York 1989, S. 829 ff.

Schmidt, Günter/*Treiber,* Hubert, Bürokratie und Politik – Zur Strukturenfunktion der Ministerialbürokratie in der Bundesrepublik Deutschland, München 1975.

Schmidt-Aßmann, Eberhard, Das allgemeine Verwaltungsrecht als Ordnungsidee, 2. Aufl., Berlin u. a. 2006.

Schnur, Roman, Über Team und Hierarchie, in: Die Verwaltung 1971, S. 557 ff.

Schulze, Gerhard, Der Ministerrat, die Ministerien und andere zentrale Staatsorgane, in: Klaus König (Hrsg.), Verwaltungsstrukturen der DDR, Baden-Baden 1991, S. 91 ff.

Schuppert, Gunnar Folke, Die Erfüllung öffentlicher Aufgaben durch verselbständigte Verwaltungseinheiten, Göttingen 1981.

– Verwaltungswissenschaft, Baden-Baden 2000.

Sedjari, Ali, Décentralisation et Pouvoir Local, Cas du Maroc, Marocco, Internationales Institut für Verwaltungswissenschaften, Brüssel 1989.

Seibel, Wolfgang, Verwaltungsreform, in: Klaus König/Heinrich Siedentopf (Hrsg.), Öffentliche Verwaltung in Deutschland, 2. Aufl., Baden-Baden 1997, S. 94 ff.

Siedentopf, Heinrich, Ressortzuschnitt als Gegenstand der vergleichenden Verwaltungswissenschaft, in: Die Verwaltung 1976, S. 1 ff.

Simon, Herbert, The Proverbs of Administration, in: Public Administration Review 1946, S. 514 ff.

Steinberg, Rudolf, Politik und Verwaltungsorganisation, Baden-Baden 1979.

Stillman, Richard, Preface to Public Administration: A Search for Themes and Directions, Burke, Va. 1991.

Thieme, Werner, Verwaltungslehre, 4. Aufl., Köln u. a. 1984.

Thompson, Victor A., Modern Organization, New York 1961.

Vandernoot, Pierre M., La Régionalisation et la Fonction Publique en Belgique, Belgium, Internationales Institut für Verwaltungswissenschaften, Brüssel 1989.

Vendrell Tornabell, Montserrat, Réseau organisationnel: Administrations mixtes des différents niveaux de gouvernement. Les consortiums administratifs, Spain, Internationales Institut für Verwaltungswissenschaften, Brüssel 1989.

Viesca, Jacinto Faya, Towards a New Federalism and Modern Decentralization in Mexico, Mexico, Internationales Institut für Verwaltungswissenschaften, Brüssel 1989.

Wagener, Frido, Die Organisation der Führung in den Ministerien, in: Aktuelle Probleme der Ministerialorganisation, Schriftenreihe der Hochschule Speyer, Band 48, Berlin 1972, S. 33 ff.

– Regierungsprogramme und Regierungspläne in Bund und Ländern – Überblick –, Berlin 1973.

– Neubau der Verwaltung, 2. Aufl., Berlin 1974.

– (Hrsg.), Verselbständigung von Verwaltungsträgern, Bonn 1976.

– Der öffentliche Dienst im Staat der Gegenwart, in: Veröffentlichungen der Vereinigung der Deutschen Staatsrechtslehrer, Heft 37, Berlin/New York 1979, S. 238 ff.

Walter-Busch, Emil, Organisationstheorien von Weber bis Weick, Amsterdam 1996.

Wolff, Hans J./*Bachof,* Otto, Verwaltungsrecht II, 4. Aufl., München 1976.

Wollmann, Hellmut, Verwaltung in der deutschen Vereinigung, in: Klaus König (Hrsg.), Deutsche Verwaltung an der Wende zum 21. Jahrhundert, Baden-Baden 2002, S. 37 ff.

Wunder, Bernd (Hrsg.), Les influences du „modèle" napoléonien d'administration sur l'organisation administrative des autres pays, Brüssel 1995.

Yoo, Jong Hae, Reforms of Local Autonomy System in Korea, Korea, Internationales Institut für Verwaltungswissenschaften, Brüssel 1989.

Zum 7. Kapitel: Entscheidungsprozesse in der Verwaltung

Aaken, Anne van, „Rational Choice" in der Rechtswissenschaft, Baden-Baden 2003.

Adamovich, Ludwig K.*/Funk,* Bernd-Christian, Allgemeines Verwaltungsrecht, 3. Aufl., Wien/New York 1987.

Akademie für Rechts- und Staatswissenschaft der DDR (Hrsg.), Verwaltungsrecht, Lehrbuch, 2. Aufl., Berlin (Ost) 1988.

Altvater, Elmar, Plan und Markt: Ökonomische Leistungsmechanismen und gesellschaftliches Strukturprinzip, in: Stadtbauwelt 1971, S. 111 ff.

Arnim, Hans Herbert von, Staatslehre der Bundesrepublik Deutschland, München 1984.

– Wirtschaftlichkeit als Rechtsprinzip, Berlin 1988.

– Finanzkontrolle in der Demokratie, in: ders. (Hrsg.), Finanzkontrolle im Wandel, Berlin 1989, S. 39 ff.

Arnold, Peter, Die Arbeit mit öffentlich-rechtlichen Verträgen im Umweltschutz beim Regierungspräsidium Stuttgart, in: Verwaltungsarchiv 1989, S. 125 ff.

Bachof, Otto, Beurteilungsspielraum, Ermessen und unbestimmter Rechtsbegriff, in: Juristenzeitung 1955, S. 97 ff.

Badura, Peter, Das Planermessen und die rechtsstaatliche Funktion des Verwaltungsrechts, in: Festschrift zum 25jährigen Bestehen des Bayerischen Verfassungsgerichtshofs, München 1973, S. 152 ff.

– Die parteienstaatliche Demokratie und die Gesetzgebung, Juristische Gesellschaft in Berlin, Berlin u. a. 1986.

– Wirtschaftsverwaltungsrecht, in: Ingo von Münch (Hrsg.), Besonderes Verwaltungsrecht, 8 Aufl., Berlin/New York 1988, S. 335 ff.

– Das Verwaltungsverfahren, in: Hans-Uwe Erichsen/Wolfgang Martens (Hrsg.), Allgemeines Verwaltungsrecht, 8. Aufl., Berlin/New York 1988, S. 444 ff.

– Staatsrecht, 3. Aufl., München 2003.

Bamberg, Günter*/Coenenberg,* Adolf, Betriebswirtschaftliche Entscheidungslehre, 10. Aufl., München 2000.

Barnard, Chester I., The Functions of the Executive, Cambridge (1938) 1960.

Baudenbacher, Carl, Verfahren als Alternative zur Verrechtlichung im Wirtschaftsrecht, in: Zeitschrift für Rechtspolitik 1986, S. 304 ff.

Bauer, Hans H.*/Grether,* Mark, Öffentliche Verwaltungen im Zeitalter des Customer Relationship Managements, in: Verwaltung und Management 2004, S. 60 ff.

Bauer, Hartmut, Informales Verwaltungshandeln im öffentlichen Wirtschaftsrecht, in: Verwaltungsarchiv 1987, S. 250 ff.

Bebermeyer, Hartmut, Das Bezugsfeld Politische Planung und Strategische Unternehmensplanung, Frankfurt a. M. u.a. 1985.

Beck, Dieter u. a. (Hrsg.), Partizipation und Landschaftsplanung im Kontext der Lokalen Agenda 21, Berlin 2004.

Becker, Bernd, Öffentliche Verwaltung, Percha 1989.

– Entscheidungen in der öffentlichen Verwaltung, in: Klaus König/Heinrich Siedentopf (Hrsg.), Öffentliche Verwaltung in Deutschland, 2. Aufl., Baden-Baden 1997, S. 435 ff.

Becker, Jürgen, Informales Verwaltungshandeln zur Steuerung wirtschaftlicher Prozesse im Zeichen der Deregulierung, in: Die Öffentliche Verwaltung 1985, S. 1009 ff.

Benz, Arthur, Verhandlungen, Verträge und Absprachen in der öffentlichen Verwaltung, in: Die Verwaltung 1990, S. 87 ff.

– Kooperative Verwaltung, Baden-Baden 1994.

Benz, Arthur/*Seibel,* Wolfgang (Hrsg.), Zwischen Kooperation und Korruption: Abweichendes Verhalten in der Verwaltung, Baden-Baden 1992.

Berens, Wolfgang/*Hoffjan,* Andreas, Controlling in der öffentlichen Verwaltung, Stuttgart 2004.

Bernert Sheldon, Eleanor/*Freeman,* Howard E., Notes on Social Indicators, in: Carol H. Weiss (Hrsg.), Evaluating Action Programs, Boston u. a. 1972, S. 166 ff.

Bitz, Michael, Entscheidungstheorie, München 1981.

Bleckmann, Albert, Subventionsrecht, Stuttgart u. a. 1978.

Blümel, Willi, Allgemeine Verwaltungsvorschriften, allgemeine Weisungen, allgemeine Rundschreiben in der Staatspraxis der Bundesauftragsverwaltung, in: Arthur Benz u. a. (Hrsg.), Institutionenwandel in Regierung und Verwaltung, Berlin 2004, S. 295 ff.

Böckenförde, Ernst-Wolfgang, Die Organisationsgewalt im Bereich der Regierung, Berlin 1964.

Boettcher, Erik, Die zentrale Planung sowjetischen Typs im Wandel, in: H. K. Schneider (Hrsg.), Rationale Wirtschaftspolitik und Planung in der Wirtschaft von heute, Berlin 1967, S. 458 ff.

Bogaschewsky, Ronald/*Rollberg,* Roland, Prozessorientiertes Management, Berlin u. a. 1998.

Bogumil, Jörg/*Jann,* Werner, Einführung in die Verwaltungswissenschaft, Wiesbaden 2005.

Bohne, Eberhard, Informales Verwaltungshandeln im Gesetzesvollzug, in: Erhard Blankenburg/Klaus Lenk (Hrsg.), Organisation und Recht, Opladen 1980, S. 20 ff.

– Der informale Rechtsstaat, Berlin 1981.

– Absprachen zwischen Industrie und Regierung in der Umweltpolitik, in: Volkmar Gessner/Gerd Winter (Hrsg.), Rechtsformen der Verflechtung von Staat und Wirtschaft, Opladen 1982, S. 266 ff.

– Informalität, Gleichheit und Bürokratie, in: Rüdiger Voigt (Hrsg.), Gegentendenzen zur Verrechtlichung, Opladen 1983, S. 202 ff.

– Informales Verwaltungs- und Regierungshandeln als Instrument des Umweltschutzes, in: Verwaltungsarchiv 1984, S. 343 ff.

Böhret, Carl, Entscheidungshilfen für die Regierung, Opladen 1970.

– Grundriss der Planungspraxis, Opladen 1975.

– Politik und Verwaltung, Opladen 1983.

– Gesetzesfolgenabschätzung (GFA): Modisch oder hilfreich?, in: Waldemar Schreckenberger/Detlef Merten, Grundfragen der Gesetzgebungslehre, Berlin 2000, S. 131 ff.

Böhret, Carl*/Konzendorf,* Götz, Handbuch der Gesetzesfolgenabschätzung (GFA), Baden-Baden 2001.

Bollnow, Otto Friedrich, Situation und Entscheidung, in: Helmut Plessner (Hrsg.), Symphilosophein, München 1952, S. 297 ff.

Bormann, Manfred, Bildungsplanung in der Bundesrepublik Deutschland, Opladen 1978.

Bösenberg, Dirk*/Metzen,* Heinz, Lean Management: Vorsprung durch schlanke Konzepte, Landsberg/Lech 1992.

Bouckaert, Geert*/van de Walle,* Steven, Comparing Measures of Citizen Trust and User Satisfaction as indicators of „Good Governance", in: International Review of Administrative Sciences 2003, S. 329 ff.

Braibant, Guy, La problématique de la codification, in: Revue Française d'Administration Publique 1997, S. 165 ff.

Bräutigam, Tobias, Das deutsche Informationsfreiheitsgesetz aus rechtsvergleichender Sicht, in: Deutsches Verwaltungsblatt 2006, S. 950 ff.

Braybrooke, David*/Lindblom,* Charles E., A Strategy of Decision: Policy Evaluation as a Social Process, New York 1963.

Brede, Helmut, Grundzüge der öffentlichen Betriebswirtschaftslehre, München 2001.

Brentel, Helmut, Soziale Rationalität, Opladen/Wiesbaden 1999.

Breuer, Rüdiger, Legislative und Administrative Prognoseentscheidungen, in: Der Staat 1977, S. 21 ff.

Brinkmann, Gerhard u. a., Die Tätigkeitsfelder des höheren Verwaltungsdienstes, Opladen 1973.

Brohm, Winfried, Beschleunigung der Verwaltungsverfahren – Straffung oder konsensuales Verwaltungshandeln, in: Neue Zeitschrift für Verwaltungsrecht 1991, S. 1025 ff.

Brüggemeier, Martin, Controlling in der Öffentlichen Verwaltung, 3. Aufl., München/Mensing 1998.

Buchholz, Werner, Kosten-Leistungs-Rechnung, in: Peter Eichhorn u. a. (Hrsg.), Verwaltungslexikon, 3. Aufl., Baden-Baden 2003, S. 605 ff.

Bull, Hans-Peter, „Vernunft" gegen „Recht"? – Zum Rationalitätsbegriff der Planungs- und Entscheidungslehre, in: Arthur Benz u. a. (Hrsg.), Institutionenwandel in Regierung und Verwaltung, Berlin 2004, S. 179 ff.

Bull, Hans-Peter/*Mehde,* Veith, Allgemeines Verwaltungsrecht mit Verwaltungslehre, 7. Aufl., Heidelberg 2005.

Bulling, Manfred, Kooperatives Verwaltungshandeln (Vorverhandlungen, Arrangements, Agreements und Verträge) in der Verwaltungspraxis, in: Die Öffentliche Verwaltung 1989, S. 273 ff.

Bullinger, Martin, Beschleunigte Genehmigungsverfahren für eilbedürftige Vorhaben, Baden-Baden 1991.

Busse, Volker, Gesetzgebungsarbeit der Bundesregierung – Politik und Planung, in: Waldemar Schreckenberger/Detlef Merten, Grundfragen der Gesetzgebungslehre, Berlin 2000, S. 47 ff.

Cassese, Sabino, Le basi del diritto amministrativo, Torino 1989.

Chelimsky, Eleanor (Hrsg.), Program Evaluation: Patterns and Directions, Washington, D. C. 1985.

Cohen, Marc D. u. a., A Garbage Can Model of Organizational Choice, in: Administrative Science Quarterly 1972, S. 125 ff.

Dathe, Hans Martin, Operations Research in der öffentlichen Verwaltung, in: Ulrich Becker/Werner Thieme, Handbuch der Verwaltung, Heft 4.4,Köln u. a. 1974.

Degenhart, Christoph, Kontrolle der Verwaltung durch Rechnungshöfe, in: Veröffentlichungen der Vereinigung der Deutschen Staatsrechtslehrer, Heft 55, Berlin/New York 1996, S. 192 ff.

Derlien, Hans-Ulrich, Die Erfolgskontrolle staatlicher Planung, Baden-Baden 1976.

– Die Entwicklung von Evaluationen im internationalen Kontext, in: Werner Bessmann u. a. (Hrsg.), Einführung in die Politikevaluation, Basel/Frankfurt am Main 1997, S. 4 ff.

Di Fabio, Udo, Vertrag statt Gesetz? in: Deutsches Verwaltungsblatt 1990, S. 338 ff.

Diederich, Nils u. a., Die diskreten Kontrolleure, Opladen 1990.

Dose, Nicolai, Konzeptioneller Erklärungsrahmen für Verhandlungsprozesse mit Ordnungsverwaltungen, Arbeitspapier des Sonderforschungsbereiches 221 der Universität Konstanz, Konstanz 1986.

– Die verhandelnde Verwaltung, Baden-Baden 1997.

Dror, Yehezkel, Muddling Through – „Science" oder Inertia, in: Public Administration Review 1964, S. 55 ff.

Dürig, Günter/*Maunz,* Theodor u. a., Grundgesetz, Kommentar, München 1958 ff.

Ebel, Wilhelm, Geschichte der Gesetzgebung in Deutschland, 2. Aufl., Göttingen 1958.

Eberle, Carl-Eugen, Arrangements im Verwaltungsverfahren, in: Die Verwaltung 1984, S. 464 ff.

Ehmke, Horst, Prinzipien der Verfassungsinterpretation, in: Veröffentlichungen der Vereinigung der Deutschen Staatsrechtslehrer, Heft 20, Berlin/New York 1963, S. 71 ff.

Eichhorn, Peter, Das Prinzip Wirtschaftlichkeit, Wiesbaden 2000.

– Wirtschaftlichkeit, in: ders. u. a. (Hrsg.), Verwaltungslexikon, 3. Aufl., Baden-Baden 2003, S. 1208 ff.

Eichler, Hermann, Gesetz und System, Berlin 1970.

Ellwein, Thomas, Über Verwaltungskunst oder: Grenzen der Verwaltungsführung und der Verwaltungswissenschaft, in: Staatswissenschaften und Staatspraxis 1990, S. 99 ff.

Engisch, Karl, Einführung in das juristische Denken, 9. Aufl., Stuttgart u. a. 1997.

Ennuschat, Jörg, Wege zur besseren Gesetzgebung – sachverständige Beratung, Begründung, Folgenabschätzung und Wirkungskontrolle, in: Deutsches Verwaltungsblatt 2004, S. 986 ff.

Erichsen, Hans-Uwe/*Martens,* Wolfgang, Das Verwaltungshandeln, in: dies. (Hrsg.), Allgemeines Verwaltungsrecht, 8. Aufl., Berlin/New York 1988.

Ernst, Werner/*Hoppe,* Werner, Das öffentliche Bau- und Bodenrecht, Bauplanungsrecht, 2. Aufl., München 1981.

Esser, Josef, Vorverständnis und Methodenwahl in der Rechtsfindung: Rationalitätsgarantien der richterlichen Entscheidungspraxis, Frankfurt a. M. 1970.

Etzioni, Amitai, The Active Society: A Theory of Societal and Political Processes, New York 1968.

Fehling, Michael, Kosten-Nutzen-Analysen als Maßstab für Verwaltungsentscheidungen, in: Verwaltungsarchiv 2004, S. 443 ff.

Feldman, Julian/*Kanter,* Herschel E., Organizational Decision Making, in: James G. March (Hrsg.), Handbook of Organizations, Chicago 1965, S. 614 ff.

Fesler, James V./*Kettl,* Donald F., The Politics of the Administrative Process, 2. Aufl., Chatham N. J. 1996.

Fisch, Rudolf/*Beck,* Dieter, Ein sozialpsychologischer Bezugsrahmen für die gute Gestaltung politisch-administrativer Entscheidungsprozesse, in: Arthur Benz u. a., Institutionenwandel in Regierung und Verwaltung, Berlin 2004, S. 201 ff.

Fuchs, Gerhard/*Rucht,* Dieter, Sozial- und Umweltverträglichkeit von technischen Systemen als Regelungsproblem: Möglichkeiten und Grenzen des Rechts, in: Jahresschrift für Rechtspolitologie 1988, S. 173 ff.

Gabler Wirtschaftslexikon, „effektiv", 14. Aufl., Wiesbaden 1997, S. 1005.

– „effizient", 14. Aufl., Wiesbaden 1997, S. 1005 f. und 2906 f.

– „Feasibility-Studie", 14. Aufl., Wiesbaden 1997, S. 1289.

– „Lean Management", 14. Aufl., Wiesbaden 1997, S. 2410.

Ganz, Carola, Plädoyer für eine Evaluierung des Evaluierungsforschungsprozesses, in: Gerd-Michael Hellstern/Hellmut Wollmann (Hrsg.), Handbuch zur Evaluierungsforschung, Band 1, Opladen 1984, S. 623 ff.

Garska, Hansjürgen, Internationale Entwicklungen des Informationszugangsrechts, in: Michael Kloepfer (Hrsg.), Die transparente Verwaltung, Berlin 2003, S. 67 ff.

Gernert, Christiane/*Heruschka,* Peter, Management heterogener und schnellem Wandel ausgesetzter Computersysteme, in: Heinrich Reinermann (Hrsg.), Regieren und Verwalten im Informationszeitalter, Heidelberg 2000, S. 499 ff.

Gilhuis, Piet u. a., Negotiated Decision-Making in the Shadow of the Law, in: Boudewijn de Waard (Hrsg.), Negotiated Decision-Making, Den Haag 2000, S. 219 ff.

Goerlich, Helmut, Erfordernisse rationaler Gesetzgebung nach Maßstäben des Bundesverfassungsgerichts, in: Juristische Rundschau 1977, S. 89 ff.

Götz, Volkmar, Das Verwaltungshandeln, München 1976.

Gunlicks, Arthur B., Plebiszitäre Demokratie in den USA, in: Arthur Benz u. a., Institutionenwandel in Regierung und Verwaltung, Berlin 2004, S. 407 ff.

Gusy, Christoph, Das Grundgesetz als normative Gesetzgebungslehre?, in: Zeitschrift für Rechtspolitik 1985, S. 291 ff.

Häberle, Peter, Verfassungsprinzipien im Verwaltungsverfahrensgesetz, in: Walter Schmitt Glaeser (Hrsg.), Verwaltungsverfahren, Stuttgart u. a. 1977, S. 60 ff.

Hansmeyer, Karl-Heinrich (Hrsg.), Das rationale Budget, Köln 1971.

Harms, Jens/*Reichard,* Christoph (Hrsg.), Die Ökonomisierung des öffentlichen Sektors, Baden-Baden 2003.

Hartfiel, Günter, Wirtschaftliche und soziale Rationalität, Stuttgart 1968.

Hattenhauer, Hans, Das ALR im Widerstreit der Politik, in: Detlef Merten/Waldemar Schreckenberger (Hrsg.), Kodifikation gestern und heute, Berlin 1995, S. 27 ff.

Häußer, Otto, Gute Verwaltungskommunikation, in: Hermann Hill/Rainer Pitschas (Hrsg.), Europäisches Verwaltungsverfahrensrecht, Berlin 2004, S. 263 ff.

Heberlein, Ingo, Wider den öffentlich-rechtlichen Vertrag? in: Deutsches Verwaltungsblatt 1982, S. 763 ff.

Heck, Phillip, Gesetzesauslegung und Interesse, Tübingen 1914.

Hegel, Georg Wilhelm Friedrich, Grundlinien der Philosophie des Rechts, Berlin 1981.

Heinen, Eduard, Grundfragen der entscheidungsorientierten Betriebswirtschaftslehre, München 1976.

Hellstern, Gerd-Michael/*Wollmann,* Hellmut (Hrsg.), Experimentelle Politik, Opladen 1983.

– Handbuch zur Evaluierungsforschung, Band 1, Opladen 1984.

Hesse, Konrad, Der Gleichheitssatz in der neueren deutschen Verfassungsentwicklung, in: Archiv des öffentlichen Rechts 1984, S. 174 ff.

Hewer, Alexander, Finanzkontrolle im Neuen Öffentlichen Rechnungswesen, Hamburg 2003.

Hieber, Fritz, Öffentliche Betriebswirtschaftslehre, 4. Aufl., Sternenfels 2003.

Hill, Hermann, Einführung in die Gesetzgebungslehre, Heidelberg 1982.

– Das hoheitliche Moment im Verwaltungsrecht der Gegenwart, in: Deutsches Verwaltungsblatt 1989, S. 322 ff.

– 25 Thesen zu einer Verfahrensordnung für öffentlich-private Kooperation (Verwaltungskooperationsrecht), in: Verwaltung und Management 2001, S. 10 ff.

– Verwaltungskommunikation und Verwaltungsverfahren unter europäischem Einfluss, in: ders./Rainer Pitschas (Hrsg.), Europäisches Verwaltungsverfahrensrecht, Berlin 2004, S. 273 ff.

Hill, Hermann/*Pitschas,* Rainer (Hrsg.), Europäisches Verwaltungsverfahrensrecht, Berlin 2004.

Hirschberg, Lothar, Der Grundsatz der Verhältnismäßigkeit, Göttingen 1981.

Hoffmann-Riem, Wolfgang, Verhandlungslösungen und Mittlereinsatz im Bereich der Verwaltung: Eine vergleichende Einführung, in: ders./Eberhard Schmidt-Aßmann (Hrsg.), Konfliktbewältigung durch Verhandlungen, Baden-Baden 1990, S. 15 ff.

– Reform des Allgemeinen Verwaltungsrechts: Vorüberlegungen, in: Deutsches Verwaltungsblatt 1994, S. 1381 ff.

– Finanzkontrolle der Verwaltung durch Rechnungshof und Parlament, in: Eberhard Schmidt-Aßmann/Wolfgang Hoffmann-Riem (Hrsg.), Verwaltungskontrolle, Baden-Baden 2001, S. 73 ff.

– Verwaltungsverfahren und Verwaltungsgesetz, in: ders./Eberhard Schmidt-Aßmann (Hrsg.), Verwaltungsverfahren und Verwaltungsverfahrensgesetz, Baden-Baden 2002, S. 21 ff.

– Methoden einer anwendungsorientierten Verwaltungsrechtswissenschaft, in: Eberhard Schmidt-Aßmann/Wolfgang Hoffmann-Riem (Hrsg.), Methoden der Verwaltungsrechtswissenschaft, Baden-Baden 2004, S. 9 ff.

Hollmann, Liesel, Wissenschaftliche Beratung der Politik, dargestellt am Beispiel von IPEKS, Frankfurt a. M. u. a. 1983.

Honnacker, Heinz/*Grimm,* Gottfried, Geschäftsordnung der Bundesregierung, München 1969.

Hopp, Helmut/*Göbel,* Astrid, Management in der öffentlichen Verwaltung, 2. Aufl., Stuttgart 2004.

Horvath, Peter, Controlling, 10. Aufl., München 2006.

Hucke, Jochen/*Ullmann,* Arieh A., Konfliktregelung zwischen Industriebetrieb und Vollzugsbehörde bei der Durchsetzung regulativer Politik, in: Renate Mayntz (Hrsg.), Implementation politischer Programme, Empirische Forschungsberichte, Königstein/Ts. 1980, S. 105 ff.

Hüfner, Klaus/*Naumann,* Jens (Hrsg.), Bildungsplanung: Ansätze, Modelle, Probleme, Stuttgart 1971.

Hugger, Werner, Gesetze – Ihre Vorbereitung, Abfassung und Prüfung, Baden-Baden 1983.

Hughes, Everett C., Men and Their Work, Glencoe Ill. 1958.

Irvin, Renée A./*Stansbury,* John, Citizen Participation in Decision Making: Is it Worth the Effort?, in: Public Administration Review 2004, S. 55 ff.

Jansen, Dorothea, Mediationsverfahren in der Umweltpolitik, in: Politische Vierteljahresschrift 1997, S. 275 ff.

Jantsch, Erich, Perspectives of Planning, OECD, Paris 1969.

Jellinek, Walter, Verwaltungsrecht, 3. Aufl., Berlin 1931.

Jerusalem, Franz W., Kritik der Rechtswissenschaft, Frankfurt a. M. 1948.

Joachimsen, Reimut, Für einen Bundesentwicklungsplan, in: Die Neue Gesellschaft 1969, S. 237 ff.

Jreisat, Jamil E., Comparative Public Administration and Policy, Boulder, Colorado 2002.

Kahl, Wolfgang, Das Verwaltungsverfahrensgesetz zwischen Kodifikationsidee und Sonderrechtsentwicklungen, in: Wolfgang Hoffmann-Riem/Eberhard Schmidt-Aßmann (Hrsg.), Verwaltungsverfahren und Verwaltungsverfahrensgesetz, Baden-Baden 2002, S. 67 ff.

Karpen, Ulrich, Zum Stand der Gesetzgebungswissenschaft in Europa, in: Waldemar Schreckenberger/Detlef Merten, Grundfragen der Gesetzgebungslehre, Berlin 2000, S. 7 ff.

Karpen, Ulrich/*Hof,* Hagen (Hrsg.), Wirkungsforschung zum Recht IV – Möglichkeiten einer Institutionalisierung der Wirkungskontrolle von Gesetzen, Baden-Baden 2003.

Kelsen, Hans, Reine Rechtslehre, 2. Aufl., Wien 1960.

Kirsch, Werner, Kommunikatives Handeln, Autopoiese, Rationalität, 2. Aufl., München 1997.

Kisker, Gunter, Rechnungshof und Politik, in: Hans Herbert von Arnim (Hrsg.), Finanzkontrolle im Wandel, Berlin 1989, S. 195 ff.

Kistner, Peter, Die Bundesstaatsproblematik der Regierungsprogramme und Regierungspläne, in: Regierungsprogramme und Regierungspläne, Schriftenreihe der Hochschule Speyer, Band 51, Berlin 1973, S. 63 ff.

Kloepfer, Michael, Wesentlichkeitstheorie als Begründung oder Grenze des Gesetzesvorbehalts?, in: Hermann Hill (Hrsg.), Zustand und Perspektiven der Gesetzgebung, Berlin 1989, S. 187 ff.

– Zur Kodifikation des Umweltrechts in einem Umweltgesetzbuch, in: Detlef Merten/Waldemar Schreckenberger (Hrsg.), Kodifikation gestern und heute, Berlin 1995, S. 195 ff.

Kloepfer, Michael/*von Lewinski,* Kai, Das Informationsfreiheitsgesetz des Bundes, in: Deutsches Verwaltungsblatt 2005, S. 1277 ff.

Klug, Ulrich, Juristische Logik, 3. Aufl., Berlin 1966.

König, Klaus, Planung und Koordination im Regierungssystem, in: Verwaltungsarchiv 1971, S. 1 ff.

– Öffentliche Verwaltung und soziale Differenzierung, in: Verwaltungsarchiv 1973, S. 1 ff.

– Programmsteuerungen in komplexen politischen Systemen, in: Die Verwaltung 1974, S. 137 ff.

– Bürokratie und Kontrolle, in: Andreas Khol (Hrsg.), Macht und Kontrolle, Wien 1980, S. 49 ff.

– System und Umwelt der öffentlichen Verwaltung, in: ders. u. a. (Hrsg.), Öffentliche Verwaltung in der Bundesrepublik Deutschland, Baden-Baden 1981.

- Aufgabenplanung im Bundeskanzleramt, in: Hans-Ulrich Derlien (Hrsg.), Programmforschung unter den Bedingungen einer Konsolidierungspolitik, München 1985, S. 43 ff., S. 101 ff.
- Evaluation als Kontrolle der Gesetzgebung, in: Waldemar Schreckenberger u. a. (Hrsg.), Gesetzgebungslehre, Stuttgart u. a. 1986, S. 96 ff.
- Nationwide Plans and the Planning of Policy at the Central Level of Government: The Federal Republic of Germany, in: Verwaltungswissenschaftliche Informationen, Sonderheft 7, Bonn 1986, S. 35 ff.
- Zur Evaluation staatlicher Programme, in: Peter Eichhorn/Peter von Kortzfleisch (Hrsg.), Erfolgskontrolle bei der Verausgabung öffentlicher Mittel, Baden-Baden 1986, S. 19 ff.
- Gesetzgebungsvorhaben im Verfahren der Ministerialverwaltung, in: Willi Blümel u. a. (Hrsg.), Verwaltung im Rechtsstaat, Köln u. a. 1987, S. 121 ff.
- Zur Überprüfung von Rechtsetzungsvorhaben des Bundes, in: Dieter Grimm/Werner Maihofer (Hrsg.), Gesetzgebungstheorie und Rechtspolitik, Jahrbuch für Rechtssoziologie und Rechtstheorie, Band XIII, Opladen 1988, S. 171 ff.
- Kritik öffentlicher Aufgaben, Baden-Baden 1989.
- Rechtliche und tatsächliche Formen des Verwaltungshandelns, in: Verwaltungsrundschau 1990, S. 401 ff.
- Zur juristischen Klassifikation staatlicher Handlungsformen, in: Commemorative Issue, Keio Law Review 1990, S. 249 ff.
- Zur Verfahrensrationalität einer kontraktiven Aufgabenpolitik, Speyerer Forschungsberichte 87, Speyer 1990.
- Comments on „The Chernobyl disaster and nuclear fallout", in: Uriel Rosenthal/Bert Pijnenburg (Hrsg.), Crisis Management and Decision Making, Dordrecht u. a. 1991, S. 37 ff.
- Personalisierte Führung und Informationstechnik in Regierung und Verwaltung, in: Heinrich Reinermann (Hrsg.), Führung und Information, Heidelberg 1991, S. 67 ff.
- Programmfunktion und Budget im Regierungsbereich, in: Hans-Hermann Hartwich/Göttrik Wewer (Hrsg.), Regieren in der Bundesrepublik 4, Opladen 1992, S. 19 ff.
- Zur innenpolitischen Agenda – Die amerikanische Bundesregierung am Beginn der neunziger Jahre, Speyerer Forschungsbericht 121, Speyer 1993.
- Räumliche Planungen in der Ökonomisierung und Manageralisierung der öffentlichen Verwaltung, in: Institut für Landes- und Stadtentwicklungsforschung des Landes Nordrhein-Westfalen (Hrsg.), Ökonomisierung der öffentlichen Verwaltung, Dortmund 2000, S. 19 ff.
- Zur Manageralisierung und Ökonomisierung der öffentlichen Verwaltung, Speyerer Forschungsbericht 209, Speyer 2000.
- „Rule of Law" und Governance in der entwicklungs- und transformationspolitischen Zusammenarbeit, in: Dietrich Murswieck u. a. (Hrsg.), Staat – Souveränität – Verfassung, Berlin 2000, S. 123 ff.

- Der Regierungsapparat bei der Regierungsbildung nach Wahlen, in: Hans-Ulrich Derlien/Axel Murswieck (Hrsg.), Regieren nach Wahlen, Opladen 2001, S. 15 ff.
- Komplexitätsbewältigung in Regierungszentralen – Ein Erfahrungsbericht, in: Rudolf Fisch/Dieter Beck (Hrsg.), Komplexitätsmanagement, Wiesbaden 2004, S. 201 ff.

König, Klaus/*Dose,* Nicolai, Klassifizierungsansätze staatlicher Handlungsformen. Eine steuerungstheoretische Abhandlung, Speyerer Forschungsbericht Nr. 83, Speyer 1989.

- Klassifikationsansätze zum staatlichen Handeln, in: dies. (Hrsg.), Instrumente und Formen staatlichen Handelns, Köln u. a. 1993, S. 3 ff.

König, Klaus/*Schimanke,* Dieter, Räumliche Planungen im politisch-administrativen System der Länder, Hannover 1980.

König, Michael, Die Idee der Kodifikation – besonders in Deutschland und in Frankreich, in: Zeitschrift für Gesetzgebung 1999, S. 195 ff.

- Kodifikation des Landesorganisationsrechts, Baden-Baden 2000.

Konrad, Hans-Joachim, Parlamentarische Autonomie und Verfassungsbindung im Gesetzgebungsverfahren, in: Die Öffentliche Verwaltung 1971, S. 80 ff.

Korthals, Gernot, Wirtschaftlichkeitskontrollen unter besonderer Berücksichtigung von Erfolgskontrollen, in: Hans Herbert von Arnim/Klaus Lüder (Hrsg.), Wirtschaftlichkeit in Staat und Verwaltung, Berlin 1993, S. 87 ff.

Krause, Peter, Rechtsformen des Verwaltungshandelns, Berlin 1974.

Krebs, Walter, Rechtmäßigkeit und Wirtschaftlichkeit als Kontrollmaßstäbe des Rechnungshofs, in: Hans Herbert von Arnim, Finanzkontrolle im Wandel, Berlin 1989, S. 65 ff.

- Baurecht, in: Eberhard Schmidt-Aßmann (Hrsg.), Besonderes Verwaltungsrecht, 13. Aufl., Berlin/New York 2005, S. 432 ff.

Krupp, Hans-Jürgen, Der Finanzminister und sein Handlungsspielraum, in: Hans-Hermann Hartwich/Göttrik Wewer (Hrsg.), Regieren in der Bundesrepublik 4, Opladen 1992, S. 61 ff.

Kruse, Hans-Joachim, Integrierte Planung am Beispiel eines Linear-Programming-Modells, in: Joseph H. Kaiser (Hrsg.), Planung VI, Baden-Baden 1972, S. 93 ff.

Landgrebe, Ludwig, Situation und Entscheidung, in: Helmut Plessner (Hrsg.), Symphilosophein, München 1952, S. 305 ff.

Larenz, Karl/*Canaris,* Claus-Wilhelm, Methodenlehre der Rechtswissenschaft, 4. Aufl., Berlin u. a. 2007.

Laubinger, Hans-Werner, Der Verfahrensgedanke im Verwaltungsrecht, in: Klaus König/Detlef Merten (Hrsg.), Verfahrensrecht in Verwaltung und Verwaltungsgerichtsbarkeit, Berlin 2000, S. 47 ff., 63 ff.

- Elektronisches Verwaltungsverfahren und elektronischer Verwaltungsakt – zwei (fast) neue Institute des Verwaltungsrechts, in: Arthur Benz u. a., Institutionenwandel in Regierung und Verwaltung, Berlin 2004, S. 517 ff.

Laux, Eberhard, Die Privatisierung des Öffentlichen: Brauchen wir eine neue Kommunalverwaltung?, in: Der Gemeindehaushalt 1994, S. 169 ff.

Laux, Helmut, Entscheidungstheorie, 3. Aufl., Berlin u. a. 1995.

Lechner, Hans/*Hülshoff,* Klaus, Parlament und Regierung, München 1971.

LeMay, Michael C., Public Administration, Belmont CA 2002.

Leonhardt, Klaus, Vom Gesetzgebungsauftrag bis zur Gesetzesverabschiedung, in: Bundesakademie für Öffentliche Verwaltung (Hrsg.), Praxis der Gesetzgebung, Regensburg 1983, S. 47 ff.

Lerche, Peter, Übermaß und Verfassungsrecht, Köln u. a. 1961.

Levine, Charles u. a., Public Administration, Glenview Ill. u. a. 1990.

Lindblom, Charles, The Science of „Muddling Through", in: Public Administration Review 1959, S. 79 ff.

Lüder, Klaus, Öffentliches Rechnungswesen und Finanzkontrolle, in: Hans Herbert von Arnim (Hrsg.), Finanzkontrolle im Wandel, Berlin 1989, S. 133 ff.

– Verwaltungscontrolling, in: Die Öffentliche Verwaltung 1993, S. 265 ff.

– Haushalts- und Finanzplanung, in: Klaus König/Heinrich Siedentopf (Hrsg.), Öffentliche Verwaltung in Deutschland, 2. Aufl., Baden-Baden 1997, S. 417 ff.

– Entwicklung und Stand der Reform des Haushalts- und Rechnungswesens in Australien, Speyerer Forschungsberichte 212, Speyer 2000.

– Neues öffentliches Haushalts- und Rechnungswesen, Berlin 2001.

– Verwaltungskontrolle aus sozial- und verwaltungswissenschaftlicher Perspektive, in: Eberhard Schmidt-Aßmann/Wolfgang Hoffmann-Riem (Hrsg.), Verwaltungskontrolle, Baden-Baden 2001, S. 45 ff.

Luhmann, Niklas, Lob der Routine, in: Verwaltungsarchiv 1964, S. 1 ff.

– Recht und Automation der öffentlichen Verwaltung, Berlin 1966.

– Theorie der Verwaltungswissenschaft, Köln/ Berlin 1966.

– Zweckbegriff und Systemrationalität, Tübingen 1968.

– Legitimation durch Verfahren, Neuwied am Rhein/Berlin 1969.

Mack, Elke, Ökonomische Rationalität, Berlin 1994.

Mäding, Heinrich, Bildungsplanung und Finanzplanung, Stuttgart 1974.

Mangoldt, Hermann von/*Klein,* Friedrich, Das Bonner Grundgesetz, Berlin/Frankfurt a. M. 1964.

March, James G./*Simon,* Herbert A., Organizations, New York u. a. 1958.

Maurer, Hartmut, Der Verwaltungsvertrag – Probleme und Möglichkeiten, in: Deutsches Verwaltungsblatt 1989, S. 798 ff.

– Allgemeines Verwaltungsrecht, 16. Aufl., München 2006.

Maurer, Hartmut/*Hüther,* Birgit, Die Praxis des Verwaltungsvertrages im Spiegel der Rechtsprechung, Konstanz 1989.

Mäurer, Ulrich, Dezentrale Ressourcensteuerung in der Justiz und Reform der inneren Gerichtsorganisation unter Berücksichtigung der Verwaltungsgerichtsbarkeit am Beispiel der freien Hansestadt Bremen, in: Rainer Pitschas (Hrsg.), Reform der Verwaltungsgerichtsbarkeit, Berlin 1999, S. 117 ff.

Mayer, Otto, Deutsches Verwaltungsrecht, Band 1, unveränderter Nachdruck der 1924 erschienenen 3. Auflage, Berlin 1961.

Mayntz, Renate u. a., Vollzugsprobleme der Umweltpolitik. Empirische Untersuchung der Implementation von Gesetzen im Bereich der Luftreinhaltung und des Gewässerschutzes, Stuttgart 1978.

– (Hrsg.), Implementation politischer Programme – Empirische Forschungsberichte, Königstein/Ts. 1980.

– Voraussetzungen und Aspekte administrativer Praktikabilität staatlicher Handlungsprogramme, in: Bundesminister des Innern (Hrsg.), Schriftenreihe Verwaltungsorganisation, Band 6, Bonn 1982.

– (Hrsg.) Implementation politischer Programme II: Ansätze zur Theoriebildung, Opladen 1983.

– Soziologie der öffentlichen Verwaltung, 4. Aufl., Heidelberg 1997.

Mehde, Veith, Rechtswissenschaftliche und verwaltungswissenschaftliche Entscheidungslehre, in: Hans-Peter Bull (Hrsg.), Verwaltungslehre in Hamburg 1962-2002, Münster u. a. 2003, S. 87 ff.

Mengel, Hans Joachim, Grundvoraussetzungen demokratischer Gesetzgebung, in: Zeitschrift für Rechtspolitik 1984, S. 153 ff.

Merkl, Adolf, Allgemeines Verwaltungsrecht, Neudruck, Darmstadt 1969.

– Prolegomena einer Theorie des rechtlichen Stufenbaus, in: Alfred Verdross (Hrsg.), Gesellschaft, Staat und Recht, Wien 1931, S. 252 ff.

Merten, Detlef, Gesetzgebung im demokratischen Rechtsstaat – Rechtsstaatliche Dominanz und Rationalität, in: Michael Holubek u. a. (Hrsg.), Dimensionen des modernen Verfassungsstaates, Wien/New York 2000, S. 53 ff.

Mestmäcker, Ernst-Joachim, Die sichtbare Hand des Rechts, Baden-Baden 1978.

Metzen, Heinz, Schlankheitskur für den Staat. Lean Management in der öffentlichen Verwaltung, Frankfurt a. M./New York 1994.

Mises, Ludwig von, Human Action, New Heaven 1949.

Morstein Marx, Fritz, Vereinigte Staaten von Amerika, Einführung, in: Carl Hermann Ule u. a. (Hrsg.), Verwaltungsverfahrensgesetze des Auslandes, 2. Teilband, Berlin 1967, S. 897 ff.

Mundhenke, Erhard, Controlling/KLAR in der Bundesverwaltung, 5. Aufl., Brühl 2003.

Munzert, Eberhard, Öffentliches Rechnungswesen in Deutschland, in: Klaus Lüder (Hrsg.), Öffentliches Rechnungswesen 2000, Berlin 1994, s. 85 ff.

Naschold, Frieder, Systemsteuerung, 2. Aufl., Stuttgart u. a. 1971.

Neisser, Heinrich, Die Kontrolle der Verwaltung, in: Gerhart Holzinger u. a., Österreichische Verwaltungslehre, 2. Aufl., Wien 2006, S. 381 ff.

Nigro, Felix A./*Nigro,* Lloyd G., Modern Public Administration, 3. Aufl., New York u. a. 1973.

Niskanen, William A., Bureaucracy and Representative Government, Chicago 1971.

Noll, Heinz-Herbert, Sozialstatistik und Sozialberichterstattung, in: Bernhard Schäfers/Wolfgang Zapf, Handwörterbuch zur Gesellschaft Deutschlands, Opladen 1998, S. 633 ff.

Noll, Peter, Gesetzgebungslehre, Reinbek 1973.

Oberndorfer, Peter, Die Verwaltung im politisch-gesellschaftlichen Umfeld, in: Gerhard Holzinger u. a., Österreichische Verwaltungslehre, Wien 2001, S. 29 ff.

O'Cofaigh, Tomás, New Integrated Systems for Planning and Budgeting, International Institute of Administrative Sciences, Brüssel 1972.

Oebbecke, Janbernd, Die staatliche Mitwirkung an gesetzesabwendenden Vereinbarungen, in: Deutsches Verwaltungsblatt 1986, S. 795 ff.

Oertzen, Hans-Joachim von/ *Hauschild,* Christoph, Kontrolle der Verwaltung durch Verwaltungsgerichte, in: Klaus König/Heinrich Siedentopf (Hrsg.), Öffentliche Verwaltung in Deutschland, 2. Aufl., Baden-Baden 1997, S. 675 ff.

Ossenbühl, Fritz, Die Handlungsformen der Verwaltung, in: Juristische Schulung 1979, S. 681 ff.

– Vorsorge als Rechtsprinzip im Gesundheits-, Arbeit- und Umweltschutz, in: Neue Zeitschrift für Verwaltungsrecht 1986, S. 170 ff.

Pawlowski, Hans-Martin, Einführung in die juristische Methodenlehre, 2. Aufl., Heidelberg 2000.

Peters, B. Guy, Governing in a Market Era, in: Eran Vigoda (Hrsg.), Public Administration, New York/Basel 2002, S. 89 ff.

Pfiffner, James P., The President, the Budget and Congress, Boulder, Colorado, 1979.

Pfiffner, John M./*Presthus,* Robert, Public Administration, 5. Aufl., New York 1967.

Pietzcker, Jost, Die Verwaltungsgerichtsbarkeit als Kontrollinstanz, in: Eberhard Schmidt-Aßmann/Wolfgang Hoffmann-Riem (Hrsg.), Verwaltungskontrolle, Baden-Baden 2001, S. 89 ff.

Pitschas, Rainer,Verwaltungsverantwortung und Verwaltungsverfahren, München 1990.

– Allgemeines Verwaltungsrecht als Teil der öffentlichen Informationsordnung, in: Wolfgang Hoffmann-Riem u. a. (Hrsg.), Reform des allgemeinen Verwaltungsrechts, Baden-Baden 1993, S. 219 ff.

Pressman, Jeffrey L./*Wildavsky,* Aaron B., Implementation, Berkeley/Los Angeles CA 1973.

Püttner, Günter, Wider den öffentlich-rechtlichen Vertrag zwischen Staat und Bürger, in: Deutsches Verwaltungsblatt 1982, S. 122 ff.

– Allgemeines Verwaltungsrecht, 7. Aufl., Düsseldorf 1995.

– La codification en Allemagne, in: Revue Française d'Administration Publique 1997, S. 299 ff.

– Netzwerk der Verwaltungskontrolle, in: Klaus König/Heinrich Siedentopf, Öffentliche Verwaltung in Deutschland, 2. Aufl., Baden-Baden 1997, S. 663 ff.

– Verwaltungslehre, 3. Aufl., München 2000.

Ramm, Thilo, Kodifikation des Arbeitsrechts?, in: Detlef Merten/Waldemar Schreckenberger (Hrsg.), Kodifikation gestern und heute, Berlin 1995, S. 167 ff.

Recktenwald, Horst Claus (Hrsg.), Nutzen-Kosten-Analyse und Programmbudget, Tübingen 1970.

Rehbinder, Manfred/*Schelsky,* Helmut (Hrsg.), Zur Effektivität des Rechts, Gütersloh 1973.

Reichard, Christoph, Betriebswirtschaftslehre der öffentlichen Verwaltung, 2. Aufl., Berlin/New York 1987.

Reinermann, Heinrich, Programmbudgets in Regierung und Verwaltung, Baden-Baden 1975.

- Quantitative Entscheidungshilfen und Datenverarbeitung, in: Klaus König u. a. (Hrsg.), Öffentliche Verwaltung in der Bundesrepublik Deutschland, Baden-Baden 1981, S. 297 ff.

- Controlling heute, in: Volker J. Kreyher/Carl Böhret (Hrsg.), Gesellschaft im Übergang. Problemaufrisse und Antizipationen, Baden-Baden 1995, S. 199 ff.

- (Hrsg.), Regieren und Verwalten im Informationszeitalter, Heidelberg 2000.

- Operations Research, in: Peter Eichhorn u. a. (Hrsg.), Verwaltungslexikon, 3. Aufl., Baden-Baden 2003, S. 772 ff.

Reszicek, Leonhard, Lean Management für die öffentliche Verwaltung? Eine Analyse anhand der aktuellen Berliner Verwaltungsreform, Berlin 1996.

Rischer, Herbert, Finanzkontrolle staatlichen Handelns, Heidelberg 1995.

Rist, Ray C. (Hrsg.), Program Evaluation and the Management of Government: Patterns and Prospects across Eight Nations, New Brunswick/London 1996.

Ritter, Ernst-Hasso, Integratives Management und Strategieentwicklung in der staatlichen Verwaltung – Über strategisches Controlling auf der Ministerialebene –, in: Die Öffentliche Verwaltung 2003, S. 93 ff.

Roesler, Konrad/*Stürmer,* Wilhelmine, Koordinierung in der Raumordnungspolitik, Göttingen 1975.

Rohwer, Bernd, Regieren als Sicherung finanzpolitischer Handlungsspielräume (Steuerpolitik, Finanzausgleich und Kreditaufnahme), in: Hans-Hermann Hartwich/Göttrik Wewer (Hrsg.), Regieren in der Bundesrepublik 4, Opladen 1992, S. 47 ff.

Rosen-Stadtfeld, Helge, Kontrollfunktionen der Öffentlichkeit – ihre Möglichkeit und ihre (rechtliche) Grenze, in: Eberhard Schmidt-Aßmann/Wolfgang Hoffmann-Riem (Hrsg.), Verwaltungskontrolle, Baden-Baden 2001, S. 117 ff.

Ruffert, Matthias, Verwaltungsakt, in: Hans-Uwe Erichsen/Dirk Ehlers, Allgemeines Verwaltungsrecht, 15. Aufl., Berlin 2006, S. 622 ff.

Rüfner, Wolfgang, Unternehmen und Unternehmer in der verfassungsrechtlichen Ordnung der Wirtschaft, in: Deutsches Verwaltungsblatt 1976, S. 693 ff.

Rürup, Bert, Die Programmfunktion des Bundeshaushaltsplanes, Berlin 1971.

Rürup, Bert/*Färber,* Gisela, Konzeptioneller Wandel von integrierten Aufgaben- und Finanzplanungssystemen, in: Hans-Urlich Derlien (Hrsg.), Programmforschung unter den Bedingungen einer Konsolidierungspolitik, München 1985, S. 17 ff.

Rürup, Bert/*Körner,* Heiko, Finanzwissenschaft, Düsseldorf 1985.

Ryzin, Gregg G. van u. a., Drivers and Consequences of Citizen Satisfaction: An Application of the American Customer Satisfaction Index Model to New York City, in: Public Administration Review 2004, S. 331 ff.

Schäffer, Heinz, Kontrolle der Verwaltung durch Rechnungshöfe – Länderbericht Österreich, in: Veröffentlichungen der Vereinigung der Deutschen Staatsrechtslehrer, Heft 55, Berlin/New York 1996, S. 288 ff.

Schäffer, Heinz/*Triffterer,* Otto (Hrsg.), Rationalisierung der Gesetzgebung, Baden-Baden/Wien 1984.

Scharpf, Fritz W., Zur Komplexität als Schranke der politischen Planung, in: Politische Vierteljahresschrift 1972, Sonderheft 4, S. 168 ff.

– Koordinationsplanung und Zielplanung, in: Renate Mayntz/Fritz W. Scharpf (Hrsg.), Planungsorganisation, München 1973, S. 107 ff.

– Games Real Actors Play, Actor-centered Institutionalism in Policy Research, Boulder/Colorado 1997.

Schenke, Wolf-Rüdiger, Verwaltungsprozessrecht, 10. Aufl., Heidelberg 2000.

Scherzberg, Arno, Freedom of Information – deutsch gewendet: Das neue Umweltinformationsgesetz, in: Deutsches Verwaltungsblatt 1994, S. 733 ff.

Scheuch, Erwin K., Konflikte in Organisationen, in: Erwin Grochla (Hrsg.), Handwörterbuch der Organisation, Stuttgart 1969, Spalte 873 ff.

Schick, Allen (Hrsg.), Perspectives on Budgeting, 2. Aufl., Washington, D.C. 1982.

Schmidt, Manfred G., Der Handlungsspielraum der Finanzpolitik. Ein Kommentar aus nationenvergleichender Perspektive, in: Hans-Hermann Hartwich/Göttrik Wewer (Hrsg.), Regieren in der Bundesrepublik 4, Opladen 1992, S. 75 ff.

Schmidt, Reiner, Flexibilität und Innovationsoffenheit im Bereich der Verwaltungsmaßstäbe, in: Wolfgang Hoffmann-Riem/Eberhard Schmidt-Aßmann (Hrsg.), Innovation und Flexibilität des Verwaltungshandelns, Baden-Baden 1994, S. 67 ff.

Schmidt-Aßmann, Eberhard, Der Verfahrensgedanke in der Dogmatik des öffentlichen Rechts, in: Peter Lerche u. a., Verfahren als staats- und verwaltungsrechtliche Kategorie, Heidelberg 1984, S. 1 ff.

– Die Lehre von den Rechtsformen des Verwaltungshandelns. Ihre Bedeutung im System des Verwaltungsrechts und für das verwaltungsrechtliche Denken der Gegenwart, in: Deutsches Verwaltungsblatt 1989, S. 533 f.

– Verwaltungsverfahren und Verwaltungsverfahrensgesetz: Perspektiven der Systembildung, in: Wolfgang Hoffmann-Riem/Eberhard Schmidt-Aßmann (Hrsg.), Verwaltungsverfahren und Verwaltungsverfahrensgesetz, Baden-Baden 2002, S. 435 ff.

– Das allgemeine Verwaltungsrecht als Ordnungsidee, 2. Aufl., Berlin u. a. 2006.

Schmitt, Carl, Politische Theologie, 2. Ausgabe, München/Leipzig 1934.

Schmitt Glaeser, Walter, Die Position der Bürger als Beteiligte im Entscheidungsverfahren gestaltender Verwaltung, in: Peter Lerche u. a., Verfahren als staats- und verwaltungsrechtliche Kategorie, Heidelberg 1984, S. 35 ff.

Schneider, Hans, Gesetzgebung, 3. Aufl., Heidelberg 2002.

Schneider, Jens-Peter, Verwaltungskontrollen und Kontrollmaßstäbe in komplexen Verwaltungsstrukturen, in: Eberhard Schmidt-Aßmann/Wolfgang Hoffmann-Riem (Hrsg.), Verwaltungskontrolle, Baden-Baden 2001, S. 271 ff.

Schreckenberger, Waldemar, Die Gesetzgebung der Aufklärung und die europäische Kodifikationsidee, in: Detlef Merten/Waldemar Schreckenberger (Hrsg.), Kodifikation gestern und heute, Berlin 1995, S. 87 ff.

Schulz, Heinrich, Netzplantechnik, in: Ulrich Becker/Werner Thieme, Handbuch der Verwaltung, Heft 4.5, Köln u. a. 1974.

Schulze-Fielitz, Helmuth, Neue Kriterien für die verwaltungsgerichtliche Kontrolldichte bei der Anwendung unbestimmter Rechtsbegriffe, in: Juristenzeitung 1993, S. 772 ff.

– Kontrolle der Verwaltung durch Rechnungshöfe, in: Veröffentlichungen der Vereinigung der Deutschen Staatsrechtslehrer, Heft 55, Berlin/New York 1996, S. 231 ff.

Schuppert, Gunnar Folke, Zur notwendigen Neubestimmung der Staatsaufsicht im verantwortungsteilenden Verwaltungsstaat, in: ders. (Hrsg.), Jenseits von Privatisierung und „schlankem Staat", Baden-Baden 1999, S. 299 ff.

– Verwaltungswissenschaft, Baden-Baden 2000.

Schwerdtfeger, Gunther, Optimale Modelle der Gesetzgebung als Verfassungspflicht, in: Stödter, Rolf u. a. (Hrsg.), Beiträge zum deutschen und europäischen Verfassungs-, Verwaltungs- und Wirtschaftsrecht, Tübingen 1977, S. 173 ff.

Seibel, Wolfgang, Die Nutzung verwaltungswissenschaftlicher Forschung für die Gesetzgebung, München 1984, S. 49 ff.

Seibel, Wolfgang/*Reulen,* Stephanie, Strategiefähigkeit verwaltungspolitischer Akteure, in: Klaus König (Hrsg.), Deutsche Verwaltung an der Wende zum 21. Jahrhundert, Baden-Baden 2002, S. 525 ff.

Sharkansky, Ira, Public Administration, 2. Aufl., Chicago 1972.

Siedentopf, Heinrich u. a., Implementation of Administrative Law and Judicial Control by Administrative Courts, Speyerer Forschungsberichte 180, Speyer 1998.

Siedentopf, Heinrich/*Ziller,* Jacques (Hrsg.), Making European Policies Work, London u. a. 1988.

Siegel, Thorsten, Mediation in der luftverkehrsrechtlichen Planfeststellung, in: Jan Ziekow (Hrsg.), Flughafenplanung, Planfeststellungsverfahren, Anforderungen an die Planungsentscheidung, Berlin 2002, S. 77 ff.

Simon, Herbert A. u. a., Public Administration, 16. Aufl., New York 1974.

– Rationality as a Process and as a Product of Thought, in: American Economic Association Review 1978, S. 1 ff.

– Administrative Behaviour, 4. Aufl., New York u. a. 1997.

Smeddinck, Ulrich, Optimale Gesetzgebung im Zeitalter des Mandelkern-Berichts, in: Deutsches Verwaltungsblatt 2003, S. 641 ff.

Snellen, Ignace, (Post-)Modernisierung von Staat und öffentlicher Verwaltung: Die Suche nach Rationalität in der Verwaltungswissenschaft, in: Arthur Benz u. a. (Hrsg.), Institutionenwandel in Regierung und Verwaltung, Berlin 2004, S. 467 ff.

Sommermann, Karl-Peter, Konvergenzen im Verwaltungsverfahrens- und Verwaltungsprozessrecht europäischer Staaten, in: ders./Jan Ziekow, Perspektiven der Verwaltungsforschung, Berlin 2002, S. 163 ff.

– Verfahren der Verwaltungsentscheidung, in: Klaus König/Heinrich Siedentopf (Hrsg.), Öffentliche Verwaltung in Deutschland, 2. Aufl., Baden-Baden 1997, S. 459 ff.

Stachowiak, Herbert, Denken und Erkennen im kybernetischen Modell, 2. Aufl., Wien/New York 1969.

Steinberg, Rudolf, Fachplanung, 2. Aufl., Baden-Baden 1993.

Stern, Klaus, Das Staatsrecht der Bundesrepublik Deutschland, Band II, München 1980.

Stockmann, Reinhard (Hrsg.), Evaluationsforschung, Opladen 2000.

Sturm, Roland, Haushaltspolitik in westlichen Demokratien, Baden-Baden 1989.

– Regierungsprogramm und Haushaltsplanung in vergleichender Sicht, in: Hans-Hermann Hartwich/Göttrik Wewer (Hrsg.), Regieren in der Bundesrepublik 4, Opladen 1992, S. 31 ff.

Sucherow, Wolfgang, Das Verhältnis der Fachplanungen zu Raumordnung und Landesplanung, Münster 1976.

Thieler-Mevissen, Gerda, Automationsgerechtheit, in: Bundesakademie für Öffentliche Verwaltung (Hrsg.), Praxis der Gesetzgebung, Regensburg 1984, S. 115 ff.

Thieme, Werner, Entscheidungen in der öffentlichen Verwaltung, Köln u. a. 1981.

– Verwaltungslehre, 4. Aufl., Köln u. a. 1984.

– Einführung in die Verwaltungslehre, Köln u. a. 1995.

Timmermann, Manfred, Haushalts- und Finanzplanung, in: Klaus König u. a. (Hrsg.), Öffentliche Verwaltung in der Bundesrepublik Deutschland, Baden-Baden 1981, S. 257 ff.

Trute, Hans-Heinrich, Methodik der Herstellung und Darstellung verwaltungsrechtlicher Entscheidungen, in: Eberhard Schmidt-Aßmann/Wolfgang Hoffmann-Riem, Methoden der Verwaltungsrechtswissenschaft, Baden-Baden 2004, S. 293 ff.

Ule, Carl Hermann u. a. (Hrsg.), Verwaltungsverfahrensgesetze des Auslandes, Berlin 1967.

– Beamtenrecht, Köln u. a. 1970.

– Rechtsstaat und Verwaltung, in: Verwaltungsarchiv 1985, S. 1 ff.

– Verwaltungsprozessrecht, 9. Aufl., München 1987.

Ule, Carl Hermann/*Laubinger,* Hans-Werner, Verwaltungsverfahrensrecht, 4. Aufl., Köln u. a. 1995.

Vedung, Evert, Evaluation im öffentlichen Sektor, Wien u. a. 1999.

Vente, Rolf E., Planung wozu? Baden-Baden 1969.

Waard, Boudewijn de (Hrsg.), Negotiated Decision-Making, Den Haag 2000.

Wagener, Frido, Für ein neues Instrumentarium der öffentlichen Planung, in: Raumplanung – Entwicklungsplanung, Veröffentlichungen der Akademie für Raumforschung und Landesplanung, Band 80, Hannover 1972, S. 23 ff.

– System einer integrierten Entwicklungsplanung im Bund, in den Ländern und in den Gemeinden, in: Politikverflechtung zwischen Bund, Ländern und Gemeinden, Schriftenreihe der Hochschule Speyer, Band 55, Berlin 1975, S. 129 ff.

Weber, Jürgen, Einführung in das Controlling, Band 1 und 2, 3. Aufl., Stuttgart 1991.

Weber, Max, Wirtschaft und Gesellschaft, Studienausgabe, 5. Aufl., Tübingen 1980.

Wedel, Hedda von, Verwaltungskontrolle durch Rechnungshöfe, in: Klaus König/Heinrich Siedentopf (Hrsg.), Öffentliche Verwaltung in Deutschland, 2. Aufl., Baden-Baden 1997, S. 695 ff.

Weiss, Carol H., Evaluation Research, Englewood Cliffs N. J. 1972.

Weiss, Robert S./*Rein,* Martin, The Evaluation of Broad-Aim Programs, in: Carol H. Weiss (Hrsg.), Evaluating Action Programs, Boston u. a. 1972, S. 236 ff.

Wholey, Joseph S., Using Evaluation to Improve Program Performance, in: Robert A. Levine u. a. (Hrsg.), Evaluation Research and Practice, Beverly Hills/London 1984, S. 92 ff.

Wieacker, Franz, Aufstieg, Blüte und Krisis der Kodifikationsidee, in: Festschrift für Gustav Boehmer, Bonn 1954, S. 34 ff.

Wieland, Joachim, Neue Entwicklungen im Bereich der öffentlichen Finanzkontrollen, in: Eberhard Schmidt-Aßmann/Wolfgang Hoffmann-Riem (Hrsg.), Verwaltungskontrolle, Baden-Baden 2001, S. 59 ff.

Wildavsky, Aaron, The Politics of the Budgetary Process, Boston 1964.

– Budgeting, Boston/Toronto 1975.

Wildavsky, Aaron/*Hammond,* Arthur, Comprehensive Versus Incremental Budgeting in the Department of Agriculture, in: Administrative Science Quarterly, 1965/66, S. 321 ff.

Wille, Eberhard, Finanzplanung am Scheideweg: Resignation oder Neubesinnung?, in: Finanzarchiv 1976/77, S. 68 ff.

Wilson, Charles/*Alexis,* Marcus, Basic Frameworks for Decision, in: William J. Gore/J. W. Dyson (Hrsg.), The Making of Decisions, Glencoe/London 1964, S. 180 ff.

Windhoff-Héritier, Adrienne, Policy-Analyse, Frankfurt/New York 1987.

Wolff, Hans J., Verwaltungsrecht I, 8. Aufl., München 1971.

Wolff, Hans J./*Bachof,* Otto, Verwaltungsrecht I, 9. Aufl., München 1974.

Wölki, Christoph, Verwaltungsverfahrensgesetz (VwVfG) im Wertewandel, Frankfurt a. M. u. a. 2004.

Wollmann, Hellmut (Hrsg.), Evaluation in Public-Sector Reform, Cheltenham/Northampton 2003.

Womack, James P. u. a., Die zweite Revolution in der Autoindustrie, Frankfurt a. M./New York 1991.

Wottawa, Heinrich/*Thierau,* Heike, Lehrbuch Evaluation, 2. Aufl., Bern u. a. 1998.

Würtenberger, Thomas, Die Akzeptanz von Verwaltungsentscheidungen, Baden-Baden 1996.

Zavelberg, Heinz-Günter, Staatliche Rechnungsprüfung und Erfolgskontrolle, Möglichkeit und Grenzen, in: Peter Eichhorn/Gert von Kortzfleisch (Hrsg.), Erfolgskontrolle bei der Verausgabung öffentlicher Mittel, Baden-Baden 1986, S. 103 ff.

Ziekow, Jan, Modernisierung des Verwaltungsverfahrensrechts, in: Klaus König/Detlef Merten, Verfahrensrecht in Verwaltung und Verwaltungsgerichtsbarkeit, Berlin 2000, S. 69 ff.

– Public Private Partnership und Verwaltungsverfahrensrecht, in: Karl-Peter Sommermann/ders. (Hrsg.), Perspektiven der Verwaltungsforschung, Berlin 2002, S. 269 ff.

– Institutionen unter Konkurrenzdruck: Das Beispiel des öffentlich-rechtlichen Vertrags, in: Arthur Benz u. a. (Hrsg.), Institutionenwandel in Regierung und Verwaltung, Berlin 2004, S. 303 ff.

Ziekow, Jan/*Siegel,* Thorsten, Gesetzliche Regelungen der Verfahrenskooperation von Behörden und anderen Trägern öffentlicher Belange, Speyerer Forschungsberichte 221, Speyer 2001.

Zimmermann, Horst/*Henke,* Klaus Dirk, Finanzwissenschaft, 9. Aufl., München 2005.

Zum 8. Kapitel: Öffentlicher Dienst und Verwaltungspersonal

Aberbach, Robert D. u. a., Bureaucrats and Politicians in Western Democracies, Cambridge 1981.

Achterberg, Norbert, Das Leistungsprinzip im öffentlichen Dienstrecht, in: Deutsches Verwaltungsblatt 1977, S. 541 ff.

Albertini, Rudolf von, Europäische Kolonialherrschaft 1880 – 1940, Zürich/Freiburg i. Br. 1976.

Arbeitskreis zur Bewertung von Eignung und Leistung, Bericht zur Einführung von Systemen zur Leistungsbewertung und zur Verwendungsbeurteilung im öffentlichen Dienst, in: Studienkommission für die Reform des öffentlichen Dienstrechts, Band 10, Baden-Baden 1973, S. 242 ff.

Arnim, Hans Herbert von, Ämterpatronage durch politische Parteien, Wiesbaden 1980.

Autexier, Christian, Das Recht des öffentlichen Dienstes in Frankreich, in: Siegfried Magiera/Heinrich Siedentopf (Hrsg.), Das Recht des öffentlichen Dienstes in den Mitgliedstaaten der Europäischen Gemeinschaft, Berlin 1994, S. 235 ff.

Badura, Peter, Staatsrecht, 3. Aufl., München 2003.

Ban, Carolyn, The Contingent Workforce in the US Federal Government: A Different Approach, in: International Review of Administrative Sciences 1999, S.41 ff.

Becker, Bernd, Öffentliche Verwaltung, Percha 1989.

Bekke, Hans A. G. M./*van der Meer,* Frits M. (Hrsg.), Civil Service Systems in Western Europe, Cheltenham u. a. 2000.

Berkeley, George E., The Craft of Public Administration, Boston u. a. 1975.

Berman, Evan M. u.a., Human Resource Management in Public Service, Thousand Oaks u.a. 2001.

Bernfeld, Alfred, Die Österreichische Verwaltungsakademie des Bundes, in: Verwaltung und Fortbildung 1980, S. 99 ff.

Böckenförde, Ernst-Wolfgang, Rechtsstaatliche politische Selbstverteidigung als Problem, in: ders. u. a. (Hrsg.), Extremisten und öffentlicher Dienst, Baden-Baden 1981, S. 9 ff.

Bockmann, Günter, Führungsfunktionen auf Zeit gemäß § 12b BRRG und ihre Bedeutung für Berufsbeamtentum und Verwaltung unter besonderer Berücksichtigung des Problems der Ämterpatronage, Aachen 2000.

Bodiguel, Jean-Luc, Non-Carreer Civil Servants in France, in: International Review of Administrative Sciences 1999, S. 55 ff.

Bogumil, Jörg/*Holtkamp,* Lars, Kommunalpolitik und Kommunalverwaltung, Wiesbaden 2006.

Bogumil, Jörg/*Jann,* Werner, Verwaltung und Verwaltungswissenschaft in Deutschland, Wiesbaden 2005.

Böhm, Monika, Leistungsanreize im öffentlichen Dienst im internationalen Vergleich, in: Zeitschrift für Beamtenrecht 1997, S. 101 ff.

Böhret, Carl, Strategische Politik durch Institutionenbildung – am Beispiel des Stauferkaisers Friedrich II. (1194 – 1250), in: Arthur Benz u. a. (Hrsg.), Institutionenwandel in Regierung und Verwaltung, Berlin 2004, S. 647 ff.

Bossaert, Danielle u. a., Der öffentliche Dienst im Europa der Fünfzehn, Maastricht 2001.

Bracher, Christian-Dietrich, Vertrauen in politische Anschauungen und persönliche Loyalität bei beamtenrechtlichen Auswahlentscheidungen, in: Deutsches Verwaltungsblatt 2001, S. 19 ff.

Bracher, Karl Dietrich, Die Auflösung der Weimarer Republik, 5. Aufl., Düsseldorf 1971.

Brans, Marleen/*Hondeghem,* Annie, Competency Frameworks in the Belgian Governments, in: Public Administration 2005, S. 823 ff.

Brudney, Jeffrey L., Volunteers in the Delivery of Public Services: Magnitude, Scope, and Management, in: Jack Rabin u. a., Handbook of Public Personnel Administration, New York u. a. 1995, S. 661 ff.

Bucher, Peter, Der Verfassungskonvent auf Herrenchiemsee, Der Parlamentarische Rat 1948-1949 – Akten und Protokolle, Boppard 1981.

Bull, Hans-Peter, Vom Staatsdiener zum öffentlichen Dienstleister, Berlin 2006.

Bull, Hans-Peter/*Mehde,* Veith, Allgemeines Verwaltungsrecht mit Verwaltungslehre, 7. Aufl., Heidelberg 2005.

Bürklin, Wilhelm u. a., Eliten in Deutschland: Rekrutierung und Integration, Opladen 1997.

Burns, John P., The Civil Service System of China: The Impact of the Environment, in: ders. u. a. (Hrsg.), Civil Service Systems in Asia, Cheltenham u. a. 2001. S. 79 ff.

Burns, John P./*Bovornwathana,* Bidhya, Asian Civil Service Systems in Comparative Perspective, in: dies. (Hrsg.), Civil Service Systems in Asia, Cheltenham u. a. 2001, S. 1 ff.

- (Hrsg.), Civil Service Systems in Asia, Cheltenham/ u. a. 2001.

Carnevale, David G./*Housel,* Steven, Recruitment of Personnel, in: Jack Rabin u. a. (Hrsg.), Handbook of Public Personnel Administration, New York u. a. 1995, S. 241 ff.

Conze, Werner, Sozialer und wirtschaftlicher Wandel, in: Kurt G. A. Jeserich u. a. (Hrsg.), Deutsche Verwaltungsgeschichte, Band 2, Stuttgart 1983, S. 34 ff.

Corson, John J./*Paul,* Shale R., Men Near the Top, Baltimore 1966.

Czerwick, Edwin, Die „Demokratisierung" des Verwaltungspersonals in der Bundesrepublik Deutschland, in: Verwaltungsrundschau 2001, S. 45 ff.

Dammann, Klaus, Stäbe, Intendantur- und Dacheinheiten, Köln u. a. 1969.

Danopoulos, Constantine P. u. a., Administrative Reform Difficulties and the Role of Religion: Greece, South Korea, and Thailand, in: Ali Farazmand (Hrsg.), Administrative Reform in Developing Nations, Westport u. a. 2002, S. 237 ff.

Danwitz, Thomas von, Artikel 36, in: Christian Starck (Hrsg.), Das Bonner Grundgesetz, Band 2, 4. Aufl., München 2000.

Dargie, Charlotte/*Locke,* Rachel, The British Civil Service, in: Edward C. Page/Vincent Wright (Hrsg.), Bureaucratic Elites in Western European States, Oxford/New York 1999, S. 178 ff.

Demmke, Christoph, Are Civil Servants Different Because They Are Civil Servants?, Maastricht 2005.

Denhardt, Robert B./*deLeon,* Linda, Great Thinkers in Personnel Management, in: Jack Rabin u. a. (Hrsg.), Handbook of Public Personnel Administration, New York u. a. 1995, S. 21 ff.

Denninger, Eberhard/*Frankenberg,* Günter, Grundsätze zur Reform des öffentlichen Dienstrechts, Baden-Baden 1997.

Derlien, Hans-Ulrich, Innere Strukturen der Landesministerien in Baden-Württemberg, Gutachten für die Kommission Neue Führungsstruktur Baden-Württemberg, Stuttgart 1985.

- Soziale Herkunft und Parteibindung der Beamtenschaft. Ein Beitrag zum Politisierungsproblem, in: Der Bürger im Staat 36, 1986, S. 39 ff.

- Wer macht in Bonn Karriere? Spitzenkräfte und ihr beruflicher Werdegang, in: Die Öffentliche Verwaltung 1990, S. 311 ff.

- Die Staatsaffinität der Exekutivpolitiker der Bundesrepublik – Zur Bedeutung der Bürokratie als Sozialisationsfeld, in: Hans-Hermann Hartwich/Göttrik Wewer (Hrsg.), Regieren in der Bundesrepublik 2 – Formale und informale Komponenten des Regierens, Opladen 1991, S. 171 ff.

- Unorthodox Employment in the German Public Service, in: International Review of Administrative Sciences 1999, S. 13 ff.

- Öffentlicher Dienst im Wandel, in: Die Öffentliche Verwaltung 2001, S. 322 ff.

- Mandarins or Managers? The Bureaucratic Elite in Bonn, 1970 to 1987 and Beyond, in: Governance 2003, S. 401 ff.

Derlien, Hans-Ulrich/*Lang,* Florian, Verwaltungselite in der Bundesrepublik Deutschland und in der V. Französischen Republik, in: Verwaltungselite in Westeuropa (19./20. Jh.), Jahrbuch für Europäische Verwaltungsgeschichte, Band 17, Baden-Baden 2005, S. 109 ff.

Derlien, Hans-Ulrich/*Mayntz,* Renate, Einstellungen der politisch-administrativen Elite des Bundes, in: Verwaltungswissenschaftliche Beiträge Nr. 25, Bamberg 1988.

Diek, Anja Charlotte, Politische Mitarbeiter und Karrierebürokratie in der Bundesverwaltung der Vereinigten Staaten von Amerika, Frankfurt a. M. u. a. 2002.

Dillman, David L., Leadership in the American Civil Service, in: Michael Hunt/Barry J. O'Toole (Hrsg.), Reform, Ethics and Leadership in Public Service, Aldershot u. a. 1998, S. 142 ff.

Dolan, Julie, The Senior Executive Service: Gender, Attitudes, and Representative Bureaucracy, in: Journal of Public Administration Research and Theory 2000, S. 513 ff.

Dreher, Christiane, Karrieren in der Bundesverwaltung, Berlin 1956.

Duffau, Jean-Marie, Die École Nationale d'Administration, in: Zeitschrift für Beamtenrecht 1994, S. 149 ff.

Dyson, Kenneth, Party, State and Bureaucracy in Western Germany, Beverly Hills Ca. 1977.

Eichhorn, Peter u. a. (Hrsg.), Verwaltungslexikon, Personalentwicklung, 3. Aufl., Baden-Baden 2003, S. 799.

Ellwein, Thomas u. a., Mitbestimmung im öffentlichen Dienst, Bonn/Bad Godesberg 1969.

Ellwein, Thomas/*Hesse,* Joachim Jens, Das Regierungssystem der Bundesrepublik Deutschland, 6. Aufl., Opladen 1987.

Ellwein, Thomas/*Zoll,* Ralf, Berufsbeamtentum – Anspruch und Wirklichkeit, Düsseldorf 1973.

Etzioni-Halery, Eva, Administrative Power in Israel, in: Moshe Maor (Hrsg.), Developments in Israeli Public Administration, London/Portland 2002, S. 25 ff.

Fesler, James W., Public Administration, Englewood Cliffs N.J., 1980.

Fesler, James W./*Kettl,* Donald F., The Politics of the Administrative Process, 2. Aufl., Chatham N. J. 1996.

Forsthoff, Ernst u. a., Verfassungsrechtliche Grenzen einer Reform des öffentlichen Dienstrechts, in: Studienkommission für die Reform des öffentlichen Dienstrechts, Band 5, Baden-Baden 1973, S. 17 ff.

Fox, Charles J./*Miller,* Hugh T., Policy Networks, in: Jay M. Shafritz (Hrsg.), Defining Public Administration, Boulder, Colorado 2000, S. 65 ff.

Fromme, Friedrich Karl, Die Parlamentarischen Staatssekretäre, in: Zeitschrift für Parlamentsfragen 1970, S. 53 ff.

- Wandlung und Erneuerung bei den Parlamentarischen Staatssekretären, in: Zeitschrift für Rechtspolitik 1973, S. 153 ff.

Frowein, Jochen, Die politische Betätigung der Beamten, Tübingen 1967.

Fry, Geoffrey K., The British Civil Service System, in: Hans A. G. M. Bekke/Frits M. van der Meer (Hrsg.), Civil Service Systems in Western Europe, Cheltenham u. a. 2000, S. 12 ff.

- Three Giants of the Inter-war British Higher Civil Service: Sir Maurice Hankey, Sir Warren Fisher and Sir Horace Wilson, in: Kevin Theakston (Hrsg.), Bureaucrats and Leadership, Houndsmills 2000, S. 39 ff.

Füchtner, Natascha, Die Modernisierung der Zentralverwaltung in Großbritannien und in Deutschland, Frankfurt a. M. u. a. 2002.

Gallagher, John/*Dooney,* Sean, Das Recht des öffentlichen Dienstes in Irland, in: Siegfried Magiera/Heinrich Siedentopf (Hrsg.), Das Recht des öffentlichen Dienstes in den Mitgliedstaaten der Europäischen Gemeinschaft, Berlin 1994, S. 435 ff.

Goetz, Klaus H., Senior Officials in the German Federal Administration, in: Edward C. Page/Vincent Wright (Hrsg.), Bureaucratic Elites in Western European States, Oxford/New York 1999, S. 147 ff.

- The Development and Current Features of the German Civil Service System, in: Hans A. G. M. Bekke/Frits M. van der Meer (Hrsg.), Civil Service Systems in Western Europe, Cheltenham u. a. 2000, S. 161 ff.

Gourmelon, Andreas u. a. (Hrsg.), Personalauswahl im öffentlichen Sektor, Baden-Baden 2005.

- Sozial- und Managementkompetenzen des Beamtennachwuchses, in: Verwaltungsrundschau 2005, S. 366 ff.

Gow, Iain James/*Simard,* François, Symposion on Non-Carreer Public Service: Introduction, in: International Review of Administrative Sciences 1999, S. 5 ff.

- Where Old and New Management Meet: Temporary Staff in the Canadian Federal Administration, in: International Review of Administrative Sciences 1999, S. 71 ff.

Grünning, Klaus, Politische Beamte in der Bundesrepublik Deutschland, in: Verwaltungsrundschau 1988, S. 80 ff.

Güntner, Michael, Laufbahnbewerber und Außenseiter, Berlin 2005.

Hagenah, Astrid, Die Pflicht von Beamten zur Zurückhaltung bei politischer Tätigkeit und öffentlichen Äußerungen, Frankfurt a. M. u. a. 2002.

Halachmi, Arie, The Practice of Performance Appraisal, in: Jack Rabin u.a. (Hrsg.), Handbook of Public Personnel Administration, New York u.a. 1995, S. 321 ff.

Hale, Norman M., Großbritannien, in: Studienkommission für die Reform des öffentlichen Dienstes, Band 1, Baden-Baden 1973, S. 93 ff.

Hartfiel, Günter u. a., Beamte und Angestellte in der Verwaltungspyramide, Berlin 1964.

Hartmann, Klaus, Das Personal der Verwaltung, in: Gerhard Holzinger u.a. (Hrsg.), Österreichische Verwaltungslehre, 2. Aufl., Wien 2006, S. 299 ff.

Hattenhauer, Hans, Geschichte des deutschen Beamtentums, 2. Aufl., Köln u. a. 1993.

Hauf, Volkmar, Öffentlicher Dienst und politischer Bereich, in: Öffentlicher Dienst und politischer Bereich, Schriftenreihe der Hochschule für Verwaltungswissenschaften Speyer, Band 37, Berlin 1968, S. 132 f.

Hauschild, Christoph, Aus- und Fortbildung für den öffentlichen Dienst, in: Klaus König/Heinrich Siedentopf (Hrsg.), Öffentliche Verwaltung in Deutschland, 2. Aufl., Baden-Baden 1997, S. 577 ff.

Hayakawa, Seiichiro/*Simard,* François, Temporary Employees in the Japanese Government: a Growing and Disadvantaged Group, in: International Review of Administrative Scienes 1999, S. 25 ff.

Hays, Steven W./*Kearney,* Richard C., Promotion of Personnel – Career Advancement, in: Jack Rabin u.a. (Hrsg.), Handbook of Public Personnel Administration, New York u.a. 1995, S. 499 ff.

Henry, Nicholas, Public Administration and Public Affairs, 5. Aufl., Englewoood Cliffs NJ 1992.

Herbig, Gottfried, Personalwirtschaft, in: Klaus König/Heinrich Siedentopf (Hrsg.), Öffentliche Verwaltung in Deutschland, 2. Aufl., Baden-Baden 1997, S. 559 ff.

Herzog, Dietrich, Politische Karrieren, Selektion und Professionalisierung politischer Führungsgruppen, Wiesbaden 1975.

Herzog, Roman, Verfassungspolitische Probleme der Dienstrechtsreform, in: Studienkommission für die Reform des öffentlichen Dienstrechts, Band 6, Baden-Baden 1973, S. 161 ff.

Hess, Steven, Organizing the Presidency, 3. Aufl., Washington, D. C. 2002.

Hinze, Otto, Beamtentum und Bürokratie, Göttingen 1981.

Hockey, Julia u. a., Developing a Leadershipcadre for the 21st Century: a Case Study of Management Development in the UK's New Cvil Service, in: International Review of Administrative Sciences 2005, S. 83 ff.

Hofmann, Reinhard, Das britische Modell der leistungsorientierten Beamtenbesoldung, in: Die Öffentliche Verwaltung 1992, S. 347 ff.

Holtmann, Everhard, Vom „klassischen" zum „politischen" Bürokraten? Einstellungen und Einstellungswandel im öffentlichen Dienst in Deutschland seit 1945, in: Eckhard Jesse und Konrad Löw (Hrsg.), 50 Jahre Bundesrepublik Deutschland, Berlin 1999, S. 101 ff.

Horn, Peter W. u. .a., Turnover of Personnel, in: Jack Rabin u.a. (Hrsg.), Handbook of Public Personnel Administration, New York u.a. 1995, S. 531 ff.

Hondeghem, Annie, The National Civil Service in Belgium, in: Hans A. G. M. Bekke/Frits M. van der Meer (Hrsg.), Civil Service Systems in Western Europe, Cheltenham u. a. 2000, S. 120 ff.

Hood, Christopher, Individualized Contracts for Top Civil Servants, in: Governance 1998, S. 443 ff.

Hood, Christopher/*Lodge,* Martin, Competency, Bureaucracy, and Public Management Reform, in: Governance 2004, S. 313 ff.

– Aesop with Variations: Civil Service Competency as a Case of German Tortosie and British Hare?, in: Public Administration 2005, S. 805 ff.

Ink, Dwight, What Was Behind the 1978 Civil Service Reform?, in: James P. Pfiffner/Douglas A. Brock, The Future of Merit, Washington DC u. a. 2000, S. 39 ff.

Jachmann, Monika, Art. 33, in: Christian Starck (Hrsg.), Das Bonner Grundgesetz, Band 2, München 2000.

Jeserich, Kurt G. A., Die Entwicklung des öffentlichen Dienstes 1800 – 1871, in: ders. u. a. (Hrsg.), Deutsche Verwaltungsgeschichte, Band 2, Stuttgart 1983, S. 301 ff.

– Die Entwicklung des öffentlichen Dienstes 1871 – 1918, in: ders. u. a., Deutsche Verwaltungsgeschichte, Band 3, Stuttgart 1984, S. 645 ff.

– u. a. (Hrsg.), Deutsche Verwaltungsgeschichte, Stuttgart 1983-1987.

Johnson, Nevil, Das Recht des öffentlichen Dienstes in Großbritannien, in: Siegfried Magiera/Heinrich Siedentopf (Hrsg.), Das Recht des öffentlichen Dienstes in den Mitgliedstaaten der Europäischen Gemeinschaft, Berlin 1994, S. 345 ff.

Kester, Isaac-Henry, Chief Executives and Leadership in a Local Authority: a Fundamental Antithesis, in: Kevin Theakston (Hrsg.), Bureaucrats and Leadership, Houndsmills 2000, S. 118 ff.

Kieser, Alfred u. a. (Hrsg.), Handwörterbuch der Führung, Stuttgart 1987.

Kingsley, Donald, Representative Bureaucracy, Yellow Springs, Ohio 1944.

Kollmar, Frank/*Flümann,* Bernhard, Das Auswahl- und Aufstiegsverfahren vom gehobenen in den höheren Dienst des Bundes nach der Novellierung der Bundeslaufbahnverordnung, in: Verwaltung und Fortbildung 2003, S. 54 ff.

Kondylis, Vassilios, Le principe de neutralité dans la fonction publique, Paris 1994.

König, Klaus (Hrsg.), Fortbildung des höheren Verwaltungsdienstes, Berlin 1974.

– Entwicklungen des Verwaltungsstudiums in den Vereinigten Staaten von Amerika, in: Die Öffentliche Verwaltung 1975, S. 455 ff.

– Education for Public Administration: Developments in Western Europe, Speyerer Arbeitshefte 6, Speyer 1977.

– Fortentwicklung des Laufbahnrechts, in: Die Öffentliche Verwaltung 1977, S. 343 ff.

– Strukturprobleme des öffentlichen Dienstes, in: Verwaltungsarchiv 1977, S. 3 ff.

– Der Beamtenstatus – ein Hemmschuh für die Dienstrechtsreform?, in: Karl Carstens u. a. (Hrsg.), Beamtenstatus – Ärgernis oder Verpflichtung?, Godesberg 1978, S. 149 ff.

– (Hrsg.), Die Ausbildung für den gehobenen Verwaltungsdienst, Baden-Baden 1979.

– Entwicklungen der beruflichen Qualifikationen in der öffentlichen Verwaltung, in: Hans-Joachim von Oertzen (Hrsg.), Antworten der öffentlichen Verwaltung auf die Anforderungen des heutigen Gesellschaftssystems, Bonn 1980, S. 97 ff.

– u. a., Zur entwicklungspolitischen Zusammenarbeit mit der lateinamerikanischen Steuerverwaltung, in: Verwaltungsarchiv 1981, S. 316 ff.

– Die verwaltungswissenschaftliche Ausbildung in Europa, in: Konstanzer Blätter für Hochschulfragen 1981, S. 49 ff.

– Entwicklungspolitik und internationale Verwaltungsbeziehungen aus der Sicht von Aus- und Fortbildung, in: Verwaltungsarchiv 1983, S. 1 ff.

- Öffentlicher Dienst und Bildungspolitik, in: Carl Böhret/Heinrich Siedentopf (Hrsg.), Verwaltung und Verwaltungspolitik, Berlin 1983, S. 189 ff.
- Vom Umgang mit Komplexität in Organisationen: Das Bundeskanzleramt, in: Der Staat 1989, S. 49 ff.
- Spitzenpositionen auf Zeit in der öffentlichen Verwaltung, in: Zeitschrift für Verwaltung 1990, S. 273 ff.
- Die beamtete Regierung: Spitzenpositionen auf Zeit in der öffentlichen Verwaltung, in: Verwaltungsführung/Organisation/Personal 1990, S. 357 ff.
- Formalisierung und Informalisierung im Regierungszentrum, in: Hans-Hermann Hartwich/Göttrik Wewer (Hrsg.), Regieren in der Bundesrepublik 2, Opladen 1991, S. 203 ff.
- Politiker und Beamte. Zur personellen Differenzierung im Regierungsbereich, in: Karl-Dietrich Bracher u. a. (Hrsg.), Staat und Parteien, Berlin 1992, S. 107 ff.
- Programmfunktion und Budget im Regierungsbereich, in: ders., Verwaltete Regierung, Köln u. a. 2002, S. 364 ff.
- Gesetzesvorhaben im Verfahren der Ministerialverwaltung, in: ders., Verwaltete Regierung, Köln u. a. 2002, S. 395 ff.
- Zur Professionalisierung eines Graduiertenstudiums im Kontext von Politik und Verwaltung, in: Jörg Bogumil u. a., Politik und Verwaltung, Politische Vierteljahresschrift, Sonderheft 37, 2006, S. 527 ff.

König, Klaus/*Bolay,* Friedrich W., Zur Evaluation eines Verwaltungsprojekts in Nordjemen, in: Verwaltungsarchiv 1980, S. 256 ff.

König, Klaus/*Hüper,* Ernst, Vorbereitungsdienst, in: Wilhelm Bierfelder (Hrsg.), Handwörterbuch des öffentlichen Dienstes – Das Personalwesen, Berlin 1976, Sp. 1758 ff.

König, Klaus/*Kind,* Hero, Zur Weiterentwicklung des vertikalen Laufbahngefüges, Baden-Baden 1980.

Kröger, Klaus, Der Parlamentarische Staatssekretär – Gehilfe oder Mimikry des Ministers?, in: Die Öffentliche Verwaltung 1974, S. 585 ff.

Kroppenstedt, Franz/*Menz,* Kai-Uwe, Führungspositionen in der Verwaltung, in: Klaus König/Heinrich Siedentopf, Öffentliche Verwaltung in Deutschland, 2. Aufl., Baden-Baden 1997, S. 539 ff.

Kübler, Hartmut, Der Einfluss des Personalrats, Stuttgart u. a. 1981.

Kugele, Dieter, Der politische Beamte, München 1976.

Laegreid, Per, Top Cicil Servants under Contract, in: Public Administration 2000, S. 880 ff.

Lang, Florian, Die Verwaltungselite in Deutschland und in Frankreich 1871-2000, Baden-Baden 2005.

Laubinger, Werner, Gedanken zum Inhalt und zur Verwirklichung des Leistungsprinzips bei Beförderungen von Beamten, in: Verwaltungsarchiv 1992, S. 246 ff.

Lecheler, Helmut, Die Gliederung des öffentlichen Dienstes, in: Klaus König/Heinrich Siedentopf (Hrsg.), Öffentliche Verwaltung in Deutschland, 2. Aufl., Baden-Baden 1997, S. 501 ff.

Leisner, Walter, Mitbestimmung im öffentlichen Dienst, Bonn/Bad Godesberg 1970.

- Legitimation des Berufsbeamtentums aus der Aufgabenerfüllung, Bonn 1988.

Leitges, Konrad, Die Entwicklung des Hoheitsbegriffs in Art. 33 Abs. 4 des Grundgesetzes, Frankfurt a. M. u. a. 1998.

Lemhöfer, Bernt, Die Loyalität des Beamten, in: Ingeborg Franke u. a. (Hrsg.), Öffentliches Dienstrecht im Wandel, Berlin 2002, S. 205 ff.

Lemoyne de Forges, Jean-Michel, The French Civil Service System, in: Françoise Gallouédec-Genuys (Hrsg.), About French Administration, Paris 1998, S. 31 ff.

Leuser, Klaus u. a., Bayerisches Beamtengesetz, Kommentar, München 1970.

Levine, Charles H. u. a., Public Administration, Glenview Ill./London 1990.

Lodge, Martin/*Hood,* Christopher, Competency and Higher Civil Servants, in: Public Administration 2005, S. 779 ff.

Löhr, Franz-Josef, Der Aufstieg von Beamten des gehobenen Dienstes in Laufbahnen des höheren Dienstes, in: Verwaltung und Fortbildung 1974, S. 147 ff.

Lorig, Wolfgang H., Modernisierung des öffentlichen Dienstes. Politik und Verwaltungsmanagement in der bundesdeutschen Parteiendemokratie, Opladen 2001.

Loverd, Richard A./*Pavlak,* Thomas J., Analyzing the Historical Development of the American Civil Service, in: Jack Rabin u. a. (Hrsg.), Handbook of Public Personnel Administration, New York u. a. 1995, S. 1 ff.

Luhmann, Niklas, Das „Statusproblem" und die Reform des öffentlichen Dienstes, in: Zeitschrift für Rechtspolitik 1971, S. 49 ff.

- Die Codierung des Rechtssystems, in: Rechtstheorie 1986, S. 171 ff.

Luhmann, Niklas/*Mayntz,* Renate, Personal im öffentlichen Dienst, in: Studienkommission für die Reform des öffentlichen Dienstrechts, Band 7, Baden-Baden 1973.

Macho, Ricardo Garcia, Das Recht des öffentlichen Dienstes in Spanien, in: Siegfried Magiera/Heinrich Siedentopf (Hrsg.), Das Recht des öffentlichen Dienstes in den Mitgliedstaaten der Europäischen Gemeinschaft, Berlin 1994, S. 731 ff.

Maes, Rudolf, Das Recht des öffentlichen Dienstes in Belgien, in: Siegfried Magiera/Heinrich Siedentopf (Hrsg.), Das Recht des öffentlichen Dienstes in den Mitgliedstaaten der Europäischen Gemeinschaft, Berlin 1994, S. 67 ff.

Manow, Philip, Was erklärt politische Patronage in Ländern Westeuropas?, in: Politische Vierteljahresschrift 2002, S. 20 ff.

Maor, Moshe, A Comparative Perspective on Executive Development: Trends in 11 European Countries, in: Public Administration 2000, S. 135 ff.

Matheson, Craig, Is the Higher Public Service a Profession?, in: Australien Journal of Public Administration 1998, S. 15 ff.

Matthias, Erich/*Morsey,* Rudolf, Die Regierung des Prinzen von Baden, Düsseldorf 1962.

Mayntz, Renate, Soziologie der öffentlichen Verwaltung, 4. Aufl., Heidelberg 1997.

Mayntz, Renate/*Derlien,* Hans-Ulrich, Party Patronage and Politication of the West German Administrative Elite 1970 – 1988 – Toward Hybridization?, in: Governance 1989, S. 384 ff.

McCurdy, Howard E., Public Administration: A Synthesis, Menlo Park Cal. u. a. 1977.

Meer, Frits M. van der/*Dijkestra,* Gerrit S. A., The Development and Current Features of the Dutch Civil Service System, in: Hans A. G. M. Bekke/Frits M. van der Meer (Hrsg.), Civil Service Systems in Western Europe, Cheltenham u. a. 2000, S. 148 ff.

Meer, Frits M. van der/*Toonen,* Theo A. J., Competency Management and Civil Service Professionalism in Dutch Central Government, in: Public Administration 2005, S. 839 ff.

Meier, Kenneth J./*Bothe,* John, Structure and Discretion: Missing Links in Representative Bureaucracy, in: Journal of Public Administration Research and Theory 2001, S. 455 ff.

Meiniger, Marie-Christine, The Development and Current Features of the French Civil Services, in: Hans A. G. M. Bekke/Frits M. van der Meer (Hrsg.), Civil Service Systems in Western Europe, Cheltenham/u. a. 2000, S. 188 ff.

Melichar, Erwin, Zur Lage des österreichischen Dienstrechts, in: Klaus König u. a. (Hrsg.), Öffentlicher Dienst, Köln u. a. 1977, S. 563 ff.

Merten, Detlef, Das Recht des öffentlichen Dienstes in Deutschland, in: Siegfried Magiera/Heinrich Siedentopf (Hrsg.), Das Recht des öffentlichen Dienstes in den Mitgliedstaaten der Europäischen Gemeinschaft, Berlin 1994, S. 181 ff.

Millar, Michele/*McKevitt,* David, The Irish Civil Service System, in: Hans A. G. M. Bekke/Frits M. van der Meer (Hrsg.), Civil Service Systems in Western Europe, Cheltenham u. a. 2000, S. 36 ff.

Möller, Hans-Werner, Verwaltungsreform durch Bildungsreform, Baden-Baden 1995.

Morstein Marx, Fritz, Amerikanische Verwaltung, Berlin 1963.

– Das Dilemma des Verwaltungsmannes, Berlin 1965.

Mosher, William E. u. a., Public Personnel Administration, 3. Aufl., New York 1950.

Müller, Edda, Innenwelt der Umweltpolitik, 2. Aufl., Opladen 1995.

Nexo Jensen, Hanne/*Knudsen,* Tim, Senior Officials in the Danish Central Administration, in: Edward C. Page/Vincent Wright (Hrsg.), Bureaucratic Elites in Western European States, Oxford 1999, S. 229 ff.

Niedobitek, Matthias, Das Recht des öffentlichen Dienstes in den Mitgliedstaaten der Europäischen Gemeinschaft – Rechtsvergleichende Analyse, in: Siegfried Magiera/Heinrich Siedentopf (Hrsg.), Das Recht des öffentlichen Dienstes in den Mitgliedstaaten der Europäischen Gemeinschaft, Berlin 1994, S. 11 ff.

Nigro, Felix A./*Nigro,* Lloyd G., Modern Public Administration, 3. Aufl., New York u.a. 1973.

Oechsler, Walter A., Vergleichende Analyse der Dienstrechtsreform in der Bundesrepublik Deutschland und der Civil Service Reform in den USA, in: Verwaltungsarchiv 1982, S. 196 ff.

Oldiges, Martin, Die Bundesregierung als Kollegium. Eine Studie zur Regierungsorganisation nach dem Grundgesetz, Hamburg 1983.

Painter, Chris, The British Civil Service in the Post-Fulton-Era, European Group of Public Administration (EGPA), Tampere 1976.

Parsons, Talcott, Professions, in: David L. Sills (Hrsg.), International Encyclopedia of the Social Sciences, Band 12, 1968, S. 536 ff.

Petersen, Thomas/*Faber,* Malte, Bedingungen erfolgreicher Umweltpolitik im deutschen Föderalismus. Der Ministerialbeamte als Homo Politicus, in: Zeitschrift für Politikwissenschaft 2000, S. 5 ff.

Pichart, Eberhard, Preußische Beamtenpolitik 1918-1933, in: Vierteljahreshefte für Zeitgeschichte 1958, S. 119 ff.

Pietzcker, Jost, Reform des öffentlichen Dienstrechts in den USA, in: Die Verwaltung 1980, S. 157 ff.

Pilkington, Colin, The Civil Service in Britain Today, Manchester/New York 1999.

Pretis, Daria de, Das Recht des öffentlichen Dienstes in Italien, in: Siegfried Magiera/Heinrich Siedentopf (Hrsg.), Das Recht des öffentlichen Dienstes in den Mitgliedstaaten der Europäischen Gemeinschaft, Berlin 1994, S. 493 ff.

Putnam, Robert D., Die politischen Einstellungen der Ministerialbeamten in Westeuropa, in: Politische Vierteljahresschrift 1976, S. 25 ff.

Püttner, Günter, Zur Neutralitätspflicht des Beamten, in: Klaus König u. a. (Hrsg.), Öffentlicher Dienst, Köln u. a. 1977, S. 383 ff.

- Der Öffentliche Dienst, in: Kurt G. A. Jeserich u. a. (Hrsg.), Deutsche Verwaltungsgeschichte, Band 4, Stuttgart 1985.

- Verwaltungslehre, 3. Aufl., München 2000.

Rabin, Jack u.a. (Hrsg.), Handbook of Public Personnel Administration, New York 1995.

Raksasataya, Amara/*Siedentopf,* Heinrich, Asian Civil Services, Singapore 1980.

Raphael, Lutz, Recht und Ordnung: Herrschaft durch Verwaltung im 19. Jahrhundert, Frankfurt a. M. 2000.

Reichard, Christoph, Betriebswirtschaftslehre der öffentlichen Verwaltung, 2. Aufl., Berlin/New York 1987.

Rosenstiel, Lutz von u. a., Organisationspsychologie, 9. Aufl., Stuttgart 2005.

Rottmann, Frank, Der Beamte als Staatsbürger, Berlin 1981.

Rouban, Luc, The Senior Civil Service in France, in: Edward C. Page/Vincent Wright (Hrsg.), Bureaucratic Elites in Western European States, Oxford/New York 1999, S. 65 ff.

- Les Fonctionaires, Paris 2001.

Satta, Filippo, Italien, in: Studienkommission für die Reform des öffentlichen Dienstes, Band 1, Baden-Baden 1973, S. 155 ff.

Schäfer, Friedrich, Empfiehlt es sich, das Beamtenrecht unter Berücksichtigung der Wandlungen von Staat und Gesellschaft neu zu ordnen?, in: Verhandlungen des 48. Deutschen Juristentages, Band II, München 1970.

Schäfer, Hans, Der Parlamentarische Staatssekretär im deutschen Regierungssystem. Eine Zwischenbilanz, in: Die Öffentliche Verwaltung 1969, S. 45 ff.

Scheerbarth, Hans Walter/*Höffken,* Heinz, Beamtenrecht, 6. Aufl., Siegburg 1992.

Schrameyer, Marc, Der kommunale Wahlbeamte, Münster 2004.

Schröder, Heinz, Neues Laufbahnrecht der Bundesbeamten, in: Zeitschrift für Beamtenrecht 1978, S. 292 ff.

Schuppert, Gunnar Folke, Verwaltungswissenschaft, Baden-Baden 2000.

Shafritz, Jay M. u. a., Personnel Management in Government, 5. Aufl., New York/Basel 2001.

Sherwood, Frank P., Learning from the Iran Experience, in: Public Administration Review 1980, S. 413 ff.

Shiono, Hirashi, Japan, in: Studienkommission für die Reform des öffentlichen Dienstrechts, Band 1, Baden-Baden 1973, S. 209 ff.

Siedentopf, Heinrich, Regierungsführung und Ressortführung in Frankreich – zur Organisation und Funktion der Cabinets ministériels, Speyer 1976.

– Spitzenpositionen auf Zeit in der öffentlichen Verwaltung, in: Klaus König u. a. (Hrsg.), Öffentlicher Dienst, Köln u. a. 1977, S. 177 ff.

– Zeitlich befristete Vergabe von Führungsfunktionen in der staatlichen Verwaltung, Gutachten für die Kommission Neue Führungsstruktur Baden-Württemberg, Stuttgart 1985.

Siepmann, Heinrich, Bewertung von Beamtendienstposten in der Kommunalverwaltung, in: Zeitschrift für Beamtenrecht 1977, S. 362 ff.

Skouris, Wassilios, Das Recht des öffentlichen Dienstes in Griechenland, in: Siegfried Magiera/Heinrich Siedentopf (Hrsg.), Das Recht des öffentlichen Dienstes in den Mitgliedstaaten der Europäischen Gemeinschaft, Berlin 1994, S. 317 ff.

Sontheimer, Kurt/*Bleek,* Wilhelm, Verfassungspolitische Perspektiven einer Reform des öffentlichen Dienstes in der Bundesrepublik Deutschland, in: Studienkommission für die Reform des öffentlichen Dienstrechts, Band 6, Baden-Baden 1973, S. 231 ff.

Sotiropoulos, Dimitri A., A Description of the Greek Higher Civil Service, in: Edward D. Page/Vincent Wright (Hrsg.), Bureaucratic Elites in Western European States, Oxford 1999, S. 13 ff.

Sowa, Jessica E./*Coleman Selden,* Sally, Administrative Discretion and Active Representation: An Expansion of the Theory of Representative Bureaucracy, in: Public Administration Review 2003, S. 700 ff.

Staehle, Wolfgang H./*Sydow,* Jörg, Führungsstiltheorien, in: Alfred Kieser u. a. (Hrsg.), Handwörterbuch der Führung, Stuttgart 1987, Sp. 661 ff.

Stahl, O. Glenn, Public Personnel Administration, 6. Aufl., New York 1971.

Stamer, Henrich, Die Pflichten der Beamten sowie der Angestellten und Arbeiter im öffentlichen Dienst im Vergleich, Göttingen/London 2000.

Steinkemper, Bärbel, Klassische und politische Bürokraten in der Ministerialverwaltung der Bundesrepublik Deutschland, Köln u. a. 1974.

Steinkemper, Hans Günter, Amtsträger im Grenzbereich zwischen Regierung und Verwaltung, Frankfurt a. M. 1980.

Stern, Klaus, Zur Verfassungstreue der Beamten, München 1974.

- Staatsrecht, Band 2, München 1988.

Stivers, Camilla, Gender Images in Public Administration, 2. Aufl., Thousand Oaks u. a. 2000.

Straus, Stephen K./*Stewart,* Debra W., Assuring Equal Employment Opportunity in the Organization, in: Jack Rabin u. a. (Hrsg.), Handbook of Public Personnel Administration, New York u. a. 1995, S. 43 ff.

Strauß, Thomas, Funktionsvorbehalt und Berufsbeamtentum, Berlin 2000.

Summer, Rudolf, Gedanken zum Gesetzesvorbehalt im Beamtenrecht, in: Die Öffentliche Verwaltung 2006, S. 249 ff.

Terra, Larry D., Leadership of Public Bureaucracies, Thousand Oaks u. a. 1995.

Thieme, Werner, Verwaltungslehre, 4. Aufl., Köln u. a. 1984.

Tomuschat, Christian, Rechtsvergleichende Analyse – „Der öffentliche Dienst im Spannungsverhältnis zwischen politischer Freiheit und Verfassungstreue. Standards für die Behandlung politischer Extremisten in Westeuropa", in: Ernst-Wolfgang Böckenförde u. a. (Hrsg.), Extremisten und öffentlicher Dienst, Baden-Baden 1981, S. 647 ff.

Töpfer, Armin, Kooperative Führung in der öffentlichen Verwaltung, in: Helmut Klages (Hrsg.), Öffentliche Verwaltung im Umbruch – Neue Anforderungen an Führung und Arbeitsmotivation, Gütersloh 1990, S. 78 ff.

Ule, Carl Hermann, Verfassungsrechtliche Grenzen einer Reform des öffentlichen Dienstrechts, in: Studienkommission für die Reform des öffentlichen Dienstrechts, Band 5, Baden-Baden 1973, S. 441 ff.

- Beamter oder Staatsfunktionär, in: Verwaltungsführung/Organisation/Personal 1990, S. 156 ff.

Verheijen, Tony (Hrsg.), Civil Service Systems in Central and Eastern Europe, Cheltenham u. a. 1999.

Volensky, Michael S., Nomenklatura: Die herrschende Klasse der Sowjetunion, Wien u. a. 1980.

Wagener, Frido, Der öffentliche Dienst im Staat der Gegenwart, in: Veröffentlichungen der Vereinigung der Deutschen Staatsrechtslehrer, Heft 37, Berlin/New York 1979, S. 215 ff.

Wagener, Frido/*Rückwardt,* Bernd, Führungshilfskräfte in Ministerien, Baden-Baden 1982.

Wahl, Rainer, Ämterpatronage – ein Krebsübel der Demokratie?, in: Hans Herbert von Arnim (Hrsg.), Die deutsche Krankheit: Organisierte Unverantwortlichkeit?, Berlin 2005, S. 107 ff.

Wallace Ingraham, Patricia/*Getha-Taylor,* Heather, Common Sense, Competence, and Talent in the Public Service in the USA, in: Public Administration 2005, S. 759 ff., 789 ff.

Wart, Montgomery van, Public-Sector Leadership Theory, in: Public Administration Review 2000, S. 214 ff.

Weber, Max, Wirtschaft und Gesellschaft, Studienausgabe, 5. Aufl., Tübingen 1976.

Wernsmann, Rainer, Die beamtenrechtliche Konkurrentenklage, in: Deutsches Verwaltungsblatt 2005, S. 276 ff.

Wiener, Norbert, Dynamische Verwaltungslehre, Wien/New York 2004.

Wilson, Hall T., Bureaucratic Representation: Civil Servants and the Future of Capitalist Democracies, Leiden u. a. 2001.

Wolff, Hans J./*Bachof,* Otto, Verwaltungsrecht II, 5. Aufl., München 1987.

Wooldridge, Blue/*Clark Maddox,* Barbara, Demographic Changes and Diversity in Personnel: Implications for Public Administrators, in: Jack Rabin u. a. (Hrsg.), Handbook of Public Personnel Administration, New York u. a. 1995, S. 183 ff.

Wunder, Bernd, Geschichte der Bürokratie in Deutschland, Frankfurt a. M. 1986.

- (Hrsg.), Les influences du „modèle" napoléonien d'administration sur l'organisation administrative des autres pays, London 1995.

Wunderer, Rolf, Kooperative Führung, in: Alfred Kieser u. a. (Hrsg.), Handwörterbuch der Führung, Stuttgart 1987, Sp. 1257 ff.

Ziller, Jacques, Der öffentliche Dienst in Frankreich, in: Zeitschrift für Beamtenrecht 1997, S. 337 ff.

- Das öffentliche Dienstrecht aus der Perspektive der vergleichenden Verwaltungswissenschaft, in: Die Öffentliche Verwaltung 2006, S. 233 ff.

Zimmermann, Virgil B., Public Personnel Administration Outside the United States, in: Jack Rabin u.a. (Hrsg.), Handbook of Public Personnel Administration, New York u.a. 1995, S. 115 ff.

Zum 9. Kapitel: Nachholende Verwaltungsmodernisierung

Amoako, K. Y., Reform der Institutionen, Reform des Staates: Zukünftige Herausforderungen, in: Deutsche Stiftung für internationale Entwicklung (Hrsg.), Internationaler Round Table, „Der leistungsfähige Staat", Bericht, Berlin 1998, S. 57 ff.

Arnold, Guy, The End of the Third World, Houndmills/London 1995.

Arora, Ramesh K., Comparative Public Administration, New Delhi 1972.

Bartsch, Heinz, Aufgaben und Strukturen der öffentlichen Verwaltung, in: Klaus König (Hrsg.), Verwaltungsstrukturen der DDR, Baden-Baden 1991, S. 109 ff.

Battis, Ulrich, Entwicklungstendenzen und Probleme der Einführung des Dienstrechts in den neuen Ländern, in: Neue Justiz 1991, S. 89 ff.

Bayer, Detlef, Die Konstituierung der Bundesländer Brandenburg, Mecklenburg-Vorpommern, Sachsen, Sachsen-Anhalt und Thüringen, in: Deutsches Verwaltungsblatt 1991, S. 1014 ff.

Benjamin, Michael, The Transformation to a Market Economy and the State, in: International Review of Administrative Sciences 1995, S. 161 ff.

Bernet, Wolfgang, Zur landes- und kommunalrechtlichen Entwicklung in der DDR, Speyerer Forschungsberichte 91, Speyer 1990.

– Zur normativen Regelung des Staatsdienstes in der DDR und zum Rechtsverständnis der Staatsfunktionäre, in: Zeitschrift für Beamtenrecht 1991, S. 44 ff.

Betz, Joachim/*Brüne,* Stefan, Der neue Reichtum in der Dritten Welt, in: dies. (Hrsg.), Jahrbuch Dritte Welt 1998. Daten, Übersichten, Analysen, München 1997, S. 3 ff.

Beyme, Klaus von/*Nohlen,* Dieter, Systemwechsel, in: Dieter Nohlen (Hrsg.), Wörterbuch Staat und Politik, Neuausgabe, München 1995, S. 765 ff.

Bliss, Frank, Kultur und Entwicklung. Ein zu wenig beachteter Aspekt in Entwicklungstheorie und -praxis, in: Entwicklung und Zusammenarbeit 1997, S. 138 ff.

Blunt, Peter, Cultural Relativism, „Good" Governance and Sustainable Human Development, in: Public Administration and Development 1995, S. 1 ff.

Boden, Lutz, Formen unmittelbarer Entscheidungen des Volkes in Entwürfen der Gemeinde- und Landkreisordnung für Sachsen, in: Landes- und Kommunalverwaltung 1991, S. 156 ff.

Böhret, Carl, Nachweltschutz, Frankfurt a. M. 1991.

– Nachweltschutz – Was hinterlassen wir der nächsten Generation?, in: Schutzgemeinschaft Deutscher Wald, Landesverband Rheinland-Pfalz e. V. (Hrsg.), Nachweltschutz, Obermoschel 1992, S. 31 ff.

Bolay, Friedrich W./*Koppe,* Reinhard, Die neue Konzeption der Verwaltungsförderung der Bundesrepublik Deutschland, Berlin 1983.

Breuel, Birgit, Treuhandanstalt: Bilanz und Perspektiven, in: Aus Politik und Zeitgeschichte. Beilage zur Wochenzeitung Das Parlament, B 43-44/94 v. 28.10.1994, S. 14 ff.

Brunetti, Aymo u. a., Institutional Obstacles for Doing Business: Region-by-Region Results from a Worldwide Survey of the Private Sector, Background Paper for the World Development Report 1997, Washington, D. C. 1997.

Caiden, Gerald E., Administrative Reform, Chicago 1969.

– Summary Report of the Twelfth Meeting of the Experts on the United Nations Programme in Public Administration and Finance, New York, 31 July – 11 August 1995, in: The International Journal of Technical Cooperation 1995, S. 243 ff.

Caiden, Naomi/*Wildavsky,* Aaron, Planning and Budgeting in Poor Countries, New York 1974.

Czada, Roland, „Üblichkeitsprinzip" und situativer Handlungsdruck – Vermögenszuordnung im Transformationsprozeß aus sozialwissenschaftlicher Sicht, in: Klaus König u. a. (Hrsg.), Vermögenszuordnung – Aufgabentransformation in den neuen Bundesländern, Baden-Baden 1994, S. 153 ff.

- Die Treuhandanstalt im politischen System der Bundesrepublik, in: Aus Politik und Zeitgeschichte. Beilage zur Wochenzeitung Das Parlament B 43-44/94 v. 28.10.1994, S. 31 ff.

- Schleichweg in die „Dritte Republik". Politik der Vereinigung und politischer Wandel in Deutschland, in: Politische Vierteljahresschrift 1994, S. 245 ff.

Czempiel, Ernst-Otto, Weltpolitik im Umbruch, München 1991.

Derlien, Hans-Ulrich, Regimewechsel und Personalpolitik – Beobachtungen zur politischen Säuberung und zur Integration der Staatsfunktionäre der DDR in das Berufsbeamtentum, in: Verwaltungswissenschaftliche Beiträge der Universität Bamberg Nr. 27, Bamberg 1991.

- Elitezirkulation in Ostdeutschland 1989 – 1995, in: Aus Politik und Zeitgeschichte. Beilage zur Wochenzeitung Das Parlament, B 5/98 vom 23.1.1998, S. 3 ff.

Derlien, Hans-Ulrich/*Löwenhaupt,* Stefan, Verwaltungskontakte und Investitionsvertrauen, in: Hellmut Wollmann u. a. (Hrsg.), Transformation der politisch-administrativen Strukturen in Deutschland, Opladen 1997, S. 417 ff.

Dia, Mamadou, A Governance Approach to Civil Service Reform in Sub-Saharan Africa, World Bank Technical Papers, No. 225, Washington, D. C. 1993.

- Africa's Management in the 1990s and Beyond: Reconciling Indegenous and Transplanted Institutions, The World Bank, Washington, D. C. 1996.

Diamant, Alfred/*Jecht,* Hans, Verwaltung und Entwicklung: Wissenschaftliche Forschungstendenzen und Modelle in den USA, in: Die Öffentliche Verwaltung 1966, S. 388 ff.

Domes, Jürgen, Die politische Lage in der Volksrepublik China, in: Aus Politik und Zeitgeschichte, Beilage zur Wochenzeitung Das Parlament, B 27/98 v. 26.6.1998, S. 3 ff.

Eisen, Andreas/*Kaase,* Max, Transformation und Transition: Zur politikwissenschaftlichen Analyse des Prozesses der deutschen Vereinigung, in: Max Kaase u. a. (Hrsg.), Politisches System, Opladen 1996, S. 5 ff.

Eisenstadt, Shmuel N., Social Change, Differentiation and Evolution, in: American Sociological Review 1964, S. 375 ff.

Elsenhans, Hartmut, State, Class and Development, New Delhi 1996.

- Die Behinderung der Institutionenbildung durch Renten, in: Arthur Benz u. a. (Hrsg.), Institutionenwandel in Regierung und Verwaltung, Berlin 2004, S. 697 ff.

Esman, Milton J., The Politics of Development Administration, in: John D. Montgomery/William S. Siffin (Hrsg.), Approaches to Development: Politics, Administration and Change, New York 1966, S. 59 ff.

- Development Assistance in Public Administration: Requiem or Renewal, in: Public Administration Review 1980, S. 426 ff.

Fainsod, Merle, Bureaucracy and Modernization: The Russian and Soviet Case, in: Joseph La Palombara (Hrsg.), Bureaucracy and Political Development, Princeton, New York, 1974, S. 234 ff.

Flynn, Norman, Public Sector Management, 2. Aufl., New York u. a. 1993.

Frederickson, H. George, The Spirit of Public Administration, San Francisco 1997.

Glaeßner, Gert-Joachim, Herrschaft durch Kader: Leitung der Gesellschaft und Kaderpolitik in der DDR, Opladen 1977.

Glagow, Manfred, Die Nicht-Regierungsorganisationen in der internationalen Entwicklungszusammenarbeit, in: Handbuch der Dritten Welt, Band 1, Nachdruck der 3. Aufl., Bonn 1992, S. 304 ff.

Goerlich, Helmut, Hergebrachte Grundsätze und Beitrittsbeamtentum, in: Juristenzeitung 1991, S. 75 ff.

Grömig, Erko, Vorschläge für die Organisation von Fortbildungsmaßnahmen für die Kommunalverwaltungen in den neuen Bundesländern, in: Die Kommunalverwaltung 1991, S. 378 ff.

Hanisch, Rolf/*Tetzlaff,* Rainer (Hrsg.), Staat und Entwicklung: Studien zum Verhältnis von Herrschaft und Gesellschaft in Entwicklungsländern, Frankfurt a. M./New York 1981.

Harboldt, Hans-Jürgen, Sustainable Development – Dauerhafte Entwicklung, in: Dieter Nohlen/Franz Nuscheler (Hrsg.), Handbuch der Dritten Welt, Band 1, Nachdruck der 3. Aufl., Bonn 1992, S. 231 ff.

Heady, Ferrel, Public Administration: A Comparative Perspective, 6. Aufl., New York u. a. 2001.

Hedtkamp, Günter, Eigentumszuweisung an Gemeinden aus wirtschaftswissenschaftlicher Sicht, in: Klaus König u. a. (Hrsg.), Vermögenszuordnung – Aufgabentransformation in den neuen Bundesländern, Baden-Baden 1994, S. 141 ff.

Heiner, Ronald A., The Origin of Predictable Behavior, in: American Economic Review 1983, S. 560 ff.

Herrmann-Pillath, Carsten, Herausforderungen des wirtschaftlichen und sozialen Wandels in der VR China: Wohin führt der chinesische Weg? in: Aus Politik und Zeitgeschichte. Beilage zur Wochenzeitung Das Parlament, B 27/98 v. 26.6.1998, S. 12 ff.

Hesse, Kurt, Planungen in Entwicklungsländern, Berlin 1965.

Hofstede, Geert, Interkulturelle Zusammenarbeit. Kulturen – Organisationen – Management, Wiesbaden 1993.

Jaggers, Keith/*Gurr,* Ted Robert, „Polity III: Regime Type and Political Authority, 1800 – 1994", Inter-University Consortium for Political and Social Research, Ann Arbor 1996.

Joerges, Bernward, Community Development in Entwicklungsländern, Stuttgart 1969.

Jreisat, Jamil E., Synthesis and Relevance in Comparative Public Administration, in: Public Administration Review 1975, S. 663 ff.

Kähler, Kurt, Wasserversorgung und Abwasserentsorgung, in: Klaus König u. a. (Hrsg.), Vermögenszuordnung – Aufgabentransformation in den neuen Bundesländern, Baden-Baden 1994, S. 275 ff.

Kamenka, Eugene/*Kryier,* Martin (Hrsg.), Bureaucracy: the Career of a Concept, London 1979.

Kirchhoff, Karl, Stand der Verwaltungsförderung zur Unterstützung besserer Rahmenbedingungen – Erfahrungen mit dem Sektorpapier „Verwaltungsförderung": Zwischenbilanz nach zehn Jahren und Zukunftsperspektiven, in: Rainer Pitschas (Hrsg.), Zukunftsperspektiven der Verwaltungszusammenarbeit, Band 1, München/Berlin 1993, S. 16 ff.

Klemp, Lutgera, Governance – Neue Akzente, in: Entwicklung und Zusammenarbeit 2007, S. 250 ff.

Knauss, Fritz, Privatisierungspolitik in der Bundesrepublik Deutschland 1983 - 1990, in: Beiträge zur Wirtschafts- und Sozialpolitik des Instituts der deutschen Wirtschaft Köln, Nr. 183, Bonn 1990.

Knemeyer, Franz-Ludwig, Die künftigen Kommunalverfassungen in den fünf neuen Ländern, in: Günter Püttner/Wolfgang Bernet (Hrsg.), Verwaltungsaufbau und Verwaltungsreform in den neuen Ländern, Köln u. a. 1992, S. 121 ff.

– Kommunale Gebietsreformen in den neuen Bundesländern, in: Landes- und Kommunalverwaltung 1992, S. 172 ff.

König, Klaus, Öffentliche Verwaltung und soziale Differenzierung, in: Verwaltungsarchiv 1973, S. 1 ff.

– System und Umwelt der öffentlichen Verwaltung, in: ders. u. a. (Hrsg.), Öffentliche Verwaltung in der Bundesrepublik Deutschland, Baden-Baden 1981, S. 13 ff.

– Kaderverwaltung und Verwaltungsrecht, in: Verwaltungsarchiv 1982, S. 37 ff.

– (Hrsg.), Entwicklungspolitik und internationale Verwaltungsbeziehungen, Bonn 1983.

– Bewertung der nationalen Politik zur Dezentralisierung und Regionalisierung, in: Verwaltungswissenschaftliche Informationen 1989, Sonderheft 10, S. 3 ff.

– Kritik öffentlicher Aufgaben, Baden-Baden 1989.

– La Riforma Amministrativa in Germania, in: Sabino Cassese/Claudio Franchini (Hrsg.), Tendenze recenti della Riforma Amministrativa in Europa, Bologna 1989, S. 75 ff.

– Verwaltung im Übergang – Vom zentralen Verwaltungsstaat in die dezentrale Demokratie, in: Die Öffentliche Verwaltung 1991, S. 177 ff.

– Zum Verwaltungssystem der DDR, in: ders. (Hrsg.), Verwaltungsstrukturen der DDR, Baden-Baden 1991, S. 9 ff.

– Transformation der realsozialistischen Verwaltung und entwicklungspolitische Zusammenarbeit, in: Verwaltungsrundschau 1992, S. 228 ff.

– Transformation einer Kaderverwaltung: Transfer und Integration von öffentlich Bediensteten in Deutschland, in: Die Öffentliche Verwaltung 1992, S. 549 ff.

– Transformation der realsozialistischen Verwaltung: Deutsche Integration und europäische Kooperation, in: Deutsches Verwaltungsblatt 1993, S. 1292 ff.

– Transformation als Staatsveranstaltung in Deutschland, in: Hellmut Wollmann u. a. (Hrsg.), Transformation sozialistischer Gesellschaften: Am Ende des Anfangs, Opladen 1995, S. 609 ff.

- Gute Gouvernanz als Steuerungs- und Wertkonzept des modernen Verwaltungsstaates, in: Werner Jann u. a. (Hrsg.), Politik und Verwaltung auf dem Weg in die transindustrielle Gesellschaft, Baden-Baden 1998, S. 227 ff.

König, Klaus/*Benz*, Angelika, Staatszentrierte Transformation im vereinten Deutschland, in: Der Staat 1996, S. 109 ff.

König, Klaus/*Heimann*, Jan, Aufgaben- und Vermögenstransformation in den neuen Bundesländern, Baden-Baden 1996.

- Vermögens- und Aufgabenzuordnung nach Üblichkeit, in: Hellmut Wollmann u. a. (Hrsg.), Transformation der politisch-administrativen Strukturen in Deutschland, Opladen 1997, S. 119 ff.

König, Klaus/*Meßmann*, Volker, Organisations- und Personalprobleme der Verwaltungstransformation in Deutschland, Baden-Baden 1995.

König, Klaus/*Protz-Schwarz*, Michael, Administrative Zusammenarbeit in der Entwicklungspolitik – Verwaltungsförderung und -ausbildung durch internationale Organisationen: Vereinte Nationen, Weltbank, OECD und Europäische Gemeinschaften, Speyerer Forschungsberichte 30, Speyer 1983.

Korten, David C., Community Organization and Rural Development: A Learning Process Approach, in: Public Administration Review 1980, S. 480 ff.

Kühnhardt, Ludger, Die Universalität der Menschenrechte. Studie zur ideengeschichtlichen Bestimmung eines politischen Schlüsselbegriffs, München 1987.

Lachmann, Werner/*Schulz*, Eckard, Entwicklungspolitik, Band II: Binnenwirtschaftliche Aspekte der Entwicklung, München/Wien 1998.

Lange, Manfred, Wem gehört das ehemalige Volkseigentum?, in: Deutsch-Deutsche Rechts-Zeitschrift 1991, S. 335 ff.

Laufer, Heinz, Das föderative System der Bundesrepublik Deutschland, München 1991.

Lecheler, Helmut, Der öffentliche Dienst in den neuen Bundesländern – Die Lösung neuer Aufgaben mit alten Strukturen?, in: Zeitschrift für Beamtenrecht 1991, S. 48 ff.

Lee, Hahn Been, Systematization of Knowledge on Public Administration: The Perspective of Development Administration, in: Klaus König/Michael Protz (Hrsg.), Encyclopedia of Public Administration – an International and Integrative Conception, Speyerer Forschungsberichte 22, Speyer 1981.

Lehmbruch, Gerhard, Zwischen Institutionentransfer und Eigendynamik: Sektorale Transformationspfade und ihre Bestimmungsgründe, in: Roland Czada/Gerhard Lehmbruch (Hrsg.), Transformationspfade in Ostdeutschland, Beiträge zur sektoralen Vereinigungspolitik, Frankfurt a. M./New York 1998, S. 17 ff.

Leisinger, Klaus M., Bevölkerung, in: Ingomar Hauchler (Hrsg.), Globale Trends 1996, Frankfurt a. M. 1996, S. 101 ff.

Lindauer, David u. a., Government Wage Policy in Africa: Some Findings and Policy Issues, in: World Bank Observer 1988, S. 1 ff.

Lorenz, Sabine/*Wegrich*, Kai, Lokale Ebene im Umbruch: Aufbau und Modernisierung der Kommunalverwaltung in Ostdeutschland, in: Aus Politik und Zeitgeschichte. Beilage zur Wochenzeitung Das Parlament, B 5/98 vom 23.1.1998, S. 29 ff.

Luhmann, Niklas, Besprechung: Fred W. Riggs: Administration in Developing Countries: the Theory of Prismatic Society, in: Verwaltungsarchiv 1966, S. 286 ff.

− Soziale Systeme. Grundriß einer allgemeinen Theorie, Frankfurt a. M. 1984.

Mayntz, Renate (Hrsg.), Bürokratische Organisation, Köln/Berlin 1968.

− Soziologie der öffentlichen Verwaltung, 4. Aufl., Heidelberg 1997.

McCurdy, Howard E., Public Administration: A Synthesis, Menlo Park, California 1977.

McKevett, David/*Lawton,* Alan, Public Sector Management. Theory, Critique and Practice, London u. a. 1994.

Mintken, Karl-Heinz, Berufliche Bildung für die Verwaltungsbediensteten in den neuen Bundesländern, in: Verwaltungsführung, Organisation, Personal 1992, S. 111 ff.

Moore, Richard J., Governance and Development: A Progress Report for the LAC Region, LATPS Occasional Paper Series, No. 16, Washington, D. C. 1993.

Morstein Marx, Fritz, Verwaltung in ausländischer Sicht. Ein Querschnitt durch das Schrifttum, in: Verwaltungsarchiv 1965, S. 112 ff.

Nägele, Frank, Strukturpolitik wider Willen?, in: Aus Politik und Zeitgeschichte. Beilage zur Wochenzeitung Das Parlament, B 43-44/94 vom 28.10.1994, S. 43 ff.

Nohlen, Dieter/*Nuscheler,* Franz, „Ende der Dritten Welt?", in: dies. (Hrsg.), Handbuch der Dritten Welt, Band 1: Grundprobleme, Theorien, Strategien, Nachdruck der 3. Aufl., Bonn 1993, S. 14 ff.

Nukherjee, Ramkrishna, Society, Culture, Development, New Delhi u. a. 1991.

Nunberg, Barbara, Public Sector Pay and Employment Reform: A Review of World Bank Experience, World Bank Discussion Papers, No. 68, Washington, D. C. 1989.

Nunberg, Barbara/*Nellis,* John, Civil Service Reform and the World Bank, World Bank Discussion Papers, No. 161, Washington, D. C. 1994.

Osterland, Martin/*Wahsner,* Roderich, Kommunale Demokratie als Herausforderung. Verwaltungsorganisation in der Ex-DDR aus der Innenperspektive, in: Kritische Justiz 1991, S. 318 ff.

Pappermann, Ernst, Kommunale Gebietsreform in den neuen Bundesländern, in: Verwaltungsrundschau 1992, S. 149 ff.

Pitschas, Rainer, Verwaltungsintegration in den neuen Bundesländern?, in: Neue Justiz 1993, S. 49 ff.

− Einführung: Soziale Sicherung und Umweltmanagement im Süden als Aufgaben der Institutionenentwicklung, in: ders. (Hrsg.), Entwicklungsrecht und sozialökologische Verwaltungspartnerschaft, Berlin 1994, S. 19 ff.

Pohl, Heidrun, Verwaltungsrechtsschutz, in: Klaus König (Hrsg.), Verwaltungsstrukturen der DDR, Baden-Baden 1991, S. 263 ff.

Pohl, Manfred, Südostasien: Autoritärer Pluralismus. Konfuzianische Gesellschaftsideale contra westliches Wertesystem? in: Entwicklung und Zusammenarbeit 1995, S. 40 ff.

Priewe, Jan, Die Folgen der schnellen Privatisierung der Treuhandanstalt, in: Aus Politik und Zeitgeschichte. Beilage zur Wochenzeitung Das Parlament, B 43-44/94 v. 28.10.1994, S. 21 ff.

Pritzl, Rupert F. J., Korruption und Rent-Seeking in Lateinamerika: Zur Politischen Ökonomie autoritärer politischer Systeme, Baden-Baden 1997.

Quambusch, Erwin, Ausbildungskonzept zur Einführung der Dienstkräfte der östlichen Bundesländer in die neuen Verwaltungsaufgaben, in: Der Öffentliche Dienst 1991, S. 1 ff.

Quaritsch, Helmut, Eigenarten und Rechtsfragen der DDR-Revolution, in: Verwaltungsarchiv 1992, S. 314 ff.

Redclift, Michael, Development and the Environment. Managing the Contradictions?, in: Leslie Sklair (Hrsg.), Capitalism & Development, London 1999, S. 123 ff.

Reichard, Christoph, Verwaltungszusammenarbeit im Kontext internationaler Ansätze des „New Public Management", in: Franz Thedieck/Joachim Müller (Hrsg.), Rezeption deutscher Beiträge zur Verwaltungsmodernisierung für die Zusammenarbeit mit Entwicklungsländern, Berlin 1997, S. 100 ff.

Reichard, Christoph/*Röber,* Manfred, Was kommt nach der Einheit? Die öffentliche Verwaltung in der ehemaligen DDR zwischen Blaupausen und Reform, in: Gert-Joachim Glaeßner (Hrsg.), Der lange Weg zur Einheit, Bonn 1993, S. 215 ff.

Renger, Mattias, Einführung des Berufsbeamtentums in den neuen Bundesländern. Mit einem Vorwort von Karl-Heinz Mattern, Regensburg 1991.

Richthofen, Wolfgang Frhr. von, Verwaltungszusammenarbeit in der Entwicklungspolitik, in: Klaus König u. a. (Hrsg.), Öffentliche Verwaltung in der Bundesrepublik Deutschland, Baden-Baden 1981, S. 411 ff.

Riggs, Fred W., Prismatic Society Revisited, Morristown, N. J. 1973.

Rose, Richard u. a., Germans East and West. A Comparative Analysis, in: University of Strathclyde (Hrsg.), Studies in Public Policy 218, Glasgow 1993.

Sader, Frank, Privatization Public Enterprises and Foreign Investment in Developing Countries, 1988 - 1993. Foreign Investment Advisory Service. Occasional Paper No. 5, IFC 1995.

Salzwedel, Jürgen, Anstaltsnutzung und Nutzung öffentlicher Sachen, in: Hans-Uwe Erichsen/Peter Badura (Hrsg.), Allgemeines Verwaltungsrecht, 9. Aufl., Berlin 1992, S. 515 ff.

Scheytt, Oliver, Kreise und Gemeinden im Umbruch – Der Aufbau der Kommunalverwaltungen in den neuen Bundesländern, in: Deutschland-Archiv 1992, S. 12 ff.

Schmidt-Eichstaedt, Gerd, Kommunale Gebietsreform in den neuen Bundesländern, in: Aus Politik und Zeitgeschichte. Beilage zur Wochenzeitung Das Parlament, B 36/93 v. 3.9.1993, S. 3 ff.

Schmitz, Michaela, Die Trinkwasserversorgung in den neuen Bundesländern – Ziele, Probleme, Lösungen, in: Neue DELIWA-Zeitschrift 1992, S. 247 ff.

Scholz, Ortwin, Wasser und Abwasser in einer Hand – eine unternehmenspolitische Entscheidung, in: gwf – Wasser/Abwasser Nr. 11/1992, S. 586 ff.

Schöneich, Michael, Die Kommunalisierung von öffentlichen Aufgaben in den neuen Bundesländern nach der Praxis der Treuhandanstalt, in: Verwaltungsarchiv 1993, S. 383 ff.

Schulze, Gerhard, Wieder Länder und neue Verwaltungen, in: Deutsche Verwaltungspraxis 1990, S. 287 ff.

Schuppert, Gunnar Folke, Zuordnung ehemals volkseigenen Vermögens als rechts- und verwaltungswissenschaftliches Problem, in: Klaus König u. a. (Hrsg.), Vermögenszuordnung – Aufgabentransformation in den neuen Bundesländern, Baden-Baden 1994, S. 115 ff.

– Kommentar zum Neuzuschnitt zwischen öffentlichem und privatem Sektor, in: Klaus König (Hrsg.), Vermögenszuordnung – Aufgabentransformation in den neuen Bundesländern, Baden-Baden 1994, S. 323 ff.

Seeck, Erich, Vom Provisorium zur regulären Verwaltung – Aufbauhilfe für Mecklenburg-Vorpommern, in: Der Öffentliche Dienst 1992, S. 145 ff.

Seibel, Wolfgang, Das zentralistische Erbe. Die institutionelle Entwicklung der Treuhandanstalt und die Nachhaltigkeit ihrer Auswirkungen auf die bundesstaatlichen Verfassungsstrukturen, in: Aus Politik und Zeitgeschichte. Beilage zur Wochenzeitung Das Parlament, B 43-44/94 v. 28.10.1994, S. 3 ff.

Seifert, Wolfgang, Systemunterstützung und Systembewertung in Ostdeutschland und anderen osteuropäischen Transformationsstaaten, in: Wolfgang Zapf/Roland Habich (Hrsg.), Wohlfahrtsentwicklung im vereinten Deutschland, Berlin 1996, S. 309 ff.

Seitz, John L., The Failure of U.S. Technical Assistence in Public Administration: The Iran Case, in: Public Administration Review 1980, S. 407 ff.

Siedentopf, Heinrich, Die Internationalität der öffentlichen Verwaltung, in: Klaus König/Heinrich Siedentopf (Hrsg.), Öffentliche Verwaltung in Deutschland, 2. Aufl., Baden-Baden 1997, S. 711 ff.

Simon, Herbert, A Behavorial Theory of Rational Choice, in: Quarterly Journal of Economics 1955, S. 99 ff.

Simonis, Georg, Der Entwicklungsstaat in der Krise, in: Franz Nuscheler (Hrsg.), Dritte Welt-Forschung. Entwicklungstheorie und Entwicklungspolitik, Sonderheft 16 der Politischen Vierteljahresschrift 1985, S. 157 ff.

Stark, David, Das Alte im Neuen. Institutionenwandel in Osteuropa, in: Transit 1995, S. 65 ff.

Streit, Manfred E./*Mummert,* Uwe, Grundprobleme der Systemtransformation aus institutionenökonomischer Perspektive, in: Ulrich Drobnig u. a. (Hrsg.), Systemtransformation in Mittel- und Osteuropa und ihre Folgen für Banken, Börsen und Kreditsicherheiten, Tübingen 1998, S. 3 ff.

Stüber, Richard, Der Leninische Begriff des sozialistischen Staates und seine Weiterentwicklung, in: Staat und Recht 1988, S. 408 ff.

Thedieck, Franz/*Müller,* Joachim (Hrsg.), Rezeption deutscher Beiträge zur Verwaltungsmodernisierung für die Zusammenarbeit mit Entwicklungsländern, Berlin 1997.

Theobald, Christian, Die Weltbank: Good Governance und die Neue Institutionenökonomie, in: Verwaltungsarchiv 1998, S. 467 ff.

Thiele, Willi, Berufsbeamtentum in der Bewährung, in: Der Öffentliche Dienst 1991, S. 193 ff.

Tjaden, Karl Hermann, Soziales System und sozialer Wandel, Stuttgart 1969, S. 220 ff.

Vollmuth, Joachim, Vom Staatsfunktionär zum Beamten einer rechtsstaatlichen Verwaltung – Zu den Anforderungen an Qualifizierungsprogramme in den neuen Bundesländern, in: Die Öffentliche Verwaltung 1992, S. 376 ff.

Warbeck, Hans Joachim, Die Deutsche Revolution 1989/1990. Die Herstellung der staatlichen Einheit, Berlin 1991.

Weiß, Hans-Dietrich, Wiedereinführung des Berufsbeamtentums im beigetretenen Teil Deutschlands. – Entwicklung und Darstellung des seit dem 3. Oktober 1990 geltenden Beamtenrechts auf der Grundlage des Einigungsvertrages, in: Zeitschrift für Beamtenrecht 1991, S. 1 ff.

Wolff, Jürgen H., Planung in Entwicklungsländern, Berlin 1977.

Wollmann, Hellmut, Regelung kommunaler Institutionen in Ostdeutschland zwischen „exogener Pfadabhängigkeit" und endogenen Entscheidungsfaktoren, in: Berliner Journal für Soziologie 1995, S. 497 ff.

– Institutionenbildung in Ostdeutschland: Rezeption, Eigenentwicklung oder Innovation?, in: Andreas Eisen/Hellmut Wollmann (Hrsg.), Institutionenbildung in Ostdeutschland, Opladen 1996, S. 79 ff.

– Entwicklung des Verfassungs- und Rechtsstaates in Ostdeutschland als Institutionen- und Personaltransfer, in: ders. u. a. (Hrsg.), Transformation der politisch-administrativen Strukturen in Deutschland, Opladen 1997, S. 25 ff.

– Um- und Neubau der politischen und administrativen Landesstrukturen in Ostdeutschland, in: Aus Politik und Zeitgeschichte. Beilage zur Wochenzeitung Das Parlament, B 5/98 vom 23.1.1998, S. 18 ff.

– u. a., Die institutionelle Transformation Ostdeutschlands zwischen Systemtransfer und Eigendynamik, in: dies. (Hrsg.), Transformation der politisch-administrativen Struktur in Ostdeutschland, Opladen 1997, S. 9 ff.

Zapf, Wolfgang (Hrsg.), Wohlfahrtsentwicklung im vereinten Deutschland, Berlin 1996.

– Modernisierung und Transformation, in: Bernhard Schäfers/Wolfgang Zapf (Hrsg.), Handwörterbuch zur Gesellschaft Deutschlands, Opladen 1998, S. 472 ff.

Zapf, Wolfgang/*Habich,* Roland, Die sich stabilisierende Transformation – ein deutscher Sonderweg?, in: Hedwig Rudolph (Hrsg.), Geplanter Wandel, ungeplante Wirkungen. Handlungslogiken und Ressourcen im Prozeß der Transformation, WZB-Jahrbuch 1995, Berlin 1995, S. 137 ff.

Zum 10. Kapitel: Weitergehende Verwaltungsmodernisierung

Adamascheck, Bernd, Kosten- und Leistungsrechnung für den öffentlichen Sektor, in: Bernhard Blanke u. a., Handbuch zur Verwaltungsreform, 3. Aufl., Wiesbaden 2005, S. 360 ff.

Allisson, Graham T., Public and Private Management: Are they fundamentally alike in all unimportant respects, in: Jay M. Shafritz/Albert C. Hyde (Hrsg.), Classics of Public Administration, 2. Aufl., Chicago 1978, S. 510 ff.

Arnim, Hans Herbert von, Wirtschaftlichkeit als Rechtsprinzip, Berlin 1988.

Aron, Raymond, Die industrielle Gesellschaft, Frankfurt a. M./Hamburg 1962.

Aucoin, Peter, Administrative Reform in Public Management: Paradigms, Principles, Paradoxes and Pendulums, in: Governance 1990, S. 115 ff.

– The New Public Management. Canada in Comparative Perspective, Montreal 1995.

Bandemer, Stephan von/*Hilbert,* Josef, Vom expandierenden zum aktivierenden Staat, in: Bernhard Blanke u. a., Handbuch zur Verwaltungsreform, 3. Aufl., Wiesbaden 2005, S. 26 ff.

Banner, Gerhard, Ziel- und ergebnisorientierte Führung in der Kommunalverwaltung. Erfahrungen mit „Management by Objectives" in Duisburg, in: Archiv für Kommunalwissenschaften 1975, S. 300 ff.

Barkman, Catharina, Der neue Budgetprozess – staatliche Steuerung von Behörden, in: Claudius H. Riegler/Frieder Naschold (Hrsg.), Reformen des öffentlichen Sektors in Skandinavien, Baden-Baden 1997, S. 181 ff.

Barzelay, Michael, Breaking through Bureaucracy. A New Vision for Managing in Government, Berkeley u. a. 1992.

Bauer, Michael W. u. a., Modernisierung der Umweltverwaltung, Berlin 2007.

Bauman, Zygmunt, Legislatures and Interpreters. On Modernity, Post-modernity and Intellectuals, Oxford 1987.

Bebermeyer, Hartmut, Regieren ohne Management? Planung als Führungsinstrument moderner Regierungsarbeit, Stuttgart 1974.

Beck, Ulrich, Risikogesellschaft. Auf dem Weg in eine andere Moderne, Frankfurt a. M. 1986.

– (Hrsg.), Politik in der Risikogesellschaft: Essays und Analysen, Frankfurt a. M. 1991.

Behrens, Fritz, Der aktivierende Staat. Von der Allzuständigkeit zur Selbstregierung, in: Ulrich von Alemann u. a. (Hrsg.), Bürgergesellschaft und Gemeinwohl, Opladen 1999, S. 47 ff.

Bell, Daniel, Die nachindustrielle Gesellschaft, Frankfurt a. M./New York 1975.

Benz, Arthur, Die territoriale Dimension der Verwaltung, in: Klaus König (Hrsg.), Deutsche Verwaltung an der Wende zum 21. Jahrhundert, Baden-Baden 2002, S. 207 ff.

– Verwaltungspolitik im föderativen Wettbewerb der Länder?, in: Verwaltungsarchiv 2006, S. 318 ff.

Benz, Arthur/*Goetz,* Claus, The German Public Sector: National Priorities and the International Reform Agenda, in: dies. (Hrsg.), A New German Public Sector Reform, Adaption and Stability, Aldershot u. a. 1996, S. 1 ff.

Beus, Hans Bernhard, Der Abbau von Bürokratie als politisches Ziel – die Maßnahmen der Bundesregierung, in: Zeitschrift für Staats- und Europawissenschaft 2007, S. 68 ff.

Beyme, Klaus von, Theorie der Politik im 20. Jahrhundert. Von der Moderne zur Postmoderne, Frankfurt a. M. 1991.

Blanke, Bernhard/*Bandemer,* Stephan von, Der „aktivierende" Staat, in: Gewerkschaftliche Monatshefte 6/1999, S. 321 ff.

Bogumil, Jörg u. a., Zehn Jahre Neues Steuerungsmodell – Eine Bilanz kommunaler Verwaltungsmodernisierung, Berlin 2007.

Bogumil, Jörg/*Ebinger,* Falk, Die große Verwaltungsstrukturreform in Baden-Württemberg, Ibbenbüren 2005.

Bogumil, Jörg/*Holtkamp,* Lars, Bürgerkommune, in: Bernhard Blanke u. a. (Hrsg.), Handbuch zur Verwaltungsreform, 3. Aufl., Wiesbaden 2005, S. 128 ff.

Bogumil, Jörg/*Kottmann,* Steffen, Verwaltungsstrukturreform – die Abschaffung der Bezirksregierungen in Niedersachsen, Ibbenbüren 2006.

Böhret, Carl, Allgemeine Rahmenbedingungen und Trends des Verwaltungshandelns, in: Heinrich Reinermann u. a. (Hrsg.), Neue Informationstechniken – Neue Verwaltungsstrukturen?, Heidelberg 1988, S. 30 ff.

– Folgen. Entwurf einer aktiven Politik gegen schleichende Katastrophen, Opladen 1990.

– The Tools of Public Management, in: K. A. Eliassen/S. Koiman (Hrsg.), Managing Public Organisations. Lessons from Contemporary European Experiences, 2. Aufl., London u. a. 1993, S. 91 ff.

– Verwaltung und Verwaltungspolitik in der Übergangsgesellschaft, in: Klaus König (Hrsg.), Deutsche Verwaltung an der Wende zum 21. Jahrhundert, Baden-Baden 2002, S. 59 ff.

Böhret, Carl/*Hugger,* Werner, Test und Prüfung von Gesetzesentwürfen, Köln/Bonn 1980.

Böhret, Carl/*Konzendorf,* Götz, Handbuch Gesetzesfolgenabschätzung, Baden-Baden 2002.

Borel, Thierry, Kulturbewusste Modernisierung der Schweizer Bundesverwaltung – Personal zwischen Bürokratie und Management, in: Ehrhard Mundhenke/Wilhelm Kreft (Hrsg.), Modernisierung der Bundesverwaltung. Aktueller Stand und Perspektiven, Brühl 1997, S. 53 ff.

Boston, Jonathan, Transforming New Zealand's Public Sector: Labours Quest for Improved Efficiency and Accountability, in: Public Administration 1987, S. 423 ff.

– u. a. (Hrsg.), Reshaping the State: New Zealand's Bureaucratic Revolution, Auckland 1991.

– u. a., Public Management. The New Zealand Model, Oxford u. a. 1996.

Bouckaert, Geert, Auf dem Weg zu einer neo-weberianischen Verwaltung – New Public Management im internationalen Vergleich, in: Jörg Bogumil u. a. (Hrsg.), Politik und Verwaltung, Politische Vierteljahresschrift, Sonderheft 37, 2006, S. 354 ff.

Brady, Rodney H., MbO Goes to Work in the Public Sector, in: Harvard Business Review 1973, S. 65 ff.

Brede, Helmut, Grundzüge der Öffentlichen Betriebswirtschaftslehre, München/Wien 2001.

Brenski, Carsten/*Liebig,* Armin (Hrsg.), Aktivitäten auf dem Gebiet der Staats- und Verwaltungsmodernisierung in den Ländern und beim Bund 2004/2005, Speyerer Forschungsberichte 250, Speyer 2007.

Budäus, Dietrich (Hrsg.), Organisationswandel öffentlicher Aufgabenwahrnehmung, Baden-Baden 1998.

– Reform des öffentlichen Haushalts- und Rechnungswesens in Deutschland, in: Die Verwaltung 2006, S. 187 ff.

Bull, Hans-Peter, Verwaltung durch Maschinen, 2. Aufl., Köln/Berlin 1964.

– Wandel der Verwaltungsaufgaben, in: Klaus König, Deutsche Verwaltung an der Wende zum 21. Jahrhundert, Baden-Baden 2002, S. 77 ff.

– Bürokratieabbau – Richtige Ansätze unter falscher Flagge, in: Die Verwaltung 2005 S. 285 ff.

– Vom Staatsdiener zum öffentlichen Dienstleister, Berlin 2006.

Büllesbach, Rudolf, eGovernment – Sackgasse oder Erfolgsstory, in: Deutsches Verwaltungsblatt 2005, S. 605 ff.

Caiden, Gerald E. u. a., Results and Lessons from Canadas PS 2000, in: Public Administration and Development 1995, S. 85 ff.

Caiden, Gerald E./*Siedentopf,* Heinrich (Hrsg.), Strategies for Administrative Reform, Lexington 1982.

Camp, Robert C., Benchmarking, München/Wien 1994.

Christensen, Tom/*Lægreid,* Per, The Whole-of-Government Approach to Modernization, in: Hermann Hill (Hrsg.), Modernizing Government in Europe, Baden-Baden 2007, S. 237 ff.

Clarke, John/*Newman,* Janet, The Managerial State, London u. a. 1997.

Clegg, Stuart R., Modern Organizations. Organization Studies in the Postmodern World, London u. a. 1990.

Colman, William G., State and Local Government and Public-Private Partnership. A Policy Issues Handbook, New York u. a. 1989.

Curwen, Peter, The United Kingdom, in: Ian Thynne (Hrsg.), Corporation, Divestment and the Public-Private-Mix. Selected Country Studies, Hongkong 1995, S. 10 ff.

Damkowski, Wulf/*Precht,* Claus, Public Management – Neuere Steuerungskonzepte für den öffentlichen Sektor, Stuttgart u. a. 1995.

Dearing, Elisabeth, Das Projekt „Verwaltungsmanagement", in: Verwaltungsführung, Organisation, Personal 1994, S. 316 ff.

Dent, Mike u.a. (Hrsg.), Questioning the New Public Management, Aldershot 2006.

Derlien, Hans-Ulrich, Ursachen und Erfolg von Strukturreformen im Bereich der Bundesregierung unter besonderer Berücksichtigung der wissenschaftlichen Beratung, in: Carl Böhret (Hrsg.), Verwaltungsreformen und politische Wissenschaft, Baden-Baden 1978, S. 67 ff.

- Entbürokratisierung, in: Andreas Voßkuhle (Hrsg.), Entbürokratisierung und Regulierung, Baden-Baden 2006, S. 64.

Deutsch, K. W./*Sonntag,* P., From the Industrial Society to the Information Society – Crises of Transition in Society, IIVG/dp 1981.

Deutsche Sektion des Internationalen Instituts für Verwaltungswissenschaften (Hrsg.), Konferenzberichte – „Public Administration and Private Enterprise", in: Verwaltungswissenschaftliche Informationen, Sonderheft, Berlin 2006.

Dietrich, Martin, Marktstrategien für kommunale Dienstleister im Wettbewerb, in: Zeitschrift für öffentliche und gemeinwirtschaftliche Unternehmen 2007, S. 31 ff.

Drechsler, Wolfgang, The Re-Emergence of „Weberian" Public Administration after the Fall of New Public Management: The Central and Eastern European Perspective, in: Halduskultuur, Tallinn 2005, S. 94 ff.

Du Mont, Steve/*Kaczorowski,* Willi, Networked Virtual Organisation, in: Verwaltung und Management 2004, S. 241 ff.

Dunsire, Andrew/*Hood,* Christopher, Cutback Management in Public Bureaucracies, New York u. a. 1989.

Eckert, Lucia, Beschleunigung von Planungs- und Genehmigungsverfahren, Speyerer Forschungsberichte 164, Speyer 1997.

Edvardsson, Bo u. a., Qualitätskarten – eine Methode der Qualitätsentwicklung in der Gemeinde Norköping, in: Claudius H. Riegler/Frieder Naschold (Hrsg.), Reformen des öffentlichen Sektors in Skandinavien, Baden-Baden 1997, S. 149 ff.

Egli, Hans-Peter/*Käch,* Urs, Instrumente der neuen Verwaltungssteuerung im Projekt Wirkungsorientierte Verwaltung (WOV) des Kantons Luzern, in: Peter Hablützel u. a. (Hrsg.), Umbruch in Politik und Verwaltung, Bern u. a. 1995, S. 165 ff.

Ellwein, Thomas, Verwaltung und Verwaltungsvorschriften. Notwendigkeit und Chance der Vorschriftenvereinfachung, Opladen 1989.

Ellwein, Thomas/*Zoll,* Ralf, Zur Entwicklung der öffentlichen Aufgaben in der Bundesrepublik Deutschland, in: Studienkommission für die Reform des öffentlichen Dienstrechts, Band 8, Baden-Baden 1973.

Fehling, Michael, Kosten-Nutzen-Analyse als Maßstab für Verwaltungsentscheidungen, in: Verwaltungsarchiv 2004, S. 443 ff.

Ferlie, Ewan u. a., The New Public Management in Action, Oxford 1996.

Flynn, Norman/*Strehl,* Franz, Public Sector Management, 2. Aufl., New York u. a. 1993.

Fölster, Stefan, Ist der Systemwechsel in Schweden in Gefahr? Erfahrungen mit Privatisierung, Deregulierung und Dezentralisierung, in: Claudius H. Riegler/Frieder Naschold (Hrsg.), Reformen des öffentlichen Sektors in Skandinavien, Baden-Baden 1997, S. 125 ff.

- Auswirkungen kommunaler Privatisierung und Dezentralisierung, in: Claudius H. Riegler/Frieder Naschold (Hrsg.), Reformen des öffentlichen Sektors in Skandinavien, Baden-Baden 1997, S. 135 ff.

Forsthoff, Ernst, Der Staat der Industriegesellschaft – Dargestellt am Beispiel der Bundesrepublik Deutschland, München 1971.

Fourastié, Jean, Die große Hoffnung des 20. Jahrhunderts, Köln-Deutz 1954.

Fox, Charles J./*Miller*, Hugh T., Postmodern Public Administration. Toward Discourse, Thousand Oaks u. a. 1995.

Frost, Frederick A./*Pringle*, Amanda, Benchmarking or the Search for Industry Best-Practice: A Survey of the Western Australian Public Sector, in: Australian Journal of Public Administration 1993, S. 1 ff.

Frowein, Jochen Abr., Gemeinschaftsaufgaben im Bundesstaat, in: Veröffentlichungen der Vereinigung Deutscher Staatsrechtslehrer Heft 31, 1973, S. 13 ff.

Fry, Geoffry, Policy and Management in the British Civil Service, London u. a. 1995.

Füchtner, Natascha, Die Modernisierung der Zentralverwaltung in Großbritannien und Deutschland, Frankfurt a. M. u. a. 2002.

Fürst, Dietrich/*Ritter*, Ernst-Hasso, Landesentwicklungsplanung und Regionalplanung. Ein verwaltungswissenschaftlicher Grundriss, 2. Aufl., Düsseldorf 1993.

Geißler, Heiner (Hrsg.), Verwaltete Bürger – Gesellschaft in Fesseln, Frankfurt a. M. u. a. 1978.

Gerz, Wolfgang, Reorganisationsbestrebungen in der amerikanischen Bundesverwaltung, in: Zeitschrift für Beamtenrecht 1997, S. 272 ff.

Glismann, Hans H./*Nehring*, Sighart, Ladenschluss in der Bundesrepublik Deutschland – eine andere Sicht, in: Wirtschaft und Verwaltung 1988, S. 115 f.

Gottschalk, Wolf, Praktische Erfahrungen und Probleme mit Public Private Partnership (PPP) in der Versorgungswirtschaft, in: Dietrich Budäus/Peter Eichhorn (Hrsg.), Public Private Partnership. Neue Formen öffentlicher Aufgabenwahrnehmung, Baden-Baden 1997, S. 153 ff.

Grabow, Bruno u. a., Kommunales E-Government 2006, Deutsches Institut für Urbanistik, Berlin 2006.

Grabow, Bruno/*Siegfried*, Christine, Virtuelle Rathäuser und die MEDIA@Komm-Modellprojekte, in: Heinrich Reinermann/Jörn von Lucke (Hrsg.), Electronic Government in Deutschland, Speyerer Forschungsberichte 226, 2. Aufl., Speyer 2002, S. 151 ff.

Groß, Thomas, Die Informatisierung der Verwaltung, in: Verwaltungsarchiv 2004, S. 400 ff.

Grunow, Dieter, Verwaltung in der Dienstleistungsgesellschaft, in: Klaus König (Hrsg.), Deutsche Verwaltung an der Wende zum 21. Jahrhundert, Baden-Baden 2002, S. 131 ff.

Gunlicks, Arthur B., Plebiszitäre Demokratien in den USA, in: Arthur Benz u. a. (Hrsg.), Institutionenwandel in Regierung und Verwaltung, Berlin 2004, S. 407 ff.

Habermas, Jürgen, Legitimationsprobleme im Spätkapitalismus, Frankfurt a. M. 1973.

Haldemann, Theo/*Schedler*, Kuno, New Public Management – Reformen in der Schweiz. Aktuelle Projektübersicht und erster Vergleich, in: Peter Hablützel u. a. (Hrsg.), Umbruch in Politik und Verwaltung, Bern u. a. 1995, S. 99 ff.

Halligan, John, Comparing Public Service Reform in OECD Countries, in: Johan P. Olsen/Guy Peters, Lessons from Experience, Oslo u. a. 1996, S. 71 ff.

- Australia: Balancing Principles and Pragmatism, in: Johan P. Olsen/Guy Peters (Hrsg.), Lessons from Experience, Oslo u. a. 1996, S. 17 ff.

Harden, Ian, The Contracting State, Buckingham 1992.

Harlow, Carol, Law and public administration: Convergence and symbiosis, in: International Review of Administrative Sciences 2005, S. 275 ff.

Heady, Ferrel, Public Administration: A Comparative Perspective, 6. Aufl., New York u. a. 2001.

Heckscher, Charles, Defining the Post-Bureaucratic Type, in: ders./Anne Donnellon (Hrsg.), The Post-Bureaucratic Organization. New Perspectives on Organizational Change, Thousand Oaks u. a. 1994, S. 14 ff.

Helmrich, Herbert (Hrsg.), Entbürokratisierung. Dokumentation und Analyse, München 1989.

Hennis, Wilhelm/*Kielmannsegg,* Peter Graf von (Hrsg.), Regierbarkeit, Studien zu ihrer Problematisierung, 2 Bände, Stuttgart 1977/79.

Hesse, Joachim Jens (Hrsg.), Politikverflechtung im föderativen Staat. Studien zum Planungs- und Finanzierungsverbund zwischen Bund, Ländern und Gemeinden, Baden-Baden 1978.

- Zum Stand der Verwaltungsvereinfachung bei Bund und Ländern, in: Die Öffentliche Verwaltung 1987, S. 474 ff.

- (Hrsg.), Die Erneuerung alter Industrieregionen. Ökonomischer Strukturwandel und Regionalpolitik im internationalen Vergleich, Baden-Baden 1988.

Hill, Hermann, Qualität in der öffentlichen Verwaltung, in: Stadt und Gemeinde 1996, S. 180 ff.

- (Hrsg.), Aufgabenkritik, Privatisierung und Neue Verwaltungssteuerung, Baden-Baden 2004.

- Bürokratieabbau und Verwaltungsmodernisierung, in: Die Öffentliche Verwaltung 2004, S. 721 ff.

Hill, Hermann/*Klages,* Helmut (Hrsg.), Spitzenverwaltungen im Wettbewerb. Eine Dokumentation des 1. Speyerer Qualitätswettbewerbs 1992, Baden-Baden 1993.

Hoffmann-Riem, Wolfgang (Hrsg.), Bürgernahe Verwaltung? Analysen über das Verhältnis von Bürger und Verwaltung, Darmstadt/Neuwied 1979.

Hohn, Stefanie u. a., Mehr Bürgerbeteiligung durch Internet-Angebote?, in: Verwaltung und Management 2001, S. 341 ff.

Holzinger, Katharina, Funktionale Kooperation territorialer Jurisdiktion, in: Klaus König (Hrsg.), Deutsche Verwaltung an der Wende zum 21. Jahrhundert, Baden-Baden 2002, S. 605 ff.

Hood, Christopher, Public Management for all Seasons?, in: Public Administration 1991, S. 3 ff.

Hugger, Werner, Szenarien alternativer Gesellschaftsentwicklung, in: Herbert König/Walter A. Oechsler (Hrsg.), Anforderungen an den öffentlichen Dienst von morgen. Konzeptionen und Fallstudien zur mittel- und langfristigen Vorausschätzung, Regensburg 1987, S. 82 ff.

Ingraham, Patricia W. u. a. (Hrsg.), Transforming Government. Lessons from the Reinvention Laboratories, San Francisco 1998.

– Governance Performance – Why Management Matters, Baltimore/London 2003.

Irle, Martin/*Kiessler-Hauschildt,* Kerstin, Bedingungen für die Einführung von Gruppenarbeit in der Ministerialverwaltung, Bonn 1972.

Jahn, Detlef, Schweden – Kontinuität und Wandel einer postindustriellen Gesellschaft, in: Aus Politik und Zeitgeschichte. Beilage zur Wochenzeitung Das Parlament, B 43/92 v. 16.10.1992, S. 22 ff.

Jann, Werner, Verwaltungskultur, in: Klaus König (Hrsg.), Deutsche Verwaltung an der Wende zum 21. Jahrhundert, Baden-Baden 2002, S. 425 ff.

– u. a., „Bürokratisierung" und Bürokratieabbau im internationalen Vergleich – Wo steht Deutschland?, in: Friedrich-Ebert-Stiftung (Hrsg.), Staatsmodernisierung, Berlin 2007.

Jann, Werner/*Wewer,* Göttrik, Helmut Kohl und der „Schlanke Staat". Eine verwaltungspolitische Bilanz, in: Göttrik Wewer (Hrsg.), Bilanz der Ära Kohl, Opladen 1998, S. 229 ff.

Jeffcutt, Paul, From Interpretation to Representation, in: John Hussard/Martin Parker (Hrsg.), Postmodernism and Organizations, London u. a. 1993, S. 25 ff.

Jegge, Dieter/*Schwaar,* Karl, Warm-up für New Public Management – Vier Jahre Personal- und Organisationsentwicklung in der schweizerischen Bundesverwaltung, in: Peter Hablützel u. a. (Hrsg.), Umbruch in Politik und Verwaltung, Bern u. a. 1995, S. 129 ff.

Jochimsen, Reimut, Zum Aufbau und Ausbau eines integrierten Aufgabenplanungs- und Koordinationssystems der Bundesregierung, in: Joseph H. Kaiser (Hrsg.), Planung VI, Baden-Baden 1972, S. 35 ff.

Johnson, Nevil, Der Civil Service in Großbritannien: Tradition und Modernisierung, in: Die Öffentliche Verwaltung 1994, S. 196 ff.

Julich, Horst, Neue Steuerungsrationalitäten in der Bundesverwaltung – Obere Bundesbehörden, in: Klaus König/Natascha Füchtner (Hrsg.), „Schlanker Staat" – Verwaltungsmodernisierung im Bund, Speyerer Forschungsberichte 183, Speyer 1998, S. 245 ff.

Kammer, Matthias, Informatisierung der Verwaltung, in: Verwaltungsarchiv 2004, S. 418 ff.

– Neue Strukturen in der IT-Landschaft der öffentlichen Verwaltung, in: Verwaltung und Management 2006, S. 189 ff.

Kaufer, Erich, Theorie der Öffentlichen Regulierung, München 1981.

Keating, Michael/*Holmes,* Malcolm, Australia's Budgetary and Financial Management Reforms, in: Governance 1990, S. 168 ff.

Keraudren, Phillipe, New Public Management Reform in the United Kingdom, in: Tony Verheijen/David Coomber (Hrsg.), Innovations in Public Management, Cheltenham/Northampton 1998, S. 250 ff.

Klages, Helmut, Die unruhige Gesellschaft, München 1975.

- Überlasteter Staat – Verdrossene Bürger? Zu den Dissonanzen der Wohlfahrtsgesellschaft, Frankfurt a. M. 1981.
- Beurteilung der Sozialpolitik vor dem Hintergrund gesellschaftlicher Entwicklungen und sozialpolitischer Gestaltungsmaximen – Aus der Sicht der Wissenschaft, in: Bundesministerium für Arbeit und Sozialordnung (Hrsg.), Sozialstaat im Wandel, Bonn 1994, S. 35 ff.
- Stichwort „Industriegesellschaft", in: Dieter Nohlen (Hrsg.), Wörterbuch Staat und Politik, Neuausgabe, Bonn 1995.
- Stichwort „Post-industrielle Gesellschaft", in: Dieter Nohlen (Hrsg.), Wörterbuch Staat und Politik, Neuausgabe, Bonn 1995.

Klages, Helmut/*Daramus,* Carmen, Bürgerhaushalt Berlin-Lichtenberg, Speyerer Forschungsberichte 249, Speyer 2007.

König, Herbert/*Oechsler,* Walter A. (Hrsg.), Anforderungen an den öffentlichen Dienst von morgen. Konzeptionen und Fallstudien zur mittel- und langfristigen Vorausschätzung, Regensburg 1987.

König, Klaus, Erkenntnisinteressen der Verwaltungswissenschaft, Berlin 1970.

- Planung und Koordination im Regierungssystem, in: Verwaltungsarchiv 1971, S. 1 ff.
- Entwicklungen des Verwaltungsstudiums in den Vereinigten Staaten von Amerika, in: Die Öffentliche Verwaltung 1975, S. 456 ff.
- Strukturprobleme des öffentlichen Dienstes, in: Verwaltungsarchiv 1977, S. 3 ff.
- Die Reform des öffentlichen Dienstes als Dilemma von Wissenschaft und Praxis, in: Carl Böhret (Hrsg.), Verwaltungsreformen und Politische Wissenschaft, Baden-Baden 1978, S. 229 ff.
- Die verwaltungswissenschaftliche Ausbildung in Europa, in: Konstanzer Blätter für Hochschulfragen 1981, S. 49 ff.
- Administrative Sciences and Administrative Reforms, in: Gerald Caiden/Heinrich Siedentopf (Hrsg.), Strategies for Administrative Reform, Lexington 1982, S. 17 ff.
- Zur Reform des öffentlichen Dienstes: Berufszugang und Berufsweg, in: Heinz Schäfer u. a. (Hrsg.), Im Dienst an Staat und Recht, Wien 1983, S. 281 ff.
- Evaluation als Kontrolle der Gesetzgebung, in: Waldemar Schreckenberger u. a. (Hrsg.), Gesetzgebungslehre, Stuttgart u. a. 1986, S. 96 ff.
- Gesetzgebungsvorhaben im Verfahren der Ministerialverwaltung, in: Willi Blümel (Hrsg.), Verwaltung im Rechtsstaat, Köln u. a. 1987, S. 121 ff.
- Zur Verfahrensrationalität einer kontraktiven Aufgabenpolitik, Speyerer Forschungsberichte 87, Speyer 1990.
- Personalisierte Führung und Informationstechnik in Regierung und Verwaltung, in: Heinrich Reinermann (Hrsg.), Führung und Information, Heidelberg 1991, S. 67 ff.
- „Neue" Verwaltung oder Verwaltungsmodernisierung: Verwaltungspolitik in den neunziger Jahren, in: Die Öffentliche Verwaltung 1995, S. 355.
- Zur Kritik eines neuen öffentlichen Managements, Speyerer Forschungsberichte 155, Speyer 1995.

- Transformation als Staatsveranstaltung in Deutschland, in: Hellmut Wollmann u. a. (Hrsg.), Transformation sozialistischer Gesellschaften: Am Ende des Anfangs, Opladen 1995, S. 609 ff.
- Verwaltungsmodernisierung im internationalen Vergleich. Acht Thesen, in: Die Öffentliche Verwaltung 1997, S. 265 ff.
- Markt und Wettbewerb als Staats- und Verwaltungsprinzipien, in: Deutsches Verwaltungsblatt 1997, S. 239 ff.
- Verwaltungsstaat im Übergang, Baden-Baden 1999.
- Zur Managerialisierung und Ökonomisierung der öffentlichen Verwaltung, Speyerer Forschungsberichte 209, Speyer 2000.
- Governance – Economic Governance – Corporate Governance, in: Hermann Knödler/Michael H. Stierle (Hrsg.), Globale und monetäre Ökonomie, Heidelberg 2003, S. 331 ff.

König, Klaus/*Beck,* Joachim, Modernisierung von Staat und Verwaltung, Baden-Baden 1997.

König, Klaus/*Benz,* Angelika, Zusammenhänge zwischen Privatisierung und Regulierung, in: dies. (Hrsg.), Privatisierung und staatliche Regulierung: Bahn, Post und Telekommunikation, Rundfunk, Baden-Baden 1997, S. 13 ff.

König, Klaus/*Füchtner,* Natascha (Hrsg.), „Schlanker Staat" – Verwaltungsmodernisierung im Bund. Zwischenbericht, Praxisbeiträge, Kommentare, Speyerer Forschungsberichte 183, Speyer 1998.

- „Schlanker Staat" – eine Agenda der Verwaltungsmodernisierung im Bund, Baden-Baden 2000, S. 69 ff.

König, Michael, Kodifizierung von Leitlinien der Verwaltungsmodernisierung, in: Verwaltungsarchiv 2005, S. 44 ff.

Konzendorf, Götz, Gesetzesfolgenabschätzung, in: Bernhard Blanke u. a. (Hrsg.), Handbuch zur Verwaltungsreform, 3. Aufl., Wiesbaden 2005, S. 460 ff.

Koslowski, Peter u. a. (Hrsg.), Moderne oder Postmoderne? Zur Signatur des gegenwärtigen Zeitalters, Weinheim 1986.

Krabs, Otto, Funktionalreform – Ein Beitrag zur Lösung des Identitätskonflikts der kommunalen Selbstverwaltung?, in: Carl Böhret (Hrsg.), Verwaltungsreformen und Politische Wissenschaft, Baden-Baden 1978, S. 173 ff.

Ladeur, Karl-Heinz, Postmoderne Rechtstheorie. Selbstreferenz – Selbstorganisation – Prozeduralisierung, Berlin 1992.

Landes, Helmut, Oberste Bundesbehörden – Auswärtiges Amt, in: Klaus König/Natascha Füchtner (Hrsg.), „Schlanker Staat" – Verwaltungsmodernisierung im Bund, Speyerer Forschungsberichte 183, Speyer 1998, S. 235 ff.

Landsberg, Willy, Electronic Government aus der Sicht der Verwaltung, in: Heinrich Reinermann/Jörn von Lucke (Hrsg.), Electronic Government in Deutschland, Speyerer Forschungsberichte 226, 2. Aufl., Speyer 2002, S. 20 ff.

Lane, Erik, Public Sector Reform in the Nordic Countries, Helsinki 1997.

Laux, Eberhard, Erfahrungen und Perspektiven der kommunalen Gebiets- und Funktionalreform, in: Roland Roth/Hellmut Wollmann (Hrsg.), Kommunalpolitik. Politisches Handeln in den Gemeinden, Opladen 1994, S. 136 ff.

Leis, Günther, Die Bürokratisierungsdebatte: Der Stand der Auseinandersetzung, in: Joachim Jens Hesse (Hrsg.), Politikwissenschaft und Verwaltungswissenschaft, Opladen 1982, S. 168 ff.

Lenk, Klaus, Verwaltungsinformatik als Modernisierungschance, Berlin 2004.

Lepper, Manfred, Das Ende eines Experiments. Zur Auflösung der Projektgruppe Regierungs- und Verwaltungsreform, in: Die Verwaltung 1976, S. 478 ff.

Linstead, Steve, Deconstruction in the Study of Organizations, in: John Hussard/Martin Parker (Hrsg.), Postmodernism and Organizations, London u. a. 1993, S. 49 ff.

Löffler, Elke, The Modernization of the Public Sector in an International Comparative Perspective, Speyerer Forschungsberichte 151, 2. Aufl., Speyer 1996.

Lüder, Klaus, Innovationen im öffentlichen Rechnungswesen, in: ders. (Hrsg.), Staat und Verwaltung, Berlin 1997, S. 249 ff.

– Neues öffentliches Haushalts- und Rechnungswesen, Berlin 2001.

– Verwaltung in der Marktwirtschaft, in: Klaus König (Hrsg.), Deutsche Verwaltung an der Wende zum 21. Jahrhundert, Baden-Baden 2002, S. 119 ff.

– Notwendige rechtliche Rahmenbedingungen für ein reformiertes staatliches Haushalts- und Rechnungswesen, in: Die Öffentliche Verwaltung 2006, S. 647 ff.

Marcuse, Herbert, Der eindimensionale Mensch, Darmstadt 1984.

Marnitz, Siegfried, Die Gemeinschaftsaufgaben des Art. 91a GG als Versuch einer verfassungsrechtlichen Institutionalisierung der bundesstaatlichen Kooperation, Berlin 1974.

Mascarenhas, Reginald C., Building an Enterprise Culture in the Public Sector: Reform of the Public Sector in Australia, Britain and New Zealand, in: Public Administration Review 1993, S. 319 ff.

– Government and the economy in Australia and New Zealand. The Politics of Economic Policy Making, San Francisco u. a. 1996.

Mayntz, Renate, Die Implementation politischer Programme: Theoretische Überlegungen zu einem neuen Forschungsgebiet, in: Die Verwaltung 1977, S. 51 ff.

Mayntz, Renate/*Scharpf,* Fritz W. und Mitarbeiter, Programmentwicklung in der Ministerialorganisation, Gutachten für die PRVR, Speyer/Konstanz 1972.

McCurdy, Howard E., Public Administration: A Synthesis, Menlo Park, California 1977.

Meyer, Hans, Das Finanzreformgesetz, in: Die Öffentliche Verwaltung 1969, S. 261 ff.

Meyer, Martin, Das Ende der Geschichte?, München 1993.

Mühl, Dorothee, Berlin-Ministerium: Das Bundesministerium für Wirtschaft, in: Klaus König/Natascha Füchtner, Verwaltungsmodernisierung im Bund – Schwerpunkte der 13. Legislaturperiode, Speyerer Forschungsberichte 196, Speyer 1999, S. 85 ff.

Müller, Bruno/*Tschanz,* Peter, Das Projekt „Neue Stadtverwaltung Bern": Vorgehen und Bedeutung der „weichen Faktoren", in: Peter Hablützel u. a. (Hrsg.), Umbruch in Politik und Verwaltung, Bern u. a. 1995, S. 223 ff.

Müller, Edda, 7 Jahre Regierungs- und Verwaltungsreform des Bundes. Unfähigkeit zur Reform?, in: Die Öffentliche Verwaltung 1977, S. 15 ff.

Münch, Ingo von, Gemeinschaftsaufgaben im Bundesstaat, in: Veröffentlichungen der Vereinigung Deutscher Staatsrechtslehrer, Heft 31, Berlin/New York 1973, S. 51 ff.

Murswiek, Axel, Regierungsreform durch Planungsorganisation, Opladen 1975.

Musil, Andreas, Verwaltungssteuerung durch Zielvereinbarungen, in: Verwaltungsrundschau 2006, S. 397 ff.

Naschold, Frieder, Modernisierung des Staates. Zur Ordnungs- und Innovationspolitik des öffentlichen Sektors, 2. Aufl., Berlin 1994.

– u. a. (Hrsg.), Leistungstiefe im öffentlichen Sektor, Berlin 1996.

– Modernisierung des öffentlichen Sektors, in: ders./Marga Pröhl (Hrsg.), Produktivität öffentlicher Dienstleistungen, Gütersloh 1999, S. 21 ff.

Niskanen, William, Representativ Government and Bureaucracy, Chicago 1971.

Oeter, Stefan/*Trute,* Heinrich, in: Christian Starck (Hrsg.), Föderalismusreform, München 2007, S. 23 ff.

Opaschowski, Horst W., Freizeit, Konsum und Lebensstil, Köln 1990.

Osborne, David/*Gaebler,* Ted, Reinventing Government. How the Entrepreneurial Spirit is Transforming the Public Sector, Reading 1992.

O'Toole, Barry J. (Hrsg.), Next Steps. Improving Management in Government?, Aldershot u. a. 1995.

Permantier, Herbert, Probleme bei der Einführung und Anwendung moderner Planungs- und Entscheidungshilfen auf Bundesebene, in: Hans-Christian Pfohl/Bert Rürup (Hrsg.), Anwendungsprobleme moderner Planungs- und Entscheidungstechniken, Königstein/Ts. 1978, S. 259 ff.

Peters, Cornelia, Verwaltungspolitik im Bund – Bilanz und Perspektiven, in: Klaus König/Natascha Füchtner, Verwaltungsmodernisierung im Bund – Schwerpunkte der 13. Legislaturperiode, Speyerer Forschungsberichte 196, Speyer 1999, S. 19 ff.

Peters, Thomas/*Watermann,* Robert, In Search of Excellence: Lessons From America's Best-Run Companies, New York 1982.

Peters, Tom, Jenseits der Hierarchien, Liberation Management, Düsseldorf 1993.

Pfreundschuh, Gerhard, Vom Dienstleistungsunternehmen zur Bürgerkommune, in: Verwaltung und Management 1999, S. 218 ff.

Philgren, Gunnar/*Svensson,* Arne, Das Konzept der effektiven Ergebnissteuerung, in: Claudius H. Riegler/Frieder Naschold (Hrsg.), Reformen des öffentlichen Sektors in Skandinavien, Baden-Baden 1997, S. 37 ff.

Pitschas, Rainer, Das Informationsverwaltungsrecht im Spiegel der Rechtsprechung, in: Die Verwaltung 2000, S. 111 ff.

Plamper, Harald, Bürgerkommune: „Neues Steuerungsmodell ade?" – nein „Fortsetzung der Reform in den Kommunen"!, in: KGSt Info 21/1998, S. 169 ff.

Polanski, Ralf-Michael, Der automatisierte Verwaltungsakt, Berlin 1993.

Pollit, Christopher/*Bouchaert,* Geert, Public Management Reform – A Comparative Analysis, 2. Aufl., Oxford u. a. 2004.

Premfors, Rune, Reshaping the Democratic State: Swedish Experiences in a Comparative Perspective, in: Public Administration 1998, S. 141 ff.

Pünder, Hermann, Verfassungsrechtliche Vorgaben für die Normierung neuer Steuerungsmodelle, in: Die öffentliche Verwaltung 2001, S. 70 ff.

Püttner, Günter/*Bernet,* Wolfgang (Hrsg.), Verwaltungsaufbau und Verwaltungsreform in den neuen Bundesländern, Köln 1992.

Quaritsch, Helmut, Eigenarten und Rechtsfragen der DDR-Revolution, in: Verwaltungsarchiv 1992, S. 314 ff.

Ranadé, Wendy, The theory and practice of managed competition in the National Health Service, in: Public Administration 1995, S. 243 ff.

Randel, Edga, Die Projektgruppe für die Reform der Struktur von Bundesregierung und Bundesverwaltung, in: Rationalisierung 1970, S. 272 ff.

Rehm, Hannes, Analyse und Kritik der Bundeshaushaltsreform, Baden-Baden 1975.

Reichard, Christoph, Staats- und Verwaltungsmodernisierung im „aktivierenden Staat", in: Verwaltung und Fortbildung, 3/1999, S. 117 ff.

– Gemeinden als Marktteilnehmer, in: ders. (Hrsg.), Kommunen am Markt, Berlin 2001, S. 61 ff.

Reinermann, Heinrich, Die Krise als Chance: Wege innovativer Verwaltungen, Speyerer Forschungsberichte 139, Speyer 1994.

– Das Internet und die öffentliche Verwaltung – Von der bürokratischen zur interaktiven Verwaltung? –, in: Die Öffentliche Verwaltung 1999, S. 20 ff.

– Der öffentliche Sektor im Internet, Speyerer Forschungsberichte 206, 2. Aufl., Speyer 2000.

Reinermann, Heinrich/*Reichmann,* Gerhard, Verwaltung und Führungskonzepte. Management by Objectives und seine Anwendungsvoraussetzungen, Berlin 1978.

Reinermann, Heinrich/*von Lucke,* Jörn, Portale in der öffentlichen Verwaltung, Speyerer Forschungsberichte 205, 3. Aufl., Speyer 2002.

Rhodes, Rod, Reinventing Whitehall 1979 – 1995, in: Walter J. M. Kickert (Hrsg.), Public Management and Administrative Reform in Western Europe, Cheltenham/Lyne 1997, S. 43 ff.

Ridley, Frederick, Verwaltungsmodernisierung in Großbritannien, in: Hermann Hill/Helmut Klages (Hrsg.), Qualitäts- und erfolgsorientiertes Verwaltungsmanagement. Aktuelle Tendenzen und Entwürfe, Berlin 1993, S. 251 ff.

– Die Wiedererfindung des Staates – Reinventing British Government. Das Modell einer Skelettverwaltung, in: Die Öffentliche Verwaltung 1995, S. 570 ff.

Röber, Manfred, Über einige Mißverständnisse in der verwaltungswissenschaftlichen Modernisierungsdebatte. Ein Zwischenruf, in: Helmut Wollmann/Christoph Reichard (Hrsg.), Kommunalverwaltung im Modernisierungsschub, Berlin 1995. S. 4 ff.

Roßnagel, Alexander/*Knopp,* Michael, Mobilisierte Verwaltung, in: Die Öffentliche Verwaltung 2006, S. 982 ff.

Rouban, Luc, The Civil Service Culture and Administrative Reform, in: Guy B. Peters/Donald Savoie (Hrsg.), Governance in a Changing Environment, Montreal, Kingston 1995, S. 23 ff.

Rowat, Donald C. (Hrsg.), Public Administration in Developed Democracies, New York/Basel 1988.

Ruffert, Matthias, Rechtsquellen und Rechtsschichten des Verwaltungsrechts, in: Wolfgang Hoffmann-Riem u. a. (Hrsg.), Grundlagen des Verwaltungsrechts, Band I, München 2006, S. 1085 ff.

Rürup, Bert, Die Programmfunktion des Bundeshaushaltsplanes. Die deutsche Haushaltsreform im Lichte der amerikanischen Erfahrungen mit dem Planning-Programming-Budgeting System, Berlin 1971.

Schäfer, Hans, Ein Plädoyer für die baldige und vernünftige Neugliederung des Bundesgebietes, in: Deutsches Verwaltungsblatt 1973, S. 732 ff.

Schäffer, Heinz, Verwaltungsinnovation durch E-Government, in: Arthur Benz u. a. (Hrsg.), Institutionenwandel in Regierung und Verwaltung, Berlin 2004, S. 475 ff.

Scharpf, Fritz W., Planung als politischer Prozess, Frankfurt a. M. 1973.

Schatz, Heribert, Das politische Planungssystem des Bundes - Idee, Entwicklung, Stand, in: Hans-Christian Pfohl/Bert Rürup (Hrsg.), Anwendungsprobleme moderner Planungs- und Entscheidungstechniken, Königstein/Ts. 1978, S. 241 ff.

Scheuring, Heinz, Konturen einer künftigen Entwicklung des öffentlichen Dienstrechts, in: Zeitschrift für Beamtenrecht 1977, S. 386 ff.

Schick, Allen, The Spirit of Reform. Managing the New Zealand State Sector in a Time of Change, o. O. 1996.

Schmid, Günter/*Treiber,* Hubert, Bürokratie und Politik. Zur Struktur und Funktion der Ministerialbürokratie in der Bundesrepublik Deutschland, München 1975.

Schmidt, Manfred G., Die „Politik der inneren Reformen" in der Bundesrepublik Deutschland 1969 - 1976, in: Politische Vierteljahresschrift 1978, S. 201 ff.

Schneider, Saundra K., Administrative Breakdowns in the Governmental Response to Hurricane Katrina, in: Public Administration Review 2005, S. 515 ff.

Scholz, Gotthard, Organisationsuntersuchungen in der Bundesministerialverwaltung, in: Die Verwaltung 1977, S. 333 ff.

Scholz, Helmut, Organisationsmodell für Bundesministerien, in: Die Öffentliche Verwaltung 1979, S. 299 ff.

Schröder, Meinhard, Der Nationale Normenkontrollrat, in: Die Öffentliche Verwaltung 2007, S. 45 ff.

Schuppan, Tino, Strukturwandel der Verwaltung mit E-Government, Berlin 2006.

Schuppert, Gunnar Folke, Verwaltung zwischen staatlichem und privatem Sektor, in: Klaus König/Heinrich Siedentopf (Hrsg.), Öffentliche Verwaltung in Deutschland, 2. Aufl., Baden-Baden 1997, S. 269 ff.

- Vom produzierenden zum gewährleistenden Staat: Privatisierung als Veränderung staatlicher Handlungsformen, in: Klaus König/Angelika Benz (Hrsg.), Privatisierung und staatliche Regulierung: Bahn, Post und Telekommunikation, Rundfunk, Baden-Baden 1997, S. 115 ff.

- Verwaltungsorganisation und Verwaltungsorganisationsrecht als Steuerungsfaktoren, in: Wolfgang Hoffmann-Riem u. a., Grundlagen des Verwaltungsrechts, Band I, München 2006, S. 995 ff.

Seemann, Klaus, Neue Integrierte Managementsysteme in Regierung und Verwaltung, in: Berichte des Deutschen Industrieinstituts zur Wirtschaftspolitik 1970, S. 3 ff.

- Vorschläge zu einem „Management-Modell" der „Bundesakademie für öffentliche Verwaltung" (Bundesakademie-Modell), Bonn 1973.

Seibel, Wolfgang, Entbürokratisierung in der Bundesrepublik Deutschland, in: Die Verwaltung 1986, S. 127 ff.

Siedentopf, Heinrich, Abschied von der Dienstrechtsreform?, in: Die Verwaltung 1979, S. 457 ff.

Stahlberg, Krister, Alternative Organisation öffentlicher Dienstleistungen in der skandinavischen Debatte: Skandinavien zwischen Behörden- und Wahlfreiheitsmodell, in: Claudius H. Riegler/Frieder Naschold (Hrsg.), Reformen des öffentlichen Sektors in Skandinavien, Baden-Baden 1997, S. 89 ff.

Stewart, John, The Limitations of Government by Contract, in: Public Money and Management 1993, S. 7 ff.

Strehl, Franz/*Hugl,* Ulrike, Austria, in: Norman Flynn/Franz Strehl (Hrsg.), Public Sector Management in Europe, London u. a. 1996, S. 172 ff.

Streitferdt, Lothar u. a., Die Balanced Scorecard als strategisches Managementsystem, in: Verwaltung und Management 2004, S. 291 ff.

Stüer, Bernhard, Funktionalreform und kommunale Selbstverwaltung, Göttingen 1980.

Sturm, Roland, Haushaltspolitik in westlichen Demokratien. Ein Vergleich des haushaltspolitischen Entscheidungsprozesses in der Bundesrepublik Deutschland, Frankreich, Großbritannien, Kanada und den USA, Baden-Baden 1989.

Talbot, Colbin, Editorial, in: International Journal of Public Sector Management 1995, S. 4 ff.

Thieme, Werner/*Prillwitz,* G., Durchführung und Ergebnisse der kommunalen Gebietsreform, in: Hans-Joachim von Oertzen/Werner Thieme (Hrsg.), Schriftenreihe „Die kommunale Gebietsreform", Band I 2, Baden-Baden 1981.

Thränhardt, Dieter (Hrsg.), Funktionalreform. Zielperspektiven und Probleme einer Verwaltungsreform, Sozialwissenschaftliche Studien zur Stadt- und Regionalpolitik, Band 3, Meisenheim 1978.

Toonen, Theo/*Ham,* Lex van den, Reducing Administrative Costs and Modernizing Government: „De-bureaucratization" in the Netherlands, in: Zeitschrift für Staats- und Europawissenschaft 2007, S. 78 ff.

Verheijen, Tony, Public Management Reform in New Zealand and Australia, in: ders./David Coombes (Hrsg.), Innovations in Public Management. Perspectives from East and West Europe, Cheltenham/Northampton 1998.

Verheijen, Tony/*Coombes,* David (Hrsg.), Innovations in Public Management. Perspectives from East and West Europe, Cheltenham/Northampton 1998.

Voßkuhle, Andreas (Hrsg.), Entbürokratisierung und Regulierung, Baden-Baden 2006.

– Neue Verwaltungsrechtswissenschaft, in: Wolfgang Hoffmann-Riem u. a. (Hrsg.), Grundlage des Verwaltungsrechts, Band I, München 2006, S. 1 ff.

Wagener, Frido, Neubau der Verwaltung. Gliederung der öffentlichen Aufgaben und ihrer Träger nach Effektivität und Integrationswert, 2. Aufl., Berlin 1974.

Wallrath, Maximilian, Die Änderung der Verwaltungskultur als Reformziel, in: Die Verwaltung 2000, S. 351 ff.

Wamsley, Gary L./*Wolf,* James F. (Hrsg.), Refounding Democratic Public Administration, Thousand Oaks u. a. 1996.

Weidemann, Holger, Bürokratiekostenmessung und der Nationale Normenkontrollrat, in: Verwaltungsrundschau 2007, S. 7 ff.

White, Orion, The Dialectical Organization: An Alternative to Bureaucracy, in: Public Administration Review 1969, S. 35 ff.

Wild, Jürgen/*Schmid,* Peter, Managementsysteme für die Verwaltung: PPBS und MbO, in: Die Verwaltung 1973, S. 145 ff.

Wilke, Helmut, Entzauberung des Staates. Überlegungen zu einer gesellschaftlichen Steuerungstheorie, Königstein/Ts. 1983.

– Ironie des Staates. Grundlinien einer Staatstheorie polyzentrischer Gesellschaft, Frankfurt a. M. 1992.

Wimmer, Norbert, Dynamische Verwaltung, Wien/New York 2004.

Wimmer, Norbert/*Müller,* Thomas, Zielvereinbarungen im Verwaltungsalltag, in: Zeitschrift für Verwaltung 2006, S. 2 ff.

Winkel, Olaf, E-Government, in: Verwaltung und Management 2004, S. 126 ff.

Wollmann, Hellmut, Evaluierung von Verwaltungspolitik: Reichweite und Grenzen – ein internationaler Überblick, in: Verwaltungsarchiv 2002, S. 418 ff.

– Verwaltung in der deutschen Vereinigung, in: Klaus König (Hrsg.), Deutsche Verwaltung an der Wende zum 21. Jahrhundert, Baden-Baden 2002, S. 33 ff.

Zavelberg, Heinz-Günter, Die mehrjährige Finanzplanung. Ein notwendiges Instrument moderner Politik, in: Die Verwaltung 1970, S. 283 ff.

Ziekow, Jan (Hrsg.), Public Private Partnership, Speyerer Forschungsberichte 229, 2. Aufl., Speyer 2003.

Ziller, Jacques, Public law: a tool for modern management, not an impediment to reform, in: International Review of Administrative Sciences 2005, S. 267 ff.

Zum 11. Kapitel: Internationalisierung und Supranationalisierung der Verwaltung

Alber, Siegbert, Die Rolle des EuGH bei der „Europäisierung des Verwaltungsverfahrensrechts", in: Hermann Hill/Rainer Pitschas (Hrsg.), Europäisches Verwaltungsverfahrensrecht, Berlin 2004, S. 447 ff.

Albertini, Rudolf von, Dekolonisation. Die Diskussion über die Verwaltung und die Zukunft der Kolonien 1918-1960, Köln/Opladen 1966.

– Einleitung, in: ders. (Hrsg.), Moderne Kolonialgeschichte, Köln/Berlin 1970, S. 16 ff.

Altvater, Elmar/*Mahnkopf,* Birgit, Grenzen der Globalisierung: Ökonomie, Ökologie und Politik in der Weltgesellschaft, Münster 1996.

Ansprenger, Franz, Auflösung der Kolonialreiche, München 1966.

Baas, Volker, Die Rekrutierungspolitik internationaler und supranationaler Organisationen, Diss., Speyer 1990.

Bach, Maurizio, Die Bürokratisierung Europas, Frankfurt u. a. 1999.

– Europa als bürokratische Herrschaft, in: Gunnar Folke Schuppert u. a. (Hrsg.), Europawissenschaft, Baden-Baden 2005, S. 575 ff.

Barben, Daniel/*Behrens,* Maria, Internationale Regime und Technologiepolitik, in: Georg Simonis (Hrsg.), Politik und Technik – vier Studien zum Wandel der Staatlichkeit, polis Nr. 49/2000, Hagen 2000, S. 5 ff.

Bauer, Michael W., The Politics of Reforming the European Commission Administration, in: ders./Christoph Knill (Hrsg.), Management Reforms in International Organizations, Baden-Baden 2007, S. 51 ff.

Beck, Ulrich, Was ist Globalisierung?, Frankfurt a. M. 1997.

Bello, Emmanuel G. u. a., Regional Cooperation and Organization, in: Encyclopedia of Public International Law 6, Regional Cooperation Organizations and Problems, Amsterdam u. a. 1983, S. 301 ff.

Bennett, A. LeRoy, International Organizations: Principles and Issues, 6. Aufl., New York 1995.

Bennigsen, Sabine, Block- und Gruppenbildung, in: Rüdiger Wolfrum (Hrsg.), Handbuch Vereinte Nationen, 2. Aufl., München 1991, S. 62 ff.

Benz, Arthur, Politikwissenschaftliche Diskurse über demokratisches Regieren im europäischen Mehrebenensystem, in: Hartmut Bauer u. a. (Hrsg.), Demokratie in Europa, Tübingen 2005, S. 253 ff.

Bergmann, Jan u. a. (Hrsg.), Deutsches Verwaltungsrecht unter europäischem Einfluss, Stuttgart u. a. 2002.

– Europäische Integration, in: Rüdiger Voigt/Ralf Walkenhaus, Handwörterbuch zur Verwaltungsreform, Wiesbaden 2006, S. 95 ff.

Bernauer, Thomas, Staaten im Weltmarkt, Opladen 2000.

Bleckmann, Albert, Europarecht. Das Recht der Europäischen Union und der Europäischen Gemeinschaften, 6. Aufl., Köln u. a. 1997.

Boelcke, Willi A., Die Verwaltung im zweiten Weltkrieg, in: Kurt G. A. Jeserich u. a. (Hrsg.), Deutsche Verwaltungsgeschichte, Band IV, Teil 2, Stuttgart 1985, S. 1114 ff.

Böhret, Carl u. a. (Hrsg.), Der Vorschlag zu einer Richtlinie des Europäischen Parlaments und des Rates über Dienstleistungen im Binnenmarkt, Speyerer Forschungsberichte 241, Speyer 2005.

Böllhoff, Dominik, Bessere Rechtsetzung in der Europäischen Union, in: Eberhard Bohne (Hrsg.), Bürokratieabbau zwischen Verwaltungsreform und Reformsymbolik, Berlin 2006, S. 123 ff.

Börzel, Tanja A., European Governance – Markt, Hierarchie und Netzwerk?, in: Gunnar Folke Schuppert u. a. (Hrsg.), Europawissenschaft, Baden-Baden 2005, S. 613 ff.

Bossaert, Danielle u. a., Der öffentlichen Dienst im Europa der Fünfzehn, Maastricht 2001.

Bothe, Michael, Friedenssicherung und Kriegsrecht, in: Wolfgang Graf Vitzthum (Hrsg.), Völkerrecht, Berlin/New York 1997, S. 581 ff.

Bouckaert, Geert/*Timsit,* Gérard, Administrations and Globalisations: Research in Partnership with UNDESA, IIAS, Brüssel 2000.

Boysen, Sigrid/*Neukirchen,* Matthias, Europäisches Beihilferecht und mitgliedstaatliche Daseinsvorsorge, Baden-Baden 2007.

Brand, Ulrich u. a., Global Governance: Alternative zur neoliberalen Globalisierung?, Münster 2000.

Bretherton, Charlotte, Allgemeine Menschenrechte, in: Ulrich Beck (Hrsg.), Perspektiven der Weltgesellschaft, Frankfurt a. M. 1998, S. 256 ff.

Brock, Lothar, Kriege in der Weltgesellschaft - unter Bedingungen der Globalisierung, in: Dieter S. Lutz (Hrsg.), Globalisierung und nationale Souveränität, Baden-Baden 2000, S. 375 ff.

Bülck, Hartwig, Der Strukturwandel der internationalen Verwaltung, Tübingen 1962.

– Internationale Verwaltungsgemeinschaften, in: Karl Strupp/Hans-Jürgen Schlochauer (Hrsg), Wörterbuch des Völkerrechts, 2. Aufl., Berlin 1962, S. 81 ff., 564 ff.

Bumke, Christian, Rechtssetzung in der europäischen Gemeinschaft – Bausteine einer gemeinschaftsrechtlichen Handlungsformenlehre, in: Gunnar Folke Schuppert u. a. (Hrsg.), Europawissenschaft, Baden-Baden 2005, S. 643 ff.

Busch, Jost-Dietrich, Dienstrecht der Vereinten Nationen: das Common System, Köln 1981.

Cheneval, Francis (Hrsg.), Legitimationsgrundlagen der Europäischen Union, Münster u. a. 2005.

Classen, Claus Dieter, Artikel 23, in: Christian Starck (Hrsg.), Das Bonner Grundgesetz, Band 2, 4. Aufl., München 2000, S. 426 ff.

Crowder, Michael, Indirekte Herrschaft – französisch und britisch, in: Rudolf von Albertini (Hrsg.), Moderne Kolonialgeschichte, Köln/Berlin 1970, S. 220 ff.

Czempiel, Ernst-Otto, Weltpolitik im Umbruch: Das internationale System nach dem Ende des Ost-West-Konflikts, München 1991.

Demmke, Christoph/*Heibach,* Georg, Die Rolle der Komitologieausschüsse bei der Durchführung des Gemeinschaftsrechts und in der Rechtsprechung des EuGH, in: Die Öffentliche Verwaltung 1997, S. 710 ff.

Deschamps, Hubert, Und nun, Lord Lugard?, in: Rudolf von Albertini (Hrsg.), Moderne Kolonialgeschichte, Köln/Berlin 1970, S. 203 ff.

Diehl, Paul F. (Hrsg.), The Politics of Global Governance: International Organizations in an Interdependent World, Boulder, Col. 1997.

Dossi, Harald/*Grussmann,* Wolf-Dietrich, Die Europäisierung der Verwaltung, in: Gerhart Holzinger u. a. (Hrsg.), Österreichische Verwaltungslehre, 2. Aufl., Wien 2006, S. 423 ff.

Duwendag, Dieter, Globalisierungseffekte: „Race to the Bottom" oder „Race to the Top"?, in: Arthur Benz u. a. (Hrsg.), Institutionenwandel in Regierung und Verwaltung, Berlin 2004, S. 685 ff.

Elsenhans, Hartmut, Nicht die Globalisierung, ihre sozialverträgliche Gestaltung ist das Problem, in: Dieter S. Lutz (Hrsg.), Globalisierung und nationale Souveränität, Baden-Baden 2000, S. 251 ff.

Farazmand, Ali, Globalization and Public Administration, in: Public Administration Review 1999, S. 509 ff.

Faundez, Julio u. a. (Hrsg.), Governance, Development and Globalization, London 2000.

Fischer, Peter u. a., Europarecht, 4. Aufl., Wien 2002.

Frey, Bruno S./*Eichsberger,* Reiner, Competition among Jurisdictions: The Idea of FOCJ, in: Lüder Gerken (Hrsg.), Competition among Institutions, Basingstoke u. a. 1995, S. 209 ff.

Fried, Alfred Hermann, „Organisiert die Welt", in: Die Friedenswarte 1906, S. 3.

Fuhr, Harald, Constructive Pressures and Incentives to Reform: Globalization and its Impact on Public Sector Performance and Governance in Developing Countries, in: Public Management Review 2001, S. 419 ff.

Fuhrmann, Maria Monica, Neues zum Komitologieverfahren, in: Die Öffentliche Verwaltung 2007, S. 464 ff.

Gießmann, Hans-Joachim, Terrorismus – Globales Problem und Herausforderung für „Weltinnenpolitik", in: Dieter S. Lutz (Hrsg.), Globalisierung und nationale Souveränität, Baden-Baden 2000, S. 471 ff.

Glotz, Peter, Der virtuelle Kontinent, in: Verwaltung und Management 2000, S. 260 ff.

Goetz, Klaus H., Europäisierung der öffentlichen Verwaltung – oder europäische Verwaltung?, in: Jörg Bogumil u. a. (Hrsg.), Politik und Verwaltung, Politische Vierteljahrsschrift, Sonderheft 37, 2006, S. 472 ff.

Hahn, Hugo J., Einführung in die typischen Elemente des Dienstrechts der internationalen Einrichtungen, in: Studienkommission für die Reform des öffentlichen Dienstrechts, Band 4, Baden-Baden 1973, S. 25 ff.

Hakenberg, Waltraud, Europarecht, 4. Aufl., München 2007.

Hausmann, Hartmut u. a., 3. Europäische Konferenz der Grenzregionen, in: Schriftenreihe Landes- und Stadtentwicklungsforschung des Landes Nordrhein-Westfalen, Band 0.0032, Dortmund 1986.

Hayder, Roberto, Das Weißbuch „Europäisches Regieren" der EU-Kommission, in: Zeitschrift für Gesetzgebung 2002, S. 49 ff.

Heibach, Georg, Komitologie nach Amsterdam – Die Übertragung von Rechtsetzungsbefugnissen im Rechtsvergleich, in: Verwaltungsarchiv 1999, S. 98 ff.

Heinzelmeir, Helmut, Asien an der Schwelle zum 21. Jahrhundert, in: Aus Politik und Zeitgeschichte, Beilage zur Wochenzeitung Das Parlament, B 51/2000, S. 10 ff.

Held, David u. a., Global Transformations: Politics, Economics and Culture, Cambridge 1999.

Herdegen, Matthias, Europarecht, 8. Aufl., München 2006.

Herzka, Michael, Die Menschenrechtsbewegung in der Weltgesellschaft, Bern u. a. 1995.

Herzog, Roman, Der Staat im Zeichen globaler Vernetzung, in: Heinrich Reinermann (Hrsg.), Regieren und Verwalten im Informationszeitalter: Unterwegs zur virtuellen Verwaltung, Heidelberg 2000, S. 26 ff.

Hirsch, Joachim, Der nationale Wettbewerbsstaat, Berlin 1995.

Hoffmann-Riem, Wolfgang, Strukturen des Europäischen Verwaltungsrechts – Perspektiven der Systembildung, in: Eberhard Schmidt-Aßmann/Wolfgang Hoffmann-Riem (Hrsg.), Strukturen des Europäischen Verwaltungsrechts, Baden-Baden 1999, S. 317 ff.

Hüfner, Klaus, Die Vereinten Nationen und ihre Sonderorganisationen: Strukturen, Aufgaben, Dokumente, Teil 1: Die Haupt- und Spezialorgane, 3. Aufl., Bonn 1992.

– Die Vereinten Nationen und ihre Sonderorganisationen. Strukturen, Aufgaben, Dokumente, Teil 2: Die Sonderorganisationen, 3. Aufl., Bonn 1992.

Ipsen, Hans Peter, Europäisches Gemeinschaftsrecht, Tübingen 1972.

Ipsen, Knut, Der Beitrag von Nichtregierungsorganisationen im Rahmen einer Weltinnenpolitik am Beispiel des Roten Kreuzes, in: Dieter S. Lutz (Hrsg.), Globalisierung und nationale Souveränität, Baden-Baden 2000, S. 559 ff.

Jochimsen, Reimut, Globalisierung heute. Was ist neu, wo liegen die Risiken?, in: ders. (Hrsg.), Globaler Wettbewerb und weltwirtschaftliche Ordnungspolitik, Bonn 2000, S. 14 ff.

Joerges, Christian (Hrsg.), Das Ausschusswesen der Europäischen Union, Baden-Baden 2000.

Kadelbach, Stefan, Allgemeines Verwaltungsrecht unter europäischem Einfluss, Tübingen 1999.

Kaiser, Karl, Transnational Politics: Toward a Theory of Multinational Politics, in: International Organization 1971, S. 790 ff.

Kamarck, Elaine Ciulla, Globalization and Public Administration Reform, in: Joseph S. Nye/John D. Donahne (Hrsg.), Governance in a Globalizing World, Washington, D. C. 2000, S. 229 ff.

Kaul, Inge u. a., Defining Global Public Goods, in: dies. (Hrsg.), Global Public Goods, New York u. a. 1999, S. 2 ff.

Keohane, Robert/*Nye,* Joseph S. (Hrsg.), Transnational Relations and World Politics, Harvard 1970.

– Transgovernmental Relations and International Organizations, in: World Politics 1974, S. 39 ff.

Kettl, Donald F., The Global Public Management Revolution: A Report on the Transformation of Governance, Washington, D. C. 2000.

Klein, Martin u. a. (Hrsg.), Die Neue Welthandelsordnung der WTO, Amsterdam 1998.

Köhler, Claus, Internationalökonomie: Ein System offener Volkswirtschaften, Berlin 1990.

König, Klaus, Institutionentransfer und Modelldenken bei Verwaltungsmodernisierungen, in: Rudolf Morsey u. a. (Hrsg.), Staat, Politik, Verwaltung in Europa, Berlin 1997, S. 293 ff.

– Ein Neues Öffentliches Management - Globale Perzeption und Kritik, in: Heinrich Neisser/Gerhard Hammerschmidt (Hrsg.), Die innovative Verwaltung: Perspektiven des New Public Management in Österreich, Wien 1998, S. 141 ff.

– Verwaltungsstaat im Übergang: Transformation, Entwicklung, Modernisierung, Baden-Baden 1999.

– Governance im Mehrebenensystem, in: Jürgen Bröhmer u. a. (Hrsg.), Internationale Gemeinschaft und Menschenrechte, Köln u. a. 2005, S. 1461 ff.

König, Klaus/*Adam,* Markus, Neuer öffentlicher Managerialismus in der Transformationspolitik - der Fall der Mongolei, in: Eckhard Schröter (Hrsg.), Empirische Policy- und Verwaltungsforschung: Lokale, nationale und internationale Perspektiven, Opladen 2001, S. 345 ff.

König, Klaus/*Füchtner,* Natascha, „Schlanker Staat" - eine Agenda der Verwaltungsmodernisierung im Bund, Baden-Baden 2000.

Korioth, Stefan, Artikel 50, in: Christian Starck (Hrsg.), Das Bonner Grundgesetz, Band 2, 4. Aufl., München 2000, S. 1641 ff.

Krasner, Stephen D., Structural Causes and Regime Consequences: Regimes as Intervening Variables, in: ders. (Hrsg.) International Regimes, Ithaca, NY 1983, S. 1 ff.

Lugard, Frederick D., The Dual Mandate in British Tropical Africa, London 1922.

Luhmann, Niklas, Theorie der Verwaltungswissenschaft: Bestandsaufnahme und Entwurf, Köln/Berlin 1966.

– Die Gesellschaft der Gesellschaft, Erster Teilband, Frankfurt a. M. 1997.

Majer, Dietmut, NS-Verwaltung im besetzten Europa, in: Verwaltungsarchiv 1999, S. 163 ff.

Malchus, Viktor Frhr. von, Bilanz und Perspektiven der institutionellen Entwicklung grenzüberschreitender Zusammenarbeit in Europa, in: Schriftenreihe Landes- und Stadtentwicklungsforschung des Landes Nordrhein-Westfalen, Band 0.0032, Dortmund 1986.

Maurer, Hartmut, Allgemeines Verwaltungsrecht, 16. Aufl., München 2006.

Messner, Dirk/*Nuscheler,* Franz, Global Governance: Herausforderungen an die deutsche Politik an der Schwelle zum 21. Jahrhundert, in: Stiftung Entwicklung und Frieden (Hrsg.), Policy Paper 2, Bonn 1996, S. 6 ff.

Meyers, Reinhard, Internationale Organisationen und global governance – eine Antwort auf die internationalen Herausforderungen am Ausgang des Jahrhunderts?, in: Politische Bildung 1999, S. 11 ff.

Morgan, Arthur Ernest, The Making of the TVA, London 1974.

Müller, Harald, Die Chance der Kooperation: Regime in den internationalen Beziehungen, Darmstadt 1993.

Musgrave, Richard u. a., Die öffentlichen Finanzen in Theorie und Praxis, Band 1, 5. Aufl., Tübingen 1992.

Neuss, Beate/*Hilz,* Wolfram, Deutsche personelle Präsenz in der EU-Kommission, Sankt Augustin 1999.

Nuscheler, Franz, Globalisierung und Global Governance. Zwischen der Skylla der Nationalstaatlichkeit und der Charybdis der Weltstaatlichkeit, in: Dieter S. Lutz (Hrsg.), Globalisierung und nationale Souveränität, Baden-Baden 2000, S. 301 ff.

Oebbecke, Janbernd, Das Europarecht als Katalysator der Sparkassenpolitik, in: Verwaltungsarchiv 2002, S. 278 ff.

Oldenhage, Klaus, Die Verwaltung der besetzten Gebiete, in: Kurt G. A. Jeserich u. a. (Hrsg.), Deutsche Verwaltungsgeschichte, Band IV, Teil 2, Stuttgart 1985, S. 1131 ff.

Oppermann, Thomas, Europarecht, 3. Aufl., München 2005.

Pernice, Ingolf, Zur Finalität Europas, in: Gunnar Folke Schuppert u. a. (Hrsg.), Europawissenschaft, Baden-Baden 2005, S. 743 ff.

Petersmann, Ernst-Ulrich, The GATT/WTO Dispute Settlement System: International Law, International Organizations and Dispute Settlement, London u. a. 1997.

Pilz, Frank/*Ortwein,* Heike, Das politische System Deutschlands, 3. Aufl., München/Wien 2000.

Pinzani, Alessandro, Demokratisierung als Aufgabe: Lässt sich die Globalisierung demokratisch gestalten?, in: Aus Politik und Zeitgeschichte, Beilage zur Wochenzeitschrift Das Parlament, B33-34/2000, S. 32 ff.

Pitschas, Rainer, Europäisches Verwaltungsverfahrensrecht und Handlungsformen der gemeinschaftlichen Verwaltungskooperation, in: Hermann Hill/Rainer Pitschas, Europäisches Verwaltungsverfahrensrecht, Berlin 2004, S. 301 ff.

Pollit, Christopher/*Bouckaert,* Geert, Public Management Reforms, 2. Aufl., Oxford 2004.

Potter, David C., Manpower Shortage and the End of Colonialism: the Case of the Indian Civil Service, in: Modern Asian Studies 1973, S. 47 ff.

Preuß, Ulrich K., Europa als politische Gemeinschaft, in: Gunnar Folke Schuppert u. a. (Hrsg.), Europawissenschaft, Baden-Baden 2005, S. 489 ff.

Prieß, Hans-Joachim, Öffentlicher Dienst, Internationaler, in: Rüdiger Wolfrum (Hrsg.), Handbuch Vereinte Nationen, 2. Aufl., München 1991, S. 641 ff.

Reimann, Helga (Hrsg.), Weltkultur und Weltgesellschaft: Aspekte globalen Wandels, Opladen 1997.

Richter, Emanuel, Der Zerfall der Welteinheit: Vernunft und Globalisierung in der Moderne, Frankfurt a. M. u. a. 1992.

Richthofen, Wolfgang Frhr. von, Verwaltungszusammenarbeit in der Entwicklungspolitik, in: Klaus König u. a. (Hrsg.), Öffentliche Verwaltung in der Bundesrepublik Deutschland, Baden-Baden 1981, S. 411 ff.

Rittberger, Volker, Internationale Organisationen: Politik und Geschichte, europäische und weltweite zwischenstaatliche Zusammenschlüsse, Opladen 1994.

Robejsek, Peter, Globalisierung – Eine kritische Untersuchung der Tragfähigkeit eines populären Konzepts, in: Dieter S. Lutz (Hrsg.), Globalisierung und nationale Souveränität, Baden-Baden 2000, S. 61 ff.

Robertson, Roland, Globalization: Social Theory and Global Culture, London u. a. 1993.

Rode, Reinhard, Regimewandel vom GATT zur WTO, in: Martin Klein u. a. (Hrsg.), Die neue Welthandelsordnung der WTO, Amsterdam 1998, S. 1 ff.

Rogalla, Dieter, Dienstrecht der Europäischen Gemeinschaften, 2. Aufl., Köln u. a. 1992.

Ronit, Karsten/*Schneider,* Volker (Hrsg.), Private Organizations in Global Politics, London u. a. 2000.

Rosenau, James N., Governance without Government: Systems of Rule in World Politics, Los Angeles 1987.

Rosenau, James N./*Czempiel,* Ernst-Otto (Hrsg.), Governance without Government: Order and Change in World Politics, New York 1992.

Rugge, Fabio (Hrsg.), Administration and Crisis Management: The Case of Wartime, IIAS, Brüssel 2000.

Rupert, Mark, Ideologies of Globalization: Contending visions of a New World Order, London u. a. 2000.

Sander, Gerald G./*Becker,* Georg (Hrsg.), Aktuelle Probleme der Daseinsvorsorge in der Europäischen Union, Tübingen 2006.

Sandmann, Tina, Kommunale Unternehmen im Spannungsfeld von Daseinsvorsorge und europäischem Wettbewerbsrecht, Frankfurt a. M. 2005.

Scharpf, Fritz W., Legitimationskonzepte jenseits des Nationalstaates, in: Gunnar Folke Schuppert u. a. (Hrsg.), Europawissenschaft, Baden-Baden 2005, S. 705 ff.

Schendelen, M. P. C. M. van, EU-Committees as Influential Policymakers, Aldershot u. a. 1998.

Scherpenberg, Jens van, Internationale organisierte Kriminalität – die Schattenseite der Globalisierung, in: ders./Peter Schmidt (Hrsg.), Stabilität und Kooperation – Aufgaben internationaler Ordnungspolitik, in: Internationale Politik und Sicherheit, Band 50, Baden-Baden 2000, S. 29 ff.

Schluchter, Wolfgang, Aspekte bürokratischer Herrschaft, München 1992.

Schmidt, Manfred G., Aufgabeneuropäisierung, in: Gunnar Folke Schuppert u. a. (Hrsg.), Europawissenschaft, Baden-Baden 2005, S. 129 ff.

Schmidt-Aßmann, Eberhard, Verfassungsprinzipien für den Europäischen Verwaltungsverbund, in: Wolfgang Hoffmann-Riem u. a. (Hrsg.), Grundlagen des Verwaltungsrechts, Band I, München 2006, S. 241 ff.

Schmidt-Streckenbach, Wolfgang, Verwaltungsförderung: Historische Entwicklung und Verwaltung - Das Beispiel Preußen, Speyerer Forschungsberichte 37, Speyer 1984.

Schoch, Friedrich, Die europäische Perspektive des Verwaltungsverfahrens- und Verwaltungsprozessrechts, in: Eberhard Schmidt-Aßmann/Wolfgang Hoffmann-Riem (Hrsg.), Strukturen des Europäischen Verwaltungsrechts, Baden-Baden 1999, S. 279 ff.

Schön-Quinlivan, Emmanuelle, Administrative Reform in the European Commission, in: Michael W. Bauer/Christoph Knill (Hrsg.), Management Reforms in International Organizations, Baden-Baden 2007, S. 25 ff.

Schraepler, Hans-Albrecht, Taschenbuch der internationalen Organisationen. Daten, Aufbau, Ziele, Entstehung und Mitglieder der wichtigsten europäischen und internationalen Zusammenschlüsse, München u. a. 1994.

Schröter, Eckhard, Europäischer Verwaltungsraum und Reform des öffentlichen Sektors, in: Bernhard Blanke u. a. (Hrsg.), Handbuch zur Verwaltungsreform, 3. Aufl., Wiesbaden 2005, S. 510 ff.

– Reform der EU-Administration, in: Werner Jann u. a. (Hrsg.), Public Management, Berlin 2006, S. 153 ff.

Schwarz, Hans-Peter, Der Faktor Macht im heutigen Staatensystem, in: Karl Kaiser/Hans-Peter Schwarz (Hrsg.), Weltpolitik. Strukturen, Akteure, Perspektiven, 2. Aufl., Bonn 1987, S. 50 ff.

Schwarze, Jürgen (Hrsg.), Das Verwaltungsrecht unter europäischem Einfluss, Baden-Baden 1996.

– Europäisches Verwaltungsrecht. Entstehung und Entwicklung im Rahmen der Europäischen Gemeinschaft, 2. Aufl., Neudruck mit einer ausführlichen Analyse der jüngeren Rechtsentwicklung, Baden-Baden 2005.

Siedentopf, Heinrich, Umsetzung und Anwendung von Gemeinschaftsrecht in den Mitgliedstaaten der Europäischen Union, in: Ministerium der Justiz Rheinland-Pfalz (Hrsg.), Mainzer Runde, Mainz 1994.

– (Hrsg.), Der europäische Verwaltungsraum, Baden-Baden 2004.

Siedentopf, Heinrich/*Speer,* Benedikt, Der Europäische Verwaltungsraum, in: Klaus König (Hrsg.), Deutsche Verwaltung an der Wende zum 21. Jahrhundert, Baden-Baden 2002, S. 305 ff.

– Europäischer Verwaltungsraum oder Europäische Verwaltungsgemeinschaft?, in: Die Öffentliche Verwaltung 2002, S. 753 ff.

Simonis, Georg, Der Erdgipfel von Rio – zu den Problemen der Institutionalisierung globaler Umweltprobleme, in: Wolfgang Hein (Hrsg.), Umbruch in der Weltgesellschaft – Auf dem Wege zu einer „Neuen Weltordnung"?, Hamburg 1994, S. 459 ff.

Sohmen, Egon, Allokationstheorie und Wirtschaftspolitik, 2. Aufl., Tübingen 1992.

Sommermann, Karl-Peter, Konvergenzen im Verwaltungsverfahrens- und Verwaltungsprozessrecht europäischer Staaten, in: Die Öffentliche Verwaltung 2002, S. 133 ff.

- Demokratiekonzepte im Vergleich, in: Hartmut Bauer u. a. (Hrsg.), Demokratie in Europa, Tübingen 2005, S. 181 ff.

Strunz, Rudolf, Europarecht, 7. Aufl., Heidelberg 2005.

Sydow, Gernot, Externalisierung und institutionelle Ausdifferenzierung – Kritik der Organisationsreformen in der EU-Eigenadministration, in: Verwaltungsarchiv 2006, S. 1 ff.

Tetzlaff, Rainer, Demokratie und soziale Gerechtigkeit weltweit – im Zeichen der Globalisierung, in: Dieter S. Lutz (Hrsg.), Globalisierung und nationale Souveränität, Baden-Baden 2000, S. 227 ff.

Thedieck, Franz/*Müller,* Joachim (Hrsg.), Rezeption deutscher Beiträge zur Verwaltungsmodernisierung für die Zusammenarbeit mit Entwicklungsländern, Berlin 1997.

Thedieck, Franz/*Vilella,* Giancarlo (Hrsg.), Restoring the Capacities of Government and Civil Society after an Internal or External Conflict, IIAS, Brüssel 1999.

Thomson, Janice E./*Krasner,* Stephen D., Global Transactions and the Consolidation of Sovereignty, in: Ernst-Otto Czempiel/James Rosenau (Hrsg.), Global Changes and Theoretical Challenges: Approaches to World Politics for the 1990s, Lexington, Mass. u. a. 1989.

Tietmeyer, Hans, Anmerkungen zu den neuen internationalen Kooperationsbemühungen seit der Plaza-Vereinbarung 1985, in: Norbert Bub u. a. (Hrsg.), Geldwertsicherung und Wirtschaftsstabilität, Frankfurt a. M. 1989, S. 479 ff.

Vitzthum, Wolfgang Graf, Begriff, Geschichte und Quellen des Völkerrechts, in: ders. (Hrsg.), Völkerrecht, Berlin/New York 1997, S. 1 ff.

Wallace, William, Less than a Federation – More than a Regime, in: Helen Wallace u. a. (Hrsg.), Policy-Making in the European Community, Chichester u. a. 1983, S. 403 ff.

Weggel, Oscar, Gefahr oder Chance? Die Begegnung mit Asien, in: Xuewu Gu (Hrsg.), Europa und Asien: Chancen für einen interkulturellen Dialog?, ZEI Discussion Paper C 74 2000, Bonn 2000, S. 27 ff.

Well, Günther, Deutschland und die UN, in: Rüdiger Wolfrum (Hrsg.), Handbuch Vereinte Nationen, 2. Aufl., München 1991, S. 71 ff.

Wesel, Uwe, Geschichte des Rechts. Von den Frühformen bis zum Vertrag von Maastricht, München 1997.

Wessels, Wolfgang, Beamtengremien im EU-Mehrebenensystem – Fusion von Administrationen?, in: Markus Jachtenfuchs/Beate Kohler-Koch (Hrsg.), Europäische Integration, 2. Aufl., Opladen 2003, S. 353 ff.

- Das politische System der Europäischen Union, in: Wolfgang Ismayr (Hrsg.), Die politischen Systeme Westeuropas, 3. Aufl., Opladen 2003, S. 779 ff.

Wille, Anchrit, Senior Officials in a Reforming European Commission: Transforming the Top?, in: Michael W. Bauer/Christoph Knill (Hrsg.), Management Reforms in International Organizations, Baden-Baden 2007, S. 37 ff.

Wolf, Klaus Dieter, Die neue Staatsräson – Zwischenstaatliche Kooperation als Demokratieproblem in der Weltgesellschaft, Baden-Baden 2000.

Wolfrum, Rüdiger, Haushalt, in: ders. (Hrsg.), Handbuch Vereinte Nationen, 2. Aufl., München 1991, S. 268 ff.

Wollmann, Hellmut, Transformation der Regierungs- und Verwaltungsstrukturen in postkommunistischen Ländern, in: Arthur Benz u. a. (Hrsg.), Institutionenwandel in Regierung und Verwaltung, Berlin 2004, S. 575 ff.

Wolters, Jörg, „Ausgleichsmaßnahmen" nach dem Schengener Durchführungsübereinkommen - SDÜ -, in: Kriminalistik 1995, S. 174 ff.

Würz, Karl, Das Schengener Durchführungsübereinkommen: Einführung – Erläuterungen – Vorschriften, Stuttgart u. a. 1997.

Zapf, Wolfgang, Modernisierung und Transformation, in: Bernhard Schäfers/Wolfgang Zapf (Hrsg.), Handwörterbuch zur Gesellschaft Deutschlands, Opladen 1998, S. 472 ff.

Zürn, Michael/*Wolf,* Dieter, Europarecht und internationale Regime: Zu den Merkmalen von Recht jenseits des Nationalstaates, in: Wolfgang Heyde/Thomas Schaber (Hrsg.), Demokratisches Regieren in Europa?, Baden-Baden 2000, S. 39 ff.

Zum 12. Kapitel: Kulturen, Werte, Ethos der Verwaltung

Adams, Guy B./*Balfour,* Danny L., Unmasking Administrative Evil, London 1998.

Ahlf, Ernst-Heinrich, Berufsethik im Wandel – dargestellt am Beispiel der Polizei, in: Verwaltungsarchiv 2001, S. 405 ff.

Akademie für Rechts- und Staatswissenschaft der DDR (Hrsg.), Verwaltungsrecht. Lehrbuch, 2. Aufl., Berlin (Ost) 1988.

Annan, Kofi A., Global Values. The United Nations and the Rule of Law in the 21st Century, Singapore 2000.

Apel, Karl-Otto, Konfliktlösung im Atomzeitalter als Problem einer Verantwortungsethik, Frankfurt a. M. 1990.

Arnim, Hans Herbert von (Hrsg.), Korruption und Korruptionsbekämpfung, Berlin 2007.

Augier, Mie/*March,* James G., Remembering Herbert A. Simon, in: Public Administration Review 2001, S. 396 ff.

Baraldi, Claudio u. a., GLU – Glossar zu Niklas Luhmanns Theorie sozialer Systeme, 2. Aufl., Frankfurt a. M. 1992.

Bauer, Ralf, Das Recht auf eine gute Verwaltung im Europäischen Gemeinschaftsrecht, Frankfurt a. M. 2002.

Behnke, Nathalie, Ethik in Politik und Verwaltung, Baden-Baden 2004.

– Ethik-Maßnahmen für die öffentliche Verwaltung, in: Jörg Bogumil u. a. (Hrsg.), Politik und Verwaltung, Politische Vierteljahresschrift, Sonderheft 37, 2006, S. 250 ff.

Behrens, Fritz/*Stöbe,* Sybille, Die Entwicklung von Leitbildern – Ein Instrument der Verwaltungsmodernisierung?, in: Verwaltung und Management 1995, S. 29 ff.

Bertucci, Guido/*Armstrong,* Elia Yi, United Nations Involvement in Promoting Government Ethics, in: Yassin El-Ayouti u. a. (Hrsg.), Government Ethics and Law Enforcement: Toward Global Guidelines, Westport 2000.

Bleicher, Knut, Leitbilder. Orientierungsrahmen für eine integrative Management-Philosophie, 2. Aufl., Stuttgart u. a. 1994.

– Unternehmenskultur, in: Gablers Wirtschaftslexikon, 15. Aufl., Wiesbaden 2000, S. 3167 f.

Böckenförde, Ernst-Wolfgang, Recht, Staat, Freiheit: Studien zur Rechtsphilosophie, Staatstheorie und Verfassungsgeschichte, Frankfurt a. M. 1991.

Bosetzky, Horst/*Heinrich*, Peter, Erfassung von Bürokultur, in: Publikationen der Fachhochschule für Verwaltung und Rechtspflege 62, Berlin 1988.

Bossaert, Danielle u. a., Der öffentliche Dienst im Europa der Fünfzehn: Trends und neue Entwicklungen, Maastricht 2001.

Bouckaert, Geert, Pride and Performance in Public Service: some Patterns of Analysis, in: International Review of Administrative Sciences 2001, S. 15 ff.

Bourgault, Jacques/*Gusella*, Mary, Performance, Pride and Recognition in the Canadian Federal Civil Service, in: International Review of Administrative Sciences 2001, S. 29 ff.

Bowman, Johannes S., Towards a Professional Ethos: from Regulatory to Reflective Codes, in: International Review of Administrative Sciences 2000, S. 673 ff.

Brauneder, Wilhelm, Korruption als historisches Phänomen, in: Christian Brünner (Hrsg.), Korruption und Kontrolle, Wien u. a. 1981, S. 75 ff.

Brewer, Gene A./*Coleman Selden*, Sally, Whistle Blowers in the Federal Civil Service: New Evidence of the Public Service Ethic, in: Journal of Public Administration Research and Theory 1998, S. 413 ff.

Brinkmann, Gerhard u. a., Die Tätigkeitsfelder des höheren Verwaltungsdienstes – Arbeitsansprüche, Ausbildungserfordernisse, Personalbedarf, Opladen 1973.

Bruce, Willa Marie, Administrative Morality, in: Jay M. Shafritz (Hrsg.), Defining Public Administration, Boulder 2000, S. 407 ff.

Bullinger, Martin, Das Recht auf eine gute Verwaltung nach der Grundrechtecharta der EU, in: Carl-Eugen Eberle u. a. (Hrsg.), Der Wandel des Staates vor den Herausforderungen der Gegenwart, München 2002, S. 25 ff.

Caiden, Naomi/*Wildavsky*, Aaron, Planning and Budgeting in Poor Countries, New York 1974.

Chan, Hon S./*Suizhou*, Edward Li, Civil Service Law in the People's Republic of China: A Return to Cadre Personnel Management, in: Public Administration Review 2007, S. 383 ff.

Chapman, Richard A., Ethics in Public Service for the New Millenium, in: ders. (Hrsg.), Ethics in Public Service for the New Millenium, Aldershot u. a. 2000, S. 221 ff..

Cooper, Terry L., The Responsible Administrator – An Approach to Ethics for the Administrative Role, San Francisco 1998.

– (Hrsg.), Handbook of Administrative Ethics, 2. Aufl., New York u. a. 2000.

Craig, Paul, Formal and Substantive Conceptions of the Rule of Law: An Analytical Framework, in: Public Law 1997, S. 467 ff.

Cullen, Ronald B./*Cushman*, Donald P., Transitions to Competitive Government: Speed, Consensus and Performance, New York 2000.

Deiseroth, Dieter, Whistleblowing in Zeiten von BSE, Berlin 2001.

Demmke, Christoph, Ethik und Integrität in den öffentlichen Diensten in Europa, in: Zeitschrift für öffentliche und gemeinwirtschaftliche Unternehmen 2006, S. 68 ff.

Derlien, Hans-Ulrich/*Löwenhaupt*, Stefan, Verwaltungskontakte und Institutionenvertrauen, in: Hellmut Wollmann u. a. (Hrsg.), Transformation der politisch-administrativen Strukturen in Ostdeutschland, Opladen 1997, S. 417 ff.

Dill, Peter/*Hügler*, Gert, Unternehmenskultur und Führung betriebswirtschaftlicher Organisationen – Ansatzpunkte für ein kulturbewusstes Management, in: Edmund Heinen (Hrsg.), Unternehmenskultur. Perspektiven für Wissenschaft und Praxis, München/Wien 1997, S. 181 ff.

Dorau, Christoph, Die Öffnung der Europäischen Union für europäische Staaten – „Europäisch" als Bedingung für einen EU-Beitritt nach Art. 49 EUV, in: Europarecht 1999, S. 745 ff.

Dreier, Ralf, Recht – Moral – Ideologie: Studien zur Rechtstheorie, Frankfurt a. M. 1991.

Dwivedi, O. P., Administrative Theology. Dharma of Public Officials, in: The Indian Journal of Public Administration, 1990, S. 406 ff.

Eaton, Joseph (Hrsg.), Institution Building and Development. From Concepts to Application, Beverly Hills u. a. 1972.

Fayol, Henry, General and Industrial Management, New York 1937.

Fiebig, Helmut/*Junker*, Heinrich, Korruption und Untreue im öffentlichen Dienst. Erkennen, Bekämpfen, Vorbeugung, 2. Aufl., Berlin 2004.

Fisch, Rudolf, Organisationskultur von Behörden, in: Klaus König (Hrsg.), Deutsche Verwaltung an der Wende zum 21. Jahrhundert, Baden-Baden 2002, S. 449 ff.

Fisch, Stefan, Verwaltungskulturen – geronnene Geschichte?, in: Die Verwaltung 2000, S. 313 ff.

Forsthoff, Ernst, Verfassungsrechtliche Grenzen einer Reform des öffentlichen Dienstrechts, in: Studienkommission für die Reform des öffentlichen Dienstrechts, Band 5, Baden-Baden 1971, S. 17 ff.

Frank, Martin/*Bucher*, Michael, Mit einem Leitbild zu neuen Wegen in der Finanzkontrolle – Ein Erfahrungsbericht aus dem Rechnungshof Baden-Württemberg, in: Verwaltung und Management 2000, S. 7 ff.

Frederickson, H. George, Confucius and the Moral Basis of Bureaucracy, in: Administration & Society 2002, S. 610 ff.

Frederickson, H. George/*Ghere*, Richard K. (Hrsg.), Ethics in Public Management, Armonte NY 2005.

Frost, Peter J. u. a. (Hrsg.), Reframing Organizational Culture, Newburg Park 1991.

Gangjian, Du/*Benkang*, Pang, Confucianist Values and Government Reform, in: International Institute of Administrative Sciences (Hrsg.), Twenty-fifth International Congress of Administrative Sciences, Sub-topic 1: The Rule of Law and Public Administration in an Global Setting, Athens 2001, S. 1 ff.

Gawthrop, Louis C., Public Service and Democracy: Ethical Imperatives for the 21st Century, New York u a. 1998.

Glaeßner, Gert-Joachim, Herrschaft durch Kader: Leitung der Gesellschaft und Kaderpolitik in der DDR, Opladen 1977.

Glor, Eleanor, Codes of conduct and generations of public servants, in: International Review of Administrative Sciences 2001, S. 525 ff.

Goerlich, Helmut, Good Governance und Gute Verwaltung, in: Die Öffentliche Verwaltung 2006, S. 313 ff.

Greenaway, John, Having the Bun and the Halfpenny: Can Old Public Service Ethics Survive in the New White Hall?, in: Public Administration 1995, S. 357 ff.

Gregory, Josie/*Harding,* Bill, Ethics as a Change Strategy in Policing in the United Kingdom, in: Brendan C. Nolau (Hrsg.), Public Sector Reform: An International Perspective, New York 2001, S. 102 ff.

Gregory, Robert, Transforming Governmental Culture: A Sceptical View of New Public Management, in: Tom Christensen/Per Loegreid (Hrsg.), New Public Management. The Transformation of Ideas and Practice, Aldershot 2001, S. 231 ff.

Greve, Carsten, Exploring Contracts as Reinvented Institutions in the Danish Public Sector, in: Public Administration 2000, S. 153 ff.

Greve, Carsten/*Jensen,* Lotte, Central government reforms and best practice: the Case of Denmark, in: Werner Jann/Christoph Reichard (Hrsg.), Central State Government reform: An International Survey, Washington, D. C. 2000.

Gulick, Luther, Notes on the Theory of Organization, in: ders./Lyndal F. Urwick, Papers on the Science of Public Administration, New York 1937, S. 6 ff.

Hartmann, Jürgen, Stolz auf öffentliche Verwaltung?, in: Der Öffentliche Dienst 2002, S. 237 ff.

Harvey, Jack/*Bather,* Leslie, Über den englischen Rechtsstaat. Die ‚rule of law', in: Mehdi Tohidipur (Hrsg.), Der bürgerliche Rechtsstaat, Frankfurt a. M. 1978, S. 359 ff.

Heady, Ferrel, Public Administration, A Comparative Perspective, 6. Aufl., New York 2001.

Herbig, Gottfried, Korruptionsfälle in der Stadtverwaltung Frankfurt – Situationsbericht und Gegenstrategien, in: Verwaltungsarchiv 1989, S. 381 ff.

Herzka, Michael, Die Menschenrechtsbewegung in der Weltgesellschaft, Bonn u. a. 1995.

Heyde, Wolfgang, Über Schwierigkeiten im praktischen Umgang mit dem Rechtsstaatsprinzip, in: Bernd Bender u. a. (Hrsg.), Rechtsstaat zwischen Sozialgestaltung und Rechtsschutz, München 1993, S. 179 ff.

Heyen, Erk Volkmar, Kultur und Identität in der europäischen Verwaltungsrechtsvergleichung – mit Blick auf Frankreich und Schweden, Berlin 2000.

Hilb, Martin, Möglichkeiten und Grenzen von Regierungs- und Verwaltungsleitbildern, in: Verwaltung und Management 1995, S. 78 ff.

Hill, Hermann, Verwaltungskommunikation und Verwaltungsverfahren unter europäischem Einfluss, in: Deutsches Verwaltungsblatt 2002, S. 1316 ff.

Hillmann, Karl-Heinz, Soziale Werte, in: Gerd Reinhold (Hrsg.), Soziologie-Lexikon, 3. Aufl., München/Wien 1997, S. 693 ff.

Hinterhuber, Hans H./*Winter,* Lothar G., Unternehmenskultur und Corporate Identity, in: Eberhard Dülfer (Hrsg.), Organisationskultur, 2. Aufl., Stuttgart 1991, S. 194 ff.

Hofmann, Hasso, Geschichtlichkeit und Universalitätsanspruch des Rechtsstaats, in: Der Staat 1995, S. 1 ff.

Holtmann, Everhard, Verwaltungsstrukturen und Bürgerorientierung, in: Winfried Kluth (Hrsg.), Verwaltungskultur, Baden-Baden 2001, S. 57 ff.

Homann, Karl, Die Funktion von Werten in der Gesellschaft der Zukunft. Taugt die liberale Ökonomie für den Erdball?, in: Walter Schweidler (Hrsg.), Werte im 21. Jahrhundert, Baden-Baden 2001, S. 145 ff.

Huberts, Leo W. J. C u. a., Ethics and Integrity and the Public-Private Interface, Maastricht 1999.

Huntington, Samuel P., The Clash of Civilizations and the Remaking of World Order, New York 1996.

Inglehart, Ronald, Kultureller Umbruch – Wertwandel in der westlichen Welt, Frankfurt a. M./New York 1989.

Institut für Theorie des Staates und des Rechts der Akademie der Wissenschaften der DDR (Hrsg.), Marxistisch-leninistische Staats- und Rechtstheorie, 2. Aufl., Berlin (Ost) 1975.

Jann, Werner, Staatliche Programme und „Verwaltungskultur": Bekämpfung des Drogenmissbrauchs und der Jugendarbeitslosigkeit in Schweden, Großbritannien und der Bundesrepublik Deutschland im Vergleich, Opladen 1983.

– Verwaltungskulturen im internationalen Vergleich – Ein Überblick über den Stand der empirischen Forschung, in: Die Verwaltung 2000, S. 327 ff.

– Verwaltungskultur, in: Klaus König (Hrsg.), Deutsche Verwaltung an der Wende zum 21. Jahrhundert, Baden-Baden 2002, S. 425 ff.

Jreisat, Jamil E., Comparative Public Administration and Policy, Boulder 2002.

Karpen, Ulrich, Conditions of ‚Rechtsstaat'. Efficiency Particularly in Developing and Newly Industrialising Countries, in: Josef Thesing (Hrsg.), The Rule of Law, Sankt Augustin 1997, S. 140 ff.

Kerbel, Sylvia, Korruption in der öffentlichen Verwaltung am Beispiel einer Großstadtverwaltung, Diss., Speyer 1995.

Kernaghan, Kenneth, The post-bureaucratic organization and public service values, in: International Review of Administrative Sciences 2000, S. 51 ff.

– Editorial Statement, Symposium on Pride and Performance in Public Service, in: International Review of Administrative Sciences 2001, S. 11 ff.

Kickert, Walter J. M., Public Management Reforms in the Netherlands: Social Reconstruction of Reform Ideas and Underlying Frames of Reference, Delft 2000.

Klages, Helmut, Wertedynamik: über die Wandelbarkeit des Selbstverständlichen, Zürich 1988.

– Werte und Wertewandel, in: Bernhard Schäfers/Wolfgang Zapf (Hrsg.), Handwörterbuch zur Gesellschaft Deutschlands, 2. Aufl., Opladen 2001, S. 726 ff.

Klaus, Georg/*Buhr,* Manfred (Hrsg.), Philosophisches Wörterbuch, Band 2, Stichwort „Moral", 2. Aufl., Leipzig 1965, S. 745 ff.

Klein, Hans H., Vom sozialistischen Machtstaat zum demokratischen Rechtsstaat, in: Juristenzeitung 1990, S. 53 ff.

Köhler, Heinz/*Ratz,* Günter, Bundesdisziplinarordnung und materielles Disziplinarrecht, 2. Aufl., Köln 1994.

König, Klaus, Der Begriff des Rechtsschutzes und die öffentliche Verwaltung, in: A. Ülki Azrak u. a., Studien über Recht und Verwaltung, Köln u. a. 1967, S. 59 ff.

- Erkenntnisinteressen der Verwaltungswissenschaft, Berlin 1970, S. 25 ff.

- u. a., Zur entwicklungspolitischen Zusammenarbeit mit der lateinamerikanischen Steuerverwaltung, in: Verwaltungsarchiv 1981, S. 316 ff.

- El estado social de derecho como „empresario directo e indirecto": presupuestos de una administracio eficiente, in: Lothar Kraft (Hrsg.), La Dignidad del Trabajo, Mainz 1985, S. 225 ff.

- Zum Konzept der Entwicklungsverwaltung, in: ders. (Hrsg.), Öffentliche Verwaltung und Entwicklungspolitik, Baden-Baden 1986, S. 11 ff.

- Verwaltungsstaat im Übergang – Transformation, Entwicklung, Modernisierung, Baden-Baden 1999, S. 45 ff.

- Institutionelle Aspekte der Modernisierung – die Sphäre der öffentlichen Verwaltung, in: Hermann Hill (Hrsg.), Modernisierung – Prozess oder Entwicklungsstrategie, Frankfurt a. M./New York 2001, S. 233 ff.

König, Klaus/*Adam,* Markus, Neuer öffentlicher Managerialismus in der Transformationspolitik – der Fall der Mongolei, in: Eckart Schröter, Empirische Policy- und Verwaltungsforschung, Opladen 2001, S. 345 ff.

König, Klaus/*Theobald,* Christian, Der Staat als Rechtspersönlichkeit, in: Barbara Adamiak u. a. (Hrsg.), Administracja publiczua w poustwie Prawa, Breslau 1999, S. 165 ff.

König, Michael, Die Idee der Kodifikation – besonders in Deutschland und Frankreich, in: Zeitschrift für Gesetzgebung 1999, S. 195 ff.

- Kodifikation des Landesorganisationsrechts, dargestellt am Beispiel Thüringen, Baden-Baden 2000.

König, Peter, Neues Strafrecht gegen die Korruption, in: Juristische Rundschau 1997, S. 397 ff.

Korff, Wilhelm (Hrsg.), Handbuch der Wirtschaftsethik, Gütersloh 1999.

Küng, Hans, Globalisierung erfordert ein globales Ethos, Jena 2000.

Lambsdorff, Johann Graf, Wie lässt sich Korruption messen? Der Korruptionsindex von Transparency International, in: Jens Borchert u. a. (Hrsg.), Politische Korruption, Opladen 2000, S. 45 ff.

Larsen, Øjvind, Administration, Ethics and Democracy, Aldershot 2000.

Luhmann, Niklas, Paradigm lost: Über die ethische Reflexion der Moral, Frankfurt a. M. 1990.

- Die Gesellschaft der Gesellschaft, Frankfurt a. M. 1997.

- Zweckbegriff und Systemrationalität, 6. Aufl., Frankfurt a. M. 1999.

MacCormick, Neil, Der Rechtsstaat und die rule of law, in: Juristenzeitung 1984, S. 65 ff.

Mangoldt, Hermann/*Klein,* Friedrich, Das Bonner Grundgesetz, Band 1, Berlin u. a. 1953.

Maravic, Patrick von, Public Management Reform und Korruption, in: Verwaltungsarchiv 2006, S. 89 ff.

Maravic, Patrick von/*Reichard,* Christoph (Hrsg.), Ethik, Integrität und Korruption, Potsdam 2005.

Martinez, J. Michael, Law versus Ethics – Reconciling Two Concepts of Public Service Ethics, in: Administration and Society 1998, S. 690 ff.

Mayer, Franz, Verfassungsrechtliche Grenzen einer Reform des öffentlichen Dienstrechts, in: Studienkommission für die Reform des öffentlichen Dienstrechts, Band 5, Baden-Baden 1973, S. 608 ff.

McCurdy, Howard E., Public Administration: A Synthesis, Menlo Park, California 1977.

Moe, Ronald C., The Emerging Federal Quasi Government – Issues of Management and Accountability, in: Public Administration Review 2001, S. 290 ff.

Morsey, Rudolf, Woran scheiterte die Weimarer Republik?, Köln 1998.

Morstein Marx, Fritz, Stabsorganisation im Großbetrieb: Amerikanische Ausgangspunkte, in: Zeitschrift für betriebswirtschaftliche Forschung 1965, S. 529 ff.

Mummert, Uwe, Wirtschaftliche Entwicklung und Institutionen. Die Perspektive der Neuen Institutionenökonomik, in: Entwicklung und Zusammenarbeit 1998, S. 36 ff.

Neumann, Franz, The Rule of Law. Political Theory and the Legal System in Modern Society, Leamington u. a. 1986.

Nolte, Rüdiger, Change Management in der öffentlichen Verwaltung, in: Verwaltungsarchiv 2005, S. 243 ff.

Nunner-Winkler, Gertrud, Freiwillige Selbstbindung zur Einsicht – ein moderner Modus moralischer Motivation, in: Jutta Allmendinger (Hrsg.), Gute Gesellschaft?, Opladen 2001, S. 174 ff.

Osterloh, Margit, Methodische Probleme einer empirischen Erforschung von Organisationskulturen, in: Eberhard Dülfer (Hrsg.), Organisationskultur, 2. Aufl., Stuttgart 1991, S. 174 ff.

O'Toole, Barry J., The Public Interest: A Political and Administrative Convenience?, in: Richard A. Chapman (Hrsg.), Ethics in Public Service for the New Millenium, Aldershot u. a. 2000, S. 71 ff.

Palazzo, Bettina, Interkulturelle Unternehmensethik. Deutsche und amerikanische Modelle in Vergleich, Wiesbaden 2000.

Pfaff, Dieter, Die EU-Osterweiterung durch Rechtsangleichung: Wege zum acquis communautaire, in: Mahulena Hofmann/Herbert Küper (Hrsg.), Kontinuität und Neubeginn. Staat und Recht in Europa zu Beginn des 21. Jahrhunderts, Baden-Baden 2001, S. 542 ff.

Pfeffer, Kristin, Das Recht auf eine gute Verwaltung, Baden-Baden 2006.

Pohl, Heidrun, Entwicklung des Verwaltungsrechts, in: Klaus König (Hrsg.), Verwaltungsstrukturen der DDR, Baden-Baden 1991, S. 235 ff.

Pollit, Christopher/*Bouckaert,* Geert, Public Management Reform, 2. Aufl., Oxford 2004.

Pratchett, Laurence, The Inherently Unethical Nature of Public Service Ethics, in: Richard A. Chapman (Hrsg.), Ethics in Public Service for the New Millenium, Aldershot 2000, S. 111 ff.

Preuß, Ulrich K., Die Rolle des Rechtsstaates in der Transformation postkommunistischer Gesellschaften, in: Rechtstheorie 1993, S. 181 ff.

Quambusch, Erwin, Die moralische Krise des öffentlichen Dienstes, in: Der Öffentliche Dienst 1992, S. 97 ff.

Reckwitz, Andreas, Die Ethik des Guten und die Soziologie, in: Jutta Allmendinger (Hrsg.), Gute Gesellschaft?, Opladen 2001, S. 204 ff.

Ridley, Frederick, Die Wiedererfindung des Staates – Reinventing British Government, in: Die Öffentliche Verwaltung 1995, S. 570 ff.

Roetz, Heiner, Europa und die „Asiatischen Werte", in: Walter Schweidler (Hrsg.), Werte im 21. Jahrhundert – Wer bestimmt die Richtung?, Baden-Baden 2001, S. 179 ff.

Rogas, Karsten, Ostdeutsche Verwaltungskultur im Wandel. Selbstbilder von Kommunalverwaltern 1992 und 1996 im Vergleich, Opladen 2000.

Rohr, John A., Ethics for Bureaucrats: An Essay on Law and Values, New York 1989.

– Ethics in Public Administration, in: Naomi B. Lynn/Aaron Wildavsky (Hrsg.), Public Administration, Chatham N. J. 1990, S. 97 ff.

– Regime Values, in: Jay M. Shafritz (Hrsg.), Defining Public Administration, Boulder 2000, S. 420 ff.

Rosenbloom, David H., Public Administration: Understanding Management, Politics, and Law in the Public Sector, 4. Aufl., Boston u. a. 1998.

Salon, Serge/*Savignac,* Jean-Charles, Fonctions publiques et fonctionnaires, Paris 1997.

Schaller, Hans, Neue Vorschriften zur Korruptionsbekämpfung, in: Recht im Amt 1998, S. 9 ff.

Schein, Edgar H., Three Cultures of Management: The Key to Organizational Learning, in: MIT Sloan Management Review 1996, S. 9 ff.

Schein, Edgar Hans, Unternehmenskultur: Ein Handbuch für Führungskräfte, Frankfurt a. M. u. a. 1995.

Schreckenberger, Waldemar, Staat und öffentliche Kultur, in: Arthur Benz u. a., Institutionenwandel in Regierung und Verwaltung, Berlin 2004, S. 167 ff.

Schreyögg, Georg, Kann und darf man Unternehmenskulturen ändern?, in: Eberhard Dülfer (Hrsg.), Organisationskultur, 2. Aufl., Stuttgart 1991, S. 201 ff.

Schridde, Henning, Verwaltungskultur, Change Management und lernende Organisation, in: Bernhard Blanke u. a., Handbuch zur Verwaltungsreform, 3. Aufl., Wiesbaden 2005, S. 216 ff.

Schweidler, Walter, Globale Menschenrechte: Einheits- oder Trennungsprinzip der Menschheit?, in: ders. (Hrsg.), Werte im 21. Jahrhundert, Baden-Baden 2001, S. 97 ff.

Scranton, Anneka Marina/*Ranney,* Molly J., Gender Differences in Administrative Ethics, in: Terry L Cooper, Handbook of Administrative Ethics, 2. Aufl., New York u. a. 2000, S. 553 ff.

Siedentopf, Heinrich/*Ziller,* Jacques (Hrsg.), Making European Policies Work: The Implementation of Community Legislation in the Member States, London u. a. 1988.

Simon, Herbert A., The Proverbs of Administration, in: Public Administration Review 1946, S. 53 ff.

Sobota, Katharina, Das Prinzip Rechtsstaat: Verfassungs- und verwaltungsrechtliche Aspekte, Tübingen 1997.

Sommermann, Karl-Peter, Brauchen wir eine Ethik des öffentlichen Dienstes?, in: Verwaltungsarchiv 1998, S. 290 ff.

– Ethisierung des öffentlichen Diskurses und Verstaatlichung der Ethik, in: Archiv für Rechts- und Sozialphilosophie 2003, S. 75 ff.

Speer, Benedikt, Die Europäische Union als Wertegemeinschaft: Wert- und rechtskonformes Verhalten als konditionierendes Element der Mitgliedschaft, in: Die Öffentliche Verwaltung 2001, S. 980 ff.

Steinmann, Horst/*Schreyögg,* Georg, Management: Grundlagen der Unternehmensführung, 5. Aufl., Wiesbaden 2002.

Stern, Klaus, 50 Jahre deutsches Grundgesetz und die europäische Verfassungsentwicklung, Speyerer Vorträge 50, Speyer 1999.

Strohm, Nathalie, Why Germany does not (yet?) have a Nolan Committee. Arbeitspapiere aus der FernUniversität Hagen, polis Nr. 53/2001.

Suchanek, Andreas, Ökonomische Ethik, Tübingen 2001.

Thedieck, Franz, Verwaltungskultur in Frankreich und Deutschland: dargestellt am Beispiel von französischen und deutschen Gemeindeverwaltungen und unteren staatlichen Verwaltungsbehörden, Baden-Baden 1992.

– (Hrsg.), Foundations of Administrative Culture in Europe, Baden-Baden 2007.

Thomas-Tual, Béatrice, Le Code de déontologie de la Police nationale : Un texte passé inaperçu, in: Revue du Droit public 1991, S. 1385 ff.

Thompson, Dennis F., The Possibility of Administrative Ethics, in: Public Administration Review 1985, S. 555 ff.

Tondorf, Günter (Hrsg.), Staatsdienst und Ethik, Baden-Baden 1995.

Tröndle, Herbert/*Fischer,* Thomas, Strafgesetzbuch und Nebengesetze, 54. Aufl., München 2007.

Ule Carl Hermann/*Laubinger* Hans-Werner, Verwaltungsverfahrensrecht, 4. Aufl., Köln u. a. 1995.

Unruh, Georg-Christoph von, Die Veränderungen der preußischen Staatsverfassung durch Sozial- und Verwaltungsreformen, in: Kurt G. A. Jeserich u. a. (Hrsg.), Deutsche Verwaltungsgeschichte, Band 2, Stuttgart 1983, S. 406 ff.

Vigouroux, Christian, Déontologie des fonctions publiques, Paris 1995.

Waldo, Dwight, The Administrative State. A Study of the Political Theory of American Public Administration, New York 1948.

Wallerath, Maximilian, Die Änderung der Verwaltungskultur als Reformziel, in: Die Verwaltung 2000, S. 351 ff.

– Reformmanagement als verwaltungskultureller Änderungsprozess, in: Winfried Kluth (Hrsg.), Verwaltungskultur, Baden-Baden 2001, S. 9 ff.

Wart, Montgomery van, Changing Public Sector Values, New York/London 1998.

Weber, Max, Politik als Beruf, 6. Aufl., Berlin 1977.

– Asketischer Protestantismus und kapitalistischer Geist, in: ders., Soziologie. Universalgeschichte der Analysen, Politik, hrsg. von Johannes Winkelmann, 6. Aufl., Stuttgart 1992, S. 357 ff.

Weingast, Barry R., The Political Foundations of Democracy and the Rule of Law, in: American Political Science Review 1997, S. 245 ff.

Wessels, Johannes/*Hettinger,* Michael, Besonderes Strafrecht, Teil 1, 34. Aufl., Heidelberg 2004.

Wichmann, Manfred/*Langer,* Karl-Ulrich, Öffentliches Dienstrecht, 6. Aufl., Stuttgart 2007.

Wolf, Sebastian, Maßnahmen internationaler Organisationen zur Korruptionsbekämpfung auf nationaler Ebene, FÖV Discussion Papers 31, Speyer 2006.

Wolff, Heinrich A., Das Verhältnis von Rechtsstaats- und Demokratieprinzip, Speyerer Vorträge 48, Speyer 1998.

Wolter, Udo, Freiherr vom Stein und Graf Montgelas: Zwei Modelle der gemeindlichen Verwaltungsreform am Beginn des 19. Jahrhunderts, in: Bayerische Verwaltungsblätter 1993, S. 642 ff.

Wolters, Gereon, Die Änderung des StGB durch das Gesetz zur Bekämpfung der Korruption, in: Juristische Schulung 1998, S. 1100 ff.

Ziller, Jacques, Der öffentliche Dienst in Frankreich, in: Zeitschrift für Beamtenrecht 1997, S. 333 ff.

– EU-Integration and Civil Service Reform, in: OECD/SIGMA: Prepary Public Administrations for the European Administrative Space, SIGMA-Papers No. 23, Paris 1998, S. 156 ff.

Stichwortverzeichnis

Abbaupolitik 707, 711
Ablauforganisation 278, 568 ff., 604, 666, 669, 731
Absprache 249, 381, 385, 521, 630, 857, 872
Abstimmungsprozess 428
Abteilung 93, 112, 144, 249, 283, 291, 295, 299, 300, 332 ff., 339 ff., 429, 471, 545, 577, 586, 773, 786
– Abteilungsleiter 280, 340, 471, 547, 581, 585 f.
Acquis communautaire 786, 834, 845 ff.
Agenda, politische 215
Agendabildung 52, 214, 218 ff., 464
Agentur 9, 25, 135, 176, 271, 574, 635, 684, 698, 702 ff., 764, 800, 827, 870
– Agency 32, 34, 684, 687, 690 ff., 704, 737
– Agentur, europäische 800
– Agenturbildung 723, 800
Akteneinsicht 355, 450, 454, 459
Akzeptanz 65, 210 ff., 265, 427, 451 f., 456 ff., 461, 494, 651, 788 f., 833, 841, 869, 878, 882
– Akzeptanz von Entscheidungen 456
– Akzeptanz, relative 841
– Akzeptanz-Management 458, 461
Alimentationsprinzip 530 f.
Allokationsentscheidung, negative 511
Amt 30, 89, 110, 113, 119 f., 128, 137, 226 f., 236, 291, 298, 302, 331, 336, 481, 495 ff., 499 f., 506, 515, 517, 528, 547, 551, 565 f., 576, 581, 586 ff., 619, 687, 710, 732, 786, 800 f., 807 f., 821, 872, 877
– Amt im organisatorischen Sinne 587
– Amt im personellen Sinne 587

– Amt im statusrechtlichen Sinne 536, 542
– Ämterordnung 143, 536, 546 f.
– Ämtervergabe, befristete 584
– Amtschef 339, 341
– Amtswissen 93, 103, 114, 434, 565
Anciennitätsprinzip 533, 551
Angestellte 511 ff., 522, 536, 556, 560, 580, 610
Angleichung der Statusverhältnisse 514
Anhörung 347, 429, 445, 450, 459
Anreizfunktion 97
Anreizprogramm 102, 253, 256, 617
Ansprechpartner, einheitlicher 831
Äquivalenzgebot 804
Arbeit 24, 39, 64, 73, 131 f., 141, 145, 172, 185, 189, 196 f., 200, 228, 247, 254, 285, 291, 298, 323, 335, 338, 375, 379, 382 f., 434, 441, 499, 504, 512, 520, 552, 575, 582, 610, 669, 675, 695, 704, 722, 726 ff., 751, 755, 758, 770, 840, 841, 857, 870, 880
– Arbeitsethos 851, 880, 882
– Arbeitsplatzsicherheit 529, 554, 875
– Arbeitsteilung 94, 145, 188, 213, 242 f., 281, 290, 295, 298, 387, 394, 397, 402, 474, 558, 596, 601, 683, 714 f., 751, 762 f., 851, 858
– Arbeitsverhältnisse 11, 142, 516, 612
– Arbeitszeit 517 f., 670, 694
Arbeiter 62, 157, 185, 513 f., 536, 556, 876
Arbeiterselbstverwaltung 6, 131, 743
Arbeitnehmerschaft im öffentlichen Dienst 513
Aufbauorganisation 187, 278, 295, 338, 708
– Aufbau, hierarchisch-pyramidenförmiger 331, 577

Aufgabe, öffentliche 95, 111, 115, 133, 183 ff., 205, 208, 213 f., 220, 224, 227, 235 ff., 249 ff., 266 ff., 288, 297, 339, 398, 399, 403, 406, 455, 511, 518 f., 534, 554, 616, 619, 622, 628, 635, 651, 676, 686, 695 ff., 707, 714, 801, 830, 855, 870
- Aufgabe, hochinterdependente 409
- Aufgaben, Entwicklung 183
- Aufgaben, öffentliche, Begriff 187
- Aufgabenbestand 616
- Aufgabenbestimmung 134, 187, 192, 213, 410, 411
- Aufgabeneuropäisierung 801, 804
- Aufgabenfelder 22, 185 f., 220, 225 f., 273, 329, 335, 811
- Aufgabengliederungsplan 186
- Aufgabenhomogenität 295
- Aufgabenkritik 70, 111, 144, 149, 183 ff., 213, 236, 239 ff., 244 ff., 402, 406, 487, 619, 620, 675, 714 f., 718, 763
- Aufgabenplanung 221 ff., 235, 404 ff., 464, 469, 668, 828
- Aufgabenpolitik, expansive 213
- Aufgabenpolitik, kontraktive 186, 235 f., 244, 246, 373, 403, 675 f., 699
- Aufgaben- und Finanzplanung 71, 239, 405, 408, 639, 659, 664
- Aufgaben- und Ressourcenplanung 406, 828
- Aufgabenvorhaben, Vorprüfung 205
- Aufgabenwachstum 18
- Aufgabenwahrnehmung 21 ff., 188, 235, 254 ff., 261 ff., 316, 324 f., 554, 608, 616, 635, 696, 728, 831
- Aufgabenwahrnehmung, Modalitäten 248 ff., 257 ff., 265 ff., 277
- Gemeinschaftsaufgaben 188, 296, 329, 394, 397, 662 f.
Aufsicht 246, 299, 304 ff., 315, 326, 372, 476, 546, 608
- Aufsichtmittel, repressive 476
- Fachaufsicht 288, 299, 475 f., 608, 716
- Rechtsaufsicht 288, 476, 608

Aufstieg 214, 391, 492, 541 f., 849
- Aufsteiger 563, 827
- Bewährungsaufstieg 541
- Bildungsaufstieg 541
- Funktionsaufstieg 588
Ausbildung 46, 558
- Ausbildung, akademische 539
- Ausbildung auf Fachhochschulebene 541
- Ecole national d'administration 128
- Verwaltungsstudium 44 ff., 64, 72 ff., 539
Auslegung 198, 258, 398, 413, 441 ff., 562, 622, 626, 639, 799, 868
Ausschreibung 549, 686, 689, 692
- Ausschreibung von Dienstleistungen 689
- Ausschreibungs-Modell 685
Ausschuss 49, 110, 334, 342 ff., 422, 830
- Ausschuss der Regionen 826
- Ausschuss, interministerieller 343
Außenministerium 820
Außenseiter 535, 557, 560 ff., 579, 583
Autonomie 11 f., 33, 66, 179, 288, 301, 306 ff., 321 ff., 390, 418, 602, 663, 685, 735, 749, 772, 787, 800, 882
Autoritarismus, konsultativer 147, 157
Autorität, traditionelle 768 f.
Avantgarde 5, 131, 135, 608

Balanced Scorecard 726
Basiseinheit 4, 21, 283 ff., 337 ff., 423
- Makroorganisation, Basiseinheit 285
- Mikroorganisation, Basiseinheit 285
Basisfunktion 32 ff., 91, 102, 349
Beamtenstaat 10, 94
Beamtentum 11, 34, 38, 87, 103, 113, 123, 142, 281, 490 ff., 499, 503, 508, 510 ff., 525, 528, 531 ff., 546, 581, 613, 675, 805, 816, 834, 870, 876
- Beamtenethos 868, 871, 881
- Beamtenschelte 887
- Beamtenstand 497 ff., 520

- Beamtenstatus 520, 525, 575
- Beamtenvorbehalt 509, 511
- Beitrittsbeamtentum 613
- Berufsbeamtentum, hergebrachte Grundsätze 115, 515, 522, 717, 871
Beamter, Politischer 16, 88, 517, 523, 581 ff., 587
Beauftragte 300
Bedarfsdeckungsfunktion 238, 405
Befähigung, unternehmerische 167
Befangenheitsregel 108, 450, 843, 875
Beförderung 169, 529 ff., 540, 544, 551 f., 556, 587, 807, 827
- Beförderungsgründe 551
Befugnisse, hoheitsrechtliche 508 f., 613
Begründungspflicht 238, 353, 424, 508
Behavioral approach 54, 62 f.
Behörde 21, 64, 87, 93 ff., 106, 111, 120, 134, 169, 212, 279, 280, 284 ff., 293, 299 ff., 312, 323 ff., 336, 340, 347, 380, 384, 413, 419, 427, 431, 445 ff., 456, 462 f., 466, 475 ff., 485, 524 f., 540 ff., 549, 555, 558, 561, 572 ff., 611 ff., 620, 684 f., 687, 701, 708, 715 ff., 725, 747, 773, 780, 803, 826, 829, 851 f., 855 f., 869, 871, 874, 878, 885
- Behördenprofil 853
Beihilfe 275, 514, 555, 734, 831
Belastungen, administrative 705
Beliehener 268
Benchmarking 438, 689, 715 f., 726, 733
Berichtswesen 466
Berlin-Umzug 710
Beruf
- Berufsanforderungen, berufsethische 876
- Berufsbeamtentum 117, 128, 137 ff., 142, 149, 291, 497 ff., 503, 509, 515, 565, 570, 582, 588, 594, 611 ff., 669, 717, 881
- Berufsethos 92, 253, 528, 557, 694, 866 ff., 877 ff.
- Berufsethos des Verwaltungsdienstes 866 ff.
- Berufsweg 113, 139 f., 532, 533, 536, 540 ff., 560, 658, 805, 809

- Berufszufriedenheit 888
- Berufszugang 113, 139, 532 f., 536 ff., 544, 805, 809
Beschäftigung
- Beschäftigung, temporäre 512
- Beschäftigungsgrundsatz 612
- Beschäftigungsquote 22
- Beschäftigungssicherheit 522, 529
- Teilzeitbeschäftigung 514
Bescheidfunktion 748
Beschleunigung
- Beschleunigung von Gesetzgebungsvorhaben 708
Beschlussfassung 155, 326, 430
Best practices 466, 475
Betätigung, politische 12, 18, 500 ff.
Beteiligte 447, 450, 459
Beteiligung 115, 212, 240, 244, 252, 271, 317, 325 f., 375, 413, 428, 447 ff., 459, 518, 526, 549, 556, 609, 654, 758, 830, 848
Beteiligungspolitik 239 f., 675
Betreuungspflicht 450, 453
Betriebsgröße, optimale 20, 296
Betriebswirtschaftslehre, Öffentliche 37, 42 ff., 52, 58 ff., 71, 75, 92, 278 f., 299, 349, 361, 365, 439, 468, 478, 483, 552, 571, 658, 724 f., 740 f.
Beurteilungsspielraum 13, 364
Beurteilungswesen 552
Beutesystem, politisches 38, 498
Bezahlung 116, 512, 517, 530, 543, 547, 670, 816, 840
- Bezahlung, leistungsbezogene 530
Beziehungen, intergouvernementale 324
Beziehungen, interorganisatorische 810, 825 f., 829
Beziehungen, transgouvernementale 772, 812
Bildungsanforderung 537
Bildungsinhalt 539
Binnenrationalisierung 22, 49, 95, 361, 683, 707 f., 712, 715
Budgetverantwortung, dezentrale 725
Bundeswehrverwaltung 31
Bürgeramt/Bürgerbüro 295, 749, 762
Bürgerkommune 78, 712 f., 716, 727
Bürgerkrieg 823
Bürgermeister, hauptamtlicher 575

Bürgerorientierung 662
Bürokraten, politische 16, 503, 582
Bürokratie 10 ff., 50 ff., 84, 87,
  105 ff., 121, 124, 128, 130, 135,
  137, 142, 149, 154, 159, 164, 170,
  183, 261 ff., 345 f., 356, 381, 452,
  491 ff., 515, 582 f., 598, 643 f.,
  648, 666, 680, 685, 691 ff., 712 f.,
  719, 731, 743, 749, 764, 791, 886
– Bürokratie, legalistische 14, 124 f.,
  657
– Bürokratie, managerialistische 124
– Bürokratiekritik 9, 55, 105 f., 117,
  149, 209, 245
– Bürokratiemodell 53, 729 ff., 738
– Bürokratisierung 105 f., 116, 124,
  130, 207, 504, 598, 663, 671 f.,
  765, 791, 800, 807, 826, 886
– Bürokratismus 107, 111, 117, 123,
  149, 734, 749, 791
– Entbürokratisierung 235, 671 f.,
  749, 765, 791
Bürokratie, repräsentative 106, 494 f.,
  805
Bürokratiekostenmessung 719

Change Management 853
Citizen Charter 124, 688, 702
Civic Culture-Administration 50,
  121 ff., 605, 630
Civil Service 38, 41, 81, 84, 116, 122
  f., 492 ff., 500, 504 ff., 512, 517 ff.,
  522 ff., 528, 530 ff., 540, 544 ff.,
  559, 563, 566 ff., 574 f., 579 ff.,
  641 f., 659, 684, 690 ff., 743, 768,
  770, 804 f., 839, 845, 870, 875,
  879, 888
Community Development 646
Contracting Out 49, 270 ff.
Controlling 438, 467 ff., 475, 478,
  569, 647, 687, 709 f., 716 f., 726,
  732, 871
– Beteiligungscontrolling 472, 726
– Controlling, operatives 469
– Controlling, strategisches 469, 473
– Controllingsysteme 725
– Fördercontrolling 726

Daseinsvorsorge 185, 273 ff., 357,
  395, 462, 521, 618 f., 665, 683,
  721, 754, 830 f., 834
Dateien
– Datenbank 641, 750
– Datenschutzrecht 456
– Datenschutzregeln 746
– Datensicherung 82, 838
Datenverarbeitung, elektronische 351,
  427
Dekonzentration 147 ff., 287, 295,
  304, 310 ff., 316, 320, 324, 330,
  651, 842
Delegation 125, 131, 295, 637 ff.,
  785, 884
Demokratie 5, 7, 12 f., 35, 39, 50, 51,
  92, 106, 121 ff., 129, 201, 226, 250,
  257, 265, 280, 293 f., 307, 346, 350
  ff., 355, 400 ff., 408, 416, 428 ff.,
  442, 447, 452, 459, 471, 481, 491,
  502 f., 507, 522, 525, 574 f., 593
  ff., 598 ff., 611 f., 633, 650, 655,
  679, 688, 730, 735 ff., 751, 780,
  789, 791, 810, 815 ff., 834, 846,
  860 ff., 879, 888
– Demokratie, elektronische 746
– Demokratie, freiheitliche 597
– Demokratieprinzip 197, 201, 446,
  479, 859 f., 864
– Demokratisierung 59, 146, 305,
  321 ff., 346 f., 503, 660, 694, 706,
  811
– Refounding Democratic Public
  Administration 39, 50, 92, 736
Denkfabrik 226 f., 818
Deontologie 874
Dependenz 174, 180, 319
Deprivilegierung 490 f.
Deregulierung 236, 247 f., 263, 385,
  617 ff., 671 ff., 680, 696 ff., 707,
  708, 714, 749, 819, 844
Devolution 287
Dezentralisierung 149, 228, 287, 293
  ff., 301 ff., 473, 533, 559, 608, 617,
  637 f., 651, 662, 678, 683, 691,
  694 ff., 704, 800, 816, 866
– Dezentralisierungsprozess 317, 320
Dezisionismus 159, 238, 243, 352,
  403, 592
– Dezisionismus, politischer 239,
  351
Dienst nach Vorschrift 13, 463, 526
Dienst, öffentlicher 11 f., 17, 21, 29,

32, 39, 41, 70 ff., 83, 90 ff., 113 ff., 123, 127, 161, 169, 177, 253, 274, 282 ff., 428, 490 ff., 586 f., 593, 602, 614 f., 639 f., 658, 669 ff., 679, 690 ff., 700 ff., 707, 751 ff., 765, 770, 776, 805, 815, 817 f., 822, 832, 842, 851, 867 ff., 881 ff., 886
Dienstalter 551
Dienstanweisung 280, 361, 386, 415
Dienstdoktrin 818
Dienstleistung 22 ff., 32 ff., 70, 80, 91, 102, 126, 132 f., 158, 187, 218, 241, 248, 253, 254, 257 f., 274 ff., 290, 349, 356 f., 361, 365, 438, 456, 469, 486, 496, 508 ff., 515, 519, 525, 528 ff., 545, 554, 591, 616 ff., 620, 627, 676, 684 ff., 696 f., 713, 717, 733 ff., 739, 747, 750, 757 ff., 802, 808, 811, 830 f., 857, 886 ff.
Dienstleistungsgesellschaft 3, 257, 753, 757
Dienstleistungsstaat 271, 277
Dienstleistungsstandard 704
Dienstposten 160, 509, 535 ff., 542, 547, 551, 585 ff., 613, 805 ff.
– Dienstpostenbewertung 542, 546
Dienstrechtsreform 11, 29, 115 ff., 509, 515, 520 ff., 527 f., 533, 543, 587 f., 669 f., 677, 859, 870
– Studienkommission für die Reform des öffentlichen Dienstrechts 11, 29, 115 ff., 515 ff., 543 f., 552 f., 558, 561, 581 f., 585, 669 f., 805 ff., 859, 870
Differenzierung, funktionale 8, 15, 97, 595, 759
Differenzierung, soziale 7, 101, 190, 273, 402, 595, 645
Discipline-carrefour 60
Diskurstheorie 51, 64 ff., 760
Disziplin 16, 37, 73, 113, 142, 155, 258, 261, 655, 775, 877 f., 881
Disziplinarität 73
Dokumente, elektronische 448
Doppik 439, 723, 732, 740
Down-Sizing 683, 699 f., 718
Dritte Welt 80 ff., 88, 100, 128, 160 ff., 171 ff., 319, 324, 566, 591, 631 ff., 646 ff., 678, 769, 774 ff., 794,
824, 838 f., 863, 873
Durchsetzung 153 ff., 193, 313, 381 f., 446, 451, 462, 596, 633 f., 658 ff., 766, 787, 840

Ebene, subnationale 27, 825
Effektivität 71, 79, 87, 98, 125, 148, 343 ff., 362, 411, 425, 450, 464, 479, 578, 598, 661, 682, 698, 708 ff., 717, 721, 738, 741, 749, 755, 788, 816, 829, 834, 847, 856, 866, 872, 880 ff.
– Effektivitätskriterium 294, 409
Effizienz 20, 86, 98, 125, 138, 148, 169, 305, 309, 313, 345, 361, 372, 409, 450, 464, 530 ff., 569, 598, 682, 688, 698, 708, 717, 721 ff., 738, 741, 749, 847, 856, 866, 870 ff., 880 ff.
– Effizienzgebot 804
– Effizienzrendite 711
Ehrenamt 496
Eigenständigkeit 8 ff., 164, 180, 283, 320 f., 532, 604, 888
Eigentum, öffentliches 619
Eignung, politisch-ideologische 137
Eingangsexamen 538
Eingriffsverwaltung 13, 41, 510 f.
Einheit von Beschlussfassung und Durchführung 145, 595
Einheit von Sach- und Ressourcenverantwortung 409
Einheitlichkeit des Dienstrechts 516 f.
Einkommenskürzung 700
Ein-Linien-Organisation 296
Einschätzungsprärogative 364
Einzelakt 386
Elastizität, sekundäre 256, 443, 572, 592
Electronic Government 86, 427, 744 ff.
Eliten, prismatische 168
Engpassfaktor, Verwaltung als 319, 513, 600, 634, 644
Entfremdung 3, 10, 106, 111, 744, 752
Entgrenzung 318
Entkolonialisierung 642, 769
Entscheidung 4, 9, 13, 16, 31 ff., 70, 80, 91, 96, 103, 111, 152 ff., 166, 193, 204 ff., 215, 238, 255 ff., 305,

310, 323, 349 ff., 361, 364 ff., 379,
386 f., 395 ff., 403 ff., 434 ff., 451
ff., 461 ff., 474 ff., 482 ff., 494, 508
ff., 525, 545, 562, 579, 607, 617,
628, 650 ff., 689, 711, 726, 752,
781, 794, 799, 802, 819, 857, 866,
877
- Entscheiden als
  Verwaltungsfunktion 349
- Entscheiden, inkrementales 244
- Entscheidung bei Sicherheit 354
- Entscheidung bei Ungewissheit
  354
- Entscheidung bei Unsicherheit 354
- Entscheidung, Darstellung 451
- Entscheidung, individuelle 89
- Entscheidung, programmierende
  386
- Entscheidung, programmierte 103,
  387, 452, 457
- Entscheidungsautonomie 180, 320
- Entscheidungsbegriff 349, 351
- Entscheidungsbegriff,
  existenzialistischer 352
- Entscheidungsmethode 436, 562
- Entscheidungsmodelle, offene,
  geschlossene 365
- Entscheidungsmuster, offene 388
- Entscheidungsphase 464 ff.
- Entscheidungsprozess 192 ff., 244,
  262, 368 ff., 387, 400, 451 ff., 458,
  465, 545, 659
- Entscheidungsregeln 252, 354,
  365, 439
- Entscheidungstechniken 222, 236,
  562, 668
Entwicklung, dauerhafte 649
Entwicklungsagentur 714, 763, 776
Entwicklungsbegriff 160 ff.
Entwicklungshilfe 83, 169, 176 ff.,
  236, 646
Entwicklungsland 27, 41, 72, 82 ff.,
  127, 131, 160 ff., 302 f., 306, 315
  ff., 492, 534, 539, 543, 558, 565,
  568, 631 ff., 678, 774 ff., 796, 814
  ff., 839, 863, 873, 879
Entwicklungspolitik 60, 70, 80, 83,
  160 ff., 171 ff., 303, 465, 479, 489,
  539, 566, 601, 634 ff., 655 f., 776,
  839
Entwicklungsverwaltung 81, 130,
160 ff., 319, 591, 631, 634, 643 ff.,
839
- Verwaltung der Entwicklung 170
  f., 180, 591, 634, 643, 646, 648
Erforderlichkeit 206, 209, 274, 430
Ergebnisorientierung 87, 95, 569, 573,
  694, 853
Ergebnissteuerung 684 ff., 692
Ergebnisverantwortung 77, 441, 682,
  725
Ermessen 13, 36, 65, 256, 351 ff.,
  364, 384, 390, 441, 494, 550, 858,
  869
- Ermessensentscheidung 868
Etatismus 18, 26, 102, 134, 242, 591,
  599, 604, 616 ff., 814
Ethik/Ethos 56, 93, 253, 266, 357,
  571, 694, 840, 843, 866 ff., 880 ff.
- Bereichsethos, ausdifferenziertes
  881
- Ethics Infrastructure 874
- Normativität des Ethischen 883
- Pflichtethik 882
- Verwaltungsethos 867 ff., 881
Europafähigkeit 786, 833
Europäisierung 263, 778, 783, 787,
  790, 801 ff., 810, 832 ff., 837, 848,
  853
Evaluierung 27, 95, 100, 162, 193,
  206, 212, 245, 254 ff., 306 ff., 322
  f., 328, 358, 363, 425, 438, 449,
  467, 485 ff., 558, 673, 691, 704 f.,
  736, 828, 843, 865
- Ex ante-Evaluation 486
- Ex post-Evaluation 486
Exekutivpolitiker 16, 88, 93, 466, 501,
  505 f., 563, 577, 582 f., 615

Fach- und Ressourcenverantwortung,
  dezentrale 727
Fachkenntnis 561, 565
Fachministerium 813, 820 ff.
Fachverwaltung 119, 432, 498, 721,
  772, 785
Feasibility-Studie 465
Fehlverhalten des Beamten 262, 476,
  796, 875, 881
Finanzausgleich 328, 406
Finanzausgleich, bundesstaatlicher
  664

Finanzbedarf, Ausdehnung 184
Finanzen, öffentliche, Sanierung 236
Finanzplanung, mittelfristige 186, 194, 235 ff., 258, 394 ff., 403 ff., 664 ff., 677
Finanzvermögen 25, 619 ff.
Finanzwissenschaft 44, 58 ff., 75, 396, 404, 412 ff., 483
Flächennutzung 407
Flusskommission 767
Föderalismus 84, 128, 146, 216 f., 223, 242, 280, 290, 303, 307, 311, 327, 477, 501, 605, 620, 701, 750, 806, 823, 836
- Föderalismus, exekutiver 326
- Föderalismus, separativer 306
- Föderalismusreform 315, 329, 663, 717 f.
- Parität, proportionale föderale 495
- Strukturen, föderale 605
Fonction publique 116, 512, 517 ff., 528, 546, 559
Formalisierung 113, 214 f., 221, 255 ff., 280 ff., 296, 372, 445, 448, 518, 580
Formalismus 107, 112, 149, 167, 440, 644, 735, 743, 784
Formalität 63, 112, 249, 282, 296, 359, 440, 448, 851
Formalziel 294
Fortbildung 60, 70 ff., 87, 113 f., 197, 228, 271, 317, 338, 513, 539 ff., 555, 560, 566 f., 613 ff., 659, 693, 714 ff., 743, 756, 774, 875
- Anpassungsfortbildung 540
- Förderungsfortbildung 540
Frauenanteil 493 f.
Freizeitgesellschaft 514, 755
Freizügigkeit von Arbeitnehmern 509 f., 802, 813, 832 ff.
Fremdschätzung 887 f.
Führung 44, 70, 77, 145, 165 f., 214 f., 221, 225, 298, 341, 342 ff., 428, 468, 513, 561, 570 ff., 585, 668, 682, 705, 745, 798, 827, 851, 856, 878
- Führung, kooperative 570 ff.
- Führungsfunktion 566, 585, 588, 883
- Führungsgestalt, charismatische 166

- Führungsgrundsätze 572 f.
- Führungshilfskraft 580
- Führungskultur 852
- Führungspersönlichkeit 571, 580
- Führungsrichtlinien 573
- Führungsrolle 775
- Führungsstil 572, 856
- Menschenführung 570
Funktionalisierung 300, 536 f., 542, 547, 587
Funktionalisierung des Laufbahnrechts 536
Funktionalreform 21, 661 f., 677
Funktionenplan 186, 194, 258
Funktionenplan, budgetärer 186 f.
Funktionsgruppe 510, 536
Funktionssystem 15 f., 18, 32, 80, 88, 90 f., 108, 120, 351, 601, 605, 647, 792

Garbage Can Model 366
Gebietskörperschaft 27, 60, 236, 397, 510, 526, 544, 627, 698, 773, 826
Gebietsreform 301, 607
Gegenmoderne 130
Gegenmodernisierung 595 ff.
Geheimhaltung 454
Gehör, rechtliches 450, 847, 859
Gehorsamspflicht 356, 527
Geld 19, 36, 49, 67, 93, 113, 151 f., 174, 250 ff., 261, 264, 288, 317, 357, 360, 366, 388, 404, 409, 415, 435 ff., 461, 475, 565, 660, 724, 857, 867, 871, 880
Gemeindefinanzreform 664
Gemeinschaften, autonome 309, 326
Gemeinschaftsgewalt, europäische 787
Gemeinschaftsmethode, europäische 799, 829
Gemeinschaftstreue 826
Generaldirektion 134, 799, 826
Generalist 42, 71, 113 f., 167, 324, 558 ff., 762
- Jurist als Generalist 560
Generalklausel 211, 390
Generalsekretariat 799
Geschäftsbereich, nachgeordneter 709
Geschäftsordnung 93, 280, 344, 415, 419, 445, 569

- Geschäftsordnung, Gemeinsame 213, 419 ff.
Geschäftsprozessoptimierung 474
Geschäftssegment 96
Gesellschaft, postsozialistische 815
Gesetz 14, 19, 24, 47, 57, 152, 155, 169, 202, 206 f., 213, 249 f., 265 f., 288, 311 f., 326 f., 350 ff., 370 f., 386 ff., 415 ff., 432 ff., 440 ff., 452, 462 ff., 487, 521 ff., 544 ff., 550, 595, 598, 607, 620, 629, 637, 672 f., 704, 713, 719, 748, 769, 844, 860, 877
- Änderungsgesetz 433
- Artikelgesetz 237, 403
- Fachgesetz 237, 395
- Gesetz, im formellen Sinne 250, 257, 282, 399, 402, 415
- Gesetz, im materiellen Sinne 250
- Gesetze, Klassifikation 14, 19, 24, 47, 57, 152, 155, 169, 202, 206 f., 213, 249 f., 265 f., 288, 311 f., 326 f., 350 ff., 370 f., 386, 389 ff., 415 ff., 432 ff., 440 ff., 452, 462 ff., 487, 521 ff., 544 ff., 550, 595, 598, 607, 620, 629, 637, 672 f., 704, 713, 719, 748, 769, 844, 860, 877
- gesetzesakzessorisch 250, 357
- Gesetzesentwurf 15, 214
- Gesetzesflut 245, 430, 671
- Gesetzesgebundenheit 13
- Gesetzesinitiative 416 f., 729
- Gesetzesvorbehalt 13, 211, 382, 425, 525 f.
- Gesetzesvorbereitung 207, 417, 419, 422, 430
- Maßnahmegesetz 390, 398
Gesetzesevaluation 673
Gesetzesfolgenabschätzung 59, 213, 421, 465 f., 715, 719 f., 791
- Gesetzesfolgenabschätzung, prospektive 465, 486, 718
Gesetzgebung 9, 12 ff., 29, 126, 195, 205 ff., 245, 249, 265, 268, 314 f., 325 ff., 350, 391 f., 398, 415 ff., 425 ff., 466, 510, 521, 569, 605, 673, 735, 761, 788 ff., 799, 825, 829, 845, 877
- Gesetzgebung, kodifikatorische 391
- Gesetzgebungsarbeit 416 f.

- Gesetzgebungsaufträge 197
- Gesetzgebungszuständigkeit 311, 314 ff.
Gesundheitsvorsorge 195, 230, 324, 609, 758
Gewährleistungsfunktion 102, 258, 270, 686
Gewährleistungsstaat 267 ff., 277, 712
Gewährleistungsverantwortung 267 f., 714, 836
Gewalteneinheit 29, 33, 145, 148, 155, 595, 605, 863
Gewaltenteilung 145, 257, 288, 293, 387, 597, 605, 860
Gewaltmonopol 8, 261 ff., 461
Gießkannenprinzip 237, 403
Gipfeltreffen 812 f., 822
Gleichbehandlung 112, 436, 495 f., 521 ff., 734, 735, 881, 885
Globalbudget 685, 777
Globalisierung 33, 97, 263, 300 ff., 571, 601, 656, 698, 778 ff., 793 ff., 810 ff., 840, 848, 853
- Ebene, globale 771, 781
Globalsteuerung 394
Governance 17, 25, 72, 88, 95 ff., 254, 259, 262, 268, 277, 302, 446, 505, 567, 574 f., 583, 600, 641 ff., 650 ff., 680, 687, 701, 705, 712, 742 ff., 764 f., 780 ff., 788, 795 f., 815 ff., 825, 829, 834 ff., 841, 855, 862 ff., 880
- Corporate Governance 97, 265 ff., 651, 742
- Good Governance 58, 83, 98, 104, 457, 650 ff., 829, 846
- Governance, elektronische 745
- Governance, europäische 783
- Governance, globale 97 ff., 102, 778 ff., 793 ff., 812
- Governance-Konzept 101, 262, 788
- Governance without Government 97 ff., 795
Grenzkontrollen 784
Grundbedürfnisse 82, 171, 175, 213, 733, 781
Grundgesetz, Beitritt zum Geltungsbereich 598, 604, 862
Grundordnung, freiheitlich demokratische 597

- Extremisten-Beschlüsse 502
Grundrechte, soziale 200
Grundrechtsgewährleistung 195
Grundsatzabteilung 343, 667
Gruppen, ethnische 492, 496
Gruppenreferat 339
Güter, öffentliche 99, 187 ff., 193, 213, 365, 394, 397, 460, 717, 763, 790 ff., 811, 886
Güter, private 190, 616

Halb-Beamter 596
Handeln, individuelles 89
Handlungsauftrag 201
Handlungsformen 27, 117, 128, 210, 250 ff., 325, 372 ff., 425, 677, 803
- Handlungsformen, verfahrensgesetzliche 372
Handlungsgrundsätze 413, 422, 434
Handlungsinstrumentarium 155, 249, 803
Harmonisierung 639, 784, 837
Haushalt 45, 64, 70, 93, 110, 152, 169, 186, 194, 221, 237 ff., 250, 261, 343, 350, 399, 401 ff., 414, 469, 510, 545 ff., 554, 585, 675, 711, 771, 859
- Haushaltsgrundsätze 413
- Haushaltsgrundsätzegesetz 437, 664
- Haushaltskonsolidierung 238, 403, 709, 718
Haushalts- und Rechnungswesen 438 ff., 687, 716, 724 ff., 740 f., 828
Herrschaft 8 f., 39, 80, 105 f., 125 ff., 137 ff., 165 ff., 288, 321, 391, 449, 492, 496, 604, 643 f., 649, 751, 768 f., 789 ff., 854, 862 ff., 876
- Herrschaft, bürokratische 105
- Herrschaftsausübung und Bildungswesen 768
- Herrschaftsträger 35
- Herrschaftsverhältnisse 8, 106, 165, 396, 479, 593, 789
Hierarchie 8, 21, 35, 98, 106, 110 ff., 283, 296, 299, 302, 331 ff., 356, 387, 391, 462 f., 469, 527, 551, 732, 744, 750, 817, 836, 848
- Befehl und Gehorsam 151, 572

- Hierarchieebenen, Abbau 727
- Hierarchy of Decisions 386, 391, 463
- Nebenhierarchie 144, 347, 386, 556
Hoheitshandeln, schlichtes 379
Holocaust 886
Homo oeconomicus 63, 190, 358, 361, 400, 680
Human-Relations-Schule 47

Illegalität, brauchbare 442 f., 463
Implementation 31, 35, 86, 101, 124, 193, 206, 210, 216, 219, 254, 370, 381, 397, 424, 434 ff., 459, 462, 465, 480, 489, 508, 616, 632, 663, 668, 832, 845 ff.
- Implementationslücken 738
Indikatoren, ökonomische 171, 412, 631
Indikatoren, soziale 191, 411 f.
Individualisierung 64, 363, 434, 530, 691, 695
Industriegesellschaft 751, 754
- Staat der Industriegesellschaft 752
Informalität 249 f., 280 ff., 381, 448, 785
Information 6, 91, 214, 261, 265, 298, 343, 354, 362, 388, 406, 428, 435, 448, 455, 468, 617, 666, 705, 711, 720, 726, 744 ff., 754, 759, 761, 819, 824, 868
- Informationsfreiheit 455, 655
- Informationsfreiheitsgesetze 455
- Informationsfunktion 468 ff., 746
- Informationsgesellschaft 745 f., 754
- Informationsverarbeitung 293, 295, 334, 353 ff., 393, 428, 451, 486, 832
- Informatisierung der Verwaltung 745 ff.
- Selbstbestimmung, informationelle 196, 746
- Zugriffe, informationale 746
Informations- und Kommunikationstechniken, elektronische 744
Informations- und Kommunikationstechnologie 86,

389, 514, 697, 703, 744, 747 f.,
778, 837, 852
Infrastruktur 6, 23 ff., 86, 133, 151,
178, 183 ff., 191, 235, 249, 259 f.,
313, 395 ff., 410, 413, 450, 459,
596, 636 ff., 648, 656, 755, 784
Infrastrukturfunktion 233 f., 260, 471
Inkrementalismus 367, 848
Institution 8, 19, 27, 31 ff., 49, 55, 64,
76, 82 ff., 98 ff., 116, 134, 161,
165, 169 ff., 179, 193, 214, 220,
223, 237, 258, 307, 309 f., 318, 322
f., 346 ff., 370, 375, 377, 403 f.,
419, 440, 448, 456, 459, 475, 518,
540, 567, 599 ff., 628 f., 635, 642,
646, 649, 653, 656, 680 ff., 688,
730, 737 f., 751, 760, 769, 772,
774, 780 f., 806, 816 ff., 825, 853
ff., 860 ff., 887
- Bindung, institutionelle 89 f.
- Institutionenbildung 83, 88 f., 173
  ff., 490, 602, 631, 634, 679, 724,
  791, 815 f., 862 ff.
- Institutionenentwicklung 85, 88,
  100, 180, 634
- Institutionenpolitik 600
- Institutionentransfer 84, 88, 100,
  120, 601 ff., 679, 777
- Institutionenvertrauen 456, 885,
  888
- Institutionenwandel 84 f., 89, 300,
  359, 375, 379, 439 ff., 449, 453,
  459 ff., 490, 592, 598, 603 ff., 630,
  634, 739, 744, 778, 833 ff., 848,
  853
Institution, totale 17, 746
Institutionenökonomik 44, 76, 83, 89
f., 174, 650, 679, 863
Instrumente 24, 102, 136, 210, 255,
288, 425, 488, 711, 724 ff., 729,
736
Instrumente und Formen des
Staatshandelns 24, 103, 210 f., 249
ff., 261 ff., 357
- Handlungsinstrument 210
- Instrumente der Finanzpolitik 251
- Instrumente, marktkonforme 264
- Steuerungsinstrumente,
  betriebswirtschaftlich generierte
  729
Integration 7, 16, 24 f., 45, 49, 61, 65,
71 ff., 83 f., 100, 120, 128, 160, 167
f., 174, 179, 242, 260, 273, 290,
295, 305, 308, 325, 339, 344, 392
ff., 404, 504, 509, 529, 567, 594 f.,
600, 609 ff., 645 f., 653, 664, 675,
678, 738 f., 783 ff., 798, 822 ff.,
830 ff., 845, 863
Integration, Deutschland 24
Integration, europäische 72, 86, 120,
274, 302, 601, 783, 822 ff., 833,
837
Integration, soziale 176, 532
Integrität 23, 158, 183, 478, 513, 570,
872, 876 f., 880 ff.
Intendantureinheit 298, 342, 545
Interdisziplinarität 60, 73 ff.
Interessentheorie 35, 792
Interessenverarbeitung 355, 407
International desk 820
Internationalität 33, 70, 121, 596, 787,
797, 810
- Internationalisierung 97, 174, 767,
  810
Internet 45, 86, 429, 456, 745 ff., 777
f., 795 f., 800, 818
Interpretationsmethode 441
Intervention, friedenssichernde 824
Intranet 429, 746 ff.
Isomorphie 27, 118 ff., 128, 283, 290
f., 592, 836, 844

Judikative 31, 33, 188, 204, 290, 352,
482, 595, 633

Kabinett 68, 208, 406, 419, 422, 429,
469, 772, 800, 826, 827, 860 f.
Kader 134 ff., 154, 596, 608 ff., 643,
845, 850, 854, 876
- Kaderpolitik 136 ff., 539, 643, 854,
  876
- Kaderreserve 140
- Kader-Stand 141 ff.
Kaderverwaltung 6, 17 ff., 33, 39, 45,
58, 81, 101, 130 ff., 164 f., 170, 174
ff., 291, 370 ff., 384, 564, 591, 594
ff., 604, 609, 611, 614, 629, 634,
642 ff., 657, 678, 743, 766, 775 ff.,
786, 814, 832 ff., 839, 845, 854
Kameralistik 439, 724, 740
Kameralschule 40

Kapitalismuskritik 9
Karriere 214, 532, 551 ff., 564, 582
- Karriereprinzip 533 ff., 542 ff.
- Karrieretypus 505
Kibbuzbewegung 6
Klientelorientierung 33, 335, 885
Koalititionsverhandlungen 223
Kodifikation 279, 294 ff., 373, 392, 433, 877 f.
- Kodifikationsidee 152, 391 ff., 432, 445
Kohärenz 164, 788, 810, 829, 834
Kollegialstruktur 341
- Einrichtungen, kollegiale 333
Kollektivität 100, 148, 368, 844
Kolonialverwaltung 162, 167, 635, 642, 767 ff.
Komitologie 829 f.
Kommandoverwaltung 151, 592, 608
Kommission, Europäische 798, 828 f.
Kommunalisierung 607, 622 ff., 637 f., 720 f.
Kommunikation 5, 51, 55, 68, 88, 97, 176, 238, 260, 281, 351 ff., 365, 388, 442, 458, 601, 694, 726, 744 ff., 755, 779, 802, 857, 867, 882 ff.
Kommunikationsmedien, generalisierte 93, 103, 260
- Geld als Kommunikationsmedium 19, 93, 103, 288, 350, 442, 871
- Kommunikations- und Steuerungsmedium 57
- Kompetenz als Kommunikationsmedium 94
- Macht als Kommunikationsmedium 93
- Moral als Kommunikationsmedium 866
- Recht als Kommunikationsmedium 19, 57, 71, 93, 103, 152 ff., 203, 245, 356 f., 402, 435, 452, 832
Kommunikationsmuster, informale 112
Kompetenz 91 ff., 103, 113 f., 131, 150, 211, 221, 348, 506, 544, 549 f., 565 ff., 660, 812, 815, 867
- Fachkompetenz 150, 567
- Kernkompetenzen 474, 569
- Kompetenz des höheren Verwaltungsdienstes 566 f.
- Kompetenz des Verwaltungsdienstes 565
- Kompetenz, internationale 821
- Kompetenz, soziale 150, 507, 570, 857
- Kompetenzanforderungen 568
- Kompetenzverständnis 481
Konditionalität, politische 654
Konfliktlösung 355, 454, 878, 884
Konfuzianismus 842 ff.
Konkurrentenklage 505 ff., 549, 587
Konsolidierung der Staatsfinanzen 699
Konstitutionalismus 516, 759
Kontaktsteuerung 855
Kontrakte 737, 855
Kontraktsteuerung 855
Kontrolle 4, 10, 13, 23, 49, 55, 70, 82, 89, 97 f., 121, 136, 155, 197, 206, 213, 245, 251, 266, 274 f., 286, 306, 315, 332, 346, 352, 370 f., 418, 425, 451 f., 463 f., 468, 475 ff., 518, 651, 668, 673, 680 ff., 704 f., 734 f., 764 f., 795, 798, 830, 855, 872
- Ergebniskontrolle 686
- Gerichtskontrolle 148
- Kontrolle, externe 477
- Kontrolle im Entscheidungskreislauf 475
- Kontrolle, interne 478
- Kontrollfunktion 404, 467
- Kontrollkonzepte 475
- Kontrollkultur 485, 487
- Kontroll-Pluralismus 477
- Wirkungs- und Erfolgskontrolle 673
- Wirkungs- und Erfolgskontrolle, retrospektive 486
Konvergenz 73, 86, 630, 701, 786, 834 f.
Konvergenz mitgliedstaatlicher Verwaltungen 73, 86, 630, 701, 786, 834 f.
Konzerne, transnationale 300, 781 f., 793 ff., 809
Kooperation 102, 265, 269, 295, 303, 321, 339, 413, 422, 445 ff., 557, 572, 595, 600 f., 650, 654, 663, 694, 702, 764, 773 ff., 782, 794, 811, 841, 850, 860, 864 f.
- Föderalismus, kooperativer 210,

257, 327, 394, 522, 663
- Staat, kooperativer 102, 265
- Verwaltung, kooperative 265, 381
- Verwaltungshandeln, kooperatives 381
Kooperation, entwicklungspolitische 83, 774, 781
Koordination 7, 9, 54, 71, 91 f., 96, 213, 221 f., 236, 281, 294 f., 324, 329, 330 ff., 370, 394, 397 ff., 404, 410, 428, 447, 469 ff., 602, 653, 666, 735, 759, 764, 776, 781, 800, 819 ff., 827, 849, 858
- Koordination auf Vollzugsebene 398
- Koordination der Planung 399
- Koordination, internationale 821
- Koordination, negative 345, 470, 666
- Koordinationsverbund 344
- Koordinierungsfunktion 407
Korps 116, 127, 167, 496, 519, 533 f., 547, 559, 563, 768, 805, 881
- Korpsbildung 563
Korruption 4, 46, 56, 108, 324, 448, 635 ff., 650 ff., 782, 819, 871 ff.
- Armutskorruption 873
- Korruption in öffentlichen Angelegenheiten 871
- Korruptionsbekämpfung 108, 651, 828, 872, 878
Kosten 48, 61, 85, 158, 187, 190, 194, 210 ff., 232, 247, 257, 333, 361, 400, 411, 426 f., 430, 437 ff., 458, 461, 466, 480 ff., 501, 569, 624, 674, 689, 699, 710 ff., 723 ff., 734, 741, 746, 827, 886
- Kostenbewusstsein 712, 743
Kosten-Nutzen-Analyse 48, 411, 484, 741
Kosten- und Leistungsrechnung 187, 437 f., 569, 710, 716 f., 723 f.
Kosten-Wirksamkeitsanalyse 412
Kultur 87, 593, 648, 654 f., 821, 838
- Bürokultur 851
- Dualismus, sozio-kultureller 172
- Identität, sprachlich-kulturelle 308
- Kontaktkultur 87, 848, 855
- Kultur, bürgerschaftliche 51, 121 ff.
- Kultur, dezentrale politische 128, 290
- Kulturalist 81, 120, 839
- Kulturbruch 850
- Kulturrevolution 86, 131, 855
- Kulturwandel 86, 853 ff.
- Multikulturalität 86 ff.
- Organisationskultur 738, 850 ff.
- Organisationskultur, Gestaltbarkeit 853
- Relativismus, kultureller 655
- Teilkulturen, territoriale 119
- Verhandlungskultur 848 f., 855
- Wandel, kultureller 737 f.
- Zivilkultur 10, 12, 42, 51, 64, 263, 446 f., 459, 496, 861
Kundenorientierung 85, 109, 704, 709, 715, 728, 738, 852, 870, 886

Länder, postsozialistische 85, 634
Länderneugründung 606
Landesbetrieb 723
Landesverfassung 196 ff.
Laufbahnrecht 536 f., 586 f., 805
Laufbahnverordnung 546
Lean Management 48, 473 f., 570, 732
Learning by doing 70, 566, 659
Lebenszeitlichkeit der Anstellung 528
Legal Context 56
Legitimation 101, 257, 289, 292, 296, 400 ff., 451 ff., 494, 511, 536, 574, 654, 728, 739, 742, 746, 751, 764, 789 f., 800, 810, 826, 844
- Legitimation durch Recht 790
- Legitimation durch Verfahren 453 f., 457
- Legitimation, prozedurale 761
- Legitimationskette 452
Leistung
- Bezahlungselemente, leistungsorientierte 691
- Leistungsauftrag 685
- Leistungsentgelte, individualisierbare 531
- Leistungsfähigkeit 5, 83, 88, 107, 170, 174, 294, 310, 321, 344 ff., 361, 363, 374, 402, 434, 553, 565, 569, 576, 584, 587, 630, 660, 663, 671, 689, 694, 702, 705, 808, 816, 852, 863

- Leistungskraft, personelle 690
- Leistungsprinzip 529 ff., 549, 551 f., 587, 670
- Leistungsstandard 294, 639, 755
- Leistungstiefe 473, 707, 715, 728
- Leistungsvorgaben 687

Leitbild 28, 118, 208, 262, 271, 277, 602 ff., 629, 656, 710, 726, 737, 742, 856, 878
- Leitbild, organisatorisches 118
- Leitbilder, konkurrierende 603

Leitung 61, 70 ff., 91 ff., 134 ff., 145 ff., 156, 159, 163, 170, 176, 225, 295 f., 324, 335, 343, 423, 463 f., 468, 472, 475, 555, 570, 573, 578, 643, 692, 723, 732, 745, 770, 827, 854, 871, 876
- Leitung im Entscheidungskreislauf 463
- Leitungsbereich 339
- Leitungsentscheidung 465, 471
- Leitungsspanne 286, 341, 709
- Leitungsstäbe 579
- Leitungszwischenschicht 112, 339 f.
- Verwaltungsleitung 468 f., 472 f.

Lenkungsfunktion 24, 97, 102, 259, 404

Loyalität 91 ff., 113, 119, 166 ff., 434, 453, 500, 508, 526, 564, 575 f., 580, 584, 808, 815 f., 826, 880
- Loyalität des Beamten 500
- Loyalität, doppelte 500, 808
- Loyalitätspatronage 505, 548

Macht 8 ff., 35 f., 40, 51, 55, 61, 67, 73, 97, 101, 103, 111, 132, 136, 151 ff., 156 ff., 162, 165 ff., 176, 252, 261, 287 ff., 307, 310, 317 ff., 324, 331 ff., 346, 396, 405, 435, 452, 471, 475, 515, 520, 563 ff., 605, 643, 660, 668, 760, 810, 842, 858, 867, 870, 876, 883, 888
- Machtdreieck 10, 51
- Machtstrukturen 166

Management 23, 32, 46 ff., 76 ff., 91, 94 ff., 104, 120, 125, 160 f., 281, 328, 345, 353, 437, 449, 457, 468 f., 471 ff., 487, 493, 496, 512, 523 f., 545 ff., 553 ff., 567 ff., 600, 639 f., 648, 650 ff., 659, 667 f., 681, 684 ff., 713, 726, 729, 731 f., 735, 739 f., 746 f., 750, 762, 765, 775, 779, 795, 815, 823, 827 ff., 839 ff., 845, 849 ff., 878 ff.
- Kontraktmanagement 87, 102, 715, 737, 742
- Management, Entrepreneurial 732, 736
- Management, kunden- und ergebnisorientiertes 703
- Management, unternehmerisches 762
- Managementexpertise 568
- Managementfunktionen 47, 91, 104, 468, 553, 828, 847
- Managementlücke 660
- Managementprinzipien 46, 91, 866
- Managementstudien 42
- Managerialisierung 85, 95, 187, 269, 358, 409, 679, 690 ff., 706, 734, 815 ff., 854
- Managerialismus 19, 41 ff., 59, 94, 123 ff., 249, 268, 331, 358, 387, 409, 652, 680 ff., 694, 731 f., 777, 816, 845, 847, 855, 867, 870, 880

Management by Objectives 50, 120, 572, 668, 731, 859

Management Science 48

Mandarin-System 816

Markt
- Marketization 264, 870
- Marktmechanismus 95 ff., 258, 368
- Marktnähe 734
- Marktteilnehmer 728
- Marktversagen 190, 792
- Marktwirtschaft 25, 85, 115, 129, 133, 196, 247, 259, 593 ff., 617, 674, 764, 816, 862 ff., 871
- Staatsintervention, marktförmige 264

Massenbewegung, gelenkte 165 ff., 643 f.

Massenverwaltung 14, 170, 391

Maßnahmeentscheidung 387

Materialismus, dialektischer 189

Maximalprinzip 360

Mediation 460 f., 819

Mehrebenensystem 810
- Mehrebenensystem, politisch-

administratives 825
Mehrebenenverwaltung 33, 477, 825, 837
Menschenrechte 123, 132, 258, 307, 402, 597, 650, 654, 779 f., 794, 797, 818 ff., 834, 840 ff.
- Menschenrechte, kollektive 844
- Menschenrechtskonventionen 792
Merit System 116 f., 498, 512, 524, 528
- Merit System Principles 522
Methode, juristische 435, 483
Minimalprinzip 360
Ministerialbürokratie 15, 24, 110, 144, 205, 223 ff., 249, 345, 452, 471, 504, 574 ff., 666
Ministerialorganisation 150, 285, 289, 332 ff., 597, 665, 706
- Ministerbüro 343
Mischverwaltung 326
Mitarbeitergespräch 693
Mitbestimmung, direktive 346
Mittelinstanz, allgemeine 720
Mitwirkung und Mitbestimmung 346, 556
Modell, holistisches 76, 681
Modelldenken 76 ff., 120, 679 ff., 723, 777
Moderne 3, 8, 16, 26 ff., 32, 35, 70, 80, 85, 93, 105 ff., 120 f., 129, 149, 178, 188, 213, 235, 248, 261, 266, 273, 277 ff., 297 ff., 331, 353, 357, 362, 371, 387, 435, 444, 451 f., 458, 461, 468, 471, 478, 491, 509, 520 ff., 558, 564, 591, 596, 679, 716, 719, 743 ff., 750 ff., 767 ff., 810 ff., 839, 866 ff., 879 ff.
Modernisierung 39, 49, 70 ff., 86, 122, 150, 163, 176 f., 260, 267, 289, 304, 306, 319, 433, 440 ff., 448, 505, 518, 533, 559, 591 ff., 610, 642, 652, 656, 679, 682 ff., 739, 763 ff., 814 ff., 829 ff., 837, 847, 854 ff., 862, 877 f.
- Aufholungsprozesse, basale 819
- Modernisierung, nachholende 83 ff., 591, 649, 678, 815, 833
- Modernisierung, weitergehende 88, 591, 657, 819
- Modernisierungsanspruch 434
- Modernisierungsbegriff 163, 177

- Modernisierungsbewegung 43, 568, 679, 706, 712 f., 727, 732, 829, 870, 871
- Modernisierungsbewegung, ökonomisch-managerialistische 679, 712
- Modernisierungskonzept, holistisches 736
Möglichkeitsvorbehalt 204
Monokratie, Prinzip 341
Moral
- Moral als Kommunikationsmedium 866
- Moral persuasion 396
- Moralisierung 854, 876, 883
Muddling through 256, 367 f.
Multidisziplinarität 59 f., 73 ff., 359

Nationalitätenproporz 806
Nationalstaat 7, 27 f., 115, 789, 811, 821 f., 848 ff.
- Prägung, nationalstaatliche 115
Nebenordnung 110, 152, 283, 296, 332 ff., 471, 750
Neo-Institutionalismus 89
Neo-Merkantilismus 272
Neues Öffentliches Management 22, 71, 77, 86 ff., 100, 484, 680 ff., 699, 712, 715, 764, 834, 854, 883
Neues Steuerungsmodell 76 ff., 96, 568, 682, 706, 713, 723, 727, 728 ff., 764, 815
Neutralität 275 f., 450, 499 ff., 526, 880
- Pouvoir neutre 500 f., 506 ff.
New Public Management 49, 76, 331, 437, 507, 533, 568, 640, 682 ff., 692, 695, 701 ff., 712, 732, 736 ff., 764 f., 815, 829, 845 ff., 853 ff., 870, 883 ff.
Nicht-Regierungsorganisation 97, 635, 780 ff., 793 ff., 809, 812, 818
Nomenklatura 18, 29, 136, 140 ff., 158 f., 535, 591, 597, 604, 608 ff., 618
Non-Weberian Model 164
Normalmaß 436 ff., 576
Normen
- Normen, nicht formalisierte 794
- Normen, technisch-industrielle 794

- Normenkontrolle 418 f., 719
- Normenkontrollrat 719
- Normflut 13, 20, 105, 406, 837
- Normhierarchie 417
- Normkonkretisierung 386

Notstandsarbeit 526
Nutzen 19, 85, 149, 175, 194, 211 f., 259, 268, 271, 277, 330, 354, 361 f., 411, 426 ff., 466, 472, 483 f., 498, 565, 680, 710, 726, 741, 746, 827
Nutzungsgebühr 49, 688
Nutzungszuständigkeit 618

Öffentlichkeit 17, 183, 216, 225, 413 f., 449, 455, 459, 475, 478, 607, 705, 809, 859 f., 878
Offizialprinzip 449
Ökonomisierung 59, 85, 95, 187, 269, 358, 409, 679, 692, 706, 715, 734, 815 ff., 835, 871 f.
Ombudsmann 477
One-Stop-Shop 831
Operationen, determinierte 351
Operations Research 48, 366
Ordnung, normative 868 f., 877
Ordnungsfunktion 24, 97, 102, 167, 258, 404
Ordnungsmäßigkeit 482
Organisation
- Gliederung, horizontale 335 ff., 341
- Gliederung, vertikale 334, 337
- Gliederungstiefe 286 f., 341
- Klientelorganisation 299 f.
- Makroorganisation 283, 288, 295 ff., 300 ff., 331, 721
- Matrixorganisation 299, 345
- Mehr-Linien-Organisation 296
- Mikroorganisation 283 ff., 297, 302, 331, 345, 348
- Organisation, bürokratische 53, 110, 292
- Organisation, divisionale 297
- Organisation, flache 744
- Organisation, formale 109, 280, 281
- Organisation, funktionale 110, 260, 298, 335
- Organisation, Fusion 851

- Organisation, informale 280 f.
- Organisation, internationale 58, 119, 192, 276, 490, 601 ff., 640, 682, 782, 787, 792, 797 f., 806, 810 ff., 825
- Organisation, lernende 853
- Organisation, segmentierte 96
- Organisation, supranationale 86, 119, 791, 798 f., 808
- Organisation, territoriale 109, 300 ff., 335
- Organisation, zwischenbehördliche/innerbehördliche 284
- Organisationsbegriff 278
- Organisationsbegriff, funktionaler 279
- Organisationsbegriff, institutioneller 278, 292
- Organisationsbegriff, struktureller 278, 293
- Organisationsdichte 20 f.
- Organisationsentwicklung 118, 162, 331 ff., 695, 710
- Organisationsform, nicht hierarchische 110, 333
- Organisationsgewalt 287 ff., 343, 419 f., 801, 804
- Organisationsgliederung, Referenzen 297
- Organisationsgröße 4, 285 f., 300
- Organisationsplan 144, 338
- Organisationsprinzip 83, 285, 294 ff., 859
- Organisationsstruktur 93, 108, 279 f., 286 ff., 298, 300, 342, 711, 798
- Organisationswandel 695, 827, 853
- Organisationsziel 292
- Vielzweck-Organisation 292

Organisations- und Leitungswissenschaft 73, 138, 163
Organisationsgesellschaft, internationale 770, 774
Organisationstheorie 53, 279, 286, 356
Output-Orientierung 95, 640
Outsourcing 22, 270, 474, 697, 749, 765

Paradigmenwechsel 37, 43, 74, 78, 114, 121, 607, 679, 712 ff., 723,

729 f., 737 ff.
Parallelbehörden 312
Parlamentarismuskritik 9
Parteiorganisation 144, 291, 318, 505, 604
Parteipolitisierung 38, 504 ff., 522, 587
– Beeinflussung, parteipolitische 498
– Dominanz, parteipolitische 226
– Parteibuchbürokratie 505
– Parteigänger, politischer 505
– Parteimitgliedschaft 502
Partizipation 7, 55, 71, 98, 313 f., 320 ff., 346 ff., 368, 446 ff., 459 ff., 746, 749, 759, 788 f., 829, 834, 841, 861
Patronage, politische 38, 504, 507
Person, juristische 284, 861
Personal
– Personal, internationales und supranationales 804
– Personalabbau 22, 248, 554, 700, 740, 764, 842
– Personalausbau 826
– Personalbedarfsplanung 553
– Personalbudget 547
– Personaldichte 21
– Personaleinsatzplanung 554
– Personalentwicklung 92, 514, 545, 553, 570, 641, 718, 728, 735, 856
– Personalentwicklung, humanressourcenorientierte 693
– Personalgruppierung 534, 543
– Personalpolitik 42, 54, 141, 295, 495, 528, 541 ff., 553 ff., 567, 588, 594, 610 ff., 683, 692, 694, 705, 827 f.
– Personalprinzipien 857 ff.
– Personalrat 17, 347, 556
– Personalstruktur 17, 92 f., 511, 519, 539, 547, 683, 756, 798, 807, 819, 832, 847
– Personaltransfer 609
– Personalüberhangmanagement 718
– Personalvermittlungsstellen 718
– Personalvertretung 347, 551, 555
Personalisierung 491, 828
Personalismus 135, 608
Personalmanagement, Neues 728
Personalverwaltung 45 ff., 92, 325, 545 ff., 638, 693, 735

Pfadabhängigkeit, kulturelle 738
Plafondierung 237, 403
Pläne-Staat 152, 222, 395, 406, 410
Planfeststellungsverfahren 378, 383, 413, 447, 460
Planning-Programming-Budgeting-System 120, 731
Planung 23 f., 35, 45, 52, 61, 70 ff., 109, 145 ff., 158, 161, 186, 221 ff., 235, 238, 241 f., 259, 295 f., 306, 314 ff., 329, 334 ff., 370, 377, 386 ff., 394 ff., 405, 408 ff., 434 ff., 440 ff., 452, 459, 462 ff., 469 ff., 486 f., 560 ff., 568, 582, 606, 646, 664 ff., 731, 750, 755, 759, 773, 858
– Aufgabenplanung, integrierte 222
– Entwicklungsplanung 162 f., 222, 235, 336, 345, 395, 407 ff., 646, 664
– Fachplanung 222, 235, 394 ff., 407 ff., 413
– Flächennutzungsplanung 397, 407 ff.
– Integration der Planung 394
– Landesentwicklungsplanung 160, 395, 660
– Landesentwicklungsplanung, integrierte 408, 469
– Landesplanung 395, 407, 660
– Plan, öffentlicher 203
– Planung, gemeinsame 329
– Planung, integrierte 221 f., 236, 334 ff., 343 f., 408, 465, 473
– Planung, politische 43, 222, 235, 296, 345, 394, 465 ff., 487, 657, 665, 668, 677, 818
– Planung, verwaltungsinterne 396
– Planungsgedanke 660
– Planungsgrundsätze 413
– Planungsmethodik 410 f.
– Planungsstab 342 f., 818
– Planungstechniken 410 ff.
– Planungsverbund 222, 667
– Regierungsplanung 222, 235, 471
Pluralismuskritik 9
Policy 32 ff., 43, 51 f., 59, 65, 94, 101 f., 183, 189, 192 ff., 213 ff., 251 ff., 262, 268, 279, 310, 313, 318, 323 ff., 363, 369, 377, 452, 464 ff., 498, 568, 641, 649, 684, 697, 702, 777, 781, 798, 827, 845, 848

- Policy-Analyse 52, 59, 192 ff., 214, 218 ff., 252, 464
- Policy-Netzwerk 65, 193
- Policy-Typen 252
- Policy-Zyklus 193, 227, 466

Politik
- Politikarena 193 ff.
- Politiknetzwerk 101
- Politikphase 214
- Politikzirkel 52

Politik, aktive 222, 227, 235, 594, 660
Politische Wissenschaft 39, 43, 50 ff., 59, 662, 670
Polity 51, 633
Portal 747
Position Classification 535, 539, 543 ff., 551
Positionen 4, 81, 116, 119 f., 136 ff., 318 ff., 413, 493, 519, 522, 532 ff., 542 ff., 551, 554 ff., 563, 576, 583 ff., 649, 659, 806, 827, 839, 853, 859, 873, 884
- Positionen, klassifizierte 119, 557, 805
- Positionsprinzip 533 ff., 542, 544

Postkolonialismus 80
Postsozialismus 80, 84, 128, 602, 657
Präfekt 127
Praktikabilität 206, 209, 212, 427, 466, 489
- Praktikabilitäts- und Wirkungsaspekte 207

Präsenz, gesellschaftliche 22
Präventionsmaßnahme 476, 875
Primat, politischer 80, 105, 208, 275, 416, 434, 506, 598, 791, 888
Primat von Management-Prinzipien 680
Principal Agent-Theorie 49, 680
Principle of administrative discretion 351, 441, 858
Principle of rules 858
Prinzip der institutionellen Eigenständigkeit 804, 830
Prinzipien als Wertabwägungen 857
Privatisierung 22, 25, 49, 95, 231, 236, 239 ff., 263, 269 ff., 276, 288, 473, 477, 514, 554, 600, 603, 617 ff., 635 f., 651, 671, 675 ff., 691, 695 ff., 700, 707 f., 714, 722 f., 728, 732, 763, 776, 819

- Aufgabenprivatisierung 241 f., 709
- Dienstleistungsprivatisierung 697
- Finanzierungsprivatisierung 271, 697
- Organisationsprivatisierung 696
- Privatisierung des sozialistischen Eigentums 603, 620
- Privatisierung, formelle 696
- Privatisierung, funktionale 269, 696, 871
- Privatisierung, unternehmerische 636
- Privatisierung von Servicebereichen 707
- Privatisierungsprogramm 240 f., 676
- Vermögensprivatisierung 239 f., 271, 675, 696

Privilegien 17, 71, 111, 126, 142 f., 168, 272, 492, 499, 520 ff., 528, 532, 549, 768, 810

Produkte
- Produktbildung 187
- Produktdefinition 77, 95, 682
- Produkthaushalt 716, 723 ff.
- Produktivität 85, 92, 187, 681, 690, 735, 739, 753
- Produktkatalog 95, 724, 727
- Produktpläne 187
- Produktzufriedenheit 456 f.

Professionalität 7, 32, 39, 52, 70 ff., 113, 226, 313, 317, 320, 501, 559, 565, 569 f., 582, 586, 693, 750 ff., 782, 815
- Professional isomorphism 835
- Professional school 39, 51, 74, 658

Prognose 219, 419, 426, 753
- Prognosespielraum 426

Programm
- Finalprogramm 255, 370, 387, 390, 411
- Konditionalprogramm 14, 255, 370, 388
- Legislaturperiodenprogramm 224, 470
- Programm, regulatives 102, 252 f., 256
- Programmbudget 52, 399 ff., 406 ff., 464
- Programmform 211, 252
- Programmfunktion 236, 239, 399

ff., 569, 664
- Programmsteuerung, Funktionen 258
- Programmstruktur 93, 293, 687, 710, 798
Programmentwicklung, inkrementale 666
Projektgruppe 334, 344 f., 666, 709, 762
Projektmanagement 695
Proverbs of Administration 286, 865
Provinzen 7, 303 ff., 308 ff., 321, 638, 694
Prozedur, prinzipiengestützte 449
Prozess
- Prozesskette 748
- Prozessorientierung 473 f.
- Prozessstruktur 93, 417, 444, 448, 639, 798
Prozess, politischer 166, 204, 207 ff., 223, 421, 432, 518, 799
Prüffragen für Rechtsvorschriften 205 ff., 420 ff., 673, 698
Prüfungsbefugnisse 476
Prüfungsmaßstäbe 477, 481
Public Administration 19, 29 ff., 78 ff., 91, 98, 107 ff., 121 ff., 160 ff., 191, 224, 244, 256, 272, 284 ff., 349 ff., 359, 366 ff., 387, 441 ff., 452, 455 ff., 494 ff., 528, 533, 540, 543, 548, 550 ff., 558, 564 ff., 640 ff., 680 ff., 703 f., 732 ff., 744, 752, 759, 760, 764, 774 ff., 782, 815 ff., 834, 840 ff., 854 ff., 875 ff.
Public Choice-Theorie 44, 49, 63 f., 90, 190 f., 269 f., 368, 679
Public Management 21, 38 f., 43, 49, 53, 72, 94, 100, 567, 616, 680 f., 688 ff., 736 ff., 756, 764, 796, 815, 827 ff., 845, 870 ff., 881 ff.
Public Policy 12, 38, 43, 52 f., 65, 194, 221, 313, 318, 598
Public Private Partnership 22, 268 ff., 448, 697, 715, 763
Public Sector Management 92 ff., 651 f., 681, 688, 693, 702

Qualifikation 17, 42, 49, 84, 113, 119, 123, 139, 170, 317, 506, 516, 537 ff., 551, 558 f., 561, 564, 583, 595,
612 ff., 843, 881
- Qualifikation, fachliche 137, 141
Qualität 688, 698
- Qualitätswettbewerb 688
Qualitätsmanagement 716 f., 726 f., 732
Quasi-Märkte 733 f., 764, 777, 819
Quotenregelung 496

Rang 125, 137, 152, 169, 197, 215, 374, 390, 413, 419, 452, 477, 547, 781, 792, 804, 808, 877
Rätemodell 4 ff., 16, 131, 596
Rationalisierung 8, 46 ff., 57, 79, 95, 127, 156, 191, 236, 262, 298, 354, 358 ff., 385, 397, 412, 416, 427 ff., 444, 466 ff., 484, 563, 569, 595, 630, 644, 665, 683, 741, 762
Rationalität 23, 54, 62 f., 76, 79, 88 ff., 110, 156, 186, 239, 292, 332, 350, 357 ff., 387, 395 ff., 416, 435, 438 ff., 458, 483, 562, 681, 729, 733, 741 ff., 753, 759, 887
- Bounded rationality 362 f.
- Handlungsrationalität 190, 349, 401
- Kombinationsrationalität 360, 372, 434 ff.
- Rationalität, begrenzte 292, 364
- Rationalität, finale 103, 195, 358, 365, 389, 397, 435, 440 ff., 484, 562
- Rationalität, formale 68 ff., 109, 192, 280 f., 358, 379, 423, 433, 442, 471, 507, 523, 544, 564, 576, 773, 820
- Rationalität, inhaltliche 358
- Rationalität, konditionale 103, 204, 255, 358 ff., 388, 442
- Rationalität, prozedurale 235, 373, 446
- Rationalität, substantielle 440 ff.
- Rationalität, zufrieden stellende 363
- Subsumtionsrationalität 358 ff., 370 ff., 388, 434, 436, 483, 562
- Wenn-Dann-Schema 388, 395, 437
- Zweck-Mittel-Rationalität 239, 357, 361 f., 367, 370, 387, 399, 439, 482

Raum, ländlicher 21, 81, 162, 172 f., 234, 661, 839
Raum, transnationaler 784
Raumordnung 150 ff., 186, 221, 366, 395, 407 ff., 469, 478, 660, 773
– Raumordnungsprogramm 395
Realakt 378
Rechnungshof 15, 53, 70, 431, 477, 479 ff., 688
Rechnungsprüfung 108, 475, 485, 705, 828
Rechnungswesen 483 f., 688, 715, 724 f., 734, 740, 828, 859
– Rechnungslegung, kosten- und ergebnisorientierte 687
– Rechnungswesen, doppisches 724
Recht 13, 20, 23, 29 f., 36, 40 ff., 55 ff., 63, 67, 91, 93, 96, 103, 111 ff., 146, 151 ff., 168, 186, 189, 191, 196 ff., 211, 239, 246, 250, 257, 260 ff., 274 ff., 288, 293, 310, 327, 336, 356, 359 ff., 368, 379 ff., 386, 390 ff., 398, 401, 419, 425, 432, 436 ff., 461, 465 f., 475, 479, 482 f., 496, 500 ff., 513 f., 520, 524, 527, 531 ff., 547, 549, 550, 555 f., 561, 571, 575, 587, 596 f., 638, 654 ff., 688, 691, 694, 713, 729, 740 ff., 746, 758 ff., 785 ff., 801 ff., 818, 834, 840 ff., 857, 861 ff., 872, 877
– Immanenz des Rechts 29 f.
– Rahmenbedingungen, rechtliche 651
– Rechtsbegriff, unbestimmter 211, 390
– Rechtsbereinigung 245, 672
– Rechtsetzung, Defizite 432
– Rechtsformen 282, 288, 373 ff., 790, 868, 871
– Rechtsförmlichkeit 282, 427 f., 511
– Rechtsgemeinschaft 72, 790 ff., 800
– Rechtsordnung 20, 58, 60, 123, 133, 168, 189, 204, 378, 386 f., 396 ff., 425 ff., 524, 651, 656, 833, 846, 869
– Rechtsquelle 197, 379, 384, 521, 742
– Rechtsquellenlehre 249
– Rechtssicherheit 112, 176, 293, 433, 440, 655, 865

– Rechtsunsicherheit 637
Recht auf gute Verwaltung 846 f.
Recht und Moral 868
Rechte, individuelle 57
Rechts- und Verwaltungsvereinfachung 205, 245 ff., 420, 432, 672 f., 708
Rechtsetzungsvorhaben, Prüfung 205, 208, 213, 420 ff., 432, 466, 673
Rechtsmaßstab 384
– Gesetz- und Rechtmäßigkeit 8, 476, 847
– Gesetzmäßigkeit 13, 477, 482, 597
– Rechtmäßigkeit 8, 14, 294, 321, 356, 371, 384, 458, 482 f., 527, 716
– Rechtmäßigkeit, objektive 482
Rechtsschutz 13, 128, 257, 385, 446, 482, 549, 835, 850, 862
Rechtsschutz, gerichtlicher 156, 475
Rechtsstaat 12 f., 41, 111, 123, 189, 203, 250, 263, 267, 280, 294, 332, 350, 356, 364, 371, 396, 402, 416 f., 430, 442 f., 450, 491, 520 f., 603, 639, 673, 679, 706, 730, 746, 765, 790, 818, 834, 849, 860 ff., 888
– Rechtsstaatlichkeit 111, 123, 153, 195, 280, 293, 352, 384, 402, 446, 595, 612, 651, 655, 815, 833, 846, 861 f., 879
– Rechtsstaatsprinzip 56, 197, 201, 446 f., 479, 859 ff.
Rechtsverordnung 19, 211, 379, 384, 452, 476, 482
Reengineering 85, 474, 744, 880
Referat 285, 302, 338 f., 344
Referentenentwurf 15, 422, 470
Referenzgesellschaft, westdeutsche 27
Reformbewegung, internationale 678
Regelgebundenheit 111 ff., 117, 128, 291, 572, 732
Regelung
– Regelung durch Gesetz 115, 518, 523
– Regelungskultur 87, 848 f.
– Regelungsumfang 211, 426
– Regelungsverfahren 517 f., 670
– Regelungszuständigkeit 690
– Überregelung 207
Regierung
– Hilfsorgan der Regierung 501, 506

- Regieren, europäisches 788
- Regierungschef 224, 296, 330, 377, 434, 671, 798, 812 f., 821
- Regierungserklärung 102, 224 f., 237, 240, 423, 672, 709
- Regierungsvorbehalt 289

Regime, internationales 792
Regime, politisches 98, 122, 284, 643, 650, 655, 861, 878, 880
Regime, supranationales 798
Regimewechsel 10, 121, 593 f., 597, 608, 611, 614, 811, 861
Regionalisierung 75, 217, 302 ff., 330 f., 637, 816
Regionalismus 303 ff.
- Grenzregion 773 f.
- Regionen, autonome 303
- Regionen, grenzüberschreitende 28
- Regionen, Repräsentation 327
- Regionenbegriff 826

Regulative, interne 415
Regulatory State 263
Regulierung 9, 85, 103, 246, 252, 263, 674 ff.
Reine Rechtslehre 29 f., 350
Reinventing Government 19, 36, 39, 48 ff., 76 f., 92, 123, 259, 331, 680 f., 704, 736 f., 815, 880
Rekrutierung 92, 119, 138, 169, 322, 325, 342, 496 f., 504, 507, 512, 532 ff., 546 ff., 558 f., 580, 614, 634, 640, 692, 735, 739, 768, 805, 816, 843
- Auswahlgremien 549
- Auswahlverfahren 525, 542, 548, 559, 805
- Eingangsprüfung 538, 549, 558, 887
- Rekrutierungssysteme, offene 816

Religion 81, 117, 492, 499, 512, 839 f.
Repräsentation, aktive 494
Ressort
- Ressortinteresse 221
- Ressortprinzip 185, 470, 578, 711
- Ressortverantwortung 34, 91, 406, 447, 608

Ressourcenmanagement 686
Restitutionsvermögen 621
Revolution, formal-legalistische 595
Richtlinie 86, 108, 198, 201, 208, 344, 386, 416, 546, 623, 672 f., 705,

742, 790, 802 f., 831
Richtlinienkompetenz 289, 296, 406, 470
Risikogesellschaft 3, 191, 430, 720, 752 ff.
Risikosituation 354
Rivalität 78, 190, 282, 733
Rollenvermengung 575
Rotationsprinzip 5, 809
Routine 109, 166, 255 f., 280, 352, 388, 442
Rückkopplung 53 f., 193, 370, 411, 436, 464 ff., 486, 853
Rücknahmepflicht 243
Rule, indirect 80, 768
Rule of Law 56 ff., 355 f., 371, 446, 639, 651, 735, 841 ff., 860 ff.

Sachverständiger 424
Sanktionspotential 480
Satzung 20, 211, 379, 389, 521
Schengener Übereinkommen 784 f.
Schlanker Staat 48, 709, 712
Schule, rechtswissenschaftliche 56
Schulen, politische 50 f.
Scientific Management 46, 865
Selbstreferenz 68, 93, 260, 266, 759
Selbstregulierung 249, 263 ff., 421, 440, 677, 698, 708, 758
Selbstschätzung 887 f.
Selbstverwaltung 3, 6 ff., 25, 69, 84, 106, 118, 127 f., 139, 217, 242, 258, 271, 285, 291, 299, 307, 311 f., 321 f., 326, 347, 575, 606, 626, 629, 638, 662, 750, 837
Selbstverwaltung, kommunale 3, 84, 127 f., 146, 242, 287, 303, 307, 326, 334, 477, 497, 607 f., 612, 620, 659, 662, 749, 769
Self-reliance 180, 319, 322
Service public 274 f.
Services d'intérêt economique général 273, 275
Sherpa-Funktionen 812 ff.
Sicherheitsprüfung, funktionsspezifische 503
Sicherheitsstaat 185, 189
Skelett-Verwaltung 686
Soft law 742
Soll/Ist-Vergleich 468 ff., 475 ff., 488

Sonderbehörde 21, 279, 285, 292 ff.,
    307, 335, 558, 608, 662, 721, 774
Sonderdelikt für Amtsträger 869
Souveränität 83, 391, 446, 526, 643,
    646, 752, 761, 774 ff., 797, 823 f.
Sozialberichterstattung 191 f., 215,
    412
Sozialforschung, empirische 79
Sozialisationseffekte 561
Sozialismus, realer 18, 26, 29, 33,
    101, 130 ff., 189, 259, 291, 370 ff.,
    384, 502, 564, 566, 591 ff., 608,
    617, 657, 678, 743, 784, 789, 811,
    814, 840, 850
Sozialpartnerschaft 526, 555
Sozialprestige 887
Sozialstaat 22, 115, 332, 511, 755
Sozialstatistik 191 f., 412
Sozialtechnologie 82 ff., 438, 555,
    730, 737 f., 838, 852 ff.
Soziologie 39, 43 ff., 54, 59 f., 71, 74,
    90, 107 ff., 112, 161, 171, 268, 278,
    280 ff., 292, 462 ff., 561, 602, 637,
    658, 857, 866, 880
Span of Control 286 f.
Sparsamkeit 414, 440, 482 ff., 671,
    699
Spezialisierung 295
Spezialist 42, 113 f., 136, 143, 167,
    324, 557 ff., 565, 762, 820, 852
Spiegelreferat 471
Spitzenpositionen 38, 109, 494, 506,
    533, 547, 574, 579, 584 ff., 641,
    692, 735, 806 f., 827
– Spitzenpositionen auf Zeit 547,
    584 ff.
Staat
– Staat, aktivierender 270, 712, 715,
    763
– Staat als regulative Idee 122
– Staat, rationaler 19, 238, 357, 416,
    453, 499
– Staat, starker 640, 783, 817
– Staat, unitarischer 305
– Staatsbildung, neuzeitliche 27, 128,
    290
– Staatsbürgertum 499
– Staatsdiener 9, 490, 510, 691
– Staatsfinanzen 152
– Staatsintervention 97, 105, 248 f.,
    254 ff., 271, 617

– Staatskonzept, reduktionistisches
    819
– Staatsorganisation 33, 43, 144,
    284, 310, 604, 608, 612, 618, 637,
    662, 701, 798, 825
– Staatsorganisation, subnationale
    826
– Staatsquote 19, 44, 184
– Staatsstrukturprinzipien 201
– Staatstätigkeit, wachsende 183 f.,
    235, 248
– Staatsverschlankung 700, 711
– Staatswirtschaft 23, 114, 249, 616
– Staatszielbestimmung 187, 195 ff.,
    213, 220, 359, 868
– Statelessness 55, 122, 284
– Verteilung sozialer Verantwortung
    714
Staat, sozialistischer
– Eigentum, sozialistisches 617
– Funktion des Schutzes der
    sozialistischen Rechtsordnung 132
– Funktion für Arbeit und
    Konsumtion 132
– Funktion, kulturell-erzieherische
    84, 131
– Funktion, wirtschaftlich-
    organisatorische 132, 618
– Gerechtigkeit, sozialistische 151
– Gesetzlichkeit, sozialistische 154
    ff.
– Kontrollen, sozialistische 156
– Organe, vollziehend-verfügende
    146, 150
– Sozialismus, bürokratischer 599
Staats- und Verwaltungspolitik,
    kontraktive 699
Staatsangehörigkeit 509, 846
– Staatsangehörigkeitsvorbehalt 510,
    545, 832
Staatsausgaben, Reduzierung 703
Staatsintervention 7, 9, 23, 26, 96,
    238, 246 ff., 254, 260, 275, 398,
    401, 439, 485 ff., 523, 555, 674,
    753, 767, 797, 854
Staatssekretär, beamteter 577
Staatssekretär, Parlamentarischer 577
    f.
Staatswissenschaft, gesamte 40 f.
Staatszwecklehre 189
Stab 93, 110, 144, 283, 296, 298, 334,

342, 545, 579, 816, 858
Standardisierung 427, 434, 437, 444, 531, 859
Standardkosten-Modell 719
Statusdenken 521
Stelle 134, 161, 171, 241, 270, 282 ff., 323, 338 f., 374 ff., 381, 476, 525, 627, 694, 713, 744, 749, 779, 800, 808, 867, 885
Stellung der Frauen 493
Steuerung
- Steuerung durch Eigentumsrechte 271
- Steuerung, staatliche, Referenzen 210, 255
- Steuerungsinstrumente, europäische 802
- Steuerungsinstrumente, Neue 724
- Steuerungsmodalitäten 24, 102
- Steuerungsprogramme, Adressaten 261
- Steuerungsverantwortung 103
- Umweltsteuerung 95, 104
- Wirksamkeit der Steuerung 206
Steuerungs- und Führungsinstrumente, Neue 710
Steuerungstheorie 57, 741
Stolz im öffentlichen Dienst 887
Streik 524 ff.
- Streikrecht 524
- Streikverbot 524 ff.
- Streikverhalten 526
Stufenbau der Rechtsordnung 20, 249, 386, 391, 463
Subsidiaritätsprinzip 210, 627, 720
Substraktionstheorie 29
Subsumtion unter Normen 125, 357, 401, 442
Subvention 25, 251 ff., 264, 357, 380, 446, 511, 632, 639, 729
Subventionskürzung 700
Supranationalität 28, 33, 119, 217, 330, 787 ff., 799, 810, 825, 828, 832
- Supranationalisierung 767
Syllogismus der Rechtsfolgenbestimmung 360
Systemgerechtigkeit 425
Systemrationalität 91, 101 ff., 190, 332, 349, 370 ff., 388, 392 ff., 401, 417, 444, 465, 479, 488, 508, 523

ff., 551, 573, 596, 601, 731, 738, 741, 786, 832 f., 857, 860
Systemtheorie 66, 446
- Systemtheorie, autopoietische 67 f., 75, 93
Systemwandel 594
- Systemwandel, staatszentrierter 599

Tarifverträge 267, 524
Technologie, angepasste 172, 178
Territorialität 300, 396, 750
Territorialreform 79, 661, 677, 721, 865
Territorialstaat 26, 40, 300, 490 ff., 767, 791
Total Quality-Management 48, 76, 570, 681, 689, 732
Transaktionsfunktion 747 f.
Transdisziplinarität 58 ff., 73 ff., 658
Transferleistung 16, 22 ff., 176, 257, 602, 616 f.
Transformation 10, 24 ff., 45, 73, 83 f., 118, 121, 163, 217, 260, 566, 591 ff., 642, 655 ff., 678, 737, 761 ff., 766, 776, 814 f., 833, 847, 862 ff., 883, 885
- Transformation der Kaderverwaltung 84, 566, 591, 599 ff., 737, 776
- Transformationsländer 26, 635 f., 783, 863
Transition 72, 228 ff., 593, 599 ff., 615 ff., 634, 754, 814 ff.
Transnationalität 28, 33, 217, 785
Transparenz 124, 254, 258, 265 f., 274, 288, 448, 454, 503, 511, 528, 531, 651 ff., 664, 683, 698, 720, 734, 765, 788, 859, 883
Trennung strategischer von operativen Aufgaben 684
Treuhandanstalt 24 f., 594, 600 ff., 621 ff.
Typus 105, 116, 128, 144, 164, 171, 339, 374, 503, 582, 634, 644

Übergangsgesellschaft 763
Übermaßverbot 418
Überrepräsentation 806
Überschreiten der Landesgrenzen 785

Üblichkeitsprinzip 626 ff.
Uniformität 118, 126, 291, 301
Union, Europäische 72, 739, 783 f.,
  788 ff., 798, 806 ff., 825, 834, 836,
  845, 885
Universalist 81, 120, 656, 839
Unparteilichkeit, politische 500
Unterstellung, doppelte 114, 147 f.
Untersuchungsgrundsatz 353, 450,
  859

Verantwortlichkeit 56, 64, 141, 232,
  268, 288, 324, 581, 597, 651 f.,
  656, 663, 688, 735, 760, 765, 788,
  817, 820, 829, 834, 858, 877, 881
  ff.
Verantwortungsethik 884
Verbände 216, 225, 368, 424, 429,
  448, 458 f., 518, 555, 652, 655, 794
– Agenten spezieller
  Interessengruppen 498
– Verbände, Mitwirkung 419
Verbindlichkeit 32, 36, 145, 152, 214,
  356, 377, 414, 448, 529, 742, 814
Verbindungsbüro 330
Verfahren
– Verfahren, externes 413
– Verfahren, internes 280, 412
– Verfahrensprinzipien 859
Verfassung 310, 776
Verfassungsrechtsprechung 350, 417
Verfassungstreue 115, 502 f., 879
Verflechtung 325
Verhalten, außerdienstliches 499
Verhaltenskodex 742, 874, 878
Verhältnismäßigkeitsgrundsatz 418
Verhandlungssystem, internationales
  814
Vermögen, öffentliches 619 f., 629
Vermögensbildung 241
Vermögensrechnung 724
Vermögenszuordnung 620 ff.
Verordnung 141, 370, 790, 802
Versorgungspatronage 505
Verständnis, teleologisches 359, 561
Vertragswerk 786, 790
Vertrauen 148, 281, 456, 478, 499,
  506, 575, 580, 584, 788, 848 ff.
– Selbstvertrauen des
  Verwaltungsdienstes 887

– Systemvertrauen 281
– Vertrauen der Bürger 884 ff.
– Vertrauen, persönliches 281
Vertretungsmonopol 820
Verwaltung
– Verwaltung, bürgerfreundliche 728
– Verwaltung, bürokratische 7, 107
  ff., 129, 135, 149, 174, 357, 591,
  595, 642, 732
– Verwaltung, europäische 73
– Verwaltung, gemeinschaftliche 767
– Verwaltung, indirekte 768
– Verwaltung, kommissarische 609
– Verwaltung, kompatible 833
– Verwaltung, legalistische 13, 59,
  249, 253, 257, 282, 288, 350, 395,
  402, 463, 493, 527, 555, 560, 740,
  855, 867 ff.
– Verwaltung, managerialistische
  847
– Verwaltung, napoleonische 125 ff.,
  496
– Verwaltung, öffentliche, Begriff
  28, 31
– Verwaltung, postbürokratische 743
– Verwaltung, postindustrielle 750
– Verwaltung, postmoderne 757
– Verwaltung, prismatische 644 f.
– Verwaltung, rätedemokratische
  743
– Verwaltung, rationale 357
– Verwaltung, rechtsstaatliche 13,
  30, 36, 157, 249, 369, 384, 390,
  441, 444, 454, 511, 613 ff., 766,
  835
– Verwaltung, supranationale 825 ff.
– Verwaltung, transparente 454
– Verwaltung, uniforme 837
– Verwaltung, verhandelnde 65, 102,
  265, 381, 449, 453 f.
– Verwaltung, wohlfahrtsstaatliche
  170, 177
Verwaltung als Entwicklungsagentur
  176, 775
Verwaltung der Verwaltung 298, 342,
  510, 545
Verwaltung durch die
  Besatzungsmacht 823
Verwaltung durch die Verwalteten 3,
  8, 16, 131, 135, 596
Verwaltung durch Verwalter 3, 6, 137,

596
Verwaltung, Einheit 21, 285, 289 f., 294, 297, 335
Verwaltung, Einräumigkeit 285, 293, 297, 859, 865
Verwaltung und Politik 16, 50, 320, 501, 635
Verwaltungsakt 155, 373 ff., 440, 748
Verwaltungsaufgabe 18 ff., 49, 133, 188, 203, 245, 249, 268, 274, 293, 336, 610 ff., 621, 661, 763
Verwaltungsbeziehungen, grenzüberschreitende 767
Verwaltungsdienst 14, 20, 56, 101, 123, 127, 351, 441, 490 ff., 504 ff., 520 ff., 536, 540, 547 f., 557, 559, 561 ff., 574 f., 579 f., 588, 659, 717, 730, 804, 867 f., 888
– Verwaltungsdienst als Beruf 564
– Verwaltungsdienst als Funktionsgruppe 509
– Verwaltungsdienst, kolonialer 80
– Verwaltungsdienst, moderner 490
– Verwaltungsdienste, höhere 557
Verwaltungselite 12, 125, 503, 560, 574, 582
Verwaltungsgemeinschaft, europäische 833
Verwaltungsgericht 70, 158, 364, 479, 480 ff.
Verwaltungsgeschichte 10, 44, 127, 130, 273, 490 ff., 498, 501, 503, 530, 560, 574, 593, 659, 729, 766, 823, 849, 858, 871, 876, 886
Verwaltungshilfe 609, 645, 824
Verwaltungsinstitutionen 290, 309, 602, 647, 838
Verwaltungskraft 660
Verwaltungskultur 19, 29, 50, 86 ff., 107, 118, 122, 162, 203, 252, 268, 287 ff., 296, 350, 358, 389 f., 415, 444, 460, 463, 507, 528, 544, 630, 677, 694, 701, 730 f., 737 ff., 814, 830, 838, 842 ff., 868
– Verwaltungskultur, angloamerikanische 868
– Verwaltungskultur, kontinentaleuropäische 868
– Verwaltungskultur, okzidentale 107
Verwaltungslehre 18, 27, 33 f., 40, 59, 69, 75, 79, 188, 277, 281 ff., 294 ff., 349, 362, 371, 396, 409 f., 442 f., 450, 459, 463 f., 476 ff., 497, 536, 547, 553 ff., 572, 588, 787, 803
Verwaltungsmodell, europäisches 834
Verwaltungsorganisation 3, 16, 20, 23, 45, 71, 116, 127, 135, 146, 164, 185 f., 258, 278, 284 ff., 301 ff., 331 ff., 427, 567, 572, 593, 604, 606, 611 f., 637, 671, 677, 683, 708 ff., 727, 742 ff., 750, 776, 834 f., 886
– Verwaltungsorganisation, innere 161, 331 ff.
– Verwaltungsorganisation, subnationale 28
Verwaltungsraum, europäischer 86, 616, 630, 833, 836 f., 845
Verwaltungsrecht 13, 29 ff., 42 ff., 55 ff., 60, 84, 123, 134 ff., 146, 149, 151, 155 ff., 185, 203, 213, 266 ff., 278, 282 ff., 295, 299 f., 333, 341, 347, 350 ff., 364, 373 ff., 392 f., 407, 439 ff., 476, 499, 536, 560, 619, 644, 765, 790, 792, 835, 859, 876
Verwaltungsrechtsgemeinschaft 790
Verwaltungsrechtslehre 13, 29 ff., 41, 45, 58, 60, 75, 80, 138, 141, 156, 359, 740 f.
Verwaltungsrechtsschutz 597
Verwaltungsreform 20, 84, 127, 161 f., 245, 269 f., 291, 301, 305, 336 ff., 474, 548, 593, 606 f., 657 f., 662, 665 ff., 693, 706, 710, 714 ff., 724, 765, 835 ff., 849, 853
Verwaltungsstaat 3, 9, 17 f., 23, 64, 72 f., 149, 188, 203, 260, 277, 477, 612, 616, 650, 675 ff., 763, 805, 814, 847
Verwaltungsstaat, Präsenz 19 f., 105
Verwaltungsstab 791
Verwaltungssystem, klassisches 121, 130, 331, 630
Verwaltungstechnologie 290, 838
Verwaltungsträger, Verselbständigung 288
Verwaltungstransformation 84, 100, 594, 606 f.
Verwaltungsübel 886

Verwaltungsverbund, europäischer 836
Verwaltungsverfahren 3, 22, 56, 267, 284, 354 ff., 372 f., 378, 385, 393, 430, 444 ff., 607, 636, 658, 748, 759, 776, 803 f., 832 ff., 847, 857, 886
- Verwaltungsverfahren, konsensuales 453
Verwaltungsverfahrensgesetz 279, 374, 378, 416, 445 ff., 677, 708
Verwaltungsvermögen 619 ff., 628
Verwaltungsvertrag 250, 256, 375, 380 ff.
- Verwaltungsvertrag, koordinationsrechtlicher 375
- Verwaltungsvertrag, subordinationsrechtlicher 376
Verwaltungsvorschrift 20, 82, 169, 211 ff., 280, 356, 360 f., 379, 386, 390, 415, 427, 436 f., 445, 452, 475 f., 482, 658, 671 ff., 698, 745, 867, 874, 886
Verwaltungswirtschaft 101, 133, 259, 272, 596, 796, 816
Verwaltungswissenschaft, integrative 61 ff., 79, 104
Verwaltungswissenschaft, marxistisch-leninistische 61
Verwaltungswissenschaften 58 ff., 75, 98, 121, 161, 306 ff., 360, 371, 389, 435, 540, 566, 576, 601, 764, 777, 816
Verwaltungszusammenarbeit 70 ff., 80, 180, 638 ff., 648, 776
Volksgruppen 308
Volkswirtschaftsplanung 153, 391
Vollstreckung 157, 461
Vollzug 14, 65, 102, 265, 287, 372, 377, 380 ff., 390, 428 ff., 462 ff., 486, 546, 668, 776, 788, 803 f., 824, 830, 846, 870
- Regelvollzug, europäischer 803
- Vollzug, direkter, europäischer 803
- Vollzug, europäischer 786, 832
- Vollzug, indirekter 804, 830
- Vollzugsdefizit 209, 264, 431, 462
- Vollzugsformen 803
- Vollzugskritik 213
- Vollzugskultur 463, 833
- Vollzugsstudien 489

Voluntarismus, stalinistischer 159
Vorbildung 67, 497, 530, 548, 559, 564 f.
Vorblatt 427
Vormoderne 130, 452
Vorschriften, rechtsgestützte 20

Wachstum des öffentlichen Sektors 757
Wahlkampf-Plattform 224
Wahlrecht, aktives 501
Wahlrecht, passives 501
Wandel, demographischer 721, 727
Weisungsgebundenheit 301
Welt, verwaltete 3, 9, 19, 22, 26, 34, 795
Weltgesellschaft 5, 264, 770 ff., 779 ff., 792, 795, 811, 817, 824, 841
Weltregierung 783, 810 f.
Werte 19, 32, 36, 65, 80 f., 91, 102, 112, 121 ff., 168, 179 f., 193, 293, 296, 349 f., 356, 387, 431, 488, 494, 523, 630 ff., 694, 717, 735, 763, 795, 811, 838 ff., 862, 866 ff.
- Leistungs- und Gehorsamswerte 883
- Wertabsolutismus 840
- Werte der Verwaltung 838
- Werte des politischen Regimes 122, 878, 884
- Werte einer bürokratischen Leistungsordnung 878
- Werte, solidarische 654
- Wertegemeinschaft, europäische 845
- Wertegemeinschaft, globale 840
- Wertewandel 60, 458, 652, 852, 881 f.
- Wertewelt, okzidentale 841
- Wertorientierung 838, 859
Wesentlichkeitskriterium 211, 425
- Wesentlichkeitsrechtsprechung 739
Wesentlichkeitstheorie 13, 249, 350
Westernisierung 642
Wettbewerb 8, 21 ff., 32, 49, 85, 92, 98, 124, 231, 247, 272, 275, 380, 512, 550, 595, 603, 616, 655, 674, 679, 688, 698, 706, 728 ff., 757, 762 ff., 778, 802, 825, 831, 843, 853

- Organisationswettbewerb, simulierter 732
- Verfahren, wettbewerbliches 550
- Wettbewerb, politischer 100
- Wettbewerber 462, 728
- Wettbewerbsgedanke 550
- Wettbewerbsmärkte 96, 682, 763
- Wettbewerbsprinzip 830
- Wettbewerbssurrogate 728, 733
- Wettbewerbsverzerrung 272, 275, 831

Whistle-blowing 875
Widerstand, bürokratischer 94, 151, 222, 668
Wiedervereinigung, deutsche 22
Wirkungs- und Erfolgskontrolle 485
Wirtschaftlichkeit 294, 359 ff., 414, 438, 482 ff., 671, 707 ff., 723, 738, 741, 815, 881
- Wirtschaftlichkeit als Kontrollmaßstab 483
- Wirtschaftlichkeit als Rechtsbegriff 482

Wissenschaftspragmatismus 40, 63
Wohlfahrtsbürokratie 753
Wohlfahrtsstaat 22 ff., 43 f., 55, 93, 133, 171, 183 f., 189, 217, 235, 248 f., 395 ff., 430, 659, 683, 712, 757, 801, 815 ff.

Zeit 3, 5, 10, 15, 19, 24 ff., 38, 48, 51 ff., 64, 76, 81 ff., 107 f., 120, 125 f., 130, 172, 176, 186, 195, 219 ff., 227, 250, 259, 307 ff., 327, 334, 342, 352, 366, 377, 390, 396 f. 431 ff., 461, 491, 504, 514, 521, 568, 576, 584 ff., 596, 611, 627, 637, 641, 654, 669, 675, 679, 690 ff., 696, 702, 709, 758, 769, 776, 786 ff., 823, 838 f., 843 f., 849, 877
- Relevanz, zeitliche 217 ff.
- Zeitbezug 397
- Zeitindifferenz 397

Zentralabteilung 298, 336

Zentraleinheit 343
Zentralisation 287, 303
Zentralismus 62, 106, 128, 144 ff., 306 f., 595, 605, 608, 618
- Zentralismus, bürokratischer 148 ff.
- Zentralismus, demokratischer 144 ff.

Zentralverwaltungswirtschaft 395, 593 f., 679
Ziele
- Ziel- und Leistungsvorgaben 727
- Zielbaum 401, 484
- Zielformulierung 399, 488
- Zielgruppe 109, 336, 411
- Zielgruppenorientierung 337
- Zielsteuerung 686, 706
- Zielvereinbarung 572, 640, 684, 716, 723 ff., 742
- Zielvorgaben 49, 358, 411, 446, 472, 475, 572, 684, 688, 716

Zivilgesellschaft 736 ff., 746, 781, 793
Zivilisation, wissenschaftliche 332, 435, 571, 659, 739
Zusage 376
Zusammenarbeit, intergouvernementale 787
Zusammenarbeit, länderübergreifende 722
Zuständigkeit 4, 67, 149, 216, 291, 300 f., 325, 393, 422, 510, 556, 612, 628, 664, 670, 733, 787
- Zuständigkeitskonflikte 733
- Zuständigkeitsordnung, feste 109 f., 117, 291, 651, 682, 733, 743, 777, 823

Zwangsmittel 461
Zweckbestimmung, öffentlich-rechtliche 619
Zweckbindung, öffentliche 8
Zweckkritik 213
Zwecktauglichkeit 426